KÖLBL (HG.)

EU-Beihilferecht

Fassung vom 15.2.2022
2. Auflage

Beihilfean-
zeiger 2020

EUV

AEUV

Verf-VO

Verf-DVO
kons

AGVO-kons

Änderungs-
BeihilfeVO

AGVO 2017

AGVO 2014

Verlänge-
rungs-VO

Ermächti-
gungs-VO

AGVO-FAQ

DAWI-Mittei-
lung

DAWI-De-mi-
nimis

DAWI-Be-
schluss

DAWI-Rah-
men

DAWI-Gui-
dance

De-Minimis-
VO

Agrar-De-mi-
nimis

Fischer-De-
minimis

Bek Beihilfe-
begriff

FuEuI-Uni-
onsR

KMU-Defini-
tion

Transpa-
renz-Mittei-
lung

Bürgschafts-
Mitteilung

Kölbl (Hg.)

EU-Beihilferecht

https://www.flexlex.at/s/3mBsv1

Das Plus zum Buch:

1. Scannen Sie den QR-Code und Sie gelangen zur Web-Version der Sammlung.

2. Sie können kontrollieren, welche Bestimmungen sich seit Erscheinen dieser Sammlung geändert haben.

3. Registrieren Sie sich kostenlos auf www.flexlex.at und genießen Sie weitere Vorteile:

   - tagesaktueller E-Mail-Alert bei Inkrafttreten von Gesetzesnovellen;
   - Stichtagabfrage
   - und vieles mehr.

Alle Angaben in dieser Gesetzessammlung erfolgen trotz sorgfältiger Bearbeitung ohne Gewähr, eine Haftung von Herausgeberinnen und Herausgebern, Autorinnen und Autoren oder des Verlages sind ausgeschlossen.

Verwendet werden ausschließlich Gesetzestexte. Europäische Rechtsvorschriften, die keinen besonderen Nutzungsbedingungen unterliegen, sind der EUR-Lex-Datenbank entnommen (© Europäische Union, eur-lex.europa.eu, 1998-2022).

Die den Gesetzen vorangestellten Inhaltsverzeichnisse werden automatisch generiert und können von den authentischen Fassungen des RIS abweichen.

Alle Rechte, insbesondere das Recht der Vervielfältigung und der Verbreitung sowie der Übersetzung, sind vorbehalten.

Copyright © 2022 Facultas Verlags- und Buchhandels AG
facultas Universitätsverlag, 1050 Wien, Österreich

Druck: Facultas Verlags- und Buchhandels AG
Softwarekonzeption: T. Schreiber, B. Jungwirth, Fassungsvergleich.at

Erstellen Sie Ihre eigene, maßgeschneiderte Gesetzessammlung in wenigen Sekunden online auf
www.flexlex.at

ISBN (Buch): 9783990711286
ISBN (ePDF): 9783991114864

EU-Beihilferecht

Inhaltsverzeichnis

Vorwort 8
1. State Aid Scoreboard 2020 (online) 10
   Primärrecht 11
2. Vertrag über die Europäische Union (online) 12
3. Vertrag über die Arbeitsweise der Europäischen Union
   (konsolidiert) 13
   Verfahrensrecht 17
4. Verordnung (EU) 2015/1589 18
5. Verordnung (EG) 794/2004 konsolidiert 36
   Allgemeine Gruppenfreistellungsverordnung 415
6. Allgemeine Gruppenfreistellungsverordnung (konsolidierte
   Fassung) 416
7. Verordnung (EU) 2021/1237 (online) 554
8. Verordnung (EU) 2017/1084 (online) 555
9. Verordnung (EU) 651/2014 (online) 556
10. Verordnung (EU) 2020/972 (online) 557
11. Verordnung (EU) 733/2013 (online) 558
12. General Block Exemption Regulation (GBER) – FAQ 559
    DAWI-Paket 631
13. DAWI-Mitteilung 632
14. DAWI-De-minimis-Verordnung 644
15. DAWI-Beschluss 651
16. DAWI-Rahmen 659
17. DAWI-Guidance 668
    De-minimis-VO 669
18. Verordnung (EU) 1407/2013 670
19. Verordnung (EU) 1408/2013 678
20. Verordnung (EU) 717/2014 691
    Mitteilungen, Leitlinien, Bekanntmachungen 702
21. Bekanntmachung zum Begriff der staatlichen Beihilfe 703
22. Unionsrahmen für staatliche Beihilfen zur Förderung von
    Forschung, Entwicklung und Innovation 740
23. Empfehlung KMU-Definition 763
24. Transparenzmitteilung 769
25. Bürgschafts-Mitteilung 774

Beihilfean-
zei~~~~~~
EUV
AEUV
Verf-VO
Verf-DVO
kons
AGVO-kons
Änderungs-
BeihilfeVO
AGVO 2017
AGVO 2014
Verlänge-
rungs-VO
Ermächti-
gungs-VO
AGVO-FAQ
DAWI-Mittei-
lung
DAWI-De-mi-
nimis
DAWI-Be-
schluss
DAWI-Rah-
men
DAWI-Gui-
dance
De-Minimis-
VO
Agrar-De-mi-
nimis
Fischer-De-
minimis
Bek Beihilfe-
begriff
FuEuI-Uni-
onsR
KMU-Defini-
tion
Transpa-
renz-Mittei-
lung
Bürgschafts-
Mitteilung

EU-Beihilferecht

Inhaltsverzeichnis

26. Referenzzinssatz-Mitteilung 785
27. Rettungs- und Umstrukturierungsleitlinien (online) 788
28. Risikokapitalleitlinien (online) 789
29. Bankenmitteilung 790
30. IPCEI-Mitteilung 791
31. Regionalbeihilfeleitlinien 800
32. Breitbandleitlinien 846
33. Umweltschutzleitlinien 847
34. Luftverkehrsleitlinien 902
35. Mitteilung über die kurzfristige Exportkreditversicherung
(online) 903
36. Rückforderungsmitteilung 904
    Beihilfe-Rückforderungen angewandten Zinssätze sowie
    Referenz- und Abzinsungssätze 927

Private Enforcement 928
37. Enforcement Note (online) 929
38. Beschwerdeformular Private Enforcement (online) 930
39. Handbuch Private Enforcement (online) 931

COVID-19 932
40. COVID-19-Mitteilung 933
41. 1.COVID.19-Mitteilung (online) 941
42. 2.COVID.19-Mitteilung (online) 942
43. 3.COVID.19-Mitteilung (online) 943
44. 4.COVID.19-Mitteilung (online) 944
45. 5.COVID.19-Mitteilung (online) 945

RefZins-Mitteilung

Rettungs-L

Risikokapital-L

Banken-Mitteilung

IPCEI-Mitteilung

RegionalbeihilfeL

Breitband-L

Umweltschutz-L

Luftverkehrs-L

Exportkredit-M

Rückforderungs-M

PrivEnf-Note

PrivEnf-BForm

PrivEnf-HB

COVID-19

1.COVID.19-M

2.COVID.19-M

3.COVID.19-M

4.COVID.19-M

5.COVID.19-M

Vorwort

Mit dem Werk FlexLex „Beihilfenrecht" soll Theorie- und Praxiswissen im Beihilfenrecht vereint werden. In das Werk fließen nicht nur die jahrelangen Erfahrungen als Universitätsassistent am Institut für Unternehmensrecht und Internationales Wirtschaftsrecht an der Karl-Franzens-Universität in Graz, sondern auch profundes Praxiswissen im EU-Beihilferecht. FlexLex „EU-Beihilferecht" soll Theoretiker und Praktiker in Rechts- und Wirtschaftsberufen bei der täglichen Anwendung beihilferechtlicher Vorschriften gezielt unterstützen. Zudem es das 2021 im Verlag Facultas erschienene Werk „*Kölbl*, Grundlagen des EU-Beihilferechts (2021)" durch eine Gesetzessammlung ergänzen.

Das EU-Beihilferecht gestaltet sich als eine komplexe, weitgreifende Materie, die von einer Flut an Rechtsnormen geprägt ist. Diese Normenflut resultiert zum größten Teil aus zahlreichen Bekanntmachungen, Mitteilungen und Leitlinien der Europäischen Kommission. Hinzu kommt die Rechtsprechung des Europäischen Gerichtshofs. FlexLex „EU-Beihilferecht" soll den Rechtsanwender dabei unterstützen, sich durch den „Normendschungel" des Beihilferechts zu arbeiten.

Die zweite Auflage des FlexLex „EU-Beihilferecht" beinhaltet neben den verfahrensrechtlichen Vorschriften (Verf-VO, Verf-DVO) zahlreiche materielle Rechtsvorschriften wie die Allgemeine Gruppenfreistellungs-Verordnung (AGVO), das DAWI-Paket, die De-minimis-Regelungen sowie ausgewählte Bekanntmachungen, Leitlinien und Mitteilungen der Kommission. Mit der ersten Auflage wurde aus damaligem Anlass der Befristete Rahmen für staatliche Beihilfen zur Stützung der Wirtschaft angesichts des derzeitigen Ausbruchs von COVID-19 („COVID-19"). Die COVID-19-Mitteilungen samt der ersten bis fünften Änderung wurden unter der Rubrik COVID-19 in die Normenauswahl mitaufgenommen. An dieser Stelle gilt mein Dank an die GD Wettbewerb, die durch die Erteilung der Abdruckgenehmigung die Aufnahme des jährlichen Scoreboards State Aid möglich gemacht hat. Die zweite Auflage des FlexLex „Beihilferecht" bildet insgesamt den Stand 31.1.2022 ab.

Vereinzelt wird den Leitlinien bzw. Mitteilungen der Europäischen Kommission ein Inhaltsverzeichnis vorangestellt. Nicht alle Mitteilungen bzw. Leitlinien enthalten eine solche Übersicht. Aus diesem Grund wurden einzelne Mitteilungen bzw. Leitlinien zu Beginn mit einer eigens gestalteten Übersicht versehen, um dem Rechtsanwender einen Überblick über die Struktur der jeweiligen Rechtsquelle zu geben. Durch die individuelle Gestaltung der Inhaltsverzeichnisse soll dem Leser ein bestmöglicher Überblick über den Aufbau der jeweiligen Mitteilung bzw. Leitlinie verschafft werden. Die Gestaltung der Inhaltsverzeichnisse kann daher von den originalen Inhaltsverzeichnissen der Kommission abweichen.

In die zweite Auflage wurden weiters zwei neue Mitteilungen mitaufgenommen worden: Die Mitteilung der Kommission zur Anwendung der Artikel 107 und 108 des Vertrags über die Arbeitsweise der Europäischen Union auf die kurzfristige Exportkreditversicherung sowie die Bekanntmachung der Kommission über die Rückforderung rechtswidriger und mit dem Binnenmarkt unvereinbarer staatlicher Beihilfen. Zur letztgenannten Mitteilung wurde auch ein Verweis auf die Mitteilung über die aktuellen bei Beihilfe-Rückforderungen angewandten Zinssätze sowie Referenz- und Abzinsungssätze, die ab 1. Februar 2022 anwendbar sind, aufgenommen.

Mit 2021 ausgelaufene Mitteilungen wurden durch aktuelle mittlerweile in Kraft getretene Mitteilungen ersetzt (zB die IPCEI-Mitteilung, RegionalbeihilfeL).[1] Weiters wurde eine neue Rubrik „Private Enforcement" in die Normensammlung mitaufgenommen.

Mitte 2021 wurde der Anwendungsbereich der Allgemeinen Gruppenfreistellungsverordnung ausgeweitet. Mit der VO (EU) 2021/1237 wurden neue Vorschriften in den Bereichen „InvestEU", Forschung, Entwicklung und Innovation (FuEuI) sowie ETZ/Interreg-Politik eingeführt. Zudem wurden folgende Bereiche überarbeitet: 1) Beihilfen für Vorhaben zur Verbesserung der Energieeffizienz von Gebäuden, 2) Beihilfen für öffentlich zugängliche Lade- und Wasserstofftankinfrastruktur für Straßenfahrzeuge und 3) Beihilfen für feste Breitbandnetze, 4G- und 5G-Mobilfunknetze, bestimmte Projekte der transeuropäischen digitalen Vernetzungsinfrastruktur und bestimmte Gutscheine.

---

[1] Andere Mitteilungen, die sich kurz vor der Veröffentlichung im Amtsblatt befinden, konnten in der zweiten Auflage allerdings keine Berücksichtigung mehr finden. Siehe zu den aktuellen Konsultationsverfahren: https://ec.europa.eu/competition-policy/sectors/energy-and-environment/legislation_en; https://ec.europa.eu/commission/presscorner/detail/de/ip_21_6049; https://ec.europa.eu/competition-policy/public-consultations/2021-rdi_en.

Aktuell befindet sich eine zweite umfassende Novellierung der AGVO in Konsultation.[2] Darauf soll an dieser Stelle nur hingewiesen werden.

Für die mittlerweile zweite Auflage des FlexLex „EU-Beihilferecht" bedanke ich mich herzlichst für die hervorragende Zusammenarbeit bei Frau *Mag.ª Katharina Echerer*, Herrn *Reinhard Inför* sowie bei Herrn *Peter Wittmann* vom Verlag Facultas.

Für Verbesserungsvorschläge bin ich sehr dankbar. Sie erreichen mich unter koelbl☐ beihilfepraxis.eu

Linz, am 22.2.2022   *Mag. iur. Christoph Kölbl*

---

[2] Vgl dazu https://ec.europa.eu/commission/presscorner/detail/en/ip_21_5027.

State Aid Scoreboard 2020 (online)

(Beihilfeanzeiger 2020)

https://www.flexlex.at/s/8uyRoL

Beihilfe-
anzeiger
2020

Primärrecht

Vertrag über die Europäische Union (online)

(EUV)

https://www.flexlex.at/s/8CkZFE

Vertrag über die Arbeitsweise der Europäischen Union (konsolidiert)

Vertrag über die Arbeitsweise der Europäischen Union (konsolidierte Fassung) (AEUV)

Inhaltsverzeichnis

DRITTER TEIL: DIE INTERNEN POLITIKEN UND MASSNAHMEN DER UNION
  TITEL VII: GEMEINSAME REGELN BETREFFEND WETTBEWERB, STEUERFRAGEN UND ANGLEICHUNG DER RECHTSVORSCHRIFTEN
  KAPITEL 1: WETTBEWERBSREGELN
  ABSCHNITT 1: VORSCHRIFTEN FÜR UNTERNEHMEN
    Art. 101 - 106 14
  ABSCHNITT 2: STAATLICHE BEIHILFEN
    Art. 107 - 109 15

[...]

DRITTER TEIL
DIE INTERNEN POLITIKEN UND MASSNAHMEN DER UNION
[...]

TITEL VII
GEMEINSAME REGELN BETREFFEND WETTBEWERB, STEUERFRAGEN UND ANGLEICHUNG DER RECHTSVORSCHRIFTEN

KAPITEL 1
WETTBEWERBSREGELN

ABSCHNITT 1
VORSCHRIFTEN FÜR UNTERNEHMEN

Artikel 101
(ex-Artikel 81 EGV)

(1) Mit dem Binnenmarkt unvereinbar und verboten sind alle Vereinbarungen zwischen Unternehmen, Beschlüsse von Unternehmensvereinigungen und aufeinander abgestimmte Verhaltensweisen, welche den Handel zwischen Mitgliedstaaten zu beeinträchtigen geeignet sind und eine Verhinderung, Einschränkung oder Verfälschung des Wettbewerbs innerhalb des Binnenmarkts bezwecken oder bewirken, insbesondere

a) die unmittelbare oder mittelbare Festsetzung der An- oder Verkaufspreise oder sonstiger Geschäftsbedingungen;

b) die Einschränkung oder Kontrolle der Erzeugung, des Absatzes, der technischen Entwicklung oder der Investitionen;

c) die Aufteilung der Märkte oder Versorgungsquellen;

d) die Anwendung unterschiedlicher Bedingungen bei gleichwertigen Leistungen gegenüber Handelspartnern, wodurch diese im Wettbewerb benachteiligt werden;

e) die an den Abschluss von Verträgen geknüpfte Bedingung, dass die Vertragspartner zusätzliche Leistungen annehmen, die weder sachlich noch nach Handelsbrauch in Beziehung zum Vertragsgegenstand stehen.

(2) Die nach diesem Artikel verbotenen Vereinbarungen oder Beschlüsse sind nichtig.

(3) Die Bestimmungen des Absatzes 1 können für nicht anwendbar erklärt werden auf

— Vereinbarungen oder Gruppen von Vereinbarungen zwischen Unternehmen,

— Beschlüsse oder Gruppen von Beschlüssen von Unternehmensvereinigungen,

— aufeinander abgestimmte Verhaltensweisen

oder Gruppen von solchen,

die unter angemessener Beteiligung der Verbraucher an dem entstehenden Gewinn zur Verbesserung der Warenerzeugung oder -verteilung oder zur Förderung des technischen oder wirtschaftlichen Fortschritts beitragen, ohne dass den beteiligten Unternehmen

a) Beschränkungen auferlegt werden, die für die Verwirklichung dieser Ziele nicht unerlässlich sind, oder

b) Möglichkeiten eröffnet werden, für einen wesentlichen Teil der betreffenden Waren den Wettbewerb auszuschalten.

Artikel 102
(ex-Artikel 82 EGV)

Mit dem Binnenmarkt unvereinbar und verboten ist die missbräuchliche Ausnutzung einer beherrschenden Stellung auf dem Binnenmarkt oder auf einem wesentlichen Teil desselben durch ein oder mehrere Unternehmen, soweit dies dazu führen kann, den Handel zwischen Mitgliedstaaten zu beeinträchtigen.

Dieser Missbrauch kann insbesondere in Folgendem bestehen:

a) der unmittelbaren oder mittelbaren Erzwingung von unangemessenen Einkaufs- oder Verkaufspreisen oder sonstigen Geschäftsbedingungen;

b) der Einschränkung der Erzeugung, des Absatzes oder der technischen Entwicklung zum Schaden der Verbraucher;

c) der Anwendung unterschiedlicher Bedingungen bei gleichwertigen Leistungen gegenüber Handelspartnern, wodurch diese im Wettbewerb benachteiligt werden;

d) der an den Abschluss von Verträgen geknüpften Bedingung, dass die Vertragspartner zusätzliche Leistungen annehmen, die weder sachlich noch nach Handelsbrauch in Beziehung zum Vertragsgegenstand stehen.

Artikel 103
(ex-Artikel 83 EGV)

(1) Die zweckdienlichen Verordnungen oder Richtlinien zur Verwirklichung der in den Artikeln 101 und 102 niedergelegten Grundsätze werden vom Rat auf Vorschlag der Kommission und nach Anhörung des Europäischen Parlaments beschlossen.

(2) Die in Absatz 1 vorgesehenen Vorschriften bezwecken insbesondere,

a) die Beachtung der in Artikel 101 Absatz 1 und Artikel 102 genannten Verbote durch die Einführung von Geldbußen und Zwangsgeldern zu gewährleisten;

b) die Einzelheiten der Anwendung des Artikels 101 Absatz 3 festzulegen; dabei ist dem Erfordernis einer wirksamen Überwachung bei möglichst einfacher Verwaltungskontrolle Rechnung zu tragen;

c) gegebenenfalls den Anwendungsbereich der Artikel 101 und 102 für die einzelnen Wirtschaftszweige näher zu bestimmen;

d) die Aufgaben der Kommission und des Gerichtshofs der Europäischen Union bei der Anwendung der in diesem Absatz vorgesehenen Vorschriften gegeneinander abzugrenzen;

e) das Verhältnis zwischen den innerstaatlichen Rechtsvorschriften einerseits und den in diesem Abschnitt enthaltenen oder aufgrund dieses Artikels getroffenen Bestimmungen andererseits festzulegen.

Artikel 104

(ex-Artikel 84 EGV)

Bis zum Inkrafttreten der gemäß Artikel 103 erlassenen Vorschriften entscheiden die Behörden der Mitgliedstaaten im Einklang mit ihren eigenen Rechtsvorschriften und den Bestimmungen der Artikel 101, insbesondere Absatz 3, und 102 über die Zulässigkeit von Vereinbarungen, Beschlüssen und aufeinander abgestimmten Verhaltensweisen sowie über die missbräuchliche Ausnutzung einer beherrschenden Stellung auf dem Binnenmarkt.

Artikel 105

(ex-Artikel 85 EGV)

(1) Unbeschadet des Artikels 104 achtet die Kommission auf die Verwirklichung der in den Artikeln 101 und 102 niedergelegten Grundsätze. Sie untersucht auf Antrag eines Mitgliedstaats oder von Amts wegen in Verbindung mit den zuständigen Behörden der Mitgliedstaaten, die ihr Amtshilfe zu leisten haben, die Fälle, in denen Zuwiderhandlungen gegen diese Grundsätze vermutet werden. Stellt sie eine Zuwiderhandlung fest, so schlägt sie geeignete Mittel vor, um diese abzustellen.

(2) Wird die Zuwiderhandlung nicht abgestellt, so trifft die Kommission in einem mit Gründen versehenen Beschluss die Feststellung, dass eine derartige Zuwiderhandlung vorliegt. Sie kann den Beschluss veröffentlichen und die Mitgliedstaaten ermächtigt, die erforderlichen Abhilfemaßnahmen zu treffen, deren Bedingungen und Einzelheiten sie festlegt.

(3) Die Kommission kann Verordnungen zu den Gruppen von Vereinbarungen erlassen, zu denen der Rat nach Artikel 103 Absatz 2 Buchstabe b eine Verordnung oder Richtlinie erlassen hat.

Artikel 106

(ex-Artikel 86 EGV)

(1) Die Mitgliedstaaten werden in Bezug auf öffentliche Unternehmen und auf Unternehmen, denen sie besondere oder ausschließliche Rechte gewähren, keine den Verträgen und insbesondere den Artikeln 18 und 101 bis 109 widersprechende Maßnahmen treffen

oder beibehalten.

(2) Für Unternehmen, die mit Dienstleistungen von allgemeinem wirtschaftlichem Interesse betraut sind oder den Charakter eines Finanzmonopols haben, gelten die Vorschriften der Verträge, insbesondere die Wettbewerbsregeln, soweit die Anwendung dieser Vorschriften nicht die Erfüllung der ihnen übertragenen besonderen Aufgabe rechtlich oder tatsächlich verhindert. Die Entwicklung des Handelsverkehrs darf nicht in einem Ausmaß beeinträchtigt werden, das dem Interesse der Union zuwiderläuft.

(3) Die Kommission achtet auf die Anwendung dieses Artikels und richtet erforderlichenfalls geeignete Richtlinien oder Beschlüsse an die Mitgliedstaaten.

ABSCHNITT 2
STAATLICHE BEIHILFEN

Artikel 107

(ex-Artikel 87 EGV)

(1) Soweit in den Verträgen nicht etwas anderes bestimmt ist, sind staatliche oder aus staatlichen Mitteln gewährte Beihilfen gleich welcher Art, die durch die Begünstigung bestimmter Unternehmen oder Produktionszweige den Wettbewerb verfälschen oder zu verfälschen drohen, mit dem Binnenmarkt unvereinbar, soweit sie den Handel zwischen Mitgliedstaaten beeinträchtigen.

(2) Mit dem Binnenmarkt vereinbar sind:

a) Beihilfen sozialer Art an einzelne Verbraucher, wenn sie ohne Diskriminierung nach der Herkunft der Waren gewährt werden;

b) Beihilfen zur Beseitigung von Schäden, die durch Naturkatastrophen oder sonstige außergewöhnliche Ereignisse entstanden sind;

c) Beihilfen für die Wirtschaft bestimmter, durch die Teilung Deutschlands betroffener Gebiete der Bundesrepublik Deutschland, soweit sie zum Ausgleich der durch die Teilung verursachten wirtschaftlichen Nachteile erforderlich sind. Der Rat kann fünf Jahre nach dem Inkrafttreten des Vertrags von Lissabon auf Vorschlag der Kommission einen Beschluss erlassen, mit dem dieser Buchstabe aufgehoben wird.

(3) Als mit dem Binnenmarkt vereinbar können angesehen werden:

a) Beihilfen zur Förderung der wirtschaftlichen Entwicklung von Gebieten, in denen die Lebenshaltung außergewöhnlich niedrig ist oder eine erhebliche Unterbeschäftigung herrscht, sowie der in Artikel 349 genannten Gebiete unter Berücksichtigung ihrer strukturellen, wirtschaftlichen und sozialen Lage;

b) Beihilfen zur Förderung wichtiger Vorhaben von gemeinsamem europäischem Interesse oder zur Behebung einer beträchtlichen Störung im Wirtschaftsleben eines Mitgliedstaats;

c) Beihilfen zur Förderung der Entwicklung gewisser Wirtschaftszweige oder Wirtschaftsgebiete, soweit sie die Handelsbedingungen nicht in einer Weise verändern, die dem gemeinsamen Interesse zuwiderläuft;

d) Beihilfen zur Förderung der Kultur und der Erhaltung des kulturellen Erbes, soweit sie die Handels- und Wettbewerbsbedingungen in der Union nicht in einem Maß beeinträchtigen, das dem gemeinsamen Interesse zuwiderläuft;

e) sonstige Arten von Beihilfen, die der Rat durch einen Beschluss auf Vorschlag der Kommission bestimmt.

Artikel 108
(ex-Artikel 88 EGV)

(1) Die Kommission überprüft fortlaufend in Zusammenarbeit mit den Mitgliedstaaten die in diesen bestehenden Beihilferegelungen. Sie schlägt ihnen die zweckdienlichen Maßnahmen vor, welche die fortschreitende Entwicklung und das Funktionieren des Binnenmarkts erfordern.

(2) Stellt die Kommission fest, nachdem sie den Beteiligten eine Frist zur Äußerung gesetzt hat, dass eine von einem Staat oder aus staatlichen Mitteln gewährte Beihilfe mit dem Binnenmarkt nach Artikel 107 unvereinbar ist oder dass sie missbräuchlich angewandt wird, so beschließt sie, dass der betreffende Staat sie binnen einer von ihr bestimmten Frist aufzuheben oder umzugestalten hat.

Kommt der betreffende Staat diesem Beschluss innerhalb der festgesetzten Frist nicht nach, so kann die Kommission oder jeder betroffene Staat in Abweichung von den Artikeln 258 und 259 den Gerichtshof der Europäischen Union unmittelbar anrufen.

Der Rat kann einstimmig auf Antrag eines Mitgliedstaats beschließen, dass eine von diesem Staat gewährte oder geplante Beihilfe in Abweichung von Artikel 107 oder von den nach Artikel 109 erlassenen Verordnungen als mit dem Binnenmarkt vereinbar gilt, wenn außergewöhnliche Umstände einen solchen Beschluss rechtfertigen. Hat die Kommission bezüglich dieser Beihilfe das in Unterabsatz 1 dieses Absatzes vorgesehene Verfahren bereits eingeleitet, so bewirkt der Antrag des betreffenden Staates an den Rat die Aussetzung dieses Verfahrens, bis der Rat sich geäußert hat.

Äußert sich der Rat nicht binnen drei Monaten nach Antragstellung, so beschließt die Kommission.

(3) Die Kommission wird von jeder beabsichtigten Einführung oder Umgestaltung von Beihilfen so rechtzeitig unterrichtet, dass sie sich dazu äußern kann. Ist sie der Auffassung, dass ein derartiges Vorhaben nach Artikel 107 mit dem Binnenmarkt unvereinbar ist, so leitet sie unverzüglich das in Absatz 2 vorgesehene Verfahren ein. Der betreffende Mitgliedstaat darf die beabsichtigte Maßnahme nicht durchführen, bevor die Kommission einen abschließenden Beschluss erlassen hat.

(4) Die Kommission kann Verordnungen zu den Arten von staatlichen Beihilfen erlassen, für die der Rat nach Artikel 109 festgelegt hat, dass sie von dem Verfahren nach Absatz 3 ausgenommen werden können.

Artikel 109
(ex-Artikel 89 EGV)

Der Rat kann auf Vorschlag der Kommission und nach Anhörung des Europäischen Parlaments alle zweckdienlichen Durchführungsverordnungen zu den Artikeln 107 und 108 erlassen und insbesondere die Bedingungen für die Anwendung des Artikels 108 Absatz 3 sowie diejenigen Arten von Beihilfen festlegen, die von diesem Verfahren ausgenommen sind.

Verfahrensrecht

Verordnung (EU) 2015/1589

Verordnung (EU) 2015/1589 des Rates vom 13. Juli 2015 über besondere Vorschriften für die Anwendung von Artikel 108 des Vertrags über die Arbeitsweise der Europäischen Union (Text von Bedeutung für den EWR) (Verf-VO)

Inhaltsverzeichnis

Präambel 20
KAPITEL I: ALLGEMEINES
    Art. 1. Definitionen 23
KAPITEL II: VERFAHREN BEI ANGEMELDETEN BEIHILFEN
    Art. 2. Anmeldung neuer Beihilfen 24
    Art. 3. Durchführungsverbot 24
    Art. 4. Vorläufige Prüfung der Anmeldung und Beschlüsse der Kommission 24
    Art. 5. Auskunftsersuchen an den anmeldenden Mitgliedstaat 25
    Art. 6. Förmliches Prüfverfahren 25
    Art. 7. Auskunftsersuchen an andere Auskunftgeber 25
    Art. 8. Geldbußen und Zwangsgelder 26
    Art. 9. Beschlüsse der Kommission über den Abschluss des förmlichen Prüfverfahrens ... 27
    Art. 10. Rücknahme der Anmeldung 27
    Art. 11. Widerruf eines Beschlusses 27
KAPITEL III: VERFAHREN BEI RECHTSWIDRIGEN BEIHILFEN
    Art. 12. Prüfung, Auskunftsersuchen und Anordnung zur Auskunftserteilung 28
    Art. 13. Anordnung zur Aussetzung oder einstweiligen Rückforderung der Beihilfe ... 28
    Art. 14. Nichtbefolgung einer Anordnung 28
    Art. 15. Beschlüsse der Kommission 28
    Art. 16. Rückforderung von Beihilfen 29
KAPITEL IV: VERJÄHRUNG
    Art. 17. Verjährung der Rückforderung von Beihilfen 29
    Art. 18. Verfolgungsverjährung 29
    Art. 19. Vollstreckungsverjährung 29
KAPITEL V: VERFAHREN BEI MISSBRÄUCHLICHER ANWENDUNG VON BEIHILFEN
    Art. 20. Missbräuchliche Anwendung von Beihilfen 29
KAPITEL VI: VERFAHREN BEI BESTEHENDEN BEIHILFEREGELUNGEN
    Art. 21. Zusammenarbeit nach Artikel 108 Absatz 1 AEUV 30
    Art. 22. Vorschlag zweckdienlicher Maßnahmen 30
    Art. 23. Rechtsfolgen eines Vorschlags zweckdienlicher Maßnahmen 30
KAPITEL VII: BETEILIGTE
    Art. 24. Rechte der Beteiligten 30
KAPITEL VIII: UNTERSUCHUNGEN EINZELNER WIRTSCHAFTSZWEIGE UND BEIHILFEINSTRUMENTE
    Art. 25. Untersuchungen einzelner Wirtschaftszweige und Beihilfeinstrumente 30
KAPITEL IX: ÜBERWACHUNG
    Art. 26. Jahresberichte 31
    Art. 27. Nachprüfung vor Ort 31
    Art. 28. Nichtbefolgung von Beschlüssen und Urteilen 31
KAPITEL X: ZUSAMMENARBEIT MIT GERICHTEN DER MITGLIEDSTAATEN
    Art. 29. Zusammenarbeit mit Gerichten der Mitgliedstaaten 31
KAPITEL XI: GEMEINSAME VORSCHRIFTEN
    Art. 30. Berufsgeheimnis 32
    Art. 31. Adressaten der Beschlüsse 32
    Art. 32. Veröffentlichung der Beschlüsse 32
    Art. 33. Durchführungsvorschriften 32

Art. 34. Konsultierung des Beratenden Ausschusses für staatliche Beihilfen 32
Art. 35. Aufhebung 33
Art. 36. Inkrafttreten 33

Anlage
Anl. II. 34

Stichwortverzeichnis

Adressaten der Beschlüsse ... 31	Missbräuchliche Anwendung von Beihilfen ... 20
Allgemeines ... 1	Nachprüfung vor Ort ... 27
Anmeldung neuer Beihilfen ... 2	Nichtbefolgung einer Anordnung ... 14
Aufhebung ... 35	Rechte der Beteiligten ... 24
Berufsgeheimnis ... 30	Rückforderung von Beihilfen ... 16
Beschlüsse der Kommission ... 15	Rücknahme der Anmeldung ... 10
Beteiligte ... 24	Überwachung ... 26
Definitionen ... 1	Verfahren bei Angemeldeten Beihilfen ... 2
Durchführungsverbot ... 3	Verfahren bei Rechtswidrigen Beihilfen ... 12
Durchführungsvorschriften ... 33	Verfolgungsverjährung ... 18
Förmliches Prüfverfahren ... 6	Verjährung ... 17
Geldbußen und Zwangsgelder ... 8	Veröffentlichung der Beschlüsse ... 32
Gemeinsame Vorschriften ... 30	Vollstreckungsverjährung ... 19
Inkrafttreten ... 36	Vorschlag zweckdienlicher Maßnahmen ... 22
Jahresberichte ... 26	Widerruf eines Beschlusses ... 11

DER RAT DER EUROPÄISCHEN UNION —

gestützt auf den Vertrag über die Arbeitsweise der Europäischen Union, insbesondere auf Artikel 109,

auf Vorschlag der Europäischen Kommission,

nach Stellungnahme des Europäischen Parlaments (1),

in Erwägung nachstehender Gründe:

(1) Die Verordnung (EG) Nr. 659/1999 des Rates (2) wurde mehrfach und erheblich geändert (3). Aus Gründen der Klarheit und der Übersichtlichkeit empfiehlt es sich, sie zu kodifizieren.

(2) Unbeschadet der besonderen Verfahrensregeln in Verordnungen für bestimmte Sektoren, sollte diese Verordnung für Beihilfen in allen Sektoren gelten. Im Hinblick auf die Anwendung der Artikel 93 und 107 des Vertrags über die Arbeitsweise der Europäischen Union (AEUV) ist die Kommission nach Artikel 108 AEUV insbesondere für Beschlüsse über die Vereinbarkeit staatlicher Beihilfen mit dem Binnenmarkt zuständig; dies gilt für die Überprüfung bestehender Beihilferegelungen, die Einführung oder Umgestaltung von Beihilfen und die Nichtbefolgung ihrer Beschlüsse oder der Anmeldungspflicht.

(3) Im Rahmen eines modernisierten Systems der Vorschriften für staatliche Beihilfen, mit der sowohl ein Beitrag zur Umsetzung der Wachstumsstrategie „Europa 2020" als auch zur Haushaltskonsolidierung geleistet werden soll, sollte die wirksame und einheitliche Anwendung des Artikels 107 AEUV in der Union gesorgt werden. Mit der Verordnung (EG) Nr. 659/1999 wurde die bis dato gängige Praxis der Kommission konsolidiert und verstärkt, um mehr Rechtssicherheit zu schaffen und die Beihilfepolitik in einem transparenten Umfeld weiterzuentwickeln.

(4) Zur Gewährleistung von Rechtssicherheit sollte festgelegt werden, unter welchen Umständen staatliche Beihilfen als bestehende Beihilfen zu betrachten sind. Die Vollendung und Vertiefung des Binnenmarkts ist ein schrittweiser Prozess, der sich in der ständigen Entwicklung der Politik im Bereich der staatlichen Beihilfen widerspiegelt. In der Folge dieser Entwicklungen können bestimmte Maßnahmen, die zum Zeitpunkt ihrer Einführung keine staatlichen Beihilfen darstellten, zu Beihilfen geworden sein.

(5) Nach Artikel 108 Absatz 3 AEUV müssen alle Vorhaben zur Gewährung neuer Beihilfen bei der Kommission angemeldet werden und dürfen nicht durchgeführt werden, bevor die Kommission einen abschließenden Beschluss erlassen hat.

(6) Nach Artikel 4 Absatz 3 des Vertrags über die Europäische Union (EUV) sind die Mitgliedstaaten verpflichtet, mit der Kommission zusammenzuarbeiten und ihr alle zur Erfüllung ihrer Verpflichtungen aus dieser Verordnung erforderlichen Informationen bereitzustellen.

(7) Die Frist, innerhalb derer die Kommission die vorläufige Prüfung angemeldeter Beihilfen beendet haben muss, sollte festgesetzt werden auf zwei Monate nach Erhalt einer vollständigen Anmeldung oder nach Erhalt einer gebührend begründeten Erklärung des betreffenden Mitgliedstaats, wonach dieser die Anmeldung als vollständig erachtet, da die von der Kommission erbetenen zusätzlichen Auskünfte nicht verfügbar sind oder bereits erteilt wurden. Diese Prüfung sollte aus Gründen der Rechtssicherheit durch einen Beschluss abgeschlossen werden.

(8) In allen Fällen, in denen die Kommission nach der vorläufigen Prüfung nicht auf die Vereinbarkeit der Beihilfe mit dem Binnenmarkt schließen kann, sollte das förmliche Prüfverfahren eröffnet werden, damit die Kommission alle zur Beurteilung der Vereinbarkeit der Beihilfe zweckdienlichen Auskünfte einholen kann und die Beteiligten ihre Stellungnahmen abgeben können. Die Rechte der Beteiligten können im Rahmen des förmlichen Prüfverfahrens nach Artikel 108 Absatz 2 AEUV am besten gewährleistet werden.

(9) Da nach Artikel 108 AEUV ausschließlich die Kommission dafür zuständig ist zu prüfen, ob eine angemeldete oder rechtswidrige staatliche Beihilfe mit dem Binnenmarkt vereinbar ist, sollte dafür Sorge getragen werden, dass die Kommission über die Befugnis verfügt, für die Zwecke der Durchsetzung der Vorschriften über staatliche Beihilfen Mitgliedstaaten, Unternehmen oder Unternehmensvereinigungen um die erforderlichen Marktauskünfte zu ersuchen, wenn sie aufgrund von Zweifeln an der Vereinbarkeit einer Maßnahme ein förmliches Prüfverfahren eingeleitet hat. Die Kommission sollte diese Befugnis insbesondere in den Fällen ausüben, in denen sich eine umfassende inhaltliche Würdigung als erforderlich erweist. Bei ihrer Entscheidung darüber, ob sie diese Befugnis ausüben wird, sollte sie die Dauer der vorläufigen Prüfung gebührend berücksichtigen.

(10) Nach Einleitung des förmlichen Prüfverfahrens sollte die Kommission die Möglichkeit haben, für die Zwecke der beihilferechtlichen Würdigung der Vereinbarkeit einer Beihilfemaßnahme — insbesondere wenn es um technisch komplexe Fälle geht, die einer inhaltlichen Würdigung bedürfen — einen Mitgliedstaat, ein Unternehmen oder eine Unternehmensvereinigung oder im Wege eines einfachen Auskunftsersuchens oder eines Beschlusses um die für eine vollumfängliche Würdigung erforderlichen Marktauskünfte zu ersuchen, wenn die Angaben, die ihr der betreffende Mitgliedstaat im Verlauf der vorläufigen Prüfung übermittelt hat, dafür nicht ausreichen; dabei muss insbesondere bei kleinen und mittleren Unternehmen dem Grundsatz der Verhältnismäßigkeit gebührend Rechnung getragen werden.

(11) In Anbetracht der besonderen Beziehungen zwischen den Beihilfeempfängern und dem betreffenden Mitgliedstaat sollte die Kommission mit Einverständnis des betreffenden Mitgliedstaats Auskünfte von einem Beihilfeempfänger einholen dürfen. Die Tatsache, dass der Empfänger der fraglichen Beihilfe Auskünfte erteilt, schafft keine Rechtsgrundlage für bilaterale Verhandlungen zwischen dem Empfänger und der Kommission.

(12) Die Kommission sollte die Adressaten der Auskunftsersuchen von Fall zu Fall nach geeigneten objektiven Kriterien auswählen, wobei sie gewährleistet, dass in den Fällen, in denen das Ersuchen an stichprobenartig ausgewählte Unternehmen oder Unternehmensvereinigungen gerichtet wird, die Stichprobe für jede Kategorie repräsentativ ist. Die angeforderten Auskünfte sollten insbesondere aus Unternehmens- und Marktdaten und einer faktengestützten Analyse der Funktionsweise des Marktes bestehen.

(13) Da die Kommission das Verfahren einleitet, sollte sie auch dafür verantwortlich sein, die Auskunftserteilung durch Mitgliedstaaten, Unternehmen oder Unternehmensvereinigungen sowie die angebliche Vertraulichkeit der übermittelten Auskünfte zu überprüfen.

(14) Die Kommission sollte über Möglichkeiten ver-

fügen, dafür zu sorgen, dass die Unternehmen oder Unternehmensvereinigungen den an sie gerichteten Auskunftsersuchen auch wirklich nachkommen, und zu diesem Zweck bei Bedarf auch angemessene Geldbußen oder Zwangsgelder verhängen können. Bei der Festsetzung der Geldbußen und Zwangsgelder sollte die Kommission — insbesondere bei kleinen und mittleren Unternehmen — dem Grundsatz der Verhältnismäßigkeit und der Angemessenheit gebührend Rechnung tragen. Die Rechte derer, die um Auskünfte ersucht werden, sollten gewahrt werden, indem ihnen die Gelegenheit gegeben wird, vor dem etwaigen Erlass eines Beschlusses zur Festlegung von Geldbußen oder Zwangsgeldern ihren Standpunkt darzulegen. Der Gerichtshof der Europäischen Union sollte in Bezug auf Geldbußen und Zwangsgelder über unbeschränkte Ermessensnachprüfungsbefugnisse im Sinne des Artikels 261 AEUV verfügen.

(15) Die Kommission sollt die Zwangsgelder unter gebührender Berücksichtigung des Grundsatzes der Verhältnismäßigkeit und der Angemessenheit senken oder ganz erlassen können, wenn Adressaten von Auskunftsersuchen die angeforderten Auskünfte, wenn auch nach Ablauf der Frist, übermittelt haben.

(16) Geldbußen und Zwangsgelder sind nicht anwendbar auf Mitgliedstaaten, da sie gemäß Artikel 4 Absatz 3 EUV verpflichtet sind, loyal mit der Kommission zusammenzuarbeiten und der Kommission alle Informationen bereitzustellen, die sie benötigt, um ihre aus dieser Verordnung erwachsenden Verpflichtungen zu erfüllen.

(17) Nachdem die Kommission die Stellungnahmen der Beteiligten gewürdigt hat, sollte sie ihre Prüfung durch einen abschließenden Beschluss beenden, sobald alle Bedenken ausgeräumt sind. Sollte diese Prüfung nach einem Zeitraum von 18 Monaten nach Eröffnung des Verfahrens nicht beendet sein, so empfiehlt es sich, dass der betreffende Mitgliedstaat die Möglichkeit hat, einen Beschluss zu beantragen, den die Kommission innerhalb von zwei Monaten erlassen muss.

(18) Um die Verteidigungsrechte des betreffenden Mitgliedstaats zu wahren, sollte dieser Kopien der Auskunftsersuchen, die an andere Mitgliedstaaten, Unternehmen oder Unternehmensvereinigungen gerichtet wurden, erhalten und die Möglichkeit haben, seinen Standpunkt zu den Stellungnahmen darzulegen. Zudem sollten ihm die Namen der Unternehmen und der Unternehmensvereinigungen mitgeteilt werden, die um Auskunft ersucht werden, sofern diese Stellen nicht nachweislich ein berechtigtes Interesse am Schutz ihrer Identität haben.

(19) Die Kommission sollte das berechtigte Interesse der Unternehmen am Schutz ihrer Geschäftsgeheimnisse gebührend berücksichtigen. Wenn vertrauliche Auskünfte aus Antworten weder durch Aggregation noch auf andere Weise anonymisiert werden können, sollte sie diese Auskünfte nicht in Beschlüssen verwenden dürfen, es sei denn, die Auskunftgeber ha-

ben vorab einer Offenlegung der Auskünfte gegenüber dem betreffenden Mitgliedstaat zugestimmt.

(20) Für Fälle, in denen die als vertraulich gekennzeichneten Informationen nicht unter das Berufsgeheimnis zu fallen scheinen, sollte ein Verfahren bestehen, mit dem die Kommission entscheiden kann, inwieweit solche Informationen offengelegt werden können. Wenn die Kommission einem Antrag auf vertrauliche Behandlung zurückweist, sollte sie eine Frist angeben, nach der die Information offengelegt wird, sodass der Auskunftgeber jeden ihm zur Verfügung stehenden gerichtlichen Schutz einschließlich einer einstweiligen Anordnung in Anspruch nehmen kann.

(21) Um eine korrekte und wirksame Anwendung der Vorschriften über staatliche Beihilfen zu gewährleisten, sollte die Kommission die Möglichkeit haben, einen Beschluss, der auf unrichtigen Auskünften beruht, zu widerrufen.

(22) Um die Einhaltung von Artikel 108 AEUV, insbesondere der Anmeldepflicht und des Durchführungsverbots in dessen Absatz 3, zu gewährleisten, sollte die Kommission alle rechtswidrigen Beihilfen überprüfen. Im Interesse der Transparenz und Rechtssicherheit sollten die in diesen Fällen zu befolgenden Verfahren festgelegt werden. Ist ein Mitgliedstaat der Anmeldepflicht oder dem Durchführungsverbot nicht nachgekommen, so sollte die Kommission an keine Fristen gebunden sein.

(23) Die Kommission sollte von Amts wegen Informationen über rechtswidrige Beihilfen ungeachtet der Herkunft dieser Informationen prüfen können, um die Einhaltung von Artikel 108 AEUV und insbesondere der Anmeldungsverpflichtung und des Durchführungsverbots nach Artikel 108 Absatz 3 AEUV sicherzustellen und die Vereinbarkeit der Beihilfen mit dem Binnenmarkt zu würdigen.

(24) Bei rechtswidrigen Beihilfen sollte die Kommission das Recht haben, alle für ihren Beschluss sachdienlichen Auskünfte einzuholen und gegebenenfalls sofort den unverfälschten Wettbewerb wiederherzustellen. Daher ist es angezeigt, dass sie gegenüber dem betreffenden Mitgliedstaat einstweilige Maßnahmen erlassen kann. Bei diesen einstweiligen Maßnahmen kann es sich um Anordnungen zur Auskunftserteilung sowie zur Aussetzung oder Rückforderung einer Beihilfe handeln. Die Kommission sollte bei Nichtbefolgung einer Anordnung zur Auskunftserteilung ihren Beschluss auf die ihr vorliegenden Informationen stützen und bei Nichtbefolgung einer Aussetzungs- oder Rückforderungsanordnung den Gerichtshof nach Artikel 108 Absatz 2 Unterabsatz 2 AEUV unmittelbar anrufen können.

(25) Bei rechtswidrigen Beihilfen, die mit dem Binnenmarkt nicht vereinbar sind, sollte wirksamer Wettbewerb wiederhergestellt werden. Dazu ist es notwendig, die betreffende Beihilfe einschließlich Zinsen unverzüglich zurückzufordern. Die Rückforderung hat nach den Verfahrensvorschriften des nationalen Rechts zu erfolgen. Die Anwendung dieser Verfahren

sollte jedoch die Wiederherstellung eines wirksamen Wettbewerbs durch Verhinderung der sofortigen und tatsächlichen Vollstreckung des Beschlusses der Kommission nicht erschweren. Um zu diesem Ergebnis zu gelangen, sollten die Mitgliedstaaten alle erforderlichen Maßnahmen zur Gewährleistung der Wirksamkeit des Beschlusses der Kommission treffen.

(26) Aus Gründen der Rechtssicherheit sollte in Bezug auf rechtswidrige Beihilfen eine Frist von zehn Jahren vorgesehen werden, nach deren Ablauf keine Rückforderung mehr angeordnet werden kann.

(27) Aus Gründen der Rechtssicherheit sollten Verjährungsfristen für die Verhängung und die Vollstreckung von Geldbußen und Zwangsgeldern vorgesehen werden.

(28) Die missbräuchliche Anwendung von Beihilfen kann sich auf die Funktionsweise des Binnenmarkts in ähnlicher Weise wie eine rechtswidrige Beihilfe auswirken und sollte demnach in ähnlicher Weise behandelt werden. Im Gegensatz zu rechtswidrigen Beihilfen handelt es sich bei Beihilfen, die gegebenenfalls in missbräuchlicher Weise angewandt worden sind, um Beihilfen, die die Kommission zu einem früheren Zeitpunkt genehmigt hat. Deswegen sollte die Kommission bei der missbräuchlichen Anwendung von Beihilfen keine Rückforderungsanordnung erlassen können.

(29) Die Kommission ist nach Artikel 108 Absatz 1 AEUV verpflichtet, fortlaufend in Zusammenarbeit mit den Mitgliedstaaten alle bestehenden Beihilferegelungen zu überprüfen. Im Interesse der Transparenz und Rechtssicherheit ist es angezeigt, den Rahmen dieser Zusammenarbeit festzulegen.

(30) Die Kommission sollte zur Gewährleistung der Vereinbarkeit der bestehenden Beihilferegelungen mit dem Binnenmarkt nach Artikel 108 Absatz 1 AEUV zweckdienliche Maßnahmen vorschlagen, wenn eine solche Regelung nicht oder nicht mehr mit dem Binnenmarkt vereinbar ist, und das Verfahren nach Artikel 108 Absatz 2 AEUV eröffnen, wenn der betreffende Mitgliedstaat die vorgeschlagenen Maßnahmen nicht durchführen will.

(31) Es ist zweckmäßig alle Möglichkeiten vorzusehen, über die Dritte verfügen, um ihre Interessen bei Verfahren für staatliche Beihilfen zu vertreten.

(32) Beschwerden sind eine wichtige Informationsquelle für die Aufdeckung von Verstößen gegen die Unionsvorschriften über staatliche Beihilfen. Um die Qualität der bei der Kommission eingehenden Beschwerden und gleichzeitig mehr Transparenz und Rechtssicherheit zu gewährleisten, sollte vorgesehen werden, welche Voraussetzungen eine Beschwerde erfüllen muss, damit die Kommission durch sie in den Besitz von Informationen über eine mutmaßliche rechtswidrige Beihilfe gelangen und eine vorläufige Prüfung eingeleitet werden kann. Eingaben, die diese Voraussetzungen nicht erfüllen, sollten als allgemeine Marktauskünfte behandelt werden und nicht zwangs-

läufig zu Untersuchungen von Amts wegen führen.

(33) Beschwerdeführer sollten nachweisen müssen, dass sie Beteiligte im Sinne von Artikel 108 Absatz 2 AEUV und Artikel 1 Buchstabe h der vorliegenden Verordnung sind. Ferner sollten sie ein Mindestmaß an Angaben in einem bestimmten Formular liefern müssen, und die Kommission sollte ermächtigt werden, dieses Formular im Rahmen einer Durchführungsbestimmung zu regeln. Um nicht von Beschwerden abzuschrecken, sollte bei dieser Durchführungsbestimmung darauf geachtet werden, dass die an die Beteiligten gestellten Anforderungen für die Einlegung einer Beschwerde nicht allzu hoch sein sollten.

(34) Mit Blick auf eine kohärente Behandlung ähnlicher Sachverhalte im gesamten Binnenmarkt sollte eine Rechtsgrundlage für die Einleitung von Untersuchungen einzelner Wirtschaftszweige oder Beihilfeinstrumente in mehreren Mitgliedstaaten vorgesehen werden. Aus Gründen der Verhältnismäßigkeit sollten Untersuchungen einzelner Wirtschaftszweige angesichts des hohen Verwaltungsaufwands, den sie verursachen, nur dann durchgeführt werden, wenn aufgrund der vorliegenden Informationen ein hinreichender Verdacht besteht, dass in mehreren Mitgliedstaaten staatliche Beihilfen in einem bestimmten Wirtschaftszweig den Wettbewerb im Binnenmarkt wesentlich einschränken oder verzerren könnten oder dass bestehende Beihilfen in einem bestimmten Wirtschaftszweig in mehreren Mitgliedstaaten nicht oder nicht mehr mit dem Binnenmarkt vereinbar sind. Solche Untersuchungen würden es der Kommission ermöglichen, horizontale Beihilfen effizient und transparent zu behandeln und bereits ex ante einen Überblick über den betreffenden Wirtschaftszweig zu erhalten.

(35) Damit die Kommission die Befolgung ihrer Beschlüsse wirksam überwachen kann und eine Zusammenarbeit mit den Mitgliedstaaten bei der fortlaufenden Überprüfung aller bestehenden Beihilferegelungen nach Artikel 108 Absatz 1 AEUV erleichtert wird, ist es notwendig, dass für alle bestehenden Beihilferegelungen eine allgemeine Berichterstattungspflicht vorgesehen wird.

(36) Hat die Kommission ernsthafte Bedenken, ob ihre Beschlüsse befolgt werden, sollte sie über zusätzliche Instrumente verfügen, um die Informationen einholen zu können, die für die Nachprüfung der tatsächlichen Befolgung ihrer Beschlüsse erforderlich sind. In dieser Hinsicht stellen Nachprüfungen vor Ort ein geeignetes und nützliches Instrument dar, und zwar insbesondere in Fällen, in denen Beihilfen missbräuchlich angewandt worden sein könnten. Deshalb sollte die Kommission dazu ermächtigt werden, Nachprüfungen vor Ort durchzuführen, und die zuständigen Behörden der Mitgliedstaaten sollten mit ihr zusammenarbeiten, wenn ein Unternehmen sich einer solchen Nachprüfung vor Ort widersetzt.

(37) Eine kohärente Anwendung der Vorschriften über staatliche Beihilfen erfordert Festlegungen bezüglich der Zusammenarbeit zwischen den mitglied-

staatlichen Gerichten und der Kommission. Diese Zusammenarbeit ist für alle mitgliedstaatlichen Gerichte relevant, die Artikel 107 Absatz 1 und Artikel 108 AEUV anwenden. Die Gerichte der Mitgliedstaaten sollten insbesondere die Möglichkeit haben, die Kommission um Auskünfte oder um Stellungnahmen zu Fragen der Anwendung Vorschriften über staatliche Beihilfen zu ersuchen. Der Kommission wiederum sollte die Möglichkeit gegeben werden, sich mündlich oder schriftlich vor Gerichten der Mitgliedstaaten zu äußern, wenn Artikel 107 Absatz 1 oder Artikel 108 AEUV zur Anwendung kommt. Wenn die Kommission die mitgliedstaatlichen Gerichte in dieser Weise unterstützt, so sollte sie entsprechend ihrer Aufgabe handeln, das öffentliche Interesse zu schützen.

(38) Diese Stellungnahmen der Kommission sollten nicht Artikel 267 AEUV berühren und sollten für die Gerichte der Mitgliedstaaten rechtlich nicht bindend sein. Sie sollten im Einklang mit den einzelstaatlichen Verfahrensregeln und Gepflogenheiten, einschließlich derjenigen, die die Wahrung der Rechte der Parteien betreffen, erfolgen, wobei die Unabhängigkeit der mitgliedstaatlichen Gerichte in vollem Umfang zu achten ist. Die Kommission sollte sich nur dann aus eigener Initiative äußern, wenn dies für die kohärente Anwendung des Artikels 107 Absatz 1 oder des Artikels 108 AEUV erforderlich ist, insbesondere in Fällen, die für die Vollstreckung oder Weiterentwicklung der Rechtsprechung der Union zum Beihilferecht von Bedeutung sind.

(39) Im Interesse der Transparenz und Rechtssicherheit sollten die Beschlüsse der Kommission der Öffentlichkeit zugänglich gemacht werden; gleichzeitig gilt weiterhin der Grundsatz, dass Beschlüsse über staatliche Beihilfen an die betreffenden Mitgliedstaat gerichtet werden. Deswegen ist es zweckmäßig, alle Beschlüsse, die die Interessen der Beteiligten beeinträchtigen könnten, in vollständiger oder zusammengefasster Form zu veröffentlichen oder für die Beteiligten Kopien derjenigen Beschlüsse bereitzuhalten, die nicht veröffentlicht oder nicht in vollständiger Form veröffentlicht wurden.

(40) Die Kommission sollte bei der Veröffentlichung ihrer Beschlüsse die Vorschriften über das Berufsgeheimnis nach Artikel 339 AEUV befolgen und insbesondere alle vertraulichen Informationen und personenbezogenen Daten schützen.

(41) Die Kommission sollte in enger Zusammenarbeit mit dem Beratenden Ausschuss für staatliche Beihilfen Durchführungsbestimmungen für die Verfahren nach dieser Verordnung erlassen können —

HAT FOLGENDE VERORDNUNG ERLASSEN:

KAPITEL I
ALLGEMEINES
Artikel 1
Definitionen

Im Sinne dieser Verordnung bezeichnet der Ausdruck

a) „Beihilfen" alle Maßnahmen, die die Voraussetzungen des Artikels 107 Absatz 1 AEUV erfüllen;

b) „bestehende Beihilfen"

i) unbeschadet der Artikel 144 und 172 der Akte über den Beitritt Österreichs, Finnlands und Schwedens, des Anhangs IV Nummer 3 und der Anlage zu diesem Anhang der Akte über den Beitritt der Tschechischen Republik, Estlands, Zyperns, Lettlands, Litauens, Ungarns, Maltas, Polens, Sloweniens und der Slowakei, des Anhangs V Nummer 2 und Nummer 3 Buchstabe b und der Anlage zu diesem Anhang der Akte über den Beitritt Bulgariens und Rumäniens und des Anhangs IV Nummer 2 und Nummer 3 Buchstabe b und der Anlage zu diesem Anhang der Akte über den Beitritt Kroatiens alle Beihilfen, die vor Inkrafttreten des AEUV in dem entsprechenden Mitgliedstaat bestanden, also Beihilferegelungen und Einzelbeihilfen, die vor Inkrafttreten des AEUV in dem entsprechenden Mitgliedstaat eingeführt worden sind und auch nach dessen Inkrafttreten noch anwendbar sind;

ii) genehmigte Beihilfen, also Beihilferegelungen und Einzelbeihilfen, die von der Kommission oder vom Rat genehmigt wurden;

iii) Beihilfen, die gemäß Artikel 4 Absatz 6 der Verordnung (EG) Nr. 659/1999 oder Artikel 4 Absatz 6 der vorliegenden Verordnung oder vor Erlass der Verordnung (EG) Nr. 659/1999, aber gemäß diesem Verfahren als genehmigt gelten;

iv) Beihilfen, die gemäß Artikel 17 der vorliegenden Verordnung als bereits bestehende Beihilfen gelten;

v) Beihilfen, die als bestehende Beihilfen gelten, weil nachgewiesen werden kann, dass sie zu dem Zeitpunkt, zu dem sie eingeführt wurden, keine Beihilfe waren und später aufgrund der Entwicklung des Binnenmarktes zu Beihilfen wurden, ohne dass sie eine Änderung durch den betreffenden Mitgliedstaat erfahren haben. Werden bestimmte Maßnahmen im Anschluss an die Liberalisierung einer Tätigkeit durch Rechtsvorschriften der Union zu Beihilfen, so gelten derartige Maßnahmen nach dem für die Liberalisierung festgelegten Termin nicht als bestehende Beihilfen;

c) „neue Beihilfen" alle Beihilfen, also Beihilferegelungen und Einzelbeihilfen, die keine bestehenden Beihilfen sind, einschließlich Änderungen bestehender Beihilfen;

d) „Beihilferegelung" eine Regelung, wonach Unternehmen, die in der Regelung in einer allgemeinen und abstrakten Weise definiert werden, ohne nähere Durchführungsmaßnahmen Einzelbeihilfen gewährt werden können, beziehungsweise eine Regelung, wonach einem oder mehreren Unternehmen nicht an ein bestimmtes Vorhaben gebundene

Beihilfen für unbestimmte Zeit und/oder in unbestimmter Höhe gewährt werden können;

e) „Einzelbeihilfen" Beihilfen, die nicht aufgrund einer Beihilferegelung gewährt werden, und einzelne anmeldungspflichtige Zuwendungen aufgrund einer Beihilferegelung;

f) „rechtswidrige Beihilfen" neue Beihilfen, die unter Verstoß gegen Artikel 108 Absatz 3 AEUV eingeführt werden;

g) „missbräuchliche Anwendung von Beihilfen" Beihilfen, die der Empfänger unter Verstoß gegen einen Beschluss nach Artikel 4 Absatz 3 oder Artikel 7 Absätze 3 oder 4 der Verordnung (EG) Nr. 659/1999 oder Artikel 4 Absatz 3 oder Artikel 9 Absätze 3 oder 4 der vorliegenden Verordnung verwendet;

h) „Beteiligte" Mitgliedstaaten, Personen, Unternehmen oder Unternehmensvereinigungen, deren Interessen aufgrund der Gewährung einer Beihilfe beeinträchtigt sein können, insbesondere der Beihilfeempfänger, Wettbewerber und Berufsverbände.

KAPITEL II
VERFAHREN BEI ANGEMELDETEN BEIHILFEN

Artikel 2
Anmeldung neuer Beihilfen

(1) Soweit die Verordnungen nach Artikel 109 AEUV oder nach anderen einschlägigen Vorschriften des AEUV nichts anderes vorsehen, teilen die Mitgliedstaaten der Kommission ihre Vorhaben zur Gewährung neuer Beihilfen rechtzeitig mit. Die Kommission unterrichtet den betreffenden Mitgliedstaat unverzüglich vom Eingang einer Anmeldung.

(2) Der betreffende Mitgliedstaat übermittelt der Kommission in seiner Anmeldung alle sachdienlichen Auskünfte, damit diese einen Beschluss nach den Artikeln 4 und 9 erlassen kann (im Folgenden „vollständige Anmeldung").

Artikel 3
Durchführungsverbot

Anmeldungspflichtige Beihilfen nach Artikel 2 Absatz 1 dürfen nicht eingeführt werden, bevor die Kommission einen diesbezüglichen Genehmigungsbeschluss erlassen hat oder die Beihilfe als genehmigt gilt.

Artikel 4
Vorläufige Prüfung der Anmeldung und Beschlüsse der Kommission

(1) Die Kommission prüft die Anmeldung unmittelbar nach deren Eingang. Unbeschadet des Artikels 10 erlässt die Kommission einen Beschluss nach den Absätzen 2, 3 oder 4 des vorliegenden Artikels.

(2) Gelangt die Kommission nach einer vorläufigen Prüfung zu dem Schluss, dass die angemeldete Maßnahme keine Beihilfe darstellt, so stellt sie dies durch Beschluss fest.

(3) Stellt die Kommission nach einer vorläufigen Prüfung fest, dass die angemeldete Maßnahme, insoweit sie in den Anwendungsbereich des Artikels 107 Absatz 1 AEUV fällt, keinen Anlass zu Bedenken hinsichtlich ihrer Vereinbarkeit mit dem Binnenmarkt gibt, so beschließt sie, dass die Maßnahme mit dem Binnenmarkt vereinbar ist (im Folgenden „Beschluss, keine Einwände zu erheben"). In dem Beschluss wird angeführt, welche Ausnahmevorschrift des AEUV zur Anwendung gelangt ist.

(4) Stellt die Kommission nach einer vorläufigen Prüfung fest, dass die angemeldete Maßnahme Anlass zu Bedenken hinsichtlich ihrer Vereinbarkeit mit dem Binnenmarkt gibt, so beschließt sie, das Verfahren nach Artikel 108 Absatz 2 AEUV zu eröffnen (im Folgenden „Beschluss über die Eröffnung des förmlichen Prüfverfahrens").

(5) Die Beschlüsse nach den Absätzen 2, 3 und 4 dieses Artikels werden innerhalb von zwei Monaten erlassen. Diese Frist beginnt am Tag nach dem Eingang der vollständigen Anmeldung. Die Anmeldung gilt als vollständig, wenn die Kommission innerhalb von zwei Monaten nach Eingang der Anmeldung oder nach Eingang der von ihr — gegebenenfalls — angeforderten zusätzlichen Informationen keine weiteren Informationen anfordert. Die Frist kann mit Zustimmung der Kommission und des betreffenden Mitgliedstaats verlängert werden. Die Kommission kann bei Bedarf kürzere Fristen setzen.

(6) Hat die Kommission innerhalb der in Absatz 5 genannten Frist keinen Beschluss nach den Absätzen 2, 3 oder 4 erlassen, so gilt die Beihilfe als von der Kommission genehmigt. Der betreffende Mitgliedstaat kann daraufhin die betreffenden Maßnahmen durchführen, nachdem er die Kommission hiervon in Kenntnis gesetzt hat, es sei denn, dass diese innerhalb einer Frist von 15 Arbeitstagen nach Erhalt der Benachrichtigung einen Beschluss nach diesem Artikel erlässt.

Artikel 5
Auskunftsersuchen an den anmeldenden Mitgliedstaat

(1) Vertritt die Kommission die Auffassung, dass die von dem betreffenden Mitgliedstaat vorgelegten Informationen über eine Maßnahme, die nach Artikel 2 angemeldet wurde, unvollständig sind, so fordert sie alle sachdienlichen ergänzenden Auskünfte an. Hat ein Mitgliedstaat auf ein derartiges Ersuchen geantwortet, so unterrichtet die Kommission den Mitgliedstaat vom Eingang der Antwort.

(2) Wird eine von dem betreffenden Mitgliedstaat verlangte Auskunft innerhalb der von der Kommission festgesetzten Frist nicht oder nicht vollständig erteilt, so übermittelt die Kommission ein Erinnerungsschrei-

ben, in dem sie eine zusätzliche Frist für die Auskunfterteilung festsetzt.

(3) Die Anmeldung gilt als zurückgezogen, wenn die angeforderten Auskünfte nicht innerhalb der festgesetzten Frist vorgelegt werden, es sei denn, dass entweder diese Frist mit Zustimmung der Kommission und des betreffenden Mitgliedstaats vor ihrem Ablauf verlängert worden ist oder dass der betreffende Mitgliedstaat der Kommission vor Ablauf der festgesetzten Frist in einer ordnungsgemäß begründeten Erklärung mitteilt, dass er die Anmeldung als vollständig betrachtet, weil die angeforderten ergänzenden Informationen nicht verfügbar oder bereits übermittelt worden sind. In diesem Fall beginnt die in Artikel 4 Absatz 5 genannte Frist am Tag nach dem Eingang der Erklärung. Gilt die Anmeldung als zurückgezogen, so teilt die Kommission dies dem Mitgliedstaat mit.

Artikel 6
Förmliches Prüfverfahren

(1) Der Beschluss über die Eröffnung des förmlichen Prüfverfahrens enthält eine Zusammenfassung der wesentlichen Sach- und Rechtsfragen, eine vorläufige Würdigung des Beihilfecharakters der geplanten Maßnahme durch die Kommission und Ausführungen über ihre Bedenken hinsichtlich der Vereinbarkeit mit dem Binnenmarkt. Der betreffende Mitgliedstaat und die anderen Beteiligten werden in diesem Beschluss zu einer Stellungnahme innerhalb einer Frist von normalerweise höchstens einem Monat aufgefordert. In ordnungsgemäß begründeten Fällen kann die Kommission diese Frist verlängern.

(2) Die von der Kommission erhaltenen Stellungnahmen werden dem betreffenden Mitgliedstaat mitgeteilt. Ersucht ein Beteiligter um Nichtbekanntgabe seiner Identität mit der Begründung, dass ihm daraus ein Schaden entstehen könnte, so wird die Identität des Beteiligten dem betreffenden Mitgliedstaat nicht bekannt gegeben. Der betreffende Mitgliedstaat kann sich innerhalb einer Frist von normalerweise höchstens einem Monat zu den Stellungnahmen äußern. In ordnungsgemäß begründeten Fällen kann die Kommission diese Frist verlängern.

Artikel 7
Auskunftsersuchen an andere Auskunftgeber

(1) Nach Einleitung des in Artikel 6 vorgesehenen förmlichen Prüfverfahrens, insbesondere in technisch komplexen Fällen, die einer inhaltlichen Würdigung bedürfen, kann die Kommission, wenn die Angaben, die ihr der betreffende Mitgliedstaat im Verlauf der vorläufigen Prüfung übermittelt hat, nicht für die vollumfängliche Würdigung der in Rede stehenden Maßnahme ausreichen, einen anderen Mitgliedstaat, ein Unternehmen oder eine Unternehmensvereinigung auffordern, alle für die vollumfängliche Würdigung der in Rede stehenden Maßnahme erforderlichen Marktauskünfte zu übermitteln, wobei insbesondere bei kleinen und mittleren Unternehmen dem Grundsatz der Verhältnismäßigkeit gebührend Rechnung zu

tragen ist.

(2) Die Kommission darf nur unter folgenden Bedingungen Auskunftsersuchen stellen:

a) im Rahmen eines förmlichen Prüfverfahren, das sich ihrer Einschätzung nach bisher als wirkungslos erwiesen hat, und

b) sofern die Ersuchen an Beihilfeempfänger gerichtet sind, wenn der betreffende Mitgliedstaat sein Einverständnis erklärt.

(3) Wenn Unternehmen oder Unternehmensvereinigungen auf ein Marktauskunftsersuchen der Kommission nach den Absätzen 6 und 7 hin Auskünfte erteilen, so übermitteln sie ihre Antwort gleichzeitig der Kommission und dem betreffenden Mitgliedstaat, sofern die übermittelten Dokumente keine Auskünfte enthalten, die der Geheimhaltung gegenüber diesem Mitgliedstaat unterliegen.

Die Kommission lenkt und überwacht den Austausch von Auskünften zwischen den betreffenden Mitgliedstaaten, Unternehmen oder Unternehmensvereinigungen und überprüft die angebliche Vertraulichkeit der erteilten Auskünfte.

(4) Die Kommission fordert nur Auskünfte an, die den betreffenden Mitgliedstaaten, Unternehmen oder Unternehmensvereinigungen zur Verfügung stehen.

(5) Die Mitgliedstaaten erteilen die Auskunft auf der Grundlage eines einfachen Auskunftsersuchens innerhalb einer von der Kommission gesetzten Frist, die unter normalen Umständen nicht mehr als einen Monat betragen sollte. Erteilt ein Mitgliedstaat die angeforderte Auskunft nicht innerhalb dieser Frist oder nur unvollständig, so übermittelt die Kommission ein Erinnerungsschreiben.

(6) Die Kommission kann ein Unternehmen oder eine Unternehmensvereinigung im Wege eines einfachen Auskunftsersuchens zur Erteilung von Auskünften auffordern. In solchen einfachen Auskunftsersuchen an Unternehmen oder Unternehmensvereinigungen gibt die Kommission die Rechtsgrundlage und den Zweck des Auskunftsersuchens sowie die benötigten Auskünfte an und setzt eine angemessene Frist für die Übermittlung dieser Informationen. Ferner weist sie auf die Geldbußen nach Artikel 8 Absatz 1 im Falle unrichtiger oder irreführender Angaben hin.

(7) Die Kommission kann ein Unternehmen oder eine Unternehmensvereinigung durch Beschluss zur Übermittlung von Auskünften auffordern. Wenn die Kommission ein Unternehmen oder eine Unternehmensvereinigung durch Beschluss zur Erteilung von Auskünften auffordert, gibt sie die Rechtsgrundlage und den Zweck des Auskunftsersuchens sowie die benötigten Auskünfte an und setzt eine angemessene Frist für die Übermittlung dieser Informationen. Ferner verweist sie auf die nach Artikel 8 Absatz 1 vorgesehenen Geldbußen und führt die Zwangsgelder nach Artikel 8 Absatz 2 auf oder verhängt sie gegebenenfalls. Außerdem weist sie auf das Recht des Unterneh-

mens oder der Unternehmensvereinigung hin, vor dem Gerichtshof gegen den Beschluss Einspruch zu erheben.

(8) Wenn die Kommission ein Auskunftsersuchen nach Absatz 1 oder 6 dieses Artikels stellt oder einen Beschluss nach Absatz 7 erlässt, so übermittelt sie gleichzeitig dem betreffenden Mitgliedstaat eine Kopie davon. Die Kommission gibt dabei auch an, nach welchen Kriterien sie die Adressaten des Auskunftsersuchens oder des Beschlusses ausgewählt hat.

(9) Die Inhaber der Unternehmen oder deren Vertreter oder — im Fall von juristischen Personen, Gesellschaften, Betrieben oder Vereinigungen ohne Rechtspersönlichkeit — die nach Gesetz oder Satzung zur Vertretung berufenen Personen erteilen die verlangten oder benötigten Auskünfte im Namen des betreffenden Unternehmens. Ordnungsgemäß bevollmächtigte Personen können die Auskünfte im Namen ihrer Mandanten erteilen. Letztere tragen jedoch die volle Verantwortung dafür, dass die erteilten Auskünfte sachlich richtig, vollständig und nicht irreführend sind.

Artikel 8
Geldbußen und Zwangsgelder

(1) Die Kommission kann, sofern sie dies als notwendig und angemessen erachtet, gegen Unternehmen und Unternehmensvereinigungen durch Beschluss Geldbußen von bis zu 1 % ihres im vorausgegangenen Geschäftsjahr erzielten Gesamtumsatzes festsetzen, wenn sie vorsätzlich oder grob fahrlässig

a) bei der Erteilung einer nach Artikel 7 Absatz 6 verlangten Auskunft unrichtige oder irreführende Angaben machen,

b) bei der Erteilung einer im Wege eines Beschlusses nach Artikel 7 Absatz 7 verlangten Auskunft unrichtige, unvollständige oder irreführende Angaben machen oder die Angaben nicht innerhalb der gesetzten Frist übermitteln.

(2) Die Kommission kann gegen Unternehmen oder Unternehmensvereinigungen, die es versäumen, die von ihr im durch Beschluss nach Artikel 7 Absatz 7 verlangten Auskunft vollständig und richtig zu erteilen, durch Beschluss Zwangsgelder festsetzen.

Diese Zwangsgelder betragen höchstens 5 % des von dem betroffenen Unternehmen oder Unternehmensvereinigung im vorausgegangenen Geschäftsjahr erzielten durchschnittlichen Tagesumsatzes für jeden Tag, um den die in ihrem Beschluss festgesetzte Frist überschritten wird, bis die von der Kommission angeforderten oder benötigten Auskünfte vollständig und richtig erteilt werden.

(3) Bei der Festsetzung der Geldbußen oder Zwangsgelder wird der Art, der Schwere und der Dauer der Zuwiderhandlung sowie — insbesondere bei kleinen und mittleren Unternehmen — dem Grundsatz der Verhältnismäßigkeit und der Angemessenheit gebührend Rechnung getragen.

(4) Wenn die Unternehmen oder Unternehmensvereinigungen der Verpflichtung nachgekommen sind, zu deren Erfüllung das Zwangsgeld festgesetzt worden war, kann die Kommission die endgültige Höhe des Zwangsgelds im Vergleich zu dem Betrag, der sich aus dem ursprünglichen Beschluss, mit dem das Zwangsgeld verhängt wurde, ergeben würde, herabsetzen. Die Kommission kann die Zwangsgelder auch erlassen.

(5) Vor Erlass eines Beschlusses nach Absatz 1 oder 2 dieses Artikels setzt die Kommission den betreffenden Unternehmen oder Unternehmensvereinigungen eine endgültige Frist von zwei Wochen für die Übermittlung der fehlenden Marktauskünfte und gibt ihnen zudem Gelegenheit zur Stellungnahme.

(6) Bei Klagen gegen Beschlüsse der Kommission zur Verhängung einer Geldbuße oder eines Zwangsgelds hat der Gerichtshof der Europäischen Union die Befugnis zu unbeschränkter Ermessensnachprüfung des Beschlusses im Sinne von Artikel 261 AEUV. Er kann die festgesetzte Geldbuße oder das festgesetzte Zwangsgeld aufheben, herabsetzen oder erhöhen.

Artikel 9
Beschlüsse der Kommission über den Abschluss des förmlichen Prüfverfahrens

(1) Das förmliche Prüfverfahren wird unbeschadet des Artikels 10 durch einen Beschluss nach den Absätzen 2 bis 5 des vorliegenden Artikels abgeschlossen.

(2) Gelangt die Kommission zu dem Schluss, dass die angemeldete Maßnahme, gegebenenfalls nach entsprechenden Änderungen durch den betreffenden Mitgliedstaat, keine Beihilfe darstellt, so stellt sie dies durch Beschluss fest.

(3) Stellt die Kommission fest, dass, gegebenenfalls nach Änderung durch den betreffenden Mitgliedstaat, die Bedenken hinsichtlich der Vereinbarkeit der angemeldeten Maßnahme mit dem Binnenmarkt ausgeräumt sind, so beschließt sie, dass die Beihilfe mit dem Binnenmarkt vereinbar ist (im Folgenden „Positivbeschluss"). In dem Beschluss wird angeführt, welche Ausnahmevorschrift des AEUV zur Anwendung gelangt ist.

(4) Die Kommission kann einen Positivbeschluss mit Bedingungen und Auflagen verbinden, die ihr ermöglichen, die Beihilfe für mit dem Binnenmarkt vereinbar zu erklären bzw. die Befolgung ihres Beschlusses zu überwachen (im Folgenden „mit Bedingungen und Auflagen verbundener Beschluss").

(5) Gelangt die Kommission zu dem Schluss, dass die angemeldete Beihilfe mit dem Binnenmarkt unvereinbar ist, so beschließt sie, dass diese Beihilfe nicht eingeführt werden darf (im Folgenden „Negativbeschluss").

(6) Beschlüsse nach den Absätzen 2 bis 5 werden erlassen, sobald die in Artikel 4 Absatz 4 genannten Bedenken ausgeräumt sind. Die Kommission bemüht sich darum, einen Beschluss möglichst innerhalb von 18 Monaten nach Eröffnung des Prüfverfahrens zu erlassen. Diese Frist kann von der Kommission und dem betreffenden Mitgliedstaat einvernehmlich verlängert werden.

(7) Ist die Frist nach Absatz 6 dieses Artikels abgelaufen, so erlässt die Kommission auf Wunsch des betreffenden Mitgliedstaats innerhalb von zwei Monaten auf der Grundlage der ihr zur Verfügung stehenden Informationen einen Beschluss. Reichen die ihr vorgelegten Informationen nicht aus, um die Vereinbarkeit festzustellen, so erlässt die Kommission gegebenenfalls einen Negativbeschluss.

(8) Vor Erlass eines Beschlusses nach den Absätzen 2 bis 5 gibt die Kommission dem betreffenden Mitgliedstaat Gelegenheit, innerhalb einer Frist von in der Regel höchstens einem Monat zu den Auskünften, die ihr gemäß Artikel 7 Absatz 3 der Kommission erteilt und an den betreffenden Mitgliedstaat übermittelt worden sind, Stellung zu nehmen.

(9) Die Kommission verwendet vertrauliche Auskünfte, die weder durch Aggregation noch auf andere Weise anonymisiert werden können, nur dann in nach den Absätzen 2 bis 5 dieses Artikels erlassenen Beschlüssen, wenn die Auskunftgeber vorher einer Offenlegung dieser Auskünfte gegenüber dem betreffenden Mitgliedstaat zugestimmt haben. Die Kommission kann in einem mit Gründen versehenen Beschluss, der dem betreffenden Unternehmen oder der betreffenden Unternehmensvereinigung bekannt gegeben wird, feststellen, dass ihr übermittelte und als vertraulich gekennzeichnete Informationen nicht geschützt sind, und einen Zeitpunkt festlegen, nach dem diese Informationen offengelegt werden. Diese Frist beträgt mindestens einen Monat.

(10) Die Kommission trägt den berechtigten Interessen der Unternehmen an der Wahrung ihrer Geschäftsgeheimnisse anderer vertraulicher Informationen gebührend Rechnung. Unternehmen oder Unternehmensvereinigungen, die Auskünfte nach Artikel 7 erteilen und nicht die Empfänger der in Rede stehenden Beihilfe sind, können darum ersuchen, dass ihre Identität dem betreffenden Mitgliedstaat nicht bekannt gegeben wird, weil ihnen daraus ein Schaden entstehen könnte.

Artikel 10
Rücknahme der Anmeldung

(1) Der betreffende Mitgliedstaat kann die Anmeldung im Sinne des Artikels 2 innerhalb einer angemessenen Frist, bevor die Kommission einen Beschluss nach Artikel 4 oder nach Artikel 9 erlassen hat, zurücknehmen.

(2) In Fällen, in denen die Kommission das förmliche Prüfverfahren eingeleitet hat, wird dieses eingestellt.

Artikel 11
Widerruf eines Beschlusses

Die Kommission kann, nachdem sie dem betreffenden

Mitgliedstaat Gelegenheit zur Stellungnahme gegeben hat, einen nach Artikel 4 Absätze 2 oder 3 oder nach Artikel 9 Absätze 2, 3 oder 4 erlassenen Beschluss widerrufen, wenn dieser auf während des Verfahrens übermittelten unrichtigen Informationen beruht, die ein für den Beschluss ausschlaggebender Faktor waren. Vor dem Widerruf eines Beschlusses und dem Erlass eines neuen Beschlusses eröffnet die Kommission das förmliche Prüfverfahren nach Artikel 4 Absatz 4. Die Artikel 6, 9 und 12, Artikel 13 Absatz 1 sowie die Artikel 15, 16 und 17 gelten entsprechend.

Verf-VO (margin)

KAPITEL III

VERFAHREN BEI RECHTSWIDRIGEN BEIHILFEN

Artikel 12

Prüfung, Auskunftsersuchen und Anordnung zur Auskunftserteilung

(1) Unbeschadet des Artikels 24 kann die Kommission von Amts wegen Auskünfte über mutmaßliche rechtswidrige Beihilfen prüfen, ungeachtet der Herkunft dieser Auskünfte.

Die Kommission prüft ohne ungebührliche Verzögerung jede nach Artikel 24 Absatz 2 eingelegte Beschwerde von Beteiligten und stellt sicher, dass der betreffende Mitgliedstaat regelmäßig in vollem Umfang über den Stand und das Ergebnis der Prüfung informiert wird.

(2) Falls erforderlich, verlangt die Kommission von dem betreffenden Mitgliedstaat Auskünfte. In diesem Fall gelten Artikel 2 Absatz 2 und Artikel 5 Absätze 1 und 2 entsprechend.

Nach Einleitung des förmlichen Prüfverfahrens kann die Kommission auch gemäß den Artikeln 7 und 8, die entsprechend gelten, von jedem anderen Mitgliedstaat, einem Unternehmen oder einer Unternehmensvereinigung Auskünfte verlangen.

(3) Werden von dem betreffenden Mitgliedstaat trotz eines Erinnerungsschreibens nach Artikel 5 Absatz 2 die verlangten Auskünfte innerhalb der von der Kommission festgesetzten Frist nicht oder nicht vollständig erteilt, so fordert die Kommission die Auskünfte durch Beschluss an (im Folgenden „Anordnung zur Auskunftserteilung"). Der Beschluss bezeichnet die angeforderten Auskünfte und legt eine angemessene Frist zur Erteilung dieser Auskünfte fest.

Artikel 13

Anordnung zur Aussetzung oder einstweiligen Rückforderung der Beihilfe

(1) Die Kommission kann, nachdem sie dem betreffenden Mitgliedstaat Gelegenheit zur Äußerung gegeben hat, einen Beschluss erlassen, mit dem dem Mitgliedstaat aufgegeben wird, alle rechtswidrigen Beihilfen so lange auszusetzen, bis die Kommission einen Beschluss über die Vereinbarkeit der Beihilfe mit dem Binnenmarkt erlassen hat (im Folgenden „Aussetzungsanordnung").

(2) Die Kommission kann, nachdem sie dem betreffenden Mitgliedstaat Gelegenheit zur Äußerung gegeben hat, einen Beschluss erlassen, mit dem dem Mitgliedstaat aufgegeben wird, alle rechtswidrigen Beihilfen einstweilig zurückzufordern, bis die Kommission einen Beschluss über die Vereinbarkeit der Beihilfe mit dem Binnenmarkt erlassen hat (im Folgenden „Rückforderungsanordnung"), sofern folgende Kriterien erfüllt sind:

a) Nach geltender Praxis bestehen hinsichtlich des Beihilfecharakters der betreffenden Maßnahme keinerlei Zweifel;

b) ein Tätigwerden ist dringend geboten;

c) ein erheblicher und nicht wiedergutzumachender Schaden für einen Konkurrenten ist ernsthaft zu befürchten.

Die Rückforderung erfolgt nach dem Verfahren des Artikels 16 Absätze 2 und 3. Nachdem die Beihilfe wieder eingezogen worden ist, erlässt die Kommission einen Beschluss innerhalb der für angemeldete Beihilfen geltenden Fristen.

Die Kommission kann den Mitgliedstaat ermächtigen, die Rückerstattung der Beihilfe mit der Zahlung einer Rettungsbeihilfe an das betreffende Unternehmen zu verbinden.

Dieser Absatz gilt nur für die nach dem Inkrafttreten der Verordnung (EG) Nr. 659/1999 gewährten rechtswidrigen Beihilfen.

Artikel 14

Nichtbefolgung einer Anordnung

Kommt der betreffende Mitgliedstaat einer Aussetzungs- oder Rückforderungsanordnung nicht nach, so kann die Kommission die Prüfung aufgrund der ihr vorliegenden Informationen fortsetzen sowie den Gerichtshof der Europäischen Union unmittelbar mit der Angelegenheit befassen und um die Feststellung ersuchen, dass die Nichtbefolgung der Anordnung einen Verstoß gegen den AEUV darstellt.

Artikel 15

Beschlüsse der Kommission

(1) Nach Prüfung einer etwaigen rechtswidrigen Beihilfe ergeht ein Beschluss nach Artikel 4 Absätze 2, 3 oder 4. Bei Beschlüssen zur Eröffnung eines förmlichen Prüfverfahrens wird das Verfahren durch einen Beschluss nach Artikel 9 abgeschlossen. Bei Nichtbefolgung der Anordnung zur Auskunftserteilung wird der Beschluss auf der Grundlage der verfügbaren Informationen erlassen.

(2) Bei etwaigen rechtswidrigen Beihilfen ist die Kommission — unbeschadet des Artikels 13 Absatz 2 — nicht an die in Artikel 4 Absatz 5 und Artikel 9 Absätze 6 und 7 genannte Frist gebunden.

(3) Artikel 11 gilt entsprechend.

Artikel 16
Rückforderung von Beihilfen

(1) In Negativbeschlüssen hinsichtlich rechtswidriger Beihilfen entscheidet die Kommission, dass der betreffende Mitgliedstaat alle notwendigen Maßnahmen ergreift, um die Beihilfe vom Empfänger zurückzufordern (im Folgenden „Rückforderungsbeschluss"). Die Kommission verlangt nicht die Rückforderung der Beihilfe, wenn dies gegen einen allgemeinen Grundsatz des Unionsrechts verstoßen würde.

(2) Die aufgrund eines Rückforderungsbeschlusses zurückzufordernde Beihilfe umfasst Zinsen, die nach einem von der Kommission festgelegten angemessenen Satz berechnet werden. Die Zinsen sind von dem Zeitpunkt, ab dem die rechtswidrige Beihilfe dem Empfänger zur Verfügung stand, bis zu ihrer tatsächlichen Rückzahlung zahlbar.

(3) Unbeschadet einer Entscheidung des Gerichtshofs der Europäischen Union nach Artikel 278 AEUV erfolgt die Rückforderung unverzüglich und nach den Verfahren des betreffenden Mitgliedstaats, sofern hierdurch die sofortige und tatsächliche Vollstreckung des Beschlusses der Kommission ermöglicht wird. Zu diesem Zweck unternehmen die betreffenden Mitgliedstaaten im Fall eines Verfahrens vor nationalen Gerichten unbeschadet des Unionsrechts alle in ihren jeweiligen Rechtsordnungen verfügbaren erforderlichen Schritte einschließlich vorläufiger Maßnahmen.

KAPITEL IV
VERJÄHRUNG

Artikel 17
Verjährung der Rückforderung von Beihilfen

(1) Die Befugnisse der Kommission zur Rückforderung von Beihilfen gelten für eine Frist von zehn Jahren.

(2) Diese Frist beginnt mit dem Tag, an dem die rechtswidrige Beihilfe dem Empfänger entweder als Einzelbeihilfe oder im Rahmen einer Beihilferegelung gewährt wird. Jede Maßnahme, die die Kommission oder ein Mitgliedstaat auf Antrag der Kommission bezüglich der rechtswidrigen Beihilfe ergreift, stellt eine Unterbrechung der Frist dar. Nach jeder Unterbrechung läuft die Frist von Neuem an. Die Frist wird ausgesetzt, solange der Beschluss der Kommission Gegenstand von Verhandlungen vor dem Gerichtshof der Europäischen Union ist.

(3) Jede Beihilfe, für die diese Frist ausgelaufen ist, gilt als bestehende Beihilfe.

Artikel 18
Verfolgungsverjährung

(1) Die Befugnisse, die der Kommission mit Artikel 8 übertragen wurden, verjähren nach einer Frist von drei Jahren.

(2) Die Frist nach Absatz 1 beginnt mit dem Tag, an dem die Zuwiderhandlung nach Artikel 8 begangen wurde. Bei andauernden oder fortgesetzten Zuwiderhandlungen beginnt die Frist mit dem Tag, an dem die Zuwiderhandlung eingestellt wurde.

(3) Die Verjährung der Befugnis zur Festsetzung von Geldbußen oder Zwangsgeldern wird durch jede auf Ermittlung oder Verfolgung der Zuwiderhandlung nach Artikel 8 gerichtete Handlung der Kommission von dem Tag an unterbrochen, an dem die Handlung dem betreffenden Unternehmen oder der betreffenden Unternehmensvereinigung bekannt gegeben wird.

(4) Nach jeder Unterbrechung läuft die Verjährungsfrist von Neuem an. Die Verjährung tritt jedoch spätestens mit dem Tag ein, an dem eine Frist von sechs Jahren verstrichen ist, ohne dass die Kommission eine Geldbuße oder ein Zwangsgeld festgesetzt hat. Diese Frist verlängert sich um den Zeitraum, in dem die Verjährung nach Absatz 5 dieses Artikels ruht.

(5) Die Verfolgungsverjährung ruht, solange wegen des Beschlusses der Kommission ein Verfahren vor dem Gerichtshof der Europäischen Union anhängig ist.

Artikel 19
Vollstreckungsverjährung

(1) Die Befugnis der Kommission zur Vollstreckung von Beschlüssen nach Artikel 8 verjährt nach Ablauf von fünf Jahren.

(2) Die Frist nach Absatz 1 beginnt mit dem Tag, an dem der Beschluss nach Artikel 8 bestandskräftig geworden ist.

(3) Die Frist nach Absatz 1 dieses Artikels wird unterbrochen durch

a) Bekanntgabe eines Beschlusses, durch den der ursprüngliche Betrag der Geldbuße oder des Zwangsgelds abgeändert oder ein Antrag auf eine solche Änderung abgelehnt wird,

b) jede auf zwangsweise Beitreibung der Geldbuße oder des Zwangsgelds gerichtete Handlung eines auf Antrag der Kommission handelnden Mitgliedstaats oder der Kommission.

(4) Nach jeder Unterbrechung läuft die Verjährungsfrist von Neuem an.

(5) Die Vollstreckungsverjährung nach Absatz 1 ist gehemmt, solange

a) eine Zahlungserleichterung bewilligt ist,

b) die Zwangsvollstreckung durch eine Entscheidung des Gerichtshofs ausgesetzt ist.

KAPITEL V
VERFAHREN BEI MISSBRÄUCHLICHER ANWENDUNG VON BEIHILFEN

Artikel 20
Missbräuchliche Anwendung von Beihilfen

Unbeschadet des Artikels 28 kann die Kommission bei missbräuchlicher Anwendung von Beihilfen das förmliche Prüfverfahren nach Artikel 4 Absatz 4 eröffnen. Die Artikel 6 bis 9, 11 und 12 sowie Artikel 13 Absatz 1 und die Artikel 14 bis 17 gelten entsprechend.

KAPITEL VI

VERFAHREN BEI BESTEHENDEN BEIHILFEREGELUNGEN

Artikel 21

Zusammenarbeit nach Artikel 108 Absatz 1 AEUV

(1) Für die Überprüfung bestehender Beihilferegelungen in Zusammenarbeit mit dem betreffenden Mitgliedstaat holt die Kommission nach Artikel 108 Absatz 1 AEUV bei diesem alle erforderlichen Auskünfte ein.

(2) Gelangt die Kommission zur vorläufigen Auffassung, dass eine bestehende Beihilferegelung nicht oder nicht mehr mit dem Binnenmarkt vereinbar ist, so setzt sie den betreffenden Mitgliedstaat hiervon in Kenntnis und gibt ihm Gelegenheit zur Stellungnahme innerhalb einer Frist von einem Monat. In ordnungsgemäß begründeten Fällen kann die Kommission diese Frist verlängern.

Artikel 22

Vorschlag zweckdienlicher Maßnahmen

Gelangt die Kommission aufgrund der von dem betreffenden Mitgliedstaat nach Artikel 21 übermittelten Auskünfte zu dem Schluss, dass die bestehende Beihilferegelung mit dem Binnenmarkt nicht oder nicht mehr vereinbar ist, so schlägt sie dem betreffenden Mitgliedstaat zweckdienliche Maßnahmen vor. Der Vorschlag kann insbesondere in Folgendem bestehen:

a) inhaltliche Änderung der Beihilferegelung oder

b) Einführung von Verfahrensvorschriften oder

c) Abschaffung der Beihilferegelung.

Artikel 23

Rechtsfolgen eines Vorschlags zweckdienlicher Maßnahmen

(1) Wenn der betreffende Mitgliedstaat den vorgeschlagenen Maßnahmen zustimmt und die Kommission hiervon in Kenntnis setzt, hält die Kommission dies fest und unterrichtet den Mitgliedstaat hiervon. Der Mitgliedstaat ist aufgrund seiner Zustimmung verpflichtet, die zweckdienlichen Maßnahmen durchzuführen.

(2) Wenn der betreffende Mitgliedstaat den vorgeschlagenen Maßnahmen nicht zustimmt und die Kommission trotz der von dem Mitgliedstaat vorgebrachten Argumente weiterhin die Auffassung vertritt, dass diese Maßnahmen notwendig sind, so leitet sie das Verfahren nach Artikel 4 Absatz 4 ein. Die Artikel 6, 9 und 11 gelten entsprechend.

KAPITEL VII

BETEILIGTE

Artikel 24

Rechte der Beteiligten

(1) Jeder Beteiligte kann nach dem Beschluss der Kommission zur Eröffnung des förmlichen Prüfverfahrens eine Stellungnahme nach Artikel 6 abgeben. Jeder Beteiligte, der eine solche Stellungnahme abgeben hat, und jeder Empfänger einer Einzelbeihilfe erhält eine Kopie des von der Kommission gemäß Artikel 9 erlassenen Beschlusses.

(2) Jeder Beteiligte kann eine Beschwerde einlegen, um die Kommission über mutmaßliche rechtswidrige Beihilfen oder über eine mutmaßliche missbräuchliche Anwendung von Beihilfen zu informieren. Hierfür füllt der Beteiligte ein in einer Durchführungsvorschrift nach Artikel 33 festgelegtes Formular ordnungsgemäß aus und erteilt alle darin angeforderten obligatorischen Auskünfte.

Wenn die Kommission nach einer ersten Prüfung zu der Auffassung gelangt, dass der Beteiligte dem vorgeschriebenen Beschwerdeformular nicht entsprochen hat oder die von ihm vorgebrachten sachlichen und rechtlichen Gesichtspunkte auf der Grundlage einer Prima-facie-Prüfung nicht als Nachweis für das Vorliegen oder die missbräuchliche Nutzung einer Beihilfe ausreichen, setzt sie ihn davon in Kenntnis und fordert ihn auf, innerhalb einer vorgeschriebenen Frist von höchstens einem Monat dazu Stellung zu nehmen. Falls der Beteiligte nicht innerhalb der vorgeschriebenen Frist Stellung nimmt, gilt die Beschwerde als zurückgezogen. Die Kommission unterrichtet den betreffenden Mitgliedstaat, sobald eine Beschwerde als zurückgezogen gilt.

Die Kommission übermittelt dem Beschwerdeführer eine Kopie des Beschlusses zu einer Beihilfesache, die den Gegenstand der Beschwerde betrifft.

(3) Jeder Beteiligte erhält auf Antrag eine Kopie jedes nach den Artikeln 4 und 9, nach Artikel 12 Absatz 3 und Artikel 13 erlassenen Beschlusses.

KAPITEL VIII

UNTERSUCHUNGEN EINZELNER WIRTSCHAFTSZWEIGE UND BEIHILFEINSTRUMENTE

Artikel 25

Untersuchungen einzelner Wirtschaftszweige und Beihilfeinstrumente

(1) Besteht aufgrund der vorliegenden Informationen ein hinreichender Verdacht, dass in einem bestimmten Wirtschaftszweig oder über ein bestimmtes Beihilfeinstrument gewährte Beihilfen möglicherweise in mehreren Mitgliedstaaten den Wettbewerb im Binnenmarkt wesentlich einschränken oder verzerren oder bestehende Beihilfen in einem bestimmten Wirtschaftszweig nicht oder nicht mehr mit dem Binnen-

markt vereinbar sind, kann die Kommission eine Untersuchung des betreffenden Wirtschaftszweigs oder der Anwendung des betreffenden Beihilfeinstruments in mehreren Mitgliedstaaten durchführen. Im Rahmen dieser Untersuchung kann die Kommission von den betreffenden Mitgliedstaaten und/oder Unternehmen oder Unternehmensvereinigungen unter gebührender Berücksichtigung des Grundsatzes der Verhältnismäßigkeit die Auskünfte verlangen, die für die Anwendung der Artikel 107 und 108 AEUV erforderlich sind.

Die Kommission begründet in allen Auskunftsersuchen, die sie nach diesem Artikel stellt, weshalb sie die Untersuchung eingeleitet und die Adressaten ausgewählt hat.

Sie veröffentlicht einen Bericht über die Ergebnisse ihrer Untersuchung einzelner Wirtschaftszweige oder der Anwendung einzelner Beihilfeinstrumente in verschiedenen Mitgliedstaaten und fordert die betreffenden Mitgliedstaaten, Unternehmen oder Unternehmensvereinigungen auf, dazu Stellung zu nehmen.

(2) Auskünfte, die bei der Untersuchung einzelner Wirtschaftszweige eingeholt wurden, dürfen im Rahmen von Verfahren nach dieser Verordnung verwendet werden.

(3) Die Artikel 5, 7 und 8 dieser Verordnung gelten entsprechend.

KAPITEL IX
ÜBERWACHUNG

Artikel 26
Jahresberichte

(1) Die Mitgliedstaaten unterbreiten der Kommission Jahresberichte über alle bestehenden Beihilferegelungen, für die keine besonderen Berichterstattungspflichten aufgrund eines mit Bedingungen und Auflagen verbundenen Beschlusses nach Artikel 9 Absatz 4 auferlegt wurden.

(2) Versäumt es der betreffende Mitgliedstaat trotz eines Erinnerungsschreibens, einen Jahresbericht zu übermitteln, so kann die Kommission hinsichtlich der betreffenden Beihilferegelung nach Artikel 22 verfahren.

Artikel 27
Nachprüfung vor Ort

(1) Hat die Kommission ernsthafte Zweifel hinsichtlich der Einhaltung eines Beschlusses, keine Einwände zu erheben, eines Positivbeschlusses oder eines mit Bedingungen und Auflagen verbundenen Beschlusses in Bezug auf Einzelbeihilfen, so gestattet der betreffende Mitgliedstaat, nachdem er Gelegenheit zur Stellungnahme erhalten hat, der Kommission eine Nachprüfung vor Ort.

(2) Die von der Kommission beauftragten Bediensteten verfügen über folgende Befugnisse, um die Einhaltung des betreffenden Beschlusses zu überprüfen:

a) Sie dürfen alle Räumlichkeiten und Grundstücke des betreffenden Unternehmens betreten;

b) sie dürfen mündliche Erklärungen an Ort und Stelle anfordern;

c) sie dürfen die Bücher und sonstigen Geschäftsunterlagen prüfen sowie Kopien anfertigen oder verlangen.

Die Kommission wird gegebenenfalls von unabhängigen Sachverständigen unterstützt.

(3) Die Kommission unterrichtet den betreffenden Mitgliedstaat rechtzeitig schriftlich von der Nachprüfung vor Ort und nennt die von ihr beauftragten Bediensteten und Sachverständigen. Erhebt der betreffende Mitgliedstaat ordnungsgemäß begründete Einwände gegen die Wahl der Sachverständigen durch die Kommission, so werden die Sachverständigen im Einvernehmen mit dem Mitgliedstaat ernannt. Die mit der Nachprüfung vor Ort beauftragten Bediensteten und Sachverständigen legen einen schriftlichen Prüfungsauftrag vor, in dem Gegenstand und Zweck der Nachprüfung bezeichnet werden.

(4) Bedienstete des Mitgliedstaats, in dessen Hoheitsgebiet die Nachprüfung vorgenommen werden soll, können der Nachprüfung beiwohnen.

(5) Die Kommission übermittelt dem Mitgliedstaat eine Kopie aller Berichte, die aufgrund der Nachprüfung erstellt wurden.

(6) Widersetzt sich ein Unternehmen einer durch einen Beschluss der Kommission nach diesem Artikel angeordneten Nachprüfung, so gewährt der betreffende Mitgliedstaat den Bediensteten und Sachverständigen der Kommission die erforderliche Unterstützung, damit diese ihre Nachprüfung durchführen können.

Artikel 28
Nichtbefolgung von Beschlüssen und Urteilen

(1) Kommt der betreffende Mitgliedstaat mit Bedingungen und Auflagen verbundenen Beschlüssen oder Negativbeschlüssen, insbesondere in den in Artikel 16 dieser Verordnung genannten Fällen, nicht nach, so kann die Kommission nach Artikel 108 Absatz 2 AEUV den Gerichtshof der Europäischen Union unmittelbar anrufen.

(2) Vertritt die Kommission die Auffassung, dass der betreffende Mitgliedstaat einem Urteil des Gerichtshofs der Europäischen Union nicht nachgekommen ist, so kann sie in der Angelegenheit nach Artikel 260 AEUV weiter verfahren.

KAPITEL X
ZUSAMMENARBEIT MIT GERICHTEN DER MITGLIEDSTAATEN

Artikel 29
Zusammenarbeit mit Gerichten der Mitgliedstaaten

(1) Zum Zweck der Anwendung von Artikel 107 Ab-

satz 1 und Artikel 108 AEUV können die Gerichte der Mitgliedstaaten die Kommission um Übermittlung von Informationen, die sich im Besitz der Kommission befinden, oder um Stellungnahme zu Fragen, die die Anwendung der Vorschriften über staatliche Beihilfen betreffen, bitten.

(2) Sofern es die kohärente Anwendung des Artikels 107 Absatz 1 und des Artikels 108 AEUV erfordert, kann die Kommission aus eigener Initiative den Gerichten der Mitgliedstaaten, die für die Anwendung der Vorschriften über staatliche Beihilfen zuständig sind, schriftliche Stellungnahmen übermitteln. Sie kann mit Erlaubnis des betreffenden Gerichts auch mündlich Stellung nehmen.

Sie teilt dem betreffenden Mitgliedstaat im Voraus mit, dass sie beabsichtigt, eine Stellungnahme einzureichen, bevor sie diese förmlich einreicht.

Die Kommission kann ausschließlich für die Ausarbeitung ihrer Stellungnahmen das betreffende Gericht des Mitgliedstaats ersuchen, ihr alle dem Gericht vorliegenden und zur Beurteilung der Beihilfesache durch die Kommission notwendigen Schriftstücke zu übermitteln.

KAPITEL XI
GEMEINSAME VORSCHRIFTEN
Artikel 30
Berufsgeheimnis

Die Kommission und die Mitgliedstaaten, ihre Beamten und anderen Bediensteten, einschließlich der von der Kommission ernannten unabhängigen Sachverständigen, geben unter das Berufsgeheimnis fallende Informationen, die sie in Anwendung dieser Verordnung erhalten haben, nicht preis.

Artikel 31
Adressaten der Beschlüsse

(1) Beschlüsse nach Artikel 7 Absatz 7, Artikel 8 Absätze 1 und 2 sowie Artikel 9 Absatz 9 werden an das betreffende Unternehmen oder die betreffende Unternehmensvereinigung gerichtet. Die Kommission gibt den Adressaten den Beschluss unverzüglich bekannt und bietet ihnen Gelegenheit, der Kommission mitzuteilen, welche Angaben ihrer Ansicht nach unter das Berufsgeheimnis fallen.

(2) Alle anderen Beschlüsse der Kommission, die auf der Grundlage der Kapitel II, III, V, VI und IX erlassen werden, sind an den betreffenden Mitgliedstaat zu richten. Die Kommission gibt dem betreffenden Mitgliedstaat diese Beschlüsse unverzüglich bekannt und bietet ihm Gelegenheit, der Kommission mitzuteilen, welche Angaben seiner Ansicht nach unter das Berufsgeheimnis fallen.

Artikel 32
Veröffentlichung der Beschlüsse

(1) Die Kommission veröffentlicht im Amtsblatt der Europäischen Union eine Zusammenfassung ihrer Be-

schlüsse nach Artikel 4 Absätze 2 und 3 und Artikel 22 in Verbindung mit Artikel 23 Absatz 1. In dieser Zusammenfassung wird darauf hingewiesen, dass eine Kopie des Beschlusses in seiner/seinen verbindlichen Sprachfassung/en erhältlich ist.

(2) Die Kommission veröffentlicht im Amtsblatt der Europäischen Union ihre Beschlüsse nach Artikel 4 Absatz 4 in der jeweiligen verbindlichen Sprachfassung. In den Amtsblättern, die in einer anderen Sprache als derjenigen der verbindlichen Sprachfassung erscheinen, wird die verbindliche Sprachfassung zusammen mit einer aussagekräftigen Zusammenfassung in der Sprache des jeweiligen Amtsblatts veröffentlicht.

(3) Die Kommission veröffentlicht im Amtsblatt der Europäischen Union ihre Beschlüsse nach Artikel 8 Absätze 1 und 2 und Artikel 9.

(4) In Fällen, in denen Artikel 4 Absatz 6 oder Artikel 10 Absatz 2 anwendbar sind, wird eine kurze Mitteilung im Amtsblatt der Europäischen Union veröffentlicht.

(5) Der Rat kann einstimmig beschließen, Beschlüsse nach Artikel 108 Absatz 2 Unterabsatz 3 AEUV im Amtsblatt der Europäischen Union zu veröffentlichen.

Artikel 33
Durchführungsvorschriften

Die Kommission kann nach dem Verfahren des Artikels 34 Durchführungsvorschriften erlassen, um Folgendes zu regeln:

a) Form, Inhalt und andere Einzelheiten von Anmeldungen,

b) Form, Inhalt und andere Einzelheiten von Jahresberichten,

c) Form, Inhalt und andere Einzelheiten der nach Artikel 12 Absatz 1 und Artikel 24 Absatz 2 eingelegten Beschwerden,

d) Einzelheiten zu den Fristen und zur Festlegung der Fristen und

e) die Zinssätze nach Artikel 16 Absatz 2.

Artikel 34
Konsultierung des Beratenden Ausschusses für staatliche Beihilfen

(1) Die Kommission konsultiert den durch die Verordnung (EU) 2015/1588 des Rates (⁴) eingesetzten Beratenden Ausschuss für staatliche Beihilfen (im Folgenden „Ausschuss") vor dem Erlass von Durchführungsvorschriften nach Artikel 33.

(2) Die Konsultierung des Ausschusses erfolgt im Rahmen einer Tagung, die von der Kommission einberufen wird. Die Einberufung sind die zu prüfenden Entwürfe und Dokumente beigefügt. Die Tagung findet frühestens zwei Monate nach Übermittlung der Einberufung statt. Diese Frist kann in dringenden Fällen verkürzt werden.

(3) Der Vertreter der Kommission unterbreitet dem Ausschuss einen Entwurf der zur treffenden Maßnahmen. Der Ausschuss gibt — gegebenenfalls nach Abstimmung — seine Stellungnahme zu diesem Entwurf innerhalb einer Frist ab, die der Vorsitzende unter Berücksichtigung der Dringlichkeit der betreffenden Frage festsetzen kann.

(4) Die Stellungnahme wird in das Protokoll aufgenommen. Darüber hinaus hat jeder Mitgliedstaat das Recht, zu verlangen, dass sein Standpunkt im Protokoll festgehalten wird. Der Ausschuss kann empfehlen, dass diese Stellungnahme im Amtsblatt der Europäischen Union veröffentlicht wird.

(5) Die Kommission berücksichtigt so weit wie möglich die Stellungnahme des Ausschusses. Sie unterrichtet den Ausschuss darüber, inwieweit sie seine Stellungnahme berücksichtigt hat.

Artikel 35
Aufhebung

Die Verordnung (EG) Nr. 659/1999 wird aufgehoben.

Bezugnahmen auf die aufgehobene Verordnung gelten als Bezugnahmen auf die vorliegende Verordnung und sind nach Maßgabe der Entsprechungstabelle in Anhang II zu lesen.

Artikel 36
Inkrafttreten

Diese Verordnung tritt am zwanzigsten Tag nach ihrer Veröffentlichung im Amtsblatt der Europäischen Union in Kraft.

Diese Verordnung ist in allen ihren Teilen verbindlich und gilt unmittelbar in jedem Mitgliedstaat.

Geschehen zu Brüssel am 13. Juli 2015.

Im Namen des Rates

Der Präsident

F. ETGEN

(1) Stellungnahme vom 29. April 2015 (noch nicht im Amtsblatt veröffentlicht).

(2) Verordnung (EG) Nr. 659/1999 des Rates vom 22. März 1999 über besondere Vorschriften für die Anwendung von Artikel 108 des Vertrags über die Arbeitsweise der Europäischen Union (ABl. L 83 vom 27.3.1999, S. 1).

(3) Siehe Anhang I.

(4) Verordnung (EU) 2015/1588 des Rates vom 13. Juli 2015 über die Anwendung der Artikel 107 und 108 des Vertrags über die Arbeitsweise der Europäischen Union auf bestimmte Gruppen horizontaler Beihilfen (siehe Seite 1 dieses Amtsblatts).

ANNEX I

Aufgehobene Verordnung mit Liste ihrer nachfolgenden Änderungen

Verordnung (EG) Nr. 659/1999 des Rates	(ABl. L 83 vom 27.3.1999, S. 1).
Abschnitt 5 Nummer 6 von Anhang II der Beitrittsakte von 2003	
Verordnung (EG) Nr. 1791/2006 des Rates	(ABl. L 363 vom 20.12.2006, S. 1).
Verordnung (EU) Nr. 517/2013 des Rates	(ABl. L 158 vom 10.6.2013, S. 1).
Verordnung (EU) Nr. 734/2013 des Rates	(ABl. L 204 vom 31.7.2013, S. 15).

ANHANG II

Entsprechungstabelle

Verordnung (EG) Nr. 659/1999	Vorliegende Verordnung
Artikel 1 bis 6	Artikel 1 bis 6
Artikel 6a	Artikel 7
Artikel 6b	Artikel 8
Artikel 7	Artikel 9
Artikel 8	Artikel 10
Artikel 9	Artikel 11
Artikel 10	Artikel 12
Artikel 11 Absatz 1	Artikel 13 Absatz 1
Artikel 11 Absatz 2 Unterabsatz 1, einleitende Worte	Artikel 13 Absatz 2 Unterabsatz 1, einleitende Worte
Artikel 11 Absatz 2 Unterabsatz 1, erster Gedankenstrich	Artikel 13 Absatz 2 Unterabsatz 1, Buchstabe a
Artikel 11 Absatz 2 Unterabsatz 1, zweiter Gedankenstrich	Artikel 13 Absatz 2 Unterabsatz 1, Buchstabe b
Artikel 11 Absatz 2 Unterabsatz 1, dritter Gedankenstrich	Artikel 13 Absatz 2 Unterabsatz 1, Buchstabe c
Artikel 11 Absatz 2 Unterabsätze 2, 3 und 4	Artikel 13 Absatz 2 Unterabsätze 2, 3 und 4
Artikel 12	Artikel 14
Artikel 13	Artikel 15
Artikel 14	Artikel 16
Artikel 15	Artikel 17
Artikel 15a	Artikel 18
Artikel 15b	Artikel 19
Artikel 16	Artikel 20

Artikel 17	Artikel 21
Artikel 18	Artikel 22
Artikel 19	Artikel 23
Artikel 20	Artikel 24
Artikel 20a	Artikel 25
Artikel 21	Artikel 26
Artikel 22	Artikel 27
Artikel 23	Artikel 28
Artikel 23a	Artikel 29
Artikel 24	Artikel 30
Artikel 25	Artikel 31
Artikel 26 Absätze 1 und 2	Artikel 32 Absätze 1 und 2
Artikel 26 Absatz 2a	Artikel 32 Absatz 3
Artikel 26 Absatz 3	Artikel 32 Absatz 3
Artikel 26 Absatz 4	Artikel 32 Absatz 4
Artikel 26 Absatz 5	Artikel 32 Absatz 5
Artikel 27	Artikel 33
Artikel 28	—
Artikel 29	Artikel 34
—	Artikel 35
Artikel 30	Artikel 36
—	Anhang I
—	Anhang II

Verf-VO

5. Verf-DVO kons

Dieser Text dient lediglich zu Informationszwecken und hat keine Rechtswirkung. Die EU-Organe übernehmen keine Haftung für seinen Inhalt. Verbindliche Fassungen der betreffenden Rechtsakte einschließlich ihrer Präambeln sind nur die im Amtsblatt der Europäischen Union veröffentlichten und auf EUR-Lex verfügbaren Texte. Diese amtlichen Texte sind über die Links in diesem Dokument unmittelbar zugänglich

Verf-DVO kons

►B ►M8 VERORDNUNG (EG) Nr 794/2004 DER KOMMISSION

vom 21. April 2004

zur Durchführung der Verordnung (EU) 2015/1589 des Rates über besondere Vorschriften für die Anwendung von Artikel 108 des Vertrags über die Arbeitsweise der Europäischen Union ◄

(ABl. L 140 vom 30.4.2004, S. 1)

Geändert durch:

		Amtsblatt		
		Nr.	Seite	Datum
►M1	Verordnung (EG) Nr. 1627/2006 der Kommission vom 24. Oktober 2006	L 302	10	1.11.2006
►M2	Verordnung (EG) Nr. 1935/2006 der Kommission vom 20. Dezember 2006	L 407	1	30.12.2006
►M3	Verordnung (EG) Nr. 271/2008 der Kommission vom 30. Januar 2008	L 82	1	25.3.2008
►M4	Verordnung (EG) Nr. 1147/2008 der Kommission vom 31. Oktober 2008	L 313	1	22.11.2008
►M5	Verordnung (EG) Nr. 257/2009 der Kommission vom 24. März 2009	L 81	15	27.3.2009
►M6	Verordnung (EG) Nr. 1125/2009 der Kommission vom 23. November 2009	L 308	5	24.11.2009
►M7	Verordnung (EU) Nr. 372/2014 der Kommission vom 9. April 2014	L 109	14	12.4.2014
►M8	Verordnung (EU) 2015/2282 der Kommission vom 27. November 2015	L 325	1	10.12.2015
►M9	Verordnung (EU) 2016/246 der Kommission vom 3. Februar 2016	L 51	1	26.2.2016
►M10	Verordnung (EU) 2016/2105 der Kommission vom 1. Dezember 2016	L 327	19	2.12.2016

Berichtigt durch:

►C1	Berichtigung, ABl. L 25 vom 28.1.2005, S. 74 (794/2004)
►C2	Berichtigung, ABl. L 131 vom 25.5.2005, S. 45 (794/2004)
►C3	Berichtigung, ABl. L 44 vom 15.2.2007, S. 3 (1935/2006)

▼ <u>B</u>
▼ <u>M8</u>

VERORDNUNG (EG) Nr 794/2004 DER KOMMISSION

vom 21. April 2004

zur Durchführung der Verordnung (EU) 2015/1589 des Rates über besondere Vorschriften für die Anwendung von Artikel 108 des Vertrags über die Arbeitsweise der Europäischen Union

▼ <u>B</u>

KAPITEL I

GEGENSTAND UND ANWENDUNGSBEREICH

Artikel 1

Gegenstand und anwendungsbereich

(1)   In dieser Verordnung sind Form, Inhalt und andere Einzelheiten der Anmeldungen und Jahresberichte gemäß Verordnung (EG) Nr. 659/1999 genau festgelegt. Sie enthält auch Bestimmungen über die Berechnung der Fristen in allen Verfahren staatlicher Beihilfen sowie den bei der Rückforderung rechtswidriger Beihilfen anzuwendenden Zinssatz.

(2)   Diese Verordnung findet Anwendung auf Beihilfen in allen Wirtschaftsbereichen.

KAPITEL II

ANMELDUNGEN

Artikel 2

Anmeldeformulare

Unbeschadet der sich aus der Entscheidung 2002/871/EG der Kommission (¹) für die Mitgliedstaaten ergebenden Verpflichtungen zur Anmeldung von Kohlebeihilfen erfolgt die Anmeldung neuer Beihilfen nach Artikel 2 Absatz 1 der Verordnung (EG) Nr. 659/1999, außer solchen gemäß Artikel 4 Absatz 2 der vorliegenden Verordnung, auf dem Anmeldeformular in Anhang I Teil I der vorliegenden Verordnung.

Für die Würdigung der Maßnahme gemäß Verordnungen, Leitlinien, Gemeinschaftsrahmen und anderen für staatliche Beihilfen geltenden Bestimmungen erforderliche ergänzende Auskünfte werden mit den Ergänzungsbögen in Anhang I Teil III geliefert.

Bei einer Änderung oder Ersetzung der einschlägigen Leitlinien oder Gemeinschaftsrahmen ändert die Kommission die Formulare und Bögen entsprechend.

(¹) ABl. L 300 vom 5.11.2002. S. 42.

5. Verf-DVO kons

Artikel 3

Übermittlung der Anmeldung

(1)   Die Anmeldung wird der Kommission im Wege der elektronischen Validierung durch die von dem Mitgliedstaat benannte Person übermittelt. Eine auf diese Weise validierte Anmeldung gilt als von dem Ständigen Vertreter übersandt.

(2)   Die Kommission richtet ihre Schreiben an den Ständigen Vertreter des betreffenden Mitgliedstaats bzw. an eine von diesem Mitgliedstaat benannte andere Anschrift.

(3)   Ab dem 1. Juli 2008 sind die Anmeldungen elektronisch über die Web-Anwendung State Aid Notification Interactive (SANI) zu übermitteln.

Alle Schreiben im Zusammenhang mit einer Anmeldung sind elektronisch über das gesicherte E-Mail-System Public Key Infrastructure (PKI) zu übermitteln.

(4)   In Ausnahmefällen kann für die Übermittlung der Anmeldung oder von Schreiben im Zusammenhang mit einer Anmeldung aufgrund einer Vereinbarung zwischen der Kommission und dem betreffenden Mitgliedstaat ein anderer Kommunikationskanal als die in Absatz 3 genannten Kommunikationskanäle benutzt werden.

Ohne eine solche Vereinbarung gelten Anmeldungen und Schreiben im Zusammenhang mit einer Anmeldung, die der Kommission von einem Mitgliedstaat über einen anderen Kommunikationskanal als die in Absatz 3 genannten Kommunikationskanäle übersandt werden, nicht als der Kommission übermittelt.

(5)   Enthält die Anmeldung oder der Schriftwechsel im Zusammenhang mit einer Anmeldung vertrauliche Informationen, so kennzeichnet der betreffende Mitgliedstaat diese deutlich und legt die Gründe für ihre Einstufung als vertraulich dar.

(6)   Die Mitgliedstaaten geben bei jeder Beihilfe, die einem Endbegünstigten gewährt wird, die Identifikationsnummer für staatliche Beihilfen an, die die betreffende Beihilferegelung von der Kommission erhalten hat.

Unterabsatz 1 gilt nicht für Beihilfen, die im Wege steuerlicher Maßnahmen gewährt werden.

Artikel 4

Anmeldung bestimmter Änderungen bestehender Beihilfen im vereinfachten Verfahren

(1)   Für den Zweck von Artikel 1 Buchstabe c) der Verordnung (EG) Nr. 659/1999 ist die Änderung einer bestehenden Beihilfe jede Änderung, außer einer Änderung rein formaler oder verwaltungstechnischer Art, die keinen Einfluss auf die Würdigung der Vereinbarkeit der Beihilfemaßnahme mit dem Gemeinsamen Markt haben kann. Eine Erhöhung der Ausgangsmittel für eine bestehende Beihilfe bis zu 20 % wird jedoch nicht als Änderung einer bestehenden Beihilfe angesehen.

(2)   Folgende Änderungen bestehender Beihilfen werden auf dem Anmeldeformular für das vereinfachte Verfahren in Anhang II mitgeteilt:

a) über 20 %ige Erhöhungen der Mittel für eine genehmigte Beihilferegelung;

b) die Verlängerung einer bestehenden genehmigten Beihilferegelung
bis zu sechs Jahren, mit oder ohne Erhöhung der Fördermittel;

c) die Verschärfung der Kriterien für die Anwendung einer genehmigten Beihilferegelung, die Herabsetzung der Beihilfeintensität oder der
förderfähigen Ausgaben.

Die Kommission setzt alles daran, für die auf dem vereinfachten Anmeldeformular mitgeteilten Beihilfen innerhalb eines Monats eine Entscheidung zu erlassen.

(3)   Die Anmeldung im vereinfachten Verfahren wird nicht zur Meldung von Änderungen von Beihilferegelungen angewandt, für die die
Mitgliedstaaten keine Jahresberichte nach Artikel 5, 6 und 7 vorgelegt
haben, es sei denn, die Jahresberichte für die Jahre, für die Beihilfen
gewährt wurden, werden gemeinsam mit der Anmeldung übermittelt.

KAPITEL III

JAHRESBERICHTE

Artikel 5

Form und Inhalt von Jahresberichten

(1)   Unbeschadet der Unterabsätze 2 und 3 des vorliegenden Absatzes
und zusätzlicher besonderer Berichterstattungspflichten, die aufgrund
einer mit Bedingungen und Auflagen verbundenen Entscheidung nach
Artikel 7 Absatz 4 der Verordnung (EG) Nr. 659/1999 auferlegt wurden, sowie unbeschadet der Einhaltung der von den Mitgliedstaaten
gegebenenfalls eingegangen Verpflichtungen im Zusammenhang mit einer Entscheidung zur Genehmigung einer Beihilfe stellen die Mitgliedstaaten auf der Grundlage des Standardberichtsformulars in Anhang III
A die Jahresberichte über bestehende Beihilferegelungen gemäß Artikel 21 Absatz 1 der Verordnung (EG) Nr. 659/1999 für jedes ganze
Kalenderjahr der Anwendung der Regelung oder einen Teil davon zusammen.

Die Jahresberichte über bestehende Beihilferegelungen für die Herstellung, Verarbeitung und Vermarktung der in Anhang I EG-Vertrag aufgeführten Agrarzeugnisse werden jedoch auf der Grundlage des Formulars in Anhang III B zusammengestellt.

Die Jahresberichte über bestehende Beihilferegelungen für die Erzeugung, Verarbeitung und Vermarktung der in Anhang I EG-Vertrag aufgeführten Fischereierzeugnisse werden mit Hilfe des Formulars in Anhang III C erstellt.

5. Verf-DVO kons

▼ B

(2) Die Kommission kann von den Mitgliedstaaten zusätzliche Angaben zu bestimmten Fragen verlangen, die im Voraus mit den Mitgliedstaaten abzusprechen sind.

Verf-DVO kons

Artikel 6

Übermittlung und Veröffentlichung von Jahresberichten

(1) Jeder Mitgliedstaat unterbreitet der Kommission spätestens am 30. Juni des Jahres nach dem Berichtszeitraum seine Jahresberichte in elektronischer Form.

In begründeten Fällen können Mitgliedstaaten Schätzungen vorlegen, vorausgesetzt, die richtigen Daten werden spätestens mit den Angaben für das nachfolgende Jahr unterbreitet.

(2) Die Kommission veröffentlicht jedes Jahr einen Beihilfenanzeiger, der eine Zusammenfassung der im Vorjahr in den Jahresberichten übermittelten Auskünfte enthält.

Artikel 7

Rechtlicher Status der Jahresberichte

Die Unterbreitung der Jahresberichte stellt weder die Erfüllung der Pflicht zur Anmeldung von Beihilfemaßnahmen vor ihrer Inkraftsetzung gemäß Artikel 88 Absatz 3 EG-Vertrag dar, noch greift sie dem Ergebnis der Prüfung angeblich rechtswidriger Beihilfen gemäß dem in Kapitel III der Verordnung (EG) Nr. 659/1999 festgelegten Verfahren in irgendeiner Weise vor.

KAPITEL IV

FRISTEN

Artikel 8

Fristenberechnung

▼ M7

(1) Die in der Verordnung (EG) Nr. 659/1999 und in der vorliegenden Verordnung oder von der Kommission nach Artikel 108 AEUV festgesetzten Fristen werden im Einklang mit der Verordnung (EWG, Euratom) Nr. 1182/71 und in den in den Absätzen 2 bis 5b des vorliegenden Artikels genannten besonderen Vorschriften berechnet. Im Kollisionsfall hat die vorliegende Verordnung Vorrang.

▼ B

(2) Die Fristen werden nach Monaten oder Arbeitstagen bestimmt.

▼ M3

(3) In Bezug auf die Fristen für das Handeln der Kommission ist der Eingang der Anmeldung bzw. des Schreibens nach Artikel 3 Absätze 1 und 3 dieser Verordnung das für die Zwecke des Artikels 3 Absatz 1 der Verordnung (EWG, Euratom) Nr. 1182/71 maßgebende Ereignis.

▼ M3

(4)   In Bezug auf die Fristen für das Handeln der Mitgliedstaaten ist der Eingang der Anmeldung bzw. des Schreibens der Kommission nach Artikel 3 Absatz 2 dieser Verordnung das für die Zwecke des Artikels 3 Absatz 1 der Verordnung (EWG, Euratom) Nr. 1182/71 maßgebende Ereignis.

▼ B

(5)   In Bezug auf den Termin für die Übermittlung der Stellungnahmen durch Dritte und die von dem Verfahren nicht unmittelbar betroffenen Mitgliedstaaten nach Eröffnung des förmlichen Prüfverfahrens gemäß Artikel 6 Absatz 1 der Verordnung (EG) Nr. 659/1999 ist die Veröffentlichung der Mitteilung über die Eröffnung des Verfahrens im *Amtsblatt der Europäischen Union* das maßgebliche Ereignis für den Zweck des Artikels 3 Absatz 1 der Verordnung (EWG, Euratom) Nr. 1182/71.

▼ M7

(5a)   In Bezug auf den Termin für die Übermittlung der Informationen, um die Dritte nach Artikel 6a Absatz 6 der Verordnung (EG) Nr. 659/1999 ersucht wurden, ist der Eingang des Auskunftsersuchens das maßgebliche Ereignis für den Zweck des Artikels 3 Absatz 1 der Verordnung (EWG, Euratom) Nr. 1182/71.

(5b)   In Bezug auf den Termin für die Übermittlung der Informationen, um die Dritte nach Artikel 6a Absatz 7 der Verordnung (EG) Nr. 659/1999 ersucht wurden, ist die Bekanntgabe des Beschlusses das maßgebliche Ereignis für den Zweck des Artikels 3 Absatz 1 der Verordnung (EWG, Euratom) Nr. 1182/71.

▼ B

(6)   Ersuchen um Fristverlängerung müssen begründet und mindestens 2 Tage vor Fristablauf schriftlich an die Anschrift übermittelt werden, die von der die Frist festsetzenden Partei bezeichnet wurde.

KAPITEL V

BEI   DER   RÜCKFORDERUNG   RECHTSWIDRIGER   BEIHILFEN ANZUWENDENDER ZINSSATZ

▼ M3

Artikel 9

Methode für die Festsetzung des Zinssatzes

(1)   Soweit per Entscheidung nicht anders bestimmt, entspricht der Zinssatz, der bei der Rückforderung einer unter Verstoß gegen Artikel 88 Absatz 3 EG-Vertrag gewährten staatlichen Beihilfe anzuwenden ist, dem effektiven Jahreszins, der für jedes Kalenderjahr im Voraus von der Kommission festgesetzt wird.

(2)   Zur Berechnung des Zinssatzes wird der Geldmarktsatz für ein Jahr um 100 Basispunkte erhöht. Liegt dieser Satz nicht vor, so wird der Geldmarktsatz für drei Monate oder, falls auch dieser nicht vorliegt, die Rendite staatlicher Schuldverschreibungen für die Berechnung verwendet.

(3)   Bei Fehlen zuverlässiger Daten zum Geldmarktsatz bzw. zur Rendite staatlicher Schuldverschreibungen und gleichwertiger Daten oder unter außergewöhnlichen Umständen kann die Kommission den Rückforderungszinssatz in enger Zusammenarbeit mit den betreffenden Mitgliedstaaten nach einer anderen Methode auf der Grundlage der ihr vorliegenden Angaben festsetzen.

▼ <u>M3</u>

(4)   Der Rückforderungszinssatz wird einmal jährlich angepasst. Der Basissatz wird auf der Grundlage des Geldmarktsatzes für ein Jahr im September, Oktober und November des betreffenden Jahres berechnet. Der berechnete Satz gilt für das gesamte folgende Jahr.

(5)   Um erheblichen plötzlichen Schwankungen Rechnung zu tragen, wird zusätzlich immer dann eine Aktualisierung vorgenommen, wenn der über die drei Vormonate berechnete Durchschnittssatz um mehr als 15 v. H. vom geltenden Satz abweicht. Dieser neue Satz tritt am ersten Tag des zweiten Monats in Kraft, der auf den für die Berechnung verwendeten Monat folgt.

▼ <u>B</u>

Artikel 10

Veröffentlichung

Die Kommission veröffentlicht die geltenden und maßgebliche frühere bei Rückforderungsentscheidungen angewandte Zinssätze im *Amtsblatt der Europäischen Union* und zu Informationszwecken im Internet.

Artikel 11

Anwendung des Zinssatzes

(1)   Anzuwenden ist der zu dem Zeitpunkt, ab dem die rechtswidrige Beihilfe dem Empfänger das erste Mal zur Verfügung gestellt wurde, geltende Zinssatz.

(2)   Der Zinssatz wird bis zur Rückzahlung der Beihilfe nach der Zinseszinsformel berechnet. Für die im Vorjahr aufgelaufenen Zinsen sind in jedem folgenden Jahr Zinsen fällig.

▼ <u>M3</u>

(3)   Der in Absatz 1 genannte Zinssatz gilt während des gesamten Zeitraums bis zum Tag der Rückzahlung. Liegt jedoch mehr als ein Jahr zwischen dem Tag, an dem die rechtswidrige Beihilfe dem Empfänger zum ersten Mal zur Verfügung gestellt wurde, und dem Tag der Rückzahlung der Beihilfe, so wird der Zinssatz ausgehend von dem zum Zeitpunkt der Neuberechnung geltenden Satz jährlich neu berechnet.

▼ <u>M7</u>

KAPITEL Va

BEARBEITUNG VON BESCHWERDEN

Artikel 11a

Zulässigkeit von Beschwerden

(1)   Jeder, der nach Artikel 10 Absatz 1 und Artikel 20 Absatz 2 der Verordnung (EG) Nr. 659/1999 eine Beschwerde einreicht, hat nachzuweisen, dass er Beteiligter im Sinne des Artikels 1 Buchstabe h der genannten Verordnung ist.

▼ <u>M7</u>

(2)   Der Beteiligte füllt ordnungsgemäß das Formular in Anhang IV aus und macht alle darin vorgeschriebenen Angaben. Auf begründeten Antrag eines Beteiligten kann die Kommission diesen von der Verpflichtung, einige der in dem Formular verlangten Angaben zu machen, befreien.

(3)   Die Beschwerde ist in einer Amtssprache der Union einzureichen.

KAPITEL Vb

**KENNTLICHMACHUNG   UND   SCHUTZ   VERTRAULICHER
INFORMATIONEN**

Artikel 11b

**Schutz von Geschäftsgeheimnissen und sonstigen vertraulichen
Informationen**

Jeder, der nach der Verordnung (EG) Nr. 659/1999 Informationen übermittelt, hat deutlich anzugeben, welche Informationen er aus welchen Gründen als vertraulich ansieht, und der Kommission gesondert eine nichtvertrauliche Fassung des Schriftsatzes vorzulegen. Müssen Informationen innerhalb einer bestimmten Frist übermittelt werden, so gilt dieselbe Frist für die Übermittlung der nichtvertraulichen Fassung.

▼ <u>B</u>

KAPITEL VI

SCHLUSSBESTIMMUNGEN

Artikel 12

Überprüfung

Die Kommission überprüft 4 Jahre nach Inkrafttreten in Absprache mit den Mitgliedstaaten die Anwendung dieser Verordnung.

Artikel 13

Inkrafttreten

Diese Verordnung tritt am zwanzigsten Tag nach ihrer Veröffentlichung im *Amtsblatt der Europäischen Union* in Kraft.

Kapitel II gilt für die der Kommission mehr als 5 Monate nach Inkrafttreten dieser Verordnung übermittelten Anmeldungen.

Kapitel III gilt für Jahresberichte über Beihilfen, die vom 1. Januar 2003 an gewährt wurden.

Kapitel IV gilt für alle Fristen, die zum Zeitpunkt des Inkrafttretens dieser Verordnung festgesetzt, jedoch noch nicht abgelaufen sind.

Artikel 9 und 11 finden bei allen Rückforderungsentscheidungen Anwendung, die nach dem Zeitpunkt des Inkrafttretens dieser Verordnung bekannt gegeben wurden.

Diese Verordnung ist in allen ihren Teilen verbindlich und gilt unmittelbar in jedem Mitgliedstaat.

5. Verf-DVO kons

ANHANG I

STANDARDFORMULAR FÜR DIE ANMELDUNG STAATLICHER BEIHILFEN GEMÄß ARTIKEL 88 ABSATZ 3 EG-VERTRAG UND FÜR ANGABEN ZU RECHTSWIDRIGEN BEIHILFEN

Verf-DVO kons

Dieses Formular ist von den Mitgliedstaaten für die Anmeldung neuer Beihilferegelungen und Einzelbeihilfen gemäß Artikel 88 Absatz 3 EG-Vertrag [1] zu verwenden. Es ist ferner zu verwenden, wenn aus Gründen der Rechtssicherheit eine Maßnahme bei der Kommission angemeldet wird, bei der es sich nicht um eine Beihilfe handelt.

Die Mitgliedstaaten werden aufgefordert, dieses Formular auch zu verwenden, wenn die Kommission umfassende Auskünfte über eine etwaige rechtswidrige Beihilfe anfordert.

Das Formular besteht aus drei Teilen:

I. **Allgemeine Angaben (dieser Teil ist in allen Fällen auszufüllen)**
II. **Zusammenfassung zur Veröffentlichung im Amtsblatt**
III. **Fragebogen je nach Art der Beihilfe**

Wird dieses Formular nicht korrekt ausgefüllt, kann die Anmeldung als unvollständig zurückgewiesen werden. Das ausgefüllte Formular wird der Kommission von der Ständigen Vertretung des betreffenden Mitgliedstaats zugeleitet. Es ist an den Generalsekretär der Kommission zu richten.

Beabsichtigt der Mitgliedstaat, ein Verfahren nach Maßgabe einer bestimmten Verordnung, bestimmter Leitlinien, Gemeinschaftsrahmen oder anderer für staatliche Beihilfen geltender Bestimmungen in Anspruch zu nehmen, ist auch dem Generaldirektor der zuständigen Generaldirektion der Kommission eine Kopie der Anmeldung zuzuleiten.

---

[1] Vgl. Anhang zu den "Leitlinien für die Prüfung der einzelstaatlichen Beihilfen im Fischerei- und Aquakultursektor", (ABl. C 19 vom 20.1.2001, S. 7).

TEIL I

ALLGEMEINE ANGABEN

1. **Anmeldung**

   Handelt es sich um

   a) ☐ eine Voranmeldung? Falls ja, müssen Sie zum jetzigen Zeitpunkt möglicherweise nicht das ganze Formular ausfüllen, sondern mit den Dienststellen der Kommission absprechen, welche Informationen für eine vorläufige Würdigung der geplanten Maßnahme benötigt werden.

   b) ☐ eine Anmeldung nach Artikel 108 Absatz 3 des Vertrags über die Arbeitsweise der Europäischen Union (AEUV)?

   c) ☐ eine vereinfachte Anmeldung nach Artikel 4 Absatz 2 der Verordnung (EG) Nr. 794/2004 (1)? Falls ja, füllen Sie bitte nur das Anmeldeformular für das vereinfachte Verfahren in Anhang II aus.

   d) ☐ eine Maßnahme, die keine staatliche Beihilfe im Sinne des Artikels 107 Absatz 1 AEUV darstellt, die jedoch aus Gründen der Rechtssicherheit bei der Kommission angemeldet wird?

   Wenn Sie Buchstabe d gewählt haben, geben Sie bitte unten an, weshalb der anmeldende Mitgliedstaat die Auffassung vertritt, dass die Maßnahme keine staatliche Beihilfe im Sinne des Artikels 107 Absatz 1 AEUV darstellt. Bitte legen Sie unter Berücksichtigung der folgenden vier Kriterien eine umfassende Beurteilung zu der Maßnahme vor, in der Sie besonders ausführlich auf diejenigen Kriterien eingehen, die Ihrer Ansicht nach bei der geplanten Maßnahme nicht erfüllt sind:

   Geht die angemeldete Maßnahme mit der Übertragung öffentlicher Mittel einher oder ist sie dem Staat zuzurechnen?

   ....

   Verschafft die angemeldete Maßnahme Unternehmen einen Vorteil?

   ....

   Ist die Gewährung der Maßnahme Gegenstand einer Ermessensentscheidung, steht sie nur einer begrenzten Anzahl von Unternehmen in einer begrenzten Anzahl von Wirtschaftszweigen zur Verfügung oder sieht sie territoriale Beschränkungen vor?

   ....

   Verfälscht die Maßnahme den Wettbewerb im Binnenmarkt oder droht sie, den Handel innerhalb der Union zu beeinträchtigen?

   ....

2. **Beihilfegeber**

   Mitgliedstaat:

   ....

   Region(en) des Mitgliedstaats (NUTS-Ebene 2), einschließlich Förderstatus:

   ....

   Kontaktperson(en):

   Name: ....

   Anschrift: ....

   Telefon: ....

   E-Mail: ....

---

(1) Verordnung (EG) Nr 794/2004 der Kommission vom 21. April 2004 zur Durchführung der Verordnung (EG) Nr. 659/1999 des Rates über besondere Vorschriften für die Anwendung von Artikel 93 des EG-Vertrags (ABl. L 140 vom 30.4.2004, S. 1).

5. Verf-DVO kons

Verf-DVO
kons

Geben Sie bitte Name, Anschrift (einschließlich Internetadresse) und E-Mail-Adresse der Bewilligungsbehörde an:

Name: ....

Anschrift: ....

Internetadresse: ....

E-Mail: ....

Kontaktperson in der Ständigen Vertretung:

Name: ....

Telefon: ....

E-Mail: ....

Soll eine Kopie der Schreiben der Kommission an den Mitgliedstaat auch anderen nationalen Behörden übermittelt werden, geben Sie bitte Name, Anschrift (einschließlich Internetadresse) und E-Mail-Adresse dieser Behörden an:

Name: ....

Anschrift: ....

Internetadresse: ....

E-Mail: ....

3. **Beihilfeempfänger**

3.1. Standort der Beihilfeempfänger:

a) ☐ in (einem) nicht beihilfefähigen Gebiet(en): ....

b) ☐ in (einem) Fördergebiet(en) im Sinne des Artikels 107 Absatz 3 Buchstabe a AEUV (geben Sie bitte das/die Fördergebiet(e) auf NUTS-Ebene 2 an): ....

c) ☐ in (einem) Fördergebiet(en) im Sinne des Artikels 107 Absatz 3 Buchstabe c AEUV (geben Sie bitte das/die Fördergebiet(e) auf NUTS-Ebene 3 oder darunter an): ....

3.2. Standort des (der) Vorhaben(s) (falls zutreffend):

a) ☐ in (einem) nicht beihilfefähigen Gebiet(en): ....

b) ☐ in (einem) Fördergebiet(en) im Sinne des Artikels 107 Absatz 3 Buchstabe a AEUV (geben Sie bitte das/die Fördergebiet(e) auf NUTS-Ebene 2 an): ....

c) ☐ in (einem) Fördergebiet(en) im Sinne des Artikels 107 Absatz 3 Buchstabe c AEUV (geben Sie bitte das/die Fördergebiet(e) auf NUTS-Ebene 3 oder darunter an): ....

3.3. Wirtschaftszweig(e), für den (die) die Beihilfemaßnahme gilt (d. h. in dem (denen) die Beihilfeempfänger tätig sind):

a) ☐ Alle Wirtschaftszweige

b) ☐ Bestimmte(r) Wirtschaftszweig(e). Geben Sie in diesem Fall bitte den (die) Wirtschaftszweig(e) auf Ebene der NACE-Gruppe ([2]) an:

3.4. Im Falle einer Beihilferegelung:

3.4.1. Art der Beihilfeempfänger:

a) ☐ Große Unternehmen

b) ☐ Kleine und mittlere Unternehmen (KMU)

([2]) NACE Rev. 2 oder spätere Rechtsvorschriften, durch die sie geändert oder ersetzt wird. NACE ist die statistische Systematik der Wirtschaftszweige in der Europäischen Union nach der Verordnung (EG) Nr. 1893/2006 des Europäischen Parlaments und des Rates vom 20. Dezember 2006 zur Aufstellung der statistischen Systematik der Wirtschaftszweige NACE Revision 2 und zur Änderung der Verordnung (EWG) Nr. 3037/90 des Rates sowie einiger Verordnungen der EG über bestimmte Bereiche der Statistik (ABl. L 393 vom 30.12.2006. S. 1).

   c) ☐ Mittlere Unternehmen

   d) ☐ Kleine Unternehmen

   e) ☐ Kleinstunternehmen

3.4.2. Voraussichtliche Zahl der Beihilfeempfänger:

   a) ☐ weniger als 10

   b) ☐ 11 bis 50

   c) ☐ 51 bis 100

   d) ☐ 101 bis 500

   e) ☐ 501 bis 1 000

   f) ☐ mehr als 1 000

3.5. Im Falle einer Einzelbeihilfe, die entweder auf der Grundlage einer Beihilferegelung oder als *Ad-hoc*-Beihilfe gewährt wird:

3.5.1. Name des (der) Beihilfeempfänger(s):

....

3.5.2. Art des (der) Beihilfeempfänger(s):

....

☐ KMU

Zahl der Beschäftigten:...

Jahresumsatz (voller Betrag in Landeswährung, im letzten Geschäftsjahr):

....

Jahresbilanzsumme (voller Betrag in Landeswährung, im letzten Geschäftsjahr):

....

Verbundene Unternehmen oder Partnerunternehmen (fügen Sie bitte eine Erklärung nach Artikel 3 Absatz 5 des Anhangs der KMU-Empfehlung der Kommission (³) bei, aus der hervorgeht, dass es sich bei dem Beihilfeempfänger um ein eigenständiges Unternehmen, ein verbundenes Unternehmen oder ein Partnerunternehmen handelt (⁴)):

....

☐ Großes Unternehmen

3.6. Handelt es sich bei den Beihilfeempfängern um Unternehmen in Schwierigkeiten (⁵)?

   ☐ Ja   ☐ Nein

3.7. Offene Rückzahlungsanordnungen

3.7.1. Im Falle einer Einzelbeihilfe:

Die Behörden des Mitgliedstaats verpflichten sich, für den Fall, dass dem Beihilfeempfänger noch eine frühere rechtswidrige Beihilfe zur Verfügung steht, die (als Einzelbeihilfe oder als Beihilfe auf der Grundlage einer für mit dem Binnenmarkt unvereinbar erklärten Beihilferegelung) durch einen Beschluss der Kommission für mit dem Binnenmarkt unvereinbar erklärt wurde, die Gewährung und/oder Zahlung der angemeldeten Beihilfe auszusetzen, bis der Beihilfeempfänger den Gesamtbetrag der rechtswidrigen und mit dem Binnenmarkt unvereinbaren Beihilfe einschließlich der entsprechenden Rückforderungszinsen zurückgezahlt oder auf ein Sperrkonto überwiesen hat.

(³) Empfehlung der Kommission vom 6. Mai 2003 betreffend die Definition der Kleinstunternehmen sowie der kleinen und mittleren Unternehmen (ABl. L 124 vom 20.5.2003, S. 36).

(⁴) Im Falle von verbundenen und Partnerunternehmen sind bei den für den Beihilfeempfänger angegebenen Beträgen die Zahl der Beschäftigten und die Finanzdaten der verbundenen und/oder Partnerunternehmen ebenfalls zu berücksichtigen.

(⁵) Im Sinne der Leitlinien für staatliche Beihilfen zur Rettung und Umstrukturierung nichtfinanzieller Unternehmen in Schwierigkeiten (ABl. C 249 vom 31.7.2014. S. 1).

5. Verf-DVO kons

☐ Ja   ☐ Nein

Geben Sie bitte die Fundstelle der einschlägigen nationalen Rechtsgrundlage an:

....

3.7.2. Im Falle einer Beihilferegelung:

Die Behörden des Mitgliedstaats verpflichten sich, die Gewährung und/oder Zahlung von Beihilfen auf der Grundlage der angemeldeten Beihilferegelung für Unternehmen auszusetzen, die frühere rechtswidrige Beihilfen erhalten haben, die (als Einzelbeihilfen oder als Beihilfen auf der Grundlage einer für mit dem Binnenmarkt unvereinbar erklärten Beihilferegelung) durch einen Beschluss der Kommission für mit dem Binnenmarkt unvereinbar erklärt wurden, bis das betreffende Unternehmen den Gesamtbetrag der rechtswidrigen und mit dem Binnenmarkt unvereinbaren Beihilfe einschließlich der entsprechenden Rückforderungszinsen zurückgezahlt oder auf ein Sperrkonto überwiesen hat.

☐ Ja   ☐ Nein

Geben Sie bitte die Fundstelle der einschlägigen nationalen Rechtsgrundlage an:

....

4. **Nationale Rechtsgrundlage**

4.1. Geben Sie bitte die nationale Rechtsgrundlage für die Beihilfemaßnahme einschließlich der Durchführungsvorschriften und der betreffenden Fundstellen an:

Nationale Rechtsgrundlage: ....

....

Durchführungsvorschriften (falls zutreffend):

....

....

Fundstellen (falls zutreffend):

....

4.2. Fügen Sie dieser Anmeldung bitte Folgendes bei:

a) ☐ eine Kopie der einschlägigen Auszüge aus der endgültigen Fassung der Rechtsgrundlage (gegebenenfalls zusammen mit einer Internetadresse, die direkten Zugang dazu bietet); oder

b) ☐ eine Kopie der einschlägigen Auszüge aus dem Entwurf der Rechtsgrundlage (gegebenenfalls zusammen mit einer Internetadresse, die direkten Zugang dazu bietet).

4.3. Enthält die Rechtsgrundlage, falls es sich um die endgültige Fassung handelt, eine Stillhalteklausel, nach der die Beihilfe erst gewährt werden darf, nachdem sie von der Kommission genehmigt wurde?

☐ Ja

☐ Nein: Ist eine entsprechende Bestimmung in den Entwurf aufgenommen worden?

☐ Ja

☐ Nein: Erläutern Sie bitte, warum eine solche Bestimmung nicht in die Rechtsgrundlage aufgenommen wurde.

....

4.4. Falls die Rechtsgrundlage eine Stillhalteklausel enthält, geben Sie bitte den Tag der Gewährung der Beihilfe an:

☐ Tag der Genehmigung durch die Kommission

☐ Tag der Zusage der nationalen Behörden, die Beihilfe vorbehaltlich der Genehmigung durch die Kommission zu gewähren

....

▼ M8

5. **Angaben zur Beihilfe, Ziel und Laufzeit**

5.1. Titel der Beihilfemaßnahme (oder Name des Empfängers der Einzelbeihilfe)

....

5.2. Kurze Beschreibung des Ziels der Beihilfe

....

5.3. Bezieht sich die Maßnahme auf die nationale Kofinanzierung eines im Rahmen des Europäischen Fonds für strategische Investitionen (EFSI) [6] geförderten Vorhabens?

Verf-DVO kons

☐ Nein

☐ Ja: Bitte fügen Sie dem Anmeldeformular das Antragsformular der Europäischen Investitionsbank bei.

5.4. Art der Beihilfe

5.4.1. Bezieht sich die Anmeldung auf eine Beihilferegelung?

☐ Nein

☐ Ja: Wird durch die Beihilferegelung eine bestehende Beihilferegelung geändert?

  ☐ Nein

  ☐ Ja: Sind die Voraussetzungen für das vereinfachte Verfahren nach Artikel 4 Absatz 2 der Verordnung (EG) Nr. 794/2004 erfüllt?

    ☐ Ja: Füllen Sie bitte das Anmeldeformular für das vereinfachte Verfahren aus (siehe Anhang II).

    ☐ Nein: Füllen Sie dieses Formular weiter aus und geben Sie an, ob die ursprüngliche Beihilferegelung, die jetzt geändert wird, bei der Kommission angemeldet wurde.

      ☐ Ja: Geben Sie bitte Folgendes an:

      Nummer der Beihilfe [7]: ....

      Tag der Genehmigung durch die Kommission (Bezugnahme auf das Schreiben der Kommission) (falls zutreffend) oder Nummer der Freistellung: .../.../...

      ....

      Laufzeit der ursprünglichen Beihilferegelung: ....

      Geben Sie bitte an, welche Bestimmungen gegenüber der ursprünglichen Beihilferegelung geändert werden und warum: ....

      ☐ Nein: Geben Sie bitte an, wann die Beihilferegelung durchgeführt wurde:

      ....

5.4.2. Bezieht sich die Anmeldung auf eine Einzelbeihilfe [8]?

☐ Nein

☐ Ja: Es handelt sich um

  ☐ eine Beihilfe, die sich auf eine genehmigte/unter eine Gruppenfreistellung fallende Beihilferegelung stützt, jedoch einzeln anzumelden ist. Geben Sie bitte die Fundstelle der genehmigten Beihilferegelung bzw. der unter eine Gruppenfreistellung fallenden Beihilferegelung an:

---

[6] Verordnung (EU) Nr. 2015/1017 des Europäischen Parlaments und des Rates vom 25. Juni 2015 über den Europäischen Fonds für strategische Investitionen, die europäische Plattform für Investitionsberatung und das europäische Investitionsvorhabenportal sowie zur Änderung der Verordnungen (EU) Nr. 1291/2013 und (EU) Nr. 1316/2013 — der Europäische Fonds für strategische Investitionen (ABl. L 169 vom 1.7.2015, S. 1).

[7] Nummer, unter der die genehmigte oder unter eine Gruppenfreistellung fallende Beihilferegelung bei der Kommission registriert wurde.

[8] Nach Artikel 1 Buchstabe e der Verordnung (EU) 2015/1589 des Rates vom 13. Juli 2015 über besondere Vorschriften für die Anwendung von Artikel 108 des Vertrags über die Arbeitsweise der Europäischen Union (ABl. L 248 vom 24.9.2015, S. 9) bezeichnet der Ausdruck „Einzelbeihilfen" Beihilfen, die nicht aufgrund einer Beihilferegelung gewährt werden, und einzelne anmeldepflichtige Zuwendungen aufgrund einer Beihilferegelung.

5. Verf-DVO kons

Titel: ....

Nummer der Beihilfe (^{7}): ....

Genehmigungsschreiben der Kommission (falls zutreffend): ....

☐ eine Einzelbeihilfe, die sich nicht auf eine Beihilferegelung stützt.

5.4.3. Ist die Finanzierung fester Bestandteil der Beihilfemaßnahme (z. B. wenn steuerähnliche Abgaben erhoben werden, um die für die Gewährung der Beihilfen erforderlichen Mittel aufzubringen)?

☐ Nein

☐ Ja: In diesem Fall sollte auch die Finanzierung angemeldet werden.

5.5. Laufzeit

☐ Beihilferegelung

Geben Sie den vorgesehenen letzten Tag an, an dem auf der Grundlage der Beihilferegelung Einzelbeihilfen gewährt werden können. Bei einer Laufzeit von mehr als 6 Jahren geben Sie bitte an, weshalb eine längere Laufzeit unerlässlich ist, um die Ziele der Beihilferegelung zu erreichen.

....

☐ Einzelbeihilfe

Geben Sie den für die Gewährung der Beihilfe vorgesehenen Tag an (^{9}): ....

Falls die Beihilfe in Tranchen ausgezahlt wird, geben Sie den für jede Tranche vorgesehenen Auszahlungstag an: ....

6. **Vereinbarkeit der Beihilfe mit dem Binnenmarkt**

Allgemeine Grundsätze für die beihilferechtliche Würdigung

(Die Abschnitte 6.2 bis 6.7 gelten nicht für Beihilfen in den Bereichen Landwirtschaft, Fischerei und Aquakultur (^{10}))

6.1. Geben Sie bitte das Hauptziel und gegebenenfalls das (die) Nebenziel(e) von gemeinsamem Interesse an, zu dem (denen) die Beihilfe beiträgt:

	Hauptziel *(bitte nur ein Ziel ankreuzen)*	**Nebenziel(e)** (^{1})
Landwirtschaft, Forstwirtschaft, ländliche Gebiete	☐	☐
Breitbandinfrastrukturen	☐	☐
Stilllegungsbeihilfen	☐	☐
Ausgleich für Schäden aufgrund von Naturkatastrophen oder sonstigen außergewöhnlichen Ereignissen	☐	☐
Kultur	☐	☐
Beihilfen für benachteiligte Arbeitnehmer und/oder Arbeitnehmer mit Behinderungen	☐	☐
Energieinfrastrukturen	☐	☐

(^{9}) Tag der rechtlich bindenden Zusage, die Beihilfe zu gewähren.
(^{10}) Was Beihilfen in den Bereichen Landwirtschaft, Fischerei und Aquakultur betrifft, so werden Informationen über die Einhaltung der allgemeinen Grundsätze für die beihilferechtliche Würdigung in den Teilen III.12 (Ergänzender Fragebogen zu Beihilfen im Agrar- und Forstsektor und in ländlichen Gebieten) bzw. III.14 (Ergänzender Fragebogen zu staatlichen Beihilfen für den Fischerei- und Aquakultursektor) verlangt.

▼ M8

	Hauptziel *(bitte nur ein Ziel ankreuzen)*	Nebenziel(e) [1]
Energieeffizienz	☐	☐
Umweltschutz	☐	☐
Durchführung eines wichtigen Vorhabens von gemeinsamem europäischem Interesse	☐	☐
Fischerei und Aquakultur	☐	☐
Erhaltung des kulturellen Erbes	☐	☐
Förderung von Export und Auslandsbeteiligungen	☐	☐
Regionale Entwicklung (einschließlich der territorialen Zusammenarbeit)	☐	☐
Behebung einer beträchtlichen Störung im Wirtschaftsleben eines Mitgliedstaats	☐	☐
Erneuerbare Energien	☐	☐
Rettung von Unternehmen in Schwierigkeiten	☐	☐
Forschung, Entwicklung und Innovation	☐	☐
Umstrukturierung von Unternehmen in Schwierigkeiten	☐	☐
Risikofinanzierung	☐	☐
Sektorale Entwicklung	☐	☐
Dienstleistungen von allgemeinem wirtschaftlichem Interesse (DAWI)	☐	☐
KMU	☐	☐
Soziale Unterstützung einzelner Verbraucher	☐	☐
Sportinfrastrukturen und multifunktionale Freizeitinfrastrukturen	☐	☐
Ausbildung	☐	☐
Flughafeninfrastruktur oder -ausrüstung	☐	☐
Flughafenbetrieb	☐	☐
Anlaufbeihilfen für Luftverkehrsgesellschaften für die Einrichtung neuer Strecken	☐	☐
Verkehrskoordinierung	☐	☐

Verf-DVO kons

[1] Ein Nebenziel ist ein Ziel, das zusätzlich zum Hauptziel mit der betreffenden Beihilfe ausschließlich verfolgt wird. So kann eine Beihilferegelung, deren Hauptziel die Förderung von Forschung und Entwicklung ist, die Förderung von KMU zum Nebenziel haben, wenn die Beihilfe ausschließlich für KMU bestimmt ist. Das Nebenziel kann auch sektorbezogen sein, zum Beispiel im Falle einer FuE-Beihilferegelung für den Stahlsektor.

6.2. Erläutern Sie bitte die Erforderlichkeit des staatlichen Eingreifens. Die Beihilfe darf nur dann gewährt werden, wenn sie durch Behebung eines genau definierten Marktversagens wesentliche Verbesserungen bewirken kann, die der Markt selbst nicht herbeiführen kann.

....

....

5. Verf-DVO kons

6.3. Begründen Sie bitte, warum die Beihilfe ein geeignetes Instrument zur Verfolgung des unter Nummer 6.1 genannten Ziels von gemeinsamem Interesse ist. Die Beihilfe wird nicht als mit dem Binnenmarkt vereinbar angesehen, wenn derselbe positive Beitrag mit Maßnahmen erreicht werden kann, die den Wettbewerb weniger verfälschen.

....

....

6.4. Hat die Beihilfe einen Anreizeffekt (dieser liegt vor, wenn die Beihilfe insofern zu einer Verhaltensänderung eines Unternehmens führt, als es zusätzliche Tätigkeiten aufnimmt, die es ohne die Beihilfe nicht, nur in geringerem Umfang oder auf andere Weise ausgeübt hätte)?

☐ Ja   ☐ Nein

Geben Sie bitte an, ob vor Stellung eines Beihilfeantrags aufgenommene Tätigkeiten beihilfefähig sind.

☐ Ja   ☐ Nein

Wenn sie beihilfefähig sind, erläutern Sie bitte, inwieweit das Erfordernis des Anreizeffekts erfüllt ist.

....

....

6.5. Begründen Sie bitte, warum die gewährte Beihilfe angemessen in dem Sinne ist, dass sie dem für die Förderung von Investitionen oder Tätigkeiten erforderlichen Minimum entspricht.

....

....

6.6. Geben Sie bitte die möglichen negativen Auswirkungen der Beihilfe auf Wettbewerb und Handel an und präzisieren Sie, inwieweit die positiven Auswirkungen überwiegen.

....

....

6.7. Geben Sie bitte im Einklang mit der Transparenzmitteilung [11] an, ob folgenden Informationen auf einer zentralen nationalen oder regionalen Website veröffentlicht werden: vollständiger Wortlaut der genehmigten Beihilferegelung oder des Gewährungsbeschlusses für Einzelbeihilfen, einschließlich ihrer Durchführungsbestimmungen, oder ein Link dazu, Name der Bewilligungsbehörde(n), Name der einzelnen Beihilfeempfänger, Beihilfeinstrument [12] und Beihilfebetrag je Beihilfeempfänger, Ziel der Beihilfe, Tag der Gewährung, Art des Unternehmens (zum Beispiel KMU oder großes Unternehmen), Nummer der Beihilfemaßnahme bei der Kommission, Gebiet (NUTS-Ebene 2), in dem der Beihilfeempfänger seinen Standort hat, sowie Hauptwirtschaftszweig (auf Ebene der NACE-Gruppe), in dem der Beihilfeempfänger tätig ist [13].

---

[11] Mitteilung der Kommission zur Änderung der Mitteilungen der Kommission über Leitlinien der EU für die Anwendung der Vorschriften über staatliche Beihilfen im Zusammenhang mit dem schnellen Breitbandausbau, über Leitlinien für Regionalbeihilfen 2014–2020, über staatliche Beihilfen für Filme und andere audiovisuelle Werke, über Leitlinien für staatliche Beihilfen zur Förderung von Risikofinanzierungen sowie über Leitlinien für staatliche Beihilfen für Flughäfen und Luftverkehrsgesellschaften (ABl. C 198 vom 27.6.2014, S. 30).

[12] Zuschuss/Zinszuschuss, Darlehen/rückzahlbarer Vorschuss/rückzahlbarer Zuschuss, Garantie, Steuerermäßigung oder Steuerbefreiung, Risikofinanzierung, sonstiges Beihilfeinstrument (bitte angeben). Falls die Beihilfe über mehrere Beihilfeinstrumente gewährt wird, ist der Beihilfebetrag für jedes Instrument anzugeben.

[13] Auf diese Angabe kann bei Einzelbeihilfen unter 500 000 EUR verzichtet werden. Bei Beihilferegelungen in Form von Steuervergünstigungen können die Angaben zu den Beihilfebeträgen je Beihilfeempfänger in folgenden Spannen angegeben werden (in Mio. EUR): [0.5–1], [1–2], [2–5], [5–10], [10–30], [30 und mehr].

▼ <u>M8</u>

☐ Ja   ☐ Nein

6.7.1. Geben Sie bitte die Adresse(n) der Website(s) an, auf denen die Informationen bereitgestellt werden:

....

....

6.7.2. Geben Sie bitte gegebenenfalls die Adresse(n) der zentralen Website an, die Informationen von den/der regionalen Website(s) abruft:

....

....

6.7.3. Wenn die Adresse(n) der unter Nummer 6.7.2 genannten Website zum Zeitpunkt der Anmeldung noch nicht bekannt ist, verpflichtet sich der Mitgliedstaat, die Kommission zu informieren, sobald die betreffende Website eingerichtet und ihre Adresse bekannt ist.

7. Beihilfeinstrument, Beihilfebetrag, Beihilfeintensität und Finanzierung

7.1. Beihilfeinstrument und Beihilfebetrag

Geben Sie (gegebenenfalls für jede Maßnahme) an, in welcher Form und Höhe ([14]) die Beihilfe dem (den) Empfänger(n) zur Verfügung gestellt wird:

Beihilfeinstrument	Beihilfebetrag oder Mittelausstattung ([1])	
	Insgesamt	Jährlich
☐ **Zuschuss (oder Maßnahme mit ähnlicher Wirkung)** a) ☐ Direkter Zuschuss b) ☐ Zinszuschuss c) ☐ Schuldenerlass		
☐ **Darlehen (oder Maßnahme mit ähnlicher Wirkung)** a) ☐ Zinsgünstiges Darlehen (einschließlich Angaben zu Besicherung und Laufzeit) b) ☐ Rückzahlbarer Vorschuss c) ☐ Steueraufschub		
☐ **Garantie** Nehmen Sie gegebenenfalls auf den Beschluss der Kommission zur Genehmigung der Methode für die Berechnung des Bruttosubventionsäquivalents Bezug und machen Sie Angaben zum besicherten Darlehen oder der durch die Garantie gedeckte Finanztransaktion, zur verlangten Besicherung und zur zahlenden Prämie und zur Laufzeit, usw.		
☐ **Beteiligungen oder beteiligungsähnliche Investitionen** in jeder Form		

([14]) Gesamtbetrag der geplanten Beihilfe (voller Betrag in Landeswährung). Bei steuerlichen Maßnahmen: geschätzter Gesamteinnahmeverlust aufgrund der Steuervergünstigungen. Wenn die durchschnittliche jährliche Mittelausstattung für die staatliche Beihilferegelung mehr als 150 Mio. EUR beträgt, ist der Abschnitt „Evaluierung" auszufüllen.

▼ M8

Verf-DVO kons

Beihilfeinstrument	Beihilfebetrag oder Mittelausstattung ([1])	
	Insgesamt	Jährlich
☐ **Steuerermäßigung oder Steuerbefreiung**		
a) ☐ Steuerfreibetrag b) ☐ Senkung der Steuerbemessungsgrundlage c) ☐ Steuersatzermäßigung d) ☐ Ermäßigung der Sozialabgaben e) ☐ Sonstige (bitte angeben)............................		
☐ **Sonstiges** (bitte angeben) .... Geben Sie bitte an, welchen Instrumenten die Maßnahme hinsichtlich ihrer Wirkung am ehesten entspricht.		

([1]) Geben Sie den Beihilfebetrag oder die Mittelausstattung in allen Abschnitten dieses Formulars und der ergänzenden Fragebögen jeweils als vollen Betrag in Landeswährung an.

Bei Garantien: Geben Sie bitte den Höchstbetrag der besicherten Darlehen an: ....

Bei Darlehen: Geben Sie bitte den (nominalen) Höchstbetrag des gewährten Darlehens an: ....

7.2. Beschreibung des Beihilfeinstruments

Beschreiben Sie bitte für jedes aus der Liste unter Nummer 7.1 ausgewählte Beihilfeinstrument die Modalitäten der Beihilfegewährung (zum Beispiel steuerliche Behandlung, automatische Gewährung anhand bestimmter objektiver Kriterien oder Bestehen eines Ermessens der Bewilligungsbehörden):

....

....

7.3. Finanzierung

7.3.1. Geben Sie an, wie die Beihilfe finanziert wird:

a) ☐ aus dem nationalen/regionalen/lokalen Haushalt

b) ☐ über parafiskalische Abgaben oder Steuern, die für einen Beihilfeempfänger bestimmt sind. Beschreiben Sie bitte genau die Abgaben und die Waren/Tätigkeiten, auf die sie erhoben werden (insbesondere, ob auch aus anderen Mitgliedstaaten eingeführte Waren den Abgaben unterliegen). Fügen Sie gegebenenfalls eine Kopie der Rechtsgrundlage für die Finanzierung bei.

....

....

c) ☐ Kumulierte Rücklagen

d) ☐ Öffentliche Unternehmen

e) ☐ Kofinanzierung aus den Strukturfonds

f) ☐ Sonstiges (bitte angeben)

....

....

7.3.2. Wird die Mittelausstattung jährlich beschlossen?

☐ Ja

☐ Nein. Geben Sie bitte den Zeitraum an, für den sie gilt: ....

7.3.3. Bezieht sich die Anmeldung auf die Änderung einer bestehenden Beihilferegelung, dann geben Sie bitte für jedes Beihilfeinstrument, das Gegenstand der angemeldeten Änderungen ist, die Auswirkungen auf die Mittelausstattung an:

Gesamtmittelausstattung ....

Jährliche Mittelausstattung ([15]) ....

7.4. Kumulierung

Kann die Beihilfe mit Beihilfen oder *De-minimis*-Beihilfen ([16]) aus anderen lokalen, regionalen oder nationalen Quellen ([17]) zur Deckung derselben beihilfefähigen Kosten kumuliert werden?

☐ Ja. Geben Sie bitte, sofern verfügbar, Titel, Zweck und Ziel der Beihilfe an:

....

....

Erläutern Sie bitte auch, durch welche Mechanismen sichergestellt wird, dass die Kumulierungsvorschriften eingehalten werden:

....

....

☐ Nein

8. **Evaluierung**

8.1. Ist eine Evaluierung der Beihilferegelung vorgesehen ([18])?

☐ Nein

Falls keine Evaluierung der Beihilferegelung vorgesehen ist, erläutern Sie bitte, warum die Kriterien für eine Evaluierung Ihres Erachtens nicht erfüllt sind.

....

☐ Ja

Aufgrund welcher Kriterien ist eine *Ex-post*-Evaluierung der Beihilferegelung vorgesehen?

a) ☐ Beihilferegelung mit hoher Mittelausstattung

b) ☐ Beihilferegelung mit neuartigen Merkmalen

c) ☐ Beihilferegelung, für die wesentliche marktbezogene, technische oder regulatorische Veränderungen zu erwarten sind

---

([15]) Wenn die durchschnittliche jährliche Mittelausstattung der Beihilferegelung mehr als 150 Mio. EUR beträgt, füllen Sie bitte den Abschnitt „Evaluierung" dieses Anmeldeformulars aus. Die Evaluierungspflicht gilt nicht für Beihilferegelungen, die unter den ergänzenden Fragebogen für Agrarbeihilfen fallen.

([16]) Verordnung (EU) Nr. 1407/2013 der Kommission vom 18. Dezember 2013 über die Anwendung der Artikel 107 und 108 des Vertrags über die Arbeitsweise der Europäischen Union auf *De-minimis*-Beihilfen (ABl. L 352 vom 24.12.2013, S. 1) und Verordnung (EU) Nr. 717/2014 vom Kommission vom 27. Juni 2014 über die Anwendung der Artikel 107 und 108 des Vertrags über die Arbeitsweise der Europäischen Union auf *De-minimis*-Beihilfen im Fischerei- und Aquakultursektor (ABl. L 190 vom 28.6.2014, S. 45).

([17]) Unionsmittel, die von der Kommission zentral verwaltet werden und nicht direkt oder indirekt der Kontrolle des Mitgliedstaats unterstehen, stellen keine staatliche Beihilfe dar. Werden solche Unionsmittel mit anderen öffentlichen Mitteln kombiniert, so werden bei der Feststellung, ob die Anmeldeschwellen und Beihilfehöchstintensitäten eingehalten sind, nur die anderen öffentlichen Mittel berücksichtigt, sofern der Gesamtbetrag der für dieselben beihilfefähigen Kosten gewährten öffentlichen Mittel die in der anwendbaren Unionsgesetzgebung festgelegten Höchstfinanzierungssätze nicht überschreitet.

([18]) Die Evaluierungspflicht gilt nicht für Beihilferegelungen, die unter den ergänzenden Fragebogen für Agrarbeihilfen fallen.

5. Verf-DVO kons

d) ☐ Beihilferegelung, für die eine Evaluierung vorgesehen ist, obwohl die unter dieser Nummer genannten anderen Kriterien nicht zutreffen

Falls eines der unter dieser Nummer genannten Kriterien erfüllt ist, geben Sie bitte den Evaluierungszeitraum an und füllen Sie auch den ergänzenden Fragebogen für die Anmeldung eines Evaluierungsplans in Anhang I Teil III.8 aus. ([19])

Verf-DVO
kons

....

8.2. Wurde bereits eine *Ex-post*-Evaluierung für eine ähnliche Beihilferegelung durchgeführt (geben Sie gegebenenfalls bitte die Fundstelle und einen Link zu den maßgeblichen Websites an)?

....

9. **Berichterstattung und Monitoring**

Damit die Kommission die Beihilferegelung und die Einzelbeihilfen verfolgen kann, verpflichtet sich der anmeldende Mitgliedstaat,

☐ der Kommission jährlich den in Artikel 26 der Verordnung (EU) 2015/1589 des Rates ([20]) vorgesehenen Bericht zu übermitteln.

☐ mindestens 10 Jahre ab dem Tag der Gewährung der Beihilfe (Einzelbeihilfe oder auf der Grundlage der Beihilferegelung gewährte Beihilfe) ausführliche Aufzeichnungen mit den Informationen und Belegen, die notwendig sind, um feststellen zu können, dass alle Vereinbarkeitsvoraussetzungen erfüllt sind, zu führen und sie der Kommission auf schriftliches Ersuchen innerhalb von 20 Arbeitstagen oder eines in dem Ersuchen festgesetzten längeren Zeitraums zu übermitteln.

Für steuerliche Beihilferegelungen:

☐ Im Falle von Beihilferegelungen, nach denen auf der Grundlage der Steuererklärungen der Beihilfeempfänger steuerliche Beihilfen automatisch gewährt werden und bei denen nicht *ex ante* kontrolliert wird, ob bei jedem Beihilfeempfänger alle Voraussetzungen erfüllt sind, verpflichtet sich der Mitgliedstaat, einen geeigneten Kontrollmechanismus einzurichten, mit dem er regelmäßig (zum Beispiel einmal im Steuerjahr) zumindest *ex post* und anhand einer Stichprobe prüft, ob alle Vereinbarkeitsvoraussetzungen erfüllt sind, und im Falle von Betrug Sanktionen zu verhängen. Damit die Kommission steuerliche Beihilferegelungen prüfen kann, verpflichtet sich der anmeldende Mitgliedstaat, mindestens 10 Jahre ab dem Tag der Kontrollen ausführliche Aufzeichnungen über die Kontrollen zu führen und sie der Kommission auf schriftliches Ersuchen innerhalb von 20 Arbeitstagen oder eines in dem Ersuchen festgesetzten längeren Zeitraums zu übermitteln.

10. **Vertraulichkeit**

Enthält die Anmeldung vertrauliche Informationen ([21]), die Dritten gegenüber nicht offengelegt werden sollten?

☐ Ja. Geben Sie bitte an, welche Teile des Formulars vertraulich sind und warum.

....

☐ Nein

([19]) Hinweise bietet die Arbeitsunterlage der Kommissionsdienststellen „Gemeinsame Methodik für die Evaluierung staatlicher Beihilfen" (SWD(2014)179 final vom 28.5.2014), abrufbar unter http://ec.europa.eu/competition/state_aid/modernisation/state_aid_evaluation_methodology_de.pdf.

([20]) Verordnung (EU) 2015/1589 des Rates vom 13. Juli 2015 über besondere Vorschriften für die Anwendung von Artikel 108 des Vertrags über die Arbeitsweise der Europäischen Union (ABl. L 248 vom 24.9.2015, S. 9).

([21]) Anhaltspunkte bietet Artikel 339 AEUV, der sich auf „Auskünfte über Unternehmen sowie deren Geschäftsbeziehungen oder Kostenelemente" bezieht. Nach der Rechtsprechung der Unionsgerichte sind „Geschäftsgeheimnisse" Informationen, „durch deren Preisgabe die Interessen des Auskunftgebers nicht nur dann, wenn sie an die Öffentlichkeit erfolgt, sondern auch bei bloßer Weitergabe an einen Dritten schwer beeinträchtigt werden können" (Urteil Postbank/Kommission, T-353/94, ECLI:EU:T:1996:119, Randnummer 87).

▼ __M8__

11. **Sonstige Informationen**

Machen Sie hier bitte gegebenenfalls sonstige Angaben, die für die Würdigung der Beihilfe von Belang sind:

....

....

12. **Anlagen**

Führen Sie bitte alle der Anmeldung beigefügten Unterlagen auf und übermitteln Sie entweder Kopien in Papierform oder geben Sie die Internetadressen an, unter denen die betreffenden Unterlagen zugänglich sind.

....

....

13. **Erklärung**

Ich erkläre nach bestem Wissen und Gewissen, dass die Angaben in diesem Formular sowie in den Anhängen und Anlagen richtig und vollständig sind.

Ort und Tag der Unterzeichnung ....

Unterschrift ....

Name und Funktion des Unterzeichners ....

14. **Ergänzender Fragebogen**

14.1. Wählen Sie bitte auf der Grundlage der im Formular „Allgemeine Angaben" übermittelten Informationen den entsprechenden ergänzenden Fragebogen aus:

a) ☐ Ergänzende Fragebögen zu Regionalbeihilfen

    1. ☐ Investitionsbeihilfen

    2. ☐ Betriebsbeihilfen

    3. ☐ Einzelbeihilfen

b) ☐ Ergänzender Fragebogen zu Forschungs-, Entwicklungs- und Innovationsbeihilfen

c) ☐ Ergänzende Fragebögen zu Beihilfen zur Rettung und Umstrukturierung von Unternehmen in Schwierigkeiten

    1. ☐ Rettungsbeihilfen

    2. ☐ Umstrukturierungsbeihilfen

    3. ☐ Beihilferegelungen

d) ☐ Ergänzender Fragebogen zu Beihilfen für audiovisuelle Werke

e) ☐ Ergänzender Fragebogen zu Breitbandbeihilfen

f) ☐ Ergänzender Fragebogen zu Umwelt- und Energiebeihilfen

g) ☐ Ergänzender Fragebogen zu Risikofinanzierungsbeihilfen

h) ☐ Ergänzender Fragebogen zu Beihilfen im Verkehrswesen

    1. ☐ Investitionsbeihilfen für Flughäfen

    2. ☐ Betriebsbeihilfen für Flughäfen

    3. ☐ Anlaufbeihilfen für Luftverkehrsgesellschaften

▼ M8

    4. ☐ Beihilfen sozialer Art nach Artikel 107 Absatz 2 Buchstabe a AEUV

    5. ☐ Beihilfen für den Seeverkehr

i) ☐ Ergänzender Fragebogen für die Anmeldung eines Evaluierungsplans

j) ☐ Ergänzende Fragebögen zu Beihilfen im Agrar- und Forstsektor und in ländlichen Gebieten

k) ☐ Ergänzender Fragebogen zu Beihilfen für den Fischerei- und Aquakultursektor

14.2. Falls die Beihilfen unter keinen dieser ergänzenden Fragebögen fällt, wählen Sie bitte die einschlägige Bestimmung des AEUV, der einschlägigen Leitlinien oder des sonstigen Textes aus, die für die staatliche Beihilfe maßgebend ist:

a) ☐ Kurzfristige Exportkredite [22]

b) ☐ Emissionshandelssysteme [23]

c) ☐ Bankenmitteilung [24]

d) ☐ Mitteilung über wichtige Vorhaben von gemeinsamem europäischem Interesse [25]

e) ☐ Dienstleistungen von allgemeinem wirtschaftlichem Interesse (Artikel 106 Absatz 2 AEUV) [26]

f) ☐ Artikel 93 AEUV

g) ☐ Artikel 107 Absatz 2 Buchstabe a AEUV

h) ☐ Artikel 107 Absatz 2 Buchstabe b AEUV

i) ☐ Artikel 107 Absatz 3 Buchstabe a AEUV

j) ☐ Artikel 107 Absatz 3 Buchstabe b AEUV

k) ☐ Artikel 107 Absatz 3 Buchstabe c AEUV

l) ☐ Artikel 107 Absatz 3 Buchstabe d AEUV

m) ☐ Sonstiges. Bitte angeben: ....
....

Begründen Sie bitte für die Beihilfen, die unter die ausgewählten Kategorien unter dieser Nummer fallen, warum sie mit dem Binnenmarkt vereinbar sind:

....
....

Aus praktischen Gründen wird empfohlen, die als Anlagen übermittelten Unterlagen zu nummerieren und in den einschlägigen Abschnitten der ergänzenden Fragebögen auf diese Nummern Bezug zu nehmen.

▼ M3

---

[22] Mitteilung der Kommission an die Mitgliedstaaten zur Anwendung der Artikel 107 und 108 des Vertrags über die Arbeitsweise der Europäischen Union auf die kurzfristige Exportkreditversicherung (ABl. C 392 vom 19.12.2012, S. 1).

[23] Leitlinien für bestimmte Beihilfemaßnahmen im Zusammenhang mit dem System für den Handel mit Treibhausgasemissionszertifikaten nach 2012 (ABl. C 158 vom 5.6.2012, S. 4).

[24] Mitteilung der Kommission über die Anwendung der Vorschriften für staatliche Beihilfen ab dem 1. August 2013 auf Maßnahmen zur Stützung von Banken im Kontext der Finanzkrise (ABl. C 216 vom 30.7.2013, S. 1).

[25] Mitteilung der Kommission — Kriterien für die Würdigung der Vereinbarkeit von staatlichen Beihilfen zur Förderung wichtiger Vorhaben von gemeinsamem europäischem Interesse mit dem Binnenmarkt (ABl. C 188 vom 20.6.2014, S. 4).

[26] Mitteilung der Kommission über die Anwendung der Beihilfevorschriften der Europäischen Union auf Ausgleichsleistungen für die Erbringung von Dienstleistungen von allgemeinem wirtschaftlichem Interesse (ABl. C 8 vom 11.1.2012, S. 4).

▼__B__

TEIL III

FRAGEBOGEN

Je nach Art der betreffenden Beihilfe auszufüllen:

1.   KMU-Beihilfe

2.   Ausbildungsbeihilfe

3.   Beschäftigungsbeihilfe

4.   Regionalbeihilfe

5.   Beihilfe gemäß dem Multisektoralen Rahmen

6.   Forschungs- und Entwicklungsbeihilfe
     a)   Im Falle einer Beihilferegelung
     b)   Im Falle einer Einzelbeihilfe

7.   Rettungsbeihilfe
     a)   Im Falle einer Beihilferegelung
     b)   Im Falle einer Einzelbeihilfe

8.   Umstrukturierungsbeihilfe
     a)   Im Falle einer Beihilferegelung
     b)   Im Falle einer Einzelbeihilfe

9.   Beihilfe für audiovisuelle Produkte

10. Umweltschutzbeihilfe

11. Risikokapitalbeihilfe

12. Landwirtschaftsbeihilfe
     a)   Agrarbeihilfe
          i.   Investitionsbeihilfe für landwirtschaftliche Betriebe
          ii.   Investitionsbeihilfe in Verbindung mit der Verarbeitung und Vermarktung landwirtschaftlicher Erzeugnisse
     b)   Beihilfe für Umweltschutzmaßnahmen in der Landwirtschaf
     c)   Beihilfe zum Ausgleich von natürlichen Nachteilen in benachteiligten Gebieten
     d)   Niederlassungsbeihilfe für Junglandwirte
     e)   Beihilfe für den Vorruhestand von Landwirten oder die Aufgabe landwirtschaftlicher Erwerbstätigkeiten
     f)   Beihilfe für die Stilllegung von Produktions-, Verarbeitungs- und Vermarktungskapazitäten
     g)   Beihilfe für die Gründung von Erzeugergemeinschaften
     h)   Beihilfe für die Beseitigung von Schäden an der landwirtschaftlichen Erzeugung bzw. an den Produktionsmitteln
     j)   Beihilfe für die Flurbereinigung
     k)   Beihilfe für die Produktion und Vermarktung von landwirtschaftlichen Erzeugnissen hoher Qualität
     l)   Beihilfe zur Bereitstellung technischer Hilfe im Agrarsektor
     m)   Beihilfe für den Tierhaltungssektor
     n)   Beihilfe für Gebiete in äußerster Randlage und die Inseln des Ägäischen Meeres
     o)   Beihilfe in Form von subventionierten Darlehen mit kurzer Laufzeit
     p)   Beihilfe für den Absatz von und die Werbung für landwirtschaftliche und bestimmte nicht
          landwirtschaftliche Erzeugnisse
     q)   Rettungs- und Umstrukturierungsbeihilfe
     r)   Beihilfe für TSE-Tests, Falltiere und Schlachtabfäll

13. Verkehrsbeihilfe
     a)   Einzelbeihilfe zur Umstrukturierung von Luftfahrtunternehmen
     b)   Verkehrsinfrastrukturbeihilfe
     c)   Seeverkehrsbeihilfe
     d)   Beihilfe für den kombinierten Verkehr

►[1]14. Beihilfen im Fischereibereich ◄

►[1] __C1__

5. Verf-DVO kons

TEIL III

ERGÄNZENDE FRAGEBÖGEN

TEIL III.1.A

Ergänzender Fragebogen zu regionalen Einzelinvestitionsbeihilfen

Dieser ergänzende Fragebogen ist für die Anmeldung von Einzelinvestitionsbeihilfen zu verwenden, die unter die Leitlinien für Regionalbeihilfen 2014–2020 [1] (Regionalbeihilfeleitlinien) fallen. Wenn eine einzelne Beihilfemaßnahme mehrere Beihilfeempfänger betrifft, sind die einschlägigen Angaben für jeden einzelnen Beihilfeempfänger zu machen.

1. **Anwendungsbereich**

1.1. Gründe für die Anmeldung der Maßnahme

   a) ☐ Die Anmeldung betrifft eine auf der Grundlage einer Beihilferegelung gewährte Einzelbeihilfe, und der Beihilfebetrag aus allen Quellen zusammengenommen liegt über der Anmeldeschwelle. Geben Sie bitte die Nummer und/oder den Titel der betreffenden genehmigten oder unter eine Gruppenfreistellung fallenden Beihilferegelungen an.

   b) ☐ Die Anmeldung betrifft eine Beihilfe, die nicht auf der Grundlage einer Beihilferegelung gewährt wird (*Ad-hoc*-Beihilfe).

   c) ☐ Die Anmeldung betrifft eine Beihilfe für einen Beihilfeempfänger, der dieselbe oder eine ähnliche Tätigkeit [2] im EWR zwei Jahre vor dem Tag der Beantragung der Beihilfe eingestellt hat oder aber zum Zeitpunkt der Antragstellung beabsichtigt, eine solche Tätigkeit in den beiden Jahren nach Abschluss der geförderten Investition einzustellen.

   d) ☐ Die Anmeldung betrifft eine Investition eines großen Unternehmens zwecks Diversifizierung einer bestehenden Betriebsstätte in einem C-Fördergebiet durch Hinzunahme neuer Produkte und/oder durch Einführung einer Prozessinnovation. (Bitte beachten Sie, dass A- und C-Fördergebiete gemäß der Fördergebietskarte definiert sind. Siehe Randnummer 145 der Regionalbeihilfeleitlinien.)

   e) ☐ Sonstiges (führen Sie dies bitte aus):

   ....

   ....

1.2. Anwendungsbereich der angemeldeten Beihilfemaßnahme

1.2.1. Bestätigen Sie bitte, dass der Beihilfeempfänger kein Unternehmen in Schwierigkeiten [3] ist.

   ....

1.2.2. Falls im Rahmen der Maßnahme Investitionsbeihilfen für Breitbandnetze gewährt werden können, erläutern Sie bitte, wie die Bewilligungsbehörde die Einhaltung der folgenden Voraussetzungen sicherstellt. Geben Sie die einschlägigen Bestimmungen der Rechtsgrundlage an und/oder legen Sie Belege vor.

   — Die Beihilfen werden nur in Gebieten gewährt, in denen kein Netz derselben Kategorie (entweder Breitbandgrundversorgung oder Zugangsnetze der nächsten Generation) vorhanden ist und in naher Zukunft voraussichtlich auch nicht aufgebaut wird.

---

[1] Leitlinien für Regionalbeihilfen 2014–2020 (ABl. C 209 vom 23.7.2013, S. 1).
[2] „Dieselbe oder eine ähnliche Tätigkeit" ist eine Tätigkeit, die unter dieselbe Klasse (vierstelliger numerischer Code) der statistischen Systematik der Wirtschaftszweige NACE Rev. 2 fällt.
[3] Im Sinne der Leitlinien für staatliche Beihilfen zur Rettung und Umstrukturierung nichtfinanzieller Unternehmen in Schwierigkeiten (ABl. C 249 vom 31.7.2014. S. 1).

— Der geförderte Netzbetreiber gewährt zu fairen und diskriminierungs-freien Bedingungen auf Vorleistungsebene Zugang zu den aktiven und passiven Infrastrukturen und bietet die Möglichkeit einer tatsächlichen und vollständigen Entbündelung.

— Die Beihilfe wurde oder wird auf der Grundlage eines wettbewerb-lichen Auswahlverfahrens im Sinne der Randnummer 78 Buchstaben c und d der Leitlinien der EU für die Anwendung der Vorschriften über staatliche Beihilfen im Zusammenhang mit dem schnellen Breitband-ausbau ([4]) gewährt.

....

1.2.3. Falls im Rahmen der Maßnahme Beihilfen für Forschungsinfrastruktu-ren ([5]) gewährt werden können, bestätigen Sie bitte, dass die Beihilfen an die Bedingung geknüpft sind, dass der Zugang zu diesen Infrastruktu-ren transparent und diskriminierungsfrei gewährt wird (Randnummer 13 der Regionalbeihilfeleitlinien); legen Sie entsprechende Belege vor und/ oder geben Sie die einschlägigen Teile der Rechtsgrundlage an.

....

1.2.4. Legen Sie bitte eine Kopie des Antragsformulars und (des Entwurfs) der Beihilfevereinbarung vor.

2. **Zusätzliche Angaben zum Beihilfeempfänger, zum Investitionsvor-haben und zur Beihilfe**

2.1. Beihilfeempfänger

2.1.1. Name des (der) Beihilfeempfänger(s):

....

2.1.2. Falls die Rechtspersönlichkeit des Beihilfeempfängers eine andere ist als die des Unternehmens, das das Vorhaben finanziert oder dem die Beihilfe ausgezahlt wird, machen Sie nähere Angaben hierzu:

....

....

2.1.3. Geben Sie bitte eine klare Beschreibung der Beziehung zwischen dem Beihilfeempfänger, der Unternehmensgruppe, der er angehört, und anderen verbundenen Unternehmen einschließlich Gemeinschaftsunternehmen.

....

2.2. Investitionsvorhaben

2.2.1. Machen Sie bitte folgende Angaben zu dem angemeldeten Investitions-vorhaben:

Beantragung der Beihilfe am:	
Beginn der Arbeiten an dem Investitionsvorhaben (voraus-sichtlich) am:	
Produktionsbeginn voraussichtlich am:	
Erreichung der vollen Produktionskapazität voraussichtlich am:	
Ende des Investitionsvorhabens voraussichtlich am:	

2.2.2. Falls die Anmeldung eine Investition in einem A-Fördergebiet oder eine Investition eines oder mehrerer KMU ([6]) in einem C-Fördergebiet betrifft (Randnummer 34 der Regionalbeihilfeleitlinien), geben Sie bitte an, auf welche Art(en) der Erstinvestition sich die Anmeldung bezieht (Randnum-mer 20 Buchstabe h der Regionalbeihilfeleitlinien):

([4]) ABl. C 25 vom 26.1.2013, S. 1.
([5]) Im Sinne der Verordnung (EG) Nr. 723/2009 des Rates vom 25. Juni 2009 über den gemeinschaftlichen Rechtsrahmen für ein Konsortium für eine europäische Forschungs-infrastruktur (ERIC) (ABl. L 206 vom 8.8.2009, S. 1).
([6]) „KMU" sind Unternehmen, die Voraussetzungen der Empfehlung der Kommission vom 6. Mai 2003 betreffend die Definition der Kleinstunternehmen sowie der kleinen und mittleren Unternehmen erfüllen (ABl. L 124 vom 20.5.2003. S. 36).

5. Verf-DVO kons

a) ☐ Errichtung einer neuen Betriebsstätte

b) ☐ Ausbau der Kapazitäten einer bestehenden Betriebsstätte

c) ☐ Diversifizierung der Produktion einer Betriebsstätte durch vorher dort nicht hergestellte Produkte

Verf-DVO kons

d) ☐ grundlegende Änderung des Gesamtproduktionsverfahrens einer bestehenden Betriebsstätte

e) ☐ Erwerb von unmittelbar mit einer Betriebsstätte verbundenen Vermögenswerten, sofern die Betriebsstätte geschlossen wurde oder ohne diesen Erwerb geschlossen worden wäre und sofern die Vermögenswerte von einem Investor erworben werden, der in keiner Beziehung zum Verkäufer steht [7]

2.2.3. Falls die Anmeldung eine Investition eines großen Unternehmens in einem C-Fördergebiet betrifft, geben Sie bitte an, auf welche Art(en) der Erstinvestition sich die Anmeldung bezieht (Randnummer 15 und Randnummer 20 Buchstabe i der Regionalbeihilfeleitlinien):

a) ☐ Errichtung einer neuen Betriebsstätte

b) ☐ Diversifizierung der Tätigkeit einer Betriebsstätte, sofern die neue Tätigkeit nicht dieselbe oder eine ähnliche Tätigkeit [8] wie die früher in der Betriebsstätte ausgeübte Tätigkeit ist

c) ☐ Diversifizierung einer bestehenden Betriebsstätte durch neue Produkte

d) ☐ Prozessinnovation in einer bestehenden Betriebsstätte

e) ☐ Erwerb der Vermögenswerte einer Betriebsstätte, die geschlossen wurde oder ohne diesen Erwerb geschlossen worden wäre und die von einem Investor erworben wird, der in keiner Beziehung zum Verkäufer steht, sofern die neue Tätigkeit, die mit den erworbenen Vermögenswerten ausgeübt werden soll, nicht dieselbe oder eine ähnliche Tätigkeit wie die vor dem Erwerb in der Betriebsstätte ausgeübte Tätigkeit ist

2.2.4. Beschreiben Sie die Investition bitte kurz und erläutern Sie, warum das Vorhaben einer oder mehreren der obengenannten Arten der Erstinvestition zuzuordnen ist.

....

....

2.3. Berechnung der beihilfefähigen Kosten anhand der Investitionskosten

2.3.1. Schlüsseln Sie bitte die gesamten beihilfefähigen Investitionskosten unter Angabe des nominalen und des abgezinsten Wertes auf:

	Beihilfefähige Kosten insgesamt (Nominalwert) (*)	Beihilfefähige Kosten insgesamt (abgezinster Wert) (*)
Vorbereitende Studien oder Beratungstätigkeiten im Zusammenhang mit der Investition (nur bei KMU)		
Grundstücke		
Gebäude		
Anlagen/Maschinen/Ausrüstung ([1])		

([7]) Der alleinige Erwerb von Unternehmensanteilen gilt nicht als Erstinvestition.
([8]) „Dieselbe oder eine ähnliche Tätigkeit" ist eine Tätigkeit, die unter dieselbe Klasse (vierstelliger numerischer Code) der statistischen Systematik der Wirtschaftszweige NACE Rev. 2 fällt.

▼ <u>M8</u>

	Beihilfefähige Kosten insgesamt (Nominalwert) (*)	Beihilfefähige Kosten insgesamt (abgezinster Wert) (*)
Immaterielle Vermögenswerte		
Beihilfefähige Kosten insgesamt		

(*) In Landeswährung (siehe auch Nummer 2.5)
(¹) Im Verkehrswesen können Ausgaben für den Erwerb von Beförderungsmitteln nicht in die einheitliche Bemessungsgrundlage einbezogen werden. Diese Aufwendungen sind keine Erstinvestitionen.

2.3.2. Bestätigen Sie bitte, dass die erworbenen Vermögenswerte neu sind (Randnummer 94 der Regionalbeihilfeleitlinien) (⁹).

☐ Ja   ☐ Nein

2.3.3. Legen Sie bitte Nachweise dafür vor, dass im Falle von KMU höchstens 50 % der Kosten für vorbereitende Studien oder Beratungstätigkeiten im Zusammenhang mit der Investition in den beihilfefähigen Kosten berücksichtigt worden sind (Randnummer 95 der Regionalbeihilfeleitlinien).

....

2.3.4. Legen Sie bitte Nachweise dafür vor, dass bei Beihilfen für grundlegende Änderungen des Produktionsprozesses die beihilfefähigen Kosten in den drei vorangegangenen Geschäftsjahren höher sind als die Abschreibungen für die mit der zu modernisierenden Tätigkeit verbundenen Vermögenswerte (Randnummer 96 der Regionalbeihilfeleitlinien).

....

2.3.5. Geben Sie bitte die Rechtsgrundlage an oder erläutern Sie, wie bei Beihilfen für die Diversifizierung der Produktion einer bestehenden Betriebsstätte sichergestellt wird, dass die beihilfefähigen Kosten mindestens 200 % über dem Buchwert liegen, der in dem Geschäftsjahr vor Beginn der Arbeiten für die wiederverwendeten Vermögenswerte verbucht wurde (Randnummer 97 der Regionalbeihilfeleitlinien). Legen Sie gegebenenfalls einschlägige Unterlagen mit den entsprechenden Zahlen vor.

....

2.3.6. Geben Sie bitte in Fällen, in denen materielle Vermögenswerte geleast werden, die einschlägigen Bestimmungen der Rechtsgrundlage an, nach denen die folgenden Voraussetzungen erfüllt sein müssen, oder erläutern Sie, wie die Erfüllung dieser Voraussetzungen anderweitig sichergestellt wird (Randnummer 98 der Regionalbeihilfeleitlinien).

— Leasingverträge für Grundstücke oder Gebäude müssen nach dem voraussichtlichen Tag des Abschlusses des Investitionsvorhabens bei großen Unternehmen noch mindestens fünf Jahre, bei KMU mindestens drei Jahre weiterlaufen.

....

— Leasingverträge für Anlagen oder Maschinen müssen die Form eines Finanzierungsleasings haben und die Verpflichtung enthalten, dass der Beihilfeempfänger den betreffenden Vermögenswert zum Laufzeitende erwirbt.

....

2.3.7. Unter Randnummer 99 der Regionalbeihilfeleitlinien heißt es: „Im Falle des Erwerbs einer Betriebsstätte sind nur die Kosten für den Erwerb der Vermögenswerte von Dritten, die in keiner Beziehung zum Käufer stehen, zu berücksichtigen. Das Geschäft muss zu Marktbedingungen erfolgen. Wenn bereits vor dem Kauf der Vermögenswerte Beihilfen für den Erwerb

---

(⁹) Randnummer 94 der Regionalbeihilfeleitlinien gilt nicht für KMU oder für den Erwerb einer Betriebsstätte.

5. Verf-DVO kons

▼ M8

Verf-DVO kons

dieser Vermögenswerte gewährt wurden, sind die Kosten dieser Vermögenswerte von den beihilfefähigen Kosten im Zusammenhang mit dem Erwerb einer Betriebsstätte abzuziehen. Wenn der Erwerb der Betriebsstätte mit einer zusätzlichen beihilfefähigen Investition einhergeht, sind die beihilfefähigen Kosten dieser Investition zu den Kosten für den Erwerb der Vermögenswerte der Betriebsstätte hinzuzurechnen."

Falls dies relevant sein sollte, erläutern Sie bitte, wie diese Voraussetzungen erfüllt wurden, und legen Sie entsprechende Belege vor.

....

2.3.8. Falls zu den beihilfefähigen Kosten des Investitionsvorhabens Kosten für immaterielle Vermögenswerte zählen, erläutern Sie bitte, wie die Einhaltung der Voraussetzungen unter den Randnummern 101 bis 102 der Regionalbeihilfeleitlinien ([10]) sichergestellt wird. Geben Sie in diesem Fall bitte die einschlägige Bestimmung der Rechtsgrundlage genau an.

....

2.4. Berechnung der beihilfefähigen Kosten anhand der Lohnkosten

Führen Sie bitte aus,

— wie die anhand der Lohnkosten bemessenen beihilfefähigen Kosten ermittelt wurden (Randnummer 103 der Regionalbeihilfeleitlinien);

— wie die Zahl der geschaffenen Arbeitsplätze (unter Bezugnahme auf Randnummer 20 Buchstabe k der Regionalbeihilfeleitlinien) errechnet wurde;

— wie die Lohnkosten der eingestellten Beschäftigten (unter Bezugnahme auf Randnummer 20 Buchstabe z der Regionalbeihilfeleitlinien) bemessen wurden.

— Legen Sie bitte die relevanten Berechnungen und Belege für diese Zahlen vor.

....

2.5. Berechnung der abgezinsten beihilfefähigen Kosten und des Beihilfebetrags

2.5.1. Schlüsseln Sie bitte die beihilfefähigen Kosten in der nachstehenden Tabelle nach Art der beihilfefähigen Kosten gestaffelt über die gesamte Laufzeit des Investitionsvorhabens auf:

	Nominal/Abgezinst	N − 0 (*)	N + 1 (*)	N + 2 (*)	N + 3 (*)	N + X (*)	Insgesamt (*)
Vorbereitende Studien usw. (nur KMU)	Nominal						
	Abgezinst						

([10]) Nach Randnummer 101 der Regionalbeihilfeleitlinien müssen immaterielle Vermögenswerte, die bei der Berechnung der Investitionskosten berücksichtigt werden können, an das betreffende Empfängergebiet gebunden sein und dürfen nicht auf andere Gebiete übertragen werden. Dazu müssen die immateriellen Vermögenswerte folgende Voraussetzungen erfüllen:
— Sie dürfen nur in der Betriebsstätte genutzt werden, die die Beihilfe erhält.
— Sie müssen abschreibungsfähig sein.
— Sie müssen von Dritten, die in keiner Beziehung zum Käufer stehen, zu Marktbedingungen erworben werden.
Nach Randnummer 102 der Regionalbeihilfeleitlinien müssen die immateriellen Vermögenswerte auf der Aktivseite des Unternehmens, das die Beihilfe erhält, bilanziert werden und mindestens fünf Jahre lang (bei kleinen und mittleren Unternehmen drei Jahre) mit dem Vorhaben, für das die Beihilfe gewährt wurde, verbunden verbleiben.

▼ M8

	Nominal/Abgezinst	N – 0 (*)	N + 1 (*)	N + 2 (*)	N + 3 (*)	N + X (*)	Insgesamt (*)
Grundstücke	Nominal						
	Abgezinst						
Gebäude	Nominal						
	Abgezinst						
Maschinen/Anlagen/Ausrüstung (¹)	Nominal						
	Abgezinst						
Immaterielle Vermögenswerte	Nominal						
	Abgezinst						
Lohnkosten	Nominal						
	Abgezinst						
Sonstiges (bitte angeben)	Nominal						
	Abgezinst						
Insgesamt	Nominal						
	Abgezinst						

Verf-DVO kons

(*) In Landeswährung
(¹) Im Verkehrswesen können Ausgaben für den Erwerb von Beförderungsmitteln nicht in die einheitliche Bemessungsgrundlage einbezogen werden. Diese Aufwendungen sind keine Erstinvestitionen.

Geben Sie bitte den Tag an, auf den die Beträge abgezinst wurden, und welcher Zinssatz dafür herangezogen wurde (¹¹):

....

2.5.2. Machen Sie bitte in der nachstehenden Tabelle unter Bezugnahme auf die Beihilfeform Angaben zu der angemeldeten Beihilfe für das Investitionsvorhaben:

	Nominal/Abgezinst	N – 0 (*)	N + 1 (*)	N + 2 (*)	N + 3 (*)	N + X (*)	Insgesamt (*)
Zuschuss	Nominal						
	Abgezinst						
Zinsgünstiges Darlehen	Nominal						
	Abgezinst						
Garantie	Nominal						
	Abgezinst						
Steuerermäßigung	Nominal						
	Abgezinst						

(¹¹) Zur Methodik siehe Mitteilung der Kommission über aktuelle bei Beihilfe-Rückforderungen angewandte Zinssätze sowie Referenz- und Abzinsungssätze für 25 Mitgliedstaaten anwendbar vom 1. Januar 2007 (ABl. C 317 vom 23.12.2006, S. 2) und Mitteilung der Kommission über die Änderung der Methode zur Festsetzung der Referenz- und Abzinsungssätze (ABl. C 14 vom 19.1.2008. S. 6).

▼ M8

Verf-DVO kons

Nominal/Abgezinst	N – 0 (*)	N + 1 (*)	N + 2 (*)	N + 3 (*)	N + X (*)	Insge-samt (*)
... Nominal						
Abgezinst						
... Nominal						
Abgezinst						
Insgesamt Nominal						
Abgezinst						

(*) In Landeswährung

Geben Sie bitte den Tag an, auf den die Beträge abgezinst wurden und welcher Zinssatz dafür herangezogen wurde:

....

Geben Sie bitte zu jeder in der Tabelle unter Nummer 2.5.2 genannten Beihilfeform an, wie das Subventionsäquivalent berechnet wird:

Zinsgünstiges Darlehen:

....

Garantie:

....

Steuerermäßigung:

....

Sonstige:

....

2.5.3. Geben Sie bitte an, ob gewisse für das Vorhaben vorgesehene Beihilfemaßnahmen noch nicht festgelegt sind, und erläutern Sie, wie die Bewilligungsbehörde die Einhaltung der anwendbaren Beihilfehöchstintensität sicherstellen wird (Randnummern 82 und 83 der Regionalbeihilfeleitlinien):

....

2.5.4. Wird das Vorhaben aus den ESI-Fonds kofinanziert? Falls ja, erläutern Sie bitte, im Rahmen welches operationellen Programms eine Finanzierung aus den ESI-Fonds gewährt wird. Geben Sie bitte auch die Höhe der Finanzierung aus den ESI-Fonds an.

....

2.5.5. Falls der Beihilfeempfänger (Unternehmensgruppe) für eine oder mehrere Erstinvestitionen, die in demselben NUTS-3-Gebiet in einem Zeitraum von drei Jahren ab dem Tag des Beginns der Arbeiten an dem angemeldeten Investitionsvorhaben begonnen wurden (Randnummer 20 Buchstabe t der Regionalbeihilfeleitlinien), Beihilfen erhalten hat, sind nähere Angaben zu den Beihilfen für jede der früher geförderten Erstinvestitionen erforderlich (einschließlich einer Kurzbeschreibung des Investitionsvorhabens, des Datums des Beihilfeantrags, des Tags der Beihilfegewährung, des Tags des Beginns der Arbeiten, der Höhe der Beihilfe(n) und der beihilfefähigen Kosten ([12])).

	Beihilfefähige Investitionskosten (*)	Gewährter Beihilfebetrag (*)	Beihilfeantrag vom	Beihilfegewährung am	Beginn der Arbeiten am	Kurzbeschreibung	Beihilfenummer(n)
Erstinvestition Vorhaben 1							
Erstinvestition Vorhaben 2							
Erstinvestition Vorhaben 3							
...							

(*) In Landeswährung

2.5.6. Bestätigen Sie bitte, dass der Gesamtbetrag der für die Erstinvestition gewährten Beihilfen nicht die (unter Randnummer 20 Buchstabe m der Regionalbeihilfeleitlinien definierte) „Beihilfehöchstintensität" übersteigt, wobei gegebenenfalls die (nach Randnummer 177 der Regionalbeihilfeleitlinien) angehobene Beihilfeintensität für KMU bzw. der (unter Randnummer 20 Buchstabe c der Regionalbeihilfeleitlinien definierte) „angepasste Beihilfehöchstsatz" zu berücksichtigen ist. Legen Sie bitte die entsprechenden Belege und Berechnungen vor.

....

2.5.7. Falls für das Investitionsvorhaben Beihilfen auf der Grundlage mehrerer Regionalbeihilferegelungen gewährt oder mit *Ad-hoc*-Beihilfen kumuliert werden sollen, bestätigen Sie bitte, dass die Beihilfehöchstintensität des Vorhabens von der als erstes befassten Bewilligungsbehörde vorab berechnet wurde, und geben Sie an, wie hoch die maximal zulässige Beihilfeintensität des Vorhabens ist. Erläutern Sie bitte, wie die Bewilligungsbehörden die Einhaltung dieser Beihilfehöchstintensität sicherstellen werden (Randnummer 92 der Regionalbeihilfeleitlinien).

....

2.5.8. Falls die Erstinvestition mit einem Projekt der europäischen territorialen Zusammenarbeit (ETZ) in Zusammenhang steht, erläutern Sie bitte unter Bezugnahme auf Randnummer 93 der Regionalbeihilfeleitlinien, wie die Beihilfehöchstintensität für das Vorhaben und die beteiligten Beihilfeempfänger bemessen wird.

....

3.   **Prüfung der Vereinbarkeit der Maßnahme mit dem Binnenmarkt**

3.1.   Beitrag zu regionalen Zielsetzungen und Erforderlichkeit des staatlichen Eingreifens

3.1.1. Machen Sie bitte folgende Angaben:

— genauer Standort des geförderten Vorhabens (d. h. Ort und NUTS-2- oder NUTS-3-Gebiet, zu dem der Ort gehört)

([12]) Für die Höhe der Beihilfe(n) und die beihilfefähigen Kosten ist sowohl der Nominalwert als auch der abgezinste Wert anzugeben.

5. Verf-DVO kons

— Förderstatus nach der geltenden Fördergebietskarte (d. h. A- oder C-Fördergebiet nach Artikel 107 Absatz 3 Buchstabe a bzw. c AEUV?)

— anwendbare Beihilfehöchstintensität für große Unternehmen

....

3.1.2. Erläutern Sie bitte, wie die Beihilfe zur regionalen Entwicklung beitragen wird. ([13])

....

Verf-DVO kons

3.1.3. Falls die Anmeldung Beihilfen betrifft, die auf der Grundlage einer Regelung beantragt wurden, erläutern Sie bitte, wie das Vorhaben zum Ziel der Regelung beiträgt, und legen Sie entsprechende Belege vor (Randnummer 35 der Regionalbeihilfeleitlinien).

3.1.4. Falls die Anmeldung *Ad-hoc*-Beihilfen betrifft, erläutern Sie bitte, wie das Vorhaben zum Ziel der Entwicklungsstrategie für das betreffende Gebiet beiträgt, und legen Sie entsprechende Belege vor (Randnummer 42 der Regionalbeihilfeleitlinien).

....

3.1.5. Erläutern Sie bitte, wie die Bestimmung umgesetzt wird, dass die Investition nach ihrem Abschluss mindestens fünf Jahre (drei Jahre bei KMU) in dem betreffenden Gebiet erhalten bleiben muss (Randnummer 36 der Regionalbeihilfeleitlinien). Geben Sie bitte die einschlägige Bestimmung der Rechtsgrundlage (zum Beispiel der Beihilfevereinbarung) an.

....

3.1.6. Falls die Beihilfe anhand der Lohnkosten berechnet wird, erläutern Sie bitte, wie die Bestimmung umgesetzt wird, nach der innerhalb von drei Jahren nach Abschluss der Investition Arbeitsplätze geschaffen werden müssen und jede durch die Investition geschaffene Stelle ab dem Zeitpunkt ihrer Besetzung fünf Jahre (drei Jahre bei KMU) in dem betreffenden Gebiet verbleiben muss (Randnummer 37 der Regionalbeihilfeleitlinien). Geben Sie bitte die einschlägige Bestimmung der Rechtsgrundlage (z. B. der Beihilfevereinbarung) an.

....

3.1.7. Geben Sie bitte die Rechtsgrundlage an oder weisen Sie nach, dass die Beihilfeempfänger entweder aus eigenen oder aus fremden Mitteln einen Eigenbeitrag von mindestens 25 % der beihilfefähigen Kosten leisten, der keinerlei öffentliche Förderung enthält ([14]) (Randnummer 38 der Regionalbeihilfeleitlinien).

....

3.1.8. Haben Sie sich verpflichtet oder verpflichten Sie sich, für die Investition eine Umweltverträglichkeitsprüfung („UVP") durchzuführen (Randnummer 39 der Regionalbeihilfeleitlinien)?

☐ Ja   ☐ Nein

Falls nein, erläutern Sie bitte, warum für dieses Vorhaben keine UVP durchgeführt werden muss.

....

3.2.   Geeignetheit der Maßnahme

3.2.1. Falls die Anmeldung eine *Ad-hoc*-Beihilfe betrifft, weisen Sie bitte nach, inwiefern die Entwicklung des betreffenden Gebiets durch diese Beihilfe besser als durch eine Beihilfe auf der Grundlage einer Regelung oder durch andere Maßnahmenarten vorangebracht werden kann (Randnummer 55 der Regionalbeihilfeleitlinien).

....

([13]) Dies könnte beispielsweise anhand der unter Randnummer 40 der Regionalbeihilfeleitlinien genannten Kriterien und/oder des Geschäftsplans des Empfängers aufgezeigt werden.

([14]) Nicht relevant für subventionierte Darlehen, öffentliche Eigenkapitaldarlehen oder öffentliche Beteiligungen, die dem Grundsatz des marktwirtschaftlich handelnden Kapitalgebers nicht genügen, staatliche Garantien mit Beihilfeelementen und staatliche Förderungen, die nach der *De-minimis*-Regel gewährt werden.

▼ M8

3.2.2. Falls die Beihilfe in einer Form gewährt wird, die dem Empfänger einen direkten finanziellen Vorteil verschafft ([15]), weisen Sie bitte nach, warum andere, möglicherweise mit geringeren Wettbewerbsverfälschungen verbundene Beihilfeformen (zum Beispiel rückzahlbare Zuschüsse) oder auf Schuld- oder Eigenkapitalinstrumenten basierende Beihilfeformen ([16]) nicht geeignet sind (Randnummer 57 der Regionalbeihilfeleitlinien).

....

3.3. Anreizeffekt und Angemessenheit der Maßnahme

3.3.1. Bestätigen bitte Sie, dass die Arbeiten an der angemeldeten Einzelinvestition erst nach Stellung des Beihilfeantrags aufgenommen wurden (Randnummer 64 der Regionalbeihilfeleitlinien). Zu diesem Zweck übermitteln Sie bitte eine Kopie des Beihilfeantrags, den der Beihilfeempfänger bei der Bewilligungsbehörde gestellt hat, sowie Unterlagen, aus denen hervorgeht, an welchem Tag die Arbeiten aufgenommen wurden.

....

3.3.2. Erläutern Sie bitte den Anreizeffekt der Beihilfe anhand der kontrafaktischen Fallkonstellation unter Bezugnahme auf eines der beiden möglichen Szenarien nach Randnummer 61 der Regionalbeihilfeleitlinien.

....

3.3.3. Für Szenario-1-Fälle (d.h. Investitionsentscheidungen nach Randnummer 61 der Regionalbeihilfeleitlinien) machen Sie bitte die folgenden Angaben (oder nehmen Sie auf die relevanten Teile der vorgelegten kontrafaktischen Fallkonstellation Bezug) (Randnummer 104 der Regionalbeihilfeleitlinien):

— Berechnung des internen Zinsfußes (*internal rate of return* — IRR) der Investition mit und ohne Beihilfe ([17]):

....

— Angaben zu den relevanten Bezugsgrößen für das Unternehmen (zum Beispiel normale Renditesätze, die der Empfänger bei ähnlichen Vorhaben zugrunde legt, Kapitalkosten des Unternehmens insgesamt, branchenübliche Bezugsgrößen):

....

— Begründung, warum die Beihilfe auf der Grundlage der unter dieser Nummer genannten Kriterien dem für eine rentable Umsetzung des Vorhabens erforderlichen Minimum entspricht (vgl. Randnummer 79 der Regionalbeihilfeleitlinien):

....

3.3.4. Für Szenario-2-Fälle (d.h. Standortentscheidungen nach Randnummer 61 der Regionalbeihilfeleitlinien) machen Sie bitte die folgenden Angaben (oder nehmen Sie auf die relevanten Teile der vorgelegten kontrafaktischen Fallkonstellation Bezug) (Randnummer 105 der Regionalbeihilfeleitlinien):

— Berechnung der Differenz zwischen dem Kapitalwert (*net present value* — NPV) der Investition im Zielgebiet und dem Kapitalwert der Investition an dem anderen Standort ([18]):

....

— alle für die Berechnung des Kapitalwerts der Investition im Zielgebiet und des Kapitalwerts der Investition an dem anderen Standort herangezogenen Parameter (unter anderem Zeitrahmen und Abzinsungssatz usw.):

....

([15]) Zum Beispiel Direktzuschüsse, Befreiungen oder Ermäßigungen von Steuern oder Sozial- oder sonstigen Pflichtabgaben oder Bereitstellung von Grundstücken, Waren oder Dienstleistungen zu Vorzugsbedingungen, usw.

([16]) Zum Beispiel zinsgünstige Darlehen oder Zinszuschüsse, staatliche Garantien, Erwerb von Beteiligungen oder eine anderweitige Bereitstellung von Kapital zu Vorzugsbedingungen.

([17]) Der bei der Berechnung des IRR zugrunde gelegte Zeitraum sollte einem bei ähnlichen Vorhaben branchenüblichen Zeitrahmen entsprechen.

([18]) Dabei müssen alle relevanten Kosten und Vorteile berücksichtigt werden (zum Beispiel Verwaltungskosten, Beförderungskosten, nicht durch Ausbildungsbeihilfen abgedeckte Ausbildungskosten und unterschiedliche Lohnkosten). Befindet sich der andere Standort jedoch im EWR, sind Zuwendungen, die an dem anderen Standort gewährt werden, nicht zu berücksichtigen.

5. Verf-DVO kons

▼ M8

— Begründung, warum die Beihilfe auf der Grundlage der Angaben unter den beiden ersten Punkten nicht die Differenz zwischen dem Kapitalwert der Investition im Zielgebiet und dem Kapitalwert der Investition an dem anderen Standort überschreitet (vgl. Randnummer 80 der Regionalbeihilfeleitlinien):

....

Verf-DVO kons

3.3.5. Falls die Regionalbeihilfe in einem A-Fördergebiet aus den ESI-Fonds für Investitionen gewährt wird, die zur Umsetzung von im Unionsrecht verankerten Normen erforderlich sind, beantworten Sie bitte die folgenden Fragen (und legen Sie entsprechende Belege vor):

— Um welche Norm geht es?

— Warum ist die Investition erforderlich, um die Norm umzusetzen?

— Warum wäre die Investition in dem betreffenden Gebiet ohne die Beihilfe für den Beihilfeempfänger nicht rentabel genug gewesen und deshalb eine Betriebsstätte in diesem Gebiet geschlossen worden (Randnummer 63 der Regionalbeihilfeleitlinien)?

....

3.4. Vermeidung negativer Auswirkungen auf Wettbewerb und Handel

Szenario-1-Fälle

Definition des relevanten Marktes

3.4.1. Übermitteln Sie bitte die nachstehend erbetenen Angaben zur Ermittlung der sachlich relevanten Märkte (d. h. der von der Verhaltensänderung des Beihilfeempfängers betroffenen Produkte) und der betroffenen Wettbewerber und Abnehmer/Verbraucher (Randnummern 129 und 130 der Regionalbeihilfeleitlinien):

— Führen Sie alle Produkte auf, die nach Abschluss der Investition mit der geförderten Anlage hergestellt werden, und geben Sie gegebenenfalls den NACE- oder Prodcom-Code bzw. bei Vorhaben im Dienstleistungssektor den CPA-Code an ([19]).

....

— Werden diese Produkte andere von dem Beihilfeempfänger hergestellte Produkte (auf Ebene der Unternehmensgruppe) ersetzen? Welche Produkte werden ersetzt? Falls die ersetzten Produkte nicht am selben Standort hergestellt werden, geben Sie an, wo sie zurzeit hergestellt werden. Beschreiben Sie bitte, welcher Zusammenhang zwischen der ersetzten Produktion und der anstehenden Investition besteht und skizzieren Sie die zeitliche Planung.

....

— Welche anderen Produkte können mit denselben neuen Anlagen (aufgrund der Flexibilität der Produktionsanlagen des Beihilfeempfängers) zu geringen oder ohne Zusatzkosten hergestellt werden?

....

— Erläutern Sie, ob das Vorhaben ein Zwischenprodukt betrifft und ob ein signifikanter Teil der Produktion nicht auf dem Markt (zu Marktbedingungen) verkauft wird. Geben Sie bitte auf der Grundlage dieser Erläuterung für die Berechnung des Marktanteils und der Kapazitätserhöhung im übrigen Teil dieses Abschnitts an, ob es sich bei dem betreffenden Produkt um das Produkt handelt, das Gegenstand des Vorhabens ist, oder um ein nachgelagertes Produkt.

....

([19]) Nähere Angaben zu den verschiedenen Klassifikationen sind auf folgender Eurostat-Website abrufbar: http://ec.europa.eu/eurostat/data/classifications.

— Geben Sie bitte die sachlich relevanten Märkte für die betreffenden Produkte an und legen Sie nach Möglichkeit entsprechende von einem unabhängigen Dritten stammende Nachweise vor. Der sachlich relevante Markt umfasst das betreffende Produkt und seine Substitute auf der Nachfrage- und der Angebotsseite, d. h. die Produkte, die vom Verbraucher (wegen der Merkmale des Produkts, seines Preises und seines Verwendungszwecks) bzw. von den Herstellern (wegen der Flexibilität der Produktionsanlagen des Beihilfeempfängers und seiner Wettbewerber) als Substitute angesehen werden.

3.4.2. Übermitteln Sie bitte Informationen und Nachweise zum räumlich relevanten Markt des Beihilfeempfängers.

Marktmacht (Randnummer 115 und Randnummer 132 Buchstabe a der Regionalbeihilfeleitlinien)

3.4.3. Übermitteln Sie bitte die folgenden Informationen zur Marktstellung des Beihilfeempfängers (über einen bestimmten Zeitraum vor Erhalt der Beihilfe sowie zu seiner zu erwartenden Marktstellung nach Abschluss der Investition):

— geschätzter Wert und geschätztes Volumen aller Verkäufe des Beihilfeempfängers (auf Ebene der Unternehmensgruppe) auf dem relevanten Markt

— Schätzung des Wertes und des Volumens aller Verkäufe sämtlicher Hersteller auf dem relevanten Markt. Falls verfügbar sind Statistiken staatlicher und/oder unabhängiger Stellen beizufügen.

3.4.4. Legen Sie eine Analyse zur Struktur des relevanten Marktes vor, in der zum Beispiel auf die Marktkonzentration, etwaige Marktzutrittsschranken, die Nachfragemacht sowie Expansionshemmnisse und Marktaustrittsschranken eingegangen wird. Legen Sie bitte für die Schlussfolgerungen zu diesem Punkt Nachweise vor, die nach Möglichkeit von einem unabhängigen Dritten stammen sollten.

Kapazität (Randnummer 132 Buchstabe a der Regionalbeihilfeleitlinien)

3.4.5. Schätzen Sie die durch die Investition geschaffene zusätzliche Produktionskapazität (Wert und Volumen):

Für alle Fälle

Deutliche negative Auswirkungen

3.4.6. Beantworten Sie für Szenario-1-Fälle bitte die folgenden Fragen zum sachlich relevanten Markt [20] und legen Sie Nachweise vor:

— Schrumpft der relevante Markt langfristig betrachtet strukturell, d. h., weist er eine negative Wachstumsrate auf (Randnummer 135 der Regionalbeihilfeleitlinien)?

— Schrumpft der relevante Markt lediglich in relativen Zahlen, d. h., weist er eine positive Wachstumsrate auf, die aber eine als Bezugsgröße festgelegte Wachstumsrate nicht überschreitet (Randnummer 135 der Regionalbeihilfeleitlinien)?

---

[20] Bezugsgröße für die Bestimmung eines Marktes mit unterdurchschnittlichem Wachstum ist in der Regel das EWR-BIP der letzten drei Jahre vor Beginn des Vorhabens; hierfür können aber auch die prognostizierten Wachstumsraten für die kommenden drei bis fünf Jahre herangezogen werden. Weitere Indikatoren können das voraussichtliche Wachstum des betreffenden Marktes und die voraussichtlich daraus resultierenden Kapazitätsauslastungen sowie die wahrscheinlichen Auswirkungen des Kapazitätszuwachses auf die Wettbewerber aufgrund der dadurch bedingten Preise und Gewinnspannen sein.

5. Verf-DVO kons

Geben Sie für Szenario-2-Fälle bitte an, ob die Investition ohne Beihilfe in ein Gebiet geflossen wäre, in dem Regionalbeihilfen mit einer höheren oder derselben Höchstintensität wie im Zielgebiet zulässig sind (Randnummer 139 der Regionalbeihilfeleitlinien). Legen Sie bitte Nachweise vor.

....

3.4.7. Geben Sie bitte an, ob der Beihilfeempfänger eine Erklärung vorgelegt hat, in der er bestätigt, dass er (auf Ebene der Unternehmensgruppe) in den beiden Jahren vor Stellung des Beihilfeantrags nicht dieselbe oder eine ähnliche Tätigkeit im EWR eingestellt hat und auch nicht beabsichtigt, eine solche Tätigkeit in den beiden Jahren nach Abschluss der Investition an einem anderen Standort im EWR einzustellen (Randnummer 23 der Regionalbeihilfeleitlinien).

Falls eine solche Erklärung vorgelegt wurde, fügen Sie der Anmeldung bitte eine Kopie dieser Erklärung bei, falls nicht, erläutern Sie bitte, warum keine Erklärung vorliegt.

....

3.4.8. Falls der Beihilfeempfänger (auf Ebene der Unternehmensgruppe) in den beiden Jahren vor Stellung des Beihilfeantrags dieselbe oder eine ähnliche Tätigkeit in einem anderen Gebiet im EWR eingestellt hat oder beabsichtigt, dies in den beiden Jahren nach Abschluss der Investition zu tun, und er die Tätigkeit in das Zielgebiet verlagert hat oder verlagern will, erläutern Sie bitte, warum nach Auffassung des Empfängers kein ursächlicher Zusammenhang zwischen der Beihilfe und der Standortverlagerung besteht (Randnummer 122 der Regionalbeihilfeleitlinien).

....

3.4.9. Erläutern Sie bitte, ob die staatliche Beihilfe direkt zu erheblichen Arbeitsplatzverlusten an bestehenden Standorten im EWR führen würde. Falls ja, geben Sie bitte an, wie viele Arbeitsplätze verlorengehen würden und welchem Anteil am Gesamtpersonal der betreffenden Standorte dies entsprechen würde.

....

4. **Sonstige Informationen**

Machen Sie hier bitte sonstige Angaben, die für die Würdigung der angemeldeten Beihilfemaßnahme nach den Regionalbeihilfeleitlinien von Belang sind:

....

TEIL III.1.B

Ergänzender Fragebogen zu regionalen Investitionsbeihilferegelungen

Dieser ergänzende Fragebogen ist für die Anmeldung von Investitionsbeihilferegelungen zu verwenden, die unter die Leitlinien für Regionalbeihilfen 2014–2020 [21] (Regionalbeihilfeleitlinien) fallen.

1. **Anwendungsbereich**

1.1. Gründe für die Anmeldung der Regelung anstelle ihrer Einführung auf der Grundlage der Allgemeinen Gruppenfreistellungsverordnung [22] (AGVO) oder der *De-minimis*-Verordnung [23]:

a) □ Die Anmeldung betrifft eine Regelung für einen bestimmten Wirtschaftszweig. Geben Sie bitte den betreffenden Wirtschaftszweig (NACE-Code) an:

b) □ Die Anmeldung betrifft eine allgemeine Regelung, die sich auch auf den Schiffbau bezieht.

---

[21] Leitlinien für Regionalbeihilfen 2014–2020 (ABl. C 209 vom 23.7.2013, S. 1).
[22] Verordnung (EU) Nr. 651/2014 der Kommission vom 17. Juni 2014 zur Feststellung der Vereinbarkeit bestimmter Gruppen von Beihilfen mit dem Binnenmarkt in Anwendung der Artikel 107 und 108 des Vertrags über die Arbeitsweise der Europäischen Union (ABl. L 187 vom 26.6.2014, S. 1).
[23] Verordnung (EU) Nr. 1407/2013 der Kommission vom 18. Dezember 2013 über die Anwendung der Artikel 107 und 108 des Vertrags über die Arbeitsweise der Europäischen Union auf *De-minimis*-Beihilfen (ABl. L 352 vom 24.12.2013, S. 1).

c) ☐ Sonstige. Bitte angeben:

....

1.2.   Anwendungsbereich der angemeldeten Regelung

1.2.1. Ich bestätige, dass die Rechtsgrundlage der angemeldeten Regelung vorsieht, dass Einzelbeihilfen bei der Kommission angemeldet werden müssen, wenn die Beihilfeempfänger dieselbe oder eine ähnliche Tätigkeit ([24]) im EWR in den beiden Jahren vor dem Tag der Beantragung der Beihilfe eingestellt haben oder aber zum Zeitpunkt der Antragstellung beabsichtigen, eine solche Tätigkeit in den beiden Jahren nach Abschluss der geförderten Investition einzustellen (Randnummer 23 der Regionalbeihilfeleitlinien).

Geben Sie bitte die einschlägige Bestimmung der Rechtsgrundlage an:

....

1.2.2. Ich bestätige, dass nach der angemeldeten Beihilferegelung für die folgenden Arten von Unternehmen und Wirtschaftszweige keine regionalen Investitionsbeihilfen gewährt werden können. Geben Sie bitte für jeden der nachstehenden Fälle die einschlägige Bestimmung der Rechtsgrundlage der Regelung an.

Ausgeschlossene Arten von Unternehmen und ausgeschlossene Wirtschaftszweige	Einschlägige Bestimmung der Rechtsgrundlage der Regelung
Unternehmen in Schwierigkeiten ([1])	
Stahlsektor ([2])	
Kunstfaserindustrie ([2])	
Erzeugung von in Anhang I des AEUV aufgeführten landwirtschaftlichen Erzeugnissen	
Verarbeitung und/oder Vermarktung von in Anhang I des AEUV ([3]) aufgeführten landwirtschaftlichen Erzeugnissen in Erzeugnisse, die in dem genannten Anhang I aufgeführt sind	
Erzeugung, Verarbeitung und/oder Vermarktung von in Anhang I des AEUV aufgeführten Erzeugnissen der Fischerei und der Aquakultur	
Verkehrswesen ([4])	
Energiewesen	

([1]) Im Sinne der Mitteilung der Kommission — Leitlinien für staatliche Beihilfen zur Rettung und Umstrukturierung nichtfinanzieller Unternehmen in Schwierigkeiten (ABl. C 249 vom 31.7.2014, S. 1).
([2]) Im Sinne des Anhangs IV der Leitlinien für Regionalbeihilfen 2014–2020.
([3]) Die Regionalbeihilfeleitlinien finden auf Beihilferegelungen zur Förderung von Tätigkeiten Anwendung, die außerhalb des Anwendungsbereichs des Artikels 42 AEUV liegen, aber unter die Verordnung (EU) Nr. 1305/2013 des Europäischen Parlaments und des Rates vom 17. Dezember 2013 über die Förderung der ländlichen Entwicklung durch den Europäischen Landwirtschaftsfonds für die Entwicklung des ländlichen Raums (ELER) und zur Aufhebung der Verordnung (EG) Nr. 1698/2005 (ABl. L 347 vom 20.12.2013, S. 487) fallen und die entweder vom Europäischen Landwirtschaftsfonds für die Entwicklung des ländlichen Raums kofinanziert werden oder als zusätzliche nationale Finanzierung zu solchen kofinanzierten Maßnahmen gewährt werden, es sei denn, sektorale Vorschriften sehen etwas anderes vor.
([4]) Im Sinne der Fußnote 12 der Regionalbeihilfeleitlinien.

([24]) „Dieselbe oder eine ähnliche Tätigkeit" ist eine Tätigkeit, die unter dieselbe Klasse (vierstelliger numerischer Code) der statistischen Systematik der Wirtschaftszweige NACE Rev. 2 fällt.

5. Verf-DVO kons

1.2.3. Falls im Rahmen der Regelung Investitionsbeihilfen für Breitbandnetze gewährt werden können, geben Sie bitte an, ob jede der folgenden Voraussetzungen erfüllt ist:

    a) ☐ Die Beihilfen werden nur in Gebieten gewährt, in denen kein Netz derselben Kategorie (entweder Breitbandgrundversorgung oder Zugangsnetze der nächsten Generation) vorhanden ist und in naher Zukunft voraussichtlich auch nicht aufgebaut wird.

    b) ☐ Der geförderte Netzbetreiber gewährt zu fairen und diskriminierungsfreien Bedingungen auf Vorleistungsebene Zugang zu den aktiven und passiven Infrastrukturen und bietet die Möglichkeit einer tatsächlichen und vollständigen Entbündelung.

    c) ☐ Die Beihilfe wird auf der Grundlage eines wettbewerblichen Auswahlverfahrens im Sinne der Randnummer 78 Buchstaben c und d der Breitbandleitlinien ([25]) gewährt.

Geben Sie bitte die einschlägige Bestimmung der Rechtsgrundlage an:

....

1.2.4. Falls im Rahmen der Regelung Beihilfen für Forschungsinfrastrukturen gewährt werden können, sind die Beihilfen an die Bedingung geknüpft, dass der Zugang zu diesen Infrastrukturen transparent und diskriminierungsfrei gewährt wird?

    a) ☐ Nein

    b) ☐ Ja. Geben Sie bitte die einschlägige Bestimmung der Rechtsgrundlage an:

....

2. **Erstinvestition, beihilfefähige Kosten und Beihilfe**

2.1. Mit der Regelung geförderte Erstinvestitionen

2.1.1. Falls die Regelung Investitionen von KMU ([26]) oder großen Unternehmen in A-Fördergebieten oder Investitionen von KMU in C-Fördergebieten betrifft (Randnummer 34 der Regionalbeihilfeleitlinien), geben Sie bitte an, auf welche Art(en) der Erstinvestition sich die Anmeldung bezieht (Randnummer 20 Buchstabe h der Regionalbeihilfeleitlinien):

    a) ☐ Errichtung einer neuen Betriebsstätte

    b) ☐ Ausbau der Kapazitäten einer bestehenden Betriebsstätte

    c) ☐ Diversifizierung der Produktion einer Betriebsstätte durch vorher dort nicht hergestellte Produkte

    d) ☐ grundlegende Änderung des Gesamtproduktionsverfahrens einer bestehenden Betriebsstätte

    e) ☐ Erwerb von unmittelbar mit einer Betriebsstätte verbundenen Vermögenswerten, sofern die Betriebsstätte geschlossen wurde oder ohne diesen Erwerb geschlossen worden wäre und sofern die Vermögenswerte von einem Investor erworben werden, der in keiner Beziehung zum Verkäufer steht ([27])

2.1.2. Falls die Regelung Investitionen großer Unternehmen in C-Fördergebieten betrifft, geben Sie bitte an, auf welche Art(en) der Erstinvestition sich die Anmeldung bezieht (Randnummer 15 und Randnummer 20 Buchstabe i der Regionalbeihilfeleitlinien):

    a) ☐ Errichtung einer neuen Betriebsstätte

    b) ☐ Diversifizierung der Tätigkeit einer Betriebsstätte, sofern die neue Tätigkeit nicht dieselbe oder eine ähnliche Tätigkeit ([28]) wie die früher in der Betriebsstätte ausgeübte Tätigkeit ist

---

([25]) Mitteilung der Kommission — Leitlinien der EU für die Anwendung der Vorschriften über staatliche Beihilfen im Zusammenhang mit dem schnellen Breitbandausbau (ABl. C 25 vom 26.1.2013, S. 1).

([26]) „KMU" sind Unternehmen, die die Voraussetzungen der Empfehlung der Kommission vom 6. Mai 2003 betreffend die Definition der Kleinstunternehmen sowie der kleinen und mittleren Unternehmen erfüllen (ABl. L 124 vom 20.5.2003, S. 36).

([27]) Der alleinige Erwerb von Unternehmensanteilen gilt nicht als Erstinvestition.

([28]) „Dieselbe oder eine ähnliche Tätigkeit" ist eine Tätigkeit, die unter dieselbe Klasse (vierstelliger numerischer Code) der statistischen Systematik der Wirtschaftszweige NACE Rev. 2 fällt.

▼ <u>M8</u>

c) ☐ Diversifizierung einer bestehenden Betriebsstätte durch neue Produkte

d) ☐ Prozessinnovation in einer bestehenden Betriebsstätte

e) ☐ Erwerb der Vermögenswerte einer Betriebsstätte, die geschlossen wurde oder ohne diesen Erwerb geschlossen worden wäre und die von einem Investor erworben wird, der in keiner Beziehung zum Verkäufer steht, sofern die neue Tätigkeit, die mit den erworbenen Vermögenswerten ausgeübt werden soll, nicht dieselbe oder eine ähnliche Tätigkeit wie die vor dem Erwerb in der Betriebsstätte ausgeübte Tätigkeit ist

2.1.3. Geben Sie bitte die einschlägigen Bestimmungen der Rechtsgrundlage an, nach denen Einzelbeihilfen, die großen Unternehmen auf der Grundlage der Regelung in C-Fördergebieten aus einem der folgenden Gründe gewährt werden sollen, bei der Kommission anzumelden sind (Randnummern 24 und 34 der Regionalbeihilfeleitlinien):

a) Diversifizierung einer bestehenden Betriebsstätte durch neue Produkte

b) Prozessinnovation in einer bestehenden Betriebsstätte

....

2.1.4. Geben Sie bitte die einschlägigen Bestimmungen der Rechtsgrundlage an, nach denen Einzelbeihilfen, die auf der Grundlage der Regelung gewährt werden sollen und mit denen die Anmeldeschwelle überschritten werden würde ([29]), bei der Kommission anzumelden sind (Randnummer 23 der Regionalbeihilfeleitlinien):

....

2.2. Berechnung der beihilfefähigen Kosten anhand der Investitionskosten

2.2.1. Wenn sich die nach der Regelung beihilfefähigen Kosten auf materielle Vermögenswerte (Randnummer 20 Buchstabe x der Regionalbeihilfeleitlinien) beziehen, ist der Wert der Investition als Prozentsatz der Kosten für Grundstücke, Gebäude bzw. Anlagen, Maschinen und Ausrüstung zu berechnen? In diesem Fall erfolgt die Berechnung auf folgender Grundlage ([30]):

a) ☐ Grundstücke

b) ☐ Gebäude

c) ☐ Anlagen/Maschinen/Ausrüstung

Geben Sie bitte die einschlägigen Bestimmungen der Rechtsgrundlage an:

....

2.2.2. Geben Sie bitte die einschlägige Bestimmung der Rechtsgrundlage an, nach der die erworbenen Vermögenswerte neu sein müssen ([31]) (Randnummer 94 der Regionalbeihilfeleitlinien).

....

2.2.3. Geben Sie bitte die einschlägige Bestimmung der Rechtsgrundlage an, nach der im Falle von KMU höchstens 50 % der Kosten für vorbereitende Studien oder Beratungstätigkeiten im Zusammenhang mit der Investition beihilfefähig sind (Randnummer 95 der Regionalbeihilfeleitlinien).

....

2.2.4. Geben Sie bitte die einschlägige Bestimmung der Rechtsgrundlage an, nach der bei Beihilfen für grundlegende Änderungen des Produktionsprozesses die beihilfefähigen Kosten in den drei vorangegangenen Geschäftsjahren höher sein müssen als die Abschreibungen für die mit der zu

---

([29]) Der Begriff „Anmeldeschwelle" ist unter Randnummer 20 Buchstabe n der Regionalbeihilfeleitlinien definiert.
([30]) Im Verkehrswesen können Ausgaben für den Erwerb von Beförderungsmitteln nicht in die einheitliche Bemessungsgrundlage einbezogen werden. Diese Aufwendungen sind keine Erstinvestitionen.
([31]) Diese Bestimmung muss nicht für KMU oder für den Erwerb einer Betriebsstätte gelten.

5. Verf-DVO kons

modernisierenden Tätigkeit verbundenen Vermögenswerte (Randnummer 96 der Regionalbeihilfeleitlinien).

....

....

Verf-DVO kons

2.2.5. Geben Sie bitte die einschlägige Bestimmung der Rechtsgrundlage an, nach der bei Beihilfen für die Diversifizierung der Produktion einer bestehenden Betriebsstätte die beihilfefähigen Kosten mindestens 200 % über dem Buchwert liegen müssen, der in dem Geschäftsjahr vor Beginn der Arbeiten für die wiederverwendeten Vermögenswerte verbucht wurde (Randnummer 97 der Regionalbeihilfeleitlinien).

....

....

2.2.6. Geben Sie bitte in Fällen, in denen materielle Vermögenswerte geleast werden, die einschlägigen Bestimmungen der Rechtsgrundlage an, nach denen folgende Voraussetzungen erfüllt sein müssen (Randnummer 98 der Regionalbeihilfeleitlinien):

— Leasingverträge für Grundstücke oder Gebäude müssen nach dem voraussichtlichen Tag des Abschlusses des Investitionsvorhabens bei großen Unternehmen noch mindestens fünf Jahre, bei KMU mindestens drei Jahre weiterlaufen.

....

— Leasingverträge für Anlagen oder Maschinen müssen die Form eines Finanzierungsleasings haben und die Verpflichtung enthalten, dass der Beihilfeempfänger den betreffenden Vermögenswert zum Laufzeitende erwirbt.

....

2.2.7. Unter Randnummer 99 der Regionalbeihilfeleitlinien heißt es: „Im Falle des Erwerbs einer Betriebsstätte sind nur die Kosten für den Erwerb der Vermögenswerte von Dritten, die in keiner Beziehung zum Käufer stehen, zu berücksichtigen. Das Geschäft muss zu Marktbedingungen erfolgen. Wenn bereits vor dem Kauf der Vermögenswerte Beihilfen für den Erwerb dieser Vermögenswerte gewährt wurden, sind die Kosten dieser Vermögenswerte von den beihilfefähigen Kosten im Zusammenhang mit dem Erwerb einer Betriebsstätte abzuziehen. Wenn der Erwerb einer Betriebsstätte mit einer zusätzlichen beihilfefähigen Investition einhergeht, sind die beihilfefähigen Kosten dieser Investition zu den Kosten für den Erwerb der Vermögenswerte der Betriebsstätte hinzuzurechnen."

Geben Sie bitte, falls dies für die angemeldete Regelung relevant ist, die Bestimmungen der Rechtsgrundlage an, nach denen die Voraussetzungen unter Nummer erfüllt sein müssen.

....

2.2.8. Wenn sich die nach der Regelung beihilfefähigen Kosten auf immaterielle Vermögenswerte (Randnummer 20 Buchstabe j der Regionalbeihilfeleitlinien) beziehen, ist der Wert der Investition anhand der Ausgaben für den Technologietransfer durch Erwerb von Patentrechten, Lizenzen, Know-how oder nicht patentiertem Fachwissen zu berechnen. In diesem Fall erfolgt die Berechnung auf folgender Grundlage:

a) ☐ Patentrechte

b) ☐ Lizenzen

c) ☐ Know-how

d) ☐ nicht patentiertes Fachwissen

Geben Sie bitte die einschlägigen Bestimmungen der Rechtsgrundlage an:

....

2.2.9. Geben Sie bitte die einschlägigen Bestimmungen der Rechtsgrundlage an, nach denen bei großen Unternehmen die Kosten beihilfefähiger immaterieller Vermögenswerte nur bis zu einer Obergrenze von 50 % der gesamten beihilfefähigen Investitionskosten des Vorhabens berücksichtigt werden dürfen (Randnummer 100 der Regionalbeihilfeleitlinien).

....

2.2.10. Geben Sie bitte die einschlägigen Bestimmungen der Rechtsgrundlage an, nach denen die Voraussetzungen unter den Randnummern 101 und 102 der Regionalbeihilfeleitlinien [32] erfüllt sein müssen.

....

2.3. Berechnung der beihilfefähigen Kosten anhand der Lohnkosten

Geben Sie bitte die einschlägigen Bestimmungen der Rechtsgrundlage an, in denen festgelegt ist, wie die beihilfefähigen Kosten auf der Grundlage der Lohnkosten zu bemessen sind (Randnummer 103 der Regionalbeihilfeleitlinien), wie die Zahl der geschaffenen Arbeitsplätze (unter Bezugnahme auf Randnummer 20 Buchstabe k der Regionalbeihilfeleitlinien) zu errechnen ist und wie die Lohnkosten der eingestellten Beschäftigten (unter Bezugnahme auf Randnummer 20 Buchstabe z der Regionalbeihilfeleitlinien) zu bemessen sind.

....

2.4. Berechnung der abgezinsten beihilfefähigen Kosten

2.4.1. Geben Sie bitte an, welche Beihilfeformen nach der Regelung zulässig sind:

a) ☐ Zuschuss. Geben Sie bitte die einschlägigen Bestimmungen der Rechtsgrundlage an:

....

b) ☐ Zinsgünstiges Darlehen. Erläutern Sie bitte, wie das Subventionsäquivalent berechnet wird, und geben Sie die einschlägigen Bestimmungen der Rechtsgrundlage an:

....

c) ☐ Garantie. Erläutern Sie bitte, wie das Subventionsäquivalent berechnet wird, und geben Sie die einschlägigen Bestimmungen der Rechtsgrundlage an:

....

d) ☐ Steuerliche Maßnahme. Präzisieren Sie bitte die Art der Maßnahme und erläutern Sie, wie das Subventionsäquivalent berechnet wird. Geben Sie bitte auch die einschlägigen Bestimmungen der Rechtsgrundlage an:

....

e) ☐ Sonstige. Präzisieren Sie bitte die Beihilfeform und erläutern Sie, wie das Subventionsäquivalent berechnet wird. Geben Sie bitte auch die einschlägigen Bestimmungen der Rechtsgrundlage an:

....

[32] Nach Randnummer 101 der Regionalbeihilfeleitlinien müssen immaterielle Vermögenswerte, die bei der Berechnung der Investitionskosten berücksichtigt werden können, an das betreffende Empfängergebiet gebunden sein und dürfen nicht auf andere Gebiete übertragen werden. Dazu müssen die immateriellen Vermögenswerte folgende Voraussetzungen erfüllen:
— Sie dürfen nur in der Betriebsstätte genutzt werden, die die Beihilfe erhält.
— Sie müssen abschreibungsfähig sein.
— Sie müssen von Dritten, die in keiner Beziehung zum Käufer stehen, zu Marktbedingungen erworben werden.
Nach Randnummer 102 der Regionalbeihilfeleitlinien müssen die immateriellen Vermögenswerte auf der Aktivseite des Unternehmens, das die Beihilfe erhält, bilanziert werden und mindestens fünf Jahre lang (bei KMU drei Jahre) mit dem Vorhaben, für das die Beihilfe gewährt wurde, verbunden verbleiben.

5. Verf-DVO kons

2.4.2. Kommt die Beihilferegelung für eine Kofinanzierung aus den ESI-Fonds in Betracht? Falls ja, geben Sie bitte an, im Rahmen welcher operationellen Programme eine Finanzierung aus den ESI-Fonds gewährt werden könnte. Geben Sie bitte, falls bereits bekannt, auch die Höhe der Finanzierung aus den ESI-Fonds an.

....

2.4.3. Geben Sie bitte die einschlägigen Bestimmungen der Rechtsgrundlage an, nach denen die Bewilligungsbehörde vor der Gewährung von Einzelbeihilfen auf der Grundlage der genehmigten Regelung feststellen muss, ob der Beihilfeempfänger (Unternehmensgruppe) für eine oder mehrere Erstinvestitionen, die in derselben NUTS-3-Region in einem Zeitraum von drei Jahren ab Beginn der Arbeiten an dem Investitionsvorhaben begonnen wurden, Beihilfen erhalten hat.

....

2.4.4. Geben Sie bitte die einschlägigen Bestimmungen der Rechtsgrundlage an, nach denen der Gesamtbetrag der auf der Grundlage der Regelung für ein Einzelinvestitionsvorhaben gewährten Beihilfen nicht die (unter Randnummer 20 Buchstabe m der Regionalbeihilfeleitlinien definierte) „Beihilfehöchstintensität" übersteigt, wobei gegebenenfalls die (nach Randnummer 177 der Regionalbeihilfeleitlinien) angehobene Beihilfeintensität für KMU bzw. der (unter Randnummer 20 Buchstabe c der Regionalbeihilfeleitlinien definierte) „angepasste Beihilfehöchstsatz" zu berücksichtigen ist.

....

2.4.5. Geben Sie bitte die einschlägigen Bestimmungen der Rechtsgrundlage an, nach denen die Beihilfehöchstintensität eines Vorhabens von der als erstes befassten Bewilligungsbehörde vorab zu berechnen ist, wenn Einzelbeihilfen auf der Grundlage mehrerer Regionalbeihilferegelungen gewährt oder mit Ad-hoc-Beihilfen kumuliert werden (Randnummer 92 der Regionalbeihilfeleitlinien).

....

2.4.6. Geben Sie bitte die einschlägigen Bestimmungen der Rechtsgrundlage an, in denen (unter Bezugnahme auf Randnummer 93 der Regionalbeihilfeleitlinien) festgelegt ist, wie die Beihilfehöchstintensität für das Vorhaben und die verschiedenen Beihilfeempfänger bemessen wird, wenn nach der Beihilferegelung Beihilfen für Erstinvestitionen im Zusammenhang mit Projekten der europäischen territorialen Zusammenarbeit (ETZ) gewährt werden können.

....

3. **Prüfung der Vereinbarkeit der Beihilferegelung mit dem Binnenmarkt**

3.1. Beitrag zur regionalen Zielsetzung und Erforderlichkeit des staatlichen Eingreifens

Ist die Regelung Teil eines operationellen Programms ([33]) (Randnummer 32 der Regionalbeihilfeleitlinien)?

☐ Ja. Geben Sie bitte das betreffende operationelle Programm an.

....

☐ Nein. Erläutern Sie bitte, wie die Regelung der Entwicklungsstrategie für das betreffende Gebiet Rechnung trägt und einen Beitrag zu deren Umsetzung leistet (Randnummer 33 der Regionalbeihilfeleitlinien).

....

3.1.1. Geben Sie bitte die einschlägigen Bestimmungen der Rechtsgrundlage an, nach denen vor Gewährung von Beihilfen für Einzelvorhaben eine Umweltverträglichkeitsprüfung („UVP") für die betreffende Investition durchgeführt werden muss, wenn dies rechtlich erforderlich ist (Randnummer 39 der Regionalbeihilfeleitlinien).

....

([33]) Operatives Programm oder Entwicklungsprogramm, das im Zusammenhang mit dem Europäischen Fonds für regionale Entwicklung (EFRE), dem Europäischen Sozialfonds, dem Kohäsionsfonds, dem Europäischen Landwirtschaftsfonds für die Entwicklung des ländlichen Raumes oder dem Europäischen Meeres- und Fischereifonds (EMFF) aufgestellt wurde.

Verf-DVO kons

3.1.2. Erläutern Sie bitte, wie die Bewilligungsbehörden die Priorität der einzelnen Investitionsvorhaben anhand der mit der Regelung verfolgten Ziele festlegen und dann die entsprechende Auswahl treffen (zum Beispiel anhand eines Bewertungsrasters) (Randnummer 33 der Regionalbeihilfeleitlinien). Geben Sie bitte auch die einschlägigen Bestimmungen der Rechtsgrundlage oder der diesbezüglichen Verwaltungsvorschriften an.

....

3.1.3. Erläutern Sie bitte, wie die Bewilligungsbehörde bei der Gewährung von Beihilfen für Einzelinvestitionsvorhaben auf der Grundlage der angemeldeten Regelung feststellt, dass die ausgewählten Vorhaben einen Beitrag zum Ziel der Regelung und somit zur Entwicklungsstrategie für das betreffende Gebiet leisten (Randnummer 35 der Regionalbeihilfeleitlinien).

....

3.1.4. Erläutern Sie bitte, wie die Bestimmung umgesetzt wird, dass auf der Grundlage der angemeldeten Regelung geförderte Investitionen nach ihrem Abschluss mindestens fünf Jahre (drei Jahre bei KMU) in dem betreffenden Gebiet erhalten bleiben müssen (Randnummer 36 der Regionalbeihilfeleitlinien). Geben Sie bitte die einschlägigen Bestimmungen der Rechtsgrundlage an.

....

3.1.5. Falls die auf der Grundlage der angemeldeten Regelung gewährten Beihilfen anhand der Lohnkosten berechnet werden, erläutern Sie bitte, wie die Bestimmung umgesetzt wird, dass innerhalb von drei Jahren nach Abschluss der Investition Arbeitsplätze geschaffen werden müssen und jede durch die betreffende Investition geschaffene Stelle ab dem Zeitpunkt ihrer Besetzung fünf Jahre (drei Jahre bei KMU) in dem betreffenden Gebiet verbleiben muss (Randnummer 37 der Regionalbeihilfeleitlinien). Geben Sie bitte die einschlägige Bestimmung der Rechtsgrundlage an.

....

3.1.6. Geben Sie bitte die einschlägigen Bestimmungen der Rechtsgrundlage an, nach denen die Beihilfeempfänger entweder aus eigenen oder aus fremden Mitteln einen Eigenbeitrag von mindestens 25 % der beihilfefähigen Kosten leisten müssen, der keinerlei öffentliche Förderung enthält ([34]) (Randnummer 38 der Regionalbeihilfeleitlinien).

....

3.1.7. Geben Sie bitte die einschlägigen Bestimmungen der Rechtsgrundlage an, nach denen in der Regelung die Obergrenzen eingehalten werden sollten, die in der zum Zeitpunkt der Beihilfegewährung geltenden Fördergebietskarte festgelegt sind (Randnummer 81 der Regionalbeihilfeleitlinien). Geben Sie bitte auch den Beschluss der Kommission zur Genehmigung der betreffenden Fördergebietskarte an.

....

3.2. Geeignetheit der Regelung

3.2.1. Falls die Regelung nicht im Rahmen eines operationellen Programms eingeführt wird, erläutern Sie bitte, warum eine Regionalbeihilfe das geeignete Instrument ist, um das gemeinsame Ziel der Gleichheit oder der Kohäsion zu erreichen ([35]) (Randnummer 52 der Regionalbeihilfeleitlinien).

....

([34]) Nicht relevant für subventionierte Darlehen, öffentliche Eigenkapitaldarlehen oder öffentliche Beteiligungen, die dem Grundsatz des marktwirtschaftlich handelnden Kapitalgebers nicht genügen, staatliche Garantien mit Beihilfeelementen und staatliche Förderungen, die nach der *De-minimis*-Regel gewährt werden.

([35]) Zu diesem Zweck kann unter anderem auf Folgenabschätzungen für die geplante Regelung oder *Ex-post*-Evaluierungen ähnlicher Regelungen Bezug genommen werden.

5. Verf-DVO kons

3.2.2. Wenn es sich um eine Regelung für einen bestimmten Wirtschaftszweig handelt, die nicht für eine Kofinanzierung aus den Strukturfonds in Betracht kommt, belegen Sie bitte die Vorteile, die ein solches Instrument gegenüber einer für mehrere Wirtschaftszweige geltenden Beihilferegelung oder anderen Optionen hat (Randnummer 53 der Regionalbeihilfeleitlinien).

....

3.2.3. Die Einzelbeihilfen werden auf der Grundlage der angemeldeten Regelung

☐ automatisch gewährt, sofern die Voraussetzungen der Regelung erfüllt sind.

☐ im Zuge einer Ermessensentscheidung der Behörden gewährt.

Geben Sie bitte die einschlägige Bestimmung der Rechtsgrundlage an:

....

Falls die Beihilfen Gegenstand einer Ermessensentscheidung sind, beschreiben Sie bitte kurz die zugrunde gelegten Kriterien und fügen Sie eine Kopie der für die Gewährung der Beihilfe geltenden internen Verwaltungsvorschriften der Bewilligungsbehörde bei.

....

3.2.4. Falls die Beihilfe auf der Grundlage der Regelung in einer Form gewährt wird, die dem Empfänger einen direkten finanziellen Vorteil verschafft [36], belegen Sie bitte, warum andere, möglicherweise mit geringeren Wettbewerbsverfälschungen verbundene Beihilfeformen (zum Beispiel rückzahlbare Zuschüsse) oder auf Schuld- oder Eigenkapitalinstrumenten basierende Beihilfeformen [37] nicht geeignet sind (Randnummer 57 der Regionalbeihilfeleitlinien).

....

3.3. Anreizeffekt und Angemessenheit der Regelung

3.3.1. Geben Sie bitte die einschlägigen Bestimmungen der Rechtsgrundlage an, nach denen der Beihilfeantrag vor Beginn der Arbeiten an dem betreffenden Investitionsvorhaben gestellt werden muss (Randnummer 64 der Regionalbeihilfeleitlinien).

....

3.3.2. Geben Sie bitte die einschlägigen Bestimmungen der Rechtsgrundlage an, nach denen bei der Beantragung von Beihilfen auf der Grundlage der angemeldeten Regelung ein von der Bewilligungsbehörde bereitgestelltes Standardformular eingereicht werden muss, in dem der Antragsteller kontrafaktisch erläutert, was ohne die Beihilfe geschehen wäre, und angibt, welches Szenario (*Szenario 1* — Investitionsentscheidung oder *Szenario 2* — Standortentscheidung) zutrifft (Randnummern 66 und 61 der Regionalbeihilfeleitlinien). Wenn das Antragsformular vom Muster in Anhang V der Regionalbeihilfeleitlinien abweicht, übermitteln Sie bitte eine Kopie des betreffenden Antrags.

....

[36] Zum Beispiel Direktzuschüsse, Befreiungen oder Ermäßigungen von Steuern oder Sozial- oder sonstigen Pflichtabgaben oder Bereitstellung von Grundstücken, Waren oder Dienstleistungen zu Vorzugsbedingungen, usw.
[37] Zum Beispiel zinsgünstige Darlehen oder Zinszuschüsse, staatliche Garantien, Erwerb von Beteiligungen oder eine anderweitige Bereitstellung von Kapital zu Vorzugsbedingungen. usw.

▼ **M8**

3.3.3. Geben Sie bitte die einschlägigen Bestimmungen der Rechtsgrundlage an, nach denen große Unternehmen, die Beihilfen auf der Grundlage der angemeldeten Regelung beantragen, ihre Ausführungen zur kontrafaktischen Fallkonstellation durch Nachweise untermauern müssen (Randnummer 67 der Regionalbeihilfeleitlinien). Erläutern Sie bitte, welcher Art die Nachweise sein müssen.

....

3.3.4. Geben Sie bitte die einschlägigen Bestimmungen der Rechtsgrundlage an, nach denen die Bewilligungsbehörde bei Prüfung der Anträge auf Einzelbeihilfen die Plausibilität der kontrafaktischen Fallkonstellation prüfen und feststellen muss, ob die Regionalbeihilfe den erforderlichen Anreizeffekt hat, der *Szenario 1* oder *Szenario 2* entspricht ([38]) (Randnummer 68 der Regionalbeihilfeleitlinien).

....

3.3.5. Geben Sie bitte die einschlägigen Bestimmungen der Rechtsgrundlage an, nach denen auf der Grundlage der angemeldeten Regelung gewährte Einzelbeihilfen für große Unternehmen auf die Nettomehrkosten für die Durchführung der Investition in dem betreffenden Gebiet begrenzt sind, die im Vergleich zur kontrafaktischen Fallkonstellation ohne staatliche Beihilfe anfallen, was anhand der unter den Randnummern 79 und 80 der Regionalbeihilfeleitlinien dargelegten Methode festzustellen ist (Randnummer 88 der Regionalbeihilfeleitlinien).

....

3.4. Vermeidung übermäßiger negativer Auswirkungen auf Wettbewerb und Handel

3.4.1. Erläutern Sie bitte, wie die durch die angemeldete Beihilferegelung bedingten Beeinträchtigungen von Wettbewerb und Handel so gering wie möglich gehalten werden ([39]) (Randnummer 125 der Regionalbeihilfeleitlinien).

....

3.4.2. Geben Sie bitte die einschlägigen Bestimmungen der Rechtsgrundlage an, nach denen die Bewilligungsbehörde bei der Bewilligung von auf der Grundlage der Regelung für Einzelvorhaben gewährten Beihilfen prüfen und bestätigen muss, dass die Investition ohne Beihilfe in ein Gebiet geflossen wäre, in dem Regionalbeihilfen mit einer höheren oder derselben Höchstintensität wie im Zielgebiet zulässig sind (Randnummer 126 der Regionalbeihilfeleitlinien).

....

3.4.3. Geben Sie bitte die einschlägigen Bestimmungen der Rechtsgrundlage an, nach denen die Bewilligungsbehörde bei der Bewilligung von auf der Grundlage der Regelung für Einzelvorhaben gewährten Beihilfen Einzelbeihilfen bei der Kommission anmelden muss, wenn der Beihilfeempfänger dieselbe oder eine ähnliche Tätigkeit in einem anderen Gebiet im EWR in den beiden Jahren vor dem Tag der Beantragung der Beihilfe eingestellt hat oder aber zum Zeitpunkt der Antragstellung beabsichtigt, eine solche Tätigkeit in den beiden Jahren nach Abschluss der geförderten Investition einzustellen (Randnummer 122 der Regionalbeihilfeleitlinien).

....

([38]) Ein kontrafaktisches Szenario ist plausibel, wenn es die Faktoren unverfälscht wiedergibt, die zum Zeitpunkt der Investitionsentscheidung des Beihilfeempfängers maßgebend waren.

([39]) Um der Kommission die Möglichkeit zu geben, die in Rede stehende Beihilferegelung auf mögliche negative Auswirkungen zu prüfen, könnte der Mitgliedstaat ihr beispielsweise ihm zur Verfügung stehende Folgenabschätzungen sowie *Ex-post*-Evaluierungen zu ähnlichen Vorgängerregelungen zur Verfügung stellen (Randnummer 125 der Regionalbeihilfeleitlinien).

▼ **M8**

4.   Sonstige Informationen

Machen Sie hier bitte sonstige Angaben, die für die Würdigung der angemeldeten Beihilfemaßnahme nach den Regionalbeihilfeleitlinien von Belang sind:

....

TEIL III.1.C

Ergänzender Fragebogen zu regionalen Betriebsbeihilferegelungen

Dieser ergänzende Fragebogen ist für die Anmeldung von Betriebsbeihilferegelungen zu verwenden, die unter die Leitlinien für Regionalbeihilfen 2014–2020 ([40]) (Regionalbeihilfeleitlinien) fallen.

1.   Anwendungsbereich

a) Geben Sie bitte an, welche Art der Betriebsbeihilfe gewährt werden soll.

i. ☐ Betriebsbeihilfe zur Abfederung spezifischer Schwierigkeiten von KMU in A-Fördergebieten

ii. ☐ Betriebsbeihilfe zum Ausgleich von Mehrkosten in Gebieten in äußerster Randlage

iii. ☐ Betriebsbeihilfe zur Verringerung der Abwanderung aus Gebieten mit sehr geringer Bevölkerungsdichte

iv. ☐ Sonstige. Bitte angeben:

....

....

b) Ist in der angemeldeten Beihilferegelung vorgesehen, dass für die folgenden Arten von Unternehmen und Wirtschaftszweige keine Betriebsbeihilfen gewährt werden können? Geben Sie bitte für jeden der nachstehenden Fälle die einschlägige Bestimmung der Rechtsgrundlage der Regelung an.

Ausgeschlossene Arten von Unternehmen und ausgeschlossene Wirtschaftszweige	Unternehmen in Schwierigkeiten ([1])	Einschlägige Bestimmung der Rechtsgrundlage der Regelung
Stahlsektor ([2])	☐ Ja	
Kunstfaserindustrie ([2])	☐ Ja	
Erzeugung von in Anhang I des AEUV aufgeführten landwirtschaftlichen Erzeugnissen	☐ Ja	
Verarbeitung und/oder Vermarktung von in Anhang I des AEUV ([3]) aufgeführten landwirtschaftlichen Erzeugnissen in Erzeugnisse, die in dem genannten Anhang I aufgeführt sind	☐ Ja	
Erzeugung, Verarbeitung und/oder Vermarktung von in Anhang I des AEUV aufgeführten Erzeugnissen der Fischerei und der Aquakultur	☐ Ja	
Verkehrswesen	☐ Ja	
Energiewesen	☐ Ja	

([40]) Leitlinien für Regionalbeihilfen 2014–2020 (ABl. C 209 vom 23.7.2013. S. 1).

▼ M8

Ausgeschlossene Arten von Unternehmen und ausgeschlossene Wirtschaftszweige	Unternehmen in Schwierigkeiten ([1])	Einschlägige Bestimmung der Rechtsgrundlage der Regelung
Abschnitt K „Erbringung von Finanz- und Versicherungsdienstleistungen" der statistischen Systematik der Wirtschaftszweige NACE Rev. 2	☐ Ja	
NACE-Klasse 70.10 „Verwaltung und Führung von Unternehmen und Betrieben" und NACE-Klasse 70.22 „Unternehmensberatung"	☐ Ja	

([1]) Im Sinne der Leitlinien für staatliche Beihilfen zur Rettung und Umstrukturierung nichtfinanzieller Unternehmen in Schwierigkeiten (ABl. C 249 vom 31.7.2014, S. 1).
([2]) Im Sinne des Anhangs IV der Leitlinien für Regionalbeihilfen 2014–2020.
([3]) Die Regionalbeihilfeleitlinien finden auf Beihilferegelungen zur Förderung von Tätigkeiten Anwendung, die außerhalb des Anwendungsbereichs des Artikels 42 AEUV liegen, aber unter die Verordnung zur Entwicklung des ländlichen Raums (Verordnung (EU) Nr. 1305/2013 des Europäischen Parlaments und des Rates vom 17. Dezember 2013 über die Förderung der ländlichen Entwicklung durch den Europäischen Landwirtschaftsfonds für die Entwicklung des ländlichen Raums (ELER) und zur Aufhebung der Verordnung (EG) Nr. 1698/2005 (ABl. L 347 vom 20.12.2013, S. 487)) fallen und die entweder vom Europäischen Landwirtschaftsfonds für die Entwicklung des ländlichen Raums kofinanziert werden oder als zusätzliche nationale Finanzierung zu solchen kofinanzierten Maßnahmen gewährt werden, es sei denn, sektorale Vorschriften sehen etwas anderes vor.

2. **Kernelemente der Regelung**

2.1. Beschreiben Sie bitte die wichtigsten Elemente der Regelung und ihre Ziele:

....

2.2. Geben Sie bitte an, welche Beihilfeformen nach der Regelung zulässig sind:

a) ☐ Zuschuss. Geben Sie bitte die einschlägigen Bestimmungen der Rechtsgrundlage an:

....

b) ☐ Zinsgünstiges Darlehen. Erläutern Sie bitte, wie das Subventionsäquivalent berechnet wird, und geben Sie die einschlägigen Bestimmungen der Rechtsgrundlage an:

....

c) ☐ Garantie. Erläutern Sie bitte, wie das Subventionsäquivalent berechnet wird, und geben Sie die einschlägigen Bestimmungen der Rechtsgrundlage an:

....

d) ☐ Steuerliche Maßnahme. Präzisieren Sie bitte die Art der Maßnahme und erläutern Sie, wie das Subventionsäquivalent berechnet wird. Geben Sie bitte auch die einschlägigen Bestimmungen der Rechtsgrundlage an:

....

e) ☐ Sonstige. Präzisieren Sie bitte die Beihilfeform und erläutern Sie, wie das Subventionsäquivalent berechnet wird. Geben Sie bitte auch die einschlägigen Bestimmungen der Rechtsgrundlage an:

....

2.3. Die Einzelbeihilfen werden auf der Grundlage der angemeldeten Regelung

a) ☐ automatisch gewährt, sofern die Voraussetzungen der Regelung erfüllt sind.

b) ☐ im Zuge einer Ermessensentscheidung der Behörden gewährt.

5. Verf-DVO kons

Falls die Beihilfen auf Einzelfallbasis gewährt werden, beschreiben Sie bitte kurz die zugrunde gelegten Kriterien. Bei Vorliegen von Verwaltungsvorgaben für die Prüfung von Beihilfeanträgen fügen Sie diese bitte bei.

....

2.4. Wird die Beihilferegelung aus den ESI-Fonds kofinanziert? Falls ja, erläutern Sie bitte, im Rahmen welcher operationellen Programme eine Finanzierung aus den ESI-Fonds gewährt wird. Geben Sie bitte auch die Höhe der Finanzierung aus den ESI-Fonds an.

....

3. **Vereinbarkeit der Beihilfe mit dem Binnenmarkt**

3.1. Beitrag zur regionalen Zielsetzung und Anreizeffekt

Beihilfen zur Abfederung spezifischer Schwierigkeiten von KMU [41] in A-Fördergebieten

3.1.1. Führen Sie bitte die spezifischen Schwierigkeiten von KMU in dem betreffenden Gebiet auf, die durch die Regelung überwunden werden sollen (Randnummer 43 der Regionalbeihilfeleitlinien), und weisen Sie das Bestehen und das Ausmaß dieser Schwierigkeiten nach (Randnummer 44 der Regionalbeihilfeleitlinien).

....

3.1.2. Erläutern Sie bitte, warum die unter Nummer 3.1.1 aufgeführten Schwierigkeiten nicht mit Investitionsbeihilfen überwunden werden können und deshalb die angemeldete Betriebsbeihilferegelung erforderlich ist (Randnummer 44 der Regionalbeihilfeleitlinien).

....

Beihilfen zum Ausgleich von Mehrkosten in Gebieten in äußerster Randlage

3.1.3. Beziffern Sie bitte die spezifischen Mehrkosten [42], die mit der Regelung ausgeglichen werden sollen, und weisen Sie nach, inwiefern diese Kosten mit den in Artikel 349 AEUV aufgeführten dauerhaften Nachteilen zusammenhängen (Randnummer 45 der Regionalbeihilfeleitlinien).

....

Beihilfen zur Verringerung der Abwanderung aus Gebieten mit sehr geringer Bevölkerungsdichte

3.1.4. Weisen Sie bitte nach, dass ohne Betriebsbeihilfen die Gefahr einer Abwanderung aus dem betreffenden Gebiet besteht (Randnummer 46 der Regionalbeihilfeleitlinien).

....

3.2. Geeignetheit der Regelung

Begründen Sie bitte, warum die geplante Beihilfe als geeignet angesehen wird, das Ziel der Regelung zu erreichen. Erläutern Sie bitte insbesondere, warum andere, mit geringeren Wettbewerbsverfälschungen verbundene Instrumente oder Arten von Beihilfen nicht geeignet sind, denselben positiven Beitrag zur regionalen Entwicklung zu leisten (Randnummern 50, 56, 57 und 58 der Regionalbeihilfeleitlinien).

....

3.3. Angemessenheit der Regelung

Für alle Arten von Betriebsbeihilfen

---

[41] „KMU" sind Unternehmen, die die Voraussetzungen der Empfehlung der Kommission vom 6. Mai 2003 betreffend die Definition der Kleinstunternehmen sowie der kleinen und mittleren Unternehmen erfüllen (ABl. L 124 vom 20.5.2003, S. 36).

[42] In diesem Zusammenhang sei darauf hingewiesen, dass Betriebsbeihilfen zum Ausgleich von Mehrkosten für die Beförderung von Gütern, die in für Betriebsbeihilfen in Betracht kommenden Gebieten hergestellt werden, nur im Einklang mit der zum Zeitpunkt der Gewährung geltenden Allgemeinen Gruppenfreistellungsverordnung („AGVO") gewährt werden können.

▼ M8

3.3.1. Bestimmen Sie bitte die beihilfefähigen Kosten, die ganz den Problemen zuzuordnen sind, die mit der Beihilfe gelöst werden sollen (Randnummer 109 der Regionalbeihilfeleitlinien).

....

3.3.2. Bestätigen Sie bitte, dass der Abschreibungsaufwand und die Finanzierungskosten, die unter die beihilfefähigen Kosten regionaler Investitionsbeihilfen fallen, bei Betriebsbeihilfen nicht zu den beihilfefähigen Kosten gerechnet werden (Randnummer 109 der Regionalbeihilfeleitlinien), und geben Sie die einschlägige Bestimmung der Rechtsgrundlage an.

....

3.3.3. Beschreiben Sie bitte das vorgesehene Ausgleichsmodell (Randnummer 56 der Regionalbeihilfeleitlinien) und wie damit die Höhe der Beihilfe so bemessen werden kann, dass keine Überkompensation erfolgt (Randnummer 109 der Regionalbeihilfeleitlinien).

....

3.3.4. Geben Sie bitte an, ob in dem betreffenden Gebiet Betriebsbeihilfen auch auf der Grundlage anderer Betriebsbeihilferegelungen gewährt werden, und nennen Sie Nummer und/oder Titel dieser Regelungen.

....

3.3.5. Falls in dem betreffenden Gebiet andere Betriebsbeihilferegelungen gelten, erläutern Sie bitte, wie sichergestellt wird, dass die auf der Grundlage verschiedener Betriebsbeihilferegelungen gewährten Betriebsbeihilfen nicht zu einer Überkompensation führen.

....

Betriebsbeihilfen in Gebieten in äußerster Randlage

3.3.6. Weisen Sie bitte nach, dass die nach der angemeldeten Regelung auszugleichenden Mehrkosten im Vergleich zu den Kosten, die ähnliche Unternehmen in anderen Gebieten des betreffenden Mitgliedstaats tragen müssen, quantifiziert werden (Randnummer 110 der Regionalbeihilfeleitlinien).

....

Betriebsbeihilfen zur Abfederung spezifischer Schwierigkeiten von KMU in bestimmten A-Fördergebieten

3.3.7. Erläutern Sie bitte, wie die Höhe der Beihilfe über die Laufzeit der Regelung nach und nach verringert wird (Randnummer 111 der Regionalbeihilfeleitlinien), und geben Sie die einschlägige Bestimmung der Rechtsgrundlage an.

....

3.4. Vermeidung übermäßiger negativer Auswirkungen auf Wettbewerb und Handel

Erläutern Sie bitte, warum nicht damit zu rechnen ist, dass die auf der Grundlage der Regelung gewährte Beihilfe schwerwiegende Verfälschungen des Wettbewerbs auf dem Markt bewirken wird (Randnummer 140 der Regionalbeihilfeleitlinien).

....

4. **Sonstige Informationen**

Machen Sie hier bitte sonstige Angaben, die für die Würdigung der angemeldeten Beihilfemaßnahme nach den Regionalbeihilfeleitlinien von Belang sind:

....

5. Verf-DVO kons

TEIL III.2

**Ergänzender Fragebogen zu Forschungs-, Entwicklungs- und
Innovationsbeihilfen**

*Dieser ergänzende Fragebogen ist für die Anmeldung von Beihilfemaßnahmen
(Beihilferegelungen und Einzelbeihilfen) zu verwenden, die unter den Unionsrahmen für staatliche Beihilfen zur Förderung von Forschung, Entwicklung
und Innovation ([43]) (FuEuI-Rahmen) fallen.*

*Wenn eine einzelne Beihilfemaßnahme mehrere Beihilfeempfänger betrifft, sind
die einschlägigen Angaben für jeden einzelnen Beihilfeempfänger zu machen.*

1. **Merkmale der angemeldeten Beihilfemaßnahme**

1.1. Beihilferegelungen

A) Gründe für die Anmeldung der Regelung:

    a) ☐ Die Regelung umfasst Beihilfen, die nicht transparent im Sinne
des Artikels 5 Allgemeine Gruppenfreistellungsverordnung
(„AGVO") ([44]) sind.

    b) ☐ Sonstige Gründe.

    Bitte angeben:

....

....

B) Sektoraler Anwendungsbereich der angemeldeten Regelung:

....

....

C) Kreuzen Sie bitte das nachstehende Kästchen an, um zu bestätigen,
dass auf der Grundlage der angemeldeten Regelung gewährte Beihilfen
einzeln anzumelden sind, falls sie die in Artikel 4 AGVO festgelegten
Anmeldeschwellen überschreiten.

    ☐

1.2. Einzelbeihilfen

A) Falls die Beihilfe auf der Grundlage einer genehmigten Regelung gewährt wird, machen Sie bitte Angaben zu dieser Regelung, einschließlich ihrer Fundstelle (Internetadresse) und der Nummer, unter der sie
als staatliche Beihilfe registriert wurde:

....

....

B) Geben Sie gegebenenfalls bitte den für die Zwecke der Anmeldung
zugrunde gelegten Wechselkurs an:

....

....

1.3. Allgemeine Angaben

A) Geben Sie bitte die Art der Beihilfe an:

    a) ☐ Beihilfen für FuE-Vorhaben

    b) ☐ Beihilfen für Durchführbarkeitsstudien

    c) ☐ Beihilfen für den Bau oder Ausbau von Forschungsinfrastruktu-
ren

([43]) ABl. C 198 vom 27.6.2014, S. 1.
([44]) Verordnung (EU) Nr. 651/2014 der Kommission vom 17. Juni 2014 zur Feststellung der
Vereinbarkeit bestimmter Gruppen von Beihilfen mit dem Binnenmarkt in Anwendung
der Artikel 107 und 108 des Vertrags über die Arbeitsweise der Europäischen Union
(ABl. L 187 vom 26.6.2014. S. 1).

d) ☐ Innovationsbeihilfen für KMU

e) ☐ Beihilfen für Prozess- und Organisationsinnovation

f) ☐ Beihilfen für Innovationscluster

B) Betrifft die angemeldete Maßnahme Unionsmittel, die von Organen, Agenturen, gemeinsamen Unternehmen oder anderen Stellen der Union zentral verwaltet werden und nicht direkt oder indirekt der Kontrolle von Mitgliedstaaten unterstehen?

☐ Ja   ☐ Nein

Falls ja, führen Sie dies bitte aus:

....

....

C) Betrifft die angemeldete Maßnahme Unternehmen in Schwierigkeiten im Sinne der Leitlinien für staatliche Beihilfen zur Rettung und Umstrukturierung nichtfinanzieller Unternehmen in Schwierigkeiten ([45])?

☐ Ja   ☐ Nein

Falls ja, führen Sie dies bitte aus:

....

....

D) Betrifft die angemeldete Maßnahme Unternehmen, die einer Rückzahlungsanordnung aufgrund eines früheren Beschlusses zur Feststellung der Rechtswidrigkeit einer Beihilfe und ihrer Unvereinbarkeit mit dem Binnenmarkt nicht nachgekommen sind?

☐ Ja   ☐ Nein

Falls ja, führen Sie dies bitte aus und geben Sie die noch zurückzufordernden Beträge an:

....

....

E) Betrifft die angemeldete Maßnahme Einrichtungen für Forschung und Wissensverbreitung („Forschungseinrichtungen") oder Forschungsinfrastrukturen im Sinne der Randnummer 15 Buchstabe ee bzw. ff. des FuEuI-Rahmens?

☐ Ja   ☐ Nein

Falls ja, führen Sie dies bitte aus:

....

....

F) Betrifft die angemeldete Maßnahme die öffentliche Vergabe von Dienstleistungen im Bereich Forschung und Entwicklung?

☐ Ja   ☐ Nein

Falls ja, führen Sie dies bitte aus:

....

....

G) Kann die im Rahmen der angemeldeten Maßnahme gewährte Beihilfe mit anderen Beihilfen kombiniert werden?

☐ Ja   ☐ Nein

Falls ja, führen Sie dies bitte aus:

....

....

([45]) ABl. C 249 vom 31.7.2014. S. 1.

5. Verf-DVO kons

H) Falls zutreffend, kreuzen Sie bitte das nachstehende Kästchen an, um zu bestätigen, dass die Beihilfeempfänger unter die Definition von KMU in Anhang I der AGVO fallen, und übermitteln Sie im Falle von Einzelbeihilfen entsprechende Informationen und Nachweise.

☐

....

....

2. Forschungseinrichtungen und Forschungsinfrastrukturen

A) Üben Forschungseinrichtungen oder Forschungsinfrastrukturen, die von der angemeldeten Beihilfemaßnahme betroffen sind, eine wirtschaftliche Tätigkeit aus, die darin besteht, Waren oder Dienstleistungen auf einem bestimmten Markt anzubieten?

☐ Ja   ☐ Nein

Machen Sie bitte nähere Angaben:

....

....

B) Falls ein und dieselbe Einrichtung/Infrastruktur sowohl wirtschaftliche als auch nichtwirtschaftliche Tätigkeiten ausübt, können die wirtschaftlichen und die nichtwirtschaftlichen Tätigkeiten und ihre Kosten, ihre Finanzierung und ihre Erlöse klar voneinander getrennt werden?

☐ Ja   ☐ Nein

Falls ja, führen Sie dies bitte aus:

....

....

C) Falls ein und dieselbe Einrichtung/Infrastruktur sowohl wirtschaftliche als auch nichtwirtschaftliche Tätigkeiten ausübt, ist der Betrag der ihr für einen bestimmten Rechnungszeitraum zugewiesenen öffentlichen Mittel auf die auf diesen Zeitraum entfallenden Kosten der nichtwirtschaftlichen Tätigkeiten begrenzt?

☐ Ja   ☐ Nein

Falls ja, führen Sie dies bitte aus:

....

....

D) Falls ein und dieselbe Einrichtung/Infrastruktur sowohl wirtschaftliche als auch nichtwirtschaftliche Tätigkeiten ausübt, stellt die wirtschaftliche Nutzung eine reine Nebentätigkeit dar, die mit dem Betrieb der Forschungseinrichtung oder Forschungsinfrastruktur unmittelbar verbunden und dafür erforderlich ist oder die in untrennbarem Zusammenhang mit der nichtwirtschaftlichen Haupttätigkeit steht, und deren Umfang begrenzt ist?

☐ Ja   ☐ Nein

Falls ja, führen Sie dies bitte aus und geben Sie den berechneten oder geschätzten Teil der Gesamtkapazität an, der jedes Jahr für diese wirtschaftlichen Tätigkeiten genutzt wird:

....

....

E) Kann, falls öffentliche Mittel für wirtschaftliche Tätigkeiten von Forschungseinrichtungen oder Forschungsinfrastrukturen, die keine Nebentätigkeiten darstellen, bereitgestellt werden, dargelegt werden, dass sowohl die öffentlichen Mittel als auch durch sie erlangte Vorteile vollständig an die Endempfänger weitergegeben werden (zum Beispiel in Form niedrigerer Preise) und dass der vermittelnden Einrichtung/ Infrastruktur kein weiterer Vorteil gewährt wird?

☐ Ja   ☐ Nein

Falls ja, führen Sie dies bitte aus:

....

....

3. **Mittelbare staatliche Beihilfen, die Unternehmen über Forschungs-einrichtungen und Forschungsinfrastrukturen gewährt werden**

3.1. Forschung im Auftrag von Unternehmen

A) Erbringen Forschungseinrichtungen oder Forschungsinfrastrukturen, die von der angemeldeten Beihilfemaßnahme betroffen sind, Auf-tragsforschung oder Forschungsdienstleistungen für Unternehmen?

☐ Ja   ☐ Nein

Falls ja, führen Sie dies bitte aus:

....

....

B) Stellen die Forschungseinrichtungen oder Forschungsinfrastrukturen, falls sie für Unternehmen Auftragsforschung durchführen oder For-schungsdienstleistungen erbringen, dafür den Marktpreis in Rech-nung?

☐ Ja   ☐ Nein

Falls ja, führen Sie dies bitte aus:

....

....

C) Stellen die Forschungseinrichtungen oder Forschungsinfrastrukturen, falls sie für Unternehmen Auftragsforschung durchführen oder For-schungsdienstleistungen erbringen und es keinen Marktpreis gibt, ei-nen Preis in Rechnung, der den Gesamtkosten der Dienstleistung entspricht und im Allgemeinen eine Gewinnspanne umfasst, die sich an den Gewinnspannen orientiert, die von den im Bereich der jewei-ligen Dienstleistung tätigen Unternehmen im Allgemeinen angewandt werden, oder das Ergebnis von Verhandlungen zu Fremdvergleichs-bedingungen ist, bei denen die Forschungseinrichtungen oder For-schungsinfrastrukturen verhandeln, um zum Zeitpunkt des Vertrags-schlusses den maximalen wirtschaftlichen Nutzen zu erzielen und zumindest ihre Grenzkosten zu decken?

☐ Ja   ☐ Nein

Falls ja, führen Sie dies bitte aus:

....

....

3.2. Zusammenarbeit mit Unternehmen

A) Arbeiten Forschungseinrichtungen oder Forschungsinfrastrukturen, die die angemeldete Beihilfemaßnahme in Anspruch nehmen könn-ten, wirksam mit Unternehmen zusammen, um gemeinsam bestimmte Vorhaben durchzuführen?

☐ Ja   ☐ Nein

Falls ja, führen Sie dies bitte aus:

....

....

B) Falls Forschungseinrichtungen oder Forschungsinfrastrukturen wirk-sam mit Unternehmen zusammenarbeiten, geben Sie bitte an, ob eine der folgenden Voraussetzungen erfüllt ist:

a) Die beteiligten Unternehmen tragen sämtliche Kosten der Vor-haben.

☐ Ja   ☐ Nein

b) Die Ergebnisse der Zusammenarbeit, für die keine Rechte des geistigen Eigentums begründet werden, können weit verbreitet werden, und etwaige Rechte des geistigen Eigentums, die sich aus den Tätigkeiten von Forschungseinrichtungen oder For-schungsinfrastrukturen ergeben, werden diesen in vollem Umfang zugeordnet.

☐ Ja   ☐ Nein

5. Verf-DVO kons

Verf-DVO
kons

c) Rechte des geistigen Eigentums, die sich aus dem Vorhaben ergeben, sowie damit verbundene Zugangsrechte werden den verschiedenen Kooperationspartnern in einer Weise zugeordnet, die ihrer Arbeit, ihren Beiträgen und ihren jeweiligen Interessen angemessen Rechnung trägt.

☐ Ja ☐ Nein

Falls eine der vorstehenden Antworten „ja" lautet, machen Sie bitte nähere Angaben:

....

....

C) Falls Forschungseinrichtungen oder Forschungsinfrastrukturen wirksam mit Unternehmen zusammenarbeiten und keine der Antworten unter Buchstabe B „ja" lautet, geben Sie bitte an, ob eine der folgenden Voraussetzungen erfüllt ist:

a) Die Forschungseinrichtungen oder Forschungsinfrastrukturen erhalten ein Entgelt, dessen Höhe im Wege eines offenen, transparenten und diskriminierungsfreien wettbewerbsbasierten Verfahrens festgesetzt wurde.

☐ Ja ☐ Nein

b) Die Forschungseinrichtungen oder Forschungsinfrastrukturen erhalten ein Entgelt, dessen Höhe laut Gutachten eines unabhängigen Sachverständigen mindestens dem Marktpreis entspricht.

☐ Ja ☐ Nein

c) Die Forschungseinrichtungen oder Forschungsinfrastrukturen können nachweisen, dass sie das Entgelt tatsächlich zu Fremdvergleichsbedingungen ausgehandelt haben, um zum Zeitpunkt des Vertragsschlusses den maximalen wirtschaftlichen Nutzen zu erzielen.

☐ Ja ☐ Nein

d) In Fällen, in denen die Kooperationsvereinbarung den an der Kooperation beteiligten Unternehmen in Bezug auf die Rechte des geistigen Eigentums, die von Forschungseinrichtungen oder Forschungsinfrastrukturen begründet werden, ein Vorkaufsrecht einräumt, üben die betreffenden Einrichtungen/Infrastrukturen ein beidseitiges Recht aus, wirtschaftlich günstigere Angebote von Dritten einzuholen, so dass die an der Kooperation beteiligten Unternehmen ihr Angebot entsprechend anpassen müssen.

☐ Ja ☐ Nein

Falls eine der vorstehenden Antworten „ja" lautet, machen Sie bitte nähere Angaben:

....

....

4. **Öffentliche Vergabe von Dienstleistungen im Bereich Forschung und Entwicklung**

A) Falls die angemeldete Maßnahme die öffentliche Vergabe von Dienstleistungen im Bereich Forschung und Entwicklung an Unternehmen beinhaltet, werden die Anbieter im Wege eines offenen Ausschreibungsverfahrens im Einklang mit den geltenden Richtlinien ([46]) ausgewählt?

☐ Ja ☐ Nein

([46]) Richtlinie 2014/24/EU des Europäischen Parlaments und des Rates vom 26. Februar 2014 über die öffentliche Auftragsvergabe und zur Aufhebung der Richtlinie 2004/18/EG (ABl. L 94 vom 28.3.2014, S. 65) und Richtlinie 2014/25/EU des Europäischen Parlaments und des Rates vom 26. Februar 2014 über die Vergabe von Aufträgen durch Auftraggeber im Bereich der Wasser-, Energie- und Verkehrsversorgung sowie der Postdienste und zur Aufhebung der Richtlinie 2004/17/EG (ABl. L 94 vom 28.3.2014. S. 243).

Falls ja, führen Sie dies bitte aus:

....

....

B) In allen anderen Fällen, in denen die angemeldete Maßnahme die öffentliche Vergabe von Dienstleistungen im Bereich Forschung und Entwicklung an Unternehmen beinhaltet, einschließlich der vorkommerziellen Auftragsvergabe, geben Sie bitte an, ob die folgenden Voraussetzungen erfüllt sind:

  a) Das Auswahlverfahren ist offen, transparent und diskriminierungsfrei und stützt sich auf vor Beginn des Ausschreibungsverfahrens festgelegte objektive Auswahl- und Zuschlagskriterien.

    ☐ Ja   ☐ Nein

    Falls nein, machen Sie bitte nähere Angaben und geben Sie an, ob ein wettbewerbsbasiertes, transparentes und diskriminierungsfreies Verfahren im Einklang mit den geltenden Richtlinien (zum Beispiel Verhandlungsverfahren, Innovationspartnerschaft oder wettbewerblicher Dialog) eingehalten wurde.

    ....

  b) Die geplanten vertraglichen Vereinbarungen, in denen alle Rechte und Pflichten der Vertragspartner — unter anderem hinsichtlich der Rechte des geistigen Eigentums — festgelegt sind, werden allen interessierten Bietern vor Beginn des Ausschreibungsverfahrens zur Verfügung gestellt.

    ☐ Ja   ☐ Nein

    Machen Sie bitte nähere Angaben:

    ....

    ....

  c) Bei der Auftragsvergabe wird den beteiligten Anbietern bei der in kommerziellem Umfang erfolgenden Bereitstellung der Enderzeugnisse oder der Enddienstleistungen für einen öffentlichen Auftraggeber in dem jeweiligen Mitgliedstaat keine Vorzugsbehandlung zuteil ([47]), und

    — alle Ergebnisse, für die keine Rechte des geistigen Eigentums begründet werden, können in einer Weise weit verbreitet werden, die andere Unternehmen in die Lage versetzt, sie zu reproduzieren, und alle Rechte des geistigen Eigentums werden dem öffentlichen Auftraggeber in vollem Umfang zugeordnet, oder

    — Dienstleistungserbringer, denen die Ergebnisse, die Rechte des geistigen Eigentums begründen, zugewiesen werden, sind verpflichtet, dem öffentlichen Auftraggeber kostenlos unbegrenzten Zugang zu diesen Ergebnissen zu gewähren und Dritten Zugang zu Marktbedingungen zu gewähren.

    ☐ Ja   ☐ Nein

    Machen Sie bitte nähere Angaben:

    ....

    ....

5.   **Beschreibung der angemeldeten Beihilfemaßnahme**

5.1.   Beihilfen für FuE-Vorhaben

  A) Geben Sie bitte an, welche FuE-Kategorien im Rahmen der angemeldeten Maßnahme gefördert werden:

    a) ☐ Grundlagenforschung

([47]) Unbeschadet etwaiger Verfahren, die sowohl die Entwicklung als auch den anschließenden Erwerb von einmaligen oder spezialisierten Waren oder Dienstleistungen abdecken.

5. Verf-DVO kons

b) ☐ Industrielle Forschung

c) ☐ Experimentelle Entwicklung

B) Falls im Falle von Einzelbeihilfen das Vorhaben mehrere Forschungs-
kategorien umfasst, führen Sie bitte die einzelnen Aufgaben auf und
ordnen Sie diese den Kategorien Grundlagenforschung, industrielle
Forschung bzw. experimentelle Entwicklung zu:

Verf-DVO kons

....

....

C) Geben Sie bitte die beihilfefähigen Kosten und im Falle von Einzelbeihilfen auch die Höhe der Beihilfe an:

	Grundla-genfor-schung	Industrielle Forschung	Experimentelle Entwicklung
Personalkosten			
Kosten für Instrumente und Ausrüstung			
Kosten für Gebäude und Grundstücke			
Kosten für Auftragsforschung, Wissen und zu Fremdvergleichsbedingungen von Dritten direkt oder in Lizenz erworbene Patente			
Zusätzliche vorhabenbezogene Gemeinkosten			
Sonstige Betriebsaufwendungen			

D) Geben Sie bitte die anwendbaren Beihilfehöchstintensitäten an:

	Kleine Unterneh-men	Mittlere Unter-nehmen	Große Unternehmen
Grundlagenforschung			
Industrielle Forschung			
— unter der Voraussetzung einer wirksamen Zusammenarbeit zwischen Unternehmen (bei großen Unternehmen grenzübergreifend oder mit mindestens einem KMU) oder zwischen einem Unternehmen und einer Forschungseinrichtung oder — unter der Voraussetzung einer weiten Verbreitung der Ergebnisse			
Experimentelle Entwicklung			
— unter der Voraussetzung einer wirksamen Zusammenarbeit zwischen Unternehmen (bei großen Unternehmen grenzübergreifend oder mit mindestens einem KMU) oder zwischen einem Unternehmen und einer Forschungseinrichtung oder — unter der Voraussetzung einer weiten Verbreitung der Ergebnisse			

5.2. Beihilfen für Durchführbarkeitsstudien

A) Geben Sie bitte die beihilfefähigen Kosten und im Falle von Einzelbeihilfen auch die Höhe der Beihilfe an:

....

....

B) Geben Sie bitte die anwendbaren Beihilfehöchstintensitäten an, einschließlich etwaiger KMU-Aufschläge:

....

....

5.3. Beihilfen für den Bau oder Ausbau von Forschungsinfrastrukturen

A) Geben Sie bitte die beihilfefähigen Kosten und im Falle von Einzelbeihilfen auch die Höhe der Beihilfe an:

....

....

B) Geben Sie bitte die anwendbare Beihilfehöchstintensität an:

....

....

C) Falls die Forschungsinfrastrukturen sowohl wirtschaftliche als auch nichtwirtschaftliche Tätigkeiten ausüben, kreuzen Sie bitte das nachstehende Kästchen an, um zu bestätigen, dass für die Finanzierungskosten und Erlöse für jede Art der Tätigkeit getrennte Bücher nach einheitlich angewandten und sachlich zu rechtfertigenden Kostenrechnungsgrundsätzen geführt werden.

☐

Übermitteln Sie im Falle von Einzelbeihilfen bitte entsprechende Informationen und Nachweise:

....

....

D) Falls die Forschungsinfrastrukturen sowohl für wirtschaftliche als auch für nichtwirtschaftliche Tätigkeiten öffentliche Mittel erhalten, kreuzen Sie bitte das nachstehende Kästchen an, um zu bestätigen, dass ein Monitoring- und Rückforderungsmechanismus besteht, um sicherzustellen, dass die anwendbare Beihilfehöchstintensität nicht überschritten wird.

☐

Übermitteln Sie bitte entsprechende Informationen und Nachweise:

....

....

E) Entspricht der für den Betrieb oder die Nutzung der Forschungsinfrastrukturen in Rechnung gestellte Preis dem Marktpreis?

☐ Ja   ☐ Nein

Führen Sie dies bitte aus:

....

....

F) Steht der Zugang zu den Forschungsinfrastrukturen mehreren Nutzern zu transparenten und diskriminierungsfreien Bedingungen offen?

☐ Ja   ☐ Nein

Falls einigen Unternehmen ein bevorzugter Zugang gewährt wird, machen Sie bitte nähere Angaben und geben Sie den von diesen Unternehmen getragenen Teil der Investitionskosten an:

....

....

5. Verf-DVO kons

5.4. Innovationsbeihilfen für KMU

A) Geben Sie bitte an, welche Tätigkeiten im Rahmen der angemeldeten Maßnahme gefördert werden:

a) ☐ Erlangung, Validierung und Verteidigung von Patenten und anderen immateriellen Vermögenswerten

b) ☐ Abordnung hochqualifizierten Personals

c) ☐ Inanspruchnahme von Innovationsberatungsdiensten und innovationsunterstützenden Dienstleistungen

B) Geben Sie bitte die beihilfefähigen Kosten und im Falle von Einzelbeihilfen auch die Höhe der Beihilfe an:

....

....

C) Geben Sie bitte die anwendbaren Beihilfehöchstintensitäten an:

....

....

5.5. Beihilfen für Prozess- und Organisationsinnovation

A) Geben Sie bitte an, welche Tätigkeiten im Rahmen der angemeldeten Maßnahme gefördert werden:

☐ Prozessinnovation

☐ Organisationsinnovation

B) Geben Sie bitte die beihilfefähigen Kosten und im Falle von Einzelbeihilfen auch die Höhe der Beihilfe an:

Personalkosten	
Kosten für Instrumente und Ausrüstung (soweit und solange sie für das Vorhaben genutzt werden)	
Kosten für Gebäude und Grundstücke (soweit und solange sie für das Vorhaben genutzt werden)	
Kosten für Auftragsforschung, Wissen und zu Fremdvergleichsbedingungen von Dritten direkt oder in Lizenz erworbene Patente	
Zusätzliche Gemeinkosten und sonstige Betriebsaufwendungen, die unmittelbar durch das Forschungsvorhaben entstehen	

C) Geben Sie bitte die anwendbaren Beihilfehöchstintensitäten an:

....

....

D) Wenn die Beihilfe großen Unternehmen gewährt wird, kreuzen Sie bitte das nachstehende Kästchen an, um zu bestätigen, dass sie bei der geförderten Tätigkeit tatsächlich mit KMU zusammenarbeiten und die beteiligten KMU mindestens 30 % der gesamten beihilfefähigen Kosten tragen.

☐

Übermitteln Sie im Falle von Einzelbeihilfen bitte entsprechende Informationen und Nachweise:

....

....

5.6.   Beihilfen für Innovationscluster

A) Kreuzen Sie bitte das nachstehende Kästchen an, um zu bestätigen, dass die Beihilfe ausschließlich der juristischen Person gewährt wird, die den Innovationscluster betreibt.

☐

Machen Sie im Falle von Einzelbeihilfen bitte nähere Angaben:

....

....

B) Entsprechen die Entgelte für die Nutzung der Anlagen und die Beteiligung an den Tätigkeiten des Innovationsclusters dem Marktpreis beziehungsweise spiegeln sie die Kosten wider?

☐ Ja   ☐ Nein

Führen Sie dies bitte aus:

....

....

C) Sind die Räumlichkeiten, Anlagen und Tätigkeiten des Innovationsclusters mehreren Nutzern zu transparenten und diskriminierungsfreien Bedingungen zugänglich?

☐ Ja   ☐ Nein

Falls einigen Unternehmen ein bevorzugter Zugang gewährt wird, machen Sie bitte nähere Angaben und geben Sie den von diesen Unternehmen getragenen Teil der Investitionskosten an:

....

....

D) Übermitteln Sie im Falle von Einzelbeihilfen bitte Informationen zur geplanten oder erwarteten Spezialisierung des Innovationsclusters, zum vorhandenen regionalen Potenzial und zum Bestehen von Innovationsclustern mit ähnlicher Zielsetzung in der Union.

....

....

5.6.1. Investitionsbeihilfen

A) Geben Sie bitte die beihilfefähigen Kosten und im Falle von Einzelbeihilfen auch die Höhe der Beihilfe an:

....

....

B) Geben Sie bitte die anwendbaren Beihilfehöchstintensitäten an, einschließlich etwaiger Aufschläge für Innovationscluster in Fördergebieten nach Artikel 107 Absatz 3 Buchstabe a oder c AEUV:

....

....

5.6.2. Betriebsbeihilfen

A) Geben Sie bitte an, welche Tätigkeiten im Rahmen der angemeldeten Maßnahme gefördert werden:

a) ☐ Betreuung des Innovationsclusters

b) ☐ Werbung für den Innovationscluster

c) ☐ Verwaltung der Einrichtungen des Innovationsclusters

d) ☐ Organisation von Aus- und Weiterbildungsmaßnahmen, Workshops und Konferenzen

5. Verf-DVO kons

B) Geben Sie bitte die beihilfefähigen Kosten und im Falle von Einzelbeihilfen auch die Höhe der Beihilfe an:

....

....

C) Geben Sie bitte die anwendbare Beihilfehöchstintensität und die Laufzeit der Beihilfe an:

....

....

Verf-DVO
kons

6. **Prüfung der Vereinbarkeit der angemeldeten Beihilfemaßnahme mit
dem Binnenmarkt**

Beschreiben Sie im Falle von Einzelbeihilfen bitte ausführlich das geförderte Vorhaben bzw. die geförderte Tätigkeit:

....

....

6.1. Beitrag zu einem genau definierten Ziel von gemeinsamem Interesse

A) Geben Sie bitte das verfolgte Ziel genau an und erläutern Sie, wie die
angemeldete Maßnahme zur Förderung von FuEuI-Tätigkeiten in der
Union beitragen soll:

....

....

B) Ist die Maßnahme, falls es sich um eine Beihilferegelung handelt, Teil
eines umfassenden Programms oder eines umfassenden Aktionsplans
zur Förderung von FuEuI-Tätigkeiten oder Strategien für eine intelligente Spezialisierung?

☐ Ja   ☐ Nein

Führen Sie dies bitte aus, gegebenenfalls unter Bezugnahme auf Evaluierungen vergleichbarer früherer Beihilfemaßnahmen:

....

....

Einzelbeihilfen

A) Wird der Umfang des Vorhabens mit der angemeldeten Maßnahme ausgeweitet?

☐ Ja   ☐ Nein

Falls ja, geben Sie bitte die Art der Ausweitung an und legen Sie
entsprechende Nachweise vor:

a) ☐ Erhöhung der Gesamtkosten des Vorhabens (ohne die Ausgabenminderung des Beihilfeempfängers im Vergleich zur
Durchführung des Vorhabens ohne Beihilfe)

b) ☐ Erhöhung der Zahl der in FuEuI tätigen Mitarbeiter/innen

c) ☐ Sonstige Art der Ausweitung

....

....

B) Wird der Gegenstand des Vorhabens mit der angemeldeten Maßnahme ausgedehnt?

☐ Ja   ☐ Nein

Falls ja, geben Sie bitte die Art der Ausdehnung an und legen Sie
entsprechende Nachweise vor:

a) ☐ Zunahme der erwarteten Ergebnisse des Vorhabens

▼ M8

b) ☐ Erhöhung des Anspruchs des Vorhabens, was sich in einer größeren Zahl der beteiligten Partner, einer höheren Wahrscheinlichkeit eines wissenschaftlichen oder technologischen Durchbruchs oder einem höheren Risiko des Scheiterns (insbesondere aufgrund des langfristigen Charakters des Vorhabens und der Unsicherheit hinsichtlich der Ergebnisse) manifestiert

c) ☐ Sonstige Art der Ausdehnung

....

....

C) Wird das Vorhaben mit der angemeldeten Maßnahme beschleunigt?

☐ Ja   ☐ Nein

Falls ja, legen Sie bitte entsprechende Nachweise vor:

....

....

D) Erhöhen sich durch die angemeldete Maßnahme die Gesamtausgaben?

☐ Ja   ☐ Nein

Falls ja, geben Sie bitte die Art der Erhöhung an und legen Sie entsprechende Nachweise vor:

a) ☐ Erhöhung der Gesamtausgaben des Beihilfeempfängers für FuEuI, sowohl in absoluten Zahlen als auch als prozentualer Anteil am Umsatz

b) ☐ Änderung des Mittelansatzes für das Vorhaben (ohne entsprechende Verringerung der Mittelzuweisungen für andere Vorhaben)

c) ☐ Sonstige Art der Erhöhung

....

....

E) Soll die angemeldete Maßnahme einer öffentlich zugänglichen *Ex-post*-Evaluierung ihres Beitrags zu einem Ziel von gemeinsamem Interesse unterzogen werden?

☐ Ja   ☐ Nein

Falls ja, führen Sie dies bitte aus:

....

....

6.2.   Erforderlichkeit des staatlichen Eingreifens

A) Nennen Sie bitte das Marktversagen, das die FuEuI-Tätigkeiten im vorliegenden Fall behindert und die Erforderlichkeit der staatlichen Beihilfe begründet, und legen Sie entsprechende Nachweise vor:

a) ☐ Positive externe Effekte/Wissens-Spillover

b) ☐ Unzureichende und asymmetrische Informationen

c) ☐ Koordinierungs- und Vernetzungsdefizite

....

....

B) Erläutern Sie bitte, wie durch die angemeldete Maßnahme das Marktversagen, das bei Verwirklichung des Ziels von gemeinsamem Interesse ohne Beihilfe zu erwarten wäre, wirksam behoben werden kann.

....

....

5. Verf-DVO kons

6.2.1. Einzelbeihilfen

A) Erläutern Sie bitte, ob mit der Beihilfe einem allgemeinen Marktversagen in Bezug auf FuEuI-Tätigkeiten in der Union oder einem spezifischen Marktversagen, beispielsweise in einer bestimmten Branche
oder einem bestimmten Geschäftsbereich, begegnet werden soll:

....

....

B) Falls verfügbar übermitteln Sie bitte Branchenvergleiche und andere
Studien, die die Analyse des geltend gemachten Marktversagens untermauern:

....

....

C) Falls verfügbar übermitteln Sie bitte Informationen über FuEuI-Vorhaben oder -Tätigkeiten in der Union, die in Bezug auf technologischen Gehalt, Risiko und Umfang mit den von der angemeldeten
Beihilfemaßnahme betroffenen Vorhaben bzw. Tätigkeiten vergleichbar sind, und erläutern Sie, warum die Beihilfe in dem betreffenden
Fall erforderlich ist:

....

....

6.3. Geeignetheit der Beihilfemaßnahme

A) Erläutern Sie bitte, wie die Vorteile des Einsatzes eines selektiven
Instruments der Wettbewerbspolitik wie einer staatlichen Beihilfe
zur Förderung von FuEuI-Tätigkeiten ermittelt wurden, und legen
Sie entsprechende Folgenabschätzungen und Belege vor:

....

....

B) Falls die Beihilfe in einer Form gewährt wird, die dem Empfänger
einen direkten finanziellen Vorteil verschafft (zum Beispiel Direktzuschüsse, Befreiungen oder Ermäßigungen von Steuern oder sonstigen Pflichtabgaben oder Bereitstellung von Grundstücken, Waren
oder Dienstleistungen zu Vorzugsbedingungen), legen Sie bitte eine
Analyse anderer Optionen vor und erläutern Sie, warum bzw. inwieweit andere Beihilfeformen weniger geeignet wären, das festgestellte
Marktversagen zu beheben.

....

....

6.4. Anreizeffekt

A) Kreuzen Sie bitte das nachstehende Kästchen an, um zu bestätigen,
dass bei Gewährung der Beihilfe im Rahmen der angemeldeten Maßnahme sichergestellt ist, dass mit den Arbeiten an den betreffenden
FuEuI-Tätigkeiten nicht begonnen wurde, bevor der Empfänger bei
den nationalen Behörden einen Beihilfeantrag gestellt hat ([48]), und
geben Sie im Falle von Einzelbeihilfen die betreffenden Daten an.

☐

....

....

B) Kreuzen Sie bitte das nachstehende Kästchen an, um zu bestätigen,
dass Beihilfeanträge mindestens die folgenden Angaben enthalten
müssen: Name des Antragstellers, Größe des Unternehmens, Beschreibung des Vorhabens mit Angabe des Standorts sowie des Beginns
und des Abschlusses des Vorhabens, Höhe der für die Durchführung
des Vorhabens benötigten öffentlichen Unterstützung sowie Aufstellung der beihilfefähigen Kosten.

☐

....

....

([48]) Bei Beihilfeanträgen, die ein FuE-Vorhaben betreffen, schließt dies nicht aus, dass der
potenzielle Beihilfeempfänger bereits Durchführbarkeitsstudien vorgenommen hat, die
nicht von dem Beihilfeantrag erfasst werden.

C) Falls die Beihilfe in Form einer steuerlichen Maßnahme gewährt wird, machen Sie bitte nähere Angaben und übermitteln Sie im Falle nichtinkrementeller Maßnahmen Evaluierungsstudien, die ihren Anreizeffekt belegen:

....

....

6.4.1. Einzelbeihilfen

A) Beschreiben Sie bitte in einer kontrafaktischen Analyse das Verhalten des Beihilfeempfängers ohne Beihilfe und die angestrebte Verhaltensänderung:

....

....

B) Geben Sie bitte die Faktoren an, die für die angemeldete Maßnahme von Belang sind, und legen Sie Nachweise vor, zum Beispiel Unterlagen der Leitungsorgane, Risikobewertungen, Finanzberichte, interne Geschäftspläne, Sachverständigengutachten und Studien zu dem zu bewertenden Vorhaben:

a) ☐ Rentabilität

b) ☐ Investitionsbetrag und Zeithorizont der Zahlungsströme

c) ☐ Umfang des mit einem Vorhaben verbundenen Risikos

....

....

C) Falls verfügbar übermitteln Sie bitte branchenspezifische Daten, die belegen, dass die kontrafaktische Fallkonstellation des Empfängers, die erwartete Rentabilität und die erwarteten Cashflows angemessen sind:

....

....

6.5. Angemessenheit der Beihilfe

A) Falls die Beihilfe in Form eines als Bruttosubventionsäquivalent ausgedrückten rückzahlbaren Vorschusses gewährt wird, machen Sie bitte nähere Angaben zur Methode, die bei der Berechnung des Bruttosubventionsäquivalents angewandt wurde, einschließlich der zugrunde liegenden nachprüfbaren Daten, oder geben Sie im Falle von Einzelbeihilfen die genehmigte Beihilferegelung an, auf deren Grundlage die Beihilfe gewährt wird.

....

....

Falls die Beihilfe in Form eines als Prozentsatz der beihilfefähigen Kosten ausgedrückten rückzahlbaren Vorschusses gewährt wird und die im FuEuI-Rahmen festgelegten Beihilfehöchstintensitäten um nicht mehr als 10 Prozentpunkte überschreitet, bestätigen Sie bitte, dass

a) ☐ die Beihilfemaßnahme bei einem erfolgreichen Ergebnis vorsieht, dass der Vorschuss zu einem Zinssatz zurückzuzahlen ist, der nicht niedriger ist als der Abzinsungssatz, der sich aus der Anwendung der Mitteilung der Kommission über die Änderung der Methode zur Festsetzung der Referenz- und Abzinsungssätze ergibt ([49]);

_____

([49]) ABl. C 14 vom 19.1.2008. S. 6.

5. Verf-DVO kons

Verf-DVO kons

b) ☐ der betreffende Mitgliedstaat, falls der Erfolg das als erfolgreich definierte Ergebnis übertrifft, nicht nur die Rückzahlung des Vorschussbetrags, einschließlich Zinsen gemäß dem anwendbaren Abzinsungssatz, sondern darüber hinaus zusätzliche Zahlungen verlangt;

c) ☐ die Höhe der Rückzahlung im Falle eines partiellen Erfolgs oder fehlenden Erfolgs dem erzielten Erfolg entspricht.

Machen Sie bitte nähere Angaben zur Rückzahlung des Vorschusses und legen Sie auf der Grundlage eines nachvollziehbaren und vorsichtigen Ansatzes eindeutig fest, was als erfolgreiches Ergebnis der geförderten Tätigkeiten anzusehen ist.

....

....

B) Falls die Beihilfe in Form einer steuerlichen Maßnahme gewährt wird, geben Sie bitte an, wie die Beihilfeintensitäten berechnet werden und machen Sie sachdienliche Angaben

☐ auf der Grundlage von Einzelvorhaben;

☐ auf Unternehmensebene, und zwar anhand des Verhältnisses zwischen der Gesamtsteuerbefreiung und der Summe sämtlicher beihilfefähiger FuEuI-Kosten, die in einem Zeitraum entstehen, der drei aufeinanderfolgende Steuerjahre nicht überschreitet.

....

....

6.5.1. Einzelbeihilfen

A) Übermitteln Sie bitte einen umfassenden Geschäftsplan für das geförderte Vorhaben (mit und ohne Beihilfe), einschließlich aller erwarteten relevanten Kosten und Vorteile:

....

....

Falls der Beihilfeempfänger vor der Entscheidung steht, entweder das geförderte Vorhaben oder ein alternatives Vorhaben ohne Beihilfe durchzuführen, übermitteln Sie bitte auch einen umfassenden Geschäftsplan für das kontrafaktische Vorhaben:

....

....

B) Falls es kein alternatives Vorhaben gibt, erläutern Sie bitte, warum die Beihilfe auf das Minimum begrenzt ist, das erforderlich ist, um eine hinreichende Rentabilität des Vorhabens zu gewährleisten, so dass beispielsweise der interne Zinsfuß (*internal rate of return* — IRR) die branchen- oder unternehmensspezifische Benchmark oder Hurdle-Rate erreicht.

....

....

C) Falls der Beihilfeempfänger vor der Entscheidung steht, entweder das geförderte Vorhaben oder ein alternatives Vorhaben ohne Beihilfe durchzuführen, erläutern Sie bitte, warum die Beihilfe auf das Minimum begrenzt ist, das erforderlich ist, um die Nettomehrkosten zu decken, die bei der Durchführung des geförderten Vorhabens im Vergleich zu den Kosten des kontrafaktischen Vorhabens anfallen würden, wobei der Eintrittswahrscheinlichkeit unterschiedlicher Geschäftsszenarios Rechnung zu tragen ist:

....

....

Legen Sie bitte Belege vor, zum Beispiel interne Unternehmensunterlagen, die zeigen, dass das kontrafaktische Vorhaben in einem klar definierten und in ausreichendem Maße vorhersehbaren alternativen Vorhaben besteht, das vom Beihilfeempfänger im Rahmen seiner internen Beschlussfassung in Betracht gezogen wurde:

....

....

D) Erläutern Sie bitte, wie der Beihilfebetrag festgelegt wurde, und legen Sie entsprechende Belege vor:

....

....

E) Wird die Beihilfe, falls es für die Durchführung der geförderten Tätigkeit mehrere potenzielle Bewerber gibt, auf der Grundlage transparenter, objektiver und diskriminierungsfreier Kriterien gewährt?

☐ Ja   ☐ Nein

Machen Sie bitte nähere Angaben:

....

....

F) Falls die Beihilfe der Vermeidung tatsächlicher oder potenzieller direkter oder indirekter Verfälschungen des internationalen Handels dient, legen Sie bitte verfügbare Nachweise dafür vor, dass Wettbewerber außerhalb der Union (in der Regel in den vergangenen drei Jahren) für vergleichbare Vorhaben direkt oder indirekt Beihilfen gleicher Intensität erhalten haben bzw. noch erhalten werden.

....

....

Falls verfügbar übermitteln Sie auch ausreichende Informationen, anhand deren die Notwendigkeit, den Wettbewerbsvorteil eines Wettbewerbers in einem Drittland zu berücksichtigen, beurteilt werden kann.

....

....

6.6. Vermeidung übermäßiger negativer Auswirkungen auf Wettbewerb und Handel

Geben Sie bitte an, ob

a) die Gewährung der Beihilfen davon abhängig ist, dass sich der Hauptsitz des Empfängers im betreffenden Mitgliedstaat befindet oder dass der Beihilfeempfänger in erster Linie in diesem Mitgliedstaat niedergelassen ist:

☐ Ja   ☐ Nein

b) die Gewährung der Beihilfen davon abhängig ist, dass der Empfänger inländische Waren oder Dienstleistungen nutzt:

☐ Ja   ☐ Nein

c) die Beihilfemaßnahme die Möglichkeiten des Beihilfeempfängers beschränken, die FuEuI-Ergebnisse in anderen Mitgliedstaaten zu verwerten:

☐ Ja   ☐ Nein

d) dem Beihilfeempfänger mit der Beihilfemaßnahme sonstige Verpflichtungen auferlegt werden:

☐ Ja   ☐ Nein

Falls eine der vorstehenden Antworten „ja" lautet, machen Sie bitte nähere Angaben:

....

....

5. Verf-DVO kons

6.6.1. Beihilferegelungen

Legen Sie im Falle von Beihilferegelungen bitte dar, wie sichergestellt wird, dass etwaige negative Auswirkungen so gering wie möglich gehalten werden (wobei zum Beispiel der Umfang der betreffenden Vorhaben, die einzelnen und die kumulierten Beihilfebeträge, die Zahl der voraussichtlichen Beihilfeempfänger sowie die Merkmale der jeweiligen Wirtschaftszweige zu berücksichtigen sind), und übermitteln Sie Folgenabschätzungen oder *Ex-post*-Evaluierungen zu vergleichbaren Vorgängerregelungen.

....

....

6.6.2. Einzelbeihilfen

A) Beschreiben Sie bitte gegebenenfalls die wahrscheinlichen Auswirkungen der Beihilfe auf den Wettbewerb im Innovationsprozess:

....

....

B) Nennen Sie bitte die Produktmärkte, auf die sich die Beihilfe auswirken dürfte, und geben Sie den derzeitigen Marktanteil des Beihilfeempfängers auf jedem der betroffenen Märkte sowie Änderungen bei diesen Marktanteilen an, die sich aus den geförderten Tätigkeiten ergeben würden:

....

....

C) Nennen Sie bitte für jeden der betroffenen Produktmärkte die wichtigsten Wettbewerber des Beihilfeempfängers und geben Sie deren Marktanteile an:

....

....

Falls verfügbar geben Sie bitte den Herfindahl-Hirschman-Index (HHI) an:

....

....

D) Übermitteln Sie bitte für jeden der betroffenen Produktmärkte Angaben zu den von den geförderten Tätigkeiten betroffenen Kunden oder Verbrauchern:

....

....

E) Beschreiben Sie bitte Struktur und Dynamik der relevanten Märkte in Bezug auf die folgenden Aspekte:

a) Jüngste Entwicklungen und künftige Wachstumsaussichten:

....

....

b) Aufwendungen der wichtigsten Marktteilnehmer für ähnliche Vorhaben:

....

....

c) Höhe der Zutritts- und Austrittsschranken:

....

....

d) Nachfragemacht:

....

....

e) Wettbewerbsanreize für künftige Märkte:

....

....

f) Produktdifferenzierung und Intensität des Wettbewerbs:

....

....

g) Sonstige Aspekte, die sich auf Wettbewerber, Kunden oder Verbraucher auswirken dürften:

....

....

F) Kann der Beihilfeempfänger das Auswahlverfahren beeinflussen, weil er zum Beispiel das Recht hat, Unternehmen im Auswahlprozess zu empfehlen oder die Ausrichtung der Forschung zu beeinflussen?

☐ Ja   ☐ Nein

Falls ja, führen Sie dies bitte aus:

....

....

G) Wird die Beihilfe auf Märkten mit Überkapazitäten oder für schrumpfende Wirtschaftszweige gewährt?

☐ Ja   ☐ Nein

Falls ja, führen Sie dies bitte aus:

....

....

H) Hat der Beihilfeempfänger andere Standorte für die geförderten Tätigkeiten in Betracht gezogen?

☐ Ja   ☐ Nein

Machen Sie bitte nähere Angaben:

....

....

7.   **Sonstige informationen**

Machen Sie hier bitte sonstige Angaben, die für die Würdigung der angemeldeten Beihilfemaßnahme nach dem FuEul-Rahmen von Belang sind:

....

....

TEIL III.3.A

Ergänzender Fragebogen zu Beihilfen zur Rettung nichtfinanzieller Unternehmen in Schwierigkeiten: Einzelbeihilfen

Dieser ergänzende Fragebogen ist für die Anmeldung von Einzelrettungsbeihilfen zu verwenden, die unter die Leitlinien für staatliche Beihilfen zur Rettung und Umstrukturierung nichtfinanzieller Unternehmen in Schwierigkeiten [50] *(„Leitlinien") fallen.*

1.   **Beihilfefähigkeit**

1.1.   Unternehmen in Schwierigkeiten

A) Handelt es sich bei dem Unternehmen um eine Gesellschaft mit einer beschränkten Haftung [51], bei der mehr als die Hälfte des gezeichneten Stammkapitals infolge aufgelaufener Verluste verlorengegangen ist [52]?

☐ Ja   ☐ Nein

---

[50] ABl. C 249 vom 31.7.2014, S. 1.

[51] Gemeint sind insbesondere die Gesellschaftsrechtsformen, die in Anhang I der Richtlinie 2013/34/EU des Europäischen Parlaments und des Rates vom 26. Juni 2013 über den Jahresabschluss, den konsolidierten Abschluss und damit verbundene Berichte von Unternehmen bestimmter Rechtsformen und zur Änderung der Richtlinie 2006/43/EG des Europäischen Parlaments und des Rates und zur Aufhebung der Richtlinien 78/660/EWG und 83/349/EWG des Rates (ABl. L 182 vom 29.6.2013, S. 19) aufgeführt sind.

[52] Dies ist der Fall, wenn sich nach Abzug der aufgelaufenen Verluste von den Rücklagen (und allen sonstigen Elementen, die im Allgemeinen den Eigenmitteln des Unternehmens zugerechnet werden) ein negativer kumulativer Betrag ergibt, der mehr als der Hälfte des gezeichneten Stammkapitals entspricht.

5. Verf-DVO kons

B) Handelt es sich bei dem Unternehmen um eine Gesellschaft, bei der zumindest einige Gesellschafter unbeschränkt für die Schulden der Gesellschaft haften [53] und bei der mehr als die Hälfte der in den Geschäftsbüchern ausgewiesenen Eigenmittel infolge aufgelaufener Verluste verlorengegangen ist?

☐ Ja ☐ Nein

C) Ist das Unternehmen Gegenstand eines Insolvenzverfahrens oder erfüllt es die im innerstaatlichen Recht vorgesehenen Voraussetzungen für die Eröffnung eines Insolvenzverfahrens auf Antrag seiner Gläubiger?

☐ Ja ☐ Nein

D) Lag bei dem Unternehmen, falls es sich nicht um ein KMU handelt, in den beiden vergangenen Jahren

— der buchwertbasierte Verschuldungsgrad über 7,5

und

— das Verhältnis des EBITDA zu den Zinsaufwendungen unter 1,0?

☐ Ja ☐ Nein

E) Falls Sie eine der Fragen unter den Buchstaben A bis D mit „ja" beantwortet haben, führen Sie dies bitte unter Bezugnahme auf die in der Anlage übermittelten Belege oder Unterlagen aus (zum Beispiel letzte Gewinn- und Verlustrechnungen mit Bilanzen oder Gerichtsentscheidung zur Eröffnung des Insolvenzverfahrens über die Gesellschaft oder Nachweis, dass die im nationalen Gesellschaftsrecht vorgesehenen Voraussetzungen für die Eröffnung eines Insolvenzverfahrens auf Antrag der Gläubiger erfüllt sind).

1.2. Unternehmen mit einem akuten Liquiditätsbedarf

Falls Sie der Auffassung sind, dass der Beihilfeempfänger für eine Rettungsbeihilfe in Betracht kommt, obwohl es sich nicht um ein Unternehmen in Schwierigkeiten handelt, erläutern Sie bitte unter Bezugnahme auf die Belege oder Unterlagen (zum Beispiel Cashflow-Prognosen), warum er Ihres Erachtens aufgrund außergewöhnlicher und unvorhersehbarer Umstände mit einem akuten Liquiditätsbedarf konfrontiert ist.

1.3. Neu gegründetes Unternehmen/größere Unternehmensgruppe

A) Wann wurde das Unternehmen gegründet?

....

B) Seit wann ist das Unternehmen tätig?

....

C) Gehört das Unternehmen einer größeren Unternehmensgruppe an?

☐ Ja ☐ Nein

D) Falls die Antwort unter Buchstabe C „ja" lautet, übermitteln Sie bitte ausführliche Angaben zu der Gruppe (Organigramm, dem die Verbindungen zwischen den einzelnen Unternehmen zu entnehmen sind, mit Einzelheiten zu Kapital und Stimmrechten) und weisen Sie nach,

---

[53] Gemeint sind insbesondere die Gesellschaftsrechtsformen, die in Anhang II der Richtlinie 2013/34/EU aufgeführt sind.

- 104 -

dass es sich bei den Schwierigkeiten des betreffenden Unternehmens um Schwierigkeiten des Unternehmens selbst handelt, die nicht auf eine willkürliche Kostenverteilung innerhalb der Gruppe zurückzuführen sind und die so gravierend sind, dass sie von der Gruppe selbst nicht bewältigt werden können.

1.4. Sektoraler Anwendungsbereich

Ist das Unternehmen

A) im Steinkohlenbergbau ([54]) tätig? ☐ Ja ☐ Nein

B) in der Stahlindustrie ([55]) tätig? ☐ Ja ☐ Nein

C) in Branchen tätig, die unter die besonderen Vorschriften für Finanzinstitute ([56]) fallen? ☐ Ja ☐ Nein

2. **Vereinbarkeit mit dem Binnenmarkt**

2.1. Beitrag zu einem Ziel von gemeinsamem Interesse

A) Hat der Beihilfeempfänger seinen Standort in (einem) Gebiet(en) (NUTS-Ebene 2), in dem (denen) die Arbeitslosenquote entweder

— dauerhaft über dem Unionsdurchschnitt liegt und die Schaffung von Arbeitsplätzen in den betroffenen Gebieten mit Schwierigkeiten verbunden ist oder

— dauerhaft über dem nationalen Durchschnitt liegt und die Schaffung von Arbeitsplätzen in den (dem) betroffenen Gebiet(en) mit Schwierigkeiten verbunden ist?

☐ Ja ☐ Nein

B) Ist die Gefahr einer Unterbrechung der Erbringung eines wichtigen Dienstes gegeben, der nur schwer zu ersetzen ist, wobei es für Wettbewerber schwierig wäre, die Erbringung der Dienstleistung einfach zu übernehmen (zum Beispiel nationaler Infrastrukturanbieter)?

☐ Ja ☐ Nein

C) Spielt das Unternehmen in einem bestimmten Gebiet oder Wirtschaftszweig eine systemrelevante Rolle? Könnte sein Marktaustritt negative Auswirkungen haben (weil es zum Beispiel Anbieter einer wichtigen Vorleistung ist)?

☐ Ja ☐ Nein

D) Besteht die Gefahr einer Unterbrechung der kontinuierlichen Bereitstellung einer DAWI?

☐ Ja ☐ Nein

E) Würden das Versagen oder negative Anreize der Kreditmärkte die Insolvenz eines ansonsten leistungsfähigen Unternehmens bewirken?

☐ Ja ☐ Nein

([54]) Im Sinne des Beschlusses 2010/787/EU.
([55]) Im Sinne des Anhangs IV der Mitteilung der Kommission — Leitlinien für Regionalbeihilfen 2014–2020 (ABl. C 209 vom 23.7.2013, S. 1).
([56]) Mitteilung der Kommission über die Anwendung der Vorschriften für staatliche Beihilfen ab dem 1. August 2013 auf Maßnahmen zur Stützung von Banken im Kontext der Finanzkrise („Bankenmitteilung") (ABl. C 216 vom 30.7.2013, S. 1).

5. Verf-DVO kons

F) Würde das Ausscheiden des betroffenen Unternehmens aus dem Markt zu einem unwiederbringlichen Verlust wichtiger technischer Kenntnisse und Fachkompetenzen führen?

☐ Ja   ☐ Nein

G) Würden bei einem Ausfall des Beihilfeempfängers vergleichbare schwere Härtefälle eintreten, die oben nicht aufgeführt sind?

☐ Ja   ☐ Nein

H) Falls Sie eine der Fragen unter den Buchstaben A bis G mit „ja" beantwortet haben, begründen Sie bitte Ihre Antwort(en) bitte vollumfänglich einschließlich unter Bezugnahme auf die in der Anlage übermittelten Belege oder Unterlagen.

....

....

2.2. Geeignetheit/Form der Beihilfe

A) Handelt es sich bei der Beihilfe um eine Darlehensbürgschaft oder ein Darlehen?

☐ Ja   ☐ Nein

B) Falls ja, beschreiben Sie bitte die Bedingungen des Darlehens bzw. der Bürgschaft und fügen Sie die entsprechenden Unterlagen bei (zum Beispiel den Entwurf des Darlehensvereinbarung oder der Bürgschaft).

....

....

C) Sind die Darlehenszinsen (bzw. die gesamten Finanzierungskosten des garantierten Darlehens einschließlich der Darlehenszinsen und der Garantieprämie) auf einen Satz festgesetzt, der nicht unter dem Referenzsatz liegt, den die Kommission in ihrer Referenzsatzmitteilung [57] für schwache Unternehmen mit normaler Besicherung festgesetzt hat?

☐ Ja   ☐ Nein

D) Erläutern Sie bitte, wofür die Rettungsbeihilfe verwendet werden soll: die Finanzierung struktureller Maßnahmen wie beispielsweise den Erwerb anderer wesentlicher Geschäftsbereiche oder Vermögenswerte als derjenigen, die im Hinblick auf das Überleben des Beihilfeempfängers während der Laufzeit der Rettungsbeihilfe erforderlich sind?

☐ Ja   ☐ Nein

E) Falls ja, erläutern Sie dies bitte.

....

....

F) Gilt für die Rückzahlung des Darlehens bzw. die Laufzeit der Bürgschaft eine höchstens sechsmonatige Frist ab Auszahlung der ersten Rate an den Beihilfeempfänger?

☐ Ja   ☐ Nein

G) Verpflichten Sie sich, der Kommission innerhalb von sechs Monaten nach Genehmigung der Rettungsbeihilfe Folgendes zu übermitteln:

---

[57] Mitteilung der Kommission über die Änderung der Methode zur Festsetzung der Referenz- und Abzinsungssätze (ABl. C 14 vom 19.1.2008, S. 6) oder jede künftige Mitteilung, die an ihre Stelle tritt.

— einen Nachweis dafür, dass das Darlehen vollständig zurückgezahlt und/oder die Bürgschaft ausgelaufen ist, oder

— einen Umstrukturierungsplan oder

— einen Abwicklungsplan, in dem dargelegt und begründet wird, mit welchen Schritten die Abwicklung des Beihilfeempfängers innerhalb einer angemessenen Frist ohne weitere Beihilfen erreicht werden soll?

☐ Ja   ☐ Nein

2.3.   Angemessenheit der Beihilfe/Beschränkung der Beihilfe auf das erforderliche Minimum

Wird der Betrag der Rettungsbeihilfe nach der Formel in Anhang I der Leitlinien bestimmt?

☐ Ja   ☐ Nein

Falls ja, legen Sie bitte die Berechnung des Betrags der Rettungsbeihilfe nach der Formel vor.

Falls der Betrag der Rettungsbeihilfe über den anhand der Formel in Anhang I der Leitlinien errechneten Betrag hinausgeht, legen Sie bitte einen hinreichend begründeten Liquiditätsplan vor, in dem der Liquiditätsbedarf des Beihilfeempfängers für die kommenden sechs Monate dargelegt ist.

....

....

2.4.   Negative Auswirkungen — Grundsatz der einmaligen Beihilfe

Hat das Unternehmen (oder die Unternehmensgruppe, der es angehört) bereits in der Vergangenheit ([58]) eine Rettungsbeihilfe, Umstrukturierungsbeihilfe oder vorübergehende Umstrukturierungshilfe und/oder eine nicht angemeldete Beihilfe erhalten?

☐ Ja   ☐ Nein

Falls ja, machen Sie bitte genaue Angaben (Tag, Betrag, gegebenenfalls Bezugnahme auf frühere Beschlüsse der Kommission usw.) ([59]).

....

....

3.   **Sonstige informationen**

Machen Sie hier bitte sonstige Angaben, die Ihres Erachtens für die Würdigung der betreffenden Maßnahme(n) nach den Leitlinien von Belang sind:

....

....

([58]) Auch vor dem Zeitpunkt, seit dem die Kommission die Leitlinien anwendet, d. h. vor dem 1.8.2014.

([59]) Wenn es weniger als zehn Jahre zurückliegt, dass eine Rettungsbeihilfe oder vorübergehende Umstrukturierungshilfe gewährt, die Umstrukturierungsphase abgeschlossen oder die Umsetzung des Umstrukturierungsplans eingestellt worden ist (je nachdem, welches Ereignis als Letztes eingetreten ist), können weitere Rettungsbeihilfen, Umstrukturierungsbeihilfen oder vorübergehenden Umstrukturierungshilfen nur gewährt werden, wenn a) sich eine vorübergehende Umstrukturierungshilfe an eine Rettungsbeihilfe als Teil eines einzigen Umstrukturierungsvorgangs anschließt; b) sich eine Umstrukturierungsbeihilfe an eine Rettungsbeihilfe oder vorübergehende Umstrukturierungshilfe als Teil eines einzigen Umstrukturierungsvorgangs anschließt; c) die Rettungsbeihilfe oder vorübergehende Umstrukturierungshilfe im Einklang mit den Leitlinien gewährt und im Anschluss keine Umstrukturierungsbeihilfe gewährt wurde, sofern i) zu dem Zeitpunkt, zu dem die Beihilfe auf der Grundlage der Leitlinien gewährt wurde, vernünftigerweise davon ausgegangen werden konnte, dass der Beihilfeempfänger langfristig rentabel sein würde, und ii) neue Rettungsbeihilfen, Umstrukturierungsbeihilfen oder vorübergehende Umstrukturierungshilfen frühestens nach fünf Jahren aufgrund unvorhersehbarer Umstände erforderlich werden, die der Beihilfeempfänger nicht zu vertreten hat; d) ein außergewöhnlicher und unvorhersehbarer Fall vorliegt, den der Beihilfeempfänger nicht zu vertreten hat.

5. Verf-DVO kons

▼ M8

TEIL III.3.B

Ergänzender Fragebogen zu Beihilfen zur Umstrukturierung nichtfinanzieller Unternehmen in Schwierigkeiten: Einzelbeihilfen

Dieser ergänzende Fragebogen ist für die Anmeldung von Einzelumstrukturierungsbeihilfen zu verwenden, die unter die Leitlinien für staatliche Beihilfen zur Rettung und Umstrukturierung nichtfinanzieller Unternehmen in Schwierigkeiten [60] („Leitlinien") fallen.

Verf-DVO kons

1. **Beihilfefähigkeit**

1.1. Unternehmen in Schwierigkeiten

A) Handelt es sich bei dem Unternehmen um eine Gesellschaft mit einer beschränkten Haftung [61], bei der mehr als die Hälfte des gezeichneten Stammkapitals infolge aufgelaufener Verluste verlorengegangen ist [62]?

☐ Ja   ☐ Nein

B) Handelt es sich bei dem Unternehmen um eine Gesellschaft, bei der zumindest einige Gesellschafter unbeschränkt für die Schulden der Gesellschaft haften [63] und bei der mehr als die Hälfte der in den Geschäftsbüchern ausgewiesenen Eigenmittel infolge aufgelaufener Verluste verlorengegangen ist?

☐ Ja   ☐ Nein

C) Ist das Unternehmen Gegenstand eines Insolvenzverfahrens oder erfüllt es die im innerstaatlichen Recht vorgesehenen Voraussetzungen für die Eröffnung eines Insolvenzverfahrens auf Antrag seiner Gläubiger?

☐ Ja   ☐ Nein

D) Lag bei dem Unternehmen, falls es sich nicht um ein KMU handelt, in den beiden vergangenen Jahren

— der buchwertbasierte Verschuldungsgrad über 7,5

und

— das Verhältnis des EBITDA zu den Zinsaufwendungen unter 1?

☐ Ja   ☐ Nein

E) Falls Sie eine der Fragen unter den Buchstaben A bis D mit „ja" beantwortet haben, führen Sie dies bitte unter Bezugnahme auf die in der Anlage übermittelten Belege oder Unterlagen aus (zum Beispiel letzte Gewinn- und Verlustrechnungen mit Bilanzen oder Gerichtsentscheidung zur Eröffnung des Insolvenzverfahrens über die Gesellschaft oder Nachweis, dass die im nationalen Gesellschaftsrecht vorgesehenen Voraussetzungen für die Eröffnung eines Insolvenzverfahrens auf Antrag der Gläubiger erfüllt sind).

1.2. Neu gegründetes Unternehmen oder größere Unternehmensgruppe

A) Wann wurde das Unternehmen gegründet? ....

B) Seit wann ist das Unternehmen tätig? ....

---

[60] ABl. C 249 vom 31.7.2014, S. 1.
[61] Gemeint sind insbesondere die Gesellschaftsrechtsformen, die in Anhang I der Richtlinie 2013/34/EU des Europäischen Parlaments und des Rates vom 26. Juni 2013 über den Jahresabschluss, den konsolidierten Abschluss und damit verbundene Berichte von Unternehmen bestimmter Rechtsformen und zur Änderung der Richtlinie 2006/43/EG des Europäischen Parlaments und des Rates und zur Aufhebung der Richtlinien 78/660/EWG und 83/349/EWG des Rates (ABl. L 182 vom 29.6.2013, S. 19) aufgeführt sind.
[62] Dies ist der Fall, wenn sich nach Abzug der aufgelaufenen Verluste von den Rücklagen (und allen sonstigen Elementen, die im Allgemeinen den Eigenmitteln des Unternehmens zugerechnet werden) ein negativer kumulativer Betrag ergibt, der mehr als der Hälfte des gezeichneten Stammkapitals entspricht.
[63] Gemeint sind insbesondere die Gesellschaftsrechtsformen, die in Anhang II der Richtlinie 2013/34/EU aufgeführt sind.

C) Gehört das Unternehmen einer größeren Unternehmensgruppe an?

☐ Ja ☐ Nein

D) Falls ja, übermitteln Sie bitte ausführliche Angaben zu der Gruppe (Organigramm, dem die Verbindungen zwischen den einzelnen Unternehmen zu entnehmen sind, mit Einzelheiten zu Kapital und Stimmrechten) und legen Sie Nachweise dafür vor, dass es sich bei den Schwierigkeiten des betreffenden Unternehmens um Schwierigkeiten des Unternehmens selbst handelt, die nicht auf eine willkürliche Kostenverteilung innerhalb der Gruppe zurückzuführen sind und die so gravierend sind, dass sie von der Gruppe selbst nicht bewältigt werden können.

1.3. Sektoraler Anwendungsbereich

Ist das Unternehmen

A) im Steinkohlenbergbau ([64]) tätig? ☐ Ja ☐ Nein

B) in der Stahlindustrie ([65]) tätig? ☐ Ja ☐ Nein

C) in Branchen tätig, die unter die besonde- ☐ Ja ☐ Nein
ren Vorschriften für Finanzinstitute ([66])
fallen?

1.4. DAWI-Erbringer

A) Erbringt das Unternehmen Dienstleistungen von allgemeinem wirtschaftlichem Interesse (DAWI)?

☐ Ja ☐ Nein

B) Falls die Antwort unter Buchstabe A „ja" lautet, beschreiben Sie bitte die Dienstleistung(en) von allgemeinem wirtschaftlichem Interesse und übermitteln Sie eine Kopie des Betrauungsakts.

....

....

C) Falls die Antwort unter Buchstabe A „ja" lautet, geben Sie bitte den Betrag der Ausgleichsleistungen für die Erbringung öffentlicher Dienstleistungen an, beschreiben Sie die Methode für die Berechnung der Ausgleichsleistungen und geben Sie die einschlägige Rechtsgrundlage an, in der die Methode für die Berechnung der Ausgleichsleistungen für die Erbringung öffentlicher Dienstleistungen festgelegt ist.

....

....

2. **Vereinbarkeit mit dem Binnenmarkt**

2.1. Beitrag zu einem Ziel von gemeinsamem Interesse

A) Hat der Beihilfeempfänger seinen Standort in (einem) Gebiet(en) (NUTS-Ebene 2), in dem (denen) die Arbeitslosenquote entweder

— dauerhaft über dem Unionsdurchschnitt liegt und die Schaffung von Arbeitsplätzen in den betroffenen Gebieten mit Schwierigkeiten verbunden ist oder

---

([64]) Im Sinne des Beschlusses 2010/787/EU.
([65]) Im Sinne des Anhangs IV der Mitteilung der Kommission — Leitlinien für Regionalbeihilfen 2014–2020 (ABl. C 209 vom 23.7.2013, S. 1).
([66]) Mitteilung der Kommission über die Anwendung der Vorschriften für staatliche Beihilfen ab dem 1. August 2013 auf Maßnahmen zur Stützung von Banken im Kontext der Finanzkrise („Bankenmitteilung") (ABl. C 216 vom 30.7.2013, S. 1).

▼ M8

— dauerhaft über dem nationalen Durchschnitt liegt und die Schaffung von Arbeitsplätzen in den (dem) betroffenen Gebiet(en) mit Schwierigkeiten verbunden ist?

☐ Ja   ☐ Nein

B) Ist die Gefahr einer Unterbrechung der Erbringung eines wichtigen Dienstes gegeben, der nur schwer zu ersetzen ist, wobei es für Wettbewerber schwierig wäre, die Erbringung der Dienstleistung einfach zu übernehmen (zum Beispiel nationaler Infrastrukturanbieter)?

☐ Ja   ☐ Nein

C) Spielt das Unternehmen in einem bestimmten Gebiet oder Wirtschaftszweig eine systemrelevante Rolle? Könnte sein Marktaustritt negative Auswirkungen haben (weil es zum Beispiel Anbieter einer wichtigen Vorleistung ist)?

☐ Ja   ☐ Nein

D) Besteht die Gefahr einer Unterbrechung der kontinuierlichen Bereitstellung einer DAWI?

☐ Ja   ☐ Nein

E) Würden das Versagen oder negative Anreize der Kreditmärkte die Insolvenz eines ansonsten leistungsfähigen Unternehmens bewirken?

☐ Ja   ☐ Nein

F) Würde das Ausscheiden des betroffenen Unternehmens aus dem Markt zu einem unwiederbringlichen Verlust wichtiger technischer Kenntnisse und Fachkompetenzen führen?

☐ Ja   ☐ Nein

G) Würden bei einem Ausfall des Beihilfeempfängers vergleichbare schwere Härtefälle eintreten, die oben nicht aufgeführt sind?

☐ Ja   ☐ Nein

H) Falls Sie eine der Fragen unter den Buchstaben A bis G mit „ja" beantwortet haben, begründen Sie Ihre Antwort(en) bitte vollumfänglich einschließlich unter Bezugnahme auf die in der Anlage übermittelten Belege oder Unterlagen.

....

....

2.2. Umstrukturierungsplan und Wiederherstellung der langfristigen Rentabilität

Übermitteln Sie bitte den Umstrukturierungsplan [67], mit dem die langfristige Rentabilität [68] des Beihilfeempfängers innerhalb einer angemessenen Frist wiederhergestellt werden soll, zusammen mit einer Marktstudie und einer Sensitivitätsanalyse, in der die wichtigsten Parameter für die Leistung des Beihilfeempfängers und die Hauptrisikofaktoren für die Zukunft dargelegt sind (halten Sie sich bitte so weit wie möglich an das Muster für einen Umstrukturierungsplan in Anhang II der Leitlinien).

---

[67] Umstrukturierungen können eines oder mehrere der folgenden Elemente umfassen: die Reorganisation und Rationalisierung der Tätigkeiten des jeweiligen Beihilfeempfängers auf einer effizienteren Grundlage, was im Allgemeinen den Rückzug aus defizitären Geschäftsbereichen bedeutet, die Umstrukturierung von Geschäftsbereichen, die wieder wettbewerbsfähig werden können, oder in manchen Fällen eine Diversifizierung durch Aufnahme neuer rentabler Tätigkeiten. In der Regel gehen sie auch mit einer finanziellen Umstrukturierung in Form von Kapitalzuführungen durch neue oder bestehende Anteilseigner und Schuldenabbau durch bestehende Gläubiger einher.

[68] Langfristige Rentabilität ist erreicht, wenn ein Unternehmen alle Kosten einschließlich Abschreibungen und Finanzierungskosten decken kann und eine angemessene Eigenkapitalrendite erwirtschaftet. Das umstrukturierte Unternehmen sollte in der Lage sein, aus eigener Kraft im Wettbewerb zu bestehen.

3. **Erforderlichkeit des staatlichen Eingreifens/Anreizeffekt**

3.1. Legen Sie bitte einen Vergleich zwischen den im Umstrukturierungsplan vorgesehenen Maßnahmen und einem plausiblen alternativen Szenario ohne staatliche Beihilfen ([69]) vor, der belegt, dass das Ziel bzw. die Ziele, die Sie in Abschnitt 2.1 bestimmt haben, bei diesem alternativen Szenario überhaupt nicht oder nur in einem geringerem Maße erreicht würden.

3.2. Weisen Sie bitte nach, dass der Beihilfeempfänger ohne die Beihilfe so umstrukturiert, veräußert oder abgewickelt würde, dass das in Abschnitt 2.1 festgelegte Ziel von gemeinsamem Interesse nicht erreicht würde.

4. **Geeignetheit**

4.1. Beschreiben Sie bitte kurz die gewählten Beihilfeinstrumente und nennen Sie insbesondere Form, Betrag und Vergütung ([70]):

....

....

4.2. Erläutern Sie bitte, ob die Schwierigkeiten des Beihilfeempfängers auf Liquiditäts- und/oder Solvenzprobleme zurückzuführen sind:

....

....

4.3. Weisen Sie bitte nach, dass die gewählten Beihilfeinstrumente für die Lösung der unter Nummer 4.2 genannten Liquiditäts- bzw. Solvenzprobleme geeignet sind.

....

....

5. **Angemessenheit der Beihilfe/Beschränkung der Beihilfe auf das erforderliche Minimum**

5.1. Eigenbeitrag

A) Beläuft sich der Eigenbeitrag des Beihilfeempfängers auf mindestens 50 % der Umstrukturierungskosten ([71])?

☐ Ja   ☐ Nein

B) Beschreiben und quantifizieren Sie bitte die einzelnen Arten der entstehenden Umstrukturierungskosten, nennen Sie ihren Gesamtbetrag und geben Sie an, welcher prozentuale Anteil an den Umstrukturierungskosten durch den Eigenbeitrag gedeckt wird:

....

....

C) Beschreiben und quantifizieren Sie bitte den Eigenbeitrag zu den Umstrukturierungskosten, der aus eigenen Mitteln des Beihilfeempfängers, seiner Anteilseigner oder Gläubiger oder der Unternehmensgruppe, der er angehört, oder von neuen Investoren zu leisten ist:

....

....

([69]) Bei dem alternativen Szenario kann es sich zum Beispiel um Umschuldung, Veräußerung von Vermögenswerten, Aufnahme privaten Kapitals, Verkauf an einen Wettbewerber oder Aufspaltung handeln; dies kann jeweils durch Einleitung eines Insolvenz- oder eines Umstrukturierungsverfahrens oder auf andere Weise erfolgen.
([70]) Beachten Sie bitte auch Randnummer 56 der Leitlinien.
([71]) Beachten Sie bitte auch Randnummer 64 der Leitlinien.

▼ **M8**

D) Erläutern Sie bitte, warum dieser Eigenbeitrag Ihres Erachtens konkret und beihilfefrei ist:

....

....

E) Belegen Sie bitte, dass der Eigenbeitrag in Bezug auf die Auswirkungen auf die Solvenz oder Liquiditätsposition des Beihilfeempfängers [72] mit der gewährten Beihilfe vergleichbar ist; sollte dies nicht der Fall sein, nennen Sie bitte die Gründe, gegebenenfalls unter Bezugnahme auf Belege (zum Beispiel Bilanzen oder Kapitalflussrechnungen).

....

....

5.2. Lastenverteilung

Auszufüllen, falls die staatliche Beihilfe in einer Form gewährt wird, die die Eigenkapitalposition des Beihilfeempfängers stärkt [73]

A) Wurden die Verluste des Beihilfeempfängers in voller Höhe berücksichtigt, den bestehenden Anteilseignern und/oder nachrangigen Gläubigern zugewiesen und von ihnen ausgeglichen?

☐ Ja   ☐ Nein

B) Falls die Antwort unter Buchstabe A „ja" lautet, weisen Sie bitte anhand einer aktuellen Analyse der Bilanzsituation des Beihilfeempfängers nach, dass dies der Fall ist.

....

....

C) Wird ein Abfluss von Mitteln des Beihilfeempfängers an Inhaber von Eigenkapitalinstrumenten und/oder nachrangigen Schuldtiteln während des Umstrukturierungszeitraums verhindert?

☐ Ja   ☐ Nein

D) Falls die Antwort unter Buchstabe C „nein" lautet, nennen Sie bitte die Gründe.

....

....

E) Wird der Staat einen Anteil an künftigen Wertgewinnen des Beihilfeempfängers erhalten, der angesichts des Verhältnisses zwischen dem Betrag des zugeführten staatlichen Kapitals und dem verbleibenden Eigenkapital des Unternehmens nach Berücksichtigung von Verlusten angemessen ist?

☐ Ja   ☐ Nein

F) Falls die Antwort unter Buchstabe E „ja" lautet, führen Sie dies bitte aus und legen Sie entsprechende Nachweise vor.

....

....

G) Falls die Verluste des Beihilfeempfängers nicht in voller Höhe ausgeglichen wurden (siehe oben Buchstabe A) und/oder ein Abfluss von Mitteln des Beihilfeempfängers an Inhaber von Eigenkapitalinstrumenten und/oder nachrangigen Schuldtiteln während des Umstrukturierungszeitraums nicht verhindert wird (siehe oben Buchstabe C), nennen Sie bitte die Gründe, insbesondere, warum die vollständige Umsetzung dieser Bedingungen zu unverhältnismäßigen Ergebnissen führen würde:

....

....

---

[72] Wenn die zu gewährende Beihilfe zum Beispiel die Eigenkapitalposition des Beihilfeempfängers stärkt, sollte der Eigenbeitrag ebenfalls eigenkapitalstärkende Maßnahmen beinhalten, wie etwa die Beschaffung neuen Eigenkapitals von bestehenden Anteilseignern, die Abschreibung bestehender Verbindlichkeiten und Schuldscheine oder die Umwandlung bestehender Verbindlichkeiten in Eigenkapital oder die Beschaffung von neuem externen Beteiligungskapital zu Marktkonditionen.

[73] Zum Beispiel, wenn der Staat Zuschüsse gewährt, Kapital zuführt oder Schulden abschreibt.

H) Leisten vorrangige Gläubiger einen Beitrag zur Wiederherstellung der Eigenkapitalposition des Beihilfeempfängers?

☐ Ja   ☐ Nein

I) Falls die Antwort unter Buchstabe H „ja" lautet, erläutern Sie bitte, welchen Beitrag die vorrangigen Gläubiger leisten.

....

....

6. Negative Auswirkungen

6.1. Grundsatz der einmaligen Beihilfe

Hat das Unternehmen (oder die Unternehmensgruppe, der es angehört) bereits in der Vergangenheit ([74]) eine Rettungsbeihilfe, Umstrukturierungsbeihilfe oder vorübergehende Umstrukturierungshilfe und/oder eine nicht angemeldete Beihilfe erhalten?

☐ Ja   ☐ Nein

Falls ja, machen Sie bitte genaue Angaben (Tag, Betrag, gegebenenfalls Bezugnahme auf frühere Beschlüsse der Kommission usw.) ([75]):

....

....

6.2. Maßnahmen zur Begrenzung von Wettbewerbsverfälschungen

Strukturelle Maßnahmen — Veräußerungen und Verkleinerung von Geschäftsbereichen

A) Beschreiben Sie bitte die Veräußerung von Vermögenswerten oder die Verringerung der Kapazitäten oder der Marktpräsenz, zu der man sich verpflichtet. Legen Sie bitte dar, dass die Veräußerungen, die Abschreibungen und die Schließung defizitärer Geschäftsbereiche, auf die sich die Verpflichtungszusagen beziehen, nicht notwendig sind, um die langfristige Rentabilität des Beihilfeempfängers wiederherzustellen. Geben Sie bitte ferner an, auf welchen Märkten und wann ([76]) die Veräußerungen erfolgen sollen. Geben Sie bitte außerdem an, ob der Beihilfeempfänger Veräußerungen unterstützen wird, zum Beispiel durch eine Ausgliederung von Tätigkeiten und die Zusage, keine Kunden des veräußerten Geschäftsbereichs anzuwerben.

....

....

([74]) Auch vor dem Zeitpunkt, seit dem die Kommission die Leitlinien anwendet, d. h. vor dem 1.8.2014.

([75]) Wenn es weniger als zehn Jahre zurückliegt, dass eine Rettungsbeihilfe oder vorübergehende Umstrukturierungshilfe gewährt, die Umstrukturierungsphase abgeschlossen oder die Umsetzung des Umstrukturierungsplans eingestellt worden ist (je nachdem, welches Ereignis als Letztes eingetreten ist), können weitere Rettungsbeihilfen, Umstrukturierungsbeihilfen oder vorübergehenden Umstrukturierungshilfen nur gewährt werden, wenn a) sich eine vorübergehende Umstrukturierungshilfe an eine Rettungsbeihilfe als Teil eines einzigen Umstrukturierungsvorgangs anschließt; b) sich eine Umstrukturierungsbeihilfe an eine Rettungsbeihilfe oder vorübergehende Umstrukturierungshilfe als Teil eines einzigen Umstrukturierungsvorgangs anschließt; c) die Rettungsbeihilfe oder vorübergehende Umstrukturierungshilfe im Einklang mit den Leitlinien gewährt und im Anschluss keine Umstrukturierungsbeihilfe gewährt wurde, sofern i) zu dem Zeitpunkt, zu dem die Beihilfe auf der Grundlage der Leitlinien gewährt wurde, vernünftigerweise davon ausgegangen werden konnte, dass der Beihilfeempfänger langfristig rentabel sein würde, und ii) neue Rettungsbeihilfen, Umstrukturierungsbeihilfen oder vorübergehende Umstrukturierungshilfen frühestens nach fünf Jahren aufgrund unvorhersehbarer Umstände erforderlich werden, die der Beihilfeempfänger nicht zu vertreten hat; d) ein außergewöhnlicher und unvorhersehbarer Fall vorliegt, den der Beihilfeempfänger nicht zu vertreten hat.

([76]) Veräußerungen zur Begrenzung von Wettbewerbsverfälschungen sollten unverzüglich und in jedem Fall innerhalb der Laufzeit des Umstrukturierungsplans stattfinden; dabei sind der Art der zu veräußernden Vermögenswerte sowie Hindernisse bei deren Veräußerung Rechnung zu tragen.

5. Verf-DVO kons

B) Falls strukturelle Maßnahmen ausnahmsweise nur in Form einer Veräußerung von Vermögenswerten getroffen werden, in deren Rahmen kein rentables und wettbewerbsfähiges Unternehmen geschaffen wird, weisen Sie bitte nach, dass keine andere Art von strukturellen Maßnahmen durchführbar wäre oder dass andere strukturelle Maßnahmen die Rentabilität des Unternehmens ernsthaft beeinträchtigen würden:

....

....

Verhaltensmaßregeln

C) Erklärt sich der Beihilfeempfänger bereit, während des Umstrukturierungszeitraums darauf zu verzichten, Unternehmensanteile zu erwerben, es sei denn, dies ist zur Gewährleistung der langfristigen Rentabilität des Beihilfeempfängers unerlässlich (in diesem Fall muss der Erwerb bei der Kommission angemeldet und von dieser genehmigt werden)?

☐ Ja ☐ Nein

D) Erklärt sich der Beihilfeempfänger bereit, bei der Vermarktung seiner Waren und Dienstleistungen darauf zu verzichten, staatliche Beihilfen als Wettbewerbsvorteil anzuführen?

☐ Ja ☐ Nein

E) Sind sonstige Verhaltensmaßregeln vorgesehen?

☐ Ja ☐ Nein

....

....

Marktöffnungsmaßnahmen

F) Sind Maßnahmen der nationalen Behörden oder des Beihilfeempfängers vorgesehen, die zum Beispiel durch Erleichterung des Markteintritts oder des Marktaustritts zu einer Öffnung und Festigung der Märkte sowie zu einer Stärkung des Wettbewerbs beitragen sollen ([77])?

☐ Ja ☐ Nein

G) Falls die Antwort unter Buchstabe F „ja" lautet, beschreiben Sie bitte die Maßnahmen und die betreffenden Märkte und geben Sie an, in welcher Weise die Maßnahmen mit den Geschäftsbereichen des Beihilfeempfängers in direktem oder indirektem Zusammenhang stehen:

....

....

Kalibrierung von Maßnahmen zur Begrenzung von Wettbewerbsverfälschungen

H) Sollen mit der Beihilfe auch die Sozialkosten der Umstrukturierung ([78]) gedeckt werden?

☐ Ja ☐ Nein

I) Falls die Antwort unter Buchstabe H „ja" lautet, führen Sie dies bitte aus:

....

....

([77]) Dies sind insbesondere Maßnahmen, die dazu dienen, bestimmte Märkte, die mit den Geschäftsbereichen des Beihilfeempfängers in direktem oder indirektem Zusammenhang stehen, im Einklang mit dem Unionsrecht für andere Unternehmen aus der Union zu öffnen. Derartige Initiativen können andere Maßnahmen zur Begrenzung von Wettbewerbsverfälschungen ersetzen, die normalerweise von dem Beihilfeempfänger verlangt würden.
([78]) Welche Arten von Maßnahmen unter den Begriff „Beihilfen zur Deckung der Sozialkosten von Umstrukturierungen" fallen, ist den Randnummern 32 bis 35 der Leitlinien zu entnehmen.

7.   **Sonstige informationen**

7.1.   Machen Sie hier bitte sonstige Angaben, die Ihres Erachtens für die Würdigung der betreffenden Maßnahme(n) nach den Leitlinien von Belang sind (z. B. in Bezug auf Maßnahmen zur Erhöhung der Beschäftigungsfähigkeit entlassener Arbeitnehmer oder auf Unterstützung bei der Suche nach einer neuen Arbeitsstelle):

....

....

TEIL III.3.C

Ergänzender Fragebogen zu Rettungsbeihilfen, Umstrukturierungsbeihilfen und vorübergehenden Umstrukturierungshilfen: Beihilferegelungen

Dieser ergänzende Fragebogen ist für die Anmeldung von Rettungsbeihilferegelungen, Umstrukturierungsbeihilferegelungen und Regelungen für vorübergehende Umstrukturierungshilfe zu verwenden, die unter die Leitlinien für staatliche Beihilfen zur Rettung und Umstrukturierung nichtfinanzieller Unternehmen in Schwierigkeiten [79] („Leitlinien") fallen.

1.   **Anwendungsbereich der Regelung**

1.1.   Betrifft die Regelung die Gewährung von

    a) Rettungsbeihilfen?   ☐ Ja   ☐ Nein

    b) Umstrukturierungsbeihilfen?   ☐ Ja   ☐ Nein

    c) vorübergehenden Umstrukturierungshil-   ☐ Ja   ☐ Nein
    fen?

2.   **Beihilfefähigkeit**

2.1.   Gilt die Regelung nur für KMU [80] in Schwierigkeiten oder kleinere staatliche Unternehmen [81] in Schwierigkeiten (im Folgenden zusammen „KMU", sofern nicht ausdrücklich anders angegeben)?

    ☐ Ja   ☐ Nein

2.2.   Gilt die Regelung nur für KMU, die eines der folgenden Förderkriterien erfüllen?

    a) Die KMU sind Gesellschaften mit einer beschränkten Haftung [82], bei denen mehr als die Hälfte des gezeichneten Stammkapitals infolge aufgelaufener Verluste verlorengegangen ist [83]:

    ☐ Ja   ☐ Nein

---

[79] ABl. C 249 vom 31.7.2014, S. 1.
[80] Im Sinne der Empfehlung 2003/361/EG der Kommission vom 6. Mai 2003 betreffend die Definition der Kleinstunternehmen sowie der kleinen und mittleren Unternehmen (ABl. L 124 vom 20.5.2003, S. 36).
[81] „Kleinere staatliche Unternehmen" sind wirtschaftliche Gruppierungen mit eigenem Entscheidungsorgan, die nach der Empfehlung 2003/361/EG als kleine oder mittlere Unternehmen eingestuft würden, wenn nicht 25 % oder mehr ihres Kapitals oder ihrer Stimmrechte direkt oder indirekt von einer oder mehreren öffentlichen Stellen oder Körperschaften des öffentlichen Rechts einzeln oder gemeinsam kontrolliert würden.
[82] Gemeint sind insbesondere die Gesellschaftsrechtsformen, die in Anhang I der Richtlinie 2013/34/EU des Europäischen Parlaments und des Rates vom 26. Juni 2013 über den Jahresabschluss, den konsolidierten Abschluss und damit verbundene Berichte von Unternehmen bestimmter Rechtsformen und zur Änderung der Richtlinie 2006/43/EG des Europäischen Parlaments und des Rates und zur Aufhebung der Richtlinien 78/660/EWG und 83/349/EWG des Rates (ABl. L 182 vom 29.6.2013, S. 19) aufgeführt sind.
[83] Dies ist der Fall, wenn sich nach Abzug der aufgelaufenen Verluste von den Rücklagen (und allen sonstigen Elementen, die im Allgemeinen den Eigenmitteln des Unternehmens zugerechnet werden) ein negativer kumulativer Betrag ergibt, der mehr als der Hälfte des gezeichneten Stammkapitals entspricht.

5. Verf-DVO kons

b) Die KMU sind Gesellschaften, bei denen zumindest einige Gesellschafter unbeschränkt für die Schulden der Gesellschaft haften [84] und bei
denen mehr als die Hälfte der in den Geschäftsbüchern ausgewiesenen
Eigenmittel infolge aufgelaufener Verluste verlorengegangen ist:

☐ Ja   ☐ Nein

c) Die KMU sind Gegenstand von Insolvenzverfahren oder erfüllen die
im innerstaatlichen Recht vorgesehenen Voraussetzungen für die Eröffnung von Insolvenzverfahren auf Antrag ihrer Gläubiger:

☐ Ja   ☐ Nein

d) Die kleineren staatlichen Unternehmen sind Unternehmen, bei denen in
den vergangenen beiden Jahren der buchwertbasierte Verschuldungsgrad über 7,5 und das Verhältnis des EBITDA zu den Zinsaufwendungen unter 1,0 lag:

☐ Ja   ☐ Nein

2.3. Ist in der Regelung vorgesehen, dass KMU, die keine Unternehmen in
Schwierigkeiten sind, sondern lediglich aufgrund außergewöhnlicher und
unvorhersehbarer Umstände mit einem akuten Liquiditätsbedarf konfrontiert sind, Rettungsbeihilfen und/oder vorübergehende Umstrukturierungshilfen gewährt werden können?

☐ Ja   ☐ Nein

2.4. Falls die Antwort unter Nummer 2.3 „ja" lautet, erläutern Sie bitte, wie
geprüft wird, ob ein KMU mit einem akuten Liquiditätsbedarf konfrontiert
ist, und welche Umstände als außergewöhnlich und unvorhersehbar angesehen werden.

....

....

2.5. Gilt die Regelung für neu gegründete KMU?

☐ Ja   ☐ Nein

2.6. Gilt die Regelung für KMU, die

a) im Steinkohlenbergbau [85] tätig sind?   ☐ Ja   ☐ Nein

b) in der Stahlindustrie [86] tätig sind?   ☐ Ja   ☐ Nein

c) in Branchen tätig sind, die unter die be- ☐ Ja   ☐ Nein
sonderen Vorschriften für Finanzinstitu-
te [87] fallen?

3.   **Beihilfehöchstbetrag**

3.1. Ist der Höchstbetrag der gesamten Beihilfen, die ein und demselben KMU
auf der Grundlage der Regelung gewährt werden können, auf maximal 10
Mio. EUR einschließlich der Beihilfen aus anderen Quellen oder auf der
Grundlage anderer Regelungen beschränkt?

---

[84] Gemeint sind insbesondere die Gesellschaftsrechtsformen, die in Anhang II der Richtlinie 2013/34/EU aufgeführt sind.
[85] Im Sinne des Beschlusses 2010/787/EU.
[86] Im Sinne des Anhangs IV der Mitteilung der Kommission — Leitlinien für Regionalbeihilfen 2014–2020 (ABl. C 209 vom 23.7.2013, S. 1).
[87] Mitteilung der Kommission über die Anwendung der Vorschriften für staatliche Beihilfen ab dem 1. August 2013 auf Maßnahmen zur Stützung von Banken im Kontext
der Finanzkrise („Bankenmitteilung") (ABl. C 216 vom 30.7.2013, S. 1).

☐ Ja   ☐ Nein

3.2. Geben Sie bitte den Höchstbetrag der Beihilfe an, die einem KMU auf der Grundlage der Regelung gewährt werden kann:

....

....

4. **Vereinbarkeit mit dem Binnenmarkt**

Rettungsbeihilfen, Umstrukturierungsbeihilfen und vorübergehende Umstrukturierungshilfen

4.1. Beitrag zu einem Ziel von gemeinsamem Interesse

a) Findet die Regelung nur Anwendung, wenn der Ausfall des Beihilfeempfängers wahrscheinlich soziale Härten oder Marktversagen bewirken würde, insbesondere, wenn

— der Marktaustritt eines innovativen KMU oder eines KMU mit hohem Wachstumspotenzial negative Folgen haben könnte?

☐ Ja   ☐ Nein

— der Marktaustritt eines KMU mit umfangreichen Verbindungen zu anderen lokalen oder regionalen KMU negative Folgen haben könnte?

☐ Ja   ☐ Nein

— das Versagen oder negative Anreize der Kreditmärkte die Insolvenz eines ansonsten leistungsfähigen KMU bewirkt würden?

☐ Ja   ☐ Nein

— vergleichbare Härtefälle, die von dem Beihilfeempfänger hinreichend zu begründen sind, eintreten würden?

☐ Ja   ☐ Nein

b) Falls die Antwort auf einer der Fragen unter Buchstabe a „ja" lautet, begründen Sie Ihre Antwort(en) bitte vollumfänglich und erläutern Sie die Kriterien, anhand deren die nationalen Behörden den Beitrag zu einem Ziel von gemeinsamem Interesse prüfen werden.

....

....

Umstrukturierungsbeihilfen

4.2. Umstrukturierungsplan und Wiederherstellung der langfristigen Rentabilität

Wird in der Regelung im Zusammenhang mit der Gewährung von Umstrukturierungsbeihilfen die Vorlage eines Umstrukturierungsplans ([88]) verlangt, mit dem die langfristige Rentabilität ([89]) des Beihilfeempfängers innerhalb einer angemessenen Frist wiederhergestellt werden soll (ein Muster für einen Umstrukturierungsplan finden Sie in Anhang II der Leitlinien)?

☐ Ja   ☐ Nein

([88]) Umstrukturierungen können eines oder mehrere der folgenden Elemente umfassen: die Reorganisation und Rationalisierung der Tätigkeiten des jeweiligen Beihilfeempfängers auf einer effizienteren Grundlage, was im Allgemeinen den Rückzug aus defizitären Geschäftsbereichen bedeutet, die Umstrukturierung von Geschäftsbereichen, die wieder wettbewerbsfähig werden können, oder in manchen Fällen eine Diversifizierung durch Aufnahme neuer rentabler Tätigkeiten. In der Regel gehen sie auch mit einer finanziellen Umstrukturierung in Form von Kapitalzuführungen durch neue oder bestehende Anteilseigner und Schuldenabbau durch bestehende Gläubiger einher.

([89]) Langfristige Rentabilität ist erreicht, wenn ein Unternehmen alle Kosten einschließlich Abschreibungen und Finanzierungskosten decken kann und eine angemessene Eigenkapitalrendite erwirtschaftet. Das umstrukturierte Unternehmen sollte in der Lage sein, aus eigener Kraft im Wettbewerb zu bestehen.

5. Verf-DVO kons

5. **Erforderlichkeit des staatlichen Eingreifens und Anreizeffekt**

5.1. Wird in der Regelung im Zusammenhang mit der Gewährung von Umstrukturierungsbeihilfen verlangt, dass die nationalen Behörden einen Vergleich zwischen den im Umstrukturierungsplan vorgesehenen Maßnahmen und einem plausiblen alternativen Szenario ohne staatliche Beihilfen [90] vornehmen, der belegt, dass die in Abschnitt 4.1 beschriebenen Ziele bei diesem alternativen Szenario überhaupt nicht oder nur in einem geringerem Maße erreicht würden? Wird in der Regelung insbesondere ein Nachweis dafür verlangt, dass der Beihilfeempfänger ohne die Beihilfe so umstrukturiert, veräußert oder abgewickelt würde, dass die in Abschnitt 4.1 beschriebenen Ziele von gemeinsamem Interesse nicht erreicht würden?

☐ Ja   ☐ Nein

5.2. Falls die Antwort unter Nummer 5.1 „ja" lautet, erläutern Sie bitte, welche Kriterien die nationalen Behörden ihrer Prüfung zugrunde legen werden.

....

....

6. **Geeignetheit**

Rettungsbeihilfen

6.1. Beschränken sich die auf der Grundlage der Regelung gewährten Beihilfen auf Darlehensbürgschaften und Darlehen?

☐ Ja   ☐ Nein

6.2. Wird in der Regelung verlangt, dass die Finanzierungskosten des Darlehens (oder, im Falle von Darlehensbürgschaften, die gesamten Finanzierungskosten des garantierten Darlehens einschließlich der Darlehenszinsen und der Garantieprämie) auf einen Satz festgesetzt werden, der nicht unter dem Referenzsatz liegt, den die Kommission in ihrer Referenzsatzmitteilung [91] für schwache Unternehmen mit normaler Besicherung festgesetzt hat?

☐ Ja   ☐ Nein

6.3. Ist in der Regelung vorgesehen, dass die Rettungsbeihilfe für einen Zeitraum von höchstens sechs Monaten gewährt wird, in dem die Lage des Beihilfeempfängers zu prüfen ist?

☐ Ja   ☐ Nein

6.4. Ist in der Regelung vorgesehen, dass innerhalb von sechs Monaten nach der Gewährung der Rettungsbeihilfe das Darlehen zurückgezahlt bzw. die Bürgschaft ausgelaufen sein muss, es sei denn, vor Ablauf dieser Frist a) haben die nationalen Behörden einen Umstrukturierungs- oder Abwicklungsplan genehmigt oder b) hat der Beihilfeempfänger (im Falle einer vorübergehenden Umstrukturierungshilfe) einen vereinfachten Umstrukturierungsplan [92] vorgelegt?

☐ Ja   ☐ Nein

---

[90] Bei dem alternativen Szenario, das keine staatlichen Beihilfen enthalten darf, kann es sich zum Beispiel um Umschuldung, Veräußerung von Vermögenswerten, Aufnahme privaten Kapitals, Verkauf an einen Wettbewerber oder Aufspaltung handeln; dies kann jeweils durch Einleitung eines Insolvenz- oder eines Umstrukturierungsverfahrens oder auf andere Weise erfolgen.

[91] Mitteilung der Kommission über die Änderung der Methode zur Festsetzung der Referenz- und Abzinsungssätze (ABl. C 14 vom 19.1.2008, S. 6) oder jede künftige Mitteilung, die an ihre Stelle tritt.

[92] Im Einklang mit Randnummer 115 Buchstabe e der Leitlinien braucht dieser Plan nicht alle unter den Randnummern 47 bis 52 der Leitlinien aufgeführten Elemente zu umfassen, muss aber mindestens die Maßnahmen enthalten, die der Beihilfeempfänger durchzuführen plant, um seine langfristige Rentabilität ohne weitere staatliche Unterstützung wiederherzustellen.

6.5. Ist in der Regelung vorgesehen, dass die Rettungsbeihilfe nicht für die Finanzierung struktureller Maßnahmen verwendet werden darf, wie beispielsweise den Erwerb anderer wesentlicher Geschäftsbereiche oder Vermögenswerte als derjenigen, die im Hinblick auf das Überleben des Beihilfeempfängers während der Laufzeit der Rettungsbeihilfe erforderlich sind?

☐ Ja   ☐ Nein

Umstrukturierungsbeihilfen

6.6. Erläutern Sie bitte, auf der Grundlage welcher Kriterien die nationalen Behörden prüfen werden, inwieweit die Schwierigkeiten der Beihilfeempfänger auf Liquiditäts- und/oder Solvenzprobleme zurückzuführen sind, und wie sie die für die Lösung der festgestellten Probleme am besten geeigneten Beihilfeinstrumente wählen:

....

....

Vorübergehende Umstrukturierungshilfen

6.7. Beschränken sich die auf der Grundlage der Regelung zu gewährenden vorübergehenden Umstrukturierungshilfen auf Darlehensbürgschaften und Darlehen?

☐ Ja   ☐ Nein

6.8. Wird in der Regelung verlangt, dass die Finanzierungskosten des Darlehens (oder, im Falle von Darlehensbürgschaften, die gesamten Finanzierungskosten des garantierten Darlehens einschließlich der Darlehenszinsen und der Garantieprämie) auf einen Satz festgesetzt werden, der nicht unter dem Referenzsatz liegt, den die Kommission in ihrer Referenzsatzmitteilung für schwache Unternehmen mit normaler Besicherung festgesetzt hat?

☐ Ja   ☐ Nein

6.9. Wird in der Regelung verlangt, dass die Vergütung für die vorübergehende Umstrukturierungshilfe 12 Monate nach der Auszahlung der ersten Rate an den Beihilfeempfänger (abzüglich einer etwaigen unmittelbar vorangehenden Zeit der Gewährung einer Rettungsbeihilfe) um mindestens 50 Basispunkte angehoben wird?

☐ Ja   ☐ Nein

6.10. Ist in der Regelung vorgesehen, dass die vorübergehende Umstrukturierungshilfe nur für einen Zeitraum von höchstens 18 Monaten abzüglich einer etwaigen unmittelbar vorangehenden Zeit der Gewährung einer Rettungsbeihilfe gewährt werden darf?

☐ Ja   ☐ Nein

6.11. Ist in der Regelung vorgesehen, dass die nationalen Behörden innerhalb von sechs Monaten nach Auszahlung der ersten Rate der vorübergehenden Umstrukturierungshilfe an den Beihilfeempfänger (abzüglich einer etwaigen unmittelbar vorangehenden Zeit der Gewährung einer Rettungsbeihilfe) einen vereinfachten Umstrukturierungsplan genehmigen müssen?

☐ Ja   ☐ Nein

6.12. Ist in der Regelung vorgesehen, dass innerhalb von 18 Monaten nach dem Tag der Gewährung der vorübergehenden Umstrukturierungshilfe (abzüglich einer etwaigen unmittelbar vorangehenden Zeit der Gewährung einer Rettungsbeihilfe) das Darlehen zurückgezahlt bzw. die Bürgschaft ausgelaufen sein muss, es sei denn, die nationalen Behörden genehmigen vor Ablauf dieser Frist einen Umstrukturierungs- oder Abwicklungsplan des Beihilfeempfängers?

☐ Ja   ☐ Nein

5. Verf-DVO kons

7. **Angemessenheit der Beihilfe oder Beschränkung der Beihilfe auf das erforderliche Minimum**

   Rettungsbeihilfen und vorübergehende Umstrukturierungshilfen

7.1. Betrag der Beihilfe

   a) Ist in der Regelung vorgesehen, dass der Betrag der Beihilfe nicht über den anhand der Formel in Anhang I der Leitlinien errechneten Betrag hinausgeht?

   ☐ Ja   ☐ Nein

   b) Falls die Antwort unter Buchstabe a „nein" lautet, wird in der Regelung die Vorlage eines Liquiditätsplans verlangt, in dem der Liquiditätsbedarf des Beihilfempfängers für die kommenden sechs Monate (im Falle vorübergehender Umstrukturierungshilfen 18 Monate) dargelegt ist?

   ☐ Ja   ☐ Nein

   c) Falls die Antwort unter Buchstabe b „ja" lautet, erläutern Sie bitte, auf welcher Grundlage und anhand welcher Informationen die nationalen Behörden prüfen werden, ob der Liquiditätsplan, in dem der Liquiditätsbedarf des Beihilfempfängers für die kommenden sechs Monate (im Falle vorübergehender Umstrukturierungshilfen 18 Monate) dargelegt ist, hinreichend begründet ist:

   ....
   ....

   Umstrukturierungsbeihilfen

7.2. Eigenbeitrag

   a) Wird in der Regelung ein konkreter und beihilfefreier Beitrag zu den Umstrukturierungskosten verlangt, der aus eigenen Mitteln des Beihilfeempfängers, seiner Anteilseigner oder Gläubiger oder der Unternehmensgruppe, der er angehört, oder von neuen Investoren zu leisten ist und der bei mittleren Unternehmen mindestens 40 % der Umstrukturierungskosten und bei kleinen Unternehmen mindestens 25 % der Umstrukturierungskosten beträgt?

   ☐ Ja   ☐ Nein

   b) Falls die Antwort unter Buchstabe a „ja" lautet, erläutern Sie bitte, welche Faktoren die nationalen Behörden bei der Prüfung, ob der Eigenbeitrag konkret und beihilfefrei ist, berücksichtigen werden.

   ....
   ....

   c) Wird in der Regelung verlangt, dass der Eigenbeitrag in Bezug auf die Auswirkungen auf die Solvenz oder Liquiditätsposition des Beihilfeempfängers mit der gewährten Beihilfe vergleichbar sein sollte ([93])?

   ☐ Ja   ☐ Nein

   d) Falls die Antwort unter Buchstabe c „ja" lautet, erläutern Sie bitte, wie die nationalen Behörden dies prüfen werden:

   ....
   ....

7.3. Lastenverteilung

   Auszufüllen, falls in der Regelung vorgesehen ist, dass die staatliche Beihilfe in einer Form gewährt werden kann, die die Eigenkapitalposition des Beihilfeempfängers stärkt. ([94])

([93]) Wenn die zu gewährende Beihilfe zum Beispiel die Eigenkapitalposition des Beihilfeempfängers stärkt, sollte der Eigenbeitrag ebenfalls eigenkapitalstärkende Maßnahmen beinhalten, wie etwa die Beschaffung neuen Eigenkapitals von bestehenden Anteilseignern, die Abschreibung bestehender Verbindlichkeiten und Schuldscheine oder die Umwandlung bestehender Verbindlichkeiten in Eigenkapital oder die Beschaffung von neuem externen Beteiligungskapital zu Marktkonditionen.

([94]) Zum Beispiel, wenn der Staat Zuschüsse gewährt, Kapital zuführt oder Schulden abschreibt.

a) Ist in der Regelung vorgesehen, dass der Staat erst eingreifen darf, wenn die Verluste voll berücksichtigt und den bestehenden Anteilseignern und/oder Inhabern nachrangiger Schuldtitel zugewiesen wurden?

☐ Ja   ☐ Nein

b) Wird ein Abfluss von Mitteln des Beihilfeempfängers an Inhaber von Eigenkapitalinstrumenten und nachrangigen Schuldtiteln während des Umstrukturierungszeitraums verhindert, soweit dies rechtlich möglich ist?

☐ Ja   ☐ Nein

c) Falls die Antwort unter Buchstabe b „nein" lautet, erläutern Sie bitte, auf der Grundlage welcher Kriterien die nationalen Behörden prüfen werden, ob dieser Abfluss von Mitteln nicht diejenigen, die frisches Kapital zugeführt haben, in unverhältnismäßiger Weise benachteiligen würde.

....

....

d) Werden die nationalen Behörden Ausnahmen von den unter den Buchstaben a und b beschriebenen Voraussetzungen zulassen?
☐ Nein
☐ Ja. Falls ja, erläutern Sie dies bitte.

....

e) Ist in der Regelung vorgesehen, dass der Staat einen Anteil an künftigen Wertgewinnen des Beihilfeempfängers erhält, der angesichts des Verhältnisses zwischen dem Betrag des zugeführten staatlichen Kapitals und dem verbleibenden Eigenkapital des Unternehmens nach Berücksichtigung von Verlusten angemessen ist?

☐ Ja   ☐ Nein

8. **Negative Auswirkungen**

8.1.   Grundsatz der einmaligen Beihilfe

Ist nach der Regelung ausgeschlossen ([95]), dass Beihilfen KMU gewährt werden, die bereits in der Vergangenheit ([96]) eine Rettungsbeihilfe, Umstrukturierungsbeihilfe oder vorübergehende Umstrukturierungshilfe und/ oder eine nicht angemeldete Beihilfe erhalten haben?

☐ Ja   ☐ Nein

Umstrukturierungsbeihilfen

8.2.   Maßnahmen zur Begrenzung von Wettbewerbsverfälschungen ([97])
Strukturelle Maßnahmen — Veräußerungen und Verkleinerung von Geschäftsbereichen

---

([95]) Wenn es weniger als zehn Jahre zurückliegt, dass eine Rettungsbeihilfe oder vorübergehende Umstrukturierungshilfe gewährt, die Umstrukturierungsphase abgeschlossen oder die Umsetzung des Umstrukturierungsplans eingestellt worden ist (je nachdem, welches Ereignis als Letztes eingetreten ist), können weitere Rettungsbeihilfen, Umstrukturierungsbeihilfen oder vorübergehenden Umstrukturierungshilfen nur gewährt werden, wenn a) sich eine vorübergehende Umstrukturierungshilfe an eine Rettungsbeihilfe als Teil eines einzigen Umstrukturierungsvorgangs anschließt; b) sich eine Umstrukturierungsbeihilfe an eine Rettungsbeihilfe oder vorübergehende Umstrukturierungshilfe als Teil eines einzigen Umstrukturierungsvorgangs anschließt; c) die Rettungsbeihilfe oder vorübergehende Umstrukturierungshilfe im Einklang mit den Leitlinien gewährt wird und im Anschluss keine Umstrukturierungsbeihilfe gewährt wurde, sofern i) zu dem Zeitpunkt, zu dem die Beihilfe auf der Grundlage der Leitlinien gewährt wurde, vernünftigerweise davon ausgegangen werden konnte, dass der Beihilfeempfänger langfristig rentabel sein würde, und ii) neue Rettungsbeihilfen, Umstrukturierungsbeihilfen oder vorübergehende Umstrukturierungshilfen frühestens nach fünf Jahren aufgrund unvorhersehbarer Umstände erforderlich werden, die der Beihilfeempfänger nicht zu vertreten hat; d) ein außergewöhnlicher und unvorhersehbarer Fall vorliegt, den der Beihilfeempfänger nicht zu vertreten hat.

([96]) Auch vor dem Zeitpunkt, seit dem die Kommission die Leitlinien anwendet, d. h. vor dem 1.8.2014.

([97]) Die Mitgliedstaaten sind nicht verpflichtet, derartige Maßnahmen von kleinen Unternehmen zu verlangen, sofern die Vorschriften für staatliche Beihilfen in einem bestimmten Sektor nichts anderes vorschreiben. Kleine Unternehmen sollten jedoch in der Regel während des Umstrukturierungszeitraums keine Kapazitätsaufstockung vornehmen.

5. Verf-DVO kons

a) Wird in der Regelung von den Beihilfeempfängern die Veräußerung von Vermögenswerten oder die Verringerung der Kapazitäten oder der Marktpräsenz ([98]) zusammen mit der Angabe verlangt, auf welchen Märkten ([99]) und wann ([100]) die Veräußerungen erfolgen sollen?

☐ Ja   ☐ Nein

b) Ist in der Regelung festgelegt, dass strukturelle Maßnahmen in der Regel in Form von Veräußerungen rentabler eigenständiger Geschäftsbereiche zwecks Weiterführung getroffen werden sollten, die, wenn sie von einem geeigneten Käufer betrieben werden, langfristig wettbewerbsfähig sein können?

☐ Ja   ☐ Nein

c) Falls die Antwort unter Buchstabe b „nein" lautet, ist in der Regelung vorgesehen, dass der Beihilfeempfänger, sollten solche Einheiten nicht vorhanden sein, auch eine bestehende, angemessen finanzierte Tätigkeit ausgliedern und anschließend veräußern und auf diese Weise ein neues, rentables Unternehmen schaffen könnte, das in der Lage sein sollte, im Wettbewerb zu bestehen?

☐ Ja   ☐ Nein

d) Falls nach der Regelung nur strukturelle Maßnahmen in Form einer Veräußerung von Vermögenswerten zulässig sind, in deren Rahmen kein rentables und wettbewerbsfähiges Unternehmen geschaffen werden kann, wird in der Regelung vom Beihilfeempfänger ein Nachweis dafür verlangt, dass keine andere Art von strukturellen Maßnahmen durchführbar wäre oder dass andere strukturelle Maßnahmen die Rentabilität des Unternehmens ernsthaft beeinträchtigen würden?

☐ Ja   ☐ Nein

Verhaltensmaßregeln

e) Wird in der Regelung verlangt, dass der Beihilfeempfänger während des Umstrukturierungszeitraums darauf verzichtet, Unternehmensanteile zu erwerben, es sei denn, dies ist zur Gewährleistung der langfristigen Rentabilität unerlässlich?

☐ Ja   ☐ Nein

f) Wird in der Regelung verlangt, dass der Beihilfeempfänger bei der Vermarktung seiner Waren und Dienstleistungen darauf verzichtet, staatliche Beihilfen als Wettbewerbsvorteil anzuführen?

☐ Ja   ☐ Nein

g) Ist in der Regelung vorgesehen, dass der Beihilfeempfänger auf geschäftliche Tätigkeiten verzichtet, die auf die rasche Vergrößerung seines Marktanteils im Zusammenhang mit bestimmten sachlichen oder räumlichen Märkten ausgerichtet sind, indem Konditionen (zum Beispiel Preise und andere Geschäftsbedingungen) angeboten werden, bei denen Wettbewerber, die keine staatliche Beihilfen erhalten, nicht mithalten können?

☐ Ja   ☐ Nein

h) Falls die Antwort unter Buchstabe g „ja" lautet, unter welchen Umständen? Führen Sie dies bitte aus.

....

([98]) Veräußerungen, Abschreibungen und Schließung defizitärer Geschäftsbereiche, die ohnehin zur Wiederherstellung der langfristigen Rentabilität notwendig wären, werden in der Regel nicht als ausreichend betrachtet.

([99]) Solche Maßnahmen sollten an den Märkten ansetzen, auf denen der Beihilfeempfänger nach der Umstrukturierung eine bedeutende Stellung hat, insbesondere dort, wo bedeutende Überkapazitäten bestehen.

([100]) Veräußerungen zur Begrenzung von Wettbewerbsverfälschungen sollten unverzüglich und in jedem Fall innerhalb der Laufzeit des Umstrukturierungsplans stattfinden; dabei sind der Art der zu veräußernden Vermögenswerte sowie Hindernissen bei deren Veräußerung Rechnung zu tragen.

i) Sind in der Regelung sonstige Verhaltensmaßregeln vorgesehen?

☐ Nein

☐ Ja. Falls ja, beschreiben Sie diese bitte.

....

Marktöffnungsmaßnahmen

j) Sind in der Regelung Maßnahmen der nationalen Behörden oder des Beihilfeempfängers vorgesehen, die zum Beispiel durch Erleichterung des Markteintritts oder des Marktaustritts zu einer Öffnung und Festigung der Märkte sowie zu einer Stärkung des Wettbewerbs beitragen sollen ([101])?

☐ Ja   ☐ Nein

k) Falls die Antwort unter Buchstabe j „ja" lautet, beschreiben Sie diese bitte:

....

....

9. **Allgemeines**

9.1. Gilt die Regelung für KMU in Fördergebieten?

☐ Ja   ☐ Nein

9.2. Gelten nach der Regelung für KMU in Fördergebieten besondere Bestimmungen?

☐ Ja   ☐ Nein

9.3. Falls die Antwort unter Nummer 9.2 „ja" lautet, erläutern Sie bitte, welche besonderen Bestimmungen gelten und warum sie gerechtfertigt sind.

....

....

9.4. Gedenken die nationalen Behörden, einen Beitrag als angemessen zu betrachten, der bei mittleren Unternehmen weniger als 40 % der Umstrukturierungskosten und bei kleinen Unternehmen weniger als 25 % der Umstrukturierungskosten beträgt?

☐ Ja   ☐ Nein

9.5. Falls die Antwort unter Nummer 9.4 „ja" lautet, erläutern Sie bitte, wie die nationalen Behörden die Anforderungen an die Maßnahmen zur Begrenzung von Wettbewerbsverfälschungen anwenden werden, um die negativen systemischen Auswirkungen für das Gebiet zu begrenzen.

....

....

10. **Sonstige Informationen**

Machen Sie hier bitte sonstige Angaben, die für die Würdigung der angemeldeten Beihilfemaßnahme nach den Leitlinien von Belang sind (z. B. in Bezug auf Maßnahmen zur Erhöhung der Beschäftigungsfähigkeit entlassener Arbeitnehmer oder auf Unterstützung bei der Suche nach einer neuen Arbeitsstelle):

....

([101]) Dies sind insbesondere Maßnahmen, die dazu dienen, bestimmte Märkte, die mit den Geschäftsbereichen des Beihilfeempfängers in direktem oder indirektem Zusammenhang stehen, im Einklang mit dem Unionsrecht für andere Unternehmen aus der Union zu öffnen. Derartige Initiativen können andere Maßnahmen zur Begrenzung von Wettbewerbsverfälschungen ersetzen, die normalerweise von dem Beihilfeempfänger verlangt würden.

5. Verf-DVO kons

TEIL III.4

Ergänzender Fragebogen zu Beihilfen für Filme und andere audiovisuelle Werke

Dieser ergänzende Fragebogen ist für Anmeldungen von Beihilfen zu verwenden, die unter die Mitteilung der Kommission über staatliche Beihilfen für Filme und andere audiovisuelle Werke ([102]) fallen.

Verf-DVO kons

1. **Merkmale der angemeldeten Beihilfemaßnahme(n)**

1.1. Geben Sie für jede Maßnahme bitte so genau wie möglich das Ziel der Beihilfe an:

....

....

1.2. Machen Sie bitte für jede Maßnahme folgende Angaben zum Anwendungsbereich:

1.2.1. Art der abgedeckten Tätigkeiten (z. B. Entwicklung, Produktion, Vertrieb):

....

....

1.2.2. Art der abgedeckten Werke (z. B. Kinofilme, Fernsehserien, Transmedia-Projekte):

....

....

1.3. Falls die Beihilferegelung eine Fördermaßnahme für Transmedia-Projekte umfasst: Beziehen sich die geförderten Tätigkeiten direkt auf die Filmproduktionskomponente des Werks?

☐ Ja   ☐ Nein

1.4. Geben Sie bitte an, welche Vorkehrungen getroffen wurden, um zu gewährleisten, dass die Beihilfe einem kulturellen Zweck zugutekommt:

....

....

2. **Voraussetzungen für die Förderfähigkeit**

2.1. Geben Sie bitte an, unter welchen Voraussetzungen die Tätigkeiten bzw. Werke im Rahmen der geplanten Beihilfemaßnahme förderfähig sind:

....

....

2.2. Geben Sie bitte an, unter welchen Voraussetzungen die Beihilfeempfänger im Rahmen der geplanten Beihilfemaßnahme förderfähig sind:

— Sieht die Regelung eine unterschiedliche Behandlung je nach Staatsangehörigkeit oder Wohnort vor?

....

....

([102]) Mitteilung der Kommission über staatliche Beihilfen für Filme und andere audiovisuelle Werke (ABl. C 332 vom 15.11.2013. S. 1).

▼ M8

— Müssen die Beihilfeempfänger neben der Voraussetzung, dass sie zum Zeitpunkt der Auszahlung der Beihilfe eine Niederlassung unterhalten müssen, noch weitere Voraussetzungen erfüllen?

....

....

— Muss der Beihilfeempfänger im Fall von Beihilfen, die Steuervergünstigungen einschließen, neben der Voraussetzung, dass er über Einnahmen verfügt, die im Mitgliedstaat zu versteuern sind, noch weitere Voraussetzungen oder Auflagen erfüllen?

....

....

— Weitere Voraussetzungen:

....

....

3.   **Verpflichtung zur Territorialisierung der Ausgaben**

3.1.   Geben Sie bitte an, ob die Maßnahme Bestimmungen enthält, nach denen der Produzent das Produktionsbudget bzw. Teile dieses Budgets in dem jeweiligen Mitgliedstaat bzw. einem seiner Teile ausgeben muss. Stehen diese Bestimmungen im Zusammenhang mit

3.1.1.   der Förderfähigkeit?

☐ Ja   ☐ Nein

3.1.2.   der Beihilfegewährung?

☐ Ja   ☐ Nein

3.2.   Bezieht sich die Verpflichtung zur Territorialisierung der Ausgaben auf bestimmte Posten des Produktionsbudgets?

....

....

3.3.   Falls die Förderfähigkeit an ein Mindestmaß an Territorialisierung der Ausgaben gebunden ist, beschreiben Sie bitte die Art der Anforderungen:

3.3.1.   implizite Anforderungen (z. B. eine Mindestanzahl an Produktionstagen in dem jeweiligen Gebiet):

....

....

3.3.2.   explizite Anforderungen (z. B. ein Mindestbetrag oder prozentualer Anteil der Ausgaben):

....

....

3.4.   Ist die Beihilfegewährung an territoriale Voraussetzungen geknüpft, erläutern Sie bitte Folgendes:

3.4.1.   Wird die Beihilfe als prozentualer Anteil der der Territorialisierungspflicht unterliegenden Ausgaben berechnet?

....

....

3.4.2.   Wird die verlangte Territorialisierung der Ausgaben im Verhältnis zum Gesamtbudget des Films berechnet?

....

....

3.4.3.   Wird die verlangte Territorialisierung der Ausgaben im Verhältnis zur Höhe der gewährten Beihilfe berechnet?

....

....

5. Verf-DVO kons

Verf-DVO
kons

4. **Förderfähige Kosten**

Geben Sie bitte an, welche Kosten bei der Festsetzung des Beihilfebetrags berücksichtigt werden.

....

....

5. **Beihilfeintensität**

5.1. Geben Sie bitte an, ob die Regelung Beihilfeintensitäten zulässt, die über 50 % des Produktionsbudgets betragen? Falls ja, geben Sie bitte die Art der betroffenen Werke und die Obergrenzen für die Beihilfeintensität an.

....

....

5.2. Falls der Begriff „schwierige audiovisuelle Werke" verwendet wird, geben Sie bitte an, welche Kategorien von Werken unter diesen Begriff fallen (d.h. geben Sie die verwendete Definition an).

....

....

5.3. Falls im Rahmen der Beihilferegelung Drehbuchgestaltung bzw. Entwicklung gefördert werden: Sind die Kosten für Drehbuchgestaltung und Entwicklung im Produktionsbudget enthalten? Werden sie bei der Berechnung der Beihilfeintensität für das betreffende audiovisuelle Werk berücksichtigt?

....

....

5.4. Falls im Rahmen der Regelung Vertriebs- und Promotionskosten gefördert werden: Welche Beihilfeintensitäten sind im Rahmen der Regelung zulässig?

....

....

6. **Filmerbe**

Machen Sie bitte gegebenenfalls Angaben zu den Maßnahmen, die sich auf das Filmerbe beziehen.

....

....

7. **Vereinbarkeit mit dem Binnenmarkt**

7.1. Begründen Sie bitte, warum die Beihilfe auf der Grundlage der in der Mitteilung der Kommission über staatliche Beihilfen für Filme und andere audiovisuelle Werke dargelegten Grundsätze mit dem Binnenmarkt vereinbar ist.

....

....

7.2. Falls die Regelung Beihilfen für Kinos betrifft, begründen Sie bitte, insbesondere in Bezug auf die Erforderlichkeit, Geeignetheit und Angemessenheit der Beihilfe, warum die Beihilfe als Beihilfe zur Förderung der Kultur im Sinne des Artikels 107 Absatz 3 Buchstabe d AEUV mit dem Binnenmarkt vereinbar ist.

....

....

8. **Sonstige Angaben**

Machen Sie hier bitte alle sonstigen Angaben, die Sie als relevant für die beihilferechtliche Würdigung der Maßnahme(n) auf der Grundlage der Mitteilung über staatliche Beihilfen für Filme und andere audiovisuelle Werke ansehen.

....

▼ <u>M8</u>

TEIL III.5

Ergänzender Fragebogen zu staatlichen Breitbandbeihilfen

Dieser ergänzende Fragebogen ist für Anmeldungen von Beihilfen zu verwenden, die unter die Leitlinien der EU für die Anwendung der Vorschriften über staatliche Beihilfen im Zusammenhang mit dem schnellen Breitbandausbau ([103]) („Breitbandleitlinien") fallen.

1.   **Merkmale der angemeldeten Beihilfemaßnahme**

1.1.   Geben Sie bitte das Ziel der Beihilfemaßnahme an:

....

....

1.2.   Erläutern Sie bitte, wie sich die Maßnahme in die nationale Breitbandstrategie und die Ziele der Union (u. a. die Strategie Europa 2020 und die Digitale Agenda ([104])) einfügt:

....

....

1.3.   Begründen Sie bitte die öffentliche Intervention und erläutern Sie die voraussichtlichen Vorteile der Beihilfemaßnahme (z. B. wirtschaftliche und soziale Vorteile, höhere Breitbandabdeckung und Verbreitung des Internet usw.):

....

....

1.4.   Welche Art von Netz soll durch die Beihilfemaßnahme gefördert werden?

    ☐ Backbone-Netze (oder Rumpfnetze);

    ☐ Backhaul-Netze (oder regionale Netze, mittlere Netzebene);

    ☐ Zugangsnetze (oder letzte Meile).

1.5.   Welche Elemente des Netzes sollen mit der Beihilfemaßnahme gefördert werden?

    ☐ Elemente der passiven Infrastruktur;

    ☐ Elemente der aktiven Infrastruktur.

1.6.   Welche Arten von Breitbandnetzen sollen mit der Beihilfemaßnahme gefördert werden?

    ☐ Netze für die Breitbandgrundversorgung (Download-Geschwindigkeiten von mindestens 2 Mbit/s);

    ☐ Zugangsnetze der nächsten Generation (NGA-Netze) ([105]);

    ☐ ultraschnelle Breitbandnetze ([106]).

([103]) Leitlinien der EU für die Anwendung der Vorschriften über staatliche Beihilfen im Zusammenhang mit dem schnellen Breitbandausbau (ABl. C 25 vom 26.1.2013, S. 1).
([104]) EUROPA 2020 — Eine Strategie für intelligentes, nachhaltiges und integratives Wachstum, KOM(2010) 2020.
([105]) Siehe die Randnummern 56 bis 60 der Breitbandleitlinien.
([106]) Siehe die Randnummern 82 bis 85 der Breitbandleitlinien.

5. Verf-DVO kons

1.7. Auf welche Arten von Gebieten zielt die Beihilfemaßnahme ab? Stufen Sie bitte die Zielgebiete in Bezug auf das jeweilige Segment und die jeweilige Art des geförderten Netzes ein und begründen Sie Ihre Einstufung auf der Grundlage überprüfbarer Daten.

☐ Weiße Flecken der Grundversorgung

☐ Graue Flecken der Grundversorgung

☐ Schwarze Flecken der Grundversorgung

☐ Weiße NGA-Flecken

☐ Graue NGA-Flecken

☐ Schwarze NGA-Flecken

☐ Weiße Flecken der ultraschnellen Breitbandversorgung

☐ Graue Flecken der ultraschnellen Breitbandversorgung

☐ Schwarze Flecken der ultraschnellen Breitbandversorgung

1.8. Machen Sie hier bitte sonstige Angaben, die für das Verständnis des allgemeinen Kontexts der Beihilfemaßnahme von Belang sind:

....

....

1.9. Welche Art von Investitions- und Geschäftsmodell soll gewählt werden ([107])?

....

....

2. Verfahren und Gewährung der Beihilfemaßnahme

Breitbandkarte, Analyse der Breitbandabdeckung

2.1. Welchen Bereich deckt die Beihilfemaßnahme in räumlicher Hinsicht ab?

2.2. Machen Sie bitte Angaben (einschließlich des Datums), und legen Sie die detaillierte Breitbandkarte und die Ergebnisse der Analyse der Breitbandabdeckung vor, die im Hinblick auf die Festlegung der Zielgebiete erstellt wurden:

....

....

Öffentliche Konsultation

2.3. Beschreiben Sie bitte das Verfahren und die Ergebnisse der offenen und transparenten öffentlichen Konsultation, in deren Rahmen alle Betroffenen die Gelegenheit hatten, zu der geplanten Beihilfemaßnahme Stellung zu nehmen. Übermitteln Sie bitte die einschlägigen Links zu Internetseiten, auf denen die Angaben zur Maßnahme veröffentlicht wurden:

....

....

Wettbewerbliches Auswahlverfahren

2.4. Falls das geförderte Netz von einem Drittbetreiber eingerichtet und/oder betrieben wird, bestätigen Sie bitte, dass ein wettbewerbliches Auswahlverfahren im Einklang mit den EU-Vergaberichtlinien ([108]) durchgeführt wird. Machen Sie dazu bitte umfassende Angaben:

....

....

([107]) Siehe zum Beispiel den Leitfaden der Kommission für Investitionen in Hochgeschwindigkeitsbreitbandnetze (http://ec.europa.eu/regional_policy/sources/docgener/presenta/broadband2011/broadband2011_en.pdf).

([108]) Richtlinie 2014/23/EU des Europäischen Parlaments und des Rates vom 26. Februar 2014 über die Konzessionsvergabe (ABl. L 94 vom 28.3.2014, S. 1), Richtlinie 2014/24/EU des Europäischen Parlaments und des Rates vom 26. Februar 2014 über die öffentliche Auftragsvergabe und zur Aufhebung der Richtlinie 2004/18/EG (ABl. L 94 vom 28.3.2014, S. 65) sowie Richtlinie 2014/25/EU des Europäischen Parlaments und des Rates vom 26. Februar 2014 über die Vergabe von Aufträgen durch Auftraggeber im Bereich der Wasser-, Energie- und Verkehrsversorgung sowie der Postdienste und zur Aufhebung der Richtlinie 2004/17/EG (ABl. L 94 vom 28.3.2014, S. 243).

2.5. Legen Sie bitte dar, wie das wirtschaftlich günstigste Angebot anhand qualitativer Kriterien (z. B. geografische Abdeckung, Nachhaltigkeit des technologischen Ansatzes oder Auswirkungen des Vorhabens auf den Wettbewerb) und des Preises ausgewählt werden soll (einschließlich der Zuschlagskriterien und der relativen Gewichtung der gewählten Kriterien):

....

....

2.6. Muss das geförderte Netz bestimmte Mindestanforderungen an den Breitbanddienst erfüllen (z. B. Mindestübertragungsrate, Nachhaltigkeit der Dienste, geografische Mindestabdeckung usw.)?

☐ Ja ☐ Nein

2.7. Falls ja, machen Sie bitte nähere Angaben:

....

....

Technologische Neutralität

2.8. Ist die Beihilfemaßnahme technologisch neutral?

☐ Ja ☐ Nein

2.9. Falls die Antwort unter Nummer 2.8 „ja" lautet, legen Sie bitte dar, wie dieser Grundsatz gewährleistet wird:

....

....

Nutzung bestehender Infrastruktur

2.10. Übermitteln Sie bitte eine Karte mit den in dem jeweiligen Land/der jeweiligen Region vorhandenen Infrastrukturen einschließlich neuer Infrastruktur, die von kommerziellen Betreibern in naher Zukunft, das heißt innerhalb von drei Jahren, geplant ist:

....

....

2.11. Erläutern Sie bitte, wie sichergestellt wird, dass Betreiber, die am Auswahlverfahren teilnehmen möchten, alle relevanten Informationen über eigene oder von ihnen kontrollierte Infrastruktur im Zielgebiet übermitteln:

....

....

Offener Zugang auf Vorleistungsebene

2.12. Erläutern Sie bitte, welche Arten von Verpflichtungen im Bereich des „Zugangs auf Vorleistungsebene" in Bezug auf das geförderte Netz auferlegt werden (einschließlich des Zugangs zu passiver und aktiver Infrastruktur sowie des Rechts auf Nutzung von Leerrohren und Masten, unbeschalteten Glasfaserleitungen und Straßenverteilerkästen) und wie lange die Zugangsverpflichtungen aufrechterhalten werden:

....

....

5. Verf-DVO kons

Vorleistungspreise

2.13. Erläutern Sie bitte, wie die Benchmarks für die Preise für den Zugang auf Vorleistungsebene festgelegt werden:

....

....

Verf-DVO
kons

Rückforderungs- und Überwachungsmechanismus

2.14. Wird ein Rückforderungsmechanismus für die Maßnahme anwendbar sein?

☐ Ja ☐ Nein

2.15. Falls die Antwort unter Nummer 2.14 „Ja" lautet, beschreiben Sie bitte diesen Mechanismus, seine Merkmale und seine Dauer:

....

....

2.16. Erläutern Sie bitte, wie die Überwachung der Beihilfemaßnahme erfolgen soll:

— Welche staatliche Stelle ist mit der Überwachung betraut?

— Welche Teile der Maßnahme unterliegen der Überwachung?

— Welche Leistungskriterien werden geprüft?

— Welcher Zeitplan gilt für die Überwachung?

Nationale Regulierungsbehörde (NRB)

2.17. Beschreiben Sie bitte die Rolle der NRB insbesondere in Bezug auf die Festlegung der Zielgebiete, die Vorleistungspreise einschließlich der Festlegung von Benchmarks, die Beilegung von Streitigkeiten usw.:

....

....

2.18. Übermitteln Sie bitte die Position der NRB zu der vorgeschlagenen Beihilfemaßnahme, und sofern vorhanden, die Stellungnahme der nationalen Wettbewerbsbehörde:

....

....

3. **Kriterien für die Vereinbarkeit mit dem Binnenmarkt**

Erläutern Sie bitte, inwieweit die angemeldete Beihilfemaßnahme die Voraussetzungen des Abschnitts 2.5 der Breitbandleitlinien, insbesondere in Bezug auf folgende Aspekte, erfüllt:

....

....

Ziel von gemeinsamem Interesse

a) Ist die Beihilfemaßnahme auf ein genau definiertes Ziel von gemeinsamem Interesse ausgerichtet?

☐ Ja ☐ Nein

b) Falls die Antwort unter Buchstabe a „ja" lautet, beschreiben Sie bitte die mit der Beihilfemaßnahme verfolgten Ziele von gemeinsamem Interesse:

▼ M8

Marktversagen

c) Zielt die Beihilfemaßnahme auf ein Marktversagen oder wesentliche Ungleichheiten ab, die die Verfügbarkeit von Breitbanddiensten beeinträchtigen?

☐ Ja ☐ Nein

d) Falls die Antwort unter Buchstabe c „ja" lautet, beschreiben Sie bitte dieses Marktversagen und geben Sie einen allgemeinen Überblick über den Markt für Breitbanddienste in dem betreffenden Land/der betreffenden Region sowie über die Gebiete, die Gegenstand der Beihilfemaßnahme sind.

Dieser Überblick sollte folgende Informationen enthalten: derzeitiger Umfang der Breitbandversorgung, Verbreitung des Internet (Zahl der angeschlossenen Haushalte/Unternehmen), eine Aufschlüsselung zur Verfügbarkeit der Dienste nach Technologie, die wichtigsten Trends auf dem (nationalen bzw. regionalen) Breitbandmarkt, Kluft zwischen Stadt und Land in Bezug auf die Breitbandabdeckung, einen Vergleich der Endkundenpreise mit den Preisen, die für dieselben Dienste in stärker wettbewerbsbestimmten, aber ansonsten vergleichbaren Gebieten bzw. Regionen des Landes berechnet werden, die verfügbaren technologischen Lösungen für den Ausbau der Breitbandnetze und die Erbringung von Konnektivitätsdiensten, die Wettbewerbssituation auf den Märkten für elektronische Kommunikation (Struktur und Dynamik der Märkte), eine Übersicht über die nationalen Rechtsvorschriften und die bestehenden Verpflichtungen für Betreiber elektronischer Kommunikationsnetze:

....

....

Geeignetheit des Instruments

e) Belegen Sie bitte, dass es sich bei der Beihilfemaßnahme um ein geeignetes Instrument handelt:

....

....

f) Sind bereits andere (weniger wettbewerbsverfälschende) Instrumente eingesetzt worden, um die Erbringung von Breitbanddiensten zu ermöglichen und die Versorgungslücke zu schließen (einschließlich Vorabregulierung oder Ankurbelung der Nachfrage)?

☐ Ja ☐ Nein

g) Falls die Antwort unter Buchstabe f „ja" lautet, beschreiben Sie diese Initiativen bitte und erläutern Sie, warum sie als unzureichend angesehen wurden, um die gewünschten Ziele im Bereich des Breitbandausbaus zu erreichen:

....

....

h) Haben die bestehenden Netzbetreiber in den letzten drei Jahren private Investitionen in den Zielgebieten getätigt?

☐ Ja ☐ Nein

i) Falls die Antwort unter Buchstabe h „ja" lautet, beschreiben Sie diese Investitionen bitte und erläutern Sie, warum die vorhandene Breitbandinfrastruktur nicht ausreicht, um die Bedürfnisse der Bürgerinnen und Bürger und der Unternehmen zu decken und warum staatliche Beihilfen erforderlich sind:

....

....

5. Verf-DVO kons

Anreizeffekt

j) Beschreiben Sie bitte die positiven Auswirkungen, die die Beihilfemaßnahme voraussichtlich haben wird:

....

....

Vorliegen einer wesentlichen Verbesserung

k) Wird die Beihilfemaßnahme eine „wesentliche Verbesserung" der Breitbandversorgung bewirken?

☐ Ja   ☐ Nein

l) Falls die Antwort unter Buchstabe k „ja" lautet, belegen Sie dies bitte durch einen Vergleich der bestehenden Infrastruktur mit dem geplanten Netzausbau (d. h. vor und nach der geplanten Maßnahme). Führen Sie bitte insbesondere aus, ob und in welchem Umfang erhebliche neue Investitionen in das Breitbandnetz getätigt werden und welche neuen Kapazitäten im Hinblick auf die Verfügbarkeit und Qualität von Breitbanddiensten auf den Markt gebracht werden:

....

....

m) Erläutern Sie bitte, wie sich das Verhalten des Beihilfeempfängers/der Beihilfeempfänger voraussichtlich ändern wird:

....

....

n) Belegen Sie bitte, dass ohne staatliche Beihilfen innerhalb desselben Zeitraums und/oder unter denselben Bedingungen keine vergleichbaren Investitionen in das Breitbandnetz getätigt worden wären:

....

....

Angemessenheit

o) Erläutern Sie bitte, wie sichergestellt wird, dass die Beihilfemaßnahme auf das erforderliche Minimum beschränkt ist:

....

....

Verfälschung des Wettbewerbs und Auswirkungen auf den Handel

p) Erläutern Sie bitte, welche potenziellen negativen Auswirkungen die Beihilfemaßnahme auf Wettbewerb und Handel haben könnte (z. B.: mögliche Verdrängung privater Investitionen oder Stärkung einer marktbeherrschenden Stellung) und durch welche Merkmale der Maßnahme ([109]) diese Risiken auf ein Minimum beschränkt werden könnten:

....

....

4.   **Sonstige Angaben**

Machen Sie bitte an dieser Stelle sämtliche sonstigen Angaben, die Sie als relevant für die Würdigung der betreffenden Maßnahme im Rahmen der Breitbandleitlinien betrachten, sowie sonstige Informationen, die mit Blick auf das EU-Wettbewerbsrecht und die Binnenmarktvorschriften ([110]) von Belang sind.

....

([109]) Beispielsweise gewähltes Investitions- und Geschäftsmodell, Größe und Merkmale der von der Maßnahme abgedeckten Bereiche oder Maßnahmen zur Kontrolle der Projektkosten.

([110]) Die Liste der Beschlüsse der Kommission über staatliche Beihilfen im Breitbandsektor finden Sie auf der Homepage der GD Wettbewerb: http://ec.europa.eu/competition/sectors/telecommunications/broadband decisions.pdf.

▼ M8

TEIL III.6

Ergänzender Fragebogen zu staatlichen Umweltschutz- und Energiebeihilfen

Dieser Fragebogen ist für die Anmeldung von Beihilfen zu verwenden, die unter die Leitlinien für staatliche Umweltschutz- und Energiebeihilfen 2014-2020 ([111]) (im Folgenden „Umweltschutz- und Energiebeihilfeleitlinien") fallen.

Alle von Mitgliedstaaten als Anlagen zum Anmeldeformular übermittelten Unterlagen sind zu nummerieren; diese Nummern sind in den einschlägigen Abschnitten dieses ergänzenden Fragebogens anzugeben.

Falls eine einzelne Beihilfemaßnahme mehrere Beihilfeempfänger betrifft, sind die einschlägigen Angaben für jeden einzelnen Beihilfeempfänger zu machen.

Dieser ergänzende Fragebogen ist zusätzlich zum Fragebogen „Teil I — Allgemeine Angaben" auszufüllen.

Anwendungsbereich

Allgemeine Gruppenfreistellungsverordnung

Vor dem Ausfüllen dieses Anmeldeformulars sollten Sie prüfen, ob die Maßnahme auf der Grundlage der Verordnung (EU) Nr. 651/2014 der Kommission (Allgemeine Gruppenfreistellungsverordnung, „AGVO") ([112]), insbesondere auf der Grundlage von deren Kapitel III Abschnitt 7 (Umweltschutzbeihilfen), durchgeführt werden könnte.

Könnte die Beihilfe auf der Grundlage der AGVO durchgeführt werden?

☐ Ja ☐ Nein

Falls ja, erläutern Sie bitte, warum die Maßnahme angemeldet wird:

....

....

De-minimis-Verordnung

Vor dem Ausfüllen dieses Anmeldeformulars sollten Sie prüfen, ob die Maßnahme auf der Grundlage der *De-minimis*-Verordnung ([113]) durchgeführt werden könnte:

Könnte die Beihilfe auf der Grundlage der *De-minimis*-Verordnung durchgeführt werden?

☐ Ja ☐ Nein

Falls ja, erläutern Sie bitte, warum die Maßnahme angemeldet wird:

....

....

Dieses Formular ist nur für die Anmeldung staatlicher Beihilfen zu verwenden, die auf der Grundlage der Umweltschutz- und Energiebeihilfeleitlinien durchgeführt werden sollen. Füllen Sie bitte die für die Art der angemeldeten Maßnahme relevanten Abschnitte des Anmeldeformulars aus.

([111]) ABl. C 200 vom 28.6.2014, S. 1. Nähere Ausführungen zu bestimmten Aspekten der Anwendbarkeit dieses ergänzenden Fragebogens auf Landwirtschaft sowie Fischerei und Aquakultur sind Randnummer 14 der Umweltschutz- und Energiebeihilfeleitlinien zu entnehmen.

([112]) Verordnung (EU) Nr. 651/2014 der Kommission vom 17. Juni 2014 zur Feststellung der Vereinbarkeit bestimmter Gruppen von Beihilfen mit dem Binnenmarkt in Anwendung der Artikel 107 und 108 des Vertrags über die Arbeitsweise der Europäischen Union (ABl. L 187 vom 26.6.2014, S. 1).

([113]) Verordnung (EU) Nr. 1407/2013 der Kommission vom 18. Dezember 2013 über die Anwendung der Artikel 107 und 108 des Vertrags über die Arbeitsweise der Europäischen Union auf *De-minimis*-Beihilfen (ABl. L 352 vom 24.12.2013, S. 1).

5. Verf-DVO kons

Verf-DVO kons

Abschnitt A: Allgemeine Angaben zu Umweltschutz- und Energiebeihilfemaßnahmen

1. Geben Sie bitte nachstehend die Art der Beihilfe an und füllen Sie anschließend den entsprechenden Teil in Abschnitt B dieses ergänzenden Fragebogens („Allgemeine Prüfung der Vereinbarkeit mit dem Binnenmarkt") aus: Wird im Rahmen der Beihilferegelung mehr als eine der in der nachstehenden Liste aufgeführten Beihilfearten gewährt, ist für jedes angekreuzte Feld Abschnitt B auszufüllen.

Falls es sich bei der Maßnahme um Beihilfen in Form von Umweltsteuerermäßigungen oder -befreiungen oder in Form von Ermäßigungen des Beitrags zur Finanzierung erneuerbarer Energien ([114]) handelt, füllen sie bitte Abschnitt C des Formulars („Prüfung der Vereinbarkeit von Beihilfen in Form von Umweltsteuerermäßigungen oder -befreiungen und in Form von Ermäßigungen des Beitrags zur Finanzierung erneuerbarer Energien mit dem Binnenmarkt") aus.

a) ☐ Beihilfen für Unternehmen, die über Unionsnormen hinausgehen oder bei Fehlen solcher Normen den Umweltschutz verbessern

b) ☐ Beihilfen für die Anschaffung neuer Fahrzeuge, die über Unionsnormen hinausgehen oder bei Fehlen solcher Normen den Umweltschutz verbessern

c) ☐ Beihilfen zur frühzeitigen Anpassung an künftige Unionsnormen

d) ☐ Beihilfen zur Förderung erneuerbarer Energien

— Bestätigen Sie bitte, dass im Rahmen der Maßnahme ausschließlich erneuerbare Energien im Sinne der Randnummer 19 Ziffern 5 und 11 der Umweltschutz- und Energiebeihilfeleitlinien gefördert werden.

....

....

— Bestätigten Sie bitte im Falle von Biokraftstoffen, dass im Rahmen der Maßnahme ausschließlich nachhaltige Biokraftstoffe im Sinne der Randnummer 19 Ziffer 9 der Umweltschutz- und Energiebeihilfeleitlinien gefördert werden.

....

....

e) ☐ Beihilfen für Energieeffizienz-Maßnahmen

— Bestätigten Sie bitte, dass im Rahmen der Maßnahme ausschließlich Effizienzmaßnahmen im Sinne der Randnummer 19 Ziffer 2 der Umweltschutz- und Energiebeihilfeleitlinien gefördert werden.

....

....

f) ☐ Beihilfen für energieeffiziente Fernwärme und Fernkälte

— Bestätigten Sie bitte, dass im Rahmen der Maßnahme ausschließlich Maßnahmen im Bereich der energieeffizienten Fernwärme und Fernkälte im Sinne der Randnummer 19 Ziffer 14 der Umweltschutz- und Energiebeihilfeleitlinien gefördert werden.

....

....

g) ☐ Beihilfen für hocheffiziente Kraft-Wärme-Kopplung

— Bestätigten Sie bitte, dass im Rahmen der Maßnahme ausschließlich die hocheffiziente Kraft-Wärme-Kopplung im Sinne der Randnummer 19 Ziffer 13 der Umweltschutz- und Energiebeihilfeleitlinien gefördert wird.

....

....

([114]) Siehe Abschnitt 3.7 der Umweltschutz- und Energiebeihilfeleitlinien: Beihilfen in Form von Umweltsteuerermäßigungen oder -befreiungen und in Form von Ermäßigungen der finanziellen Beiträge zur Förderung von Strom aus erneuerbaren Energiequellen.

▼ M8

h) ☐ Beihilfen für die Abfallbewirtschaftung

i) ☐ Beihilfen für Umweltstudien

j) ☐ Beihilfen für die Sanierung schadstoffbelasteter Standorte

k) ☐ Beihilfen für Standortverlagerungen

l) ☐ Beihilfen im Rahmen von Regelungen über handelbare Umweltzertifikate

m) ☐ Beihilfen für Energieinfrastrukturen

n) ☐ Beihilfen für CO_2-Abscheidung, -Transport und -Speicherung (CCS)

o) ☐ Beihilfen für Maßnahmen zugunsten einer angemessenen Stromerzeugung

p) ☐ Beihilfen in Form von Umweltsteuerermäßigungen oder -befreiungen

q) ☐ Beihilfen in Form von Ermäßigungen des Beitrags zur Finanzierung erneuerbarer Energien

2. Beschreiben Sie bitte ausführlich die wichtigsten Merkmale der angemeldeten Maßnahme (Ziel, voraussichtliche Auswirkungen der Beihilfe, Beihilfeinstrument, Beihilfeintensität, Beihilfeempfänger, Finanzausstattung, Bedingungen usw.).

3. Kann die Beihilfe mit anderen Beihilfen kumuliert werden?

☐ Ja   ☐ Nein

Falls ja, erläutern Sie dies bitte und füllen Sie den Abschnitt über die Kumulierung im Abschnitt zur Angemessenheit in Abschnitt B aus.

....

....

4. Fällt die angemeldete Maßnahme unter eine Beihilferegelung, kreuzen Sie bitte das nachstehende Kästchen an, um zu bestätigen, dass auf der Grundlage der angemeldeten Regelung gewährte Beihilfen einzeln angemeldet werden, falls sie die unter Randnummer 20 der Umweltschutz- und Energiebeihilfeleitlinien festgesetzten Anmeldeschwellen überschreiten:

☐ Ja

5. Falls die angemeldete Einzelbeihilfe auf der Grundlage einer genehmigten Regelung gewährt wird, geben Sie bitte genau an, um welche Regelung es sich handelt (Nummer und Titel der Beihilferegelung, Tag der Genehmigung durch die Kommission):

....

....

6. Geben Sie bitte gegebenenfalls den Wechselkurs an, der für die Zwecke dieser Anmeldung zugrunde gelegt wurde:

....

....

7. Geben Sie bitte an, ob die Maßnahme (einschließlich der Finanzierungsmethode, wenn diese fester Bestandteil der Maßnahme ist) mit Bedingungen verbunden ist, die zu einem Verstoß gegen Unionsrecht führen können (Randnummer 29 der Umweltschutz- und Energiebeihilfeleitlinien).

☐ Ja   ☐ Nein

Falls ja, erläutern Sie bitte, wie die Einhaltung des Unionsrechts gewährleistet wird.

....

....

5. Verf-DVO kons

Abschnitt B: Allgemeine Prüfung der Vereinbarkeit mit dem Binnenmarkt

1.   **Beitrag zu einem Ziel von gemeinsamem Interesse**

Stützen Sie sich bei der Beantwortung der Fragen in diesem Abschnitt bitte auf Abschnitt 3.2.1 sowie auf die Abschnitte 3.2 bis 3.6 und 3.8 bis 3.10 der Umweltschutz- und Energiebeihilfeleitlinien.

Beihilferegelungen

1. Erläutern Sie bitte auf der Grundlage der in den Umweltschutz- und Energiebeihilfeleitlinien anvisierten Ziele von gemeinsamem Interesse, welche Umwelt- oder Energieziele mit der angemeldeten Maßnahme verfolgt werden [115]. Beschreiben Sie bitte ausführlich jede Art von Beihilfe, die im Rahmen der angemeldeten Maßnahme gewährt wird:

   ....

   ....

2. Ist die angemeldete Maßnahme bereits zuvor angewendet worden?

   ☐ Ja   ☐ Nein

   Falls ja, geben Sie bitte die erzielten Ergebnisse im Hinblick auf Verbesserungen des Umweltschutzes oder des Energiesystems, die Nummer der betreffenden Beihilfesache und den Tag der Genehmigung durch die Kommission an; fügen Sie nach Möglichkeit nationale Bewertungsberichte über die Maßnahme bei.

   ....

   ....

3. Im Falle einer neuen Maßnahme geben Sie bitte an, welche Ergebnisse angestrebt werden, in welchem Zeitraum diese Ergebnisse erreicht werden sollen und wie diese Ergebnisse zur Verwirklichung des verfolgten Ziels beitragen werden:

   ....

   ....

4. Erläutern Sie bitte, wie Sie sicherstellen, dass die Förderung der angemessenen Stromerzeugung nicht zu dem in Randnummer 220 der Umweltschutz- und Energiebeihilfeleitlinien verankerten Ziel der schrittweisen Abschaffung umweltgefährdender Subventionen, u. a. für die Stromerzeugung auf der Basis fossiler Brennstoffe, im Widerspruch steht. Wie wird zum Beispiel der Nachfragesteuerung und der Verbindungskapazität Rechnung getragen? Wird beispielsweise bei gleicher technischer Leistung Kapazitätsanbietern mit geringem CO_2-Ausstoß der Vorzug gegeben?

   ....

   ....

5. Im Falle von Beihilfen zur Förderung einer angemessenen Stromerzeugung erläutern und definieren Sie bitte klar das erwartete Kapazitätsproblem. Gehen Sie dabei bitte auf die Kohärenz mit der regelmäßig vom ENTSO-E [116] vorgenommenen Analyse der angemessenen Stromerzeugung ein. Stützen Sie sich bei Ihrer Antwort bitte auf Randnummer 221 der Umweltschutz- und Energiebeihilfeleitlinien.

   ....

6. Im Falle von Beihilfen für die Abfallbewirtschaftung bestätigen Sie bitte, dass die folgenden Voraussetzungen erfüllt sind:

---

[115] Bei der Einführung von Maßnahmen, die aus den europäischen Struktur- und Investitionsfonds (ESIF) kofinanziert werden, können die Mitgliedstaaten sich bei der Angabe der mit der Maßnahme verfolgten Umwelt- oder Energieziele auf die Argumentation in den einschlägigen Operationellen Programme stützen.

[116] Europäisches Netz der Übertragungsnetzbetreiber (Strom) *(European Network of Transmission System Operators for Electricity)*.

Verf-DVO kons

a) ☐ Der Grundsatz der Abfallhierarchie wird eingehalten (vgl. Randnummer 118 der Umweltschutz- und Energiebeihilfeleitlinien).

b) ☐ Ziel der Investition ist die Reduzierung der von anderen Unternehmen („Verursachern") und nicht der vom Beihilfeempfänger verursachten Umweltbelastung (vgl. Randnummer 158 Buchstabe a der Umweltschutz- und Energiebeihilfeleitlinien).

c) ☐ Die Verursacher werden durch die Beihilfe nicht indirekt von einer Last befreit, die sie nach Unionsrecht selbst tragen müssen oder die als normaler Unternehmensaufwand der Verursacher anzusehen ist (vgl. Randnummer 158 Buchstabe b der Umweltschutz- und Energiebeihilfeleitlinien).

Verf-DVO kons

d) ☐ Die Investition geht über den Stand der Technik hinaus (vgl. Randnummer 158 Buchstabe c der Umweltschutz- und Energiebeihilfeleitlinien).

e) ☐ Die behandelten Stoffe würden andernfalls entsorgt oder in einer weniger umweltschonenden Weise behandelt (vgl. Randnummer 158 Buchstabe d der Umweltschutz- und Energiebeihilfeleitlinien).

f) ☐ Die Investition führt nicht dazu, dass sich lediglich die Nachfrage nach verwertbaren Stoffen erhöht, ohne dass dafür gesorgt wird, dass ein größerer Teil dieser Stoffe gesammelt wird (vgl. Randnummer 158 der Umweltschutz- und Energiebeihilfeleitlinien).

Führen Sie dies bitte näher aus und legen Sie Nachweise für die Erfüllung der unter dieser Nummer aufgeführten Voraussetzungen vor:

....

....

7. Im Falle von Beihilfen in Form handelbarer Umweltzertifikate machen Sie bitte ausführliche Angaben zum Emissionshandelssystem (u.a. Ziele, Methode der Zuteilung der Umweltzertifikate, beteiligte Behörden/Einrichtungen, Rolle des Staats, Beihilfeempfänger, Verfahrensschritte usw.):

....

....

Erläutern Sie bitte, wie die nachstehenden Voraussetzungen erfüllt werden:

a) ☐ Die Regelung für handelbare Zertifikate ist so beschaffen, dass Umweltschutzziele erreicht werden, die über die Ziele hinausgehen, welche auf der Grundlage der für die begünstigten Unternehmen verbindlichen Unionsnormen erreicht werden müssen:

....

....

b) ☐ Die Zuteilung erfolgt in transparenter Weise auf der Grundlage objektiver Kriterien und bestmöglicher Datenquellen:

....

....

c) ☐ Die Gesamtzahl der handelbaren Zertifikate, die einem Unternehmen zu einem Preis unter ihrem Marktwert zugeteilt werden, ist nicht höher als der Bedarf, den das Unternehmen voraussichtlich ohne das Handelssystem hätte:

....

....

d) ☐ Die Zuteilungsmethode schließt eine Begünstigung bestimmter Unternehmen oder Wirtschaftszweige aus:

....

....

Wenn die Zuteilungsmethode bestimmte Unternehmen bzw. Wirtschaftszweige begünstigt, erläutern Sie bitte, warum dies durch die dem System innewohnende Logik gerechtfertigt oder für die Übereinstimmung mit anderen umweltpolitischen Strategien notwendig ist:

....

....

e) ☐ Verschmutzungsrechte und Zertifikate werden neuen Anbietern grundsätzlich nicht zu günstigeren Bedingungen zugeteilt als den bereits auf dem Markt vertretenen Unternehmen:

....

....

f) ☐ Durch die Zuteilung einer höheren Zahl von Zertifikaten an bereits etablierte Unternehmen wird der Marktzugang für neue Anbieter nicht unangemessen beschränkt:

....

....

Führen Sie dies bitte näher aus und legen Sie Nachweise für die Erfüllung der unter dieser Nummer aufgeführten Voraussetzungen vor:

....

....

Einzeln anzumeldende Beihilfen — zusätzliche Angaben

8. Wird die Beihilfe einzelnen Unternehmen zur Verfügung gestellt, dann machen Sie bitte möglichst umfangreiche quantifizierbare Angaben, um den Beitrag der angemeldeten Maßnahme zu dem jeweiligen gemeinsamen Ziel aufzuzeigen.

....

....

2. **Erforderlichkeit der staatlichen Beihilfe**

Stützen Sie sich bei der Beantwortung der Fragen in diesem Abschnitt bitte auf Abschnitt 3.2.2 sowie auf die Abschnitte 3.2 bis 3.6 und 3.8 bis 3.10 der Umweltschutz- und Energiebeihilfeleitlinien.

Beihilferegelungen

1. Geben Sie bitte an, welches Marktversagen eine Verbesserung des Umweltschutzes oder einen gut funktionierenden Energiemarkt mit sicheren, erschwinglichen und nachhaltigen Energien behindert (siehe Randnummer 35 der Umweltschutz- und Energiebeihilfeleitlinien):

....

....

2. Falls das Marktversagen bereits durch andere Strategien oder Maßnahmen angegangen wird, legen Sie bitte Nachweise dafür vor, dass die angemeldete Maßnahme ausschließlich auf die Behebung des verbleibenden Marktversagens ausgerichtet ist (siehe Randnummer 36 der Umweltschutz- und Energiebeihilfeleitlinien).

....

....

3. Machen Sie bitte detaillierte Angaben zur Art der angemeldeten Maßnahme und zu den Gründen, aus denen sie erforderlich ist:

....

....

4. Im Falle von Investitionen in Energieinfrastrukturprojekte beantworten Sie bitte folgende Fragen (siehe die Randnummern 206 bis 208 der Umweltschutz- und Energiebeihilfeleitlinien):

   a) Inwieweit werden mit der Maßnahme Vorhaben von gemeinsamem Interesse im Sinne der Verordnung (EU) Nr. 347/2013, intelligente Stromnetze oder Infrastrukturinvestitionen in Fördergebieten unterstützt?

   ....

   ....

   b) Inwieweit führt das Marktversagen zu einer suboptimalen Versorgung mit den erforderlichen Infrastrukturen?

   ....

   ....

   c) Inwieweit haben Dritte Zugang zur Infrastruktur und inwieweit unterliegt diese einer Tarifregulierung?

   ....

   ....

5. Im Falle von Beihilfen zur Förderung der angemessenen Stromerzeugung machen Sie bitte die folgenden Angaben (siehe die Randnummern 222 bis 224 der Umweltschutz- und Energiebeihilfeleitlinien):

   a) Bewertung der Auswirkungen der Stromerzeugung aus variablen Energiequellen einschließlich des Stroms aus benachbarten Systemen

   ....

   ....

   b) Bewertung der Auswirkungen einer nachfrageseitigen Marktteilnahme, einschließlich der Beschreibung von Maßnahmen, um das Nachfragemanagement zu fördern

   ....

   ....

   c) Ausführungen zum aktuellen und potenziellen Bestand an Verbindungsleitungen einschließlich einer Beschreibung der laufenden und geplanten Vorhaben

   ....

   ....

   d) Ausführungen zu weiteren Aspekten, die die Sicherstellung einer angemessenen Stromerzeugung verhindern oder erschweren, z. B. regulatorische Mängel oder Marktversagen einschließlich einer etwaigen Plafonierung der Stromgroßhandelspreise

   ....

   ....

Einzeln anzumeldende Beihilfen — zusätzliche Angaben

6. Falls die Beihilfe einzelnen Unternehmen zur Verfügung gestellt werden soll, legen Sie bitte eindeutige Nachweise dafür vor, dass die jeweiligen einzelnen Unternehmen tatsächlich mit dem vorgenannten Marktversagen oder verbleibenden Marktversagen konfrontiert sind (siehe die Randnummern 38 und 39 der Umweltschutz- und Energiebeihilfeleitlinien).

....

....

5. Verf-DVO kons

7. Soweit relevant, machen Sie bitte konkrete Angaben zu folgenden Punkten:

a) Tragen bereits andere Maßnahmen dem Marktversagen hinreichend Rechnung (insbesondere Umweltnormen oder andere Unionsnormen, das Emissionshandelssystem der Union oder Umweltsteuern)?

....

....

b) Sind staatliche Maßnahmen erforderlich? Bei der Prüfung dieser Frage sind die Kosten, die die Beihilfeempfänger ohne die Beihilfe aufgrund der Umsetzung nationaler Normen zu tragen hätte, mit den entsprechenden Kosten (bzw. nicht bestehenden Kosten) seiner wichtigsten Wettbewerber vergleichen.

....

....

c) Im Falle von Koordinierungsproblemen: Zahl der Unternehmen, die zusammenarbeiten müssten, divergierende Interessen der Kooperationspartner und praktische Probleme bei der Koordinierung der Zusammenarbeit (z. B. Sprachprobleme, vertrauliche Informationen, nicht harmonisierte Normen).

....

....

3. **Geeignetheit der Beihilfe**

Stützen Sie sich bei der Beantwortung der Fragen in diesem Abschnitt bitte auf Abschnitt 3.2.3 sowie auf die Abschnitte 3.2 bis 3.6 und 3.8 bis 3.10 der Umweltschutz- und Energiebeihilfeleitlinien.

1. Erläutern Sie bitte, weshalb die staatliche Beihilfe als Instrument besser geeignet ist als andere (nicht in den Bereich der staatlichen Beihilfen fallende) Instrumente oder die volle Umsetzung des Verursacherprinzips ([117]) (siehe die Randnummern 41 bis 44 der Umweltschutz- und Energiebeihilfeleitlinien).

....

....

2. Erläutern Sie bitte, warum das gewählte Beihilfeinstrument als das zur Verwirklichung des angestrebten Ziels am besten geeignete Beihilfeinstrument betrachtet wird und warum es im Vergleich zu anderen Beihilfeinstrumenten wahrscheinlich die geringsten Verfälschungen von Wettbewerb und Handel verursachen wird (siehe die Randnummern 45 bis 48 der Umweltschutz- und Energiebeihilfeleitlinien).

....

....

3. Im Falle von Beihilfen zur Förderung der angemessenen Stromerzeugung bestätigen und erklären Sie bitte, dass die Beihilfe ausschließlich eine Vergütung für die Bereitstellung der Erzeugungskapazität im Sinne der Randnummer 225 der Umweltschutz- und Energiebeihilfeleitlinien darstellt. Beschreiben Sie bitte auch, wie die Maßnahme nach Randnummer 226 der Umweltschutz- und Energiebeihilfeleitlinien angemessene Anreize für etablierte und künftige Erzeuger sowie für Betreiber vorsieht, die substituierbare Technologien, wie die Laststeuerung oder Speicherlösungen (die etwa potenziell unterschiedliche Vorlaufzeiten zulassen, um verschiedene Technologien zu ermöglichen) einsetzen. Erläutern Sie bitte, in welchem Umfang Verbindungskapazitäten genutzt werden könnten, um ein etwaiges Kapazitätsproblem zu beheben (siehe Randnummer 226 der Umweltschutz- und Energiebeihilfeleitlinien).

....

....

([117]) Den Nachweis der Geeignetheit von Regelungen kann der Mitgliedstaat auch anhand der Ergebnisse früherer Evaluierungen erbringen (vgl. Kapitel 4 der Umweltschutz- und Energiebeihilfeleitlinien).

4.   **Anreizeffekt**

Stützen Sie sich bei der Beantwortung der Fragen in diesem Abschnitt bitte auf Abschnitt 3.2.4 sowie auf die Abschnitte 3.2 bis 3.6 und 3.8 bis 3.10 der Umweltschutz- und Energiebeihilfeleitlinien.

Beihilferegelungen

1.   Soll die Beihilfe auf der Grundlage einer Ausschreibung gewährt werden?

☐ Ja   ☐ Nein

Falls ja, erläutern Sie bitte das Ausschreibungsverfahren und fügen Sie eine Kopie der Bekanntmachung der Ausschreibung oder den Entwurf der Bekanntmachung bei.

....

2.   Ist bei der Gewährung von Beihilfen im Rahmen der angemeldeten Maßnahme sichergestellt, dass mit den Arbeiten an dem Vorhaben nicht bereits begonnen wurde, bevor der Beihilfeempfänger den Beihilfeantrag bei den nationalen Behörden eingereicht hat? Ist für den Fall, dass bereits vor der Einreichung des Beihilfeantrags durch den Begünstigen bei den nationalen Behörden mit den Arbeiten an dem geförderten Vorhaben begonnen wurde, sichergestellt, dass die Beihilfe in keinem Fall ausgezahlt wird bzw. wurde ([118])?

☐ Ja   ☐ Nein

3.   Enthalten die Beihilfeanträge mindestens den Namen des Antragstellers und ggf. die Größe des Unternehmens, eine Beschreibung des Vorhabens mit Angaben zu Standort, Beginn und Abschluss des Vorhabens, dem für die Durchführung benötigten Beihilfebetrag und den beihilfefähigen Kosten?

☐ Ja   ☐ Nein

4.   Beschreiben Sie bitte anhand von Beispielen, wie die Plausibilität der kontrafaktischen Fallkonstellation geprüft wird, um sicherzustellen, dass die Beihilfe den erforderlichen Anreizeffekt hat.

....

....

5.   Falls der Zweck der gewährten Beihilfe darin besteht, die Anpassung an künftige Unionsnormen oder das Hinausgehen über Unionsnormen zu fördern, geben Sie bitte an, worin die Beihilfe besteht, welche Normen erfüllt werden sollen und wann dies der Fall sein wird bzw. welche Normen übertroffen werden sollen (siehe die Randnummern 53 bis 55 der Umweltschutz- und Energiebeihilfeleitlinien).

....

....

6.   Falls die Beihilfe für Fahrzeuge für den Straßen-, Schienen-, Binnenschifffahrts- und Seeverkehr gewährt wird, machen Sie bitte detaillierte Angaben zur Anwendbarkeit der Unionsnormen (gegebenenfalls einschließlich des räumlichen Geltungsbereichs) und insbesondere zur deren rückwirkender Anwendung (siehe Randnummer 54 Buchstabe a oder b der Umweltschutz- und Energiebeihilfeleitlinien).

Wurde eine Unionsnorm angenommen?

([118]) Der Begriff „Beginn der Arbeiten" ist unter Randnummer 19 Ziffer 44 der Umweltschutz- und Energiebeihilfeleitlinien definiert.

5. Verf-DVO kons

Verf-DVO kons

☐ Ja   ☐ Nein

....

7. Falls die Antwort auf Frage 6 „ja" lautet, geben Sie bitte an, ob sie in Kraft getreten ist. Falls sie noch nicht in Kraft getreten ist, wann wird dies der Fall sein?

☐ Ja   ☐ Nein

....

8. Falls die Antwort auf Frage 6 „ja" lautet, wird die Investition spätestens ein Jahr vor Inkrafttreten der einschlägigen Unionsnorm durchgeführt und abgeschlossen?

☐ Ja   ☐ Nein

Geben Sie bitte an, wann die Investition abgeschlossen sein wird:

....

9. Falls die Beihilfe Energieaudits bei großen Unternehmen betrifft, können Sie bestätigen, dass sie nicht der Finanzierung eines Energieaudits dient, welches der Beihilfeempfänger nach der Richtlinie 2012/27/EU über Energieeffizienz ([119]) durchführen muss?

☐ Ja   ☐ Nein

Einzeln anzumeldende Beihilfen — zusätzliche Angaben

10. Wird die Beihilfe einzelnen Unternehmen gewährt, legen Sie bitte eindeutige Nachweise dafür vor, dass die Beihilfe die Investitionsentscheidung dahingehend beeinflusst, dass der Beihilfeempfänger sein Verhalten ändert und den Umweltschutz verbessert oder dass dies zu einem besser funktionierenden Energiemarkt der Union führt (siehe Abschnitt 3.2.4.2 der Umweltschutz- und Energiebeihilfeleitlinien).

....

11. Erläutern Sie bitte, welche Vorteile, insbesondere Produktionsvorteile, das geförderte Vorhaben für den Beihilfeempfänger haben wird (zum Beispiel Auswirkungen auf die Kapazität und die Qualität der Erzeugnisse) (siehe Randnummer 59 der Umweltschutz- und Energiebeihilfeleitlinien).

....

....

12. Beschreiben, erläutern und begründen Sie bitte die kontrafaktische Fallkonstellation für das betreffende einzelne Unternehmen (siehe Randnummer 60 der Umweltschutz- und Energiebeihilfeleitlinien).

....

....

13. Machen Sie bitte Angaben zur Rentabilität des betreffenden Projekts und zu den normalen Renditesätzen, die das Unternehmen bei anderen, ähnlichen Investitionsvorhaben zugrunde legt. Legen Sie bitte Nachweise für Ihre Angaben vor (siehe die Randnummern 61 bis 65 der Umweltschutz- und Energiebeihilfeleitlinien).

....

....

([119]) Diese Verpflichtung gilt nicht für KMU und greift der Würdigung des Anreizeffekts staatlicher Beihilfen für Energieeffizienzmaßnahmen, die aufgrund eines Energieaudits durchgeführt werden bzw. durchgeführt werden müssen, oder für Energieeffizienzmaßnahmen, die sich aus anderen Instrumenten ergeben, in keiner Weise vor (siehe die Randnummern 56 und 57 der Umweltschutz- und Energiebeihilfeleitlinien).

14. Im Falle einer jetzt oder in Zukunft anwendbaren Unionsnorm legen Sie bitte — unter anderem quantitative — Nachweise dafür vor, dass die Norm den Anreizeffekt der Beihilfe nicht beseitigt (siehe die Randnummern 66 bis 68 der Umweltschutz- und Energiebeihilfeleitlinien).

....

....

5. **Angemessenheit der Beihilfe**

Stützen Sie sich bei der Beantwortung der Fragen in diesem Abschnitt bitte auf Abschnitt 3.2.5 sowie auf die Abschnitte 3.2 bis 3.6 und 3.8 bis 3.10 der Umweltschutz- und Energiebeihilfeleitlinien.

Falls die Maßnahme ausschließlich Investitionsbeihilfen betrifft, füllen Sie bitte den ersten Teil dieses Abschnitts aus. Handelt es sich um Betriebsbeihilfen, füllen Sie bitte den zweiten Teil dieses Abschnitts aus. Umfasst die Maßnahme sowohl Investitions- als auch Betriebsbeihilfen, sind beide Abschnitte auszufüllen.

5.1. Beihilferegelungen

5.1.1. Investitionsbeihilferegelungen

Der Beihilfebetrag pro Beihilfeempfänger sollte auf das zur Verwirklichung des angestrebten Umwelt- oder Energieziels erforderliche Minimum beschränkt sein. In der Regel wird eine Beihilfe als auf das erforderliche Minimum beschränkt angesehen, wenn sie den Gesamtnettokosten entspricht, die im Vergleich zur kontrafaktischen Fallkonstellation zusätzlich anfallen, um das Ziel zu verwirklichen (siehe Abschnitt 3.2.5, Randnummer 70 der Umweltschutz- und Energiebeihilfeleitlinien.)

Bei Beihilfen für energieeffiziente Fernwärme- oder Fernkältesysteme gilt dieser Abschnitt nur für den Bau der Erzeugungsanlagen. Für den Bau des Netzes wird jedoch, ähnlich wie bei der Prüfung von Energieinfrastrukturen, die Finanzierungslücke zugrunde gelegt (siehe Abschnitt 5.1.2 Betriebsbeihilferegelungen) (Randnummer 76 der Umweltschutz- und Energiebeihilfeleitlinien).

5.1.1.1. Beihilfefähige Kosten ([120]): Machen Sie bitte soweit erforderlich detaillierte Angaben zu den beihilfefähigen Kosten.

(1) Bestätigen Sie bitte, dass die beihilfefähigen Kosten auf die zur Verwirklichung des Ziels von gemeinsamem Interesse erforderlichen Investitionsmehrkosten beschränkt sind und eine Beihilfeintensität von 100 % nicht überschreiten.

    ☐ Ja

(2) Bestätigen Sie bitte das Folgende durch Ankreuzen des entsprechenden Kästchens und machen Sie nähere Angaben:

    ☐ Sofern sich der Anteil der umweltschutzbezogenen Kosten an den Gesamtkosten der Investition ohne weiteres feststellen lässt, gilt dieser Anteil als beihilfefähig.

    oder

    ☐ Die Investitionsmehrkosten werden durch Vergleich der geförderten Investition mit der kontrafaktischen Fallkonstellation, d. h. mit der Referenzinvestition, ermittelt ([121]).

    ....

(3) Bei integrierten Vorhaben, wie integrierten Energieeffizienzmaßnahmen oder Biogas-Vorhaben, ist die kontrafaktische Fallkonstellation mitunter schwer zu ermitteln. Wenn keine kontrafaktische

---

([120]) Zu Einzelheiten siehe die Randnummern 72 bis 76 der Umweltschutz- und Energiebeihilfeleitlinien.

([121]) Die korrekte kontrafaktische Fallkonstellation bilden die Kosten einer Investition, die technisch vergleichbar ist, aber ein geringeres Maß an Umweltschutz (das geltenden verbindlichen Unionsnormen entspricht) bietet, und ohne Beihilfe tatsächlich durchgeführt werden könnte. Siehe Randnummer 73 Buchstabe b der Umweltschutz- und Energiebeihilfeleitlinien. Siehe zum Beispiel die Liste in Anhang 2 der Umweltschutz- und Energiebeihilfeleitlinien. Ist die Referenzinvestition nicht die in Anhang 2 aufgeführte, erläutern und begründen Sie bitte, warum sie geeignet ist.

5. Verf-DVO kons

Fallkonstellation ermittelt werden kann, kann die Kommission alternativ die Gesamtkosten des Vorhabens heranziehen, was jedoch geringere Beihilfeintensitäten bedeuten kann, da der Berechnung der beihilfefähigen Kosten Rechnung getragen werden muss (siehe Randnummer 75 der Umweltschutz- und Energiebeihilfeleitlinien).

Falls Sie vorschlagen, diesen Ansatz zu verwenden, legen Sie bitte ausführlich ihre Gründe sowie die detaillierte Berechnung dar; zeigen Sie dabei insbesondere auf, wie die Beihilfehöchstintensitäten entsprechend angepasst werden.

....

....

(4) Erläutern Sie bitte ausführlich, nach welcher Methode die beihilfefähigen Kosten unter Bezugnahme auf die kontrafaktische Fallkonstellation für alle Einzelbeihilfen berechnet werden. Fügen Sie bitte aussagekräftige Nachweise bei.

....

....

(5) In welcher Form fallen die beihilfefähigen Kosten an?

a) ☐ Investitionen in materielle Vermögenswerte

b) ☐ Investitionen in immaterielle Vermögenswerte

Falls sich die Investition auf materielle Vermögenswerte bezieht, füllen sie bitte Nummer 6 aus. Falls sie sich auf immaterielle Vermögenswerte bezieht, füllen sie bitte Nummer 7 aus. Falls sich die Investition sowohl auf materielle als auch auf immaterielle Vermögenswerte bezieht, sind die Nummern 6 und 7 auszufüllen.

(6) Investitionen in materielle Vermögenswerte: Geben Sie bitte an, um welche Form(en) von Investitionen es sich handelt:

a) ☐ Investitionen in Grundstücke, die für die Erfüllung der Umweltschutzziele unbedingt erforderlich sind

b) ☐ Investitionen in Gebäude mit dem Ziel, Umweltbelastungen zu reduzieren oder zu beseitigen

c) ☐ Investitionen in Anlagen und Ausrüstungsgüter mit dem Ziel, Umweltbelastungen zu reduzieren oder zu beseitigen

d) ☐ Investitionen in die Anpassung von Produktionsverfahren zum Schutz der Umwelt

(7) Investitionen in immaterielle Vermögenswerte (Technologietransfer in Form des Erwerbs von Nutzungslizenzen oder von Patenten und Know-how): Bestätigen Sie bitte, dass alle diese Vermögenswerte die folgenden Voraussetzungen erfüllen:

a) ☐ Sie werden als abschreibungsfähige Vermögenswerte angesehen.

b) ☐ Sie werden zu Marktbedingungen von Unternehmen erworben, über die der Erwerber weder eine direkte noch eine indirekte Kontrolle ausübt.

c) ☐ Sie werden von dem Unternehmen auf der Aktivseite bilanziert, verbleiben im Betrieb des Beihilfeempfängers und werden dort mindestens fünf Jahre genutzt. [122]

Wenn ein immaterieller Vermögenswert während der ersten fünf Jahre veräußert werden sollte, bestätigen Sie bitte Folgendes:

☐ Der Verkaufserlös wird von den beihilfefähigen Kosten abgezogen

und

---

[122] Diese Voraussetzung entfällt, wenn der immaterielle Vermögenswert technisch veraltet ist.

▼ M8

☐ die Beihilfe wird gegebenenfalls ganz oder teilweise zurückgezahlt.

Falls sich die Investition auf Unionsnormen bezieht, füllen Sie bitte Nummer 8 aus;

(8) Im Falle von Maßnahmen zur Erreichung eines höheren Umweltschutzniveaus als auf Unionsebene vorgeschrieben, bestätigen Sie bitte durch Ankreuzen des jeweiligen Kästchens die zutreffenden Aussagen ([123]):

a) ☐ Kommt ein Unternehmen nationalen Normen nach, die angenommen wurden, ohne dass verbindliche Unionsnormen bestehen, entsprechen die beihilfefähigen Kosten den Investitionsmehrkosten zur Erreichung des auf nationaler Ebene vorgeschriebenen Umweltschutzniveaus.

b) ☐ Passt sich ein Unternehmen nationalen Normen an, die strenger als die einschlägigen Unionsnormen sind, oder übertrifft es diese oder geht es freiwillig über Unionsnormen hinaus, entsprechen die beihilfefähigen Kosten den Investitionsmehrkosten zur Erreichung eines Umweltschutzniveaus, das über das auf Unionsebene vorgeschriebene Niveau hinausgeht ([124]).

c) ☐ Fehlen verbindliche Umweltnormen, so entsprechen die beihilfefähigen Kosten den Investitionskosten, die notwendig sind, um ein Umweltschutzniveau zu erreichen, das höher ist als das Umweltschutzniveau, das ein Unternehmen ohne Umweltschutzbeihilfe erreichen würde.

5.1.1.2. Beihilfeintensität und Aufschläge/Boni

Die für die verschiedenen Maßnahmen zulässigen Beihilfeintensitäten sind in Anhang 1 der Umweltschutz- und Energiebeihilfeleitlinien aufgeführt.

(9) Wie hoch ist die Beihilfeintensität (ohne Aufschläge/Boni, siehe nachfolgend unter Nummer 10) im Rahmen der angemeldeten Maßnahme?

....

....

(10) Aufschläge/Boni:

Aufschläge für Fördergebiete

a) Ist ein Aufschlag vorgesehen, weil die Investition in einem Fördergebiet getätigt wird ([125])?

☐ Ja   ☐ Nein

Falls ja, geben Sie bitte die Höhe des entsprechenden Aufschlags (in Prozent der beihilfefähigen Kosten) an:...............

b) Bestätigen Sie bitte, dass im Falle von Beihilfen bzw. Aufschlägen zugunsten von unter Artikel 107 Absatz 3 Buchstabe a AEUV fallenden Gebieten nur Beihilfeempfänger, die in diesen unter Randnummer 19 Ziffer 46 der Umweltschutz- und Energiebeihilfeleitlinien definierten Gebieten ansässig sind, für derartige Beihilfen/Aufschläge in Frage kommen:

☐ Ja

c) Bestätigen Sie bitte, dass im Falle von Beihilfen bzw. Aufschlägen zugunsten von unter Artikel 107 Absatz 3 Buchstabe

---

([123]) Siehe Anhang 2 der Umweltschutz- und Energiebeihilfeleitlinien: Investitionsmehrkosten sind die zusätzlichen Investitionskosten, die erforderlich sind, um über das in den Unionsnormen vorgeschriebene Umweltschutzniveau hinauszugehen.
([124]) Investitionskosten zur Erreichung des aufgrund der Unionsnormen geforderten Umweltschutzniveaus sind nicht beihilfefähig.
([125]) Siehe Randnummer 78 Buchstabe a der Umweltschutz- und Energiebeihilfeleitlinien.

5. Verf-DVO kons

c AEUV fallenden Gebieten nur Beihilfeempfänger, die in diesen unter Randnummer 19 Ziffer 46 der Umweltschutz- und Energiebeihilfeleitlinien definierten Gebieten ansässig sind, für derartige Beihilfen/Aufschläge in Frage kommen:

☐ Ja

KMU-Aufschlag

d) Wird im Rahmen der angemeldeten Maßnahme ein KMU-Aufschlag [126] gewährt?

☐ Ja   ☐ Nein

Falls ja, geben Sie bitte die Höhe des entsprechenden Aufschlags (in Prozent der beihilfefähigen Kosten) an: ....

e) Bestätigen Sie bitte im Falle von Beihilfen/Aufschlägen für kleine Unternehmen, dass es sich bei den Beihilfeempfängern um kleine Unternehmen im Sinne der Randnummer 19 Ziffer 17 der Umweltschutz- und Energiebeihilfeleitlinien handelt.

☐ Ja

f) Bestätigen Sie bitte im Falle von Beihilfen/Aufschlägen für mittlere Unternehmen, dass es sich bei den Beihilfeempfängern um mittlere Unternehmen im Sinne der Randnummer 19 Ziffer 17 der Umweltschutz- und Energiebeihilfeleitlinien handelt.

☐ Ja

Öko-Innovationsbonus

g) Wird im Rahmen der angemeldeten Maßnahme ein Öko-Innovationsbonus [127] gewährt?

☐ Ja   ☐ Nein

h) Falls ja, geben Sie bitte die Höhe des entsprechenden Bonus an und erläutern Sie, wie die spezifischen Anforderungen unter Randnummer 78 Buchstabe c Ziffern i bis iii der Umweltschutz- und Energiebeihilfeleitlinien erfüllt werden:

....

....

Bieterverfahren

i) Wird die Beihilfe im Rahmen einer ordnungsgemäßen Ausschreibung [128] gewährt?

☐ Ja   ☐ Nein

Falls ja, erläutern Sie bitte das Ausschreibungsverfahren und legen Sie Nachweise für die Erfüllung der Kriterien nach Randnummer 19 Ziffer 43 der Umweltschutz- und Energiebeihilfeleitlinien vor. Fügen Sie bitte eine Kopie der Ausschreibungsbekanntmachung oder den Entwurf der Bekanntmachung bei:

....

....

(11) Geben Sie bitte die Gesamtbeihilfeintensität (einschließlich Aufschlägen/Boni) für die im Rahmen der angemeldeten Regelung geförderten Vorhaben in % an:

....

....

---

[126] Siehe Randnummer 78 Buchstabe b der Umweltschutz- und Energiebeihilfeleitlinien.
[127] Siehe Randnummer 78 Buchstabe c der Umweltschutz- und Energiebeihilfeleitlinien. Der Begriff „Öko-Innovation" ist unter Randnummer 19 Ziffer 4 der Umweltschutz- und Energiebeihilfeleitlinien definiert.
[128] Weitere Ausführungen zu den Voraussetzungen einer ordnungsgemäßen Ausschreibung sind Randnummer 19 Ziffer 43 der Umweltschutz- und Energiebeihilfeleitlinien zu entnehmen.

▼ M8

5.1.1.3. Kumulierung (siehe Abschnitt 3.2.5.2 der Umweltschutz- und Energiebeihilfeleitlinien)

(12) Wird die im Rahmen der angemeldeten Maßnahme gewährte Beihilfe mit anderen Beihilfen kumuliert?

☐ Ja   ☐ Nein

(13) Falls die Antwort unter Nummer 12 „Ja" lautet, legen Sie bitte
die für die angemeldete Beihilfemaßnahme geltenden Kumulierungsvorschriften dar (siehe die Randnummern 81 und 82 der
Umweltschutz- und Energiebeihilfeleitlinien):

....

....

(14) Bitte geben Sie an, ob das Verfahren zur Gewährleistung der
Einhaltung der Kumulierungsvorschriften im Rahmen der angemeldeten Beihilfemaßnahme überprüft werden wird:

....

....

5.1.2. Betriebsbeihilferegelungen

5.1.2.1. Betriebsbeihilfen zur Förderung erneuerbarer Energien

1. Welche Arten von erneuerbaren Energien werden im Rahmen der
angemeldeten Maßnahme gefördert? Bitte führen Sie dies näher
aus.

Investitionsbeihilfen und Betriebsbeihilfen für die Erzeugung von
Biokraftstoffen sind nur für nachhaltige Biokraftstoffe zulässig.
Für Biokraftstoffe aus Nahrungsmittelpflanzen dürfen keine Investitionsbeihilfen gewährt werden; Betriebsbeihilfen für diese Biokraftstoffe dürfen nur noch bis 2020 gewährt werden, es sei denn,
die Anlage ist bereits abgeschrieben. Bestätigen Sie bitte, dass
diese Voraussetzungen erfüllt sind (siehe Randnummer 113 der
Umweltschutz- und Energiebeihilfeleitlinien):

....

....

2. Falls Wasserkraft gefördert wird: Können Sie bestätigen, dass die
Richtlinie 2000/60/EG ([129]) eingehalten wird?

☐ Ja   ☐ Nein

3. Falls die Nutzung von Abfällen als Energiequelle gefördert wird:
Können Sie bestätigen, dass die Abfallhierarchie nicht umgangen
wird?

☐ Ja   ☐ Nein

Biokraftstoffe

4. Bitte erläutern Sie, ob Beihilfen für Biokraftstoffe aus Nahrungsmittelpflanzen gewährt werden. Falls ja, unter welchen Voraussetzungen? (Siehe Randnummer 113 der Umweltschutz- und Energiebeihilfeleitlinien.)

....

....

5. Falls im Rahmen der Maßnahme Biokraftstoffe gefördert werden:
Können Sie bestätigen, dass bei Biokraftstoffen aus Nahrungsmittelpflanzen die folgenden Voraussetzungen erfüllt sind?

a) Betriebsbeihilfen für Biokraftstoffe aus Nahrungsmittelpflanzen
werden nur bis 2020 gewährt.

☐ Ja   ☐ Nein

Verf-DVO
kons

([129]) Richtlinie 2000/60/EG des Europäischen Parlaments und des Rates vom 23. Oktober
2000 zur Schaffung eines Ordnungsrahmens für Maßnahmen der Gemeinschaft im
Bereich der Wasserpolitik (ABl. L 327 vom 22.12.2000. S. 1).

5. Verf-DVO kons

b) Betriebsbeihilfen für Biokraftstoffe aus Nahrungsmittelpflanzen werden ausschließlich für Anlagen gewährt, die vor dem 31. Dezember 2013 in Betrieb genommen wurden.

☐ Ja ☐ Nein

c) Betriebsbeihilfen für Biokraftstoffe aus Nahrungsmittelpflanzen sind auf Anlagen beschränkt, die noch nicht vollständig abgeschrieben sind.

☐ Ja ☐ Nein

6. Besteht eine Liefer- oder Beimischverpflichtung für Biokraftstoffe oder wird eine solche in Betracht gezogen?

☐ Ja ☐ Nein

Falls ja, erläutern Sie bitte unter Vorlage von Nachweisen, dass die geförderten Biokraftstoffe der Liefer- oder Beimischverpflichtung unterliegen. Legen Sie bitte dar, ob die geförderten Biokraftstoffe teurer sind als Biokraftstoffe, die nur mit der Verpflichtung (und ohne Beihilfe) auf den Markt kommen könnten. (Für weitere Einzelheiten siehe Randnummer 114 der Umweltschutz- und Energiebeihilfeleitlinien):

....

....

Kooperationsvereinbarungen im Rahmen der Erneuerbare-Energien-Richtlinie ([130])

7. Geben Sie bitte an, ob eine Kooperationsvereinbarung besteht.

☐ Ja ☐ Nein

Falls ja, machen Sie bitte ausführliche Angaben zu dieser Kooperationsvereinbarung (siehe Randnummer 122 der Umweltschutz- und Energiebeihilfeleitlinien):

....

....

5.1.2.1.1. Betriebsbeihilfen zur Förderung von Strom aus erneuerbaren Energien (bis zur Abschreibung der Anlage)

8. Können Sie bestätigen, dass die Beihilfe nur bis zur vollständigen Abschreibung der Anlage nach den üblichen Rechnungslegungsstandards gewährt wird? Erläutern Sie dies bitte:

☐ Ja ☐ Nein

....

9. Können Sie bestätigen, dass bereits erhaltene Investitionsbeihilfen von der Betriebsbeihilfe abgezogen werden? Erläutern Sie dies bitte:

☐ Ja ☐ Nein

....

Um einen Anreiz für die Integration von Strom aus erneuerbaren Energiequellen in den Markt zu schaffen, ist es wichtig, dass die Beihilfeempfänger ihren Strom direkt auf dem Markt verkaufen und Marktverpflichtungen unterliegen (siehe die Randnummern 124 und 125 der Umweltschutz- und Energiebeihilfeleitlinien).

([130]) Richtlinie 2009/28/EG des Europäischen Parlaments und des Rates vom 23. April 2009 zur Förderung der Nutzung von Energie aus erneuerbaren Quellen und zur Änderung und anschließenden Aufhebung der Richtlinien 2001/77/EG und 2003/30/EG (ABl. L 140 vom 5.6.2009. S. 16).

10. Können Sie bestätigen, dass die Beihilfe zusätzlich zu dem Markt-preis, zu dem die Stromerzeuger ihren Strom direkt auf dem Markt verkaufen, gewährt wird? (Siehe Randnummer 124 Buchstabe a der Umweltschutz- und Energiebeihilfeleitlinien.)

☐ Ja   ☐ Nein

Falls ja, erläutern Sie bitte ausführlich, wie diese Voraussetzung in der Praxis umgesetzt wird:

....

....

11. Können Sie bestätigen, dass die Beihilfeempfänger einer Standard-bilanzausgleichsverantwortung unterliegen?

☐ Ja   ☐ Nein

Falls ja: Erläutern Sie bitte ausführlich die Bilanzausgleichsver-antwortung der Erzeuger erneuerbarer Energien und die anderer Erzeuger (siehe Randnummer 124 Buchstabe b der Umweltschutz- und Energiebeihilfeleitlinien):

....

....

Falls nein: Gibt es Ihrer Auffassung nach in Ihrem Staat keine liquiden Intraday-Märkte?

☐ Ja   ☐ Nein

Falls nein: Erläutern Sie dies bitte ausführlich und begründen Sie, warum Erzeuger erneuerbarer Energien nicht der Bilanzausgleichs-verantwortung unterliegen:

....

....

12. Können Sie bestätigen, dass Maßnahmen in Kraft sind, um sicher-zustellen, dass die Stromerzeuger keinen Anreiz haben, Strom zu negativen Preisen zu erzeugen? (Siehe Randnummer 124 Buch-stabe c der Umweltschutz- und Energiebeihilfeleitlinien.)

☐ Ja   ☐ Nein

Falls ja: Erläutern Sie bitte ausführlich, wie dies in der Praxis sichergestellt wird:

....

....

13. Beinhaltet die Regelung Beihilfen für Anlagen mit einer installier-ten Stromerzeugungskapazität von weniger als 500 kW, aus-genommen Windkraftanlagen?

☐ Ja   ☐ Nein

Falls ja: Geben Sie bitte an, ob dies für alle Beihilfeempfänger oder nur für eine Gruppe von Beihilfeempfängern gilt. Legen Sie bitte dar, ob die Voraussetzungen der Randnummer 124 der Um-weltschutz- und Energiebeihilfeleitlinien auf derartige Anlagen Anwendung finden:

....

....

14. Sieht die Regelung Beihilfen für Demonstrationsvorhaben im Sinne der Umweltschutz- und Energiebeihilfeleitlinien vor? (Siehe Randnummer 127 der Umweltschutz- und Energiebeihilfeleitlini-en.)

☐ Ja   ☐ Nein

5. Verf-DVO kons

Falls ja: Machen Sie bitte detaillierte Angaben und belegen Sie, dass diese Vorhaben sämtliche Voraussetzungen, die in der Definition der Umweltschutz- und Energiebeihilfeleitlinien dargelegt sind (Randnummer 19 Ziffer 45 der Umweltschutz- und Energiebeihilfeleitlinien), erfüllen:

....

....

Verf-DVO kons

Falls ja: Geben Sie bitte an, ob dies für alle Beihilfeempfänger oder nur für eine Gruppe von Beihilfeempfängern gilt. Geben Sie bitte an, ob die Voraussetzungen der Randnummer 124 der Umweltschutz- und Energiebeihilfeleitlinien auf Demonstrationsvorhaben Anwendung finden:

....

....

15. Beinhaltet die Regelung Beihilfen für Windkraftanlagen mit einer installierten Stromerzeugungskapazität von weniger als 3 MW oder 3 Erzeugungseinheiten? (Siehe Randnummer 125 der Umweltschutz- und Energiebeihilfeleitlinien.)

☐ Ja ☐ Nein

Falls ja: Machen Sie bitte genaue Angaben zu den Anlagen, die unter diese Bestimmung fallen:

....

....

Falls ja: Geben Sie bitte an, ob dies für alle Beihilfeempfänger oder nur für eine Gruppe von Beihilfeempfängern gilt. Geben Sie bitte an, ob die Voraussetzungen der Randnummer 124 der Umweltschutz- und Energiebeihilfeleitlinien auf derartige Anlagen Anwendung finden:

....

....

In einer Übergangsphase, die die Jahre 2015 und 2016 umfasst, sollten die Beihilfen für mindestens 5 % der geplanten neuen Kapazitäten für die Erzeugung von Strom aus erneuerbaren Energiequellen im Rahmen einer Ausschreibung anhand eindeutiger, transparenter und diskriminierungsfreier Kriterien gewährt werden (siehe die Randnummern 124 und 125 der Umweltschutz- und Energiebeihilfeleitlinien).

16. Können Sie bestätigen, dass die Beihilfen für mindestens 5 % der geplanten neuen Kapazitäten für die Erzeugung von Strom aus erneuerbaren Energiequellen im Rahmen einer Ausschreibung gewährt werden sollten?

☐ Ja ☐ Nein

17. Bitte erläutern Sie im Einzelnen, wie diese Voraussetzung in der Praxis erfüllt wird, einschließlich der Berechnung des Mindestwerts von 5 % für die Jahre 2015 und 2016.

....

....

18. Ab dem 1. Januar 2017 werden Betriebsbeihilfen grundsätzlich im Rahmen einer Ausschreibung anhand eindeutiger, transparenter und diskriminierungsfreier Kriterien gewährt, es sei denn, es gelten bestimmte Ausnahmen (siehe Randnummer 126 der Umweltschutz- und Energiebeihilfeleitlinien). Können Sie bestätigen, dass die Beihilfe im Rahmen einer Ausschreibung gewährt wird?

☐ Ja ☐ Nein

Falls ja, machen Sie bitte ausführliche Angaben zu der Ausschreibung:

....

....

Falls nein, legen Sie bitte dar, ob einer der folgenden Gründe für eine Ausnahme vorliegt:

a) ☐ Nur eine sehr begrenzte Zahl von Vorhaben wäre beihilfefähig.

b) ☐ Eine Ausschreibung würde zu einem höheren Förderniveau führen.

c) ☐ Eine Ausschreibung würde dazu führen, dass nur wenige Vorhaben verwirklicht werden.

19. Begründen und erläutern Sie bitte ausführlich, warum keine Ausschreibung durchgeführt wird. Legen Sie bitte quantitative und qualitative Nachweise dafür vor, dass einer der genannten Gründe tatsächlich zutreffend ist:

....

....

Falls die Antwort zu diesem Punkt „Nein" lautet, beantworten Sie bitte die Fragen in Abschnitt 5.1.2.1.2 (Betriebsbeihilfen zur Förderung erneuerbarer Energien, ausgenommen Strom aus erneuerbaren Energiequellen (bis zur Abschreibung der Anlage)).

20. Geben Sie bitte an, ob das Ausschreibungsverfahren allen Erzeugern von Strom aus erneuerbaren Energiequellen offen steht.

☐ Ja   ☐ Nein

Falls ja, erläutern Sie bitte, inwiefern die Ausschreibung offen ist:

....

Falls nein, erläutern Sie bitte, ob einer der folgenden Gründe für eine Ausnahme vorliegt:

a) ☐ längerfristiges Potenzial einer bestimmten neuen innovativen Technologie

b) ☐ Notwendigkeit einer Diversifizierung

c) ☐ Netzeinschränkungen und Netzstabilität

d) ☐ System(integrations)kosten

e) ☐ Notwendigkeit, durch die Förderung von Biomasse verursachte Wettbewerbsverfälschungen auf den Rohstoffmärkten zu vermeiden

21. Begründen und erläutern Sie bitte ausführlich, warum eine Ausnahme von der allen Erzeugern offenstehenden Ausschreibung gilt. Legen Sie bitte quantitative und qualitative Nachweise dafür vor, dass einer der unter Nummer 20 aufgeführten Gründe tatsächlich relevant ist:

....

....

22. Begründen und erläutern Sie bitte ausführlich, warum es nicht möglich ist, durch die Ausgestaltung der Ausschreibung dafür zu sorgen, dass die Gründe für die Ausnahme hinfällig werden (siehe Randnummer 124 der Umweltschutz- und Energiebeihilfeleitlinien):

....

....

5. Verf-DVO kons

23. Beinhaltet die Regelung Beihilfen für Anlagen mit einer installierten Stromerzeugungskapazität von weniger als 1 MW, ausgenommen Windkraftanlagen?

☐ Ja   ☐ Nein

Falls ja: Geben Sie bitte an, ob dies für alle Beihilfeempfänger oder nur für eine Gruppe von Beihilfeempfängern gilt. Führen Sie bitte aus, ob derartige Anlagen Beihilfen im Rahmen einer Ausschreibung erhalten werden.

....

....

24. Sieht die Regelung Beihilfen für Demonstrationsvorhaben im Sinne der Umweltschutz- und Energiebeihilfeleitlinien vor?

☐ Ja   ☐ Nein

Falls ja: Geben Sie bitte an, ob dies für alle Beihilfeempfänger oder nur für eine Gruppe von Beihilfeempfängern gilt. Führen Sie bitte aus, ob derartige Anlagen Beihilfen im Rahmen einer Ausschreibung erhalten werden:

....

....

25. Beinhaltet die Regelung Beihilfen für Windkraftanlagen mit einer installierten Stromerzeugungskapazität von weniger als 6 MW oder 6 Erzeugungseinheiten?

☐ Ja   ☐ Nein

Falls ja, machen Sie bitte genaue Angaben zu den Anlagen, die unter diese Bestimmung fallen:

....

....

Falls ja, geben Sie bitte an, ob dies für alle Beihilfeempfänger oder nur für eine Gruppe von Beihilfeempfängern gilt. Führen Sie bitte aus, ob derartige Anlagen Beihilfen im Rahmen einer Ausschreibung erhalten werden:

....

....

5.1.2.1.2. Betriebsbeihilfen zur Förderung erneuerbarer Energien, ausgenommen Strom aus erneuerbaren Energiequellen (bis zur Abschreibung der Anlage)

26. Bitte belegen Sie anhand der folgenden Informationen, dass die gewährten Betriebsbeihilfen die Differenz zwischen den Gesamtgestehungskosten der mit der jeweiligen Technologie erzeugten Energie (levelized costs of producing energy — LCOE) und dem Marktpreis der jeweiligen Energieform nicht überschreiten:

— eine detaillierte Analyse der Kosten der mit der jeweiligen Technologie erzeugten Energie in Form von LCOE pro Einheit jeder erneuerbaren Energiequelle [131]:

....

....

— eine detaillierte Analyse des Marktpreises der jeweiligen Energieform:

....

....

---

[131] Bei Beihilferegelungen kann dies in Form einer typischen Kalkulation (oder verschiedener Beispiele) erfolgen.

27. Legen Sie bitte Nachweise dafür vor, dass die Beihilfe nur bis zur vollständigen Abschreibung der Anlage nach den üblichen Rechnungslegungsstandards gewährt wird und fügen Sie für jede Art von Umweltschutzinvestition einen detaillierten Abschreibungsplan bei (siehe Randnummer 131 Buchstabe d der Umweltschutz- und Energiebeihilfeleitlinien):

....

....

28. Erläutern Sie bitte, wie bei Beihilferegelungen die Erfüllung der unter Randnummer 131 Buchstabe d der Umweltschutz- und Energiebeihilfeleitlinien genannten Voraussetzung sichergestellt wird:

....

....

29. Legen Sie im Zusammenhang mit der Bestimmung der Höhe der Betriebsbeihilfe bitte dar, wie etwaige Investitionsbeihilfen, die dem betreffenden Unternehmen für die Errichtung einer neuen Anlage gewährt wurden, von den Produktionskosten abgezogen werden:

....

....

30. Wird durch die Beihilfe auch eine marktübliche Kapitalrendite sichergestellt?

☐ Ja   ☐ Nein

Falls ja, fügen Sie bitte Details und Informationen oder Berechnungen bei, aus denen der marktübliche Renditesatz hervorgeht. Begründen Sie bitte, warum der gewählte Renditesatz angemessen ist:

....

....

31. Werden die Erzeugungskosten regelmäßig, mindestens jedoch jährlich, aktualisiert?

☐ Ja   ☐ Nein

Übermitteln Sie bitte Einzelheiten und Erläuterungen:

....

....

5.1.2.1.3. Betriebsbeihilfen für bestehende Biomasseanlagen nach deren Abschreibung

Betriebsbeihilfen für Biomasseanlagen nach deren Abschreibung können als mit dem Binnenmarkt vereinbar angesehen werden, wenn der Mitgliedstaat nachweist, dass die vom Beihilfeempfänger zu tragenden Betriebskosten nach Abschreibung der Anlage nach wie vor höher sind als der Marktpreis der erzeugten Energie (siehe Randnummer 133 der Umweltschutz- und Energiebeihilfeleitlinien).

32. Bestätigen Sie bitte, dass die Beihilfe ausschließlich auf der Grundlage der erneuerbaren Energien gewährt wird und erläutern Sie dies.

....

....

33. Legen Sie bitte Folgendes vor:

— eine detaillierte Analyse der Betriebskosten der Energieerzeugung aus Biomasse nach Abschreibung der Anlage:

....

....

— eine detaillierte Analyse des Marktpreises der jeweiligen Energieform:

....

....

5. Verf-DVO kons

— eine detaillierte Analyse der Ausgestaltung der Maßnahme, aus der hervorgeht, dass sie lediglich darauf abzielt, die Differenz zwischen den Betriebskosten nach Abschreibung der Anlage und dem Marktpreis der jeweiligen Energieform auszugleichen:

....

....

Verf-DVO kons

34. Gibt es einen Monitoringmechanismus, mit dem überprüft werden kann, ob die Betriebskosten nach wie vor höher sind als der Marktpreis der jeweiligen Energie?

   ☐ Ja   ☐ Nein

   Wird das Monitoring mindestens einmal pro Jahr auf der Grundlage aktueller Informationen durchgeführt?

   ☐ Ja   ☐ Nein

   Geben Sie bitte eine detaillierte Beschreibung des Monitoringmechanismus.

   ....

   ....

Betriebsbeihilfen für Biomasseanlagen nach deren Abschreibung können als mit dem Binnenmarkt vereinbar angesehen werden, wenn ein Mitgliedstaat nachweist, dass die Verwendung fossiler Brennstoffe unabhängig vom Marktpreis der erzeugten Energie wirtschaftlich günstiger ist als die Verwendung von Biomasse (siehe Randnummer 134 der Umweltschutz- und Energiebeihilfeleitlinien).

35. Bestätigen und erläutern Sie bitte, dass die Beihilfe ausschließlich auf der Grundlage der erneuerbaren Energien gewährt wird.

   ....

   ....

36. Legen Sie bitte Folgendes vor:

   — eine detaillierte Analyse der Betriebskosten der Energieerzeugung aus Biomasse nach Abschreibung der Anlage.

   ....

   ....

   — eine detaillierte Analyse der Betriebskosten der Energieerzeugung aus dem jeweiligen fossilen Brennstoff nach Abschreibung der Anlage.

   ....

   ....

   — eine detaillierte Analyse der Ausgestaltung der Maßnahme, aus der hervorgeht, dass sie lediglich darauf abzielt, die Differenz zwischen den Betriebskosten nach Abschreibung der Anlage bei Verwendung von Biomasse und bei Verwendung fossiler Brennstoffe auszugleichen.

   ....

   ....

37. Legen Sie bitte Nachweise dafür vor, dass ohne die Beihilfe eine Umstellung der Anlage von Biomasse auf fossile Brennstoffe erfolgen würde.

   ....

   ....

38. Gibt es einen Monitoringmechanismus, mit dem überprüft werden kann, ob die Betriebskosten bei Verwendung von Biomasse nach wie vor höher sind als die Betriebskosten bei Verwendung des jeweiligen fossilen Brennstoffs?

▼ M8

☐ Ja   ☐ Nein

39. Wird dieses Monitoring mindestens einmal pro Jahr auf der Grundlage aktueller Informationen durchgeführt?

☐ Ja   ☐ Nein

Geben Sie bitte eine detaillierte Beschreibung des Monitoringmechanismus.

....
....

5.1.2.1.4. Betriebsbeihilfen in Form von Umweltzertifikaten

40. Erläutern Sie bitte ausführlich die für Umweltzertifikate oder Ausschreibungen geltenden Verfahren und Regelungen (u. a. mit Angaben zu den jeweiligen Ermessensspielräumen, zur Rolle des zuständigen Registerführers, zur Preisfestsetzung, zu Finanzierungs- und Sanktionsmaßnahmen sowie zu Umverteilungsverfahren).

....
....

41. Geben Sie bitte die Laufzeit der angemeldeten Maßnahme an ([132]):

....
....

42. Fügen Sie bitte Informationen bzw. Berechnungen bei, aus denen hervorgeht, dass ohne die Beihilfe die Rentabilität der betreffenden erneuerbaren Energiequelle nicht gewährleistet ist.

....
....

43. Fügen Sie bitte Informationen bzw. Berechnungen bei, aus denen hervorgeht, dass die Beihilfe insgesamt keine Überkompensation für die erneuerbare Energie zur Folge hat.

....
....

44. Fügen Sie bitte Informationen bzw. Berechnungen bei, aus denen hervorgeht, dass die Beihilfe Erzeuger erneuerbarer Energien nicht davon abhält, ihre Wettbewerbsfähigkeit zu steigern.

....
....

45. Machen Sie bitte die in Abschnitt 5.1.2.1.1 *Betriebsbeihilfen zur Förderung von Strom aus erneuerbaren Energien (bis zur Abschreibung der Anlage)* verlangten Angaben.

....
....

46. Wenn die Voraussetzungen der Randnummern 124 und 125 der Umweltschutz- und Energiebeihilfeleitlinien aus technischen Gründen nicht angewendet werden können, übermitteln Sie bitte entsprechende Informationen oder Berechnungen.

....
....

5.1.2.2. Betriebsbeihilfen für hocheffiziente Kraft-Wärme-Kopplungsanlagen (KWK-Anlagen)

47. Machen Sie bitte die in Abschnitt 5.1.2.1 verlangten Angaben, sofern der jeweilige Teilabschnitt auf Folgendes anwendbar ist:

  — Förderung von Strom aus KWK-Anlagen bis zur Abschreibung der Anlage: Abschnitt 5.1.2.1.1.

([132]) Die Kommission kann angemeldete Maßnahmen dieser Art für einen Zeitraum von 10 Jahren genehmigen.

5. Verf-DVO kons

— Förderung von Wärme aus KWK-Anlagen bis zur Abschreibung der Anlage: Abschnitt 5.1.2.1.2.

— Förderung von Wärme oder Strom aus KWK-Anlagen nach der Abschreibung der Anlage: Abschnitt 5.1.2.1.3.

— Förderung in Form von Umweltzertifikaten: Abschnitt 5.1.2.1.4.

Verf-DVO kons

48. Bestätigen Sie bitte, dass die Betriebsbeihilfe für hocheffiziente Kraft-Wärme-Kopplung ausschließlich gewährt wird für

☐ Unternehmen, die Strom und Wärme für die Allgemeinheit liefern, wenn die Kosten für deren Erzeugung über dem Marktpreis liegen [133].

☐ den Einsatz der Kraft-Wärme-Kopplung in der Industrie, wenn nachgewiesen werden kann, dass die Kosten für die Erzeugung einer Energieeinheit mit dieser Technik über dem Marktpreis für eine Einheit konventionell erzeugter Energie liegen [134].

Bitte führen Sie dies näher aus und legen Sie Nachweise für die Erfüllung der betreffenden Voraussetzungen vor:

....

....

5.1.2.3. Betriebsbeihilfen für Energieeffizienzmaßnahmen

49. Weisen Sie bitte anhand einschlägiger Informationen bzw. Berechnungen nach, dass die Beihilfe auf den Ausgleich der mit der Investition verbundenen Produktionsmehrkosten (netto) unter Berücksichtigung der Vorteile aus der Energieeinsparung beschränkt ist [135]

....

....

50. Geben Sie bitte die Laufzeit der Betriebsbeihilfe an [136].

....

5.1.2.4. Betriebsbeihilfen für Energieinfrastruktur und CO_2-Abscheidung, -Transport und Speicherung (CCS)

51. Weisen Sie bitte anhand einschlägiger Informationen und Berechnungen nach, dass die Beihilfe auf den Ausgleich der mit der Investition verbundenen Produktionsmehrkosten (netto) unter Berücksichtigung der Kosten und Vorteile des Vorhabens beschränkt ist.

....

Legen Sie bitte für die gesamte Lebensdauer des Vorhabens eine ausführliche Übersicht über die Zahlungsströme vor.

....

Erläutern Sie bitte die verwendeten Abzinsungs- und Renditesätze.

....

---

[133] Ob die Beihilfe erforderlich ist, bestimmt sich nach den Kosten und Einnahmen, die sich aus der Erzeugung und dem Verkauf von Strom und Wärme ergeben.

[134] Die Produktionskosten können die marktübliche Kapitalrendite der Anlage beinhalten; etwaige Gewinne des Unternehmens durch die Wärmeerzeugung müssen jedoch von den Produktionskosten abgezogen werden.

[135] Bei der Ermittlung des Betrags der Betriebsbeihilfe müssen Investitionsbeihilfen, die dem betreffenden Unternehmen für die neue Anlage gewährt wurden, von den Produktionskosten abgezogen werden.

[136] Die Laufzeit von Betriebsbeihilfen ist auf fünf Jahre beschränkt.

Machen Sie bitte ausführliche Angaben zur kontrafaktischen Fall-konstellation bzw. begründen Sie, warum diese nicht vorliegt.

....

52. Im Falle von CCS: Bestätigen Sie bitte, dass die Beihilfe nicht einer CO_2 ausscheidenden Anlage zugutekommt und machen Sie nähere Angaben dazu:

....

53. Bei Energieinfrastrukturen entsprechen die beihilfefähigen Kosten der Finanzierungslücke. Weisen Sie bitte nach, dass die Beihilfe nicht höher ist als die Finanzierungslücke, indem Sie detaillierte Berechnungen vorlegen und die verwendeten Daten (zum Beispiel Renditesatz) begründen (siehe Randnummer 211 der Umwelt-schutz- und Energiebeihilfeleitlinien):

....

54. Geben Sie bitte die Laufzeit der Betriebsbeihilfe an:

....

5.1.2.5. Betriebsbeihilfen zur Förderung einer angemessenen Stromerzeugung

55. Beschreiben Sie bitte die Mechanismen der Regelung zur Vermei-dung von Zufallsgewinnen:

....

....

56. Beschreiben Sie den Mechanismus, mit dem der Preis für die Verfügbarkeit von Erzeugungskapazität gegen null geht, wenn davon auszugehen ist, dass die bereitgestellte Kapazität den Ka-pazitätsbedarf decken kann (siehe Randnummer 231 der Umwelt-schutz- und Energiebeihilfeleitlinien):

....

....

57. Sieht die Regelung eine Ausschreibung vor? Machen Sie hierzu bitte nähere Angaben (siehe Randnummer 229 der Umweltschutz- und Energiebeihilfeleitlinien):

....

....

58. Machen Sie bitte Angaben zur im Rahmen der Regelung erwarte-ten Rendite der Beihilfeempfänger:

....

5.1.2.6. Betriebsbeihilfen in Form handelbarer Umweltzertifikate (siehe Rand-nummer 235 der Umweltschutz- und Energiebeihilfeleitlinien)

59. Bestätigen Sie bitte, dass die Regelung alle folgenden Kriterien erfüllt:

a) ☐ Die Beihilfeempfänger werden anhand objektiver und transparenter Kriterien ausgewählt, und die Beihilfen wer-den grundsätzlich für alle in demselben Wirtschaftszweig bzw. relevanten Markt tätigen Wettbewerber, die sich in einer ähnlichen Lage befinden, in derselben Weise ge-währt.

b) ☐ Die vollständige Versteigerung hat einen erheblichen An-stieg der Produktionskosten in dem betreffenden Wirt-schaftszweig bzw. in der betreffenden Gruppe von Bei-hilfeempfängern zur Folge.

c) ☐ Der mit den handelbaren Umweltzertifikaten verbundene Kostenanstieg kann nicht an die Abnehmer weitergegeben werden, ohne dass es zu deutlichen Absatzeinbußen kommt.

d) ☐ Als Richtwert für den Wert der zugeteilten Zertifikate wird die wirksamste Technik im EWR zugrunde gelegt.

Erläutern Sie bitte, inwiefern die unter dieser Nummer genannten Kriterien vorliegen:

5. Verf-DVO kons

Verf-DVO kons

5.2.   Einzeln anzumeldende Beihilfen — zusätzliche Angaben

60. Im Falle von Einzelbeihilfen ist ausführlich zu erläutern, nach welcher Methode die beihilfefähigen Kosten des angemeldeten Investitionsvorhabens berechnet werden. Bitte beziehen Sie sich dabei auf die kontrafaktische Fallkonstellation und fügen Sie einschlägige Nachweise bei:

61. Beschreiben Sie bitte ausführlich jede einzeln anzumeldende Maßnahme. Die Angaben sollten keine Informationen allgemeiner, zum Beispiel sektorspezifischer Art sein, sondern sich auf den einzelnen Empfänger beziehen:

6. **Vermeidung negativer Auswirkungen**

Stützen Sie sich bei der Beantwortung der Fragen in diesem Abschnitt bitte auf Abschnitt 3.2.6 sowie auf die Abschnitte 3.2 bis 3.6 und 3.8 bis 3.10 der Umweltschutz- und Energiebeihilfeleitlinien.

6.1.   Beihilferegelungen

1. Erläutern Sie bitte, wie durch die angemeldete Beihilferegelung bedingte Beeinträchtigungen von Wettbewerb und Handel so gering wie möglich gehalten werden (siehe Abschnitt 3.2.6 der Umweltschutz- und Energiebeihilfeleitlinien).

2. Verhindert die Maßnahme, dass effizientere und innovativere Erzeuger effiziente ökologische Ergebnisse selbst erzielen?

☐ Ja   ☐ Nein

Falls nein, nennen Sie bitte die Gründe.

3. Wird die Beihilfe durch Stärkung bzw. Wahrung der Marktmacht des Beihilfeempfängers eine verfälschende Wirkung haben?

4. Wurde die Beihilfe so konzipiert, dass ein angemessener Zugang zu der Maßnahme gewährt wird? Erläutern Sie bitte, welche Maßnahmen getroffen wurden, um diesen Zugang zu gewährleisten.

Förderung einer angemessenen Stromerzeugung

5. Erläutern Sie bitte, inwiefern die Maßnahme mit Randnummer 233 der Umweltschutz- und Energiebeihilfeleitlinien im Einklang steht.

6. Erläutern Sie bitte, inwiefern die Maßnahme so ausgestaltet ist, dass alle Kapazitäten, die konkret zur Behebung des Erzeugungsdefizits beitragen können, an der Maßnahme teilnehmen können (siehe Randnummer 232 der Umweltschutz- und Energiebeihilfeleitlinien).

6.2.   Einzeln anzumeldende Beihilfen — zusätzliche Angaben

> 7. Zeigen Sie bei Beihilfen, die einzelnen Unternehmen zur Verfügung gestellt werden, bitte deutlich die negativen Auswirkungen auf der Ebene des Unternehmens auf (siehe Abschnitt 3.2.4.2 der Umweltschutz- und Energiebeihilfeleitlinien).

....

....

7.   **Transparenz**

Stützen Sie sich bei der Beantwortung der Fragen in diesem Abschnitt bitte auf Abschnitt 3.2.7 sowie auf die Abschnitte 3.2 bis 3.6 und 3.8 bis 3.10 der Umweltschutz- und Energiebeihilfeleitlinien.

> 1. Geben Sie bitte die einschlägigen Bestimmungen der Rechtsgrundlage an, nach denen die Bewilligungsbehörde zumindest die folgenden Informationen über die angemeldeten Beihilferegelungen auf einer zentralen Website oder einer Website, die Informationen von verschiedenen anderen Websites (z. B. von regionalen Websites) abruft, zu veröffentlichen hat: den vollen Wortlaut der genehmigten Beihilferegelung oder des Beschlusses zur Gewährung der Einzelbeihilfe und ihrer Durchführungsbestimmungen oder einen entsprechenden Link, den Namen der Bewilligungsbehörde(n), den Namen der einzelnen Beihilfeempfänger, die Form und den Betrag der jedem Beihilfeempfänger gewährten Beihilfe, den Tag der Gewährung, die Art des Unternehmens (KMU/großes Unternehmen), die Region, in der der Beihilfeempfänger seinen Standort hat, sowie den Hauptwirtschaftszweig, in dem der Beihilfeempfänger tätig ist (siehe Randnummer 3.2.7 der Umweltschutz- und Energiebeihilfeleitlinien):

....

....

> 2. Geben Sie bitte den Link zu der Website an:

....

Abschnitt C: Prüfung der Vereinbarkeit von Beihilfen in Form von Umweltsteuerermäßigungen oder -befreiungen und in Form von Ermäßigungen des Beitrags zur Finanzierung erneuerbarer Energien

Stützen Sie sich bei der Beantwortung der Fragen in diesem Abschnitt bitte insbesondere auf Abschnitt 3.2.7 der Umweltschutz- und Energiebeihilfeleitlinien.

Füllen Sie bitte Abschnitt C1 für Maßnahmen im Zusammenhang mit Umweltsteuerermäßigungen und Abschnitt C2, gegebenenfalls in Verbindung mit Abschnitt C3, für Maßnahmen im Zusammenhang mit Ermäßigungen des Beitrags zur Finanzierung erneuerbarer Energien aus.

Füllen Sie bitte den Abschnitt über Transparenz in Abschnitt B Nummer 7 aus.

Abschnitt C1: Beihilfen in Form von Umweltsteuerermäßigungen oder -befreiungen ([137])

> 1. Erläutern Sie bitte, auf welche Weise die Umweltsteuerermäßigungen oder -befreiungen mittelbar eine Verbesserung des Umweltschutzes bewirken, und legen Sie dar, warum die Umweltsteuerermäßigungen und -befreiungen dem übergeordneten Ziel der Umweltsteuer nicht zuwiderlaufen:

....

....

([137]) Siehe Abschnitt 3.7.1 der Umweltschutz- und Energiebeihilfeleitlinien.

5. Verf-DVO kons

2. Sollte es sich um Steuerermäßigungen oder -befreiungen im Falle unionsrechtlich harmonisierter Steuern handeln, bestätigen Sie bitte Folgendes:

a) ☐ Die Beihilfe wird für einen Zeitraum von höchstens zehn Jahren gewährt;

und

b) ☐ die Beihilfeempfänger werden anhand objektiver, transparenter und diskriminierungsfreier Kriterien ausgewählt;

und

Verf-DVO kons

c) ☐ die Beihilfen werden grundsätzlich allen Wettbewerbern in demselben Wirtschaftszweig in derselben Weise gewährt, wenn sich diese in einer ähnlichen Lage befinden;

und

d) ☐ die Beihilfeempfänger entrichten mindestens die in der einschlägigen Richtlinie vorgeschriebenen Mindeststeuerbeträge der Union [138].

Weisen Sie bitte für jede Gruppe von Beihilfeempfängern den Mindeststeuerbetrag nach (tatsächlich zu entrichtender Betrag, vorzugsweise in Euro und in der Einheit, die in den einschlägigen Unionsvorschriften verwendet wird):

....

e) ☐ die Ermäßigungen bzw. Befreiungen entsprechen den einschlägigen Unionsvorschriften und den dort festgelegten Grenzen und Voraussetzungen.

Nennen Sie bitte die jeweils maßgebliche(n) Vorschrift(en) und legen Sie einschlägige Nachweise vor:

....

3. Falls die vorstehend unter Nummer 2 aufgeführten Voraussetzungen bestätigt werden und ihre Einhaltung ordnungsgemäß nachgewiesen wird, braucht dieser Abschnitt nicht ausgefüllt werden, es sei denn, dass die genannten Voraussetzungen nicht für die gesamte Maßnahme erfüllt werden.

4. Sollte es sich um Umweltsteuerermäßigungen oder -befreiungen im Falle unionsrechtlich nicht geregelter Umweltsteuern handeln oder sollten die Beihilfeempfänger im Falle unionsrechtlich geregelter Steuern weniger als den Mindeststeuerbetrag der Union entrichten: Können Sie bestätigen, dass die Beihilfe für höchstens 10 Jahre gewährt wird?

☐ Ja   ☐ Nein

Übermitteln Sie bitte Folgendes:

— eine ausführliche Beschreibung der Wirtschaftszweige, in denen die Befreiungen/Ermäßigungen gelten:

....
....

— eine Liste der 20 größten Beihilfeempfänger, die die Befreiungen/Ermäßigungen in Anspruch nehmen, und eine ausführliche Erläuterung der Situation dieser Beihilfeempfänger (insbesondere Umsatz, Marktanteile und Steuerbemessungsgrundlage):

....

5. Bestätigen Sie bitte:

a) ☐ Die Beihilfeempfänger werden anhand objektiver und transparenter Kriterien ausgewählt, und die Beihilfen werden grundsätzlich allen Wettbewerbern in demselben Wirtschaftszweig bzw. relevanten Markt, die sich in einer ähnlichen Lage befinden, in derselben Weise gewährt

und

---

[138] Wie unter Randnummer 19 Ziffer 16 der Umweltschutz- und Energiebeihilfeleitlinien dargelegt, bezeichnet der Begriff „Mindeststeuerbeträge der Union" die im Unionsrecht vorgesehenen Mindeststeuerbeträge. Für Energieerzeugnisse und Strom gelten als Mindeststeuerbeträge der Union die Beträge in Anhang I der Richtlinie 2003/96/EG des Rates vom 27. Oktober 2003 zur Restrukturierung der gemeinschaftlichen Rahmenvorschriften zur Besteuerung von Energieerzeugnissen und elektrischem Strom (ABl. L 283 vom 31.10.2003. S. 51).

▼ M8

b) ☐ die Umweltsteuer würde ohne die Ermäßigung einen erheblichen Anstieg der Produktionskosten in dem betreffenden Wirtschaftszweig bzw. in der betreffenden Gruppe von Beihilfeempfängern zur Folge haben

und

c) ☐ ohne die Beihilfe würde der erhebliche Anstieg der Produktionskosten im Falle der Weitergabe an die Abnehmer zu deutlichen Absatzeinbußen führen ([139]).

6. Legen Sie bitte qualitative und quantitative Nachweise zu den unter Nummer 2 genannten Voraussetzungen vor:

....

....

7. Bitte erläutern Sie, in welcher Form die Steuerermäßigungen oder -befreiungen gewährt werden (Randnummer 174 der Umweltschutz- und Energiebeihilfeleitlinien):

....

....

8. Bitte geben Sie an, welche der folgenden Voraussetzungen erfüllt ist.

a) Entrichten die Beihilfeempfänger mindestens 20 % der nationalen Umweltsteuer?

☐ Ja   ☐ Nein

Falls nein, legen Sie bitte dar, wie sich ein niedrigerer Satz im Hinblick auf eine nur begrenzte Verfälschung des Wettbewerbs rechtfertigen lässt.

....

....

b) Sind die Ermäßigungen oder Befreiungen an die Bedingung geknüpft, dass der Mitgliedstaat und die begünstigten Unternehmen bzw. deren Vereinigungen Vereinbarungen schließen?

☐ Ja   ☐ Nein

Falls ja, führen Sie dies bitte näher aus und legen Sie Nachweise dafür vor, dass sich die Unternehmen bzw. Unternehmensvereinigungen zur Erreichung von Umweltschutzzielen verpflichten, die dieselbe Wirkung haben wie die Anwendung i) von 20 % der nationalen Steuer oder ii) des Mindeststeuerbetrags der Union:

....

....

Bestätigen Sie bitte ferner, dass

a) ☐ die Vereinbarungen von dem Mitgliedstaat ausgehandelt wurden und die Ziele und einen Zeitplan für die Erreichung dieser Ziele enthalten;

b) ☐ der Mitgliedstaat ein unabhängiges und zeitnahes Monitoring der in den Vereinbarungen eingegangenen Verpflichtungen sicherstellt;

c) ☐ die Vereinbarungen regelmäßig dem Stand der technologischen und sonstigen Entwicklung angepasst werden und für den Fall, dass die Verpflichtungen nicht eingehalten werden, wirksame Sanktionen vorsehen werden.

([139]) In diesem Zusammenhang können die Mitgliedstaaten Schätzungen unter anderem zur Preiselastizität in dem betreffenden Wirtschaftszweig auf dem räumlich relevanten Markt sowie zu den Absatz- und/oder Gewinneinbußen der Unternehmen in dem betreffenden Wirtschaftszweig/der betreffenden Gruppe von Beihilfeempfängern vorlegen.

5. Verf-DVO kons

Geben Sie für jeden Wirtschaftszweig die Ziele und den Zeitplan an und beschreiben Sie die Monitoring- und Überprüfungsmechanism (z. B. durch wen und in welchem zeitlichen Abstand die Durchführung erfolgt) sowie den Sanktionsmechanismus:

....

....

Verf-DVO kons

9. Falls eine CO_2-Steuer auf Energieerzeugnisse, die bei der Stromerzeugung verwendet werden, eingeführt und ein Ausgleich für den verwendeten Strom in Betracht gezogen wird (Randnummer 179 der Umweltschutz- und Energiebeihilfeleitlinien), bitten wir um Folgendes:

a) Erläuterung der direkten Verknüpfung mit den ETS-Zertifikatpreisen:

....

....

b) Angabe der Beihilfehöchstintensitäten im Laufe der Zeit und Erläuterung ihrer Vereinbarkeit mit den Beihilfeintensitäten in den ETS-Beihilfeleitlinien der Union ([140]):

....

....

c) Vorlage einer Liste der Beihilfeempfänger und Beantwortung der Frage, ob sie auf der Grundlage der ETS-Beihilfeleitlinien der Union förderfähig sind:

....

....

d) ausführliche Darlegung, wie die Zahlung des Pauschalbetrags erfolgt:

....

....

Abschnitt C2: Beihilfen in Form von Ermäßigungen des Beitrags zur Finanzierung erneuerbarer Energien

1. Erläutern Sie bitte, welche zusätzlichen Kosten ([141]) aus der Finanzierung erneuerbarer Energien entstehen und wie sie sich auf die Strompreise auswirken. Bitte im Einzelnen ausführen:

....

....

2. Bestätigen Sie bitte, dass die Maßnahme lediglich Ermäßigungen des Beitrags zur Finanzierung erneuerbarer Energien abdeckt und keine anderen Kosten beihilfefähig sind. Bitte im Einzelnen ausführen. Die zusätzlichen Kosten dürfen den Beitrag zur Finanzierung erneuerbarer Energien nicht übersteigen.

....

....

([140]) Leitlinien für bestimmte Beihilfemaßnahmen im Zusammenhang mit dem System für den Handel mit Treibhausgasemissionszertifikaten nach 2012 (ABl. C 158 vom 5.6.2012, S. 4).

([141]) Der kausale Zusammenhang kann am direktesten durch Bezugnahme auf eine auf den Strompreis erhobene Steuer oder sonstige Abgabe nachgewiesen werden, die der Finanzierung der Förderung erneuerbarer Energien dient. Ein indirekter Nachweis für die zusätzlichen Kosten besteht darin, die Auswirkungen der aufgrund von Umweltzertifikaten entstehenden höheren Nettokosten für den Stromversorger und für den Fall, dass der Stromversorger die höheren Nettokosten an die Verbraucher weitergibt, die Auswirkungen auf den Strompreis zu berechnen.

Beihilfefähigkeit

3. Geben Sie bitte einen Überblick über die Beihilfeempfänger und geben Sie an, inwieweit sie in den in Anhang 3 der Umweltschutz- und Energiebeihilfeleitlinien genannten Wirtschaftszweige tätig sind.

....

....

4. Soweit die Beihilfeempfänger nicht in den in Anhang 3 der Umweltschutz- und Energiebeihilfeleitlinien genannten Wirtschaftszweigen tätig sind, geben Sie bitte an, inwieweit sie in Wirtschaftszweigen tätig sind, die in Anhang 5 der Umweltschutz- und Energiebeihilfeleitlinien aufgeführt sind.

....

....

5. Weisen Sie für die begünstigten Unternehmen, auf die in diesem Abschnitt Bezug genommen wird, bitte die Stromintensität nach (Randnummer 186 der Umweltschutz- und Energiebeihilfeleitlinien). Falls vorhanden, ziehen Sie dazu bitte die Standard-Benchmarks für den Stromverbrauch heran.

....

....

6. Soweit die Beihilfeempfänger nicht in den in Anhang 3 oder Anhang 5 der Umweltschutz- und Energiebeihilfeleitlinien genannten Wirtschaftszweigen tätig sind,

— belegen Sie bitte die Stromintensität der jeweiligen Unternehmen. Falls vorhanden, ziehen Sie bitte die Standard-Benchmarks für den Stromverbrauch heran.

....

....

— zeigen Sie bitte für die Unternehmen die Handelsintensität auf Unionsebene auf.

....

....

7. Bestätigen und belegen Sie bitte, dass die Beihilfeempfänger anhand objektiver, transparenter und diskriminierungsfreier Kriterien ausgewählt werden und dass die Beihilfen grundsätzlich allen Wettbewerbern in demselben Wirtschaftszweig bzw. relevanten Markt in derselben Weise gewährt werden, wenn sie sich in einer ähnlichen Lage befinden.

....

....

Angemessenheit der Beihilfe

8. Bestätigen Sie bitte, dass die Beihilfeempfänger mindestens 15 % der zusätzlichen Kosten selbst tragen.

....

....

9. Geben Sie bitte an, ob für die Beiträge stromintensiver Unternehmen folgende Obergrenzen gelten:

☐ 4 % der Bruttowertschöpfung (BWS)

☐ 0,5 % der BWS (bei Unternehmen mit einer Stromintensität von mindestens 20 %)

Ist dies der Fall.

5. Verf-DVO kons

Verf-DVO kons

a) zeigen Sie bitte auf, wie die Obergrenzen und die BWS berechnet werden (siehe Anhang 4 der Umweltschutz- und Energiebeihilfeleitlinien):

....

....

b) legen Sie bitte dar, ob die Berechnung angepasst wird, um alle Arbeitskosten abzudecken (Randnummer 191 der Umweltschutz- und Energiebeihilfeleitlinien):

....

....

c) erläutern Sie bitte, wie diese Obergrenzen auf alle beihilfefähigen Unternehmen angewandt werden:

....

....

Abschnitt C3: Übergangsbestimmungen für Ermäßigungen des Beitrags zur Finanzierung erneuerbarer Energien

Dieser Abschnitt ist nur auszufüllen, wenn der Kommission vor dem 1. Juli 2015 ein Anpassungsplan vorgelegt wurde.

1. Erläutern Sie bitte ausführlich, ob vor dem 1. Juli 2014 Ermäßigungen des Beitrags zur Finanzierung erneuerbarer Energien bzw. Befreiungen von diesem Beitrag gewährt wurden.

....

....

Falls ja, zeigen Sie bitte auf, ob nach dem 1. Juli 2014 neue Beihilfeempfänger die Regelung in Anspruch nehmen.

....

....

2. Geben Sie bitte einen Überblick über die Beihilfeempfänger, die die Maßnahme vor dem 1. Juli 2014 in Anspruch genommen haben.

....

....

3. Teilen Sie diese Beihilfeempfänger bitte in zwei Gruppen auf: Gruppe 1 mit den nach den Umweltschutz- und Energiebeihilfeleitlinien beihilfefähigen Unternehmen und Gruppe 2 mit den nicht nach den Umweltschutz- und Energiebeihilfeleitlinien beihilfefähigen Unternehmen.

....

....

4. Legen Sie bitte einen Anpassungsplan vor, der eine progressive Anpassung der Förderung an die Beihilfesätze, die sich aus der Anwendung der in Abschnitt C.2 enthaltenen Kriterien der Beihilfefähigkeit und Angemessenheit ergeben, vorsieht.

   a) Zeigen Sie bitte auf, wie für die in Nummer 3 genannte Gruppe 1 bis zum Jahr 2019 im Rahmen des Plans ein Eigenbeitrag von mindestens 15 % erreicht werden soll.

....

....

▼ M8

b) Zeigen Sie bitte auf, wie für die in Nummer 3 genannte Gruppe 2 im
Rahmen des Plans bis zum Jahr 2019 ein Eigenbeitrag von mindestens
20 % erreicht werden soll.

....

....

TEIL III.7

Ergänzender Fragebogen zu Risikofinanzierungsbeihilfen

*Für die Anmeldung von Beihilferegelungen, die unter die Leitlinien für staatliche
Beihilfen zur Förderung von Risikofinanzierungen [142] (im Folgenden „Risikofinanzierungsleitlinien") fallen, füllen Sie bitte zusätzlich zum Fragebogen „Allgemeine Angaben" auch diesen ergänzenden Fragebogen aus.*

*Definitionen sind Randnummer 52 der Risikofinanzierungsleitlinien zu entneh-
men.*

**Verf-DVO
kons**

1. **Anwendungsbereich**

1.1. Gründe für die Anmeldung der Regelung:

a) ☐ Die Regelung steht nicht im Einklang mit der Allgemeinen Gruppenfreistellungsverordnung (im Folgenden „AGVO") [143]. Bitte
geben Sie an, welche Bestimmungen in der Rechtsgrundlage
der Regelung über die AGVO hinausgehen und über welche
Bestimmungen der AGVO sie hinausgehen:

....

b) ☐ Die Regelung steht nicht im Einklang mit der *De-minimis*-Ver-
ordnung [144]. Nennen Sie bitte die Gründe dafür:

....

c) ☐ Die Regelung steht auf einer oder mehreren Ebenen nicht im
Einklang mit dem Grundsatz des marktwirtschaftlich handelnden
Kapitalgebers (auf der Ebene der Investoren, der Finanzintermediäre und ihrer Manager sowie der Unternehmen, in die investiert
wird) (siehe Abschnitt 2.1 der Risikofinanzierungsleitlinien; für
Darlehen wird auf die Referenzsatzmitteilung [145] und für Garantien auf die Garantiemitteilung [146] verwiesen). Nennen Sie bitte
die Gründe dafür:

....

d) ☐ Die Regelung beinhaltet keine Beihilfen und wird aus Gründen
der Rechtssicherheit angemeldet.

1.2. Anwendungsbereich der angemeldeten Regelung: Kreuzen Sie bitte zur
Bestätigung das Zutreffende an.

a) ☐ Die Beihilfen im Rahmen der angemeldeten Regelung werden
durch Finanzintermediäre oder alternative Handelsplattformen bereitgestellt, sofern es sich nicht um Steueranreize für Direktinvestitionen in beihilfefähige Unternehmen handelt (Randnummer 20
der Risikofinanzierungsleitlinien).

Geben Sie bitte die einschlägige Bestimmung der Rechtsgrundlage an:

....

---

[142] Leitlinien für staatliche Beihilfen zur Förderung von Risikofinanzierungen (ABl. C 19
vom 22.1.2014, S. 4).

[143] Verordnung (EU) Nr. 651/2014 der Kommission vom 17. Juni 2014 zur Feststellung
der Vereinbarkeit bestimmter Gruppen von Beihilfen mit dem Binnenmarkt in Anwendung der Artikel 107 und 108 des Vertrags über die Arbeitsweise der Europäischen
Union (ABl. L 187 vom 26.6.2014, S. 1).

[144] Verordnung (EU) Nr. 1407/2013 der Kommission vom 18. Dezember 2013 über die
Anwendung der Artikel 107 und 108 des Vertrags über die Arbeitsweise der Europäischen Union auf *De-minimis*-Beihilfen (ABl. L 352 vom 24.12.2013, S. 1).

[145] Mitteilung der Kommission über die Änderung der Methode zur Festsetzung der Re-
ferenz- und Abzinsungssätze (ABl. C 14 vom 19.1.2008, S. 6).

[146] Mitteilung der Kommission über die Anwendung der Artikel 87 und 88 des EG-Vertrags auf staatliche Beihilfen in Form von Haftungsverpflichtungen und Bürgschaften
(ABl. C 155 vom 20.6.2008, S. 10).

5. Verf-DVO kons

b) □ Im Rahmen der angemeldeten Regelung werden keine Beihilfen für große Unternehmen gewährt; in Ausnahmefällen kann eine Risikofinanzierungsmaßnahme auf kleine und innovative Unternehmen mittlerer Kapitalisierung abzielen (Randnummer 21 der Risikofinanzierungsleitlinien).

Geben Sie bitte die einschlägige Bestimmung der Rechtsgrundlage an:

....

c) □ Im Rahmen der angemeldeten Regelung werden keine Risikofinanzierungsbeihilfen für zum amtlichen Handel an einer Börse zugelassene oder auf einem geregelten Markt notierte Unternehmen gewährt (Randnummer 22 der Risikofinanzierungsleitlinien).

Geben Sie bitte die einschlägige Bestimmung der Rechtsgrundlage an:

....

d) □ Die Risikofinanzierungsregelung sieht die Beteiligung privater Investoren vor (Randnummer 23 der Risikofinanzierungsleitlinien).

Geben Sie bitte die einschlägige Bestimmung der Rechtsgrundlage an:

....

e) □ Die Risikofinanzierungsregelung sieht in Bezug auf die asymmetrische Risiko-Rendite-Teilung zwischen Staat und privaten Investoren vor, dass private Investoren ein nennenswertes Risiko eingehen müssen oder der Staat eine angemessene Rendite für seine Investition erhalten muss (Randnummer 24 der Risikofinanzierungsleitlinien).

Geben Sie bitte die einschlägige Bestimmung der Rechtsgrundlage an:

....

f) □ Die Risikofinanzierungsregelung darf nicht zur Unterstützung von Buy-outs eingesetzt werden (Randnummer 25 der Risikofinanzierungsleitlinien).

Geben Sie bitte die einschlägige Bestimmung der Rechtsgrundlage an:

....

g) □ Die Risikofinanzierungsregelung sieht vor, dass Unternehmen in Schwierigkeiten im Sinne der Risikofinanzierungsleitlinien keine Risikofinanzierungsbeihilfen gewährt werden. (Für die Zwecke der Risikofinanzierungsleitlinien werden KMU, die nach einer Due-Diligence-Prüfung durch den ausgewählten Finanzintermediär für Risikofinanzierungen in Frage kommen, innerhalb des Zeitraums von sieben Jahren nach ihrem ersten kommerziellen Verkauf nicht als Unternehmen in Schwierigkeiten betrachtet, es sei denn, sie sind Gegenstand eines Insolvenzverfahrens oder erfüllen die im nationalen Recht vorgesehenen Voraussetzungen für die Eröffnung eines Insolvenzverfahrens auf Antrag ihrer Gläubiger).

Geben Sie bitte die einschlägige Bestimmung der Rechtsgrundlage an:

....

h) □ Im Rahmen der Risikofinanzierungsregelung werden keine Beihilfen für Unternehmen gewährt, die eine unzulässige staatliche Beihilfe erhalten haben, die nicht vollständig eingezogen wurde (Randnummer 26 der Risikofinanzierungsleitlinien).

i) ☐ Im Rahmen der Risikofinanzierungsregelung werden weder Beihilfen für exportbezogene Tätigkeiten gewährt, die auf Mitgliedstaaten oder Drittländer ausgerichtet sind, d. h. Beihilfen, die unmittelbar mit den ausgeführten Mengen, mit der Errichtung und dem Betrieb eines Vertriebsnetzes oder mit anderen laufenden exportbezogenen Kosten in Zusammenhang stehen, noch Beihilfen, die davon abhängig sind, dass einheimische Waren Vorrang vor eingeführten Waren erhalten (Randnummer 27 der Risikofinanzierungsleitlinien).

j) ☐ Die Risikofinanzierungsregelung macht Beihilfen nicht davon abhängig, dass einheimische Waren verwendet oder einheimische Dienstleistungen in Anspruch genommen werden; sie verstößt nicht gegen die Niederlassungsfreiheit, indem sie die Gewährung der Beihilfe davon abhängig macht, dass Finanzintermediäre, deren Manager oder Endempfänger ihren Hauptsitz im Hoheitsgebiet des betreffenden Mitgliedstaats haben oder diesen dorthin verlegen.

2. **Beschreibung der Regelung**

2.1. Mittelausstattung der Regelung:

— Wie hoch ist der Gesamtbetrag der Risikofinanzierung (öffentlicher und privater Teil) je Zielunternehmen (nicht jährlich, sondern während des gesamten Investitionszyklus für jedes durch die Regelung geförderte Unternehmen): Führen Sie dies bitte aus:

....

— Wie hoch ist die jährliche Mittelausstattung der Regelung? ....

— Wie groß ist die Gesamtmittelausstattung der Maßnahme während ihrer gesamten Laufzeit? Führen Sie dies bitte aus:

....

— Welchen Umfang hat der (haben die) im Rahmen der Regelung eingerichtete(n) Investmentfonds? ....

— Wird die Regelung aus Unionsmitteln kofinanziert (z. B. Europäischer Sozialfonds, Europäischer Fonds für regionale Entwicklung)? Führen Sie dies bitte aus:

....

2.2. Laufzeit der Regelung:

a) Welche Laufzeit hat die Regelung? (Geben Sie bitte das Datum ihres Inkrafttretens und des Endes ihrer Geltungsdauer an) ....

b) Welcher Investitionszeitraum ist geplant? ....

c) Welche Haltedauer ist geplant? ....

2.3. Zielunternehmen als Endbegünstigte der Regelung:

Der *Ex-ante*-Prüfung ([147]) zufolge ist es erforderlich, dass die Beihilferegelung auf die folgenden Unternehmen als Endempfänger abzielt (Randnummern 63-79 der Risikofinanzierungsleitlinien) (machen Sie dazu detaillierte Angaben):

....

....

([147]) Nach den Risikofinanzierungsleitlinien (Randnummern 46 bis 49) muss für alle anmeldepflichtigen Risikofinanzierungen eine *Ex-ante*-Prüfung durchgeführt und vorgelegt werden.

5. Verf-DVO kons

a) ☐ Kleine Unternehmen mittlerer Kapitalisierung, d. h. Unternehmen, die i) nicht mehr als 499 Angestellte beschäftigen und ii) deren Jahresumsatz 100 Mio. EUR nicht übersteigt oder deren Jahresbilanzsumme höchstens 86 Mio. EUR erreicht. Geben Sie unter Bezugnahme auf die *Ex-ante*-Prüfung bitte eine Zusammenfassung der wirtschaftlichen Nachweise und eine angemessene Begründung:

....

....

b) ☐ Innovative Unternehmen mittlerer Kapitalisierung, d. h. Unternehmen mittlerer Kapitalisierung, die nicht mehr als 1 500 Angestellte beschäftigen und deren Kosten für FuE und Innovationen im Sinne der AGVO a) in mindestens einem der drei Jahre vor der ersten Investition im Rahmen der Risikofinanzierungsbeihilfe mindestens 15 % der gesamten Betriebsausgaben ausmachen oder b) in den drei Jahren vor der ersten Investition im Rahmen der Risikofinanzierungsbeihilfe mindestens 10 % jährlich der gesamten Betriebsausgaben ausmachen. Geben Sie unter Bezugnahme auf die *Ex-ante*-Prüfung bitte eine Zusammenfassung der wirtschaftlichen Nachweise und eine angemessene Begründung:

....

....

c) ☐ Unternehmen, die die erste Risikofinanzierung mehr als sieben Jahre nach ihrem ersten kommerziellen Verkauf erhalten. Geben Sie unter Bezugnahme auf die *Ex-ante*-Prüfung bitte eine Zusammenfassung der wirtschaftlichen Nachweise und eine angemessene Begründung:

....

....

d) ☐ Unternehmen, die eine Risikofinanzierung in einer Gesamthöhe (öffentlicher und privater Teil) benötigen, die die in der AGVO festgelegte Obergrenze von 15 Mio. EUR überschreitet. Geben Sie unter Bezugnahme auf die *Ex-ante*-Prüfung bitte eine Zusammenfassung der wirtschaftlichen Nachweise und eine angemessene Begründung:

....

....

e) ☐ Alternative Handelsplattformen, die die Voraussetzungen des Artikels 23 der AGVO nicht erfüllen. Geben Sie unter Bezugnahme auf die *Ex-ante*-Prüfung bitte eine Zusammenfassung der wirtschaftlichen Nachweise und eine angemessene Begründung:

....

....

f) ☐ Sonstige:

Geben Sie unter Bezugnahme auf die *Ex-ante*-Prüfung bitte eine Zusammenfassung der wirtschaftlichen Nachweise und eine angemessene Begründung:

....

....

2.4.   Finanzinstrumente: Die *Ex-ante*-Prüfung zeigt, dass die folgenden nicht mit der AGVO im Einklang stehenden Gestaltungsparameter erforderlich sind (Randnummern 80 bis 86 der Risikofinanzierungsleitlinien):

a) ☐ Finanzinstrumente, bei denen die Beteiligung unabhängiger privater Investoren unter den in Artikel 21 Absatz 10 der AGVO festgelegten Sätzen liegt (Randnummern 80-81 der Risikofinanzierungsleitlinien).

Geben Sie unter Bezugnahme auf die *Ex-ante*-Prüfung bitte eine Zusammenfassung der wirtschaftlichen Nachweise und eine angemessene Begründung dafür, dass die Beteiligung unter den in der AGVO festgelegten Sätzen liegt:

....

b) ☐ Finanzinstrumente, bei denen die finanziellen Ausgestaltungsparameter über den in der AGVO festgelegten Obergrenzen liegen, d. h. bei denen der öffentliche Investor ein höheres Risiko eingeht als nach der AGVO zulässig (Randnummern 82-83 der Risikofinanzierungsleitlinien).

Geben Sie unter Bezugnahme auf die Ex-ante-Prüfung bitte eine Zusammenfassung der wirtschaftlichen Nachweise und eine angemessene Begründung dafür, dass die finanziellen Ausgestaltungsparameter die in der AGVO festgelegten Obergrenzen überschreiten:

....

c) ☐ Finanzinstrumente, ausgenommen Garantien, bei denen die Auswahl der Investoren, Finanzintermediäre und ihrer Manager erfolgt, indem der Absicherung nach unten gegenüber einer asymmetrischen Gewinnverteilung der Vorzug gegeben wird.

Geben Sie unter Bezugnahme auf die *Ex-ante*-Prüfung bitte eine Zusammenfassung der wirtschaftlichen Nachweise und eine angemessene Begründung:

....

d) ☐ Sonstige: ....

Geben Sie unter Bezugnahme auf die *Ex-ante*-Prüfung bitte eine Zusammenfassung der wirtschaftlichen Nachweise und eine angemessene Begründung:

....

2.5.   Steuerliche Instrumente: Die *Ex-ante*-Prüfung zeigt, dass die folgenden nicht mit der AGVO im Einklang stehenden Gestaltungsparameter erforderlich sind:

a) ☐ Steueranreize für Unternehmensinvestoren (einschließlich Finanzintermediären oder deren Managern, die als Koinvestoren agieren).

Geben Sie bitte eine Zusammenfassung der wirtschaftlichen Nachweise und eine angemessene Begründung:

....

b) ☐ Steueranreize für Unternehmensinvestoren für Investitionen in KMU über eine alternative Handelsplattform.

▼ M8

Geben Sie bitte eine Zusammenfassung der wirtschaftlichen
Nachweise und eine angemessene Begründung:

....

c) ☐ Sonstige: ....

Geben Sie bitte eine Zusammenfassung der wirtschaftlichen
Nachweise und eine angemessene Begründung:

....

2.6.   Private Investoren, die sich mit Beteiligungskapital, Darlehen oder Garantien an der Maßnahme beteiligen:

a) Nennen Sie bitte die Merkmale der privaten Investoren, die sich an
der Maßnahme beteiligen (z. B. Unternehmensinvestoren, natürliche
Personen usw.):

....

....

b) Stellen die privaten Investoren Beteiligungskapital, Darlehen oder
Garantien auf der Ebene des Finanzintermediärs (z. B. Dachfonds)
oder auf der Ebene der Endbegünstigten bereit? Führen Sie dies bitte
aus:

....

....

c) Tätigen die Finanzintermediäre, die die Regelung durchführen, eine
Koinvestition (so dass sie als private Investoren zu betrachten sind)?

☐ Ja. Falls ja, führen Sie dies bitte aus: ....

☐ Nein

2.7.   Finanzintermediäre, die die Regelung durchführen:

(Siehe die allgemeine Begriffsbestimmung unter Randnummer 52 der
Risikofinanzierungsleitlinien; sie umfasst auch Fonds mit und ohne
Rechtspersönlichkeit.)

a) Geben Sie bitte die Art der Finanzintermediäre an, die die Regelung
durchführen:

....

b) Ist eine „betraute Einrichtung" (im Sinne der Definition unter Randnummer 52 Ziffer v der Risikofinanzierungsleitlinien) an der Durchführung der Maßnahme beteiligt?

☐ Ja. Falls ja, machen Sie bitte nähere Angaben: ....

☐ Nein

c) Koinvestiert die betraute Einrichtung aus eigenen Mitteln gemeinsam mit dem Mitgliedstaat?

☐ Ja. Falls ja, geben Sie bitte die Rechtsgrundlage an, die der
betrauten Einrichtung eine derartige Koinvestition erlaubt:

....

☐ Nein. Falls nein, erläutern Sie bitte die Methode, nach der der
Ausgleich für die Durchführung der Maßnahme berechnet wird,
damit es nicht zu einer Überkompensation kommt:

....

▼ M8

d) Wird die betraute Einrichtung in einem offenen, transparenten, diskriminierungsfreien und objektiven Auswahlverfahren ausgewählt oder wird sie direkt ernannt? Bitte führen Sie dies aus:

....

e) Verwaltet die betraute Einrichtung den/die Fonds, über den/die die Förderung bereitgestellt wird, im Rahmen der Risikofinanzierungsregelung?

☐ Ja   ☐ Nein

f) Merkmale der Verwaltungsgesellschaft, die für die Durchführung der Maßnahme auf der Ebene des Finanzintermediärs zuständig ist:

....

g) Wenn mehrere Ebenen von Finanzintermediären an der Regelung beteiligt sind (einschließlich Dachfonds), machen Sie bitte zu jeder Finanzintermediärebene alle sachdienlichen Angaben:

....

2.8.   Sind neben der Bewilligungsbehörde, den Zielunternehmen, den Finanzintermediären, die die vorgenannte Regelung durchführen und den daran beteiligten privaten Investoren noch andere an der Regelung beteiligt?

☐ Ja. Falls ja, führen Sie dies bitte aus: ....

☐ Nein

2.9.   Ausführliche Beschreibung des Instruments/der Instrumente:

Anmerkung: Zum besseren Verständnis fügen Sie bitte eine grafische Darstellung der Struktur der Regelung und ihrer Instrumente mit Angabe aller Beteiligten und des Umfangs ihrer Beteiligung, sowie gegebenenfalls einen Anhang mit einer Zusammenfassung der Gesamtgestaltung der angemeldeten Regelung bei.

Nennen Sie bitte die Gestaltungsparameter, die Sie gewählt haben, um potenzielle Finanzintermediäre dazu aufzufordern, ihr Interesse an einer Teilnahme an der Risikofinanzierungsregelung zu bekunden; beantworten Sie dazu die detaillierten Fragen in diesem Abschnitt.

2.9.1.   Finanzinstrumente

Risikofinanzierungsbeihilfen in Form von Finanzinstrumenten müssen durch Finanzintermediäre bereitgestellt werden (Randnummer 20 der Risikofinanzierungsleitlinien). Somit beinhalten derartige Maßnahmen mindestens eine staatliche Maßnahme für Finanzintermediäre sowie Risikofinanzierungen durch Finanzintermediäre in endbegünstigte Unternehmen.

2.9.1.1.   Maßnahme auf der Ebene der Finanzintermediäre

A) **Staatliche Maßnahme auf der Ebene der Finanzintermediäre**

Der Staat stellt für Finanzintermediäre Folgendes bereit (bitte Zutreffendes ankreuzen und ausfüllen):

☐ BETEILIGUNGSKAPITAL (EINSCHLIESSLICH BETEILIGUNGSÄHNLICHEM KAPITAL SEITENS DES STAATES AUF DER EBENE DER FINANZINTERMEDIÄRE)

5. Verf-DVO kons

1. Machen Sie bitte folgende Angaben:

— Bedingungen für die Zuführung des Beteiligungskapitals (fügen Sie bitte auch einen Vergleich mit den Marktbedingungen für eine derartige Kapitalzuführung bei):

....

— Art des Finanzintermediärs: ....

— Art der Finanzierungsstruktur des Finanzintermediärs (z. B. Investmentfonds mit Angabe des Prozentsatzes der privaten und öffentlichen Beteiligung, mehrstufige Dachfondsstruktur mit spezialisierten Teilfonds, öffentlicher Fonds, der bei einzelnen Transaktionen mit privaten Investoren koinvestiert). Bitte erläutern Sie dies ausführlich:

....

2. Im Falle beteiligungsähnlicher Instrumente beschreiben Sie bitte ausführlich die Art des in Betracht gezogenen Instruments:

....

....

3. Im Falle einer privaten Beteiligung (z. B. wenn private Investoren dem Finanzintermediär parallel zum Staat Beteiligungskapital zur Verfügung stellen):

— Geben Sie bitte die Beteiligungsquoten der öffentlichen und der privaten Investoren an:

....

— Nennen Sie bitte die Art der vorgesehenen Präferenzbehandlung für die beteiligten Privatinvestoren, wie in der Aufforderung zur Interessenbekundung angegeben (bitte ausführlich beschreiben):

....

☐ Anreize durch Vorzugsrenditen: ....

☐ Absicherung nach unten: ....

— Bei einer asymmetrischen Verlustteilung, bei der die in der AGVO festgelegten Grenzwerte überschritten werden, geben Sie bitte unter Bezugnahme auf die Ex-ante-Prüfung wirtschaftliche Nachweise und eine Begründung (Randnummer 110 der Risikofinanzierungsleitlinien):

....

— Falls zutreffend, geben Sie bitte an, ob die vom öffentlichen Investor übernommene Erstverlust-Tranche begrenzt ist (Randnummer 110 der Risikofinanzierungsleitlinien):

☐ Ja. Bitte erläutern Sie, wie diese Obergrenze festgesetzt wurde:

....

☐ Nein. Führen Sie dies bitte aus:

....

4. Welche Strategie verfolgt der öffentliche Investor?

....

Erläutern Sie bitte, wie das gewählte Instrument die vom öffentlichen Investor verfolgten politischen Zielsetzungen fördert:

....

5. Beschreiben Sie bitte, wie das Instrument ausgestaltet wurde, um die mit der Investitionsstrategie des Finanzintermediärs verfolgten Interessen und die politischen Ziele des öffentlichen Investors anzugleichen:

....

6. Machen Sie bitte ausführliche Angaben zur Laufzeit des Instruments oder der Ausstiegsstrategie für die Beteiligungen, sowie zur Strategie des öffentlichen Investors für den Ausstieg:

....

7. Sonstige zweckdienliche Angaben:

....

☐ DIREKT ZAHLUNGSFINANZIERTE KREDITINSTRUMENTE: DARLEHEN AUF DER EBENE DER FINANZINTERMEDIÄRE (NACHSTEHEND „DARLEHEN")

1. Machen Sie bitte folgende Angaben:

— Art der Darlehen (z. B. nachrangige Darlehen, Darlehen mit Risikoteilung im Portfolio): Machen Sie bitte nähere Angaben: ....

— Darlehenskonditionen im Rahmen der Maßnahme (fügen Sie bitte auch einen Vergleich mit den Marktbedingungen für derartige Darlehen bei):

....

— Maximaler Umfang des Darlehens: ....

— Maximale Laufzeit des Darlehens: ....

— Sicherheiten bzw. sonstige Anforderungen: ....

— Sonstige zweckdienliche Angaben: ....

2. Bitte geben Sie die einschlägigen Bestimmungen der Rechtsgrundlage an, nach denen die Nutzung der Beihilfe zur Refinanzierung bestehender Darlehen untersagt ist (Randnummer 115 der Risikofinanzierungsleitlinien):

....

3. Falls auf dieser Ebene eine private Beteiligung erfolgt (z. B. wenn private Investoren dem Finanzintermediär parallel zum Staat Darlehen gewähren):

— Geben Sie bitte die Beteiligungsquoten der öffentlichen und der privaten Investoren/Kreditgeber an:

....

....

Insbesondere bei Darlehen mit Risikoteilung im Portfolio: Wie hoch ist die Koinvestitionsrate seitens des ausgewählten Finanzintermediärs? Beachten Sie bitte, dass sie nicht unter 30 % des Werts des zugrunde liegenden Darlehensportfolios liegen sollte (Randnummer 114 der Risikofinanzierungsleitlinien): .... %

— Bitte beschreiben Sie die Risiko-Rendite-Teilung zwischen öffentlichen und privaten Investoren bzw. Kreditgebern:

....

Insbesondere wenn der öffentliche Investor den Erstverlust übernimmt: Welche Obergrenze ist anwendbar? Bitte beachten Sie, dass diese Obergrenze 35 % nicht übersteigen sollte (Randnummer 113 der Risikofinanzierungsleitlinien): Obergrenze von ....%.

5. Verf-DVO kons

Wenn der öffentliche Investor/Kreditgeber eine Erstverlust-Tranche übernimmt, die über dem in der AGVO festgelegten Höchstsatz (25 %) liegt, so muss dies durch ein
im Rahmen der *Ex-ante*-Prüfung festgestelltes schwerwiegendes Marktversagen gerechtfertigt sein (Randnummer
113 der Risikofinanzierungsleitlinien). Fassen Sie bitte
zusammen, warum dies gerechtfertigt ist:

....

....

**Verf-DVO
kons**

— Erläutern Sie bitte, falls vorhanden, die weiteren Mechanismen zur Risikominderung zugunsten der privaten Investoren bzw. Kreditgeber:

....

4. Worin besteht der (nach Randnummer 104 der Risikofinanzierungsleitlinien vorgeschriebene) Mechanismus für die Weitergabe, der gewährleistet, dass der Finanzintermediär den
vom Staat erhaltenen Vorteil an die endbegünstigten Unternehmen weitergibt? Welche Anforderungen muss der Finanzintermediär an die Endempfänger stellen (z. B. in Bezug auf
Zinssatz, Sicherheiten, Risikoklasse)? (Machen Sie bitte ganz
genaue Angaben) Geben Sie bitte auch im Einzelnen an,
inwieweit das im Rahmen der Maßnahme aufzubauende Portfolio über die übliche Kreditrisikopolitik des Finanzintermediärs hinausgeht.

....

....

5. Welche Strategie verfolgt der öffentliche Investor?

....

Erläutern Sie bitte, wie das gewählte Instrument die vom
öffentlichen Investor verfolgten politischen Zielsetzungen fördert:

....

6. Beschreiben Sie bitte, wie das Instrument ausgestaltet wurde,
um die mit der Investitionsstrategie des Finanzintermediärs
verfolgten Interessen und die politischen Ziele des öffentlichen Investors anzugleichen:

....

7. Machen Sie bitte ausführliche Angaben zur Laufzeit des Instruments oder der Ausstiegsstrategie für die Investition in
Kreditinstrumente, sowie zur Strategie des öffentlichen Investors für den Ausstieg:

....

8. Sonstige zweckdienliche Angaben:

....

☐ NICHT DIREKT ZAHLUNGSFINANZIERTE KREDIT-
INSTRUMENTE: STAATLICHE GARANTIEN AUF DER
EBENE DER FINANZINTERMEDIÄRE FÜR TRANSAKTIO-
NEN MIT ENDBEGÜNSTIGTEN

1. Bitte geben Sie die einschlägige Bestimmung der Rechtsgrundlage an, nach der zu den Transaktionen, für die eine
Garantie gewährt werden kann, neu bereitgestellte beihilfefähige Risikokreditfinanzierungen, einschließlich Leasinginstrumenten, sowie beteiligungsähnliche Investitionen, nicht
aber Beteiligungen gehören (Randnummer 116 der Risikofinanzierungsleitlinien): ....

2. Decken die Garantien für Finanzintermediäre ein Portfolio und nicht eine einzelne Transaktion ab?

☐ Ja   ☐ Nein

3. Art der Garantie:

☐ Mit Obergrenze: Die Obergrenze beträgt .... %

(Diese Obergrenze ist auf von Finanzintermediären gehaltene Portfolios anwendbar. Der einschlägige Wert (Cap Rate) sollte 35 % nicht übersteigen) (Randnummer 118 der Risikofinanzierungsleitlinien) Bitte begründen Sie diese Cap Rate:

....

Kreuzen Sie außerdem bitte die zutreffenden Feststellungen an:

a) ☐ Die Cap Rate deckt nur erwartete Verluste ab.

b) ☐ Die Cap Rate deckt auch unerwartete Verluste ab. Zeigen Sie in diesem Fall bitte auf, wie der Garantiepreis der durch die Garantie gebotenen zusätzlichen Risikodeckung Rechnung trägt: ....

☐ Es gibt keine Obergrenze; begründen Sie in diesem Fall bitte die Notwendigkeit und zeigen Sie auf, wie der Garantiepreis der durch die Garantie gebotenen zusätzlichen Risikodeckung Rechnung trägt:

....

☐ Es wird eine Rückgarantie (Garantie zur Absicherung von Institutionen) gewährt.

☐ Sonstige: ....

4. Garantiesatz (Prozentsatz der Verlustdeckung durch einen öffentlichen Investor bei jeder im Rahmen einer Risikofinanzierungsbeihilfe beihilfefähigen Transaktion (siehe Definition unter Randnummer 52 Ziffer xvi der Risikofinanzierungsleitlinien). Der Garantiesatz darf jedoch 90 % nicht überschreiten (Randnummer 117 der Risikofinanzierungsleitlinien)): .... %;

Nennen Sie bitte den Grund für diese Deckungshöhe:

....

....

5. Durch die Garantie abgedeckte zugrunde liegende Transaktionen:

— Art der zugrunde liegenden Transaktionen: ....

— Nominaler Gesamtumfang der zugrunde liegenden Transaktionen (in Euro): ....

— Nominaler Höchstbetrag der zugrunde liegenden Transaktion je Endbegünstigten: ....

— Laufzeit der zugrunde liegenden Transaktionen: ....

— Andere relevante Eigenschaften der zugrunde liegenden Transaktionen (Risikoeinstufung, andere): ....

6. Beschreiben Sie bitte die übrigen Merkmale der Garantie (fügen Sie bitte auch einen Vergleich mit den Marktbedingungen für eine derartige Garantie bei):

— Maximale Laufzeit der Garantie:.................................
(Beachten Sie bitte, dass diese Laufzeit in der Regel nicht über 10 Jahren liegen sollte) (Randnummer 119 der Risikofinanzierungsleitlinien)

5. Verf-DVO kons

— Geben Sie bitte die einschlägige Bestimmung der Rechtsgrundlage an, nach der die Garantie herabzusetzen ist, wenn der Finanzintermediär in einem bestimmten Zeitraum nicht einen gewissen Mindestbetrag in das Portfolio investiert, und nach der für nicht in Anspruch genommene Beträge Bereitstellungsprovisionen in Rechnung zu stellen sind: ....

— Ist eine Garantiegebühr vorgesehen?

☐ Ja   ☐ Nein

Geben Sie bitte an, wer die Garantiegebühr zu entrichten hat:

....

Machen Sie bitte ausführliche Angaben zur Festsetzung der Gebühr:

....

Sonstiges: ....

7. Worin besteht der (nach Randnummer 104 der Risikofinanzierungsleitlinien vorgeschriebene) Mechanismus für die Weitergabe, der gewährleistet, dass der Finanzintermediär den vom Staat erhaltenen Vorteil an die endbegünstigten Unternehmen weitergibt? Welche Anforderungen muss der Finanzintermediär an die Endempfänger stellen (z. B. in Bezug auf Zinssatz, Sicherheiten, Risikoklasse)? Machen Sie bitte ganz genaue Angaben. Geben Sie bitte auch im Einzelnen an, inwieweit das im Rahmen der Maßnahme aufzubauende Portfolio über die übliche Kreditrisikopolitik des Finanzintermediärs hinausgeht.

....

....

8. Welche Strategie verfolgt der öffentliche Investor?

....

Erläutern Sie bitte, wie das gewählte Instrument die vom öffentlichen Investor verfolgten politischen Zielsetzungen fördert:

....

....

9. Beschreiben Sie bitte, wie das Instrument ausgestaltet wurde, um die mit der Investitionsstrategie des Finanzintermediärs verfolgten Interessen und die politischen Ziele des öffentlichen Investors anzugleichen:

....

....

10. Machen Sie bitte ausführliche Angaben zur Laufzeit des Instruments oder der Ausstiegsstrategie für die Investition in Kreditinstrumente, sowie zur Strategie des öffentlichen Investors für den Ausstieg:

....

....

11. Sonstige zweckdienliche Angaben:

....

....

☐ SONSTIGE FINANZINSTRUMENTE

Beschreiben Sie bitte das im Rahmen der Maßnahme genutzte Finanzinstrument und gehen Sie ausführlich auf alle in Abschnitt 2.9.1.1 enthaltenen Elemente ein, soweit sie sich auf das gewählte Finanzinstrument beziehen:

....

B) **Beteiligung von Finanzintermediären auf mehreren Ebenen**

In bestimmten Fällen (unter anderem bei Dachfondsstrukturen) ist es möglich, dass beispielsweise der Staat einem Finanzintermediär Beteiligungskapital, Darlehen oder Garantien zur Verfügung stellt, der diese seinerseits einem weiteren Finanzintermediär zur Verfügung stellt, welcher dann Endempfängern Risikofinanzierungen gewährt. Erfolgt die Beteiligung von Finanzintermediären im Rahmen der Regelung auf zwei oder mehreren Ebenen, machen Sie bitte für jede zusätzliche Ebene gegebenenfalls alle in Abschnitt 2.9.1.1.A verlangten relevanten Angaben zu Beteiligungskapital, Darlehen, Garantien, anderen Finanzinstrumenten:

....

2.9.1.2. Von Finanzintermediären getätigte Risikofinanzierungen zugunsten von Endempfängern

Bei der Risikofinanzierung zugunsten der Endempfänger handelt es sich um (bitte Zutreffendes ankreuzen und ausfüllen):

☐ BETEILIGUNGEN (EINSCHLIESSLICH BETEILIGUNGSÄHNLICHER INVESTITIONEN) VON FINANZINTERMEDIÄREN AN ENDEMPFÄNGERN

a) Im Falle beteiligungsähnlicher Investitionen beschreiben Sie bitte ausführlich die Art des in Betracht gezogenen Instruments:

....

b) Machen Sie bitte detaillierte Angaben zu den Beteiligungskonditionen (fügen Sie bitte auch einen Vergleich mit den Marktbedingungen für derartige Beteiligungen bei):

....

c) Geben Sie bitte eine ausführliche Beschreibung der vom Finanzintermediär vorzunehmenden Beteiligung einschließlich der Anforderungen, denen die Investitionsstrategie der in Betracht kommenden Finanzintermediäre entsprechen sollte:

....

d) Erläutern Sie bitte ausführlich die Laufzeit des Instruments oder die Ausstiegsstrategie für die Beteiligungen:

....

e) Falls eine private Beteiligung erfolgt (z. B. wenn auch private Investoren den Endbegünstigten Beteiligungskapital zur Verfügung stellen):

— Geben Sie bitte den Anteil der privaten Beteiligung an: ......

— Nennen Sie bitte die Art der vorgesehenen Präferenzbehandlung für die beteiligten Privatinvestoren, wie in der Aufforderung zur Interessenbekundung angegeben (bitte ausführlich beschreiben):

....

5. Verf-DVO kons

☐ Anreize durch Vorzugsrenditen: ....

☐ Absicherung nach unten: ....

— Bei einer asymmetrischen Verlustteilung, bei der die in der AGVO festgelegten Grenzwerte überschritten werden, geben Sie bitte unter Bezugnahme auf die *Ex-ante*-Prüfung wirtschaftliche Nachweise und eine Begründung an (Randnummer 110 der Risikofinanzierungsleitlinien): ....

....

— Falls zutreffend, geben Sie bitte an, ob die vom öffentlichen Investor übernommene Erstverlust-Tranche begrenzt ist (Randnummer 110 der Risikofinanzierungsleitlinien):

☐ Ja. Bitte erläutern Sie, wie die Obergrenze festgesetzt wurde:

....

☐ Nein. Führen Sie dies bitte aus:

....

☐ DIREKT ZAHLUNGSFINANZIERTE KREDITINSTRUMENTE: DARLEHEN VON FINANZINTERMEDIÄREN AN ENDEMPFÄNGER

— Art des Darlehens: Machen Sie bitte nähere Angaben:

....

— Darlehenskonditionen im Rahmen der Maßnahme (fügen Sie bitte auch einen Vergleich mit den Marktbedingungen für derartige Darlehen bei):

....

— Maximaler Umfang des Darlehens pro Empfänger: ...

....

— Maximale Laufzeit der Darlehen: ...

....

— Machen Sie bitte ausführliche Angaben zur Laufzeit des Instruments oder der Ausstiegsstrategie für die Investition in Kreditinstrumente:

....

— Risikoeinstufung der Endbegünstigten: ...

....

— Sicherheiten bzw. sonstige Anforderungen: ...

....

— Sonstige zweckdienliche Angaben: ...

....

— Falls auf dieser Ebene eine private Beteiligung erfolgt (z. B. wenn auch private Investoren den Endbegünstigten Darlehen gewähren):

Geben Sie bitte den Anteil der privaten Beteiligung an: ....

Bitte beschreiben Sie die Risiko-Rendite-Teilung zwischen öffentlichen und privaten Investoren:

....

Insbesondere wenn der öffentliche Investor den Erstverlust übernimmt: Welche Obergrenze ist anwendbar? Obergrenze von %. (Bitte beachten Sie, dass diese Obergrenze 35 % nicht übersteigen sollte) (Randnummer 113 der Risikofinanzierungsleitlinien).

Wenn der öffentlichen Investor/Kreditgeber eine Erstverlust-Tranche übernimmt, die über dem in der AGVO festgelegten Höchstsatz (25 %) liegt, begründen Sie dies bitte unter Bezugnahme auf ein im Rahmen der *Ex-ante*-Prüfung festgestelltes schwerwiegendes Marktversagen (Randnummer 113 der Risikofinanzierungsleitlinien) und übermitteln Sie eine Zusammenfassung dieser Begründung: ....

Erläutern Sie bitte, falls vorhanden, die weiteren Mechanismen zur Risikominderung zugunsten der privaten Investoren/Kreditgeber: ....

☐ NICHT DIREKT ZAHLUNGSFINANZIERTE KREDITINSTRUMENTE: GARANTIEN VON FINANZINTERMEDIÄREN FÜR ENDEMPFÄNGER:

1. Machen Sie bitte ausführliche Angaben zu Art und Bedingungen der Garantien (fügen Sie bitte auch einen Vergleich mit den Marktbedingungen derartiger Garantien bei):

....

....

2. Bitte geben Sie die einschlägige Bestimmung der Rechtsgrundlage an, nach der zu den Transaktionen, für die eine Garantie gewährt werden kann, neu bereitgestellte beihilfefähige Risikokreditfinanzierungen, einschließlich Leasinginstrumenten, sowie beteiligungsähnliche Investitionen, nicht aber Beteiligungen gehören (Randnummer 116 der Risikofinanzierungsleitlinien):

....

....

3. Geben Sie bitte Art und Bedingungen der zugrunde liegenden Transaktionen an:

....

....

☐ SONSTIGE FINANZINSTRUMENTE

Beschreiben Sie bitte die Finanzinstrumente, die im Rahmen der Maßnahme eingesetzt werden sollen, und legen Sie alle in Abschnitt 2.9.1.2 enthaltenen Elemente ausführlich dar, soweit sie sich auf das gewählte Finanzinstrument beziehen:

....

....

2.9.2. Steuerliche Instrumente:

Füllen Sie diesen gesamten Abschnitt bitte für jeden Steueranreiz aus:

— Steueranreiz für:

a) ☐ Direktinvestitionen in Unternehmen

b) ☐ indirekte Investitionen in Unternehmen (d. h. über Finanzintermediäre)

c) ☐ indirekte Investitionen in Unternehmen über eine alternative Handelsplattform

— Steueranreiz zugunsten von:

a) ☐ Unternehmensinvestoren

b) ☐ Investoren, die natürliche Personen sind, für Investitionen, die nicht unter die AGVO fallende Investitionen:

....

— Form des Steueranreizes:

a) ☐ auf die Steuerbemessungsgrundlage anwendbare Einkommensteuervergünstigung

5. Verf-DVO kons

b) ☐ auf die Steuerschuld anwendbare Steuerersparnis

c) ☐ Vergünstigungen bei der Besteuerung von anderen Kapital-
erträgen als Dividenden

d) ☐ Vergünstigungen bei der Besteuerung von Dividenden

e) ☐ Sonstige:

**Verf-DVO
kons**

— Beschreiben Sie bitte im Einzelnen die Voraussetzungen, die die
Investition für die Gewährung des Steueranreizes erfüllen muss:

— Beschreiben Sie bitte im Einzelnen die Berechnung des Steueranreizes (z. B. einschließlich des prozentualen Höchstsatzes des investierten Betrags, den der Investor von der Steuer absetzen kann, des
Höchstbetrags der Steuerersparnis, der von der Steuerschuld des Investors abgezogen werden kann usw.):

— Übermitteln Sie unter Bezugnahme auf die *Ex-ante*-Prüfung bitte
wirtschaftliche Nachweise und eine Begründung für die Kategorie
beihilfefähiger Unternehmen (Randnummer 121 der Risikofinanzierungsleitlinien):

— Legen Sie bitte Nachweise dafür vor, dass die Auswahl der beihilfefähigen Unternehmen auf der Grundlage gut strukturierter Investiti-
onsanforderungen erfolgt, die mit geeigneter Publizität veröffentlicht
wurden und in denen die Merkmale der beihilfefähigen, mit einem
nachgewiesenen Marktversagen konfrontierten Unternehmen festgelegt sind (Randnummer 123 der Risikofinanzierungsleitlinien):

— Maximale Laufzeit des vorgesehenen Steueranreizes: (Beachten Sie
bitte, dass steuerliche Regelungen eine Laufzeit von höchstens 10
Jahren haben sollten) (Randnummer 124 der Risikofinanzierungsleitlinien)

— Erläutern Sie bitte die besonderen Merkmale des nationalen Steuersystems, die für das Verständnis des Steueranreizes relevant sind:

— Beschreiben Sie bitte damit verbundene/ähnliche/relevante Steueranreize, die in dem Mitgliedstaat bereits bestehen, sowie das Zusammenwirken zwischen diesem und dem angemeldeten Steueranreiz:

— Kommt der Steueranreiz für alle Investoren in Frage, die die erforderlichen Kriterien erfüllen, unabhängig von ihrem Sitz (Randnummer 126 der Risikokapitalleitlinien)?

☐ Ja   ☐ Nein

— Legen Sie bitte Nachweise für die geeignete Publizität hinsichtlich des Umfangs und der technischen Parameter (einschließlich Obergrenzen für den maximalen Vorteil und Höchstbetrag der Investition) vor (Randnummer 126 der Risikokapitalleitlinien):............................

— Überschreitet die Gesamtinvestition für jedes begünstigte Unternehmen den in der Risikofinanzierungsbestimmung der AGVO festgesetzten Höchstbetrag (Randnummer 149 der Risikofinanzierungsleitlinien)?

☐ Ja ☐ Nein

— Handelt es sich bei den beihilfefähigen Aktien um von einem beihilfefähigen Unternehmen im Sinne der *Ex-ante*-Prüfung neu ausgegebene Stammaktien mit vollem Risiko, die mindestens drei Jahre lang gehalten werden müssen (Randnummer 150 der Risikokapitalleitlinien)?

☐ Ja

☐ Nein. Führen Sie dies bitte aus:

....

....

— Steht die Vergünstigung Investoren zur Verfügung, die von dem Unternehmen, in das investiert wird, nicht unabhängig sind (Randnummer 150 der Risikokapitalleitlinien)?

☐ Nein

☐ Ja. Falls ja, führen Sie dies bitte aus:

....

....

— Wie hoch ist im Falle von Einkommensteuervergünstigungen der maximale Prozentsatz des in beihilfefähige Unternehmen investierten Betrags, bis zu dem Investoren Vergünstigen erhalten können (Randnummer 151 der Risikokapitalleitlinien)? Eine Begrenzung der Steuervergünstigung auf 30 % des investierten Betrags ist als angemessen anzusehen: ... %

Kann die Vergünstigung den vor der Anwendung der steuerlichen Maßnahme festgestellten Höchstbetrag der Einkommensteuerschuld des Investors überschreiten?

☐ Nein

☐ Ja. Führen Sie dies bitte aus: ....

Werden im Rahmen der Maßnahme mehrere Arten von Steueranreizen gewährt, beantworten Sie bitte die Fragen in Abschnitt 2.9.2 für jede Beihilfeart.

2.9.3. Maßnahmen zur Förderung alternativer Handelsplattformen:

— Bestehende Plattform:

☐ Ja

☐ Nein, die Plattform ist neu einzurichten.

— Handelt es sich bei der Plattform um eine Unterplattform oder Tochtergesellschaft einer bestehenden Börse?

☐ Ja. Führen Sie dies bitte aus:

....

☐ Nein

— Bestehen in dem Mitgliedstaat bereits alternative Handelsplattformen (Randnummer 129 der Risikofinanzierungsleitlinien)?

5. Verf-DVO kons

☐ Ja. Führen Sie dies bitte aus:

....

☐ Nein

— Wird die Plattform von mehreren Mitgliedstaaten eingerichtet und ist sie in mehreren Mitgliedstaaten tätig (Randnummer 128 der Risikofinanzierungsleitlinien)?

Verf-DVO kons

☐ Ja. Führen Sie dies bitte aus:

....

☐ Nein

— Art der auf der Plattform gehandelten Unternehmen:

....

Fügen Sie dieser Anmeldung bitte Folgendes bei:

— den Nachweis, dass die Finanzinstrumente, die zum Handel auf den alternativen Handelsplattformen zugelassen sind, derzeit oder künftig mehrheitlich von KMU begeben werden.

— einen Geschäftsplan des Betreibers der Plattform, der belegt, dass sich die geförderte Plattform in weniger als 10 Jahren finanziell selbst tragen können wird (Randnummer 127 der Risikobeihilfeleitlinien).

— plausible kontrafaktische Fallkonstellationen, d. h., es muss ein Vergleich angestellt werden zwischen den Situationen, mit denen die handelbaren Unternehmen im Hinblick auf den Zugang zu den erforderlichen Finanzmitteln bei Bestehen der Plattform und ohne die Plattform konfrontiert wären (Randnummer 127 der Risikofinanzierungsleitlinien).

— bei bestehenden Plattformen die Geschäftsstrategie der Plattform, aus der hervorgeht, dass die betreffende Plattform aufgrund eines dauerhaften Mangels an Notierungen, der Liquiditätsengpässe nach sich zieht, trotz ihrer langfristigen Rentabilität kurzfristig unterstützt werden muss (Randnummer 129 der Risikofinanzierungsleitlinien).

Art der Maßnahme:

☐ Steueranreize für Unternehmensinvestoren für ihre über eine alternative Handelsplattform getätigten Risikofinanzierungen in beihilfefähige Unternehmen. Füllen Sie bitte den vorstehenden Abschnitt 2.9.2 zu steuerlichen Instrumenten aus.

☐ Förderung von Plattformbetreibern:

— Der Plattformbetreiber ist ein kleines Unternehmen oder größer als ein kleines Unternehmen.

— Höchstbetrag der Maßnahme: .... EUR.

Überschreitet der Höchstbetrag die nach der AGVO zulässige Startbeihilfe?

☐ Ja   ☐ Nein

— Bei der Einrichtung der Plattform entstandene Investitionskosten: EUR

— Überschreitet die Beihilfe für den Betreiber 50 % dieser Investitionskosten (Randnummer 153 der Risikofinanzierungsleitlinien)?

☐ Ja   ☐ Nein

— Bis zu wie vielen Jahren ab der Inbetriebnahme der Plattform sind Beihilfen zulässig?

....

— Bei Plattformen, bei denen es sich um eine Unterplattform oder Tochtergesellschaft einer bestehenden Börse handelt bzw. handeln wird, legen Sie bitte Nachweise vor für den Mangel an Finanzmitteln, mit dem diese Unterplattform konfrontiert wäre:

....

— Sonstige zweckdienliche Angaben:

....

3. **Weitere Informationen für die Prüfung der Vereinbarkeit der Beihilferegelung mit dem Binnenmarkt**

3.1. Beitrag zu einem Ziel von gemeinsamem Interesse und Erforderlichkeit staatlicher Maßnahmen (Abschnitte 3.2 und 3.3 der Risikofinanzierungsleitlinien)

Eine Risikofinanzierungsbeihilferegelung kann nur gerechtfertigt sein, wenn sie auf die Behebung eines spezifischen Marktversagens in Form einer Finanzierungslücke ausgerichtet ist, die sich negativ auf bestimmte Unternehmen in einer bestimmten Entwicklungsphase, einem bestimmten geografischen Gebiet und gegebenenfalls einem bestimmten Wirtschaftszweig auswirkt.

Fügen Sie dieser Anmeldung bitte die **umfassende** *Ex-ante*-**Prüfung** bei, die das spezifische Marktversagen belegt.

3.1.1. Angaben zur *Ex-ante*-Prüfung (Randnummern 65 und 66 der Risikofinanzierungsleitlinien)

Datum der *Ex-ante*-Prüfung: ....

Die Prüfung wurde durchgeführt von: ....

☐ einer unabhängigen Einrichtung

☐ einer mit folgender Behörde verbundenen Einrichtung:

....

Der Prüfung lagen folgende Daten zugrunde:

....

Kreuzen Sie bitte das nachstehende Kästchen an, um zu bestätigen, dass die *Ex-ante*-Prüfung auf Daten basiert, die die der Anmeldung vorangehenden 5 Jahre abdecken: ☐

Die Risikofinanzierungsregelung wird teilweise aus den Europäischen Struktur- und Investitionsfonds finanziert, und die Prüfung wurde im Einklang mit Artikel 37 Absatz 2 der Verordnung (EU) Nr. 1303/2013 (Verordnung mit gemeinsamen Bestimmungen) ([148]) vorgenommen: ☐

3.1.2. Ermittlung der spezifischen politischen Ziele und Festlegung der Leistungsindikatoren für die Risikofinanzierungsregelung in der *Ex-ante*-Prüfung (Randnummern 58 und 59 der Risikofinanzierungsleitlinien)

([148]) Verordnung (EU) Nr. 1303/2013 des Europäischen Parlaments und des Rates vom 17. Dezember 2013 mit gemeinsamen Bestimmungen über den Europäischen Fonds für regionale Entwicklung, den Europäischen Sozialfonds, den Kohäsionsfonds, den Europäischen Landwirtschaftsfonds für die Entwicklung des ländlichen Raums und den Europäischen Meeres- und Fischereifonds sowie mit allgemeinen Bestimmungen über den Europäischen Fonds für regionale Entwicklung, den Europäischen Sozialfonds, den Kohäsionsfonds und den Europäischen Meeres- und Fischereifonds und zur Aufhebung der Verordnung (EG) Nr. 1083/2006 des Rates (ABl. L 347 vom 20.12.2013. S. 320).

5. Verf-DVO kons

Führen Sie bitte die ermittelten spezifischen politischen Ziele auf und verweisen Sie auf den einschlägigen Abschnitt der *Ex-ante*-Prüfung:

....

Führen Sie bitte die festgelegten Leistungsindikatoren (siehe die Beispiele unter Randnummer 58 der Risikofinanzierungsleitlinien) auf und verweisen Sie auf den einschlägigen Abschnitt der *Ex-ante*-Prüfung:

....

....

3.1.3. Wirtschaftliche Nachweise und Begründung für die Erforderlichkeit staatlicher Maßnahmen in der *Ex-ante*-Prüfung (Abschnitt 3.3 der Risikofinanzierungsleitlinien): siehe die Abschnitte 2.3, 2.4 und 2.5 dieses Formulars

3.2. Geeignetheit und Anreizeffekt der Risikofinanzierungsregelung (Abschnitte 3.4 und 3.5 der Risikofinanzierungsleitlinien)

3.2.1. Allgemeines

A) Erläutern Sie bitte unter Bezugnahme auf die *Ex-ante*-Prüfung, warum das festgestellte Marktversagen durch die bestehenden und geplanten politischen Maßnahmen des Mitgliedstaats und der Union, mit denen dasselbe festgestellte Marktversagen behoben werden soll, nicht angemessen behoben werden kann (Randnummern 90 und 91 der Risikofinanzierungsleitlinien):

....

....

B) Erläutern Sie bitte, warum das geplante Beihilfeinstrument am besten geeignet ist, eine effiziente Finanzierungsstruktur zu gewährleisten (Randnummern 92 und 93 der Risikofinanzierungsleitlinien):

....

....

3.2.2. Voraussetzungen für die Geeignetheit von Finanzinstrumenten (Abschnitt 3.4.2 der Risikofinanzierungsleitlinien)

1. Mindestanteil privater Investitionen (Randnummern 95 bis 97 der Risikofinanzierungsleitlinien)

— Wie hoch ist die aggregierte (d. h. zusammengefasste, alle Ebenen einschließende) Mindestbeteiligung unabhängiger privater Investoren an der Risikofinanzierungsinvestition in das endbegünstigte Unternehmen? .. % der für das endbegünstigte Unternehmen bereitgestellten (öffentlichen und privaten) Risikofinanzierung

— Falls die Beteiligung unabhängiger privater Investoren unter den in der AGVO festgelegten Sätzen liegt, fassen Sie bitte die wirtschaftlichen Nachweise zusammen und geben Sie unter Bezugnahme auf die *Ex-ante*-Prüfung eine ausführliche Begründung für den betreffenden Satz (Randnummer 95 der Risikofinanzierungsleitlinien):

....

....

— Ist durch die *Ex-ante*-Prüfung nachgewiesen, dass die Regelung zusätzliche private Mittel mobilisiert, die sonst entweder nicht oder aber in anderer Form, in anderem Umfang oder zu anderen Bedingungen bereitgestellt worden wären? Führen Sie dies bitte aus:

....

....

— Kann eine private Beteiligung nicht-unabhängiger Natur an der Risikofinanzierungsregelung akzeptiert werden (Randnummer 96 der Risikofinanzierungsleitlinien)?

☐ Ja. Falls ja, übermitteln Sie bitte wirtschaftliche Nachweise und eine Begründung:

....

....

☐ Nein

— Welche angemessenen Beschränkungen umfasst die Regelung im Falle von Unternehmen, die die erste Risikofinanzierung mehr als sieben Jahre nach ihrem ersten kommerziellen Verkauf erhalten? Beträgt die private Beteiligung mindestens 60 %?

☐ Ja

☐ Nein (Randnummer 97 der Risikofinanzierungsleitlinien)

2. Risiko-Rendite-Teilung zwischen öffentlichen und privaten Investoren (Randnummern 98 bis 100 der Risikofinanzierungsleitlinien)

Erläutern Sie bitte, warum oben in den Abschnitten über die betreffenden Finanzinstrumente beschriebene Aufteilung der Risiken und der Rendite zwischen öffentlichen und privaten Investoren als ausgewogen betrachtet werden kann (Randnummer 98 der Risikofinanzierungsleitlinien):

....

....

3. Art der Anreize, die im Rahmen der Auswahl der Finanzintermediäre sowie der Fondsmanager oder Investoren zu bestimmen ist (Randnummern 101 und 102 der Risikofinanzierungsleitlinien)

Kreuzen Sie bitte das Zutreffende an:

A) Auswahl der Finanzintermediäre, die die Regelung durchführen:

a) ☐ Die Finanzintermediäre werden in einem offenen, diskriminierungsfreien Verfahren ausgewählt, in dem die genaue Art der Anreize bestimmt wird.

— Falls nicht, geben Sie bitte den Grund an (und erläutern Sie die Auswahl der Investoren):...............................

— Beschreiben Sie bitte das wettbewerbliche Verfahren und wie der Auswahlprozess den Anforderungen entspricht:

....

....

— Geben Sie bitte die einschlägige Bestimmung der Rechtsgrundlage an, in der festgelegt ist, dass der Auswahlprozess gemäß den Vorschriften der Risikofinanzierungsleitlinien offen und diskriminierungsfrei sein muss:

....

....

— Führen Sie bitte die Auswahlkriterien für Finanzintermediäre auf, wie in der Aufforderung zur Interessenbekundung angegeben:

....

....

5. Verf-DVO kons

— Fügen Sie dieser Anmeldung bitte den für die Prüfung der Finanzintermediäre im Auswahlverfahren verwendeten Bewertungsbogen bei.

Beschreiben Sie bitte die Due-Diligence-Prüfung in Bezug auf die ausgewählten Finanzintermediäre:

....

....

— Beschreiben Sie bitte, wie die Erfüllung der in der AGVO (Artikel 21 Absätze 14 und 15) festgelegten Voraussetzungen sichergestellt wird, die die Verwaltung nach wirtschaftlichen Grundsätzen und gewinnorientierte Entscheidungen betreffen (Randnummer 160 der Risikofinanzierungsleitlinien):

....

....

— Legen Sie bitte Nachweise vor und geben Sie die Rechtsgrundlage an:

....

....

b) ☐ Im Rahmen dieses Auswahlverfahrens müssen die Finanzintermediäre (anhand der in der *Ex-ante*-Prüfung festgelegten Leistungsindikatoren) nachweisen, wie die von ihnen vorgeschlagene Investitionsstrategie dazu beiträgt, die politischen Zielsetzungen zu verwirklichen.

— Fügen Sie dieser Anmeldung bitte für jeden ausgewählten Finanzintermediär die von diesem vorgelegten Unterlagen bei, in denen er seine Investitionsstrategie, einschließlich der Preispolitik, darlegt und erläutert, wie sie dazu beiträgt, die einzelnen politischen Zielsetzungen zu verwirklichen.

— Beschreiben Sie bitte ausführlich den in der Risikofinanzierungsregelung vorgesehenen Mechanismus, mit dem der Mitgliedstaat sicherstellt, dass die Investitionsstrategie der Intermediäre stets mit den vereinbarten politischen Zielen im Einklang steht (zum Beispiel durch Überwachung, Berichterstattung oder Beteiligung an den Vertretungsgremien) und dass wesentliche Änderungen an der Investitionsstrategie die vorherige Zustimmung des Mitgliedstaats erfordern.

— Geben Sie bitte auch die einschlägige Bestimmung der Rechtsgrundlage an:

....

....

c) ☐ Jeder ausgewählte Finanzintermediär ist in einem wettbewerblichen Verfahren unter Berücksichtigung seiner Preispolitik in Bezug auf die im Rahmen der Risikofinanzierungsregelung eingesetzten Instrumente (unter anderem Finanzierungskosten, Kreditrisikoprämien, Verwaltungsgebühren und sonstige Gebühren) ausgewählt worden. Legen Sie bitte für jeden ausgewählten Finanzintermediär entsprechende Nachweise vor.

d) ☐ Der Manager des Finanzintermediärs oder die Verwaltungsgesellschaft („Manager") wird in einem offenen, transparenten, diskriminierungsfreien und objektiven Auswahlverfahren ausgewählt, oder die Vergütung des Managers
spiegelt das Marktniveau voll und ganz wider.

— Falls nicht, geben Sie bitte den Grund an (und erläutern
Sie die Auswahl der Investoren):

....

....

Beschreiben Sie bitte das wettbewerbliche Verfahren
und wie der Auswahlprozess den Anforderungen dieses
Buchstabens entspricht: ....

— Geben Sie bitte die einschlägige Bestimmung der
Rechtsgrundlage an, in der diese Anforderungen enthalten sind:

....

....

e) ☐ Dachfondsmanager müssen sich im Rahmen ihres Anlage-
mandats rechtsverbindlich dazu verpflichten, die Vorzugsbedingungen, die auf der Ebene der Zielfonds gelten könnten, in einem wettbewerblichen Verfahren festzulegen
(Randnummer 101 der Risikofinanzierungsleitlinien).

B) Auswahl privater Investoren

☐ Die privaten Investoren werden in einem offenen, diskriminierungsfreien Verfahren ausgewählt, in dem die genaue Art
der Anreize bestimmt wird (Randnummer 101 der Risikofinanzierungsleitlinien). Beschreiben Sie bitte die Modalitäten
für die Ermittlung und Auswahl privater Investoren:

....

....

4. Übernahme von mindestens 10 % der Erstverlust-Tranche durch den
koinvestierenden Finanzintermediär oder Fondsmanager (Randnummer 103 der Risikofinanzierungsleitlinien)

— Wenn der Finanzintermediär oder der Fondsmanager parallel zu
dem Mitgliedstaat investiert, sollten potenzielle Interessenkonflikte vermieden werden. In diesem Fall muss der Finanzintermediär oder der Fondsmanager mindestens 10 % der Erstverlust-
Tranche übernehmen (Randnummer 103 der Risikofinanzierungsleitlinien). Bestätigen Sie (falls zutreffend), dass dies der Fall ist:

....

....

5. Mechanismus für die Vorteilsweitergabe im Falle von Kreditinstru-
menten (Darlehen oder Garantien) (Randnummer 104 der Risikofinanzierungsleitlinien)

a) ☐ In der Risikofinanzierungsregelung ist ein (in Abschnitt
2.9.1.1.A beschriebener) Mechanismus für die Vorteilsweitergabe vorgesehen, der gewährleistet, dass der Finanzintermediär
den vom Staat erhaltenen Vorteil an die endbegünstigten Unternehmen weitergibt. Geben Sie bitte die einschlägigen Bestimmungen der Rechtsgrundlage an:

....

....

5. Verf-DVO kons

b) ☐ Der Mechanismus für die Weitergabe umfasst eine geeignete Monitoringregelung und einen Rückforderungsmechanismus. Geben Sie bitte die einschlägigen Bestimmungen der Rechtsgrundlage an:

....

....

Verf-DVO kons

3.2.3. Voraussetzungen für die Geeignetheit steuerlicher Instrumente (Abschnitt 3.4.3 der Risikofinanzierungsleitlinien):

Für die Zwecke dieser Anforderungen werden Ihre Angaben in Abschnitt 2.9.2 berücksichtigt.

Machen Sie bitte weitere Angaben, die Ihres Erachtens mit Blick auf die Voraussetzungen für die Geeignetheit von Belang sind:

....

....

3.2.4. Voraussetzungen für die Geeignetheit von Maßnahmen zur Förderung alternativer Handelsplattformen (Abschnitt 3.4.4 der Risikofinanzierungsleitlinien):

Für die Zwecke dieser Anforderungen werden Ihre Angaben in Abschnitt 2.9.3 berücksichtigt.

Machen Sie bitte weitere Angaben, die Ihres Erachtens mit Blick auf die Voraussetzungen für die Geeignetheit von Belang sind:

....

....

3.3. Angemessenheit der Beihilfe (Abschnitt 3.6 der Risikofinanzierungsleitlinien)

3.3.1. Angemessenheit im Verhältnis zu dem festgestellten Marktversagen

— Beschreiben und quantifizieren Sie bitte die den Zielunternehmen zur Verfügung stehenden Finanzierungsquellen, wie sie in der *Ex-ante*-Prüfung analysiert wurden (vgl. Randnummer 65 der Risikofinanzierungsleitlinien):

....

....

— Beschreiben Sie bitte kurz unter Bezugnahme auf die *Ex-ante*-Prüfung Art und Umfang der Finanzierungslücke für jede Kategorie von Zielunternehmen, wie sie in der *Ex-ante*-Prüfung nachgewiesen wurde (d. h. die Höhe der Nachfrage der Zielunternehmen nach Finanzmitteln, die nicht durch die unter Nummer 3.3.1 genannten Finanzierungsquellen gedeckt wird; geben Sie bitte an, wie die Finanzierungslücke berechnet wurde):

....

....

— Beschreiben Sie bitte, wie der im Rahmen der Risikofinanzierungsmaßnahme vorgesehene Gesamtbetrag der (öffentlichen und privaten) Konsortialfinanzierung auf den Umfang der Finanzierungslücke beschränkt wird (Randnummer 134 der Risikofinanzierungsleitlinien).

....

....

— Erläutern Sie bitte unter Bezugnahme auf die *Ex-ante*-Prüfung, wie die Vorzugsbehandlung privater Investoren auf das Minimum beschränkt wird, das erforderlich ist, um den in der Regelung verlangten Mindestanteil privaten Kapitals zu erreichen (Randnummer 134 der Risikofinanzierungsleitlinien):

....

....

▼ M8

— Dauer der Finanzierungslücke für jede Kategorie von Zielunternehmen, wie sie in der *Ex-ante*-Prüfung geschätzt wurde:

....

....

Legen Sie bitte eine Zusammenfassung der wirtschaftlichen Nachweise vor:

— Die *Ex-ante*-Prüfung enthält Nachweise für das oben genannte Marktversagen in folgenden Wirtschaftszweigen: und in folgendem geografischen Gebiet:

....

Legen Sie bitte eine Zusammenfassung der wirtschaftlichen Nachweise vor:

3.3.2. Voraussetzungen für die Angemessenheit von Finanzinstrumenten (Abschnitt 3.6.1 der Risikofinanzierungsleitlinien)

1. Finanzintermediäre/Fondsmanager

Wird der genaue Wert der Anreize im Verfahren zur Auswahl der Finanzintermediäre oder Fondsmanager bestimmt (Randnummer 136 der Risikofinanzierungsleitlinien)?

☐ Ja   ☐ Nein

Machen Sie bitte folgende Angaben zur Vergütung der Finanzintermediäre oder Fondsmanager (Randnummer 143 der Risikofinanzierungsleitlinien)?

— Umfasst sie im Einklang mit den Risikofinanzierungsleitlinien eine jährliche Verwaltungsgebühr (Randnummer 143 der Risikofinanzierungsleitlinien)?

☐ Ja   ☐ Nein. Machen Sie bitte nähere Angaben:

....

....

— Umfasst sie im Einklang mit den Risikofinanzierungsleitlinien leistungsbezogenen Anreize, einschließlich Anreize für die finanziellen Ergebnisse und politikbezogene Anreize (Randnummer 144 der Risikofinanzierungsleitlinien)?

☐ Ja   ☐ Nein. Machen Sie bitte nähere Angaben:

....

....

— Geben Sie bitte die Sanktionen an, die für den Fall vorgesehen sind, dass die politischen Ziele nicht erreicht werden:

....

— Geben Sie bitte die leistungsbezogene Vergütung an und vergleichen Sie sie mit der Marktpraxis (Randnummer 145 der Risikofinanzierungsleitlinien):

....

— Geben Sie bitte die Gesamtverwaltungsgebühren an und vergleichen Sie sie mit der Marktpraxis (Randnummer 146 der Risikofinanzierungsleitlinien):

....

5. Verf-DVO kons

▼ M8

— Wird die Gesamtgebührenstruktur bei der Bewertung im Rahmen des Auswahlverfahrens geprüft und die Höchstvergütung auf der Grundlage der Auswahl festgelegt (Randnummer 147 der Risikofinanzierungsleitlinien)?

☐ Ja   ☐ Nein. Erläutern Sie bitte,
                              warum nicht: ....

Falls es sich bei dem Finanzintermediär und dessen Manager um öffentliche Einrichtungen handelt, die nicht in einem offenen, transparenten, diskriminierungsfreien und objektiven Auswahlverfahren ausgewählt wurden, kreuzen Sie bitte das Zutreffende an und legen Sie entsprechende Nachweise vor (Randnummer 41 der Risikofinanzierungsleitlinien):

a) ☐ Ihre Verwaltungsgebühr ist begrenzt und ihre Vergütung insgesamt erfolgt nach marktüblichen Bedingungen und ist leistungsabhängig:

....

....

b) ☐ Die öffentlichen Finanzintermediäre werden nach wirtschaftlichen Grundsätzen verwaltet, und ihre Manager treffen gewinnorientierte Investitionsentscheidungen, die im Verhältnis zum Staat dem Fremdvergleichsgrundsatz genügen. Erläutern Sie bitte insbesondere die Mechanismen, die eingerichtet wurden, um eine mögliche Beeinflussung der laufenden Verwaltung des öffentlichen Fonds durch den Staat auszuschließen:

....

....

c) ☐ Die privaten Investoren werden bei jeder Investition in einem offenen, transparenten, diskriminierungsfreien und objektiven Auswahlverfahren ausgewählt.

Wie hoch ist im Falle der direkten Bestellung einer betrauten Einrichtung deren jährliche Verwaltungsgebühr ohne die leistungsbezogenen Anreize? % des in die Einrichtung einzubringenden Kapitals. Beachten Sie bitte, dass sie nicht mehr als 3 % betragen sollte (Randnummer 148 der Risikofinanzierungsleitlinien).

2. Private Investoren

Werden im Falle von Koinvestitionen eines öffentlichen Fonds und privater Investoren, die sich an einzelnen Transaktionen beteiligen, die privaten Investoren für jede Transaktion in einem gesonderten wettbewerblichen Verfahren ausgewählt, um die angemessene Kapitalrendite zu ermitteln (Randnummer 137 der Risikofinanzierungsleitlinien)?

☐ Ja. Falls ja, legen Sie bitte Nachweise vor.

☐ Nein

Wird die angemessene Kapitalrendite, wenn die privaten Investoren nicht im Wege eines solchen Verfahrens ausgewählt werden, von einem unabhängigen Sachverständigen anhand einer Analyse der Marktbenchmarks und der Marktrisiken unter Anwendung von Discounted-Cashflow-Methoden ermittelt, wird die Mindesthöhe der angemessenen Kapitalrendite errechnet und eine den Risiken entsprechende Marge hinzufügt (Randnummer 138 der Risikofinanzierungsleitlinien), und sind alle Voraussetzungen der Randnummer 139 der Risikofinanzierungsleitlinien erfüllt?

☐ Nein

☐ Ja. Falls ja, legen Sie bitte den Bericht vor, in dem die Evaluierung enthalten ist, nennen Sie den Sachverständigen, beschreiben Sie die bestehenden Vorschriften für seine Bestellung und legen Sie entsprechende Nachweise vor:

....

....

Kreuzen Sie bitte das nachstehende Kästchen an, um zu bestätigen, dass ein unabhängiger Sachverständiger innerhalb eines Zeitraums von drei Jahren nicht zweimal bestellt werden darf: ☐

Erläutern Sie bitte, wie die risikoadäquate Rendite für die privaten Investoren auf die angemessene Kapitalrendite beschränkt wird (Randnummer 140 der Risikofinanzierungsleitlinien):

....

....

Erläutern Sie bitte auf der Grundlage der *Ex-ante*-Prüfung die wirtschaftliche Begründung für die spezifischen finanziellen Parameter, die der Maßnahme zugrunde liegen:

....

....

3.3.3. Voraussetzungen für die Angemessenheit steuerlicher Instrumente (Abschnitt 3.6.2 der Risikofinanzierungsleitlinien):

Für die Zwecke dieser Anforderungen werden die Angaben in Abschnitt 2.9.2 berücksichtigt.

Machen Sie bitte weitere Angaben, die Ihres Erachtens mit Blick auf die Voraussetzungen für die Angemessenheit von Belang sind: ....

3.3.4. Voraussetzungen für die Angemessenheit alternativer Handelsplattformen (Abschnitt 3.6.3 der Risikofinanzierungsleitlinien):

Für die Zwecke dieser Anforderungen werden die Angaben in Abschnitt 2.9.3 berücksichtigt.

Machen Sie bitte weitere Angaben, die Ihres Erachtens mit Blick auf die Voraussetzungen für die Angemessenheit von Belang sind: ....

3.4. Vermeidung übermäßiger negativer Auswirkungen auf Wettbewerb und Handel (Abschnitt 3.7 der Risikofinanzierungsleitlinien)

— Übermitteln Sie als Teil der *Ex-ante*-Prüfung bitte Angaben zu den potenziellen negativen Auswirkungen der Risikofinanzierungsregelung. Diese Angaben sollten die potenziellen negativen Auswirkungen auf allen drei Ebenen betreffen, d. h. auf dem Markt für Risikofinanzierungen (z. B. Gefahr einer Verdrängung privater Investoren), auf der Ebene der Finanzintermediäre und ihrer Manager und auf der Ebene der endbegünstigten Unternehmen (einschließlich der Märkte, auf denen die Beihilfeempfänger tätig sind).

— Ist bei der Risikofinanzierungsregelung gewährleistet, dass die staatlichen Risikofinanzierungsbeihilfen nur auf potenziell rentable Unternehmen ausgerichtet sind?

☐ Ja   ☐ Nein

Falls die Antwort auf die vorstehende Frage „ja" lautet, beschreiben Sie bitte, wie dies sichergestellt wird, und geben Sie die einschlägigen Bestimmungen der Rechtsgrundlage an:

....

— Ist die Risikofinanzierungsregelung auf geografische Gebiete oder Regionen beschränkt?

☐ Ja   ☐ Nein

Falls ja, führen Sie dies bitte aus: ....

5. Verf-DVO kons

Verf-DVO kons

— Ist die Risikofinanzierungsregelung in der Rechtsgrundlage (rechtlich) auf bestimmte Wirtschaftszweige beschränkt?

☐ Ja   ☐ Nein

Falls ja, führen Sie dies bitte aus: ....

— Ist die Risikofinanzierungsregelung in der Praxis auf bestimmte Wirtschaftszweige ausgerichtet?

☐ Ja   ☐ Nein

Falls ja, führen Sie dies bitte aus: ....

— Wie werden die negativen Auswirkungen so gering wie möglich gehalten?

....

....

4. **Kumulierung von Beihilfen (Abschnitt 3.9 der Risikofinanzierungsleitlinien)**

Risikofinanzierungsbeihilfen können mit anderen staatlichen Beihilfen, bei denen sich die beihilfefähigen Kosten nicht bestimmen lassen, oder mit *De-minimis*-Beihilfen kumuliert werden, bis die höchste einschlägige Obergrenze für die Gesamtfinanzierung erreicht ist, die im Einzelfall in einer Gruppenfreistellungsverordnung oder einem Beschluss der Kommission festgelegt ist (Randnummer 168 der Risikofinanzierungsleitlinien).

— Kreuzen Sie bitte das nachstehende Kästchen an, um die Einhaltung dieser Vorschrift zu bestätigen: ☐

— Geben Sie bitte die Rechtsgrundlage an:

....

— Erläutern Sie bitte, wie die Einhaltung der Kumulierungsvorschriften erreicht wird:

....

5. **Sonstige Informationen**

Machen Sie hier bitte sonstige Angaben, die Ihres Erachtens für die Würdigung der betreffenden Maßnahme(n) nach den Risikofinanzierungsleitlinien von Belang sind:

....

....

TEIL III.8

Ergänzender Fragebogen für die Anmeldung eines Evaluierungsplans

Dieser Fragebogen ist von den Mitgliedstaaten für die Anmeldung eines Evaluierungsplans nach Artikel 1 Absatz 2 Buchstabe a der Verordnung (EU) Nr. 651/2014 ([149]) sowie im Falle einer angemeldeten Beihilferegelung, die nach den einschlägigen Leitlinien der Kommission der Evaluierungspflicht unterliegt, zu verwenden.

Hinweise für die Erstellung eines Evaluierungsplans bietet die Arbeitsunterlage der Kommissionsdienststellen „Gemeinsame Methodik für die Evaluierung staatlicher Beihilfen" ([150]).

([149]) Verordnung (EU) Nr. 651/2014 der Kommission vom 17. Juni 2014 zur Feststellung der Vereinbarkeit bestimmter Gruppen von Beihilfen mit dem Binnenmarkt in Anwendung der Artikel 107 und 108 des Vertrags über die Arbeitsweise der Europäischen Union (ABl. L 187 vom 26.6.2014, S. 1).
([150]) SWD(2014)179 final vom 28.5.2014.

- 192 -

▼ M8

1. **Angaben zu der zu evaluierenden Beihilferegelung**

    1. Bezeichnung der Beihilferegelung:

    ....

    2. Der Evaluierungsplan betrifft

    a) ☐ eine Regelung, die der Evaluierungspflicht nach Artikel 1 Absatz 2 Buchstabe a der Verordnung (EU) Nr. 651/2014 unterliegt.

    b) ☐ eine bei der Kommission nach Artikel 108 Absatz 3 AEUV angemeldete Regelung.

    3. Aktenzeichen der Regelung (von der Kommission auszufüllen):

    ....

    4. Geben Sie bitte etwaige *Ex-ante*-Evaluierungen oder Folgenabschätzungen, die für die Beihilferegelung erfolgt sind, sowie zu Vorläuferregelungen oder ähnlichen Regelungen bereits vorliegende *Ex-post*-Evaluierungen oder Studien an. Machen Sie bitte zu jeder dieser Studien die folgenden Angaben: a) kurze Beschreibung der Ziele, verwendeten Methoden, Ergebnisse und Schlussfolgerungen der Studie und b) besondere Herausforderungen, die bei diesen Evaluierungen und Studien möglicherweise aus methodischer Sicht bestanden (z. B. Verfügbarkeit von Daten), die für die Bewertung des aktuellen Evaluierungsplans relevant sind. Nennen Sie bitte gegebenenfalls einschlägige Bereiche oder Themen, die in bisherigen Evaluierungsplänen nicht berücksichtigt sind und Ihrer Meinung nach bei der aktuellen Evaluierung berücksichtigt werden sollten. Fügen Sie bitte die Zusammenfassungen solcher Evaluierungen und Studien als Anhang bei und geben Sie sofern vorhanden die Internetlinks zu diesen Dokumenten an:

    ....

2. **Ziele zu der zu evaluierenden Beihilferegelung** [151]

2.1. Beschreiben Sie bitte die Regelung und gehen Sie darauf, auf welche Erfordernisse und Probleme die Regelung eingeht und an welche Beihilfeempfängergruppen sie sich richtet (z. B. Größe, Wirtschaftszweig, Standort, voraussichtliche Anzahl).

    ....

2.2. Beschreiben Sie bitte die Ziele der Regelung und die erwarteten Auswirkungen sowohl auf der Ebene der anvisierten Beihilfeempfänger als auch in Bezug auf das jeweilige Ziel von allgemeinem Interesse.

    ....

2.3. Nennen Sie bitte die möglichen negativen Auswirkungen auf die Beihilfeempfänger oder auf die Wirtschaft im Allgemeinen, die sich direkt oder indirekt aus der Beihilferegelung ergeben könnten [152].

    ....

---

[151] Dieser Abschnitt enthält eine allgemeine Beschreibung der Ziele und Förderfähigkeitsbestimmungen der Regelung. Darüber hinaus soll er helfen zu bewerten, wie die Förderfähigkeits- und Ausschlussbestimmungen der Beihilferegelung genutzt werden können, um die Wirksamkeit der Beihilfe zu ermitteln. In einigen Fällen werden die genauen Förderfähigkeitsbestimmungen möglicherweise nicht vorab bekannt sein. In diesen Fällen sollte angegeben werden, was im besten Falle zu erwarten ist.

[152] Beispiele negativer Auswirkungen wären durch die Beihilferegelung bedingte Nachteile auf regionaler Ebene oder auf Ebene des jeweiligen Wirtschaftszweigs oder die Verdrängung privatwirtschaftlicher Investitionen.

5. Verf-DVO kons

**Verf-DVO
kons**

2.4. Geben Sie bitte a) die geplante jährliche Mittelausstattung der Regelung, b) die geplante Laufzeit der Regelung ([153]), c) das Beihilfeinstrument bzw. die Beihilfeinstrumente und d) die beihilfefähigen Kosten an.

....

2.5. Erläutern Sie bitte kurz die Förderfähigkeitskriterien und die Methoden zur Auswahl der Beihilfeempfänger. Gehen Sie bitte insbesondere darauf ein, a) wie die Beihilfeempfänger ausgewählt werden (z. B. Einstufung), b) welche Mittel voraussichtlich für die einzelnen Gruppen von Beihilfeempfängern zur Verfügung stehen werden, c) ob das Budget für einzelne Beihilfeempfängergruppen voraussichtlich eher erschöpft sein wird als für andere Gruppen, d) welche Einstufungsregeln gegebenenfalls bei der Regelung zur Anwendung kommen, e) welche Obergrenzen für die Beihilfeintensität gelten und f) welche Kriterien die Bewilligungsbehörde bei der Prüfung der Anträge zugrunde legen wird.

....

2.6. Geben Sie bitte an, ob spezifische Einschränkungen oder Risiken bestehen, die die Durchführung der Beihilferegelung, die erwarteten Auswirkungen und die Verwirklichung der Ziele beeinträchtigen könnten.

....

3. Evaluierungsfragen

3.1. Führen Sie bitte spezifische Fragen an, die bei der Evaluierung behandelt werden sollten und fügen sie quantitative Nachweise für die Auswirkungen der Beihilfe bei. Trennen Sie bitte zwischen a) Fragen zu den direkten Auswirkungen der Beihilfe auf die Beihilfeempfänger, b) Fragen zu den indirekten Auswirkungen und c) Fragen zur Angemessenheit und Geeignetheit der Beihilfe. Erläutern Sie bitte, wie sich die Evaluierungsfragen aus den Zielen der Beihilferegelung ergeben.

....

4. Ergebnisindikatoren

4.1. Verwenden Sie bitte die folgende Tabelle, um anzugeben, welche Indikatoren herangezogen werden, um die Ergebnisse der Regelung zu messen; nennen Sie bitte die relevanten Kontrollvariablen einschließlich der Datenquellen, und geben Sie an, wie die einzelnen Ergebnisindikatoren den Evaluierungsfragen entsprechen. Führen Sie bitte insbesondere Folgendes auf: a) die relevante Evaluierungsfrage, b) den Indikator, c) die Datenquelle, d) die Frequenz der Datenerhebung (zum Beispiel jährlich, monatlich usw.), e) die Ebene, auf der Daten erhoben werden (zum Beispiel Unternehmensebene, Betriebsebene, regionale Ebene usw.), f) die in der Datenquelle abgedeckte Gruppe (zum Beispiel Beihilfeempfänger, Nicht-Beihilfeempfänger, alle Unternehmen usw.).

Evaluie- rungsfrage	Indikator	Quelle	Frequenz	Ebene	Gruppe

Erläutern Sie bitte, warum die gewählten Indikatoren für die Messung der erwarteten Auswirkungen der Beihilferegelung am besten geeignet sind.

....

([153]) Beihilferegelungen im Sinne des Artikels 1 Absatz 2 Buchstabe a der Verordnung (EU) Nr. 651/2014 fallen nach Ablauf von sechs Monaten nach ihrem Inkrafttreten nicht mehr in den Geltungsbereich der genannten Verordnung. Nach Bewertung des Evaluierungsplans kann die Kommission beschließen, die Anwendbarkeit der Verordnung für solche Beihilferegelungen zu verlängern. Die Mitgliedstaaten werden gebeten, die geplante Laufzeit der Regelung genau anzugeben.

5. **In Erwägung gezogene Methoden für die Durchführung der Evaluierung**

5.1. Erläutern Sie bitte vor dem Hintergrund der Evaluierungsfragen, anhand welcher Methoden im Rahmen der Evaluierung der kausale Effekt der Beihilfe auf die Beihilfeempfänger sowie andere, indirekte Auswirkungen ermittelt werden sollen. Erläutern Sie bitte insbesondere die Gründe, aus denen diesen Methoden gegenüber anderen der Vorzug gegeben wurde (zum Beispiel Gründe im Zusammenhang mit der Gestaltung der Regelung) ([154]).

....

Verf-DVO kons

5.2. Erläutern Sie bitte genau die Identifikationsstrategie für die Evaluierung des kausalen Effekts der Beihilfe und die Annahmen, auf denen die Strategie beruht. Gehen Sie dabei insbesondere auf die Zusammenstellung und die Relevanz der Kontrollgruppe ein.

....

5.3. Erläutern Sie bitte, wie die in Erwägung gezogenen Methoden das Problem der auswahlbedingten Verzerrung berücksichtigen. Kann mit ausreichender Sicherheit davon ausgegangen werden, dass beim Ergebnis für die einzelnen Beihilfeempfänger die beobachteten Unterschiede auf die Beihilfe zurückzuführen sind?

....

5.4. Erläutern Sie bitte, falls zutreffend, wie mit den in Erwägung gezogenen Methoden auf die spezifischen Herausforderungen, die sich bei komplexen Beihilferegelungen stellen (z. B. Beihilferegelungen, die auf regionaler Ebene unterschiedlich durchgeführt werden oder Regelungen, die mehrere Beihilfeinstrumente vorsehen), eingegangen wird.

....

6. **Datenerhebung**

6.1. Beschreiben Sie bitte die Mechanismen und Quellen für die Erhebung und Verarbeitung von Daten über die Beihilfeempfänger und für die Erstellung der kontrafaktischen Fallkonstellation ([155]). Beschreiben Sie bitte alle relevanten Informationen, die sich auf die Auswahlphase beziehen: erhobene Daten zu den Antragstellern, von den Antragstellern übermittelte Angaben und Auswahlergebnisse. Gehen Sie ebenfalls auf etwaige Probleme in Bezug auf die Verfügbarkeit von Daten ein.

....

6.2. Machen Sie bitte Angaben zur Häufigkeit der Erhebung der für die Evaluierung relevanten Daten. Gibt es ausreichend aufgeschlüsselte Beobachtungen, d. h. Beobachtungen zu einzelnen Unternehmen?

....

6.3. Geben Sie bitte an, ob der Zugang zu den für die Evaluierung erforderlichen Daten durch Gesetze oder Vorschriften im Bereich des Datenschutzes beschränkt sein könnte und wie Fragen des Datenschutzes behandelt werden. Nennen Sie bitte andere mögliche Herausforderungen, die sich in Verbindung mit der Datenerhebung stellen und geben Sie an, wie diese bewältigt würden.

....

([154]) Nehmen Sie bitte Bezug auf SWD(2014)179 final vom 28.5.2014.
([155]) Bedenken Sie bitte, dass für die Evaluierung sowohl die Erhebung historischer Daten als auch die Erhebung von Daten, die während der Durchführung der Beihilferegelung nach und nach zur Verfügung stehen werden, erforderlich sein könnten. Nennen Sie bitte die Quellen für beiden Arten von Informationen. Vorzugsweise sollten beide Arten von Daten aus den denselben Quellen stammen, um über die Zeit eine gewisse Kohärenz zu gewährleisten.

5. Verf-DVO kons

6.4. Geben Sie bitte an, ob Umfragen bei Beihilfeempfängern oder bei anderen Unternehmen geplant sind und ob ergänzende Informationsquellen herangezogen werden sollen.

....

7. **Zeitlicher Rahmen für die Evaluierung**

Verf-DVO
kons

7.1. Skizzieren Sie bitte den zeitlichen Rahmen für die Evaluierung einschließlich der Eckdaten für die Datenerhebung, für Zwischenberichte und die Einbeziehung von Interessenträgern. Fügen Sie, falls Sie es als sinnvoll erachten, eine Anlage mit der ausführlichen zeitlichen Planung bei.

....

7.2. Geben Sie bitte an, wann der abschließende Evaluierungsbericht bei der Kommission vorgelegt werden wird.

....

7.3. Nennen Sie Faktoren, die die Einhaltung des geplanten zeitlichen Rahmens erschweren könnten.

....

8. **Das Evaluierungsgremium**

8.1. Machen Sie bitte konkrete Angaben zu dem Gremium, das die Evaluierung vornimmt; falls das Gremium noch nicht eingesetzt wurde, beschreiben Sie bitte die zeitliche Planung sowie das Auswahlverfahren und die Auswahlkriterien.

....

8.2. Erläutern Sie bitte, wie die Unabhängigkeit des Evaluierungsgremiums gewährleistet wird und wie etwaige Interessenkonflikte während des Auswahlverfahrens ausgeschlossen werden.

....

8.3. Geben Sie bitte die maßgebliche Erfahrung und maßgeblichen Kompetenzen des Evaluierungsgremiums an oder führen Sie aus, wie diese Fachkompetenz während des Auswahlverfahrens gewährleistet ist.

....

8.4. Welche Vorkehrungen wird die Bewilligungsbehörde für die Leitung und das Monitoring der Evaluierung treffen?

....

8.5. Machen Sie bitte Angaben — gegebenenfalls auch nur in Form von Richtwerten — zu den notwendigen personellen und finanziellen Ressourcen, die für die Evaluierung bereitgestellt werden.

....

9. **Veröffentlichung der Evaluierung**

9.1. Geben Sie bitte an, wie die Öffentlichkeit über die Evaluierung informiert werden soll, d. h. durch Veröffentlichung des Evaluierungsplans und des endgültigen Evaluierungsberichts auf einer Website.

....

9.2. Erläutern Sie bitte, wie die Einbeziehung von Interessenträgern gewährleistet wird. Geben Sie bitte an, ob öffentliche Konsultationen oder Veranstaltungen zu der Evaluierung geplant sind.

....

9.3. Erläutern Sie bitte, wie die Bewilligungsbehörde und andere Stellen die Evaluierungsergebnisse nutzen werden (z. B. für die Ausgestaltung von Folgeregelungen oder ähnliche Beihilferegelungen).

....

▼ M8

9.4. Erläutern Sie bitte, ob und unter welchen Bedingungen Daten, die für Evaluierungszwecke und für die Verwendung im Rahmen der Evaluierung erhoben wurden, für weitergehende Studien und Analysen zur Verfügung gestellt werden.

....

9.5. Geben Sie bitte an, ob der Evaluierungsplan vertrauliche Informationen enthält, die die Kommission nicht offenlegen sollte.

....

10. **Sonstige Informationen**

10.1. Geben Sie bitte an dieser Stelle sämtliche sonstigen Informationen an, die für die Bewertung des Evaluierungsplans von Belang sind.

....

10.2. Führen Sie bitte alle der Anmeldung beigefügten Unterlagen auf und übermitteln Sie entweder Fassungen in Papierform oder geben Sie die Internetadressen an, unter denen die betreffenden Unterlagen direkt zugänglich sind.

....

5. Verf-DVO kons

TEIL III.12

ALLGEMEINER FRAGEBOGEN FÜR DIE RAHMENREGELUNG DER EUROPÄISCHEN UNION FÜR STAATLICHE BEIHILFEN IM AGRAR- UND FORSTSEKTOR UND IN LÄNDLICHEN GEBIETEN

Dieser allgemeine Fragebogen für die Anmeldung staatlicher Beihilfen gilt für alle Sektoren, die unter die Rahmenregelung der Europäischen Union für staatliche Beihilfen im Agrar- und Forstsektor und in ländlichen Gebieten 2014–2020 ([1]) (im Folgenden „Rahmenregelung") fallen. Darüber hinaus sind für alle unter die Rahmenregelung fallenden Maßnahmen die entsprechenden ergänzenden Fragebögen auszufüllen.

0. GEMEINSAME BEWERTUNGSGRUNDSÄTZE

1. Erfüllt die staatliche Beihilfemaßnahme die folgenden gemeinsamen Bewertungsgrundsätze?

   ☐ Die Maßnahme trägt zu einem genau definierten Ziel von gemeinsamem Interesse bei.

   ☐ Erforderlichkeit staatlicher Maßnahmen: Die staatliche Beihilfe darf nur dann gewährt werden, wenn sie durch Behebung eines Marktversagens wesentliche Verbesserungen bewirken kann, die der Markt selbst nicht herbeiführen kann.

   ☐ Geeignetheit der Beihilfemaßnahme: Die geplante Beihilfemaßnahme muss ein geeignetes Instrument für die Verwirklichung des Ziels von gemeinsamem Interesse sein.

   ☐ Anreizeffekt: Die Beihilfe muss dazu führen, dass die betreffenden Unternehmen ihr Verhalten ändern und eine zusätzliche Tätigkeit aufnehmen, die sie ohne die Beihilfe nicht, nur in geringerem Umfang oder auf andere Weise ausüben würden.

   ☐ Angemessenheit der Beihilfe (Beschränkung der Beihilfe auf das erforderliche Minimum): Der Beihilfebetrag muss auf das Minimum begrenzt sein, das erforderlich ist, damit die zusätzlichen Tätigkeiten in dem betreffenden Sektor durchgeführt werden.

   ☐ Vermeidung übermäßiger negativer Auswirkungen auf den Wettbewerb und den Handel zwischen Mitgliedstaaten: Die negativen Auswirkungen der Beihilfemaßnahme müssen hinreichend begrenzt sein, damit die Gesamtbilanz der Maßnahme positiv ausfällt.

   ☐ Transparenz der Beihilfe: Die Mitgliedstaaten, die Kommission, die Wirtschaftsbeteiligten und die Öffentlichkeit müssen leichten Zugang zu allen einschlägigen Vorschriften und zu relevanten Informationen über die auf Grundlage dieser Vorschriften gewährten Beihilfen haben.

2. Führt die staatliche Beihilfemaßnahme zwangsläufig zu einem der folgenden Verstöße gegen Unionsrecht?

   ☐ Auflage, dass der Beihilfeempfänger seinen Sitz in dem betreffenden Mitgliedstaat haben oder überwiegend in diesem Mitgliedstaat niedergelassen sein muss ([2]);

   ☐ Auflage, dass der Beihilfeempfänger einheimische Waren verwenden oder einheimische Dienstleistungen in Anspruch nehmen muss;

   ☐ Einschränkung der Möglichkeit für die Beihilfeempfänger, die Ergebnisse von Forschung, Entwicklung und Innovation in anderen Mitgliedstaaten zu nutzen;

([1]) ABl. C 204 vom 1.7.2014, S. 1. geändert durch ABl. C 390 vom 24.11.2015, S. 4.
([2]) Es kann jedoch verlangt werden, dass der Beihilfeempfänger zum Zeitpunkt der Auszahlung der Beihilfe eine Betriebsstätte oder Niederlassung in dem die Beihilfe gewährenden Mitgliedstaat hat.

☐ sonstige zwangsläufige Verstöße gegen Unionsrecht.

Falls eine dieser Aussagen zutrifft, beachten Sie bitte, dass gemäß Randnummer 41 der Rahmenregelung eine solche Beihilfe nicht als mit dem
Binnenmarkt vereinbar erklärt werden kann.

1.   **BEITRAG ZU EINEM ZIEL VON GEMEINSAMEM INTERESSE**

1.1. Wird die Beihilfe eine rentable Nahrungsmittelerzeugung gewährleisten
      und eine effiziente und nachhaltige Nutzung der Ressourcen fördern, um
      intelligentes und nachhaltiges Wachstum zu erreichen?

☐   ja   ☐   nein

1.2. Hat diese Beihilfe einen engen Bezug zur Gemeinsamen Agrarpolitik
      (GAP) und stimmt sie mit den Zielen für die Entwicklung des ländlichen
      Raums gemäß Randnummer 10 der Rahmenregelung überein?

☐   ja   ☐   nein

      Falls nein, beachten Sie bitte, dass gemäß Randnummer 44 der Rahmen-
      regelung eine solche Beihilfe nicht als mit dem Binnenmarkt vereinbar
      erklärt werden kann.

1.3. Ist die Beihilfe im Falle landwirtschaftlicher Erzeugnisse mit den Vor-
      schriften für die gemeinsame Marktorganisation für landwirtschaftliche
      Erzeugnisse vereinbar?

☐   ja   ☐   nein

      Falls nein, beachten Sie bitte, dass gemäß Randnummer 44 der Rahmen-
      regelung eine solche Beihilfe nicht als mit dem Binnenmarkt vereinbar
      erklärt werden kann.

Entwicklungsziele für den ländlichen Raum

1.4. Kann der Mitgliedstaat bei Maßnahmen in der Art einer Entwicklungs-
      maßnahme für den ländlichen Raum nachweisen, wie die Beihilfe sich in
      das einschlägige Programm zur Entwicklung des ländlichen Raums ein-
      fügt und mit ihm in Einklang steht?

☐   ja   ☐   nein

      Falls ja, sind dieser Anmeldung entsprechende Unterlagen beizufügen.

*Zusätzliche Bedingungen für auf der Grundlage einer Regelung gewährte einzeln
angemeldete Investitionsbeihilfen*

1.5. Kann die Bewilligungsbehörde bei Beihilfen, die für einzeln angemel-
      dete Investitionsvorhaben auf der Grundlage einer Regelung gewährt
      werden, nachweisen, dass das ausgewählte Vorhaben einen Beitrag zu
      den Zielen der Regelung und somit zu den Zielen der Beihilfen im
      Agrar- und Forstsektor und in ländlichen Gebieten leistet? Zu diesem
      Zweck kann der Mitgliedstaat die Informationen heranziehen, die der
      Antragsteller übermittelt hat und in denen die positiven Auswirkungen
      der Investition zu beschreiben sind.

☐   ja   ☐   nein

Umweltziele

1.6. Enthält die Mitteilung der staatlichen Beihilfe eine Erklärung darüber, ob
      mit Umweltauswirkungen der geförderten Maßnahme gerechnet wird
      oder nicht?

☐   ja   ☐   nein

1.7. Wird die Beihilfe Umweltauswirkungen haben?

☐   ja   ☐   nein

5. Verf-DVO kons

Falls ja, muss der Mitgliedstaat mit der Mitteilung Angaben liefern, aus denen hervorgeht, dass die Beihilfemaßnahme nicht zu einem Verstoß gegen geltende Umweltschutzvorschriften der Union führt.

1.8. Sind bei einer angemeldeten staatlichen Beihilfe, die Teil des Programms zur Entwicklung des ländlichen Raums ist, die für die staatliche Beihilfe geltenden Umweltvorschriften mit den Umweltanforderungen der Maßnahme für die Entwicklung des ländlichen Raums identisch?

☐ ja   ☐ nein

Falls nein, beachten Sie bitte, dass gemäß Randnummer 52 der Rahmenregelung die Beihilfe nicht als mit dem Binnenmarkt vereinbar erklärt werden kann.

2. **GEEIGNETHEIT DER BEIHILFEMASSNAHME**

2.1. Ist die angemeldete Beihilfemaßnahme gleichzeitig im entsprechenden Programm für die Entwicklung des ländlichen Raums vorgesehen?

☐ ja   ☐ nein

Falls ja, kann der Mitgliedstaat nachweisen, dass die Vorteile eines solchen nationalen Beihilfeinstruments im Vergleich zu der fraglichen Maßnahme im Programm für die Entwicklung des ländlichen Raums überwiegen?

....

....

....

2.2. Wird im Falle von Investitionsbeihilfen, die nicht gemäß der Verordnung (EU) Nr. 1305/2013 des Europäischen Parlaments und des Rates [1] im Rahmen eines Entwicklungsprogramms für den ländlichen Raum oder als zusätzliche nationale Finanzierung erfolgen, die Beihilfe in einer Form gewährt, die dem Beihilfeempfänger einen direkten finanziellen Vorteil verschafft (zum Beispiel Direktzuschüsse, Befreiungen oder Ermäßigungen von Steuern oder Sozial- oder sonstigen Pflichtabgaben usw.)?

☐ ja   ☐ nein

Falls ja, muss der Mitgliedstaat nachweisen, dass andere, möglicherweise weniger wettbewerbsverzerrende Beihilfeformen (z. B. rückzahlbare Zuschüsse) oder auf Schuld- oder Eigenkapitalinstrumenten basierende Beihilfeformen (z. B. zinsgünstige Kredite oder Zinszuschüsse, staatliche Garantien oder eine anderweitige Bereitstellung von Kapital zu Vorzugsbedingungen) weniger geeignet sind.

....

....

2.3. Fällt die Beihilfe unter die Regelung für Beihilfen für den Forstsektor mit Umwelt-, Schutz- und Freizeitzielen gemäß Teil II Kapitel 2 Abschnitt 2.8 der Rahmenregelung?

☐ ja   ☐ nein

Falls ja, muss der Mitgliedstaat nachweisen, dass die angestrebten Umwelt-, Schutz- und Freizeitziele mit den forstwirtschaftlichen Maßnahmen in der Art einer Entwicklungsmaßnahme für den ländlichen Raum gemäß Teil II Kapitel 2 Abschnitte 2.1 bis 2.7 der Rahmenregelung nicht erreicht werden können.

....

....

....

---

[1] Verordnung (EU) Nr. 1305/2013 des Europäischen Parlaments und des Rates vom 17. Dezember 2013 über die Förderung der ländlichen Entwicklung durch den Europäischen Landwirtschaftsfonds für die Entwicklung des ländlichen Raums (ELER) und zur Aufhebung der Verordnung (EG) Nr. 1698/2005 (ABl. L 347 vom 20.12.2013, S. 487).

2.4.   Betrifft die Maßnahme eine der folgenden Beihilfearten?

☐ Beihilfen zur Deckung der Kosten für Marktforschungstätigkeiten, Produktentwürfe und Produktentwicklung sowie für die Ausarbeitung von Anträgen auf Anerkennung von Qualitätsregelungen

☐ Beihilfen für Wissenstransfer und Informationsmaßnahmen

☐ Beihilfen für Beratungsdienste

☐ Beihilfen für Vertretungsdienste für landwirtschaftliche Betriebe

☐ Beihilfen für Absatzförderungsmaßnahmen

☐ Beihilfen zum Ausgleich der Kosten für die Verhütung und Tilgung von Tierseuchen und Schädlingsbefall

☐ Beihilfen für den Tierhaltungssektor

Die Beihilfe muss den Endbegünstigten der Beihilfe indirekt als Sachleistung in Form von bezuschussten Dienstleistungen gewährt werden. In diesen Fällen ist die Beihilfe an den Anbieter des betreffenden Dienstes oder der betreffenden Tätigkeit zu zahlen.

3.   **ANREIZEFFEKT**

3.1.   Wird der Beihilfeempfänger vor Beginn der Arbeiten an dem betreffenden Vorhaben oder der betreffenden Tätigkeiten einen Beihilfeantrag vorlegen, der mindestens den Namen des Antragstellers und Angaben zur Größe des Unternehmens, eine Beschreibung des Vorhabens oder der Tätigkeit, einschließlich Angaben zum Standort sowie zum Zeitpunkt des Beginns und des Abschlusses des Vorhabens, Angaben zur Höhe des für die Durchführung des Vorhabens bzw. der Tätigkeit benötigten Beihilfebetrags sowie eine Aufstellung der beihilfefähigen Kosten enthält?

☐   ja   ☐   nein

Falls nein, beachten Sie bitte, dass gemäß Randnummer 70 der Rahmenregelung die Beihilfe nicht als mit dem Binnenmarkt vereinbar erklärt werden kann, es sei denn, die Beihilfe fällt unter eine der in Frage 3.6 dieses allgemeinen Fragebogens aufgelisteten Beihilfearten.

3.2.   Wird die Beihilfe großen Unternehmen gewährt?

☐   ja   ☐   nein

Falls ja, werden die Beihilfeempfänger in ihrem Antrag die Situation beschreiben, die ohne Beihilfe bestehen würde (d. h. die kontrafaktische Fallkonstellation), und ihre im Antrag vorgenommenen Ausführungen zur kontrafaktischen Fallkonstellation durch Nachweise untermauern?

☐   ja   ☐   nein

3.3.   Handelt es sich um Investitionsbeihilfen gemäß Randnummer 148 Buchstabe c der Rahmenregelung für die Einhaltung von Normen, die großen Unternehmen gewährt werden?

☐   ja   ☐   nein

Falls ja, muss das betreffende Unternehmen nachweisen, dass es ohne die Beihilfe Gefahr laufen würde, schließen zu müssen?

☐   ja   ☐   nein

3.4.   Wird die Bewilligungsbehörde bei Beihilfen, die großen Unternehmen gewährt werden, die Plausibilität der kontrafaktischen Fallkonstellation prüfen und bestätigen, dass die Beihilfe den erforderlichen Anreizeffekt hat?

☐   ja   ☐   nein

5. Verf-DVO kons

Falls ja, beachten Sie bitte, dass gemäß Randnummer 73 der Rahmenregelung eine kontrafaktische Fallkonstellation plausibel ist, wenn sie unverfälscht die Faktoren wiedergibt, die zum Zeitpunkt der Entscheidung des Beihilfeempfängers in Bezug auf das betreffende Vorhaben oder die betreffende Tätigkeit maßgeblich waren.

Verf-DVO kons

3.5.   Handelt es sich um Beihilfen in Form von Steuervorteilen, die KMU gewährt werden, und sind folgende Bedingungen erfüllt?

a) Die Beihilferegelung begründet einen auf objektiven Kriterien beruhenden Anspruch auf die Beihilfe, ohne dass es zusätzlich einer Ermessensentscheidung des Mitgliedstaats bedarf, und

b) die Beihilferegelung wurde eingeführt und war in Kraft, bevor mit den Arbeiten für das geförderte Vorhaben oder die geförderte Tätigkeit begonnen wurde ([1]).

☐   ja   ☐   nein

Falls ja, weisen wir darauf hin, dass die Randnummern 70 bis 73 der Rahmenregelung keine Anwendung finden.

3.6.   Fällt die Beihilfe unter eine der folgenden Beihilfearten der Rahmenregelung?

a) Beihilferegelungen für landwirtschaftliche und forstliche Flurbereinigung gemäß Teil II Abschnitt 1.3.4 bzw. 2.9.2 der Rahmenregelung und Beihilferegelungen für den Forstsektor mit Umwelt-, Schutz- und Freizeitzielen gemäß Teil II Abschnitt 2.8 der Rahmenregelung, sofern Folgendes gegeben ist:

i) Die Beihilferegelung begründet einen auf objektiven Kriterien beruhenden Anspruch auf die Beihilfe, ohne dass es zusätzlich einer Ermessensentscheidung des Mitgliedstaats bedarf,

ii) die Beihilferegelung ist eingeführt worden und in Kraft getreten, bevor der Beihilfeempfänger die beihilfefähigen Ausgaben gemäß Teil II Abschnitte 1.3.4, 2.9.2 bzw. 2.8 getätigt hat, und

iii) die Beihilferegelung betrifft nur KMU.

☐   ja   ☐   nein

Falls ja, weisen wir darauf hin, dass die Randnummern 70 bis 74 der Rahmenregelung keine Anwendung finden.

b) Beihilfen zum Ausgleich von Nachteilen in Natura-2000-Gebieten und im Rahmen der Richtlinie 2000/60/EG des Europäischen Parlaments und des Rates („Wasserrahmenrichtlinie") ([2]), die KMU gewährt werden, gemäß Teil II Abschnitt 1.1.6 der Rahmenregelung

☐   ja   ☐   nein

Falls ja, weisen wir darauf hin, dass die Randnummern 70 bis 74 der Rahmenregelung keine Anwendung finden.

c) Beihilfen für aus naturbedingten oder anderen spezifischen Gründen benachteiligte Gebiete gemäß Teil II Abschnitt 1.1.7 der Rahmenregelung

☐   ja   ☐   nein

Falls ja, weisen wir darauf hin, dass die Randnummern 70 bis 74 der Rahmenregelung keine Anwendung finden.

([1]) Beachten Sie bitte, dass die zweite Bedingung nicht für steuerliche Folgeregelungen gilt, sofern die Tätigkeit bereits unter die früheren steuerlichen Regelungen in Form von Steuervergünstigungen fiel.
([2]) Richtlinie 2000/60/EG des Europäischen Parlaments und des Rates vom 23. Oktober 2000 zur Schaffung eines Ordnungsrahmens für Maßnahmen der Gemeinschaft im Bereich der Wasserpolitik (ABl. L 327 vom 22.12.2000, S. 1) („Wasserrahmenrichtlinie").

d) Beihilfen zur Beseitigung von durch Naturkatastrophen oder sonstige außergewöhnliche Ereignisse verursachten Schäden gemäß Teil II Abschnitt 1.2.1.1 der Rahmenregelung

☐ ja ☐ nein

Falls ja, weisen wir darauf hin, dass die Randnummern 70 bis 74 der Rahmenregelung keine Anwendung finden.

e) Beihilfen zum Ausgleich von Schäden infolge von Naturkatastrophen gleichzusetzenden widrigen Witterungsverhältnissen gemäß Teil II Abschnitt 1.2.1.2 der Rahmenregelung

☐ ja ☐ nein

Falls ja, weisen wir darauf hin, dass die Randnummern 70 bis 74 der Rahmenregelung keine Anwendung finden.

f) Beihilfen zum Ausgleich der Kosten für die Verhütung, Bekämpfung und Tilgung von Tierseuchen oder Schädlingsbefall und Beihilfen zur Beseitigung der durch diese Tierseuchen oder Schädlingsbefall entstandenen Schäden gemäß Teil II Abschnitt 1.2.1.3 der Rahmenregelung

☐ ja ☐ nein

Falls ja, weisen wir darauf hin, dass die Randnummern 70 bis 74 der Rahmenregelung keine Anwendung finden.

g) Beihilfen zur Deckung der Kosten für die Entfernung und Beseitigung von Falltieren gemäß Teil II Abschnitt 1.2.1.4 der Rahmenregelung

☐ ja ☐ nein

Falls ja, weisen wir darauf hin, dass die Randnummern 70 bis 74 der Rahmenregelung keine Anwendung finden.

h) Beihilfen zum Ausgleich von durch geschützte Tiere verursachten Schäden gemäß Teil II Abschnitt 1.2.1.5 der Rahmenregelung

☐ ja ☐ nein

Falls ja, weisen wir darauf hin, dass die Randnummern 70 bis 74 der Rahmenregelung keine Anwendung finden.

i) Beihilfen zur Beseitigung von Waldschäden, die durch unter das Gesetz fallende Tiere verursacht wurden, gemäß Teil II Abschnitt 2.8.5 der Rahmenregelung

☐ ja ☐ nein

Falls ja, weisen wir darauf hin, dass die Randnummern 70 bis 74 der Rahmenregelung keine Anwendung finden.

j) Investitionsbeihilfen für die Einhaltung von Normen gemäß Randnummer 148 Buchstaben a und b der Rahmenregelung

☐ ja ☐ nein

Falls ja, weisen wir darauf hin, dass die Randnummern 70 bis 74 der Rahmenregelung keine Anwendung finden.

k) Investitionsbeihilfen gemäß Randnummer 148 Buchstabe c der Rahmenregelung für die Einhaltung von Normen, die KMU gewährt werden

☐ ja ☐ nein

Falls ja, weisen wir darauf hin, dass die Randnummern 70 bis 74 der Rahmenregelung keine Anwendung finden.

5. Verf-DVO kons

l) Beihilfen für Investitionen zur Erhaltung des Kultur- und Naturerbes in landwirtschaftlichen Betrieben gemäß Teil II Abschnitt 1.1.1.2 der Rahmenregelung, mit Ausnahme von Einzelbeihilfen, die 500 000 EUR je Unternehmen und Investitionsvorhaben überschreiten

☐ ja ☐ nein

Falls ja, weisen wir darauf hin, dass die Randnummern 70 bis 74 der Rahmenregelung keine Anwendung finden.

m) Beihilfen für Absatzförderungsmaßnahmen gemäß Randnummer 464 Buchstaben b, c und d der Rahmenregelung

☐ ja ☐ nein

Falls ja, weisen wir darauf hin, dass die Randnummern 70 bis 74 der Rahmenregelung keine Anwendung finden.

n) Forschungs- und Entwicklungsbeihilfen im Agrar- und Forstsektor gemäß Teil II Abschnitte 1.3.6 und 2.9.1 der Rahmenregelung

☐ ja ☐ nein

Falls ja, weisen wir darauf hin, dass die Randnummern 70 bis 74 der Rahmenregelung keine Anwendung finden.

o) Beihilfen für die Erhaltung, Wiederherstellung und Verbesserung des Kultur- und Naturerbes von Dörfern, von ländlichen Landschaften und Gebieten mit hohem Naturwert gemäß Randnummer 644 Buchstabe e der Rahmenregelung; diese Ausnahmeregelung gilt nicht für Investitionsbeihilfen im Zusammenhang mit dem Kultur- und Naturerbe von Dörfern, mit ländlichen Landschaften und Gebieten mit hohem Naturwert, bei denen die Anmeldeschwellen gemäß Randnummer 37 Buchstabe c der Rahmenregelung überschritten werden

☐ ja ☐ nein

Falls ja, weisen wir darauf hin, dass die Randnummern 70 bis 74 der Rahmenregelung keine Anwendung finden.

p) Beihilfen für die Ausarbeitung und Aktualisierung von Plänen für die Entwicklung von Gemeinden und Dörfern in ländlichen Gebieten und ihrer Basisdienstleistungen sowie von Schutz- und Bewirtschaftungsplänen für Natura-2000-Gebiete und sonstige Gebiete von hohem Naturwert gemäß Randnummer 644 Buchstabe a der Rahmenregelung

☐ ja ☐ nein

Falls ja, weisen wir darauf hin, dass die Randnummern 70 bis 74 der Rahmenregelung keine Anwendung finden.

q) Beihilfen für die Wiederherstellung des ursprünglichen Zustands von Wäldern nach Waldbränden, Naturkatastrophen, widrigen Witterungsverhältnissen, Schädlingsbefall, Krankheiten, Katastrophenereignissen und Ereignissen im Zusammenhang mit dem Klimawandel gemäß Teil II Abschnitt 2.1.3 der Rahmenregelung

☐ ja ☐ nein

Falls ja, weisen wir darauf hin, dass die Randnummern 70 bis 74 der Rahmenregelung keine Anwendung finden.

r) Beihilfen zur Deckung der Kosten für die Behandlung und Verhütung der Verbreitung von Schädlingsbefall und Baumkrankheiten sowie zum Ausgleich der durch Schädlingsbefall und Baumkrankheiten entstandenen Schäden gemäß Teil II Abschnitt 2.8.1 der Rahmenregelung

☐ ja ☐ nein

Falls ja, weisen wir darauf hin, dass die Randnummern 70 bis 74 der Rahmenregelung keine Anwendung finden.

Einzeln anzumeldende Investitionsbeihilfen

3.7. Erbringt der Mitgliedstaat bei einzeln angemeldeten Investitionsbeihilfen in der Mitteilung eindeutige Beweise dafür, dass die Beihilfe tatsächlich die Investitionsentscheidung beeinflusst hat?

▼ <u>M9</u>

☐   ja   ☐   nein

Falls ja, präzisieren Sie bitte, wie die Beihilfe die Entscheidung beeinflusst hat.

....

....

**Verf-DVO
kons**

Falls ja, beachten Sie bitte, dass der Mitgliedstaat gemäß Randnummer
76 der Rahmenregelung nicht nur Angaben zum geförderten Vorhaben
machen, sondern auch eine ausführliche Beschreibung der kontrafaktischen Fallkonstellation (in der dem Empfänger von keiner Behörde
eine Beihilfe gewährt wird) übermitteln muss, um eine umfassende Bewertung zu ermöglichen.

Falls nein, beachten Sie bitte, dass gemäß Randnummer 76 der Rahmenregelung die Beihilfe nicht als mit dem Binnenmarkt vereinbar erklärt
werden kann.

Wenn keine spezifische kontrafaktische Fallkonstellation bekannt ist,
kann von einem Anreizeffekt ausgegangen werden, wenn eine Finanzierungslücke besteht, d. h., wenn die Investitionskosten höher sind als der
Kapitalwert der durch die Investition ermöglichten Betriebseinnahmen,
die nach dem vorab erstellten Geschäftsplan zu erwarten waren.

4.   **VERHÄLTNISMÄSSIGKEIT UND KUMULIERUNG VON BEI-
HILFEN**

4.1.   Wird der Beihilfebetrag die beihilfefähigen Kosten überschreiten?

☐   ja   ☐   nein

Falls ja, beachten Sie bitte, dass gemäß Randnummer 82 der Rahmenregelung eine solche Beihilfe nicht als verhältnismäßig gilt und daher
nicht gewährt werden kann.

4.2.   Fällt die Beihilfe unter Teil II Abschnitte 1.1.3 und 1.2.2 der Rahmenregelung?

☐   ja   ☐   nein

Falls ja, weisen wir darauf hin, dass Randnummer 82 der Rahmenregelung keine Anwendung findet.

4.3.   Werden die Beihilfehöchstintensität und der Beihilfebetrag von der Bewilligungsbehörde zum Zeitpunkt der Gewährung der Beihilfe ermittelt?

☐   ja   ☐   nein

Falls nein, weisen wir darauf hin, dass dies gemäß Randnummer 85 der
Rahmenregelung eine Bedingung für die Gewährung der Beihilfe ist.

4.4.   Werden die beihilfefähigen Kosten durch schriftliche Unterlagen belegt,
die klar, spezifisch und aktuell sind?

☐   ja   ☐   nein

Bitte beachten Sie, dass für die Berechnung der Beihilfeintensität und
der beihilfefähigen Kosten die Beträge vor Abzug von Steuern und
sonstigen Abgaben herangezogen werden müssen. Bitte beachten Sie
auch, dass die Mehrwertsteuer (MwSt.) nicht beihilfefähig ist, es sei
denn, sie wird nicht nach nationalem Mehrwertsteuerrecht rückerstattet.

4.5.   Wird die Beihilfe in anderer Form als in Form von Zuschüssen gewährt?

☐   ja   ☐   nein

Falls ja, entspricht der Beihilfebetrag dem Bruttosubventionsäquivalent
der Beihilfe?

☐   ja   ☐   nein

5. Verf-DVO kons

Verf-DVO kons

4.6. Ist die Beihilfe in mehreren Tranchen zu zahlen?

☐ ja ☐ nein

Falls ja, wird die Beihilfe auf ihren Wert zum Gewährungszeitpunkt abgezinst?

☐ ja ☐ nein

Bitte beachten Sie, dass die beihilfefähigen Kosten auf ihren Wert zum Gewährungszeitpunkt abgezinst werden müssen. Darüber hinaus ist für die Abzinsung der zum Gewährungszeitpunkt geltende Abzinsungssatz zugrunde zu legen.

4.7. Wird die Beihilfe in Form von Steuervergünstigungen gewährt?

☐ ja ☐ nein

Falls ja, wird für die Abzinsung der Beihilfetranchen der Abzinsungssatz zugrunde gelegt, der zum jeweiligen Zeitpunkt gilt, an dem die Steuervergünstigung wirksam wird?

☐ ja ☐ nein

4.8. Handelt es sich bei den Beihilfen um Investitionsbeihilfen im ländlichen Raum?

☐ ja ☐ nein

Falls ja, beachten Sie bitte, dass die Beihilfehöchstintensität für große Investitionsvorhaben auf den angepassten Beihilfebetrag gemäß Randnummer 35 Ziffer 31 der Rahmenregelung herabgesetzt werden muss. Außerdem kommen große Investitionsvorhaben nicht für die erhöhten Beihilfeintensitäten für KMU in Betracht.

4.9. Werden Verpflichtungen gemäß Teil II Abschnitte 1.1.5.1, 1.1.8, 2.3 und 3.4 der Rahmenregelung nach anderen als den in Anhang II der Verordnung (EU) Nr. 1305/2013 festgelegten Einheiten bemessen, so können die Mitgliedstaaten die Zahlungen anhand dieser anderen Einheiten berechnen. Trägt der Mitgliedstaat in diesem Fall dafür Sorge, dass die jährlichen Höchstbeträge eingehalten werden?

☐ ja ☐ nein

4.10. Für Maßnahmen oder Arten von Vorhaben gemäß Teil II Abschnitte 1.1.5, 1.1.6, 1.1.7, 1.1.8, 2.2, 2.3, 3.4 und 3.5 der Rahmenregelung können die Mitgliedstaaten die Höhe der Beihilfe auf der Grundlage von Standardannahmen für zusätzliche Kosten und Einkommensverluste festsetzen. In diesen Fällen muss der Mitgliedstaat dafür Sorge tragen, dass die Berechnungen und die entsprechenden Beihilfen

☐ nur überprüfbare Elemente umfassen,

☐ sich auf Zahlen stützen, die mit geeignetem Sachverstand ermittelt wurden,

☐ genaue Quellenangaben zu den verwendeten Zahlen enthalten,

☐ gegebenenfalls nach regionalen oder lokalen Standortbedingungen und tatsächlicher Landnutzung differenziert sind und

☐ keine mit Investitionskosten in Verbindung stehenden Elemente enthalten.

Zusätzliche Bedingungen für einzeln angemeldete Investitionsbeihilfen und Investitionsbeihilfen für große Unternehmen im Rahmen angemeldeter Beihilferegelungen

4.11. Entspricht im Falle einzeln angemeldeter Investitionsbeihilfen der Beihilfebetrag den Nettomehrkosten, die bei der Durchführung der Investition in dem betreffenden Gebiet im Vergleich zur kontrafaktischen Fallkonstellation ohne staatliche Beihilfe anfallen?

☐ ja ☐ nein

Falls ja, weisen wir darauf hin, dass in der Regel einzeln angemeldete Investitionsbeihilfen als auf das erforderliche Minimum beschränkt angesehen werden.

4.12.   Werden die Investitionsbeihilfen für große Unternehmen im Rahmen einer angemeldeten Beihilferegelung gewährt?

☐   ja   ☐   nein

Falls ja, stellt der Mitgliedstaat sicher, dass der Beihilfebetrag auf der Grundlage eines „Nettomehrkosten-Ansatzes" auf das erforderliche Minimum beschränkt ist?

☐   ja   ☐   nein

Die Beihilfe darf das für eine rentable Umsetzung des Vorhabens erforderliche Minimum nicht übersteigen; so darf z. B. der interne Zinsfuß des Vorhabens nicht über die von dem betreffenden Unternehmen in anderen ähnlichen Investitionsvorhaben zugrunde gelegten Renditesätze oder, wenn diese Sätze nicht verfügbar sind, über die Kapitalkosten des Unternehmens insgesamt oder aber über die in der jeweiligen Branche üblichen Renditen angehoben werden.

4.13.   Falls Sie Frage 4.12 mit „Ja" beantwortet haben, stellt der Mitgliedstaat sicher, dass der Beihilfebetrag den im Vergleich zur kontrafaktischen Fallkonstellation ohne staatliche Beihilfe anfallenden Nettomehrkosten für die Durchführung der Investition in dem betreffenden Gebiet entspricht?

☐   ja   ☐   nein

Die unter Randnummer 96 der Rahmenregelung erläuterte Methode muss zusammen mit den Beihilfehöchstintensitäten zur Festlegung einer Obergrenze herangezogen werden.

4.14.   Handelt es sich um einzeln angemeldete Investitionsbeihilfen?

☐   ja   ☐   nein

Falls ja, weisen wir darauf hin, dass die Kommission unter Verwendung der unter Randnummer 96 der Rahmenregelung genannten Methode prüft, ob die Beihilfe möglicherweise das für die Rentabilität des Vorhabens erforderliche Minimum übersteigt. Die für die Analyse des Anreizeffekts verwendeten Berechnungen können auch bei der Würdigung der Verhältnismäßigkeit der Beihilfe zugrunde gelegt werden.

4.15.   Bitte weisen Sie die Verhältnismäßigkeit anhand geeigneter Unterlagen nach (siehe Randnummer 77 der Rahmenregelung). Diese Anforderung gilt nicht für Investitionsbeihilfen im Zusammenhang mit der landwirtschaftlichen Primärproduktion.

....

....

....

Kumulierung von Beihilfen

4.16.   Wird die angemeldete Beihilfe im Rahmen mehrerer Beihilferegelungen gleichzeitig gewährt oder mit *Ad-hoc*-Beihilfen kumuliert?

☐   ja   ☐   nein

Falls ja, übersteigt der Gesamtbetrag der staatlichen Beihilfen für eine Tätigkeit oder ein Vorhaben die in der Rahmenregelung festgesetzten Beihilfeobergrenzen?

☐   ja   ☐   nein

5. Verf-DVO kons

Verf-DVO kons

4.17. Lassen sich bei der angemeldeten Beihilfe die beihilfefähigen Kosten bestimmen?

☐ ja ☐ nein

Falls ja, wird diese Beihilfe mit anderen staatlichen Beihilfen kumuliert?

☐ ja ☐ nein

Falls ja, betreffen diese Beihilfemaßnahmen andere bestimmbare beihilfefähige Kosten?

☐ ja ☐ nein

Falls nein, beachten Sie bitte, dass gemäß Randnummer 100 der Rahmenregelung Beihilfen, bei denen sich die beihilfefähigen Kosten bestimmen lassen, mit anderen staatlichen Beihilfen, die dieselben — sich teilweise oder vollständig überschneidenden — beihilfefähigen Kosten betreffen, kumuliert werden können. Wird allerdings durch diese Kumulierung die höchste nach der Rahmenregelung für diese Beihilfen geltende Beihilfeintensität bzw. der höchste nach dieser Rahmenregelung für diese Art von Beihilfen geltende Beihilfebetrag überschritten?

☐ ja ☐ nein

4.18. Wird die nach der Rahmenregelung freigestellte staatliche Beihilfe mit *De-minimis*-Beihilfen kumuliert?

☐ ja ☐ nein

Falls ja, wird die Beihilfe in diesem Fall für dieselben beihilfefähigen Kosten kumuliert und werden durch diese Kumulierung die in der Rahmenregelung festgelegten Beihilfeintensitäten oder Beihilfehöchstbeträge überschritten?

☐ ja ☐ nein

4.19. Wird die Beihilfe zugunsten des Agrarsektors mit Zahlungen gemäß Artikel 81 Absatz 2 und Artikel 82 der Verordnung (EU) Nr. 1305/2013 zur Deckung derselben beihilfefähigen Kosten kumuliert und werden dadurch die in der Rahmenregelung festgelegten Beihilfeintensitäten oder Beihilfebeträge überschritten?

☐ ja ☐ nein

4.20. Wird die Beihilfe mit Unionsmitteln, die von den Organen, Einrichtungen, gemeinsamen Unternehmen oder sonstigen Stellen der Union zentral verwaltet werden, kombiniert?

☐ ja ☐ nein

Falls ja, werden für den Fall, dass die Unionsmittel nicht direkt oder indirekt der Kontrolle der Mitgliedstaaten unterstehen, bei der Feststellung, ob die Anmeldeschwellen und Beihilfehöchstintensitäten oder Beihilfehöchstbeträge eingehalten sind, nur die staatlichen Beihilfen berücksichtigt, sofern der Gesamtbetrag der für dieselben beihilfefähigen Kosten gewährten öffentlichen Mittel den in den einschlägigen Vorschriften des Unionsrechts festgelegten günstigsten Finanzierungssatz nicht überschreitet.

4.21. Betreffen die Beihilfen Investitionen zum Wiederaufbau von landwirtschaftlichem Produktionspotenzial gemäß Randnummer 143 Buchstabe e der Rahmenregelung?

☐ ja ☐ nein

Falls ja, weisen wir darauf hin, dass diese Beihilfen nicht mit Ausgleichsbeihilfen für Sachschäden gemäß Teil II Abschnitte 1.2.1.1, 1.2.1.2 und 1.2.1.3 der Rahmenregelung kombiniert werden sollten.

Bitte beachten Sie, dass eine Doppelfinanzierung von für den Klima-
und Umweltschutz förderlichen Landbewirtschaftungsmethoden gemäß
Teil II Abschnitte 1.1.5.1, 1.1.6, 1.1.8 und 3.5 der Rahmenreglung
und von gleichwertigen Methoden gemäß Artikel 43 der Verordnung
(EU) Nr. 1307/2013 des Europäischen Parlaments und des Rates ([1]) ausgeschlossen werden sollte. Durch die Überprüfungsklausel gemäß Randnummer 724 der Rahmenregelung soll auch sichergestellt werden, dass
eine Doppelfinanzierung vermieden wird.

4.22. Handelt es sich um Gründungsbeihilfen für Erzeugergruppierungen und
-organisationen im Agrarsektor gemäß Teil II Abschnitt 1.1.4 der Rahmenregelung?

☐ ja   ☐ nein

Falls ja, weisen wir darauf hin, dass diese Beihilfen nicht mit Beihilfen
für die Gründung von Erzeugergemeinschaften und -organisationen im
Agrarsektor gemäß Artikel 27 der Verordnung (EU) Nr. 1305/2013 kumuliert werden sollten.

4.23. Handelt es sich um Existenzgründungsbeihilfen für Junglandwirte oder
Beihilfen für die Entwicklung kleiner landwirtschaftlicher Betriebe gemäß Teil II Abschnitt 1.1.2 der Rahmenregelung?

☐ ja   ☐ nein

Falls ja, weisen wir darauf hin, dass diese Beihilfen nicht mit Existenzgründungsbeihilfen für Junglandwirte oder Beihilfen für die Entwicklung
kleiner landwirtschaftlicher Betriebe gemäß Artikel 19 Absatz 1 Buchstabe a Ziffern i und iii der Verordnung (EU) Nr. 1305/2013 kumuliert
werden sollten, sofern durch diese Kumulierung die in der Rahmenregelung festgesetzten Beihilfebeträge überschritten würden.

5. **AUSWIRKUNGEN AUF WETTBERWERB UND HANDEL**

5.1. Kann der Mitgliedstaat bei Investitionsbeihilferegelungen für die Verarbeitung und Vermarktung landwirtschaftlicher Erzeugnisse, im Forstsektor und in ländlichen Gebieten nachweisen, dass negative Auswirkungen so gering wie möglich gehalten werden, wobei z. B. der Umfang
der betreffenden Vorhaben, die einzelnen und die kumulativen Beihilfebeträge, die voraussichtlichen Beihilfeempfänger sowie die Merkmale
der jeweiligen Wirtschaftszweige zu berücksichtigen sind?

....
....
....
....

5.2. Hat der Mitgliedstaat bei Investitionsbeihilferegelungen für die Verarbeitung und Vermarktung landwirtschaftlicher Erzeugnisse, im Forstsektor
und in ländlichen Gebieten der Kommission alle ihm zur Verfügung
stehenden Folgenabschätzungen sowie Ex-post-Evaluierungen von ähnlichen Vorgängerregelungen zur Verfügung gestellt, um ihr die Möglichkeit zu geben, die in Rede stehende Beihilferegelung auf mögliche negative Auswirkungen zu prüfen?

☐ ja   ☐ nein

5.3. Hat der Mitgliedstaat mit Blick auf die negativen Auswirkungen von
Einzelinvestitionsbeihilfen für die Verarbeitung und Vermarktung landwirtschaftlicher Erzeugnisse und in ländlichen Gebieten für die Ermittlung und Bewertung potenzieller Verzerrungen von Wettbewerb und
Handel in der Anmeldung Beweise vorgelegt, anhand deren die Kommission die betroffenen Produktmärkte (d. h. die von der Verhaltensänderung des Beihilfeempfängers betroffenen Produkte) und die betroffenen Wettbewerber und Abnehmer/Verbraucher ermitteln kann?

([1]) Verordnung (EU) Nr. 1307/2013 des Europäischen Parlaments und des Rates vom
17. Dezember 2013 mit Vorschriften über Direktzahlungen an Inhaber landwirtschaftlicher Betriebe im Rahmen von Stützungsregelungen der Gemeinsamen Agrarpolitik und
zur Aufhebung der Verordnung (EG) Nr. 637/2008 und der Verordnung (EG)
Nr. 73/2009 des Rates (ABl. L 347 vom 20.12.2013. S. 608).

5. Verf-DVO kons

☐   ja   ☐   nein

Falls ja, bitte präzisieren:

....

....

....

....

Verf-DVO kons

6.   **TRANSPARENZ**

6.1.   Wird der Mitgliedstaat sicherstellen, dass folgende Informationen auf nationaler oder regionaler Ebene auf einer ausführlichen Beihilfe-Website veröffentlicht werden?

☐ vollständiger Wortlaut der Beihilferegelung, einschließlich ihrer Durchführungsbestimmungen, oder Rechtsgrundlage von Einzelbeihilfen oder ein Link dazu;

☐ Name(n) der Bewilligungsbehörde(n),

☐ Namen der einzelnen Beihilfeempfänger, Art der Beihilfe und Beihilfebetrag je Beihilfeempfänger, Tag der Gewährung, Art des Unternehmens (KMU/großes Unternehmen), Region (auf NUTS-Ebene 2), in der der Beihilfeempfänger angesiedelt ist, sowie Hauptwirtschaftszweig, in dem der Beihilfeempfänger tätig ist (auf Ebene der NACE-Gruppe). Von dieser Anforderung kann bei Einzelbeihilfen, die folgende Schwellenwerte nicht überschreiten, abgesehen werden:

i) 60 000 EUR bei Beihilfeempfängern, die in der landwirtschaftlichen Primärproduktion tätig sind;

ii) 500 000 EUR bei Beihilfeempfängern, die in der Verarbeitung oder Vermarktung landwirtschaftlicher Erzeugnisse oder in der Forstwirtschaft tätig sind oder Tätigkeiten ausüben, die nicht unter Artikel 42 AEUV fallen.

6.2.   Bitte bestätigen Sie, dass bei Beihilferegelungen in Form von Steuervergünstigungen die Angaben zu den Beihilfebeträgen je Beihilfeempfänger in folgenden Spannen angegeben werden (in Mio. EUR):

☐ 0,06 bis 0,5 (nur für die landwirtschaftliche Primärproduktion)

☐ 0,5 bis 1

☐ 1-2

☐ 2-5

☐ 5-10

☐ 10-30

☐ 30 und mehr.

6.3.   Bitte bestätigen Sie, dass diese Angaben

☐ nach Erlass des Beschlusses zur Gewährung der Beihilfe veröffentlicht werden;

☐ mindestens 10 Jahre lang aufbewahrt werden;

☐ ohne Einschränkungen öffentlich zugänglich sein werden. (¹)

(¹) Die Informationen sind innerhalb von sechs Monaten ab dem Tag der Gewährung (bzw. im Falle von Beihilfen in Form von Steuervergünstigungen innerhalb eines Jahres ab dem Tag, an dem die Steuererklärung fällig ist) zu veröffentlichen. Im Falle rechtswidriger Beihilfen sind die Mitgliedstaaten verpflichtet, die nachträgliche Veröffentlichung der Informationen spätestens innerhalb von sechs Monaten ab dem Datum des Kommissionsbeschlusses zu gewährleisten. Die Informationen müssen in einem Format zur Verfügung stehen, das es gestattet, Daten zu durchsuchen, zu extrahieren und einfach im Internet zu veröffentlichen (z. B. im Format CSV oder XML).

Vor dem 1. Juli 2016 sind die Mitgliedstaaten nicht verpflichtet, derartige Angaben zu veröffentlichen ([1]).

6.4. Wird der Mitgliedstaat Einzelbeihilfen auf der Beihilfe-Website gemäß Randnummer 128 der Rahmenregelung veröffentlichen?

☐ ja ☐ nein

6.5. Falls nein, wird die Einzelbeihilfe nicht veröffentlicht, weil sie

☐ in den Geltungsbereich der Verordnung (EU) Nr. 1305/2013 fällt und

☐ entweder aus dem ELER kofinanziert oder als zusätzliche nationale Finanzierung zu solchen kofinanzierten Maßnahmen gewährt wird und

☐ gemäß den Artikeln 111, 112 und 113 der Verordnung (EU) Nr. 1306/2013 ([2]) bereits veröffentlicht wurde?

In diesem Fall sollte der Mitgliedstaat auf der Beihilfe-Website gemäß Randnummer 128 der Rahmenregelung auf die Website gemäß Artikel 111 der Verordnung (EU) Nr. 1306/2013 verweisen.

7. **SONSTIGE FRAGEN**

7.1. Betrifft die Maßnahme Beihilfen für Tätigkeiten in Verbindung mit der Ausfuhr in Drittländer oder andere Mitgliedstaaten, die unmittelbar mit den ausgeführten Mengen zusammenhängen, Beihilfen, die an die bevorzugte Verwendung einheimischer Erzeugnisse gegenüber eingeführten gebunden sind, oder Beihilfen für den Aufbau und Betrieb eines Vertriebsnetzes oder die Finanzierung anderer Ausgaben in Verbindung mit der Ausfuhr?

☐ ja ☐ nein

Falls ja, weisen wir darauf hin, dass eine solche Beihilfe nicht genehmigt wird.

Wir weisen darauf hin, dass Beihilfen für die Kosten der Teilnahme an Messen, die Durchführung von Studien oder die Inanspruchnahme von Beratungsdiensten zur Einführung eines neuen oder bestehenden Produktes auf einem neuen Markt in der Regel keine Ausfuhrbeihilfen darstellen.

7.2. Ist das Finanzierungssystem, z. B. Finanzierung durch parafiskalische Abgaben, integraler Bestandteil der Beihilfemaßnahme?

☐ ja ☐ nein

Falls ja, ist das Finanzierungssystem mitzuteilen.

8. **BEIHILFEART**

Verzeichnis der in der Rahmenregelung enthaltenen Art(en) von Beihilfen:

1. Beihilfen für in der Primärproduktion, Verarbeitung oder Vermarktung landwirtschaftlicher Erzeugnisse tätige Unternehmen

1.1. Maßnahmen zur Entwicklung des ländlichen Raums

1.1.1. Investitionsbeihilfen

1.1.1.1. Beihilfen für Investitionen in materielle oder immaterielle Vermögenswerte in landwirtschaftlichen Betrieben im Zusammenhang mit der landwirtschaftlichen Primärproduktion

---

([1]) Für Beihilfen, die vor dem 1. Juli 2016 gewährt werden, bzw. für steuerliche Beihilfen, die vor dem 1. Juli 2016 beantragt oder gewährt werden, besteht keine Veröffentlichungspflicht.
([2]) Verordnung (EU) Nr. 1306/2013 des Europäischen Parlaments und des Rates vom 17. Dezember 2013 über die Finanzierung, die Verwaltung und das Kontrollsystem der Gemeinsamen Agrarpolitik und zur Aufhebung der Verordnungen (EWG) Nr. 352/78, (EG) Nr. 165/94, (EG) Nr. 2799/98, (EG) Nr. 814/2000, (EG) Nr. 1290/2005 und (EG) Nr. 485/2008 des Rates (ABl. L 347 vom 20.12.2013, S. 549).

5. Verf-DVO kons

Verf-DVO kons

1.1.1.2. Beihilfen für Investitionen zur Erhaltung des Kultur- und Naturerbes in landwirtschaftlichen Betrieben

1.1.1.3. Investitionsbeihilfen für die Aussiedlung von landwirtschaftlichen Betriebsgebäuden

1.1.1.4. Beihilfen für Investitionen in die Verarbeitung und Vermarktung landwirtschaftlicher Erzeugnisse

1.1.2. Existenzgründungsbeihilfen für Junglandwirte und Beihilfen für die Entwicklung kleiner landwirtschaftlicher Betriebe

1.1.3. Beihilfen für die Übertragung landwirtschaftlicher Betriebe

1.1.4. Gründungsbeihilfen für Erzeugergruppierungen und -organisationen im Agrarsektor

1.1.5. Beihilfen für Agrarumwelt-, Klima- und Tierschutzverpflichtungen

1.1.5.1. Beihilfen für Agrarumwelt- und Klimaverpflichtungen

1.1.5.2. Beihilfen für Tierschutzverpflichtungen

1.1.6. Beihilfen zum Ausgleich von Nachteilen in Natura-2000-Gebieten und im Rahmen der Wasserrahmenrichtlinie

1.1.7. Beihilfen für aus naturbedingten oder anderen spezifischen Gründen benachteiligte Gebiete

1.1.8. Beihilfen für ökologischen/biologischen Landbau

1.1.9. Beihilfen für die Teilnahme von Erzeugern landwirtschaftlicher Erzeugnisse an Qualitätsregelungen

1.1.10. Beihilfe zur Bereitstellung technischer Hilfe im Agrarsektor

1.1.10.1. Beihilfen für Wissenstransfer und Informationsmaßnahmen

1.1.10.2. Beihilfen für Beratungsdienste

1.1.10.3. Beihilfen für Vertretungsdienste für landwirtschaftliche Betriebe

1.1.11. Beihilfen für Zusammenarbeit im Agrarsektor

1.2. Risiko- und Krisenmanagement

1.2.1. Beihilfen zum Ausgleich von Schäden zum Nachteil der landwirtschaftlichen Produktion oder an landwirtschaftlichen Betriebsmitteln und Beihilfen zur Schadensverhütung

1.2.1.1. Beihilfen zur Beseitigung von durch Naturkatastrophen oder sonstige außergewöhnliche Ereignisse verursachten Schäden

1.2.1.2. Beihilfen zum Ausgleich von Schäden infolge von Naturkatastrophen gleichzusetzenden widrigen Witterungsverhältnissen

1.2.1.3. Beihilfen zu den Kosten für die Verhütung, Bekämpfung und Tilgung von Tierseuchen und Schädlingsbefall und Beihilfen zur Beseitigung der durch Tierseuchen oder Schädlingsbefall entstandenen Schäden

1.2.1.4. Beihilfen für Falltiere

1.2.1.5. Beihilfen zum Ausgleich von durch geschützte Tiere verursachten Schäden

1.2.1.6. Beihilfen für die Zahlung von Versicherungsprämien

1.2.1.7.   Beihilfen für Finanzbeiträge zu Fonds auf Gegenseitigkeit

1.2.2.   Beihilfen zur Stilllegung von Produktionskapazität

1.2.2.1.   Beihilfen zur Stilllegung von Kapazitäten aus Gründen der Tier-, Pflanzen- oder Humangesundheit sowie aus Hygiene- oder Umweltgründen

1.2.2.2.   Stilllegung von Kapazitäten aus anderen Gründen

1.3.   Andere Arten von Beihilfen im Agrarsektor

1.3.1.   Beihilfen für den Tierhaltungssektor

1.3.2.   Beihilfen zur Absatzförderung für landwirtschaftliche Erzeugnisse

1.3.3.   Beihilfen für Gebiete in äußerster Randlage und die kleineren Inseln des Ägäischen Meeres

1.3.4.   Beihilfen für die landwirtschaftliche Flurbereinigung

1.3.5.   Beihilfen zur Rettung und Umstrukturierung von Unternehmen in Schwierigkeiten

1.3.6.   Forschungs- und Entwicklungsbeihilfen im Agrarsektor

2.   Beihilfen für den Forstsektor, die vom Europäischen Landwirtschaftsfonds für die Entwicklung des ländlichen Raums (ELER) kofinanziert, als zusätzliche nationale Finanzierung für solche kofinanzierten Maßnahmen gewährt oder als reine staatliche Beihilfe gewährt werden

2.1.   Investitionen in die Entwicklung von Waldgebieten und Verbesserung der Lebensfähigkeit von Wäldern

2.1.1.   Beihilfe für die Aufforstung und Anlage von Wäldern

2.1.2.   Beihilfen für die Einrichtung von Agrarforstsystemen

2.1.3.   Beihilfen für die Vorbeugung gegen Schäden und die Wiederherstellung des ursprünglichen Zustands von Wäldern nach Waldbränden, Naturkatastrophen, Naturkatastrophen gleichzusetzenden widrigen Witterungsverhältnissen, sonstigen widrigen Witterungsverhältnissen, Schädlingsbefall und Katastrophenereignissen

2.1.4.   Beihilfen für Investitionen zur Stärkung der Widerstandsfähigkeit und des ökologischen Werts der Waldökosysteme

2.1.5.   Beihilfen für Investitionen in Techniken der Forstwirtschaft sowie in die Verarbeitung, Mobilisierung und Vermarktung forstwirtschaftlicher Erzeugnisse

2.1.6.   Beihilfen für Investitionen in Infrastrukturen für die Entwicklung, Modernisierung und Anpassung im Forstsektor

2.2.   Beihilfen zum Ausgleich von Nachteilen im Zusammenhang mit Natura 2000 in forstwirtschaftlichen Gebieten

2.3.   Beihilfen für Waldumwelt- und -klimaleistungen und die Erhaltung der Wälder

2.4.   Beihilfen für Wissenstransfer und Informationsmaßnahmen im Forstsektor

2.5.   Beihilfen für Beratungsdienste im Forstsektor

2.6.   Beihilfen für die Zusammenarbeit im Forstsektor

2.7.   Gründungsbeihilfen für Erzeugergruppierungen und -organisationen im Forstsektor

5. Verf-DVO kons

Verf-DVO kons

2.8. Andere Beihilfen für den Forstsektor mit Umwelt-, Schutz- und Freizeitzielen

2.8.1. Beihilfen für spezifische forstliche Maßnahmen und Interventionen, deren Hauptziel darin besteht, zur Erhaltung oder Wiederherstellung des forstlichen Ökosystems, der forstlichen Biodiversität oder der Kulturlandschaften beizutragen

2.8.2. Beihilfen im Forstsektor für die Erhaltung und Verbesserung der Bodenqualität und zur Sicherstellung eines ausgewogenen und gesunden Baumwachstums

2.8.3. Wiederherstellung und Erhaltung natürlicher Waldwege, Landschaftselemente und Landschaftsmerkmale sowie des natürlichen Lebensraums von Tieren im Forstsektor

2.8.4. Beihilfen für die Instandhaltung von Straßen zur Verhütung von Waldbränden

2.8.5. Beihilfen zur Beseitigung von Waldschäden, die durch unter das Gesetz fallende Tiere verursacht wurden

2.8.6. Beihilfen für die Ausarbeitung von Waldbewirtschaftungsplänen

2.9. Auf die Beihilfemaßnahmen für den Agrarsektor abgestimmte Beihilfen für den Forstsektor

2.9.1. Forschungs- und Entwicklungsbeihilfen im Forstsektor

2.9.2. Beihilfen für forstliche Flurbereinigung

3. Beihilfen für Maßnahmen in ländlichen Gebieten, für die eine Kofinanzierung aus dem ELER oder eine zusätzliche nationale Finanzierung zu solchen kofinanzierten Maßnahmen gewährt wird

3.1. Beihilfen für Investitionen in die Verarbeitung von landwirtschaftlichen Erzeugnissen zu nichtlandwirtschaftlichen Erzeugnissen, Investitionen in die Baumwollerzeugung oder Investitionen in die Gründung und Entwicklung von nichtlandwirtschaftlichen Tätigkeiten

3.2. Beihilfen für Basisdienstleistungen und Dorferneuerung in ländlichen Gebieten

3.3. Existenzgründungsbeihilfen für nichtlandwirtschaftliche Tätigkeiten in ländlichen Gebieten

3.4. Beihilfen für Agrarumwelt- und Klimaverpflichtungen zugunsten von anderen Landbewirtschaftern und nicht im Agrarsektor tätigen Unternehmen in ländlichen Gebieten

3.5. Beihilfen für andere Landbewirtschafter zum Ausgleich von Nachteilen im Zusammenhang mit Natura-2000-Gebieten

3.6. Beihilfen für Wissenstransfer und Informationsmaßnahmen in ländlichen Gebieten

3.7. Beihilfen für Beratungsdienste in ländlichen Gebieten

3.8. Beihilfen für die erstmalige Teilnahme von aktiven Landwirten an Qualitätsregelungen für Baumwolle oder Lebensmittel

3.9. Beihilfen für Informations- und Absatzförderungsmaßnahmen für unter Qualitätsregelungen fallende Baumwolle und Lebensmittel

3.10. Beihilfen für die Zusammenarbeit in ländlichen Gebieten

3.11. Beihilfen für die Einrichtung von Fonds auf Gegenseitigkeit

▼ M9

1.1.1.1. ERGÄNZENDER FRAGEBOGEN ZU INVESTITIONSBEIHILFEN FÜR IN DER LANDWIRTSCHAFTLICHEN PRIMÄRPRODUKTION TÄTIGE UNTERNEHMEN

Dieser Fragebogen gilt für staatliche Beihilfen für Investitionen in materielle oder immaterielle Vermögenswerte in landwirtschaftlichen Betrieben im Zusammenhang mit der landwirtschaftlichen Primärproduktion gemäß der Beschreibung in Teil II Kapitel 1 Abschnitt 1.1.1.1 der Rahmenregelung der Europäischen Union für staatliche Beihilfen im Agrar- und Forstsektor und in ländlichen Gebieten 2014–2020 (im Folgenden „Rahmenregelung").

1. ALLGEMEINE FÖRDERKRITERIEN

1.1. Wird durch die Investitionen, für die die Beihilfe bestimmt ist, die Produktion über Produktionsbeschränkungen oder Begrenzungen der Finanzhilfe der Union hinaus gesteigert, zu denen eine vom Europäischen Garantiefonds für die Landwirtschaft (EGFL) finanzierte gemeinsame Marktorganisation, die auch Direktzahlungsregelungen vorsieht, auf der Ebene einzelner Unternehmen, Agrarbetriebe oder Verarbeitungsbetriebe führt?

☐ ja   ☐ nein

Falls ja, beachten Sie bitte, dass die Beihilfe nicht als mit dem Binnenmarkt vereinbar erklärt werden kann.

1.2. Sind in der landwirtschaftlichen Primärproduktion tätige Unternehmen die einzigen Empfänger dieser Beihilfe?

☐ ja   ☐ nein

Falls nein, beachten Sie bitte, dass die Beihilfe nicht als mit dem Binnenmarkt vereinbar erklärt werden kann.

2. BEIHILFEN FÜR INVESTITIONEN IN MATERIELLE ODER IMMATERIELLE VERMÖGENSWERTE IN LANDWIRTSCHAFTLICHEN BETRIEBEN IM ZUSAMMENHANG MIT DER LANDWIRTSCHAFTLICHEN PRIMÄRPRODUKTION

2.1. Wird die Investition in materielle und immaterielle Vermögenswerte in landwirtschaftlichen Betrieben im Zusammenhang mit der landwirtschaftlichen Primärproduktion von einem oder mehreren Beihilfeempfängern getätigt?

☐ ja   ☐ nein

2.2. Falls nein, betrifft die Investition von einem oder mehreren Beihilfeempfängern genutzte materielle oder immaterielle Vermögenswerte?

☐ ja   ☐ nein

2.3. Ist die Beihilfe für Investitionen in materielle und immaterielle Vermögenswerte im Zusammenhang mit der Erzeugung von Biokraftstoffen oder der Erzeugung von Energie aus erneuerbaren Energieträgern in landwirtschaftlichen Betrieben bestimmt?

☐ ja   ☐ nein

Falls nein, sind die Fragen 2.4 bis 2.17 nicht zu beantworten.

2.4. Wird die Investition zur Herstellung von Biokraftstoffen im Sinne der Richtlinie 2009/28/EG des Europäischen Parlaments und des Rates [1] getätigt?

☐ ja   ☐ nein

2.5. Falls Sie Frage 2.4 mit „Ja" beantwortet haben: Ist die Produktionskapazität der für eine Beihilfe in Betracht kommenden Anlagen zur Erzeugung erneuerbarer Energien nicht größer als die Kraftstoffmenge, die der landwirtschaftliche Betrieb jährlich im Durchschnitt verbraucht?

☐ ja   ☐ nein

---

[1] Richtlinie 2009/28/EG des Europäischen Parlaments und des Rates vom 23. April 2009 zur Förderung der Nutzung von Energie aus erneuerbaren Quellen und zur Änderung und anschließenden Aufhebung der Richtlinien 2001/77/EG und 2003/30/EG (ABl. L 140 vom 5.6.2009. S. 16).

5. Verf-DVO kons

Falls nein, beachten Sie bitte, dass die Beihilfe nicht als mit dem Binnenmarkt vereinbar erklärt werden kann.

2.6.   Wird der erzeugte Biokraftstoff vermarktet?

☐   ja   ☐   nein

Verf-DVO kons

Falls ja, beachten Sie bitte, dass die Beihilfe nicht als mit dem Binnenmarkt vereinbar erklärt werden kann.

2.7.   Wird die Investition zur Erzeugung von Wärme und/oder Strom aus erneuerbaren Energieträgern in landwirtschaftlichen Betrieben getätigt?

☐   ja   ☐   nein

2.8.   Falls Sie Frage 2.7 mit „Ja" beantwortet haben:

a) Dienen die für eine Beihilfe in Betracht kommenden Anlagen zur Erzeugung erneuerbarer Energien im landwirtschaftlichen Betrieb nur zur Deckung des eigenen Energiebedarfs?

☐   ja   ☐   nein

und

b) Ist die Produktionskapazität der für eine Beihilfe in Betracht kommenden Anlagen zur Erzeugung erneuerbarer Energien nicht größer ist als die Menge Wärme und Strom zusammengenommen, die der landwirtschaftliche Betrieb samt seinem Haushalt jährlich im Durchschnitt verbraucht?

☐   ja   ☐   nein

Falls Sie die Frage a) oder b) mit „Nein" beantwortet haben, beachten Sie bitte, dass die Beihilfe nicht als mit dem Binnenmarkt vereinbar erklärt werden kann.

2.9.   Wird bei Strom der Wert für den jährlichen Eigenverbrauch eingehalten?

☐   ja   ☐   nein

Falls nein, beachten Sie bitte, dass die Beihilfe nicht als mit dem Binnenmarkt vereinbar erklärt werden kann.

2.10. Wie ist der jährliche durchschnittliche Verbrauch sämtlicher Beihilfeempfänger zusammengenommen, wenn die Investitionen im Zusammenhang mit der Erzeugung von Energie oder Biokraftstoffen von mehr als einem landwirtschaftlichen Betrieb getätigt werden?

....

2.11. Gibt es bei Investitionen in Infrastrukturen, die Energie verbrauchen oder produzieren, auf nationaler Ebene bestehende Mindestnormen für Energieeffizienz?

☐   ja   ☐   nein

2.12. Falls Sie Frage 2.11 mit „Ja" beantwortet haben: Gibt es auf nationaler Ebene eine Vorschrift, wonach die in Frage 2.11 genannten Mindestnormen einzuhalten sind?

☐   ja   ☐   nein

Falls nein, beachten Sie bitte, dass die Beihilfe nicht als mit dem Binnenmarkt vereinbar erklärt werden kann.

2.13. Ist die Beihilfe speziell für Investitionen in Anlagen bestimmt, deren Hauptzweck die Elektrizitätserzeugung aus Biomasse ist?

☐   ja   ☐   nein

2.14. Falls Sie Frage 2.13 mit „Ja" beantwortet haben: Wird für die Anlagen ein vom Mitgliedstaat festgelegter Mindestanteil der erzeugten Wärmeenergie genutzt?

□   ja   □   nein

Falls nein, beachten Sie bitte, dass die Beihilfe nicht als mit dem Binnenmarkt vereinbar erklärt werden kann.

2.15. Hat der Mitgliedstaat für die verschiedenen Arten von Anlagen Höchstwerte für die Anteile an Getreide und sonstigen stärkehaltigen Pflanzen, Zuckerpflanzen und Ölpflanzen festgelegt, die für die Herstellung von Bioenergie, einschließlich Biokraftstoffen, verwendet werden?

□   ja   □   nein

Falls nein, beachten Sie bitte, dass die Beihilfe nicht als mit dem Binnenmarkt vereinbar erklärt werden kann.

2.16. Sind die Beihilfen für Bioenergievorhaben auf Bioenergie begrenzt, die die in den Rechtsvorschriften der Union, einschließlich Artikel 17 Absätze 2 bis 6 der Richtlinie 2009/28/EG, festgelegten Nachhaltigkeitskriterien erfüllt?

□   ja   □   nein

Falls nein, beachten Sie bitte, dass die Beihilfe nicht als mit dem Binnenmarkt vereinbar erklärt werden kann.

2.17. Übersteigt die Produktionskapazität der Anlage den durchschnittlichen jährlichen Verbrauch des/der Beihilfeempfänger(s)?

□   ja   □   nein

Falls ja, weisen wir darauf hin, dass die Mitgliedstaaten die Bedingungen der Leitlinien für staatliche Umweltschutz- und Energiebeihilfen 2014-2020 ([1]) anwenden müssen, es sei denn, die betreffende Beihilfe ist von der Anmeldepflicht (z. B. durch die AGVO ([2])) freigestellt.

2.18. Auf welches der folgenden Ziele ist die Investition ausgerichtet?

□   a) Verbesserung der Gesamtleistung und Nachhaltigkeit des landwirtschaftlichen Betriebs insbesondere durch Senkung der Produktionskosten oder Verbesserung und Umstellung der Produktion;

□   b) Verbesserung der natürlichen Umwelt, der Hygienebedingungen oder des Tierschutzes, sofern die Ziele der Investitionen über geltende Unionsnormen hinausgehen;

□   c) Schaffung und Verbesserung von Infrastrukturen in Verbindung mit der Entwicklung, Anpassung und Modernisierung der Landwirtschaft, einschließlich der Erschließung von landwirtschaftlichen Flächen, Flurbereinigung und Bodenverbesserung, der Versorgung mit und der Einsparung von Energie und Wasser.

Bitte präzisieren, falls die Investition eine andere Tätigkeit zur Erreichung dieses Ziels abdeckt:

....

□   d) Verwirklichung von Agrarumwelt- und Klimazielen, einschließlich des Erhalts der biologischen Vielfalt von Arten und Lebensräumen, sowie Steigerung des Freizeitwerts eines Natura-2000-Gebiets oder eines sonstigen Gebiets von hohem Naturwert, sofern es sich um nichtproduktive Investitionen handelt.

([1]) ABl. C 200 vom 28.6.2014, S. 1.
([2]) Verordnung (EU) Nr. 651/2014 der Kommission vom 17. Juni 2014 zur Feststellung der Vereinbarkeit bestimmter Gruppen von Beihilfen mit dem Binnenmarkt in Anwendung der Artikel 107 und 108 des Vertrags über die Arbeitsweise der Europäischen Union (ABl. L 187 vom 26.6.2014. S. 1).

5. Verf-DVO kons

▼ M9

Bitte präzisieren, falls die Investition eine andere Tätigkeit zur Erreichung dieses Ziels abdeckt:

....

☐ e) Wiederherstellung des landwirtschaftlichen Produktionspotenzials, das durch Naturkatastrophen, außergewöhnliche Ereignisse oder Naturkatastrophen gleichzusetzende widrige Witterungsverhältnisse, Tierseuchen, Schädlingsbefall oder geschützte Tiere geschädigt wurde, sowie Verhütung von Schäden, die durch die genannten Ereignisse und Faktoren verursacht werden.

Bitte präzisieren, falls die Investition eine andere Tätigkeit zur Erreichung dieses Ziels abdeckt:

....

☐ f) erstmalige Niederlassung von Junglandwirten in einem landwirtschaftlichen Betrieb als Betriebsinhaber bei Investitionen, die dazu dienen, den Unionsnormen für die landwirtschaftliche Erzeugung, einschließlich Arbeitssicherheit zu entsprechen.

Bitte beachten Sie, dass bei diesem Ziel Investitionsbeihilfen für einen Zeitraum von höchstens 24 Monaten ab dem Zeitpunkt der Niederlassung gewährt werden können. Wird diese Frist eingehalten?

☐ ja   ☐ nein

☐ g) Umsetzung der Richtlinie 91/676/EWG des Rates [1] („Nitratrichtlinie") in Kroatien, wobei Beihilfen gemäß Artikel 3 Absatz 2 und Artikel 5 Absatz 1 der genannten Richtlinie nur während eines Zeitraums von höchstens vier Jahren ab dem Beitritt gewährt werden dürfen;

☐ h) Erfüllung neuer Anforderungen, die in der landwirtschaftlichen Primärproduktion tätigen Unternehmen durch Unionsrecht auferlegt werden.

Bitte beachten Sie, dass bei diesem Ziel Investitionsbeihilfen für einen Zeitraum von höchstens 12 Monaten ab dem Zeitpunkt gewährt werden können, zu dem die Anforderungen, die den betreffenden Unternehmen durch Unionsrecht auferlegt werden, obligatorisch werden. Wird diese Frist eingehalten?

☐ ja   ☐ nein

☐ i) Sonstige (bitte angeben):

....

....

Falls die Investition auf andere Ziele ausgerichtet ist, weisen wir darauf hin, dass nur auf eines oder mehrere der Ziele gemäß den Buchstaben a bis h ausgerichtete Investitionen für Beihilfen für Investitionen in landwirtschaftlichen Betrieben in Betracht kommen.

2.19. Umfassen die beihilfefähigen Kosten Folgendes?

☐ a) Errichtung, Erwerb (einschließlich Leasing) oder Modernisierung von unbeweglichem Vermögen.

Betrugen die Kosten für die erworbenen Flächen höchstens 10 % des Gesamtbetrags der beihilfefähigen Kosten des betreffenden Vorhabens?

☐ ja   ☐ nein

Falls nein, dient das Vorhaben dem Umweltschutz?

☐ ja   ☐ nein

Falls ja, kann in hinreichend begründeten Ausnahmefällen ein höherer Prozentsatz gestattet werden.

---

[1] Richtlinie 91/676/EWG des Rates vom 12. Dezember 1991 zum Schutz der Gewässer vor Verunreinigung durch Nitrat aus landwirtschaftlichen Quellen (ABl. L 375 vom 31.12.1991. S. 1).

Bitte machen Sie genauere Angaben zu den hinreichend begründeten Ausnahmefällen, damit die Kommission den betreffenden Fall prüfen kann.

....

....

☐ b) Kauf oder Leasingkauf von Maschinen und Anlagen bis zum marktüblichen Wert der Wirtschaftsgüter;

☐ c) allgemeine Kosten im Zusammenhang mit den unter den Buchstaben a und b genannten Ausgaben, etwa für Architekten-, Ingenieur- und Beraterhonorare sowie für Beratung zu ökologischer Nachhaltigkeit und wirtschaftlicher Tragfähigkeit, einschließlich Durchführbarkeitsstudien; Durchführbarkeitsstudien zählen auch dann zu den beihilfefähigen Ausgaben, wenn aufgrund ihrer Ergebnisse keine Ausgaben gemäß den Buchstaben a und b getätigt werden;

☐ d) Erwerb oder Entwicklung von Computersoftware und Kauf von Patenten, Lizenzen, Copyrights und Handelsmarken;

☐ e) Ausgaben für nichtproduktive Investitionen im Zusammenhang mit der Verwirklichung von Zielen gemäß Randnummer 143 Buchstabe d der Rahmenregelung;

☐ f) bei Investitionen zur Wiederherstellung des landwirtschaftlichen Produktionspotenzials, das durch Naturkatastrophen, außergewöhnliche Ereignisse oder Naturkatastrophen gleichzusetzende widrige Witterungsverhältnisse, Tierseuchen, Pflanzenschädlinge oder geschützte Tiere geschädigt wurde, können die beihilfefähigen Kosten die Ausgaben umfassen, die zur Wiederherstellung des vor Eintritt des Ereignisses bestehenden Produktionspotenzials getätigt werden;

☐ g) bei Investitionen zur Verhütung von Schäden durch Naturkatastrophen, außergewöhnliche Ereignisse oder Naturkatastrophen gleichzusetzende widrige Witterungsverhältnisse, Tierseuchen, Schädlingsbefall oder geschützte Tiere können die beihilfefähigen Kosten die Ausgaben umfassen, die für spezifische Vorbeugungsmaßnahmen zur Verringerung der Folgen solcher voraussichtlichen Ereignisse getätigt werden;

☐ h) Sonstige (bitte angeben):

....

....

2.20. Umfassen die beihilfefähigen Kosten Folgendes?

☐ a) Erwerb von landwirtschaftlichen Produktionsrechten, Zahlungsansprüchen und einjährigen Kulturen;

☐ b) Anpflanzung einjähriger Kulturen;

☐ c) Kauf von Tieren, ausgenommen Investitionen zu folgenden Zwecken:

　　i) Kauf von Tieren im Hinblick auf das Ziel gemäß Randnummer 143 Buchstabe e der Rahmenregelung

　　und

　　ii) Kauf von Zuchttieren zur Verbesserung der genetischen Qualität des Tierbestands; für letztere Ausnahme müssen die Bedingungen unter Frage 2.23 dieses ergänzenden Fragebogens erfüllt sein:

☐ d) Investitionen zur Erfüllung von geltenden Unionsnormen, ausgenommen die unter Randnummer 148 der Rahmenregelung aufgeführten Ausnahmen;

☐ e) andere als die unter Randnummer 144 der Rahmenregelung genannten Kosten im Zusammenhang mit Leasingverträgen wie die Gewinnspanne des Leasinggebers, Zinskosten der Refinanzierung, Gemeinkosten und Versicherungskosten;

☐ f) Betriebskapital.

Falls die Beihilfen Kosten gemäß den Buchstaben a bis f umfassen, weisen wir darauf hin, dass die Beihilfe nicht als mit dem Binnenmarkt vereinbar erklärt werden kann.

2.21. Umfassen die beihilfefähigen Kosten Investitionen, die im Hinblick auf das Ziel gemäß Randnummer 143 Buchstabe e der Rahmenregelung getätigt werden?

☐ ja   ☐ nein

2.22. Umfassen die beihilfefähigen Kosten den Kauf von Zuchttieren zur Verbesserung der genetischen Qualität des Tierbestands?

☐ ja   ☐ nein

2.23. Falls Sie Frage 2.22 mit „Ja" beantwortet haben: Sind die folgenden Voraussetzungen erfüllt?

☐ a) Beihilfen können nur für den Kauf von Zuchttieren zur Verbesserung der genetischen Qualität des Tierbestands bei Rindern, Schafen und Ziegen gewährt werden;

☐ b) nur Investitionen zur Verbesserung der genetischen Qualität des Bestands durch den Kauf von (sowohl männlichen als auch weiblichen) Hochleistungszuchttieren, die in Zuchtbücher eingetragen sind, sind beihilfefähig;

☐ c) im Falle des Ersatzes von vorhandenen Zuchttieren darf die Beihilfe nur für den Ersatz von Tieren gewährt werden, die nicht in einem Zuchtbuch eingetragen sind;

☐ d) nur aktive Landwirte kommen für die Beihilfe in Betracht;

☐ e) es werden nur Tiere gekauft, bei denen für einen bestimmten Zeitraum ein optimales Reproduktionspotenzial gewährleistet ist; zu diesem Zweck sind nur weibliche Tiere, die vor der ersten Niederkunft gekauft wurden, beihilfefähig;

☐ f) die angekauften Tiere müssen für einen Zeitraum von mindestens vier Jahren im Bestand gehalten werden.

Bitten beachten Sie, dass die Bedingungen gemäß den Buchstaben a bis f kumulativ erfüllt sein müssen, damit Investitionsbeihilfen in diesem besonderen Fall als mit dem Binnenmarkt vereinbar angesehen werden können.

2.24. Sind im Falle der Bewässerung neuer und bestehender bewässerter Flächen die nachstehenden Voraussetzungen erfüllt?

☐ a) Der Kommission ist für das gesamte Gebiet, in dem die Investition getätigt werden soll, sowie für die anderen Gebiete, deren Umwelt von der Investition betroffen sein kann, ein Bewirtschaftungsplan für das Flusseinzugsgebiet gemäß den Anforderungen der Wasserrahmenrichtlinie mitgeteilt worden;

☐ b) die Maßnahmen, die im Rahmen des Bewirtschaftungsplans für das Flusseinzugsgebiet im Einklang mit Artikel 11 der Wasserrahmenrichtlinie durchgeführt werden und für den Agrarsektor von Bedeutung sind, wurden in dem einschlägigen Maßnahmenprogramm näher ausgeführt:

☐ c) Wasserzähler, die es ermöglichen, den Wasserverbrauch auf Ebene der geförderten Investition zu messen, sind installiert worden oder werden als Teil der Investition installiert;

☐ d) eine Investition zur Verbesserung einer bestehenden Bewässerungsanlage oder eines Teils einer Bewässerungsinfrastruktur ist nur beihilfefähig, wenn eine ex-ante durchgeführte Bewertung auf ein Wassereinsparpotenzial von mindestens 5 bis 25 % im Einklang mit den technischen Parametern der bestehenden Anlage oder Infrastruktur hinweist;

☐ e) betrifft die Investition Grund- oder Oberflächenwasserkörper, deren Zustand aus mit der Wassermenge zusammenhängenden Gründen im betreffenden Bewirtschaftungsplan für das Flusseinzugsgebiet niedriger als gut eingestuft wurde, so

　☐ i) muss die Investition gewährleisten, dass der Wasserverbrauch auf Ebene der Investition effektiv um mindestens 50 % des durch die Investition ermöglichten Wassereinsparpotenzials gesenkt wird;

　☐ ii) muss im Falle einer Investition in einen einzelnen landwirtschaftlichen Betrieb diese ebenfalls dazu führen, dass der Gesamtwasserverbrauch des landwirtschaftlichen Betriebs um mindestens 50 % des durch die Investition ermöglichten Wassereinsparpotenzials gesenkt wird. Der Gesamtwasserverbrauch des Betriebs muss auch Wasser umfassen, das von dem Betrieb verkauft wird;

☐ f) die unter Buchstabe e genannten Bedingungen finden keine Anwendung, da es sich um eine Investition in eine bestehende Anlage handelt, die sich lediglich auf die Energieeffizienz auswirkt, oder um eine Investition zum Bau eines Speicherbeckens oder eine Investition zur Nutzung von aufbereitetem Wasser, die sich nicht auf einen Grund- oder Oberflächenwasserkörper auswirkt;

☐ g) bei einer Investition, die zu einer Nettovergrößerung der bewässerten Fläche führt und dadurch Auswirkungen auf einen bestimmten Grund- oder Oberflächenwasserkörper hat, müssen folgende Voraussetzungen erfüllt sein:

　☐ i) der Zustand des Wasserkörpers wurde nicht aus mit der Wassermenge zusammenhängenden Gründen im betreffenden Bewirtschaftungsplan für das Flusseinzugsgebiet niedriger als gut eingestuft und

　☐ ii) mit einer Umweltanalyse wird nachgewiesen, dass die Investition keine erheblichen negativen Umweltauswirkungen haben wird. Eine solche Analyse der Umweltauswirkungen muss entweder von der zuständigen Behörde durchgeführt oder von ihr genehmigt werden; sie kann auch Zusammenschlüsse von Betrieben betreffen.

Bitten beachten Sie, dass die Kriterien gemäß den Ziffer i und ii beide erfüllt sein müssen, damit Investitionsbeihilfen in diesem besonderen Fall als mit dem Binnenmarkt vereinbar angesehen werden können;

☐ h) die Bedingung gemäß Buchstabe g Ziffer i gilt nicht für Investitionen, die zu einer Nettovergrößerung der bewässerten Fläche führen, da

　☐ i) die Investition mit einer Investition in eine bestehende Bewässerungsanlage oder einen Teil einer Bewässerungsinfrastruktur, bei der eine ex-ante durchgeführte Bewertung auf ein Wassereinsparpotenzial von mindestens 5 bis 25 % im Einklang mit den technischen Parametern der bestehenden Anlage oder Infrastruktur schließen lässt. kombiniert wird und

▼ <u>M9</u>

☐ ii) die Investition gewährleistet, dass der Wasserverbrauch auf Ebene der Gesamtinvestition effektiv um mindestens 50 % des durch die Investition in die bestehende Bewässerungsanlage oder einen Teil der Bewässerungsinfrastruktur ermöglichten Wassereinsparpotenzials gesenkt wird.

Bitte beachten Sie, dass die Bedingungen gemäß den Ziffern i und ii des vorliegenden Buchstabens beide erfüllt sein müssen, damit Buchstabe g Ziffer i keine Anwendung findet;

☐ i) die Bedingung gemäß Buchstabe g Ziffer i gilt nicht für Investitionen in die Einrichtung einer neuen Bewässerungsanlage, der Wasser aus einem bestehenden Speicherbecken zugeführt wird und die von der zuständige Behörde vor dem 31. Oktober 2013 genehmigt wurde, wenn folgende Bedingungen erfüllt sind:

☐ i) das betreffende Speicherbecken ist in dem einschlägigen Bewirtschaftungsplan für die Flusseinzugsgebiete ausgewiesen und unterliegt den in Artikel 11 Absatz 3 Buchstabe e der Wasserrahmenrichtlinie genannten Begrenzungen,

☐ ii) am 31. Oktober 2013 galt entweder eine Obergrenze für die Gesamtentnahmen aus dem Speicherbecken oder ein Mindestwert für die Durchflussmenge in den Wasserkörpern, auf die sich das Speicherbecken auswirkt,

☐ iii) die Obergrenze bzw. der Mindestwert für die Durchflussmenge gemäß Ziffer ii dieses Buchstabens erfüllt die in Artikel 4 der Wasserrahmenrichtlinie genannten Bedingungen und

☐ iv) die betreffende Investition führt nicht dazu, dass die Entnahmen über die am 31. Oktober 2013 geltende Obergrenze hinausgehen oder die Durchflussmenge in den betroffenen Wasserkörpern unter den am 31. Oktober 2013 geltenden Mindestwert fällt.

Bitte beachten Sie, dass die vier Bedingungen gemäß den Ziffern i bis iv des vorliegenden Buchstabens kumulativ erfüllt sein müssen, damit Buchstabe g Ziffer i keine Anwendung findet.

2.25. Wurden Flächen, die nicht bewässert werden, in denen jedoch in jüngster Vergangenheit eine Bewässerungsanlage im Einsatz war und die vom Mitgliedstaat festzulegen und zu rechtfertigen sind, zum Zwecke der Ermittlung der Nettovergrößerung der bewässerten Fläche als bewässerte Flächen betrachtet?

☐ ja   ☐ nein

2.26. Wird der Mitgliedstaat sicherstellen, dass im Falle von Bewässerungsvorhaben ab dem 1. Januar 2017 in dem Flusseinzugsgebiet, in dem die Investition getätigt wird, durch die verschiedenen Wassernutzungsarten ein Beitrag des Agrarsektors zur Deckung der Kosten der Wasserdienstleistungen nach Artikel 9 Absatz 1 erster Gedankenstrich der Wasserrahmenrichtlinie geleistet wird, wobei gegebenenfalls den sozialen, ökologischen und wirtschaftlichen Auswirkungen der Deckung sowie den geografischen und klimatischen Bedingungen der betroffenen Region bzw. Regionen Rechnung getragen wird?

☐ ja   ☐ nein

Falls nein, beachten Sie bitte, dass die Beihilfe nicht als mit dem Binnenmarkt vereinbar erklärt werden kann.

2.27. Bitte geben Sie die Beihilfehöchstintensität, ausgedrückt als Prozentsatz des beihilfefähigen Investitionsvolumens, an:

a) .... der beihilfefähigen Kosten in den Gebieten in äußerster Randlage;

b) .... der beihilfefähigen Kosten auf den kleineren Inseln des Ägäischen Meeres;

c) .... der beihilfefähigen Kosten in Kroatien für die Umsetzung der Nitratrichtlinie gemäß Randnummer 148 Buchstabe b der Rahmenregelung;

d) .... der beihilfefähigen Kosten in den weniger entwickelten Regionen und in allen Regionen, deren Pro-Kopf-BIP für den Zeitraum vom 1. Januar 2007 bis zum 31. Dezember 2013 weniger als 75 % des Durchschnitts der EU-25 für den Bezugszeitraum betrug, jedoch über 75 % des BIP-Durchschnitts der EU-27 liegt;

e) .... der beihilfefähigen Kosten in den übrigen Regionen;

f) .... der beihilfefähigen Kosten für den Kauf von Zuchttieren gemäß Randnummer 147 der Rahmenregelung.

2.28. Sofern die unter Frage 2.27 dieses ergänzenden Fragebogens angegebenen Beihilfeintensitäten die unter Randnummer 152 der Rahmenregelung genannten Sätze übersteigen, geben Sie bitte an, ob einer der folgenden Ausnahmefälle zutrifft, der eine Anhebung um 20 Prozentpunkte gestattet:

☐ a) Junglandwirte oder Landwirte, die sich während der fünf Jahre vor der Beihilfebeantragung niedergelassen haben;

☐ b) kollektive Investitionen (wie ein Lager, das von einer Gruppe von Landwirten genutzt wird, oder Einrichtungen zur Vorbereitung der Erzeugnisse vor der Vermarktung) und integrierte Vorhaben (die mehrere Maßnahmen im Rahmen der Verordnung (EU) Nr. 1305/2013 umfassen), auch im Zusammenhang mit einem Zusammenschluss von Erzeugerorganisationen;

☐ c) Investitionen in aus naturbedingten und anderen spezifischen Gründen benachteiligten Gebieten gemäß Artikel 32 der Verordnung (EU) Nr. 1305/2013;

☐ d) Maßnahmen, die im Rahmen der Europäischen Innovationspartnerschaft (EIP) unterstützt werden, wie Investitionen in einen neuen Stall, die die Möglichkeit bieten, neue Verfahren der Unterbringung von Tieren zu erproben, die von einer aus Landwirten, Wissenschaftlern und im Bereich Tierschutz tätigen Nichtregierungsorganisationen bestehenden operationellen Gruppe entwickelt wurden;

☐ e) Investitionen zur Verbesserung der natürlichen Umwelt, der Hygienebedingungen oder des Tierschutzes gemäß Randnummer 143 Buchstabe b der Rahmenregelung; in diesem Fall gilt der erhöhte Beihilfesatz gemäß dem genannten Buchstaben nur für die zusätzlichen Ausgaben, die zur Erzielung eines über die geltenden Unionsnormen hinausgehenden Niveaus erforderlich sind und die keine Steigerung der Produktionskapazität bewirken;

☐ f) Investitionen zur Verbesserung der Nachhaltigkeit des landwirtschaftlichen Betriebs gemäß Randnummer 143 Buchstabe b der Rahmenregelung im Zusammenhang mit Agrarumwelt- und Klimaverpflichtungen und dem ökologischen/biologischen Landbau gemäß Teil II Abschnitt 1.1.5.1 bzw. 1.1.8 der Rahmenregelung.

▼ **M9**

Bitte beachten Sie, dass der kombinierte Beihilfehöchstsatz 90 % des Investitionsvolumens nicht übersteigen darf, damit die Beihilfe als mit dem Binnenmarkt vereinbar erklärt werden kann.

2.29. Bitte geben Sie die maximale Beihilfeintensität, die in Abweichung von den Höchstsätzen der beihilfefähigen Kosten gemäß den Randnummern 152 und 153 der Rahmenregelung für nichtproduktive Investitionen gemäß Randnummer 143 Buchstabe d der Rahmenregelung und für Investitionen zum Wiederaufbau des Produktionspotenzials gemäß Randnummer 143 Buchstabe e der Rahmenregelung gilt, ausgedrückt in Prozent der beihilfefähigen Kosten, an.

.... des Betrags der beihilfefähigen Kosten.

Bitte beachten Sie, dass die maximale Beihilfeintensität 100 % der beihilfefähigen Kosten nicht übersteigen darf.

2.30. Bitte geben Sie die maximale Beihilfeintensität, die in Abweichung von den Höchstsätzen der beihilfefähigen Kosten gemäß den Randnummern 152 und 153 der Rahmenregelung für Investitionen im Zusammenhang mit Vorbeugungsmaßnahmen gemäß Randnummer 143 Buchstabe e der Rahmenregelung gilt, ausgedrückt in Prozent der beihilfefähigen Kosten, an.

.... des Betrags der beihilfefähigen Kosten.

Bitte beachten Sie, dass die maximale Beihilfeintensität außer für die unter den Fragen 2.31 und 2.32 genannte Ausnahme 80 % der beihilfefähigen Kosten nicht übersteigen darf.

2.31. Wird die Investition im Zusammenhang mit Vorbeugungsmaßnahmen von mehreren Beihilfeempfängern gemeinsam vorgenommen?

☐ ja ☐ nein

2.32. Falls Sie Frage 2.31 mit „Ja" beantwortet haben: Geben Sie bitte die maximale Beihilfeintensität, ausgedrückt in Prozent der beihilfefähigen Kosten, an:

.... des Betrags der beihilfefähigen Kosten.

SONSTIGE ANGABEN

Machen Sie hier bitte gegebenenfalls sonstige Angaben, die für die Würdigung der betreffenden Maßnahme nach diesem Abschnitt der Rahmenregelung von Belang sind:

....

1.1.1.2. ERGÄNZENDER FRAGEBOGEN ZU BEIHILFEN FÜR INVESTITIONEN ZUR ERHALTUNG DES KULTUR- UND NATURERBES IN LANDWIRTSCHAFTLICHEN BETRIEBEN

Dieser Fragebogen gilt für staatliche Beihilfen für Investitionen zur Erhaltung des Kultur- und Naturerbes in landwirtschaftlichen Betrieben gemäß der Beschreibung in Teil II Kapitel 1 Abschnitt 1.1.1.2 der Rahmenregelung der Europäischen Union für staatliche Beihilfen im Agrar- und Forstsektor und in ländlichen Gebieten 2014–2020 (im Folgenden „Rahmenregelung").

1. **ALLGEMEINE FÖRDERKRITERIEN**

1.1. Wird durch die Investitionen, für die die Beihilfe bestimmt ist, die Produktion über Produktionsbeschränkungen oder Begrenzungen der Finanzhilfe der Union hinaus gesteigert, zu denen eine vom Europäischen Garantiefonds für die Landwirtschaft (EGFL) finanzierte gemeinsame Marktorganisation, die auch Direktzahlungsregelungen vorsieht, auf der Ebene einzelner Unternehmen, Agrarbetriebe oder Verarbeitungsbetriebe führt?

☐ ja ☐ nein

Falls ja, beachten Sie bitte, dass die Beihilfe nicht als mit dem Binnenmarkt vereinbar erklärt werden kann.

1.2. Sind in der landwirtschaftlichen Primärproduktion tätige Unternehmen die einzigen Empfänger dieser Beihilfe?

☐ ja ☐ nein

Falls nein, beachten Sie bitte, dass die Beihilfe nicht als mit dem Binnenmarkt vereinbar erklärt werden kann.

2. **BEIHILFEN FÜR INVESTITIONEN ZUR ERHALTUNG DES KULTUR- UND NATURERBES IN LANDWIRTSCHAFTLICHEN BETRIEBEN**

2.1. Ist das Kultur- und Naturerbe in Form von Naturlandschaften und Gebäuden, für das die Beihilfe gewährt wird, von den zuständigen Behörden des betreffenden Mitgliedstaats offiziell als Kultur- oder Naturerbe anerkannt?

☐ ja ☐ nein

Falls nein, beachten Sie bitte, dass die Beihilfe nicht als mit dem Binnenmarkt vereinbar erklärt werden kann.

2.2. Umfassen die beihilfefähigen Kosten Folgendes?

☐ a) Investitionen in materielle Vermögenswerte;

☐ b) bauliche Maßnahmen;

☐ c) sonstige (bitte angeben): ....

....

Falls es sich um andere als die unter den Buchstaben a und b angegebenen Arten von beihilfefähigen Kosten handelt, weisen wir darauf hin, dass die Beihilfe nicht als mit dem Binnenmarkt vereinbar erklärt werden kann.

2.3. Bitte geben Sie die Beihilfehöchstintensität, ausgedrückt in Prozent der beihilfefähigen Investitionskosten, und unter Buchstabe f einen Betrag in Euro/Jahr an:

a) bei Investitionen zur Erhaltung von produktivem Betriebserbe im landwirtschaftlichen Betrieb und unter der Voraussetzung, dass diese nicht zur Steigerung der Produktionskapazität führen:

    i) .... der tatsächlich entstandenen Kosten in aus naturbedingten und anderen spezifischen Gründen benachteiligten Gebieten gemäß Artikel 32 der Verordnung (EU) Nr. 1305/2013;

    ii) .... der tatsächlich entstandenen Kosten in weniger entwickelten Regionen;

    iii) .... der tatsächlich entstandenen Kosten in den übrigen Gebieten;

b) bei einer Steigerung der Produktionskapazität:

    i) .... der beihilfefähigen Kosten in den Gebieten in äußerster Randlage;

    ii) .... der beihilfefähigen Kosten auf den kleineren Inseln des Ägäischen Meeres;

    iii) .... der beihilfefähigen Kosten in Kroatien für die Umsetzung der Nitratrichtlinie gemäß Randnummer 148 Buchstabe b der Rahmenregelung;

    iv) .... der beihilfefähigen Kosten in den weniger entwickelten Regionen und in allen Regionen, deren Pro-Kopf-BIP für den Zeitraum vom 1. Januar 2007 bis zum 31. Dezember 2013 weniger als 75 % des Durchschnitts der EU-25 für den Bezugszeitraum betrug, jedoch über 75 % des BIP-Durchschnitts der EU-27 liegt:

5. Verf-DVO kons

v) .... der beihilfefähigen Kosten in den übrigen Regionen;

vi) .... der beihilfefähigen Kosten für den Kauf von Zuchttieren gemäß Randnummer 147 der Rahmenregelung.

Verf-DVO kons

Sofern die unter den Ziffern i bis vi dieser Frage angegebenen Beihilfeintensitäten die unter Randnummer 152 der Rahmenregelung genannten Sätze übersteigen, geben Sie bitte an, ob einer der folgenden Ausnahmefälle zutrifft, der eine Anhebung um 20 Prozentpunkte gestattet:

☐ a) Junglandwirte oder Landwirte, die sich während der fünf Jahre vor der Beihilfebeantragung niedergelassen haben;

☐ b) kollektive Investitionen (wie ein Lager, das von einer Gruppe von Landwirten genutzt wird, oder Einrichtungen zur Vorbereitung der Erzeugnisse vor der Vermarktung) und integrierte Vorhaben (die mehrere Maßnahmen im Rahmen der Verordnung (EU) Nr. 1305/2013 umfassen), auch im Zusammenhang mit einem Zusammenschluss von Erzeugerorganisationen;

☐ c) Investitionen in aus naturbedingten und anderen spezifischen Gründen benachteiligten Gebieten gemäß Artikel 32 der Verordnung (EU) Nr. 1305/2013;

☐ d) Maßnahmen, die im Rahmen der Europäischen Innovationspartnerschaft (EIP) unterstützt werden, wie Investitionen in einen neuen Stall, die die Möglichkeit bieten, neue Verfahren der Unterbringung von Tieren zu erproben, die von einer aus Landwirten, Wissenschaftlern und im Bereich Tierschutz tätigen Nichtregierungsorganisationen bestehenden operationellen Gruppe entwickelt wurden;

☐ e) Investitionen zur Verbesserung der natürlichen Umwelt, der Hygienebedingungen oder des Tierschutzes gemäß Randnummer 143 Buchstabe b der Rahmenregelung; in diesem Fall gilt der erhöhte Beihilfesatz gemäß dem genannten Buchstaben nur für die zusätzlichen Ausgaben, die zur Erzielung eines über die geltenden Unionsnormen hinausgehenden Niveaus erforderlich sind und die keine Steigerung der Produktionskapazität bewirken;

☐ f) Investitionen zur Verbesserung der Nachhaltigkeit des landwirtschaftlichen Betriebs gemäß Randnummer 143 Buchstabe a der Rahmenregelung im Zusammenhang mit Agrarumwelt- und Klimaverpflichtungen und dem ökologischen/biologischen Landbau gemäß Teil II Abschnitt 1.1.5.1 bzw. 1.1.8 der Rahmenregelung.

Bitte beachten Sie, dass der kombinierte Beihilfehöchstsatz 90 % des Investitionsvolumens nicht übersteigen darf, damit die Beihilfe als mit dem Binnenmarkt vereinbar erklärt werden kann.

c) .... der beihilfefähigen Kosten bei zusätzlichen Beihilfen zur Deckung der Mehrkosten infolge der Verwendung traditioneller Materialien, die für den Erhalt des kulturellen Erbes eines Gebäudes im landwirtschaftlichen Betrieb erforderlich sind;

d) .... der beihilfefähigen Kosten bei Beihilfen gemäß den Buchstaben a, b und c, wenn die Investitionen kleine Infrastruktur betreffen:

e) .... der tatsächlich entstandenen Kosten bei Investitionen zur Erhaltung von nichtproduktivem Betriebserbe im landwirtschaftlichen Betrieb wie archäologischen oder historischen Merkmalen;

f) .... EUR pro Jahr für bauliche Maßnahmen.

SONSTIGE ANGABEN

Machen Sie hier bitte gegebenenfalls sonstige Angaben, die für die Würdigung der betreffenden Maßnahme nach diesem Abschnitt der Rahmenregelung von Belang sind:

....

1.1.1.3. ERGÄNZENDER FRAGEBOGEN ZU INVESTITIONSBEIHILFEN FÜR DIE AUSSIEDLUNG VON LANDWIRTSCHAFTLICHEN BE- TRIEBSGEBÄUDEN

Dieser Fragebogen gilt für staatliche Beihilfen für Investitionen im Zusammenhang mit der Aussiedlung von landwirtschaftlichen Betriebsgebäuden gemäß der Beschreibung in Teil II Kapitel 1 Abschnitt 1.1.1.3 der Rahmenregelung der Europäischen Union für staatliche Beihilfen im Agrar- und Forstsektor und in ländlichen Gebieten 2014–2020 (im Folgenden „Rahmenregelung").

1. **ALLGEMEINE FÖRDERKRITERIEN**

1.1. Wird durch die Investitionen, für die die Beihilfe bestimmt ist, die Produktion über Produktionsbeschränkungen oder Begrenzungen der Finanzhilfe der Union hinaus gesteigert, zu denen eine vom Europäischen Garantiefonds für die Landwirtschaft (EGFL) finanzierte gemeinsame Marktorganisation, die auch Direktzahlungsregelungen vorsieht, auf der Ebene einzelner Unternehmen, Agrarbetriebe oder Verarbeitungsbetriebe führt?

☐ ja ☐ nein

Falls ja, beachten Sie bitte, dass die Beihilfe nicht als mit dem Binnenmarkt vereinbar erklärt werden kann.

1.2. Sind in der landwirtschaftlichen Primärproduktion tätige Unternehmen die einzigen Empfänger dieser Beihilfe?

☐ ja ☐ nein

Falls nein, beachten Sie bitte, dass die Beihilfe nicht als mit dem Binnenmarkt vereinbar erklärt werden kann.

2. **INVESTITIONSBEIHILFEN FÜR DIE AUSSIEDLUNG VON LANDWIRTSCHAFTLICHEN BETRIEBSGEBÄUDEN**

2.1. Erfolgt die Aussiedlung des landwirtschaftlichen Betriebsgebäudes in einem öffentlichen Interesse, das in den einschlägigen Bestimmungen des betreffenden Mitgliedstaats erläutert ist?

☐ ja ☐ nein

Wir weisen darauf hin, dass das öffentliche Interesse, in dem die Aussiedlung des landwirtschaftlichen Betriebsgebäudes erfolgt, in der in den einschlägigen Bestimmungen des betreffenden Mitgliedstaats enthaltenen Rechtsgrundlage der Beihilfe erläutert sein muss.

2.2. Umfassen die beihilfefähigen Kosten im Zusammenhang mit der Aussiedlung Folgendes?

☐ a) für die Demontage, Entfernung und den Wiederaufbau bestehender Anlagen tatsächlich entstandene Kosten;

☐ b) über die Tätigkeiten gemäß Buchstabe a hinaus eine Modernisierung der Anlagen;

☐ c) über die Tätigkeiten gemäß Buchstabe a hinaus eine Steigerung der Produktionskapazität:

5. Verf-DVO kons

Verf-DVO kons

☐ d) Anlagen in der Nähe ländlicher Gemeinden zur Verbesserung der Lebensqualität oder der Umweltleistung dieser Gemeinden, sofern es sich um kleine Infrastruktur handelt;

☐ e) sonstige (bitte angeben): ....

....

Falls es sich um andere als die unter den Buchstaben a bis d angegebenen Arten von beihilfefähigen Kosten handelt, weisen wir darauf hin, dass die Beihilfe nicht als mit dem Binnenmarkt vereinbar erklärt werden kann.

2.3. Bitte geben Sie die Beihilfehöchstintensität, ausgedrückt als Prozentsatz des beihilfefähigen Investitionsvolumens, an:

a) .... der tatsächlich entstandenen Kosten für die Demontage, Entfernung und den Wiederaufbau bestehender Gebäude oder Anlagen;

b) falls die Aussiedlung über die Kosten gemäß Buchstabe a hinaus zur Modernisierung von Anlagen ([1]) oder zur Steigerung der Produktionskapazität führt:

i) .... der beihilfefähigen Kosten im Zusammenhang mit der Modernisierung der Anlagen oder der Steigerung der Produktionskapazität (nachstehend „einschlägige Kosten") in den Gebieten in äußerster Randlage;

ii) .... der einschlägigen Kosten auf den kleineren Inseln des Ägäischen Meeres;

iii) .... der einschlägigen Kosten in Kroatien für die Umsetzung der Nitratrichtlinie gemäß Randnummer 148 Buchstabe b der Rahmenregelung;

iv) .... der einschlägigen Kosten in den weniger entwickelten Regionen und in allen Regionen, deren Pro-Kopf-BIP für den Zeitraum vom 1. Januar 2007 bis zum 31. Dezember 2013 weniger als 75 % des Durchschnitts der EU-25 für den Bezugszeitraum betrug, jedoch über 75 % des BIP-Durchschnitts der EU-27 liegt;

v) .... der einschlägigen Kosten in den übrigen Regionen.

Sofern die unter den Ziffern i bis v angegebenen Sätze für die Beihilfeintensität die unter Randnummer 152 der Rahmenregelung genannten Sätze übersteigen, geben Sie bitte an, ob einer der folgenden Ausnahmefälle zutrifft, der eine Anhebung um 20 Prozentpunkte gestattet:

☐ Junglandwirte oder Landwirte, die sich während der fünf Jahre vor der Beihilfebeantragung niedergelassen haben;

☐ kollektive Investitionen (wie ein Lager, das von einer Gruppe von Landwirten genutzt wird, oder Einrichtungen zur Vorbereitung der Erzeugnisse vor der Vermarktung) und integrierte Vorhaben (die mehrere Maßnahmen im Rahmen der Verordnung (EU) Nr. 1305/2013 umfassen), auch im Zusammenhang mit einem Zusammenschluss von Erzeugerorganisationen;

☐ Investitionen in aus naturbedingten und anderen spezifischen Gründen benachteiligten Gebieten gemäß Artikel 32 der Verordnung (EU) Nr. 1305/2013;

☐ Maßnahmen, die im Rahmen der Europäischen Innovationspartnerschaft (EIP) unterstützt werden, wie Investitionen in einen neuen Stall, die die Möglichkeit bieten, neue Verfahren der Unterbringung von Tieren zu erproben, die von einer aus Landwirten, Wissenschaftlern und im Bereich Tierschutz tätigen Nichtregierungsorganisationen bestehenden operationellen Gruppe entwickelt wurden;

([1]) Für die Zwecke dieser Randnummer gilt die reine Ersetzung eines bestehenden Gebäudes bzw. bestehender Anlagen durch ein neues, modernes Gebäude bzw. durch neue, moderne Anlagen, ohne dass dadurch die Art der Produktion oder die eingesetzte Technologie grundlegend geändert wird, nicht als Modernisierung.

☐ Investitionen zur Verbesserung der natürlichen Umwelt, der Hygienebedingungen oder des Tierschutzes gemäß Randnummer 143 Buchstabe b der Rahmenregelung; in diesem Fall gilt der erhöhte Beihilfesatz gemäß dem genannten Buchstaben nur für die zusätzlichen Ausgaben, die zur Erzielung eines über die geltenden Unionsnormen hinausgehenden Niveaus erforderlich sind und die keine Steigerung der Produktionskapazität bewirken;

☐ Investitionen zur Verbesserung der Nachhaltigkeit des landwirtschaftlichen Betriebs gemäß Randnummer 143 Buchstabe a der Rahmenregelung im Zusammenhang mit Agrarumwelt- und Klimaverpflichtungen und dem ökologischen/biologischen Landbau gemäß Teil II Abschnitt 1.1.5.1 bzw. 1.1.8 der Rahmenregelung.

Bitte beachten Sie, dass bei Anwendung dieser Ausnahmen auf die Beihilfeintensitäten gemäß den Ziffern i bis v der Höchstsatz von 90 % des Investitionsvolumens nicht überschritten werden darf, damit die Beihilfe als mit dem Binnenmarkt vereinbar erklärt werden kann.

c) .... der beihilfefähigen Kosten für die Aussiedlung von Anlagen in der Nähe ländlicher Gemeinden zur Verbesserung der Lebensqualität oder der Umweltleistung dieser Gemeinden, sofern es sich um kleine Infrastruktur handelt.

SONSTIGE ANGABEN

Machen Sie hier bitte gegebenenfalls sonstige Angaben, die für die Würdigung der betreffenden Maßnahme nach diesem Abschnitt der Rahmenregelung von Belang sind:

....

1.1.1.4. ERGÄNZENDER FRAGEBOGEN ZU BEIHILFEN FÜR INVESTITIONEN IN DIE VERARBEITUNG UND VERMARKTUNG LANDWIRTSCHAFTLICHER ERZEUGNISSE

Dieser Fragebogen gilt für staatliche Beihilfen für Investitionen in die Verarbeitung landwirtschaftlicher Erzeugnisse ([1]) und die Vermarktung landwirtschaftlicher Erzeugnisse ([2]) gemäß der Beschreibung in Teil II Kapitel 1 Abschnitt 1.1.1.4 der Rahmenregelung der Europäischen Union für staatliche Beihilfen im Agrar- und Forstsektor und in ländlichen Gebieten 2014–2020 (im Folgenden „Rahmenregelung").

1. Wird durch die Investitionen, für die die Beihilfe bestimmt ist, die Produktion über Produktionsbeschränkungen oder Begrenzungen der Finanzhilfe der Union hinaus gesteigert, zu denen eine vom Europäischen Garantiefonds für die Landwirtschaft (EGFL) finanzierte gemeinsame Marktorganisation, die auch Direktzahlungsregelungen vorsieht, auf der Ebene einzelner Unternehmen, Agrarbetriebe oder Verarbeitungsbetriebe führt?

    ☐   ja   ☐   nein

Falls ja, beachten Sie bitte, dass die Beihilfe nicht als mit dem Binnenmarkt vereinbar erklärt werden kann.

2. Wird die Beihilfe für Biokraftstoffe aus Nahrungsmittelpflanzen gewährt?

    ☐   ja   ☐   nein

([1]) „Verarbeitung landwirtschaftlicher Erzeugnisse": jede Einwirkung auf ein landwirtschaftliches Erzeugnis, bei der das daraus entstehende Erzeugnis ebenfalls ein landwirtschaftliches Erzeugnis ist, ausgenommen im landwirtschaftlichen Betrieb erfolgende Tätigkeiten zur Vorbereitung eines tierischen oder pflanzlichen Erzeugnisses für den Erstverkauf.

([2]) „Vermarktung landwirtschaftlicher Erzeugnisse": das Lagern, Feilhalten oder Anbieten zum Verkauf, die Abgabe oder jede andere Form des Inverkehrbringens, ausgenommen der Erstverkauf durch den Primärerzeuger an Wiederverkäufer oder Verarbeiter und jede Tätigkeit, die ein Erzeugnis für diesen Erstverkauf vorbereitet; der Verkauf durch einen Primärerzeuger an Endverbraucher gilt als Vermarktung von landwirtschaftlichen Erzeugnissen, wenn er in gesonderten, für diesen Zweck vorgesehenen Räumen erfolgt.

5. Verf-DVO kons

Falls ja, weisen wir darauf hin, dass die Beihilfe gemäß dem in den horizontalen Vorschriften für staatliche Umweltschutz- und Energiebeihilfen vorgegebenen Ziel, einen Anreiz für die Umstellung auf die Herstellung fortschrittlicherer Biokraftstoffe zu schaffen, nicht als mit dem Binnenmarkt vereinbar erklärt werden kann.

3. Wird die Beihilfe für Investitionen in materielle und immaterielle Vermögenswerte im Zusammenhang mit der Verarbeitung und Vermarktung landwirtschaftlicher Erzeugnisse gemäß Randnummer 35 Ziffern 11 und 12 der Rahmenregelung getätigt?

☐   ja   ☐   nein

Falls nein, beachten Sie bitte, dass die Beihilfe nicht als mit dem Binnenmarkt vereinbar erklärt werden kann.

4. Die Mitgliedstaaten können Beihilfen für Investitionen in die Verarbeitung und Vermarktung landwirtschaftlicher Erzeugnisse gewähren, wenn die Beihilfen alle Bedingungen eines der folgenden Beihilfeinstrumente erfüllen. Bitte geben Sie an, im Rahmen welches der folgenden Beihilfeinstrumente diese Beihilfe gewährt werden soll:

☐ Verordnung (EU) Nr. 651/2014 der Kommission ([1]);

☐ Leitlinien für Regionalbeihilfen 2014-2020 ([2]);

☐ die Bedingungen von Teil II Kapitel 1 Abschnitt 1.1.1.4 der Rahmenregelung.

5. Wenn die Beihilfe im Rahmen der Verordnung (EU) Nr. 651/2014 (AGVO) gewährt wird:

Bitte nennen Sie die Gründe, warum die zuständige Behörde dennoch die Einreichung einer Anmeldung auf der Grundlage der Rahmenregelung wünscht. In diesem Fall füllen Sie bitte den entsprechenden Abschnitt im allgemeinen Anmeldeformular in Teil I und den spezifischen Fragebogen in Teil III des Anhangs der Verordnung (EG) Nr. 794/2004 ([3]) oder jeder Rechtsvorschrift, die diese ersetzt, aus.

6. Wenn die Beihilfe im Rahmen der Leitlinien für Regionalbeihilfen 2014-2020 gewährt wird:

Erfüllt die Beihilfe die in den Leitlinien für Regionalbeihilfen 2014-2020 festgelegten Bedingungen?

☐   ja   ☐   nein

Falls nein, kann die Beihilfe nicht gemäß Randnummer 168 Buchstabe b der Rahmenregelung als mit dem Binnenmarkt vereinbar erklärt werden.

Falls ja, beachten Sie bitte, dass die Beurteilung dieser Beihilfe auf der Grundlage der Leitlinien für Regionalbeihilfen 2014-2020 erfolgt. Bitte füllen Sie den entsprechenden Abschnitt im allgemeinen Anmeldeformular (siehe Anhang der Verordnung (EG) Nr. 1627/2006 der Kommission ([4])) aus.

---

[1] Verordnung (EU) Nr. 651/2014 der Kommission vom 17. Juni 2014 zur Feststellung der Vereinbarkeit bestimmter Gruppen von Beihilfen mit dem Binnenmarkt in Anwendung der Artikel 107 und 108 des Vertrags über die Arbeitsweise der Europäischen Union (ABl. L 187 vom 26.6.2014, S. 1).
[2] ABl. C 209 vom 23.7.2013, S. 1.
[3] Verordnung (EG) Nr. 794/2004 der Kommission vom 21. April 2004 zur Durchführung der Verordnung (EU) 2015/1589 des Rates über besondere Vorschriften für die Anwendung von Artikel 108 des Vertrags über die Arbeitsweise der Europäischen Union (ABl. L 140 vom 30.4.2004, S. 1).
[4] ABl. L 302 vom 1.11.2006. S. 10.

7. Falls die Beihilfe auf der Grundlage von Teil II Kapitel 1 Abschnitt 1.1.1.4 der Rahmenregelung gewährt werden soll: Umfassen die beihilfefähigen Kosten Folgendes?

☐ a) Errichtung, Erwerb (einschließlich Leasing) oder Modernisierung von unbeweglichem Vermögen;

Betrugen die Kosten für die erworbenen Flächen höchstens 10 % des Gesamtbetrags der beihilfefähigen Kosten des betreffenden Vorhabens?

☐ ja ☐ nein

Falls nein, weisen wir darauf hin, dass der Erwerb der Flächen nicht beihilfefähig ist.

☐ b) Kauf oder Leasingkauf von Maschinen und Anlagen bis zum marktüblichen Wert des Wirtschaftsguts;

☐ c) allgemeine Kosten im Zusammenhang mit den unter den Buchstaben a und b genannten Ausgaben, etwa für Architekten-, Ingenieur- und Beraterhonorare sowie für Beratung zu ökologischer Nachhaltigkeit und wirtschaftlicher Tragfähigkeit, einschließlich Durchführbarkeitsstudien;

Durchführbarkeitsstudien zählen auch dann zu den beihilfefähigen Ausgaben, wenn aufgrund ihrer Ergebnisse keine Ausgaben gemäß den Buchstaben a und b getätigt werden;

☐ d) Erwerb oder Entwicklung von Computersoftware und Kauf von Patenten, Lizenzen, Copyrights und Handelsmarken.

☐ Sonstige (bitte angeben):

....

....

Falls die Investition auf andere Ziele als die gemäß den Buchstaben a bis d ausgerichtet ist, weisen wir darauf hin, dass nur Investitionen im Zusammenhang mit der Verarbeitung und Vermarktung landwirtschaftlicher Erzeugnisse beihilfefähig sind, die zumindest auf eines der unter diesen Buchstaben genannten Ziele ausgerichtet sind.

8. Umfassen die beihilfefähigen Kosten folgende Ausgaben?

☐ a) andere als die in Frage 6 (Randnummer 169 der Rahmenregelung) genannten Kosten im Zusammenhang mit Leasingverträgen wie die Gewinnspanne des Leasinggebers, Zinskosten der Refinanzierung, Gemeinkosten und Versicherungskosten;

☐ b) Betriebskapital;

☐ c) Kosten für Investitionen zur Erfüllung von geltenden Unionsnormen.

Falls Ausgaben gemäß Buchstabe a, b oder c einbezogen sind, weisen wir darauf hin, dass die Beihilfe nicht als mit dem Binnenmarkt vereinbar erklärt werden kann.

9. Bitte geben Sie die Beihilfehöchstintensität, ausgedrückt als Prozentsatz des beihilfefähigen Investitionsvolumens, an:

a) .... der beihilfefähigen Kosten in den Gebieten in äußerster Randlage;

b) .... der beihilfefähigen Kosten auf den kleineren Inseln des Ägäischen Meeres;

5. Verf-DVO kons

c) .... der beihilfefähigen Kosten in den weniger entwickelten Regionen und in allen Regionen, deren Pro-Kopf-BIP für den Zeitraum vom 1. Januar 2007 bis zum 31. Dezember 2013 weniger als 75 % des Durchschnitts der EU-25 für den Bezugszeitraum betrug, jedoch über 75 % des BIP-Durchschnitts der EU-27 liegt;

d) .... der beihilfefähigen Kosten in den übrigen Regionen.

Verf-DVO kons

10. Sofern die unter Frage 8 angegebenen Beihilfesätze die unter Randnummer 171 der Rahmenregelung genannten Sätze übersteigen, geben Sie bitte an, ob einer der folgenden Ausnahmefälle zutrifft, der eine Anhebung um 20 Prozentpunkte für folgende Maßnahmen gestattet:

☐ a) Maßnahmen im Zusammenhang mit einem Zusammenschluss von Erzeugerorganisationen;

☐ b) Maßnahmen, die im Rahmen der EIP unterstützt werden.

Falls einer dieser Ausnahmefälle zutrifft, bezeichnen Sie bitte die Dokumentation, aus der dies hervorgeht, nachstehend oder liefern Sie diese in einer Anlage zum vorliegenden ergänzenden Fragebogen: ...

....

Bitte beachten Sie, dass der kombinierte Beihilfehöchstsatz 90 % des Investitionsvolumens nicht übersteigen darf, damit die Beihilfe als mit dem Binnenmarkt vereinbar erklärt werden kann.

11. Wie hoch ist der Betrag (in Euro) der beihilfefähigen Kosten bei Einzelinvestitionsbeihilfen für die Verarbeitung und Vermarktung landwirtschaftlicher Erzeugnisse?

.... EUR

Wenn dieser Betrag 25 Mio. EUR überschreitet (siehe Randnummer 37 Buchstabe a der Rahmenregelung), muss die Einzelbeihilfe gemäß Artikel 108 Absatz 3 AEUV bei der Kommission gesondert angemeldet werden.

12. Wie hoch ist der Betrag (in Euro) des Bruttosubventionsäquivalents bei Einzelinvestitionsbeihilfen für die Verarbeitung und Vermarktung landwirtschaftlicher Erzeugnisse?

.... EUR

Wenn dieser Betrag 12 Mio. EUR überschreitet (siehe Randnummer 37 Buchstabe a der Rahmenregelung), muss die Einzelbeihilfe gemäß Artikel 108 Absatz 3 AEUV bei der Kommission gesondert angemeldet werden.

SONSTIGE ANGABEN

Machen Sie hier bitte gegebenenfalls sonstige Angaben, die für die Würdigung der betreffenden Maßnahme nach diesem Abschnitt der Rahmenregelung von Belang sind:

....

1.1.2. ERGÄNZENDER FRAGEBOGEN ZU EXISTENZGRÜNDUNGSBEIHILFEN FÜR JUNGLANDWIRTE UND BEIHILFEN FÜR DIE ENTWICKLUNG KLEINER LANDWIRTSCHAFTLICHER BETRIEBE

Dieser Fragebogen ist von den Mitgliedstaaten für die Anmeldung von Existenzgründungsbeihilfen für Junglandwirte und Beihilfen für die Entwicklung kleiner landwirtschaftlicher Betriebe gemäß der Beschreibung in Teil II Kapitel 1 Abschnitt 1.1.2 der Rahmenregelung der Europäischen Union für staatliche Beihilfen im Agrar- und Forstsektor und in ländlichen Gebieten 2014–2020 (im Folgenden „Rahmenregelung") zu verwenden.

1. Sind in der landwirtschaftlichen Primärproduktion tätige Unternehmen die einzigen Empfänger dieser Beihilfen?

☐ ja ☐ nein

Falls nein, beachten Sie bitte, dass die Beihilfe nicht als mit dem Binnenmarkt vereinbar erklärt werden kann.

2. Wird die Beihilfe Junglandwirten gemäß Randnummer 35 Ziffer 29 der Rahmenregelung gewährt, bei deren Unternehmen es sich um Kleinstunternehmen und kleine Unternehmen handelt?

☐ ja ☐ nein

3. Wird die Beihilfe kleinen landwirtschaftlichen Betrieben gewährt, bei denen es sich um Kleinst- und kleine Unternehmen handelt?

☐ ja ☐ nein

4. Falls Sie Frage 3 mit „Ja" beantwortet haben, geben Sie bitte an, nach welchen Kriterien die Beihilfeempfänger als kleine landwirtschaftliche Betriebe gelten. Bitte beachten Sie, dass solche Kriterien objektiv sein müssen.

....

....

5. Wurden die Ober- und Untergrenzen für die Gewährung des Zugangs zu den Existenzgründungsbeihilfen für Junglandwirte bzw. zur Beihilfe für die Entwicklung kleiner landwirtschaftlicher Betriebe auf der Grundlage des Produktionspotenzials des landwirtschaftlichen Betriebs, gemessen in Standardoutput gemäß Artikel 5b der Verordnung (EG) Nr. 1217/2009 des Rates [1] und Artikel 6 der Durchführungsverordnung (EU) 2015/220 der Kommission [2] oder einer gleichwertigen Grundlage festgesetzt?

☐ ja ☐ nein

Falls nein, beachten Sie bitte, dass die Beihilfe nicht als mit dem Binnenmarkt vereinbar erklärt werden kann.

6. Bitte geben Sie die Ober- und Untergrenzen für die Gewährung des Zugangs zu den Existenzgründungsbeihilfen für Junglandwirte bzw. zur Beihilfe für die Entwicklung kleiner landwirtschaftlicher Betriebe an.

	Junglandwirte	Entwicklung kleiner landwirtschaftlicher Betriebe
Obergrenze		
Untergrenze		

Wie weisen darauf hin, dass die Untergrenze für die Gewährung des Zugangs zu den Existenzgründungsbeihilfen für Junglandwirte höher als die Obergrenze für die Gewährung des Zugangs zur Beihilfe für die Entwicklung kleiner landwirtschaftlicher Betriebe liegen muss.

7. Gründet der Junglandwirt, dem eine Existenzgründungsbeihilfe gewährt wird, einen Betrieb in Form einer juristischen Person?

☐ ja ☐ nein

8. Falls Sie Frage 7 mit „Ja" beantwortet haben: Wird die juristische Person von diesem Junglandwirt wirksam und langfristig in Bezug auf die Entscheidungen zur Betriebsführung, Gewinnen und finanziellen Risiken kontrolliert?

☐ ja ☐ nein

Bitte geben Sie an, wie eine solche Kontrolle sichergestellt wird: ....

....

[1] Verordnung (EG) Nr. 1217/2009 des Rates vom 30. November 2009 zur Bildung eines Informationsnetzes landwirtschaftlicher Buchführungen über die Einkommenslage und die betriebswirtschaftlichen Verhältnisse landwirtschaftlicher Betriebe in der Europäischen Union (ABl. L 328 vom 15.12.2009, S. 27).

[2] Durchführungsverordnung (EU) 2015/220 der Kommission vom 3. Februar 2015 mit Durchführungsbestimmungen zur Verordnung (EG) Nr. 1217/2009 des Rates zur Bildung eines Informationsnetzes landwirtschaftlicher Buchführungen über die Einkommenslage und die betriebswirtschaftlichen Verhältnisse landwirtschaftlicher Betriebe in der Europäischen Union (ABl. L 46 vom 19.2.2015, S. 1).

5. Verf-DVO kons

9. Falls Sie Frage 8 mit „Ja" beantwortet haben und mehrere natürliche Personen, darunter auch Personen, die keine Junglandwirte sind, am Kapital oder der Betriebsführung der juristischen Person beteiligt sind: Übt der Junglandwirt allein oder gemeinschaftlich mit anderen Personen eine wirksame und langfristige Kontrolle aus?

☐ ja ☐ nein

Bitte geben Sie an, wie dies sichergestellt wird: ....

....

Verf-DVO kons

10. Falls Sie Frage 8 mit „Ja" beantwortet haben und die juristische Person allein oder gemeinschaftlich von einer anderen juristischen Person als dem Junglandwirt kontrolliert wird: Übt der Junglandwirt allein oder gemeinschaftlich mit anderen Personen eine wirksame und langfristige Kontrolle über diese andere juristische Person aus?

☐ ja ☐ nein

Bitte geben Sie an, wie dies sichergestellt wird: ....

....

11. Ist die Gewährung der Beihilfe an die Vorlage eines Geschäftsplans bei der zuständigen Behörde des betreffenden Mitgliedstaats gebunden?

☐ ja ☐ nein

Falls nein, beachten Sie bitte, dass die Beihilfe nicht als mit dem Binnenmarkt vereinbar erklärt werden kann.

12. Wird mit der Durchführung des Geschäftsplans innerhalb von neun Monaten ab dem Zeitpunkt des Beschlusses zur Gewährung der Beihilfe begonnen?

☐ ja ☐ nein

Falls nein, beachten Sie bitte, dass die Beihilfe nicht als mit dem Binnenmarkt vereinbar erklärt werden kann.

13. Ist bei Existenzgründungsbeihilfen für Junglandwirte im Geschäftsplan vorgesehen, dass der Beihilfeempfänger innerhalb von 18 Monaten ab dem Zeitpunkt der Niederlassung der Begriffsbestimmung für aktive Landwirte gemäß Artikel 9 der Verordnung (EU) Nr. 1307/2013 entsprechen muss?

☐ ja ☐ nein

Falls nein, beachten Sie bitte, dass die Beihilfe nicht als mit dem Binnenmarkt vereinbar erklärt werden kann.

14. Ist bei Junglandwirten, die nicht über angemessenes fachliches Können und Wissen verfügen, für diese im Geschäftsplan die Verpflichtung vorgesehen, dass sie dieses fachliche Können und Wissen innerhalb von 36 Monaten ab dem Zeitpunkt des Beschlusses über die Gewährung der Beihilfe erlangen?

☐ ja ☐ nein

Falls nein, beachten Sie bitte, dass die Beihilfe nicht als mit dem Binnenmarkt vereinbar erklärt werden kann.

15. Wird bei Existenzgründungsbeihilfen für Junglandwirte im Geschäftsplan Folgendes beschrieben?

☐ a) die Ausgangssituation des landwirtschaftlichen Betriebs;

☐ b) Zwischen- und Endziele im Hinblick auf die Entwicklung der Tätigkeiten des landwirtschaftlichen Betriebs;

☐ c) Einzelheiten zu den Maßnahmen, einschließlich Maßnahmen für ökologische Nachhaltigkeit und Ressourceneffizienz, die für die Entwicklung der Tätigkeiten des landwirtschaftlichen Betriebs erforderlich sind (z. B. Investitionen, Ausbildungsmaßnahmen, Beratungsdienste oder sonstige Maßnahmen).

▼ M9

Bitte beachten Sie, dass die Voraussetzungen gemäß den Buchstaben a, b und c kumulativ erfüllt sein müssen.

16. Wird bei Existenzgründungsbeihilfen für die Entwicklung kleiner landwirtschaftlicher Betriebe im Geschäftsplan Folgendes beschrieben?

☐ a) die Ausgangssituation des landwirtschaftlichen Betriebs;

☐ b) Einzelheiten zu den Maßnahmen, einschließlich Maßnahmen für ökologische Nachhaltigkeit und Ressourceneffizienz, die zur Erreichung der wirtschaftlichen Lebensfähigkeit beitragen können (z. B. Investitionen, Ausbildungsmaßnahmen, Zusammenarbeit oder sonstige Maßnahmen).

Verf-DVO kons

Bitte beachten Sie, dass die Voraussetzungen gemäß den Buchstaben a und b kumulativ erfüllt sein müssen.

17. Wie wird die Beihilfe gewährt?

☐ a) jährlich;

☐ b) in mindestens zwei Raten über einen Zeitraum von fünf Jahren.

Bitte näher ausführen: ....

18. Ist im Falle von Existenzgründungsbeihilfen für Junglandwirte die Zahlung der letzten Beihilfetranche bzw. -rate von der ordnungsgemäßen Durchführung des Geschäftsplans gemäß Randnummer 179 der Rahmenregelung abhängig?

☐ ja   ☐ nein

Falls nein, beachten Sie bitte, dass die Beihilfe nicht als mit dem Binnenmarkt vereinbar erklärt werden kann.

19. Wie hoch ist die maximale Beihilfeintensität (in Euro)?

a) pro Junglandwirt: .... EUR

b) pro kleiner landwirtschaftlicher Betrieb: .... EUR

SONSTIGE ANGABEN

Machen Sie hier bitte gegebenenfalls sonstige Angaben, die für die Würdigung der betreffenden Maßnahme nach diesem Abschnitt der Rahmenregelung von Belang sind:

....

1.1.3. ERGÄNZENDER FRAGEBOGEN ZU BEIHILFEN FÜR DIE ÜBERTRAGUNG LANDWIRTSCHAFTLICHER BETRIEBE

Dieser Fragebogen ist für die Anmeldung von staatlichen Beihilfen für die Übertragung landwirtschaftlicher Betriebe gemäß der Beschreibung in Teil II Kapitel 1 Abschnitt 1.1.3 der Rahmenregelung der Europäischen Union für staatliche Beihilfen im Agrar- und Forstsektor und in ländlichen Gebieten 2014–2020 (im Folgenden „Rahmenregelung") zu verwenden.

Wird die Beihilfe nur gewährt, wenn alle unter den Punkten 1 bis 7 angegebenen Voraussetzungen erfüllt sind?

1. Die Beihilfe wird in der landwirtschaftlichen Primärproduktion tätigen Unternehmen gewährt, die ihren landwirtschaftlichen Betrieb endgültig an ein anderes in der landwirtschaftlichen Primärproduktion tätiges Unternehmen übertragen.

☐ ja   ☐ nein

2. Die Beihilfe wird Unternehmen gewährt, die Anspruch auf Teilnahme an der Kleinerzeugerregelung gemäß Titel V der Verordnung (EU) Nr. 1307/2013 haben.

☐ ja   ☐ nein

5. Verf-DVO kons

3. Die Beihilfe wird Unternehmen gewährt, die bei Vorlage ihres Beihilfeantrags mindestens ein Jahr lang teilnahmeberechtigt waren.

☐ ja ☐ nein

4. Die Beihilfe wird Unternehmen gewährt, die sich verpflichten, ihren
gesamten landwirtschaftlichen Betrieb und die dazugehörigen Zahlungs-
ansprüche endgültig einem anderen in der landwirtschaftlichen Primärproduktion tätigen Unternehmen zu übertragen.

☐ ja ☐ nein

5. Die Beihilfe wird gewährt

☐ als jährliche Zahlung ☐ als einmalige Zahlung

(Bitte beachten Sie, dass die Beihilfe gemäß Randnummer 188 der Rahmenregelung entweder als jährliche Zahlung oder als einmalige Zahlung
zu gewähren ist.)

6. Die Beihilfe wird ab dem Zeitpunkt der Übertragung des landwirtschaftlichen Betriebs bis zum 31. Dezember 2020 gezahlt.

☐ ja ☐ nein

7. Die Beihilfe entspricht 120 % der jährlichen Zahlungen, auf die der
Beihilfeempfänger im Rahmen der Kleinerzeugerregelung Anspruch hat.

☐ ja ☐ nein

SONSTIGE ANGABEN

Machen Sie hier bitte gegebenenfalls sonstige Angaben, die für die Würdigung
der betreffenden Maßnahme nach diesem Abschnitt der Rahmenregelung von
Belang sind:

....

1.1.4. ERGÄNZENDER FRAGEBOGEN ZU GRÜNDUNGSBEIHILFEN
FÜR ERZEUGERGRUPPIERUNGEN UND -ORGANISATIONEN IM
AGRARSEKTOR

*Dieser Fragebogen ist für die Anmeldung von staatlichen Beihilfemaßnahmen
zur Gewährung von Gründungsbeihilfen für Erzeugergruppierungen und -orga-
nisationen im Agrarsektor gemäß der Beschreibung in Teil II Kapitel 1 Abschnitt
1.1.4 der Rahmenregelung der Europäischen Union für staatliche Beihilfen im
Agrar- und Forstsektor und in ländlichen Gebieten 2014–2020 (im Folgenden
„Rahmenregelung") zu verwenden.*

1. **BEIHILFEART**

1.1. Wird die Beihilfe für neu gegründete Erzeugergruppierungen und -orga-
nisationen gewährt?

☐ ja ☐ nein

1.2. Sind die Erzeugergruppierungen und -organisationen von der zuständigen Behörde des betreffenden Mitgliedstaats auf der Grundlage eines
eingereichten Geschäftsplans förmlich anerkannt worden?

☐ ja ☐ nein

1.3. Wird die Beihilfe erst gewährt, nachdem der Mitgliedstaat nachgeprüft
hat, ob die Ziele des Geschäftsplans innerhalb von fünf Jahren ab dem
Zeitpunkt der förmlichen Anerkennung der Erzeugergruppierung oder
-organisation verwirklicht worden sind?

☐ ja ☐ nein

1.4. Wird die Beihilfe anderen Erzeugerorganisationen, Einrichtungen oder
Stellen wie Unternehmen oder Genossenschaften gewährt, deren Zweck
die Leitung eines oder mehrerer landwirtschaftlicher Betriebe ist und die
daher faktisch als Einzelerzeuger anzusehen sind?

☐ ja ☐ nein

Falls ja, weisen wir darauf hin, dass Beihilfen an diese Organisationen, Einrichtungen oder Stellen nicht unter Teil II Kapitel 1 Abschnitt 1.1.4 der Rahmenregelung fallen.

1.5. Wird die Beihilfe anderen landwirtschaftlichen Vereinigungen gewährt, die in den Betrieben ihrer Mitglieder Aufgaben wie die gegenseitige Unterstützung oder Vertretungs- und Betriebsführungsdienste übernehmen, aber nicht zur gemeinsamen Anpassung des Angebots an die Markterfordernisse beitragen?

☐ ja   ☐ nein

Falls ja, weisen wir darauf hin, dass Beihilfen an diese Vereinigungen nicht unter Teil II Kapitel 1 Abschnitt 1.1.4 der Rahmenregelung fallen.

1.6. Wird die Beihilfe Erzeugergruppierungen oder -organisationen zur Deckung von Ausgaben gewährt, die nicht im Zusammenhang mit der Gründung stehen, z. B. für Investitionen oder Absatzförderungsmaßnahmen?

☐ ja   ☐ nein

Falls ja, wird die Beihilfe gemäß den für diese Beihilfen geltenden besonderen Vorschriften beurteilt. Wir verweisen auf die betreffenden Abschnitte des Anmeldeformulars.

2.   BEIHILFEEMPFÄNGER

2.1. Wird die Gründungsbeihilfe ausschließlich Erzeugergruppierungen oder -organisationen gewährt, die der Definition von KMU (¹) entsprechen?

☐ ja   ☐ nein

2.2. Ist die Beihilferegelung an die Auflage geknüpft, dass sie an etwaige Änderungen der Verordnungen über die gemeinsame Organisation der Agrarmärkte anzupassen ist?

☐ ja   ☐ nein

Falls nein, weisen wir darauf hin, dass die Kommission die Beihilferegelung gemäß Teil II Kapitel 1 Abschnitt 1.1.4 der Rahmenregelung nicht genehmigen kann.

3.   BEIHILFEINTENSITÄT UND BEIHILFEFÄHIGE KOSTEN

3.1. Bitte bestätigen Sie, dass der Gesamtbetrag der einer Erzeugergruppierung oder -organisation gewährten Beihilfe 500 000 EUR nicht übersteigt.

☐ ja   ☐ nein

3.2. Sieht die Beihilferegelung ausdrücklich vor, dass für Kosten, die nach dem fünften Jahr nach der förmlichen Anerkennung der Erzeugergruppierung oder -organisation durch die zuständige Behörde entstanden sind, keine Beihilfen mehr gewährt werden?

☐ ja   ☐ nein

3.3. Umfassen die beihilfefähigen Kosten ausschließlich folgende Kosten?

☐ a) Miete bzw. Pacht für geeignete Gebäude und Grundstücke;

☐ b) Erwerb von Büroausstattung einschließlich Computer-Hardware und -Software;

☐ c) Kosten für Verwaltungspersonal;

☐ d) Gemeinkosten;

☐ e) Rechtskosten und Verwaltungsgebühren.

☐ ja   ☐ nein

Falls nein, verweisen wir auf das Verzeichnis der beihilfefähigen Kosten in Teil II Kapitel 1 Abschnitt 1.1.4 der Rahmenregelung.

(¹) Siehe Randnummer 35 Ziffer 13 der Rahmenregelung für die Definition des Begriffs „KMU".

5. Verf-DVO kons

3.4. Wird die Beihilfe als Pauschalbeihilfe in jährlichen, degressiv gestaffelten Tranchen für die ersten fünf Jahre nach der förmlichen Anerkennung der Erzeugergruppierung oder -organisation durch die zuständige Behörde auf der Grundlage von deren Geschäftsplan gewährt?

☐ ja   ☐ nein

3.5. Zahlt der Mitgliedstaat die letzte Tranche erst, nachdem er die ordnungsgemäße Durchführung des Geschäftsplans überprüft hat?

☐ ja   ☐ nein

SONSTIGE ANGABEN

Machen Sie hier bitte gegebenenfalls sonstige Angaben, die für die Würdigung der betreffenden Maßnahme nach diesem Abschnitt der Rahmenregelung von Belang sind:

....

1.1.5.1. ERGÄNZENDER FRAGEBOGEN ZU BEIHILFEN FÜR AGRAR-UMWELT- UND KLIMAVERPFLICHTUNGEN

Dieser Fragebogen ist für die Anmeldung von staatlichen Beihilfen zur Förderung landwirtschaftlicher Produktionsverfahren zu verwenden, die dem Umweltschutz und der Landschaftspflege dienen (Agrarumwelt- und Klimaverpflichtungen) und die unter Teil II Kapitel 1 Abschnitt 1.1.5.1 der Rahmenregelung der Europäischen Union für staatliche Beihilfen im Agrar- und Forstsektor und in ländlichen Gebieten 2014–2020 (im Folgenden „Rahmenregelung") fallen.

1. Bezieht sich die Beihilfe ausschließlich auf Umweltinvestitionen (Abschnitt 1.1.1 der Rahmenregelung)?

☐ ja   ☐ nein

Falls ja, verweisen wir auf den ergänzenden Fragebogen 1.1.1.4 zu Beihilfen für Investitionen in die Verarbeitung und Vermarktung landwirtschaftlicher Erzeugnisse.

2. Werden mit der Agrarumweltbeihilfe andere Ziele wie beispielsweise Ausbildung und Beratung zur Unterstützung der landwirtschaftlichen Erzeuger verfolgt (Abschnitt 1.1.10 der Rahmenregelung)?

☐ ja   ☐ nein

Falls ja, verweisen wir auf den ergänzenden Fragebogen 1.1.10 „Beihilfen für die Bereitstellung technischer Hilfe im Agrarsektor".

3. Sonstige?

Bitte geben Sie eine vollständige Beschreibung der Maßnahme(n): ......

4. Ist der Anmeldung eine Dokumentation beigefügt, aus der hervorgeht, dass sich die Beihilfe in das einschlägige Programm zur Entwicklung des ländlichen Raums einfügt und mit diesem im Einklang steht?

☐ ja   ☐ nein

Falls ja, bezeichnen Sie bitte diese Dokumentation nachstehend oder liefern Sie diese in einer Anlage zum vorliegenden ergänzenden Fragebogen.

Falls nein, weisen wir darauf hin, dass eine solche Dokumentation nach Randnummer 47 der Rahmenregelung verlangt ist.

1. **ZIEL DER MAßNAHME**

1.1. Bitte bestätigen Sie, dass die Maßnahme auf die Erhaltung sowie auf die Förderung der notwendigen Änderungen der landwirtschaftlichen Verfahren abzielt, die sich positiv auf die Umwelt und das Klima auswirken,

▼ M9

☐   ja   ☐   nein

Falls nein, weisen wir darauf hin, dass dies gemäß Randnummer 209 der Rahmenregelung eine Bedingung für die Gewährung der Beihilfe ist.

1.2.   Welches der folgenden spezifischen Ziele wird mit der Fördermaßnahme verfolgt?

☐   a) Förderung einer Bewirtschaftung der landwirtschaftlichen Flächen, die mit dem Schutz und der Verbesserung der Umwelt, der Landschaft und ihrer Merkmale, der natürlichen Ressourcen, der Böden und der genetischen Vielfalt sowie der Verringerung der Produktionskosten vereinbar ist;

☐   b) Förderung einer umweltfreundlichen Extensivierung der Landwirtschaft und einer Weidewirtschaft geringer Intensität sowie Verbesserung und Umstellung der Erzeugung;

☐   c) Erhaltung und Qualitätssteigerung bedrohter, besonders wertvoller landwirtschaftlich genutzter Kulturlandschaften;

☐   d) Erhaltung der Landschaft und der historischen Merkmale auf landwirtschaftlichen Flächen;

☐   e) Einbeziehung der Umweltplanung in die landwirtschaftliche Praxis.

Wird mit der Maßnahme keines der unter den Buchstaben a bis e genannten Ziele verfolgt, geben Sie bitte an, welche umweltschutzrelevanten Ziele sie verfolgt. Bitte geben Sie eine detaillierte Beschreibung.

....

....

Wenn die betreffende Maßnahme bereits in der Vergangenheit angewendet wurde, welche umweltschutzrelevanten Ergebnisse wurden erzielt?

....

....

2.   **FÖRDERKRITERIEN**

2.1.   Wird die Beihilfe landwirtschaftlichen Unternehmen oder Zusammenschlüssen solcher Unternehmen gewährt, die für einen Zeitraum von fünf bis sieben Jahren Agrarumwelt- und Klimaverpflichtungen eingehen?

☐   ja   ☐   nein

2.2.   Ist für alle oder für bestimmte Arten von Verpflichtungen ein längerer Zeitraum erforderlich?

☐   ja   ☐   nein

Falls ja, geben Sie bitte die Gründe für die Wahl dieses Zeitraums an:

....

....

2.3.   Bitte bestätigen Sie, dass die Beihilfen als Entschädigung für Agrarumwelt- und Klimaverpflichtungen gewährt werden, die über die einschlägigen obligatorischen Grundanforderungen gemäß Titel VI Kapitel I der Verordnung (EU) Nr. 1306/2013 und die sonstigen einschlägigen Verpflichtungen gemäß Artikel 4 Absatz 1 Buchstabe c Ziffern ii und iii der Verordnung (EU) Nr. 1307/2013, die einschlägigen Mindestanforderungen für den Einsatz von Dünge- und Pflanzenschutzmitteln und sonstige einschlägige verpflichtende Anforderungen des nationalen Rechts hinausgehen.

☐   ja   ☐   nein

5. Verf-DVO kons

▼ M9

Falls nein, weisen wir darauf hin, dass nach Randnummer 210 der Rahmenregelung Beihilfen für Agrarumwelt- und Klimaverpflichtungen, die nicht über die Anwendung dieser obligatorischen Standards und Anforderungen hinausgehen, nicht genehmigt werden können.

2.4. Bitte geben Sie eine Beschreibung der in Frage 2.3 genannten obligatorischen Standards und Anforderungen und erläutern Sie, wie die Agrarumwelt- und Klimaverpflichtungen über diese hinausgehen.

....

....

2.5. Die Mitgliedstaaten müssen sich bemühen sicherzustellen, dass den landwirtschaftlichen Unternehmen oder Zusammenschlüssen solcher Unternehmen, die Agrarumwelt- und Klimaverpflichtungen eingehen, das Know-how und die Informationen zur Verfügung gestellt werden, die sie zur Ausführung dieser Verpflichtungen benötigen. Hierzu können sie unter anderem sachverständige Beratung betreffend die eingegangenen Verpflichtungen bieten und/oder die Unterstützung im Rahmen dieser Maßnahme von einer diesbezüglichen Schulung abhängig machen. Bitte bestätigen Sie dies und beschreiben Sie, ob und wie dieser Verpflichtung nachgekommen wird.

☐ ja   ☐ nein

....

....

2.6. Bestätigen Sie bitte gegebenenfalls, dass die Vorschriften für flächenbezogene Zahlungen gemäß Artikel 47 der Verordnung (EU) Nr. 1305/2013 und der aufgrund dieser Bestimmung erlassenen delegierten Rechtsakte eingehalten werden.

☐ ja   ☐ nein

3. BEIHILFEBETRAG

3.1. Bitte geben Sie den Höchstbetrag der Beihilfe an, der sich nach der den Agrarumwelt- und Klimaverpflichtungen unterliegenden Fläche des Betriebs richten muss:

☐ a) für mehrjährige Sonderkulturen .... (Höchstbetrag: 900 EUR je Hektar und Jahr);

☐ b) für einjährige Kulturen .... (Höchstbetrag: 600 EUR je Hektar und Jahr);

☐ c) für sonstige Flächennutzungen .... (Höchstbetrag: 450 EUR je Hektar und Jahr);

☐ d) lokale Tierrassen, die für die landwirtschaftliche Nutzung verloren gehen könnten .... (Höchstbetrag: 200 EUR je Großvieheinheit (GVE) und Jahr)

☐ e) sonstige ....

Falls die unter den Buchstaben a bis e dieser Frage genannten Beihilfehöchstbeträge überschritten werden, erläutern Sie bitte die Vereinbarkeit der Beihilfe mit den Bestimmungen des Abschnitts 1.1.5.1 der Rahmenregelung.

3.2. Wird die Beihilfe jährlich gewährt?

☐ ja   ☐ nein

Falls nein, geben Sie bitte die Gründe für die Wahl des anderen Zeitraums an:

....

....

3.3. Wird der Betrag der jährlichen Beihilfe nach einem der folgenden Kriterien berechnet?

— a) Einkommensverluste,

— b) zusätzliche Kosten infolge der eingegangenen Verpflichtung,

— c) Notwendigkeit, eine Ausgleichszahlung für Transaktionskosten zu bieten.

☐   ja   ☐   nein

Bitte legen Sie dar, nach welcher Methode der Betrag der jährlichen Beihilfe berechnet wird und spezifizieren Sie die Einkommensverluste, die zusätzlichen Kosten und die Transaktionskosten:

....

3.4.   Werden als Bezugsgröße für die Berechnung der Einkommensverluste und der zusätzlichen Kosten, die infolge der eingegangenen Verpflichtungen entstanden sind, die unter Frage 2.3 angeführten obligatorischen Standards und Anforderungen herangezogen?

☐   ja   ☐   nein

Falls nein, erläutern Sie bitte, welche Bezugsgröße herangezogen wurde:

....

....

3.5.   Erfolgen die Zahlungen je Produktionseinheit?

☐   ja   ☐   nein

Falls ja, erläutern Sie bitte die Gründe für die Wahl dieser Methode und die Maßnahmen, mit denen gewährleistet werden soll, dass die für eine Unionsbeihilfe in Betracht kommenden jährlichen Höchstbeträge gemäß Randnummer 228 der Rahmenregelung und dem Anhang der Verordnung (EU) Nr. 1305/2013 eingehalten werden.

....

....

3.6.   Beabsichtigt der Mitgliedstaat, Beihilfen zur Deckung von Transaktionskosten für die Weiterführung von Agrarumwelt- und Klimaverpflichtungen zu gewähren, die bereits eingegangen wurden?

☐   ja   ☐   nein

3.7.   Falls ja, weisen Sie bitte nach, dass diese Kosten nach wie vor anfallen oder dass neue Transaktionskosten entstehen.

....

4.   **ÜBERPRÜFUNGSKLAUSEL**

4.1.   Ist für Vorhaben im Rahmen dieser Beihilfemaßnahme eine Überprüfungsklausel vorgesehen?

☐   ja   ☐   nein

Falls nein, weisen wir darauf hin, dass gemäß Randnummer 724 der Rahmenregelung der Mitgliedstaat verpflichtet ist, eine Überprüfungsklausel einzuführen, um sicherzustellen, dass die Vorhaben angepasst werden können, falls die in Abschnitt 1.5.1.1 der Rahmenregelung genannten relevanten verbindlichen Standards, Anforderungen oder Auflagen, über die die in dem Abschnitt genannten Verpflichtungen hinausgehen müssen, geändert werden.

4.2.   Geht diese Beihilfemaßnahme über den Programmplanungszeitraum für die ländliche Entwicklung 2014–2020 hinaus?

☐   ja   ☐   nein

Falls ja, weisen wir darauf hin, dass gemäß Randnummer 725 der Rahmenregelung eine Überprüfungsklausel enthalten sein muss, um die Anpassung der Vorhaben an den Rechtsrahmen für den folgenden Programmplanungszeitraum für die ländliche Entwicklung zu ermöglichen.

5. Verf-DVO kons

SONSTIGE ANGABEN

Machen Sie hier bitte gegebenenfalls sonstige Angaben, die für die Würdigung der betreffenden Maßnahme nach diesem Abschnitt der Rahmenregelung von Belang sind:

....

Verf-DVO kons

1.1.5.2. ERGÄNZENDER FRAGEBOGEN ZU BEIHILFEN FÜR TIER-SCHUTZVERPFLICHTUNGEN

Dieser Fragebogen ist für die Anmeldung von staatlichen Beihilfen zur Förderung landwirtschaftlicher Produktionsverfahren zu verwenden, die auf die Verbesserung des Tierschutzes ausgerichtet sind und unter Teil II Kapitel 1 Abschnitt 1.1.5.2 der Rahmenregelung der Europäischen Union für staatliche Beihilfen im Agrar- und Forstsektor und in ländlichen Gebieten 2014–2020 (im Folgenden „Rahmenregelung") fallen.

1. Bezieht sich die Beihilfe ausschließlich auf Umweltinvestitionen (Abschnitt 1.1.1 der Rahmenregelung)?

   ☐ ja   ☐ nein

   Falls ja, verweisen wir auf den ergänzenden Fragebogen 1.1.1.4 zu Beihilfen für Investitionen in die Verarbeitung und Vermarktung landwirtschaftlicher Erzeugnisse.

2. Werden mit der Umweltbeihilfe andere Ziele wie beispielsweise Ausbildung und Beratung zur Unterstützung der landwirtschaftlichen Erzeuger verfolgt (Abschnitt 1.1.10 der Rahmenregelung)?

   ☐ ja   ☐ nein

   Falls ja, verweisen wir auf den ergänzenden Fragebogen 1.1.10 zu Beihilfen für die Bereitstellung technischer Hilfe im Agrarsektor.

3. Sonstige?

   Bitte geben Sie eine vollständige Beschreibung der Maßnahme(n): ......

4. Ist der Anmeldung eine Dokumentation beigefügt, aus der hervorgeht, dass sich die staatliche Beihilfe in das einschlägige Programm zur Entwicklung des ländlichen Raums einfügt und mit diesem im Einklang steht?

   ☐ ja   ☐ nein

   Falls ja, bezeichnen Sie bitte diese Dokumentation nachstehend oder liefern Sie diese in einer Anlage zum vorliegenden ergänzenden Fragebogen.

   ....

   Falls nein, weisen wir darauf hin, dass eine solche Dokumentation nach Randnummer 47 der Rahmenregelung verlangt ist.

1. **ZIEL DER MAßNAHME**

1.1. Für welchen der folgenden Bereiche bieten die Tierschutzverpflichtungen verbesserte Standards?

   ☐ a) auf die natürlichen Bedürfnisse der Tiere abgestimmte Wasser- und Futterversorgung und Pflege;

   ☐ b) Haltungsbedingungen wie höheres Platzangebot, Bodenbeläge, Einstreu, natürliche Beleuchtung;

   ☐ c) Zugang zu Auslauf im Freien;

   ☐ d) Vermeidung von Verstümmelung und/oder Kastration der Tiere oder Verwendung von Betäubungsmitteln, schmerzstillenden Mitteln und entzündungshemmenden Arzneimitteln oder Immunokastration in den Fällen, in denen die Verstümmelung oder Kastration der Tiere erforderlich ist.

▼ **M9**

Bitte geben Sie eine detaillierte Beschreibung: ....

....

....

Wenn die betreffende Maßnahme bereits in der Vergangenheit angewendet wurde, welche tierschutzrelevanten Ergebnisse wurden erzielt?

....

2. **FÖRDERKRITERIEN**

2.1. Wird die Beihilfe in der landwirtschaftlichen Primärproduktion tätigen Unternehmen gewährt, die aktive Landwirte im Sinne von Artikel 9 der Verordnung (EU) Nr. 1307/2013 sind?

☐ ja   ☐ nein

Falls nein, beachten Sie bitte, dass gemäß Randnummer 232 der Rahmenregelung die Beihilfe nur in der landwirtschaftlichen Primärproduktion tätigen Unternehmen gewährt werden kann, die aktive Landwirte sind.

2.2. Bitte bestätigen Sie, dass die Beihilfe nur als Entschädigung für Tierschutzverpflichtungen gewährt wird, die über die einschlägigen obligatorischen Grundanforderungen gemäß Titel VI Kapitel I der Verordnung (EU) Nr. 1306/2013 sowie sonstige einschlägige verpflichtende Anforderungen hinausgehen.

☐ ja   ☐ nein

Falls nein, weisen wir darauf hin, dass nach Randnummer 233 der Rahmenregelung Beihilfen für Tierschutzverpflichtungen, die nicht über die Anwendung dieser obligatorischen Standards und Anforderungen hinausgehen, nicht genehmigt werden können.

2.3. Bitte geben Sie eine Beschreibung der in Frage 2.2 genannten obligatorischen Standards und Anforderungen und erläutern Sie, wie die Tierschutzverpflichtungen über diese hinausgehen.

....

....

2.4. Wird die Beihilfe ausschließlich Landwirten gewährt, die die Tierschutzverpflichtungen für einen erneuerbaren Zeitraum von einem bis sieben Jahren eingehen?

☐ ja   ☐ nein

2.5. Wird der Vertrag automatisch verlängert?

☐ ja   ☐ nein

Falls ja, weisen wir darauf hin, dass gemäß Randnummer 236 der Rahmenregelung die Einzelheiten der Verlängerung im Vertrag beschrieben sein müssen und die Kommission über die Verfahren zur Verlängerung bei der Mitteilung der Beihilfe zu unterrichten ist.

3. **BEIHILFEBETRAG**

3.1. Bitte geben Sie den Höchstbetrag der Beihilfe für Tierschutzmaßnahmen an:

.... (Höchstbetrag: 500 EUR je Großvieheinheit)

Übersteigt der Betrag 500 EUR je Großvieheinheit, so ist darzulegen (detaillierte Aufschlüsselung), dass er mit den Bestimmungen von Teil II Kapitel 1 Abschnitt 1.1.5.2 der Rahmenregelung in Einklang steht.

3.2. Wird die Beihilfe jährlich gewährt?

☐ ja   ☐ nein

5. Verf-DVO kons

Falls nein, geben Sie bitte die Gründe für die Wahl des anderen Zeitraums an:

....

....

3.3. Wird der Betrag der jährlichen Beihilfe nach einem der folgenden Kriterien berechnet?

— a) Einkommensverluste,

— b) zusätzliche Kosten infolge der eingegangenen Verpflichtung,

— c) gegebenenfalls Notwendigkeit, eine Ausgleichszahlung für Transaktionskosten zu bieten.

☐ ja   ☐ nein

Bitte legen Sie dar, nach welcher Methode der Betrag der Beihilfemaßnahme berechnet wird und spezifizieren Sie die Einkommensverluste, die zusätzlichen Kosten und etwaige Transaktionskosten:

....

....

3.4. Werden als Bezugsgröße für die Berechnung der Einkommensverluste und der zusätzlichen Kosten, die infolge der eingegangenen Verpflichtungen entstanden sind, die unter Frage 2.2 angeführten obligatorischen Standards und Anforderungen herangezogen?

☐ ja   ☐ nein

Falls nein, erläutern Sie bitte, welche Bezugsgröße herangezogen wurde:

....

....

3.5. Erfolgen die Zahlungen je Großvieheinheit?

☐ ja   ☐ nein

Falls nein, erläutern Sie bitte die Gründe für die Wahl der Methode und die Maßnahmen, mit denen gewährleistet werden soll, dass der jährliche Höchstbetrag gemäß Randnummer 240 der Rahmenregelung und dem Anhang der Verordnung (EU) Nr. 1305/2013 eingehalten wird.

3.6. Beabsichtigt der Mitgliedstaat, Beihilfen zur Deckung von Transaktionskosten zu gewähren, die bei der Verwirklichung von Tierschutzverpflichtungen anfallen?

☐ ja   ☐ nein

Falls ja, erbringen Sie bitte einen Nachweis für diese Transaktionskosten, beispielsweise durch Kostenvergleiche mit Unternehmen, die diese Tierschutzverpflichtungen nicht eingegangen sind.

3.7. Beabsichtigt der Mitgliedstaat, Beihilfen zur Deckung von Transaktionskosten für die Weiterführung von Tierschutzverpflichtungen zu gewähren, die bereits eingegangen wurden?

☐ ja   ☐ nein

Falls ja, weisen Sie bitte nach, dass solche Transaktionskosten nach wie vor anfallen oder dass neue Transaktionskosten entstehen.

3.8. Werden die Transaktionskosten auf der Grundlage von Durchschnittskosten und/oder Durchschnittsbetrieben berechnet?

☐ ja   ☐ nein

Falls ja, weisen Sie bitte gemäß Randnummer 239 der Rahmenregelung nach, dass insbesondere große Unternehmen nicht überkompensiert werden.

4.   **ÜBERPRÜFUNGSKLAUSEL**

4.1.   Ist für Vorhaben im Rahmen dieser Beihilfemaßnahme eine Überprüfungsklausel vorgesehen?

☐   ja   ☐   nein

Falls nein, weisen wir darauf hin, dass gemäß Randnummer 724 der Rahmenregelung der Mitgliedstaat verpflichtet ist, eine Überprüfungsklausel einzuführen, um sicherzustellen, dass die Vorhaben angepasst werden können, falls die in Teil II Kapitel 1 Abschnitt 1.5.1.2 der Rahmenregelung genannten relevanten verbindlichen Standards, Anforderungen oder Auflagen, über die die in dem genannten Abschnitt aufgeführten Verpflichtungen hinausgehen müssen, geändert werden.

4.2.   Geht diese Beihilfemaßnahme über den Programmplanungszeitraum für die ländliche Entwicklung 2014–2020 hinaus?

☐   ja   ☐   nein

Falls ja, weisen wir darauf hin, dass gemäß Randnummer 725 der Rahmenregelung eine Überprüfungsklausel enthalten sein muss, um die Anpassung der Vorhaben an den Rechtsrahmen für den folgenden Programmplanungszeitraum für die ländliche Entwicklung zu ermöglichen.

SONSTIGE ANGABEN

Machen Sie hier bitte gegebenenfalls sonstige Angaben, die für die Würdigung der betreffenden Maßnahme nach diesem Abschnitt der Rahmenregelung von Belang sind:

....

1.1.6.   ERGÄNZENDER FRAGEBOGEN ZU BEIHILFEN HINSICHTLICH ZAHLUNGEN IM RAHMEN VON NATURA 2000 UND ZAHLUNGEN IM ZUSAMMENHANG MIT DER WASSERRAHMENRICHTLINIE

Dieser Fragebogen ist von dem Mitgliedstaat für die Anmeldung von staatlichen Beihilfen zu verwenden, die gemäß Teil II Kapitel 1 Abschnitt 1.1.6 der Rahmenregelung der Europäischen Union für staatliche Beihilfen im Agrar- und Forstsektor und in ländlichen Gebieten 2014-2020 (im Folgenden „Rahmenregelung") zum Ausgleich von Nachteilen im Rahmen von Natura 2000 und der Wasserrahmenrichtlinie ([¹]) gewährt werden.

1.   **ZIEL DER MAßNAHME**

1.1.   Dient die Beihilfe als Ausgleichszahlung für Unternehmen, die in der landwirtschaftlichen Primärproduktion tätig sind, oder wird sie anderen Landbewirtschaftern gewährt?

☐   ja   ☐   nein

Wenn die Beihilfemaßnahme auch andere Landbewirtschafter betrifft, liefern Sie bitte eine detaillierte Begründung gemäß Randnummer 243 der Rahmenregelung.

....

1.2.   Wird die Beihilfe gewährt, um die Landwirte für Kosten und Einkommensverluste zu entschädigen, die ihnen in den betreffenden Gebieten durch die Umsetzung der Richtlinie 92/43/EWG des Rates ([²]) („FFH-Richtlinie"), der Richtlinie 2009/147/EG des Europäischen Parlaments und des Rates ([³]) („Vogelschutzrichtlinie") und der Wasserrahmenrichtlinie entstehen?

([¹]) Richtlinie 2000/60/EG des Europäischen Parlaments und des Rates vom 23. Oktober 2000 zur Schaffung eines Ordnungsrahmens für Maßnahmen der Gemeinschaft im Bereich der Wasserpolitik (ABl. L 327 vom 22.12.2000, S. 1).
([²]) Richtlinie 92/43/EWG des Rates vom 21. Mai 1992 zur Erhaltung der natürlichen Lebensräume sowie der wildlebenden Tiere und Pflanzen (ABl. L 206 vom 22.7.1992, S. 7).
([³]) Richtlinie 2009/147/EG des Europäischen Parlaments und des Rates vom 30. November 2009 über die Erhaltung der wildlebenden Vogelarten (ABl. L 20 vom 26.1.2010, S. 7).

5. Verf-DVO kons

Verf-DVO
kons

☐ ja   ☐ nein

Falls nein, verweisen wir darauf, dass gemäß Randnummer 244 der Rahmenregelung Beihilfen zum Ausgleich anderer Kosten als derjenigen, die aufgrund von Nachteilen im Zusammenhang mit der Umsetzung der FFH-Richtlinie, der Vogelschutzrichtlinie und der Wasserrahmenrichtlinie entstehen, nicht zulässig sind.

1.3. Wird der Ausgleich im Zusammenhang mit der FFH-Richtlinie und der Vogelschutzrichtlinie nur bei Nachteilen gewährt, die sich aus Anforderungen ergeben, die über die Erhaltung des guten landwirtschaftlichen und ökologischen Zustands gemäß Artikel 94 und Anhang II der Verordnung (EU) Nr. 1306/2013 des Rates und die einschlägigen Kriterien und Mindesttätigkeiten gemäß Artikel 4 Absatz 1 Buchstabe c Ziffern ii und iii der Verordnung (EU) Nr. 1307/2013 hinausgehen?

☐ ja   ☐ nein

1.4. Wird die Beihilfe im Zusammenhang mit der Wasserrahmenrichtlinie nur für besondere Anforderungen gemäß Randnummer 246 der Rahmenregelung gewährt?

☐ ja   ☐ nein

Falls nein, verweisen wir darauf, dass gemäß Randnummer 246 der Rahmenregelung Beihilfen zum Ausgleich anderer Kosten als derjenigen im Zusammenhang mit den besonderen Anforderungen, die unter der genannten Randnummer festgelegt sind, nicht zulässig sind.

2. **FÖRDERKRITERIEN**

2.1. Sind in den betreffenden Gebieten aufgrund von Nachteilen im Zusammenhang mit der Umsetzung der FFH-Richtlinie, der Vogelschutzrichtlinie und der Wasserrahmenrichtlinie Kosten und Einkommensverluste entstanden?

☐ ja   ☐ nein

2.1.1. Falls ja, nennen Sie bitte alle Einzelheiten hinsichtlich der betreffenden Bestimmungen der Richtlinie(n):

....

....

2.1.2. Falls nein, verweisen wir darauf, dass gemäß Randnummer 244 der Rahmenregelung Beihilfen zum Ausgleich anderer Kosten als derjenigen, die aufgrund von Nachteilen im Zusammenhang mit der Umsetzung der FFH-Richtlinie, der Vogelschutzrichtlinie und der Wasserrahmenrichtlinie entstehen, nicht zulässig sind.

2.2. Wird die Beihilfe nur für besondere Anforderungen gewährt, die mit der Wasserrahmenrichtlinie eingeführt wurden, mit den Maßnahmenprogrammen der Bewirtschaftungspläne für Flusseinzugsgebiete zur Erreichung der Umweltziele der genannten Richtlinie in Einklang stehen und über die Maßnahmen zur Durchführung anderer Rechtsvorschriften der Union zum Gewässerschutz hinausgehen?

☐ ja   ☐ nein

2.2.1. Falls nein, legen Sie bitte die Vereinbarkeit mit den Bestimmungen von Abschnitt 1.1.6 der Rahmenregelung dar:

....

....

2.3. Wird die Beihilfe für besondere Anforderungen gewährt, die über das Schutzniveau der Rechtsvorschriften der Union hinausgehen, die gemäß Artikel 4 Absatz 9 der Wasserrahmenrichtlinie zum Zeitpunkt des Erlasses dieser Richtlinie bestanden haben, und wesentliche Änderungen bei der Art der Landnutzung und/oder wesentliche Auflagen für landwirtschaftliche Praktiken vorschreiben, die zu einem erheblichen Einkommensverlust führen?

    ☐   ja   ☐   nein

2.3.1. Falls ja, nennen Sie bitte alle Elemente, die eine Vereinbarkeit mit den Bestimmungen von Abschnitt 1.1.6 der Rahmenregelung begründen.

....

....

3. BEIHILFEBETRAG

3.1. Bitte geben Sie den Höchstbetrag der Beihilfe an, der sich nach der landwirtschaftlich genutzten Fläche (LF) richtet:

    ☐ a) .... (Anfängliche Höchstzahlung für höchstens 5 Jahre bei Natura-2000-Auflagen: 500 EUR je Hektar)

    ☐ b) .... (Normale Höchstzahlung bei Natura-2000-Auflagen: 200 EUR je Hektar)

    ☐ c) .... (Mindestbetrag im Zusammenhang mit der Wasserrahmenrichtlinie: 50 EUR je Hektar)

3.2. Bitte erläutern Sie die Maßnahmen, die ergriffen werden, um bei der Festlegung der Ausgleichszahlungen eine Überkompensierung zu vermeiden:

....

4. SONSTIGE ANGABEN

4.1. Ist der Anmeldung eine Dokumentation beigefügt, aus der hervorgeht, dass sich die staatliche Beihilfe in das einschlägige Programm zur Entwicklung des ländlichen Raums einfügt und mit diesem im Einklang steht?

    ☐   ja   ☐   nein

Falls ja, bezeichnen Sie bitte diese Dokumentation nachstehend oder liefern Sie diese in einer Anlage zum vorliegenden ergänzenden Fragebogen.

Falls nein, weisen wir darauf hin, dass eine solche Dokumentation nach Randnummer 47 der Rahmenregelung verlangt ist.

4.2. Machen Sie hier bitte gegebenenfalls sonstige Angaben, die für die Würdigung der betreffenden Maßnahme nach diesem Abschnitt der Rahmenregelung von Belang sind:

....

1.1.7. **ERGÄNZENDER FRAGEBOGEN ZU BEIHILFEN FÜR AUS NATURBEDINGTEN ODER ANDEREN SPEZIFISCHEN GRÜNDEN BENACHTEILIGTE GEBIETE**

Dieser Fragebogen ist für die Anmeldung von staatlichen Beihilfen zum Ausgleich von naturbedingten oder mit anderen spezifischen Gründen zusammenhängenden Nachteilen in bestimmten Gebieten zu verwenden — siehe hierzu Teil II Kapitel 1 Abschnitt 1.1.7 der Rahmenregelung der Europäischen Union für staatliche Beihilfen im Agrar- und Forstsektor und in ländlichen Gebieten 2014–2020 (im Folgenden „Rahmenregelung"). Dieser Abschnitt betrifft Unternehmen, die in der landwirtschaftlichen Primärproduktion tätig sind.

1. Die aus naturbedingten oder anderen spezifischen Gründen benachteiligten Gebiete müssen gemäß Artikel 32 der Verordnung (EU) Nr. 1305/2013 als solche ausgewiesen sein. Geben Sie bitte den Absatz von Artikel 32 an, nach dem das Gebiet ausgewiesen ist, und beschreiben Sie den Nachteil.

....

....

....

5. Verf-DVO kons

2. Berechnen Sie die Zahlungen (zusätzliche Kosten und Einkommensverluste) im Vergleich zu anderen, nicht aus naturbedingten oder anderen spezifischen Gründen benachteiligten Gebieten unter Berücksichtigung der Zahlungen gemäß Titel III Kapitel 4 der Verordnung (EU) Nr. 1307/2013.

   ....

   ....

   ....

3. Differenziert der Mitgliedstaat bei der Berechnung der zusätzlichen Kosten und Einkommensverluste, soweit hinreichend begründet, den Umfang der Zahlung unter Berücksichtigung des Ausmaßes der festgestellten beständigen naturbedingten Nachteile, die landwirtschaftliche Tätigkeiten beeinträchtigen, und des Bewirtschaftungssystems?

   ☐ ja ☐ nein

4. Werden die Beihilfen jährlich je Hektar landwirtschaftliche Fläche gewährt?

   ☐ ja ☐ nein

   Falls nein, beachten Sie bitte, dass gemäß Randnummer 257 der Rahmenregelung diese Beihilfe nicht gewährt werden kann.

5. Wie hoch sind die Mindest- und Höchstbeträge der Beihilfe je Hektar und Jahr im Durchschnitt in dem Gebiet, für das der Beihilfeempfänger die Beihilfe erhält?

   Mindestbetrag: .... Höchstbetrag: ....

   Bitte berücksichtigen Sie, dass die Beihilfen zwischen folgenden Mindest- und Höchstbeträgen festzusetzen sind: mindestens 25 EUR je Hektar und Jahr im Durchschnitt in dem Gebiet, für das der Beihilfeempfänger die Beihilfe erhält, und höchstens 250 EUR je Hektar und Jahr. Der Höchstbetrag kann in Berggebieten gemäß Artikel 32 Absatz 2 der Verordnung (EU) Nr. 1305/2013 bis zu 450 EUR je Hektar und Jahr betragen.

6. Kann der Mitgliedstaat bei Überschreitung der zulässigen Höchstbeträge die besonderen Umstände erläutern, die dies rechtfertigen?

   ....

   ....

   ....

7. Die Mitgliedstaaten müssen ab einem festzusetzenden Schwellenwert für die Fläche des Betriebs degressive Beihilfen vorsehen, es sei denn, die Beihilfe umfasst nur den Mindestbetrag je Hektar und Jahr gemäß Randnummer 258 der Rahmenregelung. Kann der Mitgliedstaat zu diesem Zweck die Größe der Betriebe angeben, denen solche Beihilfen zugute kommen?

   ....

8. Wird der Mitgliedstaat zusätzlich zu den in dieser Regelung vorgesehenen Beihilfezahlungen Beihilfen im Rahmen dieser Maßnahme Beihilfeempfängern in Gebieten gewähren, die gemäß Artikel 36 Buchstabe a Ziffer ii der Verordnung (EG) Nr. 1698/2005 ([1]) beihilfefähig waren?

   ☐ ja ☐ nein

   Falls ja, werden die Beihilfezahlungen für Begünstigte in Gebieten, die infolge der neuen Abgrenzung gemäß Artikel 32 Absatz 3 der Verordnung (EU) Nr. 1305/2013 nicht mehr beihilfefähig sind, über einen Zeitraum von höchstens vier Jahren degressiv gestaffelt sein, wobei dieser Zeitraum mit dem Zeitpunkt des Abschlusses der Abgrenzung gemäß Artikel 32 Absatz 3 der Verordnung (EU) Nr. 1305/2013, spätestens jedoch 2018 beginnt und die Beihilfezahlungen anfangs höchstens 80 % der im Programm zur Entwicklung des ländlichen Raums für

---

([1]) Verordnung (EG) Nr. 1698/2005 des Rates vom 20. September 2005 über die Förderung der Entwicklung des ländlichen Raums durch den Europäischen Landwirtschaftsfonds für die Entwicklung des ländlichen Raums (ELER) (ABl. L 277 vom 21.10.2005, S. 1).

den Zeitraum 2007-2013 festgelegten durchschnittlichen Zahlung oder — falls die Maßnahme ausschließlich aus nationalen Mitteln finanziert wurde — der in dem entsprechenden Beschluss über die staatliche Beihilfe festgelegten Zahlung gemäß Artikel 36 Buchstabe a Ziffer ii der Verordnung (EG) Nr. 1698/2005 betragen dürfen und spätestens im Jahr 2020 bei höchstens 20 % enden müssen?

☐ ja ☐ nein

Geben Sie die Zahlungsbeträge an:

....

Bitte berücksichtigen Sie, dass der Mitgliedstaat die Beihilfe, wenn die Anwendung der Degressivität zur Zahlung eines Betrags von 25 EUR führt, in dieser Höhe bis zum Ablauf der Übergangsfrist weiter gewähren kann.

SONSTIGE ANGABEN

Machen Sie hier bitte gegebenenfalls sonstige Angaben, die für die Würdigung der betreffenden Maßnahme nach diesem Abschnitt der Rahmenregelung von Belang sind:

....

1.1.8. ERGÄNZENDER FRAGEBOGEN ZU BEIHILFEN FÜR ÖKOLOGISCHEN/BIOLOGISCHEN LANDBAU

Dieser Fragebogen ist für die Anmeldung von staatlichen Beihilfen für den ökologischen/biologischen Landbau gemäß der Beschreibung in Teil II Kapitel 1 Abschnitt 1.1.8 der Rahmenregelung der Europäischen Union für staatliche Beihilfen im Agrar- und Forstsektor und in ländlichen Gebieten 2014–2020 (im Folgenden „Rahmenregelung") zu verwenden.

1. **ALLGEMEINE BEDINGUNGEN UND ANWENDUNGSBEREICH**

1.1. Sind die Beihilfen nur für die landwirtschaftliche Primärproduktion bestimmt?

☐ ja ☐ nein

Falls nein, weisen wir darauf hin, dass die Beihilfe gemäß Teil II Kapitel 1 Abschnitt 1.1.8 der Rahmenregelung nur für die landwirtschaftliche Primärproduktion gewährt werden kann.

1.2. Handelt es sich bei den Beihilfeempfängern um landwirtschaftliche Unternehmen oder Zusammenschlüsse von landwirtschaftlichen Unternehmen, die sich freiwillig verpflichten, ökologische/biologische Bewirtschaftungsverfahren und -methoden gemäß der Begriffsbestimmung in der Verordnung (EG) Nr. 834/2007 des Rates [1] einzuführen oder beizubehalten, und die aktive Landwirte sind?

☐ ja ☐ nein

Falls nein, weisen wir darauf hin, dass die Beihilfe gemäß Teil II Kapitel 1 Abschnitt 1.1.8 der Rahmenregelung nur gewährt werden kann, wenn diese Voraussetzungen erfüllt sind.

2. **VERPFLICHTUNGEN**

2.1. Werden die Beihilfen nur für Verpflichtungen gewährt, die über folgende Standards und Anforderungen hinausgehen?

a) die einschlägigen obligatorischen Grundanforderungen gemäß Titel VI Kapitel I der Verordnung (EU) Nr. 1306/2013;

b) die einschlägigen Kriterien und Mindesttätigkeiten gemäß Artikel 4 Absatz 1 Buchstabe c Ziffern ii und iii der Verordnung (EU) Nr. 1307/2013;

---

[1] Verordnung (EG) Nr. 834/2007 des Rates vom 28. Juni 2007 über die ökologische/biologische Produktion und die Kennzeichnung von ökologischen/biologischen Erzeugnissen und zur Aufhebung der Verordnung (EWG) Nr. 2092/91 (ABl. L 189 vom 20.7.2007. S. 1).

▼ M9

c) die einschlägigen Mindestvorschriften für den Einsatz von Dünge- und Pflanzenschutzmitteln;

d) sonstige einschlägige verpflichtende Anforderungen gemäß dem nationalen Recht.

☐ ja   ☐ nein

Falls nein, weisen wir darauf hin, dass die Beihilfen gemäß Teil II Kapitel 1 Abschnitt 1.1.8 der Rahmenregelung nur für Verpflichtungen gewährt werden können, die über diese Standards und Anforderungen hinausgehen.

2.2. Werden die Verpflichtungen für einen Anfangszeitraum von fünf bis sieben Jahren eingegangen?

☐ ja   ☐ nein

Falls nein, weisen wir darauf hin, dass die Beihilfen gemäß Teil II Kapitel 1 Abschnitt 1.1.8 der Rahmenregelung nur gewährt werden können, wenn dieser Anfangszeitraum eingehalten wird, vorbehaltlich der in den Fragen 2.3, 2.4 und 2.5 genannten Ausnahmen/Verlängerungen.

2.3. Falls die Beihilfe für die Umstellung auf ökologischen/biologischen Landbau gewährt wird: Ist ein kürzerer anfänglicher Zeitraum als der in Frage 2.2 vorgesehen, der dem Zeitraum der Umstellung entspricht?

☐ ja   ☐ nein

Falls ja, wie lang ist dieser Zeitraum?

.... Jahre

2.4. Falls die Beihilfe für die Beibehaltung des ökologischen/biologischen Landbaus gewährt wird: Ist eine jährliche Verlängerung nach Ablauf des anfänglichen Zeitraums gemäß Frage 2.2 vorgesehen?

☐ ja   ☐ nein

2.5. Ist für neue Verpflichtungen zur Beibehaltung, die sich unmittelbar an die Verpflichtung des anfänglichen Zeitraums gemäß Frage 2.2 anschließen, ein kürzerer Zeitraum vorgesehen?

☐ ja   ☐ nein

Falls ja, wie lang ist dieser Zeitraum?

.... Jahre

2.6. Bitte erläutern Sie gegebenenfalls, wie die Vorschriften für flächenbezogene Zahlungen gemäß Artikel 47 der Verordnung (EU) Nr. 1305/2013 und der aufgrund dieser Bestimmung erlassenen delegierten Rechtsakte eingehalten werden:

....

3. **PERIODIZITÄT UND BEIHILFEFÄHIGE KOSTEN**

3.1. Welche der folgenden Kosten werden durch die Beihilfen gedeckt?

a) ein Teil der aufgrund der Verpflichtungen entstandenen zusätzlichen Kosten und Einkommensverluste

☐ ja   ☐ nein

Falls ja, welcher Anteil der Kosten? ..... %

b) die Gesamtheit der aufgrund der Verpflichtungen entstandenen zusätzlichen Kosten und Einkommensverluste

☐ ja   ☐ nein

c) Transaktionskosten bis zu einem Höchstsatz von 20 % der für die Verpflichtung gezahlten Prämie

☐　ja　　☐　nein

d) Transaktionskosten bis zu einem Höchstsatz von 30 % der für die Verpflichtung gezahlten Prämie, wenn die Verpflichtungen von Zusammenschlüssen von landwirtschaftlichen Unternehmen eingegangen werden

☐　ja　　☐　nein

3.2.　Werden die in den Fragen 3.1.c und 3.1.d genannten Beihilfen jährlich gewährt?

☐　ja　　☐　nein

Falls nein, weisen wir darauf hin, dass die Beihilfen gemäß Teil II Kapitel 1 Abschnitt 1.1.8 der Rahmenregelung nur jährlich gewährt werden dürfen.

3.3.　Soweit die Anmeldung den Ausgleich der bei der Verwirklichung der Verpflichtungen zu ökologischem/biologischem Landbau anfallenden Transaktionskosten betrifft, erbringen Sie bitte einen überzeugenden Kostennachweis, beispielsweise durch Kostenvergleiche mit Unternehmen, die diese Verpflichtungen nicht eingegangen sind.

....

3.4.　Besteht die Absicht, Beihilfen zur Deckung von Transaktionskosten für die Weiterführung von Verpflichtungen zu ökologischem/biologischem Landbau zu gewähren, die bereits eingegangen wurden?

☐　ja　　☐　nein

3.5.　Falls ja, weisen Sie bitte nach, dass diese Kosten nach wie vor anfallen oder dass neue Transaktionskosten entstehen:

....

3.6.　Für Transaktionskosten, die auf der Grundlage von Durchschnittskosten und/oder Durchschnittsbetrieben berechnet werden, weisen Sie bitte nach, dass insbesondere große Unternehmen nicht überkompensiert werden:

....

3.7.　Können Sie bestätigen, dass für Verpflichtungen im Rahmen einer Agrarumwelt- oder Klimamaßnahme oder für Kosten, die unter eine Beihilfe zur Förderung der Teilnahme an Qualitätsregelungen fallen, keine Beihilfen gewährt werden?

☐　ja　　☐　nein

Falls nein, weisen wir darauf hin, dass gemäß Teil II Kapitel 1 Abschnitt 1.1.8 der Rahmenregelung für Verpflichtungen im Rahmen einer Agrarumwelt- oder Klimamaßnahme oder für Kosten, die unter eine Beihilfe zur Förderung der Teilnahme an Qualitätsregelungen fallen, keine Beihilfen gewährt werden dürfen.

3.8.　Besteht die Absicht, Beihilfen für Investitionen im Zusammenhang mit der Primärproduktion und/oder der Verarbeitung/Vermarktung von Erzeugnissen des ökologischen/biologischen Landbaus zu gewähren?

☐　ja　　☐　nein

Falls ja, füllen Sie bitte den entsprechenden ergänzenden Fragebogen (1.1.1.1 oder 1.1.1.4) aus.

4.　**BEIHILFEART UND BEIHILFEBETRAG**

4.1.　Welche Art von Beihilfe soll gewährt werden?

☐　a) jährliche Hektarbeihilfe für einjährige Kulturen;

☐　b) jährliche Hektarbeihilfe für mehrjährige Sonderkulturen;

☐　c) jährliche Hektarbeihilfe für sonstige Flächennutzung.

5. Verf-DVO kons

Verf-DVO kons

4.2. Bitte geben Sie an, welche Beträge gewährt werden sollen:

a) Beihilfe für einjährige Kulturen: ... EUR je Hektar (max. 600 EUR je Hektar);

b) Beihilfe für mehrjährige Sonderkulturen: ... EUR je Hektar (max. 900 EUR je Hektar);

c) Beihilfe für sonstige Flächennutzung: ... EUR je Hektar (max. 450 EUR je Hektar).

4.3. Ist vorgesehen, die für die betreffende(n) Beihilfeart(en) vorgesehenen Obergrenzen zu überschreiten?

☐ ja   ☐ nein

4.4. Falls ja, geben Sie den zu gewährenden Beihilfebetrag an und erläutern und begründen Sie anhand von Zahlen die besonderen Umstände, die zu diesem Beschluss geführt haben:

....

5. ÜBERPRÜFUNGSKLAUSEL

5.1. Ist für Vorhaben im Rahmen dieser Beihilfemaßnahme eine Überprüfungsklausel vorgesehen?

☐ ja   ☐ nein

Falls nein, weisen wir darauf hin, dass gemäß Randnummer 724 der Rahmenregelung der Mitgliedstaat verpflichtet ist, eine Überprüfungsklausel einzuführen, um sicherzustellen, dass die Vorhaben angepasst werden können, falls die in Abschnitt 1.1.8 der Rahmenregelung genannten relevanten verbindlichen Standards, Anforderungen oder Auflagen, über die die in diesem Abschnitt genannten Verpflichtungen hinausgehen müssen, geändert werden.

5.2. Geht diese Beihilfemaßnahme über den Programmplanungszeitraum für die ländliche Entwicklung 2014–2020 hinaus?

☐ ja   ☐ nein

Falls ja, weisen wir darauf hin, dass gemäß Randnummer 725 der Rahmenregelung eine Überprüfungsklausel enthalten sein muss, um die Anpassung der Vorhaben an den Rechtsrahmen für den folgenden Programmplanungszeitraum für die ländliche Entwicklung zu ermöglichen.

SONSTIGE ANGABEN

Machen Sie hier bitte gegebenenfalls sonstige Angaben, die für die Würdigung der betreffenden Maßnahme nach diesem Abschnitt der Rahmenregelung von Belang sind:

....

1.1.9. ERGÄNZENDER FRAGEBOGEN ZU BEIHILFEN FÜR DIE ERSTMALIGE TEILNAHME VON ERZEUGERN LANDWIRTSCHAFTLICHER ERZEUGNISSE AN QUALITÄTSREGELUNGEN

Dieser Fragebogen ist für die Anmeldung von Beihilfen zur Förderung der Teilnahme von Erzeugern landwirtschaftlicher Erzeugnisse an Qualitätsregelungen gemäß der Beschreibung in Teil II Kapitel 1 Abschnitt 1.1.9 der Rahmenregelung der Europäischen Union für staatliche Beihilfen im Agrar- und Forstsektor und in ländlichen Gebieten 2014–2020 (im Folgenden „Rahmenregelung") zu verwenden.

1. ALLGEMEINE BEDINGUNGEN UND ANWENDUNGSBEREICH

1.1. Sind die Beihilfen nur für Erzeuger landwirtschaftlicher Erzeugnisse bestimmt?

☐ ja   ☐ nein

Falls nein, weisen wir darauf hin, dass die Beihilfe gemäß Teil II Kapitel 1 Abschnitt 1.1.9 der Rahmenregelung nur gewährt werden kann, wenn diese Voraussetzung erfüllt ist.

1.2. Sind die Beihilfen gemäß Randnummer 280 Buchstabe a der Rahmenregelung nur für aktive Landwirte bestimmt?

☐ ja ☐ nein

Falls nein, weisen wir darauf hin, dass die Beihilfe gemäß Teil II Kapitel 1 Abschnitt 1.1.9 der Rahmenregelung nur gewährt werden kann, wenn diese Voraussetzung erfüllt ist.

2. **BEIHILFEFÄHIGE KOSTEN**

2.1. Dienen die Beihilfen zur Deckung mindestens einer Art der folgenden Kosten im Zusammenhang mit Qualitätsregelungen gemäß Randnummer 282 der Rahmenregelung?

☐ a) Kosten für die erstmalige Teilnahme an Qualitätsregelungen;

☐ b) Kosten für obligatorische Kontrollmaßnahmen im Zusammenhang mit den Qualitätsregelungen, die gemäß Unions- oder nationalen Rechtsvorschriften von den zuständigen Behörden oder in deren Namen durchgeführt werden;

☐ c) Kosten für Marktforschungstätigkeiten, Produktentwürfe und Produktentwicklung sowie für die Ausarbeitung von Anträgen auf Anerkennung von Qualitätsregelungen.

2.2. Bitte bestätigen Sie, dass die Beihilfe nicht zur Deckung der Kosten von Kontrollen dienen wird, die der Beihilfeempfänger selbst durchführt oder die nach den Unionsvorschriften von den Erzeugern der landwirtschaftlichen Erzeugnisse oder ihren Vereinigungen selbst zu tragen sind, ohne dass die tatsächliche Höhe der Gebühren genannt wird.

☐ bestätigt

3. **ART DER REGELUNG UND ZUGANG ZUR REGELUNG**

Für welche Art von Regelung wird die Beihilfe für eine erstmalige Teilnahme gewährt?

☐ im Rahmen der nachstehenden Verordnungen und Vorschriften geschaffene Qualitätsregelungen:

i) Teil II Titel II Kapitel I Abschnitt 2 der Verordnung (EU) Nr. 1308/2013 [1] in Bezug auf Wein,

☐ ja ☐ nein

ii) Verordnung (EU) Nr. 1151/2012 des Europäischen Parlaments und des Rates [2],

☐ ja ☐ nein

iii) Verordnung (EG) Nr. 834/2007,

☐ ja ☐ nein

iv) Verordnung (EG) Nr. 110/2008 des Europäischen Parlaments und des Rates [3],

☐ ja ☐ nein

---

[1] Verordnung (EU) Nr. 1308/2013 des Europäischen Parlaments und des Rates vom 17. Dezember 2013 über eine gemeinsame Marktorganisation für landwirtschaftliche Erzeugnisse und zur Aufhebung der Verordnungen (EWG) Nr. 922/72, (EWG) Nr. 234/79, (EG) Nr. 1037/2001 und (EG) Nr. 1234/2007 (ABl. L 347 vom 20.12.2013, S. 671).

[2] Verordnung (EU) Nr. 1151/2012 des Europäischen Parlaments und des Rates vom 21. November 2012 über Qualitätsregelungen für Agrarerzeugnisse und Lebensmittel (ABl. L 343 vom 14.12.2012, S. 1).

[3] Verordnung (EG) Nr. 110/2008 des Europäischen Parlaments und des Rates vom 15. Januar 2008 zur Begriffsbestimmung, Bezeichnung, Aufmachung und Etikettierung von Spirituosen sowie zum Schutz geografischer Angaben für Spirituosen und zur Aufhebung der Verordnung (EWG) Nr. 1576/89 (ABl. L 39 vom 13.2.2008, S. 16).

5. Verf-DVO kons

v) Verordnung (EU) Nr. 251/2014 des Europäischen Parlaments und des Rates (^{1}).

☐ ja   ☐ nein

☐ Qualitätsregelungen, einschließlich Zertifizierungssysteme, für landwirtschaftliche Erzeugnisse, bei denen die Mitgliedstaaten anerkennen, dass sie folgenden Kriterien genügen:

Verf-DVO kons

a) die Besonderheit des im Rahmen solcher Qualitätsregelungen gewonnenen Enderzeugnisses ergibt sich aus detaillierten Verpflichtungen, die Folgendes gewährleisten:

i) besondere Erzeugnismerkmale oder

ii) besondere Anbau- oder Erzeugungsmethoden oder

iii) eine Qualität des Enderzeugnisses, die hinsichtlich des Schutzes der menschlichen, tierischen und pflanzlichen Gesundheit, des Tierschutzes oder des Umweltschutzes erheblich über die handelsüblichen Warennormen hinausgeht;

b) die Qualitätsregelung steht allen Erzeugern offen;

c) die Qualitätsregelung umfasst verbindliche Spezifikationen für das Enderzeugnis, und die Einhaltung dieser Spezifikationen wird von Behörden oder einer unabhängigen Kontrolleinrichtung überprüft;

d) die Qualitätsregelung ist transparent und gewährleistet eine vollständige Rückverfolgbarkeit der landwirtschaftlichen Erzeugnisse.

☐ freiwillige Zertifizierungssysteme für landwirtschaftliche Erzeugnisse, bei denen die Mitgliedstaaten anerkennen, dass sie die in der Mitteilung der Kommission „EU-Leitlinien für eine gute Praxis für freiwillige Zertifizierungssysteme für landwirtschaftliche Erzeugnisse und Lebensmittel" (^{2}) festgelegten Anforderungen erfüllen.

4. **ZUGANG ZUR REGELUNG**

Stehen die Beihilfen allen in dem betreffenden Gebiet in Frage kommenden Unternehmen auf der Grundlage objektiv definierter Kriterien offen?

☐ ja   ☐ nein

Falls nein, weisen wir darauf hin, dass die Beihilfe gemäß Teil II Kapitel 1 Abschnitt 1.1.9 der Rahmenregelung nur gewährt werden kann, wenn diese Voraussetzung erfüllt ist.

5. **PERIODIZITÄT**

Wird Beihilfe gemäß Randnummer 280 Buchstabe a der Rahmenregelung in Form eines jährlichen als Anreiz gezahlten Betrags entsprechend der Höhe der Fixkosten, die sich aus der Teilnahme an den Qualitätsregelungen ergeben, für einen Zeitraum von höchstens fünf Jahren gewährt?

☐ ja   ☐ nein

Falls nein, weisen wir darauf hin, dass die Beihilfe gemäß Teil II Kapitel 1 Abschnitt 1.1.9 der Rahmenregelung nur gewährt werden kann, wenn diese Voraussetzungen erfüllt sind.

(^{1}) Verordnung (EU) Nr. 251/2014 des Europäischen Parlaments und des Rates vom 26. Februar 2014 über die Begriffsbestimmung, Beschreibung, Aufmachung und Etikettierung von aromatisierten Weinerzeugnissen sowie zum Schutz geografischer Angaben für aromatisierte Weinerzeugnisse und zur Aufhebung der Verordnung (EWG) Nr. 1601/91 (ABl. L 84 vom 20.3.2014, S. 14).
(^{2}) ABl. C 341 vom 16.12.2010. S. 5.

6. **BEIHILFEBETRAG/-INTENSITÄT UND ZAHLUNGSBEDIN-
GUNGEN**

6.1. Wie hoch ist der Betrag der Beihilfe gemäß Randnummer 280 Buchstabe a der Rahmenregelung, der pro Beihilfeempfänger und Jahr gewährt wird?

....

Bitte beachten Sie, dass die Beihilfe gemäß Teil II Kapitel 1 Abschnitt 1.1.9 der Rahmenregelung auf 3 000 EUR pro Beihilfeempfänger und Jahr begrenzt ist.

6.2. Welches ist die Intensität der Beihilfen gemäß Randnummer 280 Buchstaben b und c der Rahmenregelung?

.... % der tatsächlich entstandenen Kosten

Wir weisen darauf hin, dass die Beihilfe gemäß Teil II Kapitel 1 Abschnitt 1.1.9 der Rahmenregelung bis zu 100 % der tatsächlich entstandenen Kosten betragen kann.

6.3. Bitte bestätigen Sie, dass die Beihilfe gemäß Randnummer 280 Buchstaben b und c der Rahmenregelung keine Direktzahlungen an die Beihilfeempfänger umfasst und der für die Kontrollmaßnahmen zuständigen Einrichtung, dem Erbringer der Forschungsmaßnahmen bzw. dem Anbieter der Beratungsdienste gezahlt wird.

☐ bestätigt

SONSTIGE ANGABEN

Machen Sie hier bitte gegebenenfalls sonstige Angaben, die für die Würdigung der betreffenden Maßnahme nach diesem Abschnitt der Rahmenregelung von Belang sind:

....

1.1.10. ERGÄNZENDER FRAGEBOGEN ZU BEIHILFEN FÜR DIE BEREITSTELLUNG TECHNISCHER HILFE IM AGRARSEKTOR

Dieser Fragebogen ist für die Anmeldung von staatlichen Beihilfen für die Bereitstellung technischer Hilfe im Agrarsektor gemäß der Beschreibung in Teil II Kapitel 1 Abschnitt 1.1.10 der Rahmenregelung der Europäischen Union für staatliche Beihilfen im Agrar- und Forstsektor und in ländlichen Gebieten 2014–2020 (im Folgenden „Rahmenregelung") zu verwenden.

1. **GEMEINSAME BESTIMMUNGEN (Bitte füllen Sie diesen Abschnitt und den dem Ziel der staatlichen Beihilfe entsprechenden Abschnitt aus)**

1.1. Betrifft die Beihilfe den Agrarsektor, einschließlich landwirtschaftliche Primärproduktion sowie Verarbeitung und Vermarktung landwirtschaftlicher Erzeugnisse?

☐ ja   ☐ nein

Wir weisen darauf hin, dass Beihilfen für Vertretungsdienste für landwirtschaftliche Betriebe nur in der landwirtschaftlichen Primärproduktion tätigen Unternehmen gewährt werden können.

1.2. Wer sind die Empfänger der Beihilfe?

☐ a) Landwirte;

☐ b) Erzeugergruppierungen;

☐ c) Sonstige (bitte präzisieren):

....

5. Verf-DVO kons

1.3. Stehen die Beihilfen allen in dem betreffenden Gebiet in Frage kommenden Personen auf der Grundlage objektiv definierter Kriterien zur Verfügung?

☐ ja   ☐ nein

Falls nein, beachten Sie bitte, dass die Beihilfe nicht als mit dem Binnenmarkt vereinbar erklärt werden kann.

1.4. Ist bei technischer Hilfe, die von Erzeugergruppierungen oder -organisationen angeboten wird, die Mitgliedschaft in solchen Gruppierungen oder Organisationen Voraussetzung für die Inanspruchnahme der Dienste?

☐ ja   ☐ nein

Falls ja, beachten Sie bitte, dass die Beihilfe nicht als mit dem Binnenmarkt vereinbar erklärt werden kann.

1.5. Sind die Beiträge von Nichtmitgliedern zu den Verwaltungskosten der betreffenden Erzeugergruppierung oder -organisation gemäß Frage 1.4 auf diejenigen Kosten begrenzt, die für die Erbringung der Dienste anfallen?

☐ ja   ☐ nein

Falls nein, beachten Sie bitte, dass die Beihilfe nicht als mit dem Binnenmarkt vereinbar erklärt werden kann.

2. **BEIHILFEN FÜR WISSENSTRANSFER UND INFORMATIONS-MASSNAHMEN (Abschnitt 1.1.10.1)**

2.1. Welche der folgenden Beihilfearten kann durch die Beihilferegelung oder Einzelmaßnahme finanziert werden?

☐ a) Maßnahmen der Berufsbildung und des Erwerbs von Qualifikationen (einschließlich Ausbildungskurse, Workshops und Coaching);

☐ b) Demonstrationsvorhaben;

☐ c) Informationsmaßnahmen;

☐ d) Beihilfen für den kurzzeitigen Austausch von Landwirten als Betriebsleiter und den Besuch landwirtschaftlicher Betriebe.

2.2. Welche der folgenden beihilfefähigen Kosten werden durch die Maßnahme gedeckt?

☐ a) Kosten der Veranstaltung von Maßnahmen der Berufsbildung und des Erwerbs von Qualifikationen sowie von Demonstrationsvorhaben oder Informationsmaßnahmen;

☐ b) Kosten für Reise und Aufenthalt sowie Tagegelder für die Teilnehmer;

☐ c) Kosten für die Bereitstellung von Vertretungsdiensten während der Abwesenheit der Teilnehmer;

☐ d) Kosten im Zusammenhang mit Demonstrationsvorhaben.

2.3. Umfassen die beihilfefähigen Kosten bei Demonstrationsvorhaben Folgendes?

☐ a) Errichtung, Erwerb (einschließlich Leasing) oder Modernisierung von unbeweglichem Vermögen, wobei der Erwerb von Flächen nur beihilfefähig ist, soweit der Betrag 10 % des Gesamtbetrags der beihilfefähigen Kosten des betreffenden Vorhabens nicht übersteigt;

☐ b) Kauf oder Leasingkauf von Maschinen und Anlagen bis zum marktüblichen Wert des Wirtschaftsguts;

☐ c) allgemeine Kosten im Zusammenhang mit den unter Randnummer 293 Buchstabe d Ziffern i und ii der Rahmenregelung genannten Ausgaben, etwa für Architekten-, Ingenieur- und Beraterhonorare sowie für Beratung zu ökologischer Nachhaltigkeit und wirtschaftlicher Tragfähigkeit, einschließlich Durchführbarkeitsstudien:

☐ d) Erwerb oder Entwicklung von Computersoftware und Kauf von Patenten, Lizenzen, Copyrights und Handelsmarken;

☐ e) zusätzliche Kosten und Einkommensverluste im Zusammenhang mit kleinen Demonstrationsvorhaben;

Wir weisen darauf hin, dass die beihilfefähigen Kosten auf die unter Randnummer 293 der Rahmenregelung aufgeführten Kosten begrenzt sind.

2.4. Zählen Durchführbarkeitsstudien auch dann zu den beihilfefähigen Ausgaben, wenn aufgrund ihrer Ergebnisse keine Ausgaben gemäß Randnummer 293 Buchstabe d Ziffern i und ii der Rahmenregelung getätigt werden?

☐ ja ☐ nein

2.5. Falls die Absicht besteht, Beihilfen für zusätzliche Ausgaben und Einkommensverluste bei kleinen Demonstrationsvorhaben zu gewähren, werden Sie gebeten, dies zu begründen:

....

....

2.6. Sind die Kosten gemäß Randnummer 293 Buchstabe d Ziffern i bis iv der Rahmenregelung nur insoweit beihilfefähig, als sie für ein Demonstrationsvorhaben verwendet werden, und nur für die Laufzeit des Demonstrationsvorhabens?

☐ ja ☐ nein

2.7. Verfügen die Anbieter von Wissenstransfer und Informationsdiensten über die geeigneten Kapazitäten in Form von qualifiziertem Personal und regelmäßigen Schulungen zur Durchführung dieser Aufgaben?

☐ ja ☐ nein

2.8. Die Beihilfe wird gewährt in Form von

☐ a) bezuschussten Dienstleistungen;

☐ b) Direktzahlungen an die Erzeuger nur als Erstattung der tatsächlich entstandenen Kosten.

Wir weisen darauf hin, dass gemäß Randnummer 293 Buchstaben a und c und Buchstabe d Ziffern i bis iv der Rahmenregelung die Beihilfe keine Direktzahlungen an die Beihilfeempfänger umfassen darf.

2.9. Ist abweichend von Frage 2.8 der Empfänger der Beihilfe gemäß Randnummer 293 Buchstaben a und c und Buchstabe d Ziffern i bis iv der Rahmenregelung der Anbieter des Wissenstransfers und der Informationsmaßnahmen?

☐ ja ☐ nein

Wir weisen darauf hin, dass die Beihilfen zur Deckung der Kosten für die Bereitstellung von Vertretungsdiensten gemäß Randnummer 293 Buchstabe c der Rahmenregelung wahlweise direkt dem Anbieter der Vertretungsdienste gezahlt werden können und dass die Beihilfen für kleine Demonstrationsvorhaben gemäß Randnummer 293 Buchstabe d Ziffern i bis iv der Rahmenregelung den Beihilfeempfängern direkt gezahlt werden können.

2.10. Falls Sie Frage 2.9 mit „Nein" beantwortet haben, geben Sie bitte eine Begründung.

....

....

5. Verf-DVO kons

2.11. Wird die Beihilfe gemäß Randnummer 293 Buchstabe d Ziffer v der Rahmenregelung den Beihilfeempfängern direkt gezahlt?

☐ ja ☐ nein

Falls nein, beachten Sie bitte, dass die Beihilfe nicht als mit dem Binnenmarkt vereinbar erklärt werden kann.

Verf-DVO kons

2.12. Bitte geben Sie die maximale Beihilfeintensität an (max. 100 %): ....

2.13. Ist der Beihilfebetrag für die beihilfefähigen Kosten gemäß Randnummer 293 Buchstabe d der Rahmenregelung auf 100 000 EUR über einen Zeitraum von 3 Steuerjahren begrenzt?

☐ ja ☐ nein

Falls nein, beachten Sie bitte, dass die Beihilfe nicht als mit dem Binnenmarkt vereinbar erklärt werden kann.

3. **BEIHILFEN FÜR BERATUNGSDIENSTE (Abschnitt 1.1.10.2)**

3.1. Ist die Beihilfe dazu bestimmt, Unternehmen, die im Agrarsektor tätig sind, und Junglandwirten bei der Inanspruchnahme von Beratungsdiensten zur Verbesserung der wirtschaftlichen und ökologischen Leistung sowie der Klimafreundlichkeit und -resistenz ihres Betriebs und/oder ihrer Investition zu helfen?

☐ ja ☐ nein

3.2. Die Beratung betrifft mindestens eines der folgenden Elemente:

☐ a) Verpflichtungen aufgrund der Grundanforderungen an die Betriebsführung und/oder der Standards für den guten landwirtschaftlichen und ökologischen Zustand gemäß Titel VI Kapitel I der Verordnung (EU) Nr. 1306/2013;

☐ b) die dem Klima- und Umweltschutz förderlichen Landbewirtschaftungsmethoden gemäß Titel III Kapitel 3 der Verordnung (EU) Nr. 1307/2013 und die Erhaltung der landwirtschaftlichen Fläche gemäß Artikel 4 Absatz 1 Buchstabe c der genannten Verordnung;

☐ c) Maßnahmen zur Modernisierung des landwirtschaftlichen Betriebs, Verbesserung der Wettbewerbsfähigkeit, Integration des Sektors, Innovation, Marktorientierung und Förderung von Unternehmertum;

☐ d) von den Mitgliedstaaten festgelegte Anforderungen zur Umsetzung von Artikel 11 Absatz 3 der Wasserrahmenrichtlinie;

☐ e) von den Mitgliedstaaten festgelegte Anforderungen zur Umsetzung von Artikel 55 der Verordnung (EG) Nr. 1107/2009 des Europäischen Parlaments und des Rates [1] und insbesondere die Einhaltung der allgemeinen Grundsätze des integrierten Pflanzenschutzes gemäß Artikel 14 der Richtlinie 2009/128/EG des Europäischen Parlaments und des Rates („Pestizidrichtlinie") [2];

---

[1] Verordnung (EG) Nr. 1107/2009 des Europäischen Parlaments und des Rates vom 21. Oktober 2009 über das Inverkehrbringen von Pflanzenschutzmitteln und zur Aufhebung der Richtlinien 79/117/EWG und 91/414/EWG des Rates (ABl. L 309 vom 24.11.2009, S. 1).

[2] Richtlinie 2009/128/EG des Europäischen Parlaments und des Rates vom 21. Oktober 2009 über einen Aktionsrahmen der Gemeinschaft für die nachhaltige Verwendung von Pestiziden (ABl. L 309 vom 24.11.2009. S. 71).

☐ f) Standards für die Sicherheit am Arbeitsplatz oder Sicherheitsstandards im Zusammenhang mit dem landwirtschaftlichen Betrieb;

☐ g) spezifische Beratung für Landwirte, die sich erstmals niederlassen, einschließlich Beratung zu wirtschaftlicher Tragfähigkeit und ökologischer Nachhaltigkeit.

Falls nein, beachten Sie bitte, dass die Beihilfe nicht als mit dem Binnenmarkt vereinbar erklärt werden kann.

Verf-DVO kons

3.3. Steht die Beratung zu einem oder mehreren der unter Frage 3.2 aufgeführten Themen mit mindestens einer Priorität der Union für die Entwicklung des ländlichen Raums in Verbindung?

☐ ja ☐ nein

Machen Sie bitte nähere Angaben:

....

....

Falls nein, beachten Sie bitte, dass die Beihilfe nicht als mit dem Binnenmarkt vereinbar erklärt werden kann.

3.4. Welche der folgenden Beratungstätigkeiten kann durch die Beihilferegelung oder Einzelmaßnahme finanziert werden?

☐ a) Beratung zu Informationen über die in Anhang I der Verordnung (EU) Nr. 1306/2013 genannten Bereiche Eindämmung des Klimawandels und Anpassung an seine Folgen, Biodiversität und Gewässerschutz;

☐ b) Beratung zu Fragen im Zusammenhang mit der wirtschaftlichen und ökologischen Leistung des landwirtschaftlichen Betriebs, einschließlich seiner Wettbewerbsfähigkeit;

☐ c) Beratung bei der Entwicklung kurzer Versorgungsketten sowie in Bezug auf den ökologischen Landbau und gesundheitliche Aspekte der Tierhaltung;

☐ d) Beratung zu anderen Themen.

Beschreiben Sie bitte die geplanten Maßnahmen:

....

....

....

....

3.5. Die Beihilfe muss an den Erbringer der Beratungsdienste gezahlt werden und darf keine Direktzahlungen an die Beihilfeempfänger umfassen:

☐ ja ☐ nein

Falls nein, beachten Sie bitte, dass die Beihilfe nicht als mit dem Binnenmarkt vereinbar erklärt werden kann.

3.6. Verfügen die ausgewählten Anbieter von Beratungsdiensten über angemessene Ressourcen in Form von regelmäßig geschultem und qualifiziertem Personal, Erfahrung in der Beratungstätigkeit und Verlässlichkeit hinsichtlich der Beratungsbereiche?

☐ ja ☐ nein

Falls nein, beachten Sie bitte, dass die Beihilfe nicht als mit dem Binnenmarkt vereinbar erklärt werden kann.

3.7. Erfolgt die Beratung teilweise in Gruppen?

☐ ja ☐ nein

Bitte beachten Sie, dass die Beratung, soweit hinreichend begründet und angezeigt, teilweise in Gruppen erfolgen kann, wobei der Situation des Einzelnen Rechnung zu tragen ist, der die Beratungsdienste in Anspruch nimmt.

5. Verf-DVO kons

3.8. Falls Sie die Frage 3.7 mit „Ja" beantwortet haben, geben Sie bitte eine Begründung.

....

....

3.9. Ist der Beihilfebetrag auf 1 500 EUR je Beratung begrenzt?

Verf-DVO kons

☐ ja   ☐ nein

Falls nein, beachten Sie bitte, dass die Beihilfe nicht als mit dem Binnenmarkt vereinbar erklärt werden kann.

3.10. Halten die Anbieter von Beratungsdiensten bei ihrer Beratungstätigkeit die Geheimhaltungspflichten gemäß Artikel 13 Absatz 2 der Verordnung (EU) Nr. 1306/2013 ein?

☐ ja   ☐ nein

Falls nein, beachten Sie bitte, dass die Beihilfe nicht als mit dem Binnenmarkt vereinbar erklärt werden kann.

4. **BEIHILFEN FÜR VERTREGUNGSDIENSTE FÜR LANDWIRTSCHAFTLICHE BETRIEBE (Abschnitt 1.1.10.3)**

4.1. Sind in der landwirtschaftlichen Primärproduktion tätige Unternehmen die einzigen Empfänger dieser Beihilfe?

☐ ja   ☐ nein

Falls nein, beachten Sie bitte, dass die Beihilfe nicht als mit dem Binnenmarkt vereinbar erklärt werden kann.

4.2. Die Beihilfe muss an den Erbringer des Vertretungsdienstes gezahlt werden und darf keine Direktzahlungen an die Landwirte umfassen:

☐ ja   ☐ nein

Falls nein, beachten Sie bitte, dass die Beihilfe nicht als mit dem Binnenmarkt vereinbar erklärt werden kann.

4.3. Wird die Beihilfe zur Deckung der tatsächlichen Kosten für die Vertretung eines Landwirts, einer natürlichen Person, die Mitglied des landwirtschaftlichen Haushalts ist, oder eines landwirtschaftlichen Arbeitnehmers bei Krankheit, einschließlich Krankheit seines bzw. ihres Kindes, und während der Urlaubszeit sowie Mutterschafts- und Elternurlaub, während des Pflichtwehrdienstes oder im Todesfalle gewährt?

☐ ja   ☐ nein

Wir weisen darauf hin, dass die beihilfefähigen Kosten auf die unter Randnummer 310 der Rahmenregelung aufgeführten Kosten begrenzt sind.

4.4. Ist die Dauer der Vertretung auf insgesamt drei Monate pro Jahr und Beihilfeempfänger begrenzt, ausgenommen die Vertretung bei Mutterschafts- und Elternurlaub und während des Pflichtwehrdienstes?

☐ ja   ☐ nein

Wir weisen darauf hin, dass in ordnungsgemäß begründeten Fällen für die Gesamtdauer der Vertretung ein längerer Zeitraum genehmigt werden kann.

4.5. Falls Sie Frage 4.4 mit „Nein" beantwortet haben, geben Sie bitte eine Begründung.

....

....

4.6. Ist die Gesamtdauer der Vertretung bei Mutterschafts- und Elternurlaub auf jeweils sechs Monate pro Jahr und Beihilfeempfänger begrenzt?

☐ ja   ☐ nein

Wir weisen darauf hin, dass für die Vertretung bei Mutterschafts- und Elternurlaub in ordnungsgemäß begründeten Fällen ein längerer Zeitraum genehmigt werden kann.

4.7. Falls Sie Frage 4.6 mit „Nein" beantwortet haben, geben Sie bitte eine Begründung.

....

....

4.8. Ist die Gesamtdauer der durch die Beihilfe gedeckten Vertretung während des Pflichtwehrdienstes auf die Dauer des Wehrdienstes begrenzt?

☐ ja   ☐ nein

Falls nein, beachten Sie bitte, dass die Beihilfe nicht als mit dem Binnenmarkt vereinbar erklärt werden kann.

4.9. Bitte geben Sie die maximale Beihilfeintensität an (max. 100 %): ....

SONSTIGE ANGABEN

Machen Sie hier bitte gegebenenfalls sonstige Angaben, die für die Würdigung der betreffenden Maßnahme nach diesem Abschnitt der Rahmenregelung von Belang sind:

....

1.1.11. ERGÄNZENDER FRAGEBOGEN ZU BEIHILFEN FÜR ZUSAMMENARBEIT IM AGRARSEKTOR

Dieser Fragebogen ist für die Anmeldung von staatlichen Beihilfen für Zusammenarbeit im Agrarsektor gemäß der Beschreibung in Teil II Kapitel 1 Abschnitt 1.1.11 der Rahmenregelung der Europäischen Union für staatliche Beihilfen im Agrar- und Forstsektor und in ländlichen Gebieten 2014–2020 (im Folgenden „Rahmenregelung") zu verwenden.

1. **BEIHILFEARTEN**

1.1. Betrifft diese Zusammenarbeit den Agrarsektor, einschließlich landwirtschaftliche Primärproduktion sowie Verarbeitung und Vermarktung landwirtschaftlicher Erzeugnisse?

☐ ja   ☐ nein

1.2. Die Zusammenarbeit betrifft mindestens zwei Einrichtungen:

☐ a) Konzepte für die Zusammenarbeit von verschiedenen Unternehmen im Agrarsektor, in der Nahrungsmittelkette (nur wenn das Ergebnis der Verarbeitung ein landwirtschaftliches Erzeugnis ist) und anderen Akteuren des Agrarsektors, die dazu beitragen, die Ziele und Prioritäten der Politik zur Entwicklung des ländlichen Raums zu verwirklichen, einschließlich Erzeugergruppierungen, Genossenschaften und Branchenverbänden;

☐ b) die Schaffung von Clustern und Netzwerken im Agrarsektor;

5. Verf-DVO kons

☐ c) die Einrichtung und Tätigkeit operationeller Gruppen der EIP „Landwirtschaftliche Produktivität und Nachhaltigkeit" gemäß Artikel 56 der Verordnung (EU) Nr. 1305/2013.

2. **BEIHILFEFÄHIGE KOSTEN UND BEIHILFEINTENSITÄT**

2.1. Die Beihilfen werden für folgende Formen der Zusammenarbeit gewährt:

☐ a) Pilotprojekte;

☐ b) die Entwicklung neuer Erzeugnisse, Verfahren, Prozesse und Technologien im Agrarsektor und im Lebensmittelsektor, soweit es sich um landwirtschaftliche Erzeugnisse handelt;

☐ c) die Zusammenarbeit zwischen kleinen Wirtschaftsteilnehmern im Agrarsektor bei der Organisation von gemeinsamen Arbeitsabläufen sowie der gemeinsamen Nutzung von Anlagen und Ressourcen;

☐ d) die horizontale und vertikale Zusammenarbeit zwischen Akteuren der Versorgungskette zur Schaffung logistischer Plattformen für die Förderung kurzer Versorgungsketten und lokaler Märkte;

☐ e) Absatzförderungsmaßnahmen in einem lokalen Rahmen zur Entwicklung kurzer Versorgungsketten und lokaler Märkte;

☐ f) gemeinsames Handeln im Hinblick auf die Eindämmung des Klimawandels oder die Anpassung an dessen Auswirkungen;

☐ g) gemeinsame Konzepte für Umweltprojekte und die gegenwärtig angewendeten ökologischen Verfahren, wie unter anderem eine effiziente Wasserbewirtschaftung, die Nutzung erneuerbarer Energiequellen ([1]) und die Erhaltung der Agrarlandschaft;

☐ h) horizontale und vertikale Zusammenarbeit zwischen Beteiligten der Versorgungskette zur nachhaltigen Erzeugung von Biomasse zur Verwendung für die Lebensmittelerzeugung, wenn das Ergebnis ein landwirtschaftliches Erzeugnis ist, und zur Gewinnung von Energie für den Eigenverbrauch;

☐ i) Durchführung von anderen als den in Artikel 2 Nummer 19 der Verordnung (EU) Nr. 1303/2013 des Europäischen Parlaments und des Rates ([2]) definierten lokalen Entwicklungsstrategien, die auf eine oder mehrere Prioritäten der Union für die Entwicklung des ländlichen Raums abzielen, insbesondere durch andere als die in Artikel 32 Absatz 2 Buchstabe b der genannten Verordnung definierten Gruppen aus öffentlichen und privaten Partnern.

2.2. Werden Beihilfen für die Schaffung von Clustern und Netzwerken nur neu geschaffenen Clustern und Netzwerken sowie denjenigen Clustern und Netzwerken gewährt, die eine Tätigkeit aufnehmen, die neu für sie ist?

☐ ja ☐ nein

Falls nein, beachten Sie bitte, dass gemäß Randnummer 317 der Rahmenregelung diese Beihilfe nicht gewährt werden kann.

2.3. Beihilfen für Pilotprojekte und die Entwicklung neuer Erzeugnisse, Verfahren, Prozesse und Technologien im Agrarsektor und im Lebensmittelsektor (soweit es sich um landwirtschaftliche Erzeugnisse handelt) können auch Einzelakteuren gewährt werden. Werden bei Beihilfen, die Einzelakteuren gewährt werden, die Ergebnisse des geförderten Vorhabens oder der geförderten Tätigkeit verbreitet?

([1]) Dies gilt für die Zusammenarbeit bei der Erzeugung von Energie aus erneuerbaren Energieträgern oder der Herstellung von Biokraftstoffen in landwirtschaftlichen Betrieben, sofern die Bedingungen gemäß Teil II Abschnitt 1.1.1.1 der Rahmenregelung erfüllt sind.

([2]) Verordnung (EU) Nr. 1303/2013 des Europäischen Parlaments und des Rates vom 17. Dezember 2013 mit gemeinsamen Bestimmungen über den Europäischen Fonds für regionale Entwicklung, den Europäischen Sozialfonds, den Kohäsionsfonds, den Europäischen Landwirtschaftsfonds für die Entwicklung des ländlichen Raums und den Europäischen Meeres- und Fischereifonds sowie mit allgemeinen Bestimmungen über den Europäischen Fonds für regionale Entwicklung, den Europäischen Sozialfonds, den Kohäsionsfonds und den Europäischen Meeres- und Fischereifonds und zur Aufhebung der Verordnung (EG) Nr. 1083/2006 des Rates (ABl. L 347 vom 20.12.2013. S. 320).

▼ M9

☐   ja   ☐   nein

Falls nein, beachten Sie bitte, dass gemäß Randnummer 318 der Rahmenregelung diese Beihilfe nicht gewährt werden kann.

2.4.   Werden die Beihilfen für die Schaffung und Entwicklung kurzer Versorgungsketten gemäß Randnummer 316 Buchstaben d und e der Rahmenregelung nur für Versorgungsketten mit höchstens einem zwischengeschalteten Akteur zwischen Erzeugern und Verbrauchern gewährt?

☐   ja   ☐   nein

Falls nein, beachten Sie bitte, dass gemäß Randnummer 319 der Rahmenregelung diese Beihilfe nicht gewährt werden kann.

2.5.   Wird die Beihilfe die einschlägigen Wettbewerbsregeln, insbesondere die Artikel 101 und 102 AEUV, einhalten?

☐   ja   ☐   nein

Falls nein, beachten Sie bitte, dass gemäß Randnummer 320 der Rahmenregelung keine Beihilfe gewährt werden kann.

Falls ja, erklären Sie bitte, wie dies sichergestellt wird.

2.6.   Die Beihilfen können zur Deckung der folgenden beihilfefähigen Kosten gewährt werden, sofern diese landwirtschaftliche Tätigkeiten betreffen:

☐   a) Kosten von Studien über das betreffende Gebiet, von Durchführbarkeitsstudien und für die Erstellung eines Geschäftsplans oder einer anderen als der in Artikel 33 der Verordnung (EU) Nr. 1303/2013 genannten lokalen Entwicklungsstrategie;

☐   b) Kosten der Aktivierung des betreffenden Gebiets, um ein gemeinsames Gebietsprojekt oder ein Projekt, das von einer operationellen Gruppe der EIP „Landwirtschaftliche Produktivität und Nachhaltigkeit" gemäß Artikel 56 der Verordnung (EU) Nr. 1305/2013 durchgeführt werden soll, durchführbar zu machen. Im Falle von Clustern kann die Aktivierung auch die Veranstaltung von Schulungen, die Netzwerkaktivitäten zwischen Mitgliedern und die Anwerbung neuer Mitglieder betreffen;

☐   c) laufende Kosten der Zusammenarbeit wie das Gehalt eines „Koordinators";

☐   d) Direktkosten spezifischer Projekte im Zusammenhang mit der Durchführung eines Geschäftsplans, eines Umweltplans, einer anderen als der in Artikel 33 der Verordnung (EU) Nr. 1303/2013 genannten Strategie für lokale Entwicklung oder Direktkosten anderer auf Innovation ausgerichteter Vorhaben, einschließlich Tests; direkte Kosten im Zusammenhang mit Investitionen müssen sich auf die beihilfefähigen Kosten von Investitionsbeihilfen im Sinne von Teil II Abschnitt 1.1.1.1 der Rahmenregelung beschränken;

☐   e) Kosten für Absatzförderungsmaßnahmen.

2.7.   Sind die Beihilfen auf einen Höchstzeitraum von sieben Jahren begrenzt, ausgenommen für eine gemeinsame Umweltaktion in ordnungsgemäß begründeten Fällen?

☐   ja   ☐   nein

5. Verf-DVO kons

Bitte geben Sie eine Begründung für gemeinsame Umweltaktionen, die über einen Zeitraum von sieben Jahren hinausgehen:

....

....

....

2.8. Die Beihilfe wird gewährt bis zu % der beihilfefähigen Kosten.

SONSTIGE ANGABEN

Machen Sie hier bitte gegebenenfalls sonstige Angaben, die für die Würdigung der betreffenden Maßnahme nach diesem Abschnitt der Rahmenregelung von Belang sind:

....

1.2.1.1. ERGÄNZENDER FRAGEBOGEN ZU BEIHILFEN ZUR BESEITI-GUNG VON DURCH NATURKATASTROPHEN ODER SONSTIGE AUSSERGEWÖHNLICHE EREIGNISSE VERURSACHTEN SCHÄDEN

Dieser Fragebogen ist von den Mitgliedstaaten für die Anmeldung von staatlichen Beihilfen zum Ausgleich von durch Naturkatastrophen oder sonstige aussergewöhnliche Ereignisse verursachten Schäden an der landwirtschaftlichen Produktion oder an landwirtschaftlichen Betriebsmitteln gemäß der Beschreibung in Teil II Kapitel 1 Abschnitt 1.2.1.1 der Rahmenregelung der Europäischen Union für staatliche Beihilfen im Agrar- und Forstsektor und in ländlichen Gebieten 2014–2020 (im Folgenden „Rahmenregelung") zu verwenden.

1. Welche Naturkatastrophe oder welches außergewöhnliche Ereignis hat zu den Schäden geführt, die ausgeglichen werden sollen, oder — im Falle einer Ex-ante-Beihilferahmenregelung ([1]) — könnte zu diesen Schäden führen?

....

2. Zu welchem Zeitpunkt ist das unter Frage 1 genannte Ereignis eingetreten?

....

3. Bitte geben Sie an, bis zu welchem Zeitpunkt die Beihilfen ausgezahlt werden dürfen.

....

4. Hat die zuständige Behörde des Mitgliedstaats das eingetretene Ereignis förmlich als Naturkatastrophe oder außergewöhnliches Ereignis anerkannt?

☐ ja ☐ nein

5. Bitte weisen Sie nach, dass ein unmittelbarer kausaler Zusammenhang zwischen der Naturkatastrophe oder dem außergewöhnlichen Ereignis und dem Schaden, der dem in der landwirtschaftlichen Primärproduktion, der Verarbeitung oder der Vermarktung landwirtschaftlicher Erzeugnisse tätigen Unternehmen entstanden ist, besteht.

....

6. An wen werden die Beihilfen gezahlt? Werden die Beihilfen direkt an das betreffende landwirtschaftliche Unternehmen oder an die Erzeugergruppierung oder -organisation gezahlt, in der dieses Mitglied ist?

....

7. Wie wird bei Beihilfen, die an eine Erzeugergruppierung oder -organisation gezahlt werden, sichergestellt, dass der Beihilfebetrag nicht den Betrag überschreitet, der dem einzelnen Unternehmen gezahlt werden könnte?

....

8. Bitte liefern Sie eine möglichst genaue Bewertung des den potenziellen Beihilfeempfängern entstandenen Schadens.

....

([1]) Im Falle von Ex-ante-Beihilferahmenregelungen entfallen die Fragen 2, 3, 4 und 8.

▼ M9

9. Gelten als beihilfefähig nur die Kosten der unmittelbar durch die Natur-katastrophe oder das außergewöhnliche Ereignis verursachten Schäden?

☐ ja ☐ nein

10. Wurde die in Frage 9 erwähnte direkte Folge von einer Behörde, einem von der Bewilligungsbehörde anerkannten unabhängigen Sachverständi-gen oder einem Versicherungsunternehmen geschätzt?

☐ ja ☐ nein

Wenn ja, geben Sie bitte an, von wem. ....

11. Welche Arten von Entschädigung sind durch die Beihilfe gedeckt (Mehrfachnennungen sind möglich)?

☐ a) Ausgleich für Sachschäden an Gebäuden, Ausrüstungen, Ma-schinen, Lagerbeständen und Betriebsmitteln;

☐ b) Ausgleich für Einkommensverluste aufgrund der vollständigen oder teilweisen Vernichtung der landwirtschaftlichen Erzeugung und der landwirtschaftlichen Betriebsmittel.

12. Werden die Schäden auf Ebene des einzelnen Beihilfeempfängers be-rechnet?

☐ ja ☐ nein

13. Werden die in Frage 11 erwähnten Sachschäden auf der Grundlage der Reparaturkosten oder des wirtschaftlichen Wertes des betroffenen Ver-mögenswerts vor der Naturkatastrophe oder dem außergewöhnlichen Er-eignis berechnet?

☐ ja ☐ nein

14. Werden zur Berechnung der jährlichen landwirtschaftlichen Erzeugung des Beihilfeempfängers Indizes herangezogen?

☐ ja ☐ nein

15. Falls Sie Frage 14 mit „Ja" beantwortet haben: Lässt sich mit der ver-wendeten Berechnungsmethode der tatsächliche Verlust des Beihilfe-empfängers in dem betreffenden Jahr bestimmen?

☐ ja ☐ nein

16. Wird das Ausmaß der Schäden — abgestimmt auf die spezifischen Merkmale der einzelnen Erzeugnisse — unter Rückgriff auf die folgen-den Indizes bemessen?

☐ a) biologische Indizes (Menge des Verlusts an Biomasse) oder ent-sprechende Indizes für Ertragsrückgänge, die auf Ebene des landwirtschaftlichen Betriebs, auf lokaler, regionaler oder natio-naler Ebene ermittelt worden sind, oder

☐ b) Wetterindizes (einschließlich Niederschlagsmenge und Tempera-tur), die auf lokaler, regionaler oder nationaler Ebene ermittelt worden sind.

☐ ja ☐ nein

17. Falls Frage 16 Buchstabe a oder b mit „Ja" beantwortet wurde: Wie stellt der Mitgliedstaat sicher, dass die betreffenden Berechnungen re-präsentativ sind, nicht auf Rekorderträgen beruhen und nicht zur Über-kompensation von Beihilfeempfängern führen?

....

18. Ist ein weites Gebiet in gleichem Maße von der Naturkatastrophe oder dem außergewöhnlichen Ereignis betroffen?

☐ ja ☐ nein

19. Falls Sie Frage 18 mit „Ja" beantwortet haben: Wird bei den Beihilfe-zahlungen von durchschnittlichen Verlusten ausgegangen?

☐ ja ☐ nein

5. Verf-DVO kons

20. Falls Frage 19 mit „Ja" beantwortet wurde: Wie stellt der Mitgliedstaat sicher, dass die durchschnittlichen Verluste gemäß Frage 19 repräsentativ sind und nicht zu einer starken Überkompensation von Beihilfeempfängern führen?

   ......

Verf-DVO kons

21. Werden vom Beihilfeempfänger erhaltene sonstige Zahlungen wie Zahlungen im Rahmen von Versicherungspolicen vom Betrag der beihilfefähigen Kosten abgezogen?

   ☐ ja   ☐ nein

22. Wie stellt der Mitgliedstaat sicher, dass andere Kosten, die aufgrund der Naturkatastrophe oder des außergewöhnlichen Ereignisses nicht entstanden sind, vom Betrag der beihilfefähigen Kosten abgezogen werden?

   ......

23. Bitte geben Sie die maximale Bruttobeihilfeintensität in Prozent der beihilfefähigen Kosten an.

   ......

Die folgende Frage betrifft angemeldete Ex-ante-Beihilferahmenregelungen für den Ausgleich von durch Naturkatastrophen verursachten Schäden:

24. Bitte legen Sie klar fest, unter welchen Bedingungen Beihilfen bei Erdbeben, Lawinen, Erdrutschen, Überschwemmungen, Wirbelstürmen, Orkanen, Vulkanausbrüchen und Flächenbränden natürlichen Ursprungs gewährt werden können.

   ......

SONSTIGE ANGABEN

Machen Sie hier bitte gegebenenfalls sonstige Angaben, die für die Würdigung der betreffenden Maßnahme nach diesem Abschnitt der Rahmenregelung von Belang sind:

   ......

1.2.1.2. ERGÄNZENDER FRAGEBOGEN ZU BEIHILFEN ZUM AUSGLEICH VON SCHÄDEN INFOLGE VON NATURKATASTROPHEN GLEICHZUSETZENDEN WIDRIGEN WITTERUNGSVERHÄLTNISSEN

Dieser Fragebogen ist von den Mitgliedstaaten für die Anmeldung von staatlichen Beihilfen zum Ausgleich von durch Naturkatastrophen gleichzusetzenden widrigen Witterungsverhältnissen verursachten Schäden an der landwirtschaftlichen Produktion oder an landwirtschaftlichen Betriebsmitteln gemäß der Beschreibung in Teil II Kapitel 1 Abschnitt 1.2.1.2 der Rahmenregelung der Europäischen Union für staatliche Beihilfen im Agrar- und Forstsektor und in ländlichen Gebieten 2014–2020 (im Folgenden „Rahmenregelung") zu verwenden.

1. Welche Naturkatastrophen gleichzusetzenden widrigen Witterungsverhältnisse begründen die Gewährung der Beihilfe?

   ......

2. Zu welchem Zeitpunkt sind die Naturkatastrophen gleichzusetzenden widrigen Witterungsverhältnisse in Frage 1 eingetreten?

   ......

3. Bitte geben Sie an, bis zu welchem Zeitpunkt die Beihilfen ausgezahlt werden dürfen.

   ......

4. Bitte weisen Sie nach, warum die widrigen Witterungsverhältnisse einer Naturkatastrophe gleichzusetzen sind.

   ......

5. Werden die Beihilfen nur für die landwirtschaftliche Primärproduktion gewährt?

☐   ja   ☐   nein

6. Wurde das Eintreten der Naturkatastrophen gleichzusetzenden widrigen Witterungsverhältnisse von der zuständigen Behörde des Mitgliedstaats förmlich anerkannt?

☐   ja   ☐   nein

7. Bitte weisen Sie nach, dass zwischen der einer Naturkatastrophe gleichzusetzenden widrigen Witterungsverhältnissen und dem Schaden, der dem in der landwirtschaftlichen Primärproduktion tätigen Unternehmen entstanden ist, ein unmittelbarer kausaler Zusammenhang besteht.

....

8. Wurden im Voraus Kriterien für die förmliche Anerkennung von Naturkatastrophen gleichzusetzenden widrigen Witterungsverhältnissen aufgestellt?

☐   ja   ☐   nein

9. Bitte legen Sie geeignete meteorologische Daten zu den betreffenden widrigen Witterungsverhältnissen vor.

....

10. Werden die Beihilfen direkt gezahlt an

☐   a) das betreffende Unternehmen, das in der landwirtschaftlichen Primärproduktion tätig ist, oder

☐   b) eine Erzeugergruppierung oder -organisation, in der das landwirtschaftliche Unternehmen gemäß Buchstabe a Mitglied ist?

11. Falls Sie zu Frage 10 den Buchstaben „b" angekreuzt haben, erläutern Sie bitte, wie sichergestellt wird, dass der Beihilfebetrag nicht den Betrag überschreitet, der dem einzelnen landwirtschaftlichen Unternehmen gezahlt werden könnte?

....

12. Bitte geben Sie die beihilfefähigen Kosten an:

☐   a) Ausgleich für die Einkommensverluste des Beihilfeempfängers aufgrund der vollständigen oder teilweisen Vernichtung der landwirtschaftlichen Erzeugung und der Betriebsmittel infolge der einer Naturkatastrophe gleichzusetzenden widrigen Witterungsverhältnisse gemäß Randnummer 354 Buchstabe b der Rahmenregelung;

☐   b) Ausgleich für die unter Randnummer 354 Buchstabe a der Rahmenregelung genannten Sachschäden an landwirtschaftlichen Gebäuden, Ausrüstungen, Maschinen, Lagerbeständen und Betriebsmitteln, die durch einer Naturkatastrophe gleichzusetzende widrige Witterungsverhältnisse verursacht wurden.

13. Falls Sie zu Frage 12 den Buchstaben „a" angekreuzt haben, wird zur Berechnung der Einkommensverluste Folgendes voneinander abgezogen: das Ergebnis der Multiplikation der Menge der landwirtschaftlichen Erzeugnisse, die in dem Jahr, in dem die einer Naturkatastrophe gleichzusetzenden widrigen Witterungsverhältnisse eingetreten sind, oder in jedem der darauf folgenden Jahre, die von der vollständigen oder teilweisen Vernichtung der Betriebsmittel betroffen sind, produziert wurden, mit dem in dem betreffenden Jahr erzielten durchschnittlichen Verkaufspreis von dem Ergebnis der Multiplikation der jährlichen Durchschnittsmenge landwirtschaftlicher Erzeugnisse, die in dem der einer Naturkatastrophe gleichzusetzenden widrigen Witterungsverhältnissen vorangegangenen Dreijahreszeitraum produziert wurden, (oder eines Dreijahresdurchschnitts auf der Grundlage des den einer Naturkatastrophe gleichzusetzenden widrigen Witterungsverhältnissen vorhergehenden Fünfjahreszeitraums unter Ausschluss des höchsten und des niedrigsten Werts) mit dem erzielten durchschnittlichen Verkaufspreis?

☐   ja   ☐   nein

5. Verf-DVO kons

▼ M9

Verf-DVO kons

14. Falls Sie Frage 13 mit „Ja" beantwortet haben: Werden zu dem errechneten Betrag der Einkommensverluste sonstige Kosten addiert, die dem Beihilfeempfänger infolge der einer Naturkatastrophe gleichzusetzenden widrigen Witterungsverhältnisse entstanden sind?

   ☐ ja   ☐ nein

15. Falls Sie Frage 13 mit „Ja" beantwortet haben: Werden von dem errechneten Betrag der Einkommensverluste etwaige Versicherungszahlungen und aufgrund der widrigen Witterungsverhältnisse nicht entstandene Kosten (z. B. durch Ernteausfall) abgezogen?

   ☐ ja   ☐ nein

16. Werden zur Berechnung der jährlichen landwirtschaftlichen Erzeugung des Beihilfeempfängers Indizes herangezogen?

   ☐ ja   ☐ nein

17. Falls Sie Frage 16 mit „Ja" beantwortet haben: Lässt sich mit der verwendeten Berechnungsmethode der tatsächliche Verlust des Beihilfeempfängers in dem betreffenden Jahr bestimmen?

   ☐ ja   ☐ nein

18. Wird das Ausmaß der Schäden — abgestimmt auf die spezifischen Merkmale der einzelnen landwirtschaftlichen Erzeugnisse — unter Rückgriff auf die folgenden Indizes berechnet?

   a) biologische Indizes (d. h. Menge des Verlusts an Biomasse) oder entsprechende Indizes für Ertragsrückgänge, die auf Ebene des landwirtschaftlichen Betriebs, auf lokaler, regionaler oder nationaler Ebene ermittelt worden sind, oder

   b) Wetterindizes (einschließlich Niederschlagsmenge und Temperatur), die auf lokaler, regionaler oder nationaler Ebene ermittelt worden sind.

   ☐ ja   ☐ nein

19. Ist ein weites Gebiet in gleichem Maße von den einer Naturkatastrophe gleichzusetzenden widrigen Witterungsverhältnissen betroffen?

   ☐ ja   ☐ nein

20. Falls Sie Frage 19 mit „Ja" beantwortet haben: Wird bei den Beihilfezahlungen von durchschnittlichen Verlusten ausgegangen?

   ☐ ja   ☐ nein

21. Falls Sie Frage 20 mit „Ja" beantwortet haben: Wie wird sichergestellt, dass die durchschnittlichen Verluste gemäß Frage 20 repräsentativ sind, nicht auf Rekorderträgen beruhen und nicht zur Überkompensation von Beihilfeempfängern führen?

   ....

22. Wird die Beihilfe auf der Grundlage der Reparaturkosten oder des wirtschaftlichen Wertes des betroffenen Vermögenswerts vor den einer Naturkatastrophe gleichzusetzenden widrigen Witterungsverhältnissen berechnet?

   ☐ ja   ☐ nein

23. Erfolgt die Berechnung der Verluste auf der Ebene des einzelnen Beihilfeempfängers?

   ☐ ja   ☐ nein

24. Bitte geben Sie die maximale Bruttobeihilfeintensität in Prozent der beihilfefähigen Kosten an.

   ....

25. Sind aus naturbedingten Gründen benachteiligte Gebiete von den einer Naturkatastrophe gleichzusetzenden widrigen Witterungsverhältnissen betroffen?

   ☐ ja   ☐ nein

26. Wird der gewährte Ausgleich um 50 % gekürzt, wenn der betreffende Landwirt keine Versicherung abgeschlossen hat, die mindestens 50 % seiner durchschnittlichen Jahresproduktion oder durchschnittlichen Jahreseinnahmen aus der Produktion und die der Statistik zufolge in dem betreffenden Mitgliedstaat oder der betreffenden Region häufigsten klimatischen Risiken abdeckt?

☐ ja ☐ nein

Falls nein, weisen wir darauf hin, dass Abweichungen von dieser Bedingung nur möglich sind, wenn der betreffende Mitgliedstaat überzeugend nachweisen kann, dass trotz ehrlicher Bemühungen zum Zeitpunkt des Schadenseintritts kein erschwinglicher Versicherungsschutz gegen die in dem betreffenden Mitgliedstaat oder der betreffenden Region statistisch gesehen am häufigsten auftretenden Klimarisiken abgeschlossen werden konnte.

SONSTIGE ANGABEN

Machen Sie hier bitte gegebenenfalls sonstige Angaben, die für die Würdigung der betreffenden Maßnahme nach diesem Abschnitt der Rahmenregelung von Belang sind:

....

1.2.1.3. ERGÄNZENDER FRAGEBOGEN ZU BEIHILFEN FÜR DIE BEKÄMPFUNG VON TIERSEUCHEN UND PFLANZENKRANKHEITEN

Dieser Fragebogen ist von den Mitgliedstaaten für die Anmeldung von staatlichen Beihilfen zu den Kosten für die Verhütung, Bekämpfung und Tilgung von Tierseuchen und Schädlingsbefall und staatlichen Beihilfen zum Ausgleich der durch Tierseuchen und Schädlingsbefall entstandenen Schäden gemäß der Beschreibung in Teil II Kapitel 1 Abschnitt 1.2.1.3 der Rahmenregelung der Europäischen Union für staatliche Beihilfen im Agrar- und Forstsektor und in ländlichen Gebieten 2014–2020 (im Folgenden „Rahmenregelung") zu verwenden.

1. Um welche Tierseuche bzw. welchen Schädlingsbefall handelt es sich?

....

2. Werden die Beihilfen nur Unternehmen gewährt, die in der landwirtschaftlichen Primärproduktion tätig sind?

☐ ja ☐ nein

3. Werden die Beihilfen nur in folgenden Fällen gezahlt?

☐ a) im Zusammenhang mit Tierseuchen oder Schädlingsbefall, zu denen es Rechts- oder Verwaltungsvorschriften der Union oder einzelstaatliche Rechts- oder Verwaltungsvorschriften gibt

☐ b) als Teil

i) eines unionsweiten, nationalen oder regionalen öffentlichen Programms zur Verhütung, Bekämpfung oder Tilgung der betreffenden Tierseuche oder des betreffenden Schädlingsbefalls oder

ii) einer auf öffentliche Anordnung durchgeführten Dringlichkeitsmaßnahme oder

iii) von Maßnahmen, die gemäß der Richtlinie 2000/29/EG des Rates [1] zur Tilgung oder Eindämmung einer Schädlingsplage durchgeführt werden.

4. Bitte fügen Sie der Anmeldung eine Beschreibung der betreffenden Verhütungs-, Bekämpfungs- oder Tilgungsmaßnahmen bei.

---

[1] Richtlinie 2000/29/EG des Rates vom 8. Mai 2000 über Maßnahmen zum Schutz der Gemeinschaft gegen die Einschleppung und Ausbreitung von Schadorganismen der Pflanzen und Pflanzenerzeugnisse (ABl. L 169 vom 10.7.2000, S. 1).

5. Verf-DVO kons

Verf-DVO kons

5. Was die durch Schädlingsbefall entstandenen Schäden betrifft, hat der Mitgliedstaat Artikel 14 Absatz 1 der Pestizidrichtlinie ([1]) und Artikel 55 der Verordnung (EG) Nr. 1107/2009 des Europäischen Parlaments und des Rates ([2]) durchgeführt?

☐   ja   ☐   nein

6. Betrifft die Beihilfe eine Tierseuche oder Schädlingsplage, bei denen die Kosten der getroffenen Maßnahmen nach Unionsrecht von den Beihilfeempfängern selbst zu tragen sind?

☐   ja   ☐   nein

7. Wurde die Tierseuche oder der Befall durch Pflanzenschädlinge vom Beihilfeempfänger vorsätzlich oder fahrlässig verursacht?

☐   ja   ☐   nein

8. Soweit es sich um Tierseuchen handelt, beantworten Sie bitte, ob die betreffende Tierseuche in der Liste der Tierseuchen der Weltorganisation für Tiergesundheit oder der Liste der Tierseuchen und Zoonosen gemäß den Anhängen I und II der Verordnung (EU) Nr. 652/2014 ([3]) aufgeführt ist.

☐   ja   ☐   nein

9. Wann sind die durch die Tierseuche oder den Schädlingsbefall verursachten Kosten oder Verluste entstanden?

....

10. Bitte geben Sie an, bis zu welchem Zeitpunkt die Beihilfen ausgezahlt werden dürfen.

....

11. Sind Kosten, die dem Beihilfeempfänger als direkte Folge des Ausbruchs der Tierseuche oder des Schädlingsbefalls nicht entstanden sind und die andernfalls angefallen wären, beihilfefähig?

☐   ja   ☐   nein

12. Bitte kreuzen Sie an, welche Kosten im Falle von Vorbeugungsmaßnahmen (d. h. Maßnahmen im Zusammenhang mit noch nicht aufgetretenen Tierseuchen oder noch nicht aufgetretenem Schädlingsbefall) beihilfefähig sind:

☐   a) Gesundheitskontrollen;

☐   b) Untersuchungen;

☐   c) Tests und sonstige Früherkennungsmaßnahmen;

☐   d) Kauf, Lagerung, Anwendung und Verteilung von Impfstoffen, Arzneimitteln, Stoffen zur Behandlung von Tieren und Pflanzenschutzerzeugnissen;

☐   e) präventive Tötung oder Keulung von Tieren oder Vernichtung von tierischen Erzeugnissen und Pflanzen sowie Reinigung und Desinfektion des Betriebs und der Ausrüstung.

13. Bitte kreuzen Sie an, welche Kosten im Falle von Bekämpfungs- oder Tilgungsmaßnahmen (d. h. Maßnahmen im Zusammenhang mit Tierseuchen, deren Ausbruch von den zuständigen Behörden förmlich festgestellt worden ist, oder im Zusammenhang mit Pflanzenschädlingen, deren Auftreten von den zuständigen Behörden förmlich anerkannt worden ist) beihilfefähig sind:

([1]) Richtlinie 2009/128/EG des Europäischen Parlaments und des Rates vom 21. Oktober 2009 über einen Aktionsrahmen der Gemeinschaft für die nachhaltige Verwendung von Pestiziden (ABl. L 309 vom 24.11.2009, S. 71).
([2]) Verordnung (EG) Nr. 1107/2009 des Europäischen Parlaments und des Rates vom 21. Oktober 2009 über das Inverkehrbringen von Pflanzenschutzmitteln und zur Aufhebung der Richtlinien 79/117/EWG und 91/414/EWG des Rates (ABl. L 309 vom 24.11.2009, S. 1).
([3]) ABl. L 189 vom 27.6.2014. S. 1.

☐ a) Tests und sonstige Früherkennungsmaßnahmen im Falle von Tierseuchen, einschließlich Tests auf TSE (transmissible spongiforme Enzephalopathie) und BSE (bovine spongiforme Enzephalopathie);

☐ b) Kauf, Lagerung, Anwendung und Verteilung von Impfstoffen, Arzneimitteln und Stoffen zur Behandlung von Tieren sowie von Pflanzenschutzerzeugnissen;

☐ c) Tötung oder Keulung und Beseitigung von Tieren und Vernichtung von tierischen Erzeugnissen und von Pflanzen, einschließlich solcher, die infolge von Impfungen oder anderen von der zuständigen Behörde angeordneten Maßnahmen verenden bzw. vernichtet werden, sowie Reinigung und Desinfektion des Betriebs und der Ausrüstung.

14. Bitte geben Sie an, wie die Beihilfe gewährt wird:

☐ a) in Form von Sachleistungen;

☐ b) als Erstattung der dem Beihilfeempfänger tatsächlich entstandenen Kosten.

15. Falls Sie zu Frage 14 den Buchstaben „b" angekreuzt haben, beantworten Sie bitte, ob es sich um die beihilfefähigen Kosten gemäß Randnummer 374 Buchstabe d und Randnummer 375 Buchstabe b der Rahmenregelung handelt.

☐ ja   ☐ nein

16. Falls Sie Frage 15 mit „Nein" beantwortet haben: Geht es um Pflanzen?

☐ ja   ☐ nein

17. Falls Sie Frage 16 mit „Ja" beantwortet haben, beantworten Sie bitte, ob es sich um die beihilfefähigen Kosten gemäß Randnummer 374 Buchstabe e und Randnummer 375 Buchstabe c der Rahmenregelung handelt.

☐ ja   ☐ nein

18. Werden die Ausgleichszahlungen im Falle von Beihilfen zur Beseitigung der durch eine Tierseuche oder Schädlingsbefall entstandenen Schäden auf folgender Grundlage berechnet?

a) Marktwert der Tiere, die getötet bzw. gekeult wurden oder verendet sind, oder der tierischen Erzeugnisse oder Pflanzen, die vernichtet wurden infolge der Tierseuche oder des Schädlingsbefalls sowie im Rahmen öffentlicher Programme oder Maßnahmen gemäß Randnummer 366 Buchstabe b der Rahmenregelung

☐ ja   ☐ nein

b) Einkommensverluste aufgrund von Quarantäneauflagen, Schwierigkeiten bei Wiederbesatz oder Neuanpflanzung und obligatorischem Fruchtwechsel

☐ ja   ☐ nein

19. Sind die Beihilfen auf Kosten und Schäden aufgrund von Tierseuchen und Schädlingsbefall begrenzt, für die die zuständige Behörde

☐ a) den Ausbruch (im Fall einer Tierseuche) förmlich festgestellt hat, oder

☐ b) das Auftreten (im Fall von Schädlingsbefall) förmlich anerkannt hat.

20. Sichert der Mitgliedstaat zu, dass die Beihilfe und sonstige vom Beihilfeempfänger erhaltene Zahlungen, einschließlich der Zahlungen im Rahmen anderer nationaler oder unionsweiter Maßnahmen oder Versicherungspolicen für dieselben beihilfefähigen Kosten auf 100 % der beihilfefähigen Kosten begrenzt sind?

5. Verf-DVO kons

□ ja   □ nein

SONSTIGE ANGABEN

Machen Sie hier bitte gegebenenfalls sonstige Angaben, die für die Würdigung der betreffenden Maßnahme nach diesem Abschnitt der Rahmenregelung von Belang sind:

....

Verf-DVO kons

1.2.1.4. ERGÄNZENDER FRAGEBOGEN ZU BEIHILFEN Für Falltiere

Dieser Fragebogen ist für die Anmeldung von staatlichen Beihilfen für Falltiere gemäß der Beschreibung in Teil II Kapitel 1 Abschnitt 1.2.1.4 der Rahmenregelung der Europäischen Union für staatliche Beihilfen im Agrar- und Forstsektor und in ländlichen Gebieten 2014–2020 (im Folgenden „Rahmenregelung") zu verwenden.

1.   Werden die Beihilfen nur Unternehmen gewährt, die in der landwirtschaftlichen Primärproduktion tätig sind?

    □ ja   □ nein

2.   Bitte geben Sie die beihilfefähigen Kosten und die geltenden Beihilfeintensitäten an:

    □ a) Kosten für die Entfernung von Falltieren: ....%

    □ b) Kosten für die Beseitigung dieser Falltiere: ....%

    □ c) Kosten für die Entfernung und Beseitigung von Falltieren, sofern die Beihilfen durch Gebühren oder Pflichtbeiträge zur Deckung der Kosten für die Entfernung und Beseitigung dieser Falltiere finanziert werden und sofern diese Gebühren oder Beiträge auf die Fleischwirtschaft beschränkt sind und direkt bei dieser erhoben werden: .... %

    □ d) Kosten für die Entfernung und Beseitigung von Falltieren, sofern eine TSE-Testpflicht für die betreffenden Falltiere besteht, oder im Falle des Ausbruchs einer Tierseuche, die in der Liste der Tierseuchen der Weltorganisation für Tiergesundheit oder der Liste der Tierseuchen und Zoonosen gemäß den Anhängen I und II der Verordnung (EU) Nr. 652/2014 [1] aufgeführt sind: .... %

3.   Sind die Beihilfen an die Bedingung geknüpft, dass es ein konsequentes Überwachungsprogramm gibt, das die sichere Beseitigung aller Falltiere in dem betreffenden Mitgliedstaat gewährleistet?

    □ ja   □ nein

4.   Umfassen die Beihilfen Direktzahlungen an Unternehmen, die im Tierhaltungssektor tätig sind?

    □ ja   □ nein

5.   Werden die Beihilfen Wirtschaftsteilnehmern gezahlt, die auf einer den im Tierhaltungssektor tätigen Unternehmen nachgelagerten Stufe tätig sind und Dienstleistungen im Zusammenhang mit der Entfernung und Beseitigung der Falltiere erbringen?

    □ ja   □ nein

6.   Werden die Beihilfen zur Deckung der Kosten für die Beseitigung von Schlachtabfällen gewährt?

    □ ja   □ nein

7.   Werden die Beihilfen für Investitionen im Zusammenhang mit der Beseitigung von Schlachtabfällen gewährt?

    □ ja   □ nein

---

[1] ABl. L 189 vom 27.6.2014. S. 1.

▼ M9

SONSTIGE ANGABEN

Machen Sie hier bitte gegebenenfalls sonstige Angaben, die für die Würdigung der betreffenden Maßnahme nach diesem Abschnitt der Rahmenregelung von Belang sind:

....

1.2.1.5. ZUSÄTZLICHER FRAGEBOGEN ZU BEIHILFEN ZUM AUS-GLEICH VON DURCH GESCHÜTZTE TIERE VERURSACHTEN SCHÄDEN

Dieser Fragebogen ist von den Mitgliedstaaten für die Anmeldung von staatlichen Beihilfen zum Ausgleich von durch geschützte Tiere verursachten Schäden gemäß der Beschreibung in Teil II Kapitel 1 Abschnitt 1.2.1.5 der Rahmenregelung der Europäischen Union für staatliche Beihilfen im Agrar- und Forstsektor und in ländlichen Gebieten 2014–2020 (im Folgenden „Rahmenregelung") zu verwenden.

1. Sind in der landwirtschaftlichen Primärproduktion tätige Unternehmen die einzigen Empfänger dieser Beihilfe?

   ☐ ja   ☐ nein

   Falls nein, beachten Sie bitte, dass die Beihilfe nicht als mit dem Binnenmarkt vereinbar erklärt werden kann.

2. Wurden von den Beihilfeempfängern geeignete Vorbeugungsmaßnahmen gefordert, die in einem angemessenen Verhältnis zu dem Risiko von Schäden durch geschützte Tiere in dem betreffenden Gebiet stehen?

   ☐ ja   ☐ nein

   Falls nein, weisen wir darauf hin, dass die Beihilfe nur als mit dem Binnenmarkt vereinbar erklärt werden kann, wenn klar nachgewiesen wird, dass keine derartigen Vorbeugungsmaßnahmen ergriffen werden können.

3. Falls Sie Frage 2 mit „Ja" beantwortet haben, geben Sie bitte an, welche Art von Vorbeugungsmaßnahmen gefordert wurden (z. B. Sicherheitszäune, wenn möglich, Hütehunde usw.).

   ....

4. Welche geschützten Tiere haben die Schäden verursacht, die ausgeglichen werden sollen?

   ....

5. Welche Art von Schäden wurden verursacht?

   ....

6. Bitte weisen Sie nach, dass ein direkter ursächlicher Zusammenhang zwischen den Schäden, die dem in der landwirtschaftlichen Primärproduktion tätigen Unternehmen entstanden sind, und dem Verhalten der geschützten Tiere besteht.

   ....

7. Werden die Beihilfen direkt an das betreffende landwirtschaftliche Unternehmen oder an die Erzeugergruppierung oder -organisation gezahlt, in der dieses Unternehmen Mitglied ist?

   ☐ ja   ☐ nein

   Falls nein, beachten Sie bitte, dass die Beihilfe nicht als mit dem Binnenmarkt vereinbar erklärt werden kann.

8. Überschreitet der Beihilfebetrag bei Beihilfen, die an eine Erzeugergruppierung oder -organisation gezahlt werden, den Betrag, der dem einzelnen landwirtschaftlichen Unternehmen gezahlt werden könnte?

   ☐ ja   ☐ nein

   Falls ja, beachten Sie bitte, dass die Beihilfe nicht als mit dem Binnenmarkt vereinbar erklärt werden kann.

5. Verf-DVO kons

Verf-DVO kons

9. Wann ist das Schadensereignis eingetreten?

   ....

   Beachten Sie bitte, dass die Beihilferegelung binnen drei Jahren nach dem Zeitpunkt des Eintritts des Schadens oder Verlustes eingeführt werden muss.

10. Bitte geben Sie an, bis zu welchem Zeitpunkt die Beihilfen ausgezahlt werden dürfen.

   ....

   Beachten Sie bitte, dass die Beihilfen binnen vier Jahren nach dem Zeitpunkt des Eintritts des Schadens oder Verlustes ausgezahlt werden müssen.

11. Werden die Schäden auf Ebene des einzelnen Beihilfeempfängers berechnet?

   ☐ ja   ☐ nein

   Falls nein, beachten Sie bitte, dass die Beihilfe nicht als mit dem Binnenmarkt vereinbar erklärt werden kann.

12. Welche Arten von Entschädigung sind durch die Beihilfe gedeckt (Mehrfachnennungen sind möglich)?

   ☐ a) Schäden aufgrund getöteter Tiere oder vernichteter Pflanzen;

   ☐ b) Ausgleich für indirekte Kosten;

   ☐ c) Ausgleich für Sachschäden an landwirtschaftlichen Ausrüstungen, Maschinen, landwirtschaftlichen Gebäuden und Lagerbeständen.

   Bitte beachten Sie, dass Beihilfen für Investitionen im Zusammenhang mit Maßnahmen zur Verhütung von Schäden durch geschützte Tiere unter den Bedingungen gemäß Teil II Kapitel 1 Abschnitt 1.1.1.1 der Rahmenregelung und nicht gemäß Abschnitt 1.2.1.5 der Rahmenregelung gewährt werden können.

13. Falls Sie bei Frage 12 den Buchstaben „a" angekreuzt haben: Werden die beihilfefähigen Kosten auf der Grundlage des Marktwertes der getöteten Tiere oder vernichteten Pflanzen berechnet?

   ☐ ja   ☐ nein

   Falls nein, beachten Sie bitte, dass die Beihilfe nicht als mit dem Binnenmarkt vereinbar erklärt werden kann.

14. Falls Sie bei Frage 12 den Buchstaben „b" angekreuzt haben: Bitte liefern Sie eine erschöpfende Aufstellung der indirekten Kosten, die erstattet werden können (z. B. Tierarztkosten für die Behandlung verletzter Tiere und Arbeitskosten für die Suche nach vermissten Tieren).

   ....

15. Falls Sie bei Frage 12 den Buchstaben „c" angekreuzt haben: Werden die Sachschäden auf der Grundlage der Reparaturkosten oder des wirtschaftlichen Wertes des betroffenen Vermögenswerts vor dem Schadensereignis berechnet?

   ☐ ja   ☐ nein

   Falls nein, beachten Sie bitte, dass die Beihilfe nicht als mit dem Binnenmarkt vereinbar erklärt werden kann.

16. Falls Sie bei Frage 12 den Buchstaben „c" angekreuzt haben: Ist die Beihilfe höher als die Reparaturkosten oder die durch das Schadensereignis verursachte Minderung des Marktwerts, d. h. die Differenz zwischen dem Wert des Vermögenswerts unmittelbar vor dem Schadensereignis und seinem Wert unmittelbar danach?

   ☐ ja   ☐ nein

Falls ja, beachten Sie bitte, dass die Beihilfe nicht als mit dem Binnenmarkt vereinbar erklärt werden kann.

17. Ist die Beihilfe auf Schäden begrenzt, die unmittelbar auf das Schadensereignis zurückzuführen sind?

☐ ja ☐ nein

Falls nein, beachten Sie bitte, dass die Beihilfe nicht als mit dem Binnenmarkt vereinbar erklärt werden kann.

18. Welche der folgenden Stellen ist für die Schätzung der beihilfefähigen Kosten zuständig?

☐ a) eine Behörde;

☐ b) ein von der Bewilligungsbehörde anerkannter unabhängiger Sachverständiger;

☐ c) ein Versicherungsunternehmen.

Bitte beachten Sie, dass die Kosten nur beihilfefähig sind, wenn die Schätzung durch eine der drei Stellen gemäß den Buchstaben a, b und c vorgenommen wurde.

19. Werden vom Beihilfeempfänger erhaltene sonstige Zahlungen wie Zahlungen im Rahmen von Versicherungspolicen vom Betrag der beihilfefähigen Kosten abgezogen?

☐ ja ☐ nein

20. Werden aufgrund des Schadensereignisses nicht angefallene Kosten, die dem Beihilfeempfänger andernfalls entstanden wären, vom Beihilfebetrag abgezogen?

☐ ja ☐ nein

Falls nein, beachten Sie bitte, dass die Beihilfe nicht als mit dem Binnenmarkt vereinbar erklärt werden kann.

21. Wie soll sichergestellt werden, dass die Kombination dieser Beihilfemaßnahme mit anderen Unions- oder einzelstaatlichen Stützungsinstrumenten oder privaten Versicherungen nicht zu einer Überkompensation führt?

....

22. Bitte geben Sie die Bruttobeihilfeintensität in Prozent der direkten beihilfefähigen Kosten an.

....

23. Bitte geben Sie die Bruttobeihilfeintensität in Prozent der indirekten beihilfefähigen Kosten an.

....

Bitte beachten Sie, dass Ausgleichszahlungen für indirekte Kosten nicht mehr als 80 % der gesamten indirekten beihilfefähigen Kosten betragen dürfen.

SONSTIGE ANGABEN

Machen Sie hier bitte gegebenenfalls sonstige Angaben, die für die Würdigung der betreffenden Maßnahme nach diesem Abschnitt der Rahmenregelung von Belang sind:

....

1.2.1.6. ERGÄNZENDER FRAGEBOGEN ZU BEIHILFEN FÜR DIE ZAHLUNG VON VERSICHERUNGSPRÄMIEN

Dieser Fragebogen ist für die Anmeldung von staatlichen Beihilfen für die Zahlung von Versicherungsprämien gemäß der Beschreibung in Teil II Kapitel 1 Abschnitt 1.2.1.6 der Rahmenregelung der Europäischen Union für staatliche Beihilfen im Agrar- und Forstsektor und in ländlichen Gebieten 2014–2020 (im Folgenden „Rahmenregelung") zu verwenden.

1. Sieht die Beihilfemaßnahme die Zahlung von Versicherungsprämien zugunsten von Unternehmen, die im Sektor Verarbeitung und Vermarktung landwirtschaftlicher Erzeugnisse tätig sind, vor?

☐ ja ☐ nein

5. Verf-DVO kons

Falls ja, weisen wir darauf hin, dass die Kommission gemäß Randnummer 406 der Rahmenregelung nur für Unternehmen, die in der landwirtschaftlichen Primärproduktion tätig sind, Beihilfen für die Zahlung von Versicherungsprämien genehmigen kann.

2. Bitte geben Sie an, welche Schäden durch die Versicherung gedeckt werden, für die eine Teilfinanzierung der Prämie im Rahmen der angemeldeten Beihilfemaßnahme vorgesehen ist:

☐ Schäden, die durch Naturkatastrophen oder außergewöhnliche Ereignisse, einer Naturkatastrophe gleichzusetzende widrige Witterungsverhältnisse, Tierseuchen und Schädlingsbefall, die Entfernung und Beseitigung von Falltieren und durch geschützte Tiere gemäß den Abschnitten 1.2.1.1 bis 1.2.1.5 der Rahmenregelung sowie durch sonstige widrige Witterungsverhältnisse verursacht wurden;

☐ Schäden infolge von Umweltvorfällen.

3. Wurde bei Versicherungsprämien zur Absicherung von Verlusten infolge von Umweltvorfällen der aufgetretene Umweltvorfall von der zuständigen Behörde des Mitgliedstaats förmlich als solcher anerkannt?

☐ ja ☐ nein

3.1. Falls ja, hat der Mitgliedstaat im Voraus Kriterien aufgestellt, nach denen die förmliche Anerkennung eines solchen Ereignisses als gewährt gilt?

☐ ja ☐ nein

3.2. Wurden zur Berechnung der landwirtschaftlichen Erzeugung des Beihilfeempfängers und des Ausmaßes der Verluste Indizes herangezogen?

☐ ja ☐ nein

4. Ist die Beihilfe auf Versicherungen einer einzigen Versicherungsgesellschaft oder Versicherungsgruppe beschränkt?

☐ ja ☐ nein

Falls ja, weisen wir darauf hin, dass die Kommission gemäß Randnummer 407 der Rahmenregelung keine Beihilfen für die Zahlung von Versicherungsprämien genehmigen kann, wenn die Beihilfen auf Versicherungen einer einzigen Versicherungsgesellschaft oder Versicherungsgruppe beschränkt sind.

5. Sind die Beihilfen an die Bedingung geknüpft, dass der Versicherungsvertrag mit einer in dem betreffenden Mitgliedstaat ansässigen Versicherungsgesellschaft abgeschlossen wird?

☐ ja ☐ nein

Falls ja, weisen wir darauf hin, dass die Kommission gemäß Randnummer 407 der Rahmenregelung keine Beihilfen für die Zahlung von Versicherungsprämien genehmigen kann, die das Funktionieren des Binnenmarktes für Dienstleistungen im Versicherungsbereich beeinträchtigen.

6. Dienen die Beihilfen zur Deckung einer Rückversicherungsregelung?

☐ ja ☐ nein

Falls ja, machen Sie bitte alle erforderlichen Angaben, um der Kommission eine Überprüfung etwaiger Beihilfeelemente auf den verschiedenen Ebenen (d. h. auf Ebene des Versicherers und/oder des Rückversicherers) und der Vereinbarkeit der vorgesehenen Beihilfe mit dem Binnenmarkt zu ermöglichen. Liefern Sie insbesondere bitte ausreichende Informationen, damit die Kommission nachprüfen kann, ob der Landwirt die Beihilfe tatsächlich erhalten hat.

7. Welche Kosten sind beihilfefähig?

☐ a) Die Kosten für Versicherungsprämien zur Absicherung von Verlusten, die durch Ereignisse gemäß Frage 2 verursacht wurden;

☐ b) die Kosten im Zusammenhang mit einer Rückversicherungsregelung. Bitte präzisieren Sie:

....

8. Wie hoch ist der vorgesehene Beihilfehöchstsatz? (in Prozent)

....

Wir weisen darauf hin, dass die Bruttobeihilfeintensität 65 % der Kosten für Versicherungsprämien nicht übersteigen darf, mit Ausnahme von Beihilfen für die Entfernung und Beseitigung von Falltieren, bei denen die Beihilfeintensität höchstens 100 % der Kosten der Versicherungsprämie für die Entfernung von Falltieren und bis zu 75 % der Kosten der Versicherungsprämie für die Beseitigung dieser Falltiere betragen darf.

9. Ist der Betrag der beihilfefähigen Versicherungsprämie durch die Anwendung einer Obergrenze beschränkt?

☐   ja   ☐   nein

Falls ja, welches ist die Obergrenze? ....

10. Sind die Versicherungszahlungen so beschränkt, dass sie nur die Kosten für den Ausgleich der durch die Ereignisse gemäß Frage 2 verursachten Schäden ausgleichen?

☐   ja   ☐   nein

11. Sind die Versicherungszahlungen mit Auflagen bezüglich Art und Menge der künftigen Produktion verbunden?

☐   ja   ☐   nein

Bitte beachten Sie, dass die Versicherungszahlungen gemäß Randnummer 410 der Rahmenregelung nur die Kosten für den Ausgleich der durch die Ereignisse gemäß Frage 2 verursachten Schäden ausgleichen dürfen und nicht mit Auflagen bezüglich Art und Menge der künftigen Produktion verbunden sein dürfen.

SONSTIGE ANGABEN

Machen Sie hier bitte gegebenenfalls sonstige Angaben, die für die Würdigung der betreffenden Maßnahme nach diesem Abschnitt der Rahmenregelung von Belang sind:

....

1.2.1.7. ERGÄNZENDER FRAGEBOGEN ZU BEIHILFEN FÜR FINANZBEITRÄGE ZU FONDS AUF GEGENSEITIGKEIT

Dieser Fragebogen ist für die Anmeldung von staatlichen Beihilfen zum Ausgleich von Finanzbeiträgen zu Fonds auf Gegenseitigkeit gemäß der Beschreibung in Teil II Kapitel 1 Abschnitt 1.2.1.7 der Rahmenregelung der Europäischen Union für staatliche Beihilfen im Agrar- und Forstsektor und in ländlichen Gebieten 2014–2020 (im Folgenden „Rahmenregelung") zu verwenden.

1. Sieht die Beihilfemaßnahme Finanzbeiträge zu Fonds auf Gegenseitigkeit zugunsten von großen Unternehmen und/oder Unternehmen, die im Sektor Verarbeitung und Vermarktung landwirtschaftlicher Erzeugnisse tätig sind, vor?

☐   ja   ☐   nein

Falls ja, weisen wir darauf hin, dass die Kommission gemäß Randnummer 415 der Rahmenregelung nur für Unternehmen, die in der landwirtschaftlichen Primärproduktion tätig sind, Beihilfen für Finanzbeiträge zu Fonds auf Gegenseitigkeit genehmigen kann.

2. Bitte geben Sie an, welche Schäden durch den Fonds auf Gegenseitigkeit gedeckt werden, für einen eine Teilfinanzierung der Finanzbeiträge im Rahmen der angemeldeten Beihilfemaßnahme vorgesehen ist:

☐ Schäden infolge von Naturkatastrophen gleichzusetzenden widrigen Witterungsverhältnissen, Tierseuchen oder Schädlingsbefall gemäß Teil II Kapitel 1 Abschnitte 1.2.1.2 und 1.2.1.3 der Rahmenregelung.

5. Verf-DVO kons

☐ Schäden infolge von Umweltvorfällen.

3. Wurde bei Finanzbeiträgen zu Fonds auf Gegenseitigkeit, mit denen Ausgleichszahlungen für durch Umweltvorfälle verursachte Schäden gewährt werden, der aufgetretene Umweltvorfall von der zuständigen Behörde des betreffenden Mitgliedstaats förmlich als solcher anerkannt?

☐ ja ☐ nein

Falls nein, weisen wir darauf hin, dass gemäß Randnummer 419 der Rahmenregelung der aufgetretene Umweltvorfall von der zuständigen Behörde des betreffenden Mitgliedstaats förmlich als solcher anerkannt sein muss.

3.1. Falls ja, hat der Mitgliedstaat im Voraus Kriterien aufgestellt, nach denen die förmliche Anerkennung eines solchen Ereignisses als gewährt gilt?

☐ ja ☐ nein

3.2. Wurden zur Berechnung der landwirtschaftlichen Erzeugung des Beihilfeempfängers und des Ausmaßes der Verluste Indizes herangezogen?

☐ ja ☐ nein

4. Welche Kosten sind beihilfefähig?

☐ Die Finanzbeiträge zu Fonds auf Gegenseitigkeit, mit denen Landwirten für Schäden gemäß Frage 2 Ausgleichszahlungen gewährt werden, die sich auf Beträge beziehen, die durch den Fonds auf Gegenseitigkeit als finanzielle Entschädigung an Unternehmen, die in der landwirtschaftlichen Primärproduktion tätig sind, ausgezahlt werden.

Bitte beachten Sie, dass keine anderen Kosten beihilfefähig sind.

5. Wie hoch ist der vorgesehene Beihilfesatz? (in Prozent)

....

Bitte beachten Sie, dass der Beihilfesatz auf 65 % der beihilfefähigen Kosten begrenzt ist.

6. Ist der Betrag der beihilfefähigen Kosten beschränkt?

☐ ja ☐ nein

6.1. Falls ja, wie wird der Betrag beschränkt?

☐ Obergrenzen je Fonds: ....

☐ angemessene Obergrenzen je angeschlossenes Mitglied des Fonds: .

7. Wurde der Fonds auf Gegenseitigkeit von der zuständigen Behörde nach nationalem Recht zugelassen?

☐ ja ☐ nein

8. Verfolgt der Fonds auf Gegenseitigkeit bei den Einzahlungen in den und Auszahlungen aus dem Fonds ein transparentes Vorgehen?

☐ ja ☐ nein

9. Hat der Fonds auf Gegenseitigkeit klare Regeln für die Zuweisung der Verantwortung für etwaige Schulden?

☐ ja ☐ nein

Bitte beachten Sie, dass gemäß Randnummer 416 der Rahmenregelung die Fragen 7, 8 und 9 des ergänzenden Fragebogens bejaht sein müssen, damit die Kommission die Beihilfe genehmigen kann.

10. Wurden Regeln für die Errichtung und Verwaltung des Fonds auf Gegenseitigkeit festgelegt, insbesondere für die Gewährung der Ausgleichszahlungen sowie für die Verwaltung und Überwachung der Einhaltung dieser Regeln?

☐ ja ☐ nein

11.   Sehen die Fondsregelungen bei Fahrlässigkeit seitens des Unternehmens
       Sanktionen vor?

☐   ja   ☐   nein

Bitte beachten Sie, dass gemäß Randnummer 417 der Rahmenregelung
die Fragen 10 und 11 des ergänzenden Fragebogens bejaht sein müssen,
damit die Kommission die Beihilfe genehmigen kann.

SONSTIGE ANGABEN

Machen Sie hier bitte gegebenenfalls sonstige Angaben, die für die Würdigung
der betreffenden Maßnahme nach diesem Abschnitt der Rahmenregelung von
Belang sind:

....

1.2.2.   ERGÄNZENDER FRAGEBOGEN ZU BEIHILFEN ZUR STILL-
         LEGUNG VON PRODUKTIONSKAPAZITÄT

*Dieser Fragebogen ist für die Anmeldung von staatlichen Beihilfen zu verwen-
den, durch die die Stilllegung von Kapazitäten aus Gründen der Tier-, Pflanzen-
oder Humangesundheit sowie Hygiene-, Ethik- oder Umweltgründen gemäß der
Beschreibung in Teil II Kapitel 1 Abschnitt 1.2.2 der Rahmenregelung der Europäischen Union für staatliche Beihilfen im Agrar- und Forstsektor und in
ländlichen Gebieten 2014–2020 (im Folgenden „Rahmenregelung") gefördert
wird.*

Sieht die geplante Beihilfemaßnahme Folgendes vor?

a) Der Beihilfebegünstigte muss eine Gegenleistung erbringen;

b) Unternehmen in Schwierigkeiten sind von der Maßnahme ausgeschlossen;

c) es darf keine Überkompensation des Wertverlusts der Vermögenswerte eintreten.

☐   ja   ☐   nein

Falls nein, weisen wir darauf hin, dass gemäß Teil II Kapitel 1 Abschnitt 1.2.2
der Rahmenregelung keine Beihilfe gewährt werden kann, wenn diese Bedingungen nicht erfüllt sind.

1.   **STILLLEGUNG VON KAPAZITÄTEN AUS GRÜNDEN DER
       TIER-, PFLANZEN- ODER HUMANGESUNDHEIT SOWIE HY-
       GIENE-, ETHIK- ODER UMWELTGRÜNDEN**

1.1.   Aus welchem Grund erfolgt die Stilllegung von Kapazitäten?

☐   a) Tiergesundheit;

☐   b) Pflanzengesundheit;

☐   c) Humangesundheit;

☐   d) Hygienegründe;

☐   e) ethische Gründe;

☐   f) Umweltgründe.

Bitte beschreiben Sie den Grund/die Gründe ausführlich:

1.2.   Handelt es sich um eine Beihilferegelung oder um eine Einzelmaßnah-
       me?

☐   a) Beihilferegelung;

☐   b) Einzelmaßnahme.

1.2.1.   Ist im Falle einer Beihilferegelung diese allen berechtigten Unternehmen,
         die sich in ähnlicher Lage befinden, zu gleichen Bedingungen zugäng-
         lich?

☐   ja   ☐   nein

5. Verf-DVO kons

Verf-DVO kons

1.3. Bitte beschreiben Sie die Beihilferegelung oder Einzelmaßnahme unter Angabe der Gründe für die Notwendigkeit der Maßnahme.

1.4. Gegenleistung des/der Beihilfeempfänger(s)

1.4.1. In welchem Umfang werden die Kapazitäten des/der betreffenden Unternehmen(s) stillgelegt?

☐ a) vollständige Stilllegung der Produktionskapazität;

☐ b) teilweise Stilllegung der Produktionskapazität.

Bei einer teilweisen Stilllegung der Produktionskapazität ist diese zu begründen:

1.4.2. Ist/sind der/die Beihilfeempfänger die rechtlich verbindliche Verpflichtung eingegangen, dass die Stilllegung der Produktionskapazität endgültig und unwiderruflich ist und dass er/sie die betreffende Tätigkeit nicht andernorts ausüben wird/werden, und sind an diese Verpflichtung auch künftige Käufer der betreffenden Fläche/Anlage gebunden?

☐ ja   ☐ nein

1.4.3. Nur Unternehmen, die in den fünf Jahren vor Stilllegung der Produktionskapazität tatsächlich produziert haben, und nur Produktionskapazitäten, die in den fünf Jahren vor der Stilllegung tatsächlich konstant genutzt wurden, kommen für eine Beihilfe in Betracht. Ist dies der Fall bei dem/den Beihilfeempfänger(n) dieser Maßnahme?

☐ ja   ☐ nein

1.5. Kommen nur Unternehmen, die die Unionsnormen erfüllen, für die Beihilfen in Betracht?

☐ ja   ☐ nein

Wir weisen darauf hin, dass Unternehmen, die die Unionsnormen nicht erfüllen und die ihre Produktion ohnehin einstellen müssen, auszuschließen sind.

1.6. Negative Umweltauswirkungen

1.6.1. Um Bodenerosion und andere negative Umweltauswirkungen zu vermeiden, müssen Besitzer von offenen Nutzflächen, die aus der Produktion genommen werden, eine der unter den Buchstaben a, b oder c aufgeführten Verpflichtungen eingehen. Welche dieser Verpflichtungen wurden von dem/den Beihilfeempfänger(n) eingegangen?

☐ a) offene Nutzflächen innerhalb von zwei Jahren nach der Stilllegung so aufzuforsten oder in Naturgebiete umzuwandeln, dass negative Umweltauswirkungen vermieden werden;

☐ b) die Flächen gemäß Titel VI Kapitel I der Verordnung (EU) Nr. 1306/2013 ([1]) und den zugehörigen Durchführungsvorschriften in einem guten landwirtschaftlichen und ökologischen Zustand zu halten, um die Nutzflächen 20 Jahre nach der tatsächlichen Stilllegung wieder zu nutzen;

☐ c) sicherzustellen, dass die Schließung von Anlagen, die unter die Richtlinie 2010/75/EU des Europäischen Parlaments und des Rates vom 24. November 2010 ([2]) fallen, in Einklang mit den Artikeln 11 und 22 der genannten Richtlinie erfolgt, wonach die erforderlichen Maßnahmen getroffen werden müssen, um jegliche Gefahr einer Umweltverschmutzung zu vermeiden und um einen zufrieden stellenden Zustand des Betriebsgeländes wiederherzustellen.

([1]) ABl. L 347 vom 20.12.2013, S. 549.
([2]) Richtlinie 2010/75/EU des Europäischen Parlaments und des Rates vom 24. November 2010 über Industrieemissionen (integrierte Vermeidung und Verminderung der Umweltverschmutzung) (ABl. L 334 vom 17.12.2010, S. 17).

Bitte beschreiben Sie, wie der Beihilfeempfänger dieser Verpflichtung nachkommt:

1.7. Beihilfefähige Kosten

1.7.1. Welche Kosten sind beihilfefähig?

☐ a) Verluste von Vermögenswerten — gemessen am aktuellen Vermögensverkaufswert;

☐ b) bei der Stilllegung von Kapazitäten aus Umweltgründen eine zusätzliche Anreizzahlung, die 20 % der Vermögenswerte nicht überschreitet;

☐ c) Kosten des Abbaus der Produktionskapazität;

☐ d) verbindliche Sozialkosten, die mit der Umsetzung des Stilllegungsbeschlusses verbunden sind.

Wir weisen darauf hin, dass im Rahmen dieser Maßnahme keine anderen Kosten als die gemäß den Buchstaben a bis d beihilfefähig sind.

Beihilfen für die Aufforstung und die Umwandlung von Flächen in Naturgebiete müssen gemäß den Vorschriften in Teil II Kapitel 1 Abschnitte 2.1.1 und 2.1.2 der Rahmenregelung und den Vorschriften über nichtproduktive Investitionen gemäß Teil II Kapitel 1 Abschnitt 1.1.1.1 der Rahmenregelung gewährt werden.

1.8. Beihilfeintensität

1.8.1. Welche Beihilfeintensitäten wurden gewählt?

☐ a) Für den Wertverlust der Vermögenswerte (bis zu 120 %, wenn die Stilllegung aus Umweltgründen erfolgt; bis zu 100 % bei den anderen unter Frage 1.1 aufgeführten Gründen);

☐ b) für den Ausgleich der Kosten des Abbaus der Produktionskapazität (bis zu 100 %);

☐ c) als Ausgleich für die verbindlichen Sozialkosten, die mit der Umsetzung des Stilllegungsbeschlusses verbunden sind (bis zu 100 %).

2. **STILLLEGUNG VON KAPAZITÄTEN AUS ANDEREN GRÜNDEN**

2.1. Aus welchem Grund erfolgt die Stilllegung von Kapazitäten?

☐ a) Umstrukturierung eines Sektors;

☐ b) Diversifizierung;

☐ c) Vorruhestand.

2.2. Handelt es sich bei der Maßnahme um eine Beihilferegelung?

☐ ja ☐ nein

Bitte beachten Sie, dass Maßnahmen zur Stilllegung von Kapazitäten aus den in Frage 2.1 aufgeführten Gründen Teil einer Beihilferegelung sein müssen.

2.3. Kann sichergestellt werden, dass Beihilfen, die die Mechanismen der gemeinsamen Organisation der Agrarmärkte beeinträchtigen würden, nicht gewährt werden?

☐ ja ☐ nein

Falls nein, weisen wir darauf hin, dass gemäß Randnummer 440 der Rahmenregelung keine Beihilfen gewährt werden dürfen, die die Mechanismen der gemeinsamen Organisation der Agrarmärkte beeinträchtigen würden.

2.4. Für welchen/welche Sektor(en) gilt die Regelung?

5. Verf-DVO kons

2.5. Gelten für diesen/diese Sektor(en) gemäß Frage 2.4 Produktionsbeschränkungen oder Quotenregelungen?

☐ ja ☐ nein

Falls ja, bitte beschreiben:...

....

Verf-DVO kons

Wir weisen darauf hin, dass Beihilferegelungen für Sektoren, die Produktionsbeschränkungen oder Quotenregelungen unterliegen, auf Fallbasis geprüft werden.

2.6. Bestehen in dem/den Sektor(en) gemäß Frage 2.4 auf regionaler oder nationaler Ebene Überkapazitäten?

☐ ja ☐ nein

Falls ja, bitte beschreiben:...

2.7. Ist die Beihilfemaßnahme Teil eines Programms mit klar definierten Zielen und einem bestimmten Zeitplan zur Umstrukturierung des Sektors, für die Diversifizierung oder den Vorruhestand?

☐ ja ☐ nein

Falls ja, beschreiben Sie bitte das Programm: ....

2.8. Welche Laufzeit hat die geplante Beihilferegelung?

Wir weisen darauf hin, dass die Kommission gemäß Randnummer 442 der Rahmenregelung derartige Beihilfemaßnahmen nur genehmigen kann, wenn ihre Laufzeit befristet ist. Die Laufzeit von Beihilferegelungen, die aus den in Frage 2.1 des ergänzenden Fragebogens genannten Gründen auf den Abbau von Kapazitäten ausgerichtet sind, muss in der Regel auf höchstens sechs Monate für die Bearbeitung der Teilnahmeanträge und weitere zwölf Monate für die tatsächliche Stilllegung begrenzt sein.

Längere als die oben genannten Laufzeiten sind zu begründen.

Wir weisen darauf hin, dass die Kommission keine Beihilferegelungen mit einer Laufzeit von mehr als drei Jahren genehmigt, da die Erfahrung gezeigt hat, dass sich durch derartige Beihilferegelungen die erforderlichen Anpassungen verzögern können.

2.9. Steht die Beihilferegelung allen Wirtschaftsteilnehmern des betreffenden Sektors zu gleichen Bedingungen offen und wird ein transparentes Verfahren der Aufforderung zur Interessenbekundung angewendet, bei dem alle potenziell interessierten Unternehmen öffentlich zur Teilnahme aufgefordert werden?

☐ ja ☐ nein

Falls nein, beachten Sie bitte, dass die Kommission gemäß Randnummer 443 der Rahmenregelung die Beihilfe nicht genehmigen kann, wenn die Einhaltung dieser Bedingung nicht gewährleistet ist.

2.10. Ist die Beihilferegelung so organisiert, dass wettbewerbsverfälschende Vereinbarungen oder aufeinander abgestimmte Verhaltensweisen zwischen den betreffenden Unternehmen weder erforderlich sind noch erleichtert werden?

☐ ja ☐ nein

Bitte beschreiben Sie, wie dies sichergestellt wird:

2.11. Gegenleistung des Beihilfeempfängers

2.11.1. In welchem Umfang werden die Kapazitäten des betreffenden Unternehmens stillgelegt?

▼ <u>M9</u>

☐ a) vollständige Stilllegung der Produktionskapazität;

☐ b) teilweise Stilllegung der Produktionskapazität.

Bei einer teilweisen Stilllegung der Produktionskapazität ist diese zu begründen:

2.11.2. Ist/sind der/die Beihilfeempfänger die rechtlich verbindliche Verpflichtung eingegangen, dass die Stilllegung der Produktionskapazität endgültig und unwiderruflich ist und dass er/sie die betreffende Tätigkeit nicht andernorts ausüben wird/werden, und sind an diese Verpflichtung auch künftige Käufer der betreffenden Fläche/Anlage gebunden?

☐ ja   ☐ nein

2.11.3. Nur Unternehmen, die in den fünf Jahren vor Stilllegung der Produktionskapazität tatsächlich produziert haben, und nur Produktionskapazitäten, die in den fünf Jahren vor der Stilllegung tatsächlich konstant genutzt wurden, kommen für eine Beihilfe in Betracht. Ist dies der Fall bei dem/den Beihilfeempfänger(n) dieser Maßnahme?

☐ ja   ☐ nein

2.12. Kommen nur Unternehmen, die Unionsnormen erfüllen, für die Beihilfen in Betracht?

☐ ja   ☐ nein

Wir weisen darauf hin, dass Unternehmen, die die Unionsnormen nicht erfüllen und die ihre Produktion ohnehin einstellen müssen, auszuschließen sind.

2.13. Negative Umweltauswirkungen

2.13.1. Um Bodenerosion und andere negative Umweltauswirkungen zu vermeiden, müssen Besitzer von offenen Nutzflächen, die aus der Produktion genommen werden, eine der unter den Buchstaben a, b oder c aufgeführten Verpflichtungen eingehen. Welche dieser Verpflichtungen wurden von dem/den Beihilfeempfänger(n) eingegangen?

☐ a) offene Nutzflächen innerhalb von zwei Jahren nach der Stilllegung so aufzuforsten oder in Naturgebiete umzuwandeln, dass negative Umweltauswirkungen vermieden werden;

☐ b) die Flächen gemäß Titel VI Kapitel I der Verordnung (EU) Nr. 1306/2013 und den zugehörigen Durchführungsvorschriften in einem guten landwirtschaftlichen und ökologischen Zustand zu halten, um die Nutzflächen 20 Jahre nach der tatsächlichen Stilllegung wieder zu nutzen;

☐ c) sicherzustellen, dass die Schließung von Anlagen, die unter die Richtlinie 2010/75/EU des Europäischen Parlaments und des Rates fallen, in Einklang mit den Artikeln 11 und 22 der genannten Richtlinie erfolgt, wonach die erforderlichen Maßnahmen getroffen werden müssen, um jegliche Gefahr einer Umweltverschmutzung zu vermeiden und um einen zufrieden stellenden Zustand des Betriebsgeländes wiederherzustellen.

Bitte beschreiben Sie, wie der Beihilfeempfänger dieser Verpflichtung nachkommt:

2.14. Welche Kosten sind beihilfefähig?

☐ a) Verluste von Vermögenswerten — gemessen am aktuellen Verkaufswert;

☐ b) Kosten des Abbaus der Produktionskapazität;

☐ c) verbindliche Sozialkosten, die mit der Umsetzung des Stilllegungsbeschlusses verbunden sind.

Wir weisen darauf hin, dass im Rahmen dieser Maßnahme keine anderen Kosten als die gemäß den Buchstaben a, b und c beihilfefähig sind.

5. Verf-DVO kons

▼ M9

Beihilfen für die Aufforstung und die Umwandlung von Flächen in Naturgebiete müssen gemäß den Vorschriften in Teil II Kapitel 1 Abschnitte 2.1.1 und 2.1.2 der Rahmenregelung und den Vorschriften über nichtproduktive Investitionen gemäß Teil II Kapitel 1 Abschnitt 1.1.1.1 der Rahmenregelung gewährt werden.

2.15. Beihilfeintensität

2.15.1. Welche der folgenden Beihilfeintensitäten wurden gewählt?

☐ a) Für den Wertverlust der Vermögenswerte (bis zu 100 %);

☐ b) für den Ausgleich der Kosten des Abbaus der Produktionskapazität (bis zu 100 %);

☐ c) als Ausgleich für die verbindlichen Sozialkosten, die mit der Umsetzung des Stilllegungsbeschlusses verbunden sind (bis zu 100 %).

SONSTIGE ANGABEN

Machen Sie hier bitte gegebenenfalls sonstige Angaben, die für die Würdigung der betreffenden Maßnahme nach diesem Abschnitt der Rahmenregelung von Belang sind:

....

1.3.1. ERGÄNZENDER FRAGEBOGEN ZU BEIHILFEN FÜR DEN TIER-HALTUNGSSEKTOR

Dieser Fragebogen ist für die Anmeldung von staatlichen Beihilfemaßnahmen zur Unterstützung des Tierhaltungssektors gemäß der Beschreibung in Teil II Kapitel 1 Abschnitt 1.3.1 der Rahmenregelung der Europäischen Union für staatliche Beihilfen im Agrar- und Forstsektor und in ländlichen Gebieten 2014–2020 (im Folgenden „Rahmenregelung") zu verwenden.

1. **BEIHILFEFÄHIGE KOSTEN**

1.1. Welche der folgenden beihilfefähigen Kosten werden durch die Beihilfe gedeckt?

☐ a) Verwaltungskosten für das Anlegen und Führen von Zuchtbüchern;

☐ b) Tests zur Bestimmung der genetischen Qualität oder der Leistungsmerkmale der Tiere (und zwar Tests, die durch oder für Dritte durchgeführt werden)

Vom Tierhalter durchgeführte Kontrollen und Routinekontrollen der Milchqualität sind von der Beihilfe ausgeschlossen.

2. **BEIHILFEBETRAG**

2.1. Bitte geben Sie den Höchstsatz der staatlichen Unterstützung, ausgedrückt als Prozentsatz der zuschussfähigen Ausgaben, an:

☐ a) zur Deckung der Verwaltungskosten für das Anlegen und Führen von Zuchtbüchern (Höchstsatz 100 %);..........

☐ b) .... für die Kosten von Tests zur Bestimmung der genetischen Qualität oder der Leistungsmerkmale der Tiere (Höchstsatz 70 %).

2.2. Welche Maßnahmen werden getroffen, um eine Überkompensierung des Beihilfeempfängers zu vermeiden und um zu überprüfen, ob die Beihilfeintensitäten gemäß Frage 2.1 eingehalten werden?

....

....

2.3. Bitte beschreiben Sie die durch die Beihilfe abgedeckten beihilfefähigen Kosten:

....

....

Wir weisen darauf hin, dass die beihilfefähigen Kosten auf die unter Randnummer 449 der Rahmenregelung aufgeführten Kosten begrenzt sind.

Bitte beachten Sie, dass die Beihilfen gemäß Randnummer 447 der Rahmenregelung in Form von Sachleistungen gewährt werden und keine Direktzahlungen an die Beihilfeempfänger umfassen sollten.

3. **BEIHILFEEMPFÄNGER**

3.1. Ist die Beihilfe Unternehmen vorbehalten, die der Definition der Union für KMU entsprechen?

☐ ja   ☐ nein

Falls nein, beachten Sie bitte, dass gemäß Randnummer 446 der Rahmenregelung große Unternehmen von der Gewährung der Beihilfe auszuschließen sind.

SONSTIGE ANGABEN

Machen Sie hier bitte gegebenenfalls sonstige Angaben, die für die Würdigung der betreffenden Maßnahme nach diesem Abschnitt der Rahmenregelung von Belang sind:

....

1.3.2. ERGÄNZENDER FRAGEBOGEN ZU BEIHILFEN ZUR ABSATZ-FÖRDERUNG FÜR LANDWIRTSCHAFTLICHE ERZEUGNISSE

Dieser Fragebogen ist für die Anmeldung von staatlichen Beihilfen zur Absatzförderung für landwirtschaftliche Erzeugnisse gemäß der Beschreibung in Teil II Kapitel 1 Abschnitt 1.3.2 der Rahmenregelung der Europäischen Union für staatliche Beihilfen im Agrar- und Forstsektor und in ländlichen Gebieten 2014–2020 (im Folgenden „Rahmenregelung") zu verwenden.

1. Wo wird die Maßnahme durchgeführt?

☐ a) auf dem Markt eines anderen Mitgliedstaats;

☐ b) auf dem heimischen Markt;

☐ c) auf einem Drittlandsmarkt.

2. Wer wird die Werbekampagne durchführen?

☐ a) Erzeugergruppen oder andere Organisationen gleich welcher Größe;

☐ b) sonstige (bitte erläutern): ....

3. Kann der Mitgliedstaat der Kommission Muster oder Modelle des Werbematerials übermitteln?

☐ ja   ☐ nein

Falls nein, nennen Sie bitte die Gründe.

....

4. Falls das Werbematerial gemäß Frage 3 zurzeit nicht vorliegt, kann der Mitgliedstaat sich verpflichten, es zu einem späteren Zeitpunkt, in jedem Fall jedoch vor Beginn der Werbekampagne vorzulegen?

☐ ja   ☐ nein

5. Bitte legen Sie eine vollständige Liste der beihilfefähigen Kosten bei.

....

5. Verf-DVO kons

Verf-DVO kons

6. Wer sind die Empfänger der Beihilfe?

   ☐ a) Landwirte;

   ☐ b) Erzeugergruppierungen und/oder Erzeugerorganisationen;

   ☐ c) in der Verarbeitung und Vermarktung landwirtschaftlicher Erzeugnisse tätige Unternehmen;

   ☐ d) sonstige (bitte präzisieren):

   ....

7. Kommen als Empfänger der Beihilfe für die Veranstaltung von Wettbewerben, Messen und Ausstellungen nur KMU in Betracht?

   ☐ ja   ☐ nein

8. Ist bei Absatzförderungsmaßnahmen, die von Erzeugergruppierungen oder -organisationen durchgeführt werden, die Mitgliedschaft in solchen Gruppierungen oder Organisationen Teilnahmevoraussetzung?

   ☐ ja   ☐ nein

   Falls ja, beachten Sie bitte, dass gemäß Randnummer 459 der Rahmenregelung für solche Werbekampagnen keine Beihilfe gewährt werden kann.

9. Ist die Werbekampagne auf Qualitätserzeugnisse ausgerichtet, die unter Qualitätsregelungen gemäß Randnummer 282 der Rahmenregelung fallen?

   ☐ ja   ☐ nein

10. Falls nein, kann der Mitgliedstaat gewährleisten, dass die Werbekampagne generischer Art ist und allen Erzeugern des betreffenden Erzeugnistyps zugute kommt?

    ☐ ja   ☐ nein

11. Steht die Werbekampagne mit der Verordnung (EU) Nr. 1169/2011 des Europäischen Parlaments und des Rates ([1]) und gegebenenfalls mit den für verschiedene Erzeugnisse bestehenden besonderen Kennzeichnungsvorschriften in Einklang?

    ☐ ja   ☐ nein

    Falls nein, beachten Sie bitte, dass gemäß Randnummer 456 der Rahmenregelung für solche Werbekampagnen keine Beihilfe gewährt werden kann.

12. Überschreitet die Werbekampagne ein Jahresbudget von 5 Mio. EUR?

    ☐ ja   ☐ nein

    Falls ja, beachten Sie bitte, dass die Werbekampagne gemäß Randnummer 458 der Rahmenregelung einzeln anzumelden ist.

13. Die Beihilfe muss gewährt werden

    ☐ a) in Form von Sachleistungen; oder

    ☐ b) als Erstattung der dem Beihilfeempfänger tatsächlich entstandenen Kosten.

14. Gemäß Randnummer 461 der Rahmenregelung sind Beihilfen für Werbekampagnen nur in Form von Sachleistungen zu gewähren. Werden die Beihilfen ausschließlich durch bezuschusste Dienstleistungen gewährt?

    ☐ ja   ☐ nein

([1]) Verordnung (EU) Nr. 1169/2011 des Europäischen Parlaments und des Rates vom 25. Oktober 2011 betreffend die Information der Verbraucher über Lebensmittel und zur Änderung der Verordnungen (EG) Nr. 1924/2006 und (EG) Nr. 1925/2006 des Europäischen Parlaments und des Rates und zur Aufhebung der Richtlinie 87/250/EWG der Kommission, der Richtlinie 90/496/EWG des Rates, der Richtlinie 1999/10/EG der Kommission, der Richtlinie 2000/13/EG des Europäischen Parlaments und des Rates, der Richtlinien 2002/67/EG und 2008/5/EG der Kommission und der Verordnung (EG) Nr. 608/2004 der Kommission (ABl. L 304 vom 22.11.2011, S. 18).

▼ <u>M9</u>

Falls nein, beachten Sie bitte, dass gemäß Randnummer 461 der Rahmenregelung für solche Werbekampagnen keine Beihilfe gewährt werden kann.

15. Umfassen in Form von Sachleistungen gewährte Beihilfen Direktzahlungen an die Beihilfeempfänger?

☐ ja ☐ nein

Falls ja, beachten Sie bitte, dass gemäß Randnummer 462 der Rahmenregelung die Beihilfe nur dem Anbieter der Absatzförderungsmaßnahmen gezahlt werden kann.

16. Umfasst die Werbekampagne Absatzförderungsmaßnahmen zur Verbreitung wissenschaftlicher Erkenntnisse und Sachinformationen über Qualitätsregelungen oder generische landwirtschaftliche Erzeugnisse, ihre ernährungsphysiologischen Vorzüge und ihre vorgeschlagene Verwendung oder auf den Verbraucher zugeschnittene Werbekampagnen in den Medien oder in Einzelhandelsgeschäften?

☐ ja ☐ nein

Falls ja, weisen wir darauf hin, dass gemäß Randnummer 465 der Rahmenregelung der Hinweis auf bestimmte Unternehmen, Marken oder den Ursprung nicht zulässig ist.

17. Sind auf den Verbraucher zugeschnittene Werbekampagnen in den Medien oder in Einzelhandelsgeschäften den Erzeugnissen eines oder mehrerer bestimmter Unternehmen vorbehalten?

☐ ja ☐ nein

Falls ja, beachten Sie bitte, dass gemäß Randnummer 465 der Rahmenregelung eine solche Mittelzuweisung nicht zulässig ist.

18. Falls Sie Frage 17 mit „Ja" beantwortet haben: Betrifft die Werbekampagne von der Union anerkannte Bezeichnungen, die einen Hinweis auf den Ursprung der Erzeugnisse enthalten?

☐ ja ☐ nein

19. Falls Sie Frage 18 mit „Ja" beantwortet haben: Entspricht der Hinweis auf den Ursprung der Erzeugnisse genau der von der Union eingetragenen Bezeichnung?

☐ ja ☐ nein

20. Betrifft die Werbekampagne Erzeugnisse, die unter andere Qualitätsregelungen als die Regelungen für von der Union anerkannte Bezeichnungen fallen?

☐ ja ☐ nein

21. Weist das Qualitätszeichen auf den nationalen Ursprung der betreffenden Erzeugnisse hin?

☐ ja ☐ nein

Falls ja, muss der Mitgliedstaat nachweisen, dass der Hinweis auf den Ursprung der Erzeugnisse in der Werbebotschaft eine untergeordnete Rolle einnimmt.

22. Handelt es sich um eine Werbekampagne generischer Art, die allen Erzeugern der betreffenden Erzeugnisart zugute kommt?

☐ ja ☐ nein

23. Falls Sie Frage 22 mit „Ja" beantwortet haben: Wird die Werbekampagne ohne Hinweis auf den Ursprung der Erzeugnisse durchgeführt?

☐ ja ☐ nein

5. Verf-DVO kons

▼ M9

Falls nein, beachten Sie bitte, dass gemäß Teil II Kapitel 1 Abschnitt 1.3.2 der Rahmenregelung für solche Werbekampagnen keine Beihilfe gewährt werden kann.

24. Wird die Werbemaßnahme direkt auf die Erzeugnisse bestimmter Unternehmen oder Handelsmarken ausgerichtet?

☐ ja ☐ nein

Falls ja, beachten Sie bitte, dass gemäß Teil II Kapitel 1 Abschnitt 1.3.2 der Rahmenregelung für solche Werbekampagnen keine Beihilfe gewährt werden kann.

25. Für die Veranstaltung von und Teilnahme an Wettbewerben, Messen und Ausstellungen wird folgende Beihilfeintensität angewandt:

☐ bis zu 100 % (bitte genauen Satz angeben: ..... %)

26. Für Werbekampagnen wird folgende Beihilfeintensität angewandt:

☐ bis zu 50 % (bitte genauen Satz angeben: ..... %) bei Werbekampagnen, die auf Qualitätserzeugnisse ausgerichtet sind, da der Sektor den Rest der Werbekampagne selbst finanziert,

☐ bis zu 80 % (bitte genauen Satz angeben: ..... %) bei Werbekampagnen, die auf Qualitätserzeugnisse in Drittländern ausgerichtet sind,

☐ bis zu 100 % (bitte genauen Satz angeben: ..... %), da der Sektor mindestens 50 % der Kosten trägt, und zwar unabhängig von der Art des Beitrags,

☐ bis zu 100 % (bitte genauen Satz angeben: ..... %), da es sich um eine allgemeine Werbemaßnahme handelt, die allen Erzeugern der betreffenden Erzeugnisart zugute kommt.

27. Betrifft die Werbekampagne Absatzförderungsmaßnahmen gemäß Artikel 45 der Verordnung (EU) Nr. 1308/2013?

☐ ja ☐ nein

Falls ja, beachten Sie bitte, dass die Kommission gemäß Randnummer 470 der Rahmenregelung nationale Zahlungen, die von den Mitgliedstaaten gewährt werden, als mit dem Binnenmarkt vereinbar ansieht, wenn diese die gemeinsamen Bewertungsgrundsätze der Rahmenregelung einhalten und mit den Vorschriften für Beihilfen zur Absatzförderung gemäß Teil II Kapitel 1 Abschnitt 1.3.2 der Rahmenregelung in Einklang stehen.

SONSTIGE ANGABEN

Machen Sie hier bitte gegebenenfalls sonstige Angaben, die für die Würdigung der betreffenden Maßnahme nach diesem Abschnitt der Rahmenregelung von Belang sind:

....

1.3.3. ERGÄNZENDER FRAGEBOGEN ZU BEIHILFEN FÜR GEBIETE IN ÄUSSERSTER RANDLAGE UND DIE KLEINEREN INSELN DES ÄGÄISCHEN MEERES

Dieser Fragebogen ist für die Anmeldung von staatlichen Beihilfen für Gebiete in äußerster Randlage und die kleineren Inseln des Ägäischen Meeres gemäß der Beschreibung in Teil II Kapitel 1 Abschnitt 1.3.3 der Rahmenregelung der Europäischen Union für staatliche Beihilfen im Agrar- und Forstsektor und in ländlichen Gebieten 2014–2020 (im Folgenden „Rahmenregelung") zu verwenden.

1. Fällt die vorgeschlagene Beihilfe für die Regionen in äußerster Randlage und die kleineren Inseln des Ägäischen Meeres unter andere Bestimmungen der Rahmenregelung?

☐ ja ☐ nein

▼ M9

Falls ja, füllen Sie bitte den ergänzenden Fragebogen für die betreffende Art der angemeldeten Beihilfe aus.

Falls nein, füllen Sie bitte den vorliegenden ergänzenden Fragebogen aus.

2. Umfasst die Maßnahme die Gewährung von Betriebsbeihilfen?

☐ ja ☐ nein

3. Dient die Beihilfe dazu, die spezifischen Sachzwänge der landwirtschaftlichen Erzeugung in den Regionen in äußerster Randlage auszugleichen, die sich aus der Abgelegenheit, der Insellage und der äußersten Randlage ergeben?

☐ ja ☐ nein

Verf-DVO kons

3.1. Falls Sie Frage 3 mit „Ja" beantwortet haben, nennen Sie bitte die Höhe der zusätzlichen Kosten, die sich aus solchen spezifischen Sachzwängen ergeben, und legen Sie dar, nach welcher Methode der Betrag berechnet wird:

....

....

....

....

....

3.2. Wie kann der Mitgliedstaat den Zusammenhang zwischen den Mehrkosten gemäß Frage 3.1 und den spezifischen Sachzwängen, die diese Kosten verursachen, feststellen?

....

....

....

....

4. Ist bei den kleineren Inseln des Ägäischen Meeres die Beihilfe zum Ausgleich der durch die Insellage, die geringe Größe und die schwierigen Relief- und Klimabedingungen, die wirtschaftliche Abhängigkeit von einigen wenigen Erzeugnissen sowie die Entfernung von Absatzmärkten bedingten spezifischen Sachzwänge für die landwirtschaftliche Erzeugung auf diesen Inseln bestimmt?

☐ ja ☐ nein

4.1. Falls Sie Frage 4 mit „Ja" beantwortet haben, nennen Sie bitte die Höhe der zusätzlichen Kosten, die sich aus solchen spezifischen Sachzwängen ergeben, und legen Sie dar, nach welcher Methode der Betrag berechnet wird:

....

....

....

....

....

4.2. Wie kann der Mitgliedstaat den Zusammenhang zwischen den Mehrkosten gemäß Frage 4.1 und den spezifischen Sachzwängen, die diese Kosten verursachen, feststellen?

....

....

....

....

5. Verf-DVO kons

Verf-DVO
kons

5. Soll diese Beihilfe einen Teil der Mehrkosten für den Transport land-
    wirtschaftlicher Erzeugnisse, die in den Gebieten in äußerster Randlage
    oder auf den kleineren Inseln des Ägäischen Meeres erzeugt wurden,
    ausgleichen?

    ☐ ja   ☐ nein

5.1. Falls Sie Frage 5 mit „Ja" beantwortet haben: Erfüllt die Beihilfe die
      Bedingungen gemäß den Buchstaben a bis d?

      ☐ a) Die Beihilfeempfänger produzieren in den Gebieten in äußerster
             Randlage oder auf den kleineren Inseln des Ägäischen Meeres;

      ☐ b) die Beihilfe kann vorab auf der Grundlage eines Festbetrags
             oder nach Tonnenkilometern oder einer anderen einschlägigen
             Einheit objektiv quantifiziert werden;

      ☐ c) die zusätzlichen Transportkosten werden auf der Grundlage der
             Verbringung der Waren im Gebiet des betreffenden Mitglied-
             staats mit den für den Beihilfeempfänger kostengünstigsten Ver-
             kehrsmitteln unter Berücksichtigung der externen Umweltkosten
             berechnet;

      ☐ d) für Gebiete in äußerster Randlage können die beihilfefähigen
             zusätzlichen Transportkosten die Kosten des Transports land-
             wirtschaftlicher Erzeugnisse vom Ort ihrer Erzeugung zu Stand-
             orten in Gebieten in äußerster Randlage im Hinblick auf ihre
             Weiterverarbeitung umfassen.

5.2. Falls diese Beihilfe einen Teil der Mehrkosten für den Transport land-
      wirtschaftlicher Erzeugnisse ausgleichen soll, belegen Sie bitte diese
      Mehrkosten und geben Sie die Methode zur Berechnung des Betrags
      der zusätzlichen Transportkosten an ([1]):

      ....

      ....

      ....

5.3. Geben Sie bitte auch den Beihilfehöchstbetrag (auf der Grundlage des
      Verhältnisses „Beihilfebetrag je Kilometer" oder auf der Grundlage des
      Verhältnisses „Beihilfebetrag je Kilometer" und „Beihilfebetrag je Ge-
      wichtseinheit") und den von der Beihilfe gedeckten Prozentsatz der zu-
      sätzlichen Kosten an:

      ....

      ....

SONSTIGE ANGABEN

Machen Sie hier bitte gegebenenfalls sonstige Angaben, die für die Würdigung
der betreffenden Maßnahme nach diesem Abschnitt der Rahmenregelung von
Belang sind:

....

1.3.4. ERGÄNZENDER FRAGEBOGEN ZU BEIHILFEN FÜR DIE LAND-
        WIRTSCHAFTLICHE FLURBEREINIGUNG

*Dieser Fragebogen ist für die Anmeldung von staatlichen Beihilfen zur Deckung
der Kosten für die landwirtschaftliche Flurbereinigung gemäß der Beschreibung
in Teil II Kapitel 1 Abschnitt 1.3.4 der Rahmenregelung der Europäischen Union
für staatliche Beihilfen im Agrar- und Forstsektor und in ländlichen Gebieten
2014–2020 (im Folgenden „Rahmenregelung") zu verwenden.*

1. Ist die Beihilfemaßnahme Teil eines allgemeinen Flurbereinigungspro-
    gramms, das in Übereinstimmung mit den Verfahren durchgeführt wird,
    die die Rechtsvorschriften des Mitgliedstaats hierfür vorsehen?

    ☐ ja   ☐ nein

([1]) Aus der Beschreibung muss hervorgehen, wie der Mitgliedstaat sicherstellen will, dass
die Beihilfe nur für die Mehrkosten des Transports von Waren innerhalb der Landes-
grenzen gewährt wird, dass sie auf der Grundlage der wirtschaftlichsten Transportweise
und der kürzesten Entfernung zwischen dem Ort der Erzeugung oder Verarbeitung der
landwirtschaftlichen Erzeugnisse und den Absatzmärkten berechnet wird und dass sie
nicht für die Kosten des Transports der landwirtschaftlichen Erzeugnisse von Unternehmen mit Standortalternative gewährt werden kann.

▼ M9

2. Umfassen die zuschussfähigen Ausgaben ausschließlich für die Flurbereinigung entstandene Rechtskosten, Verwaltungsgebühren und Vermessungskosten?

☐ ja ☐ nein

Wir weisen darauf hin, dass die beihilfefähigen Kosten auf die unter Randnummer 480 der Rahmenregelung aufgeführten Kosten begrenzt sind.

3. Wie hoch ist die geplante Beihilfeintensität (Höchstsatz 100 %)?:

....

SONSTIGE ANGABEN

Machen Sie hier bitte gegebenenfalls sonstige Angaben, die für die Würdigung der betreffenden Maßnahme nach diesem Abschnitt der Rahmenregelung von Belang sind:

....

1.3.6. ERGÄNZENDER FRAGEBOGEN ZU FORSCHUNGS- UND ENTWICKLUNGSBEIHILFEN IM AGRARSEKTOR

Dieser Fragebogen ist für die Anmeldung von staatlichen Forschungs- und Entwicklungsbeihilfen im Agrarsektor gemäß der Beschreibung in Teil II Kapitel 1 Abschnitt 1.3.6 der Rahmenregelung der Europäischen Union für staatliche Beihilfen im Agrar- und Forstsektor und in ländlichen Gebieten 2014–2020 (im Folgenden „Rahmenregelung") zu verwenden.

1. Betrifft die Beihilfe Erzeugnisse, die in Anhang I AEUV aufgeführt sind?

☐ ja ☐ nein

Falls ja, geben Sie die Art der landwirtschaftlichen Erzeugnisse an:

....

....

2. Ist das geförderte Vorhaben für alle Unternehmen, die in dem betreffenden landwirtschaftlichen Sektor oder Teilsektor tätig sind, von Interesse?

☐ ja ☐ nein

Falls ja, bitte entsprechende Nachweise übermitteln:

....

....

3. Werden folgende Informationen vor Beginn des geförderten Vorhabens im Internet veröffentlicht?

a) die Tatsache, dass das geförderte Vorhaben durchgeführt wird;

☐ ja ☐ nein

b) die Ziele des geförderten Vorhaben;

☐ ja ☐ nein

c) der voraussichtliche Termin der Veröffentlichung der von dem geförderten Vorhaben erwarteten Ergebnisse;

☐ ja ☐ nein

d) ein Hinweis, wo die erwarteten Ergebnisse des geförderten Vorhabens im Internet veröffentlicht werden;

☐ ja ☐ nein

e) ein Hinweis darauf, dass die Ergebnisse allen in dem betreffenden landwirtschaftlichen Sektor oder Teilsektor tätigen Unternehmen unentgeltlich zur Verfügung stehen.

☐ ja ☐ nein

5. Verf-DVO kons

Falls die Buchstaben a, b, c, d oder e mit „Ja" beantwortet wurden, bitte den Nachweis erbringen und die Internet-Adresse angeben:

....

....

Verf-DVO kons

4. Sollen die Ergebnisse des geförderten Vorhabens

a) ab dem Tag, an dem das Vorhaben endet, oder an dem Tag, an dem Mitglieder einer Einrichtung über diese Ergebnisse informiert werden, im Internet zur Verfügung gestellt werden, wobei der frühere der beiden Zeitpunkte maßgeblich ist?

☐ ja   ☐ nein

b) mindesten fünf Jahre ab dem Abschluss des geförderten Vorhabens im Internet verfügbar bleiben?

☐ ja   ☐ nein

Falls die Buchstaben a oder b mit „Ja" beantwortet wurden, bitte entsprechende Nachweise übermitteln:

....

....

5. Wird die Beihilfe der Einrichtung für Forschung und Wissensverbreitung direkt gewährt?

☐ ja   ☐ nein

Falls ja, bitte entsprechende Nachweise übermitteln:

....

6. Umfasst die Maßnahme Beihilfezahlungen, die im Agrarsektor tätigen Unternehmen auf der Grundlage der Preise für die betreffenden landwirtschaftlichen Erzeugnisse gewährt werden?

☐ ja   ☐ nein

Falls nein, bitte entsprechende Nachweise übermitteln:

....

....

7. Bitte die Beihilfeintensität angeben (in %): ....

8. Umfassen die beihilfefähigen Kosten Folgendes?

a) Personalkosten für Forscher, Techniker und sonstiges Personal, soweit diese für das Vorhaben eingesetzt werden;

☐ ja   ☐ nein

Falls ja, geben Sie bitte eine Beschreibung solcher Kosten:

....

....

b) Kosten für Instrumente und Ausrüstung, soweit und solange sie für das Vorhaben genutzt werden. (Wenn diese Instrumente und Ausrüstungen nicht während ihrer gesamten Lebensdauer für das Vorhaben verwendet werden, gilt nur die nach den Grundsätzen ordnungsgemäßer Buchführung ermittelte Wertminderung während der Dauer des Vorhabens als beihilfefähig.);

☐ ja   ☐ nein

Falls ja, geben Sie bitte eine Beschreibung solcher Kosten:

....

....

▼ M9

c) Kosten für Gebäude und Grundstücke, soweit und solange sie für das Vorhaben genutzt werden. (Bei Gebäuden gilt nur die nach den Grundsätzen ordnungsgemäßer Buchführung ermittelte Wertminderung während der Dauer des Vorhabens als beihilfefähig. Bei Grundstücken sind die Kosten der kommerziellen Übertragung und die tatsächlich entstandenen Investitionskosten beihilfefähig);

☐ ja   ☐ nein

Falls ja, geben Sie bitte eine Beschreibung solcher Kosten:

....

....

d) Kosten für Auftragsforschung, Wissen und für unter Einhaltung des Arm's-length-Prinzips von Dritten direkt oder in Lizenz erworbene Patente sowie Kosten für Beratung und gleichwertige Dienstleistungen, die ausschließlich für das Vorhaben genutzt werden;

☐ ja   ☐ nein

Falls ja, geben Sie bitte eine Beschreibung solcher Kosten:

....

....

e) zusätzliche Gemeinkosten und sonstige Betriebskosten (unter anderem für Material, Bedarfsartikel und dergleichen), die unmittelbar durch das Vorhaben entstehen.

☐ ja   ☐ nein

Falls ja, geben Sie bitte eine Beschreibung solcher Kosten:

....

....

SONSTIGE ZU BERÜCKSICHTIGENDE ELEMENTE

9. Kann die Beihilfe mit anderen Beihilfen kumuliert werden?

☐ ja   ☐ nein

Falls ja, beschreiben Sie bitte die für die angemeldete Beihilferegelung geltenden Kumulierungsvorschriften:

....

....

....

....

Bitte geben Sie an, wie die Einhaltung der Kumulierungsvorschriften im Rahmen der angemeldeten Beihilferegelung überprüft werden wird:

....

....

....

....

5. Verf-DVO kons

Besondere Bedingungen für rückzahlbare Vorschüsse

10. Wird die Beihilfe für die FuE-Vorhaben in Form eines rückzahlbaren Vorschusses gewährt?

   ☐   ja   ☐   nein

11. Falls Sie Frage 10 mit „Ja" beantwortet haben: Ist die im Rahmen der angemeldeten Beihilferegelung in Form eines rückzahlbaren Vorschusses gewährte Beihilfe als Bruttosubventionsäquivalent ausgedrückt?

   ☐   ja   ☐   nein

Bitte legen Sie ferner die angewandte Methode vollständig dar und übermitteln Sie die (nachprüfbaren) Daten, auf denen jene Methode beruht:

....

....

Besondere Bedingungen für steuerliche Maßnahmen

12. Wird die Beihilfe für die im Rahmen der angemeldeten Beihilferegelung geförderten FuE-Vorhaben in Form einer steuerlichen Maßnahme gewährt?

   ☐   ja   ☐   nein

13. Falls Sie Frage 12 mit „Ja" beantwortet haben, erläutern Sie bitte, wie die Beihilfeintensitäten ermittelt werden:

....

....

Bitte legen Sie die angewandte Berechnungsmethode ausführlich dar:

....

....

....

....

....

....

SONSTIGE ANGABEN

Machen Sie hier bitte gegebenenfalls sonstige Angaben, die für die Würdigung der betreffenden Maßnahme nach diesem Abschnitt der Rahmenregelung von Belang sind:

....

2.   FRAGEBOGEN ZU BEIHILFEN FÜR DEN FORSTSEKTOR

Dieser Fragebogen ist für die Anmeldung von staatlichen Beihilfen (¹) für den Forstsektor gemäß der Beschreibung in Teil II Kapitel 2 der Rahmenregelung der Europäischen Union für staatliche Beihilfen im Agrar- und Forstsektor und in ländlichen Gebieten 2014–2020 (im Folgenden „Rahmenregelung") zu verwenden.

Bitte füllen Sie neben dem vorliegenden Fragebogen den allgemeinen Fragebogen für die Anmeldung staatlicher Beihilfen im Agrar- und Forstsektor und in ländlichen Gebieten (Teil III.12) zu den allgemeinen Förderbedingungen für staatliche Beihilfen und je nach Art der Beihilfe die Fragebögen zum Forstsektor 2.1 bis 2.9 aus.

(¹) Wir weisen darauf hin, dass nur Maßnahmen, die der Definition und Auslegung des Begriffs der staatlichen Beihilfe in der Bekanntmachung der Kommission zum Begriff der staatlichen Beihilfe entsprechen, anzumelden sind. Maßnahmen, bei denen nicht sicher ist, dass sie die Voraussetzungen einer staatlichen Beihilfe erfüllen, können der Europäischen Kommission zur Bewertung vorgelegt werden. Bei forstwirtschaftlichen Maßnahmen im Rahmen der Verordnung (EU) Nr. 1305/2013 wird grundsätzlich davon ausgegangen, dass sie alle Kriterien einer staatlichen Beihilfe erfüllen.

Bitte legen Sie die in den nationalen Rechtsvorschriften vorgesehene Rechts-grundlage (oder ihren Entwurf) und sonstige zusätzliche Unterlagen (Berech-nungsmethode, Sachverständigengutachten usw.) vor, in denen die staatliche Beihilfemaßnahme näher beschrieben wird.

Falls Beihilfen für den Forstsektor gemäß Unionsvorschriften gewährt werden sollen, die entweder alle Sektoren in gleicher Weise oder Handel und Industrie betreffen, verwenden Sie bitte für die Anmeldung einer staatlichen Beihilfemaß-nahme bei den Dienststellen der GD Wettbewerb das jeweilige Anmeldformular für diese Sektoren.

1. ALLGEMEINE FÖRDERKRITERIEN

1.1. Entspricht die Beihilfe den Zielen und sämtlichen Bestimmungen der Verordnung (EU) Nr. 1305/2013 [1], einschließlich über die Beihilfe-empfänger, sowie etwaiger auf der Grundlage dieser Verordnung erlas-sener Durchführungs- und delegierter Rechtsakte?

☐ ja ☐ nein

Falls nein, weisen wir darauf hin, dass die Kommission Beihilfen für den Forstsektor nur dann als mit dem Binnenmarkt im Sinne von Ar-tikel 107 Absatz 3 Buchstabe c AEUV vereinbar erklärt, wenn die Bei-hilfe die Bedingungen gemäß der Verordnung (EU) Nr. 1305/2013 (aus-genommen für Maßnahmen gemäß Teil II Kapitel 2 Abschnitte 2.8 und 2.9 der Rahmenregelung) erfüllt.

1.2. Ist die Beihilfe auf Investitionen in Energieeinsparungen und erneuerbare Energien ausgerichtet?

☐ ja ☐ nein

1.2.1. Falls ja, betrifft die Beihilfe Investitionen in Energieeinsparungen und erneuerbare Energien im Zusammenhang mit der Nutzung von Holz als Rohstoff oder Energiequelle, die auf alle der industriellen Verarbeitung vorangehenden Arbeitsvorgänge beschränkt sind [2]?

☐ ja ☐ nein

Wir weisen darauf hin, dass gemäß Randnummer 495 der Rahmenrege-lung andere Beihilfen als Beihilfen für diese Investitionen in Energie-sparmaßnahmen und erneuerbare Energien nicht in den Geltungsbereich von Teil II Kapitel 2 der Rahmenregelung fallen, da solche Beihilfen mit den Leitlinien für staatliche Umweltschutz- und Energiebeihilfen 2014-2020 [3] in Einklang stehen sollten, sofern sie nicht von der Anmelde-pflicht freigestellt sind.

1.3. Bitte bestätigen Sie, dass die Beihilfe nicht für die Holzwirtschaft be-stimmt ist.

☐ ja ☐ nein

2. BEIHILFEART

2.1. ☐ Investitionen in die Entwicklung von Waldgebieten und zur Verbes-serung der Lebensfähigkeit von Wäldern

Bitte Fragebogen 2.1 ausfüllen.

2.2. ☐ Beihilfen zum Ausgleich von Nachteilen im Zusammenhang mit Natura 2000 in forstwirtschaftlichen Gebieten

Bitte Fragebogen 2.2 ausfüllen.

---

[1] Verordnung (EU) Nr. 1305/2013 vom 17.12.2013 (ABl. L 347 vom 20.12.2013, S. 487).
[2] Gemäß Randnummer 495 der Rahmenregelung ist diese Ausnahme in Artikel 5 Absatz 5 Buchstabe c, Artikel 21 Absatz 1 Buchstabe e und Artikel 26 der Verordnung (EU) Nr. 1305/2013 vorgesehen.
[3] Mitteilung der Kommission — Leitlinien für staatliche Umweltschutz- und Energiebei-hilfen 2014-2020 (ABl. C 200 vom 28.6.2014. S. 1).

5. Verf-DVO kons

2.3. ☐ Beihilfen für Waldumwelt- und -klimaleistungen und die Erhaltung der Wälder

Bitte Fragebogen 2.3 ausfüllen.

2.4. ☐ Beihilfen für Wissenstransfer und Informationsmaßnahmen im Forstsektor

Bitte Fragebogen 2.4 ausfüllen.

Verf-DVO kons

2.5. ☐ Beihilfen für Beratungsdienste im Forstsektor

Bitte Fragebogen 2.5 ausfüllen.

2.6. ☐ Beihilfen für die Zusammenarbeit im Forstsektor

Bitte Fragebogen 2.6 ausfüllen.

2.7. ☐ Gründungsbeihilfen für Erzeugergruppierungen und -organisationen im Forstsektor

Bitte Fragebogen 2.7 ausfüllen.

2.8. ☐ Andere Beihilfen für den Forstsektor mit Umwelt-, Schutz- und Freizeitzielen

Bitte Fragebogen 2.8 ausfüllen.

2.9. ☐ Auf die Beihilfemaßnahmen für den Agrarsektor abgestimmte Beihilfen für den Forstsektor

Bitte Fragebogen 2.9.1 oder 2.9.2 ausfüllen.

3. **IN BETRACHT KOMMENDE BEIHILFEMPFÄNGER**

3.1. Betrifft die Beihilfe eine aus dem ELER kofinanzierte Entwicklungsmaßnahme für den ländlichen Raum?

☐ ja   ☐ nein

Falls ja, weisen wir darauf hin, dass für die Beihilfe nur die Beihilfempfänger in Betracht kommen, die in der Verordnung (EU) Nr. 1305/2013 unter der jeweiligen Entwicklungsmaßnahme für den ländlichen Raum aufgeführt sind. Bitte beschreiben Sie die in Betracht kommenden Beihilfeempfänger:

....

3.2. Bitte beschreiben Sie für Beihilfemaßnahmen, die nicht aus dem ELER kofinanziert, sondern nur über staatliche Mittel finanziert werden, welche Beihilfeempfänger in Betracht kommen:

....

3.3. Bitte bestätigen Sie, dass bei Beihilfemaßnahmen gemäß Teil II Kapitel 2 Abschnitt 2.1.5 oder 2.7 der Rahmenregelung nur KMU als Beihilfeempfänger in Betracht kommen:

☐ ja   ☐ nein

Bei Maßnahmen gemäß Teil II Kapitel 2 Abschnitt 2.1.5 der Rahmenregelung kann die Beihilfe auch privaten Waldbesitzern, Gemeinden und Gemeindeverbänden gewährt werden.

2.1. INVESTITIONEN IN DIE ENTWICKLUNG VON WALDGEBIETEN UND VERBESSERUNG DER LEBENSFÄHIGKEIT VON WÄLDERN

1.1. Hängt die Beihilfe von der Vorlage eines Waldbewirtschaftungsplans oder eines gleichwertigen Instruments ab, wie dies gemäß der Verordnung (EU) Nr. 1305/2013 für aus dem ELER kofinanzierte Beihilfemaßnahmen im Rahmen eines Entwicklungsprogramms für den ländlichen Raum vorgeschrieben ist?

☐ ja   ☐ nein

1.2. Falls ja, führen Sie diese Anforderung bitte näher aus (wann muss die Anforderung erfüllt sein, Größe des Forstbetriebs, Beschreibung des Entwicklungsprogramms für den ländlichen Raum):

....

2. Bitte geben Sie an, ob die beihilfefähigen Kosten Folgendes betreffen:

☐ a) Errichtung, Erwerb (einschließlich Leasing) oder Modernisierung von unbeweglichem Vermögen, wobei der Erwerb von Flächen nur beihilfefähig ist, soweit der Betrag 10 % des Gesamtbetrags der beihilfefähigen Kosten des betreffenden Vorhabens nicht übersteigt; in hinreichend begründeten Ausnahmefällen kann für Umweltschutzvorhaben ein höherer Prozentsatz gestattet werden;

☐ b) Kauf oder Leasingkauf von Maschinen und Anlagen bis zum marktüblichen Wert des Wirtschaftsguts;

☐ c) allgemeine Kosten im Zusammenhang mit den unter den Buchstaben a und b genannten Ausgaben, etwa für Architekten-, Ingenieur- und Beraterhonorare sowie für Beratung zu ökologischer Nachhaltigkeit und wirtschaftlicher Tragfähigkeit, einschließlich Durchführbarkeitsstudien; letztere zählen auch dann zu den beihilfefähigen Ausgaben, wenn aufgrund ihrer Ergebnisse keine Ausgaben gemäß den Buchstaben a und b getätigt werden;

☐ d) Erwerb oder Entwicklung von Computersoftware und Kauf von Patenten, Lizenzen, Copyrights und Handelsmarken;

☐ e) die Kosten für die Ausarbeitung von Waldbewirtschaftungsplänen oder gleichwertigen Instrumenten;

☐ f) andere mit der spezifischen forstwirtschaftlichen Maßnahme zusammenhängende Kosten (wie einmalige Interventionen), die mit der Verordnung (EU) Nr. 1305/2013 im Einklang stehen. Bitte beschreiben Sie diese anderen Kosten und begründen Sie, wie diese mit dem Ziel und der Art der bestimmten forstwirtschaftlichen Maßnahmen zusammenhängen:

....

....

3. Bitte bestätigen Sie, dass für Folgendes keine Beihilfen gewährt werden:

☐ a) Betriebskapital;

☐ b) andere mit Leasingverträgen zusammenhängende Kosten wie die Gewinnspanne des Leasinggebers, Zinskosten der Refinanzierung, Gemeinkosten und Versicherungskosten.

4. Bitte geben Sie an, was die Beihilfe betrifft:

4.1. ☐ **Beihilfen für die Aufforstung und die Anlage von Wäldern**

(Abschnitt 2.1.1 der Rahmenregelung)

4.1.1. Bitte geben Sie an, welche beihilfefähigen Kosten betroffen sind:

☐ a) die Aufforstung und die Anlage von Wäldern auf

☐ landwirtschaftlichen Flächen oder

☐ nichtlandwirtschaftlichen Flächen

☐ b) eine jährliche Hektarprämie zum Ausgleich landwirtschaftlicher Einkommensverluste und zur Deckung der Bewirtschaftungskosten, einschließlich früher oder später Läuterungen, während eines Zeitraums von maximal zwölf Jahren.

5. Verf-DVO kons

Bitte liefern Sie nähere Angaben zu den Beihilfebeträgen und Berechnungsmethoden:

....

....

Verf-DVO
kons

4.1.2. Sind bei Beihilfemaßnahmen, die im Rahmen eines Entwicklungsprogramms für den ländlichen Raum aus dem ELER kofinanziert werden, öffentliche und private Landbesitzer und deren Vereinigungen die Empfänger der Beihilfe?

☐   ja   ☐   nein

Falls ja, können Beihilfen für die Anlegungskosten und die jährliche Prämie gewährt werden.

4.1.3. Kann der Mitgliedstaat bestätigen, dass die Beihilfe in folgenden Fällen nur die Anlegungskosten deckt?

☐   a) Aufforstung von Land im Eigentum der öffentlichen Hand;

        oder

☐   b) schnellwachsende Bäume.

4.1.4. Kann der Mitgliedstaat bestätigen, dass die Beihilfe bei Land im Eigentum der öffentlichen Hand nur gewährt werden darf, wenn die Stelle, die dieses Land verwaltet, eine private Stelle oder eine Gemeinde ist?

☐   ja   ☐   nein

4.1.5. Kann der Mitgliedstaat im Falle anderer als der in der Verordnung (EU) Nr. 1305/2013 aufgeführten Beihilfeempfänger bestätigen, dass die Beihilfemaßnahme nicht aus dem ELER kofinanziert, sondern ausschließlich über staatliche Mittel finanziert wird?

☐   ja   ☐   nein

4.1.6. Bitte bestätigen Sie, dass für die Anpflanzung von Bäumen für den Niederwaldbetrieb mit Kurzumtrieb, Weihnachtsbäumen oder schnellwachsenden Bäumen für die Energieerzeugung keine Beihilfe gewährt wird.

☐   ja   ☐   nein

4.1.7. Bitte bestätigen Sie, dass die gepflanzten Arten an die Umwelt- und Klimabedingungen des Gebiets angepasst sind und bestimmte Mindestumweltanforderungen erfüllen.

☐   ja   ☐   nein

4.1.8. Bitte bestätigen Sie und weisen Sie anhand einer Beschreibung mit zusätzlichen Informationen nach, dass die Beihilfe die folgenden Mindestumweltanforderungen erfüllt:

☐   a) Bei der Auswahl der anzupflanzenden Arten, der Flächen und der anzuwendenden Methoden sind eine ungeeignete Aufforstung von empfindlichen Lebensräumen wie Torfmooren und Feuchtgebieten sowie negative Auswirkungen auf Gebiete von hohem ökologischen Wert, einschließlich Gebiete, in denen Landbewirtschaftung mit hohem Naturwert betrieben wird, zu vermeiden. In ausgewiesenen Natura-2000-Gebieten gemäß der FFH-Richtlinie und der Vogelschutz-Richtlinie sind nur Aufforstungsmaßnahmen gestattet, die mit den Bewirtschaftungszielen für die betreffenden Gebiete übereinstimmen und von der für die Umsetzung von Natura 2000 zuständigen Behörde des betreffenden Mitgliedstaats genehmigt wurden;

☐   b) bei der Auswahl der Arten, Sorten, Ökotypen und der Herkunft von Bäumen ist der notwendigen Widerstandsfähigkeit gegenüber dem Klimawandel und Naturkatastrophen sowie den pedologischen und hydrologischen Gegebenheiten in dem betreffenden Gebiet und dem potenziellen invasiven Charakter der Arten unter den lokalen Bedingungen Rechnung zu tragen. Der Beihilfeempfänger muss verpflichtet sein, den Wald zumindest während des Zeitraums zu schützen und zu pflegen, für den die Prämie zum Ausgleich landwirtschaftlicher Einkommensverluste und der Bewirtschaftungskosten gezahlt wird. Dies muss Pflegemaßnahmen und gegebenenfalls Durchforstungs- oder Weidemaßnahmen im Hinblick auf die künftige Entwicklung der Wälder und zur Regulierung der Konkurrenz durch krautige Vegetation sowie zur Vermeidung der Ansammlung von Bränden begünstigendem Unterholz umfassen. Die Mitgliedstaaten müssen eine Mindest- und Höchstdauer festlegen, die für das Fällen von schnellwachsenden Arten einzuhalten ist. Die Mindestdauer darf nicht weniger als acht Jahre und die Höchstdauer nicht mehr als 20 Jahre betragen;

☐ c) in Fällen, in denen wegen schwieriger Umwelt- und Klimabedingungen, einschließlich von Umweltschäden, nicht davon ausgegangen werden kann, dass durch die Anpflanzung mehrjähriger holziger Arten die in den geltenden nationalen Rechtsvorschriften festgelegte Bewaldungsdichte erreicht wird, können die Mitgliedstaaten gestatten, dass die Begünstigten eine Vegetationsdecke aus anderen Gehölzpflanzen anlegen. Der Beihilfeempfänger muss für die Pflege und den Schutz dasselbe Niveau wie bei Wäldern gewährleisten;

☐ d) im Fall von Aufforstungsmaßnahmen, bei denen die Größe der entstandenen Wälder einen bestimmten von den Mitgliedstaaten festzulegenden Schwellenwert überschreitet, besteht die Aufforstung aus

    i) der ausschließlichen Anpflanzung ökologisch angepasster Arten und/oder klimaresistenter Arten in der biogeografischen Region, von denen einer Bewertung der Auswirkungen zufolge keine Gefahr für die Biodiversität und Ökosystemdienstleistungen ausgeht und die keine nachteiligen Auswirkungen auf die menschliche Gesundheit haben, oder

    ii) der Anpflanzung von Mischbeständen mit mindestens 10 % Laubbäumen pro Waldfläche oder mindestens drei Baumarten oder -sorten, wobei der Anteil der am wenigsten vorkommenden Baumart oder -sorte mindestens 10 % der Waldfläche ausmacht.

4.1.9. Bitte bestätigen Sie, dass in Gebieten, in denen die Aufforstung durch nachteilige Boden- und Klimaverhältnisse erschwert wird, Beihilfen für das Anpflanzen anderer mehrjähriger holziger Arten (z. B. den örtlichen Bedingungen angepasste Sträucher oder Büsche) gewährt werden können.

....

....

....

4.1.10. Ist die Beihilfe auf 100 % der beihilfefähigen Kosten begrenzt?

    ☐   ja   ☐   nein

4.2.   ☐ **Beihilfen für die Einrichtung von Agrarforstsystemen**

    (Abschnitt 2.1.2 der Rahmenregelung)

4.2.1. Bitte bestätigen Sie, dass die Beihilfen für die Einrichtung von Landnutzungssystemen im Sinne von Randnummer 35 Ziffer 65 der Rahmenregelung gewährt werden können, bei denen eine Fläche von Bäumen bewachsen ist und gleichzeitig landwirtschaftlich genutzt wird.

    ☐   ja   ☐   nein

Bitte beschreiben Sie die Beihilfemaßnahme:

....

5. Verf-DVO kons

4.2.2. Bitte bestätigen Sie, dass bei Maßnahmen, die im Rahmen eines Entwicklungsprogramms für den ländlichen Raum aus dem ELER kofinanziert werden, die Beihilfen nur privaten Landbesitzern, Gemeinden und Gemeindeverbänden und deren Vereinigungen gewährt werden können.

☐ ja   ☐ nein

Verf-DVO
kons

4.2.3. Sofern andere als die in Frage 4.2.2 genannten Beihilfeempfänger in Betracht kommen, bestätigen Sie bitte, dass die Maßnahme ausschließlich über staatliche Mittel finanziert wird:

☐ ja   ☐ nein

4.2.4. Bitte geben Sie an, ob die beihilfefähigen Kosten Folgendes betreffen:

☐ a) die Einrichtung eines Agrarforstsystem

Falls ja, ist die Beihilfe auf 80 % des Betrags der beihilfefähigen Investitionskosten für die Einrichtung von Agrarforstsystemen begrenzt?

☐ ja   ☐ nein

☐ b) eine jährliche Hektarprämie zur Deckung der Erhaltungskosten

Falls ja, ist die Beihilfe auf 100 % der jährlichen Prämie begrenzt?

☐ ja   ☐ nein

4.2.5. Bitte geben Sie die maximale Laufzeit an (Höchstdauer: fünf Jahre):

....

4.2.6. Bitte setzen Sie die Mindest- und Höchstzahl der je Hektar zu pflanzenden Bäume fest und weisen Sie nach, dass dabei die örtlichen Boden-, Klima- und Umweltverhältnisse, die Waldbaumarten und die Notwendigkeit, die nachhaltige landwirtschaftliche Nutzung der Fläche sicherzustellen, berücksichtigt werden.

....

....

....

4.3. ☐ **Beihilfen für die Vorbeugung gegen Schäden und die Wiederherstellung des ursprünglichen Zustands von Wäldern nach Waldbränden, Naturkatastrophen, Naturkatastrophen gleichzusetzenden widrigen Witterungsverhältnissen, sonstigen widrigen Witterungsverhältnissen, Schädlingsbefall und Katastrophenereignissen**

(Abschnitt 2.1.3 der Rahmenregelung)

4.3.1. Bitte bestätigen Sie, dass aus dem ELER im Rahmen eines Entwicklungsprogramms für den ländlichen Raum kofinanzierte Beihilfen nur privaten und öffentlichen Waldbesitzern und anderen privatrechtlichen und öffentlichen Einrichtungen und deren Vereinigungen gewährt werden können.

☐ ja   ☐ nein

4.3.2. Sofern andere als die in Frage 4.3.1 genannten Beihilfeempfänger in Betracht kommen, bestätigen Sie bitte, dass die Maßnahme ausschließlich über staatliche Mittel finanziert wird:

☐ ja   ☐ nein

4.3.3. Bitte geben Sie an, ob die beihilfefähigen Kosten Folgendes betreffen:

☐ a) die Einrichtung einer schützenden Infrastruktur (im Fall von Waldbrandschutzstreifen können auch die Erhaltungskosten gedeckt werden):

▼ <u>M9</u>

Bitte bestätigen Sie, dass für mit der Landwirtschaft zusammenhängende Tätigkeiten in Gebieten, für die Agrarumwelt- und Klimaverpflichtungen gelten, keine Beihilfen gewährt werden;

☐ ja ☐ nein

☐ b) örtliche vorbeugende Aktionen kleineren Ausmaßes gegen Brände oder sonstige natürliche Gefahren; dies schließt den Einsatz von Weidevieh ein;

☐ c) Einrichtung und Verbesserung von Anlagen zur Überwachung des Auftretens von Waldbränden, Schädlingen und Krankheiten sowie Kommunikationsausrüstungen;

☐ d) Wiederaufbau des forstwirtschaftlichen Potenzials nach Schäden durch Waldbrände, Naturkatastrophen, Naturkatastrophen gleichzusetzende widrige Witterungsverhältnisse, sonstige widrige Witterungsverhältnisse, Schädlingsbefall, Katastrophenereignisse und Ereignisse im Zusammenhang mit dem Klimawandel.

4.3.4. Bitte bestätigen Sie, dass eine förmliche Anerkennung durch die zuständigen Behörden darüber vorliegt, dass ein Ereignis gemäß Buchstabe d von Frage 4.3.3 eingetreten ist und dass entweder dieses Ereignis oder die gemäß der Richtlinie 2000/29/EG erlassenen Maßnahmen zur Bekämpfung, Tilgung oder Eindämmung eines Schädlingsbefalls zur Zerstörung von mindestens 20 % des jeweiligen forstwirtschaftlichen Potenzials geführt haben.

☐ ja ☐ nein

4.3.5. Bei Beihilfen für die Vorbeugung von Waldschäden durch Pflanzenschädlinge liefern Sie bitte wissenschaftliche Nachweise für die Gefahr des Auftretens von Pflanzenschädlingen und die Anerkennung dieser Gefahr durch öffentliche wissenschaftliche Organisationen. Bitte übermitteln Sie gegebenenfalls ein Verzeichnis der Schadorganismen der Pflanzen, die einen Schädlingsbefall hervorrufen können.

....

4.3.6. Bitte bestätigen Sie, dass die geförderten Vorhaben mit dem vom Mitgliedstaat erstellten Waldschutzplan und insbesondere mit den im Plan vorgesehenen Maßnahmen zur Vorbeugung gegen Schäden und zur Wiederherstellung des ursprünglichen Zustands von Wäldern in Einklang stehen.

☐ ja ☐ nein

4.3.7. Ist das Waldbrandrisiko des betreffenden Gebiets gemäß dem Waldschutzplan des Mitgliedstaats mittel bis hoch?

☐ ja ☐ nein

Falls ja, kommt es für Beihilfen zur Vorbeugung gegen Waldbrände in Betracht.

4.3.8. Bitte bestätigen Sie, dass für Einkommensverluste infolge von Waldbränden, Naturkatastrophen, einer Naturkatastrophe gleichzusetzenden widrigen Witterungsverhältnissen, sonstigen widrigen Witterungsverhältnissen, Schädlingsbefall, Katastrophenereignissen und Ereignissen im Zusammenhang mit dem Klimawandel keine Beihilfen gewährt werden.

☐ ja ☐ nein

4.3.9. Dient die Beihilfe zur Behebung von Schäden durch Schädlingsbefall?

☐ ja ☐ nein

5. Verf-DVO kons

4.3.10. Falls Frage 4.3.9 mit „Ja" beantwortet wurde: Hat der Mitgliedstaat Artikel 14 Absatz 1 der Richtlinie 2009/128/EG über einen Aktionsrahmen der Gemeinschaft für die nachhaltige Verwendung von Pestiziden und Artikel 55 der Verordnung (EG) Nr. 1107/2009 über das Inverkehrbringen von Pflanzenschutzmitteln durchgeführt?

☐ ja   ☐ nein

Verf-DVO kons

4.3.11. Ist die für die in Frage 4.3.3 genannten Kosten gewährte Beihilfe auf 100 % der beihilfefähigen Kosten begrenzt?

☐ ja   ☐ nein

4.3.12. Bitte beschreiben Sie, welche Maßnahmen getroffen werden, um eine Überkompensation auszuschließen und insbesondere sicherzustellen, dass die zur Deckung der beihilfefähigen Kosten gewährte Beihilfe und sonstige vom Beihilfeempfänger erhaltene Zahlungen, einschließlich der Zahlungen im Rahmen anderer nationaler oder unionsweiter Maßnahmen oder Versicherungspolicen, für dieselben beihilfefähigen Kosten auf 100 % der beihilfefähigen Kosten begrenzt sind.

....

4.4. ☐ **Beihilfen für Investitionen zur Stärkung der Widerstandsfähigkeit und des ökologischen Werts der Waldökosysteme**

(Abschnitt 2.1.4 der Rahmenregelung)

4.4.1. Für aus dem ELER im Rahmen eines Entwicklungsprogramms für den ländlichen Raum kofinanzierte Beihilfen bestätigen Sie bitte, dass die Beihilfen nur natürlichen Personen, privaten und öffentlichen Waldbesitzern und anderen privatrechtlichen und öffentlichen Einrichtungen und deren Vereinigungen gewährt werden können.

☐ ja   ☐ nein

4.4.2. Im Falle anderer als der in Frage 4.4.1 genannten Beihilfeempfänger bestätigen Sie bitte, dass die Beihilfemaßnahme ausschließlich über staatliche Mittel finanziert wird:

☐ ja   ☐ nein

4.4.3. Bitte geben Sie an, ob die beihilfefähigen Kosten Folgendes betreffen:

☐ a) die Einhaltung von Verpflichtungen aufgrund von Umweltzielen, im Hinblick auf die Erbringung von Ökosystemleistungen;

☐ b) die Steigerung des öffentlichen Freizeitwertes von Wäldern und bewaldeten Flächen in dem betreffenden Gebiet;

☐ c) die Steigerung des Potenzials der Ökosysteme zur Eindämmung des Klimawandels.

Bitte beschreiben Sie etwaige langfristige wirtschaftliche Vorteile:

....

4.4.4. Ist die Beihilfe auf 100 % der beihilfefähigen Kosten begrenzt?

☐ ja   ☐ nein

4.5. ☐ **Beihilfen für Investitionen in Techniken der Forstwirtschaft sowie in die Verarbeitung, Mobilisierung und Vermarktung forstwirtschaftlicher Erzeugnisse**

(Abschnitt 2.1.5 der Rahmenregelung)

4.5.1. Bitte bestätigen Sie, dass bei geförderten Investitionen in Infrastrukturen für erneuerbare Energien, die Energie verbrauchen oder produzieren, die Mindestnormen für Energieeffizienz, die auf nationaler Ebene bestehen, eingehalten werden.

☐ ja   ☐ nein

▼ M9

Bitte beschreiben Sie etwaige Mindestnormen dieser Art und inwieweit sie diese Maßnahme betreffen:

....

4.5.2. Falls die Investitionen Anlagen betreffen, deren Hauptzweck die Elektrizitätserzeugung aus Biomasse ist, bestätigen Sie bitte, dass ein Mindestanteil der erzeugten Wärmeenergie genutzt wird.

☐ ja ☐ nein

Bitte beschreiben Sie etwaige Anforderungen dieser Art in Bezug auf den zu nutzenden Mindestanteil der Wärmeenergie und inwieweit sie diese Maßnahme betreffen:

....

4.5.3. Sind die Beihilfen für Bioenergievorhaben auf Bioenergie begrenzt, die die in den Rechtsvorschriften der Union, einschließlich Artikel 17 Absätze 2 bis 6 der Richtlinie 2009/28/EG, festgelegten Nachhaltigkeitskriterien erfüllt?

☐ ja ☐ nein

Bitte beschreiben Sie etwaige Anforderungen dieser Art und inwieweit sie diese Maßnahme betreffen:

....

4.5.4. Bitte bestätigen Sie, dass die Beihilfe nur privaten Waldbesitzern, Gemeinden und Gemeindeverbänden sowie KMU oder in den Gebieten der Azoren, Madeiras, der Kanarischen Inseln und der kleineren Inseln des Ägäischen Meeres im Sinne der Verordnung (EU) Nr. 229/2013 ([1]) und der französischen überseeischen Departements auch anderen Unternehmen als KMU gewährt werden können.

☐ ja ☐ nein

4.5.5. Bitte beschreiben Sie die in Betracht kommenden Beihilfeempfänger:

....

4.5.6. Bitte geben Sie an, ob die beihilfefähigen Kosten Folgendes betreffen:

☐ a) Investitionen zur Verbesserung des forstwirtschaftlichen Potenzials:

☐ i) Investitionen in boden- und ressourcenfreundliche Erntemaschinen und -verfahren;

☐ ii) sonstige Investitionen;

☐ b) Verarbeitung, Mobilisierung und Vermarktung forstwirtschaftlicher Erzeugnisse, die eine Steigerung des Werts dieser Erzeugnisse bewirken.

4.5.7. Bitte die Maßnahme näher beschreiben:

....

4.5.8. Bei Investitionen im Zusammenhang mit der Verbesserung des wirtschaftlichen Werts der Wälder begründen Sie diese bitte anhand der erwarteten Verbesserungen der Wälder am Beispiel eines oder mehrerer Betriebe und geben Sie an, ob sie Investitionen in boden- und ressourcenfreundliche Erntemaschinen und -verfahren umfassen:

....

4.5.9. Sind Investitionen im Zusammenhang mit der Nutzung von Holz als Rohstoff oder Energiequelle auf alle der industriellen Verarbeitung vorangehenden Arbeitsvorgänge beschränkt?

☐ ja ☐ nein

4.5.10. Bitte geben Sie an, ob folgende Beihilfeintensitäten zutreffen:

([1]) Verordnung (EU) Nr. 229/2013 des Europäischen Parlaments und des Rates vom 13. März 2013 über Sondermaßnahmen im Bereich der Landwirtschaft zugunsten der kleineren Inseln des Ägäischen Meeres und zur Aufhebung der Verordnung (EG) Nr. 1405/2006 des Rates (ABl. L 78 vom 20.3.2013. S. 41).

5. Verf-DVO kons

▼ M9

a) Ist die Beihilfe in den Gebieten in äußerster Randlage oder auf den kleineren Inseln des Ägäischen Meeres auf 75 % der beihilfefähigen Kosten begrenzt?

☐ ja   ☐ nein

b) Ist die Beihilfe in den weniger entwickelten Regionen und in allen Regionen, deren Pro-Kopf-BIP für den Zeitraum vom 1. Januar 2007 bis zum 31. Dezember 2013 weniger als 75 % des Durchschnitts der EU-25 für den Bezugszeitraum betrug, jedoch über 75 % des BIP-Durchschnitts der EU-27 liegt, auf 50 % der beihilfefähigen Kosten begrenzt?

☐ ja   ☐ nein

c) Ist die Beihilfe in den übrigen Regionen auf 40 % der beihilfefähigen Kosten begrenzt?

☐ ja   ☐ nein

4.6. ☐ **Beihilfen für Investitionen in Infrastrukturen für die Entwicklung, Modernisierung und Anpassung im Forstsektor**

(Abschnitt 2.1.6 der Rahmenregelung)

4.6.1. Bitte geben Sie an, ob die beihilfefähigen Kosten Folgendes betreffen:

a) Investitionen in

☐ i) materielle Vermögenswerte und/oder

☐ ii) immaterielle Vermögenswerte.

b) Infrastrukturen für

☐ i) die Entwicklung im Forstsektor;

☐ ii) die Modernisierung im Forstsektor;

☐ iii) die Anpassung im Forstsektor;

c) Investitionen, die Folgendes umfassen:

☐ i) Erschließung von forstwirtschaftlichen Flächen;

☐ ii) Flurbereinigung und Bodenverbesserung;

☐ iii) Versorgung mit und Einsparung von Energie und Wasser.

4.6.2. Bitte die Maßnahme näher beschreiben:

....

4.6.3. Bitte geben Sie an, ob folgende Beihilfeintensitäten zutreffen:

a) Ist die Beihilfe bei folgenden Investitionen auf 100 % der beihilfefähigen Kosten begrenzt?

☐ i) Nichtproduktive Investitionen;

☐ ii) Investitionen, die ausschließlich zur Verbesserung des ökologischen Werts der Wälder dienen;

☐ iii) Investitionen für Forstwege, die der Öffentlichkeit kostenlos zugänglich sind und zur Multifunktionalität der Wälder beitragen.

☐ ja   ☐ nein

▼ M9

b) Ist die Beihilfe bei Investitionen zur Verbesserung des kurz- oder langfristigen Wirtschaftspotenzials der Wälder in den Gebieten in äußerster Randlage oder auf den kleineren Inseln des Ägäischen Meeres auf 75 % der beihilfefähigen Kosten begrenzt?

□ ja   □ nein

c) Ist die Beihilfe bei Investitionen zur Verbesserung des kurz- oder langfristigen Wirtschaftspotenzials der Wälder in den weniger entwickelten Regionen und in allen Regionen, deren Pro-Kopf-BIP für den Zeitraum vom 1. Januar 2007 bis zum 31. Dezember 2013 weniger als 75 % des Durchschnitts der EU-25 für den Bezugszeitraum betrug, jedoch über 75 % des BIP-Durchschnitts der EU-27 liegt, auf 50 % der beihilfefähigen Kosten begrenzt?

□ ja   □ nein

d) Ist die Beihilfe bei Investitionen zur Verbesserung des kurz- oder langfristigen Wirtschaftspotenzials der Wälder in den übrigen Regionen auf 40 % der beihilfefähigen Kosten begrenzt?

□ ja   □ nein

e) Werden Investitionen zur Erschließung von forstwirtschaftlichen Flächen gefördert, so geben Sie bitte die durchschnittliche Dichte des Waldwege-/Forststraßen-Netzes in dem betreffenden Gebiet vor und nach der Investition an (in m/ha). ....

SONSTIGE ANGABEN

Machen Sie hier bitte gegebenenfalls sonstige Angaben, die für die Würdigung der betreffenden Maßnahme nach diesem Abschnitt der Rahmenregelung von Belang sind:

....

2.2. BEIHILFEN ZUM AUSGLEICH VON NACHTEILEN IM ZUSAMMENHANG MIT NATURA 2000 IN FORSTWIRTSCHAFTLICHEN GEBIETEN

1.1. Bitte bestätigen Sie, dass bei Maßnahmen, die im Rahmen eines Entwicklungsprogramms für den ländlichen Raum aus dem ELER kofinanziert werden, die Beihilfen nur privaten Waldbesitzern und/oder deren Vereinigungen gewährt werden können.

□ ja   □ nein

1.2. Sofern andere als die in Frage 1.1 genannten Beihilfeempfänger in Betracht kommen, bestätigen Sie bitte, dass die Maßnahme ausschließlich über staatliche Mittel finanziert wird:

□ ja   □ nein

2. Wird die Beihilfe jährlich je Hektar Waldfläche gewährt?

□ ja   □ nein

3. Bitte geben Sie an, welche Gebiete in Betracht kommen:

□ a) als Natura-2000-Gebiete nach der FFH-Richtlinie und der Vogelschutzrichtlinie ausgewiesene forstwirtschaftliche Gebiete;

□ b) andere für die Zwecke des Naturschutzes abgegrenzte Gebiete mit umweltspezifischen Einschränkungen für Wälder, die zur Umsetzung von Artikel 10 der FFH-Richtlinie beitragen. Dabei dürfen bei Maßnahmen, die als Entwicklungsmaßnahme für den ländlichen Raum aus dem ELER kofinanziert werden, diese Gebiete nicht mehr als 5 % der in den territorialen Anwendungsbereich des Programms fallenden Natura-2000-Gebiete ausmachen. Für Beihilfemaßnahmen, die ausschließlich aus nationalen Mitteln finanziert werden, findet letztere räumliche Begrenzung keine Anwendung.

5. Verf-DVO kons

4. Bitte geben Sie die beihilfefähigen Kosten an:

☐ a) zusätzliche Kosten im Zusammenhang mit der Durchführung der FFH-Richtlinie und der Vogelschutzrichtlinie;

☐ b) Einkommensverluste aufgrund von Nachteilen in dem betreffenden Gebiet.

Bitte beschreiben Sie die Berechnungsmethode:

....

....

....

5. Bitte geben Sie den Betrag je Hektar und Jahr an:

....

Wir weisen darauf hin, dass die Beihilfen im Rahmen dieser Maßnahme auf 500 EUR je Hektar und Jahr im Anfangszeitraum, der fünf Jahre nicht überschreitet, und in der Folge auf 200 EUR je Hektar und Jahr begrenzt sind. Werden diese Höchstbeträge überschritten, so begründen Sie dies bitte unter Berücksichtigung besonderer Umstände, die in den Entwicklungsprogrammen für den ländlichen Raum oder anderweitig (wenn die Maßnahme ausschließlich aus nationalen Mitteln finanziert wird) beschrieben sind:

....

....

SONSTIGE ANGABEN

Machen Sie hier bitte gegebenenfalls sonstige Angaben, die für die Würdigung der betreffenden Maßnahme nach diesem Abschnitt der Rahmenregelung von Belang sind:

....

2.3. BEIHILFEN FÜR WALDUMWELT- UND -KLIMALEISTUNGEN UND DIE ERHALTUNG DER WÄLDER

1. **GEMEINSAME VORSCHRIFTEN**

1.1. Bitte bestätigen Sie, dass die Beihilfen bei Maßnahmen, die im Rahmen eines Entwicklungsprogramms für den ländlichen Raum aus dem ELER kofinanziert werden, nur privaten Waldbesitzern und Waldbesitzern der öffentlichen Hand sowie anderen privatrechtlichen und öffentlichen Einrichtungen und deren Vereinigungen gewährt werden können und dass bei Wäldern im Eigentum der öffentlichen Hand die Beihilfen nur gewährt werden dürfen, wenn die Stelle, die diesen Wald verwaltet, eine private Stelle oder eine Gemeinde ist.

☐ ja ☐ nein

1.1.1. Sofern andere als die in Frage 1.1 genannten Beihilfeempfänger in Betracht kommen, bestätigen Sie bitte, dass die Maßnahme ausschließlich über staatliche Mittel finanziert wird:

☐ ja ☐ nein

1.1.2. Bitte geben Sie bei Beihilfen für die Erhaltung und Förderung von genetischen Ressourcen in der Forstwirtschaft an, welche Beihilfeempfänger in Betracht kommen:

☐ a) öffentliche Ein- ☐ b) private Einrichtungen
richtungen

Bitte machen Sie nähere Angaben zu den in Betracht kommenden Beihilfeempfängern:

....

1.2. Bitte beschreiben Sie die freiwillig einzugehende(n) Verpflichtung(en) und geben Sie an, ob diese über die einschlägigen obligatorischen Grundanforderungen gemäß dem nationalen Forstgesetz oder anderen relevanten einzelstaatlichen Rechtsvorschriften hinausgehen.

....

....

....

....

▼ **M9**

Bitte geben Sie Folgendes an:

☐ a) bei Maßnahmen zur Entwicklung des ländlichen Raums die einschlägigen obligatorischen Grundanforderungen im Entwicklungsprogramm für den ländlichen Raum:

....

....

☐ b) bei Beihilfemaßnahmen, die ausschließlich aus nationalen Mitteln finanziert werden, die einschlägigen obligatorischen Grundanforderungen mit einer näheren Beschreibung in den beigefügten Unterlagen:

....

....

....

....

c) bitte geben Sie an, für welchen Zeitraum die Verpflichtungen eingegangen werden (fünf bis sieben Jahre): ....

d) bei einem längeren Verpflichtungszeitraum begründen Sie bitte, warum dieser für die bestimmte Verpflichtungsart erforderlich ist.

....

....

....

....

1.3. Bitte geben Sie an, ob die beihilfefähigen Kosten folgende Zahlungen betreffen:

☐ a) Ausgleich (der Gesamtheit oder eines Teils) der zusätzlichen Kosten, die den Beihilfeempfängern durch die freiwillig eingegangenen Verpflichtungen entstehen;

Bitte Betrag angeben:

☐ b) Ausgleich der Einkommensverluste, die den Beihilfeempfängern durch die freiwillig eingegangenen Verpflichtungen entstehen;

Bitte Betrag angeben:

☐ c) Deckung von Transaktionskosten bis zu einem Wert von 20 % der für die freiwilligen Forstumweltverpflichtungen gezahlten Beihilfeprämie. Bitte begründen Sie, warum dies erforderlich ist:

....

....

....

☐ d) bei Umweltschutzvorhaben: Pauschalvergütung oder Einmalzahlung pro Einheit für die freiwillig eingegangene Verpflichtung, auf die kommerzielle Nutzung von Bäumen und Wäldern zu verzichten, wobei die Zahlung anhand der entstehenden zusätzlichen Kosten und der Einkommensverluste berechnet wird.

Bitte beschreiben Sie die Berechnungsmethode:

....

....

1.4. Wird die Beihilfe je Hektar Waldfläche gewährt?

☐ ja ☐ nein

Hängt die Beihilfe bei aus dem ELER kofinanzierten Beihilfemaßnahmen im Rahmen eines Entwicklungsprogramms für den ländlichen Raum im Falle von Forstbetrieben, die eine bestimmte (vom Mitgliedstaat festgesetzte) Schwelle überschreiten, von der Vorlage eines Waldbewirtschaftungsplans oder eines gleichwertigen Instruments im Einklang mit dem Aspekt der nachhaltigen Waldbewirtschaftung ab?

5. Verf-DVO kons

☐ ja   ☐ nein

Bitte führen Sie die einschlägigen Informationen aus einem Waldbewirt-
schaftungsplan oder einem gleichwertigen Instrument im Einklang mit
dem Aspekt der nachhaltigen Waldbewirtschaftung, wie er auf der Ministerkonferenz von 1993 zum Schutz der Wälder in Europa ([1]) definiert
worden ist, an.

**Verf-DVO
kons**

....

....

....

1.5.   Ist die Beihilfe auf den Höchstbetrag von 200 EUR je Hektar und Jahr
       begrenzt (mit Ausnahme der unter Frage 1.6 beschriebenen Beihilfen)?

☐ ja   ☐ nein

Ist der Betrag höher als 200 EUR je Hektar und Jahr, so begründen Sie
bitte diesen höheren Betrag unter Berücksichtigung besonderer Umstände, die in den Entwicklungsprogrammen für den ländlichen Raum (im
Falle von Entwicklungsmaßnahmen für den ländlichen Raum) oder an-
demfalls in dieser Anmeldung beschrieben sind.

....

....

....

1.6.   Wird die Beihilfe für Maßnahmen zur Erhaltung von forstgenetischen
       Ressourcen gewährt?

☐ ja   ☐ nein

Bitte bestätigen Sie, dass die Vorhaben Folgendes umfassen:

☐ a) gezielte Aktionen: Aktionen zur Förderung der In-situ- und Ex-
       situ-Erhaltung, Charakterisierung, Sammlung und Nutzung ge-
       netischer Ressourcen in der Forstwirtschaft, einschließlich der
       Erstellung von Online-Verzeichnissen der zurzeit in situ erhal-
       tenen Genressourcen (einschließlich Maßnahmen zur Erhaltung
       im forstwirtschaftlichen Betrieb) und von Online-Verzeichnissen
       der Ex-situ-Sammlungen und Datenbanken;

☐ b) konzertierte Aktionen: Aktionen zur Förderung des Austauschs
       von Informationen über die Erhaltung, Charakterisierung,
       Sammlung und Nutzung genetischer Ressourcen in der Forst-
       wirtschaft der Union zwischen den zuständigen Einrichtungen
       in den Mitgliedstaaten;

☐ c) flankierende Maßnahmen: Informations-, Verbreitungs- und Be-
       ratungsmaßnahmen unter Einbeziehung von Nichtregierungs-
       organisationen und sonstigen Beteiligten, Schulungen und die
       Vorbereitung von technischen Berichten.

Bitte die Vorhaben zur Erhaltung und Förderung von genetischen Ressourcen in der Forstwirtschaft gemäß den Buchstaben a, b und c näher
beschreiben:

....

....

....

1.7.   Ist die Beihilfe auf 100 % der beihilfefähigen Kosten begrenzt?

☐ ja   ☐ nein

([1]) Zweite Ministerkonferenz zum Schutz der Wälder in Europa, 16.-17. Juni 1993,
Helsinki/Finnland, „Entschließung H1 — Allgemeine Leitlinien für die nachhaltige Bewirtschaftung der Wälder in Europa".

2. **ÜBERPRÜFUNGSKLAUSEL**

2.1. Ist für Vorhaben im Rahmen dieser Beihilfemaßnahme eine Überprüfungsklausel vorgesehen?

☐ ja   ☐ nein

Falls nein, weisen wir darauf hin, dass gemäß Randnummer 724 der Rahmenregelung der Mitgliedstaat verpflichtet ist, eine Überprüfungsklausel einzuführen, um sicherzustellen, dass die Vorhaben angepasst werden können, falls die in Teil II Kapitel 2 Abschnitt 2.3 der Rahmenregelung genannten relevanten verbindlichen Standards, Anforderungen oder Auflagen, über die die in dem genannten Abschnitt aufgeführten Verpflichtungen hinausgehen müssen, geändert werden.

2.2. Geht diese Beihilfemaßnahme über den Programmplanungszeitraum für die ländliche Entwicklung 2014–2020 hinaus?

☐ ja   ☐ nein

Falls ja, weisen wir darauf hin, dass gemäß Randnummer 725 der Rahmenregelung eine Überprüfungsklausel enthalten sein muss, um die Anpassung der Vorhaben an den Rechtsrahmen für den folgenden Programmplanungszeitraum zu ermöglichen.

SONSTIGE ANGABEN

Machen Sie hier bitte gegebenenfalls sonstige Angaben, die für die Würdigung der betreffenden Maßnahme nach diesem Abschnitt der Rahmenregelung von Belang sind:

....

2.4. ZUSÄTZLICHER FRAGEBOGEN ZU BEIHILFEN FÜR WISSENSTRANSFER UND INFORMATIONSMASSNAHMEN IM FORSTSEKTOR

1. **GEMEINSAME VORSCHRIFTEN**

1.1. Bitte geben Sie an, wer die Empfänger der Beihilfe sind:

....

1.2. Stehen die Beihilfen allen in dem betreffenden Gebiet in Frage kommenden Personen auf der Grundlage objektiv definierter Kriterien zur Verfügung?

☐ ja   ☐ nein

Falls nein, beachten Sie bitte, dass die Beihilfe nicht als mit dem Binnenmarkt vereinbar erklärt werden kann.

1.3. Ist für den Fall, dass Erzeugergruppierungen oder -organisationen Anbieter des Wissenstransfers und der Informationsmaßnahmen sind, die Mitgliedschaft in solchen Erzeugergruppierungen oder -organisationen Voraussetzung für die Inanspruchnahme der Dienste?

☐ ja   ☐ nein

Falls ja, beachten Sie bitte, dass die Beihilfe nicht als mit dem Binnenmarkt vereinbar erklärt werden kann.

1.4. Sind die Beiträge von Nichtmitgliedern zu den Verwaltungskosten der betreffenden Erzeugergruppierung oder -organisation auf diejenigen Kosten begrenzt, die für die Erbringung der Dienste anfallen?

☐ ja   ☐ nein

Falls nein, beachten Sie bitte, dass die Beihilfe nicht als mit dem Binnenmarkt vereinbar erklärt werden kann.

2. **BEIHILFEN FÜR WISSENSTRANSFER UND INFORMATIONSMASSNAHMEN**

2.1. Welche der folgenden Beihilfearten kann durch die Beihilferegelung oder Einzelmaßnahme finanziert werden?

5. Verf-DVO kons

☐ a) Maßnahmen der Berufsbildung und des Erwerbs von Qualifikationen (einschließlich Ausbildungskurse, Workshops und Coaching);

☐ b) Demonstrationsvorhaben;

☐ c) Informationsmaßnahmen;

☐ d) Beihilfen für den kurzzeitigen Austausch von Forstwirten als Betriebsleiter und den Besuch forstwirtschaftlicher Betriebe.

Verf-DVO kons

2.2. Welche der folgenden beihilfefähigen Kosten werden durch die Beihilfemaßnahme gedeckt?

☐ a) Kosten der Veranstaltung von Maßnahmen der Berufsbildung und des Erwerbs von Qualifikationen sowie von Demonstrationsvorhaben oder Informationsmaßnahmen;

☐ b) Kosten für Reise und Aufenthalt sowie Tagegelder für die Teilnehmer;

☐ c) Kosten für die Bereitstellung von Vertretungsdiensten während der Abwesenheit der Teilnehmer;

☐ d) Kosten im Zusammenhang mit Demonstrationsvorhaben.

2.3. Umfassen die beihilfefähigen Investitionskosten bei Demonstrationsvorhaben Folgendes?

☐ a) Errichtung, Erwerb (einschließlich Leasing) oder Modernisierung von unbeweglichem Vermögen, wobei der Erwerb von Flächen nur beihilfefähig ist, soweit der Betrag 10 % des Gesamtbetrags der beihilfefähigen Kosten des betreffenden Vorhabens nicht übersteigt;

☐ b) Kauf oder Leasingkauf von Maschinen und Anlagen bis zum marktüblichen Wert des Wirtschaftsguts;

☐ c) allgemeine Kosten im Zusammenhang mit den unter den Buchstaben a und b genannten Ausgaben, etwa für Architekten-, Ingenieur- und Beraterhonorare sowie für Beratung zu ökologischer Nachhaltigkeit und wirtschaftlicher Tragfähigkeit, einschließlich Durchführbarkeitsstudien;

☐ d) Erwerb oder Entwicklung von Computersoftware und Kauf von Patenten, Lizenzen, Copyrights und Handelsmarken;

Wir weisen darauf hin, dass die beihilfefähigen Kosten auf die unter den Randnummern 293 und 565 der Rahmenregelung aufgeführten Kosten begrenzt sind.

2.4. Zählen Durchführbarkeitsstudien auch dann zu den beihilfefähigen Ausgaben, wenn aufgrund ihrer Ergebnisse keine Ausgaben gemäß Randnummer 293 Buchstabe d Ziffern i und ii der Rahmenregelung getätigt werden?

☐ ja   ☐ nein

2.5. Sind Dauer und Inhalt der Regelungen für den kurzfristigen Austausch von Forstwirten als Betriebsleiter und für die Besuche forstwirtschaftlicher Betriebe festgelegt?

☐ ja   ☐ nein

Bitte geben Sie die Einzelheiten an

☐   aus dem Entwicklungsprogramm für den ländlichen Raum: .....

☐   oder hiermit in diesem Anmeldeformular: ....

2.6. Welches sind die Schwerpunkte dieser Regelungen und Besuche?

☐ a) Verfahren und/oder Technologien der nachhaltigen Forstwirtschaft;

☐ b) Entwicklung neuer Geschäftsmöglichkeiten;

☐ c) Entwicklung neuer Technologien;

▼ __M9__

☐ d) Verbesserung der Widerstandsfähigkeit der Wälder;

☐ e) sonstige (bitte präzisieren):

....

2.7. Verfügen die Anbieter von Wissenstransfer und Informationsdiensten über die geeigneten Kapazitäten in Form von qualifiziertem Personal und regelmäßigen Schulungen zur Durchführung dieser Aufgaben?

☐ ja ☐ nein

2.8. Wie wird die Beihilfe gewährt?

☐ a) als Sachleistung in Form von bezuschussten Dienstleistungen;

☐ b) in Form von Direktzahlungen an die Beihilfeempfänger nur als Erstattung der Kosten für Reise und Aufenthalt sowie Tagegelder für die Teilnehmer.

Wir weisen darauf hin, dass gemäß Randnummer 293 Buchstabe a und Buchstabe d Ziffern i bis iv der Rahmenregelung die Beihilfe keine Direktzahlungen an die Beihilfeempfänger umfassen darf.

2.9. Ist der Empfänger der Beihilfe gemäß Randnummer 293 Buchstabe a und Buchstabe d Ziffern i bis iv der Rahmenregelung der Anbieter des Wissenstransfers und der Informationsmaßnahmen?

☐ ja ☐ nein

2.10. Bitte geben Sie die maximale Beihilfeintensität an (max. 100 %): ....

SONSTIGE ANGABEN

Machen Sie hier bitte gegebenenfalls sonstige Angaben, die für die Würdigung der betreffenden Maßnahme nach diesem Abschnitt der Rahmenregelung von Belang sind:

....

2.5. ERGÄNZENDER FRAGEBOGEN ZU BEIHILFEN FÜR BERATUNGSDIENSTE IM FORSTSEKTOR

1. **GEMEINSAME VORSCHRIFTEN**

1.1. Bitte geben Sie an, wer die Empfänger der Beihilfe sind.

....

1.2. Stehen die Beihilfen allen in dem betreffenden Gebiet in Frage kommenden Personen auf der Grundlage objektiv definierter Kriterien zur Verfügung?

☐ ja ☐ nein

Falls nein, beachten Sie bitte, dass die Beihilfe nicht als mit dem Binnenmarkt vereinbar erklärt werden kann.

1.3. Ist für den Fall, dass Erzeugergruppierungen oder -organisationen Anbieter der Beratungsdienste sind, die Mitgliedschaft in solchen Erzeugergruppierungen oder -organisationen Voraussetzung für die Inanspruchnahme der Dienste?

☐ ja ☐ nein

Falls ja, beachten Sie bitte, dass die Beihilfe nicht als mit dem Binnenmarkt vereinbar erklärt werden kann.

1.4. Sind die Beiträge von Nichtmitgliedern zu den Verwaltungskosten der betreffenden Erzeugergruppierung oder -organisation auf diejenigen Kosten begrenzt, die für die Erbringung der Dienste anfallen?

☐ ja ☐ nein

Falls nein, beachten Sie bitte, dass die Beihilfe nicht als mit dem Binnenmarkt vereinbar erklärt werden kann.

5. Verf-DVO kons

Verf-DVO kons

2. **BEIHILFEN FÜR BERATUNGSDIENSTE**

2.1. Welche der folgenden Beihilfearten kann durch die Beihilferegelung/ Einzelmaßnahme (¹) finanziert werden?

☐ a) Unterstützung von Unternehmen, die im Forstsektor tätig sind, bei der Inanspruchnahme von Beratungsdiensten zur Verbesserung der wirtschaftlichen und ökologischen Leistung sowie der Klimafreundlichkeit und -resistenz ihres Betriebs, Unternehmens und/oder ihrer Investition;

☐ b) Beratung zu anderen Themen.

Beschreiben Sie bitte die geplanten Maßnahmen:

....

....

....

2.2. Die Beratung von Unternehmen des Forstsektors umfasst zumindest Folgendes:

☐ a) die einschlägigen Verpflichtungen im Rahmen der

☐ FFH-Richtlinie

☐ Vogelschutz-Richtlinie

☐ Wasserrahmenrichtlinie

☐ b) Fragen im Zusammenhang mit der wirtschaftlichen und ökologischen Leistung des forstwirtschaftlichen Betriebs;

☐ c) sonstige Themen wie

....

2.3. Die Beihilfe wird dem Anbieter der Beratungsdienste gezahlt und umfasst keine Direktzahlungen an Unternehmen, die im Forstsektor tätig sind (Beihilfeempfänger):

☐ ja   ☐ nein

Falls nein, beachten Sie bitte, dass die Beihilfe nicht als mit dem Binnenmarkt vereinbar erklärt werden kann.

2.4. Verfügen die ausgewählten Anbieter von Beratungsdiensten über angemessene Ressourcen in Form von regelmäßig geschultem und qualifiziertem Personal, Erfahrung in der Beratungstätigkeit und Verlässlichkeit hinsichtlich der Beratungsbereiche?

☐ ja   ☐ nein

Falls nein, beachten Sie bitte, dass die Beihilfe nicht als mit dem Binnenmarkt vereinbar erklärt werden kann.

2.5. Erfolgt die Beratung teilweise in Gruppen?

☐ ja   ☐ nein

Bitte begründen Sie unter Berücksichtigung der Situation des Einzelnen, der die Beratungsdienste in Anspruch nimmt, warum die Beratung teilweise in Gruppen erfolgt:

....

....

2.6. Ist der Beihilfebetrag auf 1 500 EUR je Beratung begrenzt?

☐ ja   ☐ nein

Falls nein, beachten Sie bitte, dass die Beihilfe nicht als mit dem Binnenmarkt vereinbar erklärt werden kann.

(¹) Für Beihilfen für den Aufbau von Beratungsdiensten und für die Ausbildung von Beratern in ländlichen Gebieten füllen Sie bitte die Fragebögen zu Teil II Abschnitte 3.3 und 3.6 der Rahmenregelung aus.

▼ M9

2.7. Halten die Anbieter von Beratungsdiensten bei ihrer Beratungstätigkeit die Geheimhaltungspflichten gemäß Artikel 13 Absatz 2 der Verordnung (EU) Nr. 1306/2013 ein?

☐ ja ☐ nein

SONSTIGE ANGABEN

Machen Sie hier bitte gegebenenfalls sonstige Angaben, die für die Würdigung der betreffenden Maßnahme nach diesem Abschnitt der Rahmenregelung von Belang sind:

....

2.6. ERGÄNZENDER FRAGEBOGEN ZU BEIHILFEN FÜR DIE ZUSAMMENARBEIT IM FORSTSEKTOR

Dieser Fragebogen ist für die Anmeldung von staatlichen Beihilfen für Zusammenarbeit im Forstsektor gemäß der Beschreibung in Abschnitt 2.6 der Rahmenregelung der Europäischen Union für staatliche Beihilfen im Agrar- und Forstsektor und in ländlichen Gebieten 2014–2020 (im Folgenden „Rahmenregelung") zu verwenden. Für Beihilfen für die Zusammenarbeit im Forstsektor, die sich auf horizontale und vertikale Zusammenarbeit zwischen Beteiligten der Versorgungskette zur nachhaltigen Bereitstellung von Biomasse zur Verwendung für die Energieerzeugung und für industrielle Verfahren sowie für den ländlichen Tourismus beziehen, ist der Fragebogen zu Teil II Abschnitt 3.10 der Rahmenregelung auszufüllen.

1. **BEIHILFEART**

1.1. An der Zusammenarbeit beteiligt sind mindestens:

☐ zwei Einrichtungen im Forstsektor;

☐ eine Einrichtung im Forstsektor und eine im Agrarsektor.

1.2. Die Beihilfe wird zur Förderung von Formen der Zusammenarbeit gewährt, die dem Forstsektor zugute kommen und insbesondere Folgendes betreffen:

☐ a) Konzepte für die Zusammenarbeit von verschiedenen Akteuren des Forstsektors und anderen Akteuren des Forstsektors, die dazu beitragen, die Ziele und Prioritäten der Politik zur Entwicklung des ländlichen Raums zu verwirklichen, einschließlich Erzeugergruppierungen, Genossenschaften und Branchenverbänden;

☐ b) die Schaffung von Clustern und Netzwerken im Forstsektor;

☐ c) die Einrichtung und Tätigkeit operationeller Gruppen der EIP „Forstwirtschaftliche Produktivität und Nachhaltigkeit" gemäß Artikel 56 der Verordnung (EU) Nr. 1305/2013.

2. **BEIHILFEFÄHIGE KOSTEN UND BEIHILFEINTENSITÄT**

2.1. Die Beihilfen werden für folgende Formen der Zusammenarbeit gewährt:

☐ a) Pilotprojekte;

☐ b) die Entwicklung neuer Erzeugnisse, Verfahren, Prozesse und Technologien im Forstsektor;

☐ c) die Zusammenarbeit zwischen kleinen Wirtschaftsteilnehmern bei der Organisation von gemeinsamen Arbeitsabläufen sowie der gemeinsamen Nutzung von Anlagen und Ressourcen;

☐ d) eine horizontale und vertikale Zusammenarbeit zwischen Akteuren der Versorgungskette zur Schaffung logistischer Plattformen für die Förderung kurzer Versorgungsketten und lokaler Märkte;

☐ e) Fördermaßnahmen in einem örtlichen Rahmen zur Entwicklung kurzer Versorgungsketten und lokaler Märkte;

☐ f) gemeinsames Handeln im Hinblick auf die Eindämmung des Klimawandels oder die Anpassung an dessen Auswirkungen;

☐ g) gemeinsame Konzepte für Umweltprojekte und die gegenwärtig angewendeten ökologischen Verfahren, wie unter anderem eine effiziente Wasserbewirtschaftung, die Nutzung erneuerbarer Energiequellen und die Erhaltung der Agrarlandschaft;

☐ h) horizontale und vertikale Zusammenarbeit zwischen Beteiligten der Versorgungskette zur nachhaltigen Erzeugung von Biomasse zur Verwendung für die Lebensmittelerzeugung, wenn das Ergebnis ein forstwirtschaftliches Erzeugnis ist, und zur Gewinnung von Energie für den Eigenverbrauch;

☐ i) Ausarbeitung eines Waldbewirtschaftungsplans oder eines gleichwertigen Instruments;

☐ j) Durchführung von anderen als den in Artikel 2 Nummer 19 der Verordnung (EU) Nr. 1303/2013 definierten lokalen Entwicklungsstrategien, die auf eine oder mehrere der Prioritäten der Union für die Entwicklung des ländlichen Raums abzielen, insbesondere durch andere als die in Artikel 32 Absatz 2 Buchstabe b der Verordnung (EU) Nr. 1303/2013 definierten Gruppen aus öffentlichen und privaten Partnern.

2.2. Werden Beihilfen für die Schaffung von Clustern und Netzwerken nur neu geschaffenen Clustern und Netzwerken sowie denjenigen Clustern und Netzwerken gewährt, die eine Tätigkeit aufnehmen, die neu für sie ist?

☐ ja ☐ nein

Falls nein, beachten Sie bitte, dass diese Beihilfe gemäß der Rahmenregelung nicht gewährt werden kann.

2.3. Beihilfen für Pilotprojekte und die Entwicklung neuer Erzeugnisse, Verfahren, Prozesse und Technologien im Forstsektor können auch Einzelakteuren gewährt werden. Werden bei Beihilfen, die Einzelakteuren gewährt werden, die Ergebnisse des geförderten Vorhabens oder der geförderten Tätigkeit verbreitet?

☐ ja ☐ nein

Falls nein, beachten Sie bitte, dass diese Beihilfe gemäß der Rahmenregelung nicht gewährt werden kann.

2.4. Wird die Beihilfe die einschlägigen Wettbewerbsregeln, insbesondere die Artikel 101 und 102 AEUV, einhalten?

☐ ja ☐ nein

Falls nein, beachten Sie bitte, dass gemäß Randnummer 706 der Rahmenregelung keine Beihilfe gewährt werden kann.

Falls ja, erklären Sie bitte, wie dies sichergestellt wird.

2.5. Die Beihilfen können zur Deckung der folgenden beihilfefähigen Kosten gewährt werden, sofern diese forstwirtschaftliche Tätigkeiten betreffen:

☐ a) die Kosten von Studien über das betreffende Gebiet, von Durchführbarkeitsstudien und für die Erstellung eines Geschäftsplans oder eines Waldbewirtschaftungsplans oder eines gleichwertigen Instruments oder einer anderen als der in Artikel 33 der Verordnung (EU) Nr. 1303/2013 genannten lokalen Entwicklungsstrategie;

☐ b) die Kosten der Aktivierung des betreffenden Gebiets, um ein gemeinsames Gebietsprojekt oder ein Projekt, das von einer operationellen Gruppe der EIP „Forstwirtschaftliche Produktivität und Nachhaltigkeit" gemäß Artikel 56 der Verordnung (EU) Nr. 1305/2013 durchgeführt werden soll, durchführbar zu machen. Im Falle von Clustern kann die Aktivierung auch die Veranstaltung von Schulungen, die Netzwerkaktivitäten zwischen Mitgliedern und die Anwerbung neuer Mitglieder betreffen:

▼ M9

☐ c) laufende Kosten der Zusammenarbeit wie das Gehalt eines „Koordinators";

☐ d) Direktkosten spezifischer Projekte im Zusammenhang mit der Durchführung eines Geschäftsplans, eines Umweltplans, eines Waldbewirtschaftungsplans oder eines gleichwertigen Instruments, einer anderen als der in Artikel 33 der Verordnung (EU) Nr. 1303/2013 genannten Strategie für lokale Entwicklung oder Direktkosten anderer auf Innovation ausgerichteter Vorhaben, einschließlich Tests; die damit zusammenhängenden direkten Kosten müssen sich auf die beihilfefähigen Kosten und maximalen Beihilfeintensitäten von Investitionsbeihilfen im Forstsektor im Sinne von Teil II Abschnitt 2.1 der Rahmenregelung über Investitionsbeihilfen beschränken;

☐ e) Kosten für Absatzförderungsmaßnahmen.

2.6. Ist die Beihilfe auf einen Höchstzeitraum von sieben Jahren begrenzt, ausgenommen für eine gemeinsame Umweltaktion in ordnungsgemäß begründeten Fällen?

☐ ja   ☐ nein

Bitte geben Sie eine Begründung für gemeinsame Umweltaktionen, die über einen Zeitraum von sieben Jahren hinausgehen:

....

....

....

2.7. Die Beihilfe wird gewährt bis zu ..... % der beihilfefähigen Kosten (Höchstsatz:100 %, mit Ausnahme der Direktkosten).

SONSTIGE ANGABEN

Machen Sie hier bitte gegebenenfalls sonstige Angaben, die für die Würdigung der betreffenden Maßnahme nach diesem Abschnitt der Rahmenregelung von Belang sind:

....

2.7. GRÜNDUNGSBEIHILFEN FÜR ERZEUGERGRUPPIERUNGEN UND -ORGANISATIONEN IM FORSTSEKTOR

1. Bitte bestätigen Sie, dass die Beihilfe nur Erzeugergruppierungen oder -organisationen gewährt wird, bei denen es sich um KMU handelt, und dass 1) Erzeugerorganisationen, Einrichtungen oder Stellen wie Unternehmen oder Genossenschaften, deren Zweck die Leitung eines oder mehrerer forstwirtschaftlicher Betriebe ist und die daher faktisch als Einzelerzeuger anzusehen sind, oder 2) sonstige forstwirtschaftliche Vereinigungen, die in den Betrieben ihrer Mitglieder Aufgaben wie die gegenseitige Unterstützung und Betriebsführungsdienste übernehmen, aber nicht zur gemeinsamen Anpassung des Angebots an die Markterfordernisse beitragen, keine Beihilfe erhalten.

☐ ja   ☐ nein

Bitte beachten Sie, dass die Kommission im Rahmen von Teil II Abschnitt 2.7 der Rahmenregelung keine Beihilfen für große Unternehmen gewährt.

2. Bitte bestätigen Sie, dass Vereinbarungen, Beschlüsse und aufeinander abgestimmte Verhaltensweisen von Erzeugergruppierungen oder -organisationen die einschlägigen Wettbewerbsregeln und insbesondere die Artikel 101 und 102 AEUV einhalten.

☐ ja   ☐ nein

3. Wurden die Erzeugergruppierungen oder -organisationen von der zuständigen Behörde des betreffenden Mitgliedstaats auf der Grundlage eines Geschäftsplans förmlich anerkannt?

☐ ja   ☐ nein

5. Verf-DVO kons

Verf-DVO
kons

4. Ist der Mitgliedstaat verpflichtet nachzuprüfen, ob die Ziele des Geschäftsplans innerhalb von fünf Jahren nach der förmlichen Anerkennung der Erzeugergruppierung oder -organisation verwirklicht worden sind?

☐ ja   ☐ nein

5. Falls die Beihilfe ausschließlich aus staatlichen Quellen finanziert wird, geben Sie bitte an, welche beihilfefähigen Kosten betroffen sind:

☐ a) die Miete bzw. Pacht für geeignete Gebäude und Grundstücke,

☐ b) der Erwerb von Büroausstattung einschließlich Computer-Hardware und -Software, die Kosten für Verwaltungspersonal, Gemeinkosten sowie Rechtskosten und Verwaltungsgebühren.

6. Sind beim Erwerb von Gebäuden oder Grundstücken gemäß Frage 5 die Kosten auf die Kosten der marktüblichen Mieten beschränkt?

☐ ja   ☐ nein

7. Falls die Beihilfe ausschließlich aus nationalen Mitteln finanziert wird: Sind die Kosten nach dem fünften Jahr nach der Anerkennung der Erzeugergruppierung oder -organisation durch die zuständige Behörde auf der Grundlage von deren Geschäftsplan entstanden?

☐ ja   ☐ nein

Falls ja, beachten Sie bitte, dass diese Beihilfe gemäß der Rahmenregelung nicht gewährt werden kann.

8. Falls die Beihilfe im Rahmen eines Entwicklungsprogramms für den ländlichen Raum oder als zusätzliche nationale Finanzierung für eine Entwicklungsmaßnahme für den ländlichen Raum gewährt wird: Wird die Beihilfe auf der Grundlage der durchschnittlichen Erzeugung berechnet, die die Gruppierung oder Organisation vermarktet hat?

☐ ja   ☐ nein

Bitte beachten Sie, dass für den Fall, dass keine Daten über die vermarktete Erzeugung der Gruppierung oder Organisation vorliegen, die Beihilfen im ersten Jahr auf der Grundlage der durchschnittlichen Erzeugung berechnet werden, die die Mitglieder der Gruppierung oder Organisation in den letzten fünf Jahren vor der Anerkennung vermarktet haben, wobei der höchste und der niedrigste Wert ausgeschlossen werden.

9. Falls die Beihilfe im Rahmen eines Entwicklungsprogramms für den ländlichen Raum oder als zusätzliche nationale Finanzierung für eine Entwicklungsmaßnahme für den ländlichen Raum gewährt wird, wird sie als Pauschalbeihilfe in jährlichen Tranchen für die ersten fünf Jahre nach der förmlichen Anerkennung der Erzeugergruppierung oder -organisation durch die zuständige Behörde auf der Grundlage von deren Geschäftsplan gewährt und ist sie degressiv gestaffelt?

☐ ja   ☐ nein

10. Zahlt der Mitgliedstaat bei Beihilfen, die in jährlichen Tranchen gezahlt werden, die letzte Tranche erst, nachdem er die ordnungsgemäße Durchführung des Geschäftsplans überprüft hat?

☐ ja   ☐ nein

11. Beträgt die maximale Beihilfeintensität 100 % der beihilfefähigen Kosten?

☐ ja   ☐ nein

12. Bitte bestätigen Sie, dass der Gesamtbetrag der Beihilfe auf 500 000 EUR begrenzt ist.

☐ ja ☐ nein

13. Wenn die Beihilfen Erzeugern direkt gewährt werden, um deren Beitrag zu den Kosten für den Betrieb der Erzeugergruppierungen oder -organisationen in den ersten fünf Jahren nach ihrer Gründung auszugleichen, können Sie bestätigen, dass die Beihilfen bis in Höhe desselben Gesamtbetrags gewährt werden dürfen?

☐ ja ☐ nein

SONSTIGE ANGABEN

Machen Sie hier bitte gegebenenfalls sonstige Angaben, die für die Würdigung der betreffenden Maßnahme nach diesem Abschnitt der Rahmenregelung von Belang sind:

....

2.8. ANDERE BEIHILFEN FÜR DEN FORSTSEKTOR MIT UMWELT-, SCHUTZ- UND FREIZEITZIELEN

1. **GEMEINSAME VORSCHRIFTEN**

1.1. Bitte beschreiben Sie, wie die Maßnahmen direkt zur Erhaltung oder Wiederherstellung der Umwelt-, Schutz- und Freizeitfunktion des Waldes, der biologischen Vielfalt und eines gesunden forstlichen Ökosystems beitragen. Diese Ziele müssen die Hauptziele der Beihilfemaßnahme sein.

....

....

....

....

1.2. Bitte bestätigen Sie, dass keine Beihilfen für Holzwirtschaftsbetriebe oder für die wirtschaftlich rentable Holzgewinnung, die Beförderung von Holz oder die Verarbeitung von Holz oder anderem forstlichen Material zu Erzeugnissen oder Brennstoffen gewährt werden.

☐ ja ☐ nein

Falls nein, beachten Sie bitte, dass gemäß Teil II Abschnitt 2.8 der Rahmenregelung diese Beihilfen nicht mit dem Binnenmarkt vereinbar sind.

1.3. Bitte bestätigen Sie, dass keine Beihilfen für Fällmaßnahmen gewährt werden, deren Hauptzweck in der wirtschaftlich rentablen Holzgewinnung besteht, oder für Wiederaufforstungsmaßnahmen, wenn gefällte Bäume durch gleichwertige Bäume ersetzt werden sollen.

☐ ja ☐ nein

Falls nein, beachten Sie bitte, dass gemäß Teil II Abschnitt 2.8 der Rahmenregelung diese Beihilfen nicht mit dem Binnenmarkt vereinbar sind.

1.4. Werden die Beihilfen im Forstsektor tätigen Unternehmen gewährt?

☐ ja ☐ nein

1.5. Bitte erläutern Sie, warum die unter Teil II Abschnitt 2.8 der Rahmenregelung fallenden Maßnahmen mit Umwelt-, Schutz- und Freizeitzielen nicht mit den forstwirtschaftlichen Maßnahmen in der Art einer Entwicklungsmaßnahme für den ländlichen Raum gemäß Teil II Abschnitte 2.1 bis 2.7 der Rahmenregelung erreicht werden können (Randnummer 63 der Rahmenregelung):

....

....

....

5. Verf-DVO kons

2. SPEZIFISCHE VORSCHRIFTEN

2.1. Bitte bestätigen Sie, dass die Beihilfe die gemeinsamen Bewertungsgrundsätze und die für Teil II Abschnitt 2.8 der Rahmenregelung geltenden gemeinsamen Vorschriften einhält.

☐ ja ☐ nein

Verf-DVO kons

3. ABSCHNITT 2.8.1.

☐ Beihilfen für spezifische forstliche Maßnahmen und Interventionen, deren Hauptziel darin besteht, zur Erhaltung oder Wiederherstellung des forstlichen Ökosystems, der forstlichen Biodiversität oder der Kulturlandschaften beizutragen.

3.1. Bitte bestätigen Sie, dass das Hauptziel der Beihilfen für das Pflanzen, Beschneiden, Auslichten und Fällen von Bäumen und anderer Vegetation in bestehenden Wäldern, für das Entfernen gestürzter Bäume sowie für die Planungskosten dieser Maßnahmen, der Beihilfen zur Deckung der Kosten der Behandlung und Verhütung der Verbreitung von Schädlingen und Baumkrankheiten sowie der Beihilfen für die Beseitigung von Schäden, die durch Schädlinge und Baumkrankheiten entstanden sind, darin besteht, zur Erhaltung oder Wiederherstellung des forstlichen Ökosystems, der forstlichen Biodiversität oder der Kulturlandschaften beizutragen.

☐ ja ☐ nein

3.2. Bitte die Maßnahme näher beschreiben:

....

....

3.3. Umfassen die Beihilfen zur Deckung der Kosten der Behandlung und Verhütung der Verbreitung von Schädlingen und Baumkrankheiten sowie die Beihilfen für die Beseitigung von Schäden, die durch Schädlinge und Baumkrankheiten entstanden sind, folgende Kosten?

☐ a) präventive und therapeutische Maßnahmen, einschließlich der Bodenvorbereitung für die Wiederbepflanzung, und der hierzu erforderlichen Präparate, Geräte und Materialien. Biologischen, physikalischen und anderen nichtchemischen mechanischen Vorbeugungs- und Behandlungsmethoden ist der Vorzug vor chemischen Methoden zu geben, es sei denn, es kann nachgewiesen werden, dass diese Methoden für eine zufriedenstellende Bekämpfung der betreffenden Krankheit oder des betreffenden Schädlings nicht ausreichen;

☐ b) Bestandsverluste und Wiederaufstockungskosten bis in Höhe des Marktwertes der auf Anweisung der Behörden zur Bekämpfung der betreffenden Krankheiten oder Schädlinge vernichteten Bestände. Bei der Berechnung des Marktanteilverlustes kann die potenzielle Wertzunahme des vernichteten Bestands bis zum normalen Fällalter berücksichtigt werden.

3.4. Maximale Beihilfeintensität: .... (bis zu 100 % der beihilfefähigen Kosten).

4. ABSCHNITT 2.8.2.

☐ Beihilfen im Forstsektor für die Erhaltung und Verbesserung der Bodenqualität und zur Sicherstellung eines ausgewogenen und gesunden Baumwachstums

4.1. Werden die Beihilfen für Maßnahmen zur Erhaltung und Verbesserung der Bodenqualität von Wäldern und zur Sicherstellung eines ausgewogenen und gesunden Baumwachstums gewährt?

☐ ja ☐ nein

4.2. Bitte die Maßnahme näher beschreiben:

....

4.3. Umfassen die Maßnahmen die Bodenverbesserung durch Düngung und andere Behandlungen zur Erhaltung des natürlichen Bodenhaushalts, zur Reduzierung übermäßiger Vegetationsdichte und zur Gewährleistung eines ausreichenden Wasserrückhaltevermögens und einer angemessenen Dränage, einschließlich der Planungskosten dieser Maßnahmen?

☐ ja ☐ nein

4.4. Bitte erläutern Sie, wie sichergestellt wird, dass die Maßnahmen nicht zur Verringerung der Biodiversität oder zur Abschwemmung von Nährstoffen führen oder natürliche Wasserökosysteme oder Wasserschutzgebiete beeinträchtigen.

....

4.5. Sind die Planungskosten gedeckt?

☐ ja ☐ nein

4.6. Maximale Beihilfeintensität: .... (bis zu 100 % der beihilfefähigen Kosten).

5. **ABSCHNITT 2.8.3.**

☐ Beihilfen für die Wiederherstellung und Erhaltung natürlicher Waldwege, Landschaftselemente und Landschaftsmerkmale sowie des natürlichen Lebensraums von Tieren im Forstsektor

5.1. Betreffen die beihilfefähigen Kosten die Wiederherstellung und Erhaltung natürlicher Waldwege, Landschaftselemente und Landschaftsmerkmale sowie des natürlichen Lebensraums von Tieren, einschließlich der Planungskosten?

☐ ja ☐ nein

5.2. Bitte die Maßnahme und die beihilfefähigen Kosten näher beschreiben:

....

....

5.3. Bitte bestätigen Sie, dass Maßnahmen zur Umsetzung der FFH-Richtlinie und der Vogelschutz-Richtlinie nicht zu dieser Art von Beihilfen gehören (für diese Maßnahmen gilt der Fragebogen zu Abschnitt 2.2).

☐ ja ☐ nein

5.4. Maximale Beihilfeintensität: .... (bis zu 100 % der beihilfefähigen Kosten).

6. **ABSCHNITT 2.8.4.**

☐ Beihilfen für die Instandhaltung von Straßen zur Verhütung von Waldbränden

6.1. Beschreiben Sie bitte die Beihilfemaßnahme:

....

....

....

6.2. Bitte beschreiben Sie den Zusammenhang zwischen dem Ziel der Beihilfe (Verhütung von Waldbränden) und der Instandhaltung der Straßen.

....

....

....

6.3. Maximale Beihilfeintensität: .... (bis zu 100 % der beihilfefähigen Kosten).

7. **ABSCHNITT 2.8.5.**

☐ Beihilfen zur Beseitigung von Waldschäden, die durch unter das Gesetz fallende Tiere verursacht wurden

5. Verf-DVO kons

7.1. Handelt es sich bei den Tieren, die die Schäden verursacht haben, um

☐ a) geschützte Tiere gemäß Randnummer 35 Ziffer 28 der Rahmenregelung;

☐ b) Arten, die unter spezifische nationale Rechtsvorschriften fallen?

Falls Sie Buchstabe „b" angekreuzt haben, weisen Sie bitte das Interesse
an der Erhaltung des Bestands der Arten nach:

....

....

7.2. Wurden geeignete Vorbeugungsmaßnahmen getroffen, die in einem angemessenen Verhältnis zu dem Risiko von Schäden durch unter das
Gesetz fallende Tiere in dem betreffenden Waldgebiet stehen?

☐ ja ☐ nein

Falls keine solchen geeigneten Vorbeugungsmaßnahmen möglich sind,
erläutern Sie bitte, warum keine Vorbeugungsmaßnahmen ergriffen werden können.

....

....

7.3. Kann ein direkter ursächlicher Zusammenhang zwischen dem eingetre-
tenen Schaden und dem Verhalten der Tiere festgestellt werden?

☐ ja ☐ nein

7.4. Bitte bestätigen Sie, dass die Beihilferegelung binnen drei Jahren nach
Eintritt des Schadensereignisses eingeführt wurde und die Beihilfen innerhalb von vier Jahren nach dem genannten Zeitpunkt ausgezahlt werden.

☐ ja ☐ nein

7.5. Werden die Schäden auf Ebene des einzelnen Beihilfeempfängers berechnet?

☐ ja ☐ nein

7.6. Wurden die Kosten der unmittelbar durch das Schadensereignis verursachten Schäden von einer Behörde, einem von der Bewilligungsbehörde anerkannten unabhängigen Sachverständigen oder einem Versicherungsunternehmen geschätzt?

☐ ja ☐ nein

7.7. Bitte geben Sie die Art der Schäden an:

☐ a) Schäden an lebenden Bäumen. Eine Beihilfe kann gewährt werden, um Bestandsverluste und die Wiederaufstockungskosten bis
zum Marktwert der durch unter das Gesetz fallende Tiere vernichteten Bestände auszugleichen. Bei der Berechnung des Wertes des Marktanteilverlustes kann die potenzielle Wertzunahme
des vernichteten Bestands bis zum normalen Fällalter berücksichtigt werden;

☐ b) sonstige Kosten, die dem Beihilfeempfänger durch das Schadensereignis entstanden sind, wie Behandlungsmaßnahmen, einschließlich der Bodenvorbereitung für die Wiederbepflanzung
und der hierzu erforderlichen Präparate, Geräte und Materialien;

☐ c) Sachschäden an folgenden Vermögenswerten: forstwirtschaftliche Ausrüstung, Maschinen und Gebäude. Der Sachschaden
ist auf der Grundlage der Reparaturkosten oder des wirtschaftlichen Wertes des betroffenen Vermögenswerts vor dem Schadensereignis zu berechnen. Er ist nicht höher als die Reparaturkosten oder die durch das Schadensereignis verursachte Minderung des Marktwerts, d. h. die Differenz zwischen dem
Wert des Vermögenswerts unmittelbar vor dem Schadensereignis und seinem Wert unmittelbar danach.

Verf-DVO kons

7.8. Wurden von diesem Betrag etwaige Kosten abgezogen, die dem Beihilfeempfänger infolge des Schadensereignisses nicht entstanden sind und die andernfalls angefallen wären?

☐ ja ☐ nein

7.9. Die Beihilfeintensität beträgt bis zu .... (max. 100 % der beihilfefähigen Kosten).

7.10. Sind die Beihilfe und sonstigen Ausgleichzahlungen für die Schäden, einschließlich der Zahlungen, die im Rahmen anderer nationaler oder unionsweiter Maßnahmen oder Versicherungspolicen geleistet werden, auf 100 % der beihilfefähigen Kosten begrenzt?

☐ ja ☐ nein

8. **ABSCHNITT 2.8.6.**

☐ Beihilfen für die Ausarbeitung von Waldbewirtschaftungsplänen

8.1. Steht die Beihilfe mit den gemeinsamen Bewertungsgrundsätzen in Einklang?

☐ ja ☐ nein

8.2. Stehen die Beihilfen allen in dem betreffenden Gebiet in Frage kommenden Personen auf der Grundlage objektiv definierter Kriterien zur Verfügung?

☐ ja ☐ nein

Falls nein, beachten Sie bitte, dass die Beihilfe nicht als mit dem Binnenmarkt vereinbar erklärt werden kann.

8.3. Ist bei technischer Hilfe, die von Erzeugergruppierungen oder -organisationen angeboten wird, die Mitgliedschaft in solchen Gruppierungen oder Organisationen Voraussetzung für die Inanspruchnahme der Dienste?

☐ ja ☐ nein

Falls ja, beachten Sie bitte, dass die Beihilfe nicht als mit dem Binnenmarkt vereinbar erklärt werden kann.

8.4. Sind die Beiträge von Nichtmitgliedern zu den Verwaltungskosten der betreffenden Erzeugergruppierung oder -organisation auf diejenigen Kosten begrenzt, die für die Erbringung der Dienste anfallen?

☐ ja ☐ nein

Falls nein, beachten Sie bitte, dass die Beihilfe nicht als mit dem Binnenmarkt vereinbar erklärt werden kann.

8.5. Die Beihilfe wird dem Anbieter der Dienste gezahlt und umfasst keine Direktzahlungen an Unternehmen, die im Forstsektor tätig sind (Beihilfeempfänger):

☐ ja ☐ nein

Falls nein, beachten Sie bitte, dass die Beihilfe nicht als mit dem Binnenmarkt vereinbar erklärt werden kann.

8.6. Verfügen die ausgewählten Anbieter von Beratungsdiensten über angemessene Ressourcen in Form von regelmäßig geschultem und qualifiziertem Personal, Erfahrung in der Beratungstätigkeit und Verlässlichkeit hinsichtlich der Beratungsbereiche?

☐ ja ☐ nein

Falls nein, beachten Sie bitte, dass die Beihilfe nicht als mit dem Binnenmarkt vereinbar erklärt werden kann.

8.7. Erfolgt die Beratung teilweise in Gruppen?

☐ ja ☐ nein

Bitte begründen Sie unter Berücksichtigung der Situation des Einzelnen, der die Beratungsdienste in Anspruch nimmt, warum die Beratung teilweise in Gruppen erfolgt:

....

....

5. Verf-DVO kons

Verf-DVO kons

8.8.   Halten die Anbieter von Beratungsdiensten bei ihrer Beratungstätigkeit die Geheimhaltungspflichten gemäß Artikel 13 Absatz 2 der Verordnung (EU) Nr. 1306/2013 ein?

☐ ja   ☐ nein

8.9.   Ist der Anbieter der Beratungsdienste die Einrichtung, die den Wald-bewirtschaftungsplan ausarbeitet?

☐ ja   ☐ nein

8.10.   Die Beihilfeintensität beträgt bis zu .... (max. 100 % der beihilfe-fähigen Kosten).

SONSTIGE ANGABEN

Machen Sie hier bitte gegebenenfalls sonstige Angaben, die für die Würdigung der betreffenden Maßnahme nach diesem Abschnitt der Rahmenregelung von Belang sind:

....

2.9.1.   FORSCHUNGS- UND ENTWICKLUNGSBEIHILFEN IM FORST-SEKTOR

1.   Ist die Beihilfeintensität auf 100 % der beihilfefähigen Kosten begrenzt?

☐ ja   ☐ nein

2.   Ist das geförderte Vorhaben für alle Unternehmen, die in dem betreffen-den forstwirtschaftlichen Sektor oder Teilsektor tätig sind, von Interesse?

☐ ja   ☐ nein

3.   Werden folgende Informationen vor Beginn des geförderten Vorhabens im Internet veröffentlicht?

a) die Tatsache, dass das geförderte Vorhaben durchgeführt wird;

b) die Ziele des geförderten Vorhabens;

c) der voraussichtliche Termin der Veröffentlichung der von dem geför-derten Vorhaben erwarteten Ergebnisse;

d) ein Hinweis, wo die erwarteten Ergebnisse des geförderten Vor-habens im Internet veröffentlicht werden;

e) ein Hinweis darauf, dass die Ergebnisse allen in dem betreffenden forstwirtschaftlichen Sektor oder Teilsektor tätigen Unternehmen un-entgeltlich zur Verfügung stehen.

☐ ja   ☐ nein

4.   Bitte bestätigen Sie, dass die Ergebnisse des geförderten Vorhabens

☐ a) ab dem Tag, an dem das Vorhaben endet, oder an dem Tag, an dem Mitglieder einer Einrichtung über diese Ergebnisse infor-miert werden, im Internet zur Verfügung gestellt werden, wobei der frühere der beiden Zeitpunkte maßgeblich ist, und

☐ b) mindesten fünf Jahre ab dem Abschluss des geförderten Vor-habens im Internet verfügbar bleiben.

5.   Bitte bestätigen Sie, dass die Beihilfen der Einrichtung für Forschung und Wissensverbreitung direkt gewährt werden und keine Zahlungen umfassen, die im Forstsektor tätigen Unternehmen auf der Grundlage der Preise für die betreffenden forstwirtschaftlichen Erzeugnisse gewährt werden.

☐ ja   ☐ nein

6. Bitte beschreiben Sie die durch die Beihilfe abgedeckten Kosten:

   ☐ a) Personalkosten für Forscher, Techniker und sonstiges Personal, soweit diese für das Vorhaben eingesetzt werden;

   ☐ b) Kosten für Instrumente und Ausrüstung, soweit und solange sie für das Vorhaben genutzt werden. Wenn diese Instrumente und Ausrüstungen nicht während ihrer gesamten Lebensdauer für das Vorhaben verwendet werden, gilt nur die nach den Grundsätzen ordnungsgemäßer Buchführung ermittelte Wertminderung während der Dauer des Vorhabens als beihilfefähig;

   ☐ c) Kosten für Gebäude und Grundstücke, soweit und solange sie für das unterstützte Vorhaben genutzt werden. Bei Gebäuden gilt nur die nach den Grundsätzen ordnungsgemäßer Buchführung ermittelte Wertminderung während der Dauer des Vorhabens als beihilfefähig. Bei Grundstücken sind die Kosten der kommerziellen Übertragung und die tatsächlich entstandenen Investitionskosten beihilfefähig;

   ☐ d) Kosten für Auftragsforschung, Wissen und für unter Einhaltung des Arm's-length-Prinzips von Dritten direkt oder in Lizenz erworbene Patente sowie Kosten für Beratung und gleichwertige Dienstleistungen, die ausschließlich für das Vorhaben genutzt werden;

   ☐ e) zusätzliche Gemeinkosten und sonstige Betriebskosten (unter anderem für Material, Bedarfsartikel und dergleichen), die unmittelbar durch das Vorhaben entstehen.

   Bitte beachten Sie, dass die Beihilfe auf die Kosten gemäß den Buchstaben a bis e begrenzt sein muss.

7. Bitte geben Sie die Beihilfeintensität an: .... (max. 100 %).

SONSTIGE ANGABEN

Machen Sie hier bitte gegebenenfalls sonstige Angaben, die für die Würdigung der betreffenden Maßnahme nach diesem Abschnitt der Rahmenregelung von Belang sind:

....

2.9.2. BEIHILFEN FÜR FORSTLICHE FLURBEREINIGUNG

1. Ist die Beihilfeintensität auf 100 % der beihilfefähigen Kosten begrenzt?

   ☐ ja   ☐ nein

2. Bitte weisen Sie nach, dass die Beihilfemaßnahme der forstlichen Flurbereinigung dient:

   ....

3. Ist die Beihilfe auf die tatsächlich anfallenden Rechtskosten, Verwaltungsgebühren und Vermessungskosten für die Flurbereinigung beschränkt?

   ☐ ja   ☐ nein

4. Bitte beschreiben Sie die durch diese Maßnahme abgedeckten Kosten:

   ....

5. Nennen Sie bitte die Beihilfeintensität: .... (max. 100 %).

SONSTIGE ANGABEN

Machen Sie hier bitte gegebenenfalls sonstige Angaben, die für die Würdigung der betreffenden Maßnahme nach diesem Abschnitt der Rahmenregelung von Belang sind:

....

5. Verf-DVO kons

3. ERGÄNZENDER FRAGEBOGEN ZU BEIHILFEN IN LÄNDLICHEN
    GEBIETEN

*Dieser Fragebogen ist für die Anmeldung von staatlichen Beihilfen für Maß-
nahmen in ländlichen Gebieten gemäß Teil II Abschnitt 3 der Rahmenregelung
der Europäischen Union für staatliche Beihilfen im Agrar- und Forstsektor und
in ländlichen Gebieten 2014–2020 (im Folgenden „Rahmenregelung") zu verwenden.*

**Verf-DVO
kons**

*Bitte füllen Sie neben dem vorliegenden Fragebogen den allgemeinen Fragebo-
gen für die Anmeldung staatlicher Beihilfen im Agrar- und Forstsektor und in
ländlichen Gebieten (Teil III.12) zu den allgemeinen Förderbedingungen für
staatliche Beihilfen und je nach Art der Beihilfe die Fragebögen für ländliche
Gebiete 3.1 bis 3.11 aus.*

*Bitte legen Sie die in den nationalen Rechtsvorschriften vorgesehene Rechts-
grundlage (oder ihren Entwurf) und sonstige zusätzliche Unterlagen (Berechnungsmethode, Sachverständigengutachten usw.) vor, in denen die staatliche
Beihilfemaßnahme näher beschrieben wird.*

*Falls Beihilfen für den Forstsektor gemäß Unionsvorschriften gewährt werden
sollen, die entweder alle Sektoren in gleicher Weise oder Handel und Industrie
betreffen, verwenden Sie bitte für die Anmeldung einer staatlichen Beihilfemaßnahme bei den Dienststellen der GD Wettbewerb das jeweilige Anmeldformular
für diese Sektoren.*

1. **ALLGEMEINE FÖRDERKRITERIEN**

1. Werden die Beihilfen im Rahmen eines Entwicklungsprogramms für den
    ländlichen Raum auf der Grundlage von und im Einklang mit der Ver-
    ordnung (EU) Nr. 1305/2013 gewährt?

    ☐ ja   ☐ nein

    Falls nein, beachten Sie bitte, dass die Beihilfe nicht als mit dem Bin-
    nenmarkt vereinbar erklärt werden kann.

2. Bitte geben Sie das einschlägige Entwicklungsprogramm für den länd-
    lichen Raum (EPLR) und die Maßnahme an, in deren Rahmen die Bei-
    hilfe gewährt wird.

    EPLR:: ....

    Maßnahme:: ....

3. Wird die Beihilfe aus dem ELER kofinanziert oder als zusätzliche na-
    tionale Finanzierung gewährt?

    ☐ a) Kofinanzierung aus dem ELER

    ☐ b) zusätzliche nationale Finanzierung

4. Ist die Investition auf erneuerbare Energien und/oder Energieeinsparun-
    gen ausgerichtet?

    ☐ ja   ☐ nein

    Falls ja, weisen wir darauf hin, dass solche Beihilfen nicht in den
    Geltungsbereich von Teil II Kapitel 3 der Rahmenregelung fallen.
    Eine solche Beihilfe muss im Einklang mit den Leitlinien für staatliche
    Umweltschutz- und Energiebeihilfen 2014-2020 erfolgen, sofern die Bei-
    hilfe nicht von der Anmeldepflicht freigestellt ist.

*Fragen, die sich ausschließlich auf staatliche Beihilferegelungen, einschließ-
lich Investitionen, in ländlichen Gebieten gemäß Teil II Kapitel 3 Abschnitte
3.1, 3.2, 3.6 und 3.10 der Rahmenregelung beziehen*

5. Umfassen die beihilfefähigen Kosten Folgendes?

    ☐ a) Errichtung, Erwerb (einschließlich Leasing) oder Modernisie-
    rung von unbeweglichem Vermögen;

i) Beläuft sich der Betrag für die erworbenen Flächen auf höchstens 10 % des Gesamtbetrags der beihilfefähigen Kosten des betreffenden Vorhabens?

☐   ja   ☐   nein

ii) Falls sich der Betrag für die erworbenen Flächen auf mehr als 10 % des Gesamtbetrags der beihilfefähigen Kosten des betreffenden Vorhabens beläuft: Dient das Vorhaben dem Umweltschutz?

☐   ja   ☐   nein

Falls ja, kann in hinreichend begründeten Ausnahmefällen ein höherer Prozentsatz gestattet werden. Bitte machen Sie genauere Angaben, damit die Kommission den betreffenden Fall prüfen kann.

....

....

☐   b) Kauf oder Leasingkauf von Maschinen und Anlagen bis zum marktüblichen Wert des Wirtschaftsguts;

☐   c) allgemeine Kosten im Zusammenhang mit den unter den Buchstaben a und b genannten Ausgaben, etwa für Architekten-, Ingenieur- und Beraterhonorare sowie für Beratung zu ökologischer Nachhaltigkeit und wirtschaftlicher Tragfähigkeit, einschließlich Durchführbarkeitsstudien. Durchführbarkeitsstudien zählen auch dann zu den beihilfefähigen Ausgaben, wenn aufgrund ihrer Ergebnisse keine Ausgaben gemäß den Buchstaben a und b getätigt werden;

☐   d) die folgenden Investitionen in immaterielle Vermögenswerte: Erwerb oder Entwicklung von Computersoftware und Kauf von Patenten, Lizenzen, Copyrights und Handelsmarken;

☐   e) sonstige (bitte präzisieren):

....

....

Bitte beachten Sie, dass die Liste der beihilfefähigen Kosten gemäß den Buchstaben a bis d erschöpfend ist.

6.   Umfassen die beihilfefähigen Kosten Folgendes?

☐   a) andere als die in Frage 5 (Randnummer 635 der Rahmenregelung) genannten Kosten im Zusammenhang mit Leasingverträgen wie die Gewinnspanne des Leasinggebers, Zinskosten der Refinanzierung, Gemeinkosten und Versicherungskosten;

☐   b) Betriebskapital;

Falls die Beihilfen die Kosten gemäß den Buchstaben a und b umfassen, weisen wir darauf hin, dass die Beihilfe nicht als mit dem Binnenmarkt vereinbar erklärt werden kann.

7.   Bitte geben Sie die Beihilfehöchstintensität, ausgedrückt als Prozentsatz des beihilfefähigen Investitionsvolumens, an:

a) in weniger entwickelten Regionen:

i) .... % der beihilfefähigen Kosten für Investitionen in Regionen mit einem Pro-Kopf-BIP, das weniger als 45 % des EU-27-Durchschnitts beträgt:

5. Verf-DVO kons

ii) .... % der beihilfefähigen Kosten für Investitionen in Regionen mit einem Pro-Kopf-BIP von 45 % bis 60 % des EU-27-Durchschnitts;

iii) .... % der beihilfefähigen Kosten für Investitionen in Regionen mit einem Pro-Kopf-BIP von über 60 % des EU-27-Durchschnitts;

b) in Gebieten in äußerster Randlage mit einem Pro-Kopf-BIP von höchstens 75 % des EU-27-Durchschnitts:

   i) .... % der beihilfefähigen Kosten für Investitionen in Regionen mit einem Pro-Kopf-BIP, das weniger als 45 % des EU-27-Durchschnitts beträgt;

   ii) .... % der beihilfefähigen Kosten für Investitionen in Regionen mit einem Pro-Kopf-BIP von 45 % bis 60 % des EU-27-Durchschnitts;

   iii) .... % der beihilfefähigen Kosten für Investitionen in Regionen mit einem Pro-Kopf-BIP von über 60 % des EU-27-Durchschnitts;

c) in anderen Gebieten in äußerster Randlage:

   i) .... % der beihilfefähigen Kosten für Investitionen in Regionen mit einem Pro-Kopf-BIP, das weniger als 45 % des EU-27-Durchschnitts beträgt;

   ii) .... % der beihilfefähigen Kosten für Investitionen in Regionen mit einem Pro-Kopf-BIP von 45 % bis 60 % des EU-27-Durchschnitts;

   iii) .... % der beihilfefähigen Kosten für Investitionen in Regionen mit einem Pro-Kopf-BIP von über 60 % des EU-27-Durchschnitts;

d) in C-Fördergebieten:

   i) .... % der beihilfefähigen Kosten für Investitionen in Gebieten mit geringer Bevölkerungsdichte und in Gebieten (NUTS-3-Regionen oder Teilen von NUTS-3-Regionen), die eine Landgrenze zu einem Staat aufweisen, der nicht zum Europäischen Wirtschaftsraum (EWR) oder zur Europäischen Freihandelszone (EFTA) gehört;

   ii) .... % der beihilfefähigen Kosten für Investitionen in nicht prädefinierten C-Fördergebieten;

   iii) .... % der beihilfefähigen Kosten für Investitionen in ehemaligen A-Fördergebieten nur im Zeitraum vom 1. Juli 2014 bis zum 31. Dezember 2017;

   iv) .... % der beihilfefähigen Kosten für Investitionen in den an ein A-Fördergebiet angrenzenden NUTS-3-Regionen oder Teilen von NUTS-3-Regionen in einem betreffenden C-Fördergebiet.

Wie groß ist die Differenz zwischen den Beihilfeintensitäten der beiden Gebiete?

e) Wird die Beihilfe für große Investitionsvorhaben gewährt?

   ☐   ja   ☐   nein

Falls Sie die Frage mit „Ja" beantwortet haben, weisen wir darauf hin, dass die Beihilfehöchstintensitäten gemäß Randnummer 638 Buchstaben a bis c der Rahmenregelung nicht für mittlere Unternehmen um bis zu 10 Prozentpunkte und nicht für Kleinstunternehmen und kleine Unternehmen um bis zu 20 Prozentpunkte angehoben werden können;

f) in allen anderen als den unter den Buchstaben a bis d dieser Frage genannten Gebieten:

   .... % des Betrags der beihilfefähigen Kosten

g) für Beihilfen für große Investitionsvorhaben:

Bitte geben Sie den anhand der Formel unter Randnummer 35 Ziffer 31 der Rahmenregelung berechneten angepassten Beihilfebetrag an (Beihilfehöchstbetrag = $R \times (50 + 0{,}50 \times B + 0{,}34 \times C)$. Dabei entspricht R der in dem betreffenden Gebiet geltenden Beihilfehöchstintensität (ohne Anhebung der Beihilfeintensität für KMU). B entspricht den beihilfefähigen Kosten zwischen 50 Mio. EUR und 100 Mio. EUR. C steht für die beihilfefähigen Kosten über 100 Mio. EUR):

....

8.   Verpflichtet sich die Mitgliedstaat, Einzelinvestitionsbeihilfen im Rahmen einer angemeldeten Beihilferegelung gemäß Artikel 108 Absatz 3 AEUV anzumelden, wenn die Beihilfen aus allen Quellen die Anmeldeschwelle gemäß Randnummer 37 Buchstabe c der Rahmenregelung übersteigen?

☐   ja   ☐   nein

3.1.   ERGÄNZENDER FRAGEBOGEN ZU BEIHILFEN FÜR INVESTITIONEN IN DIE VERARBEITUNG VON LANDWIRTSCHAFTLICHEN ERZEUGNISSEN ZU NICHTLANDWIRTSCHAFTLICHEN ERZEUGNISSEN, INVESTITIONEN IN DIE BAUMWOLLERZEUGUNG ODER INVESTITIONEN IN DIE GRÜNDUNG UND ENTWICKLUNG VON NICHTLANDWIRTSCHAFTLICHEN TÄTIGKEITEN

Dieser ergänzende Fragebogen gilt für Investitionen in die Verarbeitung von landwirtschaftlichen Erzeugnissen zu nichtlandwirtschaftlichen Erzeugnissen, Investitionen in die Baumwollerzeugung oder Investitionen in die Gründung und Entwicklung von nichtlandwirtschaftlichen Tätigkeiten gemäß der Beschreibung in Teil II Kapitel 3 Abschnitt 3.1 der Rahmenregelung der Europäischen Union für staatliche Beihilfen im Agrar- und Forstsektor und in ländlichen Gebieten 2014–2020 (im Folgenden „Rahmenregelung").

1.   Betreffen die Beihilfen Investitionen in materielle und immaterielle Vermögenswerte?

☐   ja   ☐   nein

2.   Wofür ist die Beihilfe bestimmt?

☐   a) die Verarbeitung von landwirtschaftlichen Erzeugnissen, bei der das Ergebnis des Produktionsprozesses ein nichtlandwirtschaftliches Erzeugnis ist;

☐   b) die Baumwollerzeugung, einschließlich Entkörnen;

☐   c) Investitionen in nichtlandwirtschaftliche Tätigkeiten, die Landwirten oder Mitgliedern eines landwirtschaftlichen Haushalts, die sich nichtlandwirtschaftlichen Tätigkeiten zuwenden, Kleinst- und kleinen Unternehmen in ländlichen Gebieten und natürlichen Personen in ländlichen Gebieten gewährt werden.

SONSTIGE ANGABEN

Machen Sie hier bitte gegebenenfalls sonstige Angaben, die für die Würdigung der betreffenden Maßnahme nach diesem Abschnitt der Rahmenregelung von Belang sind:

....

3.2.   ERGÄNZENDER FRAGEBOGEN ZU BEIHILFEN FÜR BASISDIENSTLEISTUNGEN UND DORFERNEUERUNG IN LÄNDLICHEN GEBIETEN

Dieser ergänzende Fragebogen gilt für staatliche Beihilfen für Basisdienstleistungen und Dorferneuerung in ländlichen Gebieten gemäß der Beschreibung in Teil II Kapitel 3 Abschnitt 3.2 der Rahmenregelung der Europäischen Union für staatliche Beihilfen im Agrar- und Forstsektor und in ländlichen Gebieten 2014–2020 (im Folgenden „Rahmenregelung").

1.   Betreffen die Beihilfen die Ausarbeitung und Aktualisierung von Plänen für die Entwicklung von Gemeinden und Dörfern in ländlichen Gebieten und ihrer Basisdienstleistungen sowie von Schutz- und Bewirtschaftungsplänen für Natura-2000-Gebiete und sonstige Gebiete von hohem Naturwert?

5. Verf-DVO kons

▼ M9

☐ ja   ☐ nein

2. Betreffen die Beihilfen Investitionen in die Schaffung, Verbesserung oder Ausdehnung aller Arten von kleinen Infrastrukturen gemäß Randnummer 35 Ziffer 48 der Rahmenregelung, ausgenommen Investitionen in erneuerbare Energien und Energieeinsparungen und Breitbandinfrastruktur?

☐ ja   ☐ nein

Verf-DVO kons

3. Betreffen die Beihilfen Investitionen in die Schaffung, Verbesserung oder Ausdehnung lokaler Basisdienstleistungen für die ländliche Bevölkerung (einschließlich Freizeit und Kultur) und die dazugehörige Infrastruktur?

☐ ja   ☐ nein

4. Betreffen die Beihilfen Investitionen zur öffentlichen Verwendung in Freizeitinfrastruktur, Fremdenverkehrsinformation und kleinen touristischen Infrastrukturen?

☐ ja   ☐ nein

5. Betreffen die Beihilfen Studien und Investitionen im Zusammenhang mit der Erhaltung, Wiederherstellung und Verbesserung des Kultur- und Naturerbes von Dörfern, von ländlichen Landschaften und Gebieten mit hohem Naturwert, einschließlich der dazugehörigen sozioökonomischen Aspekte, sowie Maßnahmen zur Schärfung des Umweltbewusstseins?

☐ ja   ☐ nein

6. Betreffen die Beihilfen Investitionen für die Verlagerung von Tätigkeiten und die Umgestaltung von Gebäuden oder anderen Anlagen innerhalb oder in der Nähe ländlicher Siedlungen, um die Lebensqualität oder die Umweltleistung der Siedlung zu verbessern?

☐ ja   ☐ nein

7. Werden die dazugehörigen Investitionsvorhaben in Übereinstimmung mit Plänen für die Entwicklung von Gemeinden und Dörfern in ländlichen Gebieten und von deren Basisdienstleistungen — sofern es solche Pläne gibt — durchgeführt?

☐ ja   ☐ nein

8. Sind die dazugehörigen Investitionsvorhaben auf eine etwaige lokale Entwicklungsstrategie abgestimmt?

☐ ja   ☐ nein

9. Werden die Beihilfen gemäß Randnummer 644 Buchstabe e der Rahmenregelung für von den zuständigen Behörden des betreffenden Mitgliedstaats offiziell anerkanntes Kultur- oder Naturerbe gewährt?

☐ ja   ☐ nein

Beihilfefähige Kosten

10. Folgende Kosten sind beihilfefähig:

☐ a) die Kosten für die Ausarbeitung und Aktualisierung von Plänen für die Entwicklung und Bewirtschaftung von ländlichen Gebieten und ihrer Basisdienstleistungen sowie von Plänen für Gebiete mit hohem Naturschutzwert;

☐ b) die Kosten für Investitionen in materielle und immaterielle Vermögenswerte;

☐ c) die Kosten für die Erstellung von Studien im Zusammenhang mit Kultur- und Naturerbe, ländlichen Landschaften und Gebieten von hohem Naturwert;

☐ d) die Kosten von Maßnahmen zur Schärfung des Umweltbewusstseins;

▼ M9

e) die Kosten baulicher Maßnahmen kommen ebenfalls für Beihilfen gemäß Randnummer 644 Buchstabe e der Rahmenregelung in Betracht.

Beihilfeintensität

11. Bitte bestätigen Sie, dass die Beihilfeintensität bei Maßnahmen gemäß Randnummer 644 Buchstaben a und b der Rahmenregelung 100 % der beihilfefähigen Kosten nicht überschreitet.

☐ ja   ☐ nein

12. Bitte bestätigen Sie, dass die Beihilfeintensität bei Maßnahmen gemäß Randnummer 644 Buchstaben c, d und e der Rahmenregelung 100 % der beihilfefähigen Kosten nicht überschreitet.

☐ ja   ☐ nein

Bitte beachten Sie, dass die Nettoeinnahmen vorab oder über einen Rückforderungsmechanismus von den beihilfefähigen Kosten abgezogen werden müssen.

13. Bitte bestätigen Sie, dass die Beihilfeintensität bei Maßnahmen gemäß Randnummer 644 Buchstabe f der Rahmenregelung folgende Werte nicht überschreitet:

☐ a) wenn die Verlagerung der Tätigkeiten oder die Umgestaltung von Gebäuden oder sonstiger Anlagen die einfache Demontage, Entfernung und den Wiederaufbau bestehender Anlagen umfasst: 100 % der für diese Tätigkeiten tatsächlich entstandenen Kosten;

☐ b) wenn die Verlagerung der Tätigkeiten oder die Umgestaltung von Gebäuden oder sonstiger Anlagen über die Demontage, Entfernung und den Wiederaufbau bestehender Anlagen gemäß Randnummer 650 Buchstabe a der Rahmenregelung hinaus zur Modernisierung dieser Anlagen oder zur Steigerung der Produktionskapazität führt: für die Kosten im Zusammenhang mit der Modernisierung der Anlagen oder der Steigerung der Produktionskapazität gelten die Beihilfeintensitäten für Investitionen gemäß Randnummer 638 der Rahmenregelung.

Wir weisen darauf hin, dass für die Zwecke von Randnummer 650 Buchstabe b der Rahmenregelung die reine Ersetzung eines bestehenden Gebäudes bzw. bestehender Anlagen durch ein neues, modernes Gebäude bzw. durch neue, moderne Anlagen, ohne dass dadurch die Art der Produktion oder die eingesetzte Technologie grundlegend geändert wird, nicht als Modernisierung gilt.

SONSTIGE ANGABEN

Machen Sie hier bitte gegebenenfalls sonstige Angaben, die für die Würdigung der betreffenden Maßnahme nach diesem Abschnitt der Rahmenregelung von Belang sind:

....

3.3. ERGÄNZENDER FRAGEBOGEN ZU EXISTENZGRÜNDUNGSBEIHILFEN FÜR NICHTLANDWIRTSCHAFTLICHE TÄTIGKEITEN IN LÄNDLICHEN GEBIETEN

Dieser ergänzende Fragebogen gilt für staatliche Existenzgründungsbeihilfen für nichtlandwirtschaftliche Tätigkeiten in ländlichen Gebieten gemäß der Beschreibung in Teil II Kapitel 3 Abschnitt 3.3 der Rahmenregelung der Europäischen Union für staatliche Beihilfen im Agrar- und Forstsektor und in ländlichen Gebieten 2014–2020 (im Folgenden „Rahmenregelung").

1. Wem wird die Beihilfe gewährt?

☐ a) Landwirten;

☐ b) Mitgliedern eines landwirtschaftlichen Haushalts, die sich nichtlandwirtschaftlichen Tätigkeiten zuwenden;

☐ c) Kleinst- und kleinen Unternehmen;

☐　d)　natürlichen Personen in ländlichen Gebieten;

☐　e)　mittleren und großen Unternehmen in ländlichen Gebieten.

Für den Fall, dass mittlere und große Unternehmen in ländlichen Gebieten als Beihilfeempfänger in Betracht kommen, weisen wir darauf hin, dass Beihilfen nur für den Aufbau von Betriebsführungs-, Vertretungs- und Beratungsdiensten für landwirtschaftliche Betriebe sowie von Beratungsdiensten für forstwirtschaftliche Betriebe einschließlich der landwirtschaftlichen Betriebsberatung gemäß den Artikeln 12 bis 14 der Verordnung (EU) Nr. 1306/2013 gewährt werden können.

2.　　Bitte bestätigen Sie, dass ein Geschäftsplan vorgelegt wird.

　　　☐　　ja　　　　☐　　nein

3.　　Bitte bestätigen Sie, dass mit der Durchführung des Geschäftsplans innerhalb von neun Monaten ab dem Zeitpunkt des Beschlusses zur Gewährung der Beihilfe begonnen wird.

　　　☐　　ja　　　　☐　　nein

4.　　Bitte bestätigen Sie, dass der Geschäftsplan zumindest Folgendes beschreibt:

　　　☐　a)　die wirtschaftliche Ausgangssituation des antragstellenden Beihilfeempfängers;

　　　☐　b)　Zwischen- und Endziele im Hinblick auf die Entwicklung der neuen Tätigkeiten des Beihilfeempfängers;

　　　☐　c)　Einzelheiten zu den Maßnahmen, die für die Entwicklung der Tätigkeiten des Beihilfeempfängers erforderlich sind (z. B. Investitionen, Ausbildungsmaßnahmen, Beratungsdienste und sonstige Tätigkeiten).

5.　　Wird die Beihilfe in mindestens zwei Tranchen über einen Zeitraum von höchstens fünf Jahren gewährt?

　　　☐　　ja　　　　☐　　nein

Falls nein, beachten Sie bitte, dass die Beihilfe als mit dem Binnenmarkt unvereinbar erklärt wird.

6.　　Sind die Tranchen degressiv?

　　　☐　　ja　　　　☐　　nein

7.　　Hängt die Zahlung der letzten Tranche von der ordnungsgemäßen Durchführung des Geschäftsplans ab?

　　　☐　　ja　　　　☐　　nein

Falls nein, beachten Sie bitte, dass die Beihilfe als mit dem Binnenmarkt unvereinbar erklärt wird.

8.　　Berücksichtigt der Mitgliedstaat bei der Festsetzung des Beihilfebetrags die sozioökonomische Lage des Programmgebiets?

　　　☐　　ja　　　　☐　　nein

9.　　Bitte bestätigen Sie, dass der Beihilfebetrag auf 70 000 EUR je Unternehmen begrenzt ist.

　　　☐　　ja　　　　☐　　nein

SONSTIGE ANGABEN

Machen Sie hier bitte gegebenenfalls sonstige Angaben, die für die Würdigung der betreffenden Maßnahme nach diesem Abschnitt der Rahmenregelung von Belang sind:

....

3.4.　　ERGÄNZENDER FRAGEBOGEN ZU BEIHILFEN FÜR AGRAR-UMWELT- UND KLIMAVERPFLICHTUNGEN ZUGUNSTEN VON ANDEREN LANDBEWIRTSCHAFTERN UND NICHT IM AGRAR-SEKTOR TÄTIGEN UNTERNEHMEN IN LÄNDLICHEN GEBIETEN

▼ M9

1. **GEMEINSAME VORSCHRIFTEN**

1.1. Werden die Beihilfen unter den geltenden einschlägigen Bedingungen gemäß Teil II Kapitel 1 Abschnitt 1.1.5.1 der Rahmenregelung gewährt?

☐ ja ☐ nein

1.2. Werden die Beihilfen für Agrarumwelt- und Klimaverpflichtungen Gruppen von im Agrarsektor tätigen Unternehmen und anderen Landbewirtschaftern gewährt?

☐ ja ☐ nein

1.3. Falls Sie Frage 1.2 mit „Ja" beantwortet haben: Verpflichten sich diese Gruppen auf freiwilliger Basis zur Durchführung von Maßnahmen, die eine oder mehrere Agrarumwelt- und Klimaverpflichtungen auf landwirtschaftlichen Flächen umfassen?

☐ ja ☐ nein

Wir weisen darauf hin, dass der Mitgliedstaat die landwirtschaftlichen Flächen, darunter unter anderem landwirtschaftliche Flächen im Sinne von Randnummer 35 Ziffer 50 der Rahmenregelung, festzulegen hat.

1.4. Werden die Beihilfen für Agrarumwelt- und Klimaverpflichtungen anderen Landbewirtschaftern im Sinne von Randnummer 35 Ziffer 51 der Rahmenregelung oder Gruppen anderer Landbewirtschafter gewährt?

☐ ja ☐ nein

Falls ja, sind solche Beihilfen gemäß Randnummer 662 der Rahmenregelung zu rechtfertigen.

....

1.5. Werden die Beihilfen für Agrarumwelt- und Klimaverpflichtungen Unternehmen in ländlichen Gebieten, die nicht im Agrarsektor tätig sind, gewährt?

☐ ja ☐ nein

Falls ja, weisen wir darauf hin, dass für die Erhaltung und die nachhaltige Nutzung und Entwicklung der genetischen Ressourcen in der Landwirtschaft Beihilfen für Vorhaben gewährt werden können, die nicht unter die Bestimmungen von Teil II Abschnitt 1.1.5.1 Randnummern 208 bis 219 der Rahmenregelung fallen.

2. **ÜBERPRÜFUNGSKLAUSEL**

2.1. Ist für Vorhaben im Rahmen dieser Beihilfemaßnahme eine Überprüfungsklausel vorgesehen?

☐ ja ☐ nein

Falls nein, weisen wir darauf hin, dass gemäß Randnummer 724 der Rahmenregelung der Mitgliedstaat verpflichtet ist, eine Überprüfungsklausel einzuführen, um sicherzustellen, dass die Vorhaben angepasst werden können, falls die in Teil II Kapitel 3 Abschnitt 3.4 der Rahmenregelung genannten relevanten verbindlichen Standards, Anforderungen oder Auflagen, über die in dem Abschnitt genannten Verpflichtungen hinausgehen müssen, geändert werden.

2.2. Geht diese Beihilfemaßnahme über den Programmplanungszeitraum für die ländliche Entwicklung 2014–2020 hinaus?

☐ ja ☐ nein

Falls ja, weisen wir darauf hin, dass gemäß Randnummer 725 der Rahmenregelung eine Überprüfungsklausel enthalten sein muss, um die Anpassung der Vorhaben an den Rechtsrahmen für den folgenden Programmplanungszeitraum zu ermöglichen.

5. Verf-DVO kons

Verf-DVO kons

SONSTIGE ANGABEN

Machen Sie hier bitte gegebenenfalls sonstige Angaben, die für die Würdigung der betreffenden Maßnahme nach diesem Abschnitt der Rahmenregelung von Belang sind:

....

3.5. ERGÄNZENDER FRAGEBOGEN ZU BEIHILFEN FÜR ANDERE LANDBEWIRTSCHAFTER ZUM AUSGLEICH VON NACHTEILEN IM ZUSAMMENHANG MIT NATURA-2000-GEBIETEN

1. Bitte begründen Sie, warum die Beihilfe anderen Landbewirtschaftern gewährt wird:

....

....

2. Bitte bestätigen Sie, dass die folgenden Voraussetzungen erfüllt sind:

☐ a) Die Beihilfen werden anderen Landbewirtschaftern zum Ausgleich von zusätzlichen Kosten und Einkommensverlusten gewährt, die ihnen aufgrund von Nachteilen in den betreffenden Gebieten im Zusammenhang mit der Umsetzung der FFH-Richtlinie und der Vogelschutz-Richtlinie entstehen;

☐ b) beihilfefähig sind nur Maßnahmen für die folgenden Gebiete:

i) als Natura-2000-Gebiete nach der FFH-Richtlinie und der Vogelschutz-Richtlinie ausgewiesene landwirtschaftliche Gebiete;

ii) andere für die Zwecke des Naturschutzes abgegrenzte Gebiete mit umweltspezifischen Einschränkungen für die landwirtschaftliche Nutzung, die zur Umsetzung von Artikel 10 der FFH-Richtlinie beitragen;

☐ c) die Beihilfen sind auf die unter Randnummer 668 der Rahmenregelung festgesetzten Beträge begrenzt:

i) 500 EUR je Hektar und Jahr im Anfangszeitraum, der fünf Jahre nicht überschreitet;

ii) in der Folge 200 EUR je Hektar und Jahr.

☐ d) Werden die Höchstbeträge von 500 EUR und 200 EUR vom Mitgliedstaat in Ausnahmefällen angehoben, kann der Mitgliedstaat die besonderen Umstände, die eine solche Anhebung rechtfertigen, erklären?

....

SONSTIGE ANGABEN

Machen Sie hier bitte gegebenenfalls sonstige Angaben, die für die Würdigung der betreffenden Maßnahme nach diesem Abschnitt der Rahmenregelung von Belang sind:

....

3.6. ERGÄNZENDER FRAGEBOGEN ZU BEIHILFEN FÜR WISSENSTRANSFER UND INFORMATIONSMASSNAHMEN IN LÄNDLICHEN GEBIETEN

Dieser Fragebogen ist für die Anmeldung von staatlichen Beihilfen für Wissenstransfer und Informationsmaßnahmen in ländlichen Gebieten gemäß der Beschreibung in Teil II Kapitel 3 Abschnitt 3.6 der Rahmenregelung der Europäischen Union für staatliche Beihilfen im Agrar- und Forstsektor und in ländlichen Gebieten 2014–2020 (im Folgenden „Rahmenregelung") zu verwenden.

1. Welche der folgenden Beihilfearten werden finanziert?

☐ a) Maßnahmen der Berufsbildung und des Erwerbs von Qualifikationen (einschließlich Ausbildungskurse, Workshops und Coaching):

☐ b) Demonstrationsvorhaben;

☐ c) Informationsmaßnahmen;

☐ d) Beihilfen für die Ausbildung von Beratern im Zusammenhang mit den Beratungsdiensten gemäß Teil II Abschnitte 1.1.10.2., 2.5 und 3.7 der Rahmenregelung.

2. Werden die Beihilfen Personen, die im Lebensmittelsektor tätig sind, anderen Landbewirtschaftern als im Agrarsektor tätigen Unternehmen sowie KMU in ländlichen Gebieten gewährt?

☐ ja   ☐ nein

3. Bitte geben Sie die maximale Beihilfeintensität an: ....

Wir weisen darauf hin, dass die maximale Beihilfeintensität auf 50 % der beihilfefähigen Kosten bei großen Unternehmen, 60 % bei mittleren Unternehmen und 70 % bei Kleinst- und kleinen Unternehmen begrenzt sein muss.

4. Wird die Beihilfe für die Ausbildung von Beratern großen Unternehmen gewährt?

☐ ja   ☐ nein

5. Ist die Beihilfe für die Ausbildung von Beratern auf 200 000 EUR je Dreijahreszeitraum begrenzt?

☐ ja   ☐ nein

Falls nein, beachten Sie bitte, dass die Beihilfe nicht als mit dem Binnenmarkt vereinbar erklärt werden kann.

6. Welche der folgenden beihilfefähigen Kosten werden durch die Beihilfemaßnahme gedeckt?

☐ a) Kosten für Organisation und Durchführung des Wissenstransfers oder der Informationsmaßnahme;

☐ b) bei Demonstrationsvorhaben die zugehörigen Investitionskosten;

☐ c) Kosten für Reise und Aufenthalt sowie Tagegelder für die Teilnehmer.

7. Die Beihilfe wird gewährt in Form von

☐ a) bezuschussten Dienstleistungen;

☐ b) Direktzahlungen an die Erzeuger nur als Erstattung der tatsächlich entstandenen Kosten.

Wir weisen darauf hin, dass gemäß Randnummer 672 Buchstaben a und b der Rahmenregelung die Beihilfe keine Direktzahlungen an die Beihilfeempfänger umfassen darf.

8. Ist der Empfänger der Beihilfe gemäß Randnummer 672 Buchstaben a und b der Rahmenregelung der Anbieter der Ausbildung oder des sonstigen Wissenstransfers oder sonstiger Informationsmaßnahmen?

☐ ja   ☐ nein

Falls nein, beachten Sie bitte, dass die Beihilfe nicht als mit dem Binnenmarkt vereinbar erklärt werden kann.

**Verf-DVO
kons**

9. Stehen die Beihilfen allen in dem betreffenden ländlichen Gebiet in Frage kommenden Unternehmen auf der Grundlage objektiv definierter Kriterien offen?

☐   ja   ☐   nein

Falls nein, beachten Sie bitte, dass die Beihilfe nicht als mit dem Binnenmarkt vereinbar erklärt werden kann.

10. Verfügen die Anbieter von Wissenstransfer und Informationsdiensten über die geeigneten Kapazitäten in Form von qualifiziertem Personal und regelmäßigen Schulungen zur Durchführung dieser Aufgaben?

☐   ja   ☐   nein

Falls nein, beachten Sie bitte, dass die Beihilfe nicht als mit dem Binnenmarkt vereinbar erklärt werden kann.

SONSTIGE ANGABEN

Machen Sie hier bitte gegebenenfalls sonstige Angaben, die für die Würdigung der betreffenden Maßnahme nach diesem Abschnitt der Rahmenregelung von Belang sind:

....

3.7. ERGÄNZENDER FRAGEBOGEN ZU BEIHILFEN FÜR BERATUNGSDIENSTE IN LÄNDLICHEN GEBIETEN

Dieser Fragebogen ist für die Anmeldung von staatlichen Beihilfen für Beratungsdienste in ländlichen Gebieten gemäß der Beschreibung in Teil II Kapitel 3 Abschnitt 3.7 der Rahmenregelung der Europäischen Union für staatliche Beihilfen im Agrar- und Forstsektor und in ländlichen Gebieten 2014–2020 (im Folgenden „Rahmenregelung") zu verwenden.

1. Werden die Beihilfen gewährt, um anderen Landbewirtschaftern und KMU in ländlichen Gebieten bei der Inanspruchnahme von Beratungsdiensten zur Verbesserung der wirtschaftlichen und ökologischen Leistung sowie der Klimafreundlichkeit und -resistenz ihres Betriebs oder Unternehmens und/oder ihrer Investition zu helfen?

☐   ja   ☐   nein

2. Die Beratung betrifft mindestens eines der folgenden Elemente:

☐ a) Verpflichtungen aufgrund der Grundanforderungen an die Betriebsführung und/oder der Standards für den guten landwirtschaftlichen und ökologischen Zustand gemäß Titel VI Kapitel I der Verordnung (EU) Nr. 1306/2013;

☐ b) die dem Klima- und Umweltschutz förderlichen Landbewirtschaftungsmethoden gemäß Titel III Kapitel 3 der Verordnung (EU) Nr. 1307/2013 und die Erhaltung der landwirtschaftlichen Fläche gemäß Artikel 4 Absatz 1 Buchstabe c der genannten Verordnung;

☐ c) Maßnahmen zur Modernisierung des landwirtschaftlichen Betriebs, Verbesserung der Wettbewerbsfähigkeit, Integration des Sektors, Innovation, Marktorientierung und Förderung von Unternehmertum;

☐ d) von den Mitgliedstaaten festgelegte Anforderungen zur Umsetzung von Artikel 11 Absatz 3 der Wasserrahmenrichtlinie;

☐ e) von den Mitgliedstaaten festgelegte Anforderungen zur Umsetzung von Artikel 55 der Verordnung (EG) Nr. 1107/2009 des Europäischen Parlaments und des Rates [1] und insbesondere die Einhaltung der allgemeinen Grundsätze des integrierten Pflanzenschutzes gemäß Artikel 14 der Richtlinie über die nachhaltige Verwendung von Pestiziden [2];

---

[1] Verordnung (EG) Nr. 1107/2009 des Europäischen Parlaments und des Rates vom 21. Oktober 2009 über das Inverkehrbringen von Pflanzenschutzmitteln und zur Aufhebung der Richtlinien 79/117/EWG und 91/414/EWG des Rates (ABl. L 309 vom 24.11.2009, S. 1).

[2] Richtlinie 2009/128/EG des Europäischen Parlaments und des Rates vom 21. Oktober 2009 über einen Aktionsrahmen der Gemeinschaft für die nachhaltige Verwendung von Pestiziden (ABl. L 309 vom 24.11.2009. S. 71).

☐ f) Standards für die Sicherheit am Arbeitsplatz oder Sicherheitsstandards im Zusammenhang mit dem landwirtschaftlichen Betrieb;

☐ g) spezifische Beratung für Landwirte, die sich erstmals niederlassen, einschließlich Beratung zu ökologischer Nachhaltigkeit und wirtschaftlicher Tragfähigkeit.

3. Welche der folgenden Beihilfearten wird durch die Beihilferegelung/Einzelmaßnahme finanziert?

☐ a) Beratung von KMU in ländlichen Gebieten im Zusammenhang mit der wirtschaftlichen und ökologischen Leistung des Beihilfeempfängers;

☐ b) Beratung zu Informationen über die in Anhang I der Verordnung (EU) Nr. 1306/2013 genannten Bereiche Eindämmung des Klimawandels und Anpassung an seine Folgen, Biodiversität und Gewässerschutz;

☐ c) Beratung zu Fragen im Zusammenhang mit der wirtschaftlichen und ökologischen Leistung des landwirtschaftlichen Betriebs, einschließlich seiner Wettbewerbsfähigkeit;

☐ d) Beratung bei der Entwicklung kurzer Versorgungsketten sowie in Bezug auf den ökologischen Landbau und gesundheitliche Aspekte der Tierhaltung;

☐ e) Beratung zu anderen Themen.

Beschreiben Sie bitte die geplanten Maßnahmen:

....

....

....

....

4. Die Beihilfe muss an den Erbringer der Beratungsdienste gezahlt werden und darf keine Direktzahlungen an die Erzeuger umfassen:

☐ ja ☐ nein

Falls nein, beachten Sie bitte, dass die Beihilfe nicht als mit dem Binnenmarkt vereinbar erklärt werden kann.

5. Erfolgt die Beratung teilweise in Gruppen?

☐ ja ☐ nein

Bitte beachten Sie, dass die Beratung, soweit hinreichend begründet und angezeigt, teilweise in Gruppen erfolgen kann, wobei der Situation des Einzelnen Rechnung zu tragen ist, der die Beratungsdienste in Anspruch nimmt.

6. Falls Sie die Frage 5 mit „Ja" beantwortet haben, begründen Sie bitte, weshalb die Beratung in Gruppen erfolgt.

....

....

....

7. Ist der Beihilfebetrag auf 1 500 EUR je Beratung begrenzt?

☐ ja ☐ nein

Falls nein, beachten Sie bitte, dass die Beihilfe nicht als mit dem Binnenmarkt vereinbar erklärt werden kann.

5. Verf-DVO kons

8. Halten die Anbieter von Beratungsdiensten bei ihrer Beratungstätigkeit die Geheimhaltungspflichten gemäß Artikel 13 Absatz 2 der Verordnung (EU) Nr. 1306/2013 ein?

   ☐ ja   ☐ nein

   Falls nein, beachten Sie bitte, dass die Beihilfe nicht als mit dem Binnenmarkt vereinbar erklärt werden kann.

SONSTIGE ANGABEN

Verf-DVO kons

Machen Sie hier bitte gegebenenfalls sonstige Angaben, die für die Würdigung der betreffenden Maßnahme nach diesem Abschnitt der Rahmenregelung von Belang sind:

....

3.8. ERGÄNZENDER FRAGEBOGEN ZU BEIHILFEN FÜR DIE ERSTMALIGE TEILNAHME VON AKTIVEN LANDWIRTEN AN QUALITÄTSREGELUNGEN FÜR BAUMWOLLE ODER LEBENSMITTEL

Dieser Fragebogen ist für die Anmeldung von staatlichen Beihilfen für die erstmalige Teilnahme von aktiven Landwirten an Qualitätsregelungen für Baumwolle oder Lebensmittel gemäß der Beschreibung in Teil II Kapitel 3 Abschnitt 3.8 der Rahmenregelung der Europäischen Union für staatliche Beihilfen im Agrar- und Forstsektor und in ländlichen Gebieten 2014–2020 (im Folgenden „Rahmenregelung") zu verwenden.

1. Für welche Art von Regelung wird die Beihilfe für eine erstmalige Teilnahme gewährt?

   ☐ a) durch Rechtsvorschriften der Union eingeführte Qualitätsregelungen für Baumwolle oder Lebensmittel;

   ☐ b) Qualitätsregelungen für Baumwolle oder Lebensmittel, bei denen die Mitgliedstaaten anerkennen, dass sie folgenden Kriterien genügen:

      i) die Besonderheit des im Rahmen solcher Qualitätsregelungen gewonnenen Enderzeugnisses ergibt sich aus detaillierten Verpflichtungen, die Folgendes gewährleisten:

      — besondere Erzeugnismerkmale oder

      — besondere Anbau- oder Erzeugungsmethoden oder

      — eine Qualität des Enderzeugnisses, die hinsichtlich des Schutzes der menschlichen, tierischen und pflanzlichen Gesundheit, des Tierschutzes oder des Umweltschutzes erheblich über die handelsüblichen Warennormen hinausgeht;

      ii) die Qualitätsregelung steht allen Erzeugern offen;

      iii) die Qualitätsregelung umfasst verbindliche Spezifikationen für das Enderzeugnis, und die Einhaltung dieser Spezifikationen wird von Behörden oder einer unabhängigen Kontrolleinrichtung überprüft;

      iv) die Regelung ist transparent und gewährleistet die vollständige Rückverfolgbarkeit der landwirtschaftlichen Erzeugnisse;

   ☐ c) freiwillige Zertifizierungssysteme für landwirtschaftliche Erzeugnisse, bei denen die Mitgliedstaaten anerkennen, dass sie die Leitlinien der Union für eine gute Praxis beim Einsatz von freiwilligen Zertifizierungssystemen für landwirtschaftliche Erzeugnisse erfüllen.

2. Wird die Beihilfe in Form eines jährlichen als Anreiz gezahlten Betrags entsprechend der Höhe der Fixkosten, die sich aus der Teilnahme an den Qualitätsregelungen ergeben, für einen Zeitraum von höchstens fünf Jahren gewährt?

   ☐ ja   ☐ nein

   Falls nein, weisen wir darauf hin, dass die Beihilfe gemäß Teil II Kapitel 3 Abschnitt 3.8 der Rahmenregelung nur gewährt werden kann, wenn diese Voraussetzungen erfüllt sind.

3. Welcher Beihilfebetrag wird pro Beihilfeempfänger und Jahr gewährt?

   ....

   Bitte beachten Sie, dass die Beihilfe gemäß Teil II Kapitel 3 Abschnitt 3.8 der Rahmenregelung auf 3 000 EUR pro Beihilfeempfänger und Jahr begrenzt ist.

SONSTIGE ANGABEN

Machen Sie hier bitte gegebenenfalls sonstige Angaben, die für die Würdigung der betreffenden Maßnahme nach diesem Abschnitt der Rahmenregelung von Belang sind:

....

3.9. ERGÄNZENDER FRAGEBOGEN ZU BEIHILFEN FÜR INFORMA-TIONS- UND ABSATZFÖRDERUNGSMASSNAHMEN FÜR UNTER QUALITÄTSREGELUNGEN FALLENDE BAUMWOLLE UND LE-BENSMITTEL

Dieser Fragebogen ist für die Anmeldung von staatlichen Beihilfen für Informa-tions- und Absatzförderungsmaßnahmen für unter Qualitätsregelungen fallende Baumwolle und Lebensmittel gemäß der Beschreibung in Teil II Kapitel 3 Ab-schnitt 3.9 der Rahmenregelung der Europäischen Union für staatliche Beihilfen im Agrar- und Forstsektor und in ländlichen Gebieten 2014–2020 (im Folgenden „Rahmenregelung") zu verwenden.

1. Werden die Beihilfen für Informations- und Absatzförderungsmaßnah-men für Baumwolle und Lebensmittel gewährt, die unter Qualitätsrege-lungen fallen, für die Beihilfen gemäß Teil II Abschnitt 3.8. der Rah-menregelung gewährt werden?

   ☐ ja   ☐ nein

   Falls nein, beachten Sie bitte, dass gemäß Randnummer 691 der Rah-menregelung für solche Maßnahmen keine Beihilfe gewährt werden kann.

2. Wird die Beihilfe nur Erzeugergruppierungen gewährt, die die Informa-tions- und Absatzförderungsmaßnahmen durchführen?

   ☐ ja   ☐ nein

   Falls nein, beachten Sie bitte, dass gemäß Randnummer 692 der Rah-menregelung für solche Maßnahmen keine Beihilfe gewährt werden kann.

3. Dienen die Beihilfen nur zur Deckung der Kosten für Maßnahmen, die

   a) den Verbraucher zum Kauf von Lebensmitteln oder Baumwolle, die unter Qualitätsregelungen fallen, motivieren sollen;

   b) die besonderen Eigenschaften oder Vorzüge der Lebensmittel bzw. der Baumwolle vor allem in Bezug auf Qualität, besondere Produk-tionsverfahren, Einhaltung hoher Tierschutzstandards und Umwelt-schutz im Zusammenhang mit der betreffenden Qualitätsregelung herausstellen?

   ☐ ja   ☐ nein

   Falls nein, beachten Sie bitte, dass gemäß Randnummer 693 der Rahmenregelung für solche Maßnahmen keine Beihilfe gewährt wer-den kann.

4. Sollen die Maßnahmen der Beihilferegelung die Verbraucher zum Kauf von Lebensmitteln oder Baumwolle aufgrund ihres Ursprungs anregen?

   ☐ ja   ☐ nein

   Falls ja, weisen wir darauf hin, dass gemäß Randnummer 694 der Rah-menregelung keine Beihilfen für solche Maßnahmen gewährt werden können, ausgenommen für Lebensmittel oder Baumwolle, die unter eine mit Titel II der Verordnung (EU) Nr. 1151/2012 eingeführte Qua-litätsregelung fallen.

5. Wird bei den Maßnahmen der Beihilferegelung der Ursprung des Le-bensmittels oder der Baumwolle angegeben?

   ☐ ja   ☐ nein

5. Verf-DVO kons

6. Falls Sie Frage 5 mit „Ja" beantwortet haben: Ist der Hinweis auf den Ursprung des Lebensmittels oder der Baumwolle der Hauptwerbebotschaft untergeordnet?

    ☐ ja   ☐ nein

    Falls nein, beachten Sie bitte, dass gemäß Randnummer 695 der Rahmenregelung für solche Maßnahmen keine Beihilfe gewährt werden kann.

7. Stehen die Informations- und Absatzförderungsmaßnahmen im Zusammenhang mit bestimmten Unternehmen oder Handelsmarken?

    ☐ ja   ☐ nein

    Falls ja, beachten Sie bitte, dass gemäß Randnummer 696 der Rahmenregelung für solche Maßnahmen keine Beihilfe gewährt werden kann.

8. Werden die Informations- und Absatzförderungsmaßnahmen nur im Binnenmarkt durchgeführt?

    ☐ ja   ☐ nein

    Falls nein, beachten Sie bitte, dass gemäß Randnummer 697 der Rahmenregelung für solche Maßnahmen keine Beihilfe gewährt werden kann.

9. Für diese Informations- und Absatzförderungsmaßnahmen werden folgende Beihilfesätze angewandt:

    ☐ bis zu 70 % (bitte genauen Satz angeben: ....%)

SONSTIGE ANGABEN

Machen Sie hier bitte gegebenenfalls sonstige Angaben, die für die Würdigung der betreffenden Maßnahme nach diesem Abschnitt der Rahmenregelung von Belang sind:

....

3.10. ERGÄNZENDER FRAGEBOGEN ZU BEIHILFEN FÜR DIE ZUSAMMENARBEIT IN LÄNDLICHEN GEBIETEN

Dieser Fragebogen ist für die Anmeldung von staatlichen Beihilfen für die Zusammenarbeit in ländlichen Gebieten gemäß der Beschreibung in Teil II Kapitel 3 Abschnitt 3.10 der Rahmenregelung der Europäischen Union für staatliche Beihilfen im Agrar- und Forstsektor und in ländlichen Gebieten 2014–2020 (im Folgenden „Rahmenregelung") zu verwenden.

1. Wird die Beihilfe gewährt, um Formen der Zusammenarbeit zwischen im Agrarsektor tätigen Unternehmen, Unternehmen der Nahrungsmittelkette und sonstigen Akteuren, die dazu beitragen, die Ziele und Prioritäten der Politik zur Entwicklung des ländlichen Raums zu verwirklichen, einschließlich Erzeugergruppierungen, Genossenschaften und Branchenverbänden, zu fördern?

    ☐ ja   ☐ nein

2. Falls Sie Frage 1 mit „Ja" beantwortet haben: Kommt die Zusammenarbeit ländlichen Gebieten zugute?

    ☐ ja   ☐ nein

    Falls nein, beachten Sie bitte, dass gemäß Randnummer 700 der Rahmenregelung keine Beihilfe gewährt werden kann.

3. Sind an der Zusammenarbeit mindestens zwei Einrichtungen beteiligt?

    ☐ ja   ☐ nein

4. Betrifft die Zusammenarbeit Folgendes?

    ☐ a) Konzepte für die Zusammenarbeit;

    ☐ b) die Schaffung von Clustern und Netzwerken;

▼ M9

c) die Einrichtung und Tätigkeit operationeller Gruppen der EIP „Landwirtschaftliche Produktivität und Nachhaltigkeit" gemäß Artikel 56 der Verordnung (EU) Nr. 1305/2013.

5. Die Beihilfen werden für folgende Formen der Zusammenarbeit gewährt:

a) Pilotprojekte;

b) die Entwicklung neuer Erzeugnisse, Verfahren, Prozesse und Technologien im Lebensmittelsektor;

c) die Zusammenarbeit zwischen kleinen Wirtschaftsteilnehmern bei der Organisation von gemeinsamen Arbeitsabläufen und der gemeinsamen Nutzung von Anlagen und Ressourcen sowie der Entwicklung und/oder der Vermarktung von Tourismus-dienstleistungen mit Bezug zu ländlichem Tourismus;

d) die horizontale und vertikale Zusammenarbeit zwischen Akteuren der Versorgungskette zur Schaffung und Entwicklung kurzer Versorgungsketten und lokaler Märkte;

e) Absatzförderungsmaßnahmen in einem lokalen Rahmen zur Entwicklung kurzer Versorgungsketten und lokaler Märkte;

f) gemeinsames Handeln im Hinblick auf die Eindämmung des Klimawandels oder die Anpassung an dessen Auswirkungen;

g) gemeinsame Konzepte für Umweltprojekte und die gegenwärtig angewendeten ökologischen Verfahren, wie unter anderem eine effiziente Wasserbewirtschaftung, die Nutzung erneuerbarer Energiequellen und die Erhaltung der Agrarlandschaft;

h) horizontale und vertikale Zusammenarbeit zwischen Beteiligten der Versorgungskette zur nachhaltigen Bereitstellung von Biomasse zur Verwendung für die Lebensmittel- und Energieerzeugung sowie für industrielle Verfahren;

i) die Durchführung von anderen als den in Artikel 2 Nummer 19 der Verordnung (EU) Nr. 1303/2013 definierten lokalen Entwicklungsstrategien, die auf eine oder mehrere der Prioritäten der Union für die Entwicklung des ländlichen Raums abzielen, insbesondere durch andere als die in Artikel 32 Absatz 2 Buchstabe b der Verordnung (EU) Nr. 1303/2013 definierten Gruppen aus öffentlichen und privaten Partnern;

j) die Diversifizierung von landwirtschaftlichen Tätigkeiten hin zu Tätigkeiten in den Bereichen Gesundheitsversorgung, soziale Integration, gemeinschaftsunterstützte Landwirtschaft sowie Bildung in Bezug auf Umwelt und Ernährung.

6. Werden die Beihilfen für die Schaffung von Clustern und Netzwerken nur neu geschaffenen Clustern und Netzwerken sowie denjenigen Clustern und Netzwerken gewährt, die eine Tätigkeit aufnehmen, die neu für sie ist?

☐   ja   ☐   nein

Falls nein, beachten Sie bitte, dass gemäß Randnummer 703 der Rahmenregelung keine Beihilfe gewährt werden kann.

7. Werden die Beihilfen für Pilotprojekte und für die Entwicklung neuer Erzeugnisse, Verfahren, Prozesse und Technologien im Lebensmittelsektor auch Einzelakteuren gewährt, wenn diese Möglichkeit im Programm zur Entwicklung des ländlichen Raums vorgesehen ist?

☐   ja   ☐   nein

8. Falls Sie Frage 7 mit „Ja" beantwortet haben: Werden die Ergebnisse der von Einzelakteuren durchgeführten Pilotprojekte und sonstigen Tätigkeiten verbreitet?

☐   ja   ☐   nein

5. Verf-DVO kons

**Verf-DVO
kons**

Falls nein, beachten Sie bitte, dass gemäß Randnummer 704 der Rahmenregelung keine Beihilfe gewährt werden kann.

9. Werden die Beihilfen für die Schaffung und Entwicklung kurzer Versorgungsketten nur für Versorgungsketten mit höchstens einem zwischengeschalteten Akteur zwischen Erzeugern und Verbrauchern gewährt?

☐ ja   ☐ nein

Falls nein, beachten Sie bitte, dass gemäß Randnummer 705 der Rahmenregelung keine Beihilfe gewährt werden kann.

10. Halten die Beihilfen die einschlägigen Wettbewerbsregeln, insbesondere die Artikel 101 und 102 AEUV, ein?

☐ ja   ☐ nein

Falls nein, beachten Sie bitte, dass gemäß Randnummer 706 der Rahmenregelung keine Beihilfe gewährt werden kann.

Falls ja, erklären Sie bitte, wie dies sichergestellt wird.

11. Ist die Beihilfe auf einen Höchstzeitraum von sieben Jahren begrenzt, ausgenommen für eine gemeinsame Umweltaktion in ordnungsgemäß begründeten Fällen?

☐ ja   ☐ nein

Bitte geben Sie eine Begründung für gemeinsame Umweltaktionen, die über einen Zeitraum von sieben Jahren hinausgehen:

....

....

....

12. Werden die Beihilfen zur Deckung der folgenden beihilfefähigen Kosten gewährt?

☐ a) Kosten von Studien über das betreffende Gebiet, Durchführbarkeitsstudien und für die Erstellung eines Geschäftsplans oder einer anderen als der in Artikel 33 der Verordnung (EU) Nr. 1303/2013 genannten lokalen Entwicklungsstrategie;

☐ b) Kosten der Aktivierung des betreffenden Gebiets, um ein gemeinsames Gebietsprojekt oder ein Projekt, das von einer operationellen Gruppe der EIP „Landwirtschaftliche Produktivität und Nachhaltigkeit" gemäß Artikel 56 der Verordnung (EU) Nr. 1305/2013 durchgeführt werden soll, durchführbar zu machen. Im Falle von Clustern kann die Aktivierung auch die Netzwerkaktivitäten zwischen Mitgliedern und die Anwerbung neuer Mitglieder betreffen;

☐ c) die laufenden Kosten der Zusammenarbeit wie das Gehalt eines „Koordinators";

☐ d) die Direktkosten spezifischer Projekte im Zusammenhang mit der Durchführung eines Geschäftsplans, eines Umweltplans, einer anderen als der in Artikel 29 der Verordnung (EU) Nr. 1303/2013 genannten Strategie für lokale Entwicklung oder Direktkosten anderer auf Innovation ausgerichteter Vorhaben, einschließlich Tests;

☐ e) Kosten für Absatzförderungsmaßnahmen.

Wir weisen darauf hin, dass die Beihilfen gemäß Randnummer 708 der Rahmenregelung nur zur Deckung dieser beihilfefähigen Kosten gewährt werden können.

13. Sind die Direktkosten auf die beihilfefähigen Kosten von Investitionsbeihilfen gemäß den Randnummern 635 und 636 der Rahmenregelung begrenzt und erfüllen sie die besonderen Bedingungen gemäß Randnummer 634 der Rahmenregelung?

    ☐ ja   ☐ nein

    Falls nein, beachten Sie bitte, dass gemäß Randnummer 709 der Rahmenregelung keine Beihilfe gewährt werden kann.

14. Bitte geben Sie die Beihilfeintensität in Prozent der beihilfefähigen Kosten an.

....

SONSTIGE ANGABEN

Machen Sie hier bitte gegebenenfalls sonstige Angaben, die für die Würdigung der betreffenden Maßnahme nach diesem Abschnitt der Rahmenregelung von Belang sind:

....

3.11. ERGÄNZENDER FRAGEBOGEN ZU BEIHILFEN FÜR DIE EINRICHTUNG VON FONDS AUF GEGENSEITIGKEIT

Dieser Fragebogen ist für die Anmeldung von staatlichen Beihilfen für die Einrichtung von Fonds auf Gegenseitigkeit gemäß der Beschreibung in Teil II Kapitel 3 Abschnitt 3.11 der Rahmenregelung der Europäischen Union für staatliche Beihilfen im Agrar- und Forstsektor und in ländlichen Gebieten 2014–2020 (im Folgenden „Rahmenregelung") zu verwenden.

1. Bitte geben Sie an, welche Verluste durch den Fonds auf Gegenseitigkeit gedeckt werden, für den eine Teilfinanzierung der Finanzbeiträge im Rahmen der angemeldeten Beihilfemaßnahme vorgesehen ist:

    ☐ a) Verluste infolge von Naturkatastrophen gleichzusetzenden widrigen Witterungsverhältnissen, Tierseuchen oder Schädlingsbefall gemäß Teil II Kapitel I Abschnitte 1.2.1.2 und 1.2.1.3 der Rahmenregelung;

    ☐ b) Verluste infolge von Umweltvorfällen.

2. Welche Kosten sind beihilfefähig?

    ☐ Die Verwaltungskosten der Einrichtung des Fonds auf Gegenseitigkeit degressiv über einen Zeitraum von höchstens drei Jahren.

    Bitte beachten Sie, dass keine anderen Kosten beihilfefähig sind. Ursprüngliches Grundkapital zählt nicht zu den beihilfefähigen Kosten.

3. Wie hoch ist der vorgesehene Beihilfesatz? (in Prozent)

    ....

    Bitte beachten Sie, dass der Beihilfesatz auf 65 % der beihilfefähigen Kosten begrenzt ist.

4. Ist der Betrag der beihilfefähigen Kosten beschränkt?

    ☐ ja   ☐ nein

4.1. Falls ja, wie wird der Betrag beschränkt?

    ☐ Obergrenzen je Fonds: ....

5. Wurde der Fonds auf Gegenseitigkeit von der zuständigen Behörde nach nationalem Recht zugelassen?

    ☐ ja   ☐ nein

6. Verfolgt der Fonds auf Gegenseitigkeit bei den Einzahlungen in den und Auszahlungen aus dem Fonds ein transparentes Vorgehen?

   ☐ ja ☐ nein

7. Hat der Fonds auf Gegenseitigkeit klare Regeln für die Zuweisung der Verantwortung für etwaige Schulden?

Verf-DVO
kons

   ☐ ja ☐ nein

   Bitte beachten Sie, dass gemäß Randnummer 714 der Rahmenregelung die Kommission bei Verneinung der Fragen 5, 6 und 7 die Beihilferegelung nicht als mit dem Binnenmarkt vereinbar erklären kann.

8. Wurden Regeln für die Errichtung und Verwaltung des Fonds auf Gegenseitigkeit festgelegt, insbesondere für die Gewährung der Ausgleichszahlungen sowie für die Verwaltung und Überwachung der Einhaltung dieser Regeln?

   ☐ ja ☐ nein

9. Sehen die Regelungen des Fonds auf Gegenseitigkeit bei Fahrlässigkeit seitens des Unternehmens Sanktionen vor?

   ☐ ja ☐ nein

   Bitte beachten Sie, dass gemäß Randnummer 715 der Rahmenregelung die Kommission bei Verneinung der Fragen 8 und 9 die Beihilferegelung nicht als mit dem Binnenmarkt vereinbar erklären kann.

SONSTIGE ANGABEN

Machen Sie hier bitte gegebenenfalls sonstige Angaben, die für die Würdigung der betreffenden Maßnahme nach diesem Abschnitt der Rahmenregelung von Belang sind:

....

TEIL III.12.R

FRAGEBOGEN ZU BEIHILFEN FÜR ABSATZFÖRDERUNGS- UND WERBEMASSNAHMEN FÜR LANDWIRTSCHAFTLICHE ERZEUGNISSE

Dieser Fragebogen ist für staatliche Beihilfen für Werbemaßnahmen für in Anhang I des EG-Vertrags genannte Erzeugnisse zu verwenden.

Wir weisen darauf hin, dass Aktionen zur Absatzförderung wie die Verbreitung von wissenschaftlichen Erkenntnissen, die Veranstaltung von Messen und Ausstellungen, die Teilnahme hieran sowie ähnliche Aktionen der Öffentlichkeitsarbeit einschließlich Umfragen und Marktforschung nicht als Werbung gelten. Staatliche Beihilfen für derartige Aktionen zur Absatzförderung im weiteren Sinne unterliegen den Abschnitten IV Buchstaben j) und k) des Gemeinschaftsrahmens für staatliche Beihilfen im Agrarsektor 2007-2013 ([1]).

1. **Werbemaßnahmen innerhalb der Gemeinschaft**

1.1. Wo wird die Maßnahme durchgeführt?

   ☐ auf dem Markt eines anderen Mitgliedstaats

   ☐ auf dem heimischen Markt

([1]) ABl. C 319 vom 27.12.2006. S. 1.

▼ <u>C3</u>

Wer wird die Werbemaßnahme durchführen?

☐ Erzeugergruppen oder andere Organisationen gleich welcher Größe

☐ andere (bitte erläutern):

....

1.2. Können Ihre Behörden der Kommission Muster oder Modelle des Werbematerials übermitteln?

☐   ja   ☐   nein

Wenn nicht, erklären Sie bitte warum.

....

1.3. Bitte legen Sie eine vollständige Liste der zuschussfähigen Ausgaben bei.

....

1.4. Wer sind die Begünstigten der Beihilfen?

☐ Landwirte;

☐ Erzeugergruppen und/oder Erzeugerorganisationen;

☐ in der Verarbeitung und Vermarktung landwirtschaftlicher Erzeugnisse tätige Unternehmen;

☐ andere (bitte angeben)

....

1.5. Können Ihre Behörden zusichern, dass alle Erzeuger der betreffenden Produkte in gleicher Weise Nutzen aus der Beihilfe ziehen?

☐   ja   ☐   nein

1.6. Wird die Werbemaßnahme auf Qualitätserzeugnisse ausgerichtet, die die gemäß Artikel 32 der Verordnung (EG) Nr. 1698/2005 ([1]) festzulegenden Kriterien erfüllen?

☐   ja   ☐   nein

1.7. Wird die Werbemaßnahme auf EU-weit anerkannte Bezeichnungen mit Hinweis auf den Ursprung der Erzeugnisse ausgerichtet?

☐   ja   ☐   nein

1.8. Falls ja, wird der genannte Hinweis exakt mit den von der Gemeinschaft eingetragenen Bezeichnungen übereinstimmen?

☐   ja   ☐   nein

1.9. Wird die Werbemaßnahme auf Erzeugnisse ausgerichtet, die nationale oder regionale Qualitätszeichen tragen?

☐   ja   ☐   nein

1.10. Weist das Qualitätszeichen auf den nationalen Ursprung der betreffenden Erzeugnisse hin?

☐   ja   ☐   nein

1.11. Falls ja, weisen Sie bitten nach, dass der Hinweis auf den Ursprung der Erzeugnisse in der Botschaft eine untergeordnete Rolle einnimmt.

1.12. Handelt es sich um eine allgemeine Werbemaßnahme zugunsten aller Erzeuger der betreffenden Erzeugnisart?

☐   ja   ☐   nein

([1]) Verordnung (EG) Nr. 1698/2005 des Rates vom 20. September 2005 über die Förderung der Entwicklung des ländlichen Raums durch den Europäischen Landwirtschaftsfonds für die Entwicklung des ländlichen Raums (ELER) (ABl. L 277 vom 21.10.2005, S. 1).

5. Verf-DVO kons

1.13. Falls ja, wird die Werbemaßnahme ohne Hinweis auf den Ursprung der Erzeugnisse durchgeführt?

☐ ja   ☐ nein

Falls nein, weisen wir darauf hin, dass unter Abschnitt VI.D des Gemeinschaftsrahmens keine Beihilfen für solche Maßnahmen gewährt werden können.

1.14. Wird die Werbemaßnahme direkt auf die Erzeugnisse bestimmter Unternehmen ausgerichtet?

☐ ja   ☐ nein

Falls ja, weisen wir darauf hin, dass unter Abschnitt VI.D des Gemeinschaftsrahmens keine Beihilfen für solche Maßnahmen gewährt werden können.

1.15. Ist die Werbemaßnahme vereinbar mit den Bestimmungen von Artikel 2 der Richtlinie 2000/13/EG des Europäischen Parlaments und des Rates vom 20. März 2000 zur Angleichung der Rechtsvorschriften der Mitgliedstaaten über die Etikettierung und Aufmachung von Lebensmitteln sowie die Werbung hierfür ([1]) sowie gegebenenfalls mit den besonderen Kennzeichnungsvorschriften für verschiedene Erzeugnisse (Wein, Molkereierzeugnisse, Eier und Geflügel)?

☐ ja   ☐ nein

Falls nein, weisen wir darauf hin, dass unter Abschnitt VI.D des Gemeinschaftsrahmens keine Beihilfen für solche Maßnahmen gewährt werden können.

1.16. Es wird folgender Beihilfesatz angewandt:

☐ bis zu 50 % (bitte genauen Satz angeben: .... %), da der Sektor den Rest der Werbemaßnahme selbst finanziert;

☐ bis zu 100 % (bitte genauen Satz angeben: .... %), da der Sektor den Rest der Werbemaßnahme durch steuerähnliche Abgaben oder verpflichtende Beiträge finanziert;

☐ bis zu 100 % (bitte genauen Satz angeben: .... %), da es sich um eine allgemeine Werbemaßnahme handelt, die allen Erzeugern der betreffenden Erzeugnisart zugute kommt.

2. Werbemaßnahmen in Drittländern

2.1. Ist die Werbemaßnahme mit den Grundlagen der Verordnung (EG) Nr. 2702/1999 des Rates ([2]) vereinbar?

☐ ja   ☐ nein

Falls nicht, weisen wir darauf hin, dass unter Abschnitt VI.D des Gemeinschaftsrahmens für solche Maßnahmen keine Beihilfen gewährt werden können.

Falls ja, bitte weisen Sie anhand von Belegen die Übereinstimmung mit den Grundlagen der Verordnung (EG) Nr. 2702/1999 nach.

2.2. Ist die Werbemaßnahme auf bestimmte Unternehmen ausgerichtet?

☐ ja   ☐ nein

Falls ja, weisen wir darauf hin, dass unter Abschnitt VI.D des Gemeinschaftsrahmens für solche Maßnahmen keine Beihilfen gewährt werden können.

2.3. Könnte die Werbemaßnahme den Verkauf von Erzeugnissen aus anderen Mitgliedstaaten beeinträchtigen oder deren Erzeugnisse schlecht machen?

☐ ja   ☐ nein

([1]) ABl. L 109 vom 6.5.2000, S. 29.
([2]) Verordnung (EG) Nr. 2702/1999 des Rates vom 14. Dezember 1999 über Informations- und Absatzförderungsmaßnahmen für Agrarerzeugnisse in Drittländern (ABl. L 327 vom 21.12.1999. S. 7).

Falls ja, weisen wir darauf hin, dass unter Abschnitt VI.D des Gemeinschaftsrahmens für solche Maßnahmen keine Beihilfen gewährt werden
können.

TEIL III.12.S

**FRAGEBOGEN ZU BEIHILFEN IN FORM VON STEUERBEFREIUNGEN
IM RAHMEN DER RICHTLINIE 2003/96/EG**

*Dieses Formular ist für die Anmeldung von staatlichen Beihilfen in Form von
Steuerbefreiungen im Rahmen der Richtlinie 2003/96/EG des Rates (¹) zu verwenden.*

1. Welche Art von Beihilfemaßnahme ist vorgesehen?

    ☐ Steuerermäßigung für Kraftstoff zur Verwendung in der landwirt-
    schaftlichen Primärerzeugung

    ☐ Steuerermäßigung für Energieerzeugnisse und Elektrizität zur Ver-
    wendung in der landwirtschaftlichen Primärerzeugung

2. Wie hoch ist die vorgesehene Ermäßigung?

    ....

3. Nach welchem Artikel der Richtlinie 2003/96/EG des Rates soll diese
    Befreiung gewährt werden?

    ....

4. Wird die Höhe der Befreiung innerhalb des betreffenden Sektors diffe-
    renziert?

    ☐ ja   ☐ nein

5. Erfüllt die vorgesehene Befreiung ohne Differenzierung in dem betref-
    fenden Sektor alle einschlägigen Bestimmungen der Richtlinie, falls der
    Rat die Möglichkeit aufhebt, die Besteuerung von Energieerzeugnissen
    und Elektrizität in der Landwirtschaft auf Null zu senken?

    ☐ ja   ☐ nein

    Welche Artikel der Richtlinie werden angewandt?

TEIL III.12.T

FRAGEBOGEN ZU BEIHILFEN FÜR DEN FORSTSEKTOR

*Dieser Fragebogen ist für die Mitteilung staatlicher Beihilfen zu verwenden, die
der Förderung des Forstsektors gemäß Abschnitt VII des Gemeinschaftsrahmens
für staatliche Beihilfen im Agrar- und Forstsektor 2007-2013 (²) dienen.*

1. Ziel der Maßnahme

1.1. Trägt die Beihilfemaßnahme zu Erhaltung, Wiederherstellung oder Ver-
      besserung der Umwelt-, Schutz- und Freizeitfunktion des Waldes, der
      Artenvielfalt und eines gesunden forstlichen Ökosystems bei oder betrifft
      sie die zuschussfähigen Kosten gemäß den Punkten 175-181 in Kapitel
      VII des Gemeinschaftsrahmens?

      ☐ ja   ☐ nein

      Falls nein, weisen wir darauf hin, dass nach den Bestimmungen dieses
      Abschnitts nur Beihilfen genehmigt werden, die mindestens eines dieser
      Ziele oder zuschussfähigen Kosten betreffen.

(¹) Richtlinie 2003/96/EG des Rates vom 27. Oktober 2003 zur Restrukturierung der gemeinschaftlichen Rahmenvorschriften zur Besteuerung von Energieerzeugnissen und
elektrischem Strom (ABl. L 283 vom 31.10.2003, S. 51).
(²) ABl. C 319 vom 27.12.2006. S. 1.

5. Verf-DVO kons

▼ C3

2. Förderkriterien

2.1. Sind staatliche Beihilfen für Holzwirtschaftsbetriebe, für den kommerziell rentablen Einschlag von Holz, die Beförderung von Holz oder die Verarbeitung von Holz oder anderem forstlichen Material zu Brennstoffen von der Maßnahme ausgeschlossen?

☐ ja   ☐ nein

Falls nein, weisen wir darauf hin, dass Beihilfen für den vorgenannten Zweck von den Bestimmungen dieses Abschnitts ausgenommen sind. Beantragen Sie diese Beihilfen bitte im Rahmen der entsprechenden staatlichen Beihilfemaßnahmen.

3. Art der Maßnahme

3.1. Umfasst die Maßnahme Beihilfen für Kosten des Pflanzens, Fällens, Auslichtens und Beschneidens von Bäumen und anderer Vegetation (Abschnitt VII.C. Punkt 174 Buchstabe a)?

☐ ja   ☐ nein

Falls ja, geben Sie bitte an, für welche Maßnahmen die zuschussfähigen Kosten anfallen:

☐ Pflanzen, Fällen und Beschneiden im Allgemeinen

☐ Entfernen umgestürzter Bäume

☐ Wiederaufforstung von durch Luftverschmutzung, Tiere, Sturm, Überschwemmung, Brand oder andere Naturereignisse geschädigten Wäldern

Sofern eine der vorgenannten Maßnahmen zutrifft, beschreiben Sie diese bitte und bestätigen Sie, dass das Hauptziel dieser Maßnahmen darin besteht, zur Erhaltung oder Wiederherstellung des forstlichen Ökosystems, der forstlichen Artenvielfalt oder der Kulturlandschaften beizutragen und dass keine Beihilfen gewährt werden für das Fällen von Bäumen mit dem wesentlichen Ziel der kommerziell rentablen Holzgewinnung oder für die Wiederaufforstung, bei der gefällte Bäume durch gleichwertige Bäume ersetzt werden.

....

....

....

☐ Aufforstung zur Vergrößerung der Forstflächen

Bitte beschreiben Sie die Umweltgründe, die die Aufforstung zur Vergrößerung der Forstflächen rechtfertigen, und bestätigen Sie, dass keine Beihilfen für die Aufforstung mit Baumarten im Kurzumtrieb gewährt werden:

....

....

....

☐ Aufforstung zur Förderung der Artenvielfalt

Bitte beschreiben Sie die Maßnahmen und geben Sie die betroffenen Gebiete an:

....

....

....

☐ Aufforstung zur Schaffung bewaldeter Flächen, die Freizeitzwecken dienen

Sind die vorgenannten bewaldeten Flächen der Öffentlichkeit für Freizeitzwecke kostenlos zugänglich? Falls nein, ist der Zugang zum Schutz empfindlicher Gebiete beschränkt?

....

....

....

▼ <u>C3</u>

☐ Aufforstung zur Bekämpfung von Bodenerosion und Wüstenbildung oder zur Förderung einer vergleichbaren Schutzfunktion des Waldes

Beschreiben Sie bitte die Maßnahmen und nennen Sie die betreffenden Bereiche, die geplante Schutzfunktion, die Baumarten, die gepflanzt werden sollen, sowie alle begleitenden und erhaltenden Maßnahmen:

....

....

....

....

....

☐ Sonstige (bitte erläutern)

....

....

3.2. Umfasst die Maßnahme Beihilfen für die Erhaltung und Verbesserung der Bodenqualität von Wäldern und/oder die Förderung eines ausgewogenen und gesunden Baumwachstums (Abschnitt VII.C. Punkt 174 Buchstabe b)?

☐ ja   ☐ nein

Falls ja, geben Sie bitte an, für welche Maßnahmen die zuschussfähigen Kosten anfallen:

☐ Düngung

☐ andere Behandlungen des Bodens

Nennen Sie bitte die Arten der Düngung und/oder Behandlung des Bodens

....

....

☐ Reduzierung übermäßiger Vegetationsdichte

☐ Gewährleistung einer ausreichenden Wasserversorgung und angemessenen Dränage

Bestätigen Sie bitte, dass die Maßnahmen nicht zur Verringerung der Artenvielfalt oder zur Abschwemmung von Nährstoffen führen oder natürliche Wasserökosysteme oder Wasserschutzgebiete beeinträchtigen und erläutern Sie die Umsetzung der Überwachung in die Praxis:

....

....

....

....

3.3. Umfasst die Maßnahme Beihilfen für die Verhütung, Tilgung und Behandlung von Schädlingen und entsprechender Schäden sowie Baumkrankheiten oder die Verhütung und Behandlung von Schäden durch Tiere oder Beihilfen für gezielte Maßnahmen zur Verhütung von Waldbränden (Abschnitt VII.C. Punkt 174 Buchstabe c)?

☐ ja   ☐ nein

Falls ja, geben Sie bitte an, für welche Maßnahmen die zuschussfähigen Kosten anfallen:

☐ Verhütung, Tilgung und Behandlung von Schädlingen und entsprechender Schäden sowie Baumkrankheiten oder Verhütung und Behandlung von Schäden durch Tiere

5. Verf-DVO kons

▼ C3

Geben Sie bitte die betreffenden Schädlinge, Baumkrankheiten oder Tiere an:

....

....

....

....

Verf-DVO kons

Erläutern Sie bitte die präventiven und therapeutischen Maßnahmen und nennen Sie die entsprechenden notwendigen Präparate, Geräte und Materialien. Werden biologische und mechanische Vorbeugungs- und Behandlungsmethoden bei der Beihilfegewährung bevorzugt berücksichtigt? Falls nein, weisen Sie bitte nach, dass diese Methoden zur Bekämpfung der betreffenden Krankheit oder des betreffenden Schädlings nicht ausreichen:

....

....

....

....

☐ gezielte Maßnahmen zur Verhütung von Waldbränden

Beschreiben Sie bitte die Maßnahmen:

....

....

....

....

Wird die Beihilfe gewährt, um den Wert von Beständen auszugleichen, die durch Tiere oder auf Anweisung der Behörden vernichtet wurden, um die betreffende Krankheit oder den Schädling zu tilgen?

☐ ja   ☐ nein

Bitte beschreiben Sie, wie der Bestandswert berechnet wird, und bestätigen Sie, dass der Ausgleich auf den so ermittelten Wert begrenzt wird:

....

....

....

3.4. Umfasst die Maßnahme Beihilfen für die Wiederherstellung und Erhaltung natürlicher Waldwege, Landschaftselemente und Landschaftsmerkmale sowie des natürlichen Lebensraums von Tieren (Abschnitt VII.C. Punkt 174 Buchstabe d)?

☐ ja   ☐ nein

Falls ja, beschreiben Sie bitte die Maßnahmen:

....

....

....

....

3.5. Umfasst die Maßnahme Beihilfen für die Errichtung, Verbesserung und Erhaltung von forstlichen Wirtschaftswegen und/oder Besucherinfrastrukturen (Abschnitt VII.C. Punkt 174 Buchstabe e)?

☐ ja   ☐ nein

Falls ja, beschreiben Sie bitte die Maßnahmen:

....

....

▼ <u>C3</u>

....

Sind die Wälder und Infrastrukturen für Freizeitzwecke der Öffentlichkeit unentgeltlich zugänglich?

☐   ja   ☐   nein

Falls nein, ist der Zugang beschränkt, um empfindliche Gebiete zu schützen oder die angemessene und sichere Nutzung der Infrastruktur zu gewährleisten? Beschreiben Sie bitte die Beschränkungen sowie die Gründe dafür:

....

....

....

3.6.   Umfasst die Maßnahme Beihilfen für die Kosten des Informationsmaterials und von Tätigkeiten zur Verbreitung allgemeiner Waldinformationen (Abschnitt VII.C. Punkt 174 Buchstabe f)?

☐   ja   ☐   nein

Falls ja, beschreiben Sie bitte die Maßnahme und bestätigen Sie, dass die geförderten Maßnahmen und Materialien der Verbreitung allgemeiner Waldinformationen dienen und weder Hinweise auf Produktbezeichnungen oder Erzeuger enthalten noch einheimische Erzeugnisse begünstigen:

....

....

....

....

3.7.   Umfasst die Maßnahme Beihilfen für den Erwerb von Forstflächen zu Umweltschutzzwecken (Abschnitt VII.C. Punkt 174 Buchstabe g)?

☐   ja   ☐   nein

Falls ja, beschreiben Sie sich ausführlich die Nutzung der betreffenden Forstflächen zu Umweltschutzzwecken und bestätigen Sie, dass dieses Land mittels einer gesetzlichen oder vertraglichen Verpflichtung vollständig und dauerhaft für Umweltschutzzwecke gesichert ist:

....

....

....

....

3.8.   Umfasst die Maßnahme Beihilfen für die Aufforstung landwirtschaftlicher oder nichtlandwirtschaftlicher Nutzflächen, zur Einführung agrarforstwirtschaftlicher Systeme auf landwirtschaftlichen Nutzflächen, Natura 2000 Zahlungen, Zahlungen für Waldumweltmaßnahmen, zur Wiederherstellung des forstwirtschaftlichen Potenzials und zur Einführung präventiver Maßnahmen und nichtproduktiver Investitionen gemäß den Artikeln 43-49 der Verordnung (EG) Nr. 1698/2005 [1] oder etwaiger Rechtsvorschriften zur Ersetzung dieser Verordnung?

☐   ja   ☐   nein

Falls ja, weisen Sie bitte nach, dass die Maßnahme die in den Artikeln 43-49 der Verordnung (EG) Nr. 1698/2005 oder in etwaigen Rechtsvorschriften zur Ersetzung dieser Verordnung festgelegten Bedingungen erfüllt:

....

....

---

[1] Verordnung (EG) Nr. 1698/2005 des Rates vom 20. September 2005 über die Förderung der Entwicklung des ländlichen Raums durch den Europäischen Landwirtschaftsfonds für die Entwicklung des ländlichen Raums (ELER) (ABl. L 277 vom 21.10.2005. S. 1.)

5. Verf-DVO kons

▼ **C3**

Verf-DVO kons

3.9. Umfasst die Maßnahme Beihilfen zur Deckung zusätzlicher Kosten und Einkommenseinbußen, die durch die Anwendung umweltverträglicher Forstbewirtschaftungstechniken Forsttechnologien entstehen?

☐ ja ☐ nein

Falls ja, beschreiben Sie bitte ausführlich die verwendeten Technologien und bestätigen Sie, dass diese über die entsprechenden vorgeschriebenen Anforderungen hinausgehen:

....
....
....
....

Erfolgt die Augleichszahlung auf der Grundlage einer freiwilligen vom Waldbesitzer eingegangenen Verpflichtung, die den Bedingungen von Artikel 47 der Verordnung (EG) Nr. 1698/2005 oder etwaiger Rechtsvorschriften zur Ersetzung dieser Verordnung entspricht?

☐ ja ☐ nein

Falls nein, müssen wir darauf hinweisen, dass die Beihilfe unter Abschnitt VII des Gemeinschaftsrahmens nicht genehmigt werden kann. Falls ja, beschreiben Sie bitte die eingegangenen Verpflichtungen:

....
....
....
....

3.10. Umfasst die Maßnahme Beihilfen für den Ankauf von Forstflächen (mit Ausnahme von Forstflächen für Umweltschutzzwecke — vgl. Nummer 3.7)?

☐ ja ☐ nein

Falls ja, beschreiben Sie bitte die Maßnahme und geben Sie die Beihilfeintensität an:

....
....
....
....

3.11. Umfasst die Maßnahme Beihilfen zur Ausbildung von Waldbesitzern und forstwirtschaftlichen Arbeitskräften, zur Bereitstellung von Beratungsdiensten, zur Erstellung von Unternehmens- oder Waldbewirtschaftungsplänen oder Durchführbarkeitsstudien sowie die Teilnahme an Wettbewerben, Ausstellungen und Messen?

☐ ja ☐ nein

Falls ja, weisen Sie bitte nach, dass die Maßnahme die in Artikel 15 der Freistellungsverordnung festgelegten Bedingungen erfüllt:

....
....
....
....

▼ C3

3.12. Umfasst die Maßnahme Beihilfen für die Gründung von Forstverbänden?

☐ ja   ☐ nein

Falls ja, weisen Sie bitte nach, dass die Maßnahme die in Artikel 9 der Freistellungsverordnung festgelegten Bedingungen erfüllt:

....

....

....

....

3.13. Umfasst die Maßnahme Beihilfen zugunsten der Verbreitung neuer Techniken wie beispielsweise kleinere Pilotvorhaben oder Demonstrationsvorhaben?

☐ ja   ☐ nein

Falls ja, beschreiben Sie bitte die Maßnahmen und weisen Sie nach, dass diese die in Punkt 107 des Gemeinschaftsrahmens festgelegten Bedingungen erfüllen:

....

....

....

....

....

4. Beihilfebetrag

4.1. Ist die Beihilfe für die unter den Punkten 3.1 bis 3.7 genannten Maßnahmen auf 100 % der zuschussfähigen Kosten begrenzt und eine Überkompensierung ausgeschlossen?

☐ ja   ☐ nein

Beschreiben Sie bitte, wie die Vermeidung einer Überkompensierung überwacht wird:

....

....

....

4.2. Ist die Beihilfe für die unter Punkt 3.8 genannten Maßnahmen begrenzt auf die Beihilfehöchstintensität bzw. den in Verordnung (EG) Nr. 1698/2005 oder etwaigen Rechtsvorschriften zur Ersetzung dieser Verordnung festgelegten Betrag?

☐ ja   ☐ nein

Werden die unter Punkt 3.8 genannten Maßnahmen gemäß der Verordnung (EG) Nr. 1698/2005 oder etwaiger Rechtsvorschriften zur Ersetzung dieser Verordnung kofinanziert oder ist eine Kofinanzierung geplant oder möglich?

☐ ja   ☐ nein

Falls ja, legen Sie bitte dar, wie eine Doppelförderung, die zu einer Überkompensierung führt, ausgeschlossen wird:

....

....

....

4.3. Kann die Kompensierung für die Maßnahmen gemäß Punkt 3.9 höher liegen als der Beihilfehöchstbetrag gemäß Artikel 47, festgelegt im Anhangs der Verordnung (EG) Nr. 1698/2005, jedoch keinesfalls höher als die nachgewiesenen zusätzlichen Kosten und Einkommensverluste?

☐ ja   ☐ nein

5. Verf-DVO kons

Geben sie in beiden Fällen die Höhe der Beihilfe an und beschreiben Sie, wie diese berechnet wird. Falls ja, beschreiben Sie bitte die besonderen Umstände und die Auswirkungen der Maßnahme auf die Umwelt und legen Sie Berechnungen vor, die zeigen, dass die zusätzlich gezahlten Beihilfen die nachgewiesenen zusätzlichen Kosten und/oder Einkommensverluste nicht überschreiten:

....

....

....

Verf-DVO kons

4.4. Ist die Beihilfe für die unter Punkt 3.10 angeführten Maßnahmen begrenzt auf die in Artikel 4 Absatz 8 der Freistellungsverordnung festgelegte maximale Beihilfeintensität für den Erwerb von landwirtschaftlichen Flächen?

☐ ja   ☐ nein

Beschreiben Sie bitte, wie die Vermeidung einer Überkompensierung überwacht wird:

....

....

....

4.5. Ist die Beihilfe für die unter Punkt 3.11 bis 3.13 angeführten Maßnahmen auf die in den geltenden Vorschriften der Freistellungsverordnung oder des Gemeinschaftsrahmens festgelegte Beihilfehöchstintensität begrenzt?

☐ ja   ☐ nein

Beschreiben Sie bitte, wie die Vermeidung einer Überkompensierung überwacht wird:

....

....

....

TEIL III.13.A

Ergänzender Fragebogen zu Investitionsbeihilfen für Flughäfen

Für die Anmeldung von Investitionsbeihilfen, die unter die Leitlinien für staatliche Beihilfen für Flughäfen und Luftverkehrsgesellschaften ([1]) fallen, sollte zusätzlich zum Fragebogen „Allgemeine Angaben" auch dieser ergänzende Fragebogen beantwortet werden.

1. **Zusätzliche Angaben zum Beihilfeempfänger, zum Investitionsvorhaben und zur Beihilfe**

1.1. Beihilfeempfänger

1.1.1. Wird die Beihilfe dem Flughafeneigentümer direkt gewährt?

☐ Ja   ☐ Nein

1.1.2. Falls die Antwort auf die Frage 1.1.1 „nein" lautet, nennen Sie bitte, sofern zutreffend i) die juristische(n) Person(en), die die Beihilfe erhält/erhalten und ii) die juristische(n) Person(en) die die Beihilfe an eine zwischengeschaltete Stelle oder den Flughafen, der das Investitionsvorhaben durchführt, überweist/überweisen.

....

....

1.1.3. Falls die Antwort auf die Frage 1.1.1 „nein" lautet, beschreiben Sie bitte, wie die nationalen Behörden sicherstellen, dass den zwischengeschalteten Ebenen kein Vorteil gewährt wird.

....

....

1.1.4. Wenn es sich um eine Einzelbeihilfe handelt, beschreiben Sie bitte die rechtliche, organisatorische und finanzielle Beziehung zwischen dem Empfänger der Beihilfe und i) den Unternehmen, mit denen er eine Unternehmensgruppe bildet, ii) seinen Tochtergesellschaften, iii) etwaigen verbundenen Unternehmen (einschließlich Gemeinschaftsunternehmen).

Handelt es sich um Beihilferegelungen, so beschreiben Sie bitte die Methode, anhand derer die Bewilligungsbehörde die genannten rechtlichen, organisatorischen und finanziellen Beziehungen bewerten wird.

....

....

1.1.5. Handelt es sich bei dem Beihilfeempfänger auch um den Betreiber der Infrastruktur?

☐ Ja   ☐ Nein

1.1.6. Falls die Antwort auf die vorstehende Frage „nein" lautet, beschreiben Sie bitte i) das Verfahren, nach dem der Betreiber der Infrastruktur ausgewählt wird bzw. ausgewählt wurde und ii) die Auswahlkriterien.

....

....

([1]) Leitlinien für staatliche Beihilfen für Flughäfen und Luftverkehrsgesellschaften (ABl. C 99 vom 4.4.2014, S. 3).

5. Verf-DVO kons

1.1.7. Wird der Flughafen/Werden die Flughäfen von der nationalen Armee, der Polizei, gemeinnützigen Flugrettungsdiensten oder anderweitigen Flugdiensten nichtwirtschaftlicher Art genutzt, dann geben Sie bitte Folgendes an: a) Art der Dienste und b) ihren Anteil an der Nutzung der Flughafenkapazitäten (z. B. Nutzung der Start- und Landebahnen und anderer Flughafenanlagen als prozentualer Anteil der jährlichen Flugbewegungen).

Verf-DVO kons

....

....

1.1.8. Geben Sie bitte für den Flughafen/die Flughäfen, der/die die Beihilfe erhält/erhalten, die folgenden Daten zum Passagierluftverkehr an:

a) Bei Flughäfen mit kommerziellem Passagierluftverkehrsbetrieb, der über die letzten zwei Geschäftsjahre hinausreicht: das durchschnittliche jährliche Passagieraufkommen während der beiden Geschäftsjahre, die dem Jahr der Anmeldung der Beihilfe bzw. der tatsächlichen Gewährung der Beihilfe vorausgehen.

b) Bei Flughäfen mit kommerziellem Passagierluftverkehrsbetrieb, der sich auf weniger als zwei Geschäftsjahre erstreckt: das prognostizierte durchschnittliche jährliche Passagieraufkommen während der beiden Geschäftsjahre nach Aufnahme des kommerziellen Passagierluftverkehrsbetriebs.

c) Für alle Flughäfen ist das prognostizierte durchschnittliche jährliche Passagieraufkommen für die prognostizierte wirtschaftliche Lebensdauer der geförderten Infrastruktur anzugeben.

Führen Sie bitte diese Daten für jeden Flughafen tabellarisch in der nachstehend vorgegebenen Form auf:

Jahr	Passagiere insgesamt

Die Passagierzahlen beziehen sich auf jede Flugstrecke, d. h. ein Passagier, der von einem Flughafen abfliegt und dann an demselben Flughafen wieder zurückfliegt, wird zweimal gezählt werden. Gehört ein Flughafen einer Gruppe von Flughäfen an, wird das Passagieraufkommen für jeden einzelnen Flughafen berechnet.

1.2. Das Investitionsvorhaben

1.2.1. Beschreiben Sie bitte das Investitionsvorhaben und alle dazugehörigen Schätzungen und legen Sie den vorab erstellen Wirtschaftsplan vor (in Form einer Excel-Tabelle), auf den sich das Vorhaben stützt. Der Wirtschaftsplan sollte die gesamte wirtschaftliche Lebensdauer des Investitionsvorhabens abdecken. Alle Schätzungen sollten auf soliden Nachfrageprognosen basieren. Erklären Sie bitte, ob und in welchem Umfang diese Schätzungen im Wirtschaftsplan für den Flughafen, für den die Beihilfe bestimmt ist, berücksichtigt wurden.

....

....

1.2.2. Machen Sie bitte folgende Angaben zu dem Investitionsvorhaben:

Beantragung der Beihilfe am	
Beginn der Arbeiten an dem Investitionsvorhaben am	

Voraussichtliches Ende der Arbeiten am	
Voraussichtliche Inbetriebnahme am	
Voraussichtliche Erreichung der vollen Produktionskapazität am	

1.2.3. Erstellen Sie bitte eine Tabelle, in der Sie im Einzelnen alle auszuführenden Arbeiten, ihre Finanzierungsquelle, die voraussichtliche Dauer, verbundene Kostenpunkte und den Tag der geplanten Inbetriebnahme angeben.

Geben Sie bitte für jeden Kostenpunkt an, ob und warum es sich um Investitionskosten handelt, i) die in direkter Verbindung stehen mit Infrastrukturen nichtwirtschaftlicher Art für Aufgaben mit hoheitlichem Bezug (z. B. Sicherheit, Flugsicherung, für die der Mitgliedstaat aufgrund seiner hoheitlichen Befugnisse zuständig ist) oder ii) die in Verbindung stehen mit luftverkehrsbezogenen Flughafeninfrastrukturen wirtschaftlicher Art (z. B. Start- und Landebahnen, Bodenabfertigungsinfrastruktur) oder iii) die in Verbindung stehen mit **nicht** luftverkehrsbezogener Infrastruktur wirtschaftlicher Art (z. B. Parkplätze und Hotels).

Art der Arbeiten	Finanzierung	Kostenstruktur	Zeitliche Planung

1.2.4. Geben Sie bitte eine Übersicht über i) die gesamten beihilfefähigen Investitionskosten ([2]) wirtschaftlicher Art und ii) die gesamten beihilfefähigen Kosten nichtwirtschaftlicher Art. Die Kosten müssen auf ihren Barwert abgezinst und der Diskontierungssatz angegeben werden.

Geben Sie bitte in der Übersicht an, welcher Teil der angemeldeten Beihilfen für Investitionen der Kategorie i) und welche für Investitionen der Kategorie ii) bestimmt ist.

....

....

1.2.5. Wenn Investitionskosten in Verbindung mit nicht luftverkehrsbezogenen Tätigkeiten wirtschaftlicher Art ebenfalls aus staatlichen Beihilfen finanziert werden, erläutern Sie bitte, auf welcher Grundlage die Behörden eine solche Förderung als mit dem Binnenmarkt vereinbar erachten.

....

....

1.2.6. Haben Sie sich verpflichtet oder verpflichten Sie sich, für die Investition eine Umweltverträglichkeitsprüfung („UVP") durchzuführen (Randnummer 20 der Leitlinien für staatliche Beihilfen für Flughäfen und Luftverkehrsgesellschaften)?

([2]) Beihilfefähige Kosten im Rahmen von Investitionsbeihilfen für Flughäfen sind die Kosten in Verbindung mit Investitionen in Flughafeninfrastruktur, einschließlich Planungskosten, Bodenabfertigungsinfrastruktur (wie z. B. Gepäckband) und Flughafenausrüstung. Investitionskosten in Verbindung mit nicht luftverkehrsbezogenen Tätigkeiten (besonders Parkplätze, Hotels, Restaurants und Büroräume) sind nicht beihilfefähig. Die Investitionskosten für die Erbringung von Bodenabfertigungsdiensten (wie z. B. Busse, Fahrzeuge usw.) sind nicht beihilfefähig, sofern sie nicht Teil der Bodenabfertigungsinfrastruktur sind.

5. Verf-DVO kons

☐ Ja   ☐ Nein

Falls nein, erläutern Sie bitte, warum für dieses Vorhaben keine UVP durchgeführt werden muss:

....

....

Verf-DVO kons

1.3.   Nichtwirtschaftliche Tätigkeiten mit hoheitlichem Bezug

1.3.1.   Können Sie bestätigen, dass sich die Investition auf Tätigkeiten bezieht, für die der Staat aufgrund seiner hoheitlichen Befugnisse zuständig ist (z. B. Flugsicherung, Polizei, Zoll, Brandbekämpfung und die zum Schutz der zivilen Luftfahrt vor unrechtmäßigen Eingriffen erforderlichen Tätigkeiten). Investitionen in die zur Durchführung dieser Tätigkeiten erforderliche Infrastruktur und Ausrüstung werden im Allgemeinen als nichtwirtschaftliche Tätigkeiten eingestuft und fallen folglich nicht unter die Beihilfevorschriften der Union. Berücksichtigen Sie in der Tabelle in Abschnitt 1.2.3 alle relevanten Investitionen.

☐ Ja   ☐ Nein

1.3.2.   Nennen Sie bitte das nationale, regionale oder andere Rechtsinstrument, das den Begriff der Tätigkeiten, die in den hoheitlichen Aufgabenbereich fallen, und deren Finanzierung klärt. Sollte es ein solches Rechtsinstrument nicht geben, erläutern Sie bitte, wie diese Tätigkeiten in der Regel von den zuständigen Behörden finanziert werden.

....

....

1.3.3.   Legen Sie bitte Nachweise dafür vor, dass öffentliche Fördermittel für nichtwirtschaftliche Tätigkeiten nicht zu einer ungerechtfertigten Diskriminierung zwischen Flughäfen führen. Dies wäre der Fall, wenn in einer bestimmten Rechtsordnung Verkehrsflughäfen normalerweise bestimmte mit ihren nichtwirtschaftlichen Tätigkeiten verbundene Kosten tragen müssen, während bestimmte andere Verkehrsflughäfen diese Kosten nicht tragen müssen. Führen Sie bitte die sachliche und territoriale Anwendbarkeit der nationalen Vorschriften für die Finanzierung nichtwirtschaftlicher Tätigkeiten von Flughäfen aus und geben Sie gegebenenfalls die Ebene der regionalen Zuständigkeit in dieser Sache an.

....

....

1.3.4.   Bestätigen Sie bitte, belegt durch einschlägige Nachweise, dass der Ausgleich der Kosten in Verbindung mit nichtwirtschaftlichen Tätigkeiten streng auf solche Kosten beschränkt ist und dass eine etwaige Quersubventionierung wirtschaftlicher Tätigkeiten durch Ausgleichszahlungen wirksam ausgeschlossen ist.

....

....

1.3.5.   Bestätigen Sie bitte, dass der Flughafen eine buchmäßige Trennung zwischen wirtschaftlichen und nichtwirtschaftlichen Tätigkeiten vornimmt.

....

....

2.   **Prüfung der Vereinbarkeit der Maßnahme mit dem Binnenmarkt**

2.1.   Beitrag zu einem genau definierten Ziel von gemeinsamem Interesse

2.1.1.   Kreuzen Sie bitte das Zutreffende an: Die Investitionsbeihilfe

a) ☐ erhöht die Mobilität der Bürger der Union und die Anbindung von Gebieten durch Einrichtung von Zugangspunkten zu Flügen innerhalb der Union.

....

....

b) ☐ wirkt der Überlastung des Luftraums an den großen Drehkreuz-Flughäfen in der Union entgegen.

....

....

c) ☐ begünstigt die regionale Entwicklung.

....

....

Erläutern Sie bitte, wie die Investitionsbeihilfe zu jedem der vorgenannten Ziele beiträgt.

2.1.2.   Ist die Investition auf die Schaffung neuer Flughafenkapazitäten ausgerichtet?

☐ Ja   ☐ Nein

2.1.3.   Falls die Antwort auf die Frage 2.1.2 „ja" lautet, belegen Sie bitte auf der Grundlage des vorab erstellten Wirtschaftsplans, auf den in Abschnitt 1.2 — „Das Investitionsvorhaben" eingegangen wird, dass die neue Infrastruktur mittelfristig der prognostizierten Nachfrage der Luftverkehrsgesellschaften, Passagiere und Spediteure im Einzugsgebiet des Flughafens entsprechen wird.

2.1.4.   Im Falle einer Einzelinvestitionsbeihilfe: Befindet sich der begünstigte Flughafen in demselben Einzugsgebiet (³) wie ein anderer Flughafen, der *nicht* voll oder wenigstens beinahe voll ausgelastet ist?

☐ Ja   ☐ Nein

Falls ja, geben Sie bitte Folgendes an: a) Größe und Gestalt des Einzugsgebiets; b) Entfernung und Reisezeit zwischen dem begünstigten Flughafen und anderen Flughäfen in demselben Einzugsgebiet; c) Passagieraufkommen anderer Flughäfen in demselben Einzugsgebiet in den letzten fünf Jahren vor dem Jahr der Anmeldung; d) Gesamtnachfrage und Gesamtkapazität im Einzugsgebiet des begünstigten Flughafens, die nach dem Wirtschaftsplan für mindestens die nächsten zehn Jahre erwartet werden (und zwar für alle drei Szenarien — Worst Case, Base Case und Best Case).

....

....

(³) „Einzugsgebiet eines Flughafens" ist eine räumliche Marktabgrenzung, die in der Regel bei 100 Kilometern oder rund 60 Minuten Reisezeit mit dem Pkw, Bus, Zug oder Hochgeschwindigkeitszug vorgenommen wird. Das Einzugsgebiet eines bestimmten Flughafens muss dieser Abgrenzung jedoch nicht entsprechen und ist unter Berücksichtigung der Besonderheiten des jeweiligen Flughafens festzulegen. Größe und Gestalt des Einzugsgebiets variieren von einem Flughafen zum anderen und hängen von verschiedenen Merkmalen des Flughafens ab, so z. B. vom Geschäftsmodell, dem Standort und den bedienten Zielflughäfen.

5. Verf-DVO kons

2.1.5.   Im Falle einer Beihilferegelung: Geben Sie bitte Folgendes an: a) Standort und Einzugsgebiete der beihilfefähigen Flughäfen, die in den territorialen Geltungsbereich der Beihilferegelung fallen; b) Entfernung und Reisezeit zwischen den beihilfefähigen Flughäfen und anderen Flughafen im Einzugsgebiet; c) die Methoden und Kriterien der nationalen Behörden zur Festlegung der Größe und der Gestalt der Einzugsgebiete und die Auslastungskapazität der Flughäfen in demselben Einzugsgebiet.

Verf-DVO kons

....

....

2.1.6.   Im Falle einer Einzelinvestitionsbeihilfe: Falls die Antwort auf die Frage 2.1.4 „ja" lautet, übermitteln Sie bitte Angaben zu den zu erwartenden Auswirkungen der Investition auf die Auslastung bereits bestehender Infrastruktur in demselben Einzugsgebiet. Aus diesen Angaben müssen die mittelfristigen Auslastungsperspektiven hervorgehen, die Angaben müssen auf zuverlässigen Prognosen für den Passagier- und Frachtverkehr beruhen und in dem vorab erstellten Wirtschaftsplan für den begünstigten Flughafen berücksichtigt worden sein.

....

....

2.1.7.   Im Falle einer Einzelinvestitionsbeihilfe: Falls die Antwort auf die Frage 2.1.4 „ja" lautet, legen Sie bitte Prognosen zur Entwicklung des Passagieraufkommens (Worst-Case-, Base-Case- und Best-Case-Szenario) vor und begründen Sie, warum diese Prognosen Ihrer Meinung nach eine Investitionsbeihilfe für die Schaffung zusätzlicher Kapazitäten bzw. die Aufrechterhaltung bestehender Kapazitäten rechtfertigen.

....

....

2.2.   Erforderlichkeit des staatlichen Eingreifens

2.2.1.   Im Falle einer Einzelinvestitionsbeihilfe: Erläutern Sie bitte anhand des Wirtschaftsplans des Flughafens, inwieweit die Fähigkeit des Flughafens, seine Kapitalkosten selbst zu tragen, von der Größe des Flughafens (nach jährlichem Passagieraufkommen) abhängt.

....

....

2.2.2.   Im Falle einer Einzelinvestitionsbeihilfe: Erläutern Sie bitte, warum der Flughafen kein ausreichendes privates Kapital erhalten hat.

....

....

2.2.3.   Im Falle einer Beihilferegelung: Bestätigen Sie bitte, dass die Bewilligungsbehörde die Erforderlichkeit der staatlichen Maßnahme in jedem einzelnen Fall anhand i) der Größe des Flughafens ([4]) und ii) der Fähigkeit des Flughafens, privates Kapital zu erschließen, prüfen wird.

....

....

([4]) Verwenden Sie bitte die folgenden Größenordnungen: Flughäfen mit bis zu 200 000 Passagieren pro Jahr; Flughäfen mit 200 000 bis 1 Mio. Passagieren pro Jahr; Flughäfen mit 1 bis 3 Mio. Passagieren pro Jahr.

2.3. Geeignetheit der Maßnahme

2.3.1. Weisen Sie bitte nach, dass die in Rede stehende Beihilfe geeignet ist, das angestrebte Ziel zu erreichen oder die Schwierigkeiten, die die Beihilfe veranlasst haben, zu beseitigen. Erläutern Sie bitte insbesondere, wie die Behörden festgestellt haben, dass dasselbe Ziel und dasselbe Problem nicht mit weniger wettbewerbsverzerrenden Strategien oder Beihilfeinstrumenten erreicht bzw. gelöst werden könnte und dass es sich bei der in Rede stehenden Beihilfe um ein geeignetes politisches Instrument handelt. Falls zum Beispiel die Beihilfe in einer Form gewährt wird, die dem Empfänger einen direkten finanziellen Vorteil verschafft (⁵), weisen Sie bitte nach, warum andere, möglicherweise mit geringeren Wettbewerbsverfälschungen verbundene Beihilfeformen (zum Beispiel rückzahlbare Zuschüsse) oder auf Schuld- oder Eigenkapitalinstrumenten basierende Beihilfeformen (⁶) nicht geeignet sind.

....

....

2.4. Anreizeffekt der Beihilfe

2.4.1. Im Falle einer Einzelinvestitionsbeihilfe: Bestätigen Sie bitte, dass die Arbeiten an der angemeldeten Einzelinvestition erst nach Stellung des Beihilfeantrags bei der Bewilligungsbehörde aufgenommen wurden. Zu diesem Zweck übermitteln Sie bitte eine Kopie des Beihilfeantrags, den der Beihilfeempfänger bei der Bewilligungsbehörde gestellt hat, sowie Unterlagen, aus denen hervorgeht, an welchem Tag die Arbeiten aufgenommen wurden.

....

....

2.4.2. Im Falle einer Beihilferegelung: Bestätigen Sie bitte, dass die Arbeiten an den beihilfefähigen Investitionsvorhaben erst nach Stellung des Beihilfeantrags bei der Bewilligungsbehörde aufgenommen werden.

....

....

2.4.3. Im Falle einer Einzelinvestitionsbeihilfe: Beschreiben Sie bitte den voraussichtlichen Umfang der geplanten Tätigkeit im Fall der Gewährung der Beihilfe und stellen Sie diesen dem voraussichtlichen Umfang der geplanten Tätigkeit bei Nichtgewährung der Beihilfe gegenüber (kontrafaktische Analyse). Legen Sie bitte Nachweise vor, z. B. interne Dokumente, die sich auf alternative Tätigkeiten beziehen, die von dem begünstigten Flughafen im Zuge der internen Entscheidungsfindung in Betracht gezogen wurden.

....

....

2.4.4. Im Falle einer Einzelinvestitionsbeihilfe: Wenn ein Gegenszenario mit alternativen Tätigkeiten bekannt ist, vergleichen Sie bitte beide Szenarien und zeigen Sie dabei die zusätzliche Tätigkeit auf, die nur im Falle einer Beihilfe durchgeführt werden würde (kontrafaktische Analyse).

Im Falle einer Einzelinvestitionsbeihilfe: Ist das konkrete Gegenszenario mit alternativen Tätigkeiten nicht bekannt, geben Sie bitte die Kapitalkosten-Finanzierungslücke an, die auf der Grundlage des vorab erstellten Wirtschaftsplans des begünstigten Flughafens ermittelt wurde. Die Kapitalkosten-Finanzierungslücke ist die Differenz zwischen den im Laufe der Lebensdauer der Anlageinvestition anfallenden positiven und negativen Zahlungsströmen (einschließlich Investitionskosten).

(⁵) Zum Beispiel Direktzuschüsse, Befreiungen oder Ermäßigungen von Steuern oder Sozial- oder sonstigen Pflichtabgaben oder Bereitstellung von Grundstücken, Waren oder Dienstleistungen zu Vorzugsbedingungen.
(⁶) Zum Beispiel zinsgünstige Darlehen oder Zinszuschüsse, staatliche Garantien, Erwerb von Beteiligungen oder eine anderweitige Bereitstellung von Kapital zu Vorzugsbedingungen.

5. Verf-DVO kons

▼ M8

....

....

2.4.5. Im Falle einer Beihilferegelung: a) Bestätigen Sie bitte, dass die Bewilligungsbehörde Einzelbeihilfen im Rahmen der Beihilferegelung erst dann gewähren wird, nachdem sie sich vergewissert hat, dass ein Anreizeffekt besteht, indem sie den voraussichtlichen Umfang der geplanten Tätigkeit bei Gewährung und bei Nichtgewährung der Beihilfe verglichen hat (kontrafaktische Analyse) oder indem sie, falls das Gegenszenario nicht bekannt sein sollte, auf der Grundlage des vorab erstellten Wirtschaftsplans für den begünstigten Flughafen die Kapitalkosten-Finanzierungslücke ermittelt hat (⁷). b) Beschreiben Sie bitte alle zugrunde liegenden Daten, Parameter und Annahmen, die die Bewilligungsbehörde bei der Feststellung, ob ein Anreizeffekt vorliegt, berücksichtigen wird.

....

....

2.5. Angemessenheit der Beihilfe

2.5.1. Im Falle einer Einzelinvestitionsbeihilfe: Bei Vorliegen einer kontrafaktischen Fallkonstellation mit alternativen Tätigkeiten a) übermitteln Sie bitte in Form von Excel-Tabellen den vorab erstellten Wirtschaftsplan für die Fallkonstellation bei Gewährung einer Beihilfe und für das Szenario ohne Beihilfe; b) erläutern Sie bitte auf der Grundlage dieser Tabellen die Nettomehrkosten (abzüglich der zusätzlichen Einnahmen), die sich daraus ergeben, dass anstelle des alternativen Vorhabens bzw. der alternativen Tätigkeit, die im kontrafaktischen Szenario (d. h. ohne Beihilfe) vom Beihilfeempfänger durchgeführt worden wäre, das geförderte Vorhaben bzw. die geförderte Tätigkeit durchgeführt wird; c) erläutern Sie bitte alle zugrunde liegenden Daten, Parameter und Annahmen.

Der Wirtschaftsplan sollte die gesamte wirtschaftliche Lebensdauer des Investitionsvorhabens abdecken.

....

....

2.5.2. Im Falle einer Einzelinvestitionsbeihilfe: Ist das konkrete Gegenszenario nicht bekannt, a) übermitteln Sie bitte in Form einer Excel-Tabelle den vorab erstellten Wirtschaftsplan für den begünstigten Flughafen; b) geben Sie bitte auf der Grundlage dieser Tabelle die Kapitalkosten-Finanzierungslücke an, bei der es sich um den Kapitalwert der Differenz zwischen den im Laufe der wirtschaftlichen Lebensdauer anfallenden positiven und negativen Zahlungsströmen (einschließlich Investitionskosten) handelt; c) erläutern Sie bitte alle zugrunde liegenden Daten, Parameter und Annahmen.

....

....

2.5.3. Im Falle einer Beihilferegelung: Sagen Sie bitte zu, dass a) in jedem einzelnen Fall auf der Grundlage des vorab erstellten Wirtschaftsplans das Gegenszenario ohne Beihilfe geprüft wird; b) dass die zusätzlichen Kosten (abzüglich der zusätzlichen Einnahmen) ermittelt werden, die sich daraus ergeben, dass anstelle des alternativen Vorhabens bzw. der alternativen Tätigkeit, die im kontrafaktischen Szenario (d. h. ohne Beihilfe) vom Beihilfeempfänger durchgeführt worden wäre, das geförderte Vorhaben bzw. die geförderte Tätigkeit durchgeführt wird; c) dass in jenen Fällen, in denen keine alternativen Tätigkeiten durchgeführt worden wären, die Kapitalkosten-Finanzierungslücke ermittelt wird, bei der es sich um den Kapitalwert der Differenz zwischen den im Laufe der wirtschaftlichen Lebensdauer der Investition anfallenden positiven und negativen Zahlungsströmen (einschließlich Investitionskosten) handelt.

(⁷) Die Kapitalkosten-Finanzierungslücke ist der Kapitalwert der Differenz zwischen den im Laufe der Lebensdauer der Anlageinvestition anfallenden positiven und negativen Zahlungsströmen (einschließlich Investitionskosten).

Beschreiben Sie bitte alle zugrunde liegenden Daten, Parameter und Annahmen, die die Bewilligungsbehörde für die Zwecke der Nachprüfungen und Analyse berücksichtigen wird.

....

....

2.5.4.   Beihilfeintensität

Geben Sie bitte den Beihilfehöchstbetrag in Prozent der beihilfefähigen Kosten („Beihilfeintensität") an, einschließlich etwaiger Aufschläge:

....

....

Wenn die Beihilferegelung für Flughäfen unterschiedlicher Größe gilt, geben Sie bitte für die nachfolgenden Kategorien von Flughäfen die Beihilfehöchstintensität an:

Flughafengröße gemessen am durchschnittlichen Passagieraufkommen (Passagiere pro Jahr)	Höchstintensität der Investitionsbeihilfe
> 3-5 Mio.	
1-3 Mio.	
< 1 Mio.	

2.6.   Vermeidung negativer Auswirkungen auf Wettbewerb und Handel

2.6.1.   Bestätigen Sie bitte, dass der Flughafen einschließlich aller Infrastrukturen und Anlagen, für die eine Investitionsbeihilfe gewährt wird, allen potenziellen Nutzern offensteht und nicht nur einem bestimmten Nutzer vorbehalten sein wird.

....

....

2.6.2.   Geben Sie bitte an, welche Vorkehrungen getroffen wurden, um sicherzustellen, dass die Zuteilung der Flughafenkapazitäten an die Nutzer nach einschlägigen, objektiven, transparenten und diskriminierungsfreien Kriterien erfolgt.

....

....

2.7.   Anmeldung von Einzelbeihilfen im Rahmen der Investitionsbeihilferegelung

2.7.1.   Die folgenden Einzelbeihilfen im Rahmen der Investitionsbeihilferegelung müssen nach Artikel 108 Absatz 3 AEUV angemeldet werden:

a) Investitionsbeihilfen für Flughäfen mit durchschnittlich mehr als 3 Mio. Passagieren pro Jahr;

b) Investitionsbeihilfen für Flughäfen mit durchschnittlich weniger als 1 Mio. Passagieren pro Jahr, wenn die Beihilfehöchstintensität 75 % übersteigt, mit Ausnahme von Flughäfen in abgelegenen Gebieten;

c) Investitionsbeihilfen für die Verlegung von Flughäfen:

d) Investitionsbeihilfen zur Finanzierung kombinierter Flughäfen für Passagier- und Frachtverkehr, an denen in den beiden Geschäftsjahren, die dem Geschäftsjahr der Anmeldung der Beihilfe vorausgehen, mehr als 200 000 Tonnen Fracht abgefertigt wurden;

e) Investitionsbeihilfen, die auf die Einrichtung neuer Passagierflughäfen ausgerichtet sind (einschließlich der Umwandlung bestehender Flugplätze in Passagierflughäfen);

f) Investitionsbeihilfen, die auf die Einrichtung oder den Ausbau von Flughäfen ausgerichtet sind, die sich im Umkreis von 100 Kilometern oder 60 Minuten Fahrzeit mit dem Pkw, Bus, Zug oder Hochgeschwindigkeitszug um einen bestehenden Flughafen befinden.

TEIL III.13.B

Ergänzender Fragebogen zu Betriebsbeihilfen für Flughäfen

Für die Anmeldung von Einzelbetriebsbeihilfen, die unter die Leitlinien für staatliche Beihilfen für Flughäfen und Luftverkehrsgesellschaften ([8]) fallen, sollte zusätzlich zum Fragebogen „Allgemeine Angaben" auch dieser ergänzende Fragebogen beantwortet werden.

1. **Zusätzliche Angaben zum Beihilfeempfänger und seinen Tätigkeiten**

1.1. Beihilfeempfänger

1.1.1. Wird die Beihilfe dem Flughafenbetreiber direkt gewährt?

☐ Ja   ☐ Nein

1.1.2. Falls die Antwort auf die Frage 1.1.1 „nein" lautet, nennen Sie bitte, sofern zutreffend, i) die juristische(n) Person(en), die die Beihilfe erhalten; ii) die juristische(n) Person(en), die die Beihilfe als zwischengeschaltete Stelle an den Flughafen, der die beihilfefähigen Dienste erbringt, überweist/überweisen.

....

....

1.1.3. Falls die Antwort auf die Frage 1.1.1 „nein" lautet, beschreiben Sie bitte, wie die Behörden sicherstellen, dass den zwischengeschalteten Ebenen kein Vorteil gewährt wird.

....

....

1.1.4. Ist der Beihilfeempfänger auch der Eigentümer des Flughafens?

☐ Ja   ☐ Nein

1.1.5. Falls die Antwort auf die Frage 1.1.4 „nein" lautet, geben Sie bitte an, wer der Eigentümer ist/sein wird und beschreiben Sie die Eigentümerstruktur.

....

....

1.1.6. Wenn es sich um eine Einzelbeihilfe handelt, beschreiben Sie bitte die rechtlichen, organisatorischen und finanziellen Beziehungen zwischen dem Empfänger der Beihilfe und i) den Unternehmen, mit denen er eine Unternehmensgruppe bildet, ii) seinen Tochtergesellschaften, iii) etwaigen verbundenen Unternehmen (einschließlich Gemeinschaftsunternehmen).

([8]) Leitlinien für staatliche Beihilfen für Flughäfen und Luftverkehrsgesellschaften (ABl. C 99 vom 4.4.2014. S. 3).

▼ M8

Handelt es sich um Beihilferegelungen, beschreiben Sie bitte die Methode, anhand derer die Bewilligungsbehörde die rechtlichen, organisatorischen und finanziellen Beziehungen (siehe Nummern 1.1.1 bis 1.1.5) bewerten wird.

....

....

1.2.   Allgemeine Angaben zum Flughafenbetreiber

1.2.1. Wird der Flughafen/Werden die Flughäfen von der nationalen Armee, der Polizei, gemeinnützigen Flugrettungsdiensten oder anderweitigen Flugdiensten nichtwirtschaftlicher Art genutzt, dann geben Sie bitte Folgendes an: a) Art der Dienste; und b) ihren Anteil an der Nutzung der Flughafenkapazitäten (z. B. Nutzung der Start- und Landebahnen und anderer Flughafenanlagen als prozentualer Anteil der jährlichen Flugbewegungen).

....

....

1.2.2. Geben Sie bitte für den Flughafen/die Flughäfen, der/die die Beihilfe erhält/erhalten, die folgenden Daten zum Passagierluftverkehr an:

a) Bei Flughäfen mit kommerziellem Passagierluftverkehrsbetrieb, der über die letzten zwei Geschäftsjahre hinausreicht: das durchschnittliche jährliche Passagieraufkommen während der beiden Geschäftsjahre, die dem Jahr der Anmeldung der Beihilfe bzw. der tatsächlichen Gewährung der Beihilfe vorausgehen.

b) Bei Flughäfen mit kommerziellem Passagierluftverkehrsbetrieb, der sich auf weniger als zwei Geschäftsjahre erstreckt: das prognostizierte durchschnittliche jährliche Passagieraufkommen während der beiden Geschäftsjahre nach Aufnahme des kommerziellen Passagierluftverkehrsbetriebs.

Führen Sie bitte diese Daten tabellarisch in der nachstehend vorgegebenen Form auf:

Jahr	Passagiere insgesamt

Die Passagierzahlen beziehen sich auf jede Flugstrecke. Zum Beispiel: Ein Passagier, der an einen Flughafen fliegt und von demselben Flughafen auch wieder abfliegt, zählt zweimal. Gehört ein Flughafen einer Gruppe von Flughäfen an, wird das Passagieraufkommen für jeden einzelnen Flughafen berechnet.

1.2.3. Im Falle einer Einzelbetriebsbeihilfe: Übermitteln Sie bitte den Wirtschaftsplan, den der Beihilfeempfänger im Zeitraum 2009-2013 umgesetzt und den er im folgenden Zehnjahreszeitrum bis zum 4. April 2024 umzusetzen plant. Beschreiben Sie bitte die Annahmen, die diesem Zehnjahreszeitraum zugrunde liegen.

Der Wirtschaftsplan muss Folgendes enthalten: Angaben zum Verkehrsaufkommen und Verkehrsprognosen, Kosten und Kostenschätzungen, Finanzdaten und Finanzprognosen zur erwarteten Rentabilität und zu den erwarteten Cashflows (unter Bezugnahme auf Methoden, die nachweislich von dem Flughafen verwendet werden, z. B. Methoden zur Bewertung des Kapitalwerts (*net present value* — *NPV*) einer Investition, des internen Zinsfußes (*internal rate of return* — *IRR*) und der durchschnittlichen Kapitalrendite (*return on capital employed* — *ROCE*). Der Wirtschaftsplan muss als Excel-Tabelle vorgelegt werden und Erläuterungen zu den verwendeten Formeln enthalten.

5. Verf-DVO kons

Im Falle einer Beihilferegelung erläutern Sie bitte im Detail a) die formalen und materiellen Kriterien, die die Wirtschaftspläne beihilfefähiger Flughäfen erfüllen müssen, b) die Methode, nach der die nationalen Behörden die Wirtschaftspläne prüfen.

....

....

Verf-DVO kons

1.2.4. Geben Sie bitte im Falle einer Einzelbetriebsbeihilfe eine Übersicht über die operativen Verluste [9] des Beihilfeempfängers im Zeitraum 2009-2013 sowie über die prognostizierten operativen Verluste für die Zeit bis zum 4. April 2024. Führen Sie bitte diese Daten tabellarisch in der nachstehend vorgegebenen Form auf:

Einnahmen				
...				
...				
Operative Kosten				
...				
...				
Sonstige				
...				
Betriebsergebnis				

Im Falle von Beihilferegelungen erläutern Sie bitte die Methode, nach der die Behörden die operativen Verluste der beihilfefähigen Flughäfen feststellen.

1.2.5. Handelt es sich um eine Einzelbetriebsbeihilfe, so übermitteln Sie bitte Kopien der Finanzberichte [10] der beihilfefähigen Flughäfen für die fünf Jahre vor dem Jahr der Antragstellung für die Betriebsbeihilfe.

Bei Beihilferegelungen: Sagen Sie bitte zu, dass Sie die obengenannten Finanzberichte bei der Prüfung der Einzelbeihilfen berücksichtigen.

....

....

1.2.6. Erläutern Sie bitte, welche Vorkehrungen getroffen wurden, um eine Überkompensation zu vermeiden und um sicherzustellen, dass zu viel gezahlte Beträge vom Beihilfeempfänger zurückgefordert werden.

....

....

---

[9] „Operative Finanzierungslücke": die operativen Verluste des Flughafens in dem betreffenden Zeitraum, die auf der Grundlage der Kapitalkosten auf ihren Barwert abgezinst werden, d. h. den (als Kapitalwert ausgedrückten) Betrag, um den die Einnahmen des Flughafens seine Betriebskosten unterschreiten.

[10] Bilanz, Gewinn- und Verlustrechnung, Erklärung des Wirtschaftsprüfers oder der Wirtschaftsprüfungsgesellschaft.

1.3.   Flughafendienstleistungen

1.3.1. Nennen Sie bitte die beihilfefähigen Flughafendienstleistungen [11] und die verschiedenen Kategorien von beihilfefähigen Betriebskosten [12] in Verbindung mit der Erbringung dieser Dienstleistungen.

....

....

1.4.   Tätigkeiten mit hoheitlichem Bezug

1.4.1. Bezieht sich die Betriebsbeihilfe auf Tätigkeiten, für die der Staat aufgrund seiner hoheitlichen Befugnisse zuständig ist (z. B. Flugsicherung, Polizei, Zoll, Brandbekämpfung und die zum Schutz der zivilen Luftfahrt vor unrechtmäßigen Eingriffen erforderlichen Tätigkeiten)? Betriebskosten, die sich auf die für die Durchführung dieser Tätigkeiten erforderliche Infrastruktur und Ausrüstung beziehen, werden im Allgemeinen als nichtwirtschaftliche Tätigkeiten eingestuft und fallen folglich nicht unter die Beihilfevorschriften der Union.

☐ Ja ☐ Nein

1.4.2. Nennen Sie bitte das relevante nationale, regionale oder andere Rechtsinstrument, das den Begriff der Tätigkeiten, die in den hoheitlichen Aufgabenbereich fallen, und deren Finanzierung klärt. Sollte es ein solches Rechtsinstrument nicht geben, erläutern Sie bitte, wie diese Tätigkeiten in der Regel von den zuständigen Behörden finanziert werden.

....

....

1.4.3. Legen Sie bitte Nachweise dafür vor, dass öffentliche Fördermittel für nichtwirtschaftliche Tätigkeiten nicht zu einer ungerechtfertigten Diskriminierung zwischen Flughäfen führen. Dies wäre der Fall, wenn in einer bestimmten Rechtsordnung Verkehrsflughäfen normalerweise bestimmte mit ihren nichtwirtschaftlichen Tätigkeiten verbundene Kosten tragen müssen, während bestimmte andere Verkehrsflughäfen diese Kosten nicht tragen müssen. Führen Sie bitte die sachliche und territoriale Anwendbarkeit der nationalen Vorschriften für die Finanzierung nichtwirtschaftlicher Tätigkeiten von Flughäfen aus und geben Sie gegebenenfalls die Ebene der regionalen Zuständigkeit in dieser Sache an.

....

1.4.4. Bestätigen Sie bitte, belegt durch einschlägige Nachweise, dass der Ausgleich der Kosten in Verbindung mit nichtwirtschaftlichen Tätigkeiten streng auf solche Kosten beschränkt ist und dass eine etwaige Quersubventionierung wirtschaftlicher Tätigkeiten durch Ausgleichszahlungen wirksam ausgeschlossen ist.

....

....

1.4.5. Bestätigen Sie bitte, dass der Flughafen eine buchmäßige Trennung zwischen wirtschaftlichen und nichtwirtschaftlichen Tätigkeiten vornimmt.

....

....

---

[11] Dienstleistungen, die ein Flughafen oder eine seiner Tochtergesellschaften für Luftverkehrsgesellschaften erbringt, um die Abfertigung von Luftfahrzeugen von der Landung bis zum Start sowie von Fluggästen und Fracht zu gewährleisten, damit Luftverkehrsgesellschaften Luftverkehrsdienstleistungen erbringen können, einschließlich der Erbringung von Bodenabfertigungsdiensten und der Bereitstellung zentralisierter Bodenabfertigungsinfrastruktur.

[12] Die mit der Erbringung von Flughafendienstleistungen verbundenen Kosten eines Flughafens; dazu gehören Kostenkategorien wie Personalkosten, Kosten für fremdvergebene Dienstleistungen, Kommunikation, Abfallentsorgung, Energie, Instandhaltung, Mieten und Verwaltung, jedoch weder Kapitalkosten, Marketingunterstützung bzw. andere Anreize, die der Flughafen den Luftverkehrsgesellschaften bietet, noch Kosten für Aufgaben mit hoheitlichem Bezug.

5. Verf-DVO kons

▼ M8

Verf-DVO kons

2. **Prüfung der Vereinbarkeit der Maßnahme mit dem Binnenmarkt**

2.1. Wurde die Beihilfe vor dem 4. April 2014 gewährt?

☐ Ja   ☐ Nein

2.2. Beitrag zu einem genau definierten Ziel von gemeinsamem Interesse

2.2.1. Kreuzen Sie bitte das Zutreffende an: Die Betriebsbeihilfe

a) ☐ erhöht die Mobilität der Bürger der Union und die Anbindung von Gebieten durch Einrichtung von Zugangspunkten zu Flügen innerhalb der Union;

b) ☐ wirkt der Überlastung des Luftraums an den großen Drehkreuz-Flughäfen in der Union entgegen.

c) ☐ begünstigt die regionale Entwicklung.

Erläutern Sie bitte, wie die Betriebsbeihilfe zu jedem der vorgenannten Ziele beiträgt.

....

....

2.2.2. Betrifft die angemeldete Betriebsbeihilfe den Betreiber eines neuen Flughafens?

☐ Ja   ☐ Nein

2.2.3. Im Falle einer Einzelbetriebsbeihilfe: Befindet sich der begünstigte Flughafen in demselben Einzugsgebiet [13] wie ein anderer Flughafen mit ungenutzten Kapazitäten?

☐ Ja   ☐ Nein

2.2.4. Im Falle einer Einzelbetriebsbeihilfe: Falls die Antwort auf die Frage 2.2.3 „ja" lautet, geben Sie bitte Größe und Gestalt des Einzugsgebiets an. Übermitteln Sie bitte Angaben zu den zu erwartenden Auswirkungen auf das Verkehrsaufkommen des anderen Flughafens im selben Einzugsgebiet. Diese Angaben sollten Teil des Wirtschaftsplans des begünstigten Flughafens sein und müssen auf zuverlässigen Prognosen für den Passagier- und Frachtverkehr beruhen.

Im Falle einer Beihilferegelung: a) Bestätigen Sie bitte, dass die Behörden verpflichtet sind, die zu erwartenden Auswirkungen auf das Verkehrsaufkommen an einem anderen Flughafen/an anderen Flughäfen in demselben Einzugsgebiet auf der Grundlage von Informationen zu prüfen, die Teil des Wirtschaftsplans für den begünstigten Flughafen sind und die auf zuverlässigen Prognosen für den Passagier- und Frachtverkehr beruhen. b) Beschreiben Sie bitte die Methode und die Kriterien, nach denen die nationalen Behörden die zu erwartenden Auswirkungen auf das Verkehrsaufkommen an dem anderen Flughafen/an den anderen Flughäfen bewerten werden.

....

....

2.3. Erforderlichkeit des staatlichen Eingreifens

2.3.1. Bestätigen Sie bitte, dass das jährliche Verkehrsaufkommen an dem beihilfefähigen Flughafen/an den beihilfefähigen Flughäfen nicht mehr als 3 Mio. Passagiere beträgt (siehe auch Frage 1.2.2).

....

2.4. Geeignetheit der Maßnahme

---

[13] „Einzugsgebiet eines Flughafens" ist eine räumliche Marktabgrenzung, die in der Regel bei 100 Kilometern oder rund 60 Minuten Reisezeit mit dem Pkw, Bus, Zug oder Hochgeschwindigkeitszug vorgenommen wird. Das Einzugsgebiet eines bestimmten Flughafens muss dieser Abgrenzung jedoch nicht entsprechen und ist unter Berücksichtigung der Besonderheiten des jeweiligen Flughafens festzulegen. Größe und Gestalt des Einzugsgebiets variieren von einem Flughafen zum anderen und hängen von verschiedenen Merkmalen des Flughafens ab, so z. B. vom Geschäftsmodell, dem Standort und den bedienten Zielflughäfen.

2.4.1. Weisen Sie bitte nach, dass die in Rede stehende Beihilfe geeignet ist, das angestrebte Ziel zu erreichen oder die Schwierigkeiten, die die Beihilfe veranlasst haben, zu beseitigen. Erläutern Sie bitte insbesondere, wie die Behörden festgestellt haben, dass dasselbe Ziel und dasselbe Problem nicht mit weniger wettbewerbsverzerrenden Strategien oder Beihilfeinstrumenten erreicht bzw. gelöst werden könnte und dass es sich bei der in Rede stehenden Beihilfe um ein geeignetes politisches Instrument handelt. Falls zum Beispiel die Beihilfe in einer Form gewährt wird, die dem Empfänger einen direkten finanziellen Vorteil verschafft ([14]), weisen Sie bitte nach, warum andere, möglicherweise mit geringeren Wettbewerbsverfälschungen verbundene Beihilfeformen (zum Beispiel rückzahlbare Zuschüsse) oder auf Schuld- oder Eigenkapitalinstrumenten basierende Beihilfeformen ([15]) nicht geeignet sind.

....

....

2.4.2. Im Falle einer Einzelbetriebsbeihilfe: Wurde der Beihilfebetrag vorab als Festbetrag bestimmt, der die auf der Grundlage des Wirtschaftsplans des Empfängers erwartete operative Finanzierungslücke bei den Betriebskosten während eines Übergangszeitraums von 10 Jahren (beginnend am 4. April 2014) abdeckt?

☐ Ja   ☐ Nein

Falls ja, legen Sie bitte die im Wirtschaftsplan enthaltenen einschlägigen Angaben vor.

2.4.3. Im Falle einer Beihilferegelung: Wurde der Beihilfebetrag in jedem Einzelfall vorab als Festbetrag bestimmt, der die auf der Grundlage des Wirtschaftsplans des Empfängers erwartete operative Finanzierungslücke bei den Betriebskosten während eines Übergangszeitraums von 10 Jahren (beginnend am 4. April 2014) abdeckt?

☐ Ja   ☐ Nein

Falls ja, sollte der Empfänger die im Wirtschaftsplan enthaltenen einschlägigen Angaben vorlegen.

2.4.4. Falls die Antwort auf die Fragen 2.4.2 und 2.4.3 „nein" lautet, geben Sie bitte an, a) inwieweit die künftige Entwicklung der Kosten und Einnahmen schwer vorherzusehen ist, b) inwieweit eine Informationsasymmetrie vorliegt, die die nationalen Behörden daran hindert, den zulässigen Höchstbetrag einer Betriebsbeihilfe vorab auf der Grundlage eines Wirtschaftsplans zu berechnen.

....

....

2.4.5. Falls die Antwort auf die Fragen 2.4.2 und 2.4.3 „nein" lautet, bestätigen Sie bitte, dass der zulässige Höchstbetrag der mit dem Binnenmarkt vereinbaren Betriebsbeihilfe anhand eines Modells berechnet wurde/wird, das auf dem Durchschnitt der operativen Finanzierungslücken ([16]) während der fünf Jahre von 2009 bis 2013 aufbaut.

([14]) Zum Beispiel Direktzuschüsse, Befreiungen oder Ermäßigungen von Steuern oder Sozial- oder sonstigen Pflichtabgaben oder Bereitstellung von Grundstücken, Waren oder Dienstleistungen zu Vorzugsbedingungen.

([15]) Zum Beispiel zinsgünstige Darlehen oder Zinszuschüsse, staatliche Garantien, Erwerb von Beteiligungen oder eine anderweitige Bereitstellung von Kapital zu Vorzugsbedingungen.

([16]) „Operative Finanzierungslücke": die operativen Verluste des Flughafens in dem betreffenden Zeitraum, die auf der Grundlage der Kapitalkosten auf ihren Barwert abgezinst werden, d. h. den (als Kapitalwert ausgedrückten) Betrag, um den die Einnahmen des Flughafens seine Betriebskosten unterschreiten.

5. Verf-DVO kons

2.4.6. Können Sie bestätigen, dass die Höhe der Betriebsbeihilfe nachträglich nicht erhöht wird?

☐ Ja   ☐ Nein

Verf-DVO kons

2.4.7. Sollte die Antwort „nein" lauten, erläutern Sie bitte, warum Ihrer Meinung nach die Möglichkeit, die Betriebsbeihilfe nachträglich zu erhöhen, die Anreize für einen effizienten Flughafenbetrieb nicht mindert.

....

....

2.5. Anreizeffekt und Angemessenheit der Maßnahme

2.5.1. Beschreiben Sie bitte im Falle von Einzelbetriebsbeihilfen, warum es wahrscheinlich ist, dass der Umfang der wirtschaftlichen Tätigkeit des Flughafens ohne die Beihilfe wesentlich geringer ausfallen würde. Machen Sie bitte die erforderlichen Angaben auf der Grundlage des Wirtschaftsplans (siehe auch Nummer 1.2.3) und vergleichen Sie den voraussichtlichen Umfang der geplanten Tätigkeit bei Gewährung der Beihilfe und bei Nichtgewährung der Beihilfe (kontrafaktische Analyse) unter gleichzeitiger Berücksichtigung einer etwaigen Investitionsbeihilfe und des Verkehrsaufkommens.

Im Falle von Beihilferegelungen beschreiben Sie bitte die Methode, nach der die Bewilligungsbehörde die Wirtschaftspläne bewertet, sowie — unter Berücksichtigung einer etwaigen Investitionsbeihilfe und des Verkehrsaufkommens — die Wahrscheinlichkeit, dass die wirtschaftliche Tätigkeit des betreffenden Flughafens wesentlich geringer ausfallen würde.

....

....

2.5.2. Weisen Sie im Fall einer Einzelbetriebsbeihilfe bitte nach, dass der Wirtschaftsplan für den Flughafen eine volle Deckung der Betriebskosten zum 4. April 2024 gewährleistet. Nennen Sie bitte die relevanten Schlüsselparameter des Wirtschaftsplans.

Bestätigen Sie bitte im Falle von Beihilferegelungen, dass die Bewilligungsbehörde nur dann eine Einzelbetriebsbeihilfe gewährt, wenn sie zu dem Schluss gekommen ist, dass der Wirtschaftsplan für den begünstigten Flughafen eine volle Deckung der Betriebskosten zum 4. April 2024 gewährleistet. Geben Sie bitte an, welche Schlüsselparameter des Wirtschaftsplans die Bewilligungsbehörde prüft, um in jedem einzelnen Fall diesbezüglich eine Entscheidung zu treffen.

....

....

2.5.3. Geben Sie bitte Folgendes an:

Im Falle einer Einzelbetriebsbeihilfe: Die anfängliche Finanzierungslücke des begünstigten Flughafens über 10 Jahre, beginnend mit der Deckung der Betriebskosten am 4. April 2014 zu Beginn des Übergangszeitraums und bis zur vollen Deckung der Betriebskosten zum 4. April 2024 am Ende des Übergangszeitraums.

Im Falle einer Beihilferegelung: Bestätigen Sie bitte, a) dass die Finanzierungslücke der beihilfefähigen Flughäfen mit Hilfe der unter Nummer 2.5.2 genannten Methode ermittelt werden wird; b) dass die beihilfefähigen Flughäfen nachweisen müssen, dass sie zum 4. April 2024 eine volle Deckung der Betriebskosten erreichen werden.

....

....

Der zulässige Beihilfehöchstbetrag liegt bei:

....

....

Der prozentuale Anteil der Finanzierungslücke, der durch die Betriebsbeihilfe gedeckt werden soll, beträgt:

....

....

Zeitraum, für den die Betriebsbeihilfe gewährt wird:

....

....

2.6.   Vermeidung negativer Auswirkungen auf Wettbewerb und Handel

2.6.1.   Weisen Sie bitte nach, dass alle Flughäfen, die in demselben Einzugsgebiet wie der beihilfefähige Flughafen bzw. die beihilfefähigen Flughäfen liegen, in der Lage sein werden, zum 4. April 2024 volle Betriebskostendeckung zu erreichen.

....

....

2.6.2.   Können Sie bestätigen, dass der Flughafen bzw. die Flughäfen einschließlich etwaiger Investitionen, für die eine Beihilfe gewährt wird, allen potenziellen Nutzern offenstehen und nicht nur einem bestimmten Nutzer vorbehalten sein wird/werden?

    ☐ Ja   ☐ Nein

2.6.3.   Geben Sie bitte an, welche Vorkehrungen getroffen wurden, um sicherzustellen, dass die Zuteilung der Flughafenkapazitäten an die Nutzer nach einschlägigen, objektiven, transparenten und diskriminierungsfreien Kriterien erfolgt.

....

....

TEIL III.13.C

Ergänzender Fragebogen zu Anlaufbeihilfen für Luftverkehrsgesellschaften

Für die Anmeldung von Anlaufbeihilfen für Luftverkehrsgesellschaften, die unter die Leitlinien für staatliche Beihilfen für Flughäfen und Luftverkehrsgesellschaften [17] *fallen, sollte zusätzlich zum Fragebogen „Allgemeine Angaben" in Teil I auch dieser ergänzende Fragebogen beantwortet werden*

Dieser Fragebogen bezieht sich sowohl auf die Anmeldung von Beihilferegelungen als auch von Einzelbeihilfen.

1.   **Zusätzliche Angaben zum Beihilfeempfänger, zum Vorhaben und zur Beihilfe**

---

[17] Leitlinien für staatliche Beihilfen für Flughäfen und Luftverkehrsgesellschaften (ABl. C 99 vom 4.4.2014. S. 3).

5. Verf-DVO kons

Verf-DVO kons

1.1. Beihilfeempfänger

1.1.1. Wird die Beihilfe der Luftverkehrsgesellschaft, die die neue Strecke bedient, direkt gewährt?

☐ Ja   ☐ Nein

1.1.2. Falls die Antwort auf die Frage 1.1.1 „nein" lautet, nennen Sie bitte, sofern zutreffend, die juristische(n) Person(en), a) die die Beihilfe erhält (erhalten); b) die die Beihilfe an eine zwischengeschaltete Stelle oder an die Luftverkehrsgesellschaft überweist (überweisen), die die neue Strecke bedient.

....

....

1.1.3. Falls die Antwort auf Frage 1.1.1 „nein" lautet, beschreiben Sie bitte, wie die nationalen Behörden sicherstellen, dass den zwischengeschalteten Ebenen kein Vorteil gewährt wird.

....

....

1.1.4. Wenn es sich um eine Einzelbeihilfe handelt, beschreiben Sie bitte die rechtlichen, organisatorischen und finanziellen Beziehungen zwischen dem Empfänger der Beihilfe und a) den Unternehmen, mit denen er eine Unternehmensgruppe bildet, b) seinen Tochtergesellschaft und c) anderen verbundenen Unternehmen (einschließlich Gemeinschaftsunternehmen).

Handelt es sich um Beihilferegelungen, so beschreiben Sie bitte die Methode, anhand derer die Bewilligungsbehörde diese rechtlichen, organisatorischen und finanziellen Beziehungen bewerten wird.

....

....

1.1.5. Auswahl des Beihilfeempfängers: Beschreiben Sie bitte a) das Verfahren, nach dem der Beihilfeempfänger ausgewählt wird bzw. wurde, b) das für die Bekanntmachung des Auswahlverfahrens gewählte Medium und den Umfang der Bekanntmachung, c) die Förderfähigkeitsbedingungen, d) die operationellen Anforderungen und e) die Auswahlkriterien.

....

....

2. **Prüfung der Vereinbarkeit der Maßnahme mit dem Binnenmarkt**

2.1. Beitrag zu einem genau definierten Ziel von gemeinsamem Interesse

2.1.1. Kreuzen Sie bitte das Zutreffende an. Die Anlaufbeihilfe

a) ☐ erhöht die Mobilität der Bürger der Union und die Anbindung von Gebieten durch Einrichtung neuer Strecken.

b) ☐ begünstigt die regionale Entwicklung abgelegener Gebiete.

Erläutern Sie bitte, wie die Anlaufbeihilfe zu jedem der vorgenannten Ziele beiträgt.

....

....

▼ M8

2.1.2. Weisen Sie im Falle von Einzelbeihilfen bitte nach, dass die Strecke bzw. die Strecken nicht bereits von einer Hochgeschwindigkeitsbahn-verbindung ([18]) oder ab einem anderen Flughafen in demselben Einzugsgebiet ([19]) unter vergleichbaren Bedingungen angeboten wird/werden. Wenn die Bedingungen nicht als vergleichbar betrachtet werden, erläutern Sie bitte warum.

Erläutern Sie bitte im Falle von Beihilferegelungen, wie die Bewilligungsbehörde sicherstellt, dass für jede einzelne Anlaufbeihilfe die unter dieser Nummer aufgeführte Bestimmung erfüllt ist.
....

2.2. Erforderlichkeit des staatlichen Eingreifens

2.2.1. Geben Sie bitte an, für welche Art von Strecke die Anlaufbeihilfe bestimmt ist:

a) ☐ Strecken zwischen einem Flughafen mit weniger als 3 Mio. Passagieren pro Jahr ([20]) und einem anderen Flughafen im gemeinsamen europäischen Luftverkehrsraum ([21]);

b) ☐ Strecken zwischen einem Flughafen in einem abgelegenen Gebiet und einem anderen Flughafen (inner- oder außerhalb des gemeinsamen europäischen Luftverkehrsraums) unabhängig von der Größe der betreffenden Flughäfen;

c) ☐ Strecken zwischen einem Flughafen mit mehr als 3 Mio. Passagieren pro Jahr und einem Flughafen mit weniger als 5 Mio. Passagieren pro Jahr, die sich nicht in einem abgelegenen Gebiet befinden. Legen Sie bitte in diesem Fall die spezifischen Umständen ausführlich dar.

d) ☐ Sonstiges (bitte angeben).

....

....

2.2.2. Geben Sie bitte bei Einzelbeihilfen den Standort der Flughäfen an, die über die beihilfefähigen neuen Strecken angeflogen werden.

....

....

([18]) Ein „Hochgeschwindigkeitszug" ist ein Zug, der Geschwindigkeiten von über 200 km/h erreichen kann.

([19]) „Einzugsgebiet eines Flughafens" ist eine räumliche Marktabgrenzung, die in der Regel bei 100 Kilometern oder rund 60 Minuten Reisezeit mit dem Pkw, Bus, Zug oder Hochgeschwindigkeitszug vorgenommen wird. Das Einzugsgebiet eines bestimmten Flughafens muss dieser Abgrenzung jedoch nicht entsprechen und ist unter Berücksichtigung der Besonderheiten des jeweiligen Flughafens festzulegen. Größe und Gestalt des Einzugsgebiets variieren von einem Flughafen zum anderen und hängen von verschiedenen Merkmalen des Flughafens ab, so z. B. von dem Geschäftsmodell, dem Standort und den bedienten Zielflughäfen.

([20]) Tatsächliches durchschnittliches jährliches Passagieraufkommen während der beiden Geschäftsjahre, die dem Jahr der Anmeldung der Beihilfe bzw. bei nicht angemeldeten Beihilfen der tatsächlichen Gewährung oder Auszahlung der Beihilfe vorausgehen. Im Falle eines neu geschaffenen Passagierflughafens sollte das prognostizierte durchschnittliche jährliche Passagieraufkommen während der beiden Geschäftsjahre nach Aufnahme des kommerziellen Passagierluftverkehrsbetriebs herangezogen werden. Diese Schwellenwerte beziehen sich auf jede Flugstrecke. So zählt ein Passagier, der z. B. zu einem Flughafen fliegt und von demselben Flughafen auch wieder abfliegt, zweimal; die Zählung bezieht sich auf Einzelstrecken.

([21]) Beschluss 2006/682/EG des Rates und der im Rat vereinigten Vertreter der Mitgliedstaaten der Europäischen Union vom 9. Juni 2006 über die Unterzeichnung und vorläufige Anwendung des Übereinkommens zwischen der Europäischen Gemeinschaft und ihren Mitgliedstaaten, der Republik Albanien, Bosnien und Herzegowina, der Republik Bulgarien, der ehemaligen jugoslawischen Republik Mazedonien, der Republik Island, der Republik Kroatien, der Republik Montenegro, dem Königreich Norwegen, Rumänien, der Republik Serbien und der Übergangsverwaltung der Vereinten Nationen in Kosovo zur Schaffung eines gemeinsamen europäischen Luftverkehrsraums (ABl. L 285 vom 16.10.2006. S. 1).

5. Verf-DVO kons

Verf-DVO kons

2.2.3. Machen Sie bitte im Falle von Einzelanlaufbeihilfen für Strecken zwischen einem Flughafen, der **nicht** in einem abgelegenen Gebiet liegt, und einem anderen Flughafen die folgenden Angaben zum Passagieraufkommen der Flughäfen, die von der/den neuen Strecke(n) bedient werden:

a) Bei Flughäfen mit kommerziellem Passagierluftverkehrsbetrieb, der über die letzten zwei Geschäftsjahre hinausreicht: das durchschnittliche jährliche Passagieraufkommen während der beiden Geschäftsjahre, die dem Jahr der Anmeldung der Beihilfe bzw. der tatsächlichen Gewährung der Beihilfe vorausgehen.

b) Bei Flughäfen mit kommerziellem Passagierluftverkehrsbetrieb, der sich auf weniger als zwei Geschäftsjahre erstreckt: das prognostizierte durchschnittliche jährliche Passagieraufkommen während der beiden Geschäftsjahre nach Aufnahme des kommerziellen Passagierluftverkehrsbetriebs.

Führen Sie bitte diese Daten tabellarisch in der nachstehend vorgegebenen Form auf:

Jahr	Flughafen	Flughafen
Jahr	Anzahl der Passagiere	Anzahl der Passagiere
Jahr	Anzahl der Passagiere	Anzahl der Passagiere

Die Passagierzahlen beziehen sich auf jede Flugstrecke, d. h. ein Passagier, der z. B. an einen Flughafen fliegt und von demselben Flughafen auch wieder abfliegt, zählt zweimal. Gehört der Flughafen einer Gruppe von Flughäfen an, wird das Passagieraufkommen für den einzelnen Flughafen berechnet.

2.2.4. Erläutern Sie bitte im Falle von Beihilferegelungen, wie die Bewilligungsbehörde für jede einzelne Anlaufbeihilfe anhand des Flughafenstandorts, des Passagieraufkommens und der Strecken prüfen wird, ob ein staatliches Eingreifen erforderlich ist.

....

....

2.3. Geeignetheit der Maßnahme

2.3.1. Im Falle einer Einzelbeihilfe: Weisen Sie bitte nach, dass die in Rede stehende Beihilfe geeignet ist, das angestrebte Ziel zu erreichen oder die Schwierigkeiten, die die Beihilfe veranlasst haben, zu beseitigen. Erläutern Sie bitte insbesondere, wie die Behörden festgestellt haben, dass dasselbe Ziel und dasselbe Problem nicht mit weniger wettbewerbsverzerrenden Strategien oder Beihilfeinstrumenten erreicht bzw. gelöst werden könnte. Falls zum Beispiel die Beihilfe in einer Form gewährt wird, die dem Empfänger einen direkten finanziellen Vorteil verschafft [22], weisen Sie bitte nach, dass andere, möglicherweise mit geringeren Wettbewerbsverfälschungen verbundene Beihilfeformen (zum Beispiel rückzahlbare Zuschüsse) oder auf Schuld- oder Eigenkapitalinstrumenten basierende Beihilfeformen [22] nicht geeignet sind.

....

....

---

[22] Zum Beispiel zinsgünstige Darlehen oder Zinszuschüsse, staatliche Garantien, Erwerb von Beteiligungen oder eine anderweitige Bereitstellung von Kapital zu Vorzugsbedingungen.

▼ M8

2.3.2. Im Falle einer Einzelbeihilfe, bei der die begünstigte Luftverkehrsgesellschaft vorab einen Wirtschaftsplan für die Strecke erstellt hat,
für die die Beihilfe bestimmt ist: Übermitteln Sie bitte den Wirtschaftsplan. Aus dem vorab erstellten Wirtschaftsplan muss klar hervorgehen,
ob die geförderte Strecke nach 3 Jahren ohne öffentliche Zuwendungen
für die Luftverkehrsgesellschaft rentabel sein wird.

....

....

2.3.3. Im Falle einer Einzelbeihilfe, für die vorab kein Wirtschaftsplan für die
Strecke erstellt wurde, für die die Beihilfe bestimmt ist: Übermitteln Sie
bitte ein Dokument, aus dem hervorgeht, dass die in Rede stehende
Luftverkehrsgesellschaft unwiderruflich zugesagt hat, die Strecke mindestens so lange zu betreiben, wie sie durch Anlaufbeihilfen gefördert
wird.

....

....

2.3.4. Erläutern Sie bitte im Falle von Beihilferegelungen, wie die Bewilligungsbehörde jede einzelne Anlaufbeihilfe auf ihre Geeignetheit überprüft.

....

....

2.4. Anreizeffekt und Angemessenheit der Maßnahme

2.4.1. Beschreiben Sie bitte im Falle von Einzelbeihilfen (falls vorhanden auf
der Grundlage eines Wirtschaftsplans), warum es wahrscheinlich ist,
dass der Umfang der wirtschaftlichen Tätigkeit der betreffenden Luftverkehrsgesellschaft ohne die Beihilfe nicht ausgeweitet würde.

....

Beschreiben Sie bitte im Falle von Beihilferegelungen die Methode, mit
der die Bewilligungsbehörde prüft, wie wahrscheinlich es ist, dass der
Umfang der wirtschaftlichen Tätigkeit der betreffenden Luftverkehrsgesellschaft ohne die Beihilfe nicht ausgeweitet würde.

....

....

2.4.2. Bestätigen Sie im Falle von Einzelbeihilfen bitte, dass der Betrieb der
neuen Strecke erst nach Stellung des Beihilfeantrags bei der Bewilligungsbehörde aufgenommen wird/wurde, und übermitteln Sie bitte
a) eine Kopie des Beihilfeantrags, den der Beihilfeempfänger bei der
Bewilligungsbehörde eingereicht hat, und b) Unterlagen, aus denen
hervorgeht, an welchem Tag der Betrieb der neuen Strecke aufgenommen wird/wurde.

Bestätigen Sie im Falle von Beihilferegelungen bitte, dass der Betrieb
der neuen beihilfefähigen Strecken erst nach Stellung des Beihilfeantrags bei der Bewilligungsbehörde aufgenommen wird.

....

5. Verf-DVO kons

Verf-DVO kons

2.4.3. Bestätigen Sie bitte, dass die Beihilfe pro Strecke höchstens drei Jahre gewährt wird.

....

....

2.4.4. Geben Sie bitte die Beihilfeintensität an (die in Prozent der beihilfefähigen Kosten ([23]) ausgedrückte Gesamtbeihilfehöhe). In diesem Zusammenhang ist der Kapitalwert (*net present value*) zum Zeitpunkt der Beihilfegewährung vor Abzug von Steuern und anderen Abgaben anzugeben.

....

....

2.4.5. Erläutern Sie bitte, welche Vorkehrungen getroffen wurden, um eine Überkompensation zu vermeiden und um sicherzustellen, dass zu viel gezahlte Beträge von der begünstigten Luftverkehrsgesellschaft zurückgefordert werden.

....

....

2.4.6. Welche Maßnahmen wurden ergriffen, um eine Quersubventionierung anderer Strecken der begünstigten Luftverkehrsgesellschaft zwischen den betreffenden Flughäfen zu vermeiden?

....

....

2.5. Vermeidung übermäßiger negativer Auswirkungen auf Wettbewerb und Handel

2.5.1. Im Falle einer Einzelbeihilfe: Bestätigen Sie bitte, dass die Verbindung (z. B. ein Städtepaar), die im Rahmen der neuen Luftverkehrsstrecke bedient werden soll, nicht bereits unter vergleichbaren Bedingungen, besonders in Bezug auf die Reisedauer, von einer Hochgeschwindigkeitsbahnverbindung oder einem anderen Flughafen im selben Einzugsgebiet angeboten wird. Siehe auch Nummer 2.1.2.

Im Falle einer Beihilferegelung: Erläutern Sie bitte, wie die Bewilligungsbehörde sicherstellt, dass diese Bestimmung für jede einzelne Anlaufbeihilfe erfüllt ist.

....

....

2.5.2. Legen Sie bitte Nachweise dafür vor, dass die staatliche Stelle, die beabsichtigt(e), einer Luftverkehrsgesellschaft — sei es über einen Flughafen oder anderweitig — eine Anlaufbeihilfe für die Eröffnung einer neuen Strecke zu gewähren, dies rechtzeitig und hinreichend bekanntgegeben hat bzw. bekanntgeben wird, damit alle interessierten Luftverkehrsgesellschaften ihre Dienste anbieten können.

....

....

2.5.3. Bestätigen Sie bitte, dass die betreffende Anlaufbeihilfe mit keiner anderen Beihilfeart für den Betrieb derselben Strecke kombiniert werden darf.

....

....

([23]) Die förderfähigen Kosten sind die mit der Strecke verbundenen Flughafenentgelte.

▼ M8

TEIL III.13.D

Ergänzender Fragebogen zu Beihilfen sozialer Art nach Artikel 107 Absatz 2 Buchstabe a AEUV — Flugverkehrsdienstleistungen

Für die Anmeldung der Gewährung von Beihilfen sozialer Art, die unter die Leitlinien für staatliche Beihilfen für Flughäfen und Luftverkehrsgesellschaften ([24]) fallen, sollte zusätzlich zum Fragebogen „Allgemeine Angaben" in Teil I auch dieser ergänzende Fragebogen beantwortet werden.

1.   Angaben zum Beihilfeempfänger/zu den Beihilfeempfängern, zum Vorhaben und zur Beihilfe

1.1.   Beschreiben Sie bitte das soziale Ziel/die sozialen Ziele der angemeldeten Maßnahme und warum die Maßnahme Ihrer Ansicht nach dieses Ziel/diese Ziele erreicht.

....

....

1.2.   Weitere Angaben zur geplanten Beihilfe

1.2.1.   Beschreiben Sie bitte a) die Methode für die Gewährung sowie die Zuweisung der Beihilfe an die Endverbraucher; b) gegebenenfalls die juristische(n) Person(en), die die Beihilfe erhält (erhalten) oder die die Beihilfe an eine zwischengeschaltete Stelle überweist (überweisen), die für die Zuweisung der Beihilfe an die beihilfefähigen Endverbraucher zuständig ist.

....

....

1.2.2.   Beschreiben Sie bitte, welche Gruppen von Endverbrauchern für eine Beihilfe in Betracht kommen (z. B. Passagiere mit bestimmten Bedürfnissen wie Kinder, Menschen mit Behinderungen, Menschen mit geringem Einkommen, Schüler/Studenten, Senioren usw.) ([25]).

....

....

1.2.3.   Bestätigen Sie bitte, dass die Beihilfe tatsächlich den beihilfefähigen Endverbrauchern zugutekommt.

....

....

1.2.4.   Beschreiben Sie bitte die Strecken, die für eine Beihilfe in Betracht kommen.

....

....

1.2.5.   Wird die Beihilfe für den Personenverkehr auf einer Strecke gewährt, die einen Flughafen/Flughäfen in einem entlegenen Gebiet ([26]) mit einem anderen Flughafen/anderen Flughäfen im Europäischen Wirtschaftsraum verbindet?

     ☐   Ja   ☐   Nein

1.2.6.   Falls die Antwort auf die Frage 1.2.5 „ja" lautet, beschreiben Sie bitte die beihilfefähigen Gebiete und Strecken.

....

....

([24]) Leitlinien für staatliche Beihilfen für Flughäfen und Luftverkehrsgesellschaften (ABl. C 99 vom 4.4.2014, S. 3).

([25]) Handelt es sich bei der betreffenden Strecke jedoch um eine Verbindung zu einem abgelegenen Gebiet, wie einem Gebiet in äußerster Randlage, einer Insel oder einem Gebiet mit geringer Bevölkerungsdichte, könnte die Beihilfe für die gesamte Bevölkerung des Gebiets gewährt werden.

([26]) Zum Beispiel ein Gebiet in äußerster Randlage, eine Insel oder ein Gebiet mit geringer Bevölkerungsdichte.

5. Verf-DVO kons

1.2.7. Geben Sie bitte die beihilfefähigen Kosten an, die durch die Beihilfe ausgeglichen werden sollen, und bestätigen Sie, dass sich die beihilfefähigen Kosten auf den Preis beschränken, der dem Verbraucher von dem Verkehrsunternehmen für die Hin- und Rückreise einschließlich aller Steuern und Gebühren in Rechnung gestellt wird.

....

....

Verf-DVO kons

1.2.8. Bestätigen Sie bitte, dass die Beihilfe unabhängig vom Verteilernetz (z. B. Reisebüros, Bodendienste der Luftverkehrsgesellschaft und Websites) gewährt werden wird.

☐

1.2.9. Beschreiben Sie bitte a) das Verfahren, nach dem die Flugdienstleistungsanbieter ausgewählt werden bzw. worden sind; b) die Förderfähigkeitsbedingungen und c) die Auswahlkriterien.

....

....

1.2.10. Bestätigen Sie bitte, dass die Beihilfe unabhängig von der Herkunft der Dienstleistungen, d. h. unabhängig davon, welche Luftverkehrsgesellschaft die Dienstleistungen erbringt, gewährt wird.

☐

1.2.11. Beschreiben Sie bitte die Kontrollen und Vorkehrungen, mit denen sichergestellt wird, dass die Beihilferegelung nur beihilfefähigen Endverbrauchern zugutekommt und keine Überkompensation entsteht.

....

....

TEIL III.13.E

Ergänzender Fragebogen zu Beihilfen im Seeverkehr

Für die Anmeldung der Gewährung von Beihilfen, die unter die Leitlinien der Gemeinschaft für staatliche Beihilfen im Seeverkehr [27] (im Folgenden „Leitlinien") fallen, sollte zusätzlich zum Fragebogen „Allgemeine Angaben" in Teil I auch dieser ergänzende Fragebogen beantwortet werden.

1. **Angaben zur Art der Beihilferegelung**

Begründet oder enthält die Regelung:

a) ☐ eine Tonnagesteuer

b) ☐ eine Ermäßigung der Sozialabgaben

c) ☐ eine Ermäßigung kommunaler Steuern

d) ☐ eine Ermäßigung der Eintragungsgebühren

e) ☐ Ausbildungsbeihilfen

f) ☐ Beihilfen zur Verkehrsverlagerung von der Straße auf den Seeweg

g) ☐ einen öffentlichen Dienstleistungsauftrag oder das einschlägige Vergabeverfahren

h) ☐ Beihilfen aus sozialen Gründen

i) ☐ Sonstiges, bitte angeben

....

---

[27] Leitlinien der Gemeinschaft für staatliche Beihilfen im Seeverkehr (ABl. C 13 vom 17.1.2004. S. 3).

▼ M8

2. **Angaben zur Beihilfefähigkeit**

Zu den unter Nummer 1 aufgeführten Kategorien a, b, c, d, e und f beantworten Sie bitte die Fragen 2.2. bis 2.7.:

2.1. Unter welchen Voraussetzungen sind Unternehmen beihilfefähig?

....

....

2.2. Unter welchen Voraussetzungen sind Boote beihilfefähig? Bestehen insbesondere Vorschriften in Bezug auf die Flaggenführung? Welche Beflaggungsvorschriften gelten für die Flotte von Unternehmen, die dem Tonnagesteuersystem nach dem 17. Januar 2004 beitreten? Gelten die Beflaggungsvorschriften für die gesamte Flotte des begünstigten Unternehmens oder nur für die in seinem Eigentum stehenden Schiffe und für die „bareboat" gecharterten Schiffe?

....

....

2.3. Unter welchen Voraussetzungen sind „bareboat" vercharterte Schiffe beihilfefähig?

....

....

2.4. Unter welchen Voraussetzungen sind für auf Zeit oder für eine bestimmte Fahrt gecharterte Schiffe beihilfefähig?

....

....

2.5. Welche Voraussetzungen gelten gegebenenfalls für Seeleute?

....

....

2.6. Geben Sie bitte an, welche Tätigkeiten beihilfefähig sind. Beinhaltet die Regelung insbesondere:

☐ Schlepptätigkeiten? ☐ Baggerarbeiten?

Ist die Beihilferegelung allgemeiner ausgedrückt anwendbar auf Seeverkehrstätigkeiten, bei denen es sich nicht um die Beförderung von Waren und Personen auf dem Seeweg handelt?

....

....

2.7. Welche Vorkehrungen sind vorgesehen, um Auswirkungen auf andere Tätigkeitsbereiche desselben Unternehmens zu vermeiden?

....

....

Zu Kategorie e unter Nummer 1:

5. Verf-DVO kons

2.8. Welche gemeinwirtschaftlichen Verpflichtungen bestehen? Wie wird die Höhe des Ausgleichs berechnet? Führen Sie bitte die einzelnen im Rahmen des Vergabeverfahrens eingereichten Angebote an und legen Sie die Gründe für die Auswahl des begünstigten Unternehmens dar.

....

....

Verf-DVO kons

Zu Kategorie h unter Nummer 1:

2.9. Für welche Strecken und Nutzergruppen werden die Einzelzuschüsse unter welchen Voraussetzungen gewährt?

....

....

3. **Angaben zur Beihilfeintensität**

3.1. Wie wird gewährleistet, dass die in Kapitel 11 der Leitlinien aufgeführten Beihilfehöchstgrenzen eingehalten werden? Wie werden die einschlägigen Unterlagen geführt?

....

....

Zu Kategorie a unter Nummer 1 beantworten Sie bitte die Fragen 3.2. bis 3.7:

3.2. Anhand welcher Sätze wird das zu versteuernde Einkommen pro 100 Nettotonnen (NT) berechnet?

Bis 1 000 NT ....

1 001 bis 10 000 NT ....

10 001 bis 20 000 NT ....

ab 20 001 NT ....

3.3. Sind die Unternehmen zur getrennten Buchführung verpflichtet, wenn sie sowohl beihilfefähige als auch nicht beihilfefähige Tätigkeiten durchführen?

....

....

3.4. Wie werden Unternehmensgruppen und Transaktionen innerhalb von Unternehmensgruppen behandelt?

....

....

3.5. In wieweit unterliegen die Einnahmen aus seeverkehrsnahen Tätigkeiten dem Tonnagesteuersystem?

....

....

3.6. Bestehen besondere Steuervorschriften für der Tonnagebesteuerung beitretende Schiffe, wenn deren Marktwert über ihrem Steuerwert liegt?

....

....

▼ M8

3.7. Werden auf die Vergütungen der Direktoren und Gesellschafter der Reedereien die nach den allgemeinen Steuervorschriften der Mitgliedstaaten üblichen Steuersätze angewandt?

....

....

Zu den Kategorien b, c und d unter Nummer 1 beantworten Sie bitte die Fragen 3.8. bis 3.10.:

3.8. Wie hoch ist die Beihilfeintensität als Anteil an den Steuern und Sozialbeiträgen oder Abgaben und Gebühren, die von den Seeleuten oder Schiffseignern normalerweise zu entrichten wären?

....

....

3.9. Oder auf welchen Höchstbetrag wurden diese in Nummer 3.8. genannten Beiträge, Gebühren und Abgaben begrenzt?

....

....

3.10. Ist die Beihilfe im Falle von Baggern und Schleppern streng auf den Seeverkehrsteil der Tätigkeiten beschränkt?

....

....

3.11. Zu Kategorie e unter Nummer 1: Wie hoch ist die Beihilfeintensität als Anteil der Ausbildungskosten oder der Entlohnung des Auszubildenden?

....

....

3.12. Zu Kategorie f unter Nummer 1: Wie hoch ist die Beihilfe pro verlegten Tonnenkilometer?

....

....

3.13. Zu Kategorie h unter Nummer 1: Wie hoch sind die Einzelzuschüsse?

....

....

5. Verf-DVO kons

TEIL III.14

ERGÄNZENDER FRAGEBOGEN ZU STAATLICHEN BEIHILFEN FÜR DEN FISCHEREI- UND AQUAKULTURSEKTOR

Dieser ergänzende Fragebogen ist für die Anmeldung einer Beihilfemaßnahme gemäß den Leitlinien für die Prüfung staatlicher Beihilfen im Fischerei- und Aquakultursektor ([1])* *(im Folgenden „Leitlinien") zu verwenden.*

1. **Gemeinsame Bewertungsgrundsätze**

1.1. Erfüllt die Beihilfemaßnahme die folgenden gemeinsamen Bewertungsgrundsätze? Falls ja oder falls die Beihilfemaßnahme keinen Anreizeffekt gemäß Abschnitt 3.6 der Leitlinien haben muss, kreuzen Sie bitte das entsprechende Kästchen an:

☐ Die Beihilfemaßnahme trägt zu einem genau definierten Ziel von gemeinsamem Interesse bei.

☐ Erforderlichkeit staatlicher Maßnahmen: Die staatliche Beihilfe soll wesentliche Verbesserungen bewirken, die der Markt selbst nicht herbeiführen kann, indem sie z. B. ein Marktversagen behebt.

☐ Geeignetheit der Beihilfemaßnahme: Die Beihilfemaßnahme ist ein geeignetes Instrument für die Verwirklichung des Ziels von gemeinsamem Interesse.

☐ Anreizeffekt: Die Beihilfe führt dazu, dass die betreffenden Unternehmen ihr Verhalten ändern und zusätzliche Tätigkeiten aufnehmen, die sie ohne die Beihilfe gar nicht, nur in geringerem Umfang, auf andere Weise oder an einem anderen Standort ausüben würden; oder die Beihilfe muss gemäß Nummer 52 der Leitlinien keinen Anreizeffekt haben.

☐ Verhältnismäßigkeit der Beihilfe (Beschränkung der Beihilfe auf das erforderliche Minimum): Der Beihilfebetrag ist auf das für die Förderung zusätzlicher Investitionen oder Tätigkeiten in dem betreffenden Gebiet erforderliche Minimum begrenzt.

☐ Vermeidung übermäßiger negativer Auswirkungen auf den Wettbewerb und den Handel zwischen Mitgliedstaaten: Die negativen Auswirkungen der Beihilfemaßnahme sind ausreichend begrenzt, sodass die Gesamtbilanz der Maßnahme positiv ausfällt.

☐ Transparenz der Beihilfe: Die Mitgliedstaaten, die Kommission, die Wirtschaftsbeteiligten und die Öffentlichkeit haben leichten Zugang zu allen einschlägigen Vorschriften und zu relevanten Informationen über die auf dieser Grundlage gewährten Beihilfen.

1.2. Führen die staatliche Beihilfemaßnahme oder die mit ihr verbundenen Bedingungen einschließlich der Finanzierungsmethode, wenn diese ein nicht abtrennbarer Bestandteil der Maßnahme ist, zu einem Verstoß gegen Unionsrecht?

☐ Ja   ☐ Nein

1.3. Handelt es sich um eine Beihilfe für ausfuhrbezogene Tätigkeiten, die auf Drittländer oder Mitgliedstaaten ausgerichtet sind, insbesondere um eine Beihilfe, die unmittelbar mit den Ausfuhrmengen, mit der Errichtung und dem Betrieb eines Vertriebsnetzes oder mit anderen exportbezogenen Ausgaben in Zusammenhang steht, oder wird die Beihilfe von der Verwendung heimischer Erzeugnisse zulasten eingeführter Erzeugnisse abhängig gemacht?

☐ Ja   ☐ Nein

Falls Sie die Fragen in den Abschnitten 1.2 und 1.3 mit Ja beantwortet haben, beachten Sie bitte, dass die Beihilfe mit dem Binnenmarkt nicht vereinbar ist, wie unter Nummer 26 und 27 der Leitlinien erläutert wird.

1.4. Wird die Beihilfe einem Unternehmen gewährt, das einer Rückforderungsanordnung aufgrund eines früheren Beschlusses der Kommission zur Feststellung der Unzulässigkeit einer Beihilfe und ihrer Unvereinbarkeit mit dem Binnenmarkt nicht nachgekommen ist?

Beachten Sie bitte, dass dies nicht für Beihilfen zur Beseitigung von durch Naturkatastrophen entstandenen Schäden im Sinne von Artikel 107 Absatz 2 Buchstabe b AEUV gilt.

☐ Ja ☐ Nein

Falls ja, geben Sie bitte den entsprechenden Beschluss der Kommission an:

---

2. **Spezifische Grundsätze für den Fischerei- und Aquakultursektor**

2.1. Sind im Falle einer Beihilferegelung die Anträge unzulässig, wenn sie von Wirtschaftsbeteiligten eingereicht werden, die einen oder mehrere der in Artikel 10 Absatz 1 der Verordnung (EU) Nr. 508/2014 des Europäischen Parlaments und des Rates (²)* genannten Verstöße oder Vergehen oder einen Betrug gemäß Artikel 10 Absatz 3 der Verordnung in dem Zeitraum begangen haben, der in den delegierten Rechtsakten auf der Grundlage von Artikel 10 Absatz 4 der Verordnung festgelegt ist?

Beachten Sie bitte, dass dieser Grundsatz nicht für Beihilfen gilt, die die spezifischen Bedingungen der Abschnitte 4, 5.3 und 5.4 der Leitlinien erfüllen.

☐ Ja ☐ Nein

Falls ja, nennen Sie bitte die besonderen Bestimmungen zur Unzulässigkeit:

2.2. Im Falle einer Einzelbeihilfe bestätigen Sie bitte, dass der betreffende Wirtschaftsbeteiligte keine in Artikel 10 Absatz 1 der Verordnung (EU) Nr. 508/2014 genannten Verstöße oder Vergehen und keinen Betrug gemäß Artikel 10 Absatz 3 der Verordnung in dem Zeitraum begangen hat, der in den delegierten Rechtsakten auf der Grundlage von Artikel 10 Absatz 4 der Verordnung festgelegt ist.

Beachten Sie bitte, dass dieser Grundsatz nicht für Beihilfen gilt, die die spezifischen Bedingungen der Abschnitte 4, 5.3 und 5.4 der Leitlinien erfüllen.

☐ Ja ☐ Nein

2.3. Sieht die Beihilfemaßnahme ausdrücklich vor, dass jedes Unternehmen bis zum Abschluss des Vorhabens und für einen Zeitraum von fünf Jahren nach der Abschlusszahlung an den Begünstigten die Bestimmungen der Gemeinsamen Fischereipolitik (GFP) einhalten muss?

☐ Ja ☐ Nein

2.4. Bestätigen Sie bitte, dass ein Begünstigter, der während der gesamten Dauer der Durchführung des Vorhabens und während eines Zeitraums von fünf Jahren nach der Abschlusszahlung an diesen Begünstigten einen oder mehrere der in Artikel 10 Absatz 1 der Verordnung (EU) Nr. 508/2014 genannten Verstöße begangen hat, die Beihilfe zurückzahlen muss.

☐ Ja ☐ Nein

5. Verf-DVO kons

▼ M10

Verf-DVO kons

2.5. Bestätigen Sie bitte, dass für Tätigkeiten im Zusammenhang mit nicht förderfähigen Vorhaben gemäß Artikel 11 der Verordnung (EU) Nr. 508/2014 keine Beihilfen gewährt werden.

☐ Ja   ☐ Nein

2.6. Falls Sie die Fragen in den Abschnitten 2.3, 2.4 und 2.5 dieses ergänzenden Fragebogens mit Ja beantwortet haben, nennen Sie bitte die besonderen Bestimmungen der einschlägigen nationalen Rechtsakte oder Vorschriften, in denen die in diesen Fragen genannten Bedingungen geregelt sind:

_____

_____

_____

2.7. Steht die Beihilfemaßnahme, wenn sie von der gleichen Art ist wie eine Maßnahme, die für eine Finanzierung im Rahmen der Verordnung (EU) Nr. 508/2014 in Betracht kommt, im Einklang mit den einschlägigen Bestimmungen der Verordnung für diese Art von Maßnahme, insbesondere mit den Bestimmungen über die Intensität öffentlicher Beihilfen?

☐ Ja   ☐ Nein

Falls nein, geben Sie bitte eine Begründung für die Beihilfe und erläutern Sie, weshalb die Beihilfe unerlässlich ist:

_____

_____

_____

_____

_____

_____

_____

_____

_____

_____

3. **Beitrag zu einem Ziel von gemeinsamem Interesse**

3.1. Fällt die Beihilfemaßnahme unter die Abschnitte 4, 5.1, 5.3 oder 5.4 der Leitlinien und erfüllt sie die spezifischen Bedingungen des betreffenden Abschnitts?

☐ Ja   ☐ Nein

Falls ja, beachten Sie bitte, dass die Beihilfe nach Auffassung der Kommission zum Erreichen eines Ziels von gemeinsamem Interesse beiträgt, und überspringen Sie die Abschnitte 3.2 und 3.3.

3.2. Nennen Sie bitte die Ziele von gemeinsamem Interesse im Sinne von Artikel 107 Absatz 3 AEUV, zu deren Erreichen die Beihilfe beiträgt:

_____

3.3. Nennen Sie bitte die Ziele der GFP, zu deren Erreichen die Beihilfe beiträgt, und erläutern Sie genau, wie die Beihilfe zum Erreichen dieser Ziele beiträgt, ohne andere Ziele der GFP (^{3})* zu beeinträchtigen:

4. **Erforderlichkeit staatlicher Maßnahmen**

4.1. Fällt die Beihilfemaßnahme unter die Abschnitte 4, 5.1, 5.3 oder 5.4 der
Leitlinien und erfüllt sie die spezifischen Bedingungen des betreffenden
Abschnitts?

☐ Ja   ☐ Nein

*Falls ja, beachten Sie bitte, dass die Kommission staatliches Eingreifen
für erforderlich hält, und überspringen Sie die Abschnitte 4.2, 4.3 und
4.4.*

4.2. Beschreiben Sie bitte das Problem, auf das die Beihilfe abzielt, und
erläutern Sie, wie die Beihilfe wesentliche Verbesserungen bewirken
kann, die der Markt allein nicht herbeiführen kann:

4.3. Erläutern Sie bitte, ob und wie die Beihilfemaßnahme Marktversagen
behebt und damit zum effizienten Funktionieren von Märkten und zur
Steigerung der Wettbewerbsfähigkeit beiträgt oder ob und wie die Beihilfe bei einem Marktergebnis, das unter Gleichheits- oder Kohäsions-
gesichtspunkten nicht befriedigend ausfällt, eingesetzt wird, um ein besseres Ergebnis im Sinne der Gleichheitsziele zu erreichen:

4.4. Erläutern Sie bitte, ob und wie die Beihilfe die Rationalisierung und
Effizienz des Fischerei- und Aquakultursektors fördert und auf dauerhafte
Verbesserungen abzielt, sodass der Sektor allein von Marktfaktoren be-
stimmt wird:

5. Verf-DVO kons

Verf-DVO kons

5. **Geeignetheit der Beihilfemaßnahme**

5.1. Fällt die Maßnahme unter die Abschnitte 4, 5.1, 5.3 oder 5.4 der Leitlinien und erfüllt sie die spezifischen Bedingungen des betreffenden Abschnitts?

☐ Ja ☐ Nein

Falls ja, beachten Sie bitte, dass die Kommission die Beihilfemaßnahme für ein geeignetes Politikinstrument hält, und überspringen Sie die Abschnitte 5.2 bis 5.5.

5.2. Begründen Sie bitte, weshalb es keine anderen, weniger wettbewerbsverzerrenden Instrumente gibt, mit denen dieselben positiven Auswirkungen auf die Ziele der GFP erzielt werden könnten, und weshalb andere politische Optionen verworfen wurden:

_____

_____

_____

_____

_____

5.3. Wurde eine Folgenabschätzung der angemeldeten Beihilfemaßnahme durchgeführt?

☐ Ja ☐ Nein

Falls ja, fassen Sie bitte die wichtigsten Schlussfolgerungen zusammen:

_____

_____

_____

_____

_____

5.4. Nennen Sie bitte die Form der Beihilfe und erläutern Sie, weshalb bei dieser Form der Beihilfe die geringsten Verzerrungen von Wettbewerb und Handel zu erwarten sind.

_____

_____

5.5. Wenn die Beihilfe in einer Form gewährt wird, die dem Begünstigten einen direkten finanziellen Vorteil verschafft (z. B. Direktzuschüsse, Befreiungen oder Ermäßigungen von Steuern oder Sozial- oder sonstigen Pflichtabgaben), weisen Sie bitte nach, dass andere, möglicherweise mit geringeren Verzerrungen verbundene Beihilfeformen wie rückzahlbare Zuschüsse oder auf Schuld- oder Eigenkapitalinstrumenten basierende Beihilfeformen (z. B. zinsgünstige Darlehen oder Zinszuschüsse, staatliche Garantien oder eine anderweitige Bereitstellung von Kapital zu Vorzugsbedingungen) weniger geeignet sind:

_____

_____

_____

_____

_____

_____

6. **Anreizeffekt**

6.1. Hat die Beihilfe Entschädigungscharakter wie Beihilfen, die unter die Abschnitte 4, 5.3 oder 5.4 fallen, und erfüllt sie die spezifischen Bedingungen des betreffenden Abschnitts, oder fällt sie unter Abschnitt 5.6 der Leitlinien und erfüllt sie die Bedingungen dieses Abschnitts?

☐ Ja ☐ Nein

Falls ja, beachten Sie bitte, dass die Beihilfe keinen Anreizeffekt haben muss, und überspringen Sie die Abschnitte 6.2 bis 6.6.

6.2. Erläutern Sie bitte, wie die Beihilfe das Verhalten eines Unternehmens dahingehend ändert, dass es eine zusätzliche Tätigkeit aufnimmt, die es ohne die Beihilfe gar nicht, in geringerem Umfang oder auf andere Weise aufgenommen hätte:

_____

_____

_____

_____

6.3. Stellt die Beihilfe eine Subvention für die Kosten einer Tätigkeit dar, die der Begünstigte ohnehin zu tragen hätte, oder wird damit das übliche Geschäftsrisiko einer Wirtschaftstätigkeit ausgeglichen?

☐ Ja ☐ Nein

Falls ja, beachten Sie bitte, dass nicht davon ausgegangen werden kann, dass die Beihilfe einen Anreizeffekt hat (Nummer 49 der Leitlinien).

6.4. Wird die Beihilfe für eine Maßnahme gewährt, die der Begünstigte bereits eingeleitet hatte, bevor er den Beihilfeantrag bei den nationalen Behörden gestellt hat?

☐ Ja ☐ Nein

Falls ja, beachten Sie bitte, dass nicht davon ausgegangen werden kann, dass die Beihilfe einen Anreizeffekt hat (Nummer 51 der Leitlinien).

6.5. Handelt es sich bei der Beihilfe um eine Betriebsbeihilfe ([4])* oder eine Beihilfe zur Förderung der Einhaltung verbindlicher Normen?

☐ Ja ☐ Nein

Falls ja, beachten Sie bitte, dass solche Beihilfen nach Nummer 50 der Leitlinien grundsätzlich nicht mit dem Binnenmarkt vereinbar sind, es sei denn, dass in den Rechtsvorschriften der Union ausdrücklich Ausnahmen vorgesehen sind, und in anderen ordnungsgemäß begründeten Fällen.

Falls ja, nennen Sie bitte die Bestimmungen, nach denen solche Beihilfen ausdrücklich genehmigt sind, oder legen Sie die Gründe für eine solche Beihilfe ausführlich dar:

_____

_____

_____

_____

_____

_____

5. Verf-DVO kons

6.6. Gründet sich im Falle einer Beihilfe in Form von Steuererleichterungen ein Beihilfeanspruch auf objektive Kriterien und ohne weiteren Ermessensspielraum des Mitgliedstaats?

Beachten Sie bitte, dass die letztgenannte Voraussetzung nicht für steuerliche Folgeregelungen gilt, wenn die Maßnahme bereits unter die früheren steuerlichen Regelungen in Form von Steuervergünstigungen fiel.

☐ Ja   ☐ Nein

7. Verhältnismäßigkeit der Beihilfe

7.1. Hat die Beihilfe Entschädigungscharakter wie Beihilfen, die unter die Abschnitte 4, 5.3 oder 5.4 der Leitlinien fallen, und erfüllt sie die spezifischen Bedingungen des betreffenden Abschnitts, oder fällt sie unter Abschnitt 5.6 der Leitlinien und erfüllt sie die Bedingungen dieses Abschnitts?

☐ Ja   ☐ Nein

Falls ja, beachten Sie bitte, dass die Beihilfe als verhältnismäßig gilt, und überspringen Sie die Nummern 7.2 bis 7.4.

7.2. Erläutern Sie bitte, ob und wie der Beihilfebetrag den Nettomehrkosten entspricht, die bei der Durchführung der Investition in dem betreffenden Gebiet im Vergleich zur kontrafaktischen Fallkonstellation ohne die Beihilfe anfallen:

7.3. Ist im Falle einer Beihilfemaßnahme von der gleichen Art wie ein Vorhaben, das gemäß der Verordnung (EU) Nr. 508/2014 förderfähig ist, der Beihilfebetrag höher als die geltende Höchstintensität öffentlicher Beihilfen gemäß Artikel 95 und Anhang I dieser Verordnung?

☐ Ja   ☐ Nein

Falls ja, geben Sie bitte eine Begründung für die Beihilfe und erläutern Sie, weshalb die Beihilfe unerlässlich ist:

7.4. Wird die Beihilfe im Rahmen mehrerer Regelungen gleichzeitig gewährt oder mit Ad-hoc-Beihilfen kumuliert?

☐ Ja   ☐ Nein

Falls ja, überschreitet der Gesamtbetrag der öffentlichen Mittel für eine Tätigkeit die in den Leitlinien genannten einschlägigen Beihilfehöchstintensitäten?

☐ Ja   ☐ Nein

8.   **Auswirkungen auf Wettbewerb und Handel**

8.1.   Fällt die Maßnahme unter die Abschnitte 4, 5.1, 5.3 oder 5.4 der Leitlinien und erfüllt sie die spezifischen Bedingungen des betreffenden Abschnitts?

☐ Ja   ☐ Nein

Falls ja, beachten Sie bitte, dass die negativen Auswirkungen auf Wettbewerb und Handel nach Auffassung der Kommission auf das Minimum begrenzt sind, und überspringen Sie die Abschnitte 8.2 und 8.3.

8.2.   Erläutern Sie bitte, wie die negativen Auswirkungen der Beihilfemaßnahme in Form von Wettbewerbsverzerrungen und Beeinträchtigungen des Handels zwischen Mitgliedstaaten begrenzt und durch die positiven Effekte ihres Beitrags zum Erreichen des Ziels von gemeinsamem Interesse aufgewogen werden. Im Falle einer Beihilferegelung berücksichtigen Sie bitte die Verzerrungen kumulativ statt auf der Ebene des einzelnen Begünstigten sowie den Umfang der betreffenden Vorhaben, die einzelnen und die kumulativen Beihilfebeträge, die voraussichtlichen Begünstigten und die Merkmale des betreffenden Wirtschaftszweigs. Im Falle einer Einzelbeihilfe berücksichtigen Sie bitte die negativen Auswirkungen im Zusammenhang mit der Verhinderung von Marktaustritten und der erheblichen Marktmacht und legen Sie bitte Nachweise vor, anhand derer der betroffene Produktmarkt, der geografische Markt, die Wettbewerber sowie die betroffenen Abnehmer und Verbraucher ermittelt werden können:

_____

_____

_____

_____

_____

_____

_____

_____

_____

_____

_____

_____

_____

_____

8.3.   Wurde eine Folgenabschätzung der angemeldeten Beihilfemaßnahme durchgeführt?

☐ Ja   ☐ Nein

Falls ja, fassen Sie bitte die wichtigsten Schlussfolgerungen zusammen:

_____

_____

_____

5. Verf-DVO kons

Verf-DVO kons

9. **Transparenz**

9.1. Wird der Mitgliedstaat mindestens die folgenden Informationen auf einer umfassenden Beihilfe-Website auf nationaler oder regionaler Ebene veröffentlichen:

a) den vollständigen Wortlaut der Beihilferegelung und ihrer Durchführungsbestimmungen oder die Rechtsgrundlage von Einzelbeihilfen oder einen Link dazu?

b) die Bewilligungsbehörde bzw. –behörden?

c) die Namen der einzelnen Begünstigten, Art und Betrag der Beihilfe je Begünstigten, den Tag der Gewährung der Beihilfe, die Art des Unternehmens (KMU/großes Unternehmen), die Region (auf NUTS-2-Ebene), in der der Begünstigte angesiedelt ist, sowie den Hauptwirtschaftszweig (auf Ebene der NACE-Gruppe), in dem der Begünstigte tätig ist? (Auf eine solche Veröffentlichung kann bei Einzelbeihilfen verzichtet werden, die 30 000 EUR nicht übersteigen. Bei Beihilferegelungen in Form von Steuervergünstigungen können die Angaben zu den einzelnen Beihilfebeträgen in folgenden Spannen angegeben werden (in Mio. EUR): 0,03-0,5; über 0,5-1; über 1-2; über 2.)

☐ Ja ☐ Nein

9.2. Bitte bestätigen Sie, dass diese Angaben

a) nach Erlass des Beschlusses zur Bewilligung der Beihilfe veröffentlicht werden;

b) mindestens 10 Jahre lang aufrechterhalten werden;

c) ohne Einschränkungen für die Öffentlichkeit zugänglich sind (5)*.

☐ Ja ☐ Nein

Bitte beachten Sie, dass die Mitgliedstaaten nicht verpflichtet sind, die Informationen vor dem 1. Juli 2017 zu veröffentlichen (6).*

10. **Beihilfekategorien**

10.1. Wählen Sie bitte den Abschnitt der Leitlinien, nach dessen Bestimmungen die Beihilfe bewertet werden sollte, und machen Sie detaillierte Angaben zur gewählten Option in den Abschnitten 11 bis 18 dieses ergänzenden Fragebogens:

☐ Abschnitt 4.1 der Leitlinien: Beihilfen zur Beseitigung von Schäden, die durch Naturkatastrophen oder sonstige außergewöhnliche Ereignisse entstanden sind

☐ Abschnitt 5.1 der Leitlinien: Beihilfen für Maßnahmenkategorien, die unter eine Gruppenfreistellungsverordnung fallen

☐ Abschnitt 5.2 der Leitlinien: Beihilfen im Anwendungsbereich bestimmter horizontaler Leitlinien

☐ Abschnitt 5.3 der Leitlinien: Beihilfen zur Beseitigung von Schäden infolge widriger Witterungsverhältnisse

☐ Abschnitt 5.4 der Leitlinien: Beihilfen für die Kosten der Verhütung, Bekämpfung und Tilgung von Tierseuchen in der Aquakultur

☐ Abschnitt 5.5 der Leitlinien: Durch steuerähnliche Abgaben finanzierte Beihilfen

▼ M10

☐ Abschnitt 5.6 der Leitlinien: Betriebsbeihilfen in Gebieten in äußerster Randlage

☐ Abschnitt 5.7 der Leitlinien: Beihilfen für andere Maßnahmen

11. **Beihilfen zur Beseitigung von Schäden, die durch Naturkatastrophen oder sonstige außergewöhnliche Ereignisse entstanden sind**

Dieser Abschnitt muss zur Anmeldung einer Beihilfemaßnahme gemäß Abschnitt 4.1 der Leitlinien ausgefüllt werden, die zur Beseitigung von durch Naturkatastrophen oder sonstige außergewöhnliche Ereignisse entstandenen Schäden gewährt wird.

11.1. Handelt es sich bei der Beihilfemaßnahme um eine Ex-ante-Beihilferahmenregelung für den Ausgleich von Schäden infolge von Erdbeben, Lawinen, Erdrutschen, Überschwemmungen, Wirbelstürmen, Orkanen, Vulkanausbrüchen oder Flächenbränden natürlichen Ursprungs?

☐ Ja   ☐ Nein

(Falls ja, überspringen Sie bitte die Abschnitte 11.3, 11.4, 11.5, 11.7 und 11.8.)

11.2. Welche Art von Naturkatastrophe oder außergewöhnlichem Ereignis hat den Schaden, für den der Ausgleich gewährt wird, verursacht (im Fall einer Ex-ante-Beihilferahmenregelung: könnte ihn verursachen)?

_____

11.3. Wann ist das in Abschnitt 11.1 genannte Ereignis eingetreten?

_____

11.4. Geben Sie bitte an, bis zu welchem Datum die Beihilfe spätestens gezahlt werden kann.

_____

11.5. Hat die zuständige Behörde des Mitgliedstaats das Ereignis förmlich als Naturkatastrophe oder außergewöhnliches Ereignis anerkannt?

☐ Ja   ☐ Nein

11.6. Wird die Beihilfe direkt an das betroffene Unternehmen gezahlt?

☐ Ja   ☐ Nein

11.7. Bitte erläutern Sie den unmittelbaren kausalen Zusammenhang zwischen der Naturkatastrophe oder dem außergewöhnlichen Ereignis und dem Schaden, der dem Unternehmen entstanden ist:

_____

_____

_____

11.8. Legen Sie bitte eine möglichst genaue Schätzung des Schadens vor, der dem Unternehmen entstanden ist:

_____

_____

_____

_____

_____

_____

_____

_____

5. Verf-DVO kons

11.9. Spezifizieren Sie bitte die Art der Schäden, für die ein Ausgleich gewährt wird (z. B. Sachschäden, Einkommensverluste):

_____

_____

_____

_____

_____

Verf-DVO kons

11.10. Gelten nur die Kosten der unmittelbar durch die Naturkatastrophe oder das außergewöhnliche Ereignis verursachten Schäden als beihilfefähig?

☐ Ja   ☐ Nein

11.11. Werden die Kosten der Schäden von einer Behörde, einem von der Bewilligungsbehörde anerkannten unabhängigen Sachverständigen oder einem Versicherungsunternehmen geschätzt?

☐ Ja   ☐ Nein

Falls ja, geben Sie bitte an, welche Stelle die Kostenschätzung vornimmt.

_____

11.12. Geben Sie bitte an, wie der Schaden berechnet wird:

_____

_____

_____

_____

_____

_____

_____

_____

_____

_____

11.13. Wird ein Sachschaden auf der Grundlage der Reparaturkosten oder des wirtschaftlichen Wertes des betroffenen Vermögenswertes vor der Naturkatastrophe oder dem außergewöhnlichen Ereignis berechnet?

☐ Ja   ☐ Nein

11.14. Ist der Sachschaden höher als die Reparaturkosten oder die durch die Naturkatastrophe oder das außergewöhnliche Ereignis verursachte Minderung des Marktwertes?

☐ Ja   ☐ Nein

11.15. Wird ein Einkommensverlust berechnet durch Abzug

a) des Ergebnisses der Multiplikation der Menge der Fischerei- und Aquakulturerzeugnisse, die im Jahr der Naturkatastrophe oder des außergewöhnlichen Ereignisses oder in jedem folgenden Jahr produziert wurde, welches von der vollständigen oder teilweisen Zerstörung der Produktionsmittel betroffen war, mit dem in jenem Jahr erzielten durchschnittlichen Verkaufspreis vom

b) Ergebnis der Multiplikation der jährlichen Durchschnittsmenge an Fischerei- und Aquakulturerzeugnissen, die in dem der Naturkatastrophe oder dem außergewöhnlichen Ereignis vorangegangenen Dreijahreszeitraum — oder im Dreijahresdurchschnitt des der Naturkatastrophe vorangegangenen Fünfjahreszeitraums unter Ausschluss des höchsten und des niedrigsten Wertes — produziert wurden, mit dem erzielten durchschnittlichen Verkaufspreis?

☐ Ja   ☐ Nein

11.16. Werden die Schäden auf der Ebene des einzelnen Begünstigten berechnet?

☐ Ja   ☐ Nein

11.17. Sind die Beihilfen und sonstigen Ausgleichszahlungen für die Schäden einschließlich der Zahlungen im Rahmen von Versicherungspolicen auf 100 % der beihilfefähigen Kosten begrenzt?

☐ Ja   ☐ Nein

11.18. Im Falle von Ex-ante-Beihilferahmenregelungen bestätigen Sie bitte, dass der Mitgliedstaat seiner Berichterstattungspflicht gemäß Nummer 130 der Leitlinien nachkommen wird.

☐ Ja   ☐ Nein

11.19. Machen Sie bitte weitere Angaben, soweit sie für die Bewertung der Beihilfemaßnahme in diesem Abschnitt relevant sein können.

_____

_____

_____

_____

_____

12. **Beihilfen für Maßnahmenkategorien, die unter eine Gruppenfreistellungsverordnung fallen**

Dieser Abschnitt ist zur Anmeldung einer Beihilfemaßnahme gemäß Abschnitt 5.1 der Leitlinien auszufüllen, die von derselben Art wie eine Beihilfe innerhalb einer Gruppe von Beihilfen ist, die gemäß einer der unter Nummer 19 Buchstabe a der Leitlinien aufgeführten Verordnungen über Gruppenfreistellungen als mit dem Binnenmarkt vereinbar gelten kann. Ist die Beihilfemaßnahme von derselben Art wie eine Beihilfe aus einer der in Artikel 44 der Verordnung (EU) Nr. 1388/2014 der Kommission (⁷)* genannten Gruppen von Beihilfen zur Beseitigung von durch Naturkatastrophe entstandenen Schäden, füllen Sie bitte Abschnitt 11 aus.

12.1. Ist die Beihilfe von derselben Art wie eine Beihilfe innerhalb einer Gruppe von Beihilfen, die gemäß einer der unter Nummer 19 Buchstabe a der Leitlinien aufgeführten Verordnungen über Gruppenfreistellungen als mit dem Binnenmarkt vereinbar gelten kann?

☐ Ja   ☐ Nein

Geben Sie bitte die anwendbare Verordnung und die maßgeblichen Artikel der Verordnung an:

_____

_____

5. Verf-DVO kons

12.2. Erfüllt die Beihilfe alle in den maßgeblichen Artikeln der anwendbaren Verordnung aufgeführten Kriterien?

☐ Ja   ☐ Nein

Falls nein, geben Sie bitte eine Begründung für die Beihilfe und erläutern Sie, weshalb die Beihilfe unerlässlich ist:

Verf-DVO kons

_____

_____

_____

_____

_____

_____

_____

_____

_____

_____

12.3. Machen Sie bitte weitere Angaben, soweit sie für die Bewertung der Beihilfemaßnahme in diesem Abschnitt relevant sein können.

_____

_____

_____

_____

13. **Beihilfen im Anwendungsbereich bestimmter horizontaler Leitlinien**

Dieser Abschnitt ist zur Anmeldung einer Beihilfemaßnahme gemäß Abschnitt 5.2 der Leitlinien auszufüllen, die in den Anwendungsbereich bestimmter horizontaler Leitlinien oder sonstiger von der Kommission erlassener Instrumente fällt.

13.1. Fällt die Beihilfe in den Anwendungsbereich bestimmter horizontaler Leitlinien oder sonstiger von der Kommission erlassener Instrumente ([8])*?

☐ Ja   ☐ Nein

Falls ja, geben Sie bitte die einschlägigen horizontalen Leitlinien oder Instrumente und die maßgeblichen Bestimmungen dieser Rechtsvorschriften an und weisen Sie nach, dass die Beihilfe alle in den betreffenden Bestimmungen dieser Rechtsvorschriften enthaltenen Kriterien erfüllt.

_____

_____

_____

_____

_____

_____

_____

_____

_____

_____

▼ M10

13.2. Machen Sie bitte weitere Angaben, soweit sie für die Bewertung der Beihilfemaßnahme in diesem Abschnitt relevant sein können.

_____

_____

_____

_____

14. **Beihilfen zur Beseitigung von Schäden infolge widriger Witterungsverhältnisse**

Dieser Abschnitt ist zur Anmeldung einer Beihilfemaßnahme gemäß Abschnitt 5.3 der Leitlinien auszufüllen, die zur Beseitigung von Schäden infolge widriger Witterungsverhältnisse vorgesehen ist. Handelt es sich um eine Beihilfe derselben Art wie die unter die in Artikel 20 der Verordnung (EU) Nr. 1388/2014 genannte Gruppe fallenden Beihilfen für Fonds auf Gegenseitigkeit für widrige Witterungsverhältnisse, ist Abschnitt 12 auszufüllen.

14.1. Handelt es sich bei der Beihilfemaßnahme um eine Ex-ante-Beihilferahmenregelung für den Ausgleich von Schäden infolge widriger Witterungsverhältnisse?

☐ Ja   ☐ Nein

(Falls ja, überspringen Sie bitte die Abschnitte 14.3 bis 14.6 und 14.9.)

14.2. Welche Art von widrigen Witterungsverhältnissen hat den Schaden verursacht (im Fall einer Ex-ante-Beihilferahmenregelung: könnte ihn verursachen), für den der Ausgleich gewährt wird?

_____

14.3. Wann ist das in Abschnitt 14.1 genannte Ereignis eingetreten?

_____

14.4. Geben Sie bitte an, bis zu welchem Datum die Beihilfe spätestens gezahlt werden kann.

_____

14.5. Beläuft sich der Schaden infolge widriger Witterungsverhältnisse auf mehr als 30 % des Jahresumsatzes, berechnet auf der Grundlage der vorangegangenen drei Kalenderjahre oder auf der Grundlage des Dreijahresdurchschnitts des vorangegangenen Fünfjahreszeitraums unter Ausschluss des höchsten und des niedrigsten Wertes?

☐ Ja   ☐ Nein

Falls ja, legen Sie bitte detaillierte Informationen vor, aus denen hervorgeht, dass die in Abschnitt 14.5 genannte Bedingung erfüllt ist:

_____

_____

_____

14.6. Erläutern Sie bitte den unmittelbaren kausalen Zusammenhang zwischen den widrigen Witterungsverhältnissen und dem Schaden, der dem Unternehmen entstanden ist:

_____

_____

5. Verf-DVO kons

14.7. Bei Schäden infolge widriger Witterungsverhältnisse gemäß Artikel 35 Absatz 1 der Verordnung (EU) Nr. 508/2014 begründen Sie bitte, weshalb der Mitgliedstaat beabsichtigt, eine Beihilfe zu gewähren, statt eine Entschädigung aus Fonds auf Gegenseitigkeit für widrige Witterungsverhältnisse gemäß Artikel 35 der genannten Verordnung zu zahlen:

Verf-DVO kons

_____

_____

_____

_____

_____

14.8. Wird die Beihilfe direkt an das betroffene Unternehmen gezahlt?

☐ Ja   ☐ Nein

14.9. Legen Sie bitte eine möglichst genaue Schätzung des Schadens vor, der den potenziellen Begünstigten entstanden ist:

_____

_____

_____

_____

_____

_____

_____

_____

_____

_____

14.10. Geben Sie bitte die Art die Schäden an, für die ein Ausgleich gezahlt wird (z. B. Sachschäden, Einkommensverluste):

_____

_____

_____

_____

14.11. Sind nur die Kosten der unmittelbar durch die widrigen Witterungsverhältnisse verursachten Schäden beihilfefähig?

☐ Ja   ☐ Nein

14.12. Werden die Kosten der Schäden von einer Behörde, einem von der Bewilligungsbehörde anerkannten unabhängigen Sachverständigen oder einem Versicherungsunternehmen geschätzt?

☐ Ja   ☐ Nein

Falls ja, geben Sie bitte an, welche Stelle die Kostenschätzung vornimmt.

14.13. Erläutern Sie bitte, wie der Schaden berechnet wird:

_____

_____

_____

_____

_____

_____

_____

_____

_____

_____

_____

14.14. Wird ein Sachschaden auf der Grundlage der Reparaturkosten oder des wirtschaftlichen Wertes des betroffenen Vermögenswertes vor den widrigen Witterungsverhältnissen berechnet?

☐ Ja   ☐ Nein

14.15. Ist der Sachschaden höher als die Reparaturkosten oder die durch die Naturkatastrophe oder die widrigen Witterungsverhältnisse verursachte Minderung des Marktwertes?

☐ Ja   ☐ Nein

14.16. Bedeutet der Sachschaden an Vermögenswerten einen Produktionsverlust von mehr als 30 % des Jahresumsatzes, berechnet auf der Grundlage der vorangegangenen drei Kalenderjahre oder auf der Grundlage des Dreijahresdurchschnitts des Fünfjahreszeitraums vor den widrigen Witterungsverhältnissen unter Ausschluss des höchsten und des niedrigsten Wertes?

☐ Ja   ☐ Nein

Falls ja, legen Sie bitte detaillierte Informationen vor, aus denen hervorgeht, dass die in Abschnitt 14.15 genannte Bedingung erfüllt ist:

_____

_____

_____

_____

14.17. Wird der Einkommensverlust berechnet durch Abzug

a) des Ergebnisses der Multiplikation der Menge der Fischerei- und Aquakulturerzeugnisse, die im Jahr der widrigen Witterungsverhältnisse oder in jedem folgenden Jahr produziert wurde, welches von der vollständigen oder teilweisen Zerstörung der Produktionsmittel betroffen war, mit dem in jenem Jahr erzielten durchschnittlichen Verkaufspreis vom

b) Ergebnis der Multiplikation der jährlichen Durchschnittsmenge an Fischerei- und Aquakulturerzeugnissen, die in dem den widrigen Witterungsverhältnissen vorangegangenen Dreijahreszeitraum — oder im Dreijahresdurchschnitt des den widrigen Witterungsverhältnissen vorangegangenen Fünfjahreszeitraums unter Ausschluss des höchsten und des niedrigsten Wertes — produziert wurden, mit dem erzielten durchschnittlichen Verkaufspreis?

☐ Ja   ☐ Nein

5. Verf-DVO kons

14.18. Werden die Schäden auf der Ebene des einzelnen Begünstigten berechnet?

☐ Ja ☐ Nein

14.19. Sind die Beihilfen und sonstige Ausgleichszahlungen für die Schäden einschließlich der Zahlungen im Rahmen von Versicherungspolicen auf 100 % der beihilfefähigen Kosten begrenzt?

Verf-DVO kons

☐ Ja ☐ Nein

14.20. Im Falle von Ex-ante-Beihilferahmenregelungen bestätigen Sie bitte, dass der Mitgliedstaat seiner Berichterstattungspflicht gemäß Nummer 130 der Leitlinien nachkommen wird.

☐ Ja ☐ Nein

14.21. Machen Sie bitte weitere Angaben, soweit sie für die Bewertung der Beihilfemaßnahme in diesem Abschnitt relevant sein können:

_____

_____

_____

_____

15. **Beihilfen für die Kosten der Verhütung, Bekämpfung und Tilgung von Tierseuchen in der Aquakultur**

Dieser Abschnitt ist zur Anmeldung einer Beihilfemaßnahme gemäß Abschnitt 5.4 der Leitlinien auszufüllen, die Kosten für die Verhütung, Bekämpfung und Tilgung von Tierseuchen in der Aquakultur decken soll. Handelt es sich um eine Beihilfe derselben Art wie die unter die in Artikel 39 der Verordnung (EU) Nr. 1388/2014 genannte Gruppe fallenden Beihilfen zur Förderung von Tiergesundheit und Tierschutz, ist Abschnitt 12 auszufüllen.

15.1. Ist die Beihilfemaßnahme eine Ex-ante-Beihilferahmenregelung zur Deckung von Kosten für die Verhütung, Bekämpfung und Tilgung von Tierseuchen in der Aquakultur?

☐ Ja ☐ Nein

(Falls ja, überspringen Sie bitte die Abschnitte 15.5, 15.6 und 15.9.)

15.2. Geben Sie bitte an, für welche Seuchen, die in der Liste der Tierseuchen der Weltorganisation für Tiergesundheit, Anhang II der Verordnung (EU) Nr. 652/2014 des Europäischen Parlaments und des Rates (⁹)*, oder Anhang IV Teil II der Richtlinie 2006/88/EG des Rates (¹⁰)* geführt werden, die Beihilfe gewährt wird:

Beachten Sie bitte, dass bei einer Seuche, die in der Liste der Tierseuchen der Weltorganisation für Tiergesundheit geführt wird, die Fassung der Liste gilt, die zum Zeitpunkt der Anmeldung der Beihilfemaßnahme in Kraft ist. Wenn die Beihilfe bereits gewährt oder gezahlt worden ist, gilt im Fall einer Einzelbeihilfe die zum Zeitpunkt der Gewährung oder Zahlung der Beihilfe veröffentlichte Fassung der Liste und im Fall einer Beihilferegelung die zum Zeitpunkt des Inkrafttretens der Regelung veröffentlichte Fassung der Liste.

_____

_____

15.3. Ist die gewährte Beihilfe Teil eines Programms auf Unionsebene oder auf nationaler oder regionaler Ebene für die Verhütung, Bekämpfung und Tilgung von Tierseuchen?

☐ Ja ☐ Nein

Falls ja, nennen Sie bitte das maßgebliche Programm und die besonderen Bestimmungen:

_____

_____

15.4. Ist die gewährte Beihilfe Teil von durch die zuständige nationale Behörde erlassenen Sofortmaßnahmen?

☐ Ja ☐ Nein

Falls ja, nennen Sie bitte die einschlägige Maßnahme und die besonderen Bestimmungen:

_____

_____

15.5. Wann fielen die Kosten für die Verhütung, Bekämpfung und Tilgung von Tierseuchen in der Aquakultur an?

_____

15.6. Geben Sie bitte an, bis zu welchem Datum die Beihilfe spätestens gezahlt werden kann.

_____

15.7. Wird die Beihilfe direkt an das betroffene Unternehmen gezahlt?

☐ Ja ☐ Nein

15.8. Bestätigen Sie bitte, dass keine Beihilfe gewährt wird, wenn festgestellt wird, dass der Begünstigte die Krankheit vorsätzlich oder fahrlässig verursacht hat:

☐ Ja ☐ Nein

Falls ja, geben Sie bitte die Bestimmungen an, in denen die in Abschnitt 15.8 genannte Bedingung geregelt ist:

_____

15.9. Legen Sie bitte eine möglichst genaue Schätzung des Schadens vor, der den potenziellen Begünstigten entstanden ist:

_____

_____

_____

_____

_____

_____

_____

_____

_____

_____

15.10. Geben Sie bitte an, welche der folgenden Kosten beihilfefähig sind. Kosten für:

☐ a) Gesundheitskontrollen, Analysen, Tests und sonstige Früherkennungsmaßnahmen;

☐ b) Erwerb, Lagerung, Verabreichung oder Verteilung von Impfstoffen, Arzneimitteln und Stoffen für die Behandlung von Tieren;

5. Verf-DVO kons

▼ M10

Verf-DVO
kons

☐ c) Tötung, Keulung und Beseitigung von Tieren;

☐ d) die Vernichtung von tierischen Erzeugnissen und mit den Tieren
in Verbindung stehenden Erzeugnissen;

☐ e) Reinigen und Desinfizieren des Betriebs und der Ausrüstung;

☐ f) Schäden, die durch die Tötung, Keulung oder Beseitigung von
Tieren, tierischen Erzeugnissen und mit den Tieren in Verbindung
stehenden Produkten entstehen, begrenzt auf den Marktwert solcher Tiere und Erzeugnisse, wenn sie nicht von der Seuche betroffen gewesen wären;

☐ g) Einkommensverluste aufgrund von Schwierigkeiten beim Wiederbesatz;

☐ h) sonstige Kosten im Zusammenhang mit Tierseuchen in der Aquakultur.

Spezifizieren Sie bitte unter Buchstabe h die Kosten und begründen Sie,
weshalb diese Kosten beihilfefähig sein sollen.

*Beachten Sie bitte, dass gemäß Nummer 110 Buchstabe h der Leitlinien
andere als die unter den Buchstaben a bis g genannten Kosten nur in
hinreichend begründeten Ausnahmefällen beihilfefähig sind.*

15.11. Sind die Beihilfen und sonstigen Ausgleichszahlungen für die Schäden
einschließlich der Zahlungen im Rahmen von Versicherungspolicen auf
100 % der beihilfefähigen Kosten begrenzt?

☐ Ja   ☐ Nein

15.12. Im Falle von Ex-ante-Beihilferahmenregelungen bestätigen Sie bitte, dass
der Mitgliedstaat seiner Berichterstattungspflicht gemäß Nummer 130 der
Leitlinien nachkommen wird.

☐ Ja   ☐ Nein

15.13. Machen Sie bitte weitere Angaben, soweit sie für die Bewertung der
Beihilfemaßnahme in diesem Abschnitt relevant sein können:

16. **Durch steuerähnliche Abgaben finanzierte Beihilfen**

*Dieser Abschnitt ist zur Anmeldung einer Beihilfemaßnahme gemäß Ab-
schnitt 5.5 der Leitlinien auszufüllen, die durch Sonderabgaben, insbesondere steuerähnliche Abgaben auf bestimmte Fischerei- oder Aquakulturerzeugnisse unabhängig von deren Ursprung finanziert wird.*

▼ M10

16.1. Wird die Beihilfemaßnahme aus Sonderabgaben, insbesondere steuerähnlichen Abgaben auf bestimmte Fischerei- oder Aquakulturerzeugnisse finanziert?

☐ Ja   ☐ Nein

Falls ja, geben Sie bitte genau an, wie die Beihilferegelung finanziert wird:

_____

_____

_____

_____

16.2. Wird die Beihilfe in gleichem Maße für einheimische und für eingeführte Erzeugnisse gezahlt?

☐ Ja   ☐ Nein

Falls ja, geben Sie bitte an, wie die Beihilferegelung sowohl einheimischen als auch eingeführten Erzeugnissen zugutekommt:

_____

_____

_____

16.3. Geben Sie bitte an, wie die durch steuerähnliche Abgaben erhobenen Mittel verwendet werden:

_____

_____

_____

_____

16.4. Machen Sie bitte weitere Angaben, soweit sie für die Bewertung der Beihilfemaßnahme in diesem Abschnitt relevant sein können:

_____

_____

_____

_____

17. **Betriebsbeihilfen in Gebieten in äußerster Randlage**

Dieser Abschnitt ist zur Anmeldung einer Beihilfemaßnahme gemäß Abschnitt 5.6 der Leitlinien auszufüllen, bei der es sich um eine Betriebsbeihilfe in Gebieten in äußerster Randlage handelt, durch die die besonderen Belastungen aufgrund der Abgelegenheit, der Insellage und der äußersten Randlage dieser Gebiete abgemildert werden sollen.

17.1. Handelt es sich bei der Beihilfe um eine Betriebsbeihilfe in Gebieten in äußerster Randlage, durch die die besonderen Belastungen aufgrund der Abgelegenheit, der Insellage und der äußersten Randlage dieser Gebiete abgemildert werden sollen?

☐ Ja   ☐ Nein

Falls ja, beschreiben Sie bitte die Art der gewährten Betriebsbeihilfe und nennen Sie das Zielgebiet/die Zielgebiete:

_____

5. Verf-DVO kons

17.2. Nennen Sie bitte die in den Gebieten bestehenden besonderen Belastungen, die durch die Beihilfe abgemildert werden sollen, und beschreiben Sie, wie dieses Ziel durch die Beihilfe erreicht werden soll.

Beachten Sie bitte, dass gemäß Nummer 113 der Leitlinien nur Belastungen berücksichtigt werden dürfen, die auf die Abgelegenheit, die Insellage und die äußerste Randlage dieser Gebiete zurückzuführen sind.

Verf-DVO kons

_____

_____

_____

_____

_____

17.3. Geben Sie bitte die zusätzlichen Kosten, die durch die besonderen Belastungen entstehen, und die Berechnungsmethode an, und weisen Sie nach, dass die Beihilfe nicht über das hinausgeht, was erforderlich ist, um die besonderen Belastungen in den Gebieten in äußerster Randlage abzumildern.

_____

_____

_____

_____

17.4. Berücksichtigt der Mitgliedstaat, um Überkompensation zu verhindern, andere Formen öffentlicher Interventionen, gegebenenfalls einschließlich des Ausgleichs für Mehrkosten in Gebieten in äußerster Randlage für Fischerei und Aquakulturerzeugnisse gemäß den Artikeln 70, 71 und 72 der Verordnung (EU) Nr. 508/2014 und Beihilfen für die Umsetzung von Ausgleichsplänen gemäß Artikel 73 der Verordnung?

☐ Ja   ☐ Nein

Falls ja, erläutern Sie bitte, wie Überkompensation verhindert wird:

_____

_____

_____

_____

_____

17.5. Machen Sie bitte weitere Angaben, soweit sie für die Bewertung der Beihilfemaßnahme in diesem Abschnitt relevant sein können:

_____

_____

_____

_____

_____

_____

▼ <u>M10</u>

18. **Beihilfen für andere Maßnahmen**

Dieser Abschnitt ist zur Anmeldung einer Beihilfemaßnahme gemäß Abschnitt 5.7 der Leitlinien auszufüllen, die unter keine der anderen Beihilfearten gemäß den Abschnitten 4 oder 5.1 bis 5.6 der Leitlinien fällt, die der Mitgliedstaat aber dennoch zu gewähren beabsichtigt oder gewährt.

18.1. Beabsichtigt der Mitgliedstaat die Gewährung einer Beihilfe oder gewährt er eine Beihilfe, die unter keine der Beihilfearten gemäß den Abschnitten 4 oder 5.1 bis 5.6 der Leitlinien fällt?

☐ Ja ☐ Nein

18.2. Beschreiben Sie bitte die Beihilfemaßnahme und ihre Ziele im Detail:

_____

_____

_____

_____

_____

_____

_____

_____

_____

_____

_____

_____

_____

_____

_____

_____

_____

_____

_____

18.3. Zusätzlich zu den Informationen in den Abschnitten 1 bis 9 legen Sie bitte weitere Informationen vor, aus denen klar hervorgeht, dass die Beihilfe mit den in Abschnitt 3 der Leitlinien genannten Grundsätzen im Einklang steht.

_____

_____

_____

_____

_____

_____

_____

_____

_____

▼ M10

(^{1})* Mitteilung der Kommission — Leitlinien für die Prüfung staatlicher Beihilfen im Fischerei- und Aquakultursektor (ABl. C 217 vom 2.7.2015, S. 1).

(^{2})* Verordnung (EU) Nr. 508/2014 des Europäischen Parlaments und des Rates vom 15. Mai 2014 über den Europäischen Meeres- und Fischereifonds und zur Aufhebung der Verordnungen (EG) Nr. 2328/2003, (EG) Nr. 1198/2006 und (EG) Nr. 791/2007 des Rates und der Verordnung (EU) Nr. 1255/2011 des Europäischen Parlaments und des Rates (ABl. L 149 vom 20.5.2014, S. 1).

(^{3})* Die Ziele der Gemeinsamen Fischereipolitik (GFP) sind in Artikel 2 der Verordnung (EU) Nr. 1380/2013 des Europäischen Parlaments und des Rates vom 11. Dezember 2013 über die Gemeinsame Fischereipolitik und zur Änderung der Verordnungen (EG) Nr. 1954/2003 und (EG) Nr. 1224/2009 des Rates sowie zur Aufhebung der Verordnungen (EG) Nr. 2371/2002 und (EG) Nr. 639/2004 des Rates und des Beschlusses 2004/585/EG (ABl. L 354 vom 28.12.2013, S. 22) aufgeführt.

(^{4})* Betriebsbeihilfen sind unter Nummer 22 Buchstabe l der Leitlinien definiert.

(^{5})* Diese Informationen sind innerhalb von sechs Monaten nach dem Tag der Gewährung der Beihilfe (bzw. für Beihilfen in Form von Steuervergünstigungen innerhalb eines Jahres nach dem Tag, an dem die Steuererklärung vorgelegt werden muss) zu veröffentlichen. Im Fall rechtswidriger Beihilfen müssen die Mitgliedstaaten die Informationen nachträglich spätestens innerhalb von sechs Monaten ab dem Datum des Kommissionsbeschlusses veröffentlichen. Die Informationen sind in einem Format (z. B. CSV oder XML) bereitzustellen, das es ermöglicht, Daten abzufragen, zu extrahieren und leicht im Internet zu veröffentlichen.

(^{6})* Für Beihilfen, die vor dem 1. Juli 2017 gewährt werden, und für steuerliche Beihilfen, die vor dem 1. Juli 2017 beantragt oder gewährt werden, besteht keine Veröffentlichungspflicht.

(^{7})* Verordnung (EU) Nr. 1388/2014 der Kommission vom 16. Dezember 2014 zur Feststellung der Vereinbarkeit bestimmter Gruppen von Beihilfen zugunsten von in der Erzeugung, Verarbeitung und Vermarktung von Erzeugnissen der Fischerei und der Aquakultur tätigen Unternehmen mit dem Binnenmarkt in Anwendung der Artikel 107 und 108 des Vertrags über die Arbeitsweise der Europäischen Union (ABl. L 369 vom 24.12.2014, S. 37).

(^{8})* Horizontale Leitlinien und sonstige Instrumente sind u. a.: die Mitteilung der Kommission — Kriterien für die Bewertung der Vereinbarkeit einzeln anzumeldender Ausbildungsbeihilfen mit dem Gemeinsamen Markt (ABl. C 188 vom 11.8.2009, S. 1); die Mitteilung der Kommission — Leitlinien für staatliche Beihilfen zur Förderung von Risikofinanzierungen (ABl. C 19 vom 22.1.2014, S. 4); die Mitteilung der Kommission — Unionsrahmen für staatliche Beihilfen zur Förderung von Forschung, Entwicklung und Innovation (ABl. C 198 vom 27.6.2014, S. 1); die Mitteilung der Kommission — Leitlinien für staatliche Umweltschutz- und Energiebeihilfen 2014-2020 (ABl. C 200 vom 28.6.2014, S. 1); die Mitteilung der Kommission — Leitlinien für staatliche Beihilfen zur Rettung und Umstrukturierung nichtfinanzieller Unternehmen in Schwierigkeiten (ABl. C 249 vom 31.7.2014, S. 1).

(^{9})* Verordnung (EU) Nr. 652/2014 des Europäischen Parlaments und des Rates vom 15. Mai 2014 mit Bestimmungen für die Verwaltung der Ausgaben in den Bereichen Lebensmittelkette, Tiergesundheit und Tierschutz sowie Pflanzengesundheit und Pflanzenvermehrungsmaterial, zur Änderung der Richtlinien des Rates 98/56/EG, 2000/29/EG und 2008/90/EG, der Verordnungen (EG) Nr. 178/2002, (EG) Nr. 882/2004 und (EG) Nr. 396/2005 des Europäischen Parlaments und des Rates, der Richtlinie 2009/128/EG des Europäischen Parlaments und des Rates sowie der Verordnung (EG) Nr. 1107/2009 des Europäischen Parlaments und des Rates und zur Aufhebung der Entscheidungen des Rates 66/399/EWG, 76/894/EWG und 2009/470/EG (ABl. L 189 vom 27.6.2014, S. 1).

(^{10})* Richtlinie 2006/88/EG des Rates vom 24. Oktober 2006 mit Gesundheits- und Hygienevorschriften für Tiere in Aquakultur und Aquakulturerzeugnisse und zur Verhütung und Bekämpfung bestimmter Wassertierkrankheiten (ABl. L 328 vom 24.11.2006, S. 14).

▼ M3

ANHANG II

ANMELDEFORMULAR FÜR DAS VEREINFACHTE VERFAHREN

Dieses Formular kann für Anmeldungen im vereinfachten Verfahren nach Artikel 4 Absatz 2 der Verordnung (EG) Nr. 794/2004 der Kommission zur Durchführung der Verordnung (EG) Nr. 659/1999 des Rates über besondere Vorschriften für die Anwendung von Artikel 93 des EG-Vertrags (¹) verwendet werden.

1.   Bereits genehmigte Beihilferegelung (²)

1.1.   Von der Kommission vergebene Beihilfenummer: ....

1.2.   Titel: ....

1.3.   Datum der Genehmigung (Bezugnahme auf das Schreiben der Kommission (SG(..)D/..........)): ....

1.4.   Veröffentlichung im *Amtsblatt der Europäischen Union*: ....

1.5.   Hauptziel (geben Sie bitte ein Ziel an): ....

1.6.   Rechtsgrundlage: ....

1.7.   Haushaltsmittel insgesamt: ....

1.8.   Laufzeit: ....

2.   **Anmeldepflichtige Regelung**

☐   Neue Haushaltsmittel (geben Sie bitte sowohl die insgesamt als auch die jährlich veranschlagten Mittel in Landeswährung an): ....
....

☐   Neue Laufzeit (geben Sie bitte an, ab welchem Tag und bis zu welchem Tag die Beihilfe gewährt werden kann): ....

☐   Strengere Kriterien, eine Herabsetzung der Beihilfeintensität oder der beihilfefähigen Ausgaben (bitte ausführen): ....

3.   **Geltung der Verpflichtungen**

☐   Bestätigen Sie bitte, dass die von dem Mitgliedstaat für die Zwecke der vorher genehmigten Beihilferegelung übernommenen Verpflichtungen in vollem Umfang auch für die neue angemeldete Maßnahme gelten.

Fügen Sie bitte eine Kopie (oder die Angabe der Internetseite) der einschlägigen Auszüge aus der letzten Fassung der Rechtsgrundlage bei.

(¹)   Verordnung (EG) Nr. 794/2004 der Kommission vom 21. April 2004 zur Durchführung der Verordnung (EG) Nr. 659/1999 des Rates über besondere Vorschriften für die Anwendung von Artikel 93 des EG-Vertrags (ABl. L 140 vom 20.4.2004, S. 1), zuletzt geändert durch die Verordnung (EG) Nr. 1935/2006 (ABl. L 407 vom 30.12.2006, S. 1).

(²)   Ist die Beihilferegelung bereits mehrmals bei der Kommission angemeldet worden, so ist die letzte vollständige von der Kommission genehmigte Anmeldung anzugeben.

5. Verf-DVO kons

ANHANG IIIA

Standardberichtsformular für bestehende staatliche Beihilfen

(Formular für alle Wirtschaftszweige mit Ausnahme der Landwirtschaft)

Verf-DVO kons

Um die jährliche Berichterstattung über staatliche Beihilfen weiter zu vereinfachen und zu verbessern, stellt die Kommission den Mitgliedstaaten jedes Jahr zum 1. März eine vorformatierte zugriffsbasierte Online-Plattform mit ausführlichen Angaben zu allen bestehenden Beihilferegelungen und Einzelbeihilfen zur Verfügung. Die Mitgliedstaaten müssen diese Angaben dann bis zum 30. Juni desselben Jahres prüfen und ergänzen. Auf diese Weise kann die Kommission die Angaben zu den staatlichen Beihilfen für den Berichtszeitraum t – 1 im Jahr t ([1]) veröffentlichen.

Die Angaben auf der Plattform werden von der Kommission zum größten Teil bereits anhand der Daten, die zum Zeitpunkt der Genehmigung der Beihilfe übermittelt wurden, vorab eingegeben. Die Mitgliedstaaten müssen die Angaben zu den Beihilferegelungen und Einzelbeihilfen lediglich überprüfen, erforderlichenfalls ändern und um die jährlichen Ausgaben für das vergangene Jahr (t – 1) ergänzen.

Die Angaben zum Ziel der Beihilfe und zum Wirtschaftszweig, für den sie bestimmt ist, beziehen sich auf den Zeitpunkt der Genehmigung der Beihilfe und auf das Rechtsinstrument, auf dessen Grundlage die Beihilfe genehmigt wurde.

Es müssen folgende Angaben übermittelt werden:

(1) Titel

(2) Nummer der Beihilfe

(3) Frühere Beihilfenummern (z. B. nach Verlängerung einer Regelung)

(4) Wirtschaftszweig

Die Angabe des Wirtschaftszweigs muss sich weitgehend auf die NACE ([2]) [dreistellige Ebene] stützen.

(5) Ziel

(6) Gebiet(e)

Eine Beihilfemaßnahme kann zum Zeitpunkt ihrer Genehmigung ausschließlich für ein Gebiet oder mehrere Gebiete im Sinne des Artikels 107 Absatz 3 Buchstabe a oder c AEUV bestimmt sein.

(7) Beihilfeinstrument(e)

Es ist zwischen mehreren Instrumenten zu unterscheiden: Zuschuss, bezuschusste Dienstleistung, Zinszuschuss, Darlehen, Garantie, Steuervergünstigung, rückzahlbarer Vorschuss, Kapitalbeteiligung und sonstige.

(8) Form der Beihilfe

Es ist zwischen drei Formen zu unterscheiden: Regelung, Einzelbeihilfe auf der Grundlage einer Regelung und Einzelbeihilfe außerhalb einer Regelung (*Ad-hoc*-Beihilfe).

(9) Ausgaben

Grundsätzlich sollten die tatsächlichen Ausgaben (bzw. im Falle von Steuervergünstigungen der tatsächliche Einnahmenverzicht) angegeben werden. Liegen keine Zahlungen vor, sind die Mittelbindungen oder Haushaltsmittel anzugeben und als solche kenntlich zu machen. Die Zahlen sind für jedes

---

([1]) t = Jahr, in dem die Daten angefordert werden.
([2]) NACE Rev. 2 oder spätere Rechtsvorschriften, durch die sie geändert oder ersetzt wird. NACE ist die statistische Systematik der Wirtschaftszweige in der Europäischen Union nach der Verordnung (EG) Nr. 1893/2006 des Europäischen Parlaments und des Rates vom 20. Dezember 2006 zur Aufstellung der statistischen Systematik der Wirtschaftszweige NACE Revision 2 und zur Änderung der Verordnung (EWG) Nr. 3037/90 des Rates sowie einiger Verordnungen der EG über bestimmte Bereiche der Statistik (ABl. L 393 vom 30.12.2006, S. 1).

▼ <u>M8</u>

Beihilfeinstrument innerhalb einer Regelung oder Einzelbeihilfe (z. B. Zuschuss oder Darlehen) getrennt anzugeben. Sie müssen in der im Berichtszeitraum geltenden Landeswährung angegeben sein. Anzugeben sind die Ausgaben für die Jahre t − 1, t − 2, t − 3, t − 4 und t − 5.

5. Verf-DVO kons

ANHANG III.B

Standardberichtsformular für bestehende staatliche Beihilfen

(Formular für die Landwirtschaft)

Um die jährliche Berichterstattung über staatliche Beihilfen weiter zu vereinfachen und zu verbessern, stellt die Kommission den Mitgliedstaaten jedes Jahr zum 1. März eine vorformatierte zugriffsbasierte Online-Plattform mit ausführlichen Angaben zu allen bestehenden Beihilferegelungen und Einzelbeihilfen zur Verfügung. Die Mitgliedstaaten müssen diese Angaben dann bis zum 30. Juni desselben Jahres prüfen und ergänzen. Auf diese Weise kann die Kommission die Angaben zu den staatlichen Beihilfen für den Berichtszeitraum t − 1 im Jahr t ([1]) veröffentlichen.

Die Angaben auf der Plattform werden von der Kommission zum größten Teil bereits anhand der Daten, die zum Zeitpunkt der Genehmigung der Beihilfe übermittelt wurden, vorab eingegeben. Die Mitgliedstaaten müssen die Angaben zu den Beihilferegelungen und Einzelbeihilfen lediglich überprüfen, erforderlichenfalls ändern und um die jährlichen Ausgaben für das vergangene Jahr (t − 1) ergänzen.

Die Angaben zum Ziel der Beihilfe und zum Wirtschaftszweig, für den sie bestimmt ist, beziehen sich auf den Zeitpunkt der Genehmigung der Beihilfe und auf das Rechtsinstrument, auf dessen Grundlage die Beihilfe genehmigt wurde.

Es müssen folgende Angaben übermittelt werden:

(1) Titel

(2) Nummer der Beihilfe

(3) Frühere Beihilfenummern (z. B. nach Verlängerung einer Regelung)

(4) Wirtschaftszweig

Die Angabe des Wirtschaftszweigs muss sich weitgehend auf die NACE ([2]) [dreistellige Ebene] stützen.

(5) Ziel

(6) Gebiet(e)

Eine Beihilfemaßnahme kann zum Zeitpunkt ihrer Genehmigung ausschließlich für ein Gebiet oder mehrere Gebiete im Sinne des Artikels 107 Absatz 3 Buchstabe a oder c AEUV bestimmt sein.

(7) Beihilfeinstrument(e)

Es ist zwischen mehreren Instrumenten zu unterscheiden: Zuschuss, bezuschusste Dienstleistung, Zinszuschuss, Darlehen, Garantie, Steuervergünstigung, rückzahlbarer Vorschuss, Kapitalbeteiligung und sonstige.

(8) Form der Beihilfe

Es ist zwischen drei Formen zu unterscheiden: Regelung, Einzelbeihilfe auf der Grundlage einer Regelung und Einzelbeihilfe außerhalb einer Regelung (*Ad-hoc*-Beihilfe).

([1]) t = Jahr, in dem die Daten angefordert werden.
([2]) NACE Rev. 2 oder spätere Rechtsvorschriften, durch die sie geändert oder ersetzt wird. NACE ist die statistische Systematik der Wirtschaftszweige in der Europäischen Union nach der Verordnung (EG) Nr. 1893/2006 des Europäischen Parlaments und des Rates vom 20. Dezember 2006 zur Aufstellung der statistischen Systematik der Wirtschaftszweige NACE Revision 2 und zur Änderung der Verordnung (EWG) Nr. 3037/90 des Rates sowie einiger Verordnungen der EG über bestimmte Bereiche der Statistik (ABl. L 393 vom 30.12.2006. S. 1).

▼ M8

(9) Ausgaben

Grundsätzlich sollten die tatsächlichen Ausgaben (bzw. im Falle von Steuervergünstigungen der tatsächliche Einnahmenverzicht) angegeben werden. Liegen keine Zahlungen vor, sind die Mittelbindungen oder Haushaltsmittel anzugeben und als solche kenntlich zu machen. Die Zahlen sind für jedes Beihilfeinstrument innerhalb einer Regelung oder Einzelbeihilfe (z. B. Zuschuss oder Darlehen) getrennt anzugeben. Sie müssen in der im Berichtszeitraum geltenden Landeswährung angegeben sein. Anzugeben sind die Ausgaben für die Jahre $t-1$, $t-2$, $t-3$, $t-4$ und $t-5$.

(10) Beihilfeintensität und Beihilfeempfänger

Die Mitgliedstaaten müssen Folgendes angeben:

— die tatsächliche Beihilfeintensität der gewährten Unterstützung, aufgeschlüsselt nach Beihilfeform und Gebiet,

— die Zahl der Beihilfeempfänger,

— den durchschnittlichen Beihilfebetrag je Empfänger.

5. Verf-DVO kons

ANHANG III C

STANDARDBERICHTSFORMULAR FÜR BESTEHENDE STAATLICHE BEIHILFEN

(Formular für den Fischereisektor)

▼ B

Die Berichte sind in EDV-gestützter Form zu übermitteln. Sie enthalten folgende Angaben:

1. Bezeichnung der Beihilferegelung, Beihilfenummer und Entscheidung der Kommission.

2. Die Ausgaben sind in Euro bzw. gegebenenfalls in Landeswährung anzugeben. Bei Steuerermäßigungen sind die jährlichen Einnahmeausfälle anzugeben. Liegen keine genauen Zahlen vor, können im letzteren Fall auch Schätzwerte genannt werden. Dabei sind für das betreffende Berichtsjahr aufgeschlüsselt nach den Beihilfearten der Regelung (wie z. B. Zuschüsse, zinsgünstiges Darlehen, Bürgschaft) folgende Angaben zu übermitteln:

2.1. Mittelbindungen, (geschätzter) Steuerausfall oder sonstige Einnahmeausfälle, Bürgschaftsleistungen usw. für neue Fördervorhaben; bei Bürgschaftsregelungen der Gesamtbetrag aller neu ausgereichten Bürgschaften;

2.2. tatsächliche Zahlungen, (geschätzter) Steuerausfall oder sonstige Einnahmeausfälle, Bürgschaftsleistungen usw. für neue und laufende Vorhaben; bei Bürgschaftsregelungen: Gesamtbetrag aller Bürgschaften, Einnahmen aus Gebühren, Einnahmen augrund des Erlöschens einer Bürgschaft, fällige Zahlungen infolge des Eintritts eines Garantiefalls, laufendes Betriebsergebnis;

2.3. Zahl der bezuschussten Vorhaben und/oder Unternehmen;

2.4. geschätzter Gesamtbetrag der

— Beihilfe für die endgültige Stilllegung von Fischereischiffen durch Überführung in Drittländer;

— Beihilfe für die vorübergehende Einstellung der Fangtätigkeit;

— Beihilfe für die Erneuerung der Fischereiflotte;

— Beihilfe für die Modernisierung der Fischereiflotte;

— Beihilfe für den Kauf von gebrauchten Fischereifahrzeugen;

— Beihilfe für sozioökonomische Maßnahmen;

— Beihilfe zur Beseitigung von Schäden infolge von Naturkatastrophen oder sonstigen außergewöhnlichen Ereignissen;

— Beihilfe für Gebiete in äußerster Randlage;

— Aus steuerähnlichen Abgaben finanzierte Beihilfe;

2.5. Aufschlüsselung der Beträge gemäß Ziffer 2.1 nach Ziel-1-Regionen und sonstigen Gebieten;

3. Sonstige Angaben und Bemerkungen.

▼ <u>M7</u>

ANHANG IV

FORMULAR FÜR BESCHWERDEN ÜBER MUTMASSLICH RECHTSWIDRIGE STAATLICHE BEIHILFEN ODER EINE MUTMASSLICH MISSBRÄUCHLICHE ANWENDUNG VON BEIHILFEN

Die Pflichtfelder sind mit einem Stern (*) gekennzeichnet.

1. **Angaben zum Beschwerdeführer**

    Vorname:*

    Familienname:*

    Anschrift (1. Zeile):*

    Anschrift (2. Zeile):

    Ort:*

    Bundesland/Region/Provinz:

    Postleitzahl:*

    Land:*

    Telefon:

    Mobiltelefon:

    E-Mail:*

    Fax

2. **Ich reiche die Beschwerde im Namen Dritter (einer Person oder eines Unternehmens) ein:**

    Ja*   Nein*

    Wenn ja, machen Sie bitte auch folgende Angaben:

    Name der Person/des Unternehmens, die/das Sie vertreten:*

    Registrierungsnummer des Unternehmens:

    Anschrift (1. Zeile):*

    Anschrift (2. Zeile):

    Ort:*

    Bundesland/Region/Provinz:

    Postleitzahl:*

    Land:*

    Telefon 1:

    Telefon 2:

    E-Mail:*

    Fax:

    Bitte fügen Sie einen Beleg dafür bei, dass der Vertreter/die Vertreterin bevollmächtigt ist, im Namen dieser Person bzw. dieses Unternehmens zu handeln.*

5. Verf-DVO kons

3. **Bitte wählen Sie eine der folgenden Optionen zu Ihrer eigenen Beschreibung:***

   a)   Wettbewerber des Beihilfeempfängers oder der Beihilfeempfänger

   b)   Handelsverband, der die Interessen von Wettbewerbern vertritt

   c)   Nichtregierungsorganisation

   d)   Gewerkschaft

   e)   EU-Bürger/Bürgerin

   f)   Sonstiges (bitte angeben)

Verf-DVO
kons

Warum und inwiefern berührt die mutmaßliche staatliche Beihilfe Ihre Wettbewerbsposition oder die der Person/des Unternehmens, die/das Sie vertreten? Bitte führen Sie möglichst viele konkrete Belege an.

Hinweis: Nach Artikel 20 Absatz 2 der Verordnung (EG) Nr. 659/1999 vom 22. März 1999 über besondere Vorschriften für die Anwendung von Artikel 108 des Vertrags über die Arbeitsweise der Europäischen Union (AEUV) können nur Beteiligte im Sinne des Artikels 1 Buchstabe h dieser Verordnung förmliche Beschwerden einreichen. Wenn Sie nicht nachweisen, dass Sie Beteiligter sind, wird dieses Formular daher nicht als Beschwerde registriert, und die darin enthaltenen Informationen werden als allgemeine Marktauskünfte behandelt.

4. **Bitte kreuzen Sie wie zutreffend an:***

   ☐   Ja, meine Identität darf offengelegt werden.

   ☐   Nein, meine Identität darf nicht offengelegt werden.

Falls nein, warum nicht?

Vertraulichkeit: Soll Ihre Identität nicht preisgegeben oder sollen bestimmte Dokumente oder Informationen vertraulich behandelt werden, teilen Sie uns dies bitte ausdrücklich und unter Angabe von Gründen mit und kennzeichnen Sie die vertraulichen Passagen der Dokumente. Ohne Angaben zur Vertraulichkeit Ihrer Identität oder bestimmter Dokumente oder Daten werden diese Informationen als nicht vertraulich eingestuft und können dem Mitgliedstaat, der mutmaßlich die betreffende staatliche Beihilfe gewährt, mitgeteilt werden. Die Angaben zu den Punkten **5 und 6** können nicht vertraulich behandelt werden.

5. **Angaben zum Mitgliedstaat, der die Beihilfe gewährt***

Bitte beachten Sie, dass die hier gemachten Angaben als nicht vertraulich betrachtet werden.

   a)   Land:

   b)   Sofern bekannt, Angabe der Institution oder Stelle, die die mutmaßlich rechtswidrige Beihilfe gewährt hat:

       Zentralregierung:

       Bundesland/Region (bitte angeben):

       Sonstige (bitte angeben):

▼M7

6. **Angaben zur mutmaßlichen Beihilfemaßnahme***

    Bitte beachten Sie, dass die hier gemachten Angaben als nicht vertraulich betrachtet werden.

    a) Bitte beschreiben Sie die mutmaßliche Beihilfe und geben Sie an, in welcher Form sie gewährt wurde (Kredite, Zuschüsse, Garantien, steuerliche Anreize, Steuerbefreiungen usw.).

    b) Wofür wurde die mutmaßliche Beihilfe gewährt (sofern bekannt)?

    c) Auf welche Summe beläuft sich die mutmaßliche Beihilfe (sofern bekannt)? Falls Sie den genauen Betrag nicht kennen, nehmen Sie bitte eine Schätzung vor und führen Sie möglichst viele Belege zu deren Fundierung an.

    d) Wer ist der Begünstigte? Bitte machen Sie so umfassende Angaben wie möglich und beschreiben Sie die Haupttätigkeiten der fraglichen Begünstigten/Unternehmen.

    e) Wann wurde Ihres Wissens die mutmaßliche Beihilfe gewährt?

    f) Bitte kreuzen Sie wie zutreffend an:

        ☐ Eine Anmeldung der Beihilfe bei der Kommission ist meines Wissens nicht erfolgt.

        ☐ Die Beihilfe wurde meines Wissens zwar angemeldet, aber bereits vor dem Beschluss der Kommission gewährt. Geben Sie bitte das Aktenzeichen oder das Datum der Anmeldung der Beihilfe an (sofern bekannt).

        ☐ Die Beihilfe wurde meines Wissens zwar angemeldet und von der Kommission genehmigt, ihre Durchführung entsprach jedoch nicht den geltenden Bedingungen. Geben Sie bitte das Aktenzeichen oder das Datum der Anmeldung und das Datum der Genehmigung der Beihilfe an (sofern bekannt).

        ☐ Die Beihilfe wurde meines Wissens auf der Grundlage einer Gruppenfreistellungsverordnung gewährt, ihre Durchführung entsprach jedoch nicht den geltenden Bedingungen.

5. Verf-DVO kons

Verf-DVO kons

7. **Grund der Beschwerde***

Um als staatliche Beihilfe im Sinne des Artikels 107 Absatz 1 AEUV zu gelten, muss die mutmaßliche Beihilfe von einem Mitgliedstaat oder aus staatlichen Mitteln gewährt werden, durch die Begünstigung bestimmter Unternehmen oder Produktionszweige den Wettbewerb verfälschen oder zu verfälschen drohen und den Handel zwischen Mitgliedstaaten beeinträchtigen.

a) Erläutern Sie bitte, in welchem Umfang öffentliche Mittel gewährt wurden (sofern bekannt) und, falls die Maßnahme nicht von einer Behörde (sondern beispielsweise von einem öffentlichen Unternehmen) getroffen wurde, warum sie Ihres Erachtens den Behörden eines Mitgliedstaats zuzurechnen ist.

b) Erläutern Sie bitte, warum Ihres Erachtens die mutmaßliche staatliche Beihilfe selektiv ist (also bestimmte Unternehmen oder Produktionszweige begünstigt).

c) Erläutern Sie bitte, warum Ihres Erachtens die mutmaßliche staatliche Beihilfe dem/den Begünstigten einen wirtschaftlichen Vorteil verschafft.

d) Erläutern Sie bitte, warum Ihres Erachtens die mutmaßliche staatliche Beihilfe den Wettbewerb verfälscht oder zu verfälschen droht.

e) Erläutern Sie bitte, warum Ihres Erachtens die mutmaßliche staatliche Beihilfe den Handel zwischen Mitgliedstaaten beeinträchtigt.

▼ M7

8. **Vereinbarkeit der Beihilfe mit dem Binnenmarkt**

Führen Sie bitte die Gründe an, aus denen die mutmaßliche Beihilfe Ihres Erachtens nicht mit dem Binnenmarkt vereinbar ist.

9. **Angaben zu mutmaßlichen Verstößen gegen andere Rechtsvorschriften der Europäischen Union und zu anderen Verfahren**

    a) Geben Sie bitte an, welche anderen EU-Rechtsvorschriften Ihres Erachtens durch die mutmaßliche Beihilfe verletzt wurden. (Hinweis: Diese potenziellen Verstöße werden nicht zwangsläufig im Rahmen des beihilferechtlichen Prüfverfahrens behandelt.)

    b) Haben Sie sich in derselben Angelegenheit bereits an Dienststellen der Kommission oder andere europäische Institutionen gewandt? *

        Ja   Nein

        Wenn ja, fügen Sie bitte Kopien des Schriftverkehrs bei.

    c) Haben Sie sich in derselben Angelegenheit bereits an nationale Behörden oder Gerichte gewandt? *

        Ja   Nein

        Wenn ja, geben Sie bitte diese Behörden oder Gerichte an; wenn bereits eine Entscheidung oder ein Urteil vorliegt, fügen Sie bitte eine Kopie bei (falls verfügbar); wenn die Sache dagegen noch anhängig ist, geben Sie bitte das Aktenzeichen an (falls verfügbar).

    d) Machen Sie bitte weitere Angaben, die für die Prüfung dieser Sache von Belang sein könnten.

5. Verf-DVO kons

10. **Sachdienliche Unterlagen**

Führen Sie bitte sämtliche zur Stützung Ihrer Beschwerde beigefügten *Dokumente oder Belege* auf und fügen Sie ggf. Anlagen bei.

— Nach Möglichkeit ist eine Kopie des Gesetzes oder sonstigen Rechtsakts, auf den sich die Auszahlung der mutmaßlichen Beihilfe stützt, beizufügen.

— Fügen Sie nach Möglichkeit jeden verfügbaren Beleg für die Gewährung der Beihilfe bei (Pressemitteilung, veröffentlichte Abschlüsse usw.).

— Wird die Beschwerde im Namen Dritter (einer Person oder eines Unternehmens) eingereicht, fügen Sie bitte einen Nachweis bei, dass Sie zu deren Vertretung bevollmächtigt sind.

— Gab es in derselben Sache bereits Schriftverkehr mit der Europäischen Kommission oder anderen europäischen oder nationalen Institutionen, fügen Sie bitte Kopien davon bei.

— Wurde die Sache bereits von einem nationalen Gericht oder einer nationalen Behörde behandelt, fügen Sie bitte eine Kopie des Urteils bzw. der Entscheidung bei (falls verfügbar).

Ich erkläre, alle Angaben in diesem Formular und seinen Anhängen nach bestem Wissen und Gewissen gemacht zu haben.

Ort, Datum und Unterschrift des Beschwerdeführers

Allgemeine Gruppenfrei-
stellungsverordnung

6. AGVO-kons

Dieser Text dient lediglich zu Informationszwecken und hat keine Rechtswirkung. Die EU-Organe übernehmen keine Haftung für seinen Inhalt. Verbindliche Fassungen der betreffenden Rechtsakte einschließlich ihrer Präambeln sind nur die im Amtsblatt der Europäischen Union veröffentlichten und auf EUR-Lex verfügbaren Texte. Diese amtlichen Texte sind über die Links in diesem Dokument unmittelbar zugänglich

►B

VERORDNUNG (EU) Nr. 651/2014 DER KOMMISSION

vom 17. Juni 2014

AGVO-kons

zur Feststellung der Vereinbarkeit bestimmter Gruppen von Beihilfen mit dem Binnenmarkt in Anwendung der Artikel 107 und 108 des Vertrags über die Arbeitsweise der Europäischen Union

(Text von Bedeutung für den EWR)

(ABl. L 187 vom 26.6.2014, S. 1)

Geändert durch:

		Amtsblatt		
		Nr.	Seite	Datum
►M1	Verordnung (EU) 2017/1084 der Kommission vom 14. Juni 2017	L 156	1	20.6.2017
►M2	Verordnung (EU) 2020/972 der Kommission vom 2. Juli 2020	L 215	3	7.7.2020
►M3	Verordnung (EU) 2021/452 der Kommission vom 15. März 2021	L 89	1	16.3.2021
►M4	Verordnung (EU) 2021/1237 der Kommission vom 23. Juli 2021	L 270	39	29.7.2021

Berichtigt durch:

►C1   Berichtigung, ABl. L 283 vom 27.9.2014, S. 65 (651/2014)

▼B

VERORDNUNG (EU) Nr. 651/2014 DER KOMMISSION

vom 17. Juni 2014

zur Feststellung der Vereinbarkeit bestimmter Gruppen von Beihilfen mit dem Binnenmarkt in Anwendung der Artikel 107 und 108 des Vertrags über die Arbeitsweise der Europäischen Union

(Text von Bedeutung für den EWR)

INHALTSVERZEICHNIS

KAPITEL I — Gemeinsame Bestimmungen

KAPITEL II — Monitoring

KAPITEL III — Besondere Bestimmungen für einzelne Beihilfegruppen

Abschnitt 1 — Regionalbeihilfen

Abschnitt 2 — Beihilfen für kleine und mittlere Unternehmen (KMU)

Abschnitt 2A — Beihilfen für die europäische territoriale Zusammenarbeit

Abschnitt 3 — Beihilfen zur Erschließung von KMU-Finanzierungen

Abschnitt 4 — Beihilfen für Forschung und Entwicklung und Innovation

Abschnitt 5 — Ausbildungsbeihilfen

Abschnitt 6 — Beihilfen für benachteiligte Arbeitnehmer und Arbeitnehmer mit Behinderungen

Abschnitt 7 — Umweltschutzbeihilfen

Abschnitt 8 — Beihilfen zur Bewältigung der Folgen bestimmter Naturkatastrophen

Abschnitt 9 — Sozialbeihilfen für die Beförderung von Einwohnern entlegener Gebiete

Abschnitt 10 — Beihilfen für Breitbandinfrastrukturen

Abschnitt 11 — Beihilfen für Kultur und die Erhaltung des kulturellen Erbes

Abschnitt 12 — Beihilfen für Sportinfrastrukturen und multifunktionale Freizeitinfrastrukturen

Abschnitt 13 — Beihilfen für lokale Infrastrukturen

Abschnitt 14 — Beihilfen für Regionalflughäfen

Abschnitt 15 — Beihilfen für Häfen

ABschnitt 16 — Beihilfen im Rahmen von aus dem Fonds „InvestEU" unterstützten Finanzprodukten

KAPITEL IV — Schlussbestimmungen

6. AGVO-kons

▼B

KAPITEL I

GEMEINSAME BESTIMMUNGEN

Artikel 1

Geltungsbereich

1. Diese Verordnung gilt für folgende Gruppen von Beihilfen:

a) Regionalbeihilfen;

b) Beihilfen für KMU in Form von Investitionsbeihilfen, Betriebsbeihilfen und Beihilfen zur Erschließung von KMU-Finanzierungen;

c) Umweltschutzbeihilfen;

d) Beihilfen für Forschung und Entwicklung und Innovation;

e) Ausbildungsbeihilfen;

f) Einstellungs- und Beschäftigungsbeihilfen für benachteiligte Arbeitnehmer und Arbeitnehmer mit Behinderungen;

g) Beihilfen zur Bewältigung der Folgen bestimmter Naturkatastrophen;

h) Sozialbeihilfen für die Beförderung von Einwohnern entlegener Gebiete;

i) Beihilfen für Breitbandinfrastrukturen;

j) Beihilfen für Kultur und die Erhaltung des kulturellen Erbes;

▼M1

k) Beihilfen für Sportinfrastrukturen und multifunktionale Freizeitinfrastrukturen;

l) Beihilfen für lokale Infrastrukturen;

▼M4

m) Beihilfen für Regionalflughäfen;

n) Hafenbeihilfen;

o) Beihilfen für Projekte der europäischen territorialen Zusammenarbeit; und

p) Beihilfen im Rahmen von aus dem Fonds „InvestEU" unterstützten Finanzprodukten.

▼B

2. Diese Verordnung gilt nicht für

▼M4

a) Regelungen, die unter Kapitel III Abschnitte 1 (ausgenommen Artikel 15), 2, 3, 4, 7 (ausgenommen Artikel 44) und 10 dieser Verordnung fallen, und Beihilfen, die in der Form von Finanzprodukten nach Kapitel III Abschnitt 16 durchgeführt werden, sofern die durchschnittliche jährliche Mittelausstattung je Mitgliedstaat 150 Mio. EUR übersteigt, nach Ablauf von sechs Monaten nach ihrem Inkrafttreten. Bei Beihilfen nach Kapitel III Abschnitt 16 dieser Verordnung werden im Rahmen der Prüfung, ob die durchschnittliche jährliche Mittelausstattung eines Mitgliedstaats für ein bestimmtes Finanzprodukt 150 Mio. EUR übersteigt, lediglich die für das jeweilige

▼ __M4__

Finanzprodukt vorgesehenen Beiträge des Mitgliedstaats zu der in Artikel 9 Absatz 1 Buchstabe b der Verordnung (EU) 2021/523 des Europäischen Parlaments und des Rates [1] genannten Mitgliedstaaten-Komponente der EU-Garantie berücksichtigt. Die Kommission kann beschließen, dass diese Verordnung für einen längeren Zeitraum für eine solche Beihilferegelung gilt, nachdem sie den entsprechenden Evaluierungsplan, der innerhalb von 20 Arbeitstagen nach Inkrafttreten der Regelung von dem Mitgliedstaat bei der Kommission angemeldet wurde, genehmigt hat. Hat die Kommission die Geltungsdauer dieser Verordnung für eine solche Regelung bereits über den anfänglichen Zeitraum von sechs Monaten hinaus verlängert, können die Mitgliedstaaten beschließen, die jeweilige Regelung bis zum Ablauf der Geltungsdauer dieser Verordnung zu verlängern, sofern der betreffende Mitgliedstaat im Einklang mit dem von der Kommission genehmigten Evaluierungsplan einen Evaluierungsbericht vorgelegt hat. Abweichend hiervon dürfen nach dieser Verordnung gewährte Regionalbeihilfen hingegen bis zum Ablauf der Geltungsdauer der einschlägigen Fördergebietskarte verlängert werden;

▼ __B__

b) Änderungen zu unter Buchstabe a genannten Regelungen, bei denen es sich nicht um Änderungen handelt, die keine Auswirkungen auf die Vereinbarkeit der Beihilferegelung mit dieser Verordnung oder keine wesentlichen Auswirkungen auf den Inhalt des genehmigten Evaluierungsplans haben können;

c) Beihilfen für Tätigkeiten im Zusammenhang mit Ausfuhren in Drittländer oder Mitgliedstaaten, insbesondere Beihilfen, die unmittelbar mit den ausgeführten Mengen, dem Aufbau oder dem Betrieb eines Vertriebsnetzes oder anderen laufenden Kosten in Verbindung mit der Ausfuhrtätigkeit zusammenhängen;

d) Beihilfen, die davon abhängig gemacht werden, dass einheimische Waren Vorrang vor eingeführten Waren erhalten.

▼ __M1__

3. Diese Verordnung gilt nicht für

▼ __M4__

a) Beihilfen für Fischerei und Aquakultur im Sinne der Verordnung (EU) Nr. 1379/2013 des Europäischen Parlaments und des Rates [2], ausgenommen Ausbildungsbeihilfen, Beihilfen zur Erschließung von KMU-Finanzierungen, Forschungs- und Entwicklungsbeihilfen, Innovationsbeihilfen für KMU, Beihilfen für benachteiligte Arbeitnehmer und Arbeitnehmer mit Behinderungen, regionale Investitionsbeihilfen für Gebiete in äußerster Randlage, regionale Betriebsbeihilferegelungen, Beihilfen für Projekte operationeller

---

[1] Verordnung (EU) 2021/523 des Europäischen Parlaments und des Rates vom 24. März 2021 zur Einrichtung des Programms „InvestEU" und zur Änderung der Verordnung (EU) 2015/1017 (ABl. L 107 vom 26.3.2021, S. 30).
[2] Verordnung (EU) Nr. 1379/2013 des Europäischen Parlaments und des Rates vom 11. Dezember 2013 über die gemeinsame Marktorganisation für Erzeugnisse der Fischerei und der Aquakultur, zur Änderung der Verordnungen (EG) Nr. 1184/2006 und (EG) Nr. 1224/2009 des Rates und zur Aufhebung der Verordnung (EG) Nr. 104/2000 des Rates (ABl. L 354 vom 28.12.2013. S. 1).

6. AGVO-kons

▼ M4

Gruppen der Europäischen Innovationspartnerschaft („EIP") „Landwirtschaftliche Produktivität und Nachhaltigkeit", Beihilfen für Projekte der von der örtlichen Bevölkerung betriebenen lokalen Entwicklung („CLLD"), Beihilfen für Projekte der europäischen territorialen Zusammenarbeit und Beihilfen im Rahmen von aus dem
Fonds „InvestEU" unterstützten Finanzprodukten, mit Ausnahme
der in Artikel 1 Absatz 1 der Verordnung (EU) Nr. 717/2014 der
Kommission (¹) aufgeführten Vorhaben;

b) Beihilfen für die Primärerzeugung landwirtschaftlicher Erzeugnisse,
ausgenommen regionale Investitionsbeihilfen für Gebiete in äußerster
Randlage, regionale Betriebsbeihilferegelungen, KMU-Beihilfen für
die Inanspruchnahme von Beratungsdiensten, Risikofinanzierungsbeihilfen, Forschungs- und Entwicklungsbeihilfen, Innovationsbeihilfen für KMU, Umweltschutzbeihilfen, Ausbildungsbeihilfen, Beihilfen für benachteiligte Arbeitnehmer und Arbeitnehmer mit Behinderungen, Beihilfen für Projekte operationeller Gruppen der Europäischen Innovationspartnerschaft (EIP) „Landwirtschaftliche Produktivität und Nachhaltigkeit", Beihilfen für Projekte der von der örtlichen Bevölkerung betriebenen lokalen Entwicklung (CLLD), Beihilfen für Projekte der europäischen territorialen Zusammenarbeit und
Beihilfen im Rahmen von aus dem Fonds „InvestEU" unterstützten
Finanzprodukten;

▼ M1

c) Beihilfen für die Verarbeitung und Vermarktung landwirtschaftlicher
Erzeugnisse in folgenden Fällen:

  i) wenn sich der Beihilfebetrag nach dem Preis oder der Menge der
  bei Primärerzeugern erworbenen oder von den betreffenden Unternehmen vermarkteten Erzeugnisse richtet;

  ii) wenn die Beihilfe an die Bedingung geknüpft ist, dass sie ganz
  oder teilweise an die Primärerzeuger weitergegeben wird;

d) Beihilfen zur Erleichterung der Stilllegung nicht wettbewerbsfähiger
Steinkohlenbergwerke im Sinne des Beschlusses 2010/787/EU des
Rates (²);

e) die in Artikel 13 genannten Gruppen von Regionalbeihilfen.

▼ B

Wenn ein Unternehmen sowohl in den in Unterabsatz 1 Buchstabe a, b
oder c genannten ausgeschlossenen Bereichen als auch in Bereichen
tätig ist, die in den Geltungsbereich dieser Verordnung fallen, gilt diese
Verordnung für Beihilfen, die für die letztgenannten Bereiche oder Tätigkeiten gewährt werden, sofern die Mitgliedstaaten durch geeignete
Mittel wie die Trennung der Tätigkeiten oder die Zuweisung der Kosten
sicherstellen, dass die im Einklang mit dieser Verordnung gewährten
Beihilfen nicht den Tätigkeiten in den ausgeschlossenen Bereichen
zugutekommen.

(¹) Verordnung (EU) Nr. 717/2014 der Kommission vom 27. Juni 2014 über die
Anwendung der Artikel 107 und 108 des Vertrags über die Arbeitsweise der
Europäischen Union auf De-minimis-Beihilfen im Fischerei- und Aquakultursektor (ABl. L 190 vom 28.6.2014, S. 45).
(²) Beschluss 2010/787/EU des Rates vom 10. Dezember 2010 über staatliche
Beihilfen zur Erleichterung der Stilllegung nicht wettbewerbsfähiger Steinkohlebergwerke (ABl. L 336 vom 21.12.2010, S. 24).

4. Diese Verordnung gilt nicht für

a) Beihilferegelungen, in denen nicht ausdrücklich festgelegt ist, dass einem Unternehmen, das einer Rückforderungsanordnung aufgrund eines früheren Beschlusses der Kommission zur Feststellung der Unzulässigkeit einer von demselben Mitgliedstaat gewährten Beihilfe und ihrer Unvereinbarkeit mit dem Binnenmarkt nicht nachgekommen ist, keine Einzelbeihilfen gewährt werden dürfen, ausgenommen Beihilferegelungen zur Bewältigung der Folgen bestimmter Naturkatastrophen und Beihilferegelungen, die unter Artikel 19b sowie Kapitel III Abschnitte 2a und 16 fallen;

b) Ad-hoc-Beihilfen für ein Unternehmen im Sinne des Buchstaben a;

c) Beihilfen für Unternehmen in Schwierigkeiten, ausgenommen Beihilferegelungen zur Bewältigung der Folgen bestimmter Naturkatastrophen, Beihilferegelungen für Unternehmensneugründungen, regionale Betriebsbeihilferegelungen, Beihilferegelungen, die unter Artikel 19b fallen, Beihilfen für KMU nach Artikel 56f und Beihilfen für Finanzintermediäre nach den Artikeln 16, 21, 22 sowie nach Kapitel III Abschnitt 16, sofern Unternehmen in Schwierigkeiten nicht gegenüber anderen Unternehmen begünstigt werden. Abweichend davon gilt diese Verordnung jedoch auch für Unternehmen, die am 31. Dezember 2019 keine Unternehmen in Schwierigkeiten waren, aber während des Zeitraums vom 1. Januar 2020 bis zum 31. Dezember 2021 zu Unternehmen in Schwierigkeiten wurden.

5. Diese Verordnung gilt nicht für Beihilfemaßnahmen, die als solche, durch die mit ihnen verbundenen Bedingungen oder durch ihre Finanzierungsmethode zu einem nicht abtrennbaren Verstoß gegen Unionsrecht führen, insbesondere

a) Beihilfemaßnahmen, bei denen die Gewährung der Beihilfe davon abhängig ist, dass der Beihilfeempfänger seinen Sitz in dem betreffenden Mitgliedstaat hat oder überwiegend in diesem Mitgliedstaat niedergelassen ist; es kann jedoch verlangt werden, dass der Beihilfeempfänger zum Zeitpunkt der Auszahlung der Beihilfe eine Betriebsstätte oder Niederlassung in dem die Beihilfe gewährenden Mitgliedstaat hat;

b) Beihilfemaßnahmen, bei denen die Gewährung der Beihilfe davon abhängig ist, dass der Beihilfeempfänger einheimische Waren verwendet oder einheimische Dienstleistungen in Anspruch nimmt;

c) Beihilfemaßnahmen, mit denen die Möglichkeit eingeschränkt wird, dass die Beihilfeempfänger die Ergebnisse von Forschung, Entwicklung und Innovation in anderen Mitgliedstaaten nutzen.

Artikel 2

Begriffsbestimmungen

Für die Zwecke dieser Verordnung gelten folgende Begriffsbestimmungen:

1. „Beihilfe": Maßnahme, die alle Voraussetzungen des Artikels 107 Absatz 1 AEUV erfüllt;

2. „kleine und mittlere Unternehmen" oder „KMU": Unternehmen, die die Voraussetzungen des Anhangs I erfüllen;

6. AGVO-kons

3. „Arbeitnehmer mit Behinderungen": Personen, die

   a) nach nationalem Recht als Arbeitnehmer mit Behinderungen anerkannt sind oder

   b) langfristige körperliche, seelische, geistige oder Sinnesbeeinträchtigungen haben, die sie in Wechselwirkung mit verschiedenen Barrieren an der vollen, wirksamen und gleichberechtigten Teilhabe am Arbeitsleben hindern können;

4. „benachteiligte Arbeitnehmer": Personen, die

   a) in den vorangegangenen 6 Monaten keiner regulären bezahlten Beschäftigung nachgegangen sind oder

   b) zwischen 15 und 24 Jahre alt sind oder

   c) über keinen Abschluss der Sekundarstufe II beziehungsweise keinen Berufsabschluss verfügen (Internationale Standardklassifikation für das Bildungswesen 3) oder deren Abschluss einer Vollzeit-Bildungsmaßnahme noch keine zwei Jahre zurückliegt und die noch keine reguläre bezahlte Erstanstellung gefunden haben oder

   d) älter als 50 Jahre sind oder

   e) allein lebende Erwachsene mit mindestens einer unterhaltsberechtigten Person sind oder

   f) in einem Mitgliedstaat in einem Wirtschaftszweig oder einem Beruf arbeiten, in dem das Ungleichgewicht zwischen Männern und Frauen mindestens 25 % höher ist als das durchschnittliche Ungleichgewicht zwischen Männern und Frauen, das in dem betreffenden Mitgliedstaat in allen Wirtschaftszweigen insgesamt verzeichnet wird, und zu der unterrepräsentierten Geschlechtsgruppe gehören oder

   g) Angehörige einer ethnischen Minderheit in einem Mitgliedstaat sind und die ihre sprachlichen oder beruflichen Fertigkeiten ausbauen oder mehr Berufserfahrung sammeln müssen, damit sie bessere Aussichten auf eine dauerhafte Beschäftigung haben;

5. „Beförderung": Beförderung von Personen und Fracht im gewerblichen Luft-, See-, Straßen-, Schienen und Binnenschiffsverkehr;

6. „Beförderungskosten": die vom Beihilfeempfänger tatsächlich gezahlten Kosten der Beförderung im gewerblichen Verkehr pro Verbringung; sie umfassen

   a) Frachtkosten, Umladekosten und Zwischenlagerungskosten, insoweit sich diese Kosten auf die Verbringung beziehen,

   b) Frachtversicherungskosten,

   c) Steuern, Zölle oder sonstige Abgaben, die sowohl am Abgangs- als auch am Bestimmungsort auf die Fracht und gegebenenfalls auf die Tragfähigkeit erhoben werden, und

   d) Sicherheitskontrollkosten, Aufschläge für gestiegene Kraftstoffpreise;

7. „entlegene Gebiete": in äußerster Randlage gelegene Gebiete, Malta, Zypern, Ceuta und Melilla, Inseln im Staatsgebiet eines Mitgliedstaats und Gebiete mit geringer Bevölkerungsdichte;

8. „Vermarktung eines landwirtschaftlichen Erzeugnisses": der Besitz oder die Ausstellung eines Erzeugnisses im Hinblick auf den Verkauf, das Angebot zum Verkauf, die Lieferung oder jede andere Art des Inverkehrbringens, ausgenommen der Erstverkauf durch einen Primärerzeuger an Wiederverkäufer oder Verarbeiter sowie jede Tätigkeit zur Vorbereitung eines Erzeugnisses für diesen Erstverkauf; der Verkauf durch einen Primärerzeuger an Endverbraucher gilt als Vermarktung, wenn er in gesonderten, eigens für diesen Zweck vorgesehenen Räumlichkeiten erfolgt;

9. „landwirtschaftliche Primärproduktion": Erzeugung von in Anhang I des AEUV aufgeführten Erzeugnissen des Bodens und der Viehzucht, ohne weitere Vorgänge, die die Beschaffenheit solcher Erzeugnisse verändern;

10. „Verarbeitung eines landwirtschaftlichen Erzeugnisses": jede Einwirkung auf ein landwirtschaftliches Erzeugnis, deren Ergebnis ebenfalls ein landwirtschaftliches Erzeugnis ist, ausgenommen Tätigkeiten eines landwirtschaftlichen Betriebs zur Vorbereitung eines tierischen oder pflanzlichen Erzeugnisses für den Erstverkauf;

11. „landwirtschaftliche Erzeugnisse": die in Anhang I des AEUV aufgeführten Erzeugnisse, ausgenommen Erzeugnisse der Fischerei und Aquakultur, die in Anhang I der Verordnung (EU) Nr. 1379/2013 des Europäischen Parlaments und des Rates vom 11. Dezember 2013 aufgeführt sind;

12. „Gebiete in äußerster Randlage": die in Artikel 349 AEUV genannten Gebiete. Im Einklang mit dem Beschluss 2010/718/EU des Europäischen Rates zählt die Insel Saint-Barthélemy seit dem 1. Januar 2012 nicht mehr zu den Gebieten in äußerster Randlage. Im Einklang mit dem Beschluss 2012/419/EU des Europäischen Rates gilt Mayotte seit dem 1. Januar 2014 als Gebiet in äußerster Randlage.

13. „Steinkohle" oder „Kohle": die höher und mittel inkohlten Kohlesorten sowie die niedriger inkohlten „A"- und „B"-Sorten im Sinne des internationalen Kohle-Klassifizierungssystems der UN-Wirtschaftskommission für Europa, präzisiert durch den Beschluss des Rates vom 10. Dezember 2010 über staatliche Beihilfen zur Erleichterung der Stilllegung nicht wettbewerbsfähiger Steinkohlebergwerke ([1]);

14. „Einzelbeihilfe":

    i) Ad-hoc-Beihilfen und

    ii) Beihilfen, die einzelnen Empfängern auf der Grundlage einer Beihilferegelung gewährt werden;

15. „Beihilferegelung": Regelung, nach der Unternehmen, die in der Regelung in einer allgemeinen und abstrakten Weise definiert sind, ohne nähere Durchführungsmaßnahmen Einzelbeihilfen gewährt werden können, beziehungsweise Regelung, nach der einem oder mehreren Unternehmen für unbestimmte Zeit und/oder in unbestimmter Höhe Beihilfen gewährt werden können, die nicht an ein bestimmtes Vorhaben gebunden sind;

([1]) ABl. L 336 vom 21.12.2010. S. 24.

6. AGVO-kons

16. „Evaluierungsplan": Dokument mit den folgenden Mindestangaben: Ziele der zu evaluierenden Beihilferegelung, Evaluierungsfragen, Ergebnisindikatoren, vorgesehene Evaluierungsmethode, Datenerfassungskriterien, vorgesehener Zeitplan für die Evaluierung einschließlich des Termins für die Vorlage des abschließenden Berichts, Beschreibung des unabhängigen Gremiums, das die Evaluierung vornimmt, oder der für seine Auswahl herangezogenen Kriterien sowie die Modalitäten für die Bekanntmachung der Evaluierung;

17. „Ad-hoc-Beihilfe": Beihilfe, die nicht auf der Grundlage einer Beihilferegelung gewährt wird;

18. „Unternehmen in Schwierigkeiten": Unternehmen, auf das mindestens einer der folgenden Umstände zutrifft:

a) Im Falle von Gesellschaften mit beschränkter Haftung (ausgenommen KMU, die noch keine drei Jahre bestehen, und — in Bezug auf Risikofinanzierungsbeihilfen — KMU in den sieben Jahren nach ihrem ersten kommerziellen Verkauf, die nach einer Due-Diligence-Prüfung durch den ausgewählten Finanzintermediär für Risikofinanzierungen in Frage kommen): Mehr als die Hälfte des gezeichneten Stammkapitals ist infolge aufgelaufener Verluste verlorengegangen. Dies ist der Fall, wenn sich nach Abzug der aufgelaufenen Verluste von den Rücklagen (und allen sonstigen Elementen, die im Allgemeinen den Eigenmitteln des Unternehmens zugerechnet werden) ein negativer kumulativer Betrag ergibt, der mehr als der Hälfte des gezeichneten Stammkapitals entspricht. Für die Zwecke dieser Bestimmung bezieht sich der Begriff „Gesellschaft mit beschränkter Haftung" insbesondere auf die in Anhang I der Richtlinie 2013/34/EU (¹) genannten Arten von Unternehmen und der Begriff „Stammkapital" umfasst gegebenenfalls alle Agios.

b) Im Falle von Gesellschaften, bei denen zumindest einige Gesellschafter unbeschränkt für die Schulden der Gesellschaft haften (ausgenommen KMU, die noch keine drei Jahre bestehen, und — in Bezug auf Risikofinanzierungsbeihilfen — KMU in den sieben Jahren nach ihrem ersten kommerziellen Verkauf, die nach einer Due-Diligence-Prüfung durch den ausgewählten Finanzintermediär für Risikofinanzierungen in Frage kommen): Mehr als die Hälfte der in den Geschäftsbüchern ausgewiesenen Eigenmittel ist infolge aufgelaufener Verluste verlorengegangen. Für die Zwecke dieser Bestimmung bezieht sich der Begriff „Gesellschaften, bei denen zumindest einige Gesellschafter unbeschränkt für die Schulden der Gesellschaft haften" insbesondere auf die in Anhang II der Richtlinie 2013/34/EU genannten Arten von Unternehmen.

(¹) Richtlinie 2013/34/EU des Europäischen Parlaments und des Rates vom 26. Juni 2013 über den Jahresabschluss, den konsolidierten Abschluss und damit verbundene Berichte von Unternehmen bestimmter Rechtsformen und zur Änderung der Richtlinie 2006/43/EG des Europäischen Parlaments und des Rates und zur Aufhebung der Richtlinien 78/660/EWG und 83/349/EWG des Rates.

c) Das Unternehmen ist Gegenstand eines Insolvenzverfahrens oder erfüllt die im innerstaatlichen Recht vorgesehenen Voraussetzungen für die Eröffnung eines Insolvenzverfahrens auf Antrag seiner Gläubiger.

d) Das Unternehmen hat eine Rettungsbeihilfe erhalten und der Kredit wurde noch nicht zurückgezahlt oder die Garantie ist noch nicht erloschen beziehungsweise das Unternehmen hat eine Umstrukturierungsbeihilfe erhalten und unterliegt immer noch einem Umstrukturierungsplan.

e) Im Falle eines Unternehmens, das kein KMU ist: In den letzten beiden Jahren

1. betrug der buchwertbasierte Verschuldungsgrad des Unternehmens mehr als 7,5 und

2. das anhand des EBITDA berechnete Zinsdeckungsverhältnis des Unternehmens lag unter 1,0;

19. „Verpflichtungen zur Territorialisierung der Ausgaben": den Beihilfeempfängern von der Bewilligungsbehörde auferlegte Verpflichtungen, einen Mindestbetrag in einem bestimmten Gebiet auszugeben oder dort Produktionstätigkeiten in einem Mindestumfang durchzuführen;

20. „angepasster Beihilfehöchstsatz": zulässiger Beihilfehöchstsatz für ein großes Investitionsvorhaben, der anhand folgender Formel berechnet wird:

Beihilfehöchstsatz = R × (A + 0,50 × B + 0 × C)

Dabei entspricht R der in dem betreffenden Gebiet am Tag der Gewährung geltenden und in einer genehmigten Fördergebietskarte festgelegten Beihilfehöchstintensität (ohne Anhebung der Beihilfeintensität für KMU); A steht für die ersten 50 Mio. EUR der beihilfefähigen Kosten, B für den zwischen 50 Mio. EUR und 100 Mio. EUR liegenden Teil der beihilfefähigen Kosten und C für den über 100 Mio. EUR liegenden Teil;

21. „rückzahlbarer Vorschuss": für ein Vorhaben gewährter Kredit, das in einer oder mehreren Tranchen ausgezahlt wird und dessen Rückzahlungsbedingungen vom Ergebnis des Vorhabens abhängen;

22. „Bruttosubventionsäquivalent": Höhe der Beihilfe, wenn diese als Zuschuss für den Empfänger gewährt worden wäre, vor Abzug von Steuern und sonstigen Abgaben;

23. „Beginn der Arbeiten": entweder der Beginn der Bauarbeiten für die Investition oder die erste rechtsverbindliche Verpflichtung zur Bestellung von Ausrüstung oder eine andere Verpflichtung, die die Investition unumkehrbar macht, wobei der früheste dieser Zeitpunkte maßgebend ist; der Kauf von Grundstücken und Vorarbeiten wie die Einholung von Genehmigungen und die Erstellung vorläufiger Durchführbarkeitsstudien gelten nicht als Beginn der Arbeiten. Bei einer Übernahme ist der „Beginn der Arbeiten" der Zeitpunkt des Erwerbs der unmittelbar mit der erworbenen Betriebsstätte verbundenen Vermögenswerte;

24. „große Unternehmen": Unternehmen, die die Voraussetzungen des Anhangs I nicht erfüllen;

6. AGVO-kons

▼ **B**

25. „steuerliche Folgeregelung": Regelung in Form von Steuervergünstigungen, die eine geänderte Fassung einer früher bestehenden Regelung in Form von Steuervergünstigungen darstellt und diese ersetzt;

26. „Beihilfeintensität": in Prozent der beihilfefähigen Kosten ausgedrückte Höhe der Beihilfe vor Abzug von Steuern und sonstigen Abgaben;

▼ **M2**

27. „Fördergebiete": die in Anwendung des Artikels 107 Absatz 3 Buchstaben a und c AEUV in einer genehmigten Fördergebietskarte für den Zeitraum vom 1. Juli 2014 bis zum 31. Dezember 2021 ausgewiesenen Gebiete, für die bis zum 31. Dezember 2021 Regionalbeihilfen gewährt werden können, und die in Anwendung des Artikels 107 Absatz 3 Buchstaben a und c AEUV in einer genehmigten Fördergebietskarte für den Zeitraum vom 1. Januar 2022 bis zum 31. Dezember 2027 ausgewiesenen Gebiete, für die nach dem 31. Dezember 2021 Regionalbeihilfen gewährt werden können;

▼ **B**

28. „Tag der Gewährung der Beihilfe": der Tag, an dem der Beihilfeempfänger nach dem geltenden nationalen Recht einen Rechtsanspruch auf die Beihilfe erwirbt;

29. „materielle Vermögenswerte": Grundstücke, Gebäude und Anlagen, Maschinen und Ausrüstung;

30. „immaterielle Vermögenswerte": Vermögenswerte ohne physische oder finanzielle Verkörperung wie Patentrechte, Lizenzen, Know-how oder sonstige Rechte des geistigen Eigentums;

31. „Lohnkosten": alle Kosten, die der Beihilfeempfänger für den betreffenden Arbeitsplatz in einem bestimmten Zeitraum tatsächlich tragen muss; sie umfassen den Bruttolohn vor Steuern und Pflichtbeiträgen wie Sozialversicherung, Kosten für die Betreuung von Kindern und die Pflege von Eltern;

32. „Nettoanstieg der Beschäftigtenzahl": Nettoanstieg der Zahl der Beschäftigten in der betreffenden Betriebsstätte im Vergleich zum Durchschnitt eines bestimmten Zeitraums, wobei in diesem Zeitraum abgebaute Stellen abgezogen werden müssen und die Vollzeit-, Teilzeit- und saisonal Beschäftigten mit ihren Bruchteilen der jährlichen Arbeitseinheiten zu berücksichtigen sind;

33. „gewidmete Infrastruktur": Infrastruktur, die für im Voraus ermittelbare Unternehmen errichtet wird und auf deren Bedarf zugeschnitten ist;

34. „Finanzintermediär": Finanzinstitute ungeachtet ihrer Form und Eigentumsverhältnisse einschließlich Dachfonds, Private-Equity-Fonds und öffentlicher Investitionsfonds, Banken, Mikrofinanzierungsinstitute und Garantieversicherungsgesellschaften;

35. „Verbringung": Transport von Gütern vom Abgangsort zum Bestimmungsort einschließlich einzelner Streckenabschnitte oder Teilstrecken innerhalb oder außerhalb des betreffenden Mitgliedstaats unter Nutzung eines oder mehrerer Verkehrsträger;

36. „angemessene Kapitalrendite (fair rate of return — FRR)": die erwartete Kapitalrendite, die einem risikoberichtigtem Abzinsungssatz entspricht, der das Risiko eines Projekts sowie Art und Höhe des von privaten Investoren vorgesehenen Investitionskapitals widerspiegelt;

37. „Gesamtfinanzierung": Betrag der Gesamtinvestition in ein nach Abschnitt 3 oder Artikel 16 oder 39 dieser Verordnung beihilfefähiges Unternehmen oder Vorhaben; davon ausgenommen sind rein private Investitionen, die zu Marktbedingungen getätigt werden und nicht in den Anwendungsbereich der betreffenden staatlichen Beihilfe fallen;

38. „Ausschreibung": diskriminierungsfreies Bieterverfahren, das die Beteiligung einer ausreichend großen Zahl von Unternehmen gewährleisten soll und bei dem die Beihilfe entweder auf der Grundlage des ursprünglichen Angebots des Bieters oder eines Clearingpreises gewährt wird. Zudem ist die Mittelausstattung oder das Volumen in Verbindung mit der Ausschreibung eine verbindliche Vorgabe, so dass nicht allen Bietern eine Beihilfe gewährt werden kann;

39. „Betriebsgewinn aus der Investition": Differenz zwischen den abgezinsten Einnahmen und den abgezinsten Betriebskosten im Laufe der wirtschaftlichen Lebensdauer der Investition, wenn die Differenz positiv ist. Zu den Betriebskosten zählen Kosten wie Personal-, Material-, Fremdleistungs-, Kommunikations-, Energie-, Wartungs-, Miet- und Verwaltungskosten, nicht aber die Abschreibungs- und Finanzierungskosten, wenn sie durch die Investitionsbeihilfe gedeckt werden. Durch Abzinsung der Einnahmen und Betriebskosten unter Verwendung eines geeigneten Abzinsungssatzes wird gewährleistet, dass ein angemessener Gewinn erzielt werden kann.

Begriffsbestimmungen für Regionalbeihilfen

40. Die Begriffsbestimmungen für Beihilfen für Breitbandinfrastrukturen (Abschnitt 10) gelten auch für die diesbezüglichen Regionalbeihilfevorschriften.

41. „Regionale Investitionsbeihilfen": Regionalbeihilfen für Erstinvestitionen beziehungsweise Erstinvestitionen in eine neue Wirtschaftstätigkeit;

42. „regionale Betriebsbeihilfen": Beihilfen zur Senkung der laufenden Ausgaben eines Unternehmens. Dazu zählen Kostenkategorien wie Personal-, Material-, Fremdleistungs-, Kommunikations-, Energie-, Wartungs-, Miet- und Verwaltungskosten, nicht aber Abschreibungs- und Finanzierungskosten, wenn diese bei Gewährung der Investitionsbeihilfe als beihilfefähige Kosten berücksichtigt wurden;

43. „Stahlindustrie": sämtliche Tätigkeiten im Zusammenhang mit der Herstellung eines oder mehrerer der folgenden Erzeugnisse:

6. AGVO-kons

a) Roheisen und Ferrolegierungen:

Roheisen für die Erzeugung von Stahl, Gießereiroheisen und sonstige Roheisensorten, Spiegeleisen und Hochofen-Ferromangan, nicht einbegriffen sind die übrigen Ferrolegierungen;

b) Rohfertigerzeugnisse und Halbzeug aus Eisen, Stahl oder Edelstahl:

flüssiger Stahl, gleichgültig ob in Blöcken gegossen oder nicht, darunter zu Schmiedezwecken bestimmte Blöcke, Halbzeug: vorgewalzte Blöcke (Luppen), Knüppel und Brammen, Platinen, warmgewalztes breites Bandeisen, mit Ausnahme der Erzeugung von Flüssigstahlguss für kleine und mittlere Gießereien;

c) Walzwerksfertigerzeugnisse aus Eisen, Stahl oder Edelstahl:

Schienen, Schwellen, Unterlagsplatten und Laschen, Träger, schwere Formeisen und Stabeisen von 80 mm und mehr, Stab- und Profileisen unter 80 mm sowie Flacheisen unter 150 mm, Walzdraht, Röhrenrundstahl und Röhrenvierkantstahl, warmgewalztes Bandeisen (einschließlich der Streifen zur Röhrenherstellung), warmgewalzte Bleche (mit oder ohne Überzug), Grob- und Mittelbleche von 3 mm Stärke und mehr, Universaleisen von 150 mm und mehr, mit Ausnahme von Draht und Drahtprodukten, Blankstahl und Grauguss;

d) kaltfertiggestellte Erzeugnisse:

Weißblech, verbleites Blech, Schwarzblech, verzinkte Bleche, sonstige mit Überzug versehene Bleche, kaltgewalzte Bleche, Transformatoren- und Dynamobleche, zur Herstellung von Weißblech bestimmtes Bandeisen, kaltgewalztes Blech, als Bund und als Streifen;

e) Röhren:

sämtliche nahtlosen Stahlröhren, geschweißte Stahlröhren mit einem Durchmesser von mehr als 406,4 mm;

44. „Kunstfaserindustrie":

a) die Herstellung/Texturierung aller Arten von Fasern und Garnen auf der Basis von Polyester, Polyamid, Acryl und Polypropylen, ungeachtet ihrer Zweckbestimmung, oder

b) die Polymerisation (einschließlich Polykondensation), sofern sie Bestandteil der Herstellung ist, oder

c) jedes zusätzliche industrielle Verfahren, das mit der Errichtung von Herstellungs- beziehungsweise Texturierungskapazitäten durch das begünstigte Unternehmen oder ein anderes Unternehmen desselben Konzerns einhergeht und das in der betreffenden Geschäftstätigkeit in der Regel Bestandteil der Faserherstellung beziehungsweise -texturierung ist;

45. „Verkehrssektor": Beförderung von Personen und Fracht im gewerblichen Luft-, See-, Straßen-, Schienen und Binnenschiffsverkehr; der „Verkehrssektor" umfasst insbesondere folgende Tätigkeiten im Sinne der NACE Rev. 2:

▼B

a) NACE 49: Landverkehr und Transport in Rohrfernleitungen, nicht aber Betrieb von Taxis (NACE 49.32), Umzugstransporte (NACE 49.42), Transport in Rohrfernleitungen (NACE 49.5),

b) NACE 50: Schifffahrt,

c) NACE 51: Luftfahrt, nicht aber Raumtransport (NACE 51.22);

46. „Regelung für eine begrenzte Zahl bestimmter Wirtschaftszweige": Regelung für Tätigkeiten, die unter weniger als fünf Klassen (vierstelliger numerischer Code) der Statistischen Systematik der Wirtschaftszweige NACE Rev. 2 fallen;

47. „Tourismustätigkeiten" im Sinne der NACE Rev. 2:

a) NACE 55: Beherbergung,

b) NACE 56: Gastronomie,

c) NACE 79: Reisebüros, Reiseveranstalter, Erbringung sonstiger Reservierungsdienstleistungen,

d) NACE 90: kreative, künstlerische und unterhaltende Tätigkeiten,

e) NACE 91: Bibliotheken, Archive, Museen, botanische und zoologische Gärten,

f) NACE 93: Erbringung von Dienstleistungen des Sports, der Unterhaltung und der Erholung;

▼M1

48. „Gebiete mit geringer Bevölkerungsdichte": NUTS-II-Gebiete mit weniger als 8 Einwohnern pro km^2 oder NUTS-III-Gebiete mit weniger als 12,5 Einwohnern pro km^2 oder Gebiete, die von der Kommission in den einzelnen Beschlüssen über Fördergebietskarten der Mitgliedstaaten, die zum Zeitpunkt der Beihilfegewährung galten, als Gebiete mit geringer Bevölkerungsdichte anerkannt wurden;

48a. „Gebiete mit sehr geringer Bevölkerungsdichte": NUTS-II-Gebiete mit weniger als 8 Einwohnern pro km^2 oder Gebiete, die von der Kommission in den einzelnen Beschlüssen über Fördergebietskarten der Mitgliedstaaten, die zum Zeitpunkt der Beihilfegewährung galten, als Gebiete mit sehr geringer Bevölkerungsdichte anerkannt wurden;

▼B

49. „Erstinvestition":

a) Investition in materielle und immaterielle Vermögenswerte zur Errichtung einer neuen Betriebsstätte, zum Ausbau der Kapazitäten einer bestehenden Betriebsstätte, zur Diversifizierung der Produktion einer Betriebsstätte durch vorher dort nicht hergestellte Produkte oder zu einer grundlegenden Änderung des gesamten Produktionsprozesses einer bestehenden Betriebsstätte oder

b) Erwerb der Vermögenswerte einer Betriebsstätte, sofern die Betriebsstätte geschlossen wurde oder ohne diesen Erwerb geschlossen worden wäre und sofern die Vermögenswerte von einem Investor erworben werden, der in keiner Beziehung zum Verkäufer steht; der alleinige Erwerb von Unternehmensanteilen gilt nicht als Erstinvestition;

6. AGVO-kons

50. „dieselbe oder eine ähnliche Tätigkeit": Tätigkeit, die unter dieselbe Klasse (vierstelliger numerischer Code) der Statistischen Systematik der Wirtschaftszweige NACE Rev. 2 fällt, die in der Verordnung (EG) Nr. 1893/2006 des Europäischen Parlaments und des Rates vom 20. Dezember 2006 zur Aufstellung der statistischen Systematik der Wirtschaftszweige NACE Revision 2 und zur Änderung der Verordnung (EWG) Nr. 3037/90 des Rates sowie einiger Verordnungen der EG über bestimmte Bereiche der Statistik [1] festgelegt ist;

51. „Erstinvestition in eine neue Wirtschaftstätigkeit":

   a) Investition in materielle und immaterielle Vermögenswerte zur Errichtung einer neuen Betriebsstätte oder zur Diversifizierung der Tätigkeit einer Betriebsstätte, sofern die neue Tätigkeit nicht dieselbe oder eine ähnliche Tätigkeit wie die früher in der Betriebsstätte ausgeübte Tätigkeit ist;

   b) Erwerb der Vermögenswerte einer Betriebsstätte, die geschlossen wurde oder ohne diesen Erwerb geschlossen worden wäre und die von einem Investor erworben wird, der in keiner Beziehung zum Verkäufer steht, sofern die neue Tätigkeit, die mit den erworbenen Vermögenswerten ausgeübt werden soll, nicht dieselbe oder eine ähnliche Tätigkeit wie die vor dem Erwerb in der Betriebsstätte ausgeübte Tätigkeit ist;

52. „großes Investitionsvorhaben": Erstinvestition mit beihilfefähigen Kosten von über 50 Mio. EUR, berechnet auf der Grundlage der zum Tag der Gewährung geltenden Preise und Wechselkurse;

53. „Bestimmungsort": Ort, an dem die Güter entladen werden;

54. „Abgangsort": Ort, an dem die Güter für die Beförderung geladen werden;

55. „für Betriebsbeihilfen infrage kommende Gebiete": Gebiete in äußerster Randlage im Sinne des Artikels 349 AEUV, Gebiete mit geringer Bevölkerungsdichte oder Gebiete mit sehr geringer Bevölkerungsdichte;

56. „Verkehrsträger": Schienenverkehr, Straßengüterverkehr, Binnenschifffahrt, Seeschifffahrt, Luftverkehr und intermodaler Verkehr;

57. „Stadtentwicklungsfonds" („SEF"): spezialisierter Investitionsfonds, der für Investitionen in Stadtentwicklungsprojekte im Rahmen einer Stadtentwicklungsbeihilfemaßnahme eingerichtet wurde. Ein SEF wird von einem Stadtentwicklungsfondsmanager verwaltet;

58. „Stadtentwicklungsfondsmanager": eine professionelle Verwaltungsgesellschaft mit Rechtspersönlichkeit, die Investitionen in beihilfefähige Stadtentwicklungsprojekte auswählt und tätigt;

---

[1] ABl. L 393 vom 30.12.2006. S. 1.

▼B

59.   „Stadtentwicklungsprojekt": Investitionsvorhaben, mit dem die
      Durchführung der in einem integrierten Plan für nachhaltige
      Stadtentwicklung vorgesehenen Maßnahmen gefördert und zur
      Verwirklichung der Ziele des Plans beigetragen werden kann;
      dazu zählen auch Projekte, deren Kapitalrendite möglicherweise
      nicht ausreicht, um Finanzierungen auf rein kommerzieller Basis
      zu erhalten. Ein Stadtentwicklungsprojekt kann als gesonderter
      Finanzierungsblock innerhalb der rechtlichen Strukturen des be-
      günstigten privaten Investors oder als separate rechtliche Einheit
      (z. B. als Zweckgesellschaft) angelegt sein;

60.   „integrierter Plan für nachhaltige Stadtentwicklung": eine von
      einer einschlägigen lokalen Behörde oder öffentlichen Stelle of-
      fiziell vorgeschlagene und bestätigte Strategie, die für ein be-
      stimmtes städtisches Gebiet und einen bestimmten Zeitraum in-
      tegrierte Maßnahmen zur Bewältigung der wirtschaftlichen, öko-
      logischen, klimatischen, demografischen und sozialen Herausfor-
      derungen umfasst;

      AGVO-kons

61.   „Sachleistung": die Einbringung von Grundstücken oder Immo-
      bilien, wenn diese Teil des Stadtentwicklungsprojekts sind;

▼M1

61a. „Verlagerung": Übertragung derselben oder einer ähnlichen Tä-
      tigkeit oder eines Teils davon von einer im Gebiet einer Vertrags-
      partei des EWR-Abkommens gelegenen Betriebsstätte (ursprüng-
      liche Betriebsstätte) zu der im Gebiet einer anderen Vertragspartei
      des EWR-Abkommens gelegenen Betriebsstätte, in der die geför-
      derte Investition getätigt wird (geförderte Betriebsstätte). Eine
      Übertragung liegt vor, wenn das Produkt oder die Dienstleistung
      in der ursprünglichen und in der geförderten Betriebsstätte zu-
      mindest teilweise denselben Zwecken dient und der Nachfrage
      oder dem Bedarf desselben Typs von Verbrauchern gerecht
      wird und in einer der im EWR gelegenen ursprünglichen Be-
      triebsstätten des Beihilfeempfängers Arbeitsplätze im Bereich der-
      selben oder einer ähnlichen Tätigkeit verloren gehen;

▼B

Begriffsbestimmungen für KMU-Beihilfen

62.   „direkt durch ein Investitionsvorhaben geschaffene Arbeits-
      plätze": Arbeitsplätze, die die Tätigkeit betreffen, auf die sich
      die Investition bezieht, einschließlich Arbeitsplätzen, die aufgrund
      einer   investitionsbedingten   höheren   Kapazitätsauslastung
      entstehen;

▼M4

▼B

**Begriffsbestimmungen für Beihilfen für die Erschließung von
KMU-Finanzierungen**

66.   „beteiligungsähnliche Investition": eine zwischen Beteiligung und
      Kreditfinanzierung angesiedelte Finanzierungsform, die mit einem
      höheren Risiko als vorrangige Verbindlichkeiten und einem nied-
      rigeren Risiko als die üblichen Beteiligungen verbunden ist, bei
      der sich die Rendite für den Inhaber überwiegend nach den Ge-
      winnen oder Verlusten des Zielunternehmens bemisst und die im
      Falle der Zahlungsunfähigkeit des Zielunternehmens nicht gesi-
      chert ist. Beteiligungsähnliche Investitionen können als Verbind-
      lichkeit (in der Regel ungesichert und nachrangig, einschließlich
      Mezzanin-Finanzierungen, und in einigen Fällen in eine Beteili-
      gung umwandelbar) oder als Vorzugsanteile ausgestaltet sein:

6. AGVO-kons

67. „Garantie": für die Zwecke der Abschnitte 1, 3 und 7 der Verordnung eine schriftliche Zusage, die Haftung für die gesamte oder einen Teil der von einem Dritten neu bereitgestellten Kreditfinanzierung (z. B. Kredit- oder Leasinginstrumente oder beteiligungskapitalähnliche Instrumente) zu übernehmen;

68. „Garantiesatz": Prozentsatz der Verlustdeckung durch einen öffentlichen Investor für jede im Rahmen der betreffenden Beihilfe beihilfefähige Transaktion;

69. „Ausstieg": Auflösung von Beteiligungen durch Finanzintermediäre oder Investoren; hierzu zählen die Veräußerung des Unternehmens als Ganzes oder in Teilen, Abschreibungen, die Rückzahlung von Anteilen oder Krediten sowie die Veräußerung an andere Finanzintermediäre oder Investoren, an Finanzinstitute und im Wege öffentlicher Zeichnungsangebote einschließlich Börsengang;

70. „Dotation": rückzahlbare öffentliche Investition in einen Finanzintermediär im Rahmen einer Risikofinanzierungsmaßnahme, wobei alle Erträge an den öffentlichen Investor zurückfließen;

71. „Risikofinanzierung": Beteiligungen oder beteiligungsähnliche Investitionen, Kredite einschließlich Leasing, Garantien oder einer Kombination dieser Instrumente zugunsten beihilfefähiger Unternehmen zwecks neuer Investitionen;

72. „unabhängiger privater Investor": privater Investor, der kein Anteilseigner des beihilfefähigen Unternehmens ist, in das er investiert, dazu zählen auch Business Angels und Finanzinstitute, ungeachtet ihrer Eigentümer, sofern sie das volle Investitionsrisiko tragen; bei der Gründung eines neuen Unternehmens werden alle privaten Investoren, einschließlich der Gründer, als vom Unternehmen unabhängig betrachtet;

73. „natürliche Person": für die Zwecke der Artikel 21 und 23 eine Person, bei der es sich nicht um eine juristische Person handelt und die kein Unternehmen für die Zwecke des Artikels 107 Absatz 1 AEUV ist;

74. „Beteiligung": die Bereitstellung von Kapital für ein Unternehmen als direkte oder indirekte Investition, um das Eigentum an einem entsprechenden Anteil dieses Unternehmens zu erwerben;

75. „erster kommerzieller Verkauf": erster Verkauf eines Unternehmens auf einem Produkt- oder Dienstleistungsmarkt, mit Ausnahme der begrenzten Zahl von Verkäufen im Rahmen der Markterprobung;

76. „nicht börsennotierte KMU": nicht zum amtlichen Handel an einer Börse zugelassene KMU mit Ausnahme alternativer Handelsplattformen;

77. „Anschlussinvestition": eine zusätzliche Risikofinanzierungsinvestition in ein Unternehmen nach einer oder mehreren vorangegangenen Finanzierungsrunden;

78. „Ersatzkapital": Erwerb vorhandener Unternehmensbeteiligungen von einem früheren Investor oder Anteilseigner:

79. „betraute Einrichtung": die Europäische Investitionsbank, der Europäische Investitionsfonds, ein internationales Finanzinstitut, an dem ein Mitgliedstaat beteiligt ist, oder ein in einem Mitgliedstaat ansässiges Finanzinstitut, das auf Ziele des öffentlichen Interesse ausgerichtet ist und unter der Kontrolle einer Behörde steht, eine Körperschaft des öffentlichen Rechts oder eine Körperschaft des privaten Rechts mit einer Gemeinwohlverpflichtung. Die betraute Einrichtung kann im Einklang mit der Richtlinie 2004/18/EG des Europäischen Parlaments und des Rates vom 31. März 2004 über die Koordinierung der Verfahren zur Vergabe öffentlicher Bauaufträge, Lieferaufträge und Dienstleistungsaufträge (¹) oder späterer Rechtsvorschriften, die diese Richtlinie vollständig oder teilweise ersetzen, ausgewählt oder direkt ernannt werden;

80. „innovative Unternehmen": Unternehmen,

   a) die anhand eines externen Gutachtens nachweisen können, dass sie in absehbarer Zukunft Produkte, Dienstleistungen oder Verfahren entwickeln werden, die neu oder verglichen mit dem Stand der Technik in dem jeweiligen Wirtschaftszweig wesentlich verbessert sind und die das Risiko eines technischen oder industriellen Misserfolgs in sich tragen, oder

   b) deren Forschungs- und Entwicklungskosten in mindestens einem der drei Jahre vor Gewährung der Beihilfe mindestens 10 % ihrer gesamten Betriebsausgaben ausmachen; im Falle eines neugegründeten Unternehmens ohne abgeschlossenes Geschäftsjahr ist dies im Rahmen des Audits des laufenden Geschäftsjahres von einem externen Rechnungsprüfer zu testieren;

81. „alternative Handelsplattform": multilaterales Handelssystem nach Artikel 4 Absatz 1 Ziffer 15 der Richtlinie 2004/39/EG, bei dem die für den Handel zugelassenen Finanzinstrumente mehrheitlich von KMU begeben werden;

82. „Kredit": Vereinbarung, nach der der Kreditgeber dem Kreditnehmer einen vereinbarten Betrag über einen vereinbarten Zeitraum zur Verfügung stellen und der Kreditnehmer den Betrag innerhalb der vereinbarten Frist zurückzahlen muss. Dabei kann es sich um einen Kredit oder andere Finanzierungsinstrumente einschließlich Leasing handeln, die dem Kreditgeber in erster Linie eine Mindestrendite sichern. Die Refinanzierung bestehender Kredite ist kein beihilfefähiger Kredit.

Begriffsbestimmungen für Beihilfen für Forschung und Entwicklung und Innovation

83. „Einrichtung für Forschung und Wissensverbreitung": Einrichtungen wie Hochschulen oder Forschungsinstitute, Technologietransfer-Einrichtungen, Innovationsmittler, forschungsorientierte physische oder virtuelle Kooperationseinrichtungen, unabhängig von ihrer Rechtsform (öffentlich-rechtlich oder privatrechtlich) oder Finanzierungsweise, deren Hauptaufgabe darin besteht, unabhängige Grundlagenforschung, industrielle Forschung oder experimentelle Entwicklung zu betreiben oder die Ergebnisse solcher Tätigkeiten durch Lehre, Veröffentlichung oder Wissenstransfer zu verbreiten. Übt eine solche Einrichtung auch wirtschaftliche Tätigkeiten aus, muss sie über deren

---

(¹) ABl. L 134 vom 30.4.2004. S. 114.

6. AGVO-kons

Finanzierung, Kosten und Erlöse getrennt Buch führen. Unternehmen, die beispielsweise als Anteilseigner oder Mitglied bestimmenden Einfluss auf eine solche Einrichtung ausüben können, darf kein bevorzugter Zugang zu den von ihr erzielten Forschungsergebnissen gewährt werden;

84. „Grundlagenforschung": experimentelle oder theoretische Arbeiten, die in erster Linie dem Erwerb neuen Grundlagenwissens ohne erkennbare direkte kommerzielle Anwendungsmöglichkeiten dienen;

85. „industrielle Forschung": planmäßiges Forschen oder kritisches Erforschen zur Gewinnung neuer Kenntnisse und Fertigkeiten mit dem Ziel, neue Produkte, Verfahren oder Dienstleistungen zu entwickeln oder wesentliche Verbesserungen bei bestehenden Produkten, Verfahren oder Dienstleistungen herbeizuführen. Hierzu zählen auch die Entwicklung von Teilen komplexer Systeme und unter Umständen auch der Bau von Prototypen in einer Laborumgebung oder in einer Umgebung mit simulierten Schnittstellen zu bestehenden Systemen wie auch von Pilotlinien, wenn dies für die industrielle Forschung und insbesondere die Validierung von technologischen Grundlagen notwendig ist;

86. „experimentelle Entwicklung": Erwerb, Kombination, Gestaltung und Nutzung vorhandener wissenschaftlicher, technischer, wirtschaftlicher und sonstiger einschlägiger Kenntnisse und Fertigkeiten mit dem Ziel, neue oder verbesserte Produkte, Verfahren oder Dienstleistungen zu entwickeln. Dazu zählen zum Beispiel auch Tätigkeiten zur Konzeption, Planung und Dokumentation neuer Produkte, Verfahren und Dienstleistungen.

Die experimentelle Entwicklung kann die Entwicklung von Prototypen, Demonstrationsmaßnahmen, Pilotprojekte sowie die Erprobung und Validierung neuer oder verbesserter Produkte, Verfahren und Dienstleistungen in einem für die realen Einsatzbedingungen repräsentativen Umfeld umfassen, wenn das Hauptziel dieser Maßnahmen darin besteht, im Wesentlichen noch nicht feststehende Produkte, Verfahren oder Dienstleistungen weiter zu verbessern. Die experimentelle Entwicklung kann die Entwicklung von kommerziell nutzbaren Prototypen und Pilotprojekten einschließen, wenn es sich dabei zwangsläufig um das kommerzielle Endprodukt handelt und dessen Herstellung allein für Demonstrations- und Validierungszwecke zu teuer wäre.

Die experimentelle Entwicklung umfasst keine routinemäßigen oder regelmäßigen Änderungen an bestehenden Produkten, Produktionslinien, Produktionsverfahren, Dienstleistungen oder anderen laufenden betrieblichen Prozessen, selbst wenn diese Änderungen Verbesserungen darstellen sollten;

87. „Durchführbarkeitsstudie": Bewertung und Analyse des Potenzials eines Vorhabens mit dem Ziel, die Entscheidungsfindung durch objektive und rationale Darlegung seiner Stärken und Schwächen sowie der mit ihm verbundenen Möglichkeiten und Gefahren zu erleichtern und festzustellen, welche Ressourcen für seine Durchführung erforderlich wären und welche Erfolgsaussichten das Vorhaben hätte:

88. „Personalkosten": Kosten für Forscher, Techniker und sonstiges Personal, soweit diese für das betreffende Vorhaben beziehungsweise die betreffende Tätigkeit eingesetzt werden;

89. „Arm's-length-Prinzip": Nach diesem Grundsatz dürfen sich die Bedingungen des Rechtsgeschäfts zwischen den Vertragsparteien nicht von jenen unterscheiden, die bei einem Rechtsgeschäft zwischen unabhängigen Unternehmen festgelegt werden würden, und es dürfen keine wettbewerbswidrigen Absprachen vorliegen. Wenn ein Rechtsgeschäft auf der Grundlage eines offenen, transparenten und diskriminierungsfreien Verfahrens geschlossen wird, wird davon ausgegangen, dass es dem Arm's-length-Prinzip entspricht;

90. „wirksame Zusammenarbeit": arbeitsteilige Zusammenarbeit von mindestens zwei unabhängigen Partnern mit Blick auf einen Wissens- oder Technologieaustausch oder auf ein gemeinsames Ziel, wobei die Partner den Gegenstand des Verbundprojekts gemeinsam festlegen, einen Beitrag zu seiner Durchführung leisten und seine Risiken und Ergebnisse teilen. Die Gesamtkosten des Vorhabens können von einem oder mehreren Partnern getragen werden, so dass andere Partner von den finanziellen Risiken des Vorhabens befreit sind. Auftragsforschung und die Erbringung von Forschungsleistungen gelten nicht als Formen der Zusammenarbeit;

91. „Forschungsinfrastruktur": Einrichtungen, Ressourcen und damit verbundene Dienstleistungen, die von Wissenschaftlern für die Forschung auf ihrem jeweiligen Gebiet genutzt werden; unter diese Definition fallen Geräte und Instrumente für Forschungszwecke, wissensbasierte Ressourcen wie Sammlungen, Archive oder strukturierte wissenschaftliche Informationen, Infrastrukturen der Informations- und Kommunikationstechnologie wie GRID-Netze, Rechner, Software und Kommunikationssysteme sowie sonstige besondere Einrichtungen, die für die Forschung unverzichtbar sind. Solche Forschungsinfrastrukturen können nach Artikel 2 Buchstabe a der Verordnung (EG) Nr. 723/2009 des Rates vom 25. Juni 2009 über den gemeinschaftlichen Rechtsrahmen für ein Konsortium für eine europäische Forschungsinfrastruktur (ERIC) ([1]) „an einem einzigen Standort angesiedelt" oder „verteilt" (ein organisiertes Netz von Ressourcen) sein;

92. „Innovationscluster": Einrichtungen oder organisierte Gruppen von unabhängigen Partnern (z. B. innovative Unternehmensneugründungen, kleine, mittlere und große Unternehmen, Einrichtungen für Forschung und Wissensverbreitung, gemeinnützige Einrichtungen sowie andere miteinander verbundene Wirtschaftsbeteiligte), die durch entsprechende Förderung, die gemeinsame Nutzung von Anlagen, den Austausch von Wissen und Know-how und durch einen wirksamen Beitrag zum Wissenstransfer, zur Vernetzung, Informationsverbreitung und Zusammenarbeit unter den Unternehmen und anderen Einrichtungen des Innovationsclusters Innovationstätigkeit anregen sollen;

93. „hochqualifiziertes Personal": Personal mit Hochschulabschluss und mindestens fünf Jahren einschlägiger Berufserfahrung, zu der auch eine Promotion zählen kann;

94. „Innovationsberatungsdienste": Beratung, Unterstützung und Schulung in den Bereichen Wissenstransfer, Erwerb, Schutz und Verwertung immaterieller Vermögenswerte sowie Anwendung von Normen und Vorschriften, in denen diese verankert sind;

([1]) ABl. L 206 vom 8.8.2009. S. 1.

6. AGVO-kons

95. „innovationsunterstützende Dienstleistungen": Bereitstellung von Büroflächen, Datenbanken, Bibliotheken, Marktforschung, Laboratorien, Gütezeichen, Tests und Zertifizierung zum Zweck der Entwicklung effizienterer Produkte, Verfahren oder Dienstleistungen;

96. „Organisationsinnovation": die Anwendung neuer Organisationsmethoden in den Geschäftspraktiken, den Arbeitsabläufen oder Geschäftsbeziehungen eines Unternehmens; nicht als Organisationsinnovation angesehen werden Änderungen, die auf bereits in dem Unternehmen angewandten Organisationsmethoden beruhen, Änderungen in der Managementstrategie, Fusionen und Übernahmen, die Einstellung der Anwendung eines Arbeitsablaufs, einfache Ersatz- oder Erweiterungsinvestitionen, Änderungen, die sich allein aus Veränderungen bei den Faktorpreisen ergeben, neue Kundenausrichtung, Lokalisierung, regelmäßige, saisonale oder sonstige zyklische Veränderungen sowie der Handel mit neuen oder erheblich verbesserten Produkten;

97. „Prozessinnovation": die Anwendung einer neuen oder wesentlich verbesserten Methode für die Produktion oder die Erbringung von Leistungen (einschließlich wesentlicher Änderungen bei den Techniken, den Ausrüstungen oder der Software); nicht als Prozessinnovation angesehen werden geringfügige Änderungen oder Verbesserungen, der Ausbau der Produktions- oder Dienstleistungskapazitäten durch zusätzliche Herstellungs- oder Logistiksysteme, die den bereits verwendeten sehr ähnlich sind, die Einstellung eines Arbeitsablaufs, einfache Ersatz- oder Erweiterungsinvestitionen, Änderungen, die sich allein aus Veränderungen bei den Faktorpreisen ergeben, neue Kundenausrichtung, Lokalisierung, regelmäßige, saisonale und sonstige zyklische Veränderungen sowie der Handel mit neuen oder erheblich verbesserten Produkten;

98. „Abordnung": die vorübergehende Beschäftigung von Personal bei einem Beihilfeempfänger, wobei das Personal das Recht hat, anschließend zu seinem vorherigen Arbeitgeber zurückzukehren.

Begriffsbestimmungen für Beihilfen für benachteiligte Arbeitnehmer und für Arbeitnehmer mit Behinderungen

99. „stark benachteiligte Arbeitnehmer": Personen, die

   a) seit mindestens 24 Monaten keiner regulären bezahlten Beschäftigung nachgehen oder

   b) seit mindestens 12 Monaten keiner regulären bezahlten Beschäftigung nachgehen und zu einer der in der Definition der „benachteiligten Arbeitnehmer" unter den Buchstaben b bis g genannten Gruppen gehören;

100. „geschütztes Beschäftigungsverhältnis": Beschäftigungsverhältnis in einem Unternehmen, in dem mindestens 30 % der Arbeitnehmer Menschen mit Behinderungen sind.

Begriffsbestimmungen für Umweltschutzbeihilfen

101. „Umweltschutz": jede Maßnahme, die darauf abzielt, einer Beeinträchtigung der natürlichen Umwelt oder der natürlichen Ressourcen durch die Tätigkeit eines Beihilfeempfängers abzuhelfen, vorzubeugen oder die Gefahr einer solchen Beeinträchtigung zu vermindern oder eine rationellere Nutzung der natürlichen Ressourcen einschließlich Energiesparmaßnahmen und die Nutzung erneuerbarer Energien zu fördern;

▼B

102. „Unionsnorm":

  a) verbindliche Unionsnorm für das von einzelnen Unternehmen zu erreichende Umweltschutzniveau oder

  b) die in der Richtlinie 2010/75/EU des Europäischen Parlaments und des Rates ([1]) festgelegte Verpflichtung, die besten verfügbaren Techniken (BVT) einzusetzen und sicherzustellen, dass Schadstoffemissionswerte nicht über den Werten liegen, die aus dem Einsatz der BVT resultieren würden; sofern in Durchführungsrechtsakten zur Richtlinie 2010/75/EU mit den besten verfügbaren Techniken assoziierte Emissionswerte festgelegt wurden, gelten diese Werte für die Zwecke dieser Verordnung; wenn diese Werte als Bandbreiten ausgedrückt werden, ist der Grenzwert, bei dem die mit den BVT assoziierten Emissionswerte als erstes erreicht werden, anwendbar;

▼M4

102a. „Ladeinfrastruktur": feste oder mobile Infrastruktur zur Versorgung von Straßenfahrzeugen mit Strom;

102b. „Tankinfrastruktur": feste oder mobile Infrastruktur zur Versorgung von Straßenfahrzeugen mit Wasserstoff;

102c. „erneuerbarer Wasserstoff": Wasserstoff, der unter Einhaltung der Nachhaltigkeitsanforderungen durch Elektrolyse von Wasser (in einem mit erneuerbarem Strom betriebenen Elektrolyseur) oder durch Reformierung von Biogas oder durch biochemische Umwandlung von Biomasse erzeugt wird, sofern mit den Nachhaltigkeitskriterien des Artikels 29 der Richtlinie (EU) 2018/2001 des Europäischen Parlaments und des Rates ([2]) vereinbar.

▼B

103. „Energieeffizienz": eingesparte Energiemenge, die durch Messung und/oder Schätzung des Verbrauchs vor und nach der Umsetzung einer Maßnahme zur Energieeffizienzverbesserung und bei gleichzeitiger Normalisierung der den Energieverbrauch beeinflussenden äußeren Bedingungen ermittelt wird;

▼M4

103a. „Wohngebäude": Ein- oder Mehrfamilienhaus, das ausschließlich zu Wohnzwecken dient;

103b. „soziale Dienstleistungen": genau festgelegte Dienstleistungen zur Deckung des sozialen Bedarfs, besonders in Bezug auf Gesundheitsdienste und Langzeitpflege, Kinderbetreuung, Zugang zum und Wiedereingliederung in den Arbeitsmarkt, den sozialen Wohnungsbau (d. h. Wohnraum für benachteiligte Bürger oder sozial schwächere Bevölkerungsgruppen, die nicht die Mittel haben, sich auf dem freien Wohnungsmarkt eine Unterkunft zu beschaffen) sowie die Betreuung und soziale Einbindung sozial schwacher Bevölkerungsgruppen (wie in Erwägungsgrund 11 des Beschlusses 2012/21/EU der Kommission ([3]) erläutert);

([1]) ABl. L 24 vom 29.1.2008, S. 8.
([2]) Richtlinie (EU) 2018/2001 des Europäischen Parlaments und des Rates vom 11. Dezember 2018 zur Förderung der Nutzung von Energie aus erneuerbaren Quellen (ABl. L 328 vom 21.12.2018, S. 82).
([3]) Beschluss 2012/21/EU der Kommission vom 20. Dezember 2011 über die Anwendung von Artikel 106 Absatz 2 des Vertrags über die Arbeitsweise der Europäischen Union auf staatliche Beihilfen in Form von Ausgleichsleistungen zugunsten bestimmter Unternehmen, die mit der Erbringung von Dienstleistungen von allgemeinem wirtschaftlichem Interesse betraut sind (ABl. L 7 vom 11.1.2012. S. 3).

6. AGVO-kons

103c. „Digitalisierung": Einführung von Technologien für elektronische Geräte und/oder Systeme, die die Erweiterung von Produktfunktionen, die Entwicklung von Online-Diensten, die Modernisierung von Verfahren oder die Umstellung auf Geschäftsmodelle, die auf der Disintermediation der Produktion von Gütern oder der Erbringung von Dienstleistungen basieren, ermöglichen und schließlich Transformationen bewirken;

103d. „Intelligenzfähigkeit": Fähigkeit von Gebäuden (oder Gebäudeteilen), ihren Betrieb an die Erfordernisse des Nutzers anzupassen, einschließlich der Optimierung der Energieeffizienz und der Gesamtleistung, und dabei auf Signale aus dem Netz zu reagieren;

103e. „kleines Unternehmen mittlerer Kapitalisierung": Unternehmen, bei dem es sich nicht um ein KMU handelt und das auf der Grundlage einer Berechnung nach Anhang I Artikel 3 bis 6 nicht mehr als 499 Mitarbeiter beschäftigt, dessen Jahresumsatz 100 Mio. EUR nicht übersteigt oder dessen Jahresbilanzsumme 86 Mio. EUR nicht übersteigt; mehrere Einrichtungen werden als ein Unternehmen betrachtet, sofern eine der in Anhang I Artikel 3 Absatz 3 genannten Voraussetzungen erfüllt ist;

104. „Energieeffizienzprojekt": Investitionsvorhaben zur Steigerung der Energieeffizienz eines Gebäudes;

105. „Energieeffizienzfonds (EEF)": spezialisierter Investitionsfonds für Investitionen in Energieeffizienzprojekte zur Verbesserung der Energieeffizienz von Gebäuden im privaten und nichtprivaten Sektor; ein EEF wird von einem Energieeffizienzfondsmanager verwaltet;

106. „Energieeffizienzfondsmanager": professionelle Verwaltungsgesellschaft mit Rechtspersönlichkeit, die Investitionen in beihilfefähige Energieeffizienzprojekte auswählt und tätigt;

107. „hocheffiziente Kraft-Wärme-Kopplung": KWK, die die Kriterien des Artikels 2 Nummer 34 der Richtlinie 2012/27/EU des Europäischen Parlaments und des Rates vom 25. Oktober 2012 zur Energieeffizienz, zur Änderung der Richtlinien 2009/125/EG und 2010/30/EU und zur Aufhebung der Richtlinien 2004/8/EG und 2006/32/EG ([1]) erfüllt;

108. „Kraft-Wärme-Kopplung" (KWK): in ein und demselben Prozess gleichzeitig erfolgende Erzeugung thermischer Energie und elektrischer und/oder mechanischer Energie;

109. „erneuerbare Energien": Energie, die in Anlagen erzeugt wird, in denen ausschließlich erneuerbare Energiequellen eingesetzt werden, sowie bezogen auf den Heizwert der Anteil der Energie, der aus erneuerbaren Energien in Hybridanlagen, die auch konventionelle Energieträger einsetzen, erzeugt wird. Dies schließt Strom aus erneuerbaren Energiequellen ein, der zum Auffüllen von Speichersystemen genutzt wird, aber nicht Strom, der als Ergebnis der Speicherung in Speichersystemen gewonnen wird;

([1]) ABl. L 315 vom 14.11.2012. S. 1.

AGVO-kons

110. „erneuerbare Energiequellen": erneuerbare nichtfossile Energiequellen, d. h. Wind, Sonne, aerothermische, geothermische und hydrothermische Energie, Meeresenergie, Wasserkraft, Biomasse, Deponiegas, Klärgas und Biogas;

111. „Biokraftstoff": flüssiger oder gasförmiger Verkehrskraftstoff, der aus Biomasse hergestellt wird;

112. „nachhaltiger Biokraftstoff": Biokraftstoff, der die Nachhaltigkeitskriterien des Artikels 17 der Richtlinie 2009/28/EG erfüllt;

113. „Biokraftstoffe aus Nahrungsmittelpflanzen": aus Getreide und sonstigen Pflanzen mit hohem Stärkegehalt, Zuckerpflanzen und Ölpflanzen hergestellte Biokraftstoffe im Sinne des Vorschlags der Kommission für eine Richtlinie des Europäischen Parlaments und des Rates zur Änderung der Richtlinie 98/70/EG über die Qualität von Otto- und Dieselkraftstoffen und zur Änderung der Richtlinie 2009/28/EG zur Förderung der Nutzung von Energie aus erneuerbaren Quellen ([1]);

114. „neue und innovative Technologie": im Vergleich zum Stand der Technik neue und unerprobte Technologie, die das Risiko eines technischen oder industriellen Misserfolgs birgt und keine Optimierung einer bestehenden Technologie oder deren Weiterentwicklung zur industriellen Reife darstellt;

115. „Bilanzausgleichsverantwortung": Verantwortung eines Marktteilnehmers oder des von ihm gewählten Vertreters („Bilanzausgleichsverantwortlicher") für Ungleichgewichte (Abweichungen zwischen Erzeugung, Verbrauch und kommerziellen Transaktionen) in einem bestimmten Zeitraum („Abrechnungszeitraum");

116. „Standardbilanzausgleichsverantwortung": diskriminierungsfreie technologieübergreifende Bilanzausgleichsverantwortung, von der kein Erzeuger ausgenommen ist;

117. „Biomasse": biologisch abbaubarer Teil von Erzeugnissen, Abfällen und Reststoffen der Landwirtschaft (einschließlich pflanzlicher und tierischer Stoffe), der Forstwirtschaft und damit verbundener Wirtschaftszweige einschließlich der Fischerei und der Aquakultur sowie Biogas und der biologisch abbaubare Teil von Abfällen aus Industrie und Haushalten;

118. „Stromgestehungskosten": Stromerzeugungskosten an dem Punkt, an dem eine Verbindung zu einer Abnahmestelle oder zu einem Stromnetz besteht; darin berücksichtigt sind das Anfangskapital, der Abzinsungssatz sowie die Kosten für Dauerbetrieb, Brennstoff und Wartung;

119. „Umweltsteuer": Steuer, deren Besteuerungsgegenstand eine eindeutig negative Auswirkung auf die Umwelt hat oder die bestimmte Tätigkeiten, Gegenstände oder Dienstleistungen belastet, damit die Umweltkosten in deren Preis einfließen und/oder damit die Hersteller und die Verbraucher zu umweltfreundlicherem Verhalten hingeführt werden;

---

[1] KOM(2012) 595 vom 17.10.2012.

120. „Mindeststeuerbeträge der Union": im Unionsrecht vorgesehene Mindeststeuerbeträge; für Energieerzeugnisse und Strom gelten als Mindeststeuerbeträge der Union die Beträge in Anhang I der Richtlinie 2003/96/EG des Rates vom 27. Oktober 2003 zur Restrukturierung der gemeinschaftlichen Rahmenvorschriften zur Besteuerung von Energieerzeugnissen und elektrischem Strom ([1]);

121. „schadstoffbelasteter Standort": Standort, an dem durch menschliches Einwirken gefährliche Stoffe nachweislich in einer solchen Konzentration vorkommen, dass von ihnen unter Berücksichtigung der gegenwärtigen und der künftigen genehmigten Nutzung des Geländes eine erhebliche Gefahr für die menschliche Gesundheit oder die Umwelt ausgeht;

122. „Verursacherprinzip": Grundsatz, nach dem die Kosten für die Beseitigung von Umweltschäden von den Verursachern zu tragen sind;

123. „Umweltschaden": Schaden, den der Verursacher dadurch herbeigeführt hat, dass er die Umwelt direkt oder indirekt belastet oder die Voraussetzungen für eine Belastung der natürlichen Umwelt oder der natürlichen Ressourcen geschaffen hat;

124. „energieeffiziente Fernwärme und Fernkälte": Fernwärme- und Fernkältesysteme, die die Kriterien für energieeffiziente Fernwärme- und Fernkältesysteme des Artikels 2 Nummern 41 und 42 der Richtlinie 2012/27/EU erfüllen. Unter diesen Begriff fallen auch die Anlagen, die Wärme beziehungsweise Kälte erzeugen, und das Netz (einschließlich der zugehörigen Einrichtungen), das für die Verteilung der Wärme beziehungsweise Kälte von den Produktionseinheiten an die Kunden benötigt wird;

125. „Verursacher": derjenige, der die Umwelt direkt oder indirekt belastet oder eine Voraussetzung für die Umweltbelastung schafft;

126. „Wiederverwendung": jedes Verfahren, bei dem Erzeugnisse oder Bestandteile, die keine Abfälle sind, wieder für denselben Zweck verwendet werden, für den sie ursprünglich bestimmt waren;

127. „Vorbereitung zur Wiederverwendung": jedes Verwertungsverfahren der Prüfung, Reinigung oder Reparatur, bei dem Erzeugnisse oder Bestandteile von Erzeugnissen, die zu Abfällen geworden sind, so vorbereitet werden, dass sie ohne weitere Vorbehandlung wiederverwendet werden können;

128. „Recycling": jedes Verwertungsverfahren, durch das Abfallmaterialien zu Erzeugnissen, Materialien oder Stoffen entweder für den ursprünglichen Zweck oder für andere Zwecke aufbereitet werden. Es schließt die Aufbereitung organischer Materialien ein, aber nicht die energetische Verwertung und die Aufbereitung zu Materialien, die für die Verwendung als Brennstoff oder zur Verfüllung bestimmt sind;

129. „Stand der Technik": Verfahren, bei dem die Wiederverwendung eines Abfallprodukts zur Herstellung eines Endprodukts wirtschaftlich rentabel ist und üblicher Praxis entspricht. Der Begriff „Stand der Technik" ist gegebenenfalls aus technologischer und binnenmarktpolitischer Sicht der Union auszulegen.

---

[1] ABl. L 283 vom 31.10.2003. S. 51.

▼<u>B</u>

130. „Energieinfrastruktur": jede materielle Ausrüstung oder Anlage, die sich in der Union befindet oder die Union mit einem oder mehr als einem Drittland verbindet und unter die folgenden Kategorien fällt:

a) Strom:

    i) Übertragungsinfrastruktur im Sinne des Artikels 2 Absatz 3 der Richtlinie 2009/72/EG vom 13. Juli 2009 über gemeinsame Vorschriften für den Elektrizitätsbinnenmarkt (¹);

    ii) Verteilungsinfrastruktur im Sinne des Artikels 2 Absatz 5 der Richtlinie 2009/72/EG;

    iii) Stromspeicheranlagen, die zur dauerhaften oder vorübergehenden Stromspeicherung in überirdischen, unterirdischen Infrastrukturen oder geologischen Speicherstätten verwendet werden, sofern sie direkt an Hochspannungsübertragungsleitungen angeschlossen sind, die für eine Spannung von 110 kV oder mehr ausgelegt sind;

    iv) jede Ausrüstung oder Anlage, die für den sicheren und effizierten Betrieb der unter den Buchstaben i bis iii definierten Systeme unentbehrlich ist, einschließlich der Schutz-, Überwachungs- und Steuerungssysteme auf allen Spannungsebenen und in allen Transformatorstationen;

    v) intelligente Stromnetze, d. h. alle Ausrüstungen, Leitungen, Kabel oder Anlagen sowohl auf der Übertragungs- als auch auf der Nieder- und Mittelspannungsverteilerebene, die auf eine bidirektionale digitale Kommunikation in Echtzeit oder echtzeitnah und auf eine interaktive, intelligente Überwachung und Steuerung von Stromerzeugung, -übertragung, -verteilung und -verbrauch innerhalb eines Stromnetzes abzielen, um ein Netz zu entwickeln, das auf effiziente Weise das Verhalten und die Handlungen aller daran angeschlossenen Nutzer — Erzeuger, Verbraucher und Akteure, die sowohl Erzeuger als auch Verbraucher sind — integriert, damit ein wirtschaftlich effizientes, nachhaltiges Stromnetz mit geringen Verlusten, hoher Qualität, großer Versorgungssicherheit und hoher technischer Sicherheit gewährleistet wird;

b) Gas:

    i) Fern- und Verteilerleitungen für den Transport von Erdgas und Biogas, die Bestandteil eines Netzes sind, ausgenommen Hochdruckrohrleitungen, die für die vorgelagerte oder lokale Verteilung von Erdgas verwendet werden,

    ii) an die unter i genannten Hochdruck-Gasleitungen angeschlossene Untergrundspeicher,

    iii) Anlagen für die Übernahme, Speicherung und Rückvergasung oder Dekomprimierung von Flüssigerdgas („LNG") oder von komprimiertem Erdgas („CNG"), und

    iv) alle Ausrüstungen und Anlagen, die für den ordnungsgemäßen, sicheren und effizienten Betrieb des Systems oder für die Ermöglichung der bidirektionalen Kapazität unentbehrlich sind, einschließlich Verdichterstationen;

AGVO-kons

(¹) ABl. L 211 vom 14.8.2009. S. 55.

6. AGVO-kons

c) Erdöl:

i) Rohrleitungen für den Transport von Rohöl,

ii) Pumpstationen und Speicheranlagen, die für den Betrieb der Rohölrohrleitungen erforderlich sind, und

iii) alle Ausrüstungen und Anlagen, die für den ordnungsgemäßen, sicheren und effizienten Betrieb des betreffenden Systems unentbehrlich sind, einschließlich der Schutz-, Überwachungs- und Steuerungssysteme;

d) CO_2: Rohrleitungsnetze, einschließlich der dazugehörigen Verdichterstationen, für den Transport von CO_2 zu den Speicherstätten, um das CO_2 zur dauerhaften Speicherung in eine geeignete unterirdische geologische Formation zu injizieren;

131. „Energiebinnenmarktvorschriften": Dazu zählen die Richtlinie 2009/72/EG des Europäischen Parlaments und des Rates vom 13. Juli 2009 über gemeinsame Vorschriften für den Elektrizitätsbinnenmarkt, die Richtlinie 2009/73/EG des Europäischen Parlaments und des Rates vom 13. Juli 2009 über gemeinsame Vorschriften für den Erdgasbinnenmarkt ([1]), die Verordnung (EG) Nr. 713/2009 des Europäischen Parlaments und des Rates vom 13. Juli 2009 zur Gründung einer Agentur für die Zusammenarbeit der Energieregulierungsbehörden ([2]), die Verordnung (EG) Nr. 714/2009 des Europäischen Parlaments und des Rates vom 13. Juli 2009 über die Netzzugangsbedingungen für den grenzüberschreitenden Stromhandel ([3]) und die Verordnung (EG) Nr. 715/2009 des Europäischen Parlaments und des Rates vom 13. Juli 2009 über die Bedingungen für den Zugang zu den Erdgasfernleitungsnetzen ([4]) sowie spätere Rechtsvorschriften, die diese Rechtsakte vollständig oder teilweise ersetzen.

Begriffsbestimmungen für Sozialbeihilfen für die Beförderung von Einwohnern entlegener Gebiete

132. „Gewöhnlicher Wohnsitz": Ort, an dem eine natürliche Person wegen persönlicher und beruflicher Bindungen mindestens 185 Tage im Kalenderjahr wohnt; bei einer Person, deren berufliche Bindungen an einem anderen Ort als ihre persönlichen Bindungen liegen und die in zwei oder mehr Mitgliedstaaten wohnt, gilt als gewöhnlicher Wohnsitz der Ort ihrer persönlichen Bindungen, sofern sie regelmäßig dorthin zurückkehrt; wenn eine Person zur Erfüllung einer bestimmten Aufgabe für einen festgelegten Zeitraum in einem anderen Mitgliedstaat lebt, gilt als gewöhnlicher Wohnsitz auch dann der Ort ihrer persönlichen Bindungen, wenn sie während ihrer Tätigkeit nicht dorthin zurückkehrt; der Besuch einer Schule oder Universität in einem anderen Mitgliedstaat hat keine Verlegung des gewöhnlichen Wohnsitzes zur Folge; ansonsten hat der Begriff „gewöhnlicher Wohnsitz" die Bedeutung, die ihm in den nationalen Rechtsvorschriften des Mitgliedstaats zugeordnet ist.

([1]) ABl. L 211 vom 14.8.2009, S. 94.
([2]) ABl. L 211 vom 14.8.2009, S. 1.
([3]) ABl. L 211 vom 14.8.2009, S. 15.
([4]) ABl. L 211 vom 14.8.2009, S. 36.

▼**B**

▼**M4**

▼**B**

134. „Baumaßnahmen im Breitbandbereich": Bauarbeiten, die im Rahmen des Ausbaus eines Breitbandnetzes nötig sind, z. B. das Aufreißen einer Straße zur Verlegung von (Breitband-)Leerrohren;

135. „Leerrohre": unterirdische Leitungsrohre, Kabelkanäle oder Durchführungen zur Unterbringung von Leitungen (Glasfaser-, Kupfer- oder Koaxialkabel) eines Breitbandnetzes;

136. „physische Entbündelung": Entbündelung, die den Zugang zur Teilnehmerleitung ermöglicht und die Übertragungssysteme von Wettbewerbern in die Lage versetzt, direkt darüber zu übertragen;

▼**M4**

137. „passives Netz": Netz ohne aktive Elemente, wie bauliche Infrastruktur, Fernleitungen, Leitungsrohre, Kontrollkammern, Einstiegsschächte, unbeschaltete Glasfaserkabel, Verteilerkästen, Netzanschlüsse, Antennenanlagen, passive Antennen, Masten, Pfähle und Türme;

▼**B**

139. „Zugang auf Vorleistungsebene": Zugang, der es einem Betreiber ermöglicht, die Einrichtungen eines anderen Betreibers zu nutzen. Der möglichst umfassende Zugang, der über das betreffende Netz gewährt werden soll, muss beim jetzigen Stand der Technik mindestens folgende Netzzugangsprodukte umfassen: Bei FTTH- beziehungsweise FTTB-Netzen: Zugang zu Leerrohren, Zugang zu unbeschalteten Glasfaserleitungen, entbündelter Zugang zum Teilnehmeranschluss und Bitstromzugang. Bei Kabelnetzen: Zugang zu Leerrohren und Bitstromzugang. Bei FTTC-Netzen: Zugang zu Leerrohren, entbündelter Zugang zum Kabelverzweiger und Bitstromzugang. Bei passiver Netzinfrastruktur: Zugang zu Leerrohren, Zugang zu unbeschalteten Glasfaserleitungen und/ oder entbündelter Zugang zum Teilnehmeranschluss. Bei ADSL-Breitbandnetzen: entbündelter Zugang zum Teilnehmeranschluss und Bitstromzugang. Bei mobilen oder drahtlosen Netzen: Bitstromzugang, gemeinsame Nutzung der physischen Masten und Zugang zu den Backhaul-Netzen. Bei Satellitenplattformen: Bitstromzugang.

▼**M4**

139a. „erschlossene Räumlichkeiten": Räumlichkeiten, die innerhalb kurzer Zeit gegen die normale Aktivierungsgebühr für den Endnutzer angeschlossen werden können, gleich, ob diese Räumlichkeiten an das Netz angeschlossen sind oder nicht. Ein Betreiber darf Räumlichkeiten nur dann als erschlossene Räumlichkeiten melden, wenn er sich verpflichtet, die Räumlichkeiten auf Antrag eines Endnutzers gegen eine normale Aktivierungsgebühr anzuschließen, d. h. ohne jegliche Zusatz- oder Sonderkosten und in jedem Fall zu einem Preis, der die durchschnittliche Aktivierungsgebühr in dem betreffenden Mitgliedstaat nicht übersteigt. Ferner muss der Anbieter elektronischer Kommunikationsnetze und -dienste in der Lage sein, Anschluss und Aktivierung des Dienstes für die betreffenden Räumlichkeiten innerhalb von vier Wochen nach der Antragstellung vorzunehmen;

6. AGVO-kons

139b. „sozioökonomische Schwerpunkte": Einrichtungen, die aufgrund ihres Auftrags, ihrer Natur oder ihres Standorts direkt oder indirekt einen großen sozioökonomischen Nutzen für Bürger, Unternehmen und Kommunen in ihrem Umfeld oder ihrem Einflussbereich erbringen können, einschließlich z. B. öffentlicher Stellen, öffentlicher oder privater Unternehmen, die betraut sind mit der Erbringung von Dienstleistungen von allgemeinem Interesse oder von Dienstleistungen von allgemeinem wirtschaftlichem Interesse im Sinne des Artikels 106 Absatz 2 AEUV, sowie stark digitalisierter Unternehmen;

139c. „5G-Korridor": Verkehrsweg, Straße, Bahnstrecke oder Binnenwasserstraße, der bzw. die vollständig mit digitaler Vernetzungsinfrastruktur und insbesondere mit 5G-Systemen abgedeckt ist, die eine lückenlose Bereitstellung synergetischer digitaler Dienste im Sinne der Verordnung (EU) 2021/1153 des Europäischen Parlaments und des Rates [1] wie vernetzter und automatisierter Mobilitätsdienste, ähnlicher intelligenter Mobilitätsdienste für den Schienenverkehr oder die digitale Netzanbindung auf den Binnenwasserstraßen ermöglichen;

Begriffsbestimmungen für Beihilfen für Kultur und die Erhaltung des kulturellen Erbes

140. „Schwierige audiovisuelle Werke": Werke, die von den Mitgliedstaaten im Rahmen der Einrichtung von Beihilferegelungen oder der Gewährung von Beihilfen anhand vorab festgelegter Kriterien ausgewiesen werden, zum Beispiel Filme, deren einzige Originalfassung in der Sprache eines Mitgliedstaats mit kleinem Staatsgebiet, geringer Bevölkerungszahl oder begrenztem Sprachraum gedreht wurde, Kurzfilme, Erst- und Zweitfilme von Regisseuren, Dokumentarfilme, Low-Budget-Produktionen oder sonstige aus kommerzieller Sicht schwierige Werke;

141. „Liste des Ausschusses für Entwicklungshilfe (DAC) der OECD": alle Länder und Gebiete, die für öffentliche Entwicklungshilfe in Betracht kommen und in der von der Organisation für wirtschaftliche Zusammenarbeit und Entwicklung (OECD) erstellten Liste aufgeführt sind;

142. „angemessener Gewinn": wird anhand des im betreffenden Wirtschaftszweig üblichen Gewinns bestimmt; eine Kapitalrendite, die den relevanten Swap-Satz zuzüglich eines Aufschlags von 100 Basispunkten nicht überschreitet, gilt als angemessen.

Begriffsbestimmungen für Beihilfen für Sportinfrastrukturen und multifunktionale Freizeitinfrastrukturen

143. „Profisport": Ausübung von Sport als entgeltliche Arbeits- oder Dienstleistung (ungeachtet dessen, ob zwischen dem Profisportler/der Profisportlerin und dem betreffenden Sportverband ein formeller Arbeitsvertrag geschlossen wurde), bei der der Ausgleich höher ist als die Teilnahmekosten und einen erheblichen Teil des Einkommens des Sportlers/der Sportlerin ausmacht. Reise- und Übernachtungskosten für die Teilnahme an Sportveranstaltungen werden für die Zwecke dieser Verordnung nicht als Ausgleich betrachtet.

---

[1] Verordnung (EU) 2021/1153 des Europäischen Parlaments und des Rates vom 7. Juli 2021 zur Schaffung der Fazilität „Connecting Europe" und zur Aufhebung der Verordnungen (EU) Nr. 1316/2013 und (EU) Nr. 283/2014 (ABl. L 249 vom 14.7.2021. S. 38).

▼ M1

Begriffsbestimmungen für Beihilfen für Regionalflughäfen

144. „Flughafeninfrastruktur": Infrastruktur und Ausrüstung für die Erbringung von Flughafendienstleistungen durch den Flughafen für Luftverkehrsgesellschaften und die verschiedenen Dienstleister; der Begriff umfasst Start- und Landebahnen, Terminals, Vorfeldflächen, Rollbahnen, zentralisierte Bodenabfertigungsinfrastruktur sowie alle anderen Einrichtungen, die die Erbringung von Flughafendienstleistungen direkt unterstützen; er umfasst nicht Infrastruktur und Ausrüstung, die in erster Linie für nicht luftverkehrsbezogene Tätigkeiten benötigt wird;

145. „Luftverkehrsgesellschaft": Luftverkehrsgesellschaften mit gültiger, von einem Mitgliedstaat oder einem Mitglied des gemeinsamen europäischen Luftverkehrsraums nach der Verordnung (EG) Nr. 1008/2008 des Europäischen Parlaments und des Rates (¹) erteilter Betriebsgenehmigung;

146. „Flughafen": Einheit oder Gruppe von Einheiten, die als wirtschaftliche Tätigkeit Flughafendienstleistungen für Luftverkehrsgesellschaften erbringt;

147. „Flughafendienstleistungen": Dienstleistungen, die ein Flughafen oder eine seiner Tochtergesellschaften für Luftverkehrsgesellschaften erbringt, um die Abfertigung von Luftfahrzeugen von der Landung bis zum Start sowie von Fluggästen und Fracht zu gewährleisten, damit Luftverkehrsgesellschaften Luftverkehrsdienstleistungen erbringen können; darunter fällt auch die Erbringung von Bodenabfertigungsdiensten und die Bereitstellung zentralisierter Bodenabfertigungsinfrastruktur;

148. „durchschnittliches jährliches Passagieraufkommen": Berechnungsgrundlage sind die ankommenden und abfliegenden Passagiere während der beiden Geschäftsjahre, die dem Geschäftsjähr der Beihilfegewährung vorausgehen;

149. „zentralisierte Bodenabfertigungsinfrastruktur": Infrastruktur, die in der Regel vom Flughafenbetreiber betrieben und den verschiedenen Anbietern von Bodenabfertigungsdiensten am Flughafen gegen Entgelt zur Verfügung gestellt wird, mit Ausnahme der Ausrüstung, die im Eigentum der Anbieter von Bodenabfertigungsdiensten steht oder von diesen betrieben wird;

150. „Hochgeschwindigkeitszug": Zug, der Geschwindigkeiten von über 200 km/h erreichen kann;

151. „Bodenabfertigungsdienste": an Flughäfen für die Flughafennutzer erbrachte Dienste im Sinne des Anhangs der Richtlinie 96/67/EG des Rates (²);

152. „nicht luftverkehrsbezogene Tätigkeiten": gewerbliche Dienstleistungen für Luftverkehrsgesellschaften oder andere Nutzer des Flughafens, so zum Beispiel Nebendienstleistungen für Passagiere, Spediteure oder andere Dienstleister, die Vermietung von Büro- und Verkaufsräumen, Parkplätze und Hotels;

(¹) Verordnung (EG) Nr. 1008/2008 des Europäischen Parlaments und des Rates vom 24. September 2008 über gemeinsame Vorschriften für die Durchführung von Luftverkehrsdiensten in der Gemeinschaft (ABl. L 293 vom 31.10.2008, S. 3).
(²) Richtlinie 96/67/EG des Rates vom 15. Oktober 1996 über den Zugang zum Markt der Bodenabfertigungsdienste auf den Flughäfen der Gemeinschaft (ABl. L 272 vom 25.10.1996. S. 36).

6. AGVO-kons

AGVO-kons

153. „Regionalflughafen": Flughafen mit einem durchschnittlichen jährlichen Passagieraufkommen von bis zu 3 Mio. Passagieren;

Begriffsbestimmungen für Beihilfen für Häfen

154. „Hafen": Gebiet mit Land- und Wasseranteilen, bestehend aus Infrastruktur und Ausrüstung, die die Aufnahme von Wasserfahrzeugen sowie deren Beladen und Löschen, die Lagerung von Gütern, die Übernahme und die Anlieferung dieser Güter oder das Ein- und Ausschiffen von Fahrgästen, der Schiffsbesatzung und anderer Personen ermöglichen, und jeder sonstigen Infrastruktur, die Verkehrsunternehmen im Hafen benötigen;

155. „Seehafen": Hafen, der in erster Linie zur Aufnahme von Seeschiffen bestimmt ist;

156. „Binnenhafen": Hafen, der kein Seehafen ist, und zur Aufnahme von Binnenschiffen bestimmt ist;

157. „Hafeninfrastruktur": Infrastruktur und Einrichtungen für die Erbringung von verkehrsbezogenen Hafendiensten, wie zum Beispiel Liegeplätze zum Festmachen von Schiffen, Kaimauern, Molen und Schwimmpontons in Tidegebieten, Hafenbecken, Aufschüttungen und Landgewinnung, Infrastruktur für alternative Kraftstoffe sowie Infrastruktur für das Sammeln von Schiffsabfällen und Ladungsrückständen;

158. „Hafensuprastruktur": auf der Infrastruktur befindliche Anlagen (z. B. für die Lagerung) sowie feste Ausrüstungen (z. B. Lagerhäuser und Terminalgebäude) und mobile Ausrüstungen (z. B. Krananlagen), die sich in einem Hafen befinden und für die Erbringung verkehrsbezogener Hafendienste bestimmt sind;

159. „Zugangsinfrastruktur": jede Art von Infrastruktur, die für den Zugang der Nutzer zu einem Hafen bzw. die Einfahrt der Nutzer in einen Hafen von Land, von See oder von Flüssen aus erforderlich ist, wie etwa Straßen, Schienen, Kanäle und Schleusen;

160. „Ausbaggerung": die Beseitigung von Sedimenten vom Boden der Zugangswasserstraße zu einem Hafen oder in einem Hafen;

161. „Infrastruktur für alternative Kraftstoffe": feste, mobile oder Offshore-Hafeninfrastruktur, die einem Hafen die Versorgung von Schiffen mit Energiequellen wie Strom, Wasserstoff oder Biokraftstoffen im Sinne des Artikels 2 Buchstabe i der Richtlinie 2009/28/EG, synthetischen und paraffinhaltigen Kraftstoffen, Erdgas einschließlich Biomethan, gasförmig (komprimiertes Erdgas (CNG)) und flüssig (Flüssigerdgas (LNG)), und Flüssiggas (LPG) ermöglicht, die zumindest teilweise als Ersatz für Erdöl als Energieträger für den Verkehrssektor dienen, zur Reduzierung der CO_2-Emissionen beitragen und die Umweltverträglichkeit des Verkehrssektors erhöhen können;

162. „Schiff": schwimmendes Gerät mit oder ohne Eigenantrieb, das einen oder mehrere Verdrängungskörper aufweist;

163. „Seeschiff": Schiff, das nicht ausschließlich oder vorwiegend auf Binnengewässern oder auf geschützten Gewässern oder in deren unmittelbarer Nähe verkehrt:

▼M1

164. „Binnenschiff": Schiff, das ausschließlich oder vorwiegend für den Verkehr auf Binnengewässern oder auf geschützten Gewässern oder in deren unmittelbarer Nähe bestimmt ist;

165. „Infrastruktur für das Sammeln von Schiffsabfällen und Ladungsrückständen": feste, schwimmende oder mobile Hafeneinrichtungen, mit denen Schiffsabfälle oder Ladungsrückstände im Sinne der Richtlinie 2000/59/EG des Europäischen Parlaments und des Rates (¹) aufgefangen werden können.

▼M4

Begriffsbestimmungen für Beihilfen im Rahmen von aus dem Fonds „InvestEU" unterstützten Finanzprodukten (Begriffe, die unter anderen Überschriften dieses Artikels bestimmt werden, haben die dort festgelegte Bedeutung, auch in Bezug auf Beihilfen im Rahmen von aus dem Fonds „InvestEU" unterstützten Finanzprodukten)

166. ‚Fonds „InvestEU", „EU-Garantie", „Finanzprodukt", „nationale Förderbanken oder -institute" und „Durchführungspartner" haben die in Artikel 2 der Verordnung (EU) 2021/523 festgelegte Bedeutung;

167. „Finanzintermediär": für die Zwecke des Abschnitts 16 ein Finanzintermediär im Sinne der Nummer 34, mit Ausnahme von Durchführungspartnern;

168. „gewerblicher Finanzintermediär": Finanzintermediär, der einen Erwerbszweck verfolgt und ohne staatliche Garantie das volle Risiko trägt, wobei nationale Förderbanken oder -institute nicht als gewerbliche Finanzintermediäre anzusehen sind;

169. „städtischer Knoten im TEN-V": städtischer Knoten im TEN-V im Sinne des Artikels 3 Buchstabe p der Verordnung (EU) Nr. 1315/2013 des Europäischen Parlaments und des Rates (²);

170. „neuer Marktteilnehmer": Eisenbahnunternehmen im Sinne des Artikels 3 Nummer 1 der Richtlinie 2012/34/EU des Europäischen Parlaments und des Rates (³), das die folgenden Voraussetzungen erfüllt:

a) Es hat weniger als zwanzig Jahre vor der Gewährung der Beihilfe eine Genehmigung nach Artikel 17 Absatz 3 der Richtlinie 2012/34/EU für das einschlägige Marktsegment erhalten;

b) es ist nicht im Sinne des Anhangs I Artikel 3 Absatz 3 dieser Verordnung verbunden mit einem Eisenbahnunternehmen, dem vor dem 1. Januar 2010 eine Genehmigung im Sinne des Artikels 3 Nummer 14 der Richtlinie 2012/34/EU erteilt wurde;

(¹) Richtlinie 2000/59/EG des Europäischen Parlaments und des Rates vom 27. November 2000 über Hafenauffangeinrichtungen für Schiffsabfälle und Ladungsrückstände (ABl. L 332 vom 28.12.2000, S. 81).
(²) Verordnung (EU) Nr. 1315/2013 des Europäischen Parlaments und des Rates vom 11. Dezember 2013 über Leitlinien der Union für den Aufbau eines transeuropäischen Verkehrsnetzes und zur Aufhebung des Beschlusses Nr. 661/2010/EU (ABl. L 348 vom 20.12.2013, S. 1).
(³) Richtlinie 2012/34/EU des Europäischen Parlaments und des Rates vom 21. November 2012 zur Schaffung eines einheitlichen europäischen Eisenbahnraums (ABl. L 343 vom 14.12.2012, S. 32).

▼ **M4**

171. „Stadtverkehr": Verkehr innerhalb einer Stadt oder eines Ballungsgebiets und der zugehörigen Pendelgebiete;

172. „Ökosystem", „Biodiversität" und „guter Zustand eines Ökosystems" haben die in Artikel 2 der Verordnung (EU) 2020/852 des Europäischen Parlaments und des Rates (¹) über die Einrichtung eines Rahmens zur Erleichterung nachhaltiger Investitionen angegebene Bedeutung.

▼ **B**

Artikel 3

Freistellungsvoraussetzungen

Beihilferegelungen, Einzelbeihilfen auf der Grundlage von Beihilferegelungen und Ad-hoc-Beihilfen sind im Sinne des Artikels 107 Absatz 2 oder 3 AEUV mit dem Binnenmarkt vereinbar und von der Anmeldepflicht nach Artikel 108 Absatz 3 AEUV freigestellt, sofern diese Beihilfen alle Voraussetzungen des Kapitels I dieser Verordnung sowie die für die betreffende Gruppe von Beihilfen geltenden Voraussetzungen des Kapitels III erfüllen.

Artikel 4

Anmeldeschwellen

1. Diese Verordnung gilt nicht für Beihilfen, die die folgenden Schwellen überschreiten:

a) regionale Investitionsbeihilfen: der „angepasste Beihilfehöchstsatz", der im Einklang mit dem in Artikel 2 Nummer 20 festgelegten Mechanismus für eine Investition mit beihilfefähigen Kosten von 100 Mio. EUR errechnet wird;

b) regionale Stadtentwicklungsbeihilfen: 20 Mio. EUR nach Artikel 16 Absatz 3;

c) Investitionsbeihilfen für KMU: 7,5 Mio. EUR pro Unternehmen und Investitionsvorhaben;

d) KMU-Beihilfen für die Inanspruchnahme von Beratungsdiensten: 2 Mio. EUR pro Unternehmen und Vorhaben;

e) KMU-Beihilfen für die Teilnahme an Messen: 2 Mio. EUR pro Unternehmen und Jahr;

▼ **M4**

f) Beihilfen für Unternehmen, die an Projekten der europäischen territorialen Zusammenarbeit teilnehmen: bei Beihilfen nach Artikel 20: 2 Mio. EUR pro Unternehmen und Projekt; bei Beihilfen nach Artikel 20a: die in Artikel 20a Absatz 2 festgesetzten Beträge pro Unternehmen und Projekt;

▼ **B**

g) Risikofinanzierungsbeihilfen: 15 Mio. EUR pro beihilfefähiges Unternehmen im Einklang mit Artikel 21 Absatz 9;

(¹) Verordnung (EU) 2020/852 des Europäischen Parlaments und des Rates vom 18 Juni 2020 über die Einrichtung eines Rahmens zur Erleichterung nachhaltiger Investitionen und zur Änderung der Verordnung (EU) 2019/2088 (ABl. L 198 vom 22.6.2020. S. 13).

▼B

h) Beihilfen für Unternehmensneugründungen: die in Artikel 22 Absätze 3, 4 und 5 genannten Beträge pro Unternehmen;

i) Forschungs- und Entwicklungsbeihilfen:

i) Vorhaben, die überwiegend die Grundlagenforschung betreffen: 40 Mio. EUR pro Unternehmen und Vorhaben; dies ist der Fall, wenn mehr als die Hälfte der beihilfefähigen Kosten des Vorhabens aufgrund von Tätigkeiten in der Grundlagenforschung anfallen;

ii) Vorhaben, die überwiegend die industrielle Forschung betreffen: 20 Mio. EUR pro Unternehmen und Vorhaben; dies ist der Fall, wenn mehr als die Hälfte der beihilfefähigen Kosten des Vorhabens aufgrund von Tätigkeiten in der industriellen Forschung oder von Tätigkeiten in der industriellen Forschung und der Grundlagenforschung anfallen;

iii) Vorhaben, die überwiegend die experimentelle Entwicklung betreffen: 15 Mio. EUR pro Unternehmen und Vorhaben; dies ist der Fall, wenn mehr als die Hälfte der beihilfefähigen Kosten des Vorhabens aufgrund von Tätigkeiten in der experimentellen Entwicklung anfallen;

iv) bei EUREKA-Projekten oder Projekten, die von einem nach Artikel 185 oder Artikel 187 AEUV gegründeten gemeinsamen Unternehmen durchgeführt werden, werden die unter den Ziffern i bis iii genannten Beträge verdoppelt;

v) werden die Forschungs- und Entwicklungsbeihilfen in Form rückzahlbarer Vorschüsse gewährt, die mangels einer akzeptierten Methode für die Berechnung ihres Bruttosubventionsäquivalents als Prozentsatz der beihilfefähigen Kosten ausgedrückt sind, und ist in der Maßnahme vorgesehen, dass die Vorschüsse im Falle des Erfolgs des Vorhabens, der auf der Grundlage einer schlüssigen und vorsichtigen Hypothese definiert ist, zu einem Zinssatz zurückgezahlt werden, der mindestens dem zum Gewährungszeitpunkt geltenden Abzinsungssatz entspricht, so werden die unter den Ziffern i bis iv genannten Beträge um 50 % erhöht;

vi) Beihilfen für Durchführbarkeitsstudien zur Vorbereitung von Forschungstätigkeiten: 7,5 Mio. EUR pro Studie;

▼M4

vii) Beihilfen für KMU für Forschungs- und Entwicklungsvorhaben, die mit einem Exzellenzsiegel ausgezeichnet wurden und nach Artikel 25a durchgeführt werden: der in Artikel 25a genannte Betrag;

viii) Beihilfen für Marie-Skłodowska-Curie-Maßnahmen und vom ERC geförderte Maßnahmen für den Konzeptnachweis, die nach Artikel 25b durchgeführt werden: die in Artikel 25b genannten Beträge;

ix) Beihilfen für kofinanzierte Forschungs- und Entwicklungsvorhaben, die nach Artikel 25c durchgeführt werden: die in Artikel 25c genannten Beträge;

x) Beihilfen für Teaming-Maßnahmen: die in Artikel 25d genannten Beträge;

▼B

j) Investitionsbeihilfen für Forschungsinfrastrukturen: 20 Mio. EUR pro Infrastruktur;

6. AGVO-kons

k) Beihilfen für Innovationscluster: 7,5 Mio. EUR pro Innovationscluster;

l) Innovationsbeihilfen für KMU: 5 Mio. EUR pro Unternehmen und Vorhaben;

m) Beihilfen für Prozess- und Organisationsinnovationen: 7,5 Mio. EUR pro Unternehmen und Vorhaben;

n) Ausbildungsbeihilfen: 2 Mio. EUR pro Ausbildungsvorhaben;

o) Beihilfen für die Einstellung benachteiligter Arbeitnehmer: 5 Mio. EUR pro Unternehmen und Jahr;

p) Beihilfen in Form von Lohnkostenzuschüssen für die Beschäftigung von Arbeitnehmern mit Behinderungen: 10 Mio. EUR pro Unternehmen und Jahr;

q) Beihilfen zum Ausgleich der durch die Beschäftigung von Arbeitnehmern mit Behinderungen verursachten Mehrkosten: 10 Mio. EUR pro Unternehmen und Jahr;

r) Beihilfen zum Ausgleich der Kosten für die Unterstützung benachteiligter Arbeitnehmer: 5 Mio. EUR pro Unternehmen und Jahr;

s) Investitionsbeihilfen für den Umweltschutz mit Ausnahme von Investitionsbeihilfen für öffentlich zugängliche Lade- oder Tankinfrastruktur für emissionsfreie oder emissionsarme Fahrzeuge, Investitionsbeihilfen für die Sanierung schadstoffbelasteter Standorte und von Beihilfen für das Verteilnetz energieeffizienter Fernwärme- oder Fernkälteanlagen: 15 Mio. EUR pro Unternehmen und Investitionsvorhaben, 30 Mio. EUR bei Beihilfen für Investitionen in Energieeffizienz in bestimmten Gebäuden, die unter Artikel 38 Absatz 3a fallen, und 30 Mio. EUR des Nominalbetrags der gesamten ausstehenden Finanzmittel bei Beihilfen für Investitionen in Energieeffizienz in bestimmten Gebäuden, die unter Artikel 38 Absatz 7 fallen;

sa) Investitionsbeihilfen für öffentlich zugängliche Lade- oder Tankinfrastruktur für emissionsfreie und emissionsarme Fahrzeuge: 15 Mio. EUR pro Unternehmen und Vorhaben, bei Regelungen eine durchschnittliche jährliche Mittelausstattung von bis zu 150 Mio. EUR;

t) Investitionsbeihilfen für Energieeffizienzvorhaben: die in Artikel 39 Absatz 5 festgesetzten Beträge;

u) Investitionsbeihilfen für die Sanierung schadstoffbelasteter Standorte: 20 Mio. EUR pro Unternehmen und Investitionsvorhaben;

v) Betriebsbeihilfen für die Erzeugung von Strom aus erneuerbaren Energiequellen und Betriebsbeihilfen zur Förderung erneuerbarer Energien in kleinen Anlagen: 15 Mio. EUR pro Unternehmen und Vorhaben; wenn die Beihilfe auf der Grundlage einer Ausschreibung nach Artikel 42 gewährt wird: 150 Mio. EUR pro Jahr unter Berücksichtigung der Mittel, die insgesamt für alle unter Artikel 42 fallenden Regelungen bereitgestellt werden:

▼B

w) Investitionsbeihilfen für das Fernwärme- oder Fernkälte-Verteilnetz: 20 Mio. EUR pro Unternehmen und Investitionsvorhaben;

x) Investitionsbeihilfen für Energieinfrastrukturen: 50 Mio. EUR pro Unternehmen und Investitionsvorhaben;

▼M4

y) in Form eines Zuschusses gewährte Beihilfen für den Ausbau fester Breitbandnetze: 100 Mio. EUR Gesamtkosten pro Vorhaben; bei Beihilfen für feste Breitband-Infrastruktur, die in Form eines Finanzinstruments gewährt werden, darf der Nominalbetrag der Gesamtmittel, die einem Endempfänger pro Vorhaben gewährt werden, 150 Mio. EUR nicht überschreiten;

ya) in Form eines Zuschusses gewährte Beihilfen für den Ausbau von 4G- oder 5G-Mobilfunknetzen: 100 Mio. EUR Gesamtkosten pro Vorhaben; bei Beihilfen für 4G- oder 5G-Mobilfunknetze, die in Form eines Finanzinstruments gewährt werden, darf der Nominalbetrag der Gesamtmittel, die einem Endempfänger pro Vorhaben gewährt werden, 150 Mio. EUR nicht überschreiten;

yb) in Form eines Zuschusses gewährte Beihilfen für bestimmte Vorhaben von gemeinsamem Interesse im Bereich transeuropäischer digitaler Vernetzungsinfrastruktur, die nach der Verordnung (EU) 2021/1153 finanziert werden oder mit einem Exzellenzsiegel nach der genannten Verordnung ausgezeichnet wurden: 100 Mio. EUR Gesamtkosten pro Vorhaben; bei Beihilfen für bestimmte Vorhaben von gemeinsamem Interesse im Bereich transeuropäischer digitaler Vernetzungsinfrastruktur, die in Form eines Finanzinstruments gewährt werden, darf der Nominalbetrag der Gesamtmittel, die einem Endempfänger pro Vorhaben gewährt werden, 150 Mio. EUR nicht überschreiten;

yc) in Form von Konnektivitätsgutscheinen gewährte Beihilfen: die Gesamtmittelausstattung für staatliche Beihilfen für alle Konnektivitätsgutscheinregelungen darf in einem Mitgliedstaat in einem Zeitraum von 24 Monaten 50 Mio. EUR (Gesamtbetrag einschließlich nationaler und regionaler bzw. lokaler Gutscheinregelungen) nicht übersteigen;

▼M1

z) Investitionsbeihilfen für Kultur und die Erhaltung des kulturellen Erbes: 150 Mio. EUR pro Projekt; Betriebsbeihilfen für Kultur und die Erhaltung des kulturellen Erbes: 75 Mio. EUR pro Unternehmen und Jahr;

▼B

aa) Beihilferegelungen für audiovisuelle Werke: 50 Mio. EUR pro Regelung und Jahr;

▼M1

bb) Investitionsbeihilfen für Sportinfrastrukturen und multifunktionale Freizeitinfrastrukturen: 30 Mio. EUR oder die Gesamtkosten über 100 Mio. EUR pro Vorhaben; Betriebsbeihilfen für Sportinfrastrukturen: 2 Mio. EUR pro Infrastruktur und Jahr;

▼B

cc) Investitionsbeihilfen für lokale Infrastrukturen: 10 Mio. EUR oder die Gesamtkosten über 20 Mio. EUR für dieselbe Infrastruktur:

▼ **M1**

dd) Beihilfen für Regionalflughäfen: die in Artikel 56a festgelegten Beihilfeintensitäten und Beihilfebeträge;

ee) Beihilfen für Seehäfen: beihilfefähige Kosten von 130 Mio. EUR pro Vorhaben (oder 150 Mio. EUR pro Vorhaben in einem Seehafen, der in dem Arbeitsplan für einen Kernnetzkorridor im Sinne des Artikels 47 der Verordnung (EU) Nr. 1315/2013 des Europäischen Parlaments und des Rates [1] enthalten ist); in Bezug auf die Ausbaggerung ist ein Vorhaben definiert als die gesamte innerhalb eines Kalenderjahres durchgeführte Ausbaggerung;

ff) Beihilfen für Binnenhäfen: beihilfefähige Kosten von 40 Mio. EUR pro Vorhaben (oder 50 Mio. EUR pro Vorhaben in einem Binnenhafen, der in dem Arbeitsplan für einen Kernnetzkorridor im Sinne des Artikels 47 der Verordnung (EU) Nr. 1315/2013 enthalten ist); in Bezug auf die Ausbaggerung ist ein Vorhaben definiert als die gesamte innerhalb eines Kalenderjahres durchgeführte Ausbaggerung;

▼ **M4**

gg) Beihilfen im Rahmen von aus dem Fonds „InvestEU" unterstützten Finanzprodukten: die in Kapitel III Abschnitt 16 festgesetzten Beträge;

hh) Beihilfen für KMU für Kosten aus der Teilnahme an Projekten der von der örtlichen Bevölkerung betriebenen lokalen Entwicklung („CLLD") und Projekten operationeller Gruppen der Europäischen Innovationspartnerschaft („EIP") „Landwirtschaftliche Produktivität und Nachhaltigkeit": bei Beihilfen nach Artikel 19a: 2 Mio. EUR pro Unternehmen und Projekt; bei Beihilfen nach Artikel 19b: die in Artikel 19b Absatz 2 festgesetzten Beträge pro Projekt.

▼ **B**

2.   Die in Absatz 1 dargelegten oder genannten Schwellen dürfen nicht durch eine künstliche Aufspaltung der Beihilferegelungen oder Fördervorhaben umgangen werden.

Artikel 5

Transparenz der Beihilfe

1.   Diese Verordnung gilt nur für Beihilfen, deren Bruttosubventionsäquivalent sich im Voraus genau berechnen lässt, ohne dass eine Risikobewertung erforderlich ist („transparente Beihilfen").

2.   Als transparent gelten folgende Gruppen von Beihilfen:

a) Beihilfen in Form von Zuschüssen und Zinszuschüssen;

b) Beihilfen in Form von Krediten, wenn das Bruttosubventionsäquivalent auf der Grundlage des zum Gewährungszeitpunkt geltenden Referenzzinssatzes berechnet wurde;

---

[1] Verordnung (EU) Nr. 1315/2013 des Europäischen Parlaments und des Rates vom 11. Dezember 2013 über Leitlinien der Union für den Aufbau eines transeuropäischen Verkehrsnetzes und zur Aufhebung des Beschlusses Nr. 661/2010/EU (ABl. L 348 vom 20.12.2013, S. 1).

c) Beihilfen in Form von Garantien,

   i) wenn das Bruttosubventionsäquivalent (BSÄ) auf der Grundlage von SAFE-Harbour-Prämien berechnet wurde, die in einer Mitteilung der Kommission festgelegt sind, oder

   ii) wenn vor der Durchführung der Maßnahme die Methode für die Berechnung des BSÄ der Garantie nach einer zum Zeitpunkt der Anmeldung einschlägigen Verordnung der Kommission im Bereich der staatlichen Beihilfen angemeldet und sie auf der Grundlage der Mitteilung der Kommission über die Anwendung der Artikel 87 und 88 des EG-Vertrags auf staatliche Beihilfen in Form von Haftungsverpflichtungen und Bürgschaften (¹) oder einer Folgemitteilung von der Kommission genehmigt wurde, und wenn sich die genehmigte Methode ausdrücklich auf die Art der Garantie und die Art der zugrunde liegenden Transaktion bezieht, um die es im Zusammenhang mit der Anwendung der vorliegenden Verordnung geht;

d) Beihilfen in Form von Steuervergünstigungen, wenn darin eine Obergrenze vorgesehen ist, damit die geltenden Schwellenwerte nicht überschritten werden;

e) regionale Stadtentwicklungsbeihilfen, sofern die Voraussetzungen des Artikels 16 erfüllt sind;

ea) Beihilfen an Unternehmen für ihre Teilnahme an Projekten der europäischen territorialen Zusammenarbeit nach Artikel 20a, wenn darin eine Obergrenze vorgesehen ist, damit der Artikel 20a festgelegte Schwellenwert nicht überschritten wird;

f) Beihilfen in Form von Risikofinanzierungsmaßnahmen, sofern die Voraussetzungen des Artikels 21 erfüllt sind;

g) Beihilfen für Unternehmensneugründungen, sofern die Voraussetzungen des Artikels 22 erfüllt sind;

h) Beihilfen für Energieeffizienzprojekte, sofern die Voraussetzungen des Artikels 39 erfüllt sind;

i) Beihilfen in Form von zusätzlich zum Marktpreis gezahlten Prämien, sofern die Voraussetzungen des Artikels 42 erfüllt sind;

j) Beihilfen in Form rückzahlbarer Vorschüsse, sofern der nominale Gesamtbetrag des rückzahlbaren Vorschusses die nach dieser Verordnung geltenden Schwellenwerte nicht übersteigt oder sofern vor der Durchführung der Maßnahme die Methode für die Berechnung des Bruttosubventionsäquivalents des rückzahlbaren Vorschusses bei der Kommission angemeldet und von ihr genehmigt wurde;

k) Beihilfen in Form eines Verkaufs oder einer Vermietung materieller Vermögenswerte unter dem Marktpreis, sofern der Wert entweder durch das Gutachten eines unabhängigen Sachverständigen oder dem Verkauf beziehungsweise der Vermietung oder anhand einer öffentlich zugänglichen, regelmäßig aktualisierten und allgemein anerkannten Benchmark ermittelt wird;

l) Beihilfen im Rahmen von aus dem Fonds „InvestEU" unterstützten Finanzprodukten, sofern die Voraussetzungen des Kapitels III Abschnitt 16 erfüllt sind.

(¹) ABl. C 155 vom 20.6.2008. S. 10.

6. AGVO-kons

Artikel 6

Anreizeffekt

1.   Diese Verordnung gilt nur für Beihilfen, die einen Anreizeffekt haben.

2.   Beihilfen gelten als Beihilfen mit Anreizeffekt, wenn der Beihilfe-empfänger vor Beginn der Arbeiten für das Vorhaben oder die Tätigkeit einen schriftlichen Beihilfeantrag in dem betreffenden Mitgliedstaat gestellt hat. Der Beihilfeantrag muss mindestens die folgenden Angaben enthalten:

a) Name und Größe des Unternehmens,

b) Beschreibung des Vorhabens mit Angabe des Beginns und des Abschlusses,

c) Standort des Vorhabens,

d) die Kosten des Vorhabens,

e) Art der Beihilfe (z. B. Zuschuss, Kredit, Garantie, rückzahlbarer Vorschuss oder Kapitalzuführung) und Höhe der für das Vorhaben benötigten öffentlichen Finanzierung;

3.   Ad-hoc-Beihilfen für große Unternehmen gelten als Beihilfen mit Anreizeffekt, wenn die Voraussetzung von Absatz 2 erfüllt ist und sich der Mitgliedstaat zudem vor der Gewährung der betreffenden Beihilfe anhand der Unterlagen des Beihilfeempfängers vergewissert hat, dass die Beihilfe Folgendes ermöglicht:

a) Im Falle regionaler Investitionsbeihilfen: Durchführung eines Vorhabens, das ohne die Beihilfe in dem betreffenden Gebiet nicht durchgeführt worden wäre oder für den Beihilfeempfänger in dem betreffenden Gebiet nicht rentabel genug gewesen wäre.

b) In allen anderen Fällen muss Folgendes belegt werden:

— eine signifikante Erweiterung des Gegenstands des Vorhabens oder der Tätigkeit aufgrund der Beihilfe oder

— eine signifikante Zunahme der Gesamtausgaben des Beihilfeempfängers für das Vorhaben oder die Tätigkeit aufgrund der Beihilfe oder

— ein signifikant beschleunigter Abschluss des betreffenden Vorhabens oder der betreffenden Tätigkeit.

4.   Abweichend von den Absätzen 2 und 3 gelten Maßnahmen in Form von Steuervergünstigungen als Beihilfen mit Anreizeffekt, sofern folgende Voraussetzungen erfüllt sind:

a) Die Maßnahme begründet einen auf objektiven Kriterien beruhenden Anspruch auf die Beihilfe, ohne dass es zusätzlich einer Ermessensentscheidung des Mitgliedstaats bedarf, und

b) die Maßnahme ist vor Beginn der Arbeiten für das geförderte Vorhaben oder die geförderte Tätigkeit eingeführt worden und in Kraft getreten; dies gilt jedoch nicht für steuerliche Folgeregelungen, wenn die Tätigkeit bereits unter Vorläuferregelungen in Form von Steuervergünstigungen fiel.

5. Abweichend von den Absätzen 2, 3 und 4 wird für die folgenden Gruppen von Beihilfen kein Anreizeffekt verlangt beziehungsweise wird von einem Anreizeffekt ausgegangen:

▼M1

a) regionale Betriebsbeihilfen und regionale Stadtentwicklungsbeihilfen, sofern die einschlägigen Voraussetzungen der Artikel 15 und 16 erfüllt sind;

▼B

b) Beihilfen zur Erschließung von KMU-Finanzierungen, sofern die einschlägigen Voraussetzungen der Artikel 21 und 22 erfüllt sind;

c) Beihilfen in Form von Lohnkostenzuschüssen für die Einstellung benachteiligter Arbeitnehmer und Beihilfen in Form von Lohnkostenzuschüssen für die Beschäftigung von Arbeitnehmern mit Behinderungen, sofern die einschlägigen Voraussetzungen der Artikel 32 und 33 erfüllt sind;

▼M1

d) Beihilfen zum Ausgleich der durch die Beschäftigung von Arbeitnehmern mit Behinderungen verursachten Mehrkosten und Beihilfen zum Ausgleich der Kosten für die Unterstützung benachteiligter Arbeitnehmer, sofern die einschlägigen Voraussetzungen der Artikel 34 und 35 erfüllt sind;

▼B

e) Beihilfen in Form von Umweltsteuerermäßigungen nach der Richtlinie 2003/96/EG, sofern die Voraussetzungen des Artikels 44 dieser Verordnung erfüllt sind;

f) Beihilfen zur Bewältigung der Folgen bestimmter Naturkatastrophen, sofern die Voraussetzungen des Artikels 50 erfüllt sind;

g) Sozialbeihilfen für die Beförderung von Einwohnern entlegener Gebiete, sofern die Voraussetzungen des Artikels 51 erfüllt sind;

h) Beihilfen für Kultur und die Erhaltung des kulturellen Erbes, sofern die Voraussetzungen des Artikels 53 erfüllt sind;

▼M4

i) Beihilfen für Unternehmen, die an Projekten der europäischen territorialen Zusammenarbeit teilnehmen, sofern die einschlägigen Voraussetzungen des Artikels 20 oder des Artikels 20a erfüllt sind;

j) Beihilfen für mit einem Exzellenzsiegel ausgezeichnete Forschungs- und Entwicklungsvorhaben, Marie-Skłodowska-Curie-Maßnahmen und vom ERC geförderte Maßnahmen für den Konzeptnachweis, die mit einem Exzellenzsiegel ausgezeichnet wurden, Beihilfen im Rahmen von kofinanzierten Vorhaben und kofinanzierten Teaming-Maßnahmen, sofern die einschlägigen Voraussetzungen des Artikels 25a, des Artikels 25b, des Artikels 25c oder des Artikels 25d erfüllt sind;

k) Beihilfen im Rahmen von aus dem Fonds „InvestEU" unterstützten Finanzprodukten, sofern die Voraussetzungen des Kapitels III Abschnitt 16 erfüllt sind:

6. AGVO-kons

l) Beihilfen für KMU, die an Projekten der von der örtlichen Bevölkerung betriebenen lokalen Entwicklung („CLLD") und Projekten operationeller Gruppen der Europäischen Innovationspartnerschaft („EIP") „Landwirtschaftliche Produktivität und Nachhaltigkeit" teilnehmen oder davon profitieren, sofern die einschlägigen Voraussetzungen des Artikels 19a oder des Artikels 19b erfüllt sind.

▼ B

Artikel 7

Beihilfeintensität und beihilfefähige Kosten

1. Für die Berechnung der Beihilfeintensität und der beihilfefähigen Kosten werden die Beträge vor Abzug von Steuern und sonstigen Abgaben herangezogen. Die beihilfefähigen Kosten sind durch schriftliche Unterlagen zu belegen, die klar, spezifisch und aktuell sein müssen. ►M4 Die beihilfefähigen Kosten können anhand der in der Verordnung (EU) Nr. 1303/2013 des Europäischen Parlaments und des Rates (¹) aufgeführten vereinfachten Kostenoptionen bzw. anhand der Verordnung (EU) 2021/1060 des Europäischen Parlaments und des Rates (²) ermittelt werden, sofern das Vorhaben zumindest teilweise aus einem Unionsfonds finanziert wird, bei dem die Anwendung dieser vereinfachten Kostenoptionen zulässig ist, und die Kostenposition nach der entsprechenden Freistellungsbestimmung beihilfefähig ist. ◄

2. Werden Beihilfen nicht in Form von Zuschüssen gewährt, so entspricht der Beihilfebetrag ihrem Bruttosubventionsäquivalent.

3. ►M1 Zukünftig zu zahlende Beihilfen, u. a. in mehreren Tranchen zu zahlende Beihilfen, werden auf ihren Wert zum Gewährungszeitpunkt abgezinst. ◄ Die beihilfefähigen Kosten werden auf ihren Wert zum Gewährungszeitpunkt abgezinst. Für die Abzinsung wird der zum Gewährungszeitpunkt geltende Abzinsungssatz zugrunde gelegt.

▼ M1

▼ B

5. Werden Beihilfen in Form rückzahlbarer Vorschüsse gewährt, die mangels einer akzeptierten Methode für die Berechnung ihres Bruttosubventionsäquivalents als Prozentsatz der beihilfefähigen Kosten ausgedrückt sind, und ist in der Maßnahme vorgesehen, dass die Vorschüsse im Falle des

---

(¹) Verordnung (EU) Nr. 1303/2013 des Europäischen Parlaments und des Rates vom 17. Dezember 2013 mit gemeinsamen Bestimmungen über den Europäischen Fonds für regionale Entwicklung, den Europäischen Sozialfonds, den Kohäsionsfonds, den Europäischen Landwirtschaftsfonds für die Entwicklung des ländlichen Raums und den Europäischen Meeres- und Fischereifonds sowie mit allgemeinen Bestimmungen über den Europäischen Fonds für regionale Entwicklung, den Europäischen Sozialfonds, den Kohäsionsfonds und den Europäischen Meeres- und Fischereifonds und zur Aufhebung der Verordnung (EG) Nr. 1083/2006 des Rates (ABl. L 347 vom 20.12.2013, S. 320).

(²) Verordnung (EU) 2021/1060 des Europäischen Parlaments und des Rates vom 24. Juni 2021 mit gemeinsamen Bestimmungen für den Europäischen Fonds für regionale Entwicklung, den Europäischen Sozialfonds Plus, den Kohäsionsfonds, den Fonds für einen gerechten Übergang und den Europäischen Meeres-, Fischerei- und Aquakulturfonds sowie mit Haushaltsvorschriften für diese Fonds und für den Asyl-, Migrations- und Integrationsfonds, den Fonds für die innere Sicherheit und das Instrument für finanzielle Hilfe im Bereich Grenzverwaltung und Visumpolitik (ABl. L 231 vom 30.6.2021, S. 159).

Erfolgs des Vorhabens, der auf der Grundlage einer schlüssigen und vorsichtigen Hypothese definiert ist, zu einem Zinssatz zurückgezahlt werden, der mindestens dem zum Gewährungszeitpunkt geltenden Abzinsungssatz entspricht, so können die in Kapitel III festgelegten Beihilfehöchstintensitäten um 10 Prozentpunkte angehoben werden.

6. Werden Regionalbeihilfen in Form rückzahlbarer Zuschüsse gewährt, so dürfen die Beihilfehöchstintensitäten, die in der zum Gewährungszeitpunkt geltenden Fördergebietskarte festgelegt sind, nicht angehoben werden.

Artikel 8

Kumulierung

1. Bei der Prüfung, ob die in Artikel 4 festgelegten Anmeldeschwellen und die in Kapitel III festgelegten Beihilfehöchstintensitäten eingehalten sind, werden die für die geförderte Tätigkeit, das geförderte Vorhaben oder das geförderte Unternehmen insgesamt gewährten staatlichen Beihilfen berücksichtigt.

2. Werden Unionsmittel, die von den Organen, Einrichtungen, gemeinsamen Unternehmen oder sonstigen Stellen der Union zentral verwaltet werden und nicht direkt oder indirekt der Kontrolle der Mitgliedstaaten unterstehen, mit staatlichen Beihilfen kombiniert, so werden bei der Feststellung, ob die Anmeldeschwellen und Beihilfehöchstintensitäten oder Beihilfehöchstbeträge eingehalten sind, nur die staatlichen Beihilfen berücksichtigt, sofern der Gesamtbetrag der für dieselben beihilfefähigen Kosten gewährten öffentlichen Mittel den in den einschlägigen Vorschriften des Unionsrechts festgelegten günstigsten Finanzierungssatz nicht überschreitet.

3. Nach dieser Verordnung freigestellte Beihilfen, bei denen sich die beihilfefähigen Kosten bestimmen lassen, können kumuliert werden mit

a) anderen staatlichen Beihilfen, sofern diese Maßnahmen unterschiedliche bestimmbare beihilfefähige Kosten betreffen;

b) anderen staatlichen Beihilfen für dieselben, sich teilweise oder vollständig überschneidenden beihilfefähigen Kosten, jedoch nur, wenn durch diese Kumulierung die höchste nach dieser Verordnung für diese Beihilfen geltende Beihilfeintensität bzw. der höchste nach dieser Verordnung für diese Beihilfen geltende Beihilfebetrag nicht überschritten wird.

Finanzierungen, die den Endempfängern im Rahmen der Unterstützung aus dem Fonds „InvestEU" im Einklang mit Kapitel III Abschnitt 16 gewährt werden, und die durch diese Finanzierungen gedeckten Kosten werden bei der Prüfung der Einhaltung der in Satz 1 dieses Buchstabens festgelegten Kumulierungsvorschriften nicht berücksichtigt. Stattdessen wird der für die Einhaltung der in Satz 1 dieses Buchstabens festgelegten Kumulierungsvorschriften relevante Betrag wie folgt berechnet. Zunächst wird der Nominalbetrag der aus dem Fonds „InvestEU" unterstützten Finanzierung von den gesamten beihilfefähigen Projektkosten abgezogen, wodurch sich die gesamten verbleibenden beihilfefähigen Kosten ergeben; anschließend wird zur Berechnung des Beihilfehöchstbetrags die einschlägige Beihilfehöchstintensität bzw. der einschlägige Beihilfehöchstbetrag ausschließlich auf die gesamten verbleibenden beihilfefähigen Kosten angewendet.

6. AGVO-kons

Auch in Fällen von Artikeln, in denen die Anmeldeschwelle als Beihilfehöchstbetrag ausgedrückt ist, wird der Nominalbetrag der den Endempfängern im Rahmen der Unterstützung aus dem Fonds „InvestEU" bereitgestellten Finanzierungen bei der Prüfung, ob die Anmeldeschwelle in Artikel 4 eingehalten wird, nicht berücksichtigt.

Alternativ kann bei vorrangigen Darlehen oder Garantien für vorrangige Darlehen, die aus dem Fonds „InvestEU" im Einklang mit Kapitel III Abschnitt 16 unterstützt werden, das Bruttosubventionsäquivalent der in solchen Darlehen oder Garantien enthaltenen Beihilfe für die Endempfänger auch nach Artikel 5 Absatz 2 Buchstabe b bzw. c berechnet werden. Anhand des Bruttosubventionsäquivalents der Beihilfe kann sichergestellt werden, dass die Kumulierung mit anderen Beihilfen für dieselben bestimmbaren beihilfefähigen Kosten im Einklang mit Satz 1 dieses Buchstabens nicht zu einer Überschreitung der Beihilfehöchstintensität oder des Beihilfehöchstbetrags für die Beihilfe nach dieser Verordnung oder zur Überschreitung der einschlägigen Anmeldeschwelle nach dieser Verordnung führt.

4. Nach Artikel 19b, Artikel 20a, Artikel 21, Artikel 22, Artikel 23, Artikel 56e Absatz 5 Buchstabe a Ziffer ii oder iii, Artikel 56e Absatz 8 Buchstabe d, Artikel 56e Absatz 10 und Artikel 56f freigestellte Beihilfen, bei denen sich die beihilfefähigen Kosten nicht bestimmen lassen, können mit jeglichen anderen staatlichen Beihilfen, bei denen sich die beihilfefähigen Kosten bestimmen lassen, kumuliert werden. Beihilfen, bei denen sich die beihilfefähigen Kosten nicht bestimmen lassen, können mit jeglichen anderen staatlichen Beihilfen, bei denen sich die beihilfefähigen Kosten nicht bestimmen lassen, kumuliert werden, und zwar bis zu der für den jeweiligen Sachverhalt einschlägigen Obergrenze für die Gesamtfinanzierung, die im Einzelfall in dieser oder einer anderen Gruppenfreistellungsverordnung oder in einem Beschluss der Kommission festlegt ist. Nach Artikel 56e Absatz 5 Buchstabe a Ziffer ii oder iii, Artikel 56e Absatz 8 Buchstabe d, Artikel 56e Absatz 10 und Artikel 56f freigestellte Beihilfen, bei denen sich die beihilfefähigen Kosten nicht bestimmen lassen, können mit anderen Beihilfen, bei denen sich die beihilfefähigen Kosten nicht bestimmen lassen und die nach diesen Artikeln freigestellt sind, kumuliert werden.

5. Nach dieser Verordnung freigestellte staatliche Beihilfen dürfen nicht mit De-minimis-Beihilfen für dieselben beihilfefähigen Kosten kumuliert werden, wenn durch diese Kumulierung die in Kapitel III festgelegten Beihilfeintensitäten oder Beihilfehöchstbeträge überschritten werden.

6. Abweichend von Absatz 3 Buchstabe b können die in den Artikeln 33 und 34 vorgesehenen Beihilfen zugunsten von Arbeitnehmern mit Behinderungen mit anderen nach dieser Verordnung freigestellten Beihilfen für dieselben beihilfefähigen Kosten über die höchste nach dieser Verordnung geltende Obergrenze hinaus kumuliert werden, solange diese Kumulierung nicht zur einer Beihilfeintensität führt, die 100 % der einschlägigen, während der Beschäftigung der betreffenden Arbeitnehmer anfallenden Kosten übersteigt.

7. Abweichend von den Absätzen 1 bis 6 werden bei der Prüfung, ob die in Artikel 15 Absatz 4 festgesetzten Obergrenzen für regionale Betriebsbeihilfen für Gebiete in äußerster Randlage eingehalten werden, nur die im Rahmen dieser Verordnung durchgeführten regionalen Betriebsbeihilfen für Gebiete in äußerster Randlage berücksichtigt.

Artikel 9

Veröffentlichung und Information

1. Der betreffende Mitgliedstaat stellt sicher, dass folgende Informationen auf nationaler oder regionaler Ebene auf einer ausführlichen Beihilfe-Website veröffentlicht werden:

a) die in Artikel 11 genannten Kurzbeschreibungen in dem in Anhang II festgelegten Standardformat oder ein Link, der Zugang dazu bietet;

b) der in Artikel 11 verlangte volle Wortlaut jeder Beihilfemaßnahme oder ein Link, der Zugang dazu bietet;

c) die in Anhang III genannten Informationen über jede Einzelbeihilfe von über 500 000 EUR bzw. bei in der Primärerzeugung landwirtschaftlicher Erzeugnisse tätigen Empfängern, die nicht unter Abschnitt 2a fallen, jede Einzelbeihilfe für die genannte Primärerzeugung von mehr als 60 000 EUR, und bei in der Fischerei und Aquakultur tätigen Empfängern, die nicht unter Abschnitt 2a fallen, jede Einzelbeihilfe von mehr als 30 000 EUR.

Bei Beihilfen für Projekte der europäischen territorialen Zusammenarbeit nach Artikel 20 sind die in diesem Absatz genannten Informationen auf der Website des Mitgliedstaats zu veröffentlichen, in dem die zuständige Verwaltungsbehörde im Sinne des Artikels 21 der Verordnung (EU) Nr. 1299/2013 des Europäischen Parlaments und des Rates ([1]) bzw. des Artikels 45 der Verordnung (EU) 2021/1059 des Europäischen Parlaments und des Rates ([2]) ihren Sitz hat. Alternativ können die teilnehmenden Mitgliedstaaten beschließen, dass jeder Mitgliedstaat die Informationen über die Beihilfemaßnahmen in seinem Gebiet auf seiner einschlägigen Website bereitstellt.

Die in Unterabsatz 1 festgelegten Veröffentlichungspflichten gelten weder für Beihilfen für Projekte der europäischen territorialen Zusammenarbeit nach Artikel 20a noch für Projekte operationeller Gruppen der Europäischen Innovationspartnerschaft („EIP") „Landwirtschaftliche Produktivität und Nachhaltigkeit" oder Projekte der von der örtlichen Bevölkerung betriebenen lokalen Entwicklung („CLLD") nach Artikel 19b.

2. Bei Regelungen in Form von Steuervergünstigungen und bei Regelungen, die unter Artikel 16 und 21 ([3]) fallen, gelten die Voraussetzungen nach Absatz 1 Unterabsatz 1 Buchstabe c dieses Artikels als erfüllt, wenn der Mitgliedstaat die erforderlichen Informationen über die einzelnen Beihilfebeträge in den folgenden Spannen (in Mio. EUR) veröffentlicht:

([1]) Verordnung (EU) Nr. 1299/2013 des Europäischen Parlaments und des Rates vom 17. Dezember 2013 mit besonderen Bestimmungen zur Unterstützung des Ziels „Europäische territoriale Zusammenarbeit" aus dem Europäischen Fonds für regionale Entwicklung (EFRE) (ABl. L 347 vom 20.12.2013, S. 259).

([2]) Verordnung (EU) 2021/1059 des Europäischen Parlaments und des Rates vom 24. Juni 2021 über besondere Bestimmungen für das aus dem Europäischen Fonds für regionale Entwicklung sowie aus Finanzierungsinstrumenten für das auswärtige Handeln unterstützte Ziel „Europäische territoriale Zusammenarbeit" (Interreg) (ABl. L 231 vom 30.6.2021, S. 94).

([3]) Bei Regelungen nach Artikel 16 und 21 dieser Verordnung kann bei KMU, die noch keinen kommerziellen Verkauf getätigt haben, auf die Pflicht zur Veröffentlichung von Informationen über jede Einzelbeihilfe von mehr als 500 000 EUR verzichtet werden.

AGVO-kons

6. AGVO-kons

▼ M4

0,03-0,5 (nur für Fischerei und Aquakultur),

0,06-0,5 (nur für Primärerzeugung landwirtschaftlicher Erzeugnisse),

0,5-1,

1-2,

2-5,

5-10,

10-30 und

30 und mehr.

▼ B

3. Bei Regelungen, die unter Artikel 51 dieser Verordnung fallen, gelten die in diesem Artikel dargelegten Veröffentlichungspflichten nicht für Endverbraucher.

▼ M4

3a. Wurde ein Finanzprodukt von einem Mitgliedstaat im Rahmen der Mitgliedstaaten-Komponente des Fonds „InvestEU" oder von einer nationalen Förderbank in ihrer Rolle als Durchführungspartner oder als Finanzintermediär im Rahmen des Fonds „InvestEU" durchgeführt, ist der Mitgliedstaat dennoch verpflichtet, die Veröffentlichung von Informationen im Einklang mit Absatz 1 Unterabsatz 1 Buchstabe c zu gewährleisten. Diese Verpflichtung gilt jedoch als erfüllt, wenn der Durchführungspartner der Kommission spätestens am 30. Juni des Jahres, das auf das Geschäftsjahr folgt, in dem die Beihilfe gewährt wurde, die Informationen nach Absatz 1 Unterabsatz 1 Buchstabe c übermittelt und wenn in der von der Kommission und dem Durchführungspartner unterzeichneten Garantievereinbarung die Anforderung festgelegt ist, der Kommission die Informationen nach Absatz 1 Unterabsatz 1 Buchstabe c zu übermitteln.

▼ B

4. Die in Absatz 1 Buchstabe c dieses Artikels genannten Informationen müssen wie in Anhang III beschrieben in standardisierter Form strukturiert und zugänglich gemacht werden und mit effizienten Such- und Downloadfunktionen abgerufen werden können. Die in Absatz 1 genannten Informationen sind innerhalb von sechs Monaten nach dem Tag der Gewährung der Beihilfe beziehungsweise für Beihilfen in Form von Steuervergünstigungen innerhalb eines Jahres nach dem Abgabetermin für die Steuererklärung zu veröffentlichen und müssen mindestens 10 Jahre ab dem Tag der Gewährung der Beihilfe zur Verfügung stehen.

5. Die Kommission veröffentlicht auf ihrer Website

a) die Links zu den in Absatz 1 genannten Beihilfe-Websites,

b) die in Artikel 11 genannten Kurzbeschreibungen.

6. Die Mitgliedstaaten kommen den Bestimmungen dieses Artikels spätestens zwei Jahre nach Inkrafttreten dieser Verordnung nach.

▼B

KAPITEL II

MONITORING

Artikel 10

Entzug des Rechtsvorteils der Gruppenfreistellung

Gewährt ein Mitgliedstaat angeblich nach dieser Verordnung von der Anmeldepflicht befreite Beihilfen, ohne dass die Voraussetzungen der Kapitel I bis III erfüllt sind, so kann die Kommission, nachdem sie dem Mitgliedstaat Gelegenheit zur Stellungnahme gegeben hat, einen Beschluss erlassen, nach dem alle oder einige der künftigen Beihilfemaßnahmen des betreffenden Mitgliedstaats, die ansonsten die Voraussetzungen dieser Verordnung erfüllen würden, nach Artikel 108 Absatz 3 AEUV bei der Kommission anzumelden sind. Die anzumeldenden Maßnahmen können auf Maßnahmen, bei denen bestimmte Arten von Beihilfen gewährt werden, auf Maßnahmen zugunsten bestimmter Beihilfeempfänger oder auf Beihilfemaßnahmen bestimmter Behörden des betreffenden Mitgliedstaats beschränkt werden.

▼M2

Artikel 11

Berichterstattung

▼M4

1.   Die Mitgliedstaaten bzw. im Falle von Beihilfen für Projekte der europäischen territorialen Zusammenarbeit nach Artikel 20 der Mitgliedstaat, in dem die Verwaltungsbehörde im Sinne des Artikels 21 der Verordnung (EU) Nr. 1299/2013 bzw. Artikel 45 der Verordnung (EU) 2021/1059 ihren Sitz hat, übermitteln der Kommission

a) über das elektronische Anmeldesystem der Kommission die Kurzbeschreibung jeder auf der Grundlage der vorliegenden Verordnung freigestellten Maßnahme in dem in Anhang II festgelegten Standardformat zusammen mit einem Link, der Zugang zum vollen Wortlaut der Beihilfemaßnahme einschließlich Änderungen bietet, und zwar innerhalb von 20 Arbeitstagen nach deren Inkrafttreten, und

b) im Einklang mit der Verordnung (EG) Nr. 794/2004 der Kommission ([1]) einen Jahresbericht in elektronischer Form über die Anwendung der vorliegenden Verordnung mit den nach der genannten Verordnung für jedes volle Jahr oder jeden Teil eines Jahres, in dem die vorliegende Verordnung gilt, anzugebenden Informationen. Für Finanzprodukte, die von einem Mitgliedstaat im Rahmen der Mitgliedstaaten-Komponente des Fonds „InvestEU" oder von einer nationalen Förderbank in ihrer Rolle als Durchführungspartner oder als Finanzintermediär im Rahmen des Fonds „InvestEU" durchgeführt werden, gilt diese Pflicht des Mitgliedstaats als erfüllt, wenn der Durchführungspartner der Kommission die Jahresberichte im Einklang mit den einschlägigen, in der von der Kommission und dem Durchführungspartner unterzeichneten Garantievereinbarung festgelegten Berichtspflichten übermittelt.

([1]) Verordnung (EG) Nr. 794/2004 der Kommission vom 21. April 2004 zur Durchführung der Verordnung (EU) 2015/1589 des Rates über besondere Vorschriften für die Anwendung von Artikel 108 des Vertrags über die Arbeitsweise der Europäischen Union (ABl. L 140 vom 30.4.2004, S. 1).

6. AGVO-kons

▼ __M4__

Unterabsatz 1 gilt weder für Beihilfen für Projekte der europäischen territorialen Zusammenarbeit nach Artikel 20a noch für Projekte operationeller Gruppen der Europäischen Innovationspartnerschaft („EIP") „Landwirtschaftliche Produktivität und Nachhaltigkeit" oder Projekte der von der örtlichen Bevölkerung betriebenen lokalen Entwicklung („CLLD") nach Artikel 19b.

▼ __M2__

2.   Wenn ein Mitgliedstaat aufgrund der Verlängerung der Geltungsdauer dieser Verordnung bis zum 31. Dezember 2023 durch die Verordnung (EU) 2020/972 (^{1}) Maßnahmen verlängern möchte, zu denen der Kommission im Einklang mit Absatz 1 eine Kurzbeschreibung übermittelt wurde, aktualisiert er die Kurzbeschreibung in Bezug auf die Verlängerung dieser Maßnahmen und übermittelt der Kommission die Aktualisierung innerhalb von 20 Arbeitstagen nach Inkrafttreten des Akts, mit dem er die betreffende Maßnahme verlängert hat.

▼ __M1__

Artikel 12

Monitoring

▼ __M4__

1.   Damit die Kommission die nach dieser Verordnung von der Anmeldepflicht freigestellten Beihilfen prüfen kann, führen die Mitgliedstaaten bzw. im Falle von Beihilfen für Projekte der europäischen territorialen Zusammenarbeit nach Artikel 20 der Mitgliedstaat, in dem die Verwaltungsbehörde ihren Sitz hat, ausführliche Aufzeichnungen mit den Informationen und einschlägigen Unterlagen, die notwendig sind, um feststellen zu können, dass alle Voraussetzungen dieser Verordnung erfüllt sind. Diese Aufzeichnungen werden ab dem Tag, an dem die Ad-hoc-Beihilfe oder die letzte Beihilfe auf der Grundlage der Regelung gewährt wurde, 10 Jahre lang aufbewahrt.

Unterabsatz 1 gilt weder für Beihilfen für Projekte der europäischen territorialen Zusammenarbeit nach Artikel 20a noch für Projekte operationeller Gruppen der Europäischen Innovationspartnerschaft „Landwirtschaftliche Produktivität und Nachhaltigkeit" oder Projekte der von der örtlichen Bevölkerung betriebenen lokalen Entwicklung („CLLD") nach Artikel 19b.

▼ __M1__

2.   Im Falle von Beihilferegelungen, nach denen steuerliche Beihilfen, z. B. auf der Grundlage der Steuererklärungen der Beihilfeempfänger, automatisch gewährt werden und bei denen nicht *ex ante* geprüft wird, ob bei jedem Beihilfeempfänger alle Vereinbarkeitsvoraussetzungen erfüllt sind, prüfen die Mitgliedstaaten regelmäßig zumindest *ex post* und anhand einer Stichprobe, ob alle Vereinbarkeitsvoraussetzungen erfüllt sind, und ziehen die notwendigen Schlussfolgerungen. Die Mitgliedstaaten führen ausführliche Aufzeichnungen über die Prüfungen und bewahren sie ab dem Tag der Kontrollen mindestens 10 Jahre lang auf.

3.   Die Kommission kann jeden Mitgliedstaat um alle Informationen und einschlägigen Unterlagen ersuchen, die sie als notwendig ansieht, um die Anwendung dieser Verordnung prüfen zu können, so zum Beispiel die in den Absätzen 1 und 2 genannten Informationen. Der betreffende Mitgliedstaat übermittelt der Kommission die angeforderten Informationen und

---

(^{1}) Verordnung (EU) 2020/972 der Kommission vom 2. Juli 2020 zur Änderung der Verordnung (EU) Nr. 1407/2013 hinsichtlich ihrer Verlängerung und zur Änderung der Verordnung (EU) Nr. 651/2014 hinsichtlich ihrer Verlängerung und relevanter Anpassungen (ABl. L 215 vom 7.7.2020, S. 3).

▼ __M1__

einschlägigen Unterlagen innerhalb von 20 Arbeitstagen nach Eingang des Auskunftsersuchens oder innerhalb eines in dem Auskunftsersuchen festgesetzten längeren Zeitraums.

▼ __B__

KAPITEL III

BESONDERE BESTIMMUNGEN FÜR EINZELNE BEIHILFEGRUPPEN

ABSCHNITT 1

Regionalbeihilfen

Unterabschnitt A

Regionale Investitionsbeihilfen und regionale Betriebsbeihilfen

▼ __M1__

Artikel 13

Anwendungsbereich der Regionalbeihilfen

Dieser Abschnitt gilt nicht für

a) Beihilfen zur Förderung von Tätigkeiten in der Stahlindustrie, im Steinkohlenbergbau, im Schiffbau oder in der Kunstfaserindustrie;

b) Beihilfen für den Verkehrssektor und für damit verbundene Infrastrukturen sowie für die Erzeugung und Verteilung von Energie und für Energieinfrastrukturen, mit Ausnahme von regionalen Investitionsbeihilfen für Gebiete in äußerster Randlage und regionalen Betriebsbeihilferegelungen;

c) Regionalbeihilfen in Form von Regelungen, die auf eine begrenzte Zahl bestimmter Wirtschaftszweige ausgerichtet sind; Regelungen, die auf Tourismustätigkeiten, Breitbandinfrastrukturen oder die Verarbeitung und Vermarktung landwirtschaftlicher Erzeugnisse ausgerichtet sind, gelten nicht als auf bestimmte Wirtschaftszweige ausgerichtet;

d) regionale Betriebsbeihilfen zugunsten von Unternehmen, deren Haupttätigkeit unter Abschnitt K „Erbringung von Finanz- und Versicherungsdienstleistungen" der NACE Rev. 2 fällt, oder zugunsten von Unternehmen, die konzerninterne Tätigkeiten ausüben und deren Haupttätigkeit unter die Klasse 70.10 „Verwaltung und Führung von Unternehmen und Betrieben" oder die Klasse 70.22 „Unternehmensberatung" der NACE Rev. 2 fällt.

▼ __B__

Artikel 14

Regionale Investitionsbeihilfen

1. Regionale Investitionsbeihilfen sind im Sinne des Artikels 107 Absatz 3 AEUV mit dem Binnenmarkt vereinbar und von der Anmeldepflicht nach Artikel 108 Absatz 3 AEUV freigestellt, sofern die in diesem Artikel und in Kapitel I festgelegten Voraussetzungen erfüllt sind.

2. Die Beihilfen werden in Fördergebieten gewährt.

6. AGVO-kons

3. In Fördergebieten nach Artikel 107 Absatz 3 Buchstabe a AEUV können Beihilfen für Erstinvestitionen unabhängig von der Größe des Beihilfeempfängers gewährt werden. In Fördergebieten nach Artikel 107 Absatz 3 Buchstabe c AEUV können KMU Beihilfen für Erstinvestitionen jeder Art gewährt werden. Großen Unternehmen können nur für Erstinvestitionen in eine neue Wirtschaftstätigkeit in dem betreffenden Gebiet Beihilfen gewährt werden.

4. Beihilfefähige Kosten sind

a) die Kosten einer Investition in materielle und immaterielle Vermögenswerte,

b) die für einen Zeitraum von zwei Jahren berechneten voraussichtlichen Lohnkosten für die durch eine Erstinvestition geschaffenen Arbeitsplätze oder

c) eine Kombination der Buchstaben a und b, wobei der höhere der nach a und b in Betracht kommenden Beträge nicht überschritten werden darf.

5. Die Investition muss in dem betreffenden Fördergebiet mindestens fünf Jahre — bei KMU mindestens drei Jahre — nach Abschluss der Investition erhalten bleiben. Anlagen und Ausrüstungen, die innerhalb des betreffenden Zeitraums veralten oder defekt werden, können jedoch ersetzt werden, sofern die betreffende Wirtschaftstätigkeit während des einschlägigen Mindestzeitraums in der Region aufrechterhalten wird.

6. Außer bei KMU oder im Falle des Erwerbs einer Betriebsstätte müssen die erworbenen Vermögenswerte neu sein. Kosten im Zusammenhang mit dem Leasing materieller Vermögenswerte können unter folgenden Umständen berücksichtigt werden:

a) Leasingverträge für Grundstücke oder Gebäude müssen nach dem voraussichtlichen Abschluss des Investitionsvorhabens bei großen Unternehmen noch mindestens fünf Jahre, bei KMU mindestens drei Jahre weiterlaufen,

b) Leasingverträge für Betriebsstätten oder Maschinen müssen die Form eines Finanzierungsleasings haben und die Verpflichtung enthalten, dass der Beihilfeempfänger den Vermögenswert am Ende der Laufzeit erwirbt.

▶M1 Im Falle des Erwerbs der Vermögenswerte einer Betriebsstätte im Sinne des Artikels 2 Nummer 49 oder Nummer 51 werden nur die Kosten für den Erwerb der Vermögenswerte von Dritten, die in keiner Beziehung zum Käufer stehen, berücksichtigt. ◀ Das Rechtsgeschäft muss zu Marktbedingungen erfolgen. Wenn bereits vor dem Kauf Beihilfen für den Erwerb von Vermögenswerten gewährt wurden, werden die Kosten dieser Vermögenswerte von den beihilfefähigen Kosten für den Erwerb einer Betriebsstätte abgezogen. Bei der Übernahme eines kleinen Unternehmens durch Familienmitglieder ursprünglicher Eigentümer oder ehemalige Beschäftigte entfällt die Voraussetzung, dass die Vermögenswerte von Dritten, die in keiner Beziehung zum Käufer stehen, erworben werden müssen. Die Übernahme von Unternehmensanteilen gilt nicht als Erstinvestition.

7. ►**M1** Bei großen Unternehmen gewährten Beihilfen für grundlegende Änderungen des Produktionsprozesses müssen die beihilfefähigen Kosten höher sein als die in den drei vorangegangenen Geschäftsjahren erfolgten Abschreibungen für die mit der zu modernisierenden
Tätigkeit verbundenen Vermögenswerte. ◄ Bei Beihilfen für die Diversifizierung der Produktion einer bestehenden Betriebsstätte müssen die
beihilfefähigen Kosten mindestens 200 % über dem Buchwert liegen,
der in dem Geschäftsjahr vor Beginn der Arbeiten für die wiederverwendeten Vermögenswerte verbucht wurde.

8.   Immaterielle Vermögenswerte können bei der Berechnung der Investitionskosten berücksichtigt werden, wenn sie folgende Voraussetzungen erfüllen:

a) Sie dürfen nur in der Betriebsstätte genutzt werden, die die Beihilfe
erhält;

b) sie müssen abschreibungsfähig sein;

c) sie müssen von Dritten, die in keiner Beziehung zum Käufer stehen,
zu Marktbedingungen erworben werden, und

d) sie müssen auf der Aktivseite des Unternehmens, das die Beihilfe
erhält, bilanziert werden und mindestens fünf Jahre lang (bei KMU
drei Jahre) mit dem Vorhaben, für das die Beihilfe gewährt wurde,
verbunden verbleiben.

Bei großen Unternehmen werden die Kosten immaterieller Vermögenswerte nur bis zu einer Obergrenze von 50 % der gesamten beihilfefähigen Investitionskosten der Erstinvestition berücksichtigt.

9.   Werden die beihilfefähigen Kosten nach Absatz 4 Buchstabe b auf
der Grundlage der prognostizierten Lohnkosten berechnet, müssen folgende Voraussetzungen erfüllt sein:

a) das Investitionsvorhaben muss in der betreffenden Betriebsstätte im
Vergleich zum Durchschnitt der vorangegangenen 12 Monate einen
Nettoanstieg der Beschäftigtenzahl zur Folge haben; folglich muss
jeder verlorene Arbeitsplatz von den in diesem Zeitraum geschaffenen Arbeitsplätzen abgezogen werden,

b) jede Stelle wird binnen drei Jahren nach Abschluss der Arbeiten
besetzt und

c) jede durch die Investition geschaffene Stelle verbleibt ab dem Zeitpunkt ihrer Besetzung mindestens fünf Jahre (drei Jahre bei KMU)
in dem betreffenden Gebiet, es sei denn, die Stelle geht im Zeitraum
vom 1. Januar 2020 bis zum 30. Juni 2021 verloren.

10.   Regionalbeihilfen für den Ausbau der Breitbandversorgung müssen die folgenden Voraussetzungen erfüllen:

a) Die Beihilfen werden nur in Gebieten gewährt, in denen kein Netz
derselben Kategorie (entweder Breitbandgrundversorgung oder
NGA) vorhanden ist und ein solches in den drei auf den Gewährungsbeschluss folgenden Jahren voraussichtlich auch nicht auf kommerzieller Grundlage aufgebaut wird.

b) der geförderte Netzbetreiber muss auf Vorleistungsebene zu fairen und diskriminierungsfreien Bedingungen Zugang zu den aktiven und passiven Infrastrukturen einschließlich einer physischen Entbündelung im Falle von NGA-Netzen gewähren, und

c) die Beihilfen werden auf der Grundlage eines wettbewerblichen Auswahlverfahrens gewährt.

11. Regionalbeihilfen für Forschungsinfrastrukturen werden nur gewährt, wenn die Beihilfen an die Bedingung geknüpft sind, dass zu transparenten und diskriminierungsfreien Bedingungen Zugang zu den geförderten Infrastrukturen gewährt wird.

12. Die als Bruttosubventionsäquivalent ausgedrückte Beihilfeintensität darf die Beihilfehöchstintensität, die in der zum Gewährungszeitpunkt für das betreffende Fördergebiet geltenden Fördergebietskarte festgelegt ist, nicht überschreiten. Wenn die Beihilfeintensität auf der Grundlage des Absatzes 4 Buchstabe c berechnet wird, darf die Beihilfehöchstintensität den günstigsten Betrag, der sich aus der Anwendung dieser Intensität auf der Grundlage der Investitions- oder der Lohnkosten ergibt, nicht überschreiten. Bei großen Investitionsvorhaben darf die Beihilfe nicht über den angepassten Beihilfehöchstsatz hinausgehen, der nach dem in Artikel 2 Nummer 20 definierten Mechanismus berechnet wird.

13. Eine Erstinvestition desselben Beihilfeempfängers (auf Unternehmensgruppen-Ebene) in einem Zeitraum von drei Jahren ab Beginn der Arbeiten an einer anderen durch eine Beihilfe geförderten Investition in derselben NUTS-3-Region gilt als Teil einer Einzelinvestition. Wenn es sich bei der betreffenden Einzelinvestition um ein großes Investitionsvorhaben handelt, darf die insgesamt für die Einzelinvestition gewährte Beihilfe nicht über dem angepassten Beihilfehöchstsatz für große Investitionsvorhaben liegen.

14. Der Beihilfeempfänger muss entweder aus eigenen oder aus fremden Mitteln einen Eigenbeitrag von mindestens 25 % der beihilfefähigen Kosten leisten; dieser Eigenbetrag darf keinerlei öffentliche Förderung enthalten. Für Investitionen von KMU in Gebieten in äußerster Randlage können Beihilfen mit einer Höchstintensität von mehr als 75 % gewährt werden, wobei der Restbetrag vom Beihilfeempfänger zu tragen ist.

15. Bei Erstinvestitionen im Zusammenhang mit Projekten der europäischen territorialen Zusammenarbeit, die unter die Verordnung (EU) Nr. 1299/2013 oder die Verordnung (EU) 2021/1059 fallen, gilt für alle an dem Projekt beteiligten Beihilfeempfänger die Beihilfeintensität für das Gebiet, in dem die Erstinvestition angesiedelt ist. Wenn die Erstinvestition in zwei oder mehreren Fördergebieten angesiedelt ist, gilt die Beihilfehöchstintensität, die in dem Fördergebiet anzuwenden ist, in dem die meisten beihilfefähigen Kosten anfallen. In Fördergebieten nach Artikel 107 Absatz 3 Buchstabe a AEUV gilt diese Bestimmung für große Unternehmen nur dann, wenn die Erstinvestition eine neue wirtschaftliche Tätigkeit betrifft.

16. Der Beihilfeempfänger bestätigt, dass er in den beiden Jahren vor der Beantragung der Beihilfe keine Verlagerung hin zu der Betriebsstätte vorgenommen hat, in der die Erstinvestition, für die die Beihilfe beantragt wird, getätigt werden soll, und verpflichtet sich, dies auch in den beiden Jahren nach Abschluss der Erstinvestition, für die die Beihilfe beantragt wird, nicht zu tun. ► M2 In Bezug auf vor dem 31. Dezember 2019 eingegangene Verpflichtungen werden zwischen dem 1. Januar 2020 und dem 30. Juni 2021 eingetretene Arbeitsplatzverluste in derselben oder einer ähnlichen Tätigkeit in einer ursprünglichen Betriebsstätte des Beihilfeempfängers im EWR nicht als Übertragung im Sinne des Artikels 2 Nummer 61a erachtet. ◄

17. In der Fischerei und Aquakultur werden für Unternehmen, die einen oder mehrere der in Artikel 10 Absatz 1 Buchstaben a bis d und Artikel 10 Absatz 3 der Verordnung (EU) Nr. 508/2014 des Europäischen Parlaments und des Rates [1] genannten Verstöße begangen haben, und für in Artikel 11 der genannten Verordnung aufgeführte Vorhaben keine Beihilfen gewährt.

Artikel 15

Regionale Betriebsbeihilfen

1. Regionale Betriebsbeihilferegelungen in Gebieten in äußerster Randlage, Gebieten mit geringer Bevölkerungsdichte und Gebieten mit sehr geringer Bevölkerungsdichte sind im Sinne des Artikels 107 Absatz 3 AEUV mit dem Binnenmarkt vereinbar und von der Anmeldepflicht nach Artikel 108 Absatz 3 AEUV freigestellt, sofern die in diesem Artikel und in Kapitel I festgelegten Voraussetzungen erfüllt sind.

2. In Gebieten mit geringer Bevölkerungsdichte bieten regionale Betriebsbeihilferegelungen einen Ausgleich für die Beförderungsmehrkosten von Waren, die in für Betriebsbeihilfen infrage kommenden Gebieten hergestellt oder weiterverarbeitet werden, wenn folgende Voraussetzungen erfüllt sind:

a) Die Beihilfe kann vorab auf der Grundlage eines Festbetrags oder nach Tonnenkilometern oder einer anderen relevanten Einheit objektiv quantifiziert werden;

b) die Beförderungsmehrkosten werden auf der Grundlage der Verbringung der Waren im Gebiet des betreffenden Mitgliedstaats mit dem für den Beihilfeempfänger kostengünstigsten Verkehrsmittel berechnet.

Die Beihilfeintensität darf 100 % der in diesem Absatz festgelegten Beförderungsmehrkosten nicht überschreiten.

3. In Gebieten mit sehr geringer Bevölkerungsdichte dienen Betriebsbeihilferegelungen unter folgenden Voraussetzungen der Verhinderung oder Verringerung der Abwanderung:

a) Die Beihilfeempfänger sind in dem betreffenden Gebiet wirtschaftlich tätig;

b) der jährliche Beihilfebetrag pro Empfänger aus allen Betriebsbeihilferegelungen liegt nicht über 20 % der jährlichen Arbeitskosten des Beihilfeempfängers in dem betreffenden Gebiet.

4. In Gebieten in äußerster Randlage bieten Betriebsbeihilferegelungen einen Ausgleich für Betriebsmehrkosten, die in diesen Gebieten als direkte Folge eines oder mehrerer der in Artikel 349 AEUV genannten dauerhaften Nachteile erwachsen, sofern die Beihilfeempfänger in einem Gebiet in äußerster Randlage wirtschaftlich tätig sind und der jährliche Beihilfebetrag pro Empfänger aus allen auf der Grundlage dieser Verordnung durchgeführten Betriebsbeihilferegelungen nicht über einem der folgenden Fördersätze liegt:

---

[1] Verordnung (EU) Nr. 508/2014 des Europäischen Parlaments und des Rates vom 15. Mai 2014 über den Europäischen Meeres- und Fischereifonds und zur Aufhebung der Verordnungen (EG) Nr. 2328/2003, (EG) Nr. 861/2006, (EG) Nr. 1198/2006 und (EG) Nr. 791/2007 des Rates und der Verordnung (EU) Nr. 1255/2011 des Europäischen Parlaments und des Rates (ABl. L 149 vom 20.5.2014, S. 1).

▼ **M1**

a) 35 % der durch den Beihilfeempfänger in dem betreffenden Gebiet in äußerster Randlage geschaffenen jährlichen Bruttowertschöpfung;

b) 40 % der jährlichen Arbeitskosten des Beihilfeempfängers in dem betreffenden Gebiet in äußerster Randlage;

c) 30 % des Jahresumsatzes des Beihilfeempfängers in dem betreffenden Gebiet in äußerster Randlage.

▼ **B**

Unterabschnitt B

Stadtentwicklungsbeihilfen

Artikel 16

Regionale Stadtentwicklungsbeihilfen

1. Regionale Stadtentwicklungsbeihilfen sind im Sinne des Artikels 107 Absatz 3 AEUV mit dem Binnenmarkt vereinbar und von der Anmeldepflicht nach Artikel 108 Absatz 3 AEUV freigestellt, sofern die in diesem Artikel und in Kapitel I festgelegten Voraussetzungen erfüllt sind.

2. Stadtentwicklungsprojekte müssen die folgenden Kriterien erfüllen:

a) Sie werden über Stadtentwicklungsfonds in Fördergebieten durchgeführt;

b) sie werden aus den Europäischen Struktur- und Investitionsfonds kofinanziert;

c) sie fördern die Umsetzung einer „integrierten Strategie für nachhaltige Stadtentwicklung".

3. Die Gesamtinvestition in ein Stadtentwicklungsprojekt im Rahmen einer Stadtentwicklungsbeihilfe darf nicht mehr als 20 Mio. EUR betragen.

▼ **M4**

4. Die beihilfefähigen Kosten sind die Gesamtkosten des Stadtentwicklungsprojekts, soweit sie die Kriterien der Artikel 37 und 65 der Verordnung (EU) Nr. 1303/2013 bzw. der Artikel 67 und 68 der Verordnung (EU) 2021/1060 erfüllen.

▼ **B**

5. Beihilfen eines Stadtentwicklungsfonds für beihilfefähige Stadtentwicklungsprojekte können in Form von Beteiligungen, beteiligungsähnlichen Instrumenten, Krediten, Garantien oder einer Kombination daraus gewährt werden.

6. Die Stadtentwicklungsbeihilfen müssen zusätzliche Investitionen privater Investoren auf Ebene der Stadtentwicklungsfonds oder der Stadtentwicklungsprojekte mobilisieren, so dass ein Gesamtbetrag von mindestens 30 % der Gesamtfinanzierung eines Stadtentwicklungsprojekts gesichert ist.

7. Private und öffentliche Investoren können für die Durchführung des Stadtentwicklungsprojekts Geld- oder Sachbeiträge oder beides leisten. Bei Sachleistungen wird der Marktwert zugrunde gelegt, der von einem unabhängigen qualifizierten Sachverständigen oder einer ordnungsgemäß zugelassenen amtlichen Stelle zu testieren ist.

8.   Stadtentwicklungsmaßnahmen müssen die folgenden Kriterien erfüllen:

a) Die Stadtentwicklungsfondsmanager werden im Rahmen einer offenen, transparenten und diskriminierungsfreien Ausschreibung im Einklang mit dem geltenden Unionsrecht und nationalen Recht ausgewählt. Die Stadtentwicklungsfondsmanager dürfen nicht aufgrund ihres Sitzes oder ihrer Eintragung im Handelsregister eines Mitgliedstaats unterschiedlich behandelt werden. Stadtentwicklungsfondsmanager müssen gegebenenfalls durch die Art der Investition objektiv gerechtfertigte, vorab festgelegte Kriterien erfüllen;

b) die unabhängigen privaten Investoren werden im Rahmen einer offenen, transparenten und diskriminierungsfreien Ausschreibung ausgewählt, die mit dem geltenden Unionsrecht und nationalen Recht in Einklang steht und mit Blick auf den Abschluss geeigneter Vereinbarungen über die Risiko-Nutzen-Teilung durchgeführt wird; dabei wird bei Investitionen, die keine Garantien sind, einer asymmetrischen Gewinnverteilung der Vorzug vor einer Absicherung nach unten gegeben. Wenn die privaten Investoren nicht im Rahmen einer solchen Ausschreibung ausgewählt werden, wird die angemessene Rendite der privaten Investoren durch einen unabhängigen Sachverständigen bestimmt, der im Zuge einer offenen, transparenten und diskriminierungsfreien Ausschreibung ausgewählt wird;

c) bei einer asymmetrischen Verlustteilung zwischen öffentlichen und privaten Investoren ist der Erstverlust, den der öffentliche Investor übernimmt, auf 25 % der Gesamtinvestition zu begrenzen;

d) im Falle von Garantien für private Investitionen in Stadtentwicklungsprojekte wird der Garantiesatz auf 80 % und der vom Mitgliedstaat übernommene Gesamtverlust auf höchstens 25 % des zugrunde liegenden garantierten Portfolios begrenzt;

e) die Investoren dürfen in den Leitungsgremien des Stadtentwicklungsfonds (z. B. Aufsichtsrat oder Beirat) vertreten sein;

f) der Stadtentwicklungsfonds wird im Einklang mit den geltenden Rechtsvorschriften eingerichtet. Die Mitgliedstaaten tragen für eine Due-Diligence-Prüfung Sorge, um eine solide Anlagestrategie für die Zwecke der Durchführung der Stadtentwicklungsbeihilfe sicherzustellen.

9.   Stadtentwicklungsfonds werden nach wirtschaftlichen Grundsätzen verwaltet und gewährleisten gewinnorientierte Finanzierungsentscheidungen. Diese Voraussetzung gilt als erfüllt, wenn die Manager der Stadtentwicklungsfonds die folgenden Voraussetzungen erfüllen:

a) Die Manager von Stadtentwicklungsfonds sind gesetzlich oder vertraglich verpflichtet, mit der Sorgfalt eines professionellen Managers und in gutem Glauben zu handeln und dabei Interessenkonflikte zu vermeiden. Sie haben bewährte Verfahren anzuwenden und unterliegen der Aufsicht der Regulierungsbehörden;

b) die Stadtentwicklungsfondsmanager erhalten eine marktübliche Vergütung. Diese Voraussetzung gilt als erfüllt, wenn der Manager im Rahmen eines offenen, transparenten und diskriminierungsfreien Verfahrens anhand objektiver Kriterien in Bezug auf Erfahrung, Fachwissen sowie operative und finanzielle Leistungsfähigkeit ausgewählt wird;

6. AGVO-kons

c) die Manager von Stadtentwicklungsfonds erhalten eine leistungsbezogene Vergütung oder tragen einen Teil des Investitionsrisikos,
indem sie sich mit eigenen Mittel an der Investition beteiligen, so
dass sichergestellt ist, dass ihre Interessen ständig mit den Interessen
der öffentlichen Investoren im Einklang stehen;

d) die Manager von Stadtentwicklungsfonds legen eine Investmentstrategie sowie Kriterien und einen Zeitplan für die Investitionen in
Stadtentwicklungsprojekte fest und ermitteln vorab die finanzielle
Tragfähigkeit und die voraussichtlichen Auswirkungen der Investitionen auf die Stadtentwicklung;

e) für jede Beteiligungsinvestition und beteiligungsähnliche Investition
gibt es eine klare und realistische Ausstiegsstrategie.

10.   Wenn durch einen Stadtentwicklungsfonds Kredite oder Garantien für Stadtentwicklungsprojekte bereitgestellt werden, müssen folgende Voraussetzungen erfüllt sein:

a) Bei Krediten wird der Nennwert des Kredits bei der Berechnung des
Höchstbetrags der Investition für die Zwecke des Absatzes 3 dieses
Artikels berücksichtigt;

b) bei Garantien wird der Nennwert des zugrunde liegenden Kredits bei
der Berechnung des Höchstbetrags der Investition für die Zwecke
des Absatzes 3 dieses Artikels berücksichtigt.

11.   Der Mitgliedstaat kann die Durchführung der Stadtentwicklungsbeihilfe einer betrauten Einrichtung übertragen.

ABSCHNITT 2

Beihilfen für kleine und mittlere Unternehmen (KMU)

Artikel 17

Investitionsbeihilfen für KMU

1.   Investitionsbeihilfen für in oder außerhalb der Union tätige KMU
sind im Sinne des Artikels 107 Absatz 3 AEUV mit dem Binnenmarkt
vereinbar und von der Anmeldepflicht nach Artikel 108 Absatz 3
AEUV freigestellt, sofern die in diesem Artikel und in Kapitel I festgelegten Voraussetzungen erfüllt sind.

2.   Beihilfefähige Kosten sind

a) die Kosten einer Investition in materielle und immaterielle Vermögenswerte und/oder

b) die über einen Zeitraum von zwei Jahren berechneten voraussichtlichen Lohnkosten für direkt durch das Investitionsvorhaben geschaffene Arbeitsplätze.

3.   Als beihilfefähige Kosten im Sinne dieses Artikels gelten folgende
Investitionen:

a) Eine Investition in materielle und/oder immaterielle Vermögenswerte
zur Errichtung einer neuen Betriebsstätte, zur Erweiterung einer bestehenden Betriebsstätte, zur Diversifizierung der Produktion einer
Betriebsstätte durch neue, zusätzliche Produkte oder zu einer grundlegenden Änderung des gesamten Produktionsprozesses einer bestehenden Betriebsstätte oder

▼B

b) der Erwerb der Vermögenswerte einer Betriebsstätte, sofern folgende Voraussetzungen erfüllt sind:

— die Betriebsstätte wurde geschlossen oder wäre ohne diesen Erwerb geschlossen worden;

— die Vermögenswerte werden von Dritten, die in keiner Beziehung zum Käufer stehen, erworben;

— das Rechtsgeschäft erfolgt zu Marktbedingungen.

Bei der Übernahme eines kleinen Unternehmens durch Familienmitglieder der ursprünglichen Eigentümer oder durch ehemalige Beschäftigte entfällt die Voraussetzung, dass die Vermögenswerte von Dritten, die in keiner Beziehung zum Käufer stehen, erworben werden müssen. Die alleinige Übernahme von Unternehmensanteilen gilt nicht als Investition.

4. Immaterielle Vermögenswerte müssen alle folgenden Voraussetzungen erfüllen:

a) Sie dürfen nur in der Betriebsstätte genutzt werden, die die Beihilfe erhält;

b) sie müssen abschreibungsfähig sein;

c) sie müssen von Dritten, die in keiner Beziehung zum Käufer stehen, zu Marktbedingungen erworben werden;

d) sie müssen mindestens drei Jahre auf der Aktivseite des Unternehmens bilanziert werden.

5. Bei direkt durch ein Investitionsvorhaben geschaffenen Arbeitsplätzen müssen folgende Voraussetzungen vorliegen:

a) sie müssen innerhalb von drei Jahren nach Abschluss der Investition geschaffen werden;

b) in der betreffenden Betriebsstätte muss ein Nettoanstieg der Beschäftigtenzahl im Vergleich zum Durchschnitt der vorangegangenen 12 Monate erfolgen;

c) die geschaffenen Arbeitsplätze müssen mindestens drei Jahre ab dem Zeitpunkt ihrer Besetzung bestehen bleiben.

6. Die Beihilfeintensität darf folgende Sätze nicht überschreiten:

a) 20 % der beihilfefähigen Kosten bei kleinen Unternehmen,

b) 10 % der beihilfefähigen Kosten bei mittleren Unternehmen.

Artikel 18

KMU-Beihilfen für die Inanspruchnahme von Beratungsdiensten

1. Beihilfen zugunsten von KMU für die Inanspruchnahme von Beratungsdiensten sind im Sinne des Artikels 107 Absatz 3 AEUV mit dem Binnenmarkt vereinbar und von der Anmeldepflicht des Artikels 108 Absatz 3 AEUV freigestellt, sofern die in diesem Artikel und in Kapitel I festgelegten Voraussetzungen erfüllt sind.

2. Die Beihilfeintensität darf 50 % der beihilfefähigen Kosten nicht überschreiten.

3. Beihilfefähig sind die Kosten für Beratungsleistungen externer Berater.

4. Bei den betreffenden Dienstleistungen darf es sich nicht um Dienstleistungen handeln, die fortlaufend oder in regelmäßigen Abständen in Anspruch genommen werden oder die zu den gewöhnlichen Betriebskosten des Unternehmens gehören wie laufende Steuerberatung, regelmäßige Rechtsberatung oder Werbung.

6. AGVO-kons

Artikel 19

KMU-Beihilfen für die Teilnahme an Messen

1. Beihilfen für die Teilnahme von KMU an Messen sind im Sinne des Artikels 107 Absatz 3 AEUV mit dem Binnenmarkt vereinbar und von der Anmeldepflicht des nach Artikel 108 Absatz 3 AEUV freigestellt, sofern die in diesem Artikel und in Kapitel I festgelegten Voraussetzungen erfüllt sind.

2. Beihilfefähig sind die Kosten für Miete, Aufbau und Betrieb eines Stands bei Teilnahme eines Unternehmens an einer bestimmten Messe oder Ausstellung.

3. Die Beihilfeintensität darf 50 % der beihilfefähigen Kosten nicht überschreiten.

Artikel 19a

Beihilfen für Kosten von KMU, die an Projekten der von der örtlichen Bevölkerung betriebenen lokalen Entwicklung („CLLD") bzw. Projekten operationeller Gruppen der Europäischen Innovationspartnerschaft („EIP") „Landwirtschaftliche Produktivität und Nachhaltigkeit" teilnehmen

1. Beihilfen für Kosten von KMU, die teilnehmen an CLLD-Projekten, die im Rahmen des Europäischen Landwirtschaftsfonds für die Entwicklung des ländlichen Raums als „lokale Entwicklung LEADER" bezeichnet werden und unter die Verordnung (EU) Nr. 1303/2013 oder die Verordnung (EU) 2021/1060 fallen, sowie Beihilfen für Projekte operationeller Gruppen der EIP, die unter Artikel 35 der Verordnung (EU) Nr. 1305/2013 fallen, sind im Sinne des Artikels 107 Absatz 3 AEUV mit dem Binnenmarkt vereinbar und von der Anmeldepflicht nach Artikel 108 Absatz 3 AEUV freigestellt, sofern die Voraussetzungen des vorliegenden Artikels und des Kapitels I erfüllt sind.

2. Nachstehende, in Artikel 35 Absatz 1 der Verordnung (EU) Nr. 1303/2013 bzw. Artikel 34 Absatz 1 der Verordnung (EU) 2021/1060 aufgeführte Kosten sind bei CLLD-Projekten und Projekten operationeller Gruppen der EIP beihilfefähig:

a) Kosten für vorbereitende Unterstützung, Kapazitätsaufbau, Schulung und Vernetzung im Hinblick auf die Vorbereitung und Umsetzung einer CLLD-Strategie oder eines Projekts operationeller Gruppen der EIP;

b) Umsetzung genehmigter Vorhaben;

c) Vorbereitung und Durchführung von Kooperationsmaßnahmen der Gruppe;

d) mit der Verwaltung der Durchführung der CLLD-Strategie oder des Projekts operationeller Gruppen der EIP verbundene laufende Kosten;

e) Aktivierung der EIP-Akteure bzw. Sensibilisierung für eine CLLD-Strategie, damit der Austausch zwischen den Beteiligten im Hinblick auf die Bereitstellung von Informationen und die Förderung der Strategie und der Projekte erleichtert wird und damit potenzielle Beihilfeempfänger im Hinblick auf die Entwicklung von Vorhaben und die Stellung von Anträgen unterstützt werden.

3.   Die Beihilfeintensität darf die in den fondsspezifischen Verordnungen zur Förderung von CLLD-Projekten und Projekten operationeller Gruppen der EIP festgelegten Höchstsätze für die Kofinanzierung
nicht überschreiten.

Artikel 19b

**Begrenzte Beihilfebeträge für KMU, die von Projekten der von der
örtlichen Bevölkerung betriebenen lokalen Entwicklung („CLLD")
und   Projekten   operationeller   Gruppen   der   Europäischen
Innovationspartnerschaft   („EIP")   „Landwirtschaftliche
Produktivität und Nachhaltigkeit" profitieren**

1.   Beihilfen für Unternehmen, die an CLLD-Projekten oder Projekten
operationeller Gruppen der EIP nach Artikel 19a Absatz 1 teilnehmen
oder davon profitieren, sind im Sinne des Artikels 107 Absatz 3 AEUV
mit dem Binnenmarkt vereinbar und von der Anmeldepflicht nach Artikel 108 Absatz 3 AEUV freigestellt, sofern die Voraussetzungen des
vorliegenden Artikels und des Kapitels I erfüllt sind.

2.   Der nach diesem Artikel pro Projekt gewährte Gesamtbeihilfe-
betrag darf bei CLLD-Projekten 200 000 EUR und bei Projekten operationeller Gruppen der EIP 350 000 EUR nicht überschreiten.

ABSCHNITT 2A

Beihilfen für die europäische territoriale Zusammenarbeit

Artikel 20

**Beihilfen für Kosten von Unternehmen, die an Projekten der
europäischen territorialen Zusammenarbeit teilnehmen**

1.   Beihilfen für Kosten von Unternehmen, die an unter die
Verordnung (EU) Nr. 1299/2013 oder die Verordnung (EU) 2021/1059
fallenden Projekten der europäischen territorialen Zusammenarbeit teilnehmen, sind im Sinne des Artikels 107 Absatz 3 AEUV mit dem
Binnenmarkt vereinbar und von der Anmeldepflicht nach Artikel 108
Absatz 3 AEUV freigestellt, sofern die Voraussetzungen des vorliegenden Artikels und des Kapitels I erfüllt sind.

2.   Soweit sie mit dem Kooperationsprojekt in Zusammenhang stehen,
sind die folgenden Kosten im Sinne der Delegierten Verordnung (EU)
Nr. 481/2014 der Kommission (¹) bzw. der Artikel 38 bis 44 der Verordnung (EU) 2021/1059 beihilfefähig:

a) Personalkosten,

b) Büro- und Verwaltungskosten,

c) Reise- und Unterbringungskosten,

d) Kosten für externe Expertise und Dienstleistungen,

e) Ausrüstungskosten,

f) Kosten für Infrastruktur und Bauarbeiten.

_____
(¹) Delegierte Verordnung (EU) Nr. 481/2014 der Kommission vom 4. März
2014 zur Ergänzung der Verordnung (EU) Nr. 1299/2013 des Europäischen
Parlaments und des Rates im Hinblick auf besondere Regeln für die Förderfähigkeit von Ausgaben für Kooperationsprogramme (ABl. L 138 vom
13.5.2014. S. 45).

▼ <u>M4</u>

3. Die Beihilfeintensität darf die in der Verordnung (EU) Nr. 1303/2013 oder der Verordnung (EU) 2021/1060 und/oder der Verordnung (EU) 2021/1059 festgelegten Höchstsätze für die Kofinanzierung nicht überschreiten.

Artikel 20a

Geringe Beihilfen für Unternehmen zur Teilnahme an Projekten der europäischen territorialen Zusammenarbeit

1. Beihilfen für Unternehmen für ihre Teilnahme an unter die Verordnung (EU) Nr. 1299/2013 oder die Verordnung (EU) 2021/1059 fallenden Projekten der europäischen territorialen Zusammenarbeit sind im Sinne des Artikels 107 Absatz 3 AEUV mit dem Binnenmarkt vereinbar und von der Anmeldepflicht nach Artikel 108 Absatz 3 AEUV freigestellt, sofern die Voraussetzungen des vorliegenden Artikels und des Kapitels I erfüllt sind.

2. Der Gesamtbetrag der einem Unternehmen im Rahmen dieses Artikels pro Projekt gewährten Beihilfe darf 20 000 EUR nicht überschreiten.

▼ <u>B</u>

ABSCHNITT 3

Beihilfen zur Erschließung von KMU-Finanzierungen

Artikel 21

Risikofinanzierungsbeihilfen

1. Risikofinanzierungsbeihilferegelungen zugunsten von KMU sind im Sinne des Artikels 107 Absatz 3 AEUV mit dem Binnenmarkt vereinbar und von der Anmeldepflicht nach Artikel 108 Absatz 3 AEUV freigestellt, sofern die in diesem Artikel und in Kapitel I festgelegten Voraussetzungen erfüllt sind.

2. Auf Ebene der Finanzintermediäre können unabhängigen privaten Investoren folgende Formen von Risikofinanzierungsbeihilfen gewährt werden:

a) Beteiligungen, beteiligungsähnliche Investitionen oder Dotationen zur unmittelbaren oder mittelbaren Bereitstellung von Risikofinanzierungen für beihilfefähige Unternehmen;

b) Kredite zur direkten oder indirekten Bereitstellung von Risikofinanzierungen für beihilfefähige Unternehmen;

c) Garantien zur Deckung von Verlusten aus direkten oder indirekten Risikofinanzierungen für beihilfefähige Unternehmen.

3. Auf Ebene der unabhängigen privaten Investoren können Risikofinanzierungsbeihilfen in den in Absatz 2 dieses Artikels genannten Formen oder in Form von Steueranreizen für private Investoren gewährt werden, die natürliche Personen sind und Risikofinanzierungen für beihilfefähige Unternehmen direkt oder indirekt bereitstellen.

4.   Auf Ebene der beihilfefähigen Unternehmen können Risikofinanzierungsbeihilfen in Form von Beteiligungen, beteiligungsähnlichen Investitionen, Krediten, Garantien oder einer Kombination davon gewährt werden.

5.   Beihilfefähige Unternehmen sind Unternehmen, die zu Beginn der Bereitstellung einer Risikofinanzierung nicht börsennotiert sind und mindestens eines der folgenden Kriterien erfüllen:

a) Sie sind noch auf keinem Markt tätig;

b) sie sind seit ihrem ersten kommerziellen Verkauf noch keine 7 Jahre gewerblich tätig;

c) sie benötigen eine erste Risikofinanzierung, die ausgehend von einem mit Blick auf den Eintritt in einen neuen sachlich oder räumlich relevanten Markt erstellten Geschäftsplan mehr als 50 % ihres durchschnittlichen Jahresumsatzes in den vorangegangenen fünf Jahren beträgt.

6.   Ferner kann sich die Risikofinanzierungsmaßnahme auf Anschlussinvestitionen in beihilfefähige Unternahmen beziehen, auch wenn diese nach dem in Absatz 5 Buchstabe b genannten Siebenjahreszeitraum getätigt werden, sofern alle folgenden Kriterien erfüllt sind:

a) Der in Absatz 9 genannte Gesamtbetrag der Risikofinanzierung wird nicht überschritten;

b) die Möglichkeit von Anschlussinvestitionen war im ursprünglichen Geschäftsplan vorgesehen;

c) das Unternehmen, in das Anschlussinvestitionen getätigt werden, ist kein verbundenes Unternehmen im Sinne des Anhangs I Artikel 3 Absatz 3 eines anderen Unternehmens geworden, bei dem es sich nicht um den Finanzintermediär oder den unabhängigen privaten Investor handelt, der im Rahmen der Maßnahme eine Risikofinanzierung bereitstellt, es sei denn, die neue Einheit erfüllt die Voraussetzungen der KMU-Definition.

7.   Bei Beteiligungen und beteiligungsähnlichen Investitionen in beihilfefähige Unternehmen darf für die Risikofinanzierungsmaßnahme die Bereitstellung von Ersatzkapital nur fördern, wenn dem beihilfefähigen Unternehmen auch frisches Kapital zugeführt wird, das mindestens 50 % jeder Investitionsrunde entspricht.

8.   Bei den in Absatz 2 Buchstabe a genannten Beteiligungen und beteiligungsähnlichen Investitionen dürfen höchstens 30 % des insgesamt eingebrachten Kapitals und des noch nicht eingeforderten zugesagten Kapitals des Finanzintermediärs für die Liquiditätssteuerung genutzt werden.

9.   Der Gesamtbetrag der in Absatz 4 genannten Risikofinanzierungen darf bei keiner Risikofinanzierungsmaßnahme über 15 Mio. EUR pro beihilfefähiges Unternehmen liegen.

10.   Bei Risikofinanzierungsmaßnahmen in Form von Beteiligungen, beteiligungsähnlichen Investitionen oder Krediten zugunsten von beihilfefähigen Unternehmen muss die Risikofinanzierungsmaßnahme auf Ebene der Finanzintermediäre oder der beihilfefähigen Unternehmen zusätzliche Finanzmittel von unabhängigen privaten Investoren mobilisieren, so dass die private Beteiligung insgesamt mindestens einen der folgenden Sätze erreicht:

6. AGVO-kons

a) 10 % der Risikofinanzierung, die für beihilfefähige Unternehmen vor ihrem ersten kommerziellen Verkauf bereitgestellt wird;

b) 40 % der Risikofinanzierung, die für beihilfefähige Unternehmen im Sinne des Absatzes 5 Buchstabe b bereitgestellt wird;

c) 60 % der Risikofinanzierung für Investitionen in beihilfefähige Unternehmen im Sinne des Absatzes 5 Buchstabe c und für Anschlussinvestitionen, die für beihilfefähige Unternehmen nach Ablauf des in Absatz 5 Buchstabe b genannten Siebenjahreszeitraums bereitgestellt wird.

11. Wenn eine über einen Finanzintermediär durchgeführte Risikofinanzierungsmaßnahme für beihilfefähige Zielunternehmen in den in Absatz 10 genannten Entwicklungsphasen keine private Kapitalbeteiligung auf Ebene der beihilfefähigen Unternehmen umfasst, muss der Finanzintermediär für eine private Beteiligung sorgen, die mindestens dem gewichteten Durchschnitt entspricht, der sich aus dem Umfang der einzelnen Investitionen in dem zugrunde liegenden Portfolio und der Anwendung der in Absatz 10 für solche Investitionen genannten Mindestsätze ergibt.

12. Eine Risikofinanzierungsmaßnahme darf keine unterschiedliche Behandlung der Finanzintermediäre aufgrund ihres Sitzes oder ihrer Eintragung im Handelsregister eines Mitgliedstaats vorsehen. Finanzintermediäre müssen gegebenenfalls durch die Art der Investition objektiv gerechtfertigte, vorab festgelegte Kriterien erfüllen.

13. Eine Risikofinanzierungsmaßnahme muss folgende Voraussetzungen erfüllen:

a) Sie muss von einem oder mehreren Finanzintermediären durchgeführt werden, es sei denn, es handelt sich um Steueranreize für direkte Investitionen privater Investoren in beihilfefähige Unternehmen;

b) Finanzintermediäre, Investoren und Fondsmanager werden im Rahmen einer offenen, transparenten und diskriminierungsfreien Ausschreibung ausgewählt, die mit dem geltenden Unionsrecht und nationalen Recht in Einklang steht und mit Blick auf den Abschluss geeigneter Vereinbarungen über die Risiko-Nutzen-Teilung durchgeführt wird; dabei wird bei Investitionen, die keine Garantien sind, einer asymmetrischen Gewinnverteilung der Vorzug vor einer Absicherung nach unten gegeben;

c) bei einer asymmetrischen Verlustteilung zwischen öffentlichen und privaten Investoren ist der Erstverlust, den der öffentliche Investor übernimmt, auf 25 % der Gesamtinvestition zu begrenzen;

d) im Falle von Garantien nach Absatz 2 Buchstabe c ist der Garantiesatz auf 80 % und der vom Mitgliedstaat übernommene Gesamtverlust auf höchstens 25 % des zugrunde liegenden garantierten Portfolios zu begrenzen. Nur Garantien zur Deckung erwarteter Verluste des zugrunde liegenden garantierten Portfolios können unentgeltlich gestellt werden. Wenn eine Garantie auch unerwartete Verluste deckt, zahlt der Finanzintermediär für den Teil der Garantie, der die unerwarteten Verluste deckt, ein marktübliches Garantieentgelt.

14.   Risikofinanzierungsmaßnahmen müssen gewinnorientierte Finanzierungsentscheidungen sicherstellen. Diese Voraussetzung gilt als erfüllt, wenn alle der folgenden Voraussetzungen erfüllt sind:

a) Die Finanzintermediäre werden nach Maßgabe der anwendbaren Rechtsvorschriften eingerichtet.

b) Der Mitgliedstaat oder die mit der Durchführung der Maßnahme betraute Einrichtung trägt für eine Due-Diligence-Prüfung Sorge, um eine solide Anlagestrategie für die Zwecke der Durchführung der Risikofinanzierungsmaßnahme sicherzustellen, einschließlich einer geeigneten Risikodiversifizierungsstrategie, die in Bezug auf Umfang und geografische Verteilung der Investitionen sowohl auf Rentabilität als auch auf Effizienzgewinne abzielt;

c) die für beihilfefähige Unternehmen bereitgestellten Risikofinanzierungen stützen sich auf tragfähige Geschäftspläne, die detaillierte Angaben zur Produkt-, Absatz- und Rentabilitätsentwicklung enthalten und vorab die wirtschaftliche Tragfähigkeit belegen;

d) für jede Beteiligung und beteiligungsähnliche Investition gibt es eine klare und realistische Ausstiegsstrategie.

15.   Die Finanzintermediäre müssen nach wirtschaftlichen Grundsätzen verwaltet werden. Diese Anforderung gilt als erfüllt, wenn der Finanzintermediär und, je nach Art der Risikofinanzierungsmaßnahme, der Fondsmanager folgende Voraussetzungen erfüllen:

a) Sie sind gesetzlich oder vertraglich verpflichtet, mit der Sorgfalt eines professionellen Managers und in gutem Glauben zu handeln und dabei Interessenkonflikte zu vermeiden. Sie haben bewährte Verfahren anzuwenden und unterliegen der Aufsicht der Regulierungsbehörden;

b) sie erhalten eine marktübliche Vergütung; diese Voraussetzung gilt als erfüllt, wenn der Manager oder der Finanzintermediär im Rahmen eines offenen, transparenten und diskriminierungsfreien Verfahrens anhand objektiver Kriterien in Bezug auf Erfahrung, Fachwissen sowie operative und finanzielle Leistungsfähigkeit ausgewählt wird;

c) sie erhalten eine leistungsbezogene Vergütung oder tragen einen Teil des Investitionsrisikos, indem sie sich mit eigenen Mittel an der Investition beteiligen, so dass sichergestellt ist, dass ihre Interessen stets mit den Interessen der öffentlichen Investoren im Einklang stehen;

d) sie stellen eine Investmentstrategie sowie Kriterien und einen Zeitplan für die Investitionen auf;

e) die Investoren dürfen in den Leitungsgremien des Investitionsfonds (z. B. Aufsichtsrat oder Beirat) vertreten sein.

16.   ▶**M1** Eine Risikofinanzierungsmaßnahme, mit der Garantien oder Kredite für beihilfefähige Unternehmen oder als Verbindlichkeit ausgestaltete beteiligungsähnliche Investitionen in beihilfefähige Unternehmen bereitgestellt werden, muss folgende Voraussetzungen erfüllen: ◀

▼ **B**

a) Die Maßnahme muss bewirken, dass der Finanzintermediär Investitionen tätigt, die er ohne die Beihilfe nicht oder nicht in demselben Umfang oder derselben Art getätigt hätte. Der Finanzintermediär muss nachweisen können, dass er anhand eines Mechanismus sicherstellt, dass alle Vorteile — in Form umfangreicherer Finanzierungen, riskanterer Portfolios, geringerer Besicherungsanforderungen, niedrigerer Garantieentgelte oder niedrigerer Zinssätze — so weit wie möglich an die Endempfänger weitergegeben werden;

▼ **M1**

b) bei Krediten und als Verbindlichkeit ausgestalteten beteiligungsähnlichen Investitionen wird der Nennwert des Instruments bei der Berechnung des Höchstbetrags der Investition für die Zwecke des Absatzes 9 berücksichtigt;

▼ **B**

c) bei Garantien wird der Nennwert des zugrunde liegenden Kredits bei der Berechnung des Höchstbetrags der Investition für die Zwecke des Absatzes 9 berücksichtigt; die Garantie darf nicht über 80 % des zugrunde liegenden Kredits hinausgehen.

17.   ► **C1** Der Mitgliedstaat kann die Durchführung der Risikofinanzierungsmaßnahme einer betrauten Einrichtung übertragen. ◄

18.   Risikofinanzierungsbeihilfen für KMU, die nicht die Voraussetzungen des Absatzes 5 erfüllen, sind mit dem Binnenmarkt nach Artikel 107 Absatz 3 AEUV vereinbar und werden von der Anmeldepflicht nach Artikel 108 Absatz 3 AEUV freigestellt, wenn

a) die Beihilfe auf Ebene der KMU die Voraussetzungen der Verordnung (EU) Nr. 1407/2013 erfüllt,

b) alle Voraussetzungen dieses Artikels mit Ausnahme der in den Absätzen 5, 6, 9, 10 und 11 genannten Voraussetzungen erfüllt sind und

c) Risikofinanzierungsmaßnahmen in Form von Beteiligungen, beteiligungsähnlichen Investitionen oder Investitionskrediten zugunsten von beihilfefähigen Unternehmen auf Ebene der Finanzintermediäre oder der KMU zusätzliche Finanzmittel von unabhängigen privaten Investoren mobilisieren, so dass die private Beteiligung insgesamt mindestens 60 % der für die KMU bereitgestellten Risikofinanzierungen entspricht.

Artikel 22

Beihilfen für Unternehmensneugründungen

1.   Beihilfen für Unternehmensneugründungen sind im Sinne des Artikels 107 Absatz 3 AEUV mit dem Binnenmarkt vereinbar und von der Anmeldepflicht nach Artikel 108 Absatz 3 AEUV freigestellt, sofern die in diesem Artikel und in Kapitel I festgelegten Voraussetzungen erfüllt sind.

▼ **M1**

2.   Beihilfefähig sind nicht börsennotierte kleine Unternehmen, deren Eintragung ins Handelsregister höchstens fünf Jahre zurückliegt und die die folgenden Voraussetzungen erfüllen:

a) Sie haben nicht die Tätigkeit eines anderen Unternehmens übernommen;

b) sie haben noch keine Gewinne ausgeschüttet;

▼M1

c) sie wurden nicht durch einen Zusammenschluss gegründet.

Bei beihilfefähigen Unternehmen, die nicht zur Eintragung in das Handelsregister verpflichtet sind, kann entweder der Zeitpunkt, zu dem das Unternehmen seine Wirtschaftstätigkeit aufnimmt, oder der Zeitpunkt, zu dem es für seine Tätigkeit steuerpflichtig wird, als Beginn des beihilfefähigen Fünfjahreszeitraums erachtet werden.

Abweichend von Unterabsatz 1 Buchstabe c werden Unternehmen, die durch einen Zusammenschluss von nach diesem Artikel beihilfefähigen Unternehmen gegründet wurden, bis fünf Jahre nach dem Datum der Registrierung des an dem Zusammenschluss beteiligten ältesten Unternehmens ebenfalls als beihilfefähige Unternehmen erachtet.

▼B

3. Anlaufbeihilfen können gewährt werden

a) als Kredit zu nicht marktüblichen Zinssätzen, mit einer Laufzeit von zehn Jahren und einem Nennbetrag von höchstens 1 Mio. EUR beziehungsweise 1,5 Mio. EUR bei Unternehmen mit Sitz in einem Fördergebiet nach Artikel 107 Absatz 3 Buchstabe c AEUV beziehungsweise 2 Mio. EUR bei Unternehmen mit Sitz in einem Fördergebiet nach Artikel 107 Absatz 3 Buchstabe a AEUV. Bei Krediten mit einer Laufzeit zwischen fünf und zehn Jahren können die Höchstbeträge durch Multiplikation der obengenannten Beträge mit dem Faktor angepasst werden, der dem Verhältnis zwischen einer Laufzeit von zehn Jahren und der tatsächlichen Laufzeit des Kredits entspricht. Bei Krediten mit einer Laufzeit unter fünf Jahren gilt derselbe Höchstbetrag wie bei Krediten mit einer Laufzeit von fünf Jahren;

b) als Garantien mit nicht marktüblichen Entgelten, einer Laufzeit von zehn Jahren und einer Garantiesumme von höchstens 1,5 Mio. EUR beziehungsweise 2,25 Mio. EUR bei Unternehmen mit Sitz in einem Fördergebiet nach Artikel 107 Absatz 3 Buchstabe c AEUV beziehungsweise 3 Mio. EUR bei Unternehmen mit Sitz in einem Fördergebiet nach Artikel 107 Absatz 3 Buchstabe a AEUV. Bei Garantien mit einer Laufzeit zwischen fünf und zehn Jahren können die Höchstbeträge für die Garantiesummen durch Multiplikation der obengenannten Beträge mit dem Faktor angepasst werden, der dem Verhältnis zwischen einer Laufzeit von zehn Jahren und der tatsächlichen Laufzeit der Garantie entspricht. Bei Garantien mit einer Laufzeit unter fünf Jahren gilt derselbe Höchstbetrag wie bei Garantien mit einer Laufzeit von fünf Jahren. Die Garantie darf nicht über 80 % des zugrunde liegenden Kredits hinausgehen;

c) als Zuschüsse, einschließlich Beteiligungen oder beteiligungsähnlicher Investitionen, Zinssenkungen oder Verringerungen der Garantieentgelts von bis zu 0,4 Mio. EUR BSÄ beziehungsweise 0,6 Mio. EUR BSÄ für Unternehmen mit Sitz in einem Fördergebiet nach Artikel 107 Absatz 3 Buchstabe c AEUV beziehungsweise 0,8 Mio. EUR BSÄ für Unternehmen mit Sitz in einem Fördergebiet nach Artikel 107 Absatz 3 Buchstabe a AEUV.

4. Ein Beihilfeempfänger kann durch eine Kombination der in Absatz 3 dieses Artikels genannten Beihilfeinstrumente Unterstützung erhalten, wenn der Anteil der durch ein Beihilfeinstrument gewährten Unterstützung, der auf der Grundlage des für das betreffenden Instruments zulässigen Beihilfehöchstbetrags berechnet wird, bei der Ermittlung des restlichen Anteils an dem für die anderen in einer solchen Kombination enthaltenen Beihilfeinstrumente zulässigen Beihilfehöchstbetrag berücksichtigt wird.

5. Bei kleinen und innovativen Unternehmen dürfen die in Absatz 3 genannten Höchstbeträge verdoppelt werden.

6. AGVO-kons

Artikel 23

Beihilfen für auf KMU spezialisierte alternative Handelsplattformen

1. Beihilfen für auf KMU spezialisierte alternative Handelsplattformen sind im Sinne des Artikels 107 Absatz 3 AEUV mit dem Binnenmarkt vereinbar und von der Anmeldepflicht nach Artikel 108 Absatz 3 AEUV freigestellt, sofern die in diesem Artikel und in Kapitel I festgelegten Voraussetzungen erfüllt sind.

2. Wenn der Plattformbetreiber ein kleines Unternehmen ist, können die Beihilfen unter Berücksichtigung der in Artikel 22 genannten Voraussetzungen als Anlaufbeihilfen für den Plattformbetreiber gewährt werden.

Die Beihilfen können in Form steuerlicher Anreize für unabhängige private Investoren gewährt werden, die in Bezug auf die Risikofinanzierungsinvestitionen, die sie über alternative Handelsplattformen in nach Artikel 21 beihilfefähige Unternehmen tätigen, als natürliche Personen betrachtet werden.

Artikel 24

Beihilfen für Scouting-Kosten

1. Beihilfen für Scouting-Kosten sind im Sinne des Artikels 107 Absatz 3 AEUV mit dem Binnenmarkt vereinbar und von der Anmeldepflicht nach Artikel 108 Absatz 3 AEUV freigestellt, sofern die in diesem Artikel und in Kapitel I festgelegten Voraussetzungen erfüllt sind.

2. Beihilfefähige Kosten sind die Kosten einer ersten gezielten Suche und einer förmlichen Due-Diligence-Prüfung, die von Fondsmanagern, Finanzintermediären oder Investoren vorgenommen werden, um beihilfefähige Unternehmen im Sinne der Artikel 21 und 22 zu finden.

3. Die Beihilfeintensität darf 50 % der beihilfefähigen Kosten nicht überschreiten.

ABSCHNITT 4

Beihilfen für Forschung und Entwicklung und Innovation

Artikel 25

Beihilfen für Forschungs- und Entwicklungsvorhaben

1. Beihilfen für Forschungs- und Entwicklungsvorhaben, einschließlich Forschungs- und Entwicklungsvorhaben, die im Rahmen des Programms Horizont 2020 oder des Programms Horizont Europa mit einem Exzellenzsiegel ausgezeichnet wurden, kofinanzierte Forschungs- und Entwicklungsvorhaben sowie gegebenenfalls Beihilfen für kofinanzierte Teaming-Maßnahmen sind im Sinne des Artikels 107 Absatz 3 AEUV mit dem Binnenmarkt vereinbar und von der Anmeldepflicht nach Artikel 108 Absatz 3 AEUV freigestellt, sofern die Voraussetzungen des vorliegenden Artikels und des Kapitels I erfüllt sind.

2. Der geförderte Teil des Forschungs- und Entwicklungsvorhabens muss vollständig einer oder mehreren der folgenden Kategorien zuzuordnen sein:

▼ <u>B</u>

a) Grundlagenforschung,

b) industrielle Forschung,

c) experimentelle Entwicklung,

d) Durchführbarkeitsstudien.

3.   Die beihilfefähigen Kosten von Forschungs- und Entwicklungsvorhaben sind einer dieser Forschungs- und Entwicklungskategorien zuzuordnen. Dabei handelt es sich um

a) Personalkosten: Kosten für Forscher, Techniker und sonstiges Personal, soweit diese für das Vorhaben eingesetzt werden;

b) Kosten für Instrumente und Ausrüstung, soweit und solange sie für
das Vorhaben genutzt werden. Wenn diese Instrumente und Ausrüstungen nicht während ihrer gesamten Lebensdauer für das Vorhaben
verwendet werden, gilt nur die nach den Grundsätzen ordnungsgemäßer Buchführung ermittelte Wertminderung während der Dauer
des Vorhabens als beihilfefähig;

c) Kosten für Gebäude und Grundstücke, soweit und solange sie für das
Vorhaben genutzt werden. Bei Gebäuden gilt nur die nach den
Grundsätzen ordnungsgemäßer Buchführung ermittelte Wertmin-
derung während der Dauer des Vorhabens als beihilfefähig. Bei
Grundstücken sind die Kosten des wirtschaftlichen Übergangs oder
die tatsächlich entstandenen Kapitalkosten beihilfefähig;

d) Kosten für Auftragsforschung, Wissen und für unter Einhaltung des
Arm's-length-Prinzips von Dritten direkt oder in Lizenz erworbene
Patente sowie Kosten für Beratung und gleichwertige Dienstleistun-
gen, die ausschließlich für das Vorhaben genutzt werden;

e) zusätzliche Gemeinkosten und sonstige Betriebskosten (unter anderem für Material, Bedarfsartikel und dergleichen), die unmittelbar
durch das Vorhaben entstehen.

4.   Die beihilfefähigen Kosten von Durchführbarkeitsstudien sind die
Kosten der Studie.

5.   Die Beihilfeintensität pro Beihilfeempfänger darf folgende Sätze
nicht überschreiten:

a) 100 % der beihilfefähigen Kosten für Grundlagenforschung,

b) 50 % der beihilfefähigen Kosten für industrielle Forschung,

c) 25 % der beihilfefähigen Kosten für experimentelle Entwicklung,

d) 50 % der beihilfefähigen Kosten für Durchführbarkeitsstudien.

6.   Die Beihilfeintensitäten für industrielle Forschung und experimentelle Entwicklung können wie folgt auf maximal 80 % der beihilfefähigen Kosten erhöht werden:

a) um 10 Prozentpunkte bei mittleren Unternehmen und um 20 Prozentpunkte bei kleinen Unternehmen;

6. AGVO-kons

b) um 15 Prozentpunkte, wenn eine der folgenden Voraussetzungen erfüllt ist:

i) das Vorhaben beinhaltet die wirksame Zusammenarbeit

— zwischen Unternehmen, von denen mindestens eines ein KMU ist, oder wird in mindestens zwei Mitgliedstaaten oder einem Mitgliedstaat und einer Vertragspartei des EWR-Abkommens durchgeführt, wobei kein einzelnes Unternehmen mehr als 70 % der beihilfefähigen Kosten bestreitet, oder

— zwischen einem Unternehmen und einer oder mehreren Einrichtungen für Forschung und Wissensverbreitung, die mindestens 10 % der beihilfefähigen Kosten tragen und das Recht haben, ihre eigenen Forschungsergebnisse zu veröffentlichen;

ii) die Ergebnisse des Vorhabens finden durch Konferenzen, Veröffentlichung, Open-Access-Repositorien oder durch gebührenfreie Software beziehungsweise Open-Source-Software weite Verbreitung.

7.   Die Beihilfeintensität für Durchführbarkeitsstudien kann bei mittleren Unternehmen um 10 Prozentpunkte und bei kleinen Unternehmen um 20 Prozentpunkte erhöht werden.

Artikel 25a

Beihilfen für mit einem Exzellenzsiegel ausgezeichnete Vorhaben

1.   Beihilfen für KMU für Forschungs- und Entwicklungsvorhaben oder für Durchführbarkeitsstudien, die im Rahmen des Programms Horizont 2020 oder des Programms Horizont Europa mit einem Exzellenzsiegel ausgezeichnet wurden, sind im Sinne des Artikels 107 Absatz 3 AEUV mit dem Binnenmarkt vereinbar und von der Anmeldepflicht nach Artikel 108 Absatz 3 AEUV freigestellt, sofern die Voraussetzungen des vorliegenden Artikels und des Kapitels I erfüllt sind.

2.   Die beihilfefähigen Tätigkeiten der geförderten Forschungs- und Entwicklungsvorhaben oder Durchführbarkeitsstudien entsprechen denjenigen, die gemäß den Vorschriften für das Programm Horizont 2020 oder das Programm Horizont Europa beihilfefähig sind, umfassen jedoch keine Tätigkeiten, die über den Rahmen der experimentellen Entwicklung hinausgehen.

3.   Die Kategorien, Höchstbeträge und Methoden zur Berechnung der beihilfefähigen Kosten der geförderten Forschungs- und Entwicklungsvorhaben oder Durchführbarkeitsstudien entsprechen denjenigen, die gemäß den Vorschriften für das Programm Horizont 2020 oder das Programm Horizont Europa beihilfefähig sind.

4.   Der Beihilfehöchstbetrag darf 2,5 Mio. EUR je KMU und je Forschungs- und Entwicklungsvorhaben bzw. Durchführbarkeitsstudie nicht überschreiten.

5.   Der Gesamtbetrag der je Forschungs- und Entwicklungsvorhaben oder Durchführbarkeitsstudie gewährten öffentlichen Mittel darf den gemäß den Vorschriften für das Programm Horizont 2020 oder das Programm Horizont Europa für das jeweilige Vorhaben oder die jeweilige Studie geltenden Finanzierungssatz nicht überschreiten.

Artikel 25b

Beihilfen für Marie-Skłodowska-Curie-Maßnahmen und vom ERC geförderte Maßnahmen für den Konzeptnachweis

1.   Beihilfen für Marie-Skłodowska-Curie-Maßnahmen und für vom ERC geförderte Maßnahmen für den Konzeptnachweis, die im Rahmen des Programms Horizont 2020 oder des Programms Horizont Europa mit einem Exzellenzsiegel ausgezeichnet wurden, sind im Sinne des Artikels 107 Absatz 3 AEUV mit dem Binnenmarkt vereinbar und von der Anmeldepflicht nach Artikel 108 Absatz 3 AEUV freigestellt, sofern die Voraussetzungen des vorliegenden Artikels und des Kapitels I erfüllt sind.

2.   Die beihilfefähigen Tätigkeiten der geförderten Maßnahme entsprechen denjenigen, die gemäß den Vorschriften für das Programm Horizont 2020 oder das Programm Horizont Europa beihilfefähig sind.

3.   Die Kategorien, Höchstbeträge und Methoden zur Berechnung der beihilfefähigen Kosten der geförderten Maßnahme entsprechen denjenigen, die gemäß den Vorschriften für das Programm Horizont 2020 oder das Programm Horizont Europa beihilfefähig sind.

4.   Der Gesamtbetrag der je geförderten Maßnahme gewährten öffentlichen Mittel darf den Höchstbetrag für die Förderung der jeweiligen Maßnahme im Rahmen des Programms Horizont 2020 oder des Programms Horizont Europa nicht überschreiten.

Artikel 25c

Beihilfen im Rahmen von kofinanzierten Forschungs- und Entwicklungsvorhaben

1.   Beihilfen für kofinanzierte Forschungs- und Entwicklungsvorhaben oder für Durchführbarkeitsstudien (einschließlich Forschungs- und Entwicklungsvorhaben, die im Rahmen einer institutionellen europäischen Partnerschaft auf der Grundlage des Artikels 185 oder des Artikels 187 AEUV oder im Rahmen einer Kofinanzierungsmaßnahme im Sinne der Vorschriften für das Programm Horizont Europa durchgeführt werden), die von mindestens drei Mitgliedstaaten oder alternativ von zwei Mitgliedstaaten und mindestens einem assoziierten Staat durchgeführt und die im Anschluss an länderübergreifende Aufforderungen zur Einreichung von Vorschlägen auf der Grundlage der von unabhängigen Sachverständigen nach den Vorschriften für das Programm Horizont 2020 oder das Programm Horizont Europa erstellten Bewertung und Rangliste ausgewählt werden, sind im Sinne des Artikels 107 Absatz 3 AEUV mit dem Binnenmarkt vereinbar und von der Anmeldepflicht nach Artikel 108 Absatz 3 AEUV freigestellt, sofern die Voraussetzungen des vorliegenden Artikels und des Kapitels I erfüllt sind.

2.   Die beihilfefähigen Tätigkeiten der geförderten Forschungs- und Entwicklungsvorhaben oder Durchführbarkeitsstudien entsprechen denjenigen, die gemäß den Vorschriften für das Programm Horizont 2020 oder das Programm Horizont Europa beihilfefähig sind, umfassen jedoch keine Tätigkeiten, die über den Rahmen der experimentellen Entwicklung hinausgehen.

3.   Die Kategorien, Höchstbeträge und Methoden zur Berechnung der beihilfefähigen Kosten entsprechen denjenigen, die gemäß den Vorschriften für das Programm Horizont 2020 oder das Programm Horizont Europa beihilfefähig sind.

4.   Der Gesamtbetrag der gewährten öffentlichen Mittel darf den Finanzierungssatz, der für das Forschungs- und Entwicklungsvorhaben oder die Durchführbarkeitsstudie nach der Auswahl, Erstellung einer Rangliste und Bewertung gemäß den Vorschriften für das Programm Horizont 2020 oder das Programm Horizont Europa gilt, nicht überschreiten.

5. Die im Rahmen des Programms Horizont 2020 oder Horizont Europa bereitgestellten Mittel decken mindestens 30 % der gesamten beihilfefähigen Kosten einer Forschungs- und Innovationsmaßnahme oder einer Innovationsmaßnahme im Sinne des Programms Horizont 2020 oder Horizont Europa.

Artikel 25d

Beihilfen für Teaming-Maßnahmen

1. Beihilfen für kofinanzierte Teaming-Maßnahmen, an denen mindestens zwei Mitgliedstaaten beteiligt sind und die im Anschluss an länderübergreifende Aufforderungen zur Einreichung von Vorschlägen auf der Grundlage der von unabhängigen Sachverständigen nach den Vorschriften für das Programm Horizont 2020 oder das Programm Horizont Europa erstellten Bewertung und Rangliste ausgewählt werden, sind im Sinne des Artikels 107 Absatz 3 AEUV mit dem Binnenmarkt vereinbar und von der Anmeldepflicht nach Artikel 108 Absatz 3 AEUV freigestellt, sofern die Voraussetzungen des vorliegenden Artikels und des Kapitels I erfüllt sind.

2. Die beihilfefähigen Tätigkeiten der kofinanzierten Teaming-Maßnahme entsprechen denjenigen, die gemäß den Vorschriften für das Programm Horizont 2020 oder das Programm Horizont Europa beihilfefähig sind. Ausgeschlossen sind Tätigkeiten, die über den Rahmen der experimentellen Entwicklung hinausgehen.

3. Die Kategorien, Höchstbeträge und Methoden zur Berechnung der beihilfefähigen Kosten entsprechen denjenigen, die gemäß den Vorschriften für das Programm Horizont 2020 oder das Programm Horizont Europa beihilfefähig sind. Darüber hinaus sind die Kosten für Investitionen in projektbezogene materielle und immaterielle Vermögenswerte beihilfefähig.

4. Der Gesamtbetrag der gewährten öffentlichen Mittel darf den Finanzierungssatz, der für die Teaming-Maßnahme nach der Auswahl, Erstellung einer Rangliste und Bewertung gemäß den Vorschriften für das Programm Horizont 2020 oder das Programm Horizont Europa gilt, nicht überschreiten. Zudem darf die Beihilfe bei Investitionen in projektbezogene materielle und immaterielle Vermögenswerte 70 % der Investitionskosten nicht überschreiten.

5. Für Investitionsbeihilfen für Infrastruktur im Rahmen einer Teaming-Maßnahme gelten zudem folgende Voraussetzungen:

a) Wenn die Infrastruktur sowohl wirtschaftliche als auch nichtwirtschaftliche Tätigkeiten ausübt, müssen für die Finanzierung, Kosten und Erlöse für jede Art der Tätigkeit getrennte Bücher nach einheitlich angewandten und sachlich zu rechtfertigenden Kostenrechnungsgrundsätzen geführt werden;

b) der für den Betrieb oder die Nutzung der Infrastruktur berechnete Preis muss dem Marktpreis entsprechen;

c) die Infrastruktur muss mehreren Nutzern offenstehen und der Zugang zu transparenten und diskriminierungsfreien Bedingungen gewährt werden. Unternehmen, die mindestens 10 % der Investitionskosten der Infrastruktur finanziert haben, können einen bevorzugten Zugang zu günstigeren Bedingungen erhalten. Um Überkompensationen zu verhindern, muss der Zugang in einem angemessenen Verhältnis zum Investitionsbeitrag des Unternehmens stehen; ferner werden die Vorzugsbedingungen öffentlich zugänglich gemacht;

▼ M4

d) wenn die Infrastruktur sowohl für wirtschaftliche als auch für nicht-wirtschaftliche Tätigkeiten öffentliche Mittel erhält, richtet der Mitgliedstaat einen Monitoring- und Rückforderungsmechanismus ein, um sicherzustellen, dass die zulässige Beihilfeintensität nicht überschritten wird, weil der Anteil der wirtschaftlichen Tätigkeiten höher ist als zum Zeitpunkt der Gewährung der Beihilfe geplant.

▼ B

Artikel 26

Investitionsbeihilfen für Forschungsinfrastrukturen

1. Beihilfen für den Bau oder Ausbau von Forschungsinfrastrukturen, die wirtschaftliche Tätigkeiten ausüben, sind im Sinne des Artikels 107 Absatz 3 AEUV mit dem Binnenmarkt vereinbar und von der Anmeldepflicht nach Artikel 108 Absatz 3 AEUV freigestellt, sofern die in diesem Artikel und in Kapitel I festgelegten Voraussetzungen erfüllt sind.

2. Wenn eine Forschungsinfrastruktur sowohl wirtschaftliche als auch nichtwirtschaftliche Tätigkeiten ausübt, muss sie für die Finanzierung, Kosten und Erlöse für jede Art der Tätigkeit getrennte Bücher nach einheitlich angewandten und sachlich zu rechtfertigenden Kostenrechnungsgrundsätzen führen.

3. Der für den Betrieb oder die Nutzung der Infrastruktur berechnete Preis muss dem Marktpreis entsprechen.

4. Die Infrastruktur muss mehreren Nutzern offenstehen und der Zugang zu transparenten und diskriminierungsfreien Bedingungen gewährt werden. Unternehmen, die mindestens 10 % der Investitionskosten der Infrastruktur finanziert haben, können einen bevorzugten Zugang zu günstigeren Bedingungen erhalten. Um Überkompensationen zu verhindern, muss der Zugang in einem angemessenen Verhältnis zum Investitionsbeitrag des Unternehmens stehen; ferner werden die Vorzugsbedingungen öffentlich zugänglich gemacht.

5. Beihilfefähige Kosten sind die Kosten der Investitionen in materielle und immaterielle Vermögenswerte.

6. Die Beihilfeintensität darf 50 % der beihilfefähigen Kosten nicht überschreiten.

7. Wenn eine Forschungsinfrastruktur sowohl für wirtschaftliche als auch für nichtwirtschaftliche Tätigkeiten öffentliche Mittel erhält, richtet der Mitgliedstaat einen Monitoring- und Rückforderungsmechanismus ein, um sicherzustellen, dass die zulässige Beihilfeintensität nicht überschritten wird, weil der Anteil der wirtschaftlichen Tätigkeiten höher ist als zum Zeitpunkt der Gewährung der Beihilfe geplant.

Artikel 27

Beihilfen für Innovationscluster

1. Beihilfen für Innovationscluster sind im Sinne des Artikels 107 Absatz 3 AEUV mit dem Binnenmarkt vereinbar und von der Anmeldepflicht nach Artikel 108 Absatz 3 AEUV freigestellt, sofern die in diesem Artikel und in Kapitel I festgelegten Voraussetzungen erfüllt sind.

2. Beihilfen für Innovationscluster dürfen ausschließlich der juristischen Person gewährt werden, die den Innovationscluster betreibt (Clusterorganisation).

3.   Die Räumlichkeiten, Anlagen und Tätigkeiten des Clusters müssen mehreren Nutzern offenstehen und der Zugang muss zu transparenten und diskriminierungsfreien Bedingungen gewährt werden. Unternehmen, die mindestens 10 % der Investitionskosten des Innovationsclusters finanziert haben, können einen bevorzugten Zugang zu günstigeren Bedingungen erhalten. Um Überkompensationen zu verhindern, muss der Zugang in einem angemessenen Verhältnis zum Investitionsbeitrag des Unternehmens stehen; ferner werden die Vorzugsbedingungen öffentlich zugänglich gemacht.

4.   Entgelte für die Nutzung der Anlagen und die Beteiligung an Tätigkeiten des Innovationsclusters müssen dem Marktpreis entsprechen beziehungsweise die Kosten widerspiegeln.

5.   Investitionsbeihilfen können für den Auf- oder Ausbau des Innovationsclusters gewährt werden. Beihilfefähige Kosten sind die Kosten der Investitionen in materielle und immaterielle Vermögenswerte.

6.   Die Beihilfeintensität von Investitionsbeihilfen für Innovationscluster darf höchstens 50 % der beihilfefähigen Kosten betragen. Die Beihilfeintensität kann bei Innovationsclustern in Fördergebieten nach Artikel 107 Absatz 3 Buchstabe a AEUV um 15 % und bei Innovationsclustern in Fördergebieten nach Artikel 107 Absatz 3 Buchstabe c AEUV um 5 % erhöht werden.

7.   Für den Betrieb von Innovationsclustern können Betriebsbeihilfen gewährt werden. Dies ist für einen Zeitraum von bis zu zehn Jahren möglich.

8.   Beihilfefähige Kosten von Betriebsbeihilfen für Innovationscluster sind die Kosten für Personal und Verwaltung (einschließlich Gemeinkosten) für

a) die Betreuung des Innovationsclusters zwecks Erleichterung der Zusammenarbeit, des Informationsaustauschs und der Erbringung und Weiterleitung von spezialisierten und maßgeschneiderten Unterstützungsdienstleistungen für Unternehmen;

b) Werbemaßnahmen, die darauf abzielen, neue Unternehmen oder Einrichtungen zur Beteiligung am Innovationscluster zu bewegen und die Sichtbarkeit des Innovationsclusters zu erhöhen;

c) die Verwaltung der Einrichtungen des Innovationsclusters, die Organisation von Aus- und Weiterbildungsmaßnahmen, Workshops und Konferenzen zur Förderung des Wissensaustauschs, die Vernetzung und die transnationale Zusammenarbeit.

9.   Die Beihilfeintensität von Betriebsbeihilfen darf im Gewährungszeitraum höchstens 50 % der beihilfefähigen Gesamtkosten betragen.

Artikel 28

Innovationsbeihilfen für KMU

1.   Innovationsbeihilfen für KMU sind im Sinne des Artikels 107 Absatz 3 AEUV mit dem Binnenmarkt vereinbar und von der Anmeldepflicht nach Artikel 108 Absatz 3 AEUV freigestellt, sofern die in diesem Artikel und in Kapitel I festgelegten Voraussetzungen erfüllt sind.

2. Beihilfefähige Kosten sind:

a) Kosten für die Erlangung, die Validierung und Verteidigung von Patenten und anderen immateriellen Vermögenswerten;

b) Kosten für die Abordnung hochqualifizierten Personals einer Einrichtung für Forschung und Wissensverbreitung oder eines großen Unternehmens für Tätigkeiten im Bereich Forschung, Entwicklung oder Innovation in einer neu geschaffenen Funktion innerhalb des begünstigten KMU, wodurch jedoch kein anderes Personal ersetzt wird;

c) Kosten für Innovationsberatungsdienste und innovationsunterstützende Dienstleistungen.

3. Die Beihilfeintensität darf 50 % der beihilfefähigen Kosten nicht überschreiten.

4. In dem besonderen Fall von Beihilfen für Innovationsberatungsdienste und innovationsunterstützende Dienstleistungen kann die Beihilfeintensität auf bis zu 100 % der beihilfefähigen Kosten erhöht werden, sofern der Gesamtbetrag der Beihilfe für Innovationsberatungsdienste und innovationsunterstützende Dienstleistungen innerhalb von drei Jahren nicht mehr als 200 000 EUR pro Unternehmen beträgt.

Artikel 29

Beihilfen für Prozess- und Organisationsinnovationen

1. Beihilfen für Prozess- und Organisationsinnovationen sind im Sinne des Artikels 107 Absatz 3 AEUV mit dem Binnenmarkt vereinbar und von der Anmeldepflicht nach Artikel 108 Absatz 3 AEUV freigestellt, sofern die in diesem Artikel und in Kapitel I festgelegten Voraussetzungen erfüllt sind.

2. Beihilfen für große Unternehmen sind nur mit dem Binnenmarkt vereinbar, wenn diese bei der geförderten Tätigkeit tatsächlich mit KMU zusammenarbeiten und die beteiligten KMU mindestens 30 % der gesamten beihilfefähigen Kosten tragen.

3. Beihilfefähige Kosten sind:

a) Personalkosten,

b) Kosten für Instrumente, Ausrüstung, Gebäude und Grundstücke, soweit und solange sie für das Vorhaben genutzt werden,

c) Kosten für Auftragsforschung, Wissen und unter Einhaltung des Arm's-length-Prinzips von Dritten direkt oder in Lizenz erworbene Patente,

d) zusätzliche Gemeinkosten und sonstige Betriebskosten (unter anderem für Material, Bedarfsartikel und dergleichen), die unmittelbar durch das Vorhaben entstehen.

4. Die Beihilfeintensität darf bei großen Unternehmen höchstens 15 % und bei KMU höchstens 50 % der beihilfefähigen Kosten betragen.

6. AGVO-kons

Artikel 30

Forschungs- und Entwicklungsbeihilfen für Fischerei und Aquakultur

1.   Forschungs- und Entwicklungsbeihilfen für Fischerei und Aquakultur sind im Sinne des Artikels 107 Absatz 3 AEUV mit dem Binnenmarkt vereinbar und von der Anmeldepflicht nach Artikel 108 Absatz 3 AEUV freigestellt, sofern die in diesem Artikel und in Kapitel I festgelegten Voraussetzungen erfüllt sind.

2.   Das geförderte Vorhaben muss für alle Wirtschaftsbeteiligten in dem betreffenden Wirtschaftszweig oder Teilsektor von Interesse sein.

3.   Vor Beginn des geförderten Vorhabens sind folgende Informationen im Internet zu veröffentlichen:

a) die Tatsache, dass das geförderte Vorhaben durchgeführt wird;

b) die Ziele des geförderten Vorhaben;

c) der voraussichtliche Termin und Ort der Veröffentlichung der von dem geförderten Vorhaben erwarteten Ergebnisse im Internet;

d) der Hinweis darauf, dass die Ergebnisse des geförderten Vorhabens allen in dem betreffenden Wirtschaftszweig oder Teilsektor tätigen Unternehmen unentgeltlich zur Verfügung stehen.

4.   Die Ergebnisse des geförderten Vorhabens werden ab dem Tag, an dem das Vorhaben endet, oder an dem Tag, an dem Mitglieder einer Einrichtung über diese Ergebnisse informiert werden, im Internet zur Verfügung gestellt, wobei der frühere der beiden Zeitpunkte maßgeblich ist. Die Ergebnisse bleiben mindestens 5 Jahre ab dem Abschluss des geförderten Vorhabens im Internet verfügbar.

5.   Die Beihilfen werden der Einrichtung für Forschung und Wissensverbreitung direkt gewährt; die direkte Gewährung nichtforschungsbezogener Beihilfen an ein Unternehmen, das landwirtschaftliche Erzeugnisse produziert, verarbeitet oder vermarktet, ist dabei nicht zulässig.

6.   Beihilfefähige Kosten sind die in Artikel 25 Absatz 3 genannten Kosten.

7.   Die Beihilfeintensität darf 100 % der beihilfefähigen Kosten nicht überschreiten.

ABSCHNITT 5

Ausbildungsbeihilfen

Artikel 31

Ausbildungsbeihilfen

1.   Ausbildungsbeihilfen sind im Sinne des Artikels 107 Absatz 3 AEUV mit dem Binnenmarkt vereinbar und von der Anmeldepflicht nach Artikel 108 Absatz 3 AEUV freigestellt, sofern die in diesem Artikel und in Kapitel I festgelegten Voraussetzungen erfüllt sind.

2.   Für Ausbildungsmaßnahmen von Unternehmen zur Einhaltung verbindlicher Ausbildungsnormen der Mitgliedstaaten dürfen keine Beihilfen gewährt werden.

▼**B**

3. Beihilfefähige Kosten sind:

a) die Personalkosten für Ausbilder, die für die Stunden anfallen, in denen sie die Ausbildungsmaßnahme durchführen;

▼**M1**

b) die direkt mit der Ausbildungsmaßnahme verbundenen Aufwendungen von Ausbildern und Ausbildungsteilnehmern, zum Beispiel direkt mit der Maßnahme zusammenhängende Reisekosten, Unterbringungskosten, Materialien und Bedarfsartikel sowie die Abschreibung von Werkzeugen und Ausrüstungsgegenständen, soweit sie ausschließlich für die Ausbildungsmaßnahme verwendet werden;

▼**B**

c) Kosten für Beratungsdienste, die mit der Ausbildungsmaßnahme zusammenhängen;

d) die Personalkosten für Ausbildungsteilnehmer und allgemeine indirekte Kosten (Verwaltungskosten, Miete, Gemeinkosten), die für die Stunden anfallen, in denen die Ausbildungsteilnehmer an der Ausbildungsmaßnahme teilnehmen.

4. Die Beihilfeintensität darf 50 % der beihilfefähigen Kosten nicht überschreiten. Sie kann jedoch wie folgt auf maximal 70 % der beihilfefähigen Kosten erhöht werden:

a) um 10 Prozentpunkte bei Ausbildungsmaßnahmen für Arbeitnehmer mit Behinderungen oder benachteiligte Arbeitnehmer;

b) um 10 Prozentpunkte bei Beihilfen für mittlere Unternehmen und um 20 Prozentpunkte bei Beihilfen für kleine Unternehmen.

5. Für den Seeverkehr kann die Beihilfeintensität bis auf 100 % der beihilfefähigen Kosten erhöht werden, wenn folgende Voraussetzungen erfüllt sind:

a) Die Auszubildenden sind keine aktiven, sondern zusätzliche Besatzungsmitglieder und

b) die Ausbildung wird an Bord von im Unionsregister eingetragenen Schiffen durchgeführt.

ABSCHNITT 6

Beihilfen für benachteiligte Arbeitnehmer und Arbeitnehmer mit Behinderungen

Artikel 32

Beihilfen in Form von Lohnkostenzuschüssen für die Einstellung benachteiligter Arbeitnehmer

1. Beihilferegelungen für die Einstellung benachteiligter Arbeitnehmer sind im Sinne des Artikels 107 Absatz 3 AEUV mit dem Binnenmarkt vereinbar und von der Anmeldepflicht nach Artikel 108 Absatz 3 AEUV freigestellt, sofern die in diesem Artikel und in Kapitel I festgelegten Voraussetzungen erfüllt sind.

2. Die beihilfefähigen Kosten sind die Lohnkosten über einen Zeitraum von höchstens 12 Monaten nach der Einstellung eines benachteiligten Arbeitnehmers. Bei stark benachteiligten Arbeitnehmern sind die Lohnkosten über einen Zeitraum von bis zu 24 Monaten nach Einstellung des betreffenden Arbeitnehmers beihilfefähig.

6. AGVO-kons

3. Wenn die Einstellung im Vergleich zum Durchschnitt der vorangegangenen 12 Monate keinen Nettoanstieg der Zahl der in dem betreffenden Unternehmen beschäftigten Arbeitnehmer darstellt, muss die
Stelle infolge des freiwilligen Ausscheidens, der Invalidisierung, des
Eintritts in den Ruhestand aus Altersgründen, der freiwilligen Reduzierung der Arbeitszeit oder der rechtmäßigen Entlassung eines Mitarbei-
ters wegen Fehlverhaltens und nicht infolge des Abbaus von Arbeitsplätzen frei geworden sein.

4. Außer bei rechtmäßiger Entlassung wegen Fehlverhaltens hat der
benachteiligte Arbeitnehmer Anspruch auf eine kontinuierliche Beschäftigung während des Mindestzeitraums, der in den betreffenden nationalen Rechtsvorschriften oder in für Beschäftigungsverträge maßgeblichen
Tarifvereinbarungen niedergelegt ist.

5. Ist der Beschäftigungszeitraum kürzer als 12 Monate beziehungsweise bei stark benachteiligten Arbeitnehmern kürzer als 24 Monate,
wird die Beihilfe anteilig gekürzt.

6. Die Beihilfeintensität darf 50 % der beihilfefähigen Kosten nicht
überschreiten.

Artikel 33

Beihilfen in Form von Lohnkostenzuschüssen für die Beschäftigung von Arbeitnehmern mit Behinderungen

1. Beihilfen für die Beschäftigung von Arbeitnehmern mit Behin-
derungen sind im Sinne des Artikels 107 Absatz 3 AEUV mit dem
Binnenmarkt vereinbar und von der Anmeldepflicht nach Artikel 108
Absatz 3 AEUV freigestellt, sofern die in diesem Artikel und in Kapitel
I festgelegten Voraussetzungen erfüllt sind.

2. Die beihilfefähigen Kosten sind die Lohnkosten, die während der
Beschäftigung des Arbeitnehmers mit Behinderungen anfallen.

3. Wenn die Einstellung im Vergleich zum Durchschnitt der vorangegangenen 12 Monate keinen Nettoanstieg der Zahl der in dem betreffenden Unternehmen beschäftigten Arbeitnehmer darstellt, muss die
Stelle infolge des freiwilligen Ausscheidens, der Invalidisierung, des
Eintritts in den Ruhestand aus Altersgründen, der freiwilligen Reduzierung der Arbeitszeit oder der rechtmäßigen Entlassung eines Mitarbei-
ters wegen Fehlverhaltens und nicht infolge des Abbaus von Arbeitsplätzen frei geworden sein.

4. Außer bei rechtmäßiger Entlassung wegen Fehlverhaltens haben
die Arbeitnehmer mit Behinderungen Anspruch auf eine kontinuierliche
Beschäftigung während des Mindestzeitraums, der in den betreffenden
nationalen Rechtsvorschriften oder in für das Unternehmen rechtsverbindlichen Tarifvereinbarungen niedergelegt ist, die für Beschäftigungsverträge maßgeblich sind.

5. Die Beihilfeintensität darf 75 % der beihilfefähigen Kosten nicht
überschreiten.

Artikel 34

Beihilfen zum Ausgleich der durch die Beschäftigung von Arbeitnehmern mit Behinderungen verursachten Mehrkosten

1. Beihilfen zum Ausgleich der durch die Beschäftigung von Arbeitnehmern mit Behinderungen verursachten Mehrkosten sind im Sinne des
Artikels 107 Absatz 3 AEUV mit dem Binnenmarkt vereinbar und von
der Anmeldepflicht nach Artikel 108 Absatz 3 AEUV freigestellt, sofern
die in diesem Artikel und in Kapitel I festgelegten Voraussetzungen
erfüllt sind.

2. Beihilfefähige Kosten sind:

a) Kosten für eine behindertengerechte Umgestaltung der Räumlichkeiten;

b) Kosten für die Beschäftigung von Personal ausschließlich für die für die Unterstützung der Arbeitnehmer mit Behinderungen aufgewandte Zeit sowie Kosten für die Ausbildung dieses Personals zur Unterstützung von Arbeitnehmern mit Behinderungen;

c) Kosten für die Anschaffung behindertengerechter Ausrüstung beziehungsweise für die Umrüstung der Ausrüstung oder Kosten für die Anschaffung und Validierung von Software für die Nutzung durch Arbeitnehmer mit Behinderungen einschließlich adaptierter oder unterstützender Technologien; hierbei handelt es sich um Mehrkosten, die zu den Kosten hinzukommen, die dem Unternehmen bei Beschäftigung von Arbeitnehmern ohne Behinderungen entstehen würden;

d) Kosten, die direkt mit der Beförderung von Arbeitnehmern mit Behinderungen zum Arbeitsplatz und für arbeitsbezogene Tätigkeiten verbunden sind;

e) Lohnkosten für die Stunden, die ein Arbeitnehmer mit Behinderungen für Rehabilitation verwendet;

f) bei Beihilfeempfängern, die geschützte Beschäftigungsverhältnisse anbieten: die Kosten für den Bau, die Ausstattung oder die Modernisierung der Produktionseinheiten des betreffenden Unternehmens sowie die Verwaltungs- und Beförderungskosten, wenn diese Kosten direkt aus der Beschäftigung von Arbeitnehmern mit Behinderungen erwachsen.

3. Die Beihilfeintensität darf 100 % der beihilfefähigen Kosten nicht überschreiten.

Artikel 35

Beihilfen zum Ausgleich der Kosten für die Unterstützung benachteiligter Arbeitnehmer

1. Beihilfen zum Ausgleich der Kosten für die Unterstützung benachteiligter Arbeitnehmer sind im Sinne des Artikels 107 Absatz 3 AEUV mit dem Binnenmarkt vereinbar und von der Anmeldepflicht nach Artikel 108 Absatz 3 AEUV freigestellt, sofern die in diesem Artikel und in Kapitel I festgelegten Voraussetzungen erfüllt sind.

2. Beihilfefähige Kosten sind die Kosten für:

a) die Beschäftigung von Personal ausschließlich für die für die Unterstützung benachteiligter Arbeitnehmer aufgewandte Zeit; dies gilt für einen Zeitraum von bis zu 12 Monaten nach der Einstellung eines benachteiligten Arbeitnehmers beziehungsweise 24 Monaten nach der Einstellung eines stark benachteiligten Arbeitnehmers;

b) die Ausbildung dieses Personals für die Unterstützung benachteiligter Arbeitnehmer.

3. Die Unterstützung umfasst Maßnahmen zur Förderung der Autonomie des benachteiligten Arbeitnehmers und zu dessen Anpassung an das Arbeitsumfeld, die Begleitung des Arbeitnehmers bei sozialen Maßnahmen und Verwaltungsverfahren, die Erleichterung der Kommunikation mit dem Unternehmen und Konfliktmanagement.

4. Die Beihilfeintensität darf 50 % der beihilfefähigen Kosten nicht überschreiten.

6. AGVO-kons

ABSCHNITT 7

Umweltschutzbeihilfen

Artikel 36

Investitionsbeihilfen, die Unternehmen in die Lage versetzen, über die Unionsnormen für den Umweltschutz hinauszugehen oder bei Fehlen solcher Normen den Umweltschutz zu verbessern

1.   Investitionsbeihilfen, die Unternehmen in die Lage versetzen, über die Unionsnormen für den Umweltschutz hinauszugehen oder bei Fehlen solcher Normen den Umweltschutz zu verbessern, sind im Sinne des Artikels 107 Absatz 3 AEUV mit dem Binnenmarkt vereinbar und von der Anmeldepflicht nach Artikel 108 Absatz 3 AEUV freigestellt, sofern die in diesem Artikel und in Kapitel I festgelegten Voraussetzungen erfüllt sind.

2.   Die Investition muss eine der beiden nachstehenden Voraussetzungen erfüllen:

a) Sie ermöglicht dem Beihilfeempfänger, unabhängig von verbindlichen nationalen Normen, die strenger als die Unionsnormen sind, im Rahmen seiner Tätigkeit über die geltenden Unionsnormen hinauszugehen und dadurch den Umweltschutz zu verbessern.

b) Sie ermöglicht dem Beihilfeempfänger, im Rahmen seiner Tätigkeit den Umweltschutz zu verbessern, ohne hierzu durch entsprechende Unionsnormen verpflichtet zu sein.

3.   Für Investitionen, die sicherstellen sollen, dass Unternehmen bereits angenommene, aber noch nicht in Kraft getretene Unionsnormen erfüllen, dürfen keine Beihilfen gewährt werden.

4.   Abweichend von Absatz 3 können Beihilfen gewährt werden, um

a) neue Fahrzeuge für den Straßen-, Schienen-, Binnenschifffahrts- und Seeverkehr zu erwerben, die den angenommenen Unionsnormen entsprechen, sofern die Fahrzeuge vor dem Inkrafttreten dieser Normen angeschafft wurden und diese Normen, sobald sie verbindlich sind, nicht für bereits vor diesem Zeitpunkt erworbene Fahrzeuge gelten;

b) vorhandene Fahrzeuge für den Straßen-, Schienen-, Binnenschifffahrts- und Seeverkehr umzurüsten, sofern die Unionsnormen zum Zeitpunkt der Inbetriebnahme dieser Fahrzeuge noch nicht in Kraft waren und, sobald sie verbindlich sind, nicht rückwirkend für diese Fahrzeuge gelten.

5.   Beihilfefähig sind die Investitionsmehrkosten, die erforderlich sind, um über das in den Unionsnormen vorgeschriebene Umweltschutzniveau hinauszugehen oder bei Fehlen solcher Normen den Umweltschutz zu verbessern. Die beihilfefähigen Kosten werden wie folgt ermittelt:

a) Wenn bei den Gesamtinvestitionskosten die Kosten einer Investition in den Umweltschutz als getrennte Investition ermittelt werden können, dann sind diese umweltschutzbezogenen Kosten die beihilfefähigen Kosten:

b) in allen anderen Fällen werden die Kosten einer Investition in den Umweltschutz anhand eines Vergleichs mit einer ähnlichen weniger umweltfreundlichen Investition, die ohne Beihilfe durchaus hätte durchgeführt werden können, ermittelt. Die Differenz zwischen den Kosten dieser beiden Investitionen sind die umweltschutzbezogenen Kosten und somit beihilfefähigen Kosten.

Nicht direkt mit der Verbesserung des Umweltschutzes zusammenhängende Kosten sind nicht beihilfefähig.

6.   Die Beihilfeintensität darf 40 % der beihilfefähigen Kosten nicht überschreiten.

7.   Bei Beihilfen für mittlere Unternehmen kann die Intensität um 10 Prozentpunkte, bei Beihilfen für kleine Unternehmen um 20 Prozentpunkte erhöht werden.

8.   Die Beihilfeintensität kann bei Investitionen in Fördergebieten nach Artikel 107 Absatz 3 Buchstabe a AEUV um 15 Prozentpunkte und bei Investitionen in Fördergebieten nach Artikel 107 Absatz 3 Buchstabe c AEUV um 5 Prozentpunkte erhöht werden.

Artikel 36a

Investitionsbeihilfen für öffentlich zugängliche Lade- oder Tankinfrastruktur für emissionsfreie und emissionsarme Straßenfahrzeuge

1.   Beihilfen für den Aufbau der Lade- oder Tankinfrastruktur für die Energieversorgung von emissionsfreien und emissionsarmen Straßenfahrzeugen für Verkehrszwecke sind im Sinne des Artikels 107 Absatz 3 AEUV mit dem Binnenmarkt vereinbar und von der Anmeldepflicht nach Artikel 108 Absatz 3 AEUV freigestellt, sofern die Voraussetzungen des vorliegenden Artikels und des Kapitels I erfüllt sind.

2.   Dieser Artikel gilt ausschließlich für Beihilfen für den Aufbau von Lade- oder Tankinfrastruktur zur Versorgung von Fahrzeugen mit Strom oder erneuerbarem Wasserstoff für Verkehrszwecke. Die Mitgliedstaaten stellen sicher, dass die Anforderung, dass erneuerbarer Wasserstoff bereitgestellt wird, während der gesamten wirtschaftlichen Lebensdauer der Infrastruktur erfüllt wird.

3.   Die beihilfefähigen Kosten sind die Kosten für den Bau, die Installation oder die Modernisierung der Lade- oder Tankinfrastruktur. Dazu können die Kosten für die Lade- oder Tankinfrastruktur selbst, die Kosten für die Installation oder Modernisierung elektrischer oder anderer Komponenten, einschließlich des Transformators, die erforderlich sind, um die Lade- oder Tankinfrastruktur ans Netz oder an eine lokale Anlage zur Erzeugung oder Speicherung von Strom oder Wasserstoff anzuschließen, sowie die Kosten für einschlägige technische Ausrüstung, Baumaßnahmen, Anpassungen von Grundflächen oder Straßen sowie die einschlägigen Installationskosten und die Kosten für die Einholung einschlägiger Genehmigungen gehören. Die Kosten für lokale Anlagen zur Stromerzeugung oder -speicherung und die Kosten für lokale Anlagen zur Wasserstofferzeugung sind nicht beihilfefähig.

6. AGVO-kons

4. Beihilfen nach diesem Artikel werden im Rahmen einer Ausschreibung anhand eindeutiger, transparenter und diskriminierungsfreier Kriterien gewährt; die Beihilfeintensität kann bis zu 100 % der beihilfefähigen Kosten betragen.

5. Beihilfen für denselben Empfänger dürfen 40 % der Gesamtmittelausstattung der betreffenden Beihilferegelung nicht überschreiten.

6. Beihilfen nach diesem Artikel werden ausschließlich für den Bau, die Installation oder die Modernisierung öffentlich zugänglicher Lade- oder Tankinfrastruktur gewährt, die den Nutzern einen diskriminierungsfreien Zugang bietet, auch in Bezug auf die Gebühren, die Authentifizierungs- und Zahlungsmethoden sowie die sonstigen Nutzungsbedingungen.

7. Die Erforderlichkeit einer Beihilfe als Anreiz für den Aufbau von Lade- oder Tankinfrastruktur derselben Kategorie (bei Ladeinfrastruktur beispielsweise Normal- oder Schnellladeinfrastruktur) wird im Rahmen einer vorab durchgeführten öffentlichen Konsultation oder einer unabhängigen Marktstudie überprüft. Insbesondere muss überprüft werden, dass innerhalb von drei Jahren nach Veröffentlichung der Beihilfemaßnahme zu Marktbedingungen voraussichtlich keine solche Infrastruktur aufgebaut würde.

8. Abweichend von Absatz 7 kann die Erforderlichkeit von Beihilfen für Lade- oder Tankinfrastruktur angenommen werden, wenn entweder batteriebetriebene Elektrofahrzeuge (für Ladeinfrastruktur) oder wasserstoffbetriebene Fahrzeuge (für Tankinfrastruktur) jeweils weniger als 2 % der in den betreffenden Mitgliedstaaten insgesamt gemeldeten Fahrzeuge der jeweiligen Kategorie ausmachen. Für die Zwecke dieses Absatzes gehören Pkw und leichte Nutzfahrzeuge derselben Fahrzeugkategorie an.

9. Werden Dritte mittels Konzession oder Betrauung mit dem Betrieb der geförderten Lade- oder Tankinfrastruktur beauftragt, so erfolgt dies auf der Grundlage eines offenen, transparenten und diskriminierungsfreien Verfahrens unter Einhaltung der geltenden Vergabevorschriften.

Artikel 37

Investitionsbeihilfen zur frühzeitigen Anpassung an künftige Unionsnormen

1. Beihilfen, die Unternehmen zur Einhaltung neuer, noch nicht in Kraft getretener Unionsnormen, die einen besseren Umweltschutz gewährleisten, veranlassen sollen, sind im Sinne des Artikels 107 Absatz 3 AEUV mit dem Binnenmarkt vereinbar und von der Anmeldepflicht nach Artikel 108 Absatz 3 AEUV freigestellt, sofern die in diesem Artikel und in Kapitel I festgelegten Voraussetzungen erfüllt sind.

2. Die Unionsnormen müssen bereits angenommen worden sein und die Investition muss spätestens ein Jahr vor dem Inkrafttreten der betreffenden Norm durchgeführt und abgeschlossen werden.

3. Beihilfefähig sind die Investitionskosten, die erforderlich sind, um über die geltenden Unionsnormen hinauszugehen. Die beihilfefähigen Kosten werden wie folgt ermittelt:

▼B

a) Wenn bei den Gesamtinvestitionskosten die Kosten einer Investition in den Umweltschutz als getrennte Investition ermittelt werden können, dann sind diese umweltschutzbezogenen Kosten die beihilfefähigen Kosten;

b) in allen anderen Fällen werden die Kosten einer Investition in den Umweltschutz anhand eines Vergleichs mit einer ähnlichen, weniger umweltfreundlichen Investition ermittelt, die ohne Beihilfe durchaus hätte durchgeführt werden können. Die Differenz zwischen den Kosten dieser beiden Investitionen sind die umweltschutzbezogenen Kosten und somit die beihilfenfähigen Kosten.

Nicht direkt mit der Verbesserung des Umweltschutzes zusammenhängende Kosten sind nicht beihilfefähig.

4. Die Beihilfeintensität darf folgende Sätze nicht überschreiten:

a) bei kleinen Unternehmen 20 %, bei mittleren Unternehmen 15 % und bei großen Unternehmen 10 % der beihilfefähigen Kosten, wenn die Investition mehr als drei Jahre vor dem Inkrafttreten der neuen Unionsnorm durchgeführt und abgeschlossen wird;

b) bei kleinen Unternehmen 15 %, bei mittleren Unternehmen 10 % und bei großen Unternehmen 5 % der beihilfefähigen Kosten, wenn die Investition ein bis drei Jahre vor dem Inkrafttreten der neuen Unionsnorm durchgeführt und abgeschlossen wird.

5. Die Beihilfeintensität kann bei Investitionen in Fördergebieten nach Artikel 107 Absatz 3 Buchstabe a AEUV um 15 Prozentpunkte und bei Investitionen in Fördergebieten nach Artikel 107 Absatz 3 Buchstabe c AEUV um 5 Prozentpunkte erhöht werden.

Artikel 38

Investitionsbeihilfen für Energieeffizienzmaßnahmen

1. Investitionsbeihilfen, die Unternehmen Energieeffizienzgewinne ermöglichen, sind im Sinne des Artikels 107 Absatz 3 AEUV mit dem Binnenmarkt vereinbar und von der Anmeldepflicht nach Artikel 108 Absatz 3 AEUV freigestellt, sofern die in diesem Artikel und in Kapitel I festgelegten Voraussetzungen erfüllt sind.

2. Für Verbesserungen, die sicherstellen sollen, dass Unternehmen bereits angenommene Unionsnormen erfüllen, werden keine Beihilfen gewährt; dies gilt auch, wenn die Unionsnormen noch nicht in Kraft getreten sind.

▼M4

3. Die beihilfefähigen Kosten sind die Investitionsmehrkosten, die für die Verbesserung der Energieeffizienz erforderlich sind. Die beihilfefähigen Kosten werden wie folgt ermittelt:

a) Wenn bei den gesamten Investitionskosten die Kosten einer Investition in die Energieeffizienz als getrennte Investition ermittelt werden können, dann sind diese Energieeffizienzkosten die beihilfefähigen Kosten:

6. AGVO-kons

b) bezieht sich die Investition auf die Verbesserung der Energieeffizienz von i) Wohngebäuden, ii) Gebäuden, die für die Erbringung von Bildungsleistungen oder sozialen Leistung bestimmt sind, iii) Gebäuden, die für Tätigkeiten im Zusammenhang mit der öffentlichen Verwaltung oder für Justiz-, Polizei- oder Feuerwehrdienste bestimmt sind, oder iv) von unter Ziffer i, ii oder iii genannten Gebäuden, in denen weniger als 35 % der Nettofläche für andere als die unter diesen Ziffern genannten Tätigkeiten genutzt werden, dann sind die beihilfefähigen Kosten die gesamten Investitionskosten, die erforderlich sind, um die Energieeffizienz zu verbessern, sofern die Verbesserungen der Energieeffizienz im Falle der Renovierung zu einer Verringerung des Primärenergiebedarfs um mindestens 20 % und im Falle neuer Gebäude zu Primärenergieeinsparungen von mindestens 10 % gegenüber dem Schwellenwert für die Anforderungen an Niedrigstenergiegebäude bei nationalen Maßnahmen zur Durchführung der Richtlinie 2010/31/EU des Europäischen Parlaments und des Rates [1] führen. Der anfängliche Primärenergiebedarf und die geschätzte Verbesserung werden unter Bezug auf einen Ausweis über die Gesamtenergieeffizienz nach Artikel 2 Nummer 12 der Richtlinie 2010/31/EU ermittelt;

c) in allen anderen Fällen werden die Kosten einer Investition in die Energieeffizienz anhand eines Vergleichs mit einer ähnlichen, zu einer geringeren Energieeffizienz führenden Investition ermittelt, die ohne Beihilfe glaubhaft hätte durchgeführt werden können. Die Differenz zwischen den Kosten dieser beiden Investitionen sind die Energieeffizienzkosten und somit die beihilfefähigen Kosten.

Nicht direkt mit der Verbesserung der Energieeffizienz zusammenhängende Kosten sind nicht beihilfefähig.

3a. Bei den in Absatz 3 Buchstabe b genannten Gebäuden dürfen die Investitionen zur Verbesserung der Energieeffizienz des Gebäudes kombiniert werden mit

a) Investitionen in Anlagen am Standort des Gebäudes zur Erzeugung erneuerbarer Energie und/oder Wärme;

b) Investitionen in Ausrüstung zur Speicherung der Energie, die von der am Standort des Gebäudes befindlichen Anlage zur Erzeugung erneuerbarer Energie erzeugt wird;

c) Investitionen in in das Gebäude eingebaute Ausrüstung und damit zusammenhängende Infrastruktur für das Laden von Elektrofahrzeugen der Gebäudenutzer;

d) Investitionen in die Digitalisierung des Gebäudes, insbesondere zur Steigerung seiner Intelligenzfähigkeit. Beihilfefähig können auch Investitionen sein, die sich auf die passive gebäudeinterne Verkabelung oder die strukturierte Verkabelung für Datennetze beschränken, erforderlichenfalls einschließlich des zugehörigen Teils des passiven Netzes auf dem Privatgrundstück außerhalb des Gebäudes. Für Datennetze bestimmte Verkabelungen außerhalb des Privatgrundstücks sind nicht beihilfefähig.

Bei solchen kombinierten Bauarbeiten nach Unterabsatz 1 Buchstaben a bis d sind die gesamten Investitionskosten für die verschiedenen Ausrüstungsteile die beihilfefähigen Kosten.

---

[1] Richtlinie 2010/31/EU des Europäischen Parlaments und des Rates vom 19. Mai 2010 über die Gesamtenergieeffizienz von Gebäuden (ABl. L 153 vom 18.6.2010. S. 13).

▼ M4

Abhängig davon, wer die Bauarbeiten zur Verbesserung der Energieeffizienz in Auftrag gibt, können die Beihilfen entweder dem bzw. den Gebäudeeigentümern oder dem bzw. den Mietern gewährt werden.

▼ B

4.   Die Beihilfeintensität darf 30 % der beihilfefähigen Kosten nicht überschreiten.

5.   Bei Beihilfen für kleine Unternehmen kann die Intensität um 20 Prozentpunkte, bei Beihilfen für mittlere Unternehmen um 10 Prozentpunkte erhöht werden.

6.   Die Beihilfeintensität kann bei Investitionen in Fördergebieten nach Artikel 107 Absatz 3 Buchstabe a AEUV um 15 Prozentpunkte und bei Investitionen in Fördergebieten nach Artikel 107 Absatz 3 Buchstabe c AEUV um 5 Prozentpunkte erhöht werden.

▼ M4

7.   Beihilfen für Maßnahmen, die die Energieeffizienz von Gebäuden verbessern, können unter den folgenden kumulativen Voraussetzungen auch die Begünstigung von Energieleistungsverträgen zum Gegenstand haben:

a) Die Förderung erfolgt in Form eines Kredits oder einer Garantie für den Anbieter der Maßnahmen zur Energieeffizienzverbesserung im Rahmen eines Energieleistungsvertrags oder in Form eines Finanzprodukts zur Refinanzierung des jeweiligen Anbieters (z. B. Factoring, Forfaitierung),

b) der Nominalbetrag der gesamten ausstehenden Finanzmittel, die nach diesem Absatz pro Empfänger gewährt werden, überschreitet 30 Mio. EUR nicht,

c) die Förderung wird KMU oder kleinen Unternehmen mittlerer Kapitalisierung gewährt,

d) die Förderung wird für Energieleistungsverträge im Sinne des Artikels 2 Nummer 27 der Richtlinie 2012/27/EU gewährt,

e) die Energieleistungsverträge beziehen sich auf ein in Absatz 3 Buchstabe b aufgeführtes Gebäude.

Artikel 39

Investitionsbeihilfen für gebäudebezogene Energieeffizienzprojekte in Form von Finanzinstrumenten

▼ B

1.   Investitionsbeihilfen für gebäudebezogene Energieeffizienzprojekte sind im Sinne des Artikels 107 Absatz 3 AEUV mit dem Binnenmarkt vereinbar und von der Anmeldepflicht nach Artikel 108 Absatz 3 AEUV freigestellt, sofern die in diesem Artikel und in Kapitel I festgelegten Voraussetzungen erfüllt sind.

2.   Nach diesem Artikel sind gebäudebezogene Energieeffizienzprojekte beihilfefähig.

6. AGVO-kons

AGVO-kons

2a.   Bezieht sich die Investition auf die Verbesserung der Energieeffizienz von i) Wohngebäuden, ii) Gebäuden, die für die Erbringung von Bildungsleistungen oder sozialen Leistungen bestimmt sind, iii) Gebäuden, die für Tätigkeiten im Zusammenhang mit der öffentlichen Verwaltung oder für Justiz-, Polizei- oder Feuerwehrdienste bestimmt sind, oder iv) von unter Ziffer i, ii oder iii genannten Gebäuden, in denen weniger als 35 % der Nettofläche für andere als die unter diesen Ziffern genannten Tätigkeiten genutzt werden, so dürfen Energieeffizienzprojekte nach diesem Artikel auch mit folgenden Investitionen kombiniert werden:

a) Investitionen in Anlagen am Standort des Gebäudes zur Erzeugung erneuerbarer Energie und/oder Wärme;

b) Investitionen in Ausrüstung zur Speicherung der Energie, die von der am Standort des Gebäudes befindlichen Anlage zur Erzeugung erneuerbarer Energie erzeugt wird;

c) Investitionen in in das Gebäude eingebaute Ausrüstung und damit zusammenhängende Infrastruktur für das Laden von Elektrofahrzeugen der Gebäudenutzer;

d) Investitionen in die Digitalisierung des Gebäudes, insbesondere zur Steigerung seiner Intelligenzfähigkeit. Beihilfefähig können auch Investitionen sein, die sich auf die passive gebäudeinterne Verkabelung oder die strukturierte Verkabelung für Datennetze beschränken, erforderlichenfalls einschließlich des zugehörigen Teils des passiven Netzes auf dem Privatgrundstück außerhalb des Gebäudes. Für Datennetze bestimmte Verkabelungen außerhalb des Privatgrundstücks sind nicht beihilfefähig.

3.   Beihilfefähig sind die Gesamtkosten des Energieeffizienzprojekts, außer für die in Absatz 2a genannten Gebäude, bei denen die beihilfefähigen Kosten die Gesamtkosten des Energieeffizienzprojekts und die Investitionskosten für die verschiedenen in Absatz 2a aufgeführten Ausrüstungsteile umfassen.

4.   Die Beihilfe wird in Form einer Dotation, Beteiligung, Garantie oder eines Kredits für einen Energieeffizienzfonds oder einen anderen Finanzintermediär gewährt, der sie in Form umfangreicherer Finanzierungen, geringerer Besicherungsanforderungen, niedrigerer Garantieentgelte oder niedrigerer Zinssätze so weit wie möglich an die Endempfänger, d. h. die Gebäudeeigentümer oder Mieter, weitergibt.

5.   Bei den über einen Energieeffizienzfonds oder einen anderen Finanzintermediär gewährten Beihilfen für beihilfefähige Energieeffizienzprojekte kann es sich um Kredite oder Garantien handeln. Der Nennwert des Kredits bzw. die Garantiesumme darf auf Ebene der Endempfänger höchstens 15 Mio. EUR pro Projekt betragen; abweichend hiervon gilt bei der Kombination von in Absatz 2a genannten Investitionen ein Höchstwert von 30 Mio. EUR. Die Garantie darf nicht über 80 % des zugrunde liegenden Kredits hinausgehen.

6.   Die von den Gebäudeeigentümern an den Energieeffizienzfonds beziehungsweise einen anderen Finanzintermediär geleisteten Rückzahlungen dürfen nicht unter dem Nennwert des Kredits liegen.

7.   Die Energieeffizienzbeihilfe muss zusätzliche Investitionen privater Investoren mobilisieren, damit mindestens 30 % der Gesamtfinanzierung eines Energieeffizienzprojekts gewährleistet sind. Wird die Beihilfe von einem Energieeffizienzfonds gewährt, so kann die Mobilisierung privater Investitionen auf der Ebene des Energieeffizienzfonds und/oder auf der Ebene der Energieeffizienzprojekte erfolgen, wobei ein Gesamtbetrag von mindestens 30 % der Gesamtfinanzierung eines Energieeffizienzprojekts erreicht werden muss.

8. Für die Gewährung von Energieeffizienzbeihilfen können die Mitgliedstaaten Energieeffizienzfonds einrichten und/oder sich auf Finanzintermediäre stützen. Dabei müssen die folgenden Voraussetzungen erfüllt sein:

a) Die Manager von Finanzintermediären und von Energieeffizienzfonds werden im Rahmen eines offenen, transparenten und diskriminierungsfreien Verfahrens im Einklang mit dem anzuwendenden Unionsrecht und nationalen Recht ausgewählt. Dabei darf es keine unterschiedliche Behandlung auf der Grundlage ihres Sitzes oder ihrer Eintragung im Handelsregister eines Mitgliedstaats geben. Die Finanzintermediäre und Manager der Energieeffizienzfonds müssen gegebenenfalls durch die Art der jeweiligen Investitionen objektiv gerechtfertigte, vorab festgelegte Kriterien erfüllen.

b) Die unabhängigen privaten Investoren werden im Rahmen eines offenen, transparenten und diskriminierungsfreien Verfahrens ausgewählt, das mit dem geltenden Unionsrecht und nationalen Recht in Einklang steht und mit Blick auf den Abschluss geeigneter Vereinbarungen über die Risiko-Nutzen-Teilung durchgeführt wird; dabei wird bei Investitionen, die keine Garantien sind, einer asymmetrischen Gewinnverteilung der Vorzug vor einer Absicherung nach unten gegeben. Wenn die privaten Investoren nicht im Rahmen eines solchen Verfahrens ausgewählt werden, wird die angemessene Rendite der privaten Investoren durch einen unabhängigen Sachverständigen bestimmt, der im Zuge eines offenen, transparenten und diskriminierungsfreien Verfahrens ausgewählt wird.

c) Bei einer asymmetrischen Verlustteilung zwischen öffentlichen und privaten Investoren ist der Erstverlust, den der öffentliche Investor übernimmt, auf 25 % der Gesamtinvestition zu begrenzen.

d) Bei Garantien wird der Garantiesatz auf 80 % und der vom Mitgliedstaat übernommene Gesamtverlust auf 25 % des zugrunde liegenden garantierten Portfolios begrenzt. Nur Garantien zur Deckung der erwarteten Verluste des zugrunde liegenden garantierten Portfolios können unentgeltlich gestellt werden. Wenn eine Garantie auch unerwartete Verluste deckt, zahlt der Finanzintermediär für den Teil der Garantie, der die unerwarteten Verluste deckt, ein marktübliches Garantieentgelt.

e) Die Investoren dürfen in den Leitungsgremien des Energieeffizienzfonds oder Finanzintermediärs (z. B. Aufsichtsrat oder Beirat) vertreten sein.

f) Der Energieeffizienzfonds beziehungsweise der Finanzintermediär wird im Einklang mit den anwendbaren Rechtsvorschriften gegründet und der Mitgliedstaat trägt für ein Due-diligence-Verfahren Sorge, um die Solidität der Anlagestrategie für die Durchführung der Energieeffizienzbeihilfe sicherzustellen.

9. Finanzintermediäre einschließlich Energieeffizienzfonds werden nach wirtschaftlichen Grundsätzen verwaltet und gewährleisten gewinnorientierte Finanzierungsentscheidungen. Diese Voraussetzung gilt als erfüllt, wenn der Finanzintermediär und gegebenenfalls die Manager des Energieeffizienzfonds die folgenden Voraussetzungen erfüllen:

a) Sie sind gesetzlich oder vertraglich verpflichtet, mit der Sorgfalt eines professionellen Managers in gutem Glauben zu handeln und dabei Interessenkonflikte zu vermeiden. Sie haben bewährte Verfahren anzuwenden und unterliegen der Aufsicht der Regulierungsbehörden.

b) Sie erhalten eine marktübliche Vergütung. Diese Voraussetzung gilt als erfüllt, wenn der Manager im Rahmen eines offenen, transparenten und diskriminierungsfreien Verfahrens anhand objektiver Kriterien in Bezug auf Erfahrung, Fachwissen sowie operative und finanzielle Leistungsfähigkeit ausgewählt wird.

c) Sie erhalten eine leistungsbezogene Vergütung oder tragen einen Teil des Investitionsrisikos, indem sie sich mit eigenen Mittel an der Investition beteiligen, so dass sichergestellt ist, dass ihre Interessen stets mit den Interessen der öffentlichen Investoren im Einklang stehen.

d) Sie legen eine Investmentstrategie sowie Kriterien und einen Zeitplan für die Investitionen in Energieeffizienzprojekte fest und ermitteln vorab die finanzielle Tragfähigkeit und die voraussichtlichen Auswirkungen der Investitionen auf die Energieeffizienz.

e) Für die in den Energieeffizienzfonds investierten oder dem Finanzintermediär gewährten öffentlichen Mittel gibt es eine klare und realistische Ausstiegsstrategie, so dass Energieeffizienzprojekte über den Markt finanziert werden können, wenn der Markt dazu in der Lage ist.

10. Verbesserungen der Energieeffizienz, die sicherstellen sollen, dass der Beihilfeempfänger bereits angenommene Unionsnormen erfüllt, sind nach diesem Artikel nicht von der Anmeldepflicht freigestellt.

Artikel 40

Investitionsbeihilfen für hocheffiziente Kraft-Wärme-Kopplung

1. Investitionsbeihilfen für hocheffiziente Kraft-Wärme-Kopplung sind im Sinne des Artikels 107 Absatz 3 AEUV mit dem Binnenmarkt vereinbar und von der Anmeldepflicht Artikels 108 Absatz 3 AEUV freigestellt, sofern die in diesem Artikel und in Kapitel I festgelegten Voraussetzungen erfüllt sind.

2. Investitionsbeihilfen werden nur für neu installierte oder modernisierte Kapazitäten gewährt.

3. Nach der Richtlinie 2012/27/EU des Europäischen Parlaments und des Rates vom 25. Oktober 2012 zur Energieeffizienz, zur Änderung der Richtlinien 2009/125/EG und 2010/30/EU und zur Aufhebung der Richtlinien 2004/8/EG und 2006/32/EG ([1]) muss ein neuer Kraft-Wärme-Kopplung-Block (im Folgenden „KWK-Block") im Vergleich zur getrennten Erzeugung Primärenergieeinsparungen erbringen. Die Verbesserung eines vorhandenen KWK-Blocks oder die Umrüstung eines vorhandenen Kraftwerks in einen KWK-Block muss im Vergleich zur Ausgangssituation zu Primärenergieeinsparungen führen.

([1]) ABl. L 315 vom 14.11.2012. S. 1.

4.   Die beihilfefähigen Kosten sind die im Vergleich zu einem herkömmlichen Kraftwerk oder Heizsystem mit derselben Kapazität zusätzlich anfallenden Investitionskosten für die Ausrüstung, die für die Anlage benötigt wird, damit sie als hocheffiziente Kraft-Wärme-Kopplungsanlage betrieben werden kann, oder die zusätzlich anfallenden Investitionskosten, damit eine bereits als hocheffizient einzustufende Anlage einen höheren Effizienzgrad erreicht.

5.   Die Beihilfeintensität darf 45 % der beihilfefähigen Kosten nicht überschreiten. Bei Beihilfen für kleine Unternehmen kann die Intensität um 20 Prozentpunkte, bei Beihilfen für mittlere Unternehmen um 10 Prozentpunkte erhöht werden.

6.   Die Beihilfeintensität kann bei Investitionen in Fördergebieten nach Artikel 107 Absatz 3 Buchstabe a AEUV um 15 Prozentpunkte und bei Investitionen in Fördergebieten nach Artikel 107 Absatz 3 Buchstabe c AEUV um 5 Prozentpunkte erhöht werden.

Artikel 41

Investitionsbeihilfen zur Förderung erneuerbarer Energien

1.   Investitionsbeihilfen zur Förderung erneuerbarer Energien sind im Sinne des Artikels 107 Absatz 3 AEUV mit dem Binnenmarkt vereinbar und von der Anmeldepflicht des Artikels 108 Absatz 3 AEUV freigestellt, sofern die in diesem Artikel und in Kapitel I festgelegten Voraussetzungen erfüllt sind.

2.   Investitionsbeihilfen für die Herstellung von Biokraftstoffen sind nur dann von der Anmeldepflicht freigestellt, wenn die geförderten Investitionen der Produktion nachhaltiger Biokraftstoffe dienen, die nicht aus Nahrungsmittelpflanzen gewonnen werden. Investitionsbeihilfen für die Umrüstung bestehender Anlagen zur Herstellung von Biokraftstoff aus Nahrungsmittelpflanzen in Anlagen zur Herstellung fortschrittlicher Biokraftstoffe sind jedoch nach diesem Artikel freigestellt, sofern die Erzeugung von Biokraftstoffen aus Nahrungsmittelpflanzen proportional zur neuen Kapazität zurückgefahren wird.

3.   Für Biokraftstoffe, für die eine Liefer- oder Beimischverpflichtung besteht, werden keine Beihilfen gewährt.

4.   Für Wasserkraftwerke, die nicht der Richtlinie 2000/60/EG des Europäischen Parlaments entsprechen, werden keine Beihilfen gewährt.

5.   Investitionsbeihilfen werden nur für neue Anlagen gewährt. Nachdem die Anlage den Betrieb aufgenommen hat, werden keine Beihilfen gewährt oder ausgezahlt; die Beihilfen sind unabhängig von der Produktionsleistung.

6.   Beihilfefähig sind die Investitionsmehrkosten, die für die Förderung der Erzeugung von Energie aus erneuerbaren Quellen erforderlich sind. Die beihilfefähigen Kosten werden wie folgt ermittelt:

a) Wenn bei den Gesamtinvestitionskosten die Kosten einer Investition in die Erzeugung von Energie aus erneuerbaren Quellen als getrennte Investition ermittelt werden können (die z. B. ohne weiteres als zusätzliche Komponente einer bereits existierenden Anlage erkennbar ist), sind diese auf die erneuerbaren Energien bezogenen Kosten die beihilfefähigen Kosten.

6. AGVO-kons

b) Wenn die Kosten einer Investition in die Erzeugung von Energie aus erneuerbaren Quellen anhand eines Vergleichs mit einer ähnlichen, weniger umweltfreundlichen Investition ermittelt werden können, die ohne Beihilfe durchaus hätte durchgeführt werden können, entspricht die Differenz zwischen den Kosten dieser beiden Investitionen den Kosten für die Förderung erneuerbarer Energien und somit den beihilfefähigen Kosten.

c) Bei bestimmten kleinen Anlagen, bei denen keine weniger umweltfreundliche Investition ermittelt werden kann, weil es keine kleinen Anlagen gibt, entsprechen die beihilfefähigen Kosten den Gesamtinvestitionskosten für die Verbesserung des Umweltschutzes.

AGVO-kons

Nicht direkt mit der Verbesserung des Umweltschutzes zusammenhängende Kosten sind nicht beihilfefähig.

7. Die Beihilfeintensität darf folgende Sätze nicht überschreiten:

a) 45 % der beihilfefähigen Kosten, wenn die beihilfefähigen Kosten auf der Grundlage des Absatzes 6 Buchstabe a oder b berechnet werden;

b) 30 % der beihilfefähigen Kosten, wenn die beihilfefähigen Kosten auf der Grundlage des Absatzes 6 Buchstabe c berechnet werden.

8. Bei Beihilfen für kleine Unternehmen kann die Intensität um 20 Prozentpunkte, bei Beihilfen für mittlere Unternehmen um 10 Prozentpunkte erhöht werden.

9. Die Beihilfeintensität kann bei Investitionen in Fördergebieten nach Artikel 107 Absatz 3 Buchstabe a AEUV um 15 % und bei Investitionen in Fördergebieten nach Artikel 107 Absatz 3 Buchstabe c AEUV um 5 Prozentpunkte erhöht werden.

10. Wenn die Beihilfe im Rahmen einer Ausschreibung anhand eindeutiger, transparenter und diskriminierungsfreier Kriterien gewährt wird, kann die Beihilfeintensität bis zu 100 % der beihilfefähigen Kosten betragen. Die Ausschreibung muss diskriminierungsfrei sein; alle interessierten Unternehmen müssen daran teilnehmen können. Die Mittelausstattung der Ausschreibung ist eine verbindliche Vorgabe, was bedeutet, dass nicht alle Bieter eine Beihilfe erhalten können; die Beihilfe wird auf der Grundlage des ursprünglichen Angebots des Bieters gewährt, so dass anschließende Verhandlungen ausgeschlossen sind.

Artikel 42

Betriebsbeihilfen zur Förderung von Strom aus erneuerbaren Energien

1. Betriebsbeihilfen zur Förderung von Strom aus erneuerbaren Energien sind im Sinne des Artikels 107 Absatz 3 AEUV mit dem Binnenmarkt vereinbar und von der Anmeldepflicht nach Artikel 108 Absatz 3 AEUV freigestellt, sofern die in diesem Artikel und in Kapitel I festgelegten Voraussetzungen erfüllt sind.

2. Die Beihilfen werden anhand eindeutiger, transparenter und diskriminierungsfreier Kriterien im Rahmen einer Ausschreibung gewährt, an der alle Erzeuger von Strom aus erneuerbaren Energien zu diskriminierungsfreien Bedingungen teilnehmen können.

▼B

3. Die Ausschreibung kann auf bestimmte Technologien beschränkt werden, wenn eine allen Erzeugern offenstehende Ausschreibung zu einem suboptimalen Ergebnis führen würde, das selbst durch die Ausgestaltung des offenen Verfahrens vor allem aus folgenden Gründen nicht verbessert werden könnte:

i) längerfristiges Potenzial einer bestimmten neuen, innovativen Technologie oder

ii) Notwendigkeit einer Diversifizierung oder

iii) spezifische Gegebenheiten des Netzes und Netzstabilität oder

iv) System(integrations)kosten oder

v) Notwendigkeit, durch Biomasseförderung bedingte Wettbewerbsverfälschungen auf den Rohstoffmärkten zu vermeiden.

Die Mitgliedstaaten prüfen eingehend, ob solche Umstände vorliegen, und teilen der Kommission in der in Artikel 11 Buchstabe a beschriebenen Form ihre Erkenntnisse mit.

4. Die Beihilfen werden für neue und innovative Technologien zur Nutzung erneuerbarer Energiequellen im Rahmen einer Ausschreibung, die zumindest für eine dieser Technologien offen ist, anhand eindeutiger, transparenter und diskriminierungsfreier Kriterien gewährt. Solche Beihilfen werden jährlich höchstens für insgesamt 5 % der geplanten neuen Kapazitäten für die Erzeugung erneuerbaren Stroms gewährt.

5. Die Beihilfe wird als Prämie zusätzlich zu dem Marktpreis, zu dem die Stromerzeuger ihren Strom direkt auf dem Markt verkaufen, gewährt.

6. Die Beihilfeempfänger unterliegen einer Standardbilanzausgleichsverantwortung. Die Empfänger können die Bilanzausgleichsverantwortung von anderen Unternehmen, z. B. Aggregatoren, in ihrem Namen wahrnehmen lassen.

7. Bei negativen Preisen werden keine Beihilfen gewährt.

8. Für Anlagen mit einer installierten Erzeugungskapazität von weniger als 1 MW erneuerbaren Stroms können Beihilfen ohne eine Ausschreibung nach Absatz 2 gewährt werden; im Falle von Windkraftanlagen können für Anlagen mit einer installierten Stromerzeugungskapazität von weniger als 6 MW oder für Anlagen mit weniger als 6 Erzeugungseinheiten Beihilfen ohne eine Ausschreibung nach Absatz 2 gewährt werden. Unbeschadet des Absatzes 9 müssen bei Beihilfen, die nicht im Rahmen einer Ausschreibung gewährt werden, die Voraussetzungen der Absätze 5, 6 und 7 erfüllt sein. Zudem sind bei Beihilfen, die nicht im Rahmen einer Ausschreibung gewährt werden, die Voraussetzungen des Artikels 43 Absätze 5, 6 und 7 einzuhalten.

9. Die in den Absätzen 5, 6 und 7 genannten Voraussetzungen gelten nicht für Betriebsbeihilfen, die für Anlagen zur Erzeugung von Strom aus allen erneuerbaren Quellen mit einer installierten Kapazität von weniger als 500 kW gewährt werden; lediglich bei Windkraftanlagen gelten diese Voraussetzungen nicht für Betriebsbeihilfen, die für Anlagen mit einer installierten Kapazität von weniger als 3 MW oder für Anlagen mit weniger als 3 Erzeugungseinheiten gewährt werden.

6. AGVO-kons

10. Für die Zwecke der Berechnung der in den Absätzen 8 und 9 genannten Höchstkapazitäten werden Anlagen mit einem gemeinsamen Anschlusspunkt an das Stromnetz als eine Anlage betrachtet.

11. Beihilfen dürfen nur so lange gewährt werden, bis die Anlage, die den erneuerbaren Strom erzeugt, nach allgemein anerkannten Buchführungsgrundsätzen vollständig abgeschrieben ist. Bereits erhaltene Investitionsbeihilfen sind von der Betriebsbeihilfe abzuziehen.

Artikel 43

Betriebsbeihilfen zur Förderung der Erzeugung erneuerbarer Energien in kleinen Anlagen

1. Betriebsbeihilfen zur Förderung der Erzeugung erneuerbarer Energien in kleinen Anlagen sind im Sinne des Artikels 107 Absatz 3 AEUV mit dem Binnenmarkt vereinbar und von der Anmeldepflicht nach Artikel 108 Absatz 3 AEUV freigestellt, sofern die in diesem Artikel und in Kapitel I festgelegten Voraussetzungen erfüllt sind.

2. Beihilfen werden nur für Anlagen zur Erzeugung erneuerbarer Energien mit einer installierten Kapazität von weniger als 500 kW gewährt; Windkraftanlagen können jedoch bis zu einer installierten Kapazität von weniger als 3 MW oder weniger als 3 Erzeugungseinheiten und Anlagen für die Erzeugung von Biokraftstoff bis zu einer installierten Kapazität von weniger als 50 000 t/Jahr Beihilfen erhalten. Bei der Berechnung dieser Höchstkapazitäten werden kleine Anlagen mit einem gemeinsamen Anschlusspunkt an das Stromnetz als eine Anlage betrachtet.

3. Beihilfen werden nur für Anlagen gewährt, in denen nachhaltige, nicht aus Nahrungsmittelpflanzen gewonnene Biokraftstoffe erzeugt werden. Betriebsbeihilfen für Anlagen zur Erzeugung von Biokraftstoffen aus Nahrungsmittelpflanzen sind nach diesem Artikel — allerdings höchstens bis 2020 — freigestellt, wenn die Anlage vor dem 31. Dezember 2013 den Betrieb aufgenommen hat und noch nicht vollständig abgeschrieben ist.

4. Für Biokraftstoffe, für die eine Liefer- oder Beimischverpflichtung besteht, werden keine Beihilfen gewährt.

5. Die Beihilfe pro Energieeinheit darf nicht höher sein als die Differenz zwischen den Gesamtgestehungskosten der Energie aus der jeweiligen erneuerbaren Quelle und dem Marktpreis der jeweiligen Energieform. Die Stromgestehungskosten werden regelmäßig und mindestens einmal pro Jahr aktualisiert.

6. Die bei der Berechnung der Stromgestehungskosten zugrunde gelegte maximale Kapitalrendite darf den anwendbaren Swap-Satz zuzüglich einer Prämie von 100 Basispunkten nicht überschreiten. Der anwendbare Swap-Satz ist der Swap-Satz der Währung, in der die Beihilfe gewährt wird, für eine Laufzeit, die dem Abschreibungszeitraum der geförderten Anlagen entspricht.

7. Beihilfen dürfen nur so lange gewährt werden, bis die Anlage nach allgemein anerkannten Buchführungsgrundsätzen vollständig abgeschrieben ist. Alle gewährten Investitionsbeihilfen sind von der Betriebsbeihilfe abzuziehen.

▼B

AGVO-
kons

Artikel 44

Beihilfen in Form von Umweltsteuerermäßigungen nach der Richtlinie 2003/96/EG

1. Beihilferegelungen in Form von Umweltsteuerermäßigungen nach der Richtlinie 2003/96/EG des Rates vom 27. Oktober 2003 zur Restrukturierung der gemeinschaftlichen Rahmenvorschriften zur Besteuerung von Energieerzeugnissen und elektrischem Strom ([1]) sind im Sinne des Artikels 107 Absatz 3 AEUV mit dem Binnenmarkt vereinbar und von der Anmeldepflicht nach Artikel 108 Absatz 3 AEUV freigestellt, sofern die in diesem Artikel und in Kapitel I festgelegten Voraussetzungen erfüllt sind.

2. Die Begünstigten der betreffenden Steuerermäßigung werden anhand transparenter und objektiver Kriterien ausgewählt und entrichten mindestens die in der Richtlinie 2003/96/EG festgelegten Mindeststeuerbeträge der Union.

3. Beihilferegelungen in Form von Steuerermäßigungen basieren auf einer Senkung des anwendbaren Umweltsteuersatzes oder der Zahlung eines festen Ausgleichsbetrags oder einer Kombination solcher Mechanismen.

4. Für Biokraftstoffe, für die eine Liefer- oder Beimischverpflichtung besteht, werden keine Beihilfen gewährt.

Artikel 45

Investitionsbeihilfen für die Sanierung schadstoffbelasteter Standorte

1. Investitionsbeihilfen für Unternehmen, die Umweltschäden beseitigen, indem sie schadstoffbelastete Standorte sanieren, sind im Sinne des Artikels 107 Absatz 3 AEUV mit dem Binnenmarkt vereinbar und von der Anmeldepflicht nach Artikel 108 Absatz 3 AEUV freigestellt, sofern die in diesem Artikel und in Kapitel I festgelegten Voraussetzungen erfüllt sind.

2. Die Investition muss zu einer Beseitigung von Umweltschäden führen, zu denen auch die Beeinträchtigung der Qualität des Bodens, des Oberflächen- oder des Grundwassers zählt.

3. Wenn die juristische oder natürliche Person bekannt ist, die unbeschadet des einschlägigen Unionsrechts — insbesondere der Richtlinie 2004/35/EG des Europäischen Parlaments und des Rates vom 21. April 2004 über Umwelthaftung zur Vermeidung und Sanierung von Umweltschäden ([2]), geändert durch Richtlinie 2006/21/EG des Europäischen Parlaments und des Rates vom 15. März 2006 über die Bewirtschaftung von Abfällen aus der mineralgewinnenden Industrie ([3]), der Richtlinie 2009/31/EG des Europäischen Parlaments und des Rates vom 23. April 2009 über die geologische Speicherung von Kohlendioxid und zur Änderung der Richtlinie 85/337/EWG des Rates sowie der Richtlinien 2000/60/EG, 2001/80/EG, 2004/35/EG, 2006/12/EG und 2008/1/EG

([1]) ABl. L 283 vom 31.10.2003, S. 51.
([2]) ABl. L 143 vom 30.4.2004, S. 56.
([3]) ABl. L 102 vom 11.4.2006. S. 1.

6. AGVO-kons

des Europäischen Parlaments und des Rates sowie der Verordnung (EG) Nr. 1013/2006 (¹) und der Richtlinie 2013/30/EU des Europäischen Parlaments und des Rates vom 12. Juni 2013 über die Sicherheit von Offshore-Erdöl- und -Erdgasaktivitäten und zur Änderung der Richtlinie 2004/35/EG (²) — nach den in jedem Mitgliedstaat anwendbaren Rechtsvorschriften haftet, muss diese nach dem Verursacherprinzip die Sanierungskosten tragen; in diesem Fall darf keine staatliche Beihilfe gewährt werden. Wenn die nach mitgliedstaatlichem Recht haftende Person nicht bekannt ist oder nicht zur Übernahme der Kosten herangezogen werden kann, darf die für die Sanierungs- oder Dekontaminierungsarbeiten verantwortliche Person staatliche Beihilfen erhalten.

4. Die beihilfefähigen Kosten entsprechen den Kosten der Sanierungsarbeiten abzüglich der daraus erwachsenden Wertsteigerung des Grundstücks. Alle Ausgaben eines Unternehmens für die Sanierung seines Standorts gelten als beihilfefähige Investitionen zur Sanierung eines schadstoffbelasteten Standorts, und zwar unabhängig davon, ob sie in der Bilanz als Anlagevermögen ausgewiesen werden können.

5. Gutachten zur Wertsteigerung eines Grundstücks infolge einer Sanierung sind von einem unabhängigen Sachverständigen zu erstellen.

6. Die Beihilfeintensität darf 100 % der beihilfefähigen Kosten nicht überschreiten.

Artikel 46

Investitionsbeihilfen für energieeffiziente Fernwärme und Fernkälte

1. Investitionsbeihilfen für die Installation energieeffizienter Fernwärme- und Fernkältesysteme sind im Sinne des Artikels 107 Absatz 3 AEUV mit dem Binnenmarkt vereinbar und von der Anmeldepflicht nach Artikel 108 Absatz 3 AEUV freigestellt, sofern die in diesem Artikel und in Kapitel I festgelegten Voraussetzungen erfüllt sind.

2. Die beihilfefähigen Kosten für die Erzeugungsanlage sind die im Vergleich zu einer konventionellen Erzeugungsanlage zusätzlich erforderlichen Kosten für den Bau, die Erweiterung und die Modernisierung von einer oder mehreren Erzeugungseinheiten, damit diese als energieeffizientes Fernwärme- und Fernkältesystem betrieben werden können. Die Investition ist Bestandteil des energieeffizienten Fernwärme- und Fernkältesystems.

3. Die Beihilfeintensität für die Erzeugungsanlage darf 45 % der beihilfefähigen Kosten nicht überschreiten. Bei Beihilfen für kleine Unternehmen kann die Intensität um 20 Prozentpunkte, bei Beihilfen für mittlere Unternehmen um 10 Prozentpunkte erhöht werden.

4. Die Beihilfeintensität für die Erzeugungsanlage kann bei Investitionen in Fördergebieten nach Artikel 107 Absatz 3 Buchstabe a AEUV um 15 Prozentpunkte und bei Investitionen in Fördergebieten nach Artikel 107 Absatz 3 Buchstabe c AEUV um 5 Prozentpunkte erhöht werden.

(¹) ABl. L 140 vom 5.6.2009, S. 114.
(²) ABl. L 178 vom 28.6.2013. S. 66.

5.   Die beihilfefähigen Kosten für das Verteilnetz sind die Investitionskosten.

6.   Der Beihilfebetrag für das Verteilnetz darf nicht höher sein als die Differenz zwischen den beihilfefähigen Kosten und dem Betriebsgewinn. Der Betriebsgewinn wird vorab oder über einen Rückforderungsmechanismus von den beihilfefähigen Kosten abgezogen.

Artikel 47

Investitionsbeihilfen für das Recycling und die Wiederverwendung von Abfall

1.   Investitionsbeihilfen für das Recycling und die Wiederverwendung von Abfall sind im Sinne des Artikels 107 Absatz 3 AEUV mit dem Binnenmarkt vereinbar und von der Anmeldepflicht nach Artikel 108 Absatz 3 AEUV freigestellt, sofern die in diesem Artikel und in Kapitel I festgelegten Voraussetzungen erfüllt sind.

2.   Investitionsbeihilfen werden für das Recycling und die Wiederverwendung des Abfalls anderer Unternehmen gewährt.

3.   Die recycelten oder wiederverwendeten Stoffe würden andernfalls entsorgt oder in einer weniger umweltschonenden Weise behandelt. Beihilfen für andere Verwertungsverfahren als das Recycling sind nicht nach diesem Artikel freigestellt.

4.   Durch die Beihilfe dürfen Verursacher nicht indirekt von einer Last befreit werden, die sie nach Unionsrecht tragen müssen oder die als normaler Unternehmensaufwand anzusehen ist.

5.   Die Investition darf nicht dazu führen, dass sich lediglich die Nachfrage nach recycelten Stoffen erhöht, ohne dass für eine umfassendere Einsammlung dieser Stoffe gesorgt wird.

6.   Die Investition muss über den Stand der Technik hinausgehen.

7.   Beihilfefähig sind die Investitionsmehrkosten für die Durchführung einer Investition, die zu besseren oder effizienteren Recycling- oder Wiederverwendungstätigkeiten führt, im Vergleich zu konventionellen Recycling- oder Wiederverwendungstätigkeiten mit derselben Kapazität, die ohne die Beihilfe geschaffen würde.

8.   Die Beihilfeintensität darf 35 % der beihilfefähigen Kosten nicht überschreiten. Bei Beihilfen für kleine Unternehmen kann die Intensität um 20 Prozentpunkte, bei Beihilfen für mittlere Unternehmen um 10 Prozentpunkte erhöht werden.

9.   Die Beihilfeintensität kann bei Investitionen in Fördergebieten nach Artikel 107 Absatz 3 Buchstabe a AEUV um 15 Prozentpunkte und bei Investitionen in Fördergebieten nach Artikel 107 Absatz 3 Buchstabe c AEUV um 5 Prozentpunkte erhöht werden.

10.   Beihilfen für Investitionen in das Recycling und die Wiederverwendung des eigenen Abfalls des Beihilfeempfängers sind nicht nach diesem Artikel von der Anmeldepflicht freigestellt.

6. AGVO-kons

Artikel 48

Investitionsbeihilfen für Energieinfrastrukturen

1. Investitionsbeihilfen für den Bau oder Ausbau von Energieinfrastrukturen sind im Sinne des Artikels 107 Absatz 3 AEUV mit dem Binnenmarkt vereinbar und von der Anmeldepflicht nach Artikel 108 Absatz 3 AEUV freigestellt, sofern die in diesem Artikel und in Kapitel I festgelegten Voraussetzungen erfüllt sind.

**AGVO-
kons**

2. Die Beihilfen müssen für Energieinfrastrukturen in Fördergebieten gewährt werden.

3. Die Energieinfrastruktur unterliegt uneingeschränkt einer Tarif- und Zugangsregulierung im Einklang mit den Energiebinnenmarktvorschriften.

4. Als beihilfefähige Kosten gelten die Investitionskosten.

5. Der Beihilfebetrag darf nicht höher sein als die Differenz zwischen den beihilfefähigen Kosten und dem Betriebsgewinn der Investition. Der Betriebsgewinn wird vorab oder über einen Rückforderungsmechanismus von den beihilfefähigen Kosten abgezogen.

6. Beihilfen für Investitionen in Vorhaben zur Strom- oder Gasspeicherung oder in Ölinfrastrukturen sind nicht nach diesem Artikel von der Anmeldepflicht freigestellt.

Artikel 49

Beihilfen für Umweltstudien

1. Beihilfen für Studien, einschließlich Energieaudits, die sich unmittelbar auf in diesem Abschnitt genannte Investitionen beziehen, sind im Sinne des Artikels 107 Absatz 3 AEUV mit dem Binnenmarkt vereinbar und von der Anmeldepflicht nach Artikel 108 Absatz 3 AEUV freigestellt, sofern die in diesem Artikel und in Kapitel I festgelegten Voraussetzungen erfüllt sind.

2. Beihilfefähig sind die Kosten der in Absatz 1 genannten Studien.

3. Die Beihilfeintensität darf 50 % der beihilfefähigen Kosten nicht überschreiten.

4. Bei Studien im Auftrag kleiner Unternehmen kann die Beihilfeintensität um 20 Prozentpunkte, bei Studien im Auftrag mittlerer Unternehmen um 10 Prozentpunkte erhöht werden.

5. Großen Unternehmen werden keine Beihilfen für nach Artikel 8 Absatz 4 der Richtlinie 2012/27/EU durchgeführte Energieaudits gewährt, es sei denn, das Energieaudit wird zusätzlich zu dem mit der Richtlinie verbindlich vorgeschriebenen Energieaudit durchgeführt.

ABSCHNITT 8

Beihilfen zur Bewältigung der Folgen bestimmter Naturkatastrophen

Artikel 50

Beihilferegelungen zur Bewältigung der Folgen bestimmter Naturkatastrophen

1. Beihilferegelungen zur Bewältigung der Folgen von Erdbeben, Lawinen, Erdrutschen, Überschwemmungen, Wirbelstürmen, Orkanen, Vulkanausbrüchen und Flächenbränden natürlichen Ursprungs sind im Sinne des Artikels 107 Absatz 2 Buchstabe b AEUV mit dem Binnenmarkt vereinbar und von der Anmeldepflicht nach Artikel 108 Absatz 3 AEUV freigestellt, sofern die in diesem Artikel und in Kapitel I festgelegten Voraussetzungen erfüllt sind.

2. Beihilfen werden unter folgenden Voraussetzungen gewährt:

a) die zuständigen Behörden eines Mitgliedstaats haben das Ereignis förmlich als Naturkatastrophe anerkannt, und

b) es besteht ein direkter ursächlicher Zusammenhang zwischen der Naturkatastrophe und den Schäden, die dem betroffenen Unternehmen entstanden sind.

3. Beihilferegelungen, die sich auf eine bestimmte Naturkatastrophe beziehen, müssen innerhalb von drei Jahren nach dem Ereignis eingeführt werden. Beihilfen auf der Grundlage dieser Beihilferegelungen müssen innerhalb von vier Jahren nach dem Ereignis gewährt werden.

4. Die beihilfefähigen Kosten sind die Kosten, die durch die als direkte Folge der Naturkatastrophe entstandenen Schäden verursacht und von einem von der zuständigen nationalen Behörde anerkannten unabhängigen Sachverständigen oder von einem Versicherungsunternehmen geschätzt wurden. Diese Schäden können Sachschäden an Vermögenswerten wie Gebäuden, Ausrüstungen, Maschinen oder Lagerbeständen sowie Einkommenseinbußen aufgrund einer vollständigen oder teilweisen Unterbrechung der Geschäftstätigkeit während eines Zeitraums von höchstens sechs Monaten nach der Naturkatastrophe umfassen. Der Sachschaden wird auf der Grundlage der Reparaturkosten oder des wirtschaftlichen Wertes des betroffenen Vermögenswerts vor der Naturkatastrophe berechnet. Er darf nicht höher sein als die Reparaturkosten oder die durch die Katastrophe verursachte Minderung des Marktwerts, d. h. die Differenz zwischen dem Wert des Vermögenswerts unmittelbar vor der Naturkatastrophe und seinem Wert unmittelbar danach. Die Einkommenseinbuße wird auf der Grundlage der Finanzdaten des betroffenen Unternehmens (Gewinn vor Zinsen und Steuern (EBIT), Abschreibungs- und Arbeitskosten ausschließlich in Bezug auf die von der Naturkatastrophe betroffene Betriebsstätte) berechnet, indem die Finanzdaten für die sechs Monate unmittelbar nach der Naturkatastrophe mit dem Durchschnitt von drei Jahren verglichen werden, die unter den fünf Jahren vor der Naturkatastrophe (unter Ausschluss des Jahres mit dem besten und des Jahres mit dem schlechtesten Finanzergebnis) ausgewählt werden; die Einkommenseinbuße wird für denselben Sechsmonatszeitraum des Jahres berechnet. Die Schäden werden auf der Ebene des einzelnen Beihilfeempfängers berechnet.

5. Die Beihilfe und sonstige Ausgleichszahlungen für die Schäden, einschließlich Versicherungsleistungen, dürfen zusammen 100 % der beihilfefähigen Kosten nicht überschreiten.

6. AGVO-kons

AGVO-kons

ABSCHNITT 9

Sozialbeihilfen für die Beförderung von Einwohnern entlegener Gebiete

Artikel 51

Sozialbeihilfen für die Beförderung von Einwohnern entlegener Gebiete

1. Beihilfen für die Personenbeförderung per Flugzeug und Schiff sind im Sinne des Artikels 107 Absatz 2 Buchstabe a AEUV mit dem Binnenmarkt vereinbar und von der Anmeldepflicht nach Artikel 108 Absatz 3 AEUV freigestellt, sofern die in diesem Artikel und in Kapitel I festgelegten Voraussetzungen erfüllt sind.

2. Die gesamte Beihilfe muss Endverbrauchern zugutekommen, die ihren gewöhnlichen Wohnsitz in entlegenen Gebieten haben.

3. Die Beihilfe muss für den Personenverkehr auf einer Strecke gewährt werden, die einen Hafen oder Flughafen in einem entlegenen Gebiet mit einem anderen Hafen oder Flughafen im Europäischen Wirtschaftsraum verbindet.

4. Die Beihilfe muss unabhängig von der Identität des Verkehrsunternehmens und der Art der Leistung und ohne Einschränkungen im Hinblick auf die genaue Reiseroute von dem beziehungsweise in das entlegene Gebiet gewährt werden.

5. Die beihilfefähigen Kosten sind der dem Verbraucher von dem Verkehrsunternehmen in Rechnung gestellte Preis für die Hin- und Rückreise aus dem beziehungsweise in das entlegene Gebiet einschließlich aller Steuern und Gebühren.

6. Die Beihilfeintensität darf 100 % der beihilfefähigen Kosten nicht überschreiten.

ABSCHNITT 10

Beihilfen für Breitbandinfrastrukturen

Artikel 52

Beihilfen für feste Breitbandnetze

1. Beihilfen für den Ausbau fester Breitbandnetze sind im Sinne des Artikels 107 Absatz 3 AEUV mit dem Binnenmarkt vereinbar und von der Anmeldepflicht nach Artikel 108 Absatz 3 AEUV freigestellt, sofern die Voraussetzungen des vorliegenden Artikels und des Kapitels I erfüllt sind.

2. Beihilfefähig sind alle Kosten für Bau, Verwaltung und Betrieb eines festen Breitbandnetzes. Der Beihilfehöchstbetrag für ein Vorhaben wird auf der Grundlage eines wettbewerblichen Auswahlverfahrens nach Absatz 6 Buchstabe a festgesetzt. Erfolgt eine Investition nach Absatz 6 Buchstabe b ohne wettbewerbliches Auswahlverfahren, darf der Beihilfebetrag nicht höher sein als die Differenz zwischen den beihilfefähigen Kosten und dem Betriebsgewinn aus der Investition. Der auf der Grundlage realistischer Projektionen ermittelte Betriebsgewinn wird im Voraus von den beihilfefähigen Kosten abgezogen und im Nachhinein über einen Rückforderungsmechanismus überprüft.

3. Beihilfefähig sind die folgenden alternativen Arten von Investitionen:

a) Ausbau eines festen Breitbandnetzes, um Haushalte und sozioökonomische Schwerpunkte in Gebieten anzuschließen, in denen kein Netz vorhanden ist, das zuverlässig eine Download-Geschwindigkeit von mindestens 30 Mbit/s (Schwellengeschwindigkeit) bieten kann, und in denen auch nicht glaubhaft geplant ist, innerhalb von drei Jahren nach der Veröffentlichung der geplanten Beihilfemaßnahme oder innerhalb des — mindestens zwei Jahre langen — Zeitraums, in dem der geförderte Netzausbau erfolgen soll, ein solches Netz auszubauen. Dies wird durch Kartierung und öffentliche Konsultation nach Absatz 4 überprüft. Gebiete, in denen mindestens ein Netz vorhanden oder glaubhaft geplant ist, das zuverlässig eine Download-Geschwindigkeit von mindestens 30 Mbit/s bieten kann, sind nicht beihilfefähig. Das geförderte Netz muss eine mindestens doppelt so hohe Download- und Upload-Geschwindigkeit wie die vorhandenen oder glaubhaft geplanten Netze gewährleisten und zuverlässig eine Download-Geschwindigkeit von mindestens 30 Mbit/s (Zielgeschwindigkeit) bieten können.

b) Ausbau eines festen Breitbandnetzes, um Haushalte und sozioökonomische Schwerpunkte in Gebieten anzuschließen, in denen kein Netz vorhanden ist, das zuverlässig eine Download-Geschwindigkeit von mindestens 100 Mbit/s (Schwellengeschwindigkeit) bieten kann, und in denen auch nicht glaubhaft geplant ist, innerhalb von drei Jahren nach der Veröffentlichung der geplanten Beihilfemaßnahme oder innerhalb des — mindestens zwei Jahre langen — Zeitraums, in dem der geförderte Netzausbau erfolgen soll, ein solches Netz auszubauen. Dies wird durch Kartierung und öffentliche Konsultation nach Absatz 4 überprüft. Gebiete, in denen mindestens ein Netz vorhanden oder glaubhaft geplant ist, das zuverlässig eine Download-Geschwindigkeit von mindestens 100 Mbit/s bieten kann, sind nicht beihilfefähig. Das geförderte Netz muss eine mindestens doppelt so hohe Download- und Upload-Geschwindigkeit wie die vorhandenen oder glaubhaft geplanten Netze gewährleisten und zuverlässig eine Download-Geschwindigkeit von mindestens 300 Mbit/s und eine Upload-Geschwindigkeit von 100 Mbit/s (Zielgeschwindigkeiten) bieten können.

c) Ausbau eines festen Breitbandnetzes, um ausschließlich sozioökonomische Schwerpunkte in Gebieten anzuschließen, in denen nur ein Netz vorhanden ist, das zuverlässig eine Download-Geschwindigkeit von mindestens 100 Mbit/s, aber unter 300 Mbit/s (Schwellengeschwindigkeiten) bieten kann, und in denen auch nicht glaubhaft geplant ist, innerhalb von drei Jahren nach der Veröffentlichung der geplanten Beihilfemaßnahme oder innerhalb des — mindestens zwei Jahre langen — Zeitraums, in dem der geförderte Netzausbau erfolgen soll, ein solches Netz auszubauen. Dies wird durch Kartierung und öffentliche Konsultation nach Absatz 4 überprüft. Gebiete, in denen mindestens ein Netz vorhanden oder glaubhaft geplant ist, das zuverlässig eine Download-Geschwindigkeit von mindestens 300 Mbit/s bieten kann, sind nicht beihilfefähig. Gebiete, in denen mindestens zwei Netze vorhanden oder glaubhaft geplant sind, die zuverlässig eine Download-Geschwindigkeit von mindestens 100 Mbit/s bieten können, sind ebenfalls nicht beihilfefähig. Das geförderte Netz muss eine mindestens doppelt so hohe Download- und Upload-Geschwindigkeit wie die vorhandenen oder glaubhaft geplanten Netze gewährleisten und zuverlässig eine Download-Geschwindigkeit von mindestens 1 Gbit/s (Zielgeschwindigkeit) bieten können.

4. Kartierung und öffentliche Konsultation nach Absatz 3 müssen alle folgenden Voraussetzungen erfüllen.

6. AGVO-kons

a) Aus der Karte ergeben sich die Zielgebiete, die durch die staatliche Maßnahme abgedeckt werden sollen, und alle vorhandenen öffentlichen und privaten Netze, die zuverlässig die für die jeweilige Art von Investition in Absatz 3 genannten Schwellengeschwindigkeiten bieten können. Die Kartierung erfolgt: i) bei reinen festen Netzen auf Adressebene auf der Grundlage der erschlossenen Räumlichkeiten und ii) bei festen drahtlosen Zugangsnetzen auf Adressebene auf der Grundlage der erschlossenen Räumlichkeiten oder auf der Grundlage eines Rasters von maximal 100 × 100 m. Bei Ziffern i und ii wird die Kartierung stets im Rahmen einer öffentlichen Konsultation überprüft.

b) Die öffentliche Konsultation wird von der zuständigen Behörde durch Veröffentlichung der Hauptmerkmale der geplanten Maßnahme und eines Verzeichnisses der bei der Kartierung festgelegten Zielgebiete nach Buchstabe a auf einer geeigneten Website (auch auf nationaler Ebene) durchgeführt. Bei der öffentlichen Konsultation werden die Interessenträger aufgefordert, zu der Maßnahme Stellung zu nehmen und fundierte Informationen nach Buchstabe a zu ihren Netzen vorzulegen, die im Zielgebiet zuverlässig die in Absatz 3 genannten Schwellengeschwindigkeiten bieten können und bereits vorhanden sind oder deren Ausbau innerhalb von drei Jahren nach Veröffentlichung der geplanten Beihilfemaßnahme glaubhaft geplant ist. Setzt die Bewilligungsbehörde für den Ausbau der geförderten Infrastruktur einen Zeitraum an, der kürzer oder länger ist als drei Jahre, so muss derselbe Zeitraum, der jedoch nicht kürzer sein darf als zwei Jahre, auch herangezogen werden, um zu beurteilen, ob der Ausbau der im vorstehenden Satz genannten Netze glaubhaft geplant ist. Die öffentliche Konsultation muss mindestens dreißig Tage dauern.

5. Das geförderte Vorhaben führt zu einer wesentlichen Verbesserung gegenüber vorhandenen Netzen oder Netzen, deren Ausbau innerhalb von drei Jahren nach der Veröffentlichung der geplanten Beihilfemaßnahme oder innerhalb des — nach Absatz 4 mindestens zwei Jahre langen — Zeitraums, in dem der geförderte Netzausbau erfolgen soll, glaubhaft geplant ist. Eine wesentliche Verbesserung ist gegeben, wenn die geförderte Maßnahme bewirkt, dass eine erhebliche neue Investition in das Breitbandnetz erfolgt und das geförderte Netz gegenüber dem vorhandenen bzw. glaubhaft geplanten Netz zu erheblichen Verbesserungen in Bezug auf Verfügbarkeit, Kapazitäten, Geschwindigkeiten und Wettbewerb im Bereich der Breitband-Internetzugangsdienste führt. Das Vorhaben muss eine erhebliche Investition in passive Infrastruktur umfassen, die über eine marginale Investition hinausgeht, welche lediglich der Modernisierung aktiver Netzelemente dient.

6. Die Beihilfe wird wie folgt gewährt:

a) Die Beihilfe wird Anbietern elektronischer Kommunikationsnetze und -dienste auf der Grundlage eines offenen, transparenten und diskriminierungsfreien wettbewerblichen Auswahlverfahrens unter Wahrung der Grundsätze der Vergabevorschriften und des Grundsatzes der Technologieneutralität, unbeschadet der geltenden Vergabevorschriften, gewährt, wobei das wirtschaftlich günstigste Angebot den Zuschlag erhält. Für die Zwecke des wettbewerblichen Auswahlverfahrens legt die Bewilligungsbehörde im Voraus objektive, transparente und diskriminierungsfreie qualitative Zuschlagskriterien fest, die gegen den beantragten Beihilfebetrag abzuwägen sind. Bei vergleichbarer Qualität erhält der Bieter, der den niedrigsten Beihilfebetrag beantragt hat, die Beihilfe.

▼M4

b) Wird die Beihilfe ohne wettbewerbliches Auswahlverfahren einer
Behörde gewährt, damit diese direkt oder über eine interne Einheit
ein festes Breitbandnetz ausbaut und verwaltet, so erbringt die Behörde bzw. die interne Einheit ausschließlich Vorleistungsdienste
über das geförderte Netz. Die Behörde gewährleistet eine getrennte
Buchführung, bei der die Mittel für den Netzbetrieb von anderen
Mitteln, die der Behörde zur Verfügung stehen, getrennt verwaltet
werden. Die Erteilung von Konzessionen oder anderen Aufträgen für
Bau oder Betrieb des Netzes an Dritte erfolgt über ein offenes,
transparentes und diskriminierungsfreies wettbewerbliches Auswahlverfahren im Einklang mit den Grundsätzen der Vergabevorschriften
und mit dem Grundsatz der Technologieneutralität, unbeschadet der
geltenden Vergabevorschriften, wobei das wirtschaftlich günstigste
Angebot den Zuschlag erhält.

7. Der Betrieb des geförderten Netzes gewährleistet zu fairen und
diskriminierungsfreien Bedingungen einen möglichst umfassenden aktiven und passiven Zugang auf Vorleistungsebene nach Artikel 2 Nummer 139 einschließlich physischer Entbündelung. Ein Vorhaben kann
anstelle einer physischen Entbündelung eine virtuelle Entbündelung vorsehen, wenn das virtuelle Zugangsprodukt von der nationalen Regulierungsbehörde als der physischen Entbündelung gleichwertig erklärt
wird. Aktiver Zugang auf Vorleistungsebene wird für mindestens sieben
Jahre und Zugang auf Vorleistungsebene zur physischen Infrastruktur,
einschließlich Leerrohren und Masten, wird ohne zeitliche Begrenzung
gewährt. Für das gesamte geförderte Netz gelten dieselben Zugangsbedingungen, auch für die Teile des Netzes, in denen bestehende Infrastruktur genutzt wurde. Die Verpflichtungen zur Zugangsgewährung
werden unabhängig von Veränderungen bei den Eigentumsverhältnissen, der Verwaltung oder dem Betrieb des geförderten Netzes durchgesetzt. Bei Beihilfen für den Bau von Leerrohren sind diese groß
genug für mindestens drei Kabelnetze und unterschiedliche Netztopolo-
gien.

8. Der Preis für den Zugang auf Vorleistungsebene beruht auf einer
der folgenden Benchmarks: i) die veröffentlichten durchschnittlichen
Vorleistungspreise, die in anderen vergleichbaren, wettbewerbsintensiveren Gebieten des Mitgliedstaats oder der Union gelten, oder ii) in
Ermangelung solcher veröffentlichten Preise die regulierten Preise, die
von der nationalen Regulierungsbehörde für die betreffenden Märkte
und Dienste bereits festgelegt oder genehmigt wurden, oder iii) in Ermangelung solcher veröffentlichten oder regulierten Preise werden die
Preise im Einklang mit den Grundsätzen der Kostenorientierung und
nach der Methode festgelegt, die der sektorale Rechtsrahmen vorgibt.
Unbeschadet der Zuständigkeiten der nationalen Regulierungsbehörde
gemäß dem Rechtsrahmen wird die nationale Regulierungsbehörde zu
den Zugangsbedingungen, so u. a. zu den Preisen, und zu Streitigkeiten
im Zusammenhang mit der Anwendung dieses Artikels konsultiert.

9. Die Mitgliedstaaten richten einen Monitoring- und Rückforderungsmechanismus ein, wenn der für ein Vorhaben gewährte Beihilfebetrag 10 Mio. EUR überschreitet.

Artikel 52a

Beihilfen für 4G- und 5G-Mobilfunknetze

1. Beihilfen für den Ausbau von 4G- und 5G-Mobilfunknetzen sind
im Sinne des Artikels 107 Absatz 3 AEUV mit dem Binnenmarkt vereinbar und von der Anmeldepflicht nach Artikel 108 Absatz 3 AEUV
freigestellt, sofern die Voraussetzungen des vorliegenden Artikels und
des Kapitels I erfüllt sind.

6. AGVO-kons

2. Beihilfefähig sind alle Kosten für Bau, Verwaltung und Betrieb eines passiven Mobilfunknetzes. Der Beihilfehöchstbetrag für ein Vorhaben wird auf der Grundlage eines wettbewerblichen Auswahlverfahrens nach Absatz 7 Buchstabe a festgesetzt. Erfolgt eine Investition nach Absatz 7 Buchstabe b ohne wettbewerbliches Auswahlverfahren, darf der Beihilfebetrag nicht höher sein als die Differenz zwischen den beihilfefähigen Kosten und dem Betriebsgewinn der Investition. Der auf der Grundlage realistischer Projektionen ermittelte Betriebsgewinn wird im Voraus von den beihilfefähigen Kosten abgezogen und im Nachhinein über einen Rückforderungsmechanismus überprüft.

3. 5G-Investitionen erfolgen in Gebieten, in denen bisher keine Mobilfunknetze ausgebaut wurden, oder in Gebieten, in denen lediglich Mobilfunknetze verfügbar sind, die maximal 3G-Mobilfunkdienste ermöglichen, in denen weder ein 4G- noch ein 5G-Mobilfunknetz vorhanden ist und in denen auch nicht glaubhaft geplant ist, innerhalb von drei Jahren nach der Veröffentlichung der geplanten Beihilfemaßnahme oder innerhalb des — mindestens zwei Jahre langen — Zeitraums, in dem der geförderte Netzausbau erfolgen soll, ein solches Netz auszubauen. Dies wird durch Kartierung und öffentliche Konsultation gemäß Absatz 4 überprüft. 4G-Investitionen erfolgen in Gebieten, in denen bisher keine Mobilfunknetze ausgebaut wurden, oder in Gebieten, in denen lediglich Mobilfunknetze verfügbar sind, die maximal 2G-Mobilfunkdienste ermöglichen, in denen weder ein 3G- noch ein 4G oder ein 5G-Mobilfunknetz vorhanden ist und in denen auch nicht glaubhaft geplant ist, innerhalb von drei Jahren nach der Veröffentlichung der geplanten Beihilfemaßnahme oder innerhalb des — mindestens zwei Jahre langen — Zeitraums, in dem der geförderte Netzausbau erfolgen soll, ein solches Netz auszubauen. Dies wird durch Kartierung und öffentliche Konsultation gemäß Absatz 4 überprüft.

4. Kartierung und öffentliche Konsultation nach Absatz 3 müssen alle folgenden Voraussetzungen erfüllen:

a) Aus der Karte ergeben sich klar die Zielgebiete, die durch den staatlichen Eingriff abgedeckt werden sollen, und alle vorhandenen Mobilfunknetze, je nach Art der Investition. Die Kartierung erfolgt auf der Grundlage eines Rasters von max. 100 × 100 m. Die Karte wird stets über eine öffentliche Konsultation überprüft.

b) Die öffentliche Konsultation wird von der zuständigen Behörde durch Veröffentlichung der Hauptmerkmale der geplanten Maßnahme und eines Verzeichnisses der bei der Kartierung festgelegten Zielgebiete nach Buchstabe a auf einer geeigneten Website (auch auf nationaler Ebene) durchgeführt. Bei der öffentlichen Konsultation werden die Interessenträger aufgefordert, zu der Maßnahme Stellung zu nehmen und fundierte Informationen nach Buchstabe a zu ihren Mobilfunknetzen vorzulegen, die im Zielgebiet bereits vorhanden sind oder deren Ausbau innerhalb von drei Jahren nach Veröffentlichung der geplanten Beihilfemaßnahme glaubhaft geplant ist. Setzt die Bewilligungsbehörde für den Ausbau der geförderten Infrastruktur einen Zeitraum an, der kürzer oder länger ist als drei Jahre, so muss derselbe Zeitraum, der jedoch nicht kürzer sein darf als zwei Jahre, auch herangezogen werden, um zu beurteilen, ob der Ausbau der im vorstehenden Satz genannten Netze glaubhaft geplant ist. Die öffentliche Konsultation muss mindestens dreißig Tage dauern.

5. Die geförderte Infrastruktur wird nicht zum Nachweis der Erfüllung von Versorgungsauflagen berücksichtigt, die sich für die Mobilfunknetzbetreiber aus den an die Zuweisung von 4G- und 5G-Frequenznutzungsrechten geknüpften Bedingungen ergeben.

6. Das geförderte Vorhaben führt zu einer wesentlichen Verbesserung gegenüber vorhandenen Mobilfunknetzen oder Netzen, deren Ausbau innerhalb von drei Jahren nach der Veröffentlichung der geplanten Beihilfemaßnahme oder innerhalb des — nach Absatz 4 mindestens zwei Jahre langen — Zeitraums, in dem der geförderte Netzausbau erfolgen soll, glaubhaft geplant ist. Eine wesentliche Verbesserung ist gegeben, wenn die geförderte Maßnahme bewirkt, dass eine erhebliche neue Investition in das Mobilfunknetz erfolgt und das geförderte Netz gegenüber dem vorhandenen bzw. glaubhaft geplanten Netz zu erheblichen Verbesserungen in Bezug auf Verfügbarkeit, Kapazitäten, Geschwindigkeiten und Wettbewerb im Mobilfunkbereich führt. Das Vorhaben muss eine erhebliche Investition in passive Infrastruktur umfassen, die über eine marginale Investition hinausgeht, welche lediglich der Modernisierung aktiver Netzelemente dient.

7. Die Beihilfe wird wie folgt gewährt:

a) Die Beihilfe wird Anbietern elektronischer Kommunikationsnetze und -dienste auf der Grundlage eines offenen, transparenten und diskriminierungsfreien wettbewerblichen Auswahlverfahrens im Einklang mit den Grundsätzen der Vergabevorschriften und mit dem Grundsatz der Technologieneutralität, unbeschadet der geltenden Vergabevorschriften gewährt, wobei das wirtschaftlich günstigste Angebot den Zuschlag erhält. Für die Zwecke des wettbewerblichen Auswahlverfahrens legt die Bewilligungsbehörde im Voraus objektive, transparente und diskriminierungsfreie qualitative Zuschlagskriterien fest, die gegen den beantragten Beihilfebetrag abzuwägen sind. Bei vergleichbarer Qualität erhält der Bieter, der den niedrigsten Beihilfebetrag beantragt hat, die Beihilfe.

b) Wird die Beihilfe ohne wettbewerbliches Auswahlverfahren einer Behörde gewährt, damit diese direkt oder über eine interne Einheit ein passives Mobilfunknetz ausbaut und verwaltet, so erbringt die Behörde bzw. die interne Einheit ausschließlich Vorleistungsdienste über das geförderte Netz. Die Behörde gewährleistet eine getrennte Buchführung, bei der die Mittel für den Netzbetrieb von anderen Mitteln, die der Behörde zur Verfügung stehen, getrennt verwaltet werden. Die Erteilung von Konzessionen oder anderen Aufträgen für Bau oder Betrieb des Netzes an Dritte erfolgt über ein offenes, transparentes und diskriminierungsfreies wettbewerbliches Auswahlverfahren im Einklang mit den Grundsätzen der Vergabevorschriften und mit dem Grundsatz der Technologieneutralität, unbeschadet der geltenden Vergabevorschriften, wobei das wirtschaftlich günstigste Angebot den Zuschlag erhält.

8. Der Betrieb des geförderten Netzes gewährleistet zu fairen und diskriminierungsfreien Bedingungen einen möglichst umfassenden aktiven und passiven Zugang auf Vorleistungsebene nach Artikel 2 Nummer 139. Aktiver Zugang auf Vorleistungsebene wird für mindestens sieben Jahre und Zugang auf Vorleistungsebene zur physischen Infrastruktur, einschließlich Leerrohren und Masten, wird ohne zeitliche Begrenzung gewährt. Im gesamten geförderten Netz gelten dieselben Zugangsbedingungen, auch in den Teilen des Netzes, in denen bestehende Infrastruktur genutzt wurde. Die

6. AGVO-kons

Verpflichtungen zur Zugangsgewährung werden unabhängig von Veränderungen bei den Eigentumsverhältnissen, der Verwaltung oder dem Betrieb des geförderten Netzes durchgesetzt. Bei Beihilfen für den Bau von Leerrohren sind diese groß genug, um mindestens die Betreiber aller vorhandenen Mobilfunknetze zu bedienen.

9. Der Preis für den Zugang auf Vorleistungsebene beruht auf einer der folgenden Benchmarks: i) die veröffentlichten durchschnittlichen Vorleistungspreise, die in anderen vergleichbaren, wettbewerbsintensiveren Gebieten des Mitgliedstaats oder der Union gelten, oder ii) in Ermangelung solcher veröffentlichten Preise die regulierten Preise, die von der nationalen Regulierungsbehörde für die betreffenden Märkte und Dienste bereits festgelegt oder genehmigt wurden, oder iii) in Ermangelung solcher veröffentlichten oder regulierten Preise werden die Preise im Einklang mit den Grundsätzen der Kostenorientierung und nach der Methode festgelegt, die der sektorale Rechtsrahmen vorgibt. Unbeschadet der Zuständigkeiten der nationalen Regulierungsbehörde gemäß dem Rechtsrahmen wird die nationale Regulierungsbehörde zu den Zugangsbedingungen, so u. a. zu den Preisen, und zu Streitigkeiten im Zusammenhang mit der Anwendung dieses Artikels konsultiert.

10. Die Mitgliedstaaten richten einen Monitoring- und Rückforderungsmechanismus ein, wenn der für ein Vorhaben gewährte Beihilfebetrag 10 Mio. EUR überschreitet.

11. Die Nutzung des öffentlich geförderten 4G- oder 5G-Netzes zur Erbringung fester drahtloser Zugangsdienste ist nur unter folgenden Voraussetzungen gestattet.

a) In Gebieten, in denen kein Netz vorhanden ist, das zuverlässig eine Download-Geschwindigkeit von mindestens 30 Mbit/s bieten kann, und in denen auch nicht glaubhaft geplant ist, innerhalb von drei Jahren nach der Veröffentlichung der geplanten Beihilfemaßnahme oder innerhalb des — mindestens zwei Jahre langen — Zeitraums, in dem der geförderte Netzausbau erfolgen soll, ein solches Netz auszubauen, wenn die folgenden kumulativen Voraussetzungen erfüllt sind: i) bei der Kartierung und öffentlichen Konsultation werden auch die nach Artikel 52 Absatz 4 ermittelten vorhandenen oder glaubhaft geplanten festen Breitbandnetze berücksichtigt; ii) die geförderte feste drahtlose 4G- oder 5G-Zugangslösung kann zuverlässig eine Download-Geschwindigkeit von mindestens 30 Mbit/s sowie eine mindestens doppelt so hohe Download- und Upload-Geschwindigkeit bieten wie die in diesen Gebieten vorhandenen oder glaubhaft geplanten festen Netze.

b) In Gebieten, in denen kein Netz vorhanden ist, das zuverlässig eine Download-Geschwindigkeit von mindestens 100 Mbit/s bieten kann, und in denen auch nicht glaubhaft geplant ist, innerhalb von drei Jahren nach der Veröffentlichung der geplanten Beihilfemaßnahme oder innerhalb des — mindestens zwei Jahre langen — Zeitraums, in dem der geförderte Netzausbau erfolgen soll, ein solches Netz auszubauen, wenn die folgenden kumulativen Voraussetzungen erfüllt sind: i) bei der Kartierung und öffentlichen Konsultation werden auch die nach Artikel 52 Absatz 4 ermittelten vorhandenen oder glaubhaft geplanten festen Breitbandnetze berücksichtigt; ii) die geförderte feste drahtlose 4G- oder 5G-Zugangslösung kann zuverlässig eine Download-Geschwindigkeit von mindestens 300 Mbit/s und eine Upload-Geschwindigkeit von mindestens 100 Mbit/s sowie eine mindestens doppelt so hohe Download- und Upload-Geschwindigkeit bieten wie die in diesen Gebieten vorhandenen oder glaubhaft geplanten festen Netze.

Artikel 52b

Beihilfen für Vorhaben von gemeinsamem Interesse im Bereich transeuropäischer digitaler Vernetzungsinfrastruktur

1.   Beihilfen für Vorhaben von gemeinsamem Interesse im Bereich digitaler Vernetzungsinfrastruktur, die nach der Verordnung (EU) 2021/1153 finanziert werden oder mit einem Exzellenzsiegel nach der genannten Verordnung ausgezeichnet wurden, sind im Sinne des Artikels 107 Absatz 3 AEUV mit dem Binnenmarkt vereinbar und von der Anmeldepflicht nach Artikel 108 Absatz 3 AEUV freigestellt, sofern die Voraussetzungen des vorliegenden Artikels und des Kapitels I erfüllt sind.

2.   Die Vorhaben müssen die in Absatz 3 festgelegten kumulativen Voraussetzungen für die Vereinbarkeit erfüllen. Darüber hinaus müssen sie zu einer der in Absatz 4 festgelegten Gruppen von beihilfefähigen Vorhaben gehören und alle besonderen Vereinbarkeitsvoraussetzungen für die jeweilige Gruppe nach Absatz 4 erfüllen. Unter die Freistellung nach Absatz 1 fallen nur Vorhaben, die sich ausschließlich auf die Elemente und Einrichtungen beziehen, welche unter den jeweiligen Kategorien in Absatz 4 aufgeführt sind.

3.   Die allgemeinen kumulativen Vereinbarkeitsvoraussetzungen sind wie folgt:

a) Der Empfänger muss aus eigenen oder aus Fremdmitteln einen Eigenbeitrag von mindestens 25 % der beihilfefähigen Kosten leisten, der keinerlei öffentliche Förderung enthält. Wird der Eigenbeitrag des Empfängers in Höhe von 25 % aus Fremdmitteln über eine Investitionsplattform gewährt, die verschiedene Finanzierungsquellen kombiniert, wird die im vorausgegangenen Satz festgelegte Voraussetzung, dass Fremdmittel keinerlei öffentliche Förderung umfassen dürfen, dadurch ersetzt, dass bei einer solchen Plattform mindestens 30 % private Investitionen gegeben sein müssen.

b) Beihilfefähig sind ausschließlich nach der Verordnung (EU) 2021/1153 beihilfefähige Investitionskosten für den Ausbau der Infrastruktur.

c) Das Vorhaben muss im Einklang mit der Verordnung (EU) 2021/1153 ausgewählt werden von

   i)   einem unabhängigen Finanzintermediär, der von der Kommission auf der Grundlage gemeinsam vereinbarter Investitionsleitlinien bestellt wurde,

   ii) der Kommission im Rahmen einer Ausschreibung, die auf eindeutigen, transparenten und diskriminierungsfreien Kriterien beruht, oder

   iii) unabhängigen Sachverständigen, die von der Kommission bestellt wurden.

d) Das Vorhaben muss Vernetzungsmöglichkeiten eröffnen, die über die Anforderungen im Rahmen bestehender rechtlicher Verpflichtungen, beispielsweise solche, die an ein Frequenznutzungsrecht geknüpft sind, hinausgehen.

e) Das Vorhaben muss gemäß Artikel 52 Absätze 7 und 8 bzw. Artikel 52a Absätze 8 und 9 zu fairen, angemessenen und diskriminierungsfreien Bedingungen einen offenen Zugang auf Vorleistungsebene für Dritte einschließlich Entbündelung bieten.

6. AGVO-kons

4. Die Kategorien beihilfefähiger Vorhaben und die für sie geltenden besonderen kumulativen Vereinbarkeitsvoraussetzungen sind wie folgt.

a) Investitionen in den Ausbau eines grenzüberschreitenden Abschnitts eines 5G-Korridors entlang eines in den Leitlinien für den Ausbau eines transeuropäischen Verkehrsnetzes im Sinne der Verordnung (EU) Nr. 1315/2013 aufgeführten Verkehrskorridors (TEN-V-Korridore), die die folgenden besonderen kumulativen Voraussetzungen erfüllen:

AGVO-kons

i) Das Vorhaben betrifft einen grenzüberschreitenden Abschnitt eines 5G-Korridors, der die Grenze zwischen zwei oder mehr Mitgliedstaaten überschreitet oder der die Grenze zwischen mindestens einem Mitgliedstaat und mindestens einem Land des Europäischen Wirtschaftsraums überschreitet,

ii) die sich in einem Mitgliedstaat befindlichen grenzüberschreitenden Abschnitte von 5G-Korridoren machen zusammen nicht mehr als 15 % der Gesamtlänge der 5G-Korridore entlang des transeuropäischen Kernverkehrsnetzes in dem jeweiligen Mitgliedstaat aus, für die keine bestehenden rechtlichen Verpflichtungen, beispielsweise solche, die an ein Frequenznutzungsrecht geknüpft sind, gelten. In Ausnahmefällen, wenn ein Mitgliedstaat den Ausbau von grenzüberschreitenden 5G-Korridoren entlang seines transeuropäischen Gesamtverkehrsnetzes fördert, dürfen die sich in dem jeweiligen Mitgliedstaat befindlichen grenzüberschreitenden Abschnitte von 5G-Korridoren zusammen nicht mehr als 15 % der Gesamtlänge der 5G-Korridore entlang des transeuropäischen Gesamtverkehrsnetzes in dem jeweiligen Mitgliedstaat ausmachen, für die keine bestehenden rechtlichen Verpflichtungen, beispielsweise solche, die an ein Frequenznutzungsrecht geknüpft sind, gelten,

iii) das Vorhaben gewährleistet eine erhebliche neue Investition in das für vernetzte und automatisierte Mobilitätsdienste geeignete 5G-Mobilfunknetz, die über marginale Investitionen hinausgeht, welche lediglich der Modernisierung der aktiven Netzelemente dienen,

iv) das Vorhaben fördert den Ausbau neuer passiver Infrastruktur nur dann, wenn bestehende passive Infrastruktur nicht wiederverwendet werden kann.

b) Investitionen in den Ausbau eines grenzüberschreitenden Abschnitts eines europaweiten Terabit-Haupttrassen-Netzes, das die Ziele des Gemeinsamen Unternehmens für europäisches Hochleistungsrechnen durch Zusammenschaltung bestimmter Rechenanlagen, Hochleistungsrechenanlagen und Dateninfrastrukturen unterstützt, die die folgenden besonderen kumulativen Voraussetzungen erfüllen:

i) Im Rahmen des Vorhabens werden vernetzungsspezifische Vermögenswerte (einschließlich unentziehbarer Nutzungsrechte, unbeschalteter Glasfaserleitungen und Ausrüstung) für den Bau eines grenzüberschreitenden Abschnitts eines gesamteuropäischen Haupttrassen-Netzes ausgebaut oder erworben, der die Zusammenschaltung — mit freier durchgehender Vernetzung von mindestens 1 Tbit/s — von mindestens zwei Rechenanlagen, Hochleistungsrechenanlagen oder Dateninfrastrukturen fördert, 1) bei denen es sich um Aufnahmeeinrichtungen des gemäß der Verordnung (EU) 2018/1488 des Rates (^{1}) gegründeten Gemeinsamen Unternehmens

---

(^{1}) Verordnung (EU) 2018/1488 des Rates vom 28. September 2018 zur Gründung des Gemeinsamen Unternehmens für europäisches Hochleistungsrechnen (ABl. L 252 vom 8.10.2018, S. 1).

für europäisches Hochleistungsrechnen oder um Forschungsinfrastrukturen und andere Rechen- und Dateninfrastrukturen zur Unterstützung von Forschungsleitprogrammen und Aufträgen im Sinne der Verordnung (EU) 2021/695 des Europäischen Parlaments und des Rates (¹) und der Verordnung (EG) Nr. 723/2009 des Rates handelt, die zu den Zielen des Gemeinsamen Unternehmens für europäisches Hochleistungsrechnen beitragen, und die sich 2) in mindestens zwei EU-Mitgliedstaaten oder mindestens einem EU-Mitgliedstaat und mindestens einem Mitglied des Europäischen Forschungsraums befinden,

ii) das Vorhaben gewährleistet eine erhebliche neue Investition in das Haupttrassen-Netz, die über eine marginale Investition, wie eine Investition für reine Software-Aktualisierungen oder -lizenzen, hinausgeht,

iii) der Erwerb von vernetzungsspezifischen Vermögenswerten erfolgt durch Vergabe öffentlicher Aufträge,

iv) das Vorhaben fördert den Ausbau neuer passiver Infrastruktur nur dann, wenn bestehende passive Infrastruktur nicht wiederverwendet werden kann.

c) Investitionen in den Ausbau eines grenzüberschreitenden Abschnitts eines die Zusammenschaltung von Cloud-Infrastrukturen bestimmter sozioökonomischer Schwerpunkte gewährleistenden Haupttrassen-Netzes, die die folgenden besonderen kumulativen Voraussetzungen erfüllen:

i) Das Vorhaben bindet Cloud-Infrastrukturen von sozioökonomischen Schwerpunkten an, bei denen es sich um öffentliche Verwaltungen oder um öffentliche oder private Einrichtungen handelt, die mit der Erbringung von Dienstleistungen von allgemeinem Interesse oder von Dienstleistungen von allgemeinem wirtschaftlichem Interesse im Sinne des Artikels 106 Absatz 2 AEUV betraut sind,

ii) das Vorhaben betrifft einen grenzüberschreitenden Abschnitt des Ausbaus neuer oder eine erhebliche Modernisierung bestehender grenzüberschreitender Haupttrassen-Netze, der 1) die Grenze zwischen zwei oder mehr Mitgliedstaaten überschreitet, oder 2) die Grenze zwischen mindestens einem Mitgliedstaat und mindestens einem Land des Europäischen Wirtschaftsraums überschreitet,

iii) das Vorhaben betrifft mindestens zwei beihilfefähige sozioökonomische Schwerpunkte nach Ziffer i, die jeweils in verschiedenen Mitgliedstaaten oder in einem Mitgliedstaat und einem Land des Europäischen Wirtschaftsraums tätig sind,

iv) das Vorhaben gewährleistet eine erhebliche neue Investition in ein Haupttrassen-Netz, die über eine marginale Investition, wie eine Investition für reine Software-Aktualisierungen oder -lizenzen, hinausgeht. Das Vorhaben kann zuverlässig symmetrische Download- und Upload-Geschwindigkeiten von mindestens Vielfachen von 10 Gbit/s bieten,

v) das Vorhaben fördert den Ausbau neuer passiver Infrastruktur nur dann, wenn bestehende passive Infrastruktur nicht wiederverwendet werden kann.

(¹) Verordnung (EU) 2021/695 des Europäischen Parlaments und des Rates vom 28. April 2021 zur Einrichtung von „Horizont Europa", dem Rahmenprogramm für Forschung und Innovation, sowie über dessen Regeln für die Beteiligung und die Verbreitung der Ergebnisse und zur Aufhebung der Verordnungen (EU) Nr. 1290/2013 und (EU) Nr. 1291/2013 (ABl. L 170 vom 12.5.2021. S. 1).

6. AGVO-kons

d) Investitionen in den Ausbau eines Tiefseekabelnetzes, die die folgenden besonderen kumulativen Voraussetzungen erfüllen:

  i) Das Vorhaben betrifft einen grenzüberschreitenden Abschnitt eines Tiefseekabelnetzes, der 1) die Grenze zwischen zwei oder mehr Mitgliedstaaten überschreitet oder 2) die Grenze zwischen mindestens einem Mitgliedstaat und mindestens einem Land des Europäischen Wirtschaftsraums überschreitet. Alternativ gewährleistet die Einheit, die eine Beihilfe erhält, ausschließlich die Bereitstellung von Vorleistungsdiensten, und die geförderte Infrastruktur verbessert die Vernetzung von europäischen Gebieten in äußerster Randlage, überseeischen Gebieten oder Inselregionen, auch wenn sich das Netz nur auf einen Mitgliedstaat erstreckt,

  ii) das Vorhaben darf keine Strecken betreffen, die bereits von mindestens zwei bestehenden oder glaubhaft geplanten Haupttrassen-Infrastrukturen bedient werden,

  iii) das Vorhaben gewährleistet eine erhebliche neue Investition in das Tiefseekabelnetz, die in der Verlegung eines neuen Tiefseekabels oder in der Anbindung an ein bestehendes Tiefseekabel besteht, wobei die Redundanzproblematik berücksichtigt wird und die Investition über eine marginale Investition hinausgeht. Das Vorhaben kann zuverlässig symmetrische Download- und Upload-Geschwindigkeiten von mindestens 1 Gbit/s bieten,

  iv) das Vorhaben fördert den Ausbau neuer passiver Infrastruktur nur dann, wenn bestehende passive Infrastruktur nicht wiederverwendet werden kann.

Artikel 52c

Konnektivitätsgutscheine

1. Beihilfen in Form einer Konnektivitätsgutschein-Regelung für Verbraucher zur Erleichterung von Telearbeit, allgemeinen und beruflichen Bildungsleistungen sowie für KMU sind im Sinne des Artikels 107 Absatz 3 AEUV mit dem Binnenmarkt vereinbar und von der Anmeldepflicht nach Artikel 108 Absatz 3 AEUV freigestellt, sofern die Voraussetzungen des vorliegenden Artikels und des Kapitels I erfüllt sind.

2. Die Laufzeit einer Gutscheinregelung beträgt höchstens 24 Monate.

3. Folgende Kategorien von Gutscheinregelungen sind förderfähig:

a) Gutscheinregelungen für Verbraucher, mit denen diese einen neuen Breitbandinternetzugangsdienst abonnieren oder ihr derzeitiges Abonnement auf einen Dienst mit einer Download-Geschwindigkeit von mindestens 30 Mbit/s aufstocken können, sofern alle Anbieter elektronischer Kommunikationsdienste, die zuverlässig eine Download-Geschwindigkeit von mindestens 30 Mbit/s bieten können, im Rahmen der Gutscheinregelung förderfähig sind; dabei dürfen Gutscheine nicht für einen Wechsel zu Anbietern, die dieselbe Geschwindigkeit bieten, oder für die Aufstockung eines bestehenden Abonnements mit einer Download-Geschwindigkeit von mindestens 30 Mbit/s gewährt werden:

b) Gutscheinregelungen für KMU, mit denen diese einen neuen Breitbandinternetzugangsdienst abonnieren oder ihr derzeitiges Abonnement auf einen Dienst mit einer Download-Geschwindigkeit von mindestens 100 Mbit/s aufstocken können, sofern alle Anbieter, die zuverlässig eine Download-Geschwindigkeit von mindestens 100 Mbit/s bieten können, im Rahmen der Gutscheinregelung förderfähig sind; dabei dürfen Gutscheine nicht für einen Wechsel zu Anbietern, die dieselbe Geschwindigkeit bieten, oder für die Aufstockung eines bestehenden Abonnements mit einer Download-Geschwindigkeit von mindestens 100 Mbit/s gewährt werden.

4. Die Gutscheine decken bis zu 50 % der gesamten Einrichtungskosten und der monatlichen Gebühr für das Abonnement eines Breitbandinternetzugangsdienstes mit den in Absatz 3 genannten Geschwindigkeiten ab, unabhängig davon, ob der Dienst einzeln oder als Teil eines Dienstepakets angeboten wird, das mindestens die erforderlichen Endgeräte (Modem/Router) für einen Internetzugang mit der in Absatz 3 angegebenen Geschwindigkeit umfasst. Der Gutscheinbetrag wird von den Behörden direkt an die Endnutzer oder direkt an den von den Endnutzern gewählten Diensteanbieter ausgezahlt; in letzterem Fall wird der Betrag des Gutscheins von der Rechnung des Endnutzers abgezogen.

5. Die Gutscheine stehen Verbrauchern oder KMU ausschließlich in Gebieten zur Verfügung, in denen mindestens ein Netz vorhanden ist, das die in Absatz 3 genannten Geschwindigkeiten zuverlässig bieten kann, was durch Kartierung und öffentliche Konsultation überprüft wird. Bei der Kartierung und der öffentlichen Konsultation werden die geografischen Zielgebiete, die von mindestens einem Netz abgedeckt werden, das die in Absatz 3 genannte Geschwindigkeit während der Laufzeit der Gutscheinregelung zuverlässig bieten kann, sowie die in dem Gebiet tätigen infrage kommenden Anbieter ermittelt, und es werden Informationen zur Berechnung ihres Marktanteils erhoben. Die Kartierung erfolgt i) bei drahtgebundenen festen Netzen auf Adressebene auf der Grundlage der erschlossenen Räumlichkeiten und ii) bei festen drahtlosen Zugangsnetzen oder mobilen Netzen auf Adressebene auf der Grundlage der erschlossenen Räumlichkeiten oder auf der Grundlage eines Rasters von maximal 100 × 100 m. Die Karte wird stets über eine öffentliche Konsultation überprüft. Die öffentliche Konsultation wird von der zuständigen Behörde durch Veröffentlichung der Hauptmerkmale der geplanten Maßnahme und eines Verzeichnisses der bei der Kartierung festgelegten Zielgebiete auf einer geeigneten Website, auch auf nationaler Ebene, durchgeführt. Im Rahmen der öffentlichen Konsultation werden Interessenträger aufgefordert, zu dem Maßnahmenentwurf Stellung zu nehmen und fundierte Informationen über ihre bestehenden Netze zu übermitteln, die die in Absatz 3 genannte Geschwindigkeit zuverlässig bieten können. Die öffentliche Konsultation muss mindestens dreißig Tage dauern.

6. Die Gutscheinregelung muss dem Grundsatz der Technologieneutralität insofern entsprechen, als es möglich sein muss, die Gutscheine unabhängig von den verwendeten Technologien für das Abonnieren von Diensten aller Betreiber zu nutzen, die die in Absatz 3 genannten Geschwindigkeiten über ein bestehendes Breitbandnetz zuverlässig bereitstellen können. Um den Verbrauchern bzw. den KMU die Auswahl zu erleichtern, wird die Liste der in Betracht kommenden Anbieter für jedes geografische Zielgebiet online veröffentlicht; jeder interessierte Anbieter kann die Aufnahme in die Liste auf der Grundlage offener, transparenter und diskriminierungsfreier Kriterien beantragen.

6. AGVO-kons

▼ M4

7. Wenn der Anbieter des Breitbandinternetzugangsdienstes vertikal integriert ist und sein Anteil am Endkundenmarkt über 25 % liegt, so muss er auf dem entsprechenden Vorleistungsmarkt jedem Anbieter elektronischer Kommunikationsdienste mindestens ein Vorleistungsprodukt anbieten, mit dem sichergestellt werden kann, dass der Zugangsinteressent unter offenen, transparenten und diskriminierungsfreien Bedingungen zuverlässig einen Endkunden-Dienst mit der in Absatz 3 genannten Geschwindigkeit bieten kann. Der Preis für den Zugang auf Vorleistungsebene wird auf der Grundlage einer der folgenden Benchmarks festgesetzt: i) die veröffentlichten durchschnittlichen Vorleistungspreise, die in anderen vergleichbaren, wettbewerbsintensiveren Gebieten des Mitgliedstaats oder der Union gelten, oder ii) in Ermangelung solcher veröffentlichten Preise die regulierten Preise, die von der nationalen Regulierungsbehörde für die betreffenden Märkte und Dienste bereits festgelegt oder genehmigt wurden, oder iii) in Ermangelung solcher veröffentlichten oder regulierten Preise werden die Preise im Einklang mit den Grundsätzen der Kostenorientierung und nach der Methode festgelegt, die der sektorale Rechtsrahmen vorgibt. Unbeschadet der Zuständigkeiten der nationalen Regulierungsbehörde gemäß dem Rechtsrahmen wird die nationale Regulierungsbehörde zu den Zugangsbedingungen, so u. a. zu den Preisen, und zu Streitigkeiten im Zusammenhang mit der Anwendung dieses Artikels konsultiert.

▼ B

ABSCHNITT 11

Beihilfen für Kultur und die Erhaltung des kulturellen Erbes

Artikel 53

Beihilfen für Kultur und die Erhaltung des kulturellen Erbes

1. Beihilfen für Kultur und die Erhaltung des kulturellen Erbes sind im Sinne des Artikels 107 Absatz 3 AEUV mit dem Binnenmarkt vereinbar und von der Anmeldepflicht nach Artikel 108 Absatz 3 AEUV freigestellt, sofern die in diesem Artikel und in Kapitel I festgelegten Voraussetzungen erfüllt sind.

2. Beihilfen können für die folgenden kulturellen Zwecke und Aktivitäten gewährt werden:

▼ M1

a) Museen, Archive, Bibliotheken, Kunst- und Kulturzentren oder -stätten, Theater, Kinos, Opernhäuser, Konzerthäuser, sonstige Einrichtungen für Live-Aufführungen, Einrichtungen zur Erhaltung und zum Schutz des Filmerbes und ähnliche Infrastrukturen, Organisationen und Einrichtungen im Bereich Kunst und Kultur;

▼ B

b) materielles Kulturerbe einschließlich aller Formen beweglichen oder unbeweglichen kulturellen Erbes und archäologischer Stätten, Denkmäler, historische Stätten und Gebäude; Naturerbe, das mit Kulturerbe zusammenhängt oder von der zuständigen Behörde eines Mitgliedstaats förmlich als Kultur- oder Naturerbe anerkannt ist;

c) immaterielles Kulturerbe in jeder Form einschließlich Brauchtum und Handwerk;

d) Veranstaltungen und Aufführungen im Bereich Kunst und Kultur, Festivals, Ausstellungen und ähnliche kulturelle Aktivitäten;

e) Tätigkeiten im Bereich der kulturellen und künstlerischen Bildung sowie Förderung des Verständnisses für die Bedeutung des Schutzes und der Förderung der Vielfalt kultureller Ausdrucksformen durch Bildungsprogramme und Programme zur Sensibilisierung der Öffentlichkeit, unter anderem unter Einsatz neuer Technologien;

f) Verfassung, Bearbeitung, Produktion, Vertrieb, Digitalisierung und Veröffentlichung von Musik- oder Literaturwerken einschließlich Übersetzungen.

3. Die Beihilfen können in folgender Form gewährt werden:

a) Investitionsbeihilfen einschließlich Beihilfen für den Bau oder die Modernisierung von Kulturinfrastruktur;

b) Betriebsbeihilfen.

4. Bei Investitionsbeihilfen sind die Kosten von Investitionen in materielle und immaterielle Vermögenswerte beihilfefähig, und zwar unter anderem

a) die Kosten für den Bau, die Modernisierung, den Erwerb, die Erhaltung oder die Verbesserung von Infrastruktur, wenn jährlich mindestens 80 % der verfügbaren Nutzungszeiten oder Räumlichkeiten für kulturelle Zwecke genutzt werden;

b) die Kosten für den Erwerb, einschließlich Leasing, Besitzübertragung und Verlegung von kulturellem Erbe;

c) die Kosten für den Schutz, die Bewahrung, die Restaurierung oder die Sanierung von materiellem und immateriellem Kulturerbe, einschließlich zusätzlicher Kosten für die Lagerung unter geeigneten Bedingungen, Spezialwerkzeuge und Materialien sowie der Kosten für Dokumentation, Forschung, Digitalisierung und Veröffentlichung;

d) die Kosten für die Verbesserung des Zugangs der Öffentlichkeit zum Kulturerbe, einschließlich der für die Digitalisierung und andere neue Technologien anfallenden Kosten und der Kosten für die Verbesserung des Zugangs von Personen mit besonderen Bedürfnissen (insbesondere Rampen und Aufzüge für Menschen mit Behinderungen, Hinweise in Brailleschrift und Hands-on-Exponate in Museen) und für die Förderung der kulturellen Vielfalt in Bezug auf Präsentationen, Programme und Besucher;

e) die Kosten für Kulturprojekte und kulturelle Aktivitäten, Kooperations- und Austauschprogramme sowie Stipendien einschließlich der Kosten für das Auswahlverfahren und für Werbemaßnahmen sowie der unmittelbar durch das Projekt entstehenden Kosten.

5. Bei Betriebsbeihilfen sind folgende Kosten beihilfefähig:

a) die Kosten der kulturellen Einrichtungen oder Kulturerbestätten für fortlaufende oder regelmäßige Aktivitäten wie Ausstellungen, Aufführungen, Veranstaltungen oder vergleichbare kulturelle Aktivitäten im normalen Betrieb;

b) die Kosten für Tätigkeiten im Bereich der kulturellen und künstlerischen Bildung sowie für die Förderung des Verständnisses der Bedeutung des Schutzes und der Förderung der Vielfalt kultureller Ausdrucksformen durch Bildungsprogramme und Programme zur Sensibilisierung der Öffentlichkeit, unter anderem unter Einsatz neuer Technologien;

6. AGVO-kons

c) die Kosten für die Verbesserung des Zugangs der Öffentlichkeit zu kulturellen Einrichtungen oder Kulturerbestätten, einschließlich der Kosten für die Digitalisierung und den Einsatz neuer Technologien sowie der Kosten für die Verbesserung des Zugangs von Personen mit Behinderungen;

d) die Betriebskosten, die unmittelbar mit dem Kulturprojekt beziehungsweise der kulturellen Aktivität zusammenhängen, wie unmittelbar mit dem Kulturprojekt beziehungsweise der kulturellen Aktivität verbundene Miet- oder Leasingkosten für Immobilien und Kulturstätten, Reisekosten oder Kosten für Materialien und Ausstattung, Gerüste für Ausstellungen und Bühnenbilder, Leihe, Leasing und Wertverlust von Werkzeugen, Software und Ausrüstung, Kosten für den Zugang zu urheberrechtlich und durch andere Immaterialgüterrechte geschützten Inhalten, Werbekosten und sonstige Kosten, die unmittelbar durch das Projekt beziehungsweise die Aktivität entstehen; die Abschreibungs- und Finanzierungskosten sind nur dann beihilfefähig, wenn sie nicht Gegenstand einer Investitionsbeihilfe sind;

e) die Kosten für Personal, das für die kulturelle Einrichtung, die Kulturerbestätte oder ein Kulturprojekt arbeitet;

f) Kosten für Beratungs- und Unterstützungsdienstleistungen externer Beratungs- und Dienstleistungsunternehmen, die unmittelbar mit dem Projekt in Verbindung stehen.

6. Bei Investitionsbeihilfen darf der Beihilfebetrag nicht höher sein als die Differenz zwischen den beihilfefähigen Kosten und dem Betriebsgewinn der Investition. Der Betriebsgewinn wird vorab, auf der Grundlage realistischer Projektionen, oder über einen Rückforderungsmechanismus von den beihilfefähigen Kosten abgezogen. Der Betreiber der Infrastruktur darf einen angemessenen Gewinn für den betreffenden Zeitraum einbehalten.

7. Bei Betriebsbeihilfen darf der Beihilfebetrag nicht höher sein als der Betrag, der erforderlich ist, um Betriebsverluste und einen angemessenen Gewinn für den betreffenden Zeitraum zu decken. Dies ist vorab, auf der Grundlage realistischer Projektionen, oder über einen Rückforderungsmechanismus zu gewährleisten.

8. Bei Beihilfen von nicht mehr als 2 Mio. EUR kann der Beihilfehöchstbetrag alternativ zur Anwendung der in den Absätzen 6 und 7 genannten Methode auf 80 % der beihilfefähigen Kosten festgesetzt werden.

9. **►M1** Bei den in Absatz 2 Buchstabe f festgelegten Tätigkeiten darf der Beihilfehöchstbetrag nicht höher sein als entweder die Differenz zwischen den beihilfefähigen Kosten und den abgezinsten Einnahmen des Projekts oder 70 % der beihilfefähigen Kosten. ◄ Die Einnahmen werden vorab oder über einen Rückforderungsmechanismus von den beihilfefähigen Kosten abgezogen. Die beihilfefähigen Kosten sind die Kosten für die Veröffentlichung der Musik- oder Literaturwerke, einschließlich Urheberrechtsgebühren, Übersetzervergütungen, Redaktionsgebühren, sonstigen Redaktionskosten (zum Beispiel für Korrekturlesen, Berichtigung und Überprüfung), Layout- und Druckvorstufenkosten sowie Kosten für Druck oder elektronische Veröffentlichung.

10. Beihilfen für Zeitungen und Zeitschriften kommen unabhängig davon, ob diese in gedruckter oder elektronischer Form erscheinen, nicht für eine Freistellung nach diesem Artikel in Frage.

▼**B**

Artikel 54

Beihilferegelungen für audiovisuelle Werke

1. Beihilferegelungen zur Förderung der Drehbucherstellung sowie der Entwicklung, Produktion, des Vertriebs und der Promotion audiovisueller Werke sind im Sinne des Artikels 107 Absatz 3 AEUV mit dem Binnenmarkt vereinbar und von der Anmeldepflicht nach Artikel 108 Absatz 3 AEUV freigestellt, sofern die in diesem Artikel und in Kapitel I festgelegten Voraussetzungen erfüllt sind.

2. Mit der Beihilfe muss ein kulturelles Projekt gefördert werden. Zur Vermeidung offensichtlicher Fehler bei der Einstufung eines Produkts als kulturell legt jeder Mitgliedstaat wirksame Verfahren fest, etwa die Auswahl der Vorschläge durch eine oder mehrere Personen, die mit der Auswahl oder der Überprüfung anhand einer vorab festgelegten Liste kultureller Kriterien betraut sind.

3. Die Beihilfen können in folgender Form gewährt werden:

a) Beihilfen für die Produktion audiovisueller Werke,

b) Beihilfen für die Vorbereitung der Produktion und

c) Vertriebsbeihilfen.

4. Wenn der Mitgliedstaat die Beihilfe mit Verpflichtungen zur Territorialisierung der Ausgaben verknüpft, kann die Beihilferegelung zur Förderung der Produktion audiovisueller Werke vorsehen,

a) dass bis zu 160 % der für die Produktion des betreffenden audiovisuellen Werks gewährten Beihilfe im Gebiet des die Beihilfe gewährenden Mitgliedstaats ausgegeben werden müssen oder

b) dass die Höhe der für die Produktion des betreffenden audiovisuellen Werks gewährten Beihilfe als prozentualer Anteil an den Produktionsausgaben in dem die Beihilfe gewährenden Mitgliedstaat berechnet wird; dies ist in der Regel bei Beihilferegelungen in Form von Steueranreizen der Fall.

▼**M1**

In beiden Fällen dürfen die Ausgaben, die der Verpflichtung zur Territorialisierung der Ausgaben unterliegen, in keinem Fall über 80 % des gesamten Produktionsbudgets liegen.

Ein Mitgliedstaat kann die Beihilfefähigkeit von Projekten auch davon abhängig machen, dass ein Mindestprozentsatz der Produktionstätigkeiten in dem betreffenden Gebiet erfolgt, doch darf dieser Prozentsatz nicht über 50 % des gesamten Produktionsbudgets liegen.

▼**B**

5. Die beihilfefähigen Kosten sind

a) bei Produktionsbeihilfen: die Gesamtkosten der Produktion audiovisueller Werke einschließlich der Kosten für die Verbesserung des Zugangs von Personen mit Behinderungen;

b) bei Beihilfen für die Vorbereitung der Produktion: die Kosten der Drehbucherstellung und der Entwicklung audiovisueller Werke;

c) bei Vertriebsbeihilfen: die Kosten des Vertriebs und der Promotion audiovisueller Werke.

6. AGVO-kons

6.   Die Beihilfeintensität von Beihilfen für die Produktion audiovisueller Werke darf 50 % der beihilfefähigen Kosten nicht überschreiten.

7.   Die Beihilfeintensität kann wie folgt erhöht werden:

a) auf 60 % der beihilfefähigen Kosten in Fällen grenzübergreifender Produktionen, die von mehr als einem Mitgliedstaat finanziert werden und an denen Produzenten aus mehr als einem Mitgliedstaat beteiligt sind;

b) auf 100 % der beihilfefähigen Kosten in Fällen schwieriger audiovisueller Werke und Koproduktionen, an denen Länder der Liste des Ausschusses für Entwicklungshilfe (DAC) der OECD beteiligt sind.

8.   Die Beihilfeintensität von Beihilfen für die Vorbereitung der Produktion darf 100 % der beihilfefähigen Kosten nicht überschreiten. Wird das Drehbuch oder Vorhaben verfilmt beziehungsweise realisiert, so werden die Kosten für die Vorbereitung der Produktion in das Gesamtbudget aufgenommen und bei der Berechnung der Beihilfeintensität für das betreffende audiovisuelle Werk berücksichtigt. Die Beihilfeintensität von Vertriebsbeihilfen entspricht der Beihilfeintensität von Produktionsbeihilfen.

9.   Beihilfen dürfen nicht für bestimmte Produktionstätigkeiten oder einzelne Teile der Wertschöpfungskette der Produktion ausgewiesen werden. Beihilfen für Filmstudioinfrastrukturen kommen nicht für eine Freistellung nach diesem Artikel in Frage.

10.   Beihilfen dürfen nicht ausschließlich Inländern gewährt werden, und es darf nicht verlangt werden, dass der Beihilfeempfänger ein nach nationalem Handelsrecht im Inland niedergelassenes Unternehmen ist.

ABSCHNITT 12

Beihilfen   für   Sportinfrastrukturen   und   multifunktionale Freizeitinfrastrukturen

Artikel 55

Beihilfen   für   Sportinfrastrukturen   und   multifunktionale Freizeitinfrastrukturen

1.   Beihilfen für Sportinfrastrukturen und multifunktionale Freizeitinfrastrukturen sind im Sinne des Artikels 107 Absatz 3 AEUV mit dem Binnenmarkt vereinbar und von der Anmeldepflicht nach Artikel 108 Absatz 3 AEUV freigestellt, sofern die in diesem Artikel und in Kapitel I festgelegten Voraussetzungen erfüllt sind.

2.   Die Sportinfrastruktur darf nicht ausschließlich von einem einzigen Profisportnutzer genutzt werden. Auf die Nutzung der Sportinfrastruktur durch andere Profi- oder Amateursportnutzer müssen jährlich mindestens 20 % der verfügbaren Nutzungszeiten entfallen. Wird die Infrastruktur von mehreren Nutzern gleichzeitig genutzt, so sind die entsprechenden Anteile an den verfügbaren Nutzungszeiten zu berechnen.

3.   Multifunktionale Freizeitinfrastrukturen umfassen Freizeiteinrichtungen mit multifunktionalem Charakter, die insbesondere Kultur- und Freizeitdienstleistungen anbieten; ausgenommen sind Freizeitparks und Hotels.

4.   Die Sportinfrastruktur beziehungsweise multifunktionale Freizeitinfrastruktur muss mehreren Nutzern zu transparenten und diskriminierungsfreien Bedingungen offenstehen. Unternehmen, die mindestens 30 % der Investitionskosten der Infrastruktur finanziert haben, können einen bevorzugten Zugang zu günstigeren Bedingungen erhalten, sofern diese Bedingungen öffentlich bekanntgemacht worden sind.

5.   Wenn eine Sportinfrastruktur von Profisportvereinen genutzt wird, stellen die Mitgliedstaaten sicher, dass die Nutzungspreise und -bedingungen öffentlich bekanntgemacht werden.

6.   Die Erteilung von Konzessionen oder Aufträgen für den Bau, die Modernisierung und/oder den Betrieb einer Sportinfrastruktur oder einer multifunktionalen Freizeitinfrastruktur durch Dritte muss zu offenen, transparenten und diskriminierungsfreien Bedingungen und unter Einhaltung der geltenden Vergabevorschriften erfolgen.

7.   Die Beihilfen können in folgender Form gewährt werden:

a) Investitionsbeihilfen einschließlich Beihilfen für den Bau oder die Modernisierung von Sportinfrastrukturen und multifunktionalen Freizeitinfrastrukturen;

b) Betriebsbeihilfen für Sportinfrastrukturen.

8.   Bei Investitionsbeihilfen für Sportinfrastrukturen und multifunktionale Freizeitinfrastrukturen sind die Kosten der Investitionen in materielle und immaterielle Vermögenswerte beihilfefähig.

9.   Bei Betriebsbeihilfen für Sportinfrastrukturen sind die Betriebskosten für die Erbringung der Dienstleistungen durch die Infrastruktur beihilfefähig. Zu diesen Betriebskosten zählen Kosten wie Personal-, Material-, Fremdleistungs-, Kommunikations-, Energie-, Wartungs-, Miet- und Verwaltungskosten, nicht aber die Abschreibungs- und Finanzierungskosten, wenn sie Gegenstand einer Investitionsbeihilfe waren.

10.   Bei Investitionsbeihilfen für Sportinfrastrukturen und multifunktionale Freizeitinfrastrukturen darf der Beihilfebetrag nicht höher sein als die Differenz zwischen den beihilfefähigen Kosten und dem Betriebsgewinn der Investition. Der Betriebsgewinn wird vorab, auf der Grundlage realistischer Projektionen, oder über einen Rückforderungsmechanismus von den beihilfefähigen Kosten abgezogen.

11.   Bei Betriebsbeihilfen für Sportinfrastrukturen darf der Beihilfebetrag nicht höher sein als die Betriebsverluste in dem betreffenden Zeitraum. Dies ist vorab, auf der Grundlage realistischer Projektionen, oder über einen Rückforderungsmechanismus zu gewährleisten.

12.   Bei Beihilfen von nicht mehr als 2 Mio. EUR kann der Beihilfehöchstbetrag alternativ zur Anwendung der in den Absätzen 10 und 11 genannten Methode auf 80 % der beihilfefähigen Kosten festgesetzt werden.

ABSCHNITT 13

Beihilfen für lokale Infrastrukturen

Artikel 56

Investitionsbeihilfen für lokale Infrastrukturen

1.   Für den Bau oder die Modernisierung lokaler Infrastrukturen bestimmte Finanzierungen für Infrastrukturen, die auf lokaler Ebene einen Beitrag zur Verbesserung der Rahmenbedingungen für Unternehmen und Verbraucher und zur Modernisierung und Weiterentwicklung der industriellen Basis leisten, sind im Sinne des Artikels 107 Absatz 3 AEUV mit dem Binnenmarkt vereinbar und von der Anmeldepflicht nach Artikel 108 Absatz 3 AEUV freigestellt, sofern die in diesem Artikel und in Kapitel I festgelegten Voraussetzungen erfüllt sind.

6. AGVO-kons

2. Dieser Artikel gilt nicht für Beihilfen für Infrastrukturen, die unter andere Abschnitte des Kapitels III (ausgenommen Abschnitt 1 — Regionalbeihilfen) fallen. Dieser Artikel gilt zudem weder für Flughafennoch für Hafeninfrastrukturen.

3. Die Infrastruktur muss interessierten Nutzern zu offenen, transparenten und diskriminierungsfreien Bedingungen zur Verfügung gestellt werden. Der für die Nutzung oder den Verkauf der Infrastruktur in Rechnung gestellte Preis muss dem Marktpreis entsprechen.

4. Die Erteilung von Konzessionen oder Aufträgen für den Betrieb der Infrastruktur durch Dritte muss zu offenen, transparenten und diskriminierungsfreien Bedingungen und unter Einhaltung der geltenden Vergabevorschriften erfolgen.

5. Die beihilfefähigen Kosten sind die Kosten der Investitionen in materielle und immaterielle Vermögenswerte.

6. Der Beihilfebetrag darf nicht höher sein als die Differenz zwischen den beihilfefähigen Kosten und dem Betriebsgewinn der Investition. Der Betriebsgewinn wird vorab, auf der Grundlage realistischer Projektionen, oder über einen Rückforderungsmechanismus von den beihilfefähigen Kosten abgezogen.

7. Gewidmete Infrastruktur ist nicht nach diesem Artikel von der Anmeldepflicht freigestellt.

ABSCHNITT 14

Beihilfen für Regionalflughäfen

Artikel 56a

Beihilfen für Regionalflughäfen

1. Investitionsbeihilfen für Flughäfen sind im Sinne des Artikels 107 Absatz 3 AEUV mit dem Binnenmarkt vereinbar und von der Anmeldepflicht nach Artikel 108 Absatz 3 AEUV freigestellt, sofern die in den Absätzen 3 bis 14 dieses Artikels und die in Kapitel I festgelegten Voraussetzungen erfüllt sind.

2. Betriebsbeihilfen für Flughäfen sind im Sinne des Artikels 107 Absatz 3 AEUV mit dem Binnenmarkt vereinbar und von der Anmeldepflicht nach Artikel 108 Absatz 3 AEUV freigestellt, sofern die in den Absätzen 3, 4, 10 und 15 bis 18 dieses Artikels und die in Kapitel I festgelegten Voraussetzungen erfüllt sind.

3. Der Flughafen muss allen potenziellen Nutzern offenstehen. Im Falle materieller Kapazitätsgrenzen erfolgt die Zuteilung nach geeigneten, objektiven, transparenten und diskriminierungsfreien Kriterien.

4. Die Beihilfen werden nicht für die Verlegung bestehender Flughäfen oder die Einrichtung neuer Passagierflughäfen (einschließlich der Umwandlung bestehender Flugplätze in Passagierflughäfen) gewährt.

5. Die betreffende Investition darf nicht über das für die Aufnahme des erwarteten mittelfristigen Verkehrsaufkommens erforderliche Maß hinausgehen, das auf der Grundlage realistischer Prognosen ermittelt wurde.

6.   Die Investitionsbeihilfen dürfen nicht für Flughäfen gewährt werden, die sich im Umkreis von 100 Kilometern oder 60 Minuten Fahrzeit mit dem Pkw, Bus, Zug oder Hochgeschwindigkeitszug um einen bestehenden Flughafen befinden, vom dem aus ein Linienflugverkehr im Sinne des Artikels 2 Absatz 16 der Verordnung (EG) Nr. 1008/2008 betrieben wird.

7.   Die Absätze 5 und 6 sind nicht auf Flughäfen anwendbar, deren durchschnittliches jährliches Passagieraufkommen in den beiden Geschäftsjahren vor der tatsächlichen Beihilfegewährung bis zu 200 000 Passagiere betrug, sofern die Investitionsbeihilfe voraussichtlich nicht dazu führen wird, dass sich das durchschnittliche jährliche Passagieraufkommen des Flughafens in den beiden Geschäftsjahren nach der Beihilfegewährung auf mehr als 200 000 Passagiere erhöht. Die derartigen Flughäfen gewährten Investitionsbeihilfen müssen entweder mit Absatz 11 oder mit den Absätzen 13 und 14 im Einklang stehen.

8.   Absatz 6 ist nicht auf Fälle anwendbar, in denen die Investitionsbeihilfe für einen Flughafen gewährt wird, der sich im Umkreis von 100 Kilometern um bestehende Flughäfen befindet, von denen aus ein Linienflugverkehr im Sinne des Artikels 2 Absatz 16 der Verordnung (EG) Nr. 1008/2008 betrieben wird, sofern die Strecke zwischen jedem dieser anderen bestehenden Flughäfen und dem Flughafen, der die Beihilfe erhält, zwangsläufig per Seeverkehr in einer Gesamtreisezeit von mindestens 90 Minuten oder per Luftverkehr zurückzulegen ist.

9.   Die Investitionsbeihilfen dürfen nicht für Flughäfen gewährt werden, deren durchschnittliches jährliches Passagieraufkommen in den beiden Geschäftsjahren vor der tatsächlichen Beihilfegewährung mehr als drei Millionen Passagiere betrug. Sie dürfen nicht voraussichtlich dazu führen, dass sich das durchschnittliche jährliche Passagieraufkommen in den beiden Geschäftsjahren nach der Beihilfegewährung auf mehr als drei Millionen Passagiere erhöht.

10.   Die Beihilfen dürfen nicht für Flughäfen gewährt werden, deren durchschnittliches jährliches Frachtaufkommen in den beiden Geschäftsjahren vor der tatsächlichen Beihilfegewährung mehr als 200 000 Tonnen betrug. Die Beihilfen dürfen nicht voraussichtlich dazu führen, dass sich das durchschnittliche jährliche Frachtaufkommen in den beiden Geschäftsjahren nach der Beihilfegewährung auf mehr als 200 000 Tonnen erhöht.

11.   Der Betrag einer Investitionsbeihilfe darf die Differenz zwischen den beihilfefähigen Kosten und dem mit der Investition erzielten Betriebsgewinn nicht übersteigen. Der Betriebsgewinn wird vorab, auf der Grundlage realistischer Projektionen, oder über einen Rückforderungsmechanismus von den beihilfefähigen Kosten abgezogen.

12.   Beihilfefähige Kosten sind die Kosten (einschließlich Planungskosten) für Investitionen in Flughafeninfrastruktur.

13.   Der Betrag einer Investitionsbeihilfe darf nicht höher sein als

a) 50 % der beihilfefähigen Kosten bei Flughäfen, deren durchschnittliches jährliches Passagieraufkommen in den beiden Geschäftsjahren vor der tatsächlichen Beihilfegewährung eine Million bis drei Millionen Passagiere betrug;

b) 75 % der beihilfefähigen Kosten bei Flughäfen, deren durchschnittliches jährliches Passagieraufkommen in den beiden Geschäftsjahren vor der tatsächlichen Beihilfegewährung bis zu eine Million Passagiere betrug.

14.   Die in Absatz 13 genannten Beihilfehöchstintensitäten dürfen bei Flughäfen in abgelegenen Gebieten um bis zu 20 Prozentpunkte erhöht werden.

6. AGVO-kons

15. Betriebsbeihilfen dürfen nicht für Flughäfen gewährt werden, deren durchschnittliches jährliches Passagieraufkommen in den beiden Geschäftsjahren vor der tatsächlichen Beihilfegewährung mehr als 200 000 Passagiere betrug.

16. Der Betrag einer Betriebsbeihilfe darf nicht höher sein als der Betrag, der erforderlich ist, um die Betriebsverluste und einen angemessenen Gewinn für den betreffenden Zeitraum zu decken. Die Beihilfegewährung erfolgt entweder in Form von vorab festgesetzten regelmäßigen Tranchen, die während des Gewährungszeitraums nicht erhöht werden, oder in Form von Beträgen, die auf der Grundlage der ermittelten Betriebsverluste nachträglich festgesetzt werden.

AGVO-kons

17. Betriebsbeihilfen dürfen nicht für Kalenderjahre ausgezahlt werden, in denen das jährliche Passagieraufkommen des Flughafens mehr als 200 000 Passagiere beträgt.

18. Die Gewährung einer Betriebsbeihilfe darf nicht an die Voraussetzung gebunden sein, dass mit bestimmten Luftverkehrsgesellschaften Vereinbarungen über Flughafenentgelte, Marketingzahlungen oder andere finanzielle Aspekte der Tätigkeiten der Luftverkehrsgesellschaften an dem jeweiligen Flughafen geschlossen werden.

ABSCHNITT 15

Beihilfen für Häfen

Artikel 56b

Beihilfen für Seehäfen

1. Beihilfen für Seehäfen sind im Sinne des Artikels 107 Absatz 3 AEUV mit dem Binnenmarkt vereinbar und von der Anmeldepflicht nach Artikel 108 Absatz 3 AEUV freigestellt, sofern die in diesem Artikel und in Kapitel I festgelegten Voraussetzungen erfüllt sind.

2. Beihilfefähige Kosten sind die Kosten (einschließlich Planungskosten) für

a) Investitionen in Bau, Ersatz oder Modernisierung von Hafeninfrastrukturen;

b) Investitionen in Bau, Ersatz oder Modernisierung von Zugangsinfrastruktur;

c) Ausbaggerung.

3. Kosten für nicht die Beförderung betreffende Tätigkeiten (zum Beispiel für in einem Hafen befindliche industrielle Produktionsanlagen, Büros oder Geschäfte) sowie für Hafensuprastrukturen sind nicht beihilfefähig.

4. Der Beihilfebetrag darf die Differenz zwischen den beihilfefähigen Kosten und dem mit der Investition oder der Ausbaggerung erzielten Betriebsgewinn nicht übersteigen. Der Betriebsgewinn wird vorab, auf der Grundlage realistischer Projektionen, oder über einen Rückforderungsmechanismus von den beihilfefähigen Kosten abgezogen.

5. Die Beihilfeintensität darf bei jeder der in Absatz 2 Buchstabe a genannten Investitionen nicht höher sein als

a) 100 % der beihilfefähigen Kosten, wenn die gesamten beihilfefähigen Kosten des Vorhabens bis zu 20 Mio. EUR betragen;

b) 80 % der beihilfefähigen Kosten, wenn die gesamten beihilfefähigen Kosten des Vorhabens über 20 Mio. EUR und bis zu 50 Mio. EUR betragen;

c) 60 % der beihilfefähigen Kosten, wenn die gesamten beihilfefähigen Kosten des Vorhabens über 50 Mio. EUR und bis zu dem in Artikel 4 Absatz 1 Buchstabe ee festgesetzten Betrag betragen.

Die Beihilfeintensität darf nicht höher sein als 100 % der in Absatz 2 Buchstabe b und Absatz 2 Buchstabe c genannten beihilfefähigen Kosten und den in Artikel 4 Absatz 1 Buchstabe ee festgesetzten Betrag nicht übersteigen.

6.   Die in Absatz 5 Unterabsatz 1 Buchstaben b und c festgesetzten Beihilfeintensitäten können bei Investitionen in Fördergebieten nach Artikel 107 Absatz 3 Buchstabe a AEUV um 10 Prozentpunkte und bei Investitionen in Fördergebieten nach Artikel 107 Absatz 3 Buchstabe c AEUV um 5 Prozentpunkte erhöht werden.

7.   Die Erteilung von Konzessionen oder Aufträgen für den Bau, die Modernisierung, den Betrieb oder die Anmietung einer durch eine Beihilfe geförderten Hafeninfrastruktur durch Dritte erfolgt zu wettbewerblichen, transparenten, diskriminierungsfreien und auflagenfreien Bedingungen.

8.   Die durch eine Beihilfe geförderte Hafeninfrastruktur muss interessierten Nutzern gleichberechtigt und diskriminierungsfrei zu Marktbedingungen zur Verfügung gestellt werden.

9.   Bei Beihilfen von nicht mehr als 5 Mio. EUR kann der Beihilfehöchstbetrag alternativ zur Anwendung der in den Absätzen 4, 5 und 6 genannten Methode auf 80 % der beihilfefähigen Kosten festgesetzt werden.

Artikel 56c

Beihilfen für Binnenhäfen

1.   Beihilfen für Binnenhäfen sind im Sinne des Artikels 107 Absatz 3 AEUV mit dem Binnenmarkt vereinbar und von der Anmeldepflicht nach Artikel 108 Absatz 3 AEUV freigestellt, sofern die in diesem Artikel und in Kapitel I festgelegten Voraussetzungen erfüllt sind.

2.   Beihilfefähige Kosten sind die Kosten (einschließlich Planungskosten) für

a) Investitionen in Bau, Ersatz oder Modernisierung von Hafeninfrastrukturen;

b) Investitionen in Bau, Ersatz oder Modernisierung von Zugangsinfrastruktur;

c) Ausbaggerung.

3.   Kosten für nicht die Beförderung betreffende Tätigkeiten (zum Beispiel für in einem Hafen befindliche industrielle Produktionsanlagen, Büros oder Geschäfte) sowie für Hafensuprastrukturen sind nicht beihilfefähig.

4.   Der Beihilfebetrag darf die Differenz zwischen den beihilfefähigen Kosten und dem mit der Investition oder der Ausbaggerung erzielten Betriebsgewinn nicht übersteigen. Der Betriebsgewinn wird vorab, auf der Grundlage realistischer Projektionen, oder über einen Rückforderungsmechanismus von den beihilfefähigen Kosten abgezogen.

5.   Die Beihilfeintensität darf nicht höher sein als 100 % der beihilfefähigen Kosten und den in Artikel 4 Absatz 1 Buchstabe ff. festgesetzten Betrag nicht übersteigen.

6.   Die Erteilung von Konzessionen oder Aufträgen für den Bau, die Modernisierung, den Betrieb oder die Anmietung einer durch eine Beihilfe geförderten Hafeninfrastruktur durch Dritte erfolgt zu wettbewerblichen, transparenten, diskriminierungsfreien und auflagenfreien Bedingungen.

7.   Die durch eine Beihilfe geförderte Hafeninfrastruktur muss interessierten Nutzern gleichberechtigt und diskriminierungsfrei zu Marktbedingungen zur Verfügung gestellt werden.

8.   Bei Beihilfen von nicht mehr als 2 Mio. EUR kann der Beihilfehöchstbetrag alternativ zur Anwendung der in den Absätzen 4 und 5 genannten Methode auf 80 % der beihilfefähigen Kosten festgesetzt werden.

ABSCHNITT 16

Beihilfen im Rahmen von aus dem Fonds „InvestEU" unterstützten Finanzprodukten

Artikel 56d

Gegenstand und allgemeine Voraussetzungen

1.   Dieser Abschnitt findet Anwendung auf Beihilfen im Rahmen von aus dem Fonds „InvestEU" unterstützten Finanzprodukten, mit denen Durchführungspartnern, Finanzintermediären oder Endempfängern Beihilfen gewährt werden.

2.   Die Beihilfen sind im Sinne des Artikels 107 Absatz 3 AEUV mit dem Binnenmarkt vereinbar und von der Anmeldepflicht nach Artikel 108 Absatz 3 AEUV freigestellt, sofern die Voraussetzungen des Kapitels I, des vorliegenden Artikels und entweder des Artikels 56e oder des Artikels 56f erfüllt sind.

3.   Die Beihilfe muss alle anwendbaren Voraussetzungen der Verordnung (EU) 2021/523 und der InvestEU-Investitionsleitlinien im Anhang der Delegierten Verordnung (EU) 2021/1078 der Kommission ([1]) erfüllen.

4.   Die in den Artikeln 56e und 56f festgelegten Höchstbeträge gelten für die gesamten ausstehenden Finanzmittel — soweit sie Beihilfen enthalten —, die im Rahmen von aus dem Fonds „InvestEU" unterstützten Finanzprodukten bereitgestellt werden. Die Höchstbeträge gelten

a) pro Vorhaben bei Beihilfen, die unter Artikel 56e Absätze 2 und 4, Artikel 56e Absatz 5 Buchstabe a Ziffer i, Artikel 56e Absätze 6 und 7, Artikel 56e Absatz 8 Buchstaben a und b sowie Artikel 56e Absatz 9 fallen;

([1]) Delegierte Verordnung (EU) 2021/1078 der Kommission vom 14. April 2021 zur Ergänzung der Verordnung (EU) 2021/523 des Europäischen Parlaments und des Rates und zur Festlegung der Investitionsleitlinien für den InvestEU-Fonds (ABl. L 234 vom 2.7.2021. S. 18).

b) pro Endempfänger bei Beihilfen, die unter Artikel 56e Absatz 5 Buchstabe a Ziffern ii und iii, Artikel 56e Absatz 8 Buchstabe d, Artikel 56e Absatz 10 sowie Artikel 56f fallen.

5. Die Beihilfen werden nicht in Form von Refinanzierungen oder Garantien für bestehende Portfolios von Finanzintermediären gewährt.

Artikel 56e

Voraussetzungen für Beihilfen im Rahmen von aus dem Fonds „InvestEU" unterstützten Finanzprodukten

1. Beihilfen, die dem Endempfänger im Rahmen eines aus dem Fonds „InvestEU" unterstützten Finanzprodukts gewährt werden, müssen

a) die in einem der Absätze 2 bis 9 genannten Voraussetzungen erfüllen und

b) bei Gewährung der Finanzmittel in Form von Darlehen an den Endempfänger einen Zinssatz aufweisen, der mindestens dem Basissatz des zum Zeitpunkt der Darlehensgewährung geltenden Referenzzinssatzes entspricht.

2. Beihilfen für Vorhaben von gemeinsamem Interesse im Bereich transeuropäischer digitaler Vernetzungsinfrastruktur, die nach der Verordnung (EU) 2021/1153 finanziert werden oder mit einem Exzellenzsiegel nach der genannten Verordnung ausgezeichnet wurden, werden ausschließlich für Vorhaben gewährt, die alle allgemeinen und besonderen Vereinbarkeitsvoraussetzungen nach Artikel 52b erfüllen. Der Nominalbetrag der Gesamtmittel, die einem Endempfänger pro Vorhaben im Rahmen der Unterstützung aus dem Fonds „InvestEU" gewährt werden, darf 150 Mio. EUR nicht überschreiten.

3. Beihilfen für Investitionen in feste Breitbandnetze, um ausschließlich bestimmte beihilfefähige sozioökonomische Schwerpunkte anzubinden, müssen die folgenden Voraussetzungen erfüllen:

a) Beihilfen werden ausschließlich für Vorhaben gewährt, die alle Vereinbarkeitsvoraussetzungen nach Artikel 52 erfüllen, soweit in den Buchstaben c und d dieses Absatzes nicht etwas anderes festgelegt ist.

b) Der Nominalbetrag der Gesamtmittel, die einem Endempfänger pro Vorhaben im Rahmen der Unterstützung aus dem Fonds „InvestEU" gewährt werden, darf 150 Mio. EUR nicht überschreiten.

c) Das Vorhaben bindet ausschließlich sozioökonomische Schwerpunkte an, bei denen es sich um öffentliche Verwaltungen oder um öffentliche oder private Einrichtungen handelt, die mit der Erbringung von Dienstleistungen von allgemeinem Interesse oder von Dienstleistungen von allgemeinem wirtschaftlichem Interesse im Sinne des Artikels 106 Absatz 2 AEUV betraut sind. Vorhaben, die andere Elemente oder Einrichtungen als die in diesem Buchstaben aufgeführten umfassen, sind nicht beihilfefähig.

d) Abweichend von Artikel 52 Absatz 4 muss das festgestellte Marktversagen entweder anhand einer verfügbaren geeigneten Breitbandkarte oder, mangels einer solchen Karte, anhand einer öffentlichen Konsultation wie folgt überprüft werden:

6. AGVO-kons

i) Eine Breitbandkarte kann als geeignet betrachtet werden, wenn sie nicht älter ist als 18 Monate und alle Netze ausweist, durch die die Räumlichkeiten eines unter Buchstabe c genannten beihilfefähigen sozioökonomischen Schwerpunkts erschlossen werden und die zuverlässig eine Download-Geschwindigkeit von mindestens 100 Mbp/s, aber unter 300 Mbp/s (Schwellengeschwindigkeiten) bieten können. Diese Kartierung muss durch die zuständige Behörde erfolgen und alle Netze umfassen, die die Schwellengeschwindigkeiten zuverlässig bieten können und die bereits vorhanden oder innerhalb der nächsten drei Jahre oder innerhalb des Zeitraums der geplanten geförderten Maßnahme, der jedoch nicht kürzer sein darf als zwei Jahre, glaubhaft geplant sind; die Kartierung muss 1) bei reinen festen Netzen auf Adressebene auf der Grundlage der erschlossenen Räumlichkeiten und 2) bei festen drahtlosen Zugangsnetzen auf Adressebene auf der Grundlage der erschlossenen Räumlichkeiten oder auf der Grundlage eines Rasters von maximal 100 × 100 m durchgeführt werden.

ii) Die öffentliche Konsultation muss im Wege der Veröffentlichung auf einer geeigneten Website erfolgen, mit der Interessenträger dazu aufgefordert werden, zu dem Maßnahmenentwurf Stellung zu nehmen und fundierte Informationen zu Netzen vorzulegen, die bereits vorhanden oder innerhalb der nächsten drei Jahre oder innerhalb des Zeitraums der geplanten geförderten Maßnahme, der jedoch nicht unter zwei Jahren betragen darf, glaubhaft geplant sind, die zuverlässig eine Download-Geschwindigkeit von mindestens 100 Mbp/s, aber unter 300 Mbp/s (Schwellengeschwindigkeit) bieten können und die die Räumlichkeiten eines unter Buchstabe c genannten beihilfefähigen sozioökonomischen Schwerpunkts erschließen, wobei die Angaben 1) bei reinen festen Netzen auf Adressebene auf der Grundlage der erschlossenen Räumlichkeiten und 2) bei festen drahtlosen Zugangsnetzen auf Adressebene auf der Grundlage der erschlossenen Räumlichkeiten oder auf der Grundlage eines Rasters von maximal 100 × 100 m zu machen sind. Die öffentliche Konsultation muss mindestens dreißig Tage dauern.

4.   Beihilfen für Energieerzeugung und Energieinfrastruktur müssen die folgenden Voraussetzungen erfüllen:

a) Die Beihilfen werden ausschließlich für Investitionen in Gas- und Strominfrastruktur, die nach den Rechtsvorschriften über den Energiebinnenmarkt nicht von den Vorschriften für den Netzzugang Dritter, die Entgeltregulierung und die Entbündelung ausgenommen sind, für die folgenden Kategorien von Vorhaben gewährt:

i) im Bereich der Gasinfrastruktur: Vorhaben, die in der jeweils geltenden Unionsliste der Vorhaben von gemeinsamem Interesse in Anhang VII der Verordnung (EU) Nr. 347/2013 des Europäischen Parlaments und des Rates ([1]) aufgeführt sind;

ii) im Bereich der Strominfrastruktur:

([1]) Verordnung (EU) Nr. 347/2013 des Europäischen Parlaments und des Rates vom 17. April 2013 zu Leitlinien für die transeuropäische Energieinfrastruktur und zur Aufhebung der Entscheidung Nr. 1364/2006/EG und zur Änderung der Verordnungen (EG) Nr. 713/2009, (EG) Nr. 714/2009 und (EG) Nr. 715/2009 (ABl. L 115 vom 25.4.2013, S. 39).

1. intelligente Stromnetze, einschließlich Investitionen in die Entwicklung, intelligentere Gestaltung und Modernisierung der Infrastruktur für Stromübertragung und -verteilung;

2. sonstige Vorhaben,

   — die eines der Kriterien des Artikels 4 Absatz 1 Buchstabe c der Verordnung (EU) Nr. 347/2013 erfüllen oder

   — die in der jeweils geltenden Unionsliste der Vorhaben von gemeinsamem Interesse in Anhang VII der Verordnung (EU) Nr. 347/2013 aufgeführt sind;

3. sonstige Vorhaben, mit Ausnahme der Stromspeicherung, in Fördergebieten;

iii) Stromspeichervorhaben, die auf neuer und innovativer Technologie basieren, unabhängig vom Spannungspegel der Netzanbindung.

b) Investitionsbeihilfen für die Erzeugung von Energie aus erneuerbaren Energieträgern müssen die folgenden Voraussetzungen erfüllen:

   i) Die Beihilfen werden ausschließlich für neue Anlagen gewährt, die anhand wettbewerblicher, transparenter, objektiver und diskriminierungsfreier Kriterien ausgewählt werden.

   ii) Die Beihilfen können für neue Anlagen gewährt werden, auch in Verbindung mit Speichereinrichtungen oder Wasserstoff-Elektrolyseuren, sofern sowohl die Strom- oder Wasserstoff-Speichereinrichtungen als auch die Wasserstoff-Elektrolyseure ausschließlich die von einer oder mehreren Anlagen zur Erzeugung erneuerbarer Energie produzierte Energie nutzen.

   iii) Die Beihilfen dürfen nicht für Wasserkraftwerke gewährt werden, die nicht den Voraussetzungen der Richtlinie 2000/60/EG entsprechen.

   iv) Die Beihilfen dürfen nur für solche Biokraftstoff erzeugende Anlagen gewährt werden, in denen nachhaltige, nicht aus Nahrungsmittelpflanzen gewonnene Biokraftstoffe erzeugt werden.

c) Der Nominalbetrag der Gesamtmittel, die einem Endempfänger pro Vorhaben, das unter Buchstabe a fällt, im Rahmen der Unterstützung aus dem Fonds „InvestEU" gewährt werden, darf 150 Mio. EUR nicht überschreiten. Der Nominalbetrag der Gesamtmittel, die einem Endempfänger pro Vorhaben, das unter Buchstabe b fällt, im Rahmen der Unterstützung aus dem Fonds „InvestEU" gewährt werden, darf 75 Mio. EUR nicht überschreiten.

5. Beihilfen für soziale, bildungsbezogene, kulturelle und naturerbebezogene Infrastrukturen und Aktivitäten müssen die folgenden Voraussetzungen erfüllen:

a) Der Nominalbetrag der Gesamtmittel, die einem Endempfänger im Rahmen der Unterstützung aus dem Fonds „InvestEU" gewährt werden, darf folgende Beträge nicht überschreiten:

   i) 100 Mio. EUR pro Vorhaben für Investitionen in Infrastruktur, die für die Erbringung sozialer Dienstleistungen und für Bildung genutzt wird; 150 Mio. EUR pro Vorhaben für die in Artikel 53 Absatz 2 genannten Zwecke und Tätigkeiten in den Bereichen Kultur und Erhaltung des kulturellen Erbes, einschließlich Naturerbe.

ii) 30 Mio. EUR für Tätigkeiten im Zusammenhang mit sozialen Dienstleistungen,

iii) 75 Mio. EUR für Tätigkeiten im Zusammenhang mit Kultur und Erhaltung des kulturellen Erbes und

iv) 5 Mio. EUR für allgemeine und berufliche Bildung.

b) Für Ausbildungsmaßnahmen zur Einhaltung verbindlicher nationaler Ausbildungsnormen werden keine Beihilfen gewährt.

6. Beihilfen für Verkehr und Verkehrsinfrastruktur müssen die folgenden Voraussetzungen erfüllen:

a) Beihilfen für Infrastruktur, ausgenommen Häfen, werden nur für folgende Vorhaben gewährt:

i) Vorhaben von gemeinsamem Interesse im Sinne des Artikels 3 Buchstabe a der Verordnung (EU) Nr. 1315/2013, mit Ausnahme von Vorhaben, die Hafen- oder Flughafeninfrastruktur betreffen;

ii) Anbindungen an städtische Knoten des transeuropäischen Verkehrsnetzes;

iii) Rollmaterial, das ausschließlich für die Erbringung von Schienenverkehrsdiensten bestimmt ist, welche nicht unter einen öffentlichen Dienstleistungsauftrag im Sinne der Verordnung (EG) Nr. 1370/2007 des Europäischen Parlaments und des Rates ([1]) fallen, sofern es sich bei dem Empfänger um einen neuen Marktteilnehmer handelt;

iv) Stadtverkehr;

v) Lade- oder Tankinfrastruktur zur Versorgung von Fahrzeugen mit Strom oder erneuerbarem Wasserstoff.

b) Beihilfen für Hafeninfrastrukturvorhaben müssen die folgenden Voraussetzungen erfüllen:

i) Die Beihilfen dürfen nur für Investitionen in Zugangs- und Hafeninfrastruktur gewährt werden, die interessierten Nutzern zu gleichen und diskriminierungsfreien Marktbedingungen zur Verfügung gestellt wird.

ii) Die Erteilung von Konzessionen oder anderen Aufträgen für den Bau, die Modernisierung, den Betrieb oder die Anmietung einer durch eine Beihilfe geförderten Hafeninfrastruktur durch Dritte erfolgt in einem wettbewerblichen, transparenten sowie diskriminierungs- und auflagenfreien Verfahren.

iii) Für Investitionen in Hafen-Suprastruktur werden keine Beihilfen gewährt.

c) Der Nominalbetrag der Gesamtmittel, die einem Endempfänger nach dem Buchstaben a oder b pro Vorhaben im Rahmen der Unterstützung aus dem Fonds „InvestEU" gewährt werden, darf 150 Mio. EUR nicht überschreiten.

7. Beihilfen für andere Infrastrukturen müssen die folgenden Voraussetzungen erfüllen:

a) Nur für folgende Vorhaben werden Beihilfen gewährt:

i) Investitionen in Wasser- und Abwasserinfrastruktur für die Öffentlichkeit;

([1]) Verordnung (EG) Nr. 1370/2007 des Europäischen Parlaments und des Rates vom 23. Oktober 2007 über öffentliche Personenverkehrsdienste auf Schiene und Straße und zur Aufhebung der Verordnungen (EWG) Nr. 1191/69 und (EWG) Nr. 1107/70 des Rates (ABl. L 315 vom 3.12.2007, S. 1).

ii) Investitionen in das Recycling und die Vorbereitung zur Wiederverwendung von Abfall gemäß Artikel 47 Absätze 1 bis 6, soweit sie der Bewirtschaftung des Abfalls anderer Unternehmen dienen;

iii) Investitionen in Forschungsinfrastruktur;

iv) Investitionen in den Auf- oder Ausbau von Innovationscluster-Einrichtungen.

b) Der Nominalbetrag der Gesamtmittel, die einem Endempfänger pro Vorhaben im Rahmen der Unterstützung aus dem Fonds „InvestEU" gewährt werden, darf 100 Mio. EUR nicht überschreiten.

AGVO-kons

8. Beihilfen für den Umweltschutz, einschließlich Klimaschutz, müssen die folgenden Voraussetzungen erfüllen:

a) Nur für folgende Vorhaben werden Beihilfen gewährt:

i) Investitionen, die Unternehmen in die Lage versetzen, einer durch die Tätigkeiten eines Beihilfeempfängers selbst verursachten Beeinträchtigung der natürlichen Umwelt (einschließlich Klimawandel) oder der natürlichen Ressourcen abzuhelfen oder vorzubeugen, soweit die Investition über die Unionsnormen für Umweltschutz hinausgeht oder bei Fehlen solcher Normen den Umweltschutz verbessert oder eine frühzeitige Anpassung an künftige Unionsnormen für den Umweltschutz ermöglicht;

ii) Maßnahmen zur Verbesserung der Energieeffizienz eines Unternehmens, soweit die Verbesserungen der Energieeffizienz nicht vorgenommen werden, um sicherzustellen, dass das Unternehmen bereits angenommene Unionsnormen erfüllt; dies gilt auch, wenn die Unionsnormen noch nicht in Kraft getreten sind;

iii) Sanierung schadstoffbelasteter Standorte, soweit nach dem in Artikel 45 Absatz 3 genannten „Verursacherprinzip" keine juristische oder natürliche Person bekannt ist, die nach dem anwendbaren Recht für den Umweltschaden haftet;

iv) Umweltstudien;

v) Verbesserung und Wiederherstellung von Biodiversität und Ökosystemen, wenn dies dazu beiträgt, die Biodiversität zu schützen, zu erhalten oder wiederherzustellen und Ökosysteme in einen guten Zustand zu versetzen oder Ökosysteme, die bereits in gutem Zustand sind, zu schützen.

b) Unbeschadet des Buchstaben a können Beihilfen, wenn sich die Beihilfemaßnahme auf die Verbesserung der Energieeffizienz i) von Wohngebäuden, ii) von Gebäuden, die für die Erbringung von Bildungsleistungen oder sozialen Leistungen oder für Justiz-, Polizei- oder Feuerwehrdienste genutzt werden, iii) von Gebäuden, die für Tätigkeiten im Zusammenhang mit der öffentlichen Verwaltung genutzt werden, oder iv) von unter Ziffer i), ii) oder iii) genannten Gebäuden, in denen weniger als 35 % der Nettofläche für andere als die unter Ziffer i), ii) oder iii) genannten Tätigkeiten genutzt werden, bezieht, auch für Maßnahmen gewährt werden, die sowohl die Energieeffizienz der genannten Gebäude verbessern als auch eine oder mehrere der folgenden Investitionen umfassen:

6. AGVO-kons

i) Investitionen in integrierte Anlagen, die am Standort des von der Energieeffizienz-Beihilfemaßnahme betroffenen Gebäudes erneuerbare Energien erzeugen. Mit der am Standort des Gebäudes befindlichen integrierten Anlage zur Erzeugung erneuerbarer Energie wird Strom und/oder Wärme erzeugt. Die Anlage darf mit Ausrüstung zur Speicherung der am Standort des Gebäudes erzeugten erneuerbaren Energie verbunden sein;

ii) am Standort des Gebäudes befindliche Speicheranlagen;

iii) Investitionen in in das Gebäude eingebaute Ausrüstung und damit zusammenhängende Infrastruktur für das Laden von Elektrofahrzeugen der Gebäudenutzer;

iv) Investitionen in die Digitalisierung des Gebäudes, insbesondere zur Steigerung seiner Intelligenzfähigkeit. Die Investitionen in die Digitalisierung des Gebäudes können Maßnahmen umfassen, die sich auf die passive gebäudeinterne Verkabelung oder die strukturierte Verkabelung für Datennetze beschränken, erforderlichenfalls einschließlich des zugehörigen Teils des passiven Netzes auf dem Privatgrundstück außerhalb des Gebäudes. Für Datennetze bestimmte Verkabelungen außerhalb des Privatgrundstücks sind nicht beihilfefähig.

Beim Endempfänger der Beihilfe kann es sich abhängig davon, wer die Finanzmittel für das Vorhaben erhält, entweder um den bzw. die Gebäudeeigentümer oder den bzw. die Mieter handeln.

c) Der Nominalbetrag der Gesamtmittel, die einem Endempfänger pro Vorhaben, das unter Buchstabe a dieses Absatzes fällt, im Rahmen der Unterstützung aus dem Fonds „InvestEU" gewährt werden, darf 50 Mio. EUR nicht überschreiten.

d) Der Nominalbetrag der Gesamtmittel, die pro Vorhaben, das unter Buchstabe b fällt, im Rahmen der Unterstützung aus dem Fonds „InvestEU" gewährt werden, darf 50 Mio. EUR pro Endempfänger und Gebäude nicht überschreiten.

e) Beihilfen für Maßnahmen, die die Energieeffizienz von unter Buchstabe b genannten Gebäuden verbessern, können unter folgenden Voraussetzungen auch die Begünstigung von Energieleistungsverträgen zum Gegenstand haben:

i) Die Förderung erfolgt in Form eines Kredits oder einer Garantie für den Anbieter der Maßnahmen zur Energieeffizienzverbesserung im Rahmen eines Energieleistungsvertrags oder in Form eines Finanzprodukts zur Refinanzierung des jeweiligen Anbieters (z. B. Factoring, Forfaitierung).

ii) Der Nominalbetrag der Gesamtmittel, die im Rahmen der Unterstützung aus dem Fonds „InvestEU" gewährt werden, überschreitet nicht 30 Mio. EUR.

iii) Die Förderung wird KMU oder kleinen Unternehmen mittlerer Kapitalisierung gewährt.

iv) Die Förderung wird für Energieleistungsverträge im Sinne des Artikels 2 Nummer 27 der Richtlinie 2012/27/EU gewährt.

v) Die Energieleistungsverträge beziehen sich auf ein in Absatz 8 Buchstabe b aufgeführtes Gebäude.

9. Beihilfen für Forschung, Entwicklung, Innovation und Digitalisierung müssen die folgenden Voraussetzungen erfüllen:

a) Die Beihilfen können gewährt werden für:

   i)   Grundlagenforschung,

   ii) industrielle Forschung,

   iii) experimentelle Entwicklung,

   iv) Prozessinnovation oder Betriebsinnovationen für KMU,

   v)   Innovationsberatungsdienste und innovationsunterstützende Dienste für KMU,

   vi) Digitalisierung für KMU.

b) Bei Vorhaben, die unter Buchstabe a Ziffern i, ii und iii fallen, darf der Nominalbetrag der Gesamtmittel, die einem Endempfänger pro Vorhaben im Rahmen der Unterstützung aus dem Fonds „InvestEU" gewährt werden, 75 Mio. EUR nicht überschreiten. Bei Vorhaben, die unter Buchstabe a Ziffern iv, v und vi fallen, darf der Nominalbetrag der Gesamtmittel, die einem Endempfänger pro Vorhaben im Rahmen der Unterstützung aus dem Fonds „InvestEU" gewährt werden, 30 Mio. EUR nicht überschreiten.

10. KMU oder gegebenenfalls kleine Unternehmen mittlerer Kapitalisierung können neben den in den Absätzen 2 bis 9 genannten Gruppen von Beihilfen auch Beihilfen in Form einer Förderung aus Mitteln des Fonds „InvestEU" erhalten, sofern eine der folgenden Voraussetzungen erfüllt ist:

a) der Nominalbetrag der Gesamtmittel, die einem Endempfänger im Rahmen der Unterstützung aus dem Fonds „InvestEU" gewährt werden, überschreitet nicht 15 Mio. EUR und wird einem Unternehmen aus einer der folgenden Unternehmenskategorien gewährt:

   i)   nicht börsennotierte KMU, die noch auf keinem Markt tätig sind oder die seit ihrem ersten kommerziellen Verkauf noch keine 7 Jahre gewerblich tätig sind,

   ii) nicht börsennotierte KMU, die in einen neuen sachlich oder räumlich relevanten Markt eintreten, wenn die Erstinvestition für den Eintritt in einen neuen sachlich oder räumlich relevanten Markt 50 % des durchschnittlichen Jahresumsatzes in den vorangegangenen 5 Jahren überschreiten muss,

   iii) KMU und kleine Unternehmen mittlerer Kapitalisierung, bei denen es sich um innovative Unternehmen im Sinne des Artikels 2 Nummer 80 handelt,

b) der Nominalbetrag der Gesamtmittel, die einem Endempfänger im Rahmen der Unterstützung aus dem Fonds „InvestEU" gewährt werden, überschreitet nicht 15 Mio. EUR und es handelt sich bei dem Endempfänger um ein KMU oder ein kleines Unternehmen mittlerer Kapitalisierung, dessen Haupttätigkeit in Fördergebieten liegt, sofern die Finanzierung nicht für die Verlagerung von Tätigkeiten im Sinne des Artikels 2 Nummer 61a verwendet wird,

c) der Nominalbetrag der Gesamtmittel, die einem Endempfänger im Rahmen der Unterstützung aus dem Fonds „InvestEU" gewährt werden, überschreitet nicht 2 Mio. EUR, und es handelt sich bei dem Endempfänger um ein KMU oder ein kleines Unternehmen mittlerer Kapitalisierung.

6. AGVO-kons

Artikel 56f

Voraussetzungen für Beihilfen im Rahmen von aus dem Fonds „InvestEU" unterstützten kommerziellen Finanzprodukten mit zwischengeschalteten Finanzintermediären

1. Die Finanzierungen für die Endempfänger werden durch gewerbliche Finanzintermediäre bereitgestellt, die anhand objektiver Kriterien in einem offenen, transparenten und diskriminierungsfreien Verfahren ausgewählt werden.

**AGVO-
kons**

2. Der gewerbliche Finanzintermediär, der die Finanzierung für den Endempfänger bereitstellt, trägt bei jeder finanziellen Transaktion ein Mindestrisiko von 20 %.

3. Der Nominalbetrag der Gesamtmittel, die für jeden Endempfänger über den gewerblichen Finanzintermediär bereitgestellt werden, darf 7,5 Mio. EUR nicht überschreiten.

▼ <u>B</u>

KAPITEL IV

SCHLUSSBESTIMMUNGEN

Artikel 57

Aufhebung

Die Verordnung (EG) Nr. 800/2008 wird aufgehoben.

Artikel 58

Übergangsbestimmungen

▼ <u>M1</u>

1. Diese Verordnung gilt für Einzelbeihilfen, die vor Inkrafttreten der einschlägigen Bestimmungen dieser Verordnung gewährt wurden, sofern die Beihilfe alle Voraussetzungen dieser Verordnung, ausgenommen Artikel 9, erfüllt.

▼ <u>B</u>

2. Beihilfen, die nicht nach dieser Verordnung oder früher geltenden, nach Artikel 1 der Verordnung (EG) Nr. 994/98 erlassenen Verordnungen von der Anmeldepflicht nach Artikel 108 Absatz 3 AEUV freigestellt sind, werden von der Kommission anhand der einschlägigen Rahmen, Leitlinien, Mitteilungen und Bekanntmachungen geprüft.

3. Einzelbeihilfen, die vor dem 1. Januar 2015 im Einklang mit den zum Zeitpunkt ihrer Gewährung geltenden, nach Artikel 1 der Verordnung (EG) Nr. 994/98 erlassenen Verordnungen gewährt wurden, sind mit dem Binnenmarkt vereinbar und von der Anmeldepflicht nach Artikel 108 Absatz 3 AEUV freigestellt; dies gilt nicht für Regionalbeihilfen. Risikokapitalbeihilferegelungen zugunsten von KMU, die vor dem 1. Juli 2014 eingeführt wurden und nach der Verordnung (EG) Nr. 800/2008 von der Anmeldepflicht nach Artikel 108 Absatz 3 AEUV freigestellt sind, bleiben bis zum Außerkrafttreten der Finanzierungsvereinbarung freigestellt und mit dem Binnenmarkt vereinbar, sofern die Bindung der öffentlichen Mittel für den geförderten Private-Equity-Fonds vor dem 1. Januar 2015 auf der Grundlage einer solchen Vereinbarung erfolgte und die anderen Freistellungsvoraussetzungen weiterhin erfüllt sind.

▼ M4

3a.   Einzelbeihilfen, die in der Zeit vom 1. Juli 2014 bis zum 2. August 2021 im Einklang mit den zum Zeitpunkt ihrer Gewährung geltenden Bestimmungen dieser Verordnung gewährt wurden, sind mit dem Binnenmarkt vereinbar und von der Anmeldepflicht nach Artikel 108 Absatz 3 AEUV freigestellt. Einzelbeihilfen, die vor dem 1. Juli 2014 entweder im Einklang mit den vor oder nach dem 10. Juli 2017 oder im Einklang mit den vor oder nach dem 3. August 2021 geltenden Bestimmungen dieser Verordnung, ausgenommen Artikel 9, gewährt wurden, sind mit dem Binnenmarkt vereinbar und von der Anmeldepflicht nach Artikel 108 Absatz 3 AEUV freigestellt.

▼ B

4.   Nach Ablauf der Geltungsdauer dieser Verordnung bleiben nach dieser Verordnung freigestellte Beihilferegelungen noch während einer Anpassungsfrist von sechs Monaten freigestellt; dies gilt nicht für Regionalbeihilferegelungen. Die Freistellung von Regionalbeihilferegelungen endet am Tag des Außerkrafttretens der betreffenden genehmigten Fördergebietskarte. Die Freistellung von Risikofinanzierungsbeihilfen nach Artikel 21 Absatz 2 Buchstabe a endet mit Ablauf der in der Finanzierungsvereinbarung vorgesehenen Frist, sofern die Bindung der öffentlichen Mittel für den geförderten Private-Equity-Fonds innerhalb von 6 Monaten nach Ablauf der Geltungsdauer dieser Verordnung auf der Grundlage einer solchen Vereinbarung erfolgte und alle anderen Freistellungsvoraussetzungen weiterhin erfüllt sind.

▼ M1

5.   Nach der Änderung dieser Verordnung bleiben Beihilferegelungen, die nach den zum Zeitpunkt des Inkrafttretens der Regelung geltenden Bestimmungen dieser Verordnung freigestellt sind, noch während einer Anpassungsfrist von sechs Monaten freigestellt.

▼ B

Artikel 59

Diese Verordnung tritt am 1. Juli 2014 in Kraft.

▼ M2

Sie gilt bis zum 31. Dezember 2023.

▼ B

Diese Verordnung ist in allen ihren Teilen verbindlich und gilt unmittelbar in jedem Mitgliedstaat.

AGVO-kons

6. AGVO-kons

AGVO-kons

KMU-DEFINITION

Artikel 1

Unternehmen

Als Unternehmen gilt jede Einheit, unabhängig von ihrer Rechtsform, die eine wirtschaftliche Tätigkeit ausübt. Dazu gehören insbesondere auch jene Einheiten, die eine handwerkliche Tätigkeit oder andere Tätigkeiten als Einpersonen- oder Familienbetriebe ausüben, sowie Personengesellschaften oder Vereinigungen, die regelmäßig einer wirtschaftlichen Tätigkeit nachgehen.

Artikel 2

Mitarbeiterzahlen und finanzielle Schwellenwerte zur Definition der Unternehmenskategorien

1. Die Kategorie der Kleinstunternehmen sowie der kleinen und mittleren Unternehmen (KMU) setzt sich aus Unternehmen zusammen, die weniger als 250 Personen beschäftigen und die entweder einen Jahresumsatz von höchstens 50 Mio. EUR erzielen oder deren Jahresbilanzsumme sich auf höchstens 43 Mio. EUR beläuft.

2. Innerhalb der Kategorie der KMU wird ein kleines Unternehmen als ein Unternehmen definiert, das weniger als 50 Personen beschäftigt und dessen Jahresumsatz beziehungsweise Jahresbilanz 10 Mio. EUR nicht übersteigt.

3. Innerhalb der Kategorie der KMU wird ein Kleinstunternehmen als ein Unternehmen definiert, das weniger als 10 Personen beschäftigt und dessen Jahresumsatz beziehungsweise Jahresbilanz 2 Mio. EUR nicht überschreitet.

Artikel 3

Bei der Berechnung der Mitarbeiterzahlen und der finanziellen Schwellenwerte berücksichtigte Unternehmenstypen

1. Ein „eigenständiges Unternehmen" ist jedes Unternehmen, das nicht als Partnerunternehmen im Sinne des Absatzes 2 oder als verbundenes Unternehmen im Sinne des Absatzes 3 gilt.

2. „Partnerunternehmen" sind alle Unternehmen, die nicht als verbundene Unternehmen im Sinne des Absatzes 3 gelten und zwischen denen folgende Beziehung besteht: Ein Unternehmen (das vorgeschaltete Unternehmen) hält — allein oder gemeinsam mit einem oder mehreren verbundenen Unternehmen im Sinne des Absatzes 3-25 % oder mehr des Kapitals oder der Stimmrechte eines anderen Unternehmens (des nachgeschalteten Unternehmens).

Ein Unternehmen gilt jedoch weiterhin als eigenständig, also als Unternehmen ohne Partnerunternehmen, auch wenn der Schwellenwert von 25 % erreicht oder überschritten wird, sofern es sich um folgende Kategorien von Investoren handelt und unter der Bedingung, dass diese Investoren nicht im Sinne des Absatzes 3 einzeln oder gemeinsam mit dem betroffenen Unternehmen verbunden sind:

a) staatliche Beteiligungsgesellschaften, Risikokapitalgesellschaften, natürliche Personen beziehungsweise Gruppen natürlicher Personen, die regelmäßig im Bereich der Risikokapitalinvestition tätig sind („Business Angels") und die Eigenkapital in nicht börsennotierte Unternehmen investieren, sofern der Gesamtbetrag der Investition der genannten „Business Angels" in ein und dasselbe Unternehmen 1 250 000 EUR nicht überschreitet;

b) Universitäten oder Forschungszentren ohne Gewinnzweck;

c) institutionelle Investoren einschließlich regionaler Entwicklungsfonds;

d) autonome Gebietskörperschaften mit einem Jahreshaushalt von weniger als 10 Mio. EUR und weniger als 5 000 Einwohnern.

3. „Verbundene Unternehmen" sind Unternehmen, die zueinander in einer der folgenden Beziehungen stehen:

a) ein Unternehmen hält die Mehrheit der Stimmrechte der Anteilseigner oder Gesellschafter eines anderen Unternehmens;

b) ein Unternehmen ist berechtigt, die Mehrheit der Mitglieder des Verwaltungs-, Leitungs- oder Aufsichtsgremiums eines anderen Unternehmens zu bestellen oder abzuberufen;

c) ein Unternehmen ist gemäß einem mit einem anderen Unternehmen geschlossenen Vertrag oder aufgrund einer Klausel in dessen Satzung berechtigt, einen beherrschenden Einfluss auf dieses Unternehmen auszuüben;

d) ein Unternehmen, das Aktionär oder Gesellschafter eines anderen Unternehmens ist, übt gemäß einer mit anderen Aktionären oder Gesellschaftern dieses anderen Unternehmens getroffenen Vereinbarung die alleinige Kontrolle über die Mehrheit der Stimmrechte von dessen Aktionären oder Gesellschaftern aus.

Es besteht die Vermutung, dass kein beherrschender Einfluss ausgeübt wird, sofern sich die in Absatz 2 Unterabsatz 2 genannten Investoren nicht direkt oder indirekt in die Verwaltung des betroffenen Unternehmens einmischen — unbeschadet der Rechte, die sie in ihrer Eigenschaft als Aktionäre oder Gesellschafter besitzen.

Unternehmen, die durch ein oder mehrere andere Unternehmen oder einen der in Absatz 2 genannten Investoren untereinander in einer der in Unterabsatz 1 genannten Beziehungen stehen, gelten ebenfalls als verbunden.

Unternehmen, die durch eine natürliche Person oder eine gemeinsam handelnde Gruppe natürlicher Personen miteinander in einer dieser Beziehungen stehen, gelten gleichermaßen als verbundene Unternehmen, sofern diese Unternehmen ganz oder teilweise auf demselben Markt oder auf benachbarten Märkten tätig sind.

Als „benachbarter Markt" gilt der Markt für eine Ware oder eine Dienstleistung, der dem betreffenden Markt unmittelbar vor- oder nachgeschaltet ist.

4. Außer in den in Absatz 2 Unterabsatz 2 angeführten Fällen kann ein Unternehmen nicht als KMU angesehen werden, wenn 25 % oder mehr seines Kapitals oder seiner Stimmrechte direkt oder indirekt von einer oder mehreren öffentlichen Stellen einzeln oder gemeinsam kontrolliert werden.

5. Die Unternehmen können eine Erklärung zu ihrer Qualität als eigenständiges Unternehmen, Partnerunternehmen oder verbundenes Unternehmen sowie zu den Daten über die in Artikel 2 angeführten Schwellenwerte abgeben. Diese Erklärung kann selbst dann vorgelegt werden, wenn sich die Anteilseigner aufgrund der Kapitalstreuung nicht genau feststellen lassen, wobei das Unternehmen nach Treu und Glauben erklärt, es könne mit Recht davon ausgehen, dass es sich nicht zu 25 % oder mehr im Besitz eines Unternehmens oder im gemeinsamen Besitz von miteinander verbundenen Unternehmen befindet. Solche Erklärungen werden unbeschadet der aufgrund einzelstaatlicher Regelungen oder Regelungen der Union vorgesehenen Kontrollen oder Überprüfungen abgegeben.

Artikel 4

Für die Mitarbeiterzahl und die finanziellen Schwellenwerte sowie für den Berichtszeitraum zugrunde zu legende Daten

1. Die Angaben, die für die Berechnung der Mitarbeiterzahl und der finanziellen Schwellenwerte herangezogen werden, beziehen sich auf den letzten Rechnungsabschluss und werden auf Jahresbasis berechnet. Sie werden vom Stichtag des Rechnungsabschlusses an berücksichtigt. Die Höhe des herangezogenen Umsatzes wird abzüglich der Mehrwertsteuer (MwSt.) und sonstiger indirekter Steuern oder Abgaben berechnet.

6. AGVO-kons

2. Stellt ein Unternehmen am Stichtag des Rechnungsabschlusses fest, dass es auf Jahresbasis die in Artikel 2 genannten Schwellenwerte für die Mitarbeiterzahl oder die Bilanzsumme über- oder unterschreitet, so verliert beziehungsweise erwirbt es dadurch den Status eines mittleren Unternehmens, eines kleinen Unternehmens beziehungsweise eines Kleinstunternehmens erst dann, wenn es in zwei aufeinanderfolgenden Geschäftsjahren zu einer Über- oder Unterschreitung kommt.

3. Bei einem neu gegründeten Unternehmen, das noch keinen Jahresabschluss vorlegen kann, werden die entsprechenden Daten im Laufe des Geschäftsjahres nach Treu und Glauben geschätzt.

AGVO-kons

Artikel 5

Mitarbeiterzahl

Die Mitarbeiterzahl entspricht der Zahl der Jahresarbeitseinheiten (JAE), d. h. der Zahl der Personen, die in dem betroffenen Unternehmen oder auf Rechnung dieses Unternehmens während des gesamten Berichtsjahres einer Vollzeitbeschäftigung nachgegangen sind. Für die Arbeit von Personen, die nicht das ganze Jahr gearbeitet haben oder die im Rahmen einer Teilzeitregelung tätig waren, und für Saisonarbeit wird der jeweilige Bruchteil an JAE gezählt. In die Mitarbeiterzahl gehen ein:

a) Lohn- und Gehaltsempfänger,

b) für das Unternehmen tätige Personen, die in einem Unterordnungsverhältnis zu diesem stehen und nach nationalem Recht Arbeitnehmern gleichgestellt sind,

c) mitarbeitende Eigentümer,

d) Teilhaber, die eine regelmäßige Tätigkeit in dem Unternehmen ausüben und finanzielle Vorteile aus dem Unternehmen ziehen.

Auszubildende oder in der beruflichen Ausbildung stehende Personen, die einen Lehr- beziehungsweise Berufsausbildungsvertrag haben, sind in der Mitarbeiterzahl nicht berücksichtigt. Die Dauer des Mutterschafts- beziehungsweise Elternurlaubs wird nicht mitgerechnet.

Artikel 6

Erstellung der Daten des Unternehmens

1. Im Falle eines eigenständigen Unternehmens werden die Daten einschließlich der Mitarbeiterzahl ausschließlich auf der Grundlage der Jahresabschlüsse dieses Unternehmens erstellt.

2. Die Daten — einschließlich der Mitarbeiterzahl — eines Unternehmens, das Partnerunternehmen oder verbundene Unternehmen hat, werden auf der Grundlage der Jahresabschlüsse und sonstiger Daten des Unternehmens erstellt oder — sofern vorhanden — anhand der konsolidierten Jahresabschlüsse des Unternehmens beziehungsweise der konsolidierten Jahresabschlüsse, in die das Unternehmen durch Konsolidierung eingeht.

Zu den in Absatz 1 genannten Daten werden die Daten der eventuell vorhandenen Partnerunternehmen des betroffenen Unternehmens, die diesem unmittelbar vor- oder nachgeschaltet sind, hinzugerechnet. Die Anrechnung erfolgt proportional zu dem Anteil der Beteiligung am Kapital oder an den Stimmrechten (wobei der höhere dieser beiden Anteile zugrunde gelegt wird). Bei wechselseitiger Kapitalbeteiligung wird der höhere dieser Anteile herangezogen.

Zu den in den Absätzen 1 und 2 genannten Daten werden gegebenenfalls 100 % der Daten derjenigen direkt oder indirekt mit dem betroffenen Unternehmen verbundenen Unternehmen addiert, die in den konsolidierten Jahresabschlüssen noch nicht berücksichtigt wurden.

3.   Bei der Anwendung von Absatz 2 sind die Daten der Partnerunternehmen des betreffenden Unternehmens aus ihren Jahresabschlüssen und sonstigen Angaben, sofern vorhanden in konsolidierter Form, zu entnehmen. Zu diesen Daten werden gegebenenfalls die Daten der mit diesen Partnerunternehmen verbundenen Unternehmen zu 100 % hinzugerechnet, sofern die Daten in den konsolidierten Jahresabschlüssen noch nicht berücksichtigt wurden.

Bei der Anwendung von Absatz 2 sind die Daten der mit den betroffenen Unternehmen verbundenen Unternehmen aus ihren Jahresabschlüssen und sonstigen Angaben, sofern vorhanden in konsolidierter Form, zu entnehmen. Zu diesen Daten werden gegebenenfalls die Daten der Partnerunternehmen dieser verbundenen Unternehmen, die diesen unmittelbar vor- oder nachgeschaltet sind, anteilsmäßig hinzugerechnet, sofern sie in den konsolidierten Jahresabschlüssen nicht bereits anteilsmäßig so erfasst wurden, dass der entsprechende Wert mindestens dem in Absatz 2 Unterabsatz 2 genannten Anteil entspricht.

4.   In den Fällen, in denen die Mitarbeiterzahl eines bestimmten Unternehmens in den konsolidierten Jahresabschlüssen nicht ausgewiesen ist, wird die Mitarbeiterzahl berechnet, indem die Daten der Unternehmen, die Partnerunternehmen dieses Unternehmens sind, anteilsmäßig hinzugerechnet und die Daten der Unternehmen, mit denen dieses Unternehmen verbunden ist, addiert werden.

6. AGVO-kons

ANHANG II

INFORMATIONEN ÜBER NACH DIESER VERORDNUNG FREIGESTELLTE STAATLICHE BEIHILFEN

TEIL I

Übermittlung über die IT-Anwendung der Kommission nach Artikel 11

Beihilfenummer	*(wird von der Kommission ausgefüllt)*	
Mitgliedstaat	....	
Referenznummer des Mitgliedstaats	....	
Region	Name der Region(en) (*NUTS* (¹))	Förderstatus (²)
	....	....
Bewilligungsbehörde	Name	....
	Postanschrift	....
	Internetadresse	....
Titel der Beihilfemaßnahme	....	
Nationale Rechtsgrundlage (Fundstelle der amtlichen Veröffentlichung im Mitgliedstaat)	....	
Weblink zum vollen Wortlaut der Beihilfemaßnahme	....	
Art der Maßnahme	☐ Regelung	
	☐ Ad-hoc-Beihilfe	Name des Beihilfeempfängers und der Unternehmensgruppe (³), der er angehört ....
Änderung einer bestehenden Beihilferegelung oder Ad-hoc-Beihilfe		Beihilfenummer der Kommission
	☐ Verlängerung	....
	☐ Änderung	....
Laufzeit (⁴)	☐ Regelung	TT/MM/JJJJ bis TT/MM/JJJJ
Tag der Gewährung (⁵)	☐ Ad-hoc-Beihilfe	TT/MM/JJJJ
Betroffene Wirtschaftszweige	☐ Alle für Beihilfen in Frage kommenden Wirtschaftszweige	
	☐ Beschränkt auf bestimmte Wirtschaftszweige: Bitte auf Ebene der NACE-Gruppe angeben (⁶)	....

▼ B

Art des Beihilfeempfängers	☐ KMU	
	☐ Große Unternehmen	
Mittelausstattung	Jährliche Gesamtmittelausstattung der Regelung (^{7})	.... Landeswährung (in voller Höhe)
	Gesamtbetrag der dem Unternehmen gewährten Ad-hoc-Beihilfen (^{8})	.... Landeswährung (in voller Höhe)
	☐ Bei Garantien (^{9})	.... Landeswährung (in voller Höhe)
Beihilfeinstrument	☐ Zuschuss/Zinszuschuss	
	☐ Kredite/Rückzahlbare Vorschüsse	
	☐ Garantie (ggf. Verweis auf den Beschluss der Kommission (^{10}))	
	☐ Steuerermäßigung oder Steuerbefreiung	
	☐ Bereitstellung einer Risikofinanzierung	
	☐ Sonstiges (bitte angeben)	
	.... Bitte angeben, zu welcher Hauptkategorie das Beihilfeinstrument aufgrund seiner Wirkung/Funktion am besten passt:	
	☐ Zuschuss	
	☐ Kredit	
	☐ Garantie	
	☐ Steuervergünstigung	
	☐ Bereitstellung einer Risikofinanzierung	

☐ Bei Kofinanzierung durch EU-Fonds	Name des/der EU-Fonds:	Höhe des Beitrags (pro EU-Fonds)	.... Landeswährung (in voller Höhe

AGVO-kons

(^{1}) NUTS: Klassifikation der Gebietseinheiten für die Statistik. Die Region ist in der Regel auf Ebene 2 anzugeben.
(^{2}) Artikel 107 Absatz 3 Buchstabe a AEUV (Förderstatus „A"), Artikel 107 Absatz 3 Buchstabe c AEUV (Förderstatus „C"), nicht geförderte Gebiete, d. h. nicht für Regionalbeihilfen in Frage kommende Gebiete (Förderstatus „N").
(^{3}) Der Begriff des Unternehmens bezeichnet nach den Wettbewerbsvorschriften des AEUV und für die Zwecke dieser Verordnung jede eine wirtschaftliche Tätigkeit ausübende Einheit, unabhängig von ihrer Rechtsform und der Art ihrer Finanzierung. Der Gerichtshof hat festgestellt, dass Einheiten, die (de jure oder de facto) von ein und derselben Einheit kontrolliert werden, als ein einziges Unternehmen anzusehen sind.
(^{4}) Zeitraum, in dem die Bewilligungsbehörde sich zur Gewährung von Beihilfen verpflichten kann.
(^{5}) Zu bestimmen im Einklang mit Artikel 2 Nummer 27 der Verordnung.
(^{6}) NACE Rev. 2: Statistische Systematik der Wirtschaftszweige in der Europäischen Gemeinschaft. Der Wirtschaftszweig ist in der Regel auf der Ebene der Unternehmensgruppe anzugeben.
(^{7}) Bei Beihilferegelungen bitte die nach der Regelung vorgesehene jährliche Gesamtmittelausstattung oder den voraussichtlichen jährlichen Steuerausfall für alle unter die Regelung fallenden Beihilfeinstrumente angeben.
(^{8}) Bei Ad-hoc-Beihilfen bitte den Gesamtbetrag der Beihilfe/des Steuerausfalls angeben.
(^{9}) Bei Garantien bitte den (Höchst-)Betrag der gesicherten Kredite angeben.
(^{10}) Gegebenenfalls Verweis auf den Beschluss der Kommission nach Artikel 5 Absatz 2 Buchstabe c der Verordnung, mit dem die Methode für die Berechnung des Bruttosubventionsäquivalents genehmigt wurde.

6. AGVO-kons

▼ M4

TEIL II

Übermittlung über das elektronische Anmeldesystem der Kommission nach Artikel 11

Geben Sie bitte an, nach welcher Bestimmung der Allgemeinen Gruppenfreistellungsverordnung die Beihilfemaßnahme durchgeführt wird.

AGVO-kons

Hauptziel — Allgemeine Ziele (Liste)	Ziele (Liste)	Beihilfehöchstintensität in % oder jährlicher Beihilfehöchstbetrag in Landeswährung (in voller Höhe)	KMU-Aufschläge in %
Regionalbeihilfen — Investitionsbeihilfen ([1]) (Art. 14)	☐ Regelung	… %	… %
	☐ Ad-hoc-Beihilfe	… %	… %
Regionalbeihilfen — Betriebsbeihilfen (Art. 15)	☐ In Gebieten mit geringer Bevölkerungsdichte (Art. 15 Abs. 2)	… %	… %
	☐ In Gebieten mit sehr geringer Bevölkerungsdichte (Art. 15 Abs. 3)	… %	… %
	☐ In Gebieten in äußerster Randlage (Art. 15 Abs. 4)	… %	… %
☐ Regionale Stadtentwicklungsbeihilfen (Art. 16)		…. Landeswährung	… %
KMU-Beihilfen (Art. 17-19b)	☐ Investitionsbeihilfen für KMU (Art. 17)	… %	… %
	☐ KMU-Beihilfen für die Inanspruchnahme von Beratungsdiensten (Art. 18)	… %	… %
	☐ KMU-Beihilfen für die Teilnahme an Messen (Art. 19)	… %	… %
	☐ Beihilfen für Kosten von KMU, die an Projekten der von der örtlichen Bevölkerung betriebenen lokalen Entwicklung („CLLD") bzw. Projekten operationeller Gruppen der Europäischen Innovationspartnerschaft („EIP") „Landwirtschaftliche Produktivität und Nachhaltigkeit" teilnehmen (Art. 19a)	… %	… %
	☐ Begrenzte Beihilfebeträge für KMU, denen Projekte der von der örtlichen Bevölkerung betriebenen lokalen Entwicklung („CLLD") bzw. Projekte operationeller Gruppen der Europäischen Innovationspartnerschaft („EIP") „Landwirtschaftliche Produktivität und Nachhaltigkeit" zugutekommen (Art. 19b) ([2])	… Landeswährung	… %
Beihilfen für die europäische territoriale Zusammenarbeit (Art. 20-20a)	☐ Beihilfen für Kosten von Unternehmen, die an Projekten der europäischen territorialen Zusammenarbeit teilnehmen (Art. 20)	… %	… %
	☐ Geringe Beihilfen für Unternehmen zur Teilnahme an Projekten der europäischen territorialen Zusammenarbeit (Art. 20a) ([3])	… Landeswährung	… %

Hauptziel — Allgemeine Ziele (Liste)	Ziele (Liste)		Beihilfehöchstintensität in % oder jährlicher Beihilfehöchstbetrag in Landeswährung (in voller Höhe)	KMU-Aufschläge in %
KMU-Beihilfen — Erschließung von KMU-Finanzierungen (Art. 21-22)	☐ Risikofinanzierungsbeihilfen (Art. 21)		... Landeswährung	... %
	☐ Beihilfen für Unternehmensneugründungen (Art. 22)		... Landeswährung	... %
	☐ KMU-Beihilfen — Beihilfen für auf KMU spezialisierte alternative Handelsplattformen (Art. 23)		... %; falls als Anlaufbeihilfe gewährt: ... Landeswährung	... %
	☐ KMU-Beihilfen — Beihilfen für Scouting-Kosten (Art. 24)		... %	... %
Beihilfen für Forschung und Entwicklung und Innovation (Art. 25-30)	Beihilfen für Forschungs- und Entwicklungsvorhaben (Art. 25)	☐ Grundlagenforschung (Art. 25 Abs. 2 Buchst. a)	... %	... %
		☐ Industrielle Forschung (Art. 25 Abs. 2 Buchst. b)	... %	... %
		☐ Experimentelle Entwicklung (Art. 25 Abs. 2 Buchst. c)	... %	... %
		☐ Durchführbarkeitsstudien (Art. 25 Abs. 2 Buchst. d)	... %	... %
	☐ Beihilfen für mit einem Exzellenzsiegel ausgezeichnete Vorhaben (Art. 25a)		... Landeswährung	... %
	☐ Beihilfen für Marie-Skłodowska-Curie-Maßnahmen und vom Europäischen Forschungsrat (ERC) geförderte Maßnahmen für den Konzeptnachweis (Art. 25b)		... Landes-währung	... %
	☐ Beihilfen im Rahmen von kofinanzierten Forschungs- und Entwicklungsvorhaben (Art. 25c)		... %	... %
	☐ Beihilfen für Teaming-Maßnahmen (Art. 25d)		... %	... %
	☐ Investitionsbeihilfen für Forschungsinfrastrukturen (Art. 26)		... %	... %
	☐ Beihilfen für Innovationscluster (Art. 27)		... %	... %
	☐ Innovationsbeihilfen für KMU (Art. 28)		... %	... %
	☐ Beihilfen für Prozess- und Organisationsinnovationen (Art. 29)		... %	... %
	☐ Forschungs- und Entwicklungsbeihilfen für Fischerei und Aquakultur (Art. 30)		... %	... %
☐ Ausbildungsbeihilfen (Art. 31)			... %	... %

AGVO-kons

6. AGVO-kons

AGVO-kons

Hauptziel — Allgemeine Ziele (Liste)	Ziele (Liste)	Beihilfehöchstintensität in % oder jährlicher Beihilfehöchstbetrag in Landeswährung (in voller Höhe)	KMU-Aufschläge in %
Beihilfen für benachteiligte Arbeitnehmer und Arbeitnehmer mit Behinderungen (Art. 32-35)	☐ Beihilfen in Form von Lohnkostenzuschüssen für die Einstellung benachteiligter Arbeitnehmer (Art. 32)	... %	... %
	☐ Beihilfen in Form von Lohnkostenzuschüssen für die Beschäftigung von Arbeitnehmern mit Behinderungen (Art. 33)	... %	... %
	☐ Beihilfen zum Ausgleich der durch die Beschäftigung von Arbeitnehmern mit Behinderungen verursachten Mehrkosten (Art. 34)	... %	... %
	☐ Beihilfen zum Ausgleich der Kosten für die Unterstützung benachteiligter Arbeitnehmer (Art. 35)	... %	... %
Umweltschutzbeihilfen (Art. 36-49)	☐ Investitionsbeihilfen, die Unternehmen in die Lage versetzen, über die Unionsnormen für den Umweltschutz hinauszugehen oder bei Fehlen solcher Normen den Umweltschutz zu verbessern (Art. 36)	... %	... %
	☐ Investitionsbeihilfen für öffentlich zugängliche Lade- oder Tankinfrastruktur für emissionsfreie und emissionsarme Straßenfahrzeuge (Art. 36a)	... %	... %
	☐ Investitionsbeihilfen zur frühzeitigen Anpassung an künftige Unionsnormen (Art. 37)	... %	... %
	☐ Investitionsbeihilfen für Energieeffizienzmaßnahmen (Art. 38)	... %	... %
	☐ Investitionsbeihilfen für gebäudebezogene Energieeffizienzprojekte in Form von Finanzinstrumenten (Art. 39)	... Landeswährung	... %
	☐ Investitionsbeihilfen für hocheffiziente Kraft-Wärme-Kopplung (Art. 40)	... %	... %
	☐ Investitionsbeihilfen zur Förderung erneuerbarer Energien (Art. 41)	... %	... %
	☐ Betriebsbeihilfen zur Förderung von Strom aus erneuerbaren Energien (Art. 42)	... %	... %
	☐ Betriebsbeihilfen zur Förderung der Erzeugung erneuerbarer Energien in kleinen Anlagen (Art. 43)	... %	... %
	☐ Beihilfen in Form von Umweltsteuerermäßigungen nach der Richtlinie 2003/96/EG des Rates (Art. 44 der vorliegenden Verordnung)	... %	... %
	☐ Investitionsbeihilfen für die Sanierung schadstoffbelasteter Standorte (Art. 45)	... %	... %
	☐ Investitionsbeihilfen für energieeffiziente Fernwärme und Fernkälte (Art. 46)	... %	... %
	☐ Investitionsbeihilfen für das Recycling und die Wiederverwendung von Abfall (Art. 47)	... %	... %
	☐ Investitionsbeihilfen für Energieinfrastrukturen (Art. 48)	... %	... %
	☐ Beihilfen für Umweltstudien (Art. 49)	... %	... %

▼ M4

Hauptziel — Allgemeine Ziele (Liste)		Ziele (Liste)		Beihilfehöchstintensität in % oder jährlicher Beihilfehöchstbetrag in Landeswährung (in voller Höhe)	KMU-Aufschläge in %
☐ Beihilferegelungen zur Bewältigung der Folgen bestimmter Naturkatastrophen (Art. 50)		Beihilfehöchstintensität		... %	... %
		Art der Naturkatastrophe		☐ Erdbeben ☐ Lawine ☐ Erdrutsch ☐ Überschwemmung ☐ Orkan ☐ Wirbelsturm ☐ Vulkanausbruch ☐ Flächenbrand	
		Zeitraum der Naturkatastrophe		TT/MM/JJJJ**bis**TT/MM/JJJJ	
☐ Sozialbeihilfen für die Beförderung von Einwohnern entlegener Gebiete (Art. 51)				... %	... %
☐ Beihilfen für feste Breitbandnetze (Art. 52)				... Landeswährung	... %
☐ Beihilfen für 4G- und 5G-Mobilfunknetze (Art. 52a)				... Landeswährung	... %
☐ Beihilfen für Vorhaben von gemeinsamem Interesse im Bereich transeuropäischer digitaler Vernetzungsinfrastruktur (Art. 52b)				... Landeswährung	... %
☐ Konnektivitätsgutscheine (Art. 52c)				... %	... %
☐ Beihilfen für Kultur und die Erhaltung des kulturellen Erbes (Art. 53)				... %	... %
☐ Beihilferegelungen für audiovisuelle Werke (Art. 54)					
				... %	... %
☐ Beihilfen für Sportinfrastrukturen und multifunktionale Freizeitinfrastrukturen (Art. 55)				... %	... %
☐ Investitionsbeihilfen für lokale Infrastrukturen (Art. 56)				... %	... %
☐ Beihilfen für Regionalflughäfen (Art. 56a)				... %	... %
☐ Beihilfen für Seehäfen (Art. 56b)				... %	... %
☐ Beihilfen für Binnenhäfen (Art. 56c)				... %	... %
Beihilfen im Rahmen von aus dem Fonds „InvestEU" unterstützten Finanzprodukten (Art. 56d-56f)	Art. 56e	☐ Beihilfen für Vorhaben von gemeinsamem Interesse im Bereich transeuropäischer digitaler Vernetzungsinfrastruktur, die nach der Verordnung (EU) 2021/1153 finanziert werden oder mit einem Exzellenzsiegel nach der genannten Verordnung ausgezeichnet wurden (Art. 56e Abs. 2)		... Landeswährung	... %
		☐ Beihilfen für Investitionen in feste Breitbandnetze, um ausschließlich bestimmte beihilfefähige sozioökonomische Schwerpunkte anzubinden (Art. 56e Abs. 3)		... Landeswährung	... %
		☐ Beihilfen für Energieerzeugung und Energieinfrastruktur (Art. 56e Abs. 4)		... Landeswährung	... %

AGVO-kons

6. AGVO-kons

AGVO-kons

Hauptziel — Allgemeine Ziele (Liste)	Ziele (Liste)	Beihilfehöchstintensität in % oder jährlicher Beihilfehöchstbetrag in Landeswährung (in voller Höhe)	KMU-Aufschläge in %
	☐ Beihilfen für soziale, bildungsbezogene, kulturelle und naturbezogene Infrastrukturen und Aktivitäten (Art. 56e Abs. 5)	... Landeswährung	... %
	☐ Beihilfen für Verkehr und Verkehrsinfrastruktur (Art. 56e Abs. 6)	... Landeswährung	... %
	☐ Beihilfen für andere Infrastrukturen (Art. 56e Abs. 7)	... Landeswährung	... %
	☐ Beihilfen für den Umweltschutz, einschließlich Klimaschutz (Art. 56e Abs. 8)	... Landeswährung	... %
	☐ Beihilfen für Forschung, Entwicklung, Innovation und Digitalisierung (Art. 56e Abs. 9)	... Landeswährung	... %
	☐ Beihilfen in Form einer Förderung aus Mitteln des Fonds „InvestEU" für KMU oder kleine Midcap-Unternehmen (Art. 56e Abs. 10)	... Landeswährung	... %
☐ Beihilfen im Rahmen von aus dem Fonds „InvestEU" unterstützten kommerziellen Finanzprodukten mit zwischengeschalteten Finanzintermediären (Art. 56f)		... Landeswährung	... %

[1] Bei Ad-hoc-Regionalbeihilfen, mit denen auf der Grundlage von Beihilferegelungen gewährte Beihilfen ergänzt werden, bitte sowohl die Beihilfeintensität für die nach der Regelung gewährten Beihilfen als auch die Beihilfeintensität für die Ad-hoc-Beihilfe angeben.
[2] Nach Artikel 11 Absatz 1 gelten die Berichtspflichten nicht für nach Artikel 19b gewährte Beihilfen. Die Berichterstattung über solche Beihilfen ist folglich freiwillig.
[3] Nach Artikel 11 Absatz 1 gelten die Berichtspflichten nicht für nach Artikel 20a gewährte Beihilfen. Die Berichterstattung über solche Beihilfen ist folglich freiwillig.

▼B

ANHANG III

Bestimmungen für die Veröffentlichung der Informationen nach Artikel 9 Absatz 1

Die Mitgliedstaaten bauen ihre ausführlichen Beihilfewebsites, auf denen die in Artikel 9 Absatz 1 festgelegten Informationen veröffentlicht werden, so auf, dass die Informationen leicht zugänglich sind. Die Informationen werden in einem Tabellenkalkulationsformat (z. B. CSV oder XML) veröffentlicht, das es ermöglicht, Daten zu suchen, zu extrahieren und problemlos im Internet zu veröffentlichen. Der Zugang zur Website wird jedem Interessierten ohne Einschränkungen gewährt. Eine vorherige Anmeldung als Nutzer ist für den Zugang zur Website nicht erforderlich.

Nach Artikel 9 Absatz 1 Buchstabe c sind folgende Informationen über Einzelbeihilfen zu veröffentlichen:

— Name des Empfängers

— Identifikator des Empfängers

— Art des Unternehmens (KMU/großes Unternehmen) zum Zeitpunkt der Gewährung

— Region, in der der Beihilfeempfänger seinen Standort hat, auf NUTS-II-Ebene [1]

— Wirtschaftszweig auf Ebene der NACE-Gruppe [2]

— Beihilfeelement, in voller Höhe, in Landeswährung [3]

— Beihilfeinstrument [4] (Zuschuss/Zinszuschuss, Kredit/rückzahlbare Vorschüsse/rückzahlbarer Zuschuss, Garantie, Steuerermäßigung oder Steuerbefreiung, Risikofinanzierung, Sonstiges (bitte nähere Angaben)

— Tag der Gewährung

— Ziel der Beihilfe

— Bewilligungsbehörde

— bei Regelungen, die unter Artikel 16 oder Artikel 21 fallen, der Name der betrauten Einrichtung und die Namen der ausgewählten Finanzintermediäre

— Nummer der Beihilfemaßnahme [5]

---

[1] NUTS — Klassifikation der Gebietseinheiten für die Statistik. Die Region ist in der Regel auf Ebene 2 anzugeben.

[2] ►**M1** Verordnung (EG) Nr. 1893/2006 des Europäischen Parlaments und des Rates vom 20. Dezember 2006 zur Aufstellung der statistischen Systematik der Wirtschaftszweige NACE Revision 2 und zur Änderung der Verordnung (EWG) Nr. 3037/90 des Rates sowie einiger Verordnungen der EG über bestimmte Bereiche der Statistik (ABl. L 393 vom 30.12.2006, S. 1). ◄

[3] ►**M1** Bruttosubventionsäquivalent bzw. bei Maßnahmen nach den Artikeln 16, 21, 22 oder 39 dieser Verordnung der Investitionsbetrag. ◄ Bei Betriebsbeihilfen kann der jährliche Beihilfebetrag pro Empfänger angegeben werden. Bei steuerlichen Regelungen und Regelungen, die unter Artikel 16 (regionale Stadtentwicklungsbeihilfen) oder Artikel 21 (Risikofinanzierungsbeihilfen) fallen, kann dieser Betrag in den in Artikel 9 Absatz 2 dieser Verordnung angegebenen Spannen angegeben werden.

[4] Falls die Beihilfe mithilfe mehrerer Beihilfeinstrumente gewährt wird, bitte den Beihilfebetrag für jedes Instrument angeben.

[5] Diese wird von der Kommission im Rahmen des in Artikel 11 genannten elektronischen Verfahrens vergeben.

7. Änderungs-BeihilfeVO

Verordnung (EU) 2021/1237 (online)

(Änderungs-BeihilfeVO)

https://www.flexlex.at/s/92G9Fd

Verordnung (EU) 2017/1084 (online)

(AGVO 2017)

https://www.flexlex.at/s/64BwqW

Verordnung (EU) 651/2014 (online)

(AGVO 2014)

https://www.flexlex.at/s/5ANByA

Verordnung (EU) 2020/972 (online)

(Verlängerungs-VO)

https://www.flexlex.at/s/75WFzN

Verordnung (EU) 733/2013 (online)

(Ermächtigungs-VO)

https://www.flexlex.at/s/5Av1t4

European
Commission

General Block Exemption Regulation (GBER)
Frequently Asked Questions

Date of publication
Q&A to Articles 1 to 35: July 2015
Q&A to Articles 36 to 58: March 2016

March 2016

Competition

State funding that meets the criteria established in Article 107(1) TFEU constitutes State aid. As a general rule, State aid must be notified to and cleared by the Commission before it is granted. The General Block Exemption Regulation (hereafter the GBER or the Regulation) exempts Member States from this notification obligation, as long as all the GBER criteria are fulfilled. The Regulation simplifies the procedure for aid-granting authorities at national, regional and local level. It allows them to provide measures ranging from job creation and boosting competitiveness to measures that create a favourable environment for the Small and Medium Enterprises (hereafter SMEs).

The new GBER significantly extends the possibilities for Member States to grant "good aid" to companies without prior Commission scrutiny, simplifies the award of State aid and reduces the duration of processes for aid beneficiaries. It also introduces ex-post requirements for Member States such as the requirement to evaluate large aid schemes and to ensure greater transparency on aid awards.

The new GBER is a cornerstone of the State Aid Modernisation (SAM) agenda (see IP/12/458), which is a broad reform of State aid rules aimed at facilitating sustainable, smart and inclusive growth, focusing on cases with the biggest impact on the internal market and streamlining the rules to adopt faster and better informed decisions. The review of the GBER contributes to all SAM objectives, with a particular focus on simplification and dealing as a priority with cases that matter most for competition in the internal market. In addition, the GBER imposes conditions which aim to ensure that the beneficiary will indeed undertake the project or activity which he would not have undertaken had the aid not been granted (incentive effect). Lastly, the Regulation will lead to increased transparency, allowing all stakeholders to have a better grasp of the aid that has been granted and of its impact.

Member States will have a major role to play in designing and implementing schemes without prior notification. The purpose of this document – which is in fact a compilation of questions mainly received from the national administrations – is to offer guidance concerning the implementation of the GBER. This FAQs document does not intend to tackle all the interpretation questions that may arise, only the most common ones raised so far.

This document is a working paper prepared by the Commission services and is not binding on the European Commission as an institution. The FAQ follow the structure of the GBER and all references to Articles and recitals relate to the GBER unless otherwise stated.

European
Commission

Contents

1. CHAPTER I - COMMON PROVISIONS 4

2. CHAPTER II - MONITORING 19

3. CHAPTER III – SPECIFIC PROVISIONS FOR DIFFERENT CATEGORIES OF AID 20

4. CHAPTER IV – FINAL PROVISIONS 71

AGVO-
FA

3

12. AGVO-FAQ

1. Chapter I - COMMON PROVISIONS

Article 1:

1. **In order to assess whether an aid scheme reaches the threshold for evaluation foreseen in Article 1(2)(a), i.e. "average annual State aid budget exceeding EUR 150 million", what is the correct assesment method for the aid component in the cases of aid comprised in loans, in guarantees and in the case of tax schemes?**

Only the State aid component of the budget is relevant for the evaluation threshold of Article 1(2)(a). Article 5 GBER on the transparency of aid states that the "Regulation shall apply only to aid in respect of which it is possible to calculate precisely the gross grant equivalent of the aid ex ante without any need to undertake a risk assessment".

For calculating the aid element comprised in loans, two provisions are relevant: Article 5(2)(b) GBER and the Communication from the Commission on the revision of the method for setting the reference and discount rates - 2008/C 14/02.

For calculating the aid element comprised in guarantees, two provisions are relevant: Article 5(2)(c) GBER and the Commission Notice on the application of Articles 87 and 88 of the EC Treaty to State aid in the form of guarantees - 2008/C 155/02.

In the case of a tax scheme, the budget corresponds to the estimated tax loss, per year, for all aid instruments contained in the scheme.

2. **What is the relation between the EUR 150 million thresholds set in Article 1(2)(a) (obligation to provide an evaluation plan) and Article 4(1)(v) - notification threshold for operating aid for energy produced from renewable energy sources?**

According to Article 1(2) and recital (8) of the GBER, in view of their greater potential impact, certain schemes with an annual budget exceeding EUR 150 million will be subject to State aid evaluation with the obligation for the Member State to submit an evaluation plan. The evaluation aims at verifying whether the assumptions and conditions underlying the compatibility of the scheme have been achieved and should provide indications on the impact of the scheme on competition and trade. In contrast to that obligation, the particular provision of operating aid for renewable energy in Article 4(1) (v) GBER, obliges Member States to notify to the Commission State aid exceeding EUR 150 million per year. This is to be calculated taking into account the combined budget of all schemes falling under Article 42 GBER, per Member State.

Therefore the two thresholds have different purposes. The first threshold concerns the expected average annual budget for a scheme within certain categories of the GBER that triggers a requirement of evaluation of such large scheme, and for which an evaluation plan has to be submitted within twenty working days after the scheme was put into effect. The second threshold refers to the expected aggregated annual aid to be granted by a Member State under all schemes falling under Article 42 that, if exceeded, triggers an ex ante notification obligation to the Commission, before putting into effect the aid measure.

The scheme concerning energy produced from renewable energy sources leading to a budget exceeding EUR 150 million will have therefore to be notified individually to the Commission. In reason of their different application, an operating aid scheme

concerning energy produced from renewable energy sources and that is subject to the evaluation requirement, will also necessarily be caught by the notification obligation in Article 4(1)(v).

3. Article 1(3) of the GBER states that aid can be granted to (a) the fishery and aquaculture sector and (b) the primary agricultural production sector for "aid for research and development, innovation aid for SMEs". Can the provisions of Section 4 – Aid for research and development and innovation be used to support relevant activities in (a) the fishery and aquaculture sector and (b) the primary agricultural production sector?

As long as there is no distinction within Article 1(3) a and b as to the type of aid or instrument, all Articles within the Section 4 are applicable to aid in the fishery and aquaculture sector. Except for Article 30 that deals with a particular type of aid to research organisations for undertaking studies in the fisheries and aquaculture sector, all other Articles of Section 4 apply to the primary agricultural production sector as well.

4. What is the relevance of the GBER for regional aid in view of the exclusion enshrined in Article 1(3)(e)?

Article 1 defines the scope of the GBER. According to Article 1(3)(e), the GBER does not apply to the certain categories of regional aid listed in Art 13. Article 13 excludes the application of Section 1 (Regional aid) of the GBER to certain aid measures listed there-in, but it does not preclude that such aid could not at all be exempted under another section of the GBER, provided it fulfils both general and specific conditions of the GBER.

AGVO-FAQ

5. Article 1(4)(c) prohibits the granting of aid to undertakings in difficulty and Article 2(18) defines such undertakings. In case the aid beneficiary is a daughter company of the group, does it mean that the aid grantor has to control the whole concern? And if e.g. another daughter of the concern is in difficulty then no aid can be granted to the group and other companies belonging to it?

In accordance with the case law, an undertaking is defined as a single economic entity having a common source of control. Therefore, as long as the group acts as a single economic unit, it shall be considered as one undertaking and the economic situation of all the legal persons part of the group shall be considered when granting aid under the GBER. Otherwise, a company that is in difficulty might bypass the GBER prohibition of aid to enterprises in difficulty, by simply setting up a wholly owned subsidiary and transferring its liabilities to that company.

6. Can a State aid scheme impose as a condition of eligibility requirements relating to the headquarters of potential aid beneficiaries? Could the scheme require that the potential beneficiary is registered within that Member State?

The rationale of the Article 1(5) GBER originates from the basic EU freedom of establishment for nationals of a Member State in the territory of another Member State as stated in the Article 49 TFEU. The same freedom of establishment extends

5

to legal persons that may set up branches in any other Member States and are therefore free to carry out their activity from different Member States, across the internal market. Any restrictions to this freedom to set up an establishment and carry out economic activity from that establishment is therefore contrary to the Treaty. Consequently, the provision of State aid should not be designed in such a way that would effectively prohibit undertakings from carrying out their activities in other Member States.

For the same reason, according to the Article 1 (5) (a) GBER, if the aid schemes provides that it is only available for undertakings having their headquarters in a certain Member State, the GBER would not apply. However, the requirement to have an establishment or branch in the aid granting Member State at the moment of payment of the aid is permitted. Therefore, to the extent that the condition to 'be registered' (by means of a branch or an establishment) is a necessary condition for carrying an aided activity in such Member State, it would appear to be coherent with the GBER.

7. With regard to the Article 1 (5) (a) of GBER what is meant by „the beneficiary that is predominantly established in the Member State"? Could the scheme provide for a requirement that the beneficiary is registered in the granting Member State?

The provision of State aid by one Member State should not be designed in such a way that would effectively prohibit undertakings from carrying out their activities in other Member States. This could, for example, be done by requiring the beneficiary to achieve a certain part of its turnover in the granting Member States. Also, it would not be allowed under the GBER to make the grant of aid subject to the obligation for the beneficiary to have its headquarters in the granting Member State (or in a certain region or municipality). However, the requirement to have an establishment or branch or activity in the granting Member State at the moment of payment of the aid is permitted. Therefore, to the extent that the condition to 'be registered' is a necessary condition for carrying an activity in such Member State, it would appear to be coherent with the GBER. Otherwise, such requirement would likely infringe internal market rules.

8. Is it possible to require that a company is formally established in the granting Member State at the time when the application for aid is made?

The GBER states in Article 1(5) a that a Member State might require that the company has an establishment in its territory at the time of payment of the aid. This cannot be interpreted as also meaning a requirement to have an establishment at the time of application for the aid as it would limit the possibility of companies located outside the granting Member State to apply for an aid and therefore carry out a particular project/investment.

9. What is the evaluation plan decision procedure under GBER and its possible outcomes?

Large aid schemes referred to in Article 1(2)(a) of the GBER can be implemented immediately by the Member States. However, for such schemes, the exemption under the Regulation expires six months following their entry into force.

The Member State is required to notify the evaluation plan within the first 20 working days following the entry into force of the scheme. Until a final notification form is adopted by the Commission as an annex to the Implementing regulation No 794/2004, Member States are encouraged to use the provisional supplementary information sheet for the notification of an evaluation plan, published on the DG Competition website. The Commission services will immediately start assessing the completeness and appropriateness of the evaluation plan.

The Commission should receive from the Member State the necessary information to be able to carry out the assessment of the evaluation plan and will request additional information without undue delay allowing the Member State to complete the missing elements for the Commission to adopt a decision.

Following the assessment of the evaluation plan, the Commission could exceptionally adopt a decision prolonging the exemption of the scheme beyond the initial six months.

If the Commission does not adopt a decision on the evaluation plan within the six months period, the scheme will no longer be exempted under the GBER. In this scenario, the concerned Member State will have to suspend its application until the evaluation plan has been approved.

Alternatively, Member States can notify the measure for a detailed assessment of its compatibility under the relevant State aid guidelines. Such assessment will review the whole scheme and the need for an adequate evaluation plan in line with the relevant State aid guidelines.

10. When does the 6 months period referred to in Article 1(2) a begin? Is it 6 months after the evaluation plan has been sent or 6 months from the starting date of the scheme?

The six months period begins from the date when the State aid scheme was put into effect.

11. Are there any short guidelines, practical information on how an evaluation plan subject to notification should be designed?

The Commission Staff Working Document "Common methodology for State aid evaluation" has been published on 28 May 2014 and is available on DG Competition's   website http://ec.europa.eu/competition/state_aid/modernisation/state_aid_evaluation_me thodology_en.pdf

The Staff Working Document provides guidance and best practices on the drafting of an evaluation plan and provides a description of its key elements. Member States are invited to take this guidance into account as much as possible[1].

Article 2: Definitions

12. What is meant by "without further implementing measures being required" in the definition of an aid scheme (Article 2(15))?

The wording regarding the measures that constitute a scheme for the purposes of Article 2(15) of the GBER is meant to clarify that, in order for a State aid measure to be considered a scheme, the legal basis is detailed enough to determine the

---

[1] Additional Frequently asked questions about State aid evaluation are available on the   DG   Competition   website: http://ec.europa.eu/competition/state_aid/modernisation/evaluation_faq_en.pd f

7

group of beneficiaries and under which conditions they may benefit of the aid measures.

13.Does an undertaking subject to "collective insolvency proceeding" as described in Article 2(18)(c) GBER and in point 20 (c) of the Rescue and Restructuring Guidelines automatically qualify as "undertaking in difficulty"?

Article 2(18)(c) of GBER and point 20(c) of the Rescue and Restructuring Guidelines refer to national insolvency proceedings. Thus, it is for the national law to define the conditions under which an undertaking is to be regarded as insolvent. Whenever an undertaking, under this national definition, is (1) subject to collective insolvency proceedings or (2) fulfils the criteria for being placed under such proceedings at the request of its creditors, it shall be regarded as an "undertaking in difficulty" under point 20(c) of the Guidelines.

14.Can an undertaking subject to collective insolvency proceedings - whose continuation of the activity under a restructuring plan is approved and remains under the control of the (commercial) court – and which does not qualify in any other way as a firm in difficulty benefit from other types of aid?

A firm subject to collective insolvency proceedings under national law fulfils the criterion of Article 2(18)(c) and therefore must be assessed as undertaking in difficulty, even if it does not meet any of the remaining criteria of Article 2(18), and thus is excluded from aid granted in application of the GBER. The only aid category available to undertakings in difficulty under the GBER is aid to compensate for damages of natural disasters.

15.It is possible to choose the most favourable criteria among the ones of Article 2(18) of the GBER, or one must consider an undertaking to be in difficulty once at least one of the criteria is met?

According to Article 2(18) of the GBER, an "undertaking in difficulty" means an undertaking in respect of which at least one (emphasis added) of the circumstances described in points (a) – (e) occurs. Therefore, it is not possible to choose an assessment criterion. As soon as a firm fulfils at least one of the criteria of Article 2(18) of the GBER, it must be considered as being in difficulty and thus, pursuant to Article 1(4) c), the undertaking is not eligible for the categories of aid covered by the GBER, with the exception of aid schemes to make good the damage caused by certain natural disasters.

16.What is meant by the term "debt" in the debt to equity ratio referred to in Article 2 (18)(e)(1) of GBER?

The term "debt" should be understood as the book value of short-term and long-term financial liabilities.

17.Within the definition of "start of works" in Article 2(23) what is meant by "commitment that makes the investment irreversible"? Is a clause allowing for unilaternal termination sufficient to make a contract reversible?

'Start of work' is either the start of construction work or the first firm commitment to order equipment, excluding preliminary feasibility studies. Whether the agreements and payments made on the basis of these agreements can be considered a "first firm commitment" to start the project does not necessarily depend on the formal classification of the agreements in question, but on the terms of those agreements. If contractual obligations make it difficult from an economic

European
Commission

standpoint to abandon the project in a given case, particularly because a considerable sum of money would be lost, work will be deemed to have started. A more detailed examination of the specific circumstances of the case would be needed to see if this is indeed the case.

As most contracts will have a clause allowing for unilateral termination under some conditions, this cannot be a sole factor for determining the nature of the commitment. However, if for instance the termination of that contract entails significant financial losses for the aid beneficiary, the contract may still be considered as a firm commitment to pursue the investment in the absence of State aid.

18. Taking into account the new provision in the Article 2(23) GBER regarding "start of works", can the acquisition of a land which has been acquired before the aid application has been submitted be considered (in total or partially) a financial contribution of at least 25% of the eligible costs pursuant to the Article 14 (14) GBER?

According to the Article 2(23) of GBER buying land and preparatory works such as obtaining permits and conducting feasibility studies are not considered start of works. However, this provision does not preclude the possibility to accept the acquired land as own contribution. Article 14(14) GBER provides that the aid beneficiary must provide a financial contribution of at least 25 % of the eligible costs, either through its own resources or by external financing, in a form, which is free of any public support. Given the fact that land is eligible cost under the RAG and under the condition this land has been acquired on market terms, it is not considered to be aid and may well be accepted as own contribution in the meaning of the paragraph (38) RAG 2014-20.

19. What is meant by "the relevant lifetime of the investment" in Article 2(39)?

The lifetime of the investment that can be assimilated to the depreciation period in most accounting systems.

20. What is meant by 'transport related infrastructure' in Article 2(45)?

The transport sector is defined in Article 2(45) of the GBER as meaning

"the following activities in terms of NACE Rev. 2:

(a) NACE 49: Land transport and transport via pipelines, excluding NACE 49.32 Taxi operation, 49.42 Removal services, 49.5 Transport via pipeline;

(b) NACE 50: Water transport;

(c) NACE 51: Air transport, excluding NACE 51.22 Space transport."

Therefore, the transport related infrastructure excluded from the scope of application of regional aid under the GBER refers to infrastructure that is needed for and used to provide the transport activities listed in Article 2(45) of the GBER. Aid to the transport sector is subject to special rules and specific guidelines apply. For example, the regional aid provisions of the GBER will not apply to State aid granted to airports and the related airport infrastructure given that this type of aid

AGVO-
FAC

9

12. AGVO-FAQ

is assessed under the recently adopted Guidelines on State aid to airports and airlines (OJ C 99, 4.4.2014, p. 3.)

21. Does the definition of 'transport sector' under the new GBER cover the cruise ship sector?

The transport sector is defined in Article 2(45) of the GBER as "the transport of passengers by aircraft, maritime transport, road or rail and by inland waterway or freight transport services for hire or reward; more specifically the 'transport sector' means the following activities in terms of NACE Rev. 2 (...).

(a)   NACE 49: Land transport and transport via pipelines, excluding NACE 49.32 Taxi operation, 49.42 Removal services, 49.5 Transport via pipeline;

(b)   NACE 50: Water transport;

(c)   NACE 51: Air transport, excluding NACE 51.22 Space transport."

Therefore, all the activities that fall under NACE 50 code are excluded from the scope of application of regional aid under the GBER. Cruise ships would normally fall under the water transport NACE code 50 and would consequently be excluded from regional aid under the GBER.

22. What is meant by "new products" in Article 2(49)? Does a "new product" mean a different NACE classification?

According to Article 2 (49) of the GBER, a "diversification" project is an initial investment if it is "diversification of the output of an establishment into products not previously produced in the establishment". The important condition for qualifying a "diversification" project as an "initial investment" is that the products were not produced in that establishment before the project. However, the "product" is not defined by reference to NACE codes. NACE codes are used for the definition of the „same or similar activity" (Article 2(50) of the GBER). If the activity resulting into the new product falls under a different four digit numerical NACE code, it can also be considered as diversification into a new product. However, not in all cases would the activities resulting into new products have to fall under different four digit numerical NACE codes.

[Example: NACE code C.1089 – Manufacture of other food products n.e.c. If the company was producing soups and broths and now it decides to produce artificial honey, we could consider it a new product, despite of the fact the activities resulting into these products fall under the same NACE codes.]

23. What is meant by "initial investment in favour of a new economic activity" in Article 2(51)?

"Initial investment in favour of a new economic activity" means an investment carried out by an undertaking introducing a new activity, which is not the same or similar activity to the activity previously performed in the establishment. An investment in an existing establishment is not considered initial investment in favour of new economic activity unless it introduces a new activity, which is not the same or similar activity to the activity previously performed in the establishment. Therefore, if the new activity falls under the same four-digit numerical code of the NACE as the activity pursued so far in the establishment , it cannot be considered initial investment in favour of new economic activity. The definition is relevant for regional aid to large enterprises in that the GBER allows for exemption from the notification requirement of such aid only for initial investments in favour of new economic activity of large enterprises in 'c' regions.

24. What is the meaning of "a new establishment" in the context of Article 2(51)?

If a large enterprise sets up a new establishment, which is self-standing and is not just a simple extension of the production capacity of an existing establishment, it could be considered as initial investment in favour of new economic activity.

However, if the investment project cannot be considered as one that is setting up a new establishment, but the project could qualify as a diversification of the existing establishment into a new product, it could fall under the Regional Aid Guidelines 2014-2020[2] (hereafter "RAG"). In that case, the Member State would have to notify such a project to the Commission, and the Commission will assess it on the basis of the RAG.

25. What is meant by a "fundamental" change in the production process? How is it to be distinguished from a non-fundamental change?

Initial investment in the form of a fundamental change in the overall production process of an existing establishment means the implementation of a fundamental (as opposed to routine) process innovation. The simple replacement of individual assets without fundamentally changing the overall production process constitutes a replacement investment which is not eligible for regional investment aid as it does not qualify as a fundamental change of an overall production process, and thus is not considered to constitute an initial investment. The fact of having replaced individual items of equipment by others that are more performing (unless this leads to a fundamental change on the overall production process) would also be considered a non-eligible replacement investment.

26. What is meant by "extension of the capacity of an existing establishment"? Is this to be taken to mean production of a greater volume of all products?

The extension of capacity of an existing establishment means that the existing establishment is put into a situation where it can manufacture more volume of at least one of the products already produced in the establishment, whilst the underlying overall production process is not fundamentally changed.

27. If depreciation of "assets linked to the activity to be modernised" is to include all assets, however peripherally linked they are to production (such as the assembly hall premises, shared lighting etc.), how is the percentage share of these depreciations to be determined in order to be compared against the eligible expenditure? On the basis of the floor surface area of the assembly hall, the percentage use of the machines, the share of sales?

The term assets in the context of initial investments refers both to tangible and intangible assets (see Article 2 (49) (a) and Article 2 (51) (a) GBER). Tangible assets consist of land, buildings and plant, machinery and equipment (see Article 2 (28) GBER).Therefore, the buildings for manufacturing or storing manufactured products are covered by Article 14 (7) 2nd sentence of the GBER if these assets are linked to the activity to be modernised. Member State can carry out a pro rata

AGVO-
FAQ

---

[2] Guidelines on regional State aid for 2014-2020, OJ C209, 23.07.2013.

11

calculation. The GBER does not prescribe the method to be applied by the Member State for that purpose, i.e. the Member State can rely on a bona fide approach that takes into account the specific situation and characteristics of the establishment and activity concerned and normal general depreciation rules.

28. What is meant by "diversification of the activity of an establishment" under the condition that the new activity is not the same or similar activity to the previously performed in the establishment?

According to Article 2(51) of the GBER an investment related to the "diversification of the of the output of an existing establishment" into products not previously produced in the establishment qualifies as "initial investment in favour of new economic activity", if the additional product results from a production activity that falls under a different class (four-digit numerical code) of the NACE Rev.2 statistical classification of economic activities than the activity that was performed before the project in the establishment.

29. Under the old Shipbuilding framework, the definition of ship building covered repair and maintenance of vessels; this framework also exempted smaller vessels under 100gt or less than 365KW in the case of tugs. Do the definitions of ship building under the old ship building framework still apply under the new GBER and if so would it be possible to grant aid to a project that supported the refurbishment and development of infrastructure (quays, docks and workspace) to maintain and repair small vessels under the new GBER?

The GBER does not provide a new definition of "shipbuilding". Therefore, the most recent relevant definitions are provided in the 2011 Framework on State Aid to Shipbuilding[3] According to paragraph 12 of the Shipbuilding Framework, 'ship repair' means the repair or reconditioning, in the Union, of self-propelled commercial vessels. Paragraph 12 of the Framework also defines 'self-propelled commercial vessel'. If a vessel does not fall under the definition of 'self-propelled commercial vessel', its repair can be eligible for regional aid under the GBER. Therefore, as long as the infrastructure is used exclusively for this type of small vessels which do not fall under the definition of 'self-propelled commercial vessel', investments in the infrastructure could be eligible for regional aid granted under the GBER, unless they fall within the transport sector (including related infrastructure), which is excluded in Article 13(a) GBER

Such aid may fall under the scope of Article 56 GBER (local infrastructure), which however excludes port infrastructure.

30. What is meant by "establishment" in the context of an initial investment?

Based on the wording of definitions in Article 2(49) and (51) of the GBER, "establishment" in the context of an initial investment is understood as a production unit, and not a legal entity.

31. What is meant by the „scientific community" in the definition of „research infrastructure" in Article 2(91)?

The term "scientific community" corresponds to the term used in Council Regulation (EC) No 723/2009 of 25 June 2009 on the Community legal framework for a

---

[3] Framework on State aid for shipbuilding, OJ C364 of 14.12.2011, p. 9-13.

European Research Infrastructure Consortium[4] and relates to any structured or unstructured group or network of persons engaging in a systematic activity to acquire knowledge.

32. Are project feasability studies considered „knowledge transfer" under Article 2(91)? When are knowledge trasfer activities considered as economic or non-economic?

Technical and economic feasibility studies cannot qualify as "knowledge transfer" but may be eligible for aid under the conditions laid down for "feasibility studies".

Insofar as only Small and Medium Entreprises (SMEs) are eligible for aid for obtaining, validating and defending patents and other intangible assets, and as was the case under the previous RDI State aid rules, public research organisations that do not qualify as such cannot benefit from such aid.

The qualification of knowledge transfer activities as economic or non-economic does not depend on the selection process of the recipients but rather on whether those activities are conducted by a research organisation or research infrastructure (or jointly with, or on behalf of other such entities) and all profits from activities are reinvested in the primary activities of the relevant research organisation or research infrastructure (i.e. education for more and better skilled human resources, independent research and development for more knowledge and better understanding, wide dissemination of research results on a non-exclusive and non-discriminatory basis).

33. The term "smart grids" is defined in Article (2) paragraph (130)(a)(v) in GBER. The definition refers to equipment, lines, cables and installations. Are intangible assets related to the infrastructure and essential to its proper functioning also eligible (e.g. software enabling the management and monitoring of the grid and communication between different installations)?

The definition of "smart grids" is provided in Article 2(130)(a)(v). The eligible costs pursuant to Article 48(4) are those investment costs necessary to develop the said infrastructure and may include the costs of software.

Article 4

34. How to proceed in cases where the same entity will implement several projects for which it has received funding under separate contracts which, for example because of the geographical proximity, have economic or technological links? In such a case, will it be necessary to sum up the values of these projects or each of them will be treated separately?

AGVO-
FAQ

---

[4] Council Regulation (EC) No 723/2009 of 25 June 2009 on the Community Legal Framework for a European Research Infrastructure Consortium (ERIC), OJ L 206, 8.8.2009, p. 1.

13

The determining factor is whether there were separate investment decisions or all projects are based on one transaction or several inter-linked transactions. If the only linking element is economic or technological synergies it might not be sufficient to conclude that the entire investment is part of one single project. The national authorities are often in a good position to judge whether it is one investment decision or several ones as such projects are subject to a variety of permits (construction, environmental, etc.) from which the initial investment decision becomes clearer.

More detailed rules appy for regional aid.

35. How should we read the notification thresholds for investment aid in Articles 4(1) (bb) and (cc)? Are the two ceilings alternative or cumulative?

The Regulation shall not apply to aid or projects which exceed any of the two thresholds. For example, in order for a local infrastructure project to be covered by the GBER, the aid shall not exceed 10 Mio Euro *and* the overall cost of the project shall not exceed 20 Mio Euro.

Article 5

36. Is aid in the form of "equity" or "semi-equity" considered to be a transparent form of aid?

Aid in the form of "equity" and/or "quasi-equity" is not listed under Article 5 (2) of the GBER as categories of aid that would be considered to be transparent. According to recital 17 of the preamble to the GBER "Capital injections should not be considered transparent aid, without prejudice to specific conditions concerning risk finance and start-up aid."

However, such form of aid would be allowed in the following situations:

-specific provisions of the GBER allow such aid (see the GBER provisions concerning risk finance and start-up aid), or

-the nominal value of the capital injection is itself below the applicable threshold (be it de minimis or the individual notification threshold under the GBER).

In such cases, there is no risk of circumvention of the applicable thresholds, despite the fact that the GGE of the measure cannot be defined ex ante, since the nominal value of the capital injection is itself below the applicable thresholds.

Article 6

37. What is the meaning of the term "incentive effect" in the Article 6 (2) (e) GBER? Are there different tests for different company sizes?

Article 6(1) GBER requires for the aid to have incentive effect in order to qualify for the exemption under the GBER. According to recital 18, aid has insufficient incentive effect where the beneficiary would already engage under market conditions alone in activities or projects. For measures under the GBER, the aid is deemed to have an incentive effect if the beneficiary has submitted a written application for the aid to the Member State concerned before work on the project or activity starts. Furthermore, the obligatory elements of the aid application are listed in the Article 6(2), which among others requires the description of the type of aid (grant, loan, guarantee, repayable advance, equity injection or other) and denomination of the amount of public funding needed for the project.

In addition to the requirement that the beneficiary has submitted an application for the aid to the Member State concerned before work on the project or activity has started, in the situation of ad hoc aid to large entreprises, the Member State

AGVO-
FAQ

concerned must verify that documentation prepared by the beneficiary establishes one or more of the conditions set out in points (a) and (b) of Article 6.

38. **Article 6(3)(a) states that the regional ad hoc aid is compatible when the beneficiary demonstrates that – without the aid – either the project would not have been carried out in the area or would not have been sufficiently profitable for the beneficiary in the area concerned. Is the project deemed not sufficiently profitable when the return of investment (IRR) is objectively low or when carrying out the investment at that moment does not bring enough profits for the beneficiary - in a wider context?**

The notion that the investment would not have been sufficiently profitable for the beneficiary in the area concerned should be understood by analogy to scenario 1 (investment decision) described in the RAG. Consequently, the profitability of the project – also when aid is granted under the GBER – should be evaluated by reference to methodologies which are standard practice in the particular industry concerned, and which may include methods to evaluate the net present value of the project (NPV), the internal rate of return (IRR) or the average return on capital employed (ROCE). The profitability of the project is to be compared with normal rates of return applied by the company in other investment projects of a similar kind. Where these rates are not available, the profitability of the project is to be compared with the cost of capital of the company as a whole or with the rates of return commonly observed in the industry concerned.

39. **What are the applicable rules in case of combined regional investment aid and aid for consultancy services granted to a beneficiary in relation to the same project, including the requirements for the presence of incentive effect?**

In this respect, we note that regional investment aid under the new GBER can be granted in line with its Article 14, while consultancy aid – for SMEs only – under the Article 18. These types of aid have different scopes and can be granted for different eligible costs. It can thus be considered that while regional aid under Article 14 relates to the physical investment in the project, aid under Article 18 relates to the activity of providing consultancy services for the phase prior to the investment. Consequently, it can be considered that in order to comply with the criteria of Article 6 of the new GBER, and thus to have incentive effect, the beneficiary concerned should have applied for the regional investment aid before the start of works on the – physical – investment project, and in case of an ad-hoc aid it should have also complied with the conditions of Article 6(3)(a) and should have applied for the consultancy aid before signing the consultancy contract. In line with Art. 2(23), it does not seem necessary in such case to have applied for the regional investment aid before the start of the preparatory (consultancy) activities.

40. **Is Article 6(2) applicable to both SMEs and large companies under schemes?**

Yes, both aid schemes for SMEs and large undertakings shall comply with the incentive effect conditions described in Article 6(2). The provisions in Article 6(3) apply only for ad hoc aid to large enterprises.

15

41.Does Article 6(5)(h) of the GBER apply to all aid for culture and heritage conservation covered by the GBER ?

Article 6(5)(h) applies to aid for culture and heritage conservation as defined in Article 53. It specifically refers to this Article only and does not apply to Article 54 (Aid schemes for audiovisual works).

42.How is the incentive effect met when aid is granted in the form of interest rate subsidies?

The incentive effect is met if the aid application for an interest rate subsidy is made before start of works and before signature of a legally binding loan contract allowing to finance a part of the project costs. In this case, the signature of the loan with the subsidised interest rate is the aid granting moment. Making a request after this point would not qualify as meeting the incentive effect requirement as the aid would be considered granted at the time of the signature. Therefore, in order to meet the incentive effect, the request should be made before the loan is signed. Investments may not start before such request for aid is made.

In addition to the requirement that the beneficiary has submitted an application for the aid to the Member State concerned before work on the project or activity has started, in the situation of ad hoc aid to large entreprises, the Member State concerned must verify that documentation prepared by the beneficiary establishes one or more of the conditions set out in points (a) and (b) of Article 6.

43.Article 6(2)(c) of the GBER states that the application for aid shall contain certain information, inter alia "location of the project". What is meant under "the location of the project"? How precisely the location has to be specified (e.g. in the town/village or county)? In case the measure includes the visits to foreign trade fairs will the location of the project be the place of the fair?

The location of the project should be as specific as possible, including the town/village if this is known. If aid is given for participation in fairs, the location of the fair shall be mentioned.

Article 7

44.Is Value Added Tax on productive and non-productive assets and services eligible for support under the GBER?

According to Recital (23) GBER, all figures used should be taken before any deduction of taxes or other charges. The principle is that if the Value Added Tax (hereafter VAT) is a real cost in the sense that it cannot be recovered, then it is part of the eligible cost and therefore eligible for support under the GBER. If the VAT can be recovered, is not considered a real cost and therefore shall not be considered as eligible cost under GBER.

45.With reference to Article 7(4) of the GBER which stipulates "where aid is granted by means of tax advantages, discounting of aid tranches shall take place on the basis of the discount rates applicable at the various times the tax advantage takes effect", what is the basis for calculation of the aid element?

Discounting of aid amounts means the calculation of the net present value of each aid tranche (in the case of tax advantages, the aid tranche represents the gross grant equivalent of the tax advantage granted to the undertaking). The discount rate to be used for each such aid tranche will depend on the time when such aid is granted. The rate to be used for discounting purposes is indicated in the Communication from the Commission on the revision of the method for setting the reference and discount rates (2008/C 14/02).

AGVO-
FAQ

46.What evidence can be adduced to prove that the beneficiary spent the money to finance eligible costs?

According to Recital (23) of the GBER, Member States shall require that the identification of eligible costs shall be supported by documentary evidence which shall be clear, specific and contemporary. In addition, pursuant to Article 12 of the GBER, Member States have the obligation to maintain detailed records with the information and supporting documentation necessary to establish that all the conditions laid down in the GBER are fulfilled. Such records should be kept for a period of 10 years. Therefore, in the context of the monitoring exercise on a particular GBER scheme, Member States may be requested to provide to the Commission all the relevant documentation to show that beneficiaries used the aid to finance projects that fulfil all GBER conditions, including the eligible costs.

Article 8

47.Cumulation of aid under GBER with any other State aid in respect of the same eligible costs is acceptable if such cumulation does not result in exceeding the highest aid intensity or aid amount applicable to this aid under GBER. How to proceed when cumulation refers to aid granted under GBER with aid for which the Commission issued a decision approving some higher intensity than set forth in GBER?

Article 8 refers to cumulation under the GBER. Of course, if the Commission approved higher aid intensities in a Commission decision, such aid is allowed for that specific project. Any aid already granted under the GBER for the same eligible cost will have to be taken into account when giving the additional aid under the decision but the total aid may reach the intensity specified in the Commission decision.

48.How is it possible to comply with the rule on the cumulation of aid for a single project that includes several different categories of eligible costs, falling under several Articles of the GBER?

If there is no overlap between the eligible expenditures under each of the Articles mentioned, the aid intensity for each relevant expenditure may indeed go up to the maximum foreseen for the specific Article.

49.Does the term "public funding" in Article 8(2) mean State aid only or the amount of State aid and EU funding together?

The term "public funding" refers to State aid and EU funding together. Please note that EU funding is to be understood as centrally managed EU funding which is outside the direct and indirect control of a Member State; this notion does not include funding under the Structural Funds (ERDF, Cohesion Fund?). Structural Funds are managed and controlled by the Member States and therefore would qualify as State aid. As a consequence, they would need to be taken into account for the calculation of the notification threshold, aid intensity under the GBER etc.

50.Does "funding rate" in this Article 8(2) mean "aid intensity"?

AGVO-
FAQ

17

The term "funding rate" is broader than "aid intensity". It refers to the ratio of the total amount of public funding to the eligible costs for a specific project.

51. How should one understand "the most favourable funding rate laid down in the applicable rules of Union law" in Article 8(2)?

If we take for example a project with eligible costs of 100, that is eligible for aid under both a centrally managed EU funding program and a State aid scheme, with the State aid rules providing for a maximum intensity of 50% while the centrally managed EU funding program provides for a maximum intensity of 70%. In this example, the amount of State aid granted should not exceed 50% and the total public funding should not exceed an intensity of 70%. Therefore the project could receive 50% State aid and an additional 20% from the EU funding. The amount of EU funding is not taken into account for the calculation of notification thresholds and aid intensities under the State aid rules.

52. Investment aid enabling undertakings to achieve energy efficiency may be supported with 30 % of the eligible costs (Article 38 GBER). Investment aid for the construction or upgrade of research infrastructure may be supported with 50 % of the eligible costs (Article 26 GBER). Would it be in line with Article 26 of the GBER to support the investment cost of energy efficiency measures relating to research infrastructures with 50 % of the eligible costs?

Yes, the cumulation rules laid down in Article 8(3)(b) of the GBER apply to the extent that those investments costs are borne in the context of the construction or upgrade of research infrastructures.

Article 9

53. Article 9(6) of the new GBER provides that Member States have two years within which to comply with the provisions of Article 9. Does the requirement in Article 9(1)(c) - i.e. to publish details on a State Aid website of each individual aid award exceeding EUR 500.000 - apply to all such awards from the 1st July 2014, or only to such awards from the date on which the website is established?

Member States have the obligation to comply with the transparency provisions of Article 9 at the latest within two years after the entry into force of Commission Regulation (EU) No 651/2014. In practical terms this means that Member State have to publish information on their national or regional transparency website on individual aid awards above EUR 500.000 that were awarded after 01.07.2016. On the transparency requirements in general, please refer to the relevant Commission Communication, available here http://eur-lex.europa.eu/legal-content/EN/TXT/?qid=1405601594344&uri=CELEX:52014XC0627(02)

54. Is aid information to be published with the date the aid was granted on the central website as soon as possible starting from 1 July 2016. Does the reporting obligation after 1 July 2016 concern only individual aid under schemes notified to the Commission after 1 July 2016 or also to individual aid granted after 1 July 2016 for schemes notified before that date?

Individual aid awards above EUR 500.000 granted after 1st of July 2016 have to be published at the national or regional transparency webpage. This concerns both schemes that were notified before and after 1st of July 2016. There is no obligation to publish individual awards granted before that date. However, on voluntarily basis, Member States can publish this information earlier.

55. Is the summary information referred to in Article 11 and laid down in Annex II (or a link to that information) or the full text of each aid measure, as referred to Article 11 (or a link to the full text) not to be published on the central website provided that no individual aid award under the scheme exceeds EUR 500.000?

The obligation to publish the summary information sheet referred to in Article 11 and laid down in Annex II (or a link to that information) and the full text of each aid measure, as referred to Article 11 (or a link to the full text) concerns all aid measures that are put in place under the GBER, by each Member State. Such publication obligation deriving from Articles 9(1) (a) and (b) should be fulfilled once the respective schemes are in place, independent of the amount of individual aid awards to be granted. Once an individual aid award above Euro 500 000 is granted under a specific scheme, it shall also be published on the transparency web page, within the deadlines foreseen in Article 9(4).

56. With regard to Article 9(4), what types of aid does the deadline for publication apply to?

The obligation to publish the summary information sheet referred to in Article 11 and laid down in Annex II (or a link to that information) and the full text of each aid measure, as referred to Article 11 (or a link to the full text) concerns all aid measures that are put in place by Member States. Once an individual aid awards above Euro 500 000 is published on the transparency page, it shall be linked to the summary information sheet of the aid measure under which it was granted.

2. Chapter II - MONITORING

Article 10

57. Since the transparency condition is one of the general conditions for the applicability of the GBER, does the failure to comply with this condition render the measure incompatible with the internal market? What other possible sanctions are linked to a failure to publish aid on the central website?

As stated in Article 10, failure to comply with the GBER conditions (including publication and information) might lead to a Commission decision that all or some of the future aid measures adopted by the Member State in question, that otherwise fulfil the GBER requirements, are to be notified to the Commission in accordance with Article 108(3) of the Treaty.

58. Regarding sanctions foreseen in Article 10, will they be automatic?

As provided under Article 10, the application of such sanction can only be done following a Commission decision, to this specific purpose. As stated in Recital (29) the sanction would have to be applied in a proportionate way compared with the number of occurrences and the gravity of the failure to comply with the GBER compatibility criteria by the relevant Member State.

AGVO-
FAQ

19

12. AGVO-FAQ

59. Article 11 stipulates: "Member States, or in the case of aid granted to European Territorial Cooperation projects, alternatively the Member State in which the Managing Authority, as defined in Article 21 of Regulation (EC) No 1299/2013 of the European Parliament and of the Council, is located, shall transmit to the Commission (...) the summary information in the standardised format laid down in Annex II ...". Does it mean that in case of European Territorial Cooperation (ETC) projects Member States can choose whether the Managing Authority or each Member State separately will send the summary information to the Commission?

In order to avoid duplication of efforts, in case of ETC projects summary information can be sent by the Member State in which the Managing Authority is located (not necessarily by the Managing Authority itself) via the usual channels used for State aid notification. The other participating Member States may also place the information on their website (Article 9(1) of the GBER).

3. Chapter III – Specific provisions for different categories of aid

Article 13

60. According to the provisions of Article 13, regional aid shall not apply in the energy generation, distribution and infrastructure sector. What are the NACE code references that this exclusion concerns?

In more precise terms, only NACE division 35 is excluded from the regional aid provisions of GBER. This includes the following economic activities:

35 - Electricity, gas, steam and air conditioning supply

35.1 - Electric power generation, transmission and distribution

35.1.1 - Production of electricity

35.1.2 - Transmission of electricity

35.1.3 - Distribution of electricity

35.1.4 - Trade of electricity

35.2 - Manufacture of gas; distribution of gaseous fuels through mains

35.2.1 - Manufacture of gas

35.2.2 - Distribution of gaseous fuels through mains

35.2.3 - Trade of gas through mains

35.3 - Steam and air conditioning supply

35.3.0 - Steam and air conditioning supply.

When deciding whether the aid favours energy generation, distribution activities or energy infrastructure, the activity that is target of financing/investment will be the main criterion of the assessment.

61. In a situation where relocation was caused by a compelling reason such as a flood protection measure, would the subsequent regional aid measure still fall outside the GBER?

Yes, a notification of such aid measure would be necessary.

62. How is the term "concrete plans" in Article 13(d) to be interpreted and how should be the existence of such concrete plans proven?

The term "concrete plans" should be evaluated on a case-by-case basis. The granting authority could also envisage, for example, a declaration form, where the beneficiary would need to make a declaration that no such plans exist, and a monitoring mechanism that would verify that no relocation took place.

63. Should the word *beneficiary* in Article 13(d) be interpreted as *beneficiary at group level* or only *the beneficiary* as legal entity?

The assessment shall be done at the level of the economic unit (group level) and not only at the level of a subsidiary (given legal entity).

64. Article 13 of the General Block Exemption Regulation (GBER)5 states that "Regional investment and operating aid "... shall not apply to: ... (d) individual regional investment aid to a beneficiary that has closed down the same or a similar activity in the European Economic Area in the two years preceding its application for regional investment aid or which, at the time of the aid application, has concrete plans to close down such an activity within a period of up to two years after the initial investment for which aid is requested is completed in the area concerned."

The implementation of the provision concerning the notification obligation raises the following important interpretation questions: (i) At what level is the beneficiary considered; (ii) What is the area of reference for "closing down the same or similar activity[6]"; (iii) What is the geographical scope of the provision, i.e. what is the relation between the location of the closed activity and the location of the new investment; (iv) What is the concept of "closing down an activity"?; and (v) What period of the closure should be taken into account for the notification obligation?

1. The beneficiary is to be defined at "**group level**", which is considered to be an economic entity with a common source of control rather than just a single subsidiary (a single legal entity).

2. The "**closure of the same or similar activity**" is to be looked at the **level of the given establishment**, rather than at the level of a region or a Member State. In other words, the activity would be considered to be closed down if the beneficiary closes down this activity in a particular establishment (even if he continues the same or similar activity elsewhere in the region or in the MS).

---

[5] OJ L 187, 26.06.2014, p. 1.

[6] Article 2(50) of the GBER stipulates that the "same or a similar activity" means an activity falling under the same class (four-digit numerical code) of the NACE Rev. 2 statistical classification of economic activities as laid down in Regulation (EC) No 1893/2006 of the European Parliament and of the Council of 20 December 2006 establishing the statistical classification of economic activities NACE Revision 2 and amending Council Regulation (EEC) No 3037/90 as well as certain EC Regulations on specific statistical domains.

21

3. The provision applies only if the closure/relocation involves different EEA countries, i.e. the closure happens in one EEA country and the aided investment is carried out in another EEA country. Aid given to a beneficiary who has (partially) closed the same or similar activity elsewhere in the same Member State is not excluded from the benefit of the GBER.

4. The concept of closing down means that the activity is fully (100%) closed at the establishment concerned or that the activity is partially closed when this results in substantial job losses. For the purpose of this provision substantial job losses are defined as losses of **at least 100 jobs** or as a job reduction of **at least 50%** of the workforce in the establishment on the date of the application (compared to the average employment in the establishment in any of the two years preceding the date of application). Consequently, notification is necessary in all cases of full closures and if at least one of the two thresholds is exceeded in case of partial closures.

5. The notification of the aid measure is necessary if the beneficiary has closed down the same or similar activity within two years before the date of application or if the beneficiary plans to close such an activity over the entire period from the date of the application and two years after the completion of the initial investment.

65. Article 13 excludes the transport sector from the scope of regional aid. Is this sector also excluded from the regional operating aid schemes in these regions?

Pursuant to Article 13 (a) GBER, the transport sector is excluded from the scope of application of regional aid. The rationale for excluding the transport sector from the regional aid provisions in the GBER is to prevent the application of the regional aid rules instead of the more appropriate sector-specific rules. Both regional investment aid and operating aid are concerned by the exclusion.

66. Can the activities listed in Article 13 (c) benefit of regional operating aid when intended to compensate additional costs, other than transport costs, in the outermost regions?

Article 13(c) lists a number of sectors for which Member States cannot grant regional operating aid compensating for the transport costs in outermost regions. However, Article 1(3)(b) stipulates that the GBER applies to aid granted in in the primary agricultural production sector, intended to compensate for additional costs (other than transport costs) in outermost regions as provided in Article 15(2)(b).

The other sectors mentioned in Article 13 (c) are either excluded from the scope of the GBER altogether (e.g. fisheries as per Article 1(3)(a)), or are subject to sector-specific rules (e.g. electricity, gas).

67. Is it correct that regional investment aid for port infrastructure cannot be granted under the GBER, as the Regulation does not apply to the transport sector as well as the related infrastructure?

Correct.

68. Are yachts considered to be part of shipbuilding in the meaning of the GBER?

As shipbuilding is not defined in the RAG or in the GBER and as RAG makes a reference to the former Framework on State Aid to Shipbuilding, the definitions given in the latter are still considered to be relevant. According to paragraph 12 of Framework on State aid to shipbuilding, 'shipbuilding' means the building, in the Union, of self- propelled commercial vessels. Yachts do not seem to be caught by

the 'Self-propelled commercial vessel' definition, therefore construction of yachts could be considered eligible under the GBER.

Article 14:

69.Is it possible to grant aid under Article 14 of the GBER or under RAG for production of bioenergy or biofuels?

According to Article 13 (1) (a) of the GBER the regional aid section does not apply to aid which favours activities in /.../ energy generation, distribution and infrastructure.

According to recital 33 to the GBER energy generation, distribution and infrastructure are subject to sector-specific internal market legislation, which is reflected in the criteria for ensuring that aid in these areas is compatible with the internal market and consistent with the Union's environmental and energy policies. Regional aid granted under Section 1 of the GBER pursues economic development and cohesion objectives, and is therefore subject to very different compatibility conditions. The provisions of this Regulation on regional aid should therefore not apply to measures concerning energy generation, distribution and infrastructure. Section 7 of the GBER contains specific rules for production of renewable energy, including biofuels. Since the GBER contains specific rules for energy production, including biofuels, investment aid for production of renewable energy and biofuels would not be covered by the regional aid provisions of the GBER.

70.What is meant by "single investment project"?

The rule regarding the single investment project aims to avoid artificial splitting of an aided project into sub-projects in order to escape the notification obligation and/or to escape the capping of the aid amount in accordance with Article 2(20) of the GBER.

As defined by Article 14(13) of the GBER, the date of start of works of two investments concerned is decisive for the qualification of a single investment project. If the date of start of works of the aided projects are started within the period of three years, if the investments are made in the same NUTS 3 region and if the companies making the investments belong to the same group, then the investments concerned form a single investment project. Please note that in order to belong to same group, the companies need to form a collection of parent and subsidiary corporations that function as a single economic entity through a common source of control.

Please note that the "initial investment" is defined in Article 2 (49) of the GBER and that the 'start of works" is defined in Article 2(23) of the GBER.

71.May the same beneficiary (at group level) commence a new initial investment only after three years from the date of start of works on the previous initial investment for which aid was granted in the same NUTS 3 region, in order to avoid the division of projects into sub-projects?

Article 14(13) of the GBER does not restrict commencing a new initial investment project but provides when such projects are considered to be part of a single investment project (SIP) and clarifies the total amount of aid that may be granted if such a SIP amounts to a large investment project.

AGVO-
FA

23

72.Does the three years rule apply if works on the first aided investment in the same NUTS 3 region started before 1 July 2014 (before the GBER enters into force) and works on another aided investment started after 1 July 2014 (but within a period of three years)?

For measures that fall under GBER 2014, i.e. the aid was granted after 30 June 2014, the rules on the single investment project as defined under Article 14(13) of the GBER 2014 apply. For this purpose the 3 years rule applies from the date of start of works of the aided projects carried out by the same beneficiary (at group level) in the same NUTS 3 region regardless of the fact whether those happened before the entry into force of the GBER, i.e. before 01/07/02014.

For measures that fall under GBER 2008, i.e. the aid was granted before 1 July 2014, the rules on the single investment project as defined under Article 13(10) of the GBER 2008 apply, regardless of the fact whether the works started before or after 1 July 2014.

73.In the GBER there is no longer a reference to Regulation No 139/2004. Why has the reference been removed and does this mean that in the grant implementation process the same conditions as given by the Regulation No 139/2004 can be used?

According to Article 3 (2) of Regulation 139/2004 control shall be constituted by rights, contracts or any other means which, either separately or in combination and having regard to the considerations of fact or law involved, confer the possibility of exercising decisive influence on an undertaking, in particular by: - ownership or the right to use all or part of the assets of an undertaking; - rights or contracts which confer decisive influence on the composition, voting or decisions of the organs of an undertaking.

Article 14 (8) (c) provides as one of the conditions for eligibility of costs of intangible assets that the assets "must be purchased under market conditions from third parties unrelated to the buyer." Unrelated parties are referred to also in other provisions of the GBER in connection with acquisition of assets (e.g. Articles 2 (49) and (51), 14 (4) and 17 (3) (b)).

Since the GBER does not refer to control in terms of Article 3 of Regulation 139/2004, but to "parties unrelated to the buyer ", the fact that the buyer does not control the seller, is not sufficient for fulfilling the criteria of the relevant Articles of the GBER. The parties have to be unrelated. For that, there should be, at the very least, no influence (decisive or not) on the composition, voting or decisions of the organs of an undertaking. That is why even a very small equity participation (e.g., 1%) would mean that the parties are not unrelated.

74.If an individual grant for broadband respects the regional aid map and the aid intensities set forth therein, and there has been a tender open to all types of projects, including broadband projects, could this type of wide tender be accepted as a "competitive selection process" under Article 14(10) of the GBER?

The regional aid section of the GBER has the horizontal objective of promoting regional development rather than focusing on a specific sector. Therefore, public procurement procedures which are open to all sectors and all type of projects that fall under the scope of regional aid could be accepted as long as the "competitive selection process" carried out by the Member State complies with EU Public Procurement Rules.

75.Is the net present value (NPV) of eligible costs of investments subject to the single investment project rule to be calculated as the sum of the three NPVs calculated on the date of starting the

AGVO-
FAQ

European
Commission

different investments, or the NPVs should be calculated for the same date (first investment or last investment)?

The sub-projects of the investment do not happen at simultaneous times. The values of the eligible costs of and the aid to the sub-projects need to become time-consistent and hence comparable in order to be able to carry out the addition of the eligible costs and of the aid amounts of the sub-projects. Therefore, the NPV should be calculated to the time of one investment sub-project. Based on the case practice, all sub-projects should be discounted to the date of granting the aid for the first sub-project.

76. What is meant by "group"?

In general, a corporate group or group of companies is understood as a collection of parent and subsidiary corporations that function as a single economic entity through a common source of control. The definition of 'single undertaking' included in the Regulation №1407/2013 is only relevant in the context of that Regulation.

77. What are the effects of cumulating the provisions of Article 14 with Article 17?

The cumulation rules of Article 14 apply only for regional investment aid within the borders of the regional aid map and using the regional aid intensities as defined for large enterprises and for SMEs.

Under Article 17, SME investment aid can be granted to SMEs irrespective of their location and for both types of eligible costs at the same moment, but only at the SMEs intensities of 20% for small and 10% for medium sized enterprises.

78. What is meant by "the assets that are reused"?

Article 14 (7) 2nd sentence of the GBER reads as follows: "For aid granted for a diversification of an existing establishment, the eligible costs must exceed by at least 200 % the book value of the assets that are reused, as registered in the fiscal year preceding the start of works."

This sentence concerns initial investment for diversification of the output of an establishment into products not previously produced in the establishment (see Article 2 (49) (a) GBER), and initial investment in favour of new economic activity for diversification of the activity of an establishment (see Article 2 (51) (a) GBER).The term "assets" includes in the context of initial investments both tangible and intangible assets (see Article 2 (49) (a) and Article 2 (51) (a) GBER). Tangible assets consist of land, buildings and plant, machinery and equipment (see Article 2 (29) GBER).

In a "diversification" project certain assets used for producing a previously produced product would continue to be used for production of a new product. For instance, land and buildings that were used for producing product "A" could completely or partially be used for producing product "B". Such assets are the "reused assets".

The GBER does not require that assets used in an abandoned production are reused. However, pursuant to Article 14 (7) of the GBER, where existing and new assets are combined in a new production activity, the value of the new assets must exceed by at least 200 % the book value of the assets that are reused, as

AGVO-
FA

25

registered in the fiscal year preceding the start of works . It means that the eligible costs must be at least three times as high as the book value of the "reused assets". The book value is the residual value of these assets as entered to the books of the beneficiary in the end of the fiscal year that precedes the start of works. If an asset (e.g., a building) is only partially reused, the book value of the asset can be taken into account "pro rata". If the condition in Article 14 (7) is not fulfilled, the investment is not considered to constitute an initial investment in the form of diversification of an existing establishment diversification of the output of an establishment into products not previously produced in the establishment (Article 2 (49) of the GBER).

79. What is meant by "the book value of assets"?

The book value of assets refers to the net book value (i.e. the cost of the asset minus the accumulated depreciation).

In case of a *"fundamental change in the manufacturing process"*, the value of the eligible costs has to exceed the value of the depreciation for the last 3 years prior to the start of works counting from the date of the granting of the aid.

In a *"diversification of an existing establishment"* scenario, the eligible costs must exceed by at least 200% the book value of the assets that are reused, as registered in the fiscal year preceding the start of works. It means that the eligible costs have to be more than three times higher than the book value of the "reused assets". The book value is the residual value of these assets as entered to the books of the beneficiary in the end of the fiscal year that precedes the start of works.

80. Regarding the notion of "fundamental change in the production process": does it mean that during the modernisation (fundamental change) all the assets (or some of the assets) have to be replaced by the new assets and the costs of the new assets have to be at least the same as the depreciation of the old assets during the preceding 3 years entered in the accounts?

Initial investment in the form of a fundamental change in the overall production process of an existing establishment means the implementation of a fundamental (as opposed to routine) process innovation. The GBER does not define the notion of fundamental change. However, the GBER requires that the eligible expenditure to be incurred for investments in tangible and intangible assets necessary for the implementation of this process innovation exceeds a certain threshold. Under Article 14 (7) of the GBER this threshold is defined as "the depreciation of the assets linked to the activity to be modernised in the course of the preceding three fiscal years." The sum of depreciation is calculated over the three fiscal years that preceded the start of works of the project. "Start of works" is defined in Article 2 (23) of the GBER.

The simple replacement of individual assets without fundamentally changing the overall production process constitutes a replacement investment which is not eligible for regional investment aid as it does not qualify as a fundamental change of an overall production process, and thus is not considered to constitute an initial investment. This holds also if individual items of equipment are replaced by others that are more performing unless this leads to a fundamental change on the overall production process. Under Article 14 (4) eligible costs are investment costs in tangible and intangible assets. Under Article 14 (8) for large undertakings the costs of intangible assets are eligible only up to a limit of 50 % of the total eligible investment costs for the initial investment. Under Article 14 (6) the assets acquired have to be new, except for SMEs.

81. Do the assets that are re-used in the case of State aid to a diversification of an existing establishment qualify as eligible costs?

In principle, only new assets can qualify as eligible costs for all types of initial investments foreseen by regional aid provisions of the new GBER (except for SMEs and for the acquisition of an establishment, as specified in Article 14(6) of the GBER, where used assets purchased from a third party can be eligible as well). In the diversification of an existing establishment (being a particular type of initial investment) there is one additional requirement. This investment project as such can be composed of two types of assets: 1) already belonging to the company and re-used for the project (and not being eligible for aid) and 2) new or- in special circumstances mentioned above- purchased from a third party used assets (eligible for aid). However, for the project to be considered eligible for aid, the value of its new assets (or purchased from a third party used assets) must exceed by at least 200% the book value of re-used assets as registered in the fiscal year preceding the start of works. As only the new assets (or- in special circumstances mentioned above- purchased from a third party used assets) are eligible for aid, the total aid will be calculated with reference to the amount of these assets.

82. If depreciation of "assets linked to the activity to be modernised" is to include all assets, however peripherally linked they are to production (such as the assembly hall premises, shared lighting etc.), how is the percentage share of these depreciations to be determined in order to be compared against the eligible expenditure? On the basis of the floor surface area of the assembly hall, the percentage use of the machines, the share of sales?

The term assets in the context of initial investments refers both to tangible and intangible assets (see Article 2 (49) (a) and Article 2 (51) (a) GBER). Tangible assets consist of land, buildings and plant, machinery and equipment (see Article 2 (28) GBER). Therefore, the buildings for manufacturing or storing manufactured products are covered by Article 14 (7) 2nd sentence of the GBER if these assets are linked to the activity to be modernised. Member State can carry out a pro rata calculation. The GBER does not prescribe the method to be applied by the Member State for that purpose, i.e. the Member State can rely on a bona fide approach that takes into account the specific situation and characteristics of the establishment and activity concerned.

83. How is asset depreciation to be calculated for companies that have existed for less than three years?

The Member State can apply a bona fide estimate, taking into account standard depreciation rules under its fiscal law.

84. What can be the financial contribution "in the form free of any public support"?

The financial contribution free of any public support means funding derived from the own resources of the company or loans obtained in the market on commercial terms, and not covered by State guarantees. The shareholder structure of the company is not relevant in this case.

The centrally managed Union funding is considered public support, even if it is not State aid.

27

85.Is there any best practice on how to demonstrate that the assets of an establishment were acquired on market conditions, especially in the case of acquisitions of entire establishments (undertakings) and intangible assets?

We would consider as best practice the expertise conducted by an independent company, or proving that the acquisition of an establishment takes place between independent companies or in full respect of the "arm's length" principle.

86.In the case of regional aid, does the condition regarding the provision of wholesale access to build broadband infrastructure only apply to NGA networks, or also to basic broadband networks?

The subsidized network operator must offer active and passive wholesale access under fair and non-discriminatory conditions both in cases of basic broadband and NGA.

87.How is Article 14 to be applied in relation to undertakings' investments consisting in the construction and equipping of research laboratories?

Article 14(11) GBER specifies that if the aid is granted for research infrastructure, the access to the latter needs to be transparent and non-discriminatory. This provision would therefore not be applicable in case of a laboratory infrastructure of undertakings which use this infrastructure for solely for their own purposes.

88.What should be the adopted maximum limits of regional investment aid for a single investment project implemented in stages?

According to Article 14 (13) of the GBER, any initial investment started by the same beneficiary at group level within a period of three years from the date of start of works on another aided investment in the same NUTS 3 region shall be considered to be part of a single investment project. The applicable aid intensity for each partial project is the aid intensity applicable under the regional aid map in force at the time of awarding the aid (adjusted by scaling down, where applicable).

Article 15:

89.How are the thresholds in Article 15 to be applied?

When the aid per beneficiary under all operating aid schemes does not exceed the amount resulting from <u>one </u>of the alternative methods to determine the additional operational costs (other than transports costs) referred to in Article 15(2)(b)ii of the GBER, the aid can be considered justified in terms of contributing to regional development and proportionate to the handicaps that undertakings face in the outermost regions.

90.Can the regions covered by the measure choose to apply only one of the criteria or any criterion of Article 15(2)(b)ii, which ever would be the most favourable to the beneficiary?

The regions covered by the measure may apply only one of these criteria. They may apply any criterion of Article 15(2)(b)ii, which is most favourable to the beneficiary. In any case, Member States shall ensure that the applicable threshold is respected.

91.If the level of aid to be granted under a scheme does not exceed the limits provided in Article 15, can the aid be considered compatible with the internal market and exempt from notification?

In order for operating aid to be considered compatible with the internal market and exempt from notification, it has to be ensured that aid from all operating aid schemes granted to the same beneficiary does not exceed the limits provided in Article 15 of the GBER and that other, specific and general conditions laid down in the GBER are respected.

Member States need to introduce in the national legislation specific provisions and effective mechanisms for control in order to ensure that the aid granted under all operating aid schemes per beneficiary does not exceed the limits laid down in the GBER and the respect of the other GBER conditions. Thus Member States shall also monitor cumulation with other operating aid schemes under which the beneficiaries can receive aid.

92. To calculate the requirement laid down in point ii) of paragraph a), of number 2, of Article 15 of GBER, will it be acceptable to consider an average value calculated on the basis of a consultation to several freight forwarders operating in an outermost region?

Article 15(2)(a)(ii) allows for the granting of operating aid aimed to compensate for aid which is *objectively quantifiable in advance on the basis of a fixed sum or per tonne/kilometre ratio or any other relevant unit*. In this respect, the Commission services consider that an average value calculated on the basis of a consultation to several freight forwarders would enable the beneficiaries to later choose for the lowest possible offer from freight forwarders. Therefore, we consider that for the purpose of calculating these costs, the Member State should take into account the lowest possible offer.

Ideally, those additional transport costs should be compensated on the basis of the actual costs incurred by the beneficiaries as demonstrated by an invoice.

93. What is meant by "journey"?

The definition of a "journey" as referred to in Article 15(2)(a) of the GBER should be understood to mean *"the movement of goods from the point of origin to the point of destination, including intermediary sections or stages within or outside the Member State concerned, made using one or more means of transport"*. The 'point of destination' is defined as *"the place where the goods are unloaded"* (Article 2(53) of the GBER)*, whereas the 'point of origin' is defined as *"the place where the goods are loaded for transport"* (Article 2(54) GBER). Therefore, the additional transport costs should be calculated on the basis of the journey from the place of production (factory) to the place of delivery to the distributor/customer.

Article 16:

94. Urban development projects must be implemented via urban development funds in assisted areas. What is the connection between point 8 and 11 of Article 16?

The possibility to "assign the implementation of the urban development aid measure to an entrusted entity" laid down in Article 16(11) of the GBER means that a Member State may entrust the implementation of a public financial instrument (i.e. the provision of equity, quasi-equity, loans or guarantees on behalf of the State) to a financial institution. To the extent that analogous provisions are laid

29

down in Article 21 for risk finance aid, it can in this context be considered that qualifying financial institutions are those which are referred to in Article 2(79) of the GBER. In any case, urban development fund managers must be selected through an open, transparent and non-discriminatory call.

Article 17:

95. Does the term "third parties which are unrelated to the buyer" only relates to structural relationships or to contractual relationships such as supplier contracts between the buyer and the seller?

For the parties to be unrelated, there should be, at the very least, no influence (decisive or not) on the composition, voting or decisions of the organs of an undertaking. That is why even a very small equity participation (e.g., 1%) would mean that the parties are not unrelated. A typical contractual relationship without such a participation would not be considered to be within the scope of this provision.

Article 18:

96. Can internal services be financed in the context of preparatory works?

Article 18(3) of the new GBER specifically states that: *"The eligible costs shall be the costs of consultancy services provided by external consultants"*. Consequently, it is not possible to grant aid for internal consultancy services.

97. Can the costs of preparatory studies and consultancy related to the investment project be included in the eligible costs of the investment even if they were encountered before the application for aid?

As such treatment of consultancy costs is not specifically foreseen in the provisions of the new GBER, this is not allowed. Any aid for consultancy (for SMEs) should be granted under Article 18 of the new GBER.

Article 19:

98. How is the incentive effect to be applied in relation to participation in fairs?

In order to comply with the provisions of Article 19 GBER regarding maximum aid intensity and the requirements regarding incentive effect, beneficiaries under the call will have to submit (maybe after an initial pre-selection phase) a request detailing the relevant eligible costs of fairs in which they intend to participate. It should be possible in the same request to identify the location. The incentive effect condition in this case must be met before any binding commitment to participate in the fair(s) is made.

Article 20:

99. What is meant by "investment expenditure directly related to the project"?

Based on the comments received in the public consultation on the GBER, an effort was made to harmonise the wording of Article 20(2) with European Territorial Cooperation rules and extra-territorial cooperation cost categories as mentioned in the European Territorial Cooperation Regulation (Regulation (EU) No 1299/2013 of the European Parliament and of the Council of 17 December 2013 on specific provisions for the support from the European Regional Development Fund to the European territorial cooperation goal). The investment expenditure directly related

European
Commission

to the project should be interpreted as meaning investment costs in tangible and intangible assets that are undertaken by the project-partners and are directly related to the European Territorial Cooperation project.

100. Does aid intensity refer to the entire eligible costs of the project budget or the budgets of individual beneficiaries?

The aid intensities are established at the level of individual beneficiaries. Please note that in case of participants of the project which are <u>not</u> engaged in economic activity, their funding is not considered State aid and therefore the maximum aid intensity requirement does not apply to them.

Article 21:

101. Is it correct that in the context of a follow-on investment under Art. 21 para 6 GBER it is not required that an independent investor makes the investment?

Correct, the private investor making the follow-on investment should be the same as the investor who made the initial investment. The requirement of "independent private investor" as defined in GBER Article 2 (72) relates to the time of the initial investment.

102. Can the requirement in Article 21 (7) that generation of new capital should reach "at least 50 % of each investment round" be clarified?

This provision addresses a situation where the aided investment involves the replacement of existing shareholders. In this case, out of the entire amount of each investment round involving such capital replacement operations, at least 50% must be invested in newly issued shares. One should not take into account previous investment rounds. E.g. where 1m EUR is invested under a risk finance measure (private and public funds combined), 500.000 EUR of that can be used as replacement capital but the other 500.000 EUR must serve as new capital for the undertaking.

103. What does it mean that private investors should be chosen in the framework of an open, transparent, non-discriminatory call?

Art. 21 para 13 (b) GBER makes reference to a genuine call to select private investors. The documents published for such a call should not define in detail the financial conditions under which the risk finance investment will be made, but should rather leave them open for independent private investors to make proposals. The outcome of the call should be specific on the conditions under which independent private investors are willing to invest alongside the public investor (cf. Art. 21 para 13 (b): "*a call, which is [..] aimed at establishing appropriate risk-reward sharing arrangements*").

The call is aimed at finding independent private investors that will invest with fresh funds as part of the risk finance provided together with the public investor. The purpose of risk finance measures is for the public investment to constitute a proportionate incentive for independent private investors.

AGVO-
FAQ

104.   Does the GBER allow Member States to design risk finance measures with a downside protection mechanism other than by way of guarantees?

Article 21.13 (b) GBER requires that, for instruments other than guarantees, the open call aimed at establishing the risk-reward sharing arrangements favours selection criteria based on asymmetric profit sharing over downside protection. However, if the result of the call is that asymmetric profit sharing is not possible, Article 13 (b) does not prohibit downside protection.

Article 21.13 (c) GBER does not apply to guarantees, but to all other financial instruments, such as loans and equity. It can for instance be agreed that the public investor will cover the first loss piece, but in that case this first loss piece must be limited to 25% of the total investment. Please note that the 25% cap does not limit the public investment to 25% of the total investment, but only limits the first loss taken by the public investor.

In this context, please note that paragraph 48 of the Risk Finance guidelines requires, amongst other, that, for instruments other than guarantees, where the public investor would cover a first loss higher than 25% or where the open call favours selection criteria based on downside protection over upside incentives, the risk finance measure needs to be notified and will be assessed under the Risk Finance Guidelines.

105.   What are consequences of the situation in which the task to implement a risk finance measure is assigned to the entity entrusted with the task?

The Member State may entrust the implementation of a risk finance measure (e. g. providing the State financing or the State guarantees on behalf of the State) to an entrusted entity, which acts as the State.

In some cases it occurs that the entrusted entity shares risk with the State under the measure by co-investing own financial resources. Where it co-invests, the entrusted entity acts in its own capacity as a financial institution by taking risk on its own balance sheet, and is no longer subject to the risk finance rules on entrusted entities, but must respect the risk finance rules on financial intermediaries.

What is important to note is that the notion of an "entrusted entity" refers to its role (acting on behalf of the State), but not to the process of selecting such institution, i. e. entrustment does not necessarily imply an appointment. In other words, the State may select or appoint a financial institution to act as its entrusted entity.

106.   How shall the remuneration of the financial intermediaries be calculated?

A market conform remuneration should be established on the basis of a competitive procedure for the selection of the financial intermediary. Any other additional advantage granted to the financial intermediary through the measure would have to be passed on to the investee undertakings or capped at the de-minimis level.

107.   Can the Commission clarify whether the levels of required investment of GBER Article 21 (10) a-c also apply to follow-on investments in so far as the target undertaking meets the relevant criteria in GBER Article 21 (6)] a-c?

Follow-on investments under the risk finance rules are only allowed for eligible undertakings that have received an initial risk finance investment in the period prior to their first commercial sale up to 7 years thereafter. If a follow-on investment is made in the period prior to first commercial sale, the aggregate private

European
Commission

participation rate of Article 21, paragraph 10 (a) applies. If a follow-on investment is made in the period up to 7 years after first commercial sale, the aggregate private participation rate of Article 21, paragraph 10 (b) applies. A follow-on investment may be made even after the initial 7-year period, but in this case, pursuant to Article 21, paragraph 10 (c), the risk finance measure must leverage additional independent private finance representing at least 60% of the follow-on risk finance investment.

108. Does the GBER cover the situation where the entrusted entity co-finances and manages the fund?

According to Article 21(17), "*a Member State may assign the implementation of a risk finance measure to an entrusted entity*". This means the Member State may entrust the implementation of a public financial instrument (i. e. the provision of a loan or equity financing or guarantees on behalf of the State) to a financial institution, in which case the financial institution acts as an entrusted entity of the State. GBER Article 2 (79) specifies the types of qualifying financial institutions that may be entrusted by the State.

According to point 20 of the Risk Finance guidelines, the State and the entity acting on its behalf may not finance the SMEs directly. This means that financing to SMEs must be provided by financial intermediaries (they carry out credit risk assessment or investment due diligence), as per Article 17(13)a. The financial intermediaries must be selected through an open, transparent and non-discriminatory call as per Article 17(13)b.

109. Should Article 21 (18) (a) be interpreted as meaning that also the de minimis threshold has to be respected by the SMEs covered by this provision?

According to recital (19) of the de minimis Regulation, where a de minimis aid scheme is implemented through financial intermediaries, it should be ensured that the latter do not receive any State aid. This can be achieved, for example, by requiring financial intermediaries that benefit from a State guarantee to pay a market- conform premium or to fully pass on any advantage to the final beneficiaries, or by respecting the *de minimis* ceiling and other conditions of this Regulation also at the level of the intermediaries.

In the light of the above, Article 21 (18) (a) GBER is meant to address situations where aid is present at several levels, not only at the level of the final beneficiary (SME-level in this case). As regards the SME level, all the conditions under the de minimis Regulation (including the aid ceiling) should be applied. However, the risk scheme as such (including aid at the level of the financial intermediary and at the level of the SME) would still have to be designed in accordance with the GBER provisions or in accordance with the prescriptions of recital (19) in order to be exempted from notification.

Article 22:

110. Can start-up aid be made available through initial investments and follow on investments, provided that the total of the start-up aid to any one eligible undertaking respects the overall limits?

AGVO-
FAQ

12. AGVO-FAQ

Yes, start-up aid can be given for a total up to the maximum amounts mentioned in paragraphs 3(c) and 5, as long as the eligible undertaking remains at the moment of granting within the definition in paragraph 2 (i.e. within the 5 year period).

111. For the awarding of aid for start-ups, the GBER does not require a call for tender. Is this the same in case the aid for start-ups is given by a fund, or must the fund management in this case be selected in accordance with Article 21 GBER in an open, transparent call?

Article 22 GBER requires neither that the aid is awarded via a financial intermediary, nor that, if a financial intermediary is used, it must be selected in an open, transparent call.

However, if start-up aid is granted via a financial intermediary, it needs to be ensured that no aid remains at the level of the financial intermediary. If the financial intermediary is selected through an open, transparent, non-discriminatory call, then the presence of aid at the level of the financial intermediary can be excluded, provided that, in case of debt instruments, the financial intermediary is subject to the obligation to pass on in full to the final beneficiary any advantage stemming from the instrument; if not, the Member State needs ensure in another way that there is no aid at that level.

112. Does the concept of "entrusted entity" also apply in the case of aid for start-ups?

The rules on entrusted entities only apply within the scope of Article 21, which encompasses underlying basic principles that apply to aid for risk finance aid. It should be noted in this connection that the status of "entrusted entity" as defined in Article 2(79) of the GBER excludes that such entity intervenes or co-invests in a risk finance aid measure, as in such a case the entity concerned would rather have the status of a "financial intermediary". As regards start-up aid granted pursuant to Article 22 of the GBER, the concept of "entrusted entity" is not relevant as this provision does not require aid to be deployed via intermediated financial products.

113. Can start-up aid be provided at different times and through a mix of aid instruments?

Yes, start-up aid can be provided at different times, as long as at the time of granting the beneficiary complies with the eligibility conditions.

The maximum amount of start-up aid that can be given is not equal to the maximum nominal amount allowed for loans (e.g. 1 million EUR), plus the maximum guaranteed amount for guarantees (e.g. 1.5 million EUR), plus the maximum gross grant equivalent amount (e.g. 0.4 million EUR).

The calculation of the amounts that can be granted in case of a mix of aid instruments is on a proportional basis as described in paragraph 4 ("[..] *the proportion of the amount granted through one aid instrument, calculated on the basis of the maximum aid amount allowed for that instrument, is taken into account in order to determine the residual proportion of the maximum aid amount allowed for the other instruments forming part of such a mixed instrument*").

If we take as an example a company in a non-assisted area that does not qualify as an 'innovative enterprise', to which the authorities wish to give a mix of start-up support in the form of a loan with duration of 10 years, in the form of a guarantee with duration of 10 years and in the form of a grant:

For the part in form of loan, the maximum nominal amount is 1 million EUR, so if 200 000 EUR is given as nominal loan amount, this represents 20% of the maximum nominal amount for loans.

European
Commission

For the part in form of guarantee, the maximum guaranteed amount is 1.5m EUR, so if 600 000 EUR is guaranteed, this represents 40% of the maximum guaranteed amount.

Therefore the support in form of grant is allowed up to 40% of the gross grant equivalent amount of 0.4 million EUR, which means that 160 000 EUR of gross grant equivalent is allowed.

114. Article 5.4 of the old Research and Development and Innovation guidelines (2007- June 2014) restricted a beneficiary of young innovative enterprise aid to Research and Development aid and risk capital aid for a period of 3 years after receipt of the aid. There does not appear to be any similar restriction on a beneficiary under Article 22 of the GBER.

The restriction was discontinued. The cumulation rules laid down in Article 8(4) GBER however apply.

Article 25:

115. Can the Commission confirm that when the beneficiary has obligation of maintenance under national legal basis or the provisions of Structural Funds, this maintenance period can be taken into consideration as part of the project, therefore depreciation costs occurred during this period are also eligible?

No, regardless of any specific obligation laid down in the national legal basis or the provisions of Structural Funds, costs of buildings and land are only eligible to the extent and for the duration period used for the aided Research and Development project.

116. Can the Commission confirm that the following costs are eligible, if they are directly linked to the research and development project: costs of participation of conferences related to the project such as travelling costs, accommodation costs, participation fees?

Yes, such costs can be eligible as additional overheads and other operating expenses if they are incurred directly as a result of the project.

117. How should Article 25.6(b)(i), second indent, be interpreted? What contribution should provide the research and knowledge-dissemination organisation, and what is the maximum funding rate for the entire project in case of collaboration?

Article 25.6(b)(i), second indent, of the GBER provides for a possible increase in aid intensities for Research and Development projects which are carried out through effective collaboration (in the meaning of Article 2(90) of the GBER) between undertakings and research and knowledge-dissemination organisations. In particular, aid intensities may thus be increased by up to 15 percentage points, under the condition that the collaborating research and knowledge-dissemination organisations bear at least 10% of the eligible costs and have the right to publish their own research results. Since aid intensities must be established for each

AGVO-
FAQ

35

12. AGVO-FAQ

beneficiary of aid, including in the case of collaborative projects, the maximum funding rate for a specific project will however depend on the number and type of collaborating parties, as well as on the categories of research activities carried out and share of eligible costs borne by each one of them.

118. Can you confirm that the aid for process and organisational innovation concern both products and services?

Yes.

119. Under which applicable rules can large undertakings receive aid for industrial property rights?

Aid for obtaining, validating and defending patents and other intangible assets can only be granted to SMEs. However, large undertakings could for instance receive aid for the "costs of knowledge and patents bought or licensed from outside sources at arm´s length conditions" in the context of aid for Research and Development projects (Article 25 GBER).

120. Can investment aid be granted for Research and Development projects aiming at improving technical and utility value of products, technologies and services?

All R&D&I aid should in principle lead to increased technical and practical value of products, technologies or services. Please note that routine or periodic changes made to existing products, production lines, manufacturing processes, services and other operations in progress, even if those changes may represent improvements, are not eligible for funding.

Article 26:

121. What is meant by research infrastructure?

Research infrastructures are defined by their content on the basis of Regulation No. 723/2009[7].

122. Is it possible to grant State aid to research organisations for construction or upgrade of research infrastructure if the use of the infrastructure is not linked to any concrete Research and Development and Innovation project?

Yes.

123. Can research organisations be aid beneficiaries of the investment aid for construction and upgrade of research infrastructure?

Yes.

124. Can investment aid be granted for research infrastructure covered under Art 26 GBER to undertakings, which will have exclusive right to use it?

No. State aid for construction and upgrade of research infrastructure is in accordance with Art.26 of GBER compatible with the internal market, only if the access to such infrastructure is granted to several users on a transparent and non-discriminatory basis. Preferential access under more favourable conditions to the

---

[7] Council Regulation (EC) No 723/2009 of 25 June 2009 on the Community legal framework for a European Research Infrastructure Consortium (ERIC), OJ L 206, 8.8.2009, p. 1.

publicly co-financed infrastructure could only be granted to undertakings which have financed at least 10 % of the investment costs. The access must be in proportion with their contribution to the investment costs and the conditions of access must be made public. Therefore, an exclusive use of publicly funded infrastructure by an undertaking or a group of undertakings (dedicated infrastructure) is not in line with Article 26 of GBER.

125. Would it be in line with GBER to support the investment cost of energy efficiency measures relating to research infrastructures with 50 % of the eligible costs?

Yes, to the extent that those investments costs are borne in the context of the construction or upgrade of research infrastructures the cumulation rules laid down in Article 8.3(b) of the GBER apply.

126. Can the users of publicly supported infrastructure receive *de minimis aid*?

Yes, users of publicly supported infrastructure may receive *de minimis* aid, provided that all the applicable conditions are respected.

127. How are the eligible investment cost calculated? What about cases that may require the re-assignment of existing assets?

Article 26 of the GBER lays down the rules applying to investment aid for research infrastructures, that is to say aid for the construction or upgrade of research infrastructures that perform economic activities. In this context, the eligible costs referred to in Article 26(5) are the investment costs in tangible and intangible assets, as defined in Articles 2(29) and (30) of the GBER.

As a rule, and insofar as the aid relates to the construction and upgrade of research infrastructures, it is therefore expected that the eligible investment costs relate to the acquisition of new assets that will be used for performing economic activities, of which at least 50% have indeed to be borne by the aid beneficiary.

In those cases that may exceptionally require the re-assignment of existing assets (such as land and buildings) from non-economic to economic activities, and to the extent that such assets would qualify as eligible costs, this has to be done on the basis of a proper separation of the financing, costs and revenues of each type of activity. Under these circumstances, existing assets that have been provided or financed by the State for non-economic activities before the *Aéroports de Paris* judgment of 12 December 2000 (Case T-128/98 *Aéroports de Paris v Commission* ECLI:EU:T:2000:290) may generally be considered as not including State aid. Otherwise, such assets may be considered for the purpose of determining the "own contribution" from the aid beneficiary only if they have been fully depreciated by the date of their re-assignment or a compensation for their use equivalent to the market price is due by the economic "division" of the aid beneficiary to its non-economic "division".

128. What conditions should be met to consider the bonus for the dissemination of the results reasonable?

Taking account of the national specificity and the individual character of each R&D project, the Member State should define the optimal process for the research

37

results (and not merely the overall deliveries of the project) to be disseminated to the widest extent possible, at national as well as EU level.

129. May this provision provide the basis for the financing of R&D infrastructure in undertakings and in the case of projects implemented by the scientific and industrial consortia in which an undertaking will be the leader/applicant?

Subject to compliance with the definition of "research infrastructure" laid down in Article 2(91) of the GBER, the R&D&I State aid rules do not contain any limitations relating to ownership (public or private) or nature of activities (economic or non-economic) of the relevant infrastructure.

However, in line with the said definition, the research infrastructure eligible for support under Article 26 of the GBER needs to be used by the scientific community, where the expression "scientific community" is used in the same sense as in Council Regulation (EC) No 723/2009 of 25 June 2009 on the Community legal framework for a European Research Infrastructure Consortium (ERIC)[8] and relates to any structured or unstructured group or network of persons engaging in a systematic activity to acquire knowledge. Furthermore, in line with Article 26 of the GBER, it is essential that access to the infrastructure is granted to several users on a transparent and non-discriminatory basis.

In light of the above, support for a research infrastructure used by one undertaking for its own purpose (therefore excluding its use by the "scientific community" on a non-discriminatory basis) falls outside the scope of Article 26.

130. In what period should the monitoring be carried out?

The monitoring mechanism applies where a research infrastructures receives public funding for both economic and non-economic activities and should be carried out for the economic life of the infrastructure, i.e. for the depreciation period of the relevant assets.

Article 27:

131. Are the costs referred to in Article 2(42), (personnel costs, materials, contracted services, communications, energy, maintenance, rent, administration, etc.) also applicable to Article 27?

The cost categories mentioned in Article 2(42) of the GBER are directly relevant for regional operating aid only. Insofar as operating aid for innovation clusters is concerned, eligible costs are limited to the personnel and administrative costs related to the eligible activities listed in Article 27. Therefore, any costs that do not fall under the relevant categories (personnel and administrative costs) cannot be considered as eligible for this purpose.

132. Since which moment is the 10 years period computed?

The period during which operating aid may be granted for innovation clusters starts at the moment when such operating aid is granted for the first time.

133. Besides costs of salaries, holiday pay, health checks and taxes, may personnel costs include costs of staff training and travelling to market the cluster?

Yes, to the extent that such costs are clearly and strictly linked to the marketing of the cluster.

---

[8] OJ L 206, 8.8.2009, p. 1.

AGVO-
FAQ

European
Commission

134. **When organising training programmes, workshops and conferences, are costs of buying materials and services also eligible (catering, renting a room, etc.)? Or travel costs for bringing over a speaker?**

Yes, to the extent that such costs are clearly and strictly linked to the organisation of a specific training/workshop/conference.

135. **What is considered eligible for marketing purposes? Does marketing of the cluster include travelling abroad (for personnel) and organising an event there (e.g. to meet other clusters, to market what the cluster has to offer) or participating in a fair?**

Eligible costs for marketing purposes are those personnel and administrative costs (including overheads) which are incurred with a view to increase participation of new undertakings or organisations, as well as visibility of the relevant cluster. To the extent this is the case, eligible costs can thus refer to travelling abroad, organising an event or participating in a fair.

136. **May operating aid be provided both to existing clusters and to new ones?**

Yes. Since operating aid is limited to a maximum of 10 years, for existing clusters this however means that any past aid needs to be taken into account, i.e. the starting date for the calculation is the date of the first aid granted.

137. **May the operating costs listed in Article 27(8), points a), b) and c) be implemented by companies outside the cluster, as eligible costs?**

As follows from Article 27(2) of the GBER, operating aid for innovation clusters shall be granted exclusively to the legal entity operating the cluster. The eligible costs are limited to the personnel and administrative costs incurred by the cluster operator and relating to the eligible activities listed in Article 27(8). Therefore, any costs that do not fall under the relevant categories (personnel and administrative costs) cannot be considered as eligible for this purpose.

138. **How is Article 27(4) of the GBER to be interpreted? May there be an "exemption from the payment obligation" for cluster members or users?**

As follows from Article 27(1) of the GBER, aid for innovation clusters is reserved to the legal entity operating the innovation cluster (and not e.g. its members or users) and can only be block exempted if all the necessary conditions are fulfilled. One of these conditions is that fees charged for using the clusters' facilities and for participating in their activities correspond to the market price or reflect costs.

However, although there may not be an "exemption from the payment obligation", cluster members or users can benefit from aid granted in compliance with other GBER provisions (typically, aid for start-ups under Article 22 and aid for innovation advisory and support services under Article 28) or the *de minimis regulation* to purchase the clusters' services.

Article 28:

AGVO-
FAQ

39

139. May aid associated with obtaining and defending intellectual property rights cover only the costs associated with obtaining such rights to research results and processes carried out by the undertaking/beneficiary on his own, or also the acquisition of rights of a third party who carried out the research and patented its outcome?

The eligible costs listed in Article 28(2)(a) of the GBER are costs for obtaining, validating and defending patents and other intangible assets and have to be incurred by the beneficiary directly. Costs linked to acquisition of rights from a third party can only be eligible under Articles 25 ("aid for research and development projects") or 29 ("aid for process and organisational innovation") of the GBER, provided they are incurred in the framework of an eligible R&D&I project or activity.

Article 30:

140. Can the Commission confirm which Articles within *Section 4 – Aid for research and development and innovation* can be used to support relevant activities in (a) the fishery and aquaculture sector and (b) the primary agricultural production sector?

As long as there is no distinction within Article 1(3) (a) and (b) as to the type of aid or instrument, all Articles within the Section 4 are applicable to aid in the fishery and aquaculture sector. Except for Article 30 that deals with a particular type of aid to research organisations for undertaking studies in the fisheries and aquaculture sector, all other Articles of Section 4 apply to the primary agricultural production sector as well.

Article 31:

141. How is Article 31(2) to be interpreted?

Aid for training which is mandatory under national law lacks incentive effect as it would be pursued even in the absence of public funding, and, therefore, cannot be block exempted. In this regard, it is irrelevant whether the training is carried out to comply with national standards which are mandatory for the undertaking in question or for its employees and also whether the training is carried out by the undertaking itself or an external trainer. As long as the State is paying for this training, which is mandatory under national law, and the training benefits the undertaking directly or indirectly (in case the employees are trained outside the undertaking), the aid is covered by Article 31(2) and cannot be granted.

142. Can accommodation costs of seafarers be exceptionally covered regarding training aid in maritime transport?

Article 31(3)(b) explicitly excludes accommodation from eligible costs (in contrast with the previous GBER). Article 31(5) (applicable only to maritime transport) requires that training is conducted on board of ships and trainees are supernumerary (i.e. not active crew members). In order to comply with those two conditions trainees have to stay on board of a ship during training. Thus, in the case of training on board of ships accommodation costs are operating costs directly relating to the training project. Accommodation cost may be found compatible should a training aid be notified and assessed under the Maritime Guidelines.

143. Which is the maximum aid intensity for mid-sized businesses and small enterprise, for the training to workers with disabilities or disadvantaged workers?

As stated in point 4 of Article 31, the aid intensity shall not exceed 50% of the eligible costs. It may be increased, up to a maximum aid intensity of 70% of the eligible costs, as follows:

(a) by 10% if the training is given to workers with disabilities or disadvantaged workers;

(b) by 10% if the aid is granted to medium-sized enterprises and by 20% if the aid is granted to small enterprises;

The maximum aid intensity for training to workers with disabilities or disadvantaged workers is thus 50%+10% = 60%;

The maximum aid intensity for training to workers with disabilities or disadvantaged workers in mediums sized enterprises is thus 50%+10%+10% = 70%;

The maximum aid intensity for training to workers with disabilities or disadvantaged workers in small enterprises is thus 50%+10%+20% = 80% but limited to the maximum aid intensity of 70%.

144. Which types of training would be covered by Article 31 and what does the Commission mean by 'national mandatory standards on training'?

The purpose of Article 31(2) is to allow for the support of training measures undertaken by enterprises with the purpose of developing and updating the knowledge of their workforce (e.g. management trainings, language trainings). However, trainings that are mandatory under the national system for example health and safety training would have to be pursued anyway, even in the absence of the aid. Aid for such trainings, thus, lacks incentive effect and can, therefore and in accordance with Article 31(2), not be block exempted

145. What is meant under "trainers' personnel costs" and "wage costs" – only salaries or all related non-wage costs (social insurance contributions, additional remuneration, allowances, etc.)? How should eligible personnel costs be calculated – gross (before social security contributions and other non-wage costs that shall be paid by the employer) or net?

"Trainers' personnel costs" are identified in Article 31 point 3 (a) of GBER as "the hours during which the trainers participate in the training". This can be either the fees paid to the trainers or, if they are in-house trainers, an allocation pro-rata of their salaries to the hours spent on training. According to the recital (23) of the GBER: "(...) *The identification of eligible costs should be supported by clear, specific and up-to date documentary evidence. All figures used should be taken before any deduction of tax or other charges. (...)*" Therefore all sums should be calculated on the basis of gross amounts.

The notion of "wage costs" is not defined in the GBER in relation to training aid but is applicable to regional aid measures or aid measures for certain categories of employees. The notion of "wage costs" may however be relevant for training aid under "trainees' personnel costs for the hours during which the trainees participate in the training" (see above). Article 2 point 31 of GBER defines 'wage cost' as "the total amount actually payable by the beneficiary of the aid in respect of the employment concerned, comprising over a defined period of time the gross wage before tax and compulsory contributions such as social security, child care and parent care costs".

As regards "allowances" or "additional remuneration", pursuant to Article 31(3)(b) of the GBER additional costs not related to the trainers' or trainees' personnel costs

41

may only be covered, if they qualify as *operating costs directly relating to the training project*". Therefore, if "allowances" or "additional remuneration" are considered for example as necessary travel expenses, then they can be covered by this category.

146. Do the costs of advisory services linked to the training project include consultancy fees for the preparation of the project proposal?

Consultancy fees for the preparation of the project proposal can be considered as *"costs of advisory services linked to the training project"* and therefore falling within the list of eligible costs as defined in Article 31 point 3 (c) if this project proposal has been eventually chosen.

Article 32:

147. How should Articles 32(3) and 33(3) be interpreted?

These paragraphs intend to clarify in what circumstances the recruitment or wage costs of newly employed personnel shall be eligible for support, even in case of no net increase in the number of total employees of the undertaking (and without prejudice to the net increase in another establishment of that undertaking). Therefore, as the beneficiary of the aid will be the undertaking, the conditions concerning the net increase should apply at the level of the undertaking.

148. May firms acquire grants for the recruitment of disadvantaged workers in less than 12 months, if there is a net increase in the number of employees?

The condition in paragraph (3) of Article 32 is meant to ensure that no employees are made redundant with the objective of re-hire of disadvantaged workers in order to benefit from the State aid. If the company is in existence for less than 12 months, the average number of workers shall be calculated over the period for which the company was in existence. The firm may thus acquire grants for the recruitment of disadvantaged workers if there is a net increase in the number of employees.

149. What is the meaning of "regular employment"? Is State subsidised employment considered to be regular employment?

State subsidised employment may also be considered as regular employment. The reason for requiring the worker not to be in regular employment is linked to the definition of 'disadvantaged worker'. In this context, the type of work or financing shall not change the nature of 'regular employment', meaning lasting a certain minimum duration. The other conditions in Article 32 regarding the net increase in the number of workers shall also be complied with.

Articles 33-34:

150. For what duration may State aid for the employment of workers with disabilities be granted?

Article 33 and 34 may be used to compensate the additional costs of employing workers with disabilities and the scope of the scheme may limit the benefit to one or more undertakings based on objective criteria. The duration however will have to be limited to the GBER duration and the aid will have to be capped ex ante (to the notification threshold) to ensure that the aid amount remains transparent.

151. If the beneficiary provides sheltered employment, eligible costs may be, among others, the costs of constructing, installing or modernising the production units of the undertaking concerned. Does this investment mean the rooms in which the employer

European
Commission

offering sheltered employment carries out production, or should it be understood broadly - as all units that the employer uses to conduct economic activity, e.g. to provide services, as well as other rooms, e.g. rest and social base as required under national law?

This eligible cost shall be understood broadly as covering all units that the employer uses to conduct economic activity.

152. Could it be considered aid to keep disabled workers in their posts when the recruitment has taken place one or two years before the date of granting the aid?

If at the time of employment the workers was not disabled but becomes disabled during the validity of the contract, the company employing him may receive support under Article 33 of the GBER starting with the moment when the worker becomes disabled. If however the worker is already employed for two years before the company requests support, it is doubtful whether the condition of Article 33(4) is fulfilled.

153. Could the term "any given period" mean that a limited period is required or could the term "any given period" also be interpreted in the sense of a period of time as long as the validity of the employment contract?

AGVO-FAQ

Any given period in the context of Article 33(2) shall be interpreted as a period of time as long as the validity of the employment contract. The eligible cost base in Article 32(2) is stricter as this refers to the recruitment of disadvantaged workers that, after a certain period, are considered to have been duly integrated in the working market and no need of additional support exists.

Article 36:

154. How is the maximum aid intensity established in collaboration projects if the partners are undertakings of different sizes?

Investment aid granted under Article 36 for undertakings going beyond standards for environmental protection can be granted with a maximum aid intensity of 40% of the eligible costs. This intensity can be increased by 20 percentage points for small enterprises and by 10 percentage points for medium enterprises. Regional bonuses can be added depending on the location of the investment.

The aid intensity shall be established **for each beneficiary,** see e.g. the fact that the relevant notification threshold is set per undertaking. This interpretation is further supported by the Research and Development and Innovation (RDI) State aid rules which typically involve collaboration projects (see Article 31(3) of the GBER 2008 "The aid intensity shall be established for each beneficiary of aid, including in a collaboration project, [...]" and point 15(c) of the 2014 RDI Framework "The aid intensity is calculated per beneficiary"). This means that, when the aid is calculated, first, the eligible costs of each partner must be identified, then, the relevant maximum aid intensity (50% for the medium-sized company and 60% for the small company) can be used to calculate the maximum aid amount.

43

12. AGVO-FAQ

155. Should only the purchase price of a vehicle be subsidised or are also the lease costs covered?

The purchase price of a transport vehicle can be covered by investment aid under Article 36 of the GBER provided that the vehicle complies with adopted Union standards and its acquisition takes place before those standards enter into force. If the vehicle complying with Union standards is purchased after the Union standards have entered into force, its acquisition costs are not eligible for investment aid.

GBER allows lease costs to be covered by investment aid only when it is in the form of financial leasing, which contains an obligation to purchase the asset at the expiry of the term of the lease.

156. **Are best available techniques conclusions considered to be the Union standards applicable according to the Article 2(102) of the new GBER?**

According to Article 2(102), Union standards are defined as the obligation under Directive 2010/75/EU of the European Parliament and of the Council to use the best available techniques (BAT) and ensure that emission levels of pollutants are not higher than they would be when applying BAT.

In light of the above, the BAT conclusions set the Union standard for Member States. Only after a period of four years following the publication date of BAT conclusions, the Union standards become mandatory for undertakings. During this 4-year period, the BAT conclusions are considered, for the purposes of Article 36(3), adopted Union standards but not yet in force.

157. **As to what moment in the process of project submission/evaluation/implementation is the amount of eligible costs determined? Taking into consideration the Article 36(3) of the new GBER, is the amount of eligible costs to be re-evaluated if in the process of project implementation new Union standards are adopted?**

For the purposes of Article 36(3) of the GBER, the evaluation of eligible costs (and the applicable Union standards) shall be made at the moment of the project "evaluation", meaning when the project is assessed by the national authorities in view of deciding if aid would be granted for it. If new standards are adopted after the aid has been granted, during the implementation of the project, there is no need to re-evaluate the eligible costs of the aid amounts. However, when new standards are adopted before the aid is granted, these should be taken into account in the evaluation of the project and the eligible costs and amounts of aid should be adjusted accordingly (for example the measure could be converted in "earlier adaptation to future Union standards").

158. **What is the meaning of the concept of extra investment costs under Article 36(5) of the GBER?**

In Article 36(5) the extra investment costs refer to the additional investment costs necessary and directly linked to the investment that enable going beyond the applicable Union standards or ensuring an increased level of environmental protection in the absence of Union standards.

They could be identified as the difference between the investment costs of a project guaranteeing higher level of environmental protection (allowing the undertaking to go beyond the applicable Union standards) and the investment costs of another technologically comparable project that achieves a lower level of environmental protection (allowing the undertaking to simply meet the applicable Union standards).

159. **Is it necessary to take into account the operating costs and benefits, for calculating the eligible costs for investment aid for environmental protection?**

According to Article 36(5) of the GBER the extra investment costs refer to the additional investment costs necessary and directly linked to the investment that enable going beyond the applicable Union standards or ensuring an increased level of environmental protection in the absence of Union standards.

They represent the difference between the investment costs of a project guaranteeing higher level of environmental protection (allowing the undertaking to go beyond the applicable Union standards) and the investment costs of another technologically comparable project that achieves a lower level of environmental protection (allowing the undertaking to simply meet the applicable Union standards). Operating costs and benefits do not need to be taken into account.

Article 37:

160. **How should the end of the investment be understood? Is this the physical completion, or maybe performance of start-up, or putting into actual use and its beginning?**

Under Article 37(2) of the GBER investment aid for early adaptation to future Union standards is permissible if the investment is implemented and finalised at least one year before the date of entry into force of the standard concerned.

An investment shall be considered implemented and finalised when the measures it is aimed at are put in place and can deliver a result, guaranteeing the achievement of the Union standards.

161. **Can investment aid to comply with the Union standards be granted under Article 37 for energy efficiency measures that are excluded under Article 38(2)?**

Article 38(2) of the GBER states that aid shall not be granted under this Article where improvements are undertaken to ensure that undertakings comply with Union standards already adopted, even if they are not yet in force.

Article 37 can be used to provide aid for early adaptation to standards already adopted, including for energy measures that would not qualify for aid under Article 38(2). Of course, all the conditions foreseen in Article 37 should be complied with.

Article 38:

162. **Does this provision include aid for mobility actions aimed at the achievement of energy saving like vehicle fleet management systems or mobility plans in undertakings, when the criteria established by Article 38(3) are fulfilled?**

According to GBER, "energy efficiency" means an amount of saved energy determined by measuring and/or estimating consumption before and after implementation of an energy efficiency improvement measure, whilst ensuring normalisation for external conditions that affect energy consumption.

AGVO-FAQ

45

Aid measures directed to vehicle fleet management systems or mobility plans of undertakings can be granted under Article 38 of the GBER, provided the measures lead to reduced energy consumption, in line with the definition of the GBER for energy efficiency.

163. What is the best way to deal with investments where there is an increase in capacity as compared with the counterfactual scenario?

According to Article 38(3)(b), the reference investment should be a "similar, less energy-efficient investment". This should be read in light of the purpose of the provision. The purpose of comparing the planned investment with a reference investment is to ensure that aid is only granted to cover costs resulting from the higher level of energy-efficiency. Thus, Article 38(3)(b) explicitly states that "the costs not directly linked to the achievement of a higher level of energy efficiency shall not be eligible".

By calculating the eligible costs on the basis of a comparison between the planned investment and an alternative investment with a significantly lower capacity, costs not directly linked to the achievement of a higher level of energy efficiency, i.e. costs related to the higher production capacity, would be included in the eligible costs. Hence, such an investment would not be acceptable as a reference investment under Article 38(3)(b) of the GBER.

The reference investment should be similar in terms of size and capacity. In this respect, point 73 of the EEAG and in particular footnote 49 clarify that the reference investment should be "a technically comparable investment", meaning "an investment with the same production capacity and all other technical characteristics (except those directly related to the extra investment for the targeted objective)".

164. For the purpose of Article 38, is it possible to consider total investment costs as eligible costs?

We confirm that in certain situations, when the energy efficiency project is exclusively aimed at increasing the energy efficiency (and no investment would have been necessary to be made by the beneficiary in the absence of the aid) it is possible to consider the total investment costs as eligible costs.

165. Does Article 38 also apply to savings made in power and heat generation, for example by acquiring more efficient sources (boilers), since in such cases there is a fuel saving and thereby a saving in primary energy?

Investment aid for energy efficiency measures can be granted under Article 38 of the GBER. According to the GBER, "energy efficiency" means an amount of saved energy determined by measuring and/or estimating consumption before and after implementation of an energy efficiency improvement measure, whilst ensuring normalisation for external conditions that affect energy consumption.

It follows that measures aimed at fuel savings in power and heat generation (including cogeneration units) could, in principle, be covered under this Article, provided the measures lead to reduced energy consumption, in line with the definition of the GBER for energy efficiency.

166. How do standards concerning the financing of energy efficiency projects apply?

Aid under Article 38 of the GBER can only be granted for energy efficiency projects that are not necessary to comply with Union standards. The provision refers in general to all standards applicable to the beneficiaries, not specifically to standards imposing a certain level of energy efficiency.

European
Commission

Union standards are defined in Article 2(102) of the GBER as:

(a) a mandatory Union standard setting the levels to be attained in environmental terms by individual undertakings; or

(b) the obligation under Directive 2010/75/EU of the European Parliament and of the Council to use the best available techniques (BAT) and ensure that emission levels of pollutants are not higher than they would be when applying BAT; for the cases where emission levels associated with the BAT have been defined in implementing acts adopted under Directive 2010/75/EU, those levels will be applicable for the purpose of this Regulation; where those levels are expressed as a range, the limit where the BAT is first achieved will be applicable.

As a general rule, if the beneficiary already complies with all the Union standards applicable to it (including standards adopted but not yet in force), aid for energy efficiency projects can be granted to the respective beneficiary. If however the beneficiary does not comply with all the standards applicable to it, it must be checked that the energy efficiency project for which aid is required would not be necessary for the beneficiary to comply with those standards. If a project is necessary to comply with a Union standard, the beneficiary would be obliged to undertake the respective project (or an equivalent project) anyway and the aid would have no incentive effect.

167. Could installations of undertakings whose primary activity is not electricity/heat production benefit from aid granted under Article 38 of the GBER given that they enable undertakings to achieve energy efficiency?

AGVO-
FA⸱

According to Article 2(103) of the GBER, "energy efficiency" means an amount of saved energy determined by measuring and/or estimating consumption before and after implementation of an energy-efficiency improvement measure, whilst ensuring normalisation for external conditions that affect energy consumption.

Aid for measures aimed at enabling installations (regardless of the nature of their activity) to achieve energy efficiency can be granted under Article 38 of the GBER, provided the measures lead to reduced energy consumption, in line with the definition of the GBER for energy efficiency.

Nevertheless aid shall not be granted where improvements are undertaken to ensure that the undertakings comply with Union standards already adopted, even if they are not yet in force (Article 38(2) of the GBER).

Article 39:

168. What is meant by "efficiency fund managers"?

The energy efficiency fund manager is defined in Article 2(106) of the GBER as "a professional management company with a legal personality, selecting and making investments in eligible energy efficiency projects". Any company complying with the definition provided in GBER can be an energy efficiency fund manager.

According to Article 39 of the GBER, "the aid shall be granted in the form of an endowment, equity, a guarantee or loan to an energy efficiency fund or other financial intermediary, which shall fully pass it on to the final beneficiaries being the building owners or tenants. The aid granted by the energy efficiency fund or other financial intermediary to the eligible energy efficiency projects may take the form of

47

loans or guarantees. There is therefore a distinction between energy efficiency funds and other financial intermediaries.

An energy efficiency fund is defined in Article 2(105) of the GBER as "a specialised investment vehicle set up for the purpose of investing in energy efficiency projects aimed at improving the energy efficiency of buildings in both the domestic and non-domestic sectors." An energy efficiency fund will be managed by an energy efficiency fund manager, who will make investments from the fund. It is not excluded that energy efficiency fund managers use the services of financial intermediaries under certain circumstances.

A bank (or another financial intermediary) setting up a unit to grant aid to final beneficiaries for energy efficiency measures in buildings will most likely qualify as a financial intermediary, but not as an energy efficiency fund.

169. In what form can energy efficiency funds or other financial intermediaries grant aid to final beneficiaries? Can the aid be in the form of a grant?

Under Article 39(5) aid granted by energy efficiency funds or other financial intermediaries may take the form of loans or guarantees.

Article 2 of the GBER provides the following definitions for loans and guarantees:

- loan is defined in point 82 as "an agreement which obliges the lender to make available to the borrower an agreed amount of money for an agreed period of time and under which the borrower is obliged to repay the amount within the agreed period";

- guarantee is defined in point 67 as "a written commitment to assume responsibility for all or part of a third party's newly originated loan transactions".

Grants are a form of aid which is not expected to be repaid by the recipient. They therefore do not fall within the mentioned definitions, nor comply with Article 39(6), which states that the repayment shall not be less than the nominal value of the loan. In this context grants are consequently excluded as a form of aid that could be granted through energy efficiency funds or other financial intermediaries.

Article 40:

170. Does the reference to "conventional electricity and heating installations" include conventional electricity and thermal energy installations?

According to Article 40(4), the eligible costs shall be the extra investment costs for the equipment needed for the installation to operate as a high-efficiency cogeneration installation, compared to conventional electricity or heating installations of the same capacity or the extra investment cost to upgrade to a higher efficiency when an existing installation already meets the high-efficiency threshold.

According to Article 2(108) of the GBER "cogeneration" or combined heat and power (CHP) means the simultaneous generation in one process of thermal energy and electrical and/or mechanical energy.

From the stated above it follows that conventional electricity and thermal energy installations can be used for the calculation of the eligible costs provided that the principles of calculating the eligible costs, set out in Article 7 of the GBER, are respected.

European
Commission

171.   Does this article apply to support for the construction of biogas plants that use biowaste?

Investment aid for high-efficiency cogeneration can be granted under Article 40 of the GBER. According to Article 40(4), the eligible costs shall be the extra investment costs for the equipment needed for the installation to operate as a high-efficiency cogeneration installation, compared to conventional electricity or heating installations of the same capacity or the extra investment cost to upgrade to a higher efficiency when an existing installation already meets the high-efficiency threshold. If follows that the costs of the fuel, or of the installation producing the fuel used by the cogeneration units cannot be covered by aid granted under this provision of the GBER.

172.   Could installations of undertakings whose primary activity is not electricity/heat production be treated equally to those belonging to undertakings from the energy sector and benefit from aid for the promotion of energy from renewable sources under Article 41 of the GBER (biomass) or aid for high-efficiency cogeneration under Article 40 of the GBER (gas) respectively?

If the conditions set out in Articles 41 and 40, as well as in Chapter I, are complied with, aid can be granted to eligible installations, regardless of which is the primary activity of the undertaking.

Article 41:

173.   What is the best way to determine the difference between the costs of both investments as long as investments in the renewable energy field are environmentally friendly by default, therefore one could consider the base scenario as being "no investment" at all, instead of a "similar" investment?

Indeed, investments in renewable energy production facilities are environmentally friendly. The reference investment would normally be a less environmentally friendly energy production facility with the same capacity.

Please note in this context that Annex 2 of the EEAG provides a list of typical counterfactual (reference) investments. In case of doubt, we suggest referring to the examples provided in this Annex to establish the correct counterfactual also for the environmental measures designed under the GBER.

174.   Granting of investment aid is limited to new installations. Does this limit refer to "new installation" or rather to "new investment"? Are costs for reconstruction or expansion of renewable installation eligible under Article 41(5)?

Under Article 41(5) of the GBER the investment aid can cover part of the upfront costs (depending on the amount of the eligible costs) of new renewable installations.

Reconstruction works (upgrading or refurbishment) of an existing plant can also be eligible for investment aid under Article 41(5) of the GBER if this operation concerns considerable parts of the plant and is prolonging its expected lifetime.

49

However, maintenance operations and replacement of small parts and components of a plant, that are normally done during the expected lifetime of the plant, would not qualify for investment aid under Article 41(5) of the GBER.

175. How should the expression "no aid shall be granted or paid out after the installation started operations" be understood?

Article 41 of the GBER specifies the rules for granting investment aid in favour of renewable energy. Articles 42 and 43 of the GBER detail the rules which are applicable to operating aid in favour of renewable energy.

Article 41(5) states that "no aid shall be granted or paid out after the installation started operations and aid shall be independent from output". This provision serves to distinguish between investment aid and operating aid and thus whether Article 41 of the GBER is applicable or whether the provisions of Article 42 respectively Article 43 of the GBER need to be complied with.

Moreover one of the general conditions for the application of the GBER is that the aid has a clear incentive effect (Recital 5 of the GBER). Please note that the Commission considers that aid does not present an incentive effect for the beneficiary in all cases where work on the project had already started prior to the aid application by the beneficiary.

However, when the aid (or part of it) is paid within a short period of time after the completion of the project in order to allow the authorities to carry out necessary verifications that the project complies with all the applicable criteria (e.g. verify that the project has been finalised, verify that the alleged expenses have been incurred by beneficiaries), such aid would still qualify as investment aid that can be granted under Article 41(5) of the GBER, as long as all the other conditions are complied with (in particular the aid amount should be totally independent from the output).

176. Does Article 41(5) prohibit to pay out the last tranche of investment aid if the plant started operation?

Article 41 applies to aid granted for compensating part of the upfront investment costs only, whereas Articles 42 and 43 applies to aid paid out over the depreciation period (economic life time). Article 41(5) does therefore not prohibit to pay out the last tranche of investment aid as a balance payment to match differences between anticipated and actual expenditure in order to avoid overcompensation.

177. Biofuels are made from raw material that is agricultural or forest based biomass. Agricultural biomass is manure, agricultural residues (straw), food crops residues, oilseed rape, cereals and sugar beet. Forest based biomass is wood wastes. Which of these raw materials can be used for food-based biofuels, which are defined as biofuels produced from cereal and other starch rich crops, sugars and oil crops?

Only the last three categories mentioned as agriculture biomass, namely oilseed rape, cereals and sugar beet, should be considered food-based. Biofuels from residues (even food crops residues) qualify as second generation biofuels.

178. What is meant by "aid shall be independent from the output"? In relation with boiler houses under what circumstances can aid be regarded as independent from the output?

Investment aid should be established in connection with the eligible investment costs. It should be independent from the output in the sense that its amount cannot vary depending on the quantity of energy produced.

For example, aid calculated as X% of the eligible investment costs is independent from the output (and therefore acceptable under Article 41 of the GBER), while an

aid calculated as Y EUR/MWh is not independent from the output (and therefore not acceptable under Article 41 of the GBER).

179. Can credit tax be granted as investment aid?

Investment aid for the promotion of energy from renewable sources should be, in line with Article 41(5) only granted to new installations. It should be granted and paid out before the installations start to operate.

Aid that is paid out in tranches, during a certain period of time after the installations have started to operate, in different forms (including tax credits) is usually not considered investment aid, but operating aid, even if it is meant to cover (also) investment costs.

180. What is meant by "small installation" in Article 41(6)(c)?

There is no strict definition of a small installation, referred to by Article 41(6)(c). This possibility is included to acknowledge that some investments to promote energy produced from renewable sources might be very small so that there are no technically comparable conventional power plants that could be used as reference investment. Article 41(6)(c) applies to only such investments. Normally these are cases where the installations producing energy from renewable sources are not the only installations used by the beneficiary to produce energy, but are rather used as secondary installations to complement the energy available from other sources (e.g. secondary installations that are used when renewable sources are available, aimed to reduce the use of the main conventional energy installations). In such cases it is possible that in the absence of the aid the most credible counterfactual scenario would be an increased use of the other (less environmental friendly) existing installations or sources of energy.

This would be the case, for example, when small installations producing energy from renewable sources are part of an integrated system producing energy, and in the absence of the aid the beneficiary would be able to use the rest of the respective integrated system and no other investment would be necessary.

181. Is Article 41 for granting aid to boiler houses which currently use conventional energy for producing heat for conversion to energy from renewable sources?

Yes, investment aid can be granted under Article 41 of the GBER for the conversion of conventional energy boilers to energy from renewable sources. More in general, large investments made to an existing plant can be eligible for investment aid under Article 41 of the GBER, if they concern considerable parts of the plant and are prolonging the expected lifetime of the plant, or are necessary to allow the plant to produce energy from renewable sources. However, maintenance operations and replacement of small parts and components of the plant, that are normally replaced during the expected lifetime of the plant, would not qualify for investment aid under Article 41 of the GBER.

182. In case an existing oil-using boiler house is rebuilt into a boiler house using renewable energy sources, could the costs of the whole investment be regarded as extra investment costs?

In line with Article 41(6) the eligible costs shall be the extra investment costs necessary to promote the production of energy from renewable sources. Where the

AGVO-FAQ

51

costs of investing in the production of energy from renewable sources can be identified in the total investment cost as a separate investment, this renewable energy-related cost shall constitute the eligible costs. Where the costs of investing in the production of energy from renewable sources can be identified by reference to a similar, less environmentally friendly investment that would have been credibly carried out without the aid, this difference between the costs of both investments identifies the environmental protection-related cost and constitutes the eligible costs.

Taking the example of an existing oil-using boiler house that is rebuilt into a boiler house using renewable energy sources, it would be necessary first to establish what the counterfactual scenario would be – what would happen in the absence of the aid. If the existing oil-using boiler house already complies with all the necessary standards, and could continue to operate using oil, without requiring any investments in the foreseeable future, then the costs of the whole investment to convert it into a boiler house using renewable energy sources could be regarded as extra investment costs and would constitute the eligible costs. If however the existing oil-using boiler house would need certain investments in the absence of the aid, in order to continue to operate (e.g. investments necessary to comply with certain standards or investments to replace depreciated parts of it) the eligible costs should be calculated by reference to the respective counterfactual scenario, and the respective costs (that the beneficiary would incur in the absence of the aid) should be deducted.

183. **Article 41(1) provides for the possibility to grant investment aid for the promotion of renewable energy. Can this legal basis be used for granting aid to boiler houses which currently use conventional energy for conversion to renewable energy?**

It is in principle permitted to grant aid for the conversion of an already existing boiler house which uses conventional energy sources (e.g. oil) to a boiler house that uses renewable energy sources (e.g. wood chips), but only in relation to the investment costs necessary for the respective conversion.

184. **Is the modernisation of a plant already in operation, known as repowering, eligible for investment aid under Article 41 of the GBER?**

Modernisation (upgrading or refurbishment) of an existing plant can be eligible for investment aid under Article 41 of the GBER, if this operation concerns considerable parts of the plant and is prolonging the expected lifetime of the plant.

However, maintenance operations and replacement of small parts and components of the plant, that are normally replaced during the expected lifetime of the plant, would not qualify for investment aid under Article 41 of the GBER.

Article 42:

185. **What are the "generally accepted accounting principles"?**

The GBER does not specify the depreciation method. Depreciation of the plant would normally be understood in accounting terms applied during the economic life of the plant and equipment, rather than as tax depreciation. As indicative reference, you may want to see the International accounting standard 16 in Regulation (EC) No 2002/1606 on the application of international accounting or Article 12(5) and (6) of the Accounting Directive 2013/34/EU.

The actual depreciation method can vary from one Member State to another. Past case practice shows that in many Member States the depreciation period applied refers to the economic lifetime of the plant. The calculation of the aid amount should also follow this period. The Commission will assess the overall duration of

the aid case by case in the light of the method used and the overall design of the measure.

186.   What is understood by "common connection point" in Article 42(10)? Will multiple installations be considered as one if the connection point has a single owner? What about if the installations have different owners but a common connection point?

Under Article 42(10) installations with a common connection point to the electricity grid shall normally be considered as one installation. The ownership of the actual connection point is irrelevant for determining the total size of the installation.

When separate legal entities own installations with a common connection point, the possibility of considering these installations as one shall be evaluated on case by case basis, depending on:

- The types of installations involved: if they are installations of a similar kind, using the same type of primary energy source;

- The relationship between the legal entities: if they are unrelated or are related through a certain form of common ownership (part of a holding company, subsidiary and a parent company, etc.);

- The authorisation process: if it is necessary to obtain one authorisation for each installation or if one authorisation is enough for all of them;

- The way the installations are (inter)connected, the way the costs for the connection to the grid are split.

This assessment is normally done by the national authorities, which are well placed to verify all these aspects and decide if there are separate projects or components of a single project.

187.   What is understood by a "competitive bidding process"?

Article 42(2) requires that operating aid promoting renewable energies is subject to a competitive bidding process on the basis of clear, transparent and non-discriminatory criteria which are open to all generators producing electricity from renewable energy on a non-discriminatory basis.

Article 2(38) of the GBER defines a competitive bidding process as "a non-discriminatory bidding process that provides for the participation of a sufficient number of undertakings and where the aid is granted on the basis of either the initial bid submitted by the bidder or a clearing price. In addition, the budget or volume related to the bidding process is a binding constraint leading to a situation where not all bidders can receive aid".

These requirements are therefore applicable to Article 42(3) and Article 42(4) which deal with some specific cases.

188.   What is meant by "negative prices"?

"Negative prices" are wholesale electricity prices, whose values are below zero (0).

AGVO-
FAQ

53

12. AGVO-FAQ

189. What approach should the granting authority take when levelised costs are difficult to establish in practice?

If the levelised costs are difficult to establish in practice, the calculation of the total levelised production costs could be based on the average costs of all plants to which the scheme applies where this provides for the correct typical representative production costs.

190. Should a competitive bidding process be introduced in all circumstances?

The intention to set up a competitive bidding process is in line with the requirements of Article 42(2) of the GBER. Please note that the bidding process can be limited to specific technologies only in specific circumstances, if the conditions under Article 42(3) apply.

191. If the government guarantees to buy the produced energy at an agreed tariff above the market rate, is this considered State aid?

A publicly supported purchase of energy at a level above market price is likely to constitute State aid. The aid element would in principle amount to the difference between the price paid and the market price of the energy concerned. The GBER contains provisions on operating aid for renewables in Articles 42 and 43. Provided that all the applicable conditions set out in the GBER are met, such State aid could in principle be handled under this Regulation.

192. If a tender procedure is open to all technologies, but sets limits in the form of efficiency thresholds is the justification for applying such thresholds also subject to reporting to the Commission pursuant to Article 11(a)?

Under Article 11(a) of the GBER the Member State must submit to the Commission via the Commission's electronic notification system a summary information about each aid measure exempted under GBER together with a link to the full text of the aid measure, including its amendments, within 20 working days following its entry into force.

In this context all key features and requirements of the aid measure must be communicated to the Commission.

Article 42(3) allows for some limitations in the bidding process but extends the scope of the reporting obligation for aid which is granted on the basis of such a limited bidding process. For such aid measures the information that must be submitted to the Commission includes also a detailed assessment of any restrictive conditions introduced to limit the competitive bidding process. When certain limits are imposed, the justification for the respective bidding limits should therefore be included in the information sent to the Commission.

Article 43:

193. Does Article 43(5) permit that the total levelised costs of producing energy from the counterfactual fuel are used as a proxy where there is no market price for the form of energy concerned? If so, is it for the Member State to identify the appropriate counterfactual fuel?

The GBER only refers to the market price of the energy concerned in Article 43(5) to which there is a cross reference in Article 42(8). Article 43 specifies the

AGVO-
FAQ

conditions for granting operating aid to renewable energy in small scale installations.

Article 43(5) essentially caps the aid to the difference between the production costs of renewable energy and the market price of the energy concerned. In most cases market prices are readily available, notably in the case of electricity prices.

In some cases the market price may not be readily available. In such case the best proxy for the market price should be taken. Such best proxy could be the total levelised costs of the counterfactual form of energy.

Article 43(5) does not define the market price of the energy concerned. It is for the Member State to identify the correct market price in line with the rules set out in Article 43.

194. Can it be presumed that where a market does not exist (and therefore neither a futures market or relevant swap rate) that Article 43(6) does not apply?

Article 43 specifies the conditions for granting operating aid to renewable energy in small scale installations. Article 43(5) limits the aid amount to the difference between the total levelised costs of producing renewable energy and the market price of the energy concerned.

The calculation of the total levelised production costs is sensitive to the rate of return used. Therefore, Article 43(6) caps that rate of return that can be used for the calculation of the total levelised costs. Article 43(6) is phrased in a general way referring to generally available swap rates and does not require to identify a rate for a specific market (e.g. heat market).

In order to benefit from the GBER, all conditions of the Articles need to be respected, including Article 43(6). If these conditions are not respected and the Member State would still put in place the measure, such measure would need to be notified.

195. Where the GBER is used for a scheme rather than ad hoc aid, do the "total levelised costs" in Article 43(5) refer to average costs of all plants to which the scheme applies?

Article 43 specifies the conditions for granting operating aid to renewable energy in small scale installations. Article 43(5) limits the aid amount to the difference between the total levelised costs of producing renewable energy and the market price of the energy concerned.

In case of a scheme the total levelised production costs can be based on typical representative production costs of producing renewable energy for each relevant category of renewable energy.

The calculation of the total levelised production costs could be based on the average costs of all plants to which the scheme applies where this provides for the correct typical representative production costs. The plants to which the scheme applies should be a relevant category ensuring that the calculated production costs can be considered typical and representative for all plants.

AGVO-
F/

196.   where the GBER is being used for a scheme allowing to pay out the aid over a set period (e.g. 20 years), does the requirement to update levelised costs regularly apply only in relation to the setting of support levels for future applications for aid?

Article 43 specifies that the levelised costs need to be updated at least every year. The update of the levelised costs impacts on the maximum amount of aid that can be granted. Once the aid is granted to an installation, payment of the aid can take place in line with the support period set out in the conditions of the scheme (until depreciation). Adjustments in the levelised costs would therefore only impact on new applications for which the aid was not yet granted.

197.   Is cost plus methodology appropriate for a calculation of the internal rate of return?

Member States are not restricted to using a specific calculation methodology for the determination of the internal rate of return. However, in setting the level of return, Member States must respect the limits set out in Article 43(6) of the GBER.

Article 44:

198.   In which circumstances would Article 44(2) of the GBER apply?

Aid in the form of reductions in environmental taxes under Directive 2003/96/EC can be exempted from the notification requirement contained in Article 108(3) TFEU if the conditions contained in Article 44 of the GBER are fulfilled. Article 44(2) of the GBER provides that beneficiaries must at least still pay the applicable minimum level of taxation set by the ETD. The minimum level of taxation referred to in the GBER is the respective minimum level listed in Annex I to the ETD. In other words, Article 44 of the GBER can only be applied in cases where tax reductions are given to some undertakings or groups of undertakings while these still pay taxes equal or above the minimum levels contained in Annex I to the ETD. In such cases, all other conditions of Article 44 of the GBER should equally be complied with.

AGVO-
FAQ

Article 45:

199.   Can the definition of "hazardous substances" and/or "environmental damage" include concrete and other materials associated with permanent structures in order to clear derelict or brownfield land?

Article 45 of the GBER specifies the conditions for granting aid for the remediation of contaminated sites. A contaminated site is defined in Article 2(121) as a site where there is a confirmed presence, caused by man, of hazardous substances of such a level that they pose a significant risk to human health or the environment taking into account current and approved future use of the land.

The eligible costs are defined in Article 45(4) as the costs incurred for the remediation work, less the increase in the value of the land. All expenditure incurred by an undertaking in remediating its site, whether or not such expenditure can be shown as a fixed asset on its balance sheet, may be considered as eligible investment in the case of the remediation of contaminated sites.

For determining whether a site is eligible for support, it is required that there are hazardous substances of such a level that they pose a significant risk to human health or the environment. The GBER does not provide further specific conditions and therefore it does not exclude that such risk relates from derelict or brownfield land, as long as they pose a significant risk to human health or the environment.

200. **Would a derelict building in a dangerous state of repair be a hazard to health?**

Under this provision, it is required that there are hazardous substances present at the site, making it a contaminated site. Only decontamination (i.e. the removal of these hazardous substances) of contaminated sites could be caught by the notification exemption contained in Article 45 of the GBER.

Article 46:

201. **Is Article 46 applicable to aid for a heating distribution network favouring greenhouses? If so, can all the investments costs in order to use and transport the waste heat from an existing power plant to the users be considered as costs for the "distribution network"?**

The scope of Article 46 is not limited to cities and can also relate to the heating of business areas/industrial zones. The expansion of district heating to industrial zones is encouraged and promoted under the Energy Efficiency Directive (see Annex VIII). However, the district heating network needs to be energy efficient as defined in Article 2(124) of the GBER.

In the event of an existing power plant, the additional investment costs can be considered as the costs of the distribution network as long as the investment is not an integral part of the production plant and the investment serves the purpose of a (controlled) distribution of heat to all the users. The network should benefit all users and indirect beneficiaries of the aid should be excluded, see for instance paragraph 35 of Commission decision N208/2010.

202. **Can the duration of any clawback mechanism for operating profit not only equal the operating lifetime of the asset but also be shorter than this subject to the specific circumstances of a project?**

Article 46 specifies the conditions for granting aid to district heating and cooling. The Article distinguishes between aid for the production plant and aid for the distribution network.

Article 46(5) caps the eligible costs for the distribution network to the investment costs. Article 46(6) limits the aid amount to the difference between the investment costs and the operating profit.

The clawback mechanism referred to in Article 46(6) serves to avoid that the aid amount exceeds the above mentioned difference. The GBER does not specify the design or duration of the clawback mechanism, but rather the purpose of a clawback mechanism and what it needs to ensure.

In view of the purpose of a clawback mechanism the duration of a clawback mechanism would logically equal the operating lifetime of the asset. Without excluding the possibility of a shorter duration, general circumstances that justify a shorter duration of the clawback mechanism cannot be identified ex ante.

AGVO-
FAQ

57

12. AGVO-FAQ

203. Can the funding gap method be used under the GBER?

The criteria of identification of the eligible costs, at least for the distribution network of energy efficient district cooling and heating projects as set out in the GBER diverge from the "funding gap approach" as defined in point 32 of the EEAG as follows:

a) the GBER considers the *eligible costs* as the total investment costs less the operating profit (as defined in Article 2(39) of the GBER);

b) the EEAG, for the distribution network (point 76) enable to consider as eligible costs the difference between the positive and negative cash flows over the lifetime of the investment, discounted to their current value (typically using the cost of capital).

Regarding the eligible costs under the GBER (point a above), it should be noted that, as stated in Article 2(39) of the GBER, only a positive operating profit is taken into account. If the operating profit of the investment over its lifetime is equal to zero (operating cost=operating benefit), the entire investment cost may be subsidised. If the operating profit is negative (operating cost > operating benefit), only the total investment costs may be subsidised.

204. In the case of district heating, should there be deducted one year operating profit or should there be taken into account costs during the first five years of the investments (as it was mentioned in the Community Guidelines on State aid for environmental protection (2008/C 82/01), point 82) or the entire lifetime of the investment (20 years)?

Aid for energy infrastructure, as well as for district heating network infrastructure under the GBER, cannot exceed the difference between the investment cost and the operating profit of such infrastructure. The operating profit shall be estimated over the entire economic lifetime of the investment.

205. Does this article apply to any heat generation facilities connected to a heat supply network?

Energy efficient district heating and cooling is defined in Article 2(124) of the GBER as "district heating and cooling which satisfies the definition of efficient district heating and cooling system set out in Article 2(41) and (42) of Directive 2012/27/EU. The definition includes the heating/cooling production plants and the network (including related facilities) necessary to distribute the heat/cooling from the production units to the customer premises." Article 46 of the GBER allows, under certain conditions, aid to be granted for energy efficient district heating and cooling.

If an investor is considering investment in both the production plant and the connecting distribution networks, these should be assessed as two separate investments, specific rules and specific aid intensities applying to each of them: the aid intensities under paragraph 3 would apply for the production plant and under paragraphs 6 would apply for the distribution network. The eligible costs for the respective parts are also different, as defined by paragraphs 2 (for the production plant) and 5 (for the distribution network).

Article 47:

206. What would an acceptable method for evaluating a "state of the art" investment be?

The state of the art is defined in Article 2(129) of the GBER as "a process in which the re-use of a waste product to manufacture an end product is economically profitable normal practice." According to the GBER, where appropriate, the concept

European
Commission

of state of the art must be interpreted from a Union technological and internal market perspective.

Beyond the state of the art would normally refer to new and innovative technologies, meaning new and unproven technologies compared to the state of the art in the industry, which carry a risk of technological or industrial failure and are not optimisation or scaling up of an existing technology.

For an example of a measure approved by the Commission in the waste sector, as going beyond the state of the art, please see the decision adopted in the case SA.37380, available on our website, http://ec.europa.eu/competition/state aid/cases/249982/249982 1562944 119 2. pdf .

207. What is meant by "a conventional process"?

A conventional process should be understood as a process normally used by the recycling industry and which is economically profitable (corresponding to what is the state of the art).

Article 48:

208. How is the aid amount under Article 48(5) calculated?

In the case of investment aid for energy infrastructure the eligible costs are the investment costs.

The aid amount shall not exceed the difference between the eligible costs and the operating profit of the investment (i.e. aid amount = the investment costs – operating profit). Operating profit is defined in Article 2(39) of the GBER as "the difference between the discounted revenues and the discounted operating costs over the relevant lifetime of the investment, where this difference is positive", meaning that operating losses cannot be covered by aid.

Where an estimation of future operating profits is not possible ex ante, a clawback may be put in place.

209. If the electric line part of a project is eligible for aid under Article 48 of the GBER, how should the operating profit be calculated?

Operating profit is defined in Article 2(39) of the GBER as "the difference between the discounted revenues and the discounted operating costs over the relevant lifetime of the investment, where this difference is positive", meaning that operating losses cannot be covered by aid.

Under Article 2(39) of the GBER operating costs shall include costs such as personnel costs, materials, contracted services, communications, energy, maintenance, rent, administration, but exclude depreciation charges and the costs of financing of these.

Where an estimation of future operating profits is not possible ex ante, a clawback may be put in place.

AGVO-
FAQ

59

12. AGVO-FAQ

210. How to ensure that the energy infrastructure projects are not split artificially in order to comply with the GBER notification threshold?

Energy infrastructure is defined in Article 2(130), but there are no pre-established criteria for the delimitation on an energy infrastructure project. Each project must be assessed individually, taking into account in particular the technical features of the projects, as well as its economic and administrative aspects.

It is not allowed to artificially split one project into pieces (e.g. with the aim of remaining under the notification threshold).

National authorities (and national energy regulators) must assess whether several projects receiving aid are separate projects, or if they are parts of a single project that was split artificially, on the basis of the detailed information they usually receive about the respective projects, including approvals, accreditations or licences for certain projects.

Article 49:

211. Is this provision applicable to financing risk analyses before starting clean-up of a contaminated location, specifying suitable clean-up methods, clean-up limits and usually alternative clean-up scenarios as well?

Aid under Article 49 of the GBER can be granted to finance risk analyses before starting clean-up of a contaminated location.

212. Do the environmental studies have to be related to a specific investment for environmental protection in order to comply with the requirement of Article 49(1)?

Article 49(1) clarifies that aid for environmental studies can only be granted if it serves the specific purpose for environmentally friendly investments mentioned in Section 7 of the GBER. Article 49(1) does not require that the study is linked to an individual investment.

Article 50:

213. What is the meaning of "wild fires of natural origin"?

Article 50 of the GBER only covers aid to compensate for damage caused by certain natural disasters. Wild fires caused by forest activity are excluded from the scope of the GBER, as they are not of natural origin, but are caused by accident, with civil damage liability of the human or company that caused it. In most cases where the Commission approved aid to compensate for damage caused by forest fires, declaring it compatible with Article 107(2)(b) TFEU, these events were qualified as exceptional occurrence (in cases of fires resulting in widespread loss) and not as natural disaster.

214. What is meant by "competent authority"?

"Competent public authorities" within the meaning of Article 50(2)(a) are public authorities or agencies responsible or entrusted to declare an event as a natural disaster. In its decisions, the Commission has accepted as competent authorities both national and regional authorities, as well as national or regional civil protection services or agencies.

215. Can we consider damage caused by exceptional snowfalls within the definition of avalanches?

The list provided in the GBER is comprehensive and includes all types of natural disaster for which aid can be exempted from the notification obligation. Exceptional snowfalls are not included in that list and cannot be considered as avalanches. Therefore, compensation measures for damage caused by heavy or exceptional snowfall would need to be assessed on a case by case basis following notification.

Article 52:

216. How is the funding gap approach to be implemented under the new GBER given that in past decision-making practice the costs to be taken into consideration (investment costs only or investments plus operating costs) were considered differently?

Article 52 of the GBER defines as eligible costs only the investment costs.

If a Member State would like to use a funding gap approach, it would still need to ensure that only investment costs are financed. A funding gap should therefore be calculated as follows: either (i) as investment costs - revenue = funding gap ; or (ii) if the Member State wishes to include operating costs in the formula, which is only possible if the operating costs do not exceed the revenues: investment costs + operating costs – revenue = funding gap (provided it is ensured that operating costs < revenues).

217. Can Article 52 be interpreted in the sense that economic funding gaps can also be considered as investment costs eligible for State aid? Can the aid be submitted in the form of a grant and is it limited to the amount of the gap or can it be higher?

Provided that all conditions of Article 52 are met (see also the preceding question and answer), the calculation of the aid to investment costs as the "economic funding gaps" is possible. It can be granted in the form of a grant. However, the aid has to be limited to the minimum and has to be established on the basis of an open tendering procedure.

218. Can one apply the Broadband Guidelines by analogy? Does this also include the application of the access criteria?

Article 52(4) of the GBER requires that the network operator grants fair and non-discriminatory access to the network and as widely as possible (i.e. passive and active). Where appropriate, Article 52 of the GBER should be read consistently with the relevant provision of the Broadband Guidelines. The Broadband Guidelines, in particular points 42, 78(g) and (h) and point 80 specify in more detail the requirements which need to be met to fulfil the access criterion. These requirements therefore have to be applied as well to State aid granted for broadband networks under the GBER.

AGVO-
FAQ

61

12. AGVO-FAQ

219. Can the Commission confirm that the active elements of a broadband network (optical systems, WDMA equipment, routers, etc.) are eligible on the basis of Article 52(2)(c) and (d)?

We agree with the proposed interpretation. Investment costs for the deployment of basic broadband or next generation access (NGA) networks can include costs relating to passive and active elements of a broadband network.

220. Can the Commission confirm that granting aid for the active elements in case of upgrading a basic broadband infrastructure to an NGA network is also allowed on the basis of Article 52(3)?

The upgrade of a basic broadband infrastructure to an NGA network can be eligible for State aid under Article 52 of the GBER provided that the area of intervention is NGA white, as required under Article 52(3) of the GBER – and also respecting the other conditions described in the GBER – in particular with regard to full and effective unbundling.

221. Could the GBER be used to provide aid directed at broadband infrastructure built in white intervention areas under certain compatibility or threshold conditions? The Commission has indicated that the duct access obligation that must be met for NGA deployments must be met on an "open access" basis i.e. the duct infrastructure in the white NGA intervention area must be available by the supplier for any wholesale communications service regardless of whether it is for the purpose of delivering NGA or business connectivity services.

For aid granted under the GBER, the network operator must offer the widest possible active and passive wholesale access, under fair and non-discriminatory conditions. The network operator should therefore ensure access to the passive infrastructure – duct access in your question – for any wholesale communications service, regardless of whether it is for the purpose of delivering NGA, or business connectivity services.

222. What are the applicable tender rules and procedure?

The requirement to observe a "competitive selection process" in granting State aid in accordance with the provisions of the GBER should be interpreted consistently with the EU Guidelines for the application of State aid rules in relation to the rapid deployment of broadband networks. As stated in Article 52(4), the selection process has to respect the principle of technology neutrality.

For reference, among the relevant provisions of the Broadband Guidelines, more notably point 78(c) of the Broadband Guidelines specifies that: "Competitive selection process: Whenever the granting authorities select a third-party operator to deploy and operate the subsidised infrastructure, the selection process shall be conducted in line with the spirit and the principles of the EU Public Procurement Directives . It ensures that there is transparency for all investors wishing to bid for the implementation and/or management of the subsidised project. Equal and non-discriminatory treatment of all bidders and objective evaluation criteria are indispensable conditions. The competitive tender is a method to reduce budgetary costs, to minimise the potential State aid involved and at the same time reduces the selective nature of the measure insofar as the choice of the beneficiary is not known in advance. Member States shall ensure a transparent process and a competitive outcome and shall use a dedicated central website at the national level to publish all on-going tender procedures on broadband State aid measures."

223.   Is it possible to provide aid for implementation of projects involving the upgrade of NGA network to the standard of high-speed networks with parameters of at least 100 Mbps to the end user?

The question concerns whether Article 52(3) of the GBER, which states that investment aid for broadband networks is possible for investments located in areas where there is no infrastructure of the same category (either basic broadband or NGA network) and where no such infrastructure is likely to be developed on commercial terms within three years, should be interpreted as allowing aid under the GBER for the deployment of an "ultra-fast" NGA network in an area where regular NGA infrastructure exists.

The GBER is silent as regards "ultra-fast" NGA networks, and a literal reading of the GBER would exclude a legal basis to accept such an interpretation. Article 2(138) of the GBER describes NGA networks as advanced networks which have certain characteristics including very high speed (but without providing any figure in terms of Mbps). The GBER further sets out that at the current stage of market and technological development, NGA networks are: (a) fibre-based access networks (FTTx), (b) advanced upgraded cable networks and (c) certain advanced wireless access networks capable of delivering reliable high-speeds per subscriber. "Ultra-fast" NGA networks would fall under these categories. In this case, the GBER makes no distinction between "ultra-fast" NGA networks and regular NGA networks, and thus Article 52(3) could not be used as a legal basis to allow aid for investment into "ultra-fast" NGA networks where there exists regular NGA infrastructure.

Moreover, the GBER should cover only those cases where the aid is not expected to significantly distort competition. In the case of upgrading of regular NGA infrastructure to "ultra-fast" NGA, there may be a risk that incumbents are favoured because they can use the GBER aid to upgrade their infrastructure. For these reasons the GBER would not be adequate.

224.   Do the costs of purchase, lease or rent of existing (new or used) infrastructure (in particular the long-term lease on the basis of IRU agreement) shall be considered as eligible costs within the meaning of Article 52(2) of the GBER?

Such costs shall be considered as eligible costs and therefore falling within the scope of Article 52(2) of the GBER since the list of eligible costs as defined in this Article include all investment costs which refer to the deployment of basic broadband networks, next generation access networks and a passive broadband infrastructure. Please note however that such investment shall take place in areas which are either "basic white" or "NGA white", as required under Article 52(3) of the GBER.

Article 53:

225.   What is meant by "cultural and natural heritage"?

The formal recognition as cultural or natural heritage by the competent public authorities constitutes a condition for granting aid under Article 53(2)(c) . The GBER does not define such recognition procedure as this does not fall within the remit of the European institutions. Therefore, it is for the concerned Member State

AGVO-
FAQ

63

to decide which projects or activities can be declared as cultural or natural heritage. As soon as that project or activity is formally recognized as cultural or natural heritage by a competent public authority of this Member State, the condition for application of Article 53 would be deemed to be fulfilled.

226. Is it possible to apply the provisions of this Regulation on the aid for culture and heritage conservation concerning zoos?

In light of the obligations imposed on zoos by Council Directive 1999/22/EC of 29 March 1999 relating to the keeping of wild animals in zoos, and the recognised importance of natural habits and species (as evidenced e.g. by the Habitats Directive (Council Directive 92/43/EEC of 21 May 1992 on the conservation of natural habitats and of wild fauna and flora)) we consider that zoos can qualify as natural heritage, provided they are formally recognised as such by the relevant public authorities.

227. Is it possible to provide support under this Article to an international summer academy for culture and arts at an university?

An international summer academy for culture and arts taught at a university could a priori be considered as a cultural and artistic education activity in the meaning of Article 53(2)(e) of the GBER. Aid granted to support such academy could therefore be considered compatible with the internal market and exempted from the notification requirement of Article 108(3) TFEU, provided that it fulfils all the other conditions of Article 53 and of Chapter I of the GBER. In particular, teaching related to fashion and design, pursuant to Recital 72 of the GBER, cannot be considered as cultural.

Considering the nature of the activities described in your question (educational activities), we would also like to remind you that State aid rules, in the meaning of Article 107(1) TFUE, do not apply to measures concerning non-economic activities. Public education, i.e. education supervised and predominantly funded by the State, may be considered as a non-economic activity. The fact that students have to pay tuition or enrolment fees would not change the non-economic nature of public education, provided that the service remains predominantly funded by the State. This also concerns universities.

228. Which authorities could qualify as "competent public authorities" in the meaning of Article 53(2)(b)?

Public authorities of a Member State can qualify as "competent authorities" within the meaning of Article 53(2)(b), provided national rules entrust them with the responsibilities to decide on the status of an activity as cultural and/or natural heritage.

229. Does Article 6(5)(h) of the GBER apply to all aid for culture and heritage conservation covered by the GBER or does it only apply to Article 53 (aid for culture and heritage conservation)?

Article 6(5)(h) applies to aid for culture and heritage conservation as defined in Article 53. It specifically refers to this Article only and does not apply to Article 54.

230. What is the best way to determine the fulfilment of the conditions referred to in Article 53 (4)(a)?

The wording of Article 53(4)(a) of the GBER indicates that space and time capacity are alternative indicators of the eligible costs of the infrastructure, not cumulative ones. Indeed, the provision states that:

For investment aid, the eligible costs shall be the investment costs in tangible and intangible assets, including:

(a) costs for the construction, upgrade, acquisition, conservation or improvement of infrastructure, if at least 80 % of either the time or the space capacity per year is used for cultural purposes.

It follows from this wording that the costs listed in point (a) will be eligible either if 80% or more of the infrastructure's surface is used for cultural purposes (space capacity) or if during 80% or more of its total number of opening hours per year, the funded infrastructure is used for cultural activities (time capacity).

Taking the example of a museum with a souvenir shop and a café, the space capacity would be the relevant indicator, given that there are, inside one infrastructure, different spaces dedicated to cultural and non-cultural activities. The time capacity would be used if the same infrastructure is used at different points in time for cultural and non-cultural purposes (e.g. a concert hall is rented out for conferences).

231. Does the provision in the last sentence of Article 53(6) only apply if the creator/owner of cultural infrastructure is also the operator of the infrastructure?

Article 53(6) solely relates to investment aid to the creator/owner of cultural infrastructure and to the limitation of the aid amount that the creator/owner can maximally receive. Where the creator/owner of cultural infrastructure and the operator of that infrastructure are different entities Article 53(6) must be read as relating only to the creator/owner. The reference to "operating profit of the investment" in Article 53(6) would accordingly relate to the revenue generated by the creator/owner of the infrastructure (e.g. by renting the infrastructure to the separate operator). Likewise, where the creator/owner of cultural infrastructure is different from the operator of that infrastructure, it would be the creator/owner who would constitute the "operator" in the sense of the last sentence of Article 53(6) and who is allowed to keep a reasonable profit.

Where the creator/owner of cultural infrastructure and the operator of that infrastructure are different entities, it may be the case that investment aid to the creator/owner leads to operating aid being granted to the operator. If the separate operator receives operating aid, that operating aid would be subject to Article 53(7) and the operator would be allowed to keep at most a reasonable profit under that provision. However, investment aid to the creator/owner does not lead to operating aid to the separate operator if the operator has been chosen in an open, transparent and non-discriminatory tender procedure.

232. When is the formal recognition considered to be met?

A body of evidence consisting of factual circumstances and acts adopted by a local authority in an administrative or civil law context (such as a contract, a grant decision, or a donation act which specifies the objective of conserving natural heritage) should be sufficient. It is not required to have a formal recognition act adopted at national central level.

233. Regarding Article 53(6) and Article 55(10), are the two points cumulative or alternative?

The methods are alternative. Either the Member State operates an ex-ante deduction of future operating profit based on reasonable estimates or, when this is not possible, through the setting up of a clawback mechanism ex post.

AGVO-
FA°

65

234.   What are the eligible costs for the purpose of the aid for culture and heritage conservation?

The GBER foresees alternative calculation methodologies as regards operating aid for culture and heritage conservation. A Member State can therefore choose to apply either Article 53(7) (i.e. amount of aid capped to operating losses and a reasonable profit over the relevant period) or Article 53(8) (maximum amount of aid capped at 80% of the eligible costs, if the aid does not exceed EUR 1 million) depending on the specifics of the situation at hand.

The authorities of a Member State are free to design their schemes under the GBER, provided that they comply with all the relevant requirements (general and specific conditions of the GBER). Therefore, Member States may choose to limit the type of eligible costs covered by operating aid in the context of a particular scheme.

235.   How should the reasonable profit be determined according to Article 2(142)?

According to Article 2(142), the reasonable profit shall be determined with respect to the typical profit for the sector concerned. Such definition grants certain flexibility to Member States for the determination of the reasonable profit. Therefore, any of the different indicators mentioned in the SGEI package (rate of return on capital, return on capital employed, return on equity, return on assets or return on sales) can be used. However, regardless of the choice of the indicator, this needs to be justified by a benchmarking against the typical profits in the sector concerned.

For example, for museums and other cultural institutions, rate of return on sales may be easier to use. In this case, it should be ensured that the beneficiary does not achieve, after having received the aid, a return on sales that is higher than the typical return on sales achieved by purely commercial operators in the sector concerned.

AGVO-
FAQ

In addition, the definition of reasonable profit in Article 2(142) also includes a safe harbour, defined as a rate of return on capital that does not exceed the relevant swap rate plus a premium of 100 basis points. In the absence of other profit indicators benchmarked against the typical profits of the sector, this safe harbour will in any event be considered to be reasonable.

236.   How is the reasonable profit based on the swap rate (Article 2(142)) calculated correctly? Does one take the swap rate which is valid at the moment when the contract starts for the whole approved period and does one leave this rate at that level? Or would one adapt the swap rate after each change by the Commission respectively with effect for the future? (Alternatively, is there a choice?)

Article 2(142) reads as follows: "'reasonable profit' shall be determined with respect to the typical profit for the sector concerned. In any event, a rate of return on capital that does not exceed the relevant swap rate plus a premium of 100 basis points will be considered to be reasonable."

Article 2(142) makes clear that a reasonable profit is normally dependent on the sector concerned and hence does not have to be limited to the swap rate plus a premium of 100 basis points. However, it also contains the safe harbour provision that a profit of not more than the relevant swap rate plus 100 basis points is in any event reasonable. If the latter approach is chosen to determine a reasonable profit, the swap rate will depend on the compensation mechanism:

- if the compensation is determined ex ante, on the basis of reasonable projections, the swap rate that is valid at that moment (i.e. when the aid is granted) is to be used and can be kept at that level for the whole period.

European
Commission

- if the compensation is however determined ex post, on the basis of the actual incurred costs, the swap rates for each relevant period have to be applied (rather than one constant rate).

- likewise, if a clawback mechanism is used (and hence an ex post calculation is performed based on the actual figures), the swap rates for each relevant period have to be applied.

237. Is this provision applicable to the promotion of measures for energy-saving and energy-efficiency measures in cultural institutions?

As a general rule Articles 38 and/or 39 of the GBER (on energy efficiency) are the relevant articles to address investment aid for the promotion of energy-saving and energy-efficiency measures.

Where energy efficiency measures are carried out for the benefit of cultural institutions, they may also be covered by Article 53 (investment aid for upgrade of the cultural infrastructure). If the measures were to be considered as cultural aid in the meaning of Article 53, they would need to fulfil all the conditions of Article 53 and of Chapter I of the GBER in order to be considered compatible with the internal market and to be exempted from the notification requirement of Article 108(3) TFEU.

Article 54:

238. How much of the eligible costs can be covered?

Article 54 lists the specific compatibility criteria applicable to aid schemes for audiovisual works. Its paragraph 7 clarifies that aid intensities of more than 50% of the eligible costs are possible for difficult audiovisual works. Article 2(140) defines "difficult audiovisual works" as works identified as such by Member States on the basis of pre-defined criteria. These may include works whose sole original version is in a language of a Member State with a small territory or population or in a language that is only used in part of a Member State or only by a part of the population of a Member State.

239. Is it envisioned that audiovisual works, as covered by Article 54 of the GBER, can include aid to video game companies for products which are judged to meet the culture test as set out by the national tax scheme?

No, Article 54 of the GBER (aid schemes for audiovisual works) does not apply to aid for video games. Recital 72 of the GBER clearly states that " [...] In general, activities which, although they may present a cultural aspect, have a predominantly commercial character because of the higher potential for competition distortions, such as press and magazines (written or electronic), should not be covered. Furthermore, the list of eligible cultural purposes and activities should not include commercial activities such as fashion, design or video games."

AGVO-
FAQ

67

240. Article 54(4) lists conditions with regard to territorial spending obligations. Reference is made to the "minimum level of production activity in the territory". Does this refer to local expenses or to the percentage of film shooting taking place in that territory?

Territorial conditions requiring a minimum level of production activity in the territory of the Member State or part of it can be imposed in various ways:

• A film fund may require a certain level of local spending (direct territorial conditions).

• A film fund may also impose territorial spending conditions in an indirect way, for example by requiring a certain part of the film shooting to take place in the territory of the Member State or part of it.

Both types of territorial conditions are covered by the "minimum level of production activity". The minimum level of production activity is always expressed as a percentage of the overall production budget of the film – therefore, any film shooting activity requirement must be "translated" into the corresponding share of the film's overall production budget.

When setting territorial requirements (in particular indirect ones), Member States must ensure that this does not mean that the aid is reserved for specific production activities or individual parts of the production value chain (Art. 54(9) of the GBER). For instance, whereas the Commission's services generally accept the requirement for a certain part of the film shooting to take place in the territory of the Member State or part of it, it is not possible to link the aid to the requirement that specific post-production activities take place in the territory or that specific studio infrastructures are used.

Article 55:

241. **Can aid for sport and multifunctional recreational infrastructures (marinas) be granted under the GBER?**

Marinas are useable for sports such as amateur sailing and could also provide for other recreational activities (tourism, culture).

Article 55 of the GBER allows investment aid sport and multifunctional recreational infrastructures (except for hotels and leisure parks).

Under Article 55(10) of the GBER the aid amount may cover the funding gap so that the aid intensity would normally be higher than under the applicable regional aid rules.

Article 55(12) of the GBER also provides for an alternative (optional) method for calculating maximum amount of aid (80% of eligible costs in case of aid not exceeding EUR 1 million) but in that case the remaining 20% of financing has to be aid free.

242. **Does the GBER also cover investments in sport infrastructure in the form of creating possibilities for accommodation of athletes and their accompanying personnel, sauna, gym, massage rooms as well as seminar rooms and cafeterias?**

This type of investment would be covered by Article 55 provided that it is directly linked to the sports infrastructure and that it fulfills the conditions specified in the GBER (Article 55 and the general requirements).

243. **Is it possible to use rules for operating aid for sport and multifunctional recreational infrastructure to finance the operation of existing sport infrastructure (e.g. swimming pool, stadium)?**

European
Commission

It is possible to use the provisions on operating aid of Article 55 of the GBER to finance the operation of existing sport infrastructure, provided it complies with that Article and the general requirements set out in the GBER. In this respect, particular attention is drawn to the fact that Article 6 of the GBER (and in particular its paragraph 2) must be complied with. If the beneficiary is a large enterprise, the condition laid down in Article 6(3)(b) of the GBER applies.

244. Is it possible to provide operating aid for sport infrastructure to an entity which has the infrastructure in its lease? If so, is it possible that the period of the lease of the infrastructure is shorter than a year?

It is possible to provide operating aid for sport infrastructure to an entity which leases the sport infrastructure. According to Article 55(9) of the GBER: "For operating aid for sport infrastructure the eligible costs shall be the operating costs of the provision of services by the infrastructure. Those operating costs include costs such as [...] rent, administration, etc., but exclude depreciation charges and the costs of financing if these have been covered by investment aid". On this basis, rent costs are accepted as eligible operating costs. Please note that the maximum allowed under Article 4(1)(bb) of the GBER amounts to EUR 2 million per infrastructure per year. It is possible that the period of lease of the infrastructure is shorter than a year but the overall aid granted to the infrastructure must always remain below EUR 2 million and therefore must be adapted pro rata.

Article 56:

245. Is this article applicable to the construction of water management infrastructure where the subsequent operation of the infrastructure is carried out by the aid recipient (the investor) without delegating operation to a third party? Could both public entities (such as municipalities) and private entities be aid beneficiaries?

The provisions of Article 56 cover only the granting of investment aid to the infrastructure owner. Therefore, an "in house" operator benefitting from the aid must comply with the provisions of Article 56(3). The conditions of Article 56(4) apply only when the owner of a given infrastructure entrusts its operations to "a third party".

246. Can this article be applied to the construction of business incubators for SMEs which provide favourable conditions for renting office space and advice for budding entrepreneurs?

The Article block-exempts the aid granted to the infrastructure owner. We understand that by referring to "favourable conditions", you refer to State aid that might be granted to SMEs renting such office spaces at conditions that are not market conform. Any State aid involved in the granting of favourable conditions to entrepreneurs (e.g. start-up aid) will have to comply with the relevant GBER provisions or be notified. Please note that this should not be a bespoke investment.

In addition, please note that Article 56 only applies if no other provision of the GBER applies, such as specific provisions for infrastructure funding.

69

247. Can the Commission define the relationship between Article 56 and Decision SA.36346 (2013/N), which found that the development of land on industrial sites does not involve State aid?

The existence of State aid in a particular situation is outside the scope of the GBER, as the latter only concerns compatibility requirements for investments that are aid. Only when State aid cannot be excluded at the level of the infrastructure owner could the provisions of the GBER be applicable if all the other requirements are met.

In the case SA.36346, the Commission concluded that no aid was involved on the basis of the following characteristics of the measure. Firstly, the financial transfers from the federal level to the communes is considered an intrastate transfer and therefore outside the scope of Article 107(1) TFEU. In addition, activities that fall within the public remit are not considered economic activities and again outside the scope of Article 107(1) TFEU. In case the operator (in the case of the GRW decision, the "developer") is chosen via a tender procedure, it does not benefit of any aid either. Last but not least, as regards bodies implementing the measure that were not municipalities, they have a legal obligation to pass on/refund any advantage derived from the sale of the land.

In these circumstances, the Commission concluded that that particular measure did not constitute State aid. In other cases, aid may be involved but it can be considered compatible provided the conditions of the GBER provision are met.

248. Is this provision applicable to investment in the rehabilitation/modernisation of old rails station buildings? If yes, can it be applied in cases where the buildings are owned by private transport operators?

Yes, this article should be applicable if State aid is involved at the level of the infrastructure owner, independent of whether this is a public or private owner.

249. Is this provision applicable to infrastructure investment aid relating to the construction of normal rental housing?

Yes, provided that all the conditions regarding the operators and users of the infrastructure are met and that the thresholds are not exceeded.

250. Are the users of the infrastructure covered by the GBER exemption from notification?

Infrastructure users that pay a market price are not considered aid beneficiaries. The market price can be determined via a tender procedure (rather seldom on the user level) or via benchmarking consisting on a comparison of charges across a sufficient number of suitable comparable infrastructures or via the incremental cost approach.

In principle a scheme for aid granted to municipalities and other public institutions for preparation of industrial zones and related to technical infrastructure (buying, preparation and revitalization of land, ensuring its connection to utilities, construction and modernization of transport infrastructure and buildings) would indeed be a scheme that, if involving State aid, would seem to be covered by Article 56 of the GBER. Please note, however, that Article 56 only applies if no other more specific provision of the GBER applies, such as Article 48 relating to energy infrastructure. Also note that all the requirements of Article 56 should be met, including the prohibition as regards dedicated infrastructure and the total investment cost of maximum EUR 20 million (eligible cost also is capped at EUR 10 million).

251.   Is this provision applicable to financing of building or modernization of water management infrastructures, like sewage treatment plants, sewerage system and water pipelines?

As long as the investment is not covered by other provisions of the GBER (e.g. Article 47 regarding waste management), Article 56 could be applicable. However, the modernisation of the infrastructure implies that the operator should also pay proportionately more for being allowed to use and operate the new/modernised infrastructure. If there is no new procurement procedure, there is a risk that the operator receives an advantage as it would not pay "market-conform" operating fees in accordance with the upgraded infrastructure. If the payment of a "market-conform" price cannot be ensured, the operator would receive operating aid which would in principle not fall under the GBER.

252.   Can the electric car charging stations (on a highway) be financed under the provision of local infrastructure?

Electric car charging infrastructures cannot be considered as energy infrastructures within the meaning of GBER (Article 2(130) of the GBER defines what constitutes an energy infrastructure). Therefore Article 48 of the GBER, investment aid for energy infrastructure, does not apply. Article 56, investment aid for local infrastructure, may be applicable for such investments as long as the requirements of that Article and GBER Section 1 are respected.

253.   Is it correct that for merely the sale of a building and the grant of a guarantee the local authority is not obliged to organize an open, transparent and non-discriminatory procedure? If this is not correct could you please indicate the conditions for this procedure?

The documents mentioned above address different scenarios. In the Commission Communication on State aid elements in the sales of land and buildings by public authorities as well as the Commission Notice on the application of Articles 87 and 88 of the EC Treaty to State aid in the form of guarantees, the Commissions shares its assessment of conditions that should be met in order for a measure not to involve State aid. The GBER sets out criteria to be met by measures which are State aid in order to be found compatible.

Therefore, if the conditions of the two documents mentioned in the previous paragraph are fulfilled, the Commission considers that there is no State aid involved in the measure. Furthermore, Article 56 refers to the situation where infrastructure is being constructed or upgraded (and not to the simple sale of land).

254.   Could a project regarding the realization of a park & ride provision for railway travellers be considered a local infrastructure?

Provided that the measure entails the granting of State aid for the owner of that infrastructure, the referenced type of infrastructure could be covered by Article 56 of the GBER.

AGVO-FAQ

255. Please confirm that for the purpose of calculating the eligible cost under paragraph 6, it is possible to use the method identified by the European Commission in the context of the Structural Funds for revenue-generating projects.

In line with other measures concerning investment aid to an infrastructure project, in order to be covered by the GBER, the eligible costs shall be calculated in accordance with the following methodology: Total investment costs less operating profit (as defined in Article 2(39) of the GBER). That difference may be subsidised with State aid. As stated in Article 2(39), only a positive operating profit is taken into account. If the operating profit of the investment over its lifetime is equal to zero (operating cost=operating benefit), the entire investment cost may be subsidised. If the operating profit is negative (operating cost > operating benefit), only the total investment costs may be subsidised.

In line with previous practice for cases co-financed by structural funds, the Commission can accept, for the calculation of operating profit for the purpose of Article 56 GBER, a discount rate of 4%.

4. Chapter IV – FINAL PROVISIONS

Article 58:

256. How should this provision be read in conjunction with the "applicability provisions" of various Frameworks and Guidelines, which typically specify that "unlawful aid will be assessed in accordance with the rules applicable at the date on which the aid was granted"?

According to the provisions of Article 58(1), the GBER will apply to any individual aid granted before 1 July 2014 (being generally more generous than the previous GBER). The GBER is a higher ranking legal instrument, having precedence over specific Guidelines. Therefore, only for cases which cannot be covered by the current GBER, the Commission services would apply the Guidelines in force at the time of the granting of the aid (such Guidelines should still be more favourable for the Member States than the new Guidelines, which are generally stricter).

257. What are the provisions for the transitional period?

The GBER entered in force on 1 July 2014. Its entry into force was immediate, without a transitional period. According to its Article 58(1), it can be applied for individual aid measures also before its entry into force, provided that the measures in question fulfil all its conditions.

258. Do individual aids granted before the entry into force of this Regulation need to fulfil the obligation of communication laid down in Article 11(a)?

According to Article 3, the GBER applies to aid that fulfils all the conditions of its Chapters I and III. As regards the individual aid granted before its entry into force, Article 58(1) would derogate from this application of Chapters I and III only with regard to the application of Article 9 (publication and information obligations). However, we would stress that this interpretation is only for the benefit of the application of the GBER to a particular individual aid. As regards new aid measures, the Member States should also comply with Chapter II of the Regulation to be able to effectively monitor how the GBER conditions are complied with.

DAWI-Paket

DAWI-Mitteilung

Mitteilung der Kommission über die Anwendung der Beihilfevorschriften der Europäischen Union auf Ausgleichsleistungen für die Erbringung von Dienstleistungen von allgemeinem wirtschaftlichem Interesse (2012/C 8/02)

ABl. C 2012/8, 4

Inhaltsverzeichnis

1. Zweck und Anwendungsbereich der Mitteilung
2. Allgemeine Bestimmungen zum Bereich der staatlichen Beihilfen
   2.1. Begriff des Unternehmens und der wirtschaftlichen Tätigkeit
      2.1.1. *Allgemeine Grundsätze*
      2.1.2. *Ausübung öffentlicher Befugnisse*
      2.1.3. *Soziale Sicherheit*
      2.1.4. *Gesundheitsfürsorge*
      2.1.5. *Bildungswesen*
   2.2. Staatliche Mittel
   2.3. Auswirkungen auf den Handel
3. Voraussetzungen, unter denen Ausgleichsleistungen für öffentliche Dienstleistungen keine staatlichen Beihilfen darstellen
   3.1. Vom Gerichtshof aufgestellte Kriterien
   3.2. Vorliegen einer Dienstleistung von allgemeinem wirtschaftlichem Interesse
   3.3. Betrauungsakt
   3.4. Ausgleichsparameter
   3.5. Vermeidung von Überkompensation
   3.6. Auswahl des Dienstleistungserbringers
      3.6.1. *Höhe der Ausgleichsleistungen in Fällen, in denen die Übertragung der Dienstleistung von allgemeinem wirtschaftlichem Interesse im Wege einer geeigneten öffentlichen Ausschreibung erfolgt*
      3.6.2. *Höhe der Ausgleichsleistung in Fällen, in denen die Übertragung der Dienstleistung von allgemeinem wirtschaftlichem Interesse nicht im Wege einer öffentlichen Ausschreibung erfolgt*

1. ZWECK UND ANWENDUNGSBEREICH DER MITTEILUNG

1. Dienstleistungen von allgemeinem wirtschaftlichem Interesse erwachsen aus den gemeinsamen Werten der Union und spielen bei der Förderung des sozialen und territorialen Zusammenhalts eine wichtige Rolle. Die Union und die Mitgliedstaaten müssen im Rahmen ihrer jeweiligen Befugnisse dafür Sorge tragen, dass die Grundsätze und Bedingungen für die Erbringung dieser Dienstleistungen so gestaltet sind, dass diese Aufgaben erfüllt werden können.

2. Bestimmte Dienstleistungen von allgemeinem wirtschaftlichem Interesse können ohne besondere finanzielle Unterstützung durch die Mitgliedstaaten von öffentlichen oder privaten Unternehmen (¹) erbracht werden. Andere Dienstleistungen können nur erbracht werden, wenn die betreffende Behörde dem Erbringer einen finanziellen Ausgleich bietet. Bestehen keine spezifischen EU-Vorschriften, ist es den Mitgliedstaaten in der Regel freigestellt, wie sie ihre Dienstleistungen von allgemeinem wirtschaftlichem Interesse organisieren und finanzieren.

3. In dieser Mitteilung werden die Schlüsselkonzepte ausgeführt, die der Anwendung der Beihilfevorschriften auf Ausgleichsleistungen für die Erbringung öffentlicher Dienstleistungen zugrunde liegen (²). Schwerpunkt der Mitteilung sind daher die für Ausgleichsleistungen für die Erbringung öffentlicher Dienstleistungen wichtigsten beihilfenrechtlichen Bestimmungen.

4. Parallel zu dieser Mitteilung beabsichtigt die Kommission, eine auf Dienstleistungen von allgemeinem wirtschaftlichem Interesse ausgerichtete Verordnung über *De-minimis*-Beihilfen zu erlassen, in der erläutert wird, dass bestimmte Ausgleichsmaßnahmen keine staatlichen Beihilfen im Sinne von Artikel 107 AEUV (³) darstellen, einen Beschluss (⁴) zu erlassen, mit dem bestimmte Ausgleichsleistungen für die Erbringung von Dienstleistungen von allgemeinem wirtschaftlichem Interesse, die staatliche Beihilfen darstellen, nach Artikel 106 Absatz 2 AEUV für mit dem AEUV vereinbar erklärt und von der Anmeldepflicht nach Artikel 108 Absatz 3 AEUV befreit werden, sowie einen EU-Rahmen anzunehmen (⁵), in dem festgelegt ist, welche Voraussetzungen erfüllt sein müssen, damit staatliche Beihilfen für Dienstleistungen von allgemeinem wirtschaftlichem Interesse, die nicht unter

---

¹ Nach Artikel 345 AEUV lassen die Verträge die Eigentumsordnung in den verschiedenen Mitgliedstaaten unberührt. Folglich unterscheiden die Wettbewerbsvorschriften nicht zwischen Unternehmen in öffentlichem und Unternehmen in privatem Eigentum.

² Weitere Erläuterungen finden sich im Leitfaden zur Anwendung der Vorschriften der Europäischen Union über staatliche Beihilfen, öffentliche Aufträge und den Binnenmarkt bei Dienstleistungen von allgemeinem wirtschaftlichem Interesse inklusive Sozialdienstleistungen, SEK(2010) 1545 endg., 7. Dezember 2010).

³ Siehe Seite 23 dieses Amtsblatts.

⁴ Beschluss der Kommission 2012/21/EU vom 21. Dezember 2011 über die Anwendung von Artikel 106 Absatz 2 des Vertrags über die Arbeitsweise der Europäischen Union auf staatliche Beihilfen in Form von Ausgleichsleistungen zugunsten bestimmter Unternehmen, die mit der Erbringung von Dienstleistungen von allgemeinem wirtschaftlichem Interesse betraut sind (ABl. L 7 vom 11.1.2012, S. 3).

⁵ Siehe Seite 15 dieses Amtsblatts.

den vorgenannten Beschluss fallen, nach Artikel 106 Absatz 2 AEUV für mit dem Binnenmarkt vereinbar erklärt werden können.

5. Diese Mitteilung gilt unbeschadet der Anwendung anderer Rechtsvorschriften der Union, insbesondere derjenigen für das öffentliche Auftragswesen, und der sich aus dem AEUV und dem sektorspezifischen Unionsrecht ergebenden Bestimmungen. Entscheidet eine Behörde, Dritte mit der Erbringung einer Dienstleistung zu betrauen, muss sie die Rechtsvorschriften der Union für das öffentliche Auftragswesen befolgen, die in den Artikeln 49 bis 56 AEUV, den EU-Richtlinien über das öffentliche Auftragswesen (Richtlinie 2004/17/EG des Europäischen Parlaments und des Rates vom 31. März 2004 zur Koordinierung der Zuschlagserteilung durch Auftraggeber im Bereich der Wasser-, Energie- und Verkehrsversorgung sowie der Postdienste ([6]) und Richtlinie 2004/18/EG des Europäischen Parlaments und des Rates vom 31. März 2004 über die Koordinierung der Verfahren zur Vergabe öffentlicher Bauaufträge, Lieferaufträge und Dienstleistungsaufträge ([7])) sowie den sektorspezifischen Vorschriften ([8]) enthalten sind. Auch in Fällen, in denen die EU-Vergaberichtlinien ganz oder teilweise nicht angewandt werden können (z. B. auf Dienstleistungskonzessionen und Dienstleistungsaufträge nach Anhang II Teil B der Richtlinie 2004/18/EG einschließlich verschiedener Arten von Sozialdienstleistungen), muss die Vergabe dennoch im Einklang mit den AEUV-Bestimmungen über Transparenz, Gleichbehandlung, Verhältnismäßigkeit und gegenseitige Anerkennung ([9]) erfolgen.

6. Über die in dieser Mitteilung, dem Beschluss 2012/21/EU und der Mitteilung der Kommission — EU-Rahmen für staatliche Beihilfen in Form von Ausgleichsleistungen für die Erbringung öffentlicher Dienstleistungen (2011) erläuterten Aspekte hinaus wird die Kommission spezifische Fragen beantworten, die sich aus der Anwendung der Beihilfevorschriften auf Dienstleistungen von allgemeinem wirtschaftlichem Interesse ergeben. Dies soll u.a. über den Interaktiven Informationsdienst für Dienstleistungen von allgemeinem Interesse geschehen, der über die Website der Kommission erreichbar ist ([10]).

7. Diese Mitteilung gilt unbeschadet der einschlägigen Rechtsprechung des Gerichtshofs der Europäischen Union.

2. ALLGEMEINE BESTIMMUNGEN ZUM BEREICH DER STAATLICHEN BEIHILFEN

2.1 Begriff des Unternehmens und der wirtschaftlichen Tätigkeit

8. Nach Artikel 107 Absatz 1 AEUV finden die Beihilfevorschriften im Allgemeinen nur Anwendung, wenn es sich beim Empfänger um ein „Unternehmen" handelt. Die Frage, ob der Erbringer einer Dienstleistung von allgemeinem Interesse als Unternehmen einzustufen ist, ist daher für die Anwendung der Beihilfevorschriften von grundlegender Bedeutung.

2.1.1 Allgemeine Grundsätze

9. Nach ständiger Rechtsprechung des Gerichtshofs umfasst der Begriff des Unternehmens jede eine wirtschaftliche Tätigkeit ausübende Einheit, unabhängig von ihrer Rechtsform und der Art ihrer Finanzierung ([11]). Die Einstufung einer bestimmten Einheit als Unternehmen hängt damit vollständig von der Art ihrer Tätigkeiten ab. Dieser allgemeine Grundsatz hat drei wichtige Konsequenzen:

Erstens ist der Status der Einheit nach einzelstaatlichem Recht nicht entscheidend. Wird eine Einheit beispielsweise nach einzelstaatlichem Recht als Verband oder Sportverein eingestuft, muss sie dennoch möglicherweise als ein Unternehmen im Sinne von Artikel 107 Absatz 1 AEUV angesehen werden. Das einzige relevante Kriterium ist in diesem Zusammenhang, ob die Einheit eine wirtschaftliche Tätigkeit ausübt oder nicht.

Zweitens hängt die eigentliche Anwendung der EU-Beihilfevorschriften nicht davon ab, ob die Einheit zur Erzielung von Gewinnen gegründet wurde. Nach der Rechtsprechung des Gerichtshofs und des Gerichts können auch Einheiten ohne Erwerbszweck Güter und Dienstleistungen auf einem Markt anbieten ([12]). Andernfalls sind Dienstleister ohne Erwerbszweck selbstverständlich weiterhin nicht Gegenstand der Beihilfenkontrolle.

Drittens erfolgt die Einstufung einer Einheit als Unternehmen immer in Bezug auf eine bestimmte Tätigkeit. Eine Einheit, die sowohl wirtschaftliche als auch nichtwirtschaftliche Tätigkeiten ausübt, ist nur im Hinblick auf erstere als Unternehmen anzusehen.

10. Zwei getrennte rechtliche Einheiten können für die Zwecke der Anwendung der EU-Beihilfevorschriften als eine wirtschaftliche Einheit angesehen werden. Diese

DAWI-Mitteilung

---

[6] ABl. L 134 vom 30.4.2004, S. 1.

[7] ABl. L 134 vom 30.4.2004, S. 114.

[8] Siehe beispielsweise Verordnung (EG) Nr. 1370/2007 des Europäischen Parlaments und des Rates vom 23. Oktober 2007 über öffentliche Personenverkehrsdienste auf Schiene und Straße und zur Aufhebung der Verordnungen (EWG) Nr. 1191/69 und (EWG) Nr. 1107/70 des Rates (ABl. L 315 vom 3.12.2007, S. 1).

[9] EuGH, Urteil vom 7. Dezember 2000, *Telaustria Verlags GmbH und Telefonadress GmbH/Telekom Austria AG*, Rechtssache C-324/98, Slg. 2000, I-10745, Randnr. 60, und Mitteilung der Kommission zu Auslegungsfragen in Bezug auf das Gemeinschaftsrecht, das für die Vergabe öffentlicher Aufträge gilt, die nicht oder nur teilweise unter die Vergaberichtlinien fallen (ABl. C 179 vom 1.8.2006, S. 2).

[10] http://ec.europa.eu/services_general_interest/registration/form_de.html.

[11] EuGH, Urteil vom 12. September 2000, *Pavel Pavlov u. a./Stichting Pensioenfonds Medische Specialisten*, verbundene Rechtssachen C-180/98 bis C-184/98, Slg. 2000, I-6451.

[12] Beschluss des Präsidenten des Gerichtshofs vom 30. Oktober 1978, *Heintz van Landewyck SARL und andere/Kommission*, verbundene Rechtssachen 209/78 R bis 215/78 R und 218/78 R, Slg. 1978, 2111, Randnr. 21; EuGH, Urteil vom 16. November 1995, *Fédération française des sociétés d'assurance, Société Paternelle-Vie, Union des assurances de Paris-Vie und Caisse d'assurance et de prévoyance mutuelle des agriculteurs/Ministère de l'Agriculture et de la Pêche*, Rechtssache C-244/94, Slg. 1995, I-4013; EuGH, Urteil vom 1. Juli 2008, *Motosykletistiki Omospondia Ellados NPID (MOTOE)/Elliniko Dimosio*, Rechtssache C-49/07, Slg. 2008, I-4863, Randnm. 27 und 28.

13. DAWI-Mitteilung

wirtschaftliche Einheit ist dann das relevante Unternehmen. Hierzu prüft der Gerichtshof, ob Kontrollbeteiligungen und funktionelle, wirtschaftliche oder institutionelle Verbindungen bestehen ([13]). Eine Einheit jedoch, die selbst keine Güter oder Dienstleistungen auf einem Markt anbietet, stellt nicht aufgrund des bloßen Besitzes von Beteiligungen — auch von Mehrheitsbeteiligungen — schon ein Unternehmen dar, wenn mit der Beteiligung nur die Ausübung der Rechte, die mit der Eigenschaft eines Aktionärs oder Mitglieds verbunden sind, und gegebenenfalls der Bezug von Dividenden einhergehen, die lediglich die Früchte des Eigentums an einem Gut sind ([14]).

11. Zur Klärung der Unterscheidung zwischen wirtschaftlichen und nichtwirtschaftlichen Tätigkeiten wurde in der ständigen Rechtsprechung des Gerichtshofs stets festgestellt, dass jede Tätigkeit, die im Anbieten von Gütern und Dienstleistungen auf einem Markt besteht, eine wirtschaftliche Tätigkeit darstellt ([15]).

12. Ob für eine bestimmte Dienstleistung ein Markt existiert, kann davon abhängen, wie diese Dienstleistung in dem betreffenden Mitgliedstaat organisiert wird ([16]). Die EU-Beihilfevorschriften finden nur dann Anwendung, wenn die betreffende Tätigkeit in einem Marktumfeld ausgeübt wird. Die wirtschaftliche Natur bestimmter Dienstleistungen kann sich daher von Mitgliedstaat zu Mitgliedstaat unterscheiden. Des Weiteren kann sich die Einstufung einer bestimmten Dienstleistung aufgrund politischer Entscheidungen oder wirtschaftlicher Entwicklungen ändern. Dienstleistungen, die heute keine Markttätigkeit darstellen, könnten sich dazu entwickeln und umgekehrt.

13. Die Entscheidung einer Behörde, Dritten die Erbringung einer bestimmten Dienstleistung nicht zu gestatten (weil sie z. B. die Dienstleistung intern selbst erbringen will), schließt das Vorliegen einer wirtschaftlichen Tätigkeit nicht aus. Trotz einer solchen Marktabschottung kann dennoch eine wirtschaftliche Tätigkeit vorliegen, wenn andere Betreiber interessiert und in der Lage wären, die Dienstleistung auf dem betreffenden Markt zu erbrin-

gen. Die Tatsache, dass eine bestimmte Dienstleistung intern erbracht wird ([17]), hat im Allgemeinen keinen Einfluss auf die wirtschaftliche Natur der Tätigkeit ([18]).

14. Da die Unterscheidung zwischen wirtschaftlichen und nichtwirtschaftlichen Dienstleistungen von den politischen und wirtschaftlichen Gegebenheiten in dem jeweiligen Mitgliedstaat abhängt, ist es nicht möglich, eine erschöpfende Liste der Tätigkeiten aufzustellen, die grundsätzlich nie wirtschaftlicher Natur sind. Eine solche Liste würde keine wirkliche Rechtssicherheit schaffen und wäre somit wenig hilfreich. In den folgenden Absätzen soll hingegen die Unterscheidung im Hinblick auf eine Reihe wichtiger Bereiche geklärt werden.

15. Da der Begriff der wirtschaftlichen Tätigkeit nicht in den Verträgen definiert ist, lassen sich aus der Rechtsprechung des Gerichtshofs unterschiedliche Kriterien für die Anwendung der Binnenmarktvorschriften sowie des Wettbewerbsrechts ableiten ([19]).

2.1.2 Ausübung öffentlicher Befugnisse

16. Nach der Rechtsprechung des Gerichtshofs findet Artikel 107 AEUV keine Anwendung, wenn der Staat als „öffentliche Hand" ([20]) handelt oder aus dem Staat hervorgehende Behörden in „ihrer Eigenschaft als Träger öffentlicher Gewalt handeln" ([21]). Eine Einheit kann dann als handelnde öffentliche Hand angesehen werden, wenn es sich bei der betreffenden Tätigkeit um eine Aufgabe handelt, die Teil der wesentlichen Aufgaben des Staates ist oder ihrem Wesen, ihrem Ziel und den für sie geltenden Vorschriften nach mit diesen Aufgaben verbunden ist ([22]). Sofern der betreffende Mitgliedstaat nicht beschlossen hat, Marktmechanismen einzuführen, stellen Tätigkeiten, die untrennbarer Teil der Vorrechte einer Behörde sind und vom Staat ausgeübt werden, im Allgemeinen keine wirtschaftlichen Tätigkeiten dar. Beispiele hierfür sind Tätigkeiten im Zusammenhang mit

a) der Armee oder Polizei,

b) Flugsicherung und Flugverkehrskontrolle ([23]),

DAWI-Mittei-lung

---

[13] EuGH, Urteil vom 16. Dezember 2010, *AceaElectrabel Produzione SpA/Kommission*, Rechtssache C-480/09 P, Slg. 2010 noch nicht in der Sammlung veröffentlicht, Randnm. 47-55; EuGH, Urteil vom 10. Januar 2006, *Ministero dell'Economia e delle Finanze/Cassa di Risparmio di Firenze SpA, Fondazione Cassa di Risparmio di San Miniato und Cassa di Risparmio di San Miniato SpA*, Rechtssache C-222/04, Slg. 2006, I-289, Randnr. 112.

[14] Rechtssache C-222/04, *Ministero dell'Economia e delle Finanze/Cassa di Risparmio di Firenze SpA u. a.*, Randnm. 107-118 und 125.

[15] EuGH, Urteil vom 16. Juni 1987, *Kommission/Italien*, Rechtssache 118/85, Slg. 1987, 2599, Randnr. 7; EuGH, Urteil vom 18. Juni 1998, *Kommission/Italien*, Rechtssache C-35/96, Slg. 1998, I-3851, Randnr. 36; verbundene Rechtssachen C-180/98 bis C-184/98, *Pavel Pavlov u.a./Stichting Pensioenfonds Medische Specialisten*, Randnr. 75.

[16] EuGH, Urteil vom 17. Februar 1993, *Poucet und Pistre*, verbundene Rechtssachen C-159/91 und C-160/91, Slg. 1993, I-637.

[17] Siehe Schlussanträge des Generalanwalts Geelhoed in der Rechtssache C-295/05 *Asociación Nacional de Empresas Forestales (Asemfo)/Transformación Agraria SA (Tragsa) und Administración del Estado*, Slg. 2007, I-2999, Randnm. 110-116; Verordnung (EG) Nr. 1370/2007 des Europäischen Parlaments und des Rates vom 23. Oktober 2007 über öffentliche Personenverkehrsdienste auf Schiene und Straße und zur Aufhebung der Verordnungen (EWG) Nr. 1191/69 und (EWG) Nr. 1107/70 des Rates (ABl. L 315 vom 3.12.2007, S. 1), Artikel 5 Absatz 2 und Artikel 6 Absatz 1; Beschluss 2011/501/EU der Kommission vom 23. Februar 2011 über die

staatliche Beihilfe C 58/06 (ex NN 98/05) Deutschlands für Bahnen der Stadt Monheim (BSM) und Rheinische Bahngesellschaft (RBG) im Verkehrsverbund Rhein-Ruhr (ABl. L 210 vom 17.8.2011, S. 1), Erwägungsgründe 208 und 209.

[18] Auch die Frage, ob die Dienstleistung als eine Dienstleistung von allgemeinem wirtschaftlichem Interesse anzusehen ist, bleibt davon unberührt (siehe auch Abschnitt 3.2).

[19] EuGH, Urteil vom 18. Juli 2006, *David Meca-Medina und Igor Majcen/Kommission*, Rechtssache C-519/04 P, Slg. 2006, I-6991, Randnm. 30-33; EuGH, Urteil vom 5. März 2009, *Katmer Stahlbau GmbH/Maschinenbau- und Metall- Berufsgenossenschaft*, Rechtssache C-350/07, Slg. 2009, I-1513, Randnm. 66, 72, 74 und 75; Schlussanträge des Generalanwalts Poiares Maduro vom 10. November 2005, *Federación Española de Empresas de Tecnología Sanitaria (FENIN)/Kommission*, Rechtssache C-205/03 P, Slg. 2006, I-6295, Randnm. 50-51.

[20] Rechtssache C-118/85, *Kommission/Italien*, Randnm. 7-8.

[21] EuGH, Urteil vom 4. Mai 1988, *Corinne Bodson/SA Pompes funèbres des régions libérées*, Rechtssache C-30/87, Slg. 1988, I-2479, Randnr. 18.

[22] Siehe insbesondere EuGH, Urteil vom 19. Januar 1994, *SAT Fluggesellschaft mbH/Eurocontrol*, Rechtssache C-364/92, Slg. 1994, I-43, Randnr. 30.

[23] Rechtssache C-364/92, *SAT Fluggesellschaft GmbH/Eurocontrol*, Randnr. 27; EuGH, Urteil vom 26. März 2009, *SELEX Sistemi Integrati SpA/Kommission und Eurocontrol*, Rechtssache C-113/07 P, Slg. 2009, I-2207, Randnr. 71.

c) Seeverkehrskontrolle und -sicherheit ([24]),

d) Überwachungstätigkeiten zur Bekämpfung der Umweltverschmutzung ([25]) und

e) Organisation, Finanzierung und Durchsetzung von Haftstrafen ([26]).

2.1.3 Soziale Sicherheit

17. Ob Systeme der sozialen Sicherheit mit wirtschaftlichen Tätigkeiten einhergehen, hängt von ihrem Aufbau und ihrer Struktur ab. Im Wesentlichen unterscheiden der Gerichtshof und das Gericht zwischen Systemen, die auf dem Prinzip der Solidarität beruhen, und wirtschaftlichen Systemen.

18. Der Gerichtshof und das Gericht stellen anhand einer Reihe von Kriterien fest, ob ein System der sozialen Sicherheit auf Solidarität beruht und daher nicht mit wirtschaftlichen Tätigkeiten einhergeht. Hierbei kann es von Bedeutung sein,

a) ob die Mitgliedschaft im System verpflichtend ist ([27]),

b) ob das System rein soziale Zwecke verfolgt ([28]),

c) ob es sich um ein System ohne Erwerbszweck handelt ([29]),

d) ob die Leistungen unabhängig von den abgeführten Beiträgen gewährt werden ([30]),

e) ob die gewährten Leistungen sich nicht zwangsläufig proportional zu den Einkünften des Versicherten verhalten ([31]) und

f) ob das System vom Staat kontrolliert wird ([32]).

19. Derartige solidaritätsbasierte Systeme sind von wirtschaftlichen Systemen zu unterscheiden ([33]). Im Gegensatz zu solidaritätsbasierten Systemen weisen wirtschaftliche Systeme in der Regel folgende Merkmale auf:

a) optionale Mitgliedschaft ([34]),

b) Kapitalisierungsprinzip (die Ansprüche hängen von den geleisteten Beiträgen und den finanziellen Ergebnissen des Systems ab) ([35]),

c) Gewinnorientierung ([36]) und

d) zusätzliche Leistungen in Ergänzung zum Basissystem ([37]).

20. Manche Systeme haben die Merkmale beider Kategorien. In solchen Fällen hängt die Einstufung des Systems von der Analyse verschiedener Elemente und ihrer jeweiligen Bedeutung ab ([38]).

2.1.4 Gesundheitsfürsorge

21. Die Gesundheitssysteme in der Union unterscheiden sich von Mitgliedstaat zu Mitgliedstaat erheblich. In welchem Umfang die verschiedenen Gesundheitsdienstleister in einem Marktumfeld miteinander im Wettbewerb stehen, hängt weitgehend von den nationalen Besonderheiten ab.

22. In einigen Mitgliedstaaten sind öffentliche Krankenhäuser ein zentraler Bestandteil des nationalen Gesundheitssystems und basieren fast vollständig auf dem Solidaritätsprinzip ([39]). Solche Krankenhäuser werden direkt über die Sozialversicherungsbeiträge sowie aus staatlichen Mitteln finanziert und erbringen ihre Dienste für Versicherte unentgeltlich nach dem Prinzip der allgemeinen Gesundheitsversorgung ([40]). Gerichtshof und Gericht

DAWI-Mitteilung

---

[24] Beschluss der Kommission vom 16. Oktober 2002 in der Sache N 438/02 — Belgien — Subventionen zugunsten der Hafenverwaltungen (ABl. C 284 vom 21.11.2002, S. 2).

[25] EuGH, Urteil vom 18. März 1997, *Diego Calì & Figli Srl/Servizi ecologici porto di Genova SpA (SEPG)*, Rechtssache C-343/95, Slg. 1997, I-1547, Randnr. 22.

[26] Entscheidung der Kommission in der Sache N 140/06 — Litauen — Zuweisung von Beihilfen an Besserungsanstalten leitende staatliche Unternehmen (ABl. C 244 vom 11.10.2006, S. 12).

[27] EuGH, Urteil vom 17. Februar 1993, *Christian Poucet/Assurances générales de France und Caisse mutuelle régionale du Languedoc-Roussillon*, verbundene Rechtssachen C-159/91 und C-160/91, Slg. 1993, I-637, Randnr. 13.

[28] EuGH, Urteil vom 22. Januar 2002, *Cisal di Battistello Venanzio & C. Sas/Istituto nazionale per l'assicurazione contro gli infortuni sul lavoro (INAIL)*, Rechtssache C-218/00, Slg. 2002, I-691, Randnr. 45.

[29] EuGH, Urteil vom 16. März 2004, *AOK Bundesverband u. a./Ichthyol-Gesellschaft Cordes u. a.*, verbundene Rechtssachen C-264/01, C-306/01, C-354/01 und C-355/01, Slg. 2004, I-2493, Randnr. 47-55.

[30] Verbundene Rechtssachen C-159/91 und C-160/91, *Christian Poucet/Assurances générales de France und Caisse mutuelle régionale du Languedoc-Roussillon*, Randnrn. 15-18.

[31] Rechtssache C-218/00, *Cisal di Battistello Venanzio & C. Sas/INAIL*, Randnr. 40.

[32] Verbundene Rechtssachen C-159/91 und C-160/91, *Christian Poucet/Assurances générales de France und Caisse mutuelle régionale du Languedoc-Roussillon*, Randnr. 14; Rechtssache C-218/00, *Cisal di Battistello Venanzio & C. Sas/INAIL*, Randnrn. 43-48; verbundene Rechtssachen C-264/01, C-306/01, C-354/01 und C-355/01, *AOK u. a./Ichthyol-Gesellschaft Cordes u. a*, Randnrn. 51-55.

[33] Siehe insbesondere *Fédération française des sociétés d'assurance u. a./Ministère de l'Agriculture et de la Pêche*, Rechtssache C-244/94, Randnr. 19.

[34] EuGH, Urteil vom 21. September 1999, *Albany International BV/Stichting Bedrijfspensioenfonds Textielindustrie*, Rechtssache C-67/96, Slg. 1999, I-5751, Randnrn. 80-87.

[35] EuGH, Urteil vom 16. November 1995, *Fédération française des sociétés d'assurance, Société Paternelle-Vie, Union des assurances de Paris-Vie und Caisse d'assurance et de prévoyance mutuelle des agriculteurs/Ministère de l'Agriculture et de la Pêche*, Rechtssache C-244/94, Slg. 1995, I-4013, Randnrn. 9 und 17-20; Rechtssache C-67/96, *Albany International BV/Stichting Bedrijfspensioenfonds Textielindustrie*, Randnrn. 81-85; siehe auch EuGH, Urteil vom 21. September 1999, *Brentjens' Handelsonderneming BV/Stichting Bedrijfspensioenfonds voor de Handel in Bouwmaterialen*, verbundene Rechtssachen C-115/97 bis C-117/97, Slg. 1999, I-6025, Randnrn. 81-85; EuGH, Urteil vom 21. September 1999, *Maatschappij Drijvende Bokken BV/Stichting Pensioenfonds voor de Vervoer- en Havenbedrijven*, Rechtssache C-219/97, Slg. 1999, I-6121, Randnr. 71-75; verbundene Rechtssachen C-180/98 bis C-184/98, *Pavel Pavlov u. a./Stichting Pensioenfonds Medische Specialisten*, Randnrn. 114-115.

[36] Verbundene Rechtssachen C-115/97 bis C-117/97, *Brentjens' Handelsonderneming BV/Stichting Bedrijfspensioenfonds voor de Handel in Bouwmaterialen*.

[37] Rechtssache C-180/98 bis C-184/98, *Pavel Pavlov u. a./Stichting Pensioenfonds Medische Specialisten*.

[38] Rechtssache C-350/07, *Kattner Stahlbau GmbH/Maschinenbau- und Metall- Berufsgenossenschaft*.

[39] Nach der Rechtsprechung des Gerichtshofs der Europäischen Union ist das spanische Gesundheitssystem ein einschlägiges Beispiel hierfür (siehe Rechtssache T-319/99, *FENIN/Kommission*, Slg. 2003, II-357).

[40] Abhängig von den allgemeinen Merkmalen des Systems ändern Gebühren, die nur einen Bruchteil der tatsächlichen Kosten der Dienstleistungen abdecken, nicht zwangsläufig etwas an der Einstufung eines Systems als nichtwirtschaftlich.

13. DAWI-Mitteilung

haben bestätigt, dass überall dort, wo eine solche Struktur existiert, die betreffenden Organisationen nicht als Unternehmen handeln [41].

23. Existiert eine solche Struktur, so sind selbst Tätigkeiten, die an sich wirtschaftlicher Art sein könnten, aber allein zum Zweck der Erbringung einer anderen nichtwirtschaftlichen Dienstleistung ausgeübt werden, nichtwirtschaftlicher Natur. Eine Organisation die — selbst in großen Mengen — Güter bezieht, um eine nichtwirtschaftliche Dienstleistung zu erbringen, handelt nicht als Unternehmen, nur weil sie Abnehmer auf einem bestimmten Markt ist [42].

24. In vielen anderen Mitgliedstaaten bieten Krankenhäuser und Gesundheitsdienstleister ihre Dienstleistungen gegen ein Entgelt an, das entweder direkt von den Patienten oder deren Versicherungen gezahlt wird [43]. In derartigen Systemen herrscht zwischen den Krankenhäusern ein gewisser Wettbewerb um die Erbringung von Gesundheitsdienstleistungen. In diesem Fall reicht die Tatsache, dass eine Gesundheitsdienstleistung von einem öffentlichen Krankenhaus erbracht wird, nicht aus, um die Tätigkeit als nichtwirtschaftlich einzustufen.

25. Der Gerichtshof und das Gericht haben des Weiteren klargestellt, dass Gesundheitsdienstleistungen, die niedergelassene Ärzte und andere private Mediziner gegen Entgelt auf eigenes Risiko erbringen, als wirtschaftliche Tätigkeit anzusehen sind [44]. Dieselben Grundsätze gelten für unabhängige Apotheken.

2.1.5 Bildungswesen

26. Nach der Rechtsprechung der Union kann die innerhalb des nationalen Bildungssystems organisierte öffentliche Bildung, die vom Staat finanziert und überwacht wird, als nichtwirtschaftliche Tätigkeit angesehen werden. Hierzu hat der Gerichtshof festgestellt, dass der Staat

„[…] durch die Errichtung und Erhaltung eines solchen staatlichen Bildungssystems, das in der Regel aus dem Staatshaushalt und nicht von den Schülern oder ihren Eltern finanziert wird, keine gewinnbringende Tätigkeit aufnehmen wollte, sondern vielmehr auf sozialem, kulturellem und bildungspolitischem Gebiet seine Aufgaben gegenüber seinen Bürgern erfüllte" [45].

27. Nach derselben Rechtsprechung wird die nichtwirtschaftliche Natur der öffentlichen Bildung grundsätzlich nicht dadurch beeinträchtigt, dass Schüler oder ihre Eltern gelegentlich Unterrichts- oder Einschreibegebühren entrichten müssen, die zu den operativen Kosten des Systems beitragen. Solche finanziellen Beiträge decken oft nur einen Bruchteil der tatsächlichen Kosten der Dienstleistung ab und können daher nicht als Entgelt für die erbrachte Dienstleistung angesehen werden. Daher ändern sie nichts an der nichtwirtschaftlichen Natur einer allgemeinen Bildungsdienstleistung, die vorrangig aus staatlichen Mitteln finanziert wird [46]. Diese Grundsätze gelten für öffentliche Bildungsdienstleistungen wie Berufsausbildung [47], private und öffentliche Grundschulen [48] sowie Kindertageseinrichtungen [49], nebenberufliche Lehrtätigkeiten an Hochschulen [50] und Unterricht an Hochschulen [51].

28. Diese öffentliche Bereitstellung von Bildungsdienstleistungen muss von Dienstleistungen unterschieden werden, die weitgehend von Eltern oder Schülern oder aus kommerziellen Einnahmen finanziert werden. So fallen beispielsweise kommerzielle Unternehmen, die Hochschulstudiengänge anbieten, die vollständig von dem Studierenden bezahlt werden, eindeutig in letzte Kategorie. In einigen Mitgliedstaaten können öffentliche Institutionen auch Bildungsdienstleistungen anbieten, die aufgrund ihrer Natur, Finanzierungsstrukturen und konkurrierender privater Organisationen als wirtschaftlich einzustufen sind.

29. Im Gemeinschaftsrahmen für staatliche Beihilfen für Forschung, Entwicklung und Innovation [52] hat die Kommission klargestellt, dass bestimmte von Universitäten und Forschungsorganisationen ausgeübte Tätigkeiten nicht in den Anwendungsbereich der Beihilfevorschriften fallen. Dies betrifft die Haupttätigkeiten von Forschungseinrichtungen, und zwar

a) die Ausbildung von mehr und besser qualifizierten Humanressourcen,

b) die unabhängige Forschung und Entwicklung, auch im Verbund, zur Erweiterung des Wissens und des Verständnisses und

c) die Verbreitung der Forschungsergebnisse.

[41] Rechtssache T-319/99, *FENIN/Kommission*, Slg. 2003, II-357, Randnr. 39.

[42] Rechtssache T-319/99, *FENIN/Kommission*, Slg. 2003, II-357, Randnr. 40.

[43] Siehe z. B. EuGH, Urteil vom 16. November 1995, *FFSA u. a./Ministère de l'Agriculture et de la Pêche*, Rechtssache C-244/94, Slg. 1995, I-4013; EuGH, Urteil vom 21. September 1999, *Albany International BV/Stichting Bedrijfspensioenfonds Textielindustrie*, Rechtssache C-67/96, Slg. 1999, I-5751; Urteil vom 21. September 1999, *Brentjens' Handelsonderneming BV/Stichting Bedrijfspensioenfonds voor de Handel in Bouwmaterialen*, verbundene Rechtssachen C-115/97 bis C-117/97, Slg. 1999, I-6025; EuGH, Urteil vom 21. September 1999, *Maatschappij Drijvende Bokken BV/Stichting Pensioenfonds voor de Vervoer- en Havenbedrijven*, Rechtssache C-219/97, Slg. 1999, I-6121.

[44] EuGH, Urteil vom 12. September 2000, verbundene Rechtssachen C-180/98 bis C-184/98, *Pavel Pavlov u. a./Stichting Pensioenfonds Medische Specialisten*, Slg. 2000, I-6451, Randnr. 75 und 77.

[45] EuGH, Urteil vom 11. September 2007, *Kommission/Bundesrepublik Deutschland*, Rechtssache C-318/05, Slg. 2007, I-6957, Randnr. 68. Siehe auch Entscheidung der Kommission vom 25. April 2001 in der Sache N 118/00 — Öffentliche Subventionen für Profisportvereine und Beschluss der EFTA-Überwachungsbehörde in der Rechtssache 68123 — Norwegen — Nasjonal digital l□ringsarena, 12.10.2011, S. 9.

[46] EuGH, Urteil vom 21. Februar 2008, *Private Barnehagers Landsforbund/EFTA-Überwachungsbehörde*, Rechtssache E-5/07 (ABl. C 113 vom 8.5.2008, S. 17).

[47] EuGH, Urteil vom 27. September 1988, *Belgischer Staat/René Humbel und Marie-Thérèse Edel*, Rechtssache 263/86, Slg. 1988, 5365.

[48] Rechtssache C-318/05, *Kommission/Deutschland*; EuGH, Urteil vom 11. September 2007, *Herbert Schwarz und Marga Gootjes-Schwarz/Finanzamt Bergisch Gladbach*, Rechtssache C-76/05, Slg. 2007, I-6849.

[49] *Private Barnehagers Landsforbund/EFTA-Überwachungsbehörde*, Rechtssache E-5/07.

[50] EuGH, Urteil vom 18. Dezember 2007, *Hans-Dieter Jundt und Hedwig Jundt/Finanzamt Offenburg*, Rechtssache C-281/06, Slg. 2007, I-12231.

[51] EuGH, Urteil vom 7. Dezember 1993, *Stephan Max Wirth/Landeshauptstadt Hannover*, Rechtssache C-109/92, Slg. 1993, I-6447.

[52] Siehe Gemeinschaftsrahmen für staatliche Beihilfen für Forschung, Entwicklung und Innovation (ABl. C 323 vom 30.12.2006, S. 1).

DAWI-
Mittei-
lung

30. Die Kommission hat auch klargestellt, dass einzelne Aspekte des Technologietransfers (Lizenzierung, Gründung von Spin-offs oder andere Formen des Managements von von der Forschungsorganisation geschaffenem Wissen) als nichtwirtschaftlich zu betrachten sind, wenn diese Tätigkeit interner Natur ist ([53]) und alle Einnahmen daraus wieder in die Haupttätigkeiten der betreffenden Forschungseinrichtungen investiert werden ([54]).

2.2 Staatliche Mittel

31. Als Beihilfen im Sinne von Artikel 107 AEUV können nur solche Vorteile angesehen werden, die direkt oder indirekt aus staatlichen Mitteln gewährt werden ([55]). Aus privaten Mitteln gewährte Vorteile können die Stellung eines bestimmten Unternehmens möglicherweise stärken, fallen jedoch nicht in den Anwendungsbereich von Artikel 107 AEUV.

32. Die Übertragung von staatlichen Mitteln kann in vielerlei Form erfolgen, so etwa durch direkte Zuschüsse, Steuergutschriften und Sachleistungen. So stellt die Tatsache, dass der Staat keine Marktpreise für bestimmte Dienstleistungen erhebt, einen Verzicht auf staatliche Mittel dar. In seinem Urteil in der Rechtssache C-482/99, *Frankreich/Kommission* ([56]) bestätigte der Gerichtshof außerdem, dass die Mittel eines öffentlichen Unternehmens staatliche Mittel im Sinne von Artikel 107 AEUV darstellen, da die Behörden in der Lage sind, diese Mittel zu kontrollieren. Wird ein Unternehmen, das mit der Erbringung von Dienstleistungen von allgemeinem wirtschaftlichem Interesse betraut ist, aus Mitteln finanziert, die von einem öffentlichen Unternehmen bereitgestellt werden, und sind diese Finanzierungsmittel dem Staat zuzurechnen, so können diese Finanzierungsmittel staatliche Beihilfen darstellen.

33. Eine ohne öffentliche Ausschreibung erfolgende Vergabe von Lizenzen zur Inanspruchnahme oder Nutzung öffentlicher Bereiche oder von anderen besonderen oder ausschließlichen Rechten mit wirtschaftlichem Wert kann einen Verzicht auf staatliche Mittel bedeuten und den Begünstigten einen Vorteil verschaffen ([57]).

34. Mitgliedstaaten können in manchen Fällen Dienstleistungen von allgemeinem wirtschaftlichem Interesse über Gebühren und Beiträge finanzieren, die von bestimmten Unternehmen oder Nutzern entrichtet werden; die daraus resultierenden Einnahmen werden an das mit der Erbringung der Dienstleistung von allgemeinem wirtschaftlichem Interesse betraute Unternehmen abgeführt. Diese Art der Finanzierung wurde vom Gerichtshof insbesondere in der Rechtssache 173/73, *Italien/Kommission* ([58]) geprüft; in seinem Urteil stellte der Gerichtshof fest:

„[D]a die fraglichen Fonds nach innerstaatlichen Rechtsvorschriften durch Zwangsbeiträge gespeist werden und (…) gemäß diesen Rechtsvorschriften verwaltet und verteilt werden, sind sie als Mittel im Sinne des Artikels (107 AEUV) zu betrachten, selbst wenn ihre Verwaltung nichtstaatlichen Organen anvertraut wäre."

35. Ähnlich äußerte sich der Gerichtshof in seinem Urteil in den verbundenen Rechtssachen C-78/90 bis C-83/90, *Compagnie Commerciale de l'Ouest* ([59]), in dem er bestätigte, dass Maßnahmen, die über parafiskalische Abgaben finanziert werden, aus staatlichen Mitteln finanzierte Maßnahmen darstellen.

36. Entsprechend handelt es sich bei Ausgleichsleistungen für die Erbringung von Dienstleistungen von allgemeinem wirtschaftlichem Interesse, die über parafiskalische Abgaben oder Pflichtabgaben finanziert werden, die vom Staat auferlegt und im Einklang mit den einschlägigen Rechtsvorschriften verwaltet und zugewiesen werden, um Ausgleichsleistungen zulasten staatlicher Mittel.

2.3 Auswirkungen auf den Handel

37. Damit Ausgleichleistungen für die Erbringung öffentlicher Dienstleistungen in den Anwendungsbereich von Artikel 107 AEUV fallen, müssen sie den Handel zwischen Mitgliedstaaten beeinträchtigen oder zu beeinträchtigen drohen. Dies setzt normalerweise einen Wettbewerbsmarkt voraus. Deshalb gelten für Märkte, die entweder durch Rechtsvorschriften der Union oder durch mitgliedstaatliche Gesetze für den Wettbewerb geöffnet wurden oder sich *de facto* im Zuge der wirtschaftlichen Entwicklung für den Wettbewerb geöffnet haben, die EU-Vorschriften für staatliche Beihilfen. Die Mitgliedstaaten verfügen jedoch nach wie vor über einen Ermessensspielraum, wie sie Dienstleistungen von allgemeinem wirtschaftlichem Interesse definieren, organisieren und finanzieren wollen, wobei diese der Beihilfenkontrolle unterliegen, wenn dem (privaten oder öffentlichen) Dienstleistungserbringer (einschließlich interner Dienstleistungserbringer) Ausgleichsleistungen gewährt werden. Ist der

---

[53] Nach Fußnote 25 des Gemeinschaftsrahmens für staatliche Beihilfen für Forschung, Entwicklung und Innovation ist unter „interner Natur" ein Sachverhalt zu verstehen, bei dem das Wissensmanagement der Forschungsorganisation(en) durch eine Abteilung oder eine Untergliederung der Forschungsorganisation oder gemeinsam mit anderen Forschungsorganisationen erfolgt. Die vertragliche Übertragung bestimmter Dienstleistungen an Dritte im Wege der offenen Ausschreibung steht dem internen Charakter dieser Tätigkeiten nicht entgegen.

[54] Siehe Abschnitte 3.1.1 und 3.1.2 des Gemeinschaftsrahmen für staatliche Beihilfen für Forschung, Entwicklung und Innovation.

[55] EuGH, Urteil vom 7. Mai 1998, *Epifanio Viscido u. a./Ente Poste Italiane*, verbundene Rechtssachen C-52/bis C-54/97, Slg. 1998, I-2629, Randnr. 13; EuGH, Urteil vom 22. November 2001, *Ferring SA/Agence centrale du organisme de sécurité sociale (ACOSS)*, Rechtssache C-53/00, Slg. 2001, I-9067, Randnr. 16. Siehe auch EuGH, Urteil vom 13. März 2001, Rechtssache C-379/98, *PreussenElektra AG/Schleswag AG*, Slg. 2001, I-2099.

[56] Slg. 2002, I-4397.

[57] EuGH, Urteil vom 22. Mai 2003, *Connect Austria Gesellschaft für Telekommunikation GmbH/Telekom-Control-Kommission*, Rechtssache C-462/99, Slg. 2003, I-5197, Randnr. 92-93. EuG, Urteil vom 4. Juli 2007, Bouygues SA und *Bouygues Télécom SA/Kommission*, Rechtssache T-475/04, Slg. 2007, II-2097, Randnr. 101, 104, 105 und 111.

[58] EuGH, Urteil vom 2. Juli 1974, *Italien/Kommission*, Rechtssache 173/73, Slg. 1974, 709, Randnr. 16. Siehe auch EuGH, Urteil vom 22. März 1977, *Steinike & Weinlig/Bundesrepublik Deutschland*, Rechtssache 78/76, Slg. 1977, 595, Randnr. 21; und EuGH, Urteil vom 17. Juli 2008, *Essent Netwerk*, Rechtssache C-206/06, Slg. 2008, 5497, Randnr. 47, 57 und 96.

[59] EuGH, Urteil vom 11. März 1992, *Compagnie Commerciale de l'Ouest u. a./Receveur principal des douanes de La Pallice Port*, verbundene Rechtssachen C-78/90 bis C-83/90, Slg. 2003, I-14243, Randnr. 26.

13. DAWI-Mitteilung

Markt einem einzigen Dienstleistungserbringer (einschließlich interner Dienstleistungserbringer) vorbehalten, unterliegen die ihm gewährten Ausgleichsleistungen ebenfalls der Beihilfenkontrolle. Ist die wirtschaftliche Tätigkeit für den Wettbewerb geöffnet worden, würde eine Entscheidung, die Dienstleistung von allgemeinem wirtschaftlichen Interesse mittels anderer Methoden als einer öffentlichen Ausschreibung bereitzustellen, die die geringsten Kosten für die Gemeinschaft gewährleisten würde, zu Wettbewerbsverzerrungen führen, weil Wettbewerber am Markteintritt gehindert oder die Expansion des Begünstigten auf anderen Märkten erleichtert werden könnte. Wettbewerbsverzerrungen können auch auf den Inputmärkten auftreten. Aber auch Beihilfen, die einem Unternehmen gewährt werden, das auf einem nicht liberalisierten Markt tätig ist, können den Handel beeinträchtigen, wenn das begünstigte Unternehmen auch auf liberalisierten Märkten tätig ist ([60]).

38. Beihilfemaßnahmen können sich auch dann auf den Handel auswirken, wenn das begünstigte Unternehmen nicht selbst an grenzüberschreitenden Tätigkeiten beteiligt ist. In solchen Fällen kann das inländische Angebot beibehalten oder erhöht werden, mit der Folge, dass sich die Möglichkeiten für in anderen Mitgliedstaaten niedergelassene Unternehmen verringern, ihre Dienstleistungen in dem betreffenden Mitgliedstaat anzubieten ([61]).

39. Nach der Rechtsprechung des Gerichtshofs gibt es keine Schwelle und keinen Prozentsatz, bis zu der oder dem man davon ausgehen könnte, dass der Handel zwischen Mitgliedstaaten nicht beeinträchtigt würde ([62]). Ein relativ geringer Beihilfebetrag oder eine relativ kleines begünstigtes Unternehmens lassen nicht grundsätzlich darauf schließen, dass der Handel zwischen Mitgliedstaaten nicht beeinträchtigt wird.

40. Ferner kam die Kommission in mehreren Fällen zu dem Schluss, dass Tätigkeiten rein lokaler Natur waren und den Handel zwischen Mitgliedstaaten nicht beeinträchtigten. Beispiele hierfür sind

a) Schwimmbäder, die überwiegend von den örtlichen Einwohnern genutzt werden ([63]),

b) örtliche Krankenhäuser, die ausschließlich für die örtliche Bevölkerung bestimmt sind ([64]),

c) örtliche Museen, die wahrscheinlich keine grenzüberschreitenden Besucher anziehen ([65]), und

d) lokale Kulturveranstaltungen, bei denen das potenzielle Publikum örtlich begrenzt ist ([66])

41. Im Übrigen ist die Kommission nicht verpflichtet, alle von den Mitgliedstaaten gewährten finanziellen Unterstützungsmaßnahmen zu prüfen. Nach der Verordnung (EG) Nr. 1998/2006 der Kommission vom 15. Dezember 2006 über die Anwendung der Artikel 87 und 88 EG-Vertrag auf *De-minimis*-Beihilfen ([67]) fallen Beihilfen, deren Gesamtsumme in einem Zeitraum von drei Jahren 200 000 EUR pro Unternehmen nicht überschreitet, nicht in den Anwendungsbereich von Artikel 107 Absatz 1 AEUV. Besondere *De-minimis*-Schwellenwerte gelten für den Transport-, Fischerei- und Agrarsektor ([68]), und die Kommission plant, eine Verordnung mit einem besonderen *De-minimis*-Schwellenwert für lokale Dienstleistungen von allgemeinem wirtschaftlichem Interesse anzunehmen.

3. VORAUSSETZUNGEN, UNTER DENEN AUSGLEICHSLEISTUNGEN FÜR ÖFFENTLICHE DIENSTLEISTUNGEN KEINE STAATLICHEN BEIHILFEN DARSTELLEN

3.1 Vom Gerichtshof aufgestellte Kriterien

42. In seinem *Altmark*-Urteil ([69]) gab der Gerichtshof weitere Erläuterungen zu den Voraussetzungen, unter denen Ausgleichsleistungen für die Erbringung öffentlicher Dienstleistungen, wenn kein Vorteil besteht, keine staatlichen Beihilfen darstellen.

43. Der Gerichtshof stellte fest,

„[…] dass eine staatliche Maßnahme nicht unter Artikel 92 Absatz 1 EG-Vertrag (jetzt Artikel 107 Absatz 1 AEUV) fällt, soweit sie als Ausgleich anzusehen ist, der die Gegenleistung für Leistungen bildet, die von den Unternehmen, denen sie zugute kommt, zur Erfüllung gemeinwirtschaftlicher Verpflichtungen erbracht werden, so dass diese Unternehmen in Wirklichkeit keinen finanziellen Vorteil erhalten und die genannte Maßnahme somit nicht bewirkt, dass sie gegenüber den mit ihnen im Wettbewerb stehenden Unternehmen in eine günstigere Wettbewerbsstellung gelangen. Ein derartiger Ausgleich ist im konkreten Fall jedoch nur dann nicht als staatliche Beihilfe zu qualifizieren, wenn eine Reihe von Voraussetzungen erfüllt sind.

DAWI-Mittei-lung

---

[60] EuG, Urteil vom 15. Juni 2000, *Mauro Alzetta u. a./Kommission*, verbundene Rechtssachen T-298/97, T-312/97, T-313/97, T-315/97, T-600/97 bis T-607/97, T-1/98, T-3/98 bis T-6/98 und T-23/98, Slg. 2000, II-2319, Randnrn. 143-147.

[61] Siehe insbesondere EuGH, Urteil vom 24. Juli 2003, *Altmark Trans GmbH und Regierungspräsidium Magdeburg/Nahverkehrsgesellschaft Altmark GmbH*, Rechtssache C-280/00, Slg. 2003, I-7747.

[62] *Altmark Trans GmbH und Regierungspräsidium Magdeburg/Nahverkehrsgesellschaft Altmark GmbH*, Rechtssache C-280/00, Randnr. 81.

[63] Entscheidung der Kommission in der Sache N 258/00 — Deutschland — Freizeitbad Dorsten (ABl. C 172 vom 16.6.2001, S. 16).

[64] Entscheidung der Kommission in der Sache N 543/01 — Irland — Steuerliche Abschreibung für Krankenhäuser (ABl. C 154 vom 28.6.2002, S. 4).

[65] Entscheidung der Kommission in der Sache N 630/03 — Italien — Unterstützung für örtliche Museen in Sardinien — Sardinien (ABl. C 275 vom 8.12.2005, S. 3).

[66] Entscheidung der Kommission in der Sache N 257/07 — Spanien — Zuschüsse für Theaterproduktionen im Baskenland (ABl. C 173 vom 26.7.2007, S. 2).

[67] Verordnung (EG) Nr. 1998/2006 der Kommission vom 15. Dezember 2006 über die Anwendung der Artikel 87 und 88 EG-Vertrag auf *De-minimis*-Beihilfen (ABl. L 379 vom 28.12.2006, S. 5).

[68] Siehe Artikel 2 Absatz 2 der Verordnung (EG) Nr. 1998/2006 für den Transportsektor; Verordnung (EG) Nr. 875/2007 der Kommission vom 24. Juli 2007 über die Anwendung der Artikel 87 und 88 EG-Vertrag auf *De-minimis*-Beihilfen im Fischereisektor und zur Änderung der Verordnung (EG) Nr. 1860/2004 (ABl. L 193 vom 25.7.2007, S. 6); Verordnung (EG) Nr. 1535/2007 der Kommission vom 20. Dezember 2007 über die Anwendung der Artikel 87 und 88 EG-Vertrag auf *De-minimis*-Beihilfen im Agrarerzeugnissektor (ABl. L 337 vom 21.12.2007, S. 35).

[69] *Altmark Trans GmbH und Regierungspräsidium Magdeburg/Nahverkehrsgesellschaft Altmark GmbH*, Rechtssache C-280/00, Slg. 2003, I-7747.

— Erstens muss das begünstigte Unternehmen tatsächlich mit der Erfüllung gemeinwirtschaftlicher Verpflichtungen betraut sein, und diese Verpflichtungen müssen klar definiert sein. ...

— [...] Zweitens sind die Parameter, anhand deren der Ausgleich berechnet wird, zuvor objektiv und transparent aufzustellen, um zu verhindern, dass der Ausgleich einen wirtschaftlichen Vorteil mit sich bringt, der das Unternehmen, dem er gewährt wird, gegenüber konkurrierenden Unternehmen begünstigt. [...] Gleicht daher ein Mitgliedstaat, ohne dass zuvor die Parameter dafür aufgestellt worden sind, die Verluste eines Unternehmens aus, wenn sich nachträglich herausstellt, dass das Betreiben bestimmter Dienste im Rahmen der Erfüllung gemeinwirtschaftlicher Verpflichtungen nicht wirtschaftlich durchführbar war, so stellt dies ein finanzielles Eingreifen dar, das unter den Begriff der staatlichen Beihilfe im Sinne von Artikel (107 Absatz 1 AEUV) fällt.

— Drittens darf der Ausgleich nicht über das hinausgehen, was erforderlich ist, um die Kosten der Erfüllung der gemeinwirtschaftlichen Verpflichtungen unter Berücksichtigung der dabei erzielten Einnahmen und eines angemessenen Gewinns aus der Erfüllung dieser Verpflichtungen ganz oder teilweise zu decken.[...]

- [...] Wenn viertens die Wahl des Unternehmens, das mit der Erfüllung gemeinwirtschaftlicher Verpflichtungen betraut werden soll, im konkreten Fall nicht im Rahmen eines Verfahrens zur Vergabe öffentlicher Aufträge erfolgt, das die Auswahl desjenigen Bewerbers ermöglicht, der diese Dienste zu den geringsten Kosten für die Allgemeinheit erbringen kann, so ist die Höhe des erforderlichen Ausgleichs auf der Grundlage einer Analyse der Kosten zu bestimmen, die ein durchschnittliches, gut geführtes Unternehmen, das so angemessen mit Transportmitteln ausgestattet ist, dass es den gestellten gemeinwirtschaftlichen Anforderungen genügen kann, bei der Erfüllung der betreffenden Verpflichtungen hätte, wobei die dabei erzielten Einnahmen und ein angemessener Gewinn aus der Erfüllung dieser Verpflichtungen zu berücksichtigen sind" ([70]).

44. Die Abschnitte 3.2 bis 3.6 behandeln die verschiedenen Voraussetzungen, die durch die *Altmark*-Rechtsprechung aufgestellt wurden: den Begriff der Dienstleistung von allgemeinem wirtschaftlichem Interesse für die Zwecke des Artikels 106 Absatz 2 AEUV ([71]), das Erfordernis eines Betrauungsakts ([72]), die Verpflichtung zur Festlegung von Parametern für Ausgleichsleistungen ([73]),

die Grundsätze für die Vermeidung einer Überkompensation ([74]) und die Grundsätze für die Auswahl des Dienstleistungserbringers ([75]).

3.2 Vorliegen einer Dienstleistung von allgemeinem wirtschaftlichem Interesse

45. Der Begriff der Dienstleistung von allgemeinem wirtschaftlichem Interesse entwickelt sich beständig weiter und hängt unter anderem von den Bedürfnissen der Bürgerinnen und Bürger, den technologischen Entwicklungen und Marktentwicklungen sowie den sozialen und politischen Präferenzen im betreffenden Mitgliedstaat ab. Der Gerichtshof stellte fest, dass Dienstleistungen von allgemeinem wirtschaftlichem Interesse im Vergleich zu anderen wirtschaftlichen Tätigkeiten besondere Merkmale aufweisen ([76]).

46. Da es keine einschlägigen EU-Vorschriften dazu gibt, wann eine Dienstleistung eine Dienstleistung von allgemeinem wirtschaftlichem Interesse darstellt, haben die Mitgliedstaaten bei der Festlegung dieser Dienstleistung und der Gewährung von Ausgleichsleistungen für den Dienstleistungserbringer einen weiten Ermessensspielraum. Die Befugnisse der Kommission beschränken sich hierbei darauf zu kontrollieren, dass dem Mitgliedstaat bei der Festlegung der Dienstleistung als Dienstleistung von allgemeinem wirtschaftlichem Interesse ([77]) kein offenkundiger Fehler unterlaufen ist, und zu prüfen, ob die Ausgleichsleistungen staatliche Beihilfen umfassen. Gelten besondere EU-Vorschriften, so unterliegt der Ermessensspielraum der Mitgliedstaaten diesen Vorschriften, wobei die Verpflichtung der Kommission, zu prüfen, ob die Dienstleistung von allgemeinem wirtschaftlichem Interesse für die Zwecke der Beihilfenkontrolle ordnungsgemäß definiert wurde, davon unberührt bleibt.

47. Das erste Altmark-Kriterium verlangt, dass die Betrauung mit einer Dienstleistungen von allgemeinem wirtschaftlichem Interesse definiert wird. Diese Voraussetzung entspricht der Voraussetzung des Artikels 106 Absatz 2 AEUV ([78]). Aus Artikel 106 Absatz 2 AEUV geht hervor, dass Unternehmen, die mit der Erbringung von Dienstleistungen von allgemeinem wirtschaftlichem Interesse betraut sind, eine „besonderen Aufgabe" übertragen wurde ([79]). Allgemein umfasst die Betrauung mit einer „besonderen Dienstleistungsaufgabe" die Erbringung von Dienstleistungen, die ein Unternehmen, wenn es im eigenen gewerblichen Interesse handelt, nicht oder

DAWI-Mitteilung

[70] *Altmark Trans GmbH und Regierungspräsidium Magdeburg/Nahverkehrsgesellschaft Altmark GmbH*, Rechtssache C-280/00, Randnm. 87-93.
[71] Siehe Abschnitt 3.2.
[72] Siehe Abschnitt 3.3.
[73] Siehe Abschnitt 3.4.
[74] Siehe Abschnitt 3.5.
[75] Siehe Abschnitt 3.6.
[76] EuGH, Urteil vom 10. Dezember 1991, *Merci convenzionali porto di Genova SpA/Siderurgica Gabrielli SpA*, Rechtssache C-179/90, Slg. 1991, I-5889, Randnr. 53; EuGH, Urteil vom 17. Juli 1997, *GT-Link A/S gegen De Danske Statsbaner (DSB)*, Rechtssache C-242/95, Slg. 1997, I-4449, Randnr. 53, EuGH, Urteil vom 18. Juni 1998, *Corsica Ferries France*

SA/Gruppo Antichi Ormeggiatori del porto di Genova Coop. arl u. a., Rechtssache C-266/96, Slg. 1998, I-3949, Randnr. 45.
[77] EuG, Urteil vom 12. Februar 2008, *British United Provident Association Ltd (BUPA), BUPA Insurance Ltd und BUPA Ireland Ltd/Kommission*, Rechtssache T-289/03, Slg. 2008, II-81, Randnrn. 166-169 und 172; EuG, Urteil vom 15. Juni 2005, *Fred Olsen, SA/ Kommission*, Rechtssache T-17/02, Slg. 2005, II-2031, Randnr. 216.
[78] EuG, Urteil vom 12. Februar 2008, *British United Provident Association Ltd (BUPA), BUPA Insurance Ltd und BUPA Ireland Ltd/Kommission*, Rechtssache T-289/03, Slg. 2008, II-81, Randnr. 171 und 224.
[79] Siehe insbesondere EuGH, Urteil vom 27. März 1974, *BRT/SABAM*, Rechtssache C-127/73, Slg. 1974, 313.

nicht im gleichen Umfang oder nicht zu den gleichen Bedingungen übernommen hätte [80]). Da die Dienstleistung im Interesse der Allgemeinheit erbracht wird, können die Mitgliedstaaten oder die Union besondere Bedingungen für solche Dienstleistungen festlegen.

48. Die Kommission ist daher der Auffassung, dass es nicht zweckmäßig wäre, bestimmte gemeinwirtschaftliche Verpflichtungen an eine Dienstleistung zu knüpfen, die in Einklang mit den Marktregeln handelnden Unternehmen zu normalen Marktbedingungen, die sich z. B. im Hinblick auf den Preis, objektive Qualitätsmerkmale, Kontinuität und den Zugang zu der Dienstleistung mit dem vom Staat definierten öffentlichen Interesse decken, zufriedenstellend erbracht wird oder erbracht werden kann [81]). In Bezug auf die Frage, ob eine Dienstleistung vom Markt erbracht werden kann, beschränkt sich die Kommission darauf zu prüfen, ob dem betreffenden Mitgliedstaat ein offensichtlicher Fehler unterlaufen ist.

49. Ein einschlägiges Beispiel für diesen Grundsatz ist der Breitbandsektor, für den die Kommission bereits klare Ausführungen zu den Arten von Tätigkeiten veröffentlicht hat, die als Dienstleistungen von allgemeinem wirtschaftlichem Interesse angesehen werden können. So vertritt die Kommission insbesondere die Auffassung, dass in Gebieten, in denen private Investoren bereits in Breitbandinfrastruktur investiert haben (oder ihre Netzwerkinfrastruktur gerade ausweiten) und bereits wettbewerbsfähige Breitbanddienste mit einer angemessenen Flächendeckung anbieten, die Einrichtung einer parallelen Breitbandinfrastruktur nicht als Dienstleistung von allgemeinem wirtschaftlichem Interesse betrachtet werden sollte. Im Gegensatz hierzu können in Fällen, in denen Investoren nicht in der Lage sind, eine angemessene Breitbandversorgung anzubieten, unter bestimmten Bedingungen Ausgleichsleistungen für Dienstleistungen von allgemeinem wirtschaftlichem Interesse gewährt werden [82]).

50. Die Kommission ist außerdem der Auffassung, dass Dienstleistungen, die als Dienstleistungen von allgemeinem wirtschaftlichem Interesse einzustufen sind, zum Wohle der Bürger oder im Interesse der Gesellschaft als Ganzes erbracht werden müssen.

3.3 Betrauungsakt

51. Damit Artikel 106 AEUV zur Anwendung kommt, müssen ein oder mehrere Unternehmen mit der Erbringung einer Dienstleistung von allgemeinem wirtschaftlichem Interesse betraut sein. Das betreffenden Unternehmen muss deshalb vom Staat mit einer besonderen Aufgabe betraut worden sein [83]). Auch das erste Altmark-

Kriterium besagt, dass das Unternehmen mit der Erfüllung gemeinwirtschaftlicher Verpflichtungen betraut sein muss. Um der Rechtsprechung in der Sache *Altmark* nachzukommen, ist daher ein öffentlicher Auftrag für die Erbringung der Dienstleistung notwendig, in dem die Verpflichtungen der betreffenden Unternehmen und der Behörde festgehalten sind.

52. Der öffentliche Dienstleistungsauftrag muss im Wege eines Betrauungsakts vergeben werden, der abhängig von der Gesetzgebung des Mitgliedstaats die Form eines legislativen oder regulatorischen Instruments oder eines Vertrags haben kann. Der öffentliche Dienstleistungsauftrag kann auch in mehreren Akten festgehalten werden. Nach dem Ansatz, den die Kommission in solchen Fällen verfolgt, müssen der Akt bzw. die Akte zumindest Folgendes festlegen:

a) Gegenstand und Dauer der Verpflichtungen zur Erbringung von öffentlichen Dienstleistungen;

b) das Unternehmen und gegebenenfalls das betreffende Gebiet;

c) die Art etwaiger dem Unternehmen durch die betreffende Behörde gewährter ausschließlicher oder besonderer Rechte;

d) die Parameter für die Berechnung, Überwachung und Änderung der Ausgleichsleistungen und

e) Maßnahmen zur Vermeidung und Rückforderung einer etwaigen Überkompensation.

53. Die Einbindung des Dienstleistungserbringers in das Verfahren, mit dem er mit einer öffentlichen Dienstleistung beauftragt wird, bedeutet nicht, dass die Aufgabe nicht von einem Behördenakt herrührt, auch wenn die Betrauung auf Antrag des Dienstleistungserbringers erfolgte [84]). In einigen Mitgliedstaaten ist es nicht ungewöhnlich, dass Behörden Dienstleistungen finanzieren, die vom Dienstleistungserbringer selbst entwickelt und vorgeschlagen wurden. Die Behörde muss jedoch vor der Gewährung einer Ausgleichsleistung entscheiden, ob sie den Vorschlag des Dienstleistungserbringers genehmigt. Es ist nicht von Bedeutung, ob die notwendigen Elemente des Betrauungsakts direkt in die Entscheidung einfließen, den Vorschlag des Dienstleistungserbringers anzunehmen, oder ob ein separater Rechtsakt, z. B. ein Vertrag mit dem Dienstleistungserbringer, erstellt wird.

3.4 Ausgleichsparameter

54. Die Parameter, anhand deren der Ausgleich berechnet wird, müssen zuvor objektiv und transparent aufgestellt werden, um zu verhindern, dass dem Unternehmen, dem der Ausgleich gewährt wird, ein wirtschaftlicher

---

[80] Siehe insbesondere Artikel 2 der Verordnung (EG) Nr. 1370/2007 des Europäischen Parlaments und des Rates vom 23. Oktober 2007 über öffentliche Personenverkehrsdienste auf Schiene und Straße und zur Aufhebung der Verordnungen (EWG) Nr. 1191/69 und (EWG) Nr. 1107/70 des Rates (ABl. L 315 vom 3.12.2007, S.1).

[81] EuGH, Urteil vom 20. Februar 2001, *Analir*, Rechtssache C-205/99, Slg. 2001, I-1271, Randnr. 71.

[82] Für die genauen Vorschriften siehe Randnrn. 24-30 der Mitteilung der Kommission — Leitlinien der Gemeinschaft für die Anwendung der Vorschriften über staatliche Beihilfen im Zusammenhang mit dem schnellen Breitbandausbau (ABl. C 235 vom 30.9.2009, S. 7).

[83] Siehe insbesondere EuGH, Urteil vom 27. März 1974, *Belgische Radio en Televisie/SV SABAM und NV Fonior*, Rechtssache 127-73, Slg. 1974, 313.

[84] EuG, Urteil vom 15. Juni 2005, *Fred Olsen, SA/Kommission*, Rechtssache T-17/02, Randnr. 188.

Vorteil erwächst, der es gegenüber konkurrierenden Unternehmen begünstigt.

55. Die Notwendigkeit, die Ausgleichsparameter vorab festzulegen, bedeutet nicht, dass die Ausgleichsleistungen auf der Grundlage einer besonderen Formel (z. B. einem bestimmten Preis pro Tag/Mahlzeit/Passagier/Nutzeranzahl) berechnet werden müssen. Es muss lediglich von Anfang an feststehen, wie der Ausgleich bestimmt wird.

56. Entscheidet die Behörde, dem Dienstleistungserbringer Ausgleichsleistungen für die Kostenpositionen zu gewähren, muss sie vorab festlegen, wie diese Kosten bestimmt und kalkuliert werden. Nur die unmittelbar mit der Erbringung der Dienstleistung von allgemeinem wirtschaftlichem Interesse verbundenen Kosten können in diesem Zusammenhang berücksichtigt werden. Alle Einnahmen, die das Unternehmen mit der Erbringung der Dienstleistung von allgemeinem wirtschaftlichem Interesse erzielt, müssen abgezogen werden.

57. Wird dem Unternehmen ein angemessener Gewinn als Teil der Ausgleichsleistung gewährt, müssen im Betrauungsakt außerdem die Kriterien für die Berechnung dieses Gewinns festgelegt sein.

58. Ist eine Überprüfung des Ausgleichsbetrags während des Betrauungszeitraums vorgesehen, müssen im Betrauungsakt die Bestimmungen für diese Überprüfung und ihre möglichen Auswirkungen auf den Gesamtausgleichsbetrag festgelegt werden.

59. Erfolgt die Übertragung der Dienstleistung im Wege einer öffentlichen Ausschreibung, muss die Methode zur Berechnung der Ausgleichsleistungen in den Informationen enthalten sein, die allen Unternehmen, die an der Ausschreibung teilnehmen möchten, übermittelt werden.

3.5 Vermeidung von Überkompensation

60. Nach dem dritten Altmark-Kriterium darf der Ausgleich nicht über das hinausgehen, was erforderlich ist, um die Kosten für die Erfüllung der Verpflichtung zur Erbringung von öffentlichen Dienstleistungen unter Berücksichtigung der dabei erzielten Einnahmen und eines angemessenen Gewinns ganz oder teilweise zu decken. Daher muss der Mechanismus zur Auswahl des Dienstleistungserbringers so gewählt werden, dass die Höhe der Ausgleichsleistungen auf Grundlage dieser Elemente bestimmt wird.

61. Als angemessener Gewinn gilt die Kapitalrendite ([85]), die ein typisches Unternehmen zugrunde legt, um unter Berücksichtigung des jeweiligen Risikos zu entscheiden, ob es die betreffende Dienstleistung von allgemeinem wirtschaftlichem Interesse über den gesamten Zeitraum der Betrauung erbringt. Die Höhe des Risikos hängt

vom Wirtschaftszweig, der Art der Dienstleistung und der Ausgestaltung des Ausgleichsmechanismus ab. Der Renditesatz sollte, wenn möglich, unter Bezugnahme auf die Kapitalrendite bestimmt werden, die bei ähnlichen Verträgen über öffentliche Dienstleistungen unter Wettbewerbsbedingungen erzielt wird (z. B. bei Verträgen, die im Rahmen einer öffentlichen Ausschreibung vergeben werden). Gibt es in einem Wirtschaftszweig kein mit dem mit der Erbringung der Dienstleistung von allgemeinem wirtschaftlichem Interesse betrauten Unternehmen vergleichbares Unternehmen, so können vergleichbare Unternehmen in anderen Mitgliedstaaten oder gegebenenfalls in anderen Wirtschaftszweigen herangezogen werden, sofern den Besonderheiten eines jeden Wirtschaftszweigs Rechnung getragen wird. Bei der Ermittlung der Höhe eines angemessenen Gewinns können die Mitgliedstaaten auch Anreizkriterien zugrunde legen, die sich insbesondere auf die Qualität der erbrachten Dienstleistungen und Effizienzsteigerungen bei der Produktivität beziehen. Effizienzsteigerungen dürfen nicht zu Lasten der Qualität der erbrachten Dienstleistungen gehen.

3.6 Auswahl des Dienstleistungserbringers

62. Im Einklang mit dem vierten Altmark-Kriterium müssen die gewährten Ausgleichsleistungen entweder das Ergebnis einer öffentlichen Ausschreibung sein, mit dem sich der Bieter ermitteln lässt, der diese Dienstleistungen zu den geringsten Kosten für die Allgemeinheit erbringen kann, oder das Ergebnis eines Leistungsvergleichs mit einem durchschnittlichen, gut geführten und mit den notwendigen Mitteln angemessen ausgestatteten Unternehmen.

3.6.1 Höhe der Ausgleichsleistungen in Fällen, in denen die Übertragung der Dienstleistung von allgemeinem wirtschaftlichem Interesse im Wege einer geeigneten öffentlichen Ausschreibung erfolgt

63. Die einfachste Möglichkeit für Behörden, das vierte Altmark-Kriterium zu erfüllen, besteht, wie oben erläutert, darin, eine offene, transparente und diskriminierungsfreie öffentliche Ausschreibung durchzuführen, die mit der Richtlinie 2004/17/EG des Europäischen Parlaments und des Rates vom 31. März 2004 zur Koordinierung der Zuschlagserteilung durch Auftraggeber im Bereich der Wasser-, Energie- und Verkehrsversorgung sowie der Postdienste ([86]) und der Richtlinie 2004/18/EG des Europäischen Parlaments und des Rates vom 31. März 2004 über die Koordinierung der Verfahren zur Vergabe öffentlicher Bauaufträge, Lieferaufträge und Dienstleistungsaufträge ([87]) im Einklang steht ([88]). Wie in Randnummer 5 ausgeführt, ist die Durchführung einer öffentlichen Ausschreibung nach geltendem Unionsrecht oft verpflichtend.

DAWI-Mittei-lung

---

[85] Kapitalrendite ist der interne Ertragssatz (*Internal Rate of Return* — IRR), den das Unternehmen während der Laufzeit des Vorhabens mit seinem investierten Kapital erzielen würden, d. h. der IRR im Verhältnis zu den Zahlungsströmen im Rahmen des Vertrags.

[86] ABl. L 134 vom 30.4.2004, S. 114.

[87] ABl. L 134 vom 30.4.2004, S. 1.

[88] Die Kommission beabsichtigt, diese Mitteilung zu ändern, sobald die neuen Vorschriften der Union über das öffentliche Auftragswesen angenommen sind, und zu klären, inwiefern die Anwendung der nach den neuen Vorschriften vorgesehenen Verfahren für Beihilfezwecke relevant ist.

13. DAWI-Mitteilung

64. Auch in Fällen, in denen keine rechtliche Verpflichtung besteht, ist eine offene, transparente und diskriminierungsfreie öffentliche Ausschreibung eine angemessene Methode, um verschiedene potenzielle Angebote vergleichen und den Ausgleich so festlegen zu können, dass das Vorliegen einer Beihilfe ausgeschlossen werden kann.

65. Nach der Rechtsprechung des Gerichtshofs kann bei einer öffentlichen Ausschreibung das Vorliegen einer staatlichen Beihilfe nur dann ausgeschlossen werden, wenn das Verfahren gewährleistet, dass sich derjenige Bewerber ermitteln lässt, der diese Dienste zu „den geringsten Kosten für die Allgemeinheit" erbringen kann.

66. Was die Merkmale einer Ausschreibung angeht, so ist ein offenes ([89]) Verfahren, das mit den Vorschriften über öffentliche Ausschreibungen im Einklang steht, zweifellos ausreichend, aber auch bei nichtoffenen ([90]) Verfahren kann das vierte Altmark-Kriterium erfüllt sein, es sei denn, interessierten Betreibern wird es ohne stichhaltige Begründung versagt, Angebote einzureichen. Dagegen gewähren Verhandlungsverfahren ([91]) und Verhandlungsverfahren mit Veröffentlichung einer Bekanntmachung ([92]) der Bewilligungsbehörde einen weiten Ermessensspielraum und können unter Umständen die Teilnahme interessierter Betreiber einschränken. Daher können sie nur in Ausnahmefällen als ausreichen betrachtet werden, um das vierte Altmark-Kriterium zu erfüllen. Das Verhandlungsverfahren ohne Veröffentlichung einer Bekanntmachung ([93]) kann nicht sicherstellen, dass das Verfahren zur Auswahl des Bieters führt, der die Dienstleistungen zu den geringsten Kosten für die Allgemeinheit erbringen kann.

67. Bei den Vergabekriterien ist mit dem „niedrigsten Preis" ([94]) das vierte Altmark-Kriterium eindeutig erfüllt. Auch das „wirtschaftlich günstigste Angebot" ([95]) wird als ausreichend betrachtet, sofern die Vergabekriterien, einschließlich ökologischer ([96]) oder sozialer Kriterien, eng mit dem Gegenstand der erbrachten Dienstleistung im Zusammenhang stehen und das wirtschaftlich günstigste Angebot dem Marktwert entspricht ([97]). Unter bestimmten Umständen kann ein Rückforderungsmechanismus angemessen sein, um das Risiko der Überkompensation vorab zu minimieren. Es steht der Vergabebehörde frei, Qualitätsstandards festzusetzen, die von allen Wirtschaftsteilnehmern erfüllt werden müssen, oder Qualitätsaspekte in Verbindung mit den verschiedenen Angeboten bei der Vergabeentscheidung zu berücksichtigen.

68. Unter bestimmten Umständen kann es ferner vorkommen, dass ein Ausschreibungsverfahren mit den geringsten Kosten für die Allgemeinheit sicherstellt, weil es nicht in hinreichendem Maße echten, freien Wettbewerb ermöglicht. Dies kann z. B. der Fall sein bei besonderen Merkmalen der fraglichen Dienstleistung, bestehenden Rechten des geistigen Eigentums oder aufgrund der Tatsache, dass die erforderliche Infrastruktur im Eigentum eines bestimmten Betreibers steht. Analog dazu kann auch bei Ausschreibungen, bei denen nur ein einziges Angebot abgegeben wird, nicht davon ausgegangen werden, dass durch das Verfahren hinreichend sichergestellt ist, dass die geringsten Kosten für die Allgemeinheit verursacht werden.

3.6.2 Höhe der Ausgleichsleistung in Fällen, in denen die Übertragung der Dienstleistung von allgemeinem wirtschaftlichem Interesse nicht im Wege einer öffentlichen Ausschreibung erfolgt

69. Besteht für eine bestimmte Dienstleistung eine allgemein akzeptierte marktübliche Vergütung, so stellt diese den besten Anhaltspunkt für die Höhe der Ausgleichsleistung dar, wenn es keine öffentliche Ausschreibung gibt ([98]).

70. Besteht eine solche marktübliche Vergütung nicht, muss die Höhe der Ausgleichsleistung auf der Grundlage einer Analyse der Kosten bestimmt werden, die ein durchschnittliches, gut geführtes Unternehmen, das so angemessen mit Sachmitteln ausgestattet ist, das es den gestellten Anforderungen für die Erbringung öffentlicher Dienstleistungen genügen kann, bei der Erfüllung der betreffenden Verpflichtungen entstünden, wobei die dabei erzielten Einnahmen und ein angemessener Gewinn aus der Erfüllung dieser Verpflichtungen zu berücksichtigen sind. Auf diese Weise soll sichergestellt werden, dass die hohen Kosten eines ineffizienten Unternehmens nicht als Anhaltswert herangezogen werden.

71. Da es für den Begriff des „gut geführten Unternehmens" keine offizielle Definition gibt, sollten die Mitgliedstaaten objektive Kriterien heranziehen, die aus wirtschaftlicher Sicht als typisch für eine zufriedenstellende Unternehmensführung anerkannt sind. Die Kommission vertritt die Auffassung, dass die Gewinnerzielung allein kein ausreichendes Kriterium ist, um als „gut geführtes" Unternehmen zu gelten. Ferner sollte der Tatsache Rechnung getragen werden, dass die finanziellen Ergebnisse von Unternehmen, vor allem in Wirtschaftszweigen, in

[89] Artikel 1 Absatz 11 Buchstabe a der Richtlinie 2004/18/EG, Artikel 1 Absatz 9 Buchstabe a der Richtlinie 2004/17/EG.

[90] Artikel 1 Absatz 11 Buchstabe b der Richtlinie 2004/18/EG, Artikel 1 Absatz 9 Buchstabe b der Richtlinie 2004/17/EG.

[91] Artikel 29 der Richtlinie 2004/18/EG.

[92] Artikel 30 der Richtlinie 2004/18/EG, Artikel 1 Absatz 9 Buchstabe a der Richtlinie 2004/17/EG.

[93] Artikel 31 der Richtlinie 2004/18/EG. Siehe auch Artikel 40 Absatz 3 der Richtlinie 2004/17/EG.

[94] Artikel 53 Absatz 1 Buchstabe b der Richtlinie 2004/18/EG, Artikel 55 Absatz 1 Buchstabe b der Richtlinie 2004/17/EG.

[95] Artikel 53 Absatz 1 Buchstabe a der Richtlinie 2004/18/EG, Artikel 55 Absatz 1 Buchstabe a der Richtlinie 2004/17/EG; EuGH, Urteil vom 20. September 1988, *Beentjes*, Rechtssache 31/87, Slg. 1988, 4635; EuGH, Urteil vom 26. September 2000, *Kommission/Frankreich*, Rechtssache C-

225/98, Slg. 2000, I-7445; EuGH, Urteil vom 18. Oktober 2001, *SIAC Construction*, Rechtssache C-19/00, Slg. 2001, I-7725.

[96] Siehe z. B. die neue Ausgabe von „Umweltorientierte Beschaffung" Ein umweltorientiertes öffentliches Beschaffungswesen in Europa", veröffentlicht im Internet unter http://ec.europa.eu/environment/gpp/buying_handbook_en.htm.

[97] . h., die Kriterien sind so festzulegen, dass sie einen wirksamen Wettbewerb ermöglichen, in dessen Rahmen die Vorteile für den Bieter, der den Zuschlag erhält, so gering wie möglich ausfallen.

[98] Siehe z. B. Entscheidung der Kommission vom 21. Oktober 2008 über die staatliche Beihilfe C 49/06 (ex NN 65/06), die Italien Poste Italiane als Vergütung für den Vertrieb von „buoni fruttiferi postali" gezahlt hat (ABl. L 189 vom 21.7.2009, S. 3).

denen Dienstleistungen von allgemeinem wirtschaftlichem Interesse am häufigsten anfallen, möglicherweise stark durch deren Marktmacht oder sektorspezifische Vorschriften beeinflusst sind.

72. Die Kommission ist der Ansicht, dass der Begriff des „gut geführten Unternehmens" die Einhaltung der geltenden Rechnungslegungsmaßnahmen auf nationaler, Unions- und internationaler Ebene voraussetzt. Die Mitgliedstaaten können ihre Prüfung unter anderem auf analytische Quotienten stützen, die Auskunft über die Produktivität geben (z. B. Umsatz im Verhältnis zum investierten Kapital, Gesamtkosten im Verhältnis zum Umsatz, Umsatz pro Mitarbeiter, Wertschöpfung pro Mitarbeiter oder Personalkosten im Verhältnis zur Wertschöpfung). Die Mitgliedstaaten können außerdem analytische Quotienten für die Qualität der erbrachten Dienstleistungen im Verhältnis zu den Erwartungen der Nutzer verwenden. Ein mit der Erbringung von Dienstleistungen von allgemeinem wirtschaftlichem Interesse betrautes Unternehmen, das die vom betreffenden Mitgliedstaat festgelegten Qualitätskriterien nicht erfüllt, ist kein gut geführtes Unternehmen, auch wenn dessen Kosten gering sind.

73. Unternehmen, deren analytische Quotienten für eine effiziente Geschäftsführung sprechen, können als repräsentative durchschnittliche Unternehmen betrachtet werden. Analyse und Vergleich der Kostenstrukturen müssen jedoch auch die Größe des betreffenden Unternehmens sowie die Tatsache berücksichtigen, dass in bestimmten Wirtschaftszweigen Unternehmen mit sehr unterschiedlichen Kostenstrukturen wirtschaften.

74. Die Bezugnahme auf die Kosten eines „durchschnittlichen" Unternehmens in dem zu betrachtenden Wirtschaftszweig setzt voraus, dass es genügend Unternehmen gibt, deren Kosten berücksichtigt werden könnten. Diese Unternehmen können im selben Mitgliedstaat oder in anderen Mitgliedstaaten ansässig sein. Die Kommission vertritt jedoch die Auffassung, dass nicht auf Kosten Bezug genommen werden kann, die einem Unternehmen entstehen, das ein Monopol innehat oder Ausgleichsleistungen für die Erbringung öffentlicher Dienstleistungen zu Bedingungen erhält, die nicht mit dem Unionsrecht im Einklang stehen, da das Kostenniveau in beiden Fällen höher sein kann. Die zu berücksichtigenden Kosten umfassen alle Kosten, die im Zusammenhang mit der Dienstleistung von allgemeinem wirtschaftlichem Interesse entstehen, d. h. die direkten Kosten, die für die Erbringung der Dienstleistung von allgemeinem wirtschaftlichem Interesse erforderlich sind, sowie ein angemessener Anteil der indirekten Kosten, die sowohl durch die Dienstleistung von allgemeinem wirtschaftlichem Interesse als auch bei anderen Tätigkeiten anfallen.

75. Kann der Mitgliedstaat belegen, dass die Kostenstruktur des mit der Erbringung der Dienstleistung von allgemeinem wirtschaftlichem Interesse betrauten Unternehmens der durchschnittlichen Kostenstruktur eines ef-

fizienten und vergleichbaren Unternehmens im zu betrachtenden Wirtschaftszweig entspricht, gilt bei einem Ausgleichsbetrag, mit dem das Unternehmen seine Kosten einschließlich eines angemessenen Gewinns decken kann, das vierte Altmark-Kriterium als erfüllt.

76. Als „angemessen mit Sachmitteln ausgestattetes Unternehmen" gilt ein Unternehmen, das über die Ressourcen verfügt, die für die sofortige Erfüllung der öffentlichen Dienstleistungen, mit denen das für die Erbringung der Dienstleistungen von allgemeinem wirtschaftlichem Interesse betraute Unternehmen beauftragt ist, erforderlich sind.

77. Wie in Abschnitt 3.5 ausgeführt, gilt als angemessener Gewinn die Kapitalrendite ([99]), die ein typisches Unternehmen zugrunde legt, um unter Berücksichtigung des jeweiligen Risikos zu entscheiden, ob es die betreffende Dienstleistung von allgemeinem wirtschaftlichem Interesse über den gesamten Zeitraum der Betrauung erbringt.

---

[99] Kapitalrendite ist der interne Ertragssatz (*Internal Rate of Return* — IRR), den das Unternehmen während der Laufzeit des Vorhabens mit seinem investierten Kapital erzielen würden, d. h. der IRR im Verhältnis zu den Zahlungsströmen im Rahmen des Vertrags.

Verordnung (EU) 360/2012

Verordnung (EU) Nr. 360/2012 der Kommission vom 25. April 2012 über die Anwendung der Artikel 107 und 108 des Vertrags über die Arbeitsweise der Europäischen Union auf De-minimis-Beihilfen an Unternehmen, die Dienstleistungen von allgemeinem wirtschaftlichem Interesse erbringen (Text von Bedeutung für den EWR)Text von Bedeutung für den EWR idF Verordnung (EU) 2020/1474 (DAWI-De-minimis)

Inhaltsverzeichnis

Präambel 644
Art. 1. Geltungsbereich und Begriffsbestimmungen 647
Art. 2. De-minimis-Beihilfen..648
Art. 3. Überwachung...649
Art. 4. Übergangsbestimmungen 649
Art. 5. Inkrafttreten und Geltungsdauer 650

DIE EUROPÄISCHE KOMMISSION —

gestützt auf den Vertrag über die Arbeitsweise der Europäischen Union („AEUV"),

gestützt auf die Verordnung (EG) Nr. 994/98 des Rates vom 7. Mai 1998 über die Anwendung der Artikel 92 und 93 des Vertrags zur Gründung der Europäischen Gemeinschaft auf bestimmte Gruppen horizontaler Beihilfen (1), insbesondere auf Artikel 2 Absatz 1,

nach Veröffentlichung des Entwurfs dieser Verordnung (2),

nach Anhörung des Beratenden Ausschusses für staatliche Beihilfen,

in Erwägung nachstehender Gründe:

(1) Mit der Verordnung (EG) Nr. 994/98 wird die Kommission ermächtigt, durch Verordnung einen Schwellenwert festzusetzen, bis zu dem Beihilfen als Maßnahmen angesehen werden, die nicht alle Tatbestandsmerkmale von Artikel 107 Absatz 1 AEUV erfüllen und daher nicht dem Anmeldeverfahren nach Artikel 108 Absatz 3 unterliegen.

(2) Auf der Grundlage der genannten Verordnung hat die Kommission insbesondere die Verordnung (EG) Nr. 1998/2006 vom 15. Dezember 2006 über die Anwendung der Artikel 87 und 88 EG-Vertrag auf „De-minimis"-Beihilfen erlassen, in der eine allgemeiner De-minimis-Höchstbetrag von 200 000 EUR je Beihilfeempfänger in einem Zeitraum von drei Steuerjahren festgesetzt ist.

(3) Die Erfahrung der Kommission mit der Anwendung der Beihilfevorschriften auf Unternehmen, die Dienstleistungen von allgemeinem wirtschaftlichem Interesse im Sinne von Artikel 106 Absatz 2 AEUV erbringen, hat gezeigt, dass der Höchstbetrag, bis zu dem davon ausgegangen werden kann, dass die diesen Unternehmen gewährten Vorteile den Handel zwischen Mitgliedstaaten nicht beeinträchtigen und/oder

den Wettbewerb nicht verfälschen oder zu verfälschen drohen, in einigen Fällen von dem mit der Verordnung (EG) Nr. 1998/2006 festgesetzten allgemeinen De-minimis-Höchstbetrag abweichen kann. Denn zumindest einige dieser Vorteile dürften einen Ausgleich für die mit der Erbringung von Dienstleistungen von allgemeinem wirtschaftlichem Interesse verbundenen zusätzlichen Kosten darstellen. Zudem sind viele Tätigkeiten, die als Erbringung von Dienstleistungen von allgemeinem wirtschaftlichem Interesse anzusehen sind, auf ein bestimmtes geografisches Gebiet begrenzt. Es ist daher zweckmäßig, neben der Verordnung (EG) Nr. 1998/2006 eine Verordnung mit spezifischen De-minimis-Vorschriften für Unternehmen einzuführen, die Dienstleistungen von allgemeinem wirtschaftlichem Interesse erbringen. Daher sollte ein Höchstbetrag für De-minimis-Beihilfen, die ein Unternehmen über einen bestimmten Zeitraum insgesamt erhalten darf, festgelegt werden.

(4) Nach Erfahrung der Kommission sollte davon ausgegangen werden, dass Beihilfen zugunsten von Unternehmen, die Dienstleistungen von allgemeinem wirtschaftlichem Interesse erbringen, den Handel zwischen Mitgliedstaaten nicht beeinträchtigen und/oder den Wettbewerb nicht verfälschen oder zu verfälschen drohen, sofern der Beihilfebetrag, den das begünstigte Unternehmen als Ausgleich für die Erbringung von Dienstleistungen von allgemeinem wirtschaftlichem Interesse erhält, über einen Zeitraum von drei Steuerjahren 500 000 EUR nicht übersteigt. In Anbetracht der Entwicklungen im Personenkraftverkehr und des vorwiegend lokalen Charakters der in diesem Bereich erbrachten Dienstleistungen von allgemeinem wirtschaftlichem Interesse ist es nicht zweckmäßig, für diesen Bereich einen niedrigeren Höchstbetrag anzusetzen; auch hier sollte ein Höchstbetrag von 500 000 EUR gelten.

(5) Für die Prüfung, ob dieser Höchstbetrag eingehalten wurde, sind die Steuerjahre zugrunde zu legen, die für das Unternehmen in dem betreffenden

Mitgliedstaat für Steuerzwecke herangezogen werden. Der dabei zugrunde zu legende Zeitraum von drei Jahren ist fließend, d. h. bei jeder Neubewilligung einer De-minimis-Beihilfe ist die Gesamtsumme der im laufenden Steuerjahr sowie in den vorangegangenen zwei Steuerjahren gewährten De-minimis-Beihilfen zu ermitteln. Zu berücksichtigen sind auch von einem Mitgliedstaat gewährte Beihilfen, selbst wenn diese ganz oder teilweise aus Unionsmitteln finanziert werden. Es sollte ausgeschlossen werden, dass über den zulässigen Höchstbetrag hinausgehende Beihilfebeträge in mehrere kleinere Tranchen aufgeteilt werden können, damit sie in den Geltungsbereich dieser Verordnung fallen.

(6) Diese Verordnung sollte nur für Beihilfen für die Erbringung von Dienstleistungen von allgemeinem wirtschaftlichem Interesse gelten. Das begünstigte Unternehmen sollte daher schriftlich mit der Erbringung der Dienstleistung von allgemeinem wirtschaftlichem Interesse, für die die Beihilfe bestimmt ist, betraut werden. Das mit der Erbringung der Dienstleistung von allgemeinem wirtschaftlichem Interesse betraute Unternehmen sollte dem Betrauungsakt Einzelheiten zu dem Auftrag entnehmen können, der Betrauungsakt muss jedoch nicht unbedingt alle Details enthalten, die im Beschluss 2012/21/EU der Kommission vom 20. Dezember 2011 über die Anwendung von Artikel 106 Absatz 2 des Vertrags über die Arbeitsweise der Europäischen Union auf staatliche Beihilfen in Form von Ausgleichsleistungen zugunsten bestimmter Unternehmen, die mit der Erbringung von Dienstleistungen von allgemeinem wirtschaftlichem Interesse betraut sind (4), aufgeführt sind.

(7) Da für die Bereiche Primärerzeugung landwirtschaftlicher Erzeugnisse, Fischerei, Aquakultur und Straßengüterverkehr besondere Vorschriften gelten, in diesen Bereichen tätige Unternehmen selten mit Dienstleistungen von allgemeinem wirtschaftlichem Interesse betraut werden und die Gefahr besteht, dass selbst Beihilfen, die unterhalb des in dieser Verordnung festgesetzten Höchstbetrags die Tatbestandsmerkmale des Artikels 107 Absatz 1 EG-Vertrag erfüllen, sollte diese Verordnung nicht für die genannten Bereiche gelten. Im Falle von Unternehmen, die in den Bereichen Primärerzeugung landwirtschaftlicher Erzeugnisse, Fischerei, Aquakultur und Straßengüterverkehr, aber auch in anderen Bereichen und Tätigkeiten tätig sind, sollte diese Verordnung für diese anderen Bereiche oder Tätigkeiten (wie z. B. das Einsammeln von Abfällen aus dem Meer) gelten, sofern die Mitgliedstaaten durch geeignete Mittel wie die Trennung der Tätigkeiten oder die Unterscheidung der Kosten sicherstellen, dass für die Tätigkeit in den von dieser Verordnung ausgenommenen Bereichen keine De-minimis-Beihilfe nach dieser Verordnung gewährt wird. Die Mitgliedstaaten können dieser Verpflichtung insbesondere dadurch nachkommen, dass sie den Betrag der De-minimis-Beihilfe auf den Ausgleich der durch die Dienstleistung verursachten Kosten, einschließlich eines angemessenen Gewinns, beschränken. Diese Verordnung sollte nicht für den Kohlesektor gelten,

da sich dieser durch besondere Merkmale auszeichnet und in diesem Bereich tätige Unternehmen selten mit Dienstleistungen von allgemeinem wirtschaftlichem Interesse betraut werden.

(8) Aufgrund der Ähnlichkeiten zwischen der Verarbeitung und Vermarktung von landwirtschaftlichen und nichtlandwirtschaftlichen Erzeugnissen sollte diese Verordnung unter bestimmten Voraussetzungen auch für die Verarbeitung und Vermarktung landwirtschaftlicher Erzeugnisse gelten. Als Verarbeitung oder Vermarktung sollten in diesem Zusammenhang weder Tätigkeiten eines landwirtschaftlichen Betriebs zur Vorbereitung eines Erzeugnisses für den Erstverkauf wie das Ernten, Mähen und Dreschen von Getreide, das Verpacken von Eiern usw. noch der Erstverkauf an Wiederverkäufer oder Verarbeiter angesehen werden.

(9) Sobald die Union eine Regelung über die Errichtung einer gemeinsamen Marktorganisation für einen bestimmten Agrarsektor erlassen hat, sind die Mitgliedstaaten nach der Rechtsprechung des Gerichtshofs (5) verpflichtet, sich aller Maßnahmen zu enthalten, die diese Regelung unterlaufen oder Ausnahmen von ihr schaffen. Aus diesem Grund sollten Beihilfen, deren Höhe sich nach dem Preis oder der Menge der erworbenen oder angebotenen Erzeugnisse richtet, vom Geltungsbereich dieser Verordnung ausgenommen werden. Ebenfalls ausgenommen werden sollten De-minimis-Beihilfen, die an die Verpflichtung gebunden sind, die Beihilfen mit den Primärerzeugern zu teilen.

(10) Diese Verordnung sollte weder für De-minimis-Ausfuhrbeihilfen gelten noch für De-minimis-Beihilfen, durch die heimische Erzeugnisse Vorrang vor eingeführten Waren erhalten.

DAWI-De-mini-mis

(11) Diese Verordnung sollte nicht für Unternehmen in Schwierigkeiten im Sinne der Leitlinien der Gemeinschaft für staatliche Beihilfen zur Rettung und Umstrukturierung von Unternehmen in Schwierigkeiten (6) gelten, da es nicht zweckmäßig ist, Unternehmen in Schwierigkeiten Betriebsbeihilfen zu gewähren, wenn kein Umstrukturierungskonzept vorliegt, und es im Falle der Gewährung von Beihilfen zugunsten von Unternehmen dieser Art schwierig ist, das Bruttosubventionsäquivalent zu bestimmen.

(12) Im Einklang mit den Grundsätzen für die Gewährung von Beihilfen, die unter Artikel 107 Absatz 1 AEUV fallen, sollte für De-minimis-Beihilfen als Bewilligungszeitpunkt der Zeitpunkt gelten, zu dem das Unternehmen nach dem geltenden einzelstaatlichen Recht einen Rechtsanspruch auf die Beihilfe erwirbt.

(13) Um eine Umgehung der in verschiedenen Unionsrechtsakten vorgesehenen Beihilfehöchstintensitäten zu verhindern, sollten De-minimis-Beihilfen nicht mit anderen staatlichen Beihilfen für dieselben beihilfefähigen Kosten kumuliert werden dürfen, wenn die aus dieser Kumulation resultierende Beihilfeintensität die Beihilfeintensität übersteigen würde, die im Einzelfall in einer Gruppenfreistellungsverordnung

oder einem Beschluss der Kommission festgelegt ist.

(14) Diese Verordnung sollte nicht die Anwendung der Verordnung (EG) Nr. 1998/2006 auf Unternehmen beeinträchtigen, die Dienstleistungen von allgemeinem wirtschaftlichem Interesse erbringen. Es sollte den Mitgliedstaaten freistehen, sich bei Beihilfen für die Erbringung von Dienstleistungen von allgemeinem wirtschaftlichem Interesse auf diese Verordnung oder auf die Verordnung (EG) Nr. 1998/2006 zu stützen.

(15) Der Gerichtshof hat in seinem Altmark-Urteil (7) eine Reihe von Voraussetzungen festgelegt, die erfüllt sein müssen, damit eine Ausgleichsleistung für die Erbringung einer Dienstleistung von allgemeinem wirtschaftlichem Interesse keine staatliche Beihilfe darstellt. Diese Voraussetzungen stellen sicher, dass die Ausgleichsleistung, die auf die dem effizient wirtschaftenden Unternehmen durch die Erbringung einer Dienstleistung von allgemeinem wirtschaftlichem Interesse entstehenden Nettokosten begrenzt ist, keine staatliche Beihilfe im Sinne des Artikels 107 Absatz 1 AEUV darstellt. Ausgleichsleistungen, die über diese Nettokosten hinausgehen, gelten als staatliche Beihilfe, die nach den anwendbaren Beihilfevorschriften der Union als mit dem Binnenmarkt vereinbar erklärt werden können. Um zu vermeiden, dass diese Verordnung angewandt wird, um die im Altmark-Urteil festgelegten Voraussetzungen zu umgehen, oder dass nach dieser Verordnung De-minimis-Beihilfen gewährt werden, die aufgrund einer Kumulierung mit anderen Ausgleichsleistungen für dieselbe Dienstleistung von allgemeinem wirtschaftlichem Interesse den Handel beeinträchtigen, sollten De-minimis-Beihilfen, die nach dieser Verordnung gewährt werden, mit keinen anderen Ausgleichsleistungen für dieselbe Dienstleistung kumuliert werden, und zwar unabhängig davon, ob es sich im Sinne des Altmark-Urteils um eine staatliche Beihilfe handelt oder ob sie nach dem Beschluss 2012/21/EU oder nach der Mitteilung der Kommission – Rahmen der Europäischen Union für staatliche Beihilfen in Form von Ausgleichsleistungen für die Erbringung öffentlicher Dienstleistungen (2011) (8) mit dem Binnenmarkt vereinbar wären. Deshalb sollte diese Verordnung nicht für Ausgleichsleistungen für die Erbringung einer Dienstleistung von allgemeinem wirtschaftlichem Interesse gelten, für die auch andere Formen von Ausgleichsleistungen gewährt werden, es sei denn, es handelt sich bei der anderen Ausgleichsleistung um eine De-minimis-Beihilfe, die auf der Grundlage anderer De-minimis-Verordnungen gewährt wurde, und die Kumulierungsregeln dieser Verordnung wurden eingehalten.

(16) Aus Gründen der Transparenz, Gleichbehandlung und korrekten Anwendung des De-minimis-Höchstbetrags sollten alle Mitgliedstaaten dieselbe Berechnungsmethode anwenden. Um diese Berechnung zu vereinfachen, sollten im Einklang mit der bisherigen Praxis bei der Anwendung der De-minimis-Vorschrift Beihilfen, die nicht in Form eines Barzuschusses gewährt werden, in ihr Bruttosubventions-

äquivalent umgerechnet werden. Die Berechnung des Subventionsäquivalents anderer transparenter Beihilfeformen als einer in Form eines Zuschusses oder in mehreren Tranchen gewährten Beihilfe sollte auf der Grundlage der zum Bewilligungszeitpunkt geltenden marktüblichen Zinssätze erfolgen. Im Sinne einer einheitlichen, transparenten und einfachen Anwendung der Beihilfevorschriften sollten für die Zwecke dieser Verordnung die Referenzzinssätze als marktübliche Zinssätze zugrunde gelegt werden; diese sind in der Mitteilung der Kommission über die Änderung der Methode zur Festsetzung der Referenz- und Abzinsungssätze (9) aufgeführt.

(17) Im Interesse der Transparenz, der Gleichhandlung und einer wirksamen Überwachung sollte diese Verordnung nur für transparente De-minimis-Beihilfen gelten. Eine Beihilfe ist dann transparent, wenn sich ihr Bruttosubventionsäquivalent im Voraus genau berechnen lässt, ohne dass eine Risikobewertung erforderlich ist. Eine solche präzise Berechnung ist beispielsweise bei Zuschüssen, Zinszuschüssen und begrenzten Steuerbefreiungen möglich. Beihilfen in Form von Kapitalzuführungen sollten nicht als transparente De-minimis-Beihilfen angesehen werden, es sei denn, der Gesamtbetrag der zugeführten öffentlichen Mittel liegt unter zulässigen De-minimis-Höchstbetrag. Beihilfen in Form von Risikokapitalmaßnahmen im Sinne der Leitlinien der Gemeinschaft für staatliche Beihilfen zur Förderung von Risikokapitalinvestitionen in kleine und mittlere Unternehmen (10) sollten nicht als transparente De-minimis-Beihilfen angesehen werden, es sei denn, die betreffende Risikokapitalregelung sieht für jedes Zielunternehmen Kapitalzuführungen nur bis zum De-minimis-Höchstbetrag vor. Beihilfen in Form von Darlehen sollten als transparente De-minimis-Beihilfen behandelt werden, wenn das Bruttosubventionsäquivalent auf der Grundlage der zum Bewilligungszeitpunkt geltenden marktüblichen Zinssätze berechnet worden ist.

(18) Im Falle von Garantieregelungen, die keine Beeinträchtigung des Handels oder Verfälschung des Wettbewerbs bewirken können und hinsichtlich deren ausreichend Daten verfügbar sind, um jegliche möglichen Wirkungen verlässlich festzustellen, ist es erforderlich, Rechtssicherheit zu schaffen. Diese Verordnung sollte deshalb den allgemeinen De-minimis-Höchstbetrag von 500 000 EUR auf der Grundlage des verbürgten Betrags des durch die Garantie besicherten Einzeldarlehens in einen garantiespezifischen Höchstbetrag übertragen. Dieser Höchstbetrag sollte anhand einer Methode zur Ermittlung des Beihilfebetrags in Garantieregelungen für Darlehen zugunsten rentabler Unternehmen berechnet werden. Diese Methode und die Daten, die zur Berechnung des garantiespezifischen Höchstbetrags genutzt werden, sollten nicht für Unternehmen in Schwierigkeiten im Sinne der Leitlinien der Gemeinschaft für staatliche Beihilfen zur Rettung und Umstrukturierung von Unternehmen in Schwierigkeiten herangezogen werden. Der garantiespezifische Höchstbetrag sollte daher nicht für außerhalb einer Garantieregelung gewährte Einzelbei-

hilfen, für Beihilfen zugunsten von Unternehmen in Schwierigkeiten und für Garantien für Transaktionen, bei denen es sich nicht um Darlehen handelt (z. B. Garantien für Eigenkapitalmaßnahmen), gelten. Dieser Höchstbetrag sollte bestimmt werden auf der Grundlage der Feststellung, dass unter Berücksichtigung eines Faktors von 13 % (Nettoausfallquote), der das Szenario des ungünstigsten anzunehmenden Falles für Garantieregelungen in der Union darstellt, das Bruttosubventionsäquivalent einer Garantie in Höhe von 3 750 000 EUR als identisch mit dem De-minimis-Höchstbetrag von 500 000 EUR angesehen werden kann. Diese Höchstbeträge sollten lediglich für Garantien gelten, deren Garantieanteil bis zu 80 % des zugrunde liegenden Darlehens beträgt. Eine Methode, die von der Kommission nach entsprechender Anmeldung auf der Grundlage einer Kommissionsverordnung im Bereich der staatlichen Beihilfen genehmigt worden ist, kann ebenfalls von den Mitgliedstaaten verwendet werden, um das Bruttosubventionsäquivalent der Garantie zu ermitteln, wenn sich die genehmigte Methode ausdrücklich auf die betreffenden Arten von Garantien und die betreffenden zugrunde liegenden Transaktionen bezieht, um die es auch im Rahmen der Anwendung dieser Verordnung geht.

(19) Nach erfolgter Anmeldung durch einen Mitgliedstaat kann die Kommission prüfen, ob eine Beihilfemaßnahme, bei der es sich nicht um einen Barzuschuss, ein Darlehen, eine Garantie, eine Kapitalzuführung, eine Risikokapitalmaßnahme oder eine begrenzte Steuerbefreiung handelt, zu einem Bruttosubventionsäquivalent führt, das den De-minimis-Höchstbetrag überschreitet und daher unter die Bestimmungen dieser Verordnung fallen könnte.

(20) Die Kommission hat die Aufgabe zu gewährleisten, dass die Beihilfevorschriften eingehalten werden und insbesondere die Voraussetzungen für die Gewährung von Beihilfen nach den De-minimis-Vorschriften erfüllt sind. Nach dem in Artikel 4 Absatz 3 des Vertrags über die Europäische Union verankerten Grundsatz der Zusammenarbeit sind die Mitgliedstaaten gehalten, der Kommission die Erfüllung dieser Aufgabe zu erleichtern, indem sie durch geeignete Vorkehrungen sicherstellen, dass der Gesamtbetrag der De-minimis-Beihilfen, die ein und demselben Unternehmen für die Erbringung von Dienstleistungen von allgemeinem wirtschaftlichem Interesse gewährt werden, den insgesamt zulässigen Höchstbetrag nicht übersteigt. Zu diesem Zweck und um sicherzustellen, dass die Bestimmungen über Kumulierung mit De-minimis-Beihilfen, die nach anderen De-minimis-Verordnungen gewährt wurden, eingehalten werden, müssen die Mitgliedstaaten bei Gewährung einer De-minimis-Beihilfe nach dieser Verordnung dem betreffenden Unternehmen unter Bezugnahme auf diese Verordnung den Beihilfebetrag mitteilen und darauf hinweisen, dass es sich um eine De-minimis-Beihilfe handelt. Auch sollte der betreffende Mitgliedstaat die Beihilfe erst gewähren, nachdem er eine Erklärung des Unternehmens über andere De-minimis-Beihilfen, die unter diese Verordnung oder andere De-minimis-

Verordnungen fallen, erhalten hat, die dem Unternehmen im betreffenden Steuerjahr und in den beiden vorangegangenen Steuerjahren gewährt wurden. Um die Einhaltung des Höchstbetrags sicherzustellen, sollte der Mitgliedstaat alternativ die Möglichkeit haben, ein Zentralregister zu führen.

(21) Diese Verordnung sollte unbeschadet der Rechtsvorschriften der Union für das öffentliche Beschaffungswesen sowie zusätzlicher Bestimmungen, die sich aus dem AEUV oder aus sektorspezifischen Rechtsvorschriften der Union ergeben, gelten.

(22) Diese Verordnung sollte für Beihilfen gelten, die vor ihrem Inkrafttreten Unternehmen gewährt wurden, die Dienstleistungen von allgemeinem wirtschaftlichem Interesse erbringen.

(23) Die Kommission beabsichtigt, diese Verordnung fünf Jahre nach ihrem Inkrafttreten zu überprüfen —

HAT FOLGENDE VERORDNUNG ERLASSEN:

Artikel 1
Geltungsbereich und Begriffsbestimmungen

(1) Diese Verordnung gilt für Beihilfen an Unternehmen, die eine Dienstleistung von allgemeinem wirtschaftlichem Interesse im Sinne von Artikel 106 Absatz 2 AEUV erbringen.

(2) Diese Verordnung gilt nicht

a) für Beihilfen an Unternehmen, die in der Fischerei und der Aquakultur im Sinne der Verordnung (EG) Nr. 104/2000 des Rates (1) tätig sind;

b) für Beihilfen an Unternehmen, die in der Primärerzeugung landwirtschaftlicher Erzeugnisse tätig sind;

c) für Beihilfen an Unternehmen, die in der Verarbeitung und Vermarktung landwirtschaftlicher Erzeugnisse tätig sind,

   i) wenn sich der Beihilfebetrag nach dem Preis oder der Menge der bei Primärerzeugern erworbenen Erzeugnisse oder der von den betreffenden Unternehmen angebotenen Erzeugnisse richtet,

   ii) wenn die Beihilfe davon abhängig ist, dass sie ganz oder teilweise an die Primärerzeuger weitergegeben wird;

d) für Beihilfen für exportbezogene Tätigkeiten, die auf Drittländer oder Mitgliedstaaten ausgerichtet sind, d. h. Beihilfen, die unmittelbar mit den ausgeführten Mengen, mit der Errichtung und dem Betrieb eines Vertriebsnetzes oder mit anderen laufenden exportbezogenen Ausgaben in Zusammenhang stehen;

DAWI-
De-mini-
mis

e) für Beihilfen, die davon abhängig sind, dass heimische Waren Vorrang vor eingeführten Waren erhalten;

f) für Beihilfen an Unternehmen, die im Kohlesektor im Sinne des Beschlusses 2010/787/EU des Rates (2) tätig sind;

g) für Beihilfen an Speditionsunternehmen für den gewerblichen Straßengüterverkehr;

h) für Beihilfen an Unternehmen in Schwierigkeiten.

Sind Unternehmen in den in Unterabsatz 1 Buchstaben a, b, c oder g genannten Bereichen sowie in anderen Bereichen, die nicht aus dem Geltungsbereich dieser Verordnung ausgeklammert sind, tätig, so gilt diese Verordnung nur für Beihilfen, die für diese anderen Bereiche oder Tätigkeiten gewährt werden, sofern die Mitgliedstaaten durch geeignete Mittel wie die Trennung der Tätigkeiten oder die Unterscheidung der Kosten sicherstellen, dass für die Tätigkeit in den ausgeklammerten Bereichen keine *De-minimis*-Beihilfe nach dieser Verordnung gewährt wird.

(2a) Abweichend von Absatz 2 Buchstabe h gilt diese Verordnung für Unternehmen, die sich am 31. Dezember 2019 nicht in Schwierigkeiten befanden, aber in der Zeit vom 1. Januar 2020 bis zum 30. Juni 2021 zu Unternehmen in Schwierigkeiten geworden sind.

(3) Für die Zwecke dieser Verordnung bezeichnet der Ausdruck

a) „landwirtschaftliche Erzeugnisse" die in Anhang I des AEUV aufgeführten Erzeugnisse, ausgenommen Fischereierzeugnisse;

b) „Verarbeitung eines landwirtschaftlichen Erzeugnisses" jede Einwirkung auf ein landwirtschaftliches Erzeugnis, deren Ergebnis ebenfalls ein landwirtschaftliches Erzeugnis ist, ausgenommen Tätigkeiten eines landwirtschaftlichen Betriebs zur Vorbereitung eines tierischen oder pflanzlichen Erzeugnisses für den Erstverkauf;

c) „Vermarktung eines landwirtschaftlichen Erzeugnisses" den Besitz oder die Ausstellung eines Produkts im Hinblick auf den Verkauf, das Angebot zum Verkauf, die Lieferung oder jede andere Art des Inverkehrbringens, ausgenommen den Erstverkauf durch einen Primärerzeuger an Wiederverkäufer und Verarbeiter sowie jede Tätigkeit zur Vorbereitung eines Erzeugnisses für diesen Erstverkauf; der Verkauf durch einen Primärerzeuger an Endverbraucher gilt als Vermarktung, wenn er in gesonderten, eigens für diesen Zweck vorgesehenen Räumlichkeiten erfolgt.

Artikel 2
De-minimis-Beihilfen

(1) Beihilfen an Unternehmen für die Erbringung einer Dienstleistung von allgemeinem wirtschaftlichem Interesse gelten als Maßnahmen, die nicht alle Tatbestandsmerkmale von Artikel 107 Absatz 1 AEUV erfüllen, und sind daher von der Anmeldepflicht nach Artikel 108 Absatz 3 AEUV befreit, wenn sie die in den Absätzen 2 bis 8 dieses Artikels genannten Voraussetzungen erfüllen.

(2) Der Gesamtbetrag einer *De-minimis*-Beihilfe, die einem Unternehmen, das Dienstleistungen von allgemeinem wirtschaftlichem Interesse erbringt, gewährt wird, darf in drei Steuerjahren 500 000 EUR nicht übersteigen.

Dieser Höchstbetrag gilt für *De-minimis*-Beihilfen gleich welcher Art und unabhängig davon, ob die von dem Mitgliedstaat gewährte Beihilfe ganz oder teilweise aus Unionsmitteln finanziert wird. Der zugrunde zu legende Zeitraum bestimmt sich nach den Steuerjahren, die für das Unternehmen in dem betreffenden Mitgliedstaat maßgebend sind.

(3) Der in Absatz 2 festgesetzte Höchstbetrag bezieht sich auf den Fall eines Barzuschusses. Bei den eingesetzten Beträgen sind Bruttobeträge, d. h. die Beträge vor Abzug von Steuern und sonstigen Abgaben, zugrunde zu legen. Wird die Beihilfe nicht als Zuschuss, sondern in anderer Form gewährt, so entspricht der Beihilfebetrag dem Bruttosubventionsäquivalent der Beihilfe.

In mehreren Tranchen gezahlte Beihilfen werden zum Bewilligungszeitpunkt abgezinst. Für die Abzinsung wird der Referenzzinssatz zum Bewilligungszeitpunkt zugrunde gelegt.

(4) Diese Verordnung gilt nur für Beihilfen, deren Bruttosubventionsäquivalent im Voraus genau berechnet werden kann, ohne dass eine Risikobewertung erforderlich ist („transparente Beihilfen"). Insbesondere gilt Folgendes:

a) Beihilfen in Form von Darlehen werden als transparente *De-minimis*-Beihilfen behandelt, wenn das Bruttosubventionsäquivalent auf der Grundlage des zum Bewilligungszeitpunkt geltenden Referenzzinssatzes berechnet worden ist.

b) Beihilfen in Form von Kapitalzuführungen gelten nicht als transparente *De-minimis*-Beihilfen, es sei denn, der Gesamtbetrag der zugeführten öffentlichen Mittel liegt unter dem *De-minimis*-Höchstbetrag.

c) Beihilfen in Form von Risikokapitalmaßnahmen werden nicht als transparente *De-minimis*-Beihilfen angesehen, es sei denn, die betreffende Risikokapitalregelung sieht für jedes Zielunternehmen Kapitalzuführungen nur bis zum *De-minimis*-Höchstbetrag vor.

d) Auf der Grundlage einer Garantieregelung gewährte Einzelbeihilfen an Unternehmen, die nicht in Schwierigkeiten sind, werden als transparente *De-minimis*-Beihilfen behandelt, wenn der verbürgte Teil des auf der Grundlage der Regelung gewährten zugrunde liegenden Darlehens 3 750 000 EUR je Unternehmen nicht übersteigt. Stellt der verbürgte Teil des zugrunde liegenden Darlehens nur einen bestimmten Teil dieses Höchstbetrags dar, so gilt der entsprechende Teil des Höchstbetrags nach Artikel 2 als Bruttosubventionsäquivalent der Garantie. Die Garantie darf höchstens 80 % des zugrunde liegenden Darlehens betragen. Garantien gelten ebenfalls als transparent, wenn

i) vor ihrer Anwendung die Methode für die Berechnung des Bruttosubventionsäquivalents der Garantien nach einer anderen Verordnung der Kommission im Bereich der staatlichen Beihilfen bei der Kommission angemeldet und von ihr genehmigt wurde und

ii) die genehmigte Methode ausdrücklich die Art der Garantien und die Art der zugrunde liegenden Transaktionen betrifft, um die es im Zusammenhang mit der Anwendung der vorliegenden Verordnung geht.

(5) Übersteigt der Gesamtbetrag der *De-minimis*-Beihilfen, die einem Unternehmen, das Dienstleistungen von allgemeinem wirtschaftlichem Interesse erbringt, gewährt wurden, den Höchstbetrag nach Absatz 2, so kann diese Verordnung auch nicht für einen Teil in Anspruch genommen werden, der diesen Höchstbetrag nicht übersteigt. In einem solchen Fall kann diese Verordnung für die betreffende Beihilfemaßnahme nicht in Anspruch genommen werden.

(6) *De-minimis*-Beihilfen nach dieser Verordnung dürfen nicht mit anderen Beihilfen für dieselben beihilfefähigen Kosten kumuliert werden, wenn die aus dieser Kumulierung resultierende Beihilfeintensität die Beihilfeintensität übersteigen würde, die im Einzelfall in einer Gruppenfreistellungsverordnung oder einem Beschluss der Kommission festgelegt ist.

(7) *De-minimis*-Beihilfen nach dieser Verordnung können bis zu dem in Absatz 2 festgelegten Höchstbetrag mit *De-minimis*-Beihilfen nach anderen *De-minimis*-Verordnungen kumuliert werden.

(8) *De-minimis*-Beihilfen nach dieser Verordnung können nicht mit Ausgleichsleistungen für dieselbe Dienstleistung von allgemeinem wirtschaftlichem Interesse kumuliert werden, unabhängig davon, ob es sich bei dem Ausgleich um eine staatliche Beihilfe handelt oder nicht.

Artikel 3
Überwachung

(1) Beabsichtigt ein Mitgliedstaat, einem Unternehmen eine *De-minimis*-Beihilfe nach dieser Verordnung zu gewähren, so teilt er ihm schriftlich die voraussichtliche Höhe der Beihilfe (ausgedrückt als Bruttosubventionsäquivalent) und die Dienstleistung von allgemeinem wirtschaftlichem Interesse, für die sie gewährt wird, mit und setzt es unter ausdrücklichem Verweis auf diese Verordnung mit Angabe ihres Titels und der Fundstelle im *Amtsblatt der Europäischen Union* davon in Kenntnis, dass es sich um eine *De-minimis*-Beihilfe handelt. Wird eine *De-minimis*-Beihilfe nach dieser Verordnung auf der Grundlage einer Regelung verschiedenen Unternehmen gewährt, die

Einzelbeihilfen in unterschiedlicher Höhe erhalten, so kann der betreffende Mitgliedstaat seine Informationspflicht dadurch erfüllen, dass er den Unternehmen einen Festbetrag mitteilt, der dem auf der Grundlage der Regelung gewährten Beihilfehöchstbetrag entspricht. In diesem Fall ist für die Feststellung, ob der Beihilfehöchstbetrag in Artikel 2 Absatz 2 eingehalten worden ist, dieser Festbetrag maßgebend. Der Mitgliedstaat gewährt die *Beihilfe* erst, nachdem er eine Erklärung des Unternehmens, das die Dienstleistung von allgemeinem wirtschaftlichem Interesse erbringt, in schriftlicher oder elektronischer Form erhalten hat, in der dieses alle anderen *De-minimis*-Beihilfen angibt, die ihm nach dieser Verordnung oder nach anderen *De-minimis*-Verordnungen in den beiden vorangegangenen Steuerjahren sowie im laufenden Steuerjahr gewährt wurden.

Der Mitgliedstaat gewährt die neue *De-minimis*-Beihilfe nach dieser Verordnung erst, nachdem er sich vergewissert hat, dass dadurch der Betrag der dem betreffenden Unternehmen insgesamt gewährten *De-minimis*-Beihilfen nicht den Höchstbetrag nach Artikel 2 Absatz 2 überschreitet und die Kumulierungsregeln nach Artikel 2 Absätze 6, 7 und 8 eingehalten worden sind.

(2) Hat ein Mitgliedstaat ein Zentralregister für *De-minimis*-Beihilfen mit vollständigen Informationen über alle von Behörden in diesem Mitgliedstaat gewährten *De-minimis*-Beihilfen an Unternehmen, die Dienstleistungen von allgemeinem wirtschaftlichen Interesse erbringen, eingerichtet, so gilt Absatz 1 Unterabsatz 1 nicht mehr, sobald das Register einen Zeitraum von drei Jahren erfasst.

(3) Die Mitgliedstaaten zeichnen alle die Anwendung dieser Verordnung betreffenden Informationen auf und stellen sie zusammen. Diese Aufzeichnungen müssen alle Informationen enthalten, die für den Nachweis benötigt werden, dass die Voraussetzungen dieser Verordnung erfüllt sind. Die Aufzeichnungen über *De-minimis*-Einzelbeihilfen sind 10 Steuerjahre ab dem Zeitpunkt aufzubewahren, zu dem die Beihilfe gewährt wurde. Die Aufzeichnungen über *De-minimis*-Beihilferegelungen sind 10 Jahre ab dem Zeitpunkt aufzubewahren, zu dem die letzte Einzelbeihilfe nach der betreffenden Regelung gewährt wurde. Der betreffende Mitgliedstaat übermittelt der Kommission auf schriftliches Ersuchen innerhalb von 20 Arbeitstagen oder einer in dem Ersuchen gesetzten längeren Frist alle Informationen, die die Kommission benötigt, um prüfen zu können, ob die Voraussetzungen dieser Verordnung erfüllt sind, und insbesondere den Gesamtbetrag der *De-minimis*-Beihilfen, die ein Unternehmen nach dieser Verordnung oder nach anderen *De-minimis*-Verordnungen erhalten hat.

Artikel 4
Übergangsbestimmungen

Diese Verordnung gilt für *De-minimis*-Beihilfen, die vor ihrem Inkrafttreten für die Erbringung von Dienstleistungen von allgemeinem wirtschaftlichem Interes-

DAWI-De-mini-mis

se gewährt wurden, sofern diese Beihilfen die Voraussetzungen der Artikel 1 und 2 erfüllen. Beihilfen für die Erbringung von Dienstleistungen von allgemeinem wirtschaftlichem Interesse, die diese Voraussetzungen nicht erfüllen, werden von der Kommission nach den einschlägigen Beschlüssen, Rahmenvorschriften, Leitlinien, Mitteilungen und Bekanntmachungen geprüft.

Nach Ablauf der Geltungsdauer dieser Verordnung können *De-minimis*-Beihilfen, die die Voraussetzungen dieser Verordnung erfüllen, noch sechs Monate angewandt werden.

Artikel 5

Inkrafttreten und Geltungsdauer

Diese Verordnung tritt am dritten Tag nach ihrer Veröffentlichung im *Amtsblatt der Europäischen Union* in Kraft.

Sie gilt bis zum 31. Dezember 2023.

Diese Verordnung ist in allen ihren Teilen verbindlich und gilt unmittelbar in jedem Mitgliedstaat.

DAWI-
De-mini-
mis

DAWI-Beschluss

Beschluss der Kommission vom 20. Dezember 2011 über die Anwendung von Artikel 106 Absatz 2 des Vertrags über die Arbeitsweise der Europäischen Union auf staatliche Beihilfen in Form von Ausgleichsleistungen zugunsten bestimmter Unternehmen, die mit der Erbringung von Dienstleistungen von allgemeinem wirtschaftlichem Interesse betraut sind

(Bekannt gegeben unter Aktenzeichen K(2011) 9380)

(Text von Bedeutung für den EWR)

(2012/21/EU)

ABl L 2012/7, 3.

DIE EUROPÄISCHEN KOMMISSION —

gestützt auf den Vertrag über die Arbeitsweise der Europäischen Union, insbesondere auf Artikel 106 Absatz 3,

in Erwägung nachstehender Gründe:

(1) Unbeschadet der Artikel 93, 106 und 107 des Vertrags über die Arbeitsweise der Europäischen Union (AEUV) muss die Union nach Artikel 14 AEUV im Rahmen ihrer Befugnisse dafür Sorge tragen, dass die Grundsätze und Bedingungen für die Erbringung von Dienstleistungen von allgemeinem wirtschaftlichem Interesse so gestaltet sind, dass diese Aufgaben erfüllt werden können.

(2) Damit die Grundsätze und Bedingungen für bestimmte Dienstleistungen von allgemeinem wirtschaftlichem Interesse so gestaltet sind, dass diese Aufgaben erfüllt werden können, ist möglicherweise eine finanzielle Unterstützung des Staates erforderlich, um die sich aus gemeinwirtschaftlichen Verpflichtungen ergebenden spezifischen Kosten ganz oder teilweise zu decken. Im Einklang mit Artikel 345 AEUV und seiner Auslegung durch den Gerichtshof der Europäischen Union ist es unerheblich, ob solche Dienstleistungen von allgemeinem wirtschaftlichem Interesse von öffentlichen oder privaten Unternehmen erbracht werden.

(3) Für Unternehmen, die mit der Erbringung von Dienstleistungen von allgemeinem wirtschaftlichem Interesse betraut sind oder den Charakter eines Finanzmonopols haben, gelten nach Artikel 106 Absatz 2 AEUV die Vorschriften des AEUV, insbesondere die Wettbewerbsregeln, soweit die Anwendung dieser Vorschriften die Erfüllung der ihnen übertragenen Aufgaben nicht rechtlich oder tatsächlich verhindert. Dabei sollte jedoch die Entwicklung des Handelsverkehrs nicht in einem Ausmaß beeinträchtigt werden, das dem Interesse der Union zuwiderläuft.

(4) In seinem Urteil *Altmark* ([1]), stellte der Gerichtshof fest, dass ein Ausgleich für die Erfüllung gemeinwirtschaftlicher Verpflichtungen keine staatliche Beihilfe im Sinne von Artikel 107 AEUV darstellt, wenn die nachstehenden vier Voraussetzungen erfüllt sind: Erstens muss

das begünstigte Unternehmen tatsächlich mit der Erfüllung gemeinwirtschaftlicher Verpflichtungen betraut sein, und diese Verpflichtungen müssen klar definiert sein. Zweitens sind die Parameter, anhand deren der Ausgleich berechnet wird, zuvor objektiv und transparent aufzustellen. Drittens darf der Ausgleich nicht über das hinausgehen, was erforderlich ist, um die Kosten der Erfüllung der gemeinwirtschaftlichen Verpflichtungen unter Berücksichtigung der dabei erzielten Einnahmen und eines angemessenen Gewinns aus der Erfüllung dieser Verpflichtungen ganz oder teilweise zu decken. Wenn viertens die Wahl des Unternehmens, das mit der Erfüllung gemeinwirtschaftlicher Verpflichtungen betraut werden soll, im konkreten Fall nicht im Rahmen eines Verfahrens zur Vergabe öffentlicher Aufträge erfolgt, die Auswahl desjenigen Bewerbers ermöglicht, der diese Dienste zu den geringsten Kosten für die Allgemeinheit erbringen kann, so ist die Höhe des erforderlichen Ausgleichs auf der Grundlage einer Analyse der Kosten zu bestimmen, die ein durchschnittliches, gut geführtes Unternehmen, das so angemessen mit Mitteln ausgestattet ist, dass es den gestellten gemeinwirtschaftlichen Anforderungen genügen kann, tragen müsste.

(5) Wenn diese Kriterien nicht erfüllt und die allgemeinen Voraussetzungen für die Anwendbarkeit von Artikel 107 Absatz 1 AEUV gegeben sind, stellen Ausgleichsleistungen für die Erbringung öffentlicher Dienstleistungen staatliche Beihilfen dar und unterliegen den Artikeln 93, 106, 107 und 108 AEUV.

(6) Neben diesem Beschluss sind drei weitere Instrumente für die Anwendung der Beihilfevorschriften auf Ausgleichsleistungen für die Erbringung von Dienstleistungen von allgemeinem wirtschaftlichem Interesse von Bedeutung:

a) die neue Mitteilung über die Anwendung der Beihilfevorschriften der Europäischen Union auf Ausgleichsleistungen für die Erbringung von Dienstleistungen von allgemeinem wirtschaftlichem Interesse ([2]), in der die Anwendung von Artikel 107 AEUV und die Kriterien des Altmark-Urteils für solche Ausgleichsleistungen erläutert werden;

DAWI-Be-schluss

---

[1] Rechtssache C-280/00, Altmark Trans GmbH und Regierungspräsidium Magdeburg gegen Nahverkehrsgesellschaft Altmark GmbH, Slg. 2003, S. I-7747.

[2] ABl. C 8 vom 11.1.2012, S. 4.

15. DAWI-Beschluss

b) die neue Verordnung über die Anwendung der Artikel 107 und 108 AEUV auf De-minimis-Beihilfen an Unternehmen, die Dienstleistungen von allgemeinem wirtschaftlichem Interesse erbringen, die die Kommission erlassen möchte; diese Verordnung legt bestimmte Voraussetzungen fest — unter anderem in Bezug auf die Höhe der Ausgleichsleistungen —, unter denen davon ausgegangen wird, dass Ausgleichsleistungen für die Erbringung öffentlicher Dienstleistungen nicht alle Kriterien von Artikel 107 Absatz 1 erfüllen;

c) der überarbeitete EU-Rahmen für staatliche Beihilfen in Form von Ausgleichsleistungen für die Erbringung öffentlicher Dienstleistungen ([3]), in dem dargelegt ist, wie die Kommission Fälle prüfen wird, die nicht unter diesen Beschluss fallen und daher bei der Kommission angemeldet werden müssen.

(7) In der Entscheidung 2005/842/EG der Kommission vom 28. November 2005 über die Anwendung von Artikel 86 Absatz 2 EG-Vertrag auf staatliche Beihilfen, die bestimmten mit der Erbringung von Dienstleistungen von allgemeinem wirtschaftlichem Interesse betrauten Unternehmen als Ausgleich gewährt werden ([4]), werden die Bedeutung und der Umfang der Ausnahmeregelung nach Artikel 106 Absatz 2 AEUV erläutert und Vorschriften formuliert, die eine wirksame Überwachung der Einhaltung der darin genannten Kriterien ermöglichen. Der vorliegende Beschluss ersetzt die Entscheidung 2005/842/EG und enthält die Voraussetzungen, unter denen staatliche Beihilfen in Form von Ausgleichsleistungen für die Erbringung von Dienstleistungen von allgemeinem wirtschaftlichem Interesse von der Anmeldepflicht nach Artikel 108 Absatz 3 AEUV befreit sind, da davon ausgegangen werden kann, dass sie mit Artikel 106 Absatz 2 AEUV vereinbar sind.

(8) Solche Beihilfen können nur dann als für mit Artikel 106 Absatz 2 AEUV vereinbar angesehen werden, wenn sie gewährt werden, um die Erbringung von Dienstleistungen von allgemeinem wirtschaftlichem Interesse im Sinne von Artikel 106 Absatz 2 AEUV sicherzustellen. Aus der ständigen Rechtsprechung geht eindeutig hervor, dass die Mitgliedstaaten bei der Festlegung, welche Dienstleistungen als von allgemeinem wirtschaftlichem Interesse gelten, einen weiten Ermessensspielraum haben, wenn keine einschlägigen sektorspezifischen EU-Vorschriften bestehen. Es ist daher Aufgabe der Kommission, darüber zu wachen, dass bei der Festlegung der Dienstleistungen von allgemeinem wirtschaftlichem Interesse keine offenkundigen Fehler vorliegen.

(9) Sofern die einschlägigen Voraussetzungen erfüllt sind, beeinträchtigen begrenzte Ausgleichsleistungen für Unternehmen, die mit der Erbringung von Dienstleistungen von allgemeinem wirtschaftlichem Interesse betraut sind, die Entwicklung des Handelsverkehrs und des Wettbewerbs nicht in einem Ausmaß, das dem Interesse der Union zuwiderliefe. Für Ausgleichsleistungen, die unter einem bestimmten Jahresbetrag liegen, ist daher keine Einzelanmeldung als staatliche Beihilfe erforderlich, sofern die Voraussetzungen dieses Beschlusses erfüllt sind.

(10) Angesichts der Entwicklung des Handels mit der Erbringung von Dienstleistungen von allgemeinem wirtschaftlichem Interesse in der Union, die sich z. B. in der starken Entwicklung von multinationalen Anbietern insbesondere in einigen Wirtschaftszweigen zeigt, die für die Entwicklung des Binnenmarkts von großer Bedeutung sind, ist es angebracht, die Schwelle, bis zu der die Ausgleichsleistungen nach diesem Beschluss von der Anmeldepflicht befreit werden können, gegenüber der Schwelle in der Entscheidung 2005/842/EG zu senken, wobei dieser Betrag als jährlicher Durchschnitt während des Betrauungszeitraums berechnet werden kann.

(11) Krankenhäuser und mit sozialen Dienstleistungen beauftragte Unternehmen, die mit Aufgaben von allgemeinem wirtschaftlichem Interesse betraut sind, weisen Besonderheiten auf, die berücksichtigt werden müssen. Insbesondere ist der Tatsache Rechnung zu tragen, dass im aktuellen wirtschaftlichen Umfeld und beim derzeitigen Entwicklungsstand des Binnenmarkts für soziale Dienstleistungen Beihilfen notwendig sein können, deren Höhe an dem in diesem Beschluss festgesetzten Schwellenwert für den Ausgleich von Kosten im Zusammenhang mit öffentlichen Dienstleistungen überschreitet. Ein größeres Ausmaß von Ausgleich für soziale Dienstleistungen hat also nicht notwendigerweise eine Steigerung des Risikos von Wettbewerbsverzerrungen zur Folge. Deshalb sollte die nach diesem Beschluss vorgesehene Befreiung von der Anmeldepflicht auch für Unternehmen gelten, die mit der Erbringung von Sozialdienstleistungen betraut sind und Wohnraum für benachteiligte Bürger oder sozial schwächere Bevölkerungsgruppen bereitstellen, die nicht die Mittel haben, sich auf dem freien Wohnungsmarkt eine Unterkunft zu beschaffen, selbst wenn der ihnen gewährte Ausgleichsbetrag in diesem Beschluss festgelegte allgemeine Obergrenze für Ausgleichsleistungen übersteigt. Dies sollte auch für Krankenhäuser gelten, die medizinische Versorgung leisten, gegebenenfalls einschließlich Notdiensten und Nebendiensten, die unmittelbar mit der Haupttätigkeit verbunden sind, insbesondere in der Forschung. Um in den Genuss der Befreiung der Anmeldepflicht zu kommen, sollten soziale Dienstleistungen klar ausgewiesen werden und den sozialen Bedarf im Hinblick auf Gesundheitsdienste und Langzeitpflege, Kinderbetreuung, den Zugang zum Arbeitsmarkt, den sozialen Wohnungsbau sowie die Betreuung und soziale Einbindung sozial schwacher Bevölkerungsgruppen decken.

(12) Das Ausmaß, in dem eine bestimmte Ausgleichsmaßnahme den Handel und Wettbewerb beeinträchtigt, hängt nicht nur von der durchschnittlichen Höhe der jährlichen Ausgleichsleistungen und dem betroffenen Wirtschaftszweig ab, sondern auch von der Dauer der Betrauung. Sofern ein längerer Betrauungszeitraum nicht aufgrund einer erforderlichen beträchtlichen Investition, z. B. im Bereich des sozialen Wohnungsbaus, gerechtfertigt

[3] ABl. C 8 vom 11.1.2012, S. 15.

[4] ABl. L 312 vom 29.11.2005, S. 67.

ist, sollte die Anwendung dieses Beschlusses auf eine Betrauungsdauer von höchstens zehn Jahren beschränkt werden.

(13) Damit Artikel 106 Absatz 2 AEUV zur Anwendung kommt, muss das betreffende Unternehmen vom Mitgliedstaat ausdrücklich mit der Erbringung einer bestimmten Dienstleistung von allgemeinem wirtschaftlichem Interesse betraut worden sein.

(14) Um sicherzustellen, dass die Kriterien nach Artikel 106 Absatz 2 AEUV eingehalten werden, müssen die Voraussetzungen genauer festgelegt werden, die im Hinblick auf die Betrauung mit Dienstleistungen von allgemeinem wirtschaftlichem Interesse zu erfüllen sind. Die Höhe der Ausgleichsleistungen kann nur dann ordnungsgemäß berechnet und überprüft werden, wenn die dem Unternehmen übertragenen gemeinwirtschaftlichen Verpflichtungen und alle dem Staat obliegenden Verpflichtungen in einem oder mehreren Betrauungsakten der zuständigen Behörde im betreffenden Mitgliedstaat klar festgelegt sind. Die Form des Instruments kann sich von Mitgliedstaat zu Mitgliedstaat unterscheiden, es müssen jedoch zumindest die betreffenden Unternehmen, der genaue Gegenstand und die genaue Dauer der gemeinwirtschaftlichen Verpflichtungen sowie gegebenenfalls das abzudeckende Gebiet, etwaige ausschließliche oder besondere Rechte und die Beschreibung des Ausgleichsmechanismus und die Parameter zur Bestimmung der Ausgleichsleistungen sowie zur Vermeidung und Rückforderung einer etwaigen Überkompensation festgelegt sein. Um im Hinblick auf die Anwendung dieses Beschlusses die nötige Transparenz zu gewährleisten, sollte der Betrauungsakt außerdem einen Verweis auf diesen Beschluss enthalten.

(15) Um ungerechtfertigte Wettbewerbsverfälschungen zu vermeiden, sollte die Höhe der Ausgleichsleistungen nicht über das hinausgehen, was unter Berücksichtigung eines angemessenen Gewinns erforderlich ist, um die dem Unternehmen durch die Erbringung der Dienstleistung entstehenden Nettokosten abzudecken.

(16) Ausgleichsleistungen, die über das hinausgehen, was für die Deckung der dem betreffenden, die Dienstleistung erbringenden Unternehmen, entstehenden Kosten erforderlich wäre, sind für die Erbringung der Dienstleistung von allgemeinem wirtschaftlichem Interesse nicht erforderlich und stellen daher eine mit dem Binnenmarkt unvereinbare staatliche Beihilfe dar, die an den Staat zurückzuzahlen ist. Ausgleichsleistungen, die für die Erbringung einer Dienstleistung von allgemeinem wirtschaftlichem Interesse gezahlt, von dem betreffenden Unternehmen aber genutzt werden, um auf einem anderen Markt zu anderen Zwecken als den im Betrauungsakt festgelegten tätig zu werden, sind für die Erbringung der Dienstleistung von allgemeinem wirtschaftlichem Interesse nicht erforderlich und können daher ebenfalls eine mit dem Binnenmarkt unvereinbare staatliche Beihilfe darstellen, die zurückgezahlt werden muss.

(17) Die zu berücksichtigenden Nettokosten sollten als die Differenz zwischen den in Verbindung mit der Erbrin-gung der Dienstleistung von allgemeinem wirtschaftlichem Interesse angefallenen Kosten und den Einnahmen, die mit der Dienstleistung von allgemeinem wirtschaftlichem Interesse erzielt wurden, berechnet werden bzw. als die Differenz zwischen den Nettokosten aus der Erfüllung der gemeinwirtschaftlichen Verpflichtung und den Nettokosten oder Gewinnen ohne eine solche Verpflichtung berechnet werden. Insbesondere wenn die gemeinwirtschaftliche Verpflichtung, beispielsweise aufgrund regulierter Tarife, zu Einnahmeinbussen führt, sich aber nicht auf die Kosten auswirkt, sollte es möglich sein, die mit der Erfüllung gemeinwirtschaftlicher Verpflichtungen verbundenen Nettokosten aufgrund der entgangenen Einnahmen zu ermitteln. Um ungerechtfertigte Wettbewerbsverfälschungen zu vermeiden, sollten alle Einnahmen, die mit der Erbringung der Dienstleistung von allgemeinem wirtschaftlichem Interesse erzielt werden (d. h. Einnahmen, die der Dienstleistungsbringer ohne die betreffende Betrauung nicht erzielt hätte) bei der Berechnung der Höhe der Ausgleichsleistungen berücksichtigt werden. Wurden dem betreffenden Unternehmen besondere oder ausschließliche Rechte gewährt, die mit einer anderen Dienstleistung als der Dienstleistung von allgemeinem wirtschaftlichem Interesse, für welche die Beihilfe gewährt wird, zusammenhängen, und wirft dieser Bereich Gewinne ab, die über der angemessenen Rendite liegen, oder wurden dem Unternehmen vom Staat andere Vergünstigungen gewährt, sollten diese unabhängig von ihrer Bewertung nach Maßgabe von Artikel 107 AEUV mit berücksichtigt und zu den Einnahmen hinzugerechnet werden.

(18) Der angemessene Gewinn sollte anhand der Kapitalrendite festgelegt werden und dem eingegangenen Risiko bzw. dem Fehlen eines Risikos Rechnung tragen. Der Begriff „Kapitalrendite" sollte den internen Ertragssatz (Internal Rate of Return — IRR) bezeichnen, den das Unternehmen während des Betrauungszeitraums mit seinem investierten Kapital erzielt.

(19) Gewinne, die den relevanten Swap-Satz zuzüglich 100 Basispunkten nicht übersteigen, sollten nicht als unangemessen gelten. In diesem Zusammenhang wird der relevante Swap-Satz als angemessene Rendite für eine risikofreie Investition angesehen. Der Aufschlag von 100 Basispunkten dient unter anderem als Ausgleich für Liquiditätsrisiken im Zusammenhang mit der Bindung von Kapital für die Erbringung der Dienstleistung während des Betrauungszeitraums.

(20) Trägt das mit einer Dienstleistung von allgemeinem wirtschaftlichem Interesse betraute Unternehmen kein erhebliches Geschäftsrisiko, da ihm z. B. die Kosten für die Erbringung der Dienstleistung voll erstattet werden, sollten Gewinne, die den relevanten Swap-Satz zuzüglich 100 Basispunkten übersteigen, nicht als angemessen gelten.

(21) Ist die Verwendung der Kapitalrendite aufgrund von besonderen Umständen nicht angebracht, so sollte der Mitgliedstaat für die Ermittlung des angemessenen Gewinns auf andere Indikatoren wie die durchschnittliche Eigenkapitalrendite (ROE), die Rendite des eingesetzten

15. DAWI-Beschluss

Kapitals (ROCE), die Gesamtkapitalrendite (ROA) oder die Umsatzrendite (ROS) zurückgreifen können.

(22) Bei der Ermittlung der Höhe eines angemessenen Gewinns sollten die Mitgliedstaaten auch Anreizkriterien zugrunde legen können, die sich insbesondere auf die Qualität der erbrachten Dienstleistungen und Effizienzgewinne bei der Produktivität beziehen. Effizienzgewinne sollten sich nicht negativ auf die Qualität der erbrachten Dienstleistungen auswirken. Die Mitgliedstaaten sollten beispielsweise im Betrauungsakt konkrete Ziele für Effizienzgewinne festlegen und die Ausgleichshöhe davon abhängig machen können, inwieweit diese Ziele erreicht wurden. So kann im Betrauungsakt vorgesehen sein, dass die Ausgleichsleistungen bei Nichterreichen der Ziele anhand einer im Betrauungsakt festgelegten Berechnungsmethode gekürzt werden; erreicht das Unternehmen bessere Ergebnisse als vorgegeben, können die Ausgleichsleistungen auf der Grundlage einer im Betrauungsakt festgelegten Methode erhöht werden. An Produktivitätsgewinne geknüpfte Prämien sollten stets so festgelegt werden, dass für eine ausgewogene Gewinnverteilung auf das Unternehmen und den Mitgliedstaat und/oder die Nutzer gesorgt ist.

(23) Artikel 93 AEUV stellt eine Sondervorschrift zu Artikel 106 Absatz 2 AEUV dar. Er legt die Vorschriften für Ausgleichsleistungen für die Erbringung öffentlicher Dienstleistungen im Landverkehr fest. Artikel 93 wurde durch die Verordnung (EG) Nr. 1370/2007 des Europäischen Parlaments und des Rates vom 23. Oktober 2007 über öffentliche Personenverkehrsdienste auf Schiene und Straße und zur Aufhebung der Verordnungen (EWG) Nr. 1191/69 und (EWG) Nr. 1107/70 des Rates ([5]) ausgelegt, in der die Vorschriften für Ausgleichsleistungen für gemeinwirtschaftliche Verpflichtungen im öffentlichen Personenverkehr festgehalten sind. Die Anwendung der Verordnung auf den Binnenschiffspersonenverkehr liegt im Ermessen der Mitgliedstaaten. Nach der Verordnung (EG) Nr. 1370/2007 sind Ausgleichsleistungen für landgebundene Verkehrsleistungen, die die in dieser Verordnung genannten Voraussetzungen erfüllen, von der Anmeldepflicht nach Artikel 108 Absatz 3 AEUV ausgenommen. Nach dem Altmark-Urteil können Ausgleichsleistungen, die im Widerspruch zu Artikel 93 AEUV stehen, weder auf der Grundlage von Artikel 106 Absatz 2 AEUV noch einer sonstigen AEUV-Bestimmung für mit dem AUEV vereinbar erklärt werden. Daher ist dieser Beschluss nicht auf den Landverkehr anwendbar.

(24) Im Gegensatz zum Landverkehr fallen der See- und der Luftverkehr unter Artikel 106 Absatz2 AEUV. Die Verordnung (EG) Nr. 1008/2008 des Europäischen Parlaments und des Rates vom 24. September 2008 über gemeinsame Vorschriften für die Durchführung von Luftverkehrsdiensten in der Gemeinschaft ([6]) und die Verordnung (EWG) Nr. 3577/92 des Rates vom 7. Dezember 1992 zur Anwendung des Grundsatzes des freien Dienstleistungsverkehrs auf den Seeverkehr in den Mitgliedstaaten (Seekabotage) ([7]) enthalten Vorschriften über Ausgleichsleistungen für die Erbringung öffentlicher Dienstleistungen im Luft- und Seeverkehr. Im Gegensatz zur Verordnung (EG) Nr. 1370/2007 beziehen sich diese Verordnungen weder auf die Vereinbarkeit etwaiger Beihilfeelemente mit dem Binnenmarkt noch sehen sie eine Befreiung von der Anmeldepflicht nach Artikel 108 Absatz 3 AEUV vor. Dieser Beschluss sollte daher nur auf Ausgleichsleistungen für die Erbringung öffentlicher Dienstleistungen im See- und Luftverkehr angewendet werden, wenn die betreffenden Ausgleichsleistungen nicht nur die Voraussetzungen nach diesem Beschluss, sondern im gegebenen Fall auch die sektorspezifischen Vorschriften nach den Verordnungen (EG) Nr. 1008/2008 und (EWG) Nr. 3577/92 erfüllen.

(25) In dem Sonderfall von Ausgleichsleistungen für den Betrieb von Flug- oder Schiffsverbindungen zu Inseln sowie für Flughäfen und Seeverkehrshäfen, bei denen es sich um Dienstleistungen von allgemeinem wirtschaftlichem Interesse im Sinne von Artikel 106 Absatz 2 AEUV handelt, ist es angemessen, auf der Grundlage des durchschnittlichen jährlichen Fahrgastaufkommens ermittelte Obergrenzen vorzusehen, da dies die wirtschaftliche Realität dieser Tätigkeiten und den Umstand, dass es sich um Dienstleistungen von allgemeinem wirtschaftlichem Interesse handelt, genauer widerspiegelt.

(26) Die Befreiung bestimmter Dienstleistungen von allgemeinem wirtschaftlichem Interesse von der Pflicht zur vorherigen Anmeldung bedeutet nicht, dass Mitgliedstaaten ein bestimmtes Beihilfevorhaben nicht anmelden können. Im Falle einer solchen Anmeldung (oder wenn die Kommission nach Eingang einer Beschwerde oder von Amts wegen eine bestimmte Beihilfemaßnahme auf ihre Vereinbarkeit mit dem Binnenmarkt untersucht) prüft die Kommission, ob die Voraussetzungen nach diesem Beschluss erfüllt sind. Andernfalls prüft die Kommission die Maßnahme auf der Grundlage der Grundsätze der Mitteilung der Kommission über einen Rahmen für staatliche Beihilfen in Form von Ausgleichsleistungen für die Erbringung öffentlicher Dienstleistungen.

(27) Dieser Beschluss sollte die Vorschriften der Richtlinie 2006/111/EG der Kommission vom 16. November 2006 über die Transparenz der finanziellen Beziehungen zwischen den Mitgliedstaaten und den öffentlichen Unternehmen sowie über die finanzielle Transparenz innerhalb bestimmter Unternehmen ([8]) unberührt lassen.

(28) Dieser Beschluss sollte unbeschadet der Wettbewerbsvorschriften der Union, insbesondere der Artikel 101 und 102 AEUV gelten.

(29) Dieser Beschluss sollte ferner unbeschadet der Vorschriften der Union für das öffentliche Auftragswesen gelten.

(30) Dieser Beschluss sollte bestehende strengere sektorspezifische Rechtsvorschriften der Union im Bereich der gemeinwirtschaftlichen Verpflichtungen unberührt lassen.

DAWI-
Be-
schluss

---

[5] ABl. L 315 vom 3.12.2007, S. 1.
[6] ABl. L 293 vom 31.10.2008, S. 3.

[7] ABl. L 364 vom 12.12.1992, S. 7.
[8] ABl. L 318 vom 17.11.2006, S. 17.

(31) Für Einzelbeihilfen, die vor dem Inkrafttreten dieses Beschlusses gewährt wurden, sind Übergangsbestimmungen vorzusehen. Beihilferegelungen, die im Einklang mit der Entscheidung 2005/842/EG vor dem Inkrafttreten dieses Beschlusses wirksam wurden, sollten weiterhin als mit dem Binnenmarkt vereinbar gelten und für einen weiteren Zeitraum zwei Jahren von der Anmeldepflicht befreit sein. Beihilfen, die vor dem Inkrafttreten dieses Beschlusses wirksam wurden und nicht mit der Entscheidung 2005/842/EG im Einklang stehen, jedoch die in diesem Beschluss genannten Voraussetzungen erfüllen, sollten als mit dem Binnenmarkt vereinbar gelten und von der Anmeldepflicht befreit sein.

(32) Die Kommission beabsichtigt, diesen Beschluss fünf Jahre nach seinem Inkrafttreten zu überprüfen —

HAT FOLGENDEN BESCHLUSS ERLASSEN:

Artikel 1

Gegenstand

Dieser Beschluss legt fest, unter welchen Voraussetzungen staatliche Beihilfen, die bestimmten mit der Erbringung von Dienstleistungen von allgemeinem wirtschaftlichem Interesse betrauten Unternehmen als Ausgleich gewährt werden, als mit dem Binnenmarkt vereinbar angesehen werden und demzufolge von der Anmeldepflicht nach Artikel 108 Absatz 3 AEUV befreit sind.

Artikel 2

Anwendungsbereich

(1) Dieser Beschluss findet Anwendung auf staatliche Beihilfen in Form von Ausgleichsleistungen, die Unternehmen für die Erbringung von Dienstleistungen von allgemeinem wirtschaftlichem Interesse im Sinne von Artikel 106 Absatz 2 AEUV gewährt werden und in eine der folgenden Kategorien fallen:

a) Ausgleichsleistungen von nicht mehr als 15 Mio. EUR pro Jahr für die Erbringung von Dienstleistungen von allgemeinem wirtschaftlichem Interesse mit Ausnahme der Bereiche Verkehr und Verkehrsinfrastruktur;

schwankt die Höhe der Ausgleichsleistungen während des Betrauungszeitraums, so ist der jährliche Betrag als Durchschnitt der Jahresbeträge der für den Betrauungszeitraum vorgesehenen Ausgleichsleistungen zu berechnen;

b) Ausgleichsleistungen für die Erbringung von Dienstleistungen von allgemeinem wirtschaftlichem Interesse durch Krankenhäuser, die medizinische Versorgung leisten, gegebenenfalls einschließlich Notdiensten; die Erbringung von Nebendienstleistungen, die unmittelbar mit der Haupttätigkeit verbunden sind, insbesondere in der Forschung, steht der Anwendung dieses Absatzes jedoch nicht entgegen;

c) Ausgleichsleistungen für die Erbringung von Dienstleistungen von allgemeinem wirtschaftlichem

Interesse zur Deckung des sozialen Bedarfs im Hinblick auf Gesundheitsdienste und Langzeitpflege, Kinderbetreuung, den Zugang zum und die Wiedereingliederung in den Arbeitsmarkt, den sozialen Wohnungsbau sowie die Betreuung und soziale Einbindung sozial schwacher Bevölkerungsgruppen;

d) Ausgleichsleistungen für die Erbringung von Dienstleistungen von allgemeinem wirtschaftlichem Interesse im Flug- oder Schiffsverkehr zu Inseln, wobei das durchschnittliche jährliche Verkehrsaufkommen während der beiden Finanzjahre, die dem Jahr vorausgehen, in dem die Betrauung mit der Dienstleistung von allgemeinem wirtschaftlichem Interesse erfolgte, 300 000 Passagiere nicht übersteigen darf;

e) Ausgleichsleistungen für die Erbringung von Dienstleistungen von allgemeinem wirtschaftlichem Interesse für Flug- und Seeverkehrshäfen, deren durchschnittliches jährliches Verkehrsaufkommen während der beiden Finanzjahre, die dem Jahr vorausgehen, in dem die Betrauung mit der Dienstleistung von allgemeinem wirtschaftlichem Interesse erfolgte, im Fall von Flughäfen höchstens 200 000 Passagiere und im Fall von Seehäfen höchstens 300 000 Passagiere betrug.

(2) Dieser Beschluss findet nur Anwendung, wenn der Zeitraum, für den das Unternehmen mit der Erbringung der Dienstleistung von allgemeinem wirtschaftlichem Interesse betraut ist, nicht mehr als zehn Jahre beträgt. Übersteigt der Betrauungszeitraum die Dauer von zehn Jahren, so ist dieser Beschluss nur insoweit anwendbar, als eine erhebliche Investition seitens des Dienstleistungserbringers erforderlich ist, die nach allgemein anerkannten Rechnungslegungsgrundsätzen über einen längeren Zeitraum abgeschrieben werden muss.

(3) Sind die Voraussetzungen für die Anwendung dieses Beschluss zu einem bestimmten Zeitpunkt der Betrauung nicht mehr erfüllt, so muss die Beihilfe im Einklang mit Artikel 108 Absatz 3 AEUV angemeldet werden.

(4) Im Bereich des Luft- und Seeverkehrs gilt dieser Beschluss nur für staatliche Beihilfen in Form von Ausgleichsleistungen zugunsten von Unternehmen, die Dienstleistungen von allgemeinem wirtschaftlichem Interesse im Sinne von Artikel 106 Absatz 2 AEUV erbringen, die mit der Verordnung (EG) Nr. 1008/2008 bzw. der Verordnung (EWG) Nr. 3577/92 im Einklang stehen.

(5) Dieser Beschluss gilt nicht für staatliche Beihilfen, die als Ausgleich für die Erbringung öffentlicher Dienstleistungen im Bereich des Landverkehrs gewährt werden.

Artikel 3

Vereinbarkeit mit dem Binnenmarkt und Befreiung von der Anmeldung

Staatliche Beihilfen in Form von Ausgleichsleistungen für die Erbringung öffentlicher Dienstleistungen, die die Voraussetzungen nach diesem Beschluss erfüllen, sind mit dem Binnenmarkt vereinbar und von der Pflicht zur vorherigen Anmeldung nach Artikel 108 Absatz 3 AEUV

DAWI-Be-schluss

15. DAWI-Beschluss

befreit, wenn sie auch Voraussetzungen aufgrund des AEUV oder aufgrund von sektorspezifischen Rechtsvorschriften der Union erfüllen.

Artikel 4

Betrauung

Die Erbringung der Dienstleistung von allgemeinem öffentlichem Interesse dem Unternehmen wird im Wege eines oder mehrerer Betrauungsakte übertragen, deren Form von den einzelnen Mitgliedstaaten bestimmt werden kann. In dem Akt/den Akten muss insbesondere Folgendes festgelegt sein:

a) Gegenstand und Dauer der gemeinwirtschaftlichen Verpflichtungen;

b) das Unternehmen und gegebenenfalls das betreffende Gebiet;

c) Art etwaiger dem Unternehmen durch die Bewilligungsbehörde gewährter ausschließlicher oder besonderer Rechte;

d) Beschreibung des Ausgleichsmechanismus und Parameter für die Berechnung, Überwachung und Änderung der Ausgleichsleistungen;

e) Maßnahmen zur Vermeidung und Rückforderung von Überkompensationszahlungen und

f) einen Verweis auf diesen Beschluss.

Artikel 5

Ausgleich

(1) Die Höhe der Ausgleichsleistungen darf unter Berücksichtigung eines angemessenen Gewinns nicht über das hinausgehen, was erforderlich ist, um die durch die Erfüllung der gemeinwirtschaftlichen Verpflichtungen verursachten Nettokosten abzudecken.

(2) Die Nettokosten sind die Differenz zwischen den Kosten nach Absatz 3 und den Einnahmen nach Absatz 4. Sie können aber auch als Differenz zwischen den Nettokosten des Dienstleistungserbringers aus der Erfüllung der gemeinwirtschaftlichen Verpflichtung und den Nettokosten oder Gewinnen desselben Dienstleistungserbringers ohne eine solche Verpflichtung berechnet werden.

(3) Die zu berücksichtigenden Kosten umfassen sämtliche in Verbindung mit der Erbringung der Dienstleistung von allgemeinem wirtschaftlichem Interesse angefallenen Kosten. Sie sind auf der Grundlage von allgemein anerkannten Rechnungslegungsgrundsätzen wie folgt zu bestimmen:

a) Beschränken sich die Tätigkeiten des betreffenden Unternehmens auf die Erbringung der Dienstleistung von allgemeinem wirtschaftlichem Interesse, können alle Kosten des Unternehmens herangezogen werden.

b) Übt das Unternehmen auch andere Tätigkeiten aus, bei denen es sich nicht um die betreffende Dienstleistung von allgemeinem wirtschaftlichem Interesse handelt, dürfen nur die der Dienstleistung von allgemeinem wirtschaftlichem Interesse zurechenbaren Kosten berücksichtigt werden.

c) Die der Dienstleistung von allgemeinem wirtschaftlichem Interesse zurechenbaren Kosten können alle unmittelbaren Kosten abdecken, die durch die Erbringung der Dienstleistung von allgemeinem wirtschaftlichem Interesse angefallen sind, sowie einen angemessenen Teil der Fixkosten für die Dienstleistung von allgemeinem wirtschaftlichem Interesse und sonstige Tätigkeiten.

d) Kosten in Verbindung mit Investitionen, insbesondere Infrastrukturkosten, können berücksichtigt werden, wenn sie für die Erbringung der Dienstleistung von allgemeinem wirtschaftlichem Interesse erforderlich sind.

(4) Die zu berücksichtigenden Einnahmen müssen auf jeden Fall die gesamten Einnahmen beinhalten, die mit der Dienstleistung von allgemeinem wirtschaftlichem Interesse erzielt wurden, unabhängig davon, ob die Einnahmen als staatliche Beihilfe im Sinne von Artikel 107 AEUV zu betrachten sind. Wurden dem betreffenden Unternehmen besondere oder ausschließliche Rechte gewährt, die mit einer anderen Dienstleistung als der Dienstleistung von allgemeinem wirtschaftlichem Interesse, für welche die Beihilfe gewährt wird, zusammenhängen, und wirft dieser Bereich Gewinne ab, die über der angemessenen Rendite liegen, oder wurden dem Unternehmen vom Staat andere Vergünstigungen gewährt, müssen diese unabhängig von ihrer Bewertung nach Maßgabe von Artikel 107 AEUV mit berücksichtigt und zu den Einnahmen hinzugerechnet werden. Der betreffende Mitgliedstaat kann gegebenenfalls entscheiden, dass die Gewinne aus anderen Tätigkeiten, bei denen es sich nicht um die betreffende Dienstleistung von allgemeinem wirtschaftlichem Interesse handelt, ganz oder teilweise in die Finanzierung der Dienstleistung von allgemeinem wirtschaftlichem Interesse fließen müssen.

(5) Für die Zwecke dieses Beschlusses gilt als „angemessener Gewinn" die Kapitalrendite, die ein durchschnittliches Unternehmen zugrunde legt, um unter Berücksichtigung des jeweiligen Risikos zu entscheiden, ob es die betreffende Dienstleistung von allgemeinem wirtschaftlichem Interesse für die gesamte Dauer der Betrauung erbringt. Der Begriff „Kapitalrendite" bezeichnet den internen Ertragssatz (Internal Rate of Return — IRR), den das Unternehmen während des Betrauungszeitraums mit seinem investierten Kapital erzielt. Die Höhe des Risikos hängt vom Wirtschaftszweig, der Art der Dienstleistung und den Merkmalen der Ausgleichsleistungen ab.

(6) Bei der Ermittlung der Höhe eines angemessenen Gewinns können Mitgliedstaaten Anreizkriterien zugrunde legen, die sich insbesondere auf die Qualität der erbrachten Dienstleistungen und Effizienzgewinne bei der Produktivität beziehen. Effizienzgewinne dürfen sich nicht negativ auf die Qualität der erbrachten Dienstleistungen auswirken. Prämien, die an Produktivitätsgewinne geknüpft sind, sind stets so festzulegen, dass eine ausgewogene Aufteilung dieser Gewinne zwischen dem Unternehmen und dem Mitgliedstaat und/oder den Nutzern möglich ist.

(7) Für die Zwecke dieses Beschlusses gilt eine Kapitalrendite, die den relevanten Swap-Satz zuzüglich eines Aufschlags von 100 Basispunkten nicht übersteigt, in jedem Fall als angemessen. Der relevante Swap-Satz ist der Swap-Satz, dessen Fälligkeit und Währung der Dauer und Währung des Betrauungsaktes entsprechen. Ist mit der Erbringung der Dienstleistungen von allgemeinem wirtschaftlichem Interesse kein beträchtliches kommerzielles oder vertragliches Risiko verbunden (insbesondere wenn die bei der Erbringung der Dienstleistung von allgemeinem wirtschaftlichem Interesse anfallenden Nettokosten im Wesentlichen nachträglich vollständig erstattet werden), darf der angemessene Gewinn den relevanten Swap-Satz zuzüglich eines Aufschlags von 100 Basispunkten nicht übersteigen.

(8) Ist die Verwendung der Kapitalrendite aufgrund von besonderen Umständen nicht angebracht, so kann der Mitgliedstaat bei der Ermittlung des angemessenen Gewinns auf andere Indikatoren wie die durchschnittliche Eigenkapitalrendite (ROE), die Rendite des eingesetzten Kapitals (ROCE), die Gesamtkapitalrendite (ROA) oder die Umsatzrendite (ROS) zurückgreifen. Der Begriff „Rendite" bezeichnet den Gewinn vor Zinsen und Steuern in dem jeweiligen Jahr. Die durchschnittliche Rendite wird anhand des Abzinsungsfaktors für die Vertragslaufzeit gemäß der Mitteilung der Kommission über die Änderung der Methode zur Festsetzung der Referenz- und Abzinsungssätze ([9]) ermittelt. Unabhängig vom gewählten Indikator muss der Mitgliedstaat in der Lage sein, der Kommission auf Ersuchen einen Nachweis dafür vorzulegen, dass der Gewinn nicht höher ist als der, den ein durchschnittliches Unternehmen bei der Entscheidung darüber, ob es die Dienstleistung erbringt, zugrunde legen würde; dies kann beispielsweise durch Verweise auf Einnahmen geschehen, die bei ähnlichen Verträgen unter Wettbewerbsbedingungen erzielt werden.

(9) Übt ein Unternehmen auch Tätigkeiten aus, bei denen es sich nicht um die betreffende Dienstleistung von allgemeinem wirtschaftlichem Interesse handelt, so müssen in dessen Buchführung die Kosten und Einnahmen in Verbindung mit der Erbringung der betreffenden Dienstleistung von allgemeinem wirtschaftlichem Interesse von allen anderen Tätigkeiten getrennt ausgewiesen werden; außerdem ist festzulegen, nach welchen Parametern die Zuordnung der Kosten und Einnahmen erfolgt. Als Kosten, die nicht der Erbringung der Dienstleistungen von allgemeinem wirtschaftlichem Interesse zugerechnet werden können, gelten alle unmittelbaren Kosten, ein angemessener Beitrag zu den Gemeinkosten und eine angemessene Kapitalrendite. Für diese Kosten darf kein Ausgleich gewährt werden.

(10) Die Mitgliedstaaten fordern das betreffende Unternehmen auf, eine etwaige Überkompensation zurückzuerstatten.

Artikel 6

Kontrolle von Überkompensation

(1) Die Mitgliedstaaten stellen sicher, dass der Ausgleich für die Erbringung von Dienstleistungen von allgemeinem wirtschaftlichem Interesse die in diesem Beschluss festgelegten Voraussetzungen erfüllt und insbesondere, dass die Unternehmen keinen höheren Ausgleich erhalten, als in Artikel 5 vorgesehen. Auf Verlangen der Kommission legen sie entsprechende Nachweise vor. Sie führen regelmäßig Kontrollen durch oder tragen dafür Sorge, dass diese während des Betrauungszeitraums zumindest alle drei Jahre sowie am Ende des Betrauungszeitraums durchgeführt werden.

(2) Hat ein Unternehmen einen höheren Ausgleich erhalten, als in Artikel 5 vorgesehen, so fordert der Mitgliedstaat das betreffende Unternehmen zur Rückzahlung der Überkompensation auf. Die Parameter für die Berechnung des Ausgleichs werden für die künftige Anwendung neu festgelegt. Übersteigt die Überkompensation den durchschnittlichen jährlichen Ausgleich nicht um mehr als 10 %, so kann sie auf den nächsten Zeitraum übertragen und von dem für diesen Zeitraum zu zahlenden Ausgleich abgezogen werden.

Artikel 7

Transparenz

Bei Ausgleichsleistungen von mehr als 15 Mio. EUR, die einem Unternehmen gewährt werden, das außerhalb des Anwendungsbereichs der Dienstleistung von allgemeinem wirtschaftlichem Interesse noch andere Tätigkeiten ausübt, muss der betreffende Mitgliedstaat die folgenden Informationen im Internet oder in sonstiger geeigneter Weise veröffentlichen:

a) den Betrauungsakt oder eine Zusammenfassung, die die in Artikel 4 genannten Angaben enthält;

b) den jährlichen Beihilfebetrag für das betreffende Unternehmen.

Artikel 8

Verfügbarkeit von Informationen

Die Mitgliedstaaten halten während des Betrauungszeitraums und für einen Zeitraum von mindestens zehn Jahren ab Ende des Betrauungszeitraums alle Informationen verfügbar, die notwendig sind, um zu bestimmen, ob die gewährten Ausgleichsleistungen mit diesem Beschluss vereinbar sind.

Die Mitgliedstaaten übermitteln der Kommission auf schriftliches Ersuchen alle Informationen, die die Kommission als erforderlich erachtet, um zu entscheiden, ob die geltenden Ausgleichmaßnahmen mit diesem Beschluss vereinbar sind.

DAWI-
Be-
schluss

---

[9] ABl. C 14 vom 19.1.2008, S. 6.

15. DAWI-Beschluss

Artikel 9

Berichterstattung

Jeder Mitgliedstaat übermittelt der Kommission alle zwei Jahre einen Bericht über die Umsetzung dieses Beschlusses. Die Berichte enthalten eine detaillierte Übersicht über die Anwendung dieses Beschlusses auf die in Artikel 2 Absatz 1 aufgeführten verschiedenen Kategorien von Dienstleistungen einschließlich:

a) Ausführungen zur Anwendung dieses Beschlusses auf die in seinen Anwendungsbereich fallenden Dienstleistungen, einschließlich interner Tätigkeiten;

b) den Gesamtbetrag der nach diesem Beschluss gewährten Beihilfen mit einer Aufschlüsselung des Gesamtbetrags nach Wirtschaftszweig der Begünstigten;

c) Angaben dazu, ob für eine bestimmte Art von Dienstleistung die Anwendung dieses Beschlusses Schwierigkeiten verursacht oder zu Beschwerden Dritter geführt hat,

und

d) andere von der Kommission erbetene Informationen über die Anwendung dieses Beschlusses, die rechtzeitig vor der Abgabefrist für den Bericht näher ausgeführt werden.

Der erste Bericht ist bis zum 30. Juni 2014 vorzulegen.

Artikel 10

Übergangsbestimmungen

Dieser Beschluss gilt für Einzelbeihilfen und Beihilferegelungen nach folgender Maßgabe:

a) Beihilferegelungen, die vor dem Inkrafttreten dieses Beschlusses wirksam wurden, mit dem Binnenmarkt vereinbar waren und von der Anmeldungspflicht nach der Entscheidung 2005/842/EG befreit waren, sind für einen weiteren Zeitraum von zwei Jahren mit dem Binnenmarkt vereinbar und von der Anmeldepflicht befreit.

b) Beihilfen, die vor dem Inkrafttreten dieses Beschlusses wirksam wurden und weder mit dem Binnenmarkt vereinbar waren noch von der Anmeldungspflicht nach Entscheidung 2005/842/EG befreit waren, jedoch die Voraussetzungen dieses Beschlusses erfüllen, gelten als mit dem Binnenmarkt vereinbar und sind von der vorherigen Anmeldepflicht befreit.

Artikel 11

Aufhebung

Die Entscheidung 2005/842/EG wird hiermit aufgehoben.

Artikel 12

Inkrafttreten

Dieser Beschluss tritt am 31. Januar 2012 in Kraft.

Artikel 13

Adressaten

Dieser Beschluss ist an die Mitgliedstaaten gerichtet.

Brüssel, den 20. Dezemeber 2011

Für die Kommission
Joaquin ALMUNIA
Vizepräsident

DAWI-Rahmen

Mitteilung der Kommission

Rahmen der Europäischen Union für staatliche Beihilfen in Form von Ausgleichsleistungen für die Erbringung öffentlicher Dienstleistungen (2011)

(2012/C 8/03)

ABl. C 2012/8, 15

Inhaltsverzeichnis

1. **Zweck und Anwendungsbereich**
2. **Voraussetzungen für die Vereinbarkeit von Ausgleichsleistungen für die Erbringung öffentlicher Dienstleistungen, die staatliche Beihilfen darstellen, mit dem Binnenmarkt**
   2.1. Allgemeine Bestimmungen
   2.2. Echte Dienstleistung von allgemeinem wirtschaftlichem Interesse gemäß Artikel 106 des Vertrags
   2.3. Notwendigkeit eines Betrauungsakts, in dem die Verpflichtungen zur Erbringung von öffentlichen Dienstleistungen und die Methoden zur Berechnung der Ausgleichsleistungen festgelegt sind
   2.4. Dauer des Betrauungszeitraums
   2.5. Einhaltung der Richtlinie 2006/111/EG
   2.6. Einhaltung der EU-Vorschriften für das öffentliche Auftragswesen
   2.7. Nichtdiskriminierung
   2.8. Höhe der Ausgleichsleistungen
   2.9. Zusätzliche Voraussetzungen, die erforderlich sein könnten, um sicherzustellen, dass die Entwicklung des Handelsverkehrs nicht in einem Ausmaß beeinträchtigt wird, das dem Interesse der Europäischen Union zuwiderläuft
   2.10. Transparenz
   2.11. Beihilfen, die die in Artikel 2 Absatz 1 des Beschlusses 2012/21/EU genannten Bedingungen erfüllen
3. **Berichterstattung und Bewertung**
4. **Mit Beschlüssen der Kommission verbundene Bedingungen und Auflagen**
5. **Anwendung**
6. **Zweckdienliche Maßnahmen**

1. ZWECK UND ANWENDUNGSBEREICH DER MITTEILUNG

1. Damit bestimmte Dienstleistungen von allgemeinem wirtschaftlichem Interesse auf der Basis von Grundsätzen und Bedingungen erbracht werden können, die eine Erfüllung dieser Aufgaben ermöglichen, kann sich eine finanzielle Unterstützung des Staates als erforderlich erweisen, wenn die durch die Verpflichtung zur Erbringung von öffentlichen Dienstleistungen anfallenden Kosten nicht durch die Einnahmen aus der Erbringung der Dienstleistungen gedeckt werden können.

2. Nach ständiger Rechtsprechung des Gerichtshofs der Europäischen Union (¹) stellen Ausgleichsleistungen für die Erbringung öffentlicher Dienstleistungen keine staatlichen Beihilfen im Sinne von Artikel 107 Absatz 1 des Vertrags über die Arbeitsweise der Europäischen Union dar, wenn sie bestimmte Voraussetzungen erfüllen (²).

Sind diese Voraussetzungen erfüllt, findet Artikel 108 des Vertrags keine Anwendung.

3. Wenn die Ausgleichsleistungen für die Erbringung öffentlicher Dienstleistungen diese Voraussetzungen nicht erfüllen, die allgemeinen Kriterien für die Anwendbarkeit von Artikel 107 Absatz 1 des Vertrags aber erfüllt sind, stellen die Ausgleichsleistungen staatliche Beihilfen dar und unterliegen den Artikeln 106, 107 und 108 des Vertrags.

4. In ihrer Mitteilung über die Anwendung der Beihilfevorschriften der Europäischen Union auf Ausgleichsleistungen für die Erbringung von Dienstleistungen von allgemeinem wirtschaftlichem Interesse (³) hat die Kommission die Voraussetzungen festgelegt, unter denen Ausgleichsleistungen für die Erbringung öffentlicher Dienstleistungen als staatliche Beihilfen anzusehen sind. Ferner wird die Kommission in ihrer Verordnung über die Anwendung der Artikel 107 und 108 des Vertrags über

---

¹ EuGH, Urteil Altmark Trans GmbH und Regierungspräsidium Magdeburg/Nahverkehrsgesellschaft Altmark GmbH, Rechtssache C-280/00, Slg. 2003, I-7747 („Altmark"), sowie EuGH, Urteil Enirisorse SpA/Ministero delle Finanze, verbundene Rechtssachen C-34/01 bis C-38/01, Slg. 2003, I-14243.

² In seinem Urteil in der Rechtssache *Altmark* stellte der Gerichtshof fest, dass Ausgleichsleistungen für die Erbringung öffentlicher Dienstleistungen keine staatliche Beihilfe darstellen, wenn vier Voraussetzungen erfüllt sind: Erstens muss das begünstigte Unternehmen tatsächlich mit der Erfüllung von Verpflichtungen zur Erbringung von öffentlichen Dienstleistungen betraut sein, und diese Verpflichtungen müssen klar definiert sein. Zweitens sind die Parameter, anhand deren der Ausgleich berechnet wird, zuvor objektiv und transparent festzulegen. Drittens darf der Ausgleich nicht über

das hinausgehen, was erforderlich ist, um die Kosten für die Erfüllung der Verpflichtung zur Erbringung von öffentlichen Dienstleistungen unter Berücksichtigung der dabei erzielten Einnahmen und eines angemessenen Gewinns ganz oder teilweise zu decken. Viertens ist für den konkreten Fall, dass das Unternehmen, das mit der Erfüllung der Verpflichtungen zur Erbringung von öffentlichen Dienstleistungen betraut werden soll, nicht im Rahmen einer öffentlichen Ausschreibung ausgewählt wird, und der Satz derjenige Bewerber ermitteln ließe, der diese Dienstleistungen für die Allgemeinheit zu den geringsten Kosten erbringen kann, die Höhe des erforderlichen Ausgleichs auf der Grundlage einer Analyse der Kosten zu bestimmen, die ein durchschnittliches, gut geführtes und mit den entsprechenden Mitteln angemessen ausgestattetes Unternehmen hätte.

³ Siehe Seite 23 dieses Amtsblatts.

16. DAWI-Rahmen

die Arbeitsweise der Europäischen Union auf *De-minimis*-Beihilfen zugunsten von Unternehmen, die Dienstleistungen von allgemeinem wirtschaftlichem Interesse erbringen ([4]), festlegen, unter welchen Voraussetzungen davon ausgegangen werden kann, dass geringfügige Ausgleichsleistungen für die Erbringung von Dienstleistungen den Handel zwischen Mitgliedstaaten nicht beeinträchtigen und/oder den Wettbewerb nicht verfälschen oder zu verfälschen drohen. In diesen Fällen werden die in Rede stehenden Ausgleichsleistungen nicht von Artikel 107 Absatz 1 des Vertrags erfasst und sind folglich nicht gemäß Artikel 108 Absatz 3 des Vertrags meldepflichtig.

5. Artikel 106 Absatz 2 des Vertrags bildet die Rechtsgrundlage für die beihilferechtliche Würdigung staatlicher Beihilfen für Dienstleistungen von allgemeinem wirtschaftlichem Interesse. Danach gelten für Unternehmen, die mit der Erbringung von Dienstleistungen von allgemeinem wirtschaftlichem Interesse betraut sind oder den Charakter eines Finanzmonopols haben, die Bestimmungen des Vertrags, insbesondere die Wettbewerbsregeln. Artikel 106 Absatz 2 des Vertrags sieht jedoch für den Fall, dass die Anwendung der Wettbewerbsregeln die Erfüllung der übertragenen Aufgaben rechtlich oder tatsächlich verhindert, eine Ausnahme von den Vorschriften des Vertrags vor. Diese Ausnahmebestimmung findet nur Anwendung, wenn die Entwicklung des Handelsverkehrs nicht in einem Ausmaß beeinträchtigt wird, das dem Interesse der Europäischen Union zuwiderläuft.

6. In dem Beschluss 2012/21/EU der Kommission ([5]) vom über die Anwendung von Artikel 106 Absatz 2 des Vertrags über die Arbeitsweise der Europäischen Union auf staatliche Beihilfen in Form von Ausgleichsleistungen zugunsten bestimmter Unternehmen, die mit der Erbringung von Dienstleistungen von allgemeinem wirtschaftlichem Interesse betraut sind ([6]), ist festgelegt, unter welche Voraussetzungen bestimmte Arten von Ausgleichsleistungen für die Erbringung öffentlicher Dienstleistungen nach Artikel 106 Absatz 2 des Vertrags als mit dem Binnenmarkt vereinbar einzustufen und folglich von der Pflicht zur vorherigen Anmeldung nach Artikel 108 Absatz 3 des Vertrags befreit sind.

7. Die Grundsätze dieser Mitteilung gelten nur für Ausgleichsleistungen für die Erbringung öffentlicher Dienstleistungen, wenn es sich um staatliche Beihilfen handelt, die nicht von dem Beschluss 2012/21/EU, erfasst werden. Solche Ausgleichsleistungen unterliegen der Pflicht zur vorherigen Anmeldung nach Artikel 108 Absatz 3 des Vertrags. In dieser Mitteilung ist festgelegt, unter welchen Voraussetzungen solche staatlichen Beihilfen als mit dem Binnenmarkt gemäß Artikel 106 Absatz 2 des Vertrags vereinbar erklärt werden können. Sie ersetzt den Gemeinschaftsrahmen für staatliche Beihilfen, die als Ausgleich für die Erbringung öffentlicher Dienstleistungen gewährt werden ([7]).

8. Die Grundsätze dieser Mitteilung gelten unbeschadet strengerer einschlägiger Bestimmungen in sektorspezifischen EU-Rechtsvorschriften über Ausgleichsleistungen für die Erbringung öffentlicher Dienstleistungen im Luft- und Seeverkehr. Sie gelten weder für den Landverkehr noch für den öffentlich-rechtlichen Rundfunk, der durch die Mitteilung der Kommission über die Anwendung der Vorschriften über staatliche Beihilfen auf den öffentlich-rechtlichen Rundfunk ([8]) abgedeckt ist.

9. Beihilfen für Erbringer von Dienstleistungen von allgemeinem wirtschaftlichem Interesse, die sich in Schwierigkeiten befinden, sind nach den Leitlinien der Gemeinschaft für staatliche Beihilfen zur Rettung und Umstrukturierung von Unternehmen in Schwierigkeiten ([9]) zu prüfen.

10. Die Grundsätze dieser Mitteilung gelten unbeschadet der:

a) Vorgaben der EU-Rechtsvorschriften im Bereich Wettbewerb (insbesondere Artikel 101 und 102 des Vertrags);

b) Vorgaben der EU-Rechtsvorschriften für das öffentliche Auftragswesen;

c) Bestimmungen der Richtlinie 2006/111/EG der Kommission vom 16. November 2006 über die Transparenz der finanziellen Beziehungen zwischen den Mitgliedstaaten und den öffentlichen Unternehmen sowie über die finanzielle Transparenz innerhalb bestimmter Unternehmen ([10]);

d) zusätzlichen Bestimmungen, die sich aus dem Vertrag oder aus sektorspezifischen EU-Rechtsvorschriften ergeben.

2. VORAUSSETZUNGEN FÜR DIE VEREINBARKEIT VON AUSGLEICHSLEISTUNGEN FÜR DIE ERBRINGUNG ÖFFENTLICHER DIENSTLEISTUNGEN, DIE STAATLICHE BEIHILFEN DARSTELLEN, MIT DEM BINNENMARKT

2.1 Allgemeine Bestimmungen

11. Zum derzeitigen Entwicklungsstand des Binnenmarkts können staatliche Beihilfen, die nicht in den Anwendungsbereich des Beschlusses 2012/21/EU fallen, für mit Artikel 106 Absatz 2 des Vertrags vereinbar erklärt werden, wenn sie für die Erbringung der Dienstleistungen von allgemeinem wirtschaftlichem Interesse erforderlich sind und sie die Entwicklung des Handelsverkehrs nicht in einem Maße beeinträchtigen, das dem Interesse der Europäischen Union zuwiderläuft. Damit dieses Gleichgewicht gegeben ist, müssen die in den Abschnitten 2.2 bis 2.10 genannten Voraussetzungen erfüllt sein.

DAWI-Rahmen

---

[4] Siehe Seite 4 dieses Amtsblatts.
[5] ABl. L 7 vom 11.1.2012, S. 3.
[6] ABl. L 7 vom 11.1.2012.
[7] ABl. C 297 vom 29.11.2005, S. 4.

[8] ABl. C 257 vom 27.10.2009, S. 1.
[9] ABl. C 244 vom 1.10.2004, S. 2.
[10] ABl. L 318 vom 17.11.2006, S. 17.

2.2 Echte Dienstleistung von allgemeinem wirtschaftlichem Interesse gemäß Artikel 106 des Vertrags

12. Die Beihilfe muss für eine echte und genau abgesteckte Dienstleistung von allgemeinem wirtschaftlichem Interesse im Sinne von Artikel 106 Absatz 2 des Vertrags bestimmt sein.

13. In ihrer Mitteilung über die Anwendung der Beihilfevorschriften der Europäischen Union auf Ausgleichsleistungen für die Erbringung von Dienstleistungen von allgemeinem wirtschaftlichem Interesse führt die Kommission aus, wie im Einzelnen eine Dienstleistung von allgemeinem wirtschaftlichem Interesse zu definieren ist. Insbesondere können die Mitgliedstaaten Dienstleistungen, die von unter normalen Marktbedingungen handelnden Unternehmen unter Bedingungen, die sich — z. B. im Hinblick auf den Preis, die objektiven Qualitätsmerkmale, die Kontinuität und den Zugang zu der Dienstleistung — mit dem öffentlichen Interesse, wie vom Staat definiert, decken, bereits zufriedenstellend erbracht werden oder erbracht werden können, nicht mit der Verpflichtung zur Erbringung öffentlicher Dienstleistungen verbinden. In Bezug auf die Feststellung, ob eine Dienstleistung vom Markt erbracht werden kann, beschränkt sich die Bewertung der Kommission auf die Prüfung der Frage, ob die Definition des Mitgliedstaats mit einem offensichtlichen Fehler behaftet ist, sofern in den EU-Rechtsvorschriften keine strengeren Bestimmungen vorgesehen sind.

14. Damit die Grundsätze dieser Mitteilung Anwendung finden, sollten die Mitgliedstaaten belegen, dass sie den Bedarf an der öffentlichen Dienstleistung anhand einer öffentlichen Konsultation oder anderer angemessener Mittel genau ermittelt haben, um den Interessen der Nutzer und Dienstleistungserbringer Rechnung zu tragen. Dies gilt nicht, wenn eine weitere Konsultation gegenüber einer kürzlich durchgeführten ganz offensichtlich keinen wesentlichen Mehrwert bringt.

2.3 Notwendigkeit eines Betrauungsakts, in dem die Verpflichtungen zur Erbringung von öffentlichen Dienstleistungen und die Methoden zur Berechnung der Ausgleichsleistungen festgelegt sind

15. Die Zuständigkeit für die Erbringung der Dienstleistungen von allgemeinem wirtschaftlichem Interesse muss dem betreffenden Unternehmen im Wege eines oder mehrerer Akte übertragen werden, deren Form von den einzelnen Mitgliedstaaten bestimmt werden kann. Unter dem Begriff „Mitgliedstaat" sind die zentralen, regionalen und lokalen Behörden zu verstehen.

16. In dem Akt/den Akten muss insbesondere Folgendes festgelegt sein:

a) Gegenstand und Dauer der Verpflichtungen zur Erbringung von öffentlichen Dienstleistungen;

b) das Unternehmen und gegebenenfalls das betreffende Gebiet;

c) die Art etwaiger dem Unternehmen durch die Bewilligungsbehörde gewährter ausschließlicher oder besonderer Rechte;

d) eine Beschreibung des Ausgleichsmechanismus sowie die Parameter für die Berechnung, Überwachung und Änderung der Ausgleichsleistungen und

e) Maßnahmen zur Vermeidung und Rückforderung einer etwaigen Überkompensation.

2.4 Dauer des Betrauungszeitraums

17. Die Dauer des Betrauungszeitraums sollte durch Verweis auf objektive Kriterien wie etwa die Notwendigkeit einer Amortisierung nicht übertragbaren festen Sachanlagevermögens begründet werden. Die Dauer des Betrauungszeitraums darf jedoch den Zeitraum grundsätzlich nicht überschreiten, der für die Abschreibung der Vermögenswerte, die für die Erbringung der Dienstleistung von allgemeinem wirtschaftlichem Interesse am wichtigsten sind, erforderlich ist.

2.5 Einhaltung der Richtlinie 2006/111/EG

18. Die Beihilfe ist nur dann nach Artikel 106 Absatz 2 des Vertrags mit dem Binnenmarkt vereinbar, wenn das Unternehmen, soweit erforderlich, die Bestimmungen der Richtlinie 2006/111/EG ([11]) einhält. Entspricht eine Beihilfe dieser Richtlinie nicht, so wird davon ausgegangen, dass sie die Entwicklung des Handels in einem Ausmaß beeinträchtigt, das dem Interesse der Europäischen Union im Sinne von Artikel 106 Absatz 2 des Vertrags zuwiderläuft.

2.6 Einhaltung der EU-Vorschriften für das öffentliche Auftragswesen

19. Die Beihilfe ist nur dann nach Artikel 106 Absatz 2 des Vertrags mit dem Binnenmarkt vereinbar, wenn die zuständige Behörde bei der Betrauung des betreffenden Unternehmens mit der Erbringung der Dienstleistung die geltenden EU-Vorschriften für das öffentliche Auftragswesen befolgt hat oder sich verpflichtet, diese zu befolgen. Hierzu zählen alle Voraussetzungen im Hinblick auf Transparenz, Gleichbehandlung und Nichtdiskriminierung, die sich unmittelbar aus dem Vertrag und gegebenenfalls dem Sekundärrecht der Union ergeben. Erfüllt eine Beihilfe diese Bestimmungen und Voraussetzungen nicht, so wird davon ausgegangen, dass sie die Entwicklung des Handels in einem Ausmaß beeinträchtigt, das den Interessen der Europäischen Union im Sinne von Artikel 106 Absatz 2 des Vertrags zuwiderläuft.

DAWI-Rahmen

---

[11] Richtlinie 2006/111/EG der Kommission über die Transparenz der finanziellen Beziehungen zwischen den Mitgliedstaaten und den öffentlichen Unternehmen sowie über die finanzielle Transparenz innerhalb bestimmter Unternehmen.

16. DAWI-Rahmen

2.7 Nichtdiskriminierung

20. Betraut eine Behörde mehrere Unternehmen mit der Erbringung ein und derselben Dienstleistung von allgemeinem wirtschaftlichem Interesse, sollten die Ausgleichsleistungen für jedes dieser Unternehmen anhand derselben Methode berechnet werden.

2.8 Höhe der Ausgleichsleistungen

21. Die Höhe der Ausgleichsleistung darf nicht über das hinausgehen, was erforderlich ist, um die Nettokosten [12] für die Erfüllung der Verpflichtungen zur Erbringung von öffentlichen Dienstleistungen einschließlich eines angemessenen Gewinns zu decken.

22. Die Höhe der Ausgleichsleistungen kann auf der Grundlage der erwarteten Kosten und Einnahmen oder auf der Grundlage der tatsächlich angefallenen Kosten und erzielten Einnahmen oder aber entsprechend den Effizienzanreizen, die der Mitgliedstaat im Einklang mit den Randnummern 40 und 41 von Beginn an setzen will, auf der Grundlage einer Kombination aus beiden Modellen festgelegt werden.

23. Basieren die Ausgleichsleistungen ganz oder teilweise auf der erwarteten Kosten und Einnahmen, sind diese im Betrauungsakt anzugeben. Die erwarteten Kosten und Einnahmen müssen auf schlüssigen und nachvollziehbaren Parametern im Hinblick auf das wirtschaftliche Umfeld, in dem die Dienstleistung von allgemeinem wirtschaftlichem Interesse erbracht wird, beruhen. Diese müssen gegebenenfalls auf der Sachkenntnis der für den Sektor zuständigen Aufsichtsbehörden oder anderer, unternehmensunabhängiger Stellen basieren. Die Mitgliedstaaten müssen die Quellen angeben, auf denen ihre Annahmen beruhen [13]. In die Kostenschätzung müssen die während der Dauer des Betrauungszeitraums zu erwartenden Effizienzgewinne des Erbringers der Dienstleistung von allgemeinem wirtschaftlichem Interesse einfließen.

Nettokosten für die Erfüllung der Verpflichtungen zur Erbringung von öffentlichen Dienstleistungen

24. Die zur Erfüllung der Verpflichtungen zur Erbringung von öffentlichen Dienstleistungen erforderlichen bzw. wahrscheinlich erforderlichen Nettokosten sollten unter Anwendung der *Net-avoided*-cost-Methode (Methode zur Berechnung der vermeidbaren Nettokosten) ermittelt werden, sofern dies nach dem EU-Recht oder einzelstaatlichen Rechtsvorschriften vorgeschrieben ist; andernfalls sollte die genannte Methode nach Möglichkeit zur Anwendung kommen.

Net-avoided-cost-Methode

25. Nach der *Net-avoided-cost*-Methode werden die Nettokosten, die zur Erfüllung der Verpflichtungen zur Erbringung von öffentlichen Dienstleistungen erforderlich sind oder erforderlich sein dürften, als Differenz zwischen den Nettokosten des Dienstleistungserbringers aus der Erfüllung der Verpflichtung zur Erbringung von öffentlichen Dienstleistungen und den Nettokosten desselben Dienstleistungserbringers ohne eine solche Verpflichtung berechnet. Es ist insbesondere darauf zu achten, dass die Kosten bzw. Einnahmen, die der Dienstleistungserbringer nicht tragen müsste bzw. erzielen dürfte, falls keine Verpflichtung zur Erbringung von öffentlichen Dienstleistungen bestünde, korrekt bewertet werden. Bei der Berechnung der Nettokosten sollten die Vorteile zugunsten des Erbringers der Dienstleistung von allgemeinem wirtschaftlichem Interesse, nach Möglichkeit einschließlich der immateriellen Vorteile, geprüft werden.

26. Anhang IV der Richtlinie 2002/22/EG des Europäischen Parlaments und des Rates vom 7. März 2002 über den Universaldienst und Nutzerrechte bei elektronischen Kommunikationsnetzen und -diensten [14] und Anhang I der Richtlinie 97/67/EG des Europäischen Parlaments und des Rates vom 15. Dezember 1997 über gemeinsame Vorschriften für die Entwicklung des Binnenmarkts der Postdienste der Gemeinschaft und die Verbesserung der Dienstequalität [15] enthalten detailliertere Erläuterungen zur Anwendung der *Net-avoided-cost*-Methode.

27. Auch wenn die Kommission die *Net-avoided-cost*-Methode als genaueste Methode zur Bestimmung der durch eine Verpflichtung zur Erbringung von öffentlichen Dienstleistungen entstehenden Kosten ansieht, kann die Anwendung dieser Methode in bestimmten Fällen nicht möglich oder nicht geeignet sein. In solchen Fällen kann die Kommission, wenn dies begründet ist, andere Methoden zur Berechnung der Nettokosten für die Erfüllung von Verpflichtungen zur Erbringung von öffentlichen Dienstleistungen, akzeptieren, z. B. die Kostenallokationsmethode.

Kostenallokationsmethode

28. Nach der Kostenallokationsmethode sind die Nettokosten für die Erfüllung der Verpflichtung zur Erbringung von öffentlichen Dienstleistungen die Differenz zwischen den im Betrauungsakt festgelegten und geschätzten Kosten und den Einnahmen des für die Erbringung der öffentlichen Dienstleistungen benannten Dienstleistungserbringers.

29. Die zu berücksichtigenden Kosten umfassen sämtliche für die Erbringung der Dienstleistungen von allgemeinem wirtschaftlichem Interesse erforderlichen Kosten.

---

[12] In diesem Zusammenhang sind unter Nettokosten die Nettokosten im Sinne von Randnummer 25 oder in Fällen, in denen die *Net-avoided-cost*-Methode nicht angewandt werden kann, die Kosten abzüglich der Einnahme zu verstehen.

[13] Öffentliche Informationsquellen, Höhe der Kosten, die Erbringern von Dienstleistungen von allgemeinem wirtschaftlichem Interesse in der Vergangenheit entstanden sind, Höhe der Kosten von Wettbewerbern, Geschäftspläne, Branchenberichte usw.
[14] ABl. L 108 vom 24.4.2002, S. 51.
[15] ABl. L 15 vom 21.1.1998, S. 14.

30. Beschränkt sich die Tätigkeit des betreffenden Unternehmens auf die Erbringung dieser Dienstleistungen von allgemeinem wirtschaftlichem Interesse, so können alle Kosten herangezogen werden.

31. Übt das Unternehmen daneben jedoch auch noch andere Tätigkeiten aus, bei denen es sich nicht um die betreffenden Dienstleistungen von allgemeinem wirtschaftlichem Interesse handelt, können die zu berücksichtigenden Kosten alle unmittelbaren Kosten, die zur Erfüllung der Verpflichtung zur Erbringung von öffentlichen Dienstleistungen erforderlich sind, sowie einen angemessenen Beitrag zu den mittelbaren Kosten, die für die Dienstleistungen von allgemeinem wirtschaftlichem Interessen und andere Tätigkeiten gemeinsam anfallen, abdecken. Als Kosten, die mit anderen Tätigkeiten als der Erbringung der betreffenden Dienstleistungen von allgemeinem wirtschaftlichem Interesse verbunden sind, gelten alle unmittelbaren Kosten sowie ein angemessener Beitrag zu den Gemeinkosten. Zur Ermittlung des angemessenen Beitrags zu den Gemeinkosten können die Marktpreise für den Einsatz der Ressourcen, sofern bekannt, als Bezugswert verwendet werden ([16]). Sind derartige Marktpreise nicht bekannt, kann der angemessene Beitrag zu den Gemeinkosten anhand der Höhe des angemessenen Gewinns ([17]), den das Unternehmen mit den Tätigkeiten, bei denen es sich nicht um Dienstleistungen von allgemeinem wirtschaftlichem Interesse handelt, voraussichtlich erzielen wird, oder gegebenenfalls anhand anderer, besser geeigneter Methoden ermittelt werden.

Einnahmen

32. Die zu berücksichtigenden Einnahmen müssen mindestens die gesamten mit der Dienstleistung von allgemeinem wirtschaftlichem Interesse erzielten Einnahmen, so wie im Betrauungsakt aufgeführt, umfassen, sowie die in Randnummer 45 genannten überschüssigen Gewinne aus besonderen und ausschließlichen Rechten, auch wenn diese mit anderen Tätigkeiten verbunden sind, und unabhängig davon, ob diese überschüssigen Gewinne als staatliche Beihilfen im Sinne von Artikel 107 Absatz 1 des Vertrags gelten.

Angemessener Gewinn

33. Als angemessener Gewinn gilt die Kapitalrendite ([18]), die ein typisches Unternehmen zugrunde legt, um unter Berücksichtigung des jeweiligen Risikos zu entscheiden, ob es die betreffende Dienstleistung von allgemeinem wirtschaftlichem Interesse für die gesamte Dauer des Betrauungsaktes erbringt. Die Höhe des Risikos hängt vom Wirtschaftszweig, der Art der Dienstleistung und der Ausgestaltung des Ausgleichsmechanismus ab.

34. In begründeten Fällen kann für die Ermittlung des angemessenen Gewinns auf andere Indikatoren als die Kapitalrendite zurückgegriffen werden, z. B. durchschnittliche Eigenkapitalrendite ([19]) während des Betrauungszeitraums, Rendite des eingesetzten Kapitals, Gesamtkapitalrendite oder Umsatzrendite.

35. Unabhängig vom gewählten Indikator muss der Mitgliedstaat der Kommission einen Nachweis dafür vorlegen, dass der voraussichtliche Gewinn nicht höher ist als der, den ein typisches Unternehmen bei der Entscheidung darüber, ob es die Dienstleistung erbringt, zugrunde legen würde; dies kann beispielsweise durch Verweise auf Einnahmen geschehen, die bei ähnlichen Verträgen unter Wettbewerbsbedingungen erzielt wurden.

36. Eine Kapitalrendite, die den relevanten Swap-Satz ([20]) zuzüglich eines Aufschlags von 100 Basispunkten ([21]) nicht überschreitet, gilt in jedem Fall als angemessen. Der relevante Swap-Satz ist der Swap-Satz, dessen Fälligkeit und Währung der Dauer und Währung des Betrauungsaktes entsprechen.

37. Ist die Erbringung der Dienstleistungen von allgemeinem wirtschaftlichem Interesse mit einem beträchtlichen kommerziellen oder vertraglichen Risiko verbunden, weil z. B. der Ausgleich in Form einer Pauschalzahlung erfolgt, die die erwarteten Nettokosten sowie einen angemessenen Gewinn abdeckt, und ist das Unternehmen in einem Wettbewerbsumfeld tätig, so darf der angemessene Gewinn nicht höher sein als die dem Risiko entsprechende Kapitalrendite. Dieser Renditesatz sollte, wenn möglich, unter Bezugnahme auf die Kapitalrendite bestimmt werden, die bei ähnlichen, unter Wettbewerbsbedingungen vergebenen Verträgen über öffentliche Dienstleistungen erzielt wird (z. B. bei Verträgen, die im Rahmen einer öffentlichen Ausschreibung vergeben werden). Ist die Anwendung einer solchen Methode nicht möglich, können in begründeten Fällen andere Methoden

---

[16] In seinem Urteil in der Rechtssache *Chronopost* (verbundene Rechtssachen C-83/01 P, C-93/01 P und C-94/01 P, *Chronopost SA*, Slg. 2003, I-6993) zog der Europäische Gerichtshof den Begriff „normale Marktbedingungen" heran: ,Da es unmöglich ist, die Situation der Post mit der einer privaten Unternehmensgruppe zu vergleichen, die keine Monopolstellung hat, sind die zwangsläufig hypothetischen „normalen Marktbedingungen" daher anhand der verfügbaren objektiven und nachprüfbaren Faktoren zu ermitteln.'

[17] Der angemessene Gewinn wird *ex ante* (auf der Grundlage der erwarteten Gewinne und nicht auf der Grundlage der erzielten Gewinne) ermittelt, um dem Unternehmen nicht den Anreiz zu nehmen, bei der Durchführung von nicht in den Rahmen der Dienstleistungen von allgemeinem wirtschaftlichem Interesse fallenden Tätigkeiten Effizienzgewinne zu erzielen.

[18] Kapitalrendite wird zwecke des Beschlusses als der interne Ertragssatz (*Internal Rate of Return — IRR*) definiert, den das Unternehmen während der Laufzeit des Vorhabens mit seinem investierten Kapital erzielen würden, d. h. die IRR im Verhältnis zu den Zahlungsströmen im Rahmen des Vertrags.

[19] Für jedes Jahr bezeichnet der Unternehmensindikator „Eigenkapitalrendite" (ROE) die betrieblichen Gewinne vor Zinsen und Steuern (EBIT) im Verhältnis zum Eigenkapital. Die durchschnittliche Jahresrendite sollte auf die Dauer des Betrauungszeitraums umgerechnet werden; dabei sind als Abzinsungsfaktor z. B. nach Eignung entweder die Kapitalkosten des Unternehmens oder der sich aus der Zinsmitteilung der Kommission ergebende Satz heranzuziehen.

[20] Der Swap-Satz entspricht der *Interbank Offered Rate* (IBOR), allerdings mit längerer Fälligkeit. Er wird auf den Finanzmärkten als Benchmark für die Festlegung der Finanzierungskosten verwendet.

[21] Der Aufschlag von 100 Basispunkten dient unter anderem als Ausgleich für Liquiditätsrisiken, den ein Erbringer von Dienstleistungen von allgemeinem wirtschaftlichem Interesse, der Kapital in einen Vertrag über Dienstleistungen von allgemeinem wirtschaftlichem Interesse investiert, dieses Kapital für die Dauer des Betrauungsaktes bindet und seinen Anteil nicht so schnell und günstig verkaufen kann, wie es bei allgemeineren und liquiditätsrisikofreien Vermögenswerten der Fall wäre.

16. DAWI-Rahmen

zur Festsetzung der Kapitalrendite angewandt werden ([22]).

38. Ist die Erbringung der Dienstleistungen von allgemeinem wirtschaftlichem Interesse nicht mit einem beträchtlichen kommerziellen oder vertraglichen Risiko verbunden, weil z. B. die Nettokosten für die Erbringung der Dienstleistung von allgemeinem wirtschaftlichem Interesse im Wesentlichen *ex post* vollständig erstattet werden, darf der angemessene Gewinn den in Randnummer 36 dargelegten Höchstbetrag nicht überschreiten. Ein solcher Ausgleichsmechanismus schafft keine Effizienzanreize für den Dienstleistungserbringer. Daher wird die Anwendung eines solchen Systems streng auf Fälle begrenzt, in denen der Mitgliedstaat begründen kann, dass es nicht möglich oder angemessen ist, die Produktivitätsgewinne zu berücksichtigen und ein Vertragsmodell mit Anreizen für Effizienzgewinne zu verwenden.

Effizienzanreize

39. Die Mitgliedstaaten müssen bei der Ausarbeitung des Modells für die zu leistenden Ausgleichszahlungen Anreize vorsehen, damit in effizienter Weise hochwertige Dienstleistungen von allgemeinem wirtschaftlichem Interesse erbracht werden, es sei denn, sie können begründen, dass dies nicht möglich oder angemessen ist.

40. Effizienzanreize können unterschiedlich ausgestaltet sein, um so den spezifischen Gegebenheiten eines jeden Vertrags oder Wirtschaftszweigs bestmöglich Rechnung zu tragen. So können die Mitgliedstaaten vorab eine pauschale Ausgleichshöhe festlegen, die die Effizienzgewinne, die das Unternehmen während der Laufzeit des Vertrags erzielen dürfte, antizipiert und berücksichtigt.

41. Die Mitgliedstaaten können aber auch im Betrauungsakt konkrete Ziele für Effizienzgewinne festlegen und die Ausgleichshöhe davon abhängig machen, inwieweit diese Ziele erreicht wurden. Erreicht ein Unternehmen diese Ziele nicht, so sollten die Ausgleichsleistungen anhand einer im Betrauungsakt festgelegten Berechnungsmethode gekürzt werden. Erzielt das Unternehmen hingegen bessere Ergebnisse als vorgegeben, sollten die Ausgleichsleistungen anhand einer im Betrauungsakt vorgesehenen Methode erhöht werden. Prämien, die an Produktivitätsgewinne geknüpft sind, sind so festzulegen, dass eine ausgewogene Aufteilung dieser Gewinne zwischen dem Unternehmen und dem Mitgliedstaat und/oder den Nutzern möglich ist.

42. Alle Mechanismen, die Anreize für Effizienzverbesserungen schaffen sollen, müssen auf objektiven und messbaren Daten und Kriterien beruhen, die im Betrauungsakt festzulegen und einer transparenten *Ex-post*-Prüfung durch eine vom Erbringer der Dienstleistung von allgemeinem wirtschaftlichem Interesse unabhängigen Einheit zu unterziehen sind.

43. Effizienzgewinne sollten unbeschadet der zu erbringenden Qualität der Dienstleistungen erreicht werden und sollten die in den EU-Rechtsvorschriften verankerten Normen erfüllen.

Vorschriften für Unternehmen, die auch Tätigkeiten ausüben, bei denen es sich nicht um Dienstleistungen von allgemeinem wirtschaftlichem Interesse handelt, oder die mehrere Dienstleistungen von allgemeinem wirtschaftlichem Interesse erbringen

44. Übt ein Unternehmen auch Tätigkeiten aus, bei denen es sich nicht um die betreffende Dienstleistung von allgemeinem wirtschaftlichem Interesse handelt, müssen in dessen Buchführung die Kosten und Einnahmen in Verbindung mit der Erbringung der betreffenden Dienstleistung von allgemeinem wirtschaftlichem Interesse von allen anderen Tätigkeiten im Einklang mit den in Randnummer 31 dargelegten Grundsätzen getrennt ausgewiesen werden. Ist ein Unternehmen mit der Erbringung mehrerer Dienstleistungen von allgemeinem wirtschaftlichem Interesse betraut, weil es sich um unterschiedliche Bewilligungsbehörden oder um unterschiedliche Dienstleistungen von allgemeinem wirtschaftlichem Interesse handelt, muss sich für jede Dienstleistung von allgemeinem wirtschaftlichem Interesse anhand der Buchführung einzeln überprüfen lassen, ob eventuell eine Überkompensation vorlag.

45. Verfügt das betreffende Unternehmen über besondere oder ausschließliche Rechte für andere Tätigkeiten als die Dienstleistung von allgemeinem wirtschaftlichem Interesse, für die die Beihilfe gewährt wurde, und werden mit diesen überschüssige Gewinne erwirtschaftet, die über den angemessenen Gewinn hinausgehen, oder wurden dem Unternehmen vom Staat andere Vorteile gewährt, müssen diese unabhängig von ihrer Bewertung nach Maßgabe von Artikel 107 Absatz 1 des Vertrags berücksichtigt und zu den Einnahmen des Unternehmens hinzugerechnet werden. Der angemessene Gewinn für die Tätigkeiten, für die das Unternehmen über besondere oder ausschließliche Rechte verfügt, ist unter Berücksichtigung des Risikos, das das betreffende Unternehmen eingeht, bzw. des Nichtvorhandenseins eines derartigen Risikos, *ex ante* zu bewerten. Diese Bewertung muss auch den Effizienzanreizen Rechnung tragen, die der Mitgliedstaat für die Erbringung der betreffenden Dienstleistungen eingeführt hat.

46. Der Mitgliedstaat kann entscheiden, dass Gewinne aus Tätigkeiten, bei denen es sich nicht um die betreffende Dienstleistung von allgemeinem wirtschaftlichem Interesse handelt, — insbesondere aus Tätigkeiten, die von der für die Erbringung der Dienstleistung von allgemeinem wirtschaftlichem Interesse erforderlichen Infrastruktur abhängen — ganz oder teilweise der Finanzierung der Dienstleistung von allgemeinem wirtschaftlichem Interesse zuzuweisen sind.

**DAWI-
Rahmen**

---

[22] Zum Beispiel ein Vergleich der Rendite mit den gewogenen durchschnittlichen Kapitalkosten (WACC) des Unternehmens in Bezug auf die betreffenden Tätigkeiten oder mit der durchschnittlichen Kapitalrendite im Wirtschaftszweig in den vergangenen Jahren, wobei zu berücksichtigen ist, ob historische Daten für Prognosen herangezogen werden können.

Überkompensation

47. Unter Überkompensation sind Ausgleichsleistungen zu verstehen, die das Unternehmen während der gesamten Laufzeit des Vertrags über den in Randnummer 21 definierten Beihilfebetrag hinaus erhält. Wie unter den Randnummern 39 bis 42 ausgeführt, kann ein Überschuss, der sich aus die Erwartungen übersteigenden Effizienzgewinnen ergibt, entsprechend den Bestimmungen im Betrauungsakt vom betreffenden Unternehmen als zusätzlicher angemessener Gewinn einbehalten werden (²³).

48. Da Überkompensationszahlungen für die Erbringung der Dienstleistung von allgemeinem wirtschaftlichem Interesse nicht erforderlich sind, stellen sie mit dem Binnenmarkt unvereinbare staatliche Beihilfen dar.

49. Die Mitgliedstaaten müssen sicherstellen, dass die für die Erbringung der Dienstleistungen von allgemeinem wirtschaftlichem Interesse gewährten Ausgleichsleistungen den in dieser Mitteilung aufgeführten Anforderungen entsprechen und insbesondere, dass Unternehmen keine Ausgleichszahlungen erhalten, die über den gemäß diesem Abschnitt festgelegten Betrag hinausgehen. Auf Ersuchen der Kommission müssen die Mitgliedstaaten entsprechende Nachweise zur Verfügung stellen. Sie müssen regelmäßig zum Ende der Betrauungsdauer und in jedem Fall in Abständen von höchstens drei Jahren Kontrollen vornehmen oder sicherstellen, dass solche Kontrollen durchgeführt werden. Bei Beihilfen, die nicht im Rahmen eines Verfahrens zur Vergabe öffentlicher Aufträge mit Veröffentlichung (²⁴) gewährt werden, müssen die Kontrollen mindestens alle zwei Jahre erfolgen.

50. Hat der Mitgliedstaat auf Grundlage einer korrekten Zuordnung der Kosten und Einnahmen sowie vernünftiger Annahmen (wie in diesem Abschnitt beschrieben) vorab eine pauschale Ausgleichshöhe festgelegt, die die Effizienzgewinne, die der Dienstleistungserbringer während des Betrauungszeitraums erzielen dürfte, antizipiert und berücksichtigt, so beschränkt sich die Überkompensationsprüfung grundsätzlich darauf, zu kontrollieren, ob die Höhe des Gewinns, den der Dienstleistungserbringer nach dem Betrauungsakt erzielen darf, auch nachträglich angemessen erscheint.

2.9 Zusätzliche Voraussetzungen, die erforderlich sein könnten, um sicherzustellen, dass die Entwicklung des Handelsverkehrs nicht in einem Ausmaß beeinträchtigt wird, das dem Interesse der Europäischen Union zuwiderläuft

51. Die Bestimmungen nach Abschnitt 2.1 bis 2.8 sind in der Regel ausreichend, um sicherzustellen, dass Beihilfen den Wettbewerb nicht in einer Weise verfälschen, die den Interessen der Europäischen Union zuwiderläuft.

52. Es ist jedoch vorstellbar, dass unter bestimmten außergewöhnlichen Umständen schwerwiegende Wettbe-werbsverfälschungen auf dem Binnenmarkt möglicherweise nicht angegangen werden und die Beihilfe den Handel in einem Ausmaß beeinträchtigen könnte, das dem Interesse der Union zuwiderläuft.

53. In einem solchen Fall prüft die Kommission, ob derartige Wettbewerbsverfälschungen durch Auflagen für die Mitgliedstaaten oder durch Aufforderung der Mitgliedstaaten zur Unterbreitung von Verpflichtungsangeboten abgemildert werden können.

54. Mit schwerwiegenden Wettbewerbsverfälschungen, die den Interessen der Europäischen Union zuwiderlaufen, wird nur bei Vorliegen außergewöhnlicher Umstände gerechnet. Die Kommission wird ihre Aufmerksamkeit auf Wettbewerbsverfälschungen richten, bei denen die betreffende Beihilfe erhebliche nachteilige Auswirkungen auf andere Mitgliedstaaten und das Funktionieren des Binnenmarkts hat, z. B. weil sie Unternehmen in wichtigen Wirtschaftszweigen die Möglichkeit nimmt, das für eine rentable Geschäftstätigkeit erforderliche Geschäftsvolumen zu erreichen.

55. Derartige Wettbewerbsverfälschungen können sich zum Beispiel ergeben, wenn sich die Dauer der Betrauung nicht auf objektive Kriterien stützt (wie etwa durch die Notwendigkeit einer Amortisierung nicht übertragbaren festen Sachanlagevermögens), oder wenn bei der Betrauung eine Reihe von Aufgaben gebündelt wird (die üblicherweise Gegenstand separater Betrauungen sind, ohne Einbußen an gesellschaftlichem Nutzen und ohne Zusatzkosten im Hinblick auf die Effizienz und Wirksamkeit der Erbringung der Dienstleistungen). In einem derartigen Fall würde die Kommission prüfen, ob dieselbe öffentliche Dienstleistung ebenso gut in einer weniger wettbewerbsverfälschenden Weise erbracht werden könnte, zum Beispiel durch eine in Dauer oder Umfang beschränktere Betrauung oder durch separate Betrauungen.

56. Eine eingehendere Prüfung kann auch dann erforderlich sein, wenn ein Mitgliedstaat einen Erbringer einer öffentlichen Dienstleistung ohne Durchführung eines wettbewerblichen Vergabeverfahrens mit der Aufgabe betraut, eine Dienstleistung von allgemeinem wirtschaftlichem Interesse auf einem nicht vorbehaltenen Markt zu erbringen, auf dem bereits sehr ähnliche Dienstleistungen erbracht werden oder in naher Zukunft ohne die Dienstleistung von allgemeinem wirtschaftlichem Interesse wahrscheinlich erbracht würden. Diese nachteiligen Auswirkungen auf die Entwicklung des Handels könnten noch ausgeprägter sein, wenn die Dienstleistung von allgemeinem wirtschaftlichem Interesse zu einem Tarif angeboten werden soll, der unterhalb der Kosten eines tatsächlichen oder potenziellen Anbieters liegt, so dass es zu einer Marktabschottung kommt. Daher kann die Kommission — unter voller Beachtung des weiten Ermessensspielraums des Mitgliedstaats bei der Definition der Dienstleistungen von allgemeinem wirtschaftlichem Interesse — Änderungen verlangen, die sich zum Beispiel auf die Gewährung der Beihilfe beziehen können, wenn sie

DAWI-Rahmen

---

²³ Ähnlich muss ein Unternehmen Defizite aufgrund von Effizienzgewinnen, die geringer als erwartet ausfallen, selbst tragen, wenn dies im Betrauungsakt entsprechend festgehalten ist.

²⁴ Zum Beispiel die Beihilfe, die im Rahmen unternehmensinterner Verträge gewährt wurde, nicht im Wettbewerb vergebene Konzessionen oder öffentliche Ausschreibungen ohne vorherige Bekanntmachung.

plausibel aufzeigen kann, dass es möglich wäre, dieselbe Dienstleistung von allgemeinem wirtschaftlichem Interesse zu vergleichbaren Bedingungen für die Nutzer in einer weniger wettbewerbsverfälschenden Weise und zu geringeren Kosten für den Staat zu erbringen.

57. Eine engere Überwachung ist auch dann berechtigt, wenn die Betrauung mit der Verpflichtung zur Dienstleistungserbringung mit besonderen oder ausschließlichen Rechten verbunden ist, die den Wettbewerb auf dem Binnenmarkt in einem Ausmaß beschränken, das dem Interesse der Europäischen Union zuwiderläuft. Während Artikel 106 Absatz 1 des Vertrags weiterhin die wichtigste Grundlage für die Bewertung eines derartigen Falles bleibt, kann die staatliche Beihilfe nicht als mit dem Binnenmarkt vereinbar betrachtet werden, wenn das ausschließliche Recht Vorteile mit sich bringt, die nach den in Abschnitt 2.8 beschriebenen Methoden zur Berechnung der Nettokosten der Dienstleistungen von allgemeinem wirtschaftlichem Interesse nicht in angemessener Weise bewertet, quantifiziert oder erfasst werden können.

58. Die Kommission wird des Weiteren auf Situationen achten, in denen die Beihilfe das Unternehmen in die Lage versetzt, die Einrichtung oder Nutzung einer nicht reproduzierbaren Infrastruktur zu finanzieren, die die Möglichkeit birgt, auf dem Markt, auf dem die Dienstleistung von allgemeinem wirtschaftlichem Interesse erbracht wird, oder auf verbundenen relevanten Märkten eine Abschottung zu bewirken. Ist dies der Fall, kann die Auflage angemessen sein, den Wettbewerbern zu angemessenen Bedingungen einen fairen und nichtdiskriminierenden Zugang zu der jeweiligen Infrastruktur zu gewähren.

59. Kommt es infolge einer Betrauung, durch die die wirksame Durchführung und Durchsetzung der EU-Rechtsvorschriften zur Wahrung des reibungslosen Funktionierens des Binnenmarkts behindert wird, zu Wettbewerbsverfälschungen, so prüft die Kommission, ob die öffentliche Dienstleistung ebenso gut auf eine weniger wettbewerbsschädliche Weise erbracht werden könnte, indem z. B. die sektorspezifischen EU-Rechtsvorschriften in vollem Umfang durchgesetzt werden.

2.10 Transparenz

60. Für jede in den Geltungsbereich dieser Mitteilung fallende Ausgleichsleistung für Dienstleistungen von allgemeinem wirtschaftlichem Interesse veröffentlicht der betreffende Mitgliedstaat die folgenden Informationen im Internet oder in sonstiger angemessener Weise:

a) die Ergebnisse der öffentlichen Konsultation oder der unter Randnummer 14 genannten sonstigen angemessenen Mittel;

b) Gegenstand und Dauer der Verpflichtungen zur Erbringung von öffentlichen Dienstleistungen;

c) das Unternehmen und gegebenenfalls das betreffende Gebiet;

d) den jährlichen Beihilfebetrag für das betreffende Unternehmen.

2.11 Beihilfen, die die in Artikel 2 Absatz 1 des Beschlusses 2012/21/EU genannten Bedingungen erfüllen

61. Die in den Randnummern 14, 19, 20, 24, 39, 51 bis 59 und 60 Buchstabe a dargelegten Grundsätze gelten nicht für Beihilfen, die die in Artikel 2 Absatz 1 des Beschlusses 2012/21/EU genannten Bedingungen erfüllen.

3. BERICHTERSTATTUNG UND BEWERTUNG

62. Die Mitgliedstaaten übermitteln der Kommission alle zwei Jahre einen Bericht über die Einhaltung dieser Mitteilung. Diese Berichte müssen eine Übersicht über die Anwendung dieser Mitteilung auf die verschiedenen Dienstleistersektoren enthalten. Diese Übersicht umfasst

a) eine Beschreibung der Anwendung der Grundsätze dieser Mitteilung auf die in ihren Geltungsbereich fallenden Dienstleistungen, einschließlich unternehmensinterner Tätigkeiten;

b) den Gesamtbetrag der den Unternehmen gewährten Beihilfen, die in den Geltungsbereich dieser Mitteilung fallen, aufgeschlüsselt nach Wirtschaftsbranche der Empfänger;

c) Angaben dazu, ob für eine bestimmte Art von Dienstleistung die Anwendung der Grundsätze dieser Mitteilung Schwierigkeiten verursacht oder zu Beschwerden Dritter geführt hat; und

d) andere von der Kommission erbetene Angaben zur Anwendung der Grundsätze dieser Mitteilung, die rechtzeitig vor der Abgabefrist für den Bericht näher ausgeführt werden.

Der erste Bericht ist bis zum 30. Juni 2014 zu übermitteln.

63. Außerdem müssen die Mitgliedstaaten gemäß der Verordnung (EG) Nr. 659/1999 des Rates vom 22. März 1999 über besondere Vorschriften für die Anwendung von Artikel 93 des EG-Vertrags ([25]) und der Verordnung (EG) Nr. 794/2004 der Kommission vom 21. April 2004 zur Durchführung der Verordnung (EG) Nr. 659/1999 des Rates über besondere Vorschriften für die Anwendung von Artikel 93 des EG-Vertrags ([26]) der Kommission Jahresberichte über die Gewährung von Beihilfen vorlegen, die infolge eines auf dieser Mitteilung beruhenden Kommissionsbeschlusses gewährt wurden.

64. Die Berichte werden auf der Website der Kommission veröffentlicht.

65. Die Kommission beabsichtigt, diese Mitteilung bis zum 31. Januar 2017 zu überprüfen.

---

[25] ABl. L 83 vom 27.3.1999, S. 1.

[26] ABl. L 140 vom 30.4.2004, S. 1.

4. MIT BESCHLÜSSEN DER KOMMISSION VERBUNDENE BEDINGUNGEN UND AUFLAGEN

66. Nach Artikel 7 Absatz 4 der Verordnung (EG) Nr. 659/1999 kann die Kommission einen Positivbeschluss mit Bedingungen und Auflagen verbinden, die es ihr ermöglichen, die Beihilfe für mit dem Binnenmarkt vereinbar zu erklären bzw. die Befolgung ihres Beschlusses zu überwachen. Für Dienstleistungen von allgemeinem wirtschaftlichem Interesse können Bedingungen und Auflagen erforderlich sein, um insbesondere sicherzustellen, dass die den betreffenden Unternehmen gewährten Beihilfen nicht zu einer Verfälschung des Wettbewerbs und Handels auf dem Binnenmarkt führen. In diesem Zusammenhang könnten in Anbetracht der besonderen Umstände der jeweiligen Dienstleistung von allgemeinem wirtschaftlichem Interesse regelmäßige Berichte oder sonstige Verpflichtungen erforderlich sein.

5. ANWENDUNG

67. Die Kommission wendet die Bestimmungen dieser Mitteilung ab dem 31. Januar 2012 an.

68. Die Kommission wendet die Grundsätze dieser Mitteilung auf alle ihr gemeldeten Beihilfevorhaben an, über die sie im Einklang mit den genannten Grundsätzen entscheidet, selbst wenn die Meldung der Vorhaben vor dem 31. Januar 2012 erfolgte.

69. Die Kommission wendet die Grundsätze dieser Mitteilung auf alle rechtswidrigen Beihilfen an, über die sie nach dem 31. Januar 2012 entscheidet, selbst wenn die Beihilfe vor dem genannten Datum gewährt wurde. Wurde die Beihilfe vor dem 31. Januar 2012 gewährt, so finden die in den Randnummern 14, 19, 20, 24, 39 und 60 dargelegten Grundsätze jedoch keine Anwendung.

6. ZWECKDIENLICHE MASSNAHMEN

70. Für die Zwecke der Anwendung von Artikel 108 Absatz 1 des Vertrags schlägt die Kommission vor, dass die Mitgliedstaaten bis zum 31. Januar 2013 eine Liste ihrer bestehenden Beihilferegelungen über Ausgleichsleistungen für die Verpflichtung zur Erbringung von öffentlichen Dienstleistungen veröffentlichen, die mit dieser Mitteilung in Einklang zu bringen sind, und dass sie diese Beihilferegelungen bis zum 31. Januar 2014 mit ihr in Einklang bringen.

71. Die Mitgliedstaaten werden aufgefordert, der Kommission bis zum 29. Februar 2012 zu bestätigen, dass sie mit den vorgeschlagenen zweckdienlichen Maßnahmen einverstanden sind. Erhält die Kommission keine Antwort, so geht sie davon aus, dass der Mitgliedstaat nicht zustimmt.

DAWI-Rahmen

DAWI-Guidance

(DAWI-Guidance)

https://www.flexlex.at/s/7CkQ2W

De-minimis-VO

18. De-Minimis-VO

Verordnung (EU) 1407/2013

Verordnung (EU) Nr. 1407/2013 der Kommission vom 18. Dezember 2013 über die Anwendung der Artikel 107 und 108 des Vertrags über die Arbeitsweise der Europäischen Union auf De-minimis-Beihilfen Text von Bedeutung für den EWR idF Verordnung (EU) 2020/972 (De-Minimis-VO)

Inhaltsverzeichnis

Präambel 671
Art. 1. Geltungsbereich 674
Art. 2. Begriffsbestimmungen...674
Art. 3. De-minimis-Beihilfen...675
Art. 4. Berechnung des Bruttosubventionsäquivalents 676
Art. 5. Kumulierung..676
Art. 6. Überwachung...677
Art. 7. Übergangsbestimmungen 677
Art. 8. Inkrafttreten und Geltungsdauer...677

De-Mini-mis-VO

DIE EUROPÄISCHE KOMMISSION —

gestützt auf den Vertrag über die Arbeitsweise der Europäischen Union, insbesondere auf Artikel 108 Absatz 4,

gestützt auf die Verordnung (EG) Nr. 994/98 des Rates vom 7. Mai 1998 über die Anwendung der Artikel 107 und 108 des Vertrags über die Arbeitsweise der Europäischen Union auf bestimmte Gruppen horizontaler Beihilfen (1),

nach Veröffentlichung des Entwurfs dieser Verordnung (2),

nach Anhörung des Beratenden Ausschusses für staatliche Beihilfen,

in Erwägung nachstehender Gründe:

(1) Staatliche Zuwendungen, die die Voraussetzungen des Artikels 107 Absatz 1 des Vertrags über die Arbeitsweise der Europäischen Union („AEUV") erfüllen, stellen staatliche Beihilfen dar, die nach Artikel 108 Absatz 3 AEUV bei der Kommission anzumelden sind. Der Rat kann jedoch nach Artikel 109 AEUV Arten von Beihilfen festlegen, die von dieser Anmeldepflicht ausgenommen sind. Die Kommission kann nach Artikel 108 Absatz 4 AEUV Verordnungen zu diesen Arten von staatlichen Beihilfen erlassen. Mit der Verordnung (EG) Nr. 994/98 hat der Rat auf der Grundlage des Artikels 109 AEUV festgelegt, dass De-minimis-Beihilfen eine solche Art von Beihilfen darstellen können. Auf dieser Grundlage werden De-minimis-Beihilfen — d. h. Beihilfen bis zu einem bestimmten Höchstbetrag, die einem einzigen Unternehmen über einen bestimmten Zeitraum gewährt werden — als Maßnahmen angesehen, die nicht alle Tatbestandsmerkmale des Artikels 107 Absatz 1 AEUV erfüllen und daher nicht dem Anmeldeverfahren unterliegen.

(2) Die Kommission hat den Begriff der Beihilfe im Sinne des Artikels 107 Absatz 1 AEUV in zahlreichen Entscheidungen und Beschlüssen näher ausgeführt. Sie hat ferner ihren Standpunkt zu dem De-minimis-Höchstbetrag, bis zu dem Artikel 107 Absatz 1 AEUV als nicht anwendbar angesehen werden kann, erläutert: zunächst in ihrer Mitteilung über De-minimis-Beihilfen (3) und anschließend in der Verordnung (EG) Nr. 69/2001 der Kommission (4) und der Verordnung (EG) Nr. 1998/2006 der Kommission (5). Aufgrund der Erfahrungen bei der Anwendung der Verordnung (EG) Nr. 1998/2006 ist es angebracht, diese Verordnung in einigen Punkten zu überarbeiten und durch eine neue Verordnung zu ersetzen.

(3) Der auf 200 000 EUR festgesetzte De-minimis-Beihilfen-Höchstbetrag, den ein einziges Unternehmen in einem Zeitraum von drei Jahren pro Mitgliedstaat erhalten darf, sollte beibehalten werden. Dieser Höchstbetrag ist nach wie vor notwendig, damit davon ausgegangen werden kann, dass die einzelnen unter diese Verordnung fallenden Maßnahmen weder Auswirkungen auf den Handel zwischen Mitgliedstaaten haben noch den Wettbewerb verfälschen oder zu verfälschen drohen.

(4) Der Begriff des Unternehmens bezeichnet im Bereich der Wettbewerbsvorschriften des AEUV jede eine wirtschaftliche Tätigkeit ausübende Einheit, unabhängig von ihrer Rechtsform und der Art ihrer Finanzierung (6). Der Gerichtshof der Europäischen Union hat festgestellt, dass alle Einheiten, die (rechtlich oder de facto) von ein und derselben Einheit kontrolliert werden, als ein einziges Unternehmen angesehen werden sollten (7). Im Interesse der Rechtssicherheit und der Verringerung des Verwaltungsaufwands sollte diese Verordnung eine erschöpfende Liste eindeutiger Kriterien enthalten, anhand deren geprüft werden kann, ob zwei oder mehr Unternehmen innerhalb eines Mitgliedstaats als ein einziges Unternehmen anzusehen sind. Die Kommission hat unter den bewährten Kriterien für die Bestimmung des Begriffs „verbundene Unternehmen" in der Definition der kleinen und mittleren Unternehmen (KMU) in der Empfehlung 2003/361/EG der Kommission (8) und in Anhang I der Verordnung (EG) Nr. 800/2008 der Kommission (9) diejenigen Kriterien ausgewählt, die für die Zwecke der vorliegenden Verordnung geeignet sind. Diese Kriterien, mit denen die Behörden bereits vertraut sind, sollten in Anbetracht des Geltungsbereichs der vorliegenden Verordnung sowohl für KMU als auch für große Unternehmen gelten. Durch diese Kriterien sollte gewährleistet werden, dass eine Gruppe verbundener Unternehmen für die Zwecke der Anwendung der De-minimis-Regel als ein einziges Unternehmen angesehen wird, während Unternehmen, deren einzige Beziehung darin besteht, dass jedes von ihnen eine direkte Verbindung zu derselben bzw. denselben öffentlichen Einrichtungen aufweist, nicht als miteinander verbunden eingestuft werden. So wird der besonderen Situation von Unternehmen Rechnung getragen, die der Kontrolle derselben öffentlichen Einrichtung bzw. Einrichtungen unterliegen und die möglicherweise über unabhängige Entscheidungsbefugnisse verfügen.

(5) In Anbetracht der im Durchschnitt geringen Größe von Straßengüterverkehrsunternehmen sollte der Höchstbetrag für Unternehmen, die im gewerblichen Straßengüterverkehr tätig sind, bei 100 000 EUR belassen werden. Die Erbringung einer umfassenden Dienstleistung, bei der die Beförderung nur ein Bestandteil ist, wie beispielsweise bei Umzugsdiensten, Post- und Kurierdiensten oder Abfallsammlungs- und -behandlungsdiensten, sollte nicht als Verkehrsdienstleistung gelten. Vor dem Hintergrund der Überkapazitäten im Straßengüterverkehrssektor sowie der verkehrspolitischen Zielsetzungen in Bezug auf die Verkehrsstauproblematik und den Güterverkehr sollten Beihilfen für den Erwerb von Fahrzeugen für den Straßengüterverkehr durch Unternehmen des gewerblichen Straßengüterverkehrs vom Geltungsbereich dieser Verordnung ausgenommen werden. In Anbetracht der Entwicklung des Personenkraftverkehrssektors sollte für diesen Bereich kein niedrigerer Höchstbetrag mehr gelten.

De-Mini-
mis-VO

(6) Da in den Bereichen Primärerzeugung landwirtschaftlicher Erzeugnisse, Fischerei und Aquakultur besondere Vorschriften gelten und die Gefahr besteht, dass unterhalb des in dieser Verordnung festgesetzten Höchstbetrags liegende Beihilfen dennoch die Tatbestandsmerkmale des Artikels 107 Absatz 1 AEUV erfüllen, sollte diese Verordnung nicht für die genannten Bereiche gelten.

(7) Aufgrund der Ähnlichkeiten zwischen der Verarbeitung und Vermarktung landwirtschaftlicher und nichtlandwirtschaftlicher Erzeugnisse sollte diese Verordnung unter bestimmten Voraussetzungen auch für die Verarbeitung und Vermarktung landwirtschaftlicher Erzeugnisse gelten. Als Verarbeitung oder Vermarktung sollten in diesem Zusammenhang weder Tätigkeiten eines landwirtschaftlichen Betriebs zur Vorbereitung eines Erzeugnisses für den Erstverkauf wie das Ernten, Mähen und Dreschen von Getreide oder das Verpacken von Eiern noch der Erstverkauf an Wiederverkäufer oder Verarbeiter angesehen werden.

(8) Sobald die Union eine Regelung über die Errichtung einer gemeinsamen Marktorganisation für einen bestimmten Agrarsektor erlassen hat, sind die Mitgliedstaaten nach der Rechtsprechung des Gerichtshofs der Europäischen Union verpflichtet, sich aller Maßnahmen zu enthalten, die diese Regelung unterlaufen oder Ausnahmen von ihr schaffen (10). Deshalb sollten Beihilfen, deren Höhe sich nach dem Preis oder der Menge der erworbenen oder vermarkteten Erzeugnisse richtet, vom Geltungsbereich dieser Verordnung ausgenommen werden. Ebenfalls ausgenommen werden sollten Fördermaßnahmen, die an die Verpflichtung gebunden sind, die Beihilfe mit den Primärerzeugern zu teilen.

(9) Diese Verordnung sollte weder für Ausfuhrbeihilfen gelten noch für Beihilfen, die von der Verwendung von einheimischen anstelle von eingeführten Waren abhängig gemacht werden. Die Verordnung sollte insbesondere nicht für Beihilfen zur Finanzierung des Aufbaus und des Betriebs eines Vertriebsnetzes in anderen Mitgliedstaaten oder in Drittstaaten gelten. Beihilfen für die Teilnahme an Messen oder für die Durchführung von Studien oder die Inanspruchnahme von Beratungsdiensten im Hinblick auf die Einführung eines neuen oder eines bestehenden Produkts auf einem neuen Markt in einem anderen Mitgliedstaat oder einem Drittstaat stellen in der Regel keine Ausfuhrbeihilfen dar.

(10) Der für die Zwecke dieser Verordnung zugrunde zu legende Zeitraum von drei Jahren sollte fließend sein, d. h., bei jeder Neubewilligung einer De-minimis-Beihilfe sollte die Gesamtsumme der im laufenden Steuerjahr und in den vorangegangenen zwei Steuerjahren gewährten De-minimis-Beihilfen herangezogen werden.

(11) Im Falle eines Unternehmens, das sowohl in vom Geltungsbereich dieser Verordnung ausgenommenen Bereichen als auch in anderen Bereichen tätig ist oder andere Tätigkeiten ausübt, sollte diese Verordnung für diese anderen Bereiche oder Tätigkeiten gelten, sofern der betreffende Mitgliedstaat durch geeignete Mittel wie die Trennung der Tätigkeiten oder die Unterscheidung der Kosten sicherstellen, dass die gewährten De-minimis-Beihilfen nicht den Tätigkeiten in den von dieser Verordnung ausgenommenen Bereichen zugutekommen. Der gleiche Grundsatz sollte für ein Unternehmen gelten, das in Bereichen tätig ist, für die niedrigere De-minimis-Höchstbeträge gelten. Wenn nicht gewährleistet werden kann, dass die De-minimis-Beihilfen für die Tätigkeiten in Bereichen, für die niedrigere De-minimis-Höchstbeträge gelten, diesen niedrigeren Höchstbetrag nicht übersteigen, sollte für alle Tätigkeiten des betreffenden Unternehmens der niedrigste Höchstbetrag gelten.

(12) Diese Verordnung sollte Vorschriften enthalten, die verhindern, dass die in spezifischen Verordnungen oder Kommissionsbeschlüssen festgesetzten Beihilfehöchstintensitäten umgangen werden können. Zudem sollte sie klare Kumulierungsvorschriften enthalten, die einfach anzuwenden sind.

(13) Diese Verordnung schließt die Möglichkeit nicht aus, dass eine Maßnahme aus anderen als den in dieser Verordnung dargelegten Gründen als Beihilfe im Sinne des Artikels 107 Absatz 1 AEUV angesehen wird, etwa wenn die Maßnahme dem Grundsatz des marktwirtschaftlich handelnden Kapitalgebers genügt oder keine Übertragung staatlicher Mittel erfolgt. Insbesondere stellen Unionsmittel, die zentral von der Kommission verwaltet werden und nicht der mittelbaren oder unmittelbaren Kontrolle des Mitgliedstaats unterliegen, keine staatliche Beihilfe dar und sollten daher bei der Prüfung der Einhaltung der einschlägigen Höchstbeträge nicht berücksichtigt werden.

(14) Aus Gründen der Transparenz, Gleichbehandlung und wirksamen Überwachung, sollte diese Verordnung nur für De-minimis-Beihilfen gelten, deren Bruttosubventionsäquivalent im Voraus genau berechnet werden kann, ohne dass eine Risikobewertung erforderlich ist („transparente Beihilfen"). Eine solche präzise Berechnung ist beispielsweise bei Zuschüssen, Zinszuschüssen und begrenzten Steuerbefreiungen oder bei sonstigen Beihilfeformen möglich, bei denen eine Obergrenze gewährleistet, dass der einschlägige Höchstbetrag nicht überschritten wird. Ist eine Obergrenze vorgesehen, so muss der Mitgliedstaat, solange der genaue Beihilfebetrag nicht bekannt ist, davon ausgehen, dass die Beihilfe der Obergrenze entspricht, um zu gewährleisten, dass mehrere Beihilfemaßnahmen zusammengenommen den Höchstbetrag nach dieser Verordnung nicht überschreiten und die Kumulierungsvorschriften eingehalten werden.

(15) Aus Gründen der Transparenz, Gleichbehandlung und korrekten Anwendung des De-minimis-Höchstbetrags sollten alle Mitgliedstaaten dieselbe Berechnungsmethode anwenden. Um die Berechnung zu vereinfachen, sollten Beihilfen, die nicht in Form eines Barzuschusses gewährt werden, in ihr Bruttosubventionsäquivalent umgerechnet werden. Die Berechnung des Bruttosubventionsäquivalents anderer

transparenter Beihilfeformen als einer in Form eines Zuschusses oder in mehreren Tranchen gewährten Beihilfe sollte auf der Grundlage der zum Bewilligungszeitpunkt geltenden marktüblichen Zinssätze erfolgen. Im Sinne einer einheitlichen, transparenten und einfachen Anwendung der Beihilfevorschriften sollten für die Zwecke dieser Verordnung die Referenzzinssätze, die der Mitteilung der Kommission über die Änderung der Methode zur Festsetzung der Referenz- und Abzinsungssätze (11) zu entnehmen sind, als marktübliche Zinssätze herangezogen werden.

(16) Beihilfen in Form von Darlehen, einschließlich De-minimis-Risikofinanzierungsbeihilfen in Form von Darlehen, sollten als transparente De-minimis-Beihilfen angesehen werden, wenn das Bruttosubventionsäquivalent auf der Grundlage der zum Bewilligungszeitpunkt geltenden marktüblichen Zinssätze berechnet worden ist. Zur Vereinfachung der Behandlung von Kleindarlehen mit kurzer Laufzeit sollte diese Verordnung eine eindeutige Vorschrift enthalten, die einfach anzuwenden ist und sowohl der Höhe als auch der Laufzeit des Darlehens Rechnung trägt. Nach den Erfahrungen der Kommission kann bei Darlehen, die durch Sicherheiten unterlegt sind, die sich auf mindestens 50 % des Darlehensbetrags belaufen, und die einen Darlehensbetrag von 1 000 000 EUR und eine Laufzeit von fünf Jahren oder einen Darlehensbetrag von 500 000 EUR und eine Laufzeit von zehn Jahren nicht überschreiten, davon ausgegangen werden, dass das Bruttosubventionsäquivalent den De-minimis-Höchstbetrag nicht überschreitet. In Anbetracht der Schwierigkeiten bei der Festlegung des Bruttosubventionsäquivalents von Beihilfen an Unternehmen, die möglicherweise nicht in der Lage sein werden, das Darlehen zurückzuzahlen, sollte diese Regel nicht für solche Unternehmen gelten.

(17) Beihilfen in Form von Kapitalzuführungen sollten nicht als transparente De-minimis-Beihilfen angesehen werden, außer wenn der Gesamtbetrag der zugeführten öffentlichen Mittel den De-minimis-Höchstbetrag nicht übersteigt. Beihilfen im Rahmen von Risikofinanzierungsmaßnahmen, die in Form von Beteiligungen oder beteiligungsähnlichen Finanzierungsinstrumenten im Sinne der Risikofinanzierungsleitlinien (12) bereitgestellt werden, sollten nicht als transparente De-minimis-Beihilfen angesehen werden, außer wenn gewährleistet ist, dass die im Rahmen der betreffenden Maßnahme gewährten Kapitalzuführungen den De-minimis-Höchstbetrag nicht übersteigen.

(18) Beihilfen in Form von Garantien, einschließlich De-minimis-Risikofinanzierungsbeihilfen in Form von Garantien, sollten als transparent angesehen werden, wenn das Bruttosubventionsäquivalent auf der Grundlage der in einer Kommissionsmitteilung für die betreffende Unternehmensart festgelegten SAFE-Harbour-Prämie berechnet worden ist (13). Zur Vereinfachung der Behandlung von Garantien mit kurzer Laufzeit, mit denen ein Anteil von höchstens 80 % eines relativ geringen Darlehensbetrags besichert wird, soll-

te diese Verordnung eine eindeutige Vorschrift enthalten, die einfach anzuwenden ist und sowohl den Betrag des zugrunde liegenden Darlehens als auch die Garantielaufzeit erfasst. Diese Vorschrift sollte nicht für Garantien gelten, mit denen nicht Darlehen, sondern beispielsweise Beteiligungsgeschäfte besichert werden. Bei Garantien, die sich auf einen Anteil von höchstens 80 % des zugrunde liegenden Darlehens beziehen und die einen Betrag von 1 500 000 EUR und eine Laufzeit von fünf Jahren nicht überschreiten, kann davon ausgegangen werden, dass das Bruttosubventionsäquivalent den De-minimis-Höchstbetrag nicht überschreitet. Gleiches gilt für Garantien, die sich auf einen Anteil von höchstens 80 % des zugrunde liegenden Darlehens beziehen und die einen Betrag von 750 000 EUR und eine Laufzeit von zehn Jahren nicht überschreiten. Darüber hinaus können die Mitgliedstaaten eine Methode zur Berechnung des Bruttosubventionsäquivalents von Garantien anwenden, die bei der Kommission nach einer anderen zu diesem Zeitpunkt geltenden Verordnung der Kommission im Bereich der staatlichen Beihilfen angemeldet wurde und die von der Kommission aufgrund ihrer Vereinbarkeit mit der Garantiemitteilung oder einer Nachfolgemitteilung akzeptiert wurde, sofern sich die akzeptierte Methode ausdrücklich auf die Art der Garantie und die Art der zugrunde liegenden Transaktion bezieht, um die es im Zusammenhang mit der Anwendung der vorliegenden Verordnung geht. In Anbetracht der Schwierigkeiten bei der Festlegung des Bruttosubventionsäquivalents von Beihilfen an Unternehmen, die möglicherweise nicht in der Lage sein werden, das Darlehen zurückzuzahlen, sollte diese Regel nicht für solche Unternehmen gelten.

(19) Wenn eine De-minimis-Beihilferegelung über Finanzintermediäre durchgeführt wird, ist dafür zu sorgen, dass die Finanzintermediäre keine staatlichen Beihilfen erhalten. Dies kann z. B. sichergestellt werden, indem Finanzintermediäre, denen eine staatliche Garantie zugutekommt, verpflichtet werden, ein marktübliches Entgelt zu zahlen oder den Vorteil vollständig an die Endbegünstigten weiterzugeben, oder indem der De-minimis-Höchstbetrag und die anderen Voraussetzungen dieser Verordnung auch auf Ebene der Finanzintermediäre eingehalten werden.

(20) Nach erfolgter Anmeldung durch einen Mitgliedstaat kann die Kommission prüfen, ob eine Beihilfemaßnahme, bei der es sich nicht um einen Zuschuss, ein Darlehen, eine Garantie, eine Kapitalzuführung oder eine Risikofinanzierungsmaßnahme handelt, die in Form einer Beteiligung oder eines beteiligungsähnlichen Finanzierungsinstruments bereitgestellt wird, zu einem Bruttosubventionsäquivalent führt, das den De-minimis-Höchstbetrag nicht übersteigt und daher unter diese Verordnung fallen könnte.

(21) Die Kommission hat die Aufgabe zu gewährleisten, dass die Beihilfevorschriften eingehalten werden, und nach dem in Artikel 4 Absatz 3 des Vertrags über die Europäische Union verankerten Grundsatz der Zusammenarbeit sind die Mitgliedstaaten gehal-

De-Mini-mis-VO

ten, der Kommission die Erfüllung dieser Aufgabe zu erleichtern, indem sie durch geeignete Vorkehrungen sicherstellen, dass die Gesamtbetrag der De-minimis-Beihilfen, die einem einzigen Unternehmen nach den De-minimis-Vorschriften gewährt werden, den insgesamt zulässigen Höchstbetrag nicht übersteigt. Hierzu sollten die Mitgliedstaaten bei Gewährung einer De-minimis-Beihilfe dem betreffenden Unternehmen unter ausdrücklichem Verweis auf diese Verordnung den Betrag der gewährten De-minimis-Beihilfen mitteilen und es darauf hinweisen, dass es sich um eine De-minimis-Beihilfe handelt. Mitgliedstaaten sollten verpflichtet sein, die gewährten Beihilfen zu überprüfen, um zu gewährleisten, dass die einschlägigen Höchstbeträge nicht überschritten werden und die Regeln zur Kumulierung eingehalten werden. Um diese Verpflichtung einzuhalten, sollte der betreffende Mitgliedstaat die Beihilfe erst gewähren, nachdem er eine Erklärung des Unternehmens über andere unter diese Verordnung oder andere De-minimis-Verordnungen fallende De-minimis-Beihilfen, die dem Unternehmen im betreffenden Steuerjahr oder in den vorangegangenen zwei Steuerjahren gewährt wurden, erhalten hat. Die Mitgliedstaaten sollten ihre Überwachungspflicht stattdessen auch dadurch erfüllen können, dass sie ein Zentralregister einrichten, das vollständige Informationen über die gewährten De-minimis-Beihilfen enthält, und sie überprüfen, dass eine neue Beihilfengewährung den einschlägigen Höchstbetrag einhält.

(22) Jeder Mitgliedstaat sollte sich vor der Gewährung einer De-minimis-Beihilfe vergewissern, dass der De-minimis-Höchstbetrag durch die neue De-minimis-Beihilfe in seinem Hoheitsgebiet nicht überschritten wird und auch die übrigen Voraussetzungen dieser Verordnung erfüllt sind.

(23) Aufgrund der bisherigen Erfahrungen der Kommission und insbesondere der Tatsache, dass die Beihilfepolitik grundsätzlich in regelmäßigen Abständen überprüft werden muss, sollte die Geltungsdauer dieser Verordnung begrenzt werden. Für den Fall, dass diese Verordnung bis zum Ablauf ihrer Geltungsdauer nicht verlängert wird, sollte den Mitgliedstaaten für alle unter diese Verordnung fallenden De-minimis-Beihilfen eine sechsmonatige Anpassungsfrist eingeräumt werden —

HAT FOLGENDE VERORDNUNG ERLASSEN:

Artikel 1
Geltungsbereich

(1) Diese Verordnung gilt für Beihilfen an Unternehmen aller Wirtschaftszweige mit folgenden Ausnahmen:

a) Beihilfen an Unternehmen, die in der Fischerei oder der Aquakultur im Sinne der Verordnung (EG) Nr.

104/2000 des Rates (1) tätig sind;

b) Beihilfen an Unternehmen, die in der Primärerzeugung landwirtschaftlicher Erzeugnisse tätig sind;

c) Beihilfen an Unternehmen, die in der Verarbeitung und Vermarktung landwirtschaftlicher Erzeugnisse tätig sind,

i) wenn sich der Beihilfebetrag nach dem Preis oder der Menge der bei Primärerzeugern erworbenen oder von den betreffenden Unternehmen vermarkteten Erzeugnisse richtet;

ii) wenn die Beihilfe davon abhängig ist, dass sie ganz oder teilweise an die Primärerzeuger weitergegeben wird;

d) Beihilfen für exportbezogene Tätigkeiten, die auf Mitgliedstaaten oder Drittländer ausgerichtet sind, d. h. Beihilfen, die unmittelbar mit den ausgeführten Mengen, mit der Errichtung und dem Betrieb eines Vertriebsnetzes oder mit anderen laufenden exportbezogenen Ausgaben in Zusammenhang stehen;

e) Beihilfen, die davon abhängig sind, dass heimische Waren Vorrang vor eingeführten Waren erhalten.

(2) Wenn ein Unternehmen sowohl in den in Absatz 1 Buchstabe a, b oder c genannten Bereichen als auch in einem oder mehreren Bereichen tätig ist oder andere Tätigkeiten ausübt, die in den Geltungsbereich dieser Verordnung fallen, so gilt diese Verordnung für Beihilfen, die für letztere Bereiche oder Tätigkeiten gewährt werden, sofern der betreffende Mitgliedstaat durch geeignete Mittel wie die Trennung der Tätigkeiten oder die Unterscheidung der Kosten sicherstellt, dass die im Einklang mit dieser Verordnung gewährten De-minimis-Beihilfen nicht den Tätigkeiten in den vom Geltungsbereich dieser Verordnung ausgenommenen Bereichen zugutekommen.

Artikel 2
Begriffsbestimmungen

(1) Für die Zwecke dieser Verordnung bezeichnet der Ausdruck:

a) „landwirtschaftliche Erzeugnisse" die in Anhang I des AEUV aufgeführten Erzeugnisse mit Ausnahme der Fischerei- und Aquakulturerzeugnisse, die unter die Verordnung (EG) Nr. 104/2000 fallen;

b) „Verarbeitung eines landwirtschaftlichen Erzeugnisses" jede Einwirkung auf ein landwirtschaftliches Erzeugnis, deren Ergebnis ebenfalls ein landwirtschaftliches Erzeugnis ist, ausgenommen Tätigkeiten eines landwirtschaftlichen Betriebs zur Vorbereitung eines tierischen oder pflanzlichen Erzeugnisses für den Erstverkauf;

c) „Vermarktung eines landwirtschaftlichen Erzeugnisses" den Besitz oder die Ausstellung eines Produkts im Hinblick auf den Verkauf, das Angebot zum Verkauf, die Lieferung oder jede andere Art des Inverkehrbringens, ausgenommen der Erstver-

De-Minimis-VO

kauf durch einen Primärerzeuger an Wiederverkäufer und Verarbeiter sowie jede Tätigkeit zur Vorbereitung eines Erzeugnisses für diesen Erstverkauf; der Verkauf durch einen Primärerzeuger an Endverbraucher gilt als Vermarktung, wenn er in gesonderten, eigens für diesen Zweck vorgesehenen Räumlichkeiten erfolgt.

(2) Der Begriff „ein einziges Unternehmen" bezieht für die Zwecke dieser Verordnung alle Unternehmen mit ein, die zueinander in mindestens einer der folgenden Beziehungen stehen:

a) Ein Unternehmen hält die Mehrheit der Stimmrechte der Anteilseigner oder Gesellschafter eines anderen Unternehmens;

b) ein Unternehmen ist berechtigt, die Mehrheit der Mitglieder des Verwaltungs-, Leitungs- oder Aufsichtsgremiums eines anderen Unternehmens zu bestellen oder abzuberufen;

c) ein Unternehmen ist gemäß einem mit einem anderen Unternehmen geschlossenen Vertrag oder aufgrund einer Klausel in dessen Satzung berechtigt, einen beherrschenden Einfluss auf dieses Unternehmen auszuüben;

d) ein Unternehmen, das Anteilseigner oder Gesellschafter eines anderen Unternehmens ist, übt gemäß einer mit anderen Anteilseignern oder Gesellschaftern dieses anderen Unternehmens getroffenen Vereinbarung die alleinige Kontrolle über die Mehrheit der Stimmrechte von dessen Anteilseignern oder Gesellschaftern aus.

Auch Unternehmen, die über ein anderes Unternehmen oder mehrere andere Unternehmen zueinander in einer der Beziehungen gemäß Unterabsatz 1 Buchstaben a bis d stehen, werden als ein einziges Unternehmen betrachtet.

Artikel 3
De-minimis-*Beihilfen*

(1) Beihilfemaßnahmen, die die Voraussetzungen dieser Verordnung erfüllen, werden als Maßnahmen angesehen, die nicht alle Tatbestandsmerkmale des Artikels 107 Absatz 1 AEUV erfüllen, und sind daher von der Anmeldepflicht nach Artikel 108 Absatz 3 AEUV ausgenommen.

(2) Der Gesamtbetrag der einem einzigen Unternehmen von einem Mitgliedstaat gewährten De-minimis-Beihilfen darf in einem Zeitraum von drei Steuerjahren 200 000 EUR nicht übersteigen.

Der Gesamtbetrag der De-minimis-Beihilfen, die einem einzigen Unternehmen, das im gewerblichen Straßengüterverkehr tätig ist, von einem Mitgliedstaat gewährt werden, darf in einem Zeitraum von drei Steuerjahren 100 000 EUR nicht übersteigen. Diese De-minimis-Beihilfen dürfen nicht für den Erwerb von Fahrzeugen für den Straßengüterverkehr verwendet werden.

(3) Ist ein Unternehmen sowohl im gewerblichen

Straßengüterverkehr als auch in anderen Bereichen tätig, für die der Höchstbetrag von 200 000 EUR gilt, so gilt für das Unternehmen der Höchstbetrag von 200 000 EUR, sofern der betreffende Mitgliedstaat durch geeignete Mittel wie die Trennung der Tätigkeiten oder die Unterscheidung der Kosten sicherstellt, dass die Förderung der Straßengüterverkehrtätigkeit 100 000 EUR nicht übersteigt und dass keine De-minimis-Beihilfen für den Erwerb von Fahrzeugen für den Straßengüterverkehr verwendet werden.

(4) Als Bewilligungszeitpunkt einer De-minimis-Beihilfe gilt der Zeitpunkt, zu dem das Unternehmen nach dem geltenden nationalen Recht einen Rechtsanspruch auf die Beihilfe erwirbt, und zwar unabhängig davon, wann die De-minimis-Beihilfe tatsächlich an das Unternehmen ausgezahlt wird.

(5) Die in Absatz 2 genannten Höchstbeträge gelten für De-minimis-Beihilfen gleich welcher Art und Zielsetzung und unabhängig davon, ob die von dem Mitgliedstaat gewährte Beihilfe ganz oder teilweise aus Unionsmitteln finanziert wird. Der zugrunde zu legende Zeitraum von drei Steuerjahren bestimmt sich nach den Steuerjahren, die für das Unternehmen in dem betreffenden Mitgliedstaat maßgebend sind.

(6) Für die Zwecke der in Absatz 2 genannten Höchstbeträge wird die Beihilfe als Barzuschuss ausgedrückt. Bei den eingesetzten Beträgen sind Bruttobeträge, d. h. die Beträge vor Abzug von Steuern und sonstigen Abgaben, zugrunde zu legen. Bei Beihilfen, die nicht in Form von Zuschüssen gewährt werden, entspricht der Beihilfebetrag ihrem Bruttosubventionsäquivalent.

In mehreren Tranchen zahlbare Beihilfen werden zum Bewilligungszeitpunkt abgezinst. Für die Abzinsung wird der zum Bewilligungszeitpunkt geltende Abzinsungssatz zugrunde gelegt.

(7) Wenn der einschlägige Höchstbetrag nach Absatz 2 durch die Gewährung neuer De-minimis-Beihilfen überschritten würde, darf diese Verordnung für keine der neuen Beihilfen in Anspruch genommen werden.

(8) Im Falle einer Fusion oder Übernahme müssen alle De-minimis-Beihilfen, die den beteiligten Unternehmen zuvor gewährt wurden, herangezogen werden, um zu ermitteln, ob eine neue De-minimis-Beihilfe für das neue bzw. das übernehmende Unternehmen zu einer Überschreitung des einschlägigen Höchstbetrags führt. Die Rechtmäßigkeit von vor der Fusion bzw. Übernahme rechtmäßig gewährten De-minimis-Beihilfen wird dadurch nicht in Frage gestellt.

(9) Wird ein Unternehmen in zwei oder mehr separate Unternehmen aufgespalten, so werden die De-minimis-Beihilfen, die dem Unternehmen vor der Aufspaltung gewährt wurden, demjenigen Unternehmen zugewiesen, dem die Beihilfen zugutekommen, also grundsätzlich dem Unternehmen, das die Geschäftsbereiche übernimmt, für die die De-minimis-Beihilfen verwendet wurden. Ist eine solche Zuweisung nicht möglich,

De-Mini-mis-VO

so werden die De-minimis-Beihilfen den neuen Unternehmen auf der Grundlage des Buchwerts ihres Eigenkapitals zum Zeitpunkt der tatsächlichen Aufspaltung anteilig zugewiesen.

Artikel 4

Berechnung des Bruttosubventionsäquivalents

(1) Diese Verordnung gilt nur für Beihilfen, deren Bruttosubventionsäquivalent im Voraus genau berechnet werden kann, ohne dass eine Risikobewertung erforderlich ist („transparente Beihilfen").

(2) Beihilfen in Form von Zuschüssen oder Zinszuschüssen werden als transparente De-minimis-Beihilfen angesehen.

(3) Beihilfen in Form von Darlehen gelten als transparente De-minimis-Beihilfen, wenn

a) sich der Beihilfenbegünstigte weder in einem Insolvenzverfahren befindet noch die im nationalen Recht vorgesehenen Voraussetzungen für die Eröffnung eines Insolvenzverfahrens auf Antrag seiner Gläubiger erfüllt. Im Falle eines großen Unternehmens muss sich der Beihilfebegünstigte in einer Situation befinden, die einer Bewertung mit einem Rating von mindestens B- entspricht, und

b) das Darlehen durch Sicherheiten unterlegt ist, die sich auf mindestens 50 % des Darlehensbetrags belaufen, und einen Betrag von 1 000 000 EUR (bzw. 500 000 EUR bei Straßengüterverkehrsunternehmen) und eine Laufzeit von fünf Jahren oder einen Betrag von 500 000 EUR (bzw. 250 000 EUR bei Straßengüterverkehrsunternehmen) und eine Laufzeit von zehn Jahren aufweist; bei Darlehen mit einem geringeren Darlehensbetrag und/oder einer kürzeren Laufzeit als fünf bzw. zehn Jahre wird das Bruttosubventionsäquivalent als entsprechender Anteil des einschlägigen Höchstbetrags nach Artikel 3 Absatz 2 berechnet; oder

c) das Bruttosubventionsäquivalent auf der Grundlage des zum Bewilligungszeitpunkt geltenden Referenzzinssatzes berechnet wurde.

(4) Beihilfen in Form von Kapitalzuführungen gelten nur dann als transparente De-minimis-Beihilfen, wenn der Gesamtbetrag der zugeführten öffentlichen Mittel den De-minimis-Höchstbetrag nicht übersteigt.

(5) Beihilfen im Rahmen von Risikofinanzierungsmaßnahmen, die in Form von Beteiligungen oder beteiligungsähnlichen Finanzierungsinstrumentengewährt werden, gelten nur dann als transparente De-minimis-Beihilfen, wenn das einem einzigen Unternehmen bereitgestellte Kapital den De-minimis-Höchstbetrag nicht übersteigt.

(6) Beihilfen in Form von Garantien gelten als transparente De-minimis-Beihilfen, wenn

a) sich der Beihilfenbegünstigte weder in einem Insolvenzverfahren befindet noch die im nationalen Recht vorgesehenen Voraussetzungen für die Eröffnung eines Insolvenzverfahrens auf Antrag seiner

Gläubiger erfüllt. Im Falle eines großen Unternehmens muss sich der Beihilfebegünstigte in einer Situation befinden, die einer Bewertung mit einem Rating von mindestens B- entspricht, und

b) sich die Garantie auf einen Anteil von höchstens 80 % des zugrunde liegenden Darlehens bezieht und einen Betrag von 1 500 000 EUR (bzw. 750 000 EUR bei Straßengüterverkehrsunternehmen) und eine Laufzeit von fünf Jahren oder einen Betrag von 750 000 EUR (bzw. 375 000 EUR bei Straßengüterverkehrsunternehmen) und eine Laufzeit von zehn Jahren aufweist; bei Garantien mit einem geringeren Betrag und/oder einer kürzeren Laufzeit als fünf bzw. zehn Jahre wird das Bruttosubventionsäquivalent als entsprechender Anteil des einschlägigen Höchstbetrags nach Artikel 3 Absatz 2 berechnet, oder

c) das Bruttosubventionsäquivalent auf der Grundlage von in einer Mitteilung der Kommission festgelegten SAFE-Harbour-Prämien berechnet wurde; oder

d) vor der Durchführung

i) die Methode für die Berechnung des Bruttosubventionsäquivalents der Garantie bei der Kommission nach einer anderen zu diesem Zeitpunkt geltenden Verordnung der Kommission im Bereich der staatlichen Beihilfen angemeldet und von der Kommission aufgrund ihrer Vereinbarkeit mit der Garantiemitteilung oder einer Nachfolgermitteilung akzeptiert wurde und

ii) sich die akzeptierte Methode ausdrücklich auf die Art der Garantie und die Art der zugrunde liegenden Transaktion bezieht, um die es im Zusammenhang mit der Anwendung der vorliegenden Verordnung geht.

(7) Beihilfen in anderer Form gelten als transparente De-minimis-Beihilfen, wenn die Beihilfebestimmungen eine Obergrenze vorsehen, die gewährleistet, dass der einschlägige Höchstbetrag nicht überschritten wird.

Artikel 5

Kumulierung

(1) Im Einklang mit der vorliegenden Verordnung gewährte De-minimis-Beihilfen dürfen bis zu dem in der Verordnung (EU) Nr. 360/2012 der Kommission (2) festgelegten Höchstbetrag mit De-minimis-Beihilfen nach letztgenannter Verordnung kumuliert werden. Im Einklang mit der vorliegenden Verordnung gewährte De-minimis-Beihilfen dürfen bis zu dem in Artikel 3 Absatz 2 dieser Verordnung festgelegten einschlägigen Höchstbetrag mit De-minimis-Beihilfen nach anderen De-minimis-Verordnungen kumuliert werden.

(2) De-minimis-Beihilfen dürfen weder mit staatlichen Beihilfen für dieselben beihilfefähigen Kosten noch mit staatlichen Beihilfen für dieselbe Risikofinanzierungsmaßnahme kumuliert werden, wenn die Kumulierung dazu führen würde, dass die höchste ein-

schlägige Beihilfeintensität oder der höchste einschlägige Beihilfebetrag, die bzw. der im Einzelfall in einer Gruppenfreistellungsverordnung oder einem Beschluss der Kommission festgelegt ist, überschritten wird. De-minimis-Beihilfen, die nicht in Bezug auf bestimmte beihilfefähige Kosten gewährt werden und keinen solchen Kosten zugewiesen werden können, dürfen mit anderen staatlichen Beihilfen kumuliert werden, die auf der Grundlage einer Gruppenfreistellungsverordnung oder eines Beschlusses der Kommission gewährt wurden.

Artikel 6
Überwachung

(1) Beabsichtigt ein Mitgliedstaat, einem Unternehmen im Einklang mit dieser Verordnung eine De-minimis-Beihilfe zu bewilligen, so teilt er diesem Unternehmen schriftlich die voraussichtliche Höhe der Beihilfe (ausgedrückt als Bruttosubventionsäquivalent) mit und weist es unter ausdrücklichem Verweis auf diese Verordnung mit Angabe ihres Titels und der Fundstelle im *Amtsblatt der Europäischen Union* darauf hin, dass es sich um eine De-minimis-Beihilfe handelt. Wird eine De-minimis-Beihilfe im Einklang mit dieser Verordnung auf der Grundlage einer Regelung verschiedenen Unternehmen gewährt, die Einzelbeihilfen in unterschiedlicher Höhe erhalten, so kann der betreffende Mitgliedstaat seine Informationspflicht dadurch erfüllen, dass er den Unternehmen einen Festbetrag mitteilt, der dem auf der Grundlage der Regelung zulässigen Beihilfehöchstbetrag entspricht. In diesem Fall ist für die Feststellung, ob der einschlägige Höchstbetrag nach Artikel 3 Absatz 2 erreicht ist, dieser Festbetrag maßgebend. Der Mitgliedstaat gewährt die Beihilfe erst, nachdem er von dem betreffenden Unternehmen eine Erklärung in schriftlicher oder elektronischer Form erhalten hat, in der dieses alle anderen ihm in den beiden vorangegangenen Steuerjahren sowie im laufenden Steuerjahr gewährten De-minimis-Beihilfen angibt, für die die vorliegende oder andere De-minimis-Verordnungen gelten.

(2) Verfügt ein Mitgliedstaat über ein Zentralregister für De-minimis-Beihilfen mit vollständigen Informationen über die von Behörden in diesem Mitgliedstaat gewährten De-minimis-Beihilfen, so wird Absatz 1 von dem Zeitpunkt an, zu dem das Register einen Zeitraum von drei Steuerjahren erfasst, nicht mehr angewandt.

(3) Der Mitgliedstaat gewährt die neue De-minimis-Beihilfe nach dieser Verordnung erst, nachdem er sich vergewissert hat, dass dadurch der Betrag der dem betreffenden Unternehmen insgesamt gewährten De-minimis-Beihilfen nicht den einschlägigen Höchstbetrag nach Artikel 3 Absatz 2 übersteigt und sämtliche Voraussetzungen dieser Verordnung erfüllt sind.

(4) Die Mitgliedstaaten zeichnen sämtliche die Anwendung dieser Verordnung betreffenden Informationen auf und stellen sie zusammen. Diese Aufzeichnungen müssen alle Informationen enthalten, die für den Nachweis benötigt werden, dass die Voraussetzungen dieser Verordnung erfüllt sind. Die Aufzeichnungen über De-minimis-Einzelbeihilfen sind 10 Steuerjahre ab dem Zeitpunkt aufzubewahren, zu dem die Beihilfe gewährt wurde. Die Aufzeichnungen über De-minimis-Beihilferegelungen sind 10 Steuerjahre ab dem Zeitpunkt aufzubewahren, zu dem die letzte Einzelbeihilfe nach der betreffenden Regelung gewährt wurde.

(5) Der betreffende Mitgliedstaat übermittelt der Kommission auf schriftliches Ersuchen, innerhalb von 20 Arbeitstagen oder einer in dem Ersuchen gesetzten längeren Frist, alle Informationen, die die Kommission benötigt, um prüfen zu können, ob die Voraussetzungen dieser Verordnung erfüllt sind, und insbesondere den Gesamtbetrag der De-minimis-Beihilfen im Sinne dieser Verordnung oder anderer De-minimis-Verordnungen, die ein Unternehmen erhalten hat.

Artikel 7
Übergangsbestimmungen

(1) Diese Verordnung gilt für Beihilfen, die vor ihrem Inkrafttreten gewährt wurden, sofern diese Beihilfen sämtliche Voraussetzungen dieser Verordnung erfüllen. Beihilfen, die diese Voraussetzungen nicht erfüllen, werden von der Kommission nach den einschlägigen Rahmenbestimmungen, Leitlinien, Mitteilungen und Bekanntmachungen geprüft.

(2) De-minimis-Einzelbeihilfen, die zwischen dem 2. Februar 2001 und dem 30. Juni 2007 gewährt wurden und die Voraussetzungen der Verordnung (EG) Nr. 69/2001 erfüllen, werden als Maßnahmen angesehen, die nicht alle Tatbestandsmerkmale des Artikels 107 Absatz 1 AEUV erfüllen, und sind daher von der Anmeldepflicht nach Artikel 108 Absatz 3 AEUV ausgenommen.

(3) De-minimis-Einzelbeihilfen, die zwischen dem 1. Januar 2007 und dem 30. Juni 2014 gewährt wurden bzw. werden und die Voraussetzungen der Verordnung (EG) Nr. 1998/2006 erfüllen, werden als Maßnahmen angesehen, die nicht alle Tatbestandsmerkmale des Artikels 107 Absatz 1 AEUV erfüllen, und sind daher von der Anmeldepflicht nach Artikel 108 Absatz 3 AEUV ausgenommen.

(4) Nach Ablauf der Geltungsdauer dieser Verordnung sind De-minimis-Beihilferegelungen, die die Voraussetzungen dieser Verordnung erfüllen, noch sechs Monate durch diese Verordnung gedeckt.

Artikel 8
Inkrafttreten und Geltungsdauer

Diese Verordnung tritt am 1. Januar 2014 in Kraft.

Sie gilt bis zum 31. Dezember 2023.

Diese Verordnung ist in allen ihren Teilen verbindlich und gilt unmittelbar in jedem Mitgliedstaat.

De-Minimis-VO

19. Agrar-De-minimis

Verordnung (EU) 1408/2013

Verordnung (EU) Nr. 1408/2013 der Kommission vom 18. Dezember 2013 über die Anwendung der Artikel 107 und 108 des Vertrags über die Arbeitsweise der Europäischen Union auf De-minimis-Beihilfen im Agrarsektor idF Verordnung (EU) 2019/316 (Agrar-De-minimis)

Inhaltsverzeichnis

Präambel 679
Art. 1. Geltungsbereich 682
Art. 2. Begriffsbestimmungen..682
Art. 3. De-minimis-Beihilfen..683
Art. 4. Berechnung des Bruttosubventionsäquivalents 684
Art. 5. Kumulierung..684
Art. 6. Überwachung...685
Art. 7. Übergangsbestimmungen 686
Art. 8. Inkrafttreten und Geltungsdauer 686
Anhänge
ANHANG I. 687
ANHANG II. 689

Agrar-
De-mini-
mis

VERORDNUNG (EU) Nr. 1408/2013 DER KOM-
MISSION

vom 18. Dezember 2013

über die Anwendung der Artikel 107 und 108 des Vertrags über die Arbeitsweise der Europäischen Union
auf De-minimis-Beihilfen im Agrarsektor

DIE EUROPÄISCHE KOMMISSION —

gestützt auf den Vertrag über die Arbeitsweise der Europäischen Union, insbesondere auf Artikel 108 Absatz 4,

gestützt auf die Verordnung (EG) Nr. 994/98 des Rates
vom 7. Mai 1998 über die Anwendung der Artikel 107
und 108 des Vertrags über die Arbeitsweise der Europäischen Union auf bestimmte Gruppen horizontaler
Beihilfen (1),

nach Veröffentlichung des Entwurfs dieser Verordnung (2),

nach Anhörung des Beratenden Ausschusses für staatliche Beihilfen,

in Erwägung nachstehender Gründe:

(1) Staatliche Zuwendungen, die die Voraussetzungen des Artikels 107 Absatz 1 des Vertrags über die
Arbeitsweise der Europäischen Union („AEUV") erfüllen, stellen staatliche Beihilfen dar, die nach Artikel
108 Absatz 3 AEUV bei der Kommission anzumelden
sind. Der Rat kann jedoch nach Artikel 109 AEUV
Arten von Beihilfen festlegen, die von dieser Anmeldepflicht ausgenommen sind. Die Kommission kann
nach Artikel 108 Absatz 4 AEUV Verordnungen zu
diesen Arten von staatlichen Beihilfen erlassen. Mit
der Verordnung (EG) Nr. 994/98 hat der Rat auf der
Grundlage des Artikels 109 AEUV festgelegt, dass
De-minimis-Beihilfen eine solche Art von Beihilfen
darstellen können. Auf dieser Grundlage werden De-
minimis-Beihilfen — d. h. Beihilfen bis zu einem bestimmten Höchstbetrag, die einem einzigen Unternehmen über einen bestimmten Zeitraum gewährt werden
— als Maßnahmen angesehen, die nicht alle Tatbestandsmerkmale des Artikels 107 Absatz 1 AEUV erfüllen und daher nicht dem Anmeldeverfahren unterliegen.

(2) Die Kommission hat den Begriff der Beihilfe im
Sinne des Artikels 107 Absatz 1 AEUV in zahlreichen Entscheidungen und Beschlüssen näher ausgeführt. Sie hat ferner ihren Standpunkt zu dem De-minimis-Höchstbetrag, bis zu dem Artikel 107 Absatz 1
AEUV als nicht anwendbar angesehen werden kann,
erläutert: zunächst in ihrer Mitteilung über die De-minimis-Beihilfen (3) und anschließend in der Verordnung
(EG) Nr. 69/2001 der Kommission (4) und der Verordnung (EG) Nr. 1998/2006 der Kommission (5). Da
für den Agrarsektor Sondervorschriften gelten und die
Gefahr besteht, dass dort selbst kleine Beihilfebeträge
die Tatbestandsmerkmale des Artikels 107 Absatz 1
AEUV erfüllen, wurde der Agrarsektor bzw. Teile desselben vom Geltungsbereich der genannten Verord-

nungen ausgenommen. Die Kommission hat bereits
eine Reihe von Verordnungen mit Vorschriften über
De-minimis-Beihilfen im Agrarsektor verabschiedet,
zuletzt die Verordnung (EG) Nr. 1535/2007 (6). Nach
den bisherigen Erfahrungen der Kommission mit der
Anwendung der Verordnung (EG) Nr. 1535/2007 ist
es angebracht, diese Verordnung in einigen Punkten zu
überarbeiten und durch eine neue Verordnung zu ersetzen.

(3) Nach den bisherigen Erfahrungen der Kommission mit der Anwendung der Verordnung (EG) Nr.
1535/2007 sollten der Beihilfehöchstbetrag, den ein
einziges Unternehmen in einem Zeitraum von drei
Jahren erhalten darf, auf 15 000 EUR und die nationale Obergrenze auf 1 % des jährlichen Produktions-
werts angehoben werden. Diese neuen Höchstbeträge
stellen nach wie vor sicher, dass die einzelnen unter
diese Verordnung fallenden Maßnahmen keine Auswirkungen auf den Handel zwischen Mitgliedstaaten
haben und den Wettbewerb nicht verfälschen oder zu
verfälschen drohen.

(4) Der Begriff des Unternehmens bezeichnet im
Bereich der Wettbewerbsvorschriften des AEUV jede
eine wirtschaftliche Tätigkeit ausübende Einheit, unabhängig von ihrer Rechtsform und der Art ihrer Finanzierung (7). Der Gerichtshof der Europäischen
Union hat festgestellt, dass alle Einheiten, die (rechtlich oder de facto) von ein und derselben Einheit kontrolliert werden, als ein einziges Unternehmen angesehen werden sollten (8). Im Interesse der Rechtssicherheit und der Verringerung des Verwaltungsaufwands sollte diese Verordnung eine erschöpfende Liste eindeutiger Kriterien enthalten, anhand deren geprüft werden kann, ob zwei oder mehr Unternehmen
innerhalb eines Mitgliedstaats als ein einziges Unternehmen anzusehen sind. Die Kommission hat unter
den bewährten Kriterien für die Bestimmung des Begriffs „verbundene Unternehmen" in der Definition
der kleinen und mittleren Unternehmen (KMU) in der
Empfehlung 2003/361/EG der Kommission (9) und in
Anhang I der Verordnung (EG) Nr. 800/2008 der
Kommission (10) diejenigen Kriterien ausgewählt, die
für die Zwecke der vorliegenden Verordnung geeignet
sind. Diese Kriterien, mit denen die Behörden bereits
vertraut sind, sollten in Anbetracht des Geltungsbereichs der vorliegenden Verordnung sowohl für KMU
als auch für große Unternehmen gelten. Durch diese
Kriterien sollte gewährleistet sein, dass eine Gruppe
verbundener Unternehmen für die Zwecke der Anwendung der De-minimis-Regel als ein einziges Unternehmen angesehen wird, während Unternehmen,
deren einzige Beziehung untereinander darin besteht,
dass jedes von ihnen eine direkte Verbindung zu derselben bzw. denselben öffentlichen Einrichtungen aufweist, nicht als miteinander verbunden eingestuft werden. So wird der besonderen Situation von Unternehmen Rechnung getragen, die der Kontrolle derselben
öffentlichen Einrichtung bzw. Einrichtungen unterliegen, die möglicherweise über unabhängige Entscheidungsbefugnisse verfügen. Ebenso sollten diese
Kriterien gewährleisten, dass einzelne Mitglieder ei-

ner juristischen Person oder einer Vereinigung natürlicher oder juristischer Personen nicht allein aufgrund ihrer Mitgliedschaft als miteinander verbunden angesehen werden, sofern nach nationalem Recht die einzelnen Mitglieder vergleichbare Rechte und Pflichten wie Einzellandwirte mit der Stellung eines Betriebsleiters wahrnehmen, insbesondere was ihre wirtschafts-, sozial- und steuerrechtliche Stellung anbelangt, vorausgesetzt, dass sie zur Stärkung der landwirtschaftlichen Strukturen der betreffenden juristischen Personen oder Vereinigungen beigetragen haben.

(5) Aufgrund der Ähnlichkeiten zwischen der Verarbeitung und Vermarktung landwirtschaftlicher und nichtlandwirtschaftlicher Erzeugnisse ist die Verarbeitung und Vermarktung landwirtschaftlicher Erzeugnisse in den Geltungsbereich der Verordnung (EU) Nr. 1407/2013 der Kommission (11) aufgenommen worden.

(6) Sobald die Union eine Regelung über die Errichtung einer gemeinsamen Marktorganisation für einen bestimmten Agrarsektor erlassen hat, sind die Mitgliedstaaten nach der Rechtsprechung des Gerichtshofs der Europäischen Union verpflichtet, sich aller Maßnahmen zu enthalten, die diese Regelung unterlaufen oder Ausnahmen von ihr schaffen (12). Deshalb sollten Beihilfen, deren Höhe sich nach dem Preis oder der Menge der erworbenen oder vermarkteten Erzeugnisse richtet, vom Geltungsbereich dieser Verordnung ausgenommen werden. Ebenfalls ausgenommen werden sollten Fördermaßnahmen, die an die Verpflichtung gebunden sind, die Beihilfe mit den Primärerzeugern zu teilen.

(7) Diese Verordnung sollte weder für Ausfuhrbeihilfen gelten noch für Beihilfen, die von der Verwendung von einheimischen anstelle von eingeführten Erzeugnissen abhängig gemacht werden. Die Verordnung sollte insbesondere nicht für Beihilfen zur Finanzierung des Aufbaus und des Betriebs eines Vertriebsnetzes in anderen Mitgliedstaaten oder in Drittstaaten gelten. Beihilfen für die Teilnahme an Messen oder für die Durchführung von Studien oder die Inanspruchnahme von Beratungsdiensten im Hinblick auf die Einführung eines neuen oder eines bestehenden Produkts auf einem neuen Markt in einem anderen Mitgliedstaat oder einem Drittstaat stellen in der Regel keine Ausfuhrbeihilfen dar.

(8) Der für die Zwecke dieser Verordnung zugrunde zu legende Zeitraum von drei Jahren sollte fließend sein, d. h., bei jeder Neubewilligung einer De-minimis-Beihilfe sollte die Gesamtsumme der im laufenden Steuerjahr und in den vorangegangenen zwei Steuerjahren gewährten De-minimis-Beihilfen herangezogen werden.

(9) Im Falle eines Unternehmens, das sowohl in der Primärerzeugung landwirtschaftlicher Erzeugnisse als auch in anderen Bereichen tätig ist oder andere Tätigkeiten ausübt, die unter die Verordnung (EU) Nr. 1407/2013 fallen, sollte die genannte Verordnung für

Beihilfen gelten, die für diese anderen Bereiche oder anderen Tätigkeiten gewährt werden, sofern der betreffende Mitgliedstaat durch geeignete Mittel wie die Trennung der Tätigkeiten oder die Unterscheidung der Kosten sicherstellt, dass die im Einklang mit der genannten Verordnung gewährten De-minimis-Beihilfen nicht der Primärerzeugung landwirtschaftlicher Erzeugnisse zugutekommen.

(10) Im Falle eines Unternehmens, das sowohl in der Primärerzeugung landwirtschaftlicher Erzeugnisse als auch im Fischerei- und Aquakultursektor tätig ist, sollte die Verordnung (EG) Nr. 875/2007 der Kommission (13) für Beihilfen gelten, die für letzteren Sektor gewährt werden, sofern der betreffende Mitgliedstaat durch geeignete Mittel wie die Trennung der Tätigkeiten oder die Unterscheidung der Kosten sicherstellt, dass die im Einklang mit der genannten Verordnung gewährten De-minimis-Beihilfen nicht der Primärerzeugung landwirtschaftlicher Erzeugnisse zugutekommen.

(11) Diese Verordnung sollte Vorschriften enthalten, die verhindern, dass die in spezifischen Verordnungen oder Kommissionsbeschlüssen festgesetzten Beihilfehöchstintensitäten umgangen werden können. Zudem sollte sie klare Kumulierungsvorschriften enthalten, die einfach anzuwenden sind.

(12) Diese Verordnung schließt die Möglichkeit nicht aus, dass eine Maßnahme aus anderen als den in dieser Verordnung dargelegten Gründen nicht als Beihilfe im Sinne des Artikels 107 Absatz 1 AEUV angesehen wird, etwa wenn die Maßnahme dem Grundsatz des marktwirtschaftlich handelnden Kapitalgebers genügt oder keine Übertragung staatlicher Mittel erfolgt. Insbesondere stellen Unionsmittel, die zentral von der Kommission verwaltet werden und nicht der mittelbaren oder unmittelbaren Kontrolle des Mitgliedstaats unterliegen, keine staatliche Beihilfe dar und sollten daher bei der Prüfung der Einhaltung der einschlägigen Höchstbeträge oder der nationalen Obergrenze nicht berücksichtigt werden.

(13) Aus Gründen der Transparenz, Gleichbehandlung und wirksamen Überwachung sollte diese Verordnung nur für De-minimis-Beihilfen gelten, deren Bruttosubventionsäquivalent im Voraus genau berechnet werden kann, ohne dass eine Risikobewertung erforderlich ist („transparente Beihilfen"). Eine solche präzise Berechnung ist beispielsweise bei Zuschüssen, Zinszuschüssen und begrenzten Steuerbefreiungen oder bei sonstigen Beihilfeformen möglich, bei denen eine Obergrenze gewährleistet, dass der einschlägige Höchstbetrag nicht überschritten wird. Ist eine Obergrenze vorgesehen, so muss der Mitgliedstaat, solange der genaue Beihilfebetrag nicht bekannt ist, davon ausgehen, dass die Beihilfe der Obergrenze entspricht, um zu gewährleisten, dass mehrere Beihilfemaßnahmen zusammengenommen den Höchstbetrag nach dieser Verordnung nicht überschreiten und die Kumulierungsvorschriften eingehalten werden.

(14) Aus Gründen der Transparenz, Gleichbehand-

lung und korrekten Anwendung des De-minimis-Höchstbetrags sollten alle Mitgliedstaaten dieselbe Berechnungsmethode anwenden. Um die Berechnung zu vereinfachen, sollten Beihilfen, die nicht in Form eines Barzuschusses gewährt werden, in ihr Bruttosubventionsäquivalent umgerechnet werden. Die Berechnung des Bruttosubventionsäquivalents anderer transparenter Beihilfeformen als einer in Form eines Zuschusses oder in mehreren Tranchen gewährten Beihilfe sollte auf der Grundlage der zum Bewilligungszeitpunkt geltenden marktüblichen Zinssätze erfolgen. Im Sinne einer einheitlichen, transparenten und einfachen Anwendung der Beihilfevorschriften sollten für die Zwecke dieser Verordnung die Referenzzinssätze, die der Mitteilung der Kommission über die Änderung der Methode zur Festsetzung der Referenz- und Abzinsungssätze (14) zu entnehmen sind, als marktübliche Zinssätze herangezogen werden.

(15) Beihilfen in Form von Darlehen, einschließlich De-minimis-Risikofinanzierungsbeihilfen in Form von Darlehen, sollten als transparente De-minimis-Beihilfen angesehen werden, wenn das Bruttosubventionsäquivalent auf der Grundlage der zum Bewilligungszeitpunkt geltenden marktüblichen Zinssätze berechnet worden ist. Zur Vereinfachung der Behandlung von Kleindarlehen mit kurzer Laufzeit sollte diese Verordnung eine eindeutige Vorschrift enthalten, die einfach anzuwenden ist und sowohl der Höhe als auch der Laufzeit des Darlehens Rechnung trägt. Nach den Erfahrungen der Kommission kann bei Darlehen, die durch Sicherheiten unterlegt sind, die sich auf mindestens 50 % des Darlehensbetrags belaufen, die auf einen Darlehensbetrag von 75 000 EUR und eine Laufzeit von fünf Jahren oder einen Darlehensbetrag von 37 500 EUR und eine Laufzeit von zehn Jahren nicht überschreiten, davon ausgegangen werden, dass das Bruttosubventionsäquivalent den De-minimis-Höchstbetrag nicht überschreitet. In Anbetracht der Schwierigkeiten bei der Festlegung des Bruttosubventionsäquivalents von Beihilfen an Unternehmen, die möglicherweise nicht in der Lage sein werden, das Darlehen zurückzuzahlen, sollte diese Regel nicht für solche Unternehmen gelten.

(16) Beihilfen in Form von Kapitalzuführungen sollten nicht als transparente De-minimis-Beihilfen angesehen werden, außer wenn der Gesamtbetrag der zugeführten öffentlichen Mittel den De-minimis-Höchstbetrag nicht übersteigt. Beihilfen im Rahmen von Risikofinanzierungsmaßnahmen, die in Form von Beteiligungen oder beteiligungsähnlichen Finanzinstrumenten im Sinne der Risikofinanzierungsleitlinien (15) bereitgestellt werden, sollten nicht als transparente De-minimis-Beihilfen angesehen werden, außer wenn gewährleistet ist, dass die im Rahmen der betreffenden Maßnahme gewährten Kapitalzuführungen den De-minimis-Höchstbetrag nicht übersteigen.

(17) Beihilfen in Form von Garantien, einschließlich De-minimis-Risikofinanzierungsbeihilfen in Form von Garantien, sollten als transparent angesehen werden, wenn das Bruttosubventionsäquivalent auf der Grundlage der in einer Kommissionsmitteilung für die betreffende Unternehmensart festgelegten SAFE-Harbour-Prämie berechnet worden ist (16). Zur Vereinfachung der Behandlung von Garantien mit kurzer Laufzeit, mit denen ein Anteil von höchstens 80 % eines relativ geringen Darlehensbetrags besichert wird, sollte diese Verordnung eine eindeutige Vorschrift enthalten, die einfach anzuwenden ist und sowohl den Betrag des zugrunde liegenden Darlehens als auch die Garantielaufzeit erfasst. Diese Vorschrift sollte nicht für Garantien gelten, mit denen nicht Darlehen, sondern beispielsweise Beteiligungsgeschäfte besichert werden. Bei Garantien, die sich auf einen Anteil von höchstens 80 % des zugrunde liegenden Darlehens beziehen und die einen Betrag von 112 500 EUR und eine Laufzeit von fünf Jahren nicht überschreiten, kann davon ausgegangen werden, dass das Bruttosubventionsäquivalent den De-minimis-Höchstbetrag überschreitet. Gleiches gilt für Garantien, die sich auf einen Anteil von höchstens 80 % des zugrunde liegenden Darlehens beziehen und die einen Betrag von 56 250 EUR und eine Laufzeit von zehn Jahren nicht überschreiten. Darüber hinaus können die Mitgliedstaaten eine Methode zur Berechnung des Bruttosubventionsäquivalents von Garantien anwenden, die bei der Kommission nach einer anderen zu diesem Zeitpunkt geltenden Verordnung der Kommission im Bereich der staatlichen Beihilfen angemeldet wurde und die von der Kommission aufgrund ihrer Vereinbarkeit mit der Garantiemitteilung oder einer Nachfolgemitteilung akzeptiert wurde, sofern sich die akzeptierte Methode ausdrücklich auf die Art der Garantie und die Art der zugrunde liegenden Transaktion bezieht, um die es im Zusammenhang mit der Anwendung der vorliegenden Verordnung geht. In Anbetracht der Schwierigkeiten bei der Festlegung des Bruttosubventionsäquivalents von Beihilfen an Unternehmen, die möglicherweise nicht in der Lage sein werden, das Darlehen zurückzuzahlen, sollte diese Regel nicht für solche Unternehmen gelten.

(18) Wenn eine De-minimis-Beihilferegelung über Finanzintermediäre durchgeführt wird, sollte sorgen, dass die Finanzintermediäre keine staatlichen Beihilfen erhalten. Dies kann z. B. sichergestellt werden, indem Finanzintermediäre, denen eine staatliche Garantie zugutekommt, verpflichtet werden, ein marktübliches Entgelt zu zahlen oder den Vorteil vollständig an den Endbegünstigten weiterzugeben, oder indem der De-minimis-Höchstbetrag und die anderen Voraussetzungen dieser Verordnung auch auf Ebene der Finanzintermediäre eingehalten werden.

(19) Nach erfolgter Anmeldung durch einen Mitgliedstaat kann die Kommission prüfen, ob eine Beihilfemaßnahme, bei der es sich um einen Zuschuss, ein Darlehen, eine Garantie, eine Kapitalzuführung oder eine Risikofinanzierungsmaßnahme handelt, die in Form einer Beteiligung oder eines beteiligungsähnlichen Finanzinstruments bereitgestellt wird, zu einem Bruttosubventionsäquivalent führt, das den De-minimis-Höchstbetrag nicht über-

Agrar-De-mini-mis

steigt und daher unter diese Verordnung fallen könnte.

(20) Die Kommission hat die Aufgabe zu gewährleisten, dass die Beihilfevorschriften eingehalten werden, und nach dem in Artikel 4 Absatz 3 des Vertrags über die Europäische Union verankerten Grundsatz der Zusammenarbeit sind die Mitgliedstaaten gehalten, der Kommission die Erfüllung dieser Aufgabe zu erleichtern, indem sie durch geeignete Vorkehrungen sicherstellen, dass der Gesamtbetrag der De-minimis-Beihilfen, die einem einzigen Unternehmen nach den De-minimis-Vorschriften gewährt werden, den insgesamt zulässigen Höchstbetrag nicht übersteigt. Hierzu sollten die Mitgliedstaaten bei Gewährung einer De-minimis-Beihilfe dem betreffenden Unternehmen unter ausdrücklichem Verweis auf diese Verordnung den Betrag der gewährten De-minimis-Beihilfen mitteilen und es darauf hinweisen, dass es sich um eine De-minimis-Beihilfe handelt. Die Mitgliedstaaten sollten dazu verpflichtet sein, die gewährten Beihilfen zu überprüfen, um zu gewährleisten, dass die einschlägigen Höchstbeträge nicht überschritten und die Regeln zur Kumulierung eingehalten werden. Um diese Verpflichtung zu erfüllen, sollte der betreffende Mitgliedstaat die Beihilfe erst gewähren, nachdem er eine Erklärung des Unternehmens über andere unter diese Verordnung oder andere De-minimis-Verordnungen fallende De-minimis-Beihilfen, die dem Unternehmen im betreffenden Steuerjahr oder in den vorangegangenen zwei Steuerjahren gewährt wurden, erhalten hat. Die Mitgliedstaaten sollten ihre Überwachungspflicht stattdessen auch dadurch erfüllen können, dass sie ein Zentralregister einrichten, das vollständige Informationen über die gewährten De-minimis-Beihilfen enthält, und sie überprüfen, dass jegliche neue Gewährung einer Beihilfe den einschlägigen Höchstbetrag einhält.

(21) Jeder Mitgliedstaat sollte sich vor der Gewährung einer De-minimis-Beihilfe vergewissern, dass weder der De-minimis-Höchstbetrag noch die nationale Obergrenze durch die neue De-minimis-Beihilfe in seinem Hoheitsgebiet überschritten werden und auch die übrigen Voraussetzungen dieser Verordnung erfüllt sind.

Agrar-De-mini-mis

(22) Aufgrund der bisherigen Erfahrungen der Kommission und insbesondere der Tatsache, dass die Beihilfepolitik grundsätzlich in regelmäßigen Abständen überprüft werden muss, sollte die Geltungsdauer dieser Verordnung begrenzt werden. Für den Fall, dass diese Verordnung bis zum Ablauf ihrer Geltungsdauer nicht verlängert wird, sollte den Mitgliedstaaten für alle unter diese Verordnung fallenden De-minimis-Beihilfen eine sechsmonatige Anpassungsfrist eingeräumt werden —

HAT FOLGENDE VERORDNUNG ERLASSEN:

Artikel 1

Geltungsbereich

(1) Diese Verordnung gilt für Beihilfen an Unternehmen, die in der Primärerzeugung landwirtschaftlicher Erzeugnisse tätig sind, mit folgenden Ausnahmen:

a) Beihilfen, deren Höhe sich nach dem Preis oder der Menge vermarkteter Erzeugnisse richtet;

b) Beihilfen für exportbezogene Tätigkeiten, die auf Drittländer oder Mitgliedstaaten ausgerichtet sind, d. h. Beihilfen, die unmittelbar mit den ausgeführten Mengen, mit der Errichtung und dem Betrieb eines Vertriebsnetzes oder mit anderen laufenden exportbezogenen Ausgaben in Zusammenhang stehen;

c) Beihilfen, die davon abhängig sind, dass heimische Erzeugnisse Vorrang vor eingeführten Erzeugnissen erhalten.

(2) Wenn ein Unternehmen sowohl in der Primärerzeugung landwirtschaftlicher Erzeugnisse als auch in einem oder mehreren der unter die Verordnung (EU) Nr. 1407/2013 fallenden Bereiche tätig ist oder andere unter die genannte Verordnung fallende Tätigkeiten ausübt, so gilt die genannte Verordnung für Beihilfen, die für letztere Bereiche oder Tätigkeiten gewährt werden, sofern der betreffende Mitgliedstaat durch geeignete Mittel wie die Trennung der Tätigkeiten oder die Unterscheidung der Kosten sicherstellt, dass die im Einklang mit der genannten Verordnung gewährten De-minimis-Beihilfen nicht der Primärerzeugung landwirtschaftlicher Erzeugnisse zugutekommen.

(3) Wenn ein Unternehmen sowohl in der Primärerzeugung landwirtschaftlicher Erzeugnisse als auch im Fischerei- und Aquakultursektor tätig ist, so gilt die Verordnung (EG) Nr. 875/2007 für Beihilfen, die für letzteren Sektor gewährt werden, sofern der betreffende Mitgliedstaat durch geeignete Mittel wie die Trennung der Tätigkeiten oder die Unterscheidung der Kosten sicherstellt, dass die im Einklang mit der genannten Verordnung gewährten De-minimis-Beihilfen nicht der Primärproduktion landwirtschaftlicher Erzeugnisse zugutekommen.

Artikel 2

Begriffsbestimmungen

(1) Für die Zwecke dieser Verordnung bezeichnet der Ausdruck „landwirtschaftliche Erzeugnisse" die in Anhang I des AEUV aufgeführten Erzeugnisse mit Ausnahme der Fischerei- und Aquakulturerzeugnisse, die unter die Verordnung (EG) Nr. 104/2000 des Rates (1) fallen.

(2) Der Begriff „ein einziges Unternehmen" bezieht für die Zwecke dieser Verordnung alle Unternehmenseinheiten mit ein, die zueinander in mindestens einer der folgenden Beziehungen stehen:

a) Ein Unternehmen hält die Mehrheit der Stimmrechte der Anteilseigner oder Gesellschafter eines anderen Unternehmens;

b) ein Unternehmen ist berechtigt, die Mehrheit der

Mitglieder des Verwaltungs-, Leitungs- oder Aufsichtsgremiums eines anderen Unternehmens zu bestellen oder abzuberufen;

c) ein Unternehmen ist gemäß einem mit einem anderen Unternehmen geschlossenen Vertrag oder aufgrund einer Klausel in dessen Satzung berechtigt, einen beherrschenden Einfluss auf dieses Unternehmen auszuüben;

d) ein Unternehmen, das Anteilseigner oder Gesellschafter eines anderen Unternehmens ist, übt gemäß einer mit anderen Anteilseignern oder Gesellschaftern dieses anderen Unternehmens getroffenen Vereinbarung die alleinige Kontrolle über die Mehrheit der Stimmrechte von dessen Anteilseignern oder Gesellschaftern aus.

Auch Unternehmen, die über ein anderes Unternehmen oder mehrere andere Unternehmen zueinander in einer der Beziehungen gemäß Unterabsatz 1 Buchstaben a bis d stehen, werden als ein einziges Unternehmen betrachtet.

(3) Für die Zwecke dieser Verordnung bezeichnet der Ausdruck „Erzeugnissektor" einen in Artikel 1 Absatz 2 Buchstabe a bis w der Verordnung (EU) Nr. 1308/2013 des Europäischen Parlaments und des Rates (2) aufgeführten Sektor.

(4) Für die Zwecke dieser Verordnung bezeichnet der Ausdruck, „sektorale Obergrenze" den kumulierten Beihilfehöchstbetrag für Beihilfemaßnahmen, die nur einem einzigen Erzeugnissektor zugutekommen, wobei diese Obergrenze 50 % des Höchstbetrags der De-minimis-Beihilfen je Mitgliedstaat gemäß Anhang II entspricht.

Artikel 3
De-minimis-Beihilfen

(1) Beihilfemaßnahmen, die die Voraussetzungen dieser Verordnung erfüllen, werden als Maßnahmen angesehen, die nicht alle Tatbestandsmerkmale des Artikels 107 Absatz 1 AEUV erfüllen, und sind daher von der Anmeldepflicht nach Artikel 108 Absatz 3 AEUV ausgenommen.

(2) Der Gesamtbetrag der einem einzigen Unternehmen von einem Mitgliedstaat gewährten *De-minimis*-Beihilfen darf in einem Zeitraum von drei Steuerjahren 20 000 EUR nicht übersteigen.

(3) Die Gesamtsumme der *De-minimis*-Beihilfen, die den in der Primärerzeugung landwirtschaftlicher Erzeugnisse tätigen Unternehmen in einem Zeitraum von drei Steuerjahren von einem Mitgliedstaat gewährt werden, darf die in Anhang I festgesetzte nationale Obergrenze nicht übersteigen.

(3a) Abweichend von den Absätzen 2 und 3 kann ein Mitgliedstaat beschließen, dass der Gesamtbetrag der einem einzigen Unternehmen gewährten *De-minimis*-Beihilfen in einem Zeitraum von drei Steuerjahren nicht mehr als 25 000 EUR betragen und der kumulierte Gesamtbetrag der über einen Zeitraum von

drei Steuerjahren gewährten *De-minimis*-Beihilfen die in Anhang II genannte nationale Obergrenze nicht überschreiten darf, wobei folgende Bedingungen erfüllt sein müssen:

a) Bei Beihilfemaßnahmen, die nur einem einzigen Erzeugnissektor zugutekommen, darf der kumulierte Gesamtbetrag über einen Zeitraum von drei Steuerjahren die in Artikel 2 Absatz 4 definierte sektorale Obergrenze nicht überschreiten, und

b) der Mitgliedstaat muss ein nationales Zentralregister gemäß Artikel 6 Absatz 2 einrichten.

(4) Als Bewilligungszeitpunkt einer *De-minimis*-Beihilfe gilt der Zeitpunkt, zu dem das Unternehmen nach dem geltenden nationalen Recht einen Rechtsanspruch auf die Beihilfe erwirbt, und zwar unabhängig davon, wann die *De-minimis*-Beihilfe tatsächlich an das Unternehmen ausgezahlt wird.

(5) Die *De-minimis*-Höchstbeträge sowie die nationalen und sektoralen Obergrenzen gemäß den Absätzen 2, 3 und 3a gelten für *De-minimis*-Beihilfen gleich welcher Art und Zielsetzung und unabhängig davon, ob die von dem Mitgliedstaat gewährte Beihilfe ganz oder teilweise aus Unionsmitteln finanziert wird. Der zugrunde zu legende Zeitraum von drei Steuerjahren bestimmt sich nach dem Steuerjahren, die für das Unternehmen in dem betreffenden Mitgliedstaat maßgebend sind.

(6) Für die Zwecke der *De-minimis*-Höchstbeträge sowie der nationalen und sektoralen Obergrenzen gemäß den Absätzen 2, 3 und 3a wird die Beihilfe als Barzuschuss ausgedrückt. Bei den eingesetzten Beträgen sind Bruttobeträge, d. h. die Beträge vor Abzug von Steuern und sonstigen Abgaben, zugrunde zu legen. Werden Beihilfen nicht in Form von Zuschüssen gewährt, so entspricht der Beihilfebetrag ihrem Bruttosubventionsäquivalent. In mehreren Tranchen zu zahlende Beihilfen werden auf ihren Wert zum Gewährungszeitpunkt abgezinst. Für die Abzinsung wird der zum Bewilligungszeitpunkt geltende Abzinsungssatz zugrunde gelegt.

(7) Würden die *De-minimis*-Höchstbeträge, die nationalen Obergrenzen oder die sektorale Obergrenze gemäß den Absätzen 2, 3 und 3a durch die Gewährung neuer *De-minimis*-Beihilfen überschritten, darf diese Verordnung für keine der neuen Beihilfen in Anspruch genommen werden.

(8) Im Falle einer Fusion oder Übernahme müssen alle *De-minimis*-Beihilfen, die den beteiligten Unternehmen zuvor gewährt wurden, herangezogen werden, um zu ermitteln, ob eine neue *De-minimis*-Beihilfe für das neue bzw. das übernehmende Unternehmen zu einer Überschreitung der betreffenden *De-minimis*-Höchstbeträge oder der geltenden nationalen oder sektoralen Obergrenze führt. Vor der Fusion bzw. Übernahme rechtmäßig gewährte *De-minimis*-Beihilfen gelten weiterhin als rechtmäßig.

(9) Wird ein Unternehmen in zwei oder mehr separate

Agrar-De-mini-mis

Unternehmen aufgespalten, so werden die *De-minimis*-Beihilfen, die dem Unternehmen vor der Aufspaltung gewährt wurden, demjenigen Unternehmen zugewiesen, dem die Beihilfen zugutekommen, also grundsätzlich dem Unternehmen, das die Geschäftsbereiche übernimmt, für die die *De-minimis*-Beihilfen verwendet wurden. Ist eine solche Zuweisung nicht möglich, so werden die *De-minimis*-Beihilfen den neuen Unternehmen auf der Grundlage des Buchwerts ihres Eigenkapitals zum Zeitpunkt der tatsächlichen Aufspaltung anteilig zugewiesen.

Artikel 4
Berechnung des Bruttosubventionsäquivalents

(1) Diese Verordnung gilt nur für Beihilfen, deren Bruttosubventionsäquivalent im Voraus genau berechnet werden kann, ohne dass eine Risikobewertung erforderlich ist („transparente Beihilfen").

(2) Beihilfen in Form von Zuschüssen oder Zinszuschüssen werden als transparente De-minimis-Beihilfen angesehen.

(3) Beihilfen in Form von Darlehen gelten als transparente De-minimis-Beihilfen, wenn

a) sich der Beihilfenbegünstigte weder in einem Insolvenzverfahren befindet noch die im nationalen Recht vorgesehenen Voraussetzungen für die Eröffnung eines Insolvenzverfahrens auf Antrag seiner Gläubiger erfüllt. Im Falle eines großen Unternehmens muss sich der Beihilfebegünstigte in einer Situation befinden, die einer Bewertung mit einem Rating von mindestens B- entspricht; und

b) bei Maßnahmen, die unter Artikel 3 Absatz 2 fallen, das Darlehen durch Sicherheiten unterlegt ist, die mindestens 50 % des Darlehensbetrags abdecken, und sich der Darlehensbetrag entweder auf 100 000 EUR über einen Zeitraum von fünf Jahren oder auf 50 000 EUR über einen Zeitraum von zehn Jahren beläuft, oder sich bei Maßnahmen, die unter Artikel 3 Absatz 3a fallen, entweder auf 125 000 EUR über einen Zeitraum von fünf Jahren oder auf 62 500 EUR über einen Zeitraum von zehn Jahren beläuft; bei Darlehen mit einem geringeren Darlehensbetrag und/oder einer kürzeren Laufzeit als fünf bzw. zehn Jahre wird das Bruttosubventionsäquivalent als entsprechender Anteil in Artikel 3 Absatz 2 bzw. Absatz 3a genannten Höchstbeträge berechnet; oder

c) das Bruttosubventionsäquivalent auf der Grundlage des zum Bewilligungszeitpunkt geltenden Referenzzinssatzes berechnet wurde.

(4) Beihilfen in Form von Kapitalzuführungen gelten nur dann als transparente *De-minimis*-Beihilfen, wenn der Gesamtbetrag der zugeführten öffentlichen Mittel den jeweiligen *De-minimis*-Höchstbetrag nicht übersteigt.

(5) Beihilfen im Rahmen von Risikofinanzierungsmaßnahmen, die in Form von Beteiligungen oder beteiligungsähnlichen Finanzierungsinstrumenten gewährt werden, gelten nur dann als transparente De-mi-

nimis-Beihilfen, wenn das einem einzigen Unternehmen bereitgestellte Kapital den jeweiligen *De-minimis*-Höchstbetrag nicht übersteigt.

(6) Beihilfen in Form von Garantien gelten als transparente De-minimis-Beihilfen, wenn

a) sich der Beihilfenbegünstigte weder in einem Insolvenzverfahren befindet noch die im nationalen Recht vorgesehenen Voraussetzungen für die Eröffnung eines Insolvenzverfahrens auf Antrag seiner Gläubiger erfüllt. Im Falle eines großen Unternehmens muss sich der Beihilfebegünstigte in einer Situation befinden, die einer Bewertung mit einem Rating von mindestens B- entspricht; und

b) sich die Garantie bei Maßnahmen, die unter Artikel 3 Absatz 2 fallen, auf höchstens 80 % des zugrunde liegenden Darlehens bezieht und entweder einen Betrag von 150 000 EUR und eine Laufzeit von fünf Jahren oder einen Betrag von 75 000 EUR und eine Laufzeit von zehn Jahren aufweist oder sich die Garantie bei Maßnahmen, die unter Artikel 3 Absatz 3a fallen, auf höchstens 80 % des zugrunde liegenden Darlehens bezieht und entweder einen Betrag von 187 500 EUR und eine Laufzeit von fünf Jahren oder einen Betrag von 93 750 EUR und eine Laufzeit von zehn Jahren aufweist; bei Garantien mit einem geringeren Betrag und/oder einer kürzeren Laufzeit als fünf bzw. zehn Jahre wird das Bruttosubventionsäquivalent dieser Garantie als entsprechender Anteil der in Artikel 3 Absatz 2 bzw. Absatz 3a genannten Höchstbeträge berechnet; oder

c) das Bruttosubventionsäquivalent auf der Grundlage von in einer Mitteilung der Kommission festgelegten *SAFE-Harbour*-Prämien berechnet wurde; oder

d) vor der Durchführung

i) die Methode für die Berechnung des Bruttosubventionsäquivalents der Garantie bei der Kommission nach einer anderen zu diesem Zeitpunkt geltenden Verordnung der Kommission im Bereich der staatlichen Beihilfen angemeldet wurde und von der Kommission aufgrund ihrer Vereinbarkeit mit der Garantiemitteilung oder einer Nachfolgermitteilung akzeptiert wurde und

ii) sich die akzeptierte Methode ausdrücklich auf die Art der Garantie und die Art der zugrunde liegenden Transaktion bezieht, um die es im Zusammenhang mit der Anwendung der vorliegenden Verordnung geht.

(7) Beihilfen in anderer Form gelten als transparente De-minimis-Beihilfen, wenn die Beihilfebestimmungen eine Obergrenze vorsehen, die gewährleistet, dass der einschlägige Höchstbetrag nicht überschritten wird.

Artikel 5
Kumulierung

(1) Wenn ein Unternehmen sowohl in der Primärerzeugung landwirtschaftlicher Erzeugnisse als auch in einem oder mehreren der unter die Verordnung (EU)

Nr. 1407/2013 fallenden Bereiche tätig ist oder andere unter die genannte Verordnung fallende Tätigkeiten ausübt, können die im Einklang mit der vorliegenden Verordnung gewährten De-minimis-Beihilfen für Tätigkeiten im Agrarerzeugnissektor mit den De-minimis-Beihilfen für letztere Bereiche oder Tätigkeiten bis zu dem in Artikel 3 Absatz 2 der Verordnung (EU) Nr. 1407/2013 festgelegten einschlägigen Höchstbetrag kumuliert werden, sofern der betreffende Mitgliedstaat durch geeignete Mittel wie die Trennung der Tätigkeiten oder die Unterscheidung der Kosten sicherstellt, dass die im Einklang mit der Verordnung (EU) Nr. 1407/2013 gewährten De-minimis-Beihilfen nicht der Primärerzeugung landwirtschaftlicher Erzeugnisse zugutekommen.

(2) Wenn ein Unternehmen sowohl in der Primärerzeugung landwirtschaftlicher Erzeugnisse als auch im Fischerei- und Aquakultursektor tätig ist, können die im Einklang mit der vorliegenden Verordnung gewährten De-minimis-Beihilfen für Tätigkeiten im Agrarerzeugnissektor mit den im Einklang mit der Verordnung (EG) Nr. 875/2007 gewährten De-minimis-Beihilfen für Tätigkeiten in letzterem Sektor bis zu dem in der genannten Verordnung festgelegten Höchstbetrag kumuliert werden, sofern der betreffende Mitgliedstaat durch geeignete Mittel wie die Trennung der Tätigkeiten oder die Unterscheidung der Kosten sicherstellt, dass die im Einklang mit der Verordnung (EG) Nr. 875/2007 gewährten De-minimis-Beihilfen nicht der Primärerzeugung landwirtschaftlicher Erzeugnisse zugutekommen.

(3) De-minimis-Beihilfen dürfen weder mit staatlichen Beihilfen für dieselben beihilfefähigen Kosten noch mit staatlichen Beihilfen für dieselbe Risikofinanzierungsmaßnahme kumuliert werden, wenn die Kumulierung dazu führen würde, dass die höchste einschlägige Beihilfeintensität oder der höchste einschlägige Beihilfebetrag, die bzw. der im Einzelfall in einer Gruppenfreistellungsverordnung oder einem Beschluss der Kommission festgelegt ist, überschritten wird. De-minimis-Beihilfen, die nicht in Bezug auf bestimmte beihilfefähige Kosten gewährt werden und keinen solchen Kosten zugewiesen werden können, dürfen mit anderen staatlichen Beihilfen kumuliert werden, die auf der Grundlage einer Gruppenfreistellungsverordnung oder eines Beschlusses der Kommission gewährt wurden.

Artikel 6
Überwachung

(1) Beabsichtigt ein Mitgliedstaat, einem Unternehmen im Einklang mit dieser Verordnung eine De-minimis-Beihilfe zu bewilligen, so teilt er diesem Unternehmen schriftlich die voraussichtliche Höhe der Beihilfe (ausgedrückt als Bruttosubventionsäquivalent) mit und weist es unter ausdrücklichem Verweis auf diese Verordnung mit Angabe ihres Titels und der Fundstelle im *Amtsblatt der Europäischen Union* darauf hin, dass es sich um eine De-minimis-Beihilfe handelt. Wird eine De-minimis-Beihilfe im Einklang

mit dieser Verordnung auf der Grundlage einer Regelung verschiedenen Unternehmen gewährt, die Einzelbeihilfen in unterschiedlicher Höhe erhalten, so kann der betreffende Mitgliedstaat seine Informationspflicht dadurch erfüllen, dass er den Unternehmen einen Festbetrag mitteilt, der dem auf der Grundlage der Regelung zulässigen Beihilfehöchstbetrag entspricht. In diesem Fall ist für die Feststellung, ob der in Artikel 3 Absatz 2 genannte Höchstbetrag erreicht ist oder die in Artikel 3 Absatz 3 genannte nationale Obergrenze überschritten ist, dieser Festbetrag maßgebend. Der Mitgliedstaat gewährt die Beihilfe erst, nachdem er von dem betreffenden Unternehmen eine Erklärung in schriftlicher oder elektronischer Form erhalten hat, in der dieses alle anderen ihm in den beiden vorangegangenen Steuerjahren sowie im laufenden Steuerjahr gewährten De-minimis-Beihilfen angibt, für die die vorliegende oder andere De-minimis-Verordnungen gelten.

(2) Verfügt ein Mitgliedstaat über ein Zentralregister für De-minimis-Beihilfen mit vollständigen Informationen über alle von Behörden in diesem Mitgliedstaat gewährten De-minimis-Beihilfen, so wird Absatz 1 von dem Zeitpunkt an, zu dem das Register einen Zeitraum von drei Steuerjahren erfasst, nicht mehr angewandt.

Gewährt ein Mitgliedstaat Beihilfen gemäß Artikel 3 Absatz 3a, muss er ein Zentralregister für *De-minimis*-Beihilfen mit vollständigen Informationen über alle von Behörden in diesem Mitgliedstaat gewährten *De-minimis*-Beihilfen einrichten. Absatz 1 wird von dem Zeitpunkt an, zu dem das Register einen Zeitraum von drei Steuerjahren erfasst, nicht mehr angewandt.

(3) Der Mitgliedstaat gewährt eine neue *De-minimis*-Beihilfe nach dieser Verordnung erst, nachdem er sich vergewissert hat, dass durch den Betrag der dem betreffenden Unternehmen insgesamt gewährten *De-minimis*-Beihilfen die Höchstbeträge, die nationalen Obergrenzen und die sektorale Obergrenze gemäß Artikel 3 Absätze 2, 3 und 3a nicht überschritten werden und sämtliche Voraussetzungen dieser Verordnung erfüllt sind.

(4) Die Mitgliedstaaten zeichnen sämtliche die Anwendung dieser Verordnung betreffenden Informationen auf und stellen sie zusammen. Diese Aufzeichnungen müssen alle Informationen enthalten, die für den Nachweis benötigt werden, dass die Voraussetzungen dieser Verordnung erfüllt sind. Die Aufzeichnungen über De-minimis-Einzelbeihilfen sind 10 Steuerjahre ab dem Zeitpunkt aufzubewahren, zu dem die Beihilfe gewährt wurde. Die Aufzeichnungen über De-minimis-Beihilferegelungen sind 10 Steuerjahre ab dem Zeitpunkt aufzubewahren, zu dem die letzte Einzelbeihilfe nach der betreffenden Regelung gewährt wurde.

(5) Der betreffende Mitgliedstaat übermittelt der Kommission auf schriftliches Ersuchen innerhalb von 20 Arbeitstagen oder einer in dem Ersuchen gesetzten längeren Frist alle Informationen, die die Kommission

Agrar-
De-minimis

benötigt, um prüfen zu können, ob die Voraussetzungen dieser Verordnung erfüllt sind, und insbesondere den Gesamtbetrag der De-minimis-Beihilfen im Sinne dieser Verordnung oder anderer De-minimis-Verordnungen, die ein Unternehmen erhalten hat.

Artikel 7
Übergangsbestimmungen

(1) Diese Verordnung gilt für Beihilfen, die vor ihrem Inkrafttreten gewährt wurden, sofern diese Beihilfen sämtliche Voraussetzungen dieser Verordnung erfüllen. Beihilfen, die diese Voraussetzungen nicht erfüllen, werden von der Kommission nach den einschlägigen Rahmenbestimmungen, Leitlinien, Mitteilungen und Bekanntmachungen geprüft.

(2) De-minimis-Einzelbeihilfen, die zwischen dem 1. Januar 2005 und dem 30. Juni 2008 gewährt wurden und die Voraussetzungen der Verordnung (EG) Nr. 1860/2004 erfüllen, werden als Maßnahmen angesehen, die nicht alle Tatbestandsmerkmale des Artikels 107 Absatz 1 AEUV erfüllen, und sind daher von der Anmeldepflicht nach Artikel 108 Absatz 3 AEUV ausgenommen.

(3) De-minimis-Einzelbeihilfen, die zwischen dem 1. Januar 2008 und dem 30. Juni 2014 gewährt wurden bzw. werden und die Voraussetzungen der Verordnung (EG) Nr. 1535/2007 erfüllen, werden als Maßnahmen angesehen, die nicht alle Tatbestandsmerkmale des Artikels 107 Absatz 1 AEUV erfüllen, und sind daher von der Anmeldepflicht nach Artikel 108 Absatz 3 AEUV ausgenommen.

(4) Nach Ablauf der Geltungsdauer dieser Verordnung sind De-minimis-Beihilferegelungen, die die Voraussetzungen dieser Verordnung erfüllen, noch sechs Monate durch diese Verordnung gedeckt.

Artikel 8
Inkrafttreten und Geltungsdauer

Diese Verordnung tritt am 1. Januar 2014 in Kraft.

Sie gilt bis zum 31. Dezember 2027.

Diese Verordnung ist in allen ihren Teilen verbindlich und gilt unmittelbar in jedem Mitgliedstaat.

Agrar-De-mini-mis

ANHANG I

Kumulierter Höchstbetrag der *De-minimis*-Beihilfen für die in Artikel 3 Absatz 3 genannten, in der Primärerzeugung landwirtschaftlicher Erzeugnisse tätigen Unternehmen nach Mitgliedstaaten

(in EUR)

Mitgliedstaat	Höchstbetrag der *De-minimis*-Beihilfen (1)
Belgien	106 269 708
Bulgarien	53 020 042
Tschechien	61 865 750
Dänemark	141 464 625
Deutschland	732 848 458
Estland	11 375 375
Irland	98 460 375
Griechenland	134 272 042
Spanien	592 962 542
Frankreich	932 709 458
Kroatien	28 920 958
Italien	700 419 125
Zypern	8 934 792
Lettland	16 853 708
Litauen	34 649 958
Luxemburg	5 474 083
Ungarn	99 582 208
Malta	1 603 917
Niederlande	352 512 625
Österreich	89 745 208
Polen	295 932 125
Portugal	87 570 583
Rumänien	215 447 583
Slowenien	15 523 667
Slowakei	29 947 167

Finnland	55 693 958
Schweden	79 184 750
Vereinigtes Königreich	394 587 292

(1) Die Höchstbeträge werden auf der Grundlage des Durchschnitts der drei höchsten Werte der jährlichen landwirtschaftlichen Erzeugung jedes Mitgliedstaats zwischen 2012 und 2017 berechnet. Die Berechnungsmethode stellt sicher, dass alle Mitgliedstaaten gleich behandelt werden und keiner der nationalen Durchschnittswerte unter den bisher für den Zeitraum 2014-2020 festgesetzten Beträgen liegt.

Agrar-
De-mini-
mis

ANHANG II

Kumulierter Höchstbetrag der *De-minimis*-Beihilfen für die in Artikel 3 Absatz 3a genannten, in der Primärerzeugung landwirtschaftlicher Erzeugnisse tätigen Unternehmen nach Mitgliedstaaten

(in EUR)	
Mitgliedstaat	**Höchstbetrag der *De-minimis*-Beihilfen (1)**
Belgien	127 523 650
Bulgarien	63 624 050
Tschechien	74 238 900
Dänemark	169 757 550
Deutschland	879 418 150
Estland	13 650 450
Irland	118 152 450
Griechenland	161 126 450
Spanien	711 555 050
Frankreich	1 119 251 350
Kroatien	34 705 150
Italien	840 502 950
Zypern	10 721 750
Lettland	20 224 450
Litauen	41 579 950
Luxemburg	6 568 900
Ungarn	119 498 650
Malta	1 924 700
Niederlande	423 015 150
Österreich	107 694 250
Polen	355 118 550
Portugal	105 084 700
Rumänien	258 537 100
Slowenien	18 628 400
Slowakei	35 936 600

Agrar-De-mini-mis

Finnland	66 832 750
Schweden	95 021 700
Vereinigtes Königreich	473 504 750

(1) Die Höchstbeträge werden auf der Grundlage des Durchschnitts der drei höchsten Werte der jährlichen landwirtschaftlichen Erzeugung jedes Mitgliedstaats zwischen 2012 und 2017 berechnet. Die Berechnungsmethode stellt sicher, dass alle Mitgliedstaaten gleich behandelt werden und keiner der nationalen Durchschnittswerte unter den bisher für den Zeitraum 2014-2020 festgesetzten Beträgen liegt.

Agrar-
De-mini-
mis

Verordnung (EU) 717/2014

Verordnung (EU) Nr. 717/2014 der Kommission vom 27. Juni 2014 über die Anwendung der Artikel 107 und 108 des Vertrags über die Arbeitsweise der Europäischen Union auf De-minimis-Beihilfen im Fischerei- und Aquakultursektor idF Verordnung (EU) 2020/2008 (Fischer-De-minimis)

Inhaltsverzeichnis

Präambel 692
Art. 1. Geltungsbereich 695
Art. 2. Begriffsbestimmungen 696
Art. 3. De-minimis-Beihilfen 696
Art. 4. Berechnung des Bruttosubventionsäquivalents 697
Art. 5. Kumulierung 698
Art. 6. Überwachung 698
Art. 7. Übergangsbestimmungen 699
Art. 8. Inkrafttreten und Geltungsdauer 699
Anhang
ANHANG. 700

Fischer-
De-mini-
mis

VERORDNUNG (EU) Nr. 717/2014 DER KOMMIS-SION

vom 27. Juni 2014

über die Anwendung der Artikel 107 und 108 des Vertrags über die Arbeitsweise der Europäischen Union auf De-minimis-Beihilfen im Fischerei- und Aquakultursektor

DIE EUROPÄISCHE KOMMISSION —

gestützt auf den Vertrag über die Arbeitsweise der Europäischen Union, insbesondere auf Artikel 108 Absatz 4,

gestützt auf die Verordnung (EG) Nr. 994/98 des Rates vom 7. Mai 1998 über die Anwendung der Artikel 107 und 108 des Vertrags über die Arbeitsweise der Europäischen Union auf bestimmte Gruppen horizontaler Beihilfen (1),

nach Veröffentlichung des Entwurfs der vorliegenden Verordnung (2),

nach Anhörung des Beratenden Ausschusses für staatliche Beihilfen,

in Erwägung nachstehender Gründe:

(1) Staatliche Zuwendungen, die die Voraussetzungen des Artikels 107 Absatz 1 des Vertrags über die Arbeitsweise der Europäischen Union („AEUV") erfüllen, stellen staatliche Beihilfen dar, die nach Artikel 108 Absatz 3 AEUV bei der Kommission anzumelden sind. Der Rat kann jedoch im Rahmen von Artikel 109 AEUV Arten von Beihilfen festlegen, die von dieser Anmeldpflicht ausgenommen sind. Die Kommission kann nach Artikel 108 Absatz 4 AEUV Verordnungen zu diesen Arten von staatlichen Beihilfen erlassen. Mit der Verordnung (EG) Nr. 994/98 hat der Rat auf der Grundlage des Artikels 109 AEUV festgelegt, dass De-minimis-Beihilfen eine solche Art von Beihilfen darstellen können. Auf dieser Grundlage werden De-minimis-Beihilfen — d. h. Beihilfen bis zu einem bestimmten Höchstbetrag, die einem einzigen Unternehmen über einen bestimmten Zeitraum gewährt werden — als Maßnahmen angesehen, die nicht alle Tatbestandsmerkmale des Artikels 107 Absatz 1 AEUV erfüllen und daher nicht dem Anmeldeverfahren unterliegen.

(2) Die Kommission hat den Begriff der Beihilfe im Sinne des Artikels 107 Absatz 1 AEUV in zahlreichen Entscheidungen und Beschlüssen näher ausgeführt. Sie hat ferner ihren Standpunkt zu dem Höchstbetrag, bis zu dem Artikel 107 Absatz 1 AEUV als nicht anwendbar angesehen werden kann, erläutert: zunächst in ihrer Mitteilung über De-minimis-Beihilfen (3) und anschließend in den Verordnungen (EG) Nr. 69/2001 (4) und (EG) Nr. 1998/2006 der Kommission (5). Da für den Fischerei- und Aquakultursektor Sondervorschriften gelten und die Gefahr besteht, dass dort selbst kleine Beihilfebeträge die Tatbestandsmerkmale gemäß Artikel 107 Absatz 1 AEUV erfüllen, wurde der Fischerei- und Aquakultursektor

aus dem Geltungsbereich jener Verordnungen ausgeschlossen. Die Kommission hat bereits eine Reihe von Verordnungen mit Vorschriften über De-minimis-Beihilfen im Fischerei- und Aquakultursektor verabschiedet, zuletzt die Verordnung (EG) Nr. 875/2007 (6). Gemäß der letztgenannten Verordnung galten die an ein im Fischereisektor tätiges einziges Unternehmen gewährten De-minimis-Beihilfen als Maßnahmen, die nicht alle Tatbestandsmerkmale von Artikel 87 Absatz 1 EG-Vertrag erfüllen, wenn sie insgesamt 30 000 EUR je Empfänger bezogen auf einen Zeitraum von drei Steuerjahren und gleichzeitig ein Beihilfegesamtvolumen je Mitgliedstaat in Höhe von 2,5 % des jährlichen Fischereiproduktionswerts nicht überstiegen. Aufgrund der Erfahrungen mit der Anwendung der Verordnung (EG) Nr. 875/2007 ist es angebracht, diese Verordnung in einigen Punkten zu überarbeiten und durch eine neue Verordnung zu ersetzen.

(3) Der auf 30 000 EUR festgesetzte De-minimis-Beihilfen-Höchstbetrag, den ein einziges Unternehmen in einem Zeitraum von drei Jahren pro Mitgliedstaat erhalten darf, sollte beibehalten werden. Dieser Höchstbetrag stellt nach wie vor sicher, dass die einzelnen unter diese Verordnung fallenden Maßnahmen keine Auswirkungen auf den Handel zwischen den Mitgliedstaaten haben und den Wettbewerb nicht verfälschen oder zu verfälschen drohen, wenn die Gesamtsumme der Beihilfen für alle Unternehmen im Fischerei- und Aquakultursektor über drei Jahre unter einem für den jeweiligen Mitgliedstaat festgelegten Beihilfegesamtvolumen in Höhe von 2,5 % des jährlichen Umsatzes im Fischereibereich, d. h. aus Fischfang-, Fischverarbeitungs- und Aquakulturtätigkeiten, liegt (nationale Obergrenze).

(4) Der Begriff des Unternehmens bezeichnet nach den Wettbewerbsvorschriften des AEUV jede eine wirtschaftliche Tätigkeit ausübende Einheit, unabhängig von ihrer Rechtsform und der Art ihrer Finanzierung (7). Der Gerichtshof der Europäischen Union hat festgestellt, dass alle Einheiten, die (de jure oder de facto) von ein und derselben Einheit kontrolliert werden, als ein einziges Unternehmen angesehen werden sollten (8). Im Interesse der Rechtssicherheit und der Verringerung des Verwaltungsaufwands sollte diese Verordnung eine erschöpfende Liste eindeutiger Kriterien enthalten, anhand deren geprüft werden kann, ob zwei oder mehr Unternehmenseinheiten innerhalb eines Mitgliedstaats als ein einziges Unternehmen anzusehen sind. Die Kommission hat unter den bewährten Kriterien für die Bestimmung des Begriffs „verbundene Unternehmen" in der Definition der kleinen und mittleren Unternehmen (KMU) in der Empfehlung 2003/361/EG der Kommission (9) und in Anhang I der Verordnung (EG) Nr. 800/2008 der Kommission (10) diejenigen Kriterien ausgewählt, die für die Zwecke der vorliegenden Verordnung geeignet sind. Diese Kriterien, mit denen die Behörden bereits vertraut sind, sollten in Anbetracht des Geltungsbereichs der vorliegenden Verordnung sowohl für KMU als auch für große Unternehmen gelten. Durch diese Kriterien sollte gewährleistet sein, dass eine Gruppe

verbundener Unternehmen für die Zwecke der Anwendung der De-minimis-Regel als ein einziges Unternehmen angesehen wird, während Unternehmen, deren einzige Beziehung darin besteht, dass jedes von ihnen eine direkte Verbindung zu derselben bzw. denselben öffentlichen Einrichtungen aufweist, nicht als verbunden eingestuft werden können. So wird der besonderen Situation von Unternehmen Rechnung getragen, die der Aufsicht derselben öffentlichen Einrichtung bzw. Einrichtungen unterliegen, die möglicherweise über unabhängige Entscheidungsbefugnisse verfügen.

(5) Angesichts des Anwendungsbereichs der Gemeinsamen Fischereipolitik und der Definition des Fischerei- und Aquakultursektors gemäß Artikel 5 Buchstabe d der Verordnung (EU) Nr. 1379/2013 des Europäischen Parlaments und des Rates (11) sollte die vorliegende Verordnung für Unternehmen gelten, die in der Erzeugung, Verarbeitung und Vermarktung von Erzeugnissen der Fischerei und der Aquakultur tätig sind.

(6) Es gilt der allgemeine Grundsatz, wonach keine Beihilfe gewährt werden sollte, wenn EU-Recht und insbesondere Vorschriften der Gemeinsamen Fischereipolitik nicht eingehalten werden. Dieser Grundsatz gilt auch für De-minimis-Beihilfen.

(7) Da die Übereinstimmung mit den Zielen der Gemeinsamen Fischereipolitik und des Europäischen Meeres- und Fischereifonds gewährleistet werden muss, sollten insbesondere Beihilfen für den Erwerb von Fischereifahrzeugen, Beihilfen für die Modernisierung oder den Austausch von Haupt- oder Hilfsmotoren von Fischereifahrzeugen und Beihilfen für nicht förderfähige Maßnahmen gemäß der Verordnung (EU) Nr. 508/2014 des Europäischen Parlaments und des Rates (12) aus dem Anwendungsbereich dieser Verordnung ausgeschlossen werden.

(8) Sobald die Union eine Regelung über die Errichtung einer gemeinsamen Marktorganisation für einen bestimmten Agrarsektor erlassen hat, sind die Mitgliedstaaten nach der Rechtsprechung des Gerichtshofs der Europäischen Union verpflichtet, sich aller Maßnahmen zu enthalten, die diese Regelung unterlaufen oder Ausnahmen von ihr schaffen (13). Dieser Grundsatz gilt auch im Fischerei- und Aquakultursektor. Deshalb sollten Beihilfen, deren Höhe sich nach dem Preis oder der Menge erworbener oder vermarkteter Erzeugnisse richtet, vom Geltungsbereich dieser Verordnung ausgenommen werden. Ebenfalls ausgenommen werden sollten Fördermaßnahmen, die an die Verpflichtung gebunden sind, die Beihilfe mit den Primärerzeugern zu teilen.

(9) Diese Verordnung sollte weder für Ausfuhrbeihilfen gelten noch für Beihilfen, die von der Verwendung von einheimischen anstelle von eingeführten Waren abhängig gemacht werden. Die Verordnung sollte insbesondere nicht für Beihilfen zur Finanzierung des Aufbaus und des Betriebs eines Vertriebsnetzes in anderen Mitgliedstaaten oder Drittstaaten gel-

ten. Beihilfen für die Teilnahme an Messen oder für die Durchführung von Studien oder die Inanspruchnahme von Beratungsdiensten im Hinblick auf die Einführung eines neuen oder eines bestehenden Produkts auf einem neuen Markt in einem anderen Mitgliedstaat oder einem Drittstaat stellen in der Regel keine Ausfuhrbeihilfen dar.

(10) Im Falle eines Unternehmens, das sowohl im Fischerei- und Aquakultursektor als auch in anderen Bereichen tätig ist oder andere Tätigkeiten ausübt, die unter die Verordnung (EU) Nr. 1407/2013 der Kommission (14) fallen, sollte die genannte Verordnung für Beihilfen gelten, die für diese anderen Bereiche oder anderen Tätigkeiten gewährt werden, sofern der betreffende Mitgliedstaat durch geeignete Mittel wie die Trennung der Tätigkeiten oder die Unterscheidung der Kosten sicherstellt, dass die im Einklang mit der genannten Verordnung gewährten De-minimis-Beihilfen nicht der Tätigkeit im Fischerei- und Aquakultursektor zugutekommen.

(11) Ist ein Unternehmen sowohl im Fischerei- und Aquakultursektor als auch in der Primärerzeugung landwirtschaftlicher Erzeugnisse tätig, sollten die Bestimmungen dieser Verordnung für Beihilfen für ersteren Sektor bzw. erstere Tätigkeiten gelten, sofern der betreffende Mitgliedstaat durch geeignete Mittel wie die Trennung der Tätigkeiten oder die Unterscheidung der Kosten sicherstellt, dass die im Einklang mit dieser Verordnung gewährten De-minimis-Beihilfen nicht der Primärproduktion landwirtschaftlicher Erzeugnisse zugutekommen.

(12) Diese Verordnung sollte Vorschriften enthalten, die verhindern, dass die in spezifischen Verordnungen oder Kommissionsbeschlüssen festgesetzten Beihilfehöchstintensitäten umgangen werden können. Zudem sollte sie klare Kumulierungsvorschriften enthalten, die einfach anzuwenden sind.

(13) Der für die Zwecke dieser Verordnung zugrunde zu legende Zeitraum von drei Jahren sollte fließend sein, d. h., bei jeder Neubewilligung einer De-minimis-Beihilfe sollte die Gesamtsumme der im betreffenden Steuerjahr und in den vorangegangenen zwei Steuerjahren gewährten De-minimis-Beihilfen herangezogen werden.

(14) Diese Verordnung schließt die Möglichkeit nicht aus, dass eine Maßnahme aus anderen als den in dieser Verordnung dargelegten Gründen nicht als Beihilfe im Sinne des Artikels 107 Absatz 1 AEUV angesehen wird, etwa wenn die Maßnahme dem Grundsatz des marktwirtschaftlich handelnden Kapitalgebers genügt oder keine Übertragung staatlicher Mittel erfolgt. Insbesondere stellen Unionsmittel, die zentral von der Kommission verwaltet werden und nicht der mittelbaren oder unmittelbaren Kontrolle des Mitgliedstaats unterliegen, keine staatliche Beihilfe dar und sollten daher bei der Prüfung der Einhaltung der jeweiligen Höchstbeträge oder der nationalen Obergrenze nicht berücksichtigt werden.

(15) Aus Gründen der Transparenz, Gleichbehand-

Fischer-De-mini-mis

lung und wirksamen Überwachung sollte diese Verordnung nur für De-minimis-Beihilfen gelten, deren Bruttosubventionsäquivalent im Voraus genau berechnet werden kann, ohne dass eine Risikobewertung erforderlich ist („transparente Beihilfen"). Eine solche präzise Berechnung ist beispielsweise bei Zuschüssen, Zinszuschüssen und begrenzten Steuerbefreiungen oder bei sonstigen Beihilfeformen möglich, bei denen eine Obergrenze gewährleistet, dass der einschlägige Höchstbetrag nicht überschritten wird. Ist eine Obergrenze vorgesehen, so muss der Mitgliedstaat, solange der genaue Beihilfebetrag nicht bekannt ist, davon ausgehen, dass die Beihilfe der Obergrenze entspricht, um zu gewährleisten, dass mehrere Beihilfemaßnahmen zusammengenommen den Höchstbetrag nach dieser Verordnung nicht überschreiten und die Kumulierungsvorschriften eingehalten werden.

(16) Aus Gründen der Transparenz, Gleichbehandlung und korrekten Anwendung des De-minimis-Höchstbetrags sollten alle Mitgliedstaaten dieselbe Berechnungsmethode anwenden. Um die Berechnung zu vereinfachen, sollten Beihilfen, die nicht in Form eines Barzuschusses gewährt werden, in ihr Bruttosubventionsäquivalent umgerechnet werden. Die Berechnung des Bruttosubventionsäquivalents anderer transparenter Beihilfeformen als einer in Form eines Zuschusses oder in mehreren Tranchen gewährten Beihilfe sollte auf der Grundlage der zum Bewilligungszeitpunkt geltenden marktüblichen Zinssätze erfolgen. Im Sinne einer einheitlichen, transparenten und einfachen Anwendung der Beihilfevorschriften sollten für die Zwecke dieser Verordnung die Referenzzinssätze als marktübliche Zinssätze herangezogen werden; diese sind der Mitteilung der Kommission über die Änderung der Methode zur Festsetzung der Referenz- und Abzinsungssätze (15) zu entnehmen.

(17) Beihilfen in Form von Darlehen, einschließlich De-minimis-Risikofinanzierungsbeihilfen in Form von Darlehen, sollten als transparente De-minimis-Beihilfen angesehen werden, wenn das Bruttosubventionsäquivalent auf der Grundlage der zum Bewilligungszeitpunkt geltenden marktüblichen Zinssätze berechnet worden ist. Zur Vereinfachung der Behandlung von Kleindarlehen mit kurzer Laufzeit sollte diese Verordnung eine eindeutige Vorschrift enthalten, die einfach anzuwenden ist und sowohl der Höhe als auch der Laufzeit des Darlehens Rechnung trägt. Nach den Erfahrungen der Kommission kann bei Darlehen, die durch Sicherheiten unterlegt sind, die sich auf mindestens 50 % des Darlehensbetrags belaufen, und die einen Betrag von nicht mehr als 150 000 EUR und eine Laufzeit von höchstens fünf Jahren oder einen Betrag von nicht mehr als 75 000 EUR und eine Laufzeit von höchstens zehn Jahren aufweisen, davon ausgegangen werden, dass das Bruttosubventionsäquivalent den De-minimis-Höchstbetrag nicht übersteigt. In Anbetracht der Schwierigkeiten bei der Festlegung des Bruttosubventionsäquivalents von Beihilfen an Unternehmen, die möglicherweise nicht in der Lage sein werden, das Darlehen zurückzuzahlen, sollte diese Re-

gel nicht für solche Unternehmen gelten.

(18) Beihilfen in Form von Kapitalzuführungen sollten nicht als transparente De-minimis-Beihilfen angesehen werden, außer wenn der Gesamtbetrag der zugeführten öffentlichen Mittel den De-minimis-Höchstbetrag nicht übersteigt. Beihilfen im Rahmen von Risikofinanzierungsmaßnahmen im Sinne der Risikofinanzierungsleitlinien (16), die in Form von Eigenkapital oder eigenkapitalähnlichen Mitteln bereitgestellt werden, sollten nicht als transparente De-minimis-Beihilfen angesehen werden, außer wenn gewährleistet ist, dass die im Rahmen der betreffenden Maßnahme gewährten Kapitalzuführungen den De-minimis-Höchstbetrag nicht übersteigen.

(19) Beihilfen in Form von Garantien, einschließlich De-minimis-Risikofinanzierungsbeihilfen in Form von Garantien, sollten als transparent angesehen werden, wenn das Bruttosubventionsäquivalent auf der Grundlage der in einer Kommissionsmitteilung für die betreffende Unternehmensart festgelegten SAFE-Harbour-Prämie berechnet worden ist (17). Zur Vereinfachung der Behandlung von Garantien mit kurzer Laufzeit, mit denen ein Anteil von höchstens 80 % eines relativ geringen Darlehensbetrags besichert wird, sollte diese Verordnung eine eindeutige Vorschrift enthalten, die einfach anzuwenden ist und sowohl den Betrag des zugrunde liegenden Darlehens als auch die Garantielaufzeit erfasst. Diese Vorschrift sollte nicht für Garantien gelten, mit denen nicht Darlehen, sondern beispielsweise Eigenkapitalgeschäfte besichert werden. Bei Garantien, die sich auf einen Anteil von höchstens 80 % des zugrunde liegenden Darlehens beziehen und die einen Betrag von nicht mehr als 225 000 EUR und eine Laufzeit von höchstens fünf Jahren aufweisen, kann davon ausgegangen werden, dass das Bruttosubventionsäquivalent den De-minimis-Höchstbetrag nicht übersteigt. Gleiches gilt für Garantien, die sich auf einen Anteil von höchstens 80 % des zugrunde liegenden Darlehens beziehen und die einen Betrag von nicht mehr als 112 500 EUR und eine Laufzeit von höchstens zehn Jahren aufweisen. Darüber hinaus können die Mitgliedstaaten eine Methode zur Berechnung des Bruttosubventionsäquivalents von Garantien anwenden, die bei der Kommission nach einer anderen zu diesem Zeitpunkt geltenden Verordnung der Kommission im Bereich der staatlichen Beihilfen angemeldet wurde und die von der Kommission aufgrund ihrer Vereinbarkeit mit der Garantiemitteilung oder einer Nachfolgemitteilung akzeptiert wurde, sofern sich die akzeptierte Methode ausdrücklich auf die Art der Garantie und die Art der zugrunde liegenden Transaktion bezieht, um die es im Zusammenhang mit der Anwendung der vorliegenden Verordnung geht. In Anbetracht der Schwierigkeiten bei der Festlegung des Bruttosubventionsäquivalents von Beihilfen an Unternehmen, die möglicherweise nicht in der Lage sein werden, das Darlehen zurückzuzahlen, sollte diese Regel nicht für solche Unternehmen gelten.

(20) Wenn eine De-minimis-Beihilferegelung über Finanzmittler durchgeführt wird, ist dafür zu sorgen,

dass die Finanzmittler keine staatlichen Beihilfen erhalten. Dies kann z. B. sichergestellt werden, indem Finanzmittler, denen eine staatliche Garantie zugutekommt, verpflichtet werden, ein marktübliches Entgelt zu zahlen oder den Vorteil vollständig an den Endbegünstigten weiterzugeben oder aber den De-minimis-Höchstbetrag und die anderen Voraussetzungen dieser Verordnung auch selbst einzuhalten.

(21) Nach erfolgter Anmeldung durch einen Mitgliedstaat kann die Kommission prüfen, ob eine Beihilfemaßnahme, bei der es sich nicht um einen Zuschuss, ein Darlehen, eine Garantie, eine Kapitalzuführung oder eine Risikofinanzierungsmaßnahme handelt, die in Form von Eigenkapital oder eigenkapitalähnlichen Mitteln bereitgestellt wird, zu einem Bruttosubventionsäquivalent führt, das den De-minimis-Höchstbetrag nicht übersteigt und daher unter diese Verordnung fallen könnte.

(22) Die Kommission hat die Aufgabe zu gewährleisten, dass die Beihilfevorschriften eingehalten werden, und nach dem in Artikel 4 Absatz 3 des Vertrags über die Europäische Union verankerten Grundsatz der Zusammenarbeit sind die Mitgliedstaaten gehalten, der Kommission die Erfüllung dieser Aufgabe zu erleichtern, indem sie durch geeignete Vorkehrungen sicherstellen, dass der Gesamtbetrag der De-minimis-Beihilfen, die einem einzigen Unternehmen nach den De-minimis-Vorschriften gewährt werden, den insgesamt zulässigen Höchstbetrag nicht übersteigt. Hierzu sollten die Mitgliedstaaten bei Gewährung einer De-minimis-Beihilfe dem betreffenden Unternehmen unter ausdrücklichem Verweis auf diese Verordnung den Betrag der gewährten De-minimis-Beihilfen mitteilen und es darauf hinweisen, dass es sich um eine De-minimis-Beihilfe handelt. Die Mitgliedstaaten sollten dazu verpflichtet sein, die gewährten Beihilfen zu überprüfen, um zu gewährleisten, dass die einschlägigen Höchstbeträge nicht überschritten und die Regeln zur Kumulierung eingehalten werden. Um dieser Verpflichtung nachzukommen, sollte der betreffende Mitgliedstaat die Beihilfe erst gewähren, nachdem er eine Erklärung des Unternehmens über andere unter diese Verordnung oder andere De-minimis-Verordnungen fallende De-minimis-Beihilfen, die dem Unternehmen im betreffenden Steuerjahr oder in den zwei vorangegangenen Steuerjahren gewährt wurden, erhalten hat. Die Mitgliedstaaten sollten ihre Überwachungspflicht stattdessen auch dadurch erfüllen können, dass sie ein Zentralregister einrichten, das vollständige Informationen über die gewährten De-minimis-Beihilfen enthält, und sie überprüfen, dass eine neue Beihilfengewährung den einschlägigen Höchstbetrag einhält.

(23) Jeder Mitgliedstaat sollte sich vor der Gewährung einer De-minimis-Beihilfe vergewissern, dass weder der De-minimis-Höchstbetrag noch die nationale Obergrenze in dem betreffenden Mitgliedstaat durch die neue De-minimis-Beihilfe überschritten werden und auch die übrigen Voraussetzungen dieser Verordnung erfüllt sind.

(24) Aufgrund der bisherigen Erfahrungen der Kommission und insbesondere der Tatsache, dass die Beihilfepolitik grundsätzlich in regelmäßigen Abständen überprüft werden muss, sollte die Geltungsdauer dieser Verordnung begrenzt werden. Für den Fall, dass diese Verordnung bis zum Ablauf ihrer Geltungsdauer nicht verlängert wird, sollte den Mitgliedstaaten für alle unter diese Verordnung fallenden De-minimis-Beihilfen eine sechsmonatige Anpassungsfrist eingeräumt werden —

HAT FOLGENDE VERORDNUNG ERLASSEN:

Artikel 1
Geltungsbereich

(1) Diese Verordnung gilt für Beihilfen an Unternehmen des Fischerei- und Aquakultursektors, mit folgenden Ausnahmen:

a) Beihilfen, deren Höhe sich nach dem Preis oder der Menge erworbener oder vermarkteter Erzeugnisse richtet;

b) Beihilfen für exportbezogene Tätigkeiten, die auf Mitgliedstaaten oder Drittländer ausgerichtet sind, d. h. Beihilfen, die unmittelbar mit den ausgeführten Mengen, mit der Errichtung und dem Betrieb eines Vertriebsnetzes oder mit anderen laufenden exportbezogenen Ausgaben in Zusammenhang stehen;

c) Beihilfen, die davon abhängig sind, dass heimische Waren Vorrang vor eingeführten Waren erhalten;

d) Beihilfen für den Kauf von Fischereifahrzeugen;

e) Beihilfen für die Modernisierung oder den Austausch von Haupt- oder Hilfsmotoren von Fischereifahrzeugen;

f) Beihilfen für Vorhaben, die die Fangkapazität eines Schiffes erhöhen, oder für Ausrüstung zur verbesserten Lokalisierung von Beständen;

g) Beihilfen für den Bau neuer Fischereifahrzeuge oder die Einfuhr von Fischereifahrzeugen;

h) Beihilfen für die vorübergehende oder endgültige Einstellung von Fangtätigkeiten, falls in der Verordnung (EU) Nr. 508/2014 nicht ausdrücklich vorgesehen;

i) Beihilfen für die Versuchsfischerei;

j) Beihilfen für die Übertragung von Eigentum an einem Unternehmen;

k) Beihilfen für direkte Besatzmaßnahmen, es sei denn, ein EU-Rechtsakt sieht solchen Besatz ausdrücklich als Erhaltungsmaßnahme vor oder es handelt sich um Versuchsbesatzmaßnahmen.

(2) Wenn ein Unternehmen sowohl im Fischerei- und Aquakultursektor als auch in einem oder mehreren der

unter die Verordnung (EU) Nr. 1407/2013 fallenden Bereiche tätig ist oder andere unter die genannte Verordnung fallende Tätigkeiten ausübt, so gilt die genannte Verordnung für Beihilfen, die für letztere Bereiche oder Tätigkeiten gewährt werden, sofern der betreffende Mitgliedstaat durch geeignete Mittel wie die Trennung der Tätigkeiten oder die Unterscheidung der Kosten sicherstellt, dass die im Einklang mit der genannten Verordnung gewährten De-minimis-Beihilfen nicht den Tätigkeiten im Fischerei- und Aquakultursektor zugutekommen.

(3) Ist ein Unternehmen sowohl im Fischerei- und Aquakultursektor als auch in der Primärerzeugung landwirtschaftlicher Erzeugnisse tätig, die in den Geltungsbereich der Verordnung (EU) Nr. 1408/2013 der Kommission (1) fällt, so gelten die Bestimmungen dieser Verordnung für Beihilfen im ersteren Sektor, sofern der betroffene Mitgliedstaat durch geeignete Mittel wie die Trennung der Tätigkeiten oder die Unterscheidung der Kosten sicherstellt, dass die im Einklang mit dieser Verordnung gewährten De-minimis-Beihilfen nicht der Primärerzeugung landwirtschaftlicher Erzeugnisse zugutekommen.

Artikel 2

Begriffsbestimmungen

(1) Für die Zwecke dieser Verordnung bezeichnet der Ausdruck

a) „Unternehmen im Sektor Fischerei und Aquakultur" Unternehmen, die in der Erzeugung, Verarbeitung und Vermarktung von Erzeugnissen der Fischerei und der Aquakultur tätig sind;

b) „Erzeugnisse der Fischerei und der Aquakultur" die Erzeugnisse gemäß Artikel 5 Buchstaben a und b der Verordnung (EU) Nr. 1379/2013;

c) „Verarbeitung und Vermarktung" sämtliche Schritte der Behandlung, Bearbeitung, Herstellung und des Vertriebs von der Anlandung oder Ernte bis zum Stadium des Enderzeugnisses;

(2) Der Begriff „ein einziges Unternehmen" umfasst für die Zwecke dieser Verordnung alle Unternehmenseinheiten, die zueinander in mindestens einer der folgenden Beziehungen stehen:

a) Eine Unternehmenseinheit hält die Mehrheit der Stimmrechte der Anteilseigner oder Gesellschafter einer anderen Unternehmenseinheit;

b) eine Unternehmenseinheit ist berechtigt, die Mehrheit der Mitglieder des Verwaltungs-, Leitungs- oder Aufsichtsgremiums einer anderen Unternehmenseinheit zu bestellen oder abzuberufen;

c) eine Unternehmenseinheit ist gemäß einem mit einer anderen Unternehmenseinheit geschlossenen Vertrag oder aufgrund einer Klausel in deren Satzung berechtigt, einen beherrschenden Einfluss auf diese Unternehmenseinheit auszuüben;

d) eine Unternehmenseinheit, die Anteilseigner oder Gesellschafter einer anderen Unternehmenseinheit ist, übt gemäß einer mit anderen Anteilseignern

oder Gesellschaftern dieser anderen Unternehmenseinheit getroffenen Vereinbarung die alleinige Kontrolle über die Mehrheit der Stimmrechte von deren Anteilseignern oder Gesellschaftern aus.

Auch Unternehmenseinheiten, die über eine oder mehrere andere Unternehmenseinheiten zueinander in Beziehungen gemäß Unterabsatz 1 Buchstaben a bis d stehen, werden als ein einziges Unternehmen betrachtet.

Artikel 3

De-minimis-Beihilfen

(1) Beihilfemaßnahmen, die die Voraussetzungen dieser Verordnung erfüllen, werden als Maßnahmen angesehen, die nicht alle Tatbestandsmerkmale des Artikels 107 Absatz 1 AEUV erfüllen, und sind daher von der Anmeldepflicht nach Artikel 108 Absatz 3 AEUV ausgenommen.

(2) Der Gesamtbetrag der De-minimis-Beihilfen, die einem einzigen Unternehmen des Fischerei- und Aquakultursektors von einem Mitgliedstaat gewährt werden, darf in drei Steuerjahren 30 000 EUR nicht übersteigen.

(3) Die Gesamtsumme der den im Fischerei- und Aquakultursektor tätigen Unternehmen bezogen auf einen Zeitraum von drei Steuerjahren von den einzelnen Mitgliedstaaten gewährten De-minimis-Beihilfen darf die im Anhang festgesetzte nationale Obergrenze nicht übersteigen.

(4) Als Bewilligungszeitpunkt einer De-minimis-Beihilfe gilt der Zeitpunkt, zu dem das Unternehmen nach dem geltenden nationalen Recht einen Rechtsanspruch auf die Beihilfe erwirbt, und zwar unabhängig davon, wann die De-minimis-Beihilfe tatsächlich an das Unternehmen ausgezahlt wird.

(5) Der Höchstbetrag gemäß Absatz 2 und die nationale Obergrenze gemäß Absatz 3 gelten für De-minimis-Beihilfen gleich welcher Art und Zielsetzung und unabhängig davon, ob die von dem Mitgliedstaat gewährte Beihilfe ganz oder teilweise aus Unionsmitteln finanziert wird. Der zugrunde zu legende Zeitraum von drei Steuerjahren bestimmt sich nach den Steuerjahren, die für das Unternehmen in dem betreffenden Mitgliedstaat maßgebend sind.

(6) Für die Zwecke des in Absatz 2 genannten Höchstbetrags und der in Absatz 3 genannten nationalen Obergrenze wird die Beihilfe als Barzuschuss ausgedrückt. Bei den eingesetzten Beträgen sind Bruttobeträge, d. h. die Beträge vor Abzug von Steuern und sonstigen Abgaben, zugrunde zu legen. Bei Beihilfen, die nicht in Form von Zuschüssen gewährt werden, entspricht der Beihilfebetrag ihrem Bruttosubventionsäquivalent.

In mehreren Tranchen zahlbare Beihilfen werden zum Bewilligungszeitpunkt abgezinst. Für die Abzinsung wird der zum Bewilligungszeitpunkt geltende Abzinsungssatz zugrunde gelegt.

(7) Wenn der Höchstbetrag nach Absatz 2 oder die nationale Obergrenze gemäß Absatz 3 durch die Ge-

währung neuer De-minimis-Beihilfen überschritten würde, darf diese Verordnung für keine der neuen Beihilfen in Anspruch genommen werden.

(8) Im Falle einer Fusion oder Übernahme müssen alle De-minimis-Beihilfen, die den beteiligten Unternehmen zuvor gewährt wurden, herangezogen werden, um zu ermitteln, ob eine neue De-minimis-Beihilfe für das neue bzw. das übernehmende Unternehmen zu einer Überschreitung des einschlägigen Höchstbetrags oder der nationalen Obergrenze führt. Die Rechtmäßigkeit von vor der Fusion bzw. Übernahme rechtmäßig gewährten De-minimis-Beihilfen wird dadurch nicht in Frage gestellt.

(9) Wird ein Unternehmen in zwei oder mehr separate Unternehmen aufgespalten, so werden die De-minimis-Beihilfen, die dem Unternehmen vor der Aufspaltung gewährt wurden, demjenigen Unternehmen zugewiesen, dem die Beihilfen zugutekommen, also grundsätzlich dem Unternehmen, das die Geschäftsbereiche übernimmt, für die die De-minimis-Beihilfen verwendet wurden. Ist eine solche Zuweisung nicht möglich, so werden die De-minimis-Beihilfen den neuen Unternehmen auf der Grundlage des Buchwerts ihres Eigenkapitals zum Zeitpunkt der tatsächlichen Aufspaltung anteilig zugewiesen.

Artikel 4
Berechnung des Bruttosubventionsäquivalents

(1) Diese Verordnung gilt nur für Beihilfen, deren Bruttosubventionsäquivalent im Voraus genau berechnet werden kann, ohne dass eine Risikobewertung erforderlich ist („transparente Beihilfen").

(2) Beihilfen in Form von Zuschüssen oder Zinszuschüssen werden als transparente De-minimis-Beihilfen angesehen.

(3) Beihilfen in Form von Darlehen gelten als transparente De-minimis-Beihilfen, wenn

a) sich der Beihilfebegünstigte weder in einem Insolvenzverfahren befindet noch die im nationalen Recht vorgesehenen Voraussetzungen für die Eröffnung eines Insolvenzverfahrens auf Antrag seiner Gläubiger erfüllt. Im Falle eines großen Unternehmens muss sich der Beihilfebegünstigte in einer Situation befinden, die einer Bewertung mit einem Rating von mindestens B– entspricht; und

b) das Darlehen durch Sicherheiten unterlegt ist, die sich auf mindestens 50 % des Darlehensbetrags belaufen, und einen Betrag von 150 000 EUR und eine Laufzeit von fünf Jahren oder einen Betrag von 75 000 EUR und eine Laufzeit von zehn Jahren aufweist; bei Darlehen mit einem geringeren Darlehensbetrag und/oder einer kürzeren Laufzeit als fünf bzw. zehn Jahre wird das Bruttosubventionsäquivalent als entsprechender Anteil des einschlägigen Höchstbetrags nach Artikel 3 Absatz 2 berechnet; oder

c) das Bruttosubventionsäquivalent auf der Grundlage des zum Bewilligungszeitpunkt geltenden Referenzzinssatzes berechnet wurde.

(4) Beihilfen in Form von Kapitalzuführungen gelten nur dann als transparente De-minimis-Beihilfen, wenn der Gesamtbetrag der zugeführten öffentlichen Mittel den De-minimis-Höchstbetrag gemäß Artikel 3 Absatz 2 nicht übersteigt.

(5) Beihilfen im Rahmen von Risikofinanzierungsmaßnahmen, die in Form von Beteiligungen oder beteiligungsähnlichen Finanzierungsinstrumenten gewährt werden, gelten nur dann als transparente De-minimis-Beihilfen, wenn das einem einzigen Unternehmen bereitgestellte Kapital den De-minimis-Höchstbetrag gemäß Artikel 3 Absatz 2 nicht übersteigt.

(6). Beihilfen in Form von Garantien gelten als transparente De-minimis-Beihilfen, wenn

a) sich der Beihilfebegünstigte weder in einem Insolvenzverfahren befindet noch die im nationalen Recht vorgesehenen Voraussetzungen für die Eröffnung eines Insolvenzverfahrens auf Antrag seiner Gläubiger erfüllt. Im Falle eines großen Unternehmens muss sich der Beihilfebegünstigte in einer Situation befinden, die einer Bewertung mit einem Rating von mindestens B– entspricht; und

b) sich die Garantie auf einen Anteil von höchstens 80 % des zugrunde liegenden Darlehens bezieht und einen Betrag von 225 000 EUR und eine Laufzeit von fünf Jahren oder einen Betrag von 112 500 EUR und eine Laufzeit von zehn Jahren aufweist; bei Garantien mit einem geringeren Betrag und/oder einer kürzeren Laufzeit als fünf bzw. zehn Jahre wird das Bruttosubventionsäquivalent dieser Garantie als entsprechender Anteil des einschlägigen Höchstbetrags nach Artikel 3 Absatz 2 berechnet;

c) das Bruttosubventionsäquivalent auf der Grundlage der SAFE-Harbour-Prämien nach einer Mitteilung der Kommission berechnet wurde; oder

d) vor der Durchführung

i) die Methode für die Berechnung des Bruttosubventionsäquivalents der Garantie bei der Kommission nach einer anderen zu diesem Zeitpunkt geltenden Verordnung der Kommission im Bereich der staatlichen Beihilfen angemeldet wurde und von der Kommission aufgrund ihrer Vereinbarkeit mit der Garantiemitteilung oder einer Nachfolgermitteilung akzeptiert wurde und

ii) sich die akzeptierte Methode ausdrücklich auf die Art der Garantie und die Art der zugrunde liegenden Transaktion bezieht, um die es im Zusammenhang mit der Anwendung der vorliegenden Verordnung geht.

(7). Beihilfen in anderer Form gelten als transparente De-minimis-Beihilfen, wenn die Beihilfebestimmungen eine Obergrenze vorsehen, die gewährleistet, dass der einschlägige Höchstbetrag nicht überschritten wird.

Artikel 5
Kumulierung

(1) Wenn ein Unternehmen sowohl im Fischerei- und Aquakultursektor als auch in einem oder mehreren der unter die Verordnung (EU) Nr. 1407/2013 fallenden Bereiche tätig ist oder andere unter die genannte Verordnung fallende Tätigkeiten ausübt, können die im Einklang mit der vorliegenden Verordnung gewährten De-minimis-Beihilfen für Tätigkeiten im Fischerei- und Aquakultursektor mit den De-minimis-Beihilfen für letztere Bereiche oder Tätigkeiten bis zu dem in Artikel 3 Absatz 2 der Verordnung (EU) Nr. 1407/2013 festgelegten einschlägigen Höchstbetrag kumuliert werden, sofern der betreffende Mitgliedstaat durch geeignete Mittel wie die Trennung der Tätigkeiten oder die Unterscheidung der Kosten sicherstellt, dass die im Einklang mit der Verordnung (EU) Nr. 1407/2013 gewährten De-minimis-Beihilfen nicht den Tätigkeiten im Fischerei- und Aquakultursektor zugutekommen.

(2) Wenn ein Unternehmen sowohl im Fischerei- und Aquakultursektor als auch in der Primärerzeugung landwirtschaftlicher Erzeugnisse tätig ist, können die im Einklang mit der Verordnung (EU) Nr. 1408/2013 gewährten De-minimis-Beihilfen mit den im Einklang mit der vorliegenden Verordnung gewährten De-minimis-Beihilfen für den Fischerei- und Aquakultursektor bis zu dem in dieser Verordnung festgelegten Höchstbetrag kumuliert werden, sofern der betreffende Mitgliedstaat durch geeignete Mittel wie die Trennung der Tätigkeiten oder die Unterscheidung der Kosten sicherstellt, dass die im Einklang mit dieser Verordnung gewährten De-minimis-Beihilfen nicht der Primärerzeugung landwirtschaftlicher Erzeugnisse zugutekommen.

(3) De-minimis-Beihilfen dürfen weder mit staatlichen Beihilfen für dieselben beihilfefähigen Kosten noch mit staatlichen Beihilfen für dieselbe Risikofinanzierungsmaßnahme kumuliert werden, wenn die Kumulierung dazu führen würde, dass die höchste einschlägige Beihilfeintensität oder der höchste einschlägige Beihilfebetrag, die bzw. der im Einzelfall in einer Gruppenfreistellungsverordnung oder einem Beschluss der Kommission festgelegt ist, überschritten wird. De-minimis-Beihilfen, die nicht in Bezug auf bestimmte beihilfefähige Kosten gewährt werden und keinen solchen Kosten zugewiesen werden können, dürfen mit anderen staatlichen Beihilfen kumuliert werden, die auf der Grundlage einer Gruppenfreistellungsverordnung oder eines Beschlusses der Kommission gewährt wurden.

Artikel 6
Überwachung

(1) Beabsichtigt ein Mitgliedstaat, einem Unternehmen im Einklang mit dieser Verordnung eine De-minimis-Beihilfe zu bewilligen, so teilt er diesem Unternehmen schriftlich die voraussichtliche Höhe der Beihilfe (ausgedrückt als Bruttosubventionsäquivalent) mit und weist es unter ausdrücklichem Verweis auf diese Verordnung mit Angabe ihres Titels und der Fundstelle im *Amtsblatt der Europäischen Union* darauf hin, dass es sich um eine De-minimis-Beihilfe handelt. Wird eine De-minimis-Beihilfe im Einklang mit dieser Verordnung auf der Grundlage einer Regelung verschiedenen Unternehmen gewährt, die Einzelbeihilfen in unterschiedlicher Höhe erhalten, so kann der betreffende Mitgliedstaat seine Informationspflicht dadurch erfüllen, dass er den Unternehmen einen Festbetrag mitteilt, der dem auf der Grundlage der Regelung zulässigen Beihilfehöchstbetrag entspricht. In diesem Fall ist für die Feststellung, ob der einschlägige Höchstbetrag nach Artikel 3 Absatz 2 und die nationale Obergrenze nach Artikel 3 Absatz 3 eingehalten wurden, dieser Festbetrag maßgebend. Der Mitgliedstaat gewährt die Beihilfe erst, nachdem er von dem betreffenden Unternehmen eine Erklärung in schriftlicher oder elektronischer Form erhalten hat, in der dieses alle anderen ihm in den beiden vorangegangenen Steuerjahren sowie im laufenden Steuerjahr gewährten De-minimis-Beihilfen angibt, für die die vorliegende oder andere De-minimis-Verordnungen gelten.

(2) Verfügt ein Mitgliedstaat über ein Zentralregister für De-minimis-Beihilfen mit vollständigen Informationen über alle von Behörden in diesem Mitgliedstaat gewährten De-minimis-Beihilfen, so wird Absatz 1 von dem Zeitpunkt an, zu dem das Register einen Zeitraum von drei Steuerjahren erfasst, nicht mehr angewandt.

(3) Der Mitgliedstaat gewährt die neue De-minimis-Beihilfe nach dieser Verordnung erst, nachdem er sich vergewissert hat, dass dadurch der Betrag der dem betreffenden Unternehmen insgesamt gewährten De-minimis-Beihilfen nicht den einschlägigen Höchstbetrag nach Artikel 3 Absatz 2 übersteigt und auch die nationale Obergrenze nach Artikel 3 Absatz 3 nicht überschritten wird und sämtliche Voraussetzungen dieser Verordnung erfüllt sind.

(4) Die Mitgliedstaaten zeichnen sämtliche die Anwendung dieser Verordnung betreffenden Informationen auf und stellen sie zusammen. Diese Aufzeichnungen müssen alle Informationen enthalten, die für den Nachweis benötigt werden, dass die Voraussetzungen dieser Verordnung erfüllt sind. Die Aufzeichnungen über De-minimis-Einzelbeihilfen sind zehn Steuerjahre ab dem Zeitpunkt aufzuwahren, zu dem die Beihilfe gewährt wurde. Die Aufzeichnungen über De-minimis-Beihilferegelungen sind zehn Steuerjahre ab dem Zeitpunkt aufzuwahren, zu dem die letzte Einzelbeihilfe nach der betreffenden Regelung gewährt wurde.

(5) Der betreffende Mitgliedstaat übermittelt der Kommission auf schriftliches Ersuchen, innerhalb von 20 Arbeitstagen oder einer in dem Ersuchen gesetzten längeren Frist, alle Informationen, die die Kommission benötigt, um prüfen zu können, ob die Voraussetzungen dieser Verordnung erfüllt sind, und insbesondere den Gesamtbetrag der De-minimis-Beihilfen, die ein Unternehmen im Sinne dieser Verordnung oder anderer De-minimis-Verordnungen erhalten hat.

Fischer-
De-mini-
mis

Artikel 7
Übergangsbestimmungen

(1) Diese Verordnung gilt für Beihilfen, die vor ihrem Inkrafttreten gewährt wurden, sofern diese Beihilfen sämtliche Voraussetzungen dieser Verordnung erfüllen. Beihilfen, die diese Voraussetzungen nicht erfüllen, werden von der Kommission nach den einschlägigen Rahmenbestimmungen, Leitlinien, Mitteilungen und Bekanntmachungen geprüft.

(2) De-minimis-Einzelbeihilfen, die zwischen dem 1. Januar 2005 und dem 30. Juni 2008 gewährt wurden und die Voraussetzungen der Verordnung (EG) Nr. 1860/2004 erfüllen, werden als Maßnahmen angesehen, die nicht alle Tatbestandsmerkmale des Artikels 107 Absatz 1 AEUV erfüllen, und sind daher von der Anmeldepflicht nach Artikel 108 Absatz 3 AEUV ausgenommen.

(3) De-minimis-Einzelbeihilfen, die zwischen dem 31. Juli 2007 und dem 30. Juni 2014 gewährt wurden bzw. werden und die Voraussetzungen der Verordnung (EG) Nr. 875/2007 erfüllen, werden als Maßnahmen angesehen, die nicht alle Tatbestandsmerkmale des Artikels 107 Absatz 1 AEUV erfüllen, und sind daher von der Anmeldepflicht nach Artikel 108 Absatz 3 AEUV ausgenommen.

(4) Nach Ablauf der Geltungsdauer dieser Verordnung sind De-minimis-Beihilferegelungen, die die Voraussetzungen dieser Verordnung erfüllen, noch sechs Monate durch diese Verordnung gedeckt.

Artikel 8
Inkrafttreten und Geltungsdauer

Diese Verordnung tritt am 1. Juli 2014 in Kraft.

Sie gilt bis zum 31. Dezember 2022.

Diese Verordnung ist in allen ihren Teilen verbindlich und gilt unmittelbar in jedem Mitgliedstaat.

Fischer-
De-mini-
mis

ANHANG

Nationale Obergrenze gemäß Artikel 3 Absatz 3

(EUR)	
Mitgliedstaat	Kumulierter Höchstbetrag für De-minimis-Beihilfen im Fischerei- und Aquakultursektor je Mitgliedstaat
Belgien	11 240 000
Bulgarien	1 270 000
Tschechische Republik	3 020 000
Dänemark	51 720 000
Deutschland	55 520 000
Estland	3 930 000
Irland	20 820 000
Griechenland	27 270 000
Spanien	165 840 000
Frankreich	112 550 000
Kroatien	6 260 000
Italien	96 310 000
Zypern	1 090 000
Lettland	4 450 000
Litauen	8 320 000
Luxemburg	0
Ungarn	975 000
Malta	2 500 000
Niederlande	22 960 000
Österreich	1 510 000
Polen	41 330 000
Portugal	29 200 000
Rumänien	2 460 000
Slowenien	990 000
Slowakei	860 000

Finnland	7 450 000
Schweden	18 860 000
Vereinigtes König-reich	114 780 000

Mitteilungen, Leitlinien, Bekanntmachungen

Bekanntmachung zum Begriff der staatlichen Beihilfe

Bekanntmachung der Kommission zum Begriff der staatlichen Beihilfe im Sinne des Artikels 107 Absatz 1 des Vertrags über die Arbeitsweise der Europäischen Union

ABl. C 2016/262, 1

Inhaltsverzeichnis

1. **Einführung**
2. **Der Begriff des Unternehmens und der wirtschaftlichen Tätigkeit**
   2.1. Allgemeine Grundsätze
   2.2. Ausübung hoheitlicher Befugnisse
   2.3. Soziale Sicherheit
   2.4. Gesundheitsfürsorge
   2.5. Bildungswesen und Forschungstätigkeiten
   2.6. Kultur und Erhaltung des kulturellen Erbes einschließlich Naturschutz
3. **Finanzierung aus staatlichen Mitteln**
   3.1. Zurechenbarkeit
      3.1.1. Indikatoren für die Zurechenbarkeit
      3.1.2. Zurechenbarkeit und unionsrechtliche Verpflichtungen
   3.2. Staatliche Mittel
      3.2.1. Allgemeine Grundsätze
      3.2.2. Kontrollierender Einfluss auf die Ressourcen
      3.2.3. Staatliche Beteiligung an der Umverteilung zwischen privaten Einheiten
4. **Vorteil**
   4.1. Der Begriff des Vorteils im Allgemeinen
   4.2. Das Kriterium des marktwirtschaftlich handelnden Wirtschaftsbeteiligten
      4.2.1. Einführung
      4.2.2. Allgemeine Grundsätze
      4.2.3. Feststellung der Marktkonformität
   4.3. Mittelbarer Vorteil
5. **Selektivität**
   5.1. Allgemeine Grundsätze
   5.2. Materielle Selektivität
      5.2.1. De-jure- und De-facto-Selektivität
      5.2.2. Selektivität aufgrund von Ermessensentscheidungen der Verwaltung
      5.2.3. Prüfung der materiellen Selektivität bei Maßnahmen zur Verringerung der normalen Belastungen von Unternehmen
   5.3. Regionale Selektivität
      5.3.1. Institutionelle Autonomie
      5.3.2. Prozedurale Autonomie
      5.3.3. Wirtschaftliche und finanzielle Autonomie
   5.4. Besondere Fragen in Bezug auf steuerliche Maßnahmen
      5.4.1. Genossenschaften
      5.4.2. Organismen für gemeinsame Anlagen
      5.4.3. Steueramnestie
      5.4.4. Steuervorbescheide und Steuervergleiche
      5.4.5. Abschreibungsvorschriften
      5.4.6. Pauschalbesteuerung besonderer Tätigkeiten
      5.4.7. Vorschriften zur Missbrauchsbekämpfung
      5.4.8. Verbrauchsteuern
6. **Auswirkungen auf den Handel und Wettbewerb**
   6.1. Allgemeine Grundsätze
   6.2. Verfälschung des Wettbewerbs
   6.3. Auswirkungen auf den Handel
7. **Infrastruktur: Einige spezifische Erläuterungen**
   7.1. Einführung
   7.2. Beihilfe für den Träger/Eigentümer
      7.2.1. Wirtschaftliche oder nichtwirtschaftliche Tätigkeit
      7.2.2. Verfälschung des Wettbewerbs und Auswirkungen auf den Handel
      7.2.3. Beihilfen für den Träger/Eigentümer einer Infrastruktur — Überblick über einzelne Wirtschaftszweige
   7.3. Beihilfen für Betreiber
   7.4. Beihilfen für Endnutzer
8. **Schlussbestimmungen**

Bek Bei-
hilfebe-
griff

1. EINFÜHRUNG

1. Im Rahmen der Modernisierung des EU-Beihilferechts möchte die Kommission die Schlüsselkonzepte zum Begriff der staatlichen Beihilfe im Sinne des Artikels 107 Absatz 1 des Vertrags über die Arbeitsweise der Europäischen Union (AEUV) näher erläutern, um in der Union eine einfachere, transparentere und kohärentere Anwendung dieses Begriffs zu ermöglichen.

2. Diese Bekanntmachung betrifft ausschließlich den Begriff der staatlichen Beihilfe im Sinne des Artikels 107 Absatz 1 AEUV, den sowohl die Kommission als auch die nationalen Behörden (einschließlich der nationalen Gerichte) in Verbindung mit der Anmeldepflicht und dem

21. Bek Beihilfebegriff

Durchführungsverbot nach Artikel 108 Absatz 3 AEUV anwenden müssen. Sie enthält keine Erläuterungen zur Vereinbarkeit staatlicher Beihilfen mit dem Binnenmarkt nach Artikel 107 Absätze 2 und 3 sowie Artikel 106 Absatz 2 AEUV, welche von der Kommission zu prüfen ist.

3. Da der Begriff der staatlichen Beihilfe ein objektiver Rechtsbegriff ist, der direkt im AEUV definiert ist ([1]), führt die Kommission in dieser Mitteilung aus, wie sie den Artikel 107 Absatz 1 AEUV ausgehend von der Rechtsprechung des Gerichtshofs und des Gerichts der Europäischen Union (im Folgenden „Unionsgerichte") versteht. Bei Fragen, mit denen sich die Unionsgerichte noch nicht befasst haben, wird die Kommission darlegen, wie der Begriff der staatlichen Beihilfe ihres Erachtens auszulegen ist. Die Ausführungen in dieser Bekanntmachung gelten unbeschadet der Auslegung des Begriffs der staatlichen Beihilfe durch die Unionsgerichte ([2]); der primäre Bezugspunkt für die Auslegung des AEUV ist stets die Rechtsprechung der Unionsgerichte.

4. Die Kommission ist an diesen objektiven Begriff gebunden und verfügt bei dessen Anwendung nur insoweit über begrenztes Ermessen, als sie Bewertungen technischer oder komplexer Art vornimmt, was insbesondere in Situationen der Fall ist, die komplexe wirtschaftliche Beurteilungen erfordern ([3]).

5. Artikel 107 Absatz 1 AEUV definiert staatliche Beihilfen als „staatliche oder aus staatlichen Mitteln gewährte Beihilfen gleich welcher Art, die durch die Begünstigung bestimmter Unternehmen oder Produktionszweige den Wettbewerb verfälschen oder zu verfälschen drohen, … soweit sie den Handel zwischen Mitgliedstaaten beeinträchtigen." ([4]). In dieser Bekanntmachung werden die Tatbestandsmerkmale des Begriffs der staatlichen Beihilfe erläutert: Vorliegen eines Unternehmens, Zurechenbarkeit der Maßnahme an den Staat, Finanzierung der Maßnahme aus staatlichen Mitteln, Gewährung eines Vorteils, Selektivität der Maßnahme sowie Auswirkungen der Maßnahme auf den Wettbewerb und den Handel zwischen Mitgliedstaaten. Darüber hinaus enthält diese Bekanntmachung Erläuterungen zur öffentlichen Finanzierung von Infrastruktur, da die Mitgliedstaaten diesbezüglich das Bedürfnis nach spezifischen Orientierungshilfen zum Ausdruck gebracht haben

2. DER BEGRIFF DES UNTERNEHMENS UND DER WIRTSCHAFTLICHEN TÄTIGKEIT

6. Die Beihilfevorschriften finden nur dann Anwendung, wenn es sich bei dem Begünstigten einer Maßnahme um ein „Unternehmen" handelt.

2.1. Allgemeine Grundsätze

7. Nach der ständigen Rechtsprechung des Gerichtshofs umfasst der Begriff des Unternehmens jede eine wirtschaftliche Tätigkeit ausübende Einheit, unabhängig von ihrer Rechtsform und der Art ihrer Finanzierung ([5]). Die Einstufung einer bestimmten Einheit als Unternehmen hängt damit vollständig von der Art ihrer Tätigkeiten ab. Dieser allgemeine Grundsatz hat drei wichtige Konsequenzen.

8. Erstens ist der Status der Einheit nach nationalem Recht nicht entscheidend. Wird eine Einheit beispielsweise nach einzelstaatlichem Recht als Verband oder Sportverein eingestuft, muss sie dennoch möglicherweise als ein Unternehmen im Sinne des Artikels 107 Absatz 1 AEUV angesehen werden. Gleiches gilt für eine Einheit, die offiziell Teil der öffentlichen Verwaltung ist. Das einzige relevante Kriterium ist, ob die Einheit eine wirtschaftliche Tätigkeit ausübt oder nicht.

9. Zweitens hängt die Anwendung der Beihilfevorschriften nicht davon ab, ob die Einheit zur Erzielung von Gewinnen gegründet wurde. Auch Einheiten, die keinen Erwerbszweck verfolgen, können Waren und Dienstleistungen auf einem Markt anbieten ([6]). Soweit dies nicht der Fall ist, sind Einheiten ohne Erwerbszweck nicht Gegenstand der Beihilfenkontrolle.

10. Drittens erfolgt die Einstufung einer Einheit als Unternehmen immer in Bezug auf eine bestimmte Tätigkeit. Eine Einheit, die sowohl wirtschaftliche als auch nichtwirtschaftliche Tätigkeiten ausübt, ist nur im Hinblick auf erstere als Unternehmen anzusehen ([7]).

11. Mehrere getrennte rechtliche Einheiten können für die Zwecke der Anwendung der Beihilfevorschriften als eine wirtschaftliche Einheit angesehen werden. Diese wirtschaftliche Einheit ist dann als das relevante Unternehmen anzusehen. In dieser Hinsicht sieht der Gerichtshof das Bestehen von Kontrollbeteiligungen und anderer funktioneller, wirtschaftlicher und institutioneller Verbindungen als erheblich an ([8]).

12. Zur Klärung der Unterscheidung zwischen wirtschaftlichen und nichtwirtschaftlichen Tätigkeiten hat der Gerichtshof in seiner ständigen Rechtsprechung stets

---

[1] Siehe Urteil des Gerichtshofs vom 22. Dezember 2008, British Aggregates/Kommission, C-487/06 P, ECLI:EU:C:2008:757, Rn. 111.
[2] Siehe Urteil des Gerichtshofs vom 21. Juli 2011, Alcoa Trasformazioni/Kommission, C-194/09 P, ECLI:EU:C:2011:497, Rn. 125.
[3] Siehe Urteil des Gerichtshofs vom 22. Dezember 2008, British Aggregates/Kommission, C-487/06 P, ECLI:EU:C:2008:757, Rn. 114; Urteil des Gerichtshofs vom 2. September 2010, Kommission/Scott, C-290/07 P, ECLI:EU:C:2010:480, Rn. 66.
[4] Die Beihilfevorschriften finden auch auf die Produktion landwirtschaftlicher Erzeugnisse, worunter nach Artikel 38 Absatz 1 AEUV auch Fischereierzeugnisse fallen, und den Handel mit diesen nur insoweit Anwendung, als das Europäische Parlament und der Rat dies bestimmen (Artikel 42 AEUV).
[5] Urteil des Gerichtshofs vom 12. September 2000, Pavlov u. a., verbundene Rechtssachen C-180/98 bis C-184/98, ECLI:EU:C:2000:428, Rn. 74; Urteil des Gerichtshofs vom 10. Januar 2006, Cassa di Risparmio di Firenze SpA u. a., C-222/04, ECLI:EU:C:2006:8, Rn. 107.

[6] Urteil des Gerichtshofs vom 29. Oktober 1980, Van Landewyck, verbundene Rechtssachen 209/78 bis 215/78 und 218/78, ECLI:EU:C:1980:248, Rn. 88; Urteil des Gerichtshofs vom 16. November 1995, FFSA u. a., C-244/94, ECLI:EU:C:1995:392, Rn. 21; Urteil des Gerichtshofs vom 1. Juli 2008, MOTOE, C-49/07, E-CLI:EU:C:2008:376, Rn. 27 und 28.
[7] Urteil des Gerichts erster Instanz vom 12. Dezember 2000, Aéroports de Paris/Kommission, T-128/98, ECLI:EU:C:2000:290, Rn. 108.
[8] Urteil des Gerichtshofs vom 16. Dezember 2010, AceaElectrabel Produzione SpA/Kommission, C-480/09 P, ECLI:EU:C:2010:787, Rn. 47 bis 55; Urteil des Gerichtshofs vom 10. Januar 2006, Cassa di Risparmio di Firenze SpA u. a., C-222/04, ECLI:EU:C:2006:8, Rn. 112.

festgestellt, dass jede Tätigkeit, die im Anbieten von Waren und Dienstleistungen auf einem Markt besteht, eine wirtschaftliche Tätigkeit darstellt (⁹).

13. Die Beantwortung der Frage, ob für bestimmte Dienstleistungen ein Markt existiert, kann davon abhängen, wie diese Dienstleistungen in dem betreffenden Mitgliedstaat organisiert werden (¹⁰), und kann somit von einem Mitgliedstaat zum anderen unterschiedlich ausfallen. Des Weiteren kann sich die Einstufung einer bestimmten Tätigkeit aufgrund politischer Entscheidungen oder wirtschaftlicher Entwicklungen ändern. Dienstleistungen, die heute keine wirtschaftliche Tätigkeit darstellen, könnten sich dazu entwickeln und umgekehrt.

14. Die Entscheidung einer Behörde, Dritten die Erbringung einer bestimmten Dienstleistung nicht zu gestatten (weil sie zum Beispiel die Dienstleistung intern erbringen will), schließt das Vorliegen einer wirtschaftlichen Tätigkeit nicht aus. Trotz einer solchen Marktabschottung kann eine wirtschaftliche Tätigkeit vorliegen, wenn andere Betreiber interessiert und in der Lage wären, die Dienstleistung auf dem betreffenden Markt zu erbringen. Die Tatsache, dass eine bestimmte Dienstleistung intern erbracht wird, hat im Allgemeinen keinen Einfluss auf die wirtschaftliche Natur der Tätigkeit (¹¹).

15. Da die Unterscheidung zwischen wirtschaftlichen und nichtwirtschaftlichen Tätigkeiten in gewissem Umfang von den politischen Entscheidungen und wirtschaftlichen Entwicklungen in dem jeweiligen Mitgliedstaat abhängt, ist es nicht möglich, eine abschließende Liste der Tätigkeiten aufzustellen, die grundsätzlich nicht wirtschaftlicher Natur sind. Eine solche Liste würde keine wirkliche Rechtssicherheit schaffen und wäre somit wenig hilfreich. Unter den Randnummern 17 bis 37 soll stattdessen die Unterscheidung im Hinblick auf eine Reihe wichtiger Bereiche verdeutlicht werden.

16. Die bloße Tatsache, dass eine Einheit Beteiligungen — oder gar Kontrollbeteiligungen — an einem Unternehmen hält, das Waren oder Dienstleistungen auf einem Markt anbietet, bedeutet nicht, dass diese Einheit automatisch als Unternehmen im Sinne des Artikels 107 Absatz 1 AEUV anzusehen ist. Wenn mit dem Besitz von Beteiligungen nur die Ausübung der Rechte, die mit der Eigenschaft eines Anteileigners verbunden sind, und gegebenenfalls der Bezug von Dividenden einhergeht, die allein die Früchte des Eigentums an einem Gut sind, wird die betreffende Einheit nicht als Unternehmen angesehen, wenn sie nicht selbst Waren oder Dienstleistungen auf einem Markt anbietet (¹²).

2.2. Ausübung hoheitlicher Befugnisse

17. Artikel 107 Absatz 1 AEUV findet keine Anwendung, wenn der Staat als „öffentliche Hand" handelt (¹³) oder öffentliche Stellen als „Träger öffentlicher Gewalt handeln" (¹⁴). Eine Einheit kann dann als „als öffentliche Hand handelnd" angesehen werden, wenn die betreffende Tätigkeit Teil der wesentlichen Aufgaben des Staates ist oder ihrem Wesen, ihrem Ziel und den für sie geltenden Vorschriften nach mit diesen Aufgaben verbunden ist (¹⁵). Sofern der betreffende Mitgliedstaat nicht beschlossen hat, Marktmechanismen einzuführen, stellen Tätigkeiten, die untrennbarer Teil der Vorrechte öffentlicher Gewalt sind und vom Staat ausgeübt werden, im Allgemeinen keine wirtschaftlichen Tätigkeiten dar. Beispiele für solche Tätigkeiten sind:

a) Armee- oder Polizeitätigkeiten (¹⁶);

b) Flugsicherung und Flugverkehrskontrolle (¹⁷);

c) Seeverkehrskontrolle und –sicherheit (¹⁸);

d) Überwachungstätigkeiten zur Bekämpfung der Umweltverschmutzung (¹⁹);

e) Organisation, Finanzierung und Durchsetzung von Haftstrafen (²⁰);

f) Erschließung und Revitalisierung öffentlicher Gelände durch öffentliche Stellen (²¹); und

g) Erhebung von Unternehmensdaten für öffentliche Zwecke auf der Grundlage einer Meldepflicht der Unternehmen(²²).

18. Soweit eine öffentliche Stelle eine wirtschaftliche Tätigkeit ausübt, die von der Ausübung ihrer hoheitlichen Befugnisse losgelöst werden kann, handelt sie in Bezug

---

⁹ Siehe Urteil des Gerichtshofs vom 16. Juni 1987, Kommission/Italien, 118/85, ECLI:EU:C:1987:283, Rn. 7; Urteil des Gerichtshofs vom 18. Juni 1998, Kommission/Italien, C-35/96, ECLI:EU:C:1998:303, Rn. 36; Urteil des Gerichtshofs vom 12. September 2000, Pavlov u. a., verbundene Rechtssachen C-180/98 bis C-184/98, ECLI:EU:C:2000:428, Rn. 75.

¹⁰ Urteil des Gerichtshofs vom 17. Februar 1993, Poucet und Pistre, verbundene Rechtssachen C-159/91 und C-160/91, ECLI:EU:C:1993:63, Rn. 16 bis 20.

¹¹ Siehe Schlussanträge des Generalanwalts Geelhoed vom 28. September 2006, Asociación Nacional de Empresas Forestales (Asemfo), C-295/05, ECLI:EU:C:2006:619, Rn. 110 bis 116; Verordnung (EG) Nr. 1370/2007 des Europäischen Parlaments und des Rates vom 23. Oktober 2007 über öffentliche Personenverkehrsdienste auf Schiene und Straße und zur Aufhebung der Verordnungen (EWG) Nr. 1191/69 und (EWG) Nr. 1107/70 des Rates (ABl. L 315 vom 3.12.2007, S. 1), Artikel 5 Absatz 2 und Artikel 6 Absatz 1; Beschluss 2011/501/EU der Kommission vom 23. Februar 2011 über die staatliche Beihilfe C-58/06 (ex NN 98/05) Deutschlands für Bahnen der Stadt Monheim (BSM) und Rheinische Bahngesellschaft (RBG) im Verkehrsverbund Rhein-Ruhr (ABl. L 210 vom 17.8.2011, S. 1), Erwägungsgründe 208 und 209.

¹² Urteil des Gerichtshofs vom 10. Januar 2006, Cassa di Risparmio di Firenze SpA u. a., C-222/04, ECLI:EU:C:2006:8, Rn. 107 bis 118 und 125.

¹³ Urteil des Gerichtshofs vom 16. Juni 1987, Kommission/Italien, 118/85, ECLI:EU:C:1987:283, Rn. 7 und 8.

¹⁴ Urteil des Gerichtshofs vom 4. Mai 1988, Bodson, 30/87, ECLI:EU:C:1988:225, Rn. 18.

¹⁵ Siehe insbesondere Urteil des Gerichtshofs vom 19. Januar 1994, British SAT/Eurocontrol, C-364/92, ECLI:EU:C:1994:7, Rn. 30; Urteil des Gerichtshofs vom 18. März 1997, Calì Figli, C-343/95, ECLI:EU:C:1997:160, Rn. 22 und 23.

¹⁶ Beschluss der Kommission vom 7. Dezember 2011 über die staatliche Beihilfe SA.32820 (2011/NN) — Vereinigtes Königreich — Beihilfe zugunsten von Forensic Science Services Limited (ABl. C 29 vom 2.2.2012, S. 4), Erwägungsgrund 8.

¹⁷ Urteil des Gerichtshofs vom 19. Januar 1994, SAT/Eurocontrol, C-364/92, ECLI:EU:C:1994:7, Rn. 27; Urteil des Gerichtshofs vom 26. März 2009, Selex Sistemi Integrati/Kommission, C-113/07 P, ECLI:EU:C:2009:191, Rn. 71.

¹⁸ Beschluss der Kommission vom 16. Oktober 2002 über die staatliche Beihilfe N 438/02 — Belgien — Subventionen zugunsten der Hafenverwaltungen (ABl. C 284 vom 21.11.2002, S. 2).

¹⁹ Urteil des Gerichtshofs vom 18. März 1997, Calì Figli, C-343/95, ECLI:EU:C:1997:160, Rn. 22.

²⁰ Entscheidung der Kommission vom 19. Juli 2006 über die staatliche Beihilfe N 140/06 — Litauen — Zuweisung von Beihilfen an Besserungsanstalten leitende staatliche Unternehmen (ABl. C 244 vom 11.10.2006, S. 12).

²¹ Beschluss der Kommission vom 27. März 2014 über die staatliche Beihilfe SA.36346 — Deutschland — GRW-Regelung zur Erschließung von Grundstücken für die industrielle und gewerbliche Nutzung (ABl. C 141 vom 9.5.2014, p. 1). Im Zusammenhang mit der Revitalisierung (einschließlich Dekontaminierung) von Grundstücken im öffentlichen Eigentum durch örtliche Behörden stellte die Kommission fest, dass die Vorbereitung bzw. Baureifmachung von Grundstücken sowie der Anschluss an die Versorgungsnetze (Wasser, Gas, Abwasser und Strom) und die Verkehrsnetze (Schiene und Straße) keine wirtschaftliche Tätigkeit ist, sondern Teil der öffentlichen Aufgaben des Staates, der in der Bereitstellung und Kontrolle von Grundstücken im Einklang mit den örtlichen Plänen der Stadt- und Raumentwicklung besteht.

²² Urteil des Gerichtshofs vom 12. Juli 2012, Compass-Datenbank GmbH, C-138/11, ECLI:EU:C:2012:449, Rn. 40.

auf diese Tätigkeit als Unternehmen. Ist die wirtschaftliche Tätigkeit hingegen mit der Ausübung ihrer hoheitlichen Befugnisse untrennbar verbunden, so bleiben sämtliche Tätigkeiten dieser Einheit Tätigkeiten in Ausübung hoheitlicher Befugnisse, und die Einheit fällt nicht unter den Begriff des Unternehmens [23].

2.3. Soziale Sicherheit

19. Ob Systeme der sozialen Sicherheit als mit wirtschaftlichen Tätigkeiten einhergehend einzustufen sind, hängt von ihrem Aufbau und ihrer Struktur ab. Im Wesentlichen unterscheidet die Rechtsprechung zwischen Systemen, die auf dem Prinzip der Solidarität beruhen, und wirtschaftlichen Systemen.

20. Solidaritätsbasierte Systeme der sozialen Sicherheit, die keine wirtschaftliche Tätigkeit umfassen, weisen in der Regel die folgenden Merkmale auf:

a) die Mitgliedschaft im System ist verpflichtend [24];

b) das System verfolgt rein soziale Zwecke [25];

c) es handelt sich um ein System ohne Gewinnerzielungsabsicht [26];

d) die Leistungen werden unabhängig von den abgeführten Beiträgen gewährt [27];

e) die gewährten Leistungen verhalten sich nicht zwangsläufig proportional zu den Einkünften des Versicherten [28]; und

f) das System wird vom Staat beaufsichtigt [29].

21. Derartige solidaritätsbasierte Systeme sind von Systemen zu unterscheiden, die eine wirtschaftliche Tätigkeit umfassen [30]. Letztere weisen in der Regel folgende Merkmale auf:

a) optionale Mitgliedschaft [31];

b) Kapitalisierungsprinzip (die Ansprüche hängen von den geleisteten Beiträgen und den finanziellen Ergebnissen des Systems ab) [32];

c) Gewinnorientierung [33]; und

d) zusätzliche Leistungen in Ergänzung zum Basissystem [34].

22. Manche Systeme haben die Merkmale beider Kategorien. In solchen Fällen hängt die Einstufung des Systems von der Analyse verschiedener Elemente und ihrer jeweiligen Bedeutung ab [35].

2.4. Gesundheitsfürsorge

23. Die Gesundheitssysteme in der Union unterscheiden sich von Mitgliedstaat zu Mitgliedstaat erheblich. Ob und in welchem Umfang die verschiedenen Gesundheitsdienstleister miteinander im Wettbewerb stehen, hängt von den nationalen Besonderheiten ab.

24. In einigen Mitgliedstaaten sind öffentliche Krankenhäuser ein zentraler Bestandteil des nationalen Gesundheitssystems und basieren fast vollständig auf dem Solidaritätsprinzip [36]. Solche Krankenhäuser werden direkt über die Sozialversicherungsbeiträge sowie aus staatlichen Mitteln finanziert und erbringen ihre Dienste unentgeltlich nach dem Prinzip der universellen Gesundheitsversorgung [37]. Die Unionsgerichte haben bestätigt, dass überall dort, wo eine solche Struktur existiert, die betreffenden Organisationen nicht als Unternehmen handeln [38].

25. Existiert eine solche Struktur, so sind selbst Tätigkeiten, die an sich wirtschaftlicher Art sein könnten, aber allein zum Zweck der Erbringung einer anderen nichtwirtschaftlichen Dienstleistung ausgeübt werden, nicht wirtschaftlicher Natur. Eine Organisation die — selbst in großen Mengen — Waren bezieht, um eine nichtwirtschaftliche Dienstleistung zu erbringen, handelt nicht als Unternehmen, nur weil sie Abnehmer auf einem bestimmten Markt ist [39].

26. In vielen anderen Mitgliedstaaten bieten Krankenhäuser und Gesundheitsdienstleister ihre Dienstleistungen gegen ein Entgelt an, das entweder direkt von den Patienten oder von deren Versicherungen gezahlt wird [40]. In derartigen Systemen herrscht zwischen den Krankenhäusern ein gewisser Wettbewerb um die Erbringung von Gesundheitsdienstleistungen. In diesem Fall kann der Tatsache, dass eine Gesundheitsdienstleistung von einem

---

[23] Urteil des Gerichtshofs vom 12. Juli 2012, Compass-Datenbank GmbH, C-138/11, ECLI:EU:C:2012:449, Rn. 38; Urteil des Gerichtshofs vom 26. März 2009, Selex Sistemi Integrati/Kommission, C-113/07 P, ECLI:EU:C:2009:191, Rn. 72 ff.

[24] Urteil des Gerichtshofs vom 17. Februar 1993, Poucet und Pistre, verbundene Rechtssachen C-159/91 und C-160/91, ECLI:EU:C:1993:63, Rn. 13.

[25] Urteil des Gerichtshofs vom 22. Januar 2002, Cisal/INAIL, C-218/00, ECLI:EU:C:2002:36, Rn. 45.

[26] Urteil des Gerichtshofs vom 16. März 2004, AOK Bundesverband, verbundene Rechtssachen C-264/01, C-306/01, C-354/01 und C-355/01, ECLI:EU:C:2004:150, Rn. 47 bis 55.

[27] Urteil des Gerichtshofs vom 17. Februar 1993, Poucet und Pistre, verbundene Rechtssachen C-159/91 und C-160/91, ECLI:EU:C:1993:63, Rn. 15 bis 18.

[28] Urteil des Gerichtshofs vom 22. Januar 2002, Cisal/INAIL, C-218/00, ECLI:EU:C:2002:36, Rn. 40.

[29] Urteil des Gerichtshofs vom 17. Februar 1993, Poucet und Pistre, verbundene Rechtssachen C-159/91 und C-160/91, ECLI:EU:C:1993:63, Rn. 14; Urteil des Gerichtshofs vom 22. Januar 2002, Cisal/INAIL, C-218/00, ECLI:EU:C:2002:36, Rn. 43 bis 48; Urteil des Gerichtshofs vom 16. März 2004, AOK Bundesverband, verbundene Rechtssachen C-264/01, C-306/01, C-354/01 und C-355/01, ECLI:EU:C:2004:150, Rn. 51 bis 55.

[30] Siehe insbesondere Urteil des Gerichtshofs vom 16. November 1995, FFSA u. a., C-244/94, ECLI:EU:C:1995:392, Rn. 19.

[31] Urteil des Gerichtshofs vom 21. September 1999, Albany, C-67/96, ECLI:EU:C:1999:430, Rn. 80 bis 87.

[32] Urteil des Gerichtshofs vom 16. November 1995, FFSA u. a., C-244/94, ECLI:EU:C:1995:392, Rn. 9 und 17 bis 20; Urteil des Gerichtshofs vom 21. September

1999, Albany, C-67/96, ECLI:EU:C:1999:430, Rn. 81 bis 85; siehe auch Urteil des Gerichtshofs vom 21. September 1999, Brentjens, verbundene Rechtssachen C-115/97 bis C-117/97, ECLI:EU:C:1999:434, Rn. 81 bis 85. Urteil des Gerichtshofs vom 21. September 1999, Drijvende Bokken, C-219/97, ECLI:EU:C:1999:437, Rn. 71 bis 75; Urteil des Gerichtshofs vom 12. September 2000, Pavlov u. a., verbundene Rechtssachen C-180/98 bis C-184/98, ECLI:EU:C:2000:428, Rn. 114 und 115.

[33] Urteil des Gerichtshofs vom 21. September 1999, Brentjens, verbundene Rechtssachen C-115/97 bis C-117/97, ECLI:EU:C:1999:434, Rn. 74 bis 85.

[34] Urteil des Gerichtshofs vom 12. September 2000, Pavlov u. a., verbundene Rechtssachen C-180/98 bis C-184/98, ECLI:EU:C:2000:428, Rn. 67 bis 70.

[35] Urteil des Gerichtshofs vom 5. März 2009, Kattner Stahlbau, C-350/07, ECLI:EU:C:2009:127, Rn. 33 ff.

[36] Ein einschlägiges Beispiel dafür ist das nationale Gesundheitssystem in Spanien (siehe Urteil des Gerichts erster Instanz vom 4. März 2003, FENIN, T-319/99, ECLI:EU:T:2003:50; Urteil des Gerichtshofs vom 11. Juli 2006, FENIN, C-205/03 P, ECLI:EU:C:2006:453, Rn. 25 bis 28).

[37] Abhängig von den allgemeinen Merkmalen des Systems ändern Gebühren, die nur einen Bruchteil der tatsächlichen Kosten der Dienstleistung abdecken, nicht zwangsläufig etwas an der Einstufung eines Systems als nichtwirtschaftlich.

[38] Urteil des Gerichts erster Instanz vom 4. März 2003, FENIN, T-319/99, ECLI:EU:T:2003:50, Rn. 39; Urteil des Gerichtshofs vom 11. Juli 2006, FENIN, C-205/03 P, ECLI:EU:C:2006:453, Rn. 25 bis 28.

[39] Urteil des Gerichts erster Instanz vom 4. März 2003, FENIN, T-319/99, ECLI:EU:T:2003:50, Rn. 40.

[40] Siehe z. B. Urteil des Gerichtshofs vom 12. Juli 2001, Geraets-Smits u. a., C-157/99, ECLI:EU:C:2001:404, Rn. 53 bis 58.

öffentlichen Krankenhaus erbracht wird, nicht aus, um die Tätigkeit als nichtwirtschaftlich einzustufen

27. Die Unionsgerichte haben des Weiteren klargestellt, dass Gesundheitsdienstleistungen, die niedergelassene Ärzte und andere private Mediziner gegen Entgelt auf eigenes Risiko erbringen, als wirtschaftliche Tätigkeit anzusehen sind ([41]). Dieselben Grundsätze gelten für Apotheken.

2.5. Bildungswesen und Forschungstätigkeiten

28. Die innerhalb des nationalen Bildungssystems organisierte öffentliche Bildung, die vom Staat finanziert und beaufsichtigt wird, kann als nichtwirtschaftliche Tätigkeit angesehen werden. Hierzu hat der Gerichtshof festgestellt, dass der Staat „... durch die Errichtung und Erhaltung eines solchen staatlichen Bildungssystems, das in der Regel aus dem Staatshaushalt und nicht von den Schülern oder ihren Eltern finanziert wird, keine gewinnbringende Tätigkeit aufnehmen wollte, sondern vielmehr auf sozialem, kulturellem und bildungspolitischem Gebiet seine Aufgaben gegenüber seinen Bürgern erfüllte" ([42]).

29. Die nichtwirtschaftliche Natur der öffentlichen Bildung wird grundsätzlich nicht dadurch beeinträchtigt, dass Schüler oder ihre Eltern in manchen Fällen Unterrichts- oder Einschreibegebühren entrichten müssen, die zur Deckung der operativen Kosten des Systems beitragen. Solche finanziellen Beiträge decken oft nur einen Bruchteil der tatsächlichen Kosten der Dienstleistung ab und können daher nicht als Entgelt für die erbrachte Dienstleistung angesehen werden. Daher ändern sie nichts an der nichtwirtschaftlichen Natur einer allgemeinen Bildungsdienstleistung, die vorrangig aus staatlichen Mitteln finanziert wird ([43]). Diese Grundsätze gelten für öffentliche Bildungsdienstleistungen wie Berufsausbildung ([44]), private und öffentliche Grundschulen ([45]) sowie Kindergärten ([46]), nebenberufliche Lehrtätigkeiten an Hochschulen ([47]) und Unterricht an Hochschulen ([48]).

30. Solche öffentlichen Bildungsdienstleistungen müssen von Dienstleistungen unterschieden werden, die weitgehend von Eltern oder Schülern oder aus kommerziellen Einnahmen finanziert werden. So fallen beispielsweise Hochschulstudiengänge, die vollständig von dem Studierenden bezahlt werden, eindeutig in letztere Kategorie. In einigen Mitgliedstaaten können öffentliche Stellen auch Bildungsdienstleistungen anbieten, die aufgrund ihrer Natur, Finanzierungsstrukturen und der Existenz konkurrierender privater Organisationen als wirtschaftlich einzustufen sind.

31. In Anbetracht der unter den Randnummern 28, 29 und 30 ausgeführten Grundsätze ist die Kommission der Auffassung, dass bestimmte von Universitäten und Forschungseinrichtungen ausgeübte Tätigkeiten nicht in den Anwendungsbereich der Beihilfevorschriften fallen. Dies betrifft deren primäre Tätigkeiten, und zwar

    a)   die Ausbildung von mehr oder besser qualifizierten Humanressourcen;

    b)   die unabhängige Forschung und Entwicklung, auch im Verbund, zur Erweiterung des Wissens und des Verständnisses;

    c)   die Verbreitung der Forschungsergebnisse.

32. Die Kommission vertritt die Auffassung, dass Tätigkeiten des Wissenstransfers (Lizenzierung, Gründung von Spin-offs oder andere Formen des Managements des von der Forschungseinrichtung oder -infrastruktur geschaffenen Wissens) als nichtwirtschaftlich zu betrachten sind, soweit sie entweder durch die Forschungseinrichtung oder Forschungsinfrastruktur (einschließlich ihrer Abteilungen und Untergliederungen) oder gemeinsam mit anderen Forschungseinrichtung oder Forschungsinfrastrukturen oder in deren Auftrag durchgeführt werden und alle Einnahmen aus diesen Tätigkeiten in die primären Tätigkeiten der betreffenden Forschungseinrichtungen oder -infrastrukturen reinvestiert werden ([49]).

2.6. Kultur und Erhaltung des kulturellen Erbes einschließlich Naturschutz

33. Die Kultur ist Träger von Identitäten, Werten und Bedeutungen, die unsere Gesellschaften in der Union widerspiegeln und formen. Der Bereich Kultur und Erhaltung des kulturellen Erbes umfasst eine Vielzahl von Zielsetzungen und Aktivitäten, unter anderem im Zusammenhang mit Museen, Archiven, Bibliotheken, Kunst- und Kulturzentren oder -stätten, Theatern, Opernhäusern, Konzerthäusern, archäologischen Stätten, Denkmälern, historischen Stätten und Gebäuden, traditionelles Brauchtum und Handwerk, Festivals und Ausstellungen, sowie Tätigkeiten im Bereich der kulturellen und künstlerischen Bildung. Europas reiches Naturerbe sowie die Erhaltung der biologischen Vielfalt, der Lebensräume und der Arten bieten große Vorteile für die Gesellschaften in der EU.

34. Unter Berücksichtigung der besonderen Merkmale bestimmter Tätigkeiten im Bereich der Kultur, der Erhaltung des kulturellen Erbes und des Naturschutzes können diese Tätigkeiten auf nichtkommerzielle Art und Weise durchgeführt werden und sind daher nichtwirtschaftlicher Natur. Die öffentliche Finanzierung solcher Tätigkeiten stellt daher nicht notwendigerweise eine staatliche Beihilfe dar. Die Kommission ist der Auffassung, dass die öffentliche Finanzierung von kulturellen Aktivitäten und

Bek Beihilfebegriff

---

[41] Siehe Urteil des Gerichtshofs vom 12. September 2000, Pavlov u. a., verbundene Rechtssachen C-180/98 bis C-184/98, ECLI:EU:C:2000:428, Rn. 75 und 77.

[42] Urteil des Gerichtshofs vom 11. September 2007, Kommission/Deutschland, C-318/05, ECLI:EU:C:2007:495, Rn. 68. Siehe auch Entscheidung der Kommission vom 25. April 2001 über die staatliche Beihilfe N 118/00 — Staatliche Subventionen für professionelle Sportklubs (ABl. C 333 vom 28.11.2001, S. 6).

[43] Urteil des EFTA-Gerichtshofs vom 21. Februar 2008, Private Barnehagers Landsforbund/EFTA-Überwachungsbehörde, E-5/07, Slg. 2008, 62, Rn. 83.

[44] Urteil des Gerichtshofs vom 27. September 1988, Humbel, 263/86, ECLI:EU:C:1988:451, Rn. 18.

[45] Urteil des Gerichtshofs vom 11. September 2007, Kommission/Deutschland, C-318/05, ECLI:EU:C:2007:495, Rn. 65 bis 71; Urteil des Gerichtshofs vom 11. September 2007, Schwarz, C-76/05, ECLI:EU:C:2007:492, Rn. 37 bis 47.

[46] Urteil des EFTA-Gerichtshofs vom 21. Februar 2008, Private Barnehagers Landsforbund/EFTA-Überwachungsbehörde, E-5/07, Slg. 2008, 62.

[47] Urteil des Gerichtshofs vom 18. Dezember 2007, Jundt, C-281/06, ECLI:EU:C:2007:816, Rn. 28 bis 39.

[48] Urteil des Gerichtshofs vom 7. Dezember 1993, Wirth, C-109/92, ECLI:EU:C:1993:916, Rn. 14 bis 22.

[49] Siehe Rn. 19 des Unionsrahmens für staatliche Beihilfen zur Förderung von Forschung, Entwicklung und Innovation (ABl. C 198 vom 27.6.2014, S. 1).

Aktivitäten zur Erhaltung des kulturellen Erbes, die der Öffentlichkeit kostenlos zugänglich gemacht werden, rein soziale und kulturelle Zwecke erfüllt, die nichtwirtschaftlicher Natur sind. Wenn von Besuchern einer kulturellen Einrichtung bzw. Teilnehmern einer kulturellen oder für die Erhaltung des kulturellen Erbes oder den Naturschutz bestimmten Aktivität, die der breiten Öffentlichkeit offensteht, ein finanzieller Beitrag erhoben wird, der nur einen Bruchteil der tatsächlichen Kosten deckt, so ändert dies nichts an der nichtwirtschaftlichen Natur dieser Aktivität, da das erhobene Entgelt nicht als echte Vergütung für die erbrachte Dienstleistung angesehen werden kann.

35. Werden kulturelle oder für die Erhaltung des kulturellen Erbes bestimmte Aktivitäten (einschließlich des Naturschutzes) hingegen vorwiegend aus Besucher- bzw. Benutzerentgelten oder durch andere kommerzielle Mittel finanziert (wie kommerzielle Ausstellungen, Kinovorführungen, kommerzielle Musikaufführungen und Festivals sowie vorwiegend aus Studiengebühren finanzierte Kunstschulen), so sollten diese Aktivitäten als Tätigkeiten wirtschaftlicher Natur eingestuft werden. Auch kulturelle oder für die Erhaltung des kulturellen Erbes bestimmte Tätigkeiten, die nur bestimmten Unternehmen und nicht der Allgemeinheit zugutekommen (zum Beispiel die Restaurierung eines historischen Gebäudes, das von einem Privatunternehmen genutzt wird) sind in der Regel als wirtschaftliche Tätigkeit anzusehen.

36. Ferner sind viele kulturelle oder für die Erhaltung des kulturellen Erbes bestimmte Tätigkeiten objektiv nicht substituierbar (etwa das Führen öffentlicher Archive, die einzigartige Dokumente umfassen), so dass kein echter Markt bestehen kann. Nach Ansicht der Kommission sind solche Tätigkeiten ebenfalls nichtwirtschaftlicher Natur.

37. Übt eine Einheit kulturelle oder für die Erhaltung des kulturellen Erbes bestimmte Tätigkeiten aus, die teils gemäß den Ausführungen unter den Randnummern 34 und 36 nichtwirtschaftlicher Natur und teils wirtschaftlicher Natur sind, so fällt die öffentliche Finanzierung nur insoweit unter die Beihilfevorschriften, als sie die mit den wirtschaftlichen Tätigkeiten verbundenen Kosten deckt (50).

3. FINANZIERUNG AUS STAATLICHEN MITTELN

38. Die unmittelbar oder mittelbar aus staatlichen Mitteln finanzierte Gewährung eines Vorteils und die Zurechenbarkeit einer solchen Maßnahme an den Staat sind zwei getrennte Voraussetzungen, die kumulativ erfüllt sein müssen, damit eine staatliche Beihilfe vorliegt (51). Oftmals werden diese beiden Kriterien jedoch bei der Würdigung einer Maßnahme nach Artikel 107 Absatz 1 AEUV zusammen betrachtet, da sie sich beide auf den öffentlichen Ursprung der in Rede stehenden Maßnahme beziehen.

3.1. Zurechenbarkeit

39. Gewährt eine Behörde einem Begünstigten einen Vorteil, so ist diese Maßnahme definitionsgemäß dem Staat zuzurechnen, selbst wenn die betreffende Behörde rechtliche Unabhängigkeit gegenüber anderen Behörden genießt. Gleiches gilt, wenn eine Behörde eine private oder öffentliche Einrichtung mit der Durchführung einer Maßnahme beauftragt, mit der ein Vorteil gewährt wird. Denn es kann nach dem Unionsrecht nicht zulässig sein, dass die Vorschriften über staatliche Beihilfen durch die Schaffung unabhängiger Einrichtungen umgangen werden, denen die Verteilung der Beihilfen übertragen wird (52).

40. Die Zurechenbarkeit an den Staat ist jedoch weniger offensichtlich, wenn der Vorteil über öffentliche Unternehmen gewährt wird (53). In solchen Fällen muss geprüft werden, ob davon auszugehen ist, dass die Behörden in irgendeiner Weise am Erlass der Maßnahme beteiligt waren (54).

41. Eine Maßnahme ist dem Staat nicht allein deshalb zuzurechnen, weil sie von einem öffentlichen Unternehmen ergriffen wurde (55). Es muss allerdings nicht nachgewiesen werden, dass die Behörden das öffentliche Unternehmen konkret veranlasst haben, die fragliche Maßnahme zu ergreifen (56). Angesichts der engen Beziehungen zwischen dem Staat und öffentlichen Unternehmen besteht eine reale Gefahr, dass staatliche Beihilfen über diese Unternehmen in intransparenter Weise und unter Verstoß gegen die im Vertrag vorgesehenen Vorschriften für staatliche Beihilfen gewährt werden (57). Darüber hinaus wird es gerade wegen der privilegierten Beziehungen zwischen dem Staat und öffentlichen Unternehmen im

---

50 Wie unter Rn. 207 erläutert, ist die Kommission der Auffassung, dass übliche Zusatzleistungen (wie Restaurants, Geschäfte oder bezahlte Parkplätze) von fast ausschließlich für nichtwirtschaftliche Tätigkeiten genutzten Infrastrukturen sich in der Regel nicht auf den Handel zwischen Mitgliedstaaten auswirken. Auch die öffentliche Finanzierung von Zusatzleistungen, die in Verbindung mit nichtwirtschaftlichen kulturellen oder für die Erhaltung des kulturellen Erbes bestimmten Tätigkeiten erbracht werden (z. B. ein Geschäft, eine Bar oder eine kostenpflichtige Garderobe in einem Museum), dürfte sich in der Regel nicht auf den Handel zwischen Mitgliedstaaten auswirken.

51 Siehe z. B. Urteil des Gerichtshofs vom 16. Mai 2002, Frankreich/Kommission (Stardust), C-482/99, ECLI:EU:C:2002:294, Rn. 24; Urteil des Gerichts erster Instanz vom 5. April 2006, Deutsche Bahn AG/Kommission, T-351/02, ECLI:EU:T:2006:104, Rn. 103.

52 Urteil des Gerichts erster Instanz vom 12. Dezember 1996, Air France/Kommission, T-358/94, ECLI:EU:T:1996:194, Rn. 62.

53 Der Begriff des öffentlichen Unternehmens lässt sich unter Bezugnahme auf die Richtlinie 2006/111/EG der Kommission vom 16. November 2006 über die Transparenz der finanziellen Beziehungen zwischen den Mitgliedstaaten und den öffentlichen

Unternehmen sowie über die finanzielle Transparenz innerhalb bestimmter Unternehmen (ABl. L 318 vom 17.11.2006, S. 17) definieren. In Artikel 2 Buchstabe b dieser Richtlinie heißt es: „‚öffentliches Unternehmen': jedes Unternehmen, auf das die öffentliche Hand aufgrund Eigentums, finanzieller Beteiligung, Satzung oder sonstiger Bestimmungen, die die Tätigkeit des Unternehmens regeln, unmittelbar oder mittelbar einen beherrschenden Einfluss ausüben kann".

54 Urteil des Gerichtshofs vom 16. Mai 2002, Frankreich/Kommission (Stardust), C-482/99, ECLI:EU:C:2002:294, Rn. 52.

55 Urteil des Gerichtshofs vom 16. Mai 2002, Frankreich/Kommission (Stardust), C-482/99, ECLI:EU:C:2002:294. Siehe auch Urteil des Gerichts erster Instanz vom 26. Juni 2008, SIC/Kommission, T-442/03, ECLI:EU:T:2008:228, Rn. 93 bis 100.

56 Ferner muss nicht nachgewiesen werden, dass sich das öffentliche Unternehmen in einem bestimmten Fall anders verhalten hätte, wenn es selbständig gehandelt hätte; siehe Urteil des Gerichts vom 25. Juni 2015, SACE und Sace BT/Kommission, T-305/13, ECLI:EU:T:2015:435, Rn. 48.

57 Urteil des Gerichtshofs vom 16. Mai 2002, Frankreich/Kommission (Stardust), C-482/99, ECLI:EU:C:2002:294, Rn. 53.

Allgemeinen für einen Dritten sehr schwierig sein, in einem konkreten Fall nachzuweisen, dass Maßnahmen eines solchen Unternehmens tatsächlich auf Anweisung der Behörden ergriffen wurden ([58]).

42. Aus diesen Gründen kann die Zurechenbarkeit einer von einem öffentlichen Unternehmen ergriffenen Maßnahme an den Staat aus einer Reihe von Indikatoren abgeleitet werden, die sich aus den Umständen des konkreten Falles und aus dem Kontext ergeben, in dem diese Maßnahme ergangen ist ([59]).

3.1.1. *Indikatoren für die Zurechenbarkeit*

43. Um festzustellen, ob eine Maßnahme dem Staat zuzurechnen ist, können unter anderem folgende Indikatoren herangezogen werden ([60]):

a) die fragliche Einrichtung konnte die beanstandete Entscheidung nicht treffen, ohne den Anforderungen der öffentlichen Stellen Rechnung zu tragen;

b) es liegen Faktoren organisationsrechtlicher Art vor, die das öffentliche Unternehmen mit dem Staat verbinden;

c) das Unternehmen, über das die Beihilfen gewährt wurde, hatte Richtlinien staatlicher Stellen zu beachten ([61]);

d) die Eingliederung des öffentlichen Unternehmens in die Strukturen der öffentlichen Verwaltung;

e) die Art der Tätigkeit des öffentlichen Unternehmens ([62]) und deren Ausübung auf dem Markt unter normalen Bedingungen im Wettbewerb mit privaten Wirtschaftsteilnehmern;

f) die Rechtsform des Unternehmens (ob es dem öffentlichen Recht oder dem allgemeinen Gesellschaftsrecht unterliegt), wenngleich die bloße Tatsache, dass ein öffentliches Unternehmen in Form einer allgemeinrechtlichen Kapitalgesellschaft gegründet worden ist, nicht als ausreichende Grundlage dafür angesehen werden kann, in Anbetracht der Selbständigkeit, die diese Rechtsform dem Unternehmen verleiht, die Zurechenbarkeit auszuschließen ([63]);

g) die Intensität der behördlichen Aufsicht über die Unternehmensführung;

h) jeder andere Indikator, der auf eine Beteiligung der öffentlichen Hand oder auf die Unwahrscheinlichkeit einer fehlenden Beteiligung an der Ergreifung einer Maßnahme hinweist, wobei auch der Umfang der Maßnahme sowie ihr Inhalt und ihre Bedingungen zu berücksichtigen sind.

3.1.2. *Zurechenbarkeit und unionsrechtliche Verpflichtungen*

44. Eine Maßnahme ist nicht einem Mitgliedstaat zuzurechnen, wenn der Mitgliedstaat nach Unionsrecht zu deren Durchführung verpflichtet ist und dabei über keinerlei Ermessen verfügt. In diesem Fall ist die Maßnahme auf einen Rechtsakt des Unionsgesetzgebers zurückzuführen und daher nicht dem Staat zuzurechnen ([64]).

45. Dies ist jedoch nicht der Fall, wenn das Unionsrecht lediglich bestimmte nationale Maßnahmen zulässt und es dem Mitgliedstaat überlassen bleibt, i) ob er die in Rede stehenden Maßnahmen durchführt oder ii) wie er die Merkmale der konkreten Maßnahme, die aus beihilferechtlicher Sicht relevant sind, festlegt ([65]).

46. Maßnahmen, die gemeinsam von mehreren Mitgliedstaaten durchgeführt werden, sind allen betroffenen Mitgliedstaaten gemäß Artikel 107 Absatz 1 AEUV zuzurechnen ([66]).

3.2. Staatliche Mittel

3.2.1. *Allgemeine Grundsätze*

47. Als Beihilfen im Sinne des Artikels 107 Absatz 1 AEUV können nur solche Vorteile angesehen werden, die unmittelbar oder mittelbar aus staatlichen Mitteln gewährt werden ([67]).

48. Staatliche Mittel umfassen sämtliche Mittel des öffentlichen Sektors ([68]), einschließlich der Mittel innerstaatlicher (dezentralisierter, föderierter, regionaler oder sonstiger) Stellen ([69]) und unter bestimmten Umständen Mittel privater Einheiten (siehe die Randnummern 57 und 58). Dabei ist es unerheblich, ob eine Einrichtung des öffentlichen Sektors unabhängig ist ([70]). Die Bereitstellung

[58] Urteil des Gerichtshofs vom 16. Mai 2002, Frankreich/Kommission (Stardust), C-482/99, ECLI:EU:C:2002:294, Rn. 54.

[59] Urteil des Gerichtshofs vom 16. Mai 2002, Frankreich/Kommission (Stardust), C-482/99, ECLI:EU:C:2002:294, Rn. 55.

[60] Urteil des Gerichtshofs vom 16. Mai 2002, Frankreich/Kommission (Stardust), C-482/99, ECLI:EU:C:2002:294, Rn. 55 und 56. Siehe auch Schlussanträge des Generalanwalts Jacobs vom 13. Dezember 2001, Frankreich/Kommission (Stardust), C-482/99, ECLI:EU:C:2001:685, Rn. 65 bis 68.

[61] Urteil des Gerichtshofs vom 23. Oktober 2014, Commerz Nederland, C-242/13, ECLI:EU:C:2014:2224, Rn. 35.

[62] Zum Beispiel, wenn Maßnahmen von öffentlichen Entwicklungsbanken mit Blick auf Gemeinwohlziele ergriffen werden, (Urteil des Gerichts vom 27. Februar 2013, Nitrogénművek Vegyipari Zrt./Kommission, T-387/11, ECLI:EU:T:2013:98, Rn. 63), oder wenn Maßnahmen zur Privatisierungszwecke öffentlicher Rentenfonds durchgeführt werden (Urteil des Gerichts vom 28. Januar 2016, Slowenien/Kommission (ELAN), T-507/12, ECLI:EU:T:2016:35, Rn. 86).

[63] Urteil des Gerichtshofs vom 16. Mai 2002, Frankreich/Kommission (Stardust), C-482/99, ECLI:EU:C:2002:294, Rn. 57.

[64] Siehe Urteil des Gerichtshofs vom 23. April 2009, Sandra Puffer, C-460/07, ECLI:EU:C:2009:254, Rn. 70, zum Vorsteuerabzugsrecht im Rahmen des Mehrwertsteuersystems der Union; Urteil des Gerichts erster Instanz vom 5. April 2006, Deutsche Bahn AG/Kommission, T-351/02, ECLI:EU:T:2006:104, Rn. 102, zu nach Unionsrecht vorgeschriebenen Steuerbefreiungen.

[65] Siehe Urteil des Gerichtshofs vom 10. Dezember 2013, Kommission/Irland u. a., C-272/12 P, ECLI:EU:C:2013:812, Rn. 45 bis 53, zu der einem Mitgliedstaat durch eine Entscheidung des Rates erteilten Ermächtigung, bestimmte Steuerbefreiungen zu gewähren. Wie in dem Urteil auch klargestellt wird, ist es unerheblich, eine Entscheidung des Rates im Bereich der Harmonisierung der Rechtsvorschriften auf Vorschlag der Kommission erlassen wurde, da es sich beim Begriff der staatlichen Beihilfe um einen objektiven Begriff handelt.

[66] Beschluss 2010/606/EU der Kommission vom 26. Februar 2010 über die staatliche Beihilfe C-9/09 (ex NN 45/08, NN 49/08 und NN 50/08) des Königreichs Belgien, der Französischen Republik und des Großherzogtums Luxemburg zugunsten von Dexia SA (ABl. L 274 vom 19.10.2010, S. 54).

[67] Urteil des Gerichtshofs vom 24. Januar 1978, Van Tiggele, 82/77, ECLI:EU:C:1978:10, Rn. 25 und 26; Urteil des Gerichts erster Instanz vom 12. Dezember 1996, Air France/Kommission, T-358/94, ECLI:EU:T:1996:194, Rn. 63.

[68] Urteil des Gerichts erster Instanz vom 12. Dezember 1996, Air France/Kommission, T-358/94, ECLI:EU:T:1996:194, Rn. 56.

[69] Urteil des Gerichtshofs vom 14. Oktober 1987, Deutschland/Kommission, 248/84, ECLI:EU:C:1987:437, Rn. 17; Urteil des Gerichts erster Instanz vom 6. März 2002, Territorio Histórico de Álava u. a./Kommission, verbundene Rechtssachen T-92/00 und T-103/00, ECLI:EU:T:2002:61, Rn. 57.

[70] Urteil des Gerichts erster Instanz vom 12. Dezember 1996, Air France/Kommission, T-358/94, ECLI:EU:T:1996:194, Rn. 58 bis 62.

21. Bek Beihilfebegriff

von Mitteln an bestimmte Kreditinstitute durch die Zentralbank eines Mitgliedstaats ist in der Regel mit einer Übertragung staatlicher Mittel verbunden ([71]).

49. Mittel öffentlicher Unternehmen sind ebenfalls als staatliche Mittel im Sinne des Artikels 107 Absatz 1 AEUV anzusehen, da der Staat in der Lage ist, die Verwendung dieser Mittel zu steuern ([72]). Im Sinne des Beihilferechts können Übertragungen innerhalb eines staatlichen Konzerns ebenfalls staatliche Beihilfen darstellen, zum Beispiel wenn Mittel von der Muttergesellschaft an ihre Tochtergesellschaft übertragen werden (auch wenn sie aus wirtschaftlicher Sicht ein einziges Unternehmen darstellen) ([73]). Die Frage, ob die Übertragung dieser Mittel dem Staat zuzurechnen ist, wird in Abschnitt 3.1 behandelt. Wenn ein öffentliches Unternehmen Begünstigter einer Beihilfemaßnahme ist, schließt das nicht aus, dass dieses Unternehmen im Zusammenhang mit anderen Maßnahmen auch Beihilfen gewähren kann ([74]).

50. Wird eine Maßnahme, mit der ein Vorteil verschafft wird, nicht unmittelbar durch den Staat finanziert, sondern durch eine von ihm zur Durchführung der Beihilferegelung geschaffene oder damit beauftragte öffentliche oder private Einrichtung, so bedeutet das nicht zwangsläufig, dass diese Maßnahme nicht aus staatlichen Mitteln finanziert wird ([75]). Eine staatliche Maßnahme, die bestimmte Unternehmen oder Erzeugnisse begünstigt, verliert die Eigenschaft eines unentgeltlichen Vorteils nicht dadurch, dass sie ganz oder teilweise durch Beiträge finanziert wird, die hoheitlich auferlegt und von den betroffenen Unternehmen erhoben werden ([76]).

51. Die Übertragung staatlicher Mittel kann u. a. in Form von direkten Zuschüssen, Darlehen, Garantien, Beteiligungen am Kapital von Unternehmen sowie Sachleistungen erfolgen. Eine feste und konkrete Zusage, staatliche Mittel zu einem späteren Zeitpunkt zur Verfügung zu stellen, wird ebenfalls als Übertragung staatlicher Mittel angesehen. Eine positive Mittelübertragung ist nicht erforderlich; ein Einnahmenverzicht des Staates reicht aus. Der Verzicht auf Mittel, die der Staat andernfalls eingenommen hätte, stellt eine Übertragung staatlicher Mittel

dar ([77]). Einnahmenverluste, die aus den von einem Mitgliedstaat gewährten Steuer- und Abgabenbefreiungen oder -ermäßigungen oder aus dem Erlass von Geldbußen oder -strafen resultieren, sind als staatliche Mittel im Sinne des Artikels 107 Absatz 1 AEUV anzusehen ([78]). Die Schaffung eines konkreten Risikos einer künftigen zusätzlichen Belastung für den Staat, durch eine Garantie oder ein vertragliches Angebot, ist für die Zwecke des Artikels 107 Absatz 1 bereits ausreichend ([79]).

52. Wenn Behörden oder öffentliche Unternehmen Waren oder Dienstleistungen zu einem Preis anbieten, der unter dem Marktpreis liegt, oder in einer Weise in ein Unternehmen investieren, die nicht das ab Randnummer 73 beschriebene Kriterium des marktwirtschaftlich handelnden Wirtschaftsbeteiligten erfüllt, stellt dies einen Verzicht auf staatliche Mittel (sowie die Gewährung eines Vorteils) dar.

53. Die Gewährung des Zugangs zu öffentlichen Bereichen oder natürlichen Ressourcen oder die Gewährung besonderer oder ausschließlicher Rechte ([80]) ohne marktübliche Vergütung kann einen Verzicht auf staatliche Mittel darstellen (und die Gewährung eines Vorteils) ([81]).

54. In diesen Fällen muss festgestellt werden, ob der Staat zusätzlich zu seiner Rolle als Verwalter der betreffenden öffentlichen Ressourcen auch als Regulierungsbehörde fungiert, die politische Ziele verfolgt, indem sie die Auswahl der betreffenden Unternehmen von qualitativen Kriterien abhängig macht (die zuvor auf transparente und diskriminierungsfreie Weise festgelegt wurden) ([82]). Wenn der Staat als Regulierungsbehörde fungiert, kann er legitim beschließen, eine Maximierung der Einnahmen, die er andernfalls hätte erzielen können, zu verzichten, ohne in den Anwendungsbereich der Beihilfevorschriften zu fallen, vorausgesetzt dass alle betroffenen Betreiber im Einklang mit dem Grundsatz der Nichtdiskriminierung behandelt werden und dass eine immanente Verbindung zwischen der Verwirklichung des regulatorischen Ziels und dem Einnahmenverzicht besteht ([83]).

---

[71] Siehe Mitteilung der Kommission über die Anwendung der Vorschriften für staatliche Beihilfen ab dem 1. August 2013 auf Maßnahmen zur Stützung von Banken im Kontext der Finanzkrise („Bankenmitteilung"; ABl. C 216 vom 30.7.2013, S. 1), insbesondere Rn. 62. Die Kommission hat jedoch deutlich gemacht, dass in Fällen, in denen eine Zentralbank nicht mit selektiven Maßnahmen zugunsten einzelner Banken, sondern mit allgemeinen, allen vergleichbaren Marktteilnehmern offenstehenden Maßnahmen auf eine Bankenkrise reagiert (z. B. durch Kreditvergabe zu gleichen Bedingungen an den gesamten Markt), diese allgemeinen Maßnahmen oft nicht unter das Beihilferecht fallen.

[72] Urteil des Gerichtshofs vom 16. Mai 2002, Frankreich/Kommission (Stardust), C-482/99, ECLI:EU:C:2002:294, Rn. 38. Siehe auch Urteil des Gerichtshofs vom 29. April 2004, Griechenland/Kommission, C-278/00, ECLI:EU:C:2004:239, Rn. 53 und 54; Urteil des Gerichtshofs vom 8. Mai 2003, Italien und SIM 2 Multimedia SpA/Kommission, verbundene Rechtssachen C-328/99 und C-399/00, ECLI:EU:C:2003:252, Rn. 33 und 34.

[73] Urteil des Gerichtshofs vom 11. Juli 1996, SFEI u. a., C-39/94, ECLI:EU:C:1996:285, Rn. 62.

[74] Urteil des Gerichts vom 24. März 2011, Freistaat Sachsen und Land Sachsen-Anhalt u. a./Kommission, verbundene Rechtssachen T-443/08 und T-455/08, ECLI:EU:T:2011:117, Rn. 143.

[75] Urteil des Gerichtshofs vom 22. März 1977, Steinike □ Weinlig, 78/76, ECLI:EU:C:1977:52, Rn. 21.

[76] Urteil des Gerichtshofs vom 22. März 1977, Steinike □ Weinlig, 78/76, ECLI:EU:C:1977:52, Rn. 22.

[77] Urteil des Gerichtshofs vom 16. Mai 2000, Frankreich/Ladbroke Racing Ltd und Kommission, C-83/98 P, ECLI:EU:C:2000:248, Rn. 48 bis 51.

[78] Urteil des Gerichtshofs vom 15. März 1994, Banco Exterior de España, C-387/92, ECLI:EU:C:1994:100, Rn. 14 zu Steuerbefreiungen. Ausnahmen von den normalen Insolvenzvorschriften, die Unternehmen erlauben, ihre wirtschaftliche Tätigkeit

unter Umständen fortzusetzen, unter denen dies bei Anwendung der normalen Insolvenzvorschriften ausgeschlossen wäre, können eine zusätzliche Belastung für den Staat mit sich bringen oder dann zu den Hauptgläubigern dieses Unternehmens gehören oder wenn dies einem tatsächlichen Verzicht auf öffentliche Forderungen gleichkommt. Siehe Urteil des Gerichtshofs vom 17. Juni 1999, Piaggio, C-295/97, ECLI:EU:C:1999:313, Rn. 40 bis 43; Urteil des Gerichtshofs vom 1. Dezember 1998, Ecotrade, C-200/97, ECLI:EU:C:1998:579, Rn. 45.

[79] Urteil des Gerichtshofs vom 1. Dezember 1998, Ecotrade, C-200/97, ECLI:EU:C:1998:579, Rn. 41; Urteil des Gerichtshofs vom 19. März 2013, Bouygues und Bouygues T□□com/Kommission u. a., verbundene Rechtssachen C-399/10 P und C-401/10 P, ECLI:EU:C:2013:175, Rn. 137, 138 und 139.

[80] Im Sinne des Artikels 2 Buchstaben f und g der Richtlinie 2006/111/EG der Kommission vom 16. November 2006 über die Transparenz der finanziellen Beziehungen zwischen den Mitgliedstaaten und den öffentlichen Unternehmen sowie über die finanzielle Transparenz innerhalb bestimmter Unternehmen (ABl. L 318 vom 17.11.2006, S. 17).

[81] Siehe auch Mitteilung der Kommission über die Anwendung der Beihilfevorschriften der Europäischen Union auf Ausgleichsleistungen für die Erbringung von Dienstleistungen von allgemeinem wirtschaftlichem Interesse (ABl. C 8 vom 11.1.2012, S. 4), Rn. 33.

[82] Siehe Urteil des Gerichts erster Instanz vom 4. Juli 2007, Bouygues SA/Kommission, T-475/04, ECLI:EU:T:2007:196, in dem das Gericht befand, dass den nationalen Behörden bei der Gewährung des Zugangs zu einer knappen öffentlichen Ressource wie den Funkfrequenzen des Radiowellenspektrums zugleich die Regulierung der Telekommunikation als auch die Verwaltung dieser öffentlichen Ressourcen obliegt (Rn. 104).

[83] Siehe hierzu die Entscheidung der Kommission vom 20. Juli 2004 über die staatliche Beihilfe NN 42/2004 — Frankreich — Rückwirkende Änderung der von Orange und SFR für UMTS-Lizenzen zu entrichtenden Gebühren in Frankreich (ABl. C 275

Bek Bei-
hilfebe-
griff

55. In jedem Fall liegt eine Übertragung staatlicher Mittel vor, wenn Behörden in einem bestimmten Fall nicht den Preis erheben, der normalerweise im Rahmen ihres allgemeinen Systems für den Zugang zu öffentlichen Bereichen oder natürlichen Ressourcen oder für die Gewährung bestimmter besonderer oder ausschließlicher Rechte zu entrichten wäre.

56. Bei negativen mittelbaren Auswirkungen regulatorischer Maßnahmen auf die Staatseinnahmen liegt keine Übertragung staatlicher Mittel vor, wenn es sich dabei um ein immanentes Merkmal einer derartigen Maßnahme handelt (⁸⁴). Zum Beispiel stellt eine Ausnahmeregelung zu Vorschriften des Arbeitsrechts, durch die der rechtliche Rahmen für die vertraglichen Beziehungen zwischen Unternehmen und Arbeitnehmern verändert wird, keine Übertragung staatlicher Mittel dar, obwohl diese Regelung zu einer Verringerung der Sozialversicherungsbeiträge und Steuereinnahmen für den Staat führen kann (⁸⁵). Auch nationale Rechtsvorschriften, mit denen für bestimmte Waren ein Mindestpreis festgesetzt wird, haben keine Übertragung staatlicher Mittel zur Folge (⁸⁶).

3.2.2. *Kontrollierender Einfluss auf die Ressourcen*

57. Die Herkunft der Mittel ist nicht relevant, vorausgesetzt sie standen, bevor sie direkt oder indirekt an die Empfänger weitergegeben wurden, unter staatlicher Kontrolle und somit den nationalen Behörden zur Verfügung (⁸⁷), auch wenn sie nicht im Eigentum der jeweiligen Behörden standen (⁸⁸).

58. Beihilfen, deren Finanzierung über parafiskalische Abgaben oder Pflichtabgaben erfolgt, die vom Staat auferlegt und im Einklang mit den einschlägigen Rechtsvorschriften verwaltet und zugewiesen werden, sind somit mit einer Übertragung staatlicher Mittel verbunden, selbst wenn sie nicht von den Behörden verwaltet werden (⁸⁹).

Die bloße Tatsache, dass eine Beihilfe teilweise über fakultative private Beiträge finanziert wird, reicht nicht aus, um den Beihilfetatbestand auszuschließen, da der maßgebliche Faktor nicht die Herkunft der Mittel ist, sondern der Umfang der Beteiligung der Behörden bei der Festlegung der betreffenden Maßnahmen und ihrer Finanzierungsmodalitäten (⁹⁰). Eine Übertragung staatlicher Mittel kann in ganz speziellen Fällen ausgeschlossen werden, insbesondere dann, wenn Beiträge von den Mitgliedern eines Berufsverbands erhoben und im Interesse der Mitglieder für die Finanzierung eines bestimmten, von einer privaten Organisation beschlossenen rein kommerziellen Zwecks gebunden werden und der Mitgliedstaat nur als Instrument dient, um die von dem Berufsverband eingeführten Beiträge für obligatorisch zu erklären (⁹¹).

59. Eine Übertragung staatlicher Mittel liegt ebenfalls vor, wenn mehrere Mitgliedstaaten zusammen über die Mittel verfügen oder über deren Verwendung entscheiden können (⁹²). Dies wäre zum Beispiel bei Mitteln aus dem Europäischen Stabilitätsmechanismus (ESM) der Fall.

60. Auch Mittel, die von der Union (zum Beispiel aus Strukturfonds), von der Europäischen Investitionsbank, vom Europäischen Investitionsfonds oder von internationalen Finanzinstitutionen wie dem Internationalen Währungsfonds oder der Europäischen Bank für Wiederaufbau und Entwicklung bereitgestellt werden, sind als staatliche Mittel anzusehen, wenn die Verwendung dieser Mittel im Ermessen der nationalen Behörden liegt (insbesondere die Auswahl der Beihilfeempfänger) (⁹³). Wenn diese Mittel hingegen direkt von der Union oder von der Europäischen Investitionsbank oder vom Europäischen Investitionsfonds vergeben werden, ohne dass die nationalen Behörden über Ermessen verfügen, handelt es sich nicht um staatliche Mittel (zum Beispiel bei Finanzhilfen, die im Wege der direkten Mittelverwaltung unter dem Rahmenprogramm „Horizont 2020", dem EU-Programm

vom 8.11.2005, S. 3. Erwägungsgründe 28, 29 und 30), bestätigt durch die Unionsgerichte (Urteil des Gerichts erster Instanz vom 4. Juli 2007, Bouygues SA/Kommission, T-475/04, ECLI:EU:T:2007:196, Rn. 108 bis 111 und Rn. 123; Urteil des Gerichtshofs vom 2. April 2009, Bouygues und Bouygues Télécom/Kommission, C-431/07 P, ECLI:EU:C:2009:223, Rn. 94 bis 98 und 125). In diesem Fall oblag dem Staat bei der Erteilung von UMTS-Lizenzen sowohl die Regulierung der Telekommunikation als auch die Verwaltung dieser öffentlichen Ressourcen; gleichzeitig verfolgte er die regulatorischen Ziele der Richtlinie 97/13/EG des Europäischen Parlaments und des Rates vom 10. April 1997 über einen gemeinsamen Rahmen für Allgemein- und Einzelgenehmigungen für Telekommunikationsdienste (ABl. L 117 vom 7.5.1997, S. 15). Unter diesen Umständen hat die Unionsgerichte bestätigt, dass die Erteilung von Lizenzen ohne Maximierung der Einnahmen, die andernfalls hätten erzielt werden können, keine staatliche Beihilfe beinhaltete, da die in Rede stehenden Maßnahmen durch die regulatorische Ziele der Richtlinie 97/13/EG gerechtfertigt waren und mit dem Grundsatz der Nichtdiskriminierung in Einklang standen. Demgegenüber hat der Gerichtshof in seinem Urteil vom 8. September 2011, Kommission/Frankreich, C-279/08 P, ECLI:EU:C:2011:551, Rn. 88 ff., keine regulatorischen Gründe festgestellt, die die Neuzuweisung einer früher gewährten handelbaren Emissionszertifikate durch Gleichstellung gerechtfertigt hätten. Siehe auch Urteil des Gerichtshofs vom 14. Januar 2015, Eventech/The Parking Adjudicator, C-518/13, ECLI:EU:C:2015:9, Rn. 46 ff.
⁸⁴ Urteil des Gerichtshofs vom 13. März 2001, PreussenElektra, C-379/98, ECLI:EU:C:2001:160, Rn. 62.
⁸⁵ Gerichtshofs vom 17. März 1993, Sloman Neptun Schiffahrts, verbundene Rechtssachen C-72/91 und C-73/91, ECLI:EU:C:1993:97, Rn. 20 und 21. Siehe auch Urteil des Gerichtshofs vom 7. Mai 1998, Viscido u. a., verbundene Rechtssachen C-52/97, C-53/97 und C-54/97, ECLI:EU:C:1998:209, Rn. 13 und 14; Urteil des Gerichtshofs vom 30. November 1993, Kirsammer-Hack, C-189/91, ECLI:EU:C:1993:907, Rn. 17 und 18, bezüglich der Tatsache, dass die Nichtanwendung bestimmter Bestimmungen des Arbeitsrechts keine Übertragung staatlicher Mittel darstellt.
⁸⁶ Urteil des Gerichtshofs vom 24. Januar 1978, Van Tiggele, 82/77, ECLI:EU:C:1978:10, Rn. 25 und 26.
⁸⁷ Siehe z. B. Urteil des Gerichtshofs vom 17. Juli 2008, Essent Network Noord, C-206/06, ECLI:EU:C:2008:413, Rn. 70; Urteil des Gerichtshofs vom 16. Mai 2000,

Frankreich/Ladbroke Racing Ltd und Kommission, C-83/98 P, ECLI:EU:C:2000:248, Rn. 50.
⁸⁸ Siehe Urteil des Gerichts erster Instanz vom 12. Dezember 1996, Air France/Kommission, T-358/94, ECLI:EU:T:1996:194, Rn. 65, 66 und 67, bezüglich einer Beihilfe, die von der Caisse des Dépôts et Consignations gewährt und aus freiwilligen Einlagen von Privatpersonen finanziert wurde, die jederzeit wieder abgehoben werden konnten. Dies hatte keinerlei Auswirkungen auf die Schlussfolgerung, dass diese Mittel als staatliche Mittel zu betrachten waren, da die Caisse den durch den Zu- und Abfluss von Geldern entstehenden Saldo so verwenden konnte, als stünden ihr der entsprechende Mittel endgültig zur Verfügung. Urteil des Gerichtshofs vom 16. Mai 2000, Frankreich/Ladbroke Racing Ltd und Kommission, C-83/98 P, ECLI:EU:C:2000:248, Rn. 50.
⁸⁹ Urteil des Gerichtshofs vom 2. Juli 1974, Deutschland/Kommission, 173/73, ECLI:EU:C:1974:71, Rn. 16; Urteil des Gerichtshofs vom 11. März 1992, Compagnie Commerciale de l'Ouest, verbundene Rechtssachen C-78/90 bis C-83/90, ECLI:EU:C:1992:118, Rn. 35; Urteil des Gerichtshofs vom 17. Juli 2008, Essent Network Noord, C-206/06, ECLI:EU:C:2008:413, Rn. 58 bis 74.
⁹⁰ Urteil des Gerichts vom 27. September 2012, Frankreich u. a./Kommission, verbundene Rechtssachen T-139/09, T-243/09 und T-328/09, ECLI:EU:T:2012:496, Rn. 63 und 64.
⁹¹ Siehe Urteil des Gerichtshofs vom 15. Juli 2004, Pearle, C-345/02, ECLI:EU:C:2004:448, Rn. 41; Urteil des Gerichtshofs vom 30. Mai 2013, Doux Élevages SNC u. a., C-677/11, ECLI:EU:C:2013:348.
⁹² Beschluss 2010/606/EU der Kommission vom 26. Februar 2010 über die staatliche Beihilfe C-9/09 (ex NN 45/08, NN 49/08 und NN 50/08) des Königreichs Belgien, der Französischen Republik und des Großherzogtums Luxemburg zugunsten von Dexia SA (ABl. L 274 vom 19.10.2010, S. 54).
⁹³ Zu den Strukturfonds siehe u. a. Entscheidung der Kommission vom 22. November 2006 in der staatlichen Beihilfe N 157/06 — Vereinigtes Königreich — South Yorkshire Digital Region Broadband Project, Erwägungsgründe 21 und 29, zu einer Maßnahme, die teilweise aus dem Europäischen Fonds für regionale Entwicklung (EFRE) finanziert wurde (ABl. C 80 vom 13.4.2007, S. 2). Hinsichtlich der Finanzierung der Produktion landwirtschaftlicher Erzeugnisse und des Handels mit diesen wird der Anwendungsbereich der Beihilfevorschriften durch Artikel 42 AEUV beschränkt.

Bek Beihilfebegriff

für die Wettbewerbsfähigkeit von Unternehmen und für kleine und mittlere Unternehmen (COSME) oder aus Mitteln für das transeuropäische Verkehrsnetz (TEN-V) gewährt werden).

3.2.3. *Staatliche Beteiligung an der Umverteilung zwischen privaten Einheiten*

61. Vorschriften, die ohne eine weitere Beteiligung des Staates zu einer Umverteilung von Finanzmitteln von einer privaten Einheit zu einer anderen führen, sind grundsätzlich nicht mit einer Übertragung staatlicher Mittel verbunden, wenn die Mittel direkt — d. h. nicht über eine öffentliche oder private, vom Staat mit der Übertragung beauftragte Einrichtung — von einer privaten Einheit zu einer anderen fließen ([94]).

62. So führt die privaten Stromversorgungsunternehmen von einem Mitgliedstaat auferlegte Verpflichtung, Strom aus erneuerbaren Energiequellen zu festgelegten Mindestpreisen abzunehmen, nicht zu einer unmittelbaren oder mittelbaren Übertragung staatlicher Mittel auf die Unternehmen, die diesen Strom erzeugen ([95]). In diesem Fall sind die betreffenen Unternehmen (d. h. die privaten Stromversorgungsunternehmen) nicht vom Staat mit der Durchführung einer Beihilferegelung beauftragt, sondern lediglich zum Kauf einer bestimmten Art von Strom aus ihren eigenen Mitteln verpflichtet worden.

63. Eine Übertragung staatlicher Mittel liegt jedoch vor, wenn die von Privatpersonen gezahlten Abgaben über eine entsprechend beauftragte öffentliche oder private Einheit an die Empfänger weitergeleitet werden.

64. Dies ist zum Beispiel dann der Fall, wenn eine private Einheit per Gesetz damit beauftragt wurde, solche Abgaben im Namen des Staates zu erheben und an die Empfänger weiterzuleiten, sie die Erlöse aus diesen Abgaben aber nicht für andere als die gesetzlich vorgesehenen Zwecke verwenden darf. In diesem Fall stehen die betreffenden Beträge weiterhin unter öffentlicher Kontrolle und somit den nationalen Behörden zur Verfügung, was genügt, damit sie als staatliche Mittel eingestuft werden können ([96]). Da dieser Grundsatz sowohl für öffentliche Stellen als auch für private Einheiten gilt, die mit der Gebührenerhebung und der Zahlungsabwicklung beauftragt sind, hat die Änderung der Rechtsform des Intermediärs von einer öffentlichen in eine private Einheit keine

Auswirkungen auf das Kriterium der Gewährung aus staatlichen Mitteln, wenn der Staat das Unternehmen weiterhin streng kontrolliert ([97]).

65. Auch ein Mechanismus, mit dem die Mehrkosten, die Unternehmen durch eine Abnahmepflicht für ein Produkt bestimmter Anbieter zu einem Preis über dem Marktpreis entstehen, vollständig ausgeglichen werden und dessen Finanzierung von allen Endverbrauchern des genannten Produkts getragen wird, stellt eine Maßnahme unter Inanspruchnahme staatlicher Mittel dar, selbst wenn dieser Mechanismus teilweise auf einer direkten Übertragung von Mitteln zwischen privaten Einheiten beruht ([98]).

4. VORTEIL

4.1. Der Begriff des Vorteils im Allgemeinen

66. Ein Vorteil im Sinne des Artikels 107 Absatz 1 AEUV ist jede wirtschaftliche Vergünstigung, die ein Unternehmen unter normalen Marktbedingungen, d. h. ohne Eingreifen des Staates, nicht erhalten könnte ([99]). In Abschnitt 4.2 wird ausführlich dargelegt, wann davon ausgegangen werden kann, dass ein Unternehmen eine Vergünstigung zu marktüblichen Bedingungen erhält.

67. Von Belang sind weder der Grund noch das Ziel des staatlichen Eingreifens, sondern allein die Auswirkung der Maßnahme auf das Unternehmen ([100]). Wenn sich die finanzielle Lage eines Unternehmens verbessert, weil der Staat zu von den normalen Marktbedingungen abweichenden Konditionen eingreift ([101]), liegt ein Vorteil vor. Um festzustellen, ob dies der Fall ist, sollte die finanzielle Lage des Unternehmens nach der Maßnahme mit der finanziellen Lage verglichen werden, in der es sich befände, wenn die Maßnahme nicht durchgeführt worden wäre ([102]). Da es nur auf die Auswirkung der Maßnahme ankommt, ist es unerheblich, ob der Vorteil für das Unternehmen verpflichtenden Charakter in dem Sinne hat, dass es auf ihn nicht verzichten oder ihn nicht ablehnen könnte ([103]).

68. Auch die genaue Art der Maßnahme ist für die Feststellung, ob dem Unternehmen durch die Maßnahme ein wirtschaftlicher Vorteil verschafft wird, irrelevant ([104]). Für den Begriff der staatlichen Beihilfe ist nicht nur die Gewährung positiver wirtschaftlicher Leistungen von Bedeutung, auch die Befreiung von wirtschaftlichen Lasten ([105]) kann einen Vorteil darstellen. Letzteres stellt eine

---

[94] Urteil des Gerichtshofs vom 24. Januar 1978, Van Tiggele, 82/77, ECLI:EU:C:1978:10, Rn. 25 und 26.

[95] Urteil des Gerichtshofs vom 13. März 2001, PreussenElektra, C-379/98, ECLI:EU:C:2001:160, Rn. 59 bis 62. Der Gerichtshof stellte fest, dass die Auferlegung einer solchen Abnahmepflicht für private Unternehmen nicht zu einer unmittelbaren oder mittelbaren Übertragung staatlicher Mittel führt. Dies ändere sich auch nicht durch das geringere wirtschaftliche Ergebnis der dieser Pflicht unterliegenden Unternehmen, das zu einem Verringerung der Steuereinnahmen des Staates führen kann, da diese Folge einer derartigen Regelung immanent ist. Siehe z. B. Urteil des Gerichtshofs vom 17. März 2009, UTECA, C-222/07, ECLI:EU:C:2009:124, Rn. 43 bis 47, über die Feststellung, dass die Verpflichtung für Fernsehveranstalter, einen wesentlichen Betrag in aus Investitionen in europäische Produktionen zu leisten, nicht mit der Übertragung staatlicher Mittel verbunden ist.

[96] Urteil des Gerichtshofs vom 17. Juli 2008, Essent Netwerk Noord, C-206/06, ECLI:EU:C:2008:413, Rn. 69 bis 75.

[97] Beschluss 2011/528/EU der Kommission vom 8. März 2011 über die staatliche Beihilfe C-24/09 (ex N 446/08) — Österreich — Staatliche Beihilfe für energieintensive Unternehmen — Ökostromgesetz (ABl. L 235 vom 10.9.2011, S. 42), Erwägungsgrund 76.

[98] Urteil des Gerichtshofs vom 19. Dezember 2013, Vent De Colère u. a., C-262/12, ECLI:EU:C:2013:851, Rn. 25 und 26.

[99] Urteil des Gerichtshofs vom 11. Juli 1996, SFEI u. a., C-39/94, ECLI:EU:C:1996:285, Rn. 60. Urteil des Gerichtshofs vom 29. April 1999, Spanien/Kommission, C-342/96, ECLI:EU:C:1999:210, Rn. 41.

[100] Urteil des Gerichtshofs vom 2. Juli 1974, Italien/Kommission, 173/73, ECLI:EU:C:1974:71, Rn. 13.

[101] Unter den Begriff „staatliches Eingreifen" fallen nicht nur positive Maßnahmen des Staates, sondern unter bestimmten Umständen auch der Verzicht der Behörden auf Maßnahmen, z. B. zur Beitreibung von Schulden. Siehe z. B. Urteil des Gerichtshofs vom 12. Oktober 2000, Magefesa, C-480/98, ECLI:EU:C:2000:559, Rn. 19 und 20.

[102] Urteil des Gerichtshofs vom 2. Juli 1974, Italien/Kommission, 173/73, ECLI:EU:C:1974:71, Rn. 13.

[103] Entscheidung 2004/339/EG der Kommission vom 15. Oktober 2003 über die Maßnahmen, die Italien zugunsten von RAI SpA durchgeführt hat (ABl. L 119 vom 23.4.2004, S. 1), Erwägungsgrund 69; siehe auch Schlussanträge des Generalanwalts Fennelly vom 26. November 1998, Frankreich/Kommission, C-251/97, ECLI:EU:C:1998:572, Rn. 26.

[104] Urteil des Gerichtshofs vom 24. Juli 2003, Altmark Trans, C-280/00, ECLI:EU:C:2003:415, Rn. 84.

[105] Wie z. B. Steuervergünstigungen oder Ermäßigungen der Sozialversicherungsbeiträge.

---

weite Kategorie dar, die jegliche Formen der Verringerung von Belastungen, die ein Unternehmen normalerweise selbst trägt, beinhaltet ([106]). Dies gilt für alle Fälle, in denen Wirtschaftsbeteiligte von Kosten befreit werden, die mit ihrer wirtschaftlichen Tätigkeit zwangsläufig verbunden sind ([107]). Wenn zum Beispiel ein Mitgliedstaat einen Teil der Personalkosten eines bestimmten Unternehmens trägt, befreit er dieses Unternehmen von Kosten, die mit seiner wirtschaftlichen Tätigkeit zwangsläufig verbunden sind. Ein Vorteil liegt auch dann vor, wenn Behörden den Arbeitnehmern eines bestimmten Unternehmens eine Lohnzulage zahlen, selbst wenn das Unternehmen zur Zahlung dieser Zulage nicht gesetzlich verpflichtet war ([108]). Dies gilt auch in Fällen, bei denen einige Wirtschaftsbeteiligte bestimmte Kosten nicht tragen müssen, die andere, vergleichbare Wirtschaftsbeteiligte in der jeweiligen Rechtsordnung, in der Regel zu tragen haben, und zwar unabhängig von der Frage, ob diese Kosten sich auf eine Tätigkeit beziehen, die nichtwirtschaftlicher Natur ist ([109]).

69. Bei Kosten, die durch vom Staat auferlegte rechtliche Verpflichtungen entstehen ([110]), kann grundsätzlich davon ausgegangen werden, dass sie zu den mit der wirtschaftlichen Tätigkeit zwangsläufig verbundenen Kosten zu zählen sind, so dass dem Unternehmen durch einen Ausgleich für diese Kosten ein wirtschaftlicher Vorteil gewährt wird ([111]). Das Vorliegen eines Vorteils ist daher im Prinzip ausgeschlossen, wenn die Vergünstigung nicht über den Ausgleich für die durch die auferlegten rechtlichen Verpflichtungen entstehenden Kosten hinausgeht. Dies gilt auch für die Entlastung von Kosten, die dem Unternehmen ohne den von der staatlichen Maßnahme ausgehenden Anreiz nicht entstanden wären, weil es seine Tätigkeit dann anders strukturiert hätte ([112]). Das Vorliegen eines Vorteils ist auch dann nicht ausgeschlossen, wenn mit einer Maßnahme ein Ausgleich für eigenständige Belastungen gewährt wird, die in keiner Beziehung zu dieser Maßnahme stehen ([113]).

70. Zum Ausgleich für Kosten, die aus der Erbringung einer Dienstleistung von allgemeinem wirtschaftlichem Interesse entstehen, hat der Gerichtshof in seinem Urteil Altmark klargestellt, dass die Gewährung eines Vorteils ausgeschlossen werden kann, wenn vier Voraussetzungen kumulativ erfüllt sind ([114]). Erstens muss das Empfängerunternehmen tatsächlich mit der Erfüllung von Gemeinwohlverpflichtungen betraut sein, und diese Verpflichtungen müssen klar definiert sein. Zweitens sind die Parameter, anhand deren der Ausgleich berechnet wird, zuvor objektiv und transparent festzulegen. Drittens darf der Ausgleich nicht über das hinausgehen, was erforderlich ist, um die Kosten für die Erfüllung der Gemeinwohlverpflichtungen unter Berücksichtigung der dabei erzielten Einnahmen und eines angemessenen Gewinns ganz oder teilweise zu decken. Wenn viertens das Unternehmen, das mit der Erfüllung von Gemeinwohlverpflichtungen betraut werden soll, nicht im Rahmen einer öffentlichen Ausschreibung ausgewählt wird, um sicherzustellen, dass der erfolgreiche Bieter diese Dienste zu den geringsten Kosten für die Allgemeinheit erbringen kann, so ist die Höhe des erforderlichen Ausgleichs auf der Grundlage einer Analyse der Kosten zu bestimmen, die einem durchschnittlichen, gut geführten Unternehmen, das angemessen ausgestattet ist, so dass es den gestellten Gemeinwohlverpflichtungen genügen kann, bei der Erfüllung der betreffenden Verpflichtungen entstehen würden; dabei sind die erzielten Einnahmen und ein angemessener Gewinn aus der Erfüllung dieser Verpflichtungen zu berücksichtigen. Die Kommission hat diese Voraussetzungen in ihrer Mitteilung über die Anwendung der Beihilfevorschriften der Europäischen Union auf Ausgleichsleistungen für die Erbringung von Dienstleistungen von allgemeinem wirtschaftlichem Interesse ([115]) näher erläutert.

71. Ausgeschlossen ist das Vorliegen eines Vorteils im Falle der Erstattung rechtswidrig erhobener Abgaben ([116]), im Falle von Zahlungen, zu denen nationale Behörden zum Ersatz eines Schadens, den sie bestimmten Unternehmen verursacht haben, verpflichtet sind ([117]), oder im Falle einer Ausgleichsleistung für eine Enteignung ([118]).

[106] Urteil des Gerichtshofs vom 15. März 1994, Banco Exterior de España, C-387/92, ECLI:EU:C:1994:100, Rn. 13; Urteil des Gerichtshofs vom 19. September 2000, Deutschland/Kommission, C-156/98, ECLI:EU:C:2000:467, Rn. 25; Urteil des Gerichtshofs vom 19. Mai 1999, Italien/Kommission, C-6/97, ECLI:EU:C:1999:251, Rn. 15; Urteil des Gerichtshofs vom 3. März 2005, Heiser, C-172/03, ECLI:EU:C:2005:130, Rn. 36.
[107] Urteil des Gerichtshofs vom 20. November 2003, GEMO SA, C-126/01, ECLI:EU:C:2003:622, Rn. 28-31, zur unentgeltlichen Sammlung und Beseitigung von Abfällen.
[108] Urteil des Gerichtshofs vom 26. September 1996, Frankreich/Kommission, C-241/94, ECLI:EU:C:1996:353, Rn. 40; Urteil des Gerichtshofs vom 12. Dezember 2002, Belgien/Kommission, C-5/01, ECLI:EU:C:2002:754, Rn. 38 und 39;Urteil des Gerichts vom 11. September 2012, Corsica Ferries France SAS/Kommission, T-565/08, ECLI:EU:T:2012:415, Rn. 137 und 138, im Rechtsmittelverfahren bestätigt durch das Urteil des Gerichtshofs vom 4. September 2014, SNCM und Frankreich/Kommission, verbundene Rechtssachen C-533/12 P und C-536/12 P, ECLI:EU:C:2014:2142.
[109] Siehe Leitlinien für staatliche Beihilfe für Flughäfen und Luftverkehrsgesellschaften (ABl. C 99 vom 4.4.2014, S. 3), Rn. 37.
[110] Im Agrarsektor sind als Beispiele für rechtliche Verpflichtungen veterinär- und lebensmittelrechtliche Kontrollen und Untersuchungen zu nennen, die den landwirtschaftlichen Erzeugern auferlegt werden. Kontrollen und Untersuchungen, die von öffentlichen Stellen durchgeführt und finanziert werden, und zwar anders als die Kontrollen und Untersuchungen, die landwirtschaftliche Erzeuger nach geltendem Unionsrecht vorzunehmen und zu finanzieren verpflichtet sind, stellen hingegen keine Durchsetzung von Kontrollen dar. Siehe z. B. die nicht als die Unternehmen auferlegte aufsichtsrechtliche Verpflichtungen angesehen. Siehe Beschluss der Kommission vom 18. September 2015 über die staatliche Beihilfe SA.35484 — Milchqualitätsprüfung nach dem Milch- und Fettgesetz; Beschluss der Kommission vom 4. April 2016 über die staatliche Beihilfe SA.35484 — allgemeine Gesundheitskontrolltätigkeiten nach dem Milch- und Fettgesetz.

[111] Urteil des Gerichts vom 25. März 2015, Belgien/Kommission, T-538/11, ECLI:EU:T:2015:188, Rn. 74 bis 78.
[112] Wenn z. B. ein Unternehmen eine Zuwendung erhält, damit es eine Investition in einem Fördergebiet tätigt, kann nicht argumentiert werden, dass sich die Kosten, die das Unternehmen normalerweise selbst trägt, dadurch nicht verringern, da das Unternehmen ohne die Zuwendung gar nicht in dem Gebiet investiert hätte.
[113] Urteil des Gerichtshofs vom 8. Dezember 2011, France Télécom SA/Kommission, C-81/10 P, ECLI:EU:C:2011:811, Rn. 43 bis 50. Dies gilt logischerweise auch für die Entlastung von Kosten, die einem Unternehmen aus der Ersetzung des Beamtenstatus seiner Beschäftigten durch einen Angestelltenstatus mit bei seinen Wettbewerbern entstehen, wodurch dem betreffenden Unternehmen ein Vorteil gewährt wird (in diesem Punkt kam der Gerichtshof im Urteil des Gerichts erster Instanz vom 16. März 2004, Danske Busvognmænd/Kommission, T-157/01, ECLI:EU:T:2004:76, Rn. 57, zu einer gewisse Unsicherheit). Siehe auch das Urteil des Gerichts erster Instanz vom 1. Februar 2009, Iride SpA und Iride Energia SpA/Kommission, T-25/07, ECLI:EU:T:2009:33, Rn. 46 bis 56, zur Erstattung verlorener Kosten.
[114] Urteil des Gerichtshofs vom 24. Juli 2003, Altmark Trans, C-280/00, ECLI:EU:C:2003:415, Rn. 87-95.
[115] ABl. C 8 vom 11.1.2012, S. 4.
[116] Urteil des Gerichtshofs vom 27. März 1980, Amministrazione delle finanze dello Stato, 61/79, ECLI:EU:C:1980:100, Rn. 29 bis 32.
[117] Urteil des Gerichtshofs vom 27. September 1988, Asteris AE u. a./Griechenland, verbundene Rechtssachen 106/87 bis 120/87, ECLI:EU:C:1988:457, Rn. 23 und 24.
[118] Urteil des Gerichts vom 1. Juli 2010, Nuova Terni Industrie Chimiche SpA/Kommission, T-64/08, ECLI:EU:T:2010:270, Rn. 59 bis 63, 140 und 141, in dem klargestellt wird, dass eine Ausgleichsleistung für eine Enteignung zwar kein Vorteil gewährt wird, dass aber die rückwirkende Verlängerung einer solchen Ausgleichsleistung eine staatliche Beihilfe darstellen kann.

72. Das Vorliegen eines Vorteils ist nicht schon deshalb ausgeschlossen, weil sich konkurrierende Unternehmen in anderen Mitgliedstaaten in einer günstigeren Lage befinden ([119]), denn der Begriff der Beihilfe beruht auf einer Analyse der finanziellen Lage eines Unternehmens in seiner eigenen Rechts- und Sachlage — bei Durchführung der betreffenden Maßnahme und in der kontrafaktischen Fallkonstellation.

4.2. Das Kriterium des marktwirtschaftlich handelnden Wirtschaftsbeteiligten

4.2.1. Einführung

73. Die Rechtsordnung der Union verhält sich gegenüber der Eigentumsordnung neutral ([120]) und berührt in keiner Weise das Recht der Mitgliedstaaten, als Wirtschaftsbeteiligte aufzutreten. Wenn die öffentliche Hand jedoch direkt oder indirekt wirtschaftliche Transaktionen gleich welcher Art ([121]) vornimmt, unterliegt sie den Unionsvorschriften über staatliche Beihilfen.

74. Wirtschaftliche Transaktionen von öffentlichen Stellen (einschließlich öffentlicher Unternehmen) verschaffen der Gegenseite keinen Vorteil und stellen somit keine Beihilfe dar, sofern sie zu normalen Marktbedingungen vorgenommen werden ([122]). Dieser Grundsatz ist in Bezug auf verschiedene wirtschaftliche Transaktionen entwickelt worden. Die Unionsgerichte haben den *Grundsatz des marktwirtschaftlich handelnden Kapitalgebers* entwickelt, um bei öffentlichen Investitionen (insbesondere Kapitalzuführungen) festzustellen, ob eine staatliche Beihilfe vorliegt: Um zu ermitteln, ob eine Investition einer öffentlichen Stelle eine staatliche Beihilfe darstellt, ist zu prüfen, ob ein unter normalen Marktbedingungen handelnder privater Kapitalgeber von vergleichbarer Größe in ähnlicher Lage zu der fraglichen Investition hätte bewegt werden können ([123]). Im gleichen Sinne haben die Unionsgerichte das *Kriterium des privaten Gläubigers* entwickelt, um prüfen zu können, ob eine Umschuldung durch öffentliche Gläubiger eine staatliche Beihilfe beinhaltet. Hierzu wird das Verhalten eines öffentlichen Gläubigers mit dem eines hypothetischen privaten Gläubigers in ähnlicher Lage verglichen ([124]). Außerdem haben die Unionsgerichte das *Kriterium des privaten Verkäufers* entwickelt, um feststellen zu können, ob ein Verkauf durch eine öffentliche Stelle eine staatliche Beihilfe beinhaltet. Hierzu wird geprüft, ob ein privater Verkäufer unter normalen Marktbedingungen denselben oder einen besseren Preis hätte erzielen können ([125]).

75. Diese Kriterien sind Abwandlungen desselben Grundkonzepts, wonach das Verhalten öffentlicher Stellen mit dem Verhalten ähnlicher privater Wirtschaftsbeteiligter, die unter normalen Marktbedingungen tätig sind, verglichen werden sollte, um zu ermitteln, ob der Gegenseite durch die wirtschaftlichen Transaktionen dieser Stellen ein Vorteil gewährt wird. In dieser Mitteilung wird die Kommission daher generell auf das *Kriterium des marktwirtschaftlich handelnden Wirtschaftsbeteiligten* Bezug nehmen, wenn es um die Methode für die Prüfung geht, ob wirtschaftliche Transaktionen von öffentlichen Stellen zu marktüblichen Bedingungen vorgenommen werden und ob der Gegenseite dadurch ein Vorteil entsteht (den sie unter normalen Marktbedingungen nicht erhalten hätte). Die allgemeinen Grundsätze und die einschlägigen Kriterien für die Anwendung des Kriteriums des marktwirtschaftlich handelnden Wirtschaftsbeteiligten werden in den Abschnitten 4.2.2. und 4.2.3. erläutert.

4.2.2. Allgemeine Grundsätze

76. Anhand des Kriteriums des marktwirtschaftlich handelnden Wirtschaftsbeteiligten soll geprüft werden, ob der Staat einem Unternehmen einen Vorteil gewährt hat, indem er sich in Bezug auf eine bestimmte Transaktion nicht wie ein marktwirtschaftlich handelnder Wirtschaftsbeteiligter verhalten hat. In diesem Zusammenhang ist nicht von Belang, ob die Maßnahme für die öffentliche Stelle ein vernünftiges Mittel zur Verfolgung von Gemeinwohlzielen (wie Beschäftigung) darstellt. Auch die Rentabilität des Empfängers ist an sich kein entscheidender Faktor für die Feststellung, ob die fragliche wirtschaftliche Transaktion den Marktbedingungen entspricht. Es kommt darauf an, ob die öffentliche Stelle sich so verhalten hat, wie es ein marktwirtschaftlich handelnder Wirtschaftsbeteiligter in ähnlicher Lage getan hätte. Ist dies nicht der Fall, so hat das Empfängerunternehmen einen wirtschaftlichen Vorteil erlangt, den es unter normalen Marktbedingungen nicht erhalten hätte ([126]) und durch den es sich in einer günstigeren Lage befindet als seine Wettbewerber ([127]).

77. Für die Zwecke des Kriteriums des marktwirtschaftlich handelnden Wirtschaftsbeteiligten sind nur die Vorteile und Verpflichtungen zu berücksichtigen, die mit der Rolle des Staates als Wirtschaftsbeteiligter zusammenhängen, nicht aber jene, die sich an seine Rolle als Träger

[119] Urteil des Gerichtshofs vom 2. Juli 1974, Italien/Kommission, 173/73, ECLI:EU:C:1974:71, Rn. 17. Siehe auch Urteil des Gerichts erster Instanz vom 29. September 2000, Confederación Española de Transporte de Mercancías/Kommission, T-55/99, ECLI:EU:T:2000:223, Rn. 85.

[120] Artikel 345 AEUV besagt: „Die Verträge lassen die Eigentumsordnung in den verschiedenen Mitgliedstaaten unberührt."

[121] Siehe z. B. Urteil des Gerichtshofs vom 10. Juli 1986, Belgien/Kommission, 40/85, ECLI:EU:C:1986:305, Rn. 12.

[122] Urteil des Gerichtshofs vom 11. Juli 1996, SFEI u. a., C-39/94, ECLI:EU:C:1996:285, Rn. 60 und 61.

[123] Siehe z. B. Urteil des Gerichtshofs vom 21. März 1990, Belgien/Kommission (Tubemeuse), C-142/87, ECLI:EU:C:1990:125, Rn. 29; Urteil des Gerichtshofs vom 21. März 1991, Italien/Kommission (ALFA Romeo), C-305/89, ECLI:EU:C:1991:142, Rn. 18 und 19; Urteil des Gerichts erster Instanz vom 30. April 1998, Cityflyer Express/Kommission, T-16/96, ECLI:EU:T:1998:78, Rn. 51; Urteil des Gerichts erster Instanz vom 21. Januar 1999, Neue Maxhütte Stahlwerke und Lech-Stahlwerke/Kommission, verbundene Rechtssachen T-129/95, T-2/96 und T-97/96, ECLI:EU:T:1999:7, Rn. 104; Urteil des Gerichts vom 6. März 2003, Westdeutsche Landesbank Girozentrale und Land Nordrhein-Westfalen/Kommission, verbundene Rechtssachen T-228/99 und T-233/99, ECLI:EU:T:2003:57.

[124] Urteil des Gerichtshofs vom 22. November 2007, Spanien/Kommission, C-525/04 P, ECLI:EU:C:2007:698; Urteil des Gerichtshofs vom 24. Januar 2013, Frucona/Kommission, C-73/11 P, ECLI:EU:C:2013:32; Urteil des Gerichtshofs vom 29. Juni 1999, DM Transport, C-256/97, ECLI:EU:C:1999:332.

[125] Urteil des Gerichts vom 28. Februar 2012, Land Burgenland und Österreich/Kommission, verbundene Rechtssachen T-268/08 und T-281/08, ECLI:EU:T:2012:90.

[126] Urteil des Gerichts erster Instanz vom 6. März 2003, Westdeutsche Landesbank Girozentrale und Land Nordrhein-Westfalen/Kommission, verbundene Rechtssachen T-228/99 und T-233/99, ECLI:EU:T:2003:57, Rn. 208.

[127] Siehe hierzu Urteil des Gerichtshofs vom 5. Juni 2012, Kommission/EDF, C-124/10 P, ECLI:EU:C:2012:318, Rn. 90; Urteil des Gerichtshofs vom 11. Juli 1996, Banco Exterior de España, C-387/92, ECLI:EU:C:1994:100, Rn. 14; Urteil des Gerichtshofs vom 19. Mai 1999, Italien/Kommission, C-6/97, ECLI:EU:C:1999:251, Rn. 16.

öffentlicher Gewalt knüpfen ([128]). Das Kriterium ist also in der Regel nicht anwendbar, wenn der Staat als Träger der öffentlichen Gewalt und nicht als Wirtschaftsbeteiligter handelt. Wenn ein Eingriff des Staates zum Beispiel aus Gründen des Gemeinwohls (etwa zum Zweck der sozialen oder regionalen Entwicklung) erfolgt, kann das Verhalten des Staates zwar aus politischer Sicht rational sein, aber gleichzeitig Erwägungen Rechnung tragen, die marktwirtschaftlich handelnde Wirtschaftsbeteiligte in der Regel nicht berücksichtigen. Bei der Anwendung des Kriteriums des marktwirtschaftlich handelnden Wirtschaftsbeteiligten sollten daher alle Erwägungen außer Betracht bleiben, die sich ausschließlich auf die Rolle des Mitgliedstaats als Träger der öffentlichen Gewalt beziehen (zum Beispiel soziale oder regionalpolitische Erwägungen oder sektorbezogene politische Erwägungen) ([129]).

78. Ob eine staatliche Maßnahme den Marktbedingungen entspricht, muss *ex ante* auf Grundlage der zum Zeitpunkt der Entscheidung über die Maßnahme verfügbaren Informationen geprüft werden ([130]). Denn ein umsichtiger marktwirtschaftlich handelnder Wirtschaftsbeteiligter würde in der Regel eine *Ex-ante*-Bewertung der Strategie und der finanziellen Aussichten eines Vorhabens zum Beispiel anhand eines Geschäftsplans vornehmen ([131]). *Ex-post* vorgenommene wirtschaftliche Bewertungen, welche rückblickend die tatsächliche Rentabilität der vom betroffenen Mitgliedstaat getätigten Investition feststellen, reichen nicht aus ([132]).

79. Wenn ein Mitgliedstaat geltend macht, er habe sich wie ein marktwirtschaftlich handelnder Wirtschaftsbeteiligter verhalten, muss er im Zweifelsfall nachweisen, dass die Entscheidung über die Durchführung der Transaktion auf der Grundlage wirtschaftlicher Bewertungen getroffen wurde, die denen vergleichbar sind, die ein vernünftiger, marktwirtschaftlich handelnder Wirtschaftsbeteiligter (mit ähnlichen Merkmalen wie die betreffende öffentliche Einrichtung) in ähnlicher Lage vorgenommen hätte, um die Rentabilität oder die wirtschaftlichen Vorteile der Transaktion zu ermitteln ([133]).

80. Ob eine Transaktion den Marktbedingungen entspricht, muss im Wege einer umfassenden Bewertung der Wirkung der Transaktion auf das betreffende Unternehmen festgestellt werden, ohne zu berücksichtigen, ob die besonderen Mittel, die bei der Durchführung der Transaktion eingesetzt wurden, marktwirtschaftlich handelnden Wirtschaftsbeteiligten zur Verfügung stehen würden. So kann die Anwendbarkeit des Kriteriums des marktwirtschaftlich handelnden Wirtschaftsbeteiligten nicht allein aufgrund der steuerrechtlichen Natur der vom Staat eingesetzten Mittel ausgeschlossen werden ([134]).

81. In bestimmten Fällen können mehrere aufeinanderfolgende Maßnahmen des Staates für die Zwecke des Artikels 107 Absatz 1 AEUV als eine Maßnahme angesehen werden. Dies kann insbesondere dann der Fall sein, wenn aufeinanderfolgende Maßnahmen insbesondere in Anbetracht ihrer zeitlichen Abfolge, ihres Zwecks und der Lage des Unternehmens zum Zeitpunkt dieser Maßnahmen derart eng miteinander verknüpft sind, dass sie sich unmöglich voneinander trennen lassen ([135]). Zum Beispiel kann eine Abfolge staatlicher Maßnahmen, die in einem relativ kurzen Zeitraum in Bezug auf dasselbe Unternehmen durchgeführt wird, miteinander verbunden sind oder alle zum Zeitpunkt der ersten Maßnahme geplant oder vorhersehbar waren, als eine Maßnahme geprüft werden. Wenn dagegen eine spätere Maßnahme das Ergebnis von zum Zeitpunkt einer früheren Maßnahme unvorhergesehenen Ereignissen war ([136]), sollten die beiden Maßnahmen in der Regel getrennt geprüft werden.

82. Bei der Prüfung, ob eine Transaktion den Marktbedingungen entspricht, sollten alle maßgeblichen Umstände des Einzelfalls berücksichtigt werden. So können außergewöhnliche Umstände vorliegen, unter denen der Erwerb von Waren oder Dienstleistungen durch eine Behörde möglicherweise nicht als den Marktbedingungen entsprechend anzusehen ist, obwohl er zu Marktpreisen erfolgte ([137]).

---

[128] Urteil des Gerichtshofs vom 5. Juni 2012, Kommission/EDF, C-124/10 P, E-CLI:EU:C:2012:318, Rn. 79, 80 und 81; Urteil des Gerichtshofs vom 10. Juli 1986, Belgien/Kommission, 234/84, ECLI:EU:C:1986:302, Rn. 14; Urteil des Gerichtshofs vom 10. Juli 1986, Belgien/Kommission, 40/85, ECLI:EU:C:1986:305, Rn. 13; Urteil des Gerichtshofs vom 14. September 1994, Spanien/Kommission, verbundene Rechtssachen C-278/92 bis C-280/92, ECLI:EU:C:1994:325, Rn. 22; Urteil des Gerichtshofs vom 28. Januar 2003, Deutschland/Kommission, C-334/99, ECLI:EU:C:2003:55, Rn. 134.

[129] Urteil des Gerichtshofs vom 5. Juni 2012, Kommission/EDF, C-124/10 P, E-CLI:EU:C:2012:318, Rn. 79-81; Urteil des Gerichtshofs vom 10. Juli 1986, Belgien/Kommission, 234/84, ECLI:EU:C:1986:302, Rn. 14; Urteil des Gerichtshofs vom 10. Juli 1986, Belgien/Kommission, 40/85, ECLI:EU:C:1986:305, Rn. 13; Urteil des Gerichtshofs vom 14. September 1994, Spanien/Kommission, verbundene Rechtssachen C-278/92 bis C-280/92, ECLI:EU:C:1994:325, Rn. 22; Urteil des Gerichtshofs vom 28. Januar 2003, Deutschland/Kommission, C-334/99, ECLI:EU:C:2003:55, Rn. 134.

[130] Urteil des Gerichtshofs vom 5. Juni 2012, Kommission/EDF, C-124/10 P, E-CLI:EU:C:2012:318, Rn. 83, 84, 85 und 105; Urteil des Gerichtshofs vom 16. Mai 2002, Frankreich/Kommission (Stardust), C-482/99, ECLI:EU:C:2002:294, Rn. 71 und 72; Urteil des Gerichts erster Instanz vom 30. April 1998, Cityflyer Express/Kommission, T-16/96, ECLI:EU:T:1998:78, Rn. 76.

[131] Urteil des Gerichtshofs vom 5. Juni 2012, Kommission/EDF, C-124/10 P, E-CLI:EU:C:2012:318, Rn. 82 bis 85 und 105.

[132] Urteil des Gerichtshofs vom 5. Juni 2012, Kommission/EDF, C-124/10 P, E-CLI:EU:C:2012:318, Rn. 85.

[133] Urteil des Gerichtshofs vom 5. Juni 2012, Kommission/EDF, C-124/10 P, E-CLI:EU:C:2012:318, Rn. 82 bis 85. Siehe auch Urteil des Gerichtshofs vom 24. Oktober 2013, Land Burgenland/Kommission, verbundene Rechtssachen C-214/12 P, C-215/12 P und C-223/12 P, ECLI:EU:C:2013:682, Rn. 61. Wie eingehend eine solche *Ex-ante*-Bewertung ist, hängt von der Komplexität der Transaktion und dem Wert der betroffenen Vermögenswerte, Waren oder Dienstleistungen ab. In der Regel sollten *Ex-ante*-Bewertungen mit Unterstützung von Sachverständigen mit Fachwissen und Erfahrung vorgenommen werden. Sie sollten stets auf objektiven Kriterien beruhen und nicht durch politische Erwägungen beeinflusst werden. Wenn eine Bewertung von einem unabhängigen Sachverständigen vorgenommen wird, kann dies die Glaubwürdigkeit der Bewertung zusätzlich untermauern.

[134] Urteil des Gerichtshofs vom 5. Juni 2012, Kommission/EDF, C-124/10 P, E-CLI:EU:C:2012:318, Rn. 88.

[135] Urteil des Gerichtshofs vom 19. März 2013, Bouygues und Bouygues TGI.com/Kommission u. a., verbundene Rechtssachen C-399/10 P und C-401/10 P, ECLI:EU:C:2013:175, Rn. 104; Urteil des Gerichts vom 13. September 2010, Griechenland u. a./Kommission, verbundene Rechtssachen T-415/05, T-416/05 und T-423/05, ECLI:EU:T:2010:386, Rn. 177; Urteil des Gerichts erster Instanz vom 15. September 1998, BP Chemicals/Kommission, T-11/95, ECLI:EU:T:1998:199, Rn. 170 und 171.

[136] Beschluss der Kommission vom 19. Dezember 2012 über die staatliche Beihilfe SA.35378 — Deutschland — Finanzierung des Flughafens Berlin Brandenburg (ABl. C 36 vom 8.2.2013, S. 11), Erwägungsgründe 14-33.

[137] Im Urteil des Gerichts erster Instanz vom 28. Januar 1999, BAI/Kommission, T-14/96, ECLI:EU:T:1999:12, Rn. 74 bis 79, konnte nach Auffassung des Gerichts werden, dass es für den Kauf von Reisegutscheinen des Unternehmens P□O Ferries durch nationale Behörden keinen tatsächlichen Bedarf gab und diese somit nicht wie unter normalen marktwirtschaftlichen Bedingungen handelnder privater Wirtschaftsbeteiligter verhalten hatten. Mit diesem Kauf wurde daher P□O Ferries ein Vorteil

21. Bek Beihilfebegriff

4.2.3. *Feststellung der Marktkonformität*

83. Bei der Anwendung des Kriteriums des marktwirtschaftlich handelnden Wirtschaftsbeteiligten sollte unterschieden werden zwischen Fällen, in denen die Marktkonformität der Transaktion direkt mittels transaktionsspezifischer Marktdaten festgestellt werden kann, und Fällen, in denen die Marktkonformität der Transaktion in Ermangelung solcher Daten nach anderen verfügbaren Methoden geprüft werden muss.

4.2.3.1. Fälle, in denen die Marktkonformität direkt festgestellt werden kann

84. Die Marktkonformität einer Transaktion kann direkt mittels transaktionsspezifischer Marktinformationen festgestellt werden,

    i.   wenn die Transaktion von öffentlichen Stellen und privaten Wirtschaftsbeteiligten zu gleichen Bedingungen („*pari passu*") durchgeführt wird; oder

    ii. wenn sie den Verkauf oder Kauf von Vermögenswerten, Waren und Dienstleistungen (oder andere vergleichbare Transaktionen) in einem wettbewerblichen, transparenten, diskriminierungsfreien und bedingungsfreien Ausschreibungsverfahren betrifft.

85. Wenn in solchen Fällen die spezifischen Marktinformationen zeigen, dass die Transaktion den Marktbedingungen nicht entspricht, wäre es in der Regel nicht gerechtfertigt, andere Bewertungsmethoden heranzuziehen, um zu einem anderen Ergebnis zu gelangen ([138]).

i) *Pari-passu*-Transaktionen

86. Wenn eine Transaktion zu gleichen Bedingungen (und daher mit gleich hohen Risiken und Erträgen) von öffentlichen Stellen und privaten Wirtschaftsbeteiligten, die sich in einer vergleichbaren Lage befinden, durchgeführt wird (*Pari-passu*-Transaktion) ([139]), beispielsweise im Rahmen einer öffentlich-privaten Partnerschaft, so kann daraus in der Regel geschlossen werden, dass die Transaktion den Marktbedingungen entspricht ([140]).

Wenn sich dagegen öffentliche Stellen und private Wirtschaftsbeteiligte, die sich in einer vergleichbaren Lage befinden, zwar gleichzeitig, aber zu unterschiedlichen Bedingungen an einer Transaktion beteiligen, deutet dies in der Regel darauf hin, dass die Maßnahme der öffentlichen Stelle den Marktbedingungen nicht entspricht ([141]).

87. Bei der Prüfung, ob eine *Pari-passu*-Transaktion vorliegt, sollte insbesondere berücksichtigt werden,

    a) ob die Maßnahmen der öffentlichen Stellen und der privaten Wirtschaftsbeteiligten gleichzeitig beschlossen und durchgeführt werden oder ob zwischen diesen Maßnahmen eine gewisse Zeit vergangen ist und sich die wirtschaftlichen Rahmenbedingungen geändert haben;

    b) ob die Bedingungen für die öffentlichen Stellen und alle beteiligten privaten Wirtschaftsbeteiligten dieselben sind, wobei auch die Möglichkeit, das Risiko im Laufe der Zeit zu erhöhen oder zu senken, zu berücksichtigen ist;

    c) ob die Maßnahme der privaten Wirtschaftsbeteiligten von realer wirtschaftlicher und nicht nur von symbolischer oder marginaler Bedeutung ist ([142]); und

    d) ob die Ausgangsposition der öffentlichen Stellen und der beteiligten privaten Wirtschaftsbeteiligten in Bezug auf die Transaktion vergleichbar ist, wenn man beispielsweise ihr bisheriges wirtschaftliches Engagement bei den betreffenden Unternehmen (siehe Abschnitt 4.2.3.3), die möglichen Synergien ([143]), den Umfang, in dem die verschiedenen Investoren ähnliche Transaktionskosten tragen ([144]) oder sonstige Umstände berücksichtigt, die für die öffentliche Stelle und den privaten Wirtschaftsbeteiligten spezifisch sind und den Vergleich verfälschen könnten.

88. Das *Pari-passu*-Kriterium ist möglicherweise in einigen Fällen nicht anwendbar, wenn die staatliche Beteiligung (angesichts ihres besonderen Charakters oder Umfangs) so beschaffen ist, dass sich in der Praxis kein marktwirtschaftlich handelnder Wirtschaftsbeteiligter in derselben Weise beteiligen könnte.

**Bek Bei-
hilfebe-
griff**

gewährt, den das Unternehmen unter normalen Marktbedingungen nicht erhalten hätte, so dass alle in Erfüllung des Kaufvertrags gezahlten Beträge staatliche Beihilfen darstellten.

[138] Siehe hierzu Urteil des Gerichtshofs vom 24. Oktober 2013, Land Burgenland/Kommission, verbundene Rechtssachen C-214/12 P, C-215/12 P und C-233/12 P, ECLI:EU:C:2013:682, Rn. 94 und 95. In dieser Rechtssache war das Gericht insbesondere der Auffassung, dass im Falle eines Unternehmens durch den öffentliche Hand in einem ordnungsgemäßen Ausschreibungsverfahren vermutet werden kann, dass der Marktpreis dem höchsten (verpflichtenden und verlässlichen) Angebot entspricht, ohne dass die Notwendigkeit besteht, sich anderer Bewertungsmethoden wie etwa unabhängiger Gutachten zu bedienen.

[139] Die Bedingungen können nicht als gleich angesehen werden, wenn öffentliche Stellen und private Wirtschaftsbeteiligte zwar zu gleichen Bedingungen, aber zu unterschiedlichen Zeitpunkten tätig werden, etwa nachdem sich die für die betreffende Transaktion relevante wirtschaftliche Lage geändert hat.

[140] Siehe hierzu Urteil des Gerichts erster Instanz vom 12. Dezember 2000, Alitalia/Kommission, T-296/97, ECLI:EU:T:2000:289, Rn. 81.

[141] Wenn es sich jedoch um unterschiedliche Transaktionen handelt, die nicht gleichzeitig durchgeführt werden, ist die bloße Tatsache, dass die Bedingungen unterschiedlich sind, kein entscheidender (positiver oder negativer) Anhaltspunkt dafür, ob die von der öffentlichen Stelle durchgeführte Transaktion den Marktbedingungen entspricht.

[142] Zum Beispiel konnte nach Auffassung der Kommission in der Sache Citynet Amsterdam die Beteiligung zweier privater Wirtschaftsbeteiligter, die mit ihrer Investition zusammen ein Drittel des gesamten Gesellschaftskapitals erwerben, (auch unter

Berücksichtigung der Teilhaberstruktur insgesamt und der Tatsache, dass ihre Anteile ausreichen, um bei strategischen Beschlüssen des Unternehmens eine Sperrminorität zu bilden) als wirtschaftlich bedeutend angesehen werden (siehe Entscheidung 2008/729/EG der Kommission vom 11. Dezember 2007 über die staatliche Beihilfe C-53/06 — Niederlande — Citynet Amsterdam (ABl. L 247 vom 16.9.2008, S. 27), Erwägungsgründe 96 bis 100). Dagegen erreichte die private Beteiligung in der Sache N 429/10 — Griechenland — Agricultural Bank of Greece (ABl. C 317 vom 29.10.2011, S. 5) nur 10 % der Investitionen gegenüber einer staatlichen Beteiligung von 90 %, so dass die Kommission zu dem Schluss kam, dass keine *Pari-passu*-Bedingungen gegeben waren, da das vom Staat zugeführte Kapital weder von einer vergleichbaren Beteiligung eines privaten Anteilseigners begleitet wurde noch der Zahl der Anteile der öffentlichen Hand entsprach. Siehe auch Urteil des Gerichts erster Instanz vom 12. Dezember 2000, Alitalia/Kommission, T-296/97, E-CLI:EU:T:2000:289, Rn. 81.

[143] Sie müssen auch aus denselben geschäftlichen Erwägungen handeln; siehe Entscheidung 2005/137/EG der Kommission über die staatliche Beihilfe C-25/02 — Belgien — Finanzielle Beteiligung der Wallonischen Region am Unternehmen Carsid (ABl. L 47 vom 18.2.2005, S. 28), Erwägungsgründe 67 bis 70.

[144] Zu den Transaktionskosten können etwa die Kosten gehören, die den jeweiligen Investoren aus der Prüfung und Auswahl des Investitionsvorhabens, der Vereinbarung der Vertragsbedingungen und der Erfolgskontrolle während der Laufzeit des Vertrags entstehen. Wenn z. B. staatliche Banken stets die Kosten für die Prüfung von Investitionsvorhaben oder für Kreditfinanzierung tragen, reicht die bloße Tatsache, dass private Investoren zum gleichen Zinssatz koinvestieren, nicht aus, um das Vorliegen von nur staatlichen Beihilfen auszuschließen.

ii) Verkauf und Kauf von Vermögenswerten, Waren und Dienstleistungen (oder andere vergleichbare Transaktionen) in wettbewerblichen, transparenten, diskriminierungsfreien und bedingungsfreien Ausschreibungsverfahren

89. Wenn der Verkauf und Kauf von Vermögenswerten, Waren und Dienstleistungen (oder andere vergleichbare Transaktionen (¹⁴⁵)) in einem wettbewerblichen (¹⁴⁶), transparenten, diskriminierungsfreien und bedingungsfreien Ausschreibungsverfahren erfolgt, das mit den Vorschriften des AEUV zum öffentlichen Beschaffungswesen im Einklang steht (¹⁴⁷) (siehe die Randnummern 90 bis 94), kann davon ausgegangen werden, dass diese Transaktionen den Marktbedingungen entsprechen, sofern die unter den Randnummern 95 und 96 genannten einschlägigen Kriterien zur Auswahl des Käufers bzw. Verkäufers angewendet worden sind. Wenn ein Mitgliedstaat hingegen aus politischen Gründen beschließt, eine bestimmte Tätigkeit zu fördern, und beispielsweise den Umfang der Förderung ausschreibt — etwa zur Förderung der Erzeugung von Strom aus erneuerbaren Energiequellen oder der bloßen Bereitstellung von Stromerzeugungskapazitäten —, so fällt dies nicht in den Anwendungsbereich dieses Unterabschnitts ii. In einem solchen Fall kann die Vergabe im Wege einer Ausschreibung nur die Höhe des gewährten Betrages minimieren, jedoch nicht die Gewährung eines Vorteils ausschließen.

90. Das Ausschreibungsverfahren muss wettbewerblich sein, damit alle interessierten und qualifizierten Bieter teilnehmen können.

91. Das Verfahren muss transparent sein, damit alle interessierten Bieter in jeder Phase des Ausschreibungsverfahrens in gleicher Weise ordnungsgemäß informiert sind. Der Zugang zu Informationen, ausreichend Zeit für interessierte Bieter und die Klarheit der Auswahl- und Zuschlagskriterien sind für ein transparentes Auswahlverfahren von entscheidender Bedeutung. Die Ausschreibung muss hinreichend bekannt gemacht werden, damit alle potenziellen Bieter davon Kenntnis erlangen können. Welcher Grad an Öffentlichkeit notwendig ist, um in einem bestimmten Fall eine hinreichende Bekanntmachung zu gewährleisten, hängt von den Merkmalen der jeweiligen Vermögenswerte, Waren oder Dienstleistungen ab. Vermögenswerte, Waren und Dienstleistungen, die angesichts ihres hohen Wertes oder anderer Merkmale für europa- oder weltweit tätige Bieter von Interesse sein könnten, sollten so ausgeschrieben werden, dass potenzielle

Bieter, die europa- oder weltweit tätig sind, darauf aufmerksam werden.

92. Die diskriminierungsfreie Behandlung aller Bieter in allen Phasen des Verfahrens sowie objektive, vorher mitgeteilte Auswahl- und Zuschlagskriterien sind unerlässlich, um sicherzustellen, dass die sich aus dem Verfahren ergebende Transaktion den Marktbedingungen entspricht. Damit die Gleichbehandlung gewährleistet ist, sollten die Zuschlagskriterien einen Vergleich und eine objektive Bewertung der Angebote ermöglichen.

93. Für die Einhaltung der obigen Anforderungen kann es als ausreichend angesehen werden, wenn die in den Vergaberichtlinien (¹⁴⁸) vorgesehenen Verfahren angewandt und eingehalten werden, sofern alle Voraussetzungen für die Anwendung des jeweiligen Verfahrens erfüllt sind. Dies gilt nicht bei Vorliegen besonderer Umstände, die die Ermittlung eines Marktpreises unmöglich machen, wie etwa beim Rückgriff auf das Verhandlungsverfahren ohne Veröffentlichung einer Bekanntmachung. Wenn nur ein einziges Angebot abgegeben wird, ist das Verfahren in der Regel nicht ausreichend, um einen Marktpreis zu erhalten, außer wenn i) bei der Ausgestaltung des Verfahrens besonders strenge Vorkehrungen getroffen wurden, um echten und wirksamen Wettbewerb zu gewährleisten, und nicht offensichtlich ist, dass realistisch betrachtet nur ein einziger Wirtschaftsbeteiligter in der Lage sein dürfte, ein glaubwürdiges Angebot einzureichen, oder ii) sich die Behörden durch zusätzliche Maßnahmen vergewissern, dass das Ergebnis dem Marktpreis entspricht.

94. Eine Ausschreibung für den Verkauf von Vermögenswerten, Waren oder Dienstleistungen ist bedingungsfrei, wenn es potenziellen Käufern unabhängig davon, ob sie bestimmte Unternehmen betreiben, grundsätzlich freisteht, die zum Verkauf stehenden Vermögenswerte, Waren oder Dienstleistungen zu erwerben und für ihre eigenen Zwecke zu nutzen. Wenn zur Bedingung gemacht wird, dass die Käufer zugunsten der Behörden oder im allgemeinen öffentlichen Interesse besondere Verpflichtungen eingeht, die ein privater Verkäufer nicht verlangt hätte und die sich nicht aus dem allgemeinen nationalen Recht oder aus Entscheidungen der Planungsbehörden ergeben, kann die Ausschreibung nicht als bedingungsfrei angesehen werden.

95. Wenn öffentliche Stellen Vermögenswerte, Waren und Dienstleistungen verkaufen, ist das höchste Angebot das einzige maßgebliche Kriterium für die Auswahl des

---

¹⁴⁵ Zum Beispiel das Leasing bestimmter Waren oder die Erteilung von Konzessionen für die kommerzielle Nutzung natürlicher Ressourcen.

¹⁴⁶ Die Unionsgerichte verwenden im Zusammenhang mit staatlichen Beihilfen oftmals die Bezeichnung „offenes" Ausschreibungsverfahren (siehe z. B. Urteil des Gerichts vom 5. August 2003, P □ O European Ferries (Vizcaya)/Kommission, verbundene Rechtssachen T-116/01 und T-118/01, ECLI:EU:T:2003:217, Rn. 117 und 118; Urteil des Gerichtshofs vom 24. Oktober 2013, Land Burgenland/Kommission, verbundene Rechtssachen C-214/12 P, C-215/12 P und C-223/12 P, ECLI:EU:C:2013:682, Rn. 94). Die Verwendung der Bezeichnung „offen" entspricht jedoch keinem spezifischen Vergabeverfahren der Richtlinie 2014/24/EU des Europäischen Parlaments und des Rates vom 26. Februar 2014 über die öffentliche Auftragsvergabe und zur Aufhebung der Richtlinie 2004/18/EG oder der Richtlinie 2014/25/EU des Europäischen Parlaments und des Rates vom 26. Februar 2014 über die Vergabe von Aufträgen durch Auftraggeber im Bereich der Wasser-, Energie- und Verkehrsversorgung sowie der Postdienste und zur Aufhebung der Richtlinie

2004/17/EG. Daher erscheint die Bezeichnung „wettbewerblich" angemessener. Die Wahl dieser anderen Bezeichnung hat auf die materiellen Bedingungen aus der Rechtsprechung unberührt.

¹⁴⁷ Urteil des Gerichtshofs vom 7. Dezember 2000, Telaustria, C-324/98, ECLI:EU:C:2000:669, Rn. 62; Urteil des Gerichtshofs vom 3. Dezember 2001, Bent Mousten Vestergaard, C-59/00, ECLI:EU:C:2001:654, Rn. 20. Siehe auch Mitteilung der Kommission zu Auslegungsfragen in Bezug auf das Gemeinschaftsrecht, das für die Vergabe von Aufträgen gilt, die nicht oder nur teilweise unter die Vergaberichtlinien fallen (ABl. C 179 vom 1.8.2006, S. 2).

¹⁴⁸ Richtlinie 2014/24/EU des Europäischen Parlaments und des Rates vom 26. Februar 2014 über die öffentliche Auftragsvergabe und zur Aufhebung der Richtlinie 2004/18/EG; Richtlinie 2014/25/EU des Europäischen Parlaments und des Rates vom 26. Februar 2014 über die Vergabe von Aufträgen durch Auftraggeber im Bereich der Wasser-, Energie- und Verkehrsversorgung sowie der Postdienste und zur Aufhebung der Richtlinie 2004/17/EG.

Käufers ([149]), wobei auch den geforderten vertraglichen Vereinbarungen (zum Beispiel die Garantie des Verkäufers oder anderer nach dem Verkauf eingreifender Verpflichtungen) Rechnung zu tragen ist. Es sollten nur glaubwürdige ([150]) und verbindliche Angebote berücksichtigt werden ([151]).

96. Wenn öffentliche Stellen Vermögenswerte, Waren und Dienstleistungen kaufen, sollten jegliche besondere Ausschreibungsbedingungen nicht diskriminierungsfrei sein und in einem engen und objektiven Zusammenhang mit dem Vertragsgegenstand und dem jeweiligen wirtschaftlichen Ziel der Ausschreibung stehen. Sie sollten ermöglichen, dass das wirtschaftlich günstigste Angebot dem Marktwert entspricht. Die Kriterien sollten daher so festgelegt werden, dass sie ein wirksames wettbewerbliches Ausschreibungsverfahren ermöglichen, auf dessen Grundlage der erfolgreiche Bieter eine marktübliche Rendite erzielt, aber nicht mehr. In der Praxis setzt dies die Anwendung von Ausschreibungsverfahren voraus, bei denen der „Preis"-Komponente des Angebots großes Gewicht beigemessen wird oder bei denen es aus sonstigen Gründen wahrscheinlich ist, dass ein wettbewerbsgerechtes Ergebnis erzielt wird (zum Beispiel bestimmte Auftragsauktionen mit hinreichend klaren Zuschlagskriterien).

4.2.3.2. Prüfung der Marktkonformität einer Transaktion auf der Grundlage von Benchmarking oder anderen Bewertungsmethoden

97. Wenn eine Transaktion im Wege einer Ausschreibung oder zu *Pari-passu*-Bedingungen zustande gekommen ist, so stellt dies einen direkten und spezifischen Nachweis für ihre Marktkonformität dar. Wenn eine Transaktion nicht im Wege einer Ausschreibung zustande gekommen ist oder wenn die Maßnahmen der öffentlichen Stellen nicht gleichrangig („*pari passu*") mit denen der privaten Wirtschaftsbeteiligten sind, bedeutet dies jedoch nicht automatisch, dass die Transaktion nicht den Marktbedingungen entspricht ([152]). In diesen Fällen kann die Einhaltung der Marktbedingungen immer anhand von i) Benchmarking oder ii) anderen Bewertungsmethoden ([153]) geprüft werden.

i) Benchmarking

98. Um festzustellen, ob eine Transaktion die Marktbedingungen erfüllt, kann sie anhand der Bedingungen geprüft werden, zu denen vergleichbare Transaktionen von vergleichbaren privaten Wirtschaftsbeteiligten in einer vergleichbaren Lage vorgenommen wurden (Benchmarking).

99. Bei der Ermittlung einer geeigneten Benchmark ist besonders auf die Art des betroffenen Wirtschaftsbeteiligten (zum Beispiel Konzerndachgesellschaft, spekulativer Fonds oder langfristig denkender Investor, der sich auf längere Sicht Gewinne sichern will), auf die Art der Transaktion (zum Beispiel Beteiligungs- oder Kredittransaktion) und auf die betroffenen Märkte (zum Beispiel Finanzmärkte, schnell wachsende Technologiemärkte, Versorgungs- oder Infrastrukturmärkte) zu achten. Wenn wichtige wirtschaftliche Entwicklungen stattgefunden haben, ist der Zeitpunkt der Transaktionen von besonderer Bedeutung. Die verfügbaren Marktbenchmarks müssen gegebenenfalls an die Besonderheiten der staatlichen Transaktion (zum Beispiel die Lage des Empfängerunternehmens oder des betroffenen Marktes) angepasst werden ([154]). Benchmarking ist unter Umständen keine geeignete Methode für die Ermittlung von Marktpreisen, wenn die verfügbaren Benchmarks nicht aus marktwirtschaftlichen Überlegungen heraus festgelegt wurden oder die bestehenden Preise durch staatliche Eingriffe erheblich verzerrt sind.

100. Beim Benchmarking wird häufig nicht ein „genauer" Referenzwert, sondern eine Spanne möglicher Werte ermittelt, indem vergleichbare Transaktionen geprüft werden. Wenn das Ziel der Bewertung darin besteht zu prüfen, ob die staatliche Maßnahme den Marktbedingungen entspricht, empfiehlt es sich in der Regel, Maße für die zentrale Tendenz wie den Durchschnitt oder den Median vergleichbarer Transaktionen in Erwägung zu ziehen.

ii) Andere Bewertungsmethoden

101. Ob eine Transaktion mit den Marktbedingungen im Einklang steht, kann auch anhand einer allgemein anerkannten Standard-Bewertungsmethode festgestellt werden ([155]). Eine solche Methode muss auf den verfügbaren objektiven, überprüfbaren und zuverlässigen Daten ([156]) beruhen, die hinreichend detailliert sein müssen und unter Berücksichtigung der Höhe des Risikos und der Erwartungen für die Zukunft ([157]) die wirtschaftliche Lage zum Zeitpunkt der Entscheidung über die Transaktion widerspiegeln sollten. Je nach dem Wert der Transaktion sollte die Belastbarkeit der Bewertung in der Regel durch eine Sensitivitätsanalyse bestätigt werden, bei der verschiedene Geschäftsszenarios geprüft, Notfallpläne ausgearbeitet und die Ergebnisse mit alternativen Bewertungs-

---

[149] Urteil des Gerichts vom 28. Februar 2012, Land Burgenland und Österreich/Kommission, verbundene Rechtssachen T-268/08 und T-281/08, ECLI:EU:T:2012:90, Rn. 87.

[150] Auch ein spontan eingereichtes Angebot kann, je nach den Umständen des Falles und insbesondere wenn es verbindlich ist, verlässlich sein (siehe Urteil des Gerichts vom 13. Dezember 2011, Konsum Nord/Kommission, T-244/08, ECLI:EU:T:2011:732, Rn. 73, 74 und 75).

[151] So sollten bloße Ankündigungen ohne rechtsverbindlichen Charakter im Ausschreibungsverfahren nicht berücksichtigt werden; siehe Urteil des Gerichts vom 28. Februar 2012, Land Burgenland und Österreich/Kommission, verbundene Rechtssachen T-268/08 und T-281/08, ECLI:EU:T:2012:90, Rn. 87; Urteil des Gerichts vom 13. Dezember 2011, Konsum Nord/Kommission, T-244/08, ECLI:EU:T:2011:732, Rn. 67 und 75.

[152] Siehe Urteil des Gerichts vom 12. Juni 2014, Sarc/Kommission, T-488/11, ECLI:EU:T:2014:497, Rn. 98.

[153] Wird der Marktpreis im Wege von *Pari-passu*-Transaktionen oder Ausschreibungen festgesetzt, so kann das Ergebnis nicht durch andere Bewertungsmethoden, z. B. unabhängige Gutachten, in Frage gestellt werden (siehe Urteil des Gerichtshofs vom 24. Oktober 2013, Land Burgenland/Kommission, verbundene Rechtssachen C-214/12 P, C-215/12 P und C-223/12 P, ECLI:EU:C:2013:682, Rn. 94 und 95).

[154] Urteil des Gerichts erster Instanz vom 6. März 2003, Westdeutsche Landesbank Girozentrale und Land Nordrhein-Westfalen/Kommission, verbundene Rechtssachen T-228/99 und T-233/99, ECLI:EU:T:2003:57, Rn. 251.

[155] Siehe Urteil des Gerichtshofs vom 29. März 2007, Scott/Kommission, T-366/00, ECLI:EU:T:2007:99, Rn. 134; Urteil des Gerichtshofs vom 16. Dezember 2010, Seydaland Vereinigte Agrarbetriebe, C-239/09, ECLI:EU:C:2010:778, Rn. 39.

[156] Siehe Urteil des Gerichts erster Instanz vom 16. September 2004, Valmont Nederland BV/Kommission, T-274/01, ECLI:EU:T:2004:266, Rn. 71.

[157] Siehe Urteil des Gerichts vom 29. März 2007, Scott/Kommission, T-366/00, ECLI:EU:T:2007:99, Rn. 158.

methoden verglichen werden. Eine neue (*Ex-ante-*)Bewertung kann erforderlich sein, wenn die Transaktion sich verzögert und den jüngsten Veränderungen der Marktbedingungen Rechnung getragen werden muss.

102. Eine weithin anerkannte Standardmethode für die Ermittlung der (jährlichen) Kapitalrendite ist beispielsweise die Berechnung des internen Zinsfußes (Internal Rate of Return — IRR) ([158]). Man kann die Investitionsentscheidung auch anhand ihres Barwerts (NET Present Value — NPV) ([159]) bewerten, der in den meisten Fällen zu gleichwertigen Ergebnissen führt wie der IRR ([160]). Um zu prüfen, ob die Investition zu Marktbedingungen getätigt wird, muss die Kapitalrendite mit der normalen erwarteten marktüblichen Rendite verglichen werden. Die normale erwartete Rendite (oder die Kapitalkosten der Investition) kann definiert werden als die durchschnittliche erwartete Rendite, die der Markt bei einer Investition auf der Grundlage allgemein anerkannter Kriterien und insbesondere des Investitionsrisikos verlangt, wobei der finanziellen Lage des Unternehmens und den Besonderheiten des Wirtschaftszweigs, der Region oder des Landes Rechnung getragen wird. Wenn diese normale Rendite nicht erwartet werden kann, würde die Investition höchstwahrscheinlich zu Marktbedingungen nicht getätigt werden. Je höher das mit dem Vorhaben verbundene Risiko ist, desto höher wird im Allgemeinen die von den Kapitalgebern verlangte Rendite sein, d. h. umso höher werden die Kapitalkosten sein.

103. Welche Bewertungsmethode am besten geeignet ist, kann von der Marktsituation ([161]), der Verfügbarkeit von Daten oder der Art der Transaktion abhängen. Während beispielsweise ein Investor mit seiner Investition in ein Unternehmen einen Gewinn anstrebt (und daher wahrscheinlich die IRR oder der NPV die am besten geeignete Methode wäre), will ein Gläubiger sicherstellen, dass der Schuldner die geschuldeten Beträge (Kapital und Zinsen) innerhalb der vertraglich und gesetzlich festgesetzten Frist zahlt ([162]) (so dass eher die Bewertung der Sicherheiten, zum Beispiel auf der Grundlage des Substanzwerts, von Belang sein könnte). Beim Verkauf von Grundstücken reicht grundsätzlich ein vor den Verkaufsverhandlungen eingeholtes Gutachten eines unabhängigen Sachverständigen aus, um auf der Grundlage allgemein anerkannter Marktindikatoren und Bewertungsstandards den Marktwert zu ermitteln ([163]).

104. Die Methoden für die Ermittlung der IRR oder des NPV einer Investition führen typischerweise nicht zu einem genauen zu akzeptierenden Wert, sondern zu einer Spanne möglicher Werte (die von den in der Bewertungsmethode berücksichtigten wirtschaftlichen, rechtlichen und sonstigen besonderen Merkmalen der Transaktion abhängen). Wenn das Ziel der Bewertung darin besteht zu prüfen, ob die staatliche Maßnahme den Marktbedingungen entspricht, empfiehlt es sich in der Regel, Maße für die zentrale Tendenz wie den Durchschnitt oder den Median vergleichbarer Transaktionen in Erwägung zu ziehen.

105. Umsichtige marktwirtschaftlich handelnde Wirtschaftsbeteiligte prüfen ihre Maßnahmen grundsätzlich nach verschiedenen Methoden, um die Schätzungen zu bestätigen (zum Beispiel werden NPV-Berechnungen mit Benchmarking-Methoden validiert). Wenn die verschiedenen Methoden denselben Wert ergeben, ist dies ein weiterer Anhaltspunkt dafür, dass ein echter Marktpreis ermittelt wurde. Das Vorliegen einander ergänzender Bewertungsmethoden, deren Ergebnisse sich gegenseitig bestätigen, wird daher bei der Prüfung der Marktkonformität einer Transaktion als positiver Faktor angesehen.

4.2.3.3. Kontrafaktische Analyse im Falle eines früheren wirtschaftlichen Engagements bei dem betreffenden Unternehmen

106. Die Tatsache, dass die betreffende öffentliche Stelle sich bereits früher wirtschaftlich bei einem Unternehmen engagiert hat, sollte bei der Prüfung der Marktkonformität einer Transaktion berücksichtigt werden, vorausgesetzt dass ein vergleichbarer privater Wirtschaftsbeteiligter ein solches früheres Engagement aufweisen könnte (zum Beispiel als Anteilseigner eines Unternehmens) ([164]).

107. Ein früheres Engagement muss im Rahmen der kontrafaktischen Fallkonstellationen für die Zwecke des Kriteriums des marktwirtschaftlich handelnden Wirtschaftsbeteiligten berücksichtigt werden. So sollte im Falle einer Beteiligungs- oder Kreditmaßnahme zugunsten eines öffentlichen Unternehmens in Schwierigkeiten die erwartete Rendite dieser Investition mit der erwarteten Rendite bei der kontrafaktischen Fallkonstellation,

---

[158] Der interne Zinsfuß basiert nicht auf bilanzierten Gewinnen in einem bestimmten Jahr, sondern berücksichtigt die künftigen Zahlungsströme, mit denen der Investor über den gesamten Investitionszeitraum rechnet. Er ist definiert als der Abzinsungssatz, bei dem der Kapitalwert mehrerer Zahlungsströme null beträgt.

[159] Der Barwert ist die Differenz zwischen den im Laufe des Investitionszeitraums anfallenden positiven und negativen Zahlungsströmen, die auf die angemessene Rendite (Kapitalkosten) abgezinst werden.

[160] Es besteht eine perfekte Korrelation zwischen dem Kapitalwert und dem internen Zinsfuß, wenn der interne Zinsfuß den Opportunitätskosten des Investors entspricht. Wenn der Kapitalwert einer Investition positiv ist, bedeutet dies, dass das Vorhaben einen internen Zinsfuß hat, der die erforderliche Rendite (Opportunitätskosten des Investors) übersteigt. In diesem Fall lohnt sich die Investition. Wenn das Vorhaben einen Kapitalwert von null hat, entspricht der interne Zinsfuß der erforderlichen Rendite. In diesem Fall ist es unerheblich, ob der Investor die betreffende Investition tätigt oder an andere Vorhaben investiert. Wenn der Kapitalwert negativ ist, liegt der interne Zinsfuß unter den Kapitalkosten. Dann ist die Investition nicht rentabel genug, da es an anderer Stelle bessere Investitionsmöglichkeiten gibt. Führen der interne Zinsfuß und der Kapitalwert zu unterschiedlichen Investitionsentscheidungen (dies könnte bei einander ausschließenden Projekten der Fall sein), so sollte im Einklang mit der Marktpraxis die Kapitalwertmethode den Vorzug erhalten, außer wenn erhebliche Unsicherheit in Bezug auf den anwendbaren Abzinsungssatz besteht.

[161] Im Falle der Abwicklung eines Unternehmens könnte z. B. eine Bewertung auf der Grundlage des Liquidations- oder des Substanzwerts die am besten geeignete Methode sein.

[162] Siehe z. B. Urteil des Gerichtshofs vom 29. April 1999, Spanien/Kommission, C-342/96, ECLI:EU:C:1999:210, Rn. 46; Urteil des Gerichtshofs vom 29. Juni 1999, DM Transport, C-256/97, ECLI:EU:C:1999:332, Rn. 24.

[163] Wenn die vergleichende Methode (Benchmarking) nicht geeignet ist und der Grundstückswert mit anderen allgemein anerkannten Methoden nicht genau ermittelt werden kann, könnte eine alternative Methode wie das von Deutschland vorgeschlagene Vergleichspreissystem angewandt werden (das im Beschluss der Kommission über die staatliche Beihilfe SA.33167 — Methode zur Wertermittlung bei Verkäufen landwirtschaftlicher Flächen durch die öffentliche Hand (ABl. C 43 vom 15.2.2013, S. 7) für land- und forstwirtschaftliche Flächen genehmigt wurde). Zu den Beschränkungen anderer Methoden siehe Urteil des Gerichtshofs vom 16. Dezember 2010, Seydaland Vereinigte Agrarbetriebe, C-239/09, ECLI:EU:C:2010:778, Rn. 52.

[164] Siehe Urteil des Gerichtshofs vom 3. April 2014, ING Groep NV, C-224/12 P, ECLI:EU:C:2014:213, Rn. 29 bis 37. Das frühere Engagement sollte jedoch nicht berücksichtigt werden, wenn es sich aus einer Maßnahme ergibt, deren Gesamtwürdigung aller Aspekte dieser Maßnahme von einem privaten Investor nicht hätte getroffen werden können (Urteil des Gerichtshofs vom 24. Oktober 2013, Land Burgenland/Kommission, verbundene Rechtssachen C-214/12 P, C-215/12 P und C-223/12 P, ECLI:EU:C:2013:682, Rn. 52 bis 61).

d. h. der Abwicklung des Unternehmens, verglichen werden. Falls die Abwicklung einen höheren Gewinn oder niedrigere Verluste verspricht, würde sich ein umsichtiger marktwirtschaftlich handelnder Wirtschaftsbeteiligter für diese Option entscheiden ([165]). In diesem Zusammenhang sollten als Liquidationskosten nicht die mit der Wahrnehmung hoheitlicher Befugnisse verbundenen Kosten, sondern nur jene Kosten, die einem vernünftigen marktwirtschaftlich handelnden Wirtschaftsbeteiligten entstehen würden, berücksichtigt werden ([166]), wobei auch der Entwicklung der sozialen, wirtschaftlichen und ökologischen Rahmenbedingungen, in denen er tätig ist, Rechnung getragen werden muss ([167]).

4.2.3.4. Besondere Erwägungen bei der Prüfung, ob Kredit- und Garantiebedingungen den Marktbedingungen entsprechen

108. Wie andere Transaktionen können Kredite und Garantien, die von öffentlichen Stellen (einschließlich öffentlicher Unternehmen) gewährt werden, staatliche Beihilfen beinhalten, wenn sie nicht den Marktbedingungen entsprechen.

109. Bei Garantien muss in der Regel eine Dreieckskonstellation analysiert werden, die sich aus einer öffentlichen Stelle als Garantiegeber sowie dem Kreditnehmer und dem Kreditgeber zusammensetzt ([168]). In den meisten Fällen kann eine Beihilfe nur auf der Ebene des Kreditnehmers vorliegen, da staatliche Garantie ihm einen Vorteil verschaffen könnte, indem sie es ihm ermöglicht, Kapital zu einem Zinssatz aufzunehmen, den er auf dem Markt ohne die Garantie nicht erhalten würde ([169]) (oder in einer Lage Kapital aufzunehmen, in der ihm auf dem Markt überhaupt kein Kredit gewährt würde). Unter bestimmten besonderen Umständen kann die Gewährung einer staatlichen Garantie auch eine Beihilfe zugunsten des Kreditgebers beinhalten, insbesondere wenn die Garantie aufgrund einer bestehenden Verpflichtung zwischen Kreditgeber und Kreditnehmer im Nachhinein gewährt wird, wenn eine vollständige Weitergabe des Vorteils an den Kreditnehmer nicht gewährleistet ist ([170]) oder wenn ein ungesicherter Kredit mit einem gesicherten Kredit zurückgezahlt wird ([171]).

110. Mit Garantien, die unter Berücksichtigung der wirtschaftlichen Lage des Kreditnehmers zu günstigeren als den Marktbedingungen gewährt werden, wird dem Kreditnehmer (der ein Entgelt zahlt, das nicht in angemessenem Maße dem vom Garantiegeber übernommenen Risiko entspricht) ein Vorteil gewährt ([172]). Unbeschränkte Garantien entsprechen im Allgemeinen nicht den normalen Marktbedingungen. Dies gilt auch für implizite Garantien, die sich aus der Haftung des Staates für die Schulden insolventer Unternehmen ergeben, die nicht den normalen Insolvenzvorschriften unterliegen ([173]).

111. Wenn zu einer bestimmten Kredittransaktion keine spezifischen Marktinformationen vorliegen, kann die Vereinbarkeit des Kreditinstruments mit den marktüblichen Bedingungen durch einen Vergleich mit vergleichbaren Markttransaktionen (d. h. durch Benchmarking) festgestellt werden. Im Falle von Krediten und Garantien können Informationen über die Finanzierungskosten des Unternehmens beispielsweise aus anderen von dem betreffenden Unternehmen (kürzlich) aufgenommenen Krediten, aus der Rendite der von dem Unternehmen ausgegebenen Anleihen oder aus dem Credit-Default-Swap-Spread des Unternehmens abgeleitet werden. Vergleichbare Markttransaktionen können auch ähnliche Kredit-/Garantietransaktionen, Anleihen oder die Credit-Default-Swap-Spreads einer Auswahl von Vergleichsunternehmen sein. Lässt sich im Falle von Garantien keine entsprechende Preisbenchmark auf den Finanzmärkten finden, so sollten die gesamten Finanzierungskosten des mit der Garantie gesicherten Kredits, einschließlich der Kreditzinsen und der Garantieprämie, mit dem marktüblichen Entgelt für einen vergleichbaren, nicht mit einer Garantie gesicherten Kredit verglichen werden. Benchmarking-Methoden können durch auf der Kapitalrendite beruhende Bewertungsmethoden ([174]) ergänzt werden.

112. Um die Prüfung, ob die Maßnahme das Kriterium des marktwirtschaftlich handelnden Wirtschaftsbeteiligten erfüllt, zu erleichtern, hat die Kommission Ersatzgrößen für die Ermittlung des Beihilfecharakters von Krediten und Garantien entwickelt.

113. Für Kredite wird die Methode zur Berechnung eines Referenzsatzes, der als Ersatzgröße für den Marktpreis dienen soll, wenn vergleichbare Markttransaktionen nicht ohne weiteres zu ermitteln sind (was bei Transaktionen mit begrenzten Beträgen und/oder Beteiligung von kleinen oder mittleren Unternehmen (KMU) eher wahrscheinlich ist), in der Referenzsatz-Mitteilung ([175]) erläu-

---

[165] Siehe hierzu Urteil des Gerichts erster Instanz vom 12. Dezember 2000, Alitalia/Kommission, T-296/97, ECLI:EU:T:2000:289; Urteil des Gerichtshofs vom 24. Januar 2013, Frucona/Kommission, C-73/11 P, ECLI:EU:C:2013:32, Rn. 79 und 80.
[166] Urteil des Gerichtshofs vom 28. Januar 2003, Deutschland/Kommission, C-334/99, ECLI:EU:C:2003:55, Rn. 140.
[167] Urteil des Gerichts vom 11. September 2012, Corsica Ferries France SAS/Kommission, T-565/08, ECLI:EU:T:2012:415, Rn. 79 bis 84, im Rechtsmittelverfahren bestätigt durch das Urteil des Gerichtshofs vom 4. September 2014, SNCM und Frankreich/Kommission, verbundene Rechtssachen C-533/12 P und C-536/12 P, ECLI:EU:C:2014:2142, Rn. 40 und 41. Die Gerichte bestätigen in dieser Rechtssache, dass es für private Investoren, insbesondere größere Unternehmensgruppen, grundsätzlich langfristig wirtschaftlich vernünftig sein kann, zusätzliche Abfindungen zu zahlen (z. B. um das Image der Gruppe zu schützen). Dass die Zahlung solcher zusätzlichen Abfindungen notwendig und unter ähnlichen Umständen eine gefestigte Praxis bei privaten Investoren ist, sollte jedoch im konkreten Fall, in dem das Image geschützt werden muss, im Einzelnen nachgewiesen werden (bloße Beispiele reichen nicht aus).
[168] Angaben zu der Prüfung, ob eine staatliche Beihilfe in Form einer Garantie gewährt wurde, enthält auch die Mitteilung der Kommission über die Anwendung der

Artikel 87 und 88 des EG-Vertrags auf staatliche Beihilfen in Form von Haftungsverpflichtungen und Bürgschaften (ABl. C 155 vom 20.6.2008, S. 10). Diese Mitteilung wird nicht durch die vorliegende Mitteilung ersetzt.
[169] Siehe Urteil des Gerichtshofs vom 8. Dezember 2011, Residex Capital/Gemeente Rotterdam, C-275/10, ECLI:EU:C:2011:814, Rn. 39.
[170] Siehe Urteil des Gerichtshofs vom 19. März 2015, OTP Bank Nyrt/Magyar Állam u. a., C-672/13, ECLI:EU:C:2015:185.
[171] Siehe Urteil des Gerichtshofs vom 8. Dezember 2011, Residex Capital/Gemeente Rotterdam, C-275/10, ECLI:EU:C:2011:814, Rn. 42.
[172] Siehe Urteil des Gerichtshofs vom 3. April 2014, Frankreich/Kommission, C-559/12 P, ECLI:EU:C:2014:217, Rn. 96.
[173] Siehe Urteil des Gerichtshofs vom 3. April 2014, Frankreich/Kommission, C-559/12 P, ECLI:EU:C:2014:217, Rn. 98.
[174] Zum Beispiel durch die risikobereinigte Kapitalrendite (Risk Adjusted Return on Capital — RAROC), die Kreditgeber und Investoren verlangen, wenn sie für ein in demselben Wirtschaftszweig tätiges Unternehmen eine Finanzierung mit ähnlichem Benchmarkrisiko und ähnlicher Laufzeit bereitstellen.
[175] Mitteilung der Kommission über die Änderung der Methode zur Festsetzung der Referenz- und Abzinsungssätze (ABl. C 14 vom 19.1.2008, S. 6). Bei nachrangigen Krediten, die nicht unter die Referenzsatz-Mitteilung fallen, kann die Methode angewandt werden, die in der Entscheidung der Kommission vom 11. Dezember

tert. Bei diesem Referenzsatz handelt es sich jedoch lediglich um eine Ersatzgröße (¹⁷⁶). Wenn vergleichbare Transaktionen typischerweise zu einem niedrigeren als dem durch den Referenzsatz als Ersatzgröße angegebenen Preis vorgenommen wurden, kann der Mitgliedstaat diesen niedrigeren Preis als den Marktpreis betrachten. Wenn dagegen dasselbe Unternehmen in kürzlich ähnliche Transaktionen zu einem höheren Preis als dem Referenzsatz vorgenommen hat und seine finanzielle Lage und das Marktumfeld im Wesentlichen unverändert geblieben sind, stellt der Referenzsatz in diesem Fall möglicherweise keine geeignete Ersatzgröße für die Marktsätze dar.

114. Die Kommission hat in ihrer Garantie-Mitteilung (¹⁷⁷) ausführliche Orientierungshilfen für Ersatzgrößen (und unwiderlegliche Vermutungen („SAFE-Harbours") für KMU) in Bezug auf Garantien entwickelt. Das Vorliegen einer staatlichen Beihilfe kann nach dieser Mitteilung in der Regel ausgeschlossen werden, wenn sich der Kreditnehmer nicht in finanzielle Schwierigkeiten befindet, die Garantie an eine bestimmte Transaktion geknüpft ist, der Kreditgeber einen Teil des Risikos trägt und der Kreditnehmer für die Garantie ein marktübliches Entgelt zahlt.

4.3. Mittelbarer Vorteil

115. Ein Vorteil kann anderen Unternehmen gewährt werden als denjenigen, denen die staatlichen Mittel unmittelbar zufließen (mittelbarer Vorteil) (¹⁷⁸). Ferner kann eine Maßnahme sowohl einen unmittelbaren Vorteil für das Empfängerunternehmen, als auch einen mittelbaren Vorteil für andere Unternehmen, wie zum Beispiel Unternehmen, die auf einer nachgeordneten Ebene tätig sind, darstellen (¹⁷⁹). Der unmittelbare Empfänger des Vorteils kann entweder ein Unternehmen oder eine Einheit (natürliche oder juristische Person) sein, die keine wirtschaftliche Tätigkeit ausübt (¹⁸⁰).

116. Derartige mittelbare Vorteile sind von bloßen sekundären wirtschaftlichen Auswirkungen zu unterscheiden, die zwangsläufig mit fast allen Beihilfemaßnahmen verbunden sind (zum Beispiel ein Anstieg der Produktion). Zu diesem Zweck sollte die vorhersehbare Wirkung der Maßnahme ex ante betrachtet werden. Ein mittelbarer Vorteil liegt vor, wenn die Maßnahme so ausgestaltet ist,

dass ihre sekundären Auswirkungen bestimmbaren Unternehmen oder Gruppen von Unternehmen zugeleitet werden. Dies ist zum Beispiel der Fall, wenn die unmittelbare Beihilfe de facto oder de jure davon abhängig gemacht wird, dass nur von bestimmten Unternehmen (zum Beispiel Unternehmen, die in einem bestimmten Gebiet niedergelassen sind) hergestellte Waren oder Dienstleistungen erworben werden (¹⁸¹).

5. SELEKTIVITÄT

5.1. Allgemeine Grundsätze

117. Eine staatliche Maßnahme fällt nur dann unter Artikel 107 Absatz 1 AEUV, wenn eine Begünstigung „bestimmter Unternehmen oder Produktionszweige" vorliegt. Demnach fallen nicht alle Maßnahmen, die Wirtschaftsbeteiligte begünstigen, unter den Begriff der staatlichen Beihilfe, sondern nur solche, die selektiv bestimmten Unternehmen oder Gruppen von Unternehmen oder bestimmten Wirtschaftszweigen einen Vorteil gewähren.

118. Maßnahmen von rein allgemeinem Charakter, die nicht bestimmte Unternehmen oder Produktionszweige begünstigen, fallen nicht unter Artikel 107 Absatz 1 AEUV. In der Rechtsprechung wurde jedoch klargestellt, dass selbst Maßnahmen, die prima facie für Unternehmen im Allgemeinen gelten, bis zu einem gewissen Grad selektiv sein können und entsprechend als Maßnahmen zu betrachten sind, die darauf ausgelegt sind, bestimmte Unternehmen oder Produktionszweige begünstigten (¹⁸²). Eine staatliche Maßnahme kann weder aufgrund der großen Zahl der begünstigten Unternehmen (zu denen sogar alle Unternehmen eines bestimmten Wirtschaftszweigs gehören können) noch aufgrund der Verschiedenartigkeit und der Bedeutung der Wirtschaftszweige, zu denen diese Unternehmen gehören, als eine allgemeine wirtschaftspolitische Maßnahme angesehen werden, wenn sie nicht allen Wirtschaftszweigen zugutekommt (¹⁸³). Die Tatsache, dass die Beihilfe nicht für einen oder mehrere spezifische, vorab definierte Empfänger bestimmt ist, sondern eine Reihe objektiver Kriterien erfüllt sein müssen, bevor sie auf der Grundlage einer vorab festgelegten Gesamtmittelausstattung einer nicht festgelegten Zahl von Beihilfeempfängern, die zunächst nicht einzeln benannt sind, gewährt wird, reicht nicht aus, um den selektiven Charakter einer Maßnahme in Frage zu stellen (¹⁸⁴).

2008 über die staatliche Beihilfe N 55/2008 — GA/EFRE — Nachrangdarlehen (ABl. C 9 vom 14.1.2009, S. 1) beschrieben ist.
¹⁷⁶ Wenn jedoch in Verordnungen oder Beschlüssen der Kommission über Beihilferegelungen ein Zusammenhang mit der Ermittlung des Beihilfebetrags auf den Referenzsatz Bezug genommen wird, betrachtet die Kommission ihn als feste Benchmark für Beihilfefreiheit (SAFE-Harbour-Regelung).
¹⁷⁷ Mitteilung der Kommission über die Anwendung der Artikel 87 und 88 des EG-Vertrags auf staatliche Beihilfen in Form von Haftungsverpflichtungen und Bürgschaften (ABl. C 155 vom 20.6.2008, S. 10).
¹⁷⁸ Urteil des Gerichtshofs vom 19. September 2000, Deutschland/Kommission, C-156/98, ECLI:EU:C:2000:467, Rn. 26 und 27; Urteil des Gerichtshofs vom 28. Juli 2011, Mediaset SpA/Kommission, C-403/10 P, ECLI:EU:C:2011:533, Rn. 73 bis 77; Urteil des Gerichtshofs vom 13. Juni 2002, Deutschland/Kommission, C-382/99, E-CLI:EU:C:2002:363, Rn. 60 bis 66; Urteil des Gerichts erster Instanz vom 4. März 2009, Italien/Kommission, T-424/05, ECLI:EU:C:2009:49, Rn. 136 bis 147. Siehe auch Artikel 107 Absatz 2 Buchstabe a AEUV.
¹⁷⁹ Falls ein zwischengeschaltetes Unternehmen lediglich als Instrument zur Übermittlung des Vorteils an den Empfänger dient und ihm selbst kein Vorteil verbleibt, sollte es in der Regel nicht als Beihilfeempfänger angesehen werden.
¹⁸⁰ Urteil des Gerichtshofs vom 19. September 2000, Deutschland/Kommission, C-156/98, ECLI:EU:C:2000:467, Rn. 26 und 27; Urteil des Gerichtshofs vom 28. Juli 2011, Mediaset SpA/Kommission, C-403/10 P, ECLI:EU:C:2011:533, Rn. 81.

¹⁸¹ Dagegen ist von einer bloßen sekundären wirtschaftlichen Auswirkung in Form eines Produktionsanstiegs (der keine indirekte Beihilfe darstellt) auszugehen, wenn die Beihilfe lediglich durch ein Unternehmen (z. B. einen Finanzintermediär) durchgeleitet wird, das sie in vollem Umfang an den Beihilfeempfänger weiterleitet.
¹⁸² Urteil des Gerichtshofs vom 29. Juni 1999, DM Transport, C-256/97, E-CLI:EU:C:1999:332, Rn. 27; Urteil des Gerichts erster Instanz vom 6. März 2002, Territorio Histórico de Álava — Diputación Foral de Álava u. a./Kommission, verbundene Rechtssachen T-127/99, T-129/99 und T-148/99, ECLI:EU:T:2002:59, Rn. 149.
¹⁸³ Siehe z. B. Urteil des Gerichtshofs vom 17. Juni 1999, Belgien/Kommission, C-75/97, ECLI:EU:C:1999:311, Rn. 32; Urteil des Gerichtshofs vom 8. November 2001, Adria-Wien Pipeline, C-143/99, ECLI:EU:C:2001:598, Rn. 48.
¹⁸⁴ Siehe auch Urteil des Gerichtshofs vom 29. September 2000, Confederación Española de Transporte de Mercancías/Kommission, T-55/99, E-CLI:EU:C:2000:223, Rn. 40. Urteil des Gerichts erster Instanz vom 13. September 2012, Italien/Kommission, T-379/09, ECLI:EU:T:2012:422, Rn. 47. Bei der fraglichen Maßnahme wurden den Beheizen von Treibhäusern verwendetes Dieselöl teilweise von der Verbrauchsteuer befreit. Nach Auffassung des Gerichts reichte die Tatsache, dass sich für die Treibhausproduktion entschieden, für die Befreiung in Betracht kamen, nicht aus, um den allgemeinen Charakter der Maßnahme feststellen zu können.

21. Bek Beihilfebegriff

119. Zur Klärung des beihilferechtlichen Begriffs der Selektivität ist es hilfreich, zwischen materieller und regionaler Selektivität zu unterscheiden. Darüber hinaus bedarf es weiterer Orientierungshilfen zu spezifischen Fragen, die steuerliche (oder ähnliche) Maßnahmen betreffen.

5.2. Materielle Selektivität

120. Materielle Selektivität einer Maßnahme bedeutet, dass die Maßnahme nur für bestimmte (Gruppen von) Unternehmen oder bestimmte Wirtschaftszweige in einem bestimmten Mitgliedstaat gilt. Die materielle Selektivität kann *de jure* oder *de facto* vorliegen.

5.2.1. De-jure- und De-facto-Selektivität

121. Eine *De-jure*-Selektivität ergibt sich unmittelbar aus den rechtlichen Kriterien für die Gewährung einer Maßnahme, die förmlich bestimmten Unternehmen vorbehalten sind (zum Beispiel Unternehmen, die eine bestimmte Größe haben, in bestimmten Wirtschaftszweigen tätig sind oder eine bestimmte Rechtsform haben [185]; Unternehmen, die während eines bestimmten Zeitraums gegründet wurden oder auf einem regulierten Markt an der Börse notiert wurden [186]; Unternehmen, die einer Gruppe mit bestimmten Merkmalen angehören oder innerhalb einer Gruppe mit bestimmten Aufgaben betraut sind [187]; Unternehmen in Schwierigkeiten [188] oder Unternehmen, die ausfuhrbezogene Tätigkeiten wahrnehmen [189]). Eine *De-facto*-Selektivität kann festgestellt werden, wenn die förmlichen Kriterien für die Anwendung der Maßnahme zwar allgemein und objektiv formuliert sind, die Maßnahme aber so ausgestaltet ist, dass ihre Auswirkungen eine bestimmte Gruppe von Unternehmen (wie in den im vorangegangenen Satz genannten Beispielen) erheblich begünstigen [190].

122. Eine *De-facto*-Selektivität kann sich aus von Mitgliedstaaten auferlegten Bedingungen oder Hindernissen ergeben, die bestimmte Unternehmen davon abhalten, die Maßnahme in Anspruch zu nehmen. Wird zum Beispiel die Anwendung einer bestimmten Maßnahme (zum Beispiel einer Steuergutschrift) auf Investitionen oberhalb eines bestimmten Schwellenwerts beschränkt (niedrige Schwellenwerte bilden aus verwaltungstechnischen Zweckmäßigkeitserwägungen eine Ausnahme), so kann

dies darauf hinauslaufen, dass die Maßnahme *de facto* Unternehmen mit erheblichen finanziellen Ressourcen vorbehalten ist [191]. Eine Maßnahme, die nur für eine kurze Zeit bestimmte Begünstigungen gewährt, kann ebenfalls *de facto* selektiv sein [192].

5.2.2. Selektivität aufgrund von Ermessensentscheidungen der Verwaltung

123. Allgemeine Maßnahmen, die *prima facie* für alle Unternehmen gelten, aber durch Ermessensentscheidungen der öffentlichen Verwaltung eingeschränkt werden, sind selektiv [193]. Dies ist der Fall, wenn die Erfüllung der festgelegten Kriterien nicht automatisch ein Recht auf Inanspruchnahme der Maßnahme zur Folge hat.

124. Öffentliche Verwaltungen verfügen bei der Anwendung einer Maßnahme insbesondere dann über Ermessen, wenn die Kriterien für die Gewährung der Beihilfe so allgemein oder vage formuliert sind, dass bei der Prüfung zwangsläufig ein Ermessensspielraum besteht. Ein Beispiel wäre wenn eine Steuerverwaltung die Voraussetzungen für die Gewährung einer Steuervergünstigung je nach den Merkmalen des ihr zur Prüfung vorgelegten Investitionsvorhabens unterschiedlich handhaben kann. Wenn die Steuerverwaltung über ein weites Ermessen verfügt, das es ihr erlaubt, die Begünstigten und die Bedingungen für die gewährte Steuervergünstigung anhand von dem Steuersystem fremden Kriterien wie der Erhaltung von Arbeitsplätzen zu bestimmen, ist ebenso die Ausübung dieses Ermessens als Begünstigung „bestimmter Unternehmen oder Produktionszweige" anzusehen [194].

125. Die Tatsache, dass eine Steuererleichterung einer vorherigen behördlichen Genehmigung bedarf, bedeutet nicht automatisch, dass sie eine selektive Maßnahme darstellt. Dies ist nicht der Fall, wenn die vorherige behördliche Genehmigung auf objektiven, nichtdiskriminierenden Kriterien beruht, die im Voraus bekannt sind und somit dem Ermessen der öffentlichen Verwaltung Grenzen setzen. Ein derartiges System vorheriger behördlicher Genehmigungen muss sich auch auf leicht zugängliches Verfahren stützen und geeignet sein, zu gewährleisten, dass ein Genehmigungsantrag unverzüglich, objektiv und unparteiisch bearbeitet wird; darüber hinaus muss die

[185] Urteil des Gerichtshofs vom 8. September 2011, Paint Graphos u. a., verbundene Rechtssachen C-78/08 bis C-80/08, ECLI:EU:C:2011:550, Rn. 52.

[186] Urteil des Gerichts erster Instanz vom 4. September 2009, Italien/Kommission, T-211/05, ECLI:EU:T:2009:304, Rn. 120; Urteil des Gerichtshofs vom 24. November 2011, Italien/Kommission, C-458/09 P, ECLI:EU:C:2011:769, Rn. 59 und 60.

[187] Urteil des Gerichtshofs vom 22. Juni 2006, Belgien und Forum 187/Kommission, verbundene Rechtssachen C-182/03 und C-217/03, ECLI:EU:C:2006:416, Rn. 122.

[188] Urteil des Gerichts vom 4. Februar 2016, Heitkamp Bauholding/Kommission, T-287/11, ECLI:EU:T:2016:60, Rn. 129 ff.

[189] Urteil des Gerichtshofs vom 10. Dezember 1969, Kommission/Frankreich, verbundene Rechtssachen 6/69 und 11/69, ECLI:EU:C:1969:68, Rn. 3; Urteil des Gerichtshofs vom 7. Juni 1988, Griechenland/Kommission, 57/86, E-CLI:EU:C:1988:284, Rn. 8; Urteil des Gerichtshofs vom 15. Juli 2004, Spanien/Kommission, C-501/00, ECLI:EU:C:2004:438, Rn. 92.

[190] Siehe z. B. Urteil des Gerichtshofs vom 15. November 2011, Kommission und Spanien/Government of Gibraltar und Vereinigtes Königreich, verbundene Rechtssachen C-106/09 P und C-107/09 P, ECLI:EU:C:2011:732, Rn. 101 ff. Das Urteil bezieht sich auf eine Steuerreform von Gibraltar, die Offshore-Unternehmen *de facto* begünstigte. Im Rahmen der Reform sollte ein für alle gibraltarischen Unternehmen

geltendes System eingeführt werden, das drei Steuern umfasst: eine Lohnsummensteuer (payroll tax), eine Gewerbegrundbenutzungssteuer (business property occupation tax) und eine Eintragungsgebühr (registration fee). Die Gesamtsteuerschuld für die Lohnsummensteuer und die Gewerbegrundbenutzungssteuer wäre auf höchstens 15 % des Gewinns begrenzt worden. Das Gericht stellte fest, dass durch die Kombination dieser Steuern jede Besteuerung von Offshore-Unternehmen von vornherein ausgeschlossen war, da diese in Gibraltar keine Arbeitnehmer beschäftigten und auch keine Geschäftsräume nutzen und somit keine Besteuerungsgrundlage vorhanden war.

[191] Siehe z. B. Urteil des Gerichts erster Instanz vom 6. März 2002, Ramondín SA und Ramondín Cápsulas/Kommission, verbundene Rechtssachen T-92/00 und T-103/00, ECLI:EU:T:2002:61 Rn. 39.

[192] Urteil des Gerichts erster Instanz vom 12. September 2007, Italien und Brandt Italia/Kommission, verbundene Rechtssachen T-239/04 und T-323/04, E-CLI:EU:C:2007:260, Rn. 66; Urteil des Gerichts erster Instanz vom 4. September 2009, Italien/Kommission, T-211/05, ECLI:EU:C:2009:304, Rn. 120; Urteil des Gerichtshofs vom 24. November 2011, Italien/Kommission, C-458/09 P, ECLI:EU:C:2011:769, Rn. 59 und 60.

[193] Siehe Urteil des Gerichtshofs vom 29. Juni 1999, DM Transport, C-256/97, ECLI:EU:C:1999:332, Rn. 27.

[194] Siehe Urteil des Gerichtshofs vom 18. Juli 2013, P Oy, C-6/12, ECLI:EU:C:2013:525, Rn. 27.

Versagung von Genehmigungen im Rahmen eines gerichtlichen oder gerichtsähnlichen Verfahrens anfechtbar sein ([195]).

5.2.3. *Prüfung der materiellen Selektivität bei Maßnahmen zur Verringerung der normalen Belastungen von Unternehmen*

126. Wenn Mitgliedstaaten positive Ad-hoc-Maßnahmen treffen, die einem oder mehreren bestimmten Unternehmen zugutekommen (zum Beispiel die Zahlung von Geldern oder die Übertragung von Vermögenswerten an bestimmte Unternehmen), ist es in der Regel leicht festzustellen, dass diese Maßnahmen einen selektiven Charakter haben, da sie eine Vorzugsbehandlung für ein einzelnes oder wenige Unternehmen vorsehen ([196]).

127. Weniger eindeutig ist die Lage, wenn Mitgliedstaaten weiter gefasste Maßnahmen für alle Unternehmen, die bestimmte Kriterien erfüllen, treffen, mit denen die von diesen Unternehmen normalerweise zu tragenden Belastungen verringert werden (zum Beispiel Befreiung von Steuern oder Sozialabgaben für Unternehmen, die bestimmte Kriterien erfüllen).

128. In solchen Fällen sollten die Maßnahmen in der Regel anhand einer dreistufigen Analyse auf Selektivität geprüft werden. Erstens muss das Bezugssystem ermittelt werden. Zweitens sollte festgestellt werden, ob eine bestimmte Maßnahme insofern eine Abweichung von diesem System darstellt, als sie zwischen Wirtschaftsbeteiligten differenziert, die sich unter Berücksichtigung der systemimmanenten Ziele in einer vergleichbaren Sach- und Rechtslage befinden. Die Feststellung, ob eine Abweichung vorliegt, ist das zentrale Element dieses Teils der Prüfung; sie lässt eine Schlussfolgerung darüber zu, ob die Maßnahme *prima facie* selektiv ist. Falls die Maßnahme keine Abweichung vom Bezugssystem darstellt, ist sie nicht selektiv. Falls sie aber eine Abweichung darstellt (und somit *prima facie* selektiv ist), muss drittens geprüft werden, ob die Abweichung durch die Natur oder den allgemeinen Aufbau des (Bezugs-)Systems gerechtfertigt ist ([197]). Ist eine *prima facie* selektive Maßnahme durch die Natur oder den allgemeinen Aufbau des Systems gerechtfertigt, so wird sie nicht als selektiv angesehen und fällt daher nicht unter Artikel 107 Absatz 1 AEUV ([198]).

129. Die dreistufige Analyse kann jedoch in bestimmten Fällen wegen der praktischen Wirkung der betreffenden Maßnahmen nicht angewandt werden. Denn Artikel 107 Absatz 1 AEUV unterscheidet nicht nach den Gründen oder Zielen der staatlichen Maßnahmen, sondern berücksichtigt diese nach ihren Wirkungen und somit unabhängig von den verwendeten Techniken ([199]). In bestimmten Ausnahmefällen reicht es daher nicht aus zu prüfen, ob eine bestimmte Maßnahme von den Regeln des von dem betreffenden Mitgliedstaats definierten Bezugssystems abweicht. Es muss auch untersucht werden, ob die Grenzen des Bezugssystems kohärent bzw., im umgekehrten Sinne, eindeutig willkürlich oder parteiisch festgelegt worden sind, um bestimmte Unternehmen, die sich mit Blick auf die dem fraglichen System zugrunde liegende Logik in einer vergleichbaren Lage befinden, zu begünstigen.

130. In den verbundenen Rechtssachen C-106/09 P und C-107/09 P ([200]), in denen es um die Steuerreform von Gibraltar ging, hat der Gerichtshof festgestellt, dass das von dem betreffenden Mitgliedstaat definierte Bezugssystem zwar auf allgemeinen Kriterien beruhte, aber in der Praxis zwischen Unternehmen differenzierte, die sich mit Blick auf das Ziel der Steuerreform in einer vergleichbaren Lage befanden, was dazu führte, dass Offshore-Unternehmen ein selektiver Vorteil gewährt wurde ([201]). In diesem Zusammenhang stellte der Gerichtshof fest, dass der Umstand, dass Offshore-Unternehmen nicht besteuert wurden, keine zufällige Folge der fraglichen Regelung war, sondern unvermeidliche Konsequenz der Tatsache, dass die Besteuerungsgrundlagen genau so konzipiert waren, dass Offshore-Unternehmen keine Bemessungsgrundlagen aufwiesen ([202]).

131. Eine ähnliche Überprüfung kann bei bestimmten Zweckabgaben notwendig sein, wenn es Hinweise dafür gibt, dass die Grenzen der Abgabe eindeutig willkürlich oder parteiisch festgelegt wurden, um bestimmte Produkte oder Tätigkeiten, die sich mit Blick auf die der fraglichen Abgabe zugrunde liegenden Logik in einer vergleichbaren Lage befinden, zu begünstigen. So befand der Gerichtshof im Urteil Ferring ([203]) eine Abgabe, die auf den Direktverkauf von Arzneimitteln durch Pharmahersteller, nicht aber auf den Verkauf durch Großhändler erhoben wurde, für selektiv. Angesichts der besonderen tatsächlichen Umstände — zum Beispiel des klaren Ziels und der Auswirkungen der Maßnahme — beschränkte sich der Gerichtshof nicht darauf zu prüfen, ob die fragliche Maßnahme zu einer Abweichung von dem durch die Abgabe gebildeten Bezugssystem führen würde. Er verglich auch die Lage der (abgabepflichtigen) Pharmahersteller und der (nicht abgabepflichtigen) Großhändler und gelangte zu dem Ergebnis, dass die Nichterhebung der

---

[195] Siehe Urteil des Gerichtshofs vom 12. Juli 2001, Smits und Peerbooms, C-157/99, ECLI:EU:C:2001:404, Rn. 90; Urteil des Gerichtshofs vom 3. Juni 2010, Sporting Exchange Ltd, Firma „Betfair"/Minister van Justitie, C-203/08, ECLI:EU:C:2010:307, Rn. 50.

[196] Siehe Urteil des Gerichtshofs vom 4. Juni 2015, Kommission/MOL, C-15/14 P, ECLI:EU:C:2015:362, Rn. 60 ff.; Schlussanträge des Generalanwalts Mengozzi vom 27. Juni 2013, Deutsche Lufthansa, C-284/12, ECLI:EU:C:2013:442, Rn. 52.

[197] Siehe z. B. Urteil des Gerichtshofs vom 8. September 2011, Kommission/Niederlande, C-279/08 P, ECLI:EU:C:2011:551, Rn. 62; Urteil des Gerichtshofs vom 8. November 2001, Adria-Wien Pipeline, C-143/99, ECLI:EU:C:2001:598.

[198] Siehe z. B. Urteil des Gerichtshofs vom 8. September 2011, Paint Graphos u. a., verbundene Rechtssachen C-78/08 bis C-80/08, ECLI:EU:C:2011:550, Rn. 49 ff.; Urteil des Gerichtshofs vom 29. April 2004, GIL Insurance, C-308/01, ECLI:EU:C:2004:252.

[199] Siehe Urteil des Gerichtshofs vom 22. Dezember 2008, British Aggregates/Kommission, C-487/06 P, ECLI:EU:C:2008:757, Rn. 85 und 89, und die dort an-

geführte Rechtsprechung; Urteil des Gerichtshofs vom 8. September 2011, Kommission/Niederlande, C-279/08 P, ECLI:EU:C:2011:551, Rn. 51; Urteil des Gerichtshofs vom 15. November 2011, Kommission und Spanien/Government of Gibraltar und Vereinigtes Königreich, verbundene Rechtssachen C-106/09 P und C-107/09 P, ECLI:EU:C:2011:732, Rn. 87.

[200] Urteil des Gerichtshofs vom 15. November 2011, Kommission und Spanien/Government of Gibraltar und Vereinigtes Königreich, verbundene Rechtssachen C-106/09 P und C-107/09 P, ECLI:EU:C:2011:732.

[201] Urteil des Gerichtshofs vom 15. November 2011, Kommission und Spanien/Government of Gibraltar und Vereinigtes Königreich, verbundene Rechtssachen C-106/09 P und C-107/09 P, ECLI:EU:C:2011:732, Rn. 101 ff.

[202] Urteil des Gerichtshofs vom 15. November 2011, Kommission und Spanien/Government of Gibraltar und Vereinigtes Königreich, verbundene Rechtssachen C-106/09 P und C-107/09 P, ECLI:EU:C:2011:732, Rn. 106.

[203] Urteil des Gerichtshofs vom 22. November 2001, Ferring, C-53/00, ECLI:EU:C:2001:627, Rn. 20.

Bek Beihilfebegriff

Abgabe auf die Direktverkäufe der Großhändler *prima facie* einer selektiven Abgabenbefreiung gleichkam ([204]).

5.2.3.1. Ermittlung des Bezugssystems

132. Das Bezugssystem ist die Benchmark, anhand deren die Selektivität einer Maßnahme geprüft wird.

133. Das Bezugssystem setzt sich aus kohärenten Vorschriften zusammen, die — auf der Grundlage objektiver Kriterien — generell auf alle Unternehmen Anwendung finden, die definitionsgemäß in seinen Anwendungsbereich fallen. Typischerweise werden in diesen Vorschriften nicht nur der Anwendungsbereich des Systems, sondern auch die Voraussetzungen für seine Anwendung, die Rechte und Pflichten der ihm unterliegenden Unternehmen und die technischen Aspekte seiner Funktionsweise festgelegt.

134. Im Falle von Steuern setzt sich das Bezugssystem aus Elementen wie der Steuerbemessungsgrundlage, den Steuerpflichtigen, dem Steuertatbestand und den Steuersätzen zusammen. Mögliche Bezugssysteme wären beispielsweise das Körperschaftsteuersystem ([205]), das Mehrwertsteuersystem ([206]) oder das allgemeine Versicherungsbesteuerungssystem ([207]). Dies gilt auch für (eigenständige) Zweckabgaben wie Abgaben auf bestimmte Produkte oder Tätigkeiten mit negativen Auswirkungen auf die Umwelt oder die Gesundheit, die nicht Teil eines umfassenderen Steuersystems sind. Das Bezugssystem ist daher vorbehaltlich der unter den Randnummern 129 bis 131 beschriebenen Sonderfälle grundsätzlich die Abgabe selbst ([208]).

5.2.3.2. Abweichung vom Bezugssystem

135. Wenn das Bezugssystem ermittelt worden ist, muss auf der nächsten Stufe der Analyse geprüft werden, ob eine bestimmte Maßnahme in Abweichung von diesem System zwischen Unternehmen differenziert. Hierzu ist festzustellen, ob die Maßnahme geeignet ist, bestimmte Unternehmen oder Produktionszweige gegenüber anderen Unternehmen, die sich unter Berücksichtigung des dem Bezugssystem immanenten Ziels in einer ähnlichen Sach- und Rechtslage befinden, zu begünstigen ([209]). Die Mitgliedstaaten können sich nicht auf externe politische Ziele wie regional-, umwelt- oder industriepolitische Ziele berufen, um die unterschiedliche Behandlung von Unternehmen zu rechtfertigen ([210]).

136. Bei bestimmten Zweckabgaben, zum Beispiel Umwelt- und Gesundheitssteuern, die erhoben werden, um bestimmten Tätigkeiten oder Produkten mit negativen Auswirkungen auf die Umwelt oder die menschliche Gesundheit entgegenzuwirken, wird das verfolgte politische Ziel in der Regel in die Struktur der Abgabe (und insbesondere ihrer Bemessungsgrundlage) einbezogen sein. In diesen Fällen stellt eine unterschiedliche Behandlung von Tätigkeiten oder Produkten, deren Lage sich hinsichtlich des immanenten Ziels von solchen unterscheidet, auf die die Steuer erhoben wird, keine Abweichung vom System dar ([211]).

137. Wenn eine Maßnahme bestimmte Unternehmen oder die Herstellung bestimmter Produkte, die sich in einer vergleichbaren Rechts- und Sachlage befinden, begünstigt, ist sie *prima facie* selektiv.

5.2.3.3. Rechtfertigung durch die Natur oder den inneren Aufbau des Bezugssystems

138. Eine Maßnahme, die vom Bezugssystem abweicht (und daher *prima facie* selektiv ist), ist dennoch nicht selektiv, wenn sie durch die Natur oder den allgemeinen Aufbau dieses Systems gerechtfertigt ist. Dies ist der Fall, wenn eine Maßnahme unmittelbar auf den Grund- oder Leitprinzipien des Bezugssystems beruht oder sich aus den systemimmanenten Mechanismen ergibt, die für das Funktionieren und die Wirksamkeit des Systems erforderlich sind ([212]). Dagegen können externe politische Ziele, die dem System nicht immanent sind, nicht geltend gemacht werden ([213]).

139. Grundlage für eine mögliche Rechtfertigung wären zum Beispiel die Notwendigkeit der Bekämpfung von Betrug oder Steuerhinterziehung, die Notwendigkeit der Beachtung besonderer Rechnungslegungsvorschriften, die Handhabbarkeit für die Verwaltung, der Grundsatz der Steuerneutralität ([214]), die Einkommensteuerprogression und ihre Umverteilungslogik, die Notwendigkeit der Vermeidung von Doppelbesteuerung ([215]) oder das Ziel der bestmöglichen Einziehung von Steuerschulden.

**Bek Bei-
hilfebe-
griff**

---

[204] Urteil des Gerichtshofs vom 22. November 2001, Ferring, C-53/00, ECLI:EU:C:2001:627, Rn. 19 und 20.

[205] Urteil des Gerichtshofs vom 8. September 2011, Paint Graphos u. a., verbundene Rechtssachen C-78/08 bis C-80/08, ECLI:EU:C:2011:550, Rn. 50. Der Gerichtshof spricht in diesem Zusammenhang zuweilen von der „sonst anwendbaren Regelung" (siehe Urteil des Gerichtshofs vom 22. Juni 2006, Belgien und Forum 187/Kommission, verbundene Rechtssachen C-182/03 und C-217/03, ECLI:EU:C:2006:416, Rn. 95) oder dem „allgemeine Steuerrecht" (siehe Urteil des Gerichtshofs vom 15. Dezember 2005, Italien/Kommission, C-66/02, ECLI:EU:C:2005:768, Rn. 100).

[206] Siehe Erwägungen des Gerichtshofs zur Selektivität in seinem Urteil vom 3. März 2005, Heiser, C-172/03, ECLI:EU:C:2005:130, Rn. 40 ff.

[207] Siehe Urteil des Gerichtshofs vom 29. April 2004, GIL Insurance, C-308/01, ECLI:EU:C:2004:252, Rn. 75 und 78.

[208] Siehe Urteil des Gerichts vom 7. März 2012, British Aggregates Association/Kommission, T-210/02 RENV, ECLI:EU:T:2012:110, Rn. 49 und 50. Wenn eine Abgabe im nationalen Steuersystem eingeführt worden ist, um eine Richtlinie der Union umzusetzen, siehe Abschnitt 5.4.2. über das Bezugssystem.

[209] In seinem Paint-Graphos-Urteil hat der Gerichtshof jedoch darauf hingewiesen, dass in Anbetracht der Besonderheiten von Genossenschaften, die in ihrer Funktionsweise besonderen Grundsätzen folgen, bei Genossenschaften nicht davon auszugehen sei, dass sie sich in einer mit derjenigen von Handelsgesellschaften vergleichbaren Situation befinden, die mit derjenigen von Handelsgesellschaften vergleichbar ist; Voraussetzung dafür ist jedoch, dass sie im wirtschaftlichen Interesse ihrer Mitglieder handeln und mit diesen in einer nicht geschäftlichen, sondern besonderen persönlichen Beziehung

stehen, in deren Rahmen die Mitglieder aktiv beteiligt sind und Anspruch auf eine gerechte Verteilung der wirtschaftlichen Erträge haben (siehe Urteil des Gerichtshofs vom 8. September 2011, Paint Graphos u. a., verbundene Rechtssachen C-78/08 bis C-80/08, ECLI:EU:C:2011:550, Rn. 61).

[210] Urteil des Gerichtshofs vom 18. Juli 2013, P Oy, C-6/12, ECLI:EU:C:2013:525, Rn. 27 ff.

[211] Wenn eine Abgabe im nationalen Steuersystem eingeführt worden ist, um eine EU-Richtlinie umzusetzen, die in ihrem Geltungsbereich eine differenzierte Behandlung von bestimmten Tätigkeiten/Produkten vorsieht, kann dies darauf hindeuten, dass sich diese Tätigkeiten/Produkte hinsichtlich des verfolgten immanenten Ziels in einer anderen Lage befinden.

[212] Urteil des Gerichtshofs vom 8. September 2011, Paint Graphos u. a., verbundene Rechtssachen C-78/08 bis C-80/08, ECLI:EU:C:2011:550, Rn. 69.

[213] Urteil des Gerichtshofs vom 8. September 2011, Paint Graphos u. a., verbundene Rechtssachen C-78/08 bis C-80/08, ECLI:EU:C:2011:550, Rn. 69 und 70; Urteil des Gerichtshofs vom 6. September 2006, Portugal/Kommission, C-88/03, ECLI:EU:C:2006:511, Rn. 81; Urteil des Gerichtshofs vom 8. September 2011, Kommission/Niederlande, C-279/08 P, ECLI:EU:C:2011:551; Urteil des Gerichtshofs vom 22. Dezember 2008, British Aggregates/Kommission, C-487/06 P, ECLI:EU:C:2008:757; Urteil des Gerichtshofs vom 18. Juli 2013, P Oy, C-6/12, ECLI:EU:C:2013:525, Rn. 27 ff.

[214] Bezüglich Organismen für gemeinsame Anlagen siehe Abschnitt 5.4.2.

[215] In seinem Urteil vom 8. September 2011, Paint Graphos u. a., verbundene Rechtssachen C-78/08 bis C-80/08, ECLI:EU:C:2011:550, verwies der Gerichtshof

140. Die Mitgliedstaaten sollten jedoch geeignete Kontroll- und Überwachungsverfahren schaffen und zur Anwendung bringen, um die Kohärenz von Abweichungen mit dem Grundgedanken und dem allgemeinen Aufbau des Steuersystems zu gewährleisten ([216]). Damit Abweichungen durch die Natur oder den allgemeinen Aufbau des Systems gerechtfertigt sein können, ist zudem darauf zu achten, dass sie verhältnismäßig sind und nicht über die Grenzen des für die Verwirklichung des verfolgten legitimen Ziels Erforderlichen hinausgehen, dass also das Ziel nicht auch durch weniger weitreichende Maßnahmen erreicht werden könnte ([217]).

141. Ein Mitgliedstaat, der eine Differenzierung zwischen Unternehmen vornimmt, muss darlegen können, dass sie tatsächlich durch die Natur oder den allgemeinen Aufbau des fraglichen Systems gerechtfertigt ist ([218]).

5.3. Regionale Selektivität

142. Grundsätzlich entziehen sich nur Maßnahmen, die im gesamten Gebiet eines Mitgliedstaats Anwendung finden, dem in Artikel 107 Absatz 1 AEUV festgelegten Kriterium der regionalen Selektivität. Wie nachstehend dargelegt wird, muss jedoch nicht zwangsläufig das gesamte Gebiet des betreffenden Mitgliedstaats als Bezugssystem festgelegt werden ([219]). Daraus folgt, dass nicht alle Maßnahmen, die nur für bestimmte Teile des Gebiets eines Mitgliedstaats gelten, automatisch selektiv sind.

143. Wie von der Rechtsprechung festgestellt, können Maßnahmen mit regionalem oder lokalem Anwendungsbereich nicht selektiv sein, wenn bestimmte Voraussetzungen erfüllt sind ([220]). Diese Rechtsprechung bezieht sich bislang nur auf steuerliche Maßnahmen. Da regionale Selektivität jedoch ein allgemeines Konzept ist, gelten die Grundsätze, die die Unionsgerichte in Bezug auf steuerliche Maßnahmen festgelegt haben, auch für andere Arten von Maßnahmen.

144. Bei der Prüfung der regionalen Selektivität muss zwischen drei Szenarios unterschieden werden ([221]):

(1) Im ersten Szenario beschließt die Zentralregierung eines Mitgliedstaats einseitig, in einem bestimmten geografischen Gebiet niedrigere Steuern anzuwenden; in diesem Fall liegt regionale Selektivität vor.

(2) Das zweite Szenario entspricht der symmetrischen Devolution von steuerlichen Befugnissen ([222]) —

einem Modell der aufgeteilten Steuerhoheit, bei dem alle Körperschaften einer bestimmten subnationalen Ebene (Regionen, Bezirke oder andere) eines Mitgliedstaats *de jure* befugt sind, den Steuersatz für ihr Zuständigkeitsgebiet unabhängig von der Zentralregierung frei festzusetzen. In diesem Fall sind die von der subnationalen Körperschaft erlassenen Maßnahmen nicht selektiv, da es unmöglich ist, einen normalen Steuersatz zu bestimmen, der den Bezugsrahmen bildet.

(3) Im dritten Szenario — der asymmetrischen Devolution von steuerlichen Befugnissen ([223]) — können nur bestimmte regionale oder lokale Körperschaften steuerliche Maßnahmen für ihr Zuständigkeitsgebiet erlassen. In diesem Fall hängt die Bewertung des selektiven Charakters der jeweiligen Maßnahme davon ab, ob die betreffende Körperschaft gegenüber der Zentralregierung des Mitgliedstaats hinreichend autonom ist ([224]). Das ist der Fall, wenn drei Autonomiekriterien kumulativ erfüllt sind: institutionelle, prozedurale sowie wirtschaftliche und finanzielle Autonomie ([225]). Sind all diese Autonomiekriterien erfüllt, weise eine regionale oder lokale Körperschaft eine steuerliche Maßnahme ausschließlich für ihr Zuständigkeitsgebiet erlässt, dann bildet die betreffende Region — und nicht der Mitgliedstaat — den geografischen Bezugsrahmen.

5.3.1. *Institutionelle Autonomie*

145. Voraussetzung für das Vorliegen institutioneller Autonomie ist, dass die steuerliche Maßnahme von einer regionalen oder lokalen Körperschaft erlassen wurde, die verfassungsrechtlich, politisch und administrativ gegenüber der Zentralregierung einen eigenen Status besitzt. In der Rechtssache Azoren hat der Gerichtshof festgestellt, dass die Azoren nach der portugiesischen Verfassung eine autonome Region mit eigenem politisch-administrativem Status sowie eigenen Regierungsorganen bilden, die auch über eigene Steuerhoheit und die Befugnis zur Anpassung des nationalen Steuerrechts an die regionalen Besonderheiten verfügen ([226]).

146. Bei der Beurteilung, ob dieses Kriterium im jeweiligen Fall erfüllt ist, sollten insbesondere die Verfassung und andere einschlägige Rechtsvorschriften des betreffenden Mitgliedstaats daraufhin geprüft werden, ob die

auf die Möglichkeit, die Natur oder den allgemeinen Aufbau des nationalen Steuersystems als Rechtfertigung dafür geltend zu machen, dass Genossenschaften, die ihren gesamten Gewinn an ihre Mitglieder verteilen, nicht direkt besteuert werden, sofern die Steuer ihren Mitgliedern abverlangt wird (Rn. 71).

[216] Urteil des Gerichtshofs vom 8. September 2011, Paint Graphos u. a., verbundene Rechtssachen C-78/08 bis C-80/08, ECLI:EU:C:2011:550, Rn. 74.

[217] Urteil des Gerichtshofs vom 8. September 2011, Paint Graphos u. a., verbundene Rechtssachen C-78/08 bis C-80/08, ECLI:EU:C:2011:550, Rn. 75.

[218] Siehe Urteil des Gerichtshofs vom 15. November 2011, Kommission und Spanien/Government of Gibraltar und Vereinigtes Königreich, verbundene Rechtssachen C-106/09 P und C-107/09 P, ECLI:EU:C:2011:732, Rn. 146; Urteil des Gerichtshofs vom 29. April 2004, Niederlande/Kommission, C-159/01, ECLI:EU:C:2004:246, Rn. 43; Urteil des Gerichtshofs vom 6. September 2006, Portugal/Kommission, C-88/03, ECLI:EU:C:2006:511.

[219] Urteil des Gerichtshofs vom 6. September 2006, Portugal/Kommission, C-88/03, ECLI:EU:C:2006:511, Rn. 57; Urteil des Gerichtshofs vom 11. September 2008, Unión General de Trabajadores de La Rioja, verbundene Rechtssachen C-428/06 bis C-434/06, ECLI:EU:C:2008:488, Rn. 47.

[220] Urteil des Gerichtshofs vom 6. September 2006, Portugal/Kommission, C-88/03, ECLI:EU:C:2006:511, Rn. 57 ff.; Urteil des Gerichtshofs vom 11. September

2008, Unión General de Trabajadores de La Rioja, verbundene Rechtssachen C-428/06 bis C-434/06, ECLI:EU:C:2008:488, Rn. 47 ff.

[221] Urteil des Gerichtshofs vom 6. September 2006, Portugal/Kommission, C-88/03, ECLI:EU:C:2006:511, Rn. 63 bis 66.

[222] Siehe Schlussanträge des Generalanwalts Geelhoed vom 20. Oktober 2005, Portugal/Kommission, C-88/03, ECLI:EU:C:2005:618, Rn. 60.

[223] Schlussanträge des Generalanwalts Geelhoed vom 20. Oktober 2005, Portugal/Kommission, C-88/03, ECLI:EU:C:2005:618, Rn. 60.

[224] Urteil des Gerichtshofs vom 6. September 2006, Portugal/Kommission, C-88/03, ECLI:EU:C:2006:511, Rn. 58: „*Es ist nicht auszuschließen, dass eine unterhalb der nationalstaatlichen Ebene angesiedelte Einrichtung aufgrund ihrer rechtlichen und tatsächlichen Stellung gegenüber der Zentralregierung eines Mitgliedstaats so autonom ist, dass sie — und nicht die Zentralregierung — durch die von ihr erlassenen Maßnahmen eine grundlegende Rolle bei der Festlegung des politischen und wirtschaftlichen Umfelds spielt, in dem die Unternehmen tätig sind.*"

[225] Urteil des Gerichtshofs vom 6. September 2006, Portugal/Kommission, C-88/03, ECLI:EU:C:2006:511, Rn. 67.

[226] Urteil des Gerichtshofs vom 6. September 2006, Portugal/Kommission, C-88/03, ECLI:EU:C:2006:511, Rn. 70.

jeweilige Region über einen eigenen politisch-administrativen Status sowie eigene Regierungsorgane verfügt, die zur Ausübung ihrer eigenen Steuerzuständigkeit befugt sind.

5.3.2. *Prozedurale Autonomie*

147. Prozedurale Autonomie liegt vor, wenn eine steuerliche Maßnahme erlassen wurde, ohne dass die Zentralregierung die Möglichkeit hatte, unmittelbar deren Inhalt mitzubestimmen.

148. Das wesentliche Kriterium für das Vorliegen von prozeduraler Autonomie ist nicht der Umfang der Zuständigkeiten, über die die subnationale Körperschaft anerkanntermaßen verfügt, sondern die Möglichkeit dieser Körperschaft, auf der Grundlage ihrer Zuständigkeiten eine steuerliche Maßnahme unabhängig zu erlassen, d. h. ohne dass die Zentralregierung unmittelbar auf deren Inhalt Einfluss nehmen kann.

149. Wenn ein Konsultations- oder Vermittlungsverfahren zur Vorbeugung von Konflikten zwischen zentralstaatlichen und regionalen (oder lokalen) Körperschaften besteht, so bedeutet dies nicht automatisch, dass die subnationale Körperschaft prozedural nicht autonom ist, sofern diese Körperschaft und nicht die Zentralregierung letztlich über den Erlass der betreffenden Maßnahme entscheidet ([227]).

150. Der bloße Umstand, dass die von der subnationalen Körperschaft erlassenen Rechtsvorschriften einer gerichtlichen Kontrolle unterliegen, bedeutet für sich genommen nicht, dass die Körperschaft prozedural nicht autonom ist, da das Bestehen einer solchen gerichtlichen Kontrolle dem Bestehen eines Rechtsstaats immanent ist ([228]).

151. Eine regionale (oder lokale) steuerliche Maßnahme muss nicht vollständig von einem allgemeineren Steuersystem getrennt sein, um keine staatliche Beihilfe darzustellen. Insbesondere ist es nicht erforderlich, dass das betreffende Steuersystem (Bemessungsgrundlagen, Steuersätze, Steuerbeitreibungsvorschriften und Befreiungen) vollständig auf die subnationale Körperschaft übertragen wurde ([229]). Ist beispielsweise die Devolution hinsichtlich der Körperschaftsteuer auf die Befugnis beschränkt, die Steuersätze innerhalb einer bestimmten Bandbreite festzulegen, ohne dass auch die Befugnis übertragen würde, die Bemessungsgrundlagen (Steuervergünstigungen und -befreiungen usw.) zu verändern, so kann die Voraussetzung der prozeduralen Autonomie als **Bek Bei-
hilfebe-
riff** erfüllt gelten, wenn die vorgegebene Steuersatz-Bandbreite es der Region ermöglicht, wesentliche autonome steuerliche Befugnisse auszuüben, ohne dass die Zentralregierung unmittelbar inhaltlich Einfluss nehmen kann.

5.3.3. *Wirtschaftliche und finanzielle Autonomie*

152. Voraussetzung für das Vorliegen wirtschaftlicher und finanzieller Autonomie ist, dass die subnationale Körperschaft die Verantwortung für die politischen und finanziellen Auswirkungen einer steuersenkenden Maßnahme trägt. Das kann nicht der Fall sein, wenn die subnationale Körperschaft nicht für die Haushaltsführung zuständig ist, d. h., wenn sie nicht die Hoheit über die Einnahmen und die Ausgaben besitzt.

153. Daher kann wirtschaftliche und finanzielle Autonomie nur vorliegen, wenn die finanziellen Auswirkungen einer steuerlichen Maßnahme in der Region nicht durch Zuschüsse oder Subventionen aus den anderen Regionen oder von der Zentralregierung ausgeglichen werden. Besteht ein unmittelbarer Kausalzusammenhang zwischen der von der subnationalen Körperschaft erlassenen steuerlichen Maßnahme und der finanziellen Unterstützung durch andere Regionen oder die Zentralregierung des betreffenden Mitgliedstaats, ist das Vorliegen einer solchen Autonomie daher ausgeschlossen ([230]).

154. Wird ein Rückgang von Steuereinnahmen infolge der Ausübung übertragener steuerlicher Befugnisse (zum Beispiel bei Senkung eines Steuersatzes) durch einen parallelen Anstieg derselben Steuereinnahmen durch die Niederlassung neuer Unternehmen ausgeglichen, die durch den niedrigeren Steuersatz angezogen wurden, so steht dies der wirtschaftlichen und finanziellen Autonomie nicht entgegen.

155. Für die Erfüllung der Autonomiekriterien ist es weder erforderlich, dass die Steuerbeitreibungsvorschriften auf die regionalen/lokalen Körperschaften übertragen werden, noch müssen die Steuereinnahmen tatsächlich von diesen Körperschaften erhoben werden. Die Zentralregierung darf die Zuständigkeit für die Erhebung der übertragenen Steuern behalten, sofern die Kosten der Steuererhebung von der subnationalen Körperschaft getragen werden.

5.4. Besondere Fragen in Bezug auf steuerliche Maßnahmen

156. Den Mitgliedstaaten steht es frei, ihre wirtschaftspolitischen Maßnahmen nach eigenem Ermessen festzulegen und insbesondere die Steuerlast gemäß ihren Vorstellungen auf die verschiedenen Produktionsfaktoren zu verteilen. Die Mitgliedstaaten müssen diese Zuständigkeit aber im Einklang mit dem Unionsrecht ausüben ([231]).

5.4.1. *Genossenschaften*

157. Grundsätzlich folgen echte Genossenschaften Funktionsprinzipien, aufgrund deren sie sich von anderen

---

[227] Urteil des Gerichtshofs vom 11. September 2008, Uni☐n General de Trabajadores de La Rioja, verbundene Rechtssachen C-428/06 bis C-434/06, ECLI:EU:C:2008:488, Rn. 96 bis 100.
[228] Urteil des Gerichtshofs vom 11. September 2008, Uni☐n General de Trabajadores de La Rioja, verbundene Rechtssachen C-428/06 bis C-434/06, ECLI:EU:C:2008:488, Rn. 80 bis 83.
[229] Urteil des Gerichtshofs vom 6. September 2006, Portugal/Kommission, C-88/03, ECLI:EU:C:2006:511.

[230] Urteil des Gerichtshofs vom 11. September 2008, Uni☐n General de Trabajadores de La Rioja, verbundene Rechtssachen C-428/06 bis C-434/06, ECLI:EU:C:2008:488, Rn. 129 ff.
[231] Insbesondere dürfen die Mitgliedstaaten keine Rechtsvorschriften einführen bzw. aufrechterhalten, die mit dem Binnenmarkt unvereinbare staatliche Beihilfen oder Diskriminierungen unter Verstoß gegen die Grundfreiheiten verbunden sind. Siehe z. B. Urteil des Gerichtshofs vom 17. September 2009, Glaxo Wellcome, C-182/08, ECLI:EU:C:2009:559, Rn. 34, und die dort angeführte Rechtsprechung.

Wirtschaftsbeteiligten unterscheiden ([232]). So weisen Genossenschaften besondere Mitgliedschaftsregeln auf, und sie handeln zum gegenseitigen Nutzen ihrer Mitglieder ([233]) und nicht im Interesse externer Investoren. Zudem dürfen Rücklagen und Vermögen nicht ausgeschüttet werden und müssen entsprechend dem gemeinsamen Interesse der Mitglieder verwendet werden. Ferner haben Genossenschaften in der Regel nur beschränkten Zugang zu Aktienmärkten und erzielen normalerweise nur geringe Gewinnspannen.

158. In Anbetracht dieser Besonderheiten kann davon ausgegangen werden, dass Genossenschaften sich nicht in einer Rechts- und Sachlage befinden, die mit derjenigen von Handelsgesellschaften vergleichbar ist, so dass Steuervergünstigungen für Genossenschaften möglicherweise nicht in den Anwendungsbereich der Beihilfevorschriften fallen, wenn ([234])

— sie im wirtschaftlichen Interesse ihrer Mitglieder handeln;

— sie mit ihren Mitgliedern in einer nicht rein geschäftlichen, sondern besonderen persönlichen Beziehung stehen;

— ihre Mitglieder aktiv beteiligt sind;

— die Mitglieder Anspruch auf eine gerechte Verteilung der wirtschaftlichen Erträge haben.

159. Wird hingegen festgestellt, dass eine Genossenschaft mit Handelsgesellschaften vergleichbar ist, so sollte sie in dasselbe Bezugssystem einbezogen werden wie Handelsgesellschaften und der unter den Randnummern 128 bis 141 dargelegten dreistufigen Analyse unterzogen werden. In der dritten Stufe der Analyse muss geprüft werden, ob die in Rede stehende steuerliche Regelung mit den Grundgedanken des Steuersystems im Einklang steht ([235]).

160. Diesbezüglich ist anzumerken, dass die Maßnahme mit den Grund- oder Leitprinzipien des Steuersystems des betreffenden Mitgliedstaats (unter Verweis auf die dem Steuersystem selbst immanenten Mechanismen) im Einklang stehen muss. Wenn durch die Nichtbesteuerung von Genossenschaften von diesem System abgewichen wird, kann dies zum Beispiel dadurch gerechtfertigt sein, dass diese ihren gesamten Gewinn an ihre Mitglieder verteilen und die Steuer dann bei den einzelnen Mitgliedern erhoben wird. Die Steuervergünstigung muss in jedem Fall verhältnismäßig sein und darf nicht über die Grenzen des Erforderlichen hinausgehen. Außerdem muss der betreffende Mitgliedstaat geeignete Kontroll-

und Überwachungsverfahren zur Anwendung bringen ([236]).

5.4.2. Organismen für gemeinsame Anlagen ([237])

161. Es ist allgemein anerkannt, dass Anlagestrukturen wie Organismen für gemeinsame Anlagen ([238]) in angemessener Höhe besteuert werden sollten, da sie im Prinzip als Intermediäre (Dritte) zwischen den Investoren und den Zielunternehmen, in die investiert wird, agieren. Das Fehlen besonderer Steuervorschriften für Investmentfonds bzw. Investmentgesellschaften könnte dazu führen, dass ein Investmentfonds als eigenständiger Steuerpflichtiger behandelt wird — und somit eine zusätzliche Besteuerungsebene für die vom Intermediär erwirtschafteten Einkünfte oder Gewinne auferlegt wird. In diesem Zusammenhang versuchen die Mitgliedstaaten im Allgemeinen, negative steuerliche Auswirkungen auf über Investmentfonds bzw. Investmentgesellschaften getätigte Investitionen im Vergleich zu direkten Investitionen privater Anleger zu verringern, und, soweit möglich, zu gewährleisten, dass die endgültige Besteuerung für die verschiedenen Arten von Investitionen insgesamt, unabhängig von der für die jeweilige Investition gewählten Anlagestruktur, in etwa gleich hoch ist.

162. Steuerliche Maßnahmen, die zur Gewährleistung der Steuerneutralität von Investitionen in Investmentfonds bzw. Investmentgesellschaften dienen, sollten nicht als selektiv betrachtet werden, wenn ihre Wirkung nicht darin besteht, bestimmte Organismen für gemeinsame Anlagen oder bestimmte Arten von Investitionen zu begünstigen ([239]), sondern darin, die wirtschaftliche Doppelbesteuerung in Einklang mit den allgemeinen Grundsätzen des fraglichen Steuersystems zu reduzieren oder zu beseitigen. Im Sinne dieses Abschnitts bedeutet Steuerneutralität, dass alle Steuerpflichtigen gleich behandelt werden, unabhängig davon, ob sie direkt oder indirekt über Investmentfonds in Vermögenswerte wie etwa Staatsanleihen oder Aktien von Aktiengesellschaften investieren. Folglich könnte eine steuerliche Regelung für Organismen für gemeinsame Anlagen, die auf die steuerliche Transparenz auf Ebene des Intermediärs abzielt, mit der Logik des fraglichen Steuersystems begründet werden, wenn es sich bei der Verhinderung der wirtschaftlichen Doppelbesteuerung um einen in dem fraglichen Steuersystem verankerten Grundsatz handelt. Eine steuerliche Vorzugsbehandlung, die sich auf genau be-

---

[232] Siehe Erwägungsgründe der Verordnung (EG) Nr. 1435/2003 des Rates vom 22. Juli 2003 über das Statut der Europäischen Genossenschaft.

[233] Die Kontrolle von Genossenschaften ist im Sinne der Regel „ein Mitglied, eine Stimme" gleichberechtigt unter ihren Mitgliedern aufgeteilt.

[234] Siehe Urteil des Gerichtshofs vom 8. September 2011, Paint Graphos u. a., verbundene Rechtssachen C-78/08 bis C-80/08, ECLI:EU:C:2011:550, Rn. 55 und 61.

[235] Siehe Urteil des Gerichtshofs vom 8. September 2011, Paint Graphos u. a., verbundene Rechtssachen C-78/08 bis C-80/08, ECLI:EU:C:2011:550, Rn. 69 bis 75.

[236] Siehe Urteil des Gerichtshofs vom 8. September 2011, Paint Graphos u. a., verbundene Rechtssachen C-78/08 bis C-80/08, ECLI:EU:C:2011:550, Rn. 74 und 75.

[237] Dieser Abschnitt beschränkt sich nicht auf Organismen für gemeinsame Anlagen im Sinne der Richtlinie 2009/65/EG des Europäischen Parlaments und des Rates vom 13. Juli 2009 zur Koordinierung der Rechts- und Verwaltungsvorschriften betreffend bestimmte Organismen für gemeinsame Anlagen in Wertpapieren (OGAW). Er deckt auch andere Arten von Organismen für gemeinsame Anlagen ab, die nicht unter

diese Richtlinie fallen, wie — u. a. — alternative Investmentfonds im Sinne der Richtlinie 2011/61/EU des Europäischen Parlaments und des Rates (ABl. L 174 vom 1.7.2011, S. 1).

[238] Diese Organismen können nach einzelstaatlichem Recht die Vertragsform (von einer Verwaltungsgesellschaft verwaltete Investmentfonds), die Form des Trust („unit trust") oder die Satzungsform (Investmentgesellschaft) haben. Siehe Artikel 1 Absatz 3 der OGAW-Richtlinie.

[239] Siehe Urteil des Gerichts erster Instanz vom 4. März 2009, Associazione italiana del risparmio gestito und Fineco Asset Management/Kommission, T-445/05, E-CLI:EU:T:2009:50, Rn. 78 ff., in dem das Gericht die Entscheidung 2006/638/EG der Kommission vom 6. September 2005 über die Beihilferegelung, die Italien in Form steuerlicher Anreize zugunsten bestimmter Unternehmen für gemeinsame Anlagen in Wertpapieren eingeführt hat, die auf Anlagen in börsennotierten Gesellschaften mit geringer oder mittlerer Kapitalisierung spezialisiert sind (ABl. L 268 vom 27.9.2006, S. 1), bestätigt hat.

stimmte, besonderen Voraussetzungen genügende Anlagestrukturen beschränkt ([240]) und somit zulasten anderer Anlagestrukturen geht, die sich in einer vergleichbaren tatsächlichen und rechtlichen Situation befinden, wäre hingegen als eine selektive Maßnahme zu betrachten ([241]); ein Beispiel dafür wären Steuervorschriften, die eine Vorzugsbehandlung für nationale Unternehmungen, soziale Investmentfonds oder langfristige Investmentfonds vorsehen, aber nicht für EU-weit harmonisierte EuVECA ([242]), EuSEF ([243]) bzw. ELTIF ([244]) gelten.

163. Steuerneutralität bedeutet jedoch nicht, dass solche Anlagestrukturen vollständig von sämtlichen Steuern befreit oder den Fondsmanagern die Steuern auf die Verwaltungsgebühren erlassen werden sollten, die sie für die Verwaltung der den Fonds zugrunde liegenden Vermögenswerte erheben ([245]). Noch rechtfertigt sie im Rahmen der fraglichen steuerlichen Regelungen eine günstigere steuerliche Behandlung einer über einen Organismus für gemeinsame Anlagen getätigten Investition im Vergleich zu einer direkten Investition ([246]). In solchen Fällen wäre die steuerliche Regelung unverhältnismäßig und würde über das zur Erreichung des Ziels (Vermeidung der Doppelbesteuerung) erforderliche Maß hinausgehen und somit eine selektive Maßnahme darstellen.

5.4.3. *Steueramnestie*

164. Die Steueramnestie beinhaltet in der Regel die Befreiung von strafrechtlichen Sanktionen, Geldbußen und (den gesamten oder einem Teil der) Zinszahlungen. Während bei bestimmten Amnestieverfahren der Gesamtbetrag der fälligen Steuern gezahlt werden muss ([247]), wird bei anderen ein Teil der fälligen Steuern erlassen ([248]).

165. Eine Steueramnestiemaßnahme für Unternehmen kann grundsätzlich als allgemeine Maßnahme angesehen werden, wenn die nachstehenden Voraussetzungen erfüllt sind ([249]).

166. Erstens muss die Maßnahme Unternehmen aller Wirtschaftszweige und Größenkategorien tatsächlich offenstehen, die zu den in der Maßnahme festgelegten Zeitpunkt Steuerschulden haben, ohne dass eine bestimmte Gruppe von Unternehmen begünstigt wird. Zweitens darf die Maßnahme keine *De–facto*-Selektivität zugunsten be-

stimmter Unternehmen oder Wirtschaftszweige bewirken. Drittens muss sich die Rolle der Steuerverwaltung darauf beschränken, die Umsetzung der Steueramnestie zu verwalten, ohne hinsichtlich der Gewährung oder der Intensität der Maßnahme über Ermessen zu verfügen. Schließlich darf die Maßnahme nicht mit dem Verzicht auf eine Überprüfung verbunden sein.

167. Die zeitlich beschränkte Anwendung einer nur für einen kurzen Zeitraum ([250]) geltenden Steueramnestie in Bezug auf Steuerschulden, die vor einem vorab festgelegten Datum bestanden und zum Zeitpunkt der Einführung der Steueramnestie noch bestehen, ist dem Konzept einer Steueramnestie immanent, die sowohl die Erhebung der Steuern als auch die Einhaltung der Steuervorschriften seitens der Steuerpflichtigen verbessern soll.

168. Steueramnestiemaßnahmen können auch als allgemeine Maßnahmen angesehen werden, wenn sie mit dem vom nationalen Gesetzgeber verfolgten Ziel im Einklang stehen, die Wahrung eines allgemeinen Rechtsgrundsatzes wie dem der angemessenen Verfahrensdauer zu gewährleisten ([251]).

5.4.4. *Steuervorbescheide und Steuervergleiche*

5.4.4.1. Von Verwaltungen erlassene Steuervorbescheide

169. Steuervorbescheide dienen dazu, vorab festzulegen, wie das allgemeine Steuersystem in einem konkreten Fall in Anbetracht der jeweiligen besonderen Fakten und Umstände angewendet wird. Aus Gründen der Rechtssicherheit erlassen zahlreiche nationale Steuerverwaltungen Vorbescheide über die steuerliche Behandlung bestimmter Transaktionen ([252]). Beispielsweise kann vorab festgelegt werden, wie die Bestimmungen eines bilateralen Doppelbesteuerungsabkommens bzw. des nationalen Steuerrechts in einem bestimmten Fall angewendet werden oder wie hoch „Arm's Length"-Gewinne aus Transaktionen zwischen verbundenen Parteien anzusetzen sind, sofern die Ungewissheit einen Vorbescheid rechtfertigt, der dazu dient zu überprüft, ob bestimmte gruppeninterne Transaktionen nach dem Fremdvergleichsgrundsatz („Arm's Length"-Grundsatz) abgerechnet werden ([253]). Die Mitgliedstaaten können den Steuerpflichtigen Rechtssicherheit und Vorhersehbarkeit hinsichtlich

[240] Beispielsweise wenn die steuerliche Vorzugsbehandlung auf Ebene der Anlagestruktur an die Bedingung geknüpft ist, dass drei Viertel des Fondsvermögens in KMU investiert werden.

[241] Siehe Urteil des Gerichts erster Instanz vom 4. März 2009, Associazione italiana del risparmio gestito und Fineco Asset Management/Kommission, T-445/05, ECLI:EU:T:2009:50, Rn. 150.

[242] Verordnung (EU) Nr. 345/2013 des Europäischen Parlaments und des Rates vom 17. April 2013 über Europäische Risikokapitalfonds (ABl. L 115 vom 25.4.2013, S. 1).

[243] Verordnung (EU) Nr. 346/2013 des Europäischen Parlaments und des Rates vom 17. April 2013 über Europäische Fonds für soziales Unternehmertum (ABl. L 115 vom 25.4.2013, S. 18).

[244] Verordnung (EU) 2015/760 des Europäischen Parlaments und des Rates vom 29. April 2015 über europäische langfristige Investmentfonds (ABl. L 123 vom 19.5.2015, S. 98).

[245] Die Neutralität bei der besonderen Besteuerung von Investmentgesellschaften bezieht sich auf das Fondskapital, aber nicht auf die eigenen Einnahmen und das Eigenkapital der Verwaltungsgesellschaft. Siehe Beihilfeentscheidung der EFTA-Überwachungsbehörde vom 18. März 2009 bezüglich der Besteuerung von Investmentfirmen nach dem liechtensteinischen Steuergesetz.

[246] Siehe Beschluss der Kommission vom 12. Mai 2010 über die staatliche Beihilfe N 131/2009 — Finnland — Residential Real Estate Investment Trust (REIT) (ABl. C 178 vom 3.7.2010, S. 1), Erwägungsgrund 33.

[247] Im Rahmen einer Steueramnestie kann es auch möglich sein, nicht erklärtes Vermögen oder nicht erklärte Einnahmen nachzuerklären.

[248] Siehe Beschluss der Kommission vom 29. März 2012, Ministero dell'Economia e delle Finanze, C-417/10, ECLI:EU:C:2012:184, Rn. 12.

[249] Siehe Beschluss der Kommission SA.33183 über eine von Lettland angemeldete Steueramnestiemaßnahme (ABl. C 1 vom 4.1.2013, S. 6).

[250] Der Anwendungszeitraum sollte so bemessen sein, dass alle Steuerpflichtigen, auf die die Amnestie angewendet wird, diese in Anspruch nehmen können.

[251] Siehe Urteil des Gerichtshofs vom 29. März 2012, Ministero dell'Economia e delle Finanze, C-417/10, ECLI:EU:C:2012:184, Rn. 40, 41 und 42.

[252] Einige Mitgliedstaaten haben Anwendungsbereich und Gegenstand solcher Vorbescheide in Runderlassen festgelegt. Einige Mitgliedstaaten veröffentlichen ihre Vorbescheide auch.

[253] Siehe folgende drei Beschlüsse, gegen die allesamt Rechtsmittel eingelegt wurden: Beschluss der Kommission vom 21. Oktober 2015 über die staatliche Beihilfe SA.38374 — Starbucks (noch nicht veröffentlicht); Beschluss der Kommission vom 21. Oktober 2015 über die staatliche Beihilfe SA.38375 — Fiat (noch nicht veröffentlicht); Beschluss der Kommission vom 11. Januar 2016 über die staatliche Beihilfe SA.37667 — Beihilferegelung zur Befreiung von Mehrgewinnen (noch nicht veröffentlicht).

der Anwendung der allgemeinen Steuervorschriften schaffen; dies ist am besten durch eine transparente Vorbescheidpraxis der Steuerverwaltungen und die Veröffentlichung der Vorbescheide zu erreichen.

170. Beim Erlass von Steuervorbescheiden müssen jedoch die Beihilfevorschriften eingehalten werden. Wenn ein Steuervorbescheid ein Ergebnis festschreibt, das nicht zuverlässig dem Ergebnis einer normalen Anwendung des allgemeinen Steuersystems entspricht, verschafft der Vorbescheid seinem Empfänger möglicherweise einen selektiven Vorteil, da diese selektive Behandlung zu einer Senkung seiner Steuerschuld in dem betreffenden Mitgliedstaat im Vergleich zu Unternehmen führt, die sich in einer ähnlichen Sach- und Rechtslage befinden.

171. Der Gerichtshof hat festgestellt, dass eine Reduzierung der Steuerbemessungsgrundlage eines Unternehmens, die sich aus einer steuerlichen Maßnahme ergibt, welche es einem Steuerpflichtigen ermöglicht, bei gruppeninternen Transaktionen Verrechnungspreise anzuwenden, die erheblich von den Preisen abweichen, die unter vergleichbaren Umständen im freien Wettbewerb zwischen unabhängigen Unternehmen im Einklang mit dem Arm'S Length-Grundsatz berechnet würden, dem betreffenden Steuerpflichtigen einen selektiven Vorteil verschafft, da seine Steuerschuld nach dem allgemeinen Steuersystem im Vergleich zu einem unabhängigen Unternehmen, bei dem der tatsächlich erzielte Geschäftsgewinn die Steuerbemessungsgrundlage bildet, verringert wird (²⁵⁴). Somit verschafft ein Steuervorbescheid, der eine Verrechnungspreismethode für die Bestimmung des zu versteuernden Gewinns von Einheiten einer Unternehmensgruppe festschreibt, die keinen zuverlässigen Näherungswert für ein marktbasiertes Ergebnis hervorbringt, das mit dem Arm'S Length-Grundsatz im Einklang steht, dem Empfänger des Vorbescheids einen selektiven Vorteil. Dass ein „zuverlässiger Näherungswert für ein marktbasiertes Ergebnis" angestrebt wird, bedeutet, dass eine etwaige Abweichung vom besten Schätzwert für das marktbasierte Ergebnis nicht größer sein darf als das Maß der Unsicherheit, mit der die jeweilige Verrechnungspreismethode bzw. die statistischen Instrumente zur Ermittlung des Schätzwerts verbunden sind, und in einem angemessenen Verhältnis dazu stehen muss.

172. Die Einhaltung des Arm'S Length-Grundsatzes ist stets Teil der Würdigung steuerlicher Maßnahmen zugunsten von Einheiten einer Unternehmensgruppe auf der Grundlage des Artikels 107 Absatz 1 AEUV durch die Kommission, und zwar unabhängig davon, ob und gegebenenfalls in welcher Form dieser Grundsatz in der nationalen Rechtsordnung des betreffenden Mitgliedstaat

enthalten ist. Anhand dieses Grundsatzes stellt sie fest, ob der steuerpflichtige Gewinn der Einheiten einer Unternehmensgruppe für die Zwecke der Körperschaftsteuer anhand einer Methode ermittelt wurde, die einen zulässigen Näherungswert für ein marktbasiertes Ergebnis hervorbringt. Schreibt ein Steuervorbescheid solch eine Methode fest, so ist gewährleistet, dass dieses Unternehmen nach dem in dem betreffenden Mitgliedstaat geltenden allgemeinen Vorschriften für die Besteuerung von Unternehmensgewinnen im Vergleich zu eigenständigen Unternehmen, die auf der Grundlage ihrer Geschäftsgewinne besteuert werden, die sich aus marktbasierten, nach dem Arm'S Length-Grundsatz ausgehandelten Preisen ergeben, nicht bevorzugt wird. Der Arm'S Length-Grundsatz, den die Kommission bei der beihilferechtlichen Beurteilung von Vorbescheiden in Bezug auf Verrechnungspreise heranzieht, stellt daher eine Anwendung des Artikels 107 Absatz 1 AEUV dar, dem zufolge die steuerliche Ungleichbehandlung von Unternehmen, die sich in einer ähnlichen Sach- und Rechtslage befinden, verboten ist. Dieser Grundsatz ist für die Mitgliedstaaten verbindlich und die nationalen Steuervorschriften sind nicht von seinem Anwendungsbereich ausgenommen (²⁵⁵).

173. Bei der Prüfung, ob ein Vorbescheid in Bezug auf Verrechnungspreise mit dem im Artikel 107 Absatz 1 AEUV verankerten Arm'S Length-Grundsatz im Einklang steht, stützt sich die Kommission auf die von der Organisation für wirtschaftliche Zusammenarbeit und Entwicklung („OECD") bereitgestellten Orientierungshilfen stützen, insbesondere die „OECD-Verrechnungspreisleitlinien für multinationale Unternehmen und Steuerverwaltungen". Die Verrechnungspreisleitlinien der OECD beziehen sich zwar nicht auf staatliche Beihilfen, tragen aber dem internationalen Konsens über Verrechnungspreise Rechnung und bieten Steuerverwaltungen und multinationalen Unternehmen nützliche Orientierungshilfen dafür, wie sichergestellt werden kann, dass eine Verrechnungspreismethode zu einem Ergebnis führt, das mit den Marktbedingungen im Einklang steht. Steht eine Verrechnungspreisvereinbarung mit den OECD-Verrechnungspreisleitlinien und insbesondere den Erläuterungen zur Wahl der am besten geeigneten Methode zur Ermittlung eines zuverlässigen Näherungswerts für ein marktbasiertes Ergebnis im Einklang, so ist ein Steuervorbescheid, der diese Verrechnungspreisvereinbarung bestätigt, in der Regel nicht mit einer staatlichen Beihilfe verbunden.

174. Zusammenfassend ist festzustellen, dass Steuervorbescheide ihrem Empfänger insbesondere dann einen selektiven Vorteil verschaffen, wenn

---

²⁵⁴ Siehe Urteil des Gerichtshofs vom 22. Juni 2006, Belgien und Forum 187/Kommission, verbundene Rechtssachen C-182/03 und C-217/03, ECLI:EU:C:2006:416. In diesem Urteil über eine belgische Steuerregelung für Koordinierungszentren prüfte der Gerichtshof eine Klage gegen eine Entscheidung der Kommission (Entscheidung 2003/757/EG der Kommission vom 17. Februar 2003 über die Beihilferegelung, die Belgien zugunsten von Koordinierungsstellen mit Sitz in Belgien durchgeführt hat (ABl. L 282 vom 30.10.2003, S. 25), in der die Kommission zu dem Schluss kam, dass die in dieser Regelung vorgesehene Methode für die Berechnung der steuerpflichtigen Einkommens den Zentren einen selektiven Vorteil verschaffte. Die Regelung sah vor, dass der zu versteuernde Gewinn pauschal auf einen Prozentsatz der Gesamtsumme der Ausgaben und Betriebskosten abzüglich Personal- und Finanzierungskosten festgesetzt wurde. Das Urteil des Gerichtshofs besagt: *„Für die Prüfung, ob die Ermittlung des steuerpflichtigen Einkommens nach der Regelung für Koordinationszentren diesen einen Vorteil verschafft,"* ist ... *diese Regelung mit der sonst anwendbaren Regelung zu vergleichen, die auf der Differenz zwischen Erträgen und Kosten eines Unternehmens beruht, das sich in freiem Wettbewerb betätigt."* Anschließend stellt der Gerichtshof Folgendes fest: *„der Ausschluss [der Personal- und Finanzierungskosten] von den der Ermittlung des steuerpflichtigen Einkommens der Zentren dienenden Kosten [ermöglicht] nicht, zu den ähnlichen Verrechnungspreisen wie unter freien Wettbewerbsbedingungen zu gelangen. Somit ist diese [...] Regelung geeignet, den Zentren einen wirtschaftlichen Vorteil zu verschaffen"* (Rn. 96 und 97 des Urteils).

²⁵⁵ Siehe Urteil des Gerichtshofs vom 22. Juni 2006, Belgien und Forum 187/Kommission, verbundene Rechtssachen C-182/03 und C-217/03, ECLI:EU:C:2006:416, Rn. 81. Siehe auch Urteil des Gerichts vom 25. März 2015, Belgien/Kommission, T-538/11, ECLI:EU:T:2015:188, Rn. 65 und 66, und die dort angeführte Rechtsprechung.

a) das nationale Steuerrecht im Vorbescheid falsch angewendet wird und dies zu einem niedrigeren Steuerbetrag führt ([256]);

b) Vorbescheide von anderen Unternehmen in ähnlicher Rechts- und Sachlage nicht in Anspruch genommen werden können ([257]); oder

c) die Verwaltung diesen Steuerpflichtigen im Vergleich zu anderen Steuerpflichtigen, die sich in einer ähnlichen Sach- und Rechtslage befinden, steuerlich „bevorzugt" behandelt. Dies kann beispielsweise dann der Fall sein, wenn die Steuerbehörde eine Verrechnungspreisvereinbarung akzeptiert, die nicht dem Arms Length-Grundsatz entspricht, weil die durch den Vorbescheid bestätigte Methode im Ergebnis hervorbringt, das von einem zuverlässigen Näherungswert für ein marktbasiertes Ergebnis abweicht ([258]). Gleiches gilt, wenn der Vorbescheid es dem Empfänger ermöglicht, auf alternative, indirektere Methoden zur Berechnung des steuerpflichtigen Gewinns zurückzugreifen, bei denen beispielsweise festgelegte Margen für eine Methode des erhöhten Selbstkostenpreises („COST-Plus"-Methode) oder eine Wiederverkaufspreismethode zur Bestimmung eines angemessenen Transferpreises herangezogen werden, obwohl direkte Methoden zur Verfügung stehen ([259]).

5.4.4.2. Steuervergleiche

175. Steuervergleichsvereinbarungen werden in der Regel im Zusammenhang mit Streitigkeiten zwischen einem Steuerpflichtigen und der Steuerverwaltung über die Höhe einer Steuerschuld geschlossen. Solche Vereinbarungen sind in einer Reihe von Mitgliedstaaten gängige Praxis. Der Abschluss einer Steuervergleichsvereinbarung ermöglicht es einer Steuerverwaltung, langwierige Rechtsverfahren vor nationalen Gerichten zu vermeiden und die Steuerforderung schnell einzuziehen. Die Zuständigkeit der Mitgliedstaaten auf diesem Gebiet ist unbestritten, jedoch kann beim Abschluss eines Steuervergleichs insbesondere dann eine Beihilfe vorliegen, wenn der geschuldete Steuerbetrag ohne klare Rechtfertigung (wie zum Beispiel die Optimierung der Steuerbeitreibung) oder in unverhältnismäßiger Weise gesenkt wird und dies dem Steuerpflichtigen zugutekommt ([260]).

176. In diesem Zusammenhang kann eine Transaktion zwischen einer Steuerverwaltung und einem Steuerpflichtigen besonders dann das Vorliegen eines selektiven Vorteils begründen, wenn ([261])

a) die Verwaltung einem Steuerpflichtigen unverhältnismäßige Zugeständnisse macht und ihren Ermessensspielraum dazu nutzt, diesen Steuerpflichtigen im Vergleich zu anderen Steuerpflichtigen, die sich in einer ähnlichen Sach- und Rechtslage befinden, steuerlich „bevorzugt" zu behandeln;

b) der Vergleich gegen die geltenden Steuervorschriften verstößt und zu einem in unangemessenem Maße niedrigeren Steuerbetrag geführt hat. Dies kann zum Beispiel der Fall sein, wenn die festgestellten Tatsachen nach den geltenden Vorschriften eigentlich zu einer anderen Beurteilung der Steuer geführt haben sollten (der Steuerbetrag aber rechtswidrig gesenkt wurde).

5.4.5. *Abschreibungsvorschriften*

177. Steuerliche Maßnahmen rein technischer Art wie Abschreibungsvorschriften stellen im Allgemeinen keine staatliche Beihilfe dar. Auf welche Art und Weise die Abschreibung von Vermögenswerten ermittelt wird, unterscheidet sich von einem Mitgliedstaat zum anderen, kann jedoch im jeweiligen Steuersystem begründet liegen.

178. Die Schwierigkeit bei der Prüfung einer etwaigen Selektivität der Abschreibungssätze für bestimmte Vermögenswerte liegt darin, dass eine Benchmark festgelegt werden muss (von der ein spezifischer Satz oder eine spezifische Abschreibungsmethode abweichen könnte). Während die Abschreibungsrechnung im betriebswirtschaftlichen Rechnungswesen in der Regel den Wertverlust der Vermögenswerte widerspiegelt, um und ein korrektes Bild der finanziellen Situation des Unternehmens zu vermitteln, dient die steuerrechtliche Abschreibung anderen Zwecken wie zum Beispiel der Verteilung absetzbarer Ausgaben über einen Abschreibungszeitraum hinweg.

179. Anreize auf dem Gebiet der Abschreibung, die für bestimmte Kategorien von Vermögenswerten oder Unternehmen geschaffen werden (zum Beispiel kürzere Abschreibungszeiträume, günstigere Abschreibungsmethoden ([262]) oder vorzeitige Abschreibung) und nicht auf den

---

[256] Siehe Entscheidung 2003/601/EG der Kommission vom 17. Februar 2003 über die Beihilferegelung — Irland — Auslandseinkünfte (ABl. L 204 vom 13.8.2003, S. 51), Erwägungsgründe 33 bis 35.

[257] Dies wäre beispielsweise der Fall, wenn manche Unternehmen, die Transaktionen mit verbundenen Unternehmen tätigen, solche Verwaltungsentscheidungen im Gegensatz zu einer vorab festgelegten Kategorie von Unternehmen nicht in Anspruch nehmen können. Siehe Entscheidung 2004/77/EG der Kommission vom 24. Juni 2003 über die Steuerregelung zugunsten US-amerikanischer Verkaufsgesellschaften (US Foreign Sales Corporations) (ABl. L 23 vom 28.1.2004, S. 14), Erwägungsgründe 56 bis 62.

[258] Siehe folgende drei Beschlüsse, gegen die allesamt Rechtsmittel eingelegt wurden: Beschluss der Kommission vom 21. Oktober 2015 über die staatliche Beihilfe SA.38374 — Starbucks (noch nicht veröffentlicht); Beschluss der Kommission vom 21. Oktober 2015 über die staatliche Beihilfe SA.38375 — Fiat (noch nicht veröffentlicht); Beschluss der Kommission vom 11. Januar 2016 über die staatliche Beihilfe SA.37667 — Beihilferegelung zur Befreiung von Mehrgewinnen (noch nicht veröffentlicht).

[259] Siehe Entscheidung 2003/438/EG der Kommission vom 16. Oktober 2002 über die staatliche Beihilfe C 50/2001 — Finanzierungsgesellschaften in Luxemburg (ABl. L 153 vom 20.6.2003, S. 40), Erwägungsgründe 43 und 44; Entscheidung

2003/501/EG der Kommission vom 16. Oktober 2002 über die staatliche Beihilfe C 49/2001 — Koordinierungszentren in Luxemburg (ABl. L 170 vom 9.7.2003, S. 20), Erwägungsgründe 46, 47 und 50; Entscheidung 2003/757/EG der Kommission vom 17. Februar 2003 — Koordinierungszentren mit Sitz in Belgien (ABl. L 282 vom 30.10.2003, S. 25), Erwägungsgründe 89 bis 95, und das damit zusammenhängende Urteil des Gerichtshofs vom 22. Juni 2006, Belgien und Forum 187/Kommission, verbundene Rechtssachen C-182/03 und C-217/03, ECLI:EU:C:2006:416, Rn. 96 und 97; Entscheidung 2004/76/EG der Kommission vom 13. Mai 2003 — Verwaltungs- und Logistikzentren in Frankreich (ABl. L 23 vom 28.1.2004, S. 1), Erwägungsgründe 50 und 53. Beschluss der Kommission vom 21. Oktober 2015 über die staatliche Beihilfe SA.38374 — Starbucks (noch nicht veröffentlicht), Rn. 282 bis 285; Beschluss der Kommission vom 21. Oktober 2015 über die staatliche Beihilfe SA.38375 — Fiat (noch nicht veröffentlicht), Rn. 245.

[260] Siehe Beschluss 2011/276/EU der Kommission vom 26. Mai 2010 über die staatliche Beihilfe C-76/03 — Umicore SA (ABl. L 122 vom 11.5.2011, S. 76).

[261] Siehe Beschluss 2011/276/EU der Kommission vom 26. Mai 2010 über die staatliche Beihilfe C-76/03 — Umicore SA (ABl. L 122 vom 11.5.2011, S. 76), Erwägungsgrund 155.

[262] Geometrisch-degressive oder arithmetisch-degressive Abschreibung gegenüber der üblichen linearen Abschreibung.

Leitsätzen der jeweiligen Abschreibungsvorschriften beruhen, können dazu führen, dass eine staatliche Beihilfe vorliegt. Im Gegensatz dazu können Vorschriften für beschleunigte und vorzeitige Abschreibung in Bezug auf Wirtschaftsgüter, für die ein Leasing-Vertrag abgeschlossen wurde, als allgemeine Maßnahme gelten, sofern solche Leasing-Verträge auch wirklich für Unternehmen jeder Größe und aus jedem Wirtschaftszweig zugänglich sind [263].

180. Liegt es im Ermessen der Steuerverwaltung, für einzelne Unternehmen oder Wirtschaftszweige verschiedene Abschreibungszeiträume oder Bewertungsmethoden festzulegen, lässt dies offensichtlich Selektivität vermuten. Gleichermaßen gilt, dass Selektivität gegeben ist, wenn vor Anwendung einer Abschreibungsregelung die Genehmigung einer Steuerverwaltung einzuholen ist und sich die diesbezügliche Prüfung nicht ausschließlich auf das Vorliegen der rechtlichen Voraussetzungen beschränkt [264].

5.4.6. Pauschalbesteuerung besonderer Tätigkeiten

181. Besondere Vorschriften, die kein Ermessenselement enthalten und zum Beispiel die Einkommensbesteuerung auf einer pauschalen Grundlage erlauben, können aufgrund der Art und des inneren Aufbaus des Systems gerechtfertigt sein, wenn sie beispielsweise besonderen Rechnungslegungsvorschriften oder der Bedeutung des Grundeigentums als eines für bestimmte Sektoren charakteristischen Vermögenswerts Rechnung tragen.

182. Solche Vorschriften sind daher nicht selektiv, wenn die folgenden Voraussetzungen erfüllt sind:

a) mit der auf einer pauschalen Grundlage beruhenden Regelung wird vermieden, dass bestimmten Kategorien von Unternehmen wie kleinen Unternehmen und/oder Unternehmen aus bestimmten Wirtschaftszweigen (zum Beispiel Landwirtschaft oder Fischerei) ein unverhältnismäßig hoher Verwaltungsaufwand entsteht;

b) die Pauschalregelung bewirkt im Schnitt weder, dass die Steuerlast für diese Unternehmen geringer ist als für andere Unternehmen, für die die Regelung nicht gilt, noch führt sie dazu, dass einer Unterkategorie von Begünstigten der Regelung Vorteile entstehen.

5.4.7. Vorschriften zur Missbrauchsbekämpfung

183. Vorschriften zur Missbrauchsbekämpfung können gerechtfertigt sein, um Steuerumgehung durch Steuerpflichtige zu verhindern [265]. Sie können jedoch selektiv

sein, wenn sie eine Ausnahmeregelung (Nichtanwendung der Vorschriften zur Missbrauchsbekämpfung) für bestimmte Unternehmen oder Transaktionen vorsehen und dies nicht mit der den Vorschriften zugrunde liegenden Logik vereinbar ist [266].

5.4.8. Verbrauchsteuern

184. Auch wenn die Verbrauchsteuern auf Unionsebene weitgehend harmonisiert sind (was sich auf das Kriterium der Zurechenbarkeit [267] auswirken kann), bedeutet dies nicht automatisch, dass die Beihilfevorschriften für Steuererleichterungen auf diesem Gebiet nicht gelten würden. So kann einem Unternehmen mittels eines ermäßigten Verbrauchsteuersatzes ein selektiver Vorteil gewährt werden, wenn das Unternehmen das betreffende Produkt für die Erzeugung anderer Produkte verwendet oder dieses auf dem Markt verkauft [268].

6. AUSWIRKUNGEN AUF HANDEL UND WETTBEWERB

6.1. Allgemeine Grundsätze

185. Staatliche Förderungen für Unternehmen stellen nur dann staatliche Beihilfen im Sinne des Artikels 107 Absatz 1 AEUV dar, wenn sie „durch die Begünstigung bestimmter Unternehmen oder Produktionszweige den Wettbewerb verfälschen oder zu verfälschen drohen", und nur „soweit sie den Handel zwischen Mitgliedstaaten beeinträchtigen".

186. Dabei handelt es sich um zwei getrennte Voraussetzungen, die beide erfüllt sein müssen, damit eine staatliche Beihilfe vorliegt. In der Praxis werden diese Elemente im Rahmen der beihilferechtlichen Würdigung jedoch häufig gemeinsam geprüft und generell als untrennbar miteinander verbunden betrachtet [269].

6.2. Verfälschung des Wettbewerbs

187. Ist eine vom Staat gewährte Maßnahme geeignet, die Wettbewerbsposition des Empfängers gegenüber seinen Wettbewerbern zu verbessern, so wird sie als Maßnahme erachtet, die den Wettbewerb verfälscht oder zu verfälschen droht [270]. In der Praxis wird daher im Allgemeinen eine Wettbewerbsverfälschung im Sinne des Artikels 107 Absatz 1 AEUV festgestellt, wenn der Staat einem Unternehmen in einem liberalisierten Wirtschaftszweig, in dem Wettbewerb herrscht oder herrschen könnte, einen finanziellen Vorteil gewährt [271].

Bek Beihilfebegriff

[263] Siehe Beschluss der Kommission vom 20. November 2012 über die staatliche Beihilfe SA.34736 zur vorzeitigen Abschreibung bestimmter Vermögenswerte, die über Finanzierungsleasing erworben wurden (ABl. C 384 vom 13.12.2012, S. 1).
[264] Siehe eine Entscheidung der Kommission vom 20. Dezember 2006 über die Beihilferegelung, die Frankreich auf der Grundlage von Artikel 39 CA des französischen Steuergesetzbuchs durchgeführt hat (ABl. L 112 vom 30.4.2007, S. 41), Erwägungsgrund 122.
[265] Siehe Urteil des Gerichtshofs vom 29. April 2004, GIL Insurance, C-308/01, ECLI:EU:C:2004:252, Rn. 65 ff.
[266] Siehe Entscheidung 2007/256/EG der Kommission vom 20. Dezember 2006 über die Beihilferegelung, die Frankreich auf der Grundlage von Artikel 39 CA des französischen Steuergesetzbuchs durchgeführt hat (ABl. L 112 vom 30.4.2007, S. 41), Erwägungsgrund 81 ff.
[267] Siehe Abschnitt 3.1.

[268] Siehe z. B. Entscheidung 1999/779/EG der Kommission vom 3. Februar 1999 über eine staatliche Beihilfe Österreichs in Form einer Befreiung von der Getränkesteuer auf Wein und andere gegorene Getränke bei Direktverkauf an den Verbraucher am Ort der Erzeugung (ABl. L 305 vom 30.11.1999, S. 27).
[269] Urteil des Gerichts erster Instanz vom 15. Juni 2000, Alzetta, verbundene Rechtssachen T-298/97, T-312/97 usw., ECLI:EU:T:2000:151, Rn. 81.
[270] Urteil des Gerichtshofs vom 17. September 1980, Philip Morris, 730/79, ECLI:EU:C:1980:209, Rn. 11; Urteil des Gerichts erster Instanz vom 15. Juni 2000, Alzetta, verbundene Rechtssachen T-298/97, T-312/97 usw., ECLI:EU:T:2000:151, Rn. 80.
[271] Urteil des Gerichts erster Instanz vom 15. Juni 2000, Alzetta, verbundene Rechtssachen T-298/97, T-312/97 usw., ECLI:EU:T:2000:151, Rn. 141 bis 147; Urteil des Gerichtshofs vom 24. Juli 2003, Altmark Trans, C-280/00, ECLI:EU:C:2003:415.

188. Die Tatsache, dass die Behörden eine öffentliche Dienstleistung einem internen Dienstleister übertragen (obgleich sie diese auch einem Dritten hätten übertragen können), schließt eine Wettbewerbsverfälschung nicht aus. Ausgeschlossen ist eine Wettbewerbsverfälschung hingegen dann, wenn sämtliche folgenden Voraussetzungen erfüllt sind:

a) eine Dienstleistung unterliegt einem (im Einklang mit dem Unionsrecht errichteten) rechtlichen Monopol ([272]);

b) das rechtliche Monopol schließt nicht nur den Wettbewerb auf dem Markt, sondern auch den Wettbewerb um den Markt aus, in dem es jeglichen möglichen Wettbewerb um die Stellung als alleiniger Erbringer einer Dienstleistung ausschließt ([273]);

c) die Dienstleistung konkurriert nicht mit anderen Dienstleistungen;

d) wenn der Dienstleister auf einem anderen für den Wettbewerb geöffneten (räumlich oder sachlich relevanten) Markt tätig ist, muss eine Quersubventionierung ausgeschlossen werden. Dies setzt voraus, dass getrennte Bücher geführt werden, Kosten und Einnahmen ordnungsgemäß zugewiesen werden, und die staatlichen Zuwendungen für die einem rechtlichen Monopol unterliegende Dienstleistung nicht für andere Tätigkeiten verwendet werden können.

189. Staatliche Förderungen können den Wettbewerb selbst dann verfälschen, wenn sie nicht dazu beitragen, dass das Empfängerunternehmen expandieren und Marktanteile gewinnen kann. Es reicht aus, dass eine Beihilfe die Wettbewerbsstellung eines Unternehmens im Vergleich zu seiner Lage ohne Beihilfe stärkt. Eine Beihilfe gilt in diesem Zusammenhang in der Regel bereits dann als wettbewerbsverfälschend, wenn sie ein Unternehmen begünstigt, indem sie es von Kosten befreit, die es normalerweise im Rahmen seiner laufenden Geschäftstätigkeiten zu tragen gehabt hätte ([274]). Die Definition der staatlichen Beihilfe setzt nicht voraus, dass die Wettbewerbsverfälschung oder die Auswirkung auf den Handel erheblich oder wesentlich ist. Der Umstand, dass Beihilfebeträge niedrig oder Empfängerunternehmen klein sind bedeutet nicht, dass (drohende) Wettbewerbsverfälschungen von vornherein auszuschließen sind ([275]), vorausgesetzt allerdings, dass die Wahrscheinlichkeit einer solchen Verfälschung nicht rein hypothetischer Natur ist ([276]).

6.3. Auswirkungen auf den Handel

190. Staatliche Förderungen für Unternehmen stellen nach Artikel 107 Absatz 1 AEUV nur eine staatliche Beihilfe dar, soweit sie „den Handel zwischen Mitgliedstaaten beeinträchtigen". Hierbei muss nicht festgestellt werden, dass die Beihilfe tatsächlich Auswirkungen auf den Handel zwischen Mitgliedstaaten hat, sondern lediglich, ob sie Auswirkungen auf diesen Handel haben könnte ([277]). Die Unionsgerichte haben insbesondere entschieden, dass, „wenn eine von einem Mitgliedstaat gewährte Finanzhilfe die Stellung eines Unternehmens gegenüber anderen Wettbewerbern im unionsinternen Handel stärkt, dieser als von der Beihilfe beeinflusst erachtet werden" muss ([278]).

191. Eine staatliche Förderung kann selbst dann, wenn der Empfänger nicht unmittelbar am grenzübergreifenden Handel teilnimmt, als Maßnahme erachtet werden, die sich auf den Handel zwischen Mitgliedstaaten auswirken könnte. So kann ein staatlicher Zuschuss, durch den das örtliche Angebot aufrechterhalten oder ausgeweitet wird, dazu führen, dass es für Unternehmen aus anderen Mitgliedstaaten schwieriger wird, in den Markt einzutreten ([279]).

192. Weder die verhältnismäßig geringe Höhe einer Beihilfe noch die verhältnismäßig geringe Größe des begünstigten Unternehmens schließen von vornherein die Möglichkeit von Auswirkungen auf den Handel zwischen Mitgliedstaaten aus ([280]). Ein staatlicher Zuschuss, der einem Unternehmen gewährt wird, das ausschließlich örtliche oder regionale Dienste und keine Dienste außerhalb seines Heimatstaats erbringt, kann sich dennoch auf den Handel zwischen Mitgliedstaaten auswirken, wenn diese Dienste (auch mittels der Niederlassungsfreiheit) von Unternehmen aus anderen Mitgliedstaaten erbracht werden könnten und diese Möglichkeit nicht rein hypothetischer Natur ist. Gewährt beispielsweise ein Mitgliedstaat einem Unternehmen einen öffentlichen Zuschuss für die Erbringung von Verkehrsdiensten, so kann die Erbringung dieser Dienste durch den Zuschuss möglicherweise beibehalten oder ausgeweitet werden, so dass sich die Chancen von in anderen Mitgliedstaaten niedergelassenen Unter-

---

[272] Ein rechtliches Monopol ist dann gegeben, wenn eine bestimmte Dienstleistung per Gesetz oder Regulierungsmaßnahme einem einzigen Dienstleister vorbehalten wird und allen anderen Marktteilnehmern die Erbringung dieser Dienstleistung (sogar zur Deckung einer etwaigen Restnachfrage bei bestimmten Kundengruppen) klar untersagt wird. Die Betrauung eines Unternehmens mit einer öffentlichen Dienstleistung bedeutet jedoch noch nicht, dass dieses Unternehmen ein rechtliches Monopol hat.

[273] Urteil des Gerichtshofs vom 16. Juli 2014, Deutschland/Kommission, T-295/12, E-CLI:EU:T:2014:675, Rn. 158; Beschluss der Kommission vom 7. Juli 2002 über die staatliche Beihilfe N 356/2002 – Vereinigtes Königreich – Network Rail (ABl. C 232 vom 28.9.2002, S. 2), Erwägungsgründe 75, 76 und 77. Wenn beispielsweise eine Konzession auf der Grundlage eines wettbewerblichen Verfahrens erteilt wird, besteht Wettbewerb um den Markt.

[274] Urteil des Gerichtshofs vom 3. März 2005, Heiser, C-172/03, E-CLI:EU:C:2005:130, Rn. 55.

[275] Urteil des Gerichts erster Instanz vom 29. September 2000, Confederación Española de Transporte de Mercancías/Kommission, T-55/99, ECLI:EU:T:2000:223, Rn. 89; Urteil des Gerichtshofs vom 24. Juli 2003, Altmark Trans, C-280/00, E-CLI:EU:C:2003:415, Rn. 81.

[276] Urteil des Gerichtshofs vom 24. Juli 2003, Altmark Trans, C-280/00, E-CLI:EU:C:2003:415, Rn. 79.

[277] Urteil des Gerichtshofs vom 14. Januar 2015, Eventech/The Parking Adjudicator, C-518/13, ECLI:EU:C:2015:9, Rn. 65; Urteil des Gerichtshofs vom 8. Mai 2013, Libert u. a., verbundene Rechtssachen C-197/11 und C-203/11, ECLI:EU:C:2013:288, Rn. 76.

[278] Urteil des Gerichtshofs vom 14. Januar 2015, Eventech/The Parking Adjudicator, C-518/13, ECLI:EU:C:2015:9, Rn. 66; Urteil des Gerichtshofs vom 8. Mai 2013, Libert u. a., verbundene Rechtssachen C-197/11 und C-203/11, ECLI:EU:C:2013:288, Rn. 77; Urteil des Gerichts erster Instanz vom 4. April 2001, Friulia Venezia Giulia, T-288/97, ECLI:EU:T:2001:115, Rn. 41.

[279] Urteil des Gerichtshofs vom 14. Januar 2015, Eventech/The Parking Adjudicator, C-518/13, ECLI:EU:C:2015:9, Rn. 67; Urteil des Gerichtshofs vom 8. Mai 2013, Libert u. a., verbundene Rechtssachen C-197/11 und C-203/11, ECLI:EU:C:2013:288, Rn. 78; Urteil des Gerichtshofs vom 24. Juli 2003, Altmark Trans, C-280/00, E-CLI:EU:C:2003:415, Rn. 78.

[280] Urteil des Gerichtshofs vom 14. Januar 2015, Eventech/The Parking Adjudicator, C-518/13, ECLI:EU:C:2015:9, Rn. 68.

nehmen, ihre Verkehrsdienste auf dem Markt dieses Mitgliedstaats zu erbringen, verringern (^{281}). Die Wahrscheinlichkeit solcher Auswirkungen kann bei einem sehr geringen Umfang der wirtschaftlichen Tätigkeit — abzulesen etwa an einem sehr geringen Umsatz — jedoch geringer sein.

193. Grundsätzlich sind auch dann Auswirkungen auf den Handel möglich, wenn der Beihilfeempfänger seine gesamte Produktion oder den größten Teil davon aus der Union ausführt; unter derartigen Umständen sind die Auswirkungen jedoch weniger unmittelbar und können nicht allein aus der Tatsache abgeleitet werden, dass der Markt für den Wettbewerb geöffnet ist (^{282}).

194. Zur Feststellung einer Auswirkung auf den Handel ist weder eine Marktabgrenzung erforderlich noch müssen die Auswirkungen der Maßnahme auf die Wettbewerbsfähigkeit des Beihilfeempfängers und seiner Wettbewerber im Einzelnen geprüft werden (^{283}).

195. Auswirkungen auf den Handel zwischen Mitgliedstaaten können jedoch nicht bloß hypothetischer Natur sein oder vermutet werden. Vielmehr muss auf der Grundlage der vorhersehbaren Auswirkungen der Maßnahme festgestellt werden, warum die Maßnahme den Wettbewerb verfälscht oder zu verfälschen droht und warum sie Auswirkungen auf den Handel zwischen Mitgliedstaaten haben könnte (^{284}).

196. Die Kommission hat in einer Reihe von Beschlüssen unter Berücksichtigung der spezifischen Umstände der Fälle die Auffassung vertreten, dass die betreffende Maßnahme rein lokale Auswirkungen hatte und sich folglich nicht auf den Handel zwischen Mitgliedstaaten auswirkte. In diesen Fällen stellte die Kommission insbesondere fest, dass der Beihilfeempfänger Waren oder Dienstleistungen nur in einem geografisch begrenzten Gebiet in einem Mitgliedstaat anbot und es unwahrscheinlich war, dass er Kunden aus anderen Mitgliedstaaten gewinnen würde; ferner war nicht davon auszugehen, dass die Maßnahme mehr als marginale Auswirkungen auf grenzüberschreitende Investitionen oder die Niederlassung von Unternehmen in anderen Mitgliedstaaten haben würde.

197. Während sich keine allgemeinen Kategorien von Maßnahmen festlegen lassen, die diese Voraussetzungen in der Regel erfüllen, finden sich in Kommissionsbeschlüssen Beispiele für Situationen, in denen die Kommission angesichts der besonderen Umstände des Einzelfalls davon ausging, dass die staatlichen Förderungen nicht geeignet waren, den Handel zwischen Mitgliedstaaten zu beeinflussen. Einige Beispiele solcher Fälle sind:

a) Sport- und Freizeiteinrichtungen mit überwiegend lokalem Einzugsgebiet, die kaum für Kunden oder Investitionen aus anderen Mitgliedstaaten von Interesse sein dürften (^{285});

b) kulturelle Veranstaltungen und kulturelle Einrichtungen mit wirtschaftlichen Tätigkeiten (^{286}), die jedoch kaum Nutzer oder Besucher dazu veranlassen dürften, diese Angebote anstatt ähnlicher Angebote in anderen Mitgliedstaaten zu nutzen (^{287}); nach Auffassung der Kommission dürften nur Zuwendungen für große und renommierte Kultureinrichtungen und -veranstaltungen, für die intensiv außerhalb ihres regionalen Einzugsgebiets in dem betreffenden Mitgliedstaat geworben wird, geeignet sein, den Handel zwischen Mitgliedstaaten zu beeinflussen;

c) Krankenhäuser und andere Gesundheitseinrichtungen, die üblichen medizinischen Leistungen für die örtliche Bevölkerung erbringen und kaum für Kunden oder Investitionen aus anderen Mitgliedstaaten von Interesse sein dürften (^{288});

d) Nachrichtenmedien und/oder kulturelle Erzeugnisse, die aus sprachlichen und räumlichen Gründen ein örtlich begrenztes Publikum haben (^{289});

e) Tagungszentren, bei denen es aufgrund des Standorts und angesichts der potenziellen Auswirkungen der Beihilfe auf die Preise unwahrscheinlich ist, dass Nutzer von Tagungszentren in anderen Mitgliedstaaten abgeworben werden (^{290});

---

^{281} Urteil des Gerichtshofs vom 24. Juli 2003, Altmark Trans, C-280/00, E-CLI:EU:C:2003:415, Rn. 77 und 78.

^{282} Urteil des Gerichtshofs vom 21. März 1990, Belgien/Kommission (Tubemeuse), C-142/87, ECLI:EU:C:1990:125, Rn. 35; Urteil des Gerichtshofs vom 30. April 2009, Kommission/Italienische Republik und Wam SpA, C-494/06 P, E-CLI:EU:C:2009:272, Rn. 62.

^{283} Urteil des Gerichtshofs vom 17. September 1980, Philip Morris, 730/79, E-CLI:EU:C:1980:209; Urteil des Gerichts erster Instanz vom 4. September 2009, Italien/Kommission, T-211/05, ECLI:EU:T:2009:304, Rn. 157 bis 160; Urteil des Gerichts erster Instanz vom 15. Juni 2000, Alzetta, verbundene Rechtssachen T-298/97, T-312/97 usw., ECLI:EU:T:2000:151, Rn. 95.

^{284} Urteil des Gerichts erster Instanz vom 6. Juli 1995, AITEC u. a./Kommission, verbundene Rechtssachen T-447/93, T-448/93 und T-449/93, ECLI:EU:T:1995:130, Rn. 141.

^{285} Siehe z. B. die Entscheidungen bzw. Beschlüsse der Kommission über die staatlichen Beihilfen N 258/2000 — Freizeitbad Dorsten (ABl. C 172 vom 16.6.2001, S. 16), C 10/2003 — Niederlande — Jachthäfen ohne Erwerbscharakter (ABl. L 34 vom 6.2.2004, S. 63), SA.37963 — Vereinigtes Königreich — Mutmaßliche Beihilfe für Glenmore Lodge (ABl. C 277 vom 21.8.2015, S. 3) und SA.38208 — Vereinigtes Königreich — Mutmaßliche Beihilfe für mitgliedschaftlich organisierte Golfclubs (ABl. C 277 vom 21.8.2015, S. 4).

^{286} Unter welchen Voraussetzungen Tätigkeiten zur Förderung der Kultur oder Erhaltung des kulturellen Erbes als wirtschaftliche Tätigkeiten im Sinne des Artikels 107 Absatz 1 AEUV anzusehen sind, ist Abschnitt 2.6 zu entnehmen. Bei nicht wirtschaftlichen Tätigkeiten zur Förderung der Kultur oder zur Erhaltung des kulturellen Erbes muss nicht geprüft werden, ob etwaige staatliche Zuwendungen Auswirkungen auf den Handel haben könnten.

^{287} Siehe z. B. die Entscheidungen bzw. Beschlüsse der Kommission über die staatlichen Beihilfen N 630/2003 — Unterstützung für örtliche Museen in Sardinien (ABl. C 275 vom 8.11.2005, S. 3), SA.34466 — Zypern — Zentrum für visuelle Kunst und Forschung (ABl. C 1 vom 4.1.2013, S. 10), SA.36581 — Griechenland — Bau des archäologischen Museums, Messara, Kreta (ABl. C 353 vom 3.12.2013, S. 4), SA.35909 (2012/N) — Tschechische Republik — Tourismusinfrastruktur in der NUTS-II-Region Südosten (ABl. C 306 vom 22.10.2013, S. 4) und SA.34891 (2012/N) — Polen — Staatliche Unterstützung für Zwiazek Gmin Fortecznych Twierdzy Przemyśl (ABl. C 293 vom 9.10.2013, S. 1).

^{288} Siehe z. B. die Entscheidungen bzw. Beschlüsse der Kommission über die staatlichen Beihilfen N 543/2001 — Irland — Staatliche Abschreibung für Krankenhäuser (ABl. C 154 vom 28.6.2002, S. 4), SA.34576 — Portugal — Station für langfristige Betreuung Jean Piaget/Nord-Osten (ABl. C 73 vom 13.3.2013, S. 1), SA.37432 — Tschechische Republik — Finanzierung öffentlicher Krankenhäuser in der Region Hradec Králové (ABl. C 203 vom 19.6.2015, S. 2), SA.37904 — Deutschland — Mutmaßliche staatliche Beihilfe an ein Ärztehaus in Durmersheim (ABl. C 188 vom 5.6.2015, S. 2) und SA.38035 — Deutschland — Mutmaßliche Beihilfe für eine Reha-Fachklinik für Orthopädie und Unfallchirurgie (ABl. C 188 vom 5.6.2015, S. 3).

^{289} Siehe z. B. die Entscheidungen der Kommission über die staatlichen Beihilfen N 257/2007 — Zuschüsse für Theaterproduktionen im Baskenland (ABl. C 173 vom 26.7.2007, S. 1) und N 458/2004 — Editorial Andaluza Holding (ABl. C 131 vom 28.5.2005, S. 1); SA.33243 — Jornal da Madeira (ABl. C 16 vom 19.1.2013, S. 1).

^{290} Siehe z. B. die Entscheidung der Kommission über die staatliche Beihilfe N 486/2002 — Schweden — Errichtung eines Konferenzzentrums in Visby (ABl. C 75 vom 27.3.2003, S. 2).

f) Informations- und Netzwerkplattformen zur direkten Bekämpfung der Arbeitslosigkeit und zur Bewältigung sozialer Konflikte in einem vorab festgelegten, sehr kleinen lokalen Gebiet ([291]);

g) kleine Flughäfen ([292]) oder Häfen ([293]), die überwiegend lokale Nutzer bedienen, so dass der Wettbewerb um die angebotenen Dienstleistungen auf die lokale Ebene begrenzt ist und allenfalls marginale Auswirkungen auf grenzüberschreitende Investitionen zu erwarten sind;

h) die Finanzierung bestimmter Seilbahnen (und insbesondere von Skiliften) in Gebieten mit wenigen Einrichtungen und geringen Kapazitäten zur Aufnahme von Touristen. Die Kommission hat klargestellt, dass für die Unterscheidung zwischen Anlagen, die auch auswärtige Nutzer anziehen können (weshalb hier in der Regel von Auswirkungen auf den Handel auszugehen ist), und Anlagen in Gebieten mit wenigen Einrichtungen und geringen Kapazitäten zur Aufnahme von Touristen (weshalb die öffentliche Förderung möglicherweise keine Auswirkungen auf den Handel zwischen Mitgliedstaaten hat) in der Regel die folgenden Faktoren herangezogen werden ([294]): a) Standort der Anlage (zum Beispiel innerstädtisch oder mehrere Dörfer verbindend) b) Betriebszeiten, c) vorwiegend lokale Nutzer — (Verhältnis zwischen der Anzahl der Tages- und Wochenpässe), d) Verhältnis zwischen Anzahl und Kapazität der Anlagen und der Anzahl der ortsansässigen Nutzer, e) andere touristische Einrichtungen in dem Gebiet. Ähnliche Faktoren könnten mit den erforderlichen Anpassungen auch für andere Arten von Anlagen relevant sein.

198. Wenngleich sich in den meisten Beihilfesachen bereits aus den Umständen, unter denen die Beihilfe gewährt wurde, ergibt, dass sie Auswirkungen auf den Handel zwischen Mitgliedstaaten haben könnte und den Wettbewerb verfälscht oder zu verfälschen droht, müssen diese Umstände angemessen dargelegt werden. Bei Beihilferegelungen reicht es in der Regel aus, die Merkmale der betreffenden Regelung zu würdigen ([295]).

7. INFRASTRUKTUR: EINIGE SPEZIFISCHE ERLÄUTERUNGEN

7.1. Einführung

199. Die in dieser Bekanntmachung gegebenen Erläuterungen zum Begriff der staatlichen Beihilfe gelten für die öffentliche Finanzierung von wirtschaftlich genutzter Infrastruktur, auf dieselbe Art wie für andere öffentliche Finanzierungen, die wirtschaftliche Tätigkeiten begünstigen, gelten ([296]). In Anbetracht der strategischen Bedeutung öffentlicher Infrastrukturfinanzierungen, nicht zuletzt für die Förderung des Wachstums, und angesichts der Fragen, die diese häufig aufwerfen, soll jedoch konkret erläutert werden, in welchen Fällen solche Finanzierungen Unternehmen begünstigen, ihnen einen Vorteil verschaffen und Auswirkungen auf den Wettbewerb und den Handel zwischen Mitgliedstaaten haben.

200. Bei Infrastrukturvorhaben gibt es oft mehrere Arten von Beteiligten. Etwaige staatliche Beihilfen für solche Vorhaben können der Förderung des Baus (einschließlich Ausbau oder Verbesserung), des Betriebs oder der Nutzung der Infrastruktur dienen ([297]). In diesem Abschnitt wird daher zwischen dem Träger bzw. ersten Eigentümer („Träger/Eigentümer"([298])) einer Infrastruktur, den Betreibern (d. h. Unternehmen, die die Infrastruktur unmittelbar nutzen, um Dienstleistungen für Endnutzer zu erbringen, einschließlich Unternehmen, die die Infrastruktur vom Träger/Eigentümer erwerben, um sie wirtschaftlich zu nutzen, oder die sie auf der Grundlage einer Konzession oder eines Miet- oder Pachtvertrags nutzen und betreiben) und den Endnutzern einer Infrastruktur unterschieden, wenngleich sich diese Funktionen in einigen Fällen überschneiden können.

7.2. Beihilfe für den Träger/Eigentümer

7.2.1. *Wirtschaftliche oder nichtwirtschaftliche Tätigkeit*

201. Bei öffentlichen Infrastrukturfinanzierungen wurde früher in der Regel davon ausgegangen, dass diese nicht in den Anwendungsbereich der Beihilfevorschriften fallen, da der Bau und der Betrieb von Infrastruktur als allgemeine staatliche Maßnahmen und nicht als wirtschaftliche Tätigkeiten erachtet wurden ([299]). In jüngster Zeit allerdings haben sich durch Faktoren wie Liberalisierung, Privatisierung, Marktintegration und technologischen Fortschritt neue Möglichkeiten für eine kommerzielle Nutzung von Infrastruktur ergeben.

202. Im Urteil A roports de Paris ([300]) erkannte das Gericht erster Instanz diese Entwicklung an, indem es klarstellte, dass der Betrieb eines Flughafens als wirtschaftli-

---

[291] Siehe Beschluss der Kommission über die staatliche Beihilfe SA.33149 — Städtische Projektgesellschaft „Wirtschaftsbüro Kiel-Gaarden" (ABl. C 188 vom 5.6.2015, S. 1).
[292] Siehe z. B. den Beschluss der Kommission über die staatliche Beihilfe SA.38441 — Vereinigtes Königreich — Flugverbindung Scilly-Inseln (ABl. C 5 vom 9.1.2015, S. 4).
[293] Siehe z. B. die Beschlüsse der Kommission über die staatlichen Beihilfen SA.39403 — Niederlande — Investition in den Hafen Lauwersoog (ABl. C 259 vom 7.8.2015, S. 4) und SA.42219 — Deutschland — Umbau der Schuhmacherbrücke im Hafen Maasholm (ABl. C 426 vom 18.12.2015, S. 5).
[294] Mitteilung der Kommission an die Mitgliedstaaten und andere Beteiligte über die staatliche Beihilfe N 376/01 — Beihilferegelung zugunsten von Seilbahnen (ABl. C 172 vom 18.7.2002, S. 2).
[295] Siehe z. B. Urteil des Gerichtshofs vom 14. Oktober 1987, Deutschland/Kommission, 248/84, ECLI:EU:C:1987:437, Rn. 18.

[296] Unter „öffentlicher Infrastrukturfinanzierung" sind alle Formen der Bereitstellung staatlicher Mittel für den Bau, den Erwerb und den Betrieb einer Infrastruktur zu verstehen.
[297] Dieser Abschnitt betrifft nicht mögliche Beihilfen für Unternehmen, die mit dem Bau einer Infrastruktur beauftragt werden.
[298] Der Begriff „Eigentümer" umfasst alle Einheiten, die effektiv Eigentumsrechte in Bezug auf die Infrastruktur ausüben und in den Genuss der daraus entstehenden wirtschaftlichen Vorteile kommen. Wenn beispielsweise der Eigentümer seine Eigentumsrechte an eine separate Einheit (z. B. eine Hafenbehörde) abtritt, die die Infrastruktur im Namen des Eigentümers verwaltet, kann dies für die Zwecke der Beihilfenkontrolle als Eigentümer des Eigentümers berücksichtigt werden.
[299] 25. Bericht über die Wettbewerbspolitik, 1995, S. 175.
[300] Urteil des Gerichts erster Instanz vom 12. September 2000, A roports de Paris/Kommission, T-128/98, ECLI:EU:T:2000:290, Rn. 125, im Rechtsmittelverfahren bestätigt durch das Urteil des Gerichtshofs vom 24. Oktober 2002, A roports de Paris/Kommission, C-82/01 P, ECLI:EU:C:2002:617. Siehe auch das Urteil des Gerichts

che Tätigkeit betrachtet werden muss. In dem neueren Urteil Leipzig/Halle (^{301}) wurde bestätigt, dass der Bau einer kommerziell betriebenen Start- und Landebahn für sich eine wirtschaftliche Tätigkeit darstellt. Während sich diese Fälle auf Flughäfen beziehen, scheinen sich die von den Unionsgerichten entwickelten Grundsätze aus allgemeineren Auslegungserwägungen zu ergeben und somit auch auf den Bau anderer Infrastrukturen anwendbar zu sein, die untrennbar mit einer wirtschaftlichen Tätigkeit verbunden sind (^{302}).

203. Andererseits ist die Finanzierung von Infrastruktur, die nicht kommerziell genutzt werden soll, grundsätzlich vom Anwendungsbereich der Beihilfevorschriften ausgenommen. Dies betrifft beispielsweise Infrastruktur, die für Tätigkeiten genutzt wird, die der Staat in der Regel in Ausübung seiner hoheitlichen Befugnisse wahrnimmt (zum Beispiel militärische Anlagen, Flugsicherung an Flughäfen, Leuchttürme und andere benötigte Ausrüstungen für die allgemeine Navigation einschließlich der auf Binnenwasserstraßen, im öffentlichen Interesse erfolgendes Hochwasser- und Niedrigwassermanagement, Polizei und Zoll), sowie Infrastruktur, die nicht genutzt wird, um Waren und Dienstleistungen auf einem Markt anzubieten (zum Beispiel Straßen, die unentgeltlich für die öffentliche Nutzung bereitgestellt werden). Solche Tätigkeiten sind nichtwirtschaftlicher Natur und fallen daher ebenso wie die öffentliche Finanzierung der entsprechenden Infrastruktur nicht in den Anwendungsbereich der Beihilfevorschriften (^{303}).

204. Wird eine ursprünglich nicht wirtschaftlich genutzte Infrastruktur zu einem späteren Zeitpunkt wirtschaftlich genutzt (zum Beispiel wenn ein Militärflughafen in einen Flughafen für die Zivilluftfahrt umgewandelt wird), so werden bei der beihilferechtlichen Würdigung nur die Kosten für die Umwandlung der Infrastruktur zur wirtschaftlichen Nutzung berücksichtigt (^{304}).

205. Wird eine Infrastruktur sowohl für wirtschaftliche als auch für nichtwirtschaftliche Tätigkeiten genutzt, so fällt die öffentliche Finanzierung für ihren Bau nur insoweit unter die Beihilfevorschriften, wie sie die mit den wirtschaftlichen Tätigkeiten verbundenen Kosten deckt.

206. Wenn eine Einheit wirtschaftliche und nichtwirtschaftliche Tätigkeiten ausübt, müssen die Mitgliedstaaten sicherstellen, dass die staatlichen Zuwendungen für die nichtwirtschaftlichen Tätigkeiten nicht zur Quersubventionierung wirtschaftlicher Tätigkeiten verwendet

werden können. Dies kann insbesondere durch die Begrenzung der öffentlichen Finanzierung auf die Nettokosten (einschließlich der Kapitalkosten) der nichtwirtschaftlichen Tätigkeiten erreicht werden, die anhand einer klar getrennten Buchführung ermittelt werden müssen.

207. Wenn die Infrastruktur im Falle einer gemischten Nutzung fast ausschließlich für eine nichtwirtschaftliche Tätigkeit genutzt wird, kann ihre Finanzierung nach Auffassung der Kommission ganz aus dem Anwendungsbereich der Beihilfevorschriften herausfallen, sofern die wirtschaftliche Nutzung eine reine Nebentätigkeit darstellt, d. h., wenn sie unmittelbar mit dem Betrieb der Infrastruktur verbunden und dafür erforderlich ist oder in untrennbarem Zusammenhang mit der nichtwirtschaftlichen Haupttätigkeit steht. Davon ist auszugehen, wenn für die wirtschaftliche Tätigkeit die gleichen Produktionsfaktoren (zum Beispiel Material, Ausrüstung, Personal und Anlagevermögen) erforderlich sind wie für die nichtwirtschaftliche Haupttätigkeit. Die Inanspruchnahme der Kapazität der Infrastruktur durch wirtschaftliche Nebentätigkeiten muss in ihrem Umfang begrenzt bleiben (^{305}). Als Beispiele für solche wirtschaftlichen Nebentätigkeiten sind unter anderem Forschungseinrichtungen anzuführen, die gelegentlich ihre Ausrüstungen und Labors an Partner aus der Industrie vermieten (^{306}). Die Kommission ist ferner der Auffassung, dass übliche Zusatzleistungen (wie Restaurants, Geschäfte oder bezahlte Parkplätze) von fast ausschließlich für nichtwirtschaftliche Tätigkeiten genutzten Infrastrukturen sich in der Regel nicht auf den Handel zwischen Mitgliedstaaten auswirken, weil unwahrscheinlich ist, dass diese üblichen Zusatzleistungen Kunden aus anderen Mitgliedstaaten anziehen würden und dass ihre Finanzierung mehr als marginale Auswirkungen auf grenzüberschreitende Investitionen oder Niederlassungen haben dürfte.

208. Wie der Gerichtshof im Urteil Leipzig/Halle anerkannte, kann der Bau einer Infrastruktur oder eines Teils davon unter die Ausübung der hoheitlichen Befugnisse des Staates fallen (^{307}). In solchen Fällen unterliegt die öffentliche Finanzierung der Infrastruktur bzw. des betreffenden Teils nicht den Beihilfevorschriften.

209. Aufgrund der vor dem Urteil Aéroports de Paris herrschenden Unsicherheit konnten Behörden berechtigterweise annehmen, dass die vor diesem Urteil gewährten öffentlichen Infrastrukturfinanzierungen keine staatli-

---

erster Instanz vom 17. Dezember 2008, Ryanair/Kommission, T-196/04, ECLI:EU:T:2008:585, Rn. 88.
^{301} Urteil des Gerichts vom 24. März 2011, Freistaat Sachsen und Land Sachsen-Anhalt u. a./Kommission, verbundene Rechtssachen T-443/08 und T-455/08, ECLI:EU:T:2011:117, insbesondere Rn. 93 und 94, im Rechtsmittelverfahren bestätigt durch das Urteil des Gerichtshofs vom 19. Dezember 2012, Mitteldeutsche Flughafen AG und Flughafen Leipzig-Halle GmbH/Kommission, C-288/11 P, ECLI:EU:C:2012:821, insbesondere Rn. 40 bis 43 und Rn. 47.
^{302} Urteil des Gerichtshofs vom 19. Dezember 2012, Mitteldeutsche Flughafen AG und Flughafen Leipzig-Halle GmbH/Kommission, C-288/11 P, ECLI:EU:C:2012:821, insbesondere Rn. 43 und 44; Urteil des Gerichtshofs vom 14. Januar 2015, Eventech/The Parking Adjudicator, C-518/13, ECLI:EU:C:2015:9, Rn. 40.
^{303} Urteil des Gerichtshofs vom 16. Juni 1987, Kommission/Italien, C-118/85, ECLI:EU:C:1987:283, Rn. 7 und 8; Urteil des Gerichtshofs vom 4. Mai 1988, Bodson/Pompes funèbres des régions libérées, C-30/87, ECLI:EU:C:1988:225, Rn. 18; Urteil des Gerichts vom 24. März 2011, Freistaat Sachsen und Land Sachsen-Anhalt

u. a./Kommission, verbundene Rechtssachen T-443/08 und T-455/08, ECLI:EU:T:2011:117, Rn. 98.
^{304} Siehe Beschluss der Kommission über die staatliche Beihilfe SA.23324 — Finnland — Flughafen Tampere-Pirkkala (ABl. L 309 vom 13.11.2013, S. 27) Beschluss der Kommission über die staatliche Beihilfe SA.35388 — Polen — Errichtung des Flughafens Gdynia-Kosakowo.
^{305} Die wirtschaftliche Nutzung der Infrastruktur kann als Nebentätigkeit angesehen werden, wenn nicht mehr als 20 % der jährlichen Gesamtkapazität der Infrastruktur für wirtschaftliche Tätigkeiten genutzt werden.
^{306} Wenn es sich nicht um eine wirtschaftliche Tätigkeit handelt, können auch sekundäre wirtschaftliche Tätigkeiten den Beihilfevorschriften unterliegen (siehe Ausführungen zu Holzverkäufen und Tourismusfätigkeiten von Naturschutzorganisationen im Urteil des Gerichts vom 12. September 2013, Deutschland/Kommission, T-347/09, ECLI:EU:T:2013:418).
^{307} Urteil des Gerichtshofs vom 19. Dezember 2012, Mitteldeutsche Flughafen AG und Flughafen Leipzig-Halle GmbH/Kommission, C-288/11 P, ECLI:EU:C:2012:821, Rn. 47.

chen Beihilfen darstellten und daher nicht bei der Kommission angemeldet werden mussten. Folglich kann die Kommission Finanzierungsmaßnahmen, die vor dem Urteil A□roports de Paris endgültig beschlossen wurden, nicht auf der Grundlage der beihilferechtlichen Vorschriften der Union in Frage stellen (³⁰⁸). Dies impliziert keinerlei Vermutung des Vorliegens oder Nichtvorliegens staatlicher Beihilfen und begründet auch keine berechtigten Erwartungen im Hinblick auf Finanzierungsmaßnahmen, die nicht vor dem Urteil A□roports de Paris endgültig beschlossen wurden; ob eine staatliche Beihilfe vorliegt, muss für diese Maßnahmen von Fall zu Fall geprüft werden (³⁰⁹).

7.2.2. *Verfälschung des Wettbewerbs und Auswirkungen auf den Handel*

210. Die unter den Randnummern 196 und 197 dargestellten Erwägungen, welche den Fällen zugrunde lagen, in denen die Kommission die Ansicht vertrat, dass bestimmte Maßnahmen den Handel zwischen Mitgliedstaaten nicht beeinträchtigen konnten, können auch für bestimmte öffentliche Infrastrukturfinanzierungen — insbesondere für Zuwendungen für lokale oder kommunale Infrastrukturen — relevant sein, selbst wenn die betreffende Infrastruktur kommerziell genutzt wird. Ein einschlägiges Merkmal dieser Fälle war ein überwiegend lokales Einzugsgebiet und das Vorliegen von Belegen dafür, dass nicht davon auszugehen war, dass mehr als marginale Auswirkungen auf grenzüberschreitende Investitionen zu erwarten waren. So dürfte beispielsweise der Bau von lokalen Freizeitanlagen, Gesundheitseinrichtungen, kleinen Flughäfen oder Häfen, die in erster Linie lokalen Nutzern dienen und nur marginale Auswirkungen auf grenzüberschreitende Investitionen haben, kaum Auswirkungen auf den Handel haben. Der Nachweis dafür, dass keine Auswirkungen auf den Handel zu erwarten sind, könnte durch Daten erbracht werden, die zeigen, dass die Infrastruktur kaum außerhalb des betreffenden Mitgliedstaats ansässige Nutzer hat oder dass grenzüberschreitende Investitionen auf dem betreffenden Markt sehr gering sind oder wahrscheinlich nicht beeinträchtigt würden.

211. Bestimmte Infrastrukturen stehen unter Umständen weder mit anderen Infrastrukturen derselben Art noch mit Infrastrukturen anderer Art, die in erheblichem Maße substituierbare Dienstleistungen anbieten, noch direkt mit solchen Dienstleistungen unmittelbar im Wettbewerb (³¹⁰). Ein solcher unmittelbarer Wettbewerb zwischen Infrastrukturen ist in der Regel bezüglich flächendeckender Netze (³¹¹) ausgeschlossen, sofern sie ein natürliches Mo-

nopol darstellen, d. h. sofern ein Nachbau des Netzes unrentabel wäre. Ferner kann in bestimmten Wirtschaftszweigen der Umfang privater Investitionen in den Bau von Infrastrukturen vernachlässigbar klein sein (³¹²). Die Kommission ist der Auffassung, dass beim Bau einer Infrastruktur Auswirkungen auf den Handel zwischen Mitgliedstaaten und Wettbewerbsverfälschungen in der Regel dann ausgeschlossen sind, wenn i) eine Infrastruktur in der Regel keinem unmittelbaren Wettbewerb ausgesetzt ist, ii) in dem betreffenden Wirtschaftszweig und dem betreffenden Mitgliedstaat nur vernachlässigbar kleine private Finanzierungsmittel aufgebracht werden und iii) die Infrastruktur nicht so ausgestaltet ist, dass sie selektiv ein bestimmtes Unternehmen oder einen bestimmten Wirtschaftszweig begünstigt, sondern für die Gesellschaft insgesamt von Nutzen ist.

212. Damit die gesamte öffentliche Finanzierung eines bestimmten Vorhabens nicht unter die Beihilfevorschriften fällt, müssen die Mitgliedstaaten sicherstellen, dass die unter den in Randnummer 211 genannten Umständen gewährten Zuwendungen für den Bau einer Infrastruktur nicht zur Quersubventionierung oder mittelbaren Subventionierung anderer Wirtschaftstätigkeiten einschließlich des Betriebs der Infrastruktur genutzt werden können. Quersubventionierungen können ausgeschlossen werden, wenn sichergestellt ist, dass der Eigentümer der Infrastruktur keine anderen wirtschaftlichen Tätigkeiten ausübt, oder — wenn der Eigentümer eine andere wirtschaftliche Tätigkeit ausübt — wenn getrennte Bücher geführt werden, in denen die Kosten und Einnahmen ordnungsgemäß zugewiesen werden und gewährleistet ist, dass öffentliche Zuwendungen nicht für andere Tätigkeiten verwendet werden. Indirekte Beihilfen, insbesondere zugunsten des Infrastrukturbetreibers, lassen sich zum Beispiel durch die Auswahl des Betreibers im Wege einer Ausschreibung ausschließen.

7.2.3. *Beihilfen für den Träger/Eigentümer einer Infrastruktur — Überblick über einzelne Wirtschaftszweige*

213. Dieser Abschnitt gibt einen Überblick darüber, wie die Kommission beabsichtigt den Beihilfecharakter von Infrastrukturfinanzierungen in verschiedenen Wirtschaftszweigen zu prüfen. Dabei trägt sie, in Bezug auf die obengenannten Bedingungen, den wichtigsten Merkmalen Rechnung, die öffentliche Infrastrukturfinanzierungen in den verschiedenen Wirtschaftszweigen derzeit typischerweise aufweisen. Dies hat keine Auswirkungen auf das Ergebnis einer Prüfung eines konkreten Vorhabens unter Berücksichtigung seiner spezifischen Merkmale, die Organisation der Erbringung von mit der Nutzung der Infrastruktur verbundenen Dienstleistungen in

---

³⁰⁸ Beschluss der Kommission vom 3. Oktober 2012 über die staatliche Beihilfe SA.23600 — Deutschland — Finanzierung des Flughafens München, Terminal 2 (ABl. L 319 vom 29.11.2013, S. 8), Erwägungsgründe 74-81. Nach Rn. 12 der Luftverkehrsleitlinien von 1994 (ABl. C 350 vom 10.12.1994, S. 5) ist *„[d]er Bau oder Ausbau von Infrastrukturanlagen (z. B. Flughäfen, Autobahnen und Brücken) [...] eine allgemeine wirtschaftspolitische Maßnahme, die von der Kommission nicht gemäß den Vertragsbestimmungen über staatliche Beihilfen kontrolliert werden kann"*.

³⁰⁹ Diese Erläuterungen gelten unbeschadet der Anwendung der Vorschriften im Bereich der Kohäsionspolitik in diesen Fällen, wozu an anderer Stelle Erläuterungen gegeben wurden. Siehe z. B. die Erläuterungen der Kommission für die COCOF: Verification of compliance with State Aids in infrastructure cases (Prüfung der Einhaltung der Beihilfevorschriften in Infrastruktursachen), abrufbar unter http://ec.europa.eu/regional_policy/sources/docoffic/cocof/2012/cocof_12_0059_01_en.pdf.

³¹⁰ Zum Beispiel können Dienstleistungen eines kommerziellen Fährschiffbetreibers mit einer mautpflichtigen Brücke oder einem mautpflichtigen Tunnel im Wettbewerb stehen.

³¹¹ In einer Netzinfrastruktur ergänzen unterschiedliche Bestandteile des Netzes einander, anstatt miteinander im Wettbewerb zu stehen.

³¹² Ob in einem bestimmten Wirtschaftszweig nur in vernachlässigbar kleinem Umfang Finanzierungsmittel über den Markt aufgebracht werden können, ist (ähnlich wie das Bestehen eines Marktes in einem bestimmten Wirtschaftszweig) auf regionaler oder lokaler Ebene, sondern auf Ebene des Mitgliedstaats zu prüfen (siehe z. B. Urteil des Gerichts vom 26. November 2015, Spanien/Kommission, T-461/13, ECLI:EU:T:2015:891, Rn. 44).

einem bestimmten Mitgliedstaat sowie der Entwicklung kommerzieller Dienste und der Entwicklung des Binnenmarkts. Ferner soll dies nicht eine Einzelfallprüfung der Erfüllung aller Begriffsmerkmale der staatlichen Beihilfe bei einer konkreten Infrastrukturfinanzierung ersetzen. Für einige Wirtschaftszweige hat die Kommission ausführlichere Erläuterungen in Leitlinien und Rahmenbestimmungen gegeben.

214. **Flughafeninfrastruktur** besteht aus verschiedenen Arten von Infrastruktur. Nach ständiger Rechtsprechung der Unionsgerichte dienen die meisten Flughafeninfrastrukturen ([313]) der entgeltlichen Erbringung von Flughafendienstleistungen für Luftverkehrsgesellschaften ([314]); diese Dienstleistungen sind als wirtschaftliche Tätigkeiten einzustufen, so dass ihre Finanzierung unter die Beihilfevorschriften fällt. Auch wenn eine Infrastruktur für nichtluftverkehrsbezogene kommerzielle Dienste für andere Nutzer bestimmt ist, fallen die entsprechenden staatlichen Zuwendungen unter die Beihilfevorschriften ([315]). Da Flughäfen häufig miteinander im Wettbewerb stehen, haben Zuwendungen für Flughafeninfrastrukturen in der Regel Auswirkungen auf den Handel zwischen Mitgliedstaaten. Staatliche Zuwendungen für Infrastrukturen, die für Tätigkeiten des Staates in Ausübung seiner hoheitlichen Befugnisse bestimmt sind, fallen dagegen nicht unter das Beihilferecht. Tätigkeiten in den Bereichen Flugsicherung, Flugzeugrettung und Feuerwehr, Polizei und Zoll sowie die zum Flughafen zum Schutz der zivilen Luftfahrt vor unrechtmäßigen Eingriffen erforderlichen Tätigkeiten gelten im Allgemeinen als nichtwirtschaftliche Tätigkeiten.

215. Auch staatliche Zuwendungen für **Hafeninfrastrukturen** begünstigen den einschlägigen Kommissionsbeschlüssen zufolge wirtschaftliche Tätigkeiten ([316]) und unterliegen daher grundsätzlich den Beihilfevorschriften. Häfen können ebenso wie Flughäfen miteinander im Wettbewerb stehen, weshalb Zuwendungen für Hafeninfrastrukturen in der Regel Auswirkungen auf den Handel zwischen Mitgliedstaaten haben. Investitionen in Infrastrukturen, die für Tätigkeiten des Staates in Ausübung seiner hoheitlichen Befugnisse erforderlich sind, unterliegen dagegen nicht der Beihilfenkontrolle. Tätigkeiten in den Bereichen Seeverkehrskontrolle, Brandbekämpfung, Polizei und Zoll gelten im Allgemeinen als solche nichtwirtschaftliche Tätigkeiten.

216. **Breitbandinfrastruktur** ermöglicht den Anschluss von Endkunden an Telekommunikationsnetze.

Die entgeltliche Bereitstellung von Breitbandanschlüssen für Endkunden ist eine wirtschaftliche Tätigkeit. Breitbandinfrastruktur wird häufig ohne staatliche Zuwendungen von Betreibern errichtet, was zeigt, dass der Markt beträchtliche Finanzierungsmittel bereitstellt, in vielen geografischen Gebieten besteht Wettbewerb zwischen den Netzen verschiedener Betreiber ([317]). Die Infrastrukturen sind Teil großer miteinander verbundener und kommerziell betriebener Netze. Aus diesen Gründen sind, wie auch in den Leitlinien für die Anwendung der Vorschriften über staatliche Beihilfen im Zusammenhang mit dem schnellen Breitbandausbau ([318]) dargelegt, staatliche Zuwendungen für Breitbandinfrastrukturen für den Anschluss von Endkunden unter das Beihilferecht. Werden dagegen nur für Behörden Anschlüsse bereitgestellt, ist dies eine nichtwirtschaftliche Tätigkeit; folglich stellen staatliche Zuwendungen für sogenannte „geschlossene Netze" keine staatlichen Beihilfen dar ([319]).

217. **Energieinfrastruktur** ([320]) wird für die entgeltliche Bereitstellung von Energiedienstleistungen genutzt, was eine wirtschaftliche Tätigkeit darstellt. Solche Infrastrukturen werden zu einem großen Ausmaß von Marktteilnehmern errichtet (d. h. der Markt stellt erhebliche Mittel bereit) und über die Endkundentarife finanziert. Staatliche Zuwendungen für Energieinfrastrukturen begünstigen somit eine wirtschaftliche Tätigkeit und haben in der Regel auch Auswirkungen auf den Handel zwischen Mitgliedstaaten; daher unterliegen sie grundsätzlich den Beihilfevorschriften ([321]).

218. Staatliche Zuwendungen für **Forschungsinfrastruktur** können eine wirtschaftliche Tätigkeit begünstigen und unterliegen deshalb den Beihilfevorschriften, soweit die Infrastruktur tatsächlich für wirtschaftliche Tätigkeiten genutzt wird (zum Beispiel für die Vermietung von Ausrüstung und/oder Labors an Unternehmen, Dienstleistungen für Unternehmen oder die Auftragsforschung). Staatliche Zuwendungen für Forschungsinfrastruktur, die für nichtwirtschaftliche Tätigkeiten (zum Beispiel unabhängige Forschung zur Verbesserung des Wissensstands und des Verständnisses) genutzt wird, fallen dagegen nicht unter das Beihilferecht. Nähere Erläuterungen zur Unterscheidung zwischen wirtschaftlichen und nichtwirtschaftlichen Tätigkeiten in der Forschung enthält der Unionsrahmen für staatliche Beihilfen zur Förderung von Forschung, Entwicklung und Innovation ([322]).

219. Während der Betrieb von **Eisenbahninfrastruktur** ([323]) eine wirtschaftliche Tätigkeit darstellen kann

---

[313] So z. B. Start- und Landebahnen und die dazugehörigen Beleuchtungsanlagen, Terminals, Vorfeldflächen, Rollbahnen oder allgemeine Bodenabfertigungsinfrastruktur wie Gepäckbänder.

[314] Leitlinien für staatliche Beihilfen für Flughäfen und Luftverkehrsgesellschaften (ABl. C 99 vom 4.4.2014, S. 3), Rn. 31.

[315] Leitlinien für staatliche Beihilfen für Flughäfen und Luftverkehrsgesellschaften (ABl. C 99 vom 4.4.2014, S. 3), Rn. 33.

[316] Siehe Beschluss der Kommission vom 27. März 2014 über die staatliche Beihilfe SA.38302 — Italien — Hafen Salerno; Beschluss der Kommission vom 22. Februar 2012 über die staatliche Beihilfe SA.30742 (N/2010) — Litauen — Errichtung einer Infrastruktur für den Passagier- und Frachtfährenterminal in Klaipeda (ABl. C 121 vom 26.4.2012, S. 1); Beschluss der Kommission vom 2. Juli 2013 über die staatliche Beihilfe SA.35418 (2012/N) — Griechenland — Ausbau des Hafens Piräus (ABl. C 256 vom 5.9.2013, S. 2).

[317] Wie unter Rn. 211 und in Fußnote 312 dargelegt, ist nicht auf regionaler oder lokaler Ebene, sondern auf Ebene des Mitgliedstaats zu prüfen, ob in einem bestimmten Wirtschaftszweig nur in vernachlässigbar kleinem Umfang Finanzierungsmittel über den Markt bereitgestellt werden.

[318] ABl. C 25 vom 26.1.2013, S. 1. Diese Leitlinien legen dar, dass der Breitbandsektor spezifische Merkmale aufweist und insbesondere dadurch gekennzeichnet ist, dass eine einzelnes Breitbandnetz von mehreren Anbietern von Telekommunikationsdiensten genutzt werden kann und daher ein solches Netz einen Wettbewerb zwischen mehreren Betreibern ermöglichen kann.

[319] Leitlinien der EU für die Anwendung der Vorschriften über staatliche Beihilfen im Zusammenhang mit dem schnellen Breitbandausbau (ABl. C 25 vom 26.1.2013, S. 1), Rn. 11 und Fußnote 14.

[320] Energieinfrastrukturen umfassen Infrastrukturen für die Erzeugung, Verteilung und Speicherung von Strom, Gas und Öl. Nähere Einzelheiten dazu enthalten die Leitlinien für staatliche Umweltschutz- und Energiebeihilfen 2014-2020 (ABl. C 200 vom 28.6.2014, S. 1), Rn. 31.

[321] Leitlinien für staatliche Umweltschutz- und Energiebeihilfen 2014-2020 (ABl. C 200 vom 28.6.2014, S. 1), Abschnitt 3.8; Beschluss der Kommission vom 10.7.2014 über die staatliche Beihilfe SA.36290 — Vereinigtes Königreich — Northern Ireland Gas Pipeline — extension to the West and the North West.

[322] ABl. C 198 vom 27.6.2014, S. 1. Rn. 17 ff.

[323] Beispielsweise Gleise und Bahnhöfe

([324]), sind beim Bau von Eisenbahninfrastruktur, die potenziellen Nutzern zu gleichen und diskriminierungsfreien Bedingungen zur Verfügung gestellt wird, anders als beim Betrieb der Infrastruktur, die unter Randnummer 211 genannten Voraussetzungen in der Regel erfüllt. Die Finanzierung des Baus solcher Infrastruktur hat daher in der Regel keine Auswirkungen auf den Handel zwischen Mitgliedstaaten und verfälscht den Wettbewerb nicht. Um sicherzustellen, dass die gesamte Finanzierung eines Vorhabens nicht dem Beihilferecht unterliegt, müssen die Mitgliedstaaten zudem gewährleisten, dass die unter Randnummer 212 genannten Voraussetzungen erfüllt sind. Gleiches gilt für Investitionen in **Eisenbahnbrücken**, **Eisenbahntunnel** und **Infrastruktur für den Stadtverkehr** ([325]).

220. Während unentgeltlich für die öffentliche Nutzung bereitgestellte **Straßen** allgemeine Infrastruktur sind und staatliche Zuwendungen dafür folglich nicht unter das Beihilferecht fallen, stellt der Betrieb von Mautstraßen häufig eine wirtschaftliche Tätigkeit dar. Gleichwohl sind beim Bau solcher Straßeninfrastrukturen (einschließlich Mautstraßen ([326])), anders als beim Betrieb einer Mautstraße, die unter Randnummer 211 genannten Voraussetzungen in der Regel erfüllt, sofern es sich nicht um eine im Voraus auf spezielle Unternehmen zugeschnittene („gewidmete Infrastruktur") handelt. Die Finanzierung des Baus solcher Infrastruktur hat daher in der Regel keine Auswirkungen auf den Handel zwischen Mitgliedstaaten und verfälscht den Wettbewerb nicht ([327]). Um sicherzustellen, dass die gesamte Finanzierung eines Vorhabens nicht dem Beihilferecht unterliegt, müssen die Mitgliedstaaten zudem gewährleisten, dass die unter Randnummer 212 genannten Voraussetzungen erfüllt sind. Gleiches gilt für Investitionen in **Brücken**, **Tunnel** und **Binnenwasserstraßen** (zum Beispiel **Flüsse oder Kanäle**).

221. Während der Betrieb von **Wasserversorgungs- und Abwassernetzen** ([328]) eine wirtschaftliche Tätigkeit darstellen, sind beim Bau eines flächendeckenden Wasserversorgungs- und Abwassernetzes die unter Randnummer 211 genannten Voraussetzungen in der Regel erfüllt. Die Finanzierung des Baus solcher Infrastruktur hat daher in der Regel keine Auswirkungen auf den Handel zwischen Mitgliedstaaten und verfälscht den Wettbewerb nicht. Um sicherzustellen, dass die gesamte Finanzierung

eines Vorhabens nicht dem Beihilferecht unterliegt, müssen die Mitgliedstaaten zudem gewährleisten, dass die unter Randnummer 212 genannten Voraussetzungen erfüllt sind.

7.3. Beihilfen für Betreiber

222. Wenn in Bezug auf den Bauträger/Eigentümer einer Infrastruktur alle Tatbestandsmerkmale des Artikels 107 Absatz 1 AEUV erfüllt sind, liegt eine staatliche Beihilfe zugunsten des Bauträgers/Eigentümers der Infrastruktur vor, unabhängig davon, ob die Infrastruktur unmittelbar nutzt, um selbst Waren oder Dienstleistungen anzubieten, oder die Infrastruktur einem Drittbetreiber zur Verfügung stellt, der seinerseits Dienstleistungen für Endnutzer erbringt (was zum Beispiel der Fall sein kann, wenn der Eigentümer eines Flughafens eine Konzession für die Erbringung von Dienstleistungen auf dem Flughafen erteilt).

223. Betreiber, die die geförderte Infrastruktur nutzen, um Dienstleistungen für Endnutzer zu erbringen, erhalten einen Vorteil, wenn ihnen die Nutzung der Infrastruktur wirtschaftliche Vorteile verschafft, die sie unter normalen Marktbedingungen nicht erhalten hätten. Dies ist in der Regel der Fall, wenn sie für das Recht zur kommerziellen Nutzung der Infrastruktur weniger zahlen, als sie bei einer vergleichbaren Infrastruktur zu normalen Marktbedingungen zahlen würden. Auf welche Weise festgestellt werden kann, ob die Betriebsbedingungen Marktbedingungen entsprechen sind, ist in Abschnitt 4.2. erläutert. Gemäß jenem Abschnitt ist die Kommission der Auffassung, dass ein wirtschaftlicher Vorteil für den Betreiber insbesondere dann auszuschließen ist, wenn die Konzession für den Betrieb einer Infrastruktur (bzw. von Teilen einer Infrastruktur) im Wege eines Ausschreibungsverfahrens zu einem positiven Preis vergeben wird, das alle einschlägigen unter den Randnummern 90 bis 96 dargelegten Voraussetzungen erfüllt ([329]).

224. Die Kommission erinnert jedoch daran, dass sie, wenn ein Mitgliedstaat der Anmeldepflicht nicht nachkommt und Zweifel an der Vereinbarkeit der dem Bauträger/Eigentümer gewährten Beihilfe mit dem Binnenmarkt bestehen, anordnen kann, dass der Mitgliedstaat die Durchführung der Maßnahme aussetzt und etwaige bereits ausgezahlte Beträge einstweilig zurückfordert, bis die Kommission einen Beschluss über die Vereinbarkeit

---

[324] Diese Feststellung sagt nichts darüber aus, ob es sich bei Vorteilen, die der Staat dem Infrastrukturbetreiber gewährt, um staatliche Beihilfen handelt. Wenn beispielsweise der Betrieb der Infrastruktur einem rechtlichen Monopol unterliegt und kein Wettbewerb um den Markt für den Betrieb der Infrastruktur erfolgen kann, können Vorteile, die der Staat dem Betreiber gewährt, keinen Wettbewerb verfälschen, so dass keine staatlichen Beihilfen vorliegen. Siehe Rn. 188 dieser Bekanntmachung und Entscheidung der Kommission vom 17. Juli 2002 über die staatliche Beihilfe N 356/2002 — Vereinigtes Königreich — Network Rail und Beschluss der Kommission vom 2. Mai 2013 über die staatliche Beihilfe SA.35948 — Tschechische Republik — Verlängerung einer Regelung zur Förderung der Interoperabilität im Bahnverkehr. Wenn der Eigentümer oder Betreiber auf einem liberalisierten Markt tätig ist, sollte er, damit Quersubventionen verhindert werden, getrennte Bücher führen, in denen die Kosten und Einnahmen ordnungsgemäß zugewiesen werden, und sicherstellen, dass etwaige staatliche Zuwendungen nicht für andere Tätigkeiten verwendet werden (siehe Rn. 188).

[325] Beispielsweise Straßenbahn- oder U-Bahn-Gleise für den öffentlichen Nahverkehr.

[326] Einschließlich Straßen zur Anbindung von Gewerbeflächen; siehe Beschluss der Kommission vom 1. Oktober 2014 über die staatliche Beihilfe SA.36147 — Mutmaßliche Infrastrukturbeihilfe für Propapier und Beschluss der Kommission vom 8. Januar

2016 über die staatliche Beihilfe SA.36019 — Straßeninfrastrukturmaßnahmen in der Nähe eines Immobilienprojekts — Uplace.

[327] Eine außergewöhnliche Situation, in der staatliche Beihilfen nicht auszuschließen sein sind, wäre z. B. eine Brücke oder ein Tunnel zwischen zwei Mitgliedstaaten, wodurch eine weitgehend substituierbare Dienstleistung zu einer durch kommerzielle Fährdienste erbrachten Dienstleistung angeboten wird, die direkt mit einer anderen Mautstraße im Wettbewerb steht (z. B. zwei parallel verlaufende Mautstraßen, durch die folglich weitgehend substituierbare Dienste erbracht werden können).

[328] Wasserversorgungs- und Abwassernetze umfassen die Infrastruktur für die Verteilung von Wasser und die Ableitung von Abwasser, insbesondere die dafür verwendeten Leitungen/Rohre.

[329] Siehe Beschluss der Kommission vom 1. Oktober 2014 über die staatliche Beihilfe SA.38478 — Ungarn — Ausbau des öffentlichen Hafens Győr-Gönyű. Ein Vorteil für den Träger/Eigentümer einer Infrastruktur kann dagegen nicht durch ein Ausschreibungsverfahren ausgeschlossen werden; durch ein solches Verfahren wird lediglich die Höhe der Beihilfe möglichst gering gehalten.

der Beihilfe mit dem Binnenmarkt erlassen hat. Auf Antrag der Wettbewerber müssen auch nationale Richter solche Anordnungen erteilen. Ferner können Auswirkungen auf den Infrastrukturbetreiber nicht ausgeschlossen werden, wenn die Kommission nach Prüfung der Maßnahme einen Beschluss erlässt, mit dem die Beihilfe für mit dem Binnenmarkt unvereinbar erklärt und ihre Rückforderung angeordnet wird.

7.4. Beihilfen für Endnutzer

225. Wenn ein Infrastrukturbetreiber staatliche Beihilfen erhalten hat oder seine Mittel staatliche Mittel darstellen, ist er in der Lage, den Nutzern der Infrastruktur (soweit es sich um Unternehmen handelt) einen Vorteil zu gewähren, es sei denn, die Nutzungsbedingungen erfüllen das Kriterium des marktwirtschaftlich handelnden Wirtschaftsbeteiligten, d. h., die Infrastruktur wird den Nutzern zu Marktbedingungen zur Verfügung gestellt.

226. Im Einklang mit den in Abschnitt 4.2 erläuterten allgemeinen Grundsätzen kann in diesen Fällen ein Vorteil für den Nutzer ausgeschlossen werden, wenn die Nutzungsgebühren im Wege eines Ausschreibungsverfahrens, das alle einschlägigen unter den Randnummern 90 bis 96 dargelegten Voraussetzungen erfüllt, festgesetzt werden.

227. Wenn ein solcher spezifischer Nachweis nicht vorliegt, kann die Marktkonformität einer Transaktion anhand der Bedingungen geprüft werden, zu denen die Nutzung vergleichbarer Infrastruktur von vergleichbaren privaten Betreibern in einer vergleichbaren Lage gestattet wird (Benchmarking), sofern ein solcher Vergleich möglich ist (vgl. Abschnitt 4.2).

228. Wenn keines der genannten Bewertungskriterien angewandt werden kann, kann die Marktkonformität anhand einer allgemein anerkannten Standardbewertungsmethode festgestellt werden. Nach Auffassung der Kommission ist bei staatlichen Zuwendungen für offene, nicht bestimmten Nutzern gewidmeten Infrastrukturen das Kriterium des marktwirtschaftlich handelnden Wirtschaftsbeteiligten erfüllt, wenn die Nutzer von einem *Ex-ante*-Standpunkt aus betrachtet inkrementell zur Rentabilität des Vorhabens/Betreibers beitragen. Dies ist der Fall, wenn der Infrastrukturbetreiber mit einzelnen Nutzern Geschäftsvereinbarungen schließt, die es ihm ermöglichen, alle aus solchen Vereinbarungen resultierenden Kosten, einschließlich einer angemessenen Gewinnmarge, auf der Grundlage solider mittelfristiger Aussichten zu decken. Bei dieser Analyse sollten alle inkrementellen Einnahmen und die erwarteten inkrementellen Kosten, die dem Betreiber im Zusammenhang mit den Tätigkeiten des betreffenden Nutzers entstehen, berücksichtigt werden ([330]).

8. SCHLUSSBESTIMMUNGEN

229. Diese Mitteilung ersetzt die folgenden Mitteilungen und Bekanntmachungen der Kommission:

— Mitteilung der Kommission an die Mitgliedstaaten 93/C-307/03 — Anwendung der Artikel 92 und 93 EWG-Vertrag und des Artikels 5 der Kommissionsrichtlinie 80/723/EWG über öffentliche Unternehmen in der verarbeitenden Industrie ([331]);

— Mitteilung der Kommission betreffend Elemente staatlicher Beihilfe bei Verkäufen von Bauten oder Grundstücken durch die öffentliche Hand ([332]);

— Mitteilung der Kommission über die Anwendung der Vorschriften über staatliche Beihilfen auf Maßnahmen im Bereich der direkten Unternehmensbesteuerung ([333]).

230. Diese Mitteilung ersetzt alle anderslautenden Aussagen in Bezug auf den Begriff der staatlichen Beihilfe in allen bestehenden Mitteilungen und Rahmenbestimmungen der Kommission, mit Ausnahme der Aussagen zu bestimmten Wirtschaftszweigen, die aufgrund der besonderen Merkmale dieser Wirtschaftszweige gerechtfertigt sind.

Bek Beihilfebegriff

---

[330] Siehe z. B. Beschluss der Kommission vom 1. Oktober 2014 über die staatliche Beihilfe SA.36147 — Mutmaßliche Infrastrukturbeihilfe zugunsten von Propapier. Siehe auch Leitlinien für staatliche Beihilfen für Flughäfen und Luftverkehrsgesellschaften (ABl. C 99 vom 4.4.2014, S. 3), Rn. 61 bis 64.

[331] ABl. C 307 vom 13.11.1993, S. 3.
[332] ABl. C 209 vom 10.7.1997, S. 3.
[333] ABl. C 384 vom 10.12.1998, S. 3.

FuEuI-Unionsrahmen

Mitteilung der Kommission
Unionsrahmen für staatliche Beihilfen zur Förderung von Forschung, Entwicklung und Innovation
(2014/C 198/01)

ABl C 2014/198, 1

Inhaltsverzeichnis

Einleitung
1. **Anwendungsbereich und Begriffsbestimmungen**
   1.1. Anwendungsbereich
   1.2. Unter den vorliegenden Unionsrahmen fallende Beihilfemaßnahmen
   1.3. Begriffsbestimmungen
2. **Vorliegen einer staatlichen Beihilfe im Sinne des Artikels 107 Absatz 1 AEUV**
   2.1. Einrichtungen für Forschung und Wissensverbreitung und Forschungsinfrastrukturen als Empfänger staatlicher Beihilfen
      2.1.1. Öffentliche Finanzierung nichtwirtschaflicher Tätigkeiten
      2.1.2. Öffentliche Finanzierung wirtschaflicher Tätigkeiten
   2.2. Mittelbare staatliche Beihilfen, die Unternehmen über öffentlich finanzierte Einrichtungen für Forschung und Wissensverbreitung und Forschungsinfrastrukturen gewährt werden
      2.2.1. Forschung im Auftrag von Unternehmen (Auftragsforschung oder Forschungsdienstleistungen)
      2.2.2. Zusammenarbeit mit Unternehmen
   2.3. Öffentliche Vergabe von Dienstleistungen im Bereich Forschung und Entwicklung
3. **Gemeinsame Grundsätze für die beihilferechtliche Würdigung**
4. **Prüfung der Vereinbarkeit von FuEuI-Beihilfen mit dem Binnenmarkt**
   4.1. Beitrag zu einem genau definierten Ziel von gemeinsamem Interesse
      4.1.1. Allgemeine Bedingungen
      4.1.2. Zusätzliche Voraussetzungen für Einzelbeihilfen
   4.2. Erforderlichkeit staatlicher Maßnahmen
      4.2.1. Allgemeine Bedingungen
      4.2.2. Zusätzliche Voraussetzungen für Einzelbeihilfen
   4.3. Geeignetheit der Beihilfemaßnahme
      4.3.1. Geeignetheit im Vergleich zu anderen Instrumenten
      4.3.2. Geeignetheit im Vergleich zu anderen Beihilfeinstrumenten
   4.4. Anreizeffekt
      4.4.1. Allgemeine Bedingungen
      4.4.2. Zusätzliche Voraussetzungen für Einzelbeihilfen
   4.5. Angemessenheit der Beihilfe
      4.5.1. Allgemeine Bedingungen
         4.5.1.1. Beihilfehöchstintensitäten
         4.5.1.2. Rückzahlbare Vorschüsse
         4.5.1.3. Steuerliche Maßnahmen
         4.5.1.4. Kumulierung von Beihilfen
      4.5.2. Zusätzliche Voraussetzungen für Einzelbeihilfen
   4.6. Vermeidung übermäßiger negativer Auswirkungen auf Wettbewerb und Handel
      4.6.1. Allgemeine Erwägungen
         4.6.1.1. Auswirkungen auf den Produktmärkten
         4.6.1.2. Auswirkungen auf den Handel und die Standortwahl
         4.6.1.3. Offenkundige negative Auswirkungen
      4.6.2. Beihilferegelungen
      4.6.3. Zusätzliche Voraussetzungen für Einzelbeihilfen
         4.6.3.1. Verzerrungen auf den Produktmärkten
         4.6.3.2. Standorteffekte
   4.7. Transparenz
5. **Evaluierung**
6. **Berichterstattung und Überwachung**
7. **Anwendbarkeit**
8. **Überprüfung**

EINLEITUNG.

1. Um zu verhindern, dass staatliche Zuwendungen den Wettbewerb im Binnenmarkt verfälschen und den Handel zwischen Mitgliedstaaten in einer Weise beeinträchtigen, die dem gemeinsamen Interesse zuwiderläuft, sind staatliche Beihilfen nach Artikel 107 Absatz 1 des Vertrags über die Arbeitsweise der Europäischen Union (im Folgenden „AEUV") im Grundsatz verboten. In bestimmten Fällen können staatliche Beihilfen jedoch auf der Grundlage von Artikel 107 Absatz 2 oder Absatz 3 AEUV mit dem Binnenmarkt vereinbar sein.

2. Die Förderung von Forschung, Entwicklung und Innovation (im Folgenden „FuEuI") ist ein wichtiges Ziel der Union. Nach Artikel 179 AEUV hat „[die] Union (…) zum Ziel, ihre wissenschaftlichen und technologischen Grundlagen dadurch zu stärken, dass ein europäischer Raum der Forschung geschaffen wird, in dem Freizügig-

keit für Forscher herrscht und wissenschaftliche Erkenntnisse und Technologien frei ausgetauscht werden, die Entwicklung ihrer Wettbewerbsfähigkeit ihrer Industrie zu fördern sowie alle Forschungsmaßnahmen zu unterstützen, die (…) für erforderlich gehalten werden". Die Artikel 180 bis 190 AEUV führen die einschlägigen Tätigkeiten der Union auf und enthalten Bestimmungen zu Gegenstand und Durchführung des mehrjährigen Rahmenprogramms.

3. In der Strategie „Europa 2020" ([1]) werden Forschung und Entwicklung (im Folgenden „FuE") als entscheidender Faktor für die Verwirklichung der Ziele eines intelligenten, nachhaltigen und integrativen Wachstums bezeichnet. Vor diesem Hintergrund hat die Kommission das bis zum Jahr 2020 zu erreichende Kernziel festgelegt, dass 3 % des Bruttoinlandsprodukts der Union (im Folgenden „BIP") in FuE investiert werden sollten. Für die Förderung von Fortschritten im FuEuI-Bereich wird in der Strategie „Europa 2020" insbesondere auf die Leitinitiative „Innovationsunion" ([2]) gesetzt, die auf eine Verbesserung der Rahmenbedingungen und des Zugangs zu Finanzmitteln für Forschung und Innovation abzielt, damit innovative Ideen in wachstums- und beschäftigungswirksame Produkte und Dienstleistungen umgesetzt werden können ([3]). In der Mitteilung „Europa 2020" heißt es, dass die Beihilfepolitik einen „aktiv[en] und positiv[en] Beitrag leisten kann", indem sie Initiativen zugunsten innovativer, effizienter und umweltfreundlicher Technologien anregt und fördert und den Zugang zu staatlicher Förderung von Investitionen, Wagniskapital und Forschung und Entwicklung erleichtert".

4. Wenngleich allgemein anerkannt ist, dass wettbewerbsorientierte Märkte in der Regel effiziente Ergebnisse bei Preisen, Produktion und Ressourcennutzung bewirken, kann bei Vorliegen von Marktversagen ([4]) ein staatliches Eingreifen das Funktionieren der Märkte verbessern und so einen Beitrag zu einem intelligenten, nachhaltigen und integrativen Wachstum leisten. Im FuEuI-Bereich kann es zum Beispiel zu Marktversagen kommen, weil die Marktteilnehmer den (positiven) externen Effekten, die sich für andere Beteiligte in der Wirtschaft ergeben, in der Regel nicht Rechnung tragen und daher FuEuI-Tätigkeiten in einem Umfang durchführen, der aus gesellschaftlicher Sicht zu gering ist. Ebenso kann sich für FuEuI-Vorhaben der Zugang zu Finanzmitteln aufgrund asymmetrischer Informationen oder aufgrund von Koordinierungsproblemen zwischen Unternehmen als schwierig erweisen. Aus diesem Grund können staatliche FuEuI-Beihilfen mit dem Binnenmarkt vereinbar sein, wenn davon auszugehen ist, dass sie durch die Förderung eines wichtigen Vorhabens von gemeinsamem europäischem Interesse oder durch die Begünstigung der

Entwicklung bestimmter Wirtschaftszweige ein Marktversagen abschwächen und dass die daraus resultierende Verfälschung des Wettbewerbs und des Handels nicht dem gemeinsamen Interesse zuwiderläuft.

5. Beihilfen für FuEuI werden in erster Linie auf der Grundlage des Artikels 107 Absatz 3 Buchstaben b und c AEUV zulässig sein, denen zufolge die Kommission staatliche Beihilfen zur Förderung wichtiger Vorhaben von gemeinsamem europäischen Interesse oder zur Förderung der Entwicklung bestimmter Wirtschaftszweige in der Union als mit dem Binnenmarkt vereinbar erklären kann, soweit diese die Handelsbedingungen nicht in einer Weise verändern, die dem gemeinsamen Interesse zuwiderläuft.

6. In ihrer Mitteilung über die Modernisierung des EU-Beihilferechts ([5]) nannte die Kommission drei Ziele, die mit der Modernisierung der Beihilfenkontrolle verfolgt werden sollten:

a) Förderung eines nachhaltigen, intelligenten und integrativen Wachstums in einem wettbewerbsfähigen Binnenmarkt,

b) Konzentration der Ex-ante-Prüfung der Kommission auf Fälle mit besonders großen Auswirkungen auf den Binnenmarkt und Stärkung der Zusammenarbeit mit den Mitgliedstaaten bei der Durchsetzung der EU-Beihilfevorschriften sowie

c) Straffung der Regeln und schnellerer Erlass von Beschlüssen.

7. Ferner plädierte die Kommission dafür, bei der Überarbeitung der verschiedenen Leitlinien und Rahmenbestimmungen ein gemeinsames Konzept mit folgenden Kernpunkten zugrunde zu legen: Stärkung des Binnenmarkts, Förderung einer größeren Wirksamkeit der öffentlichen Ausgaben durch eine bessere Ausrichtung der staatlichen Beihilfen auf Ziele von gemeinsamem Interesse, verstärkte Prüfung des Anreizeffekts, Begrenzung der Beihilfen auf das erforderliche Minimum und Vermeidung etwaiger beihilfebedingter negativer Auswirkungen auf Wettbewerb und Handel. Die in diesem Unionsrahmen dargelegten Voraussetzungen für die Vereinbarkeit der Beihilfen mit dem Binnenmarkt basieren auf diesem gemeinsamen Ansatz.

---

[1] Mitteilung der Kommission „Europa 2020 — Eine Strategie für intelligentes, nachhaltiges und integratives Wachstum", KOM(2010) 2020 endg. vom 3.3.2010.
[2] Mitteilung der Kommission an das Europäische Parlament, den Rat, den Europäischen Wirtschafts- und Sozialausschuss und den Ausschuss der Regionen „Leitinitiative der Strategie Europa 2020 — Innovationsunion", KOM(2010) 546 endg. vom 6.10.2010.
[3] Die Gesamtausgaben für FuE in der Union (von denen etwa 1/3 auf den öffentlichen Sektor und 2/3 auf den privaten Sektor entfallen) lagen im Jahr 2012 bei 2,06 % des BIP und damit um 0,24 Prozentpunkte höher als im Jahr 2005 (Eurostat-Statistiken zu Leitindikatoren: http://epp.eurostat.ec.europa.eu/portal/page/portal/europe_2020_indicators/headline_indicators). Zwar sind die als prozentualer Anteil am

BIP ausgedrückten privaten Ausgaben für FuE seit 2008 leicht angestiegen, aber es gibt große Unterschiede zwischen den Mitgliedstaaten, den verschiedenen Industriezweigen und den einzelnen Wirtschaftsbeteiligten (siehe Europäische Kommission, „Research and Innovation performance in EU Member States and Associated Countries 2013").
[4] Ein „Marktversagen" liegt vor, wenn der Markt auf sich selbst gestellt wahrscheinlich kein effizientes Ergebnis erbringt.
[5] Mitteilung der Kommission an das Europäische Parlament, den Rat, den Europäischen Wirtschafts- und Sozialausschuss und den Ausschuss der Regionen „Modernisierung des EU-Beihilfenrechts", KOM(2012) 209 final vom 8.5.2012.

22. FuEuI-UnionsR

1. ANWENDUNGSBEREICH UND BEGRIFFSBESTIMMUNGEN

1.1. Anwendungsbereich

8. Die in diesem Unionsrahmen dargelegten Grundsätze gelten für staatliche FuEuI-Beihilfen in allen Bereichen, die unter den AEUV fallen. Der Unionsrahmen gilt folglich für all jene Bereiche, für die eigene Beihilfevorschriften erlassen wurden, es sei denn, diese Vorschriften enthalten anderslautende Bestimmungen.

9. Unionsmittel, die von Organen, Agenturen, gemeinsamen Unternehmen oder anderen Stellen der Union zentral verwaltet werden und nicht direkt oder indirekt der Kontrolle von Mitgliedstaaten unterstehen ([6]), stellen keine staatlichen Beihilfen dar. Wenn derartige Mittel der Union in Verbindung mit staatlichen Beihilfen eingesetzt werden, wird die Feststellung, ob die Schwellenwerte für die Anmeldung und die Beihilfehöchstintensitäten eingehalten sind, ausschließlich auf der Grundlage der staatlichen Beihilfen getroffen und werden im Kontext dieses Unionsrahmens nur die staatlichen Beihilfen Gegenstand einer Prüfung der Vereinbarkeit mit dem Binnenmarkt sein.

10. FuEuI-Beihilfen für Unternehmen in Schwierigkeiten, die für die Zwecke dieses Unionsrahmens nach Maßgabe der Leitlinien der Gemeinschaft für staatliche Beihilfen zur Rettung und Umstrukturierung von Unternehmen in Schwierigkeiten ([7]) in ihrer geänderten oder neuen Fassung ermittelt werden, fallen nicht unter diesen Unionsrahmen. *Dieser Unionsrahmen gilt jedoch für Unternehmen, die am 31. Dezember 2019 keine Unternehmen in Schwierigkeiten waren, aber in der Zeit vom 1. Januar 2020 bis zum 30. Juni 2021 zu Unternehmen in Schwierigkeiten wurden.*

11. Bei der Prüfung einer FuEuI-Beihilfe für einen Beihilfeempfänger, der einer Rückforderungsanordnung aufgrund eines früheren Beschlusses der Kommission zur Feststellung der Rechtswidrigkeit einer Beihilfe und ihrer Unvereinbarkeit mit dem Binnenmarkt nachzukommen hat, wird die Kommission den noch zurückzufordernden Betrag der Beihilfe berücksichtigen ([8]).

1.2. Unter den vorliegenden Unionsrahmen fallende Beihilfemaßnahmen

12. Die Kommission hat eine Reihe von FuEuI-Maßnahmen ausgewiesen, deren Förderung durch staatliche Beihilfen unter bestimmten Voraussetzungen als mit dem Binnenmarkt vereinbar betrachtet werden kann:

a) *Beihilfen für FuE-Vorhaben*, bei denen der geförderte Teil des Forschungsvorhabens in die Kategorien Grundlagenforschung und angewandte Forschung fällt, wobei letztere Kategorie in industrielle Forschung und experimentelle Entwicklung unterteilt werden kann ([9]). Derartige Beihilfen dienen vornehmlich der Behebung von Marktversagen im Zusammenhang mit positiven externen Effekten (Wissens-Spillover), können aber auch Marktversagen aufgrund unzureichender und asymmetrischer Informationen oder (vor allem bei Kooperationsvorhaben) mangelnder Koordinierung angehen.

b) *Beihilfen für Durchführbarkeitsstudien* im Zusammenhang mit FuE-Vorhaben; diese Beihilfen zielen darauf ab, ein Marktversagen zu beheben, das in erster Linie durch unzureichende und asymmetrische Informationen bedingt ist.

c) *Beihilfen für den Bau oder Ausbau von Forschungsinfrastrukturen*, die vorwiegend auf Marktversagen aufgrund von Schwierigkeiten bei der Koordinierung abzielen. Für bahnbrechende Forschung werden Forschungsinfrastrukturen hoher Qualität immer wichtiger, denn sie ziehen Experten aus der ganzen Welt an und sind zum Beispiel für Informations- und Kommunikationstechnologien wie auch Schlüsseltechnologien unabdingbar ([10]).

d) *Beihilfen für Innovationsmaßnahmen*, die vor allem auf Marktversagen im Zusammenhang mit positiven externen Effekten (Wissens-Spillover), Schwierigkeiten bei der Koordinierung und — in geringerem Maße — asymmetrische Informationen abzielen. Bei kleinen und mittleren Unternehmen („KMU") können derartige Innovationsbeihilfen für die Erlangung, die Validierung und die Verteidigung von Patenten und anderen immateriellen Vermögenswerten, für die Abordnung hochqualifizierten Personals und für die Inanspruchnahme von Innovationsberatungsdiensten und innovationsunterstützenden Dienstleistungen gewährt werden. Um Anreize für große Unternehmen zu schaffen, im Rahmen von Tätigkeiten im Bereich der Prozess- und Organisationsinnovation mit KMU zusammenzuarbeiten, sind auch die Kosten, die sowohl KMU als auch großen Unternehmen für derartige Tätigkeiten entstehen, beihilfefähig.

e) *Beihilfen für Innovationscluster*, mit denen ein Marktversagen angegangen werden soll, das durch Koordinierungsprobleme bedingt ist, durch die die Entwicklung von Clustern gehemmt oder die Zusammenarbeit und der Wissenstransfer innerhalb von Clustern bzw. zwischen Clustern eingeschränkt

---

[6] Zum Beispiel Mittel, die im Rahmen von „Horizont 2020" oder dem EU-Programm für die Wettbewerbsfähigkeit von Unternehmen und für kleine und mittlere Unternehmen (COSME) gewährt werden.
[7] Leitlinien der Gemeinschaft für staatliche Beihilfen zur Rettung und Umstrukturierung von Unternehmen in Schwierigkeiten (ABl. C 244 vom 1.10.2004, S. 2).
[8] Urteil des Gerichts vom 13. September 1995, TWD Textilwerke Deggendorf GmbH/Kommission, verbundene Rechtssachen T-244/93 und T-486/93, Slg. 1995, II-2265.

[9] Nach Ansicht der Kommission ist es sinnvoll, unterschiedliche FuE-Kategorien beizubehalten, auch wenn diese Tätigkeiten mehr einem interaktiven als einem linearen Modell folgen.
[10] Schlüsseltechnologien werden in der Mitteilung der Kommission an das Europäische Parlament, den Rat, den Europäischen Wirtschafts- und Sozialausschuss und den Ausschuss der Regionen „Eine europäische Strategie für Schlüsseltechnologien — Eine Brücke zu Wachstum und Beschäftigung" (COM(2012)341 final vom 26.6.2012) definiert und im Einzelnen aufgeführt.

werden. Staatliche Beihilfen könnten zur Problemlösung beitragen, zum einen durch Förderung von Investitionen in offene und gemeinsam genutzte Infrastrukturen für Innovationscluster und zum anderen durch eine bis zu zehnjährige Förderung des Betriebs von Clustern zur Verbesserung von Zusammenarbeit, Vernetzung und Wissensbildung.

13. Die Mitgliedstaaten müssen FuEuI-Beihilfen nach Artikel 108 Absatz 3 AEUV anmelden, es sei denn, die Beihilfen erfüllen die Voraussetzungen einer Gruppenfreistellungsverordnung, die von der Kommission nach Artikel 1 der Verordnung (EG) Nr. 994/98 des Rates ([11]) erlassen wurde.

14. In diesem Unionsrahmen werden die Kriterien für die beihilferechtliche Vereinbarkeit von FuEuI-Beihilferegelungen und Einzelbeihilfen, die der Anmeldepflicht unterliegen und auf der Grundlage von Artikel 107 Absatz 3 Buchstabe c AEUV zu prüfen sind, dargelegt ([12]).

1.3. Begriffsbestimmungen

15. Für die Zwecke dieses Unionsrahmens gelten folgende Begriffsbestimmungen:

a) „**Ad-hoc-Beihilfe**" bezeichnet eine Beihilfe, die nicht auf der Grundlage einer Beihilferegelung gewährt wird.

b) „**Beihilfe**" bezeichnet eine Maßnahme, die alle Voraussetzungen des Artikels 107 Absatz 1 AEUV erfüllt.

c) „**Beihilfeintensität**" bezeichnet die als Prozentsatz der beihilfefähigen Kosten ausgedrückte Höhe der Beihilfe vor Abzug von Steuern und sonstigen Abgaben. Werden Beihilfen nicht in Form eines Zuschusses gewährt, bestimmt sich die Höhe der Beihilfe nach ihrem Subventionsäquivalent. Bei in mehreren Tranchen ausgezahlten Beihilfen ist der Wert am Tag der Gewährung zugrunde zu legen, der anhand des an diesem Tag geltenden Abzinsungssatzes ([13]) ermittelt wird. Die Beihilfeintensität wird für jeden Empfänger einzeln berechnet.

d) „**Beihilferegelung**" bezeichnet eine Regelung, nach der Unternehmen, die in der Regelung in allgemeiner und abstrakter Weise festgelegt werden, ohne nähere Durchführungsmaßnahmen Einzelbeihilfen gewährt werden können, beziehungsweise eine Regelung, nach der einem oder mehreren Unternehmen Beihilfen gewährt werden können, die nicht an ein bestimmtes Vorhaben gebunden sind.

e) „**Angewandte Forschung**" bedeutet industrielle Forschung, experimentelle Entwicklung oder die Kombination von beidem.

f) „**Arm's-length-Prinzip**" bedeutet, dass die Bedingungen des Rechtsgeschäfts zwischen den Vertragsparteien sich nicht von jenen unterscheiden, die bei einem Rechtsgeschäft zwischen unabhängigen Unternehmen

festgelegt werden würden, und dass keine wettbewerbswidrigen Absprachen vorliegen. Wenn ein Rechtsgeschäft auf der Grundlage eines offenen, transparenten und diskriminierungsfreien Verfahrens geschlossen wird, wird davon ausgegangen, dass es dem Arm's-Length-Prinzip entspricht.

g) „**Tag der Gewährung der Beihilfe**" bezeichnet den Tag, an dem der Beihilfeempfänger nach dem geltenden nationalen Recht einen Rechtsanspruch auf die Beihilfe erwirbt.

h) „**Wirksame Zusammenarbeit**" bezeichnet die arbeitsteilige Zusammenarbeit von mindestens zwei unabhängigen Partnern mit Blick auf einen Wissens- oder Technologieaustausch oder auf ein gemeinsames Ziel, wobei die Partner den Gegenstand des Verbundprojekts gemeinsam festlegen, einen Beitrag zu seiner Durchführung leisten und seine Risiken und Ergebnisse teilen. Die Gesamtkosten des Vorhabens können von einem oder mehreren Partnern getragen werden, sodass andere Partner von den finanziellen Risiken des Vorhabens befreit sind. Auftragsforschung und die Erbringung von Forschungsdienstleistungen gelten nicht als Formen der Zusammenarbeit.

i) „**Exklusiventwicklung**" bezeichnet die öffentliche Vergabe von Dienstleistungen im Bereich Forschung und Entwicklung, deren Ergebnisse ausschließlich dem öffentlichen Auftraggeber bzw. der Vergabestelle zukommen und die für die Verwendung bei der Ausübung seiner/ihrer eigenen Tätigkeiten bestimmt sind, sofern Leistungen vollständig durch den öffentlichen Auftraggeber bzw. die Vergabestelle vergütet werden.

j) „**Experimentelle Entwicklung**" bezeichnet den Erwerb, die Kombination, die Gestaltung und die Nutzung vorhandener wissenschaftlicher, technischer, wirtschaftlicher und sonstiger einschlägiger Kenntnisse und Fertigkeiten mit dem Ziel, neue oder verbesserte Produkte, Verfahren oder Dienstleistungen zu entwickeln. Dazu zählen zum Beispiel auch Tätigkeiten zur Konzeption, Planung und Dokumentation neuer Produkte, Verfahren und Dienstleistungen. Die experimentelle Entwicklung kann die Entwicklung von Prototypen, Demonstrationsmaßnahmen, Pilotprojekte sowie die Erprobung und Validierung neuer oder verbesserter Produkte, Verfahren und Dienstleistungen in einem für die reale Einsatzbedingungen repräsentativen Umfeld umfassen, wenn das Hauptziel dieser Maßnahmen darin besteht, im Wesentlichen noch nicht feststehende Produkte, Verfahren oder Dienstleistungen zu verbessern. Die experimentelle Entwicklung kann die Entwicklung von kommerziell nutzbaren Prototypen und Pilotprojekten einschließen, wenn es sich dabei zwangsläufig um das kommerzielle Endprodukt handelt und dessen Herstellung allein für Demonstrations- und Validierungszwecke zu teuer wäre. Die experimentelle Entwicklung umfasst keine routinemäßigen oder regelmäßigen Änderungen an bestehenden

---

[11] Verordnung (EG) Nr. 994/98 vom 7. Mai 1998 über die Anwendung der Artikel 92 und 93 des Vertrags zur Gründung der Europäischen Gemeinschaft auf bestimmte Gruppen horizontaler Beihilfen (ABl. L 142 vom 14.5.1998, S. 1), geändert durch die Verordnung (EU) Nr. 733/2013 des Rates vom 22. Juli 2013 (ABl. L 204 vom 31.7.2013, S. 15).

[12] Die Kriterien für die Prüfung der Vereinbarkeit von Beihilfen zur Förderung wichtiger Vorhaben von gemeinsamem europäischen Interesse mit dem Binnenmarkt, einschließlich der auf der Grundlage des Artikels 107 Absatz 3 Buchstabe b AEUV geprüfter FuEuI-Beihilfen, sind in einer separaten Mitteilung der Kommission dargelegt.

[13] Vgl. die Mitteilung der Kommission über die Änderung der Methode zur Festsetzung der Referenz- und Abzinsungssätze (ABl. C 14 vom 19.1.2008, S. 6).

Produkten, Produktionslinien, Produktionsverfahren, Dienstleistungen oder anderen laufenden betrieblichen Prozessen, selbst wenn diese Änderungen Verbesserungen darstellen sollten.

k) „**Durchführbarkeitsstudie**" bezeichnet die Bewertung und Analyse des Potenzials eines Vorhabens mit dem Ziel, die Entscheidungsfindung durch objektive und rationale Darlegung seiner Stärken und Schwächen sowie der mit ihm verbundenen Möglichkeiten und Gefahren zu erleichtern und festzustellen, welche Ressourcen für seine Durchführung erforderlich wären und welche Erfolgsaussichten das Vorhaben hätte.

l) „**Zuordnung in vollem Umfang**" bzw. „**in vollem Umfang zugeordnet**" bedeutet, dass die Forschungseinrichtung, die Forschungsinfrastruktur oder der öffentliche Auftraggeber die uneingeschränkte Verfügungsgewalt über die Rechte des geistigen Eigentums innehat und somit vollen wirtschaftlichen Nutzen aus ihnen ziehen kann, was insbesondere für das Eigentumsrecht und das Recht zur Lizenzvergabe gilt. Dies kann auch dann der Fall sein, wenn die Forschungseinrichtung oder die Forschungsinfrastruktur (bzw. der öffentliche Auftraggeber) Verträge über die Verwertung dieser Rechte schließt und sie beispielsweise in Lizenz an einen Kooperationspartner (bzw. Unternehmen) vergibt.

m) „**Grundlagenforschung**" bezeichnet experimentelle oder theoretische Arbeiten, die in erster Linie dem Erwerb neuen Grundlagenwissens ohne erkennbare direkte kommerzielle Anwendungsmöglichkeiten dienen.

n) „**Bruttosubventionsäquivalent**" bezeichnet die Höhe der Beihilfe, wenn diese als Zuschuss gewährt worden wäre, vor Abzug von Steuern und sonstigen Abgaben.

o) „**Hochqualifiziertes Personal**" bezeichnet Personal mit Hochschulabschluss und mindestens fünf Jahren einschlägiger Berufserfahrung, zu der auch eine Promotion zählen kann.

p) „**Einzelbeihilfe**" bezeichnet eine Beihilfe für ein bestimmtes Unternehmen und beinhaltet auch Ad-hoc-Beihilfen und Beihilfen, die auf der Grundlage einer Beihilferegelung gewährt werden.

q) „**Industrielle Forschung**" bezeichnet planmäßiges Forschen oder kritisches Erforschen zur Gewinnung neuer Kenntnisse und Fertigkeiten mit dem Ziel, neue Produkte, Verfahren oder Dienstleistungen zu entwickeln oder wesentliche Verbesserungen bei bestehenden Produkten, Verfahren oder Dienstleistungen herbeizuführen. Hierzu zählen die Entwicklung von Teilen komplexer Systeme und unter Umständen auch der Bau von Prototypen in einer Laborumgebung oder in einer Umgebung mit simulierten Schnittstellen zu bestehenden Systemen wie auch von Pilotlinien, wenn dies für die industrielle Forschung und insbesondere die Validierung von technologischen Grundlagen notwendig ist.

r) „**Innovationsberatungsdienste**" bezeichnen Beratung, Unterstützung und Schulung in den Bereichen Wissenstransfer, Erwerb, Schutz und Verwertung immaterieller Vermögenswerte sowie Anwendung von Normen und Vorschriften, in denen diese verankert sind.

s) „**Innovationscluster**" sind Einrichtungen oder organisierte Gruppen von unabhängigen Partnern (z. B. innovative Unternehmensneugründungen, kleine, mittlere und große Unternehmen, Einrichtungen für Forschung und Wissensverbreitung, gemeinnützige Einrichtungen sowie andere miteinander verbundene Wirtschaftsbeteiligte), die durch entsprechende Förderung, die gemeinsame Nutzung von Anlagen, den Austausch von Wissen und Know-how und durch einen wirksamen Beitrag zum Wissenstransfer, zur Vernetzung, Informationsverbreitung und Zusammenarbeit unter den Unternehmen und anderen Einrichtungen des Innovationsclusters Innovationstätigkeit anregen sollen.

t) „**Innovationsunterstützende Dienstleistungen**" bezeichnen die Bereitstellung von Büroflächen, Datenbanken, Bibliotheken, Marktforschung, Laboratorien, Gütezeichen, Tests und Zertifizierung zum Zweck der Entwicklung effizienterer Produkte, Verfahren oder Dienstleistungen.

u) „**Immaterielle Vermögenswerte**" sind Vermögenswerte ohne physische oder finanzielle Verkörperung wie Patentrechte, Lizenzen, Know-how oder sonstige Rechte des geistigen Eigentums.

v) „**Wissenstransfer**" bezeichnet jedes Verfahren, das abzielt auf die Gewinnung, die Erfassung und den Austausch von explizitem und implizitem Wissen, einschließlich Fertigkeiten und Kompetenzen in sowohl wirtschaftlichen als auch nichtwirtschaftlichen Tätigkeiten wie Forschungszusammenarbeit, Beratungsleistungen, Lizenzierung, Gründung von Spin-offs, Veröffentlichungen und Mobilität von Forschern und anderem Personal, das an diesen Maßnahmen beteiligt ist. Neben dem wissenschaftlichen und technologischen Wissen umfasst der Wissenstransfer weitere Arten von Wissen wie beispielsweise Informationen über die Anwendung von Normen und Vorschriften, in denen sie verankert sind, und über die realen Einsatzbedingungen und Methoden der Organisationsinnovation sowie die Verwaltung von Wissen im Zusammenhang mit der Feststellung, dem Erwerb, dem Schutz, der Verteidigung und der Nutzung immaterieller Vermögenswerte.

w) „**Große Unternehmen**" sind Unternehmen, die nicht unter den Begriff der kleinen und mittleren Unternehmen fallen.

x) „**Nettomehrkosten**" bezeichnet die Differenz zwischen den erwarteten Kapitalwerten des geförderten Vorhabens bzw. der geförderten Tätigkeit und der tragfähigen kontrafaktischen Investition, die der Beihilfeempfänger ohne Beihilfe durchgeführt hätte.

y) „**Organisationsinnovation**" bezeichnet die Anwendung neuer Organisationsmethoden in den Geschäftspraktiken, den Arbeitsabläufen oder Geschäftsbeziehungen eines Unternehmens; nicht als Organisationsinnovationen angesehen werden Änderungen, die auf bereits in dem Unternehmen angewandten Organisationsmethoden beruhen, Änderungen in der Managementstrategie, Fusionen und Übernahmen, die Einstellung der Anwendung eines Arbeitsablaufs, einfache Ersatz- oder Erweiterungsinvestitionen, Änderungen, die sich allein aus Veränderungen bei den Faktorpreisen ergeben, neue Kundenausrichtung, Lokalisierung, regelmäßige, saisonale oder sonstige zyklische Veränderungen sowie der Handel mit neuen oder erheblich verbesserten Produkten.

z) „**Personalkosten**" sind die Kosten für Forscher, Techniker und sonstiges Personal, soweit diese für das jeweilige Vorhaben bzw. die jeweilige Tätigkeit eingesetzt werden.

aa) **Vorkommerzielle Auftragsvergabe**" bezeichnet die öffentliche Vergabe von Dienstleistungen im Bereich Forschung und Entwicklung, wobei der öffentliche Auftraggeber bzw. die Vergabestelle die sich aus dem Vertrag ergebenden Ergebnisse und Vorteile nicht ausschließlich mit Blick auf die Ausübung seiner/ihrer eigenen Tätigkeiten sich selbst vorbehält, sondern sie mit den Anbietern zu Marktbedingungen teilt. Verträge, die inhaltlich unter eine oder mehrere der in diesem Unionsrahmen festgelegten Forschungs- und Entwicklungskategorien fallen, müssen von begrenzter Laufzeit sein und können die Entwicklung von Prototypen oder in begrenztem Umfang erste Produkte oder Dienstleistungen in Form einer Testreihe beinhalten. Der in kommerziellem Umfang erfolgende Erwerb von Produkten oder Dienstleistungen darf nicht Gegenstand desselben Vertrags sein.

bb) „**Prozessinnovation**" ist die Anwendung einer neuen oder wesentlich verbesserten Methode für die Produktion oder die Erbringung von Leistungen (einschließlich wesentlicher Änderungen bei Techniken, Ausrüstungen oder der Software); nicht als Prozessinnovation angesehen werden geringfügige Änderungen oder Verbesserungen, der Ausbau der Produktions- oder Dienstleistungskapazitäten durch zusätzliche Herstellungs- oder Logistiksysteme, die den bereits verwendeten sehr ähnlich sind, die Einstellung eines Arbeitsablaufs, einfache Ersatz- oder Erweiterungsinvestitionen, Änderungen, die sich allein aus Veränderungen bei den Faktorpreisen ergeben, neue Kundenausrichtung, Lokalisierung, regelmäßige, saisonale und sonstige zyklische Veränderungen sowie der Handel mit neuen oder erheblich verbesserten Produkten.

cc) „**FuE-Vorhaben**" bezeichnet ein Vorhaben, das Tätigkeiten umfasst, die unter eine oder mehrere der in diesem Unionsrahmen festgelegten Forschungs- und Entwicklungskategorien fallen, und das darauf abzielt, eine genau definierte unteilbare Aufgabe ökonomischer, wissenschaftlicher oder technischer Art mit klar festgelegten Zielen durchzuführen. Ein FuE-Vorhaben kann aus mehreren Arbeitspaketen, Tätigkeiten oder Dienstleistungen bestehen und umfasst klare Ziele, die Tätigkeiten, die zur Erreichung dieser Ziele durchzuführen sind (einschließlich der voraussichtlichen Kosten), und konkrete Vorga-

ben, anhand derer die Ergebnisse dieser Tätigkeiten festgestellt und mit den einschlägigen Zielen verglichen werden können. Wenn zwei oder mehr FuE-Vorhaben nicht eindeutig voneinander getrennt werden können und einzeln betrachtet keine Aussicht auf technologischen Erfolg haben, werden sie als ein einziges Vorhaben betrachtet.

dd) „**Rückzahlbarer Vorschuss**" bezeichnet einen für ein Vorhaben gewährten Kredit, der in einer oder mehreren Tranchen ausgezahlt wird und dessen Rückzahlungsbedingungen vom Ergebnis des Vorhabens abhängen.

ee) „**Einrichtung für Forschung und Wissensverbreitung**" oder „Forschungseinrichtung" bezeichnet Einrichtungen wie Hochschulen oder Forschungsinstitute, Technologietransfer-Einrichtungen, Innovationsmittler, forschungsorientierte physische oder virtuelle Kooperationseinrichtungen, unabhängig von ihrer Rechtsform (öffentlich-rechtlich oder privatrechtlich) oder Finanzierungsweise, deren Hauptaufgabe darin besteht, unabhängige Grundlagenforschung, industrielle Forschung oder experimentelle Entwicklung zu betreiben oder die Ergebnisse derartiger Tätigkeiten durch Lehre, Veröffentlichung oder Wissenstransfer zu verbreiten. Übt eine derartige Einrichtung auch wirtschaftliche Tätigkeiten aus, muss sie über deren Finanzierung, Kosten und Erlöse getrennt Buch führen. Unternehmen, die beispielsweise als Anteilseigner oder Mitglied bestimmenden Einfluss auf eine solche Einrichtung ausüben können, darf kein bevorzugter Zugang zu den von ihr erzielten Ergebnissen gewährt werden.

ff) „**Forschungsinfrastruktur**" bezeichnet Einrichtungen, Ressourcen und damit verbundene Dienstleistungen, die von Wissenschaftler für die Forschung auf ihrem jeweiligen Gebiet genutzt werden; unter diese Definition fallen Geräte und Instrumente für Forschungszwecke, wissensbasierte Ressourcen wie Sammlungen, Archive oder strukturierte wissenschaftliche Informationen, Infrastrukturen der Informations- und Kommunikationstechnologie wie GRID-Netze, Rechner, Software und Kommunikationssysteme sowie sonstige besondere Einrichtungen, die für die Forschung unverzichtbar sind. Solche Forschungsinfrastrukturen können „an einem einzigen Standort angesiedelt" oder „verteilt" (ein organisiertes Netz von Ressourcen) sein ([14]).

gg) „**Abordnung**" bezeichnet die vorübergehende Beschäftigung von Personal bei einem Beihilfeempfänger, wobei das Personal das Recht hat, anschließend zu seinem vorherigen Arbeitgeber zurückzukehren.

hh) „**Kleine und mittlere Unternehmen**" bzw. „KMU", „kleine Unternehmen" und „mittlere Unternehmen" sind Unternehmen, die die Kriterien der Empfehlung der Kommission betreffend die Definition der Kleinstunternehmen sowie der kleinen und mittleren Unternehmen erfüllen ([15]).

ii) „**Beginn der Arbeiten**" oder „Beginn des Vorhabens" bezeichnet entweder den Beginn der FuEuI-Tätig-

---

[14] Vgl. Artikel 2 Buchstabe a der Verordnung (EG) Nr. 723/2009 des Rates vom 25. Juni 2009 über den gemeinschaftlichen Rechtsrahmen für ein Konsortium für eine europäische Forschungsinfrastruktur (ERIC) (ABl. L 206 vom 8.8.2009, S. 1).

[15] Empfehlung der Kommission vom 6. Mai 2003 betreffend die Definition der Kleinstunternehmen sowie der kleinen und mittleren Unternehmen (ABl. L 124 vom 20.5.2003, S. 36).

keiten oder die erste Vereinbarung zwischen dem Beihilfeempfänger und den Auftragnehmern, das Vorhaben durchzuführen, wobei der frühere dieser Zeitpunkte maßgebend ist. Vorarbeiten wie die Einholung von Genehmigungen und die Erstellung von Durchführbarkeitsstudien gelten nicht als Beginn der Arbeiten.

jj) „**Materielle Vermögenswerte**" umfassen Grundstücke, Gebäude und Anlagen, Maschinen und Ausrüstung.

2. VORLIEGEN EINER STAATLICHEN BEIHILFE IM SINNE DES ARTIKELS 107 ABSATZ 1 AEUV

16. Grundsätzlich ist jede Maßnahme, die die Kriterien des Artikels 107 Absatz 1 AEUV erfüllt, eine staatliche Beihilfe. Während die Kommission in einer separaten Bekanntmachung über den Begriff der staatlichen Beihilfe ihr allgemeines Verständnis dieses Begriffes erläutert hat, werden in diesem Abschnitt — vorbehaltlich der Auslegung durch den Gerichtshof der Europäischen Union — Situationen behandelt, die typischerweise im Bereich von FuEuI-Tätigkeiten auftreten.

2.1. Einrichtungen für Forschung und Wissensverbreitung und Forschungsinfrastrukturen als Empfänger staatlicher Beihilfen

17. Einrichtungen für Forschung und Wissensverbreitung („Forschungseinrichtungen") und Forschungsinfrastrukturen sind Empfänger staatlicher Beihilfen, wenn ihre öffentliche Finanzierung die Voraussetzungen des Artikels 107 Absatz 1 AEUV erfüllt. Wie in der Bekanntmachung der Kommission über den Begriff der staatlichen Beihilfe ausgeführt und im Einklang mit der Rechtsprechung des Gerichtshofs muss es sich bei dem Beihilfeempfänger um ein Unternehmen handeln, wobei der Unternehmenscharakter jedoch nicht von der Rechtsform (öffentlich-rechtlich oder privatrechtlich) oder dem wirtschaftlichen Charakter (gewinnorientiert oder nicht) des Beihilfeempfängers abhängt, sondern davon, ob er eine wirtschaftliche Tätigkeit ausübt, d. h., ob er auf einem bestimmten Markt Produkte oder Dienstleistungen anbietet ([16]).

2.1.1. *Öffentliche Finanzierung nichtwirtschaftlicher Tätigkeiten*

18. Übt ein und dieselbe Einrichtung sowohl wirtschaftliche als auch nichtwirtschaftliche Tätigkeiten aus, fällt die öffentliche Finanzierung der nichtwirtschaftlichen Tätigkeiten nicht unter Artikel 107 Absatz 1 AEUV, wenn die nichtwirtschaftlichen und die wirtschaftlichen Tätigkeiten und ihre Kosten, Finanzierung und Erlöse klar voneinander getrennt werden können, sodass keine Gefahr der Quersubventionierung der wirtschaftlichen Tätigkeit besteht. Der Nachweis der korrekten Zuordnung der Kosten, Finanzierung und Erlöse kann im Jahresabschluss der betreffenden Einrichtung geführt werden.

19. Die Kommission betrachtet die folgenden Tätigkeiten im Allgemeinen als nichtwirtschaftliche Tätigkeiten:

a) Primäre Tätigkeiten von Forschungseinrichtungen und Forschungsinfrastrukturen, insbesondere:

— die Ausbildung von mehr oder besser qualifizierten Humanressourcen. Im Einklang mit der Rechtsprechung ([17]) und Beschlusspraxis der Kommission ([18]) und wie in der Bekanntmachung der Kommission über den Begriff der staatlichen Beihilfe und in der DAWI-Mitteilung ([19]) ausgeführt, gilt die innerhalb des nationalen Bildungswesens organisierte öffentliche Bildung, die überwiegend oder vollständig vom Staat finanziert und überwacht wird, als nichtwirtschaftliche Tätigkeit ([20]);

— unabhängige FuE zur Erweiterung des Wissens und des Verständnisses, auch im Verbund, wenn die Forschungseinrichtung bzw. die Forschungsinfrastruktur eine wirksame Zusammenarbeit eingeht ([21]);

— weite Verbreitung der Forschungsergebnisse auf nichtausschließlicher und nichtdiskriminierender Basis, zum Beispiel durch Lehre, frei zugängliche Datenbanken, allgemein zugängliche Veröffentlichungen oder offene Software.

b) Tätigkeiten des Wissenstransfers, soweit sie entweder durch die Forschungseinrichtung oder Forschungsinfrastruktur (einschließlich ihrer Abteilungen oder Untergliederungen) oder gemeinsam mit anderen Forschungseinrichtungen oder Forschungsinfrastrukturen oder in deren Auftrag durchgeführt werden, sofern die Gewinne aus diesen Tätigkeiten in die primären (s. o.) Tätigkeiten der Forschungseinrichtung oder der Forschungsinfrastruktur reinvestiert werden. Der nichtwirtschaftliche Charakter dieser Tätigkeiten bleibt durch die Wege einer offenen Ausschreibung erfolgende Vergabe entsprechender Dienstleistungen an Dritte unberührt.

20. Wird eine Forschungseinrichtung oder Forschungsinfrastruktur sowohl für wirtschaftliche als auch für nichtwirtschaftliche Tätigkeiten genutzt, fällt die staatliche Finanzierung nur dann unter die Beihilfevorschriften, wenn sie Kosten deckt, die mit den wirtschaftlichen Tätigkeiten verbunden sind ([22]). Wenn die Forschungseinrichtung oder Forschungsinfrastruktur fast ausschließlich für eine

---

[16] Urteil des Gerichtshofs vom 16. Juni 1987, Kommission/Italien, C-118/85, Slg. 1987, 2599, Randnr. 7; Urteil des Gerichtshofs vom 18. Juni 1998, Kommission/Italien, C-35/96, Slg. 1998, I-3851, Randnr. 36; Urteil des Gerichtshofs vom 19. Februar 2002, Wouters, C-309/99, Slg. 2002, I-1577, Randnr. 46.

[17] Urteil des Gerichtshofs vom 27. September 1988, Humble und Edel, C-263/86, Slg. 1988, I-5365, Randnr. 9-10 sowie 15-18; Urteil des Gerichtshofs vom 7. Dezember 1993, Wirth, C-109/92, Slg. 1993, I-6447, Randnr. 15.

[18] Siehe z. B. die Wettbewerbssachen NN54/2006 — Přerov logistics College, und N 343/2008 — Individual aid to the College of Nyíregyháza for the development of the Partium Knowledge Centre.

[19] Siehe die Randnrn. 26-29 der Mitteilung der Kommission über die Anwendung der Beihilfevorschriften der Europäischen Union auf Ausgleichsleistungen für die Erbringung von Dienstleistungen von allgemeinem wirtschaftlichem Interesse (ABl. C 8 vom 11.1.2012, S. 4).

[20] Ausbildungsmaßnahmen im Sinne der Beihilfevorschriften für Ausbildungsbeihilfen gelten nicht als nichtwirtschaftliche primäre Tätigkeit von Forschungseinrichtungen.

[21] Die Erbringung von FuE-Leistungen sowie FuE, die im Auftrag von Unternehmen ausgeführt wird, gilt nicht als unabhängige FuE.

[22] Wenn eine Forschungseinrichtung oder Forschungsinfrastruktur sowohl öffentlich als auch privat finanziert wird, geht die Kommission davon aus, dass dies der Fall

nichtwirtschaftliche Tätigkeit genutzt wird, kann ihre Finanzierung ganz aus dem Anwendungsbereich des Beihilferechts herausfallen, sofern die wirtschaftliche Nutzung eine reine Nebentätigkeit darstellt, die mit dem Betrieb der Forschungseinrichtung oder Forschungsinfrastruktur unmittelbar verbunden und dafür erforderlich ist oder die in untrennbarem Zusammenhang mit der nichtwirtschaftlichen Haupttätigkeit steht, und ihr Umfang begrenzt ist. Für die Zwecke dieses Unionsrahmens geht die Kommission davon aus, dass dies der Fall ist, wenn für die wirtschaftlichen Tätigkeiten dieselben Inputs (wie Material, Ausrüstung, Personal und Anlagekapital) eingesetzt werden wie für die nichtwirtschaftlichen Tätigkeiten und wenn die für die betreffende wirtschaftliche Tätigkeit jährlich zugewiesene Kapazität nicht mehr als 20 % der jährlichen Gesamtkapazität der betreffenden Einrichtung bzw. Infrastruktur beträgt.

2.1.2. *Öffentliche Finanzierung wirtschaftlicher Tätigkeiten*

21. Wenn Forschungseinrichtungen oder Forschungsinfrastrukturen zur Ausübung wirtschaftlicher Tätigkeiten genutzt werden (z. B. Vermietung von Ausrüstung oder Laboratorien an Unternehmen, Erbringung von Dienstleistungen für Unternehmen oder Auftragsforschung), so gilt unbeschadet der Randnummer 20, dass die öffentliche Finanzierung dieser wirtschaftlichen Tätigkeiten grundsätzlich als staatliche Beihilfe angesehen wird.

22. Die Kommission betrachtet die Forschungseinrichtung bzw. die Forschungsinfrastruktur jedoch nicht als Empfängerin staatlicher Beihilfen, wenn sie nur als Vermittlerin auftritt und den Gesamtbetrag der öffentlichen Finanzierung und die durch eine solche Finanzierung möglicherweise erlangten Vorteile an die Endempfänger weitergibt. Dies ist in der Regel der Fall, wenn:

a) sowohl die öffentliche Finanzierung als auch die durch eine solche Finanzierung möglicherweise erlangten Vorteile quantifizierbar und nachweisbar sind und es einen geeigneten Mechanismus gibt, der gewährleistet, dass diese — zum Beispiel in Form geringer Preise — vollständig an die Endempfänger weitergegeben werden, und

b) der vermittelnden Einrichtung/Infrastruktur kein weiterer Vorteil gewährt wird, da sie entweder im Wege einer offenen Ausschreibung ausgewählt wird oder die öffentliche Finanzierung allen Einrichtungen bzw. Infrastrukturen zur Verfügung steht, die die objektiv notwendigen Voraussetzungen erfüllen, sodass die Kunden als Endbegünstigte von einer beliebigen einschlägigen Einrichtung/Infrastruktur entsprechende Dienstleistungen erwerben können.

23. Sind die Voraussetzungen unter Randnummer 22 erfüllt, so finden die Beihilfevorschriften auf der Ebene der Endbegünstigten Anwendung.

2.2. Mittelbare staatliche Beihilfen, die Unternehmen über öffentlich finanzierte Einrichtungen für Forschung und Wissensverbreitung und Forschungsinfrastrukturen gewährt werden

24. Die Frage, ob und unter welchen Voraussetzungen Unternehmen im Rahmen von Auftragsforschung oder Forschungsdienstleistungen einer Forschungseinrichtung oder Forschungsinfrastruktur bzw. im Rahmen einer Zusammenarbeit mit einer Forschungseinrichtung oder Forschungsinfrastruktur ein Vorteil im Sinne des Artikels 107 Absatz 1 AEUV gewährt wird, ist im Einklang mit den allgemeinen Grundsätzen des Beihilferechts zu beantworten. Dazu ist, wie bereits in der Bekanntmachung über den Begriff der staatlichen Beihilfe erläutert, unter Umständen insbesondere zu prüfen, inwieweit die Tätigkeit der Forschungseinrichtung oder Forschungsinfrastruktur dem Staat zugerechnet werden kann ([23]).

2.2.1. *Forschung im Auftrag von Unternehmen (Auftragsforschung oder Forschungsdienstleistungen)*

25. Wenn auf eine Forschungseinrichtung oder Forschungsinfrastruktur zurückgegriffen wird, um für ein Unternehmen Auftragsforschung durchzuführen oder eine Forschungsdienstleistung zu erbringen (wobei das Unternehmen in der Regel die Vertragsbedingungen festlegt, Eigentümer der Ergebnisse der Forschungstätigkeiten ist und das Risiko des Scheiterns trägt) wird in der Regel keine staatliche Beihilfe an das Unternehmen weitergegeben, wenn die Forschungseinrichtung bzw. die Forschungsinfrastruktur ein angemessenes Entgelt für ihre Leistungen erhält; dies gilt insbesondere, wenn der folgenden Voraussetzungen erfüllt ist.

a) Die Forschungseinrichtung oder die Forschungsinfrastruktur erbringt ihre Forschungsdienstleistungen oder Auftragsforschung zum Marktpreis ([24]).

b) Wenn es keinen Marktpreis gibt, erbringt die Forschungseinrichtung oder die Forschungsinfrastruktur ihre Forschungsdienstleistung oder Auftragsforschung zu einem Preis, der

— den Gesamtkosten der Dienstleistung entspricht und im Allgemeinen eine Gewinnspanne umfasst, die sich an den Gewinnspannen orientiert, die von den im Bereich der jeweiligen Dienstleistung tätigen Unternehmen im Allgemeinen angewandt werden, oder

— das Ergebnis von nach dem Arm's-length-Prinzip geführten Verhandlungen ist, bei denen die Forschungseinrichtung oder die Forschungsinfrastruktur in ihrer Eigenschaft als

---

ist, wenn die der jeweiligen Einrichtung bzw. Infrastruktur für einen bestimmten Rechnungszeitraum zugewiesenen öffentlichen Mittel die auf diesen Zeitraum entfallenden Kosten der nichtwirtschaftlichen Tätigkeiten übersteigen.

[23] Vgl. Urteil des Gerichtshofs vom 16. Mai 2002, Frankreich/Kommission, C-482/99, Slg. 2002, I-4397, Randnr. 24.

[24] Wenn die Forschungseinrichtung bzw. die Forschungsinfrastruktur für ein bestimmtes Unternehmen erstmals zu Versuchszwecken und während eines begrenzten Zeitraums eine spezielle Forschungsdienstleistung erbringt oder Auftragsforschung betreibt, betrachtet die Kommission den berechneten Preis in der Regel als Marktpreis, wenn die Forschungsdienstleistung oder die Auftragsforschung einmalig ist und es nachweislich keinen Markt dafür gibt.

Dienstleister verhandelt, um zum Zeitpunkt des Vertragsschlusses den maximalen wirtschaftlichen Nutzen zu erzielen, wobei sie zumindest ihre Grenzkosten deckt.

26. Verbleiben das Eigentum an bzw. der Zugang zu den Rechten des geistigen Eigentums bei der Forschungseinrichtung oder der Forschungsinfrastruktur, kann der Marktwert dieser Rechte von dem für die betreffenden Dienstleistungen zu entrichtenden Preis abgezogen werden.

2.2.2. Zusammenarbeit mit Unternehmen

27. Eine wirksame Zusammenarbeit gilt bei einem Vorhaben dann als gegeben, wenn mindestens zwei unabhängige Partner arbeitsteilig ein gemeinsames Ziel verfolgen und gemeinsam den Gegenstand des Vorhabens festlegen, an seiner Gestaltung mitwirken, zu seiner Durchführung beitragen und die mit ihm verbundenen finanziellen, technischen, wissenschaftlichen und sonstigen Risiken sowie die erzielten Ergebnisse teilen. Einer oder mehrere Partner tragen die vollen Kosten des Vorhabens und entlasten damit andere Partner von den mit dem Vorhaben verbundenen finanziellen Risiken. Die Bedingungen eines Kooperationsvorhabens, insbesondere hinsichtlich der Beiträge zu seinen Kosten, der Teilung der Risiken und Ergebnisse, der Verbreitung der Ergebnisse, des Zugangs zu Rechten des geistigen Eigentums und der Regeln für deren Zuweisung müssen vor Beginn des Vorhabens festgelegt werden ([25]). Auftragsforschung und die Erbringung von Forschungsdienstleistungen gelten nicht als Formen der Zusammenarbeit.

28. Bei gemeinsamen Kooperationsvorhaben von Unternehmen und Forschungseinrichtungen bzw. Forschungsinfrastrukturen geht die Kommission davon aus, dass die beteiligten Unternehmen durch die günstigen Bedingungen der Zusammenarbeit keine mittelbaren staatlichen Beihilfen über die Einrichtung bzw. die Infrastruktur erhalten, wenn eine der folgenden Voraussetzungen erfüllt ist:

a) Die beteiligten Unternehmen tragen sämtliche Kosten des Vorhabens.

b) Die Ergebnisse der Zusammenarbeit, für die keine Rechte des geistigen Eigentums begründet werden, können weit verbreitet werden, und etwaige Rechte des geistigen Eigentums, die sich aus den Tätigkeiten von Forschungseinrichtungen bzw. Forschungsinfrastrukturen ergeben, werden in vollem Umfang den jeweiligen Einrichtungen bzw. Infrastrukturen zugeordnet.

c) Sich aus dem Vorhaben ergebende Rechte des geistigen Eigentums sowie damit verbundene Zugangsrechte werden den verschiedenen Kooperationspartnern in einer Weise zugewiesen, die ihrer Arbeit, ihren Beiträgen und ihren jeweiligen Interessen angemessen Rechnung tragen.

d) Die Forschungseinrichtungen bzw. Forschungsinfrastrukturen erhalten für die sich aus ihren Tätigkeiten ergebenden Rechte des geistigen Eigentums, die den beteiligten Unternehmen zugewiesen werden oder für die den beteiligten Unternehmen Zugangsrechte gewährt werden, ein marktübliches Entgelt. Der absolute Betrag des Wertes der — finanziellen wie nichtfinanziellen — Beiträge der beteiligten Unternehmen zu den Kosten der Tätigkeiten der Forschungseinrichtungen bzw. Forschungsinfrastrukturen, die zu den jeweiligen Rechten des geistigen Eigentums geführt haben, kann von diesem Entgelt abgezogen werden.

29. Für die Zwecke der Randnummer 28 Buchstabe d geht die Kommission davon aus, dass das gezahlte Entgelt dem Marktpreis entspricht, wenn es die betreffenden Forschungseinrichtungen bzw. Forschungsinfrastrukturen in die Lage versetzt, den vollen wirtschaftlichen Nutzen aus diesen Rechten zu ziehen, und wenn eine der folgenden Voraussetzungen erfüllt ist:

a) Die Höhe des Entgelts wurde im Wege eines offenen, transparenten und diskriminierungsfreien wettbewerbsbasierten Verkaufsverfahrens festgesetzt.

b) Ein Gutachten eines unabhängigen Sachverständigen bestätigt, dass die Höhe des Entgelts mindestens dem Marktpreis entspricht.

c) Die Forschungseinrichtung bzw. die Forschungsinfrastruktur als Verkäufer kann nachweisen, dass sie das Entgelt tatsächlich nach dem Arm's-length-Prinzip ausgehandelt hat, um zum Zeitpunkt des Vertragsschlusses unter Berücksichtigung ihrer satzungsmäßigen Ziele den maximalen wirtschaftlichen Nutzen zu erzielen.

d) In Fällen, in denen die Kooperationsvereinbarung dem an der Kooperation beteiligten Unternehmen in Bezug auf die Rechte des geistigen Eigentums, die von den an der Kooperation teilnehmenden Forschungseinrichtungen bzw. Forschungsinfrastrukturen begründet werden, ein Vorkaufsrecht einräumt, üben die betreffenden Einrichtungen/Infrastrukturen ein beidseitiges Recht aus, wirtschaftlich günstigere Angebote von Dritten einzuholen, sodass das an der Kooperation beteiligte Unternehmen sein Angebot entsprechend anpassen muss.

30. Ist keine der Voraussetzungen unter Randnummer 28 erfüllt, wird der Gesamtwert des Beitrags der Forschungseinrichtungen bzw. der Forschungsinfrastrukturen zu dem Vorhaben als Vorteil für die an der Kooperation beteiligten Unternehmen betrachtet, auf den entsprechend die Vorschriften für staatliche Beihilfen Anwendung finden.

2.3. Öffentliche Vergabe von Dienstleistungen im Bereich Forschung und Entwicklung

31. Öffentliche Auftraggeber können Forschungs- und Entwicklungsdienstleistungen von Unternehmen sowohl

---

[25] Dies bezieht sich nicht auf konkrete Vereinbarungen über den Marktwert der sich daraus ergebenden Rechte des geistigen Eigentums und den Wert der Beiträge zu dem Vorhaben.

im Wege der Exklusiventwicklung als auch im Wege der vorkommerziellen Auftragsvergabe erwerben (²⁶).

32. Wird die öffentliche Vergabe im Wege eines offenen Ausschreibungsverfahrens im Einklang mit den geltenden Richtlinien durchgeführt (²⁷), geht die Kommission in der Regel davon aus, dass die Unternehmen, die die betreffenden Dienstleistungen erbringen, keine staatlichen Beihilfen im Sinne des Artikels 107 Absatz 1 AEUV erhalten (²⁸).

33. In allen anderen Fällen einschließlich der vorkommerziellen Auftragsvergabe geht die Kommission davon aus, dass keine staatlichen Beihilfen für die betreffenden Unternehmen vorliegen, wenn der für die einschlägigen Dienstleistungen gezahlte Preis vollständig dem Marktwert des von dem öffentlichen Auftraggeber erzielten Nutzens und den Risiken der beteiligten Anbieter entspricht; dies ist insbesondere dann der Fall, wenn alle der folgenden Voraussetzungen erfüllt sind:

a) Das Auswahlverfahren ist offen, transparent und diskriminierungsfrei und stützt sich vorab festgelegte objektive Auswahl- und Zuschlagskriterien.

b) Die geplanten vertraglichen Vereinbarungen, in denen alle Rechte und Pflichten der Vertragspartner — u. a. hinsichtlich der Rechte des geistigen Eigentums — festgelegt sind, werden allen interessierten Bietern vor Beginn des Ausschreibungsverfahrens zur Verfügung gestellt.

c) Bei der Auftragsvergabe wird den beteiligten Anbietern bei der in kommerziellem Umfang erfolgenden Bereitstellung der Endprodukte oder der Enddienstleistungen für einen öffentlichen Auftraggeber in dem jeweiligen Mitgliedstaat keine Vorzugsbehandlung zuteil (²⁹).

d) Eine der folgenden Voraussetzungen ist erfüllt:

— Alle Ergebnisse, für die keine Rechte des geistigen Eigentums begründet werden, können weit verbreitet werden, zum Beispiel durch Veröffentlichung, Lehre oder Beitrag zu den Normungsgremien in einer Weise, die andere Unternehmen in die Lage versetzt, sie zu reproduzieren; alle Rechte des geistigen Eigentums werden dem öffentlichen Auftraggeber in vollem Umfang zugeordnet.

— Dienstleistungserbringer, denen die Ergebnisse, die Rechte des geistigen Eigentums begründen, zugewiesen werden, sind verpflichtet, dem öffentlichen Auftraggeber kostenlos unbegrenzten Zugang zu diesen Ergebnissen zu gewähren und

Dritten, z. B. durch nichtexklusive Lizenzen, Zugang zu Marktbedingungen zu gewähren.

34. Sind die Voraussetzungen unter Randnummer 33 nicht erfüllt, können die Mitgliedstaaten die Bedingungen des Vertrags zwischen dem öffentlichen Auftraggeber und dem Unternehmen einer Einzelprüfung unterziehen; dies gilt unbeschadet der allgemeinen Pflicht, FuEuI-Beihilfen nach Artikel 108 Absatz 3 AEUV anzumelden

3. GEMEINSAME GRUNDSÄTZE FÜR DIE BEIHILFERECHTLICHE WÜRDIGUNG

35. Bei der Prüfung der Vereinbarkeit einer angemeldeten Beihilfemaßnahme mit dem Binnenmarkt untersucht die Kommission in der Regel, ob die Ausgestaltung der Maßnahme Gewähr dafür bietet, dass die positiven Auswirkungen der Beihilfe im Hinblick auf ein Ziel von gemeinsamem Interesse ihre möglichen negativen Auswirkungen auf Handel und Wettbewerb überwiegen.

36. In ihrer Mitteilung über die Modernisierung des Beihilferechts vom 8. Mai 2012 plädierte die Kommission dafür, allgemeine Grundsätze zu erarbeiten und festzulegen, die die Kommission bei der Prüfung der Vereinbarkeit aller Beihilfemaßnahmen anwendet. In diesem Zusammenhang sieht die Kommission eine Beihilfemaßnahme nur dann als mit dem AEUV vereinbar an, wenn sie alle der folgenden Kriterien erfüllt:

a) *Beitrag zu einem genau definierten Ziel von gemeinsamem Interesse:* Die staatliche Beihilfe muss einem Ziel von gemeinsamem Interesse im Sinne des Artikels 107 Absatz 3 AEUV dienen (Abschnitt 4.1).

b) *Erforderlichkeit staatlicher Maßnahmen:* Die staatliche Beihilfe darf nur dann gewährt werden, wenn sie wesentliche Verbesserungen bewirken kann, die der Markt selbst nicht herbeiführen könnte, zum Beispiel, indem die Beihilfe ein Marktversagen behebt oder ein Gleichheits- oder Kohäsionsproblem löst (Abschnitt 4.2).

c) *Geeignetheit der Beihilfemaßnahme:* Die geplante Beihilfemaßnahme muss ein geeignetes Instrument für die Verwirklichung des Ziels von gemeinsamem Interesse sein (Abschnitt 4.3).

d) *Anreizeffekt:* Die Beihilfe muss dazu führen, dass die betreffenden Unternehmen ihr Verhalten ändern und zusätzliche Tätigkeiten aufnehmen, die sie ohne die Beihilfe nicht, nur in geringerem Umfang, auf andere Weise oder an einem anderen Standort ausüben würden (Abschnitt 4.4).

---

²⁶ Vgl. die Mitteilung der Kommission und die einschlägigen Arbeitsunterlagen der Kommissionsdienststellen — Mitteilung der Kommission an das Europäische Parlament, den Rat, den Europäischen Wirtschafts- und Sozialausschuss und den Ausschuss der Regionen „Vorkommerzielle Auftragsvergabe: Innovationsförderung zur Sicherung tragfähiger und hochwertiger öffentlicher Dienste in Europa", KOM(2007) 799 endg. vom 14.12.2007.
²⁷ Siehe Artikel 27 der Richtlinie 2014/24/EU des Europäischen Parlaments und des Rates vom 26. Februar Über öffentliche Auftragsvergabe und zur Aufhebung der Richtlinie 2004/18/EG (ABl. L 94 vom 28.3.2014, S. 65) und Artikel 45 der Richtlinie 2014/25/EU des Europäischen Parlaments und des Rates vom 26. Februar 2014 über die Vergabe von Aufträgen durch Auftraggeber im Bereich der Wasser-, Energie- und Verkehrsversorgung sowie der Postdienste und zur Aufhebung der Richtlinie 2004/17/EG (ABl. L 94 vom 28.3.2014, S. 243). Ebenso wird die Kommission

bei beschränkten Ausschreibungen im Sinne des Artikels 28 der Richtlinie 2014/24/EU bzw. des Artikels 46 der Richtlinie 2014/25/EU der Auffassung vertreten, dass keine staatlichen Beihilfen an Unternehmen vorliegen, es sei denn, interessierte Anbieter werden ohne triftigen Grund an einer Angebotsabgabe gehindert.
²⁸ Dies ist auch der Fall, wenn öffentliche Auftraggeber innovative Lösungen, die sich aus einem früheren FuE-Auftrag ergeben, oder nicht in den FuE-Bereich fallende Produkte und Dienstleistungen erwerben, die einem Leistungsniveau entsprechen müssen, für das ein Produkt-, ein Verfahrens- oder eine Organisationsinnovation erforderlich ist.
²⁹ Unbeschadet etwaiger Verfahren, die sowohl die Entwicklung als auch den anschließenden Erwerb von einmaligen oder spezialisierten Produkten oder Dienstleistungen abdecken.

e) *Angemessenheit der Beihilfe (Beschränkung der Beihilfe auf das erforderliche Minimum):* Die Höhe und die Intensität der Beihilfe müssen auf das Minimum begrenzt sein, das erforderlich ist, damit die zusätzlichen Investitionen oder Tätigkeiten durchgeführt werden (Abschnitt 4.5).

f) *Vermeidung übermäßiger negativer Auswirkungen auf den Wettbewerb und den Handel zwischen Mitgliedstaaten:* Die negativen Auswirkungen der Beihilfe müssen in einer Weise begrenzt sein, dass die Gesamtbilanz der Maßnahme positiv ausfällt (Abschnitt 4.6).

g) *Transparenz der Beihilfe:* Die Mitgliedstaaten, die Kommission, die Wirtschaftsbeteiligten und die Öffentlichkeit müssen leichten Zugang zu allen einschlägigen Vorschriften und zu relevanten Informationen über die auf ihrer Grundlage gewährten Beihilfen haben (Abschnitt 4.7).

37. Bei bestimmten Gruppen von Beihilferegelungen kann zudem eine Ex-post-Evaluierung (vgl. Abschnitt 5) verlangt werden. In solchen Fällen kann die Kommission die Laufzeit der betreffenden Regelungen begrenzen (in der Regel höchstens vier Jahre), wobei jedoch die Möglichkeit besteht, die Verlängerung der Regelungen anschließend zur Genehmigung anzumelden.

38. Führen eine staatliche Beihilfe oder die mit ihr verbundenen Bedingungen (einschließlich der Finanzierungsmethode, wenn diese Bestandteil der Maßnahme ist) zwangsläufig zu einem Verstoß gegen Unionsrecht, so kann die Beihilfe nicht als mit dem Binnenmarkt vereinbar erklärt werden ([30]).

39. Bei der Prüfung der Vereinbarkeit von Einzelbeihilfen mit dem Binnenmarkt berücksichtigt die Kommission etwaige Verfahren aufgrund einer Verletzung von Artikel 101 oder Artikel 102 AEUV, die den Beihilfeempfänger möglicherweise betreffen und für die Prüfung nach Artikel 107 Absatz 3 AEUV relevant sein könnten ([31]).

4. PRÜFUNG DER VEREINBARKEIT VON FUEUI-BEIHILFEN MIT DEM BINNENMARKT

40. Staatliche FuEuI-Beihilfen können nach Artikel 107 Absatz 3 Buchstabe c AEUV für mit dem Binnenmarkt vereinbar erklärt werden, wenn sich aus den in Abschnitt 3 genannten gemeinsamen Grundsätzen für die beihilferechtliche Würdigung ergibt, dass sie zu verstärkten FuEuI-Tätigkeiten führen, ohne die Handelsbedingungen in einer dem gemeinsamen Interesse zuwiderlaufenden Weise zu verändern.

41. In diesem Abschnitt präzisiert die Kommission, wie sie die gemeinsamen Würdigungsgrundsätze anwenden wird, und legt gegebenenfalls spezifische Voraussetzungen für Beihilferegelungen und zusätzliche Voraussetzungen für Einzelbeihilfen, die der Anmeldepflicht unterliegen, fest ([32]).

4.1. Beitrag zu einem genau definierten Ziel von gemeinsamem Interesse

4.1.1. *Allgemeine Bedingungen*

42. Allgemeines Ziel von FuEuI-Beihilfen ist die Förderung von Forschung, Entwicklung und Innovation in der Union. Sie sollten folglich zur Umsetzung der Strategie „Europa 2020" für intelligentes, nachhaltiges und integratives Wachstum beitragen.

43. Mitgliedstaaten, die die Gewährung staatlicher FuEuI-Beihilfen erwägen, müssen das angestrebte Ziel genau festlegen und insbesondere darlegen, wie die betreffenden Maßnahmen zur Förderung von FuEuI beitragen sollen. Bei Maßnahmen, die aus den europäischen Struktur- und Investitionsfonds kofinanziert werden, können sich die Mitgliedstaaten auf die Argumentation in den einschlägigen Operationellen Programmen stützen.

44. In Bezug auf Beihilferegelungen, die der Anmeldepflicht unterliegen (im Folgenden „anmeldepflichtige Beihilferegelungen"), beurteilt die Kommission Beihilfemaßnahmen als positiv, die integraler Bestandteil eines umfassenden Programms oder Aktionsplans zur Förderung von FuEuI-Tätigkeiten oder Strategien für eine intelligente Spezialisierung sind und die sich zum Nachweis ihrer Wirksamkeit auf strenge Auswertungen vergleichbarer früherer Beihilfemaßnahmen stützen.

45. Bei staatlichen Beihilfen für Vorhaben oder Tätigkeiten, die direkt oder indirekt auch von der Union finanziert werden (d. h. von der Kommission, von ihren Exekutivagenturen, von gemeinsamen Unternehmen auf der Grundlage der Artikel 185 und 187 AEUV oder von sonstigen Durchführungsstellen, bei denen die Mittel der Union nicht direkt oder indirekt der Kontrolle von Mitgliedstaaten unterstehen), betrachtet die Kommission es als erwiesen, dass ein Beitrag zu einem genau definierten Ziel von gemeinsamem Interesse geleistet wird.

4.1.2. *Zusätzliche Voraussetzungen für Einzelbeihilfen*

46. Zum Nachweis, dass der Anmeldepflicht unterliegende Einzelbeihilfen (im Folgenden „anmeldepflichtige Einzelbeihilfen") zu verstärkten FuEuI-Tätigkeiten beitragen, können die Mitgliedstaaten folgende Indikatoren sowie andere relevante quantitative oder qualitative Kriterien heranziehen:

a) *Ausweitung des Projektumfangs:* Erhöhung der Gesamtkosten des Vorhabens (ohne die Ausgabenminderung des Beihilfeempfängers im Vergleich zur Durchführung des Vorhabens ohne Beihilfe); Erhöhung der Zahl der in FuEuI tätigen Mitarbeiter;

---

[30] Vgl. zum Beispiel Urteil des Gerichtshofs vom 19. September 2000, Deutschland/Kommission, C-156/98, Slg. 2000, I-6857, Randnr. 78, und Urteil des Gerichtshofs vom 22. Dezember 2008, R□gie Networks/Rh□ne-Alpes Bourgogne, C-333/07, Slg. 2008, I-10807, Randnrn. 94-116.
[31] Vgl. Urteil des Gerichtshofs vom 15. Juni 1993, Matra/Kommission, C-225/91, Slg. 1993, I-3203, Randnr. 42.

[32] Die in einer Gruppenfreistellungsverordnung festgelegten Voraussetzungen für die Vereinbarkeit mit dem Binnenmarkt gelten uneingeschränkt für alle anderen Einzelbeihilfen, einschließlich jener, die auf der Grundlage einer Anmeldepflicht unterliegenden Beihilferegelung gewährt wurden.

b) *Ausdehnung des Projektgegenstands:* Zunahme der erwarteten Ergebnisse des Vorhabens; Erhöhung des Anspruchs des Vorhabens, was sich in einer größeren Zahl der beteiligten Partner, einer höheren Wahrscheinlichkeit eines wissenschaftlichen oder technologischen Durchbruchs oder einem höheren Risiko des Scheiterns (insbesondere aufgrund des langfristigen Charakters des Vorhabens und der Unsicherheit hinsichtlich der Ergebnisse) manifestiert;

c) *Beschleunigung des Vorhabens:* das Vorhaben kann in kürzerer Zeit abgeschlossen werden als dies ohne Beihilfe der Fall wäre;

d) *Höhere Gesamtausgaben:* Erhöhung der Gesamtausgaben für FuEuI — sowohl in absoluten Zahlen als auch als prozentualer Anteil am Umsatz — durch den Beihilfeempfänger; Änderung des Mittelansatzes für das Vorhaben (ohne entsprechende Verringerung der Mittelzuweisungen für andere Vorhaben).

47. Bei ihrer Entscheidung darüber, ob die Beihilfe zur Stärkung von FuEuI in der Union beiträgt, wird die Kommission nicht nur die Nettozunahme der von dem jeweiligen Unternehmen durchgeführten FuEuI berücksichtigen, sondern auch den Beitrag, den die Beihilfe zum Gesamtanstieg der FuEuI-Ausgaben im betreffenden Wirtschaftsbereich und zur Verbesserung des FuEuI-Status der Union im internationalen Kontext leistet. Positiv beurteilt werden Beihilfemaßnahmen, für die eine öffentlich zugängliche Ex-post-Bewertung ihres im gemeinsamen Interesse liegenden Beitrags geplant ist.

4.2. Erforderlichkeit staatlicher Maßnahmen

4.2.1. *Allgemeine Bedingungen*

48. Wie in Abschnitt 3 dargelegt, können staatliche Beihilfen zur Stärkung von FuEuI in der Union erforderlich sein, wenn der Markt allein kein effizientes Ergebnis erbringt. Die Frage, ob eine staatliche Beihilfe wirksam zu einem Ziel von gemeinsamem Interesse beiträgt, kann erst dann beantwortet werden, nachdem das Problem konkret ermittelt ist. Staatliche Beihilfen sollten nur dann gewährt werden, wenn sie wesentliche Verbesserungen bewirken können, die der Markt allein nicht herbeiführen kann. Die Mitgliedstaaten sollten erläutern, wie durch die Beihilfemaßnahme ein Marktversagen, das bei Verwirklichung des im öffentlichen Interesse liegenden Ziels bei Nichtgewährung der Beihilfe zu erwarten ist, wirksam behoben werden kann.

49. FuEuI finden in Form verschiedenster Tätigkeiten statt, die üblicherweise einer Reihe von Produktmärkten vorgelagert sind und verfügbare Kapazitäten zur Entwicklung neuer oder verbesserter Produkte, Dienstleistungen und Verfahren für diese Produktmärkte oder auch für völlig neue Produktmärkte nutzen und so wirtschaftliches Wachstum, den territorialen und sozialen Zusammenhalt oder auch das allgemeine Verbraucherinteresse fördern. Ein Marktversagen kann verhindern, dass aus den verfügbaren FuEuI-Kapazitäten der optimale Nutzen gezogen wird, und kann aus folgenden Gründen zu ineffizienten Ergebnissen führen:

— **Positive externe Effekte/Wissens-Spillover:** FuEuI generieren häufig einen Nutzen für die Gesellschaft durch positive Spillover-Effekte, z. B. Wissens-Spillover oder bessere Möglichkeiten für andere Wirtschaftsbeteiligte, komplementäre Produkte und Dienstleistungen zu entwickeln. Bleibt dies jedoch dem Markt überlassen, könnten bestimmte Vorhaben, obwohl sie für die Gesellschaft nützlich wären, aus privatwirtschaftlicher Sicht unrentabel erscheinen, da gewinnorientierte Unternehmen bei der Entscheidung über den Umfang ihrer FuEuI-Tätigkeiten den Nutzen ihrer Maßnahmen nicht in ausreichendem Maße für sich verwerten können. Staatliche Beihilfen können somit zur Umsetzung von Vorhaben beitragen, die einen gesamtgesellschaftlichen oder gesamtwirtschaftlichen Nutzen erbringen und ohne Gewährung einer Beihilfe nicht durchgeführt würden.

Doch handelt es sich nicht bei allen Vorteilen von FuEuI-Tätigkeiten um externe Effekte, und das Vorliegen externer Effekte allein bedeutet auch nicht automatisch, dass eine staatliche Beihilfe mit dem Binnenmarkt vereinbar ist. Im Allgemeinen sind Verbraucher bereit, für den direkten Nutzen, den ihnen neue Produkte und Dienstleistungen bieten, zu bezahlen; Unternehmen hingegen können durch andere Instrumente wie etwa Rechte des geistigen Eigentums Nutzen aus ihren Investitionen ziehen. In bestimmten Fällen sind diese Mittel jedoch unzureichend, und es verbleibt ein Restmarktversagen, das unter Umständen durch staatliche Beihilfen korrigiert werden kann. So ist es, wie im Falle der Grundlagenforschung häufig argumentiert wird, schwierig, anderen den Zugang zu den Ergebnissen bestimmter Tätigkeiten zu verwehren, die somit den Charakter eines öffentlichen Guts erlangen können. Spezifischeres, auf die Produktion bezogenes Wissen lässt sich hingegen häufig gut schützen, beispielsweise durch Patente, die es dem Erfinder ermöglichen, sich einen höheren Ertrag aus der Erfindung zu sichern.

— **Unzureichende und as☐mmetrische Informationen:** FuEuI-Tätigkeiten sind durch einen hohen Unsicherheitsgrad gekennzeichnet. Unter bestimmten Umständen schrecken private Investoren wegen unzureichender und asymmetrischer Informationen möglicherweise davor zurück, sinnvolle Vorhaben zu finanzieren, und hochqualifizierte Fachkräfte haben möglicherweise keine Kenntnis von Beschäftigungsmöglichkeiten in innovativen Unternehmen. Dies kann zu einer unangemessenen Allokation von Human- und Finanzressourcen führen, sodass gesellschaftlich oder wirtschaftlich nützliche Vorhaben unter Umständen nicht durchgeführt werden.

In bestimmten Fällen können unzureichende und asymmetrische Informationen auch den Zugang zu Finanzierungen behindern. Unzureichende Informationen und das Bestehen eines Risikos begründen aber nicht automatisch die Erforderlichkeit einer staatlichen Beihilfe. Werden Vorhaben mit vergleichsweise geringer privater Rendite nicht finanziert, kann dies durchaus ein Zeichen für Markteffizienz sein. Im Übrigen wohnt jeder geschäftlichen Tätigkeit ein Risiko inne, das an sich aber kein Marktversagen darstellt. In einem Kontext asymmetrischer Informationen können derartige Risiken jedoch Finanzierungsprobleme verschärfen.

— **Koordinierungs- und Vernetzungsdefizite**:

Die Möglichkeiten für Unternehmen, sich im FuEuI-Bereich abzustimmen oder miteinander zu interagieren, können aus verschiedenen Gründen erschwert sein — hierzu zählen unter anderem Schwierigkeiten bei der Koordinierung einer großen Anzahl von Kooperationspartnern, die zum Teil unterschiedliche Interessen verfolgen, Probleme bei der Vertragsgestaltung und Schwierigkeiten bei der Koordinierung der Zusammenarbeit, beispielsweise im Zusammenhang mit der Weitergabe sensibler Informationen.

4.2.2. Zusätzliche Voraussetzungen für Einzelbeihilfen

50. Zwar können bestimmte Fälle von Marktversagen die Entwicklung des FuEuI-Umfangs in der Union hemmen, doch sind nicht alle Unternehmen und alle Wirtschaftsbereiche in gleichem Maße von ihnen betroffen. Daher sollten die Mitgliedstaaten für anzumeldende Einzelbeihilfen einschlägige Informationen dazu bereitstellen, ob mit der Beihilfe einem allgemeinen Marktversagen im FuEuI-Bereich in der Union oder einem spezifischen Marktversagen, beispielsweise in einer bestimmten Branche oder einem bestimmten Geschäftsbereich, begegnet werden soll.

51. Je nach dem speziell anzugehenden Marktversagen berücksichtigt die Kommission folgende Aspekte:

— **Wissens-Spillover** :

Umfang des geplanten Wissensverbreitung, Besonderheit des erworbenen Wissens, Möglichkeit des Schutzes der Rechte des geistigen Eigentums, Grad der Komplementarität mit anderen Produkten und Dienstleistungen;

— **unzureichende und as☐mmetrische Informationen**:

Risiko und Komplexität der FuEuI-Tätigkeiten, Fremdfinanzierungsbedarf, besondere Situation des Beihilfeempfängers hinsichtlich des Zugangs zu Fremdfinanzierungen;

— **Koordinationsversagen** :

Anzahl der zusammenarbeitenden Unternehmen, Kooperationsgrad, divergierende Interessen der Kooperationspartner, Probleme bei der Vertragsgestaltung, Schwierigkeiten bei der Koordinierung der Kooperation

52. Bei ihrer Analyse des mutmaßlichen Marktversagens wird die Kommission insbesondere eventuelle verfügbare sektorale Vergleiche und andere Studien berücksichtigen, die vom betreffenden Mitgliedstaat vorgelegt werden sollten.

53. Bei der Anmeldung von Investitions- oder Betriebsbeihilfen für Cluster haben die Mitgliedstaaten Informationen zur geplanten oder erwarteten Spezialisierung des Innovationsclusters, zum vorhandenen regionalen Potenzial und zum Bestehen von Clustern mit ähnlicher Zielsetzung in der Union beizubringen.

54. Bei staatlichen Beihilfen für Vorhaben oder Tätigkeiten, die direkt oder indirekt auch von der Union finanziert werden (d. h. von der Kommission, von ihren Exekutivagenturen, von gemeinsamen Unternehmen auf der Grundlage der Artikel 185 und 187 AEUV oder von sonstigen Durchführungsstellen, bei denen die Mittel der Union nicht direkt oder indirekt der Kontrolle von Mitgliedstaaten unterstehen), geht die Kommission von der Erforderlichkeit des staatlichen Eingreifens aus.

55. Wird hingegen eine staatliche Beihilfe für Vorhaben oder Tätigkeiten gewährt, die in Bezug auf technologischen Gehalt, Risiko und Umfang mit den in der Union bereits zu Marktbedingungen durchgeführten Vorhaben vergleichbar sind, wird die Kommission grundsätzlich davon ausgehen, dass kein Marktversagen vorliegt, und weitere Nachweise und Begründungen verlangen, die die Erforderlichkeit eines staatlichen Eingreifens belegen.

4.3. Geeignetheit der Beihilfemaßnahme

4.3.1. Geeignetheit im Vergleich zu anderen Instrumenten

56. Staatliche Beihilfen sind nicht das einzige Instrument, mit dem die Mitgliedstaaten FuEuI-Tätigkeiten fördern können. Es sollte bedacht werden, dass unter Umständen andere, besser geeignete Instrumente zur Verfügung stehen wie etwa nachfrageseitige Maßnahmen (einschließlich Regulierung, öffentlicher Auftragsvergabe und Normung) sowie die Aufstockung der Mittel für öffentliche Forschung und Bildung oder allgemeine steuerliche Maßnahmen. Ob ein Instrument in einer bestimmten Situation geeignet ist, ergibt sich in der Regel aus der Art des anzugehenden Problems. So kann beispielsweise dem Schwierigkeiten eines neuen Marktteilnehmers in Bezug auf die Aneignung von FuEuI-Ergebnissen besser mit einem Abbau von Marktschranken als mit einer staatlichen Beihilfe begegnet werden. Zur Behebung eines Fachkräftemangels können Bildungsinvestitionen ein wirksameres Mittel sein als staatliche Beihilfen.

57. Beihilfen für FuEuI können in Abweichung vom allgemeinen Beihilfeverbot genehmigt werden, wenn sie erforderlich sind, um ein Ziel von gemeinsamem Interesse zu erreichen. Eine wichtige Frage ist somit, ob und in welchem Umfang FuEuI-Beihilfen als angemessenes Instrument zur Förderung von FuEuI-Tätigkeiten angesehen werden können, wenn mit anderen, weniger wettbewerbsverfälschenden Mitteln dieselben Ergebnisse erzielt werden könnten.

58. Bei der Prüfung der Vereinbarkeit einer Beihilfe mit dem Binnenmarkt berücksichtigt die Kommission insbesondere Folgenabschätzungen, die der betreffende Mitgliedstaat möglicherweise für die geplante Maßnahme

durchgeführt hat. Maßnahmen, für die die Mitgliedstaaten andere politische Optionen in Betracht gezogen und für die sie die Vorteile eines selektiven Instruments wie einer staatlichen Beihilfe nachgewiesen und der Kommission unterbreitet haben, gelten als geeignete Instrumente.

59. Bei staatlichen Beihilfen für Vorhaben oder Tätigkeiten, die direkt oder indirekt auch von der Union finanziert werden (d. h. von der Kommission, von ihren Exekutivagenturen, von gemeinsamen Unternehmen auf der Grundlage der Artikel 185 und 187 AEUV oder von anderen Durchführungsstellen, bei denen die Mittel der Union nicht direkt oder indirekt der Kontrolle von Mitgliedstaaten unterstehen), geht die Kommission von der Geeignetheit der Beihilfemaßnahme aus.

4.3.2. *Geeignetheit im Vergleich zu zu anderen Beihilfeinstrumenten*

60. Staatliche FuEuI-Beihilfen können in unterschiedlicher Form gewährt werden. Die Mitgliedstaaten sollten deshalb sicherstellen, dass die Beihilfen in derjenigen Form gewährt werden, bei der die geringsten Verfälschungen von Wettbewerb und Handel zu erwarten sind. Wird die Beihilfe in einer Form gewährt, die dem Empfänger einen direkten finanziellen Vorteil verschafft (z. B. Direktzuschüsse, Befreiungen oder Ermäßigungen von Steuern oder sonstigen Pflichtabgaben, Bereitstellung von Grundstücken, Produkten oder Dienstleistungen zu Vorzugsbedingungen), muss der betreffende Mitgliedstaat eine Analyse anderer Optionen vorlegen und erläutern, warum bzw. inwieweit andere — möglicherweise weniger wettbewerbsverfälschende — Beihilfeformen wie rückzahlbare Zuschüsse oder auf Schuld- oder Eigenkapitalinstrumenten basierende Beihilfeformen (z. B. staatliche Garantien, Erwerb von Beteiligungen oder eine anderweitige Bereitstellung von Krediten oder Kapital zu Vorzugsbedingungen) weniger geeignet sind.

61. Bei der Wahl des Beihilfeinstruments sollte dem Marktversagen Rechnung getragen werden, das es zu beheben gilt. Handelt es sich dem Marktversagen beispielsweise um ein durch asymmetrische Informationen bedingtes Problem des Zugangs zu Fremdfinanzierung, sollten die Mitgliedstaaten in der Regel eher auf Liquiditätshilfen wie Kredite oder Garantien anstatt auf Zuschüsse zurückgreifen. Ist darüber hinaus ein gewisser Grad an Risikoteilung erforderlich, dürfte normalerweise ein rückzahlbarer Vorschuss das Instrument der Wahl sein. Insbesondere in Fällen, in denen Beihilfe in Form einer Liquiditätshilfe oder eines rückzahlbaren Vorschusses für marktnahe Tätigkeiten gewährt werden, müssen die Mitgliedstaaten begründen, warum das gewählte Instrument geeignet ist, das spezifische Marktversagen zu beheben. Bei Beihilferegelungen, mit denen die

Ziele und Prioritäten Operationeller Programme umgesetzt werden, wird das in diesen Programmen festgelegte Finanzierungsinstrument in der Regel als geeignetes Instrument angesehen.

4.4. Anreizeffekt

4.4.1. *Allgemeine Bedingungen*

62. FuEuI-Beihilfen können nur dann als mit dem Binnenmarkt vereinbar erachtet werden, wenn sie einen Anreizeffekt haben. Ein Anreizeffekt ist gegeben, wenn die Beihilfe zu einer Verhaltensänderung eines Unternehmens in dem Sinne führt, dass es zusätzliche Tätigkeiten aufnimmt, die es ohne die Beihilfe nicht, nur in geringerem Umfang oder auf andere Weise ausüben würde. Die Beihilfe darf jedoch weder eine Subventionierung der Kosten einer Tätigkeit darstellen, die ein Unternehmen ohnehin zu tragen hätte, noch das mit einer Wirtschaftstätigkeit verbundene übliche Geschäftsrisiko ausgleichen ([33]).

63. Die Kommission schließt einen solchen Anreizeffekt für den Beihilfeempfänger aus, wenn die betreffenden FuEuI-Tätigkeiten ([34]) bereits aufgenommen wurden, bevor der Empfänger bei den nationalen Behörden einen Beihilfeantrag gestellt hat ([35]). Werden die Tätigkeiten vor Einreichung des Beihilfeantrags bei den nationalen Behörden aufgenommen, ist das Vorhaben nicht beihilfefähig.

64. Der Beihilfeantrag muss mindestens die folgenden Angaben enthalten: Name und Größe des Antragstellers, Beschreibung des Vorhabens mit Angabe des Standorts sowie des Beginns und des Abschlusses des Vorhabens, Höhe der für die Durchführung des Vorhabens benötigten öffentlichen Unterstützung sowie Aufstellung der beihilfefähigen Kosten.

65. Bei steuerlichen Maßnahmen, die staatliche Beihilfen darstellen, kann die Kommission auf der Grundlage der von den Mitgliedstaaten vorgelegten Bewertungsstudien ([36]) zu dem Schluss kommen, dass sie einen Anreizeffekt haben, da sie die Unternehmen zu höheren FuEuI-Ausgaben veranlasst.

4.4.2. *Zusätzliche Voraussetzungen für Einzelbeihilfen*

66. Bei anmeldepflichtigen Einzelbeihilfen müssen die Mitgliedstaaten der Kommission gegenüber nachweisen, dass die Beihilfe einen Anreizeffekt hat und zu diesem Zweck eindeutig belegen, dass die Beihilfe positiv auf die Entscheidung des Unternehmens auswirkt, FuEuI-Tätigkeiten wahrzunehmen, die anderenfalls nicht durchgeführt würden. Um der Kommission eine umfassende Beurteilung der in Rede stehenden Beihilfemaßnahme zu

---

[33] Urteil des Gerichtshofs vom 13. Juni 2013, HGA und andere/Kommission, verbundene Rechtssachen C-630/11 P bis C-633/11 P (noch nicht veröffentlicht).
[34] Bei Beihilfeanträgen, die im FuE-Vorhaben betreffen, schließt dies nicht aus, dass der potenzielle Beihilfeempfänger bereits Durchführbarkeitsstudien vorgenommen hat, die nicht von dem Beihilfeantrag erfasst werden.
[35] Bei Beihilfen für Vorhaben oder Tätigkeiten, die in aufeinanderfolgenden Phasen durchgeführt werden, welche möglicherweise separater Beihilfeanträge bedürfen, bedeutet dies, dass der Beginn der Arbeiten nicht vor dem ersten Beihilfeantrag liegen darf. Wird eine Beihilfe im Rahmen einer automatisch anwendbaren steuerlichen Beihilferegelung gewährt, muss die betreffende Regelung angenommen worden

und in Kraft getreten sein, bevor mit dem geförderten Vorhaben bzw. den geförderten Tätigkeiten begonnen wird.
[36] Auch wenn dies bei neu eingeführten Maßnahmen unter Umständen nicht im Voraus möglich sein wird, wird von den Mitgliedstaaten erwartet, dass sie Gutachten zur Anreizwirkung ihrer jeweiligen steuerlichen Beihilferegelungen vorlegen (entsprechend sollten die für Ex-post-Evaluierungen im Auge gefassten Methoden in der Regel Bestandteil der Planung der steuerlichen Maßnahmen sein). Liegen keine Gutachten vor, kann der Anreizeffekt steuerlicher Beihilferegelungen nur für inkrementelle Maßnahmen angenommen werden.

ermöglichen, muss der betreffende Mitgliedstaat nicht nur Informationen über das geförderte Vorhaben vorlegen, sondern, soweit machbar, auch eine ausführliche Beschreibung der kontrafaktischen Situation, die ohne Gewährung einer Beihilfe eingetreten wäre oder aller Voraussicht nach eintreten würde. Die kontrafaktische Fallkonstellation kann auch im Fehlen eines alternativen Vorhabens oder in einem klar definierten und in ausreichendem Maße vorhersehbaren alternativen Vorhaben, das vom Beihilfeempfänger im Rahmen seiner internen Beschlussfassung in Betracht gezogen wird, bestehen; es kann sich auch um ein ganz oder teilweise außerhalb der Union durchgeführtes Vorhaben handeln.

67. Bei ihrer Analyse berücksichtigt die Kommission folgende Aspekte:

— **Beschreibung der beabsichtigten Verhaltensänderung**:

Es ist zu präzisieren, welche Verhaltensänderung infolge der staatlichen Beihilfe erwartet wird, also ob ein neues Vorhaben ermöglicht oder ein bestehendes ausgeweitet oder beschleunigt werden soll.

— **Kontrafaktische Analyse**:

Die Verhaltensänderung muss durch einen Vergleich der Ergebnisse und des Umfangs der beabsichtigten Tätigkeit, die mit Beihilfe und ohne Beihilfe zu erwarten wären, näher erläutert werden. Der Unterschied zwischen den beiden Konstellationen entspricht der Auswirkung der Beihilfemaßnahme und ihrem Anreizeffekt.

— **Rentabilität**:

Wenn ein Vorhaben für ein Unternehmen nicht rentabel ist, aber von erheblichem Nutzen für die Gesellschaft wäre, ist die Wahrscheinlichkeit größer, dass die Beihilfe einen Anreizeffekt hat.

— **Investitionsbetrag und Zeithorizont der Zahlungsströme**:

Hohe Anfangsinvestitionen, geringe verfügbare Zahlungsströme sowie der Umstand, dass ein beträchtlicher Anteil der Zahlungsströme erst in sehr ferner Zukunft zu erwarten ist oder dass es äußerst fraglich ist, ob es überhaupt zu Zahlungsströmen kommt, gelten als positive Elemente bei der Beurteilung des Anreizeffekts.

— **Umfang des mit einem Vorhaben verbundenen Risikos**:

Bei der Beurteilung des Risikos wird insbesondere Folgendes berücksichtigt: die Unumkehrbarkeit der Investition, die Wahrscheinlichkeit eines geschäftlichen Misserfolgs, das Risiko, dass das Vorhaben weniger produktiv als erwartet ausfällt, das Risiko, dass das Vorhaben andere Tätigkeiten des Empfängers beeinträchtigt, und das Risiko, dass die Kosten des Vorhabens dessen finanzielle Rentabilität gefährden.

68. Die Mitgliedstaaten sollten insbesondere Unterlagen der Leitungsorgane, Risikobewertungen, Finanzberichte, interne Geschäftspläne, Sachverständigengutachten und Studien zu dem zu bewertenden Vorhaben heranziehen. Unterlagen, die Angaben zu Nachfrage-, Kosten- und Finanzprognosen enthalten, einem Investitionsausschuss vorgelegte Unterlagen, in denen verschiedene Investitionskonstellationen detailliert beschrieben werden, sowie Finanzinstituten vorgelegte Unterlagen könnten für die Mitgliedstaaten hilfreich sein, den Anreizeffekt nachzuweisen.

69. Damit sichergestellt ist, dass der Anreizeffekt auf objektiver Grundlage bestimmt wird, kann die Kommission bei ihrer Bewertung unternehmensspezifische Daten mit Daten für die Branche, in der der Beihilfeempfänger tätig ist, vergleichen. Soweit möglich, sollten die Mitgliedstaaten insbesondere branchenspezifische Daten bereitstellen, die belegen, dass die kontrafaktische Fallkonstellation des Empfängers, die erwartete Rentabilität und die erwarteten Cash-flows angemessen sind.

70. Die Rentabilität kann mit Hilfe der vom Empfängerunternehmen nachweislich angewandten oder in der jeweiligen Branche üblichen Methoden ermittelt werden (z. B. Methoden zur Ermittlung des Kapitalwerts („net present value" — NPV) ([37]), des internen Zinsfußes („internal rate of return" — IRR) ([38]) oder der durchschnittlichen Kapitalrendite („return on capital employed" — ROCE) des Vorhabens).

71. Wird durch die Beihilfe keine Verhaltensänderung des Empfängers im Sinne einer Förderung zusätzlicher FuEuI-Tätigkeiten bewirkt, hat sie auch keine positiven Auswirkungen im Sinne einer Förderung von FuEuI in der Union. Daher werden Beihilfen als nicht mit dem Binnenmarkt vereinbar angesehen, wenn sich zeigt, dass dieselben Tätigkeiten auch ohne die Beihilfe durchgeführt werden könnten und würden.

4.5. Angemessenheit der Beihilfe

4.5.1. *Allgemeine Bedingungen*

72. Eine FuEuI-Beihilfe ist als angemessen zu betrachten, wenn ihre Höhe auf das für die Durchführung der geförderten Tätigkeit erforderlichen Minimum begrenzt ist.

4.5.1.1. Beihilfehöchstintensitäten

73. Um sicherzustellen, dass die Höhe der Beihilfe mit Blick auf das Marktversagen, das mit der Beihilfe behoben werden soll, angemessen ist, muss sie im Verhältnis zu den vorab definierten beihilfefähigen Kosten festgesetzt und auf einen bestimmten Anteil dieser beihilfefähigen Kosten („Beihilfeintensität") begrenzt werden. Die Beihilfeintensität muss für jeden einzelnen Beihilfeempfänger ermittelt werden; dies gilt auch für Kooperationsvorhaben.

---

[37] Der Kapitalwert eines Vorhabens ist die Differenz zwischen den im Laufe des Investitionszeitraums anfallenden positiven und negativen Zahlungsströmen, die (auf der Grundlage der Kapitalkosten) auf ihren Barwert abgezinst werden.

[38] Der interne Zinsfuß basiert nicht auf bilanzierten Gewinnen in einem bestimmten Jahr, sondern berücksichtigt die künftigen Zahlungsströme, mit denen der Investor über den gesamten Investitionszeitraum rechnet. Der interne Zinsfuß ist definiert als der Abzinsungssatz, bei dem der Kapitalwert mehrerer Zahlungsströme null beträgt.

74. Um Vorhersehbarkeit und gleiche Wettbewerbsbedingungen zu gewährleisten, hat die Kommission für FuEuI-Beihilfen Beihilfehöchstintensitäten festgelegt, die auf den folgenden drei Kriterien beruhen: i) Marktnähe der Beihilfe als Anhaltspunkt für die voraussichtlichen negativen Auswirkungen und für die Erforderlichkeit der Beihilfe unter Berücksichtigung des aufgrund der geförderten Tätigkeiten zu erwartenden potenziellen Einnahmenanstiegs; ii) Größe des begünstigten Unternehmens als Anhaltspunkt für die besonderen Schwierigkeiten, mit denen sich kleinere Unternehmen im Allgemeinen bei der Finanzierung eines riskanten Vorhabens konfrontiert sehen; iii) Dringlichkeit des Marktversagens, z. B. erwartete externe Effekte im Sinne einer Wissensverbreitung. Die Beihilfeintensitäten sollten bei Tätigkeiten in den Bereichen Entwicklung und Innovation grundsätzlich geringer sein als bei Forschungstätigkeiten.

75. Die beihilfefähigen Kosten für alle unter diesen Unionsrahmen fallenden Beihilfemaßnahmen sind in Anhang I dargelegt. Umfasst ein FuE-Vorhaben unterschiedliche Aufgaben, muss jede beihilfefähige Aufgabe einer der folgenden drei Kategorien zuzurechnen sein ([39]): Grundlagenforschung, industrielle Forschung oder experimentelle Entwicklung. Bei der Zuordnung verschiedener Tätigkeiten zu den einzelnen Kategorien stützt sich die Kommission auf ihre eigene Verwaltungspraxis sowie auf die Beispiele und Erläuterungen des Frascati-Handbuchs der OECD ([40]).

76. Die generell für alle beihilfefähigen FuEuI-Maßnahmen geltenden Beihilfehöchstintensitäten sind in Anhang II aufgeführt ([41]).

77. Bei staatlichen Beihilfen für Vorhaben, die in Zusammenarbeit zwischen Forschungseinrichtungen und Unternehmen durchgeführt werden, darf die Summe aus der direkten öffentlichen Unterstützung und, soweit es sich um Beiträge von Forschungseinrichtungen handelt, den Beiträgen von Forschungseinrichtungen zum selben Vorhaben die für die einzelnen Empfängerunternehmen jeweils geltenden Beihilfeintensitäten nicht übersteigen.

4.5.1.2. Rückzahlbare Vorschüsse

78. Gewährt ein Mitgliedstaat einen rückzahlbaren Vorschuss, der als staatliche Beihilfe im Sinne des Artikels 107 Absatz 1 AEUV anzusehen ist, finden die in diesem Abschnitt festgelegten Regeln Anwendung.

79. Kann ein Mitgliedstaat anhand einer validen, auf hinreichend nachprüfbaren Daten beruhenden Methode darlegen, dass es möglich ist, das Bruttosubventionsäquivalent eines rückzahlbaren Vorschusses zu berechnen, so kann der betreffende Mitgliedstaat eine Beihilferegelung

und die verwendete Methode bei der Kommission anmelden. Billigt die Kommission die Methode und hält sie die Regelung für mit dem Binnenmarkt vereinbar, so kann die Beihilfe auf der Grundlage des Bruttosubventionsäquivalents des rückzahlbaren Vorschusses bis zu der in Anhang II festgelegten Beihilfeintensität gewährt werden.

80. In allen anderen Fällen wird der rückzahlbare Vorschuss als Prozentsatz der beihilfefähigen Kosten ausgedrückt und darf die anwendbaren Beihilfehöchstintensitäten um 10 Prozentpunkte überschreiten, sofern die folgenden Voraussetzungen erfüllt sind:

a) Die Beihilfemaßnahme muss vorsehen, dass bei einem erfolgreichen Ergebnis der Vorschuss zu einem Zinssatz zurückzuzahlen ist, der nicht unter dem Abzinsungssatz liegt, der sich aus der Anwendung der Mitteilung der Kommission über die Änderung der Methode zur Festsetzung der Referenz- und Abzinsungssätze ergibt ([42]).

b) Übertrifft der Erfolg das als erfolgreich definierte Ergebnis, sollte der betreffende Mitgliedstaat nicht nur die Rückzahlung des Vorschussbetrags, einschließlich Zinsen gemäß dem anwendbaren Abzinsungssatz, sondern darüber hinaus zusätzliche Zahlungen verlangen.

c) Bleibt das Vorhaben ohne Erfolg, muss der Vorschuss nicht vollständig zurückgezahlt werden. Im Falle eines partiellen Erfolgs sollte die Höhe der Rückzahlung dem erzielten Erfolg entsprechen.

81. Damit die Kommission die Beihilfemaßnahme beurteilen kann, muss diese detaillierte Bestimmungen zur Rückzahlung im Erfolgsfall enthalten, in denen auf der Grundlage eines nachvollziehbaren und vorsichtigen Ansatzes eindeutig festgelegt ist, was als erfolgreiches Ergebnis anzusehen ist.

4.5.1.3. Steuerliche Maßnahmen

82. Soweit eine steuerliche Maßnahme eine staatliche Beihilfen bildet, kann ihre Beihilfeintensität entweder auf der Grundlage von Einzelvorhaben oder — auf Unternehmensebene — als Verhältnis zwischen der Gesamtsteuerbefreiung und der Summe sämtlicher beihilfefähiger FuEuI-Kosten ermittelt werden, die in einem Zeitraum entstehen, der drei aufeinanderfolgende Steuerjahre nicht überschreitet. In letzterem Fall kann die steuerliche Maßnahme unterschiedslos auf alle beihilfefähigen Tätigkei-

---

[39] Diese Zuordnung muss nicht unbedingt dem chronologischen Ablauf eines Vorhabens, angefangen von der Grundlagenforschung bis hin zur marktnäheren Tätigkeiten, entsprechen. Somit bleibt es der Kommission unbenommen, eine in einer späteren Phase eines Vorhabens anstehende Aufgabe als industrielle Forschung einzustufen oder umgekehrt eine in einer früheren Phase durchgeführte Tätigkeit als experimentelle Entwicklung oder auch überhaupt nicht als Forschungstätigkeit einzustufen.

[40] „The Measurement of Scientific and Technological Activities, Proposed Standard Practice for Surveys on Research and Experimental Development", Frascati-Handbuch, OECD 2002 (in der jeweils geltenden Fassung). Aus praktischen Gründen kann — sofern nicht aufgezeigt wird, dass in Einzelfällen eine andere Skala verwendet werden sollte — auch davon ausgegangen werden, dass die verschiedenen FuE-Kate-

gorien den Technologie-Reifegraden 1 (Grundlagenforschung), 2-4 (industrielle Forschung) und 5-8 (experimentelle Entwicklung) entsprechen — siehe die Mitteilung der Kommission an das Europäische Parlament, den Rat, den Europäischen Wirtschafts- und Sozialausschuss und den Ausschuss der Regionen „Eine europäische Strategie für Schlüsseltechnologien — Eine Brücke zu Wachstum und Beschäftigung", KOM(2012) 341 final vom 26.6.2012.

[41] Unbeschadet der für Forschungs- und Entwicklungsbeihilfen im Agrarsektor und in der Fischerei auf der Grundlage einer Gruppenfreistellungsverordnung geltenden spezifischen Vorschriften.

[42] Mitteilung der Kommission über die Änderung der Methode zur Festsetzung der Referenz- und Abzinsungssätze (ABl. C 14 vom 19.1.2008, S. 6).

ten angewandt werden, wobei jedoch die für experimentelle Entwicklung geltende Beihilfehöchstintensität nicht überschritten werden darf ([43]).

4.5.1.4. Kumulierung von Beihilfen

83. Beihilfen können im Rahmen mehrerer Beihilferegelungen gleichzeitig gewährt oder mit Ad-hoc-Beihilfen kumuliert werden, sofern der Gesamtbetrag der staatlichen Beihilfen für eine Tätigkeit oder ein Vorhaben die in diesem Unionsrahmen festgesetzten Beihilfeobergrenzen nicht übersteigt. Wie unter Randnummer 9 dargelegt, stellen Unionsmittel, die von Organen, Agenturen, gemeinsamen Unternehmen oder anderen Stellen der Union zentral verwaltet werden und nicht direkt oder indirekt der Kontrolle von Mitgliedstaaten unterstehen, keine staatlichen Beihilfen dar und sollten nicht berücksichtigt werden. Wird eine solche Unionsfinanzierung mit staatlicher Beihilfe kombiniert, darf die Gesamthöhe der zur Deckung derselben beihilfefähigen Kosten gewährten öffentlichen Mittel jedoch die in den anwendbaren Rechtsvorschriften der Union festgelegte günstigste Finanzierungsquote nicht übersteigen.

84. Sind die im Rahmen von FuEuI-Beihilfen beihilfefähigen Ausgaben potenziell auch im Rahmen von für andere Zwecke gewährten Beihilfen ganz oder teilweise beihilfefähig, gilt für die Schnittmenge die in den einschlägigen Vorschriften vorgesehene günstigste Obergrenze.

85. Beihilfen für FuEuI dürfen nicht mit De-minimis-Beihilfen zur Deckung derselben beihilfefähigen Kosten kumuliert werden, wenn dadurch die in diesem Unionsrahmen festgelegte Beihilfeintensität überschritten würde.

4.5.2. Zusätzliche Voraussetzungen für Einzelbeihilfen

86. Bei anmeldepflichtigen Einzelbeihilfen reicht die bloße Einhaltung einer Reihe vorab festgelegter Beihilfehöchstintensitäten nicht aus, um die Angemessenheit der Beihilfe zu gewährleisten.

87. Um festzustellen, ob die Beihilfe angemessen ist, wird die Kommission in der Regel prüfen, ob die Höhe der Beihilfe auf das Minimum begrenzt ist, das erforderlich ist, um eine hinreichende Rentabilität des Vorhabens zu gewährleisten, sodass beispielsweise der interne Zinsfuß die branchen- oder unternehmensspezifische Benchmark oder Hurdle-Rate erreicht. Es können auch andere Vergleichsgrößen herangezogen werden, wie der vom Empfänger aus einem FuEuI-Vorhaben üblicherweise erwartete Zinsfuß, die Kapitalkosten des Empfängers insgesamt oder die in der betreffenden Branche im Allgemeinen verzeichneten Erträge. Zu berücksichtigen sind sämtliche erwarteten relevanten Kosten und der gesamte erwartete Nutzen während der Laufzeit des Vorhabens,

einschließlich der Kosten und Einnahmen im Zusammenhang mit den Ergebnissen der FuEuI-Tätigkeiten.

88. Wird zum Beispiel anhand interner Unternehmensunterlagen aufgezeigt, dass der Beihilfeempfänger vor einer klaren Entscheidung steht, entweder ein Vorhaben mit einer Beihilfe oder aber ein alternatives Vorhaben ohne Beihilfe durchzuführen, wird die Beihilfe nur dann als auf das erforderliche Minimum begrenzt betrachtet, wenn ihr Betrag nicht die Nettomehrkosten übersteigt, die bei der Durchführung der betreffenden Tätigkeiten im Vergleich zu den Kosten des kontrafaktischen Vorhabens, das ohne Gewährung einer Beihilfe durchgeführt würde, anfallen. Zur Ermittlung der Nettomehrkosten vergleicht die Kommission den erwarteten Kapitalwert der Investition in das geförderte Vorhaben mit dem des kontrafaktischen Vorhabens, wobei der Eintrittswahrscheinlichkeit unterschiedlicher Geschäftsszenarios Rechnung getragen wird ([44]).

89. Werden Beihilfen für FuE-Vorhaben oder für den Bau oder Ausbau von Forschungsinfrastrukturen gewährt und kann die Kommission auf der Grundlage der unter Randnummer 87 oder 88 dargelegten Methode feststellen, dass die Beihilfen strikt auf das erforderliche Minimum begrenzt sind, dürfen die Beihilfehöchstintensitäten die in Anhang II aufgeführten Sätze bis zu der in der nachstehenden Tabelle genannten Höhe übersteigen.

	Kleine Unternehmen	Mittlere Unternehmen	Große Unternehmen
Beihilfen für FuE-Vorhaben			
Grundlagenforschung	100 %	100 %	100 %
Angewandte Forschung	80 %	70 %	60 %
– bei wirksamer Zusammenarbeit zwischen Unternehmen (bei großen Unternehmen grenzübergreifend oder mit mindestens einem KMU) oder zwischen einem Unternehmen und einer Forschungseinrichtung oder – bei weiter Verbreitung der Ergebnisse	90 %	80 %	70 %
Beihilfen für den Bau oder Ausbau von Forschungsinfrastrukturen	60 %	60 %	60 %

90. Um zu belegen, dass die Beihilfe auf das erforderliche Minimum begrenzt ist, müssen die Mitgliedstaaten erläutern, wie der Beihilfebetrag festgesetzt wurde. Die für die Analyse des Anreizeffekts herangezogenen Unterlagen und Berechnungen können auch bei der Beurteilung der Angemessenheit der Beihilfe herangezogen werden. Soweit der ermittelte Beihilfebedarf hauptsächlich aus Schwierigkeiten bei der Kreditaufnahme am Markt und weniger aus einem Rentabilitätsdefizit erwächst, könnte es — um sicherzustellen, dass die Beihilfe auf das erforderliche Minimum beschränkt bleibt — insbesondere sinnvoll sein, sie in Form eines Kredits, einer Garantie oder eines rückzahlbaren Vorschusses anstatt in

---

[43] Auch im umgekehrten Fall, wenn bei einer steuerlichen Beihilfemaßnahme zwischen verschiedenen Kategorien von FuE unterschieden wird, dürfen die entsprechenden Beihilfeintensitäten nicht überschritten werden.

[44] In dem besonderen Fall, dass die Beihilfe lediglich den beschleunigten Abschluss des Vorhabens ermöglicht, sollten bei dem Vergleich vor allem die unterschiedlichen Zeithorizonte in Bezug auf Zahlungsströme und einen verzögerten Markteintritt betrachtet werden.

einer nicht rückzahlbaren Form wie einem Zuschuss zu gewähren.

91. Wenn es für die Durchführung der geförderten Tätigkeit mehrere potenzielle Bewerber gibt, ist die Wahrscheinlichkeit, dass das Angemessenheitskriterium erfüllt wird, größer, wenn die Beihilfe auf der Grundlage transparenter, objektiver und diskriminierungsfreier Kriterien gewährt wird.

92. Im Hinblick auf die Vermeidung tatsächlicher oder potenzieller direkter oder indirekter Verfälschungen des internationalen Handels können höhere Beihilfeintensitäten genehmigt werden als nach diesem Unionsrahmen grundsätzlich zulässig, wenn Wettbewerber außerhalb der Union in den vergangenen drei Jahren für vergleichbare Vorhaben direkt oder indirekt Beihilfen gleicher Intensität erhalten haben bzw. noch erhalten werden. Wenn jedoch nach über drei Jahren noch mit Verzerrungen des internationalen Handels zu rechnen ist, kann der Bezugszeitraum entsprechend den besonderen Gegebenheiten des jeweiligen Wirtschaftszweigs verlängert werden. Soweit möglich, legt die betreffende Mitgliedstaat der Kommission ausreichende Informationen vor, damit sie die Lage — und insbesondere die Notwendigkeit, den Wettbewerbsvorteil eines Wettbewerbers in einem Drittland zu berücksichtigen — beurteilen kann. Liegen der Kommission keine Fakten über die gewährte oder geplante Beihilfe vor, kann sie sich bei ihrer Entscheidung auch auf Indizienbeweise stützen.

93. Bei der Erhebung von Beweismitteln kann die Kommission ihre Befugnis zur Einholung von Auskünften ausüben ([45]).

4.6. Vermeidung übermäßiger negativer Auswirkungen auf Wettbewerb und Handel

4.6.1. *Allgemeine Erwägungen*

94. FuEuI-Beihilfen können als mit dem Binnenmarkt vereinbar erachtet werden, wenn ihre negativen Auswirkungen — beihilfebedingte Wettbewerbsverfälschungen und Beeinträchtigungen des Handels zwischen Mitgliedstaaten — begrenzt sind und durch ihre positiven Auswirkungen — ihren Beitrag zu dem Ziel von gemeinsamem Interesse — aufgewogen werden.

95. Die Kommission sieht vor allem zwei Arten potenzieller Verfälschungen des Wettbewerbs und des Handels zwischen Mitgliedstaaten, die durch FuEuI-Beihilfen hervorgerufen werden können: Verzerrungen auf den Produktmärkten und Standorteffekte. Beide Formen können sowohl zu Allokationsineffizienzen, die die wirtschaftliche Leistungsfähigkeit des Binnenmarkts beeinträchtigen, als auch zu Verteilungsproblemen, bei denen sich die Beihilfe nachteilig auf die regionale Verteilung der Wirtschaftstätigkeit auswirkt, führen.

96. Was die Verzerrungen auf den Produktmärkten anbelangt, so können staatliche FuEuI-Beihilfen sich auf den Wettbewerb in den Innovationsprozessen und auf den Produktmärkten, auf denen die Ergebnisse der FuEuI-Tätigkeiten verwertet werden, auswirken.

4.6.1.1. Auswirkungen auf den Produktmärkten

97. Staatliche Beihilfen für FuEuI können den Wettbewerb in den Innovationsprozessen und auf den Produktmärkten in dreifacher Hinsicht beeinträchtigen: durch eine Verfälschung des wettbewerblichen Markteintritts- und -austrittsprozesses, durch eine Verfälschung dynamischer Investitionsanreize und durch die Schaffung oder Aufrechterhaltung von Marktmacht.

i) Verfälschung der wettbewerblichen Markteintritts- und -austrittsprozesse

98. FuEuI-Beihilfen könnten verhindern, dass Marktmechanismen die effizientesten Produzenten begünstigen und auf die am wenigsten effizienten Produzenten Druck in Richtung Optimierung, Umstrukturierung oder Marktaustritt ausüben. Dadurch kann eine Situation herbeigeführt werden, in der aufgrund der gewährten Beihilfe Wettbewerber, die sich andernfalls auf dem Markt behaupten könnten, vom Markt verdrängt werden oder erst gar nicht in den Markt eintreten können. Ebenso könnten staatliche Beihilfen verhindern, dass ineffizient arbeitende Unternehmen den Markt verlassen oder sie gar dazu veranlassen, in den Markt einzutreten und sich Marktanteile von Wettbewerbern anzueignen, die ihnen unter anderen Umständen an Effizienz überlegen wären. FuEuI-Beihilfen, die nicht korrekt ausgerichtet sind, könnten somit ineffizient arbeitende Unternehmen fördern und dadurch zu Marktstrukturen führen, in denen viele Teilnehmer weit unterhalb einer effizienten Größe agieren. Eingriffe in die wettbewerblichen Markteintritts- und -austrittsprozesse könnten auf lange Sicht Innovationen ersticken und Produktivitätsverbesserungen in der gesamten Wirtschaft verlangsamen.

ii) Verfälschung dynamischer Anreize

99. FuEuI-Beihilfen könnten dynamische Investitionsanreize für Wettbewerber des Beihilfeempfängers verfälschen. Wenn ein Unternehmen eine Beihilfe erhält, erhöht sich in der Regel die Wahrscheinlichkeit eines Erfolgs seiner FuEuI-Tätigkeiten, was in der Zukunft zu einer stärkeren Präsenz auf den Produktmärkten führt. Diese verstärkte Präsenz könnte Wettbewerber veranlassen, den Umfang ihrer ursprünglichen Investitionspläne zu verringern (Verdrängungseffekt oder „Crowding-out"-Effekt).

100. Außerdem könnten Beihilfen dazu führen, dass potenzielle Empfänger entweder selbstzufrieden oder aber risikofreudiger werden. Die langfristigen Auswirkungen auf die allgemeine Leistungsfähigkeit des Wirtschaftszweigs sind in diesem Fall in der Regel negativ. FuEuI-Beihilfen, die nicht zielgerichtet sind, könnten somit ineffizient arbeitende Unternehmen fördern und

---

[45] Siehe Artikel 1 Absatz 3 der Verordnung (EU) Nr. 734/2013 des Rates (ABl. L 204 vom 31.7.2013, S. 15).

FuEuI-UnionsR

dadurch zu Marktstrukturen führen, in denen viele Teilnehmer weit unterhalb einer effizienten Größe agieren.

iii) Schaffung bzw. Aufrechterhaltung von Marktmacht

101. FuEuI-Beihilfen könnten den Wettbewerb auch dadurch verfälschen, dass sie die auf den Produktmärkten bestehende Marktmacht stärken oder aufrechterhalten. Marktmacht ist das Vermögen, die Marktpreise, die Produktion, die Vielfalt oder die Qualität von Produkten und Dienstleistungen oder sonstige Parameter des Wettbewerbs über einen erheblichen Zeitraum zum Nachteil der Verbraucher zu beeinflussen. Auch wenn eine Beihilfe die Marktmacht nicht direkt stärkt, kann sie dies doch indirekt bewirken, indem sie bestehende Wettbewerber von einer Expansion abhält oder ihren Marktaustritt herbeiführt oder indem sie den Markteintritt neuer Wettbewerber verhindert.

4.6.1.2. Auswirkungen auf den Handel und die Standortwahl

102. Ferner könnten staatliche FuEuI-Beihilfen den Wettbewerb dadurch verfälschen, dass sie die Standortwahl beeinflussen. Zwischen Mitgliedstaaten kann es zu solchen Verfälschungen kommen, wenn Unternehmen im grenzübergreifenden Wettbewerb stehen oder unterschiedliche Standorte in Betracht ziehen. Beihilfen für die Verlagerung einer Tätigkeit in eine andere Region innerhalb des Binnenmarkts müssen zwar nicht unmittelbar zu Verzerrungen auf dem Produktmarkt führen, aber sie bewirken eine Verschiebung von Tätigkeiten oder Investitionen von einer Region in eine andere.

4.6.1.3. Offenkundige negative Auswirkungen

103. Für die Ermittlung, inwieweit eine Beihilfe als wettbewerbsverfälschend anzusehen ist, ist grundsätzlich eine Analyse der Beihilfemaßnahme und des Kontexts, in dem sie gewährt wird, erforderlich. In bestimmten Fällen fallen die negativen Auswirkungen deutlich stärker ins Gewicht als die positiven Auswirkungen, sodass die Beihilfe nicht als mit dem Binnenmarkt vereinbar erachtet werden kann.

104. Nach den allgemeinen Grundsätzen des AEUV können staatliche Beihilfen insbesondere dann nicht als mit dem Binnenmarkt vereinbar erachtet werden, wenn dritte Marktteilnehmer in einem Ausmaß benachteiligt werden, das durch den Beihilfezweck nicht gerechtfertigt wird. Wie in Abschnitt 3 dargelegt, wird die Kommission daher eine Maßnahme nicht genehmigen, wenn die Maßnahme oder die mit ihr verbundenen Bedingungen zwangsläufig zu einem Verstoß gegen das EU-Recht führen. Dies gilt insbesondere für Beihilfen, deren Gewährung an die Verpflichtung geknüpft ist, dass sich der Hauptsitz des Empfängers im betreffenden Mitgliedstaat befindet (oder dass der Beihilfeempfänger in erster Linie in diesem Mitgliedstaat niedergelassen ist) oder dass er inländische Produkte oder Dienstleistungen nutzt; ferner gilt dies für Beihilfemaßnahmen, die die Möglichkeiten

des Beihilfeempfängers beschränken, die FuEuI-Ergebnisse in anderen Mitgliedstaaten zu verwerten.

105. Beihilfen, die lediglich zu einer Veränderung des Standorts von FuEuI-Tätigkeiten innerhalb des Binnenmarkts führen, ohne eine Änderung der Art, des Umfangs oder des Gegenstands des Vorhabens zu bewirken, werden ebenfalls nicht als mit dem Binnenmarkt vereinbar betrachtet.

4.6.2. *Beihilferegelungen*

106. Anmeldepflichtige Beihilferegelungen sind nur dann mit dem Binnenmarkt vereinbar, wenn sie zu erheblichen Verfälschungen von Wettbewerb und Handel bewirken. Selbst wenn die Wettbewerbsverfälschungen auf der Ebene der Einzelbeihilfe begrenzt sein mögen (vorausgesetzt, dass die Beihilfe erforderlich und zur Erreichung des gemeinsamen Ziels angemessen ist), können Beihilferegelungen zusammengenommen zu erheblichen Verfälschungen führen. Derartige Verfälschungen können beispielsweise durch Beihilfen entstehen, die sich negativ auf dynamische Innovationsanreize für Wettbewerber auswirken. Im Falle einer auf bestimmte Wirtschaftszweige ausgerichteten Regelung ist das Risiko derartiger Verfälschungen noch höher.

107. Unbeschadet der Randnummer 122 müssen die Mitgliedstaaten deshalb nachweisen, dass etwaige negative Auswirkungen so gering wie möglich gehalten werden, wobei z. B. der Umfang der betreffenden Vorhaben, die einzelnen und die kumulierten Beihilfebeträge, die Zahl der voraussichtlichen Beihilfeempfänger sowie Merkmale der jeweiligen Wirtschaftszweige zu berücksichtigen sind. Um es der Kommission zu ermöglichen, die erwarteten negativen Auswirkungen von anmeldepflichtigen Beihilferegelungen besser zu prüfen, können die Mitgliedstaaten ihre etwaige Folgenabschätzungen sowie Ex-post-Evaluierungen zu vergleichbaren Vorgängerregelungen vorlegen.

4.6.3. *Zusätzliche Voraussetzungen für Einzelbeihilfen*

4.6.3.1. Verzerrungen auf den Produktmärkten

108. Für anmeldepflichtige Einzelbeihilfen sollten die Mitgliedstaaten Informationen über i) die betroffenen Produktmärkte, also die Märkte, auf die sich die Verhaltensänderung des Beihilfeempfängers auswirkt, und ii) die betroffenen Wettbewerber und Kunden bzw. Verbraucher übermitteln, damit die Kommission potenzielle Wettbewerbs- und Handelsverfälschungen feststellen und beurteilen kann.

109. Bei der Prüfung der negativen Auswirkungen einer Beihilfemaßnahme konzentriert die Kommission ihre Analyse der Wettbewerbsverfälschungen auf die vorhersehbaren Auswirkungen der FuEuI-Beihilfe auf den Wettbewerb zwischen Unternehmen auf den betreffenden Produktmärkten. Dabei misst die Kommission den Risiken für Wettbewerb und Handel, die in naher Zukunft und mit besonders hoher Wahrscheinlichkeit eintreten, besonders große Bedeutung bei.

110. Wenn eine spezifische Innovationstätigkeit verschiedene künftige Produktmärkte betrifft, werden die Auswirkungen einer staatlichen Beihilfe auf alle betroffenen Märkte geprüft. In bestimmten Fällen werden die Ergebnisse von FuEuI-Tätigkeiten, z. B. Rechte des geistigen Eigentums, selbst auf Technologiemärkten gehandelt, etwa durch die Erteilung von Patentlizenzen oder den Handel mit Patenten. In diesen Fällen könnte die Kommission erwägen, auch die Auswirkungen der Beihilfe auf den Wettbewerb auf den Technologiemärkten zu prüfen.

111. Bei der Bewertung der potenziellen Wettbewerbsverfälschungen — Verfälschung dynamischer Anreize, Schaffung oder Aufrechterhaltung von Marktmacht, Aufrechterhaltung ineffizienter Marktstrukturen — legt die Kommission verschiedene Kriterien zugrunde.

i) Verfälschung dynamischer Anreize

112. Bei ihrer Analyse potenzieller Verfälschungen dynamischer Anreize berücksichtigt die Kommission folgende Aspekte:

— *Marktwachstum*: Je höher die Erwartung ist, dass ein Markt künftig wachsen wird, desto weniger wahrscheinlich ist es, dass sich die Beihilfe negativ auf die für die Wettbewerber bestehenden Anreize auswirken wird, da weiterhin vielfältige Entwicklungsmöglichkeiten bestehen, rentable Unternehmen aufzubauen.

— *Höhe der Beihilfe*: Bei hohen Beihilfebeträgen ist eher mit starken Verdrängungseffekten zu rechnen. Die Höhe der Beihilfe wird in erster Linie im Verhältnis zur Höhe der Beträge bestimmt, die von den wichtigsten Marktteilnehmern für ähnliche Vorhaben aufgewandt werden.

— *Marktnähe/Beihilfegruppe*: Mit zunehmender Marktnähe der durch eine Beihilfe geförderten Tätigkeit steigt die Wahrscheinlichkeit starker Verdrängungseffekte.

— *Offenes Auswahlverfahren*: Die Gewährung von Beihilfen auf der Grundlage transparenter, objektiver und diskriminierungsfreier Kriterien wird von der Kommission besonders positiv bewertet.

— *Austrittsschranken*: Die Wettbewerber werden eher geneigt sein, ihre Investitionspläne beizubehalten oder sogar aufzustocken, wenn es schwierig ist, den Innovationsprozesses aufzugeben. Dies könnte der Fall sein, wenn ein Großteil der früheren Investitionen der Wettbewerber in einer bestimmten FuEuI-Ausrichtung gebunden ist.

— *Wettbewerbsanreize für einen künftigen Markt*: FuEuI-Beihilfen könnten dazu führen, dass Wettbewerber des Beihilfeempfängers auf den Wettbewerb um einen künftigen „Winner-takes-all"-Markt verzichten, da die mit der Beihilfe verbundenen Vorteile — Technologievorsprung, Größenvorteile,

Vernetzungseffekte oder Zeithorizont — ihre Aussichten auf einen möglicherweise erfolgreichen Eintritt in diesen zukünftigen Markt verschlechtern.

— *Produktdifferenzierung und Intensität des Wettbewerbs*: Wenn Produktinnovationen vor allem auf die Entwicklung differenzierter Produkte, z. B. für bestimmte Marken, Normen, Technologien oder Verbrauchergruppen, ausgerichtet werden, sind die Wettbewerber davon in der Regel weniger stark betroffen. Dasselbe gilt, wenn viele effektive Wettbewerber auf dem Markt vertreten sind.

ii) Schaffung bzw. Aufrechterhaltung von Marktmacht

113. Mit besonderer Aufmerksamkeit betrachtet die Kommission FuEuI-Maßnahmen, die den Beihilfeempfänger in die Lage versetzen, seine Marktmacht, die er auf bestehenden Produktmärkten innehat, auszubauen oder auf zukünftige Produktmärkte zu übertragen. Deshalb ist es unwahrscheinlich, dass die Kommission in Fällen, in denen der Beihilfeempfänger einen Marktanteil von weniger als 25 % hält, und bei Märkten mit einer Marktkonzentration von unter 2 000 nach dem Herfindahl-Hirschman-Index (HHI) marktmachtspezifische Wettbewerbsprobleme feststellt.

114. Bei ihrer Analyse von Marktmacht berücksichtigt die Kommission folgende Aspekte:

— *Marktmacht des Beihilfeempfängers und Marktstruktur*: Wenn der Beihilfeempfänger bereits eine beherrschende Stellung auf einem Produktmarkt innehat, könnte die Beihilfe diese marktbeherrschende Stellung stärken, weil sie den Wettbewerbsdruck, den die Wettbewerber auf den Beihilfeempfänger ausüben können, weiter schwächt. Außerdem können staatliche Beihilfen spürbare Auswirkungen auf oligopolistischen Märkten haben, auf denen nur wenige Anbieter vertreten sind.

— *Höhe der Zutrittsschranken*: Im FuEuI-Bereich können die Zutrittsschranken für Neuzugänger hoch sein. Es handelt sich u. a. um Schranken rechtlicher Art (insbesondere in Bezug auf Rechte des geistigen Eigentums), Größen- und Verbundvorteile, Schranken beim Zugang zu Netzwerken und Infrastrukturen und sonstige strategische Markteintritts- oder Expansionsschranken.

— *Nachfragemacht*: Die Marktmacht eines Unternehmens könnte auch durch die Marktstellung der Abnehmer eingeschränkt werden. Wenn starke Abnehmer vorhanden sind, kann die Feststellung einer starken Marktstellung abgeschwächt werden, weil davon auszugehen ist, dass die Abnehmer versuchen werden, einen ausreichenden Wettbewerb im Markt aufrechtzuerhalten.

— *Auswahlverfahren*: Beihilfen, die es Unternehmen mit starker Marktstellung ermöglichen, das Auswahlverfahren zu beeinflussen, weil sie z. B. das Recht haben, Unternehmen im Auswahlprozess zu empfehlen oder die Ausrichtung der Forschung auf eine

Weise zu beeinflussen, die alternative Ausrichtungen ungerechtfertigt benachteiligt, können bei der Kommission Wettbewerbsbedenken aufwerfen.

iii) Aufrechterhaltung ineffizienter Marktstrukturen

115. Bei ihrer Analyse der Marktstrukturen prüft die Kommission, ob die Beihilfe in Märkten mit Überkapazitäten oder für schrumpfende Wirtschaftszweige gewährt wird. Situationen, in denen der Markt wächst oder davon auszugehen ist, dass sich staatliche FuEuI-Beihilfen vor allem durch Einführung neuer Technologien auf die Gesamtwachstumsdynamik des Wirtschaftszweigs auswirken, dürften weniger Bedenken aufwerfen.

4.6.3.2. Standorteffekte

116. Insbesondere marktnahe FuEuI-Beihilfen können dazu führen, dass vor allem aufgrund der durch die Beihilfegewährung bedingten vergleichsweise geringen Produktionskosten oder aufgrund des beihilfebedingten größeren Umfangs der FuEuI-Tätigkeiten in bestimmten Gebieten günstigere Bedingungen für eine anschließende Produktion geschaffen werden. Dies kann Unternehmen dazu veranlassen, ihren Standort in diese Gebiete zu verlagern.

117. Standorteffekte können auch für Forschungsinfrastrukturen von Belang sein. Beihilfen, die in erster Linie darauf abstellen, Infrastrukturen in eine bestimmte Region — zulasten einer anderen Region — zu ziehen, leisten keinen Beitrag zur Förderung von FuEuI-Tätigkeiten in der Union.

118. Entsprechend berücksichtigt die Kommission bei ihrer Analyse anmeldepflichtiger Einzelbeihilfen alle Belege dafür, dass der Empfänger alternative Standorte in Betracht gezogen hat.

4.7. Transparenz

119. Ab dem 1. Juli 2016 müssen die Mitgliedstaaten sicherstellen, dass zu angemeldeten staatlichen Beihilfen — mit Ausnahme von Einzelbeihilfen unter 500 000 EUR — mindestens folgende Informationen auf nationaler oder regionaler Ebene auf einer ausführlichen Beihilfe-Website veröffentlicht werden: vollständiger Text der Beihilferegelung und ihrer Durchführungsbestimmungen bzw. der Rechtsgrundlage für Einzelbeihilfen oder ein Link dazu; Name der Bewilligungsbehörde; Namen der einzelnen Beihilfeempfänger; Art und Betrag der für die einzelnen Beihilfeempfänger gewährten Beihilfen; Tag der Gewährung; Art des Empfängers (KMU oder großes Unternehmen); Gebiet, in dem der Empfänger ansässig ist (auf NUTS-Ebene 2); Hauptwirtschaftszweig, in dem der Empfänger tätig ist (auf Ebene der NACE-Gruppe) ([46]). Die Veröffentlichung dieser Angaben muss innerhalb von sechs Monaten nach dem Gewährungsbeschluss bzw. bei steuerlichen Maßnahmen innerhalb eines Jahres ab dem Datum der Steuererklärung erfolgen, mindestens zehn Jahre lang aufrechterhalten werden und für die allgemeine Öffentlichkeit uneingeschränkt zugänglich sein ([47]).

5. EVALUIERUNG

120. Um Verfälschungen des Wettbewerbs und des Handels auch künftig in Grenzen zu halten, kann die Kommission verlangen, dass anmeldepflichtige Beihilferegelungen zeitlich befristet und einer Evaluierung nach Randnummer 37 unterzogen werden. Evaluiert werden sollten vor allem Regelungen, die den Wettbewerb besonders stark verfälschen könnten, d. h. Regelungen, bei denen erhebliche Beschränkungen des Wettbewerbs zu befürchten sind, wenn ihre Durchführung nicht rechtzeitig geprüft wird.

121. Die unter Randnummer 120 genannte Pflicht gilt — in Anbetracht der angestrebten Ziele und im Hinblick auf die Vermeidung eines unverhältnismäßigen Aufwands für die Mitgliedstaaten und für kleinere Beihilfemaßnahmen — nur für Beihilferegelungen mit hoher Mittelausstattung und neuartigen Merkmale oder wenn wesentliche marktbezogene, technische oder rechtliche Veränderungen erwartet werden. Die Evaluierung muss von einem von der Bewilligungsbehörde unabhängigen Sachverständigen auf der Grundlage einer von der Kommission vorgegebenen und für alle geltenden Methode durchgeführt werden ([48]) und veröffentlicht werden. Die Mitgliedstaaten müssen zusammen mit der jeweiligen Beihilferegelung den Entwurf eines Evaluierungsplans anmelden, der fester Bestandteil der Würdigung der Regelung durch die Kommission sein wird.

122. Die Kommission beurteilt die Vereinbarkeit von Beihilferegelungen, die lediglich aufgrund ihrer umfangreichen Mittelausstattung in den Geltungsbereich der Gruppenfreistellungsverordnung fallen, ausschließlich auf der Grundlage dieses Evaluierungsplans.

123. Damit die Kommission eine etwaige Verlängerung der Beihilferegelung prüfen kann, muss ihr die Evaluierung rechtzeitig, in jedem Fall aber bei Auslaufen der Beihilferegelung, vorgelegt werden. Gegenstand und Modalitäten der Evaluierung werden im Beschluss zur Genehmigung der Beihilferegelung im Einzelnen festgelegt. Bei jeder späteren Beihilfe, die einen ähnlichen Zweck verfolgt, müssen die Ergebnisse dieser Evaluierung berücksichtigt werden; dies gilt auch für etwaige Änderungen der unter Randnummer 122 genannten Beihilferegelungen.

---

[46] Mit Ausnahme von Geschäftsgeheimnissen und anderen vertraulichen Informationen in hinreichend begründeten Fällen und vorbehaltlich des Einverständnisses der Kommission (Mitteilung der Kommission vom 1.12.2003 zum Berufsgeheimnis in Beihilfeentscheidungen (K(2003)4582, ABl. C 297 vom 9.12.2003, S. 6). Bei steuerlichen Maßnahmen können die Angaben zu den einzelnen Beihilfebeträgen in den folgenden Bandbreiten angegeben werden (in Mio. EUR): 0,5-1; 1-2; 2-5; 5-10; 10-30; 30 und mehr.

[47] Bei rechtswidrigen Beihilfen müssen die Mitgliedstaaten gewährleisten, dass dieselben Informationen spätestens sechs Monate nach dem Datum des Kommissionsbeschlusses nachträglich veröffentlicht werden. Diese Daten sollten in einem Format zur Verfügung stehen, das die Suche, die Extraktion und die problemlose Veröffentlichung im Internet ermöglicht, zum Beispiel im CSV- oder im XML-Format.
[48] Vgl. die separate Mitteilung der Kommission über eine gemeinsame methodische Anleitung zur Evaluierung staatlicher Beihilfen.

6. BERICHTERSTATTUNG
UND
ÜBERWACHUNG

124. Nach der Verordnung (EG) Nr. 659/1999 des Rates ([49]) und der Verordnung (EG) Nr. 794/2004 ([50]) und den späteren Änderungen dieser Rechtsvorschriften müssen die Mitgliedstaaten der Kommission Jahresberichte vorlegen.

125. Die Mitgliedstaaten führen detaillierte Aufzeichnungen über alle Beihilfemaßnahmen. Diese Aufzeichnungen müssen alle Informationen enthalten, die erforderlich sind, um festzustellen, dass die Voraussetzungen bezüglich der beihilfefähigen Kosten und Beihilfehöchstintensitäten erfüllt sind. Die Aufzeichnungen müssen zehn Jahre ab dem Tag der Gewährung der Beihilfe aufbewahrt und der Kommission auf Anfrage vorgelegt werden.

7. ANWENDBARKEIT

126. Die Kommission wird die in diesem Unionsrahmen dargelegten Grundsätze bei der Prüfung aller angemeldeten FuEuI-Beihilfen, über deren Genehmigung sie nach dem 1. Juli 2014 zu beschließen hat, auf ihre Vereinbarkeit mit dem Binnenmarkt anwenden. Rechtswidrige FuEuI-Beihilfen werden im Einklang mit den Vorschriften geprüft, die am Tag ihrer Gewährung galten.

127. Auf der Grundlage des Artikels 108 Absatz 1 AEUV schlägt die Kommission vor, dass die Mitgliedstaaten ihre geltenden FuEuI-Beihilferegelungen soweit erforderlich ändern, um sie spätestens zum 1. Januar 2015 mit diesem Unionsrahmen in Einklang zu bringen.

128. Die Mitgliedstaaten sind aufgefordert, binnen zwei Monaten nach Veröffentlichung des Unionsrahmens im *Amtsblatt der Europäischen Union* ihre ausdrückliche, uneingeschränkte Zustimmung zu den unter Randnummer 127 vorgeschlagenen zweckdienlichen Maßnahmen zu erteilen. Sollte sich ein Mitgliedstaat nicht äußern, geht die Kommission davon aus, dass der betreffende Mitgliedstaat den vorgeschlagenen Maßnahmen nicht zustimmt.

8. ÜBERPRÜFUNG

129. Die Kommission kann beschließen, diesen Unionsrahmen zu überprüfen oder zu ändern, wenn sich dies aus wettbewerbspolitischen Gründen, aufgrund anderer Politikbereiche der Union oder internationaler Verpflichtungen oder aus anderen triftigen Gründen als erforderlich erweist.

---

[49] Verordnung (EG) Nr. 659/1999 über besondere Vorschriften für die Anwendung von Artikel 93 des EG-Vertrags (ABl. L 83 vom 27.3.1999, S. 1).

[50] Verordnung (EG) Nr. 794/2004 vom 21. April 2004 zur Durchführung der Verordnung (EG) Nr. 659/1999 des Rates über besondere Vorschriften für die Anwendung von Artikel 93 des EG-Vertrags (ABl. L 140 vom 30.4.2004, S. 1).

22. FuEuI-UnionsR

ANHANG I

Beihilfefähige Kosten

Beihilfen für FuE-Vorhaben	a) Personalkosten (Forscher, Techniker und sonstiges Personal, soweit diese für das jeweilige Vorhaben eingesetzt werden b) Kosten für Instrumente und Ausrüstungen, soweit und solange sie für das Vorhaben genutzt werden. Werden diese Instrumente und Ausrüstungen nicht während ihrer gesamten Lebensdauer für das Vorhaben genutzt, sind nur die nach den Grundsätzen ordnungsgemäßer Buchführung ermittelten Abschreibungskosten während der Dauer des Vorhabens beihilfefähig c) Kosten für Gebäude und Grundstücke, soweit und solange sie für das Vorhaben genutzt werden. Bei Gebäuden gilt nur die nach den Grundsätzen ordnungsgemäßer Buchführung ermittelte Wertminderung während der Dauer des Vorhabens als beihilfefähig. Bei Grundstücken sind die Kosten der kommerziellen Übertragung und die tatsächlich entstandenen Kapitalkosten beihilfefähig d) Kosten für Auftragsforschung, Wissen und nach dem Arm's-length-Prinzip von Dritten direkt oder in Lizenz erworbene Patente sowie Kosten für Beratung und gleichwertige Dienstleistungen, die ausschließlich für das Vorhaben genutzt werden e) Zusätzliche vorhabenbezogene Gemeinkosten f) Sonstige Betriebskosten einschließlich vorhabenbezogener Kosten für Material, Bedarfsmittel und dergleichen
Beihilfen für Durchführbarkeitsstudien	Kosten der Studie
Beihilfen für den Bau oder Ausbau von Forschungsinfrastrukturen	Kosten von Investitionen in materielle und immaterielle Vermögenswerte
Innovationsbeihilfen für KMU	a) Kosten für Erlangung, Validierung und Verteidigung von Patenten und anderen immateriellen Vermögenswerten b) Kosten für die Abordnung hochqualifizierten Personals einer Einrichtung für Forschung und Wissensverbreitung oder eines großen Unternehmens für FuEuI-Tätigkeiten in einer neu geschaffenen Funktion innerhalb des begünstigten KMU, ohne dass dadurch Personal ersetzt wird c) Kosten für Innovationsberatungsdienste und innovationsunterstützende Dienstleistungen
Beihilfen für Prozess- und Organisationsinnovationen	Personalkosten Kosten für Instrumente, Ausrüstung, Gebäude und Grundstücke, soweit und solange sie für das Vorhaben genutzt werden Kosten für Auftragsforschung, Wissen und nach dem Arm's-length-Prinzip von Dritten direkt oder in Lizenz erworbene Patente zusätzliche Gemeinkosten und sonstige Betriebskosten einschließlich vorhabenbezogener Kosten für Material, Bedarfsmittel und dergleichen
Beihilfen für Innovationscluster	
Investitionsbeihilfen	Kosten von Investitionen in materielle und immaterielle Vermögenswerte
Betriebsbeihilfen	Personal- und Verwaltungskosten (einschließlich Gemeinkosten) im Zusammenhang mit a) der Leitung des Innovationsclusters zwecks Erleichterung der Zusammenarbeit, des Informationsaustauschs und der Erbringung und Weiterleitung von spezialisierten und maßgeschneiderten Unterstützungsdienstleistungen für Unternehmen b) Werbemaßnahmen, die darauf abzielen, neue Unternehmen oder Einrichtungen zur Mitwirkung am Innovationscluster zu bewegen und dessen Sichtbarkeit zu verbessern c) der Verwaltung der Facilities des Innovationsclusters und d) der Organisation von Aus- und Weiterbildungsmaßnahmen, Workshops und Konferenzen zur Förderung des Wissensaustauschs, der Zusammenarbeit in Netzwerken und der transnationalen Zusammenarbeit

ANHANG II

Beihilfehöchstintensitäten

	Kleine Unternehmen	Mittlere Unternehmen	Große Unternehmen
Beihilfen für FuE-Vorhaben			
Grundlagenforschung	100 %	100 %	100 %
Industrielle Forschung	70 %	60 %	50 %
– bei wirksamer Zusammenarbeit zwischen Unternehmen (bei großen Unternehmen grenzübergreifend oder mit mindestens einem KMU) oder zwischen einem Unternehmen und einer Forschungseinrichtung oder – bei weiter Verbreitung der Ergebnisse	80 %	75 %	65 %
Experimentelle Entwicklung	45 %	35 %	25 %
– bei wirksamer Zusammenarbeit zwischen Unternehmen (bei großen Unternehmen grenzübergreifend oder mit mindestens einem KMU) oder zwischen einem Unternehmen und einer Forschungseinrichtung oder – bei weiter Verbreitung der Ergebnisse	60 %	50 %	40 %
Beihilfen für Durchführbarkeitsstudien	70 %	60 %	50 %
Beihilfen für den Bau oder Ausbau von Forschungsinfrastrukturen	50 %	50 %	50 %
Innovationsbeihilfen für KMU	50 %	50 %	–
Beihilfen für Prozess- und Organisationsinnovationen	50 %	50 %	15 %
Beihilfen für Innovationscluster			
Investitionsbeihilfen	50 %	50 %	50 %
– in Fördergebieten, die die Voraussetzungen in Artikel 107 Absatz 3 Buchstabe c AEUV erfüllen	55 %	55 %	55 %
– in Fördergebieten, die die Voraussetzungen in Artikel 107 Absatz 3 Buchstabe a AEUV erfüllen	65 %	65 %	65 %
Betriebsbeihilfen	50 %	50 %	50 %

FuEuI-UnionsR

Empfehlung KMU-Definition

Empfehlung der Kommission vom 6. Mai 2003 betreffend die Definition der Kleinstunternehmen sowie der kleinen und mittleren Unternehmen

(Bekannt gegeben unter Aktenzeichen K(2003) 1422)

(Text von Bedeutung für den EWR)

(2003/361/EG)

Amtsblatt Nr. L 124 vom 20/05/2003 S. 0036 - 0041

DIE KOMMISSION DER EUROPÄISCHEN GEMEINSCHAFTEN

gestützt auf den Vertrag zur Gründung der Europäischen Gemeinschaft, insbesondere auf Artikel 211 zweiter Gedankenstrich,

in Erwägung nachstehender Gründe:

(1) In einem dem Rat im Jahr auf Anfrage des Industrieministerrates vom 28. Mai 1990 vorgelegten Bericht hatte die Kommission vorgeschlagen, die Vielzahl der auf Gemeinschaftsebene verwendeten Definitionen von kleinen und mittleren Unternehmen zu reduzieren. Die Empfehlung 96/280/EG der Kommission vom 3. April 1996 betreffend die Definition der kleinen und mittleren Unternehmen ([1]) beruhte also auf der Auffassung, dass das Nebeneinander verschiedener Definitionen auf der Ebene der Gemeinschaft und der Mitgliedstaaten zu Inkohärenzen führen könnte. Im Rahmen eines Gemeinsamen Marktes ohne Binnengrenzen wurde bereits davon ausgegangen, dass es für die Behandlung der Unternehmen einen Grundstock gemeinsamer Regeln geben muss. Die Weiterverfolgung eines solchen Ansatzes ist umso notwendiger, es zahlreiche Überschneidungen zwischen den auf nationaler und auf Gemeinschaftsebene getroffenen Maßnahmen zugunsten der Kleinstunternehmen sowie der kleinen und mittleren Unternehmen (KMU) gibt - was z. B. für die Struktur- und Forschungsfonds gilt - und weil vermieden werden muss, dass die Gemeinschaft ihre Maßnahmen auf eine andere Art von KMU ausrichtet als die Mitgliedstaaten. Des Weiteren war man der Auffassung, dass die Verwendung ein und derselben Definition durch die Kommission, die Mitgliedstaaten, die Europäische Investitionsbank (EIB) und den Europäischen Investitionsfonds (EIF) Kohärenz und Effizienz aller politischen Maßnahmen zugunsten der KMU steigern und auf diese Weise die Gefahr von Wettbewerbsverzerrungen mindern würde.

(2) Die Empfehlung 96/280/EG wurde von den Mitgliedstaaten weitgehend angewandt und die in ihrem Anhang enthaltene Definition wurde unter anderem in die Verordnung (EG) Nr. 70/2001 der Kommission vom 12. Januar 2001 über die Anwendung der Artikel 87 und 88 EG-Vertrag auf staatliche Beihilfen an kleine und mittlere Unternehmen übernommen ([2]). Über die erforderliche

Anpassung an die veränderten wirtschaftlichen Gegebenheiten hinaus, wie sie in Artikel 2 der genannten Empfehlung vorgesehen war, gilt es jedoch, etliche bei der Anwendung aufgetretene Interpretationsprobleme sowie die von den Unternehmen übermittelten Bemerkungen zu berücksichtigen. In Anbetracht der zahlreichen Änderungen, die daraufhin an der Empfehlung 96/280/EG vorgenommen werden sollten, und aus Gründen der Klarheit ist die genannte Empfehlung durch einen neuen Text zu ersetzen.

(3) Im Übrigen ist gemäß den Artikeln 48, 81 und 82 EG-Vertrag in ihrer Auslegung durch den Gerichtshof der Europäischen Gemeinschaften unabhängig von der Rechtsform jede Einheit als Unternehmen anzusehen, die eine wirtschaftliche Tätigkeit ausübt, insbesondere also auch die Einheiten, die als Einpersonen- oder Familienbetriebe eine handwerkliche Tätigkeit oder andere Tätigkeiten ausüben, sowie Personengesellschaften oder Vereinigungen, die regelmäßig einer wirtschaftlichen Tätigkeit nachgehen.

(4) Das Kriterium der Mitarbeiterzahl bleibt mit Sicherheit eines der aussagekräftigsten und muss als Hauptkriterium festgeschrieben werden, wobei jedoch ein finanzielles Kriterium eine notwendige Ergänzung darstellt, um die tatsächliche Bedeutung eines Unternehmens, seine Leistungsfähigkeit und seine Wettbewerbssituation beurteilen zu können. Allerdings wäre davon abzuraten, als einziges finanzielles Kriterium den Umsatz heranzuziehen - allein schon deshalb, weil der Umsatz der Handelsunternehmen und des Vertriebs naturgemäß über dem des verarbeitenden Gewerbes liegt. Das Kriterium des Umsatzes muss also mit dem der Bilanzsumme kombiniert werden, das die Gesamtheit des Wertes eines Unternehmens widerspiegelt, wobei bei einem dieser Kriterien die festgelegte Grenze überschritten werden darf.

(5) Der Schwellenwert für den Umsatz gilt für Unternehmen, die sehr unterschiedlichen wirtschaftlichen Tätigkeiten nachgehen. Um den Nutzen, der sich aus der Anwendung der Definition ergibt, nicht unnötig zu schmälern, ist eine Aktualisierung angebracht, bei der die Entwicklung der Preise und der Produktivität gleichermaßen zu berücksichtigen ist.

(6) Da in Bezug auf den Schwellenwert für die Bilanzsumme keine neuen Erkenntnisse vorliegen, ist die Beibehaltung Ansatzes gerechtfertigt, der darin besteht, auf

---

[1] ABl. L 107 vom 30.4.1996, S. 4.

[2] ABl. L 10 vom 13.1.2001, S. 33.

23. KMU-Definition

den Schwellenwert für den Umsatz einen auf dem statistischen Verhältnis zwischen diesen beiden Variablen beruhenden Koeffizienten anzuwenden. Die festgestellte statistische Entwicklung lässt eine stärkere Anhebung des Schwellenwertes für den Umsatz geboten erscheinen. Da diese Entwicklung je nach Größenklasse der Unternehmen unterschiedlich stark ausgeprägt ist, gilt es zudem, diesen Koeffizienten so zu staffeln, dass der wirtschaftlichen Entwicklung im Rahmen des Möglichen Rechnung getragen wird und die Kleinst- und Kleinunternehmen gegenüber den mittleren Unternehmen nicht benachteiligt werden. Dieser Koeffizient liegt im Falle der Kleinst- und Kleinunternehmen sehr nahe bei 1. Der Einfachheit halber ist daher bei diesen beiden Größenklassen sowohl für den Umsatz als auch für die Bilanzsumme der gleiche Schwellenwert festzulegen.

(7) Wie schon in der Empfehlung 96/280/EG handelt es sich bei den Finanz- und Mitarbeiterschwellenwerten um Obergrenzen, und die Mitgliedstaaten, die EIB sowie der EIF können unter den Gemeinschaftsschwellen liegende Schwellenwerte festsetzen, um Maßnahmen auf eine bestimmte Kategorie von KMU auszurichten. Aus Gründen der Vereinfachung der Verwaltungsverfahren können sich Letztere auch auf ein einziges Kriterium - das der Mitarbeiterzahl - beschränken, wenn es darum geht, bestimmte von ihnen verfolgte Politiken umzusetzen. Davon sind allerdings Bereiche ausgenommen, für die die verschiedenen Regeln des Wettbewerbsrechts gelten, die ebenfalls das Heranziehen und Einhalten finanzieller Kriterien erfordern.

(8) Im Anschluss an die Billigung der Europäischen Charta für Kleinunternehmen durch den Europäischen Rat auf seiner Tagung in Santa Maria da Feira im Juni 2000 gilt es ferner, die Kleinstunternehmen, die für die Entwicklung der unternehmerischen Initiative und für die Schaffung von Arbeitsplätzen eine besonders wichtige Kategorie von Kleinunternehmen darstellen, genauer zu definieren.

(9) Damit sich die wirtschaftliche Realität der KMU besser erfassen lässt und aus dieser Kategorie die Unternehmensgruppen ausgeklammert werden können, die über eine stärkere Wirtschaftskraft als ein KMU verfügen, empfiehlt es sich, die verschiedenen Unternehmenstypen danach zu unterscheiden, ob es sich um eigenständige Unternehmen handelt, ob über Beteiligungen verfügen, mit denen keine Kontrollposition einhergeht (Partnerunternehmen), oder ob sie mit anderen Unternehmen verbunden sind. Der in der Empfehlung 96/280/EG angegebene Beteiligungsgrad von 25 %, unterhalb dessen ein Unternehmen als autonom gilt, wird beibehalten.

(10) Im Hinblick auf die Förderung von Unternehmensgründungen, die Eigenmittelfinanzierung der KMU sowie ländliche und lokale Entwicklung können die Unternehmen auch dann als eigenständig betrachtet werden, wenn die Beteiligung bestimmter Kategorien von Investoren, die bei diesen Finanzierungen und Gründungen

eine positive Rolle spielen, 25 % oder mehr erreicht, wobei allerdings die für diese Investoren geltenden Bedingungen genau festgelegt werden müssen. Der Fall der natürlichen Personen bzw. Gruppen natürlicher Personen, die regelmäßig im Bereich der Risikokapitalinvestition tätig sind (⊏Business Angels⊐), wird eigens erwähnt, weil im Vergleich zu den anderen Risikokapital-Investoren ihre Fähigkeit, die neuen Unternehmer sachkundig zu beraten, einen wertvollen Beitrag leistet. Zudem stützt ihre Eigenkapitalinvestition die Tätigkeit der Risikokapital-Gesellschaften, indem sie den Unternehmen in frühen Stadien ihrer Unternehmenstätigkeit vergleichsweise geringe Beträge zur Verfügung stellen.

(11) Aus Gründen der Vereinfachung, vor allem für die Mitgliedstaaten und die Unternehmen, ist es zum Zwecke der Definition der verbundenen Unternehmen angezeigt, jene Voraussetzungen zu übernehmen, die in Artikel 1 der Richtlinie 83/349/EWG des Rates vom 13. Juni 1983 aufgrund von Artikel 54 Absatz 3 Buchstabe g) des Vertrages über den konsolidierten Abschluss ([3]), zuletzt geändert durch die Richtlinie 2001/65/EG des Europäischen Parlaments und des Rates ([4]), festgelegt sind, sofern sie dem Zweck dieser Empfehlung entsprechen. Um die als Anreiz für die Eigenmittelinvestition in KMU gedachten Maßnahmen zu verstärken, wird von der Vermutung ausgegangen, dass kein beherrschender Einfluss auf das betroffene Unternehmen ausgeübt wird, wobei die Kriterien von Artikel 5 Absatz 3 der Vierten Richtlinie 78/660/EWG des Rates vom 25. Juli 1978 aufgrund von Artikel 54 Absatz 3 Buchstabe g) des Vertrages über den Jahresabschluss von Gesellschaften bestimmter Rechtsformen ([5]), zuletzt geändert durch die Richtlinie 2001/65/EG, herangezogen werden.

(12) Damit der Nutzen der verschiedenen Regelungen oder Maßnahmen zur Förderung der KMU nur den Unternehmen zugute kommt, bei denen ein entsprechender Bedarf besteht, ist es gleichermaßen wünschenswert, die Beziehungen zu berücksichtigen, die gegebenenfalls durch natürliche Personen zwischen den Unternehmen bestehen. Damit sich die Prüfung dieser Situation auf das unbedingt Notwendige beschränkt, gilt es, diese Beziehungen nur bei den Unternehmen zu berücksichtigen, die Tätigkeiten auf dem gleichen relevanten Markt oder auf benachbarten Märkten nachgehen, indem man sich erforderlichenfalls auf die von der Kommission gegebene Definition des relevanten Marktes bezieht, die Gegenstand der Mitteilung der Kommission über die Definition des relevanten Marktes im Sinne des Wettbewerbsrechts der Gemeinschaft ist ([6]).

(13) Zwecks Vermeidung willkürlicher Unterscheidungen zwischen den verschiedenen staatlichen Stellen eines Mitgliedstaats und im Interesse der Rechtssicherheit erweist es sich als notwendig zu bestätigen, dass ein Unternehmen, dessen Unternehmensanteile oder Stimmrechte zu 25 % oder mehr von einer staatlichen Stelle oder Körperschaft des öffentlichen Rechts kontrolliert werden, kein KMU ist.

[3] ABl. L 193 vom 18.7.1983, S. 1.
[4] ABl. L 283 vom 27.10.2001, S. 28.

[5] ABl. L 222 vom 14.8.1978, S. 11.
[6] ABl. C 372 vom 9.12.1997, S. 5.

(14) Um den Verwaltungsaufwand für die Unternehmen zu verringern und die Bearbeitung administrativer Vorgänge, für die die Einstufung als KMU erforderlich ist, zu erleichtern und zu beschleunigen, empfiehlt es sich, die Möglichkeit zu eröffnen, eidesstattliche Erklärungen der Unternehmen zu Angaben zu bestimmten Merkmalen des betroffenen Unternehmens einzuführen.

(15) Es erscheint geboten, die Zusammensetzung der für die Definition der KMU ausschlaggebenden Mitarbeiterzahl zu präzisieren. Im Hinblick auf die Förderung einer Verbesserung der beruflichen Ausbildung und der alternierenden Ausbildungswege sollten die Auszubildenden und die aufgrund eines Ausbildungsvertrages beschäftigten Personen bei der Berechnung der Mitarbeiterzahl nicht berücksichtigt werden. Auch Mutterschafts- und Elternurlaub sollten nicht in die Berechnung eingehen.

(16) Die aufgrund ihrer Beziehungen zu anderen Unternehmen definierten verschiedenen Unternehmenstypen entsprechen objektiv unterschiedlichen Integrationsgraden. Deshalb ist es angebracht, für jeden dieser Unternehmenstypen differenzierte Modalitäten für die Berechnung der Zahlenwerte anzuwenden, die den Umfang ihrer Tätigkeit und ihrer Wirtschaftskraft darstellen –

EMPFIEHLT:

Artikel 1

(1) Die vorliegende Empfehlung hat die Definition des Kleinstunternehmen sowie der kleinen und mittleren Unternehmen zum Gegenstand, die im Rahmen der Gemeinschaftspolitiken innerhalb der Gemeinschaft und im Europäischen Wirtschaftsraum verwendet wird.

(2) Den Mitgliedstaaten sowie der Europäischen Investitionsbank (EIB) und dem Europäischen Investitionsfonds (EIF) wird empfohlen:

a) sich bei all ihren für KMU, mittlere Unternehmen, kleine Unternehmen bzw. Kleinstunternehmen bestimmten Programmen an Titel I des Anhangs zu halten;

b) die im Hinblick auf die Verwendung der in Artikel 7 des Anhangs angeführten Größenklassen notwendigen Maßnahmen zu treffen, insbesondere wenn es darum geht, eine Bestandsaufnahme der von ihnen verwendeten gemeinschaftlichen Finanzinstrumente zu machen.

Artikel 2

Bei den in Artikel 2 des Anhangs angegebenen Schwellenwerten handelt es sich um Hoechstwerte. Die Mitgliedstaaten, die EIB und der EIF können niedrigere Schwellenwerte festsetzen. Außerdem steht ihnen die Möglichkeit offen, bei der Umsetzung bestimmter Politiken als einziges Kriterium den Personalbestand zugrunde zu legen, wovon allerdings die Bereiche ausgeschlossen sind, die unter die verschiedenen für staatliche Beihilfen geltenden Regeln fallen.

Artikel 3

Die vorliegende Empfehlung ersetzt die Empfehlung 96/280/EG ab 1. Januar 2005.

Artikel 4

Diese Empfehlung ist an die Mitgliedstaaten, die EIB und den EIF gerichtet.

Sie werden aufgefordert, die Kommission spätestens am 31. Dezember 2004 über die Maßnahmen zu unterrichten, die sie getroffen haben, um dieser Empfehlung nachzukommen und sie spätestens am 30. September 2005 über die ersten Ergebnisse ihrer Anwendung zu informieren.

Brüssel, den 6. Mai 2003

Für die Kommission
Erkki LIIKANEN
Mitglied der Kommission

KMU-Definition

23. KMU-Definition

TITEL I

VON DER KOMMISSION ANGENOMMENE DEFINITION DER KLEINSTUNTERNEHMEN SOWIE DER KLEINEN UND MITTLEREN UN-TERNEHMEN

Artikel 1

Unternehmen

Als Unternehmen gilt jede Einheit, unabhängig von ihrer Rechtsform, die eine wirtschaftliche Tätigkeit ausübt. Dazu gehören insbesondere auch jene Einheiten, die eine handwerkliche Tätigkeit oder andere Tätigkeiten als Einpersonen- oder Familienbetriebe ausüben, sowie Personengesellschaften oder Vereinigungen, die regelmäßig einer wirtschaftlichen Tätigkeit nachgehen.

Artikel 2

Mitarbeiterzahlen und finanzielle Schwellenwerte zur Definition der Unternehmensklassen

(1) Die Größenklasse der Kleinstunternehmen sowie der kleinen und mittleren Unternehmen (KMU) setzt sich aus Unternehmen zusammen, die weniger als 250 Personen beschäftigen und die entweder einen Jahresumsatz von höchstens 50 Mio. EUR erzielen oder deren Jahresbilanzsumme sich auf höchstens 43 Mio. EUR beläuft.

(2) Innerhalb der Kategorie der KMU wird ein kleines Unternehmen als ein Unternehmen definiert, das weniger als 50 Personen beschäftigt und dessen Jahresumsatz bzw. Jahresbilanz 10 Mio. EUR nicht übersteigt.

(3) Innerhalb der Kategorie der KMU wird ein Kleinstunternehmen als ein Unternehmen definiert, das weniger als 10 Personen beschäftigt und dessen Jahresumsatz bzw. Jahresbilanz 2 Mio. EUR nicht überschreitet.

Artikel 3

Bei der Berechnung der Mitarbeiterzahlen und der finanziellen Schwellenwerte berücksichtigte Unternehmenstypen

(1) Ein ⌐eigenständiges Unternehmen⌐ist jedes Unternehmen, das nicht als Partnerunternehmen im Sinne von Absatz 2 oder als verbundenes Unternehmen im Sinne von Absatz 3 gilt.

(2) ⌐Partnerunternehmen⌐sind alle Unternehmen, die nicht als verbundene Unternehmen im Sinne von Absatz 3 gelten und zwischen denen folgende Beziehung besteht: Ein Unternehmen (das vorgeschaltete Unternehmen) hält - allein oder gemeinsam mit einem oder mehreren verbundenen Unternehmen im Sinne von Absatz 3 - 25 % oder mehr des Kapitals oder der Stimmrechte eines anderen Unternehmens (des nachgeschalteten Unternehmens).

Ein Unternehmen gilt jedoch weiterhin als eigenständig, auch wenn der Schwellenwert von 25 % erreicht oder überschritten wird, sofern es sich um folgende Kategorien von Investoren handelt und unter der Bedingung, dass diese Investoren nicht im Sinne von Absatz 3 einzeln oder gemeinsam mit dem betroffenen Unternehmen verbunden sind:

a) staatliche Beteiligungsgesellschaften, Risikokapitalgesellschaften, natürliche Personen bzw. Gruppen natürlicher Personen, die regelmäßig im Bereich der Risikokapitalinvestition tätig sind (⌐Business Angels⌐) und die Eigenmittel in nicht börsennotierte Unternehmen investieren, sofern der Gesamtbetrag der Investition der genannten ⌐Business Angels⌐in ein und dasselbe Unternehmen 1250000 EUR nicht überschreitet;

b) Universitäten oder Forschungszentren ohne Gewinnzweck;

c) institutionelle Anleger einschließlich regionaler Entwicklungsfonds;

d) autonome Gebietskörperschaften mit einem Jahreshaushalt von weniger als 10 Mio. EUR und weniger als 5000 Einwohnern.

(3) ⌐Verbundene Unternehmen⌐sind Unternehmen, die zueinander in einer der folgenden Beziehungen stehen:

a) Ein Unternehmen hält die Mehrheit der Stimmrechte der Aktionäre oder Gesellschafter eines anderen Unternehmens;

b) ein Unternehmen ist berechtigt, die Mehrheit der Mitglieder des Verwaltungs-, Leitungs- oder Aufsichtsgremiums eines anderen Unternehmens zu bestellen oder abzuberufen;

c) ein Unternehmen ist gemäß einem mit einem anderen Unternehmen abgeschlossenen Vertrag oder aufgrund einer Klausel in dessen Satzung berechtigt, einen beherrschenden Einfluss auf dieses Unternehmen auszuüben;

d) ein Unternehmen, das Aktionär oder Gesellschafter eines anderen Unternehmens ist, übt gemäß einer mit anderen Aktionären oder Gesellschaftern dieses anderen Unternehmens getroffenen Vereinbarung die alleinige Kontrolle über die Mehrheit der Stimmrechte von dessen Aktionären oder Gesellschaftern aus.

Es besteht die Vermutung, dass kein beherrschender Einfluss ausgeübt wird, sofern sich die in Absatz 2 Unterabsatz 2 genannten Investoren nicht direkt oder indirekt in die Verwaltung des betroffenen Unternehmens einmischen - unbeschadet der Rechte, die sie in ihrer Eigenschaft als Aktionäre oder Gesellschafter besitzen.

Unternehmen, die durch ein oder mehrere andere Unternehmen, oder einem der in Absatz 2 genannten Investoren, untereinander in einer der in Unterabsatz 1 genannten Beziehungen stehen, gelten ebenfalls als verbunden.

Unternehmen, die durch eine natürliche Person oder eine gemeinsam handelnde Gruppe natürlicher Personen miteinander in einer dieser Beziehungen stehen, gelten gleichermaßen als verbundene Unternehmen, sofern diese Unternehmen ganz oder teilweise in demselben Markt oder in benachbarten Märkten tätig sind.

Als benachbarter Markt gilt der Markt für ein Produkt oder eine Dienstleistung, der dem betreffenden Markt unmittelbar vor- oder nachgeschaltet ist.

(4) Außer den in Absatz 2 Unterabsatz 2 angeführten Fällen kann ein Unternehmen nicht als KMU angesehen werden, wenn 25 % oder mehr seines Kapitals oder seiner Stimmrechte direkt oder indirekt von einem oder mehreren öffentlichen Stellen oder Körperschaften des öffentlichen Rechts einzeln oder gemeinsam kontrolliert werden.

(5) Die Unternehmen können eine Erklärung zu ihrer Qualität als eigenständiges Unternehmen, Partnerunternehmen oder verbundenes Unternehmen sowie zu den Daten über die in Artikel 2 angeführten Schwellenwerte abgeben. Diese Erklärung kann selbst dann vorgelegt werden, wenn sich die Anteilseigner aufgrund der Kapitalstreuung nicht genau feststellen lassen, wobei das Unternehmen nach Treu und Glauben erklärt, es könne mit Recht davon ausgehen, dass es sich nicht zu 25 % oder mehr im Besitz eines Unternehmens oder im gemeinsamen Besitz von miteinander bzw. über natürliche Personen oder eine Gruppe natürlicher Personen verbundenen Unternehmen befindet. Solche Erklärungen werden unbeschadet der aufgrund nationaler oder gemeinschaftlicher Regelungen vorgesehenen Kontrollen oder Überprüfungen abgegeben.

Artikel 4

Für die Mitarbeiterzahl und die finanziellen Schwellenwerte sowie für den Berichtszeitraum zugrunde zu legende Daten

(1) Die Angaben, die für die Berechnung der Mitarbeiterzahl und der finanziellen Schwellenwerte herangezogen werden, beziehen sich auf den letzten Rechnungsabschluss und werden auf Jahresbasis berechnet. Sie werden vom Stichtag des Rechnungsabschlusses an berücksichtigt. Die Höhe des herangezogenen Umsatzes wird abzüglich der Mehrwertsteuer (MwSt.) und sonstiger indirekter Steuern oder Abgaben berechnet.

(2) Stellt ein Unternehmen am Stichtag des Rechnungsabschlusses fest, dass es auf Jahresbasis die in Artikel 2 genannten Schwellenwerte für die Mitarbeiterzahl oder die Bilanzsumme über- oder unterschreitet, so verliert bzw. erwirbt es dadurch den Status eines mittleren Unternehmens, eines kleinen Unternehmens bzw. eines Kleinstunternehmens erst dann, wenn es in zwei aufeinander folgenden Geschäftsjahren zu einer Über- oder Unterschreitung kommt.

(3) Bei einem neu gegründeten Unternehmen, das noch keinen Jahresabschluss vorlegen kann, werden die entsprechenden Daten im Laufe des Geschäftsjahres nach Treu und Glauben geschätzt.

Artikel 5

Mitarbeiterzahl

Die Mitarbeiterzahl entspricht der Zahl der Jahresarbeitseinheiten (JAE), d. h. der Zahl der Personen, die in dem betroffenen Unternehmen oder auf Rechnung dieses Unternehmens während des gesamten Berichtsjahres einer Vollzeitbeschäftigung nachgegangen sind. Für die Arbeit von Personen, die nicht das ganze Jahr gearbeitet haben oder die im Rahmen einer Teilzeitregelung tätig waren, und für Saisonarbeit wird der jeweilige Bruchteil an JAE gezählt. In die Mitarbeiterzahl gehen ein:

a) Lohn- und Gehaltsempfänger;

b) für das Unternehmen tätige Personen, die in einem Unterordnungsverhältnis zu diesem stehen und nach nationalem Recht Arbeitnehmern gleichgestellt sind;

c) mitarbeitende Eigentümer;

d) Teilhaber, die eine regelmäßige Tätigkeit in dem Unternehmen ausüben und finanzielle Vorteile aus dem Unternehmen ziehen.

Auszubildende oder in der beruflichen Ausbildung stehende Personen, die einen Lehr- bzw. Berufsausbildungsvertrag haben, sind in der Mitarbeiterzahl nicht berücksichtigt. Die Dauer des Mutterschafts- bzw. Elternurlaubs wird nicht mitgerechnet

Artikel 6

Erstellung der Daten des Unternehmens

(1) Im Falle eines eigenständigen Unternehmens werden die Daten einschließlich der Mitarbeiterzahl ausschließlich auf der Grundlage der Jahresabschlüsse dieses Unternehmens erstellt.

(2) Die Daten - einschließlich der Mitarbeiterzahl - eines Unternehmens, das Partnerunternehmen oder verbundene Unternehmen hat, werden auf der Grundlage der Jahresabschlüsse und sonstiger Daten des Unternehmens erstellt oder - sofern vorhanden - anhand der konsolidierten Jahresabschlüsse des Unternehmens bzw. der konsolidierten Jahresabschlüsse, in die das Unternehmen durch Konsolidierung eingeht.

Zu den in Unterabsatz 1 genannten Daten werden die Daten der eventuell vorhandenen Partnerunternehmen des betroffenen Unternehmens, die diesem unmittelbar vor- oder nachgeschaltet sind, hinzugerechnet. Die Anrechnung erfolgt proportional zu dem Anteil der Beteiligung am Kapital oder an den Stimmrechten (wobei der höhere dieser beiden Anteile zugrunde gelegt wird). Bei wechselseitiger Kapitalbeteiligung wird der höhere dieser Anteile herangezogen.

Zu den in den Unterabsätzen 2 und 3 genannten Daten werden ggf. 100 % der Daten derjenigen direkt oder indirekt mit dem betroffenen Unternehmen verbundenen Unternehmen addiert, die in den konsolidierten Jahresabschlüssen noch nicht berücksichtigt wurden.

(3) Bei der Anwendung von Absatz 2 gehen die Daten der Partnerunternehmen des betroffenen Unternehmens

23. KMU-Definition

aus den Jahresabschlüssen und sonstigen Daten (sofern vorhanden in konsolidierter Form) hervor, zu denen 100 % der Daten der mit diesen Partnerunternehmen verbundenen Unternehmen addiert werden, sofern ihre Daten noch nicht durch Konsolidierung erfasst wurden.

Bei der Anwendung von Absatz 2 sind die Daten der mit den betroffenen Unternehmen verbundenen Unternehmen aus ihren Jahresabschlüssen und sonstigen Angaben, sofern vorhanden in konsolidierter Form, zu entnehmen. Zu diesen Daten werden ggf. die Daten der Partnerunternehmen dieser verbundenen Unternehmen, die diesen unmittelbar vor- oder nachgeschaltet sind, anteilsmäßig hinzugerechnet, sofern sie in den konsolidierten Jahresabschlüssen nicht bereits anteilsmäßig so erfasst wurden, dass der entsprechende Wert mindestens dem unter dem in Absatz 2 Unterabsatz 2 genannten Anteil entspricht.

(4) In den Fällen, in denen die Mitarbeiterzahl eines bestimmten Unternehmens in den konsolidierten Jahresabschlüssen nicht ausgewiesen ist, wird die Mitarbeiterzahl berechnet, indem die Daten der Unternehmen, die Partnerunternehmen dieses Unternehmens sind, anteilsmäßig hinzugerechnet und die Daten über die Unternehmen, mit denen dieses Unternehmen verbunden ist, addiert werden.

TITEL II

SONSTIGE BESTIMMUNGEN

Artikel 7

Statistische Daten

Die Kommission ergreift die Maßnahmen, die erforderlich sind, damit die von ihr erstellten statistischen Daten entsprechend der folgenden Größenklassen von Unternehmen erstellt werden:

a) 0 bis 1 Personen;

b) 2 bis 9 Personen;

c) 10 bis 49 Personen;

d) 50 bis 249 Personen.

Artikel 8

Bezugnahmen

(1) Alle Vorschriften oder Programme der Gemeinschaft, die geändert oder noch verabschiedet werden und in denen die Begriffe ꞌKMUꞋ, ꞌKleinstunternehmenꞋ, ꞌkleines UnternehmenꞋ, ꞌmittleres UnternehmenꞋ oder ähnliche Begriffe vorkommen, sollten sich auf die in der vorliegenden Empfehlung enthaltene Definition beziehen.

(2) Während der Übergangszeit können die derzeitigen gemeinschaftlichen Förderprogramme, die die KMU-Definition gemäß der Empfehlung 96/280/EG verwenden, weiterhin ihre Wirkung entfalten und Unternehmen zugute kommen, die zum Zeitpunkt der Verabschiedung

dieser Programme als KMU angesehen wurden. Rechtlich bindende Verpflichtungen, die von der Kommission auf der Grundlage dieser Programme eingegangen wurden, bleiben unberührt.

Unbeschadet von Unterabsatz 1 darf jede Änderung dieser Programme, die die Definition der KMU betrifft, gemäß Absatz 1 nur im Sinne der vorliegenden Empfehlung erfolgen

Artikel 9

Änderung der Definition

Anhand einer Bestandsaufnahme der Anwendung der in der vorliegenden Empfehlung enthaltenen Definition, die spätestens am 31. März 2006 erfolgen wird, und unter Berücksichtigung eventueller Änderungen von Artikel 1 der Richtlinie 83/349/EWG betreffend die Definition der verbundenen Unternehmen im Sinne dieser Richtlinie, passt die Kommission erforderlichenfalls die in der vorliegenden Empfehlung enthaltene Definition an, insbesondere die festgelegten Schwellenwerte für den Umsatz und die Bilanzsumme, damit einschlägiger Erfahrung und dem veränderten wirtschaftlichen Umfeld in der Gemeinschaft Rechnung getragen werden kann.

KMU-Definition

MITTEILUNG DER KOMMISSION

zur Änderung der Mitteilungen der Kommission über Leitlinien der EU für die Anwendung der Vorschriften über staatliche Beihilfen im Zusammenhang mit dem schnellen Breitbandausbau, über Leitlinien für Regionalbeihilfen 2014-2020, über staatliche Beihilfen für Filme und andere audiovisuelle Werke, über Leitlinien für staatliche Beihilfen zur Förderung von Risikofinanzierungen sowie über Leitlinien für staatliche Beihilfen für Flughäfen und Luftverkehrsgesellschaften

(2014/C 198/02)

I. EINFÜHRUNG

Mit der Modernisierung des Beihilfenrechts [1] soll einerseits der Kommission die Möglichkeit gegeben werden, sich auf die Beihilfen zu konzentrieren, die den Wettbewerb am stärksten verfälschen, und andererseits den Mitgliedstaaten mehr Flexibilität für Beihilfen eingeräumt werden, die den Wettbewerb weniger beeinträchtigen. Die neue Allgemeine Gruppenfreistellungsverordnung [2] (AGVO) mit erweitertem Geltungsbereich ermöglicht es den Mitgliedstaaten, auf der Grundlage vorab festgelegter Kriterien Beihilfen zu gewähren, ohne sie zuvor bei der Kommission anmelden zu müssen. Dies spart Zeit, Verwaltungsaufwand und fördert Beihilfemodelle, die gut konzipiert und auf ausgewiesenes Marktversagen ausgerichtet sind, Zielen von gemeinsamem Interesse dienen und den Wettbewerb möglichst wenig verzerren („gute Beihilfen"). Eine zentrale Komponente dieser Modernisierung ist die transparente Beihilfegewährung.

Transparenz stärkt die Rechenschaftspflicht und ermöglicht es den Bürgern, sich über staatliche Fördermaßnahmen besser zu informieren. Eine bessere Information der Bürger trägt wiederum zu einem besseren Dialog zwischen Bürgern und Verwaltungsmitarbeitern bei und führt damit letztlich auch zu besseren politischen Entscheidungen. In den letzten Jahrzehnten haben weltweit Zivilgesellschaft und Verwaltungen sowohl auf lokaler als auch auf gesamtstaatlicher Ebene in Transparenzfragen große Fortschritte erzielt. Teilhabe und Rechenschaftspflicht müssen jedoch noch weiter ausgebaut und gestärkt werden, vor allem wenn es um die Verwendung öffentlicher Mittel geht.

Im Bereich der staatlichen Beihilfen ist Transparenz ganz besonders wichtig. Transparenz befördert die Einhaltung von Vorschriften, verringert Unsicherheiten und versetzt Unternehmen in die Lage zu prüfen, ob Beihilfen für Wettbewerber rechtmäßig sind. Transparenz befördert über einzelne Mitgliedstaaten hinaus gleiche Wettbewerbsbedingungen für die Unternehmen im Binnenmarkt, angesichts des derzeitigen wirtschaftlichen Kontextes ein entscheidender Aspekt. Ferner erleichtert Transparenz den nationalen und regionalen Behörden die Durchsetzung der Vorschriften, indem das Wissen um die auf den verschiedenen Verwaltungsebenen gewährten Beihilfen steigt. Damit verbessern sich Kontrolle und Follow-up auf nationaler und lokaler Ebene. Schließlich ist es bei größerer Transparenz möglich, die Berichterstattungspflichten und den damit verbundenen Verwaltungsaufwand zu verringern.

Während die Kommission in ihren Beschlüssen zu angemeldeten Einzelbeihilfen bereits die Namen der Empfänger und den gewährten Beihilfebetrag veröffentlicht [3], ist es außer bei hohen Regional- und FuE-Beihilfen [4] nicht vorgeschrieben, die Empfänger von Beihilfen bekanntzugeben, die im Rahmen angemeldeter oder unter eine Gruppenfreistellungsverordnung fallender Beihilferegelungen gewährt werden (fast 90 % des in der Union insgesamt gewährten Beihilfevolumens [5]).

---

[1] Mitteilung der Kommission an das Europäische Parlament, den Rat, den Europäischen Wirtschafts- und Sozialausschuss und den Ausschuss der Regionen — Modernisierung des EU-Beihilfenrechts (KOM(2012) 209 vom 8.5.2012).

[2] Verordnung (EU) Nr. 651/2014 der Kommission vom 17. Juni 2014 zur Feststellung der Vereinbarkeit bestimmter Gruppen von Beihilfen mit dem Binnenmarkt in Anwendung der Artikel 107 und 108 des Vertrags über die Arbeitsweise der Europäischen Union (ABl. L 187 vom 26.6.2014, S. 1).

[3] Mitteilung der Kommission zum Berufsgeheimnis in Beihilfeentscheidungen (ABl. C 297 vom 9.12.2003, S. 6).

[4] Siehe http://ec.europa.eu/competition/state_aid/register/.

[5] Siehe http://ec.europa.eu/competition/state_aid/scoreboard/index_en.html.

24. Transparenz-Mitteilung

Einige Mitgliedstaaten haben vor kurzem Websites eingerichtet, die über gewährte Beihilfen informieren [1], oder sind verpflichtet, der Öffentlichkeit Informationen zur Verfügung zu stellen (z. B. über alle Arten öffentlicher Ausgaben) oder auf Anfrage von Bürgern Informationen über öffentliche Ausgaben zu erteilen. Auch im Rahmen der europäischen Struktur- und Investitionsfonds [2] veröffentlichen die Mitgliedstaaten alle Angaben zu den Ausgaben und den Begünstigten. Um eine doppelte Datenerhebung zu vermeiden, könnte für die in der vorliegenden Mitteilung genannten Beihilfe-Websites im Falle von Beihilfen, die im Rahmen der europäischen Struktur- und Investitionsfonds gewährt werden, auf die einschlägigen Angaben in den Systemen für die Strukturfonds-Berichterstattung zugegriffen werden.

Im Zusammenhang mit der jährlichen Berichterstattung nach der Verordnung (EG) Nr. 794/2004 der Kommission [3] erfassen die Mitgliedstaaten bereits Informationen über alle Ausgaben für staatliche Beihilfen. Diese Informationen [4] werden dann der Kommission übermittelt und im Beihilfenanzeiger [5] und auf der Eurostat-Website [6] veröffentlicht.

Im Interesse der Transparenz und um Beihilfen im Einklang mit den einschlägigen Leitlinien gewähren zu können, müssen die Mitgliedstaaten auf regionaler oder nationaler Ebene umfassende Websites für staatliche Beihilfen einrichten, auf denen sie Informationen über die Beihilfemaßnahmen und die jeweiligen Beihilfeempfänger veröffentlichen. Hierfür ist entsprechend gängiger Praxis [7] ein Standardformat zu verwenden, das es ermöglicht, die Informationen leicht im Internet zu veröffentlichen, zu durchsuchen und herunterzuladen. Diese Transparenzpflicht gilt für alle staatlichen Beihilfen mit Ausnahme von Beihilfen unter 500 000 EUR.

Zur Wahrung des Steuergeheimnisses und zum Schutz von Geschäftsgeheimnissen wird nicht verlangt, Angaben über die Steuerbemessungsgrundlage eines Unternehmens oder die genaue Höhe einer Steuerermäßigung für ein Unternehmen offenzulegen. Da steuerliche Beihilfen allerdings selektive Ausnahmen darstellen, den betreffenden Unternehmen einen Vorteil gewähren und somit staatliche Beihilfen darstellen, müssen auch die Grundsätze der Rechenschaftspflicht für die Verwendung öffentlicher Mittel und die Beihilfenkontrolle gewahrt bleiben. Deshalb können bei Beihilfen, die im Rahmen von Steuerregelungen oder Risikofinanzierungsregelungen gewährt werden, die Beihilfebeträge in Form von Spannen angegeben werden.

Es ist ein Übergangszeitraum von zwei Jahren vorgesehen, um den Mitgliedstaaten, in denen es bisher keine Transparenzmechanismen gibt, genügend Zeit für die Einführung solcher Mechanismen einzuräumen. Die Informationssysteme, die es bereits auf nationaler, regionaler und lokaler Ebene für die Berichterstattung über staatliche Beihilfen gibt (SARI [8]), werden hierzu weiterentwickelt und dürften den Mitgliedstaaten die Erhebung und Verarbeitung von Informationen zur anschließenden Veröffentlichung auf ihren Websites erleichtern. Ferner können die Mitgliedstaaten zu den in Artikel 59 der Verordnung (EU) Nr. 1303/2013 genannten Bedingungen technische Hilfe im Rahmen der europäischen Struktur- und Investitionsfonds in Anspruch nehmen.

Mehr Transparenz erlaubt es, die Berichterstattungspflichten zu vereinfachen. Als ersten Schritt schlägt die Kommission vor, den Großteil der Berichterstattungspflichten in den Leitlinien über staatliche Beihilfen, die Gegenstand der Initiative zur Modernisierung des Beihilfenrechts sind, abzuschaffen. Sobald die Mitgliedstaaten ihre Beihilfe-Websites eingerichtet haben, werden die Berichterstattungspflichten nach der Verordnung (EG) Nr. 794/2004 weiter vereinfacht, wobei zu gewährleisten ist, dass im Zuge der Maßnahmen für mehr Transparenz das gleiche Maß an Informationen zur Verfügung steht. Entscheidet sich also ein Mitgliedstaat für größere Transparenz (beispielsweise durch Senkung des Beihilfebetrags, ab dem Informationen zu veröffentlichen sind), werden die verbleibenden Berichterstattungspflichten überflüssig. Darüber hinaus wäre ein weniger systematisches Monitoring vorstellbar.

---

[1] Siehe beispielsweise für Estland http://www.fin.ee/riigiabi oder für die Tschechische Republik (FuE-Beihilfen) http://www.isavz.cz/index.jsp.

[2] Verordnung (EU) Nr. 1303/2013 des Europäischen Parlaments und des Rates vom 17. Dezember 2013 mit gemeinsamen Bestimmungen über den Europäischen Fonds für regionale Entwicklung, den Europäischen Sozialfonds, den Kohäsionsfonds, den Europäischen Landwirtschaftsfonds für die Entwicklung des ländlichen Raums und den Europäischen Meeres- und Fischereifonds sowie mit allgemeinen Bestimmungen über den Europäischen Fonds für regionale Entwicklung, den Europäischen Sozialfonds, den Kohäsionsfonds und den Europäischen Meeres- und Fischereifonds und zur Aufhebung der Verordnung (EG) Nr. 1083/2006 des Rates (ABl. L 347 vom 20.12.2013, S. 320).

[3] Verordnung (EG) Nr. 794/2004 der Kommission vom 21. April 2004 zur Durchführung der Verordnung (EG) Nr. 659/1999 des Rates über besondere Vorschriften für die Anwendung von Artikel 93 des EG-Vertrags (ABl. L 140 vom 30.4.2004, S. 1).

[4] Diese Informationen werden im Falle von Beihilferegelungen in aggregierter Form und für Einzelbeihilfen je Beihilfeempfänger übermittelt.

[5] Siehe http://ec.europa.eu/competition/state_aid/scoreboard/index_en.html.

[6] Siehe beispielsweise http://epp.eurostat.ec.europa.eu/tgm_comp/table.do?tab=table&plugin=1&language=en&pcode=comp_bex_sa_01.

[7] Siehe beispielsweise Richtlinie 2003/98/EG des Europäischen Parlaments und des Rates vom 17. November 2003 über die Weiterverwendung von Informationen des öffentlichen Sektors (ABl. L 345 vom 31.12.2003, S. 90) und Richtlinie 2013/37/EU des Europäischen Parlaments und des Rates vom 26. Juni 2013 zur Änderung der Richtlinie 2003/98/EG über die Weiterverwendung von Informationen des öffentlichen Sektors (ABl. L 175 vom 27.6.2013, S. 1).

[8] IT-Anwendung SARI (State Aid Reporting Interactive).

Im Rahmen der Modernisierung des Beihilfenrechts und im Bemühen, weiter zu gewährleisten, dass Verfälschungen von Wettbewerb und Handel auf ein Minimum begrenzt bleiben, kann die Kommission für bestimmte Regelungen eine Evaluierung vorschreiben. Dies kann besonders für einige Beihilferegelungen mit hoher Mittelausstattung im Sinne des Artikels 1 Absatz 2 Buchstabe a der neuen Allgemeinen Gruppenfreistellungsverordnung gelten. Solche Regelungen sind nach der Verordnung zunächst für einen Zeitraum von sechs Monaten freigestellt, der dann von der Kommission nach Genehmigung des von dem Mitgliedstaat anzumeldenden Evaluierungsplans verlängert werden kann. Die Kommission wird die Vereinbarkeit solcher Regelungen nach Anmeldung des Evaluierungsplans einzig auf der Grundlage dieses Plans prüfen.

II. ÄNDERUNGEN AN DEN MITTEILUNGEN

II.1 Rechtfertigung der Änderungen

Der Transparenzgrundsatz ist bereits in den Leitlinien für die Anwendung der Vorschriften über staatliche Beihilfen im Zusammenhang mit dem schnellen Breitbandausbau [1], den Leitlinien für Regionalbeihilfen 2014-2020 [2], der Mitteilung der Kommission über staatliche Beihilfen für Filme und andere audiovisuelle Werke [3], den Leitlinien für staatliche Beihilfen zur Förderung von Risikofinanzierungen [4] und den Leitlinien für staatliche Beihilfen für Flughäfen und Luftverkehrsgesellschaften [5] niedergelegt.

Nach den öffentlichen Konsultationen zu den genannten Leitlinien [6] [7] und der Allgemeinen Gruppenfreistellungsverordnung [8] sollte die Transparenzpflicht durch die vorliegende Mitteilung jedoch angepasst werden, um die Transparenzbestimmungen in allen überarbeiteten Leitlinien für staatliche Beihilfen anzugleichen. Auf diese Weise soll Angemessenheit gewährleistet, die Offenlegung von Informationen ohne Beihilfebezug verhindert und den Mitgliedstaaten eine Übergangsphase für die Anwendung eingeräumt werden.

Ferner kann mit der Einführung des Transparenzgrundsatzes auch die in den Leitlinien über Regionalbeihilfen 2014-2020 enthaltene Bestimmung, dass der Kommission Informationen über jede Einzelbeihilfe von mehr als 3 Mio. EUR zu übermitteln sind, durch die vorliegende Mitteilung vereinfacht werden.

Der Evaluierungsgrundsatz ist bereits in den Leitlinien für die Anwendung der Vorschriften über staatliche Beihilfen im Zusammenhang mit dem schnellen Breitbandausbau, den Leitlinien für Regionalbeihilfen 2014-2020, den Leitlinien für staatliche Beihilfen zur Förderung von Risikofinanzierungen und den Leitlinien für staatliche Beihilfen für Flughäfen und Luftverkehrsgesellschaften niedergelegt.

Nach Erlass der neuen Allgemeinen Gruppenfreistellungsverordnung sollte die Evaluierungsbestimmung durch die vorliegende Mitteilung geändert werden und besagen, dass die Kommission im Fall von Beihilferegelungen, die ausschließlich aufgrund der hohen Mittelausstattung vom Geltungsbereich der Gruppenfreistellungsverordnung ausgeschlossen sind (siehe hierzu die Definition in Artikel 1 Absatz 2 Buchstabe a der AGVO), alle anderen Freistellungsvoraussetzungen nach der Verordnung aber erfüllen, die Vereinbarkeit einzig auf der Grundlage des von dem Mitgliedstaat anzumeldenden Evaluierungsplans prüft. Dies würde, wie in Artikel 1 Absatz 2 Buchstabe b der Verordnung ausgeführt, nicht gelten für Änderungen solcher Regelungen, da bei diesen Änderungen die Evaluierungsergebnisse berücksichtigt werden müssen.

II.2 Änderungen

a) *EU–Leitlinien für die Anwendung der Vorschriften über staatliche Beihilfen im Zusammenhang mit dem schnellen Breitbandausbau, Leitlinien für Regionalbeihilfen 2014-2020, Mitteilung der Kommission über staatliche Beihilfen für Filme und andere audiovisuelle Werke und Leitlinien für staatliche Beihilfen für Flughäfen und Luftverkehrsgesellschaften*

---

[1] Mitteilung der Kommission — Leitlinien der EU für die Anwendung der Vorschriften über staatliche Beihilfen im Zusammenhang mit dem schnellen Breitbandausbau (ABl. C 25 vom 26.1.2013, S. 1).

[2] Mitteilung der Kommission — Leitlinien für Regionalbeihilfen 2014-2020 (ABl. C 209 vom 23.7.2013, S. 1).

[3] Mitteilung der Kommission über staatliche Beihilfen für Filme und andere audiovisuelle Werke (ABl. C 332 vom 15.11.2013, S. 1).

[4] Mitteilung der Kommission — Leitlinien für staatliche Beihilfen zur Förderung von Risikofinanzierungen (ABl. C 19 vom 22.1.2014, S. 4).

[5] Mitteilung der Kommission — Leitlinien für staatliche Beihilfe für Flughäfen und Luftverkehrsgesellschaften (ABl. C 99 vom 4.4.2014, S. 3).

[6] http://ec.europa.eu/competition/consultations/2013_state_aid_rdi/index_en.html

[7] http://ec.europa.eu/competition/consultations/2013_state_aid_environment/index_de.html

[8] http://ec.europa.eu/competition/consultations/2013_consolidated_gber/index_en.html

24. Transparenz-Mitteilung

Die nachstehend bezeichneten Absätze

— Randnummer 78 Buchstabe j auf Seite 20 der Leitlinien der EU für die Anwendung der Vorschriften über staatliche Beihilfen im Zusammenhang mit dem schnellen Breitbandausbau,

— Nummer 141 auf Seite 24 der Leitlinien für Regionalbeihilfen 2014-2020,

— Randnummer 52 Absatz 7 auf Seite 10 der Mitteilung der Kommission über staatliche Beihilfen für Filme und andere audiovisuelle Werke und

— Randnummern 162 und 163 auf Seite 28 der Leitlinien für staatliche Beihilfen für Flughäfen und Luftverkehrsgesellschaften

erhalten durch die vorliegende Mitteilung folgenden Wortlaut:

„Die Mitgliedstaaten stellen sicher, dass folgende Informationen auf nationaler oder regionaler Ebene auf einer ausführlichen Beihilfe-Website veröffentlicht werden:

— vollständiger Wortlaut der genehmigten Beihilferegelung oder des Gewährungsbeschlusses für Einzelbeihilfen, einschließlich ihrer Durchführungsbestimmungen, oder ein Link dazu,

— Name(n) der Bewilligungsbehörde(n),

— Namen der einzelnen Beihilfeempfänger, Art der Beihilfe und Beihilfebetrag je Beihilfeempfänger, Tag der Gewährung, Art des Unternehmens (KMU/großes Unternehmen), Region (auf NUTS-Ebene 2), in der der Beihilfeempfänger angesiedelt ist, sowie Hauptwirtschaftszweig, in dem der Beihilfeempfänger tätig ist (auf Ebene der NACE-Gruppe) (*).

Von dieser Anforderung kann bei Einzelbeihilfen unter 500 000 EUR abgesehen werden. Bei Beihilferegelungen in Form von Steuervergünstigungen können die Angaben zu den Beihilfebeträgen (**) je Beihilfeempfänger in folgenden Spannen angegeben werden (in Mio. EUR): [0,5-1]; [1-2]; [2-5]; [5-10]; [10-30]; [30 und mehr].

Die Veröffentlichung dieser Angaben muss nach Erlass des Beschlusses zur Gewährung der Beihilfe erfolgen, die Angaben müssen mindestens 10 Jahre lang aufbewahrt werden und ohne Einschränkungen öffentlich zugänglich sein (***). Vor dem 1. Juli 2016 sind die Mitgliedstaaten nicht verpflichtet, die vorstehenden Angaben zu veröffentlichen (****).

(*) Mit Ausnahme von Geschäftsgeheimnissen und sonstigen vertraulichen Auskünften in hinreichend begründeten Fällen und vorbehaltlich der Zustimmung der Kommission (Mitteilung der Kommission zum Berufsgeheimnis in Beihilfeentscheidungen, C(2003) 4582, ABl. C 297 vom 9.12.2003, S. 6)).

(**) Zu veröffentlichen ist der erlaubte Höchstbetrag der Steuervergünstigung und nicht der jedes Jahr abgezogene Betrag (so ist im Fall von Steuergutschriften der erlaubte Höchstsatz der Gutschrift zu veröffentlichen und nicht der tatsächliche Betrag, der von den steuerpflichtigen Erträgen abhängen und sich von Jahr zu Jahr ändern kann).

(***) Die Informationen sind innerhalb von sechs Monaten ab dem Tag der Gewährung (bzw. im Falle von Beihilfen in Form von Steuervergünstigungen innerhalb eines Jahres ab dem Tag, an dem die Steuererklärung fällig ist) zu veröffentlichen. Im Falle rechtswidriger Beihilfen sind die Mitgliedstaaten verpflichtet, die nachträgliche Veröffentlichung der Informationen spätestens innerhalb von sechs Monaten ab dem Datum des Kommissionsbeschlusses zu gewährleisten. Die Informationen müssen in einem Format zur Verfügung stehen, das es gestattet, Daten zu durchsuchen, zu extrahieren und einfach im Internet zu veröffentlichen (z. B. im Format CSV oder XML).

(****) Für Beihilfen, die vor dem 1. Juli 2016 gewährt werden, bzw. für steuerliche Beihilfen, die vor dem 1. Juli 2016 beantragt oder gewährt werden, besteht keine Veröffentlichungspflicht.“

Die Nummer 193 auf Seite 33 der Leitlinien für Regionalbeihilfen 2014-2020 wird gestrichen. Anhang VI auf Seite 45 wird gestrichen.

b) *Leitlinien für staatliche Beihilfen zur Förderung von Risikofinanzierungen*

Auf Seite 32 der Leitlinien für staatliche Beihilfen zur Förderung von Risikofinanzierungen (¹)

(¹) ABl. C 19 vom 22.1.2014, S. 4.

Transparenz-Mitteilung

in Randnummer 166 Ziffer v

muss es anstatt „Auf dieses Erfordernis kann bei KMU, die noch keinen kommerziellen Verkauf getätigt haben, und bei Investitionen von weniger als 200 000 EUR in ein endbegünstigtes Unternehmen verzichtet werden"

wie folgt heißen: „Auf dieses Erfordernis kann bei KMU, die noch keinen kommerziellen Verkauf getätigt haben, und bei Investitionen von weniger als 500 000 EUR in ein endbegünstigtes Unternehmen verzichtet werden",

in Randnummer 166 Ziffer vi

muss es anstatt „die Höhe des erhaltenen steuerlichen Vorteils, wenn dieser mehr als 200 000 EUR beträgt. Dieser Betrag kann in Spannen von 2 Mio. EUR angegeben werden."

wie folgt heißen: „die Höhe des erhaltenen steuerlichen Vorteils, wenn dieser mehr als 500 000 EUR beträgt. Dieser Betrag kann in folgenden Spannen angegeben werden (in Mio. EUR): [0,5-1]; [1-2]; [2-5]; [5-10]; [10-30]; [30 und mehr]."

und am Ende von Randnummer 166 ist Folgendes einzufügen:

„Vor dem 1. Juli 2016 sind die Mitgliedstaaten nicht verpflichtet, die vorstehenden Angaben zu machen (*).

(*) Für Beihilfen, die vor dem 1. Juli 2016 gewährt werden, bzw. für steuerliche Beihilfen, die vor dem 1. Juli 2016 beantragt oder gewährt werden, besteht keine Veröffentlichungspflicht."

c) *EU–Leitlinien für die Anwendung der Vorschriften über staatliche Beihilfen im Zusammenhang mit dem schnellen Breitbandausbau, Leitlinien für Regionalbeihilfen 2014-2020, Leitlinien für staatliche Beihilfen für Flughäfen und Luftverkehrsgesellschaften und Leitlinien für staatliche Beihilfen zur Förderung von Risikofinanzierungen*

— Auf Seite 12 der Leitlinien der EU für die Anwendung der Vorschriften über staatliche Beihilfen im Zusammenhang mit dem schnellen Breitbandausbau, am Ende von Randnummer 53,

— auf Seite 25 der Leitlinien für Regionalbeihilfen 2014-2020, am Ende von Nummer 144,

— auf Seite 29 der Leitlinien für staatliche Beihilfen für Flughäfen und Luftverkehrsgesellschaften, am Ende von Randnummer 167 und

— auf Seite 32 der Leitlinien für staatliche Beihilfen für Flughäfen und Luftverkehrsgesellschaften, am Ende von Randnummer 172

ist Folgendes einzufügen:

„Die Kommission wird die Vereinbarkeit von Beihilferegelungen, die ausschließlich aufgrund der hohen Mittelausstattung vom Geltungsbereich einer Gruppenfreistellungsverordnung ausgeschlossen sind, einzig auf der Grundlage des Evaluierungsplans prüfen."

Bürgschaftsmitteilung

Mitteilung der Kommission über die Anwendung der Artikel 87 und 88 des EG-Vertrags auf staatliche Beihilfen in Form von Haftungsverpflichtungen und Bürgschaften

ABl C 2008/155, 10 (2008/C 155/02)

Mit dieser Mitteilung wird die Mitteilung der Kommission über die Anwendung der Artikel 87 und 88 des EG-Vertrags auf staatliche Beihilfen in Form von Haftungsverpflichtungen und Bürgschaften (ABl. C 71 vom 11.3.2000, S. 14) ersetzt.

1. EINLEITUNG

1.1. Hintergrund

In dieser Mitteilung wird die überarbeitete Politik der Kommission im Bereich staatlicher Beihilfen in Form von Garantien (der im Folgenden verwendete Ausdruck „Garantien" umfasst auch Haftungsverpflichtungen und Bürgschaften) dargelegt. Dadurch sollen sich die Mitgliedstaaten ein klareres Bild über die Grundsätze verschaffen können, von denen sich die Kommission bei der Auslegung der Artikel 87 und 88 des EG-Vertrags und deren Anwendung auf staatliche Garantien leiten lassen will. Diese Grundsätze sind in der Mitteilung der Kommission über die Anwendung der Artikel 87 und 88 des EG-Vertrags auf staatliche Beihilfen in Form von Haftungsverpflichtungen und Bürgschaften ([1])niedergelegt. Aufgrund der Erfahrungen, die seit dem Jahr 2000 bei der Anwendung der vorgenannten Mitteilung gewonnen wurden, erscheint es angezeigt, die Politik der Kommission in diesem Bereich neu zu definieren. In diesem Zusammenhang möchte die Kommission unter anderem an ihre jüngste Entscheidungspraxis in mehreren Beihilfesachen ([2]) erinnern, wonach im Falle von Garantieregelungen das Verlustrisiko für jede Garantie einzeln zu bewerten ist. Die Kommission ist im Interesse der Berechenbarkeit ihrer Entscheidungen sowie der Sicherstellung der Gleichbehandlung weiterhin bestrebt, ihre Politik in diesem Bereich möglichst transparent zu gestalten. Insbesondere möchte die Kommission den kleinen und mittleren Unternehmen (im Folgenden „KMU" genannt) und den Mitgliedstaaten die Gewissheit geben, dass staatliche Garantien bei Erhebung bestimmter, je nach Bonitätseinstufung der Unternehmen unterschiedlicher Mindestentgelte (sog. Safe-Harbour-Prämien) nicht als Beihilfe gelten, die in den Anwendungsbereich von Artikel 87 Absatz 1 des EG-Vertrags fallen. Umgekehrt könnte die Erhebung geringerer Prämien als Beihilfeelement gewertet werden.

1.2. Garantieformen

Garantien werden in der Regel für Kredite oder sonstige finanzielle Verpflichtungen übernommen, die Kreditnehmer mit Kreditgebern vereinbaren wollen. Garantien können einzeln oder im Rahmen von Garantieregelungen übernommen werden.

Je nach Rechtsgrundlage, Art der garantierten Transaktion, Laufzeit u. ä. lassen sich jedoch verschiedene Formen von Garantien unterscheiden. Dazu gehören unter anderem:

— allgemeine Garantien, d. h. Garantien für Unternehmen, im Gegensatz zu Garantien für eine bestimmte Transaktion, bei der es sich unter anderem um einen Kredit oder eine Kapitalinvestition handeln kann,

— Garantien, die durch ein bestimmtes Instrument bereitgestellt werden, im Gegensatz zu Garantien, die an die Rechtsform des Unternehmens geknüpft sind,

— unmittelbar übernommene Garantien oder Rückgarantien, die für einen Erstbürgen übernommen werden,

— unbeschränkte Garantien im Gegensatz zu betraglich und/oder zeitlich begrenzten Garantien. Als Beihilfe in Form einer Garantie wertet die Kommission auch die günstigeren Finanzierungsbedingungen für Unternehmen, deren Rechtsform einen Konkurs oder andere Insolvenzverfahren ausschließt oder dem Unternehmen eine ausdrückliche staatliche Garantie oder Verlustübernahme durch den Staat verschafft. Dasselbe gilt für den Erwerb einer staatlichen Beteiligung an einem Unternehmen, wenn dabei anstatt der üblichen begrenzten Haftung eine unbegrenzte Haftung übernommen wird,

— Garantien, die sich eindeutig aus vertraglichen Bestimmungen (beispielsweise Verträgen, finanziellen Unterstützungserklärungen) oder anderen Rechtsquellen ergeben, im Gegensatz zu Garantien, die sich weniger deutlich erkennen lassen (beispielsweise Begleitschreiben, mündliche Zusagen usw.), wobei der Umfang der Absicherung durch diese Garantien möglicherweise unterschiedlich ist.

Insbesondere im letztgenannten Fall sind die Garantien aufgrund des Fehlens angemessener rechtlicher oder

**Bürg-
schafts-
Mittei-
lung**

[1] ABl. C 71 vom 11.3.2000, S. 14.
[2] Siehe beispielsweise Entscheidung 2003/706/EG der Kommission vom 23. April 2003 betreffend die von Deutschland durchgeführten — Beihilferegelungen „Bürgschaftsregelungen des Landes Brandenburg von 1991 und 1994" — Beihilfe C 45/98 (ex NN 45/97) (ABl. L 263 vom 14.10.2003, S. 1); Entscheidung der Kommission

vom 16. Dezember 2003, Bürgschaftssysteme für Schiffsfinanzierungen — Deutschland, (Sache N 512/03) (ABl. C 62 vom 11.3.2004, S. 3); Entscheidung 2006/599/EG der Kommission vom 6. April 2005, über die Beihilferegelung, die Italien zugunsten der Schiffsfinanzierung durchführen will (ABl. L 244 vom 7.9.2006, S. 17).

buchhalterischer Aufzeichnungen nur sehr schwer rückverfolgbar. Dies gilt sowohl im Hinblick auf den Begünstigten als auch auf den Staat bzw. die öffentliche Einrichtung als Garanten und damit im Hinblick auf die Dritten zur Verfügung stehenden Informationen.

1.3. Gliederung und Anwendungsbereich der Mitteilung

Für die Zwecke dieser Mitteilung gelten folgende Begriffsbestimmungen:

a) „Garantieregelung": ist ein Instrument, das ohne weitere Durchführungsmaßnahmen ermöglicht, Garantien für Unternehmen zu übernehmen, sofern bestimmte Voraussetzungen im Hinblick auf die Laufzeit und die Höhe der Garantie, die zugrunde liegende Transaktion und die Art oder die Größe des Unternehmens (zum Beispiel KMU) erfüllt sind.

b) „Einzelgarantie": Garantie für ein Unternehmen, die nicht auf der Grundlage einer Garantieregelung übernommen wird.

Die Abschnitte 3 und 4 dieser Mitteilung gelten unmittelbar für Garantien, die sich auf eine bestimmte finanzielle Transaktion wie einen Kredit beziehen. Da solche Garantien häufig vorkommen und sich in der Regel quantifizieren lassen, hält die Kommission ihre beihilferechtliche Einstufung für besonders wichtig.

Da es sich bei der garantierten Transaktion in den meisten Fällen um einen Kredit handelt, wird im Folgenden in dieser Mitteilung der Hauptbegünstigte der Garantie als „Kreditnehmer" bezeichnet und die Instanz, deren Risiko sich durch die staatliche Garantie verringert, als „Kreditgeber". Durch die Verwendung dieser beiden Begriffe soll auch der Grundgedanke dieser Mitteilung leichter verständlich gemacht werden, da allgemein bekannt ist, wie ein Kredit im Wesentlichen funktioniert. Dies bedeutet jedoch nicht, dass die Abschnitte 3 und 4 nur für Kreditgarantien gelten. Sie finden vielmehr auf alle Garantien Anwendung, bei denen es zu einer ähnlichen Risikoübertragung kommt, wie beispielsweise im Falle einer Kapitalinvestition, sofern das maßgebliche Risikoprofil (ggf. einschließlich einer mangelnden Besicherung) berücksichtigt wird.

Diese Mitteilung gilt für alle Wirtschaftszweige einschließlich Landwirtschaft, Fischerei und Verkehr unbeschadet der besonderen Vorschriften, die für Garantien in den einzelnen Wirtschaftszweigen bestehen.

Diese Mitteilung gilt nicht für Exportkreditgarantien.

1.4. Sonstige Garantieformen

Beinhalten bestimmte Garantieformen (siehe Nummer 1.2) eine Risikoübertragung auf den Garanten und weisen sie eine oder mehrere der unter Nummer 1.3 aufgeführten Eigenschaften nicht auf (wie beispielsweise Versicherungsbürgschaften), so muss eine Einzelfallprüfung

durchgeführt werden, bei der soweit notwendig die maßgeblichen Abschnitte dieser Mitteilung bzw. die in dieser Mitteilung dargelegten Methoden Anwendung finden.

1.5. Neutralität

Diese Mitteilung gilt unbeschadet des Artikels 295 des EG-Vertrags und lässt somit die Eigentumsordnung in den Mitgliedstaaten unberührt. Die Kommission verhält sich neutral gegenüber öffentlichem und privatem Eigentum.

Insbesondere reicht die bloße Tatsache, dass sich ein Unternehmen weitgehend im Eigentum der öffentlichen Hand befindet, nicht aus, um auf das Vorliegen einer staatlichen Garantie schließen zu können, sofern explizite oder implizite Garantieelemente fehlen.

2. ANWENDBARKEIT VON ARTIKEL 87 ABSATZ 1

2.1. Allgemeine Erwägungen

Gemäß Artikel 87 Absatz 1 des EG-Vertrags sind staatliche oder aus staatlichen Mitteln gewährte Beihilfen gleich welcher Art, die durch die Begünstigung bestimmter Unternehmen oder Produktionszweige den Wettbewerb verfälschen oder zu verfälschen drohen, mit dem Gemeinsamen Markt unvereinbar, soweit sie den Handel zwischen den Mitgliedstaaten beeinträchtigen.

Diese allgemeinen Kriterien gelten auch für Garantien. Wie andere Formen von Unterstützung können auch Garantien, die unmittelbar vom Staat (nämlich von gesamtstaatlichen, regionalen oder kommunalen Behörden) übernommen werden, sowie Garantien, die von staatlich kontrollierten Einrichtungen wie beispielsweise Unternehmen mit staatlichen Mitteln gewährt werden und öffentlichen Behörden zugerechnet werden können ([3]), staatliche Beihilfen darstellen.

Im Interesse einer zweifelsfreien Auslegung sollte der Begriff „staatliche Mittel" im Zusammenhang mit staatlichen Garantien präzisiert werden. Eine staatliche Garantie bietet den Vorteil, dass das Risiko, auf das sich die Garantie bezieht, vom Staat getragen wird. Diese Risikoträgerfunktion sollte normalerweise durch eine angemessene Prämie vergütet werden. Verzichtet der Staat ganz oder teilweise auf eine solche Prämie, so ist dies ein Vorteil für das Unternehmen und ein Verlust staatlicher Ressourcen. Selbst wenn im Rahmen einer Garantie keinerlei Zahlungen des Staates erfolgen, kann also trotzdem eine staatliche Beihilfe im Sinne von Artikel 87 Absatz 1 des EG-Vertrags vorliegen. Die Beihilfe wird bei Übernahme der Garantie gewährt und nicht erst dann, wenn die Garantie in Anspruch genommen wird oder aufgrund der Garantie Zahlungen erfolgen. Ob eine Garantie staatliche Beihilfe darstellt und, falls dies der Fall ist, auf welchen Betrag sie sich beläuft, muss zum Zeitpunkt der Übernahme der Garantie beurteilt werden.

---

[3] Siehe Rechtssache C-482/99, Frankreich/Kommission (Stardust), Slg. 2002, S. I-4397.

Bürgschafts-Mitteilung

25. Bürgschafts-Mitteilung

In diesem Zusammenhang weist die Kommission darauf hin, dass die beihilferechtliche Würdigung nichts über die Vereinbarkeit einer bestimmten Maßnahme mit anderen Bestimmungen des EG-Vertrags aussagt.

2.2. Beihilfe für den Kreditnehmer

Beihilfebegünstigter ist in der Regel der Kreditnehmer. Wie unter Nummer 2.1 dargelegt, sollte die Risikoträgerfunktion normalerweise durch eine angemessene Prämie vergütet werden. Muss der Kreditnehmer keine Prämie oder nur eine niedrige Prämie zahlen, so wird ihm ein Vorteil verschafft. Im Vergleich zu einem Szenario ohne Garantie versetzt ihn die staatliche Garantie in die Lage, Gelder zu günstigeren finanziellen Konditionen aufzunehmen, als sie normalerweise auf den Finanzmärkten verfügbar sind. Üblicherweise erhält der Kreditnehmer aufgrund der staatlichen Garantie einen niedrigeren Zinssatz, und/oder er braucht weniger Sicherheiten zu leisten. In einigen Fällen würde der Kreditnehmer ohne eine staatliche Garantie überhaupt kein kreditwilliges Finanzinstitut finden. Staatliche Garantien können somit den Aufbau neuer Unternehmen erleichtern und bestimmte Unternehmen in die Lage versetzen, Gelder aufzunehmen, um ihren Geschäftsbereich auszuweiten. Ebenso können sie einem mit Zahlungsschwierigkeiten konfrontierten Unternehmen helfen, weiter im Geschäft zu bleiben, anstatt umstrukturiert oder aufgelöst zu werden, wodurch möglicherweise der Wettbewerb verzerrt wird.

2.3. Beihilfe für den Kreditgeber

2.3.1. Auch wenn die Beihilfe für gewöhnlich den Kreditnehmer begünstigt, ist nicht auszuschließen, dass sie unter bestimmten Umständen auch unmittelbar dem Kreditgeber zugute kommt. Insbesondere wenn beispielsweise für einen bereits gewährten Kredit oder eine sonstige bereits eingegangene finanzielle Verpflichtung im Nachhinein eine staatliche Garantie übernommen wird, ohne dass die Konditionen des Kredits oder der finanziellen Verpflichtung entsprechend angepasst werden, oder wenn ein garantierter Kredit dazu benutzt wird, um einen anderen, nicht garantierten Kredit an dasselbe Kreditinstitut zurückzuzahlen, kann die Garantie auch eine Beihilfe für den Kreditgeber darstellen, da die Kredite stärker gesichert werden. Umfasst die Garantie eine Beihilfe für den Kreditgeber, so ist zu berücksichtigen, dass es sich bei einer solchen Beihilfe grundsätzlich um eine Betriebsbeihilfe handeln könnte.

2.3.2. Garantien unterscheiden sich insofern von anderen staatlichen Beihilfen wie Zuschüssen und Steuerbefreiungen, als der Staat bei einer Garantie auch mit dem Kreditgeber in ein Rechtsverhältnis tritt. Daher sind die möglichen Folgen

rechtswidrig gewährter staatlicher Beihilfen für Dritte zu prüfen. Bei staatlichen Kreditgarantien betrifft dies hauptsächlich die kreditgebenden Finanzinstitute. Im Falle von Garantien für Anleihen, die zur Beschaffung von Kapital für Unternehmen ausgegeben werden, betrifft dies die Finanzinstitute, die an der Ausgabe der Anleihen beteiligt sind. Ob die Rechtswidrigkeit der Beihilfe das Rechtsverhältnis zwischen Staat und Dritten berührt, ist nach innerstaatlichem Recht zu prüfen. Nationale Gerichte müssen unter Umständen prüfen, ob innerstaatliche Rechtsvorschriften der Erfüllung der Garantieverträge entgegenstehen, wobei sie nach Auffassung der Kommission dem Verstoß gegen das Gemeinschaftsrecht Rechnung zu tragen hätten. Kreditgeber könnten dementsprechend ein Interesse daran haben, sich grundsätzlich zur Vorsicht zu vergewissern, dass bei der Gewährung von Garantien die Vorschriften der Gemeinschaft über staatliche Beihilfen beachtet werden. Der Mitgliedstaat sollte in der Lage sein, eine für eine Einzelgarantie oder eine Garantieregelung von der Kommission erteilte Fallnummer und möglicherweise eine nicht vertrauliche Abschrift der Entscheidung der Kommission zusammen mit dem entsprechenden Verweis auf das *Amtsblatt der Europäischen Union* zu übermitteln. Die Kommission wird ihrerseits alles unternehmen, um auf transparente Weise Informationen über von ihr genehmigte Garantiefälle und -regelungen verfügbar zu machen.

3. UMSTÄNDE, DIE DAS VORLIEGEN EINER BEIHILFE AUSSCHLIESSEN

3.1. Allgemeine Erwägungen

Verschafft eine einzelne staatliche Garantie oder eine vom Staat erlassene Garantieregelung einem Unternehmen keinen Vorteil, so handelt es sich nicht um eine staatliche Beihilfe.

Der Gerichtshof hat in seiner jüngsten Rechtsprechung ([4]) bestätigt, dass sich die Kommission bei der Prüfung der Frage, ob eine Garantie oder eine Garantieregelung einen Vorteil verschafft, auf den Grundsatz des marktwirtschaftlich handelnden Kapitalgebers stützen muss. Somit ist zu berücksichtigen, welche Möglichkeiten ein begünstigtes Unternehmen tatsächlich hat, sich entsprechende Finanzmittel auf dem Kapitalmarkt zu beschaffen. Eine staatliche Beihilfe liegt nicht vor, wenn eine neue Finanzierungsquelle zu Bedingungen zugänglich gemacht wird, die unter normalen marktwirtschaftlichen Bedingungen für einen privaten Marktteilnehmer annehmbar wären ([5]).

---

[4] Siehe Rechtssache C-482/99, siehe Fußnote 3.

[5] Siehe Mitteilung der Kommission über die Anwendung der Artikel 92 und 93 des EG-Vertrags auf Beteiligungen der öffentlichen Hand (Bulletin der Europäischen Gemeinschaften Nr. 9-1984); Verbundene Rechtssachen 296/82 und 318/82, Niederlande und Leeuwarder Papierwarenfabrik BV/Kommission, Slg. 1985, S. 809,

Randnr. 17. Mitteilung der Kommission zur Anwendung der Artikel 92 und 93 des EG-Vertrags sowie des Artikels 61 des EWR-Abkommens auf staatliche Beihilfen im Luftverkehr (ABl. C 350 vom 10.12.1994, S. 5), Nummern 25 und 26.

Damit leichter beurteilt werden kann, ob eine Maßnahme mit dem Grundsatz des marktwirtschaftlich handelnden Kapitalgebers im Einklang steht, führt die Kommission in diesem Abschnitt mehrere ausreichende Voraussetzungen dafür auf, dass keine staatliche Beihilfe vorliegt. Auf Einzelgarantien wird unter Nummer 3.2 eingegangen; ein vereinfachtes Vorgehen im Falle von KMU wird unter Nummer 3.3 dargelegt. Auf Garantieregelungen wird unter Nummer 3.4 eingegangen; ein vereinfachtes Vorgehen im Falle von KMU wird unter Nummer 3.5 dargelegt.

3.2. Einzelgarantien

Im Falle einer einzelnen staatlichen Garantie reicht es nach Auffassung der Kommission aus, dass die folgenden Voraussetzungen erfüllt sind, um das Vorliegen einer staatlichen Beihilfe auszuschließen:

a) Der Kreditnehmer befindet sich nicht in finanziellen Schwierigkeiten.

   Bei der Prüfung der Frage, ob sich der Kreditnehmer in finanziellen Schwierigkeiten befindet, sollte die Definition in den Leitlinien der Gemeinschaft für staatliche Beihilfen zur Rettung und Umstrukturierung von Unternehmen in Schwierigkeiten ([6]) zugrunde gelegt werden. Bei KMU, die vor weniger als drei Jahren gegründet wurden, wird für die Zwecke dieser Mitteilung nicht davon ausgegangen, dass sie sich in Schwierigkeiten befinden.

b) Der Umfang der Garantie kann zum Zeitpunkt ihrer Übernahme ermittelt werden. Dies bedeutet, dass die Garantie an eine bestimmte finanzielle Transaktion geknüpft, auf einen festen Höchstbetrag beschränkt und von begrenzter Laufzeit sein muss.

c) Die Garantie deckt höchstens 80 % des ausstehenden Kreditbetrages oder der sonstigen ausstehenden finanziellen Verpflichtung; diese Beschränkung gilt nicht für Garantien für Schuldtitel ([7]).

   Ist eine finanzielle Verpflichtung vollständig durch eine staatliche Garantie gedeckt, so ist nach Auffassung der Kommission der Anreiz für den Kreditgeber geringer, das mit der Kreditvergabe verbundene Risiko ordnungsgemäß zu bewerten, abzusichern und so gering wie möglich zu halten und insbesondere die Bonität des Kreditnehmers ordnungsgemäß zu prüfen. Eine entsprechende Risikobewertung wird unter Umständen mangels entsprechender Mittel nicht in allen Fällen vom staatlichen Garanten übernommen. Aufgrund dieses fehlenden Anreizes, das Risiko des Kreditausfalls so gering wie möglich zu halten, sind Kreditgeber unter Umständen eher dazu bereit, Kredite mit einem höheren als dem marktüblichen Risiko zu vergeben, was dazu führen kann, dass sich der Anteil der laufenden staatlichen Garantien mit hohem Risiko erhöht.

Diese Beschränkung auf 80 % gilt nicht für staatliche Garantien zur Finanzierung von Unternehmen, deren Tätigkeit sich auf die Erbringung einer Dienstleistung von allgemeinem wirtschaftlichem Interesse ([8]) beschränkt, mit der sie ordnungsgemäß betraut wurden, sofern die Garantie von der Behörde gegeben wird, die den Auftrag erteilt hat. Die Beschränkung auf 80 % findet Anwendung, wenn das betreffende Unternehmen andere Dienstleistungen von allgemeinem wirtschaftlichem Interesse erbringt oder anderen wirtschaftlichen Tätigkeiten nachgeht.

Damit gewährleistet ist, dass der Kreditgeber tatsächlich einen Teil des Risikos trägt, müssen die beiden folgenden Aspekte berücksichtigt werden:

— wenn sich der Umfang des Kredits oder der finanziellen Verpflichtung mit der Zeit verringert, weil beispielsweise mit der Rückzahlung des Kredits begonnen wird, muss der garantierte Betrag entsprechend herabgesetzt werden, damit die Garantie zu keinem Zeitpunkt mehr als 80 % des ausstehenden Kreditbetrags oder der ausstehenden finanziellen Verpflichtung deckt,

— Verluste müssen anteilig in der gleichen Weise vom Kreditgeber und vom Garanten getragen werden. Ebenso müssen Netto-Verwertungserlöse (d. h. Erlöse abzüglich der Bearbeitungskosten), die von der Verwertung von durch den Kreditnehmer gestellten Sicherheiten herrühren, anteilig zur Deckung der Verluste des Kreditgebers und des Garanten verwendet werden. Bei Garantien, bei denen etwaige Verluste zunächst dem Garanten und erst dann dem Kreditgeber zugewiesen werden, wird davon ausgegangen, dass sie ein Beihilfeelement enthalten können.

Sofern ein Mitgliedstaat bei einer Garantie den Schwellenwert von 80 % überschreiten will und geltend macht, dass es sich um eine staatliche Beihilfe handelt, sollte er seinen Standpunkt beispielsweise anhand der Vereinbarungen für die gesamte Transaktion ordnungsgemäß begründen und die Garantie bei der Kommission anmelden, damit ordnungsgemäß geprüft werden kann, ob der Tatbestand einer staatlichen Beihilfe erfüllt ist.

d) Für die Garantie wird ein marktübliches Entgelt gezahlt.

---

[6] ABl. C 244 vom 1.10.2004, S. 2.
[7] Der Begriff „Schuldtitel" ist definiert in Artikel 2 Absatz 1 Buchstabe b der Richtlinie 2004/109/EG des Europäischen Parlaments und des Rates vom 15. Dezember 2004 zur Harmonisierung der Transparenzanforderungen in Bezug auf Informationen über Emittenten, deren Wertpapiere zum Handel auf einem geregelten Markt zugelassen sind, und zur Änderung der Richtlinie 2001/34/EG (ABl. L 390 vom 31.12.2004, S. 38). Richtlinie zuletzt geändert durch Richtlinie 2008/22/EG (ABl. L 76 vom 19.3.2008, S. 50).

[8] Eine solche Dienstleistung von allgemeinem wirtschaftlichem Interesse muss den einschlägigen Vorschriften der Gemeinschaft entsprechen, vor der Entscheidung 2005/842/EG der Kommission vom 28. November 2005 über die Anwendung von Artikel 86 Absatz 2 des EG-Vertrags auf staatliche Beihilfen, die bestimmten mit der Erbringung von Dienstleistungen von allgemeinem wirtschaftlichem Interesse betrauten Unternehmen als Ausgleich gewährt werden (ABl. L 312 vom 29.11.2005, S. 67), und dem Gemeinschaftsrahmen für staatliche Beihilfen, die als Ausgleich für die Erbringung öffentlicher Dienstleistungen gewährt werden (ABl. C 297 vom 29.11.2005, S. 4).

**Bürg-
schafts-
Mittei-
lur**

25. Bürgschafts-Mitteilung

Wie unter Nummer 2.1 dargelegt, sollte die Risikoträgerfunktion normalerweise durch eine angemessene Prämie für den garantierten bzw. rückgarantierten Betrag vergütet werden. Wird für die Garantie ein Entgelt gezahlt, das mindestens der entsprechenden, als Vergleichsmaßstab dienenden Garantieprämie auf den Finanzmärkten entspricht, so umfasst die Garantie keine staatliche Beihilfe.

Lässt sich auf den Finanzmärkten keine entsprechende Garantieprämie als Vergleichsmaßstab finden, so sind die gesamten Finanzierungskosten des garantierten Kredits einschließlich der Kreditzinsen und der Garantieprämie mit dem marktüblichen Entgelt für einen vergleichbaren nicht garantierten Kredit zu vergleichen.

Zur Ermittlung des entsprechenden marktüblichen Entgelts ist in beiden Fällen den Merkmalen der Garantie und des Kredits Rechnung zu tragen. Dazu gehören der Betrag und die Laufzeit der Transaktion, die vom Kreditnehmer geleistete Sicherheit und andere sich auf die Bewertung der Einbringungsquote auswirkende Aspekte, die Ausfallwahrscheinlichkeit aufgrund der finanziellen Lage des Kreditnehmers, der Geschäftsbereich des Kreditnehmers, Prognosen und andere wirtschaftliche Faktoren. Diese Analyse sollte es ermöglichen, den Kreditnehmer in eine bestimmte Risikoklasse einzuordnen. Diese Klassifizierung kann von einer international anerkannten Rating-Agentur bereitgestellt werden oder gegebenenfalls anhand interner Ratings der kreditgebenden Bank vorgenommen werden. Die Kommission weist auf den Zusammenhang zwischen Rating und Ausfallquote hin, den internationale Finanzinstitutionen herstellen, deren Arbeiten auch öffentlich zugänglich sind [9]. Zur Prüfung der Frage, ob die Prämie marktkonform ist, kann der Mitgliedstaat die Entgelte, die ähnlich eingestufte Unternehmen auf dem Markt zahlen, zum Vergleich heranziehen.

Die Kommission wird somit nicht akzeptieren, dass die Garantieprämie auf einen einheitlichen Prozentsatz festgesetzt wird, von dem geltend gemacht wird, dass er einem allgemeinen Branchenstandard entspricht.

3.3. Bewertung von Einzelgarantien für KMU

Handelt es sich bei dem Kreditnehmer um ein KMU ([10]), so kann die Kommission abweichend von Nummer 3.2 Buchstabe d eine vereinfachte Methode zur Prüfung der Frage akzeptieren, ob eine Kreditgarantie eine Beihilfe beinhaltet. Sind alle Voraussetzungen nach Nummer 3.2 Buchstaben a, b und c erfüllt, so wird davon ausgegangen, dass es sich bei einer staatlichen Garantie nicht um eine staatliche Beihilfe handelt, wenn die in der folgenden Tabelle aufgeführten jährlichen Mindestprämien („Safe-Harbour-Prämien" ([11])), die von der Bonitätseinstufung des Kreditnehmers abhängig sind ([12]), auf den vom Staat tatsächlich garantierten Betrag angewandt werden:

Bonität	Standard & Poor's	Fitch	Mood's	Jährliche Safe-Harbour-Prämie
Höchste Bonität	AAA	AAA	Aaa	0,4 %
Sehr starke Fähigkeit zur Erfüllung von Zahlungsverbindlichkeiten	AA + AA AA –	AA + AA AA –	Aa 1 Aa 2 Aa 3	0,4 %
Starke Fähigkeit zur Erfüllung von Zahlungsverbindlichkeiten	A + A A –	A + A A –	A 1 A 2 A 3	0,55 %
Angemessene Fähigkeit zur Erfüllung von Zahlungsverbindlichkeiten	BBB + BBB BBB –	BBB + BBB BBB –	Baa 1 Baa 2 Baa 3	0,8 %
Bonität kann von nachteiligen Entwicklungen beeinflusst werden	BB + BB BB –	BB + BB BB –	Ba 1 Ba 2 Ba 3	2,0 %
Bonität wird wahrscheinlich durch nachteilige Entwicklungen beeinflusst	B + B B –	B + B B –	B 1 B 2 B 3	3,8 % 6,3 %
Bonität hängt von anhaltend günstigen Bedingungen ab	CCC + CCC CCC – CC	CCC + CCC CCC – CC C	Caa 1 Caa 2 Caa 3	Keine jährliche Safe-Harbour-Prämie möglich
In oder nahe Zahlungsverzug	SD D	DDD DD D	Ca C	Keine jährliche Safe-Harbour-Prämie möglich

Die Safe-Harbour-Prämien beziehen sich auf den zu Beginn eines jeden Jahres vom Staat tatsächlich garantierten bzw. rückgarantierten Betrag. Sie sind als Mindestprämien zu verstehen, die Unternehmen, deren Kreditratings mindestens den in der Tabelle angegebenen Bonitätsstufen entsprechen, in Rechnung zu stellen sind ([13]).

---

[9] Wie Tabelle 1 mit den Kreditratings von Rating-Agenturen in dem Arbeitspapier Nr. 207 der Bank für Internationalen Zahlungsausgleich, abrufbar unter: http://www.bis.org/publ/work207.pdf.

[10] Als „KMU" gelten kleine und mittlere Unternehmen im Sinne des Anhang I der Verordnung (EG) Nr. 70/2001 über die Anwendung der Artikel 87 und 88 des EG-Vertrags auf staatliche Beihilfen an kleine und mittlere Unternehmen (ABl. L 10 vom 13.1.2001, S. 33). Verordnung zuletzt geändert durch Verordnung (EG) Nr. 1976/2006 (ABl. L 368 vom 23.12.2006, S. 85).

[11] Diese Safe-Harbour-Prämien werden im Einklang mit den Darlehensmargen für Unternehmen mit ähnlichem Rating ermittelt, die in der Mitteilung der Kommission über die Änderung der Methode zur Festsetzung der Referenz- und Abzinsungssätze (ABl. C 14 vom 19.1.2008, S. 6) festgesetzt wurden. Auf der Grundlage der von der Kommission in Auftrag gegebenen einschlägigen Studie (http://ec.europa.eu/comm/competition/state_aid/studies_reports/full_report.pdf siehe S. 23 und S. 156-159 der Studie) wurde ein genereller Senkung um 20 Basispunkte Rechnung getragen. Diese Senkung entspricht dem Margenunterschied zwischen einem Darlehen

und einer Garantie im Falle eines vergleichbaren Risikos, so dass den darlehensspezifischen Zusatzkosten Rechnung getragen wird.

[12] Die Tabelle bezieht sich auf die Ratingstufen von Standard & Poor's, Fitch und Moody's, auf die sich der Bankensektor bei der Zuordnung seiner eigenen Ratingsystems, wie unter Nummer 3.2 Buchstabe d beschrieben, am häufigsten stützt. Ratings brauchen jedoch nicht von diesen speziellen Rating-Agenturen eingeholt zu werden. Nationale Ratingsysteme oder von Banken zur Feststellung von Ausfallquoten verwendete Ratingsysteme sind ebenfalls akzeptabel, sofern sie die Ausfallwahrscheinlichkeit über ein Jahr angeben, da die Rating-Agenturen diesen Wert zur Einstufung von Unternehmen verwenden. Andere Systeme sollten eine ähnliche Bewertung nach Zugrundelegung dieses Schlüssels ermöglichen.

[13] Einem Unternehmen, dem eine Bank im Kreditrating BBB-/Baa3 zuordnet, ist beispielsweise eine jährliche Garantieprämie in Höhe von mindestens 0,8 %, bezogen auf den zu Beginn eines jeden Jahres vom Staat tatsächlich garantierten Betrag, in Rechnung zu stellen.

Wird eine einzige Abschlussprämie gezahlt, so wird davon ausgegangen, dass die Kreditgarantie keine Beihilfe beinhaltet, wenn diese Prämie mindestens dem Gegenwartswert der künftigen Garantieprämien, wie oben angegeben, entspricht, wobei der entsprechende Referenzsatz als Abzinsungssatz zugrunde gelegt wird ([14]).

Wie der Tabelle zu entnehmen ist, kann diese vereinfachte Methode nicht bei Unternehmen angewandt werden, deren Bonität mit CCC/Caa oder schlechter eingestuft ist.

Für KMU, die keine Bonitätsgeschichte und kein auf einem Bilanzansatz basierendes Rating haben, wie bestimmte Projektgesellschaften oder Start-up-Unternehmen, wird die Safe-Harbour-Prämie auf 3,8 % festgesetzt, wobei diese Prämie niemals niedriger sein darf als diejenige, die für die Muttergesellschaft oder die Muttergesellschaften anwendbar wäre.

Diese Margen können von Zeit zu Zeit geändert werden, um der Marktsituation Rechnung zu tragen.

3.4. Garantieregelungen

Nach Auffassung der Kommission stellt eine staatliche Garantieregelung keine staatliche Beihilfe dar, wenn alle folgenden Voraussetzungen erfüllt sind:

a) Die Regelung gilt nicht für Kreditnehmer, die sich in finanziellen Schwierigkeiten befinden (Näheres siehe Nummer 3.2 Buchstabe a.

b) Der Umfang der Garantien kann zum Zeitpunkt ihrer Übernahme ermittelt werden. Dies bedeutet, dass die Garantien an eine bestimmte finanzielle Transaktion geknüpft, auf einen festen Höchstbetrag beschränkt und von begrenzter Laufzeit sein müssen.

c) Die Garantien decken höchstens 80 % des ausstehenden Kreditbetrags oder der sonstigen ausstehenden finanziellen Verpflichtung (Einzelheiten und Ausnahmen siehe Nummer 3.2 Buchstabe c).

d) Der Regelung liegt eine realistische Risikobewertung zugrunde, so dass sie sich aufgrund der von den Begünstigten gezahlten Prämien aller Wahrscheinlichkeit nach finanziell selbst trägt. Die Tatsache, dass eine Regelung sich finanziell selbst trägt, und die angemessene Risikoorientierung sind für die Kommission Hinweise dafür, dass die nach der Regelung zu entrichtenden Garantieprämien marktkonform sind.

Dies bedeutet, dass bei jeder neuen Garantie eine Risikobewertung anhand aller maßgeblichen Faktoren (Bonität des Kreditnehmers, Sicherheiten, Laufzeit der Garantie usw.) vorgenommen werden muss. Aufgrund dieser Risikobewertung müssen Risikoklassen festgelegt werden, die Garantie muss einer der Risikoklassen ([15]) zugeordnet werden, und für den garantierten bzw. rückgarantierten

Betrag ist die entsprechende Garantieprämie in Rechnung zu stellen.

e) Damit fortlaufend ordnungsgemäß beurteilt werden kann, ob sich die Regelung finanziell selbst trägt, muss mindestens einmal jährlich anhand der tatsächlichen Ausfallquote der Regelung über einen aus wirtschaftlicher Sicht angemessenen Zeitraum überprüft werden, ob die Höhe der Prämien angemessen ist; besteht die Gefahr, dass sich die Regelung finanziell nicht mehr selbst trägt, sind die Prämien entsprechend anzupassen. Diese Anpassung kann alle bereits übernommenen und künftigen Garantien oder nur künftige Garantien betreffen.

f) Um als marktkonform zu gelten, müssen die Prämien die mit der Gewährung der Garantie verbundenen normalen Risiken, die Verwaltungskosten und die jährliche Vergütung eines angemessenen Kapitalbetrags abdecken, selbst wenn dieses Kapital gar nicht oder nur teilweise hinterlegt wird.

Die Verwaltungskosten sollten mindestens die Kosten für die anfängliche Risikobewertung sowie für die Risikoüberwachung und das Risikomanagement umfassen, die mit der Übernahme und der Verwaltung der Garantie verbunden sind.

Zur Vergütung des Kapitalbetrags merkt die Kommission an, dass Garanten üblicherweise Eigenkapitalvorschriften unterliegen und im Einklang mit diesen Vorschriften Eigenkapital hinterlegen müssen, damit sie im Falle von Schwankungen bei den jährlichen garantiebedingten Verlusten nicht zahlungsunfähig werden. Für staatliche Garantieregelungen gelten diese Vorschriften in der Regel nicht, so dass entsprechende Rücklagen entfallen. Mit anderen Worten wird immer dann, wenn die garantiebedingten Verluste die Prämieneinnahmen übersteigen, das Defizit einfach aus dem Staatshaushalt gedeckt. Durch diese staatliche Gewährleistung für die Regelung sind die Bedingungen günstiger als für einen normalen Garanten. Damit diese Ungleichheit vermieden und der Staat eine Vergütung für das von ihm übernommene Risiko erhält, müssen die Garantieprämien nach Auffassung der Kommission die Vergütung eines angemessenen Kapitalbetrags umfassen.

Nach Auffassung der Kommission muss sich dieser Kapitalbetrag auf 8 % ([16]) der ausstehenden Garantien belaufen. Bei Garantien für Unternehmen mit einem Rating von AAA/AA- (Aaa/Aa3) kann das zu vergütende Kapital auf 2 % der ausstehenden Garantien herabgesetzt werden. Bei Garantien für Unternehmen mit einem Rating von A□/A- (A1/A3) kann das zu vergütende Kapital auf 4 % der ausstehenden Garantien herabgesetzt werden.

---

[14] Siehe die Mitteilung in Fußnote 11, in der es heißt: „Der Referenzsatz ist auch als Abzinsungssatz für die Berechnung von Gegenwartswerten zu verwenden. Dazu wird grundsätzlich der Basissatz zuzüglich einer festen Marge von 100 Basispunkten verwendet." (S. 4).

[15] Weitere Einzelheiten siehe Fußnote 12.

[16] Entsprechend den Bestimmungen über die in Artikel 75 der Richtlinie 2006/48/EG des Europäischen Parlaments und des Rates vom 14. Juni 2006 über die Aufnahme und Ausübung der Tätigkeit der Kreditinstitute (Neufassung) (ABl. L 177 vom 30.6.2006, S. 1) festgelegten Kapitalanforderungen, gelesen im Zusammenhang mit deren Anhang VI, Nummer 41 und ff.).

Bürg-
schafts-
Mittei-
lung

25. Bürgschafts-Mitteilung

Die normale Vergütung dieses Kapitals umfasst eine Risikoprämie zuzüglich möglicherweise des risikofreien Zinssatzes.

Die Risikoprämie ist dem Staat in allen Fällen für den angemessenen Kapitalbetrag zu zahlen. Die Kommission ist aufgrund ihrer Erfahrungen der Auffassung, dass sich eine übliche Risikoprämie für Eigenkapital auf mindestens 400 Basispunkte beläuft ([17]) und dass diese Risikoprämie in der den Begünstigten in Rechnung gestellten Garantieprämie enthalten sein sollte.

Wenn das Kapital — wie bei den meisten staatlichen Garantieregelungen — nicht für die Regelung zur Verfügung gestellt wird und der Staat somit keinen Beitrag in bar leistet, muss der risikofreie Zinssatz nicht berücksichtigt werden. Wenn das betreffende Kapital dagegen tatsächlich vom Staat zur Verfügung gestellt wird, muss der Staat Kreditzinsen zahlen, und diese Barmittel kommen der Regelung — möglicherweise durch Investition — zugute. Daher muss dem Staat für den bereitgestellten Betrag auch der risikofreie Zinssatz gezahlt werden. Außerdem sollte dieses Entgelt zu Lasten der im Rahmen der Regelung erzielten Einnahmen gehen und muss sich nicht zwangsläufig in den Garantieprämien niederschlagen ([18]). Nach Auffassung der Kommission kann der als übliche Kapitalrendite zugrunde gelegte Ertrag einer zehnjährigen Staatsanleihe als angemessene Ersatzgröße für den risikofreien Zinssatz verwendet werden.

g) Im Interesse der Transparenz muss in der Regelung festgelegt sein, unter welchen Bedingungen künftige Garantien übernommen werden; dazu gehören Bestimmungen über die Förderfähigkeit von Unternehmen nach Maßgabe ihrer Bonität sowie gegebenenfalls ihres Geschäftsbereichs und ihrer Größe sowie über Höchstbetrag und Laufzeit der Garantien.

3.5. Bewertung von Garantieregelungen für KMU

Damit der besonderen Lage von KMU Rechnung getragen und insbesondere durch den Rückgriff auf Garantieregelungen deren Zugang zu Finanzierungsquellen verbessert wird, stehen speziell für KMU zwei Möglichkeiten zur Verfügung:

— Anwendung der Safe-Harbour-Prämien, wie sie für Einzelgarantien festgelegt sind;

— Bewertung der Garantieregelungen als solche, so dass eine Einheitsprämie angewandt werden kann und sich eine individuelle Risikoeinstufung der begünstigen KMU erübrigt.

Beide Möglichkeiten können unter den folgenden Voraussetzungen genutzt werden:

Anwendung von Safe-Harbour-Prämien bei Garantieregelungen für KMU

Im Einklang mit dem vorgeschlagenen vereinfachten Vorgehen bei Einzelgarantien kann auch bei Garantieregelungen für KMU im Prinzip davon ausgegangen werden, dass sie sich finanziell selbst tragen und keine staatliche Beihilfe darstellen, wenn die unter Nummer 3.3 aufgeführten, nach Maßgabe der Bonität der Unternehmen festgesetzten Safe-Harbour-Prämien angewandt werden ([19]). Darüber hinaus müssen auch die Voraussetzungen nach Nummer 3.4 Buchstaben a, b und c erfüllt sein. Die Voraussetzungen nach Nummer 3.4 Buchstaben d, e und f gelten aufgrund der Anwendung der unter Nummer 3.3 aufgeführten jährlichen Mindestprämien als erfüllt.

Anwendung von Einheitsprämien bei Garantieregelungen für KMU

Die Kommission ist sich bewusst, dass eine Risikobewertung jedes einzelnen Kreditnehmers kostspielig und möglicherweise nicht angemessen ist, wenn die Regelung eine Vielzahl von Kleinkrediten betrifft, für die sie als Instrument des Risikopoolings dient.

Sofern sich eine Regelung nur auf Garantien für KMU bezieht und der garantierte Betrag 2,5 Mio. EUR pro Unternehmen im Rahmen der betreffenden Regelung nicht überschreitet, kann die Kommission abweichend von Nummer 3.4 Buchstabe d eine einheitliche Garantieprämie je Kreditnehmer akzeptieren. Jedoch kann nur dann davon ausgegangen werden, dass die im Rahmen einer solchen Regelung übernommenen Garantien keine staatlichen Beihilfen darstellen, wenn sich die Regelung finanziell selbst trägt und wenn zugleich alle übrigen Voraussetzungen nach Nummer 3.4 Buchstaben a, b und c sowie Buchstaben e, f und g erfüllt sind.

3.6. Keine automatische Qualifizierung als Beihilfe

Sind die unter den Nummern 3.2 bis 3.5 genannten Voraussetzungen nicht erfüllt, so ist die entsprechende Garantie oder Garantieregelung nicht automatisch als staatliche Beihilfe zu werten. Bestehen Zweifel, ob eine geplante Garantie oder Garantieregelung eine staatliche Beihilfe darstellt, so sollte sie bei der Kommission angemeldet werden.

---

[17] Bei einer Garantie in Höhe von 100 für ein Unternehmen mit einem Rating von BBB ergeben sich somit notwendige Rücklagen in Höhe von 8. Bei Anwendung von 400 Basispunkten (oder 4 %) auf diesen Betrag ergeben sich jährliche Kapitalkosten von 8 % □ 4 % □0,32 % des garantierten Betrages, die sich entsprechend auf den Preis der Garantie auswirken. Beläuft sich beispielsweise im Rahmen der Regelung für das Unternehmen zugrundegelegte 1-Jahres-Ausfallwahrscheinlichkeit auf 0,35 % und werden die jährlichen Verwaltungskosten auf 0,1 % veranschlagt, so beläuft sich der Preis der Garantie, bei dem davon ausgegangen wird, dass keine Beihilfe vorliegt, auf 0,77 % pro Jahr.

[18] Sofern der risikofreie Satz 5 % beträgt, belaufen sich die jährlichen Kosten der Rücklagen für dieselbe Garantie von 100 mit erforderlichen Rücklagen von 8 auf 8 % □ (4 % □ 5 %) □0,72 % des garantierten Betrags. Unter denselben Annahmen (Ausfallwahrscheinlichkeit von 0,35 % und Verwaltungskosten von 0,1 %) würde sich der Preis der Garantie auf 0,77 % pro Jahr belaufen, und der Staat sollte ein zusätzliches, zu Lasten der Regelung gehendes Entgelt von 0,4 % gezahlt werden.

[19] Dieses schließt die Bestimmung ein, dass eine Safe-Harbour-Prämie für KMU, die keine Kreditgeschichte und kein auf einem Bilanzansatz basierendes Rating haben, auf 3,8 % festgesetzt wird, wobei diese Prämie niemals niedriger sein darf als diejenige, die für die Muttergesellschaft(en) anwendbar wäre.

4. GARANTIEN MIT EINEM BEIHILFE-ELEMENT

4.1. Allgemeine Erwägungen

Steht eine Einzelgarantie oder eine Garantieregelung nicht mit dem Grundsatz des marktwirtschaftlich handelnden Kapitalgebers im Einklang, so wird davon ausgegangen, dass sie eine staatliche Beihilfe beinhaltet. Daher muss das Beihilfeelement berechnet werden, um prüfen zu können, ob die Beihilfe aufgrund bestimmter Freistellungsbestimmungen als mit dem Gemeinsamen Markt vereinbar angesehen werden kann. Grundsätzlich entspricht das Beihilfeelement der Differenz zwischen dem marktüblichen Entgelt für die einzeln oder im Rahmen einer Regelung gewährte Garantie und dem tatsächlich gezahlten Entgelt für diese Maßnahme.

Die entsprechenden jährlichen Bar-Subventionsäquivalente sind mit Hilfe des Referenzsatzes auf ihren Gegenwartswert abzuzinsen und dann zu addieren, um das Gesamt-Subventionsäquivalent zu ermitteln.

Bei der Berechnung des Beihilfeelements einer Garantie trägt die Kommission den folgenden Aspekten besonders Rechnung:

a) Im Falle von Einzelgarantien, ob sich der Kreditnehmer in finanziellen Schwierigkeiten befindet. Im Falle von Garantieregelungen, ob die Förderkriterien der Regelung den Ausschluss solcher Unternehmen vorsehen (Näheres siehe Nummer 3.2 Buchstabe a).

Die Kommission stellt fest, dass ein marktwirtschaftlich handelnder Garant, wenn überhaupt, zum Zeitpunkt der Übernahme der Garantie aufgrund des Ausfallrisikos eine hohe Prämie in Rechnung stellen würde. Sollte das Ausfallrisiko besonders hoch sein, gibt es möglicherweise keine solche marktübliche Prämie, und in Ausnahmefällen kann das Beihilfeelement der Garantie genauso hoch sein wie die Garantiesumme.

b) Ob der Umfang jeder Garantie zum Zeitpunkt ihrer Übernahme ermittelt werden kann.

Dies bedeutet, dass die Garantie an eine bestimmte finanzielle Transaktion geknüpft, auf einen festen Höchstbetrag beschränkt und von begrenzter Laufzeit sein muss. In diesem Zusammenhang ist die Kommission grundsätzlich der Auffassung, dass unbeschränkte Garantien nicht mit Artikel 87 des EG-Vertrags vereinbar sind

c) Ob die Garantie mehr als 80 % jedes ausstehenden Kreditbetrages oder jeder sonstigen finanziellen Verpflichtung deckt (Einzelheiten und Ausnahmen siehe Nummer 3.2 Buchstabe c).

Damit gewährleistet ist, dass der Kreditgeber wirklich einen Anreiz hat, das mit dem Kreditgeschäft verbundene Risiko ordnungsgemäß zu bewerten, abzusichern und zu minimieren und insbesondere die Kreditwürdigkeit des Kreditnehmers ordnungsgemäß zu prüfen, sollten nach Auffassung der Kommission mindestens 20 % des Betrags nicht staatlich garantiert werden ([20]). Daher wird die Kommission Garantien oder Garantieregelungen, durch die eine finanzielle Transaktion zur Gänze (oder fast zur Gänze) abgedeckt wird, generell eingehender prüfen, sofern der Mitgliedstaat diesen Umfang der Absicherung nicht ordnungsgemäß begründet — beispielsweise mit der Art der Transaktion.

d) Ob die besonderen Merkmale der Garantie und des Kredits (oder der sonstigen finanziellen Verpflichtung) bei der Ermittlung der marktüblichen Garantieprämie, die mit der tatsächlich gezahlten Prämie verglichen wird, um das Beihilfeelement zu berechnen, berücksichtigt wurden (Näheres siehe Nummer 3.2 Buchstabe d).

4.2. Beihilfeelement von Einzelgarantien

Im Falle einer Einzelgarantie entspricht das Bar-Subventionsäquivalent der Differenz zwischen dem marktüblichen Entgelt für die Garantie und dem tatsächlich gezahlten Entgelt.

Werden auf dem Markt keine Garantien für die betreffende Art von Transaktionen gewährt, so kann kein marktübliches Entgelt für die Garantie herangezogen werden. In diesem Fall ist das Beihilfeelement in der gleichen Weise zu berechnen wie das Subventionsäquivalent eines zinsvergünstigten Darlehens, nämlich als Differenz zwischen dem marktüblichen Zinssatz, der für das betreffende Unternehmen ohne die Garantie gegolten hätte, und dem im Wege der staatliche Garantie tatsächlich angewandten Zinssatz nach Abzug etwaiger Prämienzahlungen. Kann kein marktüblicher Zinssatz herangezogen werden und möchte der Mitgliedstaat den Referenzsatz als Ersatzgröße anwenden, so betont die Kommission, dass für die Berechnung der Beihilfeintensität einer Einzelgarantie die Mitteilung über die Referenzsätze ([21]) gilt. Somit ist der Zuschlag gebührend zu berücksichtigen, um den der Ausgangssatz zu erhöhen ist, damit dem mit dem garantierten Geschäft verbundenen Risikoprofil, dem Garantienehmer und der geleisteten Sicherheit Rechnung getragen wird

4.3. Beihilfeelement von Einzelgarantien für KMU

Im Falle von KMU kann auch die vereinfachte Bewertungsmethode nach Nummer 3.3 angewandt werden. Sollte in einem solchen Fall die Prämie für eine bestimmte Garantie nicht dem Mindestsatz nach Maßgabe der Bonitätsstufe entsprechen, so wird die Differenz zwischen dem genannten Mindestsatz und der in Rechnung gestellten Prämie als Beihilfe betrachtet. Erstreckt sich die Garantie über mehr als ein Jahr, so werden die jährlichen Differenzbeträge mit Hilfe des maßgeblichen Referenzsatzes abgezinst ([22]).

Eine Abweichung von diesen Regeln kann die Kommission nur in Fällen akzeptieren, die der Mitgliedstaat eindeutig belegt und ordnungsgemäß begründet. Dessen

---

[20] Dies gilt unter der Annahme, dass das Unternehmen dem Staat und dem Kreditinstitut die entsprechenden Sicherheiten bietet.

[21] Siehe die in Fußnote 11 genannte Mitteilung.
[22] Weitere Einzelheiten siehe Fußnote 14.

25. Bürgschafts-Mitteilung

ungeachtet muss auch in solchen Fällen ein risikogestützter Ansatz verfolgt werden.

4.4. Beihilfeelement von Garantieregelungen

Im Falle von Garantieregelungen entspricht das Bar-Subventionsäquivalent jeder auf der Grundlage der Regelung gewährten Garantie der Differenz zwischen der (gegebenenfalls) tatsächlich in Rechnung gestellten Prämie und der Prämie, die im Rahmen einer entsprechenden mit Nummer 3.4 im Einklang stehenden Regelung ohne Beihilfeelement zu erheben wäre. Die vorgenannten theoretischen Prämien, auf deren Grundlage das Beihilfeelement berechnet wird, müssen somit die normalen mit der Garantie verbundenen Risiken sowie die Verwaltungs- und die Kapitalkosten abdecken (²³). Mit dieser Methode zur Berechnung des Subventionsäquivalents soll sichergestellt werden, dass der ermittelte Gesamtbetrag der Beihilfe im Rahmen der Regelung auch mittel- und langfristig dem Betrag entspricht, das die Behörden zur Deckung des Defizits der Regelung einsetzen.

Da bei staatlichen Garantieregelungen unter Umständen zum Zeitpunkt der Bewertung der Regelung noch nicht bekannt ist, wie die einzelnen Garantien ausgestaltet sein werden, ist das Beihilfeelement unter Bezugnahme auf die Bestimmungen der Garantieregelung zu beurteilen.

Die Beihilfeelemente von Garantieregelungen können auch nach Methoden berechnet werden, die von der Kommission nach ihrer Anmeldung gemäß einer Verordnung der Kommission über staatliche Beihilfen wie der Verordnung (EG) Nr. 1628/2006 der Kommission vom 24. Oktober 2006 über die Anwendung der Artikel 87 und 88 des EG-Vertrags auf regionale Investitionsbeihilfen der Mitgliedstaaten (²⁴) oder der Verordnung (EG) Nr. 1857/2006 der Kommission vom 15. Dezember 2006 über die Anwendung der Artikel 87 und 88 des EG-Vertrags auf staatliche Beihilfen an kleine und mittlere in der Erzeugung von landwirtschaftlichen Erzeugnissen tätige Unternehmen und zur Änderung der Verordnung (EG) Nr. 70/2001(²⁵) bereits genehmigt wurden, sofern in der genehmigten Methode ausdrücklich auf die Art der Garantie und die Art der betreffenden garantierten Transaktionen Bezug genommen wird.

Eine Abweichung von diesen Regeln kann die Kommission nur in Fällen akzeptieren, die der Mitgliedstaat eindeutig belegt und ordnungsgemäß begründet. Dessen ungeachtet muss auch in solchen Fällen ein risikogestützter Ansatz verfolgt werden.

4.5. Beihilfeelement von Garantieregelungen für KMU

Die beiden unter Nummer 3.5 dargelegten vereinfachten Möglichkeiten im Falle von Garantieregelungen für KMU können unter den folgenden Voraussetzungen auch für die Beihilfenberechnung genutzt werden:

Anwendung von Safe-Harbour-Prämien bei Garantieregelungen für KMU

Im Falle von KMU kann auch die vereinfachte Bewertungsmethode nach Nummer 3.5 angewandt werden. Sollte in einem solchen Fall die Prämie für bestimmte auf der Grundlage der Garantieregelung übernommene Garantien nicht dem Mindestsatz nach Maßgabe der Bonitätsstufe entsprechen (²⁶), so wird die Differenz zwischen diesem Mindestsatz und der in Rechnung gestellten Prämie als Beihilfe betrachtet (²⁷). Erstreckt sich die Garantie über mehr als ein Jahr, so werden die jährlichen Differenzbeträge mit Hilfe des maßgeblichen Referenzsatzes abgezinst (²⁸).

Anwendung von Einheitsprämien bei Garantieregelungen für KMU

In Anbetracht des begrenzteren Umfangs der Wettbewerbsverzerrungen, die von staatlichen Beihilfen im Rahmen einer Garantieregelung für KMU verursacht werden können, kann die Kommission im Falle einer Garantieregelung, die sich nur auf Garantien für KMU bezieht und bei der der garantierte Betrag 2,5 Mio. EUR pro Unternehmen im Rahmen der betreffenden Regelung nicht überschreitet, abweichend von Nummer 4.4 akzeptieren, dass die Beihilfeintensität der Regelung als Ganzes ermittelt wird, ohne dass jede einzelne Garantie oder Risikoklasse innerhalb der Regelung bewertet werden muss (²⁹).

5. VEREINBARKEIT STAATLICHER BEIHILFEN IN FORM VON GARANTIEN MIT DEM GEMEINSAMEN MARKT

5.1. Allgemeine Erwägungen

Staatliche Beihilfen im Sinne von Artikel 87 Absatz 1 des EG-Vertrags sind von der Kommission darauf zu untersuchen, ob sie mit dem Gemeinsamen Markt vereinbar sind oder nicht. Bevor diese Prüfung erfolgen kann, muss der Begünstigte der Beihilfe bekannt sein.

---

²³ Die Berechnung lässt sich für die einzelnen Risikoklassen wie folgt zusammenfassen: Differenz zwischen a) der ausstehenden Garantiesumme, multipliziert mit dem Risikofaktor der Risikoklasse (unter „Risiko" ist die Wahrscheinlichkeit der Zahlungsunfähigkeit nach Einbeziehung aller Verwaltungs- und Kapitalkosten zu verstehen), was der marktüblichen Prämie entspricht, und b) aller Prämienzahlungen, d. h. (Garantiesumme □ Risiko) – Prämienzahlungen.

²⁴ ABl. L 302 vom 1.11.2006, S. 29.

²⁵ ABl. L 358 vom 16.12.2006, S. 3.

²⁶ Dieses schließt die Möglichkeit ein, dass diese Safe-Harbour-Prämie für KMU, die keine Bonitätsgeschichte und kein auf einem Bilanzansatz basierendes Rating haben, auf 3,8 % festgesetzt wird, wobei diese Prämie niemals niedriger sein darf als diejenige, die für die Muttergesellschaft(en) anwendbar wäre.

²⁷ Die Berechnung lässt sich für die einzelnen Risikoklassen wie folgt zusammenfassen: ausstehende Garantiesumme, multipliziert mit der Differenz zwischen a) dem Safe-Harbour-Prämiensatz für die betreffende Risikoklasse und b) dem tatsächlich gezahlten Prämiensatz, d. h. Garantiesumme □ (Safe-Harbour-Prämie – tatsächlich gezahlte Prämie).

²⁸ Weitere Einzelheiten siehe Fußnote 11.

²⁹ Diese Berechnung lässt sich unabhängig von der Risikoklasse wie folgt zusammenfassen: Differenz zwischen a) der ausstehenden Garantiesumme, multipliziert mit dem Risikofaktor der Regelung (unter „Risiko" ist die Wahrscheinlichkeit der Zahlungsunfähigkeit nach Einbeziehung aller Verwaltungs- und Kapitalkosten zu verstehen) und b) aller Prämienzahlungen, d. h. (Garantiesumme □ Risiko) – Prämienzahlungen.

5.2. Bewertung

Ob die Beihilfe mit dem Gemeinsamen Markt vereinbar ist, wird von der Kommission anhand derselben Regeln geprüft, die sie bei andersartigen Beihilfemaßnahmen anwendet. Welche konkreten Kriterien bei der Prüfung der Vereinbarkeit zugrunde gelegt werden, hat die Kommission in Gemeinschaftsrahmen und Leitlinien zu horizontalen, regionalen und sektoralen Beihilfen im Einzelnen erläutert (³⁰). Bei der Prüfung werden insbesondere die Beihilfeintensität, die besonderen Merkmale der Begünstigten und die verfolgten Ziele berücksichtigt.

5.3. Bedingungen

Die Kommission wird nur solchen Garantien zustimmen, deren Inanspruchnahme an bestimmte vertragliche Voraussetzungen geknüpft ist, die bis zur Einleitung eines Insolvenzverfahrens oder eines ähnlichen Verfahrens reichen können. Die Parteien vereinbaren diese Voraussetzungen bei Übernahme der Garantie. Sollte der Mitgliedstaat beabsichtigen, die Inanspruchnahme der Garantie an andere als die ursprünglich bei Übernahme der Garantie vereinbarten Voraussetzungen zu knüpfen, so wird dies mit der Gewährung einer neuen Beihilfe gleichstellt, die gemäß Artikel 88 Absatz 3 des EG-Vertrags anzumelden ist.

6. BERICHTE DER MITGLIEDSTAATEN AN DIE KOMMISSION

Damit im Einklang mit den allgemeinen Verpflichtungen zur Beihilfenkontrolle (³¹) neue Entwicklungen auf den Finanzmärkten verfolgt werden können und der Tatsache Rechnung getragen wird, dass der Wert staatlicher Garantien schwierig zu beurteilen ist und sich mit der Zeit ändert, ist es besonders wichtig, dass von der Kommission genehmigte staatliche Garantieregelungen einer fortlaufenden Überprüfung gemäß Artikel 88 Absatz 1 des EG-Vertrags unterzogen werden. Daher sind die Mitgliedstaaten gegenüber der Kommission berichtspflichtig.

Im Falle von Garantieregelungen mit Beihilfeelement sind die Berichte spätestens am Ende der Laufzeit der Garantieregelung und bei Anmeldung einer Änderung der Regelung vorzulegen. Die Kommission kann es jedoch im Einzelfall für angemessen erachten, häufiger Berichte anzufordern.

Im Falle von Garantieregelungen, die gemäß Entscheidung der Kommission keine Beihilfen darstellen, kann die Kommission in der betreffenden Entscheidung die Vorlage solcher Berichte anordnen, so dass Häufigkeit und Gegenstand der Berichte auf Einzelfallgrundlage

festgelegt werden; dies gilt insbesondere im Falle von Regelungen, für die keine verlässlichen Daten aus der Vergangenheit vorliegen.

Die Berichte müssen mindestens folgende Angaben enthalten:

a) Anzahl und Höhe der übernommenen Garantien;

b) Anzahl und Höhe der am Ende des Bezugszeitraums ausstehenden Garantien;

c) Anzahl und Höhe der in Anspruch genommenen Garantien auf jährlicher Grundlage (einzeln aufzuführen);

d) jährliche Einnahmen:
1. Prämieneinnahmen;
2. Verwertungserlöse;
3. sonstige Einnahmen (z. B. Erträge aus Einlagen oder Investitionen);

e) jährliche Kosten:
1. Verwaltungskosten;
2. Leistungen im Zusammenhang mit in Anspruch genommenen Garantien;

f) jährliche Überschüsse/Verluste (Differenz zwischen Einnahmen und Kosten);

g) akkumulierte Überschüsse/Verluste seit Inkrafttreten der Regelung (³²).

Im Falle von Einzelgarantien sind die relevanten Angaben — im Wesentlichen die Angaben unter den Buchstaben d bis g — in ähnlicher Weise zu übermitteln.

Die Kommission weist die Mitgliedstaaten darauf hin, dass die ordnungsgemäße Berichterstattung zu einem späten Zeitpunkt in allen Fällen voraussetzt, dass die erforderlichen Daten ab Beginn der Anwendung der Regelung ordnungsgemäß gesammelt und auf jährlicher Grundlage zusammengefasst worden sind.

Die Mitgliedstaaten werden ferner darauf aufmerksam gemacht, dass sich die Kommission im Falle von einzeln oder auf der Grundlage von Garantieregelungen übernommenen Garantien ohne Beihilfeelement ungeachtet der Tatsache, dass keine Anmeldepflicht besteht, beispielsweise aufgrund einer Beschwerde veranlasst sehen kann zu überprüfen, dass eine solche Garantie/Garantieregelung tatsächlich kein Beihilfeelement enthält. In einem solchen Fall fordert die Kommission bei dem betreffenden Mitgliedstaat ähnliche Informationen an wie für die Berichte (siehe oben).

Müssen im Einklang mit Berichtspflichten, die aufgrund von Gruppenfreistellungsverordnungen, Leitlinien oder Gemeinschaftsrahmen im Bereich staatlicher Beihilfen bestehen, bereits Berichte vorgelegt werden, so ersetzen diese die im Zusammenhang mit Garantien vorzulegenden Berichte, sofern sie die oben genannten Angaben enthalten.

---

³⁰ Siehe „Competition law applicable to State aid in the European Community", unter: http://ec.europa.eu/comm/competition/state_aid/legislation/legislation.html; Spezifische Beihilfevorschriften für die Landwirtschaft siehe: http://ec.europa.eu/agriculture/stateaid/leg/index_en.htm und für den Verkehr siehe: http://ec.europa.eu/dgs/energy_transport/state_aid/transport_en.htm.

³¹ Wie insbesondere die Bestimmungen in der Verordnung (EG) Nr. 794/2004 der Kommission vom 21. April 2004 zur Durchführung der Verordnung (EG) Nr.

659/1999 des Rates über besondere Vorschriften für die Anwendung von Artikel 93 des EG-Vertrags (ABl. L 140 vom 30.4.2004, S. 1). Verordnung zuletzt geändert durch Verordnung (EG) Nr. 271/2008 (ABl. L 82 vom 25.3.2008, S. 1).

³² Sofern die Regelung seit mehr als 10 Jahren angewandt wird, sind nur die jährlichen Verluste/Überschüsse aus den letzten 10 Jahren anzugeben.

Bürg-
schafts-
Mittei-
lung

25. Bürgschafts-Mitteilung

7. UMSETZUNGSMASSNAHMEN

Die Kommission fordert die Mitgliedstaaten auf, ihre bestehenden Garantiemaßnahmen, soweit es um neue Garantien geht, bis zum 1. Januar 2010 an diese Mitteilung anzupassen.

Referenzzinssatzmitteilung

Mitteilung der Kommission über die Änderung der Methode zur Festsetzung der Referenz- und Abzinsungssätze
ABl C 2008/14, 6 (2008/C 14/02)
(Diese Mitteilung ersetzt die vorherigen Mitteilungen über die Methode zur Festsetzung der Referenz- und Abzinsungssätze)

REFERENZ- UND ABZINSUNGSSÄTZE.

Im Rahmen der gemeinschaftlichen Kontrolle staatlicher Beihilfen verwendet die Kommission Referenz- und Abzinsungssätze. Die Referenz- und Abzinsungssätze werden anstelle des Marktzinses verwendet und dienen zur Berechnung des Subventionsäquivalents von Beihilfen, v. a. wenn sie in mehreren Tranchen gezahlt werden, sowie zur Berechnung der Beihilfeelemente von Zinszuschussregelungen. Ebenfalls zum Einsatz kommen sie bei der Prüfung der Vereinbarkeit mit der De-minimis-Regel und den Gruppenfreistellungsverordnungen

HINTERGRUND DER REFORM

Der Hauptgrund für die Überprüfung der Methode zur Festlegung der Referenz- und Abzinsungssätze liegt darin, dass die erforderlichen finanziellen Parameter nicht immer in allen Mitgliedstaaten zur Verfügung stehen, insbesondere nicht in den neuen ([1]). Darüber hinaus könnte die derzeitige Methode verbessert werden, mit dem Ziel, der Kreditwürdigkeit und den Sicherheiten des Schuldners Rechnung zu tragen.

Daher wird in dieser Mitteilung eine geänderte Methode zur Festsetzung der Referenz- und Abzinsungssätze vorgestellt. Ziel des vorgeschlagenen Konzepts, das auf dem derzeitigen — von allen Mitgliedstaaten akzeptierten und einfach anzuwendenden — Modell aufbaut, ist die Entwicklung einer neuen Methode, die einige der Mängel des derzeitigen Systems behebt, mit den verschiedenen Finanzsystemen in der EU (vor allem in den neuen Mitgliedstaaten) vereinbar ist und ebenfalls einfach anzuwenden ist

STUDIE

In einer von der GD Wettbewerb bei Deloitte □ Touche in Auftrag gegebenen Studie ([2]) wird ein System vorgeschlagen, das auf zwei Pfeilern beruht: einem „Standardkonzept" und einem „fortgeschrittenen Konzept".

Standardkonzept

Bei diesem Konzept veröffentlicht die Kommission jedes Quartal einen Basissatz, der für verschiedene Laufzeiten — 3 Monate, 1 Jahr, 5 Jahre und 10 Jahre — und Währungen berechnet wird. Für die Berechnung werden

die IBOR-Sätze ([3]) und die Swapsätze oder — bei Nichtvorliegen dieser Parameter — die Zinssätze für Staatsanleihen verwendet. Der bei der Berechnung des Referenzsatzes für ein Darlehen angewendete Zuschlag wird in Abhängigkeit von der Kreditwürdigkeit des Darlehensnehmers und den Sicherheiten, über die er verfügt, berechnet. Je nach der Ratingkategorie des Unternehmens (das Rating stammt bei großen Unternehmen von den Rating-Agenturen und bei KMU von Banken), beträgt die im Standardfall (normales Rating und normale Besicherung ([4])) anzuwendende Marge 220 Basispunkte. Bei geringer Kreditwürdigkeit und geringer Besicherung kann der Zuschlag bis 1 650 betragen.

Fortgeschrittenes Konzept

Diesem Ansatz zufolge können die Mitgliedstaaten eine unabhängige Einrichtung — zum Beispiel eine Zentralbank — damit beauftragen, regelmäßig einen angemessenen Referenzzinssatz zu veröffentlichen, und zwar für eine größere Zahl von Laufzeiten und häufiger, als es beim Standardkonzept der Fall ist. Der Einsatz der unabhängigen Einrichtung wäre sinnvoll, da sie die verfügbaren Finanz- und Bankendaten besser kennt und ihnen näher ist als die Kommission. In diesem Fall würden die Berechnungsmethoden von der Kommission und einem externen Rechnungsprüfer bestätigt. Bei diesem Ansatz könnte in einigen Fällen eine Freistellung („Opting out") in Betracht gezogen werden.

Schwächen

Trotz der wirtschaftlichen Relevanz der beiden Methoden ist auf einige Schwächen hinzuweisen.

Standardkonzept:

— es löst nicht das Problem fehlender Finanzdaten in den neuen Mitgliedstaaten und fügt neue, nicht leicht verfügbare Parameter hinzu,

— die Standardmethode könnte große Unternehmen gegenüber KMU, die entweder überhaupt kein Rating oder ein weniger positives Rating besitzen, begünstigen (insbesondere wegen des unterschiedlichen Informationsstands im Hinblick auf den Darlehensgeber). Sie könnte zu Diskussionen über die Methoden zur Berechnung des anzuwendenden

---

[1] Derzeit gelten für die neuen Mitgliedstaaten diejenigen Referenzsätze, die die einzelnen Staaten als angemessenen Marktzins angegeben haben. Die Methode zur Berechnung dieser Sätze unterscheidet sich von einem Mitgliedstaat zum anderen.
[2] Zu finden auf der Website der GD Wettbewerb: http://ec.europa.eu/comm/competition/state_aid/others/.

[3] Inter-bank offered rate, Referenzsatz für den Geldmarkt.
[4] Fälle, in denen der Empfänger ein zufrieden stellendes Rating (BB) und eine Ausfallwahrscheinlichkeit zwischen 31 und 59 % aufweist.

26. RefZins-Mitteilung

Zuschlags, der von der Kreditwürdigkeit und dem Umfang der Besicherung abhängig ist, führen,

— sie erleichtert den Mitgliedstaaten ihre Aufgabe nicht, insbesondere was die Berechnungen zur Prüfung der Einhaltung der De-minimis-Regel und die Gruppenfreistellungsverordnungen betrifft.

Fortgeschrittene Methode:

— die fortgeschrittene Methode könnte sich bei Anwendung auf die Beihilferegelungen als problematisch erweisen: Die Volatilität der Marktzinsen könnte dazu führen, dass der Unterschied zwischen dem Zins, der einer Darlehensregelung zugrunde liegt, und dem zu dem jeweiligen Zeitpunkt geltenden Referenzsatz sich für den Darlehensnehmer so günstig auswirkt, dass gewisse Maßnahmen nicht mehr mit den Vorschriften für staatliche Beihilfen vereinbar sind,

— eine vierteljährliche Anpassung der Sätze würde die Bearbeitung der Fälle erschweren, da die berechneten Beihilfebeträge vom Beginn der Bewertung bis zum Datum der endgültigen Entscheidung der Kommission erheblich variieren können,

— diese Vorgehensweise ist zu kompliziert und könnte dazu führen, dass eine Gleichbehandlung in den einzelnen Mitgliedstaaten nicht gewährleistet werden kann.

NEUE METHODE

Zur Vermeidung dieser Schwierigkeiten schlägt die Kommission eine Methode vor, die:

— einfach anzuwenden ist (insbesondere für die Mitgliedstaaten im Falle von Maßnahmen, die unter die De-minimis-Regelung oder unter die Gruppenfreistellungsverordnungen fallen),

— die Gleichbehandlung in den einzelnen Mitgliedstaaten bei minimalen Abweichungen von der derzeitigen Praxis gewährleistet und den neuen Mitgliedstaaten die Anwendung der Referenzsätze erleichtert,

— vereinfachte Kriterien vorsieht, die der Kreditwürdigkeit der Unternehmen Rechnung tragen und nicht nur ihrer Größe, die ein zu grob vereinfachendes Kriterium darzustellen scheint.

Darüber hinaus können mit Hilfe dieser Methode zusätzliche Ungewissheit und Komplexität bei den Berechnungsmethoden vermieden werden — vor dem Hintergrund eines Banken- und Finanzumfelds, das infolge der Umsetzung des Basel II-Rahmens, der sich auf die Allokation des Kapitals sowie auf das Verhalten der Banken erheblich auswirken könnte, dem Wandel unterliegt. Die Kommission wird dieses sich wandelnde Umfeld weiter beobachten und bei Bedarf weitere Leitlinien geben

BEKANNTMACHUNG DER KOMMISSION

Der Hauptgrund für die Überprüfung der Methode zur Festlegung der Referenz- und Abzinsungssätze liegt darin, dass die erforderlichen finanziellen Parameter nicht immer in allen Mitgliedstaaten zur Verfügung stehen. Darüber hinaus kann die derzeitige Methode verbessert werden, mit dem Ziel, der Kreditwürdigkeit und den Sicherheiten des Schuldners Rechnung zu tragen.

Die Kommission nimmt daher die folgende Methode zur Festsetzung der Referenzsätze an:

— Berechnungsgrundlage: IBOR für ein Jahr

Der Basissatz beruht auf den Geldmarktzinsen für ein Jahr, die in nahezu allen Mitgliedstaaten verfügbar sind, wobei die Kommission sich das Recht vorbehält, in Fällen, in denen dies sinnvoll erscheint, kürzere oder längere Laufzeiten zu verwenden.

Sind derartige Sätze nicht verfügbar, werden die dreimonatigen Geldmarktzinsen verwendet.

Wenn keine verlässlichen oder gleichwertigen Daten zur Verfügung stehen oder unter außergewöhnlichen Umständen kann die Kommission in enger Zusammenarbeit mit dem (den) betreffenden Mitgliedstaat(en) und im Prinzip auf der Grundlage der Daten der Zentralbank des jeweiligen Mitgliedstaats eine andere Berechnungsgrundlage festlegen.

— Margen ([5])

In Abhängigkeit vom Rating des betreffenden Unternehmens und den vorhandenen Sicherheiten ([6]) sind grundsätzlich die folgenden Margen anzuwenden.

Darlehensmargen in Basispunkten			
Ratingkategorie	Besicherung		
	Hoch	Normal	Gering
Sehr gut (AAA-A)	60	75	100
Gut (BBB)	75	100	220
Zufriedenstellend (BB)	100	220	400
Schwach (B)	220	400	650
Schlecht/Finanzielle Schwierigkeiten (CCC und darunter)	400	650	1000 ([1])

([1]) Vorbehaltlich der Anwendung der besonderen Bestimmungen für Rettungs- und Umstrukturierungsbeihilfen, die festgehalten sind in den Leitlinien der Gemeinschaft für staatliche Beihilfen zur Rettung und Umstrukturierung von Unternehmen in Schwierigkeiten (ABl. C 244 vom 1.10.2004, S. 2), insbesondere Punkt 25 Buchstabe a zu einem „Zinssatz, der mindestens den Zinssätzen vergleichbar ist, die für Darlehen an gesunde Unternehmen zu beachten sind, insbesondere zu den von der Kommission festgelegten Referenzzinssätzen". Daher wird bei Rettungsbeihilfen der IBOR für ein Jahr zuzüglich mindestens 100 Basispunkten angewendet.

---

[5] Wie sich aus der Studie ergibt, ist die Marge von der Laufzeit des Darlehens weitgehend unabhängig.

[6] Unter einer normalen Besicherung wird der Umfang der Besicherung verstanden, die Kreditinstitute in der Regel als Sicherheit für ihr Darlehen verlangen. Der Umfang der Besicherung lässt sich als Verlustquote bei Ausfall (LGD) angeben; dies ist die erwartete Höhe des Verlusts in Prozent der Forderung an den Schuldner, unter Berücksichtigung der aus den Sicherheiten und dem Konkursvermögen eintreibbaren Beträgen; infolgedessen verhält sich die Verlustquote bei Ausfall umgekehrt proportional

zum Wert der Sicherheiten. In dieser Mitteilung wird angenommen, dass eine „hohe Besicherung" eine LGD von bis zu 30 %, eine „normale" Besicherung eine LGD zwischen 31 und 59 % und eine „geringe" Besicherung eine LGD von mindestens 60 % bedeutet. Weitere Einzelheiten zum Begriff „LGD": vgl. Basel II: International Convergence of Capital Measurement and Capital Standards: A Revised Framework — Comprehensive Version, zu finden unter http://www.bis.org/publ/bcbs128.pdf.

Normalerweise werden dem Basissatz 100 Basispunkte hinzugefügt. Dies gilt für 1. Darlehen an Unternehmen mit zufriedenstellendem Rating und hoher Besicherung oder 2. Darlehen an Unternehmen mit gutem Rating und normaler Besicherung.

Bei Darlehensnehmern, die keine Bonitätsgeschichte und kein auf einem Bilanzansatz basierendes Rating haben, wie bestimmte Projektgesellschaften oder Start-up-Unternehmen, sollte der Basissatz (in Abhängigkeit von den vorhandenen Sicherheiten) um mindestens 400 Basispunkte angehoben werden, und die Marge darf nicht niedriger sein als diejenige, die auf die Muttergesellschaft anwendbar wäre.

Ratings brauchen nicht von speziellen Rating-Agenturen eingeholt zu werden — nationale Ratingsysteme und von Banken zur Feststellung von Ausfallquoten verwendete Ratingsysteme können ebenfalls akzeptiert werden ([7]).

Die genannten Margen können von Zeit zu Zeit geändert werden, um der Marktsituation Rechnung zu tragen.

— Aktualisierung

Einmal im Jahr wird der Referenzsatz aktualisiert. Im Rahmen dieser Aktualisierung wird der Basissatz auf der Grundlage des im September, Oktober und November des Vorjahres festgestellten IBOR für ein Jahr berechnet. Der in dieser Weise festgelegte Basissatz gilt ab dem 1. Januar. Für den Zeitraum vom 1. Juli 2008 bis zum 31. Dezember 2008 wird der Referenzsatz — vorbehaltlich der Anwendung des folgenden Abschnitts — ausnahmsweise auf der Grundlage des im Februar, März und April 2008 festgestellten IBOR für ein Jahr berechnet.

Um erheblichen plötzlichen Schwankungen Rechnung zu tragen, wird zusätzlich immer dann eine Aktualisierung vorgenommen, wenn der über die drei Vormonate berechnete Durchschnittssatz um mehr als 15 % vom geltenden Satz abweicht. Dieser neue Satz tritt am ersten Tag des zweiten Monats in Kraft, der auf den für die Berechnung verwendeten Monat folgt.

— Abzinsungssatz: Berechnung des Nettogegenwartswerts

Der Referenzsatz ist auch als Abzinsungssatz für die Berechnung von Gegenwartswerten zu verwenden. Dazu wird grundsätzlich der Basissatz zuzüglich einer festen Marge von 100 Basispunkten verwendet

— Diese Methode tritt am 1. Juli 2008 in Kraft.

---

[7] Zu einem Vergleich der am häufigsten verwendeten Rating-Mechanismen vgl. Tabelle 1 in Arbeitspapier Nr. 207 der Bank für Internationalen Zahlungsausgleich: http://www.bis.org/publ/work207.pdf.

Rettungs- und Umstrukturierungsleitlinien (online)

(Rettungs-L)

https://www.flexlex.at/s/869AJk

Risikokapitalleitlinien (online)

(Risikokapital-L)

https://www.flexlex.at/s/7KCztB

Bankenmitteilung

(2013/C 216/01)

https://www.flexlex.at/s/86fD98

MITTEILUNG DER KOMMISSION

Kriterien für die Würdigung der Vereinbarkeit von staatlichen Beihilfen zur Förderung wichtiger Vorhaben von gemeinsamem europäischem Interesse mit dem Binnenmarkt

(2021/C 528/02)

1. EINLEITUNG

1. Diese Mitteilung enthält Erläuterungen zur Würdigung der staatlichen Finanzierung wichtiger Vorhaben von gemeinsamem europäischem Interesse („Important Projects of Common European Interest", im Folgenden „IPCEI") nach den Beihilfevorschriften der Union.

2. IPCEI können einen sehr wichtigen Beitrag zu nachhaltigem Wirtschaftswachstum, Beschäftigung, Wettbewerbsfähigkeit und Resilienz von Industrie und Wirtschaft in der Union leisten und deren offene strategische Autonomie stärken, indem sie bahnbrechende Innovationen und Infrastrukturvorhaben im Rahmen einer grenzübergreifenden Zusammenarbeit ermöglichen, die positive Spill-over-Effekte auf den Binnenmarkt und die ganze Gesellschaft haben.

3. Im Rahmen von IPCEI können Wissen, Know-how, finanzielle Mittel und Wirtschaftsbeteiligte aus der gesamten Union zusammengeführt werden, um ein schwerwiegendes Markt- oder Systemversagen zu beheben oder gesellschaftliche Herausforderungen anzugehen, die nicht auf anderem Wege gelöst werden können. Sie sind so ausgestaltet, dass der öffentliche und der private Sektor gemeinsam großangelegte Vorhaben durchführen, die für die Union und ihre Bürger von erheblichem Nutzen sind.

4. IPCEI können zu allen auf gemeinsame Ziele ausgerichteten Strategien und Maßnahmen einen Beitrag leisten, insbesondere zum europäischen Grünen Deal (¹), zur Digitalstrategie (²) und zur digitalen Dekade (³), zur neuen Industriestrategie für Europa (⁴) und deren Aktualisierung (⁵), zur europäischen Datenstrategie (⁶) und zu „Next Generation EU" (⁷). Zudem können IPCEI nach beträchtlichen Störungen des Wirtschaftslebens, wie sie durch die COVID-19-Pandemie ausgelöst wurden, zu einer nachhaltigen Erholung beitragen und die Bemühungen zur Stärkung der sozialen und wirtschaftlichen Widerstandsfähigkeit der Union unterstützen.

5. Unter Berücksichtigung der aktualisierten neuen Industriestrategie und der Strategie für kleine und mittlere Unternehmen (KMU) (⁸) ist es von besonderer Bedeutung, dass KMU und Start-ups an IPCEI teilnehmen und von ihnen profitieren können. Die Kommission berücksichtigt bei der beihilferechtlichen Würdigung alle Umstände, die darauf hindeuten, dass eine übermäßige Verfälschung des Wettbewerbs durch die angemeldete Beihilfe weniger wahrscheinlich ist. Dies könnte beispielsweise aufgrund der Höhe der Beihilfe der Fall sein.

6. IPCEI erfordern häufig eine erhebliche Beteiligung der öffentlichen Hand, wenn der Markt derartige Vorhaben nicht finanzieren würde. In dieser Mitteilung sind die Vorschriften dargelegt, die einzuhalten sind, wenn die staatliche Finanzierung derartiger Vorhaben eine staatliche Beihilfe darstellt, damit eine solche Beihilfe als mit dem Binnenmarkt vereinbar angesehen werden kann. Insbesondere soll gewährleistet werden, dass solche Beihilfen keine übermäßigen negativen Auswirkungen auf den Handel zwischen Mitgliedstaaten haben und ihre Auswirkungen auf Handel und Wettbewerb auf das erforderliche Minimum begrenzt sind.

7. Nach Artikel 107 Absatz 3 Buchstabe b des Vertrags über die Arbeitsweise der Europäischen Union können Beihilfen zur Förderung wichtiger Vorhaben von gemeinsamem europäischem Interesse als mit dem Binnenmarkt vereinbar angesehen werden. Dementsprechend werden in dieser Mitteilung die Kriterien dargelegt, die die Kommission bei der Würdigung staatlicher Beihilfen zur Förderung von IPCEI zugrunde legt. Zunächst wird der Anwendungsbereich umrissen. Anschließend werden die Kriterien dargelegt, die die Kommission bei der Würdigung der Art und der Bedeutung von IPCEI zwecks Anwendung von Artikel 107 Absatz 3 Buchstabe b AEUV zugrunde legt. Dann wird erläutert, wie die Kommission die Vereinbarkeit staatlicher Finanzierungen von IPCEI mit den Vorschriften über staatliche Beihilfen prüft.

(¹) Mitteilung der Kommission an das Europäische Parlament, den Europäischen Rat, den Rat, den Europäischen Wirtschafts- und Sozialausschuss und den Ausschuss der Regionen – Der europäische Grüne Deal (COM(2019) 640 final vom 11. Dezember 2019).

(²) Mitteilung der Kommission an das Europäische Parlament, den Rat, den Europäischen Wirtschafts- und Sozialausschuss und den Ausschuss der Regionen – Gestaltung der digitalen Zukunft Europas (COM(2020) 67 final vom 19. Februar 2020).

(³) Mitteilung der Kommission an das Europäische Parlament, den Rat, den Europäischen Wirtschafts- und Sozialausschuss und den Ausschuss der Regionen – Digitaler Kompass 2030: der europäische Weg in die digitale Dekade (COM(2021) 118 final vom 9. März 2021).

(⁴) Mitteilung der Kommission an das Europäische Parlament, den Europäischen Rat, den Rat, den Europäischen Wirtschafts- und Sozialausschuss und den Ausschuss der Regionen – Eine neue Industriestrategie für Europa (COM(2020) 102 final vom 10. März 2020).

(⁵) Mitteilung der Kommission an das Europäische Parlament, den Rat, den Europäischen Wirtschafts- und Sozialausschuss und den Ausschuss der Regionen – Aktualisierung der neuen Industriestrategie von 2020: einen stärkeren Binnenmarkt für die Erholung Europas aufbauen (COM(2021) 350 final vom 5. Mai 2021).

(⁶) Mitteilung der Kommission an das Europäische Parlament, den Rat, den Europäischen Wirtschafts- und Sozialausschuss und den Ausschuss der Regionen – Eine europäische Datenstrategie (COM(2020) 66 final vom 19. Februar 2020).

(⁷) Mitteilung der Kommission an das Europäische Parlament, den Rat, den Europäischen Wirtschafts- und Sozialausschuss und den Ausschuss der Regionen – Die Stunde Europas: Schäden beheben und Perspektiven für die nächste Generation eröffnen (COM(2020) 456 final vom 27. Mai 2020).

(⁸) Mitteilung der Kommission an das Europäische Parlament, den Rat, den Europäischen Wirtschafts- und Sozialausschuss und den Ausschuss der Regionen – Eine KMU-Strategie für ein nachhaltiges und digitales Europa (COM(2020) 103 final vom 10. März 2020).

8. Diese Mitteilung schließt nicht die Möglichkeit aus, Beihilfen zur Förderung der Durchführung von IPCEI auch auf der Grundlage anderer Bestimmungen des AEUV, insbesondere des Artikels 107 Absatz 3 Buchstabe c AEUV, als mit dem Binnenmarkt vereinbar anzusehen. Allerdings spiegeln diese AEUV-Bestimmungen unter Umständen die Relevanz, Besonderheiten und Merkmale von IPCEI nicht vollumfänglich wider. Dafür können spezifische Vorschriften über die Beihilfefähigkeit, die Vereinbarkeit und die Verfahren gemäß dieser Mitteilung erforderlich sein.

IPCEI-Mittei-lung

2. ANWENDUNGSBEREICH

9. Die Kommission wendet die in dieser Mitteilung dargelegten Grundsätze auf IPCEI in allen Wirtschaftszweigen an.

10. Diese Grundsätze gelten jedoch nicht für:

a) Maßnahmen, die Beihilfen für Unternehmen in Schwierigkeiten im Sinne der Rettungs- und Umstrukturierungsleitlinien [9] oder etwaiger Folgeleitlinien umfassen, mit Ausnahme von Unternehmen, die sich am 31. Dezember 2019 nicht in Schwierigkeiten befanden, aber im Zeitraum vom 1. Januar 2020 bis zum Ende der Anwendung des Befristeten Rahmens [10] zu Unternehmen in Schwierigkeiten wurden,

b) Maßnahmen, die Beihilfen für Unternehmen umfassen, die einer Rückforderungsanordnung aufgrund eines früheren Beschlusses der Kommission zur Feststellung der Rechtswidrigkeit und Unvereinbarkeit einer Beihilfe mit dem Binnenmarkt nicht nachgekommen sind,

c) Beihilfemaßnahmen, die als solche, aufgrund der mit ihnen verknüpften Bedingungen oder aufgrund ihrer Finanzierungsmethode zwangsläufig einen Verstoß gegen Unionsrecht [11] darstellen, insbesondere:

i) Beihilfemaßnahmen, bei denen die Gewährung der Beihilfe davon abhängig ist, dass der Beihilfeempfänger seinen Sitz in dem betreffenden Mitgliedstaat hat oder überwiegend in diesem Mitgliedstaat niedergelassen ist,

ii) Beihilfemaßnahmen, bei denen die Gewährung der Beihilfe davon abhängig ist, dass der Beihilfeempfänger einheimische Waren verwendet oder einheimische Dienstleistungen in Anspruch nimmt,

iii) Beihilfemaßnahmen, mit denen die Möglichkeit eingeschränkt wird, dass die Beihilfeempfänger die Ergebnisse von Forschung, Entwicklung und Innovation in anderen Mitgliedstaaten nutzen.

3. BEIHILFEFÄHIGKEITSKRITERIEN

11. Um festzustellen, ob ein Vorhaben unter Artikel 107 Absatz 3 Buchstabe b AEUV fällt, legt die Kommission die in den Abschnitten 3.1, 3.2 und 3.3 dargelegten Kriterien zugrunde.

3.1. Definition eines Vorhabens

12. Der Beihilfevorschlag muss ein Einzelvorhaben betreffen, dessen Ziele und Durchführungsbedingungen, einschließlich der Teilnehmer und der Finanzierung, klar festgelegt sind. [12]

13. Die Kommission kann ferner ein „integriertes Vorhaben" als beihilfefähig ansehen. Hierbei handelt es sich um eine Gruppe einzelner Vorhaben, die Teil einer gemeinsamen Struktur, eines „Fahrplans" oder eines Programms sind, dasselbe Ziel verfolgen und sich auf einen kohärenten systemischen Ansatz gründen. Die einzelnen Bestandteile des integrierten Vorhaben können sich auf verschiedene Stufen der Wertschöpfungskette beziehen, müssen aber einander ergänzen und mit ihrem Beitrag zu dem europäischen Ziel einen erheblichen Mehrwert bieten. [13]

---

[9] Leitlinien für staatliche Beihilfen zur Rettung und Umstrukturierung nichtfinanzieller Unternehmen in Schwierigkeiten (ABl. C 249 vom 31.7.2014, S. 1). Wie dort unter Randnummer 23 erläutert, kann ein Unternehmen in Schwierigkeiten, da es in seiner Existenz bedroht ist, nicht als geeignetes Mittel zur Förderung anderer Ziele des öffentlichen Interesses dienen, bis seine Rentabilität gewährleistet ist.

[10] Mitteilung der Kommission – Befristeter Rahmen für staatliche Beihilfen zur Stützung der Wirtschaft angesichts des derzeitigen Ausbruchs von COVID-19 (ABl. C 91I vom 20.3.2020, S. 1) und dessen Änderungen.

[11] Siehe zum Beispiel Urteil des Gerichtshofs vom 19. September 2000, Deutschland/Kommission, C-156/98, Slg. 2000, ECLI:EU: C:2000:467, Rn. 78, und Urteil des Gerichtshofs vom 22. Dezember 2008, Régie Networks/Rhône-Alpes Bourgogne, C-333/07, Slg. 2008, ECLI:EU:C:2008:764, Rn. 94 bis 116.

[12] Wenn auf dem Gebiet der Forschung und Entwicklung zwei oder mehr FuE-Vorhaben nicht eindeutig voneinander getrennt werden können und einzeln betrachtet keine Aussicht auf technologischen Erfolg haben, sind sie als Einzelvorhaben zu betrachten.

[13] Im Folgenden werden Einzelvorhaben und integrierte Vorhaben als „Vorhaben" bezeichnet.

3.2. Gemeinsames europäisches Interesse

3.2.1. Allgemeine kumulative Kriterien

14. Das Vorhaben muss einen konkreten, klaren und erkennbaren wichtigen Beitrag zu den Zielen oder Strategien der Union leisten, beispielsweise zum europäischen Grünen Deal, zur Digitalstrategie, zur digitalen Dekade oder zur europäischen Datenstrategie, zur neuen Industriestrategie für Europa und deren Aktualisierung, zu „Next Generation EU", zur europäischen Gesundheitsunion [14], zum neuen Europäischen Forschungsraum für Forschung und Innovation [15], zum neuen Aktionsplan für die Kreislaufwirtschaft [16] oder zum Ziel der Union, bis 2050 klimaneutral zu werden. Außerdem muss das Vorhaben erhebliche Auswirkungen auf ein nachhaltiges Wachstum haben.

15. Das Vorhaben muss nachweislich auf die Behebung eines schwerwiegenden Markt- oder Systemversagens, das verhindert, dass das Vorhaben ohne die Beihilfe in gleichem Umfang durchgeführt würde, oder auf gesellschaftliche Herausforderungen, die andernfalls nicht adäquat angegangen oder bewältigt würden, ausgerichtet sein.

16. An dem Vorhaben müssen in der Regel mindesten vier Mitgliedstaaten beteiligt sein, sofern nicht die Art des Vorhabens eine geringere Zahl rechtfertigt [17], und es darf nicht nur den Mitgliedstaaten, die die Finanzierung übernehmen, sondern muss auch anderen Teilen der Union zugutekommen. Die Vorteile des Vorhabens müssen klar und auf eine konkrete und erkennbare Art und Weise definiert sein. [18]

17. Allen Mitgliedstaaten muss eine echte Gelegenheit geboten werden, sich an einem neu entstehenden Vorhaben zu beteiligen. Die Mitgliedstaaten, die ein Vorhaben anmelden, müssen nachweisen, dass alle Mitgliedstaaten z. B. durch Kontakte, Allianzen, Treffen oder Matchmaking-Veranstaltungen, an denen auch KMU und Start-ups teilgenommen haben, über die mögliche Auflegung des Vorhabens informiert wurden und dass ihnen ausreichend Gelegenheit zur Teilnahme gegeben wurde.

18. Die Vorteile des Vorhabens dürfen sich nicht auf die Unternehmen oder den betreffenden Wirtschaftszweig beschränken, sondern müssen von größerer Relevanz sein und durch positive Spill-over-Effekte breiteren Nutzen in der europäischen Wirtschaft und Gesellschaft haben (z. B. systemische Auswirkungen auf mehreren Ebenen der Wertschöpfungskette oder der vor- bzw. nachgelagerten Märkte, alternative Verwendung in anderen Wirtschaftszweigen oder Verkehrsverlagerung).

19. Der Beihilfeempfänger muss einen erheblichen Kofinanzierungsbeitrag zu dem Vorhaben leisten. [19]

20. Die Mitgliedstaaten müssen nachweisen, dass bei dem Vorhaben der Grundsatz der Vermeidung erheblicher Beeinträchtigungen im Sinne des Artikels 17 der Verordnung (EU) 2020/852 [20] oder vergleichbare Methoden beachtet werden. Bei der Abwägung der positiven Auswirkungen der Beihilfe gegen ihre negativen Auswirkungen auf Handel und Wettbewerb zieht die Kommission die Beachtung dieses Grundsatzes als wichtigen Bestandteil der Würdigung heran. Bei Investitionen, die eine erhebliche Beeinträchtigung der Umweltziele im Sinne des Artikels 17 der Verordnung (EU) 2020/852 bewirken, ist in der Regel unwahrscheinlich, dass ihre positiven Auswirkungen ihre negativen Auswirkungen auf Wettbewerb und Handel überwiegen. Die positiven Auswirkungen eines Vorhabens im Hinblick auf die Behebung eines schwerwiegenden Markt- oder Systemversagens oder die Bewältigung gesellschaftlicher Herausforderungen sind immer im Einzelfall zu prüfen.

---

[14] Mitteilung der Kommission an das Europäische Parlament, den Europäischen Rat, den Rat, den Europäischen Wirtschafts- und Sozialausschuss und den Ausschuss der Regionen – Schaffung einer europäischen Gesundheitsunion: Die Resilienz der EU gegenüber grenzüberschreitenden Gesundheitsgefahren stärken (COM(2020) 724 final vom 11. November 2020).

[15] Mitteilung der Kommission an das Europäische Parlament, den Rat, den Europäischen Wirtschafts- und Sozialausschuss und den Ausschuss der Regionen – Ein neuer EFR für Forschung und Innovation (COM(2020) 628 final vom 30. September 2020).

[16] Mitteilung der Kommission an das Europäische Parlament, den Rat, den Europäischen Wirtschafts- und Sozialausschuss und den Ausschuss der Regionen – Ein neuer Aktionsplan für die Kreislaufwirtschaft: Für ein saubereres und wettbewerbsfähigeres Europa (COM(2020) 98 final vom 11. März 2020).

[17] Eine geringere Zahl von Mitgliedstaaten – jedoch nicht weniger als zwei – kann in hinreichend begründeten Ausnahmefällen gerechtfertigt sein, z. B. wenn das Vorhaben miteinander verbundene Forschungsinfrastrukturen oder TEN-E- oder TEN-V-Vorhaben betrifft, die von grundlegender grenzübergreifender Bedeutung sind, da sie Teil eines physisch verbundenen grenzübergreifenden Netzes oder von entscheidender Bedeutung für die Verbesserung des grenzübergreifenden Verkehrsmanagements oder der Interoperabilität sind, oder wenn das Vorhaben aus EU-Mitteln finanziert wird und aufgrund von Rechtsvorschriften, die bei Einsatz solcher Mittel bezüglich der Zusammenarbeit zwischen Mitgliedstaaten gelten, weniger Mitgliedstaaten teilnehmen können. In allen Fällen müssen die Vorhaben im Einklang mit Randnummer 17 transparent gestaltet sein.

[18] Die bloße Tatsache, dass das Vorhaben von Unternehmen in verschiedenen Ländern durchgeführt wird oder dass die Forschungsinfrastruktur anschließend von in verschiedenen Mitgliedstaaten niedergelassenen Unternehmen genutzt wird, reicht nicht für eine Einstufung als IPCEI aus. Der Gerichtshof hat die Politik der Kommission bestätigt, der zufolge ein Vorhaben als Vorhaben von gemeinsamem europäischen Interesse im Sinne des Artikels 107 Absatz 3 Buchstabe b einzustufen ist, wenn es Teil eines transnationalen europäischen Programms ist oder zu einer zwischen den verschiedenen Mitgliedstaaten vereinbarten Aktion gehört, durch die eine gemeinsame Gefahr bekämpft werden soll. Urteil des Gerichtshofs vom 8. März 1988, Exécutif régional wallon und SA Glaverbel/Kommission, 62/87 und 72/87, Slg. 1988, ECLI:EU:C:1988:132, Rn. 22.

[19] Die Kommission berücksichtigt bei der Beurteilung des Umfangs der Kofinanzierung die Besonderheiten bestimmter Wirtschaftszweige und von KMU. In hinreichend begründeten Ausnahmefällen kann die Kommission die Beihilfe selbst ohne eine erhebliche Kofinanzierung des Beihilfeempfängers als gerechtfertigt erachten.

[20] Verordnung (EU) 2020/852 des Europäischen Parlaments und des Rates vom 18. Juni 2020 über die Einrichtung eines Rahmens zur Erleichterung nachhaltiger Investitionen (ABl. L 198 vom 22.6.2020, S. 13). Bei Maßnahmen, die mit Maßnahmen im Rahmen der vom Rat genehmigten Aufbau- und Resilienzpläne identisch sind, gilt die Einhaltung des Grundsatzes der Vermeidung erheblicher Beeinträchtigungen als erfüllt, da dies bereits geprüft wurde.

3.2.2. Allgemeine positive Indikatoren

21. Die Kommission bewertet neben der Erfüllung sämtlicher Kriterien des Abschnitts 3.2.1 auch folgende von den Mitgliedstaaten vorgeschlagene Aspekte positiv:

    a) An der Ausgestaltung des Vorhabens sind die Kommission oder juristische Einheiten beteiligt, denen die Kommission Befugnisse übertragen hat, beispielsweise die Europäische Investitionsbank oder der Europäische Investitionsfonds.

    b) An der Auswahl der Vorhaben sind die Kommission oder juristische Einheiten beteiligt, denen die Kommission Befugnisse übertragen hat, sofern diese Einheiten zu diesem Zweck als Durchführungsstruktur agieren.

    c) An der Governance-Struktur des Vorhabens sind die Kommission oder juristische Einheiten, denen die Kommission Befugnisse übertragen hat, und die teilnehmenden Mitgliedstaaten beteiligt.

    d) Das Vorhaben zeichnet sich durch ein hohes Maß an Zusammenarbeit in Bezug auf die Anzahl der Partner, die Beteiligung von Organisationen aus verschiedenen Wirtschaftszweigen oder die Einbindung von Unternehmen verschiedener Größe und insbesondere die Zusammenarbeit zwischen Großunternehmen und KMU, einschließlich Start-ups, in verschiedenen Mitgliedstaaten aus und fördert die Entwicklung benachteiligter Gebiete.

    e) Das Vorhaben umfasst eine Teilförderung bzw. Kofinanzierung aus einem Unionsfonds [21] mit direkter, indirekter oder geteilter Mittelverwaltung.

    f) Das Vorhaben umfasst einen erheblichen Beitrag unabhängiger privater Investoren. [22]

    g) Mit dem Vorhaben wird einer klar umrissenen, erheblichen strategischen Abhängigkeit begegnet.

3.2.3. Besondere Kriterien

22. Vorhaben in den Bereichen Forschung, Entwicklung und Innovation („FEI") müssen sehr innovativ sein oder angesichts des Stands der Technik in dem betreffenden Wirtschaftszweig einen wesentlichen Mehrwert im Hinblick auf FEI darstellen. [23]

23. Vorhaben, die eine erste gewerbliche Nutzung einschließen, müssen die Entwicklung eines neuen Produkts oder einer neuen Dienstleistung mit hohem Forschungs- oder Innovationsgehalt oder die Einführung eines grundlegend innovativen Produktionsprozesses ermöglichen. Regelmäßige Aktualisierungen ohne eine innovative Dimension der vorhandenen Einrichtungen und die Entwicklung neuer Versionen bereits bestehender Produkte kommen nicht als erste gewerbliche Nutzung in Betracht.

24. Für die Zwecke dieser Mitteilung bezeichnet der Begriff „erste gewerbliche Nutzung" die Hochskalierung von Pilotanlagen, Demonstrationsanlagen oder neuartiger Ausrüstungen und Einrichtungen. Er deckt die auf die Pilotphase folgenden Schritte (einschließlich der Testphase) ab, nicht aber die Massenproduktion oder kommerzielle Tätigkeiten [24]. Für die Bestimmung des Endes der ersten gewerblichen Nutzung werden unter anderem die relevanten FEI-Leistungsindikatoren herangezogen, die darauf hindeuten, dass die Massenproduktion aufgenommen werden kann. Erste gewerbliche Nutzungen können mit staatlichen Beihilfen finanziert werden, sofern die erste gewerbliche Nutzung das Ergebnis von FEI-Tätigkeiten ist und selbst eine wesentliche FEI-Komponente umfasst, die ein fester Bestandteil und für die erfolgreiche Umsetzung des Vorhabens notwendig ist. Die erste gewerbliche Nutzung muss nicht durch das Unternehmen erfolgen, das auch die FEI-Tätigkeit ausgeführt hat, solange das Unternehmen die Rechte auf Nutzung der Ergebnisse der vorangegangenen FEI-Tätigkeit erwirbt und die FEI-Tätigkeit sowie die erste gewerbliche Nutzung im Vorhaben beschrieben sind.

25. Infrastrukturvorhaben in den Bereichen Umwelt, Energie, Verkehr, Gesundheit oder Digitales müssen, soweit sie nicht unter die Randnummern 22 und 23 fallen, für die Strategien der Union für Umwelt, Klima, Energie (einschließlich der Energieversorgungssicherheit), Verkehr, Gesundheit, Industrie oder Digitales von großer Bedeutung sein oder in diesen spezifischen oder anderen Bereichen einen signifikanten Beitrag zum Binnenmarkt leisten. Sie können dann unterstützt werden, bis sie nach dem Bau voll einsatzfähig werden.

---

[21] Unionsmittel, die von den Organen, Einrichtungen, gemeinsamen Unternehmen oder sonstigen Stellen der Union zentral verwaltet werden und nicht direkt oder indirekt der Kontrolle der Mitgliedstaaten unterstehen, stellen keine staatliche Beihilfe dar. Staatliche Beihilfen können mit einer Finanzierung aus einem Unionsfonds kumuliert werden, sofern die unter Randnummer 35 dargelegte Voraussetzung erfüllt ist.

[22] Beiträge in Form von materiellen und immateriellen Vermögenswerten sowie von Grundstücken sind zum Marktpreis auszuweisen.

[23] Darunter können unter Umständen auch Schritte zur Erreichung des Stands der Technik fallen, soweit das betreffende Vorhaben klar und glaubwürdig darauf ausgerichtet ist, den Stand der Technik zu übertreffen, und beschrieben wird, wie dies erreicht werden soll.

[24] Begrenzte ggf. in dem spezifischen Sektor erfolgende Verkäufe im Zusammenhang mit der Testphase (z. B. Verkauf von Mustern, Verkauf zur Feedbackerhaltung oder Verkauf zum Zwecke der Zertifizierung) fallen nicht unter den Begriff „kommerzielle Tätigkeiten".

3.3. Bedeutung des Vorhabens

26. Für die Einstufung als IPCEI muss ein Vorhaben sowohl in quantitativer als auch qualitativer Hinsicht bedeutend sein. Es sollte einen besonders großen Umfang oder besonders breiten Anwendungsbereich haben und/oder mit einem hohen technologischen oder finanziellen Risiko verbunden sein. Die Kommission beurteilt die Bedeutung eines Vorhabens anhand der in Abschnitt 3.2 dargelegten Kriterien.

4. VEREINBARKEITSKRITERIEN

27. Bei der Prüfung, ob eine Beihilfe zur Förderung eines IPCEI nach Artikel 107 Absatz 3 Buchstabe b AEUV mit dem Binnenmarkt vereinbar ist, berücksichtigt die Kommission die in den Abschnitten 4.1, 4.2 und 4.3 dieser Mitteilung dargelegten Kriterien. [25]

28. Im Rahmen der Abwägungsprüfung im Sinne des Abschnitts 4.2 untersucht die Kommission, ob die erwarteten positiven Auswirkungen der Beihilfe ihre möglichen negativen Auswirkungen überwiegen.

29. Unter Berücksichtigung der Art des Vorhabens kann die Kommission die Auffassung vertreten, dass das Vorliegen eines schwerwiegenden Markt- oder Systemversagens oder gesellschaftlicher Herausforderungen sowie der Beitrag zu einem gemeinsamen europäischen Interesse für die einzelnen Bestandteile eines integrierten Vorhabens angenommen werden kann, wenn das Vorhaben die in Abschnitt 3 dargelegten Kriterien für Beihilfefähigkeit erfüllt.

4.1. Erforderlichkeit und Angemessenheit der Beihilfe

30. Die Beihilfe darf weder eine Subvention für die Kosten eines Vorhabens darstellen, die ein Unternehmen ohnehin zu tragen hätte, noch das übliche Geschäftsrisiko einer Wirtschaftstätigkeit ausgleichen. Ohne die Beihilfe wäre die Realisierung des Vorhabens nicht, nur in geringerem Umfang oder mit einem engerem Anwendungsbereich, nicht schnell genug oder nur auf andere Art und Weise möglich, wodurch der zu erwartende Nutzen erheblich eingeschränkt würde. [26] Beihilfen gelten nur dann als angemessen, wenn dasselbe Ergebnis nicht auch mit einer geringeren Beihilfe erreicht werden könnte.

31. Die Mitgliedstaaten müssen der Kommission sachdienliche Informationen zum geförderten Vorhaben sowie eine ausführliche Beschreibung des kontrafaktischen Szenarios übermitteln, bei dem kein Mitgliedstaat eine Beihilfe gewähren würde. [27] Das kontrafaktische Szenario kann im Fehlen eines alternativen Vorhabens bestehen – wenn Hinweise darauf vorliegen, dass dies das wahrscheinlichste kontrafaktische Szenario ist – oder in einem alternativen Vorhaben, das die Beihilfeempfänger bei ihren internen Entscheidungsprozessen berücksichtigen, und kann mit einem alternativen Vorhaben in Verbindung stehen, das ganz oder teilweise außerhalb der EU durchgeführt wird. Die Mitgliedstaaten, die das Vorhaben anmelden, werden aufgefordert, relevante interne Unterlagen der Beihilfeempfänger (z. B. Präsentationen des Vorstands, Analysen, Berichte und Studien) zur Verfügung zu stellen, um die Glaubwürdigkeit des von den Beihilfeempfängern dargelegten kontrafaktischen Szenarios zu belegen. [28]

32. Wenn es kein alternatives Vorhaben gibt, vergewissert sich die Kommission, dass die Höhe der Beihilfe nicht das Minimum übersteigt, das erforderlich ist, um eine hinreichende Rentabilität des Vorhabens zu gewährleisten, indem beispielsweise sichergestellt wird, dass der interne Zinsfuß die branchen- oder unternehmensspezifische Benchmark oder Mindestrendite erreicht. Dafür können auch die normale Rendite, die der Beihilfeempfänger im Rahmen anderer ähnlicher Vorhaben erreichen muss, seine Gesamtkapitalkosten oder die in der jeweiligen Branche üblichen Renditen herangezogen werden. Alle für die gesamte Lebensdauer des Vorhabens erwarteten relevanten Kosten und Gewinne müssen berücksichtigt werden.

33. Die zulässige Beihilfehöchstintensität richtet sich nach der festgestellten Finanzierungslücke in Bezug auf die beihilfefähigen Kosten. Wenn die Analyse der Finanzierungslücke dies rechtfertigt, könnte die Beihilfeintensität alle beihilfefähigen Kosten abdecken. Die Finanzierungslücke entspricht der Differenz zwischen den positiven und den negativen Cashflows während der Lebensdauer der Investition, abgezinst auf ihren aktuellen Wert auf der Grundlage eines angemessenen Diskontierungsfaktors, der dem Zinssatz Rechnung trägt, den der Empfänger für die Durchführung des Vorhabens insbesondere in Anbetracht der damit verbundenen Risiken benötigt. Die beihilfefähigen Kosten sind im Anhang [29] aufgeführt.

---

[25] Dem Gerichtshof zufolge verfügt die Kommission bei der Würdigung der Vereinbarkeit von IPCEI über einen Ermessensspielraum: Urteil des Gerichtshofs vom 8. März 1988, Exécutif régional wallon und SA Glaverbel/Kommission, 62/87 und 72/87, Slg. 1988, ECLI:EU:C:1988:132, Rn. 21.

[26] Der Beihilfeantrag muss vor Beginn der Arbeiten gestellt werden, d. h. entweder vor Aufnahme von Bauarbeiten für die Investition oder der ersten rechtsverbindlichen Verpflichtung zur Bestellung von Ausrüstung oder einer anderen Verpflichtung, die die Investition unumkehrbar macht, der frühere dieser Zeitpunkte maßgebend ist. Der Kauf von Grundstücken und Vorarbeiten wie die Einholung von Genehmigungen und die Erstellung vorläufiger Durchführbarkeitsstudien gelten nicht als Beginn der Arbeiten.

[27] Bei Vorhaben von KMU kann das kontrafaktische Szenario, wie unter Randnummer 32 dargelegt, im Fehlen eines alternativen Vorhabens bestehen.

[28] Wenn die zur Verfügung gestellten Informationen unter das Berufsgeheimnis fallen, müssen sie im Einklang mit Artikel 30 der Verordnung (EU) 2015/1589 des Rates vom 13. Juli 2015 über besondere Vorschriften für die Anwendung von Artikel 108 des Vertrags über die Arbeitsweise der Europäischen Union (ABl. L 248 vom 24.9.2015, S. 9) behandelt werden.

[29] Im Falle eines integrierten Vorhabens müssen die beihilfefähigen Kosten für jedes Einzelvorhaben angegeben werden.

30. IPCEI-Mitteilung

IPCEI-
Mittei-
lung

34. Wenn zum Beispiel durch interne Unternehmensunterlagen nachgewiesen wird, dass der Beihilfeempfänger eindeutig die Wahl hat, sich für ein gefördertes Vorhaben oder eine Alternative ohne Beihilfeförderung zu entscheiden, vergleicht die Kommission den erwarteten Nettogegenwartswert der Investition in das geförderte Vorhaben mit jenem der Investition in das kontrafaktische Vorhaben und berücksichtigt dabei die Wahrscheinlichkeit der unterschiedlichen Geschäftsszenarien.

35. Staatliche Beihilfen zur Förderung von IPCEI können mit Unionsmitteln oder anderen staatlichen Beihilfen kumuliert werden, sofern der Gesamtbetrag der für dieselben beihilfefähigen Kosten gewährten öffentlichen Mittel den in den einschlägigen Vorschriften des Unionsrechts festgelegten günstigsten Finanzierungssatz nicht übersteigt.

36. Die Kommission kann den Mitgliedstaat, der das Vorhaben anmeldet, auffordern, einen Rückforderungsmechanismus als zusätzliche Vorkehrung einzuführen, um zu gewährleisten, dass die staatliche Beihilfe angemessen und auf das erforderliche Maß beschränkt bleibt. (³⁰) Der Rückforderungsmechanismus sollte eine ausgewogene Aufteilung zusätzlicher Gewinne gewährleisten, wenn das Vorhaben rentabler ist, als in der angemeldeten Analyse der Finanzierungslücke vorhergesehen. Er sollte nur auf die Investitionen angewendet werden, bei denen eine nachträgliche Analyse der Cashflows und der Beihilfezahlungen belegen, dass die erzielte Rendite die Kapitalkosten der Beihilfeempfänger übersteigt. Ein derartiger Rückforderungsmechanismus sollte vorab klar festgelegt werden, damit die Empfänger zum Zeitpunkt der Entscheidung über die Teilnahme an einem Vorhaben die Finanzströme absehen können. Der Mechanismus sollte so konzipiert sein, dass für die Beihilfeempfänger weiterhin starke Anreize bestehen, ihre Investition und die Leistung ihres Vorhabens zu maximieren.

37. Bei ihrer Analyse berücksichtigt die Kommission folgende Aspekte:

   a) Konkrete Angaben zur beabsichtigten Verhaltensänderung: Der Mitgliedstaat muss präzisieren, welche Verhaltensänderung infolge der staatlichen Beihilfe erwartet wird, d. h., ob ein Anreiz für ein neues Vorhaben geschaffen oder ein bestehendes Vorhaben in Bezug auf den Umfang oder den Anwendungsbereich ausgeweitet oder beschleunigt werden soll. Die Verhaltensänderung muss anhand eines Vergleichs der Ergebnisse und des Umfangs der beabsichtigten Tätigkeit, die mit Beihilfe und ohne Beihilfe zu erwarten wären, ermittelt werden. Der Unterschied zwischen den beiden Szenarios entspricht der Auswirkung der Beihilfemaßnahme und ihrem Anreizeffekt.

   b) Rentabilität: Wenn ein Vorhaben für ein privatwirtschaftliches Unternehmen nicht rentabel, aber von erheblichem Nutzen für die Gesellschaft wäre, ist die Wahrscheinlichkeit größer, dass die Beihilfe einen Anreizeffekt hat.

38. Um tatsächliche oder potenzielle direkte oder indirekte Verzerrungen des internationalen Handels zu vermeiden, kann die Kommission der Tatsache Rechnung tragen, dass Wettbewerber außerhalb der Union in den vergangenen drei Jahren für vergleichbare Vorhaben direkt oder indirekt Beihilfen gleicher Intensität für ähnliche Vorhaben erhalten. noch erhalten werden. Wenn jedoch nach drei Jahren noch mit Verzerrungen des internationalen Handels zu rechnen ist, kann der Bezugszeitraum entsprechend den besonderen Gegebenheiten des jeweiligen Wirtschaftszweigs verlängert werden. Soweit möglich, muss der betreffende Mitgliedstaat der Kommission ausreichende Informationen vor, damit sie die Lage und insbesondere die Notwendigkeit, den Wettbewerbsvorteil eines Wettbewerbers in einem Drittland zu berücksichtigen, beurteilen kann. Liegen der Kommission keine Fakten zur gewährten oder geplanten Beihilfe vor, so kann sie sich bei ihrem Beschluss auch auf Indizienbeweise stützen. Die Kommission kann auch geeignete Maßnahmen ergreifen, um durch außerhalb der Union erhaltene Subventionen bedingte Wettbewerbsverfälschungen zu beseitigen.

39. Bei der Beweiserhebung kann die Kommission ihre Befugnis zur Einholung von Auskünften ausüben. (³¹)

40. Die Wahl des Beihilfeinstruments muss mit Blick auf das Marktversagen oder ein anderes schwerwiegendes Systemversagen erfolgen, das es zu beheben gilt. Handelt es sich bei dem zugrunde liegenden Problem um einen mangelnden Zugang zu Finanzmitteln, so sollten die Mitgliedstaaten in der Regel auf Liquiditätshilfen wie Kredite oder Garantien zurückgreifen. (³²) Ist darüber hinaus ein gewisser Grad an Risikoteilung für das Unternehmen erforderlich, dürfte normalerweise ein rückzahlbarer Vorschuss das geeignete Instrument sein. Rückzahlbare Beihilfeinstrumente werden im Allgemeinen als positiver Indikator angesehen.

41. Die Auswahl der Beihilfeempfänger im Wege eines offenen, transparenten und diskriminierungsfreien Verfahrens wird als positiver Indikator betrachtet.

4.2. Vermeidung unverhältnismäßiger Wettbewerbsverfälschungen und Abwägungsprüfung

42. Die Mitgliedstaaten müssen nachweisen, dass die geplante Beihilfe ein geeignetes Politikinstrument zur Erreichung des Ziels des Vorhabens darstellt. Eine Beihilfe wird nicht als geeignet betrachtet, wenn das gleiche Ergebnis mit anderen, weniger wettbewerbsverfälschenden Politikinstrumenten oder Beihilfearten erzielt werden könnte.

43. Damit die Beihilfe mit dem Binnenmarkt vereinbar ist, müssen die nachteiligen Folgen der Beihilfemaßnahme in Form von Wettbewerbsverfälschungen und Auswirkungen auf den Handel zwischen Mitgliedstaaten begrenzt und durch die positiven Effekte eines Beitrags zum Erreichen eines Ziels von gemeinsamem europäischen Interesse aufgewogen werden.

(³⁰) Für KMU-Vorhaben muss nur unter außergewöhnlichen Umständen ein Rückforderungsmechanismus eingeführt werden, wobei insbesondere die Höhe der für solche Vorhaben angemeldeten Beihilfen zu berücksichtigen ist.

(³¹) Siehe Artikel 25 der Verordnung (EU) 2015/1589 des Rates vom 13. Juli 2015 über besondere Vorschriften für die Anwendung von Artikel 108 des Vertrags über die Arbeitsweise der Europäischen Union (ABl. L 248 vom 24.9.2015, S. 9).

(³²) Beihilfen in Form von Garantien müssen zeitlich befristet sein, und bei Beihilfen in Form von Krediten müssen Rückzahlungsfristen festgelegt werden.

44. Bei der Prüfung der nachteiligen Auswirkungen einer Beihilfemaßnahme konzentriert sich die Kommission auf die vorhersehbaren Auswirkungen der Beihilfe auf den Wettbewerb zwischen Unternehmen in den betreffenden Produktmärkten, einschließlich vor- oder nachgelagerter Märkte, und auf das Risiko der Überkapazität.

45. Die Kommission prüft das Risiko einer Marktabschottung und Marktbeherrschung. Vorhaben, die den Bau einer Infrastruktur ([33]) umfassen, müssen den Grundsätzen des offenen und diskriminierungsfreien Zugangs zur Infrastruktur, der diskriminierungsfreien Preisgestaltung und des diskriminierungsfreien Netzbetriebs Rechnung tragen, einschließlich der im Unionsrecht festgelegten Grundsätze. ([34])

46. Die Kommission prüft das Vorhaben auf mögliche negative Auswirkungen auf den Handel und das Risiko eines Subventionswettlaufs zwischen den Mitgliedstaaten, das sich insbesondere im Hinblick auf die Auswahl eines Standorts ergeben kann.

47. Bei der Prüfung der möglichen negativen Auswirkungen auf den Handel berücksichtigt die Kommission, ob die Beihilfe von der Verlagerung einer Produktionstätigkeit oder einer anderen Tätigkeit des Beihilfeempfängers aus dem Gebiet einer anderen Vertragspartei des EWR-Abkommens in das Gebiet des Mitgliedstaats, der die Beihilfe gewährt, abhängig gemacht wird. Eine solche Bedingung dürfte unabhängig von der Zahl der in der ursprünglichen Niederlassung des Beihilfeempfängers im EWR tatsächlich verlorenen Arbeitsplätze den Binnenmarkt beeinträchtigen und in der Regel nicht durch positive Auswirkungen ausgeglichen werden können.

4.3. Transparenz

48. Die Mitgliedstaaten stellen sicher, dass folgende Informationen in der Transparenz-Datenbank (Tranparency Award Modul) der Kommission oder auf nationaler oder regionaler Ebene auf einer ausführlichen Beihilfe-Website veröffentlicht werden:

    a) der vollständige Wortlaut des Gewährungsbeschlusses für Einzelbeihilfen und seiner Durchführungsbestimmungen, oder ein Link dazu,

    b) Angaben zu(r) Bewilligungsbehörde(n),

    c) Name und Kennzeichnung jedes Beihilfeempfängers, mit Ausnahme von Geschäftsgeheimnissen und sonstigen vertraulichen Informationen in hinreichend gerechtfertigten Fällen und vorbehaltlich der Zustimmung der Kommission gemäß der Mitteilung der Kommission zum Berufsgeheimnis in Beihilfeentscheidungen, ([35])

    d) das Beihilfeinstrument ([36]), das Beihilfeelement und, falls nicht identisch, der Nominalbetrag der Beihilfe, ausgedrückt als voller Betrag in Landeswährung, der jedem Beihilfeempfänger gewährt wurde,

    e) Tag der Gewährung und Tag der Veröffentlichung,

    f) Art des Beihilfeempfängers (KMU/großes Unternehmen/Start-up),

    g) Region, in der der Beihilfeempfänger seinen Standort hat (auf NUTS-2-Ebene oder darunter),

    h) Hauptwirtschaftszweig, in dem der Beihilfeempfänger tätig ist (auf Ebene der NACE-Gruppe),

    i) Zweck der Beihilfe.

49. Diese Informationen müssen für Einzelbeihilfen von mehr als 100 000 EUR veröffentlicht werden. Die Veröffentlichung muss nach Erlass des Beschlusses zur Gewährung der Beihilfe erfolgen, mindestens 10 Jahre lang aufrechterhalten werden und ohne Einschränkungen für die Öffentlichkeit zugänglich sein. ([37])

5. ANMELDUNG, BERICHTERSTATTUNG UND ANWENDUNG

5.1. Anmeldepflicht

50. Nach Artikel 108 Absatz 3 AEUV müssen die Mitgliedstaaten die Kommission vorab von jeder beabsichtigten Gewährung oder Umgestaltung einer staatlichen Beihilfe, einschließlich IPCEI-Beihilfen, unterrichten.

51. Mitgliedstaaten, die an demselben IPCEI beteiligt sind, werden gebeten, der Kommission nach Möglichkeit eine gemeinsame Anmeldung mit einem gemeinsamen Wortlaut zu übermitteln, in dem das IPCEI beschrieben und seine Beihilfefähigkeit nachgewiesen wird.

([33]) Der Klarheit halber sei angemerkt, dass Pilotanlagen nicht als Infrastrukturen gelten.

([34]) Betrifft das Vorhaben eine Energieinfrastruktur, so unterliegt es der Entgelt- und Zugangsregulierung und den Entflechtungsanforderungen, sofern dies nach den Binnenmarktvorschriften erforderlich ist.

([35]) C(2003) 4582 (ABl. C 297 vom 9.12.2003, S. 6).

([36]) Zuschuss/Zinszuschuss, Darlehen/rückzahlbare Vorschüsse/rückzahlbarer Zuschuss, Garantie, Steuervergünstigung oder Steuerbefreiung, Risikofinanzierung, Sonstiges. Falls die Beihilfe über mehrere Beihilfeinstrumente gewährt wird, ist der Beihilfebetrag für jedes Instrument anzugeben.

([37]) Diese Informationen sind innerhalb von sechs Monaten ab dem Tag der Gewährung zu veröffentlichen. Im Falle rechtswidriger Beihilfen sind die Mitgliedstaaten verpflichtet, die Veröffentlichung dieser Informationen nachträglich, spätestens sechs Monate nach dem Tag des Kommissionsbeschlusses sicherzustellen. Die Informationen sind in einem Format (z. B. CSV oder XML) bereitzustellen, das es ermöglicht, Daten abzufragen, zu extrahieren und leicht im Internet zu veröffentlichen.

30. IPCEI-Mitteilung

5.2. Ex-post-Evaluierung und Berichterstattung

52. Die Durchführung des Vorhabens unterliegt einer regelmäßigen Berichterstattung. Bei Bedarf kann die Kommission die Durchführung einer Ex-post-Evaluierung verlangen.

5.3. Anwendung

53. Die Kommission wendet die in dieser Mitteilung dargelegten Grundsätze ab dem 1. Januar 2022 an.

54. Sie wendet diese Grundsätze auf alle angemeldeten Beihilfevorhaben an, über die sie am oder nach dem 1. Januar 2022 zu beschließen hat, selbst wenn die Vorhaben vor diesem Tag angemeldet wurden.

55. Gemäß der Bekanntmachung der Kommission über die zur Beurteilung unrechtmäßiger staatlicher Beihilfen anzuwendenden Regeln ([38]) wendet die Kommission im Falle nichtangemeldeter Beihilfen die Grundsätze dieser Mitteilung an, wenn die Beihilfe am oder nach dem 1. Januar 2022 gewährt wurde, und legt in allen anderen Fällen die Vorschriften zugrunde, die in Kraft waren, als die Beihilfe gewährt wurde.

([38]) Bekanntmachung der Kommission über die zur Beurteilung unrechtmäßiger staatlicher Beihilfen anzuwendenden Regeln (ABl. C 119 vom 22.5.2002, S. 22).

ANHANG

Beihilfefähige Kosten

a) Durchführbarkeitsstudien, einschließlich vorbereitender technischer Studien, sowie Kosten für den Erhalt von Genehmigungen, die zur Durchführung des Vorhabens erforderlich sind.

b) Kosten für Instrumente und Ausrüstungen (einschließlich Anlagen und Transportmittel), sofern und solange sie für das Vorhaben genutzt werden. Werden diese Instrumente und Ausrüstungen nicht während ihrer gesamten Lebensdauer für das Vorhaben verwendet, gilt nur die nach den Grundsätzen ordnungsgemäßer Buchführung ermittelte Wertminderung während der Dauer des Vorhabens als beihilfefähig.

c) Kosten für den Erwerb (oder Bau) von Gebäuden, Infrastruktur und Grundstücken, sofern und solange sie für das Vorhaben genutzt werden. In Fällen, in denen diese Kosten im Hinblick auf den Wert des wirtschaftlichen Übergangs oder die tatsächlich entstandenen Kapitalkosten im Gegensatz zur Wertminderung bestimmt werden, sollte der Restwert des Grundstücks, der Gebäude oder der Infrastruktur von der Finanzierungslücke entweder ex ante oder ex post abgezogen werden.

d) Kosten für sonstige Materialien, Bedarfsmittel und dergleichen, die für das Vorhaben erforderlich sind.

e) Kosten für die Erlangung, Validierung und Verteidigung von Patenten und anderen immateriellen Vermögenswerten. Kosten für Auftragsforschung, Fachwissen und Patente, die von externen Quellen zu marktüblichen Bedingungen erworben oder lizenziert wurden, sowie Kosten für Beratung und gleichwertige Dienstleistungen, die ausschließlich für das unterstützte Vorhaben verwendet werden.

f) Personal- und Verwaltungskosten (einschließlich Gemeinkosten), die für die FEI-Tätigkeiten unmittelbar anfallen, einschließlich der FEI-Tätigkeiten im Zusammenhang mit der ersten gewerblichen Nutzung oder im Falle eines Infrastrukturvorhabens beim Bau der Infrastruktur angefallene Kosten.

g) Bei Beihilfen für Vorhaben der ersten gewerblichen Nutzung: die Investitionsaufwendungen und Betriebskosten, sofern die gewerbliche Nutzung ein Ergebnis von FEI-Tätigkeiten ist und selbst eine wichtige FEI-Komponente umfasst, die ein integraler und notwendiger Faktor für die erfolgreiche Umsetzung des Vorhabens ist. Die Betriebskosten müssen zu einer derartigen Komponente des Vorhabens in Bezug stehen.

h) Sonstige Kosten, sofern sie gerechtfertigt und mit der Realisierung des Vorhabens untrennbar verbunden sind, mit Ausnahme der nicht von Buchstabe g abgedeckten Betriebskosten.

IV

(Informationen)

INFORMATIONEN DER ORGANE, EINRICHTUNGEN UND SONSTIGEN
STELLEN DER EUROPÄISCHEN UNION

EUROPÄISCHE KOMMISSION

MITTEILUNG DER KOMMISSION

Leitlinien für Regionalbeihilfen

(2021/C 153/01)

INHALTSVERZEICHNIS

Seite

1. EINFÜHRUNG 3

2. ANWENDUNGSBEREICH UND BEGRIFFSBESTIMMUNGEN 4

2.1. Anwendungsbereich der Regionalbeihilfen 4

2.2. Begriffsbestimmungen 6

3. ANMELDEPFLICHTIGE REGIONALBEIHILFEN 9

4. BEIHILFEFÄHIGE KOSTEN 9

4.1. Investitionsbeihilfen 9

4.1.1. Berechnung der beihilfefähigen Kosten anhand der Investitionskosten 10

4.1.2. Berechnung der beihilfefähigen Kosten anhand der Lohnkosten 10

4.2. Betriebsbeihilfen 11

5. VEREINBARKEITSPRÜFUNG VON REGIONALBEIHILFEN 11

5.1. Beitrag zur regionalen Entwicklung und zum territorialen Zusammenhalt 11

5.1.1. Investitionsbeihilferegelungen 12

5.1.2. Anmeldepflichtige Einzelinvestitionsbeihilfen 12

5.1.3. Betriebsbeihilferegelungen 13

5.2. Anreizeffekt 14

5.2.1. Investitionsbeihilfen 14

5.2.2. Betriebsbeihilferegelungen 15

5.3. Erforderlichkeit staatlicher Maßnahmen 15

5.4. Geeignetheit von Regionalbeihilfen 16

5.4.1. Geeignetheit im Vergleich zu anderen Politikinstrumenten 16

5.4.2. Geeignetheit im Vergleich zu anderen Beihilfeinstrumenten 16

5.5. Angemessenheit der Beihilfe (Beschränkung der Beihilfe auf das erforderliche Minimum) 17

5.5.1. Investitionsbeihilfen 17

5.5.2. Betriebsbeihilferegelungen 18

5.6. Vermeidung übermäßiger negativer Auswirkungen auf den Wettbewerb und den Handel zwischen Mitgliedstaaten 18

5.6.1. Allgemeine Erwägungen 18

5.6.2. Deutliche negative Auswirkungen auf Wettbewerb und Handel 20

5.6.3. Investitionsbeihilferegelungen 20

5.6.4. Anmeldepflichtige Einzelinvestitionsbeihilfen 21

5.6.5. Betriebsbeihilferegelungen 22

5.7. Transparenz 23

6. EVALUIERUNG 23

7. FÖRDERGEBIETSKARTEN 24

7.1. Für Regionalbeihilfen in Betracht kommender Bevölkerungsanteil 25

7.2. Ausnahmeregelung nach Artikel 107 Absatz 3 Buchstabe a AEUV 25

7.3. Ausnahmeregelung nach Artikel 107 Absatz 3 Buchstabe c AEUV 26

7.3.1. Prädefinierte C-Fördergebiete 26

7.3.2. Nicht prädefinierte C-Fördergebiete 27

7.4. Beihilfehöchstintensitäten für regionale Investitionsbeihilfen 28

7.4.1. Beihilfehöchstintensitäten in A-Fördergebieten 28

7.4.2. Beihilfehöchstintensitäten in C-Fördergebieten 29

7.4.3. Höhere Beihilfeintensitäten für KMU 29

7.4.4. Höhere Beihilfeintensitäten für Gebiete, die zur Unterstützung aus dem JTF ausgewiesen sind 29

7.4.5. Höhere Beihilfeintensitäten für Regionen mit Bevölkerungsrückgang 29

7.5. Anmeldung und Prüfung der Fördergebietskarten 29

7.6. Änderungen 30

7.6.1. Reserve für den Anteil der Fördergebietsbevölkerung 30

7.6.2. Halbzeitüberprüfung 30

8. ÄNDERUNG DER LEITLINIEN FÜR REGIONALBEIHILFEN 2014-2020 30

9. ANWENDBARKEIT DER REGIONALBEIHILFEVORSCHRIFTEN 30

10. BERICHTERSTATTUNG UND ÜBERWACHUNG 31

11. ÜBERARBEITUNG 31

Regio-
nalbei-
hilfeL

31. RegionalbeihilfeL

1. **EINFÜHRUNG**

1. Die Kommission kann die folgenden Arten von staatlichen Beihilfen als nach Artikel 107 Absatz 3 Buchstabe a oder c des Vertrags über die Arbeitsweise der Europäischen Union (im Folgenden „AEUV") mit dem Binnenmarkt vereinbar ansehen:

a) staatliche Beihilfen zur Förderung der wirtschaftlichen Entwicklung von Gebieten, in denen die Lebenshaltung außergewöhnlich niedrig ist oder eine erhebliche Unterbeschäftigung herrscht, sowie der in Artikel 349 genannten Gebiete und

b) staatliche Beihilfen zur Förderung bestimmter Wirtschaftsgebiete in der Europäischen Union (¹).

Diese Arten von Beihilfen werden als Regionalbeihilfen bezeichnet.

2. In diesen Leitlinien sind die Voraussetzungen festgelegt, unter denen Regionalbeihilfen als mit dem Binnenmarkt vereinbar angesehen werden können. Ferner werden die Kriterien dargelegt, anhand deren zu bestimmen ist, ob ein Gebiet die Voraussetzungen für die Vereinbarkeit mit Artikel 107 Absatz 3 Buchstabe a oder c AEUV erfüllt.

3. Die Beihilfenkontrolle soll bei Regionalbeihilfen in erster Linie sicherstellen, dass Beihilfen zur Förderung der regionalen Entwicklung und des territorialen Zusammenhalts (²) die Bedingungen für den Handel zwischen Mitgliedstaaten nicht übermäßig beeinträchtigen. (³) Zum einen soll verhindert werden, dass die Bemühungen der Mitgliedstaaten, Unternehmen für Standorte in EU-Fördergebieten zu gewinnen oder dort zu halten, in einen Subventionswettlauf münden; zum anderen sollen die Auswirkungen der Regionalbeihilfen auf Handel und Wettbewerb auf das erforderliche Minimum beschränkt werden.

4. Regionalbeihilfen unterscheiden sich durch ihre regionale Zielsetzung — die Förderung der regionalen Entwicklung und des territorialen Zusammenhalts — von Beihilfearten wie Forschungs-, Entwicklungs- und Innovations-, Beschäftigungs-, Ausbildungs-, Energie- oder Umweltschutzbeihilfen, mit denen andere Ziele in Bezug auf die wirtschaftliche Entwicklung nach Artikel 107 Absatz 3 AEUV verfolgt werden. Wenn diese anderen Arten von Beihilfen Unternehmen gewährt werden, die in Fördergebieten ansässig sind, sind in bestimmten Fällen höhere Beihilfeintensitäten zulässig, um den spezifischen Problemen der Unternehmen in diesen Gebieten Rechnung zu tragen. (⁴)

5. Regionalbeihilfen können nur dann Wirkung entfalten, wenn sie maßvoll und nach dem Grundsatz der Verhältnismäßigkeit eingesetzt werden und auf die EU-Fördergebiete (⁵) konzentriert werden. Vor allem sollten die zulässigen Obergrenzen das Ausmaß der Entwicklungsprobleme der betreffenden Gebiete widerspiegeln. Die durch die Beihilfe gebotenen Vorteile für die Entwicklung eines Fördergebiets müssen etwaige beihilfebedingte Verfälschungen des Wettbewerbs und des Handels überwiegen. (⁶) Den positiven Auswirkungen einer Beihilfe kann je nach angewandter Freistellungsbestimmung des Artikels 107 Absatz 3 AEUV unterschiedliche Bedeutung beigemessen werden. So können in besonders benachteiligten Gebieten im Sinne des Artikels 107 Absatz 3 Buchstabe a größere Wettbewerbsverfälschungen hingenommen werden als in Gebieten, die unter Artikel 107 Absatz 3 Buchstabe c fallen. (⁷)

(¹) Gebiete, die auf der Grundlage des Artikels 107 Absatz 3 Buchstabe a AEUV für Regionalbeihilfen infrage kommen, sogenannte „A-Fördergebiete", sind in der Regel die im Hinblick auf eine wirtschaftliche Entwicklung am stärksten benachteiligten Gebiete in der Europäischen Union. Gebiete, die auf der Grundlage des Artikels 107 Absatz 3 Buchstabe c AEUV für Regionalbeihilfen infrage kommen, sogenannte „C-Fördergebiete", sind in der Regel ebenfalls im Vergleich zu anderen Gebieten in der Europäischen Union benachteiligt, jedoch in einem geringeren Umfang.

(²) Artikel 174 Absätze 1 und 2 AEUV lautet: „Die Union entwickelt und verfolgt weiterhin ihre Politik zur Stärkung ihres wirtschaftlichen, sozialen und territorialen Zusammenhalts, um eine harmonische Entwicklung der Union als Ganzes zu fördern. Die Union setzt sich insbesondere zum Ziel, die Unterschiede im Entwicklungsstand der verschiedenen Regionen und den Rückstand der am stärksten benachteiligten Gebiete zu verringern."

(³) Für die Zwecke dieser Leitlinien schließt die Kommission Nordirland, wie im „Protokoll zu Irland/Nordirland" zum Abkommen über den Austritt des Vereinigten Königreichs Großbritannien und Nordirland aus der Europäischen Union und der Europäischen Atomgemeinschaft vereinbart, in den Begriff „Mitgliedstaaten" ein.

(⁴) Regionale Aufschläge für solche Beihilfen werden daher nicht als Regionalbeihilfen angesehen.

(⁵) Die Mitgliedstaaten können diese Gebiete unter den in Abschnitt 7 genannten Voraussetzungen in einer Fördergebietskarte ausweisen.

(⁶) Siehe Urteil des Gerichtshofs vom 17. September 1980, Philip Morris Holland BV/Kommission der Europäischen Gemeinschaften, 730/79, ECLI:EU:C:1980:209, Rn. 17, und das Urteil des Gerichtshofs vom 14. Januar 1997, Königreich Spanien/Kommission, C-169/95, ECLI:EU:C:1997:10, Rn. 20.

(⁷) Siehe Urteil des Gerichts vom 12. Dezember 1996, AIUFFASS und AKT/Kommission, T-380/94, ECLI:EU:T:1996:195, Rn. 54.

6.   Außerdem können Regionalbeihilfen die wirtschaftliche Entwicklung von Fördergebieten nur dann wirksam unterstützen oder erleichtern, wenn sie zur Förderung zusätzlicher Investitionen oder wirtschaftlicher Tätigkeiten in diesen Gebieten gewährt werden. In einigen wenigen, genau umrissenen Fällen kann die Attraktivität eines Gebiets für die Ansiedlung oder den Erhalt wirtschaftlicher Tätigkeiten so stark oder dauerhaft beeinträchtigt sein, dass Investitionsbeihilfen allein möglicherweise nicht ausreichen, um die Entwicklung dieses Gebiets voranzubringen. Wenn dies der Fall ist, dürfen regionale Investitionsbeihilfen durch regionale Betriebsbeihilfen ergänzt werden.

7.   2019 hat die Kommission eine Evaluierung der Vorschriften für Regionalbeihilfen eingeleitet, um zu prüfen, ob die Regionalbeihilfeleitlinien nach wie vor zweckmäßig sind. Die Ergebnisse ([8]) zeigten, dass die Vorschriften grundsätzlich ihren Zweck erfüllen, angesichts der wirtschaftlichen Entwicklungen aber einige Verbesserungen erforderlich sind. Außerdem kann die Kommission bei der Beurteilung der Auswirkungen von Regionalbeihilfen die Mitteilungen „Ein europäischer Grüner Deal" ([9]), „Eine neue Industriestrategie für Europa" ([10]) und „Gestaltung der digitalen Zukunft Europas" ([11]) berücksichtigen, was einige Änderungen der Vorschriften erforderlich macht. Vor diesem Hintergrund werden auch andere Vorschriften über staatliche Beihilfen überprüft. Dabei achtet die Kommission besonders auf den Anwendungsbereich der einzelnen thematischen Leitlinien und etwaige Möglichkeiten, bei ein und derselben Investition verschiedene Arten von Beihilfen zu kombinieren. So kann eine Unterstützung für Erstinvestitionen in neue umweltfreundliche Technologien, die zur Dekarbonisierung von industriellen Produktionsverfahren (auch in energieintensiven Branchen wie der Stahlindustrie) beitragen, nach Maßgabe ihrer konkreten Merkmale insbesondere nach den Beihilfevorschriften für Forschung, Entwicklung und Innovation oder nach den Vorschriften für Umweltschutz- und Energiebeihilfen geprüft werden. Regionalbeihilfen können auch mit anderen Beihilfearten kombiniert werden. Daher können Regionalbeihilfen beispielsweise mit einer Unterstützung nach den Vorschriften über Umweltschutz- und Energiebeihilfen kombiniert werden, wenn ein Investitionsvorhaben die Entwicklung eines Fördergebiets erleichtert und gleichzeitig den Umweltschutz so erheblich verbessert, dass die Investition, ganz oder zum Teil, nach beiden thematischen Leitlinien für eine Unterstützung in Betracht kommt und beide eingehalten werden. Auf diese Weise können die Mitgliedstaaten optimal Anreize für beide Ziele schaffen und Überkompensation vermeiden. Die Kommission hat in diese Leitlinien auch spezifische Bestimmungen aufgenommen, um eine Unterstützung im Zusammenhang mit dem Fonds für einen gerechten Übergang (im Folgenden „JTF") im Einklang mit den Kohäsionsprinzipien zu erleichtern. Der JTF ([12]) ist eine der Säulen des Mechanismus für einen gerechten Übergang und soll im Rahmen der Kohäsionspolitik einen Beitrag zur Abfederung der sozialen, wirtschaftlichen und ökologischen Auswirkungen leisten, die möglicherweise mit dem ehrgeizigen Ziel des Übergangs zu einer klimaneutralen Union bis zum Jahr 2050 einhergehen können. Der JTF soll die negativen Begleiterscheinungen des Übergangs zur Klimaneutralität durch Unterstützung der am stärksten betroffenen Gebiete und Beschäftigten abmildern und einen ausgewogenen Übergang von Wirtschaft und Gesellschaft fördern.

8.   Zur Bewältigung der wirtschaftlichen Störungen infolge der COVID-19-Pandemie hat die Kommission gezielte Instrumente wie den Befristeten Rahmen für staatliche Beihilfen ([13]) bereitgestellt. Die Auswirkungen der Pandemie können in bestimmten Gebieten länger anhalten als in anderen. Da sich noch nicht absehen lässt, wie sich die Pandemie mittel- und langfristig auswirken wird und welche Gebiete besonders betroffen sein werden, beabsichtigt die Kommission, im Jahr 2023 eine Halbzeitüberprüfung anhand der neuesten statistischen Daten durchzuführen.

2.   ANWENDUNGSBEREICH UND BEGRIFFSBESTIMMUNGEN

2.1.   **Anwendungsbereich der Regionalbeihilfen**

9.   Die in diesen Leitlinien dargelegten Vereinbarkeitskriterien gelten sowohl für anmeldepflichtige Beihilferegelungen als auch für anmeldepflichtige Einzelbeihilfen mit regionaler Zielsetzung.

10.   Diese Leitlinien gelten nicht für staatliche Beihilfen für den Stahl- ([14]), Braunkohle- ([15]) oder Steinkohlesektor ([16]).

---

[8] Siehe Arbeitsunterlage der Kommissionsdienststellen zu den Ergebnissen der Eignungsprüfung vom 30. Oktober 2020 (SWD (2020) 257 final).

[9] Mitteilung der Kommission an das Europäische Parlament, den Europäischen Rat, den Rat, den Europäischen Wirtschafts- und Sozialausschuss und den Ausschuss der Regionen vom 11. Dezember 2019 (COM(2019) 640 final).

[10] Mitteilung der Kommission an das Europäische Parlament, den Europäischen Rat, den Rat, den Europäischen Wirtschafts- und Sozialausschuss und den Ausschuss der Regionen vom 10. März 2020 (COM(2020) 102 final).

[11] Mitteilung der Kommission an das Europäische Parlament, den Rat, den Europäischen Wirtschafts- und Sozialausschuss und den Ausschuss der Regionen vom 19. Februar 2020 (COM(2020) 67 final).

[12] Vorschlag für eine Verordnung des Europäischen Parlaments und des Rates zur Einrichtung des Fonds für einen gerechten Übergang (COM(2020) 22 final).

[13] ABl. C 91 I vom 20.3.2020, S. 1.

[14] Im Sinne des Anhangs VI.

[15] Der Ausdruck „Braunkohle" bezeichnet die niedrig inkohlten „C"-Sorten (Weichbraunkohle) und B-Sorten (Hartbraunkohle) im Sinne des internationalen Kohle-Klassifizierungssystems der UN-Wirtschaftskommission für Europa.

[16] Der Ausdruck „Steinkohle" oder „Kohle" bezeichnet die höher und mittel inkohlten Kohlesorten sowie die niedriger inkohlten „A"- und „B"-Sorten im Sinne des internationalen Kohle-Klassifizierungssystems der UN-Wirtschaftskommission für Europa und präzisiert im Beschluss des Rates vom 10. Dezember 2010 über staatliche Beihilfen zur Erleichterung der Stilllegung nicht wettbewerbsfähiger Steinkohlebergwerke (ABl. L 336 vom 21.12.2010, S. 24).

11.   Die Kommission wird die in diesen Leitlinien dargelegten Prinzipien auf Regionalbeihilfen in allen anderen Wirtschaftszweigen — außer den Wirtschaftszweigen Fischerei und Aquakultur (¹⁷), Landwirtschaft (¹⁸), Verkehr (¹⁹), Breitband (²⁰) und Energie (²¹), für die spezifische Beihilfevorschriften gelten — anwenden, sofern die staatlichen Beihilfen nicht im Rahmen horizontaler regionaler Betriebsbeihilferegelungen gewährt werden.

12.   Die Kommission wird die in diesen Leitlinien dargelegten Grundsätze auf die Verarbeitung landwirtschaftlicher Erzeugnisse in nichtlandwirtschaftliche Erzeugnisse und deren Vermarktung sowie auf Beihilfemaßnahmen zur Unterstützung von Tätigkeiten anwenden, die nicht unter Artikel 42 AEUV fallen, aber entweder durch den Europäischen Landwirtschaftsfonds für die Entwicklung des ländlichen Raums (ELER) kofinanziert werden (²²) oder als zusätzliche nationale Finanzierung für solche kofinanzierten Maßnahmen gewährt werden, sofern sektorale Vorschriften nicht etwas anderes vorsehen.

13.   Bei großen Unternehmen fallen regionale Beeinträchtigungen im Hinblick auf Investitionen oder die weitere Ausübung einer wirtschaftlichen Tätigkeit in einem Fördergebiet in der Regel weniger ins Gewicht als bei kleinen und mittleren Unternehmen (KMU). Erstens können sich große Unternehmen leichter auf den globalen Märkten Kapital und Kredite beschaffen, sodass das geringere Angebot von Finanzdienstleistungen in Fördergebieten ihre Möglichkeiten weniger einschränkt. Zweitens können Investitionen großer Unternehmen Größenvorteile zur Folge haben, die die standortspezifischen Anlaufkosten verringern und in vielerlei Hinsicht nicht an das Gebiet gebunden sind, in dem die Investition getätigt wird. Drittens haben große Unternehmen, die Investitionen planen, normalerweise den Behörden gegenüber eine starke Verhandlungsposition, was dazu führen kann, dass Beihilfen gewährt werden, die nicht erforderlich oder nicht gerechtfertigt sind. Außerdem sind große Unternehmen oftmals wichtige Akteure auf den betreffenden Märkten, sodass die durch Beihilfen geförderten Investitionen den Wettbewerb und den Handel im Binnenmarkt beeinträchtigen könnten.

14.   Da Regionalbeihilfen für die Investitionen großer Unternehmen in der Regel keinen Anreizeffekt haben, können sie grundsätzlich nicht nach Artikel 107 Absatz 3 Buchstabe c AEUV als mit dem Binnenmarkt vereinbar erachtet werden, es sei denn, die Beihilfen werden im Einklang mit den in diesen Leitlinien festgelegten Kriterien für Erstinvestitionen gewährt, durch die neue wirtschaftliche Tätigkeiten in C-Fördergebieten geschaffen werden. In dem am stärksten vom Übergang betroffenen Gebieten können jedoch die strukturellen Vorteile für große Unternehmen nicht hinreichend sein, um für einen ausgewogenen Übergang von Wirtschaft und Gesellschaft ausreichende Investitionen zu tätigen und genügend Beschäftigungsmöglichkeiten zum Ausgleich der Arbeitsplatzverluste anzubieten, die auf die Einstellung von Wirtschaftstätigkeiten im Zuge des Übergangs zurückzuführen sind. Abweichend (²³) von Satz 1 dieser Randnummer können Regionalbeihilfen für große Unternehmen deshalb nach diesen Leitlinien als mit dem Binnenmarkt vereinbar angesehen werden, wenn sie zur Diversifizierung der Produktion einer Betriebsstätte durch vorher dort nicht hergestellte Produkte oder zur grundlegenden Änderung des gesamten Produktionsprozesses der von der Investition in die Betriebsstätte betroffenen Produkte gewährt werden, sofern folgende Voraussetzungen erfüllt sind: 1) die Beihilfe ist eine Erstinvestition in einem Gebiet, das für eine Kofinanzierung aus dem JTF in Betracht kommt und in einem C-Fördergebiet mit einem Pro-Kopf-BIP von weniger als 100 % des Durchschnitts der EU-27 liegt; 2) die Investition und der Begünstigte sind in einem von der Kommission genehmigten territorialen Plan für einen gerechten Übergang (²⁴) eines Mitgliedstaats aufgeführt; 3) die Beihilfe für die Investition wird bis zur zulässigen Obergrenze durch den JTF abgedeckt.

(¹⁷)   Im Sinne der Verordnung (EU) Nr. 1379/2013 des Europäischen Parlaments und des Rates vom 11. Dezember 2013 über die gemeinsame Marktorganisation für Erzeugnisse der Fischerei und der Aquakultur, zur Änderung der Verordnungen (EG) Nr. 1184/2006 und (EG) Nr. 1224/2009 des Rates und zur Aufhebung der Verordnung (EG) Nr. 104/2000 des Rates (ABl. L 354 vom 28.12.2013, S. 1).

(¹⁸)   Staatliche Beihilfen für die Primärerzeugung, Verarbeitung und Vermarktung der in Anhang I des AEUV genannten landwirtschaftlichen Erzeugnisse und für die Forstwirtschaft fallen unter die Rahmenregelung für staatliche Beihilfen im Agrarsektor (ABl. C 204 vom 1.7.2014, S. 1).

(¹⁹)   Der Wirtschaftszweig Verkehr umfasst die Personen- und Frachtbeförderung im gewerblichen Luft-, See-, Straßen-, Schienen- und Binnenschifffahrtsverkehr. Unbeschadet dessen Leitlinien nicht für Verkehrsinfrastruktur, die wie Flughäfen unter spezifische Leitlinien fällt (siehe Mitteilung der Kommission — Leitlinien für staatliche Beihilfe für Flughäfen und Luftverkehrsgesellschaften (ABl. C 99 vom 4.4.2014, S. 3).

(²⁰)   Leitlinien der EU für die Anwendung der Vorschriften über staatliche Beihilfen im Zusammenhang mit dem schnellen Breitbandausbau (ABl. C 25 vom 26.1.2013, S. 1).

(²¹)   Die Vereinbarkeit staatlicher Beihilfen für die Energiewirtschaft wird die Kommission nach den Leitlinien für staatliche Umweltschutz- und Energiebeihilfen 2014-2020 (ABl. C 200 vom 28.6.2014, S. 1) prüfen.

(²²)   Diese fallen unter die Verordnung (EU) Nr. 1305/2013 des Europäischen Parlaments und des Rates vom 17. Dezember 2013 über die Förderung der ländlichen Entwicklung durch den Europäischen Landwirtschaftsfonds für die Entwicklung des ländlichen Raums (ELER) (ABl. L 347 vom 20.12.2013, S. 487).

(²³)   Diese Ausnahmeregelung findet nur Anwendung, wenn eine Verordnung auf der Grundlage des in Fußnote 12 genannten Vorschlags der Kommission erlassen wird und während der Laufzeit des JTF anwendbar ist.

(²⁴)   Im territorialen Plan für einen gerechten Übergang sollte nachgewiesen werden, dass Investitionen in diese Unternehmen erforderlich sind, um durch den Übergang bedingte Arbeitsplatzverluste auszugleichen, die nicht durch die Schaffung von Arbeitsplätzen in KMU ausgeglichen werden können.

15.   Regionalbeihilfen, die der Senkung der laufenden Kosten eines Unternehmens dienen, sind Betriebsbeihilfen. Betriebsbeihilfen können nur dann als mit dem Binnenmarkt vereinbar erachtet werden, wenn sie nachweislich für die Entwicklung des Gebiets erforderlich sind, z. B. wenn sie dazu dienen, spezifische Schwierigkeiten von KMU in den (unter Artikel 107 Absatz 3 Buchstabe a AEUV fallenden) am stärksten benachteiligten Gebieten zu verringern, bestimmte Mehrkosten von Wirtschaftstätigkeiten in Gebieten in äußerster Randlage auszugleichen oder die Abwanderung aus Gebieten mit sehr geringer Bevölkerungsdichte zu verhindern oder zu verringern.

16.   Diese Leitlinien gelten nicht für Betriebsbeihilfen zugunsten von Unternehmen, deren Haupttätigkeit unter Abschnitt K „Erbringung von Finanz- und Versicherungsdienstleistungen" der Statistischen Systematik der Wirtschaftszweige NACE Rev. 2 (^{25}) fällt, oder von Unternehmen, die konzerninterne Tätigkeiten ausüben und deren Haupttätigkeit unter die Klasse 70.10 „Verwaltung und Führung von Unternehmen und Betrieben" oder 70.22 „Unternehmensberatung" der NACE Rev. 2 fällt.

17.   Unternehmen in Schwierigkeiten im Sinne der Leitlinien für staatliche Beihilfen zur Rettung und Umstrukturierung nichtfinanzieller Unternehmen in Schwierigkeiten (^{26}) dürfen keine Regionalbeihilfen erhalten.

18.   Bei der Prüfung von Regionalbeihilfen zugunsten eines Unternehmens, das einer Rückforderungsanordnung noch nicht nachgekommen ist, die aufgrund eines früheren Beschlusses der Kommission zur Feststellung der Unzulässigkeit einer Beihilfe und ihrer Unvereinbarkeit mit dem Binnenmarkt ergangen ist, wird die Kommission den noch ausstehenden Rückforderungsbetrag berücksichtigen (^{27}).

2.2.   Begriffsbestimmungen

19.   Für die Zwecke dieser Leitlinien bezeichnet der Ausdruck

(1)   „A-Fördergebiete" die auf der Grundlage des Artikels 107 Absatz 3 Buchstabe a AEUV in einer Fördergebietskarte ausgewiesenen Gebiete; „C-Fördergebiete" die auf der Grundlage des Artikels 107 Absatz 3 Buchstabe c AEUV in einer Fördergebietskarte ausgewiesenen Gebiete;

(2)   „Ad-hoc-Beihilfe" eine Beihilfe, die nicht auf der Grundlage einer Beihilferegelung gewährt wird;

(3)   „angepasster Beihilfebetrag" den zulässigen Beihilfehöchstbetrag für ein großes Investitionsvorhaben, der anhand folgender Formel berechnet wird:

    3.1.   angepasster Beihilfebetrag = R × (A + 0,50 × B + 0,34 × C)

    3.2.   Dabei entspricht R der in dem betreffenden Gebiet geltenden Beihilfehöchstintensität (ohne Anhebung der Beihilfeintensität für KMU). A steht für den Teil der beihilfefähigen Kosten, der sich auf 50 Mio. EUR beläuft, B für den zwischen 50 Mio. EUR und 100 Mio. EUR liegenden Teil der beihilfefähigen Kosten und C für den über 100 Mio. EUR liegenden Teil;

(4)   „Beihilfeintensität" das in Prozent der beihilfefähigen Kosten ausgedrückte Bruttosubventionsäquivalent;

(5)   „Fördergebiet" entweder ein A-Fördergebiet oder ein C-Fördergebiet;

(6)   „Abschluss der Investition" den Zeitpunkt, zu dem die nationalen Behörden die Investition als abgeschlossen erachten oder zu dem drei Jahre nach Beginn der Arbeiten verstrichen sind, wobei der früheste dieser Zeitpunkte maßgebend ist;

(7)   „Tag der Gewährung der Beihilfe" den Tag, an dem der Beihilfeempfänger nach dem geltenden nationalen Recht einen Rechtsanspruch auf die Beihilfe erwirbt;

(8)   „EU-27" alle 27 Mitgliedstaaten (außer Nordirland);

(^{25}) Verordnung (EG) Nr. 1893/2006 des Europäischen Parlaments und des Rates vom 20. Dezember 2006 zur Aufstellung der statistischen Systematik der Wirtschaftszweige NACE Revision 2 und zur Änderung der Verordnung (EWG) Nr. 3037/90 des Rates sowie einiger Verordnungen der EG über bestimmte Bereiche der Statistik (ABl. L 393 vom 30.12.2006, S. 1).
(^{26}) Leitlinien für staatliche Beihilfen zur Rettung und Umstrukturierung nichtfinanzieller Unternehmen in Schwierigkeiten (ABl. C 249 vom 31.7.2014, S. 1). Wie dort unter Randnummer 23 erläutert, kann ein Unternehmen in Schwierigkeiten, da es in seiner Existenz bedroht ist, nicht als geeignetes Mittel zur Förderung anderer Ziele des öffentlichen Interesses dienen, bis seine Rentabilität gewährleistet ist.
(^{27}) Siehe hierzu das Urteil des Gerichts erster Instanz vom 13. September 1995, TWD Textilwerke Deggendorf GmbH/Kommission der Europäischen Gemeinschaften, T-244/93 und T-486/93, ECLI:EU:T:1995:160, Rn. 56.

31. RegionalbeihilfeL

(9) „Evaluierungsplan" ein Dokument zu einer oder mehreren Beihilferegelungen mit den folgenden Mindestangaben: zu evaluierende Ziele, Evaluierungsfragen, Ergebnisindikatoren, vorgesehene Evaluierungsmethode, Datenerfassungskriterien, vorgesehener Zeitplan für die Evaluierung einschließlich des Termins für die Vorlage des Zwischen- und des Abschlussberichts, Beschreibung des unabhängigen Gremiums, das die Evaluierung durchführen wird, oder der für seine Auswahl herangezogenen Kriterien sowie die Modalitäten für die Bekanntmachung der Evaluierung;

(10) „Bruttosubventionsäquivalent" den Betrag, der durch Abzinsung des Betrags, auf den sich die Beihilfe vor Steuern und sonstigen Abgaben belaufen würde, wenn sie dem Empfänger als Zuschuss gewährt worden wäre, berechnet wird, wobei die Abzinsung zum Zeitpunkt der Gewährung der Beihilfe oder ihrer Anmeldung bei der Kommission (je nachdem, welches der frühere Zeitpunkt ist) auf der Grundlage des zu diesem Zeitpunkt geltenden Referenzzinssatzes erfolgt;

(11) „horizontale regionale Betriebsbeihilferegelung" eine Regelung, auf deren Grundlage Unternehmen, die in der Regelung in einer allgemeinen und abstrakten Weise definiert sind, ohne nähere Durchführungsmaßnahmen Einzelbeihilfen gewährt werden können. Für die Zwecke dieser Begriffsbestimmung kann eine sektorale Beihilferegelung nicht als horizontale regionale Betriebsbeihilferegelung angesehen werden;

(12) „Einzelbeihilfe" eine Ad-hoc-Beihilfe bzw. eine Beihilfe, die einzelnen Empfängern auf der Grundlage einer Beihilferegelung gewährt wird;

(13) „Erstinvestition"

a) eine Investition in materielle und immaterielle Vermögenswerte zu mindestens einem der nachstehenden Zwecke:

— zur Errichtung einer neuen Betriebsstätte,

— zum Ausbau der Kapazitäten einer bestehenden Betriebsstätte,

— zur Diversifizierung der Produktion einer Betriebsstätte durch vorher dort nicht hergestellte Produkte ([28]) oder

— zur grundlegenden Änderung des gesamten Produktionsprozesses der von der Investition in die Betriebsstätte betroffenen Produkte oder

b) den Erwerb von Vermögenswerten einer Betriebsstätte, die geschlossen wurde oder ohne diesen Erwerb geschlossen worden wäre. Werden lediglich Unternehmensanteile erworben, so gilt dies nicht als Erstinvestition.

Ersatzinvestitionen stellen somit keine Erstinvestitionen dar;

(14) „Erstinvestition, die eine neue wirtschaftliche Tätigkeit begründet"

a) eine Investition in materielle und immaterielle Vermögenswerte zu mindestens einem der nachstehenden Zwecke:

— zur Errichtung einer neuen Betriebsstätte oder

— zur Diversifizierung der Tätigkeit einer Betriebsstätte, unter der Voraussetzung, dass die neue Tätigkeit nicht dieselbe oder eine ähnliche Tätigkeit wie die früher in der Betriebsstätte ausgeübte Tätigkeit ist, oder

b) den Erwerb von Vermögenswerten einer Betriebsstätte, die geschlossen wurde oder ohne diesen Erwerb geschlossen worden wäre, sofern die neue Tätigkeit, die mit den erworbenen Vermögenswerten ausgeübt werden soll, nicht dieselbe oder eine ähnliche Tätigkeit wie die vor dem Erwerb in der Betriebsstätte ausgeübte Tätigkeit ist. Werden lediglich Unternehmensanteile erworben, so gilt dies nicht als Erstinvestition, die eine neue wirtschaftliche Tätigkeit begründet;

(15) „immaterielle Vermögenswerte" Vermögenswerte ohne physische oder finanzielle Verkörperung wie Patentrechte, Lizenzen, Know-how oder sonstige Rechte des geistigen Eigentums;

(16) „Schaffung von Arbeitsplätzen" einen in jährlichen Arbeitseinheiten ausgedrückten Nettoanstieg der Zahl der in der betreffenden Betriebsstätte beschäftigten Arbeitnehmer im Vergleich zum Durchschnitt der vorangegangenen 12 Monate, wobei die in diesem Zeitraum verlorenen Arbeitsplätze von den geschaffenen Arbeitsplätzen abgezogen werden müssen;

(17) „große Unternehmen" Unternehmen, die nicht die Voraussetzungen für eine Einstufung als KMU im Sinne der Nummer 28 erfüllen;

([28]) Für die Zwecke dieser Leitlinien umfasst der Begriff „Produkt" auch Dienstleistungen.

(18) „großes Investitionsvorhaben" eine Erstinvestition mit beihilfefähigen Kosten von über 50 Mio. EUR;

(19) „Beihilfehöchstintensität" die in Abschnitt 7.4 festgelegte und in die Fördergebietskarte übernommene Beihilfeintensität, die gegebenenfalls die Anhebung der Beihilfeintensität für KMU einschließt;

(20) „Beschäftigtenzahl" die Zahl der jährlichen Arbeitseinheiten, d. h. die Zahl der Vollzeitbeschäftigten während eines Jahres; Teilzeitarbeit oder Saisonarbeit wird in Bruchteilen der jährlichen Arbeitseinheiten berücksichtigt;

(21) „Gebiete in äußerster Randlage" die in Artikel 349 AEUV genannten Gebiete ([29]);

(22) „Betriebsbeihilfen" Beihilfen zur Senkung der laufenden Ausgaben eines Unternehmens, zu denen beispielsweise Personal-, Material-, Fremdleistungs-, Kommunikations-, Energie-, Wartungs-, Miet- und Verwaltungskosten zählen, nicht aber der Abschreibungsaufwand und Finanzierungskosten, wenn diese bei Gewährung der regionalen Investitionsbeihilfe als beihilfefähige Kosten berücksichtigt wurden;

(23) „Fördergebietskarte" die von der Kommission genehmigte Liste der von einem Mitgliedstaat im Einklang mit diesen Leitlinien ausgewiesenen Fördergebiete;

(24) „Verlagerung" die Übertragung derselben oder einer ähnlichen Tätigkeit oder eines Teils davon von einer im Gebiet einer Vertragspartei des EWR-Abkommens gelegenen Betriebsstätte (ursprüngliche Betriebsstätte) zu der im Gebiet einer anderen Vertragspartei des EWR-Abkommens gelegenen Betriebsstätte, in der die geförderte Investition getätigt wird (geförderte Betriebsstätte). Eine Übertragung liegt vor, wenn das Produkt in der ursprünglichen und in der geförderten Betriebsstätte zumindest teilweise denselben Zwecken dient und der Nachfrage oder dem Bedarf desselben Typs von Abnehmern gerecht wird und in einer im EWR gelegenen ursprünglichen Betriebsstätten des Beihilfeempfängers Arbeitsplätze im Bereich derselben oder einer ähnlichen Tätigkeit verloren gehen;

(25) „dieselbe oder eine ähnliche Tätigkeit" eine Tätigkeit, die unter dieselbe Klasse (vierstelliger numerischer Code) der Statistischen Systematik der Wirtschaftszweige NACE Rev. 2 fällt;

(26) „sektorale Beihilferegelung" eine Regelung für Tätigkeiten, die unter weniger als fünf Klassen (vierstelliger numerischer Code) der Statistischen Systematik der Wirtschaftszweige NACE Rev. 2 fallen;

(27) „Einzelinvestition" eine Erstinvestition des Beihilfeempfängers (Unternehmensgruppe) in dieselbe oder eine ähnliche Tätigkeit in einem Zeitraum von drei Jahren ab Beginn der Arbeiten an einer anderen durch eine Beihilfe geförderten Investition in derselben NUTS-3 ([30])-Region;

(28) „KMU" Unternehmen, die die Voraussetzungen der Empfehlung der Kommission vom 6. Mai 2003 betreffend die Definition der Kleinstunternehmen sowie der kleinen und mittleren Unternehmen ([31]) erfüllen;

(29) „Beginn der Arbeiten" entweder den Beginn der Bauarbeiten für die Investition oder die erste rechtsverbindliche Verpflichtung zur Bestellung von Ausrüstung oder eine andere Verpflichtung, die die Investition unumkehrbar macht, wobei der früheste dieser Zeitpunkte maßgebend ist. Der Kauf von Grundstücken und Vorarbeiten wie die Einholung von Genehmigungen und die Erstellung vorläufiger Durchführbarkeitsstudien gelten nicht als Beginn der Arbeiten. Bei Übernahmen ist der „Beginn der Arbeiten" der Tag des Erwerbs der unmittelbar mit der erworbenen Betriebsstätte verbundenen Vermögenswerte;

(30) „Gebiete mit geringer Bevölkerungsdichte" die von dem betroffenen Mitgliedstaat im Einklang mit Randnummer 169 ausgewiesenen Gebiete;

(31) „materielle Vermögenswerte" Vermögenswerte wie Grundstücke, Gebäude und Anlagen, Maschinen und Ausrüstungen;

(32) „Gebiete mit sehr geringer Bevölkerungsdichte" die NUTS-2-Regionen mit weniger als acht Einwohnern/km² oder Teile solcher NUTS-2-Regionen, die von dem betroffenen Mitgliedstaat im Einklang mit Randnummer 169 ausgewiesen wurden;

(33) „Lohnkosten" alle Kosten, die der Beihilfeempfänger für den betreffenden Arbeitsplatz tatsächlich tragen muss, d. h. die Bruttolöhne vor Steuern und Pflichtbeiträgen wie den Sozialversicherungsbeiträgen sowie die Kosten für die Betreuung von Kindern und die Pflege von Eltern in einem bestimmten Zeitraum.

([29]) Derzeit Guadeloupe, Französisch-Guyana, Martinique, Mayotte, Réunion, St. Martin, die Azoren, Madeira und die Kanarischen Inseln (ABl. C 202 vom 7.6.2016, S. 195). St. Martin ist nicht in der NUTS-Klassifikation von 2021 erfasst.
([30]) Verordnung (EG) Nr. 1059/2003 des Europäischen Parlaments und des Rates über die Schaffung einer gemeinsamen Klassifikation der Gebietseinheiten für die Statistik (NUTS) (ABl. L 154 vom 21.6.2003, S. 1), geändert durch die Delegierte Verordnung (EU) 2019/1755 der Kommission (ABl. L 270 vom 24.10.2019, S. 1). Die in diesen Leitlinien verwendeten Daten beruhen auf der NUTS-Systematik 2021.
([31]) Empfehlung der Kommission vom 6. Mai 2003 betreffend die Definition der Kleinstunternehmen sowie der kleinen und mittleren Unternehmen (ABl. L 124 vom 20.5.2003, S. 36).

31. RegionalbeihilfeL

3. ANMELDEPFLICHTIGE REGIONALBEIHILFEN

20.   Die Mitgliedstaaten müssen Regionalbeihilfen grundsätzlich nach Artikel 108 Absatz 3 AEUV anmelden, es sei denn, die Beihilfen erfüllen die Voraussetzungen einer Gruppenfreistellungsverordnung, die von der Kommission nach Artikel 1 der Verordnung (EU) 2015/1588 des Rates ([32]) erlassen wurde.

21.   Die Kommission wird diese Leitlinien auf anmeldepflichtige Beihilferegelungen und anmeldepflichtige Einzelbeihilfen mit regionaler Zielsetzung anwenden.

22.   Einzelbeihilfen, die auf der Grundlage einer angemeldeten Beihilferegelung gewährt werden, sind weiterhin nach Artikel 108 Absatz 3 AEUV anmeldepflichtig, wenn der Gesamtbetrag der aus allen Quellen stammenden Beihilfen die in der Allgemeinen Gruppenfreistellungsverordnung ([33]) (im Folgenden „AGVO") festgelegte Einzelanmeldeschwelle für regionale Investitionsbeihilfen überschreitet.

23.   Einzelbeihilfen, die auf der Grundlage einer angemeldeten Beihilferegelung gewährt werden, sind zudem weiterhin nach Artikel 108 Absatz 3 AEUV anmeldepflichtig, sofern der Empfänger nicht

a) bestätigt hat, dass er in den beiden Jahren vor Stellung des Beihilfeantrags keine Verlagerung zu der Betriebsstätte vorgenommen hat, in die die geförderte Erstinvestition getätigt werden soll, und

b) zugesagt hat, dies auch in den beiden Jahren nach Abschluss der geförderten Erstinvestition nicht zu tun.

4. BEIHILFEFÄHIGE KOSTEN

4.1. Investitionsbeihilfen

24.   Beihilfefähig sind folgende Kosten:

1) die Kosten einer Investition in materielle und immaterielle Vermögenswerte oder

2) die für einen Zeitraum von zwei Jahren berechneten voraussichtlichen Lohnkosten für die durch eine Erstinvestition geschaffenen Arbeitsplätze oder

3) eine Kombination aus Teilen der unter Nummer 1 oder 2 genannten Kosten, wobei jedoch der höhere der nach den Nummern 1 und 2 in Betracht kommenden Beträge nicht überschritten werden darf.

25.   Wenn die beihilfefähigen Kosten auf der Grundlage der Kosten einer Investition in materielle und immaterielle Vermögenswerte ermittelt werden, sind nur die Kosten von Vermögenswerten beihilfefähig, die Teil der Erstinvestition in die Betriebsstätte des Beihilfeempfängers in dem betreffenden Fördergebiet sind.

26.   Abweichend von der unter Randnummer 25 festgelegten Voraussetzung können für das Vendor Tooling ([34]) verwendete Vermögenswerte bei den beihilfefähigen Kosten des Unternehmens berücksichtigt werden, das sie erworben (oder hergestellt) hat, wenn die Vendor Tools die ganzen fünf Jahre (bei großen Unternehmen) bzw. drei Jahre (bei KMU), in denen sie dort mindestens verbleiben müssen, für eine Verarbeitungs- oder Montagetätigkeit mit direktem Bezug zu einem auf der geförderten Einzelinvestition des Beihilfeempfängers basierenden Produktionsprozess verwendet werden. Diese Ausnahme gilt, wenn die Betriebsstätte des Zulieferers in einem Fördergebiet liegt, der Zulieferer selbst für die betreffenden Vermögenswerte keine regionale Investitionsbeihilfe oder KMU-Investitionsbeihilfe nach Artikel 17 AGVO erhält und die Beihilfeintensität nicht über die für den Standort der Betriebsstätte des Zulieferers geltenden relevanten Beihilfehöchstintensität liegt. Jede Anpassung der Beihilfeintensität für große Investitionsvorhaben gilt auch für die Beihilfe, die für die Kosten der für das Vendor Tooling verwendeten Vermögenswerte berechnet wird; diese Kosten werden als Teil der gesamten Investitionskosten der Erstinvestition erachtet.

([32]) Verordnung (EU) 2015/1588 des Rates vom 13. Juli 2015 über die Anwendung der Artikel 107 und 108 des Vertrags über die Arbeitsweise der Europäischen Union auf bestimmte Gruppen horizontaler Beihilfen (ABl. L 248 vom 24.9.2015, S. 1).

([33]) Verordnung (EU) Nr. 651/2014 der Kommission vom 17. Juni 2014 zur Feststellung der Vereinbarkeit bestimmter Gruppen von Beihilfen mit dem Binnenmarkt in Anwendung der Artikel 107 und 108 des Vertrags über die Arbeitsweise der Europäischen Union (ABl. L 187 vom 26.6.2014, S. 1).

([34]) Das Vendor Tooling besteht im Erwerb (oder der im Unternehmen selbst erfolgenden Herstellung) von Maschinen, Werkzeugen oder Ausrüstungen und einschlägiger Software durch ein Unternehmen (eine Unternehmensgruppe), die nicht in den Produktionsstätten dieses Unternehmens (dieser Unternehmensgruppe) verwendet, sondern bestimmten Zulieferern zur Verfügung gestellt werden sollen, damit diese in ihren Produktionsstätten Produkte herstellen können, die als Zwischenprodukte für den Produktionsprozess des Unternehmens bestimmt sind. Die für das Vendor Tooling verwendeten Vermögenswerte bleiben im Eigentum des Unternehmens, das sie erworben hat, werden aber dem Zulieferer für die in einem Zulieferervertrag oder einer ähnlichen Vereinbarung festgelegten Aufgaben zu den darin vereinbarten Konditionen zur Verfügung gestellt. Sie werden für genau festgelegte Verarbeitungs- oder Montagetätigkeiten in einer oder mehreren Produktionsstätten des Unternehmens (der Unternehmensgruppe) eingesetzt und müssen möglicherweise nach Abschluss des Auftrags oder Ablauf oder Beendigung eines Rahmenvertrags dem Eigentümer zurückgegeben werden.

4.1.1. Berechnung der beihilfefähigen Kosten anhand der Investitionskosten

27.   Die erworbenen Vermögenswerte müssen, außer bei KMU oder im Falle des Erwerbs einer Betriebsstätte ([35]), neu sein.

28.   Bei KMU sind bis zu 50 % der Kosten für vorbereitende Studien oder Beratungstätigkeiten im Zusammenhang mit der Investition beihilfefähig.

29.   Bei großen Unternehmen gewährten Beihilfen für grundlegende Änderungen des Produktionsprozesses müssen die beihilfefähigen Kosten höher sein als die in den drei vorangegangenen Geschäftsjahren erfolgten Abschreibungen für die mit der zu modernisierenden Tätigkeit verbundenen Vermögenswerte.

30.   Bei Beihilfen für die Diversifizierung der Produktion einer bestehenden Betriebsstätte müssen die beihilfefähigen Kosten mindestens 200 % über dem Buchwert liegen, der in dem Geschäftsjahr vor Beginn der Arbeiten für die wiederverwendeten Vermögenswerte verbucht wurde.

31.   Kosten im Zusammenhang mit dem Leasing materieller Vermögenswerte können unter folgenden Umständen berücksichtigt werden:

1) Leasingverträge für Grundstücke oder Gebäude müssen nach dem voraussichtlichen Abschluss des Investitionsvorhabens bei großen Unternehmen noch mindestens fünf Jahre, bei KMU mindestens drei Jahre weiterlaufen.

2) Leasingverträge für Anlagen oder Maschinen müssen die Form eines Finanzierungsleasings haben und die Verpflichtung enthalten, dass der Beihilfeempfänger den betreffenden Vermögenswert zum Laufzeitende erwirbt.

32.   Bei Erstinvestitionen im Sinne der Randnummer 19 Nummer 13 Buchstabe b oder der Randnummer 19 Nummer 14 Buchstabe b sind grundsätzlich nur die Kosten des Erwerbs der Vermögenswerte von Dritten, die in keiner Beziehung zum Käufer stehen, zu berücksichtigen. Bei der Übernahme eines kleinen Unternehmens durch Familienmitglieder der ursprünglichen Eigentümer oder durch Beschäftigte entfällt jedoch die Voraussetzung, dass die Vermögenswerte von Dritten, die in keiner Beziehung zum Käufer stehen, erworben werden müssen. Das Geschäft muss zu Marktbedingungen erfolgen. Wenn der Erwerb der Vermögenswerte einer Betriebsstätte mit einer zusätzlichen Investition einhergeht, für die eine Regionalbeihilfe gewährt werden kann, sind die beihilfefähigen Kosten dieser zusätzlichen Investition zu den Kosten für den Erwerb der Vermögenswerte der Betriebsstätte hinzuzurechnen.

33.   Bei großen Unternehmen werden die Kosten immaterieller Vermögenswerte nur bis zu einer Obergrenze von 50 % der gesamten beihilfefähigen Investitionskosten der Erstinvestition berücksichtigt. Bei KMU werden die vollen Kosten für immaterielle Vermögenswerte berücksichtigt.

34.   Immaterielle Vermögenswerte, die bei der Berechnung der Investitionskosten berücksichtigt werden können, müssen an das betreffende Gebiet gebunden sein und dürfen nicht auf andere Gebiete übertragen werden. Dazu müssen die immateriellen Vermögenswerte folgende Voraussetzungen erfüllen:

1) Sie dürfen nur in der Betriebsstätte genutzt werden, die die Beihilfe erhält;

2) sie müssen abschreibungsfähig sein;

3) sie müssen von Dritten, die in keiner Beziehung zum Käufer stehen, zu Marktbedingungen erworben werden;

4) sie müssen auf der Aktivseite des Unternehmens, das die Beihilfe erhält, bilanziert werden und mindestens fünf Jahre lang (bei KMU drei Jahre) mit dem Vorhaben, für das die Beihilfe gewährt wurde, verbunden bleiben.

4.1.2. Berechnung der beihilfefähigen Kosten anhand der Lohnkosten

35.   Regionalbeihilfen können auch auf der Grundlage der voraussichtlichen Lohnkosten für die Arbeitsplätze bemessen werden, die durch ein Erstinvestitionsvorhaben geschaffen werden. Die Beihilfe darf nur die mit der Schaffung von Arbeitsplätzen verbundenen Lohnkosten in einem Zeitraum von zwei Jahren ausgleichen, wobei die daraus resultierende Beihilfeintensität nicht höher sein darf als die für das betreffende Gebiet geltende Beihilfehöchstintensität.

36.   Werden die beihilfefähigen Kosten nach Randnummer 35 auf der Grundlage der prognostizierten Lohnkosten berechnet, müssen folgende Voraussetzungen erfüllt sein:

1) Das Investitionsvorhaben muss zur Schaffung von Arbeitsplätzen führen;

2) jede Stelle muss innerhalb von drei Jahren nach Abschluss der Investition besetzt werden;

3) jede durch die Investition geschaffene Stelle muss ab dem Zeitpunkt ihrer Besetzung mindestens fünf Jahre (bei KMU drei Jahre) in dem betreffenden Gebiet verbleiben.

([35]) Im Sinne der Randnummer 19 Nummern 13 und 14.

31. RegionalbeihilfeL

4.2. Betriebsbeihilfen

37.   Bei Betriebsbeihilferegelungen müssen die beihilfefähigen Kosten vorab festgelegt werden und die Mitgliedstaaten müssen nachweisen, dass diese Kosten ganz den Problemen zuzuordnen sind, die mithilfe der Beihilfe gelöst werden sollen.

38.   In Gebieten in äußerster Randlage können Betriebsbeihilferegelungen die entsprechenden Betriebsmehrkosten ausgleichen, die in diesen Gebieten als direkte Folge eines oder mehrerer der in Artikel 349 AEUV genannten dauerhaften Beeinträchtigungen erwachsen. Diese Mehrkosten müssen quantifiziert und mit den Kosten, die ähnliche Unternehmen in anderen Gebieten des betreffenden Mitgliedstaats tragen müssen, verglichen werden.

5.   VEREINBARKEITSPRÜFUNG VON REGIONALBEIHILFEN

39.   Die Kommission wird eine Regionalbeihilfe nur dann als mit Artikel 107 Absatz 3 AEUV vereinbar ansehen, wenn die Beihilfe zur regionalen Entwicklung und zur Kohäsion beiträgt. Ziel der Beihilfe muss entweder die Förderung der wirtschaftlichen Entwicklung von A-Fördergebieten oder die Förderung der Entwicklung von C-Fördergebieten (Abschnitt 5.1) sein. Außerdem muss sie jedes der folgenden Kriterien erfüllen:

1) Anreizeffekt: Die Beihilfe muss dazu führen, dass die betreffenden Unternehmen ihr Verhalten dahin gehend ändern, dass sie zusätzliche Tätigkeiten aufnehmen, die sie ohne die Beihilfe nicht, nur in geringerem Umfang, auf andere Weise oder an einem anderen Standort ausüben würden (Abschnitt 5.2);

2) Erforderlichkeit staatlicher Maßnahmen: Die staatliche Beihilfe darf nur dann gewährt werden, wenn sie wesentliche Verbesserungen bewirken kann, die der Markt selbst nicht herbeiführen kann, zum Beispiel durch Behebung eines Marktversagens oder Lösung eines Gleichheits- oder Kohäsionsproblems (Abschnitt 5.3);

3) Geeignetheit der Beihilfemaßnahme: Die geplante Beihilfe muss ein geeignetes Instrument für die Verwirklichung ihres Ziels sein (Abschnitt 5.4);

4) Angemessenheit der Beihilfe (Beschränkung der Beihilfe auf das erforderliche Minimum): Der Beihilfebetrag muss auf das für die Förderung zusätzlicher Investitionen oder Tätigkeiten in dem betreffenden Gebiet erforderliche Minimum begrenzt sein (Abschnitt 5.5);

5) Vermeidung übermäßiger negativer Auswirkungen auf den Wettbewerb und den Handel zwischen Mitgliedstaaten: Die negativen Auswirkungen der Beihilfe auf Wettbewerb und Handel müssen durch die positiven Auswirkungen mehr als ausgeglichen werden (Abschnitt 5.6);

6) Transparenz der Beihilfe: Die Mitgliedstaaten, die Kommission, die Wirtschaftsbeteiligten und die Öffentlichkeit müssen problemlos Zugang zu allen relevanten Vorschriften und Informationen über die gewährten Beihilfen haben (Abschnitt 5.7).

40.   Im Hinblick auf die Gesamtbilanz kann bei bestimmten Gruppen von Beihilferegelungen zudem eine Ex-post-Evaluierung (siehe Abschnitt 6) verlangt werden. In solchen Fällen kann die Kommission die Laufzeit der Regelungen (in der Regel auf höchstens vier Jahre) begrenzen, wobei jedoch die Möglichkeit besteht, die Verlängerung der Regelungen anschließend wieder zur Genehmigung anzumelden.

41.   Wenn eine Beihilfemaßnahme, die mit ihr verbundenen Bedingungen (einschließlich der Finanzierungsmethode, wenn diese fester Bestandteil der Maßnahme ist) oder die damit finanzierte Tätigkeit zu einem Verstoß gegen eine einschlägige Bestimmung des EU-Rechts führen, kann die Beihilfe nicht für mit dem Binnenmarkt vereinbar erklärt werden. ([36])

5.1.   Beitrag zur regionalen Entwicklung und zum territorialen Zusammenhalt

42.   Das übergeordnete Ziel von Regionalbeihilfen ist die wirtschaftliche Entwicklung der benachteiligten Gebiete in der EU. Durch die Unterstützung der nachhaltigen Entwicklung von Fördergebieten trägt die Beihilfe zur EU-Kohäsionspolitik bei, die darauf ausgerichtet ist, den wirtschaftlichen und sozialen Zusammenhalt durch Verringerung der Unterschiede im Entwicklungsstand zu stärken.

([36]) Siehe Urteil des Gerichtshofs vom 19. September 2000, Deutschland/Kommission, C-156/98, ECLI:EU:C:2000:467, Rn. 78, und Urteil des Gerichtshofs vom 22. Dezember 2008, Régie Networks/Rhône-Alpes Bourgogne, C-333/07, ECLI:EU:C:2008:764, Rn. 94 bis 116.

5.1.1. *Investitionsbeihilferegelungen*

43.   Regionalbeihilferegelungen sollten in eine Strategie zur Förderung der regionalen Entwicklung mit klar definierten Zielen eingebettet sein.

44.   Die Mitgliedstaaten müssen nachweisen, dass die Regelung mit der Entwicklungsstrategie für das betreffende Gebiet kohärent ist und einen Beitrag dazu leistet. Zu diesem Zweck können die Mitgliedstaaten Evaluierungen früherer Beihilferegelungen, Folgenabschätzungen der Bewilligungsbehörden oder Sachverständigengutachten heranziehen. Damit die Beihilferegelung tatsächlich einen Beitrag zur Entwicklungsstrategie leisten kann, muss sie eine Methode vorsehen, nach der die Bewilligungsbehörden die Priorität der einzelnen Investitionsvorhaben, die den Zielen der Regelung dienen, festlegen und dann die entsprechende Auswahl treffen können (zum Beispiel anhand einer Bewertungsmethode).

**Regio-
nalbei-
hilfeL**

45.   Regionalbeihilferegelungen können in A-Fördergebieten eingeführt werden, um Erstinvestitionen von KMU oder großen Unternehmen zu fördern. In C-Fördergebieten können Regelungen eingeführt werden, um Erstinvestitionen von KMU und Erstinvestitionen großer Unternehmen zu fördern, die neue wirtschaftliche Tätigkeiten begründen.

46.   Wenn Beihilfen für Einzelinvestitionsvorhaben auf der Grundlage einer Regelung gewährt werden, muss die Bewilligungsbehörde sich vergewissern, dass das ausgewählte Vorhaben einen Beitrag zum Ziel der Regelung und somit zur Entwicklungsstrategie für das betreffende Gebiet leistet. Zu diesem Zweck sollte der Mitgliedstaat die Angaben des Antragstellers im Beihilfeantrag heranziehen, mit denen dieser die positiven Auswirkungen der Investition auf die Entwicklung des betreffenden Gebiets beschreibt. ([37])

47.   Mit Blick auf einen tatsächlichen und nachhaltigen Beitrag der Investition zur Entwicklung des betreffenden Gebiets muss die Investition nach ihrem Abschluss mindestens fünf Jahre (drei Jahre bei KMU) in dem betreffenden Gebiet erhalten bleiben. ([38])

48.   Mit Blick auf die Rentabilität der Investition muss der Mitgliedstaat sicherstellen, dass der Beihilfeempfänger entweder aus eigenen oder aus fremden Mitteln einen Eigenbeitrag von mindestens 25 % ([39]) der beihilfefähigen Kosten leistet, der keinerlei öffentliche Förderung enthält ([40]).

49.   Um zu verhindern, dass staatliche Beihilfen Umweltschäden zur Folge haben, müssen die Mitgliedstaaten die Beachtung des EU-Umweltrechts und insbesondere die Durchführung der rechtlich vorgeschriebenen und für den Erhalt aller relevanten Genehmigungen erforderlichen Umweltverträglichkeitsprüfungen sicherstellen.

5.1.2. *Anmeldepflichtige Einzelinvestitionsbeihilfen*

50.   Als Nachweis für den Beitrag anmeldepflichtiger Einzelinvestitionsbeihilfen zur regionalen Entwicklung können die Mitgliedstaaten eine Vielzahl von Indikatoren heranziehen. Dabei kann es sich sowohl um direkte Indikatoren (z. B. Schaffung direkter Arbeitsplätze) als auch um indirekte Indikatoren (z. B. Innovation auf lokaler Ebene) handeln:

1)   Die Zahl der durch die Investition geschaffenen direkten Arbeitsplätze ist ein wichtiger Indikator für den Beitrag zur regionalen Entwicklung und zum territorialen Zusammenhalt. Ferner sollten die Qualität und Dauerhaftigkeit der geschaffenen Arbeitsplätze sowie das erforderliche Qualifikationsniveau berücksichtigt werden.

([37])   Siehe Anhang VII.
([38])   Sofern die Wirtschaftstätigkeit während des Mindestzeitraums in dem betreffenden Gebiet erhalten bleibt, sollte die Verpflichtung, die Investition mindestens fünf Jahre (drei Jahre bei KMU) in dem betreffenden Gebiet zu erhalten, der Ersetzung von Anlagen oder Ausrüstungen, die innerhalb des betreffenden Zeitraums veralten oder defekt werden, nicht entgegenstehen. Die Regionalbeihilfe darf jedoch nicht für die Ersetzung dieser Anlagen oder Ausrüstungen gewährt werden.
([39])   Die Vorgabe eines Eigenbeitrags von 25 % nach Randnummer 48 gilt nicht für Investitionsbeihilfen in Gebieten in äußerster Randlage, sofern ein geringerer Beitrag erforderlich ist, um die Beihilfehöchstintensität voll auszuschöpfen.
([40])   Dies ist beispielsweise nicht der Fall bei subventionierten Darlehen, öffentlichen Eigenkapitaldarlehen oder öffentlichen Beteiligungen, die dem Grundsatz des marktwirtschaftlich handelnden Kapitalgebers nicht genügen, und auch nicht bei einer staatlichen Garantie mit Beihilfeelementen oder staatlichen Förderungen, die nach der De-minimis-Regel gewährt werden.

2) Eine noch größere Zahl neuer Arbeitsplätze wird möglicherweise im lokalen Subunternehmernetz geschaffen, wodurch die Investition besser in das betreffende Gebiet integriert werden kann und weiterreichende Spillover-Effekte gewährleistet werden. Die Zahl der geschaffenen indirekten Arbeitsplätze ist daher ebenfalls als Indikator zu berücksichtigen.

3) Die Zusage des Beihilfeempfängers, umfangreiche Ausbildungsmaßnahmen durchzuführen, um die (allgemeinen und fachspezifischen) Fertigkeiten seiner Mitarbeiter zu verbessern, wird als Beitrag zur regionalen Entwicklung und zum territorialen Zusammenhalt betrachtet. Auch Praktikums- oder Berufsausbildungsmöglichkeiten, vor allem für junge Menschen, sowie Ausbildungsmaßnahmen, mit denen der Wissensstand und die Beschäftigungsfähigkeit von Arbeitskräften außerhalb des Unternehmens verbessert werden, wird große Bedeutung beigemessen.

4) Externe Größenvorteile oder andere Vorteile im Bereich der regionalen Entwicklung können sich aus der räumlichen Nähe ergeben (Clusterwirkung). Aufgrund der Clusterbildung zwischen Unternehmen derselben Branche können sich einzelne Werke spezialisieren, woraus Effizienzsteigerungen erwachsen. Inwieweit dieser Indikator bei der Ermittlung des Beitrags der Beihilfe zur regionalen Entwicklung und zum territorialen Zusammenhalt ins Gewicht fällt, hängt jedoch vom Entwicklungsstand des Clusters ab.

5) Investitionen gehen mit Fachwissen einher und können einen erheblichen Technologietransfer bewirken (Wissensspillover). Bei Investitionen in technologieintensive Branchen sind Technologietransfers in das betreffende Gebiet besonders wahrscheinlich. In diesem Zusammenhang sind auch der Umfang und die besonderen Umstände der Wissensverbreitung wichtig.

6) Zudem kann berücksichtigt werden, inwiefern das Gebiet aufgrund des Vorhabens die Möglichkeit erhält, durch lokale Innovation neue Technologien zu schaffen. Die Zusammenarbeit mit in der Region ansässigen Einrichtungen für Forschung und Wissensverbreitung wie Universitäten oder Forschungsinstituten kann in diesem Zusammenhang positiv ins Gewicht fallen.

7) Die Laufzeit der Investition und mögliche Folgeinvestitionen lassen erkennen, ob in dem betreffenden Gebiet ein dauerhaftes Engagement eines Unternehmens zu erwarten ist.

51.   Die Mitgliedstaaten können sich auch auf den Geschäftsplan des Beihilfeempfängers stützen, der Aufschluss geben könnte über die Zahl der Arbeitsplätze, die geschaffen werden sollen, die vorgesehenen Gehälter (Vermögensbildung in den privaten Haushalten als Spillover-Effekt), das Volumen des Einkaufs bei lokalen Herstellern und den durch die Investition erwirtschafteten Umsatz, der dem Gebiet möglicherweise durch zusätzliche Steuereinnahmen zugutekommt.

52.   Für anmeldepflichtige Einzelinvestitionsbeihilfen gelten die unter den Randnummern 47 bis 49 festgelegten Voraussetzungen.

53.   Bei Ad-hoc-Beihilfen ([41]) müssen die Mitgliedstaaten neben der Erfüllung der Voraussetzungen der Randnummern 50 bis 52 nachweisen, dass das Vorhaben mit der Entwicklungsstrategie des betreffenden Gebiets im Einklang steht und einen Beitrag dazu leistet.

5.1.3. Betriebsbeihilferegelungen

54.   Betriebsbeihilferegelungen unterstützen die Entwicklung von Fördergebieten nur, wenn die Probleme in diesen Gebieten vorher genau ermittelt werden. Die Attraktivität für die Ansiedlung oder den Erhalt wirtschaftlicher Tätigkeiten kann so stark oder dauerhaft beeinträchtigt sein, dass Investitionsbeihilfen allein nicht ausreichen, um die Entwicklung dieser Gebiete voranzubringen.

55.   Bei Beihilfen zur Abfederung spezifischer Schwierigkeiten von KMU in A-Fördergebieten müssen die Mitgliedstaaten das Bestehen und das Ausmaß dieser spezifischen Schwierigkeiten nachweisen und belegen, dass eine Betriebsbeihilferegelung erforderlich ist, da diese spezifischen Schwierigkeiten nicht mit Investitionsbeihilfen überwunden werden können.

56.   Was Betriebsbeihilfen zum Ausgleich bestimmter Mehrkosten in Gebieten in äußerster Randlage angeht, so sind die dauerhaften Beeinträchtigungen, durch die die Entwicklung dieser Gebiete schwer beeinträchtigt wird, in Artikel 349 AEUV aufgeführt. Dies sind ihre Abgelegenheit, Insellage, geringe Größe, schwierige Relief- und Klimabedingungen und wirtschaftliche Abhängigkeit von einigen wenigen Erzeugnissen. Die Mitgliedstaaten müssen die durch diese dauerhaften Beeinträchtigungen verursachten Mehrkosten ermitteln, die mit der Betriebsbeihilferegelung ausgeglichen werden sollen.

57.   Bei Betriebsbeihilfen zur Verhinderung oder Verringerung der Abwanderung aus Gebieten mit geringer oder sehr geringer Bevölkerungsdichte müssen die Mitgliedstaaten nachweisen, dass ohne die Gewährung von Betriebsbeihilfen die Gefahr einer Abwanderung besteht.

([41]) Sofern nichts anderes angegeben ist, müssen Ad-hoc-Beihilfen dieselben Voraussetzungen erfüllen wie auf der Grundlage einer Regelung gewährte Einzelbeihilfen.

5.2. Anreizeffekt

5.2.1. *Investitionsbeihilfen*

58.   Regionalbeihilfen können nur dann als mit dem Binnenmarkt vereinbar erachtet werden, wenn sie einen Anreizeffekt haben. Bei einer staatlichen Beihilfe ist von einem Anreizeffekt auszugehen, wenn sie das Verhalten eines Unternehmens dahin gehend ändert, dass es durch zusätzliche Tätigkeiten, die es ohne die Beihilfe entweder nicht, nur in geringerem Umfang, auf andere Weise oder an einem anderen Standort ausüben würde, einen Beitrag zur Entwicklung eines bestimmten Gebiets leistet. Die Beihilfe darf weder eine Subvention für die Kosten einer Tätigkeit darstellen, die ein Unternehmen ohnehin ausüben würde, noch das übliche Geschäftsrisiko einer Wirtschaftstätigkeit ausgleichen.

59.   Es gibt zwei Möglichkeiten, um einen Anreizeffekt nachzuweisen:

1) Die Beihilfe ist ein Anreiz, sich für eine Investition in dem betreffenden Gebiet zu entscheiden, da die Investition für den Beihilfeempfänger andernfalls im EWR nicht rentabel genug wäre (⁴²) (*Szenario 1: Investitionsentscheidung*).

2) Die Beihilfe ist ein Anreiz, die geplante Investition in dem betreffenden Gebiet und nicht woanders zu tätigen, da sie die Nettonachteile und Kosten einer Investition in dem betreffenden Gebiet ausgleicht (*Szenario 2: Standortentscheidung*).

60.   Wenn die Beihilfe das Verhalten des Beihilfeempfängers nicht dahin gehend ändert, dass er (zusätzliche) Erstinvestitionen in dem betreffenden Gebiet tätigt, ist davon auszugehen, dass dieselbe Investition auch ohne die Beihilfe in dem Gebiet getätigt würde. Die Beihilfe hat dann einen zu geringen Anreizeffekt, um die regionale Entwicklung und den territorialen Zusammenhalt zu fördern, und kann deshalb nicht nach diesen Leitlinien als mit dem Binnenmarkt vereinbar erachtet und genehmigt werden.

61.   Gleichwohl kann bei Regionalbeihilfen, die aus Kohäsionsfonds oder dem ELER in A-Fördergebieten für Investitionen gewährt werden, die zur Umsetzung der im EU-Recht verankerten Normen erforderlich sind, von einem Anreizeffekt ausgegangen werden, wenn die Investition ohne die Beihilfe in dem betreffenden Gebiet nicht rentabel genug gewesen und deshalb eine Betriebsstätte in diesem Gebiet geschlossen worden wäre.

5.2.1.1. Investitionsbeihilferegelungen

62.   Die Arbeiten im Rahmen einer Einzelinvestition dürfen erst nach Stellung des Beihilfeantrags aufgenommen werden.

63.   Werden die Arbeiten vor Stellung des Beihilfeantrags begonnen, wird jegliche Beihilfe für diese Einzelinvestition als mit dem Binnenmarkt unvereinbar erachtet.

64.   Die Mitgliedstaaten müssen für den Antrag ein Standardformular verwenden, das zumindest alle in Anhang VII aufgeführten Angaben enthält. In diesem Antragsformular müssen KMU und große Unternehmen kontrafaktisch erläutern, was ohne die Beihilfe geschehen würde, und angeben, welches der unter Randnummer 59 beschriebenen Szenarien zutrifft.

65.   Große Unternehmen müssen das im Antragsformular beschriebene kontrafaktische Szenario zudem durch Nachweise untermauern. KMU, denen nicht anmeldepflichtige Beihilfen im Rahmen einer Regelung gewährt werden, sind nicht dazu verpflichtet.

66.   Die Bewilligungsbehörde muss die Plausibilität des kontrafaktischen Szenarios prüfen und bestätigen, dass die Regionalbeihilfe den erforderlichen Anreizeffekt hat, der einem der unter Randnummer 59 genannten Szenarien entspricht. Ein kontrafaktisches Szenario ist plausibel, wenn es die Faktoren unverfälscht wiedergibt, die zum Zeitpunkt der Investitionsentscheidung des Beihilfeempfängers maßgeblich waren.

(⁴²) Derartige Investitionen können ein Umfeld schaffen, in dem ohne zusätzliche Beihilfen weitere Investitionen rentabel sind.

31. RegionalbeihilfeL

5.2.1.2. Anmeldepflichtige Einzelinvestitionsbeihilfen

67.   Bei anmeldepflichtigen Einzelbeihilfen müssen die Mitgliedstaaten nicht nur die unter den Randnummern 62 bis 66 dargelegten Anforderungen erfüllen, sondern auch eindeutige Beweise dafür vorlegen, dass die Beihilfe die Investitions- oder Standortentscheidung beeinflusst. (⁴³) Zudem müssen sie angeben, welches der unter Randnummer 59 beschriebenen Szenarien maßgeblich ist. Damit eine umfassende Bewertung möglich ist, müssen die Mitgliedstaaten nicht nur Angaben zum Vorhaben machen, sondern auch eine ausführliche Beschreibung des kontrafaktischen Szenarios (in dem der Empfänger keine Beihilfe im EWR erhält) übermitteln.

68.   Für *Szenario 1* könnten die Mitgliedstaaten den Anreizeffekt der Beihilfe anhand von Unternehmensunterlagen nachweisen, aus denen hervorgeht, dass die Investition ohne die Beihilfe nicht rentabel genug wäre.

69.   Für *Szenario 2* könnten die Mitgliedstaaten den Anreizeffekt der Beihilfe anhand von Unternehmensunterlagen nachweisen, die zeigen, dass Kosten und Nutzen der Niederlassung in dem betreffenden Gebiet mit Kosten und Nutzen der Niederlassung in einem anderen Gebiet oder anderen Gebieten verglichen wurden. Die Kommission prüft dann, ob diese Vergleiche realistisch sind.

70.   Die Mitgliedstaaten sollten möglichst offizielle Vorstandsunterlagen, Risikobewertungen (mit einer Bewertung der standortspezifischen Risiken), Finanzberichte, interne Geschäftspläne, Sachverständigengutachten und Studien zu dem zu bewertenden Investitionsvorhaben heranziehen. Diese Unterlagen müssen aus der Zeit stammen, in der die Entscheidung über die Investition oder den Standort getroffen wurde. Die Mitgliedstaaten können den Anreizeffekt anhand von Unterlagen, die Angaben zu Nachfrage-, Kosten- und Finanzprognosen enthalten, einem Investitionsausschuss vorgelegten Unterlagen, in denen Investitionsszenarien untersucht werden, sowie den Finanzinstituten vorgelegten Unterlagen nachweisen.

71.   Vor diesem Hintergrund kann das Rentabilitätsniveau — insbesondere für *Szenario 1* — mithilfe der in der jeweiligen Branche üblichen Methoden festgestellt werden, mit denen z. B. der Kapitalwert (⁴⁴) (Net Present Value — NPV), der interne Zinsfuß (⁴⁵) (Internal Rate of Return — IRR) oder die durchschnittliche Kapitalrendite (Return on Capital Employed — ROCE) des Vorhabens ermittelt werden. Die Rentabilität des Vorhabens ist mit den normalen Renditesätzen zu vergleichen, die der Beihilfeempfänger bei ähnlichen Investitionsvorhaben zugrunde legt. Wenn diese Sätze nicht bekannt sind, muss die Rentabilität des Vorhabens mit den Kapitalkosten des Beihilfeempfängers insgesamt oder den in der jeweiligen Branche üblichen Renditen verglichen werden.

72.   Wenn die Beihilfe das Verhalten des Empfängers nicht dahin gehend ändert, dass er (zusätzliche) Investitionen in dem Gebiet tätigt, hat sie keine positive Auswirkung auf das Gebiet. Daher werden Beihilfen nicht als mit dem Binnenmarkt vereinbar erachtet, wenn sich zeigt, dass die Investition auch ohne die Gewährung der Beihilfe in dem Gebiet getätigt würde.

5.2.2.   *Betriebsbeihilferegelungen*

73.   Bei Betriebsbeihilferegelungen wird davon ausgegangen, dass ein Anreizeffekt vorliegt, wenn ohne die Beihilfe der Umfang der wirtschaftlichen Tätigkeit in dem betreffenden Gebiet aufgrund der Probleme, die mit der Beihilfe angegangen werden sollen, voraussichtlich erheblich zurückgehen würde.

74.   Die Kommission wird daher davon ausgehen, dass eine Betriebsbeihilfe Anreiz zu zusätzlichen Wirtschaftstätigkeiten in dem Gebiet bietet, wenn der Mitgliedstaat nachweist, dass diese Probleme in dem betreffenden Gebiet bestehen und signifikante Auswirkungen haben (vgl. die Randnummern 54 bis 57).

5.3.   Erforderlichkeit staatlicher Maßnahmen

75.   Die Frage, ob eine staatliche Beihilfe für die Verwirklichung des Ziels der Förderung der regionalen Entwicklung und des territorialen Zusammenhalts erforderlich ist, kann erst nach einer Analyse des konkreten Problems beantwortet werden. Staatliche Beihilfen sollten nur dann gewährt werden, wenn sie wesentliche Verbesserungen bewirken können, die der Markt nicht herbeiführen kann. Dies ist vor dem Hintergrund knapper öffentlicher Mittel besonders wichtig.

(⁴³)   Die kontrafaktischen Szenarien sind unter Randnummer 64 beschrieben.
(⁴⁴)   Der NPV eines Vorhabens ist die Differenz zwischen den im Laufe des Investitionszeitraums anfallenden positiven und negativen Zahlungsströmen, die auf ihren Barwert abgezinst werden (in der Regel auf der Grundlage der Kapitalkosten).
(⁴⁵)   Der IRR basiert nicht auf bilanzierten Gewinnen in einem bestimmten Jahr, sondern berücksichtigt die künftigen Zahlungsströme, mit denen der Investor über den gesamten Investitionszeitraum rechnet. Der IRR ist definiert als der Diskontierungssatz, bei dem der NPV mehrerer Zahlungsströme null beträgt.

76. Durch staatliche Beihilfen kann unter bestimmten Voraussetzungen Marktversagen behoben und damit ein Beitrag zum effizienten Funktionieren von Märkten und zur Steigerung der Wettbewerbsfähigkeit geleistet werden. Bei effizient funktionierenden Märkten, deren Ergebnis aber im Hinblick auf Gleichheit oder Kohäsion nicht befriedigend ausfällt, können staatliche Beihilfen eingesetzt werden, um ein besseres Marktergebnis im Sinne der Gleichheitsziele zu erreichen.

77. Bei Beihilfen für die Entwicklung von Gebieten, die nach den in Abschnitt 7 dargelegten Regeln in die Fördergebietskarte aufgenommen wurden, ist die Kommission der Auffassung, dass der Markt in diesen Gebieten wirtschaftliche Entwicklung und territorialen Zusammenhalt ohne staatliche Maßnahmen nicht hinreichend gewährleisten kann. Daher werden Beihilfen in diesen Gebieten als erforderlich erachtet.

5.4. Geeignetheit von Regionalbeihilfen

78. Die Beihilfe muss ein geeignetes Instrument für die Verwirklichung des betreffenden Ziels sein. Eine Beihilfemaßnahme wird nicht als mit dem Binnenmarkt vereinbar erachtet, wenn dieselben positiven Auswirkungen auf die regionale Entwicklung und den territorialen Zusammenhalt mit anderen Politik- oder Beihilfeinstrumenten, die den Wettbewerb weniger verfälschen, erzielt werden können.

5.4.1. Geeignetheit im Vergleich zu anderen Politikinstrumenten

5.4.1.1. Investitionsbeihilfen

79. Regionale Investitionsbeihilfen sind nicht das einzige Politikinstrument, mit dem die Mitgliedstaaten die Investitionstätigkeit und die Schaffung von Arbeitsplätzen in Fördergebieten unterstützen können. Infrage kommen auch andere Maßnahmen wie die Infrastrukturentwicklung oder Verbesserungen in der allgemeinen und beruflichen Bildung bzw. im allgemeinen Geschäftsumfeld.

80. Bei der Anmeldung einer Investitionsbeihilferegelung müssen die Mitgliedstaaten begründen, warum eine Regionalbeihilfe das geeignete Instrument ist, um die Entwicklung des Gebiets voranzubringen.

81. Wenn ein Mitgliedstaat beschließt, eine sektorale Beihilferegelung einzuführen, muss er nachweisen, warum es besser ist, so vorzugehen, anstatt eine für mehrere Wirtschaftszweige geltende Beihilferegelung oder andere Optionen zu nutzen.

82. Folgenabschätzungen, die die Mitgliedstaaten für geplante Beihilferegelungen zur Verfügung stellen, sind für die Kommission von besonderem Interesse. Ferner kann sie die Ergebnisse von Ex-post-Evaluierungen (vgl. Abschnitt 6) für die Prüfung der Geeignetheit der geplanten Regelung heranziehen.

83. Bei Ad-hoc-Investitionsbeihilfen müssen die Mitgliedstaaten nachweisen, inwiefern die Entwicklung des betreffenden Gebiets besser durch diese Beihilfen als durch auf der Grundlage von Regelungen gewährte Beihilfen oder durch andere Maßnahmenarten vorangebracht werden kann.

5.4.1.2. Betriebsbeihilferegelungen

84. Die Mitgliedstaaten müssen nachweisen, dass die Beihilfe geeignet ist, das Ziel der Regelung hinsichtlich der Probleme, auf die die Beihilfe ausgerichtet ist, zu erreichen. Zu diesem Zweck können die Mitgliedstaaten die Höhe der Beihilfe ex ante als Festbetrag berechnen, der die voraussichtlichen Mehrkosten in einem bestimmten Zeitraum deckt, um die Unternehmen dazu anzuhalten, ihre Kosten zu begrenzen und ihre Geschäftstätigkeit im Laufe der Zeit effizienter zu gestalten. (46)

5.4.2. Geeignetheit im Vergleich zu anderen Beihilfeinstrumenten

85. Regionalbeihilfen können in unterschiedlicher Form gewährt werden. Die Mitgliedstaaten sollten jedoch sicherstellen, dass die Beihilfeform gewählt wird, von der die geringsten Beeinträchtigungen von Handel und Wettbewerb zu erwarten sind. Wenn die Beihilfe in einer Form gewährt wird, die einen direkten finanziellen Vorteil verschafft (zum Beispiel Direktzuschüsse, Befreiungen oder Ermäßigungen von Steuern oder Sozial- oder sonstigen Pflichtabgaben, Bereitstellung von Grundstücken, Waren oder Dienstleistungen zu Vorzugsbedingungen), müssen die Mitgliedstaaten nachweisen, dass andere, möglicherweise mit geringerer Verfälschungen verbundene Beihilfeformen (zum Beispiel zinsgünstige rückzahlbare Zuschüsse) oder auf Fremd- oder Eigenkapitalinstrumenten basierende Beihilfen (zum Beispiel zinsgünstige Darlehen oder Zinszuschüsse, staatliche Garantien, Erwerb von Beteiligungen oder eine anderweitige Kapitalzuführung zu Vorzugsbedingungen) nicht geeignet sind.

---

(46) Wenn die künftige Entwicklung der Kosten und Einnahmen schwer vorherzusehen ist und eine starke Informationsasymmetrie vorliegt, kann es für die öffentliche Hand aber auch von Interesse sein, den Ausgleich nicht vollständig ex ante, sondern teils ex ante, teils ex post (zum Beispiel durch Rückforderungsmechanismen, die die Aufteilung unvorhergesehener Gewinne ermöglichen) festzulegen.

31. RegionalbeihilfeL

86. Ferner können die Ergebnisse von Ex-post-Evaluierungen (vgl. Abschnitt 6) für die Prüfung der Geeignetheit des geplanten Beihilfeinstruments herangezogen werden.

5.5. Angemessenheit der Beihilfe (Beschränkung der Beihilfe auf das erforderliche Minimum)

5.5.1. Investitionsbeihilfen

87. Die Höhe der Regionalbeihilfe muss auf das für die Förderung zusätzlicher Investitionen oder Tätigkeiten in dem betreffenden Gebiet erforderliche Minimum begrenzt sein.

88. Im Interesse der Berechenbarkeit und der Wahrung gleicher Wettbewerbsbedingungen wendet die Kommission bei Investitionsbeihilfen Beihilfehöchstintensitäten ([47]) an.

89. Bei Einzelinvestitionsvorhaben muss die Bewilligungsbehörde zum Zeitpunkt der Gewährung der Beihilfe oder ihrer Anmeldung bei der Kommission (je nachdem, welches der frühere Zeitpunkt ist) die Beihilfehöchstintensität und den Beihilfehöchstbetrag ([48]) (angepasster Beihilfebetrag ([49]) und die damit verbundene verringerte Beihilfeintensität im Falle eines großen Investitionsvorhabens) berechnen.

90. Da bei großen Investitionsvorhaben stärkere Verfälschungen des Wettbewerbs und des Handels zu erwarten sind, darf der Beihilfebetrag für diese Vorhaben nicht höher sein als der angepasste Beihilfebetrag.

91. Wenn die Erstinvestition Teil einer Einzelinvestition ist, bei der es sich um ein großes Investitionsvorhaben handelt, darf der Beihilfebetrag für die Einzelinvestition nicht höher sein als der angepasste Beihilfebetrag. Für die Zwecke dieser Bestimmung müssen der Wechselkurs und der Abzinsungssatz, die am Tag der Gewährung der Beihilfe für das erste Vorhaben der Einzelinvestition gelten, herangezogen werden.

92. Die Beihilfehöchstintensitäten haben zwei Ziele:

93. Erstens können KMU bei anmeldepflichtigen Beihilferegelungen darauf vertrauen, dass die Beihilfe als angemessen erachtet wird, sofern die zulässige Beihilfehöchstintensität nicht überschritten wird.

94. Zweitens dienen die Beihilfehöchstintensitäten in allen anderen Fällen als Obergrenze für die unter den Randnummern 95 bis 97 beschriebenen Nettomehrkosten.

95. Grundsätzlich betrachtet die Kommission anmeldepflichtige Einzelbeihilfen als auf das Minimum begrenzt, wenn der Beihilfebetrag den Nettomehrkosten einer Investition in dem betreffenden Gebiet im Vergleich zum kontrafaktischen Szenario ohne Beihilfe ([50]) entspricht, wobei die Beihilfehöchstintensitäten als Obergrenze gelten. Auch bei Einzelinvestitionsbeihilfen für große Unternehmen, die im Rahmen einer anmeldepflichtigen Beihilferegelung gewährt werden, müssen die Mitgliedstaaten sicherstellen, dass der Beihilfebetrag auf der Grundlage eines „Nettomehrkosten-Ansatzes" auf das erforderliche Minimum beschränkt ist, wobei die Beihilfehöchstintensitäten als Obergrenze gelten.

96. Bei Investitionsentscheidungen (Szenario 1) darf die Beihilfe daher das für eine ausreichende Rentabilität des Vorhabens erforderliche Minimum nicht übersteigen; so darf z. B. der IRR des Vorhabens nicht über den von dem Unternehmen bei ähnlichen Investitionsvorhaben zugrunde gelegten normalen Satz oder, wenn verfügbar, über die Kapitalkosten des Empfängers insgesamt oder aber über die in der jeweiligen Branche üblichen Renditen angehoben werden.

97. Bei Standortanreizen (Szenario 2) darf der Beihilfebetrag nicht die Differenz zwischen dem NPV der für das Zielgebiet bestimmten Investition und dem NPV der Investition an dem anderen Standort überschreiten. Dabei müssen alle relevanten Kosten und Vorteile berücksichtigt werden (z. B. Verwaltungskosten, Beförderungskosten, nicht durch Ausbildungsbeihilfen abgedeckte Ausbildungskosten und unterschiedliche Lohnkosten). Befindet sich der andere Standort jedoch im EWR, können die an dem anderen Standort gewährten Zuwendungen nicht berücksichtigt werden.

98. Die für die Analyse des Anreizeffekts verwendeten Berechnungen können auch bei der Würdigung der Angemessenheit der Beihilfe zugrunde gelegt werden. Die Mitgliedstaaten müssen die Angemessenheit anhand geeigneter Unterlagen nachweisen (siehe Randnummer 70).

([47]) Siehe hierzu Abschnitt 7.4 zu den Fördergebietskarten.
([48]) Ausgedrückt als Bruttosubventionsäquivalent.
([49]) Idem.
([50]) Beim Vergleich kontrafaktischer Szenarien muss die Beihilfe um denselben Faktor wie die betreffende Investition in den kontrafaktischen Szenarien abgezinst werden.

99.   Investitionsbeihilfen dürfen gleichzeitig auf der Grundlage mehrerer Regionalbeihilferegelungen gewährt oder mit Ad-hoc-Regionalbeihilfen kumuliert werden, sofern der Gesamtbetrag der aus allen Quellen stammenden Beihilfen nicht die Beihilfehöchstintensität pro Vorhaben übersteigt, die von der zuerst befassten Bewilligungsbehörde vorab zu berechnen ist. Eine Kumulierung mit anderen sich teilweise oder vollständig überschneidenden staatlichen Beihilfen für dieselben beihilfefähigen Kosten ist nur zulässig, wenn durch diese Kumulierung die höchste Beihilfeintensität bzw. der höchste Beihilfebetrag, die bzw. der nach den anwendbaren thematischen Vorschriften für diese Beihilfen gelten, nicht überschritten wird. Eine Kumulierungsprüfung muss sowohl bei der Gewährung als auch bei der Auszahlung von Beihilfen durchgeführt werden. (⁵¹) Wenn ein Mitgliedstaat die Kumulierung von Beihilfen erlaubt, die auf der Grundlage verschiedener Regelungen gewährt werden, muss für jede Regelung präzisiert werden, nach welcher Methode die Einhaltung der unter dieser Randnummer festgelegten Voraussetzungen sichergestellt wird.

100.   Für Einzelinvestitionen im Zusammenhang mit Projekten der Europäischen territorialen Zusammenarbeit (ETZ), die die Kriterien der Verordnung mit besonderen Bestimmungen zur Unterstützung des Ziels „Europäische territoriale Zusammenarbeit" (Interreg) (⁵²) erfüllen, gilt die Beihilfeintensität für das Gebiet, in dem die Erstinvestition angesiedelt ist, für alle an dem Projekt beteiligten Beihilfeempfänger. Wenn die Erstinvestition in zwei oder mehreren Fördergebieten angesiedelt ist, gilt die Beihilfehöchstintensität für das Fördergebiet, in dem der Großteil der beihilfefähigen Kosten entsteht, als Beihilfehöchstintensität für die Erstinvestition. Erstinvestitionen großer Unternehmen in C-Fördergebieten können nur dann im Zusammenhang mit ETZ-Projekten durch Regionalbeihilfen gefördert werden, wenn es sich dabei um Erstinvestitionen handelt, mit denen eine neue Wirtschaftstätigkeit geschaffen wird.

5.5.2.   *Betriebsbeihilferegelungen*

101.   Die Mitgliedstaaten müssen nachweisen, dass die Höhe der Beihilfe in einem angemessenen Verhältnis zu den Problemen steht, die mit der Beihilfe gelöst werden sollen.

102.   Insbesondere die folgenden Voraussetzungen müssen erfüllt sein:

1) Die Höhe der Beihilfe muss anhand vorab definierter beihilfefähiger Kosten berechnet werden, die — wie vom Mitgliedstaat nachgewiesen — ganz den Problemen zuzuordnen sind, die mithilfe der Beihilfe gelöst werden sollen.

2) Die Beihilfe muss auf einen bestimmten Anteil dieser vorab definierten beihilfefähigen Kosten begrenzt sein und darf nicht höher als diese Kosten ausfallen.

3) Der Beihilfebetrag pro Beihilfeempfänger muss in einem angemessenen Verhältnis zu den konkreten Problemen eines jeden Beihilfeempfängers stehen.

103.   Bei Beihilfen, mit denen spezifische Schwierigkeiten von KMU in A-Fördergebieten abgefedert werden sollen, muss die Höhe der Beihilfe über die Laufzeit der Regelung nach und nach verringert werden. (⁵³) Dies gilt weder für Regelungen, mit denen eine Abwanderung aus Gebieten mit geringer bzw. sehr geringer Bevölkerungsdichte verhindert werden soll, noch für Regelungen zum Ausgleich der Betriebsmehrkosten, die in Gebieten in äußerster Randlage als direkte Folge eines oder mehrerer in Artikel 349 AEUV genannten dauerhaften Beeinträchtigungen erwachsen.

5.6.   **Vermeidung übermäßiger negativer Auswirkungen auf den Wettbewerb und den Handel zwischen Mitgliedstaaten**

104.   Staatliche Beihilfen können als mit dem Binnenmarkt vereinbar erachtet werden, wenn ihre negativen Auswirkungen — beihilfebedingte Wettbewerbsverfälschungen und Beeinträchtigungen des Handels zwischen Mitgliedstaaten — begrenzt sind und die positiven Auswirkungen nicht in einem Maße aufwiegen, das dem gemeinsamen Interesse zuwiderläuft.

5.6.1.   *Allgemeine Erwägungen*

105.   Bei der Abwägung der positiven Auswirkungen der Beihilfe (Abschnitt 5.1.) gegen ihre negativen Auswirkungen auf Wettbewerb und Handel kann die Kommission ggf. den Umstand berücksichtigen, dass die Beihilfe zusätzlich zu ihrem Beitrag zur regionalen Entwicklung und zur Kohäsion weitere positive Auswirkungen hat. Dies kann z. B. der Fall sein, wenn festgestellt wird, dass die Erstinvestition nicht nur zur Schaffung von Arbeitsplätzen, Ansiedelung neuer Tätigkeiten und/oder Generierung von Einkommen in den betreffenden Gebieten führt, sondern auch einen wesentlichen Beitrag zur Digitalisierung oder zum Übergang zu ökologisch nachhaltigen Tätigkeiten (z. B. CO_2-armen, klimaneutralen oder

---

(⁵¹) Wenn Beihilfen im Rahmen automatischer Beihilferegelungen in Form von Steuervergünstigungen gewährt werden, entfällt die Anforderung, dass die je Vorhaben zulässige Beihilfehöchstintensität von der zuerst befassten Bewilligungsbehörde vorab ermittelt werden muss. In diesem Fall sind Kumulierungsprüfungen bei Gewährung der Beihilfen grundsätzlich nicht möglich und sollten daher bei Auszahlung der Beihilfen erfolgen.

(⁵²) Nach Maßgabe der konkreten Erstinvestition entweder die Verordnung (EU) Nr. 1299/2013 des Europäischen Parlaments und des Rates vom 17. Dezember 2013 mit besonderen Bestimmungen zur Unterstützung des Ziels „Europäische territoriale Zusammenarbeit" aus dem Europäischen Fonds für regionale Entwicklung (EFRE) (ABl. L 347 vom 20.12.2013, S. 259) oder eine auf den Programmplanungszeitraum 2021-2027 anwendbare Verordnung mit besonderen Bestimmungen für das Ziel „Europäische territoriale Zusammenarbeit" (Interreg).

(⁵³) Dies gilt auch, wenn Betriebsbeihilferegelungen zur Verlängerung bestehender Beihilfemaßnahmen angemeldet werden.

klimaresilienten Tätigkeiten) leistet. Besonderes Augenmerk wird die Kommission auf Artikel 3 der Verordnung (EU) 2020/852 des Europäischen Parlaments und des Rates ([54]) (Taxonomie-Verordnung) einschließlich des Grundsatzes der „Vermeidung erheblicher Beeinträchtigungen" oder anderer vergleichbarer Methoden legen. Zudem kann die Kommission im Rahmen der Prüfung der negativen Auswirkungen auf Wettbewerb und Handel etwaige negative Auswirkungen der geförderten Tätigkeit berücksichtigen, wenn Markineffizienzen hervorgerufen oder verstärkt werden und diese Auswirkungen somit den Wettbewerb und den Handel zwischen Mitgliedstaaten in einem Maße beeinträchtigen, das dem gemeinsamen Interesse zuwiderläuft. ([55])

106.   Regionalbeihilfen können im Wesentlichen zwei Arten möglicher Verfälschungen des Wettbewerbs und des Handels als negative Auswirkungen haben: Verzerrungen auf dem sachlich relevanten Markt und verzerrende Auswirkungen auf den Standort. Beides kann zu Allokationsineffizienzen (Beeinträchtigungen der Wirtschaftsleistung des Binnenmarkts) und Distributionsproblemen (Verteilung der Wirtschaftstätigkeiten auf die Gebiete) führen.

107.   Ein potenziell schädigender Effekt staatlicher Beihilfen besteht darin, dass sie verhindern, dass der Markt effiziente Ergebnisse erbringt — entweder durch Belohnung der effizientesten Hersteller oder durch Druck auf die am wenigsten effizienten Produzenten, der diese zu Verbesserungen, Umstrukturierungen oder zum Ausscheiden aus dem Markt veranlasst. Staatliche Beihilfen, die auf einem Markt mit unterdurchschnittlichem Wachstum eine wesentliche Kapazitätszunahme bewirken, können den Wettbewerb übermäßig verfälschen, da die Schaffung bzw. Aufrechterhaltung von Überkapazität die Gewinnmargen schmälern, Investitionskürzungen der Wettbewerber oder sogar deren Ausscheiden aus dem Markt bewirken könnte. Dies könnte dazu führen, dass Wettbewerber, die ihre Geschäftstätigkeit andernfalls hätten fortführen können, aufgrund der staatlichen Beihilfen vom Markt verdrängt würden. Außerdem könnten Unternehmen am Markteintritt oder einer Expansion gehindert und Innovationsanreize für Wettbewerber untergraben werden. Die Folge wären möglicherweise ineffiziente Marktstrukturen, die langfristig auch für die Verbraucher von Nachteil sind. Außerdem besteht die Gefahr, dass potenzielle Beihilfeempfänger aufgrund der staatlichen Beihilfen zu passiv werden oder aber zu große Risiken eingehen. Die langfristigen Auswirkungen auf die allgemeine Leistungsfähigkeit des Wirtschaftszweigs sind daher in der Regel negativ.

108.   Beihilfen können auch insofern eine verzerrende Wirkung haben, als sie eine erhebliche Marktmacht des Beihilfeempfängers stärken oder wahren. Selbst wenn Beihilfen eine erhebliche Marktmacht nicht direkt stärken, kann dies indirekt erfolgen, indem die Expansion bestehender Wettbewerber erschwert wird und diese deshalb aus dem Markt ausscheiden oder indem der Markteintritt neuer Wettbewerber blockiert wird.

109.   Neben Verzerrungen auf den sachlich relevanten Märkten können Regionalbeihilfen natürlich auch negative Auswirkungen auf den Standort wirtschaftlicher Tätigkeiten haben. Wenn ein Gebiet mittels einer Beihilfe eine Investition anzieht, entgeht ebendiese Investition einem anderen Gebiet. In Gebieten, in denen eine Beihilfe diese negative Auswirkung hat, kann sich dies in Form einer rückläufigen Wirtschaftstätigkeit und von Arbeitsplatzverlusten (auch bei den Subunternehmern) niederschlagen. Außerdem können positive Externalitäten (z. B. Clusterwirkung, Wissensspillover, Angebot an allgemeiner und beruflicher Bildung) verloren gehen.

110.   Der Unterschied zwischen Regionalbeihilfen und anderen Formen horizontaler Beihilfen liegt in der geografischen Komponente. Die Besonderheit von Regionalbeihilfen besteht darin, dass sie die Standortentscheidung der Investoren beeinflussen sollen. Wenn Regionalbeihilfen die durch regionale Beeinträchtigungen bedingten Mehrkosten ausgleichen und zusätzliche Investitionen in Fördergebiete bewirken, ohne dass anderen Fördergebieten zu entziehen, die denselben Entwicklungsstand aufweisen oder weniger entwickelt sind, tragen sie nicht nur zur Entwicklung des betreffenden Gebiets, sondern auch zur Kohäsion bei, sodass sie letztlich der gesamten EU zugutekommen. Die potenziellen negativen Auswirkungen von Regionalbeihilfen auf den Standort werden bereits in gewissem Umfang durch die Fördergebietskarten beschränkt, in denen festgelegt ist, in welchen Gebieten Regionalbeihilfen zur Förderung der regionalen Entwicklung und der Kohäsion gewährt werden dürfen und welche Beihilfehöchstintensitäten zulässig sind. Um die Auswirkungen der Beihilfen auf die Entwicklung des Gebiets und den territorialen Zusammenhalt ermessen zu können, muss jedoch ermittelt werden, was ohne die betreffende Beihilfe geschehen würde.

([54]) Verordnung (EU) 2020/852 des Europäischen Parlaments und des Rates vom 18. Juni 2020 über die Einrichtung eines Rahmens zur Erleichterung nachhaltiger Investitionen und zur Änderung der Verordnung (EU) 2019/2088 (ABl. L 198 vom 22.6.2020, S. 13).

([55]) Dies könnte zum Beispiel der Fall sein, wenn die Beihilfe zu Verfälschungen bei den wirtschaftlichen Instrumenten führt, die zur Internalisierung solcher negativer Auswirkungen eingeführt wurden (z. B. wenn sie durch das EU-Emissionshandelssystem oder ein ähnliches Instrument gesetzte Preissignale beeinträchtigt).

5.6.2. *Deutliche negative Auswirkungen auf Wettbewerb und Handel*

111.　Die Kommission hat eine Reihe von Umständen festgestellt, unter denen die negativen Auswirkungen einer regionalen Investitionsbeihilfe auf den Wettbewerb und den Handel zwischen Mitgliedstaaten deutlich stärker ins Gewicht fallen als ihre positiven Auswirkungen, sodass die Beihilfe wahrscheinlich nicht als mit dem Binnenmarkt vereinbar erachtet würde.

5.6.2.1. Schaffung von Überkapazität auf einem in absoluten Zahlen schrumpfenden Markt

112.　Bei der Prüfung der negativen Auswirkungen der Beihilfe berücksichtigt die Kommission, wie unter Randnummer 107 dargelegt, die durch das Vorhaben geschaffene zusätzliche Produktionskapazität, falls der Markt ein unterdurchschnittliches Wachstum aufweist.

113.　Wenn durch staatliche Beihilfen Investitionen ermöglicht werden, durch die zusätzliche Produktionskapazität auf einem Markt geschaffen wird, besteht die Gefahr, dass sich dies negativ auf die Produktions- oder Investitionstätigkeit in anderen Gebieten im EWR auswirkt. Dies ist insbesondere dann zu erwarten, wenn der Kapazitätszuwachs über dem Marktwachstum liegt oder auf einem Markt mit Überkapazität erfolgt.

114.　Daher erachtet die Kommission es als negative Auswirkung, die wahrscheinlich nicht durch eine positive Auswirkung ausgeglichen werden kann, wenn die Investition auf einem in absoluten Zahlen strukturell rückläufigen Markt (d. h. einem schrumpfenden Markt) (⁵⁶) Überkapazität schafft oder verstärkt. Dies gilt insbesondere für Szenario 1 (Investitionsentscheidung).

115.　Wenn die Investition auf jeden Fall auf demselben räumlich relevanten Markt getätigt würde oder, in Ausnahmefällen, wenn sie zwar auf einem anderen räumlich relevanten Märkten getätigt würde, aber der Absatz auf demselben räumlich relevanten Markt erfolgen soll (Szenario 2 — Standortentscheidung), beeinflusst die Beihilfe — sofern sie auf das für den Ausgleich des Standortnachteils erforderliche Minimum begrenzt ist und dem Beihilfeempfänger keine zusätzliche Liquidität verschafft — lediglich die Standortentscheidung. Unter diesen Umständen würde die Investition unabhängig von der Beihilfe zusätzliche Kapazität auf dem räumlich relevanten Markt schaffen. Folglich wären die möglichen Ergebnisse in Bezug auf Überkapazität ungeachtet der Beihilfe grundsätzlich gleich. Wenn der alternative Investitionsstandort jedoch zu einem anderen räumlich relevanten Markt gehört und die Beihilfe zur Schaffung von Überkapazität auf einem in absoluten Zahlen strukturell schrumpfenden Markt führt, treffen die Schlussfolgerungen der Randnummer 114 zu.

5.6.2.2. Kohäsionsabträgliche Auswirkungen

116.　Wie unter den Randnummern 109 und 110 dargelegt, muss die Kommission bei der Prüfung der negativen Auswirkungen der Beihilfe deren Auswirkungen auf den Standort der Wirtschaftstätigkeit berücksichtigen.

117.　Wenn die Investition ohne Beihilfe in einem Gebiet getätigt worden wäre, in dem Regionalbeihilfen mit einer höheren oder derselben Höchstintensität (⁵⁷) wie im Zielgebiet zulässig sind (Szenario 2 — Standortentscheidung), würde dies eine negative Auswirkung darstellen, die kaum durch positive Auswirkungen aufgewogen werden kann, da sie dem eigentlichen Zweck einer Regionalbeihilfe zuwiderläuft.

5.6.2.3. Verlagerung

118.　Für die Bewertung anmeldepflichtiger Maßnahmen wird die Kommission alle Informationen anfordern, die sie benötigt, um zu prüfen, ob die staatliche Beihilfe voraussichtlich zu erheblichen Arbeitsplatzverlusten an bereits vorhandenen Standorten im EWR führen würde. Wenn dies der Fall ist und der Beihilfeempfänger mithilfe der Investition eine Tätigkeit in das Zielgebiet verlagern kann und wenn ein ursächlicher Zusammenhang zwischen der Beihilfe und der Standortverlagerung besteht, wird dies als eine negative Auswirkung betrachtet, die kaum durch positive Aspekte aufgewogen werden kann.

5.6.3. *Investitionsbeihilferegelungen*

119.　Investitionsbeihilferegelungen dürfen nicht zu erheblichen Beeinträchtigungen von Wettbewerb und Handel führen. Selbst wenn die Wettbewerbsverfälschungen auf Unternehmensebene als gering betrachtet werden sollten (vorausgesetzt, dass alle Voraussetzungen für eine Investitionsbeihilfe erfüllt sind), können derartige Regelungen kumulativ zu erheblichen Wettbewerbsverfälschungen führen. Dies könnte die Bedingungen auf den Verbrauchsgütermärkten

---

(⁵⁶)　Die Kommission beurteilt dies anhand des Umfangs und des Werts und unter Berücksichtigung des Konjunkturzyklus.
(⁵⁷)　Dies wird anhand der Beihilfeobergrenze in C-Fördergebieten, die an A-Fördergebiete angrenzen, geprüft; die höheren Beihilfein-tensitäten nach Randnummer 184 werden hierbei nicht berücksichtigt.

beeinträchtigen, indem Überkapazität geschaffen oder verstärkt oder eine erhebliche Marktmacht einiger Beihilfeempfänger geschaffen, verstärkt oder gewahrt wird, sodass die dynamischen Anreize ausgehöhlt werden. Ferner könnten Beihilfen, die im Rahmen von Regelungen gewährt werden, auch in anderen Gebieten des EWR zu einem erheblichen Rückgang der Wirtschaftstätigkeit führen. Im Falle einer auf bestimmte Wirtschaftszweige ausgerichteten Regelung ist das Risiko derartiger Verzerrungen besonders hoch.

120. Deshalb müssen die Mitgliedstaaten nachweisen, dass diese negativen Auswirkungen so gering wie möglich gehalten werden, wobei z. B. der Umfang der Vorhaben, die einzelnen und die kumulativen Beihilfebeträge, die voraussichtlichen Beihilfeempfänger sowie die Merkmale der jeweiligen Wirtschaftszweige zu berücksichtigen sind. Für die Prüfung voraussichtlicher negativer Auswirkungen können die Mitgliedstaaten der Kommission alle verfügbaren Folgenabschätzungen und Ex-post-Evaluierungen ähnlicher Vorgängerregelungen übermitteln.

121. Bei der Bewilligung von im Rahmen einer Regelung gewährten Beihilfen für Einzelvorhaben muss die Bewilligungsbehörde prüfen und bestätigen, dass diese Beihilfen nicht die unter den Randnummern 111 bis 118 beschriebenen deutlichen negativen Auswirkungen haben. Die Prüfung kann sich auf die vom Beihilfeempfänger bei der Antragstellung übermittelten Informationen und die im Standardantragsformular abgegebene Erklärung stützen, in der die Standortalternative für den Fall, dass keine Beihilfe gewährt wird, anzugeben ist.

5.6.4. *Anmeldepflichtige Einzelinvestitionsbeihilfen*

122. Bei der Bewertung der negativen Auswirkungen von Einzelbeihilfen unterscheidet die Kommission zwei kontrafaktische Szenarien (siehe die Randnummern 96 und 97).

5.6.4.1. Szenario 1 (Investitionsentscheidung)

123. Bei Vorliegen des Szenarios 1 legt die Kommission besonderes Gewicht auf die negativen Auswirkungen des Aufbaus von Überkapazität in schrumpfenden Märkten, die Verhinderung von Marktaustritten und den Begriff der erheblichen Marktmacht. Die unter den Randnummern 124 bis 133 beschriebenen Auswirkungen müssen durch die positiven Auswirkungen der Beihilfen aufgewogen werden. Wenn aber festgestellt wird, dass die Beihilfe die unter Randnummer 114 genannten deutlichen negativen Auswirkungen hätte, ist es unwahrscheinlich, dass dies durch etwaige positive Auswirkungen ausgeglichen und die Beihilfe deshalb als mit dem Binnenmarkt vereinbar angesehen würde.

124. Für die Ermittlung und Würdigung potenzieller Verfälschungen von Wettbewerb und Handel sollten die Mitgliedstaaten Nachweise vorlegen, anhand deren die Kommission die betroffenen Produktmärkte (die von der Verhaltensänderung des Beihilfeempfängers betroffenen Produkte) und die betroffenen Wettbewerber und Abnehmer/Verbraucher ermitteln kann. Das betreffende Produkt ist in der Regel das Produkt des Investitionsvorhabens [58]. Wenn sich das Vorhaben auf ein Zwischenprodukt bezieht und ein signifikanter Anteil dieser Zwischenprodukte nicht auf dem Markt verkauft wird, kann das betreffende Produkt auch das nachgelagerte Produkt sein. Der sachlich relevante Markt umfasst das betreffende Produkt und jene Produkte, die vom Verbraucher (wegen der Merkmale des Produkts, seines Preises oder Verwendungszwecks) oder vom Hersteller (aufgrund der Flexibilität der Produktionsanlagen) als seine Substitute angesehen werden.

125. Die Kommission legt bei der Würdigung dieser potenziellen Verzerrungen mehrere Kriterien zugrunde, z. B. die Struktur des betroffenen sachlich relevanten Markts, die Leistungsfähigkeit des Markts (schrumpfender oder wachsender Markt), die Verfahren für die Auswahl des Beihilfeempfängers, die Hindernisse für den Markteintritt bzw. -austritt sowie die Produktdifferenzierung.

126. Wenn ein Unternehmen systematisch staatliche Beihilfen in Anspruch nimmt, könnte dies ein Anzeichen dafür sein, dass es dem Wettbewerb nicht aus eigener Kraft standhalten kann oder aber, dass es gegenüber der Konkurrenz ungerechtfertigte Vorteile genießt.

127. Die Kommission führt die negativen Auswirkungen von Beihilfen auf Produktmärkte im Wesentlichen auf zwei Gründe zurück:

1) erhebliche Kapazitätszunahmen, die insbesondere auf schrumpfenden Märkten Überkapazitäten schaffen oder verstärken, und

2) eine erhebliche Marktmacht des Beihilfeempfängers.

---

[58] Betrifft ein Investitionsvorhaben die Herstellung mehrerer verschiedener Produkte, so muss jedes Produkt berücksichtigt werden.

128.   Bei der Untersuchung, ob die Beihilfe zur Schaffung oder Beibehaltung ineffizienter Marktstrukturen beiträgt, berücksichtigt die Kommission die durch das Vorhaben geschaffene zusätzliche Produktionskapazität und ein etwaiges unterdurchschnittliches Wachstum des Markts.

129.   Wenn es sich um einen wachsenden Markt handelt, gibt es in der Regel weniger Anlass für Bedenken, dass sich die Beihilfe negativ auf dynamische Anreize auswirken oder den Marktaustritt bzw. den Markteintritt erschweren könnte.

130.   Bei schrumpfenden Märkten ist größere Vorsicht geboten. Die Kommission unterscheidet zwischen Fällen, in denen der Markt langfristig betrachtet strukturell rückläufig ist (d. h. schrumpft), und Fällen, in denen der Markt lediglich in relativen Zahlen rückläufig ist (d. h. immer noch Wachstum aufweist, das aber eine als Bezugsgröße festgelegte Wachstumsrate nicht überschreitet).

131.   Bezugsgröße für die Bestimmung eines Markts mit unterdurchschnittlichem Wachstum ist in der Regel das Bruttoinlandsprodukt (BIP) im EWR während der letzten drei Jahre vor Beginn des Vorhabens. Hierfür können aber auch die für die kommenden drei bis fünf Jahre prognostizierten Wachstumsraten herangezogen werden. Zu den Indikatoren können das voraussichtliche Wachstum des betreffenden Markts, die voraussichtlich daraus resultierenden Kapazitätsauslastungen und die wahrscheinlichen Auswirkungen des Kapazitätszuwachses auf die Preise und Gewinnspannen der Wettbewerber zählen.

132.   In bestimmten Fällen (insbesondere bei globalen Produktmärkten) ist die Prüfung des Wachstums des Produktmarkts im EWR möglicherweise nicht das geeignete Mittel für die Prüfung sämtlicher Auswirkungen der Beihilfe. Dann prüft die Kommission die Beihilfe hinsichtlich ihrer etwaigen Auswirkungen auf die betreffenden Marktstrukturen und berücksichtigt dabei insbesondere, ob EWR-Hersteller durch die Beihilfe vom Markt verdrängt werden könnten.

133.   Bei der Prüfung, ob erhebliche Marktmacht vorliegt, berücksichtigt die Kommission die Marktstellung des Beihilfeempfängers über einen bestimmten Zeitraum vor Erhalt der Beihilfe sowie seine zu erwartende Marktstellung nach Abschluss der Investition. Die Kommission berücksichtigt die Marktanteile des Beihilfeempfängers und der Wettbewerber sowie andere relevante Faktoren. So prüft sie z. B. die Marktstruktur, indem sie die Marktkonzentration, etwaige Markteintrittsschranken ([59]), die Nachfragemacht ([60]) und Expansionshemmnisse sowie Marktaustrittsschranken untersucht.

5.6.4.2. Szenario 2 (Standortentscheidung)

134.   Wenn die kontrafaktische Analyse hingegen darauf schließen lässt, dass die Investition ohne die Beihilfe an einem anderen Standort, der sich in demselben räumlich relevanten Markt für das betreffende Produkt befindet, getätigt worden wäre (Szenario 2), und die Beihilfe angemessen ist, dürfte sie ungeachtet der Beihilfe in Bezug auf Überkapazität oder erhebliche Marktmacht grundsätzlich zum gleichen Ergebnis führen. In solchen Fällen dürften die positiven Auswirkungen der Beihilfe die begrenzten negativen Auswirkungen auf den Wettbewerb überwiegen. Wenn sich der andere Standort jedoch im EWR befindet, hat die Kommission besonders große Bedenken hinsichtlich negativer Auswirkungen auf den anderen Standort. Wenn die Beihilfe die unter den Randnummern 117 und 118 genannten deutlichen negativen Auswirkungen hätte, ist es daher unwahrscheinlich, dass dies durch etwaige positive Auswirkungen ausgeglichen und die Beihilfe deshalb als mit dem Binnenmarkt vereinbar angesehen würde.

5.6.5.   Betriebsbeihilferegelungen

135.   Wenn die Beihilfe angemessen und erforderlich ist, um den in Abschnitt 5.1.3 beschriebenen Beitrag zur regionalen Entwicklung und zum territorialen Zusammenhalt zu erreichen, ist damit zu rechnen, dass die positiven Auswirkungen der Beihilfe ihre negativen Auswirkungen auf Wettbewerb und Handel ausgleichen. In bestimmten Fällen kann die Beihilfe jedoch zu einer Veränderung der Marktstruktur oder der Merkmale eines Wirtschaftszweigs oder einer Branche führen, sodass Hindernisse für den Markteintritt oder -austritt, Substitutionseffekte oder die Umleitung von Handelsflüssen den Wettbewerb erheblich verfälschen könnten. In diesen Fällen ist in der Regel nicht damit zu rechnen, dass positive Auswirkungen die negativen Auswirkungen ausgleichen können.

([59]) Zu diesen Eintrittsschranken zählen rechtliche Hindernisse (insbesondere Rechte des geistigen Eigentums), Größen- und Verbundvorteile sowie Hindernisse beim Zugang zu Netzen und Infrastrukturen. Wird die Beihilfe auf einem Markt gewährt, auf dem der Beihilfeempfänger ein etablierter Marktteilnehmer ist, können sich eine etwaige erhebliche Marktmacht des Beihilfeempfängers und damit auch die möglichen negativen Auswirkungen dieser Marktmacht durch potenzielle Eintrittsschranken verstärken.

([60]) Sind Abnehmer, die über Nachfragemacht verfügen, auf dem Markt vorhanden, ist es weniger wahrscheinlich, dass ein Beihilfeempfänger ihnen gegenüber höhere Preise durchsetzen kann.

5.7. Transparenz

136. Die Mitgliedstaaten müssen die folgenden Informationen in der Beihilfentransparenzdatenbank ([61]) (Transparency Award Module) der Europäischen Kommission oder auf einer ausführlichen nationalen oder regionalen Beihilfe-Website veröffentlichen:

1) den vollen Wortlaut des Beschlusses zur Gewährung der Einzelbeihilfe oder der genehmigten Beihilferegelung und ihrer Durchführungsbestimmungen oder ein Link dazu;

2) Informationen über jede gewährte Einzelbeihilfe von mehr als 100 000 EUR gemäß Anhang VIII.

137. Bei Beihilfen für ETZ-Projekte müssen die unter Randnummer 136 genannten Informationen auf der Website des Mitgliedstaats veröffentlicht werden, in dem die Verwaltungsbehörde ([62]) ihren Sitz hat. Die teilnehmenden Mitgliedstaaten können aber auch beschließen, dass jeder Mitgliedstaat die Informationen über die Beihilfemaßnahmen in seinem Hoheitsgebiet auf seiner einschlägigen Website bereitstellt.

138. Die Mitgliedstaaten müssen ihre unter Randnummer 136 genannten ausführlichen Beihilfe-Websites so gestalten, dass die Informationen leicht zugänglich sind. Die Informationen müssen in einem nicht-proprietären Tabellenkalkulationsformat (z. B. CSV oder XML) veröffentlicht werden, das es ermöglicht, Daten zu suchen, zu extrahieren, herunterzuladen und problemlos im Internet zu veröffentlichen. Die Website muss für die Öffentlichkeit uneingeschränkt zugänglich sein, ohne dass z. B. eine vorherige Anmeldung als Nutzer erforderlich ist.

139. Bei Regelungen in Form von Steuervergünstigungen gelten die unter Randnummer 136 Nummer 2 dargelegten Voraussetzungen als erfüllt, wenn der Mitgliedstaat die erforderlichen Informationen über die Höhe der Einzelbeihilfen in den folgenden Spannen (in Mio. EUR) veröffentlicht:

0,1-0,5,

0,5-1,

1-2,

2-5,

5-10,

10-30,

30-60,

60-100,

100-250 und

250 und mehr.

140. Die unter Randnummer 136 Nummer 2 geforderten Informationen müssen innerhalb von sechs Monaten nach dem Tag der Gewährung der Beihilfe bzw. für Beihilfen in Form von Steuervergünstigungen innerhalb eines Jahres nach dem Abgabetermin für die Steuererklärung veröffentlicht werden. ([63]) Bei rechtswidrigen Beihilfen, die im Nachhinein als vereinbar angesehen werden, müssen die Mitgliedstaaten die Informationen innerhalb von sechs Monaten ab dem Datum des Genehmigungsbeschlusses der Kommission veröffentlichen. Mit Blick auf die Durchsetzung der Beihilfevorschriften auf der Grundlage des Vertrags müssen die Informationen mindestens 10 Jahre ab dem Tag der Gewährung der Beihilfe zur Verfügung stehen.

141. Die Kommission veröffentlicht auf ihrer Website die Links zu den unter Randnummer 136 genannten Beihilfewebsites.

6. EVALUIERUNG

142. Mit Blick auf möglichst geringe Verfälschungen des Wettbewerbs und des Handels kann die Kommission verlangen, dass die unter Randnummer 143 genannten Beihilferegelungen einer Ex-post-Evaluierung unterzogen werden. Evaluiert werden Regelungen, die den Wettbewerb und den Handel besonders stark verfälschen könnten, d. h., bei denen erhebliche Beschränkungen oder Verfälschungen des Wettbewerbs zu befürchten sind, wenn die Durchführung nicht zu gegebener Zeit überprüft wird.

([61]) „Öffentliche Suche in der Beihilfentransparenzdatenbank" über die folgende Website: https://webgate.ec.europa.eu/competition/transparency/public?lang=de

([62]) Im Sinne des Artikels 21 der Verordnung (EG) Nr. 1299/2013.

([63]) Besteht keine förmliche Verpflichtung zur Abgabe einer jährlichen Erklärung, gilt zu Eingabezwecken der 31. Dezember des Jahres, für das die Beihilfe gewährt wird, als Tag der Gewährung.

143. Eine Ex-post-Evaluierung kann verlangt werden für Regelungen mit hoher Mittelausstattung oder neuartigen Merkmalen, oder wenn wesentliche marktbezogene, technische oder rechtliche Veränderungen vorgesehen sind. Ab dem 1. Januar 2022 wird eine Evaluierung in jedem Fall verlangt für Regelungen mit einer Mittelausstattung oder verbuchten Ausgaben von mehr als 150 Mio. EUR in einem Jahr oder mehr als 750 Mio. EUR während ihrer Gesamtlaufzeit, d. h. der kombinierten Laufzeit der Regelung und etwaiger Vorgängerregelungen mit ähnlichem Ziel für ein ähnliches geografisches Gebiet. In Anbetracht der Evaluierungsziele und zur Vermeidung eines unverhältnismäßigen Aufwands für die Mitgliedstaaten werden Ex-post-Evaluierungen ab dem 1. Januar 2022 nur für Beihilferegelungen mit einer Gesamtlaufzeit von mehr als drei Jahren verlangt.

144. Eine Ex-post-Evaluierung muss nicht verlangt werden für Beihilferegelungen, die unmittelbar an eine Regelung mit ähnlichem Ziel für ein ähnliches geografisches Gebiet anschließen, wenn diese einer Evaluierung unterzogen wurde, der abschließende Evaluierungsbericht mit dem von der Kommission genehmigten Evaluierungsplan im Einklang steht und die Regelung keinen Anlass zu negativen Feststellungen gegeben hat. Wenn der abschließende Evaluierungsbericht für eine Regelung nicht mit dem genehmigten Evaluierungsplan im Einklang steht, muss diese Regelung mit sofortiger Wirkung ausgesetzt werden.

145. In der Evaluierung sollte festgestellt werden, ob die Annahmen und Voraussetzungen für die Vereinbarkeit der Regelung mit dem Binnenmarkt bestätigt bzw. erfüllt wurden, insbesondere die Erforderlichkeit und die Wirksamkeit der Beihilfemaßnahme in Bezug auf die allgemeinen und spezifischen Ziele. Ferner sollten die Auswirkungen der Regelung auf Wettbewerb und Handel bewertet werden.

146. Für Beihilferegelungen, die nach Randnummer 143 der Evaluierungspflicht unterliegen, müssen die Mitgliedstaaten den Entwurf eines Evaluierungsplans, der fester Bestandteil der Prüfung der Regelung durch die Kommission ist, wie folgt anmelden:

1) zusammen mit der Beihilferegelung, wenn die Mittelausstattung der Regelung 150 Mio. EUR in einem Jahr oder 750 Mio. EUR während ihrer Gesamtlaufzeit übersteigt;

2) innerhalb von 30 Arbeitstagen nach einer wesentlichen Änderung, mit der die Mittelausstattung der Regelung auf mehr als 150 Mio. EUR in einem Jahr oder mehr als 750 Mio. EUR während der Gesamtlaufzeit der Regelung erhöht wird;

3) innerhalb von 30 Arbeitstagen, nachdem in der amtlichen Buchführung Ausgaben auf der Grundlage der Regelung von mehr als 150 Mio. EUR in einem Jahr verzeichnet wurden.

147. Der Entwurf des Evaluierungsplans muss den von der Kommission vorgegebenen gemeinsamen methodischen Grundsätzen ([64]) entsprechen. Die Mitgliedstaaten müssen den von der Kommission genehmigten Evaluierungsplan veröffentlichen.

148. Die Ex-post-Evaluierung muss von einem Sachverständigen, der von der Bewilligungsbehörde unabhängig ist, auf der Grundlage des Evaluierungsplans durchgeführt werden. Jede Evaluierung muss mindestens einen Zwischenbericht und einen abschließenden Bericht umfassen. Die Mitgliedstaaten müssen beide Berichte veröffentlichen.

149. Der abschließende Evaluierungsbericht muss der Kommission rechtzeitig für die Prüfung einer etwaigen Verlängerung der Beihilferegelung, spätestens aber neun Monate vor dem Ende ihrer Laufzeit vorgelegt werden. Diese Frist kann für Regelungen, die die Evaluierungspflicht in den letzten zwei Jahren ihrer Durchführung auslösen, verkürzt werden. Der genaue Gegenstand der Evaluierung und die Vorgaben für ihre Durchführung werden im Beschluss zur Genehmigung der Beihilferegelung dargelegt. Bei der Anmeldung späterer Beihilfemaßnahmen mit ähnlichem Ziel muss beschrieben werden, wie die Ergebnisse der Evaluierung berücksichtigt wurden.

7. FÖRDERGEBIETSKARTEN

150. In diesem Abschnitt sind die Kriterien festgelegt, anhand deren zu bestimmen ist, ob ein Gebiet die Voraussetzungen des Artikels 107 Absatz 3 Buchstabe a oder c AEUV erfüllt. Die Gebiete, die diese Voraussetzungen erfüllen und die die Mitgliedstaaten als A- oder C-Fördergebiete ausweisen möchten ([65]), müssen in einer Fördergebietskarte erfasst sein, die bei der Kommission angemeldet werden muss, bevor Regionalbeihilfen für Unternehmen in den ausgewiesenen Gebieten gewährt werden können.

([64]) Arbeitsunterlage der Kommissionsdienststellen „Gemeinsame Methodik für die Evaluierung staatlicher Beihilfen", Brüssel, 28.5.2014, SWD(2014) 179 final, oder sie ersetzende Unterlage.

([65]) Gebiete mit geringer Bevölkerungsdichte und Gebiete mit sehr geringer Bevölkerungsdichte sollten ebenfalls in der Fördergebietskarte erfasst sein.

31. RegionalbeihilfeL

151. In der Fördergebietskarte müssen auch die Beihilfehöchstintensitäten angegeben sein, die während der Geltungsdauer der genehmigten Fördergebietskarte für diese Gebiete gelten.

152. Damit der Anreizeffekt der Beihilfe erhalten bleibt, wenn Beihilfeanträge für Beihilfemaßnahmen, deren Gewährung von einer Ermessensentscheidung abhängt, bereits vor Beginn der Geltungsdauer der Fördergebietskarte gestellt wurden, darf der in dem ursprünglichen Beihilfeantrag angegebene „für erforderlich erachtete Beihilfebetrag" nicht nach Beginn der Arbeiten an dem Vorhaben rückwirkend geändert werden, um eine nach diesen Leitlinien mögliche höhere Beihilfeintensität zu rechtfertigen.

153. Bei automatischen Beihilferegelungen in Form von Steuervergünstigungen dürfen die nach diesen Leitlinien zulässigen Beihilfehöchstintensitäten nur auf Vorhaben angewendet werden, mit denen an oder nach dem Tag begonnen wird, an dem die Anhebung der betreffenden Beihilfehöchstintensität nach den einschlägigen nationalen Vorschriften wirksam wurde. Für Vorhaben, mit denen vor diesem Tag begonnen wurde, gilt weiter die im Rahmen der früheren Fördergebietskarte genehmigte Beihilfehöchstintensität.

7.1. Für Regionalbeihilfen in Betracht kommender Bevölkerungsanteil

154. Da die Gewährung staatlicher Beihilfen mit regionaler Zielsetzung eine Ausnahme vom allgemeinen Beihilfeverbot nach Artikel 107 Absatz 1 AEUV darstellt, muss nach Auffassung der Kommission die Bevölkerung in den A- und C-Fördergebieten der EU-27 insgesamt geringer sein als in den Gebieten, die nicht in den Fördergebietskarten ausgewiesen sind. Insgesamt sollte deshalb der Anteil der in den Fördergebieten ansässigen Bevölkerung an der Gesamtbevölkerung der EU-27 unter 50 % liegen.

155. In den Leitlinien für Regionalbeihilfen 2014-2020 (⁶⁶) ist festgelegt, dass der Anteil der Bevölkerung in den A- und C-Fördergebieten insgesamt höchstens 47 % der Bevölkerung der EU-28 betragen darf. Angesichts des Austritts des Vereinigten Königreichs Großbritannien und Nordirland aus der EU ist nach Auffassung der Kommission eine Anhebung des Anteils an der Bevölkerung der EU-27 auf insgesamt höchstens 48 % angemessen.

156. Dementsprechend sollte der maximale Gesamtanteil der Bevölkerung in den A- und C-Fördergebieten auf 48 % der Bevölkerung der EU-27 (⁶⁷) festgesetzt werden.

7.2. Ausnahmeregelung nach Artikel 107 Absatz 3 Buchstabe a AEUV

157. Nach Artikel 107 Absatz 3 Buchstabe a AEUV können „Beihilfen zur Förderung der wirtschaftlichen Entwicklung von Gebieten, in denen die Lebenshaltung außergewöhnlich niedrig ist oder eine erhebliche Unterbeschäftigung herrscht, sowie der in Artikel 349 genannten Gebiete unter Berücksichtigung ihrer strukturellen, wirtschaftlichen und sozialen Lage" als mit dem Binnenmarkt vereinbar angesehen werden. Nach der Rechtsprechung des Gerichtshofs zeigt „die Verwendung der Begriffe ‚außergewöhnlich' und ‚erheblich' in der Ausnahmevorschrift des [Artikels 107 Absatz 3 Buchstabe a] ..., dass diese nur Gebiete betrifft, in denen die wirtschaftliche Lage im Vergleich zur gesamten [Union] äußerst ungünstig ist" (⁶⁸).

158. Nach Auffassung der Kommission sind die Voraussetzungen des Artikels 107 Absatz 3 Buchstabe a AEUV in NUTS-2-Regionen, deren Pro-Kopf-Bruttoinlandsprodukt (BIP) nicht mehr als 75 % des Durchschnitts der EU-27 beträgt (⁶⁹), erfüllt.

159. Die Mitgliedstaaten können deshalb die folgenden Gebiete als A-Fördergebiete ausweisen:

1) NUTS-2-Regionen, deren Pro-Kopf-BIP in Kaufkraftstandard (⁷⁰) nicht mehr als 75 % des Durchschnitts der EU-27 beträgt (Grundlage sind die letzten drei Jahre, für die Eurostat-Daten verfügbar sind (⁷¹));

2) Gebiete in äußerster Randlage.

(⁶⁶) ABl. C 209 vom 23.7.2013, S. 1.
(⁶⁷) Für diese Obergrenze wurden die Eurostat-Bevölkerungsdaten für 2018 zugrunde gelegt. Die Obergrenze entspricht 48,00 % der EU27_2020 (Europäische Union — 27 Staaten (Stand 2020)).
(⁶⁸) Urteil vom 14. Oktober 1987, Deutschland/Kommission, 248/84, ECLI:EU:C:1987:437, Rn. 19; Urteil vom 14. Januar 1997, Spanien/Kommission, C-169/95, ECLI:EU:C:1997:10, Rn. 15; und Urteil vom 7. März 2002, Italien/Kommission, C-310/99, ECLI:EU:C:2002:143, Rn. 77.
(⁶⁹) Die Bezugnahme auf Gebiete, deren Pro-Kopf-BIP weniger als 75 % des Durchschnitts der EU-27 beträgt, stammt aus der Mitteilung der Kommission über die Methode zur Anwendung von Artikel 92 Absätze 3a) und c) auf Regionalbeihilfen (ABl. C 212 vom 12.8.1988, S. 2).
(⁷⁰) Alle folgenden Angaben zum Pro-Kopf-BIP sind in KKS gemessen.
(⁷¹) Die Daten beziehen sich auf den Zeitraum 2016-2018. Bei allen folgenden Angaben zum Pro-Kopf-BIP in Verbindung mit dem Durchschnitt der EU-27 stützen sich die Daten auf den Durchschnitt der Regionaldaten von Eurostat für 2016-2018 (aktualisiert am 23.3.2020).

160.   In Anhang I sind für jeden Mitgliedstaat die beihilfefähigen A-Fördergebiete angegeben. Einige dieser A-Fördergebiete sind auf NUTS-3-Ebene auch als Gebiete mit sehr geringer Bevölkerungsdichte nach Randnummer 166 Nummer 2 einzustufen.

7.3.   Ausnahmeregelung nach Artikel 107 Absatz 3 Buchstabe c AEUV

161.   Nach Artikel 107 Absatz 3 Buchstabe c können „Beihilfen zur Förderung der Entwicklung gewisser Wirtschaftszweige oder Wirtschaftsgebiete, soweit sie die Handelsbedingungen nicht in einer Weise verändern, die dem gemeinsamen Interesse zuwiderläuft", als mit dem Binnenmarkt vereinbar angesehen werden. Nach der Rechtsprechung des Gerichtshofs „ist die Ausnahmevorschrift des [Artikels 107 Absatz 3 Buchstabe c] insofern weiter gefasst, als sie die Entwicklung bestimmter Gebiete erlaubt, ohne dass die in [Artikel 107 Absatz 3 Buchstabe a] genannten wirtschaftlichen Gegebenheiten vorzuliegen brauchen; Voraussetzung ist jedoch, dass die zu diesem Zweck gewährten Beihilfen ‚die Handelsbedingungen nicht in einer Weise verändern, die dem gemeinsamen Interesse zuwiderläuft'. Diese Vorschrift gibt der Kommission die Befugnis, Beihilfen zur Förderung der Gebiete eines Mitgliedstaats zu genehmigen, die im Vergleich zur durchschnittlichen wirtschaftlichen Lage in diesem Staat benachteiligt sind." ([72])

162.   Der maximale Anteil der Bevölkerung in den C-Fördergebieten in der EU-27 wird ermittelt, indem die Bevölkerung in den beihilfefähigen A-Fördergebieten in der EU-27 von dem unter Randnummer 156 festgesetzten maximalen Gesamtanteil subtrahiert wird.

163.   Bei C-Fördergebieten werden zwei Gruppen unterschieden:

1) Gebiete, die bestimmte festgelegte Voraussetzungen erfüllen und die ein Mitgliedstaat deshalb ohne weitere Nennung von Gründen als C-Fördergebiet ausweisen kann (im Folgenden „prädefinierte C-Fördergebiete");

2) Gebiete, die ein Mitgliedstaat nach eigenem Ermessen als C-Fördergebiet ausweisen kann, sofern der Mitgliedstaat nachweist, dass diese Gebiete bestimmte sozioökonomische Kriterien erfüllen (im Folgenden „nicht prädefinierte C-Fördergebiete").

7.3.1.   Prädefinierte C-Fördergebiete

7.3.1.1. Spezifische Zuweisung des Bevölkerungsanteils in prädefinierten C-Fördergebieten

164.   Die Kommission ist der Auffassung, dass die Mitgliedstaaten über einen ausreichend hohen Bevölkerungsanteil in C-Fördergebieten verfügen müssen, um Gebiete, die in den Jahren 2017 bis 2020 ([73]) in der Fördergebietskarte als A-Fördergebiet ausgewiesen waren, jetzt aber nicht mehr als A-Fördergebiet einzustufen sind, als C-Fördergebiete ausweisen zu können.

165.   Die Kommission ist ferner der Auffassung, dass die Mitgliedstaaten über einen ausreichend hohen Bevölkerungsanteil in C-Fördergebieten verfügen müssen, um Gebiete mit geringer Bevölkerungsdichte als C-Fördergebiete ausweisen zu können.

166.   Die folgenden Gebiete werden als prädefinierte C-Fördergebiete angesehen:

1) ehemalige A-Fördergebiete: NUTS-2-Regionen, die in den Jahren 2017 bis 2020 als A-Fördergebiete ausgewiesen waren;

2) Gebiete mit geringer Bevölkerungsdichte: NUTS-2-Regionen mit weniger als 8 Einwohnern/km² oder NUTS-3-Regionen mit weniger als 12,5 Einwohnern/km² (Quelle: Eurostat-Daten zur Bevölkerungsdichte im Jahr 2018).

167.   In Anhang I ist für jeden Mitgliedstaat die spezifische Zuweisung des Bevölkerungsanteils in prädefinierten C-Fördergebieten angegeben. Diese Bevölkerungszuweisung ist ausschließlich für die Ausweisung prädefinierter C-Fördergebiete bestimmt.

7.3.1.2. Ausweisung der prädefinierten C-Fördergebiete

168.   Die Mitgliedstaaten können die unter Randnummer 166 genannten prädefinierten Gebiete als C-Fördergebiete ausweisen.

169.   Im Falle von Gebieten mit geringer Bevölkerungsdichte sollten die Mitgliedstaaten grundsätzlich NUTS-2-Regionen mit weniger als 8 Einwohnern/km² oder NUTS-3-Regionen mit weniger als 12,5 Einwohnern/km² berücksichtigen. Die Mitgliedstaaten können aber auch Teile von NUTS-3-Regionen mit weniger als 12,5 Einwohnern/km² oder an diese NUTS-3-Regionen angrenzende zusammenhängende Gebiete als C-Fördergebiete ausweisen, sofern diese Gebiete weniger als 12,5 Einwohner/km² haben. Im Falle von Gebieten mit sehr geringer Bevölkerungsdichte können die Mitgliedstaaten NUTS-2-Regionen mit weniger als 8 Einwohnern/km² oder andere an diese NUTS-2-Regionen angrenzende kleinere zusammenhängende Gebiete berücksichtigen, sofern diese Gebiete weniger als 8 Einwohner/km² haben und die Bevölkerung der Gebiete mit sehr geringer Bevölkerungsdichte und der Gebiete mit geringer Bevölkerungsdichte zusammengenommen nicht die unter Randnummer 167 genannte spezifische Zuweisung des Bevölkerungsanteils in C-Fördergebieten übersteigt.

([72]) Deutschland/Kommission, 248/84, a. a. O., Rn. 19.
([73]) Die Liste der A-Fördergebiete wurde 2016 geändert. Siehe Mitteilung der Kommission zur Änderung des Anhangs I der Leitlinien für Regionalbeihilfen 2014-2020 (Halbzeitüberprüfung der Fördergebietskarten) (ABl. C 231 vom 25.6.2016, S. 1).

31. RegionalbeihilfeL

7.3.2. *Nicht prädefinierte C-Fördergebiete*

7.3.2.1. Methode für die Aufteilung des Bevölkerungsanteils in nicht prädefinierten C-Fördergebieten auf die Mitgliedstaaten

170.   Der maximale Anteil der Bevölkerung in nicht prädefinierten C-Fördergebieten in der EU-27 wird ermittelt, indem die Bevölkerung in den beihilfefähigen A-Fördergebieten und in den prädefinierten C-Fördergebieten von dem unter Randnummer 156 festgesetzten maximalen Gesamtanteil subtrahiert wird. Der Bevölkerungsanteil in nicht prädefinierten C-Fördergebieten wird nach der in Anhang III dargelegten Methode auf die EU-27 aufgeteilt.

**Regio-
nalbei-
hilfeL**

7.3.2.2. Sicherheitsnetz und Mindestbevölkerungsanteil

171.   Um Kontinuität in den Fördergebietskarten und einen Mindestspielraum für alle Mitgliedstaaten zu gewährleisten, sollte nach Auffassung der Kommission in keinem Mitgliedstaat der Bevölkerungsanteil gegenüber dem Zeitraum 2017-2020 um mehr als 30 % reduziert werden, und alle Mitgliedstaaten sollten über einen Mindestbevölkerungsanteil verfügen.

172.   Deshalb wird abweichend von dem unter Randnummer 156 festgesetzten maximalen Gesamtanteil der Bevölkerungsanteil in C-Fördergebieten für jeden Mitgliedstaat so angehoben, dass

1) in keinem Mitgliedstaat der Bevölkerungsanteil in den A- und C-Fördergebieten insgesamt um mehr als 30 % gegenüber dem Zeitraum 2017-2020 reduziert wird ([74]);

2) alle Mitgliedstaaten einen Bevölkerungsanteil von mindestens 7,5 % ihrer Bevölkerung haben ([75]).

173.   In den Anhängen I und II ist für jeden Mitgliedstaat der Bevölkerungsanteil in den nicht prädefinierten C-Fördergebieten, einschließlich des Sicherheitsnetzes und des Mindestbevölkerungsanteils, angegeben.

7.3.2.3. Ausweisung der nicht prädefinierten C-Fördergebiete

174.   Die Kriterien, die die Mitgliedstaaten bei der Ausweisung der C-Fördergebiete anlegen, sollten nach Auffassung der Kommission die unterschiedlichen Gegebenheiten widerspiegeln, die eine Regionalbeihilfe rechtfertigen können. Sie sollten deshalb auf die sozioökonomischen, geografischen bzw. strukturellen Probleme abstellen, die in C-Fördergebieten zu erwarten sind, und ausreichende Garantien dafür bieten, dass Regionalbeihilfen die Handelsbedingungen nicht in einer Weise verändern, die dem gemeinsamen Interesse zuwiderläuft.

175.   Deshalb können die Mitgliedstaaten nicht prädefinierte C-Fördergebiete, die auf der Grundlage der folgenden Kriterien abgegrenzt wurden, als C-Fördergebiete ausweisen:

1) Kriterium 1: zusammenhängende Gebiete mit mindestens 100 000 Einwohnern ([76]). Diese müssen in NUTS-2- oder NUTS-3-Regionen liegen mit

   (i) einem Pro-Kopf-BIP, das nicht über dem Durchschnitt der EU-27 liegt, oder

   (ii) einer Arbeitslosenquote ([77]), die mindestens 115 % des nationalen Durchschnitts beträgt.

2) Kriterium 2: NUTS-3-Regionen mit weniger als 100 000 Einwohnern mit

   (i) einem Pro-Kopf-BIP, das nicht über dem Durchschnitt der EU-27 liegt, oder

   (ii) einer Arbeitslosenquote, die mindestens 115 % des nationalen Durchschnitts beträgt.

([74])   Dieser Aspekt des Sicherheitsnetzes gilt für Deutschland, Irland, Malta und Slowenien.
([75])   Dieser Mindestbevölkerungsanteil gilt für Dänemark und Luxemburg.
([76])   Diese Bevölkerungsschwelle wird bei Mitgliedstaaten mit einem Bevölkerungsanteil in nicht prädefinierten C-Fördergebieten von unter 1 Million Einwohnern auf 50 000 Einwohner und bei Mitgliedstaaten mit einer nationalen Bevölkerung von weniger als 1 Million Einwohnern auf 10 000 Einwohner herabgesetzt.
([77])   Für die Berechnung der Arbeitslosenquote sollten die vom nationalen statistischen Amt veröffentlichten Regionaldaten herangezogen werden, wobei der Durchschnitt der letzten drei Jahre, für die solche Daten (zum Zeitpunkt der Anmeldung der Fördergebietskarte) verfügbar sind, verwendet werden sollte. Sofern in diesen Leitlinien nichts anderes angegeben ist, wird die Arbeitslosenquote in Bezug auf den nationalen Durchschnitt auf dieser Grundlage berechnet.

3) Kriterium 3: Inseln oder zusammenhängende Gebiete in ähnlicher geografisch isolierter Lage (z. B. Halbinseln oder Berggebiete) mit

(i) einem Pro-Kopf-BIP, das nicht über dem Durchschnitt der EU-27 liegt ([78]), oder

(ii) einer Arbeitslosenquote, die mindestens 115 % des nationalen Durchschnitts beträgt ([79]), oder

(iii) weniger als 5 000 Einwohnern.

4) Kriterium 4: NUTS-3-Regionen oder Teile von NUTS-3-Regionen, die zusammenhängende Gebiete bilden, die an ein A-Fördergebiet angrenzen oder die eine Landgrenze zu einem Staat aufweisen, der nicht zum EWR oder zur Europäischen Freihandelszone (EFTA) gehört.

5) Kriterium 5: zusammenhängende Gebiete mit mindestens 50 000 Einwohnern ([80]), in denen sich ein tiefgreifender Strukturwandel vollzieht oder die im Vergleich zu ähnlichen Gebieten eine Phase erheblichen wirtschaftlichen Niedergangs erleben, sofern sich diese Gebiete nicht in NUTS-3-Regionen oder zusammenhängenden Gebieten befinden, die die Voraussetzungen für eine Ausweisung als prädefiniertes Fördergebiet oder die vorgenannten Kriterien 1 bis 4 erfüllen. ([81])

176.   Für die Anwendung der unter Randnummer 175 genannten Kriterien bezieht sich der Begriff „zusammenhängende Gebiete" auf ganze lokale Verwaltungseinheiten (LAU) ([82]) oder auf Gruppen von LAU ([83]). Eine Gruppe von LAU wird als ein zusammenhängendes Gebiet betrachtet, wenn jedes Gebiet der Gruppe eine Verwaltungsgrenze ([84]) mit einem anderen Gebiet der Gruppe teilt.

177.   Die Einhaltung des für den betreffenden Mitgliedstaat zulässigen Bevölkerungsanteils wird anhand der vom nationalen statistischen Amt veröffentlichten aktuellen Daten zur Gesamtwohnbevölkerung in den ausgewählten Gebieten geprüft.

7.4.   Beihilfehöchstintensitäten für regionale Investitionsbeihilfen

178.   Nach Auffassung der Kommission muss bei den für regionale Investitionsbeihilfen geltenden Beihilfehöchstintensitäten der Art und dem Umfang des Entwicklungsgefälles zwischen den verschiedenen Gebieten in der EU Rechnung getragen werden. Die Beihilfeintensitäten sollten deshalb in A-Fördergebieten höher sein als in C-Fördergebieten.

7.4.1.   Beihilfehöchstintensitäten in A-Fördergebieten

179.   Die Beihilfeintensität für große Unternehmen in A-Fördergebieten darf folgende Werte nicht überschreiten:

1) 50 % in NUTS-2-Regionen mit einem Pro-Kopf-BIP von nicht mehr als 55 % des Durchschnitts der EU-27;

2) 40 % in NUTS-2-Regionen mit einem Pro-Kopf-BIP von mehr als 55 %, aber nicht mehr als 65 % des Durchschnitts der EU-27;

([78]) Um zu berechnen, ob das Pro-Kopf-BIP solcher Inseln oder zusammenhängenden Gebiete nicht über dem Durchschnitt der EU-27 liegt, können die Mitgliedstaaten auf Daten ihres nationalen statistischen Amtes oder andere einschlägige Quellen zurückgreifen.

([79]) Um zu berechnen, ob die Arbeitslosenquote solcher Inseln oder zusammenhängenden Gebiete mindestens 115 % des nationalen Durchschnitts beträgt, können die Mitgliedstaaten auf Daten ihres nationalen statistischen Amtes oder andere einschlägige Quellen zurückgreifen.

([80]) Diese Bevölkerungsschwelle wird bei Mitgliedstaaten mit einem Bevölkerungsanteil in nicht prädefinierten C-Fördergebieten von unter 1 Million Einwohnern auf 25 000 Einwohner, bei Mitgliedstaaten mit einer Gesamtbevölkerung von weniger als 1 Million Einwohnern auf 10 000 Einwohner und bei Inseln oder zusammenhängenden Gebieten in ähnlicher geografisch isolierter Lage auf 5 000 Einwohner herabgesetzt.

([81]) Für die Anwendung des Kriteriums 5 müssen die Mitgliedstaaten nachweisen, dass sich in dem Gebiet ein tiefgreifender Strukturwandel vollzieht oder dass das Gebiet im Vergleich zu ähnlichen Gebieten eine Phase erheblichen wirtschaftlichen Niedergangs erlebt; zu diesem Zweck müssen sie die Lage in den betreffenden Gebieten mit der Lage in anderen Gebieten in demselben Mitgliedstaat oder in anderen Mitgliedstaaten anhand sozioökonomischer Indikatoren (z. B. strukturelle Unternehmensstatistik, Arbeitsmärkte, Haushaltskonten, Bildung oder ähnliche Indikatoren) vergleichen. Hierfür können die Mitgliedstaaten auf Daten ihres nationalen statistischen Amtes oder andere einschlägige Quellen zurückgreifen. Für Gebiete, die in einem territorialen Plan für einen gerechten Übergang, der von einem Mitgliedstaat aufgestellt und von der Kommission genehmigt wurde, zur Unterstützung aus dem JTF vorgesehen sind, gilt diese Begründung nicht erforderlich, da der Strukturwandel als im Rahmen des Plans für einen gerechten Übergang nachgewiesen gilt.

([82]) Lokale Verwaltungseinheiten (LAU) im Sinne des Anhangs III der Verordnung (EG) Nr. 1059/2003 des Europäischen Parlaments und des Rates über die Schaffung einer gemeinsamen Klassifikation der Gebietseinheiten für die Statistik (NUTS), geändert durch die Delegierte Verordnung (EU) 2019/1755 der Kommission.

([83]) Der Mitgliedstaat kann jedoch Teile einer LAU ausweisen, sofern die Bevölkerung der betreffenden LAU größer ist als die erforderliche Mindestbevölkerung für zusammenhängende Gebiete nach Kriterium 1 oder 5 (einschließlich der herabgesetzten Bevölkerungsschwellen für diese Kriterien) und die Bevölkerung der Teile dieser LAU mindestens 50 % der erforderlichen Mindestbevölkerung für das jeweilige Kriterium entspricht.

([84]) Bei Inseln zählen Seegrenzen zu anderen Verwaltungseinheiten des betreffenden Mitgliedstaats ebenfalls zu den Verwaltungsgrenzen.

3) 30 % in NUTS-2-Regionen mit einem Pro-Kopf-BIP von mehr als 65 % des Durchschnitts der EU-27.

180.   Die unter Randnummer 179 festgelegten Beihilfeintensitäten können für Gebiete in äußerster Randlage mit einem Pro-Kopf-BIP von nicht mehr als 75 % des Durchschnitts der EU-27 um bis zu 20 Prozentpunkte und für andere Gebiete in äußerster Randlage um bis zu 10 Prozentpunkte angehoben werden.

181.   Die unter Randnummer 179 festgelegten Beihilfeintensitäten können auch für die in den Abschnitten 7.4.4 und 7.4.5 genannten Gebiete angehoben werden, solange die Beihilfeintensität für große Unternehmen in dem betreffenden Gebiet 70 % nicht überschreitet.

7.4.2.   Beihilfehöchstintensitäten in C-Fördergebieten

182.   Die Beihilfeintensität für große Unternehmen darf folgende Werte nicht überschreiten:

1) 20 % in Gebieten mit geringer Bevölkerungsdichte und in Gebieten (NUTS-3-Regionen oder Teilen von NUTS-3-Regionen), die eine Landgrenze zu einem Staat aufweisen, der nicht zum EWR oder zur EFTA gehört;

2) 15 % in ehemaligen A-Fördergebieten;

3) 10 % in nicht prädefinierten C-Fördergebieten mit einem Pro-Kopf-BIP von mehr als 100 % des Durchschnitts der EU-27 und einer Arbeitslosenquote von weniger als 100 % des Durchschnitts der EU-27;

4) 15 % in anderen nicht prädefinierten C-Fördergebieten.

183.   In ehemaligen A-Fördergebieten kann die unter Randnummer 182 Nummer 2 festgelegte Beihilfeintensität von 15 % bis zum 31. Dezember 2024 um bis zu 5 Prozentpunkte angehoben werden.

184.   Wenn ein C-Fördergebiet an ein A-Fördergebiet angrenzt, können die unter Randnummer 182 festgelegten Beihilfeintensitäten in den an das A-Fördergebiet angrenzenden NUTS-3-Regionen oder Teilen von NUTS-3-Regionen innerhalb des betreffenden C-Fördergebiets bei Bedarf angehoben werden, solange die Differenz zwischen den Beihilfeintensitäten der beiden Gebiete nicht mehr als 15 Prozentpunkte beträgt.

185.   Die unter Randnummer 182 festgelegten Beihilfeintensitäten können auch für die in Abschnitt 7.4.5 genannten Gebiete angehoben werden.

7.4.3.   Höhere Beihilfeintensitäten für KMU

186.   Die in den Abschnitten 7.4.1 und 7.4.2 festgelegten Beihilfeintensitäten können für kleine Unternehmen um bis zu 20 Prozentpunkte und für mittlere Unternehmen um bis zu 10 Prozentpunkte angehoben werden. [85]

7.4.4.   Höhere Beihilfeintensitäten für Gebiete, die zur Unterstützung aus dem JTF ausgewiesen sind [86]

187.   Die in Abschnitt 7.4.1 festgelegten Beihilfehöchstintensitäten können für Gebiete, die in einem territorialen Plan für einen gerechten Übergang, den von einem Mitgliedstaat aufgestellt und von der Kommission genehmigt wurde, zur Unterstützung aus dem JTF ausgewiesen sind, um 10 Prozentpunkte angehoben werden, sofern diese Gebiete in Fördergebieten nach Artikel 107 Absatz 3 Buchstabe a AEUV liegen [87].

7.4.5.   Höhere Beihilfeintensitäten für Regionen mit Bevölkerungsrückgang

188.   Für NUTS-3-Regionen mit einem Bevölkerungsrückgang von mehr als 10 % im Zeitraum 2009-2018 [88] können die in Abschnitt 7.4.1 festgelegten Beihilfehöchstintensitäten um 10 Prozentpunkte und die in Abschnitt 7.4.2 festgelegten Beihilfehöchstintensitäten um 5 Prozentpunkte angehoben werden.

7.5.   Anmeldung und Prüfung der Fördergebietskarten

189.   Nach der Veröffentlichung dieser Leitlinien im *Amtsblatt der Europäischen Union* sollte jeder Mitgliedstaat seine Fördergebietskarte, die für den Zeitraum vom 1. Januar 2022 bis zum 31. Dezember 2027 gelten soll, bei der Kommission anmelden. Jede Anmeldung sollte die in Anhang V aufgeführten Angaben enthalten.

---

[85] Die höheren Beihilfeintensitäten für KMU gelten nicht für Beihilfen, die für große Investitionsvorhaben gewährt werden.
[86] Dieser Abschnitt findet nur Anwendung, wenn eine Verordnung auf der Grundlage des in Fußnote 12 genannten Vorschlags der Kommission erlassen wird.
[87] Die Fördergebietskarten können auf dieser Grundlage aktualisiert werden, falls die Gebiete bei Annahme der Fördergebietskarte noch nicht bekannt sind.
[88] Siehe Anhang IV.

190. Die Kommission wird für jeden Mitgliedstaat die angemeldete Fördergebietskarte prüfen und einen Beschluss zu deren Genehmigung erlassen, sofern die Fördergebietskarte die in diesen Leitlinien festgelegten Voraussetzungen erfüllt. Alle Fördergebietskarten werden im *Amtsblatt der Europäischen Union* veröffentlicht und sind Bestandteil dieser Leitlinien.

7.6. Änderungen

7.6.1. Reserve für den Anteil der Fördergebietsbevölkerung

191. Ein Mitgliedstaat kann von sich aus beschließen, eine Reserve für seinen Bevölkerungsanteil vorzusehen; diese ergibt sich aus der Differenz zwischen dem von der Kommission festgelegten maximalen Bevölkerungsanteil des betreffenden Mitgliedstaats ([89]) und dem Bevölkerungsanteil, der auf die in der Fördergebietskarte ausgewiesenen A- und C-Fördergebiete entfällt.

192. Beschließt ein Mitgliedstaat, eine solche Reserve zu bilden, so kann er sie jederzeit nutzen, um neue C-Fördergebiete in seine Fördergebietskarte aufzunehmen, bis er seinen maximalen Bevölkerungsanteil erreicht hat. Hierfür kann der Mitgliedstaat auf die aktuellen sozioökonomischen Daten von Eurostat oder seines nationalen statistischen Amtes oder andere einschlägige Quellen zurückgreifen. Die Bevölkerung der betreffenden C-Fördergebiete sollte auf der Grundlage der für die Erstellung der ursprünglichen Fördergebietskarte herangezogenen Bevölkerungsdaten ermittelt werden.

193. Der Mitgliedstaat muss jeden Rückgriff auf seine Bevölkerungsreserve zur Aufnahme neuer C-Fördergebiete vorher bei der Kommission als Änderung anmelden.

7.6.2. Halbzeitüberprüfung

194. Eine Halbzeitüberprüfung der Fördergebietskarten, bei der die aktualisierten Statistiken berücksichtigt werden, wird 2023 vorgenommen. Einzelheiten zu dieser Halbzeitüberprüfung wird die Kommission bis Juni 2023 mitteilen.

8. ÄNDERUNG DER LEITLINIEN FÜR REGIONALBEIHILFEN 2014-2020

195. Im Rahmen seiner Anmeldung nach Randnummer 189 kann ein Mitgliedstaat auch eine Änderung seiner Fördergebietskarte 2014-2021 ([90]) anmelden, mit der die Fördergebiete nach den Leitlinien für Regionalbeihilfen 2014-2020 durch die Fördergebiete in der Fördergebietskarte ersetzt werden, die von der Kommission nach Randnummer 190 der vorliegenden Leitlinien genehmigt werden soll. Die geänderte Fördergebietskarte gilt vom Tag des Erlasses des Beschlusses der Kommission über die angemeldete Änderung der Fördergebietskarte 2014-2021 bis zum 31. Dezember 2021. In diesem Beschluss werden auch die Beihilfehöchstintensitäten für die Fördergebiete nach der geänderten Fördergebietskarte 2014-2021 angegeben, die den in den Leitlinien für Regionalbeihilfen 2014-2020 festgelegten Beihilfehöchstintensitäten entsprechen. Die geänderte Fördergebietskarte ist im Einklang mit Randnummer 179 der Leitlinien für Regionalbeihilfen 2014-2020 Bestandteil der genannten Leitlinien.

196. Die Leitlinien für Regionalbeihilfen 2014-2020 werden wie folgt geändert:

1) Randnummer 20 Buchstabe r erhält folgende Fassung:

„Fördergebietskarte' die von der Kommission genehmigte Liste der von einem Mitgliedstaat im Einklang mit den vorliegenden Leitlinien oder den ab dem 1. Januar 2022 geltenden Leitlinien für Regionalbeihilfen ausgewiesenen Fördergebiete;"

2) Nach Randnummer 185 wird folgende Randnummer 185a eingefügt:

„5.6.3. *Änderung aufgrund der ab dem 1. Januar 2022 geltenden Leitlinien für Regionalbeihilfen*

185a. Ein Mitgliedstaat kann eine Änderung seiner Fördergebietskarte im Einklang mit Abschnitt 7.6 der ab dem 1. Januar 2022 geltenden Leitlinien für Regionalbeihilfen beantragen."

9. ANWENDBARKEIT DER REGIONALBEIHILFEVORSCHRIFTEN

197. Die Kommission wird die Vereinbarkeitsprüfung für alle anmeldepflichtigen Regionalbeihilfen, die nach dem 31. Dezember 2021 gewährt werden oder gewährt werden sollen, anhand der in diesen Leitlinien dargelegten Grundsätze vornehmen.

([89]) Siehe Anhang I.
([90]) Die von der Kommission nach den Leitlinien für Regionalbeihilfen 2014-2020 genehmigte Fördergebietskarte, die für den Zeitraum 1. Juli 2014 bis 31. Dezember 2021 gilt.

31. RegionalbeihilfeL

198.   Anmeldungen von Regionalbeihilferegelungen oder Regionalbeihilfen, die nach dem 31. Dezember 2021 gewährt werden sollen, können erst dann als vollständig angesehen werden, wenn die Kommission einen Beschluss zur Genehmigung der Fördergebietskarte des betreffenden Mitgliedstaats nach den in Abschnitt 7.5 beschriebenen Regelungen erlassen hat.

199.   Die Umsetzung dieser Leitlinien wird einige Änderungen bei den Vorschriften für Regionalbeihilfen in der EU mit sich bringen. Deshalb müssen alle bestehenden Regionalbeihilferegelungen (⁹¹) (Investitions- und Betriebsbeihilferegelungen), die über 2021 hinaus gelten, daraufhin überprüft werden, ob sie noch gerechtfertigt sind und die gewünschte Wirkung entfalten.

200.   Aus diesen Gründen schlägt die Kommission den Mitgliedstaaten nach Artikel 108 Absatz 1 AEUV die folgenden zweckdienlichen Maßnahmen vor:

1) Die Mitgliedstaaten wenden alle bestehenden Regionalbeihilferegelungen nur auf Beihilfen an, die spätestens am 31. Dezember 2021 gewährt werden sollen.

2) Die Mitgliedstaaten ändern andere bestehende horizontale Beihilferegelungen, durch die Beihilfen zugunsten von Vorhaben in Fördergebieten eine spezifische Behandlung erfahren, damit gewährleistet ist, dass Beihilfen, die nach dem 31. Dezember 2021 gewährt werden sollen, mit den Fördergebietskarten im Einklang stehen, die am Tag der Gewährung gelten.

3) Die Mitgliedstaaten bestätigen ihre Zustimmung zu den unter den Nummern 1 und 2 vorgeschlagenen Maßnahmen innerhalb eines Monats nach der Veröffentlichung dieser Leitlinien im Amtsblatt der Europäischen Union.

10.   BERICHTERSTATTUNG UND ÜBERWACHUNG

201.   Nach der Verordnung (EU) 2015/1589 des Rates (⁹²) und der Verordnung (EG) Nr. 794/2004 der Kommission (⁹³) müssen die Mitgliedstaaten der Kommission Jahresberichte vorlegen.

202.   Die Mitgliedstaaten müssen detaillierte Aufzeichnungen über alle Beihilfemaßnahmen führen. Diese Aufzeichnungen müssen alle Informationen enthalten, die erforderlich sind, um feststellen zu können, dass die Voraussetzungen bezüglich der beihilfefähigen Kosten und Beihilfehöchstintensitäten erfüllt sind. Die Mitgliedstaaten müssen diese Aufzeichnungen 10 Jahre ab dem Tag der Gewährung der Beihilfe aufbewahren und der Kommission auf Anfrage vorlegen.

11.   ÜBERARBEITUNG

203.   Die Kommission kann jederzeit beschließen, diese Leitlinien zu ändern, wenn sich dies aus wettbewerbspolitischen Gründen, aufgrund anderer Politikbereiche und internationaler Verpflichtungen der EU oder aus sonstigen stichhaltigen Gründen als erforderlich erweist.

(⁹¹) Beihilfemaßnahmen, die auf der Grundlage der AGVO durchgeführt werden, sind keine bestehenden Beihilferegelungen. Beihilferegelungen, die unter Verstoß gegen Artikel 108 Absatz 3 AEUV durchgeführt werden, sind ebenfalls keine bestehenden Beihilferegelungen, es sei denn, sie gelten als bestehende Beihilfe im Sinne des Artikels 17 Absatz 3 der Verordnung (EU) 2015/1589 des Rates vom 13. Juli 2015 über besondere Vorschriften für die Anwendung von Artikel 108 des Vertrags über die Arbeitsweise der Europäischen Union (ABl. L 248 vom 24.9.2015, S. 9).
(⁹²) Verordnung (EU) 2015/1589 des Rates.
(⁹³) Verordnung (EG) Nr. 794/2004 der Kommission vom 21. April 2004 zur Durchführung der Verordnung (EG) Nr. 659/1999 des Rates über besondere Vorschriften für die Anwendung von Artikel 93 des EG-Vertrags (ABl. L 140 vom 30.4.2004, S. 1).

ANHANG I

Anteil der Fördergebietsbevölkerung pro Mitgliedstaat für den Zeitraum 2022-2027

Belgien	NUTS-Regionen	Pro-Kopf-BIP (¹)	Prozentualer Anteil an der nationalen Bevölkerung (²)
A-Fördergebiete	BE34 Prov. Luxembourg (BE)	73,00	2,50 %
Nicht prädefinierte C-Fördergebiete	—	—	23,33 %
Anteil der Fördergebietsbevölkerung insgesamt 2022-2027	—	—	25,83 %

Bulgarien	NUTS-Regionen	Pro-Kopf-BIP	Prozentualer Anteil an der nationalen Bevölkerung
A-Fördergebiete	BG31 Северозападен / Severozapaden	31,67	10,66 %
	BG32 Северен централен / Severen tsentralen	34,33	11,24 %
	BG33 Североизточен / Severoiztochen	40,33	13,26 %
	BG34 Югоизточен / Yugoiztochen	43,00	14,74 %
	BG42 Южен централен / Yuzhen tsentralen	35,00	20,13 %
Prädefinierte C-Fördergebiete (ehemalige A-Fördergebiete)	BG41 Югозападен / Yugozapaden	81,33	29,97 %
Anteil der Fördergebietsbevölkerung insgesamt 2022-2027	—	—	100,00 %

Tschechien	NUTS-Regionen	Pro-Kopf-BIP	Prozentualer Anteil an der nationalen Bevölkerung
A-Fördergebiete	CZ04 Severozápad	63,67	10,50 %
	CZ05 Severovýchod	75,00	14,22 %
	CZ07 Střední Morava	73,33	11,43 %
	CZ08 Moravskoslezsko	74,33	11,33 %
Prädefinierte C-Fördergebiete (ehemalige A-Fördergebiete)	CZ02 Střední Čechy	82,67	12,81 %
	CZ03 Jihozápad	78,00	11,52 %
	CZ06 Jihovýchod	82,67	15,94 %
Anteil der Fördergebietsbevölkerung insgesamt 2022-2027	—	—	87,76 %

(¹) Gemessen in KKS, Durchschnitt für 2016-2018 (EU-27 = 100) (aktualisiert am 23.3.2020).
(²) Gestützt auf Eurostat-Bevölkerungsdaten für 2018.

31. RegionalbeihilfeL

Dänemark	NUTS-Regionen	Pro-Kopf-BIP	Prozentualer Anteil an der nationalen Bevölkerung
Nicht prädefinierte C-Fördergebiete	—	—	7,50 %
Anteil der Fördergebietsbevölkerung insgesamt 2022-2027	—	—	7,50 %

Deutschland	NUTS-Regionen	Pro-Kopf-BIP	Prozentualer Anteil an der nationalen Bevölkerung
Nicht prädefinierte C-Fördergebiete	—	—	18,10 %
Anteil der Fördergebietsbevölkerung insgesamt 2022-2027	—	—	18,10 %

Estland	NUTS-Regionen	Pro-Kopf-BIP	Prozentualer Anteil an der nationalen Bevölkerung
Prädefinierte C-Fördergebiete (ehemalige A-Fördergebiete)	EE00 Eesti	79,33	100,00 %
Anteil der Fördergebietsbevölkerung insgesamt 2022-2027	—	—	100,00 %

Irland	NUTS-Regionen	Pro-Kopf-BIP	Prozentualer Anteil an der nationalen Bevölkerung
Nicht prädefinierte C-Fördergebiete	—	—	35,90 %
Anteil der Fördergebietsbevölkerung insgesamt 2022-2027	—	—	35,90 %

Griechenland	NUTS-Regionen	Pro-Kopf-BIP	Prozentualer Anteil an der nationalen Bevölkerung
A-Fördergebiete	EL41 Βόρειο Αιγαίο/Voreio Aigaio	49,00	2,01 %
	EL42 Νότιο Αιγαίο/Notio Aigaio	73,67	3,19 %
	EL43 Κρήτη/Kriti	58,33	5,91 %
	EL51 Ανατολική Μακεδονία, Θράκη/Anatoliki Makedonia, Thraki	47,67	5,59 %
	EL52 Κεντρική Μακεδονία/ Kentriki Makedonia	53,67	17,47 %
	EL53 Δυτική Μακεδονία/Dytiki Makedonia	59,67	2,50 %
	EL54 Ήπειρος/Ipeiros	48,67	3,11 %
	EL61 Θεσσαλία/Thessalia	52,67	6,71 %

EL62 Ιόνια Νησιά/Ionia Nisia	63,33	1,90 %
EL63 Δυτική Ελλάδα/Dytiki Elláda [EL643 Ευρυτανία/Evrytania Gebiet mit geringer Bevölkerungsdichte]	50,33	6,12 %
EL64 Στερεά Ελλάδα / Sterea Elláda	62,33	5,18 %
EL65 Πελοπόννησος / Peloponnisos	56,67	5,36 %
Nicht prädefinierte C-Fördergebiete	—	17,28 %
Anteil der Fördergebietsbevölkerung insgesamt 2022-2027		82,34 %

Spanien	NUTS-Regionen	Pro-Kopf-BIP	Prozentualer Anteil an der nationalen Bevölkerung
A-Fördergebiete	ES42 Castilla-La Mancha [ES423 Cuenca Gebiet mit geringer Bevölkerungsdichte]	72,33	4,35 %
	ES43 Extremadura	66,67	2,28 %
	ES61 Andalucía	68,33	17,99 %
	ES63 Ciudad de Ceuta	72,67	0,18 %
	ES64 Ciudad de Melilla	67,00	0,18 %
	ES70 Canarias	75,00	4,68 %
Prädefinierte C-Fördergebiete (ehemalige A-Fördergebiete)	ES62 Región de Murcia	76,67	3,17 %
Prädefinierte C-Fördergebiete (Gebiete mit geringer Bevölkerungsdichte)	ES242 Teruel	—	0,29 %
	ES417 Soria	—	0,19 %
Nicht prädefinierte C-Fördergebiete	—	—	32,99 %
Anteil der Fördergebietsbevölkerung insgesamt 2022-2027	—	—	66,29 %

Frankreich	NUTS-Regionen	Pro-Kopf-BIP	Prozentualer Anteil an der nationalen Bevölkerung
A-Fördergebiete	FRY1 Guadeloupe	73,00	0,63 %
	FRY2 Martinique	77,00	0,55 %
	FRY3 Guyane	50,33	0,42 %
	FRY4 La Réunion	70,00	1,28 %
	FRY5 Mayotte	32,67:	0,40 %:
	Saint-Martin *	:	:

Nicht prädefinierte C-Fördergebiete	—	—	28,68 %
Anteil der Fördergebietsbevölkerung insgesamt 2022-2027	—	—	31,95 %

* Saint-Martin ist ein Gebiet in äußerster Randlage, aber nicht in der NUTS-Klassifikation 2021 erfasst. Für die Berechnung der geltenden Beihilfehöchstintensität kann Frankreich auf Daten seines nationalen statistischen Amtes oder andere einschlägige Quellen zurückgreifen.

RegionalbeihilfeL

Kroatien	NUTS-Regionen	Pro-Kopf-BIP	Prozentualer Anteil an der nationalen Bevölkerung
A-Fördergebiete	HR02 Panonska Hrvatska	41,58	27,02 %
	HR03 Jadranska Hrvatska [HR032 Ličko-senjska županija Gebiet mit geringer Bevölkerungsdichte]	60,33	33,48 %
	HR06 Sjeverna Hrvatska	48,43	20,04 %
Prädefinierte C-Fördergebiete (ehemalige A-Fördergebiete)	HR05 Grad Zagreb	109,24	19,46 %
Anteil der Fördergebietsbevölkerung insgesamt 2022-2027	—	—	100,00 %

Italien	NUTS-Regionen	Pro-Kopf-BIP	Prozentualer Anteil an der nationalen Bevölkerung
A-Fördergebiete	ITF2 Molise	69,33	0,51 %
	ITF3 Campania	62,67	9,62 %
	ITF4 Puglia	63,33	6,68 %
	ITF5 Basilicata	74,67	0,94 %
	ITF6 Calabria	57,33	3,23 %
	ITG1 Sicilia	59,67	8,30 %
	ITG2 Sardegna	70,33	2,72 %
Nicht prädefinierte C-Fördergebiete	—	—	9,99 %
Anteil der Fördergebietsbevölkerung insgesamt 2022-2027	—	—	41,99 %

Zypern	NUTS-Regionen	Pro-Kopf-BIP	Prozentualer Anteil an der nationalen Bevölkerung
Nicht prädefinierte C-Fördergebiete	—	—	49,46 %
Anteil der Fördergebietsbevölkerung insgesamt 2022-2027	—	—	49,46 %

Lettland	NUTS-Regionen	Pro-Kopf-BIP	Prozentualer Anteil an der nationalen Bevölkerung
A-Fördergebiete	LV00 Latvija [LV008 Vidzeme Gebiet mit geringer Bevölkerungsdichte]	67,00	100,00 %
Anteil der Fördergebietsbevölkerung insgesamt 2022-2027	—	—	100,00 %

Litauen	NUTS-Regionen	Pro-Kopf-BIP	Prozentualer Anteil an der nationalen Bevölkerung
A-Fördergebiete	LT02 Vidurio ir vakarų Lietuvos regionas	65,00	71,16 %
Prädefinierte C-Fördergebiete (ehemalige A-Fördergebiete)	LT01 Sostinės regionas	113,67	28,84 %
Anteil der Fördergebietsbevölkerung insgesamt 2022-2027	—	—	100,00 %

Luxemburg	NUTS-Regionen	Pro-Kopf-BIP	Prozentualer Anteil an der nationalen Bevölkerung
Nicht prädefinierte C-Fördergebiete	—	—	7,50 %
Anteil der Fördergebietsbevölkerung insgesamt 2022-2027	—	—	7,50 %

Ungarn	NUTS-Regionen	Pro-Kopf-BIP	Prozentualer Anteil an der nationalen Bevölkerung
A-Fördergebiete	HU12 Pest	55,00	13,00 %
	HU21 Közép-Dunántúl	65,33	10,81 %
	HU22 Nyugat-Dunántúl	72,67	10,10 %
	HU23 Dél-Dunántúl	47,33	9,03 %
	HU31 Észak-Magyarország	47,67	11,57 %
	HU32 Észak-Alföld	44,33	14,89 %
	HU33 Dél-Alföld	50,00	12,69 %
Anteil der Fördergebietsbevölkerung insgesamt 2022-2027	—	—	82,09 %

Malta	NUTS-Regionen	Pro-Kopf-BIP	Prozentualer Anteil an der nationalen Bevölkerung
Nicht prädefinierte C-Fördergebiete	—	—	70,00 %
Anteil der Fördergebietsbevölkerung insgesamt 2022-2027	—	—	70,00 %

31. RegionalbeihilfeL

Niederlande	NUTS-Regionen	Pro-Kopf-BIP	Prozentualer Anteil an der nationalen Bevölkerung
Nicht prädefinierte C-Fördergebiete	—	—	8,98 %
Anteil der Fördergebietsbevölkerung insgesamt 2022-2027	—	—	8,98 %

Regio-nalbei-hilfeL

Österreich	NUTS-Regionen	Pro-Kopf-BIP	Prozentualer Anteil an der nationalen Bevölkerung
Nicht prädefinierte C-Fördergebiete	—	—	22,42 %
Anteil der Fördergebietsbevölkerung insgesamt 2022-2027	—	—	22,42 %

Polen	NUTS-Regionen	Pro-Kopf-BIP	Prozentualer Anteil an der nationalen Bevölkerung
A-Fördergebiete	PL21 Małopolskie	63,67	8,84 %
	PL22 Śląskie	72,33	11,82 %
	PL42 Zachodniopomorskie	58,33	4,43 %
	PL43 Lubuskie	58,00	2,64 %
	PL52 Opolskie	55,33	2,57 %
	PL61 Kujawsko-Pomorskie	56,33	5,41 %
	PL62 Warmińsko-Mazurskie	49,00	3,73 %
	PL63 Pomorskie	67,67	6,06 %
	PL71 Łódzkie	65,00	6,43 %
	PL72 Świętokrzyskie	50,00	3,24 %
	PL81 Lubelski	47,67	5,52 %
	PL82 Podkarpackie	49,33	5,54 %
	PL84 Podlaskie	49,67	3,08 %
	PL92 Mazowiecki regionalny	59,33	6,12 %
Prädefinierte C-Fördergebiete (ehemalige A-Fördergebiete)	PL41 Wielkopolskie	75,67	9,09 %
	PL51 Dolnośląskie	77,00	7,55 %
Nicht prädefinierte C-Fördergebiete	—	—	0,82 %
Anteil der Fördergebietsbevölkerung insgesamt 2022-2027	—	—	92,90 %

Portugal	NUTS-Regionen	Pro-Kopf-BIP	Prozentualer Anteil an der nationalen Bevölkerung
A-Fördergebiete	PT11 Norte	65,67	34,76 %
	PT16 Centro (PT)	67,33	21,63 %
	PT18 Alentejo	72,67	6,89 %
	PT20 Região Autónoma dos Açores	69,00	2,37 %
	PT30 Região Autónoma da Madeira	76,00	2,47 %
Nicht prädefinierte C-Fördergebiete	—	—	2,11 %
Anteil der Fördergebietsbevölkerung insgesamt 2022-2027	—	—	70,23 %

Regio-nalbei-hilfeL

Rumänien	NUTS-Regionen	Pro-Kopf-BIP	Prozentualer Anteil an der nationalen Bevölkerung
A-Fördergebiete	RO11 Nord-Vest	58,33	13,13 %
	RO12 Centru	60,00	11,93 %
	RO21 Nord-Est	39,67	16,48 %
	RO22 Sud-Est	52,67	12,37 %
	RO31 Sud — Muntenia	49,33	15,14 %
	RO41 Sud-Vest Oltenia	46,67	9,96 %
	RO42 Vest	66,00	9,15 %
Nicht prädefinierte C-Fördergebiete	—	—	1,19 %
Anteil der Fördergebietsbevölkerung insgesamt 2022-2027	—	—	89,34 %

Slowenien	NUTS-Regionen	Pro-Kopf-BIP	Prozentualer Anteil an der nationalen Bevölkerung
A-Fördergebiete	SI03 Vzhodna Slovenija	70,67	52,71 %
Nicht prädefinierte C-Fördergebiete	—	—	17,29 %
Anteil der Fördergebietsbevölkerung insgesamt 2022-2027	—	—	70,00 %

Slowakei	NUTS-Regionen	Pro-Kopf-BIP	Prozentualer Anteil an der nationalen Bevölkerung
A-Fördergebiete	SK02 Západné Slovensko	66,67	33,55 %
	SK03 Stredné Slovensko	58,00	24,60 %
	SK04 Východné Slovensko	52,00	29,82 %

31. RegionalbeihilfeL

Anteil der Fördergebietsbevölkerung insgesamt 2022-2027	—	—	87,97 %

Finnland	NUTS-Regionen	Pro-Kopf-BIP	Prozentualer Anteil an der nationalen Bevölkerung
Prädefinierte C-Fördergebiete (Gebiete mit geringer Bevölkerungsdichte)	FI1D1 Etelä-Savo	—	2,67 %
	FI1D2 Pohjois-Savo	—	4,46 %
	FI1D3 Pohjois-Karjala	—	2,95 %
	FI1D5 Keski-Pohjanmaa	—	1,24 %
	FI1D7 Lappi	—	3,24 %
	FI1D8 Kainuu	—	1,34 %
	FI1D9 Pohjois-Pohjanmaa	—	7,43 %
Nicht prädefinierte C-Fördergebiete	—	—	3,52 %
Anteil der Fördergebietsbevölkerung insgesamt 2022-2027	—	—	26,86 %

Schweden	NUTS-Regionen	Pro-Kopf-BIP	Prozentualer Anteil an der nationalen Bevölkerung
Prädefinierte C-Fördergebiete (Gebiete mit geringer Bevölkerungsdichte)	SE312 Dalarnas län	—	2,81 %
	SE321 Västernorrlands län	—	2,42 %
	SE322 Jämtlands län	—	1,27 %
	SE331 Västerbottens län	—	2,63 %
	SE332 Norrbottens län	—	2,48 %
Nicht prädefinierte C-Fördergebiete	—	—	9,98 %
Anteil der Fördergebietsbevölkerung insgesamt 2022-2027	—	—	21,60 %

ANHANG II

Anteil der Fördergebietsbevölkerung für Nordirland

Nordirland *	NUTS-Regionen	Pro-Kopf-BIP	Prozentualer Anteil an der Bevölkerung ([1])
Nicht prädefinierte C-Fördergebiete	—	—	100,00 %
Anteil der Fördergebietsbevölkerung insgesamt 2022-2027	—	—	100,00 %

* Diese Leitlinien gelten auch für Nordirland, wie im Protokoll zu Irland/Nordirland zum Austrittsabkommen (Abkommen über den Austritt des Vereinigten Königreichs Großbritannien und Nordirland aus der Europäischen Union und der Europäischen Atomgemeinschaft (ABl. L 29 vom 31.1.2020, S. 7)) vereinbart.

([1]) Angesichts der strukturellen Auswirkungen des Austritts des Vereinigten Königreichs aus der Europäischen Union sollte Nordirland mit Blick auf die Kontinuität in seiner Fördergebietskarte ausnahmsweise seinen derzeitigen Bevölkerungsanteil (100 %) behalten.

ANHANG III

Methode für die Aufteilung des Bevölkerungsanteils in nicht prädefinierten C-Fördergebieten auf die Mitgliedstaaten

Die Kommission berechnet für jeden Mitgliedstaat den Bevölkerungsanteil in nicht prädefinierten C-Fördergebieten nach folgender Methode:

(1) Die Kommission ermittelt die NUTS-3-Regionen in den Mitgliedstaaten, die nicht in einem der folgenden Gebiete liegen:

— in Anhang I aufgeführte beihilfefähige A-Fördergebiete;

— in Anhang I aufgeführte ehemalige A-Fördergebiete;

— in Anhang I aufgeführte Gebiete mit geringer Bevölkerungsdichte.

(2) Dann stellt die Kommission fest, welche der nach Nummer 1 ermittelten NUTS-3-Regionen eines der folgenden Kriterien erfüllen:

— Ihr Pro-Kopf-BIP $(^1)$ liegt nicht über dem nationalen Pro-Kopf-BIP-Schwellenwert, der zur Feststellung des regionalen Gefälles herangezogen wird $(^2)$;

— ihre Arbeitslosenquote $(^3)$ liegt nicht unter dem nationalen Schwellenwert für die Arbeitslosigkeit, der zur Feststellung des regionalen Gefälles herangezogen wird $(^4)$, und nicht unter 150 % des nationalen Durchschnitts;

— ihr Pro-Kopf-BIP beträgt nicht mehr als 90 % des Durchschnitts der EU-27;

— ihre Arbeitslosenquote beträgt mindestens 125 % des Durchschnitts der EU-27.

(3) Der Bevölkerungsanteil in nicht prädefinierten C-Fördergebieten von Mitgliedstaat i (A_i) wird anhand der folgenden Formel berechnet (ausgedrückt in Prozent der Bevölkerung der EU-27):

$$A_i = p_i \,/\, P \times 100$$

Dabei ist

p_i die nach Nummer 2 ermittelte Bevölkerung $(^5)$ der NUTS-3-Regionen in Mitgliedstaat i.

P ist die Bevölkerung, die nach Nummer 2 insgesamt in den NUTS-3-Regionen der EU-27 ausgewiesen wurde.

$(^1)$ Alle Zahlen zum Pro-Kopf-BIP, auf die in diesem Anhang Bezug genommen wird, beruhen auf dem Durchschnitt der letzten drei Jahre, für die Eurostat-Daten verfügbar waren, d. h. 2016-2018.

$(^2)$ Der zur Feststellung des regionalen Gefälles herangezogene nationale Pro-Kopf-BIP-Schwellenwert für Mitgliedstaat i (TG_i) wird anhand der folgenden Formel berechnet (ausgedrückt in Prozent des nationalen Pro-Kopf-BIP):
$(TG)_i = 85 \times ((1 + 100 \,/\, g_i) \,/\, 2)$
Dabei ist g_i das Pro-Kopf-BIP von Mitgliedstaat i, ausgedrückt in Prozent des Durchschnitts der EU-27.

$(^3)$ Alle Zahlen zur Arbeitslosenquote, auf die in diesem Anhang Bezug genommen wird, beruhen auf dem Durchschnitt der letzten drei Jahre, für die Eurostat-Daten verfügbar waren, d. h. 2017-2019. Da aber keine einschlägigen Daten auf NUTS-3-Ebene vorliegen, wurden die Daten für die NUTS-2-Regionen, in denen die betreffenden NUTS-3-Regionen liegen, herangezogen.

$(^4)$ Der zur Feststellung des regionalen Gefälles herangezogene nationale Schwellenwert für die Arbeitslosigkeit für Mitgliedstaat i (TU_i) wird anhand der folgenden Formel berechnet (ausgedrückt in Prozent der nationalen Arbeitslosenquote):
$(TU)_i = 115 \times ((1 + 100 \,/\, u_i) \,/\, 2)$
Dabei ist u_i die nationale Arbeitslosenquote von Mitgliedstaat i, ausgedrückt in Prozent des Durchschnitts der EU-27.

$(^5)$ Die Bevölkerungszahlen für die NUTS-3-Regionen wurden auf der Grundlage der von Eurostat für die Berechnung des regionalen Pro-Kopf-BIP für 2018 verwendeten Daten berechnet.

Methode für die Festlegung von Fördergebieten mit Bevölkerungsrückgang im Sinne des Abschnitts 7.4.5

Im Einklang mit Randnummer 188 können die Mitgliedstaaten die Gebiete mit Bevölkerungsrückgang wie folgt ermitteln:

— Die Mitgliedstaaten müssen Fördergebiete nach Artikel 107 Absatz 3 Buchstabe a oder c AEUV auf NUTS-3-Ebene ermitteln;

— auf der Grundlage der jüngsten verfügbaren NUTS-Klassifikation müssen Eurostat-Daten zur Bevölkerungsdichte für den Zeitraum 2009-2018 verwendet werden;

— die Mitgliedstaaten müssen einen Bevölkerungsrückgang von mehr als 10 % im Zeitraum 2009-2018 nachweisen;

— wenn die NUTS-Klassifikation in den letzten 10 Jahren geändert wurde, müssen die Mitgliedstaaten die Daten zur Bevölkerungsdichte für den längsten verfügbaren Zeitraum verwenden.

Die Mitgliedstaaten müssen die auf diese Weise ermittelten Gebiete in ihre Anmeldung nach Randnummer 189 einbeziehen.

RegionalbeihilfeL

ANHANG V

Bei der Anmeldung einer Fördergebietskarte zu machende Angaben

(1) Die Mitgliedstaaten müssen für jede der nachstehenden Gebietskategorien Informationen zur Verfügung stellen, wenn diese für eine Ausweisung in der Fördergebietskarte vorgeschlagen werden:

— A-Fördergebiete;

— ehemalige A-Fördergebiete;

— Gebiete mit geringer Bevölkerungsdichte;

— Gebiete mit sehr geringer Bevölkerungsdichte;

— Gebiete, die zur Unterstützung aus dem Fonds für einen gerechten Übergang ausgewiesen sind, im Sinne des Abschnitts 7.4.4;

— Fördergebiete mit Bevölkerungsrückgang im Sinne des Abschnitts 7.4.5;

— nicht prädefinierte C-Fördergebiete, die auf der Grundlage des Kriteriums 1 ausgewiesen werden;

— nicht prädefinierte C-Fördergebiete, die auf der Grundlage des Kriteriums 2 ausgewiesen werden;

— nicht prädefinierte C-Fördergebiete, die auf der Grundlage des Kriteriums 3 ausgewiesen werden;

— nicht prädefinierte C-Fördergebiete, die auf der Grundlage des Kriteriums 4 ausgewiesen werden;

— nicht prädefinierte C-Fördergebiete, die auf der Grundlage des Kriteriums 5 ausgewiesen werden.

(2) Für jede dieser Gebietskategorien müssen die Mitgliedstaaten für jedes vorgeschlagene Gebiet die folgenden Angaben machen:

— Zuordnung des Gebiets (unter Verwendung des Codes für NUTS-2- oder NUTS-3-Regionen, des LAU-Codes für Gebiete, die ein zusammenhängendes Gebiet bilden, oder anderer amtlicher Bezeichnungen für die betreffenden Verwaltungseinheiten);

— vorgeschlagene Beihilfeintensität für das Gebiet für den Zeitraum 2022-2027 bzw. im Falle ehemaliger A-Fördergebiete für die Zeiträume 2022-2024 und 2025-2027 (falls zutreffend, unter Angabe jeder Anhebung der Beihilfeintensität nach den Randnummern 180, 181, 183 oder 184, 185 und 186);

— Gesamtwohnbevölkerung des Gebiets wie unter Randnummer 177 angegeben.

(3) Für die Ausweisung von Gebieten mit geringer Bevölkerungsdichte und Gebieten mit sehr geringer Bevölkerungsdichte müssen die Mitgliedstaaten ausreichende Nachweise dafür vorlegen, dass die unter Randnummer 169 genannten Voraussetzungen erfüllt sind.

(4) Bei den nicht prädefinierten Fördergebieten, die auf der Grundlage der Kriterien 1 bis 5 ausgewiesen werden, müssen die Mitgliedstaaten ausreichende Nachweise dafür vorlegen, dass alle unter den Randnummern 175, 176 und 177 genannten Voraussetzungen erfüllt sind.

ANHANG VI

Definition der Stahlindustrie

Für die Zwecke dieser Leitlinien bezeichnet der Ausdruck „Stahlindustrie" die Herstellung eines oder mehrerer der folgenden Erzeugnisse:

(a) Roheisen und Ferrolegierungen: Roheisen für die Erzeugung von Stahl, Gießereiroheisen und sonstige Roheisensorten, Spiegeleisen und Hochofen-Ferromangan; nicht einbegriffen sind die übrigen Ferrolegierungen;

(b) Rohfertigerzeugnisse und Halbzeug aus Eisen, Stahl oder Edelstahl: flüssiger Stahl, gleichgültig ob in Blöcken gegossen oder nicht, darunter zu Schmiedezwecken bestimmte Blöcke, Halbzeug: vorgewalzte Blöcke (Luppen); Knüppel und Brammen; Platinen, warmgewalztes breites Bandeisen; mit Ausnahme der Erzeugung von Flüssigstahlguss für kleine und mittlere Gießereien;

(c) Walzwerksfertigerzeugnisse aus Eisen, Stahl oder Edelstahl: Schienen, Schwellen, Unterlagsplatten und Laschen, Träger, schwere Formeisen und Stabeisen von 80 mm und mehr, Stab- und Profileisen unter 80 mm sowie Flacheisen unter 150 mm, Walzdraht, Röhrenrundstahl und Röhrenvierkantstahl, warmgewalztes Bandeisen (einschließlich der Streifen zur Röhrenherstellung), warmgewalzte Bleche (mit oder ohne Überzug), Grob- und Mittelbleche von 3 mm Stärke und mehr, Universaleisen von 150 mm und mehr; mit Ausnahme von Draht und Drahtprodukten, Blankstahl und Grauguss;

(d) kaltfertiggestellte Erzeugnisse: Weißblech, verbleites Blech, Schwarzblech, verzinkte Bleche, sonstige mit Überzug versehene Bleche, kaltgewalzte Bleche, Transformatoren- und Dynamobleche, zur Herstellung von Weißblech bestimmtes Bandeisen; kaltgewalztes Blech, als Bund und als Streifen;

(e) Röhren: sämtliche nahtlosen Stahlröhren, geschweißte Stahlröhren mit einem Durchmesser von mehr als 406,4 mm.

**Regio-
nalbei-
hilfeL**

31. RegionalbeihilfeL

ANHANG VII

Im Formular für die Beantragung regionaler Investitionsbeihilfen erforderliche Angaben

1. Angaben zum Beihilfeempfänger:

   — Name, eingetragene Anschrift des Hauptsitzes, Hauptwirtschaftstätigkeit (NACE-Code);

   — Erklärung, dass es sich nicht um ein Unternehmen in Schwierigkeiten im Sinne der Leitlinien für Rettungs- und Umstrukturierungsbeihilfen handelt;

   — Erklärung zu den (De-minimis-Beihilfen und staatlichen) Beihilfen, die in den vergangenen drei Jahren in derselben NUTS-3-Region, in der die neue Investition getätigt werden soll, bereits für andere Investitionen gewährt wurden; Erklärung zu den Regionalbeihilfen, die von anderen Bewilligungsbehörden für dasselbe Vorhaben gewährt wurden oder gewährt werden sollen;

   — Erklärung, ob der Beihilfeempfänger dieselbe oder eine ähnliche Wirtschaftstätigkeit im EWR in den beiden Jahren vor dem Datum dieses Beihilfeantrags eingestellt hat;

   — Erklärung, ob der Beihilfeempfänger zum Zeitpunkt der Antragstellung beabsichtigt, eine solche Tätigkeit in den beiden Jahren nach Abschluss der geförderten Investition einzustellen;

   — für Beihilfen, die auf der Grundlage einer Beihilferegelung gewährt werden: Erklärung und Verpflichtung, dass keine Standortverlagerung stattfindet.

2. Angaben zu der zu fördernden Investition:

   — kurze Beschreibung der Investition;

   — kurze Beschreibung der erwarteten positiven Auswirkungen für das betreffende Gebiet (z. B. Zahl der geschaffenen oder gesicherten Arbeitsplätze, FuEuI-Tätigkeiten, Ausbildungsmaßnahmen, Clusterbildung und möglicher Beitrag des Vorhabens zum ökologischen (¹) und digitalen Wandel in der regionalen Wirtschaft);

   — Rechtsgrundlage (einzelstaatlich, EU oder beides);

   — voraussichtlicher Beginn der Arbeiten und Abschluss der Investition;

   — Standort(e) der Investition.

3. Angaben zur Finanzierung der Investition:

   — Investitionskosten und sonstige damit verbundene Kosten, Kosten-Nutzen-Analyse für die angemeldete Beihilfemaßnahme;

   — insgesamt beihilfefähige Kosten;

   — Beihilfebetrag, der für die Durchführung der Investition erforderlich ist;

   — Beihilfeintensität.

4. Angaben zur Erforderlichkeit der Beihilfe und zu ihren erwarteten Auswirkungen:

   — kurze Erläuterung der Erforderlichkeit der Beihilfe und ihrer Auswirkungen auf die Investitions- oder Standortentscheidung; dabei sind auch Investitions- oder Standortalternativen für den Fall, dass keine Beihilfe gewährt wird, zu erläutern;

   — Erklärung, dass keine unwiderrufliche Vereinbarung zwischen dem Beihilfeempfänger und Subunternehmern über die Durchführung der Investition besteht.

(¹) Gegebenenfalls auch Angaben dazu, ob es sich um eine ökologisch nachhaltige Investition im Sinne der Taxonomie-Verordnung (EU) 2020/852 (ABl. L 198 vom 22.6.2020, S. 13) oder anderer, vergleichbarer Methoden handelt.

ANHANG VIII

Informationen nach Randnummer 136

Die unter Randnummer 136 Nummer 2 genannten Informationen über Einzelbeihilfen müssen Folgendes umfassen:

— Identität des Empfängers der Einzelbeihilfe ([1]):

  — Name

  — Identifikator des Beihilfeempfängers

— Art des Beihilfeempfängers zum Zeitpunkt der Antragstellung:

  — KMU

  — Großes Unternehmen

— Region, in der der Beihilfeempfänger seinen Standort hat, auf NUTS-2-Ebene oder darunter

— Hauptwirtschaftszweig oder -tätigkeit des Beihilfeempfängers im Hinblick auf die betreffende Beihilfe unter Angabe der NACE-Gruppe (dreistelliger numerischer Code) ([2])

— Beihilfeelement in voller Höhe, in Landeswährung

— Falls abweichend vom Beihilfeelement, Nominalbetrag der Beihilfe in voller Höhe, in Landeswährung ([3])

— Beihilfeinstrument ([4]):

  — Zuschuss/Zinszuschuss/Erlass von Verbindlichkeiten

  — Darlehen/rückzahlbare Vorschüsse/rückzahlbarer Zuschuss

  — Garantie

  — Steuerermäßigung oder Steuerbefreiung

  — Risikofinanzierung

  — Sonstiges (bitte angeben)

— Tag der Gewährung und Tag der Veröffentlichung

— Ziel der Beihilfe

— Name der Bewilligungsbehörde(n)

— Gegebenenfalls Name der betrauten Einrichtung und Namen der ausgewählten Finanzintermediäre

— Nummer der Beihilfemaßnahme ([5])

([1]) Mit Ausnahme von Geschäftsgeheimnissen und sonstigen vertraulichen Informationen in hinreichend begründeten Fällen und vorbehaltlich der Zustimmung der Kommission (Mitteilung der Kommission vom 1.12.2003 zum Berufsgeheimnis in Beihilfeentscheidungen, K(2003) 4582 (ABl. C 297 vom 9.12.2003, S. 6)).

([2]) Verordnung (EG) Nr. 1893/2006 des Europäischen Parlaments und des Rates vom 20. Dezember 2006 zur Aufstellung der statistischen Systematik der Wirtschaftszweige NACE Revision 2 und zur Änderung der Verordnung (EWG) Nr. 3037/90 des Rates sowie einiger Verordnungen der EG über bestimmte Bereiche der Statistik (ABl. L 393 vom 30.12.2006, S. 1).

([3]) Bruttosubventionsäquivalent bzw. Investitionsbetrag. Bei Betriebsbeihilfen kann der jährliche Beihilfebetrag pro Beihilfeempfänger angegeben werden. Bei steuerlichen Regelungen kann dieser Betrag in den unter Randnummer 139 aufgeführten Spannen angegeben werden. Zu veröffentlichen ist der zulässige Höchstbetrag der Steuervergünstigung und nicht der jedes Jahr abgezogene Betrag (so muss im Falle von Steuergutschriften der zulässige Höchstsatz der Gutschrift veröffentlicht werden und nicht der tatsächliche Betrag, der von den steuerpflichtigen Einnahmen abhängen und sich von Jahr zu Jahr ändern kann).

([4]) Falls die Beihilfe mithilfe mehrerer Beihilfeinstrumente gewährt wird, muss der Beihilfebetrag für jedes Instrument angegeben werden.

([5]) Diese wird von der Kommission im Rahmen des in Abschnitt 3 genannten Anmeldeverfahrens vergeben.

Breitbandleitlinien

(2012/C 25/01)

https://www.flexlex.at/s/6cjcgF

II

(Mitteilungen)

MITTEILUNGEN DER ORGANE, EINRICHTUNGEN UND SONSTIGEN
STELLEN DER EUROPÄISCHEN UNION

EUROPÄISCHE KOMMISSION

MITTEILUNG DER KOMMISSION
Leitlinien für staatliche Umweltschutz- und Energiebeihilfen 2014-2020
(2014/C 200/01)

**Umwelt-
schutz-L**

Inhaltsverzeichnis

EINLEITUNG 2

1. ANWENDUNGSBEREICH UND BEGRIFFSBESTIMMUNGEN 3

1.1. Anwendungsbereich 3

1.2. Unter die Leitlinien fallende Beihilfemaßnahmen 5

1.3. Begriffsbestimmungen 5

2. ANMELDEPFLICHTIGE UMWELT- UND ENERGIEBEIHILFEN 10

3. PRÜFUNG DER VEREINBARKEIT MIT DEM BINNENMARKT NACH ARTIKEL 107 ABSATZ 3 BUCHSTABE C AEUV 11

3.1. Allgemeine Grundsätze für die beihilferechtliche Würdigung 11

3.2. Allgemeine Vereinbarkeitskriterien 12

3.3. Beihilfen zur Förderung erneuerbarer Energien 23

3.4. Energieeffizienzmaßnahmen einschließlich Kraft-Wärme-Kopplung, Fernwärme und Fernkälte 28

3.5. Beihilfen zur Förderung der Ressourceneffizienz, insbesondere Beihilfen für die Abfallbewirtschaftung 30

3.6. Beihilfen für die CO_2-Abscheidung und -Speicherung (CCS) 31

3.7. Beihilfen in Form von Umweltsteuerermäßigungen oder -befreiungen und in Form von Ermäßigungen der finanziellen Beiträge zur Förderung erneuerbarer Energiequellen 32

3.8. Beihilfen für Energieinfrastrukturen 36

3.9. Beihilfen zur Förderung einer angemessenen Stromerzeugung 38

3.10. Beihilfen in Form handelbarer Umweltzertifikate 41

3.11. Beihilfen für Standortverlagerungen 41

4. EVALUIERUNG 42

5. ANWENDUNG 43

6. BERICHTERSTATTUNG UND MONITORING 44

7. ÜBERARBEITUNG 44

33. Umweltschutz-L

EINLEITUNG

(1)   Um zu verhindern, dass staatliche Beihilfen den Wettbewerb im Binnenmarkt verfälschen und den Handel zwischen Mitgliedstaaten in einer Weise beeinträchtigen, die dem gemeinsamen Interesse zuwiderläuft, sind staatliche Beihilfen nach Artikel 107 Absatz 1 des Vertrags über die Arbeitsweise der Europäischen Union (im Folgenden „AEUV") grundsätzlich verboten. In bestimmten Fällen können staatliche Beihilfen jedoch auf der Grundlage des Artikels 107 Absatz 2 oder Absatz 3 AEUV mit dem Binnenmarkt vereinbar sein.

(2)   So kann die Kommission Beihilfen zur Förderung gewisser Wirtschaftszweige, soweit diese die Handelsbedingungen nicht in einer Weise verändern, die dem gemeinsamen Interesse zuwiderläuft, auf der Grundlage von Artikel 107 Absatz 3 Buchstabe c AEUV als mit dem Binnenmarkt vereinbar betrachten.

(3)   Die Strategie Europa 2020 ([1]) soll in erster Linie zur Schaffung der Voraussetzungen für nachhaltiges, intelligentes und integratives Wachstum beitragen. Zu diesem Zweck wurden mehrere Kernziele festgelegt, die auch Klima- und Energieziele umfassen: i) eine Verringerung der Treibhausgasemissionen in der Union um 20 % gegenüber dem Stand von 1990, ii) eine Erhöhung des Anteils erneuerbarer Energien am Energieverbrauch der Union auf 20 % sowie iii) eine Steigerung der Energieeffizienz der Union um 20 % gegenüber dem Stand von 1990. Die ersten beiden dieser verbindlichen nationalen Ziele wurden mit dem „Klima- und Energiepaket" umgesetzt ([2]).

(4)   Am 22. Januar 2014 schlug die Kommission in ihrer Mitteilung „Ein Rahmen für die Klima- und Energiepolitik im Zeitraum 2020–2030" ([3]) (im Folgenden „2030-Rahmen") die Energie- und Klimaziele vor, die bis 2030 erreicht werden sollen. Die Eckpunkte des 2030-Rahmens sind: i) eine Minderung der Treibhausgasemissionen um 40 % gegenüber dem Stand von 1990, ii) ein verbindliches EU-weites Ziel für den Anteil erneuerbarer Energien von mindestens 27 %, iii) die Wiederaufnahme einer ambitionierten Energieeffizienz-Politik und iv) ein neues Governance-System sowie neue Indikatoren, um ein wettbewerbsorientiertes und sicheres Energiesystem zu gewährleisten.

(5)   Die unter Randnummer (3) genannten Kernziele sind für diese Leitlinien besonders wichtig. Mit Blick auf die Verwirklichung dieser Ziele ist eine der sieben Leitinitiativen der Strategie Europa 2020 auf ein „ressourcenschonendes Europa" ausgerichtet ([4]). Diese Leitinitiative soll die Grundlage für Maßnahmen bilden, die die Umstellung auf eine ressourcenschonende und emissionsarme Wirtschaft erleichtern und dadurch Folgendes fördern sollen:

a) Stärkung der Wirtschaftsleistung bei gleichzeitiger Verringerung des Ressourceneinsatzes,

b) Ermittlung und Schaffung neuer Wachstums- und Innovationsmöglichkeiten sowie Verbesserung der Wettbewerbsfähigkeit der Union,

c) Sicherung der Versorgung mit wesentlichen Ressourcen,

d) Bekämpfung des Klimawandels und Eindämmung der Umweltauswirkungen der Ressourcennutzung.

(6)   Auch im Fahrplan für ein ressourcenschonendes Europa ([5]) sowie in mehreren Schlussfolgerungen des Rates wird die Einstellung umweltgefährdender Subventionen gefordert ([6]). Die Leitlinien sollten daher die negativen Auswirkungen umweltschädigender Subventionen berücksichtigen, aber auch, wie es in der Leitinitiative als notwendig erachtet wird, Möglichkeiten für Kompromisse zwischen gegenläufigen Interessen unterschiedlicher Bereiche und Maßnahmen aufzeigen. Beihilfen für die Förderung fossiler Brennstoffe sind nicht Gegenstand der Leitlinien.

([1]) KOM(2010) 2020 endg. vom 3.3.2010.
([2]) Entscheidung Nr. 406/2009/EG vom 23. April 2009 (ABl. L 140 vom 5.6.2009, S. 136) und Richtlinie 2009/28/EG vom 23. April 2009 (ABl. L 140 vom 5.6.2009, S. 16).
([3]) Mitteilung der Kommission an das Europäische Parlament, den Rat, den Europäischen Wirtschafts- und Sozialausschuss und den Ausschuss der Regionen — „Ein Rahmen für die Klima- und Energiepolitik im Zeitraum 2020-2030" (KOM(2014) 15 final) vom 22.1.2014.
([4]) KOM(2011) 21 vom 26.1.2012.
([5]) KOM(2011) 571 endg. vom 20.9.2011.
([6]) In den Schlussfolgerungen des Europäischen Rates vom 23. Mai 2013 wurde bekräftigt, dass umweltgefährdende oder wirtschaftlich nachteilige Subventionen, einschließlich für fossile Brennstoffe, schrittweise eingestellt werden müssen, um Investitionen in neue und intelligente Energieinfrastrukturen zu ermöglichen.

(7)   Im Fahrplan für Ressourceneffizienz werden die Mitgliedstaaten außerdem aufgefordert, das Unionsrecht in vollem Umfang umzusetzen ([7]). Um zu verhindern, dass staatliche Beihilfen Umweltschäden zur Folge haben, müssen die Mitgliedstaaten insbesondere auch die Einhaltung der Umweltvorschriften der Union, die Durchführung der im Unionsrecht vorgesehenen Umweltverträglichkeitsprüfungen und das Vorliegen der erforderlichen Genehmigungen sicherstellen.

(8)   In der Mitteilung „Energie 2020 — Eine Strategie für wettbewerbsfähige, nachhaltige und sichere Energie" ([8]), die Teil der Leitinitiative „Ressourceneffizientes Europa" ist, wurde bereits der Schluss gezogen, dass das Ziel eines Markts mit sicherer, erschwinglicher und nachhaltiger Energie untergraben wird, wenn nicht die Stromnetze modernisiert und alte Anlagen durch wettbewerbsfähige und saubere Alternativen ersetzt werden und Energie in der gesamten Energieversorgungskette effizienter genutzt wird.

(9)   Der 2030-Rahmen ruft zu einer ehrgeizigen Verpflichtung zur Minderung der Treibhausgasemissionen nach den Vorgaben des Fahrplans für die Zeit bis 2050 auf. Für die Verwirklichung dieses Ziels bedarf es eines kosteneffizienten Ansatzes, der den Mitgliedstaaten mehr Flexibilität bietet, um beim Übergang zu einer CO_2-armen Wirtschaft ihre spezifischen Gegebenheiten zu berücksichtigen und die Forschungs- und Innovationspolitik mit Blick auf die Klima- und Energiepolitik nach 2020 auszurichten. Die vorliegenden Leitlinien tragen diesen Grundsätzen Rechnung und ebnen den Weg für den 2030-Rahmen.

(10)   In diesen Leitlinien legt die Kommission die Voraussetzungen dar, die Energie- und Umweltbeihilfen erfüllen müssen, damit sie nach Artikel 107 Absatz 3 Buchstabe c AEUV als mit dem Binnenmarkt vereinbar erachtet werden können.

(11)   In der Mitteilung über die Modernisierung des EU-Beihilfenrechts ([9]) nannte die Kommission drei Ziele für die Modernisierung der Beihilfenkontrolle:

a) Förderung eines nachhaltigen, intelligenten und integrativen Wachstums in einem wettbewerbsfähigen Binnenmarkt,

b) Konzentration der Ex-ante-Prüfung der Kommission auf Fälle mit besonders großen Auswirkungen auf den Binnenmarkt und Stärkung der Zusammenarbeit zwischen den Mitgliedstaaten bei der Durchsetzung der EU-Beihilfevorschriften sowie

c) Straffung der Regeln und schnellerer Erlass von Beschlüssen.

(12)   So setzte sich die Kommission in der vorgenannten Mitteilung insbesondere dafür ein, bei der Überarbeitung der verschiedenen Leitlinien und Rahmen einen allgemeinen Ansatz zugrunde zu legen, der auf die Stärkung des Binnenmarkts, eine höhere Effizienz der öffentlichen Ausgaben durch Gewährung staatlicher Beihilfen, die einen wirksameren Beitrag zu Zielen von gemeinsamem Interesse leisten, eine stärkere Prüfung des Anreizeffekts, die Begrenzung der Beihilfen auf das erforderliche Minimum und die Vermeidung etwaiger negativer Auswirkungen der Beihilfen auf Wettbewerb und Handel abzielt. Die in den vorliegenden Leitlinien enthaltenen Vereinbarkeitskriterien beruhen auf diesen allgemeinen Grundsätzen für die beihilferechtliche Würdigung.

1.   ANWENDUNGSBEREICH UND BEGRIFFSBESTIMMUNGEN

1.1.   Anwendungsbereich

(13)   Diese Leitlinien gelten für staatliche Beihilfen, die in allen unter den AEUV fallenden Bereichen zur Förderung von Umwelt- und Energiezielen gewährt werden, insofern diese Maßnahmen unter Abschnitt 1.2 fallen. Sie gelten somit auch für die Bereiche, die durch spezifische Beihilfevorschriften der Union geregelt werden (Verkehr ([10]), Steinkohlenbergbau, Forstwirtschaft, Fischerei und Aquakultur), sofern diese spezifischen Vorschriften nichts anderes bestimmen.

([7]) Andere Rechtsakte wie die Richtlinie 2009/28/EG des Europäischen Parlaments und des Rates vom 23. April 2009 zur Förderung der Nutzung von Energie aus erneuerbaren Quellen und zur Änderung und anschließenden Aufhebung der Richtlinien 2001/77/EG und 2003/30/EG (ABl. L 140 vom 5.6.2009, S. 16) im Folgenden „Erneuerbare-Energien-Richtlinie") enthalten beispielsweise auch Nachhaltigkeitskriterien für Biokraftstoffe und Kriterien für die Diskriminierungsfreiheit (Artikel 17 Absätze 1 bis 8).
([8]) KOM(2010) 639 vom 10.11.2010.
([9]) KOM(2012) 209 vom 8.5.2012.
([10]) Diese Leitlinien gelten unbeschadet der Gemeinschaftlichen Leitlinien für staatliche Beihilfen an Eisenbahnunternehmen (ABl. C 184 vom 22.7.2008, S. 13). Nach den Eisenbahnleitlinien sind verschiedene Arten von Beihilfen einschließlich Beihilfen zur Verringerung der externen Kosten des Schienenverkehrs zulässig. Mit diesen in Abschnitt 6.3 geregelten Beihilfen soll berücksichtigt werden, dass externe Kosten, die bei konkurrierenden Verkehrsträgern anfallen, durch den Schienenverkehr vermieden werden können. Sofern alle Voraussetzungen nach Abschnitt 6.3 der Eisenbahnleitlinien erfüllt sind und die Beihilfe diskriminierungsfrei gewährt wird, können die Mitgliedstaaten Beihilfen zur Verringerung externer Kosten gewähren.

33. Umweltschutz-L

(14) In den Bereichen Landwirtschaft, Fischerei und Aquakultur gelten diese Leitlinien für Umweltschutzbeihilfen zugunsten von Unternehmen, die in der Verarbeitung und Vermarktung tätig sind, und unter bestimmten Umständen auch für in der Primärerzeugung tätige Unternehmen. Für diese Wirtschaftszweige gelten folgende Voraussetzungen:

a) Bei Unternehmen, die Fischereierzeugnisse verarbeiten und vermarkten, entspricht der zulässige Beihilfehöchstsatz für Ausgaben, die nach der Verordnung (EG) Nr. 1198/2006 [11] beziehungsweise ihrer Nachfolgeregelung [12] beihilfefähig sind, dem höheren der nach den vorliegenden Leitlinien bzw. der vorgenannten Verordnung zulässigen Sätze.

b) Im Bereich der landwirtschaftlichen Primärerzeugung und der aus dem Europäischen Landwirtschaftsfonds für die Entwicklung des ländlichen Raums (ELER) kofinanzierten Maßnahmen und Forstbeihilfen gelten diese Leitlinien nur insoweit, als die Rahmenregelung der Gemeinschaft für staatliche Beihilfen im Agrar- und Forstsektor 2007-2013 [13] in ihrer geänderten oder neuen Fassung keine spezifischen Bestimmungen enthält oder ausdrücklich auf diese Leitlinien verweist.

c) Im Bereich der Primärerzeugung in der Fischerei und Aquakultur gelten diese Leitlinien nur, soweit es dort keine spezielle Regelung für Umweltschutz- und Energiebeihilfen gibt.

(15) Diese Leitlinien gelten nicht für

a) die Entwicklung und Herstellung umweltverträglicher Produkte, Maschinen und Beförderungsmittel, die mit einem geringeren Einsatz natürlicher Ressourcen betrieben werden sollen, sowie Maßnahmen in Produktionsbetrieben oder -anlagen zur Verbesserung der Sicherheit oder Hygiene [14],

b) die Finanzierung von Umweltschutzmaßnahmen, die die Infrastruktur im Luft-, Straßen-, Schienen-, Binnenschifffahrts- und Seeverkehr betreffen,

c) verlorene Kosten im Sinne der Mitteilung der Kommission über die Methode für die Analyse staatlicher Beihilfen in Verbindung mit verlorenen Kosten [15],

d) staatliche Beihilfen für Forschung, Entwicklung und Innovation [16]; diese sind im Gemeinschaftsrahmen für staatliche Beihilfen für Forschung, Entwicklung und Innovation [17] geregelt;

e) staatliche Beihilfen zur Förderung der biologischen Vielfalt [18].

(16) Unternehmen in Schwierigkeiten im Sinne der Leitlinien für staatliche Beihilfen zur Rettung und Umstrukturierung von Unternehmen in Schwierigkeiten [19] in ihrer geänderten oder neuen Fassung dürfen keine Umwelt- und Energiebeihilfen gewährt werden.

**Umwelt-
schutz-L**

---

[11] Verordnung (EG) Nr. 1198/2006 des Rates vom 27. Juli 2006 über den Europäischen Fischereifonds (ABl. L 223 vom 15.8.2006, S. 1).

[12] Siehe Vorschlag der Kommission für eine Verordnung über den Europäischen Meeres- und Fischereifonds (KOM(2011) 804 endg.).

[13] ABl. C 319 vom 27.12.2006, S. 1. Dies gilt auch für die Nachfolgeregelung der Leitlinien aus dem Jahr 2006, die am 31. Dezember 2013 außer Kraft traten.

[14] Umweltschutzbeihilfen verursachen im Allgemeinen geringere Wettbewerbsverzerrungen und erzielen eine größere Wirkung, wenn sie den Verbrauchern umweltfreundlicher Produkte und nicht den Erzeugern/Herstellern dieser Produkte gewährt werden. Außerdem kann auch die Verwendung von Umweltzeichen und Umweltangaben den Verbrauchern/Nutzern fundierte Kaufentscheidungen ermöglichen und die Nachfrage nach umweltfreundlichen Produkten steigern. Gut konzipierte, anerkannte, verstandene, bewährte und von den Verbrauchern als relevant erachtete stabile Umweltzeichen und wahrheitsgemäße Umweltangaben können ein wirksames Mittel sein, um (Verbraucher) zu umweltfreundlicheren Kaufentscheidungen zu veranlassen und ein entsprechendes Verhalten zu prägen. Die Nutzung einer angesehenen Kennzeichnungs- und Zertifizierungsregelung, die auf klaren Kriterien basiert und externe Kontrollen (durch Dritte) vorsieht, wird eines der wirksamsten Instrumente sein, um gegenüber Verbrauchern und Interessengruppen nachzuweisen, dass die betreffenden Unternehmen hohe Umweltschutzstandards erfüllen. Daher nimmt die Kommission die Festlegung spezifischer Vorschriften über Beihilfen für die Entwicklung und Herstellung umweltfreundlicher Produkte in den Anwendungsbereich dieser Leitlinien auf.

[15] Angenommen von der Kommission vom 26. Juli 2001 und den Mitgliedstaaten mit Schreiben SG(2001) D/290869 vom 6. August 2001 zur Kenntnis gebracht.

[16] Die Leitlinien sehen einen Bonus für Öko-Innovationsprojekte vor, bei denen es sich um sehr umweltfreundliche und sehr innovative Investitionen handelt.

[17] ABl. C 323 vom 30.12.2006, S. 1.

[18] Diese Beihilfen können nach den DAWI-Vorschriften geprüft werden; siehe Beihilfesachen SA.31243 (2012/N) und NN 8/2009.

[19] Mitteilung der Kommission — Leitlinien der Gemeinschaft für staatliche Beihilfen zur Rettung und Umstrukturierung von Unternehmen in Schwierigkeiten (ABl. C 244 vom 1.10.2004, S. 2).

(17) Bei der Prüfung von Beihilfen zugunsten von Unternehmen, die einer Rückforderungsanordnung aufgrund eines früheren Beschlusses der Kommission zur Feststellung der Unzulässigkeit einer Beihilfe und ihrer Unvereinbarkeit mit dem Binnenmarkt nicht nachgekommen sind, wird die Kommission den ausstehenden Rückforderungsbetrag berücksichtigen [20].

1.2. Unter die Leitlinien fallende Beihilfemaßnahmen

(18) Die Kommission hat eine Reihe von Umwelt- und Energiemaßnahmen ermittelt, deren Förderung durch staatliche Beihilfen unter bestimmten Voraussetzungen als mit Artikel 107 Absatz 3 Buchstabe c AEUV vereinbar angesehen werden kann:

a) Beihilfen für Unternehmen, die über Unionsnormen hinausgehen oder die bei Fehlen solcher Normen den Umweltschutz verbessern (einschließlich Beihilfen für die Anschaffung neuer Fahrzeuge)

b) Beihilfen zur frühzeitigen Anpassung an künftige Unionsnormen

c) Beihilfen für Umweltstudien

d) Beihilfen für die Sanierung schadstoffbelasteter Standorte

e) Beihilfen für erneuerbare Energien

f) Beihilfen für Energieeffizienzmaßnahmen einschließlich Kraftwärmekopplung, Fernwärme und Fernkälte

g) Beihilfen für Ressourceneffizienz und insbesondere Abfallbewirtschaftung

h) Beihilfen für CO_2-Abscheidung, -Transport und -Speicherung („CCS") einschließlich einzelner Bestandteile der CCS-Kette

i) Beihilfen in Form von Umweltsteuerermäßigungen oder -befreiungen

j) Beihilfen in Form von Ermäßigungen des Beitrags zur Finanzierung von Strom aus erneuerbaren Energiequellen

k) Beihilfen für Energieinfrastrukturen

l) Beihilfen für Maßnahmen zugunsten einer angemessenen Stromerzeugung

m) Beihilfen in Form handelbarer Umweltzertifikate

n) Beihilfen für die Verlagerung von Unternehmen

1.3. Begriffsbestimmungen

(19) Für die Zwecke dieser Leitlinien gelten folgende Begriffsbestimmungen:

(1) „Umweltschutz": jede Maßnahme, die darauf abzielt, einer Beeinträchtigung der natürlichen Umwelt oder der natürlichen Ressourcen durch die Tätigkeit des Beihilfeempfängers abzuhelfen, vorzubeugen oder die Gefahr einer solchen Beeinträchtigung zu vermindern oder eine rationellere Nutzung dieser Ressourcen einschließlich Energiesparmaßnahmen und der Nutzung erneuerbarer Energien zu fördern;

(2) „Energieeffizienz": eingesparte Energiemenge, die durch Messung und/oder Schätzung des Verbrauchs vor und nach der Umsetzung einer Maßnahme zur Energieeffizienzverbesserung und bei gleichzeitiger Normalisierung der den Energieverbrauch beeinflussenden äußeren Bedingungen ermittelt wird;

(3) „Unionsnorm":

a) verbindliche Unionsnorm für das von einzelnen Unternehmen zu erreichende Umweltschutzniveau [21] oder

---

[20] Siehe hierzu Urteil des Gerichts vom 13. September 1995, TWD Textilwerke Deggendorf GmbH/Kommission, T-244/93 und T-486/93, Slg. 1995, II-2265 und die Bekanntmachung der Kommission — Rechtswidrige und mit dem Gemeinsamen Markt unvereinbare staatliche Beihilfen: Gewährleistung der Umsetzung von Rückforderungsentscheidungen der Kommission in den Mitgliedstaaten (ABl. C 272 vom 15.11.2007, S. 4).

[21] Folglich gelten auf Unionsebene festgelegte Normen oder Ziele, die für die Mitgliedstaaten, nicht aber für einzelne Unternehmen verbindlich sind, nicht als Unionsnormen.

b) die in der Richtlinie 2010/75/EU ([22]) festgelegte Verpflichtung, die besten verfügbaren Techniken (BVT) einzusetzen und sicherzustellen, dass Schadstoffemissionswerte nicht über den Werten liegen, die aus dem Einsatz der BVT resultieren würden; sofern in Durchführungsbestimmungen zur Richtlinie 2010/75/EU mit den besten verfügbaren Techniken assoziierte Emissionswerte festgelegt wurden, gelten diese Werte für die Zwecke dieser Leitlinien; wenn diese Werte als Bandbreiten ausgedrückt werden, ist der Wert, bei dem die mit den BVT assoziierten Emissionswerte als erstes erreicht werden, anwendbar.

(4) „Öko-Innovation": jede Form der Innovation, die eine deutliche Verbesserung des Umweltschutzes bewirkt oder zum Ziel hat. Dazu zählen unter anderem neue Produktionsprozesse, neue Produkte oder Dienstleistungen sowie neue Management- und Geschäftsmethoden, die sich dazu eignen, während der Dauer ihrer Anwendung oder Nutzung die mit dem Einsatz von Ressourcen verbundenen Gefahren für die Umwelt, Umweltschäden oder andere negative Auswirkungen zu vermeiden oder erheblich zu reduzieren.

Für die Zwecke dieser Begriffsbestimmung gilt Folgendes nicht als Innovation:

i. geringfügige Änderungen oder Verbesserungen,

ii. eine Steigerung der Produktions- oder Dienstleistungskapazitäten durch zusätzliche Produktions- oder Logistiksysteme, die den bereits verwendeten sehr ähnlich sind,

iii. Änderungen in den Geschäftspraktiken, den Arbeitsabläufen oder Geschäftsbeziehungen, die auf bereits in dem Unternehmen angewandten Organisationsmethoden beruhen,

iv. Änderungen in der Geschäftsstrategie,

v. Fusionen und Übernahmen,

vi. die Einstellung der Anwendung eines Verfahrens,

vii. einfache Ersatz- oder Erweiterungsinvestitionen,

viii. Änderungen, die sich allein aus Veränderungen bei den Faktorpreisen ergeben, neue Kundenausrichtung, regelmäßige saisonale oder sonstige zyklische Veränderungen,

ix. der Handel mit neuen oder erheblich verbesserten Produkten;

(5) „erneuerbare Energiequellen": folgende erneuerbare nichtfossile Energiequellen: Wind, Sonne, aerothermische, geothermische und hydrothermische Energie, Meeresenergie, Wasserkraft, Biomasse, Deponiegas, Klärgas und Biogas;

(6) „Biomasse": biologisch abbaubarer Teil von Erzeugnissen, Abfällen und Reststoffen der Landwirtschaft (einschließlich pflanzlicher und tierischer Stoffe), der Forstwirtschaft und damit verbundener Wirtschaftszweige einschließlich Fischerei und Aquakultur sowie Biogas und der biologisch abbaubare Teil von Abfällen aus Industrie und Haushalten;

(7) „Biokraftstoff": flüssiger oder gasförmiger Verkehrskraftstoff, der aus Biomasse hergestellt wird;

(8) „flüssiger Biobrennstoff": flüssiger Brennstoff, der aus Biomasse hergestellt wird und für den Einsatz zu energetischen Zwecken, mit Ausnahme des Transports, einschließlich Elektrizität, Wärme und Kälte, bestimmt ist;

(9) „nachhaltiger Biokraftstoff": Biokraftstoff, der die Nachhaltigkeitskriterien des Artikels 17 der Richtlinie 2009/28/EG des Europäischen Parlaments und des Rates zur Förderung der Nutzung von Energie aus erneuerbaren Quellen ([23]) und etwaiger Änderungen ([24]) erfüllt;

(10) „Mechanismus der Zusammenarbeit": Mechanismus, der die Voraussetzungen der Artikel 6, 7 oder 8 der Richtlinie 2009/28/EG erfüllt;

(11) „erneuerbare Energien": Energie, die in Anlagen erzeugt wird, in denen ausschließlich erneuerbare Energiequellen eingesetzt werden, sowie bezogen auf den Heizwert der Anteil der Energie, der aus erneuerbaren Energiequellen in Hybridanlagen, die auch konventionelle Energiequellen einsetzen, erzeugt wird; dies schließt Strom aus erneuerbaren Energiequellen ein, der zum Auffüllen von Speichersystemen genutzt wird, aber nicht den Strom, der als Ergebnis der Speicherung in Speichersystemen gewonnen wird;

Umwelt-
schutz-L

([22]) Richtlinie 2010/75/EU des Rates vom 24. November 2010 über Industrieemissionen (integrierte Vermeidung und Verminderung der Umweltverschmutzung) (ABl. L 334 vom 17.12.2010, S. 17).
([23]) Richtlinie 2009/28/EG des Europäischen Parlaments und des Rates zur Förderung der Nutzung von Energie aus erneuerbaren Quellen (ABl. L 140 vom 5.6.2009, S. 16).
([24]) Die Nachhaltigkeitskriterien gelten nach der Richtlinie 2009/28/EG auch für flüssige Biobrennstoffe.

(12) „Kraft-Wärme-Kopplung (KWK)": in ein und demselben Prozess gleichzeitig erfolgende Erzeugung thermischer Energie und elektrischer und/oder mechanischer Energie;

(13) „hocheffiziente Kraft-Wärme-Kopplung": KWK, die der Begriffsbestimmung in Artikel 2 Nummer 34 der Richtlinie 2012/27/EU ([25]) entspricht;

(14) „energieeffiziente Fernwärme und Fernkälte": Fernwärme- und Fernkältesysteme, die die Kriterien für energieeffiziente Fernwärme- und Fernkältesysteme des Artikels 2 Nummern 41 und 42 der Richtlinie 2012/27/EU ([26]) erfüllen. Der Begriff bezieht sich auf die Anlagen, die Wärme bzw. Kälte erzeugen, und das Netz (einschließlich der zugehörigen Einrichtungen), das für die Verteilung der Wärme bzw. Kälte von den Produktionseinheiten an die Kunden benötigt wird;

(15) „Umweltsteuer": Steuer, deren Gegenstand eine eindeutig negative Auswirkung auf die Umwelt hat oder die bestimmte Tätigkeiten, Gegenstände oder Dienstleistungen belastet, damit die Umweltkosten in deren Preis einfließen und/oder damit die Hersteller und die Verbraucher zu umweltfreundlicherem Verhalten hingeführt werden;

(16) „Mindeststeuerbeträge der Union": die im Unionsrecht vorgesehenen Mindeststeuerbeträge; für Energieerzeugnisse und Strom gelten als Mindeststeuerbeträge der Union die Beträge in Anhang I der Richtlinie 2003/96/EG ([27]);

(17) „kleine und mittlere Unternehmen" („KMU"): Unternehmen, die die Kriterien der Empfehlung der Kommission vom 6. Mai 2003 betreffend die Definition der Kleinstunternehmen sowie der kleinen und mittleren Unternehmen ([28]) erfüllen;

(18) „Großunternehmen" und „großes Unternehmen": Unternehmen, das nicht unter die KMU-Definition fällt;

(19) „Einzelbeihilfe": auf der Grundlage einer Beihilferegelung oder ad hoc gewährte Beihilfe;

(20) „Beihilfeintensität": die in Prozent der beihilfefähigen Kosten ausgedrückte Höhe der Bruttobeihilfe vor Abzug von Steuern und sonstigen Abgaben. Werden Beihilfen nicht in Form von Zuschüssen gewährt, bestimmt sich die Höhe der Beihilfe nach ihrem Subventionsäquivalent. In mehreren Tranchen gezahlte Beihilfen werden nach dem zum Zeitpunkt ihrer Gewährung geltenden Wert berechnet. Im Falle zinsbegünstigter Darlehen wird für die Abzinsung und Berechnung des Beihilfebetrags der zum Zeitpunkt der Gewährung geltende Referenzzinssatz zugrunde gelegt. Die Beihilfeintensität wird für jeden Empfänger einzeln berechnet;

(21) „Betriebseinnahmen": für die Zwecke der Berechnung der beihilfefähigen Kosten sind hierunter insbesondere Kosteneinsparungen oder zusätzliche Nebenprodukte zu verstehen, die sich direkt aus dem Mehraufwand für den Umweltschutz ergeben, sowie gegebenenfalls Einnahmen aus anderen Fördermaßnahmen und zwar unabhängig davon, ob es sich um staatliche Beihilfen handelt oder nicht (einschließlich Betriebsbeihilfen für dieselben beihilfefähigen Kosten, Einspeisetarife oder sonstige Fördermaßnahmen);

(22) „Betriebskosten": für die Zwecke der Berechnung der beihilfefähigen Kosten sind hierunter insbesondere zusätzliche Produktionskosten (z. B. Wartungskosten) zu verstehen, die sich aus der zusätzlichen Investition für den Umweltschutz ergeben;

(23) „materielle Vermögenswerte": für die Zwecke der Berechnung der beihilfefähigen Kosten handelt es sich um für die Erfüllung der Umweltschutzziele unbedingt erforderliche Investitionen in Grundstücke, um Investitionen in Gebäude, Anlagen und Ausrüstungsgüter mit dem Ziel, Umweltbelastungen zu reduzieren oder zu beseitigen, sowie um Investitionen in die Anpassung von Produktionsverfahren zum Schutz der Umwelt;

(24) „immaterielle Vermögenswerte": für die Zwecke der Berechnung der beihilfefähigen Kosten sind dies Ausgaben für den Technologietransfer in Form des Erwerbs von Nutzungslizenzen und Patenten oder Know-how, wenn bei diesen Ausgaben folgende Voraussetzungen erfüllt sind:

a) Sie müssen als abschreibungsfähige Vermögenswerte angesehen werden;

b) sie müssen zu Marktbedingungen von Unternehmen erworben werden, über die der Erwerber weder eine direkte noch eine indirekte Kontrolle ausübt;

([25]) Richtlinie 2012/27/EU des Europäischen Parlaments und des Rates vom 25. Oktober 2012 zur Energieeffizienz, zur Änderung der Richtlinien 2009/125/EG und 2010/30/EU und zur Aufhebung der Richtlinien 2004/8/EG und 2006/32/EG (ABl. L 315 vom 14.11.2012, S. 1).
([26]) ABl. L 315 vom 14.11.2012, S. 1.
([27]) Richtlinie 2003/96/EG des Rates vom 27. Oktober 2003 zur Restrukturierung der gemeinschaftlichen Rahmenvorschriften zur Besteuerung von Energieerzeugnissen und elektrischem Strom (ABl. L 283 vom 31.10.2003, S. 51).
([28]) ABl. L 124 vom 20.5.2003, S. 36.

33. Umweltschutz-L

c) sie müssen auf der Aktivseite des Unternehmens bilanziert werden und mindestens fünf Jahre im Betrieb des Beihilfeempfängers verbleiben und genutzt werden, es sei denn, es handelt sich um veraltete Technik. Werden sie innerhalb dieser fünf Jahre veräußert, vermindern sich die beihilfefähigen Kosten um den Verkaufserlös und die Beihilfe muss gegebenenfalls ganz oder teilweise zurückgezahlt werden;

(25) „Internalisierung der Kosten": der Grundsatz, dass sämtliche mit dem Umweltschutz zusammenhängenden Kosten in die Produktionskosten des Unternehmens einfließen sollten, das die Umweltbelastung verursacht;

(26) „Verursacher": derjenige, der die Umwelt direkt oder indirekt belastet oder eine Voraussetzung für die Umweltbelastung schafft ([29]);

(27) „Umweltschaden": Schaden, den der Verursacher dadurch herbeigeführt hat, dass er die Umwelt direkt oder indirekt belastet oder die Voraussetzungen für eine Belastung der natürlichen Umwelt oder der natürlichen Ressourcen geschaffen hat;

(28) „Verursacherprinzip": Grundsatz, nach dem die Kosten für die Beseitigung von Umweltschäden von den Verursachern zu tragen sind;

(29) „schadstoffbelasteter Standort": Standort, an dem durch menschliches Einwirken gefährliche Stoffe nachweislich in einer solchen Konzentration vorkommen, dass von ihnen unter Berücksichtigung der gegenwärtigen und der künftigen genehmigten Nutzung des Geländes eine erhebliche Gefahr für die menschliche Gesundheit oder die Umwelt ausgeht;

(30) „Ad-hoc-Beihilfe": Beihilfe, die nicht auf der Grundlage einer Beihilferegelung gewährt wird;

(31) „Energieinfrastruktur": jede materielle Ausrüstung oder Anlage, die sich in der Union befindet oder die die Union mit einem oder mehr als einem Drittland verbindet und unter die folgenden Kategorien fällt:

a) Strom:

i. Übertragungsinfrastruktur im Sinne des Artikels 2 Absatz 3 der Richtlinie 2009/72/EG ([30]);

ii. Verteilungsinfrastruktur im Sinne des Artikels 2 Absatz 5 der Richtlinie 2009/72/EG ([30]);

iii. Stromspeicheranlagen, die zur dauerhaften oder vorübergehenden Stromspeicherung in überirdischen oder unterirdischen Infrastrukturen oder geologischen Speicherstätten verwendet werden, sofern sie direkt an Hochspannungsübertragungsleitungen angeschlossen sind, die für eine Spannung von 110 kV oder mehr ausgelegt sind;

iv. alle Ausrüstungen und Anlagen, die für den sicheren und effizienten Betrieb der unter den Ziffern i) bis iii) definierten Systeme unentbehrlich sind, einschließlich der Schutz-, Überwachungs- und Steuerungssysteme auf allen Spannungsebenen und in allen Transformatorstationen; und

v. intelligente Stromnetze, d. h. alle Ausrüstungen, Leitungen, Kabel oder Anlagen sowohl auf der Übertragungs- als auch auf der Nieder- und Mittelspannungsverteilerebene, die auf eine bidirektionale digitale Kommunikation in Echtzeit oder echtzeitnah und auf eine interaktive, intelligente Überwachung und Steuerung von Stromerzeugung, -übertragung, -verteilung und -verbrauch innerhalb eines Stromnetzes abzielt, um ein Netz zu entwickeln, das auf effiziente Weise das Verhalten und die Handlungen aller daran angeschlossenen Nutzer — Erzeuger, Verbraucher und Akteure, die sowohl Erzeuger als auch Verbraucher sind — integriert, damit ein wirtschaftlich effizientes, nachhaltiges Stromnetz mit geringen Verlusten, hoher Qualität, großer Versorgungssicherheit und hoher technischer Sicherheit gewährleistet wird.

b) Gas:

i. Fern- und Verteilerleitungen für den Transport von Erdgas und Biogas, die Bestandteil eines Netzes sind, das überwiegend aus Hochdruckrohrleitungen besteht, ausgenommen Hochdruckrohrleitungen, die für die vorgelagerte oder lokale Verteilung von Erdgas verwendet werden,

ii. an die unter Buchstabe a genannten Hochdruck-Gasleitungen angeschlossene Untergrundspeicher,

---

([29]) Empfehlung des Rates vom 3. März 1975 über die Kostenzurechnung und die Intervention der öffentlichen Hand bei Umweltschutzmaßnahmen (ABl. L 194 vom 25.7.1975, S. 1).

([30]) Richtlinie 2009/72/EG vom 13. Juli 2009 über gemeinsame Vorschriften für den Elektrizitätsbinnenmarkt (ABl. L 211 vom 14.8.2009, S. 55).

    iii. Anlagen für die Übernahme, Speicherung und Rückvergasung oder Dekomprimierung von Flüssigerdgas („LNG") oder von komprimiertem Erdgas („CNG") und

    iv. alle Ausrüstungen oder Anlagen, die für den ordnungsgemäßen, sicheren und effizienten Betrieb des Systems oder für die Ermöglichung der bidirektionalen Kapazität unentbehrlich sind, einschließlich Verdichterstationen;

c) Erdöl:

    i. Rohrleitungen für den Transport von Rohöl,

    ii. Pumpstationen und Speicheranlagen, die für den Betrieb der Rohölrohrleitungen erforderlich sind, und

    iii. alle Ausrüstungen und Anlagen, die für den ordnungsgemäßen, sicheren und effizienten Betrieb des betreffenden Systems unentbehrlich sind, einschließlich der Schutz-, Überwachungs- und Steuerungssysteme;

d) CO_2: Rohrleitungsnetz, einschließlich der dazugehörigen Verdichterstationen, für den Transport von CO_2 zu den Speicherstätten, um das CO_2 zur dauerhaften Speicherung in eine geeignete unterirdische geologische Formation zu injizieren;

(32) „Finanzierungslücke": Differenz zwischen den während der Lebensdauer der Investition anfallenden positiven und negativen Zahlungsströmen, die auf ihren Barwert abgezinst werden (in der Regel auf der Grundlage der Kapitalkosten);

(33) „CO_2-Abscheidung und -Speicherung" („CCS"): Technologien, mit denen Kohlendioxid (CO_2), das von mit fossilen Kraftstoffen oder Biomasse betriebenen Industrieanlagen (einschließlich Kraftwerken) ausgestoßen wird, abgespalten, zu einer geeigneten Speicherstätte transportiert und dort zur dauerhaften Speicherung in eine geeignete unterirdische geologische Formation injiziert wird;

(34) „angemessene Stromerzeugung": erzeugte Kapazitäten, die als angemessen erachtet werden, um in einem bestimmten Zeitraum die Nachfrage im Mitgliedstaat zu decken; dabei wird ein konventioneller statistischer Indikator zugrunde gelegt, der von Organisationen verwendet wird, die von der EU als Institutionen mit maßgeblicher Bedeutung für die Schaffung des Elektrizitätsbinnenmarkts anerkannt sind (z. B. ENTSO-E);

(35) „Stromerzeuger": Unternehmen, das Strom für kommerzielle Zwecke erzeugt;

(36) „Maßnahme zugunsten einer angemessenen Stromerzeugung": Mechanismus, der sicherstellen soll, dass mit Blick auf eine angemessene Stromerzeugung bestimmte Kapazitäten auf nationaler Ebene erreicht werden;

(37) „Bilanzausgleichsverantwortung": Verantwortung für Abweichungen zwischen Erzeugung, Verbrauch und kommerziellen Transaktionen eines Bilanzausgleichsverantwortlichen in einem bestimmten Abrechnungszeitraum;

(38) „Standardbilanzausgleichsverantwortung": diskriminierungsfreie technologieübergreifende Bilanzausgleichsverantwortung, von der kein Erzeuger ausgenommen ist;

(39) „Bilanzausgleichsverantwortlicher": Marktteilnehmer oder sein von ihm gewählter Vertreter, der für seine Bilanzabweichungen verantwortlich ist;

(40) „Bilanzabweichungen": Abweichungen zwischen Erzeugung, Verbrauch und kommerziellen Transaktionen eines Bilanzausgleichsverantwortlichen in einem bestimmten Bilanzausgleichszeitraum;

(41) „Abrechnung von Bilanzabweichungen": finanzieller Abrechnungsmechanismus, mit dem die Ausgleichskosten aufgrund von Bilanzabweichungen der Bilanzausgleichsverantwortlichen zurückgefordert werden sollen;

(42) „Abrechnungszeitraum": für die Abrechnung der Bilanzabweichungen des Bilanzausgleichsverantwortlichen zugrunde gelegte Zeiteinheiten;

(43) „Ausschreibung": diskriminierungsfreies Bieterverfahren, das die Beteiligung einer ausreichend großen Zahl von Unternehmen gewährleistet und bei dem die Beihilfe entweder auf der Grundlage des ursprünglichen Angebots des Bieters oder eines Clearingpreises gewährt wird. Zudem ist die Mittelausstattung oder das Volumen in Verbindung mit der Ausschreibung ein verbindlicher Höchstwert, so dass nicht allen Beteiligten eine Beihilfe gewährt werden kann.

(44) „Beginn der Arbeiten": entweder der Beginn der Bauarbeiten für die Investition oder die erste verbindliche Bestellung von Ausrüstung oder eine andere Verpflichtung, die die Investition unumkehrbar macht, wobei der früheste Zeitpunkt maßgebend ist; der Kauf von Grundstücken oder Vorarbeiten wie die Einholung von Genehmigungen und die Erstellung vorläufiger Durchführbarkeitsstudien gelten nicht als Beginn der Arbeiten. Bei Übernahmen ist der „Beginn der Arbeiten" der Zeitpunkt des Erwerbs der unmittelbar mit der erworbenen Betriebsstätte verbundenen Vermögenswerte;

(45) „Demonstrationsvorhaben": Vorhaben zur Demonstration einer in der Union völlig neuen Technologie („first of its kind"), die eine wesentliche, weit über den Stand der Technik hinausgehende Innovation darstellt;

(46) „Fördergebiete": die in Anwendung des Artikels 107 Absatz 3 Buchstaben a und c AEUV in einer genehmigten Fördergebietskarte für den Zeitraum vom 1. Juli 2014 bis zum 31. Dezember 2020 ausgewiesenen Gebiete;

(47) „Fördergebietskarte": die von der Kommission genehmigte Liste der von einem Mitgliedstaat im Einklang mit den Leitlinien für Regionalbeihilfen 2014-2020 [31] ausgewiesenen Fördergebiete.

2. ANMELDEPFLICHTIGE UMWELT- UND ENERGIEBEIHILFEN

(20) Einzelbeihilfen, die auf der Grundlage einer Beihilferegelung gewährt werden, unterliegen weiterhin der Anmeldepflicht des Artikels 108 Absatz 3, wenn die Beihilfe über den folgenden Anmeldeschwellen [32] liegt und nicht auf der Grundlage einer Ausschreibung gewährt wird:

a) Investitionsbeihilfen mit einem Beihilfebetrag von über 15 Mio. EUR pro Unternehmen;

b) Betriebsbeihilfen für die Erzeugung von Strom und/oder die kombinierte Erzeugung von Strom und Wärme aus erneuerbaren Energiequellen, die für Anlagen zur Erzeugung erneuerbaren Stroms an Standorten gewährt werden, deren Erzeugungskapazität für erneuerbaren Strom pro Standort 250 Megawatt („MW") überschreitet;

c) Betriebsbeihilfen für die Erzeugung von Biokraftstoff, die für Anlagen zur Erzeugung von Biokraftstoff an Standorten mit einer Produktionskapazität von mehr als 150 000 Tonnen („t") jährlich gewährt werden;

d) Betriebsbeihilfen für Kraft-Wärme-Kopplung, die für KWK-Anlagen mit einer Stromerzeugungskapazität von mehr als 300 MW gewährt werden; Beihilfen für die Wärmeerzeugung aus KWK-Anlagen werden im Rahmen der Anmeldung anhand der Stromerzeugungskapazität geprüft;

e) Beihilfen für Energieinfrastrukturen, die pro Investitionsvorhaben mehr als 50 Mio. EUR pro Unternehmen betragen;

f) Beihilfen für die CO_2-Abscheidung und -Speicherung, die pro Investitionsvorhaben mehr als 50 Mio. EUR betragen;

g) Beihilfen in Form einer Maßnahme zur Sicherstellung einer angemessenen Stromerzeugung, die pro Vorhaben und Unternehmen mehr als 15 Mio. EUR betragen.

(21) Die Kriterien für einzeln angemeldete Beihilfen gelten nicht für Steuerbefreiungen, Ermäßigungen von Umweltsteuern und Befreiungen von Abgaben zur Finanzierung der erneuerbaren Energien, die unter Abschnitt 3.7 fallen. Beihilfen in Form von Steuervergünstigungen, die nicht unter Abschnitt 3.7 fallen, werden einzeln geprüft, wenn die dort genannten Schwellenwerte überschritten werden. Dies gilt unabhängig davon, ob dem einzelnen Beihilfeempfänger zugleich eine Steuerbefreiung oder -ermäßigung nach Abschnitt 3.7 gewährt wird.

---

[31] ABl. L C vom 23.7.2013, S. 1.
[32] Bei der Berechnung der Kapazitätsobergrenze muss die beihilfefähige Gesamtkapazität der Anlagen bei jedem Vorhaben berücksichtigt werden.

(22)   Diese Leitlinien enthalten die Vereinbarkeitskriterien für Beihilferegelungen und Einzelbeihilfen zur Förderung des Umweltschutzes und der Verwirklichung von Energiezielen, die der Anmeldepflicht des Artikels 108 Absatz 3 AEUV unterliegen.

3. PRÜFUNG DER VEREINBARKEIT MIT DEM BINNENMARKT NACH ARTIKEL 107 ABSATZ 3 BUCHSTABE C AEUV

(23)   Staatliche Umwelt- und Energiebeihilfen werden nach Artikel 107 Absatz 3 Buchstabe c AEUV als mit dem Binnenmarkt vereinbar erachtet, wenn die beihilferechtliche Würdigung anhand der in diesem Kapitel dargelegten gemeinsamen Grundsätze ergibt, dass die Beihilfen einen wesentlichen Beitrag zu den Umwelt- oder Energiezielen der Union leisten, ohne dass sie die Handelsbedingungen in einer dem gemeinsamen Interesse zuwiderlaufenden Weise verändern. Die spezifischen Nachteile von Fördergebieten werden dabei berücksichtigt.

(24)   In diesem Kapitel wird ausgeführt, wie die Kommission die in Abschnitt 3.1. dargelegten allgemeinen Grundsätze in der beihilferechtlichen Würdigung anwenden wird, die in den Anwendungsbereich dieser Leitlinien fallen; zudem werden spezifische Kriterien für bestimmte Einzelbeihilfen (d. h. Beihilfen, die im Rahmen einer Regelung oder ad hoc gewährt werden) festgelegt.

(25)   Abschnitt 3.2 enthält die allgemeinen Vereinbarkeitskriterien, die für alle in den Anwendungsbereich dieser Leitlinien fallenden Beihilfemaßnahmen gelten, sofern diese allgemeinen Kriterien nicht in den spezifischeren Abschnitten des Kapitels 3 präzisiert oder geändert sind. Für die folgenden Maßnahmen, die nicht unter die spezifischeren Abschnitte des Kapitels 3 fallen, ist daher Abschnitt 3.2. anzuwenden:

a) Beihilfen für Umweltstudien,

b) Beihilfen für die Sanierung schadstoffbelasteter Standorte,

c) Beihilfen für Unternehmen, die über Unionsnormen hinausgehen oder bei Fehlen solcher Normen den Umweltschutz verbessern,

d) Beihilfen zur frühzeitigen Anpassung an künftige Unionsnormen.

3.1.   Allgemeine Grundsätze für die beihilferechtliche Würdigung

(26)   Bei der Prüfung der Vereinbarkeit einer angemeldeten Beihilfemaßnahme mit dem Binnenmarkt untersucht die Kommission im Allgemeinen, ob die Ausgestaltung der Maßnahme Gewähr dafür bietet, dass die positiven Auswirkungen der Beihilfe im Hinblick auf ein Ziel von gemeinsamem Interesse die möglichen negativen Auswirkungen auf den Handel zwischen Mitgliedstaaten und den Wettbewerb überwiegen.

(27)   In ihrer Mitteilung über die Modernisierung des EU-Beihilfenrechts vom 8. Mai 2012 [33] plädierte die Kommission dafür, allgemeine Grundsätze zu erarbeiten und festzulegen, die die Kommission bei der Prüfung der Vereinbarkeit aller Beihilfemaßnahmen anwendet. Zu diesem Zweck sieht die Kommission eine Beihilfemaßnahme nur dann als mit dem Binnenmarkt vereinbar an, wenn sie jedes der folgenden Kriterien erfüllt:

a) Beitrag zu einem genau definierten Ziel von gemeinsamem Interesse: Die Beihilfemaßnahme dient einem Ziel von gemeinsamem Interesse im Sinne des Artikels 107 Absatz 3 AEUV (Abschnitt 3.2.1.).

b) Erforderlichkeit staatlicher Maßnahmen: Die Beihilfemaßnahme kann z. B. durch Behebung eines Marktversagens wesentliche Verbesserungen bewirken, die der Markt allein nicht herbeiführen kann (Abschnitt 3.2.2.).

c) Geeignetheit der Beihilfemaßnahme: Die geplante Beihilfemaßnahme ist ein geeignetes Instrument für die Verwirklichung des Ziels von gemeinsamem Interesse (Abschnitt 3.2.3.).

d) Anreizeffekt: Die Beihilfemaßnahme führt dazu, dass die betreffenden Unternehmen ihr Verhalten ändern und zusätzliche Tätigkeiten aufnehmen, die sie ohne die Beihilfe nicht, nur in geringerem Umfang oder auf andere Weise ausüben würden; (Abschnitt 3.2.4.).

e) Angemessenheit der Beihilfe (Beschränkung auf das erforderliche Minimum): Der Beihilfebetrag ist auf das für die Förderung zusätzlicher Investitionen oder Tätigkeiten in dem betreffenden Gebiet erforderliche Minimum begrenzt (Abschnitt 3.2.5.).

---

[33] KOM(2012) 209 final vom 8.5.2012.

f) Vermeidung übermäßiger negativer Auswirkungen auf den Wettbewerb und den Handel zwischen Mitgliedstaaten: Die negativen Auswirkungen der Beihilfemaßnahme sind hinreichend begrenzt, damit die Gesamtbilanz der Maßnahme positiv ausfällt (Abschnitt 3.2.6).

g) Transparenz der Beihilfe: Die Mitgliedstaaten, die Kommission, die Wirtschaftsbeteiligten und die Öffentlichkeit haben einfachen Zugang zu allen einschlägigen Vorschriften und zu relevanten Informationen über die auf der Grundlage dieser Vorschriften gewährten Beihilfen (Abschnitt 3.2.7).

(28)   Bei bestimmten Gruppen von Beihilferegelungen kann zudem eine Ex-post-Evaluierung (Kapitel 4) verlangt werden. In solchen Fällen kann die Kommission die Laufzeit der betreffenden Regelungen (in der Regel auf vier Jahre oder weniger) begrenzen, wobei die Möglichkeit besteht, danach eine Verlängerung der Regelungen anzumelden.

(29)   Wenn eine Beihilfemaßnahme oder die mit ihr verbundenen Bedingungen (einschließlich der Finanzierungsmethode, wenn diese fester Bestandteil der Maßnahme ist) zwangsläufig zu einem Verstoß gegen Unionsrecht führen würden, kann die Beihilfe nicht für mit dem Binnenmarkt vereinbar erklärt werden [34]. So muss im Bereich Energie jede auf die Finanzierung einer staatlichen Beihilfe ausgerichtete Abgabe insbesondere mit den Artikeln 30 und 110 AEUV im Einklang stehen [35].

3.2.   Allgemeine Vereinbarkeitskriterien

3.2.1.   Beitrag zu einem Ziel von gemeinsamem Interesse

3.2.1.1. Allgemeine Voraussetzungen

(30)   Das allgemeine Ziel von Umweltbeihilfen besteht darin, den Umweltschutz in einem Maße zu verbessern, wie es ohne Beihilfen nicht möglich wäre. Die Strategie Europa 2020 enthält Ziele für nachhaltiges Wachstum, die den Übergang zu einer wettbewerbsfähigen emissionsarmen Wirtschaft mit effizientem Ressourceneinsatz befördern sollen. Für eine CO_2-arme Wirtschaft mit einem erheblichen Anteil an variabler Energie aus erneuerbaren Quellen sind eine Anpassung des Energiesystems und vor allem umfangreiche Investitionen in die Energienetze erforderlich [36]. Das vorrangige Ziel von Energiebeihilfen besteht daher darin, ein wettbewerbsfähiges, nachhaltiges und sicheres Energiesystem in einem gut funktionierenden Energiemarkt der Union zu gewährleisten [37].

(31)   Mitgliedstaaten, die Umwelt- oder Energiebeihilfen gewähren wollen, müssen das damit verfolgte Ziel genau festlegen und den erwarteten Beitrag der Maßnahmen zu diesem Ziel erläutern.

(32)   Umweltstudien können einen Beitrag zu einem Ziel von gemeinsamem Interesse leisten, wenn sie in direktem Zusammenhang mit den nach diesen Leitlinien beihilfefähigen Investitionen stehen, selbst wenn die untersuchte Investition aufgrund der Ergebnisse einer Vorstudie letztlich nicht getätigt wird.

3.2.1.2. Zusätzliche Voraussetzungen für einzeln anzumeldende Beihilfen

(33)   Als Nachweis für den Beitrag einer einzeln anzumeldenden Beihilfe zur Verbesserung des Umweltschutzes kann der Mitgliedstaat eine Vielzahl von Indikatoren heranziehen, die möglichst quantifizierbar sein sollten, z. B.

a) *Emissionsminderungstechnologien*: die Treibhausgas- oder Schadstoffmenge, die auf Dauer nicht in die Atmosphäre ausgestoßen wird (geringerer Einsatz fossiler Brennstoffe);

---

[34] Siehe Urteil des Gerichtshofes vom 19. September 2000, Deutschland/Kommission, C-156/98, Slg. 2000, I-6857, Randnr. 78, und Urteil des Gerichtshofes vom 22. Dezember 2008, Régie Networks/Rhone Alpes Bourgogne, C-333/07, Slg. 2008, I-10807, Randnrn. 94-116. Im Bereich Energie siehe auch Urteil des Gerichtshofes vom 14. April 2005, AEM und AEM Torino, C-128/03 und C-129/03, Slg. 2005, I-2861, Randnrn. 38-51.

[35] Urteil des Gerichtshofes vom 17. Juli 2008, Essent, C-206/06, Slg. 2008, I-5497, Randnrn. 40-59. Zur Anwendung der Artikel 30 und 110 AEUV auf Beihilferegelungen in Form von handelbaren Umweltzertifikaten siehe Entscheidung der Kommission K(2009)7085 vom 17.9.2009, Beihilfesache N 437/2009 — Schemă de ajutor de stat pentru promovarea cogenerării (Beihilferegelung zur Förderung der Kraftwärmekopplung in Rumänien (ABl. C 31 vom 9.2.2010, S. 8) Erwägungsgründe 63-65.

[36] KOM(2011) 112 endg. — „Fahrplan für den Übergang zu einer wettbewerbsfähigen CO_2-armen Wirtschaft bis 2050"; KOM(2011) 571 endg. — Fahrplan für ein ressourcenschonendes Europa.

[37] KOM(2010) 639 endg. — Mitteilung „Energie 2020".

b) *bestehende Unionsnormen*: die über die Unionsnorm hinausgehende Verbesserung des Umweltschutzniveaus in absoluten Zahlen und in Prozent, d. h. eine Verringerung der Schadstoffbelastung, die ohne die Beihilfe nicht erreicht worden wäre;

c) *künftige Unionsnormen*: Beschleunigung der Umsetzung künftiger Normen, d. h. eine früher einsetzende Verringerung von Umweltbelastungen.

3.2.2. *Erforderlichkeit staatlicher Maßnahmen*

3.2.2.1. Allgemeine Voraussetzungen

(34) Wenngleich allgemein anerkannt ist, dass Wettbewerbsmärkte in der Regel effiziente Ergebnisse im Hinblick auf Preise, Produktion und Ressourcennutzung hervorbringen, kann im Falle von Marktversagen [38] ein staatliches Eingreifen das effiziente Funktionieren des Marktes verbessern. Staatliche Maßnahmen können unter bestimmten Umständen ein Versagen des Marktes korrigieren und insofern zu einem Ziel von gemeinsamem Interesse beitragen, als der Markt aus eigener Kraft kein effizientes Ergebnis hervorbringen kann. Bevor die Wirksamkeit des Beitrags der Beihilfe zu dem gemeinsamen Ziel geprüft werden kann, muss das zugrunde liegende Problem erkannt und genau abgegrenzt werden. Staatliche Beihilfen sollten nur dann gewährt werden, wenn sie eine wesentliche Verbesserung herbeiführen, die der Markt allein nicht bewirken kann.

(35) Um zu gewährleisten, dass das gemeinsame Ziel mit Hilfe von Beihilfen erreicht wird, sollten die Mitgliedstaaten genau feststellen, welches Marktversagen eine Verbesserung des Umweltschutzes oder einen gut funktionierenden Energiebinnenmarkt mit sicheren, erschwinglichen und nachhaltigen Energien behindert. Das Marktversagen kann sich im Hinblick auf Umwelt- und Energieziele unterschiedlich oder ähnlich darstellen; auf jeden Fall kann es einem optimalen Ergebnis im Wege stehen und aus folgenden Gründen zu ineffizienten Ergebnissen führen:

a) **Negative externe Effekte**: Sie treten bei Umweltbeihilfen sehr häufig auf und sind darauf zurückzuführen, dass die Umweltbelastung keinen angemessen Preis hat, d. h., das betreffende Unternehmen trägt nicht die Gesamtkosten der Umweltbelastung. In diesem Fall besteht für Unternehmen, die in ihrem eigenen Interesse handeln, möglicherweise kein hinreichender Anreiz, bei ihren Entscheidungen über Produktionsverfahren oder Produktionsmengen die negativen Auswirkungen ihrer Produktion auf die Umwelt zu berücksichtigen. Mit anderen Worten, die von den Unternehmen getragenen Produktionskosten sind geringer als die Kosten, die der Gesellschaft entstehen. Daher besteht für die Unternehmen in der Regel kein ausreichender Anreiz, die von ihnen verursachte Verschmutzung zu reduzieren oder gezielte Umweltschutzmaßnahmen zu ergreifen.

b) **Positive externe Effekte**: Die Tatsache, dass ein Teil der mit einer Investition erzielten Gewinne nicht nur dem Investor, sondern auch anderen Marktteilnehmern zugutekommt, führt dazu, dass Unternehmen nicht genügend investieren. Positive externe Effekte können z. B. bei Investitionen in Öko-Innovationen [39], Systemstabilität, neue und innovative Technologien zur Nutzung erneuerbarer Energiequellen, innovative Laststeuerungsmaßnahmen oder bei Energieinfrastrukturmaßnahmen oder Kapazitätsmechanismen, die für viele Mitgliedstaaten (oder mehr Verbraucher) von Nutzen sind, auftreten.

c) **Informationsasymmetrie**: Sie ist meist auf Märkten festzustellen, auf denen eine Diskrepanz zwischen den für die eine und den für die andere Seite des Marktes verfügbaren Informationen besteht. Dies wäre beispielsweise der Fall, wenn externen Finanzinvestoren keine ausreichenden Informationen über die voraussichtliche Rendite und die Risiken eines Vorhabens vorliegen. Auch bei einer grenzübergreifenden Zusammenarbeit im Infrastrukturbereich könnte eine solche Asymmetrie auftreten, wenn ein Kooperationspartner schlechter informiert ist als der andere. Auch wenn Risiken oder Ungewissheit an sich kein Marktversagen bewirken, so besteht doch ein Zusammenhang zwischen dem Problem der Informationsasymmetrie und dem Umfang solcher Risiken und dem Grad der Ungewissheit. Sowohl das Risiko als auch die Ungewissheit sind bei Umweltinvestitionen, die in der Regel längere Abschreibungszeiträume haben, häufig höher. Dadurch könnte sich der Fokus auf kurzfristige Investitionen verschieben, was sich insbesondere bei KMU aufgrund der Finanzierungsbedingungen für solche Investitionen noch verstärken könnte.

---

[38] Der Begriff „Marktversagen" bezieht sich auf Situationen, in denen der Markt allein kaum effiziente Ergebnisse hervorbringen dürfte.
[39] Typische Beispiele für positive externe Effekte sind Maßnahmen zur weiteren Verbesserung des Umweltschutzes oder zur Förderung der biologischen Vielfalt, zur Erbringung von Ökosystemdienstleistungen oder Externalitäten als Ergebnis allgemeiner Ausbildungsmaßnahmen.

d) **Koordinierungsprobleme**: Sie können die konzeptionelle Entwicklung eines Vorhabens oder seine effiziente Ausgestaltung aufgrund unterschiedlicher Interessenlagen und Anreize für die Investoren (sogenannte divergierende Anreize), der Kontrahierungskosten sowie der Ungewissheit hinsichtlich des gemeinsamen Ergebnisses und der Netzeffekte (z. B. Kontinuität der Stromversorgung) verhindern. Solche Probleme können beispielsweise zwischen Vermietern und Mietern in Bezug auf die Anwendung energieeffizienter Lösungen auftreten. Koordinierungsprobleme können durch Informationsmängel wie im Falle der Informationsasymmetrie verschärft werden. Sie können auch darauf zurückzuführen sein, dass erst eine bestimmte kritische Masse erreicht sein muss, bis der Beginn eines Vorhabens geschäftlich interessant ist; dies kann bei (grenzübergreifenden) Infrastrukturvorhaben besonders relevant sein.

(36)   Das Vorliegen eines Marktversagens allein ist noch keine ausreichende Begründung für eine staatliche Maßnahme. So könnte es schon andere Strategien oder Maßnahmen geben, mit denen einige Aspekte des ermittelten Marktversagens behoben werden sollen, beispielsweise Vorschriften für bestimmte Branchen, verbindliche Schadstoffnormen, Preismechanismen wie das Emissionshandelssystem der Union („ETS") oder CO$_2$-Abgaben. Zusätzliche Maßnahmen und staatliche Beihilfen dürfen deshalb nur auf die Behebung des verbleibenden Marktversagens ausgerichtet sein, d. h. auf das Marktversagen, das durch die anderen Strategien und Maßnahmen nicht behoben wurde. Ferner muss aufgezeigt werden, wie die staatlichen Beihilfen andere Strategien und Maßnahmen ergänzen, die bereits auf die Behebung des betreffenden Marktversagens ausgerichtet sind. Die Erforderlichkeit einer Beihilfe ist schwerer nachzuweisen, wenn sie die Wirksamkeit anderer Strategien mindert, die auf dasselbe Marktversagen ausgerichtet sind.

(37)   Die Kommission wird eine Beihilfe als erforderlich erachten, wenn der Mitgliedstaat nachweist, dass die Beihilfe tatsächlich auf ein (verbleibendes) Marktversagen ausgerichtet ist, das noch nicht behoben ist.

3.2.2.2. Zusätzliche Voraussetzungen für einzeln anzumeldende Beihilfen

(38)   Auch wenn insgesamt betrachtet ein Marktversagen vorliegt und Beihilfen sich grundsätzlich gut für die Erzielung effizienter Ergebnisse auf dem Markt eignen würden, sind möglicherweise nicht alle Unternehmen in demselben Maße von dem Marktversagen betroffen. Daher wird die Kommission bei jeder Beihilfe, die einzeln angemeldet werden muss, prüfen, ob die betreffende Maßnahme tatsächlich erforderlich ist. Der Mitgliedstaat muss nachweisen, dass ein Marktversagen, das die geförderte Tätigkeit behindert, noch nicht behoben ist und dass die Beihilfe tatsächlich auf dieses Marktversagen ausgerichtet ist.

(39)   Je nach Marktversagen wird die Kommission berücksichtigen,

a) ob andere Maßnahmen dem Marktversagen bereits hinreichend Rechnung tragen (z. B. Umweltnormen oder andere Unionsnormen, das Emissionshandelssystem der Union oder Umweltsteuern);

b) ob staatliche Maßnahmen erforderlich sind; dabei wird sie die Kosten, die der Beihilfeempfänger ohne die Beihilfe aufgrund der Einführung nationaler Normen zu tragen hätte, mit den entsprechenden Kosten (bzw. nicht bestehenden Kosten) seiner wichtigsten Wettbewerber vergleichen;

c) bei Koordinierungsproblemen die Zahl der Unternehmen, die zusammenarbeiten müssten, divergierende Interessen der Kooperationspartner und praktische Probleme bei der Koordinierung der Zusammenarbeit (z. B. Sprachprobleme, vertrauliche Informationen, nicht harmonisierte Normen).

3.2.3. Geeignetheit der Beihilfe

(40)   Die geplante Beihilfemaßnahme muss ein geeignetes Instrument zur Verwirklichung des angestrebten Ziels sein. Eine Beihilfe wird nicht als mit dem Binnenmarkt vereinbar erachtet, wenn derselbe positive Beitrag zu dem gemeinsamen Ziel durch andere Politikinstrumente oder Arten von Beihilfeinstrumenten, die den Wettbewerb weniger verfälschen, erreicht werden kann.

3.2.3.1. Geeignetheit im Vergleich zu anderen Politikinstrumenten

(41)   Staatliche Beihilfen sind nicht das einzige Instrument, mit dem die Mitgliedstaaten den Umweltschutz verbessern oder dazu beitragen können, dass ein gut funktionierender europäischer Energiemarkt mit sicheren, erschwinglichen und nachhaltigen Energien entsteht. Diese Ziele könnten möglicherweise auch mit Hilfe anderer, besser geeigneter Instrumente erreicht werden. Die wichtigsten Instrumente zur Umsetzung der Umwelt- und Energieziele sind Regulierungsmaßnahmen und marktbasierte Instrumente. Auch sogenannte „weiche Instrumente" wie freiwillige Umweltzeichen und die Verbreitung umweltfreundlicher Technologien können eine wichtige Rolle für die Verbesserung des Umweltschutzes spielen.

(42)   Unterschiedliche Maßnahmen zur Behebung ein und desselben Marktversagens können sich gegenseitig aushebeln. Dies ist der Fall, wenn ein wirksamer marktbasierter Mechanismus geschaffen wurde, der ganz auf Probleme im Zusammenhang mit externen Effekten ausgerichtet ist. Eine zusätzliche Fördermaßnahme zur Behebung desselben Marktversagens könnte die Wirksamkeit eines solchen marktbasierten Mechanismus untergraben.

(43)   Unterschiedliche Maßnahmen zur Behebung unterschiedlicher Marktversagen können sich ebenfalls gegenseitig neutralisieren. Eine Maßnahme, mit der ein Problem bezüglich der Angemessenheit der Stromerzeugung gelöst werden soll, muss gegen das Umweltziel abgewogen werden, umweltgefährdende oder wirtschaftlich nachteilige Subventionen, einschließlich für fossile Brennstoffe, schrittweise einzustellen. Ebenso kann eine Maßnahme zur Verringerung der Treibhausgasemissionen bewirken, dass mehr Strom aus variablen Quellen bereitgestellt wird, was wiederum etwaige Probleme bezüglich einer angemessen Stromerzeugung verschärfen könnte.

(44)   Das im Umweltrecht verankerte Verursacherprinzip stellt grundsätzlich sicher, dass das mit den negativen externen Effekten verknüpfte Marktversagen korrigiert wird. Daher sind staatliche Beihilfen kein geeignetes Instrument zur Behebung des Marktversagens und dürfen nicht gewährt werden, wenn der Beihilfeempfänger nach geltendem Unionsrecht oder nationalem Recht für den Umweltschaden haftbar gemacht werden könnte ([40]).

3.2.3.2. Geeignetheit im Vergleich zu anderen Beihilfeinstrumenten

(45)   Umwelt- und Energiebeihilfen können in unterschiedlicher Form gewährt werden. Deshalb sollten die Mitgliedstaaten dafür Sorge tragen, dass Beihilfen in der Form gewährt werden, die den Wettbewerb und den Handel am wenigsten beeinträchtigt. Zu diesem Zweck muss der Mitgliedstaat nachweisen, warum andere, möglicherweise mit geringeren Verfälschungen verbundene Beihilfeformen — z. B. rückzahlbare Vorschüsse statt direkter Zuschüsse oder Steuergutschriften statt Steuervergünstigungen oder andere Beihilfeformen, die auf Finanzinstrumenten wie Kredit- oder Beteiligungsinstrumenten basieren (z. B. zinsgünstige Kredite oder Zinszuschüsse, staatliche Garantien oder die Bereitstellung von Kapital zu günstigen Bedingungen) — weniger geeignet sind.

(46)   Die Wahl des Beihilfeinstruments sollte dem Marktversagen Rechnung tragen, das durch die Beihilfe behoben werden soll. Insbesondere wenn die tatsächlichen Einnahmen wie im Falle von Energieeinsparungen ungewiss sind, könnte ein rückzahlbarer Vorschuss das geeignete Instrument sein. Im Falle von Beihilferegelungen zur Umsetzung der Ziele und Prioritäten Operationeller Programme gilt grundsätzlich das in dem betreffenden Programm gewählte Finanzierungsinstrument als geeignetes Instrument.

(47)   Bei Betriebsbeihilfen muss der Mitgliedstaat nachweisen, dass die Beihilfe geeignet ist, das Ziel der Regelung zu erreichen. Zu diesem Zweck kann der Mitgliedstaat die Höhe der Beihilfe vorab als Festbetrag berechnen, der die voraussichtlichen Mehrkosten in einem bestimmten Zeitraum deckt, um für die Unternehmen einen Anreiz zu schaffen, ihre Kosten möglichst niedrig zu halten und ihre Geschäftstätigkeit im Laufe der Zeit effizienter zu gestalten ([41]).

(48)   Den Nachweis der Geeignetheit von Regelungen kann der Mitgliedstaat auch anhand der Ergebnisse früherer Evaluierungen erbringen (vgl. Kapitel 4).

3.2.4. *Anreizeffekt*

3.2.4.1. Allgemeine Voraussetzungen

(49)   Umwelt- und Energiebeihilfen können nur dann mit dem Binnenmarkt vereinbar befunden werden, wenn sie einen Anreizeffekt haben. Ein Anreizeffekt liegt vor, wenn die Beihilfe den Empfänger veranlasst, sein Verhalten dahin gehend zu ändern, dass der Umweltschutz oder das Funktionieren eines Energiemarkts mit sicheren, erschwinglichen und nachhaltigen Energien verbessert wird, und diese Verhaltensänderung ohne Beihilfe nicht eingetreten wäre. Die Beihilfe darf weder die Kosten einer Tätigkeit subventionieren, die ein Unternehmen ohnehin zu tragen hätte, noch das übliche Geschäftsrisiko einer Wirtschaftstätigkeit ausgleichen.

([40]) Die Kommission wird insbesondere darauf achten, dass Beihilfen für die Sanierung schadstoffbelasteter Standorte nur gewährt werden dürfen, wenn der Verursacher — d. h. die Person, die nach den in jedem Mitgliedstaat unbeschadet der Umwelthaftungsrichtlinie (Richtlinie 2004/35/EG) und anderer einschlägiger EU-Regelungen anwendbaren Rechtsvorschriften haftet — nicht ermittelt oder nicht nach dem Verursacherprinzip für die Finanzierung der Sanierung haftbar gemacht werden kann.

([41]) Wenn die künftige Entwicklung der Kosten und Einnahmen schwer vorherzusehen ist und eine Informationsasymmetrie vorliegt, kann es für die zuständige Behörde aber auch von Interesse sein, den Ausgleich nicht vollständig ex ante, sondern teils ex ante und teils ex post (zum Beispiel durch Rückforderungsmechanismen, die die Aufteilung unvorhergesehener Gewinne ermöglichen) festzulegen.

(50)   Die Kommission schließt einen Anreizeffekt aus, wenn mit den Arbeiten an dem beihilfefähigen Vorhaben bereits vor der Einreichung des Beihilfeantrags bei den nationalen Behörden begonnen wurde. Wenn mit der Durchführung des Vorhabens bereits vor der Einreichung des Beihilfeantrags begonnen wurde, werden für dieses Vorhaben gewährte Beihilfen nicht als mit dem Binnenmarkt vereinbar angesehen.

(51)   Die Mitgliedstaaten müssen ein Antragsformular für Beihilfen einführen und verwenden. Das Antragsformular muss mindestens folgende Angaben enthalten: den Namen des Antragstellers und die Größe des Unternehmens, eine Beschreibung des Vorhabens einschließlich des Standorts sowie des Beginns und Abschlusses des Vorhabens, den für die Durchführung benötigten Beihilfebetrag und die beihilfefähigen Kosten. Der Beihilfeempfänger muss in seinem Antrag die Situation beschreiben, die ohne Beihilfe bestehen würde; diese Situation wird kontrafaktische Fallkonstellation oder Alternativszenario bzw. alternatives Vorhaben genannt. Große Unternehmen müssen ihre Ausführungen im Antragsformular zur kontrafaktischen Fallkonstellation durch Unterlagen belegen.

(52)   Die Bewilligungsbehörde muss nach Eingang eines Antrags die Plausibilität der kontrafaktischen Fallkonstellation prüfen und bestätigen, dass die Beihilfe den erforderlichen Anreizeffekt hat. Eine kontrafaktische Fallkonstellation ist plausibel, wenn sie unverfälscht die Faktoren wiedergibt, die zum Zeitpunkt der Investitionsentscheidung des Beihilfeempfängers maßgeblich waren. Die Voraussetzungen der Randnummern (51) und (51) müssen nicht erfüllt sein, wenn die Beihilfen im Rahmen einer Ausschreibung gewährt werden.

Umwelt-
schutz-L

Anreizeffekt und Anpassung an Unionsnormen

(53)   Die Kommission ist der Auffassung, dass eine Beihilfe zur Anpassung an künftige Unionsnormen grundsätzlich einen Anreizeffekt hat, auch wenn die Norm bereits angenommen, aber noch nicht in Kraft ist. In diesem Fall hat die Beihilfe jedoch nur dann einen Anreizeffekt, wenn sie einen Anreiz schafft, die Investition lange vor Inkrafttreten der Norm zu tätigen. Bei Beihilfen für die Anpassung an bereits angenommene, aber noch nicht in Kraft getretene Unionsnormen wird von einem Anreizeffekt ausgegangen, wenn die Investition spätestens ein Jahr vor Inkrafttreten der Norm durchgeführt und abgeschlossen wird.

(54)   Als weitere Ausnahme von Randnummer (54) gilt, dass ein Anreizeffekt vorliegen kann, wenn eine Beihilfe gewährt wird, um

a) neue Fahrzeuge für den Straßen-, Schienen-, Binnenschifffahrts- und Seeverkehr zu erwerben, die den angenommenen Unionsnormen entsprechen, sofern die Fahrzeuge vor Inkrafttreten dieser Normen angeschafft werden und diese Normen, sobald sie verbindlich sind, nicht für bereits erworbene Fahrzeuge gelten, oder

b) vorhandene Fahrzeuge für den Straßen-, Schienen-, Binnenschifffahrts- und Seeverkehr umzurüsten, sofern die Unionsnormen zum Zeitpunkt ihrer Inbetriebnahme noch nicht in Kraft waren und, sobald sie verbindlich sind, nicht für diese Fahrzeuge gelten.

(55)   Nach Auffassung der Kommission leisten Beihilfen zur Förderung von Investitionen, mit deren Hilfe der Beihilfeempfänger über die geltenden Unionsnormen hinausgehende Maßnahmen ergreifen kann, einen positiven Beitrag zu den Umwelt- oder Energiezielen. Damit die Mitgliedstaaten nicht davon abgehalten werden, verbindliche nationale Normen festzulegen, die strenger sind als die entsprechenden Unionsnormen, liegt ein solcher positiver Beitrag unabhängig davon vor, ob es verbindliche nationale Normen gibt, die strenger sind als die Unionsnormen. Dies gilt zum Beispiel für Maßnahmen zur Verbesserung der Wasser- und Luftqualität, die über die verbindlichen Unionsnormen hinausgehen. Ein solcher positiver Beitrag liegt auch dann vor, wenn verbindliche nationale Normen festgelegt wurden, ohne dass entsprechende Unionsnormen bestehen.

Anreizeffekt und Energieaudits

(56)   Nach der Richtlinie 2012/27/EU ([42]) („Energieeffizienzrichtlinie") sind große Unternehmen verpflichtet, sich alle vier Jahre einem Energieaudit zu unterziehen. Daher können Beihilfen für Energieaudits bei großen Unternehmen nur insoweit einen Anreizeffekt haben, als sie und nicht der Ausgleich für ein nach der Energieeffizienzrichtlinie vorgeschriebenes Energieaudit dienen. Da diese Verpflichtung nicht für KMU gilt, können staatliche Beihilfen, die KMU für die Durchführung eines Energieaudits gewährt werden, einen Anreizeffekt haben.

(57)   Mit der vorstehenden Randnummer wird der Würdigung des Anreizeffekts staatlicher Beihilfen für Energieeffizienzmaßnahmen, die aufgrund eines Energieaudits durchgeführt werden bzw. durchgeführt werden müssen, oder für Energieeffizienzmaßnahmen, die sich aus anderen Instrumenten (z. B. Energiemanagement- oder Umweltmanagementsystemen) ergeben, in keiner Weise vorgegriffen.

([42])   Richtlinie 2012/27/EU des Europäischen Parlaments und des Rates vom 25. Oktober 2012 zur Energieeffizienz, zur Änderung der Richtlinien 2009/125/EG und 2010/30/EU und zur Aufhebung der Richtlinien 2004/8/EG und 2006/32/EG (ABl. L 315 vom 14.11.2012, S. 1).

3.2.4.2. Zusätzliche Voraussetzungen für einzeln anzumeldende Beihilfen

(58) Bei einzeln anzumeldenden Maßnahmen müssen die Mitgliedstaaten der Kommission einen vollständigen Nachweis für den Anreizeffekt der Beihilfe erbringen. Sie müssen eindeutig belegen, dass die Beihilfe tatsächlich die Investitionsentscheidung dahin gehend beeinflusst, dass der Beihilfeempfänger sein Verhalten ändert und den Umweltschutz verbessert oder dass dies zu einem besser funktionierenden Energiemarkt der Union führt. Damit eine umfassende Würdigung möglich ist, muss der Mitgliedstaat nicht nur Angaben zum geförderten Vorhaben machen, sondern auch eine ausführliche Beschreibung der kontrafaktischen Fallkonstellation, in der kein Mitgliedstaat dem Empfänger eine Beihilfe gewährt, vorlegen.

(59) Die Vorteile neuer Investitionen oder Produktionsmethoden sind in der Regel nicht auf ihre direkten Auswirkungen auf die Umwelt oder den Energiemarkt beschränkt. Sie können auch in Produktionsvorteilen ([43]) bestehen, während die Risiken vor allem in der Ungewissheit liegen, ob die tatsächliche Rentabilität der Investition den Erwartungen entsprechen wird.

(60) Der Anreizeffekt muss grundsätzlich durch eine Analyse der kontrafaktischen Fallkonstellation ermittelt werden, bei der der voraussichtliche Umfang der geplanten Tätigkeit mit und ohne Beihilfe verglichen wird. Dabei wird vor allem die Rentabilität des Vorhabens ohne Beihilfe geprüft, um festzustellen, ob das Unternehmen bei Durchführung des alternativen Vorhabens deutlich geringere Gewinne erwirtschaften würde.

(61) In diesem Zusammenhang kann das Rentabilitätsniveau mithilfe branchenüblicher Methoden festgestellt werden, z. B. Methoden zur Feststellung des Kapitalwerts (*net present value* — NPV) ([44]), des internen Zinsfußes (*internal rate of return* — IRR) ([45]) oder der durchschnittlichen Kapitalrendite (*return on capital employed* — ROCE) des Vorhabens. Die Rentabilität des Projekts ist mit den normalen Renditesätzen zu vergleichen, die das Unternehmen bei anderen, ähnlichen Investitionsvorhaben zugrunde legt. Wenn diese Sätze nicht verfügbar sind, ist die Rentabilität des Vorhabens mit den Kapitalkosten des Unternehmens insgesamt oder den in der Branche üblichen Renditen zu vergleichen.

(62) Wenn keine spezifische kontrafaktische Fallkonstellation bekannt ist, kann von einem Anreizeffekt ausgegangen werden, wenn eine Finanzierungslücke besteht, d. h., wenn die Investitionskosten höher sind als der Kapitalwert der durch die Investition ermöglichten Betriebseinnahmen, die nach dem vorab erstellten Geschäftsplan zu erwarten waren.

(63) Die Mitgliedstaaten sollten sich auf aktuelle, relevante und zuverlässige Nachweise stützen wie offizielle Vorstandsunterlagen, Kreditausschussberichte, Risikobewertungen, Finanzberichte, interne Geschäftspläne, Sachverständigengutachten und Studien zu dem zu prüfenden Investitionsvorhaben. Unterlagen, die Angaben zu Nachfrage-, Kosten- und Finanzprognosen enthalten, einem Investitionsausschuss vorgelegte Unterlagen, in denen verschiedene Investitionsszenarios untersucht werden, sowie Finanzinstituten vorgelegte Unterlagen könnten ebenfalls zur Prüfung des Anreizeffekts herangezogen werden.

(64) Um sicherzustellen, dass der Anreizeffekt objektiv ermittelt wird, kann die Kommission Daten des betreffenden Unternehmens mit Branchendaten vergleichen (sogenanntes Benchmarking). Die Mitgliedstaaten sollten nach Möglichkeit Branchendaten vorlegen, die belegen, dass die kontrafaktische Fallkonstellation des Unternehmens sowie seine Angaben zur erforderlichen Rentabilität und zu den erwarteten Zahlungsströmen stichhaltig sind.

(65) In Fällen, in denen für ein Unternehmen bei Gewährung einer Beihilfe möglicherweise ein Anreiz für die Durchführung eines Vorhabens besteht, selbst wenn bei dem geförderten Vorhaben nicht die normalerweise erforderliche Rentabilität erreicht wird, kann die Kommission einen Anreizeffekt feststellen. Dies könnte beispielsweise gerechtfertigt sein, wenn das Vorhaben weiter reichende Vorteile bietet, die sich jedoch nicht in seiner Rendite niederschlagen. Unter solchen Umständen sind die Nachweise für das Vorliegen eines Anreizeffekts besonders wichtig.

([43]) Produktionsvorteile, die den Anreizeffekt mindern, sind Kapazitäts-, Produktivitäts- und Effizienzsteigerungen oder Qualitätsverbesserungen. Andere Vorteile, die sich auf das Produktimage oder die Kennzeichnung des Produktionsverfahrens beziehen, können den Anreizeffekt insbesondere auf Märkten schwächen, auf denen der Wettbewerbsdruck dazu führt, dass ein hohes Umweltschutzniveau aufrechterhalten wird.

([44]) Der Kapitalwert (NPV) eines Vorhabens ist die Differenz zwischen den während der Lebensdauer der Investition anfallenden positiven und negativen Zahlungsströmen, die auf ihren Barwert abgezinst werden (in der Regel auf der Grundlage der Kapitalkosten), d. h. auf die normalen Renditesätze, die das betreffende Unternehmen bei anderen, ähnlichen Investitionsvorhaben zugrunde legt. Wenn diese Benchmark nicht verfügbar ist, können die Kapitalkosten des Unternehmens insgesamt oder die in der Branche üblichen Renditen als Benchmark herangezogen werden.

([45]) Der interne Zinsfuß (IRR) basiert nicht auf bilanzierten Gewinnen in einem bestimmten Jahr, sondern berücksichtigt die künftigen Zahlungsströme, mit denen der Investor während der gesamten Lebensdauer der Investition rechnet. Der interne Zinsfuß ist definiert als der Diskontierungssatz, bei dem der Kapitalwert mehrerer Zahlungsströme null beträgt.

33. Umweltschutz-L

(66) Wenn sich ein Unternehmen an eine nationale Norm anpasst, die über Unionsnormen hinausgeht oder angenommen wurde, ohne dass entsprechende Unionsnormen bestehen, prüft die Kommission, ob der Beihilfeempfänger durch den damit verbundenen Kostenanstieg erheblich belastet und nicht in der Lage wäre, die mit der sofortigen Umsetzung nationaler Normen verbundenen Kosten zu tragen.

(67) Die Kommission kann allerdings auch zu dem Ergebnis gelangen, dass bei Investitionen, mit denen Unternehmen über die Mindestanforderungen von Unionsnormen hinausgehen, kein Anreizeffekt besteht, insbesondere wenn solche Investitionen den auf dem Markt verfügbaren technischen Mindeststandards entsprechen.

(68) Wenn die Beihilfe das Verhalten des Beihilfeempfängers nicht dahin gehend ändert, dass er zusätzliche Tätigkeiten aufnimmt, bietet sie keinen Anreiz für ein umweltfreundlicheres Verhalten in der Union oder eine Verbesserung des Funktionierens des europäischen Energiemarkts. Daher werden Beihilfen nicht genehmigt, wenn sich zeigt, dass dieselben Tätigkeiten auch ohne Beihilfe ausgeübt würden.

3.2.5. Angemessenheit der Beihilfe

3.2.5.1. Allgemeine Voraussetzungen

Umwelt-schutz-L

(69) Umwelt- und Energiebeihilfen werden als angemessen betrachtet, wenn der Beihilfebetrag pro Beihilfeempfänger auf das zur Verwirklichung des angestrebten Umwelt- oder Energieziels erforderliche Minimum beschränkt ist.

(70) In der Regel wird eine Beihilfe als auf das erforderliche Minimum beschränkt angesehen, wenn sie den Nettokosten entspricht, die im Vergleich zur kontrafaktischen Fallkonstellation ohne Beihilfe zusätzlich anfallen, um das Ziel zu verwirklichen. Diese Nettomehrkosten bestimmen sich anhand der Differenz zwischen dem wirtschaftlichen Nutzen und den Kosten (einschließlich Investitionen und Betrieb) des unterstützten Vorhabens und den Kosten des Investitionsvorhabens, das das Unternehmen ohne Beihilfe durchführen würde (d. h. der kontrafaktischen Fallkonstellation).

(71) Der einem Unternehmen aus einer zusätzlichen Investition erwachsende wirtschaftliche Nutzen lässt sich allerdings nur schwerlich in vollem Umfang erfassen [46]. Deshalb könnte im Falle von Maßnahmen, die nicht einzeln geprüft werden müssen, eine vereinfachte Methode zugrunde gelegt werden, die sich auf die Berechnung der Investitionsmehrkosten konzentriert und die Betriebseinnahmen und -kosten nicht berücksichtigt. Maßnahmen, die nicht einzeln geprüft werden müssen, werden als angemessen angesehen, wenn der Beihilfebetrag die Beihilfehöchstintensität, d. h. einen bestimmten Prozentsatz der unter den Randnummern (72) bis (76) definierten beihilfefähigen Kosten, nicht überschreitet. Diese Beihilfehöchstintensitäten dienen gleichzeitig als Beihilfeobergrenzen für anmeldepflichtige Maßnahmen.

Beihilfefähige Kosten

(72) Beihilfefähig sind bei Umweltbeihilfen die Mehrkosten der Investitionen in materielle und/oder immaterielle Vermögenswerte, die direkt mit der Verwirklichung des gemeinsamen Ziels zusammenhängen.

(73) Die beihilfefähige Kosten werden wie folgt ermittelt:

a) Wenn die Kosten der Verwirklichung eines Ziels von gemeinsamem Interesse in den Gesamtinvestitionskosten als getrennte Investition ausgewiesen werden können, z. B. weil bei einer bereits existierenden Anlage das „grüne" Element leicht als „zusätzliche Komponente" zu identifizieren ist, dann sind die Kosten für diese getrennte Investition die beihilfefähigen Kosten [47].

b) In allen anderen Fällen sind die beihilfefähigen Kosten die Investitionsmehrkosten, die durch einen Vergleich der geförderten Investition mit der kontrafaktischen Fallkonstellation ohne Beihilfe ermittelt werden. Grundsätzlich kann auf die Kosten einer technisch vergleichbaren Investition [48] Bezug genommen werden, die ohne Beihilfe tatsächlich durchgeführt werden könnte [49], das Ziel von gemeinsamem Interesse aber nicht oder nur bis zu einem gewissen Grad verwirklicht.

---

[46] So sind bestimmte Vorteile (z. B. ein „grüneres" Image aufgrund einer Umweltschutzinvestition) nicht einfach zu messen.
[47] Bei Maßnahmen zur Sanierung schadstoffbelasteter Standorte entsprechen die beihilfefähigen Kosten den Kosten der Sanierungsarbeiten abzüglich der Wertsteigerung des Standorts (siehe Anhang 2).
[48] Eine technisch vergleichbare Investition ist eine Investition mit derselben Produktionskapazität und denselben technischen Merkmalen (mit Ausnahme jener Merkmale, die sich direkt auf die Mehrinvestition für das angestrebte Ziel beziehen).
[49] Eine solche Referenzinvestition muss aus betriebswirtschaftlicher Sicht eine überzeugende Alternative zu der geprüften Investition bilden.

(74)   Anhang 2 enthält eine Liste von kontrafaktischen Fallkonstellationen bzw. Erläuterungen zur Berechnung der beihilfefähigen Kosten, die auf ähnliche Fälle übertragbar sind. Die Kommission kann andere kontrafaktische Fallkonstellationen akzeptieren, sofern sie von dem Mitgliedstaat hinreichend begründet werden.

(75)   Bei Maßnahmen zur Unterstützung von integrierten Vorhaben (z. B. integrierten Energieeffizienzmaßnahmen oder Biogas-Vorhaben) kann sich die Ermittlung der kontrafaktischen Fallkonstellation als schwierig erweisen. Wenn keine überzeugende kontrafaktische Fallkonstellation ermittelt werden kann, ist die Kommission bereit, alternativ die Gesamtkosten des Vorhabens heranzuziehen, was jedoch geringere Beihilfeintensitäten bedeuten kann, da der unterschiedlichen Berechnung der beihilfefähigen Kosten Rechnung getragen werden muss.

(76)   Bei Vorhaben zur Förderung energieeffizienter Fernwärme- oder Fernkältesysteme gelten die Randnummern (73) bis (75) für den Bau der Erzeugungsanlagen. Für den Bau des Netzes wird jedoch, ähnlich wie bei der Prüfung von Energieinfrastrukturen, die Finanzierungslücke zugrunde gelegt.

Beihilfehöchstintensitäten

(77)   Im Interesse der Berechenbarkeit und der Wahrung gleicher Wettbewerbsbedingungen wendet die Kommission die in Anhang 1 aufgeführten Beihilfehöchstintensitäten an. Diese Beihilfehöchstintensitäten spiegeln zum einen die Erforderlichkeit staatlicher Maßnahmen entsprechend dem Ausmaß des Marktversagens und zum andern die zu erwartende Verfälschung von Wettbewerb und Handel wider.

(78)   Für bestimmte Arten von Beihilfen oder bei Investitionen in einem Fördergebiet können höhere Beihilfeintensitäten zulässig sein, die Beihilfeintensität darf jedoch keinesfalls 100 % der beihilfefähigen Kosten übersteigen. Höhere Beihilfeintensitäten können in folgenden Fällen zulässig sein:

a) Die Beihilfeintensität kann bei Energie- und Umweltinvestitionen in Fördergebieten nach Artikel 107 Absatz 3 Buchstabe a AEUV um 15 Prozentpunkte und bei Energie- und Umweltinvestitionen in Fördergebieten nach Artikel 107 Absatz 3 Buchstabe c AEUV um 5 Prozentpunkte erhöht werden. In Anbetracht der Nachteile, mit denen diese Fördergebiete leben müssen und die ein Hindernis für Umwelt- und Energieinvestitionen darstellen könnten, erachtet die Kommission diese Erhöhungen als gerechtfertigt.

b) Die Beihilfeintensität kann bei mittleren Unternehmen um 10 Prozentpunkte und bei kleinen Unternehmen um 20 Prozentpunkte erhöht werden. Auch bei kleinen und mittleren Unternehmen, denen einerseits im Verhältnis zum Umfang ihrer wirtschaftlichen Tätigkeit höhere Kosten für die Verwirklichung von Umwelt- oder Energiezielen entstehen und die andererseits mit unzulänglich funktionierenden Kapitalmärkten konfrontiert sind, die sie zwingen, derartige Kosten selbst zu tragen, können höhere Beihilfeintensitäten gerechtfertigt sein, da die Gefahr erheblicher Verfälschungen von Wettbewerb und Handel bei einem kleinen oder mittleren Unternehmen geringer ist.

c) Im Falle von Beihilfen für Öko-Innovationen, die einem doppelten Marktversagen (d. h. einem Marktversagen in Bezug auf das innovationsbedingte höhere Risiko und einem Marktversagen in Bezug auf den Umweltschutz) entgegenwirken sollen, können höhere Beihilfeintensitäten unter bestimmten Voraussetzungen ebenfalls gerechtfertigt sein. Dies gilt insbesondere für Maßnahmen zur Verbesserung der Ressourceneffizienz. Die Beihilfeintensität kann um 10 Prozentpunkte erhöht werden, wenn alle folgenden Voraussetzungen erfüllt sind:

i. Der öko-innovative Vermögenswert oder das öko-innovative Vorhaben muss gemessen am Stand der Technik in dem betreffenden Wirtschaftszweig der Union eine Neuheit sein oder eine wesentliche Verbesserung darstellen [50].

---

[50] Die Mitgliedstaaten können die Neuheit z. B. anhand einer genauen Beschreibung der Innovation und der Marktbedingungen für die Einführung oder Verbreitung der Innovation nachweisen, bei der diese mit dem Stand der Verfahren oder betrieblichen Techniken verglichen wird, die im Allgemeinen von anderen Unternehmen der Branche angewandt werden.

ii. Der erwartete Nutzen für die Umwelt muss deutlich höher sein als die Verbesserung, die aus der allgemeinen Entwicklung des Stands der Technik bei vergleichbaren Tätigkeiten resultiert ([51]).

iii. Mit dem öko-innovativen Charakter der Vermögenswerte oder Vorhaben muss ein eindeutiges Risiko in technologischer, marktbezogener oder finanzieller Hinsicht verbunden sein, das höher ist als das Risiko, das im Allgemeinen mit vergleichbaren nicht innovativen Vermögenswerten oder Vorhaben verbunden ist ([52]).

(79)   Die Kommission wird deshalb Beihilfen als mit dem Binnenmarkt vereinbar ansehen, wenn die beihilfefähigen Kosten korrekt berechnet und die in Anhang 1 aufgeführten Beihilfehöchstintensitäten eingehalten sind.

(80)   Wenn die Beihilfe im Rahmen einer Ausschreibung anhand eindeutiger, transparenter und diskriminierungsfreier Kriterien gewährt wird, kann der Beihilfebetrag 100 % der beihilfefähigen Kosten erreichen ([53]). Die Ausschreibung darf nicht diskriminierend sein und muss die Beteiligung einer ausreichend großen Zahl von Unternehmen gewährleisten. Darüber hinaus muss die Mittelausstattung der Ausschreibung ein verbindlicher Höchstwert sein, was bedeutet, dass nicht allen Teilnehmern eine Beihilfe gewährt werden kann. Außerdem ist die Beihilfe auf der Grundlage des ursprünglichen Angebots des Bieters und keinesfalls auf der Grundlage anschließender Verhandlungen zu gewähren.

3.2.5.2. Kumulierung von Beihilfen

(81)   Beihilfen können auf der Grundlage mehrerer Beihilferegelungen gleichzeitig gewährt oder mit Ad-hoc-Beihilfen kumuliert werden, sofern der Gesamtbetrag der staatlichen Beihilfen für eine Tätigkeit oder ein Vorhaben die in diesen Leitlinien festgesetzten Beihilfeobergrenzen nicht übersteigt. Unionsmittel, die von der Kommission zentral verwaltet werden und nicht direkt oder indirekt der Kontrolle des Mitgliedstaats unterstehen ([54]), stellen keine staatliche Beihilfe dar. Werden solche Unionsmittel mit staatlichen Beihilfen kombiniert, dann müssen bei der Feststellung, ob die Anmeldeschwellen und Beihilfehöchstintensitäten eingehalten wurden, nur die staatlichen Beihilfen berücksichtigt werden, sofern die für dieselben beihilfefähigen Kosten insgesamt gewährten öffentlichen Mittel die in den einschlägigen Bestimmungen des Unionsrechts festgelegten Höchstförderquoten nicht überschreiten.

(82)   In Bezug auf dieselben beihilfefähigen Kosten dürfen Beihilfen nicht mit De-minimis-Beihilfen kumuliert werden, wenn dadurch die nach diesen Leitlinien zulässige Höchstintensität überschritten würde.

3.2.5.3. Zusätzliche Voraussetzungen für einzeln anzumeldende Investitions- und Betriebsbeihilfen

(83)   Bei Einzelbeihilfen reicht die Einhaltung der in diesem Abschnitt und in Anhang 1 festgelegten Beihilfehöchstintensitäten nicht aus, um die Angemessenheit der Beihilfe zu gewährleisten. Diese Beihilfehöchstintensitäten dienen als Obergrenzen für Einzelbeihilfen ([55]).

(84)   In der Regel gelten einzeln anzumeldende Beihilfen als auf das erforderliche Minimum beschränkt, wenn der Beihilfebetrag den Nettokosten der geförderten Investition entspricht, die im Vergleich zur kontrafaktischen Fallkonstellation ohne Beihilfe zusätzlich anfallen. Alle relevanten Kosten und Vorteile müssen für die gesamte Lebensdauer des Vorhabens berücksichtigt werden.

(85)   Wenn kein spezifisches Vorhaben als kontrafaktische Fallkonstellation gefunden werden kann, prüft die Kommission, ob der Beihilfebetrag das für eine rentable Umsetzung des geförderten Vorhabens erforderliche Minimum übersteigt, z. B. ob der IRR über den normalen Renditesätzen liegt, die das betreffende Unternehmen in anderen, ähnlichen Investitionsvorhaben zugrunde legt. Wenn diese Benchmark nicht verfügbar ist, können die Kapitalkosten des Unternehmens insgesamt oder die in der Branche üblichen Renditen als Benchmark herangezogen werden.

([51]) Können bei der Prüfung quantitative Parameter herangezogen werden, um öko-innovative Tätigkeiten mit konventionellen, nicht innovativen Tätigkeiten zu vergleichen, bedeutet „deutlich höher", dass die von der Öko-Innovation erwartete marginale Verbesserung in Form einer geringeren Umweltgefährdung oder -belastung oder einer effizienteren Energie- oder Ressourcennutzung mindestens doppelt so hoch sein sollte wie die marginale Verbesserung, die allgemeine Entwicklung vergleichbarer nicht innovativer Tätigkeiten erwarten lässt.
Ist diese Vorgehensweise in einem bestimmten Fall nicht geeignet oder ist ein quantitativer Vergleich nicht möglich, sollte der Anmeldung der betreffenden Beihilfe eine ausführliche Beschreibung der Methode beigefügt werden, nach der dieses Kriterium beurteilt werden kann, wobei diese Methode vergleichbaren Anforderungen genügen muss wie der hier vorgeschlagene Vorgehensweise.

([52]) Die Mitgliedstaaten können dieses Risiko z. B. anhand des Verhältnisses der Kosten zum Umsatz des Unternehmens, des Zeitaufwands für die Entwicklung, der erwarteten Gewinne aus der Öko-Innovation im Vergleich zu den Kosten sowie der Wahrscheinlichkeit eines Fehlschlags nachweisen.

([53]) Unter diesen Umständen kann davon ausgegangen werden, dass die jeweiligen Angebote alle Vorteile berücksichtigen, die aus der zusätzlichen Investition erwachsen könnten.

([54]) Zum Beispiel Zuwendungen auf der Grundlage des Beschlusses 2010/670/EU der Kommission (ABl. L 290 vom 6.11.2010, S. 39) (NER-300-Finanzierung), der Verordnung (EU) Nr. 1233/2010 zur Änderung der Verordnung (EG) Nr. 663/2009 (ABl. L 346 vom 30.12.2010, S. 5) (EEPR-Finanzierung) oder im Rahmen von Horizont 2020 oder COSME.

([55]) Bei der Gewährung von Ad-hoc-Beihilfen wird durch einen Vergleich mit einschlägigen Branchendaten eine Obergrenze ermittelt, die einer Obergrenze für auf der Grundlage einer Regelung gewährte einzeln anzumeldende Beihilfen entspricht.

(86)   Der Mitgliedstaat muss nachweisen, dass der Beihilfebetrag auf das erforderliche Minimum beschränkt ist. Die für die Analyse des Anreizeffekts verwendeten Berechnungen können auch bei der Prüfung der Angemessenheit der Beihilfe zugrunde gelegt werden. Der Mitgliedstaat muss die Angemessenheit anhand der unter Randnummer (63) genannten Unterlagen nachweisen.

(87)   Bei Betriebsbeihilfen, die im Rahmen einer Ausschreibung gewährt werden, wird von der Angemessenheit der Einzelbeihilfe ausgegangen, wenn die allgemeinen Voraussetzungen erfüllt sind.

3.2.6. Vermeidung übermäßiger negativer Auswirkungen auf Wettbewerb und Handel

3.2.6.1. Allgemeine Erwägungen

(88)   Staatliche Beihilfen können als mit dem Binnenmarkt vereinbar erachtet werden, wenn die negativen Auswirkungen — beihilfebedingte Wettbewerbsverfälschungen und Beeinträchtigungen des Handels zwischen Mitgliedstaaten — begrenzt sind und die positiven Auswirkungen — Beitrag zu dem Ziel von gemeinsamem Interesse — überwiegen.

(89)   Aus der Sicht der Kommission ist zwischen zwei grundlegenden beihilfebedingten Wettbewerbsverfälschungen zu unterscheiden: Verfälschungen auf dem Produktmarkt und Auswirkungen auf den Standort. Beides kann zu Allokationsineffizienzen, die die Wirtschaftsleistung des Binnenmarkts beeinträchtigen, und zu Distributionsproblemen, die sich auf die Verteilung der Wirtschaftstätigkeiten auf die Gebiete auswirken, führen.

(90)   Umweltbeihilfen werden naturgemäß häufig umweltfreundliche Produkte und Technologien gegenüber Alternativen, die die Umwelt stärker belasten, begünstigen; diese Auswirkung der Beihilfe wird jedoch in der Regel nicht als übermäßige Verfälschung des Wettbewerbs betrachtet, da sie in dem eigentlichen Ziel der Beihilfe, der Ökologisierung der Wirtschaft, begründet liegt. Wenn die Kommission eine Umweltbeihilfe auf mögliche negative Auswirkungen prüft, wird sie die gesamten Auswirkungen der Maßnahme auf die Umwelt, d. h. auch die negativen Auswirkungen auf die Marktstellung und somit auf die Gewinne von Unternehmen, die die Maßnahme nicht in Anspruch nehmen können, berücksichtigen. Dabei wird die Kommission insbesondere die verfälschenden Auswirkungen auf Wettbewerber berücksichtigen, die ebenfalls, aber ohne Beihilfen, umweltfreundlich arbeiten. Je geringer der voraussichtliche umweltentlastende Effekt der betreffenden Maßnahme ist, desto wichtiger ist die Prüfung ihrer Auswirkungen auf die Marktanteile und Gewinne der Wettbewerber.

(91)   Ein potenziell schädigender Effekt von Umwelt- und Energiebeihilfen besteht darin, dass sie die Marktmechanismen daran hindern, selbst effiziente Ergebnisse hervorzubringen, indem sie entweder die effizientesten und innovativsten Hersteller belohnen oder aber Druck auf die am wenigsten effizienten Produzenten ausüben und sie dadurch zu Verbesserungen, Umstrukturierungen oder zum Ausscheiden aus dem Markt bewegen. So können Beihilfen dazu führen, dass Unternehmen, die effizienter oder innovativer sind als die Beihilfeempfänger (z. B. Wettbewerber mit einer anderen und möglicherweise sogar noch saubereren Technologie), am Markteintritt oder einer Expansion gehindert werden. Langfristig könnte ein Eingreifen in ein System, in dem Markteintritte und -austritte von der Wettbewerbsfähigkeit abhängen, Innovation hemmen und branchenweite Produktivitätsverbesserungen verzögern.

(92)   Beihilfen können auch durch Stärkung bzw. Wahrung erheblicher Marktmacht des Beihilfeempfängers eine verfälschende Wirkung haben. Selbst wenn Beihilfen eine erhebliche Marktmacht nicht direkt stärken, kann dies indirekt geschehen, indem die Expansion eines Wettbewerbers erschwert, ein Wettbewerber vom Markt verdrängt oder der Markteintritt eines potenziellen neuen Wettbewerbers blockiert wird.

(93)   Neben Verfälschungen auf den Produktmärkten können Beihilfen auch negative Auswirkungen auf den Handel und die Standortwahl haben. Diese Verfälschungen können über die Grenzen von Mitgliedstaaten hinaus erfolgen, wenn Unternehmen entweder grenzübergreifend miteinander im Wettbewerb stehen oder mehrere Standorte für Investitionen in Betracht ziehen. Beihilfen, die darauf abzielen, eine wirtschaftliche Tätigkeit in einer Region zu halten oder eine wirtschaftliche Tätigkeit aus einer Region innerhalb des Binnenmarkts für eine andere zu gewinnen, führen möglicherweise nicht direkt zu einer Verfälschung auf dem Produktmarkt, sie können aber eine Verlagerung von Tätigkeiten oder Investitionen aus einer Region in andere bedingen, ohne dass damit eine konkreter ökologischer Nutzen verbunden wäre.

33. Umweltschutz-L

Offensichtlich negative Auswirkungen

(94)   Grundsätzlich müssen eine Beihilfemaßnahme und der Kontext, in dem sie angewendet werden soll, analysiert werden, um festzustellen, inwieweit die Maßnahme als wettbewerbsverfälschend zu betrachten ist. In bestimmten Fällen ist jedoch offensichtlich, dass die negativen Auswirkungen die positiven Auswirkungen überwiegen, so dass die Beihilfe nicht als mit dem Binnenmarkt vereinbar angesehen werden kann.

(95)   Die Kommission legt Beihilfehöchstintensitäten fest, deren Einhaltung eine Grundvoraussetzung für die Vereinbarkeit der Beihilfe ist und verhindern soll, dass staatliche Beihilfen in Vorhaben fließen, bei denen der Beihilfebetrag im Verhältnis zu den beihilfefähigen Kosten als sehr hoch erachtet wird und dadurch auch die Gefahr von Wettbewerbsverfälschungen besonders groß scheint.

(96)   Ebenso werden Umwelt- und Energiebeihilfen, die lediglich zu einer Verlagerung des Standorts der wirtschaftlichen Tätigkeit führen, ohne dass sich dadurch der Umweltschutz in den Mitgliedstaaten verbessert, nicht als mit dem Binnenmarkt vereinbar angesehen.

3.2.6.2. Allgemeine Voraussetzungen

(97)   Bei der Prüfung einer Beihilfemaßnahme auf nachteilige Auswirkungen konzentriert sich die Kommission auf Wettbewerbsverfälschungen, die sich aus der vorhersehbaren Auswirkungen der Umwelt- oder Energiebeihilfe auf den Wettbewerb zwischen Unternehmen auf den betroffenen Produktmärkten und auf den Standort der wirtschaftlichen Tätigkeit ergeben. Wenn staatliche Beihilfemaßnahmen gezielt zur Behebung eines bestimmten Marktversagens eingesetzt werden, ist die Gefahr, dass die Beihilfe den Wettbewerb übermäßig verfälscht, eher gering.

(98)   Ist die Beihilfe angemessen und auf die Investitionsmehrkosten begrenzt, dann sind die negativen Auswirkungen der Beihilfe grundsätzlich abgeschwächt. Doch selbst eine Beihilfe, die erforderlich und angemessen ist, kann eine Änderung des Verhaltens der Beihilfeempfänger zur Folge haben, die den Wettbewerb verfälscht. Ein gewinnorientiertes Unternehmen wird in der Regel nur über die verbindlichen Umweltschutzvorgaben hinausgehen, wenn es daraus zumindest einen geringfügigen Vorteil ziehen kann.

(99)   Damit die Verfälschungen von Wettbewerb und Handel auf ein Minimum beschränkt bleiben, misst die Kommission dem Auswahlverfahren besonders große Bedeutung bei. Die Auswahl muss diskriminierungsfrei, transparent und offen getroffen werden und darf nicht unnötigerweise Unternehmen ausschließen, die mit auf dasselbe Umwelt- oder Energieziel ausgerichteten Vorhaben konkurrieren könnten. Das Auswahlverfahren sollte so gestaltet sein, dass diejenigen Beihilfeempfänger ausgewählt werden, die die Umwelt- oder Energieziele mit dem geringsten Beihilfebetrag bzw. am kosteneffizientesten verwirklichen können.

(100)   Die Kommission wird die negativen Auswirkungen der Beihilfe anhand folgender Kriterien bewerten:

a) *Senkung oder Ausgleich der Produktionsstückkosten*: Ermöglicht die neue Anlage [56] eine Senkung der Produktionsstückkosten im Vergleich zu einer kontrafaktischen Fallkonstellation ohne Beihilfe oder gleicht die Beihilfe einen Teil der Betriebskosten aus, so ist es wahrscheinlich, dass der Beihilfeempfänger seinen Absatz steigern wird. Je höher die Preiselastizität eines Produkts ist, desto stärker kann die Beihilfe den Wettbewerb verfälschen.

b) *Neues Produkt*: Kann der Beihilfeempfänger ein neues oder ein höherwertiges Produkt anbieten, so ist es wahrscheinlich, dass er seinen Absatz steigern und möglicherweise einen „Vorreitervorteil" erlangen wird.

3.2.6.3. Zusätzliche Voraussetzungen für einzeln anzumeldende Beihilfen

(101)   Die Mitgliedstaaten müssen sicherstellen, dass die in Abschnitt 3.2.6.2 beschriebenen negativen Auswirkungen so gering wie möglich sind. Zusätzlich zu den in Abschnitt 3.1.6.2 beschriebenen Kriterien wird die Kommission im Falle von Einzelbeihilfen prüfen und berücksichtigen, ob durch die Beihilfe

a) ineffiziente Produktion unterstützt und dadurch der Produktivitätszuwachs in der betreffenden Branche behindert wird;

b) dynamische Anreize verzerrt werden;

c) Marktmacht oder Behinderungsmissbrauch erzeugt oder verstärkt wird;

d) Handelsströme künstlich umgelenkt oder Produktionsstandorte künstlich verlagert werden.

---

(56)   Bei der Berechnung der Investitionsmehrkosten werden möglicherweise nicht alle Einnahmen erfasst, da die Betriebseinnahmen nicht über die gesamte Lebensdauer der Investition in Abzug gebracht werden. Zudem kann es schwierig sein, bestimmte Einnahmen beispielsweise im Zusammenhang mit einer Produktivitäts- oder Produktionssteigerung bei gleichbleibender Kapazität zu berücksichtigen.

(102) Die Kommission kann neben der angemeldeten Maßnahme auch die geplante Einführung anderer Förderregelungen im Energie- und Umweltschutzbereich, die dem Beihilfeempfänger direkt oder indirekt zugutekommen, berücksichtigen, um die kumulativen Auswirkungen der Beihilfen zu ermessen.

(103) Des Weiteren wird Kommission prüfen, ob die Beihilfe dazu führen könnte, dass in bestimmten Gebieten vor allem wegen beihilfebedingt vergleichsweise geringerer Produktionskosten oder wegen beihilfebedingt höherer Produktionsstandards günstigere Produktionsbedingungen herrschen. Dies kann Unternehmen dazu verleiten, ihren Standort in diesen Gebieten beizubehalten oder dorthin zu verlegen oder Handelsströme dorthin umzuleiten. Deshalb wird die Kommission bei der Prüfung anmeldepflichtiger Einzelbeihilfen Nachweise dafür berücksichtigen, dass der Beihilfeempfänger andere Standorte erwogen hat.

3.2.7. Transparenz

(104) Die Mitgliedstaaten müssen sicherstellen, dass folgende Informationen auf nationaler oder regionaler Ebene auf einer ausführlichen Beihilfe-Website veröffentlicht werden: der volle Wortlaut der genehmigten Beihilferegelung oder des Beschlusses zur Gewährung der Beihilfe und ihrer Durchführungsbestimmungen oder ein entsprechender Link, der Name der Bewilligungsbehörde(n), der Name der einzelnen Beihilfeempfänger, die Form und der Betrag der jedem Beihilfeempfänger gewährten Beihilfe, der Tag der Gewährung, die Art des Unternehmens (KMU/großes Unternehmen), die Region (auf NUTS-II-Ebene), in der der Beihilfeempfänger seinen Standort hat, sowie der Hauptwirtschaftszweig (auf Ebene der NACE-Gruppe), in dem der Beihilfeempfänger tätig ist.

(105) Bei Regelungen in Form von Steuervergünstigungen und Beihilfen in Form von Ermäßigungen des Beitrags zur Finanzierung erneuerbarer Energien können die einzelnen Beihilfebeträge in folgenden Spannen (in Mio. EUR) angegeben werden: [0,5-1], [1-2], [2-5], [5-10], [10-30], [30 und mehr].

(106) Die Veröffentlichung dieser Informationen muss nach Erlass des Beschlusses zur Gewährung der Beihilfe erfolgen, mindestens 10 Jahre lang aufrechterhalten werden und ohne Einschränkungen für die Öffentlichkeit zugänglich sein [57]. Die Mitgliedstaaten sind nicht verpflichtet, diese Informationen vor dem 1. Juli 2016 bereitzustellen. Bei Einzelbeihilfen von weniger als 500 000 EUR kann auf die Veröffentlichung dieser Informationen verzichtet werden.

3.3. Beihilfen zur Förderung erneuerbarer Energien

3.3.1. Allgemeine Voraussetzungen für Investitions- und Betriebsbeihilfen für erneuerbare Energien

(107) Die Union hat sich in Bezug auf Klimaschutz und nachhaltige Energieversorgung ehrgeizige Ziele gesetzt, insbesondere im Rahmen ihrer Strategie Europa 2020. Im Hinblick auf diese Ziele wurden bereits mehrere Gesetzgebungsakte der Union erlassen, z. B. das Emissionshandelssystem der Union (EU ETS), die Richtlinie 2009/28/EG [58] („Erneuerbare-Energien-Richtlinie") und die Richtlinie 2009/30/EG [59] („Richtlinie über die Kraftstoffqualität"). Da die Umsetzung dieser Gesetzgebungsakte möglicherweise nicht immer zu dem effizientesten Marktergebnis führt, können sich staatliche Beihilfen unter bestimmten Umständen als geeignetes Instrument für einen Beitrag zur Verwirklichung der Ziele der Union oder damit verbundenen nationalen Ziele erweisen.

(108) Diese Leitlinien gelten zwar nur für den Zeitraum bis 2020, sollten jedoch bereits den Boden für die Verwirklichung der Ziele des 2030-Rahmens bereiten. Insbesondere wird erwartet, dass die etablierten erneuerbaren Energien zwischen 2020 und 2030 im Netz wettbewerbsfähig werden, was bedeutet, dass Subventionen und Befreiungen von der Bilanzausgleichsverantwortung degressiv abgeschafft werden sollten. Im Einklang mit diesem Ziel werden die Leitlinien den Übergang zu einer kosteneffizienten Energieversorgung durch Marktmechanismen gewährleisten.

---

[57] Diese Informationen sind innerhalb von sechs Monaten nach dem Tag der Gewährung (bzw. für Beihilfen in Form von Steuervergünstigungen innerhalb eines Jahres nach dem Tag der Steuererklärung) zu veröffentlichen. Im Falle rechtswidriger Beihilfen sind die Mitgliedstaaten verpflichtet, die Veröffentlichung dieser Informationen nachträglich, spätestens sechs Monate nach dem Tag des Beschlusses der Kommission sicherzustellen. Die Informationen sind in einem Format (z. B. CSV oder XML) bereitzustellen, das es ermöglicht, Daten abzufragen, zu extrahieren und leicht im Internet zu veröffentlichen.

[58] Richtlinie 2009/28/EG des Europäischen Parlaments und des Rates vom 23. April 2009 zur Förderung der Nutzung von Energie aus erneuerbaren Quellen und zur Änderung und anschließenden Aufhebung der Richtlinien 2001/77/EG und 2003/30/EG (ABl. L 140 vom 5.6.2009, S. 16).

[59] Richtlinie 2009/30/EG des Europäischen Parlaments und des Rates vom 23. April 2009 zur Änderung der Richtlinie 98/70/EG im Hinblick auf die Spezifikationen für Otto-, Diesel- und Gasölkraftstoffe und die Einführung eines Systems zur Überwachung und Verringerung der Treibhausgasemissionen sowie zur Änderung der Richtlinie 1999/32/EG des Rates im Hinblick auf die Spezifikationen für von Binnenschiffen gebrauchte Kraftstoffe und zur Aufhebung der Richtlinie 93/12/EWG (ABl. L 140 vom 5.6.2009, S. 88).

33. Umweltschutz-L

(109) Marktinstrumente wie Auktionen oder Ausschreibungen, an denen alle Erzeuger, die Strom aus erneuerbaren Energiequellen erzeugen, unter denselben Bedingungen auf EWR-Ebene teilnehmen können, dürften in der Regel gewährleisten, dass Subventionen mit Blick auf ihr vollständiges Auslaufen auf ein Minimum begrenzt werden.

(110) Angesichts des unterschiedlichen Entwicklungsstands der Technologien für erneuerbare Energien ermöglichen es diese Leitlinien den Mitgliedstaaten jedoch, technologiespezifische Ausschreibungen durchzuführen, um das längerfristige Potenzial einer bestimmten neuen, innovativen Technologie, die Notwendigkeit einer Diversifizierung, Netzeinschränkungen und Fragen der Netzstabilität sowie System(integrations)kosten zu berücksichtigen.

(111) Für Anlagen, bei denen wegen ihrer Größe nicht davon ausgegangen werden kann, dass sie sich für eine Ausschreibung eignen oder die sich in der Demonstrationsphase befinden, sind spezifische Ausnahmen vorgesehen, nach denen die Einbeziehung dieser Anlagen fakultativ ist.

(112) In Anbetracht der Überkapazitäten auf dem Markt für Biokraftstoffe aus Nahrungsmittelpflanzen wird die Kommission Investitionsbeihilfen für Investitionen in neue und vorhandene Kapazitäten für die Herstellung von Biokraftstoffen aus Nahrungsmittelpflanzen als nicht gerechtfertigt ansehen. Investitionsbeihilfen für den Umbau von Anlagen für die Herstellung von Biokraftstoffen aus Nahrungsmittelpflanzen zu Anlagen für die Herstellung fortschrittlicher Biokraftstoffe sind jedoch zur Deckung der Umbaukosten zulässig. Abgesehen von diesem Sonderfall dürfen Investitionsbeihilfen für Biokraftstoffe nur zugunsten fortschrittlicher Biokraftstoffe gewährt werden.

(113) Zur Förderung von Biokraftstoffen aus Nahrungsmittelpflanzen dürfen Investitionsbeihilfen ab Beginn der Anwendung dieser Leitlinien nicht mehr und Betriebsbeihilfen nur noch bis 2020 gewährt werden. Diese Beihilfen können daher nur für Anlagen, die vor dem 31. Dezember 2013 in Betrieb genommen wurden, gewährt werden, bis die Anlage vollständig abgeschrieben ist, längstens jedoch bis 2020.

(114) Zudem geht die Kommission davon aus, dass eine Beihilfe den Umweltschutz nicht verbessert und folglich nicht für mit dem Binnenmarkt vereinbar befunden werden kann, wenn die Beihilfe für Biokraftstoffe gewährt wird, für die eine Liefer- oder Beimischverpflichtung besteht[60], es sei denn, der Mitgliedstaat kann nachweisen, dass die Beihilfe auf nachhaltige Biokraftstoffe begrenzt ist, die zu teuer sind, als dass sie nur mit einer Liefer- oder Beimischverpflichtung auf den Markt kommen würden.

(115) Das EU ETS und die nationalen CO_2-Abgaben internalisieren zwar die Kosten von Treibhausgasemissionen, möglicherweise aber noch nicht vollständig. Staatliche Beihilfen können daher zur Verwirklichung der damit zusammenhängenden, aber davon zu unterscheidenden Ziele der Union für erneuerbare Energien beitragen. Wenn der Kommission keine gegenteiligen Beweise vorliegen, geht sie deshalb davon aus, dass ein gewisses Marktversagen verbleibt, das mithilfe von Beihilfen zur Förderung erneuerbarer Energien behoben werden kann.

(116) Um es den Mitgliedstaaten zu ermöglichen, ihre Ziele im Einklang mit den Europa-2020-Zielen zu verwirklichen, geht die Kommission davon aus, dass die Beihilfe geeignet ist und die beihilfebedingten Wettbewerbsverfälschungen begrenzt sind, sofern alle anderen Voraussetzungen erfüllt sind.

(117) Beihilfen für die Stromerzeugung durch Wasserkraft können zweierlei Auswirkungen haben. Einerseits wirken sie sich aufgrund der geringen Treibhausgasemissionen von Wasserkraftanlagen positiv aus, andererseits können sie negative Auswirkungen auf die Wassersysteme und die biologische Vielfalt haben. Bei der Gewährung von Beihilfen für die Stromerzeugung durch Wasserkraft müssen die Mitgliedstaaten deshalb die Richtlinie 2000/60/EG[61] und insbesondere deren Artikel 4 Absatz 7 berücksichtigen, in dem die Kriterien für die Genehmigung neuer Änderungen an Wasserkörpern festgelegt sind.

(118) Ein Kernprinzip des Abfallrechts der Union ist die sogenannte Abfallhierarchie, nach der die Maßnahmen der Abfallbehandlung in einer bestimmten Rangfolge stehen[62]. Staatliche Beihilfen für erneuerbare Energien, die Abfall (einschließlich Abwärme) als Energiequelle nutzen, können einen positiven Beitrag zum Umweltschutz leisten, sofern das Prinzip der Abfallhierarchie nicht umgangen wird.

---

[60] Es muss eine Verpflichtung zur Belieferung des Marktes mit Biokraftstoffen einschließlich entsprechender Strafen im Falle der Nichterfüllung dieser Verpflichtung bestehen.

[61] Richtlinie 2000/60/EG des Europäischen Parlaments und des Rates vom 23. Oktober 2000 zur Schaffung eines Ordnungsrahmens für Maßnahmen der Gemeinschaft im Bereich der Wasserpolitik (ABl. L 327 vom 22.12.2000, S. 1).

[62] Die Abfallhierarchie besteht aus a) Vermeidung, b) Vorbereitung zur Wiederverwendung, c) Recycling, d) sonstiger Verwertung, z. B. energetischer Verwertung, und e) Beseitigung. Siehe Artikel 4 Absatz 1 der Richtlinie 2008/98/EG des Europäischen Parlaments und des Rates vom 19. November 2008 über Abfälle und zur Aufhebung bestimmter Richtlinien (Abfallrahmenrichtlinie) (ABl. L 312 vom 22.11.2008, S. 3).

(119) Beihilfen für erneuerbare Energien können als Investitions- oder Betriebsbeihilfen gewährt werden. Für Investitionsbeihilferegelungen und einzeln angemeldete Investitionsbeihilfen gelten die Voraussetzungen des Abschnitts 3.2.

(120) Auf Betriebsbeihilferegelungen werden die allgemeinen Bestimmungen des Abschnitts 3.2 in der Fassung der besonderen Bestimmungen dieses Abschnitts angewandt. Für einzeln angemeldete Betriebsbeihilfen gelten die Voraussetzungen des Abschnitts 3.2, wobei gegebenenfalls die in diesem Abschnitt vorgenommenen Änderungen für Betriebsbeihilferegelungen zu berücksichtigen sind.

(121) Die Kommission wird Beihilferegelungen für einen Zeitraum von höchstens zehn Jahren genehmigen. Soll eine solche Maßnahme beibehalten werden, so muss sie für die Zeit nach Ende dieses Zeitraums neu angemeldet werden. Die Laufzeit bestehender und neu angemeldeter Regelungen, die Biokraftstoffe aus Nahrungsmittelpflanzen betreffen, sollte bis 2020 begrenzt werden.

(122) Die Union hat ein allgemeines Unionsziel für den Anteil erneuerbarer Energien am Endenergieverbrauch und auf dieser Grundlage verbindliche nationale Ziele festgelegt. Die Erneuerbare-Energien-Richtlinie sieht Mechanismen der Zusammenarbeit [63] vor, mit denen die grenzübergreifende Unterstützung bei der Verwirklichung nationaler Ziele erleichtert werden soll. Betriebsbeihilferegelungen sollten im Prinzip auch anderen EWR-Staaten und den Vertragsparteien des Vertrags zur Gründung der Energiegemeinschaft offenstehen, um die Verfälschungen des Wettbewerbs insgesamt zu begrenzen. Auf diese Weise werden die Kosten für Mitgliedstaaten, deren einziges Ziel darin besteht, die im Unionsrecht festgeschriebenen nationalen Ziele für erneuerbare Energien zu erfüllen, so gering wie möglich gehalten. Für die Mitgliedstaaten wäre es allerdings von Interesse, zunächst einen Mechanismus für die Zusammenarbeit zu schaffen, bevor sie eine grenzübergreifende Förderung zulassen, da andernfalls die in Anlagen in anderen Ländern erzeugte Energie nicht auf ihre nationalen Ziele nach der Erneuerbare-Energien-Richtlinie angerechnet wird [64]. Die Kommission wird Regelungen, die auch anderen EWR-Staaten und den Vertragsparteien des Vertrags zur Gründung der Energiegemeinschaft offenstehen, positiv bewerten.

(123) Beihilfen für Strom aus erneuerbaren Energiequellen sollten grundsätzlich zur Marktintegration von erneuerbarem Strom beitragen. Bei bestimmten kleinen Anlagentypen könnte dies jedoch möglicherweise nicht machbar oder angemessen sein.

3.3.2. *Betriebsbeihilfen zur Förderung erneuerbarer Energien*

3.3.2.1. Beihilfen zur Förderung von Strom aus erneuerbaren Energiequellen

(124) Um einen Anreiz für die Integration von Strom aus erneuerbaren Energiequellen in den Markt zu schaffen, ist es wichtig, dass die Beihilfempfänger ihren Strom direkt auf dem Markt verkaufen und Marktverpflichtungen unterliegen. Ab dem 1. Januar 2016 müssen alle neuen Beihilferegelungen und sonstigen Beihilfemaßnahmen alle folgenden Voraussetzungen erfüllen:

a) Die Beihilfe wird als Prämie zusätzlich zu dem Marktpreis gewährt, zu dem die Stromerzeuger ihren Strom direkt auf dem Markt verkaufen.

b) Die Beihilfempfänger [65] unterliegen einer Standardbilanzausgleichsverantwortung, es sei denn, es gibt keine liquiden Intraday-Märkte.

c) Es werden Maßnahmen getroffen, um sicherzustellen, dass die Stromerzeuger keinen Anreiz haben, Strom zu negativen Preisen zu erzeugen.

(125) Die unter Randnummer (125) festgelegten Voraussetzungen gelten nicht für Anlagen mit einer installierten Stromerzeugungskapazität von weniger als 500 kW und Demonstrationsvorhaben, ausgenommen Windkraftanlagen, für die als Grenzwert eine installierte Stromerzeugungskapazität von 3 MW oder 3 Erzeugungseinheiten gilt.

**Umwelt-
schutz-L**

---

[63] Mit Mechanismen der Zusammenarbeit wird sichergestellt, dass erneuerbare Energien, die in einem Mitgliedstaat erzeugt wurden, auf das Ziel eines anderen Mitgliedstaats angerechnet werden können.

[64] Die Kommission weist darauf hin, dass zurzeit zwei Rechtssachen beim Gerichtshof anhängig sind, die in diesem Zusammenhang von Bedeutung sein könnten: Essent Belgium/Vlaamse Reguleringsinstantie voor de Elektriciteits- en Gasmarkt, verbundene Rechtssachen C-204/12, C-205/12, C-206/12, C-207/12 und C-208/12, und Ålands Vindkraft/Energimyndigheten, C-573/12.

[65] Die Beihilfempfänger können die Bilanzausgleichsverantwortung von anderen Unternehmen, z. B. Aggregatoren, in ihrem Namen wahrnehmen lassen.

33. Umweltschutz-L

(126) In einer Übergangsphase, die die Jahre 2015 und 2016 umfasst, sollten die Beihilfen für mindestens 5 % der geplanten neuen Kapazitäten für die Erzeugung von Strom aus erneuerbaren Energiequellen im Rahmen einer Ausschreibung anhand eindeutiger, transparenter und diskriminierungsfreier Kriterien gewährt werden.

Ab dem 1. Januar 2017 gilt Folgendes:

Beihilfen werden im Rahmen einer Ausschreibung anhand eindeutiger, transparenter und diskriminierungsfreier Kriterien ([66]) gewährt, es sei denn, die Mitgliedstaaten weisen nach,

a) dass nur ein Vorhaben oder Standort oder nur eine sehr begrenzte Zahl von Vorhaben oder Standorten beihilfefähig wäre oder

b) dass eine Ausschreibung zu einem höheren Förderniveau führen würde (Verzicht auf Ausschreibung z. B. zur Vermeidung strategischen Bietverhaltens) oder

c) dass eine Ausschreibung dazu führen würde, dass nur wenige Vorhaben verwirklicht werden (Verzicht auf Ausschreibung zur Vermeidung der Unterbietung).

Sofern an diesen Ausschreibungen alle Erzeuger, die Strom aus erneuerbaren Energiequellen erzeugen, zu diskriminierungsfreien Bedingungen teilnehmen können, wird die Kommission davon ausgehen, dass die Beihilfe angemessen ist und den Wettbewerb nicht in einem dem Binnenmarkt zuwiderlaufenden Maß verfälscht.

Die Ausschreibung kann auf bestimmte Technologien beschränkt werden, wenn eine allen Erzeugern offenstehende Ausschreibung zu einem suboptimalen Ergebnis führen würde, das durch die Ausgestaltung des Verfahrens vor allem aus folgenden Gründen nicht verhindert werden könnte:

a) längerfristiges Potenzial einer bestimmten neuen, innovativen Technologie oder

b) Notwendigkeit einer Diversifizierung oder

c) Netzeinschränkungen und Netzstabilität oder

d) System(integrations)kosten oder

e) Notwendigkeit, durch die Förderung der Biomasse ([67]) verursachte Wettbewerbsverfälschungen auf den Rohstoffmärkten zu vermeiden.

(127) Für Anlagen mit einer installierten Stromerzeugungskapazität von weniger als 1 MW und Demonstrationsvorhaben, ausgenommen Windkraftanlagen, für die als Grenzwert eine installierte Stromerzeugungskapazität von 6 MW oder 6 Erzeugungseinheiten gilt, können Beihilfen ohne Ausschreibung nach Randnummer (126) gewährt werden.

(128) Wenn keine Ausschreibung durchgeführt wird, gelten die Voraussetzungen der Randnummern (124) und (125) sowie die Voraussetzungen für Betriebsbeihilfen zur Förderung erneuerbarer Energien, ausgenommen Strom aus erneuerbaren Energiequellen, unter Randnummer (131).

(129) Die Beihilfen dürfen nur bis zur vollständigen Abschreibung der Anlage nach den üblichen Rechnungslegungsstandards gewährt werden; bereits erhaltene Investitionsbeihilfen sind von der Betriebsbeihilfe abzuziehen.

(130) Unbeschadet dieser Voraussetzungen können die Mitgliedstaaten raumplanerische Erwägungen berücksichtigen, indem sie beispielsweise verlangen, dass vor der Teilnahme an der Ausschreibung Baugenehmigungen vorgelegt oder Investitionsentscheidungen innerhalb einer bestimmten Frist getroffen werden.

([66]) Für Anlagen, die vor dem 1. Januar 2017 in Betrieb genommen wurden und für die die Beihilfe vor diesem Zeitpunkt vom Mitgliedstaat bestätigt wurde, können Beihilfen auf der Grundlage der zum Zeitpunkt der Bestätigung geltenden Regelung gewährt werden.
([67]) Für neue Anlagen, die Strom aus Biomasse erzeugen, dürfen keine anderen Betriebsbeihilfen gewährt werden, wenn sie von der Ausschreibung ausgenommen werden.

3.3.2.2. Beihilfen zur Förderung erneuerbarer Energien, ausgenommen Strom aus erneuerbaren Energiequellen

(131) Betriebsbeihilfen zur Förderung erneuerbarer Energien, ausgenommen Strom aus erneuerbaren Energiequellen, werden als mit dem Binnenmarkt vereinbar angesehen, sofern alle nachstehenden Voraussetzungen erfüllt sind:

a) Die Beihilfe pro Energieeinheit liegt nicht über der Differenz zwischen den Gesamtgestehungskosten der mit der jeweiligen Technologie erzeugten Energie (*levelized costs of producing energy* — LCOE) und dem Marktpreis der jeweiligen Energieform.

b) Die LCOE können eine normale Kapitalrendite umfassen. Bei der Berechnung der LCOE werden Investitionsbeihilfen vom Gesamtbetrag der Investition abgezogen.

c) Die Erzeugungskosten werden regelmäßig, mindestens jedoch jährlich, aktualisiert.

d) Die Beihilfen werden nur bis zur vollständigen Abschreibung der Anlage nach den üblichen Rechnungslegungsstandards gewährt, um zu verhindern, dass die auf den LCOE beruhende Betriebsbeihilfe die Abschreibung der Investition übersteigt.

3.3.2.3. Beihilfen für bestehende Biomasseanlagen nach deren Abschreibung

(132) Im Unterschied zu den meisten anderen erneuerbaren Energien sind die Investitionskosten bei Biomasse relativ gering; dafür fallen höhere Betriebskosten an. Aufgrund der höheren Betriebskosten besteht jedoch das Risiko, dass eine Biomasseanlage [68] selbst nach Abschreibung der Anlage den Betrieb nicht fortführen kann, da die Betriebskosten höher sein können als die Einnahmen (der Marktpreis). Außerdem könnte der Betrieb einer bestehenden Biomasseanlage mit fossilen Brennstoffen anstelle von Biomasse fortgesetzt werden, wenn der Einsatz fossiler Brennstoffe wirtschaftlich günstiger wäre als der Einsatz von Biomasse. Um in beiden Fällen die Verwendung von Biomasse zu gewährleisten, könnte die Kommission Betriebsbeihilfen auch nach Abschreibung der Anlage für mit dem Binnenmarkt vereinbar erklären.

(133) Die Kommission wird Betriebsbeihilfen für Biomasseanlagen nach deren Abschreibung als mit dem Binnenmarkt vereinbar ansehen, wenn der Mitgliedstaat nachweist, dass die vom Beihilfeempfänger zu tragenden Betriebskosten nach Abschreibung der Anlage nach wie vor höher sind als der Marktpreis der erzeugten Energie, und sofern alle nachstehenden Voraussetzungen erfüllt sind:

a) Die Beihilfen werden ausschließlich auf der Grundlage der erneuerbaren Energien gewährt.

b) Die Maßnahme ist so ausgestaltet, dass sie die Differenz zwischen den Betriebskosten des Beihilfeempfängers und dem Marktpreis ausgleicht.

c) Es gibt einen Monitoringmechanismus, mit dem überprüft werden kann, ob die Betriebskosten nach wie vor höher sind als der Marktpreis der Energie. Dieses Monitoring ist mindestens einmal pro Jahr auf der Grundlage aktueller Informationen zu den Erzeugungskosten vorzunehmen.

(134) Die Kommission wird Betriebsbeihilfen für Biomasseanlagen nach deren Abschreibung als mit dem Binnenmarkt vereinbar ansehen, wenn der Mitgliedstaat nachweist, dass die Verwendung fossiler Brennstoffe unabhängig vom Marktpreis der erzeugten Energie wirtschaftlich günstiger ist als die Verwendung von Biomasse, und sofern alle nachstehenden Voraussetzungen erfüllt sind:

a) Die Beihilfen werden ausschließlich auf der Grundlage der erneuerbaren Energien gewährt.

b) Die Maßnahme ist so ausgestaltet, dass sie die Differenz zwischen den Betriebskosten des Beihilfeempfängers bei Verwendung von Biomasse und bei Verwendung fossiler Brennstoffe ausgleicht.

c) Es liegen überzeugende Nachweise dafür vor, dass ohne die Beihilfe eine Umstellung der Anlage von Biomasse auf fossile Brennstoffe erfolgen würde.

d) Es gibt einen Monitoringmechanismus, mit dem überprüft werden kann, ob die Verwendung fossiler Brennstoffe wirtschaftlich günstiger ist als die Verwendung von Biomasse. Dieses Monitoring ist mindestens einmal pro Jahr auf der Grundlage aktueller Informationen zu den Kosten vorzunehmen.

---

[68] Hierzu zählt auch die Erzeugung von Biogas, die dieselben Merkmale hat.

3.3.2.4. Beihilfen in Form von Umweltzertifikaten

(135) Die Mitgliedstaaten können erneuerbare Energien mithilfe von Marktinstrumenten wie Umweltzertifikaten fördern. Auf diese Weise ([69]) werden alle Erzeuger dieser Energien indirekt durch eine garantierte Nachfrage zu einem Preis, der über dem Marktpreis für konventionell erzeugte Energie liegt, unterstützt. Der Preis für Umweltzertifikate wird nicht im Voraus festgesetzt, sondern bestimmt sich nach Angebot und Nachfrage auf dem Markt.

(136) Die Kommission wird die unter Randnummer (135) genannten Beihilfen als mit dem Binnenmarkt vereinbar ansehen, wenn die Mitgliedstaaten hinreichend nachweisen, dass diese Unterstützung i) unverzichtbar ist, um die Rentabilität der betreffenden erneuerbaren Energiequellen sicherzustellen, ii) über die gesamte Laufzeit der Regelung und in Bezug auf alle Technologien oder auf einzelne weniger etablierte Technologien, insofern als eine Differenzierung nach der Zahl der Umweltzertifikate pro Produktionseinheit eingeführt wurde, im Gesamtergebnis nicht zu einer Überkompensation führt und iii) Erzeuger erneuerbarer Energien nicht davon abhält, ihre Wettbewerbsfähigkeit zu stärken.

(137) Die Kommission ist insbesondere der Auffassung, dass eine Differenzierung der Förderung durch Umweltzertifikate nur dann vorgenommen werden darf, wenn der Mitgliedstaat nachweist, dass eine Differenzierung aus den unter Randnummer (126) genannten Gründen notwendig ist. Die Voraussetzungen der Randnummern (124) und (125) gelten, wenn dies technisch möglich ist. Bereits erhaltene Investitionsbeihilfen sind von der Betriebsbeihilfe abzuziehen.

3.4. Energieeffizienzmaßnahmen einschließlich Kraft-Wärme-Kopplung, Fernwärme und Fernkälte

(138) Die Union hat sich das Ziel gesetzt, bis 2020 in Bezug auf den Primärenergieverbrauch in der Union Einsparungen in Höhe von 20 % zu erreichen. So hat die Union die „Energieeffizienzrichtlinie" erlassen, die den gemeinsamen Rahmen für die Förderung der Energieeffizienz in der Union bildet; sie soll das Energieeffizienzziel der Strategie Europa 2020 unterstützen und darüber hinaus den Weg für weitere Energieeffizienzverbesserungen nach 2020 ebnen.

3.4.1. *Ziel von gemeinsamem Interesse*

(139) Um sicherzustellen, dass die Beihilfen zu einer Verbesserung des Umweltschutzes beitragen, werden Beihilfen für Fernwärme und Fernkälte sowie für Kraft-Wärme-Kopplung nur dann als mit dem Binnenmarkt vereinbar angesehen, wenn sie für Investitionen in hocheffiziente KWK und energieeffiziente Fernwärme und Fernkälte, einschließlich Modernisierungen, gewährt werden. Bei Maßnahmen, die aus den europäischen Struktur- und Investitionsfonds kofinanziert werden, können sich die Mitgliedstaaten auf die Argumentation in den einschlägigen Operationellen Programmen stützen.

(140) Staatliche Beihilfen für KWK- und Fernwärmeanlagen, die Abfall (einschließlich Abwärme) als Energiequelle nutzen, können einen positiven Beitrag zum Umweltschutz leisten, sofern das unter Randnummer (118) genannte Prinzip der Abfallhierarchie nicht umgangen wird.

(141) Als Nachweis für den Beitrag der Beihilfe zur Verbesserung des Umweltschutzes kann der Mitgliedstaat eine Vielzahl von Indikatoren, die möglichst quantifizierbar sein sollten, heranziehen, insbesondere die Energiemenge, die aufgrund besserer, energiesparender Leistung und höherer Energieproduktivität eingespart wurde, oder die Effizienzgewinne, die durch geringeren Energieverbrauch und geringeren Brennstoffeinsatz erzielt wurden.

3.4.2. *Erforderlichkeit staatlicher Maßnahmen*

(142) Energieeffizienzmaßnahmen zielen auf die unter Randnummer (35) genannten negativen externen Effekte ab, indem individuelle Anreize zur Verwirklichung der Umweltziele Energieeinsparung und Verringerung von Treibhausgasemissionen geschaffen werden. Neben den in Abschnitt 3.2 festgestellten allgemeinen Fällen von Marktversagen betrifft ein Marktversagen, das im Bereich der Energieeffizienzmaßnahmen auftreten kann, Energieeffizienzmaßnahmen für Gebäude. Im Falle von Renovierungsarbeiten an Gebäuden profitieren von den Energieeffizienzmaßnahmen typischerweise nicht die Eigentümer, die in der Regel die Renovierungskosten tragen, sondern die Mieter. Nach Auffassung der Kommission könnten deshalb staatliche Beihilfen zur Förderung von Investitionen in Energieeffizienzmaßnahmen erforderlich sein, um die Ziele der Energieeffizienzrichtlinie zu verwirklichen.

([69]) Im Rahmen der Marktmechanismen kann von Stromerzeugern beispielsweise verlangt werden, dass ein bestimmter Teil ihres Stroms aus erneuerbaren Energiequellen stammen muss.

3.4.3. *Anreizeffekt*

(143) Die Mitgliedstaaten sind nach der Energieeffizienzrichtlinie verpflichtet, bestimmte Ziele u. a. in Bezug auf die energetische Sanierung von Gebäuden und den Endenergieverbrauch zu verwirklichen. Die Energieeffizienz-richtlinie enthält jedoch keine Energieeffizienzziele für Unternehmen, so dass eine Beihilfe im Bereich der Energieeffizienz durchaus einen Anreizeffekt haben kann.

(144) Der Anreizeffekt der Beihilfe wird anhand der in Abschnitt 3.2.4 dieser Leitlinien festgelegten Voraussetzungen gewürdigt.

3.4.4. *Geeignetheit der Beihilfe*

(145) Staatliche Beihilfen können unabhängig von der Form, in der sie gewährt werden, ein geeignetes Instrument für die Finanzierung von Energieeffizienzmaßnahmen sein.

(146) Im Falle von Energieeffizienzmaßnahmen könnte ein rückzahlbarer Vorschuss als geeignetes Beihilfeinstrument erachtet werden, insbesondere wenn die Einnahmen aus der Effizienzmaßnahme unsicher sind.

(147) Bei der Prüfung staatlicher Beihilfen insbesondere für die energetische Sanierung von Gebäuden könnte ein von dem Mitgliedstaat für die Finanzierung von Gebäudesanierungen eingerichtetes Finanzinstrument als für die Gewährung staatlicher Beihilfen geeignetes Instrument erachtet werden.

3.4.5. *Angemessenheit*

Investitionsbeihilfen für Energieeffizienzmaßnahmen

(148) Die beihilfefähigen Kosten sind die Investitionsmehrkosten im Sinne der Randnummer (73). Bei Energieeffizienzmaßnahmen kann sich die Ermittlung der kontrafaktischen Fallkonstellation insbesondere im Falle integrierter Vorhaben als schwierig erweisen. Im Falle solcher Vorhaben ist die Kommission bereit, für die Ermittlung der beihilfefähigen Kosten im Einklang mit Randnummer (75) eine Ersatzgröße in Betracht zu ziehen.

(149) Es gelten die in Anhang 1 aufgeführten Beihilfeintensitäten.

Betriebsbeihilfen für Energieeffizienzmaßnahmen (ausgenommen Betriebsbeihilfen für KWK mit hoher Energieeffizienz)

(150) Die Kommission wird Betriebsbeihilfen für Energieeffizienzmaßnahmen nur dann als angemessen erachten, wenn alle folgende Voraussetzungen erfüllt sind:

a) Die Beihilfe ist auf den Ausgleich der mit der Investition verbundenen Produktionsmehrkosten (netto) unter Berücksichtigung der Vorteile aus der Energieeinsparung ([70]) beschränkt. Bei der Ermittlung des Betrags der Betriebsbeihilfe müssen Investitionsbeihilfen, die dem betreffenden Unternehmen für die neue Anlage gewährt wurden, von den Produktionskosten abgezogen werden.

b) Die Laufzeit der Betriebsbeihilfe ist auf fünf Jahre beschränkt.

Betriebsbeihilfen für KWK mit hoher Energieeffizienz

(151) Betriebsbeihilfen für KWK mit hoher Energieeffizienz können unter den Voraussetzungen gewährt werden, die nach Abschnitt 3.3.2.1 für Betriebsbeihilfen zur Förderung von Strom aus erneuerbaren Energiequellen gelten, allerdings nur

a) für Unternehmen, die Strom und Wärme für die Allgemeinheit erzeugen, wenn die Kosten für die Erzeugung dieses Stroms oder dieser Wärme über den Marktpreisen liegen,

b) für den Einsatz der Kraft-Wärme-Kopplung in der Industrie, wenn nachgewiesen werden kann, dass die Kosten für die Erzeugung einer Energieeinheit mit dieser Technik über dem Marktpreis für eine Einheit konventionell erzeugter Energie liegen.

([70]) Die Produktionskosten verstehen sich ohne Beihilfe, aber einschließlich eines normalen Gewinns.

33. Umweltschutz-L

3.5. Beihilfen zur Förderung der Ressourceneffizienz, insbesondere Beihilfen für die Abfallbewirtschaftung

3.5.1. Ressourceneffizienz

(152) Als Teil der Strategie Europa 2020 soll die Leitinitiative „Ressourcenschonendes Europa" nachhaltiges Wachstum fördern, indem unter anderem durch neue, innovative Produktionsmittel, Geschäftsmodelle und Produktentwicklungen neue Geschäftsmöglichkeiten aufgezeigt und geschaffen werden. Die Initiative befasst sich mit der Frage, wie ein solches Wachstum vom Ressourceneinsatz und seinen Auswirkungen auf die Umwelt abgekoppelt werden kann.

(153) Das unter Randnummer (35) festgestellte Marktversagen ist für den Aspekt der Ressourceneffizienz besonders relevant. Zudem wird Marktversagen in diesem Bereich kaum bei anderen Strategien und Maßnahmen (z. B. im Bereich der Besteuerung oder Regulierung) berücksichtigt. In diesen Fällen könnten staatliche Beihilfen erforderlich sein.

(154) Bei Einzelbeihilfen müssen die Mitgliedstaaten den quantifizierbaren Nutzen für diesen Politikbereich nachweisen, insbesondere die Menge der eingesparten Ressourcen oder die in Bezug auf den Ressourceneinsatz erzielten Effizienzgewinne.

(155) Die Kommission erinnert daran, dass Maßnahmen zur Förderung der Ressourceneffizienz in Anbetracht ihrer engen Verbindung zu neuen, innovativen Produktionsmitteln zusätzlich für den unter Randnummer (78) genannten Öko-Innovationsbonus in Frage kommen können, wenn sie die einschlägigen Kriterien erfüllen.

3.5.2. Beihilfen für die Abfallbewirtschaftung

(156) Im siebenten Umweltaktionsprogramm der Union haben die Vermeidung, die Wiederverwendung und das Recycling von Abfall entsprechend dem in Randnummer (118)(118) genannten Grundsatz der Abfallhierarchie höchste Priorität. Die Mitgliedstaaten sind verpflichtet, Abfallbewirtschaftungspläne ([71]) aufzustellen; sie sollten dabei die Abfallhierarchie einhalten und ihre staatlichen Beihilfemaßnahmen im Sinne der Abfallbewirtschaftungspläne ausgestalten. Ein weiteres Kernprinzip des Umweltrechts der Union ist das unter Randnummer (45) beschriebene Verursacherprinzip.

(157) Staatliche Beihilfen für die Abfallbewirtschaftung, (insbesondere für Maßnahmen in den Bereichen Vermeidung, Wiederverwendung, Recycling und Verwertung) können einen positiven Beitrag zum Umweltschutz leisten, solange die in der vorstehenden Randnummer genannten Prinzipien nicht umgangen werden. Dies beinhaltet auch die Wiederverwendung von Wasser oder Mineralien, die ansonsten als Abfall keiner Verwendung mehr zugeführt würden. Insbesondere in Anbetracht des Verursacherprinzips sollten Unternehmen, die Abfall produzieren, nicht von den Kosten für die Abfallbewirtschaftung entlastet werden. Ferner darf das reibungslose Funktionieren der Märkte für Sekundärrohstoffe nicht beeinträchtigt werden.

(158) Die Kommission wird Beihilfen für die Abfallbewirtschaftung als Beihilfen betrachten, die im Einklang mit den genannten Prinzipien der Abfallbewirtschaftung einem Ziel von allgemeinem Interesse dienen, wenn alle nachstehenden Voraussetzungen erfüllt sind:

a) Ziel der Investition ist die Reduzierung des Abfalls von anderen Unternehmen und nicht des Abfalls, der vom Beihilfeempfänger produziert wird,

b) die Verursacher dürfen durch die Beihilfe nicht indirekt von einer Last befreit werden, die sie nach Unionsrecht oder nach nationalem Recht selbst tragen müssen; eine solche Last ist als normaler Unternehmensaufwand der Verursacher anzusehen,

c) die Investition muss über den Stand der Technik ([72]), d. h. Vermeidung, Wiederverwendung, Recycling oder Verwertung, hinausgehen oder herkömmliche Technologien innovativ einsetzen, um zu einer Kreislaufwirtschaft überzugehen, in der Abfall eine Ressource darstellt,

d) die behandelten Stoffe würden andernfalls entsorgt oder in einer weniger umweltschonenden Weise behandelt und

e) die Investition darf nicht dazu führen, dass sich lediglich die Nachfrage nach verwertbaren Stoffen erhöht, ohne dass dafür gesorgt wird, dass ein größerer Teil dieser Stoffe gesammelt wird.

([71]) Richtlinie 2008/28/EG, Artikel 28.
([72]) Ein Verfahren entspricht dem Stand der Technik, wenn die Vermeidung, die Wiederverwendung, das Recycling oder die Verwertung eines Abfallprodukts zur Herstellung eines Endprodukts wirtschaftlich rentabel ist und üblicher Praxis entspricht. Der Begriff der „Stand der Technik" ist gegebenenfalls aus technologischer und binnenmarktpolitischer Sicht der Union auszulegen.

(159) Beihilfen, die für die Bewirtschaftung des vom Beihilfeempfänger produzierten Abfalls bestimmt sind und somit nicht unter Randnummer (158) Buchstabe a fallen, werden auf der Grundlage der allgemeinen Kriterien in Abschnitt 3.2 bewertet, die für Beihilfen zugunsten von Unternehmen gelten, die im Sinne der Randnummer (25) Buchstabe (c) über die Unionsnormen für den Umweltschutz hinausgehen oder bei Fehlen solcher Normen den Umweltschutz verbessern.

3.6. Beihilfen für die CO_2-Abscheidung und -Speicherung (CCS)

(160) Die CO_2-Abscheidung und -Speicherung (CCS) ist, wie in der Richtlinie 2009/31/EG („CCS-Richtlinie") [73] und in der Mitteilung der Kommission zur Zukunft der CO_2-Abscheidung und -Speicherung in Europa [74] ausgeführt, eine Technologie, die zur Abschwächung des Klimawandels beitragen kann. In der Zeit des Übergangs zu einer vollauf kohlenstoffarmen Wirtschaft kann mit Hilfe der CCS-Technologie der Bedarf an fossilen Brennstoffen mit der Notwendigkeit, Treibhausgasemissionen zu verringern, in Einklang gebracht werden. In einigen Industriezweigen ist die CCS-Technologie möglicherweise die einzige technologische Option, mit der verfahrensbedingte Emissionen langfristig in dem erforderlichen Umfang gesenkt werden können. Da die Kosten für die Abscheidung, den Transport und die Speicherung ein erheblicher Hinderungsgrund für den Einsatz von CCS ist, kann mit staatlichen Beihilfen dazu beigetragen werden, dass diese Technologie weiter ausgebaut wird.

Umwelt-schutz-L

(161) Zur Förderung der langfristigen Dekarbonisierungsziele vertritt die Kommission deshalb die Auffassung, dass Beihilfen für die CCS-Technologie einen Beitrag zum gemeinsamen Ziel des Umweltschutzes leisten.

(162) Die Union hat mehrere Initiativen zur Bewältigung der negativen Auswirkungen auf den Weg gebracht; hierzu zählt insbesondere das Emissionshandelssystem der Union, mit dem die Kosten von Treibhausgasemissionen internalisiert werden, wobei jedoch (noch) nicht gewährleistet ist, dass die langfristigen Dekarbonisierungsziele der EU erreicht werden können. Die Kommission geht deshalb davon aus, dass Beihilfen für die CCS-Technologie der Behebung eines verbleibenden Marktversagens dienen, es sei denn, ihr liegen Beweise dafür vor, dass dieses Marktversagen nicht mehr besteht.

(163) Unbeschadet der einschlägigen Rechtsvorschriften der Union in diesem Bereich geht die Kommission davon aus, dass die Beihilfe angemessen ist, sofern alle anderen Voraussetzungen erfüllt sind. Es sind sowohl Betriebs- als auch Investitionsbeihilfen zulässig.

(164) Die Beihilfen können zur Förderung von mit fossilen Brennstoffen betriebenen Kraftwerken oder Biomasseanlagen (einschließlich Kraftwerken, die sowohl mit fossilen Brennstoffen als auch mit Biomasse betrieben werden) oder anderen Industrieanlagen, die über Abscheidungs- und Speicherungsvorrichtungen für CO_2 oder über einzelne Bestandteile dieser Kette der CO_2-Abscheidung und -Lagerung verfügen, gewährt werden. Bei Beihilfen zur Förderung von CCS-Vorhaben handelt es sich nicht um Beihilfen für eine CO_2 ausscheidende Anlage als solche (Industrieanlage oder Kraftwerk), sondern um Beihilfen für die Kosten, die sich aus dem CCS-Vorhaben ergeben.

(165) Die Beihilfen sind auf die zusätzlichen Kosten für die Abscheidung, den Transport und die Speicherung von CO_2 beschränkt. Es wird in der Regel akzeptiert, dass die kontrafaktische Fallkonstellation darin bestehen würde, dass das Vorhaben nicht durchgeführt wird, da die CO_2-Abscheidung und -Speicherung (CCS) einer zusätzlichen Infrastruktur gleichkäme, die nicht erforderlich ist, um eine Anlage zu betreiben. Bei den beihilfefähigen Kosten handelt es sich folglich um die Finanzierungslücke. Dabei werden alle Einnahmen, einschließlich aller etwaigen Kosteneinsparungen aufgrund eines geringeren Bedarfs an ETS-Zertifikaten, NER300-Mitteln und EEPR-Mitteln, berücksichtigt [75].

(166) Die Kommission würdigt die beihilfebedingten Wettbewerbsverzerrungen auf der Grundlage der Kriterien des Abschnitts 3.2.6 und berücksichtigt, ob Vorkehrungen für den Wissensaustausch getroffen wurden, die Infrastruktur Dritten zugänglich ist und die Förderung einzelner Teile der CCS-Kette sich positiv auf andere Anlagen des Beihilfeempfängers, die mit fossilen Brennstoffen betrieben werden, auswirkt.

---

[73] Richtlinie 2009/31/EG des Europäischen Parlaments und des Rates vom 23. April 2009 über die geologische Speicherung von Kohlendioxid und zur Änderung der Richtlinie 85/337/EWG des Rates sowie der Richtlinien 2000/60/EG, 2001/80/EG, 2004/35/EG, 2006/12/EG und 2008/1/EG des Europäischen Parlaments und des Rates sowie der Verordnung (EG) Nr. 1013/2006 (ABl. L 140 vom 5.6.2009, S. 114).

[74] KOM(2013) 180 final vom 27.3.2013.

[75] Beschluss 2010/670/EU der Kommission (NER-300-Finanzierung) (ABl. L 290 vom 6.11.2010, S. 39) und Verordnung (EU) Nr. 1233/2010 zur Änderung der Verordnung (EG) Nr. 663/2009 (EEPR-Finanzierung) (ABl. L 346 vom 30.12.2010, S. 5).

33. Umweltschutz-L

3.7.   **Beihilfen in Form von Umweltsteuerermäßigungen oder -befreiungen und in Form von Ermäßigungen der finanziellen Beiträge zur Förderung erneuerbaren Energiequellen**

3.7.1.   *Beihilfen in Form von Umweltsteuerermäßigungen oder -befreiungen*

(167) Umweltsteuern werden erhoben, um die Kosten umweltschädigenden Verhaltens zu erhöhen und dadurch einem solchen Verhalten entgegenzuwirken und den Umweltschutz zu verbessern. Grundsätzlich sollten die Umweltsteuern die der Gesellschaft durch die Emission insgesamt entstehenden Kosten widerspiegeln; entsprechend sollte der zu entrichtende Steuerbetrag pro Emissionseinheit für alle Unternehmen, die CO_2 ausstoßen, gleich sein. Während eine Ermäßigung der oder eine Befreiung von der Umweltsteuer dessen Ziel möglicherweise zuwiderlaufen [76], könnte sich ein solcher Ansatz in einigen Fällen dennoch als erforderlich erweisen, um zu vermeiden, dass die Unternehmen, die von der Steuer besonders betroffen wären, ansonsten in eine schwierige Wettbewerbslage geraten würden, so dass die Einführung einer Umweltsteuer von vornherein nicht in Betracht gezogen werden könnte.

(168) In der Tat ist es durchaus möglich, eine insgesamt höhere Umweltbesteuerung herbeizuführen, indem einigen Unternehmen eine steuerliche Begünstigung gewährt wird. Entsprechend können Umweltsteuerermäßigungen oder -befreiungen [77] (einschließlich Steuererstattungen) zumindest indirekt zu einem höheren Umweltschutzniveau beitragen. Dennoch darf das übergeordnete Ziel einer Umweltsteuer, die umweltschädigendem Verhalten entgegenwirken soll, nicht untergraben werden. Die Steuerermäßigungen sollten erforderlich sein und auf objektiven, transparenten und diskriminierungsfreien Kriterien basieren, und die begünstigten Unternehmen sollten einen Beitrag zur Verbesserung des Umweltschutzes leisten. Dies könnte durch die Gewährung eines Ausgleichs in Form einer Steuererstattung erfolgen, wobei die Unternehmen nicht von der Steuer als solcher befreit würden, sondern einen festen jährlichen Ausgleichsbeitrag für die zu erwartende Erhöhung der Steuerschuld erhalten würden.

(169) Die Kommission wird Beihilferegelungen für einen Zeitraum von bis zu 10 Jahren genehmigen; nach Ablauf dieses Zeitraums kann ein Mitgliedstaat die Maßnahme neu anmelden, nachdem er die Geeignetheit der Beihilfemaßnahme erneut geprüft hat.

(170) Die Kommission wird die Auffassung davon ausgehen, dass Steuerermäßigungen das allgemeine Ziel nicht untergraben und sie zumindest indirekt zu einer Verbesserung des Umweltschutzes beitragen, wenn der Mitgliedstaat nachweisen kann, dass i) die Steuermäßigungen gezielt Unternehmen eingeräumt werden, die am stärksten mit einer höheren Steuer belastet werden und ii) dass allgemein ein höherer Steuersatz gilt, als es ohne die Ausnahme der Fall wäre.

(171) Zu diesem Zweck wird die Kommission von den Mitgliedstaaten bereitgestellte Informationen prüfen. Die Kommission benötigt einerseits Informationen zu den einzelnen Wirtschaftszweigen bzw. Gruppen von Beihilfempfängern, die für die betreffende Steuerbefreiung oder Steuerermäßigung in Frage kommen, und andererseits Informationen zur Lage der wichtigsten Beihilfeempfänger in den betroffenen Wirtschaftszweigen sowie dazu, wie die Besteuerung zum Umweltschutz beiträgt. Die von der Steuer befreiten Wirtschaftszweige sollten genau beschrieben und für jeden Wirtschaftszweig eine Liste der wichtigsten Beihilfeempfänger vorgelegt werden (unter besonderer Berücksichtigung ihres Umsatzes, ihrer Marktanteile und der für sie geltenden Bemessungsgrundlage).

(172) Im Falle unionsrechtlich geregelter Umweltsteuern kann die Kommission einen vereinfachten Ansatz für die Prüfung der Erforderlichkeit und Angemessenheit der Beihilfe anwenden. Im Rahmen der Richtlinie 2003/96/EG [78] („Energiesteuerrichtlinie") kann die Kommission für Umweltsteuerermäßigungen, die die Mindeststeuerbeträge der Union einhalten, einen vereinfachten Ansatz anwenden. Für alle anderen Umweltsteuern ist eine eingehende Prüfung der Beihilfe auf ihre Erforderlichkeit und Angemessenheit erforderlich.

1. Konstellation: Unionsrechtlich geregelte Umweltsteuern

(173) Die Kommission wird Beihilfen in Form von Steuerermäßigungen als erforderlich und angemessen betrachten, wenn i) die Beihilfeempfänger mindestens die in der einschlägigen Richtlinie vorgeschriebenen Mindeststeuerbeträge der Union zahlen, ii) die Beihilfeempfänger anhand objektiver und transparenter Kriterien ausgewählt werden und iii) die Beihilfen grundsätzlich allen Wettbewerbern in demselben Wirtschaftszweig in derselben Weise gewährt werden, wenn sich diese in einer ähnlichen Lage befinden.

---

[76] In vielen Fällen handelt es sich bei den Unternehmen, die von einer Steuerermäßigung profitieren, um jene Unternehmen, von denen die größte Umweltbelastung ausgeht, die mit der Steuer belegt werden soll, ausgeht.

[77] Ein möglicher Ansatz wäre die Gewährung eines Ausgleichs in Form von Steuergutschriften, wobei die Unternehmen nicht von der Steuer befreit würden, sondern eine pauschale Ausgleichszahlung erhalten würden.

[78] Diese Mindeststeuerbeträge sind in der Richtlinie 2003/96/EG des Rates vom 27. Oktober 2003 zur Restrukturierung der gemeinschaftlichen Rahmenvorschriften zur Besteuerung von Energieerzeugnissen und elektrischem Strom (ABl. L 283 vom 31.10.2003, S. 51) festgelegt.

(174) Mitgliedstaaten können Beihilfen in Form einer Ermäßigung des Steuersatzes oder in Form eines festen jährlichen Ausgleichsbetrags (Steuererstattung) oder als Kombination der beiden Formen gewähren. Der Vorteil des Steuererstattungsansatzes besteht darin, dass für die Unternehmen weiterhin das von der Umweltsteuer gesetzte Preissignal gilt. Der Betrag der Steuererstattung sollte anhand historischer Daten errechnet werden; in diesem Falle wären dies Zahlen zu Produktion, Verbrauch oder Umweltbelastung, die für das betreffende Unternehmen für ein bestimmtes Basisjahr vorliegen. Die Höhe der Steuererstattung darf den Mindeststeuerbetrag der Union für das betreffende Basisjahr nicht überschreiten.

(175) Bezahlen die Beihilfeempfänger weniger als die in der einschlägigen Richtlinie vorgeschriebenen Mindeststeuerbeträge der Union, so wird die Beihilfe, wie unter den Randnummern (176) bis (178) erläutert, auf der Grundlage der Kriterien für nicht unionsrechtlich geregelte Umweltsteuern geprüft.

2. Konstellation: Nicht unionsrechtlich geregelte Umweltsteuern und bestimmte Konstellationen mit unionsrechtlich geregelten Umweltsteuern

(176) Für alle anderen, nicht unionsrechtlich geregelten Umweltsteuern und im Falle unionsrechtlich geregelter Umweltsteuern, die unter den in der Energiesteuerrichtlinie festgelegten Mindeststeuerbeträgen der Union liegen (siehe Randnummer (172), sowie für den Nachweis der Erforderlichkeit und Angemessenheit der Beihilfe sollte der Mitgliedstaat den Anwendungsbereich der Steuerermäßigungen klar abstecken. Zu diesem Zweck sollte der Mitgliedstaat unter Randnummer (171)(172) dargelegten Informationen übermitteln. Mitgliedstaaten können beschließen, Beihilfeempfängern die Beihilfe in Form einer Steuererstattung (Randnummer (174)(174) zu gewähren. Auf diese Weise gilt für die Unternehmen nach wie vor das Preissignal, das von der Umweltsteuer ausgehen soll, wobei gleichzeitig der zu erwartende Anstieg der Steuerschuld begrenzt werden kann.

(177) Die Kommission wird die Beihilfe als erforderlich ansehen, wenn alle nachstehend genannten Voraussetzungen erfüllt sind:

a) Die Beihilfeempfänger werden anhand objektiver und transparenter Kriterien ausgewählt, und die Beihilfen müssen grundsätzlich für alle Wettbewerber desselben Wirtschaftszweigs in derselben Weise gewährt werden, wenn sie sich in einer ähnlichen Lage befinden;

b) die Umweltsteuer hat ohne die Ermäßigung einen erheblichen Anstieg der Produktionskosten — gemessen in Prozent der Bruttowertschöpfung — in dem betreffenden Wirtschaftszweig bzw. in der betreffenden Gruppe von Beihilfeempfängern zur Folge;

c) der erhebliche Anstieg der Produktionskosten könnte nicht an die Abnehmer weitergegeben werden, ohne dass es zu deutlichen Absatzeinbußen kommt.

(178) Die Kommission wird die Beihilfen als verhältnismäßig ansehen, wenn eine der nachstehend genannten Voraussetzungen erfüllt ist:

a) Die Beihilfeempfänger entrichten mindestens 20 % der nationalen Umweltsteuer;

b) die Steuerermäßigung ist an die Bedingung geknüpft, dass der Mitgliedstaat und die begünstigten Unternehmen bzw. deren Vereinigungen Vereinbarungen schließen, in denen sich die begünstigten Unternehmen bzw. deren Vereinigungen zur Erreichung von Umweltschutzzielen verpflichten, die dieselbe Wirkung haben, als wenn die Beihilfeempfänger mindestens 20 % der nationalen Umweltsteuer zahlten oder in Einklang mit Randnummer (173) der Mindeststeuerbetrag der Union zugrunde gelegt werden würde. Diese Vereinbarungen oder Verpflichtungen können unter anderem eine Senkung des Energieverbrauchs oder der Emissionen oder andere umweltschonende Maßnahmen zum Gegenstand haben. Die entsprechenden Vereinbarungen müssen alle folgenden Voraussetzungen erfüllen:

  i. Die Vereinbarungen werden von dem Mitgliedstaat ausgehandelt und enthalten ausdrücklich die Ziele und einen Zeitplan für die Erreichung dieser Ziele;

  ii. der Mitgliedstaat stellt ein unabhängiges ([79]) und zeitnahes Monitoring der in den Vereinbarungen eingegangenen Verpflichtungen sicher;

  iii. die Vereinbarungen müssen regelmäßig dem Stand der technologischen und sonstigen Entwicklung angepasst werden und für den Fall, dass die Verpflichtungen nicht eingehalten werden, wirksame Sanktionen vorsehen.

(179) Im Falle von CO_2-Steuern auf Energieerzeugnisse, die bei der Stromerzeugung verwendet werden, muss der Stromanbieter diese Steuer entrichten. Eine solche CO_2-Steuer kann in einer Weise ausgestaltet werden, die die ETS-Zertifikatspreise unterstützt und direkt an diese geknüpft ist. Werden die Steuerkosten auf die Stromkunden abgewälzt, steigen jedoch die Strompreise. In diesem Fall sind die Auswirkungen der CO_2-Steuer vergleichbar mit jenen einer Einpreisung der mit ETS-Zertifikaten verbundenen Kosten in den Strompreis (indirekte Emissionskosten).

([79]) Für diese Zwecke ist es unerheblich, ob eine öffentliche oder eine private Stelle für das Monitoring zuständig ist.

33. Umweltschutz-L

(180) Wenn die unter Randnummer (179) genannte Steuer folglich in einer Weise ausgestaltet ist, dass sie direkt an ETS-Zertifikatspreise der EU geknüpft ist und darauf abzielt, den Zertifikatspreis zu erhöhen, kann ein Ausgleich für diese höheren indirekten Kosten in Betracht gezogen werden. Die Kommission wird eine solche Maßnahme nur dann als mit dem Binnenmarkt vereinbar betrachten, wenn alle folgenden Voraussetzungen erfüllt sind:

a) Die Beihilfe wird ausschließlich Sektoren und Teilsektoren gewährt, die im Anhang II der Leitlinien für bestimmte Beihilfemaßnahmen im Zusammenhang mit dem System für den Handel mit Treibhausgasemissionszertifikaten ([80]) genannt sind, um die durch die Steuer bedingten zusätzlichen indirekten Kosten auszugleichen.

b) Die Beihilfeintensität und die Beihilfehöchstintensitäten werden im Einklang mit den Randnummern 27 bis 30 der ETS-Beihilfeleitlinien errechnet. Der ETS-Terminpreis kann durch den nationalen Steuersatz ersetzt werden.

c) Die Beihilfe wird dem Beihilfeempfänger in dem Jahr, in dem die Kosten entstanden sind oder in dem darauf folgenden Jahr als Pauschalbetrag gezahlt. Wird die Beihilfe in dem Jahr gezahlt, in dem die Kosten entstanden sind, muss ein Mechanismus der nachträglichen Kontrolle eingerichtet werden, mit dem sichergestellt werden kann, dass eine etwaige Überkompensation bis zum 1. Juli des folgenden Jahres zurückgezahlt wird.

3.7.2. Beihilfen in Form von Ermäßigungen des Beitrags zur Finanzierung erneuerbarer Energien ([81])

(181) Die Finanzierung der Förderung erneuerbarer Energien im Wege von Abgaben zielt als solche nicht auf negative externe Effekte ab und hat folglich keine direkte Auswirkung auf die Umwelt. Diese Abgaben unterscheiden sich deshalb grundsätzlich von den unter Randnummer (167) dargelegten indirekten Steuern auf Strom, selbst wenn sie ebenfalls zu höheren Strompreisen führen. Die Erhöhung der Stromkosten kann direkt durch eine spezifische Abgabe bedingt sein, die der Stromverbraucher zusätzlich zum Strompreis zahlen muss, oder aber indirekt durch die zusätzlichen Kosten, die den Stromversorgern aufgrund ihrer Verpflichtung, erneuerbare Energien einzukaufen, entstehen und die sie dann an ihre Kunden, die Stromverbraucher, abwälzen. Ein typisches Beispiel ist die Auflage für Stromversorger, im Wege von Umweltzertifikaten einen bestimmten Prozentsatz Strom aus erneuerbaren Energien zu kaufen, wofür sie keinen Ausgleich erhalten.

(182) Grundsätzlich und insbesondere wenn die mit der Finanzierung erneuerbarer Energien verbundenen Kosten bei den Energieverbrauchern erhoben werden, sollte nicht zwischen den Energieverbrauchern unterschieden werden. Dennoch könnte es sich als notwendig erweisen, diese Kosten gezielt zu reduzieren, um eine ausreichende Finanzierungsgrundlage für die Förderung erneuerbarer Energien und folglich das Erreichen der auf EU-Ebene gesetzten Ziele für erneuerbare Energien ([82]) sicherzustellen. Einerseits könnten Mitgliedstaaten es als zielführend erachten, einen partiellen Ausgleich für die zusätzlichen Kosten vorzusehen, damit den Unternehmen durch die mit der Finanzierung der Förderung erneuerbarer Energien verbundenen Kosten kein signifikanter Wettbewerbsnachteil entsteht. Ohne einen solchen Ausgleich könnte sich die Förderung der erneuerbaren Energien als nicht tragfähig erweisen und die öffentliche Akzeptanz für ehrgeizige Fördermaßnahmen zugunsten erneuerbarer Energien begrenzt sein. Wird ein solcher Ausgleich allerdings zu hoch angesetzt oder einer zu großen Zahl von Stromverbrauchern gewährt, so könnte dies wiederum die Finanzierung der Förderung erneuerbarer Energien insgesamt gefährden, so dass die öffentliche Akzeptanz ebenfalls sinken würde und erhebliche Verzerrungen des Wettbewerbs und Handels zu befürchten wären.

(183) Bei der Würdigung staatlicher Beihilfen als Ausgleich für die Finanzierung der Förderung erneuerbarer Energien wird die Kommission nur die in diesem Abschnitt erläuterten Kriterien und jene in Abschnitt 3.2.7 zugrunde legen.

([80]) ABl. C 158 vom 5.6.2012, S. 4.
([81]) Nach den einschlägigen Binnenmarktvorschriften (Richtlinie 2009/72/EG vom 13. Juli 2009 über gemeinsame Vorschriften für den Elektrizitätsbinnenmarkt und zur Aufhebung der Richtlinie 2003/54/EG (ABl. L 211 vom 14.8.2009, S. 55), Verordnung (EG) Nr. 714/2009 vom 13. Juli 2009 über die Netzzugangsbedingungen für den grenzüberschreitenden Stromhandel und zur Aufhebung der Verordnung (EG) Nr. 1228/2003 (ABl. L 211 vom 14.8.2009, S. 15) und die dazu gehörigen Netzkodizes und Leitlinien) ist eine Quersubventionierung von Verbrauchern innerhalb von Tarifregelungen nicht zulässig.
([82]) In der Richtlinie 2009/28/EG des Europäischen Parlaments und des Rates über die Förderung der Nutzung von Energien aus erneuerbaren Energieträgern wurden für alle Mitgliedstaaten verbindliche Ziele festgelegt. Zuvor waren bereits in der Richtlinie 2001/77/EG des Europäischen Parlaments und des Rates vom 27. September 2001 zur Förderung der Stromerzeugung aus erneuerbaren Energiequellen im Elektrizitätsbinnenmarkt nationale Richtziele für Strom aus erneuerbaren Energiequellen festgelegt worden.

(184) Um zu gewährleisten, dass die Beihilfen dazu dienen, die Finanzierung der Förderung eneuerbarer Energien zu erleichtern, muss der Mitgliedstaat nachweisen, dass die zusätzlichen Kosten, die sich in höheren Strompreisen für die Beihilfeempfänger niederschlagen, allein auf die finanziellen Beiträge zur Förderung erneuerbarer Energien zurückzuführen sind. Die zusätzlichen Kosten dürfen die finanziellen Beiträge zur Förderung erneuerbarer Energien nicht übersteigen ([83]).

(185) Die Beihilfen sollten auf Wirtschaftszweige beschränkt sein, deren Wettbewerbsposition aufgrund ihrer Strom- und Handelsintensität in Anbetracht der Kosten für die Förderung erneuerbarer Energien gefährdet wäre. Die Beihilfe kann somit nur gewährt werden, wenn das Unternehmen in einem der in Anhang 3 ([84]) genannten Wirtschaftszweige tätig ist. Diese Liste ist nur dann heranzuziehen, wenn es um die Förderfähigkeit dieser bestimmten Form des Ausgleichs geht.

(186) Um ferner einer möglichen Heterogenität der Stromintensität eines bestimmten Wirtschaftszweigs Rechnung zu tragen, kann ein Mitgliedstaat ein Unternehmen in seiner nationalen Regelung berücksichtigen, in deren Rahmen Ermäßigungen für Kosten in Verbindung mit der Finanzierung der Förderung erneuerbarer Energien gewährt werden; das Unternehmen muss allerdings eine Stromintensität von mindestens 20 % ([85]) aufweisen und einem Wirtschaftszweig mit einer Handelsintensität von mindestens 4 % auf Unionsebene angehören, selbst wenn das Unternehmen nicht in einem der in Anhang 3 genannten Wirtschaftszweige angesiedelt ist ([86]). Für die rechnerische Ermittlung der Stromintensität eines Unternehmens sind, falls vorhanden, die für die jeweilige Branche geltenden Standard-Benchmarks für die Stromverbrauchseffizienz heranzuziehen.

(187) Die Mitgliedstaaten müssen sicherstellen, dass die Beihilfeempfänger innerhalb eines beihilfefähigen Wirtschaftszweigs anhand objektiver, diskriminierungsfreier und transparenter Kriterien ausgewählt werden und die Beihilfen grundsätzlich für alle Wettbewerber in demselben Wirtschaftszweig in derselben Weise gewährt werden, wenn sie sich in einer ähnlichen Lage befinden.

(188) Die Kommission wird die Beihilfe als verhältnismäßig betrachten, wenn für mindestens 15 % der den Beihilfeempfängern entstehenden zusätzlichen Kosten keine Ermäßigung gewährt wurde.

(189) In Anbetracht des in den letzten Jahren erfolgten signifikanten Anstiegs der Abgaben für erneuerbare Energien könnte ein Eigenbeitrag von 15 % der vollständigen Abgabe für erneuerbare Energien über das Maß hinausgehen, das für die von diesen Lasten besonders betroffenen Unternehmen noch tragbar ist. Deshalb haben die Mitgliedstaaten, falls angezeigt, die Möglichkeit, den auf Unternehmensebene anfallenden Beitrag zu den sich aus der Finanzierung erneuerbarer Energien resultierenden Kosten auf 4 % der Bruttowertschöpfung ([87]) des betreffenden Unternehmens zu senken. Bei Unternehmen mit einer Stromintensität von mindestens 20 % können die Mitgliedstaaten den Gesamtbetrag auf 0,5 % der Bruttowertschöpfung des betreffenden Unternehmens begrenzen.

(190) Wenn Mitgliedstaaten beschließen, den Beitrag der Unternehmen auf 4 % bzw. 0,5 % der Bruttowertschöpfung zu begrenzen, dann müssen diese Obergrenzen auf alle beihilfefähigen Unternehmen angewandt werden.

(191) Die Mitgliedstaaten können Maßnahmen ergreifen, um sicherzustellen, dass die für die Zwecke dieses Abschnitts zu nutzenden Bruttowertschöpfungsdaten alle relevanten Arbeitskosten abdecken.

([83]) Der kausale Zusammenhang kann am direktesten durch Bezugnahme auf eine zusätzlich auf den Strompreis erhobene Steuer oder sonstige Abgabe nachgewiesen werden, die der Finanzierung der Förderung erneuerbarer Energien dient. Ein indirekter Nachweis für die zusätzlichen Kosten besteht darin, die Auswirkungen der aufgrund von Umweltzertifikaten entstehenden höheren Nettokosten für den Stromverbraucher und für den Fall, dass der Stromversorger die höheren Nettokosten an die Verbraucher weitergibt, die Auswirkungen auf den Strompreis zu berechnen.

([84]) Nach Auffassung der Kommission bestehen diese Risiken für Wirtschaftszweige mit einer Handelsintensität von 10 % auf EU-Ebene, wenn die Stromintensität auf EU-Ebene 10 % beträgt. Ferner besteht ein ähnliches Risiko in Wirtschaftszweigen mit geringerer Handelsintensität (jedoch mindestens 4 %) und einer erheblich höheren Stromintensität (von mindestens 20 %) oder in wirtschaftlich ähnlichen Wirtschaftszweigen (z. B. aufgrund von Substituierbarkeit). Für Wirtschaftszweige mit einer geringfügig niedrigeren Stromintensität (von mindestens 7 %) und einer Handelsintensität von mindestens 80 % würde dasselbe Risiko bestehen. Die Liste der beihilfefähigen Wirtschaftszweige wurde auf dieser Grundlage erstellt. Außerdem wurden die folgenden Wirtschaftszweige in die Liste aufgenommen, da sie bereits aufgeführten Wirtschaftszweigen ähnlich sind und substituierbare Produkte herstellen (Stahl-, Leichtmetall- und Buntmetallgießerei aufgrund von Substituierbarkeit mit Eisengießerei); Rückgewinnung sortierter Werkstoffe aufgrund von Substituierbarkeit mit Primärprodukten, die in dieser Liste aufgeführt sind).

([85]) Einzelheiten zur Berechnung der Stromintensität befinden sich in Anhang 4.

([86]) Diese Kriterien gelten ebenfalls für Unternehmen des Dienstleistungssektors.

([87]) Einzelheiten zur Berechnung der Bruttowertschöpfung eines Unternehmens befinden sich in Anhang 4.

Umwelt-schutz-L

33. Umweltschutz-L

(192) Mitgliedstaaten können die Beihilfe in Form einer Ermäßigung der Abgaben oder in Form eines festen jährlichen Ausgleichsbetrags (Steuererstattung) oder als Kombination der beiden Formen gewähren [88]. Wird die Beihilfe in Form einer Abgabenermäßigung gewährt, muss ein Mechanismus der nachträglichen Kontrolle eingerichtet werden, mit dem sichergestellt werden kann, dass eine etwaige Überkompensation bis zum 1. Juli des folgenden Jahres zurückgezahlt wird. Wird die Beihilfe in Form eines festen jährlichen Ausgleichsbetrags gewährt, muss dieser anhand historischer Daten errechnet werden; in diesem Falle wären dies die Zahlen zum Stromverbrauch und der Bruttowertschöpfung für ein bestimmtes Basisjahr. Der Ausgleichsbetrag darf nicht den Beihilfebetrag überschreiten, den das Unternehmen in dem Basisjahr unter Anwendung der in diesem Abschnitt genannten Parameter erhalten hätte.

3.7.3. Übergangsbestimmungen für Beihilfen zur Entlastung von Kosten in Verbindung mit der finanziellen Förderung erneuerbarer Energien

(193) Die Mitgliedstaaten müssen spätestens ab dem 1. Januar 2019 die in Abschnitt 3.7.2 enthaltenen Kriterien der Beihilfefähigkeit und Angemessenheit anwenden. Beihilfen, die für einen Zeitraum davor gewährt wurden, gelten als mit dem Binnenmarkt vereinbar, wenn sie dieselben Kriterien erfüllen.

(194) Ferner vertritt die Kommission die Auffassung, dass alle für die Jahre vor 2019 gewährten Beihilfen zur Entlastung von Kosten in Verbindung mit der finanziellen Förderung von Strom aus erneuerbaren Energiequellen als mit dem Binnenmarkt vereinbar betrachtet werden können, insofern sie mit dem Anpassungsplan im Einklang stehen.

(195) Ein solcher Anpassungsplan, mit dem einzelnen Unternehmen ein abrupter Einbruch der Beihilfen erspart werden soll, enthält eine progressive Anpassung der Förderung an die Beihilfesätze, die sich aus der Anwendung der in Abschnitt 3.7.2 enthaltenen Kriterien der Beihilfefähigkeit und Angemessenheit ergeben.

(196) Insofern eine Beihilfe für einen Zeitraum gewährt wurde, der vor dem Geltungsbeginn dieser Leitlinien liegt, muss in dem Anpassungsplan auch für diesen Zeitraum eine progressive Anwendung der Kriterien vorgesehen werden.

(197) Insofern Unternehmen, die nicht nach Abschnitt 3.7.2 beihilfefähig sind, vor dem Geltungsbeginn dieser Leitlinien eine Beihilfe in Form einer Ermäßigung oder Befreiung von den finanziellen Beiträgen zur Förderung von Strom aus erneuerbaren Energiequellen gewährt wurde, kann diese Beihilfe für mit dem Binnenmarkt vereinbar erklärt werden, sofern im Anpassungsplan ein Eigenbeitrag von mindestens 20 % der regulären Abgabe (d. h. ohne Ermäßigung) vorgesehen ist; dieser Eigenbetrag ist bis spätestens 1. Januar 2019 progressiv einzuführen.

(198) Im Anpassungsplan müssen alle Wirtschaftsfaktoren, die für die Politik zur Förderung eneuerbarer Energien von Bedeutung sind, berücksichtigt sein.

(199) Der Anpassungsplan muss von der Kommission genehmigt werden.

(200) Der Anpassungsplan muss spätestens zwölf Monate nach dem Geltungsbeginn dieser Leitlinien bei der Kommission angemeldet werden.

3.8. Beihilfen für Energieinfrastrukturen

(201) Die Integration des Energiemarkts, die für die Energieversorgungssicherheit in der Union von entscheidender Bedeutung ist, und die allgemeinen Klima- und Energieziele der Union können nur mit einer modernen Energieinfrastruktur erreicht werden. Schätzungen der Kommission zufolge besteht für Energieinfrastrukturen, die von europaweiter Bedeutung sind, bis 2020 ein Gesamtinvestitionsbedarf von 200 Mrd. EUR [89]. Diese Einschätzung beruht auf einer Bewertung der Infrastruktur, die notwendig ist, damit die Union die übergeordneten politischen Ziele — Vollendung des Energiebinnenmarkts, Gewährleistung der Versorgungssicherheit und Integration erneuerbarer Energiequellen — erreichen kann. Wenn die Marktteilnehmer die erforderliche Infrastruktur nicht bereitstellen können, sind möglicherweise staatliche Beihilfen erforderlich, um dieses Marktversagen zu beheben und um sicherzustellen, dass der erhebliche Infrastrukturbedarf der Union gedeckt wird. Dies gilt insbesondere für Infrastrukturvorhaben, die von grenzübergreifender Bedeutung sind oder zum regionalen Zusammenhalt beitragen. Beihilfen für Energieinfrastruktur sowie deren Modernisierung und Ausbau sollte grundsätzlich in Form von Investitionsbeihilfen gewährt werden.

---

[88] Feste jährliche Ausgleichsbeträge (Steuererstattungen) haben den Vorteil, dass befreite Unternehmen mit demselben Anstieg der Grenzkosten bei Strom wirtschaften müssen wie andere Unternehmen (d. h. derselbe Anstieg der Kosten bei der Stromerzeugung für jede zusätzliche verbrauchte Megawattstunde), wodurch potenzielle Wettbewerbsverzerrungen innerhalb des Wirtschaftszweigs begrenzt werden.

[89] Arbeitsdokument der Kommissionsdienststellen — Energieinfrastruktur: Investitionsbedarf und -lücken, Bericht an den Rat Verkehr, Telekommunikation und Energie vom 6.6.2011 (SEK(2011) 755, S. 2).

3.8.1. Ziel von gemeinsamem Interesse

(202) Energieinfrastrukturen sind eine Grundvoraussetzung für einen funktionierenden Energiebinnenmarkt. Beihilfen für Energieinfrastrukturen stärken somit den Energiebinnenmarkt. So verbessern sie die Systemstabilität, die Angemessenheit der Stromerzeugung, die Integration der verschiedenen Energiequellen und die Energieversorgung in schlecht ausgebauten Netzen. Die Kommission vertritt deshalb die Auffassung, dass Beihilfen für Energieinfrastrukturen für den Binnenmarkt von Vorteil sind und somit ein Ziel von gemeinsamem Interesse verfolgen.

3.8.2. Erforderlichkeit staatlicher Maßnahmen

(203) Im Falle von Investitionen in Energieinfrastrukturen besteht häufig ein Marktversagen. Ein Marktversagen, das im Bereich der Energieinfrastruktur auftreten könnte, kann durch Koordinierungsprobleme bedingt sein. Die unterschiedlichen Interessen der Investoren, Ungewissheit hinsichtlich des gemeinsamen Ergebnisses und der Netzeffekte können die Entwicklung eines Vorhabens bzw. dessen wirksame Ausgestaltung verhindern. Gleichzeitig kann die Energieinfrastruktur erhebliche positive externe Effekte bewirken, wobei sich die Kosten und Einnahmen im Zusammenhang mit der Infrastruktur asymmetrisch auf die verschiedenen Marktteilnehmer und Mitgliedstaaten verteilen können.

Umwelt-
schutz-L

(204) Um das unter Randnummer (203) angesprochene Marktversagen zu beheben, unterliegen Energieinfrastrukturen im Einklang mit den Rechtsvorschriften zum Energiebinnenmarkt (⁹⁰) in der Regel einer Tarif- und Zugangsregulierung sowie Entflechtungsvorschriften.

(205) In finanzieller Hinsicht ist die Gewährung staatlicher Beihilfen eine Möglichkeit, das Marktversagen auf andere Weise als über obligatorische Endkundentarife zu beheben. Für den Nachweis der Erforderlichkeit staatlicher Beihilfen im Energieinfrastrukturbereich gelten deshalb die unter den Randnummern (206) und (207) erläuterten Grundsätze.

(206) Die Kommission vertritt die Auffassung, dass bei Vorhaben von gemeinsamem Interesse im Sinne der Verordnung (EU) Nr. 347/2013 (⁹¹) bei intelligenten Stromnetzen und bei Infrastrukturinvestitionen in Fördergebieten das Marktversagen im Hinblick auf positive externe Effekte und Koordinierungsprobleme derart gelagert ist, dass eine Tariffinanzierung möglicherweise nicht ausreicht und staatliche Beihilfen gewährt werden können.

(207) Im Falle von Energieinfrastrukturvorhaben, die unter die Randnummer (206) fallen und ganz oder teilweise von den Rechtsvorschriften zum Energiebinnenmarkt ausgenommen sind, sowie von Vorhaben, die nicht unter die Randnummer (206) fallen, wird die Kommission deren Erforderlichkeit im Einzelfall prüfen. Dabei wird die Kommission berücksichtigen, i) inwieweit ein Marktversagen zu einer suboptimalen Versorgung mit den erforderlichen Infrastrukturen führen würde, ii) inwieweit Dritte Zugang zur Infrastruktur haben, diese einer Tarifregulierung unterliegt und iii) inwieweit das Vorhaben einen Beitrag zur Gewährleistung der Energieversorgungssicherheit in der Union leistet.

(208) Bei Erdölinfrastrukturvorhaben geht die Kommission davon aus, dass keine staatlichen Beihilfen erforderlich sind. In begründeten Ausnahmefällen können die Mitgliedstaaten allerdings staatliche Beihilfen gewähren.

(⁹⁰) Die Binnenmarktregulierung im Energiebereich umfasst insbesondere die Richtlinie 2009/72/EG vom 13. Juli 2009 über gemeinsame Vorschriften für den Elektrizitätsbinnenmarkt (ABl. L 211 vom 14.8.2009, S. 55), die Richtlinie 2009/73/EG vom 13. Juli 2009 über gemeinsame Vorschriften für den Energiegasbinnenmarkt (ABl. L 211 vom 14.8.2009, S. 94), die Verordnung (EG) Nr. 713/2009 vom 13. Juli 2009 zur Gründung einer Agentur für die Zusammenarbeit der Energieregulierungsbehörden, die Verordnung (EG) Nr. 714/2009 vom 13. Juli 2009 über die Netzzugangsbedingungen für den grenzüberschreitenden Stromhandel (ABl. L 211 vom 14.8.2009, S. 15) und die Verordnung (EG) Nr. 715/2009 vom 13. Juli 2009 über die Bedingungen für den Zugang zu den Erdgasfernleitungsnetzen (ABl. L 211 vom 14.8.2009, S. 36).
(⁹¹) Verordnung (EU) Nr. 347/2013 zu Leitlinien für die transeuropäische Energieinfrastruktur.

3.8.3. Geeignetheit

(209) Die Kommission vertritt die Auffassung, dass Tarife ([92]) ein geeignetes Instrument zur Finanzierung von Energieinfrastrukturen sind. Bei Vorhaben von gemeinsamem Interesse, intelligenten Stromnetzen und Infrastrukturinvestitionen in Fördergebieten kann eine staatliche Beihilfe jedoch als geeignetes Mittel betrachtet werden, um solche Infrastrukturen teilweise oder ganz zu finanzieren. Denn in diesen Fällen, verhindert Marktversagen häufig die vollständige Umsetzung des der Tarifregulierung zugrunde liegenden Nutzerprinzips (d. h. der Nutzer zahlt), da z. B. die Tariferhöhung, die der Finanzierung der neuen Infrastrukturinvestition dienen soll, so massiv wäre, dass Investoren vor der Investition oder potenzielle Kunden vor der Nutzung der Infrastruktur zurückschrecken würden.

3.8.4. Anreizeffekt

(210) Der Anreizeffekt der Beihilfe wird auf der Grundlage der in Abschnitt 3.2.4 genannten Kriterien gewürdigt.

3.8.5. Angemessenheit

(211) Die Höhe der Beihilfe muss auf das zur Erreichung des angestrebten Infrastrukturziels erforderliche Minimum beschränkt sein. Bei Infrastrukturbeihilfen wird die Situation, in der das Vorhaben nicht durchgeführt werden würde, als kontrafaktische Fallkonstellation betrachtet. Bei den beihilfefähigen Kosten handelt es sich folglich um die Finanzierungslücke.

(212) Die Beihilfemaßnahmen zur Infrastrukturförderung sollte eine Beihilfeintensität von 100 % der beihilfefähigen Kosten nicht überschreiten.

(213) Die Kommission wird von den Mitgliedstaaten verlangen, dass sie alle anderen Beihilfemaßnahmen, die sich auf die Infrastrukturbeihilfen auswirken könnten, klar und getrennt ausweisen.

3.8.6. Vermeidung übermäßiger negativer Auswirkungen auf Wettbewerb und Handel

(214) In Anbetracht der in den Rechtsvorschriften zum Energiebinnenmarkt verankerten Voraussetzungen, die auf eine Stärkung des Wettbewerbs abzielen, wird die Kommission davon ausgehen, dass Beihilfen für Energieinfrastrukturen, die der Binnenmarktregulierung unterliegen, keine übermäßigen negativen Auswirkungen auf den Wettbewerb und den Handel zwischen Mitgliedstaaten haben.

(215) Bei Infrastrukturen, die teilweise oder ganz von den Rechtsvorschriften zum Energiebinnenmarkt ausgenommen sind oder diesen nicht unterliegen, und im Falle unterirdischer Gasspeicheranlagen wird die Kommission im Einzelfall prüfen, ob beihilfebedingte Wettbewerbsverzerrungen auftreten können; dabei wird sie insbesondere die Zugangsmöglichkeiten für Dritte zu der geförderten Infrastruktur, den Zugang zu alternativen Infrastrukturen und den Marktanteil der Beihilfeempfänger berücksichtigen.

3.9. Beihilfen zur Förderung einer angemessenen Stromerzeugung

(216) Mit steigendem Anteil der erneuerbaren Energiequellen an der Stromerzeugung erfolgt in vielen Mitgliedstaaten der Übergang von einem System mit relativ stabiler und ununterbrochener Versorgung zu einem System, das mehr Energiequellen und kleinere Versorgungsmengen aus variablen Energiequellen umfasst. Dieser Wandel ist eine Herausforderung für die Gewährleistung einer angemessenen Stromerzeugung.

(217) Zudem können Marktversagen und regulatorische Mängel dazu führen, dass nicht genug in die Erzeugungskapazität investiert wird. Dies wäre zum Beispiel der Fall, wenn für die Stromgroßhandelspreise Obergrenzen festgesetzt würden und die Strommärkte es versäumten, ausreichende Investitionsanreize zu schaffen.

(218) Deshalb erwägen einige Mitgliedstaaten die Einführung von Maßnahmen, mit denen eine angemessene Stromerzeugung gewährleistet werden soll, indem Stromerzeugern schon allein für die Verfügbarkeit von Stromerzeugungskapazitäten Unterstützung gewährt wird ([93]).

([92]) Im Regulierungsrahmen der Kommissionsrichtlinien 2009/72/EG und 2009/73/EG sind die Gründe und Grundsätze für die Regulierung der Zugangs- und Nutzungsentgelte ausgeführt, die von den Fernleitungs- und Verteilernetzbetreibern verwendet werden, um die Investition und die Instandhaltung einer solchen Infrastruktur zu finanzieren.

([93]) Auf diese Problematik der angemessenen Stromerzeugung ist die Kommission ausdrücklich in ihrer Mitteilung „Vollendung des Elektrizitätsbinnenmarkts und optimale Nutzung staatlicher Interventionen" vom 5. November 2013 (C(2013) 7243 final) und in dem dazugehörigen Arbeitspapier der Kommissionsdienststellen „Generation Adequacy in the internal electricity market — guidance on public interventions" vom 5. November 2013 (SWD(2013) 438 final) eingegangen.

3.9.1. *Ziel von gemeinsamem Interesse*

(219) Maßnahmen zur Gewährleistung einer angemessenen Stromerzeugung können sehr unterschiedlich ausgestaltet sein, z. B. in Form von Investitions- und Betriebsbeihilfen (für die Zusage, Stromerzeugungskapazität zur Verfügung zu stellen), und können unterschiedliche Ziele verfolgen. So können diese Maßnahmen auf kurzfristige Probleme aufgrund eines Mangels an flexibler Erzeugungskapazität abgestellt sein, um plötzliche Schwankungen in der variablen Stromerzeugung aus Wind- und Sonnenenergie aufzufangen, oder es werden Ziele für die angemessene Stromerzeugung festgelegt, die die Mitgliedstaaten unabhängig von kurzfristigen Anliegen erreichen wollen.

(220) Beihilfen zur Förderung der angemessenen Stromerzeugung können im Widerspruch zu dem Ziel der schrittweisen Abschaffung umweltgefährdender Subventionen, u. a. für die Stromerzeugung auf der Basis fossiler Brennstoffe, stehen. Deshalb sollten die Mitgliedstaaten vorrangig andere Ansätze zur Sicherstellung einer angemessenen Stromerzeugung wählen, die dem Ziel der allmählichen Abschaffung umweltschädigender und wirtschaftlich nachteiliger Subventionen nicht abträglich sind, zum Beispiel eine Förderung der Nachfragesteuerung und der Ausbau der Verbindungskapazität.

(221) Es sollte klar definiert sein, welches Ziel die Maßnahme verfolgt, und es sollte ausgeführt werden, wann und wo ein Kapazitätsproblem entstehen kann. Die Feststellung eines Problems in Bezug auf die angemessene Stromerzeugung sollte mit der Analyse der angemessenen Stromerzeugung im Einklang stehen, die regelmäßig vom Europäischen Netz für Übertragungsnetzbetreiber (Strom) im Einklang mit den Binnenmarktvorschriften vorgenommen wird [94].

**Umwelt-
schutz-L**

3.9.2. *Erforderlichkeit staatlicher Maßnahmen*

(222) Art und Ursachen eines Kapazitätsproblems und folglich die Erforderlichkeit einer staatlichen Beihilfe zur Sicherstellung einer angemessenen Stromerzeugung sollten ordnungsgemäß analysiert und quantifiziert werden, z. B. im Hinblick auf Probleme bei der Spitzenlastkapazität und der saisonalen Kapazität sowie der Spitzennachfrage, wenn die Großhandelsmärkte für kurzfristige Stromlieferungen den Bedarf nicht decken können. Ferner sollte die Maßeinheit für die Quantifizierung genannt und die Berechnungsmethode dargelegt werden.

(223) Die Mitgliedstaaten sollten eindeutig nachweisen, warum nicht davon auszugehen ist, dass der Markt ohne staatliche Intervention eine angemessene Stromerzeugung sicherstellen kann; dabei ist auf die aktuellen Markt- und Technologieentwicklungen [95] einzugehen.

(224) Die Kommission wird bei der Würdigung unter anderem und wenn angezeigt die folgenden Unterlagen berücksichtigen, die von den Mitgliedstaaten übermittelt werden müssen:

a) Bewertung der Auswirkungen der Stromerzeugung aus variablen Energiequellen einschließlich des Stroms aus benachbarten Systemen;

b) Bewertung der Auswirkungen einer nachfrageseitigen Marktteilnahme, einschließlich der Beschreibung von Maßnahmen, um das Nachfragemanagement zu fördern [96];

c) Ausführungen zum aktuellen und potenziellen Bestand an Verbindungsleitungen einschließlich einer Beschreibung der laufenden und geplanten Vorhaben;

d) Ausführungen zu weiteren Aspekten, die die Sicherstellung einer angemessenen Stromerzeugung verhindern oder erschweren, z. B. regulatorische Mängel oder Marktversagen einschließlich einer etwaigen Plafonierung der Stromgroßhandelspreise.

3.9.3. *Geeignetheit*

(225) Die Beihilfe sollte ausschließlich für die Bereitstellung der Erzeugungskapazität durch den Stromerzeuger gewährt werden, d. h., der Betreiber sagt zu, für Stromlieferungen zur Verfügung zu stehen, und erhält dafür einen Ausgleich, z. B. in Form einer Vergütung pro MW, die an Kapazität zur Verfügung gestellt wird. Die Beihilfe sollte keine Vergütung für den Verkauf von Strom vorsehen, d. h. keine Vergütung pro verkaufte Megawattstunde (MWh).

---

[94] Verordnung (EG) Nr. 714/2009 vom 13. Juli 2009 über die Netzzugangsbedingungen für den grenzüberschreitenden Stromhandel, insbesondere Artikel 8 über die Aufgaben des ENTSO (Strom) (ABl. L 211 vom 14.8.2009, S. 15). Diesbezüglich könnte sich die vom Verband Europäischer Übertragungsnetzbetreiber (ENTSO-E) entwickelte Methode für dessen Bewertungen, ob auf EU-Ebene eine angemessene Stromerzeugung besteht, als hilfreich erweisen.

[95] Hierzu zählen unter anderem die Entwicklungen in Bezug auf Marktkopplung, Intraday-Märkte, Märkte für Ausgleichsenergie, Märkte für Hilfsdienste und Stromspeicherung.

[96] Die Kommission wird auch Pläne berücksichtigen, die sich auf die Einführung intelligenter Zähler im Einklang mit Anhang I der Richtlinie 2009/72/EG sowie die Auflagen in der Energieeffizienzrichtlinie beziehen.

33. Umweltschutz-L

(226) Die Maßnahme sollte sich sowohl an etablierte als auch künftige Erzeuger sowie an Betreiber, die substituierbare Technologien (z. B. Laststeuerung oder Speicherlösungen) einsetzen, richten und für diese angemessene Anreize vorsehen. Die Beihilfe sollte deshalb über einen Mechanismus gewährt werden, der potenziell unterschiedliche Vorlaufzeiten zulässt, die der Zeit entsprechen, die neue Erzeuger, die unterschiedliche Technologien einsetzen, benötigen, um neue Investitionen zu tätigen. Bei der Maßnahme sollte berücksichtigt werden, in welchem Umfang Verbindungskapazitäten genutzt werden könnten, um ein etwaiges Kapazitätsproblem zu beheben.

3.9.4. Anreizeffekt

(227) Der Anreizeffekt der Beihilfe wird auf der Grundlage der in Abschnitt 3.2.4 dieser Leitlinien genannten Kriterien gewürdigt.

3.9.5. Angemessenheit

(228) Der Beihilfegesamtbetrag sollte so berechnet werden, dass die Beihilfeempfänger eine Rendite erzielen, die als angemessen betrachtet werden kann.

(229) Nach Auffassung der Kommission führt eine klar auf das definierte Ziel zugeschnittene Ausschreibung mit eindeutigen, transparenten und diskriminierungsfreien Kriterien unter normalen Umständen zu angemessenen Renditen.

**Umwelt-
schutz-L**

(230) Die Maßnahme sollte Mechanismen beinhalten, mit denen sichergestellt werden kann, dass keine Zufallsgewinne anfallen.

(231) Die Maßnahmen sollte durch ihre Ausgestaltung sicherstellen, dass der Preis für die Verfügbarkeit von Erzeugungskapazität automatisch gegen Null geht, wenn davon auszugehen ist, dass die bereitgestellte Kapazität den Kapazitätsbedarf decken kann.

3.9.6. Vermeidung übermäßiger negativer Auswirkungen auf Wettbewerb und Handel

(232) Die Maßnahme sollte so ausgestaltet werden, dass alle Kapazitäten, die konkret zur Behebung des Erzeugungsdefizits beitragen können, an der Maßnahme teilnehmen können; dabei sollten insbesondere folgende Faktoren berücksichtigt werden:

a) Beteiligung von Stromerzeugern, die unterschiedliche Technologien einsetzen, und von Betreibern, die Maßnahmen mit vergleichbarer technischer Leistung anbieten, zum Beispiel Nachfragesteuerung, Verbindungsleitungen und Speicherung. Unbeschadet der Randnummer (228) kann die Einschränkung der Beteiligung nur mit der für die Behebung des Kapazitätsproblems unzulänglichen technischen Leistung gerechtfertigt werden. Des Weiteren sollte die Maßnahme zur Gewährleistung einer angemessenen Stromerzeugung für eine potenzielle Aggregierung des Angebots und der Nachfrage offen sein.

b) Beteiligung von Betreibern aus anderen Mitgliedstaaten, wenn insbesondere im regionalen Kontext eine Beteiligung praktisch möglich ist, d. h., wenn dem Mitgliedstaat, der die Maßnahme durchführt, die Kapazität tatsächlich zur Verfügung gestellt werden kann und die mit der Maßnahme verbundenen Auflagen durchgesetzt werden können (97).

c) Beteiligung einer ausreichend großen Zahl von Stromerzeugern, um einen wettbewerbsbestimmten Preis für die Kapazität festsetzen zu können.

d) Vermeidung negativer Auswirkungen auf den Binnenmarkt, die z. B. durch Ausfuhrbeschränkungen, eine Plafonierung der Großhandelsstrompreise, Gebotsbeschränkungen oder andere Maßnahmen, die die Marktkopplung erschweren (einschließlich Intraday-Märkte und Märkte für Ausgleichsenergie), verursacht werden können.

(233) Die Maßnahme sollte

a) nicht dazu führen, dass die Anreize, in Verbindungskapazität zu investieren, verringert werden;

b) nicht die Marktkopplung erschweren (einschließlich der Märkte für Ausgleichsenergie);

c) nicht die vor der Maßnahme gefassten Investitionsentscheidungen zugunsten der Stromerzeugung oder Entscheidungen der Betreiber bezüglich der Märkte für Ausgleichs- und Hilfsleistungen untergraben;

d) eine marktbeherrschende Stellung nicht übermäßig stärken;

e) im Falle technisch und wirtschaftlich vergleichbarer Parameter kohlenstoffarme Stromerzeuger bevorzugen.

---

(97) Wenn allgemeine Vorkehrungen getroffen werden, um die grenzübergreifende Mitwirkung an Regelungen zu erleichtern, sollten die Regelungen entsprechend angepasst werden.

3.10. Beihilfen in Form handelbarer Umweltzertifikate

(234) Es können Regelungen für handelbare Umweltzertifikate eingeführt werden, um Schadstoffemissionen (z. B. NO$_x$-Emissionen) zu verringern [98]. Solche Regelungen können staatliche Beihilfen beinhalten, insbesondere wenn Mitgliedstaaten Verschmutzungsrechte und Zertifikate unter deren Marktwert ausgeben. Wenn die Gesamtzahl der von den Mitgliedstaaten ausgegebenen Verschmutzungsrechte niedriger ist als der voraussichtliche Gesamtbedarf der Unternehmen, wird die Wirkung dieses Mechanismus auf die Umwelt insgesamt positiv ausfallen. Decken die ausgegebenen Zertifikate nicht den Gesamtbedarf eines einzelnen Unternehmens, muss das Unternehmen entweder seine Schadstoffproduktion reduzieren (womit es zur Entlastung der Umwelt beiträgt) oder zusätzliche Zertifikate auf dem Markt erwerben (und somit für die von ihm verursachte Verschmutzung zahlen).

(235) Die Kommission wird handelbare Umweltzertifikate als mit dem Binnenmarkt vereinbar betrachten, wenn alle die nachstehenden Voraussetzungen erfüllt sind:

a) Die Regelungen für handelbare Zertifikate müssen so beschaffen sein, dass Umweltschutzziele erreicht werden, die über die Ziele hinausgehen, die auf der Grundlage der für die begünstigten Unternehmen verbindlichen Unionsnormen zu erreichen sind.

b) Die Zuteilung muss in transparenter Weise auf der Grundlage objektiver Kriterien und bestmöglicher Datenquellen erfolgen, und die Gesamtzahl der Zertifikate, die einem Unternehmen zu einem Preis unter ihrem Marktwert zugeteilt werden, darf nicht höher sein als der Bedarf, den das Unternehmen voraussichtlich ohne das Handelssystem hätte.

c) Die Zuteilungsmethode darf nicht bestimmte Unternehmen oder Wirtschaftszweige begünstigen, es sei denn, dies ist durch die dem System innewohnende Logik gerechtfertigt oder für die Übereinstimmung mit anderen umweltpolitischen Strategien notwendig.

d) Verschmutzungsrechte und Zertifikate dürfen neuen Anbietern grundsätzlich nicht zu günstigeren Bedingungen zugeteilt werden als den bereits auf dem Markt vertretenen Unternehmen. Durch die Zuteilung einer höheren Zahl von Zertifikaten an bereits etablierte Unternehmen darf der Marktzugang nicht unangemessen beschränkt werden.

(236) Die Kommission wird die Erforderlichkeit und die Angemessenheit von staatlichen Beihilfen in Verbindung mit handelbaren Umweltzertifikaten anhand folgender Kriterien prüfen:

a) Die Beihilfeempfänger müssen anhand objektiver und transparenter Kriterien ausgewählt werden, und die Beihilfen müssen grundsätzlich für alle Wettbewerber in demselben Wirtschaftszweig, die sich in einer ähnlichen Lage befinden, in derselben Weise gewährt werden.

b) Die vollständige Versteigerung muss einen erheblichen Anstieg der Produktionskosten in dem betreffenden Wirtschaftszweig bzw. in der betreffenden Gruppe von Beihilfeempfängern zur Folge haben.

c) Der erhebliche Anstieg der Produktionskosten kann nicht an die Abnehmer weitergegeben werden, ohne dass es zu deutlichen Absatzeinbußen kommt. Für die entsprechende Analyse können Schätzungen zur Preiselastizität und anderen Faktoren in dem betreffenden Wirtschaftszweig herangezogen werden. Bei der Prüfung der Frage, ob der Kostenanstieg im Zusammenhang mit den handelbaren Umweltzertifikaten nicht an die Abnehmer weitergegeben werden kann, können die geschätzten Absatzeinbußen sowie deren voraussichtliche Auswirkungen auf die Rentabilität des Unternehmens zugrunde gelegt werden.

d) Einzelne Unternehmen in dem betreffenden Wirtschaftszweig sollten nicht den Schadstoffausstoß so verringern können, dass der Zertifikatspreis tragbar ist. Dass sich der Verbrauch nicht senken lässt, kann durch Angabe der Emissionswerte, die sich beim Einsatz der wirksamsten Technik im Europäischen Wirtschaftsraum (EWR) erzielen lassen, und durch Heranziehung dieser Werte als Richtwerte nachgewiesen werden. Einem Unternehmen, das die wirksamste Technik anwendet, kann höchstens ein Zertifikat im Wert der Produktionsmehrkosten zugeteilt werden, die sich aus dem Emissionshandelssystem beim Einsatz der wirksamsten Technik ergeben und die nicht an die Abnehmer weitergegeben werden können. Unternehmen mit einer schlechteren Umweltleistung erhalten Zertifikate mit einem dieser Leistung entsprechenden geringeren Wert.

3.11. Beihilfen für Standortverlagerungen

(237) Investitionsbeihilfen für Standortverlagerungen sollen individuelle Anreize zur Verringerung der negativen externen Folgen der Umweltbelastung schaffen, indem stark umweltschädigende Unternehmen dorthin verlagert werden, wo die Umweltbelastung weniger gravierende Folgen hat, d. h. weniger externe Kosten verursacht. Die Beihilfe kann daher gerechtfertigt sein, wenn die Standortverlagerung aus umweltbedingten Gründen erfolgt, wobei vermieden werden sollte, dass die Beihilfe für eine aus anderen Gründen erfolgende Standortverlagerung gewährt wird.

Umwelt-schutz-L

---

[98] Urteil des Gerichtshofes vom 8. September 2011, Europäische Kommission/Königreich der Niederlande, C-279/08, Slg. 2011, I-7671.

33. Umweltschutz-L

(238) Investitionsbeihilfen für Standortverlagerungen aus Gründen des Umweltschutzes gelten als mit dem Binnenmarkt vereinbar, wenn die in den Abschnitten 3.2.4 und 3.2.7 genannten sowie alle der nachstehenden Voraussetzungen erfüllt sind:

a) Die Verlegung des Standorts muss aus Gründen des Umweltschutzes oder aus Präventionsgründen erfolgen und sich aus einer Verwaltungs- oder Gerichtsentscheidung, in der die Verlegung angeordnet wird, oder einer Vereinbarung zwischen dem Unternehmen und der zuständigen Behörde ergeben;

b) das Unternehmen muss sich an seinem neuen Standort nach dem Recht richten, das die strengsten Umweltschutznormen vorsieht.

(239) Als Beihilfeempfänger kommen in Betracht:

a) Unternehmen in einem Stadtgebiet oder in einem nach der Richtlinie 92/43/EWG [99] ausgewiesenen besonderen Schutzgebiet, die rechtmäßig einer Tätigkeit nachgehen, die eine größere Umweltbelastung verursacht, und deswegen ihren Standort in ein geeigneteres Gebiet verlegen müssen (wobei „rechtmäßig" bedeutet, dass das Unternehmen allen einschlägigen gesetzlichen Vorgaben und Umweltschutznormen nachkommen muss), oder

b) Betriebe oder Anlagen, die in den Anwendungsbereich der Richtlinie 2012/18/EU [100] („Seveso-II-Richtlinie") fallen.

(240) Um die Höhe der beihilfefähigen Kosten bei Standortverlagerungen zu bestimmen, zieht die Kommission insbesondere folgende Kosten-Nutzen-Faktoren heran:

a) Nutzen:

   i. Verkaufserlös oder Mieteinnahmen aus den aufgegebenen Anlagen und Grundstücken;

   ii. Abfindung im Falle der Enteignung;

   iii. andere materielle Vorteile im Zusammenhang mit der Verlegung der Anlagen, insbesondere infolge einer Verbesserung der verwendeten Technologie sowie buchmäßige Gewinne infolge der Wertsteigerung der Anlagen;

   iv. Investitionen zur Steigerung der Kapazitäten.

b) Kosten:

   i. die Kosten für den Erwerb eines Grundstücks und für den Bau oder den Erwerb neuer Anlagen mit derselben Kapazität wie die aufgegebenen Anlagen;

   ii. Vertragsstrafen wegen Kündigung eines Miet- oder Pachtvertrags für Grundstücke oder Gebäude, wenn die Standortverlegung aufgrund einer Verwaltungs- oder Gerichtsentscheidung erfolgt.

(241) Es gelten die in Anhang 1 aufgeführten Beihilfeintensitäten.

4. EVALUIERUNG

(242) Mit Blick auf eine möglichst geringe Verfälschung des Wettbewerbs kann die Kommission verlangen, dass bestimmte Beihilferegelungen zeitlich begrenzt (auf in der Regel höchstens vier Jahre) und einer Evaluierung (siehe Randnummer (28)) unterzogen werden. Evaluiert werden Regelungen, die den Wettbewerb besonders stark verfälschen könnten, d. h., bei denen erhebliche Beschränkungen oder Verfälschungen des Wettbewerbs zu befürchten sind, wenn ihre Durchführung nicht zu gegebener Zeit geprüft wird.

(243) In Anbetracht der Ziele der Evaluierung und zur Vermeidung eines unverhältnismäßigen Aufwands für die Mitgliedstaaten und für kleinere Beihilfevorhaben ist eine Evaluierung nur bei Beihilferegelungen erforderlich, die eine hohe Mittelausstattung und neuartige Merkmale aufweisen, oder wenn wesentliche marktbezogene, technische oder rechtliche Veränderungen vorgesehen sind. Die Evaluierung wird von einem von der Bewilligungsbehörde unabhängigen Sachverständigen auf der Grundlage einer von der Kommission festgelegten einheitlichen Methode durchgeführt und muss veröffentlicht werden. Der Mitgliedstaat muss bei der Anmeldung der Beihilferegelung einen vorläufigen Evaluierungsplan übermitteln, der ebenfalls Gegenstand der Beihilfeprüfung sein wird.

[99] Richtlinie 92/43/EWG des Rates vom 21. Mai 1992 zur Erhaltung der natürlichen Lebensräume sowie der wildlebenden Tiere und Pflanzen (ABl. L 206 vom 22.7.1992, S. 7); zuletzt geändert durch die Richtlinie 2013/17/EU (ABl. L 158 vom 10.6.2013, S. 193).

[100] Richtlinie 2012/18/EU vom 4. Juli 2012 zur Beherrschung der Gefahren schwerer Unfälle mit gefährlichen Stoffen, zur Änderung und anschließenden Aufhebung der Richtlinie 96/82/EG des Rates (ABl. L 197 vom 24.7.2010, S. 1).

(244) Im Falle von Beihilferegelungen, die ausschließlich aufgrund ihrer sehr hohen Mittelausstattung nicht in den Anwendungsbereich der Allgemeinen Gruppenfreistellungsverordnung fallen, wird die Kommission die betreffende Beihilferegelung (nicht aber den Evaluierungsplan) nach der vorgenannten Verordnung und nicht nach diesen Leitlinien auf ihre Vereinbarkeit mit dem Binnenmarkt prüfen.

(245) Die Evaluierung muss der Kommission rechtzeitig für die Prüfung einer etwaigen Verlängerung der Beihilfemaßnahme vorgelegt werden sowie in jedem Fall zum Ende der Geltungsdauer der Beihilferegelung. Der genaue Gegenstand und die Modalitäten der Evaluierung werden im Beschluss zur Genehmigung der Beihilfe festgelegt. Bei jeder späteren Beihilfe, die einen ähnlichen Zweck verfolgt (einschließlich aller Änderungen an den unter Randnummer (244) genannten Beihilferegelungen), müssen die Ergebnisse dieser Evaluierung berücksichtigt werden.

5. ANWENDUNG

(246) Diese Leitlinien werden ab dem 1. Juli 2014 angewendet und ersetzen die am 1. April 2008 veröffentlichten Leitlinien der Gemeinschaft für staatliche Umweltschutzbeihilfen ([101]). Sie gelten bis zum 31. Dezember 2020.

(247) Die Kommission wendet die vorliegenden Leitlinien auf alle angemeldeten Beihilfemaßnahmen an, über die sie nach Inkrafttreten dieser Leitlinien zu beschließen hat, auch wenn die Maßnahmen vor diesem Datum angemeldet wurden. Einzelbeihilfen, die im Rahmen von genehmigten Beihilferegelungen gewährt und aufgrund einer bestehenden Anmeldepflicht bei der Kommission entsprechend angemeldet wurden, werden jedoch nach den Leitlinien geprüft, die für die Beihilferegelung gelten, in deren Rahmen sie gewährt wurden.

**Umwelt-
schutz-L**

(248) Rechtswidrige Umwelt- oder Energiebeihilfen werden im Einklang mit der Bekanntmachung der Kommission über die zur Beurteilung unrechtmäßiger staatlicher Beihilfen anzuwendenden Regeln ([102]) anhand der zum Zeitpunkt der Beihilfegewährung geltenden Vorschriften geprüft; es gilt jedoch folgende Ausnahme:

Rechtswidrige Betriebsbeihilfen in Form von Ermäßigungen der finanziellen Beiträge zur Förderung erneuerbarer Energien werden anhand der Bestimmungen der Abschnitte 3.7.2 und 3.7.3 geprüft.

Der unter Randnummer (194) vorgesehene Anpassungsplan muss ab dem 1. Januar 2011 auch eine progressive Anwendung der Kriterien des Abschnitts 3.7.2 und des Eigenbeitrag im Sinne der Randnummer (197) vorsehen. Alle Beihilfen, die vorher in Form von Ermäßigungen des Finanzierungsbeitrags für Strom aus erneuerbaren Energiequellen gewährt wurden, können nach Auffassung der Kommission für mit dem Binnenmarkt vereinbar erklärt werden ([103]).

(249) Einzelbeihilfen, die im Rahmen rechtswidriger Beihilferegelungen gewährt wurden, werden nach den Leitlinien geprüft, die jeweils für die rechtswidrige Beihilferegelung gelten, in deren Rahmen die Einzelbeihilfe gewährt wurde. Wenn einem Empfänger von einem Mitgliedstaat bestätigt worden ist, dass er auf der Grundlage einer rechtswidrigen Regelung für einen vorab festgelegten Zeitraum eine Betriebsbeihilfe zur Förderung erneuerbarer Energien und der Kraft-Wärme-Kopplung erhalten wird, so kann diese Beihilfe während des gesamten Zeitraums zu den zum Zeitpunkt der Bestätigung in der Regelung festgelegten Bedingungen gewährt werden, solange die Beihilfe mit den Vorschriften vereinbar ist, die zum Zeitpunkt der Bestätigung galten.

(250) Die Kommission schlägt den Mitgliedstaaten nach Artikel 108 Absatz 1 AEUV die folgenden zweckdienlichen Maßnahmen für ihre bestehenden Umwelt- und Energiebeihilferegelungen vor:

Die Mitgliedstaaten sollten ihre betreffenden Regelungen, wo erforderlich, ändern, um sie spätestens bis zum 1. Januar 2016 mit diesen Leitlinien in Einklang zu bringen; es gelten jedoch die folgenden Ausnahmen:

([101]) ABl. C 82 vom 1.4.2008, S. 1.
([102]) ABl. C 119 vom 22.5.2002, S. 22.
([103]) Nach Auffassung der Kommission beeinträchtigten derartige Beihilfen die Handelsbedingungen nicht in einem Maße, das dem gemeinsamen Interesse zuwiderlaufen würde. Die Mitgliedstaaten mussten die zur Umsetzung der Richtlinie über erneuerbare Energien erforderlichen Gesetze, Verordnungen und Verwaltungsbestimmungen bis zum 5. Dezember 2010 in Kraft setzen; mit der Richtlinie wurden rechtsverbindliche Ziele für den Verbrauch erneuerbarer Energien eingeführt. Demgegenüber hielten sich die Gesamtkosten für die Förderung der Erzeugung von Strom aus erneuerbaren Energiequellen bis 2010 in Grenzen, sodass die Abgaben bis dato relativ gering waren. Deshalb war die Höhe der den einzelnen Unternehmen gewährten Beihilfen in Form von Ermäßigungen des Finanzierungsbeitrags für Strom aus erneuerbaren Energiequellen ebenfalls relativ gering. Ferner dürften die Beihilfen, die von Dezember 2008 bis Dezember 2010 gewährt wurden und maximal 500 000 EUR pro Unternehmen betragen, im Einklang stehen mit der Mitteilung der Kommission — Vorübergehender Gemeinschaftsrahmen für staatliche Beihilfen zur Erleichterung des Zugangs zu Finanzierungsmitteln in der gegenwärtigen Finanz- und Wirtschaftskrise (ABl. C 83 vom 7.4.2009, S. 1) in der geänderten Fassung.

33. Umweltschutz-L

Bestehende Beihilferegelungen im Sinne des Artikels 1 Buchstabe b der Verordnung (EG) Nr. 659/1999 des Rates ([104]), die Betriebsbeihilfen zur Förderung erneuerbarer Energien und der Kraft-Wärme-Kopplung betreffen, müssen nur dann an diese Leitlinien angepasst werden, wenn die Mitgliedstaaten diese verlängern möchten oder nach zehn Jahren oder nach Ablauf der Geltungsdauer des Kommissionsbeschlusses neu anmelden müssen oder Änderungen ([105]) vornehmen wollen.

Wann immer einem Empfänger von einem Mitgliedstaat bestätigt worden ist, dass er für einen vorab festgelegten Zeitraum staatliche Beihilfen auf der Grundlage einer solchen Regelung erhalten wird, können diese Beihilfen während des gesamten Zeitraums zu den zum Zeitpunkt der Bestätigung in der Regelung festgelegten Bedingungen gewährt werden.

(251) Die Mitgliedstaaten werden aufgefordert, den vorgeschlagenen zweckdienlichen Maßnahmen innerhalb von zwei Monaten nach dem Tag der Veröffentlichung dieser Leitlinien im *Amtsblatt der Europäischen Union* ausdrücklich und uneingeschränkt zuzustimmen. In Ermangelung einer Antwort geht die Kommission davon aus, dass der betreffende Mitgliedstaat den vorgeschlagenen Maßnahmen nicht zustimmt.

6. BERICHTERSTATTUNG UND MONITORING

(252) Nach der Verordnung (EG) Nr. 659/1999 des Rates und der Verordnung (EG) Nr. 794/2004 der Kommission ([106]) und ihrer späteren Änderungen müssen die Mitgliedstaaten der Kommission Jahresberichte vorlegen.

(253) Die Mitgliedstaaten müssen sicherstellen, dass detaillierte Aufzeichnungen über alle Maßnahmen geführt werden, in deren Rahmen Beihilfen gewährt werden. Diese Aufzeichnungen müssen alle Informationen enthalten, die erforderlich sind, um gegebenenfalls feststellen zu können, dass die Voraussetzungen bezüglich der beihilfefähigen Kosten und der zulässigen Beihilfehöchstintensität erfüllt sind. Die Aufzeichnungen müssen ab dem Tag, an dem die Beihilfe gewährt wurde, 10 Jahre lang aufbewahrt und der Kommission auf Anfrage vorgelegt werden.

7. ÜBERARBEITUNG

(254) Die Kommission kann beschließen, diese Leitlinien zu überarbeiten oder zu ändern, wenn sich dies aus wettbewerbspolitischen Gründen oder aufgrund anderer Politikbereiche der Union und internationaler Verpflichtungen als erforderlich erweist.

([104]) Verordnung (EG) Nr. 659/1999 des Rates vom 22. März 1999 über besondere Vorschriften für die Anwendung von Artikel 93 des EG-Vertrags (ABl. L 83 vom 27.3.1999, S. 1).
([105]) Alle Änderungen im Sinne des Artikels 1 Buchstabe c der Verordnung (EG) Nr. 659/1999.
([106]) Verordnung (EG) Nr. 794/2004 des Rates vom 21. April 2004 zur Durchführung der Verordnung (EG) Nr. 659/1999 des Rates über besondere Vorschriften für die Anwendung von Artikel 93 des EG-Vertrags (ABl. L 140 vom 30.4.2004, S. 1).

ANHANG 1

Beihilfeintensitäten für Investitionsbeihilfen, ausgedrückt als Anteil an den beihilfefähigen Kosten

(1)   Für Umweltbeihilfen gelten die folgenden Beihilfeintensitäten:

	Kleine Unternehmen	Mittlere Unternehmen	Große Unternehmen
Beihilfen für Unternehmen, die über die Unionsnormen hinausgehen oder bei Fehlen solcher Normen den Umweltschutz verbessern (Beihilfen für die Anschaffung neuer Fahrzeuge)	60 % 70 % bei Öko-Innovation, 100 % bei Ausschreibung	50 % 60 % bei Öko-Innovation, 100 % bei Ausschreibung	40 % 50 % bei Öko-Innovation, 100 % bei Ausschreibung
Beihilfen für Umweltstudien	70 %	60 %	50 %
Beihilfen zur frühzeitigen Anpassung an künftige Unionsnormen			
mehr als drei Jahre	20 %	15 %	10 %
ein bis drei Jahre vor dem Inkrafttreten der Normen	15 %	10 %	5 %
Beihilfen für die Abfallbewirtschaftung	55 %	45 %	35 %
Beihilfen zur Förderung von erneuerbaren Energien Beihilfen für Kraft-Wärme-Kopplungsanlagen	65 %, 100 % bei Ausschreibung	55 %, 100 % bei Ausschreibung	45 %, 100 % bei Ausschreibung
Beihilfen für Energieeffizienzmaßnahmen	50 %, 100 % bei Ausschreibung	40 %, 100 % bei Ausschreibung	30 %, 100 % bei Ausschreibung
Beihilfen für Fernwärme- und Fernkältesysteme, bei denen konventionelle Energieträger genutzt werden	65 %, 100 % bei Ausschreibung	55 %, 100 % bei Ausschreibung	45 % 100 % bei Ausschreibung
Beihilfen für die Sanierung schadstoffbelasteter Standorte	100 %	100 %	100 %
Beihilfen für Standortverlagerungen	70 %	60 %	50 %
Beihilfen in Form handelbarer Umweltzertifikate	100 %	100 %	100 %
Beihilfen für Energieinfrastrukturen Fernwärmeinfrastrukturen	100 %	100 %	100 %
Beihilfen für CCS	100 %	100 %	100 %

Die in dieser Tabelle aufgeführten Beihilfeintensitäten können in Fördergebieten nach Artikel 107 Absatz 3 Buchstabe c AEUV um 5 Prozentpunkte und in Fördergebieten nach Artikel 107 Absatz 3 Buchstabe a AEUV um 15 Prozentpunkte bis zu einer Beihilfeintensität von 100 % erhöht werden.

33. Umweltschutz-L

Typische staatliche Maßnahmen

(1) Nach Auffassung der Kommission werden staatliche Beihilfen zur Verbesserung des Umweltschutzes oder zur Stärkung des Energiebinnenmarkts typischerweise in den nachstehend aufgeführten Bereichen gewährt.

(2) Anhaltspunkte für die Berechnung der beihilfefähigen Kosten anhand einer kontrafaktischen Fallkonstellation:

Bereich	Kontrafaktische Fallkonstellation/beihilfefähige Kosten (^{1})
KWK	Die kontrafaktische Fallkonstellation ist ein konventionelles Strom- oder Wärmeerzeugungssystem mit derselben Kapazität in Bezug auf die tatsächliche Energieerzeugung.
Umweltstudien (^{2})	Beihilfefähig sind die Kosten der Studien.
Sanierung schadstoffbelasteter Standorte	Die Kosten (^{3}) der Sanierungsarbeiten abzüglich der Wertsteigerung des Grundstücks (^{4}).
Fernwärme- und Fernkälteanlagen	Die Investitionskosten für den Bau, die Erweiterung oder die Modernisierung einer oder mehrerer Erzeugungseinheiten, die Bestandteil des effizienten Fernwärme- und Fernkältesystems sind.
Abfallbewirtschaftung (^{5})	Die Mehrinvestition im Vergleich zu den Kosten einer herkömmlichen Produktion, bei der die Abfallbewirtschaftung nicht in gleichem Umfang betrieben wird.
Beihilfen für Unternehmen, die über Unionsnormen hinausgehen	Investitionsmehrkosten sind die zusätzlichen Investitionskosten, die erforderlich sind, um über das in den Unionsnormen vorgeschriebene Umweltschutzniveau hinauszugehen (^{6}).
Fehlen von Normen der Union oder des Mitgliedstaats	Investitionsmehrkosten sind die Investitionskosten, die erforderlich sind, um ein Umweltschutzniveau zu erreichen, das höher ist als das Umweltschutzniveau, das das oder die betreffenden Unternehmen ohne Umweltbeihilfe erreichen würde(n).
Stromerzeugung aus erneuerbaren Energiequellen	Die Investitionsmehrkosten im Vergleich zu den Kosten eines konventionellen Kraftwerks mit derselben Kapazität in Bezug auf die tatsächliche Energieerzeugung.
Wärmeerzeugung aus erneuerbaren Energiequellen	Die Investitionsmehrkosten im Vergleich zu den Kosten eines konventionellen Wärmeerzeugungssystems mit derselben Kapazität in Bezug auf die tatsächliche Energieerzeugung.
Erzeugung von Biogas, das auf Erdgasqualität aufbereitet wird	Wenn die Beihilfe nur für die Aufbereitung von Biogas gewährt wird, ist die kontrafaktische Fallkonstellation die andere Verwendung des Biogases (einschließlich der Verbrennung).
Biokraftstoffe und als Kraftstoff genutztes Biogas	Grundsätzlich sollten die Investitionsmehrkosten im Vergleich zu den Investitionskosten einer herkömmlichen Raffinerie gewählt werden; die Kommission kann jedoch andere kontrafaktische Fallkonstellationen akzeptieren, sofern sie ordnungsgemäß begründet werden.

Umwelt-
schutz-L

Bereich	Kontrafaktische Fallkonstellation/beihilfefähige Kosten (¹)
Nutzung industrieller Nebenerzeugnisse	Wenn das Nebenerzeugnis ohne die Wiederverwendung Abfall wäre, sind die Kosten der zusätzlichen Investitionen, die erforderlich sind, um das Nebenerzeugnis nutzen zu können (z. B. Wärmetauscher im Falle von Abwärme), beihilfefähig. Wenn das Nebenerzeugnis entsorgt werden müsste, ist die kontrafaktische Investition die Entsorgung der Abfälle.
Beihilfen im Rahmen von Regelungen für handelbare Zertifikate	Um die Verhältnismäßigkeit nachzuweisen, muss belegt werden, dass nicht zu viele Zertifikate zugeteilt werden.

(¹) Die Kommission kann andere kontrafaktische Fallkonstellationen akzeptieren, sofern sie von dem Mitgliedstaat ordnungsgemäß begründet werden.

(²) Schließt Beihilfen für Energieeffizienzaudits ein.

(³) Bei den Umweltschäden, die beseitigt werden sollen, muss es sich um eine Beeinträchtigung der Qualität des Bodens, des Oberflächen- oder des Grundwassers handeln. Alle Ausgaben eines Unternehmens für die Sanierung seines Standorts können unabhängig davon, ob sie in der Bilanz als Anlagevermögen ausgewiesen werden können, als beihilfefähige Investitionen zur Sanierung eines schadstoffbelasteten Standorts erachtet werden.

(⁴) Bewertungen der Steigerung des Grundstückswerts infolge einer Sanierung müssen von einem unabhängigen Sachverständigen vorgenommen werden.

(⁵) Betrifft die Bewirtschaftung von Abfällen anderer Unternehmen und schließt Tätigkeiten im Bereich der Wiederverwendung, des Recyclings und der Rückgewinnung ein.

(⁶) Die Investitionskosten, die notwendig sind, um das in den Unionsnormen vorgeschriebene Umweltschutzniveau zu erreichen, sind nicht beihilfefähig und müssen abgezogen werden.

Umwelt-
schutz-L

33. Umweltschutz-L

Liste (¹) der nach Abschnitt 3.7.2 beihilfefähigen Wirtschaftszweige (²)

NACE	Beschreibung
510	Steinkohlenbergbau
729	Sonstiger NE-Metallerzbergbau
811	Gewinnung von Naturwerksteinen und Natursteinen, Kalk- und Gipsstein, Kreide und Schiefer
891	Bergbau auf chemische und Düngemittelminerale
893	Gewinnung von Salz
899	Gewinnung von Steinen und Erden a. n. g.
1032	Herstellung von Frucht- und Gemüsesäften
1039	Sonstige Verarbeitung von Obst und Gemüse
1041	Herstellung von Ölen und Fetten (ohne Margarine u. Ä. Nahrungsfette)
1062	Herstellung von Stärke und Stärkeerzeugnissen
1104	Herstellung von Wermutwein und sonstigen aromatisierten Weinen
1106	Herstellung von Malz
1310	Spinnstoffaufbereitung und Spinnerei
1320	Weberei
1394	Herstellung von Seilerwaren
1395	Herstellung von Vliesstoff und Erzeugnissen daraus (ohne Bekleidung)
1411	Herstellung von Lederbekleidung
1610	Säge-, Hobel- und Holzimprägnierwerke
1621	Herstellung von Furnier-, Sperrholz-, Holzfaser- und Holzspanplatten
1711	Herstellung von Holz- und Zellstoff
1712	Herstellung von Papier, Karton und Pappe
1722	Herstellung von Haushalts-, Hygiene- und Toilettenartikeln aus Zellstoff, Papier und Pappe
1920	Mineralölverarbeitung
2012	Herstellung von Farbstoffen und Pigmenten
2013	Herstellung von sonstigen anorganischen Grundstoffen und Chemikalien
2014	Herstellung von sonstigen organischen Grundstoffen und Chemikalien
2015	Herstellung von Düngemitteln und Stickstoffverbindungen
2016	Herstellung von Kunststoffen in Primärformen
2017	Herstellung von synthetischem Kautschuk in Primärformen
2060	Herstellung von Chemiefasern
2110	Herstellung von pharmazeutischen Grundstoffen

Umwelt-
schutz-L

(¹) Die Kommission kann die Liste in Anhang 3 anhand der in Fußnote 89 genannten Kriterien überprüfen, sofern ihr Nachweise dafür vorliegen, dass sich die Daten, auf die sich dieser Anhang stützt, wesentlich geändert haben.
(²) Die Liste und die ihr zugrunde liegenden Kriterien geben nicht den Standpunkt wider, den die Kommission künftig bezüglich des ETS bei der Erarbeitung von Vorschriften zur Vermeidung der Verlagerung von CO_2-Emissionen im Rahmen der Klima- und Energiepolitik für die Zeit ab 2030 zum Risiko einer solchen Verlagerung einnehmen wird, und sind dafür auch nicht von Belang.

NACE	Beschreibung
2221	Herstellung von Platten, Folien, Schläuchen und Profilen aus Kunststoffen
2222	Herstellung von Verpackungsmitteln aus Kunststoffen
2311	Herstellung von Flachglas
2312	Veredlung und Bearbeitung von Flachglas
2313	Herstellung von Hohlglas
2314	Herstellung von Glasfasern und Waren daraus
2319	Herstellung, Veredlung und Bearbeitung von sonstigem Glas einschließlich technischen Glaswaren
2320	Herstellung von feuerfesten keramischen Werkstoffen und Waren
2331	Herstellung von keramischen Wand- und Bodenfliesen und -platten
2342	Herstellung von Sanitärkeramik
2343	Herstellung von Isolatoren und Isolierteilen aus Keramik
2349	Herstellung von sonstigen keramischen Erzeugnissen
2399	Herstellung von sonstigen Erzeugnissen aus nichtmetallischen Mineralien a. n. g.
2410	Erzeugung von Roheisen, Stahl und Ferrolegierungen
2420	Herstellung von Stahlrohren, Rohrform-, Rohrverschluss- und Rohrverbindungsstücken aus Stahl
2431	Herstellung von Blankstahl
2432	Herstellung von Kaltband mit einer Breite von weniger als 600 mm
2434	Herstellung von kaltgezogenem Draht
2441	Erzeugung und erste Bearbeitung von Edelmetallen
2442	Erzeugung und erste Bearbeitung von Aluminium
2443	Erzeugung und erste Bearbeitung von Blei, Zink und Zinn
2444	Erzeugung und erste Bearbeitung von Kupfer
2445	Erzeugung und erste Bearbeitung von sonstigen NE-Metallen
2446	Aufbereitung von Kernbrennstoffen
2720	Herstellung von Batterien und Akkumulatoren
3299	Herstellung von sonstigen Erzeugnissen a. n. g.
2011	Herstellung von Industriegasen
2332	Herstellung von Ziegeln und sonstiger Baukeramik
2351	Herstellung von Zement
2352	Herstellung von Kalk und gebranntem Gips
2451/2452/ 2453/2454	Eisen-, Stahl-, Leichtmetall- und Buntmetallgießerei
2611	Herstellung von elektronischen Bauelementen
2680	Herstellung von magnetischen und optischen Datenträgern
3832	Rückgewinnung sortierter Werkstoffe

33. Umweltschutz-L

Berechnung der Bruttowertschöpfung und der Stromintensität auf Ebene des Unternehmens nach Abschnitt 3.7.2

(1) Für die Zwecke des Abschnitts 3.7.2 ist die Bruttowertschöpfung (BWS) des Unternehmens als Bruttowertschöpfung zu Faktorkosten zu verstehen, d. h. als BWS zu Marktpreisen abzüglich indirekter Steuern zuzüglich Subventionen. Die Wertschöpfung zu Faktorkosten kann berechnet werden aus dem Umsatz plus selbsterstellte Sachanlagen plus andere betriebliche Erträge plus oder minus Vorratsveränderungen, minus Käufe von Waren und Dienstleistungen [1], minus andere Steuern auf Produkte, die mit dem Umsatz verbunden, aber nicht absetzbar sind, minus mit dem Umsatz verbundene Zölle und Steuern. Außerdem kann sie durch Addition des Bruttobetriebsüberschusses und der Personalkosten berechnet werden. Einnahmen und Ausgaben, die in den Unternehmensabschlüssen als finanziell oder außerordentlich eingestuft werden, fließen nicht in die Wertschöpfung ein. Da die Bruttowertschöpfung zu Faktorkosten in Bruttozahlen berechnet wird, werden Wertanpassungen (etwa aufgrund von Abschreibung) nicht abgezogen [2];

(2) Für die Zwecke der Anwendung des Abschnitts 3.7.2 wird der arithmetische Mittelwert der letzten 3 Jahre [3] verwendet, für die BWS-Daten verfügbar sind.

(3) Für die Zwecke des Abschnitts 3.7.2 ist die Stromintensität eines Unternehmens definiert als

a) die (nach Randnummer (4) berechneten) Stromkosten des Unternehmens geteilt durch

b) die (nach den Randnummern (1) und (2) berechnete) BWS des Unternehmens.

(4) Die Stromkosten eines Unternehmens sind definiert als

a) Stromverbrauch des Unternehmens multipliziert mit

b) dem angenommenen Strompreis.

(5) Für die Berechnung des Stromverbrauchs des Unternehmens sind ggf. die Stromverbrauchseffizienzbenchmarks für die Branche heranzuziehen. Andernfalls ist das arithmetische Mittel der letzten 3 Jahre [4], für die Daten verfügbar sind, zu verwenden.

(6) Für die Zwecke der Randnummer (4)(b) entspricht der angenommene Strompreis dem in dem Mitgliedstaat anwendbaren durchschnittlichen Endkundenstrompreis für Unternehmen mit einem ähnlichen Stromverbrauch in dem letzten Jahr, für das Daten verfügbar sind.

(7) Für die Zwecke der Randnummer (4)(b) kann der angenommene/veranschlagte Strompreis die vollen Kosten der Finanzierung von Strom aus erneuerbaren Quellen einschließen, die an das Unternehmen weitergegeben würden, wenn es keine Ermäßigungen gäbe.

---

[1] Um Missverständnisse auszuschließen, sei darauf hingewiesen, dass „Waren und Dienstleistungen" keine Personalkosten enthalten.
[2] Code 12 15 0 innerhalb des Rechtsrahmens, der mit der Verordnung (EG, Euratom) Nr. 58/97 des Rates vom 20. Dezember 1996 über die strukturelle Unternehmensstatistik geschaffen wurde.
[3] Bei Unternehmen, die seit weniger als einem Jahr bestehen, können für das erste Jahr der Geschäftstätigkeit prognostizierte Daten zugrunde gelegt werden. Die Mitgliedstaaten sollten jedoch am Ende des ersten Geschäftsjahrs („Jahr 1") eine Ex-post-Bewertung durchführen, um die Beihilfefähigkeit des Unternehmens und die nach Randnummer 189 in Abschnitt 3.7.2 geltenden (als Prozent der BWS ausgedrückten) Kostengrenzen zu überprüfen. Nach dieser Ex-post-Bewertung sollten die Mitgliedstaaten den Unternehmen Ausgleich gewähren und ggf. den gewährten Ausgleich zurückfordern. Für das Jahr 2 sollten Daten aus dem Jahr 1 verwendet werden. Für das Jahr 3 sollte das arithmetische Mittel der Jahre 1 und 2 herangezogen werden. Ab dem Jahr 4 sollte das arithmetische Mittel der letzten 3 Jahre herangezogen werden.
[4] Siehe vorhergehende Fußnote.

ANHANG 5

Nicht in Anhang 3 enthaltene Bereiche des Bergbaus und des verarbeitenden Gewerbes mit einer Handelsintensität von mehr als 4 %

NACE-Code	Beschreibung
610	Gewinnung von Erdöl
620	Gewinnung von Erdgas
710	Eisenerzbergbau
812	Gewinnung von Kies, Sand, Ton und Kaolin
1011	Schlachten (ohne Schlachten von Geflügel)
1012	Schlachten von Geflügel
1013	Fleischverarbeitung
1020	Fischverarbeitung
1031	Kartoffelverarbeitung
1042	Herstellung von Margarine u. Ä. Nahrungsfetten
1051	Milchverarbeitung (ohne Herstellung von Speiseeis)
1061	Mahl- und Schälmühlen
1072	Herstellung von Dauerbackwaren
1073	Herstellung von Teigwaren
1081	Herstellung von Zucker
1082	Herstellung von Süßwaren (ohne Dauerbackwaren)
1083	Verarbeitung von Kaffee und Tee, Herstellung von Kaffee-Ersatz
1084	Herstellung von Würzmitteln und Soßen
1085	Herstellung von Fertiggerichten
1086	Herstellung von homogenisierten und diätetischen Nahrungsmitteln
1089	Herstellung von sonstigen Nahrungsmitteln a. n. g.
1091	Herstellung von Futtermitteln für Nutztiere
1092	Herstellung von Futtermitteln für sonstige Tiere
1101	Herstellung von Spirituosen
1102	Herstellung von Traubenwein
1103	Herstellung von Apfelwein und anderen Fruchtweinen
1105	Herstellung von Bier
1107	Herstellung von Erfrischungsgetränken; Gewinnung natürlicher Mineralwässer
1200	Tabakverarbeitung
1391	Herstellung von gewirktem und gestricktem Stoff
1392	Herstellung von konfektionierten Textilwaren (ohne Bekleidung)
1393	Herstellung von Teppichen

33. Umweltschutz-L

NACE-Code	Beschreibung
1396	Herstellung von technischen Textilien
1399	Herstellung von sonstigen Textilwaren a. n. g.
1412	Herstellung von Arbeits- und Berufsbekleidung
1413	Herstellung von sonstiger Oberbekleidung
1414	Herstellung von Wäsche
1419	Herstellung von sonstiger Bekleidung und Bekleidungszubehör a. n. g.
1420	Herstellung von Pelzwaren
1431	Herstellung von Strumpfwaren
1439	Herstellung von sonstiger Bekleidung aus gewirktem und gestricktem Stoff
1511	Herstellung von Leder und Lederfaserstoff; Zurichtung und Färben von Fellen
1512	Lederverarbeitung (ohne Herstellung von Lederbekleidung)
1520	Herstellung von Schuhen
1622	Herstellung von Parketttafeln
1623	Herstellung von sonstigen Konstruktionsteilen, Fertigbauteilen, Ausbauelementen und Fertigteilbauten aus Holz
1624	Herstellung von Verpackungsmitteln, Lagerbehältern und Ladungsträgern aus Holz
1629	Herstellung von Holzwaren a.n.g, Kork-, Flecht- und Korbwaren (ohne Möbel)
1721	Herstellung von Wellpapier und -pappe sowie von Verpackungsmitteln aus Papier, Karton und Pappe
1723	Herstellung von Schreibwaren und Bürobedarf aus Papier, Karton und Pappe
1724	Herstellung von Tapeten
1729	Herstellung von sonstigen Waren aus Papier, Karton und Pappe
1813	Druck- und Medienvorstufe
1910	Kokerei
2020	Herstellung von Schädlingsbekämpfungs-, Pflanzenschutz- und Desinfektionsmitteln
2030	Herstellung von Anstrichmitteln, Druckfarben und Kitten
2041	Herstellung von Seifen, Wasch-, Reinigungs- und Poliermitteln
2042	Herstellung von Körperpflegemitteln und Duftstoffen
2051	Herstellung von pyrotechnischen Erzeugnissen
2052	Herstellung von Klebstoffen
2053	Herstellung von etherischen Ölen
2059	Herstellung von sonstigen chemischen Erzeugnissen a. n. g.
2120	Herstellung von pharmazeutischen Spezialitäten und sonstigen pharmazeutischen Erzeugnissen
2211	Herstellung und Runderneuerung von Bereifungen
2219	Herstellung von sonstigen Gummiwaren
2223	Herstellung von Baubedarfsartikeln aus Kunststoffen

NACE-Code	Beschreibung
2229	Herstellung von sonstigen Kunststoffwaren
2341	Herstellung von keramischen Haushaltswaren und Ziergegenständen
2344	Herstellung von keramischen Erzeugnissen für sonstige technische Zwecke
2362	Herstellung von Gipserzeugnissen für den Bau
2365	Herstellung von Faserzementwaren
2369	Herstellung von sonstigen Erzeugnissen aus Beton, Zement und Gips a. n. g.
2370	Be- und Verarbeitung von Naturwerksteinen und Natursteinen a. n. g.
2391	Herstellung von Schleifkörpern und Schleifmitteln auf Unterlage
2433	Herstellung von Kaltprofilen
2511	Herstellung von Metallkonstruktionen
2512	Herstellung von Ausbauelementen aus Metall
2521	Herstellung von Heizkörpern und -kesseln für Zentralheizungen
2529	Herstellung von Sammelbehältern, Tanks u. Ä. Behältern aus Metall
2530	Herstellung von Dampfkesseln (ohne Zentralheizungskessel)
2540	Herstellung von Waffen und Munition
2571	Herstellung von Schneidwaren und Bestecken aus unedlen Metallen
2572	Herstellung von Schlössern und Beschlägen aus unedlen Metallen
2573	Herstellung von Werkzeugen
2591	Herstellung von Fässern, Trommeln, Dosen, Eimern u. Ä. Behältern aus Metall
2592	Herstellung von Verpackungen und Verschlüssen aus Eisen, Stahl und NE-Metall
2593	Herstellung von Drahtwaren, Ketten und Federn
2594	Herstellung von Schrauben und Nieten
2599	Herstellung von sonstigen Metallwaren a. n. g.
2612	Herstellung von bestückten Leiterplatten
2620	Herstellung von Datenverarbeitungsgeräten und peripheren Geräten
2630	Herstellung von Geräten und Einrichtungen der Telekommunikationstechnik
2640	Herstellung von Geräten der Unterhaltungselektronik
2651	Herstellung von Mess-, Kontroll-, Navigations- u. Ä. Instrumenten und Vorrichtungen
2652	Herstellung von Uhren
2660	Herstellung von Bestrahlungs- und Elektrotherapiegeräten und elektromedizinischen Geräten
2670	Herstellung von optischen und fotografischen Instrumenten und Geräten
2680	Herstellung von magnetischen und optischen Datenträgern
2711	Herstellung von Elektromotoren, Generatoren und Transformatoren
2712	Herstellung von Elektrizitätsverteilungs- und -schalteinrichtungen
2731	Herstellung von Glasfaserkabeln
2732	Herstellung von sonstigen elektronischen und elektrischen Drähten und Kabeln

Umwelt-
schutz-L

33. Umweltschutz-L

Umwelt-schutz-L

NACE-Code	Beschreibung
2733	Herstellung von elektrischem Installationsmaterial
2740	Herstellung von elektrischen Lampen und Leuchten
2751	Herstellung von elektrischen Haushaltsgeräten
2752	Herstellung von nichtelektrischen Haushaltsgeräten
2790	Herstellung von sonstigen elektrischen Ausrüstungen und Geräten a. n. g.
2811	Herstellung von Verbrennungsmotoren und Turbinen (ohne Motoren für Luft- und Straßenfahrzeuge)
2812	Herstellung von hydraulischen und pneumatischen Komponenten und Systemen
2813	Herstellung von Pumpen und Kompressoren a. n. g.
2814	Herstellung von Armaturen a. n. g
2815	Herstellung von Lagern, Getrieben, Zahnrädern und Antriebselementen
2821	Herstellung von Öfen und Brennern
2822	Herstellung von Hebezeugen und Fördermitteln
2823	Herstellung von Büromaschinen (ohne Datenverarbeitungsgeräte und periphere Geräte)
2824	Herstellung von handgeführten Werkzeugen mit Motorantrieb
2825	Herstellung von kälte- und lufttechnischen Erzeugnissen, nicht für den Haushalt
2829	Herstellung von sonstigen nicht wirtschaftszweigspezifischen Maschinen a. n. g.
2830	Herstellung von land- und forstwirtschaftlichen Maschinen
2841	Herstellung von Werkzeugmaschinen für die Metallbearbeitung
2849	Herstellung von sonstigen Werkzeugmaschinen
2891	Herstellung von Maschinen für die Metallerzeugung, von Walzwerkseinrichtungen und Gießmaschinen
2892	Herstellung von Bergwerks-, Bau- und Baustoffmaschinen
2893	Herstellung von Maschinen für die Nahrungs- und Genussmittelerzeugung und die Tabakverarbeitung
2894	Herstellung von Maschinen für die Textil- und Bekleidungsherstellung und die Lederverarbeitung
2895	Herstellung von Maschinen für die Papiererzeugung und -verarbeitung
2896	Herstellung von Maschinen für die Verarbeitung von Kunststoffen und Kautschuk
2899	Herstellung von Maschinen für sonstige bestimmte Wirtschaftszweige a. n. g.
2910	Herstellung von Kraftwagen und Kraftwagenmotoren
2920	Herstellung von Karosserien, Aufbauten und Anhängern
2931	Herstellung elektrischer und elektronischer Ausrüstungsgegenstände für Kraftwagen
2932	Herstellung von sonstigen Teilen und sonstigem Zubehör für Kraftwagen
3011	Schiffbau (ohne Boots- und Yachtbau)
3012	Boots- und Yachtbau
3020	Schienenfahrzeugbau
3030	Luft- und Raumfahrzeugbau
3040	Herstellung von militärischen Kampffahrzeugen

NACE-Code	Beschreibung
3091	Herstellung von Krafträdern
3092	Herstellung von Fahrrädern sowie von Behindertenfahrzeugen
3099	Herstellung von sonstigen Fahrzeugen a. n. g.
3101	Herstellung von Büro- und Ladenmöbeln
3102	Herstellung von Küchenmöbeln
3103	Herstellung von Matratzen
3109	Herstellung von sonstigen Möbeln
3211	Herstellung von Münzen
3212	Herstellung von Schmuck, Gold- und Silberschmiedewaren (ohne Fantasieschmuck)
3213	Herstellung von Fantasieschmuck
3220	Herstellung von Musikinstrumenten
3230	Herstellung von Sportgeräten
3240	Herstellung von Spielwaren
3250	Herstellung von medizinischen und zahnmedizinischen Apparaten und Materialien
3291	Herstellung von Besen und Bürsten

Luftverkehrsleitlinien
(2014/C 99/03)

https://www.flexlex.at/s/6PhoUU

Mitteilung über die kurzfristige Exportkreditversicherung (online)

(Exportkredit-M)

https://www.flexlex.at/s/65uLz7

II

(Mitteilungen)

MITTEILUNGEN DER ORGANE, EINRICHTUNGEN UND SONSTIGEN STELLEN
DER EUROPÄISCHEN UNION

EUROPÄISCHE KOMMISSION

MITTEILUNG DER KOMMISSION

Bekanntmachung der Kommission über die Rückforderung rechtswidriger und mit dem Binnenmarkt unvereinbarer staatlicher Beihilfen

(2019/C 247/01)

Inhaltsverzeichnis

		Seite
1.	EINFÜHRUNG	2
2.	ALLGEMEINE GRUNDSÄTZE	3
2.1.	Zweck und Umfang der Rückforderung	4
2.2.	Grundsatz der loyalen Zusammenarbeit	4
2.2.1.	Allgemeiner Grundsatz	4
2.2.2.	Anwendung des Grundsatzes auf den Informationsaustausch	4
2.3.	Rückforderungspflicht	5
2.4.	Grenzen der Rückforderungspflicht	5
2.4.1.	Allgemeine Grundsätze des Rechts der Europäischen Union	5
2.4.2.	Verjährungsfrist	9
2.5.	Anwendung des nationalen Rechts und sofortige und tatsächliche Umsetzung von Rückforderungsbeschlüssen der Kommission	10
3.	JEWEILIGE AUFGABEN DER KOMMISSION UND DES BETREFFENDEN MITGLIEDSTAATS	10
3.1.	Aufgaben der Kommission	11
3.2.	Aufgaben des Mitgliedstaats	11
4.	UMSETZUNG VON RÜCKFORDERUNGSBESCHLÜSSEN	12
4.1.	Antrag auf Verlängerung der Frist zur Umsetzung von Beschlüssen	12
4.2.	Erstbesprechung	13
4.3.	Ermittlung der Empfänger, von denen eine Beihilfe zurückzufordern ist	13
4.3.1.	Ermittlung eines einer Unternehmensgruppe angehörenden Beihilfeempfängers	13
4.3.2.	Ausweitung der Rückzahlungsanordnung; wirtschaftliche Kontinuität	13
4.3.3.	Beihilfeempfänger im Falle steuerlicher Maßnahmen	15
4.4.	Quantifizierung des Rückforderungsbetrags	15
4.4.1.	Steuerliche Maßnahmen	16
4.4.2.	Berechnung der Rückforderungszinsen	16
4.5.	Zustellung von Rückzahlungsanordnungen	17
4.6.	Vorläufige Umsetzung von Rückforderungsbeschlüssen	17
4.7.	Andere Mittel zur Umsetzung von Rückforderungsbeschlüssen	18
4.8.	Insolvenzverfahren	19

**Rückfor-
derungs-
M**

4.9.	Vorläufige Einstellung und endgültiger Abschluss von Rückforderungsverfahren	20
5.	ANFECHTUNG VOR NATIONALEN GERICHTEN	20
6.	KONSEQUENZEN BEI NICHTUMSETZUNG VON RÜCKFORDERUNGSBESCHLÜSSEN DER KOMMISSION	21
6.1.	Vertragsverletzungsverfahren	21
6.1.1.	Klage nach Artikel 108 Absatz 2 AEUV	21
6.1.2.	Klagen nach Artikel 260 Absatz 2 AEUV	22
6.2.	Deggendorf-Rechtsprechung	23
7.	SCHLUSSBESTIMMUNGEN	23

1. EINFÜHRUNG

1. Die Europäische Kommission (im Folgenden „Kommission") setzt seit 2012 die Agenda zur Modernisierung des Beihilfenrechts [1] (State Aid Modernisation Agenda — „SAM") um und hat in diesem Rahmen eine Reihe von Leitlinien gestrafft und konsolidiert. Ferner wurde durch ein Legislativpaket die Verantwortung der Mitgliedstaaten gestärkt und die Zusammenarbeit zwischen Kommission und Mitgliedstaaten bei der Durchsetzung der Beihilfevorschriften ausgebaut. Die Mitgliedstaaten gewähren nun mehr Beihilfen ohne vorherige Kontrolle durch die Kommission. Die Juncker-Kommission hat diesem Thema besondere Aufmerksamkeit geschenkt, und seit dem Jahr 2015 sind über 96 % der neuen Beihilfemaßnahmen, für die erstmals Ausgaben gemeldet wurden, unter die Allgemeine Gruppenfreistellungsverordnung („AGVO") [2] gefallen — dies entspricht einer Zunahme um rund 28 Prozentpunkte gegenüber 2013 [3]. Ihrerseits hat die Kommission die nachgelagerte Überwachung verstärkt, um zu gewährleisten, dass Mitgliedstaaten Wettbewerbsverfälschungen beseitigen, indem sie Beihilfen zurückfordern, die unter Verstoß gegen die Beihilfevorschriften gewährt wurden. Dies ist ein wichtiger Bestandteil der allgemeinen Durchsetzungsagenda der Kommission.

2. Ziel der vorliegenden Bekanntmachung ist es, die Verfahren und Vorschriften der Europäischen Union für die Rückforderung staatlicher Beihilfen zu erläutern und darzulegen, wie die Kommission mit den Mitgliedstaaten zusammenarbeitet, um zu gewährleisten, dass die Mitgliedstaaten ihre Pflichten aus dem Recht der Europäischen Union erfüllen. Die Bekanntmachung richtet sich an die Behörden der Mitgliedstaaten, die für die Umsetzung der Beschlüsse zuständig sind, mit denen die Kommission die Rückforderung staatlicher Beihilfen anordnet (im Folgenden „Rückforderungsbeschlüsse").

3. Der Gerichtshof der Europäischen Union (im Folgenden „Gerichtshof") urteilte im Jahr 1973 erstmals, dass die Kommission, wenn sie die Unvereinbarkeit einer staatlichen Beihilfe mit dem Binnenmarkt feststellt, befugt ist zu entscheiden, dass der betreffende Mitgliedstaat die Beihilfe umgestalten oder aufheben und ihre Rückforderung verlangen muss. [4] Im Jahr 1983 [5] setzte die Kommission die Mitgliedstaaten von ihrer Absicht in Kenntnis, alle ihr zu Gebote stehenden Mittel einzusetzen, um zu gewährleisten, dass die Mitgliedstaaten ihre Pflichten aus dem derzeitigen Artikel 108 Absatz 3 des Vertrags über die Arbeitsweise der Europäischen Union („AEUV") [6] erfüllen, einschließlich der Pflicht zur Rückforderung von Beihilfen, die unter Verstoß gegen die EU-Beihilfevorschriften gewährt wurden.

4. In der zweiten Hälfte der 1980er-Jahre und in den 1990er-Jahren ging die Kommission dazu über, die Rückforderung mit dem Binnenmarkt unvereinbarer Beihilfen systematischer anzuordnen. Im Jahr 1999 wurden mit der Verordnung (EG) Nr. 659/1999 des Rates [7], die inzwischen durch die Verordnung (EU) 2015/1589 des Rates [8] (im Folgenden „Verfahrensverordnung") ersetzt wurde, grundlegende Vorschriften für die Rückforderung eingeführt. Genauere Durchführungsbestimmungen folgten in der Verordnung (EG) Nr. 794/2004 der Kommission [9] (im Folgenden „Durchführungsverordnung").

5. Im Jahr 2007 erläuterte die Kommission ihre Politik und Praxis in der Bekanntmachung „Rechtswidrige und mit dem Gemeinsamen Markt unvereinbare staatliche Beihilfen: Gewährleistung der Umsetzung von Rückforderungsentscheidungen der Kommission in den Mitgliedstaaten" (im Folgenden „Rückforderungsbekanntmachung von 2007") [10].

---

[1] Mitteilung der Kommission an das Europäische Parlament, den Rat, den Europäischen Wirtschafts- und Sozialausschuss und den Ausschuss der Regionen — Modernisierung des EU-Beihilfenrechts (COM(2012) 209 final).

[2] Verordnung (EU) Nr. 651/2014 der Kommission vom 17. Juni 2014 zur Feststellung der Vereinbarkeit bestimmter Gruppen von Beihilfen mit dem Binnenmarkt in Anwendung der Artikel 107 und 108 des Vertrags über die Arbeitsweise der Europäischen Union (ABl. L 187 vom 26.6.2014, S. 1).

[3] Siehe http://ec.europa.eu/competition/state_aid/scoreboard/index_en.html.

[4] Siehe Urteil des Gerichtshofs vom 12. Juli 1973, Kommission/Deutschland („Kohlegesetz"), C-70/72, ECLI:EU:C:1973:87, Rn. 13.

[5] Mitteilung der Kommission (ABl. C 318 vom 24.11.1983, S. 3).

[6] ABl. C 202 vom 7.6.2016, S. 47.

[7] Verordnung (EG) Nr. 659/1999 des Rates vom 22. März 1999 über besondere Vorschriften für die Anwendung von Artikel 93 des EG-Vertrags (ABl. L 83 vom 27.3.1999, S. 1).

[8] Verordnung (EU) 2015/1589 des Rates vom 13. Juli 2015 über besondere Vorschriften für die Anwendung von Artikel 108 des Vertrags über die Arbeitsweise der Europäischen Union (kodifizierter Text) (ABl. L 248 vom 24.9.2015, S. 9).

[9] Verordnung (EG) Nr. 794/2004 der Kommission vom 21. April 2004 zur Durchführung der Verordnung (EG) Nr. 659/1999 des Rates über besondere Vorschriften für die Anwendung von Artikel 93 des EG-Vertrags (ABl. L 140 vom 30.4.2004, S. 1).

[10] ABl. C 272 vom 15.11.2007, S. 4.

36. Rückforderungs-M

6. Seitdem haben sich die Praxis der Kommission und die Rechtsprechung des Gerichts und des Gerichtshofs (zusammen die „Unionsgerichte") weiterentwickelt. Die vorliegende Bekanntmachung, in der diese Entwicklungen erläutert werden, ersetzt die Rückforderungsbekanntmachung von 2007.

7. Die vorliegende Bekanntmachung ist Teil des im Rahmen der oben genannten Modernisierung des Beihilfenrechts modernisierten Rahmens für die Beihilfenkontrolle und unterstützt die Mitgliedstaaten bei der ihnen obliegenden Gewährleistung einer korrekten Durchsetzung der Beihilfevorschriften, fördert eine bessere Zusammenarbeit zwischen Kommission und Mitgliedstaaten und erhöht die Vorhersehbarkeit der Maßnahmen der Kommission.

8. Im Einklang mit der Priorität der Kommission, Wettbewerbsverfälschungen zu beseitigen, die einen fairen Wettbewerb im Binnenmarkt behindern, soll die vorliegende Mitteilung ferner zu einer konsequenten Durchsetzung der Wettbewerbspolitik beitragen. Zum einen entstehen durch die Durchsetzung der Rückforderungspolitik Effizienzgewinne und Wachstum im Binnenmarkt. Zum anderen kann sich durch die bessere Zusammenarbeit zwischen Kommission und Mitgliedstaaten die Zahl der Fälle, in denen ein Vertragsverletzungsverfahren eingeleitet werden muss, verringern.

9. Die Rechte und Pflichten, die im Vertrag über die Arbeitsweise der Europäischen Union, der Verfahrensverordnung und der Durchführungsverordnung in der Auslegung durch die Unionsgerichte verankert sind, werden mit der vorliegenden Bekanntmachung weder ergänzt noch geändert.

2. ALLGEMEINE GRUNDSÄTZE

10. Der AEUV hindert die Mitgliedstaaten daran, Unternehmen finanzielle Vorteile zu gewähren, die den Wettbewerb im Binnenmarkt verfälschen könnten. Nach Artikel 107 Absatz 1 AEUV sind staatliche Beihilfen mit dem Binnenmarkt unvereinbar, wenn sie nicht unter die in den Absätzen 2 und 3 desselben Artikels genannten Ausnahmen fallen. Auch Artikel 42, Artikel 93, Artikel 106 Absatz 2 sowie Artikel 108 Absätze 2 und 4 AEUV enthalten Voraussetzungen, unter denen staatliche Beihilfen als mit dem Binnenmarkt vereinbar angesehen werden oder angesehen werden können.

Rückforderungs-M

11. Nach Artikel 108 Absatz 2 AEUV ist ausschließlich die Kommission für die Prüfung der Vereinbarkeit von Beihilfemaßnahmen mit dem Binnenmarkt zuständig. [11] Die Prüfung der Kommission unterliegt der Kontrolle durch das Gericht und den Gerichtshof. [12]

12. Nach Artikel 108 Absatz 3 AEUV unterrichtet jeder Mitgliedstaat die Kommission von jeder beabsichtigten Einführung oder Umgestaltung von Beihilfen. Ferner ist es den Mitgliedstaaten nach diesem Artikel untersagt, eine beabsichtigte Beihilfemaßnahme durchzuführen, bevor die Kommission einen abschließenden Beschluss über die Vereinbarkeit der Maßnahme mit dem Binnenmarkt erlassen hat (sogenanntes „Durchführungsverbot").

13. Neue Beihilfen [13], die ohne Anmeldung bei der Kommission oder vor ihrer Genehmigung durchgeführt werden, sind rechtswidrig [14]. Da das Durchführungsverbot unmittelbare Wirkung hat [15], müssen die nationalen Gerichte alle Konsequenzen aus der Rechtswidrigkeit der Beihilfe ziehen. Insbesondere muss der betreffende Mitgliedstaat die Durchführung der Beihilfe grundsätzlich einstellen und — falls die Beihilfe bereits durchgeführt wurde — ihre Rückforderung anordnen, sofern keine außergewöhnlichen Umstände [16] vorliegen. Die Kommission ihrerseits muss die Unvereinbarkeit der rechtswidrigen Beihilfe mit dem Binnenmarkt feststellen, bevor sie deren Rückforderung anordnet. [17]

---

[11] Siehe Urteil des Gerichtshofs vom 21. November 1991, Fédération nationale du commerce extérieur des produits alimentaires u. a./Frankreich („Saumon"), C-354/90, ECLI:EU:C:1991:440, Rn. 14; Urteil des Gerichtshofs vom 15. Dezember 2005, Unicredito Italiano, C-148/04, ECLI:EU:C:2005:774, Rn. 42.

[12] Siehe Urteil des Gerichtshofs vom 8. Dezember 2011, Residex Capital IV, C-275/10, ECLI:EU:C:2011:814, Rn. 27.

[13] Siehe Artikel 1 Buchstabe c der Verordnung (EU) 2015/1589 des Rates vom 13. Juli 2015 über besondere Vorschriften für die Anwendung von Artikel 108 des Vertrags über die Arbeitsweise der Europäischen Union (kodifizierter Text) (ABl. L 248 vom 24.9.2015, S. 9).

[14] Nach den Artikeln 109 und 108 Absatz 4 AEUV können bestimmte Arten von staatlichen Beihilfen nach den sogenannten „Freistellungsverordnungen" von der Pflicht zur Anmeldung bei der Kommission freigestellt sein. Jede nach einer Freistellungsverordnung gewährte Beihilfe, die die in der Freistellungsverordnung niedergelegten Voraussetzungen für eine Befreiung von der Anmeldepflicht nicht erfüllt, ist ebenfalls rechtswidrig. Siehe Urteil des Gerichtshofs vom 5. März 2019, Eesti Pagar, C-349/17, ECLI:EU:C:2019:172, Rn. 84-87. In Artikel 108 Absatz 2 AEUV ist ferner der Ausnahme- und Sonderfall vorgesehen, dass der Rat die Vereinbarkeit einer Beihilfe mit dem Binnenmarkt per Beschluss feststellen kann. Siehe Urteil des Gerichtshofs vom 4. Dezember 2013, Kommission/Rat, C-117/10, ECLI:EU:C:2013:786, Rn. 51.

[15] Siehe Urteil des Gerichtshofs vom 21. November 1991, Fédération nationale du commerce extérieur des produits alimentaires u. a./Frankreich („Saumon"), C-354/90, ECLI:EU:C:1991:440, Rn. 14; Urteil des Gerichtshofs vom 21. November 2013, Deutsche Lufthansa, C-284/12, ECLI:EU:C:2013:755, Rn. 29.

[16] Siehe hierzu Urteil des Gerichtshofs vom 11. Juli 1996, SFEI u. a., C-39/94, ECLI:EU:C:1996:285, Rn. 68-71. Siehe auch Urteil des Gerichtshofs vom 5. März 2019, Eesti Pagar, C-349/17, ECLI:EU:C:2019:172, Rn. 92-94. Weitere Informationen über die Rolle der nationalen Gerichte bei der Durchsetzung der Beihilfevorschriften sind der Bekanntmachung der Kommission über die Durchsetzung des Beihilfenrechts durch die einzelstaatlichen Gerichte (ABl. C 85 vom 9.4.2009, S. 1) bzw. den Rechtsakten zu deren Änderung oder Ersetzung zu entnehmen.

[17] Der Gerichtshof hat klargestellt, dass die Kommission die Rückforderung rechtswidriger Beihilfen nicht ohne vorherige Prüfung der Vereinbarkeit der Beihilfe mit dem Binnenmarkt nach dem Verfahren des Artikels 108 Absatz 2 AEUV fordern kann. Siehe Urteil des Gerichtshofs vom 14. Februar 1990, Frankreich/Kommission („Boussac"), C-301/87, ECLI:EU:C:1990:67, Rn. 9, 10-22. Dies steht dem Erlass einer Rückforderungsanordnung durch die Kommission in bestimmten Fällen nicht entgegen (siehe Randnummer 27).

14. Zwar enthält der AEUV keine ausdrückliche Bestimmung zur Rückforderung rechtswidriger staatlicher Beihilfen, doch hat der Gerichtshof entschieden, dass die Rückforderung die notwendige Ergänzung des allgemeinen Verbots staatlicher Beihilfen nach Artikel 107 Absatz 1 AEUV darstellt und die Wirksamkeit des in Artikel 108 Absatz 3 AEUV verankerten Durchführungsverbots schützt. ([18])

15. Die Unionsgerichte haben in der Folge nähere Ausführungen zum Umfang der Rückforderungspflicht und zur Art und Weise ihrer Erfüllung vorgelegt. Die Vorschriften und Verfahren in der Verfahrensverordnung und der Durchführungsverordnung stützen sich auf diese Rechtsprechung.

2.1. Zweck und Umfang der Rückforderung

16. Durch die Rückforderung soll die im Binnenmarkt vor der Zahlung der Beihilfen bestehende Lage wiederhergestellt werden. ([19]) Durch die Rückzahlung der rechtswidrigen Beihilfe verliert der Empfänger den Vorteil, den er gegenüber seinen Wettbewerbern besaß. ([20]) Um etwaige mit der rechtswidrigen Beihilfe verbundene Vorteile zu beseitigen, sind darüber hinaus Zinsen auf die rechtswidrig gewährte Beihilfe (im Folgenden „Rückforderungszinsen") zu erheben. Durch Zahlung der Rückforderungszinsen verliert der Empfänger den finanziellen Vorteil, der sich daraus ergeben hat, dass die betreffende Beihilfe von dem Zeitpunkt, ab dem sie ihm zur Verfügung stand, bis zu ihrer Rückzahlung kostenlos verfügbar war. ([21])

17. Nach Artikel 16 Absatz 1 der Verfahrensverordnung ist die Kommission verpflichtet, die Rückforderung rechtswidriger und mit dem Binnenmarkt unvereinbarer Beihilfen anzuordnen, sofern dies nicht gegen einen allgemeinen Grundsatz des Unionsrechts verstoßen würde. Um die Rückforderung einer Beihilfe durch einen Mitgliedstaat anzuordnen, erlässt die Kommission einen Rückforderungsbeschluss.

18. Nach Artikel 16 Absatz 2 der Verfahrensverordnung muss die Beihilfe einschließlich der Zinsen, die bis zu ihrer tatsächlichen Rückzahlung auflaufen, zurückgezahlt werden. Die Methode zur Berechnung der Rückforderungszinsen wurde in der Durchführungsverordnung festgelegt (siehe Abschnitt 4.4.2).

19. Schließlich heißt es in Artikel 16 Absatz 3 der Verfahrensverordnung, dass „die Rückforderung unverzüglich und nach den Verfahren des betreffenden Mitgliedstaats erfolgt, sofern hierdurch die sofortige und tatsächliche Vollstreckung der Kommissionsentscheidung ermöglicht wird".

2.2. Grundsatz der loyalen Zusammenarbeit

2.2.1. Allgemeiner Grundsatz

20. Nach Artikel 4 Absatz 3 des Vertrags über die Europäische Union ([22]) (im Folgenden „EUV") müssen die Mitgliedstaaten die Erfüllung der Aufgaben der Europäischen Union erleichtern. Nach dem Grundsatz der loyalen Zusammenarbeit müssen sich die Europäische Union und die Mitgliedstaaten bei der Erfüllung dieser Aufgaben im Hinblick auf die Verwirklichung der Ziele der Europäischen Union gegenseitig unterstützen.

21. Dieser Grundsatz gilt für alle Beziehungen zwischen der Kommission und den Mitgliedstaaten und ist für die Rückforderung staatlicher Beihilfen besonders wichtig ([23]).

22. Die Kommission und die Mitgliedstaaten müssen in allen Phasen eines Beihilfeverfahrens, insbesondere während einer Prüfung nach Artikel 108 Absatz 2 AEUV, loyal zusammenarbeiten. Eine gute Zusammenarbeit bereits im Verlauf der Prüfung kann die Umsetzung eines Rückforderungsbeschlusses erleichtern und beschleunigen.

2.2.2. Anwendung des Grundsatzes auf den Informationsaustausch

23. Ein Mitgliedstaat, der von einem Rückforderungsbeschluss betroffen ist, muss die Kommission regelmäßig über die Umsetzung des Beschlusses Bericht erstatten. Auf diese Weise kann die Kommission die ordnungsgemäße Umsetzung des Rückforderungsbeschlusses prüfen und besser erkennen, ob bzw. welche Unterstützung erforderlich ist.

24. Die Kommission kann insbesondere Beispiele für Aufstellungen übermitteln, anhand derer die Mitgliedstaaten Angaben zu den Beihilfeempfängern und Beihilfebeträgen machen. Ferner kann die Kommission auf der Grundlage der in den entsprechenden Rückforderungsbeschlüssen festgelegten Formeln oder Methoden Musterrechnungen für zurückzufordernde Beihilfen übermitteln.

Rückforderungs-M

([18]) Siehe Urteil des Gerichtshofs vom 11. Dezember 1973, Lorenz GmbH/Bundesrepublik Deutschland u. a., C-120/73, ECLI:EU:C:1973:152, Rn. 3 und 4.
([19]) Siehe Urteil des Gerichtshofs vom 11. Dezember 2012, Kommission/Spanien („Magefesa II"), C-610/10, ECLI:EU:C:2012:781, Rn. 105.
([20]) Siehe Urteil des Gerichtshofs vom 4. April 1995, Kommission/Italien („Alfa Romeo"), C-348/93, ECLI:EU:C:1995:95, Rn. 27.
([21]) Siehe Urteil des Gerichts vom 8. Juni 1995, Siemens/Kommission, T-459/93, ECLI:EU:T:1995:100, Rn. 97-101.
([22]) ABl. C 202 vom 7.6.2016, S. 13.
([23]) Siehe Urteil des Gerichtshofs vom 11. September 2014, Kommission/Deutschland („Biria-Gruppe"), C-527/12, ECLI:EU:C:2014:2193, Rn. 51 und 56.

36. Rückforderungs-M

25. In diesem Zusammenhang kann die Kommission den betreffenden Mitgliedstaat im Einklang mit dem Rückforderungsbeschluss unterstützen, indem sie Erläuterungen zum Maßstab bei der Beweiswürdigung und zur Art der Nachweise gibt, die erforderlich sind, um u. a. die Identität der Beihilfeempfänger, den Rückforderungsbetrag und die letztendlich zurückerlangten Beträge bestimmen können. Die Kommission kann auch Beispiele für Treuhandverträge übermitteln (siehe Randnummer 118).

2.3. Rückforderungspflicht

26. Die Rückforderung einer staatlichen Beihilfe ist keine Sanktion ([24]), sondern vielmehr die logische Folge der Feststellung ihrer Rechtswidrigkeit ([25]), und kann nicht davon abhängen, in welcher Form die Beihilfe gewährt wurde ([26]). Daher kann weder die Auffassung vertreten werden, dass die Rückforderung in keinem Verhältnis zu den Zielen der Bestimmungen des AEUV über staatliche Beihilfen steht ([27]), noch dass sie zu einer ungerechtfertigten Bereicherung des betreffenden Mitgliedstaats führt, da sie lediglich die Rückzahlung eines Betrags bedeutet, der nicht an den Empfänger hätte gezahlt werden dürfen ([28]).

27. Nach Artikel 13 Absatz 2 der Verfahrensverordnung kann die Kommission von ihrem Ermessensspielraum Gebrauch machen und bereits während ihrer Prüfung einer Beihilfemaßnahme — d. h. bevor sie einen abschließenden Beschluss über die Vereinbarkeit der Beihilfemaßnahme mit dem Binnenmarkt erlässt — eine Rückforderungsanordnung erlassen, sofern eine Reihe kumulativer Kriterien erfüllt sind.

28. Beim Erlass eines Beschlusses zur Feststellung der Unvereinbarkeit einer Beihilfe mit dem Binnenmarkt („Negativbeschluss") hingegen hat die Kommission keinen Ermessensspielraum, sondern muss die Rückforderung der Beihilfe anordnen ([29]), sofern dies nicht gegen einen allgemeinen Grundsatz des Unionsrechts verstoßen würde. Daher ist die Kommission, nachdem sie festgestellt hat, dass eine Beihilfemaßnahme rechtswidrig und mit dem Binnenmarkt unvereinbar ist, nicht verpflichtet, zusätzliche Gründe für ihre Rückforderung anzugeben. ([30])

29. Unabhängig davon, ob sich die Rückforderungspflicht aus einer Rückforderungsanordnung oder einem Rückforderungsbeschluss ergibt, muss der betreffende Mitgliedstaat die Rückforderung nach Artikel 16 Absätze 2 und 3 der Verfahrensverordnung sofort und tatsächlich umsetzen. Die von dem Mitgliedstaat getroffenen Maßnahmen dürfen nicht lediglich auf eine sofortige und tatsächliche Umsetzung des Rückforderungsbeschlusses abzielen, sondern müssen die Umsetzung auch tatsächlich bewirken. ([31])

2.4. Grenzen der Rückforderungspflicht

2.4.1. *Allgemeine Grundsätze des Rechts der Europäischen Union*

30. Nach Artikel 288 AEUV sind Beschlüsse für ihre Adressaten in allen ihren Teilen verbindlich. Im Falle einer staatlichen Beihilfe richtet die Kommission ihren Beschluss an den betreffenden Mitgliedstaat ([32]), der verpflichtet ist, alle erforderlichen Schritte einschließlich vorläufiger Maßnahmen zu unternehmen ([33]), um den Beschluss umzusetzen. Für Kommissionsbeschlüsse gilt die Vermutung der Rechtmäßigkeit; sie bleiben in allen ihren Teilen verbindlich, auch wenn Verfahren vor den Unionsgerichten anhängig sind. ([34])

31. Nach ständiger Rechtsprechung der Unionsgerichte und Artikel 16 Absatz 1 der Verfahrensverordnung verlangt die Kommission nicht die Rückforderung einer Beihilfe, wenn dies gegen einen allgemeinen Grundsatz des Unionsrechts verstoßen würde.

**Rückfor-
derungs-
M**

([24]) Siehe Urteil des Gerichtshofs vom 17. Juni 1999, Belgien/Kommission („Programme Maribel 'a und b'"), C-75/97, ECLI:EU:C:1999:311, Rn. 65.

([25]) Siehe Urteil des Gerichtshofs vom 21. Dezember 2016, Kommission/Aer Lingus, C-164/15 P und C-165/15 P, ECLI:EU:C:2016:990, Rn. 114 und 116.

([26]) Siehe Urteil des Gerichtshofs vom 17. September 2015, Kommission/Italien („Venedig und Chioggia II"), C-367/14, ECLI:EU:C:2015:611, Rn. 41.

([27]) Siehe Urteil des Gerichtshofs vom 21. März 1990, Belgien/Kommission („Tubemeuse"), C-142/87, ECLI:EU:C:1990:125, Rn. 66.

([28]) Siehe Urteil des Gerichts vom 1. März 2017, SNCM/Kommission, T-454/13, ECLI:EU:T:2017:134, Rn. 269.

([29]) Siehe Urteil des Gerichtshofs vom 7. März 2002, Italien/Kommission („Beschäftigungsbeihilfen I"), C-310/99, ECLI:EU:C:2002:143, Rn. 99.

([30]) Siehe Urteil des Gerichts vom 20. September 2011, Regione autonoma della Sardegna u. a./Kommission, T-394/08, T-408/08, T-453/08 und T-454/08, ECLI:EU:T:2011:493, Rn. 152.

([31]) Siehe Urteil des Gerichtshofs vom 29. März 2012, Kommission/Italien („Hotelgewerbe in Sardinien"), C-243/10, ECLI:EU:C:2012:182, Rn. 35.

([32]) Siehe Artikel 31 Absatz 2 der Verfahrensverordnung, in dem es heißt, dass Negativbeschlüsse an den betreffenden Mitgliedstaat zu richten sind.

([33]) Siehe Urteil des Gerichtshofs vom 14. November 2018, Kommission/Griechenland („Hellenic Shipyards II"), C-93/17, ECLI:EU:C:2018:903, Rn. 69.

([34]) Siehe Urteil des Gerichtshofs vom 9. Juli 2015, Kommission/Frankreich („Fährverbindungen Marseille-Korsika"), C-63/14, ECLI:EU:C:2015:458, Rn. 44.

32. Weder im EUV noch im AEUV sind die allgemeinen Grundsätze des Unionsrechts genannt oder aufgelistet; stattdessen haben die Unionsgerichte sie von den allgemeinen Rechtsgrundsätzen abgeleitet, die den Rechtsordnungen der Mitgliedstaaten gemeinsam sind. In den folgenden Abschnitten wird auf die allgemeinen Grundsätze des Unionsrechts eingegangen, auf die sich bei der Erfüllung der Rückforderungspflicht am häufigsten berufen wird.

33. Diese Grundsätze liegen dem gesamten Rechtsrahmen der Europäischen Union zugrunde, doch gilt im Bereich der Rückforderung von Beihilfen eine enge Auslegung ([35]). Daher können unspezifische Angaben zu einem angeblichen Verstoß gegen einen allgemeinen Grundsatz des Unionsrechts nicht akzeptiert werden.

2.4.1.1. Der Grundsatz der Rechtssicherheit

34. Nach dem Grundsatz der Rechtssicherheit müssen Rechtsvorschriften klar, bestimmt und in ihren Auswirkungen voraussehbar sein, damit sich die Betroffenen bei unter das Unionsrecht fallenden Tatbeständen und Rechtsbeziehungen orientieren können. ([36]) Daher sind Mitgliedstaaten und Beihilfeempfänger im Falle eines Verstoßes gegen den Grundsatz der Rechtssicherheit vor einer Rückforderungsanordnung geschützt.

35. Die Unionsgerichte haben den Grundsatz der Rechtssicherheit eng ausgelegt und akzeptiert, dass die Rückforderung nur unter außergewöhnlichen, jeweils im Einzelfall zu prüfenden Umständen eingeschränkt wird.

36. Wurde eine staatliche Beihilfe unter Verstoß gegen das Durchführungsverbot gewährt, so ist der Umstand, dass die Kommission ihre Kontrollbefugnisse über einen längeren Zeitraum hinweg nicht ausgeübt und die Rückforderung der Beihilfe nicht angeordnet hat, rechtlich nicht hinreichend, um die Rückforderung zu begrenzen oder auszuschließen. ([37])

37. Die Grundsätze des Vorrangs und der Effektivität des Unionsrechts bedeuten darüber hinaus, dass sich Mitgliedstaaten und Beihilfeempfänger nicht auf den Grundsatz der Rechtssicherheit berufen können, um die Rückforderung im Falle eines angeblichen Konflikts zwischen dem nationalen Recht und dem Unionsrecht zu begrenzen. Das Unionsrecht hat Vorrang, und die nationalen Vorschriften dürfen nicht angewandt werden oder sind so auszulegen, dass die Wirksamkeit des Unionsrechts gewahrt wird ([38]).

38. Nach dem Recht bestimmter Mitgliedstaaten wird die nationale Rechtsgrundlage einer Beihilfemaßnahme durch die Annahme eines Rückforderungsbeschlusses der Kommission ab dem Inkrafttreten der Rechtsgrundlage nichtig. Angesichts des Grundsatzes der Effektivität kann eine solche nationale Rechtsvorschrift die Rechtmäßigkeit des Kommissionsbeschlusses und die Rückforderungspflicht nicht beeinträchtigen. Die Rückforderung kann nicht von den Folgen abhängen, die die Nichteinhaltung des Durchführungsverbots nach den nationalen Rechtsvorschriften hat. ([39])

2.4.1.2. Grundsatz des Vertrauensschutzes

39. Der Grundsatz des Vertrauensschutzes ([40]) geht mit dem Grundsatz der Rechtssicherheit einher und wurde von den Unionsgerichten in Verbindung mit diesem Grundsatz angewandt. Er betrifft jede Person, die begründete Erwartungen haben kann und die von den zuständigen Organen der Europäischen Union präzise, nicht an Bedingungen geknüpfte und übereinstimmende Zusicherungen erhalten hat. Die Zusicherungen müssen im Einklang mit den anwendbaren Rechtsnormen stehen. ([41]) Dieser Grundsatz schützt daher begründete Erwartungen der Mitgliedstaaten und Beihilfeempfänger, dass die Kommission keine Rückforderung der Beihilfe anordnen wird.

Rückfor-derungs-M

([35]) Siehe Urteil des Gerichts vom 20. September 2011, Regione autonoma della Sardegna u. a./Kommission, T-394/08, T-408/08, T-453/08 und T-454/08, ECLI:EU:T:2011:493, Rn. 283.

([36]) Siehe Urteil des Gerichtshofs vom 15. Februar 1996, Duff u. a., C-63/93, ECLI:EU:C:1996:51, Rn. 20.

([37]) Der Grundsatz der Rechtssicherheit hindert die Kommission daran, unbegrenzt lange zu warten, ehe sie von ihren Befugnissen Gebrauch macht. Der Gerichtshof hat jedoch festgestellt, dass „der Umstand, dass die Kommission über einen längeren Zeitraum ihre Kontrollbefugnisse nicht ausgeübt und die Rückforderung dieser Beihilfe nicht angeordnet hat, daher nur in Ausnahmefällen, in denen eine offensichtliche Untätigkeit der Kommission und eine offenkundige Verletzung ihrer Sorgfaltspflicht erkennbar sind, zur Rechtswidrigkeit dieser Rückforderungsentscheidung führt": siehe Urteil des Gerichtshofs vom 22. April 2008, Kommission/Salzgitter, C-408/04 P, ECLI:EU:C:2008:236, Rn. 106. In der Rechtssache GIE Fiscaux gelangte die Kommission zu dem Schluss, dass die Rückforderung aufgrund der besonderen außergewöhnlichen Umstände in diesem Fall auf die nach dem Datum des Beschlusses der Kommission zur Einleitung des förmlichen Prüfverfahrens nach Artikel 6 der Verfahrensverordnung gewährte Beihilfe begrenzt werden musste, um den Grundsatz der Rechtssicherheit zu wahren. Siehe Entscheidung der Kommission vom 20. Dezember 2006 über die Beihilferegelung, die Frankreich auf der Grundlage von Artikel 39 CA des französischen Steuergesetzbuchs durchgeführt hat — Staatliche Beihilfe C 46/2004 (ex NN 65/2004) (ABl. L 112 vom 30.4.2007, S. 41).

([38]) Siehe Urteil des Gerichts vom 5. Oktober 2006, Kommission/Frankreich („Scott"), C-232/05, ECLI:EU:C:2006:651, Rn. 50-53.

([39]) Siehe Urteil des Gerichts vom 7. Oktober 2010, DHL Aviation und DHL Hub Leipzig/Kommission, T-452/08, ECLI:EU:T:2010:427, Rn. 34 und 41.

([40]) Zum Grundsatz des Vertrauensschutzes siehe Urteil des Gerichtshofs vom 20. September 1990, Kommission/Deutschland, C-5/89, ECLI:EU:C:1990:320, Rn. 13 und 14.

([41]) Siehe Urteil des Gerichtshofs vom 24. März 2011, ISD Polska u. a./Kommission, C-369/09 P, ECLI:EU:C:2011:175, Rn. 123; Urteil des Gerichtshofs vom 16. Dezember 2010, Kahla Thüringen Porzellan/Kommission, C-537/08 P, ECLI:EU:C:2010:769, Rn. 63; Urteil des Gerichtshofs vom 16. Dezember 2008, Masdar (UK)/Kommission, C-47/07 P, ECLI:EU:C:2008:726, Rn. 34 und 81.

36. Rückforderungs-M

40. Angesichts der zwingenden Natur des Artikels 108 Absatz 3 AEUV kann sich ein Mitgliedstaat, dessen Behörden eine Beihilfe unter Verstoß gegen das Durchführungsverbot gewährt haben, nicht darauf berufen, dass durch diesen Verstoß bei einem Beihilfeempfänger das berechtigte Vertrauen darauf geweckt worden sei, dass die Beihilfe nicht zurückgefordert werden würde. Andernfalls würden Artikel 107 und Artikel 108 AEUV wirkungslos. [42]

41. Ebenso kann sich der Beihilfeempfänger im Falle eines Verstoßes gegen das Durchführungsverbot nicht auf die begründete Erwartung berufen, dass die Gewährung der Beihilfe rechtmäßig gewesen sei, außer es liegen außergewöhnliche Umstände vor. [43] Ein sorgfältiger Wirtschaftsteilnehmer muss in der Lage sein, sich zu vergewissern, ob die Beihilfe von der Kommission ordnungsgemäß genehmigt wurde. [44] Dieser Grundsatz gilt auch für kleine Unternehmen. [45]

42. Die Unionsgerichte haben eine Reihe von Umständen ermittelt, die keinen Vertrauensschutz begründen und deshalb die Rückforderung der betreffenden Beihilfe nicht einschränken oder ausschließen. Insbesondere wird Vertrauensschutz unter anderem nicht begründet durch:

— ein Schweigen der Kommission in Bezug auf eine bei ihr angemeldete Beihilfemaßnahme [46];

— ein Nichttätigwerden der Kommission in Bezug auf eine nicht angemeldete Beihilfemaßnahme [47];

— den Erlass eines Beschlusses über die Einleitung des förmlichen Prüfverfahrens nach Artikel 6 der Verfahrensverordnung, in dem die Kommission lediglich eine vorläufige Würdigung der betreffenden Beihilfemaßnahmen vornimmt, da ein Beihilfeempfänger aus einem vorläufigen Beschluss kein berechtigtes Vertrauen ableiten kann [48];

— ein Nichthandeln der Kommission während eines relativ langen Zeitraums [49];

— einen früheren Beschluss der Kommission [50];

— den Erlass mehrerer aufeinanderfolgender Beschlüsse der Kommission zur Genehmigung der Gewährung von Beihilfen, die sodann von den Gerichten der Union für nichtig erklärt worden sind [51];

---

[42] Siehe Urteil des Gerichtshofs vom 9. Juni 2011, Diputación Foral de Vizcaya u. a./Kommission, C-465/09 P bis C-470/09 P, ECLI:EU:C:2011:372, Rn. 150.

[43] Siehe Urteil des Gerichts vom 15. November 2018, Deutsche Telekom/Kommission, T-207/10, ECLI:EU:T:2018:786, Rn. 42. Der Gerichtshof hat nur einmal anerkannt, dass bei einem Beihilfeempfänger begründete Erwartungen geweckt worden waren, und zwar im RSV-Urteil. Siehe Urteil des Gerichtshofs vom 24. November 1987, RSV/Kommission, C-223/85, ECLI:EU:C:1987:502. Jedoch haben die Unionsgerichte die außergewöhnlichen Umstände dieses Falls betont, indem sie es ablehnten, den Vertrauensschutz über die im RSV-Urteil festgestellte außergewöhnliche Situation hinaus auszuweiten; siehe beispielsweise Urteil des Gerichts vom 14. Januar 2004, Fleuren Compost/Kommission, T-109/01, ECLI:EU:T:2004:4, Rn. 145-148, und Urteil des Gerichtshofs vom 29. April 2004, Italien/Kommission, C-298/00 P, ECLI:EU:C:2004:240, Rn. 90.

[44] Siehe Urteil des Gerichtshofs vom 20. März 1997, Land Rheinland-Pfalz/Alcan Deutschland, C-24/95, ECLI:EU:C:1997:163, Rn. 25.

[45] Siehe Urteil des Gerichtshofs vom 29. April 2004, Italien/Kommission, C-298/00 P, ECLI:EU:C:2004:240, Rn. 88.

[46] Siehe Urteil des Gerichtshofs vom 30. November 2009, Frankreich/Kommission, T-427/04 und T-17/05, ECLI:EU:T:2009:474, Rn. 261.

[47] Siehe Urteil des Gerichtshofs vom 8. Dezember 2011, France Télécom/Kommission, C-81/10 P, ECLI:EU:C:2011:811, Rn. 58-60.

[48] Siehe Urteil des Gerichts vom 27. Februar 2013, Nitrogénmüvek Vegyipari/Kommission, T-387/11, ECLI:EU:T:2013:98, Rn. 121; Urteil des Gerichts vom 25. März 2009, Alcoa Trasformazioni/Kommission, T-332/06, ECLI:EU:T:2009:79, Rn. 61.

[49] Siehe Urteil des Gerichtshofs vom 28. Juli 2011, Diputación Foral de Vizcaya u. a./Kommission, C-471/09 P bis C-473/09 P, ECLI:EU:C:2011:521, Rn. 64-65, 68 und 75-77.

[50] Ein früherer Beschluss, demzufolge eine bestimmte Maßnahme keine staatliche Beihilfe darstellt oder mit dem Binnenmarkt vereinbar ist, gilt ausschließlich für den besonderen Sachverhalt und den Beschluss, von dem Umstände der Maßnahme, auf die er sich bezieht. Jede Beihilfesache ist individuell zu prüfen. So hat der Gerichtshof beispielsweise entschieden, dass ein früherer Beschluss, nach dem eine Maßnahme für einen begrenzten Zeitraum auf der Grundlage zu einem bestimmten Zeitpunkt gegebenen Umstände nicht als staatliche Beihilfe gilt, keinen Vertrauensschutz in Bezug auf die künftige beihilferechtliche Würdigung einer ähnlichen Maßnahme begründen kann. Siehe Urteil des Gerichtshofs vom 21. Juli 2011, Alcoa Trasformazioni/Kommission, C-194/09 P, ECLI:EU:C:2011:497, Rn. 72-75. Anders stellt sich die Situation dar, wenn die Kommission ihre Beurteilung einer Maßnahme allein aufgrund einer strengeren Anwendung der Vorschriften des Vertrags über staatliche Beihilfen ändert. Für diese Situation befand der Gerichtshof, dass ein Beihilfeempfänger erwarten konnten, dass ein Beschluss, von dem die Kommission eine frühere Beurteilung revidiert, ihnen die nötige Zeit einräumen würde, dieser Änderung der Beurteilung tatsächlich Rechnung zu tragen, und dass der Vertrauensschutz daher wirke. Siehe hierzu das Urteil des Gerichtshofs vom 22. Juni 2006, Belgien/Kommission („Forum 187"), C-182/03 und C-217/03, ECLI:EU:C:2006:416, Rn. 71.

[51] Im Urteil CELF II vertrat der Gerichtshof die Auffassung, dass das ungewöhnliche Aufeinanderfolgen von Nichtigerklärungen grundsätzlich einem der Rechtssache zum Ausdruck bringt und keineswegs ein berechtigtes Vertrauen entstehen lässt, sondern vielmehr geeignet erscheint, die Zweifel des Beihilfeempfängers an der Vereinbarkeit der streitigen Beihilfe zu mehren. Siehe Urteil des Gerichtshofs vom 11. März 2010, CELF und Ministre de la Culture et de la Communication („CELF II"), C-1/09, ECLI:EU:C:2010:136, Rn. 51-52 und 55.

— einen dem Rat unterbreiteten Beschlussvorschlag der Kommission ([52]).

2.4.1.3. Grundsatz der Rechtskraft

43. Nach dem Grundsatz der Rechtskraft können „die nach Ausschöpfung des Rechtswegs oder nach Ablauf der entsprechenden Rechtsmittelfristen unanfechtbar gewordenen Gerichtsentscheidungen nicht mehr infrage gestellt werden" ([53]).

44. Der Gerichtshof hat die Bedeutung dieses Grundsatzes sowohl in der Rechtsordnung der Europäischen Union als auch in den nationalen Rechtsordnungen der Mitgliedstaaten anerkannt. ([54]) Da jedoch die Anwendung des Grundsatzes der Rechtskraft den Vorrang und die Wirksamkeit des Unionsrechts nicht untergraben kann, kann dieser Grundsatz nicht als Rechtfertigung für einen Verstoß gegen das Unionsrecht dienen und der Rückforderung staatlicher Beihilfen nicht entgegenstehen. ([55])

45. Nach dem Grundsatz des Vorrangs des Unionsrechts haben die Beihilfevorschriften der Europäischen Union Vorrang vor entgegenstehenden nationalen Rechtsvorschriften, die dazu angewandt werden dürfen. Dies gilt auch für nationale Vorschriften und Gerichtsentscheidungen, die dazu führen, dass die Anwendung des Grundsatzes der Rechtskraft gegen die Beihilfevorschriften der Europäischen Union verstößt.

46. In Bezug auf rechtswidrige Beihilfen ist es nach dem Grundsatz der Verfahrensautonomie zwar Sache der Rechtsordnungen der Mitgliedstaaten, die Modalitäten der Wirkung der Rechtskraft festzulegen, doch können die Modalitäten nicht so ausgestaltet sein, dass eine abschließende Entscheidung eines nationalen Gerichts verhindert, dass die erforderlichen Konsequenzen aus dem Verstoß gegen das Durchführungsverbot gezogen werden, oder dass es für die nationalen Gerichte oder Behörden unmöglich wird, diese Konsequenzen zu ziehen. ([56])

2.4.1.4. Absolute Unmöglichkeit der Umsetzung von Rückforderungsbeschlüssen

47. Der „Grundsatz, dass niemand zu etwas Unmöglichem verpflichtet ist", gehört zu den allgemeinen Grundsätzen des Unionsrechts. ([57]) Das Vorliegen außergewöhnlicher Umstände, die es einem Mitgliedstaat absolut unmöglich machen, einen Rückforderungsbeschluss umzusetzen, ist die einzige Situation, die vom Gerichtshof als Rechtfertigung für die Nichtumsetzung des Beschlusses anerkannt wird. ([58])

48. Der Begriff der „absoluten Unmöglichkeit" ist von den Unionsgerichten eng ausgelegt worden. Der Mitgliedstaat muss nachweisen, dass er sich ernsthaft um die Wiedererlangung der rechtswidrigen Beihilfe bemüht hat, und im Einklang mit Artikel 4 Absatz 3 EUV mit der Kommission zusammenarbeiten, damit die aufgetretenen Schwierigkeiten überwunden werden können. ([59])

49. Es obliegt dem Mitgliedstaat darzulegen, dass Gründe vorliegen, die die nicht oder nur teilweise erfolgte Rückzahlung der nicht mit dem Binnenmarkt vereinbaren Beihilfe rechtfertigen. ([60]) Die Art der Nachweise, die erforderlich sind, um die absolute Unmöglichkeit der Umsetzung des Rückforderungsbeschlusses zu belegen, hängt von den besonderen Merkmalen jedes Einzelfalls ab.

50. Der betreffende Mitgliedstaat kann die absolute Unmöglichkeit der Umsetzung eines Rückforderungsbeschlusses nicht einfach dadurch belegen, dass er die Kommission über rechtliche, politische, praktische oder interne Schwierigkeiten unterrichtet. ([61])

([52]) Siehe Urteil des Gerichtshofs vom 24. März 2011, ISD Polska u. a./Kommission, C-369/09 P, ECLI:EU:C:2011:175, Rn. 124.
([53]) Siehe Urteil des Gerichtshofs vom 22. Dezember 2010, Kommission/Slowakei („Frucona Košice"), C-507/08, ECLI:EU:C:2010:802, Rn. 59.
([54]) Siehe Urteil des Gerichtshofs vom 24. Januar 2013, Kommission/Spanien („Magefesa"), C-529/09, ECLI:EU:C:2013:31, Rn. 64.
([55]) Siehe Urteil des Gerichtshofs vom 18. Juli 2007, Lucchini, C-119/05, ECLI:EU:C:2007:434, Rn. 61-63; Urteil des Gerichtshofs vom 11. November 2015, Klausner Holz Niedersachsen, C-505/14, ECLI:EU:C:2015:742, Rn. 45.
([56]) Urteil des Gerichtshofs vom 11. November 2015, Klausner Holz Niedersachsen, C-505/14, ECLI:EU:C:2015:742, Rn. 40; siehe auch Urteil des Gerichtshofs vom 5. März 2019, Eesti Pagar, C-349/17, ECLI:EU:C:2019:172, Rn. 138 und 139.
([57]) Siehe Urteil des Gerichtshofs vom 6. November 2018, Scuola Elementare Maria Montessori/Kommission, C-622/16 P bis C-624/16 P, ECLI:EU:C:2018:873, Rn. 79.
([58]) Siehe Urteil des Gerichtshofs vom 9. November 2017, Kommission/Griechenland („Larco"), C-481/16, ECLI:EU:C:2017:845, Rn. 28.
([59]) Siehe Urteil des Gerichtshofs vom 12. Februar 2015, Kommission/Frankreich („Plans de Campagne"), C-37/14, ECLI:EU:C:2015:90, Rn. 67.
([60]) Siehe hierzu Urteil des Gerichtshofs vom 9. Juli 2015, Kommission/Frankreich („Fährverbindungen Marseille-Korsika"), C-63/14, ECLI:EU:C:2015:458, Rn. 52 und 53.
([61]) Siehe Urteil des Gerichtshofs vom 9. November 2017, Kommission/Griechenland („Larco"), C-481/16, ECLI:EU:C:2017:845, Rn. 29; siehe auch Urteil des Gerichtshofs vom 6. November 2018, Scuola Elementare Maria Montessori/Kommission, C-622/16 P bis C-624/16 P, ECLI:EU:C:2018:873, Rn. 91 und 95.

51. Somit kann sich der betreffende Mitgliedstaat zur Begründung der Nichtumsetzung des Rückforderungsbeschlusses nicht darauf berufen, dass eine absolute Unmöglichkeit vorliegt, die sich aus Anforderungen des nationalen Rechts wie nationalen Verjährungsfristen ([62]), der in den nationalen Rechtsvorschriften fehlenden Befugnis zur Verhängung der Rückzahlung ([63]) oder einem rechtlichen Vakuum ([64]) ergibt. Ebenso kann sich ein Mitgliedstaat nicht auf Bestimmungen, Verfahren oder Umstände seiner internen Rechtsordnung, einschließlich Bedenken in Bezug auf soziale Unruhen ([65]), berufen, um die Nichteinhaltung seiner aus dem Unionsrecht folgenden Verpflichtungen zu rechtfertigen. ([66]) Nur in ganz bestimmten Fällen kann die Grundlage, aus der sich eine absolute Unmöglichkeit ergibt, rechtlicher Art sein, vorausgesetzt, die Grundlage steht mit dem Unionsrecht im Einklang. ([67])

52. Der Mitgliedstaat muss unverzüglich die erforderlichen Maßnahmen ermitteln und umsetzen. ([68]) Zu diesem Zweck muss der betreffende Mitgliedstaat möglicherweise neue Rechtsakte, einschließlich Gesetze, erlassen oder Bestimmungen des nationalen Rechts, die einer raschen Beseitigung der aufgetretenen Schwierigkeiten im Wege stehen, aufheben. Letztlich müssen die Rückforderungsversuche erschöpfend sein und hinreichend nachgewiesen werden. ([69])

53. Auch die wirtschaftliche Lage des Beihilfeempfängers hat keinen Einfluss auf die Verpflichtung zur Rückforderung der Beihilfe. Dass sich ein Unternehmen in finanziellen Schwierigkeiten befindet oder gar insolvent ist, stellt keinen Nachweis für die Unmöglichkeit der Umsetzung des Rückforderungsbeschlusses dar ([70]), es sei denn das Unternehmen ist liquidiert worden und es sind keine Aktiva mehr vorhanden ([71]) (siehe Abschnitt 4.8). Die Beihilfe kann auch dann nicht wiedererlangt werden, wenn der Beihilfeempfänger nicht mehr besteht und es keinen rechtlichen und wirtschaftlichen Nachfolger gibt (siehe Randnummer 135).

54. Ziel der Rückforderung ist es nicht, die Einnahmen der Mitgliedstaaten zu maximieren, sondern die im Binnenmarkt vor der Zahlung der Beihilfe bestehende Lage wiederherzustellen. Folglich rechtfertigen etwaige Verluste, die einem Mitgliedstaat in seiner Eigenschaft als Aktionär oder Gläubiger entstehen, nicht die Nichterfüllung seiner Rückforderungspflicht.

55. Die absolute Unmöglichkeit der Wiedererlangung wird in der Regel im Laufe der Umsetzung des Rückforderungsbeschlusses festgestellt, kann aber auch bereits im Rahmen des förmlichen Prüfverfahrens der Kommission nach Artikel 6 der Verfahrensverordnung festgestellt werden. ([72])

2.4.2. Verjährungsfrist

56. Nach Artikel 17 Absatz 1 der Verfahrensverordnung gelten die Befugnisse der Kommission zur Rückforderung von Beihilfen für eine Frist von zehn Jahren (sogenannte „Verjährungsfrist").

57. Nach Artikel 17 Absatz 2 der Verfahrensverordnung beginnt die Verjährungsfrist mit dem Tag, an dem die rechtswidrige Beihilfe dem Empfänger entweder als Einzelbeihilfe oder im Rahmen einer Beihilferegelung ([73]) gewährt wird. ([74]) Im Falle einer Beihilferegelung beginnt die Verjährungsfrist nicht mit dem Tag, an dem die Rechtsgrundlage der Regelung angenommen wird, sondern erst mit der Gewährung der Einzelbeihilfe im Rahmen dieser Regelung. ([75])

([62]) Siehe Urteil des Gerichtshofs vom 20. März 1997, Land Rheinland-Pfalz/Alcan Deutschland, C-24/95, ECLI:EU:C:1997:163, Rn. 34-37.
([63]) Siehe Urteil des Gerichtshofs vom 21. März 1991, Italien/Kommission („Lanerossi"), C-303/88, ECLI:EU:C:1991:136, Rn. 52 und 60.
([64]) Siehe Urteil des Gerichtshofs vom 17. Oktober 2013, Kommission/Griechenland („Ellinikos Xrysos"), C-263/12, ECLI:EU:C:2013:673, Rn 36.
([65]) In diesem Zusammenhang hat der Gerichtshof Folgendes klargestellt: „Was den Eintritt möglicher sozialer Unruhen, die die öffentliche Ordnung beeinträchtigen können, anbelangt, ist es, wie der Generalanwalt in Nr. 86 seiner Schlussanträge ausgeführt hat, nach ständiger Rechtsprechung Sache des betreffenden Mitgliedstaats, bei solchen drohenden Unruhen alle geeigneten Maßnahmen zu ergreifen, um die volle, wirksame und korrekte Anwendung des Unionsrechts im Interesse aller Wirtschaftsteilnehmer sicherzustellen, es sei denn, es wird nachgewiesen, dass ein Tätigwerden dieses Mitgliedstaats Folgen für die öffentliche Ordnung hätte, die er mit seinen Mitteln nicht bewältigen könnte." Siehe Urteil des Gerichtshofs vom 9. Juli 2015, Kommission/Frankreich („Fährverbindungen Marseille-Korsika"), C-63/14, ECLI:EU:C:2015:458, Rn. 52.
([66]) Siehe Urteil des Gerichtshofs vom 17. September 2015, Kommission/Italien („Venedig und Chioggia II"), C-367/14, ECLI:EU:C:2015:611, Rn. 51.
([67]) Siehe Urteil des Gerichtshofs vom 11. September 2014, Kommission/Deutschland („Biria-Gruppe"), C-527/12, ECLI:EU:C:2014:2193, Rn. 49.
([68]) Siehe Urteil des Gerichtshofs vom 9. Juli 2015, Kommission/Frankreich („Fährverbindungen Marseille-Korsika"), C-63/14, ECLI:EU:C:2015:458, Rn. 49.
([69]) Siehe Urteil des Gerichtshofs vom 9. Juli 2015, Kommission/Frankreich („Fährverbindungen Marseille-Korsika"), C-63/14, ECLI:EU:C:2015:458, Rn. 57.
([70]) Siehe Urteil des Gerichtshofs vom 15. Januar 1986, Kommission/Belgien, C-52/84, ECLI:EU:C:1986:3, Rn. 14.
([71]) Siehe Urteil des Gerichtshofs vom 2. Juli 2002, Kommission/Spanien, C-499/99, ECLI:EU:C:2002:408, Rn. 37.
([72]) Siehe Urteil des Gerichtshofs vom 6. November 2018, Scuola Elementare Maria Montessori/Kommission, C-622/16 P bis C-624/16 P, ECLI:EU:C:2018:873, Rn. 82 und 84.
([73]) Die Begriffe „Beihilferegelung" und „Einzelbeihilfe" sind in Artikel 1 Buchstabe d bzw. e der Verfahrensverordnung definiert.
([74]) Urteil des Gerichts vom 25. Januar 2018, BSCA/Kommission, T-818/14, ECLI:EU:T:2018:33, Rn. 72.
([75]) Siehe Urteil des Gerichtshofs vom 8. Dezember 2011, France Télécom/Kommission, C-81/10 P, ECLI:EU:C:2011:811, Rn. 80.

58. Der Zeitpunkt der Beihilfegewährung hängt von der Art der Beihilfe ab. Im Falle einer mehrjährigen Regelung, bei der regelmäßig Zahlungen oder Vorteile gewährt werden, kann zwischen der Annahme der Rechtsgrundlage der Beihilferegelung und dem Zeitpunkt, zu dem den betreffenden Unternehmen die Beihilfe tatsächlich gewährt wird, ein erheblicher Zeitraum vergehen. Für die Zwecke der Berechnung der Verjährungsfrist gilt die Beihilfe in diesem Fall erst zu dem Zeitpunkt als dem Empfänger gewährt, zu dem sie tatsächlich an ihn vergeben wurde. ([76])

59. Der in Randnummer 58 genannte Grundsatz gilt auch für Beihilferegelungen, bei denen regelmäßig steuerliche Maßnahmen gewährt werden (z. B. Steuererleichterungen im Rahmen jeder jährlichen oder halbjährlichen Steuererklärung) und bei denen die Verjährungsfrist für jedes Steuerjahr zu dem Zeitpunkt beginnt, zu dem die Steuer fällig wird.

60. Um einen Rückforderungsbeschluss umsetzen zu können, muss der betreffende Mitgliedstaat möglicherweise Kontrollen (z. B. Steuerprüfungen für bestimmte Steuerjahre) durchführen, auch wenn die dafür geltende Verjährungsfrist nach nationalem Recht bereits abgelaufen wäre. In diesem Fall können die nationalen Verjährungsvorschriften nicht als Rechtfertigung dafür dienen, dass die Rückforderungspflicht nicht erfüllt wird, und sind daher erforderlichenfalls unangewandt zu lassen. ([77])

61. Da es sich bei der Prüfung einer Beihilfemaßnahme um ein bilaterales Verfahren zwischen Mitgliedstaat und Kommission handelt, kann die Verjährungsfrist nach Beginn durch jede Maßnahme, die die Kommission — oder der Mitgliedstaat auf Antrag der Kommission — ergreift, unterbrochen werden. ([78]) Dies gilt unabhängig davon, ob die Maßnahme dem Beihilfeempfänger mitgeteilt wurde ([79]) oder er Kenntnis davon bekommen hat. Ist ein Beschluss der Kommission Gegenstand eines Verfahrens vor den Unionsgerichten, wird die Verjährungsfrist bis zum Ende des betreffenden Verfahrens ausgesetzt.

62. Nach Artikel 17 Absatz 3 der Verfahrensverordnung gilt jede Beihilfe, für die die Verjährungsfrist ausgelaufen ist, als bestehende Beihilfe. Die in der Verfahrensverordnung vorgesehene Verjährungsfrist schließt „nur die Rückforderung von Beihilfen aus, die mehr als zehn Jahre vor dem ersten Tätigwerden der Kommission eingeführt wurden" ([80]).

2.5. **Anwendung des nationalen Rechts und sofortige und tatsächliche Umsetzung von Rückforderungsbeschlüssen der Kommission**

63. In Artikel 16 Absatz 3 der Verfahrensverordnung sind die Erfordernisse des Effektivitätsgrundsatzes festgelegt. ([81]) Die Rückforderungspflicht gilt nur dann als erfüllt, wenn der betreffende Mitgliedstaat den Betrag der mit dem Binnenmarkt unvereinbaren Beihilfe einschließlich Rückforderungszinsen ([82]) (im Folgenden „voller Rückforderungsbetrag") tatsächlich wiedererlangt hat.

64. Der betreffende Mitgliedstaat kann die Mittel zur Erfüllung seiner Rückforderungspflicht frei wählen, unter der Voraussetzung, dass diese mit dem Effektivitätsgrundsatz ([83]) und dem Grundsatz der Gleichwertigkeit ([84]) in Einklang stehen. Die Frage, ob der betreffende Mitgliedstaat seiner Rückforderungspflicht im Einklang mit diesen Grundsätzen sofort und tatsächlich nachgekommen ist, kann nur anhand der konkreten Umstände des jeweiligen Einzelfalls beurteilt werden. ([85])

3. JEWEILIGE AUFGABEN DER KOMMISSION UND DES BETREFFENDEN MITGLIEDSTAATS

65. Sowohl die Kommission als auch die Mitgliedstaaten spielen bei der Umsetzung von Rückforderungsbeschlüssen eine wichtige Rolle und müssen zur wirksamen Durchsetzung der Rückforderungspolitik beitragen. Eine konsequente Durchsetzung der Rückforderungspolitik trägt in Verbindung mit einer engen und proaktiven Zusammenarbeit dazu bei, dass Wettbewerbsverfälschungen im Binnenmarkt wirksam beseitigt werden und der Binnenmarkt sein volles Potenzial entfalten kann.

([76]) Siehe Urteil des Gerichtshofs vom 8. Dezember 2011, France Télécom/Kommission, C-81/10 P, ECLI:EU:C:2011:811, Rn. 82.

([77]) Siehe Urteil des Gerichtshofs vom 20. März 1997, Land Rheinland-Pfalz/Alcan Deutschland, C-24/95, ECLI:EU:C:1997:163, Rn. 34-37.

([78]) So wird die Verjährungsfrist beispielsweise durch ein an den betreffenden Mitgliedstaat gerichtetes Auskunftsersuchen der Kommission unterbrochen und läuft nach der Unterbrechung wieder von Neuem an. Siehe Urteil des Gerichtshofs vom 26. April 2018, ANGED, C-233/16, ECLI:EU:C:2018:280, Rn. 84 und 85.

([79]) Siehe Urteil des Gerichtshofs vom 6. Oktober 2005, Scott/Kommission, C-276/03 P, ECLI:EU:C:2005:590, Rn. 27 und 36.

([80]) Urteil des Gerichtshofs vom 23. Januar 2019, Fallimento Traghetti del Mediterraneo, C-387/17, ECLI:EU:C:2019:51, Rn. 52; Urteil des Gerichts vom 30. April 2002, Gibraltar/Kommission, T-195/01 und T-207/01, ECLI:EU:T:2002:111, Rn. 130.

([81]) Siehe Urteil des Gerichtshofs vom 11. September 2014, Kommission/Deutschland („Biria-Gruppe"), C-527/12, ECLI:EU:C:2014:2193, Rn. 39 und 41.

([82]) Siehe hierzu Urteil des Gerichtshofs vom 6. Oktober 2011, Kommission/Italien („Venedig und Chioggia I"), C-302/09, ECLI:EU:C:2011:634, Rn. 38 und 39.

([83]) Siehe Urteil des Gerichtshofs vom 5. Oktober 2006, Kommission/Frankreich („Scott"), C-232/05, ECLI:EU:C:2006:651, Rn. 49.

([84]) Nach dem Grundsatz der Gleichwertigkeit ist das nationale Recht gegenüber ähnlichen Fällen, für die nur die nationalen Rechtsvorschriften gelten, in nichtdiskriminierender Weise anzuwenden. Siehe Urteil des Gerichtshofs vom 13. Juni 2002, Niederlande/Kommission, C-382/99, ECLI:EU:C:2002:363, Rn. 90.

([85]) Siehe Urteil des Gerichtshofs vom 11. September 2014, Kommission/Deutschland („Biria-Gruppe"), C-527/12, ECLI:EU:C:2014:2193, Rn. 43.

36. Rückforderungs-M

3.1. Aufgaben der Kommission

66. Die Kommission bemüht sich in ihren Rückforderungsbeschlüssen, die Empfänger der mit dem Binnenmarkt unvereinbaren Beihilfe zu benennen und die zurückzufordernde Beihilfe zu quantifizieren. [86] Dies ermöglicht eine schnellere Umsetzung der Rückforderungsbeschlüsse und erleichtert die Erfüllung der Rückforderungspflicht. Für den Fall, dass dies nicht möglich sein sollte, beschreibt die Kommission im Rückforderungsbeschluss die Methode, nach der der Mitgliedstaat die Identität der Beihilfeempfänger und den zurückzufordernden Beihilfebetrag ermitteln muss. [87]

67. Nach dem Grundsatz der loyalen Zusammenarbeit unterstützt die Kommission den betreffenden Mitgliedstaat bei der Umsetzung des Rückforderungsbeschlusses, u. a. indem sie

— dem betreffenden Mitgliedstaat Beispiele für Aufstellungen übermittelt, anhand derer dieser Angaben zu den Beihilfeempfängern und den Beihilfebeträgen machen kann (siehe Randnummern 24 und 25);

— Anträge auf Verlängerung der Frist für die Umsetzung des Rückforderungsbeschlusses prüft (siehe Abschnitt 4.1);

— eine Erstbesprechung organisiert (siehe Abschnitt 4.2);

— ein Instrument zur Berechnung der Rückforderungszinsen bereitstellt (siehe Randnummer 111);

— Beispiele für Treuhandverträge übermittelt, die für die vorläufige Umsetzung des Rückforderungsbeschlusses geeignet sind (siehe Randnummer 118);

— den betreffenden Mitgliedstaat über die vorläufige Einstellung oder den endgültigen Abschluss eines Rückforderungsverfahrens unterrichtet (siehe Abschnitt 4.9).

3.2. Aufgaben des Mitgliedstaats

68. Den Mitgliedstaaten kommt bei der wirksamen Durchsetzung der Rückforderungspolitik eine entscheidende Rolle zu. Insbesondere können die Mitgliedstaaten durch die Bereitstellung genauer und vollständiger Informationen im Rahmen des förmlichen Prüfverfahrens nach Artikel 6 der Verfahrensverordnung zum Erlass von Rückforderungsbeschlüssen beitragen, die leichter umsetzbar sind, und die Gefahr, dass keine sofortige und tatsächliche Rückzahlung stattfindet, ausschließen oder verringern. So kann ein Mitgliedstaat insbesondere bestimmte Umstände vorbringen, die die Kommission seiner Ansicht nach bei der Festsetzung der Frist für die Erfüllung der Rückforderungspflicht berücksichtigen sollte (siehe Randnummern 71 und 72).

69. Nach Artikel 16 Absatz 1 der Verfahrensverordnung muss der betreffende Mitgliedstaat alle notwendigen Maßnahmen ergreifen, um die Beihilfe vom Empfänger zurückzufordern. In Abhängigkeit von der Rechtsordnung des betreffenden Mitgliedstaats können mehrere Behörden (auf lokaler, regionaler oder nationaler Ebene) am Rückforderungsverfahren beteiligt sein. Ein an einen Mitgliedstaat gerichteter Beschluss der Kommission ist für alle Organe dieses Staates, einschließlich seiner Gerichte, verbindlich. [88]

70. Da es an einer einschlägigen Unionsregelung fehlt, muss der jeweilige Mitgliedstaat den Rückforderungsbeschluss nach den im nationalen Recht vorgesehenen Modalitäten umsetzen. [89] Jeder Mitgliedstaat benennt die für die Umsetzung des Rückforderungsbeschlusses tatsächlich zuständige Stelle, und einige Mitgliedstaaten haben eine zentrale Behörde mit der Koordinierung und Überwachung der nationalen Rückforderungsverfahren betraut. Nach Erfahrung der Kommission wird durch eine zentrale koordinierende Behörde die sofortige und tatsächliche Umsetzung von Rückforderungsbeschlüssen begünstigt, da auf diese Weise Wissen auf nationaler Ebene gesammelt und verbreitet wird und ein stabiler Kommunikationskanal zu den Dienststellen der Kommission entsteht.

---

[86] Während es in der Regel nicht sehr kompliziert ist, den Empfänger einer Einzelbeihilfe zu ermitteln, ist die Kommission bei nicht mit dem Binnenmarkt vereinbaren Beihilferegelungen im Allgemeinen nicht in der Lage, sämtliche Beihilfeempfänger, geschweige denn die genauen Beihilfebeträge zu ermitteln.

[87] Die Kommission ist rechtlich nicht verpflichtet, in ihrem Rückforderungsbeschluss den genauen Rückforderungsbetrag anzugeben. Es genügt, wenn der Beschluss der Kommission Angaben enthält, die es dem Mitgliedstaat ermöglichen, diesen Betrag ohne übermäßige Schwierigkeiten zu ermitteln. Siehe Urteil des Gerichtshofs vom 28. Juli 2011, Mediaset/Kommission, C-403/10 P, ECLI:EU:C:2011:533, Rn. 126.

[88] Siehe Urteil des Gerichtshofs vom 21. Mai 1987, Albako/BALM, C-249/85, ECLI:EU:C:1987:245, Rn. 17. Siehe auch Urteil des Gerichtshofs vom 5. März 2019, Eesti Pagar, C-349/17, ECLI:EU:C:2019:172, Rn. 90.

[89] Siehe Urteil des Gerichtshofs vom 13. Juni 2002, Niederlande/Kommission („Tankstellen"), C-382/99, ECLI:EU:C:2002:363, Rn. 90.

Rückfor-
derungs-
M

4. UMSETZUNG VON RÜCKFORDERUNGSBESCHLÜSSEN

71. Gelangt die Kommission zu dem Schluss, dass eine bereits gewährte Beihilfe mit dem Binnenmarkt unvereinbar ist, und ordnet sie deren Rückforderung an, so muss der betreffende Mitgliedstaat die Beihilfe aufheben ([90]) und gegebenenfalls innerhalb der von der Kommission gesetzten Frist („Rückforderungsfrist") zurückfordern ([91]). Eine Wiedererlangung nach Ablauf der Rückforderungsfrist genügt den Anforderungen des Unionsrechts nicht und wird als Nichtumsetzung des Rückforderungsbeschlusses angesehen. ([92]) In jedem Fall ist der betreffende Mitgliedstaat weiter verpflichtet, die Rückforderung der rechtswidrigen Beihilfe durchzusetzen und den Verstoß gegen das Recht der Europäischen Union so bald wie möglich nach Ablauf der Rückforderungsfrist zu beenden.

72. In ihrem Rückforderungsbeschluss legt die Kommission zwei Fristen fest: i) eine Frist, vor deren Ablauf der betreffende Mitgliedstaat im Einzelnen mitteilen muss, welche Maßnahmen er zur Umsetzung des Beschlusses zu ergreifen beabsichtigt bzw. bereits ergriffen hat (diese Frist beträgt in der Regel zwei Monate ab Zustellung des Beschlusses), und ii) eine Frist, innerhalb derer die Rückforderungspflicht erfüllt werden muss (diese Frist beträgt in der Regel vier Monate ab Zustellung des Beschlusses ([93])). Insbesondere muss der Mitgliedstaat in der Regel innerhalb der ersten Frist umfassende Angaben zum Namen der Beihilfeempfänger, sofern diese noch nicht im Rückforderungsbeschluss genannt wurden, zum Rückforderungsbetrag und zum nationalen Verfahren zur Erfüllung der Rückforderungspflicht machen.

73. Der betreffende Mitgliedstaat kann das nationale Verfahren zur Umsetzung des Rückforderungsbeschlusses frei wählen, unter der Voraussetzung, dass das jeweilige Verfahren die sofortige und tatsächliche Umsetzung des Rückforderungsbeschlusses gewährleistet. ([94]) Nach Erfahrung der Kommission können beschleunigte, spezialisierte Verwaltungsverfahren sehr wirksam sein und den Mitgliedstaaten die ordnungsgemäße Erfüllung ihrer Pflichten ermöglichen. Unabhängig davon, welches nationale Verfahren für die Umsetzung des Rückforderungsbeschlusses gewählt wird, ist die zuständige Behörde oder das zuständige Gericht gehalten, für die volle Wirksamkeit des Unionsrechts Sorge zu tragen. ([95])

4.1. Antrag auf Verlängerung der Frist zur Umsetzung von Beschlüssen

74. Wenn ein Mitgliedstaat bei der Umsetzung des Rückforderungsbeschlusses innerhalb der Rückforderungsfrist auf Schwierigkeiten stößt, ist er verpflichtet, die Kommission rechtzeitig von diesen Schwierigkeiten zu unterrichten und geeignete Lösungsvorschläge vorzulegen, damit diese die Lage beurteilen kann. ([96]) Dazu kann auch ein Vorschlag zur Verlängerung der Rückforderungsfrist gehören.

75. In solchen Fällen müssen die Kommission und der betreffende Mitgliedstaat redlich zusammenwirken, um diese Schwierigkeiten unter vollständiger Einhaltung des Unionsrechts zu überwinden. ([97]) Ebenso muss der betreffende Mitgliedstaat der Kommission alle Informationen zur Verfügung stellen, die sie benötigt, um zu überprüfen, ob das gewählte Mittel zur ordnungsgemäßen Umsetzung des Rückforderungsbeschlusses führen wird. ([98])

76. Die Praxis der Kommission besteht darin, nur unter außergewöhnlichen Umständen eine Verlängerung der Frist für die Umsetzung ihres Beschlusses zu gewähren, nämlich nur dann, wenn der Mitgliedstaat stichhaltig nachweisen kann, dass keine andere Maßnahme, die einer fristgerechten Umsetzung des Kommissionsbeschlusses führen könnte, wirksam wäre.

77. Anträgen auf Verlängerung der Rückforderungsfrist wird nicht stattgegeben, wenn die Verzögerung des Rückforderungsverfahrens auf die vom Mitgliedstaat gewählten Mittel und Methoden zurückzuführen ist, obwohl schnellere Möglichkeiten zur Verfügung gestanden hätten.

78. Anträge auf Verlängerung der Rückforderungsfrist können nach Fristablauf nicht rückwirkend genehmigt werden ([99]) (siehe Randnummer 71).

([90]) Dies bedeutet, dass der betreffende Mitgliedstaat alle erforderlichen Maßnahmen ergreifen muss, um die Lage vor der Gewährung der Beihilfe wiederherzustellen (z. B. auch durch die Nichtigerklärung eines Vertrags). Siehe Urteil des Gerichtshofs vom 8. Dezember 2011, Residex Capital IV, C-275/10, ECLI:EU:C:2011:814, Rn. 45-47.

([91]) Siehe Urteil des Gerichtshofs vom 20. März 1997, Land Rheinland-Pfalz/Alcan Deutschland, C-24/95, ECLI:EU:C:1997:163, Rn. 34.

([92]) Siehe hierzu Urteil des Gerichtshofs vom 22. Dezember 2010, Kommission/Italien („neu zur Notierung an der Börse zugelassene Unternehmen"), C-304/09, ECLI:EU:C:2010:812, Rn. 32.

([93]) Die Kommission kann in Abhängigkeit von den besonderen Umständen des Einzelfalls auch eine andere Rückforderungsfrist festsetzen. Siehe Randnummer 68.

([94]) Siehe Urteil des Gerichtshofs vom 11. September 2014, Kommission/Deutschland („Biria-Gruppe"), C-527/12, ECLI:EU:C:2014:2193, Rn. 41.

([95]) Siehe Urteil des Gerichtshofs vom 5. März 2019, Eesti Pagar, C-349/17, ECLI:EU:C:2019:172, Rn. 91.

([96]) Siehe Urteil des Gerichtshofs vom 9. November 2017, Kommission/Griechenland („Larco"), C-481/16, ECLI:EU:C:2017:845, Rn. 29.

([97]) Siehe Urteil des Gerichtshofs vom 20. März 2014, Rousse Industry/Kommission, C-271/13 P, ECLI:EU:C:2014:175, Rn. 78.

([98]) Für mögliche Umsetzungsvorschläge siehe Urteil des Gerichtshofs vom 12. Dezember 2002, Kommission/Deutschland, C-209/00, ECLI:EU:C:2002:747, Rn. 40-44.

([99]) Siehe Urteil des Gerichtshofs vom 9. Juli 2015, Kommission/Frankreich („Fährverbindungen Marseille-Korsika"), C-63/14, ECLI:EU:C:2015:458, Rn. 45.

4.2. Erstbesprechung

79. In der Regel bietet die Kommission den Behörden des betreffenden Mitgliedstaats nach der Zustellung des Rückforderungsbeschlusses zeitnah eine Erstbesprechung an. Sie sollte vorzugsweise innerhalb eines Monats und in jedem Fall vor Ablauf der unter Randnummer 72 genannten ersten Frist für die Informationsübermittlung stattfinden.

80. Die Erstbesprechung dient dazu, das Rückforderungsverfahren zu erleichtern und zu beschleunigen, indem kooperative und transparente Beziehungen zwischen der Kommission und den Behörden des betreffenden Mitgliedstaats hergestellt werden. Ferner erläutert die Kommission die Instrumente, die sie dem Mitgliedstaat zur leichteren Umsetzung des Rückforderungsbeschlusses zur Verfügung stellen kann.

81. Die Kommission ist bestrebt, während der Erstbesprechung erste Rückmeldungen zur Rückforderungsstrategie und zu den Umsetzungsmaßnahmen zu geben, die der betreffende Mitgliedstaat in Betracht zieht, um dem Rückforderungsbeschluss nachzukommen.

82. Auch wenn die Teilnahme an einer Erstbesprechung nicht zwingend vorgeschrieben ist, empfiehlt die Kommission den Mitgliedstaaten dringend, diese Möglichkeit zu nutzen, um Hinweise zu den wichtigsten Aspekten der Rückforderung zu erhalten und etwa auftretende Fragen vorab zu klären.

4.3. Ermittlung der Empfänger, von denen eine Beihilfe zurückzufordern ist

83. Rechtswidrige Beihilfen, die für mit dem Binnenmarkt unvereinbar erklärt wurden, müssen von den Empfängern, die den tatsächlichen Nutzen davon hatten, zurückgefordert werden. [100] Wenn die Beihilfeempfänger im Rückforderungsbeschluss nicht genannt sind, muss der Mitgliedstaat die konkrete Situation jedes einzelnen betroffenen Unternehmens untersuchen. [101]

84. Nach Artikel 345 AEUV unterliegen öffentliche und private Unternehmen denselben Beihilfevorschriften; daher wird bei der Rückforderung rechtswidriger Beihilfen kein Unterschied zwischen ihnen gemacht.

4.3.1. Ermittlung eines einer Unternehmensgruppe angehörenden Beihilfeempfängers

85. In der Regel ist die Ermittlung des Beihilfeempfängers nicht mit besonderen Schwierigkeiten verbunden. In einigen Fällen muss die Kommission jedoch bewerten, welches der zu einer Unternehmensgruppe gehörenden und eine wirtschaftliche Einheit bildenden Unternehmen von der Beihilfe profitiert hat.

86. Auch wenn bestimmte Transaktionen innerhalb einer Unternehmensgruppe stattgefunden haben, kann die Kommission die Rückforderung auf einen einzigen Beihilfeempfänger innerhalb der Gruppe beschränken. Allerdings kann die Kommission in ihrem Rückforderungsbeschluss zu dem Ergebnis gelangen, dass einer Gruppe angehörende Unternehmen, selbst wenn sie nach nationalem Recht als separate juristische Personen einzustufen sind, eine wirtschaftliche Einheit im Sinne des Wettbewerbsrechts bilden [102] und von der Beihilfe profitiert haben. Die Kommission kann auch zu dem Schluss gelangen, dass andere Unternehmen einer solchen Gruppe den Nutzen von der Beihilfe hatten.

87. In dem in Randnummer 86 genannten Fall kann der betreffende Mitgliedstaat im Rückforderungsbeschluss angewiesen werden, die Beihilfe nicht nur von dem Unternehmen, das unmittelbar von der Beihilfe profitiert hat, sondern von der gesamten Gruppe von Unternehmen, die eine wirtschaftliche Einheit bilden, oder von bestimmten, dieser Gruppe angehörenden juristischen Personen [103], die ebenfalls von der Beihilfe profitiert haben, zurückzufordern.

88. Bei der Umsetzung eines Rückforderungsbeschlusses muss der betreffende Mitgliedstaat gegenüber der Kommission nachweisen, dass er die Beihilfe ordnungsgemäß vom unmittelbaren Beihilfeempfänger oder von den anderen zur Rückzahlung der Beihilfe verpflichteten Unternehmen zurückgefordert hat.

4.3.2. Ausweitung der Rückzahlungsanordnung; wirtschaftliche Kontinuität

89. Wenn die Beihilfe im Verlauf der Umsetzung des Rückforderungsbeschlusses nicht vom ursprünglichen Empfänger zurückgefordert werden kann und auf ein anderes Unternehmen übertragen wurde, so sollte der Mitgliedstaat die Rückforderung auf das Unternehmen ausdehnen, das nach der Übertragung der Tätigkeiten tatsächlich den Vorteil genießt, und sicherstellen, dass die Pflicht zur Rückzahlung der Beihilfe nicht umgangen wird. [104]

---

[100] Siehe Urteil des Gerichtshofs vom 29. April 2004, Deutschland/Kommission („SMI"), C-277/00, ECLI:EU:C:2004:238, Rn. 75.

[101] Siehe Urteil des Gerichtshofs vom 13. Februar 2014, Mediaset, C-69/13, ECLI:EU:C:2014:71, Rn. 22.

[102] Nach ständiger Rechtsprechung des Gerichtshofs sind rechtlich eigenständige natürliche oder juristische Personen, sofern sie eine wirtschaftliche Einheit bilden, im Sinne des Wettbewerbsrechts der Europäischen Union als ein einziges Unternehmen zu behandeln. Siehe Urteil des Gerichtshofs vom 12. Juli 1984, Hydrotherm, C-170/83, ECLI:EU:C:1984:271, Rn. 11. Die Kommission verfügt über einen breiten Ermessensspielraum, wenn es um die Beurteilung der Frage geht, ob Unternehmen einer Gruppe im Sinne des Beihilferechts als wirtschaftliche Einheit oder als separate Unternehmen zu betrachten sind. Siehe Urteil des Gerichts vom 29. Juni 2000, DSG/Kommission, T-234/95, ECLI:EU:T:2000:174, Rn. 124.

[103] Urteil des Gerichts erster Instanz vom 29. Juni 2000, DSG/Kommission, T-234/95, ECLI:EU:T:2000:174, Rn. 124.

[104] Siehe Urteil des Gerichts vom 13. September 2010, Griechenland/Kommission, T-415/05, T-416/05 und T-423/05, ECLI:EU:T:2010:386, Rn. 143-146.

90. Der Gerichtshof hat zwischen zwei Möglichkeiten zur Übertragung der Tätigkeiten eines Unternehmens unterschieden: i) dem Verkauf aller oder eines Teils seiner Vermögenswerte, wonach die Tätigkeit nicht mehr von derselben juristischen Person ausgeübt wird („Asset deal"), und ii) dem Verkauf seiner Anteile, wonach das Unternehmen, das die Beihilfe erhalten hat, seine Rechtspersönlichkeit behält und seine Tätigkeiten weiter ausübt („Share deal") ([105]).

4.3.2.1. Asset deal

91. Wenn der Empfänger einer mit dem Binnenmarkt unvereinbaren Beihilfe ein neues Unternehmen gründet oder seine Vermögenswerte auf ein anderes Unternehmen überträgt, um alle oder einen Teil seiner Tätigkeiten weiterzuführen, so kann die durch die Beihilfe verursachte Wettbewerbsverfälschung dadurch fortbestehen. Somit können das neugegründete Unternehmen oder der Käufer der Vermögenswerte, wenn dieser Vorteil zu ihren Gunsten fortbesteht, zur Rückzahlung der betreffenden Beihilfe verpflichtet sein.

92. Im Falle eines Asset deals bewertet die Kommission je nach den Umständen im Einzelfall, ob wirtschaftliche Kontinuität zwischen den jeweiligen Unternehmen gegeben ist, und stützt sich dabei auf eine offene Reihe nicht kumulativer Kriterien. Insbesondere kann die Kommission dabei folgende Kriterien ([106]) berücksichtigen: i) den Umfang der Übertragung (Aktiva ([107]) und Passiva, Fortbestand der Belegschaft und/oder Geschäftsleitung; ii) den Übertragungspreis ([108]); iii) die Identität der Aktionäre oder Eigentümer des Verkäufers und Käufers; iv) den Zeitpunkt der Übertragung (während der vorläufigen Prüfung nach Artikel 4 der Verfahrensverordnung oder während des förmlichen Prüfverfahrens nach Artikel 6 derselben Verordnung oder nach dem Erlass des Rückforderungsbeschlusses); v) die ökonomische Folgerichtigkeit der Transaktion ([109]).

4.3.2.2. Share deal

93. Der Verkauf von Anteilen des Empfängers einer mit dem Binnenmarkt unvereinbaren Beihilfe an einen Dritten berührt nicht die Verpflichtung des Empfängers, die betreffende Beihilfe zurückzuzahlen. ([110])

94. Wenn die Anteile des Unternehmens, dem rechtswidrige Beihilfen gewährt wurden, verkauft werden, das Unternehmen aber seine Rechtspersönlichkeit behält und weiterhin die mit den staatlichen Beihilfen subventionierten Tätigkeiten ausübt, so ist der Staat verpflichtet, die Beihilfen von dem Unternehmen zurückzufordern ([111]), denn in einem solchen Fall verfügt das Unternehmen auch weiterhin über einen Vorteil gegenüber seinen Wettbewerbern.

**Rückfor-
derungs-
M**

([105]) Siehe Urteil des Gerichtshofs vom 29. April 2004, Deutschland/Kommission („SMI"), C-277/00, ECLI:EU:C:2004:238, Rn. 78 und 84.

([106]) Die Kommission ist nicht verpflichtet, all diese Kriterien zu berücksichtigen. Siehe hierzu Urteil des Gerichts vom 28. März 2012, Ryanair/Kommission, T-123/09, ECLI:EU:T:2012:164, Rn. 155 und 156.

([107]) Was den Umfang der Transaktion betrifft, so dürfen die veräußerten Vermögenswerte grundsätzlich nur einen Teil im Eigentum des Beihilfeempfängers stehenden Vermögenswerte ausmachen. Je größer der Anteil des vorherigen Unternehmens ist, der auf ein neues Unternehmen übertragen wird, umso wahrscheinlicher wird es, dass die mit den veräußerten Vermögenswerten zusammenhängende wirtschaftliche Tätigkeit weiter von der mit dem Binnenmarkt unvereinbaren Beihilfe profitiert. **Siehe** Beschluss (EU) 2015/1826 der Kommission vom 15. Oktober 2014 zu der von der Slowakei durchgeführten staatlichen Beihilfe SA.33797 — (2013/C) (ex2013/NN) (ex2011/CP) zugunsten von NCHZ (ABl. L 269 vom 15.10.2015, S. 71). Bezüglich der wirtschaftlichen Kontinuität siehe Entscheidung der Kommission vom 17. September 2008 über die staatlichen Beihilfen N 321/08, N 322/08 und N 323/08 — Griechenland — Vente de certains actifs d'Olympic Airlines/Olympic Airways Services; Entscheidung der Kommission vom 12. November 2008 über die staatliche Beihilfe N 510/2008 — Italien — Verkauf von Vermögenswerten von Alitalia; Beschluss der Kommission vom 4. April 2012 über die staatliche Beihilfe SA.34547 — Frankreich — Reprise des actifs du groupe SERNAM dans le cadre de son redressement judiciaire.

([108]) Werden die Vermögenswerte im Rahmen eines offenen, transparenten, diskriminierungs- und bedingungsfreien Bietverfahrens an den Meistbietenden verkauft, wird in der Regel davon ausgegangen, dass es sich bei dem gezahlten Preis um den Marktpreis handelt. Auf diesen Grundsatz stützte sich die Kommission in folgenden Beschlüssen: Beschluss vom 1. Oktober 2014 über die staatliche Beihilfe Deutschlands SA.31550 (2012/C) (ex2012/NN) zugunsten des Nürburgrings; Beschluss der Kommission vom 27. März 2014 über die staatliche Beihilfe SA.34572 (13/C) (ex 13/NN) Griechenlands zugunsten der Larco General Mining & Metallurgical Company S.A.; Beschluss der Kommission vom 7. Mai 2015 über die von Portugal durchgeführte staatliche Beihilfe SA.35546 (2013/C) (ex2012/NN) zugunsten der Estaleiros Navais de Viana do Castelo S.A.

([109]) Die Kommission hat in Fällen, in denen es zu keinen Veränderungen hinsichtlich der Geschäftsleitung, des Tätigkeitsbereichs oder der Produktion kommen würde, wirtschaftliche Kontinuität festgestellt. Siehe z. B. Beschluss (EU) 2015/1826 der Kommission vom 15. Oktober 2014 zu der von der Slowakei durchgeführten staatlichen Beihilfe SA.33797 — (2013/C) (ex2013/NN) (ex2011/CP) zugunsten von NCHZ (ABl. L 269 vom 15.10.2015, S. 71). Hingegen gelangte die Kommission in anderen Fällen, in denen erhebliche Veränderungen in Bezug auf die Tätigkeit oder die Geschäftsstrategie des Unternehmens nachgewiesen wurden, zu der Auffassung, dass keine wirtschaftliche Kontinuität vorliege. Siehe Beschluss (EU) 2016/151 der Kommission vom 1. Oktober 2014 über die staatliche Beihilfe Deutschlands SA.31550 (2012/C) (ex2012/NN) zugunsten der Nürburgrings (ABl. L 34 vom 10.2.2016, S. 1); Beschluss (EU) 2016/152 der Kommission vom 1. Oktober 2014 über die staatliche Beihilfe SA.27339 (12/C) (ex 11/NN) der Bundesrepublik Deutschland zugunsten des Flughafens Zweibrücken und der Flughafen nutzenden Luftverkehrsgesellschaften (ABl. L 34 vom 10.2.2016, S. 68). In jedem Fall wird die ökonomische Folgerichtigkeit allein nicht als entscheidendes Kriterium für die Feststellung wirtschaftlicher Kontinuität zwischen zwei Unternehmen betrachtet.

([110]) Siehe Urteil des Gerichtshofs vom 29. April 2004, Deutschland/Kommission („SMI"), C-277/00, ECLI:EU:C:2004:238, Rn. 81.

([111]) Siehe Urteil des Gerichtshofs vom 1. Oktober 2015, Electrabel und Dunamenti Erőmű/Kommission, C-357/14 P, ECLI:EU:C:2015:642, Rn. 113.

4.3.2.3. Unternehmenszusammenschlüsse und andere Unternehmensumstrukturierungen

95. Neben Asset deals und Share deals kann ein Mitgliedstaat auch nach einem Unternehmenszusammenschluss oder einer anderen Art der Unternehmensumstrukturierung aufgefordert werden zu ermitteln, von welchem Unternehmen die Beihilfe zurückgefordert werden muss. In solchen Fällen muss der betreffende Mitgliedstaat den Rechtsnachfolger des ursprünglichen Beihilfeempfängers ermitteln und die Beihilfe von dem fortbestehenden Unternehmen zurückfordern. ([112])

4.3.3. *Beihilfeempfänger im Falle steuerlicher Maßnahmen*

96. Im Sonderfall von Regelungen zur Gewährung von Steuererleichterungen muss der betreffende Mitgliedstaat die Unternehmen ermitteln, die den im Rahmen der Regelung gewährten Vorteil genossen haben, und die Beihilfen von ihnen zurückfordern.

97. Für die Ermittlung des Beihilfeempfängers ist es nicht relevant, ob das betreffende Unternehmen die Beihilfemaßnahme ordnungsgemäß in seiner Steuererklärung angegeben hat oder ob die Maßnahme unter Verstoß gegen die geltenden nationalen Vorschriften angewandt wurde. ([113]) Entscheidend ist vielmehr, ob ein Unternehmen in den Genuss der Steuererleichterung gekommen ist, die als mit dem Binnenmarkt unvereinbare staatliche Beihilfe angesehen wird. Nationale Verfahren zur Bekämpfung der fehlerhaften Anwendung oder des Missbrauchs nationaler Steuervorschriften dürfen die sofortige und tatsächliche Rückforderung staatlicher Beihilfen nicht gefährden.

4.4. Quantifizierung des Rückforderungsbetrags

98. Wenn die Höhe der Beihilfe im Kommissionsbeschluss bereits quantifiziert wurde, ist ein Mitgliedstaat verpflichtet, den von der Kommission erlassenen Beschluss so umzusetzen. Zieht der Mitgliedstaat die erfolgte Quantifizierung des Beihilfebetrags in Zweifel, so müssen die Unionsgerichte mit der Frage befasst werden. Folglich ist der Mitgliedstaat verpflichtet, den im Rückforderungsbeschluss festgesetzten Beihilfebetrag zurückzufordern, solange der Beschluss nicht durch das Gericht oder den Gerichtshof ausgesetzt oder für nichtig erklärt wurde.

Rückforderungs-M

99. Hat die Kommission den genauen Rückforderungsbetrag im Rückforderungsbeschluss nicht festgesetzt, muss der betreffende Mitgliedstaat den Beihilfebetrag, der von jedem Empfänger zurückgefordert werden muss, auf der Grundlage der im Rückforderungsbeschluss festgelegten Methode selbst bestimmen. ([114])

100. Die Kommission verlangt grundsätzlich, dass der Mitgliedstaat alle Beihilfen zurückfordert, die zum Zeitpunkt ihrer Gewährung nicht die geltenden Anforderungen i) einer Verordnung zur Erklärung der Vereinbarkeit bestimmter Gruppen von Beihilfen mit dem Binnenmarkt in Anwendung der Artikel 107 und 108 AEUV (einer „Gruppenfreistellungsverordnung"), ii) einer Verordnung, nach der öffentliche Unterstützung von der Anmeldepflicht nach Artikel 108 Absatz 3 AEUV freigestellt ist, wenn sie nicht alle Kriterien des Artikels 107 Absatz 1 AEUV erfüllt („De-minimis-Verordnung"), oder iii) eines anderen, früheren Beschlusses der Kommission erfüllen. ([115])

101. Die Kommission kann einer rückwirkenden Anwendung der De-minimis-Regel auf einen Beihilfeempfänger unter folgenden Voraussetzungen zustimmen:

— Der Gesamtbetrag der Beihilfe muss unter dem De-minimis-Höchstbetrag liegen ([116]); in diesem Zusammenhang dürfen keine Durchschnittsbeträge je Empfänger verwendet werden, da dies nicht ausschließt, dass eines der Unternehmen von einem Gesamtbetrag profitiert hat, der über dieser Obergrenze liegt ([117]);

— bei einer rückwirkenden Überprüfung der Höhe der De-minimis-Beihilfen, die über einen Zeitraum von drei Steuerjahren gewährt wurden, muss ein Mitgliedstaat jeden Zeitraum von drei Steuerjahren prüfen, der den Zeitpunkt einschließt, zu dem die Beihilfe, die von der Rückforderung ausgeschlossen werden soll, gewährt wurde ([118]);

([112]) Siehe hierzu Urteil des Gerichtshofs vom 7. März 2018, SNCF Mobilités/Kommission, C-127/16 P, ECLI:EU:C:2018:165.
([113]) Siehe Urteil des Gerichtshofs vom 14. Juli 2011, Kommission/Italien („Tremonti bis"), C-303/09, ECLI:EU:C:2011:483, Rn. 43.
([114]) Siehe Urteil des Gerichtshofs vom 13. Februar 2014, Mediaset, C-69/13, ECLI:EU:C:2014:71, Rn. 21. Siehe auch obige Rn. 66.
([115]) Siehe beispielsweise die Entscheidung der Kommission vom 11. Juli 2001 über eine spanische Beihilferegelung zugunsten neu gegründeter Unternehmen in Álava (ABl. L 314 vom 18.11.2002, S. 1. Erwägungsgrund 90).
([116]) Siehe Urteil des Gerichts vom 20. September 2011, Regione autonoma della Sardegna u. a./Kommission, T-394/08, T-408/08, T-453/08 und T-454/08, ECLI:EU:T:2011:493, Rn. 310-312, bestätigt durch Urteil des Gerichtshofs vom 13. Juni 2013, HGA u. a./Kommission, C-630/11 P bis C-633/11 P, ECLI:EU:C:2013:387.
([117]) Siehe Urteil des Gerichtshofs vom 1. September 2017, Kommission/Belgien, C-591/14, ECLI:EU:C:2017:670, Rn. 46.
([118]) Wenn beispielsweise ein Mitgliedstaat im Jahr 2018 vorbringt, dass ein am 31. Dezember 2014 gewährter Vorteil rückwirkend als De-minimis-Beihilfe angesehen werden kann, muss der Mitgliedstaat nachweisen, dass die entsprechende Obergrenze auch unter Berücksichtigung dieser neuen De-minimis-Beihilfe in keinem der folgenden Dreijahreszeiträume überschritten wird: 2012-2014, 2013-2015 und 2014-2016. Folglich kann die Kommission die rückwirkende Einbeziehung dieser geltend gemachten De-minimis-Beihilfe nur unter der Voraussetzung genehmigen, dass der einschlägige De-minimis-Höchstbetrag nie überschritten wird.

— Alle Voraussetzungen der anwendbaren Verordnung, die rückwirkend angewendet werden kann, müssen erfüllt sein. ([119])

102. Bei der Berechnung des Rückforderungsbetrags kann ein Mitgliedstaat auch berücksichtigen, ob der Beihilfeempfänger auf die erhaltene Beihilfe Steuern gezahlt hat. In diesem Fall (d. h., wenn die Bruttobeihilfe nicht der Nettobeihilfe entspricht) kann der Mitgliedstaat frühere Steuerzahlungen im Einklang mit seinen nationalen Steuervorschriften berücksichtigen, indem er nur den Nettobetrag zurückfordert, den der Beihilfeempfänger erhalten hat.

103. Hat hingegen der Empfänger einer rechtswidrigen und mit dem Binnenmarkt unvereinbaren Beihilfe keine Steuern auf die erhaltene Beihilfe entrichtet (d. h., die Bruttobeihilfe entspricht der Nettobeihilfe), muss er den erhaltenen Bruttobeihilfebetrag zurückzahlen.

104. In jedem Fall muss der betreffende Mitgliedstaat sicherstellen, dass der Beihilfeempfänger keine weitere Steuererleichterung in Anspruch nehmen kann, indem er geltend macht, dass sich sein steuerpflichtiges Einkommen durch die Rückzahlung verringert hat.

4.4.1. Steuerliche Maßnahmen

105. Bei staatlichen Beihilfen in Form einer Steuererleichterung bedeutet „die Wiederherstellung der früheren Lage, dass so weit wie möglich eine Rückkehr zu der Lage erfolgt, die bestanden hätte, wenn die fraglichen Transaktionen ohne Gewährung der Steuersenkung durchgeführt worden wären". ([120])

106. Daher muss der betreffende Mitgliedstaat den korrekten Steuerbetrag berechnen, den ein Unternehmen ohne die rechtswidrige Beihilfemaßnahme hätte zahlen müssen. Diese Quantifizierung kann sich nur auf die in der Vergangenheit tatsächlich getroffenen Entscheidungen stützen und darf keine alternativen, hypothetischen Entscheidungen berücksichtigen, die auch möglich gewesen wären. ([121]) Nur etwaige nach nationalem und internationalem Recht oder dem Rückforderungsbeschluss automatisch anwendbare Abzüge können berücksichtigt werden.

107. Wenn beispielsweise ein Mitgliedstaat einem Rückforderungsbeschluss nachkommt, indem er die Steuerbemessungsgrundlage des Beihilfeempfängers erhöht, könnten andere Steuererleichterungen, die zum Zeitpunkt der Fälligkeit der ursprünglichen Steuer bereits möglich waren, grundsätzlich noch angewandt werden. ([122])

108. Die Vertraulichkeit von Steuerunterlagen, die sich auf das in Artikel 339 AEUV und Artikel 30 der Verfahrensverordnung verankerte Berufsgeheimnis stützt, ist keine stichhaltige Begründung dafür, die in diesem Zusammenhang erforderlichen Nachweise nicht zu erbringen.

109. Nach nationalem Recht müssen die Steuerbehörden des betreffenden Mitgliedstaats zur Erhebung von Steuern (einschließlich der Rückforderung staatlicher Beihilfen in Form von Steuererleichterungen) vor der tatsächlichen Rückforderung der entsprechenden Beträge möglicherweise interne Steuerprüfungen durchführen. Solche Steuerprüfungen sind zulässig, wenn sie i) zu einer fristgerechten Rückforderung führen und ii) nach der im Beschluss dargelegten Methode für die Quantifizierung der zurückzufordernden Beihilfe vorgegangen sind.

4.4.2. Berechnung der Rückforderungszinsen

110. Nach Artikel 16 Absatz 2 der Verfahrensverordnung schließt die zurückzufordernde Beihilfe Zinsen ein, die ab dem Tag, an dem die Beihilfe dem Empfänger zur Verfügung gestellt wurde, bis zu ihrer tatsächlichen Rückzahlung zahlbar sind. ([123]) Im Einklang mit der Durchführungsverordnung müssen diese Zinsen nach der Zinseszinsformel berechnet werden. ([124])

([119]) Auch nach der Verordnung (EU) Nr. 1407/2013 der Kommission vom 18. Dezember 2013 über die Anwendung der Artikel 107 und 108 des Vertrags über die Arbeitsweise der Europäischen Union auf De-minimis-Beihilfen (ABl. L 352 vom 24.12.2013, S. 1).

([120]) Siehe Urteil des Gerichtshofs vom 15. Dezember 2005, Unicredito Italiano, C-148/04, ECLI:EU:C:2005:774, Rn. 117.

([121]) Siehe Urteil des Gerichtshofs vom 15. Dezember 2005, Unicredito Italiano, C-148/04, ECLI:EU:C:2005:774, Rn. 118-119.

([122]) Dann müssen die anderen Steuererleichterungen folgende Voraussetzungen erfüllen: i) Sie führen zu keiner (neuen) staatlichen Beihilfe; ii) sie sollten alle Steuerpflichtigen in gleicher Weise betreffen; iii) sie sollten nach einer Vorschrift gelten, die zum Zeitpunkt der Gewährung der mit dem Binnenmarkt unvereinbaren Beihilfe galt, und iv) die Unternehmen, die für die Erleichterungen in Betracht kommen, müssen sie automatisch erhalten (d. h. die Anwendung der Steuererleichterung bedarf keiner vorherigen Genehmigung durch den Mitgliedstaat oder rechtzeitigen Aktivierung einer Option durch den Steuerpflichtigen).

([123]) Im Falle von Rückforderungsbeschlüssen, die Gegenstand eines Gerichtsverfahrens sind, werden die Rückforderungszinsen auch für Zeiträume berechnet, in denen der Beschluss durch eine gerichtliche Entscheidung ausgesetzt oder durch ein später vom Gerichtshof aufgehobenes erstinstanzliches Urteil als nichtig galt. Siehe hierzu Urteil des Gerichtshofs vom 12. Februar 2008, CELF und Ministre de la Culture et de la Communication („CELF I"), C-199/06, ECLI:EU:C:2008:79, Rn. 56-58 und 69.

([124]) Die Kommission veröffentlicht die Referenz- und Abzinsungssätze (in %) seit dem 1. August 1997 auf der Website der Generaldirektion Wettbewerb.

Rückforderungs-M

36. Rückforderungs-M

111. Die genaue Höhe der Rückforderungszinsen muss der betreffende Mitgliedstaat ermitteln. Um diese Aufgabe zu erleichtern, hat die Kommission den Mitgliedstaaten ein Instrument zur Berechnung der Zinsen gemäß den in der Durchführungsverordnung festgelegten Regeln zur Verfügung gestellt. ([125])

4.5. Zustellung von Rückzahlungsanordnungen

112. Der Mitgliedstaat, an den ein Rückforderungsbeschluss gerichtet ist, muss anordnen, dass der Empfänger die mit dem Binnenmarkt unvereinbare Beihilfe innerhalb der im Beschluss festgesetzten Frist zurückzahlt. Eine unmittelbare Zustellung der Rückzahlungsanordnung, mit der die Rückzahlung der staatlichen Beihilfe innerhalb der Rückforderungsfrist angeordnet wird, ist von entscheidender Bedeutung, um zu gewährleisten, dass die in Artikel 16 Absatz 3 der Verfahrensverordnung festgelegten Voraussetzungen erfüllt sind (siehe Randnummer 19).

113. Art und Merkmale einer Rückzahlungsanordnung können unter anderem je nach Bewilligungsbehörde, Art der Gewährung der unvereinbaren Beihilfe und Beihilfebetrag variieren. Unbeschadet der Besonderheiten der jeweiligen nationalen Rechtsordnung können standardisierte Formulare und Verfahren für die Zustellung von Rückzahlungsanordnungen nach Erfahrung der Kommission zu einer fristgerechten und wirksamen Umsetzung von Rückforderungsbeschlüssen beitragen.

114. Der Verweis auf das nationale Recht impliziert auch, dass grundsätzlich alle Vorschriften und Verfahren der Rechtsordnung des betreffenden Mitgliedstaats gelten, unabhängig davon, wo sie festgelegt sind. Daher können für die Zustellung von Rückzahlungsanordnungen an Beihilfeempfänger, die weder ihren Sitz noch eine ständige Niederlassung im Hoheitsgebiet des betreffenden Mitgliedstaats haben, die Vorschriften und Verfahren maßgeblich sein, die in internationalen Übereinkommen oder internationalem Privatrecht festgelegt sind und für diesen Mitgliedstaat gelten.

115. Nach dem Grundsatz der loyalen Zusammenarbeit müssen die Mitgliedstaaten die Kommission so bald wie möglich informieren, wenn sie mit Schwierigkeiten bei der Zustellung einer Rückzahlungsanordnung rechnen.

4.6. Vorläufige Umsetzung von Rückforderungsbeschlüssen

116. Ist ein Rückforderungsbeschluss noch Gegenstand eines Rechtsstreits, so kann ein Mitgliedstaat eine vorläufige Rückzahlung der betreffenden Beihilfe akzeptieren.

117. Der Mitgliedstaat kann die vorläufige Umsetzung eines Rückforderungsbeschlusses in Betracht ziehen, sofern es angemessen ist, die durch die unvereinbare Beihilfe verursachte Wettbewerbsverfälschung vollständig — wenn auch nur vorläufig — zu beseitigen. Zu diesem Zweck muss der Mitgliedstaat sicherstellen, dass der Beihilfeempfänger den mit der rechtswidrigen und mit dem Binnenmarkt unvereinbaren Beihilfe verbundenen Vorteil nicht länger genießt. Der betreffende Mitgliedstaat sollte die Erforderlichkeit der geplanten vorläufigen Maßnahmen der Kommission gegenüber begründen und ihr eine ausführliche Beschreibung übermitteln.

118. Die vorläufige Umsetzung eines Rückforderungsbeschlusses kann beispielsweise erreicht werden, indem der Beihilfeempfänger den vollständigen zur Rückforderung anstehenden Betrag auf ein Treuhandkonto einzahlt. ([126]) Die Kommission ist bereit, Beispiele für geeignete Treuhandverträge zu übermitteln. Ein Mitgliedstaat kann der Kommission auch eine spezielle Vereinbarung über ein Treuhandkonto vorlegen, die die in Randnummer 117 genannten Voraussetzungen erfüllt.

119. Die Bereitstellung von Garantien für die künftige Zahlung des Rückforderungsbetrags stellt hingegen keine angemessene vorläufige Maßnahme dar, da die Beihilfe dem Beihilfeempfänger in der Zwischenzeit weiter zur Verfügung steht.

120. Wenn dies nach nationalem Recht vorgesehen ist, kann ein Beihilfeempfänger alternativ dazu beschließen, den Beihilfebetrag und die Rückforderungszinsen auf der Grundlage einer speziellen Klausel an den Mitgliedstaat zurückzuzahlen; eine solche Klausel sieht vor, dass der Empfänger die Beihilfe wieder erhält, wenn das endgültige Ergebnis des laufenden Rechtsstreits zu seinen Gunsten ausfällt.

([125]) Der Zugang zu diesem Instrument wird nach einem Registrierungsverfahren sowohl auf nationaler Ebene als auch auf EU-Ebene gewährt. Mit dieser Registrierung wird sichergestellt, dass nur die befugten Bediensteten der Behörden des betreffenden Mitgliedstaats und der Dienststellen der Kommission auf das Instrument zugreifen können.

([126]) Die Einzahlung des Gesamtbetrags der Beihilfe einschließlich der Rückforderungszinsen auf ein Treuhandkonto kann durch eine von dem Mitgliedstaat, einer Bank oder einem Treuhänder und dem Beihilfeempfänger unterzeichnete Vereinbarung geregelt werden, in der die Vertragsparteien festlegen, dass der auf das Treuhandkonto eingezahlte Betrag je nach Ausgang des Rechtsstreits an die eine oder die andere Partei ausgezahlt wird. Sollte der Rückforderungsbeschluss in der endgültigen Entscheidung der Unionsgerichte nur teilweise bestätigt und der Rückforderungsbetrag verringert werden, müssen die auf dem Treuhandkonto gehaltenen Mittel einschließlich etwaiger Gewinne oder Verluste dem betreffenden Mitgliedstaat und dem Beihilfeempfänger anteilig übertragen werden.

121. In Ausnahmefällen können auch andere Mittel zur vorläufigen Umsetzung des Rückforderungsbeschlusses eingesetzt werden, sofern die oben genannten Grundsätze eingehalten werden. Falls die Beihilfe nicht sofort endgültig zurückerlangt wird, sollten die Mitgliedstaaten jegliche Bestimmung ihrer Rechtsordnung nutzen, nach der ihre Behörden eine Zwischenzahlung der Beihilfe anordnen können ([127]), selbst wenn diese Bestimmung nicht konkret auf die Rückforderung staatlicher Beihilfen abstellt. ([128])

4.7. Andere Mittel zur Umsetzung von Rückforderungsbeschlüssen

122. Sieht ein Mitgliedstaat vor, dass die Rückforderung einer Beihilfe auf anderem Wege als durch Barzahlung erfolgen soll, so muss er der Kommission die Informationen zur Verfügung stellen, die sie benötigt, um zu prüfen, ob das gewählte Mittel eine geeignete Umsetzung des Beschlusses darstellt. ([129]) Die Kommission akzeptiert andere Mittel zur Umsetzung eines Rückforderungsbeschlusses nur, wenn sie i) zur Wiederherstellung der durch die rechtswidrige Beihilfemaßnahme verfälschten Marktbedingungen geeignet sind, ii) als solche für die Kommission und die übrigen Beteiligten identifizierbar sind ([130]) und wenn iii) der Mitgliedstaat nachweist, dass sie die gleiche Wirkung haben wie eine Barzahlung.

123. Die Kommission wird regelmäßig ersucht, andere Mittel zur Umsetzung eines Rückforderungsbeschlusses zu akzeptieren, z. B. Sachleistungen oder die Verrechnung von Forderungen aufgrund staatlicher Beihilfen mit bestehenden Forderungen des Beihilfeempfängers gegen den betreffenden Mitgliedstaat.

124. Die Kommission kann eine Rückforderung in Form von Sachleistungen nur in Ausnahmefällen akzeptieren, wenn die unter Randnummer 122 genannten Voraussetzungen erfüllt sind und der betreffende Mitgliedstaat im Einklang mit den folgenden Grundsätzen handelt:

— Der Wert der Vermögenswerte muss objektiv ermittelt werden, damit die Kommission feststellen kann, dass der Wert dem Rückforderungsbetrag einschließlich der angemessenen Rückforderungszinsen entspricht.

— Die Umsetzung des Rückforderungsbeschlusses durch Sachleistungen muss nach nationalem Recht zulässig sein. Der Mitgliedstaat muss die Kommission über die einschlägigen nationalen Rechtsvorschriften, die eine Umsetzung des Rückforderungsbeschlusses durch Sachleistungen vorsehen, unterrichten.

— Die Durchführung wirtschaftlicher Tätigkeiten, bei denen die Vermögenswerte des Beihilfeempfängers noch einige Zeit nach dem Beschluss genutzt werden, muss (z. B. zumindest bis zur vollständigen Abschreibung dieser Vermögenswerte nach den üblichen Rechnungslegungsvorschriften) vermieden werden. In diesem Zusammenhang wird auf die Kriterien für die Bewertung des Vorliegens wirtschaftlicher Kontinuität unter Randnummer 92 verwiesen.

125. Die Kommission kann die Verrechnung von Forderungen nur in Ausnahmefällen akzeptieren, wenn der betreffende Mitgliedstaat im Einklang mit den folgenden Grundsätzen handelt:

— Die Möglichkeit der Verrechnung von Forderungen ist in den nationalen Rechtsvorschriften vorgesehen. ([131])

— Die verrechneten Forderungen sind einredefrei, beziffert und fällig.

— Die ergriffenen Maßnahmen sind vollkommen transparent, sodass die Kommission sich davon überzeugen kann, dass sie geeignet sind, die durch die Beihilfe verursachte Wettbewerbsverfälschung zu beseitigen.

126. Die Stundung von Rückforderungen oder die Zahlung in Raten über die Rückforderungsfrist hinaus würde bedeuten, dass die Rückforderungspflicht nicht unverzüglich erfüllt wird, und ist deshalb nicht zulässig, selbst dann nicht, wenn dadurch die Einnahmen des betreffenden Mitgliedstaats maximiert würden (siehe Randnummer 54).

**Rückfor-
derungs-
M**

([127]) So sieht beispielsweise das französische Recht vor, dass die nationalen Gerichte die vorläufige Zahlung der Beihilfe (d. h. bis zum Abschluss des Verfahrens in der Sache) anordnen, wenn die Pflicht zur Rückzahlung der Beihilfe nicht ernsthaft infrage gestellt werden kann. Diese vorläufige Zahlungsaufforderung („référé-provision") kann für eine infolge eines Kommissionsbeschlusses erlassene Einziehungsanordnung erteilt werden.

([128]) In einigen Mitgliedstaaten gibt es beispielsweise keine Bestimmungen, nach denen die für die Rückforderung zuständigen nationalen Behörden auf der Grundlage des Steuerrechts vorläufige Zahlungen anordnen können. Das Zivilrecht dieser Mitgliedstaaten hingegen enthält vergleichbare Bestimmungen. In diesen Fällen sollte ein Mitgliedstaat die Vorschriften, die die vorläufige Umsetzung des Beschlusses ermöglichen, unabhängig von dem für die Umsetzung gewählten Verfahren anwenden.

([129]) Siehe Urteil des Gerichtshofs vom 7. Juli 2009, Kommission/Griechenland („Olympic Airways II"), C-369/07, ECLI:EU:C:2009:428, Rn. 79.

([130]) Siehe Urteil des Gerichtshofs vom 12. Dezember 2002, Kommission/Deutschland, C-209/00, ECLI:EU:C:2002:747, Rn. 57-58.

([131]) Siehe Urteil des Gerichtshofs vom 7. Juli 2009, Kommission/Griechenland („Olympic Airways II"), C-369/07, ECLI:EU:C:2009:428, Rn. 68.

4.8. Insolvenzverfahren

127. Ein Beihilfeempfänger, der die Beihilfe und die fälligen Rückforderungszinsen nicht zurückzahlen kann, hält sich im Prinzip nur aufgrund der erhaltenen Beihilfe auf dem Markt. Damit die Lage im Binnenmarkt rückwirkend durch die Beseitigung der Beihilfe wiederhergestellt werden kann, muss er aus dem Binnenmarkt ausscheiden. Wenn der Beihilfeempfänger aus dem Markt ausscheidet, aber ein Teil des gewährten Vorteils oder der gesamte Vorteil einem rechtlichen und wirtschaftlichen Nachfolger übertragen wird, sollte die Rückzahlungspflicht auf den Nachfolger ausgedehnt werden (siehe Abschnitt 4.3.2).

128. Bei der Rückforderung einer Beihilfe von einem zahlungsunfähigen Empfänger kann der Mitgliedstaat nur die Vermögenswerte des Beihilfeempfängers beschlagnahmen und dessen Liquidation herbeiführen, wenn dieser nicht in der Lage ist, die Beihilfe zurückzuzahlen, oder eine andere im nationalen Recht vorgesehene Maßnahme zu ergreifen, die eine Rückzahlung der Beihilfe ermöglicht. ([132]) In dieser Hinsicht kann die Rückforderung der Beihilfe im Wege eines Verfahrens zur Abwicklung des Beihilfeempfängers grundsätzlich nicht als mit den Zielen des AEUV unvereinbar angesehen werden. ([133]) Daher muss der betreffende Mitgliedstaat diese Verfahren in seiner Eigenschaft als Gläubiger bzw. Aktionär betreiben. ([134])

129. Ab dem Zeitpunkt, zu dem sich der Beihilfeempfänger in einem Insolvenzverfahren befindet, kann die Wiederherstellung der früheren Lage und die Beseitigung der durch die Beihilfe verursachten Wettbewerbsverfälschungen dadurch erfolgen, dass die Forderung, die der zurückzufordernden Beihilfe entspricht, innerhalb der Rückforderungsfrist in die Forderungstabelle ([135]) eingetragen wird. In diesem Fall muss nach Eintragung der Forderung i) der Gesamtbetrag der Beihilfe wiedererlangt werden oder, wenn das nicht erreicht werden kann, ii) das Unternehmen abgewickelt werden und endgültig seine Tätigkeiten einstellen. ([136])

130. Hinsichtlich der ersten unter Randnummer 129 genannten Voraussetzung muss der betreffende Mitgliedstaat den Rückforderungsbetrag eintragen lassen, d. h. die unvereinbare Beihilfe zuzüglich der bis zur vollständigen Rückzahlung oder — wenn nach nationalem Recht für alle Gläubiger ab einem früheren Zeitpunkt (z. B. der Eröffnung des Insolvenzverfahrens) keine Zinsen mehr auflaufen — bis zu einem früheren Zeitpunkt auflaufenden Rückforderungszinsen. Da der aus der Verfügbarkeit der Beihilfe entstandene finanzielle Vorteil durch die Rückforderungszinsen hinfällig wird (siehe Randnummer 16) und die Rückforderung der Zinsen somit demselben Zweck wie die Rückforderung des Nennbetrags der Beihilfe dient, muss der Mitgliedstaat den Nennbetrag und die Zinsen mit demselben Rang eintragen lassen.

131. Was die zweite in Randnummer 129 genannte Voraussetzung betrifft, so sehen bestimmte Mitgliedstaaten ein Verfahren zur Umstrukturierung oder vorübergehenden Fortführung einiger oder aller Tätigkeiten insolventer Unternehmen vor. Diese Verfahren dürfen jedoch insoweit nicht angewendet werden, als sie die Abwicklung und Einstellung der Geschäftstätigkeit des Beihilfeempfängers verhindern, wenn der Gesamtbetrag der Beihilfe nicht rechtzeitig wiedererlangt wird. ([137])

132. Wird dem Gläubigerausschuss ein Plan, der die Fortführung der Tätigkeit des Beihilfeempfängers vorsieht, vorgelegt, können die Behörden des betreffenden Mitgliedstaats diesen Plan nur unterstützen, wenn er die fristgerechte Rückzahlung des vollen Rückforderungsbetrags gewährleistet. Ein Mitgliedstaat darf nicht auf einen Teil seines Rückforderungsanspruchs verzichten, wenn der Beihilfeempfänger seine Tätigkeit nach Ablauf der Rückforderungsfrist fortsetzt.

133. Es kann Fälle geben, in denen sich die Anteilseigner eines Beihilfeempfängers für die freiwillige außergerichtliche Liquidation des Beihilfeempfängers entscheiden, bei der das Verfahren nicht von einem Gericht durchgeführt oder beaufsichtigt wird. Die in diesem Abschnitt dargelegten Grundsätze gelten unabhängig vom gewählten Verfahren.

([132]) Siehe Urteil des Gerichtshofs vom 17. Januar 2018, Kommission/Griechenland („United Textiles"), C-363/16, ECLI:EU:C:2018:12, Rn. 36.

([133]) Siehe Urteil des Gerichtshofs vom 21. März 1990, Belgien/Kommission („Tubemeuse"), C-142/87, ECLI:EU:C:1990:125, Rn. 65-66.

([134]) Siehe Urteil des Gerichtshofs vom 17. Januar 2018, Kommission/Griechenland („United Textiles"), C-363/16, ECLI:EU:C:2018:12, Rn. 38.

([135]) Da die Rückforderung nach den in den nationalen Rechtsvorschriften des betreffenden Mitgliedstaats festgelegten Verfahren erfolgt, sind die nationalen Rechtsvorschriften für den Rang von sich aus Beihilfen ergebenden Forderungen maßgeblich, sofern die Festlegung der Rangfolge den Grundsätzen der Effektivität und der Gleichwertigkeit Rechnung trägt. Siehe Randnummer 64. Eine Forderung, die sich aus einer Beihilfe ergibt, kann jedenfalls gegenüber gewöhnlichen unbesicherten Forderungen nicht nachrangig sein.

([136]) Siehe Urteil des Gerichtshofs vom 11. Dezember 2012, Kommission/Spanien („Magefesa II"), C-610/10, ECLI:EU:C:2012:781, Rn. 72 und 104.

([137]) Siehe hierzu Urteil des Gerichts vom 21. Oktober 2014, Italien/Kommission, T-268/13, ECLI:EU:T:2014:900, Rn. 62-64.

134. Kein Organ des betreffenden Mitgliedstaats, auch nicht seine Gerichte, darf im nationalen Insolvenzverfahren oder in den nationalen Vorschriften zur Regelung der freiwilligen Liquidation vorgesehene Bestimmungen anwenden, nach denen die zurückzufordernde Beihilfe dem Empfänger weiterhin zur Verfügung steht und somit die unverzügliche und tatsächliche Umsetzung eines Rückforderungsbeschlusses der Kommission nicht gewährleistet ist. Ebenso ist die Kommission der Auffassung, dass der Mitgliedstaat jede Entscheidung seiner nationalen Gerichte, die einen Verstoß gegen das Unionsrecht darstellt, anfechten muss. ([138])

135. Für die Zwecke der Erfüllung der Rückforderungspflicht wird ein Beihilfeempfänger aufgelöst, wenn er seine Tätigkeiten einstellt und seine Vermögenswerte und Beteiligungen zu Marktbedingungen veräußert werden. ([139]) Für die Veräußerung gelten zwar die nationalen Vorschriften, doch muss sie im Rahmen eines offenen, transparenten und diskriminierungsfreien Verfahrens erfolgen. ([140]) Die Bewertung der Vermögenswerte sollte von unabhängigen Sachverständigen vorgenommen werden. Nach den Erfahrungen der Kommission werden diese Anforderungen im Falle eines Insolvenzverfahrens unter der Aufsicht eines Gerichts im Allgemeinen erfüllt. Um zu verhindern, dass der Käufer der Vermögenswerte die Beihilfe zurückzahlen muss, stellt der Mitgliedstaat sicher, dass es keine wirtschaftliche Kontinuität gibt (siehe Abschnitt 4.3.2).

4.9. Vorläufige Einstellung und endgültiger Abschluss von Rückforderungsverfahren

136. In den letzten Jahren hat die Kommission die interne Praxis der „vorläufigen Einstellung" von Rückforderungsverfahren entwickelt. Dies bezieht sich auf Situationen, in denen ein Mitgliedstaat einen Rückforderungsbeschluss vorläufig umgesetzt hat, aber die Rückforderung aus einem der folgenden Gründe nicht als abgeschlossen erachtet werden kann: i) anhängige Gerichtsverfahren auf EU-Ebene oder auf nationaler Ebene, ii) laufende nationale Verwaltungsverfahren, die sich noch auf die Erfüllung der Rückforderungspflicht auswirken können, oder iii) noch anhängige Insolvenzverfahren, in denen die Forderungen bezüglich staatlicher Beihilfen ordnungsgemäß mit dem angemessenen Rang eingetragen worden sind.

137. Im Einklang mit dem Grundsatz der loyalen Zusammenarbeit wird die Kommission den betreffenden Mitgliedstaat davon in Kenntnis setzen, wenn sie ein Rückforderungsverfahren vorläufig einstellt.

138. Nach der vorläufigen Einstellung eines Rückforderungsverfahrens muss der betreffende Mitgliedstaat die Kommission auf dem Laufenden halten und ihr mindestens einmal jährlich und auf Antrag Informationen und Nachweise vorlegen, bis die Kommission feststellt, dass der betreffende Mitgliedstaat den Rückforderungsbeschluss endgültig umgesetzt hat.

139. Die Kommission informiert den betreffenden Mitgliedstaat auch weiterhin über ihre Beurteilung des Verfahrensstands. Mit Schreiben ihrer Dienststellen unterrichtet sie den Mitgliedstaat über den endgültigen Abschluss des Rückforderungsverfahrens. In dieser Phase wird das Rückforderungsverfahren dann auch aus der auf der Website der Generaldirektion Wettbewerb veröffentlichten Liste der Beihilfesachen mit anhängigen Rückforderungsverfahren gestrichen. ([141])

140. Weder die vorläufige Einstellung noch der endgültige Abschluss eines Rückforderungsverfahrens stehen einer erneuten genaueren Untersuchung oder der Wiederaufnahme des Verfahrens durch die Kommission entgegen, beispielsweise in dem Fall, dass sich die Situation, die die Kommission bei der Einstellung des Verfahrens zugrunde gelegt hatte, aufgrund neuer Fakten ändert.

5. ANFECHTUNG VOR NATIONALEN GERICHTEN

141. Die Umsetzung von Rückforderungsbeschlüssen kann Anlass zu Rechtsstreitigkeiten vor nationalen Gerichten geben. ([142]) Nach Erfahrung der Kommission führen verwaltungsgerichtliche Verfahren, sofern sie verfügbar sind, zu einer schnelleren Durchsetzung von Rückzahlungsanordnungen als Verfahren vor Zivilgerichten.

142. Im Zusammenhang mit Rückforderungen lassen sich im Wesentlichen zwei Arten von Rechtsstreitigkeiten unterscheiden: i) Klagen, die die für die Rückforderung zuständigen Behörden einreichen, damit ein Beihilfeempfänger, der nicht zur Rückzahlung bereit ist, gerichtlich dazu gezwungen wird, und ii) Klagen, mit denen Beihilfeempfänger die Rückzahlungsanordnung oder spezifische Rückforderungsmaßnahmen anfechten.

143. Es besteht die Gefahr, dass sich die Umsetzung eines Rückforderungsbeschlusses verzögert, wenn die nationalen Umsetzungsmaßnahmen vor Gericht angefochten werden. ([143])

([138]) Siehe hierzu Urteil des Gerichtshofs vom 17. November 2011, Kommission/Italien („Beschäftigungsbeihilfen II"), C-496/09, ECLI:EU:C:2011:740, Rn. 74.
([139]) Siehe Urteil des Gerichtshofs vom 29. April 2004, Deutschland/Kommission („SMI"), C-277/00, ECLI:EU:C:2004:238, Rn. 86.
([140]) Siehe diesbezüglich die Bekanntmachung der Kommission zum Begriff der staatlichen Beihilfe im Sinne des Artikels 107 Absatz 1 des Vertrags über die Arbeitsweise der Europäischen Union (ABl. C 262 vom 19.7.2016, S. 1), Rn. 89-96.
([141]) Siehe http://ec.europa.eu/competition/state_aid/studies_reports/recovery.html.
([142]) Weitere Informationen über die Rolle der nationalen Gerichte bei der Durchsetzung der Beihilfevorschriften sind der Bekanntmachung der Kommission über die Durchsetzung des Beihilfenrechts durch die einzelstaatlichen Gerichte (ABl. C 85 vom 9.4.2009, S. 1) bzw. den Änderungs- oder Nachfolgerechtsakten dazu zu entnehmen.
([143]) Das betreffende nationale Gericht kann mithilfe der in Artikel 29 Absatz 1 der Verfahrensverordnung vorgesehenen Instrumente mit der Kommission zusammenarbeiten.

36. Rückforderungs-M

144. Stellt der Beihilfeempfänger unter Berufung auf die angebliche Rechtswidrigkeit des Rückforderungsbeschlusses einen Antrag auf vorläufigen Rechtsschutz gegen die nationalen Maßnahmen zur Umsetzung des Beschlusses, so muss das nationale Gericht prüfen, ob der betreffende Fall die Voraussetzungen erfüllt, die der Gerichtshof in den Rechtssachen Zuckerfabrik ([144]) und Atlanta ([145]) festgelegt hat. Nach dieser Rechtsprechung kann ein nationales Gericht nämlich nur dann vorläufigen Rechtsschutz gewähren, wenn alle nachstehenden Voraussetzungen erfüllt sind: ([146])

   i) Das Gericht hat erhebliche Zweifel an der Gültigkeit der Handlung der Europäischen Union und legt diese Gültigkeitsfrage, sofern der Gerichtshof mit ihr noch nicht befasst ist, diesem selbst vor, ([147])

   ii) die Entscheidung ist dringlich in dem Sinne, dass die einstweiligen Anordnungen erforderlich sind, um zu vermeiden, dass die sie beantragende Partei einen schweren und nicht wiedergutzumachenden Schaden erleidet,

   iii) das nationale Gericht berücksichtigt das Interesse der Union angemessen, und

   iv) es beachtet bei der Prüfung aller dieser Voraussetzungen die Entscheidungen des Gerichtshofs oder des Gerichts über die Rechtmäßigkeit des EU-Rechtsakts oder über einen Antrag auf einstweilige Anordnung, mit dem ein vergleichbarer vorläufiger Rechtsschutz auf europäischer Ebene erreicht werden soll.

145. Wenn die in Randnummer 144 genannten Voraussetzungen nicht erfüllt sind, kann der betreffende Mitgliedstaat die Nichtumsetzung des Beschlusses nicht durch einstweilige Anordnung eines nationalen Gerichts rechtfertigen. ([148]) In diesem Zusammenhang ist es Aufgabe des Mitgliedstaats nachzuweisen, dass alle Voraussetzungen erfüllt sind. ([149])

6. KONSEQUENZEN BEI NICHTUMSETZUNG VON RÜCKFORDERUNGSBESCHLÜSSEN DER KOMMISSION

146. Kommt der betreffende Mitgliedstaat einem Rückforderungsbeschluss nicht nach und kann er die absolute Unmöglichkeit der Umsetzung des Rückforderungsbeschlusses nicht nachweisen, so kann die Kommission ein Vertragsverletzungsverfahren einleiten. Zudem kann sie für die Zahlung neuer, mit dem Binnenmarkt vereinbarer Beihilfen an den oder die betreffenden Beihilfeempfänger die Rückforderung früherer Beihilfen, deren Rechtswidrigkeit und Unvereinbarkeit mit dem Binnenmarkt festgestellt wurde, zur Voraussetzung machen.

6.1. Vertragsverletzungsverfahren

147. Verstöße gegen die Bestimmungen des AEUV über staatliche Beihilfen wirken sich auf den Handel aus und beeinträchtigen unmittelbar die Interessen anderer Akteure auf den betreffenden Märkten, die nicht dieselbe Art von Unterstützung erhalten.

6.1.1. Klage nach Artikel 108 Absatz 2 AEUV

148. Aufgrund der Bedeutung der Beihilfevorschriften für den Schutz des Wettbewerbs und das reibungslose Funktionieren des Binnenmarkts sieht Artikel 108 Absatz 2 AEUV vor, dass die Kommission den Gerichtshof unmittelbar anrufen kann, wenn ein Mitgliedstaat einem Rückforderungsbeschluss nicht innerhalb der darin festgelegten Frist nachkommt. Anders als Artikel 258 AEUV sieht Artikel 108 Absatz 2 AEUV kein Vorverfahren vor. ([150])

149. Vor Anrufung des Gerichtshofs nach Artikel 108 Absatz 2 AEUV muss die Kommission feststellen, welche dem Mitgliedstaat mit dem Rückforderungsbeschluss auferlegte Pflicht nicht erfüllt wurde. Der Rückforderungsbeschluss umfasst im Allgemeinen zwei Arten von Pflichten: i) Die Kommission muss über die Maßnahmen unterrichtet werden, die ergriffen wurden oder zu ergreifen sind, um den Beschluss umzusetzen, und muss über den Sachstand nach Ablauf der Rückforderungsfrist auf dem Laufenden gehalten werden; ii) die Pflicht zur Rückforderung der staatlichen Beihilfe muss innerhalb der Rückforderungsfrist erfüllt werden.

([144]) Siehe Urteil des Gerichtshofs vom 21. Februar 1991, Zuckerfabrik Süderdithmarschen und Zuckerfabrik Soest/Hauptzollamt Itzehoe und Hauptzollamt Paderborn, C-143/88 und C-92/89, ECLI:EU:C:1991:65, Rn. 23 f.
([145]) Siehe Urteil des Gerichtshofs vom 9. November 1995, Atlanta Fruchthandelsgesellschaft u. a. (I)/Bundesamt für Ernährung und Forstwirtschaft, C-465/93, ECLI:EU:C:1995:369, Rn. 51.
([146]) Siehe Urteil des Gerichtshofs vom 29. März 2012, Kommission/Italien („Hotelgewerbe in Sardinien"), C-243/10, ECLI:EU:C:2012:182, Rn. 48.
([147]) Siehe Urteil des Gerichtshofs vom 14. Juli 2011, Kommission/Italien („Tremonti bis"), C-303/09, ECLI:EU:C:2011:483, Rn. 46.
([148]) Siehe Urteil des Gerichtshofs vom 6. Oktober 2011, Kommission/Italien („Venedig und Chioggia I"), C-302/09, ECLI:EU:C:2011:634, Rn. 50.
([149]) Siehe Urteil des Gerichtshofs vom 17. September 2015, Kommission/Italien („Venedig und Chioggia II"), C-367/14, ECLI:EU:C:2015:611, Rn. 50.
([150]) Siehe Urteil des Gerichtshofs vom 3. Juli 2001, Kommission/Belgien, C-378/98, ECLI:EU:C:2001:370, Rn. 26.

150. Folglich kann die Verletzung einer dieser Pflichten sowie jeder anderen im Rückforderungsbeschluss festgelegten Pflicht zu einer Klage nach Artikel 108 Absatz 2 AEUV führen. Zwar erfolgt die Feststellung des Verstoßes, wenn die entsprechende Pflicht bis zum Ablauf der Rückforderungsfrist nicht erfüllt wurde, doch sind die Mitgliedstaaten auch nach Fristablauf weiterhin verpflichtet, die Rückforderung der rechtswidrigen Beihilfe durchzusetzen.

151. Die Rückforderungspflicht ist eine Ergebnispflicht. Um die durch die Beihilfe verursachte Wettbewerbsverfälschung zu beseitigen, muss es den Mitgliedstaaten gelingen, den vollen Rückforderungsbetrag tatsächlich wiederzuerlangen. ([151])

152. Die Kommission zieht systematisch das Einreichen einer Klage in Betracht, wenn die Rückforderung nicht erreicht wird, ungeachtet der Gründe dafür ([152]) und der nationalen Behörde oder des nationalen Organs, die bzw. das dafür verantwortlich ist, dass die Rückforderungsverpflichtung nicht erfüllt wurde. ([153])

153. Die Entscheidung über das Einreichen einer Klage liegt im Ermessen der Kommission. Sie wird auf der Grundlage des Einzelfalls unter Berücksichtigung objektiver Kriterien, der Anstrengungen des Mitgliedstaats und seiner bereits ergriffenen Maßnahmen zur Durchführung des Beschlusses getroffen. ([154]) Ferner kann die Kommission berücksichtigen, ob ein Teil der Beihilfe — und gegebenenfalls welcher Prozentsatz der Beihilfe — wiedererlangt wurde.

6.1.2. Klagen nach Artikel 260 Absatz 2 AEUV

154. Gelangt die Kommission zu der Auffassung, dass ein Mitgliedstaat gegen die in einem Urteil nach Artikel 108 Absatz 2 AEUV festgelegten Pflichten verstoßen hat, so kann die Kommission nach Artikel 260 Absatz 2 AEUV den Gerichtshof anrufen, nachdem sie diesem Mitgliedstaat zuvor Gelegenheit zur Äußerung gegeben hat.

155. Der maßgebliche Zeitpunkt zur Beurteilung des Vorliegens eines Verstoßes im Sinne des Artikels 260 Absatz 2 AEUV ist das Ende der im Aufforderungsschreiben nach Artikel 260 Absatz 2 Unterabsatz 1 AEUV gesetzten Frist. ([155])

156. Das Verfahren nach Artikel 260 Absatz 2 AEUV soll einen säumigen Mitgliedstaat veranlassen, einem früheren Vertragsverletzungsurteil nachzukommen, und damit die wirksame Anwendung des Unionsrechts gewährleisten. Beide in der genannten Bestimmung vorgesehenen Sanktionen — das Zwangsgeld und der Pauschalbetrag — dienen diesem Zweck.

RückforderungsM

([151]) Siehe Urteil des Gerichtshofs vom 17. Januar 2018, Kommission/Griechenland („United Textiles"), C-363/16, ECLI:EU:C:2018:12, Rn. 34. Siehe Urteil des Gerichtshofs vom 24. Januar 2013, Kommission/Spanien („Magefesa"), C-529/09, ECLI:EU:C:2013:31, Rn. 91. Dies gilt selbstverständlich unbeschadet der Grenzen der Rückforderungspflicht: siehe Abschnitt 2.4.

([152]) Dies gilt unbeschadet einer nachgewiesenen absoluten Unmöglichkeit, den Rückforderungsbeschluss umzusetzen.

([153]) Siehe Urteil des Gerichtshofs vom 30. September 2003, Köbler, C-224/01, ECLI:EU:C:2003:513, Rn. 31-33.

([154]) Der Gerichtshof hat seit der Annahme der Rückforderungsbekanntmachung von 2007 in mehreren Angelegenheiten, in denen er von der Kommission nach Artikel 108 Absatz 2 AEUV angerufen wurde, Entscheidungen gefällt. Siehe Urteil des Gerichtshofs vom 17. Januar 2018, Kommission/Griechenland („United Textiles", C-363/16, ECLI:EU:C:2018:12. Urteil des Gerichtshofs vom 9. November 2017, Kommission/Griechenland („Larco", C-481/16, ECLI:EU:C:2017:845; Urteil des Gerichtshofs vom 9. Juli 2015, Kommission/Frankreich („Fährverbindungen Marseille-Korsika"), C-63/14, ECLI:EU:C:2015:458; Urteil des Gerichtshofs vom 6. Mai 2015, Kommission/Deutschland („Deutsche Post"), C-674/13, ECLI:EU:C:2015:302; Urteil des Gerichtshofs vom 11. September 2014, Kommission/Deutschland („Biria-Gruppe"), C-527/12, ECLI:EU:C:2014:2193; Urteil des Gerichtshofs vom 5. Juni 2014, Kommission/Italien („Befreiung von der Verbrauchsteuer"), C-547/11, ECLI:EU:C:2014:1319; Urteil des Gerichtshofs vom 12. Dezember 2013, Kommission/Italien („Vorzugsstromtarif"), C-411/12, ECLI:EU:C:2013:832; Urteil des Gerichtshofs vom 17. Oktober 2013, Kommission/Italien („Alcoa", C-344/12, ECLI:EU:C:2013:667; Urteil des Gerichtshofs vom 17. Oktober 2013, Kommission/Griechenland („Ellinikos Xrysos"), C-263/12, ECLI:EU:C:2013:673; Urteil des Gerichtshofs vom 10. Oktober 2013, Kommission/Italien („Ixfin"), C-353/12, ECLI:EU:C:2013:651; Urteil des Gerichtshofs vom 21. März 2013, Kommission/Italien („Sardinia Ferries"), C-613/11, ECLI:EU:C:2013:192; Siehe Urteil des Gerichtshofs vom 28. Juni 2012, Kommission/Griechenland („Hellenic Shipyards I"), C-485/10, ECLI:EU:C:2012:395; Urteil des Gerichtshofs vom 29. März 2012, Kommission/Italien („Hotelgewerbe in Sardinien"), C-243/10, ECLI:EU:C:2012:182; Siehe Urteil des Gerichtshofs vom 1. März 2012, Kommission/Griechenland („Steuerfreie Rücklagen"), C-354/10, ECLI:EU:C:2012:109; Urteil des Gerichtshofs vom 13. Oktober 2011, Kommission/Italien („New Interline"), C-454/09, ECLI:EU:C:2011:650; Urteil des Gerichtshofs vom 6. Oktober 2011, Kommission/Italien („Venedig und Chioggia I"), C-302/09, ECLI:EU:C:2011:634; Urteil des Gerichtshofs vom 14. Juli 2011, Kommission/Italien („Tremonti bis"), C-303/09, ECLI:EU:C:2011:483; Urteil des Gerichtshofs vom 5. Mai 2011, Kommission/Italien („Messen"), C-305/09, ECLI:EU:C:2011:274; Urteil des Gerichtshofs vom 14. April 2011, Kommission/Polen („Technologie Buczek"), C-331/09, ECLI:EU:C:2011:250; Urteil des Gerichtshofs vom 22. Dezember 2010, Kommission/Slowakei („Frucona Košice"), C-507/08, ECLI:EU:C:2010:802; Urteil des Gerichtshofs vom 22. Dezember 2010, Kommission/Italien („Neu zur Notierung an der Börse zugelassene Unternehmen"), C-304/09, ECLI:EU:C:2010:812; Urteil des Gerichtshofs vom 13. November 2008, Kommission/Frankreich („Artikel 44 septies CGI"), C-214/07, ECLI:EU:C:2008:619; Urteil des Gerichtshofs vom 1. Juni 2008, Kommission/Deutschland („Kahla/Thüringen"), C-39/06, ECLI:EU:C:2008:349; Urteil des Gerichtshofs vom 14. Februar 2008, Kommission/Griechenland („Olympic Airways I"), C-419/06, ECLI:EU:C:2008:89; Urteil des Gerichtshofs vom 6. Dezember 2007, Kommission/Italien („Sofortmaßnahmen zur Beschäftigungsförderung"), C-280/05, ECLI:EU:C:2007:753.

([155]) Siehe Urteil des Gerichtshofs vom 17. September 2015, Kommission/Italien („Venedig und Chioggia II"), C-367/14, ECLI:EU:C:2015:611, Rn. 35.

36. Rückforderungs-M

157. Die Sanktionen werden vom Gerichtshof auf der Grundlage eines (für den Gerichtshof nicht bindenden) Vorschlags der Kommission beschlossen. Dieser Vorschlag für Sanktionen im Zusammenhang mit einer Klage nach Artikel 260 Absatz 2 AEUV trägt den Kriterien einer einschlägigen Mitteilung der Kommission ([156]) Rechnung, die regelmäßig aktualisiert wird. Nach dieser Mitteilung müssen bei der Verhängung einer finanziellen Sanktion gegen einen Mitgliedstaat drei grundlegende Kriterien berücksichtigt werden: i) die Schwere des Verstoßes, ii) seine Dauer und iii) die erforderliche Abschreckungswirkung, um einen erneuten Verstoß zu verhindern. Nach Auffassung der Kommission handelt es sich bei einem Verstoß gegen die Rückforderungspflicht stets um einen schweren Verstoß. ([157])

158. Die Kommission zieht systematisch die Anrufung des Gerichtshofs nach Artikel 260 Absatz 2 AEUV in Betracht, wenn der betreffende Mitgliedstaat einem Urteil nach Artikel 108 Absatz 2 AEUV nicht nachkommt. ([158])

6.2. Deggendorf-Rechtsprechung

159. Der Gerichtshof stellte in seinem Urteil in der Rechtssache Deggendorf angesichts der kumulativen Wirkung der in Rede stehenden Beihilfen fest, dass die Kommission Beihilfen für ein Unternehmen als mit dem Binnenmarkt vereinbar erklären kann, sofern das Unternehmen frühere rechtswidrige Beihilfen zurückzahlt. ([159])

160. Wenn rechtlich eigenständige natürliche oder juristische Personen eine wirtschaftliche Einheit bilden, sind sie im Hinblick auf die Anwendung der EU-Wettbewerbsvorschriften als ein einziges Unternehmen zu behandeln. In solchen Fällen muss die Kommission bei der Prüfung der kumulativen Wirkung früherer und geplanter neuer Beihilfen die Gruppe, der der Beihilfeempfänger angehört, berücksichtigen. ([160])

7. SCHLUSSBESTIMMUNGEN

161. Diese Bekanntmachung ersetzt die Rückforderungsbekanntmachung von 2007.

162. Die Kommission kann diese Bekanntmachung auf der Grundlage künftiger wichtiger Entwicklungen im Zusammenhang mit der Rückforderung staatlicher Beihilfen in der Praxis oder einschlägiger Änderungen der geltenden Rechtsvorschriften oder der Rechtsprechung der Europäischen Union überprüfen.

163. Die Behörden der Mitgliedstaaten können sich mit Fragen zur Rückforderung von staatlichen Beihilfen an die zentrale Kontaktstelle der Kommission wenden: comp-recovery-state-aid@ec.europa.eu.

Rückfor-
derungs-
M

([156]) Mitteilung der Kommission über die Anwendung von Artikel 228 EG-Vertrag, SEC(2005) 1658 (ABl. C 126 vom 7.6.2007, S. 15), geändert und aktualisiert durch die auf der Website der Kommission veröffentlichten Mitteilungen.

([157]) Siehe Urteil des Gerichtshofs vom 13. Mai 2014, Kommission/Spanien („Baskische Steuerbeihilfen"), C-184/11, ECLI:EU:C:2014:316, Rn. 69.

([158]) Der Gerichtshof hat seit der Annahme der Rückforderungsbekanntmachung von 2007 in mehreren Angelegenheiten, in denen er von der Kommission nach Artikel 260 Absatz 2 AEUV angerufen wurde, Entscheidungen gefällt. Siehe Urteil des Gerichtshofs vom 14. November 2018, Kommission/Griechenland („Hellenic Shipyards II"), C-93/17, ECLI:EU:C:2018:903. Urteil des Gerichtshofs vom 17. September 2015, Kommission/Italien („Venedig und Chioggia II"), C-367/14, ECLI:EU:C:2015:611; Urteil des Gerichtshofs vom 17. November 2011, Kommission/Italien („Beschäftigungsbeihilfen II"), C-496/09, ECLI:EU:C:2011:740; Urteil des Gerichtshofs vom 13. Mai 2014, Kommission/Spanien („Baskische Steuerbeihilfen"), C-184/11, ECLI:EU:C:2014:316; Urteil des Gerichtshofs vom 7. Juli 2009, Kommission/Griechenland („Olympic Airways II"), C-369/07, ECLI:EU:C:2009:428; Urteil des Gerichtshofs vom 11. Dezember 2012, Kommission/Spanien („Magefesa II"), C-610/10, ECLI:EU:C:2012:781. In all diesen Urteilen, mit Ausnahme des Urteils zu den baskischen Steuerbeihilfen, verhängte der Gerichtshof sowohl einen Pauschalbetrag als auch ein Zwangsgeld. In der Rechtssache Hellenic Shipyards verhängte der Gerichtshof ein Zwangsgeld von 7 294 000 EUR für jedes halbe Jahr des Verzugs bei der Durchführung der Maßnahmen, die erforderlich waren, um dem Urteil des Gerichtshofs nachzukommen, sowie einen Pauschalbetrag von 10 Mio. EUR. In der Rechtssache Venedig und Chioggia II verhängte der Gerichtshof ein Zwangsgeld von 12 Mio. EUR für jedes halbe Jahr des Verzugs bei der Durchführung der Maßnahmen, die erforderlich waren, um dem Urteil des Gerichtshofs nachzukommen, sowie einen Pauschalbetrag von 30 Mio. EUR. In der Rechtssache Beschäftigungsbeihilfen II verhängte der Gerichtshof für jedes halbe Jahr des Verzugs bei der Durchführung der Maßnahmen, die erforderlich waren, um dem Urteil des Gerichtshofs nach Artikel 108 AEUV nachzukommen, ein Zwangsgeld, dessen Höhe durch Multiplikation eines Grundbetrags von 30 Mio. EUR mit dem prozentualen Anteil zu berechnen ist, den die rechtswidrigen, mit dem Binnenmarkt unvereinbaren Beihilfen, die noch nicht zurückgefordert wurden oder deren Rückforderung nicht nach dem betreffenden Zeitraum nachgewiesen wurde, an der Gesamtheit der zum Zeitpunkt der Verkündung des vorliegenden Urteils noch nicht zurückgeforderten Beträge ausmachen, und zwar für jedes halbe Halbjahr mit Verzögerung bei der Durchführung der Maßnahmen, die erforderlich waren, um dem Urteil des Gerichtshofs nach Artikel 108 AEUV nachzukommen (Rn. 68), zuzüglich eines Pauschalbetrags von 30 Mio. EUR (Rn. 97). In der Rechtssache bezüglich der baskischen Steuerbeihilfen verhängte der Gerichtshof einen Pauschalbetrag von 30 Mio. EUR (Rn. 84). In der Rechtssache Olympic Airways II verhängte der Gerichtshof ein Zwangsgeld von 16 000 EUR für jeden Tag des Verzugs bei der Durchführung der Maßnahmen, die erforderlich waren, um dem Urteil des Gerichtshofs nachzukommen (Rn. 127), sowie einen Pauschalbetrag von 2 Mio. EUR (Rn. 150). In der Rechtssache Magefesa II verhängte der Gerichtshof ein Zwangsgeld von 50 000 EUR für jeden Tag des Verzugs bei der Durchführung der Maßnahmen, die erforderlich waren, um dem Urteil des Gerichtshofs nachzukommen (Rn. 136), sowie ein Pauschalbetrag von 20 Mio. EUR (Rn. 148).

([159]) Siehe Urteil des Gerichtshofs vom 15. Mai 1997, TWD/Kommission, C-355/95 P, ECLI:EU:C:1997:241, Rn. 25 und 26.

([160]) Siehe Urteil des Gerichts vom 8. September 2009, AceaElectrabel/Kommission, T-303/05, ECLI:EU:T:2009:312, Rn. 163, bestätigt durch Urteil des Gerichtshofs vom 16. Dezember 2010, AceaElectrabel/Kommission, C-480/09 P, ECLI:EU:C:2010:787.

Beihilfe-Rückforderungen angewandten Zinssätze sowie Referenz- und Abzinsungssätze

(BRf-ZinsS)

https://www.flexlex.at/s/5AAncp

Private Enforcement

Enforcement Note (online)

(PrivEnf-Note)

https://www.flexlex.at/s/96DY7z

38. PrivEnf-BForm

Beschwerdeformular Private Enforcement (online)

(PrivEnf-BForm)

https://www.flexlex.at/s/4wn5FN

**PrivEnf-
BForm**

Handbuch Private Enforcement (online)

(PrivEnf-HB)

https://www.flexlex.at/s/96Yy9e

COVID-19

COVID-19-Mitteilung

Befristeter Rahmen für staatliche Beihilfen zur Stützung der Wirtschaft angesichts des derzeitigen Ausbruchs von COVID-19

ABl C 2020/I 91,1 (2020/C 91 I/01)

Inhaltsverzeichnis

1. **Der Ausbruch von COVID-19, seine Auswirkungen auf die Wirtschaft und die Notwendigkeit befristeter Maßnahmen**
   1.1. Der Ausbruch von COVID-19 und seine Auswirkungen auf die Wirtschaft
   1.2. Die Notwendigkeit einer engen Abstimmung der einzelstaatlichen Beihilfemaßnahmen auf europäischer Ebene
   1.3. Die Notwendigkeit angemessener Beihilfemaßnahmen
2. **Anwendbarkeit des Artikels 107 Absatz 3 Buchstabe b des Vertrags über die Arbeitsweise der Europäischen Union**
3. **Befristete Beihilfemaßnahmen**
   3.1. Beihilfen in Form von direkten Zuschüssen, rückzahlbaren Vorschüssen oder Steuervorteilen
   3.2. Beihilfen in Form von Garantien für Darlehen
   3.3. Beihilfen in Form von Zinszuschüssen für Darlehen
   3.4. Beihilfen in Form von Garantien und Darlehen über Kreditinstitute oder andere Finanzintermediäre
   3.5. Kurzfristige Exportkreditversicherung
4. **Überwachung und Berichterstattung**
5. **Schlussbestimmungen**

1. DER AUSBRUCH VON COVID-19, SEINE AUSWIRKUNGEN AUF DIE WIRTSCHAFT UND DIE NOTWENDIGKEIT BEFRISTETER MASSNAHMEN.

1.1. Der Ausbruch von COVID-19 und seine Auswirkungen auf die Wirtschaft

1. Durch den Ausbruch von COVID-19 in mittlerweile allen Mitgliedstaaten der Union ist für die Bürgerinnen und Bürger und für die Gesellschaften eine gravierende gesundheitliche Notlage entstanden. Auch für die Volkswirtschaften der Welt und der Union stellt COVID-19 einen schwerwiegenden Schock dar, und eine koordinierte wirtschaftliche Reaktion der Mitgliedstaaten und der EU-Organe ist von entscheidender Bedeutung, um diese negativen Auswirkungen auf die EU-Wirtschaft abzumildern.

2. Der Schock für die Wirtschaft hat mehrere Dimensionen. Es gibt einen Versorgungsschock infolge der Unterbrechung der Lieferketten, einen durch die geringere Verbrauchernachfrage bedingten Nachfrageschock, die sich negativ auf die Investitionsplanung auswirkende Unsicherheit und die Folgen von Liquiditätsengpässen für die Wirtschaft.

3. Mit den verschiedenen Eindämmungsmaßnahmen der Mitgliedstaaten, wie etwa räumlicher Distanzierung, Reisebeschränkungen, Quarantäne und Ausgangssperren, soll der Schock so kurz und begrenzt wie möglich gehalten werden. Diese Maßnahmen wirken sich unmittelbar sowohl auf die Nachfrage als auch auf das Angebot aus und treffen Unternehmen und Arbeitnehmer, vor allem im Gesundheitswesen und in den Bereichen Tourismus, Kultur, Einzelhandel und Verkehr. Über die unmittelbaren Folgen für Mobilität und Handel hinaus wirkt sich der COVID-19-Ausbruch zunehmend auch auf Unternehmen aller Wirtschaftszweige und jeglicher Größe aus – auf kleine und mittlere Unternehmen (KMU) wie auch auf Großunternehmen. Darüber hinaus sind die Auswirkungen auf den globalen Finanzmärkten zu spüren, insbesondere wegen Bedenken hinsichtlich der Liquidität. Die Folgen werden nicht auf einen bestimmten Mitgliedstaat beschränkt sein, sondern die Wirtschaft der Union insgesamt hart treffen.

4. Angesichts der außergewöhnlichen Umstände, die der Ausbruch von COVID-19 herbeiführt, können Unternehmen jeglicher Größe mit einem gravierenden Liquiditätsmangel konfrontiert sein. Nicht nur bei kaum solventen, sondern auch bei zahlungsfähigen Unternehmen kann es zu einem plötzlichen Liquiditätsengpass oder sogar zu einer gänzlichen Nichtverfügbarkeit von Liquidität kommen. Besonders gefährdet sind KMU. Somit kann die Situation die wirtschaftliche Lage vieler gesunder Unternehmen und ihrer Beschäftigten kurz- und mittelfristig ernstlich beeinträchtigen und auch längerfristige Auswirkungen haben, wenn gar ihr Fortbestand gefährdet wird.

5. Banken und anderen Finanzintermediären kommt eine Schlüsselrolle bei der Bewältigung der Auswirkungen des COVID-19-Ausbruchs zu: Sie müssen den Kreditfluss an die Wirtschaft aufrechterhalten. Wenn es bei der Kreditvergabe zu starken Einschränkungen kommt, wird sich die Wirtschaftstätigkeit drastisch verlangsamen, da die Unternehmen Schwierigkeiten hätten, Lieferanten und Beschäftigte zu bezahlen. Vor diesem Hintergrund sollten die Mitgliedstaaten Maßnahmen ergreifen können, mit denen Kreditinstituten und anderen Finanzintermediären ein Anreiz geboten wird, ihrer Rolle auch weiterhin gerecht zu werden und die Wirtschaftstätigkeit in der EU weiter zu unterstützen.

6. Beihilfen, die Unternehmen auf der Grundlage dieser Mitteilung nach Artikel 107 Absatz 3 Buchstabe b AEUV von den Mitgliedstaaten gewährt und die über Banken als Finanzintermediäre fließen, kommen diesen Unternehmen unmittelbar zugute. Sie zielen nicht darauf ab, die Existenzfähigkeit, Liquidität oder Solvenz der Banken zu erhalten oder wiederherzustellen. Ebenso wenig zielen

COVID-19

40. COVID-19

Beihilfen, die die Mitgliedstaaten Banken nach Artikel 107 Absatz 2 Buchstabe b AEUV als Ausgleich für direkte, durch den Ausbruch von COVID-19 entstandene Schäden gewähren ([1]), darauf ab, die Existenzfähigkeit, Liquidität oder Solvenz eines Instituts oder Vermittlers zu erhalten oder wiederherzustellen. Folglich wären solche Beihilfen nicht als außerordentliche finanzielle Unterstützung aus öffentlichen Mitteln einzustufen, weder im Sinne der Richtlinie 2014/59/EU des Europäischen Parlaments und des Rates (Richtlinie über die Sanierung und Abwicklung von Kreditinstituten) ([2]) noch im Sinne der Verordnung 806/2014 des Europäischen Parlaments und des Rates (Verordnung über den einheitlichen Abwicklungsmechanismus) ([3]), und wären auch nicht nach den Beihilfevorschriften ([4]) für den Bankensektor ([5]) zu prüfen.

7. Wenn Banken aufgrund des Ausbruchs von COVID-19 direkte Unterstützung in Form einer Liquiditäts-, Rekapitalisierungs- oder einer Entlastungsmaßnahme für wertgeminderte Vermögenswerte benötigen, muss geprüft werden, ob die jeweilige Maßnahme die Voraussetzungen des Artikels 32 Absatz 4 Buchstabe d Ziffern i, ii oder iii der Richtlinie über die Sanierung und Abwicklung von Kreditinstituten erfüllt. Sind diese Voraussetzungen erfüllt, so wird die Bank, die eine solche direkte Unterstützung erhält, nicht als Kreditinstitut betrachtet, das von einem Ausfall betroffen oder bedroht ist. Soweit solche Maßnahmen der Behebung von Problemen im Zusammenhang mit dem COVID-19-Ausbruch dienen, fallen sie unter Randnummer 45 der Bankenmitteilung von 2013 ([6]), in der eine Ausnahme von der Anforderung der Beteiligung von Anteilseignern und nachrangigen Gläubigern an den Lasten festgelegt ist.

8. Der COVID-19-Ausbruch verursacht für Unternehmen unter Umständen nicht nur Liquiditätsengpässe, sondern auch einen erheblichen Schaden. Angesichts des außerordentlichen Charakters des Ausbruchs von COVID-19 konnten diese Schäden nicht vorhergesehen werden und schaffen so für die Unternehmen Voraussetzungen, die stark von den Marktbedingungen, unter denen sie normalerweise tätig sind, abweichen. Selbst gesunde Unternehmen, die gut auf die mit dem normalen Geschäftsverlauf verbundenen Risiken vorbereitet sind, können unter diesen außergewöhnlichen Umständen so stark unter Druck geraten, dass ihre Existenzfähigkeit gefährdet ist.

9. Der Ausbruch von COVID-19 birgt die Gefahr eines starken Konjunkturrückgangs in der gesamten EU, mit Folgen für Unternehmen, Arbeitsplätze und Privathaushalte. Gezielte öffentliche Unterstützung ist erforderlich, um sicherzustellen, dass auf den Märkten weiterhin genügend Liquidität zur Verfügung steht, den Schaden für gesunde Unternehmen zu bekämpfen und die Kontinuität der Wirtschaftstätigkeit während und nach dem COVID-19-Ausbruch zu gewährleisten. Angesichts des begrenzten Umfangs des EU-Haushalts sind vor allem die nationalen Haushalte der Mitgliedstaaten gefordert, in der Coronakrise Mittel zur Verfügung zu stellen. Die EU-Beihilfevorschriften ermöglichen es den Mitgliedstaaten, rasch und wirksam Bürgerinnen und Bürger sowie Unternehmen, insbesondere KMU, zu unterstützen, die aufgrund des Ausbruchs von COVID-19 mit wirtschaftlichen Schwierigkeiten konfrontiert sind.

1.2. Die Notwendigkeit einer engen Abstimmung der einzelstaatlichen Beihilfemaßnahmen auf europäischer Ebene

10. Durch die gezielte und angemessene Anwendung der EU-Beihilfenkontrolle soll – unter Berücksichtigung der Notwendigkeit, den ökologischen und digitalen Wandel im Einklang mit den Zielen der EU zu bewältigen – sichergestellt werden, dass die nationalen Unterstützungsmaßnahmen die betroffenen Unternehmen während des COVID-19-Ausbruchs einerseits wirksam unterstützen, es ihnen andererseits aber auch ermöglichen, sich von der derzeitigen Situation wieder zu erholen. Die EU-Beihilfenkontrolle stellt zudem sicher, dass eine Fragmentierung des EU-Binnenmarkts vermieden wird und weiterhin faire Wettbewerbsbedingungen herrschen. Die Integrität des Binnenmarktes wiederum wird zu einer rascheren Erholung beitragen und verhindern, dass es zu schädlichen Subventionswettläufen kommt, bei denen finanziell besser aufgestellte Mitgliedstaaten ihre Nachbarn zum Nachteil des Zusammenhalts innerhalb der Union übertreffen können.

1.3. Die Notwendigkeit angemessener Beihilfemaßnahmen

11. In dieser Mitteilung, die im Rahmen der Gesamtbemühungen der Mitgliedstaaten zur Bewältigung der Auswirkungen des COVID-19-Ausbruchs auf ihre Wirtschaft ergeht, wird dargelegt, welche Möglichkeiten die Mitgliedstaaten nach den EU-Vorschriften haben, um zu gewährleisten, dass Unternehmen, insbesondere KMU, die

---

[1] Solche Beihilfen müssen von den Mitgliedstaaten bei der Kommission zur Genehmigung angemeldet werden und werden von der Kommission nach Artikel 107 Absatz 2 Buchstabe b AEUV geprüft.
[2] ABl. L 173 vom 12.6.2014, S. 190.
[3] ABl. L 225 vom 30.7.2014, Artikel 3 Absatz 1 Nummer 29 der Verordnung über den einheitlichen Abwicklungsmechanismus.
[4] Mitteilung über die Rekapitalisierung von Finanzinstituten in der derzeitigen Finanzkrise: Beschränkung der Beihilfen auf das erforderliche Minimum und Vorkehrungen gegen unverhältnismäßige Wettbewerbsverzerrungen („Rekapitalisierungsmitteilung", ABl. C 10 vom 15.1.2009, S. 2), Mitteilung der Kommission über die Behandlung wertgeminderter Aktiva im Bankensektor der Gemeinschaft („Impaired-Assets-Mitteilung", ABl. C 72 vom 26.3.2009, S. 1), Mitteilung der Kommission über die Wiederherstellung der Rentabilität und die Bewertung von Umstrukturierungsmaßnahmen im Finanzsektor im Rahmen der derzeitigen Krise gemäß den Beihilfevorschriften („Umstrukturierungsmitteilung", ABl. C 195 vom 19.8.2009, S. 9), Mitteilung der Kommission über die Anwendung der Vorschriften für staatliche Beihilfen auf Maßnahmen zur Stützung von Finanzinstituten im Kontext der Finanzkrise ab dem

1. Januar 2011 („Verlängerungsmitteilung von 2010", ABl. C 329 vom 7.12.2010, S. 7), Mitteilung der Kommission über die Anwendung der Vorschriften für staatliche Beihilfen auf Maßnahmen zur Stützung von Finanzinstituten im Kontext der Finanzkrise ab dem 1. Januar 2012 („Verlängerungsmitteilung von 2011", ABl. C 356 vom 6.12.2011, S. 7), Mitteilung der Kommission über die Anwendung der Vorschriften für staatliche Beihilfen ab dem 1. August 2013 auf Maßnahmen zur Stützung von Banken im Kontext der Finanzkrise („Bankenmitteilung 2013", ABl. C 216 vom 30.7.2013, S. 1).
[5] Alle Maßnahmen zur Unterstützung von Kreditinstituten und anderen Finanzinstituten, die staatliche Beihilfen im Sinne des Artikels 107 Absatz 1 AEUV darstellen, welche weder unter diese Mitteilung noch unter Artikel 107 Absatz 2 Buchstabe b AEUV fallen, sind bei der Kommission anzumelden und werden von dieser nach den für den Bankensektor geltenden Vorschriften für staatliche Beihilfen geprüft.
[6] Mitteilung der Kommission über die Anwendung der Vorschriften für staatliche Beihilfen ab dem 1. August 2013 auf Maßnahmen zur Stützung von Banken im Kontext der Finanzkrise (ABl. C 216 vom 30.7.2013, S. 1)

COVID-19

in diesem Zeitraum mit plötzlichen Engpässen konfrontiert sind, über Liquidität und Zugang zu Finanzmitteln verfügen, damit sie sich von der derzeitigen Situation erholen können.

12. Die Kommission hat in ihrer Mitteilung über eine koordinierte wirtschaftliche Reaktion auf die COVID-19-Pandemie vom 13. März 2020 (⁷) die verschiedenen Optionen dargelegt, die die Mitgliedstaaten außerhalb des Anwendungsbereichs der EU-Beihilfenkontrolle nutzen und ohne Beteiligung der Kommission umsetzen können. Dazu gehören für alle Unternehmen geltende Maßnahmen im Zusammenhang mit Lohnzuschüssen, der Aussetzung der Zahlung von Körperschaft- und Umsatzsteuern oder Sozialbeiträgen oder der direkten finanziellen Unterstützung von Verbrauchern im Falle von stornierten Dienstleistungen oder Tickets, die von den betreffenden Veranstaltern nicht erstattet werden.

13. Ferner können die Mitgliedstaaten im Einklang mit der allgemeinen Gruppenfreistellungsverordnung (⁸) Unterstützungsmaßnahmen ohne Beteiligung der Kommission konzipieren.

14. Darüber hinaus können die Mitgliedstaaten – auf der Grundlage des Artikels 107 Absatz 3 Buchstabe c AEUV und gemäß den Ausführungen in den Leitlinien für staatliche Beihilfen zur Rettung und Umstrukturierung nichtfinanzieller Unternehmen in Schwierigkeiten – bei der Kommission Beihilferegelungen zur Deckung eines akuten Liquiditätsbedarfs sowie zur Unterstützung von in finanziellen Schwierigkeiten befindlichen Unternehmen anmelden, und zwar auch dann, wenn diese Schwierigkeiten auf den COVID-19-Ausbruch zurückzuführen sind oder durch diesen verstärkt wurden (⁹).

15. Des Weiteren können die Mitgliedstaaten auf der Grundlage des Artikels 107 Absatz 2 Buchstabe b AEUV Unternehmen in besonders stark betroffenen Sektoren (z. B. Verkehr, Tourismus, Kultur, Gastgewerbe oder Einzelhandel) und/oder Organisatoren abgesagter Veranstaltungen für Verluste entschädigen, die diesen infolge des Ausbruchs entstanden und unmittelbar auf den Ausbruch zurückzuführen sind. Derartige Entschädigungsmaßnahmen können von den Mitgliedstaaten angemeldet werden und werden daraufhin von der Kommission unmittelbar nach Artikel 107 Absatz 2 Buchstabe b AEUV geprüft (¹⁰). Der mit den Leitlinien für staatliche Rettungs- und Umstrukturierungsbeihilfen eingeführte Grundsatz der Einmaligkeit der Beihilfe (¹¹) gilt nicht für Beihilfen, die die Kommission auf der Grundlage des Artikels 107 Absatz 2 Buchstabe b AEUV für mit dem Binnenmarkt

vereinbar erklärt, da letztere keine „*Rettungsbeihilfe, Umstrukturierungsbeihilfe oder vorübergehende Umstrukturierungshilfe*" im Sinne der Randnummer 71 der Leitlinien für staatliche Rettungs- und Umstrukturierungsbeihilfen darstellen. Deshalb können Mitgliedstaaten Unternehmen, die bereits auf der Grundlage dieser Leitlinien Beihilfen erhalten haben, zudem für unmittelbar durch den COVID-19-Ausbruch entstandene Schäden auf der Grundlage des Artikels 107 Absatz 2 Buchstabe b AEUV entschädigen.

16. Ergänzend zu den oben genannten Möglichkeiten, legt die Kommission mit dieser Mitteilung zusätzliche befristete Beihilfemaßnahmen fest, die sie nach Artikel 107 Absatz 3 Buchstabe b AEUV als mit dem Binnenmarkt vereinbar betrachtet und die nach der Anmeldung durch die betreffenden Mitgliedstaaten sehr rasch genehmigt werden können. Die Anmeldung alternativer Maßnahmen – sowohl Beihilferegelungen als auch Einzelbeihilfen – wird im Übrigen weiterhin möglich sein. Mit dieser Mitteilung soll ein Rahmen geschaffen werden, der es den Mitgliedstaaten ermöglicht, den derzeitigen Schwierigkeiten von Unternehmen zu begegnen und gleichzeitig die Integrität des EU-Binnenmarkts zu wahren und für faire Wettbewerbsbedingungen zu sorgen.

2. ANWENDBARKEIT DES ARTIKELS 107 ABSATZ 3 BUCHSTABE B DES VERTRAGS ÜBER DIE ARBEITSWEISE DER EUROPÄISCHEN UNION

17. Nach Artikel 107 Absatz 3 Buchstabe b AEUV kann die Kommission eine Beihilfe für mit dem Binnenmarkt vereinbar erklären, wenn diese zur „Behebung einer beträchtlichen Störung im Wirtschaftsleben eines Mitgliedstaats" beiträgt. In diesem Zusammenhang haben die Unionsgerichte festgestellt, dass eine solche Störung nur vorliegt, wenn das gesamte Wirtschaftsleben des betreffenden Mitgliedstaats beeinträchtigt wird und nicht nur das einer seiner Regionen oder Gebietsteile. Dies steht auch mit der Notwendigkeit im Einklang, Ausnahmebestimmungen wie Artikel 107 Absatz 3 Buchstabe b AEUV eng auszulegen (¹²). Diesen Grundsatz der engen Auslegung setzt die Kommission in ihrer Beschlusspraxis stets um (¹³).

18. Angesichts der Tatsache, dass alle Mitgliedstaaten vom COVID-19-Ausbruch betroffen sind und die von den Mitgliedstaaten ergriffenen Eindämmungsmaßnahmen Auswirkungen für die Unternehmen haben, ist die Kom-

---

⁷ Mitteilung der Kommission an das Europäische Parlament, den Europäischen Rat, den Rat, die Europäische Zentralbank, die Europäische Investitionsbank und die Euro-Gruppe – Die koordinierte wirtschaftliche Reaktion auf die COVID-19-Pandemie (COM(2020) 112 final vom 13. März 2020).

⁸ Verordnung (EU) Nr. 651/2014 der Kommission vom 17. Juni 2014 zur Feststellung der Vereinbarkeit bestimmter Gruppen von Beihilfen mit dem Binnenmarkt in Anwendung der Artikel 107 und 108 AEUV (ABl. L 187 vom 26.6.2014, S. 1).

⁹ Leitlinien für staatliche Beihilfen zur Rettung und Umstrukturierung nichtfinanzieller Unternehmen in Schwierigkeiten (ABl. C 249 vom 31.7.2014, S. 1). Die Kommission hat bereits verschiedene Regelungen genehmigt, die neun Mitgliedstaaten vorgelegt wurden.

¹⁰ Siehe z. B. den Beschluss der Kommission SA.56685, Dänemark – Ausgleichsregelung für COVID-19 zurückzuführende Absagen von Veranstaltungen, https://ec.europa.eu/competition/state_aid/cases1/202011/285054_2139535_70_2.pdf.

¹¹ Siehe Abschnitt 3.6.1 der Leitlinien für staatliche Rettungs- und Umstrukturierungsbeihilfen.

¹² Verbundene Rechtssachen T-132/96 und T-143/96, Freistaat Sachsen, Volkswagen AG und Volkswagen Sachsen GmbH/Kommission, ECLI:EU:T:1999:326, Rn. 167.

¹³ Entscheidung 98/490/EG der Kommission in der Sache C 47/96, Crédit Lyonnais (ABl. L 221 vom 8.8.1998, S. 28), Abschnitt 10.1; Entscheidung 2005/345/EG der Kommission in der Sache C 28/02, Bankgesellschaft Berlin (ABl. L 116 vom 4.5.2005, S. 1), Rn. 153 f.; Entscheidung der Kommission in der Sache C 50/06, BAWAG (ABl. L 83 vom 26.3.2008, S. 7), Rn. 166. Siehe Entscheidung der Kommission in der Sache NN 70/07, Northern Rock (ABl. C 43 vom 16.2.2008, S. 1), Entscheidung der Kommission in der Sache NN 25/08, Risikoabschirmung WestLB (ABl. C 189 vom 26.7.2008, S. 3), Beschluss der Kommission vom 4. Juni 2008 in der Sache C 9/08, SachsenLB (ABl. L 104 vom 24.4.2009, S. 34) und Beschluss der Kommission vom 16. Juni 2017 in der Sache SA.32544 (2011/C), Umstrukturierung von TRAINOSE S.A. (ABl. L 186 vom 24.7.2018, S. 25).

mission der Auffassung, dass staatliche Beihilfen gerechtfertigt sind und für einen befristeten Zeitraum nach Artikel 107 Absatz 3 Buchstabe b AEUV für mit dem Binnenmarkt vereinbar erklärt werden können, um die Liquiditätsengpässe von Unternehmen zu beheben und sicherzustellen, dass die durch den COVID-19-Ausbruch verursachten Störungen die Existenzfähigkeit solcher Unternehmen, insbesondere von KMU, nicht beeinträchtigen.

19. In dieser Mitteilung legt die Kommission die Vereinbarkeitsvoraussetzungen fest, anhand deren sie die von den Mitgliedstaaten nach Artikel 107 Absatz 3 Buchstabe b AEUV gewährten Beihilfen grundsätzlich prüfen wird. Die Mitgliedstaaten müssen also nachweisen, dass die Beihilfemaßnahmen, die sie auf der Grundlage dieser Mitteilung bei der Kommission anmelden, ein erforderliches, geeignetes und angemessenes Mittel sind, um eine beträchtliche Störung in ihrem Wirtschaftsleben zu beheben, und dass alle maßgeblichen Voraussetzungen dieser Mitteilung erfüllt sind.

20. Nach Abschnitt 3.1 dieser Mitteilung gewährte Beihilfen können mit nach Abschnitt 3.2 oder mit nach Abschnitt 3.3 gewährten Beihilfen sowie in jedem Fall mit nach Abschnitt 3.5 gewährten Beihilfen kumuliert werden ([14]).

3. BEFRISTETE BEIHILFEMASSNAHMEN

3.1. Beihilfen in Form von direkten Zuschüssen, rückzahlbaren Vorschüssen oder Steuervorteilen

21. Über die bestehenden Möglichkeiten auf der Grundlage des Artikels 107 Absatz 3 Buchstabe c AEUV hinaus kann unter den gegenwärtigen Umständen die vorübergehende Gewährung begrenzter Beihilfebeträge an Unternehmen, die sich einem plötzlichen Liquiditätsengpass oder der gänzlichen Nichtverfügbarkeit von Liquidität gegenübersehen, eine geeignete, erforderliche und gezielte Lösung darstellen.

22. Die Kommission wird solche staatlichen Beihilfen auf der Grundlage des Artikels 107 Absatz 3 Buchstabe b AEUV als mit dem Binnenmarkt vereinbar ansehen, wenn sämtliche folgenden Voraussetzungen erfüllt sind (die genauen Bestimmungen für die Primärproduktion landwirtschaftlicher Erzeugnisse sowie den Fischerei- und Aquakultursektor werden unter Randnummer 23 dargelegt):

a. die Beihilfe übersteigt nicht 800 000 EUR je Unternehmen in der Form von direkten Zuschüssen, rück-

zahlbaren Vorschüssen, Steuervorteilen oder Vergünstigungen in Bezug auf andere Zahlungen; bei den eingesetzten Beträgen muss es sich um Bruttobeträge handeln, d. h. um Beträge vor Abzug von Steuern und sonstigen Abgaben;

b. die Beihilfe wird auf der Grundlage einer Beihilferegelung mit geschätzter Mittelausstattung gewährt;

c. die Beihilfe kann Unternehmen gewährt werden, die sich am 31. Dezember 2019 nicht in Schwierigkeiten befanden (im Sinne der Allgemeinen Gruppenfreistellungsverordnung ([15])); sie kann Unternehmen gewährt werden, die sich nicht in Schwierigkeiten befinden, und/oder Unternehmen, die sich am 31. Dezember 2019 nicht in Schwierigkeiten befanden, aber aufgrund des COVID-19-Ausbruchs danach Schwierigkeiten hatten oder in Schwierigkeiten geraten sind;

d. die Beihilfe wird spätestens am 31. Dezember 2020 gewährt ([16]);

e. Beihilfen für Unternehmen, die in der Verarbeitung und Vermarktung landwirtschaftlicher Erzeugnisse ([17]) tätig sind, werden davon abhängig gemacht, dass sie nicht teilweise oder vollständig an Primärerzeuger weitergeleitet werden, und ihre Höhe wird nicht nach Maßgabe des Preises oder der Menge der Erzeugnisse bestimmt, die beim Primärerzeuger gekauft oder von den betreffenden Unternehmen auf den Markt gebracht werden.

23. Abweichend von Randnummer 22 gelten für den Landwirtschafts- sowie für den Fischerei- und Aquakultursektor folgende besonderen Voraussetzungen:

a. die Beihilfe übersteigt nicht 120 000 EUR je Unternehmen des Fischerei- und Aquakultursektors ([18]) bzw. 100 000 EUR je Unternehmen der Primärproduktion landwirtschaftlicher Erzeugnisse ([19]); bei den eingesetzten Beträgen muss es sich um Bruttobeträge handeln, d. h. um Beträge vor Abzug von Steuern und sonstigen Abgaben;

b. die Höhe der Beihilfe für in der Primärproduktion landwirtschaftlicher Erzeugnisse tätige Unternehmen darf nicht nach Maßgabe des Preises oder der Menge der vermarkteten Erzeugnisse bestimmt werden;

c. Beihilfen für Unternehmen des Fischerei- und Aquakultursektors betreffen keine der in Artikel 1 Absatz 1 Buchstaben a bis k der Verordnung (EU) Nr. 717/2014 der Kommission ([20]) genannten Beihilfearten;

---

[14] Die in dieser Mitteilung vorgesehenen befristeten Beihilfemaßnahmen können mit Beihilfen kumuliert werden, die in den Anwendungsbereich der De-minimis-Verordnung (ABl. L 352 vom 24.12.2013) fallen.

[15] Im Sinne des Artikels 2 Nummer 18 der Verordnung (EU) Nr. 651/2014 der Kommission vom 17. Juni 2014 zur Feststellung der Vereinbarkeit bestimmter Gruppen von Beihilfen mit dem Binnenmarkt in Anwendung der Artikel 107 und 108 des Vertrags über die Arbeitsweise der Europäischen Union (ABl. L 187 vom 26.6.2014, S. 1).

[16] Wird die Beihilfe in Form von Steuervorteilen gewährt, entfällt diese Frist und gilt die Beihilfe als zu dem Zeitpunkt gewährt, zu dem die Steuererklärung für 2020 fällig ist.

[17] Im Sinne des Artikels 2 Nummern 6 und 7 der Verordnung (EG) Nr. 702/2014 der Kommission vom 25. Juni 2014 zur Feststellung der Vereinbarkeit bestimmter Ar-

ten von Beihilfen im Agrar- und Forstsektor und in ländlichen Gebieten mit dem Binnenmarkt in Anwendung der Artikel 107 und 108 des Vertrags über die Arbeitsweise der Europäischen Union (ABl. L 193 vom 1.7.2014, S. 1).

[18] Erzeugnisse nach Anhang I der Verordnung (EU) Nr. 1379/2013 des Europäischen Parlaments und des Rates vom 11. Dezember 2013 über die gemeinsame Marktorganisation für Erzeugnisse der Fischerei und der Aquakultur, zur Änderung der Verordnungen (EG) Nr. 1184/2006 und (EG) Nr. 1224/2009 des Rates zur Aufhebung der Verordnung (EG) Nr. 104/2000 des Rates (ABl. L 354 vom 28.12.2013, S. 1).

[19] Alle in Anhang I des AEUV aufgeführten Erzeugnisse mit Ausnahme der Erzeugnisse der Fischerei und der Aquakultur, vgl. vorstehende Fußnote 18.

[20] Verordnung (EU) Nr. 717/2014 der Kommission vom 27. Juni 2014 über die Anwendung der Artikel 107 und 108 des Vertrags über die Arbeitsweise der Europäischen Union auf De-minimis-Beihilfen im Fischerei- und Aquakultursektor (ABl. L 90 vom 28.6.2014, S. 45).

d. wenn ein Unternehmen in mehreren Sektoren tätig ist, für die nach den Randnummern 22.a und 23 Buchstabe a unterschiedliche Höchstbeträge gelten, stellt der betreffende Mitgliedstaat durch geeignete Mittel wie getrennte Buchführung sicher, dass für jede dieser Tätigkeiten der einschlägige Höchstbetrag eingehalten und der Höchstbetrag auch insgesamt nicht überschritten wird;

e. es gelten alle anderen Voraussetzungen in Randnummer 22. (^{21})

3.2. Beihilfen in Form von Garantien für Darlehen

24. Um Unternehmen bei plötzlichen Liquiditätsengpässen Zugang zu Liquidität zu verschaffen, können unter den gegenwärtigen Umständen staatliche Garantien für Darlehen mit begrenzter Laufzeit und begrenztem Darlehensbetrag eine geeignete, erforderliche und gezielte Lösung darstellen.

25. Die Kommission wird solche staatlichen Beihilfen in Form neuer staatlicher Darlehensgarantien auf der Grundlage des Artikels 107 Absatz 3 Buchstabe b AEUV als mit dem Binnenmarkt vereinbar ansehen, wenn Folgendes zutrifft:

a. Für die Garantieprämien werden folgende Mindestwerte festgesetzt:

Art des Empfängers	Kreditrisiko- marge für Darlehen mit einer Laufzeit von 1 Jahr	Kreditrisiko- marge für Darlehen mit einer Laufzeit von 2-3 Jah- ren	Kreditrisiko- marge für Darlehen mit einer Laufzeit von 4-6 Jahren
KMU	25 bps	50 bps	100 bps
Große Unternehmen	50 bps	100 bps	200 bps

b. Alternativ können die Mitgliedstaaten Regelungen anmelden und dabei obige Tabelle als Grundlage verwenden, wobei Laufzeit, Preisfestsetzung und Umfang der Garantie moduliert werden können (z. B. geringerer Garantieumfang als Ausgleich für eine längere Laufzeit);

c. Die Garantie wird spätestens am 31. Dezember 2020 gewährt;

d. Bei Darlehen, die länger laufen als bis zum 31. Dezember 2020, darf der Darlehensbetrag nicht höher sein als;

    i. die doppelte jährliche Lohnsumme des Empfängers (einschließlich Sozialversicherungsbeiträgen und Kosten für Personal, das am Standort des Unternehmens arbeitet, aber formal auf der Lohn- und Gehaltsliste von Subunternehmen steht) für das Jahr 2019 oder das letzte verfügbare Jahr. Bei Unternehmen, die am oder nach dem 1. Januar 2019 gegründet

wurden, darf der Darlehensbetrag die geschätzte jährliche Lohnsumme für die ersten beiden Betriebsjahre nicht übersteigen; oder

    ii. 25 % des Gesamtumsatzes des Empfängers im Jahr 2019 oder

    iii. in angemessen begründeten Fällen kann der Darlehensbetrag auf der Grundlage einer Selbstauskunft des Empfängers zu seinem Liquiditätsbedarf (^{22}) erhöht werden, um den Liquiditätsbedarf ab dem Zeitpunkt der Gewährung für die kommenden 18 Monate bei KMU bzw. für die kommenden 12 Monate bei großen Unternehmen zu decken.

e. Bei Darlehen mit einer Laufzeit bis zum 31. Dezember 2020 kann der Darlehensbetrag in angemessen begründeten Fällen höher sein als unter Randnummer 25 Buchstabe d vorgesehen, sofern die Verhältnismäßigkeit der Beihilfe gewährleistet bleibt;

f. Die Laufzeit der Garantie ist auf maximal sechs Jahre begrenzt, und die staatliche Garantie deckt höchstens:

    i. 90 % des Darlehensbetrags, wenn Verluste anteilig und zu gleichen Bedingungen vom Kreditinstitut und vom Staat getragen werden; oder

    ii. 35 % des Darlehensbetrags, wenn Verluste zunächst dem Staat und erst dann den Kreditinstituten zugewiesen werden (Erstausfallgarantie); und

    iii. in beiden genannten Fällen gilt, dass der von der Garantie abgedeckte Betrag anteilig sinken muss, wenn der Darlehensbetrag im Laufe der Zeit beispielsweise aufgrund einer einsetzenden Rückzahlung sinkt.

g. Die Garantie kann sowohl für Investitions- als auch für Betriebsmittelkredite gewährt werden;

h. Die Garantie kann Unternehmen gewährt werden, die sich am 31. Dezember 2019 nicht in Schwierigkeiten befanden (im Sinne der Allgemeinen Gruppenfreistellungsverordnung (^{23})); sie kann Unternehmen gewährt werden, die sich nicht in Schwierigkeiten befinden, und/oder Unternehmen, die sich am 31. Dezember 2019 nicht in Schwierigkeiten befanden, aber aufgrund des COVID-19-Ausbruchs danach Schwierigkeiten hatten oder in Schwierigkeiten geraten sind.

3.3. Beihilfen in Form von Zinszuschüssen für Darlehen

26. Um Unternehmen bei plötzlichen Liquiditätsengpässen Zugang zu Liquidität zu verschaffen, kann unter den gegenwärtigen Umständen die Gewährung von Zins-

---

^{21} Der Verweis auf die Bestimmung des Begriffs des „Unternehmens in Schwierigkeiten" in Randnummer 22 Buchstabe c sowie die Fußnoten 15 und 30 bezieht sich auf die Begriffsbestimmungen in Artikel 2 Nummer 14 der Verordnung (EU) Nr. 702/2014 bzw. Artikel 3 Absatz 5 der Verordnung 1388/2014.
^{22} Der Liquiditätsplan kann sowohl Betriebsmittel- als auch Investitionskosten umfassen.

^{23} Im Sinne des Artikels 2 Nummer 18 der Verordnung (EU) Nr. 651/2014 der Kommission vom 17. Juni 2014 zur Feststellung der Vereinbarkeit bestimmter Gruppen von Beihilfen mit dem Binnenmarkt in Anwendung der Artikel 107 und 108 des Vertrags über die Arbeitsweise der Europäischen Union (ABl. L 187 vom 26.6.2014, S. 1).

zuschüssen in einem befristeten Zeitraum und für begrenzte Darlehensbeträge eine geeignete, erforderliche und zielgerichtete Lösung darstellen. Beihilfen gemäß Abschnitt 3.2 und Abschnitt 3.3. dürfen nicht für denselben Darlehensbetrag kumuliert werden.

27. Die Kommission wird staatliche Beihilfen in Form von Vergünstigungen für öffentliche Darlehen auf der Grundlage des Artikels 107 Absatz 3 Buchstabe b AEUV als mit dem Binnenmarkt vereinbar ansehen, wenn die folgenden Voraussetzungen erfüllt sind:

a. Die Darlehen dürfen zu einem ermäßigten Zinssatz gewährt werden, der mindestens dem am 1. Januar 2020 anwendbaren Basissatz (von der Kommission veröffentlichter IBOR für ein Jahr oder gleichwertiger Satz (^{24})) zuzüglich der in der nachstehenden Tabelle angegebenen Kreditrisikomargen entspricht:

Art des Empfängers	Kreditrisiko-marge für Darlehen mit einer Laufzeit von 1 Jahr	Kreditrisiko-marge für Darlehen mit einer Laufzeit von 2-3 Jahren	Kreditrisiko-marge für Darlehen mit einer Lauf-zeit von 4-6 Jahren
KMU	25 bps (^{25})	50 bps (^{26})	100 bps
Große Unternehmen	50 bps	100 bps	200 bps

b. Alternativ können die Mitgliedstaaten Regelungen anmelden, bei denen die obige Tabelle zwar zugrunde gelegt wird, aber Laufzeit, Preise und Garantiedeckung angepasst werden können (z. B. geringere Garantiedeckung bei längerer Laufzeit).

c. Die Darlehensverträge werden bis zum 31. Dezember 2020 unterzeichnet und sind auf höchstens 6 Jahre begrenzt.

d. Bei Darlehen, die länger laufen als bis zum 31. Dezember 2020, darf der Darlehensbetrag nicht höher sein als:

   i. die doppelte Lohnsumme des Empfängers (einschließlich Sozialversicherungsbeiträgen und Kosten für Personal, das am Standort des Unternehmens arbeitet, aber auf der Lohn- und Gehaltsliste von Subunternehmen steht) für das Jahr 2019 oder das letzte verfügbare Jahr; bei Unternehmen, die am oder nach dem 1. Januar 2019 gegründet wurden, darf der Darlehensbetrag die voraussichtliche jährliche Lohnsumme für die ersten beiden Betriebsjahre nicht übersteigen; oder

   ii. 25 % des Gesamtumsatzes des Empfängers im Jahr 2019; oder

   iii. in angemessen begründeten Fällen und auf der Grundlage einer Selbstauskunft des Empfängers zu seinem Liquiditätsbedarf (^{27}) kann

der Darlehensbetrag erhöht werden, um den Liquiditätsbedarf für die kommenden 18 Monate bei KMU bzw. für die kommenden 12 Monate bei großen Unternehmen ab dem Zeitpunkt der Gewährung zu decken.

e. Bei Darlehen, die bis zum 31. Dezember 2020 laufen, kann der Darlehensbetrag in angemessen begründeten Fällen höher sein als unter Randnummer 27 Buchstabe d angegeben, sofern die Verhältnismäßigkeit der Beihilfe gewahrt ist.

f. Das Darlehen kann sich sowohl auf einen Investitions- als auch auf einen Betriebsmittelbedarf beziehen.

g. Das Darlehen kann Unternehmen gewährt werden, die sich am 31. Dezember 2019 nicht in Schwierigkeiten befanden (im Sinne der Allgemeinen Gruppenfreistellungsverordnung (^{28})); es kann Unternehmen gewährt werden, die sich nicht in Schwierigkeiten befinden, und/oder Unternehmen, die sich am 31. Dezember 2019 nicht in Schwierigkeiten befanden, aber aufgrund des COVID-19-Ausbruchs danach Schwierigkeiten hatten oder in Schwierigkeiten geraten sind.

3.4. Beihilfen in Form von Garantien und Darlehen über Kreditinstitute oder andere Finanzintermediäre

28. Beihilfen in Form öffentlicher Garantien und ermäßigter Zinssätze auf der Grundlage von Abschnitt 3.2 bzw. Abschnitt 3.3 dieser Mitteilung können Unternehmen mit plötzlichen Liquiditätsengpässen direkt oder über Kreditinstitute und andere Finanzinstitute als Finanzintermediäre gewährt werden. Ist letzteres der Fall, müssen die im Folgenden dargelegten Voraussetzungen erfüllt sein.

29. Solche Beihilfen zielen zwar direkt auf Unternehmen mit plötzlichen Liquiditätsengpässen ab und nicht auf Kreditinstitute oder andere Finanzinstitute, können aber auch für letztere einen indirekten Vorteil darstellen. Doch solche indirekten Beihilfen haben nicht das Ziel, die Existenzfähigkeit, Liquidität oder Solvenz der Kreditinstitute zu erhalten oder wiederherzustellen. Deshalb sollten solche Beihilfen nach Auffassung der Kommission nicht als außerordentliche finanzielle Unterstützung aus öffentlichen Mitteln im Sinne des Artikels 2 Absatz 1 Nummer 28 der Richtlinie über die Sanierung und Abwicklung von Kreditinstituten und Artikel 3 Absatz 1 Nummer 29 der SRM-Verordnung eingestuft werden und nicht nach den Beihilfevorschriften für den Bankensektor geprüft werden. (^{29}).

30. Jedenfalls sollten bestimmte Vorkehrungen bezüglich der möglichen indirekten Beihilfen zugunsten der Kreditinstitute oder anderer Finanzinstitute getroffen

---

^{24} Basissätze, die im Einklang mit der Mitteilung der Kommission über die Änderung der Methode zur Festsetzung der Referenz- und Abzinsungssätze (ABl. C 14 vom 19.1.2008, S. 6) berechnet und auf folgender Website der GD Wettbewerb veröffentlicht wurden: https://ec.europa.eu/competition/state_aid/legislation/reference_rates.html.

^{25} Insgesamt sollte sich der Mindestzinssatz (Basissatz zuzüglich Kreditrisikomargen) mindestens auf 10 Basispunkte pro Jahr belaufen.

^{26} Insgesamt sollte sich der Mindestzinssatz (Basissatz zuzüglich Kreditrisikomargen) mindestens auf 10 Basispunkte pro Jahr belaufen.

^{27} Der Liquiditätsbedarf kann sowohl Betriebsmittel- als auch Investitionskosten umfassen.

^{28} Im Sinne des Artikels 2 Nummer 18 der Verordnung (EU) Nr. 651/2014 der Kommission vom 17. Juni 2014 zur Feststellung der Vereinbarkeit bestimmter Gruppen von Beihilfen mit dem Binnenmarkt in Anwendung der Artikel 107 und 108 des Vertrags über die Arbeitsweise der Europäischen Union (ABl. L 187 vom 26.6.2014, S. 1).

^{29} Siehe Abschnitt 6 dieses Befristeten Rahmens.

werden, um übermäßige Wettbewerbsverfälschungen zu begrenzen.

31. Die Kreditinstitute oder anderen Finanzinstitute sollten die Vorteile der öffentlichen Garantien oder Zinszuschüsse für Darlehen an die Endempfänger weitergeben. Der Finanzintermediär muss nachweisen können, dass er anhand eines Mechanismus sicherstellt, dass die Vorteile – in Form umfangreicherer Finanzierungen, riskanterer Portfolios, geringerer Besicherungsanforderungen, niedrigerer Garantieentgelte oder niedrigerer Zinssätze – so weit wie möglich an die Endempfänger weitergegeben werden. Im Falle einer gesetzlichen Verpflichtung zur Verlängerung der Laufzeit bestehender Darlehen für KMU darf keine Garantiegebühr in Rechnung gestellt werden.

3.5. Kurzfristige Exportkreditversicherung

32. Gemäß der Mitteilung der Kommission über die kurzfristige Exportkreditversicherung (^{30}) dürfen marktfähige Risiken (^{31}) nicht mithilfe der Mitgliedstaaten durch Exportkreditversicherungen gedeckt werden. Aufgrund des aktuellen Ausbruchs von COVID-19 kann nicht ausgeschlossen werden, dass in einigen Ländern vorübergehend keine Deckung für marktfähige Risiken zur Verfügung steht. (^{32})

33. In diesem Zusammenhang können die Mitgliedstaaten das Marktversagen darlegen, indem sie die Nichtverfügbarkeit der Risikodeckung auf dem privaten Versicherungsmarkt durch einschlägige Beweise belegen. Die Inanspruchnahme der Ausnahmeregelung in Bezug auf nicht marktfähige Risiken nach Randnummer 18 Buchstabe d der Mitteilung über die kurzfristige Exportkreditversicherung wird jedenfalls als gerechtfertigt betrachtet, wenn:

a. ein großer namhafter internationaler privater Exportkreditversicherer und ein nationaler Kreditversicherer Beweise für die Nichtverfügbarkeit der Risikodeckung beibringen oder

b. mindestens vier in dem betreffenden Mitgliedstaat etablierte Ausführer belegen können, dass Versicherer die Risikodeckung für bestimmte Vorgänge verweigert haben.

4. ÜBERWACHUNG UND BERICHT-ERSTATTUNG

34. Die Mitgliedstaaten müssen für jede auf der Grundlage dieser Mitteilung gewährte Einzelbeihilfe innerhalb von 12 Monaten ab dem Zeitpunkt ihrer Gewährung alle relevanten Informationen (^{33}) auf der ausführlichen Beihilfewebsite veröffentlichen.

35. Die Mitgliedstaaten müssen der Kommission Jahresberichte unterbreiten. (^{34})

36. Bis zum 31. Dezember 2020 müssen die Mitgliedstaaten der Kommission eine Liste aller Maßnahmen übermitteln, die auf der Grundlage von nach dieser Mitteilung genehmigten Regelungen eingeführt wurden.

37. Die Mitgliedstaaten müssen dafür Sorge tragen, dass ausführliche Aufzeichnungen über die Gewährung der in dieser Mitteilung vorgesehenen Beihilfen geführt werden. Diese Aufzeichnungen, aus denen hervorgehen muss, dass die einschlägigen Voraussetzungen erfüllt wurden, müssen ab dem Zeitpunkt der Gewährung der Beihilfe zehn Jahre aufbewahrt werden und der Kommission auf Anfrage vorgelegt werden.

38. Die Kommission kann gegebenenfalls zusätzliche Informationen über die gewährte Beihilfe anfordern, um zu prüfen, ob die in dem Beschluss der Kommission zur Genehmigung der Beihilfemaßnahme vorgesehenen Bedingungen erfüllt worden sind.

5. SCHLUSSBESTIMMUNGEN

39. Angesichts der wirtschaftlichen Auswirkungen des COVID-19-Ausbruchs und des daraus erwachsenden unmittelbaren Handlungsbedarfs wendet die Kommission diese Mitteilung ab dem 19. März 2020 an. Diese Mitteilung geht auf die derzeitige außergewöhnlichen Umstände zurück und gilt bis zum 31. Dezember 2020. Die Kommission kann diese Mitteilung aus wichtigen wettbewerbspolitischen oder wirtschaftlichen Gründen vor diesem Zeitpunkt überprüfen. Bei Bedarf kann die Kommission ihren Ansatz bei bestimmten Fragen auch durch weitere Klarstellungen präzisieren.

40. Die Kommission wendet die Bestimmungen dieser Mitteilung ab dem 19. März 2020 auf alle einschlägigen angemeldeten Maßnahmen an, auch wenn die betreffenden Maßnahmen vor diesem Datum angemeldet wurden.

41. Im Einklang mit der Bekanntmachung der Kommission über die zur Beurteilung unrechtmäßiger staatlicher Beihilfen anzuwendenden Regeln (^{35}) stützt sich die Kommission bei nicht angemeldeten Beihilfen auf:

a. diese Mitteilung, wenn die Beihilfe nach dem 1. Februar 2020 gewährt wurde;

b. die zum Zeitpunkt der Gewährung der Beihilfe geltenden Vorschriften in allen übrigen Fällen.

42. Die Kommission trägt in enger Zusammenarbeit mit den betreffenden Mitgliedstaaten dafür Sorge, dass bei der Vorlage klarer und vollständiger Anmeldungen von Maßnahmen, die von dieser Mitteilung erfasst werden, möglichst rasch über diese Maßnahmen entschieden wird. Die Mitgliedstaaten sollten die Kommission von ihren Absichten in Kenntnis setzen und geplante Maßnahmen

---

^{30} ABl. C 392 vom 19.12.2012, S. 1.
^{31} Als marktfähige Risiken gelten wirtschaftliche und politische Risiken öffentlicher und nichtöffentlicher Schuldner, die in den im Anhang der Mitteilung über die kurzfristige Exportkreditversicherung aufgeführten Ländern niedergelassen sind und bei denen die Höchstrisikodauer weniger als zwei Jahre beträgt.
^{32} In Abschnitt 4.2 der Mitteilung werden die Ausnahmen von der Definition der marktfähigen Risiken für vorübergehend nicht marktfähige Risiken dargelegt, und Abschnitt 4.3 enthält die Voraussetzungen für die Versicherung vorübergehend nicht marktfähiger Risiken. In Abschnitt 5 sind die Verfahrensvorschriften festgelegt, so

insbesondere Bestimmungen darüber, in welchen Fällen eine Anmeldung bei der Kommission erforderlich ist und welche Nachweise erbracht werden müssen.
^{33} Dabei handelt es sich um die in Anhang III der Verordnung (EU) Nr. 651/2014 der Kommission vom 17. Juni 2014, Anhang III der Verordnung (EU) Nr. 702/2014 der Kommission und Anhang III der Verordnung (EU) Nr. 1388/2014 der Kommission vom 16. Dezember 2014 geforderten Informationen.
^{34} ABl. L 140 vom 30.4.2004, S. 1.
^{35} ABl. C 119 vom 22.5.2002, S. 22.

40. COVID-19

möglichst rasch und vollständig bei der Kommission anmelden. Die Kommission wird die Mitgliedstaaten bei diesem Prozess beraten und unterstützen.

1.COVID.19-Mitteilung (online)

(1.COVID.19-M)

https://www.flexlex.at/s/6WxkbX

2.COVID.19-Mitteilung (online)

(2.COVID.19-M)

https://www.flexlex.at/s/6hbiXm

3.COVID.19-Mitteilung (online)

(3.COVID.19-M)

https://www.flexlex.at/s/5Ec8Me

4.COVID.19-Mitteilung (online)

(4.COVID.19-M)

https://www.flexlex.at/s/4fp1kT

5.COVID.19-Mitteilung (online)

(5.COVID.19-M)

https://www.flexlex.at/s/5xj6T8

COVID Annex I (online)

(Annex I)

https://www.flexlex.at/s/89MT7J

COVID Annex II (online)

(Annex II)

https://www.flexlex.at/s/4DDH8F

COVID Annex III (online)

(Annex III)

https://www.flexlex.at/s/96aL5M